Michael Ruck
Bibliographie zum Nationalsozialismus

Michael Ruck

Bibliographie zum Nationalsozialismus

Bund-Verlag

Die Deutsche Bibliothek – CIP-Einheitsaufnahme

Ruck, Michael:
Bibliographie zum Nationalsozialismus /
Michael Ruck. –
Köln : Bund-Verl., 1995
ISBN 3-7663-2355-5
NE: HST

© by Bund-Verlag GmbH, Köln 1995
Lektorat: Christiane Schroeder-Angermund/
Hans-Josef Legrand
Herstellung: Heinz Biermann
Umschlag: Angelika Richter, Heidesheim
Satz: Typomedia Satztechnik GmbH, Ostfildern 3
Druck: Buchdruckwerkstätten Hannover GmbH, Hannover
Printed in Germany 1995
ISBN 3-7663-2355-5

Alle Rechte vorbehalten,
insbesondere die des öffentlichen Vortrags,
der Rundfunksendung
und der Fernsehausstrahlung,
der fotomechanischen Wiedergabe,
auch einzelner Teile.

Inhalt

Vorwort 19
Einleitung 23

Teil A Aufstieg und Herrschaft des Nationalsozialismus

A.1 Übergreifende Hilfsmittel, Darstellungen und Quellensammlungen zur Geschichte des Nationalsozialismus .. 35

A.1.1 Bibliographische Hilfsmittel 35

A.1.2 Nachschlagewerke 38
A.1.2.1 Allgemeine Nachschlagewerke 38
A.1.2.2 Biographische Hilfsmittel 39
A.1.2.3 Statistiken 40

A.1.3 Gedruckte Quellen 40

A.1.4 Theoretische und methodische Probleme der Erforschung des Nationalsozialismus 44
A.1.4.1 Allgemeines 44
A.1.4.2 Faschismustheorien 49
A.1.4.3 Totalitarismustheorien 59
A.1.4.4 Modernisierungstheorien 64
A.1.4.5 Sonderwegsthese und Kontinuitätsdiskussion 65

A.1.5 Übergreifende Darstellungen 69
A.1.5.1 Allgemeines 69
A.1.5.2 Regional- und Lokalstudien 79
A.1.5.2.1 Allgemeines 79
A.1.5.2.2 Saarland 93
A.1.5.2.3 Österreich 94
A.1.5.2.4 Danzig 99

A.1.6 Erlebnisberichte 100

A.1.7 Organisationsgeschichte der NSDAP
und ihrer Gliederungen 101
A.1.7.1 Allgemeines 101
A.1.7.2 Regional- und Lokalstudien 103
A.1.7.2.1 Allgemeines 103
A.1.7.2.2 Saarland 105
A.1.7.2.3 Österreich 105
A.1.7.2.3.1 Allgemeines 105
A.1.7.2.3.2 Bis 1938 106
A.1.7.2.3.3 Seit 1938 108

A.1.8 Ideologie des Nationalsozialismus 108

A.1.9 Biographien führender Repräsentanten
der NS-Bewegung und des NS-Regimes 116
A.1.9.1 Hitler 116
A.1.9.2 Verschiedene Persönlichkeiten 132

A.2 Aufstieg des Nationalsozialismus bis 1932/33 151

A.2.1 Allgemeines 151

A.2.2 Regional- und Lokalstudien 157

A.2.3 Hitler-Putsch 1923 163

A.2.4 Soziale Basis der NS-Bewegung 164
A.2.4.1 Allgemeines 164
A.2.4.2 Regional- und Lokalstudien 170
A.2.4.3 Arbeiterschaft 172
A.2.4.4 Arbeitslose 173
A.2.4.5 Mittelschichten 174
A.2.4.6 Landbevölkerung 176

A.2.5 Verhältnis der NS-Bewegung zu anderen sozialen und
politischen Kräften 178
A.2.5.1 Arbeiterbewegung 178
A.2.5.2 Nationalrevolutionäre 184
A.2.5.3 Völkisch-nationalistisches Umfeld,
Konservative Revolution 185
A.2.5.4 Mitte-Rechts-Spektrum 191
A.2.5.5 Gewerbliche Unternehmer und landwirtschaftliche
Organisationen 195
A.2.5.6 Reichswehr 199

A.2.6 Verhältnis des Auslands zur NS-Bewegung 200

A.3 Der Nationalsozialismus an der Macht 201

A.3.1 Nationalsozialistische Machtergreifung 1933/34 201
A.3.1.1 Allgemeines 201
A.3.1.2 Regional- und Lokalstudien 208
A.3.1.3 Rolle des Reichspräsidenten Hindenburg 215
A.3.1.4 Reichstagsbrand 216
A.3.1.5 Ermächtigungsgesetz vom 24. März 1933 218
A.3.1.6 Selbstgleichschaltung und Zerschlagung
der übrigen sozialen und politischen Kräfte 219
A.3.1.6.1 Arbeiterbewegung 219
A.3.1.6.2 Bürgerliche Organisationen 223
A.3.1.7 »Röhm-Putsch« Juni 1934 224

A.3.2 Organisationsgeschichte der NSDAP
und ihrer Gliederungen seit 1933 226
A.3.2.1 NSDAP 226
A.3.2.1.1 Allgemeines 226
A.3.2.1.2 Regional- und Lokalstudien 227
A.3.2.1.3 NSDAP-Auslandsorganisation 228
A.3.2.1.4 Parteigerichtsbarkeit 228
A.3.2.2 Hitlerjugend 229
A.3.2.2.1 Allgemeines 229
A.3.2.2.2 Bund deutscher Mädel 231
A.3.2.2.3 Verhältnis zur bündischen und bürgerlichen
Jugendbewegung 233
A.3.2.3 Nationalsozialistische Betriebszellen-Organisation
und Deutsche Arbeitsfront 234

A.3.3 Reichstag 236

A.3.4 Verwaltung 237
A.3.4.1 Allgemeines 237
A.3.4.2 Kriegsverwaltung 241
A.3.4.3 Regional- und Lokalstudien 242
A.3.4.3.1 Länder und Regionen 242
A.3.4.3.2 Landkreise 246
A.3.4.3.3 Kommunen 247
A.3.4.4 Beamtenrecht, Beamtenorganisationen,
soziale Lage der Beamtenschaft 250

A.3.5 Justiz 251
A.3.5.1 Allgemeines 251

A.3.5.2 Einzelne Gerichte und Gerichtsbezirke 259
A.3.5.3 Rechtswissenschaft 261
A.3.5.3.1 Allgemeines 261
A.3.5.3.2 Staatsrechtslehre 263
A.3.5.3.3 Völkerrechtslehre 267
A.3.5.4 Strafrecht und Strafgerichtsbarkeit 267
A.3.5.4.1 Allgemeines 267
A.3.5.4.2 Sondergerichte 272
A.3.5.4.3 Volksgerichtshof 274
A.3.5.5 Zivilrecht und Zivilgerichtsbarkeit 275
A.3.5.6 Verwaltungsrecht und Verwaltungsgerichtsbarkeit 278

A.3.6 Wehrmacht 280
A.3.6.1 Allgemeines 281
A.3.6.2 Heer 288
A.3.6.3 Luftwaffe 289
A.3.6.4 Marine 290
A.3.6.5 Militärjustiz 292
A.3.6.6 Einzelne Persönlichkeiten 294

A.3.7 Geheimdienste 296
A.3.7.1 Allgemeines 296
A.3.7.2 Einzelne Persönlichkeiten 297

A.3.8 Progaganda 298
A.3.8.1 Allgemeines 298
A.3.8.2 Auslandspropaganda 302
A.3.8.3 Kriegspropaganda 303
A.3.8.4 NS-Symbolik 307
A.3.8.5 Sprache 308
A.3.8.6 Journalisten 312
A.3.8.6.1 Allgemeines 312
A.3.8.6.2 Einzelne Persönlichkeiten 313
A.3.8.7 Presse 314
A.3.8.8 Rundfunk 318
A.3.8.9 Wahlen und Abstimmungen 321
A.3.8.10 Feste und Feiern 322
A.3.8.10.1 Allgemeines 322
A.3.8.10.2 Reichsparteitage 324
A.3.8.10.3 Erster Mai 325

A.3.9 Repressionsapparat 326
A.3.9.1 Allgemeines 326
A.3.9.2 SA 327

A.3.9.3 SS 329
A.3.9.3.1 Allgemeines 329
A.3.9.3.2 Waffen-SS 334
A.3.9.4 Gestapo und SD 335
A.3.9.5 Polizei 338

A.3.10 Unrechts- und Gewaltmaßnahmen des NS-Regimes 340
A.3.10.1 Allgemeines 340
A.3.10.2 Regional- und Lokalstudien 344
A.3.10.3 Erlebnisberichte 346
A.3.10.4 Judenverfolgung und Judenvernichtung 346
A.3.10.4.1 Allgemeines 346
A.3.10.4.2 Regional- und Lokalstudien 370
A.3.10.4.3 Besetzte Gebiete 395
A.3.10.4.3.1 Allgemeines 395
A.3.10.4.3.2 Osteuropa 395
A.3.10.4.3.3 Übriges Europa 403
A.3.10.4.4 Emigration 407
A.3.10.4.5 Selbstbehauptung und Widerstand 413
A.3.10.4.6 Haltung der nichtjüdischen Bevölkerung ... 421
A.3.10.4.7 Haltung des Auslands 432
A.3.10.4.8 Erlebnisberichte 436
A.3.10.5 Verfolgung und Vernichtung der Sinti und Roma 442
A.3.10.6 Diskriminierung und Verfolgung
         sogenannter »Asozialer« 446
A.3.10.7 Diskriminierung und Verfolgung von Homosexuellen .. 447
A.3.10.8 Konzentrationslager 449
A.3.10.8.1 Allgemeines 449
A.3.10.8.2 Einzelne Lager und Haftstätten 454
A.3.10.8.3 Widerstand und Selbstbehauptung 468
A.3.10.8.4 Haltung des Auslands 471
A.3.10.8.5 Erlebnisberichte 471

A.3.11 Soziale Lage, Stimmung und Verhalten der Bevölkerung . 476
A.3.11.1 Allgemeines 476
A.3.11.2 Regional- und Lokalstudien 483
A.3.11.3 Kriegszeit 487
A.3.11.4 Denunziationen 491
A.3.11.5 Witze und Gerüchte 492
A.3.11.6 Einzelne soziale Gruppen 492
A.3.11.6.1 Arbeiterschaft 492
A.3.11.6.2 Mittelschichten 501
A.3.11.6.2.1 Allgemeines 501
A.3.11.6.2.2 Alter Mittelstand 501

A.3.11.6.2.2.1 Allgemeines 501
A.3.11.6.2.2.2 Selbständige 502
A.3.11.6.2.2.3 Bauern 502
A.3.11.6.2.3 Neuer Mittelstand 504
A.3.11.6.3 Eliten 504
A.3.11.6.3.1 Allgemeines 504
A.3.11.6.3.2 Adel 506
A.3.11.6.3.3 Technische Eliten 507
A.3.11.7 Frauen 508
A.3.11.8 Jugend 524

A.3.12 Kirchen 531
A.3.12.1 Allgemeines 531
A.3.12.2 Regional- und Lokalstudien 538
A.3.12.3 Protestantische Kirche 540
A.3.12.3.1 Allgemeines 540
A.3.12.3.2 Regional- und Lokalstudien 550
A.3.12.3.3 Jugend 559
A.3.12.3.4 Einzelne Persönlichkeiten 559
A.3.12.4 Katholische Kirche, katholische Organisationen
 und politischer Katholizismus 566
A.3.12.4.1 Allgemeines 566
A.3.12.4.2 Reichskonkordat 1933 575
A.3.12.4.3 Regional- und Lokalstudien 576
A.3.12.4.4 Jugend 584
A.3.12.4.5 Einzelne Persönlichkeiten 586
A.3.12.5 Kleinere Glaubensgemeinschaften 596
A.3.12.5.1 Allgemeines 596
A.3.12.5.2 Ernste Bibelforscher (»Zeugen Jehovas«) .. 597

A.3.13 Widerstand und Opposition gegen die NS-Herrschaft
 in Deutschland 598
A.3.13.1 Allgemeines 598
A.3.13.2 Regional- und Lokalstudien 609
A.3.13.3 Arbeiterbewegung 620
A.3.13.3.1 Allgemeines 621
A.3.13.3.2 Sozialdemokraten 625
A.3.13.3.2.1 Allgemeines 625
A.3.13.3.2.2 Einzelne Persönlichkeiten 630
A.3.13.3.3 Kommunisten 633
A.3.13.3.3.1 Allgemeines 633
A.3.13.3.3.2 Einzelne Persönlichkeiten 639
A.3.13.3.4 Linke Splittergruppen 641
A.3.13.3.4.1 Allgemeines 641

A.3.13.3.4.2 Einzelne Persönlichkeiten 643
A.3.13.3.5 Gewerkschaften 643
A.3.13.3.5.1 Allgemeines 643
A.3.13.3.5.2 Einzelne Persönlichkeiten 646
A.3.13.4 Nationalrevolutionäre 646
A.3.13.4.1 Allgemeines 646
A.3.13.4.2 Einzelne Persönlichkeiten 647
A.3.13.5 Bürgerlicher Widerstand 647
A.3.13.5.1 Allgemeines 647
A.3.13.5.2 Militäropposition und 20. Juli 1944 648
A.3.13.5.2.1 Allgemeines 648
A.3.13.5.2.2 Einzelne Persönlichkeiten 656
A.3.13.5.3 Kreisauer Kreis 663
A.3.13.5.3.1 Allgemeines 663
A.3.13.5.3.2 Einzelne Persönlichkeiten 665
A.3.13.5.4 National-konservative Kräfte 665
A.3.13.5.4.1 Allgemeines 665
A.3.13.5.4.2 Einzelne Persönlichkeiten 667
A.3.13.5.5 Liberale Kräfte 667
A.3.13.5.5.1 Allgemeines 667
A.3.13.5.5.2 Einzelne Persönlichkeiten 667
A.3.13.5.6 Ethisch-religiöser Widerstand 668
A.3.13.5.6.1 Allgemeines 668
A.3.13.5.6.2 Einzelne Persönlichkeiten 668
A.3.13.6 Pazifisten 669
A.3.13.7 Innere Emigration und intellektuelle Opposition 669
A.3.13.7.1 Allgemeines 669
A.3.13.7.2 Einzelne Persönlichkeiten 671
A.3.13.8 Jugendopposition und Jugendwiderstand 672
A.3.13.9 Weiße Rose 676
A.3.13.9.1 Allgemeines 676
A.3.13.9.2 Einzelne Persönlichkeiten 678
A.3.13.10 Frauen im Widerstand 679
A.3.13.10.1 Allgemeines 679
A.3.13.10.2 Einzelne Persönlichkeiten 681
A.3.13.11 Einzeltäter und sonstiger Widerstand 681
A.3.13.11.1 Allgemeines 681
A.3.13.11.2 Einzelne Persönlichkeiten 682
A.3.13.12 Ausland und deutscher Widerstand 683

A.3.14 Emigration und Exil 686
A.3.14.1 Allgemeines 686
A.3.14.2 Erlebnisberichte 700

A.3.14.3 Arbeiterbewegung 701
A.3.14.3.1 Allgemeines 701
A.3.14.3.2 Sozialdemokraten 703
A.3.14.3.2.1 Allgemeines 703
A.3.14.3.2.2 Einzelne Persönlichkeiten 706
A.3.14.3.3 Kommunisten 708
A.3.14.3.3.1 Allgemeines 708
A.3.14.3.3.2 Einzelne Persönlichkeiten 710
A.3.14.3.4 Linke Splittergruppen 712
A.3.14.3.4.1 Allgemeines 712
A.3.14.3.4.2 Einzelne Persönlichkeiten 713
A.3.14.3.5 Gewerkschaften 713
A.3.14.3.5.1 Allgemeines 713
A.3.14.3.5.2 Einzelne Persönlichkeiten 714
A.3.14.4 Nationalrevolutionäre Kräfte 714
A.3.14.4.1 Allgemeines 714
A.3.14.4.2 Einzelne Persönlichkeiten 715
A.3.14.5 Bürgerliche und christliche Kräfte 715
A.3.14.5.1 Allgemeines 715
A.3.14.5.2 Einzelne Persönlichkeiten 716
A.3.14.6 Nationalkomitee »Freies Deutschland« 717
A.3.14.6.1 Allgemeines 717
A.3.14.6.2 Einzelne Persönlichkeiten 720
A.3.14.7 Pazifisten 720
A.3.14.8 Wissenschaftler, Künstler, Intellektuelle 721
A.3.14.8.1 Allgemeines 721
A.3.14.8.2 Einzelne Persönlichkeiten 742

A.3.15 Wirtschaft und Wirtschaftspolitik 755
A.3.15.1 Allgemeines 755
A.3.15.2 Regional- und Lokalstudien 762
A.3.15.2.1 Allgemeines 762
A.3.15.2.2 Österreich 763
A.3.15.3 Unternehmer 764
A.3.15.4 Einzelne Unternehmen 768
A.3.15.5 Finanz- und Währungspolitik 772
A.3.15.6 Rüstungs- und Kriegswirtschaft 773
A.3.15.7 Landwirtschaft und Ernährung 779
A.3.15.8 Verkehrswesen und Verkehrspolitik 781
A.3.15.9 Post- und Fernmeldewesen 782
A.3.15.10 Außenwirtschaft 783
A.3.15.11 Lohn- und Arbeitsbedingungen 787
A.3.15.12 Arbeitsdienst 788

A.3.15.13 Technische Nothilfe 790
A.3.15.14 Organisation Todt 790
A.3.15.15 Wirtschaftliche Diskriminierung und Verdrängung
 der Juden 790
A.3.15.16 »Fremd-« und Zwangsarbeiter in Deutschland 792

A.3.16 Sozialpolitik 801
A.3.16.1 Allgemeines 801
A.3.16.2 Arbeitsverfassung und Arbeitsrecht 803
A.3.16.3 Arbeitsmarktpolitik 805
A.3.16.4 Sozialversicherung 806
A.3.16.5 Betriebliche Sozialpolitik 806
A.3.16.6 Organisierte Freizeit 807
A.3.16.7 Sozialfürsorge und Sozialarbeit 808
A.3.16.8 Wohnungspolitik, Städtebau, Raumordnung,
 Natur- und Landschaftsschutz 810
A.3.16.8.1 Allgemeines 810
A.3.16.8.2 Altbausanierung und Stadterneuerung 816

A.3.17 Gesundheits- und Bevölkerungspolitik 816
A.3.17.1 Allgemeines 816
A.3.17.2 Gesundheitswesen im Krieg 824
A.3.17.3 Psychologie und Psychiatrie 826
A.3.17.4 Bevölkerungswissenschaft, Bevölkerungs-,
 Familien- und Nationalitätenpolitik 831
A.3.17.5 Medizinverbrechen 838

A.3.18 Bildung und Erziehung 854
A.3.18.1 Allgemeines 854
A.3.18.2 Pädagogik 858
A.3.18.3 Lehrer und andere Erziehungsberufe 860
A.3.18.4 Schule 863
A.3.18.4.1 Allgemeines 863
A.3.18.4.2 Jüdische Schüler und Lehrer, jüdisches Schulwesen ... 871
A.3.18.5 Vorschulische Erziehung 872
A.3.18.6 Sonderschul- und Fürsorgeerziehung,
 Behindertenpädagogik 873
A.3.18.7 Berufliche Bildung 874
A.3.18.8 Erwachsenenbildung 877

A.3.19 Wissenschaft und Universitäten 877
A.3.19.1 Allgemeines 877
A.3.19.2 Einzelne Hochschulen und Wissenschaftsinstitutionen .. 884
A.3.19.3 Studentenschaft 891
A.3.19.4 Korporationen 895

A.3.19.5 Naturwissenschaften 897
A.3.19.5.1 Allgemeines 897
A.3.19.5.2 Mathematik 898
A.3.19.5.3 Physik 899
A.3.19.5.4 Chemie 901
A.3.19.5.5 Biologie 902
A.3.19.6 Geistes- und Sozialwissenschaften 902
A.3.19.6.1 Allgemeines 902
A.3.19.6.2 Philosophie 903
A.3.19.6.3 Germanistik 906
A.3.19.6.4 Anglistik 908
A.3.19.6.5 Romanistik 909
A.3.19.6.6 Geschichts- und Altertumswissenschaften 909
A.3.19.6.7 Klassische Philologie 916
A.3.19.6.8 Politische Wissenschaft 916
A.3.19.6.9 Soziologie 916
A.3.19.7 Kulturwissenschaften 921
A.3.19.7.1 Allgemeines 921
A.3.19.7.2 Volkskunde 922
A.3.19.8 Geowissenschaften 928
A.3.19.9 Wirtschaftswissenschaften 930
A.3.19.10 Technische Wissenschaften 931
A.3.19.11 Agrarwissenschaften 931

A.3.20 Kultur und Kulturpolitik 931
A.3.20.1 Allgemeines 931
A.3.20.2 Bildende Künste 937
A.3.20.3 Architektur 942
A.3.20.4 Literatur und Bibliotheken 946
A.3.20.5 Musik 959
A.3.20.6 Theater 962
A.3.20.7 Film 964
A.3.20.8 Fotografie 971
A.3.20.9 Sport 972

A.3.21 Auswärtige Beziehungen 976
A.3.21.1 Allgemeines 976
A.3.21.2 Diplomaten 984
A.3.21.2.1 Allgemeines 984
A.3.21.2.2 Einzelne Persönlichkeiten 986
A.3.21.3 Auslandsdeutsche 988
A.3.21.4 Völkerbund 991
A.3.21.5 Rheinlandkrise 1936 991
A.3.21.6 Antikominternpakt 992

A.3.21.7 Österreich 992
A.3.21.8 Westmächte allgemein 993
A.3.21.9 Großbritannien und Irland 993
A.3.21.10 Frankreich 995
A.3.21.11 Benelux-Staaten 997
A.3.21.12 Italien 997
A.3.21.13 Vatikan 999
A.3.21.14 Schweiz und Liechtenstein 1001
A.3.21.15 Spanien 1002
A.3.21.16 Osteuropa allgemein 1003
A.3.21.17 Sowjetunion 1003
A.3.21.18 Polen 1008
A.3.21.19 Tschechoslowakei und Slowakei 1009
A.3.21.20 Ungarn 1011
A.3.21.21 Südosteuropa 1011
A.3.21.22 Skandinavische Staaten 1013
A.3.21.23 Baltische Staaten 1013
A.3.21.24 Nordamerika 1014
A.3.21.25 Lateinamerika 1015
A.3.21.26 Arabischer Raum, Naher und Mittlerer Osten .. 1016
A.3.21.27 Afrika 1017
A.3.21.28 Ferner Osten 1017
A.3.21.28.1 Allgemeines 1017
A.3.21.28.2 Japan 1018
A.3.21.29 Kolonialpolitik 1019
A.3.22 Zweiter Weltkrieg 1020
A.3.22.1 Allgemeines 1020
A.3.22.2 Rüstung 1034
A.3.22.3 Kriegsursachen und Kriegsbeginn 1037
A.3.22.4 Osteuropa 1042
A.3.22.5 Westeuropa und USA 1050
A.3.22.6 Nordeuropa 1053
A.3.22.7 Südeuropa 1055
A.3.22.8 Südosteuropa 1056
A.3.22.9 Nordafrika, Naher und Mittlerer Osten 1056
A.3.22.10 Ferner Osten 1057
A.3.22.11 Heimatkrieg 1058
A.3.22.12 Luftkrieg 1060
A.3.22.13 Seekrieg 1066
A.3.22.14 Kriegsende 1068
A.3.22.14.1 Allgemeines 1068
A.3.22.14.2 Regional- und Lokalstudien 1071

A.3.22.15 Kriegsgefangene 1078
A.3.22.15.1 Deutsche Kriegsgefangene 1078
A.3.22.15.2 Kriegsgefangene in Deutschland 1080
A.3.22.16 Strafbataillione 1082
A.3.22.17 Militärischer Ungehorsam und
Kriegsdienstverweigerung 1083

A.3.23 Besetzte und annektierte Gebiete 1084
A.3.23.1 Allgemeines 1084
A.3.23.2 Osteuropa 1089
A.3.23.3 Südosteuropa 1100
A.3.23.4 Westeuropa 1102
A.3.23.5 Italien 1108
A.3.23.6 Nordeuropa 1108

Teil B Deutschland und die NS-Vergangenheit

B.1 Die »Bewältigung« der nationalsozialistischen Vergangenheit .. 1113

B.1.1 Allgemeines 1113

B.1.2 Verfolgtenorganisationen 1127

B.1.3 Affären 1128

B.1.4 NS-Prozesse 1129
B.1.4.1 Allgemeines 1129
B.1.4.2 Nürnberger Kriegsverbrechertribunal
und alliierte Folgeprozesse 1130
B.1.4.3 NS-Prozesse in Deutschland 1136
B.1.4.4 NS-Prozesse im Ausland 1142
B.1.4.4.1 Allgemeines 1142
B.1.4.4.2 Eichmann-Prozeß 1143

B.1.5 Entnazifizierung 1143
B.1.5.1 Allgemeines 1143
B.1.5.2 Westliche Besatzungszonen und BRD 1145
B.1.5.3 Sowjetische Besatzungszone und DDR 1153

B.1.6 Wiedergutmachung nationalsozialistischer
Unrechts- und Gewaltmaßnahmen 1154

B.1.7 Opfer nationalsozialistischer Unrechts-
und Gewaltmaßnahmen seit 1945 1160

B.1.8 Rezeption der nationalsozialistischen Vergangenheit 1162
B.1.8.1 Allgemeines 1162
B.1.8.2 Widerstand gegen das NS-Regime 1181
B.1.8.3 Gedenkstätten 1189
B.1.8.3.1 Allgemeines 1189
B.1.8.3.2 Gedenkstätten für die Opfer nationalsozialistischer
 Unrechts- und Gewaltmaßnahmen 1190
B.1.8.3.3 Kriegsgedenkstätten 1194
B.1.8.4 Öffentliche Kontroversen über die NS-Vergangenheit ... 1194
B.1.8.4.1 »Stellvertreter«-Kontroverse (1963) 1194
B.1.8.4.2 »Holocaust«-Schock (1978) 1195
B.1.8.4.3 »Historikerstreit« (1986) 1196
B.1.8.4.4 Öffentliche Kontroversen seit Mitte der achtziger Jahre . 1200

B.2 Rechtsextremismus in Deutschland seit 1945 1202

B.2.1 Allgemeines 1202
B.2.2 DDR und Ostdeutschland 1217
B.2.3 Rechtsextreme Parteien 1219
B.2.3.1 Allgemeines 1219
B.2.3.2 Sozialistische Reichspartei (SRP) 1219
B.2.3.3 Nationaldemokratische Partei Deutschlands (NPD) 1219
B.2.3.4 Die Republikaner (REP) 1221
B.2.3.5 Diverse rechtsextreme Kleinparteien 1223
B.2.4 Rechtsextreme Einstellungen in der deutschen Bevölkerung 1225
B.2.5 Rechtsextremismus unter Jugendlichen 1228

Siglen der zitierten Zeitschriften 1233
Autorenregister 1241
Personenregister 1387
Länder-, Regionen- und Ortsregister 1405

Vorwort

Vor fünfzig Jahren ist der Staat Hitlers von seinen Kriegsgegnern zum Gegenstand der zeithistorischen Vergangenheitsbewältigung degradiert worden. Dieses Datum hatte ich nicht im Blick, als ich mich vor mehr als einem halben Jahrzehnt daran machte, eine bibliographische Zwischenbilanz der wissenschaftlichen Auseinandersetzung mit jenem Unrechtsregime zu erarbeiten, das auf so monströse Weise geschichtsmächtig geworden ist. Eine Bestandsaufnahme enzyklopädischen Zuschnitts lag schon gar nicht in meiner Absicht. Doch im Laufe der Zeit hat das Projekt eine Eigendynamik entfaltet, welche die Arbeit daran bisweilen vom wissenschaftlichen Steckenpferd zum Trauma werden ließ.

Allerdings halte ich den Aufwand sachlich für gerechtfertigt. Denn zweifellos stellt eine umfassende Bibliographie zum Nationalsozialismus in Forschung und Lehre, politischer Bildung und Publizistik ein dringendes Desiderat dar. In dieser Überzeugung fühle ich mich durch die ständig wiederkehrenden Klagen über die Unübersichtlichkeit des Forschungsfeldes »Nationalsozialismus« bestärkt[1]. In der Tat ist die Zahl der einschlägigen Veröffentlichungen mittlerweile selbst für spezialisierte Historiker auch in Teilbereichen kaum noch überschaubar, und die vorhandenen Hilfsmittel geben keine zureichende Orientierung. Gerade die hochspezialisierte NS-Forschung bietet eine Reihe von Beispielen dafür, »daß die Geschichte der Wissenschaft auch als eine Geschichte des Vergessens begriffen werden kann«[2]. In der Folge droht mancher Erkenntnisfortschritt wieder verloren zu gehen, und nicht selten wird gar das Rad neu erfunden.

---

1 Vgl. für vieles den Literaturbericht von Michael Schneider, Nationalsozialistische Durchdringung von Staat, Wirtschaft und Gesellschaft. Zur Sozialgeschichte des »Dritten Reichs«, in: AfS 31 (1991), 514–57, hier 514.
2 Detlev Claussen, Analyse des Unheimlichen. Im Jahre 1944 fand in San Francisco ein Symposion über Antisemitismus statt. Die Ergebnisse liegen jetzt in deutscher Sprache vor, in: Zeit, Jg. 48, Nr. 28, 9.7. 1993, 14. Zu den Konsequenzen der spezialistischen Blickverengungen in der NS-Forschung vgl. die – in dieser Hinsicht – treffende Polemik von Götz Aly, Wider das Bewältigungs-Kleinklein, in: Hanno Loewy (Hg.), Holocaust: Grenzen des Verstehens. Eine Debatte über die Besetzung der Geschichte, Reinbek 1992, 42–51, insbes. 45f.

Darunter leidet zusehends der wissenschaftlich-politische Diskurs über jene erschreckende Phase der deutschen Vergangenheit, die nicht vergehen will und nicht vergehen wird. Und dies zu einer Zeit, in der die wohlverstandene Historisierung der NS-Zeit weiter auf der Tagesordnung steht und alle verfügbaren Informationen über die NS-Bewegung für vergleichende Analysen totalitärer Regime wie für die historische Einordnung und das Verständnis des gegenwärtigen Rechtsextremismus mobilisiert werden sollten. Freilich vermag auch eine noch so umfassende Kenntnis der Forschungsproduktion nicht jene »Vorstellung vom Gesamtzusammenhang der deutschen Verbrechen gegen die Menschlichkeit«[3] zu ersetzen, ohne die aus den empirischen Befunden keine näherungsweise Antwort auf die zentrale Frage destilliert werden kann, »ob und wie das Dritte Reich zu erklären ist«[4]. Andererseits muß sich jeder übergreifende Interpretationsansatz an den rekonstruierten Tatsachen bewähren. »Produktion und Rezeption« des publizierten Wissens darüber stehen nun aber eingestandenermaßen »in einem Mißverhältnis« zueinander[5]. Diese Feststellung gilt keineswegs allein, doch in besonderem Maße für die regional- und lokalgeschichtlichen Anstrengungen um eine angemessene Aufarbeitung der NS-Zeit. Bei meinem Bemühen, die bisherige NS-Forschung flächendeckend zu dokumentieren, habe ich deshalb besonderes Augenmerk darauf gelegt, auch diesen Bereich breit zu erschließen.

Im übrigen ist mir der fragmentarischen Charakters meiner Anstrengungen jederzeit bewußt gewesen. Ich bin aber zuversichtlich, daß die Benutzer dieser Bibliographie genügend Hinweise auf einschlägige Materialien werden entnehmen können, die ihnen weiterreichende Ansatzpunkte für spezielle Recherchen und für vergleichende Forschungen bieten.

Ein Vorhaben dieses Umfangs ist nicht gänzlich als Ein-Mann-Unternehmen zustande zu bringen. Ich habe denn auch einer langen Reihe von Personen und Institutionen Dank abzustatten für vielfältige Hilfestellung in allen Phasen meiner Arbeit. Hier können nur wenige stellvertretend genannt werden. Herr Professor Dr. Klaus Schönhoven hat die »nebenamtlichen« Aktivitäten seines Mitarbeiters zwar bisweilen mit Stirnrunzeln, jedoch durchweg verständnisvoll beobachtet und sie auf mancherlei Weise gefördert. Herr Peter Spear M.A. hat über Jahre hinweg mit anerkennenswertem Gleichmut eine nicht enden wollende Reihe von

---

3 Götz Aly (Anm. 2), 45.
4 Friedrich Tenbruck, Zeitgeschichte als Vergangenheitsbewältigung?, in: Thomas Nipperdey u.a. (Hg.), Weltbürgerkrieg der Ideologien. Antworten an Ernst Nolte. Festschrift zum 70. Geburtstag, Frankfurt/Berlin 1993, 482–95, hier 484.
5 Roland Müller, »Lokalgeschichte in Deutschland – eine Mühe, die sich lohnt«? Überblicksdarstellungen zur NS-Zeit, in: AS 20 (1993), 385–94, hier 385.

Karteikarten bibliographisch überprüft und mich auch sonst tatkräftig unterstützt. Frau cand. phil. Petra Gajewski hat monatelang ebenso ausdauernd wie akribisch und zuverlässig eine Hälfte der Bibliographie in die Datenbank eingegeben. Frau Marlene Alle und Herr Dr. Christian Mehlbeck von der EDV-Abteilung des Mannheimer Zentrums für Europäische Sozialwissenschaften haben mich bei der Einrichtung dieser Datenbank geduldigst beraten und mir darüber hinaus sämtliche benötigten Hilfsmittel großzügig zur Verfügung gestellt. Die Damen und Herren der Universitätsbibliothek Mannheim, insbesondere der Fernleihestelle, haben alle meine Anliegen mit stets freundlicher Kooperationsbereitschaft erfüllt. Eine große Zahl von Fachkollegen, Bibliothekaren, Verlagslektoren und Archivaren hat meine Anfragen beantwortet und mich auf weitere einschlägige Publikationen hingewiesen. Ohne die große Aufgeschlossenenheit des Bund-Verlages, an den ich mich aus alter Verbundenheit auch mit diesem Projekt gewandt hatte, vor allem aber ohne das geduldige Drängen seiner Lektorin Dr. Christiane Schroeder-Angermund hätte ich nicht jene Motivation aufbringen können, die notwendig gewesen ist, um diesen Kraftakt durchzuhalten. Von den Zumutungen, die meine Familie hingenommen hat, ist hier nicht zu reden.

Maxdorf/Pfalz, im Dezember 1994

Michael Ruck

Einleitung

Dies ist nicht der Ort für einen vertieften Überblick zur Entwicklung, zu den Schwerpunkten und zum gegenwärtigen Stand der NS-Forschung. Der Benutzer wird nicht umhinkommen, sich dazu aus der Perspektive seines jeweiligen Erkenntnisinteresses durch gezieltes Blättern selbst ein Bild zu machen. Einige Anmerkungen zu den neueren Trends der NS-Forschung und die anschließenden Hinweise zur Anlage und zur Einrichtung dieser Bibliographie mögen ihm diese Arbeit erleichtern.

Vor fünfzehn Jahren hat Peter Hüttenberger eine Reihe von »Lücken in der Forschung« benannt, die ihm bei der bibliographischen Beschäftigung mit der NS-Zeit ins Auge gefallen waren: »Erstaunlich ist, daß bislang die Lokal- und Regional- sowie die Dorf- und Stadtgeschichte zu kurz gekommen ist. Auch die Zahl der Arbeiten über wirtschafts- und sozialgeschichtliche Themen ist im Vergleich etwa zu der großen Menge an Untersuchungen über die Außenpolitik oder die Kirchengeschichte verhältnismäßig klein. Ein in der deutschen Geschichtswissenschaft traditionell oft behandeltes Problemfeld wie die Verwaltungsgeschichte hat noch nicht in ausreichendem Maße Beachtung gefunden; es fehlen vor allem grundlegende Arbeiten über einzelne Ministerien und Behörden, über die unmittelbaren Zusammenhänge zwischen staatlichen Verwaltungen aller Zweige mit den übrigen Bereichen der Politik und Gesellschaft, wobei besonders selten die Probleme der Kriegsverwaltung und -gesellschaft behandelt wurden. Schließlich fehlen Titel zur Geschichte einzelner Gruppierungen der Gesellschaft, z. B. des Mittelstandes, der Bauern, der Angestellten und kleineren Berufsgruppen wie der Ärzte, Rechtsanwälte und Apotheker.«[1]

Mittlerweile sind diese Lücken überwiegend geschlossen worden. Das belegt schon ein flüchtiger Blick in die einschlägigen Kapitel und Rubriken dieser Bibliographie. Darin spiegelt sich jene tiefgreifende Erweiterung und Pluralisierung der Forschungsperspektiven, die sich im Laufe der siebziger Jahre angebahnt und seit den frühen achtziger Jahren

---
1 Peter Hüttenberger, Bibliographie zum Nationalsozialismus, Göttingen 1980, Einleitung, 11.

publizistisch voll entfaltet hat. Von einem Paradigmen*wechsel* allerdings kann in diesem Zusammenhang nicht gesprochen werden. Denn die wachsende Zahl sozial- und alltagsgeschichtlich ausgerichteter Gruppen-, Regional- und Lokalstudien hat die traditionellen Forschungen zur Politik-, Diplomatie- und Militärgeschichte der NS-Zeit, zur Organisations- und Ideologiegeschichte von Kirchenkampf, Widerstand und Exil oder zum Hergang der NS-Repressions- und Vernichtungspolitik ebensowenig beiseite gedrängt wie die biographischen Studien über Protagonisten und Gegner des Hitlerregimes. Dafür haben schon die »Hitler-Welle«, der »Holocaust«-Schock und der »Historiker-Streit« wie auch die fünfzigsten Jahrestage der NS-Machtergreifung, des Novemberpogroms, der Überfälle auf Polen und die Sowjetunion, der »Wannsee-Konferenz«, des Juli-Attentats und des Kriegsendes gesorgt.

Allerdings haben die methodischen Erfordernisse sozialgeschichtlicher Untersuchungsansätze und das alltagsgeschichtliche Interesse an einer Aufarbeitung der NS-Geschichte des näheren Umfeldes die Flut regional- und vor allem lokalgeschichtlicher Publikationen in den vergangenen anderthalb Jahrzehnten überproportional ansteigen lassen. Das ist zunächst einmal eine begrüßenswerte Entwicklung. Hat sie doch wesentlich dazu beigetragen, jenes Bild einer monolithischen NS-Gewaltherrschaft über eine atomisierte, bis in die letzten Winkel kontrollierte, indoktrinierte und im Bedarfsfall terrorisierte Gesellschaft, wie es die klassische Totalitarismustheorie der fünfziger Jahre gezeichnet hat, als einen Idealtypus einzustufen, für den sich nur tendenziell empirische Entsprechungen in der deutschen Herrschafts- und Lebenswirklichkeit von 1933 bis 1945 nachweisen lassen. Andererseits hat die regional- und lokalgeschichtliche Forschung aber auch jenes hohe Maß an gesellschaftlicher Akzeptanz und Kollaborationsbereitschaft enthüllt, das es Hitler und der NS-Hierarchie ermöglichte, binnen weniger Jahre ein Regime zu etablieren und zu konsolidieren, dessen beispielloser Eroberungs- und Vernichtungsfeldzug viele Millionen Menschen das Leben kostete und die Landkarte Europas nachhaltig veränderte.

Der heuristische Nutzen lokal- und regionalhistorischer Ansätze auch und gerade für die Erforschung der NS-Zeit ist theoretisch einsichtig und praktisch belegt. Gleichwohl sind auf diesem Feld eklatante Defizite zu beklagen. Deren Ursachen sind normativer und methodischer Art. Die Verfasser einschlägiger »mit Fotos und Dokumenten ausgestattete(r) Sammelbände« sind zumeist »Geschichtsinitiativen, Laien oder Halbprofessionelle, Volkshochschulgruppen oder ABM-Kräfte [...]«, ist dazu unlängst angemerkt worden, »die leider aufgrund der institutionellen Gegebenheiten ihre lokale Untersuchung zu wenig in den regionalen und überregionalen Kontext einbetten und in die wissenschaftliche Diskussion einbringen«. Neben solchen »leider nicht selten dilettantischen Arbeiten, die mit enthüllend-moralisierender Pose den mittlerweile erreichten Kenntnisstand in keiner Weise reflektieren und oft jeder Form der Quellenkritik entsagen«, sei aber »gerade in jüngster Zeit eine Reihe erfreulicher Arbeiten aus den zunehmend professionell arbeitenden und nun auch mit wissenschaftlichem Personal ausgestatteten« Kommunalarchiven zu vermelden[2].

Der Mangel an interregional vergleichenden Studien indessen wird durch die Professionalisierung der Kommunal- und Regionalgeschichtsschreibung allein keineswegs behoben. Denn auch deren Hervorbringungen sind in aller Regel ganz auf den eigenen Zuständigkeitsbereich focussiert. Dabei steht außer Frage, daß solche Arbeiten erst in Form einer komparativen Analyse zu generalisierbaren Aussagen über die Funktionsweise des NS-Herrschaftsgefüges und die Sozialgeschichte der NS-Zeit von nationaler Reichweite führen können. Freilich ist mir aus eigener Erfahrung nur zu gut bekannt, welche forschungspraktischen Hindernisse derartigen Vorhaben entgegenstehen. Umso wichtiger ist es, die jeweiligen Einzelforschungen methodisch so anzulegen, daß spätere Untersuchungen über andere Regionen sich daran ausrichten können. Denn nur auf diesem Wege können kumulativ Ansatzpunkte für systematische Sekundäranalysen in vergleichender Absicht geschaffen werden, die nicht bloß impressionistisch bleiben müssen. Unerläßliche Voraussetzung dafür ist die Kenntnis möglichst vieler einschlägiger Materialien. Ich habe deshalb in breitem Umfang auch solche lokal- und regionalgeschichtlichen Publikationen dokumentiert, die nur punktuell Erkenntnisse und Quellen von allgemeinem Belang enthalten.

Ein zweites Charakteristikum der neueren NS-Forschung ist die intensive Beschäftigung mit der Geschichte einzelner Sozialgruppen. Zum einen ist die Rolle der traditionellen Funktionseliten in Justiz, Verwaltung, Militär und Wissenschaft verstärkt in den Blick genommen worden. Als Schwerpunkte zeichnen sich die Komplexe Justiz, Medizin/Psychiatrie und Universitäten ab; vergleichsweise defizitär sind demgegenüber die Bereiche Verwaltung, Militär und Wirtschaft. Vor allem aber mangelt es auch hier noch an Studien, welche das Verhalten verschiedener Elitegruppen komparativ untersuchen.

Bis weit in die siebziger Jahre hinein waren die gesellschaftlichen Eliten nur selten und dann zumeist in apologetischer Absicht behandelt worden. Mittlerweile ist das kollektive Selbstbehauptungslavieren als vorherrschendes Verhaltensmuster dieser Gruppen herausgearbeitet worden.

---

2 Stefan Goch, Stadtgeschichtsforschung im Ruhrgebiet. Ein Forschungs- und Literaturbericht, in: AfS 34 (1994), 441–75, hier 444.

Darüber kann die Unzahl ihrer Konflikte mit Repräsentanten der Staatspartei nicht hinwegtäuschen. Diese Rangeleien und Reibereien hatten ihren Ursprung fast durchweg in systemimmanenten Rivalitäten, welche nicht einfach über den Leisten »Dualismus von Staat und Partei« geschlagen oder unter der Rubrik »NS-Polykratie« abgebucht werden können. Trotz weitreichender Übereinstimmung mit und aller Loyalität gegenüber dem NS-Regime waren die höhere Beamtenschaft, der katholische Klerus und die evangelische Amtskirche, die studentischen Verbindungen wie andere überkommene Institutionen durchweg bestrebt, den Status von herausgehobenen, teilautonomen Schlüsselgruppen der deutschen Gesellschaft zu bewahren. Den Fortbestand des NS-Regimes indessen stellten sie damit zu keiner Zeit in Frage – nicht in Berlin und schon gar nicht in der Provinz. Manche Eliteangehörige übten sich in aktiver Kollaboration, andere hielten Distanz zur NSDAP und nahmen dafür gewisse berufliche Nachteile in Kauf; die überwiegende Mehrzahl indessen übte sich in politischer Mindestanpassung und uneingeschränkter professioneller Loyalität. Damit wurde ein unverzichtbarer Beitrag zur alltäglichen Funktionsfähigkeit eines Herrschaftsgefüges geleistet, dessen Dynamik sich umso ungehemmter auf immer neue »Feinde« in Deutschland und in der Welt entladen konnte.

Doch war es keineswegs allein die Kooperations- und Kollaborationsbereitschaft der Funktionseliten, welche den NS-Machteliten ihren Amoklauf ermöglichte. Auch die überkommenen sozialmoralischen Milieus (M. R. Lepsius) des Katholizismus und der Arbeiterbewegung(en) haben sich bei näherem Hinsehen als weit weniger resistent gegenüber den Herrschaftsansprüchen und Penetrationsversuchen des NS-Regimes erwiesen, als vielfach angenommen wurde. Das gilt schon für die Zeit vor der NS-Machtübernahme. Jahrzehntelang ging die herrschende Lehre davon aus, während der Weltwirtschaftskrise seien besonders die neuen Mittelschichten den nationalsozialistischen Anfechtungen erlegen. Jüngere Befunde der historischen Wahlsoziologie – ein ungemein prosperierendes Forschungsfeld – stützen diese Annahme im wesentlichen nicht. Vielmehr ist die NSDAP als eine »Volkspartei mit Mittelstandsbauch« (J. W. Falter) identifiziert worden, welche mit ihrer rechtspopulistischen Propaganda Wählerzuspruch quer durch die Bevölkerung – einschließlich erheblicher Teile der Arbeiterschaft und bis hinein in die Oberschichten – zu erzielen vermochte.

Große Teile auch der deutschen Arbeiterschaft haben während des »Dritten Reiches« ihren – nicht nur erzwungenen – Frieden mit dem NS-Regime gemacht. Diese Einsicht hat Sozialhistoriker der NS-Zeit zunehmend veranlaßt, ihr Augenmerk nicht mehr einseitig auf die repressiven, sondern verstärkt auch auf die integrativen Elemente der nationalsozialistischen Politik zu richten. Dabei haben sich die Krisenerfahrungen der frühen dreißiger Jahre als ein wichtiger Schlüssel zum Verständnis jener zunächst überwiegend apathischen, dann jedoch mehr und mehr zustimmenden Haltung erwiesen, mit der die große Masse der deutschen Arbeiterschaft den Machtantritt der Nationalsozialisten und deren Herrschaft hinnahm. Die rationalisierungsbedingte Erweiterung innerbetrieblicher Aufstiegschancen setzte sich nach 1933 ebenso fort wie der Ausbau des Leistungslohnsystems, mit der anspringenden Konjunktur schwanden die Sorgen um den Arbeitsplatz, und – zeitlich versetzt – begannen allmählich auch die Arbeitnehmereinkommen wieder zu steigen. Dies alles bewegte sich durchaus im Rahmen der Entwicklungsdynamik eines hochindustrialisierten Systems, doch von den Betroffenen wurde es überwiegend dem NS-Regime gutgeschrieben, obwohl dessen tatsächlicher Einfluß auf diesen Prozeß recht begrenzt geblieben ist.

Die Rolle der nationalsozialistischen Propagandaanstregungen bei der Herausbildung affektiver Bindungen der Arbeitnehmerschaft – wie der deutschen Bevölkerung insgesamt – an die NS-Diktatur ist den neueren Forschungen zufolge wesentlich geringer einzustufen, als früher angenommen. Die unermüdlich beschworene Betriebs- und Volksgemeinschaft und mancherlei symbolische Gratifikationen traten offenbar in ihrer einstellungs- und verhaltensprägenden Wirkung hinter der existentiellen Erfahrung zurück, die der (drohende) Verlust des Arbeitsplatzes 1929 bis 1933 und die Überwindung der Massenarbeitslosigkeit seit 1934/35 für die deutschen Arbeitnehmer bedeutet hatte.

Angesichts der Forschungsergebnisse zum Verhalten der Funktionseliten und der gesellschaftlichen Großmilieus wird kaum noch in Abrede gestellt, daß das NS-Regime nur deshalb bis zur militärischen Niederwerfung funktionieren konnte, ohne zuvor an der Dynamik seiner inneren Widersprüche zerbrochen zu sein, weil es sich auf ein breites Fundament nicht nur passiver Hinnahme, sondern mehr oder minder aktiver Unterstützung aus allen Schichten der Bevölkerung zu stützen vermochte. Einen niederdrückenden Beleg dafür liefert die Unzahl privater Denunziationen, mit denen sich Menschen jedweder Herkunft bei den Organen und Repräsentanten des NS-Regimes anbiedern wollten oder gar deren Repressionspotential für ihre persönlichen Zwecke zu instrumentalisieren trachteten. Erst im Laufe der achtziger Jahre wurde dieses Tabuthema zögernd aufgriffen. Nach dem Zusammenbruch der DDR und der Öffnung der Stasi-Akten hat es eine systemübergreifende Dimension gewonnen, die komparative Analysen geradezu herausfordert.

Die skizzierten Forschungen haben – nicht zuletzt durch die sozialgeschichtliche Relativierung der politischen Zäsur von 1933 – einen be-

Einleitung

achtlichen Beitrag zur empirischen Fundierung der anhaltenden Diskussion über die Notwendigkeit einer wohlverstandenen »Historisierung« der NS-Zeit und über deren (ungewollte) Modernisierungswirkungen geleistet. In ihrem Lichte haben sich die Faschismustheorien der sechziger und siebziger Jahre als minder wichtig für ein vertieftes Verständnis der NS-Diktatur erwiesen, während die Totalitarismusdebatte dadurch und vor dem Hintergrund der Implosion des Sowjetimperiums neue, womöglich weiterführende Impulse zu gewinnen scheint.

Ein gravierender Mangel indessen ist derzeit noch kaum behoben: Es gibt noch viel zu wenig Studien, welche längerfristige Entwicklungstrends über die politischen Zäsuren von 1933 *und* 1945 hinweg untersuchen. Anders als der Untergang der Weimarer Republik wurde der »Zusammenbruch« des Frühjahrs 1945 von den beteiligten Zeitgenossen überwiegend als epochaler Einschnitt erlebt. Und diese Umbruchserfahrung hat geraume Zeit auch die Perspektive der historischen Forschung bestimmt. In strikter personeller wie thematischer Arbeitsteilung wurde zum einen die Zeit des Nationalsozialismus, zum anderen die Nachkriegszeit erforscht. Erst seit wenigen Jahren ist die Rolle, welche der 8. Mai 1945 als hermetische Epochengrenze jahrzehntelang gespielt hat, im Zeichen struktur- wie erfahrungsgeschichtlicher Fragestellungen forschungspraktisch wiederholt überwunden worden. Offenkundig muß der Blick beiderseits weit darüber hinaus reichen, um die Wechselwirkungen säkularer Prozesse gesellschaftlichen Strukturwandels und spezifischer Auswirkungen nationalsozialistischer Herrschaft angemessen zu erfassen.

Diese Bemerkungen lenken den Blick auf die Rezeptions- und Wirkungsgeschichte der NS-Diktatur. Deren Bild ist im Verlaufe der letzten fünfzig Jahre tiefgreifenden Wandlungen unterworfen gewesen. Sie haben nicht allein mit der fortschreitenden Erweiterung der Quellenbasis, sondern auch mit politisch-ideologisch und gesellschaftlich vermittelten Wahrnehmungsverschiebungen und Interpretationsrastern zu tun. Deshalb räumt diese bibliographische Zwischenbilanz auch der Aufarbeitung (»Bewältigung«) der NS-Zeit nach dem Zweiten Weltkrieg breiten Raum ein.

Das gilt ebenso für die Entwicklung des Rechtsextremismus in Deutschland seit 1945. Maßgeblich für meine Entscheidung, diesen Komplex hier ebenfalls zu dokumentieren, war mitnichten dessen verengte Interpretation als »Neofaschismus« oder »Neonazismus«. Vielmehr sollen die Literaturhinweise es dem Benutzer auch in diesem Fall erleichtern, mit Blick auf langfristige Entwicklungen Kontinuität *und* Wandel des Spektrums rechtsextremer Verhaltensdispositionen und Organisationsstrukturen im 20. Jahrhundert zu analysieren.

Zur Anlage und *Einrichtung dieser Bibliographie*. Mit insgesamt 20 298 Einträgen – 10 017 Monographien, 6299 Beiträge aus Sammelwerken sowie 3983 Zeitschriften- und Zeitungsartikel – erschließt sie die deutsch-, englisch- und französischsprachige Nachkriegsliteratur zur Vorgeschichte, zur Herrschaft und zu den Nachwirkungen des NS-Regimes flächendeckend. Ein Anspruch auf Vollständigkeit wäre vermessen und wird nicht erhoben. Hingegen habe ich eine möglichst reichhaltige, repräsentative Auswahl wissenschaftlich relevanter Erzeugnisse angestrebt. Publikationen eklatant NS-apologetischer oder neonazistischer Provenienz wurden nur dann berücksichtigt, wenn ihnen ein gewisser Quellenwert zukommt. Im übrigen ist der Bearbeiter einer Bibliographie kein Zensor. Deshalb habe ich die Ausgrenzungsschwelle im Zweifelsfall eher niedrig angesetzt. Das gilt auch für die marxistisch-leninistische NS-Historiographie der früheren DDR, deren Hervorbringungen in nennenswertem Umfang aufgenommen wurden.

Der Berichtszeitraum reicht vom Kriegsende 1945 bis in den Herbst 1994[3]. Bei den Zeitschriftenaufsätzen liegt der Schwerpunkt auf den Veröffentlichungen der letzten fünfzehn Jahre. Darüber hinaus wurde eine größere Anzahl älterer Titel aufgenommen, deren Nennung mir unter sachlichen und/oder historiographie- und rezeptionsgeschichtlichen Gesichtspunkten geboten erschien[4]. Wiederabdrucke von Aufsätzen werden mit nachgewiesen. Was die Monographien anbelangt, ist auch die ältere Literatur intensiver berücksichtigt worden. Grundsätzlich wird jeweils die letztnachweisbare Ausgabe aufgeführt. Fast ausnahmslos enthält der Eintrag dann einen Hinweis auf die Erstauflage, zumindest aber die älteste ermittelte Vorauflage. Im Falle von Übersetzungen ins Deutsche wird die betreffende Ausgabe genannt und auf die fremdsprachige Originalpublikation verwiesen. Etwaige Übersetzungen deutschsprachiger Werke hingegen sind nicht erwähnt. Sammelbände, deren Beiträge vollzählig oder zum überwiegenden Teil in die Bibliographie übernommen wurden, erkennt der Benutzer an einem nachgestellten Sternchen (*). Zwei nachgestellte Sternchen (**) signalisieren ihm, daß die betreffende Publikation in nennenswertem Umfang gedrucktes Quellenmaterial enthält.

Ausdrücklich ausgenommen von dem umfassenden Dokumentationsanspruch dieses Werkes ist die *militärische* Geschichte des Zweiten Weltkrieges. Hier habe ich mich auf eine begrenzte Auswahl von Publikationen über strategisch bedeutsame Aspekte und Ereignisse beschränken

---

3 Die Eingabe wurde im Oktober 1994 abgeschlossen; die letzten Nachträge datieren vom 27. November 1994. Ein Folgeband mit Neuerscheinungen und Nachträgen ist in Arbeit und soll in einigen Jahren erscheinen.
4 So finden sich die einschlägigen Beiträge der »Vierteljahrshefte für Zeitgeschichte« vom ersten Erscheinungsjahr an dokumentiert.

müssen. Im übrigen sei auf die dort genannten bibliographischen Hilfsmittel verwiesen. Auf deren Nachweis habe ich auch sonst ebenso großen Wert gelegt wie auf die möglichst vollständige Nennung von Quellenpublikationen. Bieten diese doch zuvörderst die Möglichkeit, die eigenen Thesen und allfälligen Vorurteile am Primärmaterial der empirischen Überprüfung zu unterziehen.

Das Gesamtwerk wird durch eine detaillierte Sachgliederung sowie durch Autoren- und Personenregister und ein Länder-, Regionen- und Ortsregister erschlossen. Die dortigen Zahlenangaben beziehen sich auf die Nummern der jeweiligen Einträge[5]. Sofern der Benutzer sich vor der Konsultation der Register die erste und letzte Eintragsnummer des in Frage kommenden Sachkapitels notiert, wird er zügig diejenigen Einträge ermitteln können, welche dort für ihn von besonderem Interesse sein könnten. Des öfteren finden sich am Beginn der Kapitel in eckigen Klammern Querverweise auf andere Sachkapitel, die weitere relevante Einträge enthalten könnten. Im übrigen wurde eine Reihe von Titeln doppelt aufgenommen, um die Benutzung der Bibliographie zu erleichtern. Sämtliche Zeitschriften und Zeitungen werden abgekürzt zitiert; die Auflösung der Abkürzungen ist dem Siglenverzeichnis zu entnehmen, das den Registern vorangestellt ist. Zweite und weitere Vornamen von Autoren, Herausgebern und Bearbeitern sind grundsätzlich abgekürzt worden. Bei Publikationen mit mehr als zwei Autoren, Herausgebern, Bearbeitern oder Erscheinungsorten ist jeweils der erstgenannte (Orts-)Name mit dem Zusatz u.a. aufgeführt. Im übrigen wurden die allgemein üblichen Abkürzungen verwendet[6].

Innerhalb der Kapitel und Unterkapitel ist die Literatur jeweils nach einem einheitlichen Schema angeordnet: Bibliographien, Literaturberichte, Zeitschriften, Nachschlagewerke, Quellenkunde, gedruckte Quellen, methodische Probleme, Darstellungen, Regional- und Lokalstudien. Letztere werden gegebenenfalls wiederum in dieser Reihenfolge aufgelistet. An den vorangestellten kursiven Zwischenüberschriften erkennt der Benutzer, in welchem dieser Unterabschnitte er sich gerade befindet. Bei der Sortierung sind die Umlaute ä, ö, ü wie die Vokale a, o, u und der Buchstabe ß wie ein einfaches s behandelt worden.

Die Einträge wurden allesamt mit größtmöglicher Sorgfalt erhoben, bibliographisch verifiziert, sachlich klassifiziert – überwiegend im Wege

---

[5] Die Einträge sind fortlaufend nummeriert von Nr. 1 bis Nr. 20357. Bei der Endredaktion des fertigen Manuskripts wurden noch einige Dubletten gestrichen, verschiedene Irrläufer umgesetzt und wenige Nachträge eingefügt. Gelegentliche Lücken in der fortlaufenden Zählung und Nummern mit angefügten arabischen Buchstaben sind darauf zurückzuführen. Autoren, Herausgeber und Bearbeiter, die in den Zusätzen zu einer Reihe von Einträgen (»abgedr. in:« etc.) genannt werden, konnten aus technischen Gründen bei der Indexerstellung nicht berücksichtigt werden.

[6] LA steht für Lizenzausgabe, ND für Neudruck (Reprint), Ms. für Maschinenschrift.

der persönlichen Autopsie – und schließlich EDV-erfaßt. Wer jemals derartige Arbeiten in größerem Umfang verrichten mußte, weiß, daß es dabei nicht gänzlich ohne Fehler abgehen kann, die im Nachhinein auch für den Urheber zumeist kaum noch als solche identifizierbar sind. So wird es auch in diesem Fall sein. Da ich sowohl die Auswahl und Zuordnung aller Titel besorgt als auch in vielen Fällen deren Verifikation und Eingabe selbst durchgeführt sowie den gesamten Band redaktionell bearbeitet und die Korrekturarbeiten besorgt habe, liegt die Verantwortung für sämtliche Irrtümer allein bei mir[7].

---

7 Infolge einer Inkonsistenz, die ich bei der Einrichtung der Datenbank übersehen habe, konnte keine Feinsortierung nach alphabetischer Titelfolge oder Erscheinungsjahr vorgenommen werden, wenn in einem Unterkapitel mehrere Publikationen eines Verfassers vorkommen. In diesen Fällen hat das Programm die entsprechenden Einträge der betreffenden Autoren nach dem Zufallsprinzip angeordnet.

Teil A

Aufstieg und Herrschaft des Nationalsozialismus

A.1 Übergreifende Hilfsmittel, Darstellungen und Quellensammlungen zur Geschichte des Nationalsozialismus

A.1.1 Bibliographische Hilfsmittel

Bibliographien

1 Bibliographie der Sozialwissenschaften [seit 1937: ... der Sozial- und Wirtschaftswissenschaften]. Internationale Monatshefte der Buch- und Zeitschriftenliteratur über Gesellschaft, Politik, Wirtschaft, Finanzen, Statistik [seit 1935: ... über Volk, Staat, Wirtschaft und Statistik], Hg. Statistisches Reichsamt, Berlin 39 (1933) – 39 (1942) (ND Vaduz 1965)

2 Bibliographie zur Zeitgeschichte 1953–1989, Bd. 4: Supplement 1981–1989, Begr. Thilo Vogelsang, Bearb. Hellmuth Auerbach u. a., bearb. i. A. des Instituts für Zeitgeschichte, München u. a. 1991; XIII, 585 S.

3 Bibliographie zur Zeitgeschichte. Beilage der Vierteljahrshefte für Zeitgeschichte, Stuttgart 1 (1953) ff. [bis 36 (1988) zweijährlich in vier Folgen; seit 37 (1989) jährlich als Beilage zum 4. Heft]

4 Bibliographie zur Zeitgeschichte und zum Zweiten Weltkrieg für die Jahre 1945–50, Bearb. Thilo Vogelsang/Hellmuth Auerbach, bearb i. A. des Instituts für Zeitgeschichte, München 1955; 254 S. (ND New York/London 1966)

5 Bibliothek des Instituts für Weltwirtschaft an der Universität Kiel. Zentralbibliothek der Wirtschaftswissenschaften in der Bundesrepublik Deutschland. Sachkatalog, T. A: Alphabetisches Register, T. B.: Systematisches Register, Bearb. Patrik Tanghe, 3 Bde., Kiel 1980; 915, 377 S.

6 Bibliothek des Instituts für Weltwirtschaft, Kiel. Titelkatalog, Sachkatalog, Personenkatalog, Regionenkatalog, Körperschaftenkatalog, Behördenkatalog, Standortskatalog der Periodika, 218 Bde., Boston, Mass. 1967–1968

7 Bibliothek des Instituts für Zeitgeschichte, München. Alphabetischer Katalog, Sachkatalog, Biographischer Katalog, Länderkatalog, 14 Bde. u. 3 Nachtragsbde., Boston, Mass. 1967, 1973

8 Bibliothek für Zeitgeschichte. Weltkriegsbücherei Stuttgart. Alphabetischer Katalog, Systematischer Katalog, 11 u. 20 Bde., Boston, Mass. 1968

9 Books, Lea V. (Hg.): Hitler's Germany, T. 1–11, Hastings 1976–1977; 94 S.

10 Broszat, Martin: Bibliographie zur Geschichte der nationalsozialistischen Zeit, in: PS 9 (1958), 280–84

11 Bücherschau der Weltkriegsbücherei, München 1 (1921) – 24 (1944) (ND Bad Feilnbach 1988), N. F. 25 (1953) – 31 (1959); fortgesetzt u. d. T.: Jahresbibliographie der Bibliothek für Zeitgeschichte. Weltkriegsbücherei, N. F. der Bücherschau der Weltkriegsbücherei, Koblenz [bis 1973: Frankfurt; 1974–1982: München] 32 (1960) ff.

12 Faschismus, Nationalismus, Rassismus. Literaturliste zum Thema, Hg. ID-Archiv im Internationalen Institut für Sozialgeschichte, Amsterdam 1990; 36 S.

Übergreifende Hilfsmittel, Darstellungen und Quellensammlungen

13 Faschismus und Widerstand. Eine Literaturauswahl. Belletristik und Sachliteratur über die Zeit des Faschismus und den Widerstandskampf in Deutschland und in den okkupierten Ländern. Deutschsprachige Veröffentlichungen, die nach 1945 auf dem Gebiet der DDR erschienen sind. Stichtag: 31. Dezember 1962, verantwortl. Leitung Albert Kroh, Bearb. Mitarbeiter der Bibliothek der Hochschule der Deutschen Gewerkschaften Fritz Heckert, Bernau, Bernau 1963; VI, 277 S.

14 Funke, Manfred (Bearb.): Politische Geschichte 1918–1945, in: Karl D. Bracher u.a. (Hg.), Bibliographie zur Politik in Theorie und Praxis, 4., vollst. neu bearb. Aufl., Düsseldorf 1982, 55–87 (zuerst 1970)

15 Gröger, Ferdinand (Bearb.): Auswahlbibliographie, in: Karl D. Bracher u.a. (Hg.), Nationalsozialistische Diktatur 1933–1945. Eine Bilanz, Bonn (zugl. Düsseldorf) 1983, 818–34

16 Historische Bibliographie. Berichtsjahr 1986 [ff.], Hg. Horst Möller, Mithg. Dieter Albrecht u.a., hg. i.A. der Arbeitsgemeinschaft außeruniversitärer Forschungseinrichtungen in der Bundesrepublik Deutschland, München 1987ff.

17 Hüttenberger, Peter: Bibliographie zum Nationalsozialismus, Göttingen 1980; 214 S.

18 Kehr, Helen/Langmaid, Janet (Bearb.): The Nazi Era, 1919–1945. A Select Bibliography of Published Works from the Early Roots to 1980, London 1982; XVI, 621 S.

19 Mönnig, Richard (Hg.): Translations from the German. A Series of Bibliographies. English 1948–1964, 2., überarb. Aufl., Göttingen 1968; 509 S. (zuerst 1964)

20 Nationalsozialistische Bibliographie. Monatshefte der Parteiamtlichen Prüfungskommission zum Schutze des Nationalsozialistischen Schrifttums, Berlin 1 (1936) – 9 (1944), H. 1/3 (Beilage: Bibliographische Materialien)

21 Peter, Matthias/Schröder, Hans-Jürgen: Das nationalsozialistische Deutschland bis 1939. (Literaturhinweise), in: Matthias Peter/Hans-Jürgen Schröder, Einführung in das Studium der Zeitgeschichte, Mitarb. Markus M. Hugo u.a., Paderborn u.a. 1994, 271–81

22 Philipps, Leona R.: Adolf Hitler and the Third Reich. An Annoted Bibliography, New York 1977; 251 S.

23 Rees, Philip: Fascism and Pre-Fascism in Europe, 1890–1945. A Bibliography of the Extreme Right, Sussex/Totowa, N.J. 1984, 233–315

24 Schreiber, Gerhard: Hitler. Interpretationen 1923–1983. Ergebnisse, Methoden und Probleme der Forschung, 2., verb. u. durch eine annotierte Bibliographie für die Jahre 1984–1987 erg. Aufl., Darmstadt 1988; XII, 404 S. (zuerst 1984)

25 Snyder, Louis L. (Hg.): The Third Reich. 1933–1945. A Bibliographical Guide to German National Socialism, New York 1987; 284 S.

Literaturberichte

26 Brüdigam, Heinz: Wahrheit und Fälschung. Das Dritte Reich und seine Gegner in der Literatur seit 1945. Versuch eines kritischen Überblicks, Frankfurt 1959; 93 S.

27 Burleigh, Michael/Wippermann, Wolfgang: Bibliographical Essay, in: Michael Burleigh/Wolfgang Wippermann, The Racial State. Germany 1933–1945, Cambridge u.a. 1991, 358–79

28 Epstein, Klaus: [William L.] Shirers »Aufstieg und Fall des Dritten Reiches«, in: VfZ 10 (1962), 95–112

29 Förster, Gerhard u.a.: Forschungen zur deutschen Geschichte 1933–1945, in: Historische Forschungen in der DDR 1960–1970. Analysen und Berichte. Zum XIII. Internationalen Historikerkongreß in Moskau

1970. (ZfG, Sonderh.), Red. Gerhard Becker u.a., Berlin (O) 1970, 552–89

30 Frese, Matthias: Unterrichtsmodelle, Lehrbücher und Materialienbände zum Nationalsozialismus in Schule und politischer Bildungsarbeit, in: NPL 30 (1985), 272–95

31 Funke, Manfred: Führer-Prinzip und Kompetenz-Anarchie im nationalsozialistischen Herrschaftssystem, in: NPL 20 (1975), 60–67

32 Gincberg, L. I.: Die sowjetische Geschichtsschreibung über den deutschen Faschismus und den antifaschistischen Kampf in Deutschland (60er und 70er Jahre), in: JfG 27 (1983), 317–35

33 Hillgruber, Andreas: Endlich genug über Nationalsozialismus und Zweiten Weltkrieg? Forschungsstand und Literatur, Düsseldorf 1982; 90 S.

34 Hillgruber, Andreas: Innen- und Außenpolitik Deutschlands von 1933 bis 1945. Literaturbericht, in: GWU 25 (1974), 239–56; 26 (1975), 578–94; 27 (1976), 509–20; 30 (1979), 187–200; 35 (1984), 401–14; 36 (1985), 209–24; 37 (1986), 445–60; 38 (1987), 181–92

35 Horn, Wolfgang: Zur Geschichte und Struktur des Nationalsozialismus und der NSDAP, in: NPL 18 (1973), 194–209

36 Kuhn, Axel: Herrschaftsstruktur und Ideologie des Nationalsozialismus, in: NPL 16 (1971), 395–406

37 Kühnl, Reinhard: Der deutsche Faschismus. Nationalsozialismus und »Drittes Reich« in Einzeluntersuchungen und Gesamtdarstellungen, in: NPL 15 (1970), 13–43

38 Kühnl, Reinhard: Der deutsche Faschismus in der neueren Forschung. Beiträge zur Kausalfrage und zum Herrschaftssystem, in: NPL 28 (1983), 57–84

39 Kulka, Otto D.: Die deutsche Geschichtsschreibung über den Nationalsozialismus und die »Endlösung«. Tendenzen und Entwicklungsphasen 1924–1984, in: HZ 240 (1985), 599–640

40 Kulka, Otto D.: Major Trends and Tendencies of German Historiography on National Socialism and the »Jewish Question«, in: LBY 30 (1985), 215–42; abgedr. in: Yisrael Gutman/Gideon Greif (Hg.), The Historiography of the Holocaust Period, Jerusalem 1988, 1–51

41 Lange, Dieter u.a.: Forschungen zur deutschen Geschichte 1933–1945, in: Historische Forschungen in der DDR 1970–1980. Analysen und Berichte. Zum XV. Internationalen Historikerkongreß in Bukarest 1980. (ZfG, Sonderh.), Red. Gerhard Becker u.a., Berlin (O) 1980, 279–309

42 Leuschner, Joachim/Viefhaus, Erwin: Der Nationalsozialismus, in: NPL 6 (1961), 850–70

43 Moll, Martin: Drittes Reich. (Literaturbericht), in: GeG 3 (1984), 242–54

44 Muth, Heinrich: Zeitgeschichte: Innenpolitik 1933–1945. (Literaturbericht), in: GWU 19 (1968), 125–36

45 Peukert, Detlev J. K.: Das »Dritte Reich« aus der »Alltags-«Perspektive, in: AfS 26 (1986), 533–56

46 Schneider, Michael: Nationalsozialistische Durchdringung von Staat, Wirtschaft und Gesellschaft. Zur Sozialgeschichte des »Dritten Reiches«, in: AfS 31 (1991), 514–57

47 Schreiber, Gerhard: Hitler und seine Zeit – Bilanzen, Thesen, Dokumente, in: Wolfgang Michalka (Hg.), Die Deutsche Frage in der Weltpolitik. (NPL, Beih. 3), Wiesbaden 1986, 137–64

48 Tuchel, Johannes: Jugend, Alltag und Gewaltverbrechen im Dritten Reich. Zu neueren Arbeiten und Wiederauflagen über den Nationalsozialismus, in: IWK 20 (1984), 44–49

49 Ullrich, Volker: Hitler und der Nationalsozialismus, in: Parlament, Jg. 39, Nr. 50, 8.12.1989, 14f.

50 Wendt, Bernd-Jürgen: Auseinandersetzungen mit der Hitler-Diktatur, in: Parlament, Jg. 42, Nr. 41, 2.10.1992, 24f.

A.1.2 Nachschlagewerke

A.1.2.1 Allgemeine Nachschlagewerke

51 Adressenwerk der Dienststellen der NSDAP, der Deutschen Arbeitsfront, des Reichsnährstandes und der Behörden, 1: Gesamtadressenwerk der NSDAP-Geschäftsstellen, Berlin 1935

52 Adressenwerk der Dienststellen der NSDAP mit den Angeschlossenen Verbänden, des Staates (Reichsregierung – Behörden) und der Berufsorganisationen in Kultur – Reichsnährstand – Gewerbliche Wirtschaft. Reichsband mit Lexikon-Wegweiser von A-Z, , hg. unter Aufsicht der Reichsleitung der NSDAP – Hauptorganisationsamt München – unter Mitarbeit der Gauorganisationsämter, 3. Ausgabe 1941/42, Berlin 1942

53 Adressenwerk der Dienststellen der NSDAP und den angeschlossenen Verbänden, des Staates, der Reichsregierung, Behörden und der Berufsorganisationen. Reichsband mit Lexikon-Wegweiser von A-Z, 2. Ausgabe, Berlin 1939

54 Benz, Wolfgang (Hg.): Legenden – Lügen – Vorurteile. Ein Lexikon zur Zeitgeschichte, 2. Aufl., München 1992 (zuerst 1990)

Chronik deutscher Zeitgeschichte. Politik – Wirtschaft – Kultur. (Droste Geschichtskalendarium), Düsseldorf:

55 – Bd. 2.1: Das Dritte Reich 1933–1939, Bearb. Manfred Overesch/Friedrich W. Saal, Mitarb. Jork Artelt, 1982; 621 S.

56 – Bd. 2.2: Das Dritte Reich 1939–1945, Bearb. Manfred Overesch, Mitarb. Wolfgang Herda/Jork Artelt, 1983; 662 S.

57 Freemann, Michael (Hg.): Atlas of Nazi Germany, Mitarb. Timothy W. Mason, London/Sydney 1987; IX, 205 S.

58 Handbuch für das Deutsche Reich 1936, Hg. Reichs- und Preußisches Ministerium des Innern, Jg. 46, Berlin 1936; 407 S.

59 Handbuch über den Preußischen Staat für das Jahr 1934, [...] 1935, [...] 1938, Hg. Preußisches Staatsministerium, Jg. 138–140, Berlin o.J.; fortgesetzt u.d.T.: Preußisches Staatshandbuch 1939, Jg. 141, Berlin o.J. [mehr nicht erschienen]

60 Hilgemann, Werner: Atlas zur deutschen Zeitgeschichte 1918–1968, Kartografie Jürgen Taufmann, 4. Aufl., München/Zürich 1994; 208 S. (zuerst 1984)

61 Kammer, Hilde/Bartsch, Elisabet (Hg.): Nationalsozialismus. Begriffe aus der Zeit der Gewaltherrschaft 1933–1945, Mitarb. Manon Eppenstein-Baukhage, Neuausg., Reinbek 1992; 284 S. (zuerst 1982 u.d.T.: Jugendlexikon Nationalsozialismus)

62 Keesings Archiv der Gegenwart, Bd. 3 (1933) – 15 (1945), Wien/Berlin 1934ff. (ND Bonn u.a. 1962)

63 Peters, Ludwig: Volkslexikon Drittes Reich. Die Jahre 1933–1945 in Wort und Bild, Hg. Institut für Deutsche Nachkriegsgeschichte, Tübingen 1994; 943 S.

64 Schulthess' Europäischer Geschichtskalender, Hg. Ulrich Thürauf, Bd. 74 (1933) – 82 (1941) (N.F. 49–57), München 1934–1942, 1965

65 Snyder, Louis L.: Encyclopaedia of the Third Reich, London/New York 1976; 410 S.

66 Walker, Malvin: Chronological Encyclopaedia of Adolf Hitler and the Third Reich, New York 1978; 191 S.

67 Zentner, Christian/Bedürftig, Christian (Hg.): Das große Lexikon des Dritten Reiches. Personen, Ereignisse, Institutionen, München 1985; 686 S.

A.1.2.2 Biographische Hilfsmittel

68 Biographisches Lexikon zur deutschen Geschichte. Von den Anfängen bis 1945, Hg. Gerhart Hass u. a., 3. Aufl., Berlin (O) 1971; 770 S. (zuerst 1967)

69 Biographisches Wörterbuch zur deutschen Geschichte, Begr. Helmut Rössler/ Günther Franz, Bearb. Karl Bosl u. a., 3 Bde., 2., völlig neu bearb. u. stark erw. Aufl., München 1973–1975; XII, X, X, 3330, 105 S. (ND 1982)

70 Degeners Wer ist's. Eine Sammlung von rund 1800 Biographien mit Angaben über Herkunft, Lebenslauf, Veröffentlichungen und Werke, Lieblingsbeschäftigung, Mitgliedschaften bei Gesellschaften, Anschrift und anderen Mitteilungen von allgemeinem Interesse. Auflösung von Pseudonymen, Begr. u. Hg. Herbert A. L. Degener, 10., völlig neu bearb. u. bedeut. erw. Aufl., Berlin 1935; LXXIX, 1833 S.

71 Das Deutsche Führerlexikon 1934/1935, 2 Teile in 1 Bd., Berlin 1934; 552, 148, 8 S.

72 Fabricius, Hans/Stamm, Kurt: Bewegung, Staat und Volk in ihren Organisationen. Führer-Kalender, 4. Aufl., Berlin 1935; 258 S.

73 Die Führung des Dritten [ab 1939: Großdeutschen] Reiches. Führer-Kalender, München/Bayreuth 1 (1937) ff.

74 Harenbergs Personenlexikon 20. Jahrhundert. Daten und Leistungen (A-Z), Chefred. Werner Wahls, Dortmund 1992; 1412 S.

75 Höffkes, Karl: Hitlers politische Generale. Die Gauleiter des Dritten Reiches. Ein biographisches Nachschlagewerk, Tübingen 1986; 421 S.

76 Jeserich, Kurt G. A./Neuhaus, Helmut (Hg.): Persönlichkeiten der Verwaltung. Biographien zur deutschen Verwaltungsgeschichte 1648–1945, Mitarb. Frank-Lothar Kroll/Manfred Nebellin, hg. i. a. der Freiherr-vom-Stein-Gesellschaft, Stuttgart u. a. 1991; XVI, 563 S.

77 Müffling, Wilhelm Freiherr von: Wegbereiter und Vorkämpfer für das neue Deutschland, München 1933; 64 S.

78 Müller-Schönhausen, Rudolf: Köpfe aus der Gefolgschaft des Führers. Alte Kämpfer, München 1937; 27 S.

79 Neue deutsche Biographie [NDB], Hg. Historische Kommission bei der Bayerischen Akademie der Wissenschaften, Bd. 1 (Achen – Behaim) – 16 (Maly-Melanchton), Berlin 1953–1990 (wird fortges.)

80 Pätzold, Kurt u. a. (Hg.): Biographien zur deutschen Geschichte. Lexikon. Von den Anfängen bis 1945, Red. Wolfgang Huschner u. a., Berlin 1991; 594 S.

81 Schmidt-Pauli, Edgar von: Die Männer um Hitler, 3., erg. Aufl., Berlin 1935; 190 S. (zuerst 1932)

82 Stockhorst, Erich: Fünftausend Köpfe. Wer war was im Dritten Reich, Velbert/ Kettwig 1967; 461 S.

83 Ursachen und Folgen. Vom deutschen Zusammenbruch 1918 und 1945 bis zur staatlichen Neuordnung Deutschlands in der Gegenwart. Biographisches Register, Hg. Herbert Michaelis/Ernst Schraepler, Mitarb. Günter Scheel, 2 Bde., Berlin 1979; 818 S.

84 Wer leitet? Die Männer der Wirtschaft und der einschlägigen Verwaltung einschließlich Adreßbuch der Direktoren und Aufsichtsräte, Berlin 1 (1940) – 2 (1941/42); 1012, 1136 S.

85 Wistrich, Robert S.: Wer war wer im Dritten Reich. Ein biographisches Lexikon. Anhänger, Mitläufer, Gegner aus Politik, Wirtschaft, Militär, Kunst und Wissenschaft, Bearb. Hermann Weiß, 2., überarb. u. erw. Aufl., Frankfurt 1987 u.ö.; 398 S. (zuerst München 1983; engl.: London 1982)

Regional-/Lokalstudien

86 Badische Biographien, N.F., Bd. 1–3, Hg. Bernd Ottnad, hg. i.A. der Kommission für geschichtliche Landeskunde in Baden-Württemberg, Stuttgart u.a. 1982, 1987, 1990; XVI, 279; XX, 338; XX, 334 S.

87 Bosl, Karl (Hg.): Bosls Bayerische Biographie. 8000 Persönlichkeiten aus 15. Jahrhunderten, Red. Erika Bosl, Regensburg 1983; XVI, 918 S.

88 Bosl, Karl (Hg.): Bosls Bayerische Biographie, Erg.bd.: 1000 Persönlichkeiten aus 15. Jahrhunderten, Red. Erika Bosl, Regensburg 1988; XVI, 190 S.

89 Bremische Biographie 1912–62, Hg. Historische Gesellschaft zu Bremen, Bearb. Wilhelm Lührs, Bremen 1969; XV, 573 S.

90 Ruppel, Hans G./Groß, Birgit (Bearb.): Hessische Abgeordnete 1920–1933. Biographische Nachweise für die Landstände des Großherzogtums Hessen (2. Kammer) und den Landtag des Volksstaates Hessen, Darmstadt 1980; 282 S.

A.1.2.3 Statistiken

91 Bevölkerung und Wirtschaft 1872–1972, Hg. Statistisches Bundesamt, hg. anläßlich des 100jährigen Bestehens der zentralen amtlichen Statistik, Stuttgart/Mainz 1972; 278 S.

92 Petzina, Dietmar u.a.: Sozialgeschichtliches Arbeitsbuch, Bd. 3: Materialien zur Statistik des Deutschen Reiches 1914–1945, München 1978; 187 S.

93 Statistisches Handbuch von Deutschland 1928–1944, Hg. Länderrat des amerikanischen Besatzungsgebietes, München 1949; 640, 17 S.

94 Statistisches Jahrbuch für das Deutsche Reich, Hg. Statistisches Reichsamt, Berlin 52 (1933) – 59 (1941/42)

A.1.3 Gedruckte Quellen

[vgl. A.1.9: Gedruckte Quellen; A.3.11: Gedruckte Quellen; B.1.4: Gedruckte Quellen]

Quellenkunde

95 Aly, Götz/Heim, Susanne: Das Zentrale Staatsarchiv in Moskau (»Sonderarchiv«). Rekonstruktion und Bestandsverzeichnis verschollen geglaubten Schriftguts aus der NS-Zeit, Hg. Hans-Böckler-Stiftung, Düsseldorf 1992; 58 S.

96 Beddie, James S.: The Berlin Document Center, in: Robert Wolfe (Hg.), Captured and Related Records. A National Archives Conference, Athens, Ohio 1974, 131–42

97 Benz, Wolfgang (Hg.): Quellen zur Zeitgeschichte. (Deutsche Geschichte seit dem Ersten Weltkrieg 3), Hg. Institut für Zeitgeschichte, Stuttgart 1973; 366 S.

98 Boberach, Heinz: Die schriftlichen Überlieferungen der Behörden des Deutschen Reiches 1871–1945. Sicherung, Rückführung, Ersatzdokumentation, in: Heinz Boberach/Hans Booms (Hg.), Aus der Arbeit des Bundesarchivs. Beiträge zum Archivwesen, zur Quellenkunde und Zeitgeschichte, Boppard 1977, 50–61

99 Boberach, Heinz: Das Schriftgut der staatlichen Verwaltung, der Wehrmacht und der NSDAP aus der Zeit von 1933–1945. Versuch einer Bilanz, in: Archivar 22 (1969), 137–52

100 Brather, Hans-Stephan: Aktenvernichtung durch deutsche Dienststellen beim Zusammenbruch des Faschismus, in: Archivmitteilungen 8 (1958), 115–17

101 Browder, George C.: Problems and Potentials of the Berlin Document Center, in: CEH 5 (1975), 362–80

102 Geschichtsquellen zur Reichs- und preußischen Politik 1871–1945 in Archiven

der Bundesrepublik Deutschland. Rundgespräch, in: Archivar 31 (1978), 35–46

103 Gießler, Klaus-Volker: Quellen zur inneren Geschichte Deutschlands von 1933 bis 1945 in Akten der Wehrmacht, in: Heinz Boberach/Hans Booms (Hg.), Aus der Arbeit des Bundesarchivs. Beiträge zum Archivwesen, zur Quellenkunde und Zeitgeschichte, Boppard 1977, 357–68

104 Granier, Gerhard u.a. (Bearb.): Das Bundesarchiv und seine Bestände, 3., erg. u. neu bearb. Aufl., Boppard 1977; LXXI, 940 S.

105 Guides to German Records Microfilmed at Alexandria, Hg. The National Archive u.a., Bearb. Commitee for the Study of War Documents/American Historical Association, Bd. 1ff., Washington, D.C. 1958ff.

106 Henke, Josef: Das Schicksal deutscher zeitgeschichtlicher Quellen in Kriegs- und Nachkriegszeit. Beschlagnahme – Rückführung – Verbleib, in: VfZ 30 (1982), 557–620

107 Hoch, Anton: Das Archiv des Instituts für Zeitgeschichte [München], in: Archivar 26 (1973), 295–308

108 Holzhausen, Rudolf: Die Quellen zur Erforschung der Geschichte des »Dritten Reiches«, in: ArchZ 46 (1950), 196–206

109 Inventar archivalischer Quellen des NS-Staates. Die Überlieferung von Behörden und Einrichtungen des Reichs und der Länder und der NSDAP, bearb. i.A. des Instituts für Zeitgeschichte, München u.a.:
– Bd. 1: Reichszentralbehörden, regionale Behörden und wissenschaftliche Hochschulen für die zehn westdeutschen Länder sowie Berlin, Bearb. Heinz Boberach, Mitarb. Dietrich Gessner u.a., 1991; XXXV, 717 S.

110 Jaeger, Harald: Problematik und Aussagewert der überlieferungsgestörten Schriftgutbestände der NS-Zeit, in: Archivar 28 (1975), 275–92

111 König, Stefan: Die Archivgesetze des Bundes und der Länder: Fluch oder Segen?

Zum Nutzen und Schaden der Archivgesetze für die Erforschung des Nationalsozialismus, in: Rainer Polley (Hg.), Archivgesetzgebung in Deutschland. Beiträge eines Symposions, Marburg 1991, 227–61

112 Marwell, David G.: Das Berlin Document Center (BDC), in: Werner Röhr u.a. (Hg.), Faschismus und Rassismus. Kontroversen um Ideologie und Opfer, Berlin 1992, 413–19

113 Meyer, Heiner: Berlin Document Center. Das Geschäft mit der Vergangenheit, Frankfurt/Berlin 1988

114 Milton, Sybil: Argument oder Illustration. Die Bedeutung von Fotodokumenten als Quelle, in: Fotogeschichte 8 (1988), Nr. 28, 61–90

115 Mommsen, Wolfgang J.: Die Akten der Nürnberger Kriegsverbrecherprozesse und die Möglichkeiten ihrer historischen Auswertung, in: Archivar 3 (1950), 14–25

116 Rebentisch, Dieter: Reichskanzlei und Partei-Kanzlei im Staat Hitlers. Anmerkungen zu zwei Editionsprojekten und zur Quellenkunde der nationalsozialistischen Epoche, in: AfS 25 (1985), 611–33

117 Richter, Bernt: Hindernisse beim Dokumentieren nationalsozialistischer Herrschaft, in: Medium 12 (1982), Nr. 3, 16–20

118 Rohr, Wilhelm: Schicksal und Verbleib des Schriftguts der obersten Reichsbehörden, in: Archivar 8 (1955), 161–74

119 Sauer, Sabine/Konrad, Detlev: Deutsche Deponien. Berlin Document Center und Stasi-Archiv Berlin, in: Karl M. Michel/Tilman Spengler (Hg.), Kollaboration. (Kursbuch, 115), Berlin 1994, 89–98

120 Schickel, Alfred (Hg.): Aus den Archiven. Funde der Zeitgeschichtlichen Forschungsstelle Ingolstadt 1981 bis 1991, München 1993; 347 S.

121 Seraphim, Hans-Günther: Die Erschließung der Nürnberger Prozeßakten, in: Archivar 28 (1975), 417–22

122 Tondokumente zur Zeitgeschichte 1939–1945, Hg. Deutsches Rundfunkarchiv, Bearb. Walter Roller, Frankfurt 1975; IX, 294 S.

123 Wegner, Bernd: Deutsche Aktenbestände im Moskauer Zentralen Staatsarchiv. Ein Erfahrungsbericht, in: VfZ 40 (1992), 311–19

124 Weinberg, Gerhard L. u.a. (Bearb.): Guide to Captured German Documents. (War Documentation Project Study, 1), Hg. American Historical Association. Committee for the Study of War Documents, Leitung Fritz T. Epstein, Mitarb. WPD-Staff Columbia University, Bureau of Applied Social Research, New York 1952; IX, 90 S.; Supplementbd.: Hg. National Archives and Records Service, General Services Administration, Washington, D.C. 1959; VI, 69 S.

125 Weinberg, Gerhard L. u.a.: Supplement to the Guide to Captured German Documents, National Archives and Records Section, Washington, D.C. 1959

126 Wolfe, Robert (Hg.): Captured German and Related Records. A National Archives Conference, Athens, Ohio 1974; XX, 279 S.

127 Wyrwa, Ulrich: Das Berlin Document Center. Wasserkäfersteig 1, in: Helmut Engel u.a. (Hg.), Geschichtslandschaft Berlin. Orte und Ereignisse, Bd. 4: Zehlendorf, Berlin 1992, 97–115

Gedruckte Quellen

128 Anger, Walter (Hg.): Das Dritte Reich in Dokumenten, Frankfurt 1957; 216 S.

129 Beweisdokumente für die Spruchgerichte in der Britischen Zone, Hg. Generalinspekteur in der Britischen Zone für die Spruchgerichte, Hamburg 1947; XVII, 391 S.

130 Blase, Alexander (Hg.): Das Dritte Reich. Zeitgeschichte in Text und Quellen, Hannover 1966; 224 S.

Dokumente der deutschen Politik. [ab Bd. 7: Das Reich Adolf Hitlers], Hg. Paul Meier-Benneckenstein, Berlin:

131 – Bd. 1: Die nationalsozialistische Revolution 1933, Bearb. Axel Friedrichs, 1935; 355 S.

132 – Bd. 2: Der Aufbau des deutschen Führerstaates: Das Jahr 1934, Bearb. Axel Friedrichs, 1936; 340 S.

133 – Bd. 3: Deutschlands Weg zur Freiheit 1935, Bearb. Axel Friedrichs, 1937; 338 S.

134 – Bd. 4: Deutschlands Aufstieg zur Großmacht 1936, Bearb. Axel Friedrichs, 1937; 378 S.

135 – Bd. 5: Von der Großmacht zur Weltmacht: 1937, Bearb. Hans Volz, 1938; 468 S.

136 – Bd. 6: Großdeutschland 1938, Bearb. Hans Volz, 2 Bde., 1939; 755 S.

137 Gerold, Horst: Gesetze des Unrechts. Ein Faksimiledruck von Gesetzen des NS-Regimes von 1933–1943, der Kapitulationsurkunde sowie dem politischen Testament Hitlers, St. Augustin 1979; 48 S.

138 Gesetze des NS-Staates. Dokumente eines Unrechtssystems, Hg. Ingo von Münch, Bearb. Uwe Brodersen, 3., neubearb. u. wesentl. erw. Aufl., Paderborn u.a. 1994; 263 S. (zuerst Bad Homburg u.a. 1968)

139 Grunfeld, Frederic V. (Hg.): Die deutsche Tragödie. Adolf Hitler und das Deutsche Reich 1918–1945 in Bildern, Hamburg 1975; 384 S. (engl.: London/New York 1974 u.d.T.: The Hitler File)

140 Heiber, Beatrice/Heiber, Helmut (Hg.): Die Rückseite des Hakenkreuzes. Absonderliches aus den Akten des Dritten Reiches, München 1993; 409 S.

141 Hofer, Walther (Hg.): Der Nationalsozialismus. Dokumente 1933–1945, überarb. Neuausgabe, 42. Aufl., Frankfurt 1993; 396 S. (zuerst 1957)

142 Hohlfeld, Johann (Hg.): Die Zeit der nationalsozialistischen Diktatur 1933–1945,

Bd. 1: Aufbau und Entwicklung 1933–1938, Bd. 2: Deutschland im Zweiten Weltkrieg 1939–1945. (Dokumente der deutschen Politik und Geschichte bis zur Gegenwart. Ein Quellenwerk für die politische Bildung und Staatsbürgerliche Erziehung, 4/5), Berlin 1953; XVIII, 508 S.; vgl. Kommentar, Erläuterung und Erklärungen zu Bd. 1–6, Bearb. Herbert Michaelis, Berlin 1956; 506 S.

143 Huber, Heinz/Müller, Artur (Hg.): Das Dritte Reich. Seine Geschichte in Texten, Bildern und Dokumenten, Bd. 1: Der Aufbau der Macht, Bd. 2: Der Zusammenbruch der Macht, Mitarb. Waldemar Besson, München u. a. 1964; 859 S.

144 Hubmann, Hanns: Augenzeuge 1933–1945, München/Berlin 1980; 216 S. (LA München 1984 u. d. T.: Die Hitler-Zeit 1933–1945. Bilder zur Zeitgeschichte)

145 Jacobsen, Hans-Adolf/Jochmann, Werner (Hg.): Nationalsozialismus 1933–1945, Bielefeld 1961–1963 [Sammlung], 1966 [Kommentar]; 143 S. (Loseblattsammlung; 8 Lieferungen)

146 Kaden, Helma/Nestler, Ludwig (Hg.): Dokumente des Verbrechens. Aus den Akten des Dritten Reiches 1933–1945, Bd. 1: Schlüsseldokumente, Bd. 2: Dokumente 1933 – Mai 1941, Bd. 3: Dokumente Juni 1941–1945, Mitarb. Kurt Frotscher u. a., Berlin 1993; 261, 208, 305 S.

147 Kempner, Robert M. W.: Das Dritte Reich im Kreuzverhör. Aus den Vernehmungsprotokollen des [Nürnberger] Anklägers R. M. W. Kempner, München/Esslingen 1969; 300 S. (ND Königstein, Ts./Düsseldorf 1980)**

148 Kühnl, Reinhard (Hg.): Der deutsche Faschismus in Quellen und Dokumenten, 3. Aufl., Köln 1978; 530 S. (zuerst 1975)

149 Mazor, Michel: Le phénomène nazi. Documents nazis commentés, Paris 1957; 273 S.

150 Meurer, Renate u. a.: Texte des Nationalsozialismus. Beispiele, Analysen, Arbeitsanregungen, München 1982; 118 S.

151 Meyer-Abich, Friedrich (Hg.): Die Masken fallen. Aus den Geheimpapieren des Dritten Reiches, Bearb. Hermann Haßbargen, Hamburg 1949; 159 S.

152 Michalka, Wolfgang (Hg.): Deutsche Geschichte 1933–1945. Dokumente zur Innen- und Außenpolitik, Frankfurt 1993; 419 S.

153 Michalka, Wolfgang (Hg.): Das Dritte Reich. Dokumente zur Innen- und Außenpolitik, Bd. 1: »Volksgemeinschaft« und Revisionspolitik 1933–1938, Bd. 2: Weltmachtanspruch und nationaler Zusammenbruch, München 1985; 341, 433 S.

154 Mosse, George L.: Der nationalsozialistische Alltag. So lebte man unter Hitler, Königstein, Ts. 1979; IX, 389 S. (zuerst 1978; engl.: London 1967/New York 1968)

155 Noakes, Jeremy/Pridham, Geoffrey (Hg.): Documents on Nazism 1919–1945, London 1974; 704 S.

156 Ranke, Winfried: Deutsche Geschichte kurz belichtet. Photoreportagen von Gerhard Gronefeld 1937 bis 1965, Berlin 1991; 330 S.

Das Reich Adolf Hitlers. [bis Bd. 6: Dokumente der deutschen Politik], Hg. Franz A. Six, Berlin:

157 – Bd. 7: Das Werden des Reichs 1939, Bearb. Hans Volz, 2 Bde., 1940; 914 S.

158 – Bd. 8: Der Kampf gegen den Westen, Bearb. Hans Volz, 2 Bde., 1940; 904 S.

159 – Bd. 9: Der Kampf gegen den Osten, Bearb. Hans Volz, 2 Bde., 1944; 1050 S.

160 Die Sammlung Rehse, Bd. 1: Dokumente der Zeitgeschichte, Bd. 2: Dokumente des Dritten Reiches, Hg. Adolf Dresler, Bearb. Fritz Maier-Hartmann, 5. Aufl., München 1943; 470, 607 S. (zuerst 1939)

161 Seidenstücker, Friedrich: Von Weimar bis zum Ende. Fotografien aus bewegter Zeit, Hg. Ann Wilde/Jürgen Wilde, Dortmund 1980; 511 S.

162 Teschner, Gertraud (Hg.): Deutschland in der Zeit der faschistischen Diktatur. Dokumente und Materialien, Berlin (O) 1962; 159 S.

Ursachen und Folgen. Vom deutschen Zusammenbruch 1918 und 1945 bis zur staatlichen Neuordnung Deutschlands in der Gegenwart, Hg. Herbert Michaelis/Ernst Schraepler, Mitarb. Günter Scheel, Berlin:

163 – Biographisches Register, 2 Bde., 1979; 818 S.

164 – Bd. 9: Das Dritte Reich. Die Zertrümmerung des Parteienstaates und die Grundlegung der Diktatur, 1964; 717 S.

165 – Bd. 10: Das Dritte Reich. Die Errichtung des Führerstaates, die Abwendung von dem System der kollektiven Sicherheit, 1965; 589 S.

166 – Bd. 11: Das Dritte Reich. Innere Gleichschaltung, der Staat und die Kirchen. Antikominternpakt. Achse Rom-Berlin. Der Weg ins Großdeutsche Reich, 1966; 700 S.

167 – Bd. 12: Das Dritte Reich. Das sudetendeutsche Problem, das Abkommen von München und die Haltung der Großmächte, 1967; 640 S.

168 Weber, Otto: Tausend ganz normale Jahre. Ein Photoalbum des gewöhnlichen Faschismus, Hg. Hildegard Weber, Nördlingen 1988; 180 S.

169 Wense, Jürgen von der: Blumen blühen auf Befehl. Aus dem Poesiealbum eines zeitungslesenden Volksgenossen 1933–1944, Hg. Dieter Heim, München 1993; 232 S.

A.1.4 Theoretische und methodische Probleme der Erforschung des Nationalsozialismus

[vgl. B.1.8]

A.1.4.1 Allgemeines

Methodische Probleme

170 Möller, Horst: Die nationalsozialistische Machtergreifung. Revolution oder Konterrevolution?, in: VfZ 31 (1983), 25–51; überarb. u. erg. abgedr. in: Rudolf Lill/Heinrich Oberreuther (Hg.), Machtverfall und Machtergreifung. Aufstieg und Herrschaft des Nationalsozialismus, München 1983, 121–39

Darstellungen

171 Ayçoberry, Pierre: The Nazi Question. An Essy on the Interpretations of National Socialism (1922–1975), 1981; XIII, 257 S. (franz.: Paris 1979)

172 Backes, Uwe u.a.: Was heißt :»Historisierung« des Nationalsozialismus?, in: Uwe Backes u.a. (Hg.), Die Schatten der Vergangenheit. Impulse zur Historisierung des Nationalsozialismus, 2. Aufl., Frankfurt/Berlin 1992, 25–57 (zuerst 1990)

173 Baldwin, Peter: Social Interpretations of Nazism: Renewing a Tradition, in: JCH 25 (1990), 5–37

174 Blanke, Bernhard: Der deutsche Faschismus als Doppelstaat, in: KJ 8 (1975), 221–43; abgedr. in: Der Unrechtsstaat, Hg. Redaktion Kritische Justiz, [Bd. 1], Frankfurt 1979 (ND Baden-Baden 1983), 59–81

175 Bloch, Ernst: Der Nazi und das Unsägliche. Über die Schwierigkeiten, den Nazismus ästhetisch, literarisch und sprachlich darzustellen, in: Wort 3 (1938), 110–14 (ND Zürich 1969)

176 Bracher, Karl D.: Der Nationalsozialismus in Deutschland. Probleme der Interpretation, in: Karl D. Bracher/Leo Valiani (Hg.), Faschismus und Nationalsozialismus, Berlin 1991, 25–40

177 Bracher, Karl D.: Tradition und Revolution im Nationalsozialismus, in: Manfred Funke (Hg.), Hitler, Deutschland und die Mächte. Materialien zur Außenpolitik des Dritten Reiches, Düsseldorf 1976, 17–29 (ND 1977 u. Düsseldorf/Königstein, Ts. 1978); abgedr. in: Karl D. Bracher, Zeitgeschichtliche Kontroversen. Um Faschismus, Totalitarismus, Demokratie, 5., veränd. u. erw. Aufl., München/Zürich 1984, 63–79 (zuerst 1976)

178 Bracher, Karl D.: Schlüsselwörter in der Geschichte, in: Anton Peisl/Armin Mohler (Hg.), Der Mensch und seine Sprache, o. O. o. J. (1979), 281–319

179 Bracher, Karl D.: Nationalsozialismus, Faschismus und autoritäre Regime, in: Gerald Stourzh/Birgitta Zaar (Hg.), Österreich, Deutschland und die Mächte. Internationale und österreichische Aspekte des »Anschlusses« vom März 1938, Wien 1990, 1–27

180 Bracher, Karl D.: Die totalitäre Verführung. Probleme der Nationalsozialismusdeutung, in: Dieter Albrecht u. a. (Hg.), Politik und Konfession. Festschrift für Konrad Repgen zum 60. Geburtstag, Berlin 1983, 341–58; abgedr. in: Karl D. Bracher, Zeitgeschichtliche Kontroversen. Um Faschismus, Totalitarismus, Demokratie, 5., veränd. u. erw. Aufl., München 1984, 119–38

181 Bracher, Karl D.: Das Janusgesicht der modernen Revolutionen, in: Jürgen Heideking u. a. (Hg.), Wege in die Zeitgeschichte. Festschrift zum 65. Geburtstag von Gerhard Schulz, Berlin/New York 1989, 210–27

182 Brackel-Hertenstein, Thomas: Hitler und die Sinngebung der deutschen Geschichte. Essay über eine soziologische Deutung, in: MGM 44 (1988), 9–40

183 Braham, Randolph L.: Revisionism: Historical, Political, and Legal Implications, in: Cohen Asher u. a. (Hg.), Comprehending the Holocaust. Historical and Literary Research, Frankfurt u. a. 1988, 61–96

184 Broszat, Martin: Grenzen der Wertneutralität in der Zeitgeschichte: Der Historiker und der Nationalsozialismus (1981), in: Hermann Graml/Klaus-Dietmar Henke (Hg.), Nach Hitler. Der schwierige Umgang mit unserer Geschichte. Beiträge von Martin Broszat, 2. Aufl., München 1987, 92–113 (zuerst 1986; TB München 1990)

185 Broszat, Martin: Eine Insel in der Geschichte? Der Historiker in der Spannung zwischen Verstehen und Bewerten der Hitler-Zeit (1983), in: Hermann Graml/Klaus-Dietmar Henke (Hg.), Nach Hitler. Der schwierige Umgang mit unserer Geschichte. Beiträge von Martin Broszat, 2. Aufl., München 1987, 114–20 (zuerst 1986; TB München 1990)

186 Broszat, Martin: Das Dritte Reich als Gegenstand historischen Fragens, in: Martin Broszat/Norbert Frei (Hg.), Ploetz. Das Dritte Reich. Ursprünge, Ereignisse, Wirkungen, Freiburg/Würzburg 1983, 11–17; abgedr. in: Hermann Graml/Klaus-Dietmar Henke (Hg.), Nach Hitler. Der schwierige Umgang mit unserer Geschichte. Beiträge von Martin Broszat, 2. Aufl., München 1987 (zuerst 1986), 140–47 (TB München 1990)

187 Broszat, Martin: Was heißt Historisierung des Nationalsozialismus?, in: HZ 247 (1988), 1–14

188 Broszat, Martin: Plädoyer für eine Historisierung des Nationalsozialismus, in: Merkur 39 (1987), 373–85; abgedr. in: Hermann Graml/Klaus-Dietmar Henke (Hg.), Nach Hitler. Der schwierige Umgang mit unserer Geschichte. Beiträge von Martin Broszat, 2. Aufl., München 1986, 159–73 (zuerst 1987; TB München 1990)

189 Broszat, Martin/Friedländer, Saul: Um die »Historisierung des Nationalsozialismus«. Ein Briefwechsel, in: VfZ 36 (1988), 339–72

190 Caplan, Jane: Politics and Polocracy. Notes on a Debate, in: Charles S. Maier u. a. (Hg.), The Rise of the Nazi Regime. Historical Reassessments, Boulder, Col./London 1986, 51–55

191 Corni, Gustavo: Von der Totalitarismus-Theorie zur Analyse der deutschen Gesellschaft im Dritten Reich, in: Klaus-Dietmar Henke/Claudio Natoli (Hg.), Mit dem Pathos der Nüchternheit. Martin Broszat, das Institut für Zeitgeschichte und die Erforschung der NS-Zeit, Frankfurt/New York 1991, 85–106

192 Diner, Dan: Perspektivenwahl und Geschichtserfahrung. Bedarf es einer besonderen Historik des Nationalsozialismus?, in: Walter H. Pehle (Hg.), Der historische Ort des Nationalsozialismus. Annäherungen, Frankfurt 1990, 94–113

193 Fischer, Fritz: Zum Problem der Kontinuität in der deutschen Geschichte von Bismarck zu Hitler, in: Fritz Fischer, Der Erste Weltkrieg und das deutsche Geschichtsbild. Beiträge zur Bewältigung eines historischen Tabus. Aufsätze und Vorträge aus drei Jahrzehnten, Düsseldorf 1977, 350–63; abgedr. in: Karl D. Bracher u. a. (Hg.), Nationalsozialistische Diktatur 1933–1945. Eine Bilanz, Bonn (zugl. Düsseldorf) 1983, 770–82

194 Ford, Franklin L.: The Nazi Movement. What Kind of Revolution?, in: KR 51 (1986), Nr. 4, 1–4

195 Frei, Norbert: Die neue Unbefangenheit. Oder: Von den Tücken einer »Historisierung« des Nationalsozialismus, in: FR, Jg. 47, Nr. 4, 5.1. 1991, ZB 2

196 Friedländer, Saul: Überlegungen zur Historisierung des Nationalsozialismus, in: Dan Diner (Hg.), Ist der Nationalsozialismus Geschichte? Zu Historisierung und Historikerstreit, Frankfurt 1987, 34–50, 267f.

197 Friedländer, Saul: Martin Broszat und die Historisierung des Nationalsozialismus, in: Klaus-Dietmar Henke/Claudio Natoli (Hg.), Mit dem Pathos der Nüchternheit. Martin Broszat, das Institut für Zeitgeschichte und die Erforschung der NS-Zeit, Frankfurt/New York 1991, 155–72

198 Funke, Manfred: Starker oder schwacher Diktator? Hitlers Herrschaft und die Deutschen. Ein Essay, Düsseldorf 1989; 236 S.

199 Garmer, Paul-Georg: Zwischenergebnisse des Vergleichs – ein Meinungsbeitrag, in: Ludger Kühnhardt u. a. (Hg.), Die doppelte deutsche Diktaturerfahrung. Drittes Reich und DDR – ein historisch-politikwissenschaftlicher Vergleich, Frankfurt u. a. 1994, 317–27

200 Geyer, Michael: The Nazi State Reconsidered, in: Richard Bessel (Hg.), Life in the Third Reich, 3. Aufl., Oxford/New York 1992, 57–67 (zuerst 1987)

201 Hagtvet, Bernt/Rokkan, Stein: The Conditions of Fascist Victory. Towards a Geoeconomic-Geopolitical Model for the Explanation of Violent Breakdowns of Competitive Mass Politics, in: Stein U. Larsen u. a. (Hg.), Who Were the Fascists? Social Roots of European Fascism, Bergen u. a. 1980, 131–52

202 Henke, Klaus-Dietmar/Natoli, Claudio (Hg.): Mit dem Pathos der Nüchternheit. Martin Broszat, das Institut für Zeitgeschichte und die Erforschung der NS-Zeit, Frankfurt/New York 1991; 209 S.*

203 Hildebrand, Klaus: Monokratie oder Polykratie? Hitlers Herrschaft und das Dritte Reich, in: Gerhard Hirschfeld/Lothar Kettenacker (Hg.), Der »Führerstaat«: Mythos und Realität. Studien zur Struktur und Politik des Dritten Reiches, Stuttgart 1981, 73–96; abgedr. in: Karl D. Bracher u. a. (Hg.), Nationalsozialistische Diktatur 1933–1945. Eine Bilanz, Bonn (zugl. Düsseldorf) 1983, 73–96

204 Hildebrand, Klaus: Nationalsozialismus oder Hitlerismus?, in: Michael Bosch

(Hg.), Persönlichkeit und Struktur in der Geschichte. Historische Bestandsaufnahme und didaktische Implikationen, Düsseldorf 1977, 55–61; abgedr. in: Wolfgang Wippermann (Hg.), Kontroversen um Hitler, Frankfurt 1986, 199–205

205 Hildebrand, Klaus: Nationalsozialismus ohne Hitler? Das Dritte Reich als Forschungsgegenstand der Geschichtswissenschaft. (Ein Bericht über eine Historikertagung in Cumberland Lodge bei Windsor, Großbritannien, v. 10.–12. 5. 1979), in: GWU 31 (1980), 289–304

206 Hildebrand, Klaus: Noch einmal: Zur Interpretation des Nationalsozialismus. Vergleichende Anmerkungen zu einer Tagung und einem Buch, in: GWU 32 (1981), 199–204

207 Hochstim, Paul: Die Problematik der Objektivität, in: Paul Hochstim, Nationalsozialismus: Soziologisches und Persönliches. Betrachtungen, Besinnungen, Bewertungen, Frankfurt u. a. 1990, 4–26

208 Hüttenberger, Peter: Nationalsozialistische Polykratie, in: GG 2 (1976), 417–42

209 Jäckel, Eberhard: Den Nationalsozialismus erforschen, in: Medizin im Nationalsozialismus. Tagung vom 30. April bis 2. Mai 1982. (Protokolldienst, 23), Hg. Evangelische Akademie Bad Boll, Bad Boll 1982, 5–15

210 Kater, Michael H.: Monokratische und pluralistische Elemente in Hitlers Machtausübung. Das Dritte Reich aus der Sicht zeitgeschichtlicher Forschung in der Bundesrepublik Deutschland, in: FAZ, Nr. 280, 2. 12. 1972, 8

211 Kershaw, Ian: Die Erforschung des Hitler-Staates. Der Beitrag Martin Broszats, in: Klaus-Dietmar Henke/Claudio Natoli (Hg.), Mit dem Pathos der Nüchternheit. Martin Broszat, das Institut für Zeitgeschichte und die Erforschung der NS-Zeit, Frankfurt/New York 1991, 71–836

212 Kershaw, Ian: »Normality« and Genocide: The Problem of »Historization«, in: Thomas Childers/Jane Caplan (Hg.), Reevaluating the Third Reich, New York/London 1993, 20–41

213 Kocka, Jürgen: Deutsche Identität und historischer Vergleich, in: APUZ, Nr. B 40–41/88, 30. 9. 1988, 15–28

214 Koehl, Robert L.: Feudal Aspects of National Socialism, in: APSR 65 (1960), 921–33; abgedr. in: Henry A. Turner (Hg.), Nazism and the Third Reich, New York/Toronto 1972, 151–74

215 Kren, George M.: Psychohistorical Interpretations of National Socialism, in: GSR 1 (1978), 150–72

216 Langewiesche, Dieter: Der »Historikerstreit« und die »Historisierung« des Nationalsozialismus, in: Klaus Oesterle/Siegfried Schiele (Hg.), Historikerstreit und politische Bildung, Stuttgart 1989, 20–41

217 Lepsius, M. Rainer: Das Modell der charismatischen Herrschaft und seine Anwendbarkeit auf den »Führerstaat« Adolf Hitlers (engl. 1986), in: M. Rainer Lepsius, Demokratie in Deutschland. Soziologischhistorische Konstellationsanalysen, Göttingen 1993, 95–118, 346 f.

218 Löwenstein, Bedrich: Nationalsozialistische Revolution. Einige Fragezeichen zur historischen Begrifflichkeit, in: Thomas Nipperdey u. a. (Hg.), Weltbürgerkrieg der Ideologien. Antworten an Ernst Nolte. Festschrift zum 70. Geburtstag, Frankfurt/Berlin 1993, 122–34

219 Luthardt, Wolfgang: Unrechtsstaat oder Doppelstaat? Kritisch-theoretische Reflexionen über die Struktur des Nationalsozialismus aus der Sicht demokratischer Sozialisten, in: Hubert Rottleuthner (Hg.), Recht, Rechtsphilosophie und Nationalsozialismus, Wiesbaden 1983, 197–209

220 Luthardt, Wolfgang: Kontinuität und Wandel in der Theorie Franz L. Neumanns. Eine historisch-politische Skizze, in: IWK 19 (1983), 329–73

221 Luthardt, Wolfgang: Der Nationalsozialismus als Unrechtsstaat. Zwei zeitgenössische sozialdemokratische Analysen von Ernst Fraenkel und Franz Neumann, in: RuP 19 (1983), 202–7

222 Mason, Timothy W.: Intention and Explantation: A Current Controversy about the Interpretation of National Socialism, in: Gerhard Hirschfeld/Lothar Kettenacker (Hg.), Der »Führerstaat«: Mythos und Realität. Studien zur Struktur und Politik des Dritten Reiches, Stuttgart 1981, 23–42

223 Mommsen, Hans: National Socialism: Continuity and Change, in: Walter Laqueur (Hg.), Fascism. A Reader's Guide. Analyses, Interpretation, Bibliography, 2. Aufl., Harmondsworth 1979, 151–92 (zuerst London/Berkeley, Ca. 1976)

224 Mommsen, Hans: Nationalsozialismus oder Hitlerismus?, in: Michael Bosch (Hg.), Persönlichkeit und Struktur in der Geschichte. Historische Bestandsaufnahme und didaktische Implikationen, Düsseldorf 1977, 62–71

225 Der Nationalsozialismus – Beispiel eines Versuchs antidemokratischer Krisenbeseitigung in der Moderne. (Podiumsdiskussion), in: Martin Broszat u. a. (Hg.), Deutschlands Weg in die Diktatur. Internationale Konferenz zur nationalsozialistischen Machtübernahme im Reichstagsgebäude zu Berlin. Referate und Diskussionen. Ein Protokoll, hg. i. A. der Historischen Kommission zu Berlin, des Instituts für Zeitgeschichte, München, der Deutschen Vereinigung für Parlamentsfragen, Bonn, Berlin 1983, 75–113

226 Noakes, Jeremy: Nazism and Revolution, in: Noel O'Sullivan (Hg.), Revolutionary Theory and Political Reality, Brigthon 1983, 73–100

227 Nolte, Ernst: Streitpunkte. Heutige und künftige Kontroversen um den Nationalsozialismus, Berlin/Frankfurt 1993; 493 S.

228 Nolte, Ernst: Das Problem der geschichtlichen Ortsbestimmung des Nationalsozialismus, in: Ernst Nolte, Lehrstück oder Tragödie? Beiträge zur Interpretation des 20. Jahrhunderts, Köln 1991, 57–77

229 Nolte, Ernst: Marxismus und Nationalsozialismus, in: VfZ 31 (1983), 389–417; abgedr. in: Erst Nolte, Lehrstück oder Tragödie? Beiträge zur Interpretation der Geschichte des 20. Jahrhunderts, Köln 1991, 137–73

230 Peukert, Detlev J. K.: Alltag und Barbarei. Zur Normalität des Dritten Reiches, in: Dan Diner (Hg.), Ist der Nationalsozialismus Geschichte? Zu Historisierung und Historikerstreit, Frankfurt 1987, 51–61, 268–70

231 Pohlmann, Friedrich: Ideologie und Terror im Nationalsozialismus, Pfaffenweiler 1992, 27–193

232 Prinz, Michael: Der Nationalsozialismus. Eine »Braune Revolution«?, in: Manfred Hettling (Hg.), Revolution in Deutschland? 1789–1989. Sieben Beiträge, Göttingen 1991, 70–89

234 Roth, Karl H.: Historisierung des Nationalsozialismus? Tendenzen gegenwärtiger Faschismusforschung, in: BD 4 (1993), Nr. 5, 11–22

235 Roth, Karl H.: Verklärung des Abgrunds. Zur nachträglichen »Revolutionierung« der NS-Diktatur durch die Gruppe um Rainer Zitelmann, in: 1999 7 (1992), Nr. 1, 7–11

236 Saunders, Thomas: Nazism and Social Revolution, in: Gordon Martel (Hg.), Modern Germany Reconsidered, 1870–1945, London/New York 1992, 159–78

237 Schulz, Gerhard: Neue Kontroversen in der Zeitgeschichte: Führerstaat und Führermythos, in: Staat 22 (1983), 262–80

238 Stachura, Peter D.: Weimar, National Socialism and Historians. (Introduction), in: Peter D. Stachura (Hg.), The Nazi Machtergreifung, London u. a. 1983, 1–14

239 Steffens, Gerd: Wer nur versteht, versteht zu wenig. Eine Auseinandersetzung mit der Forderung nach »Historisierung des Nationalsozialismus«, in: Friedhelm Zubke (Hg.), Politische Pädagogik. Beiträge zur Humanisierung der Gesellschaft. (Hans-Jochen Gamm zum 65. Geburtstag), Weinheim 1990, 153–77

240 Stollberg, Gunnar: Der vierköpfige Behemoth. Franz Neumann und die moderne Auffassung vom pluralistischen Herrschaftssystem des Faschismus, in: Gesellschaft 6 (1976), 92–117

241 Syring, Enrico: Intentionalisten und Strukturalisten. Von einem noch immer ausstehenden Dialog, in: Uwe Backes u. a. (Hg.), Die Schatten der Vergangenheit. Impulse zur Historisierung des Nationalsozialismus, 2. Aufl., Frankfurt/Berlin 1992, 169–94 (zuerst 1990)

242 Thamer, Hans-Ulrich: Das Dritte Reich. Interpretationen, Kontroversen und Probleme des aktuellen Forschungsstandes, in: Karl D. Bracher u. a. (Hg.), Deutschland 1933–1945. Neue Studien zur nationalsozialistischen Herrschaft, 2., erg. Aufl., Bonn/Düsseldorf 1993, 507–31 (zuerst 1992)

243 Weber, Eugen: Revolution? Counterrevolution? What Revolution?, in: Walter Laqueur (Hg.), Fascism. A Reader's Guide. Analyses, Interpretation, Bibliography, 2. Aufl., Harmondsworth 1979, 488–532 (zuerst London/Berkeley, Ca. 1976)

A.1.4.2 Faschismustheorien

Bibliographien

245 Rees, Philip: Fascism and Pre-Fascism in Europe, 1890–1945. A Bibliography of the Extreme Right, Sussex/Totowa, N.J. 1984; 315 S.

Literaturberichte

246 Besson, Waldemar: Die Interpretation des Faschismus, in: NPL 13 (1968), 306–13

247 Gress, Franz/Jaschke, Hans-Gerd: Neuere Tendenzen der Faschismusanalyse im deutschen und englischsprachigen Bereich. Ein Überblick, in: NPL 27 (1982), 20–46

248 Hanisch, Ernst: Neuere Faschismustheorien. Literaturbericht, in: ZG 1 (1973/74), 19–23

249 Luks, Leonid: Grundtendenzen der nachstalinistischen Faschismusforschung Polens und der Sowjetunion, in: Klaus Tenfelde (Hg.), Arbeiter und Arbeiterbewegung im Vergleich. Berichte zur internationalen historischen Forschung, München 1986, 817–44

250 Nolte, Ernst: Der Faschismus als Problem in der wissenschaftlichen Literatur der jüngsten Vergangenheit, in: Ernst Nolte, Der Nationalsozialismus, Frankfurt u. a. 1970, 197–208

251 Nolte, Ernst: Der Faschismus als Problem in der wissenschaftlichen Literatur der jüngsten Vergangenheit, in: Fascism in Europe. An International Symposium. Prague, 28–29 August 1969, Hg. Czechoslovak Academy of Sciences, Institute of History, Bd. 1, o.O (Prag) 1969, 17–46 (Ms. vervielf.)

252 Perz, Bertrand/Safrian, Hans: Wege und Irrwege der Faschismusforschung, in: ZG 7 (1979/80), 437–59

253 Sattler, Rolf-Joachim: Der europäische Faschismus, in: NPL 9 (1964), 77–91

254 Schieder, Wolfgang: Faschismus und kein Ende, in: NPL 15 (1970), 166–87

255 Sigmann, Jean: Fascismes et National-Socialisme, in: Annales 24 (1969), 195–233

Gedruckte Quellen

256 Nolte, Ernst: Der Faschismus. Von Mussolini zu Hitler. Texte, Bilder, Dokumente, München u. a. 1968; 403 S.

257 Pirker, Theo: Komintern und Faschismus. Dokumente zur Geschichte und Theorie des Faschismus, Stuttgart 1965; 203 S.

Darstellungen

258 Abendroth, Wolfgang: Soziale Funktion und soziale Voraussetzungen des Faschismus, in: Argument 12 (1970), Nr. 58, 251–57

259 Adam, Uwe D.: Anmerkungen zu methodologischen Fragen in den Sozialwissenschaften: Das Beispiel Faschismus und Totalitarismus, in: PVS 16 (1975), 55–88

260 Alff, Wilhelm: Der Begriff des Faschismus, in: Wilhelm Alff, Der Begriff des Faschismus und andere Aufsätze, Frankfurt 1971, 14–50

261 Allardyce, Gilbert (Hg.): The Place of Fascism in European History, Englewood Cliffs, N.J. 1971; VIII, 178 S.

262 Allardyce, Gilbert: What Is Fascism Not: Thoughts on the Deflation of a Concept. (AHR-Forum), in: AHR 84 (1979), 367–98

263 Allen, William S.: The Appeal of Fascism and the Problem of National Disintegration, in: Henry A. Turner jr. (Hg.), Reappraisals of Fascism, New York 1975, 44–68

264 Ammon, Herbert: Antifaschismus im Wandel?, in: Uwe Backes u.a. (Hg.), Die Schatten der Vergangenheit. Impulse zur Historisierung des Nationalsozialismus, 2. Aufl., Frankfurt/Berlin 1992, 568–94 (zuerst 1990)

265 Andreski, Stanislav: Fascists as Moderates, in: Stein U. Larsen u.a. (Hg.), Who Were the Fascists? Social Roots of European Fascism, Bergen u.a. 1980, 52–55

266 Arndt, Helmut/Wörner, Axel: Das sozialdemokratische Faschismusbild (1923–1933), in: BzG 25 (1983), 30–40

267 Bach, Maurizio: Die charismatischen Führerdiktaturen. Drittes Reich und italienischer Faschismus im Vergleich ihrer Herrschaftsstrukturen, Berlin 1990; 198 S.

268 Bauer, Otto/Marcuse, Herbert/Rosenberg, Arthur u.a.: Faschismus und Kapitalismus. Theorien über die sozialen Ursprünge und die Funktion des Faschismus, Hg. Wolfgang Abendroth, Frankfurt 1967; 185 S.

269 Beland, Hermann: Psychoanalytische Antisemitismustheorien im Vergleich, in: Werner Bohleber/John S. Kafka (Hg.), Antisemitismus, Bielefeld 1992, 93–121 (Diskussion: 122–73)

271 Botz, Gerhard: Austro-Marxist Interpretation of Fascism, in: JCH 11 (1976), 129–56

272 Bracher, Karl D.: Zeitgeschichtliche Kontroversen. Um Faschismus, Totalitarismus, Demokratie, 5., veränd. u. erw. Aufl., München/Zürich 1984; 183 S. (zuerst 1976)*

273 Bracher, Karl D.: Faschismus, in: Ernst Fraenkel/Karl D. Bracher (Hg.), Staat und Politik. (Das Fischer Lexikon), Neuausgabe, Frankfurt 1964 u.ö., 82–87 (zuerst 1957)

274 Bracher, Karl D.: Kritische Betrachtungen zum Faschismusbegriff (1974), in: Karl D. Bracher, Zeitgeschichtliche Kontroversen. Um Faschismus, Totalitarismus, Demokratie, 5., veränd. u. erw. Aufl., München/Zürich 1984, 13–33 (zuerst 1976)

275 Bracher, Karl D./Valiani, Leo (Hg.): Faschismus und Nationalsozialismus, Berlin 1991; 282 S.*

276 Brahm, Heinz: Die bolschewistische Deutung des deutschen Faschismus in den Jahren 1923 bis 1928, in: JGO 30 (N.F. 12) (1964), 351–65

277 Brose, Eric D.: Generic Fascism Revisited: Attitudes Toward Technology in Germany and Italy, 1919–1945, in: GSR 10 (1987), 273–97

278 Caplan, Jane: Theories of Fascism. Nicos Poulantzas as Historian, in: Michael N. Dobkowski/Isidor Wallimann (Hg.), Radical Perspectives on the Rise of Fascism in Germany, 1919–1945, New York 1989, 128–49

279 Carsten, Francis L.: Der Aufstieg des Faschismus in Europa, Frankfurt 1968; 303 S. (engl.: Batsford 1967)

280 Carsten, Francis L.: Interpretation of Fascism, in: Walter Laqueur (Hg.), Fascism. A Reader's Guide. Analyses, Interpretation, Bibliography, 2. Aufl., Harmondsworth 1979, 457–88 (zuerst London/Berkeley, Ca. 1976)

281 Carsten, Francis L.: Die faschistischen Bewegungen – Gemeinsamkeiten und Unterschiede, in: Fascism in Europe. An International Symposium. Prague, 28–29 August 1969, Hg. Czechoslovak Academy of Sciences, Institute of History, Bd. 1, o.O (Prag) 1969, 1–16 (Ms. vervielf.)

282 Cassels, Alan: Janus: The Two Faces of Fascism, in: CHR 50 (1969), 166–84; abgedr. in: Henry A. Turner (Hg.), Reappraisals of Fascism, New York 1975, 69–92

283 Clemenz, Manfred: Gesellschaftliche Ursprünge des Faschismus, 2. Aufl., Frankfurt 1976; 318 S. (zuerst 1972)

284 Confrancesco, Dino: Faschismus: rechts oder links?, in: Karl D. Bracher/Leo Valiani (Hg.), Faschismus und Nationalsozialismus, Berlin 1991, 151–60

285 Coutinho e Castro, José M.: Brechts Faschismusanalyse in seinen theoretischen Schriften (1920–1945), Diss. Rostock 1980; 200 S. (Ms.)

286 Cramer, Erich: Hitlers Antisemitismus und die »Frankfurter Schule«. Kritische Faschismus-Theorie und geschichtliche Realität, Düsseldorf 1979; 248 S.

287 Dahmer, Helmut: Notizen zur antifaschistischen Sozialpsychologie, in: Claudio Pozzoli (Hg.), Faschismus und Kapitalismus. (Jb. Arbeiterbewegung, 4), Frankfurt 1976, 66–89

288 De Felice, Renzo: Die Deutungen des Faschismus, Göttingen 1980; 303 S.

289 Döring, Detlef: Christentum und Faschismus. Die Faschismusdeutung der religiösen Sozialisten, Stuttgart 1982; 144 S.

290 Druwe, Ulrich: Faschismus, in: Axel Görlitz/Rainer Prätorius (Hg.), Handbuch Politikwissenschaft. Grundlagen – Forschungsstand – Perspektiven, Reinbek 1987, 88–94

291 Dülffer, Jost: Bonapartism, Fascism, and National Socialism, in: JCH 11 (1976), 109–28

292 Eichholtz, Dietrich/Gossweiler, Kurt (Hg.): Faschismus-Forschung. Positionen, Probleme, Polemik, 2., durchges. Aufl., Köln 1980; 459 S. (zuerst Berlin [O] 1980); teilw. abgedr. in: Faschismus in Deutschland. Faschismus der Gegenwart, 2. Aufl., Köln 1983 (zuerst 1980)*

293 Eley, Geoff: What Produces Fascism: Preindustrial Traditions or a Crisis of the Capitalist State?, in: Michael N. Dobkowski/Isidor Wallimann (Hg.), Radical Perspectives on the Rise of Fascism in Germany, 1919–1945, New York 1989, 21–68

294 Emmerich, Wolfgang: »Massenfaschismus« und die Rolle des Ästhetischen. Faschismustheorie bei Ernst Bloch, Walter Benjamin, Bertolt Brecht, in: Lutz Winckler (Hg.), Antifaschistische Literatur. Programme, Autoren, Werke, Bd. 1, Königstein, Ts. 1977, 142–222

295 Epstein, Klaus: A New Study of Fascism, in: WP 14 (1964), 302–21; abgedr. in: Henry A. Turner (Hg.), Reappraisals of Fascism, New York 1975, 2–25

296 Erdmann, Karl D.: Nationalsozialismus – Faschismus – Totalitarismus, in: GWU 27 (1976), 457–69

297 Fascism and Europe. An International Symposium. Prague, 28–29 August 1969, Hg. Czechoslovak Academy of Sciences, Institute of History, 2 Bde., o.O. (Prag) 1969–1970; 290, 269 S. (Ms. vervielf.)

298 Fetscher, Iring: Zur Kritik des sowjetmarxistischen Faschismusbegriffs, in: PVS 3 (1962), 43 f., 52–59, 61–63; abgedr. in: Gotthard Jasper (Hg.), Von Weimar zu Hitler 1930–1933, Köln/Berlin 1968, 157–66

299 Friedländer, Saul: Nazism: Fascism or Totalitarism, in: Charles S. Maier u.a. (Hg.), The Rise of the Nazi Regime. Historical Reassessments, Boulder, Col./London 1986, 25–34

300 Fritzsche, Klaus: Faschismustheorien – Kritik und Perspektiven, in: Franz L. Neumann (Hg.), Handbuch politischer Theorien und Ideologien, erw. Neuausg., 46.–49. Tsd., Reinbek 1984, 467–528 (zuerst 1981)

301 Gerhardt, Uta: Die soziologische Erklärung des nationalsozialistischen Antisemitismus während des Zweiten Weltkrieges in den USA. Zur Faschismustheorie Talcott Parsons', in: JfA 1 (1992), 253–73

302 Gerstenberger, Heide: Alltagsforschung und Faschismustheorie, in: Heide Gerstenberger/Dorothea Schmidt (Hg.), Normalität oder Normalisierung? Geschichtswerkstätten und Faschismusanalyse, Münster 1987, 35–49

303 Greß, Franz: Faschismus, in: Axel Görlitz (Hg.), Handlexikon zur Politikwissenschaft, Bd. 1, 3. Aufl., Reinbek 1974 u.ö., 88–94 (zuerst München 1970)

304 Grebing, Helga: Was ist »legitim«, was »illegitim« »im Lichte der Marxschen Theorie«? Bemerkungen zu dem Aufsatz von Gunnar Stollberg über die Faschismusschriften [Arthur] Rosenbergs, [Paul] Serings [d.i. Richard Löwenthal] und [Fritz] Sternbergs, in: IWK 10 (1974), 314–26

305 Grebing, Helga/Kinner, Klaus (Hg.): Arbeiterbewegung und Faschismus. Faschismusinterpretationen in der europäischen Arbeiterbewegung, Essen 1990; 352 S.

306 Gregor, A. James: The Fascist Persuasion in Radical Politics, Princeton, N.J. 1964; XII, 472 S.

307 Gregor, A. James: The Ideology of Fascism. The Rationale of Totalitarianism, New York 1969; XV, 403 S.

308 Gregor, A. James: Interpretations of Fascism, Morristown, N.J. 1974; IV, 281 S.

309 Griffin, Roger: The Nature of Fascism, London 1991; IX, 245 S.

Guérin, Daniel: Sur le fascisme, Neuausg., Paris:

310 – Bd. 1: La pest brune (zuerst 1934), 1965; dt.: Die braune Pest. Reportagen aus dem Alltagsleben in Deutschland 1932/33. Mit einem Beitrag von John Göke, Frankfurt 1983; 146 S.

311 – Bd. 2: Fascisme et le grand capital (zuerst 1936), dt. Teilabdr. u.d.T.: Faschismus und Kapitalismus, in: Ernst Nolte (Hg.), Theorien über den Faschismus, 5. Aufl., Köln 1979, 265–67 (zuerst 1967)

312 Hacker, Friedrich: Das Faschismus-Syndrom. Analyse eines aktuellen Phänomens, 2. Aufl., Frankfurt 1992; 141 S. (zuerst Düsseldorf 1990)

313 Hagtvet, Bernt/Kühnl, Reinhard: Contemporary Approaches to Fascism: A Survey of Paradigms, in: Stein U. Larsen u.a. (Hg.), Who Were the Fascists? Social Roots of European Fascism, Bergen u.a. 1980, 26–51

314 Hautsch, Gert: Faschismus und Faschismus-Analyse. Zur Auseinandersetzung mit einigen Theorien und Pseudo-Theorien, Frankfurt 1974; 63 S.

315 Heß, Ulrich: Im Kampf gegen einen neuen gefährlichen Feind. Zur Analyse des Faschismus in Italien und Deutschland durch die KPD (1921 bis Mitte der 20er Jahre), in: JfG 27 (1983), 7–34

316 Hennig, Eike: Bürgerliche Gesellschaft und Faschismus in Deutschland. Ein Forschungsbericht, Frankfurt 1977; 423 S.

317 Hennig, Eike: Nationalsozialismus. Faschismustheorien am Beispiel der Wählerschichten und Wirtschaftspolitik der NSDAP, Schwalbach 1979; 48 S.

318 Hennig, Eike: Faschismus, in: Thomas Meyer u.a. (Hg.), Lexikon des Sozialismus, Köln 1986, 171–73

319 Hennig, Eike: Industrie, Aufrüstung und Kriegsvorbereitung im deutschen Faschismus. Anmerkungen zum Stand der neueren Faschismusdiskussion, in: Friedrich Forstmeier/Hans-Erich Volkmann (Hg.), Wirtschaft und Rüstung am Vorabend des Zweiten Weltkrieges, 2. Aufl., Düsseldorf 1981, 388–415 (zuerst 1975)

320 Hennig, Eike: Zur Bestimmung des Gebrauchswertes »klassischer« Diskussionsbeiträge im Kontext der gegenwärtigen Faschismusdiskussion. Anmerkungen zur Kontroverse zwischen Helga Grebing und Gunnar Stollberg, in: IWK 11 (1975), 347–52

321 Hennig, Eike: Anmerkungen zur Propaganda der NSDAP gegenüber SPD und KPD in der Endphase der Weimarer Republik, in: TAJB 17 (1988), 209–40

322 Hennig, Eike: Was heißt und zu welchem Ende studiert man Faschismus?, in: Gesellschaft 6 (1976), 7–18

323 Hillach, Ansgar: »Ästhetisierung des politischen Lebens«. Benjamins faschismustheoretischer Ansatz – eine Rekonstruktion, in: Burckhardt Lindner (Hg.), »Links hatte noch alles sich zu enträtseln...« Walter Benjamin im Kontext, Frankfurt 1978, 127–67

324 Huber, Meg: Einige, vielleicht vernachlässigte Gedanken zum Faschismus, in: Autonomie 14 (1979), 4–8

325 Der italienische Faschismus. Probleme und Forschungstendenzen. (Kolloquien des Instituts für Zeitgeschichte), München 1983; 100 S.

326 Joes, Anthony J.: Fascism in the Contemporary World. Ideology, Evolution, Resurgence, Vorwort A. James Gregor, Boulder, Col. 1978; XIV, 238 S.

327 Kennedy, Ellen: The Politics of Toleration in the Late Weimar. Hermann Heller's Analysis of Fascism and Political Culture, in: HPTh 5 (1984), 109–27

328 Knox, MacGregor: Conquest, Foreign and Domestic, in Fascist Italy and Nazi Germany, in: JMH 56 (1984), 1–57

329 Kocka, Jürgen: Ursachen des Nationalsozialismus, in: APUZ, Nr. B 25/80, 21.6. 1980, 3–15

330 Kocka, Jürgen: »Totalitarismus« und »Faschismus«. Gegen einen falschen Begriffskrieg [1980], in: Jürgen Kocka, Aufklärung und Geschichte. Aufsätze, Göttingen 1989, 114–19

331 Kowalski, Werner/Thom, Siglinde: Faschismusauffassungen in der Sozialistischen Arbeiterinternationale, in: Dietrich Eichholtz/Kurt Gossweiler (Hg.), Faschismus-Forschung. Positionen, Probleme, Polemik, 2., durchges. Aufl., Köln 1980, 375–93 (zuerst Berlin [O] 1980)

332 Krämer, Wolfgang: Faschisten im Exilroman 1933–1939. Zur Darstellung der NS-Massenbasis und der Motive faschistischen Engagements, Pfaffenweiler 1987; IX, 339 S.

333 Kröpelin, Bernd: Entwicklung und Struktur einer Theorie über den deutschen Faschismus in der Geschichtswissenschaft der DDR, Diss. Marburg 1982; 360 S.

334 Kuhn, Axel: Das faschistische Herrschaftssystem und die moderne Gesellschaft, Hamburg 1973; 157 S.

335 Kühnl, Reinhard: Deutschland zwischen Demokratie und Faschismus. Zur Problematik der bürgerlichen Gesellschaft seit 1918, 3., rev. Aufl., München 1971, 143–63, 176–78

336 Kühnl, Reinhard: Faschismustheorien. Ein Leitfaden. (Texte zur Faschismusdiskussion, 2), Neuausg., Reinbek 1990; 364 S. (zuerst 1979 u. ö.)

337 Kühnl, Reinhard: Formen bürgerlicher Herrschaft. Liberalismus – Faschismus, Reinbek 1971; 190 S.

338 Kühnl, Reinhard (Hg.): Texte zur Faschismusdiskussion I. Positionen und Kon-

troversen, 49.–53. Tsd., Reinbek 1983; 277 S. (zuerst 1974)

339 Kühnl, Reinhard: Nationalsozialismus = Faschismus, in: Volker Rittberger (Hg.), 1933. Wie die Republik der Diktatur erlag, Stuttgart u. a. 1983, 140–52

340 Kühnl, Reinhard: Zur Relevanz von Faschismustheorien für die Erziehungswissenschaft, in: Wolfgang Keim (Hg.), Pädagogen und Pädagogik im Nationalsozialismus. Ein unerledigtes Problem der Erziehungswissenschaft, 3. Aufl., Frankfurt u. a. 1991, 35–46 (zuerst 1988)

341 Kühnl, Reinhard: Probleme einer Theorie über den internationalen Faschismus, T. 1: Die Faschismusinterpretation Ernst Noltes, in: PVS 11 (1970), 318–41

342 Kühnl, Reinhard: Probleme der Interpretation des deutschen Faschismus, in: Argument 12 (1970), Nr. 58, 258–79

343 Laclau, Ernesto: Faschismus und Ideologie, in: Argument 21 (1979), Nr. 117, 667–77 (engl. 1977)

344 Laqueur, Walter (Hg.): Fascism. A Reader's Guide. Analyses, Interpretations, Bibliography, 2. Aufl., Harmondsworth 1979; 541 S. (zuerst London/Berkeley, Ca. 1976)*

345 Laqueur, Walter/Mosse, George L. (Hg.): Theories of Fascism. (JCH, Jg. 11, Nr. 4), Mitarb. Robert S. Wistrich, London/Beverly Hills, Ca. 1976; 283 S.*

346 Larsen, Stein U. u. a. (Hg.): Who Where the Fascists? Social Roots of European Fascism, Bergen u. a. 1980; 816 S.*

347 Ledeen, Michael A.: Universal Fascism. The Theory and Practice of the Fascist International, 1928–1936, New York 1972; XXI, 200 S.

348 Lewerenz, Elfriede: Die Analyse des Faschismus durch die Kommunistische Internationale. Die Aufdeckung von Wesen und Funktion des Faschismus während der Vorbereitung und Durchführung des VII. Weltkongresses der Kommunistischen Internationale (1933–1935), Berlin u. a. 1975; 244 S.

349 Lewerenz, Elfriede: Zur Bestimmung des imperialistischen Wesens des Faschismus durch die Kommunistische Internationale (1922 bis 1935), in: Dietrich Eichholtz/Kurt Gossweiler (Hg.), Faschismus-Forschung. Positionen, Probleme, Polemik, 2., durchges. Aufl., Köln 1980, 21–47 (zuerst Berlin [O] 1980)

350 Lewerenz, Elfriede: Antifaschistischer Kampf der Kommunistischen Internationale im Jahre 1923, in: BzG 25 (1983), 17–29

351 Lill, Rudolf: Italienischer Faschismus und deutscher Nationalsozialismus, in: Rudolf Lill/Heinrich Oberreuther (Hg.), Machtverfall und Machtergreifung. Aufstieg und Herrschaft des Nationalsozialismus, München 1983, 169–88

352 Linton, Derek S.: Bonapartism, Fascism, and the Collapse of the Weimar Republic, in: Michael N. Dobkowski/Isidor Wallimann (Hg.), Radical Perspectives on the Rise of Fascism in Germany, 1919–1945, New York 1989, 100–27

353 Linz, Juan J.: Some Notes Toward a Comparative Study of Fascism in Sociological Historical Perspective, in: Walter Laqueur (Hg.), Fascism. A Reader's Guide. Analyses, Interpretation, Bibliography, 2. Aufl., Harmondsworth 1979, 13–78 (zuerst London/Berkeley, Ca. 1976)

354 Linz, Juan J.: Political Space and Fascism as a Late-Comer. Conditions Conducive to the Success or Failure of Fascism as a Mass Movement in Inter-War Europe, in: Stein U. Larsen u. a. (Hg.), Who Were the Fascists? Social Roots of European Fascism, Bergen u. a. 1980, 153–89

355 Lönne, Karl-Egon: Faschismus als Herausforderung. Die Auseinandersetzung der »Roten Fahne« und des »Vorwärts« mit dem italienischen Faschismus 1920–1933, Köln/Wien 1981; XIV, 382 S.

356 Löwenstein, Bedrich: Faschismus und Europa, in: Fascism in Europe. An International Symposium. Prague, 28–29 August 1969, Hg. Czechoslovak Academy of Sciences, Institute of History, Bd. 1, o.O (Prag) 1969, 209–89 (Ms. vervielf.)

357 Lozek, Gerhard/Richter, Rolf: Legende oder Rechtfertigung? Zur Krititk der Faschismustheorien in der bürgerlichen Geschichtsschreibung, Frankfurt 1980; 100 S.

358 Lozek, Gerhard/Richter, Rolf: Zur Auseinandersetzung mit vorherrschenden bürgerlichen Faschismustheorien, in: Dietrich Eichholtz/Kurt Gossweiler (Hg.), Faschismus-Forschung. Positionen, Probleme, Polemik, 2., durchges. Aufl., Köln 1980, 417–51 (zuerst Berlin [O] 1980)

359 Lüdtke, Alf: Faschismus-Potentiale und faschistische Herrschaft oder Theorie-Defizite und antifaschistische Strategie, in: Gesellschaft 6 (1976), 194–241

360 Luks, Leonid: Entstehung der kommunistischen Faschismustheorie. Die Auseinandersetzung der Komintern mit Faschismus und Nationalsozialismus 1921–1935, Stuttgart 1985; 309 S.

361 Mann, Golo: Zum Charakter des deutschen Faschismus, in: Fascism in Europe. An International Symposium. Prague, 28–29 August 1969, Hg. Czechoslovak Academy of Sciences, Institute of History, Bd. 1, o.O (Prag) 1969, 187–94 (Ms. vervielf.)

362 Martin, Bernd: Zur Tauglichkeit eines übergreifenden Faschismus-Begriffs. Ein Vergleich zwischen Japan, Italien und Deutschland, in: VfZ 29 (1981), 48–73

363 Milfull, John: »My Sex the Revolver«. Fascism as a Theatre for the Compensation of Male Inadequacies, in: John Milfull (Hg.), The Attractions of Fascism. Social Psychology and Aesthetics of the »Triumph of the Right«, New York u. a. 1990, 176–85

364 Milward, Alan S.: Towards a Political Economy of Fascism, in: Stein U. Larsen u. a. (Hg.), Who Were the Fascists? Social Roots of European Fascism, Bergen u. a. 1980, 56–65

365 Mosse, George L.: Die Entstehung des Faschismus. (Einführung), in: Walter Laqueur/George L. Mosse (Hg.), Internationaler Faschismus 1920–1945. (Deutsche Buchausgabe des »Journal of Contemporary History«), München 1966, 29–45, 276 f. (engl.: London/New York 1966)

366 Niemann, Heinz: Zum Faschismusbild in der deutschen Sozialdemokratie 1922 bis 1945, in: Dietrich Eichholtz/Kurt Gossweiler (Hg.), Faschismus-Forschung. Positionen, Probleme, Polemik, 2., durchges. Aufl., Köln 1980, 395–415 (zuerst Berlin [O] 1980)

367 Niethammer, Lutz: Faschistische Bewegungen in der Zwischenkriegszeit in Europa, in: PolB 6 (1972), Nr. 1, 17–36

368 Nipperdey, Thomas: Der Faschismus in seiner Epoche. Zu den Werken von Ernst Nolte zum Faschismus, in: HZ 210 (1970), 620–38

369 Nolte, Ernst: Der Faschismus in seiner Epoche. Die Action française. Der italienische Faschismus. Der Nationalsozialismus, 5. Aufl., München 1979; 633 S. (zuerst 1963; neu einger. u. erw. Teilabdr. Frankfurt u. a. 1970 u. d. T.: Der Nationalsozialismus)

370 Nolte, Ernst: Die faschistischen Bewegungen. Die Krise des liberalen Systems und die Entwicklung der Faschismen, 4. Aufl., München 1973; 334 S. (zuerst 1966)

371 Nolte, Ernst: Die Krise des liberalen Systems und die faschistischen Bewegungen, München 1968; 480 S.

372 Nolte, Ernst (Hg.): Theorien über den Faschismus, 5. Aufl., Königstein, Ts. 1979; 513 S. (zuerst Köln 1967)

373 Nolte, Ernst: Die Epoche des Faschismus – Voraussetzungen und Auswirkungen, in: Thomas M. Gauly (Hg.), Die Last der Geschichte. Kontroversen zur deutschen Identität, Köln 1988, 68–86

374 Nolte, Ernst: »Epoche des Faschismus«. Sinn und Konsequenzen eines Begriffs (1976), in: Ernst Nolte, Marxismus, Faschismus, Kalter Krieg. Vorträge und Aufsätze 1964–1976, Stuttgart 1977, 193–208

375 Nolte, Ernst: Zur Phänomenologie des Faschismus, in: VfZ 10 (1962), 373–407

376 Nolte, Ernst: Zeitgenössische Theorien über den Faschismus, in: VfZ 15 (1967), 247–68; abgedr. in: Ernst Nolte, Marxismus, Faschismus, Kalter Krieg. Vorträge und Aufsätze 1964–1976, Stuttgart 1977, 153–74

377 Nolte, Ernst: Konservatismus und Faschismus, in: ZfP N.F. 11 (1964), 5–20; abgedr. in: Hans-Gerd Schumann (Hg.), Konservatismus, Köln 1974, 244–61; Ernst Nolte, Marxismus, Faschismus, Kalter Krieg. Vorträge und Aufsätze 1964–1976, Stuttgart 1977, 117–35

378 Opitz, Reinhard: Fragen der Faschismusdiskussion. Zu Reinhard Kühnls Bestimmung des Faschismusbegriffs, in: Argument 12 (1970), Nr. 58, 280–91

379 Opitz, Reinhard: Über die Entstehung und Verhinderung von Faschismus, in: Argument 16 (1974), Nr. 87, 543–603

380 Otten, Karl: Geplante Illusionen. Eine Analyse des Faschismus, Nachwort Lothar Baier, Frankfurt a.M. 1989; 367 S. (zuerst engl. 1942)

381 Pätzold, Kurt: Carl von Ossietzkys Analyse des Faschismus (1929–1933), in: Gerhard Kraiker/Dirk Grathoff (Hg.), Carl von Ossietzky und die politische Kultur der Weimarer Republik. Symposion zum 100. Geburtstag, Oldenburg 1991, 81–97

382 Payne, Stanley G.: Fascism. Comparison and Definition, Madison, Wisc. 1980; 234 S.

383 Payne, Stanley G.: The Concept of Fascism, in: Stein U. Larsen u.a. (Hg.), Who Were the Fascists? Social Roots of European Fascism, Bergen u.a. 1980, 14–25

384 Petzold, Joachim: Faschismus. Regime des Verbrechens, Frankfurt 1984; 166 S.

385 Poulantzas, Nicos: Faschismus und Diktatur. Die kommunistische Internationale und der Faschismus, München 1973; 398 S.

386 Pozzoli, Claudio (Hg.): Faschismus und Kapitalismus. (Jb. Arbeiterbewegung, 4), Frankfurt 1976; 333 S.*

387 Priester, Karin: Faschismus und Massenbewegung. Eine kritische Auseinandersetzung mit dem faschismustheoretischen Ansatz von R[einhard] Opitz, in: Argument 21 (1979), Nr. 117, 655–66

388 Pyta, Wolfram: Gegen Hitler und für die Republik. Die Auseinandersetzung der deutschen Sozialdemokratie mit der NSDAP in der Weimarer Republik, Düsseldorf 1989; 558 S.

389 Rabinbach, Anson G.: Marxistische Faschismustheorien: Ein Überblick, in: ÄuK 7 (1976), Nr. 26, 5–19; 8 (1977), Nr. 27, 89–103

390 Rehmann, Jan C.: Die Behandlung des Ideologischen in Marxistischen Faschismustheorien, in: Projektgruppe Ideologie-Theorie, Faschismus und Ideologie, Bd. 1, Berlin 1980, 13–43, 179–81

391 Reich, Wilhelm: Massenpsychologie des Faschismus. Zur Sexualökonomie der politischen Reaktion und zur proletarischen Sexualpolitik, Neuausg., 3. Aufl., Hamburg 1979; 351 S. (zuerst Köln/Berlin 1971; Erstausgabe: Zürich 1933; 2. Aufl., Kopenhagen 1934)

392 Rein, Gustav: Bonapartismus und Faschismus in der deutschen Geschichte, Göttingen 1960; 34 S.

393 Ryszka, Franciszek: Les sources psychologiques et sociales du fascisme, in: Fascism in Europe. An International Sympo-

sium. Prague, 28–29 August 1969, Hg. Czechoslovak Academy of Sciences, Institute of History, Bd. 2, o.O (Prag) 1970, 152–74 (Ms. vervielf.)

394 Saage, Richard: Faschismustheorien. Eine Einführung, München 1976

395 Saage, Richard: Bemerkungen zur Faschismusinterpretation Ernst Noltes, in: Argument 12 (1970), Nr. 58, 292–304

396 Saggau, Wolfgang: Faschismustheorien und antifaschistische Strategien in der SPD. Theoretische Einschätzungen des deutschen Faschismus und Widerstandskonzeptionen in der Endphase der Weimarer Republik und in der Emigration, Köln 1981; 603 S.

397 Sahl, Hans: Walter Benjamin im Lager, in: Siegfried Unseld (Hg.), Zur Aktualität Walter Benjamins. Aus Anlaß des 80. Geburtstages von Walter Benjamin, Frankfurt 1972, 74–81

398 Sauer, Wolfgang: National Socialism: Totalitarism or Fascism?, in: AHR 73 (1967), 404–24; abgedr. in: Henry A. Turner (Hg.), Reappraisals of Fascism, New York 1975, 93–116

399 Sauerland, Karol: Arnold Zweigs Sicht des Faschismus, in: David Midgley u.a. (Hg.), Arnold Zweig – Poetik, Judentum und Politik. Akten des Internationalen Arnold Zweig-Symposiums aus Anlaß des 100. Geburtstags Cambridge 1987, Frankfurt u.a. 1989, 242–55

400 Schäfer, Gert: Die Kommunistische Internationale und der Faschismus, Offenbach 1973; 164 S.

401 Schieder, Wolfgang (Hg.): Faschismus als soziale Bewegung. Deutschland und Italien im Vergleich, 2. Aufl., Göttingen 1983; 211 S. (zuerst Hamburg 1976)

402 Schieder, Wolfgang: Faschismus, in: Richard von Dülmen (Hg.), Fischer Lexikon Geschichte, Neuausg., Frankfurt 1990, 177–95

403 Schieder, Wolfgang: Das Deutschland Hitlers und das Italien Mussolinis. Zum Problem faschistischer Regimebildung, in: Gerhard Schulz (Hg.), Die Große Krise der dreißiger Jahre. Vom Niedergang der Weltwirtschaft zum 2. Weltkrieg, Göttingen 1985, 44–71

404 Schieder, Wolfgang: Faschismus, in: Sowjetsystem und demokratische Gesellschaft. Eine vergleichende Enzyklopädie, Hg. Klaus D. Kernig u.a., Bd. 2, Freiburg i.Br. 1968, 438–77

405 Schmidt, Roland: Nationalsozialismus – ein deutscher Faschismus?, in: APUZ, Nr. B 13/85, 30.3. 1985, 41–53

406 Schmiederer, Ursula: Aspekte der Faschismusanalyse, in: Claudio Pozzoli (Hg.), Faschismus und Kapitalismus. (Jb. Arbeiterbewegung, 4), Frankfurt 1976, 9–17

407 Schneider, Sigrid: Das Ende Weimars im Exilroman. Literarische Strategien zur Vermittlung von Faschismustheorien, München u.a. 1980; XI, 575 S.

408 Schöllgen, Gregor: Die Begriffe und ihre Wirklichkeit. »Zeitgeschichtliche Kontroversen« um Faschismus und Totalitarismus, in: HJB 103 (1983), 193–98

409 Schönhoven, Klaus: Faschismus und Antifaschismus, in: AVS-Informationsdienst, Hg. Arbeitsgemeinschaft Verfolgter Sozialdemokraten, 1992, Nr. 3, 2–4; Nr. 4, 5–7

410 Schulz, Gerhard: Faschismus – Nationalsozialismus. Versionen und theoretische Kontroversen 1922–1972, Frankfurt 1974; 222 S.

411 Schuon-Wiehl, Annaliese: Faschismus und Gesellschaftsstruktur. Am Beispiel des Aufstiegs des Nationalsozialismus, Frankfurt 1970; 102 S.

412 Seton-Watson, Hugh: Faschismus – links und rechts, in: Walter Laqueur/George L. Mosse (Hg.), Internationaler Faschismus 1920–1945. (Deutsche Buchausgabe des »Journal of Contemporary History«), München 1966, 253–73, 298f. (engl.: London/New York 1966)

413 Siegel, Tilla: Thesen zur Charakterisierung faschistischer Herrschaft, in: ÄuK 9 (1978), Nr. 32, 59–70

414 Siegfried, Klaus-Jörg: Zur Entstehung und sozialen Funktion des Faschismus. Ein Beitrag zur Faschismusdiskussion am Beispiel des österreichischen Dollfuß-Regimes, in: ÖZP 7 (1978), 477–91

415 Spiegel, Josef: Die Faschismuskonzeption der KPD 1929–1933. Eine Untersuchung unter besonderer Berücksichtigung der kommunistischen Presse, Münster 1985; 300 S.

416 Sternhell, Zeev: The »Anti-Materialist« Revision of Marxism as an Aspect of the Rise of Fascist Ideology, in: JCH 22 (1987), 379–400

417 Stollberg, Gunnar: Theorie und Erfahrung. Die Faschismusschriften [Arthur] Rosenbergs, [Paul] Serings [d.i. Richard Löwenthal] und [Fritz] Sternbergs im Lichte der Marxschen Theorie, in: IWK 10 (1974), 1–39

418 Strasser, Otto: Der Faschismus. Geschichte und Gefahr, München/Wien 1965; 109 S.

419 Stratenwerth, Günter: Faschismus als Krise des Liberalismus?, in: Hubert Rottleuthner (Hg.), Recht, Rechtsphilosophie und Nationalsozialismus, Wiesbaden 1983, 36–44

420 Sturm, Reinhard: Faschismusauffassungen der Sozialdemokratie in der Weimarer Republik, in: Richard Saage (Hg.), Solidargemeinschaft und Klassenkampf. Politische Konzeptionen der Sozialdemokratie zwischen den Weltkriegen, Frankfurt 1986, 302–30

421 Sturm, Reinhard: Julius Braunthal und die Anfänge sozialdemokratischer Faschismus-Interpretation, in: IWK 17 (1981), 1–14

422 Sturm, Reinhard: Theorien über den Faschismus in der Arbeiterbewegung, in: Thomas Meyer u.a. (Hg.), Lern- und Arbeitsbuch deutsche Arbeiterbewegung. Darstellung, Chroniken, Dokumente, Bd. 2, Bonn 1984, 619–48

423 Thamer, Hans-Ulrich: Nationalsozialismus und Faschismus. (Nationalsozialismus im Unterricht, Studieneinheit 12), Hg. Deutsches Institut für Fernstudien an der Universität Tübingen, Red. Brigitte Löhr, Tübingen 1983; 165 S. (als Typoskript gedr.)**

424 Thamer, Hans-Ulrich/Wippermann, Wolfgang: Faschistische und neofaschistische Bewegungen. Probleme empirischer Faschismusforschung, Darmstadt 1977; XIII, 268 S.

425 Timmermann, Barbara: Die Faschismus-Diskussion in der Kommunistischen Internationale (1920–1935), Diss. Köln 1977; III, 519 S.

426 Totalitarismus und Faschismus. Eine wissenschaftliche und politische Begriffskontroverse, Hg. Institut für Zeitgeschichte, München 1980; 89 S.

427 Trevor-Roper, Hugh R.: The Phenomenon of Fascism, in: Stuart J. Woolf (Hg.), Fascism in Europe, 2. Aufl., London/New York 1981, 19–38

428 Turner jr., Henry A. (Hg.): Reappraisals of Fascism, New York 1975; XIV, 238 S.

429 Turner jr., Henry A.: Faschismus und Anti-Modernismus (amerikan. 1972), in: Henry A. Turner jr., Faschismus und Kapitalismus in Deutschland. Studien zum Verhältnis zwischen Nationalsozialismus und Wirtschaft, 1. u. 2. Aufl., Göttingen 1972, 157–82; abgedr. in: Wolfgang Michalka (Hg.), Nationalsozialistische Außenpolitik, Darmstadt 1978, 148–74

430 Vierhaus, Rudolf: Faschistisches Führertum. Ein Beitrag zur Phänomenologie des europäischen Faschismus, in: HZ 198 (1964), 614–39

431 Wagner, Frank D.: Bertolt Brecht. Kritik des Faschismus, Opladen 1989; 376 S.

432 Westphal, Reinhart: Psychologische Theorien über den Faschismus, in: Argument 7 (1965), Nr. 32, 30–39

433 Wilson, Michael: Das Institut für Sozialforschung und seine Faschismusanalysen, Frankfurt/New York 1982; 221 S.

434 Winkler, Heinrich A.: Die »neue Linke« und der Faschismus. Zur Kritik neomarxistischer Theorien über den Nationalsozialismus, in: Heinrich A. Winkler, Revolution, Staat, Faschismus, Göttingen 1978, 65–117, 137–59

435 Wippermann, Wolfgang: Europäischer Faschismus im Vergleich 1922–1982, Frankfurt 1983; 239 S.

436 Wippermann, Wolfgang: Faschismustheorien. Zum Stand der gegenwärtigen Diskussion, 5., völlig neu bearb. Aufl., Darmstadt 1989; 129 S. (zuerst 1972)

437 Wippermann, Wolfgang: Zur Analyse des Faschismus. Die sozialistischen und kommunistischen Faschismustheorien 1921–1945, Frankfurt u. a. 1981; 152 S.

438 Wippermann, Wolfgang: War der italienische Faschismus rassistisch? Anmerkungen zur Kritik an der Verwendung eines allgemeinen Faschismusbegriffes, in: Werner Röhr u. a. (Hg.), Faschismus und Rassismus. Kontroversen um Ideologie und Opfer, Berlin 1992, 108–22

439 Wippermann, Wolfgang: Faschismustheorien, in: Wolfgang M. Mickel (Hg.), Handlexikon zur Politikwissenschaft, hg. in Verbindung mit Dietrich Zitzlaff, 2., überarb. Aufl., Bonn 1986, 141–45 (zuerst 1983)

440 Wippermann, Wolfgang: Vom »Erratischen Block« zum Scherbenhaufen. Rückblick auf die Faschismusforschung, in: Thomas Nipperdey u. a. (Hg.), Weltbürgerkrieg der Ideologien. Antworten an Ernst Nolte. Festschrift zum 70. Geburtstag, Frankfurt/Berlin 1993, 207–15

441 Wippermann, Wolfgang: The Post-War Left and Fascism, in: JCH 11 (1976), 185–219

442 Wistrich, Robert S.: Leo Trotsky's Theory of Fascism, in: JCH 11 (1976), 157–84

443 Woolf, Stuart J. (Hg.): Fascism in Europe, 2., überarb. Aufl., London/New York 1981; V, 408 S. (zuerst 1963 u. d. T.: European Fascism)

444 Woolf, Stuart J. (Hg.): The Nature of Fascism. Proceedings of a Conference Held by the Reading University Graduate School of Contemporary European Studies, London 1968; 261 S.

445 Wrona, Vera: Marxistisch-leninistische Faschismuskritik – unabdingbarer Bestandteil der antifaschistisch-demokratischen Umwälzung, in: Dietrich Eichholtz/Kurt Gossweiler (Hg.), Faschismus-Forschung. Positionen, Probleme, Polemik, 2., durchges. Aufl., Köln 1980, 355–73 (zuerst Berlin [O] 1980)

446 Yamaguchi, Yasushi: Faschismus als Herrschaftssystem in Japan und Deutschland – Versuch eines Vergleichs, in: Joachim Hütter u. a. (Hg.), Tradition und Neubeginn. Internationale Forschungen zur Geschichte des 20. Jahrhunderts, Köln u. a. 1975, 431–42

447 Ziegs, Detlef: Das Faschismusbild der Jungsozialisten in der SPD in den letzten Jahren der Weimarer Republik, in: BzG 25 (1983), 93–99

A.1.4.3 Totalitarismustheorien

Bibliographien

448 Backes, Uwe/Jesse, Eckhard (Hg.): Totalitarismus – Extremismus – Terrorismus. Ein Literaturführer und Wegweiser im Lichte deutscher Erfahrung, 2., akt. u. erw. Aufl., Opladen 1985; 390 S. (zuerst 1984)

Literaturberichte

449 Jesse, Eckhard: Renaissance der Totalitarismuskonzeption? Zur Kontroverse um einen strittigen Begriff, in: NPL 28 (1983), 459–92

450 Jesse, Eckhard: Totalitarismusforschung auf dem Vormarsch?, in: E&D 6 (1994), 247–61

451 Kaiser, Hans: Vom »Totalitarismus« zum »Mobilisierungs«-Modell, in: NPL 18 (1973), 141–69

Darstellungen

453 Adam, Uwe D.: Anmerkungen zu methodologischen Fragen in den Sozialwissenschaften: Das Beispiel Faschismus und Totalitarismus, in: PVS 16 (1975), 55–88

454 Adler, Les K./Paterson, Thomas G.: Red Fascism: The Merger of Nazi Germany and Soviet Russia in the American Image of Totalitarism, 1930's – 1950's, in: AHR 75 (1969/70), 1046–64

455 Alexander, Leo: Destructive and Selfdestructive Trends in Criminalized Society. A Study of Totalitarianism, in: JCLC 40 (1949/50), 553–64

456 Arendt, Hannah: Elemente und Ursprünge totalitärer Herrschaft, 2. Aufl., Frankfurt 1962; 731 S. (zuerst 1955; engl.: London 1951)

457 Arnósson, Auduun: Totalitäre und autoritäre Machtformen – Versuch einer Typologie, in: Ludger Kühnhardt u. a. (Hg.), Die doppelte deutsche Diktaturerfahrung. Drittes Reich und DDR – ein historischpolitikwissenschaftlicher Vergleich, Frankfurt u. a. 1994, 199–211

458 Aron, Raymond: Noch einmal: Hitler. Wie haltbar ist die Totalitarismus-Theorie, in: Monat 33 (1981), Nr. 278, 42–55

459 Backes, Uwe: Totalitarisme: un phénomène spécifique du XXe siècle?, in: Yannis Thanassekos/Heinz Wismann (Hg.), Révision de l'histoire. Totalitarismes, crimes et génocides nazis. Actes du colloque international organisé à l'initiative des la Fondation Auschwitz, 3–5 novembre 1988, Institute de Sociologie, Université libre de Bruxelles, Paris 1990, 19–36

460 Backes, Uwe: Totalitarismus – ein Phänomen des 20. Jahrhunderts?, in: Thomas Nipperdey u. a. (Hg.), Weltbürgerkrieg der Ideologien. Antworten an Ernst Nolte. Festschrift zum 70. Geburtstag, Frankfurt/Berlin 1993, 244–60

461 Backes, Uwe/Jesse, Eckhard: Totalitarismus und Totalitarismusforschung. Zur Renaissance einer lange tabuisierten Konzeption, in: E&D 4 (1992), 7–27

462 Barck, Karlheinz: Möglichkeiten und Grenzen der Totalitarismustheorie, in: Mittelweg 2 (1993), Nr. 8, 89–92

463 Bosshart, David: Politische Intellektualität und totalitäre Erfahrung. Hauptströmungen der französischen Totalitarismuskritik, Berlin 1992; 292 S.

464 Bracher, Karl D.: Zeitgeschichtliche Kontroversen. Um Faschismus, Totalitarismus, Demokratie, 5., veränd. u. erw. Aufl., München/Zürich 1984; 183 S. (zuerst 1976)*

465 Bracher, Karl D.: Totalitarismus, in: Ernst Fraenkel/Karl D. Bracher (Hg.), Staat und Politik. (Das Fischer Lexikon), Neuausg., München u. a. 1964 u. ö., 328–30 (zuerst 1957)

466 Bracher, Karl D.: Die Aktualität des Totalitarismusbegriffes, in: Konrad Löw (Hg.), Totalitarismus, München 1988, 19–27; abgedr. in: Karl D. Bracher, Wendezeiten der Geschichte. Historisch-politische Essays 1987–1992, Stuttgart 1992, 173–84 u. d. T.: Totalitarismus als Begriff und Realität

467 Bracher, Karl D.: Der umstrittene Totalitarismus: Erfahrung und Aktualität (engl. 1973), in: Karl D. Bracher, Zeitgeschichtliche Kontroversen. Um Faschismus,

Totalitarismus, Demokratie, 5., veränd. u. erw. Aufl., München/Zürich 1984, 34–62 (zuerst 1976)

468 Bracher, Karl D.: Die Ausbreitung des Totalitarismus, in: Heinz Maier-Leibnitz (Hg.), Zeugen des Wissens, Mainz 1986, 837–59; abgedr. in: Karl D. Bracher, Die totalitäre Erfahrung, München/Zürich 1987, 13–39

469 Bracher, Karl D.: Die totalitäre Utopie. [George Orwell, 1984], in: GeG 3 (1984), 3–17; abgedr. in: Karl D. Bracher, Die totalitäre Erfahrung, München/Zürich 1987, 50–68

470 Buchheim, Hans: Totalitäre Herrschaft. Wesen und Merkmale, 3. Aufl., München 1964; 138 S. (zuerst 1962)

471 Buchheim, Hans: Die Lebensbedingungen unter totalitärer Herrschaft, in: Karl Forster (Hg.), Möglichkeiten und Grenzen für die Bewältigung historischer und politischer Schuld in Strafprozessen, Würzburg 1962, 87–106

472 Buchheim, Hans: Struktur der totalitären Herrschaft und Ansätze totalitären Denkens, in: VfZ 8 (1960), 164–80

473 Burrowes, Robert: Totalitarianism. The Revised Standard Version, in: WP 21 (1969), 272–94

474 Canovan, Margaret: Hannah Arendt. A Reinterpretation of Her Political Thought, Cambridge 1992; 320 S.

475 Dähn, Horst: Totalitarismus, in: Axel Görlitz/Rainer Prätorius (Hg.), Handbuch Politikwissenschaft. Grundlagen – Forschungsstand – Perspektiven, Reinbek 1987, 567–73

476 Erdmann, Karl D.: Nationalsozialismus – Faschismus – Totalitarismus, in: GWU 27 (1976), 457–69

477 Fetscher, Iring: Der Totalitarismus, in: Exilforschung 1 (1983), 11–26

478 Flechtheim, Ossip K.: Totalitarismus = Faschismus + Kommunismus? Haben Hitlerdeutschland und Stalinrußland ideologisch etwas miteinander zu tun?, in: Anneliese Mannzmann (Hg.), Hitlerwelle und historische Fakten. Mit einer Literaturübersicht und einer Materialsammlung zum Neonazismus, Königstein, Ts. 1979, 60–70

479 Franke, Harald: Der Systemvergleich anhand der klassischen Totalitarismustheorie, in: Ludger Kühnhardt u.a. (Hg.), Die doppelte deutsche Diktaturerfahrung. Drittes Reich und DDR – ein historisch-politikwissenschaftlicher Vergleich, Frankfurt u.a. 1994, 169–84

480 Friedländer, Saul: Nazism: Fascism or Totalitarism, in: Charles S. Maier u.a. (Hg.), The Rise of the Nazi Regime. Historical Reassessments, Boulder, Col./London 1986, 25–34

481 Friedrich, Carl J.: Totalitarianism in Perspective: Three Views, London/New York 1969; XII, 164 S.

482 Friedrich, Carl J.: Totalitäre Diktatur, Mitarb. Zbigniew K. Brzezinski, Stuttgart 1957; 315 S. (amerikan.: New York 1956; 2. Aufl., Cambridge, Mass. 1965)

483 Fritze, Lothar: »Totalitarismustheorie und Modernitätskritik«. Anmerkungen zu einer Konferenz des Hamburger Instituts für Sozialforschung, in: Mittelweg 3 (1994), Nr. 4, 60–64

484 Funke, Manfred (Hg.): Totalitarismus. Ein Studien-Reader zur Herrschaftsanalyse moderner Diktaturen, Düsseldorf 1978; 195 S.

485 Funke, Manfred: Erfahrung und Aktualität des Totalitarismus. Zur definitorischen Sicherung eines umstrittenen Begriffs moderner Herrschaftslehre, in: Konrad Löw (Hg.), Totalitarismus, München 1988, 44–62

486 Greiffenhagen, Martin u.a.: Totalitarismus. Zur Problematik eines politischen Begriffs, München 1972; 156 S.

487 Greiffenhagen, Martin: Der Totalitarismusbegriff in der Regimenlehre, in: PVS 9 (1968), 372–96

488 Hermet, Guy u.a. (Hg.): Totalitarismes, Paris 1984; 254 S.

489 Hildebrand, Klaus: Stufen der Totalitarismus-Forschung, in: PVS 9 (1968), 397–422

490 Hornung, Klaus: Das totalitäre Zeitalter. Bilanz des 20. Jahrhunderts, Berlin/Frankfurt 1993; 429 S.

491 Howe, Irving (Hg.): 1984 Revisited. Totalitarianism in Our Century, New York u.a. 1983; X, 276 S.

492 Jänicke, Martin: Totalitäre Herrschaft. Anatomie eines politischen Begriffs, Berlin 1971; 282 S. (zuerst Diss. Berlin 1969 u.d.T.: Untersuchungen zum Begriff totalitärer Herrschaft)

493 Jenkner, Siegfried: Entwicklung und Stand der Totalitarismusforschung, in: APUZ, Nr. B 31/84, 4.8.1984, 16–26

494 Jenkner, Siegfried: Totalitarismus, in: Wolfgang M. Mickel (Hg.), Handlexikon zur Politikwissenschaft, hg. in Verbindung mit Dietrich Zitzlaff, 2., überarb. Aufl., Bonn 1986, 521–24 (zuerst 1983)

495 Jesse, Eckhard: Die »Totalitarismus-Doktrin« aus DDR-Sicht, in: Konrad Löw (Hg.), Totalitarismus, München 1988, 63–87

496 Jesse, Eckhard: Ernst Noltes Totalitarismusverständnis zwischen Kontinuität und Wandel, in: Thomas Nipperdey u.a. (Hg.), Weltbürgerkrieg der Ideologien. Antworten an Ernst Nolte. Festschrift zum 70. Geburtstag, Frankfurt/Berlin 1993, 216–32

497 Kielmansegg, Peter Graf: Krise der Totalitarismustheorie?, in: ZfP N.F. 21 (1974), 311–28

498 Kleßmann, Christoph: Zwei Diktaturen in Deutschland – Was kann die künftige DDR-Forschung aus der Geschichtsschreibung zum Nationalsozialismus lernen?, in: DA 25 (1992), 601–6

499 Klepsch, Thomas: Totalitarisme: un concept pour le IIIe Reich?, in: Yannis Thanassekos/Heinz Wismann (Hg.), Révision de l'histoire. Totalitarismes, crimes et génocides nazis. Actes du colloque international organisé à l'initiative des la Fondation Auschwitz, 3–5 novembre 1988, Institute de Sociologie, Université libre de Bruxelles, Paris 1990, 45–54

500 Kraushaar, Wolfgang: Sich aufs Eis wagen. Plädoyer für eine Auseinandersetzung mit der Totalitarismustheorie, in: Mittelweg 2 (1993), Nr. 7, 6–29

501 Lew, Roland: Totalitarisme et crises des sociétés modernes, in: Yannis Thanassekos/Heinz Wismann (Hg.), Révision de l'histoire. Totalitarismes, crimes et génocides nazis. Actes du colloque international organisé à l'initiative des la Fondation Auschwitz, 3–5 novembre 1988, Institute de Sociologie, Université libre de Bruxelles, Paris 1990, 55–64

502 Lindt, Andreas: Das Zeitalter des Totalitarismus. Politische Heilslehren und ökumenischer Aufbruch, Stuttgart u.a. 1981; 264 S.

503 Linz, Juan J.: Totalitarian and Authoritarian Regimes, in: Fred I. Greenstein/Nelson W. Polsby (Hg.), Handbook of Political Science, Bd. 3: Macropolitical Theory, Reading, Mass. u.a. 1975, 175–411

504 Lozek, Gerhard u.a.: Die Totalitarismus-Doktrin im Antikommunismus. Kritik einer Grundkomponente bürgerlicher Ideologie, Berlin (O) 1985; 256 S.

505 Lozek, Gerhard: Vergleichen, nicht gleichsetzen. Fallbeispiel: Totalitäre Diktaturen, in: Eberhard Fromm/Hans-Jürgen Mende (Hg.), Vom Beitritt zur Vereinigung. Schwierigkeiten beim Umgang mit deutsch-deutscher Geschichte. Akademische Tage des Luisenstädtischen Bildungsvereins vom 21. bis 27. Oktober 1993, Berlin 1994, 84–88

506 Lozek, Gerhard: Genesis, Wandlung und Wirksamkeit der imperialistischen Totalitarismus-Doktrin, in: ZfG 14 (1966), 525–41

507 Luks, Leonid: Bolschewismus, Faschismus, Nationalsozialismus – verwandte Gegner?, in: GG 14 (1988), 96–115

508 Maier, Hans: Totalitäre Herrschaft – neubesehen, in: Thomas Nipperdey u. a. (Hg.), Weltbürgerkrieg der Ideologien. Antworten an Ernst Nolte. Festschrift zum 70. Geburtstag, Frankfurt/Berlin 1993, 233–43

509 Menze, Ernest A. (Hg.): Totalitarism Reconsidered, Port Washington, N. Y. u. a. 1981; VIII, 272 S.

510 Mercalowa, Ljudmila A.: Das nationalsozialistische und das kommunistisch-stalinistische System aus heutiger russischer Sicht, in: Bernd Faulenbach/Martin Stadelmaier (Hg.), Diktatur und Emanzipation. Zur russischen und deutschen Entwicklung 1917–1991, Essen 1993, 96–110

511 Naumann, Klaus/Herbert, Ulrich: Nationalsozialistische und stalinistische Herrschaft – Möglichkeiten und Grenzen des Vergleichs. Bericht zu einer Tagungsreihe. – Einführende Bemerkungen zum Konferenzprojekt, in: Mittelweg 2 (1993), Nr. 9, 65–73

512 Neumann, Sigmund: Permanent Revolution. Totalitarism in the Age of International Civil Law, London/Dunmow 1965; XIX, 402 S. (zuerst London/New York 1942)

513 Neun, Oliver: Die Totalitarismus-Kontroverse, in: Ludger Kühnhardt u. a. (Hg.), Die doppelte deutsche Diktaturerfahrung. Drittes Reich und DDR – ein historisch-politikwissenschaftlicher Vergleich, Frankfurt u. a. 1994, 185–98

514 Newman, Karl J.: Zerstörung und Selbstzerstörung der Demokratie. Europa 1918–1938, 2. Aufl., Stuttgart 1984; XXXII, 533 S. (zuerst Köln/Berlin 1965)

515 Noetzel, Thomas: Die angelsächsische Totalitarismusdiskussion, in: Mittelweg 3 (1994), Nr. 3, 66–71

516 Peschanski, Denis: Le concept de totalitarisme est-il opératoire en histoire?, in: Yannis Thanassekos/Heinz Wismann (Hg.), Révision de l'histoire. Totalitarismes, crimes et génocides nazis. Actes du colloque international organisé à l'initiative des la Fondation Auschwitz, 3–5 novembre 1988, Institute de Sociologie, Université libre de Bruxelles, Paris 1990, 77–86

517 Revel, Jean-François: Die totalitäre Versuchung, 2. Aufl., Frankfurt 1977; 302 S. (zuerst 1976)

518 Sauer, Wolfgang: National Socialism: Totalitarism or Fascism?, in: AHR 73 (1967/68), 404–24

519 Schapiro, Leonard B.: Totalitarismus, in: Sowjetsystem und demokratische Gesellschaft. Eine vergleichende Enzyklopädie, Hg. Klaus D. Kernig u. a., Bd. 6, Freiburg i.Br. 1968, 465–90

520 Schlangen, Walter: Die Totalitarismus-Theorie. Entwicklung und Probleme, Stuttgart u. a. 1976; 168 S.

521 Schlangen, Walter: Der Totalitarismusbegriff. Grundzüge seiner Entstehung, Wandlung und Kritik, in: APUZ, Nr. B 44/70, 31.10.1970, 3–46

522 Schmidt, Roland: Nationalsozialismus – ein deutscher Faschismus?, in: APUZ, Nr. B 13/85, 30.3.1985, 41–53

523 Schöllgen, Gregor: Die Begriffe und ihre Wirklichkeit. »Zeitgeschichtliche Kontroversen« um Faschismus und Totalitarismus, in: HJB 103 (1983), 193–98

524 Schulz, Gerhard: Der Begriff des Totalitarismus und der Nationalsozialismus, in: SW 12 (1961), 112–28; abgedr. in: Gerhard Schulz, Das Zeitalter der Gesellschaft. Aufsätze zur politischen Sozialgeschichte der Neuzeit, München 1969, 356–72, 455–57

525 Seidel, Bruno/Jenkner, Siegfried (Hg.): Wege der Totalitarismus-Forschung, 3., durchges. Tsd. der 1. Aufl., Darmstadt 1974; VII, 638 S. (zuerst 1968)

526 Söllner, Alfons: Totalitarismus. Eine notwendige Denkfigur des 20. Jahrhunderts, in: Mittelweg 2 (1993), Nr. 7, 83–88

527 Stammer, Otto: Aspekte der Totalitarismusforschung, in: SW 12 (1961), 97–111; abgedr. in: Otto Stammer, Politische Soziologie und Demokratieforschung. Ausgewählte Reden und Aufsätze zur Soziologie und Politik. Aus Anlaß seines 65. Geburtstages hg. von Mitarbeitern und Schülern, Berlin 1965, 259–78

528 Totalitarismus und Faschismus. Eine wissenschaftliche und politische Begriffskontroverse, Hg. Institut für Zeitgeschichte, München 1980; 89 S.

529 Unger, Aryeh L.: The Totalitarian Party. Party and People in Nazi Germany and the Soviet Russia, London/New York 1974; IX, 286 S.

530 Weyembergh, Maurice: La spécificité du totalitarisme selon H. Arendt. Analyse et critique, in: Yannis Thanassekos/Heinz Wismann (Hg.), Révision de l'histoire. Totalitarismes, crimes et génocides nazis. Actes du colloque international organisé à l'initiative des la Fondation Auschwitz, 3–5 novembre 1988, Institute de Sociologie, Université libre de Bruxelles, Paris 1990, 65–76

A.1.4.4 Modernisierungstheorien

[vgl. A.3.11]

Darstellungen

531 Alber, Jens: Nationalsozialismus und Modernisierung, in: KZSS 41 (1989), 346–65

532 Bauman, Zygmunt: Dialektik der Ordnung. Die Moderne und der Holocaust, Hamburg 1992; 253 S. (engl.: Cambridge/Oxford 1989 u. d. T.: Modernity and the Holocaust)

533 Elsner, Gine: »... in gewisser Hinsicht war Robert Ley der deutsche William Beveridge«. Zur Diskussion über Modernisierungselemente in der nationalsozialistischen Sozialpolitik, in: 1999 7 (1992), Nr. 4, 83–100

534 Frei, Norbert: Wie modern war der Nationalsozialismus?, in: GG 19 (1993), 367–87

534a Grode, Walter: Nationalsozialistische Moderne. Rassenideologische Modernisierung durch Abtrennung und Zerstörung gesellschaftlicher Peripherien, Frankfurt u. a. 1994; 222 S.

535 Harder, Sandrine: Tradition und Modernität im Nationalsozialismus, in: Ludger Kühnhardt u. a. (Hg.), Die doppelte deutsche Diktaturerfahrung. Drittes Reich und DDR – ein historisch-politikwissenschaftlicher Vergleich, Frankfurt u. a. 1994, 213–22

536 Heister, Hanns-Werner/Klein, Hans-Günter (Hg.): Musik und Musikpolitik im faschistischen Deutschland, Frankfurt 1984; 320 S.

537 Herf, Jeffrey: Comments on Reactionary Modernist Components of Nazi Ideology, in: Charles S. Maier u. a. (Hg.), The Rise of the Nazi Regime. Historical Reassessments, Boulder, Col./London 1986, 35–40

538 Marßolek, Inge: Der Nationalsozialismus und der Januskopf der Moderne, in: Frank Bajohr (Hg.), Norddeutschland im Nationalsozialismus, Hamburg 1993, 312–34

539 Matzerath, Horst/Volkmann, Heinrich: Modernisierungstheorie und Nationalsozialismus, in: Jürgen Kocka (Hg.), Theorien in der Praxis des Historikers, Göttingen 1977, 86–116

540 Messerschmidt, Manfred: Nationalsozialismus und Stalinismus: Modernisierung oder Regression?, in: Bernd Faulenbach/Martin Stadelmaier (Hg.), Diktatur und Emanzipation. Zur russischen und deutschen Entwicklung 1917–1991, Essen 1993, 87–95

541 Mommsen, Hans: Nationalsozialismus als vorgetäuschte Modernisierung, in: Walter H. Pehle (Hg.), Der historische Ort des Nationalsozialismus. Annäherungen, Frankfurt 1990, 31–46; abgedr. in: Hans Mommsen, Der Nationalsozialismus und die deutsche Gesellschaft. Ausgewählte Aufsätze. Zum 60. Geburtstag, Hg. Lutz Niethammer/Bernd Weisbrod, Reinbek 1991, 405–27

542 Prinz, Michael: Einige Bemerkungen zur neueren Debatte über Modernisierung und Nationalsozialismus. (Nachwort), in: Michael Prinz/Rainer Zitelmann (Hg.), Nationalsozialismus und Modernisierung, 2., durch ein Nachwort erg. Aufl., Darmstadt 1994, 335–61 (zuerst 1991 [ohne Nachwort])

543 Prinz, Michael: Wohlfahrtsstaat, Modernisierung und Nationalsozialismus. Thesen zu ihrem Verhältnis, in: Hans-Uwe Otto/Heinz Sünker (Hg.), Soziale Arbeit und Faschismus, 2., veränd. u. überarb. Aufl., Frankfurt 1989, 47–62 (zuerst Bielefeld 1986)

544 Prinz, Michael/Zitelmann, Rainer (Hg.): Nationalsozialismus und Modernisierung, 2., durch ein Nachwort erg. Aufl., Darmstadt 1994; XI, 365 S. (zuerst 1991)*

545 Reichel, Peter: »Vergangenheitstraum«, »Fortgeschrittenheit« und Völkermord. Zur Diskussion um Modernität und Modernisierung im NS-Staat, in: Historicum. Zeitung der Aktionsgemeinschaft für die historischen Institute an den österreichischen Universitäten sowie die Lehrer an höheren Schulen (Linz) (1991/92), Nr. 27, 18–26

546 Wippermann, Wolfgang: Das Dritte Reich: Produkt oder Bruch der Moderne? Zur Kritik von modernisierungstheoretischen Ansätzen in der Faschismus-Diskussion, in: 30. Januar 1933 – Kontinuitäten und Brüche. Wissenschaftliche Konferenz des »Helle Panke« e. V., des antifa Bund der Antifaschisten, des Gesellschaftswissenschaftlichen Forums e. V. und der Redaktion des »Neuen Deutschland« am 23./24. Januar 1993, Hg. Helle Panke zur Förderung von Politik, Bildung und Kultur, Bd. 1, Berlin 1993, 5–16

547 Zitelmann, Rainer: Nationalsozialismus, Faschismus, Stalinismus. Historiographische Vergangenheitsbewältigung und Modernisierungstheorie, in: Bernd Faulenbach/Martin Stadelmaier (Hg.), Diktatur und Emanzipation. Zur russischen und deutschen Entwicklung 1917–1991, Essen 1993, 111–35

548 Zitelmann, Rainer: Nationalsozialismus und Moderne. Eine Zwischenbilanz, in: Werner Süß (Hg.), Übergänge. Zeitgeschichte zwischen Utopie und Machbarkeit. Beiträge zur Philosophie, Gesellschaft und Politik. Hellmuth G. Bütow zum 65. Geburtstag, Berlin 1989, 195–223

548a Zitelmann, Rainer: Die totalitäre Seite der Moderne, in: Michael Prinz/Rainer Zitelmann (Hg.), Nationalsozialismus und Modernisierung, 2. Aufl., Darmstadt 1994, 1–20 (zuerst 1991)

A.1.4.5 Sonderwegsthese und Kontinuitätsdiskussion

Literaturberichte

549 Peter, Matthias/Schröder, Hans-Jürgen: Zum Kontinuitätsproblem, in: Matthias Peter/Hans-Jürgen Schröder, Einführung in das Studium der Zeitgeschichte, Mitarb. Markus M. Hugo u. a., Paderborn u. a. 1994, 103–15

Darstellungen

550 Abusch, Alexander: Der Irrweg einer Nation. Ein Beitrag zum Verständnis deutscher Geschichte, Berlin 1946; 361 S.

551 Alff, Wilhelm: Materialien zum Kontinuitätsproblem in der deutschen Geschichte, Frankfurt 1976; 117 S.

552 Andrews, Herbert D.: Hitler, Bismarck, and History, in: GSR 14 (1991), 511–32

553 Aschheim, Steven E.: Nazism, Normalcy, and the German »Sonderweg«, in: SCJ 4 (1988), 276–92

554 Bibó, István: Die deutsche Hysterie. Ursachen und Geschichte, Frankfurt/Leipzig 1991; 197 S. (ungar. 1982)

555 Blackburn, David/Eley, Geoff: Mythen deutscher Geschichtsschreibung. Die gescheiterte bürgerliche Revolution von 1848, Frankfurt u. a. 1980; 139 S.

556 Blackburn, David/Eley, Geoff: The Pecularities of German History. Bourgeois Society and Politics in Nineteenth Century Germany, Oxford/New York 1984; VIII, 300 S.

557 Botzenhart, Manfred: Anfänge des »deutschen Sonderwegs« im Vormärz?, in: Paul Leidinger/Dieter Metzler (Hg.), Geschichte und Geschichtsbewußtsein. Festschrift für Karl-Ernst Jeismann zum 65. Geburtstag, gewidmet von den Kollegen und Freunden der Universität Münster, Münster 1990, 366–79

558 Bracher, Karl D.: Autoritarismus und Nationalismus in der deutschen Geschichte, in: Autoritarismus und Nationalismus – ein deutsches Problem? Bericht über eine Tagung, veranstaltet vom Institut für staatsbürgerliche Bildung Rheinland-Pfalz im Fridtjof-Nansen-Haus in Ingelheim, geleitet von Karl Holzamer, Frankfurt 1963, 13–50

559 Brüggemeier, Franz-Josef: Der deutsche Sonderweg, in: Lutz Niethammer u. a., Bürgerliche Gesellschaft in Deutschland. Historische Einblicke, Fragen, Perspektiven, Frankfurt 1990, 244–49

560 Brühl, Hans: Irrweg deutscher Geschichte, 2. Aufl., Frankfurt 1947; 95 S. (zuerst 1946)

561 Calleo, David P.: Legende und Wirklichkeit der deutschen Gefahr. Neue Aspekte zur Rolle Deutschlands in der Weltgeschichte von Bismarck bis heute, Bonn 1980; 320 S.

562 Dahrendorf, Ralf: Gesellschaft und Demokratie in Deutschland, 2. Aufl., München 1971 u. ö.; 516 S.

563 Dehio, Ludwig: Der Zusammenhang der preußisch-deutschen Geschichte 1640–1945, in: Karl Forster (Hg.), Gibt es ein deutsches Geschichtsbild?, Würzburg 1961, 65–91

564 Deutscher Sonderweg – Mythos oder Realität?, Hg. Institut für Zeitgeschichte, München 1982; 90 S.

565 Eberan, Barbro: Luther? Friedrich »der Große«? Wagner? Nietzsche? . . .? Wer war an Hitler schuld? Die Debatte um die Schuldfrage 1945–1949, 2., erw. Aufl., München 1985; 289 S. (zuerst 1983)

566 Eley, Geoff: From Unification to Nazism. Reinterpretating the German Past, London 1986; 290 S.

567 Eley, Geoff: Wilhelminismus, Nationalismus, Faschismus. Zur historischen Kontinuität in Deutschland, Münster 1991; 331 S.*

568 Evans, Richard J.: Rethinking History. Nineteenth-century Germany and the Origins of the Third Reich, London 1990; 298 S.

569 Faulenbach, Bernd: Ideologie des deutschen Weges. Die deutsche Geschichte in der Historiographie zwischen Kaiserreich und Nationalismus, München 1980; XIII, 517 S.

570 Faulenbach, Bernd: »Deutscher Sonderweg«. Zur Geschichte und Problematik einer zentralen Kategorie des deutschen geschichtlichen Bewußtseins, in: APUZ, Nr. B 33/81, 15. 8. 1981, 3–21

571 Faulenbach, Bernd: Der »deutsche Weg« aus der Sicht des Exils. Zum Urteil emigrierter Historiker, in: Exilforschung 3 (1985), 11–30

572 Faulenbach, Bernd: Sozialdemokratie und deutscher Sonderweg, in: NG/FH 37 (1990), 506–11

573 Fischer, Fritz: Hitler war kein Betriebsunfall, in: Rudolf Augstein (Hg.), 100 Jahre Hitler. Eine Bilanz. (Spiegel-Spezial, 2/1989), Hamburg 1989, 103–5; abgedr. in: Fritz Fischer, Hitler war kein Betriebsunfall. Aufsätze, 1. u. 2. Aufl., München 1992, 174–81)

574 Fischer, Wolfram: Wirtschafts- und sozialgeschichtliche Anmerkungen zum »deutschen Sonderweg«, in: TAJB 16 (1987), 96–116

575 Gall, Lothar: Die Bundesrepublik in der Kontinuität der deutschen Geschichte, in: HZ 239 (1984), 603–13

576 Grebing, Helga u. a.: Der »deutsche Sonderweg« in Europa 1806–1945. Eine Kritik, Stuttgart u. a. 1986; 233 S.

577 Grebing, Helga: Bismarck und Bebel – Zweierlei Kontinuität? Die »schwarze« und die »weiße« Linie in der deutschen Geschichte, in: Streitfall deutsche Geschichte. Geschichts- und Gegenwartsbewußtsein in den 80er Jahren, Hg. Landeszentrale für politische Bildung Nordrhein-Westfalen, Essen 1986, 71–86

578 Grebing, Helga: Deutscher Sonderweg oder zwei Linien historischer Kontinuität in Deutschland?, in: Ursula Büttner (Hg.), Das Unrechtsregime. Internationale Forschung über den Nationalsozialismus. Festschrift für Werner Jochmann zum 65. Geburtstag, Bd. 1, Hamburg 1986, 2–21

579 Grebing, Helga: Die Bundesrepublik als Ende des deutschen Sonderweges?, in: GMH 40 (1989), 276–83

580 Gredel, Zdenka J. M.: The Problem of Continuity in German History as Seen by West German Historians between 1945 and 1953, Diss. State University of New York, Buffalo 1969; 229 S. (Ms.)

581 Harzendorf, Fritz: So kam es. Der deutsche Irrweg von Bismarck bis Hitler, 2. Aufl., Konstanz 1947; 101 S. (zuerst 1946)

582 Hegeler, Albert: Die deutsche Tragödie und ihre geschichtlichen Ursachen. Eine Deutung aus Erfahrung, Erlebnis und Studium, 2. Aufl., Celle 1948; 133 S. (zuerst 1947)

583 Hemmerle, Eduard: Der Weg in die Katastrophe, München 1948; 565 S.

584 Hildebrand, Klaus (Hg.): Wem gehört die deutsche Geschichte? Deutschlands Weg vom alten Europa in die europäische Moderne, Köln 1987; 279 S.

585 Hildebrand, Klaus: Der deutsche Eigenweg. Über das Problem der Normalität in der modernen Geschichte Deutschlands und Europas, in: Manfred Funke u. a. (Hg.), Demokratie und Diktatur. Geist und Gestalt politischer Herrschaft in Deutschland und Europa. Festschrift für Karl Dietrich Bracher, Düsseldorf 1987, 15–34

586 Hildebrand, Klaus: Deutscher Sonderweg und »Drittes Reich«. Betrachtungen über ein Grundproblem der deutschen und europäischen Geschichte im 19. und 20. Jahrhundert, in: Wolfgang Michalka (Hg.), Die nationalsozialistische Machtergreifung, Paderborn u. a. 1984, 386–94

587 Jäckel, Eberhard: Hitlers Herrschaft in der deutschen Geschichte, in: Eberhard Jäckel, Umgang mit der Geschichte. Beiträge zur Geschichte, Stuttgart 1989, 207–20

588 Kaelble, Hartmut: Der Mythos von der rapiden Industrialisierung in Deutschland, in: GG 9 (1983), 106–18

589 Kessel, Eberhard: Adolf Hitler und der Verrat am Preußentum, in: APUZ, Nr. B 46/61, 15.11.1961, 649–61

590 Kocka, Jürgen: Deutsche Identität und historischer Vergleich, in: APUZ, Nr. B 40–41/88, 30.9.1988, 15–28

592 Kocka, Jürgen: German History before Hitler: The Debate about the German »Sonderweg«, in: JCH 23 (1988), 3–16; leicht gekürzte Übersetzung abgedr. in: Jürgen Kocka, Geschichte und Aufklärung, Göttingen 1989, 101–13 u. d. T.: Deutsche Geschichte vor Hitler. Zur Diskussion über den »deutschen Sonderweg«

593 Kocka, Jürgen: Der »deutsche Sonderweg« in der Diskussion, in: GSR 5 (1982), 365–79

594 Kolb, Eberhard: Die Weimarer Republik und das Problem der Kontinuität vom Kaiserreich zum »Dritten Reich«, in: Jost Dülffer u. a. (Hg.), Deutschland in Europa. Kontinuität und Bruch. Gedenkschrift für Andreas Hillgruber, Frankfurt/Berlin 1990, 273–89; abgedr. in: Eberhard Kolb, Umbrüche deutscher Geschichte 1866/71–1918/19–1929/33. Ausgewählte Aufsätze, Hg. Dieter Langewiesche/Klaus Schönhoven, München 1993, 359–72

595 Krieger, Leonhard: Nazism. Highway or Byway?, in: CEH 11 (1978), 1–22

596 Langewiesche, Dieter: Entmythologisierung des »deutschen Sonderweges« oder auf dem Wege zu neuen Mythen?, in: AfS 21 (1981), 527–32

597 Lukács, Georg: Von Nietzsche bis Hitler. Oder: Der Irrationalismus in der deutschen Politik, Frankfurt/Hamburg 1966; 268 S.

598 Martin, Alfred von: Geistige Wegbereiter des deutschen Zusammenbruchs (Hegel, Nietzsche, Spengler), Recklinghausen 1948; 47 S.

599 McGovern, William M.: From Luther to Hitler. The History of Fascist-Nazi-Philosophy, 2. Aufl., London 1946; XIV, 683 S. (zuerst Boston/New York 1941; ND 1971)

600 Meinecke, Friedrich: Die deutsche Katastrophe. Betrachtungen und Erinnerungen, 5. Aufl., Wiesbaden 1955; 177 S. (zuerst 1946)

601 Meyers, Peter/Riesenberger, Dieter (Hg.): Der Nationalsozialismus in der historisch-politischen Bildung, Göttingen 1979; 218 S.*

602 Mommsen, Wolfgang J.: Der Geist von 1914: Das Programm eines politischen »Sonderwegs« der Deutschen (1989), in: Wolfgang J. Mommsen, Nation und Geschichte. Über die Deutschen und die deutsche Frage, München/Zürich 1990, 87–105

603 Mosse, George L.: Der Erste Weltkrieg und die Brutalisierung der Politik. Betrachtungen über die politische Rechte, den Rassismus und den deutschen Sonderweg, in: Manfred Funke u. a. (Hg.), Demokratie und Diktatur. Geist und Gestalt politischer Herrschaft. Festschrift für Karl Dietrich Bracher, Düsseldorf 1987, 127–39

604 Nipperdey, Thomas: 1933 und die Kontinuität der deutschen Geschichte, in: HZ 227 (1978), 86–111; abgedr. in: Michael Stürmer (Hg.), Die Weimarer Republik. Belagerte Civitas, Königstein, Ts. 1980, 374–92; Thomas Nipperdey, Nachdenken über die deutsche Geschichte. Essays, 2. Aufl., München 1986, 186–205

605 Plessner, Helmuth: Die verspätete Nation. Über die politische Verführbarkeit bürgerlichen Geistes, 6. Aufl. der Neuausg., Stuttgart 1974 (zuerst 1959; Erstausg. 1935)

606 Röhl, John C. G. (Hg.): From Bismarck to Hitler. The Problem of Continuity in German History, London 1970; XIV, 191 S.**

607 Schieder, Theodor: Das Deutsche Reich in seinen nationalen und universalen Beziehungen 1871–1945, in: Theodor Schieder/Ernst Deuerlein (Hg.), Reichsgründung

1870/71. Tatsachen, Kontroversen, Interpretationen, Stuttgart 1970, 422–54

608 Schulze, Hagen: Die Versuchung des Absoluten. Zur deutschen politischen Kultur im 19. und 20. Jahrhundert, in: APUZ, Nr. B 7/84, 18. 2. 1984, 3–10

609 Schulze, Hagen: Die »Deutsche Katastrophe« erklären. Von Nutzen und Nachteil historischer Erklärungsmodelle, in: Dan Diner (Hg.), Ist der Nationalsozialismus Geschichte? Zu Historisierung und Historikerstreit, Frankfurt 1987, 89–101, 271

610 Sontheimer, Kurt: Der »Deutsche Geist« als Ideologie. Ein Beitrag zur Theorie vom deutschen Sonderbewußtsein, in: Manfred Funke u. a. (Hg.), Demokratie und Diktatur. Geist und Gestalt politischer Herrschaft in Deutschland und Europa. Festschrift für Karl Dietrich Bracher, Düsseldorf 1987, 35–45

611 Sontheimer, Kurt: Ein deutscher Sonderweg?, in: Werner Weidenfeld (Hg.), Die Identität der Deutschen, Bonn (zugl. München) 1983, 324–35

612 Sontheimer, Kurt: Deutschland und der Totalitarismus. Die Versuchungen der Deutschen, in: Universitas 49 (1994), Nr. 577, 613–20

613 Stern, Fritz: The Failure of Illiberalism. Essays on the Political Culture of Modern Germany, New York 1992; 244 S.

614 Stürmer, Michael: Jenseits des Nationalstaats. Bemerkungen zum deutschen Kontinuitätsproblem, in: PuK 2 (1975), 119–38

615 Weber, Alfred: Abschied von der bisherigen Geschichte. Überwindung des Nihilismus?, Hamburg 1946; 275 S.

616 Wehler, Hans-Ulrich: »Sonderweg aus der ›Sonderlage‹?« Die Wiederentdeckung der »deutschen Mittellage« in Wissenschaft und Publizistik, in: Streitfall deutsche Geschichte. Geschichts- und Gegenwartsbewußtsein in den 80er Jahren, Hg. Landeszentrale für politische Bildung Nordrhein-Westfalen, Essen 1986, 87–99

617 Wehler, Hans-Ulrich: »Deutscher Sonderweg« oder allgemeine Probleme des westlichen Kapitalismus? Zur Kritik an einigen »Mythen deutscher Geschichtsschreibung«, in: Merkur 35 (1981), 478–87

618 Wiesbrock, Heinz: Ist der deutsche Volkscharakter besonders anfällig für Autoritarismus und Nationalismus?, in: Autoritarismus und Nationalismus – ein deutsches Problem? Bericht über eine Tagung, veranstaltet vom Institut für staatsbürgerliche Bildung Rheinland-Pfalz im Fridtjof-Nansen-Haus in Ingelheim, geleitet von Karl Holzamer, Frankfurt 1963, 21–34

A.1.5 Übergreifende Darstellungen

A.1.5.1 Allgemeines

Darstellungen

619 Aleff, Eberhard (Hg.): Das Dritte Reich, 23. Aufl., Hannover 1986; 302 S. (zuerst 1970)* **

620 Aleff, Eberhard: Mobilmachung, in: Eberhard Aleff (Hg.), Das Dritte Reich, 23. Aufl., Hannover 1986, 61–176, 250–68 (zuerst 1970)**

621 Allen, William S.: The Collapse of Nationalism in Nazi Germany, in: John Breuilly (Hg.), The State of Germany. The National Idea in the Making, Unmaking, and Remaking of a Modern Nation-State, London 1992, 141–53

622 Backes, Uwe u. a. (Hg.): Die Schatten der Vergangenheit. Impulse zur Historisierung des Nationalsozialismus, 2., um ein Nachw. erw. Aufl., Frankfurt/Berlin 1992; 660 S. (zuerst 1990)*

623 Bartel, Walter: Deutschland in der Zeit der faschistischen Diktatur 1933–1945, 1. u. 2., verb. Aufl., Berlin 1956; 256 S.

624 Benz, Wolfgang u. a. (Hg.): Der Nationalsozialismus. Studien zur Ideologie und Herrschaft. Hermann Graml zum 65. Geburtstag, Frankfurt 1993; 271 S.*

625 Benz, Wolfgang: Herrschaft und Gesellschaft im nationalsozialistischen Staat. Studien zur Struktur- und Mentalitätsgeschichte, Frankfurt 1990; 215 S.*

626 Benz, Wolfgang: Partei und Staat. Mechanismen nationalsozialistischer Herrschaft (1983), in: Wolfgang Benz, Herrschaft und Gesellschaft im nationalsozialistischen Staat, Frankfurt 1990, 29–46

627 Benz, Wolfgang: Konsolidierung und Konsens 1934–1939, in: Martin Broszat/ Norbert Frei (Hg.), Ploetz. Das Dritte Reich. Ursprünge, Ereignisse, Wirkungen, Freiburg/Würzburg 1983, 45–62

628 Berghahn, Volker R.: Modern Germany. Society, Economy, and Politics in the Twentieth Century, 5. Aufl., Cambridge u. a. 1987; XVII, 341 S.

629 Bergschicker, Heinz: Deutsche Chronik 1933–1945. Ein Zeitbild der faschistischen Diktatur, wissenschaftl. Beratung Olaf Groehler, 5., veränd. Aufl., Berlin (O) 1990; 576 S. (zuerst 1981)

630 Bessel, Richard (Hg.): Life in the Third Reich, 3. Aufl., Oxford/New York 1992; XIX, 124 S. (zuerst 1987)*

631 Botzenhart, Manfred: Deutsche Verfassungsgeschichte 1806–1949, Stuttgart u. a. 1993, 170–75

632 Bracher, Karl D. u. a. (Hg.): Nationalsozialistische Diktatur 1933–1945. Eine Bilanz, Bonn (zugl. Düsseldorf) 1983; 840 S.*

633 Bracher, Karl D.: Die deutsche Diktatur. Entstehung, Struktur, Folgen des Nationalsozialismus, 7. Aufl., Köln 1993; 592 S. (zuerst 1969)

634 Bracher, Karl D.: Europa in der Krise. Innengeschichte und Weltpolitik seit 1917, erw. u. erg. Neuausg., Frankfurt u. a. 1979; 579 S. (zuerst 1976 u. d. T.: Die Krise Europas 1917–1975)

635 Bracher, Karl D.: Geschichte und Gewalt. Zur Politik im 20. Jahrhundert, Berlin 1981; 344 S.

636 Bracher, Karl D. u. a. (Hg.): Deutschland 1933–1945. Neue Studien zur nationalsozialistischen Herrschaft, 2., erg. Aufl., Bonn/Düsseldorf 1993; 632 S. (zuerst 1992)*

637 Bracher, Karl D.: Die Grundlagen des nationalsozialistischen Herrschaftssystems, in: Deutsche Verwaltungsgeschichte, Bd. 4: Das Reich als Republik und in der Zeit des Nationalsozialismus, Hg. Kurt G. A. Jeserich u. a., Stuttgart 1985, 653–63

638 Bracher, Karl D.: Nationalsozialismus, Faschismus, Totalitarismus. Die deutsche Diktatur im Macht- und Ideologiefeld des 20. Jahrhunderts, in: Karl D. Bracher u. a. (Hg.), Deutschland 1933–1945. Neue Studien zur nationalsozialistischen Herrschaft, 2., erg. Aufl., Bonn/Düsseldorf 1993, 566–90 (zuerst 1992)

639 Brainin, Elisabeth u. a.: Nationalsozialismus, Nationalismus. Vorträge, Hg. Frankfurter Frauenschule, Frankfurt 1990; 102 S.

640 Broszat, Martin: Der Nationalsozialismus. Weltanschauung, Programm und Wirklichkeit, 4. Aufl., Stuttgart 1961; 84 S. (zuerst 1960)

641 Broszat, Martin: Der Staat Hitlers. Grundlegung und Entwicklung seiner inneren Verfassung, 8. Aufl., München 1979; 473 S. (zuerst 1969)

642 Broszat, Martin/Frei, Norbert (Hg.): Ploetz. Das Dritte Reich. Ursprünge, Ereignisse, Wirkungen, Freiburg/Würzburg 1983; 255 S.*

643 Broszat, Martin/Möller, Horst (Hg.): Das Dritte Reich. Herrschaftsstruktur und Geschichte. Vorträge aus dem Institut für Zeitgeschichte, 2., verb. Aufl., München 1986; 285 S. (zuerst 1983)*

Übergreifende Darstellungen

644 Brückner, Peter u.a.: Faschistische Öffentlichkeit. Diskussionsbeiträge und Stellungnahmen, in: ÄuK 7 (1976), Nr. 26, 20–51

645 Buchheim, Hans: Das Dritte Reich. Grundlagen und politische Entwicklung, 6. Aufl., München 1967; 92 S. (zuerst 1958)

646 Buhlert, Horst u.a.: Institutionen im Dritten Reich. Wie anfällig sind wir für Machtmißbrauch?, in: Renate Cogoy u.a. (Hg.), Erinnerung einer Profession. Erziehungsberatung, Jugendhilfe und Nationalsozialismus, Münster 1989, 193–201

647 Bull, Hedley (Hg.): The Challenge of the Third Reich. The Adam von Trott Memorial Lectures, Oxford 1986; 173 S.*

648 Burleigh, Michael/Wippermann, Wolfgang: The Racial State. Germany 1933–1945, Cambridge u.a. 1991; XIV, 386 S.

649 Büttner, Ursula (Hg.): Das Unrechtsregime. Internationale Forschung über den Nationalsozialismus. Festschrift für Werner Jochmann zum 65. Geburtstag, Bd. 1: Ideologie – Herrschaftssystem – Wirkung in Europa, Bd. 2: Verfolgung – Exil – Belasteter Neubeginn, Mitarb. Angelika Voß/Werner Johe, Hamburg 1986; 560, 478 S.*

650 Caplan, Jane: National Socialism and the Theory of the State, in: Thomas Childers/Jane Caplan (Hg.), Reevaluating the Third Reich, New York/London 1993, 98–113

651 Childers, Thomas/Caplan, Jane (Hg.): Reevaluating the Third Reich, Vorwort Charles S. Maier, New York/London 1993; XIV, 270 S.*

652 Conze, Werner: Der Nationalsozialismus, T. 1: 1919–1933: Die Krise der Weimarer Republik und die nationalsozialistische Machtergreifung, T. 2: 1934–1945: Totaler Führerstaat und nationalsozialistische Eroberungspolitik, Stuttgart 1984; 94, 131 S. (zuerst 1959–1964 u.ö.)

653 Dann, Otto: Nation und Nationalismus in Deutschland 1770–1990, München 1993, 274–96

654 Dobkowski, Michael N./Wallimann, Isidor (Hg.): Radical Perspectives on the Rise of Fascism in Germany, 1919–1945, New York 1989; 334 S.*

655 Drees, Martin: Herrschaftstechnik und Instrumente der Machtsicherung, in: Peter Meyers/Dieter Riesenberger (Hg.), Der Nationalsozialismus in der historisch-politischen Bildung, Göttingen 1979, 54–70

656 [Dreißigster] 30. Januar 1933 – Kontinuitäten und Brüche. Wissenschaftliche Konferenz des »Helle Panke« e.V., des antifa Bund der Antifaschisten, des Gesellschaftswissenschaftlichen Forums e.V. und der Redaktion des »Neuen Deutschland« am 23./24. Januar 1993, 2 Bde., Hg. Helle Panke zur Förderung von Politik, Bildung und Kultur, Berlin 1993; 53, 43 S.*

657 Dülffer, Jost: Deutsche Geschichte 1933–1945. Führerglaube und Vernichtungskrieg, Stuttgart u.a. 1992; 255 S.

658 Dülffer, Jost: Hitler, Nation und Volksgemeinschaft, in: Otto Dann (Hg.), Die deutsche Nation. Geschichte – Probleme – Perspektiven, Vierow b. Greifswald 1994, 96–116

659 Eichholtz, Dietrich/Gossweiler, Kurt (Hg.): Faschismus-Forschung. Positionen, Probleme, Polemik, 2., durchges. Aufl., Köln 1980; 459 S. (zuerst Berlin [O] 1980); teilw. abgedr. in: Faschismus in Deutschland. Faschismus der Gegenwart, 2. Aufl., Köln 1983 (zuerst 1980)*

660 Eichholtz, Dietrich/Mammach, Klaus (Hg.): Studien zur Geschichte des Faschismus und des antifaschistischen Widerstandes. (Jb. für Geschichte, 27), Berlin (O) 1983; 336 S.*

661 Erdmann, Karl D.: Deutschland unter der Herrschaft des Nationalsozialismus 1933–1939. (Gebhardt Handbuch der deutschen Geschichte, 20), 2. Aufl., München 1980 u.ö.; 292 S. (zuerst Stuttgart 1976)

662 Faschismus. (Autonomie, 14), Hg. Autonomie-Kollektiv, verantwortl. Karl-Heinz Bender, Frankfurt 1979; 71 S.*

663 Faschismus in Deutschland. Ursachen und Folgen. Verfolgung und Widerstand. Ausländerfeindlichkeit und neonazistische Gefahren, Hg. IG Druck und Papier, Köln 1985; 329 S.*

664 Fenske, Hans: Deutsche Verfassungsgeschichte, Berlin 1981, 65–76

665 Fenske, Hans: Das »Dritte Reich«. Die Perversion der Reichsidee, in: Bernd Martin (Hg.), Deutschland in Europa. Ein historischer Rückblick, München 1992, 210–30

666 Fest, Joachim C.: Das Gesicht des Dritten Reiches. Profile einer totalitären Herrschaft, 7. Aufl., München/Zürich 1980; 515 S. (zuerst 1963)

667 Fraenkel, Ernst: Der Doppelstaat. Recht und Justiz im Nationalsozialismus, Frankfurt 1984; 257 S. (zuerst 1974; amerikan.: New York 1941)

668 Frei, Norbert: Der Führerstaat. Nationalsozialistische Herrschaft 1933 bis 1945, 2. Aufl., München 1989; 267 S. (zuerst 1987)

669 Freund, Michael: Deutschland unterm Hakenkreuz. Die Geschichte der Jahre 1933–1945, Gütersloh 1965; 479 S.

670 Freund, Michael: Das Dritte Reich. 1933–1939, Gütersloh 1962; 189 S.

671 Fulbrook, Mary: The Divided Nation. A History of Germany, 1918–1990, New York/Oxford 1992; X, 405 S.

672 [Fünfzig] 50 Jahre Machtergreifung. Arbeiterbewegung, Nationalsozialismus und Neofaschismus in Deutschland. Materialien und Kommentare, Hg. Deutscher Gewerkschaftsbund, Bundesvorstand, Abteilung Jugend, verantwortl. Ilse Brusis, Düsseldorf 1982; 133 S.**

673 Geiss, Immanuel: Die deutsche Frage 1806–1990, Mannheim u. a. 1992, 70–77, 118

674 Gerstenberger, Heide/Schmidt, Dorothea (Hg.): Normalität oder Normalisierung? Geschichtswerkstätten und Faschismusanalyse, Münster 1987; 222 S.*

675 Geyer, Michael: The State in National Socialist Germany, in: Charles B. Harding/ Susan Harding (Hg.), Statemaking and Social Movements. Essays in History and Theory, Ann Arbor, Mich. 1984, 193–232

676 Glaser, Hermann: Das Dritte Reich. Wie es war und wie es dazu kam. Bericht und Dokumente, 5., überarb. u. erw. Aufl., Freiburg 1979; 208 S. (zuerst 1961)**

677 Glaser, Hermann/Straube, Harald: Nationalsozialismus und Demokratie. Ein Arbeitsbuch zur staatsbürgerlichen Bildung, München 1961; 128 S.**

678 Glum, Friedrich: Der Nationalsozialismus. Werden und Vergehen, München 1962; XIV, 474 S.

679 Göhring, Martin: Alles oder Nichts. Zwölf Jahre totalitärer Herrschaft in Deutschland, Bd. 1: 1933–1939, Tübingen 1966; XIV, 354 S. (mehr nicht erschienen)

680 Gottschling, Ernst: Der faschistische Staat. Das deutsche Beispiel, in: Dietrich Eichholtz/Kurt Gossweiler (Hg.), Faschismus-Forschung. Positionen, Probleme, Polemik, 2., durchges. Aufl., Köln 1980, 144–78 (zuerst Berlin [O] 1980)

681 Graml, Hermann/Henke, Klaus-Dietmar (Hg.): Nach Hitler. Der schwierige Umgang mit unserer Geschichte. Beiträge von Martin Broszat, 2. Aufl., München 1987; 326 S. (zuerst 1986; TB München 1990)*

682 Grimm, Gerhard: Der Nationalsozialismus. Programm und Verwirklichung, München u. a. 1981; 333 S.

683 Große Geschichte des Dritten Reiches und des Zweiten Weltkriegs, Bd. 1: Vorgeschichte und Machtergreifung, München/ Köln 1989; 224 S.

684 Grosser, Alfred (Hg.): Wie war es möglich? Die Wirklichkeit des Nationalsozia-

lismus. Neun Studien, 2. Aufl., Frankfurt 1980; 204 S. (zuerst München/Wien 1977; franz.: Paris 1976)*

685 Gruchmann, Lothar: Nationalsozialistisches Herrschaftssystem und demokratischer Rechtsstaat, Leer 1962; 76 S.

686 Gutachten des Instituts für Zeitgeschichte, 2 Bde., München 1958–1966; 439, 480 S.

Hampel, Johannes (Hg.): Der Nationalsozialismus, hg. i. A. der Bayerischen Landeszentrale für politische Bildungsarbeit, München:

687 – Bd. 1: Machtergreifung und Machtsicherung 1933–1935, Mitarb. Raimund Baumgärtner u. a., 2. Aufl., 1989; 355 S. (zuerst 1985; mit 2 Tonkassetten)**

688 – Bd. 2: Friedenspropaganda und Kriegsvorbereitung 1935–1939, Mitarb. Elisabeth Fix u. a., 1989; 351 S. (mit 2 Tonkassetten)**

689 Haupts, Leo/Möhlich, Georg (Hg.): Strukturelemente des Nationalsozialismus. Rassenideologie, Unterdrückungsmaschinerie, Außenpolitik (Geschichte in Köln, Sonderh. 1), Köln 1981; 91 S.*

690 Heiber, Helmut: Hitler, die Partei und die Institutionen des Führerstaates, in: Martin Broszat/Norbert Frei (Hg.), Ploetz. Das Dritte Reich. Ursprünge, Ereignisse, Wirkungen, Freiburg/Würzburg 1983, 147–57

691 Henke, Josef: Verführung durch Normalität – Verfolgung durch Terror. Gedanken zur Vielfalt nationalsozialistischer Herrschaftsmittel, in: APUZ, Nr. B 7/84, 18. 2. 1984, 21–31

692 Heydecker, Joe J./Leeb, Johannes: Bilanz der tausend Jahre. Die Geschichte des Dritten Reiches im Spiegel des Nürnberger Prozesses, 2. Aufl., München 1975; 569 S. (zuerst 1958)**

693 Hildebrand, Klaus: Das Dritte Reich, 4. Aufl., München 1991; 323 S. (unveränd. ND d. 3., überarb. u. erw. Aufl. 1987; zuerst 1979)

694 Hirsch, Kurt: Die Blutlinie. Ein Beitrag zur Geschichte des Antikommunismus in Deutschland, Frankfurt 1960; 291, (15) S.

695 Hirschfeld, Gerhard/Kettenacker, Lothar (Hg.): Der »Führerstaat«: Mythos und Realität. Studien zur Struktur und Politik des Dritten Reiches, Stuttgart 1981; 465 S.*

696 Hirschfeld, Oswald (Hg.): Auf dem Weg ins Dritte Reich. Kräfte – Tendenzen – Strömungen, 2., unveränd. Aufl., Bonn 1982; 206 S. (zuerst 1981)

697 Hofer, Walther: Die Diktatur Hitlers bis zum Beginn des Zweiten Weltkrieges. (Handbuch der deutschen Geschichte, IV/2), Konstanz 1960; 264 S.

698 Höhne, Heinz: Die Zeit der Illusionen. Hitler und die Anfänge des Dritten Reiches 1933–1936, Düsseldorf u. a. 1991; 447 S.

699 Hopster, Norbert/Moll, Alex: Träume und Trümmer. Der Nationalsozialismus von 1933 bis 1945. (Ausstellungskatalog), Bielefeld 1989; 247 S.**

700 Horkheimer, Max u. a.: Wirtschaft, Recht und Staat im Nationalsozialismus. Analysen des Instituts für Sozialforschung 1939–1942, Hg. Helmut Dubiel/Alfons Söllner, 2. Aufl., Frankfurt 1984; 368 S. (zuerst 1981)

701 Jacobsen, Hans-Adolf: The Third Reich, 1933–1945. A Sketch, in: Charles B. Burdick u. a. (Hg.), Contemporary Germany. Politics & Culture, Boulder 1984, 27–59

702 Kalow, Gert: Hitler – das deutsche Trauma, 2., überarb. u. erg. Aufl., München 1974; 150 S. (zuerst 1967)

703 Kershaw, Ian: Hitlers Macht. Das Profil der NS-Herrschaft, München 1992; 266 S. (engl.: London u. a. 1991)

704 Kershaw, Ian: Der NS-Staat. Geschichtsinterpretationen und Kontroversen im Überblick, völlig überarb. u. erw. Neuausg., Reinbek 1994; 385 S. (zuerst 1988; engl.: London 1985; 3. Aufl. 1993)

705 Kettenacker, Lothar: Sozialpsychologische Aspekte der Führerherrschaft, in: Gerhard Hirschfeld/Lothar Kettenacker (Hg.), Der »Führerstaat«: Mythos und Realität. Studien zur Struktur und Politik des Dritten Reiches, Stuttgart 1981, 98–131; abgedr. in: Karl D. Bracher u. a. (Hg.), Nationalsozialistische Diktatur 1933–1945. Eine Bilanz (zugl. Düsseldorf) 1983, 97–131

706 Kirchheimer, Otto: The Legal Order of National Socialism, in: SPSS 9 (1941), 456–75

707 Knipping, Franz: Machtbewußtsein im »Führerstaat«, in: Franz Knipping/Klaus-Jürgen Müller (Hg.), Machtbewußtsein in Deutschland am Vorabend des Zweiten Weltkrieges, Paderborn 1984, 17–31

708 Knipping, Franz/Müller, Klaus-Jürgen (Hg.): Machtbewußtsein in Deutschland am Vorabend des Zweiten Weltkrieges, Paderborn 1984; 390 S.*

709 Koch, Hannsjoachim W. (Hg.): Aspects of the Third Reich, 3. Aufl., Basingstoke/London 1987; VIII, 611 S. (zuerst 1985)*

710 Kocka, Jürgen: Ursachen des Nationalsozialismus, in: APUZ, Nr. B 25/80, 21. 6. 1980, 3–15

711 Kühnhardt, Ludger u. a. (Hg.): Die doppelte deutsche Diktaturerfahrung. Drittes Reich und DDR – ein historisch-politikwissenschaftlicher Vergleich, Frankfurt u. a. 1994; 356 S.*

712 Lang, Jochen von: Die Partei. Mit Hitler an die Macht und in den Untergang. Ein deutsches Lesebuch, Mitarb. Claus Sibyll, Hamburg 1989; 415 S.

713 Leben im Dritten Reich. (Informationen zur politischen Bildung, Sonderh.), Hg. Bundeszentrale für politische Bildung, Bearb. Alfred Krink, Bonn o. J. [um 1985] u. ö.; 33 S.

714 Leutenecker, Gerd: Formen des Machterhalts und ihr Gebrauch in beiden Diktaturen, in: Ludger Kühnhardt u. a. (Hg.), Die doppelte deutsche Diktaturerfahrung. Drittes Reich und DDR – ein historisch-politikwissenschaftlicher Vergleich, Frankfurt u. a. 1994, 77–94

715 Lill, Rudolf/Oberreuther, Heinrich (Hg.): Machtverfall und Machtergreifung. Aufstieg und Herrschaft des Nationalsozialismus, München 1983; 344 S.*

716 Lindenberg, Christoph: Die Technik des Bösen. Zur Vorgeschichte und Geschichte des Nationalsozialismus, 2. Aufl., Stuttgart 1979; 110 S. (zuerst 1978)

717 Maier, Charles S. u. a. (Hg.): The Rise of the Nazi Regime. Historical Reassessments, Boulder, Col./London 1986; 152 S.*

718 Majer, Diemut: Der »völkische Führer-Staat«. Grundlagen und Ausprägungen des totalen nationalsozialistischen Unrechtsstaates, in: Parlament, Jg. 39, Nr. 16–17, 14./21. 4. 1989, 9; abgedr. in: Deutsche Verfassungsgeschichte 1849–1919–1949, Hg. Bundeszentrale für politische Bildung, Bonn o. O. [1989], 83–87

719 Malettke, Volker (Hg.): Der Nationalsozialismus an der Macht. Aspekte nationalsozialistischer Politik und Herrschaft, Göttingen 1984; 200 S.*

720 Mann, Golo: Deutsche Geschichte des 19. und 20. Jahrhunderts, 3. Aufl., Frankfurt 1973, 814–963 (zuerst 1958; TB 1992)

721 Mann, Golo: Deutsche Geschichte 1919–1945, 196.–200. Tsd., Frankfurt 1979; 249 S. (zuerst 1961)

722 Mannzmann, Anneliese (Hg.): Hitlerwelle und historische Fakten. Mit einer Literaturübersicht und einer Materialsammlung zum Neonazismus, Königstein, Ts. 1979; 188 S.* **

723 Martel, Gordon (Hg.): Modern Germany Reconsidered, 1870–1945, London/New York 1992; X, 286 S.*

724 Maser, Werner: Das Regime. Alltag in Deutschland 1933–1945. Mit einem Anhang: Hitlers Testamente von 1938 und 1945, 2. Aufl., Berlin 1990; 461 S. (zuerst München 1983)**

725 Mau, Hermann/Krausnick, Helmut: Deutsche Geschichte der jüngsten Vergangenheit 1933–1945, Vorwort Peter Rassow, 2. Aufl., Bonn 1960; 206 S. (zuerst Tübingen 1956)

726 McKichan, Finlay: Germany 1815–1939. The Rise of Nationalism, 2. Aufl., Burnt Hill 1993; 208 S. (zuerst 1992)

727 McRandle, James H.: The Track of the Wolf. Essays on National Socialism and its Leader Adolf Hitler, Evanston, Ill. 1965; 261 S.

728 Meinecke, Friedrich: Die deutsche Katastrophe. Betrachtungen und Erinnerungen, 5. Aufl., Wiesbaden 1955; 177 S. (zuerst 1946)

729 Merker, Paul: Deutschland – Sein oder Nichtsein? Bd. 1: Von Weimarer zu Hitler, Bd. 2: Das Dritte Reich und sein Ende, Mexico 1944–1945, ND Frankfurt 1972–1973; 4, 424; 15, 575 S.

730 Meysels, Lucian O.: Nationalsozialismus. Das Phänomen einer Massenbewegung: Es begann im Chaos und endete im Chaos, Wien 1988; 123 S.

731 Milfull, John (Hg.): The Attractions of Fascism. Social Psychology and Aesthetics of the »Triumph of the Right«, New York u. a. 1990; VI, 326 S.*

732 Mitchell, Otis C.: Hitler's Nazi State. The Years of Dictatorial Rule (1934–1945), New York u. a. 1988; 292 S.

733 Mommsen, Hans: Der Nationalsozialismus und die deutsche Gesellschaft. Ausgewählte Aufsätze. Zum 60. Geburtstag, Hg. Lutz Niethammer/Bernd Weisbrod, Reinbek 1991; 448 S.*

734 Mommsen, Hans: Ausnahmezustand als Herrschaftstechnik des NS-Regimes, in: Manfred Funke (Hg.), Hitler, Deutschland und die Mächte. Materialien zur Außenpolitik des Dritten Reiches, Düsseldorf 1976, 30–45 (ND 1977 u. Düsseldorf/Königstein, Ts. 1978)

735 Mommsen, Hans: Aufstieg der NSDAP und nationalsozialistisches Herrschaftssystem. Eine Problemskizze, in: Anneliese Mannzmann (Hg.), Hitlerwelle und historische Fakten. Mit einer Literaturübersicht und einer Materialsammlung zum Neonazismus, Königstein, Ts. 1979, 14–59

736 Mommsen, Hans: Der Nationalsozialismus und die Auflösung des normativen Staatsgefüges, in: Wolfgang Luthardt/Alfons Söllner (Hg.), Verfassungsstaat, Souveränität, Pluralismus. Otto Kirchheimer zum Gedächtnis, Opladen 1989, 67–75

737 Mommsen, Hans: Der Nationalsozialismus. Kumulative Radikalisierung und Selbstzerstörung des Regimes, in: Meyers Enzyklopädisches Lexikon, Bd. 16, 9. Aufl., Mannheim u. a. 1976, 785–90

738 Mommsen, Hans: Nationalsozialismus, in: Sowjetsystem und demokratische Gesellschaft. Eine vergleichende Enzyklopädie, Hg. Klaus D. Kernig u. a., Bd. 4, Freiburg u. a. 1971, 696–713

739 Mommsen, Wolfgang J.: Einleitung, in: Gerhard Hirschfeld/Lothar Kettenacker (Hg.), Der »Führerstaat«: Mythos und Realität. Studien zur Struktur und Politik des Dritten Reiches, Stuttgart 1981, 9–19

740 Mommsen, Wolfgang J.: Das nationalsozialistische Herrschaftssystem, in: JbUD 1970/71, Düsseldorf 1972, 417–30

741 Morsey, Rudolf: Die verfassungspolitische Entwicklung [1933–1945], in: Deutsche Verwaltungsgeschichte, Bd. 4: Das Reich als Republik und in der Zeit des Nationalsozialismus, Hg. Kurt G. A. Jeserich u. a., Stuttgart 1985, 696–706

742 Der Nationalsozialismus als didaktisches Problem. Beiträge zur Behandlung des NS-Systems und des deutschen Wider-

stands im Unterricht, Hg. Bundeszentrale für politische Bildung, Bonn (zugl. Düsseldorf) 1980; 226 S.*

743 Nationalsozialismus im Unterricht, Studieneinheit 0–12, Hg. Deutsches Institut für Fernstudien an der Universität Tübingen, 13 Bde., Tübingen 1983–1986 (als Typoskript gedr.)* **

744 Nationalsozialistische Herrschaft, Hg. Bundeszentrale für politische Bildung, Bonn 1983; 112 S.*

745 Die nationalsozialistische Herrschaft. Begriff des Faschismus, Hitler – ein deutscher Politiker, demokratische Vergangenheit, Hg. Marxistische Gruppe, verantwortl. Karl Held, München 1983; 224 S.

746 Neumann, Franz L.: Behemoth. Struktur und Praxis des Nationalsozialismus 1933–1944, Hg. und Nachwort »Franz Neumann, Behemoth und die heutige Faschismusdiskussion« Gert Schäfer, 2. Aufl., Frankfurt 1984; 805 S. (zuerst Köln 1977; amerikan.: New York 1944)

747 Neumann, Sigmund: Permanent Revolution. Totalitarism in the Age of International Civil Law, London/Dunmow 1965; XIX, 402 S. (zuerst London/New York 1942)

748 [Neunzehnhundertdreiunddreißig] 1933 in Gesellschaft und Wissenschaft. Ringvorlesung im Wintersemester 1982/83 und im Sommersemester 1983, Bd. 1: Gesellschaft, Hg. Universität Hamburg, Pressestelle, Red. Holger Fischer, Hamburg 1983; 161 S.*

749 Nicholls, Anthony J.: Germany, in: Stuart J. Woolf (Hg.), Fascism in Europe, 2. Aufl., London/New York 1981, 65–91

750 Noakes, Jeremy (Hg.): Government, Party, and People in Nazi Germany, Exeter 1980; 103 S. (ND 1981 u. 1986)*

751 Noakes, Jeremy (Hg.): The Nazi Party and the Third Reich: the Myth and the Reality of the One-Party State, in: Jeremy Noakes (Hg.), Government, Party and People in Nazi Germany, Exeter 1980, 11–33, 98 (ND 1981, 1986)

Noakes, Jeremy/Pridham, Geoffrey (Hg.): Nazism 1919–1945. A Documentary Reader, Exeter:

752 – Bd. 1: The Rise to Power, 1919–1934, 4. Aufl., 1989; VII, 193 S. (zuerst 1983)**

753 – Bd. 2: State, Economy, and Society, 1933–1939, 4. Aufl., 1988; 412 S. (zuerst 1984)**

754 – Bd. 3: Foreign Policy, War, and Racial Extermination, 1988; VIII, 626 S.**

755 Nolte, Ernst: Der europäische Bürgerkrieg 1917–1945. Nationalsozialismus und Bolschewismus, Berlin 1987; 616 S.

756 Nolte, Ernst: Der Nationalsozialismus, Frankfurt u. a. 1970; 251 S. (neu einger. u. erw. Teilabdr. von: Der Faschismus in seiner Epoche, München 1979 u. ö.)

757 Orb, Heinrich: Nationalsozialismus: 13 Jahre Machtrausch, Olten 1945; 451 S.

758 Paterna, Erich u. a.: Deutschland von 1933 bis 1939. (Von der Machtübertragung an den Faschismus bis zur Entfesselung des Zweiten Weltkrieges), Berlin (O) 1969; 411 S.

759 Pehle, Walter H. (Hg.): Der historische Ort des Nationalsozialismus. Annäherungen, Frankfurt 1990; 182 S.*

760 Peterson, Edward N.: The Limits of Hitler's Power, Princeton, N. J. 1969; XXIII, 472 S.

761 Peukert, Detlev J. K./Reulecke, Jürgen (Hg.): Die Reihen fast geschlossen. Beiträge zur Geschichte des Alltags unterm Nationalsozialismus, Wuppertal 1981; 464 S.*

762 Pohlmann, Friedrich: Politische Herrschaftssysteme der Neuzeit. Absolutismus – Verfassungsstaat – Nationalsozialismus, Opladen 1988; 248 S.

Übergreifende Darstellungen

763 Rauh, Manfred: Anti-Modernismus im nationalsozialistischen Staat, in: HJB 107 (1987), 94–121

764 Rohlfs, Angelo: Verfassungstrukturen im Dritten Reich und in der Deutschen Demokratischen Republik, in: Ludger Kühnhardt u. a. (Hg.), Die doppelte deutsche Diktaturerfahrung. Drittes Reich und DDR – ein historisch-politikwissenschaftlicher Vergleich, Frankfurt u. a. 1994, 107–23

765 Röhr, Werner (Hg.): Deutsche Faschismusforschung – Positionen. (BD, Jg. 4, Nr. 5), Berlin 1993; 112 S.*

766 Rotermundt, Rainer: Verkehrte Utopien. Nationalsozialismus, Neonazismus, Neue Barbarei. Argumente und Materialien, Frankfurt 1980; 259 S.**

767 Ruck, Michael: Führerabsolutismus und polykratisches Herrschaftsgefüge – Verfassungsstrukturen des NS-Staates, in: Karl D. Bracher u. a. (Hg.), Deutschland 1933–1945. Neue Studien zur nationalsozialistischen Herrschaft, 2., erg. Aufl., Bonn/Düsseldorf 1993, 32–56 (zuerst 1992)

768 Ryszka, Franciszek: The Principle of Leadership in the Legislation of the Nazi Third Reich, in: PWA 3 (1962), 261–93

769 Saage, Richard: Otto Kirchheimers Analyse des nationalsozialistischen Herrschaftssystems 1935–1941, in: Richard Saage, Arbeiterbewegung, Faschismus, Neo-Konservatismus, Frankfurt 1987, 176–95; abgedr. in: Wolfgang Luthardt/Alfons Söllner (Hg.), Verfassungsstaat, Souveränität, Pluralismus. Otto Kirchheimer zum Gedächtnis, Opladen 1989, 77–91

770 Saage, Richard: Das sozio-politische Herrschaftssystem des Nationalsozialismus. Reflexionen zu Franz Neumanns »Behemoth«, in: JIdG 10 (1981), 341–62

771 Salewski, Michael: Deutschland. Eine politische Geschichte. Von den Anfängen bis zur Gegenwart, Bd. 2: 1815–1990, München 1993, 219–76

772 Schieder, Theodor: Das Deutsche Reich in seinen nationalen und universalen Beziehungen 1871 bis 1945, in: Theodor Schieder/Ernst Deuerlein (Hg.), Reichsgründung 1870/71. Tatsachen, Kontroversen, Interpretationen, Stuttgart 1970, 422–54

773 Schmidt-Jortzig, Edzard: Entstehung und Wesen der Verfassung des »Großdeutschen Reiches«, in: Franz J. Säcker (Hg.), Recht und Rechtslehre im Nationalsozialismus. Ringvorlesung der Rechtswissenschaftlichen Fakultät der Christian-Albrechts-Universität zu Kiel, Baden-Baden 1992, 71–87

774 Schüddekopf, Otto-Ernst: Bis alles in Scherben fällt. Die Geschichte des Faschismus, Gütersloh/Wien 1973; 217 S. (engl.: London/New York 1973 u. d. T.: Fascism)

775 Shirer, William L.: Aufstieg und Fall des Dritten Reiches, 2. Aufl., München/Zürich 1963; 1276 S. (zuerst Köln/Berlin 1961; engl.: London/New York 1960 u. ö.)

776 Simpson, Amos E.: Why Hitler? (New Perspectives in History), Mitarb. Sarah C. Neitzel, Boston u. a. 1971; XV, 170 S.**

777 Snell, John L. (Hg.): The Nazi Revolution. Germany's Guilt or Germany's Fate, Lexington, Ky. 1959; XIX, 97 S.

778 Spielvogel, Jackson: Hitler and Nazi Germany. A History, Englewood Cliffs, N.J. 1988; X, 310 S.

779 Stachura, Peter D. (Hg.): The Shaping of the Nazi State, London/New York 1978; 304 S.*

780 Steffahn, Harald: Deutschland. Von Bismarck bis heute, 1. u. 2., akt. Aufl., Stuttgart 1990, 217–336, 462–67

781 Steiner, John M.: Power Politics and Social Change in National Socialist Germany. A Process of Escalation into Mass Destruction, The Hague/Paris 1976; XX, 466 S.

782 Thamer, Hans-Ulrich: Verführung und Gewalt. Deutschland 1933–1945, Berlin 1986; 838 S.

783 Thamer, Hans-Ulrich: Nationalsozialismus und Faschismus. (Nationalsozialismus im Unterricht, Studieneinheit 12), Hg. Deutsches Institut für Fernstudien an der Universität Tübingen, Red. Brigitte Löhr, Tübingen 1983; 165 S. (als Typoskript gedr.)**

784 Thien, Hans-Günter/Wienold, Hanns: Grundzüge nationalsozialistischer Herrschaft, in: Hans-Günter Thien/Hanns Wienold (Hg.), Münster – Spuren aus der Zeit des Faschismus. Zum 50. Jahrestag der nationalsozialistischen Machtergreifung, Münster 1983, 13–40

785 The Third Reich. A Study Published under the Auspices of the International Council for Philosophy and Humanistic Studies and with the assistance of UNESCO, New York 1955; 910 S.

786 Thornton, Michael J.: Nazism 1918–1945, Oxford/New York 1966; 181 S.

787 Turner jr., Henry A. (Hg.): Nazism and the Third Reich, New York/Toronto 1972; 263 S.*

788 Tyrell, Albrecht: Voraussetzungen und Strukturelemente des nationalsozialistischen Herrschaftssystems, in: Franz Ronneberger u. a., Politische Herrschaft und politische Ordnung, Hg. Konrad-Adenauer-Stiftung, Mainz 1983, 137–204; abgedr. in: Karl D. Bracher u. a. (Hg.), Nationalsozialistische Diktatur 1933–1945. Eine Bilanz, Bonn (zugl. Düsseldorf) 1983, 37–72

789 Vagts, Alfred: Hitler's Second Army, Washington, D. C. 1943; 245 S.

790 Vogelsang, Thilo: Die nationalsozialistische Zeit. Deutschland 1933–1939, 5. Aufl., Frankfurt 1980; 179 S. (zuerst 1967)

791 Vogt, Martin: Innere Struktur des NS-Herrschaftssystems. (Nationalsozialismus im Unterricht, Studieneinheit 3), Hg. Deutsches Institut für Fernstudien an der Universität Tübingen, Mitarb. Birgit Schulze, Red. Michael Rentschler, Tübingen 1986; 106 S. (als Typoskript gedr.)**

792 Weinstein, Fred: The Dynamics of Nazism. Leadership, Ideology, and the Holocaust, New York 1980; XVIII, 168 S.

793 Weiss, Hermann: Der »schwache« Diktator. Hitler und der Führerstaat, in: Wolfgang Benz u. a. (Hg.), Der Nationalsozialismus. Studien zur Ideologie und Herrschaft. Hermann Graml zum 65. Geburtstag, Frankfurt 1993, 64–77, 237–43

794 Wilde, Harry: Die Reichskanzlei 1933–1945. Anfang und Ende des Dritten Reiches, Bergisch-Gladbach 1978; 456 S. (zuerst Frankfurt 1959, 4. Aufl. 1966, unter d. Pseud. H. S. Hegner [d. i. Harry Schulze-Wilde])

795 Winkler, Heinrich A. (Hg.): Das nationalsozialistische Herrschaftssystem. (GG, Jg. 2, Nr. 4), Göttingen 1976; 127 S.*

796 Wippermann, Wolfgang: Thesen zur aktuellen Diskussion über Nationalsozialismus und Faschismus, in: Hans-Norbert Burkert/Jürgen Wunderlich, Nazi-Diktatur und Neofaschismus. Begleitmaterial zur Wanderausstellung für die Berliner Schulen, Hg. Pädagogisches Zentrum, Berlin 1980, 43–45

797 Wucher, Albert: Marksteine der deutschen Zeitgeschichte. 1914–1945, Frankfurt 1991; 324 S.

798 Zentner, Kurt: Illustrierte Geschichte des Dritten Reiches, völlig neu bearb. Ausg., München 1983; 399 S. (zuerst 1965)**

A.1.5.2 Regional- und Lokalstudien

A.1.5.2.1 Allgemeines

Bibliographien

799 Bibliographie zum Nationalsozialismus in Schleswig-Holstein. (Berichtszeitraum 1945–1985), Hg. Uwe Danker u. a., Bearb. Margot Knäuper/Detlef Korte, Kiel 1987; VI, 156 S.

800 Brand, Karsten u. a. (Bearb.): Mecklenburg in der Zeit des Nationalsozialismus. Bibliographie, o. O. (Hamburg) 1991; 45 S.

801 Nationalsozialismus im nördlichen Elbe-Weser-Dreieck. Bibliographische Auswahl zur Thematik anhand der Bibliothek des Kreisarchivs des Landkreises Cuxhaven, Bearb. Bernd Schneider, Cuxhaven 1989; 14 S.

802 Urbschat, Kerstin (Bearb.): Bibliographie zur Geschichte Mecklenburgs in der ersten Hälfte des 20. Jahrhunderts, in: Studien zur Geschichte Mecklenburgs in der ersten Hälfte des 20. Jahrhunderts, Hg. Studienkreis für Jugendgeschichte und -forschung. Darstellung und Vermittlung, Rostock o. J. [1993], 127–56

Literaturberichte

803 Goch, Stefan: Stadtgeschichte aus dem Katalog? Begleitbände lokaler NS-Ausstellungen, in: AS 20 (1993), 405–9

804 Grill, Johnpeter H.: Local and Regional Studies on National-Socialism: A Review, in: JCH 21 (1986), 253–94

805 Hehl, Ulrich von: Die nationalsozialistische Zeit in Handbüchern der Landesgeschichte, in: BdL 127 (1991), 91–114

806 Hey, Bernd: Ausstellungen und Veröffentlichungen in Westfalen im Jahre 1983 anläßlich des 50. Jahrestages der NS-Machtergreifung, in: WF 34 (1984), 175–84

807 Hey, Bernd: Neue regionale Studien zur NS-Zeit. Eine Nachlese zum Gedenkjahr 1983, in: WF 36 (1986), 177–83

808 Hey, Bernd: Regionen, Kommunen, Personen unter dem Nationalsozialismus. Sammelrezension über neue regionale und lokale Studien der NS-Zeit, in: WF 38 (1988), 309–25

809 Kuss, Horst: Die Ausbreitung nationalsozialistischer Herrschaft im westlichen Teil des deutschen Reiches. Ein Bericht über neuere regional- und lokalgeschichtliche Arbeiten, in: BdL 121 (1985), 539–82

810 Müller, Roland: »Lokalgeschichte in Deutschland – eine Mühe, die sich lohnt«? Überblicksdarstellungen zur NS-Zeit, in: AS 20 (1993), 385–94

811 Paul, Johann: Wie überall im Reich war auch in...? Ein Vergleich stadtgeschichtlicher Darstellungen über Stuttgart, Leverkusen und Düsseldorf in der NS-Zeit, in: AS 19 (1992), 75–84

812 Steinbach, Peter: Beiträge zur Geschichte der Stadt unter dem Nationalsozialismus, in: AfK 22 (1983), 1–27

813 Tuchel, Johannes: Berlin im Nationalsozialismus – Ergebnisse und Defizite 50 Jahre danach, in: IWK 22 (1986), 79–83

Quellenkunde

814 Rebentisch, Dieter: Lokalgeschichte und Nationalsozialismus. Erfahrungen bei der Erstellung einer ortsgeschichtlichen Dokumentation [über Neu-Isenburg (Hessen)], in: Archivar 33 (1980), 410 f.

815 Weidner, Marcus: Ein unbequemes Erbe? Ausgewähltes Verzeichnis von Stätten und Quellen zur Geschichte der NSDAP, der Judenverfolgung und des Krieges in der Stadt Münster, in: Ulrich Kröll (Hg.), Geschichte lehren und lernen – am Beispiel der Stadt Münster, Münster 1985, 141–78

Übergreifende Hilfsmittel, Darstellungen und Quellensammlungen

Gedruckte Quellen

816 Broszat, Martin u. a. (Hg.): Soziale Lage und politisches Verhalten im Spiegel vertraulicher Berichte. (Bayern in der NS-Zeit, 1), München/Wien 1977; 712 S.*

817 Doll, Anton (Bearb.): Nationalsozialismus im Alltag. Quellen zur Geschichte der NS-Herrschaft im Gebiet des Landes Rheinland-Pfalz aus dem Landeshauptarchiv Koblenz und dem Landesarchiv Speyer. Zusammengestellt anläßlich des 50. Jahrestages der Machtergreifung des Nationalsozialismus am 30. Januar 1933, 2 Mappen, Speyer 1983; XI, 318 S.

818 Im »Dritten Reich« 1935–1945. Quellensammlung. (Dokumentation zur Geschichte der Stadt Düsseldorf, 4), Hg. Stadt Düsseldorf, Pädagogisches Institut, Bearb. Hans-Peter Görgen, Düsseldorf 1983; 416 S.

819 Kohl, Wilhelm (Hg.): Westfälische Geschichte. Bild- und Dokumentarband, Bearb. Peter Vedeler, 2. Aufl., Münster 1984, 363–84 (zuerst 1982)

820 Krauss, Marita/Grau, Bernhard (Hg.): Die Zeichen der Zeit. Alltag in München 1933–1945, Berlin 1991; 132 S.

821 Kuffler, Alfred: Die Nazis aus der Nachbarschaft. Eine Dokumentation der IG Metall-Jugend über die Zeit des Faschismus in Frankenthal [Pfalz], Hg. Industriegewerkschaft Metall, Verwaltungsstelle Frankenthal, Frankenthal 1980; 120 S.**

822 Ein Landkreis in der Fränkischen Schweiz. Der Bezirk Ebermannstadt 1929–1945, in: Bayern in der NS-Zeit, Bd. 1: Soziale Lage und politisches Verhalten der Bevölkerung im Spiegel vertraulicher Berichte, Hg. Martin Broszat u.a., München/Wien 1989, 21–192; abgedr. in: Elke Fröhlich/Martin Broszat, Alltag und Widerstand – Bayern im Nationalsozialismus, München/Zürich 1987, 75–325

823 Müller, Karlheinz: Preußischer Adler und Hessischer Löwe. Hundert Jahre Wiesbadener Regierung 1866–1966. Dokumente der Zeit aus den Akten, Wiesbaden 1966; 439 S.

824 Nationalsozialismus in Überlingen und Umgebung. Materialien (Geschichte am See, 22), Hg. Kreisarchiv Bodenseekreis, Bearb. Arbeitsgruppe Regionalgeschichte: Oswald Burger u.a., Friedrichshafen a. B. 1984; (XIV), 271 S. (Ms. u. Faks. vervielf.)

825 Die nationalsozialistische Zeit (1933–1945) in Neuss. Zeitzeugenberichte, Hg. Stadtarchiv Neuss, Bearb. Susanne Kauffels, Neuss 1990; XVI, 374 S.

826 Rebentisch, Dieter u. a.: Dreieich [Hessen] zwischen Parteipolitik und »Volksgemeinschaft«: Fünf Gemeinden in Dokumenten aus der Weimarer Republik und der NS-Zeit, Hg. Magistrat der Stadt Dreieich, Frankfurt 1984; 383 S.

827 Stokes, Lawrence D.: Kleinstadt und Nationalsozialismus. Ausgewählte Dokumente zur Geschichte von Eutin 1918–1945, Neumünster 1984; 1032 S.

828 Streiflichter in eine dunkle Zeit. Der Landkreis München unter dem Nationalsozialismus im Spiegel der Dokumente, Hg. Landratsamt München, verantwortl. Manfred Bailucha, München 1979; 143 S.

829 Verfolgung und Widerstand. (Bonn und die NS-Zeit in Dokumenten, 1), Hg. Verein An der Synagoge, Bearb. Horst-Pierre Bothien u.a., Bonn 1990; 47 S., 39 Dok.

830 Wehrmann, Volker (Bearb.): Lippe im Dritten Reich. Die Erziehung zum Nationalsozialismus, Hg. Universität Bielefeld, Dokumentationsstelle für regionale Kultur- und Schulgeschichte an der Fakultät für Pädagogik, 2. Aufl., Detmold 1987; 332 S.

Methodische Probleme

831 Demps, Laurenz: Zum Stand der regionalen Faschismusforschung in Ost-Berlin, in: Werner Röhr u. a. (Hg.), Faschismus

und Rassismus. Kontroversen um Ideologie und Opfer, Berlin 1992, 400–12

832 Düwell, Kurt: Vergleichende Strukturfragen einer Regionalgeschichte der NS-Zeit, in: Staatliches Institut für Lehrerfort- und weiterbildung des Landes Rheinland-Pfalz (Hg.), Studienmaterialien 25, Speyer 1979, 92–116

833 Düwell, Kurt: Die regionale Geschichte des NS-Staates zwischen Mikro- und Makroanalyse. Forschungsaufgaben zur »Praxis im kleinen Bereich« [mit Bibliographie], in: JWL 9 (1983), 287–344

834 Hehl, Ulrich von: Nationalsozialismus und Region. Bedeutung und Probleme einer regionalen und lokalen Erforschung des Dritten Reiches, in: ZBL 56 (1993), 111–29

835 Hennig, Eike: Regionale Unterschiede bei der Entstehung des deutschen Faschismus. Ein Plädoyer für »mikroanalytische Studien« zur Erforschung der NSDAP, in: PVS 21 (1980), 152–73

836 Krumhardt, Karl: Ein Kleinstadtarchiv und der nationalsozialistische Alltag, in: Medium 12 (1982), 14–16

837 Rebentisch, Dieter: Der Nationalsozialismus als Problem der Stadtgeschichtsschreibung, in: Christian Engeli u. a. (Hg.), Probleme der Stadtgeschichtsschreibung. Materialien zu einem Kolloquium des Deutschen Instituts für Urbanistik am 29. und 30. April 1980, Berlin 1981, 127–35

838 Saldern, Adelheid von: Die Stadt in der Zeitgeschichte. Überlegungen zur neueren Lokalgeschichtsforschung, in: AS 18 (1991), 127–53

839 Wippermann, Wolfgang: Die Doppelstadt. Anmerkungen über den Stand und die Perspektive der Erforschung der Geschichte Berlins in der NS-Zeit, in: Werner Röhr u. a. (Hg.), Faschismus und Rassismus. Kontroversen um Ideologie und Opfer, Berlin 1992, 377–99

Darstellungen

840 Albrecht, Dieter: Regensburg in der NS-Zeit, in: Dieter Albrecht (Hg.), Zwei Jahrtausende Regensburg. Vortragsreihe der Universität Regensburg zum Stadtjubiläum, Regensburg 1979, 179–203

841 Der alltägliche Faschismus in Tübingen. Eine Dokumentation, Hg. VVN-Bund der Antifaschisten, Ortsgruppe Tübingen, Tübingen o. J. [1978]; 118 S.**

842 Applegate, Celia: A Nation of Provincials. The German Idea of Heimat [Pfalz], Berkeley, Ca. u. a. 1990, 197–227

843 Asmussen, Peter/Hummel, Wolfgang: Lüneburg unter dem Hakenkreuz 1933–1937: ein Ausblick, in: Heimat, Heide, Hakenkreuz. Lüneburgs Weg ins Dritte Reich, Hg. Lüneburger Arbeitskreis »Machtergreifung«, Hamburg 1984, 172–83

844 Bajohr, Frank: Norddeutschland im Nationalsozialismus, Hamburg 1993; 453 S.*

845 Bajohr, Frank: Verdrängte Jahre. Glabek unterm Hakenkreuz, 2. Aufl., Essen 1990; 264 S. (zuerst 1983)

846 Bauer, Reinhard/Piper, Ernst: München. Die Geschichte einer Stadt, München 1993; 476 S.

847 Bauer, Richard u. a. (Hg.): München – »Hauptstadt der Bewegung«. Bayerns Metropole und der Nationalsozialismus, München 1993; 487 S.*

848 Bauer, Richard (Hg.): Geschichte der Stadt München, hg. i. A. des Stadtarchivs München, München 1992; 539 S.

849 Bein, Reinhard (Bearb.): Im deutschen Land marschieren wir. Freistaat Braunschweig 1930–1945. Materialien zur nationalsozialistischen Herrschaft. Zusammengestellt für die Ausstellung »Braunschweig 1930–1945« des Gymnasiums Neue Oberschule im Städtischen Museum, 6., geänd.

u. erw. Aufl., Braunschweig 1992; 254 S. (2. Aufl. 1982)**

850 Binder, Hans-Otto: Biberach in der Zeit der Weimarer Republik und der nationalsozialistischen Diktatur, in: Dieter Stievermann u.a. (Hg.), Geschichte der Stadt Biberach, Stuttgart 1991, 553–601, 766–69

851 Bohmbach, Jürgen: Stade im Dritten Reich – Remilitarisierung, Wirtschaftsaufschwung, Bevölkerungswachstum, in: Jürgen Bohmbach, Stade. Von den Siedlungsanfängen bis zur Gegenwart, Stade 1994, 471–502

852 Bollmus, Reinhard: Trier und der Nationalsozialismus (1925–1945), in: Kurt Düwell/Franz Irsigler (Hg.), Trier in der Neuzeit. (2000 Jahre Trier, 3), Trier 1988, 517–89

853 Borst, Otto: Fellbach. Eine schwäbische Stadtgeschichte, Stuttgart 1990, 299–324

854 Borst, Otto: Das Dritte Reich in Baden und Württemberg, Stuttgart 1988; 338 S.*

855 Borst, Otto: Das Dritte Reich in Esslingen, in: Otto Borst, Geschichte der Stadt Esslingen am Neckar, 3. Aufl., Esslingen 1978, 462–82 (zuerst 1977)

856 Borst, Otto: Esslingen im »Dritten Reich«, in: Von Weimar bis Bonn. Esslingen 1919–1949. Begleitband zur Ausstellung »Esslingen 1919–1949. Von Weimar bis Bonn«, Esslingen 1991, 223–34

857 Bott, Elke: Alltagserfahrungen 1932–1940 am Beispiel der Stadt Markdorf, in: Markdorf 1932–1940. (Geschichte am See, 27), Hg. Kreisarchiv Bodenseekreis, Friedrichshafen a.B. 1986, 1 f., 4b-143 (Ms. vervielf.)**

858 Bracht, Edgar u.a.: Berichte der Arbeitsgemeinschaft zur Aufarbeitung der Geschichte Allendorfs 1933–1945, Hg. Stadt Stadtallendorf, Stadtallendorf 1989; 388 S. (Ms. vervielf.)**

859 Brack, Ulrich: Herrschaft und Verfolgung. Marl im Nationalsozialismus, 2. Aufl., Essen 1987; 356 S. (zuerst 1986)

860 Braschoss, Heinz: Werden und Wachsen des Landkreises Bergheim [Rheinland], in: 150 Jahre Landkreis Bergheim, Hg. Landkreis Bergheim, o.O. 1966, 9–61, hier 47–54

861 Briesen, Detlef: Berlin – die überschätzte Metropole. Über das System der deutschen Hauptstädte von 1850 bis 1940, Bonn/Berlin 1992; VII, 197, (13) S.

862 Briesen, Detlef: Berlin – die überschätzte Metropole. Über das System der Hauptstäde zwischen 1850 und 1940, in: Gerhard Brunn/Jürgen Reulecke (Hg.), Metropolis Berlin. Berlin als deutsche Hauptstadt im Vergleich deutscher Hauptstädte 1871–1939, Bonn/Berlin 1992, 39–77

863 Briesen, Detlef: Weltmetropole Berlin? Versuch, sich einem deutschen Mythos über die Zeit zwischen den Weltkriegen empirisch zu nähern, in: Gerhard Brunn/Jürgen Reulecke (Hg.), Metropolis Berlin. Berlin als deutsche Hauptstadt im Vergleich deutscher Hauptstädte 1871–1939, Bonn/Berlin 1992, 151–86

864 Broszat, Martin: Reichszentralismus und Parteipartikularismus. Bayern nach dem Neuaufbau-Gesetz vom 30. Januar 1934, in: Ursula Büttner (Hg.), Das Unrechtsregime. Internationale Forschung über den Nationalsozialismus. Festschrift für Werner Jochmann zum 65. Geburtstag, Bd. 1, Hamburg 1986, 178–202

865 Bucher, Peter: Koblenz während der nationalsozialistischen Zeit, in: JWL 11 (1985), 211–45

866 Cser, Andreas: Eberbach in der Zeit des Nationalsozialismus, in: Andreas Cser u.a., Geschichte der Stadt Eberbach am Neckar vom 16. Jahrhundert bis zur Gegenwart. (Geschichte der Stadt Eberbach am Neckar, 2), Red. Rüdiger Lenz, Sigmaringen 1992, 241–52

867 Diederichs, Urs J./Wiebe, Hans-Hermann (Hg.): Schleswig-Holstein unter dem Hakenkreuz, Hg. Evangelische Akademie Nordelbien, Bad Segeberg/Hamburg o. J. [1984]; 283 S.

868 Dietermann, Klaus: Siegen unterm Hakenkreuz. Eine alternative Stadtrundfahrt, Siegen 1983; 50 S.

869 Dietz, Wolfgang: Der Landkreis Neuwied. Weimarer Republik, Nationalsozialismus, Nachkriegszeit, Hg. Landkreis Neuwied, Neuwied 1992; 706 S.

870 Dinslaken in der NS-Zeit. Vergessene Geschichte 1933–1945, Hg. Stadtarchiv Dinslaken, Mitarb. Rüdiger Gollnick u. a., Kleve 1983; 312 S.

871 Dorn, Barbara/Zimmermann, Michael: Bewährungsprobe. Herne und Wanne-Eickel 1933–1945, Hg. Stadt Herne, Bochum 1987; 391 S.

872 Dreßler, Detlef/Spieker, Christoph: Greven 1918–1950. Republik, NS-Diktatur und ihre Folgen, Bd. 1: 1918–1939, Bd. 2: 1939–1950, Hg. Hans Galen, hg. i. A. der Stadt Greven, Greven 1991; 454, 436 S.

873 Düwell, Kurt/Köllmann, Wolfgang (Hg.): Rheinland-Westfalen im Industriezeitalter. Beiträge zur Landesgeschichte im 19. und 20. Jahrhundert, Bd. 3: Vom Ende der Weimarer Republik bis zum Land Nordrhein-Westfalen, Wuppertal 1984; 384 S.*

874 Ebeling, Hans-Heinrich/Fricke, Hans-Reinhard: Duderstadt 1929–1949. Untersuchungen zur Stadtgeschichte des Dritten Reichs. Vom Ende der Weimarer Republik bis zur Gründung der Bundesrepublik Deutschland, Duderstadt 1992; 536 S.

875 Eichholtz, Dietrich (Hg.): Verfolgung – Alltag – Widerstand. Brandenburg in der NS-Zeit. Studien und Dokumente, Mitarb. Almuth Püschel, hg. i. A. der Brandenburgischen Landeszentrale für politische Bildung, Berlin 1993; 447 S.* **

876 Emer, Wolfgang u. a. (Hg.): Provinz unterm Hakenkreuz. Diktatur und Widerstand in Ostwestfalen-Lippe, Bielefeld 1984; 314 S.*

877 Engeli, Christian/Ribbe, Wolfgang: Berlin in der NS-Zeit (1933–1945), in: Wolfgang Ribbe (Hg.), Geschichte Berlins, Bd. 2, München 1987, 925–1024

878 Engels, Wilhelm: Geschichte der Stadt Neuss, Bd. 3: Die preußische Zeit. 1814/15 bis 1945, Hg. Stadt Neuss, Neuss 1986; XII, 528 S.

879 Engemann, Herbert/Ernst, Ulrich: Nationalsozialismus und Verfolgung in Brakel. Dokumentation und Kommentar, Brakel 1988; 195 S.**

880 Erbe, Michael: Spandau im Zeitalter der Weltkriege, in: Wolfgang Ribbe (Hg.), Slawenburg – Landesfestung – Industriezentrum. Untersuchungen zur Geschichte von Stadt und Bezirk Spandau, Berlin 1983, 268–318

881 Ettelt, Rudibert: Kelheim 1900–1939, Kelheim 1977, 383–541

882 Ettelt, Rudibert: Kelheim 1939–1945, Kelheim 1975; 220 S.

883 Ettelt, Rudibert: Geschichte der Stadt Füssen, Bd. 2: Vom ausgehenden 19. Jahrhundert bis zum Jahre 1945, Füssen 1979; 459 S.

884 Faber, Karl-Georg: Die südlichen Rheinlande von 1816 bis 1956, in: Franz Petri/Georg Droege (Hg.), Rheinische Geschichte, Bd. 2, Düsseldorf 1976, 367–474, hier 450–56, 473

885 Faschismus in Kaiserslautern. Ausstellung 28.2.–26. 3. 1983. (Arbeiten von Kaiserslauterer Schülern zum »Schülerwettbewerb Deutsche Geschichte um den Preis des Bundespräsidenten«), Hg. Volkshochschule Kaiserslautern, Kaiserslautern 1983; 26 S. (Ms. vervielf.)*

885a Fehrenbach, Philipp: Endingen, Weimar und Drittes Reich. in: Bernhard Oeschger (Hg.), Endingen am Kaiserstuhl. Geschichte einer Stadt, hg. im Zusammenwirken mit dem Alemannischen Institut Freiburg i.A. der Stadt Endingen, Endingen 1988, 169–85

886 Flensburg in der Zeit des Nationalsozialismus. Eine Publikation zur Ausstellung im Städt. Museum Flensburg Sept./Okt. 1983, Hg. Gesellschaft für Flensburger Stadtgeschichte, Flensburg 1983; 168 S.

887 Flensburg in der Zeit des Nationalsozialismus. Resümee einer Ausstellung, Hg. Gesellschaft für Flensburger Stadtgeschichte, Bearb. Dieter Pust, Flensburg 1984; 86 S.

888 Flörken, Norbert: Troisdorf unter dem Hakenkreuz. Eine rheinische Kleinstadt unter dem Nationalsozialismus, Aachen 1986; 270 S.

889 Fogel, Heidi: Nationalsozialismus in Dreieich. Aufstieg und Herrschaft der NSDAP im heterogen strukturierten Lebens- und Erfahrungsraum des südlichen Frankfurter Umlandes, Darmstadt/Marburg 1991; 480 S.

890 Fries, Bruno u.a.: Würzburg im Dritten Reich. Dokumentation. (Katalog der Ausstellung [30. Januar – 28. Februar 1983]), Würzburg 1983; 110 S.**

891 Fritzsch, Robert: Nürnberg unterm Hakenkreuz. Im Dritten Reich 1933–1939. (Fotografierte Zeitgeschichte), Düsseldorf 1983; 109 S.**

892 Gasten, Elmar: Aachen in der Zeit der nationalsozialistischen Herrschaft 1933–1945, Frankfurt u.a. 1993; 379 S.

893 Gerhard, Dirk: Herausforderung Faschismus. 1933 – Ostwestfalen-Lippe – 1978, Gelsenkirchen 1978; 85 S.

894 Geschichte der Stadt Bonn, Bd. 4: Von einer französischen Bezirksstadt zur Bundeshauptstadt (1794–1989), Hg. Energieversorgung Mittelrhein, Red. Ingrid Batóri u.a., Stuttgart 1993; 645 S.

895 Gillen-Klumpp, Gabi: Unna unter dem Nazi-Regime, in: Faschismus in Deutschland. Ursachen und Folgen. Verfolgung und Widerstand. Ausländerfeindlichkeit und neonazistische Gefahren, Hg. IG Druck und Papier, Köln 1985, 137–72

896 Goebel, Klaus (Hg.): Wuppertal in der Zeit des Nationalsozialismus, 1. u. 2., korr. Aufl., Wuppertal 1984, 202*

897 Goebel, Klaus (Hg.): Über allem die Partei. Schule, Kunst, Musik in Wuppertal 1933–1945. (Wuppertal in der Zeit des Nationalsozialismus, 2), Oberhausen 1987; 159 S.*

898 Görgen, Hans-Peter: Düsseldorf und der Nationalsozialismus. Studie zur Geschichte einer Großstadt im »Dritten Reich«, 2. Aufl., Düsseldorf 1969; 254, 28 S. (zuerst Köln 1968)

899 Göttingen unterm Hakenkreuz. Nationalsozialistischer Alltag in einer deutschen Stadt. Texte und Materialien, Hg. Stadt Göttingen, Göttingen 1983; VIII, 167 S.**

900 Grevelhörster, Ludger: Kommunalpolitik in der Zeit des Nationalsozialismus, in: Amalie Rohrer/Hans-Jürgen Zacher (Hg.), Werl. Geschichte einer Stadt am Hellweg, Bd. 2, Paderborn/Werl 1994, 795–812

901 Grieser, Utho: Himmlers Mann in Nürnberg. Der Fall Benno Martin. Eine Studie zur Struktur des Dritten Reiches in der »Stadt der Reichsparteitage«, Nürnberg 1974; XXVIII, 329 S.

902 Großhans, Albert: Das nationalsozialistische Regime und seine Auswirkungen auf Heilbronn, Heilbronn 1982; 149 S.**

903 Gudden-Lüddeke, Ilse (Hg.): Stettin. Chronik der Stadt, Leer 1993; 664 S.

904 Günther, Ralf: Die Zeit des Nationalsozialismus, in: Ralf Günther u.a., Geschichte der Stadt Beverungen, Hg. Schützenverein Beverungen von 1693/Volksbank Höxter-Beverungen, Paderborn 1993, 314–46

905 Günther, Wolfgang: Die Zeit der Krisen vom Ersten bis zum Zweiten Weltkrieg (1910–1945), in: Albrecht Eckhardt u. a., Brake. Geschichte der Seehafenstadt an der Unterweser, Oldenburg 1981, 281–98

906 Günther, Wolfgang: Freistaat und Land Oldenburg (1918–1946), in: Albrecht Eckhardt (Hg.), Geschichte des Landes Oldenburg. Ein Handbuch, Mitarb. Heinrich Schmidt, hg. i. A. der Oldenburgischen Landschaft, Oldenburg 1987, 403–89

907 Gutsche, Willibald: Zu einigen Besonderheiten der Entstehung und Entwicklung des Landes Thüringen 1918 bis 1952, in: PS 41 (1990), 639–55

908 Haerendel, Ulrike: Aufstieg und Ende der »Hauptstadt der Bewegung« 1933 bis 1945, in: Richard Bauer (Hg.), Geschichte der Stadt München, München 1992, 369–93, 483–100

909 Das Hakenkreuz im Sauerland, Hg. Schieferbergbau-Heimatmuseum Schmallenberg-Holthausen, Red. Alfred Bruns/Michael Senger, Schmallenberg-Holthausen 1988; 383 S.**

910 Hamer, Kurt u. a. (Hg.): Eine andere Heimatgeschichte. Arbeiterbewegung und Nationalsozialismus im Kreis Rendsburg-Eckernförde, Eckernförde 1984; 245 S.

911 Haumann, Heiko u. a.: Hakenkreuz über dem Rathaus. Von der Auflösung der Weimarer Republik bis zum Ende des Zweiten Weltkrieges (1930–1945), in: Heiko Haumann/Hans Schadek (Hg.), Geschichte der Stadt Freiburg im Breisgau, Bd. 3: Von der badischen Herrschaft bis zur Gegenwart, Stuttgart 1992, 297–370, 753–73

912 Hege, Ingrid: Köln am Ende der Weimarer Republik und während der Herrschaft des Nationalsozialismus, in: Otto Dann (Hg.), Köln nach dem Nationalsozialismus. Der Beginn des gesellschaftlichen und politischen Lebens in den Jahren 1945/46, Wuppertal 1981, 15–34

913 Hehemann, Rainer: Damme unter dem Hakenkreuz 1933–1945, in: Klaus J. Bade u. a. (Hg.), Damme [Oldenburg]. Eine Stadt in ihrer Geschichte, Sigmaringen 1993, 459–82

914 Heining, Gerhard u. a.: Spuren der Geschichte in Wallenbrück und Bardüttingdorf [Westfalen], Hg. Stadt Spenge, Spenge 1992; 241 S.

915 Heinz, Werner: Altdorf/Weingarten 1805–1945. Industrialisierung, Arbeitswelt und politische Kultur, Bergatreute 1990, 247 f., 275–332, 340–42**

916 Helm, Johannes/Sievert, Albert J.: Geschichte der Stadt Müllheim im Markgräflerland, Bearb. Ewald Schmid, Müllheim 1988; 352 S.

917 Hempel-Küter, Christa/Krause, Eckart (Hg.): Hamburg und das Erbe des Dritten Reiches. Versuch einer Bestandsaufnahme, Hamburg 1989; 196 S.

918 Hennig, Eike u. a. (Hg.): Hessen unterm Hakenkreuz. Studien zur Durchsetzung der NSDAP in Hessen, 2. Aufl., Frankfurt 1984; 558 S. (zuerst 1983)*

919 Hennig, Eike: Der Nationalsozialismus als Vorgeschichte der Nachkriegszeit – dargestellt am Beispiel Hessen, in: Hans-Gerd Schumann (Hg.), Deutschland 1945–1949. Ringvorlesung an der TH Darmstadt im Sommersemester 1985, Darmstadt 1989, 33–114

920 Hennig, Eike u. a.: Die zeitverschobene Wende zur NSDAP. Zur Auswirkung sozialmoralischer Milieus auf die Wahlergebnisse in drei ländlichen hessischen Kreisen, in: Detlef Lehnert/Klaus Megerle (Hg.), Politische Teilkulturen zwischen Integration und Polarisierung. Zur politischen Kultur der Weimarer Republik, Wiesbaden 1990, 293–334

921 Henry, Francis: Victims and Neighbors. A Small Town in Nazi Germany Remembered, South Hadley, Mass. 1984; 201 S.

922 Herrmann, Erwin: Geschichte der Stadt Kulmbach, Kulmbach 1985, 395–428

923 Herrmann, Gertraud/Herrmann, Erwin: Nationalsozialistische Agitation und Herrschaftspraxis in der Provinz. Das Beispiel Bayreuth, in: ZBL 39 (1976), 201–50

924 Herrmann, Rita A./Nunner, Gerhard: Der Nationalsozialismus in Bamberg. Textsammlung mit Beiträgen von den Mitgliedern der Geschichtswerkstatt Impuls e. V. in Kooperation mit Regenbogen, Bamberg 1992; 52 S.

925 Hey, Bernd: Die nationalsozialistische Zeit, in: Wilhelm Kohl (Hg.), Westfälische Geschichte, Bd. 2: Das 19. und 20. Jahrhundert. Politik und Kultur, Münster 1983, 211–68

926 Hillebrand, Ulrich: Das Sauerland unterm Hakenkreuz, Bd. 1: Partei, Verwaltung, Propaganda, Krieg, Meschede 1989; 240 S.**

927 Hiller, Marlene P. (Hg.): Stuttgart im Zweiten Weltkrieg. Katalog der Ausstellung vom 1. September 1989 bis 22. Juli 1990. (Ausstellungsreihe Stuttgart im Dritten Reich), Gerlingen 1989; 558 S.

928 Hoch, Gerhard: Zwölf wiedergefundene Jahre. Kaltenkirchen unter dem Hakenkreuz, Bad Bramstedt o. J. [1981]; 344 S.

929 Hoebink, Hein (Hg.): Staat und Wirtschaft an Rhein und Ruhr 1816–1991. 175 Jahre Regierungsbezirk Düsseldorf, Essen 1992; 303 S.

930 Hoffmann, Erich: Schleswig-Holstein in der Zeit des Nationalsozialismus – ein Fazit –, in: Flensburg in der Zeit des Nationalsozialismus. Resümee einer Ausstellung, Hg. Gesellschaft für Flensburger Stadtgeschichte, Bearb. Dieter Pust, Flensburg 1984, 49–82

931 Hoffmann, Erich/Wulf, Peter (Hg.): »Wir bauen das Reich.« Aufstieg und erste Herrschaftsjahre des Nationalsozialismus in Schleswig-Holstein, Neumünster 1983; 460 S.*

932 Hohmann, Joachim S.: Die Rhön unterm Hakenkreuz. Ergebnisse eines Forschungsprojekts, in: ZfG 40 (1992), 853–63

933 Holst, Walter: Leben unterm Hakenkreuz. Die Nazizeit in den Dörfern der Samtgemeinde Fredenbeck, Stade 1989; 171 S.

934 Höpken, Jürgen: Die Stadt Wesel von der Novemberrevolution 1918 bis zum Ende des Zweiten Weltkrieges 1945, in: Jutta Prieur (Hg.), Geschichte der Stadt Wesel, hg. i. A. der Stadt Wesel, Bd. 1, Düsseldorf 1991, 370–414

935 Hörold, Dietrich/Rey, Manfred van (Hg.): Geschichte der Stadt Bonn, Bd. 4: Von einer französischen Bezirksstadt zur Bundeshauptstadt (1794–1989), Bonn 1989; 896 S.

936 Huckenbeck, Ernst (Hg.): Terror – Verfolgung – Kirchenkampf. Zur Geschichte Hildens im Dritten Reich, Hilden 1981; 233 S.

937 Hüttenberger, Peter: Düsseldorf in der Zeit des Nationalsozialismus, in: Peter Hüttenberger, Düsseldorf. Die Industrie- und Verwaltungsstadt (20. Jahrhundert). (Düsseldorf. Geschichte von den Anfängen bis ins 20. Jahrhundert, 3), Düsseldorf 1989, 421–657

938 Jäckel, Eberhard (Hg.): Lokalstudien zum Nationalsozialismus. (AS, Jg. 20, Nr. 4), Stuttgart u. a. 1993; 127 S.*

939 Jahnke, Karl H. u. a. (Hg.): Der antifaschistische Widerstandskampf unter Führung der KPD in Mecklenburg 1933–1945, Hg. Bezirksleitungen Neubrandenburg, Rostock und Schwerin der SED und ihrer Kommissionen zur Geschichte der Örtlichen Arbeiterbewegung, 2., erw. Aufl., Berlin (O) 1985; 344 S. (zuerst Rostock 1970)

940 Jakober, Wilmar: Langenau unter dem Hakenkreuz, eine geschichtliche Stadtführung, in: Langenau 1933 bis 1945. Ein Stück Stadtgeschichte, o. O. o. J., 8–15

941 Janta, Leonhard u. a.: Kreis Ahrweiler unter dem Hakenkreuz. Die politische und wirtschaftliche Situation vor 1933. Die nationalsozialistische Diktatur 1933 bis 1945. Die politischen Konsequenzen nach dem Zusammenbruch 1945, Hg. Landkreis Ahrweiler, Bad Neuenahr-Ahrweiler 1989; 416 S.

942 Jatho, Jörg-Peter: Zur Durchsetzung des Nationalsozialismus in der Provinz Oberhessen – unter besonderer Berücksichtigung der Stadt Gießen, in: Eike Hennig u. a. (Hg.), Hessen unterm Hakenkreuz. Studien zur Durchsetzung der NSDAP in Hessen, 2. Aufl., Frankfurt 1984, 180–98 (zuerst 1983)

943 Kammler, Jörg u. a. (Hg.): Volksgemeinschaft und Volksfeinde. Kassel 1933–1945, Bd. 1: Dokumentation, Bd. 2: Studien, Fuldabrück 1984–1986; 495, 432 S.**

944 Karge, Wolf u. a.: Geschichte Mecklenburgs, Rostock 1993, 156–66

945 Klein, Adolf: Köln im Dritten Reich. Stadtgeschichte der Jahre 1933–1945, Köln 1983; 303 S.

946 Klein, Herbert: Die Entwicklung der faschistischen Bewegung und des antifaschistischen Widerstandes an der Peripherie des nördlichen Ruhrgebiets und im Münsterland 1932–1938. Sozioökonomische Voraussetzungen und Hintergründe, Diss. Münster 1980; VII, 317 S.

947 Klein, Thomas: Marburg-Stadt und Marburg-Land in der amtlichen Berichterstattung 1933–1936, in: Volker Malettke (Hg.), Der Nationalsozialismus an der Macht. Aspekte nationalsozialistischer Politik und Herrschaft, Göttingen 1984, 110–42

948 Klein, Thomas: Provinz Hessen-Nassau und Fürstentum/Freistaat Waldeck-Pyrmont 1866–1945, in: Das Werden Hessens, Marburg 1986, 565–695

949 Koch, Lothar/Pankalla, Heinz: Alltag im Nationalsozialismus, (Historische Schriftenreihe der Stadt Dormagen, 4), Pulheim 1983; 185 S.

950 Kohl, Wilhelm (Hg.): Westfälische Geschichte, Bd. 2: Das 19. und 20. Jahrhundert. Politik und Kultur, Bd. 3: Das 19. und 20. Jahrhundert. Wirtschaft und Gesellschaft, Register zum Gesamtwerk, Münster 1983–1984; 556; XVI, 645; 173 S.*

951 Kopf, Paul: Buchau am Federsee in nationalsozialistischer Zeit. Die Ereignisse der Jahre 1934 bis 1938, in: Kirche im Nationalsozialismus. (RJK, 2), Sigmaringen 1983, 273–91 (ND 1984)

952 Kopper, Christopher: Das Hakenkreuz auf der Kronberger Burg. Politik, soziale Verhältnisse und Wirtschaft Kronbergs am Ende der Weimarer Republik und im Nationalsozialismus. Eine Kleinstadt am Taunus zwischen gescheiterter Demokratie, Diktatur, Widerstand, Krieg und Befreiung, Dortmund 1990; 217 S.

953 Kramer, Helmut (Hg.): Braunschweig unterm Hakenkreuz, Braunschweig 1981; 192 S.*

954 Kühling, Karl: Osnabrück 1933–1945. Eine Stadt im Dritten Reich, 2. Aufl., Osnabrück 1980; 225 S. (zuerst 1969)

955 Kuropka, Joachim: Münster in nationalsozialistischer Zeit, in: Franz-Josef Jakobi (Hg.), Geschichte der Stadt Münster, Mitarb. Thomas Küster, Bd. 2, Münster 1993, 285–330

956 Kurt, Alfred/Schlander, Otto: Der Kreis Offenbach und das Dritte Reich. Leben und Politik, Verfolgung und Widerstand im Kreisgebiet in den Jahren 1930 bis 1945, Dreieich 1991; 422 S.

957 Lademacher, Horst: Die nördlichen Rheinlande von der Rheinprovinz bis zur Bildung des Landschaftsverbandes Rheinland (1815–1953), in: Franz Petri/Georg Droege (Hg.), Rheinische Geschichte, Bd. 2, Düsseldorf 1976, 475–866, hier 716–79, 859–63

958 Leipner, Kurt (Hg.): Chronik der Stadt Stuttgart 1933–1945, Stuttgart 1982; 1145 S.

959 Lohmann, Hartmut: »Hier war doch alles nicht so schlimm.« Der Landkreis Stade in der Zeit des Nationalsozialismus, Hg. Landkreis Stade, 1. u. 2. Aufl., Stade 1991; (VIII), 485 S.

960 Mann, Reinhard: Protest und Kontrolle im Dritten Reich. Nationalsozialistische Herrschaft im Alltag einer rheinischen Großstadt, Frankfurt/New York 1987; 413 S.

961 Materna, Ingo u. a.: Geschichte Berlins von den Anfängen bis 1945, Bildred. Wolfgang Gottschalk, Berlin (O) 1987, 636–719, 731 f.

962 Matzerath, Horst: Köln in der Zeit des Nationalsozialismus. Überblick. Daten 1933–1945, in: Peter Fuchs (Hg.), Chronik zur Geschichte der Stadt Köln, Bd. 2: Von 1400 bis zur Gegenwart, Köln 1991, 221–53

963 Memming, Rolf B.: The Bavarian Governmental District Unterfranken and the City of Burgstadt 1922–1939. A Study of the National Socialist Movement and Party-State Affairs, Diss. University of Nebraska, Lincoln 1974; V, 324 S.

964 Meyerhoff, Hermann: Herne 1933–1945. Die Zeit des Nationalsozialismus. Ein kommunalhistorischer Rückblick, Hg. Stadt Herne, Bearb. Erwin Ostendorf, Herne 1963; 154 S.

965 Mirkes, Adolf u. a.: Mülheim unter den Nazis 1933–1945. Ein Lesebuch, Frankfurt 1983; 160 S.

966 Müller, Herbert: Kempten im Dritten Reich, hg. i. A. der Stadt Kempten, in: Volker Dotterweich u. a. (Hg.), Geschichte der Stadt Kempten, Kempten 1989, 435–49

967 Müller, Roland: Stuttgart zur Zeit des Nationalsozialismus, Stuttgart 1988; XXII, 679 S.

968 Müller, Roland: Zwischen Weltwirtschaftskrise und Krieg. Vom Flugplatz zum Luftkrieg, in: Renningen und Malmsheim. Eine Stadt und ihre Geschichte, Stuttgart 1991, 231–99

969 Müller, Roland: Lokalgeschichte und Herrschaftssystem – Stuttgart 1930–1945, in: ZWL 49 (1990), 343–92

970 Der Nationalsozialismus durchdringt viele Lebensbereiche: das Beispiel Senne I, Bearb. Volkshochschule Senne, Arbeitsgruppe, in: Wolfgang Emer u. a. (Hg.), Provinz unterm Hakenkreuz. Diktatur und Widerstand in Ostwestfalen-Lippe, Bielefeld 1984, 191–204

971 Der Nationalsozialismus im Kreis Heinsberg, Hg. Kreis Heinsberg, 2., erw. Aufl., Heinsberg 1990; 218 S.

972 Nationalsozialismus im Landkreis Tübingen. Eine Heimatkunde, Bearb. Ludwig-Uhland-Institut für empirische Kulturwissenschaft der Universität Tübingen, Projektgruppe Heimatkunde des Nationalsozialismus, Leitung Utz Jeggle, Red. Franziska Becker u. a., 2. Aufl., Tübingen 1989; 405 S. (zuerst 1988)

973 Der Nationalsozialismus in Franken. Ein Land unter der Last seiner Geschichte, Hg. Evangelische Akademie Tutzing, verantwortl. Dieter Seifert, Tutzing 1979; 77 S.

974 Nationalsozialismus in Lübeck 1933–1945. Eine Dokumentation zur Ausstellung im Lübecker St.-Annen-Museum vom 30. Januar bis zum 4. April 1983, Hg. Museum für Kunst und Kulturgeschichte der Hansestadt Lübeck u. a., Mitarb. Ingo Baumann, Lübeck 1985; 132 S.**

975 Nationalsozialismus in Tübingen. Vorbei und vergessen. Katalog der Ausstellung, Hg. Stadt Tübingen, Bearb. Benigna Schönhagen, Stuttgart 1992; 438 S.**

976 Nestler, Gerhard/Ziegler, Hannes (Hg.): Die Pfalz unterm Hakenkreuz. Eine deutsche Provinz während der nationalso-

zialistischen Terrorherrschaft, Landau 1993; 546 S.*

977 Neubach, Helmut: Aufstieg und Herrschaft der NSDAP in Schlesien, in: Helmut Neubach (Hg.), Parteien und Politiker in Schlesien, Dortmund 1988, 210–16

978 Neumünster im Zeichen des Hakenkreuzes. Eine Dokumentation der Jahre 1933/34, Hg. Arbeitskreis Machtergreifung der Volkshochschule Neumünster, Leitung Alfred Heggen/Hartmut Kunkel, Mitarb. Bärbel Nagar u.a., 1. u. 2. Aufl., Neumünster 1983; 192 S.**

979 Niedermayer, Hans: Pflugschar und Hakenkreuz. Erding im Dritten Reich, Kranzberg 1985; 171 S.

981 Ohler, Norbert: Speyer in der Zeit der nationalsozialistischen Diktatur, zur Zeit des 2. Weltkrieges und am Beginn des demokratischen Aufbaues (1933 bis 1945), in: Geschichte der Stadt Speyer, Hg. Stadt Speyer, Red. Wolfgang Eger, Bd. 2, 2., durchges. Aufl., Speyer 1983, 355–463 (zuerst 1982)

982 »Ohne uns hätten sie das gar nicht machen können.« Nazi-Zeit und Nachkrieg in Altona und Ottensen, Hamburg 1985; 206 S.

983 Ott, Hugo: Das Land Baden im Dritten Reich, in: Josef Becker u.a., Badische Geschichte. Vom Großherzogtum bis zur Gegenwart, Hg. Landeszentrale für politische Bildung Baden-Württemberg, 2. unveränd. Aufl., Stuttgart 1987 (zuerst 1979), 184–205

984 Piper, Ernst: Hauptstadt der Bewegung, in: Richard Bauer/Ernst Piper, München. Geschichte einer Stadt, München/Zürich 1993, 330–58, 441–43

985 Pohlmaier, Heinrich: Geschichte des Kreises Büren von 1802 bis zur Gegenwart, in: 150 Jahre Landkreis Büren, Hg. Landkreis Büren, Bearb. Heinrich Pohlmeier, Büren 1966, 51–143

986 Pohlmann, Hanne/Pohlmann, Klaus: Kontinuität und Bruch. Nationalsozialismus und die Kleinstadt Lemgo, Bielefeld 1990; 200 S.

987 Preis, Kurt: München unterm Hakenkreuz. Die Hauptstadt der Bewegung zwischen Pracht und Trümmern, München 1980; 258 S.

988 Projekt: Spurensicherung. Alltag und Widerstand im Berlin der 30er Jahre. Katalog zur Ausstellung vom 12.6. bis 10.7. 1983 im U-Bahnhof Schlesisches Tor, Berlin, Hg. Berliner Geschichtswerkstatt, Red. Karl-Heinz Breidt u.a., Berlin 1983; 255 S.*

989 Rauh-Kühne, Cornelia: Katholisches Milieu und Kleinstadtgesellschaft. Ettlingen 1918–1939, Sigmaringen 1991; 453 S.

990 Rebentisch, Dieter: Frankfurt am Main in der Weimarer Republik und im Dritten Reich 1918–1945, in: Frankfurt am Main. Die Geschichte der Stadt in neun Beiträgen, Hg. Frankfurter Historische Kommission, Sigmaringen 1991, 423–519

991 Rebentisch, Dieter: Frankfurt am Main und das Reich in der NS-Zeit, in: AFGK 57 (1980), 243–67

992 Rehberger, Reinhold: Kerndeutsch. Der Kreis Rockenhausen [Pfalz] in der Nazizeit, 2. Aufl., Geldern 1990; 354 S. (zuerst 1989)

993 Reulecke, Jürgen: Metropolis Ruhr? Regionalgeschichtliche Aspekte der Ruhrgebietsentwicklung im 20. Jahrhundert, in: AS 8 (1981), 13–30; abgedr. in: Jürgen Reulecke, Vom Kohlenpott zu Deutschlands »starkem Stück«. Beiträge zu einer Sozialgeschichte des Ruhrgebiets, Bonn 1990, 187–209

994 Rinderle, Walter/Norling, Bernard: The Nazi Impact on a German Village [Oberschopfheim (Baden)], Lexington, Ky. 1992; VII, 276 S.

995 Rockenmaier, Dieter W.: Das Dritte Reich und Würzburg. Versuch einer Bestandsaufnahme, Würzburg 1983; 262 S.

996 Rohrer, Amalie/Zacher, Hans-Jürgen (Hg.): Werl. Geschichte einer Stadt am Hellweg, Bd. 2, Paderborn/Werl 1994; 618 S.*

997 Rook, Hans-Joachim: Territorialstrukturelle Prozesse in Deutschland von 1870/71 bis 1939/45 auf dem Gebiet der heutigen DDR, in: JWG (1989), Nr. 1, 93–122

998 Rosenheim im Dritten Reich. Aus Anlaß der gleichnamigen Ausstellung im Heimatkundemuseum Rosenheim, 17. März – 5. November 1989, Hg. Stadt Rosenheim, Kulturamt, Bearb. Walter Leicht u.a., Rosenheim 1989; 112 S.

999 Rösrath im Dritten Reich, Hg. Geschichtsverein für die Gemeinde Rösrath und Umgebung, Rösrath 1985; 219 S.

1000 Rothenberger, Karl-Heinz: Chronik der Ereignisse, in: Gerhard Nestler/Hannes Ziegler (Hg.), Die Pfalz unterm Hakenkreuz. Eine deutsche Provinz während der nationalsozialistischen Terrorherrschaft, Landau 1993, 503–40

1001 Rothenberger, Karl-Heinz: Die Pfalz im Dritten Reich, T. 1: Der Staat und die Gemeinden. (Stand vom 1. Mai 1938) [Karte 126], T. 2: Die NSDAP – Organisation und Herrschaft [Karte 127], in: Pfalzatlas, Hg. Willi Alter, Textbd. 3, H. 43–44, Speyer 1987, 1623–39, 1640–58

1002 Rothenberger, Karl-Heinz: Aus der nationalsozialistischen Zeit in der Pfalz, in: Pfälzische Landeskunde. Beiträge zur Geographie, Biologie, Volkskunde und Geschichte, Hg. Michael Geiger u.a., Landau 1981, 350–69

1003 Sahrhage, Norbert: Bünde zwischen Machtergreifung und Entnazifizierung. Geschichte einer westfälischen Kleinstadt von 1929 bis 1953, Bielefeld 1990; 320 S.

1004 Salzmann, Bernd/Voigt, Wilfried: »Keiner will es gewesen sein.« Dörnigheim im Nationalsozialismus, Maintal 1991; 211 S.

1005 Sauer, Paul: Tamm. Geschichte einer Gemeinde, Ulm 1980, 482–502

1006 Sauer, Paul: Württemberg in der Zeit des Nationalsozialismus, Ulm 1975; 519 S.

1007 Sauer, Paul: Staat, Politik, Akteure, in: Otto Borst (Hg.), Das Dritte Reich in Baden und Württemberg, Stuttgart 1988, 121–36, 290 f.

1008 Sauer, Paul: Die Zeit des Nationalsozialismus, in: Reiner Rinkler/Wilfried Setzler (Hg.), Die Geschichte Baden-Württembergs, Stuttgart 1986, 274–89

1009 Schäfer, Wolfgang: Nationalsozialismus im Arbeiterdorf. Ein Bericht aus einer braunen Hochburg [Lippoldsberg a. d. Weser], in: Heide Gerstenberger/Dorothea Schmidt (Hg.), Normalität oder Normalisierung? Geschichtswerkstätten und Faschismusanalyse, Münster 1987, 138–48

1010 Scheper, Buchard: Die jüngere Geschichte der Stadt Bremerhaven, Hg. Stadt Bremerhaven, Bremerhaven 1977, 249–342, 478–81

1011 Schilde, Kurt: Vom Columbia-Haus zum Schulenburgring. Dokumentation des Bezirks Tempelhof 1933–1945, Hg. Bezirksamt Tempelhof, Berlin 1987; 335 S.

1012 Schirpf, Michael: Weimarer Republik, Nationalsozialismus, Besatzungszeit. Bietigheim [Württemberg] 1918–1948, in: Bietigheim 789–1989. Beiträge zur Geschichte von Siedlung, Dorf und Stadt, Hg. Stadt Bietigheim-Bissingen, Bietigheim-Bissingen 1989, 623–732

1013 Schmidt, Hans-Günter: »Es war die uns von Gott gegebene Obrigkeit.« Studien und Materialien zur Zeit des Nationalsozialismus in Lüdenscheid, Pfaffenweiler 1991; 199 S.

1014 Schnabel, Thomas: Württemberg zwischen Weimar und Bonn 1928 bis 1945/46, Stuttgart u.a. 1986; 734 S.

1015 Schönhagen, Benigna: Tübingen unterm Hakenkreuz. Eine Universitätsstadt in der Zeit des Nationalsozialismus, Stuttgart 1991; 492 S.

1016 Schotten, Erwin: Rendsburg unter dem Hakenkreuz, Rendsburg 1987; 130 S.

1017 Schreiber, Albrecht: Zwischen Hakenkreuz und Holstentor. Lübeck 1925 bis 1939 – von der Krise zum Krieg. Stadtgeschichte in Presseberichten. Der Weg der Hansestadt in das »Tausendjährige Reich«, Lübeck 1983; 104 S.

1018 Schreiber, Albrecht: Zwischen Hakenkreuz und Holstentor. Lübeck unter Nazi-Kuratel, in: Faschismus in Deutschland. Ursachen und Folgen. Verfolgung und Widerstand. Ausländerfeindlichkeit und neonazistische Gefahren, Hg. IG Druck und Papier, Köln 1985, 116–34

1019 Schwarzwälder, Herbert: Geschichte der Freien Hansestadt Bremen, Bd. 4: Bremen in der NS-Zeit (1933–1945), Hamburg 1985; 952 S.

1020 Seuß, Siegfried: Morgenrot und Panzerfaust. Dokumente und Gedanken zur NS-Zeit im Kreis Neustadt-Mellrichstadt, Bischofsheim (Röhn) 1983; 61 S.**

1022 Simmons, Michael: Deutschland und Berlin. Geschichte einer Hauptstadt 1871–1990, Berlin 1990; 326 S. (zuerst engl. u. d. T.: Berlin – the Disposessed City)

1023 Simon-Pelanda, Hans/Heigl, Peter: Regensburg 1933–1945. Eine andere Stadtführung, Regensburg 1984; 51 S.

1024 Specker, Hans E.: Ulm. Stadtgeschichte, Ulm 1977, 263–324; Sonderdr. aus: Der Stadtkreis Ulm. Amtliche Kreisbeschreibung, Hg. Landesarchivdirektion Baden-Württemberg/Stadt Ulm 1977, 34–324

1025 Stachowiak, Aribert: Vae victis. Berlin. Hauptstadt des Dritten Reiches und Spielball der Siegermächte, Frankfurt 1991; 181 S.

1026 Stegemann, Wolf (Hg.): Dorsten unterm Hakenkreuz. Eine Dokumentation zur Zeitgeschichte, Bd. 3: Der gleichgeschaltete Alltag, Mitarb. Forschungsgruppe Dorsten unterm Hakenkreuz, Red. S. Johanna Eichmann u. a., Dorsten 1985; 219 S.**

1027 Steglitz im Dritten Reich. Beiträge zur Geschichte des Nationalsozialismus in Steglitz, Hg. Bezirksamt Steglitz von Berlin, Arbeitskreis Nationalsozialismus in Steglitz, Red. Doris Fürstenberg, Berlin 1992; 332 S.

1028 Stettner, Walter: Ebingen. Die Geschichte einer württembergischen Stadt, Sigmaringen 1986, 498–539, 586 f.

1029 Straub, Alfred: Geschichte der Stadt Bretten in neuerer Zeit. (Geschichte der Stadt Bretten, 2), Bretten 1990, 303–23

1030 Stremmel, Ralf: Modell und Moloch. Berlin in der Wahrnehmung deutscher Politiker vom Ende des 19. Jahrhunderts bis zum Zweiten Weltkrieg, Bonn 1992; 380 S.

1031 Struve, Walter: Aufstieg und Herrschaft des Nationalsozialismus in einer industriellen Kleinstadt. Osterode am Harz 1918–1945, Essen 1992; 634 S.

1032 Studien zur Geschichte Mecklenburgs in der ersten Hälfte des 20. Jahrhunderts, Hg. Studienkreis für Jugendgeschichte und -forschung. Darstellung und Vermittlung, Rostock o. J. [1993]; 157 S.*

Stuttgart im Dritten Reich. Eine Ausstellung des Projekts Zeitgeschichte »Kultur unterm Turm«, Hg. Projekt Zeitgeschichte im Kulturamt der Landeshauptstadt Stuttgart, Stuttgart:

1033 – Bd. [1]: Prolog: Politische Plakate der späten Weimarer Republik, Bearb. Michael Molnar, Red. Karlheinz Fuchs, 1982; 264 S.***

1034 – Bd. [2]: Völkische Radikale in Stuttgart. Zur Vorgeschichte und Frühphase der NSDAP 1890–1925, Bearb. Jürgen Genuneit, 1982; 227 S.*

Übergreifende Hilfsmittel, Darstellungen und Quellensammlungen

1035 – Bd. [3]: Die Machtergreifung. Von der republikanischen zur braunen Stadt, Bearb. Michael Molnar, Red. Karlheinz Fuchs, 1983; 485 S.*

1036 – Bd. [4]: Friedrich Wolf. Die Jahre in Stuttgart 1927–1933. Ein Beispiel. Begleitausstellung zu: Die Machtergreifung. Von der republikanischen zur braunen Stadt, Bearb. Michael Kienzle/Dirk Mende, 1983; 383 S.*

1037 – Bd. [5]: Anpassung, Widerstand, Verfolgung. Die Jahre von 1933 bis 1939, Bearb. Michael Molnar/Claudine Pachnicke, Mitarb. Bernd Burckhardt u.a., 1984; 383 S.*

1038 Tenfelde, Klaus: Proletarische Provinz. Radikalisierung und Widerstand in Penzberg/Oberbayern 1900–1945, 2., durchges. u. erw. Aufl., München/Wien 1982; zuerst abgedr. in: Bayern in der NS-Zeit, Bd. 4: Herrschaft und Gesellschaft im Konflikt, T. C, Hg. Martin Broszat u.a., München/Wien 1981, S. 1–382

1039 Thamer, Hans-Ulrich: Triumph und Tod eines Diktators. Berlin unter Adolf Hitler, in: Uwe Schultz (Hg.), Die Hauptstädte der Deutschen. Von der Kaiserpfalz in Aachen zum Regierungssitz Berlin, München 1993, 205–19

1040 Trapp, Werner: Konstanz in der Zeit des Nationalsozialismus, in: Lothar Burchardt u.a., Konstanz im 20. Jahrhundert. Die Jahre 1914 bis 1945, Konstanz 1990, 221–347, 437–40, 447–49

1041 Trapp, Werner: Von der Peripherie des Reiches zur Tourismus-Metropole am Bodensee? – Eine deutsche Grenzstadt zwischen beiden Weltkriegen, in: Heide Gerstenberger/Dorothea Schmidt (Hg.), Normalität oder Normalisierung? Geschichtswerkstätten und Faschismusanalyse, Münster 1987, 125–37

1042 Unterm Hakenkreuz. Alltag in Nürnberg, 1933–1945, Hg. Centrum Industriekultur, Konzeption Rudolf Käs u.a., München 1993; 208 S.**

1043 Vogelsang, Reinhard (Bearb.): Im Zeichen des Hakenkreuzes. Bielefeld 1933–1945. Eine Ausstellung des Stadtarchivs in der Studiengalerie der Kunsthalle, 28. Januar – 20. März 1983. Katalog, Hg. Stadtarchiv Bielefeld/Landesgeschichtliche Bibliothek Bielefeld, Bielefeld 1983; 222 S.

1044 Völkl, Carl (Hg.): Die dunklen Jahre. Das Dritte Reich im [Nördlinger] Ries, Hg. Gerhard Hetzer, Nördlingen 1984; 203 S.

1045 Von Weimar bis Bonn. Esslingen 1919–1949. Begleitband zur Ausstellung »Esslingen 1919–1949. Von Weimar bis Bonn« im Alten Rathaus und an elf Stellen in der Stadt vom 15. Mai bis 18. August 1991, Esslingen 1991; VIII, 530 S.*

1046 Wacker, Reinhold: Das Land an Mosel und Saar mit Eifel und Hunsrück. Strukturen und Entwicklungen 1815–1990, Trier 1991; 584 S.

1047 Wagner, Johannes V.: Hakenkreuz über Bochum. Machtergreifung und nationalsozialistischer Alltag in einer Revierstadt, 3., veränd. Aufl., Bochum 1993; 472 S. (zuerst 1983)

1048 Wagner, Kurt/Wilke, Gerhard: Dorfleben im Dritten Reich: Körle in Hessen, in: Eike Hennig u.a. (Hg.), Hessen unterm Hakenkreuz. Studien zur Durchsetzung der NSDAP in Hessen, 2. Aufl., Frankfurt 1984, 107–16 (zuerst 1983)

1049 Wagner, Kurt/Wilke, Gerhard: Dorfleben im Dritten Reich: Körle in Hessen, in: Detlev J. K. Peukert/Jürgen Reulecke (Hg.), Die Reihen fast geschlossen. Beiträge zur Geschichte des Alltags unterm Nationalsozialismus, Wuppertal 1981, 85–106

1050 Warnke, Helmuth: Der verratene Traum. Langenhorn. Das kurze Leben einer Hamburger Arbeitersiedlung, Hamburg 1983; 160 S.

1051 Wehrenbrecht, August: Spenge 1918–1983, in: Wolfgang Mager (Hg.), Geschichte der Stadt Spenge [Westfalen], Spenge 1984, 287–392

1052 Wieden, Helge bei der: Die mecklenburgischen Regierungen und Minister 1918–1952, Köln/Wien 1976; VIII, 103 S.

1053 Willertz, John R.: National Socialism in a German City and Country: Marburg 1933 to 1945, Diss. University of Michigan 1970; 550 S.

1054 Wolff, Eva: Nationalsozialismus in Leverkusen, Leverkusen 1988; 729 S.

1055 Wulf, Peter: Die Stadt in der nationalsozialistischen Zeit 1933–1945, in: Jürgen Jensen/Peter Wulf (Hg.), Geschichte der Stadt Kiel, Neumünster 1992, 359–97, 539–41 (zuerst 1991)

1056 Zelzer, Maria: Stuttgart unterm Hakenkreuz. Chronik 1933–1945, 2. Aufl., Stuttgart 1984; 494 S. (zuerst 1983)

1057 Zibuschka, Rudolf: Fulda 1932–1939 im Spiegel der »Fuldaer Zeitung«. Zeitungsartikel dokumentieren ein Stück Fuldaer Heimatgeschichte, bearb. im Rahmen der Arbeitsgemeinschaft »Regionalgeschichte« beim hessischen Institut für Lehrerfortbildung (HILF), Außenstelle Fulda, Fulda 1989; 244 S.**

1058 Ziegler, Hannes: Dörflicher Alltag im Dritten Reich. Heßheim 1933–1945, in: Erwin Schnell/Gerhard Nestler (Hg.), Heßheim. Geschichte eines pfälzischen Dorfes, Heßheim 1993, 705–73

1059 Ziegler, Walter: München als politisches Zentrum Bayerns: Regierungssitz und Gauhauptstadt, in: Richard Bauer u. a. (Hg.), München – »Hauptstadt der Bewegung«. Bayerns Metropole und der Nationalsozialismus, München 1993, 212–18

1059 a Zier, Hans G.: Pforzheim unter dem Nationalsozialismus. Im Zweiten Weltkrieg, in: Hans G. Zier, Geschichte der Stadt Pforzheim. Von den Anfängen bis 1945, Stuttgart 1982, 309–56

1060 Zimmermann, Michael: »Ein schwer zu bearbeitendes Pflaster«: Der Bergarbeiterort Hochlarmark [Gelsenkirchen] unter dem Nationalsozialismus, in: Detlev J. K. Peukert/Jürgen Reulecke (Hg.), Die Reihen fast geschlossen. Beiträge zur Geschichte des Alltags unterm Nationalsozialismus, Wuppertal 1981, 65–84

1061 Zorn, Wolfgang: Bayerns Geschichte im 20. Jahrhundert. Von der Monarchie zum Bundesland, München 1986, 341–546

A.1.5.2.2 Saarland

Gedruckte Quellen

1062 Schock, Ralph (Hg.): »Haltet die Saar, Genossen!« Antifaschistische Schriftsteller im Abstimmungskampf 1935, Berlin/Bonn 1984; 360 S.

Darstellungen

1063 Gestier, Markus: Die christlichen Parteien an der Saar und ihr Verhältnis zum deutschen Nationalstaat in den Abstimmungskämpfen 1935 und 1955, St. Ingbert 1991; VIII, 269, V, 149 S.

1064 Glasneck, Johannes: Die Sozialistische Arbeiter-Internationale und die Saarfrage 1934, in: ZfG 33 (1985), 643–54

1065 Jacoby, Fritz: Die nationalsozialistische Herrschaftsübernahme an der Saar. Die innenpolitischen Probleme der Rückgliederung des Saargebietes bis 1935, Saarbrücken 1973; 275 S.

1066 Lempert, Peter: »Das Saarland den Saarländern!« Die frankophilen Bestrebungen im Saargebiet von 1918 bis 1935, Köln 1985; 542 S.

1067 Mallmann, Klaus-Michael u.a.: Richtig daheim waren wir nie. Entdeckungsreisen ins Saarrevier 1815–1955, Berlin/Bonn 1987; 279 S.

1068 Mallmann, Klaus-Michael/Paul, Gerhard: Herrschaft und Alltag. Ein Industrierevier im Dritten Reich. (Widerstand und Verweigerung im Saarland, 2), Hg.

Hans-Walter Herrmann, Mitarb. Hans-Henning Krämer, Bonn 1991; 504 S.

1069 Mallmann, Klaus-Michael/Steffens, Horst: Lohn der Mühen. Geschichte der Bergarbeiter an der Saar, München 1989, 193–244

1070 Markus, Gertrud: Die deutsch-französischen Auseinandersetzungen um das Saargebiet 1918–1935, 2 Bde., Diss. Berlin (O) 1967; VII, 388 S. (Ms. vervielf.)

1071 Paul, Gerhard: »Deutsche Mutter – heim zu Dir!« Warum es mißlang, Hitler an der Saar zu schlagen. Der Saarkampf 1933–1935, Köln 1984; 434 S.

1072 Paul, Gerhard: Die Saarabstimmung 1935. Determinanten eines verhinderten Lernprozesses über den Faschismus an der Macht, in: PVS 26 (1985), 5–28

1073 Zehn statt tausend Jahre. Die Zeit des Nationalsozialismus an der Saar (1935–1945). Katalog zur Ausstellung des Regionalgeschichtlichen Museums im Saarbrücker Schloß, Saarbrücken 1988, Konzept u. Gesamtleitung Lieselotte Kugler, Red. Gerhard Ames u.a., 2., korr. Aufl., Merzig 1988; 316 S. (zuerst Saarbrücken 1988)**

1074 Zenner, Maria: Parteien und Politik im Saargebiet unter dem Völkerbundsregime 1920–1935, Saarbrücken 1966; 434 S.

1075 Zur Mühlen, Patrik von: »Schlagt Hitler an der Saar!« Abstimmungskampf, Emigration und Widerstand im Saargebiet 1933–1935, 2., korr. Aufl., Bonn 1981; 280 S. (zuerst 1979)

A.1.5.2.3 Österreich

[vgl. A.1.9.2: A. Seyß-Inquart; A.3.21.7]

Bibliographien

1076 Malina, Peter/Spann, Gustav: Bibliographie zur österreichischen Zeitgeschichte 1918–1985. Eine Auswahl, Wien 1985; 108 S.

1077 Rees, Philip: Fascism and Pre-Fascism in Europe, 1890–1945. A Bibliography of the Extreme Right, Sussex/Totowa, N.J. 1984, 120–35

Literaturberichte

1078 Hanisch, Ernst: Vierzig Jahre nach dem »Anschluß«: neue wissenschaftliche Literatur, in: ZG 6 (1978), 117–27

1079 Höbelt, Lothar: Österreich in der NS-Zeit. Literaturbericht, in: GWU 38 (1987), 116–28

1080 Rathkolb, Oliver: Neue Literatur zum März 1938, in: ZG 15 (1987/88), 262–69

1081 Ritter, Harry: Recent Writings in Interwar Austria, in: CEH 12 (1979), 297–311

1082 Uhl, Heidemarie: Österreichs späte Konfrontation mit der NS-Vergangenheit. Die Zweite Republik in der Diskussion über »Anschluß« oder »Überfall«, in: Parlament, Jg. 43, Nr. 41/42, 8./15.10. 1993, 18 f.

Gedruckte Quellen

1083 Kaden, Helma (Bearb.): Die faschistische Okkupationspolitik in Österreich und der Tschechoslowakei (1938–1945). (Nacht über Europa. Die Okkupationspolitik des deutschen Faschismus (1938–1945), 1), Berlin (O) 1988; 284 S. (zugl. LA Köln)

1084 Klusacek, Christine u.a. (Hg.): Dokumentation zur österreichischen Zeitgeschichte 1938–1945, Wien 1971; 595 S.

1085 Massiczek, Albert (Hg.): Zeit an der Wand. Österreichs Vergangenheit 1848 bis 1965 in den wichtigsten Anschlägen und Plakaten, Wien u.a. 1967; 13 S., 160 Taf.

1086 Rübelt, Lothar: Österreich zwischen den Kriegen. Zeitdokumente eines Photopioniers der 20er und 30er Jahre, Hg. Christian Brandstötter, Text Gerhard Jagschitz, Wien u. a. 1979; 255 S.

1087 Stadler, Karl R.: Österreich 1938–1945. Im Spiegel der NS-Akten. (Das einsame Gewissen, 3), Wien/München 1966; 427 S.

Darstellungen

1088 Ackerl, Isabella: Nationalsozialistische »Wiedergutmachung«, in: Anschluß 1938. Protokoll des Symposiums in Wien am 14. und 15. März 1978, München/Wien 1981, 206–19

1089 Ackerl, Isabella: Die Großdeutschen und der Anschluß, in: Wien 1938, Hg. Kommission Wien 1938, Wien 1978, 158–63

1090 Albrich, Thomas u. a. (Hg.): Tirol und der Anschluß. Voraussetzungen, Entwicklungen, Rahmenbedingungen 1918–1938, Innsbruck 1988; 589 S.*

1091 »Anschluß« 1938. Eine Dokumentation, Hg. Dokumentationsarchiv des österreichischen Widerstandes, Mitarb. Rudolf G. Ardelt u. a., Wien 1988; XIV, 685 S.**

1092 Anschluß 1938. Protokoll des Symposiums in Wien am 14. und 15. März 1978, München/Wien 1981; 464 S.*

1093 Ardelt, Rudolf G./Hautmann, Hans (Hg.): Arbeiterschaft und Nationalsozialismus in Österreich. In memoriam Karl R. Stadler, Wien/Zürich 1990; 728 S.*

1094 Bernbaum, John A.: Nazi Control in Austria. The Creation of the Ostmark, 1938–1940, Diss. University of Maryland 1972; 300 S.

1095 Bisovsky, Gerhard/Streibel, Robert (Hg.): 1938/1988 – eine Bilanz, aber kein Schlußstrich. Dokumentation der Wiener Volkshochschulen, Hg. Verband Wiener Volksbildung, Red. Ursula Knittler-Lux, Wien 1988; 60 S.**

1096 Böhm, Rudolf W.: Österreichs Ende im Jahre 1938. Ereignisse und Probleme vom 12. Februar bis zum 11. März 1938 im Spiegel deutsch- und englischsprachiger Zeitungen, Diss. Graz 1971; 242 S.

1097 Botz, Gerhard: Die Eingliederung Österreichs in das Deutsche Reich. Planung und Verwirklichung des politisch-administrativen Anschlusses 1938–1940, 3. Aufl., Wien/Zürich 1988; 196 S.

1098 Botz, Gerhard: Der 13. März 1938 und die Anschlußbewegung. Selbstaufgabe, Okkupation und Selbstfindung. Österreich 1918–1945, Wien 1978; 40 S.

1099 Botz, Gerhard: Der »Anschluß« von 1938 als innerösterreichisches Problem, in: APUZ, Nr. B 9/88, 26. 2. 1988, 3–19

1100 Botz, Gerhard: Das Anschlußproblem (1918–1945) – aus österreichischer Sicht, in: Robert A. Kann/Friedrich E. Prinz (Hg.), Deutschland und Österreich. Ein bilaterales Geschichtsbuch, Wien/München 1980, 179–98

1101 Botz, Gerhard: War der »Anschluß« erzwungen?, in: Felix Kreissler (Hg.), Fünfzig Jahre danach – der »Anschluß« von innen und außen gesehen. Beiträge zum Internationalen Symposium von Rouen 29. Februar – 4. März 1988, Wien/Zürich 1989, 97–119

1102 Botz, Gerhard: Hitlers Aufenthalt in Linz im März 1938 und der »Anschluß«, in: HJSL 1970, 185–214

1103 Botz, Gerhard: Ideologie und soziale Wirklichkeit des »nationalen Sozialismus« in der »Ostmark«. (Einleitung), in: Robert Schwarz, »Sozialismus« der Propaganda. Das Werben des »Völkischen Beobachters« um die österreichische Arbeiterschaft 1938/39, Wien/Zürich 1975, 5–41

1104 Botz, Gerhard: Stufen der politisch-administrativen Gleichschaltung Österreichs 1938–1940, in: Verwaltung 13 (1980), 173–212

1105 Botz, Gerhard: Eine deutsche Geschichte 1938 bis 1945? Österreichische Geschichte zwischen Exil, Widerstand und Verstrickung, in: ZG 14 (1986), 19–38

1106 Botz, Gerhard: Der ambivalente »Anschluß« 1938/39. Von der Begeisterung zur Ernüchterung, in: ZG 6 (1978/79), 91–109

1107 Bracher, Karl D.: Nationalsozialismus, Faschismus und autoritäre Regime, in: Gerald Stourzh/Birgitta Zaar (Hg.), Österreich, Deutschland und die Mächte. Internationale und österreichische Aspekte des »Anschlusses« vom März 1938, Wien 1990, 1–27; abgedr. in: Karl D. Bracher, Wendezeiten der Geschichte. Historisch-politische Essays 1987–1992, Stuttgart 1992, 145–72 u. d. T.: Autoritarismus und Totalitarismus. Die deutsche Diktatur und Österreich im Spannungsfeld der europäischen Nationalismen

1108 Brook-Shepherd, Gordon: Der Anschluß, Graz u. a. 1963; 285 S.

1109 Chorherr, Thomas (Hg.): 1938 – Anatomie eines Jahres, Wien 1987; 418 S.

1110 Danimann, Franz (Hg.): Finis Austriae: Österreich, März 1938, Wien u. a. 1978; 268 S.

1111 Fritz, Friedrich: Der deutsche Einmarsch in Österreich 1938, 3. Aufl., Wien 1982; 51 S. (zuerst 1968)

1112 Fröschl, Erich u. a. (Hg.): 1938. Ursachen, Fakten, Folgen. Was können wir aus der Geschichte lernen? Ergebnisse des Symposiums vom 14./15. Januar 1988, Wien/München 1989; 109 S.

1113 Garscha, Winfried R.: Die Deutsch-Österreichische Arbeitsgemeinschaft. Kontinuität und Wandel deutscher Anschlußpropaganda und Angleichungsbemühungen vor und nach der nationalsozialistischen »Machtergreifung«, Wien/Salzburg 1984; 441 S.

1114 Gedye, George E. R.: Als die Bastionen fielen. Die Errichtung der Dollfuß-Diktatur und Hitlers Einmarsch in Wien und den Sudeten. Eine Reportage über die Jahre 1927 bis 1938, Wien 1981; 443 S.

1115 Goronzy, Kriemhild: Vorgeschichte und Durchführung der Vereinigung Österreichs mit Deutschland 1933–1938, 2 Bde., Diss. Bonn 1958; IV, 454; 562 S.

1116 Hillgruber, Andreas: Das Anschlußproblem (1918–1945) aus deutscher Sicht, in: Robert A. Kann/Friedrich E. Prinz (Hg.), Deutschland und Österreich. Ein bilaterales Geschichtsbuch, Wien/München 1980, 161–78; abgedr. in: Andreas Hillgruber, Die Zerstörung Europas. Beiträge zur Weltkriegsepoche 1914 bis 1945, Frankfurt/Berlin 1988, 121–36

1117 Huemer, Peter u. a.: 1938–1988. Vom Umgang mit der Vergangenheit, Wien 1987; 280 S.

1118 Jagschitz, Gerhard: Faschismus und Nationalsozialismus in Österreich bis 1945, in: Fascism in Europe. An International Symposium. Prague, 28–29 August 1969, Hg. Czechoslovak Academy of Sciences, Institute of History, Bd. 2, o.O (Prag) 1970, 66–83 (Ms. vervielf.)

1119 Jedlicka, Ludwig: Verfassungs- und Verwaltungsprobleme 1938–1955, in: Die Entwicklung der Verfassung Österreichs vom Mittelalter bis zur Gegenwart, Hg. Institut für Österreichkunde, 2. Aufl., Wien 1970, 120–44 (zuerst Graz 1963)

1120 Koerner, Ralf R.: Die publizistische Behandlung der Österreichfrage und die Anschlußvorbereitungen in der Tagespresse des Dritten Reiches (1933–1938). Ein Beitrag zur Methodik der außenpolitischen Meinungsführung des nationalsozialistischen Regimes, Diss. Münster 1956; 396 S. (Ms. vervielf.)

1121 Koerner, Ralf R.: So haben sie es damals gemacht ... Die Propagandavorbereitungen zum Österreichanschluß durch das Hitlerregime 1933 bis 1938, Wien 1958; 327 S.

1122 Konrad, Helmut (Hg.): Sozialdemokratie und »Anschluß«. Historische Wurzeln, Anschluß 1918 und 1938, Nachwirkungen. Eine Tagung des Dr.-Karl-Rebber-Instituts, Wien, 1. März 1978, Wien u. a. 1978; 150 S.

1123 Konrad, Helmut/Neugebauer, Wolfgang (Hg.): Arbeiterbewegung – Faschismus – Nationalbewußtsein. Festschrift zum 20jährigen Bestand des Dokumentationsarchivs des österreichischen Widerstandes und zum 60. Geburtstag von Herbert Steiner, Red. Brigitte Galanda, Geleitworte Herta Firnberg/Bruno Marek, Wien u. a. 1983; 493 S.*

1124 Kreissler, Felix (Hg.): Fünfzig Jahre danach – »Der Anschluß« von innen und außen gesehen. Beiträge zum Internationalen Symposion von Rouen 29. Februar – 4. März 1988. Veranstaltet vom Centre d'Etudes et de Recherches Autrichiennes (CERA) der Universität Rouen, in Zusammenarbeit mit dem österreichischen Kulturinstitut Paris, Wien/Zürich 1989; 286 S.*

1125 Krüger, Hans-Jürgen: Der Anschluß Österreichs und das verhinderte Plebiszit vom 13. März 1938 im Spiegel ausländischer Zeitungen. Eine Dokumentation, in: GWU 39 (1988), 131–41**

1126 Leser, Norbert: Anpassung und Widerstand im Dritten Reich, in: Richard Berczeller/Norbert Leser (Hg.), ... mit Österreich verbunden. Burgenlandschicksal 1918–1945, Wien/München 1975, 278–96

1127 Maass, Walter B.: Country Without a Name. Austria under the Nazi Rule, 1938–1945, New York 1979; X, 178 S.

1128 Maleta, Alfred: Bewältigte Vergangenheit. Österreich 1932–1945, Graz 1981; 250 S.

1129 März 1938 – Fakten und Hintergründe, Mitarb. Rainer Stephan u. a., Mattersburg 1988; 72 S.

1130 Mayer, Wolfgang: Die nationalsozialistische Gebietsreform, in: Wien 1938, Hg. Kommission Wien 1938, Wien 1978, 77–87

1131 Molt, Harro: War die NS-Annexionspolitik eine Fortsetzung der Weimarer Österreich-Politik?, in: Felix Kreissler (Hg.), Fünfzig Jahre danach – der »Anschluß« von innen und außen gesehen. Beiträge zum Internationalen Symposium von Rouen 29. Februar – 4. März 1988, Wien/Zürich 1989, 84–96

1132 Neck, Rudolf: Wilhelm Miklas und der »Anschluß« 1938, in: Helmut Konrad/Wolfgang Neugebauer (Hg.), Arbeiterbewegung – Faschismus – Nationalbewußtsein. Festschrift zum 20jährigen Bestand des Dokumentationsarchivs des österreichischen Widerstandes und zum 60. Geburtstag von Herbert Steiner, Wien u. a. 1983, 99–113**

1133 Rathkolb, Oliver R.: The Austrian Foreign Service and the Anschluß in 1938, in: GSR 12 (1989), 55–83

1134 Reichold, Ludwig: Die Liquidierung der Vaterländischen Front, in: Wien 1938, Hg. Kommission Wien 1938, Wien 1978, 25–38

1135 Rot-Weiß-Rot-Buch. Darstellungen, Dokumente und Nachweise zur Vorgeschichte und Geschichte der Okkupation Österreichs. (Nach amtlichen Quellen), Bd. 1, Wien 1946; 224 S.

1136 Schausberger, Norbert: Der Griff nach Österreich. Der »Anschluß«, 3. Aufl., München/Wien 1988; 666 S. (zuerst Klagenfurt 1974)

1137 Schmidl, Erwin A.: März 38. Der deutsche Einmarsch in Österreich, Wien 1987; 336 S. (3. Aufl. Bonn 1994)

1138 Schuschnigg, Kurt: Im Kampf gegen Hitler. Die Überwindung der Anschlußidee, Wien u. a. 1969; 472 S.

1139 Stadler, Karl R.: Austria, in: Stuart J. Woolf (Hg.), Fascism in Europe, 2. Aufl., London/New York 1981, 93–115

1140 Steiner, Herbert: Das österreichische Vereinswesen und seine Gleichschaltung nach dem März 1938, in: ÖGG 4 (1962), 215f.

Übergreifende Hilfsmittel, Darstellungen und Quellensammlungen

1141 Steininger, Rolf: Der Anschluß Österreichs – Stationen auf dem Weg zum März 1938, in: APUZ, Nr. B 9/88, 26.2. 1988, 20–33

1142 Stourzh, Gerald/Zaar, Birgitta (Hg.): Österreich, Deutschland und die Mächte. Internationale und österreichische Aspekte des »Anschlusses« vom März 1938, Wien 1990; X, 552 S.*

1143 Tálos, Emmerich u. a. (Hg.): NS-Herrschaft in Österreich 1938–1945, Wien 1988; XXII, 632 S.*

1144 Tirol 1938. Voraussetzungen und Folgen. Ausstellung des Landes Tirol, Tiroler Landesmuseum Ferdinandeum Innsbruck, 9. März bis 10. April 1988, Hg. Tiroler Landesmuseum Ferdinandeum Innsbruck, Katalog Meinrad Pizzinini/Gert Ammann, Mitarb. Gert Amman u. a., Innsbruck 1988; 194 S.* **

Regional-/Lokalstudien

Bibliographien

1145 Gehler, Michael: Tirol 1918 bis 1945. Ausgewählte Literatur zur Tiroler Zeitgeschichte, in: TC 30 (1988), 25–34; abgedr. in: Gedenkjahr 1938–1988. Materialien für die Tiroler Schulen, Hg. Pädagogisches Institut des Landes Tirol, Innsbruck 1988, 1–15

Darstellungen

1146 Botz, Gerhard: Nationalsozialismus in Wien. Machtübernahme und Herrschaftssicherung 1938/39, Beitrag »Provinzstadt im Dritten Reich« (13–27) Karl R. Stadler, 3., veränd. Aufl., Buchloe 1988; 592 S. (zuerst Wien/München 1978 u. d. T.: Wien vom »Anschluß« zum Krieg)

1147 Botz, Gerhard: Wien und die nationalsozialistische »Ostmark«-Politik, in: AS 5 (1978), 39–53

1148 Bouvier, Friedrich/Valentinitsch, Helfried (Hg.): Graz 1938. (Historisches Jb. der Stadt Graz, 18/19), Graz 1988; 440 S.

1149 Bukey, Evan B.: Patenstadt des Führers. Eine Politik- und Sozialgeschichte von Linz 1908–1945, Frankfurt 1993; 347 S. (amerikan.: Bloomington/Indianapolis 1986 u. d. T.: Hitler's Hometown)

1150 Bukey, Evan B.: Hitler's Hometown under Nazi Rule: Linz, Austria, 1938–45, in: CEH 16 (1983), 171–86

1151 Czeike, Felix (Hg.): Wien 1938. Ausstellungskatalog. (Forschungen und Beiträge zur Wiener Stadtgeschichte, 2), Wien 1978; 326 S.

1152 Czeike, Felix: Die Machtübernahme im Wiener Rathaus, in: Wien 1938, Hg. Kommission Wien 1938, Wien 1978, 60–69

1153 Hanisch, Ernst: Nationalsozialistische Herrschaft in der Provinz. Salzburg im »Dritten Reich«, Salzburg 1983; 362 S.

1154 Hanisch, Ernst: Nationalsozialismus im Dorf: Salzburger Beobachtungen, in: Helmut Konrad/Wolfgang Neugebauer (Hg.), Arbeiterbewegung – Faschismus – Nationalbewußtsein. Festschrift zum 20jährigen Bestand des Dokumentationsarchivs des österreichischen Widerstandes und zum 60. Geburtstag von Herbert Steiner, Wien u. a. 1983, 69–81

1155 Hanisch, Ernst: Westösterreich, in: Emmerich Tálos u. a. (Hg.), NS-Herrschaft in Österreich 1938–1945, Wien 1988, 437–56

1156 Hye, Franz-Heinz: Die »Gauhauptstadt« Innsbruck in der Zeit von 1938–1945, in: Tirol 1938. Voraussetzungen und Folgen. Ausstellung des Landes Tirol, Tiroler Landesmuseum Ferdinandeum, 9. März bis 10. April 1988, Hg. Tiroler Landesmuseum Ferdinandeum, Innsbruck 1988, 56–73

1157 Karner, Stefan: Die Steiermark im Dritten Reich 1938–1945. Aspekte ihrer politischen, wirtschaftlich-sozialen und kulturellen Entwicklung, 1. u. 2., erg. Aufl., Graz/Wien 1986; 636 S.

1158 Karner, Stefan: »... des Reiches Südmark«. Kärnten und Steiermark im Dritten Reich 1938–1945, in: Emmerich Tálos u. a. (Hg.), NS-Herrschaft in Österreich 1938–1945, Wien 1988, 457–86

1159 Kepplinger, Brigitte: Aspekte nationalsozialistischer Herrschaft in Oberösterreich, in: Emmerich Tálos u. a. (Hg.), NS-Herrschaft in Österreich 1938–1945, Wien 1988, 417–36

1160 Knittelfeld, Zeltweg, Judenburg, Fohnsdorf in der Zeit des Hitlerfaschismus, Hg. Antifaschistisches Proponentenkomitee, Knittelfeld/Thalheim 1980; 49 S.

1161 Loidl, Franz: Die politischen Ereignisse der Jahre 1938 bis 1945 aus dem Blickwinkel der Pfarrchronik Schwarzau im Gebirge, in: Helmut Konrad/Wolfgang Neugebauer (Hg.), Arbeiterbewegung – Faschismus – Nationalbewußtsein. Festschrift zum 20jährigen Bestand des Dokumentationsarchivs des österreichischen Widerstandes und zum 60. Geburtstag von Herbert Steiner, Wien u. a. 1983, 83–88

1162 Mulley, Klaus-Dieter: Nationalsozialismus im politischen Bezirk Scheibbs 1930–1945, Scheibbs 1988; 279 S.

1163 Peball, Kurt: Die militärische Situation in Wien im März 1938, in: Wien 1938, Hg. Kommission Wien 1938, Wien 1978, 50–59

1164 Rebhann, Fritz M.: Das braune Glück zu Wien. (Das einsame Gewissen, 6), Wien/München 1973; 371 S.

1165 Rebhann, Fritz M.: Wien war die Schule. (Das einsame Gewissen, 8), Wien 1978; 208 S.

1166 Riedmann, Josef: Tirol als Bestandteil des nationalsozialistischen deutschen Reiches 1938–1945, in: Josef Riedmann, Das Bundesland Tirol (1918 bis 1970). (Geschichte des Landes Tirol, 4/II), Bozen/Wien 1988, 969–1194, 1407–22

1167 Riedmann, Josef: Geschichte des österreichischen Bundeslandes Tirol 1918–1945 im Überblick, in: Tirol 1938. Voraussetzungen und Folgen. Ausstellung des Landes Tirol, Tiroler Landesmuseum Ferdinandeum, 9. März bis 10. April 1988, Hg. Tiroler Landesmuseum Ferdinandeum, Innsbruck 1988, 7–40

1168 Schausberger, Norbert (Hg.): 1938 – Zeitzeugen in Kärnten. Erinnerungen von Kärntnerinnen und Kärntnern an die Okkupation Österreichs. Eine Oral-History-Studie der Pädagogischen Akademie des Bundes in Kärnten, Klagenfurt 1988; 158 S.

1169 Seliger, Maren: NS-Herrschaft in Wien und Niederösterreich, in: Emmerich Tálos u. a. (Hg.), NS-Herrschaft in Österreich 1938–1945, Wien 1988, 396–416

1170 Slapnicka, Harry: Oberösterreich – als es »Oberdonau« hieß (1938–1945), Linz 1978; 515 S.

1171 Stadler, Robert/Mooslechner, Michael: St. Johann/Pg. 1938–1945. Das nationalsozialistische »Markt Pognau«. Der »2. Juli 1944« in Goldegg: Widerstand und Verfolgung, Salzburg 1986; 159 S.

1172 Walser, Harald/Pichler, Meinrad: Die Wacht am Rhein. Alltag in Vorarlberg während der NS-Zeit, Bregenz 1988; 157 S.

1173 Wien 1938. (Forschungen und Beiträge zur Wiener Stadtgeschichte, 2), Hg. Kommission Wien 1938, Wien 1978; 328 S.*

1174 Wien 1938. Katalog zur 110. Sonderausstellung des Historischen Museums der Stadt Wien, Red. Siegwald Gangelmair, Wien 1988; 452 S.

A.1.5.2.4 Danzig

Darstellungen

1175 Burckhardt, Carl J.: Meine Danziger Mission 1937–1939, München 1960; 366 S.

1176 Sodeikat, Ernst: Der Nationalsozialismus und die Danziger Opposition, in: VfZ 14 (1966), 139–74

1177 Stritzel, Klaus P.: Die rechtliche Bedeutung der Eingliederung der Freien Stadt Danzig in das Deutsche Reich im Jahre 1939, Diss. Kiel 1959; XXI, 141 S. (Ms.)

1178 Wendt, Bernd-Jürgen: Danzig – ein Bauer auf dem Schachbrett nationalsozialistischer Außenpolitik, in: Manfred Funke (Hg.), Hitler, Deutschland und die Mächte. Materialien zur Außenpolitik des Dritten Reiches, Düsseldorf 1976, 774–94 (ND 1977 u. Düsseldorf/Königstein, Ts. 1978)

A.1.6 Erlebnisberichte

1179 Aron, Raymond: Über Deutschland und den Nationalsozialismus. Frühe politische Schriften 1930–1939, Hg. Joachim Stark, Opladen 1993; 337 S.

1180 Below, Nicolaus von: Als Hitlers Adjutant 1937–1945, Mainz 1980; 446 S.

1181 Bielenberg, Christabel: Ride out of the Dark. The Experiences of an Englishwomen in Wartime Germany, 2. Aufl., Boston, Mass. 1984; 286 S. (zuerst 1968)

1182 Brügel, Johann W./Frei, Norbert: Berliner Tagebuch 1932–1934. Die Aufzeichnungen des tschechoslowakischen Diplomaten Camill Hoffmann. (Dokumentation), in: VfZ 36 (1988), 131–83

1183 Dietrich, Otto: Zwölf Jahre mit Hitler, München 1965; 285 S.

1184 Flanner, Janet: Paris, Germany ... Reportagen aus Europa 1931–1950, Hg. Klaus Blanc, Fotografien Werner Bischof, München 1992; 234 S.**

1185 François-Poncet, André: Als Botschafter in Berlin 1931–1938, 3. durchges. Aufl., Berlin/Mainz 1962; 420 S. (zuerst Mainz 1947)

1186 Fromm, Bella: Als Hitler mir die Hand küßte, Berlin 1993; 330 S. (TB Reinbek 1994)

1187 Gisevius, Hans B.: Bis zum bitteren Ende. Bericht eines Augenzeugen aus den Machtzentren des Dritten Reiches, München/Zürich 1982; 429 S. (zuerst Zürich 1946, 2 Bde.; akt. Sonderausg. Hamburg 1961)

1188 Hanfstaengel, Ernst: Zwischen Weißem und Braunem Haus. Memoiren eines politischen Außenseiters, München 1970; 402 S. (2. Aufl. 1980 u.d.T.: 15 Jahre mit Hitler)

1189 Häring, Bernhard: Als es ums Überleben ging. Erinnerungen aus meinem Leben 1939–1945, Moers 1991; 149 S.

1190 Kempowski, Walter (Bearb.): Haben Sie Hitler gesehen? Deutsche Antworten, Nachwort Sebastian Haffner, München 1974; 120 S.

1191 Kotze, Hildegard von (Hg.): Heeresadjutant bei Hitler, 1938–1943. Aufzeichnungen des Mayors [Gerhard] Engel, Stuttgart 1974; 157 S.

1192 Kröber, Hans: Späte Antwort auf acht erlebte Jahrzehnte 1910–1990, Frankfurt 1993; 299 S.

1193 Linge, Heinz: Bis zum Untergang. Als Chef des Persönlichen Dienstes bei Hitler, Hg. Werner Maser, München 1980; 311 S.

1194 Lochner, Louis P.: Stets das Unerwartete. Erinnerungen aus Deutschland 1921–1953, Darmstadt 1955; 383 S.

1195 Lorant, Stefan: Ich war Hitlers Gefangener. Ein Tagebuch 1933, München 1985; 252 S. (zuerst engl. London 1935)

1196 Muehlon, Wilhelm: Tagebuch der Kriegsjahre 1940–1944, Hg. Jens Heisterkamp, Dornach 1992; XXX, 1227 S.

1197 Petwaidic, Walter: Die autoritäre Anarchie. Streiflichter des deutschen Zusammenbruchs, Hamburg 1946; 148 S.

1198 Schmid, Carlo: Erinnerungen, Bern u. a. 1979, 155–212

1199 Schwarz, Angela: Die Reise ins Dritte Reich. Britische Augenzeugen im nationalsozialistischen Deutschland (1933–1939), Göttingen/Zürich 1993; 435 S.

1200 Shirer, William L.: Berliner Tagebuch. Aufzeichnungen 1934–1941, Hg. Jürgen Schebera, Leipzig/Weimar 1991; 575 S. (engl.: London/New York 1941 u. ö.)

1201 Shirer, William L.: Berliner Tagebuch. Das Ende. 1944/1945, Hg. Jürgen Schebera, Leipzig/Weimar 1994; 560 S. (engl.: London/New York 1947 u. ö.)

1202 Shirer, William L.: Das Jahrzehnt des Unheils. Meine Erlebnisse und Erfahrungen in Deutschland und Europa 1930–1940, München 1986; 479 S. (amerikan.: Boston/Toronto 1984 u. d. T.: 20th Century Journey. A Memoir of a Life and the Times, Bd. 2: The Nightmare Years 1930–1940)

1203 Smith, Howard K.: Feind schreibt mit. Ein amerikanischer Korrespondent erlebt Nazi-Deutschland, Berlin 1982; 309 S. (TB Frankfurt 1986; engl.: London 1942 u. d. T.: Last Train from Berlin)

1204 Staden, Wendelgard von: Nacht über dem Tal. Eine Jugend in Deutschland, 7. Aufl., München 1989; 156 S. (zuerst Düsseldorf/Köln 1979; TB 5. Aufl., München 1991)

1205 Stahlberg, Alexander: Die verdammte Pflicht. Erinnerungen 1932–1945, erw. Neuausg., Berlin/Frankfurt 1994; 464 S. (zuerst Frankfurt/Berlin 1987)

1206 Stolten, Inge: Das alltägliche Exil. Leben zwischen Hakenkreuz und Währungsreform, Berlin/Bonn 1982; 167 S.

1207 Stoop, Paul (Hg.): Geheimberichte aus dem Dritten Reich. Der Journalist H[endrik] J. Noordewier als politischer Beobachter, Berlin 1990; 235 S.

1208 Stresemann, Wolfgang: Wie konnte es geschehen? Hitlers Aufstieg in der Erinnerung eines Zeitzeugen, Frankfurt/Berlin 1987; 248 S.

1209 Sven Hedin's German Diary, 1935–1942, Dublin 1961; 282 S.

1210 Vassiltchikov, Marie: Die Berliner Tagebücher der »Missie« Wassiltchikow 1940–1945, 2. Aufl., München 1990; 384 S. (zuerst Berlin 1980)

1211 Winterbotham, Frederick W.: The Nazi Connection, London/New York 1978; (V), 222 S.

1212 Wolff, Paul: Ohne Maske. Ein Tatsachenbericht, Hamburg 1948; 140 S.

A.1.7 Organisationsgeschichte der NSDAP und ihrer Gliederungen

[vgl. A.1.9; A.3.8.10.2]

A.1.7.1 Allgemeines

Bibliographien

1213 Plum, Günter (Bearb.): Bibliographie der Gauleiter der NSDAP, Hg. Institut für Zeitgeschichte, München 1970; 40 S. (als Manuskript gedr.)

Nachschlagewerke

1214 Rang- und Organisationsliste der NSDAP mit Gliederungen, angeschlossenen Verbänden und betreuten Organisationen unter Beschreibung weiterer Verbände, Einrichtungen, Dienststellen und Personengruppen. Mit Angaben der Klassifizierung der Anlage zum Gesetz zur Befreiung von Nationalsozialismus und Militarismus vom 5. März 1946, 2. Aufl., Stuttgart 1947; 56 S. (zuerst 1946)

Quellenkunde

1215 Moll, Martin: Microfiche-Edition »Akten der Partei-Kanzlei der NSDAP«.

Eine zentrale Quelle zur Mediengeschichte des Dritten Reiches und ein notwendiges Korrektiv zu Goebbels' Tagebüchern, in: Publizistik 37. (1992), 490–98

1216 NSDAP-Hauptarchiv. Guide to the Hoover Institution Microfilm Collection, Bearb. Grete Heinz/Agnes F. Peterson, Stanford/Ca. 1964; XII, 175 S.

1217 Rebentisch, Dieter: Reichskanzlei und Partei-Kanzlei im Staat Hitlers. Anmerkungen zu zwei Editionsprojekten und zur Quellenkunde der nationalsozialistischen Epoche, in: AfS 25 (1985), 611–33

1218 Rumschöttel, Hermann: Inventarisierung von Schriftgut der NSDAP und ihrer Gliederungen aus Empfängerüberlieferungen, in: MAB 24 (1978), 52–58

1219 Schneider-Haase, D. Thorsten: Beschreibung der Stichprobenziehung zu den Mitgliedern der NSDAP vom 27. März – 7. September 1989 im Berlin Document Center, Hg. Freie Universität Berlin, Zentralinstitut für sozialwissenschaftliche Forschung, Berlin 1992; 29 S.

Gedruckte Quellen

1220 Cargill, Morris (Hg.): A Gallery of Nazis, Mitarb. Roy Mehlmann, Secaucus, N. J. 1978; (IV), 224 S.

Methodische Probleme

1221 Weißbecker, Manfred: Die Geschichte der NSDAP – ein aktueller Gegenstand der Faschismusforschung, in: BD 4 (1993), Nr. 5, 59–70

Darstellungen

1222 Benoist-Méchin, Jacques: Auf dem Weg zur Macht 1925–1937, Oldenburg/Hamburg 1965; 328 S. (franz.: Paris 1964)

1223 Berstein, Serge: Le nazisme, Paris 1985; 222 S.

1224 Degreif, Dieter: Franz Xaver Schwarz. Das Reichsschatzmeisteramt der NSDAP und dessen Überlieferung im Bundesarchiv, in: Friedrich P. Kahlenberg (Hg.), Aus der Arbeit der Archive. Beiträge zum Archivwesen, zur Quellenkunde und zur Geschichte. Festschrift für Hans Booms, Boppard 1989, 489–502

1225 Gerson, Werner: Le nazisme, société secrète, Paris 1969; [50], 365 S.

1226 Grebing, Helga: Der Nationalsozialismus. Ursprung und Wesen, 18. Aufl., München/Wien 1974; 160 S. (zuerst 1959)

1227 Hüttenberger, Peter: Die Gauleiter. Studie zum Wandel des Machtgefüges in der NSDAP, Stuttgart 1969; 239 S.

1228 Lang, Jochen von: Die Partei. Mit Hitler an die Macht und in den Untergang. Ein deutsches Lesebuch, Mitarb. Claus Sybill, Hamburg 1989; 415 S.

1229 Lerner, Daniel u. a.: The Nazi Elite, Einleitung Franz L. Neumann, London/Stanford, Ca. 1951; X, 112 S.

1230 Lükemann, Ulf: Der Reichsschatzmeister der NSDAP. Ein Beitrag zur inneren Parteistruktur, Berlin 1963; 248 S.

1231 Pätzold, Kurt/Weißbecker, Manfred: Geschichte der NSDAP 1920–1945, Köln 1981; 429 S. (zugl. Berlin [O] u.d.T: Hakenkreuz und Totenkopf. Die Partei des Verbrechens)

1232 Pélassy, Dominique: Le signe nazi. L'univers symbolique d'une dictature, Paris 1982; 344 S.

1233 Plewnia, Margarete: Völkischer Beobachter, München/Berlin (1887–1945), in: Heinz-Dietrich Fischer (Hg.), Deutsche Zeitungen des 17. bis 20. Jahrhunderts, Pullach b. München 1972, 381–90

1234 Rhodes, James M.: The Hitler Movement. A Modern Millenarian Revolution, Stanford, Ca. 1980; 253 S.

1235 Schäfer, Wolfgang: NSDAP. Entwicklung und Struktur der Staatspartei des

Dritten Reiches, Hannover/Frankfurt 1956; 100 S.

1236 Specht, Gustav: Die Nationalsozialistische Deutsche Arbeiterpartei als organisiertes soziales Gebilde, Diss. Köln 1949; 91 S. (Ms.)

1237 Weißbecker, Manfred: Die NSDAP – eine Massenpartei für den Krieg der Eliten, in: Deutscher Faschismus – Terror und Widerstand. Zur 2. Tagung der IREX-Unterkommission »Faschismus – Theorie und Praxis« von Historikern der USA und der DDR in Princeton, N.J., im Mai 1989. Beiträge der Historiker der DDR, Hg. Akademie für Gesellschaftswissenschaften beim Zentralkomitee der SED, Berlin (O) 1989, 56–70

1238 Weißbecker, Manfred: Von Weltkrieg zu Weltkrieg: Die friedlose NSDAP, in: Ludwig Nestler (Hg.), Der Weg deutscher Eliten in den Zweiten Weltkrieg. Nachtrag zu einer verhinderten deutsch-deutschen Publikation, hg. in Verbindung mit Paul Heider u.a., Berlin (O) 1990, 327–82

1239 Weißbecker, Manfred: Nationalsozialistische Deutsche Arbeiterpartei (NSDAP) 1919–1945 (1919/20 Deutsche Arbeiterpartei [DAP]), in: Lexikon zur Parteiengeschichte. Die bürgerlichen und kleinbürgerlichen Parteien und Verbände in Deutschland (1789–1945), Hg. Dieter Fricke u.a., Bd. 1, Leipzig (LA Köln) 1983, 460–523

1240 Weidisch, Peter: München – Parteizentrale und Sitz der Reichsleitung der NSDAP, in: Richard Bauer u.a. (Hg.), München – »Hauptstadt der Bewegung«. Bayerns Metropole und der Nationalsozialismus, München 1993, 259–72

1241 Willing, Georg F.: Die Hitler-Bewegung, Hamburg/Berlin 1962; 256 S.

A.1.7.2 Regional- und Lokalstudien

A.1.7.2.1 Allgemeines

Bibliographien

1242 Engelke, Rolf: Nationalsozialismus in Hessen. Eine Bibliographie der Literatur nach 1945, Wiesbaden 1983; 138 S.

Literaturberichte

1243 Horn, Wolfgang: Regionale Entwicklung des Nationalsozialismus, in: NPL 21 (1976), 366–76

Quellenkunde

Das Schriftgut der NSDAP, ihrer Gliederungen und angeschlossenen Verbände in der Überlieferung staatlicher Behörden im Bereich des heutigen Landes Nordrhein-Westfalen. (Veröffentlichungen der staatlichen Archive Nordrhein-Westfalens, 8), Düsseldorf:

1244 – Bd. 1: Spezialnachweis zu den Beständen Regierung Düsseldorf, Landratsamt Moers, Bergämter Dinslaken und Duisburg und Polizeibehörden im Regierungsbezirk Düsseldorf, Bearb. Klaus Wisotzky, 1981; 288 S.

1245 – Bd. 2: Spezialnachweis zu den Beständen Regierung Aachen, Landratsämter Düren und Monschau, Kreisausschuß Monschau, Arbeitsämter Erkelenz und Eschweiler und Oberpostdirektion Aachen, Bearb. Michael Prinz u.a., 1981; 14, 205 S.

1246 – Bd. 3: Spezialnachweis des Schriftgutes des Reichsführers SS und Chefs der deutschen Polizei und des höheren SS- und Polizeiführers West im Bestand Regierung Aachen, Bearb. Konrad Bund u.a., 1981; 2, 282 S.

1247 – Bd. 4: Spezialnachweis zu den Beständen Lippische Landesregierung und Reichsstatthalter für Lippe und Schaumburg-Lippe, Bearb. Annelie Buntenbach/ Hans-Georg Radel, 1983; 46, 441 S.

Darstellungen

1248 Bauer, Richard u.a. (Hg.): München – »Hauptstadt der Bewegung«. Bayerns Metropole und der Nationalsozialismus, München 1993; 487 S.*

1249 Först, Walter: Die rheinischen Gauleiter, in: Walter Först (Hg.), Städte nach dem Zweiten Weltkrieg, Köln 1984, 121–39

1250 Grill, Johnpeter H.: The Nazi Movement in Baden, 1920–1945, Chapel Hill, N.C. 1983; XV, 720 S.

1251 Hannover 1933–1945. Ein antifaschistischer Stadtführer durch das andere Hannover, Hg. Freizeit- und Bildungszentrum Weiße Rose Hannover, Hannover 1989; 113 S.

1252 Hartwich, Dirk: Die Stadt der Mitläufer. Über den Nationalsozialismus in Dorsten, in: Dirk Hartwich/Wolf Stegemann (Hg.), Dorsten unterm Hakenkreuz. Eine Dokumentation zur Zeitgeschichte, Bd. 1: Die jüdische Gemeinde, Mitarb. Arbeitskreis zur Erforschung der jüdischen Gemeinde in Dorsten, 4. Aufl., Dorsten 1985, 90–95 (zuerst 1983)

1253 Heinz, Hans-Joachim: »... die Reihen fest geschlossen«. Organisationsgeschichtliche Aspekte der pfälzischen NSDAP und ihrer Gliederungen, in: Gerhard Nestler/Hannes Ziegler (Hg.), Die Pfalz unterm Hakenkreuz. Eine deutsche Provinz während der nationalsozialistischen Terrorherrschaft, Landau 1993, 87–118

1254 Levine, Herbert S.: Hitler's Free City. A History of the Nazi Party in Danzig, 1925–1939, Chicago, Ill. u.a. 1973; XII, 223 S.

1255 Memming, Rolf B.: The Bavarian Governmental District Unterfranken and the City of Burgstadt 1922–1939. A Study of the National Socialist Movement and Party-State Affairs, Diss. University of Nebraska, Lincoln 1974; V, 324 S.

1255a Nachtmann, Walter: Die NSDAP in Esslingen 1920–1945, in: Von Weimar bis Bonn. Esslingen 1919–1949. Begleitband zur Ausstellung »Esslingen 1919–1949. Von Weimar bis Bonn«, Esslingen 1991, 235–54

1256 Neubach, Helmut: Aufstieg und Herrschaft der NSDAP in Schlesien, in: Helmut Neubach, Parteien und Politiker in Schlesien, Dortmund 1988, 210–16

1257 Neubach, Helmut: Die schlesische NSDAP im Urteil schlesischer Antifaschisten, in: Helmut Neubach, Parteien und Politiker in Schlesien, Dortmund 1988, 217–48

1258 Rebentisch, Dieter: Persönlichkeitsprofil und Karriereverlauf der nationalsozialistischen Führungskader in Hessen 1928–1945, in: HJL 33 (1983), 293–331

1259 Ruppert, Andreas: Der Kreisleiter in Lippe. Zur Funktion einer Mittelinstanz der NSDAP zwischen Ortsgruppe und Gau, in: LMGL 60 (1991), 199–230

1259a Stegemann, Wolf: Im Glauben an Sieg und Sendung des Führers. Die Dorstener NSDAP in der Kampfzeit von 1925 bis 1933. – »Jetzt sind sie angekommen, die schwarzen Seelen.« Volksgenossen, Parteigenossen und andere Genossen. Die Dorstener NSDAP von 1933 bis 1945, in: Wolf Stegemann (Hg.), Dorsten unterm Hakenkreuz. Eine Dokumentation zur Zeitgeschichte, Bd. 3: Der gleichgeschaltete Alltag, Mitarb. Forschungsgruppe Dorsten unterm Hakenkreuz, Dorsten 1985, 36–41, 42–47**

1260 Wilhelm, Hermann: Nationalsozialismus im Münchener Osten 1919–1945. Der Aufstieg Hitlers und der NSDAP. Zur gleichnamigen Ausstellung im Haidhausen-Museum, München 1980; 95 S.

A.1.7.2.2 Saarland

1262 Paul, Gerhard: Die NSDAP des Saargebietes 1920–1935. Der verspätete Aufstieg der NSDAP in der katholisch-proletarischen Provinz, Saarbrücken 1987; 287 S.

A.1.7.2.3 Österreich

[vgl. A.1.9.2: J. Leopold; A. Seyß-Inquart]

A.1.7.2.3.1 Allgemeines

Methodische Probleme

1263 Botz, Gerhard: Die österreichischen NSDAP-Mitglieder. Probleme einer quantitativen Analyse aufgrund der NSDAP-Zentralkartei im Berlin Document Center, in: Reinhard Mann (Hg.), Die Nationalsozialisten. Analysen faschistischer Bewegungen, Stuttgart 1980, 98–136

Darstellungen

1264 Bielka, Erich: Die Vorgänge auf dem österreichischen Generalkonsulat München Februar – März 1938, in: Felix Kreissler (Hg.), Fünfzig Jahre danach – der »Anschluß« von innen und außen gesehen. Beiträge zum Internationalen Symposium von Rouen 29. Februar – 4. März 1988, Wien/Zürich 1989, 17–24

1265 Botz, Gerhard: Soziale »Basis« und Typologie der österreichischen Faschismen im innerösterreichischen und europäischen Vergleich, in: Faschismus in Österreich und international. (Jb. für Zeitgeschichte 1980/81), Hg. Österreichische Gesellschaft für Zeitgeschichte, Red. Bertrand Perz, Wien 1982, 15–56

1266 Botz, Gerhard: Faschistische Bewegungen und Lohnabhängige in Österreich, in: Internationale Tagung der Historiker der Arbeiterbewegung. (X. Linzer Konferenz 1974). (ITH-Tagungsberichte 9), Wien 1976, 329–45

1267 Botz, Gerhard: Austria, in: Detlef Mühlberger (Hg.), The Social Basis of European Fascist Movements, London u.a. 1987, 242–80

1268 Botz, Gerhard: The Social Bases of Austrian Fascism in Comparative Perspective, in: Studies on Anti-Semitism and Fascism I, Stanford, Ca. 1986 (Ms. vervielf.)

1269 Botz, Gerhard: Strukturwandlungen des österreichischen Nationalsozialismus (1904–1945), in: Isabella Ackerl u.a. (Hg.), Politik und Gesellschaft im alten und neuen Österreich. Festschrift für Rudolf Neck zum 60. Geburtstag, Bd. 2, Wien 1981, 163–93

1270 Brandstötter, Rudolf: Dr. Walter Riehl und die Geschichte der nationalsozialistischen Bewegung in Österreich, Diss. Wien 1970; 449 S.

1271 Carsten, Francis L.: Faschismus in Österreich. Von Schönerer zu Hitler, München 1977; 373 S.

1272 Hänisch, Dirk: Die soziale Wählerbasis der NSDAP und der übrigen Parteien in der ersten österreichischen Republik im Vergleich zum Deutschen Reich, in: Heinrich Best (Hg.), Politik und Milieu. Wahl- und Elitenforschung im historischen und interkulturellen Vergleich, St. Katharinen 1989, 263–88

1273 Jagschitz, Gerhard: Die österreichischen Nationalsozialisten, in: Gerald Stourzh/Birgitta Zaar (Hg.), Österreich, Deutschland und die Mächte. Internationale und österreichische Aspekte des »Anschlusses« vom März 1938, Wien 1990, 229–69

1274 Luza, Radomir: Die Strukturen der nationalsozialistischen Herrschaft in Österreich, in: Gerald Stourzh/Birgitta Zaar (Hg.), Österreich, Deutschland und die Mächte. Internationale und österreichische Aspekte des »Anschlusses« vom März 1938, Wien 1990, 471–92

1275 Parkinson, F. (Hg.): Conquering the Past. Austrian Nazism Yesterday and Today, Detroit, Mich. 1989; 348 S.

1276 Pauley, Bruce F.: Hitler and the Forgotten Nazis. A History of Austrian National Socialism, London/Chapel Hill, N.C. 1981; XXI, 292 S.

Regional-/Lokalstudien

1277 Jagschitz, Gerhard: NSDAP und »Anschluß« in Wien 1938, in: Wien 1938, Hg. Kommission Wien 1938, Wien 1978, 147–57

A.1.7.2.3.2 Bis 1938

Gedruckte Quellen

1278 Auerbach, Hellmuth: Eine nationalsozialistische Stimme zum Wiener Putsch vom 25. Juli 1934. (Dokumentation), in: VfZ 12 (1964), 201–18

1279 Steiner, Herbert (Hg.): Die Erhebung der österreichischen Nationalsozialisten im Juli 1934. Akten der Historischen Kommission des Reichsführers SS, Wien u.a. 1984; 304 S.

Darstellungen

1280 Ackerl, Isabella: Das Kampfbündnis der Nationalsozialistischen Deutschen Arbeiterpartei mit der Großdeutschen Volkspartei vom 15. Mai 1933, in: Das Jahr 1934: 25. Juli. Protokoll des Symposiums in Wien am 8. Oktober 1974, Wien/München 1975, 21–35

1281 Botz, Gerhard: Gewalt in der Politik. Attentate, Zusammenstöße, Putschversuche, Unruhen in Österreich 1918–1938, 2. Aufl., München 1983; 460 S. (zuerst 1976)

1282 Botz, Gerhard: Faschismus und Lohnabhängige in der Ersten Republik. Zur »sozialen Basis« und propagandistischen Orientierung von Heimwehr und Nationalsozialismus, in: ÖGG 21 (1977), Nr. 2, 102–28

1283 Ebneth, Rudolf: Der Kampf Dietrich von Hildebrands gegen den Nationalsozialismus – ein fast vergessenes Kapitel der österreichischen Vorkriegsgeschichte (1933–1938), in: Winfried Becker/Werner Chrobak (Hg.), Staat, Kultur, Politik. Beiträge zur Geschichte Bayerns und des Katholizismus. Festschrift zum 65. Geburtstag von Dieter Albrecht, Kallmünz 1992, 357–70

1284 Etschmann, Wolfgang: Die Kämpfe in Österreich im Juli 1934, Wien 1984; 77 S.

1285 Falter, Jürgen W./Hänisch, Dirk: Wahlerfolge und Wählerschaft der NSDAP in Österreich von 1927 bis 1932: Soziale Basis und parteipolitische Herkunft, in: ZG 15 (1987/88), 223–44

1286 Jagschitz, Gerhard: Der Putsch. Die Nationalsozialisten 1934 in Österreich, Mitarb. Alfred Baubin, Graz u.a. 1976; 260 S.

1287 Jagschitz, Gerhard: Zur Struktur der NSDAP in Österreich vor dem Juliputsch 1934, in: Das Jahr 1934: 25. Juli. Protokoll des Symposiums in Wien am 8. Oktober 1974, Wien/München 1975, 9–20

1288 Jagschitz, Gerhard: Zwischen Befriedung und Konfrontation. Zur Lage der NSDAP in Österreich 1934 bis 1936, in: Das Juliabkommen von 1936. Vorgeschichte, Hintergründe und Folgen. Protokoll des Symposiums in Wien am 10. und 11. Juni 1976, München/Wien 1977, 156–87

1289 Das Jahr 1934: 25. Juli. Protokoll des Symposiums in Wien am 8. Oktober 1974, Wien 1975; 154 S.

1290 Jedlicka, Ludwig: Die Anfänge des Rechtsradikalismus in Österreich (1919–1925), in: WWB 24 (1971), Nr. 2, 96–110

1291 Kindermann, Gottfried-Karl: Hitlers Niederlage in Österreich. Bewaffneter

NS-Putsch, Kanzlermord und Österreichs Abwehrsieg von 1934, Hamburg 1984; 279 S.

1292 Konrad, Helmut: Die Verankerung von Ständestaat und Nationalsozialismus in den sozial schwächeren Gruppen 1934–1938, in: Felix Kreissler (Hg.), Fünfzig Jahre danach – der »Anschluß« von innen und außen gesehen. Beiträge zum Internationalen Symposium von Rouen 29. Februar – 4. März 1988, Wien/Zürich 1989, 159–73

1293 Pauley, Bruce F.: Der Weg in den Nationalsozialismus. Ursprünge und Entwicklung in Österreich, Wien 1988; 320 S.

1294 Pauley, Bruce F.: Nazis and Heimwehr Fascists: The Struggle for Supremacy in Austria, 1918–1938, in: Stein U. Larsen u.a. (Hg.), Who Were the Fascists? Social Roots of European Fascism, Bergen u.a. 1980, 226–38

1295 Pauley, Bruce F.: Fascism and the Führerprinzip. The Austrian Example, in: CEH 12 (1979), 272–96

1296 Pauley, Bruce F.: From Splinter Party to Mass Movement: The Austrian Nazi Breaktrough, in: GSR 2 (1979), 7–29

1297 Spann, Gustav: Die illegale Flugschriftenpropaganda der österreichischen NSDAP vom Juliputsch 1934 bis zum Juliabkommen 1936, in: Das Juliabkommen von 1936. Vorgeschichte, Hintergründe und Folgen. Protokoll des Symposiums in Wien am 10. und 11. Juni 1976, München/Wien 1977, 188–97

1298 Veiter, Theodor: Das 34er Jahr. Bürgerkrieg in Österreich, Wien/München 1984; 327 S.

1299 Whiteside, Andrew G.: Austrian National Socialism before 1918, Den Haag 1962; 143 S.

1300 Whiteside, Andrew G.: Nationaler Sozialismus in Österreich vor 1918, in: VfZ 9 (1961), 333–59

1301 Williams, Maurice: Aid, Assistance, and Advice: German Nazis and the Austrian Hilfswerk, in: CEH 14 (1981), 230–42

Regional-/Lokalstudien

1302 Bukey, Evan B.: The Nazi Party in Linz, Austria, 1919–1938: A Sociological Perspective, in: GSR 1 (1978), 302–26

1303 Erhard, Benedikt/Natter, Bernhard: »Wir waren ja alle arbeitslos.« – NS-Sympathisanten deuten ihre Motive, in: Thomas Albrich u.a. (Hg.), Tirol und der Anschluß. Voraussetzungen, Entwicklungen, Rahmenbedingungen 1918–1938, Innsbruck 1988, 539–69

1304 Gehler, Michael: Tirol zur Zeit des Juli-Putsches der Nationalsozialisten im Jahre 1934, in: Sabine Weiss (Hg.), Historische Blickpunkte. Festschrift für Johann Rainer zum 65. Geburtstag, Innsbruck 1988, 159–72

1305 Gehler, Michael: »Wir werden es den Nazis zeigen!« Die Höttinger Saalschlacht vom 27. Mai 1932, in: Thomas Albrich u.a. (Hg.), Tirol und der Anschluß. Voraussetzungen, Entwicklungen, Rahmenbedingungen 1918–1938, Innsbruck 1988, 271–306

1306 Hanisch, Ernst: Zur Frühgeschichte des Nationalsozialismus in Salzburg, in: MGSL 117 (1977), 371–410

1307 Kepplinger, Brigitte: »... Nie kämpft es sich schlecht für Freiheit und Recht.« (Aus dem Hausrucker Kohlenrevier.) Der 12. Februar 1934 in Oberösterreich, in: Hubert Hummer u.a. (Hg.), Die Pflicht zum Widerstand. Festschrift Peter Kammerstätter zum 75. Geburtstag, Wien u.a. 1986, 61–109

1308 Pauley, Bruce F.: Hahnenschwanz und Hakenkreuz. Steirischer Heimatschutz und österreichischer Nationalsozialismus 1918–1934, Wien 1972; 243 S.

1309 Walser, Harald: Die illegale NSDAP in Tirol und Vorarlberg 1933–1938, Vorwort Anton Pelinka, Wien/Zürich 1983; XII, 239 S.

1310 Walser, Harald: Der Juli-Putsch 1934 in Tirol, in: Thomas Albrich u. a. (Hg.), Tirol und der Anschluß. Voraussetzungen, Entwicklungen, Rahmenbedingungen 1918–1938, Innsbruck 1988, 331–56

1311 Walser, Harald: Wer stand hinter der NSDAP? Ein Beitrag zur Geschichte Vorarlbergs 1933 und 1934, in: ZG 7 (1979/80), 288–96

A.1.7.2.3.3 Seit 1938

Literaturberichte

1312 Garscha, Winfried R.: Anpassung und Widerstand in Österreich 1938–1945. Ein Forschungsbericht, in: 1999 7 (1992), Nr. 1, 34–50

Darstellungen

1313 Garscha, Winfried R.: Die NSDAP Österreichs im März 1938 – Regierungspartei oder fünfte Kolonne?, in: Felix Kreissler (Hg.), Fünfzig Jahre danach – der »Anschluß« von innen und außen gesehen. Beiträge zum Internationalen Symposium von Rouen 29. Februar – 4. März 1988, Wien/Zürich 1989, 149–58

1314 Haas, Hanns: Der Anschluß, in: Emmerich Tálos u. a. (Hg.), NS-Herrschaft in Österreich 1938–1945, Wien 1988, 1–24

1315 Jaschitz, Gerhard: Von der »Bewegung« zum Apparat. Zur Phänomenologie der NSDAP 1938 bis 1945, in: Emmerich Tálos u. a. (Hg.), NS-Herrschaft in Österreich 1938–1945, Wien 1988, 487–516

1316 Williams, Maurice: German Imperialism and Austria, 1938, in: JCH 14 (1979), 139–53

A.1.8 Ideologie des Nationalsozialismus

[vgl. A.1.9.2: G. Feder; A. Rosenberg; A.3.17.4]

Literaturberichte

1317 Michalka, Wolfgang: Geplante Utopie: Zur Ideologie des Nationalsozialismus, in: NPL 18 (1973), 210–24

Gedruckte Quellen

1318 Claussen, Detlev (Hg.): Was heißt Rassismus?, Darmstadt 1994; 233 S.

1319 Lane, Barbara M./Rupp, Leila J. (Hg.): Nazi Ideology before 1933. A Documentation, Manchester/Austin, Tex. 1978; XXVIII, 180 S.

1320 Poliakov, Léon/Wulf, Josef: Das Dritte Reich und seine Denker. Dokumente, Berlin 1959, 1–70 (ND München u. a. 1978; Frankfurt 1983)

Darstellungen

1321 Ackermann, Josef: Heinrich Himmler als Ideologe, Göttingen 1970; 317 S.

1322 Altgeld, Wolfgang: Katholizismus, Protestantismus, Judentum: Über religiös begründete Gegensätze und nationalreligiöse Ideen in der Geschichte des deutschen Nationalsozialismus, Mainz 1992; 227 S.

1323 Altgeld, Wolfgang: Die Ideologie des Nationalsozialismus und ihre Vorläufer, in: Karl D. Bracher/Leo Valiani (Hg.), Faschismus und Nationalsozialismus, Berlin 1991, 107–36

1324 Auerbach, Hellmuth: Führungspersonen und Weltanschauungen des Nationalsozialismus, in: Martin Broszat/Horst Möller (Hg.), Das Dritte Reich. Herrschaftsstruktur und Geschichte, 2., verb. Aufl., München 1986, 127–51 (zuerst 1983)

1325 Baader, Gerhard: Sozialdarwinismus – Vernichtungsstrategie im Vorfeld des Nationalsozialismus, in: Gerrit Hohendorf/ Achim Magull-Seltenreich (Hg.), Von der Heilkunde zur Massentötung. Medizin im Nationalsozialismus, Heidelberg 1990, 21–36

1326 Bacharach, Walter Z.: Konsequenz und Manipulation der nationalsozialistischen Rassenideologie, in: Ursula Büttner (Hg.), Das Unrechtsregime. Internationale Forschung über den Nationalsozialismus. Festschrift für Werner Jochmann zum 65. Geburtstag, Bd. 1, Hamburg 1986, 49–58

1327 Baldwin, Peter M.: Clausewitz in Nazi Germany, in: JCH 16 (1981), 5–26

1328 Bauer, Yehuda: Antisemitismus und Krieg, in: Norbert Frei/Hermann Kling (Hg.), Der nationalsozialistische Krieg, Mitarb. Margit Brandt, Frankfurt/New York 1990, 146–62

1329 Baumgärtner, Raimund: Die Weltanschauung des Nationalsozialismus, in: Kirche im Nationalsozialismus. (RJK, 2), Sigmaringen 1983, 45–58 (ND 1984)

1330 Becker, Peter E.: Sozialdarwinismus, Rassismus, Antisemitismus und Völkischer Gedanke. (Wege ins Dritte Reich, 2), Stuttgart/New York 1990; X, 644 S.

1331 Berding, Helmut: Moderner Antisemitismus in Deutschland, Frankfurt 1988; 294 S.

1332 Bergmann, Werner: Politische Psychologie des Antisemitismus, in: Helmut König (Hg.), Politische Psychologie heute, Opladen 1988, 217–34

1333 Bleuel, Hans P.: Das saubere Reich. Theorie und Praxis des sittlichen Lebens im Dritten Reich, Bern/München 1972; 302 S.

1334 Bracher, Karl D.: Zeit der Ideologien. Eine Geschichte politischen Denkens im 20. Jahrhundert, 2. Aufl., München 1985; 420 S. (zuerst Stuttgart 1982)

1335 Bracher, Karl D.: Das Problem des »Antikommunismus« in den zwanziger und dreißiger Jahren, in: Klaus Hildebrand/Reiner Pommerin (Hg.), Deutsche Frage und europäisches Gleichgewicht. Festschrift für Andreas Hillgruber zum 60. Geburtstag, Köln/Wien 1985, 133–48

1336 Brakelmann, Günter/Rosowski, Martin (Hg.): Antisemitismus. Von religiöser Judenfeindschaft zur Rassenideologie, Göttingen 1989; 203 S.*

1337 Breitling, Rupert: Die nationalsozialistische Rassenlehre. Entstehung, Ausbreitung, Nutzen und Schaden einer politischen Ideologie, Meisenheim 1971; 76 S.

1338 Broszat, Martin: Das weltanschauliche und gesellschaftliche Kräftefeld, in: Martin Broszat/Norbert Frei (Hg.), Ploetz. Das Dritte Reich. Ursprünge, Ereignisse, Wirkungen, Freiburg/Würzburg 1983, 158–68

1339 Carmin, E. R.: »Guru« Hitler. Die Geburt des Nationalsozialismus aus dem Geiste der Mystik und Magie, Zürich 1985; 280 S.

1340 Claussen, Detlev: Grenzen der Aufklärung. Zur gesellschaftlichen Geschichte des modernen Antisemitismus, Frankfurt 1987; 232 S. (überarb. Neuausg. 1994)

1341 Conrad-Martius, Hedwig: Utopien der Menschenzüchtung. Der Sozial-Darwinismus und seine Folgen, München 1955; 312 S.

1342 Elsner, Lothar: Über die Ausländerfeindlichkeit der NSDAP, in: 30. Januar 1933 – Kontinuitäten und Brüche. Wissenschaftliche Konferenz des »Helle Panke« e. V., des antifa Bund der Antifaschisten, des Gesellschaftswissenschaftlichen Forums e. V. und der Redaktion des »Neuen Deutschland« am 23./24. Januar 1993, Hg. Helle Panke zur Förderung von Politik, Bildung und Kultur, Bd. 2, Berlin 1993, 14–27

1343 Fetscher, Iring: Die Lüge vom »nationalen Sozialismus«, in: Rainer Eisfeld/Ingo Müller (Hg.), Gegen Barbarei. Essays Robert M. W. Kempner zu Ehren, Frankfurt 1989, 181–205

1344 Finker, Kurt: Preußentum – Nationalsozialismus – Christentum, in: Werner Bethge/Kurt Finker, Der Tag von Potsdam – Geschichte oder Gegenwart?, Hg. Brandenburger Verein für politische Bildung »Rosa Luxemburg«, Potsdam 1993, 16–24

1344a Gasman, Daniel: The Scientific Origins of National Socialism. Social Darwinism in Ernst Häckel and the German Monist League, New York/London 1971; XXXII, 208 S.

1345 Geiss, Immanuel: Geschichte des Rassismus, Frankfurt 1988, 261–93

1346 Glaser, Hermann: Spießerideologie. Von der Zerstörung des deutschen Geistes im 19. und 20. Jahrhundert und dem Aufstieg des Nationalsozialismus, Neuausg. Frankfurt 1985; 282 S. (zuerst Freiburg i.Br. 1964)**

1347 Goldhagen, Erich: Weltanschauung und Endlösung. Zum Antisemitismus der nationalsozialistischen Führungsschicht, in: VfZ 24 (1976), 379–405

1348 Goodrick-Clarke, Nicholas: The Occult Roots of Nazism. The Ariosophists of Austria and Germany, 1890–1935, Wellingborough 1985; X, 294 S.

1349 Grebing, Helga: Die Ideologie des Nationalsozialismus, in: PS 11 (1960), 165–72

1350 Greive, Hermann: Geschichte des modernen Anitsemitismus in Deutschland, 2. Aufl., Darmstadt 1988; 233 S. (zuerst 1983)

1351 Guse, John C.: The Spirit of the Plassenburg. Technology and Ideology in the Third Reich, Diss. University of Nebraska, Lincoln 1981; XX, 299 S. (Ms.; MF Ann Arbor, Mich. 1983)

1352 Hagemann, Ernst: Nachtrag zu Hitler. Drittes Reich – Weltanschauung und Endkampf im Nationalsozialismus, Frankfurt 1990; 162 S.

1353 Hartung, Günter: Pre-Planners of the Holocaust: The Case of Theodor Fritsch, in: John Milfull (Hg.), Why Germany? National Socialist Anti-Semitism and the European Context, Providence, Ri./Oxford 1993, 29–40

1354 Hartung, Günter: Debatten über faschistische Ideologie, in: WZH 38 (1989), 117–31

1355 Haug, Wolfgang F.: Die Faschisierung des Subjekts. Die Ideologie der gesunden Normalität und die Ausrottungspolitiken im deutschen Faschismus. Materialanalysen, (Ideologische Mächte im deutschen Faschismus, 1), Berlin 1986; 218 S.

1356 Haug, Wolfgang F.: Annäherung an die faschistische Modalität des Ideologischen, in: Projektgruppe Ideologie-Theorie, Faschismus und Ideologie, Bd. 1, Berlin 1980, 44–80, 181–85

1357 Heer, Friedrich: Der Glaube des Adolf Hitler. Anatomie einer politischen Religiosität, München 1968; 751 S.

1358 Herbert, Ulrich: Traditionen des Rassismus, in: Lutz Niethammer u.a., Bürgerliche Gesellschaft in Deutschland. Historische Einblicke, Fragen, Perspektiven, Frankfurt 1990, 472–88

1359 Herbert, Ulrich: Arbeit und Vernichtung. Ökonomisches Interesse und Primat der »Weltanschauung« im Nationalsozialismus, in: Dan Diner (Hg.), Ist der Nationalsozialismus Geschichte? Zu Historisierung und Historikerstreit, Frankfurt 1987, 198–236, 285–94

1360 Herbert, Ulrich: Rassismus und rationales Kalkül. Zum Stellenwert utilitaristisch verbrämter Legitimationsstrategien in der nationalsozialistischen »Weltanschauung«, in: Wolfgang Schneider (Hg.), »Vernichtungspolitik«. Eine Debatte über den Zusammenhang von Sozialpolitik und Genozid im nationalsozialistischen Deutschland, Hamburg 1991, 25–35

1361 Hermand, Jost: Der alte Traum vom neuen Reich. Völkische Utopien und Nationalsozialismus, Frankfurt 1988; 388 S.

Ideologie des Nationalsozialismus

1362 Hillgruber, Andreas: Imperialismus und Rassendoktrin als Kernstück der NS-Ideologie, in: Leo Haupts/Georg Möhlich (Hg.), Strukturelemente des Nationalsozialismus. Rassenideologie, Unterdrückungsmaschinerie, Außenpolitik, Köln 1981, 11–36

1363 Höreth, Marcus: Ideologischer Anspruch und politische Wirklichkeit, in: Ludger Kühnhardt u.a. (Hg.), Die doppelte deutsche Diktaturerfahrung. Drittes Reich und DDR – ein historisch-politikwissenschaftlicher Vergleich, Frankfurt u.a. 1994, 155–67

1364 Jäckel, Eberhard: Hitlers Herrschaft. Vollzug einer Weltanschauung, Stuttgart 1986; 184 S.

1365 Jäckel, Eberhard: Hitlers Weltanschauung. Entwurf einer Herrschaft, 2., erw. Aufl., Stuttgart 1981; 175 S. (zuerst Tübingen 1969)

1366 Jacobsen, Hans-Adolf: Krieg in Weltanschauung und Praxis des Nationalsozialismus (1919–1945), in: Hans-Adolf Jacobsen, Von der Strategie der Gewalt zur Politik der Friedenssicherung. Beiträge zur Geschichte im 20. Jahrhundert, Düsseldorf 1977, 33–43; erhebl. erw. abgdr. in: Karl D. Bracher u.a. (Hg.), Nationalsozialistische Diktatur 1933–1945. Eine Bilanz, Bonn (zugl. Düsseldorf) 1983, 427–39

1367 Jokisalo, Jouko: »... den Arbeiter für die NSDAP zu gewinnen«. Zur Ideologie und Massenbasis des deutschen Faschismus 1933–1939, Oulu 1988; 235 S.

1368 Jokisalo, Jouko: Vom Bockmist zur geschichtsmächtigen Kraft. Determinanten und Wirkung der Heilsversprechen des »deutschen Sozialismus« (1933–1939), Frankfurt u.a. 1994; 322 S.

1369 Kallenberg, Fritz: Zum Geschichtsbild des Rechtsradikalismus in Deutschland, Mainz o.J. [1967]; 16 S. (Sonderdr. aus: Der freie Bürger, Beil. zur Staats-Zeitung Rheinland-Pfalz, Nr. 2, 5.2.1967 u. Nr. 3, 5.3.1967)

1370 Katz, Jacob: Vom Vorurteil bis zur Vernichtung. Der Antisemitismus 1700 bis 1933, München 1989; 375 S. (engl.: Cambridge 1980)

1371 Kershaw, Ian: Ideology, Propaganda, and the Rise of the Nazi Party, in: Peter D. Stachura (Hg.), The Nazi Machtergreifung, London u.a. 1983, 162–81

1372 Kettenacker, Lothar: Der Mythos vom Reich, in: Karl H. Bohrer (Hg.), Mythos und Moderne. Begriff und Bild einer Rekonstruktion, Frankfurt 1983, 261–89

1373 Klepsch, Thomas H.: Die nationalsozialistische Ideologie. Eine Beschreibung ihrer Struktur vor 1933, Münster 1990; VI, 284 S.

1374 Klönne, Arno: Völkisch-antisemitische Herkünfte des Nationalsozialismus, in: Hubert Frankemölle (Hg.), Opfer und Täter. Zum nationalsozialistischen und antijüdischen Alltag in Ostwestfalen-Lippe, Bielefeld 1990, 13–25

1375 Koch, Hannsjoachim W.: Der Sozialdarwinismus. Seine Genese und sein Einfluß auf das imperialistische Denken, München 1973; 179 S.

1376 Kühnl, Reinhard: Der »Sozialismus« in der NSDAP, in: Staatliche Kunsthalle Berlin (Hg.), Bericht 1983, Red. Dieter Ruckhaberle u.a., Berlin 1983, 35–46

1377 Lémonon, Michel: Die Verbreitung der Rassenlehre Gobineaus in Deutschland, in: Ursula Büttner (Hg.), Das Unrechtsregime. Internationale Forschung über den Nationalsozialismus. Festschrift für Werner Jochmann zum 65. Geburtstag, Bd. 1, Hamburg 1986, 39–48

1378 Lenk, Kurt: Rechts, wo die Mitte ist. Studien zur Ideologie: Rechtsextremismus, Nationalsozialismus, Konservatismus, Baden-Baden 1994; 395 S.*

1379 Lenk, Kurt: »Volk und Staat«. Strukturwandel politischer Ideologien im 19. und 20. Jahrhundert, Stuttgart u.a. 1971; 196 S.

1380 Lenk, Kurt: Politische Mythen im Nationalsozialismus, in: Manfred Sicking/ Alexander Lohe (Hg.), Die Bedrohung der Demokratie von rechts. Wiederkehr der Vergangenheit?, Köln 1993, 54–66; abgedr. in: Kurt Lenk, Rechts, wo die Mitte ist. Studien zur Ideologie: Rechtsextremismus, Nationalismus, Konservativismus, Baden-Baden 1994, 283–91

1381 Lenk, Kurt: Der Nationalsozialismus und seine Gegner, in: NG 30 (1983), 342–49; abgedr. in: Kurt Lenk, Rechts, wo die Mitte ist. Studien zur Ideologie: Rechtsextremismus, Nationalismus, Konservatismus, Baden-Baden 1994, 325–33

1382 Losemann, Volker: Nationalsozialistische Weltanschauung und Herrschaftspraxis (1933–1935), in: Volker Malettke (Hg.), Der Nationalsozialismus an der Macht. Aspekte nationalsozialistischer Politik und Herrschaft, Göttingen 1984, 9–52

1383 Lukács, Georg: Die »nationalsozialistische Weltanschauung« als demagogische Synthese der Philosophie des deutschen Imperialismus, in: Georg Lukács, Die Zerstörung der Vernunft, 2. Aufl., Darmstadt/ Neuwied 1974, 622–62 (zuerst Berlin 1954; TB Neuwied 1983)

1384 Lutzhöft, Hans-Jürgen: Der nordische Gedanke in Deutschland 1920–1940, Stuttgart 1971; 439 S.

1385 Malorny, Heinz: Friedrich Nietzsche und der deutsche Faschismus, in: Dietrich Eichholtz/Kurt Gossweiler (Hg.), Faschismus-Forschung. Positionen, Probleme, Polemik, 2., durchges. Aufl., Köln 1980, 279–301 (zuerst Berlin [O] 1980)

1386 Maltitz, Horst von: The Evolution of Hitler's Germany. The Ideology, the Personality, the Movement, New York u. a. 1973; XIV, 479 S.

1387 Marten, Heinz-Georg: Rassismus, Sozialdarwinismus und Antisemitismus, in: Iring Fetscher u. a. (Hg.), Pipers Handbuch der politischen Ideen, Bd. 5, München/Zürich 1987, 55–81

1388 McGovern, William M.: From Luther to Hitler. The History of Fascist-Nazi-Philosophy, 2. Aufl., London 1946; XIV, 683 S. (zuerst Boston/New York 1941; ND 1971)

1389 Mel'nikow, Daniil E./Cernaja, Ljudnila: Die »totale Ideologie« Hitlers (russ. 1981), in: Karl D. Bracher u. a. (Hg.), Nationalsozialistische Diktatur 1933–1945. Eine Bilanz, Bonn (zugl. Düsseldorf) 1983, 760–69

1390 Mendlewitsch, Doris: Volk und Heil. Vordenker des Nationalsozialismus im 19. Jahrhundert, Rheda-Wiedenbrück 1988; 287 S.

1391 Mertens, Ralf: Houston Stewart Chamberlain und die nationalsozialistische Ideologie, in: HM 6 (1993), 181–93

1392 Michaelis, Meir: Fascism, Totalitarism, and the Holocaust. Reflections on Current Interpretations of National Socialist Anti-Semitism, in: EHQ 19 (1989), 85–103

1393 Mosse, George L.: Die Geschichte des Rassismus in Europa, Frankfurt 1990; 288 S.

1394 Mosse, George L.: Nazism. A History and Comparative Analysis of National Socialism. An Interview with Michael A. Leden, New Brunswick, N. J. 1978; 134 S.

1395 Mosse, George L.: Rassismus. Ein Krankheitssymptom in der Geschichte des 19. und 20. Jahrhunderts, Königstein, Ts. 1978; 222 S. (engl.: London 1978)

1396 Mosse, George L.: Die völkische Revolution. Über die geistigen Wurzeln des Nationalsozialismus, 2. Aufl., Frankfurt 1978; X, 368 S. (zuerst 1979; amerikan.: New York 1964 u. d. T.: The Crisis of German Ideology)

1397 Mosse, George L.: Faschismus und Avantgarde, in: Reinhold Grimm/Hermann Jost (Hg.), Faschismus und Avantgarde, Königstein, Ts. 1980, 133–49

1398 Mosse, George L.: Nazism and the French Revolution, in: JCH 24 (1989), 5–16

1399 Mütter, Bernd/Pingel, Falk: Die Ideologie des Nationalsozialismus. Unterrichtsmodell und Arbeitsbuch für die Sekundarstufe II, Bochum 1988; 188 S.**

1400 Nasarski, Gerlind: Osteuropavorstellungen in der konservativ-revolutionären Publizistik. Analyse der Zeitschrift »Deutsches Volkstum« 1917–1941, Frankfurt/Bern 1974; 241 S.

1401 Neurohr, Jean F.: Der Mythos vom Dritten Reich. Zur Geistesgeschichte des Nationalsozialismus, Stuttgart 1957; 286 S.

1402 Nolte, Ernst: Slawen, Juden und Bolschewiki in der Ideologie des Nationalsozialismus. Historische Perspektiven, in: Ernst Nolte, Lehrstück oder Tragödie? Beiträge zur Interpretation des 20. Jahrhunderts, Köln 1991, 39–55

1403 Olszewski, Henryk: Das Geschichtsbild: ein Bestandteil der NS-Ideologie, in: Joachim Hütter u. a. (Hg.), Tradition und Neubeginn. Internationale Forschungen zur Geschichte im 20. Jahrhundert, Köln u. a. 1975, 299–316

1404 Pätzold, Kurt: Antikommunismus und Antibolschewismus als Instrumente der Kriegsvorbereitung und Kriegspolitik, in: Norbert Frei/Hermann Kling (Hg.), Der nationalsozialistische Krieg, Mitarb. Margit Brandt, Frankfurt/New York 1990, 122–36

1405 Pelinka, Anton: Die Wurzeln der nationalsozialistischen Ideologie, in: APUZ, Nr. B 22/79, 2. 6. 1979, 25–31

1406 Petzold, Joachim: Die Demagogie des Hitlerfaschismus. Die politische Funktion der Naziideologie auf dem Wege zur faschistischen Diktatur, Berlin (O) 1982; XX, 444 S. (LA Frankfurt 1983)

1407 Petzold, Joachim: Die Entstehung der Naziideologie, in: Dietrich Eichholtz/Kurt Gossweiler (Hg.), Faschismus-Forschung. Positionen, Probleme, Polemik, 2., durchges. Aufl., Köln 1980, 261–78 (zuerst Berlin [O] 1980); abgedr. in: Faschismus in Deutschland. Faschismus und Gegenwart, 2. Aufl., Köln 1983 (zuerst 1980), 11–34; Wolfgang Wippermann (Hg.), Kontroversen um Hitler, Frankfurt 1986, 169–98

1408 Pfaff, William: Die Furien des Nationalismus. Politische Kultur am Ende des 20. Jahrhunderts, Frankfurt 1994; 284 S. (amerikan.: New York 1993 u. d. T.: Wrath of Nations)

1409 Pfahl-Traughber, Armin: Der antisemitisch-antifreimaurerische Verschwörungsmythos in der Weimarer Republik und im NS-Staat, Wien 1993; 176 S.

1410 Phelps, Reginald H.: Hitlers »grundlegende« Rede über den Antisemitismus [am 13. August 1920 in München], in: VfZ 16 (1968), 390–420

1411 Pohlmann, Friedrich: Ideologie und Terror im Nationalsozialismus, Pfaffenweiler 1992; 529 S.

1412 Poliakov, Léon: Der arische Mythos. Zu den Quellen von Rassismus und Nationalismus in Europa, Neuausg., Hamburg 1993; 431 S. (zuerst 1977; franz.: Paris 1971)

1413 Poliakov, Léon u. a.: Rassismus. Über Fremdenfeindlichkeit und Rassenwahn, 2. Aufl., Hamburg 1992; 208 S. (zuerst Stuttgart 1979; franz.: 1976)

1414 Postone, Moishe: Antisemitismus und Nationalsozialismus, in: Autonomie 14 (1979), 58–67

1415 Projektgruppe Ideologie-Theorie: Faschismus und Ideologie, 2 Bde., Berlin 1980; 383 S.*

1416 Rogalla von Bieberstein, Johannes: Die These von der jüdisch-freimaurerischen Weltverschwörung 1776–1945, in: APUZ, Nr. B 25/77, 25. 6. 1977, 30–46

1417 Rogalla von Bieberstein, Johannes: Aufklärung, Freimaurerei, Menschenrechte und Judenemanzipation in der Sicht des Nationalsozialismus, in: JIdG 7 (1978), 339–54

1418 Röhr, Werner u. a. (Hg.): Faschismus und Rassismus. Kontroversen um Ideologie und Opfer, Berlin 1992; 454 S.*

1419 Röhr, Werner: Faschismus und Rassismus. Zur Stellung des Rassenantisemitismus in der nationalsozialistischen Ideologie und Politik, in: Werner Röhr u. a. (Hg.), Faschismus und Rassismus. Kontroversen um Ideologie und Opfer, Berlin 1992, 23–65

1420 Röhr, Werner: Rassismus als Expansionsprogramm. Über die Leistungsfähigkeit der NS-Ideologie, in: Wolfgang Schneider (Hg.), »Vernichtungspolitik«. Eine Debatte über den Zusammenhang von Sozialpolitik und Genozid im nationalsozialistischen Deutschland, Hamburg 1991, 119–34

1421 Rohrbacher, Stefan/Schmidt, Michael: Judenbilder. Kulturgeschichte antijüdischer Mythen und antisemitischer Vorurteile, Reinbek 1991; 440 S.

1422 Ryszka, Franciszek: Von der Idee zum Völkermord. Gedanken über den Antisemitismus, in: Ursula Büttner (Hg.), Das Unrechtsregime. Internationale Forschung über den Nationalsozialismus. Festschrift für Werner Jochmann zum 65. Geburtstag, Bd. 1, Hamburg 1986, 79–100

1423 Salamun, Kurt: Die Weltanschauung des Nationalsozialismus aus ideologiekritischer Sicht, in: Christian Brünner/Helmut Konrad (Hg.), Die Universität und 1938, Wien/Köln 1989, 37–56

1424 Scholder, Klaus: Judentum und Christentum in der Ideologie und Politik des Nationalsozialismus 1919–1945 (1982), in: Klaus Scholder, Die Kirchen zwischen Republik und Gewaltherrschaft. Gesammelte Aufsätze, Hg. Karl O. Freiherr von Aretin/ Gerhard Besier, Berlin 1988, 247–58

1425 Schuder, Rosemarie/Hirsch, Rudolf: Der gelbe Fleck. Wurzeln und Wirkungen des Judenhasses in der deutschen Geschichte, Köln 1989; 748 S.

1426 Serczyk, Jerzy: Der Nationalsozialismus und die Tradition der Aufklärung. Einige Gedanken zur nationalsozialistischen Geschichtsideologie, in: Ursula Büttner (Hg.), Das Unrechtsregime. Internationale Forschung über den Nationalsozialismus. Festschrift für Werner Jochmann zum 65. Geburtstag, Bd. 1, Hamburg 1986, 24–38

1427 Sieferle, Rolf P.: Zivilisationskritik und Nationalsozialismus, in: Rolf P. Sieferle, Fortschrittsfeinde? Opposition gegen Technik und Industrie von der Romantik bis zur Gegenwart, München 1984, 206–24

1428 Smith, Woodruff D.: The Ideological Origins of Nazi Imperialism, New York 1986; VIII, 333 S.

1429 Sontheimer, Kurt: Antidemokratisches Denken in der Weimarer Republik. Die politischen Ideen des deutschen Nationalismus zwischen 1918 und 1933, 3. Aufl., München 1992; 330 S. (zuerst München 1962)

1430 Stackelberg, Roderick: Idealism Debased. From Völkisch Ideology to National Socialism, Kent, Ohio 1981; XIII, 202 S.

1431 Stange, Jörg: Zur Legitimation der Gewalt innerhalb der nationalsozialistischen Ideologie. Ein Beitrag zur Erklärung der Verfolgung und Vernichtung der Anderen im Nationalsozialismus, Frankfurt 1987; 206 S.

1432 Steinhaus, Hubert: Die nihilistische Utopie – der nationalsozialistische Mensch, in: Ulrich Herrmann (Hg.), »Die Formung des Volksgenossen«. Der »Erziehungsstaat« des Dritten Reiches, Weinheim/Basel 1985, 105–16

1433 Stern, Fritz: Kulturpessimismus als politische Gefahr. Eine Analyse nationaler Ideologie in Deutschland, Bern/Stuttgart 1963; XIII, 420 S. (amerikan.: Berkeley, Ca. 1961)

1434 Sternhell, Zeev: Fascist Ideology, in: Walter Laqueur (Hg.), Fascism. A Reader's Guide. Analyses, Interpretation, Bibliography, 2. Aufl., Harmondsworth 1979, 325–406 (zuerst London/Berkeley, Ca. 1976)

1435 Struve, Walter: Elites Against Democracy. Leadership Ideals in Bourgeois Political Thought in Germany 1890–1933, Princeton, N.J. 1973; XI, 486 S.

1436 Tal, Uriel: Aspects of Consecration of Politics in the Nazi Era, in: Otto D. Kulka/Paul R. Mendes-Flohr (Hg.), Judaism and Christianity under the Impact of National Socialism, Jerusalem 1987, 63–95

1437 Tal, Uriel: Nazism as a »Political Faith«, in: JQ 5 (1980), Nr. 15, 70–90

1438 Tautz, Johannes: Der Eingriff des Widersachers. Fragen zum Okkultenaspekt des Nationalsozialismus, Freiburg i.Br. 1980; 76 S.

1439 Taylor, Simon: Prelude to Genocide. Nazi Ideology and the Struggle for Power, New York 1985; XII, 228 S.

1440 Tenenbaum, Joseph: Race and Reich. The Story of an Epoch, New York 1956; 554 S.

1441 Thamer, Hans-Ulrich: Nation als Volksgemeinschaft. Völkische Vorstellungen, Nationalsozialismus und Gemeinschaftsideologie, in: Jörg-Dieter Gauger/Klaus Weigelt (Hg.), Soziales Denken in Deutschland zwischen Tradition und Innovation, Bonn 1990, 112–70

1442 Theweleit, Klaus: Männerphantasien, 2 Bde., Frankfurt 1977–1978; 611, 564 S.

1443 Thorwirth, Wolfgang R.: Wie links war der Nationalsozialismus?, Frankfurt 1980; 89 S.

1444 Vermeil, Edmond: Quelques aperçus sur les origines du Nazisme Hitlérien, in: Max Beloff (Hg.), On the Track of Tyranny. Essays presented by the Wiener Library to Leonhard G. Montefiore, O.B.E. on the Occasion of His Seventieth Birthday, London 1960, 201–10

1445 Vermeil, Edmond: L'antisémitisme dans l'idéologie nazie (sources-expression), in: RHDGM 6 (1956), Nr. 24, 2–22

1446 Volker, Eckhard: Zur ideologischen Wirkungsmacht des deutschen Faschismus, in: Deutsche Arbeiterbewegung vor dem Faschismus. (Argument-Sonderbd., 74), Hg. Heiko Haumann/Axel Schildt, Berlin 1981, 191–94

1447 Volkov, Shulamit: Kontinuität und Diskontinuität im deutschen Antisemitismus 1878–1945, in: VfZ 33 (1985), 221–43

1448 Vondung, Klaus: Ein Nachspiel – »Der deutsche Geist: Sieg Heil!«, in: Klaus Vondung, Die Apokalypse in Deutschland, München 1988, 207–25

1449 Wagemann, Jutta: Drittes Reich und DDR – Verwirklichte Ideologien?, in: Ludger Kühnhardt u.a. (Hg.), Die doppelte deutsche Diktaturerfahrung. Drittes Reich und DDR – ein historisch-politikwissenschaftlicher Vergleich, Frankfurt u.a. 1994, 145–53

1450 Waldmann, Loren K.: Mass-Society Theory and Religion. The Case of the Nazis, in: AJPS 20 (1976), 319–26

1451 Wandruszka, Adam: Nationalsozialistische und »gesamtdeutsche« Geschichtsauffassung, in: Karl D. Bracher/Leo Valiani (Hg.), Faschismus und Nationalsozialismus, Berlin 1991, 137–50

1452 Weber, Eugen: Modern Antisemitism, in: Henry Friedlander/Sybil Milton (Hg.), The Holocaust: Ideology, Bureaucracy, and Genocide. The San José Papers, Millwood, N.Y. 1980, 37–52

1453 Weißbecker, Manfred: Fremden- und Feindbilder nach dem 30. Januar 1933 in Deutschland, in: 30. Januar 1933 – Kontinuitäten und Brüche. Wissenschaftliche Konferenz des »Helle Panke« e.V., des antifa Bund der Antifaschisten, des Gesellschaftswissenschaftlichen Forums e. V. und der Redaktion des »Neuen Deutschland« am 23./24. Januar 1993, Hg. Helle Panke zur Förderung von Politik, Bildung und Kultur, Bd. 2, Berlin 1993, 5–13

1454 Wippermann, Wolfgang: Der Ordensstaat als Ideologie. Das Bild des Deutschen Ordens in der deutschen Geschichtsschreibung und Publizistik, Berlin 1979; XI, 456 S.

1455 Wippermann, Wolfgang: Nationalsozialismus und Preußentum, in: APUZ, Nr. B 52–53/81, 26.12. 1981, 13–22

1456 Wippermann, Wolfgang: »Triumph des Willens« oder »kapitalistische Manipulation«? Das Ideologieproblem im Faschismus, in: Anton Pelinka (Hg.), Ideologien im Bezugsfeld von Geschichte und Gesellschaft, Innsbruck 1981, 201–16; abgedr. in: Karl D. Bracher u. a. (Hg.), Nationalsozialistische Diktatur 1933–1945. Eine Bilanz, Bonn (zugl. Düsseldorf) 1983, 735–59

1457 Wulff, Wilhelm Th. H.: Tierkreis und Hakenkreuz. Als Astrologe an Himmlers Hof, Gütersloh 1968; 248 S.

1458 Zimmermann, Moshe: Aufkommen und Diskreditierung des Begriffs Antisemitismus, in: Ursula Büttner (Hg.), Das Unrechtsregime. Internationale Forschung über den Nationalsozialismus. Festschrift für Werner Jochmann zum 65. Geburtstag, Bd. 1, Hamburg 1986, 59–78

1459 Zischka, Johannes: Die NS-Rassenideologie. Machttaktisches Instrument oder handlungsbestimmendes Ideal?, Frankfurt u. a. 1986; 193 S.

1460 Zitelmann, Rainer: Zur Begründung des »Lebensraum«-Motivs in Hitlers Weltanschauung, in: Wolfgang Michalka (Hg.), Der Zweite Weltkrieg. Analysen, Grundzüge, Forschungsbilanz, München/Zürich 1989, 551–67

1461 Zmarzlik, Hans-Günter: Der Sozialdarwinismus in Deutschland. Ein Beispiel für den gesellschaftlichen Mißbrauch naturwissenschaftlicher Erkenntnisse, in: Günter Altner (Hg.), Kreatur Mensch, Gräfling vor München 1969, 147–55

1462 Zmarzlik, Hans-Günter: Der Sozialdarwinismus in Deutschland als geschichtliches Problem, in: VfZ 11 (1963), 246–73; abgedr. in: Hans-Günter Zmarzlik, Wieviel Zukunft hat unsere Vergangenheit? München 1970, 56–85

1463 Zur Mühlen, Patrik von: Rassenideologien. Geschichte und Hintergründe, Berlin 1977; 278 S.

A.1.9 Biographien führender Repräsentanten der NS-Bewegung und des NS-Regimes

A.1.9.1 Hitler

Bibliographien

1464 Philipps, Leona R.: Adolf Hitler and the Third Reich. An Annoted Bibliography, New York 1977; 251 S.

1465 Schreiber, Gerhard: Hitler. Interpretationen 1923–1983. Ergebnisse, Methoden und Probleme der Forschung, 2., verb. u. durch eine annotierte Bibliographie für die Jahre 1984–1987 erg. Aufl., Darmstadt 1988; XII, 404 S. (zuerst 1984)

Literaturberichte

1466 Bullock, Alan: Hitler Studies (Review Article), in: BB 23 (1977), 6–10

1467 Carr, William: The Hitler Image in the Last Half-Century, in: Hannsjoachim W. Koch (Hg.), Aspects of the Third Reich, 2., unveränd. Aufl., Basingstoke/London 1987, 462–88 (zuerst 1985)

1468 Fox, John P.: Adolf Hitler. The Continuing Debate, in: IA 55 (1979), 252–64

1469 Gatzke, Hans W.: Hitler and Psychohistory (Review Article), in: AHR 78 (1973), 394–401

1470 Geiss, Immanuel: Die »parallelen Leben« von Hitler und Stalin, in: HPB 40 (1992), 179–82

1471 Hildebrand, Klaus: Der »Fall Hitler«. Bilanz und Wege der Hitler-Forschung, in: NPL 14 (1969), 375–86

1472 Hildebrand, Klaus: Hitler. Rassen contra Weltpolitik. Ergebnisse und Desiderate der Forschung, in: MGM 19 (1976), 207–24

1473 Hillgruber, Andreas: Tendenzen, Ergebnisse und Perspektiven der gegenwärtigen Hitler-Forschung, in: HZ 226 (1978), 600–21

1474 Jäckel, Eberhard: Rückblick auf die sogenannte Hitler-Welle, in: GWU 28 (1977), 695–710

1475 Michaelis, Meir: World Power Status or World Dominion? A Survey of the Literature on Hitler's Plan of World Dominion (1937–1970), in: HJ 15 (1972), 331–60

1476 Michalka, Wolfgang: Wege der Hitler-Forschung: Problemkreise, Methoden und Ergebnisse. Eine Zwischenbilanz, in: QdS 4 (1978), Nr. 8, 157–90; 5 (1979), Nr. 10, 123–51

1477 Michalka, Wolfgang: Hitler im Spiegel der Psycho-History. Zu neueren interdiziplinären Deutungsversuchen der Hitler-Forschung, in: Francia 8 (1980), 595–611

1478 Schöllgen, Gregor: Das Problem einer Hitler-Biographie. Überlegungen anhand neuerer Darstellungen des Falles Hitler, in: NPL 23 (1978), 421–34; abgedr. in: Karl D. Bracher u. a. (Hg.), Nationalsozialistische Diktatur 1933–1945. Eine Bilanz, Bonn (zugl. Düsseldorf) 1983, 687–705

1479 Schreiber, Gerhard: Hitler und seine Zeit – Bilanzen, Thesen, Dokumente, in: Wolfgang Michalka (Hg.), Die Deutsche Frage in der Weltpolitik. (NPL, Beih. 3), Wiesbaden 1986, 137–64

1480 Zitelmann, Rainer: Hitlers Erfolge – Erklärungsversuche in der Hitler-Forschung, in: NPL 27 (1982), 47–69

Quellenkunde

1481 Bahnsen, Uwe: Der »Stern«-Prozeß. Heidemann und Kujau vor Gericht, Mainz 1986; 192 S.

1482 Bissinger, Manfred: Hitlers Sternstunde. Kujau, Heidemann und die Millionen, Hamburg u. a. 1984; 237 S.

1483 Broszat, Martin: Die »Hitler-Tagebücher«: Original oder Fälschung? (1983), in: Hermann Graml/Klaus-Dietmar Henke (Hg.), Nach Hitler. Der schwierige Umgang mit unserer Geschichte. Beiträge von Martin Broszat, 2. Aufl., München 1987, 295–300 (zuerst 1986; TB München 1990)

1484 Bucher, Peter: Hitlers 50. Geburtstag. Zur Quellenvielfalt im Bundesarchiv, in: Heinz Boberach/Hans Booms (Hg.), Aus der Arbeit des Bundesarchivs. Beiträge zum Archivwesen, zur Quellenkunde und Zeitgeschichte, Boppard 1977, 423–46

1485 Buchwald, Manfred: 1983: Die Sensation als Droge. Die »Hitler-Tagebücher«, in: Georg M. Hafner/Edmund Jacoby (Hg.), Die Skandale der Republik, überarb. Neuausg., Reinbek 1994, 227–31 (zuerst Frankfurt 1989)

1486 Hamilton, Charles: The Hitler Diaries. Fakes that Fooled the World, Lexington, Ky. 1991; XI, 211 S.

1487 Hammer, Hermann: Die deutschen Ausgaben von Hitlers »Mein Kampf«, in: VfZ 4 (1956), 161–78

1488 Hederich, Karl H./Soenke, Jürgen (Hg.): Die Reden des Führers nach der Machtübernahme. Eine Bibliographie. (Nationalsozialistische Bibliographie, Beih. 2), München 1939; 199 S.

1489 Henke, Josef: Die sogenannten Hitler-Tagebücher und der Nachweis ihrer Fälschung. Eine archivfachliche Nachbetrachtung, in: Friedrich P. Kahlenberg (Hg.), Aus der Arbeit der Archive. Beiträge zum Archivwesen, zur Quellenkunde und zur Geschichte. Festschrift für Hans Booms, Boppard 1989, 287–317

1490 Jäckel, Eberhard u. a.: Neue Erkenntnisse zur Fälschung von Hitler-Dokumenten, in: VfZ 32 (1984), 163–69

1491 Koch, Peter-Ferdinand (Hg.): Der Fund. Die Skandale des »Stern«. Gerd Heidemann und die Hitler-Tagebücher, Hamburg 1990; 831 S.

1492 Maser, Werner: Hitlers »Mein Kampf«. Entstehung, Aufbau, Stil, Änderungen, Quellen Quellenwert, kommentierte Auszüge, München 1966; 345 S.**

1493 Price, Billy F. (Hg.): Adolf Hitler als Maler und Zeichner. Ein Werkkatalog der Ölgemälde, Aquarelle, Zeichnungen und Architekturskizzen, Zug/München 1983; 252 S.

1494 Schieder, Theodor: Hermann Rauschnings »Gespräche mit Hitler« als Geschichtsquelle, Opladen 1972; 91 S.**

1495 Schoebe, Gerhard: Die Hitler-Rede vom 8. November 1939. Erläuterungen und Hinweise für die Auswertung des Tonbandes, Hg. Staatliche Landesbildstelle Hamburg/Kuratorium für staatsbürgerliche Bildung Hamburg, Hamburg 1960; 59 S.**

Gedruckte Quellen

1496 Baynes, Norman H. (Hg.): The Speeches of Adolf Hitler, April 1932–August 1939. An English Translation of Representative Passages Arranged under Subjects, 2 Bde., Oxford 1942; XII, 1980 S.

1497 Boeppele, Ernst (Hg.): Adolf Hitlers Reden, München 1933; 127 S.

1498 Cameron, Norman/Stevens, R. H. (Hg.): Hitler's Table Talk, 1941–1944, Einleitungsessay »The Mind of Adolf Hitler« Hugh R. Trevor-Roper, London/New York 1953; 746 S.

1499 Dickmann, Fritz: Die Regierungsbildung in Thüringen als Modell der Machtergreifung. Ein Brief Hitlers aus dem Jahre 1930. (Dokumentation), in: VfZ 14 (1966), 454–64

1500 Domarus, Max: Hitler. Reden und Proklamationen 1932–1945. Kommentiert von einem deutschen Zeitgenossen, Bd. 1: Triumph (1932–1938), Bd. 2: Untergang (1939–1945), 2. Aufl., München 1965; 2323 S. (zuerst Würzburg 1962/63)

1501 Fest, Joachim C./Herrendörfer, Christian: Hitler, eine Karriere, Frankfurt/Berlin 1977; 189 S.

1502 Fröhlich, Elke: Hitler und Goebbels im Krisenjahr 1944. Aus den Tagebüchern des Reichspropagandaministers, in: VfZ 38 (1990), 195–224

1503 Gruchmann, Lothar: Hitler und die Justiz. Das Tischgespräch vom 20. August 1942. (Dokumentation), in: VfZ 12 (1964), 86–101

1504 Heiber, Helmut (Hg.): Hitlers Lagebesprechungen. Die Protokollfragmente seiner militärischen Konferenzen 1942–1945, Stuttgart 1962; 970 S. (stark gekürzte Ausgabe München 1963 u. d. T.: Lagebesprechungen im Führerhauptquartier)

1505 Hitler, Adolf: Mein Kampf, 2 Bde., München 1925/27 u. ö.; XXVI, 781 S.

Hitler. Reden, Schriften, Anordnungen. Februar 1925 bis Januar 1933, Hg. Institut für Zeitgeschichte, München u. a.:

1506 – Bd. 1: Die Wiedergründung der NSDAP Februar 1925 – Juni 1926, Hg. Clemens Vollnhals, 1992; XXIV, 496 S.

1507 – Bd. 2: Vom Weimarer Parteitag bis zur Reichstagswahl. Juli 1926 – Mai 1928, T. 1: Juli 1926 – Juli 1927, T. 2: August 1927 – Mai 1928, Hg. Bärbel Dusik, 1992; XVI, 442 S.

1508 – Bd. 3: Zwischen den Reichstagswahlen. Juli 1928 – September 1930, T. 1: Juli 1928 – Februar 1929, Hg. Bärbel Dusik/Klaus Lankheit, Mitarb. Christian Hartmann, 1994; XV, 464 S. (wird fortgesetzt mit T. 2 u. 3)

1509 – Bd. 4: Von der Reichstagswahl bis zur Reichspräsidentenwahl. Oktober 1930 – März 1932, T. 1: Oktober 1930 – Juni 1931, Hg. Constantin Goschler, 1994; XV, 445 S. (wird fortgesetzt mit T. 2)

1510 Hitlers politisches Testament. Die Bormann-Diktate vom Februar und April 1945, Essay Hugh R. Trevor-Roper, Nachwort André François-Poncet, Hamburg 1981; 141 S. (franz.: Paris 1959; engl.: London 1961)

1511 Hubatsch, Walther (Hg.): Hitlers Weisungen für die Kriegführung 1939–1945. Dokumente des Oberkommandos der Wehrmacht, 2., durchges. u. erg. Aufl., Frankfurt 1983; 332 S. (zuerst 1962; TB München 1965, 2. Aufl. 1981)

1512 Jäckel, Eberhard/Kuhn, Axel (Hg.): Hitler. Sämtliche Aufzeichnungen 1905–1924, Stuttgart 1980; 1315 S.

1513 Jochmann, Werner (Hg.): Adolf Hitler. Monologe im Führerhauptquartier 1941–1944. Die Aufzeichnungen Heinrich Heims, Hamburg 1980; 496 S.

1514 Klöss, Erhard (Hg.): Reden des Führers. Politik und Propaganda Adolf Hitlers 1922 bis 1945, München 1967; 335 S.

1515 Kotze, Hildegard von/Krausnick, Helmut (Hg.): »Es spricht der Führer.« 7 exemplarische Hitler-Reden, Gütersloh 1966; 379 S.

1516 Lang, Jochen von (Hg.): Hitlers Tischgespräche im Bild, Bearb. Henry Pikker/Heinrich Hoffmann, 2., überarb. Aufl., München 1980; 222 S. (zuerst Oldenburg 1969)

1517 Maser, Werner: Hitlers Briefe und Notizen. Sein Weltbild in handschriftlichen Dokumenten, 2. Aufl., München 1973; 399 S. (ND Düsseldorf 1988)

1518 Maser, Werner (Hg.): Mein Schüler Hitler. Das Tagebuch seines Lehrers Paul Devrient, Pfaffenhofen 1975; 303 S.

1519 Morsey, Rudolf: Hitler als braunschweigischer Regierungsrat. (Dokumentation), in: VfZ 8 (1960), 419–48

1520 Phelps, Reginald H.: Hitler als Parteiredner im Jahre 1920. (Dokumentation), in: VfZ 11 (1963), 274–330

1521 Picker, Henry: Hitlers Tischgespräche im Führerhauptquartier [1941–1942]. Mit bisher unbekannten Selbstzeugnissen Adolf Hitlers, Abbildungen, Augenzeugenberichten und Erläuterungen des Autors: Hitler, wie er wirklich war, 4., vollst. überarb. u. erw. Aufl., Wiesbaden 1983; 548 S. (TB Frankfurt/Berlin 1989; zuerst Bonn 1951)

1522 Prange, Gordon W. (Hg.): Hitler's Words. Two Decades of National Socialism, 1923–1943, Einleitung Frederick Schumann, o. O. [Washington, D.C] 1944; 400 S.

1523 Rauschning, Hermann: Gespräche mit Hitler, Neuausg., Wien/Zürich 1988; 280 S. (zuerst London 1939; New York 1940; Zürich u. a. 1940)

1524 Sudholt, Gert (Hg.): Adolf Hitlers drei Testamente. Ein Zeitdokument, Leoni a. Starnberger See o. J. [1977]; 107 S.

1525 Wagener, Otto: Hitler aus nächster Nähe. Aufzeichnungen eines Vertrauten 1929–1932, Hg. Henry A. Turner jr., 2. Aufl., Kiel 1987; XVII, 508 S. (zuerst Frankfurt/Berlin 1978)

1526 Weinberg, Gerhard L. (Hg.): Hitlers Zweites Buch. Ein Dokument aus dem Jahr 1928, Stuttgart 1961; 228 S. (amerikan.: New York 1961)

1527 Zentner, Christian (Hg.): Adolf Hitlers »Mein Kampf«. Eine kommentierte Auswahl, München 1974; 255 S.

Methodische Probleme

1527a Bracher, Karl D.: Probleme und Perspektiven der Hitler-Interpretation, in: Karl D. Bracher, Zeitgeschichtliche Kontroversen. Um Faschismus, Totalitarismus, Demokratie, 5., veränd. u. erw. Aufl., München/Zürich 1984, 80–101; zuerst engl. in: Walter Laqueur (Hg.), Fascism. A Reader's Guide. Analyses, Interpretation, Bibliography, 2. Aufl., Harmondsworth 1979, 193–212 (zuerst London/Berkeley, Ca. 1976)

1528 Broszat, Martin: Probleme der Hitler-Forschung (1980), in: Hermann Graml/Klaus-Dietmar Henke (Hg.), Nach Hitler. Der schwierige Umgang mit unserer Geschichte. Beiträge von Martin Broszat, 2. Aufl., München 1987, 57–67 (zuerst 1986; TB München 1990)

1529 Eversberg, Annette: Nach der Hitler-Welle. Überlegungen zu einer wünschenswerten wissenschaftlichen Hitlerbiographie, in: GiK 9 (1981), 108–20

Darstellungen

1530 Aigner, Dietrich: Hitler und die Weltherrschaft, in: Wolfgang Michalka (Hg.), Nationalsozialistische Außenpolitik, Darmstadt 1978, 49–69

1531 Aires, Pentti: Die Idee des gerechten Krieges in »Mein Kampf« und die Gegenideologien, in: Joachim Hütter u. a. (Hg.), Tradition und Neubeginn. Internationale Forschungen zur Geschichte des 20. Jahrhunderts, Köln u. a. 1975, 277–87

1532 Albrecht, Gerd: Sozialwissenschaftliche Ziele und Methoden der systematischen Inhaltsanalyse von Filmen. Beispiel: UFA-Tonwoche 451/1939 – Hitlers 50. Geburtstag, in: Günter Moltmann u. a. (Hg.), Zeitgeschichte im Film- und Tondokument. 17 historische, pädagogische und sozialwissenschaftliche Beiträge, Göttingen 1970, 25–37

1533 Angel, Pierre: Hitler et les Allemands, Paris 1982; 399 S.

1534 Auer, Johann: Zwei Aufenthalte Hitlers in Wien [1922], in: VfZ 14 (1966), 207 f.

1535 Auerbach, Hellmuth: Vom Trommler zum Führer. Hitler und das nationale Münchener Bürgertum, in: Björn Mensing/Friedrich Prinz (Hg.), Irrlicht im leuchtenden München? Der Nationalsozialismus in der »Hauptstadt der Bewegung«, Regensburg 1991, 67–91

1536 Auerbach, Hellmuth: Hitlers politische Lehrjahre und die Münchener Gesellschaft 1919–1923. Versuch einer Bilanz anhand der neueren Forschung, in: VfZ 25 (1977), 1–45

1537 Augstein, Rudolf (Hg.): 100 Jahre Hitler. Eine Bilanz. (Spiegel-Spezial, 2/1989), Hamburg 1989; 122 S.

1538 Bankier, David: Hitler and the Policymaking Process on the Jewish Question, in: H&GS 1 (1988), 1–20

1539 Banuls, André: Das völkische Blatt »Der Scherer«. Ein Beitrag zu Hitlers Schulzeit, in: VfZ 18 (1970), 196–203

1540 Barthel, Konrad: Friedrich der Große in Hitlers Geschichtsbild, Wiesbaden 1977; 42 S.

1541 Bell, Philip M. H.: Hitler und die Ursprünge des Zweiten Weltkrieges. Versuch einer Analyse (1967), in: Gottfried Niedhart (Hg.), Kriegsbeginn 1939. Entfesselung oder Ausbruch des Zweiten Weltkriegs?, Darmstadt 1976, 411–28

1542 Bennecke, Heinrich: Hitler und die SA, München/Wien 1962; 264 S.

1543 Berlin, Jörg u. a. (Hg.): Was verschweigt Fest? Analysen und Dokumente zum Hitler-Film von J[oachim] C. Fest, Köln 1978; 217 S.**

1544 Bezymenski, Lev: Der Tod des Adolf Hitler. Der sowjetische Beitrag über das Ende des Dritten Reiches und seines Diktators, 2. Aufl., München 1982; 387 S. (zuerst Hamburg 1968; engl.: London 1968)

1545 Binion, Rudolph: »... daß ihr mich gefunden habt«. Hitler und die Deutschen. Eine Psychohistorie, Stuttgart 1978; 278 S. (amerikan.: New York 1976)

1546 Borowsky, Peter: Adolf Hitler, Hamburg 1978; 204 S.

1548 Breitman, Richard: Hitler and Genghis Khan, in: JCH 25 (1990), 337–51

1549 Brissaud, André: Hitler et l'ordre noir, Paris 1969; 478 S.

1550 Brockhaus, Gudrun: Psychoanalytische Hitler-Deutungen, in: LA 5 (1992), Nr. 9, 8–24

1551 Broszat, Martin: Soziale Motivation und Führer-Bindung des Nationalsozialismus, in: VfZ 18 (1970), 329–65; abgedr. in: Wolfgang Michalka (Hg.), Nationalsozialistische Außenpolitik, Darmstadt 1978, 92–116

1552 Broszat, Martin: Hitler und die Genesis der Endlösung. Aus Anlaß der Thesen von David Irving, in: VfZ 25 (1977), 739–75; abgedr. in: Hermann Graml/Klaus-Dietmar Henke (Hg.), Nach Hitler. Der schwierige Umgang mit unserer Geschichte. Beiträge von Martin Broszat, 2. Aufl., München 1987, 187–229 (zuerst 1986; TB München 1990)

1553 Bullock, Alan: Hitler. Eine Studie über Tyrannei, ND der vollst. überarb. Neuausg. von 1971, Düsseldorf 1977; 886 S. (zuerst 1961; engl.: London 1953)

1554 Bullock, Alan: Hitler und Stalin. Zwei parallele Leben. Doppelbiographie zweier Tyrannen, Berlin 1991 u. ö.; 1344 S. (TB München 1993 u. ö.; engl.: London 1991)

1555 Bullock, Alan: Hitler und die Ursprünge des Zweiten Weltkrieges (1967), in: Gilbert Ziebura (Hg.), Grundfragen der deutschen Außenpolitik seit 1871, Darmstadt 1975, 337–75; abgedr. in: Gottfried Niedhart (Hg.), Kriegsbeginn 1939. Entfesselung oder Ausbruch des Zweiten Weltkriegs? Darmstadt 1976, 124–63

1556 Burchardt, Lothar: Hitler und die historische Größe, Konstanz 1979; 91 S.

1557 Burke, Kenneth: Die Rhetorik in Hitlers »Mein Kampf« (amerikan. 1939), in: Kenneth Burke (Hg.), Die Rhetorik in Hitlers »Mein Kampf« und andere Essays zur Strategie der Überredung, Frankfurt 1967, 7–34

1558 Burrin, Philippe: Hitler und die Juden. Die Entscheidung für den Völkermord, Frankfurt 1993; 205 S. (franz.: Paris 1989)

1559 Bychowski, Gustav: Adolf Hitler, in: LA 5 (1992), Nr. 9, 90–148

1560 Cancik, Hubert: »Wir sind jetzt eins.« Rhetorik und Mystik einer Rede Hitlers (Nürnberg, 11.9.1936), in: Günter Kehrer (Hg.), Zur Religionsgeschichte der Bundesrepublik Deutschland, München 1980, 13–48

1561 Carr, William: Adolf Hitler. Persönlichkeit und politisches Handeln, Stuttgart u. a. 1980; 247 S. (engl.: London/New York 1979)

1562 Carsten, Francis L.: Adolf Hitler im Urteil des Auslandes – in britischer Sicht, in: Wolfgang Treue/Jürgen Schmädeke (Hg.), Deutschland 1933. Machtzerfall der Demokratie und nationalsozialistische »Machtergreifung«. Eine Vortragsreihe, Berlin 1984, 97–118

1563 Craig, Gordon A.: Roosevelt and Hitler: The Problem of Perception, in: Klaus Hildebrand/Reiner Pommerin (Hg.), Deutsche Frage und europäisches Gleichgewicht. Festschrift für Andreas Hillgruber zum 60. Geburtstag, Köln/Wien 1985, 169–94

1564 Davidson, Eugene: Wie war Hitler möglich? Der Nährboden einer Diktatur, Düsseldorf/Wien 1980; 541 S. (amerikan.: New York 1977 u. d. T.: The Making of Adolf Hitler)

Degrelle, Léon: Le siècle de Hitler, Paris:

1565 – Bd. 1: Hitler, né à Versailles. Le traquenard de Sarajevo, 1986; 258 S.

Übergreifende Hilfsmittel, Darstellungen und Quellensammlungen

1566 – Bd. 2: Hitler, né à Versailles. La pseudo »guerre du droit«, 1987; 441 S.

1567 – Bd. 3: Hitler né à Versailles. Les tricheurs de Versailles, 1988; 544 S. (dt.: Tübingen 1993)

1568 Deuerlein, Ernst: Hitler. Eine politische Biographie, München 1969; 187 S.

1569 Deuerlein, Ernst: Adolf Hitler, in: Ernst Deuerlein, Deutsche Kanzler von Bismarck bis Hitler, München 1968, 463–89, 503 f.

1570 Dickmann, Fritz: Machtwille und Ideologie in Hitlers außenpolitischen Zielsetzungen vor 1933, in: Konrad Repgen/Stephan Skalweit (Hg.), Spiegel der Gesellschaft. Festgabe für Max Braubach zum 10. April 1964, Münster 1964, 915–41

1571 Domarus, Max: Adolf Hitler (1889–1945), in: Heinz-Dietrich Fischer (Hg.), Deutsche Publizisten des 15. bis 20. Jahrhunderts, Berlin 1971, 368–78

1572 Dülffer, Jost: Wilhelm II. und Hitler. Ein Vergleich ihrer Marinekonzeptionen, in: Jürgen Elvert u. a. (Hg.), Kiel, die Deutschen und die See, Stuttgart 1992, 49–69

1573 Eckert, Joachim/Tens, Antonia: Hitler und die Juristen. Äußerungen und tatsächliche Politik, in: RuP 29 (1993), 34–50

1574 Eitner, Hans-Jürgen: Der Führer. Hitlers Persönlichkeit und Charakter, München/Wien 1981; 430 S.

1575 Fabry, Philipp W.: Mutmaßungen über Hitler. Urteile von Zeitgenossen, Düsseldorf 1969; 265 S. (ND Königstein/Düsseldorf 1979)

1576 Faul, Erwin: Hitlers Über-Machiavellismus, in: VfZ 2 (1954), 344–72

1577 Fest, Joachim C.: Hitler. Eine Biographie, 10. Aufl., Frankfurt 1981; 1190 S. (zuerst 1973: TB Frankfurt u. a. 1976 u. ö., 2 Bde.)

1578 Fest, Joachim C.: Adolf Hitler, in: Wilhelm von Sternburg (Hg.), Die deutschen Kanzler, 1. u. 2. Aufl., Königstein, Ts. 1985, 349–74 (TB Frankfurt 1987 u. ö.)

1579 Fleming, Gerald: Hitler und die Endlösung. »Es ist des Führers Wunsch . . .«, 2. Aufl., Wiesbaden 1987; 219 S. (dt. zuerst 1982)

1580 Flood, Charles B.: Hitler. The Path to Power, Boston, Mass. 1989; X, 686 S.

1581 Frank, Robert H.: Hitler and the National Socialist Coalition, 1924–1932, Diss. John Hopkins University, Baltimore, Md. 1969; 583 S.

1582 Frind, Sigrid: Die Sprache als Propagandainstrument in der Publizistik des Dritten Reiches, untersucht an Hitlers »Mein Kampf« und den Kriegsjahrgängen des »Völkischen Beobachters«, Diss. Berlin 1964; 193 S.

1583 Fryksén, Arne: Hitlers Reden zur Kultur. Kunstpolitische Taktik oder Ideologie?, in: Probleme deutscher Zeitgeschichte. (Lund Studies in International History, 2), Stockholm 1971, 235–66

1584 Funke, Manfred: Starker oder schwacher Diktator? Hitlers Herrschaft und die Deutschen. Ein Essay, Düsseldorf 1989; 236 S.

1585 Funke, Manfred: Zum Verhältnis von Innen-, Außen- und Kriegspolitik im Machtstreben Hitlers, in: Nationalsozialistische Herrschaft, Hg. Bundeszentrale für politische Bildung, Bonn 1983, 69–72

1586 Funke, Manfred: Hitler – starker oder schwacher Diktator? Anzeige wider den Verlust kommunikativen Streitens, in: Wolfgang Michalka (Hg.), Die nationalsozialistische Machtergreifung, Paderborn u. a. 1984, 97–110; abgedr. in: Wolfgang Michalka (Hg.), Der Zweite Weltkrieg. Analysen, Grundzüge, Forschungsbilanz, München/Zürich 1989, 372–85

1587 Funke, Manfred: Hitler und die Wehrmacht. Eine Profilskizze ihrer Beziehungen, in: Wolfgang Michalka (Hg.), Der

Zweite Weltkrieg. Analysen, Grundzüge, Forschungsbilanz, München/Zürich 1989, 301–13

1588 Gervasi, Frank: Adolf Hitler, New York 1974; 279 S.

1589 Gibbels, Ellen: Hitlers Parkinson-Krankheit. Zur Frage eines hirnorganischen Psychosyndroms, Berlin 1990; X, 112 S.

1590 Gibbels, Ellen: Hitlers Nervenkrankheit. Eine neurologisch-psychiatrische Studie, in: VfZ 42 (1994), 155–220

1591 Giesler, Hermann: Ein anderer Hitler. Bericht seines Architekten. Erlebnisse, Gespräche, Reflexionen, 5. Aufl., Leoni am Starnberger See 1982; 527 S. (zuerst 1977)

1592 Gisevius, Hans B.: Adolf Hitler. Versuch einer Deutung, München 1963; 565 S.

1593 Görlitz, Walter: Adolf Hitler, 2., durchges. Aufl., Göttingen u.a. 1971; 145 S.

1594 Görlitz, Walter/Quint, Herbert A.: Adolf Hitler. Eine Biographie, Stuttgart 1952; 656 S.

1595 Graml, Hermann: Probleme einer Hitler-Biographie. Kritische Bemerkungen zu Joachim C. Fest, in: VfZ 22 (1974), 76–92

1596 Grieswelle, Detlev: Propaganda der Friedlosigkeit. Eine Studie zu Hitlers Rhetorik, 1920–1933, Stuttgart 1972; 233 S.

1597 Gruchmann, Lothar: Hitlers Denkschrift an die bayerische Justiz vom 16. Mai 1923. Ein verloren geglaubtes Dokument, in: VfZ 39 (1991), 305–28**

1598 Haffner, Sebastian: Anmerkungen zu Hitler, 1.–12. Aufl., Frankfurt 1978; 157 S.

1599 Halder, Franz: Hitler als Feldherr, München 1949; 63 S.

1600 Hammer, Wolfgang: Adolf Hitler. Dialog mit dem Führer, 3 Bde., München 1970, 1972, 1974; 250, 291, 215 S.

1601 Hauner, Milan L.: Hitler. A Chronology of his Life and Time, London 1983; XI, 221 S.

1602 Hauner, Milan L.: Did Hitler Want a World Dominion?, in: JCH 13 (1978), 15–32

1603 Heer, Friedrich: Der Glaube des Adolf Hitler. Anatomie einer politischen Religiosität, München 1968; 751 S.

1604 Heiden, Konrad: Adolf Hitler. Das Zeitalter der Verantwortungslosigkeit. Eine Biographie, 28.–29. Tsd., Zürich 1936; 463 S. (zuerst 1936)

1605 Heiden, Konrad: Adolf Hitler. Ein Mann gegen Europa, Zürich 1937; 390, (9) S.**

1606 Heisig, Klaus: Die politischen Grundlagen in Hitlers Schriften, Reden und Gesprächen im Hinblick auf seine Auffassung von Staat und Recht, Diss. Köln 1965; XIII, 149 S.

1607 Henke, Josef: Hitlers England-Konzeption – Formulierung und Realisierungsversuche, in: Manfred Funke (Hg.), Hitler, Deutschland und die Mächte. Materialien zur Außenpolitik des Dritten Reiches, Düsseldorf 1976, 584–603 (ND 1977 u. Düsseldorf/Königstein, Ts. 1978)

1608 Herz, Rudolf: [Heinrich] Hoffmann & Hitler. Fotografie als Medium des Führer-Mythos [Ausstellung im Stadtmuseum München], München 1994; 376 S.**

1609 Heuß, Theodor: Hitlers Weg. Eine Schrift aus dem Jahre 1932, Hg. Eberhard Jäckel, Neuausg., Tübingen 1968; 167, 110 S. (zuerst Stuttgart 1932)

1610 Heusinger, Adolf: Hitler et l'OKH, Paris 1952; 280 S.

1611 Hildebrand, Klaus: Hitlers »Programm« und seine Realisierung 1939–1942 [1971], in: Manfred Funke (Hg.), Hitler, Deutschland und die Mächte. Materialien zur Außenpolitik des Dritten Reiches, Düsseldorf 1976, 63–93 (ND 1977 u. Düsseldorf/Königstein, Ts. 1978); abgedr. in: Gottfried Niedhart (Hg.), Kriegsbeginn 1939. Entfesselung oder Ausbruch des Zweiten Weltkriegs? Darmstadt 1976, 178–224

1612 Hildebrand, Klaus: Nationalsozialismus oder Hitlerismus?, in: Michael Bosch (Hg.), Persönlichkeit und Struktur in der Geschichte. Historische Bestandsaufnahme und didaktische Implikationen, Düsseldorf 1977, 55–61; abgedr. in: Wolfgang Wippermann (Hg.), Kontroversen um Hitler, Frankfurt 1986, 199–205

1613 Hildebrand, Klaus: Hitlers Ort in der Geschichte des preußisch-deutschen Nationalstaates, in: HZ 217 (1973), 584–632; überarb. Teilabdr. in: Michael Stürmer (Hg.), Die Weimarer Republik. Belagerte Civitas, Königstein, Ts. 1980, 368–73 u. d. T.: Hitlers »Ermöglichung« und die preußisch-deutsche Geschichte

1614 Hillesheim, Jürgen: Hitlers Schwester Paula Wolf und das »Dritte Reich«. Mit einer kommentierten Edition des Briefwechsels zwischen Paula Wolf und dem Verleger Heinz G. Schwieger aus den Jahren 1946–1950, Berlin 1992; 122 S.**

1615 Hillgruber, Andreas: Der Faktor Amerika in Hitlers Strategie 1938 bis 1941, in: APUZ, Nr. B 19/66, 11.5. 1966, 3–21; abgedr. in: Andreas Hillgruber, Deutsche Großmacht- und Weltpolitik im 19. und 20. Jahrhundert, 2. Aufl., Düsseldorf 1979, 197–222 (zuerst 1977); Wolfgang Michalka (Hg.), Nationalsozialistische Außenpolitik, Darmstadt 1978, 493–525

1616 Hillgruber, Andreas: Hitler und die USA 1933 bis 1945, in: Detlef Junker (Hg.), Deutschland und die USA 1890–1985, Heidelberg 1986, 27–41; abgedr. in: Andreas Hillgruber, Die Zerstörung Europas. Beiträge zur Weltkriegsepoche 1914 bis 1945, Frankfurt/Berlin 1988, 186–202

1617 Hillgruber, Andreas: England in Hitlers außenpolitischer Konzeption, in: HZ 218 (1974), 65–84; abgedr. in: Andreas Hillgruber, Deutsche Großmacht- und Weltpolitik im 19. und 20. Jahrhundert, 2. Aufl., Düsseldorf 1979, 180–97 (zuerst 1977)

1618 Hinsley, Francis H.: Hitlers Strategie, Stuttgart 1951; 326 S. (engl.: Cambridge 1951 u. d. T.: Hitler's Strategy. The Naval Evidence)

1619 Hitlerdeutungen. (LA, Jg. 5, H. 9), Tübingen 1992; 188 S.*

1620 Hochstim, Paul: Adolf Hitler: Zusammenfassung, Perspektive, Verständnis, in: Paul Hochstim, Nationalsozialismus: Soziologisches und Persönliches. Betrachtungen, Besinnungen, Bewertungen, Frankfurt u. a. 1990, 27–42

1621 Hoffman, Louise E.: Erikson on Hitler: The Origins of »Hitler's Imagery and German Youth«, in: PR 22 (1993), 69–86

1622 Hoffmann, Peter: Die Sicherheit des Diktators. Hitlers Leibwachen, Schutzmaßnahmen, Residenzen, Hauptquartiere, München/Zürich 1975; 328 S.

1623 Hoffmann, Peter: Hitler's Personal Security, in: George L. Mosse (Hg.), Police Forces in History, London/Beverly Hills, Cal. 1971, 151–71

1624 Horn, Wolfgang: Ein unbekannter Aufsatz Hitlers aus dem Frühjahr 1924, in: VfZ 16 (1968), 48–59

1625 Irving, David: Hitlers Weg zum Krieg, München/Berlin 1979; 529 S. (engl.: London 1978)

1626 Irving, David: Die geheimen Tagebücher des Dr. Morell. Leibarzt Adolf Hitlers, München 1983; 381 S.

1627 Irving, David: Führer und Reichskanzler – Adolf Hitler 1933–1945, München 1989; 816 S.

1628 Irving, David: Hitlers Weg zum Krieg, München/Berlin 1979; 529 S. (engl.: London 1978)

1629 Irving, David: Hitler und seine Feldherren, Frankfurt u. a. 1975; X, 886 S. (erw. amerikan.: New York 1977)

1630 Jablonsky, David: Röhm and Hitler: The Continuity of Political-Military Discord, in: JCH 23 (1988), 367–86

1631 Jäckel, Eberhard: Hitlers Herrschaft. Vollzug einer Weltanschauung, Stuttgart 1986; 184 S.

1632 Jäckel, Eberhard: Hitlers Weltanschauung. Entwurf einer Herrschaft, 2., erw. Aufl., Stuttgart 1981; 175 S. (zuerst Tübingen 1969)

1633 Jäckel, Eberhard: Hitlers Kriegspolitik und ihre nationalen Voraussetzungen, in: Klaus Hildebrand u. a. (Hg.), 1939. An der Schwelle zum Weltkrieg. Die Entfesselung des Zweiten Weltkrieges und das internationale System, Berlin/New York 1990, 21–30

1634 Jäckel, Eberhard: Hitler und die Deutschen, in: Hartmut Boockmann u. a. (Hg.), Geschichte und Gegenwart. Festschrift für Karl Dietrich Erdmann, Neumünster 1980, 351–64; abgedr. in: Karl Corino (Hg.), Intellektuelle im Bann des Nationalsozialismus, Hamburg 1980, 7–25; Karl D. Bracher (Hg.), Nationalsozialistische Diktatur. Eine Bilanz, Bonn (zugl. Düsseldorf) 1983, 706–20

1635 Jäckel, Eberhard: Hitlers doppeltes Kernstück, in: Roland G. Foerster (Hg.), »Unternehmen Barbarossa«. Zum historischen Ort der deutsch-sowjetischen Beziehungen von 1933 bis Herbst 1941, hg. i. A. des Militärgeschichtlichen Forschungsamtes, München 1993, 13–22

1636 Jäckel, Eberhard: Wie kam Hitler an die Macht?, in: Karl D. Erdmann/Hagen Schulze (Hg.), Weimar. Selbstpreisgabe einer Demokratie. Eine Bilanz heute, Düsseldorf 1980, 305–12 (Diskussion: 313–21) (ND Königstein, Ts./Düsseldorf 1984)

1637 Jenks, William A.: Vienna and the Young Hitler, New York 1960; 252 S.

1638 Jetzinger, Franz: Hitlers Jugend. Phantasien, Lügen – und die Wahrheit, Wien 1956; 308 S.

1639 Joachimsthaler, Anton: Korrektur einer Biographie. Adolf Hitler 1908–1920, München 1989; 333 S.

1640 Joachimsthaler, Anton: Hitlers Eintritt in die Politik und die Anfänge der NSDAP, in: Richard Bauer u. a. (Hg.), München – »Hauptstadt der Bewegung«. Bayerns Metropole und der Nationalsozialismus, München 1993, 71–82

1641 Jochmann, Werner: Im Kampf um die Macht. Hitlers Rede vor dem Hamburger Nationalklub von 1919, Frankfurt/Köln 1960; 120 S.**

1642 Jones, Sydney J.: Hitlers Weg begann in Wien, 1907–1913, Wiesbaden/München 1980; 351 S.

1643 Kaiser, David E.: Hitler and the Coming of the War, in: Gordon Martel (Hg.), Modern Germany Reconsidered, 1870–1945, London/New York 1992, 178–96

1644 Kater, Michael H.: Hitler in a Social Context, in: CEH 14 (1981), 243–72

1645 Kershaw, Ian: Der Hitler-Mythos. Volksmeinung und Propaganda im Dritten Reich, Stuttgart 1980; 215 S.

1646 Kershaw, Ian: The Führer Image and Political Integration: The Popular Conception of Hitler in Bavaria during the Third Reich, in: Gerhard Hirschfeld/Lothar Kettenacker (Hg.), Der »Führerstaat«: Mythos und Realität. Studien zur Struktur und Politik des Dritten Reiches, Stuttgart 1981, 133–63

1647 Kershaw, Ian: Hitlers Popularität. Mythos und Realität im Dritten Reich, in: Hans Mommsen/Susanne Willems (Hg.), Herrschaftsalltag im Dritten Reich. Studien und Texte, Düsseldorf 1988, 24–96**

1648 Kershaw, Ian: Hitler and the Germans, in: Richard Bessel (Hg.), Life in the Third Reich, 3. Aufl., Oxford/New York 1992, 41–55 (zuerst 1987)

1649 Kershaw, Ian: »Working towards the Führer«. Reflections on the Nature of the

Hitler Dictatorship, in: CoEH 2 (1993), 103–18

1650 Kershaw, Ian: Ideologe und Propagandist. Hitler im Lichte seiner Reden, Schriften und Anordnungen 1925–1928, in: VfZ 40 (1992), 263–71

1651 Kettenacker, Lothar: Hitler und die Kirchen. Eine Obsession mit Folgen, in: Günther Heydemann/Lothar Kettenacker (Hg.), Drittes Reich und SED-Staat. Fünfzehn Beiträge. Eine Publikation des Deutschen Historischen Instituts London, Göttingen 1993, 67–87

1652 Kluke, Paul: Hitler und das Volkswagenprojekt, in: VfZ 8 (1960), 341–83

1653 Knopp, Guido (Hg.): Hitler heute. Gespräche über ein deutsches Trauma, Aschaffenburg 1979; 256 S.

1654 Koch, Hannsjoachim W. (Hg.): Hitler's »Programme« and the Genesis of Operation »Barbarossa«, in: HJ 26 (1983), 891–919; abgedr. in: Hannsjoachim W. Koch (Hg.), Aspects of the Third Reich, 2., unveränd. Aufl., Basingstoke/London 1987 (zuerst 1985), 285–322

1655 Koenigsberg, Richard A.: Hitler's Ideology. A Study in Psychoanalytic Sociology, New York 1975; 105 S.

1656 Kornbichler, Thomas: Adolf-Hitler-Psychogramme. (Psychobiographie, 2), Frankfurt u. a. 1994; 174 S.

1657 Krausnick, Helmut: Legenden um Hitlers Außenpolitik, in: VfZ 2 (1954), 217–39

1658 Krüger, Peter: Hitlers Europapolitik, in: Wolfgang Benz u. a. (Hg.), Der Nationalsozialismus. Studien zur Ideologie und Herrschaft. Hermann Graml zum 65. Geburtstag, Frankfurt 1993, 104–32, 248–53

1659 Krüger, Peter: Zu Hitlers »nationalsozialistischen Wirtschaftserkenntnissen«, in: GG 6 (1980), 263–82

1660 Kubizek, August: Adolf Hitler – mein Jugendfreund. Ein authentisches Dokument mit neuen Bildern, 5. Aufl., Graz/Stuttgart 1989; 293 S. (zuerst 1953)**

1661 Kuhn, Axel: Hitlers außenpolitisches Programm. Entstehung und Entwicklung 1919–1939, Stuttgart 1970; 286 S.

1662 Labisch, Alfons: Der Gesundheitsbegriff Adolf Hitlers – zur inneren Rationalität nationalsozialistischer Gesundheitsgesetzgebung, in: Franz-Werner Kersting u. a. (Hg.), Nach Hadamar. Zum Verhältnis von Psychiatrie und Gesellschaft im 20. Jahrhundert, Paderborn 1993, 150–70

1663 Lambert, Marc: Un peintre nommé Hitler. (... et le mystère de ses tableaux résurgis dans deux grands musées), Paris 1986; 217 S.

1664 Lange, Gerhard: Sprachform und Sprechform in Hitlers »Mein Kampf«, in: Muttersprache 78 (1968), 342–49

1665 Lange, Karl: Hitlers unbeachtete Maximen. »Mein Kampf« und die Öffentlichkeit, Stuttgart u. a. 1968; 211 S.

1666 Lange, Karl: Der Terminus »Lebensraum« in Hitlers »Mein Kampf«, in: VfZ 13 (1965), 426–37

1667 Langer, Walter C.: Das Adolf-Hitler-Psychogramm. Eine Analyse seiner Person und seines Verhaltens, verfaßt 1943 für die psychologische Kriegsführung der USA, Vorwort Friedrich Hacker, Wien u. a. 1973; 272 S. (amerikan.: New York 1972)

1668 Linkemeyer, Gerhard: Was hat Hitler mit Karl May zu tun? Versuch einer Klarstellung, Ubstadt 1987; 177 S.

1669 Loohuis, Wilhelmus J. M.: Das Sprachgenie Adolf Hitler, dargelegt am Gebrauch der Fremdwörter, München 1976; 160 S.

1670 Madajczyk, Czeslaw: Hitler's Direct Influence on Decisions Affecting Jews during World War II, in: YVS 20 (1990), 53–58

1671 Maltitz, Horst von: The Evolution of Hitler's Germany. The Ideology, the Personality, the Movement, New York u. a. 1973; XIV, 479 S.

1672 Mann, Heinrich/Zweig, Arnold: Das Führerprinzip. Der Typus Hitler, Berlin 1991; 133 S.

1673 Manvell, Roger/Fraenkel, Heinrich: Adolf Hitler. The Man and the Myth, 2. Aufl., London 1978; 255 S. (zuerst 1973 u. d. T.: Inside Adolf Hitler)

1674 Maser, Werner: Adolf Hitler. Das Ende der Führerlegende, Düsseldorf 1980; 447 S. (LA Stuttgart u. a. 1982)

1675 Maser, Werner: Adolf Hitler. Legende, Mythos, Wirklichkeit, 12., überarb. Aufl., München 1989; 672 S. (zuerst München/Esslingen 1971)

1676 Meinck, Gerhard: Hitler und die deutsche Aufrüstung 1933–1937, Wiesbaden 1959; VIII, 246 S.

1677 Mel'nikow, Daniil E./Cernaja, Ljudnila: Die »totale Ideologie« Hitlers (russ. 1981), in: Karl D. Bracher u. a. (Hg.), Nationalsozialistische Diktatur 1933–1945. Eine Bilanz, Bonn (zugl. Düsseldorf) 1983, 760–69

1678 Miesbeck, Peter: Hitler und München 1913 bis 1918, in: Richard Bauer u. a. (Hg.), München – »Hauptstadt der Bewegung«. Bayerns Metropole und der Nationalsozialismus, München 1993, 20–24

1679 Moltmann, Günter: Weltherrschaftsideen Hitlers, in: Otto Brunner/Dietrich Gerhard (Hg.), Europa und Übersee. Festschrift für Egmont Zechlin, Hamburg 1961, 197–240

1680 Mommsen, Hans: Adolf Hitler als »Führer« der Nation. (Nationalsozialismus im Unterricht, Studieneinheit 11), Hg. Deutsches Institut für Fernstudien an der Universität Tübingen, Red. Brigitte Löhr, Tübingen 1984; 186 S. (als Typoskript gedr.)**

1681 Mommsen, Hans: Hitlers Stellung im nationalsozialistischen Herrschaftssystem, in: Gerhard Hirschfeld/Lothar Kettenacker (Hg.), Der »Führerstaat«. Mythos und Realität. Studien zur Struktur und Politik des Dritten Reiches, Stuttgart 1981, 43–72; abgedr. in: Hans Mommsen, Der Nationalsozialismus und die deutsche Gesellschaft. Ausgewählte Aufsätze. Zum 60. Geburtstag, Hg. Lutz Niethammer/Bernd Weisbrod, Reinbek 1991, 67–101

1682 Mommsen, Hans: Nationalsozialismus oder Hitlerismus?, in: Michael Bosch (Hg.), Persönlichkeit und Struktur in der Geschichte. Historische Bestandsaufnahme und didaktische Implikationen, Düsseldorf 1977, 62–71

1683 Mommsen, Hans: Reflections on the Position of Hitler and Göring in the Third Reich, in: Thomas Childers/Jane Caplan (Hg.), Reevaluating the Third Reich, New York/London 1993, 86–97

1684 Needler, Martin C.: Hitler's Anti-Semitism. A Political Appraisal, in: POQ 24 (1960), 665–69

1685 Neumann, Robert: Hitler. Aufstieg und Untergang des Dritten Reiches. Ein Dokument in Bildern, Mitarb. Helga Koppel, München u. a. 1961; 250 S.**

1686 Olden, Rudolf: Hitler, Vorwort Werner Bertold, Hildesheim 1981; XIII, 364 S. (ND der Ausgabe Amsterdam 1935)

1687 Overesch, Manfred: Die Einbürgerung Hitlers 1930 [in Thüringen], in: VfZ 40 (1992), 543–66**

1688 Overy, Richard J.: Hitler and Air Strategy, in: JCH 15 (1980), 405–21

1689 Payne, Robert: The Life and Death of Adolf Hitler, London/New York 1973; VIII, 623 S.

1690 Pese, Walter W.: Hitler und Italien 1920–1926, in: VfZ 3 (1955), 113–26

1691 Peterson, Edward N.: The Limits of Hitler's Power, Princeton, N. J. 1969; XXIII, 472 S.

1692 Phelps, Reginald H.: Hitlers »grundlegende« Rede über den Antisemitismus [am 13. August 1920 in München], in: VfZ 16 (1968), 390–420

1693 Phelps, Reginald H.: Hitler and the Deutsche Arbeiterpartei, in: AHR 68 (1963), 974–86; abgedr. in: Henry A. Turner (Hg.), Nazism and the Third Reich, New York/Toronto 1972, 5–19

1694 Popplow, Ulrich: Adolf Hitler – der Nichtsportler und der Sport, in: Heinz Nattkämper (Hg.), Sportwissenschaft im Aufriß. Ein Beitrag zur Sportkunde, Saarbrücken 1974, 39–55

1695 Prigge, Walter/Zierold, Ulrich: Hitler als Architekt, in: Autonomie 14 (1979), 26–31

1696 Ránki, György: Hitlers Verhandlungen mit osteuropäischen Staatsmännern 1939–1944, in: Klaus Hildebrand/Reiner Pommerin (Hg.), Deutsche Frage und europäisches Gleichgewicht. Festschrift für Andreas Hillgruber zum 60. Geburtstag, Köln/Wien 1985, 195–228

1697 Recktenwald, Johann: Woran hat Adolf Hitler gelitten? Eine neuropsychiatrische Deutung, München/Basel 1963; 122 S.

1698 Rich, Norman: Hitler's War Aims, [Bd. 1:] Ideology, the Nazi State, and the Course of Expansion, Bd. 2: The Establishment of the New Order, London/New York 1973–1974; XLIII, 352; XV, 548 S.

1700 Richardi, Hans-Günter: Hitler und seine Hintermänner. Neue Fakten zur Frühgeschichte der NSDAP, München 1991; 446 S.

1701 Ritschl, Albrecht: Zum Verhältnis von Markt und Staat in Hitlers Weltbild. Überlegungen zu einer Forschungskontroverse, in: Uwe Backes u. a. (Hg.), Die Schatten der Vergangenheit. Impulse zur Historisierung des Nationalsozialismus, 2. Aufl., Frankfurt/Berlin 1992, 243–64 (zuerst 1990)

1702 Rosenfeld, Alvin H.: Imagining Hitler, Bloomington, Ind. 1985; XX, 121 S.

1703 Ruge, Gerhard: Hitler – ein Einzeltäter?, in: BDIP 28 (1983), 69–79

1704 Ruge, Wolfgang: Hitler, Weimarer Republik und Machtergreifung. Eine politische Karriere und ihr Hintergrund 1918 bis 1933, Berlin (O) (LA Köln) 1983; 362 S.; Teilabdr. in: Wolfgang Wippermann (Hg.), Kontroversen um Hitler, Frankfurt 1986, 119–32

1705 Ruge, Wolfgang: Hitler und Stalin im Vergleich, in: 30. Januar 1933 – Kontinuitäten und Brüche. Wissenschaftliche Konferenz des »Helle Panke« e. V., des antifa Bund der Antifaschisten, des Gesellschaftswissenschaftlichen Forums e. V. und der Redaktion des »Neuen Deutschland« am 23./24. Januar 1993, Hg. Helle Panke zur Förderung von Politik, Bildung und Kultur, Bd. 1, Berlin 1993, 17–24

1706 Schenck, Ernst G.: Patient Hitler. Eine medizinische Biographie, Düsseldorf 1989; 588 S.

1707 Scheurig, Bodo: Hitlers Weltanschauung. Konzept, Taktiken, Folgen (1970/73), in: Bodo Scheurig, Verdrängte Wahrheiten. Zeitgeschichtliche Bilder, überarb. Neuausg., Frankfurt/Berlin 1988, 31–51

1708 Schnauber, Cornelius: Ausdrucksphonetische Untersuchungen von Rhythmus und Melodik an Hitlers Rede zum Ermächtigungsgesetz, Diss. Hamburg 1969; V, 129, 31 S.

1709 Schnauber, Cornelius: Wie Hitler sprach und schrieb. Zur Psychologie und Prosodik der faschistischen Rhetorik, Frankfurt 1972; X, 149 S.

1710 Scholdt, Günter: Autoren über Hitler. Deutschsprachige Schriftsteller 1919–1945 und ihr Bild vom »Führer«, 1. u. 2. Aufl., Bonn/Berlin 1993; 1012 S.

1711 Schramm, Percy E.: Hitler als militärischer Führer. Erkenntnisse und Erfahrungen aus dem Kriegstagebuch des Oberkommandos der Wehrmacht, 2. Aufl., Frankfurt/Bonn 1965; 207 S. (zuerst Frankfurt 1962)

1712 Schreiber, Gerhard: Hitler in der »Weltbühne« – 1923 bis 1933, in: Wolfgang Michalka (Hg.), Die nationalsozialistische Machtergreifung, Paderborn u. a. 1984, 313–30

1713 Schroeder, Christa: Er war mein Chef. Aus dem Nachlaß der Sekretärin von Adolf Hitler, Hg. Anton Joachimsthaler, 4. Aufl., München 1989; 400, (36) S. (zuerst 1985)**

1714 Schuster, Wolfgang: Hitler in München – privat?, in: Richard Bauer u. a. (Hg.), München – »Hauptstadt der Bewegung«. Bayerns Metropole und der Nationalsozialismus, München 1993, 125–30

1715 Schwind-Waldeck, Peter: Wie deutsch war Hitler? Eine historisch-psychologische Untersuchung, Frankfurt 1979; 221 S.

1716 Seidel, M.: Adolf Hitler spricht zum »Tag der nationalen Arbeit«, Tempelhofer Feld, Berlin 1. Mai 1933. (Filmdokumente zur Zeitgeschichte, G 116/1969), Hg. Institut für den Wissenschaftlichen Film, Göttingen 1969; 24 S.

1717 Seraphim, Hans-Günther/Hillgruber, Andreas: Hitlers Entschluß zum Angriff auf Rußland. (Eine Entgegnung), in: VfZ 2 (1954), 240–54

1718 Sheldon, William F.: Das Hitler-Bild in der »Time« 1923–1933, in: Joachim Hütter u. a. (Hg.), Tradition und Neubeginn. Internationale Forschungen zur Geschichte des 20. Jahrhunderts, Köln u. a. 1975, 67–81

1719 Singer, Hans-Jürgen: Hitlers Rede in Siemensstadt [10. November 1933]. Ein Beispiel zur Meinungslenkung im Dritten Reich, in: Friedrich P. Kahlenberg (Hg.), Aus der Arbeit der Archive. Beiträge zum Archivwesen, zur Quellenkunde und zur Geschichte. Festschrift für Hans Booms, Boppard 1989, 504–18

1720 Snyder, Louis L.: Hitler and Nazism, 6. Aufl., New York u. a. 1976; 151 S. (zuerst 1961)

1721 Staudinger, Hans: The Inner Nazi. A Critical Analysis of Mein Kampf, Einleitung u. biographisches Nachwort Peter M. Rutkoff/William B. Scott, Baton Rouge, Lous. 1981; 153 S.

1722 Steffahn, Harald: Adolf Hitler. In Selbstzeugnissen und Bilddokumenten, Reinbek 1983; 170 S.**

1723 Stegemann, Bernd: Hitlers Kriegsziele im ersten Kriegsjahr 1939/40. Ein Beitrag zur Quellenkritik, in: MGM 27 (1980), 93–105

1724 Steinert, Marlis G.: Hitler, München 1994; 749 S. (franz.: Paris 1991)

1725 Steinhaus, Hubert: Hitlers pädagogische Maximen. »Mein Kampf« und die Destruktion der Erziehung im Nationalsozialismus, Frankfurt u. a. 1981; X, 311 S.

1726 Stern, Joseph P.: Hitler. Der Führer und das Volk, 2. Aufl., München 1981; 233 S. (zuerst 1978; engl.: Berkeley, Ca./Glasgow 1975)

1727 Stern, Joseph P.: Hitler und die Deutschen, in: Guido Knopp (Hg.), Hitler heute. Gespräche über ein deutsches Trauma, Aschaffenburg 1979, 151–76; gekürzt abgdr. in: Karl D. Bracher u. a. (Hg.), Nationalsozialistische Diktatur 1933–1945. Eine Bilanz, Bonn (zugl. Düsseldorf) 1983, 721–34

1728 Stierlin, Helm: Adolf Hitler. Familienperspektiven, 1. und 2. Aufl., Frankfurt 1975; 186 S.

1729 Stoakes, Geoffrey: Hitler and the Quest for World Dominion, Leamington Spa u. a. 1986; X, 254 S.

1730 Stoakes, Geoffrey: The Evolution of Hitler's Ideas on Foreign Policy, 1919–1925, in: Peter D. Stachura (Hg.), The Shaping of the Nazi State, London/New York 1978, 22–470

1731 Stone, Norman: Hitler, London 1980; XII, 195 S.

1732 Strawson, John: Hitler as Military Commander, London 1971; 256 S.

1733 Syring, Enrico: Hitler. Seine politische Utopie, Berlin 1994; 392 S.

1734 Terveen, Friedrich: Aus einer Wahlrede Hitlers in Eberswalde 27. Juli 1932. (Filmdokumente zur Zeitgeschichte, G 29/1957), Hg. Institut für den Wissenschaftlichen Film, Göttingen 1958; 16 S. (ND 1971)

1735 Terveen, Fritz: Der Filmbericht über Hitlers 50. Geburtstag. Ein Beispiel nationalsozialistischer Selbstdarstellung und Propaganda, in: VfZ 7 (1959), 75–84

1736 Thies, Jochen: Architekt der Weltherrschaft. Die »Endziele« Hitlers, 1. u. 2. Aufl., Düsseldorf 1976; 224 S. (ND Königstein, Ts./Düsseldorf 1980)

1737 Thies, Jochen: Hitler – »Architekt der Weltherrschaft«, in: Bernd Ogan/Wolfgang W. Weiß (Hg.), Faszination und Gewalt. Zur politischen Ästhetik des Nationalsozialismus, Nürnberg 1992, 177–96

1738 Thies, Jochen: Hitlers »Endziele«: Zielloser Aktionismus, Kontinentalimperium oder Weltherrschaft?, in: Wolfgang Michalka (Hg.), Nationalsozialistische Außenpolitik, Darmstadt 1978, 70–91; abgedr. in: Karl D. Bracher u. a. (Hg.), Nationalsozialistische Herrschaft 1933–1945. Eine Bilanz, Bonn (zugl. Düsseldorf) 1983, 390–406

1739 Thies, Jochen: Nazi Architecture – a Blueprint for World Domination: the Last Aims of Adolf Hitler, in: David A. Welch (Hg.), Nazi Propaganda. The Power and the Limitations, London u. a. 1983, 45–64

1740 Toland, John: Adolf Hitler, Bergisch Gladbach 1977; 1204 S. (amerikan.: Garden City, N. Y. 1976)

1741 Trevor-Roper, Hugh R.: Hitlers letzte Tage, Frankfurt/Berlin 1965; 238 S. (engl.: London 1947; 2., überarb. Aufl., 1968)

1742 Trevor-Roper, Hugh R.: Hitlers Kriegsziele, in: VfZ 8 (1960), 121–33; abgedr. in: Wolfgang Michalka (Hg.), Nationalsozialistische Außenpolitik, Darmstadt 1978, 31–48

1743 Turner jr., Henry A.: Geißel des Jahrhunderts. Hitler und seine Hinterlassenschaft, Berlin 1989; 94 S.

1744 Turner jr., Henry A.: Hitlers Einstellung zu Wirtschaft und Gesellschaft vor 1933, in: GG 2 (1976), 89–117

1745 Tyrell, Albrecht: Vom »Trommler« zum »Führer«. Der Wandel von Hitlers Selbstverständnis zwischen 1919 und 1924 und die Entwicklung der NSDAP, München 1975; 296 S.

1746 Ueberschär, Gerd R.: Hitlers Entschluß zum »Lebensraum«-Krieg im Osten. Programmatisches Ziel oder militärstrategisches Kalkül?, in: Gerd R. Ueberschär/Wolfram Wette (Hg.), Der deutsche Überfall auf die Sowjetunion. »Unternehmen Barbarossa« 1941, 2., überarb. Aufl., Frankfurt 1991, 13–43, 351–59 (zuerst Paderborn 1984)

1747 Uhlig, Heinrich: Das Einwirken Hitlers auf Planung und Führung des Ostfeldzuges, in: APUZ, Nr. B 11–12/60, 16./23. 3. 1960, 161–98

1748 Ulosnka, Ulrich: Suggestion der Glaubwürdigkeit. Untersuchungen zu Hitlers rhetorischer Selbstdarstellung zwischen 1920 und 1933, Ammersbek b. Hamburg 1990; 352 S.

1749 Vogt, Martin: Selbstbespiegelung in Erwartung des Sieges. Bemerkungen zu den Tischgesprächen Hitlers im Herbst 1941, in: Wolfgang Michalka (Hg.), Der Zweite Weltkrieg. Analysen, Grundzüge, Forschungsbilanz, München/Zürich 1989, 641–51

1750 Voigt, Johannes H.: Hitler und Indien, in: VfZ 19 (1971), 33–63

1751 Waite, Robert G. L.: The Psychopathic God – Adolf Hitler, New York 1977; XX, 482 S.

1752 Wallach, Jehuda L.: Adolf Hitlers Privatbibliothek, in: ZG 19 (1992), 29–50

1753 Watt, Donald C.: Die bayerischen Bemühungen um Ausweisung Hitlers 1924, in: VfZ 6 (1958), 270–80

1754 Wedleff, Margarete: Zum Stil in Adolf Hitlers Maireden, in: Muttersprache 80 (1970), 107–27

1755 Weinberg, Gerhard L.: Hitlers Entschluß zum Krieg, in: Klaus Hildebrand u. a. (Hg.), 1939. An der Schwelle zum Weltkrieg. Die Entfesselung des Zweiten Weltkrieges und das internationale System, Berlin/New York 1990, 31–36

1756 Weinberg, Gerhard L.: Der Überfall auf die Sowjetunion im Zusammenhang mit Hitlers diplomatischen und militärischen Gesamtplanungen, in: Roland G. Foerster (Hg.), »Unternehmen Barbarossa«. Zum historischen Ort der deutsch-sowjetischen Beziehungen von 1933 bis Herbst 1941, hg. i. A. des Militärgeschichtlichen Forschungsamtes, München 1993, 177–85

1757 Weinberg, Gerhard L.: Hitler and England, 1933–1945: Pretense and Reality, in: GSR 8 (1985), 299–309

1758 Wendt, Bernd-Jürgen: Durch das »strategische Fenster« in den Zweiten Weltkrieg. Die Motive Hitlers, in: Uwe Backes u. a. (Hg.), Die Schatten der Vergangenheit. Impulse zur Historisierung des Nationalsozialismus, 2. Aufl., Frankfurt/Berlin 1992, 344–74 (zuerst 1990)

1759 Wiedemann, Fritz: Der Mann, der Feldherr werden wollte. Erlebnisse und Erfahrungen des Vorgesetzten Hitlers im Ersten Weltkrieg und seines späteren Persönlichen Adjutanten, Velbert-Kettwig 1964; 270 S.

1760 Winckler, Lutz: Hitlers Rede zum 1. Mai 1933. Ein kritischer Kommentar, in: Macht der Verführung. Sprache und Ideologie im Nationalsozialismus. Tagung der Katholischen Adademie Stuttgart-Hohenheim, 29./30. Januar 1983, Hg. Katholische Akademie Stuttgart, Stuttgart 1983, 55–88**

1761 Winckler, Lutz: Hitlers Rede zum 1. Mai 1933 – Oder: Des Kaisers neue Kleider, in: DD 14 (1983), Nr. 73, 483–98

1762 Winkler, Hans-Joachim: Legenden um Hitler. Schöpfer der Autobahnen. »Kraft durch Freude« für den Arbeiter. Überwinder von Versailles. Vorkämpfer Europas gegen den Bolschewismus, Hg. Freie Universität Berlin, Otto-Suhr-Institut/Landeszentrale für politische Bildungsarbeit Berlin, Berlin 1961 u. ö.; 79 S.

1763 Wippermann, Wolfgang: Der konsequente Wahn. Ideologie und Politik Adolf Hitlers, Essay »Die Last der Vergangenheit« [242–59] Saul Friedländer, Gütersloh/München 1989; 276 S.

1764 Wippermann, Wolfgang: Kontroversen um Hitler, Frankfurt 1986; 306 S.*

1765 Woerden, A. V. N. van: Hitlers Verhältnis zu England: Theorie, Vorstellung und Politik (engl. 1968), in: Wolfgang Michalka (Hg.), Nationalsozialistische Außenpolitik, Darmstadt 1978, 220–43

1766 Woller, Hans: Machtpolitisches Kalkül oder ideologische Affinität? Zur Frage des Verhältnisses zwischen Mussolini und Hitler vor 1933, in: Wolfgang Benz u. a. (Hg.), Der Nationalsozialismus. Studien zur Ideologie und Herrschaft. Hermann Graml zum 65. Geburtstag, Frankfurt 1993, 42–63, 231–37

1767 Zentner, Christian: Adolf Hitler. Eine Biographie in Texten, Bildern und Dokumenten, München 1989; 158 S.**

1768 Zitelmann, Rainer: Hitler. Eine politische Biographie, 3. Aufl., Göttingen/Zürich 1990; 176 S. (zuerst 1989)

1769 Zitelmann, Rainer: Hitler. Selbstverständnis eines Revolutionärs, 3. Aufl.,

Stuttgart 1990; 603 S. (zuerst Hamburg u. a. 1987)

1770 Zitelmann, Rainer: Adolf Hitler. »Der Führer«, in: Ronald M. Smelser/Rainer Zitelmann (Hg.), Die braune Elite. 22 biographische Skizzen, 2. Aufl., Darmstadt 1990, 134–58 (zuerst 1989)

1771 Zitelmann, Rainer: Hitler-Bild im Wandel, in: Karl D. Bracher u. a. (Hg.), Deutschland 1933–1945. Neue Studien zur nationalsozialistischen Herrschaft, 2., erg. Aufl., Bonn/Düsseldorf 1993, 491–506 (zuerst 1992)

1772 Zitelmann, Rainer: Zur Begründung des »Lebensraum«-Motivs in Hitlers Weltanschauung, in: Wolfgang Michalka (Hg.), Der Zweite Weltkrieg. Analysen, Grundzüge, Forschungsbilanz, München/Zürich 1989, 551–67

1773 Zoller, Albert: Hitler privat. Erlebnisbericht seiner Geheimsekretärin, Düsseldorf 1949; 240 S.

1774 Zürn, Peter: Hitler als »Erlöser« in faschistischen Kinder- und Jugendbüchern, in: NS 31 (1991), 203–10

A.1.9.2 Verschiedene Persönlichkeiten

[vgl. A.1.2.2]

1775 Auerbach, Hellmuth: Führungspersonen und Weltanschauungen des Nationalsozialismus, in: Martin Broszat/Horst Möller (Hg.), Das Dritte Reich. Herrschaftsstruktur und Geschichte, 2., verb. Aufl., München 1986, 127–51 (zuerst 1983)

1776 Bock, Helmut u. a. (Hg.): Sturz ins Dritte Reich. Historische Miniaturen und Porträts 1933/35, Leipzig u. a. 1983; 424 S.

1777 Peuschel, Harald: Die Männer um Hitler. Braune Biographien: Martin Bormann, Joseph Goebbels, Hermann Göring, Reinhard Heydrich, Heinrich Himmler und andere, Düsseldorf 1982; 190 S.*

1778 Smelser, Ronald M. u. a. (Hg.): Die braune Elite, Bd. 2: 21 weitere biographische Skizzen, Darmstadt 1993; 286 S.*

1779 Smelser, Ronald M./Zitelmann, Rainer (Hg.): Die braune Elite. 22 biographische Skizzen, 2. Aufl., Darmstadt 1990; XIV, 323 S. (zuerst 1989)*

1780 Snyder, Louis L.: Hitler's Elite. Biographical Sketches of Nazis who Shaped the Third Reich, Newton Abbot/London 1989; XVI, 320 S.

1781 [Axmann, Artur] Schilde, Kurt: Artur Axmann auf der Spur. Aktivitäten des letzten Reichsjugendführers nach 1945, in: Deutsche Jugend im Zweiten Weltkrieg, Rostock 1991, 99–106

1782 [Backe, Herbert] Lehmann, Joachim: Herbert Backe – Technokrat und Agrarideologe, in: Ronald M. Smelser u. a. (Hg.), Die braune Elite, Bd. 2: 21 weitere biographische Skizzen, Darmstadt 1993, 1–12

1783 [Barbie, Klaus] Beattie, John: The Life and Career of Klaus Barbie. An Eyewitness Record, London 1984; 228 S.

1784 [Barbie, Klaus] Bower, Tom: Klaus Barbie. Lyon, Augsburg, La Paz. Karriere eines Gestapo-Chefs, Berlin 1984; 255 S. (engl.: London 1984)

1785 [Barbie, Klaus] Dabringhaus, Erhard: Klaus Barbie. The Shocking Story of how the US Used this Nazi War Criminal as an Intelligence Agent, Washington, D. C. 1984; 207 S.

1786 [Barbie, Klaus] Harzer, Philippe: Klaus Barbie et la Gestapo en France, Paris 1983; 249 S.

1787 [Barbie, Klaus] Kaufmann, Alice: Klaus Barbie. Dem Schlächter von Lyon entkommen, Wien 1987; 192 S.

1788 [Barbie, Klaus] Mérindol, Pierre: Barbie. Le procès, Lyon 1987; 377 S.**

1789 [Barbie, Klaus] Ruby, Marcel: Klaus Barbie. De Montluc à Montluc, Vorwort Marie M. Fourcade, Lyon 1983; 263 S.

1790 [Barbie, Klaus] Sánchez Salazar, Gustavo/Reimann, Elisabeth: Comment jái piége Klaus Barbie, Vorwort Gilles Perrault, Paris 1987; 199 S.

1791 [Best, Werner] Werner, Sebastian: Werner Best – Der völkische Ideologe, in: Ronald M. Smelser u. a. (Hg.), Die braune Elite, Bd. 2: 21 weitere biographische Skizzen, Darmstadt 1993, 13–25

1792 [Bohle, Ernst Wilhelm] McKale, Donald M.: Ernst Wilhelm Bohle – Chef der Auslandsorganisation (AO), in: Ronald M. Smelser u. a. (Hg.), Die braune Elite, Bd. 2: 21 weitere biographische Skizzen, Darmstadt 1993, 26–38

1793 [Börger, Wilhelm H.] Müller, Manfred: Den Weg zur Freiheit bahnen! Um Sozialismus und Sozialpolitik: NS-Arbeiteragitator W[ilhelm H.] Börger, Vorwort Hans-Joachim Arndt, Nachwort Paul Kleinewefers, Essen 1991; 120 S.

Gedruckte Quellen

1794 [Bormann, Martin] Besymenski, Lew A.: Die letzten Notizen von Martin Bormann. Ein Dokument und sein Verfasser, Stuttgart 1974; 384 S.

1795 [Bormann, Martin] The Bormann-Letters. The Private Correspondence between Martin Bormann and his Wife from January 1943 to April 1945, Hg. Hugh R. Trevor-Roper, London 1954; XXIII, 200 S.

Darstellungen

1796 [Bormann, Martin] Lang, Jochen von: Der Sekretär. Martin Bormann: Der Mann, der Hitler beherrschte, Mitarb. Claus Sibyll, 2., durchges. u. akt. Aufl., Frankfurt 1980; 511 S. (zuerst Stuttgart 1977)

1797 [Bormann, Martin] Lang, Jochen von: Martin Bormann – Hitlers Sekretär, in: Ronald M. Smelser/Rainer Zitelmann (Hg.), Die braune Elite. 22 biographische Skizzen, 2. Aufl., Darmstadt 1990, 1–14 (zuerst 1989)

1798 [Bormann, Martin] McGovern, James: Martin Bormann, London/New York 1968; 237 S.

1799 [Bormann, Martin] Peuschel, Harald: Der »Sekretär des Führers«: Martin Bormann, in: Harald Peuschel, Die Männer um Hitler. Braune Biographien: Martin Bormann, Joseph Goebbels, Hermann Göring, Reinhard Heydrich, Heinrich Himmler und andere, Düsseldorf 1982, 9–38, 172–75

1800 [Bormann, Martin] Schmier, Louis E.: Martin Bormann and the Nazi Party 1941–1945, Diss. Chapel Hill, N.C. 1969; 376 S.

1801 [Bormann, Martin] Wulf, Josef: Martin Bormann. Hitlers Schatten, Gütersloh 1962; 376 S.

1802 [Bouhler, Philipp] Noakes, Jeremy: Philipp Bouhler und die Kanzlei des Führers der NSDAP: Beispiel einer Sonderverwaltung im Dritten Reich, in: Dieter Rebentisch/Karl Teppe (Hg.), Verwaltung contra Menschenführung im Staat Hitlers. Studien zum politisch-administrativen System, Göttingen 1986, 208–36

1803 [Bouhler, Philipp] Schmuhl, Hans-Walter: Philipp Bouhler – Ein Vorreiter des Massenmordes, in: Ronald M. Smelser u. a. (Hg.), Die braune Elite, Bd. 2: 21 weitere biographische Skizzen, Darmstadt 1993, 39–50

1804 [Bürckel, Josef] Fenske, Hans: Josef Bürckel und die Verwaltung der Pfalz (1933–1940), in: Dieter Rebentisch/Karl Teppe (Hg.), Verwaltung contra Menschenführung im Staat Hitlers. Studien zum politisch-administrativen System, Göttingen 1986, 153–72

1805 [Bürckel, Josef] Harrison, E. D. H.: Gauleiter Bürckel and the Bavarian Palatinate 1933–1940, Leeds 1986 (Sonderdr. des

Aufsatzes ohne Quellenangabe: Pfälzische Landesbibliothek Speyer)

1806 [Bürckel, Josef] Meinzer, Lothar: Der Gauleiter – ein Volksfreund? Josef Bürckel (1895–1944), in: Günther List (Hg.), »Deutsche, laßt des Weines Strom sich ins ganze Reich ergießen.« Die Pfälzer und ihre Weinstraße – ein Beitrag zur alternativen Landeskunde, Heidelberg 1985, 80–105

1807 [Bürckel, Josef] Paul, Gerhard: Josef Bürckel – Der rote Gauleiter, in: Ronald M. Smelser u. a. (Hg.), Die braune Elite, Bd. 2: 21 weitere biographische Skizzen, Darmstadt 1993, 51–65

1808 [Bürckel, Josef] Schlickel, Ferdinand: Gauleiter Josef Bürckel – ein Rad im Räderwerk Hitlers, in: Pilger-Kalender (Speyer) 73 (1994), 100–13

1809 [Bürckel, Josef] Wolfanger, Dieter: Populist und Machtpolitiker. Josef Bürckel: Vom Gauleiter der Pfalz zum Chef der Zivilverwaltung in Lothringen, in: Gerhard Nestler/Hannes Ziegler (Hg.), Die Pfalz unterm Hakenkreuz. Eine deutsche Provinz während der nationalsozialistischen Terrorherrschaft, Landau 1993, 63–86

1810 [Bürkner, Trude] Klaus, Martin: Trude Bürkner (Mohr) und Jutta Rüdiger – die Reichsreferentinnen für den Bund Deutscher Mädel, in: Ilse Brehmer (Hg.), Mütterlichkeit als Profession. Lebensläufe deutscher Pädagoginnen in der ersten Hälfte dieses Jahrhunderts, Pfaffenweiler 1990, 125–36

1811 [Daluege, Kurt] Cadle, Caron: My Honor is Loyality. The Biography of S. S. General Kurt Daluege, Magisterarbeit Princeton University, Princeton, N.J. 1979; IV, 308 S. (Ms.)

1812 [Daluege, Kurt] Cadle, Caron: Kurt Daluege – Der Prototyp des loyalen Nationalsozialisten, in: Ronald M. Smelser u. a. (Hg.), Die braune Elite, Bd. 2: 21 weitere biographische Skizzen, Darmstadt 1993, 66–79

1813 [Darré, Richard Walter] Bramwell, Anna: Blood and Soil. [Richard] Walter Darré and Hitler's »Green Party«, Abbotsbroock, Bucks. 1985; VIII, 288 S.

1814 [Darré, Richard Walter] Corni, Gustavo: Richard Walter Darré – der »Blut-und-Boden«-Ideologe, in: Ronald M. Smelser/Rainer Zitelmann (Hg.), Die braune Elite. 22 biographische Skizzen, 2. Aufl., Darmstadt 1990, 15–27 (zuerst 1989)

1815 [Darré, Richard Walter] Eidenbenz, Mathias: »Blut-und-Boden«. Zu Funktion und Genese der Methaphern des Agrarismus und Biologismus in der nationalsozialistischen Bauernpropaganda R. W. Darrés, Bern u. a. 1993; 236 S.

1816 [Darré, Richard Walter] Gies, Horst: R[ichard] Walter Darré und die nationalsozialistische Bauernpolitik 1930–1933, Diss. Frankfurt 1966; 177 S.

1817 [Drexler, Anton] Phelps, Reginald H.: Anton Drexler. Der Gründer der NSDAP, in: DR 87 (1961), 1134–43

1818 [Dunckern, Anton] Wolfanger, Dieter: Anton Dunckern. Der erste Gestapochef des Saarlandes und spätere Befehlshaber der Sicherheitspolizei und des SD in Lothringen-Saarpfalz, in: JWL 18 (1992), 303–24

1819 [Eckart, Dietrich] Engelman, Ralph M.: Dietrich Eckart and the Genesis of Nazism, Diss. Washington University 1971; 266 S.

1820 [Eckart, Dietrich] Grün, Wilhelm: Dietrich Eckart als Publizist, T. 1: Einführung. Mit einer Ahnentafel bis 1285 und einer Dietrich Eckart-Bibliographie von 1868 bis 1938, München 1941; 206 S.

1821 [Eckart, Dietrich] Plewnia, Margarete: Auf dem Weg zu Hitler. Der »völkische« Publizist Dietrich Eckart, Bremen 1970; 155 S.

Gedruckte Quellen

1822 [Eichmann, Adolf] Le dossier Eichmann et »la solution finale de la question juivre«, Hg. Centre de Documentation Juive Contemporaine, Vorworte Edgar Faure u. a., Paris 1960; 221 S.

Darstellungen

1823 [Eichmann, Adolf] Arnsberg, Paul: War Eichmann ein Dämon?, in: APUZ, Nr. B 45/64, 4.11.1964, 3–18

1824 [Eichmann, Adolf] Aschenauer, Rudolf (Hg.): Ich, Adolf Eichmann. Ein historischer Zeugenbericht, Leoni 1980; 550 S.

1825 [Eichmann, Adolf] Brand, Joel: A. Eichmann. Fakten gegen Fabeln, München u. a. 1961; 47 S.

1826 [Eichmann, Adolf] Frei, Norbert: »unsere Arbeiten auf anständige Art und Weise bearbeitet...« Adolf Eichmann und die Wannseee-Konferenz, in: Tribüne 21 (1981), 43–59

1827 [Eichmann, Adolf] Kempner, Robert M. W.: Eichmann und Komplizen, Zürich u. a. 1961; 452 S.**

1828 [Eichmann, Adolf] Levine, Herbert S.: Politik, Persönlichkeit und Verbrechertum im Dritten Reich. Der Fall Adolf Eichmann, in: Jürgen Bergmann u. a. (Hg.), Geschichte als politische Wissenschaft, Stuttgart 1979, 175–93

1830 [Eichmann, Adolf] Pendorf, Robert: Mörder und Ermordete. Eichmann und die Judenpolitik des Dritten Reiches, Hamburg 1961; 150 S.

1831 [Eichmann, Adolf] Reynolds, Quentin u. a.: Minister of Death. The Adolf Eichmann Story, New York 1960; 246 S.

1832 [Eichmann, Adolf] Safrian, Hans: Die Eichmann-Männer, Wien/Zürich 1993; 359 S. (TB Frankfurt 1995)

1833 [Eltz-Rübenach, Paul Freiherr von] Küppers, Heinrich: Ein rheinisches Schicksal zwischen Demokratie und Diktatur: Paul Freiherr von Eltz-Rübenach (1875–1943), in: JWL 19 (1993), 493–516

1834 [Feder, Gottfried] Tyrell, Albrecht: Gottfried Feder – der gescheiterte Programmatiker, in: Ronald M. Smelser/Rainer Zitelmann (Hg.), Die braune Elite. 22 biographische Skizzen, 2. Aufl., Darmstadt 1990, 28–40 (zuerst 1989)

1835 [Feder, Gottfried] Tyrell, Albrecht: Gottfried Feder and the NSDAP, in: Peter D. Stachura (Hg.), The Shaping of the Nazi State, London/New York 1978, 48–87

1836 [Frank, Hans] Frank, Hans: Im Angesicht des Galgens. Deutung Hitlers und seiner Zeit auf Grund eigener Erlebnisse und Erkenntnisse, 2. Aufl., Neuhaus b. Schliersee 1955; 445 S. (zuerst München 1953)

1837 [Frank, Hans] Frank, Niklas: Der Vater. Eine Abrechnung, Vorwort Ralph Giordano, 2. Aufl., München 1993; 314 S. (zuerst 1987)

1838 [Frank, Hans] Housden, Martyn: Hans Frank – Empire Builder in the East, 1939–41, in: EHQ 24 (1994), 367–93

1839 [Frank, Hans] Kleßmann, Christoph: Hans Frank – Parteijurist und Generalgouverneur in Polen, in: Ronald M. Smelser/Rainer Zitelmann (Hg.), Die braune Elite. 22 biographische Skizzen, 2. Aufl., Darmstadt 1990, 41–51 (zuerst 1989)

1840 [Frank, Hans] Kleßmann, Christoph: Der Generalgouverneur Hans Frank, in: VfZ 19 (1971), 245–66

1841 [Frank, Hans] Schudnagies, Christian: Hans Frank. Aufstieg und Fall des NS-Juristen und Generalgouverneurs, Frankfurt u. a. 1989; 168 S.

1842 [Frank, Hans] Willoweit, Dietmar: Deutsche Rechtsgeschichte und »nationalsozialistische Weltanschauung«: das Beispiel Hans Frank, in: Michael Stolleis/Dieter Simon (Hg.), Rechtsgeschichte im Nationalsozialismus. Beiträge zur Geschichte einer Disziplin, Tübingen 1989, 25–42

1843 [Frank, Walter] Schulze, Hagen: Walter Frank, in: Hans-Ulrich Wehler (Hg.), Deutsche Historiker, Bd. 7, Göttingen 1980, 69–81

1844 [Freisler, Roland] Buchheit, Gerd: Richter in roter Robe. Freisler, Präsident des Volksgerichtshofes, München 1968; 294 S.

1845 [Freisler, Roland] Ortner, Helmut: Der Hinrichter. Roland Freisler – Mörder im Dienste Hitlers, Wien 1993; 352 S. (TB Göttingen 1995)

Gedruckte Quellen

1846 [Frick, Wilhelm] Weber, Reinhard: »Ein tüchtiger Beamter von makelloser Vergangenheit«. Das Disziplinarverfahren gegen den Hochverräter Wilhelm Frick. (Dokumentation), in: VfZ 42 (1994), 129–50

Darstellungen

1847 [Frick, Wilhelm] Neliba, Günter: Wilhelm Frick. Der Legalist des Unrechtsstaates. Eine politische Biographie, Paderborn u.a. 1992; 418 S.

1848 [Frick, Wilhelm] Neliba, Günter: Wilhelm Frick – Reichsinnenminister und Rassist, in: Ronald M. Smelser u.a. (Hg.), Die braune Elite, Bd. 2: 21 weitere biographische Skizzen, Darmstadt 1993, 80–90

1849 [Funk, Walther] Herbst, Ludolf: Walther Funk – Vom Journalisten zum Reichswirtschaftsminister, in: Ronald M. Smelser u.a. (Hg.), Die braune Elite, Bd. 2: 21 weitere biographische Skizzen, Darmstadt 1993, 91–102

1850 [Globke, Hans] Kempner, Robert M. W.: Begegnungen mit Hans Globke: Berlin – Nürnberg – Bonn, in: Klaus Gotto (Hg.), Der Staatssekretär Adenauers. Persönlichkeit und politisches Wirken Hans Globkes, Stuttgart 1980, 213–29**

1851 [Globocnik, Odilo] Black, Peter R.: Odilo Globocnik – Himmlers Vorposten im Osten, in: Ronald M. Smelser u.a. (Hg.), Die braune Elite, Bd. 2: 21 weitere biographische Skizzen, Darmstadt 1993, 103–15

1852 [Globocnik, Odilo] Black, Peter R.: Rehearsals for »Reinhard«? Odilo Globocnik and the Lublin Selbstschutz, in: CEH 25 (1992), 204–26

Quellenkunde

1853 [Goebbels, Joseph] Bucher, Peter: Die Tagebücher von Joseph Goebbels, in: 1999 3 (1988), Nr. 2, 89–95

1854 [Goebbels, Joseph] Fröhlich, Elke: Joseph Goebbels und sein Tagebuch. Zu den handschriftlichen Aufzeichnungen von 1924 bis 1941, in: VfZ 35 (1987), 489–522

1855 [Goebbels, Joseph] Jäckel, Eberhard: Die Tagebücher von Joseph Goebbels, in: HZ 248 (1989), 637–48

1856 [Goebbels, Joseph] Janßen, Karl-Heinz: Der ganze Goebbels. Die unglaubliche Geschichte der Goebbels-Tagebücher, in: Zeit, Jg. 45, Nr. 10, 2.3. 1987, 64

1857 [Goebbels, Joseph] Koch, Peter-Ferdinand (Hg.): Die Tagebücher des Doktor Joseph Goebbels – Geschichte und Vermarktung, Hamburg/München 1988; 332 S.

1858 [Goebbels, Joseph] Sösemann, Bernd: »Ein tieferer geschichtlicher Sinn aus dem Wahnsinn«. Die Goebbels-Tagebuchaufzeichnungen als Quelle für das Verständnis des nationalsozialistischen Herrschaftssystems und seiner Propaganda, in: Thomas Nipperdey u.a. (Hg.), Weltbürgerkrieg der Ideologien. Antworten an Ernst Nolte. Festschrift zum 70. Geburtstag, Frankfurt/Berlin 1993, 136–74

1859 [Goebbels, Joseph] Sösemann, Bernd: Die Tagebuchaufzeichnungen des Joseph Goebbels und ihre unzulänglichen Veröffentlichungen, in: Publizistik 37 (1992), 213–44

1860 [Goebbels, Joseph] Sösemann, Bernd: Inszenierungen für die Nachwelt. Editionswissenschaftliche und textkritische Untersuchungen zu Joseph Goebbels' Erinnerungen, diaristischen Notizen und täglichen Diktaten, in: HZ-Sonderh. 16 (1992), 1–45

1861 [Goebbels, Joseph] Wette, Wolfram: Das Ringen um die Goebbels-Tagebücher. Eine von Elke Fröhlich herausgegebene Teilausgabe. Wer hat das Nutzungsrecht?, in: FR, Jg. 46, Nr. 59, 10.3. 1990, ZB 4

Gedruckte Quellen

1862 [Goebbels, Joseph] Fröhlich, Elke (Hg.): Die Tagebücher von Joseph Goebbels, Teil I: Sämtliche Fragmente, Abteilung 1: Aufzeichnungen 1924–1941, hg. i. A. des Instituts für Zeitgeschichte u. in Verbindung mit dem Bundesarchiv, 4 Bde., Interimsregister, München u.a. 1987; CVIII, 654; V, 764; V, 682; V, 741; 351 S.

1863 [Goebbels, Joseph] Fröhlich, Elke (Hg.): Die Tagebücher von Joseph Goebbels, Teil II: Diktate 1941–1945, hg. i. A. des Instituts für Zeitgeschichte u. mit Unterstützung des Staatlichen Archivdienstes Rußlands, Bd. 3, 7–9, 11, München u.a. 1993–1994; 613, 702, 591, 655, 616 S. (wird fortgesetzt; insges. ca. 15 Bde. u. Gesamtregister)

1864 [Goebbels, Joseph] Fröhlich, Elke: Hitler und Goebbels im Krisenjahr 1944. Aus den Tagebüchern des Reichspropagandaministers, in: VfZ 38 (1990), 195–224

1865 [Goebbels, Joseph] Goebbels, Joseph: Vom Kaiserhof zur Reichskanzlei. Eine historische Darstellung in Tagebuchblättern. (Vom 1. Januar 1932 bis zum 1. Mai 1933), München 1934 (u. ö.); 308 S.

1866 [Goebbels, Joseph] Goebbels, Joseph: Tagebücher 1945. Die letzten Aufzeichnungen, Einführung Rolf Hochhuth, Nachbemerkung François Genoud, Hamburg 1977; 607 S.

1867 [Goebbels, Joseph] Heiber, Helmut (Hg.): Goebbels Reden 1932–1945, 2. Aufl., Bindlach 1991; 864 S. (zuerst Düsseldorf 1971–1972)

1868 [Goebbels, Joseph] Heiber, Helmut (Hg.): Das Tagebuch von Joseph Goebbels 1925/26. Mit weiteren Dokumenten, 2. Aufl., Stuttgart 1961; 144 S. (zuerst 1960; engl.: London 1962 u.d.T.: The Early Goebbels Diaries)

1869 [Goebbels, Joseph] Lochner, Louis P. (Hg.): Goebbels Tagebücher aus den Jahren 1942–43. Mit anderen Dokumenten, Zürich 1948; 528 S.

1870 [Goebbels, Joseph] Reuth, Ralf G. (Hg.): Joseph Goebbels. Tagebücher 1924–1945, 5 Bde., 1. u. 2. Aufl., München/ Zürich 1992; 2304 S.

Darstellungen

1871 [Goebbels, Joseph] Bärsch, Claus-Ekkehard: Erlösung und Vernichtung. Dr. phil. Joseph Goebbels. Zur Psyche und Ideologie eines jungen Nationalsozialisten 1923–1927, München 1987; 431 S.

1872 [Goebbels, Joseph] Bärsch, Claus-Ekkehard: Das Katastrophenbewußtsein eines werdenden Nationalsozialisten. Der Antisemitismus im Tagebuch des Joseph Goebbels, in: Menora 1 (1990), 125–51

1873 [Goebbels, Joseph] Borresholm, Boris von (Hg.): Dr. Goebbels. Nach Aufzeichnungen aus seiner Umgebung, Mitarb. Karena Niehoff, Berlin 1949; 238 S.

1874 [Goebbels, Joseph] Bramstedt, Ernest K.: Goebbels und die nationalsozialistische Propaganda 1925–1945, Frankfurt 1971; 631 S. (amerikan.: East Lansing, Mich. 1965)

1875 [Goebbels, Joseph] Bramstedt, Ernest K.: Goebbels and his Newspaper Der Angriff, in: Max Beloff (Hg.), On the Track of Tyranny. Essays presented by the Wiener Library to Leonhard G. Montefiore, O.B.E. on the Occasion of His Seventieth Birthday, London 1960, 45–65

1876 [Goebbels, Joseph] Ebermayer, Erich/ Meißner, Hans-Otto: Gefährtin des Teufels. Leben und Tod der Magda Goebbels, Hamburg 1952; 360 S.

1877 [Goebbels, Joseph] Fest, Joachim C.: Paul Joseph Goebbels (1897–1945), in: Wolfgang F. Haug (Hg.), Deutsche Publizisten des 15. bis 20. Jahrhunderts, München-Pullach/Berlin 1971, 399–407

1878 [Goebbels, Joseph] Fraenkel, Heinrich/Manvell, Roger: Goebbels. Eine Biographie, Köln 1960; 319 S. (engl.: London/ New York 1960)

1879 [Goebbels, Joseph] Fröhlich, Elke: Joseph Goebbels – der Propagandist, in: Ronald M. Smelser/Rainer Zitelmann (Hg.), Die braune Elite. 22 biographische Skizzen, 2. Aufl., Darmstadt 1990, 52–68 (zuerst 1989)

1880 [Goebbels, Joseph] Heiber, Helmut: Joseph Goebbels, 3. Aufl., München 1988; 400 S. (zuerst Berlin 1962)

1881 [Goebbels, Joseph] Heiber, Helmut: Joseph Goebbels und seine Redakteure. Einige Anmerkungen zu einer neuen Biographie, in: VfZ 9 (1961), 66–75

1882 [Goebbels, Joseph] Höhn, Gerhard: Krisologie und Verheißungen eines jungen Dr. phil. – Versuch über Joseph Goebbels Tagebuchroman »Michael Vormann«, in: Manfred Gangl/Gérard Raulet (Hg.), Intellektuellendiskurse in der Weimarer Republik. Zur politischen Kultur einer Gemengelage, Frankfurt/New York 1994, 245–55

1883 [Goebbels, Joseph] Höver, Ulrich: Joseph Goebbels – ein nationaler Sozialist, Bonn/Berlin 1992; 496 S.

1884 [Goebbels, Joseph] Kessemeier, Carin: Der Leitartikler Goebbels in den NS-Organen »Der Angriff« und »Das Reich«, Münster 1967; 348 S.

1885 [Goebbels, Joseph] McMasters Hunt, Richard: Joseph Goebbels. A Study of the Formation of His National-Socialist Consciousness (1897–1926), Diss. Harvard University, Cambridge, Mass. 1960

1886 [Goebbels, Joseph] Michels, Helmut: Ideologie und Propaganda. Die Rolle von Joseph Goebbels in der nationalsozialistischen Außenpolitik bis 1939, Frankfurt u. a. 1992; 458 S.

1887 [Goebbels, Joseph] Neuhaus, Helmut: Der Germanist Dr. phil. Joseph Goebbels. Bemerkungen zur Sprache des Joseph Goebbels in seiner Dissertation aus dem Jahre 1922, in: ZfdPh 93 (1974), 398–416

1888 [Goebbels, Joseph] Nill, Ulrich: Die »geniale Vereinfachung«. Anti-Intellektualismus in Ideologie und Sprachgebrauch bei Joseph Goebbels, Frankfurt u. a. 1991; 377 S.

1889 [Goebbels, Joseph] Oven, Wilfried von: Finale furioso. Mit Goebbels bis zum Ende, 2. Aufl., Tübingen 1974; 662 S. (zuerst Buenos Aires 1949/50)

1890 [Goebbels, Joseph] Peuschel, Harald: »Wollt ihr den totalen Krieg?«: Joseph Goebbels, in: Harald Peuschel, Die Männer um Hitler. Braune Biographien: Martin Bormann, Joseph Goebbels, Hermann Göring, Reinhard Heydrich, Heinrich Himmler und andere, Düsseldorf 1982, 39–63, 175–77

1891 [Goebbels, Joseph] Reimann, Viktor: Dr. Joseph Goebbels, Wien u. a. 1971; 383 S.

1892 [Goebbels, Joseph] Reuth, Ralf G.: Goebbels, 2. Aufl., München 1991; 760 S. (zuerst 1990)

1893 [Goebbels, Joseph] Reuth, Ralph G.: Glaube und Judenhaß als Konstanten im Leben des Joseph Goebbels, in: Ralf G. Reuth (Hg.), Joseph Goebbels. Tagebücher 1924–1945, Bd. 1, 1. u. 2. Aufl., München/ Zürich 1992, 20–46

1894 [Goebbels, Joseph] Riess, Curt: Joseph Goebbels. Eine Biographie, unveränd. Neuausg., München o. J. [1975]; XVIII, 508 S. (zuerst Baden-Baden 1950)

1895 [Goebbels, Joseph] Schaumburg-Lippe, Friedrich Christian Prinz zu: Dr. G. Ein Porträt des Reichspropagandaministers, 3. Aufl., Wiesbaden 1972; 288 S. (2. Aufl. 1964)

1896 [Goebbels, Joseph] Schrader, Hans-Jürgen: Joseph Goebbels als Raabe-Redner, in: JbRG 1974, 112–15

1897 [Goebbels, Joseph] Semmler, Rudolf: Goebbels – the Man Next to Hitler, Einleitung D. McLachlan, Anmerkungen G. S. Wagner, London 1947; 234 S.

1898 [Goebbels, Joseph] Voigt, Gerhard: Goebbels als Markentechniker, in: Wolfgang F. Haug (Hg.), Warenästhetik. Beiträge zur Diskussion, Weiterentwicklung und Vermittlung ihrer Kritik, Frankfurt 1975, 231–60

Quellenkunde

1899 [Göring, Hermann] Weiß, Hermann: Die Aufzeichnungen Hermann Görings im Institut für Zeitgeschichte, in: VfZ 31 (1983), 365–68

Gedruckte Quellen

1900 [Göring, Hermann] Emessen, Theodor R. (Hg.): Aus Görings Schreibtisch. Ein Dokumentenfund, Berlin 1947; 127 S.

Darstellungen

1901 [Göring, Hermann] Bender, Roger J./Petersen, George A.: Hermann Göring: from Regiment to Fallschirmpanzerkorps, San José 1975; 208 S.

1902 [Göring, Hermann] Bewley, Charles H.: Hermann Göring and the Third Reich. A Biography Based on Famiily and Official Records, New York 1962; XVI, 517 S.

1903 [Göring, Hermann] Butler, Ewan/ Young, Gordon: Marshal without Glory, London 1951; 287 S.

1904 [Göring, Hermann] Frischauer, Willi: Göring, London 1950; 304 S. (amerikan.: New York 1951)

1905 [Göring, Hermann] Göring, Emmy: An der Seite meines Mannes. Begebenheiten und Bekenntnisse, Göttingen 1967; 337 S.

1906 [Göring, Hermann] Irving, David: Göring, 1.–3. Aufl., München u. a. 1987; 836 S. (TB Reinbek 1989)

1907 [Göring, Hermann] Kube, Alfred: Pour le mérite und Hakenkreuz. Hermann Göring im Dritten Reich, 2. Aufl., München 1987; 389 S. (zuerst 1986)

1908 [Göring, Hermann] Kube, Alfred: Hermann Göring – Zweiter Mann im »Dritten Reich«, in: Ronald M. Smelser/ Rainer Zitelmann (Hg.), Die braune Elite. 22 biographische Skizzen, 2. Aufl., Darmstadt 1990, 69–83 (zuerst 1989)

1909 [Göring, Hermann] Lee, Asher: Goering. Air Leader, London/New York 1972; 256 S.

1910 [Göring, Hermann] Manvell, Roger/ Fraenkel, Heinrich: Hermann Göring, Hannover 1962; 401 S. (engl.: London/New York 1961)

1911 [Göring, Hermann] Martens, Stefan: Hermann Göring. »Erster Paladin des Führers« und »Zweiter Mann im Reich«, Paderborn 1985; 405 S.

1912 [Göring, Hermann] Martens, Stefan: Die Rolle Hermann Görings in der deutschen Außenpolitik 1937/38, in: Franz Knipping/Klaus-Jürgen Müller (Hg.), Machtbewußtsein in Deutschland am Vorabend des Zweiten Weltkrieges, Paderborn 1984, 75–92

1913 [Göring, Hermann] Martens, Stefan: Hermann Göring: Der »Zweite Mann« im Reich?, in: Francia 12 (1984), 473–90

1914 [Göring, Hermann] Mommsen, Hans: Reflections on the Position of Hitler and Göring in the Third Reich, in: Thomas Childers/Jane Caplan (Hg.), Reevaluating the Third Reich, New York/London 1993, 86–97

1915 [Göring, Hermann] Mosley, Leonhard: The Reichs's Marshall. A Biography of Hermann Göring, London/New York 1974; XI, 394 S.

1916 [Göring, Hermann] Overy, Richard J.: Hermann Göring. Machtgier und Eitelkeit, München 1986; 475 S. (engl.: London 1984)

1917 [Göring, Hermann] Paul, Wolfgang: Wer war Hermann Göring? Biographie, Esslingen 1983; 367 S.

1918 [Göring, Hermann] Peuschel, Harald: »Ich habe kein Gewissen! Mein Gewissen heißt Adolf Hitler«:, in: Harald Peuschel, Die Männer um Hitler. Braune Biographien: Martin Bormann, Joseph Goebbels, Hermann Göring, Reinhard Heydrich, Heinrich Himmler und andere, Düsseldorf 1982, 64–93, 177–79

1919 [Göring, Hermann] Tyrell, Albrecht: Der Wegbereiter – Hermann Göring als politischer Beauftragter Hitlers in Berlin 1930–1932/33, in: Manfred Funke u. a. (Hg.), Demokratie und Diktatur. Geist und Gestalt politischer Herrschaft in Deutschland und Europa. Festschrift für Karl Dietrich Bracher, Düsseldorf 1987, 158–77

1920 [Greiser, Arthur] Kershaw, Ian: Arthur Greiser – Ein Motor der »Endlösung«, in: Ronald M. Smelser u. a. (Hg.), Die braune Elite, Bd. 2: 21 weitere biographische Skizzen, Darmstadt 1993, 116–27

1921 [Gürtner, Franz] Gruchmann, Lothar: Franz Gürtner – Justizminister unter Hitler, in: Ronald M. Smelser u. a. (Hg.), Die braune Elite, Bd. 2: 21 weitere biographische Skizzen, Darmstadt 1993, 128–36

1922 [Gürtner, Franz] Reitter, Ekkehard: Franz Gürtner. Politische Biographie eines deutschen Juristen 1881–1941, Berlin 1976; 238 S.

1923 [Hanfstaengl, Ernst] Marwell, David G.: Ernst Hanfstaengl – Des »Führers« Klavierspieler, in: Ronald M. Smelser u. a. (Hg.), Die braune Elite, Bd. 2: 21 weitere biographische Skizzen, Darmstadt 1993, 137–49

Gedruckte Quellen

1924 [Heß, Rudolf] The Case of Rudolf Hess. A Problem in Diagnosis and Forensic Psychiatry. By the Following Physicians in the Services Who Have Been Concerned with Him from 1941 to 1946, Henry V. Dicks u. a., London 1947; 224 S.

1925 [Heß, Rudolf] Heß, Rudolf: Briefe 1908–1933, Hg. Rüdiger Heß, München 1987; 439 S.

Darstellungen

1926 [Heß, Rudolf] Bird, Eugene K.: Heß. Der »Stellvertreter des Führers«. Englandflug und britische Gefangenschaft Nürnberg und Spandau, München 1974; 310 S. (engl.: London 1974)

1927 [Heß, Rudolf] Douglas-Hamilton, James: Geheimflug nach England. Der »Friedensbote« Rudolf Heß und seine Hintermänner, Vorwort Alan Bullock, Nachwort f. d. dt. Ausg. Hans-Adolf Jacobsen, 1. u. 2. Aufl., Düsseldorf 1973; 224 S. (engl.: London 1971)

1928 [Heß, Rudolf] Hutton, J. Bernhard: Hess. The Man and His Mission, Einleitung Airey Neave, London 1970; 262 S.

1929 [Heß, Rudolf] Irving, David: Rudolf Heß – ein gescheiterter Friedensbote? Die Wahrheit über die unbekannten Jahre 1941–1945, Graz u. a. 1987; 479 S.

1930 [Heß, Rudolf] Leasor, James: Der utopische Friede. Der Englandflug von Rudolf Heß, Bergisch Gladbach 1979; 271 S. (engl.: London/New York 1962 u. d. T.: Rudolf Heß. The Uninvited Envoy)

1931 [Heß, Rudolf] Manvell, Roger/Fraenkel, Heinrich: Hess. A Biography, London 1971; 256 S.

1932 [Heß, Rudolf] Orlow, Dietrich: Rudolf Heß – »Stellvertreter des Führers«, in:

Ronald M. Smelser/Rainer Zitelmann (Hg.), Die braune Elite. 22 biographische Skizzen, 2. Aufl., Darmstadt 1990, 84–97 (zuerst 1989)

1933 [Heß, Rudolf] Padfield, Peter: Hess. Flight for the Führer, London 1991; XIV, 370 S.

1934 [Heß, Rudolf] Schmidt, Rainer F.: Der Heß-Flug und das Kabinett Churchill. Hitlers Stellvertreter im Kalkül der britischen Kriegsdiplomatie Mai-Juni 1941, in: VfZ 42 (1994), 1–38

1935 [Heß, Rudolf] Schwarzwäller, Wulf: Rudolf Heß. »Der Stellvertreter des Führers«. Der Mann in Spandau, Wien 1974; 303 S.

1936 [Heß, Rudolf] Seidl, Alfred: Der Fall Rudolf Heß 1941–1987. Dokumentation des Verteidigers, 3., erw. Aufl., München 1988; 582 S. (1. u. 2. Aufl. 1984)

1937 [Heß, Rudolf] Stauffer, Paul: Rudolf Heß und die Schutzmacht Schweiz (1941–1945), in: SZG 37 (1987), 260–84

1938 [Hewel, Walther] Syring, Enrico: Walther Hewel – Ribbentrops Mann beim »Führer«, in: Ronald M. Smelser u. a. (Hg.), Die braune Elite, Bd. 2: 21 weitere biographische Skizzen, Darmstadt 1993, 150–65

Gedruckte Quellen

1939 [Heydrich, Reinhard] Berton, Stanislav F.: Das Attentat auf Reinhard Heydrich vom 27. Mai 1942. Ein Bericht des Kriminalrats Heinz Pannwitz. (Dokumentation), in: VfZ 33 (1985), 668–706

Darstellungen

1940 [Heydrich, Reinhard] Aronson, Shlomo: Reinhard Heydrich und die Frühgeschichte von Gestapo und SD, Stuttgart 1971; 339 S.

1941 [Heydrich, Reinhard] Calic, Edouard: Reinhard Heydrich. Schlüsselfigur des Dritten Reiches, Düsseldorf 1982; 577 S.

1942 [Heydrich, Reinhard] Deschner, Günther: Reinhard Heydrich. Statthalter der totalen Macht. Biographie, 3. Aufl., Esslingen 1992; 368 S. (zuerst 1977)

1943 [Heydrich, Reinhard] Deschner, Günther: Reinhard Heydrich – Technokrat der Sicherheit, in: Ronald M. Smelser/Rainer Zitelmann (Hg.), Die braune Elite. 22 biographische Skizzen, 2. Aufl., Darmstadt 1990, 98–114 (zuerst 1989)

1944 [Heydrich, Reinhard] Graber, G. S.: The Life and Times of Reinhard Heydrich, New York 1980; 245 S. (London 1981)

1945 [Heydrich, Reinhard] Ivanov, Miroslav: Target: Heydrich, New York 1974; 292 S. (franz.: Paris 1972 u. d. T.: L'attentat contre Heydrich. 27 mai 1942)

1946 [Heydrich, Reinhard] MacDonald, Callum: Heydrich – Anatomie eines Attentats, München 1990; 288 S. (engl.: London 1989)

1947 [Heydrich, Reinhard] Paillard, Georges/Rougérie, Claude: Reinhard Heydrich (Protecteur de Bohême et Moravie). Le violoniste de la mort, Paris 1973; 316 S.

1948 [Heydrich, Reinhard] Peuschel, Harald: »Der Mensch ist das perfekteste Raubtier«: Reinhard Heydrich, in: Harald Peuschel, Die Männer um Hitler. Braune Biographien: Martin Bormann, Joseph Goebbels, Hermann Göring, Reinhard Heydrich, Heinrich Himmler und andere, Düsseldorf 1982, 94–121, 180–83

1949 [Heydrich, Reinhard] Schmoller, Gustav von: Heydrich im Protektorat Böhmen und Mähren, in: VfZ 27 (1979), 626–45

1950 [Heydrich, Reinhard] Ströbinger, Rudolf: Das Attentat von Prag, Landshut 1976; 270 S.

1951 [Heydrich, Reinhard] Wighton, Charles: Heydrich. Hitler's Most Evil Henchman, London 1962; 288 S.

1952 [Heydrich, Reinhard] Wykes, Alan: Reinhard Heydrich. Der Mann im Schatten der SS, 2. Aufl., Rastatt 1985; 144 S. (zuerst 1982; engl.: London 1973)

1953 [Hilgenfeldt, Erich] Vorländer, Herwart: Erich Hilgenfeldt – Reichswalter der NSV, in: Ronald M. Smelser u. a. (Hg.), Die braune Elite, Bd. 2: 21 weitere biographische Skizzen, Darmstadt 1993, 166–78

Gedruckte Quellen

1954 [Himmler, Heinrich] Heiber, Helmut (Hg.): Reichsführer! ... Briefe an und von Himmler, 2. Aufl., München 1970; 399 S. (zuerst Stuttgart 1968)

1955 [Himmler, Heinrich] Die Rede Himmlers vor den Gauleitern am 3. August 1944. (Dokumentation), in: VfZ 1 (1953), 357–94

1956 [Himmler, Heinrich] Smith, Bradley F./Peterson, Agnes F. (Hg.): Heinrich Himmler. Geheimreden 1933–1945 und andere Ansprachen, Einleitung Joachim C. Fest, Frankfurt 1974; 319 S.

Darstellungen

1957 [Himmler, Heinrich] Ackermann, Josef: Heinrich Himmler als Ideologe, Göttingen 1970; 317 S.

1958 [Himmler, Heinrich] Ackermann, Josef: Heinrich Himmler – »Reichsführer-SS«, in: Ronald M. Smelser/Rainer Zitelmann (Hg.), Die braune Elite. 22 biographische Skizzen, 2. Aufl., Darmstadt 1990, 115–33 (zuerst 1989)

1959 [Himmler, Heinrich] Breitman, Richard: The Architect of Genocide. Himmler and the Final Solution, London 1991; XII, 335 S.

1960 [Himmler, Heinrich] Calic, Edouard: Himmler et son empire, Paris 1966; 682 S.

1961 [Himmler, Heinrich] Frischauer, Willi: Himmler. The Evil Genius of the Third Reich, London/Boston, Mass. 1953; 270 S.

1962 [Himmler, Heinrich] Kersten, Felix: Totenkopf und Treue. Heinrich Himmler ohne Uniform. Aus den Tagebuchblättern des finnischen Medizinalrats, Hamburg 1952; 407 S.**

1963 [Himmler, Heinrich] Manvell, Roger/ Fraenkel, Heinrich: Heinrich Himmler, London/New York 1965; XVII, 285 S.

1964 [Himmler, Heinrich] Padfield, Peter: Himmler. Reichsführer SS, New York 1991; XIV, 656 S.

1965 [Himmler, Heinrich] Peuschel, Harald: »Dann gehört die Erde uns«: Heinrich Himmler, in: Harald Peuschel, Die Männer um Hitler. Braune Biographien: Martin Bormann, Joseph Goebbels, Hermann Göring, Reinhard Heydrich, Heinrich Himmler und andere, Düsseldorf 1982, 122–45, 183–86

1966 [Himmler, Heinrich] Schulze, Birgit: Heinrich Himmler, das Reichsministerium des Innern und das Verhältnis von Staat und Partei 1943–1945, in: Klaus Möltgen (Hg.), Kriegswirtschaft und öffentliche Verwaltung im Ruhrgebiet 1939–1945. Dokumentation des 4. Symposiums der Dokumentations- und Forschungsstelle für Beamten- und Verwaltungsgeschichte der Fachhochschule für öffentliche Verwaltung Nordrhein-Westfalen in Dortmund am 20. Oktober 1989, Dortmund 1990, 9–30 (Diskussion: 31–33)

1967 [Himmler, Heinrich] Smith, Bradley F.: Heinrich Himmler. Sein Weg in den deutschen Faschismus, München 1979; 280 S. (amerikan.: Stanford, Ca. 1971)

1968 [Himmler, Heinrich] Wulf, Josef: Heinrich Himmler. Eine biographische Studie. (Das Dritte Reich und seine Mörder, 2), Berlin 1960; 39 S.

1969 [Himmler, Heinrich] Wykes, Alan: Reichsführer SS Himmler, Rastatt 1981; 158 S. (engl.: London 1973)

1970 [Höß, Rudolf] Montau, Robert: Höß lesen, in: Harald Welzer (Hg.), Nationalsozialismus und Moderne, Tübingen 1993, 128–49

1971 [Höß, Rudolf] Zeiler, Joachim: Psychogramm des Kommandanten von Auschwitz: Erkenntnis und Begegnung durch Zerstörung. Zur Autobiographie des Rudolf Höß, in: Psyche 45 (1991), 335–61

Gedruckte Quellen

1972 [Hugenberg, Alfred] Ritthaler, Anton: Eine Etappe auf Hitlers Weg zur ungeteilten Macht. Hugenbergs Rücktritt als Reichsminister. (Dokumentation), in: VfZ 8 (1960), 193–219

Darstellungen

[Hugenberg, Alfred] Borchmeyer, Josef (Hg.): Hugenbergs Ringen in deutschen Schicksalsstunden. Tatsachen und Entscheidungen in dem Verfahren zu Detmold und Düsseldorf 1949/50, Detmold:

1973 – Bd. 1: Lothar Steuer, Hugenberg und die Hitler-Diktatur. Ein Beitrag zur Verteidigung von Dr. Alfred Hugenberg in dem Entnazifizierungsverfahren vor dem Berufungsverfahren vor dem Berufungsausschuß Detmold, 1949; 94 S.

1974 – Bd. 2: Weitere Beiträge zum Entnazifizierungsverfahren 1949, 1949; 59 S.

1975 – Bd. 3: Nachtrag vom Februar 1951, 1951; 12 S.

1976 [Hugenberg, Alfred] Corni, Gustavo: Alfred Hugenberg as Minister of Agriculture: Interlude or Continuity, in: GH 7 (1989), 204–25

1977 [Hugenberg, Alfred] Dietrich, Valeska: Alfred Hugenberg. Ein Manager in der Publizistik, Diss. FU Berlin 1960; 124 S., 3 Anl.

1978 [Hugenberg, Alfred] Jones, Larry E.: »The Greatest Stupidity of my Life«: Alfred Hugenberg and the Formation of the Hitler Cabinett, January 1933, in: JCH 27 (1992), 63–87

1979 [Hugenberg, Alfred] Leopold, John A.: Alfred Hugenberg. The Radical Nationalist Campaign against the Weimar Republic, New Haven, Conn./London 1977; XVI, 298 S.

1980 [Hugenberg, Alfred] Wernecke, Klaus: Der vergessene Führer. Aufstieg und Fall des Medienzaren Alfred Hugenberg, in: 1933 – Wege zur Diktatur, Ergänzungsbd., Hg. Staatliche Kunsthalle Berlin, Red. Dieter Ruckhaberle u. a., Berlin 1983, 187–200

1981 [Hugenberg, Alfred] Wernecke, Klaus/Heller, Peter: Der vergessene Führer. Alfred Hugenberg. Pressemacht und Nationalsozialismus, Hamburg 1982; 231 S.

1982 [Joel, Kurt] Godau-Schüttke, Klaus-Detlev: Rechtsverwalter des Reiches. Staatssekretär Dr. Curt Joel, Frankfurt u. a. 1981; 241 S.

1983 [Jordan, Rudolf] Jordan, Rudolf: Erlebt und erlitten. Weg eines Gauleiters von München bis Moskau, Leoni 1971; 368 S.

1984 [Kaltenbrunner, Ernst] Black, Peter R.: Ernst Kaltenbrunner – Chef des Reichssicherheitshauptamtes, in: Ronald M. Smelser/Rainer Zitelmann (Hg.), Die braune Elite. 22 biographische Skizzen, 2. Aufl., Darmstadt 1990, 159–72 (zuerst 1989)

1985 [Kaltenbrunner, Ernst] Black, Peter R.: Ernst Kaltenbrunner. Himmlers Prokonsul: Eine SS-Karriere, Paderborn 1991; 351 S. (amerikan.: Princeton, N.J. 1984)

1986 [Kaltenbrunner, Ernst] Black, Peter R.: Ernst Kaltenbrunner and the Final Solution, in: Randolph L. Braham (Hg.), Contemporary Views on Holocaust, Boston u. a. 1983, 183–99

1987 [Klagges, Dietrich] Berg, Rudolf (d. i. Dietrich Klagges): Angeklagter oder Ankläger? Das Schlußwort im Klagges-Prozeß, Göttingen 1954; 87 S.

1988 [Klagges, Dietrich] Kuessner, Dietrich: Dietrich Klagges – 1891–1971. Eine biographische Skizze, in: Es geschah in Braunschweig. Gegen das Vergessen der nationalsozialistischen Vergangenheit, Hg. JUSO-Unterbezirk Braunschweig, o. J. [1989], 112–33

1989 [Kritzinger, Wilhelm] Mommsen, Hans: Aufgabenkreis und Verantwortlichkeit des Staatssekretärs der Reichskanzlei Dr. Wilhelm Kritzinger, in: Gutachten des Instituts für Zeitgeschichte, Bd. 2, Stuttgart 1966, 369–98

Gedruckte Quellen

1990 [Kube, Richard] Heiber, Helmut (Bearb.): Aus den Akten des Gauleiters [Richard] Kube. (Dokumentation), in: VfZ 4 (1956), 67–92

1991 [Leopold, Josef] Jedlicka, Ludwig: Gauleiter Josef Leopold (1889–1941), in: Gerhard Botz u. a. (Hg.), Geschichte und Gesellschaft. Festschrift Karl Richard Stadler zum 60. Geburtstag, Wien 1974, 143–61

1992 [Ley, Robert] Brandenburger, Heinz-Wilhelm: Ley-Land. Dr. Robert Ley und der Nationalsozialismus im Oberbergischen, Köln 1988; 189 S.

1993 [Ley, Robert] Smelser, Ronald M.: Robert Ley. Hitlers Mann an der »Arbeitsfront«. Eine Biographie, Paderborn 1989; 316 S.

1994 [Ley, Robert] Smelser, Ronald M.: Robert Ley – der braune Kollektivist, in: Ronald M. Smelser/Rainer Zitelmann (Hg.), Die braune Elite. 22 biographische Skizzen, 2. Aufl., Darmstadt 1990, 173–87 (zuerst 1989)

1995 [Ley, Robert] Smelser, Ronald M.: Eine »braune Revolution«? Robert Ley, Deutsche Arbeitsfront und sozialrevolutionäre Konzepte, in: Wolfgang Michalka (Hg.), Der Zweite Weltkrieg. Analysen, Grundzüge, Forschungsbilanz, München/Zürich 1989, 418–29

1996 [Leyser, Ernst Ludwig] Wolfanger, Dieter: Ernst Ludwig Leyser. Stellvertretender Gauleiter der NSDAP in der Saarpfalz. Eine biographische Skizze, in: JWL 14 (1988), 209–17

1997 [Lippert, Julius] Lippert, Julius: Lächle ... und verbirg die Tränen. Erlebnisse und Bemerkungen eines »Kriegsverbrechers«, Leoni 1955; 222 S.

1998 [Luther, Martin] Döscher, Hans-Jürgen: Martin Luther – Aufstieg und Fall eines Unterstaatssekretärs, in: Ronald M. Smelser u. a. (Hg.), Die braune Elite, Bd. 2: 21 weitere biographische Skizzen, Darmstadt 1993, 179–92

1999 [Meissner, Otto] Meissner, Otto: Staatssekretär unter Ebert, Hindenburg, Hitler. Der Schicksalsweg des deutschen Volkes von 1918 bis 1945, wie ich ihn erlebte, Hamburg 1950; 643 S.

2000 [Mengden, Guido von] Bernett, Hajo: Guido von Mengden. »Generalstabschef« des deutschen Sports, Berlin 1976; 136 S.

2001 [Mengden, Guido von] Mengden, Guido von: Umgang mit der Geschichte und mit Menschen. Ein Beitrag zur Geschichte der Machtübernahme im deutschen Sport durch die NSDAP, Berlin u. a. 1980; 175 S.

2002 [Meyer, Alfred] Priamus, Heinz-Jürgen: Alfred Meyer – Selbstinszenierung eines Gauleiters, in: Heinz-Jürgen Priamus/Stefan Goch (Hg.), Macht der Propaganda oder Propaganda der Macht? Inszenierung nationalsozialistischer Politik im »Dritten Reich« am Beispiel der Stadt Gelsenkirchen, Essen 1992, 48–67, 104–8

2003 [Murr, Wilhelm] Gayer, Kurt: Wilhelm Murr. Gauleiter und Reichsstatthalter von 1933–1945, in: Kurt Gayer u. a., Die Villa Reitzenstein und ihre Herren. Die Geschichte des baden-württembergischen Regierungssitzes, Stuttgart 1988, 119–30

2004 [Neurath, Constantin Freiherr von] Heinemann, John L.: Hitler's First Foreign Minister. Constantin Freiherr von Neurath, Diplomat and Statesman, Berkeley, Ca. u. a. 1973; X, 359 S.

2005 [Nicolai, Helmut] Housden, Martyn: Helmut Nicolai and Nazi Ideology, Houndsmills/London 1992; XI, 252 S.

2006 [Ohlendorf, Otto] Sowade, Hanno: Otto Ohlendorf – Nonkonformist, SS-Führer und Wirtschaftsfunktionär, in: Ronald M. Smelser/Rainer Zitelmann (Hg.), Die braune Elite. 22 biographische Skizzen, 2. Aufl., Darmstadt 1990, 188–200 (zuerst 1989)

2007 [Papen, Franz von] Eschenburg, Theodor: Franz von Papen, in: VfZ 1 (1953), 153–69

2008 [Papen, Franz von] Morsey, Rudolf: Franz von Papen (1879–1969), in: Zeitgeschichte in Lebensbildern. Aus dem deutschen Katholizismus des 19. und 20. Jahrhunderts, Hg. Rudolf Morsey, Bd. 2, Mainz 1975, 75–87, 217 f.

2009 [Papen, Franz von] Müller, Franz: Ein »Rechtskatholik« zwischen Kreuz und Hakenkreuz. Franz von Papen als Sonderbeauftragter Hitlers in Wien 1934–1938, Frankfurt u. a. 1990; 403 S.

2010 [Papen, Franz von] Papen, Franz von: Der Wahrheit eine Gasse, München 1952; 677 S.

2011 [Papen, Franz von] Papen, Franz von: Vom Scheitern einer Demokratie 1930–1933, Mainz 1968; 408 S.

2012 [Papen, Franz von] Rein, Hans: Franz von Papen im Zwielicht der Geschichte. Sein letzter Prozeß, Baden-Baden 1979; 157 S.

2013 [Popitz, Johannes] Bödeker, Johanna: Johannes Popitz. Auf der Suche nach einer neuen Wirtschaftsordnung, in: Staat 24 (1985), 513–25

2014 [Popitz, Johannes] Herzfeld, Hans: Johannes Popitz. Ein Beitrag zur Geschichte des deutschen Beamtentums, in: Richard Dietrich/Gerhard Oestreich (Hg.), Forschungen zu Staat und Verfassung. Festgabe für Fritz Hartung, Essen 1958, 345–65

2015 [Popitz, Johannes] Schulz, Gerhard: Johannes Popitz, in: Rudolf Lill/Heinrich Oberreuther (Hg.), 20. Juli. Portraits des Widerstands, München u. a. 1984, 237–52

2016 [Popitz, Johannes] Schulz, Gerhard: Über Johannes Popitz (1884–1945), in: Staat 24 (1985), 485–511

2017 [Reinhardt, Fritz] Pausch, Alfons: Fritz Reinhardt. Ein Steuerfachmann im Dienste Hitlers, in: Der Steuerberater 38 (1987), 347–60

Gedruckte Quellen

2018 [Ribbentrop, Joachim von] Ribbentrop, Joachim von: Zwischen London und Moskau. Erinnerungen und letzte Aufzeichnungen. Aus dem Nachlaß, Hg. Annelies von Ribbentrop, Leoni 1961; 336 S.

Darstellungen

2019 [Ribbentrop, Joachim von] Bloch, Michael: Ribbentrop, London 1992; 528 S.

2020 [Ribbentrop, Joachim von] Michalka, Wolfgang: Joachim von Ribbentrop – vom Spirituosenhändler zum Außenminister, in: Ronald M. Smelser/Rainer Zitelmann (Hg.), Die braune Elite. 22 biographische Skizzen, 2. Aufl., Darmstadt 1990, 201–11 (zuerst 1989)

2021 [Ribbentrop, Joachim von] Weitz, John: Hitler's Diplomat. The Life and Times of Joachim von Ribbentrop, New York 1992; XV, 376 S.

2022 [Röhm, Ernst] Fischer, Conan J.: Ernst Julius Röhm – Stabschef der SA und unentbehrlicher Außenseiter, in: Ronald M. Smelser/Rainer Zitelmann (Hg.), Die braune Elite. 22 biographische Skizzen, 2. Aufl., Darmstadt 1990, 223–35 (zuerst 1989)

2023 [Röhm, Ernst] Jablonsky, David: Röhm and Hitler: The Continuity of Political-Military Discord, in: JCH 23 (1988), 367–86

Übergreifende Hilfsmittel, Darstellungen und Quellensammlungen

2024 [Röhm, Ernst] Röhm, Ernst: Die Geschichte eines Hochverräters, 9. Aufl., München 1934; 367 S.

Bibliographien

2025 [Rosenberg, Alfred] Rüdiger, Karlheinz (Bearb.): Das Werk Alfred Rosenbergs. Eine Bibliographie, München 1942; 32 S.

Quellenkunde

2026 [Rosenberg, Alfred] Billig, Joseph: Alfred Rosenberg dans l'action idéologique politique et administrative du Reich hitlérien. Inventaire commenté de la collection de documents conservés au C.D.J.C., provenant des archives du Reichsleiter et ministre A. Rosenberg, Hg. Centre de Documentation Juive Contemporaine, Paris 1963; 354 S.

Gedruckte Quellen

2027 [Rosenberg, Alfred] Rosenberg, Alfred: Letzte Aufzeichnungen. Ideale und Idole der NS-Revolution, Göttingen 1956; 343 S.

2028 [Rosenberg, Alfred] Seraphim, Hans-Günther (Hg.): Das politische Tagebuch Alfred Rosenbergs aus den Jahren 1934/35 und 1939/40, München 1964; 265 S.

Darstellungen

2029 [Rosenberg, Alfred] Arad, Yitzhak: Alfred Rosenberg and the »Final Solution« in the Occupied Soviet Territories, in: YVS 13 (1979), 263–86

2030 [Rosenberg, Alfred] Bollmus, Reinhard: Das Amt Rosenberg und seine Gegner. Zum Machtkampf im nationalsozialistischen Herrschaftssystem, Stuttgart 1970; 360 S.

2031 [Rosenberg, Alfred] Bollmus, Reinhard: Alfred Rosenberg – »Chefideologe« des Nationalsozialismus?, in: Ronald M. Smelser/Rainer Zitelmann (Hg.), Die braune Elite. 22 biographische Skizzen, 2. Aufl., Darmstadt 1990, 223–35 (zuerst 1989)

2032 [Rosenberg, Alfred] Cecil, Robert: The Myth of the Master Race. Alfred Rosenberg and Nazi Ideology, London/New York 1972; X, 266 S.

2033 [Rosenberg, Alfred] Chandler, Albert R.: Rosenberg's Nazi Myth, New York 1968; 146 S.

2034 [Rosenberg, Alfred] Kaiser, Wilhelm J.: Das Rechts- und Staatsdenken Alfred Rosenbergs, Köln 1964; XIV, 161 S.

2035 [Rosenberg, Alfred] Kuuisto, Seppo: Alfred Rosenberg in der nationalsozialistischen Außenpolitik 1933–39, Helsinki 1984; 436 S.

2036 [Rosenberg, Alfred] Lang, Serge/Schenck, Ernst von: Porträt eines Menschheitsverbrechers, nach den hinterlassenen Memoiren des ehemaligen Reichsministers Alfred Rosenberg, St. Gallen 1947; 356 S.

2037 [Rosenberg, Alfred] Nova, Fritz: Alfred Rosenberg. Nazi Theorist of the Holocaust, New York 1986; XXI, 264 S.

2038 [Röver, Carl] Schwarzwälder, Herbert: Carl Röver, in: Berühmte Bremer, München 1972, 231–44

2039 [Rüdiger, Jutta] Klaus, Martin: Trude Bürkner (Mohr) und Jutta Rüdiger – die Reichsreferentinnen für den Bund Deutscher Mädel, in: Ilse Brehmer (Hg.), Mütterlichkeit als Profession. Lebensläufe deutscher Pädagoginnen in der ersten Hälfte dieses Jahrhunderts, Pfaffenweiler 1990, 125–36

2040 [Sauckel, Fritz] Becker, Peter W.: Fritz Sauckel – Generalbevollmächtigter für den Arbeitseinsatz, in: Ronald M. Smelser/Rainer Zitelmann (Hg.), Die braune Elite. 22 biographische Skizzen, 2. Aufl., Darmstadt 1990, 236–45 (zuerst 1989)

2041 [Schacht, Hjalmar] James, Harold: Hjalmar Schacht – Der Magier des Geldes, in: Ronald M. Smelser u. a. (Hg.), Die braune Elite, Bd. 2: 21 weitere biographische Skizzen, Darmstadt 1993, 206–18

2042 [Schacht, Hjalmar] Pentzlin, Heinz: Hjalmar Schacht. Leben und Wirken einer umstrittenen Persönlichkeit, Berlin u. a. 1980; 296 S.

2043 [Schacht, Hjalmar] Peterson, Edward N.: Hjalmar Schacht. For and against Hitler. A Political-Economic Study of Germany 1923–1945, Boston, Mass. 1954; 416 S.

2044 [Schacht, Hjalmar] Schacht, Hjalmar: Abrechnung mit Hitler, Berlin/Frankfurt 1949; 197 S. (engl.: London 1947)

2045 [Schacht, Hjalmar] Schacht, Hjalmar: 1933. Wie eine Demokratie stirbt, Düsseldorf 1968; 179 S.

2046 [Schacht, Hjalmar] Schacht, Hjalmar: 76 Jahre meines Lebens, Bad Wörishofen 1953; 689 S.

2047 [Schacht, Hjalmar] Simpson, Amos E.: Hjalmar Schacht in Perspective, Den Haag 1969; 202 S.

2048 [Schemm, Hans] Kühnel, Franz: Hans Schemm. Gauleiter und Kultusminister (1891–1935), Nürnberg 1985; VIII, 467 S.

2049 [Schirach, Baldur von] Lang, Jochen von: Der Hitler-Junge. Baldur von Schirach, der Mann, der Deutschlands Jugend erzog, Mitarb. Claus Sibyll, Hamburg 1988; 479 S.

2050 [Schirach, Baldur von] Maas, Utz: Analyse einer Rede des »Reichs[jugend]führers« Baldur von Schirach aus dem Jahre 1938, in: Rhetorik 4 (1985), 133–45

2051 [Schirach, Baldur von] Schirach, Baldur von: Ich glaubte an Hitler, Hamburg 1967; 367 S.

2052 [Schirach, Baldur von] Schirach, Henriette von: Der Preis der Herrlichkeit, 4. Aufl., München 1985; 254 S. (zuerst Wiesbaden 1956)

2053 [Schirach, Baldur von] Wortmann, Michael: Baldur von Schirach. Hitlers Jugendführer, Köln/Wien 1982; 272 S.

2054 [Schirach, Baldur von] Wortmann, Michael: Baldur von Schirach – Studentenführer, Hitlerjugendführer, Gauleiter in Wien, in: Ronald M. Smelser/Rainer Zitelmann (Hg.), Die braune Elite. 22 biographische Skizzen, 2. Aufl., Darmstadt 1990, 246–57 (zuerst 1989)

Literaturberichte

2055 [Schlegelberger, Franz] Wrobel, Hans: Schlegelberger und seine Biographen. Kritische Anmerkungen zu zwei Sichtweisen seiner Person, in: IC 20 (1993), 273–87

Darstellungen

2056 [Schlegelberger, Franz] Nathans, Eli: Franz Schlegelberger. (KJ-Sonderh.: Der Unrechtsstaat, 3), Baden-Baden 1990; 86 S.

2057 [Schlegelberger, Franz] Wulff, Arne: Staatssekretär Prof. Dr. Dr. h.c. Franz Schlegelberger, 1876–1970, Frankfurt u. a. 1991; 213 S.

2058 [Scholtz-Klink, Gertrud] Stephenson, Jill: Gertrud Scholtz-Klink – Die NS-Musterfrau, in: Ronald M. Smelser u. a. (Hg.), Die braune Elite, Bd. 2: 21 weitere biographische Skizzen, Darmstadt 1993, 219–30

2059 [Schwerin von Krosigk, Johann L. Graf von] Schwerin von Krosigk, Johann L. Graf von: Es geschah in Deutschland. Menschenbilder unseres Jahrhunderts, Tübingen/Stuttgart 1951; 383 S.

2060 [Schwerin von Krosigk, Johann L. Graf von] Schwerin von Krosigk, Johann L. Graf von: Memoiren, Stuttgart 1977; 340 S.

2061 [Seyß-Inquart, Arthur] Neuman, Hendicus J.: Arthur Seyß-Inquart, Graz

u. a. 1970; 396 S.(niederländ.: Utrecht/Antwerpen 1967)

2062 [Seyß-Inquart, Arthur] Rosar, Wolfgang: Deutsche Gemeinschaft. Seyss-Inquart und der Anschluß, Wien u. a. 1971; 180 S.

2064 [Speer, Albert] Diamond, Sander A./Riemschneider, Ernst G.: Albert Speer – »des Teufels Architekt«, in: FH 39 (1984), Nr. 8, 52–61

2065 [Speer, Albert] Dülffer, Jost: Albert Speer – Management für Kultur und Wirtschaft, in: Ronald M. Smelser/Rainer Zitelmann (Hg.), Die braune Elite. 22 biographische Skizzen, 2. Aufl., Darmstadt 1990, 258–72 (zuerst 1989)

2066 [Speer, Albert] Hamsher, William: Albert Speer – Victim of Nuremberg?, London 1970; 286 S.

2067 [Speer, Albert] Hansen, Reimer: Albert Speers Konflikt mit Hitler, in: GWU 17 (1966), 596–621

2068 [Speer, Albert] Janssen, Gregor: Todt et Speer, in: RHDGM 21 (1971), Nr. 84, 37–54

2069 [Speer, Albert] Lane, Barbara M.: Architects in Power. Politics and Ideology in the Work of Ernst May and Albert Speer, in: JIH 17 (1986/87), 283–310

2070 [Speer, Albert] Reif, Adelbert (Hg.): Albert Speer. Kontroversen um ein deutsches Phänomen, München 1978; 501 S.

2071 [Speer, Albert] Schmidt, Matthias: Albert Speer. Das Ende eines Mythos. Speers wahre Rolle im Dritten Reich, Bern/München 1982; 301 S.

2072 [Speer, Albert] Speer, Albert: Erinnerungen, 2. Aufl., Frankfurt u. a. 1976; 608 S. (zuerst Berlin 1969)

2073 [Speer, Albert] Speer, Albert: Der Sklavenstaat. Meine Auseinandersetzungen mit der SS, Stuttgart 1980; 512 S.

2074 [Straßer, Gregor] Kissenkötter, Udo: Gregor Straßer – NS-Parteiorganisator oder Weimarer Politiker?, in: Ronald M. Smelser/Rainer Zitelmann (Hg.), Die braune Elite. 22 biographische Skizzen, 2. Aufl., Darmstadt 1990, 273–85 (zuerst 1989)

2075 [Straßer, Gregor] Kissenkötter, Udo: Gregor Strasser und die NSDAP, Stuttgart 1978; 219 S.

2076 [Straßer, Gregor] Stachura, Peter D.: Gregor Strasser and the Rise of Nazism, London 1983; XIV, 178 S.

2077 [Straßer, Gregor] Stachura, Peter D.: »Der Fall Strasser«: Gregor Strasser, Hitler, and the National Socialism, 1930–1932, in: Peter D. Stachura (Hg.), The Shaping of the Nazi State, London/New York 1978, 88–130

2078 [Straßer, Otto] Bankier, David: Otto Strasser und die Judenfrage, in: BLBI 20 (1981), Nr. 60, 3–20

2079 [Straßer, Otto] Bartsch, Günter: Zwischen den Stühlen. Otto Strasser. Eine Biographie, Koblenz 1990; 260 S.

2080 [Straßer, Otto] Moreau, Patrick: Otto Straßer – Nationaler Sozialismus versus Nationalsozialismus, in: Ronald M. Smelser/Rainer Zitelmann (Hg.), Die braune Elite. 22 biographische Skizzen, 2. Aufl., Darmstadt 1990, 286–98 (zuerst 1989)

2081 [Straßer, Otto] Reed, Douglas: The Prisoner of Ottawa: Otto Strasser, London 1953; 272 S.

2082 [Straßer, Otto] Reed, Douglas: Nemesis? The Story of Otto Strasser, London 1953; 272 S.

2083 [Straßer, Otto] Strasser, Otto: Mein Kampf. Eine politische Autobiographie, 3., überarb. Aufl., Frankfurt 1969; 234 S. (zuerst Konstanz 1948 u. d. T.: Hitler und ich; franz.: 3. Aufl., Paris 1940; engl.: London/Boston 1940)

Gedruckte Quellen

2084 [Streicher, Julius] Baird, Jay W.: Das politische Testament Julius Streichers. (Dokumentation), in: VfZ 26 (1978), 660–93

Darstellungen

2085 [Streicher, Julius] Baird, Jay W.: Julius Streicher – Der Berufsantisemit, in: Ronald M. Smelser u. a. (Hg.), Die braune Elite, Bd. 2: 21 weitere biographische Skizzen, Darmstadt 1993, 231–42

2086 [Streicher, Julius] Bytwerk, Randall L.: Julius Streicher. The Rhetoric of an Anti-Semite, Diss. Northwestern University, Evanston, Ill. 1975; III, 216 S.

2087 [Streicher, Julius] Bytwerk, Randall L.: Julius Streicher, New York 1975; 236 S.

2088 [Streicher, Julius] Bytwerk, Randall L.: Julius Streicher and the Impact of Der Stürmer, in: WLB 29 (1976/77), Nr. 39/40, 41–46

2089 [Streicher, Julius] Ehlers, Carol J.: Nuremberg, Julius Streicher, and the Bourgeois Transition to Nazism, 1918–1924, Diss. University of Colorado 1965; XXI, 698 S. (Ms.; MF Ann Arbor, Mich. 1980)

2090 [Streicher, Julius] Froschauer, Hermann: Streicher und »Der Stürmer«, in: Bernd Ogan/Wolfgang W. Weiß (Hg.), Faszination und Gewalt. Zur politischen Ästhetik des Nationalsozialismus, Nürnberg 1992, 41–48

2091 [Streicher, Julius] Kipphan, Klaus: Julius Streicher und der 9. November 1923, in: ZBL 39 (1976), 277–88

2092 [Streicher, Julius] Lenman, Robin: Julius Streicher and the Origins of the NSDAP in Nuremberg, 1918–1923, in: Anthony Nicholls J./Erich Matthias (Hg.), German Democracy and the Triumph of Hitler. Essays in Recent German History, London 1971, 128–59

2093 [Streicher, Julius] Pöggeler, Franz: Der Lehrer Julius Streicher. Zur Personalgeschichte des Nationalsozialismus, Frankfurt u. a. 1991; 165 S.

2095 [Streicher, Julius] Showalter, Dennis E.: The Politics of Bureaucracy in the Weimar Republic. The Case of Julius Streicher, in: GSR 6 (1983), 101–18

2096 [Streicher, Julius] Showalter, Dennis E.: Jews, Nazis, and the Law. The Case of Julius Streicher, in: SWCA 6 (1989), 143–63

2097 [Streicher, Julius] Varga, William P.: The Number One Nazi Jew-Baiter. A Political Biography of Julius Streicher, Hitler's Chief Anti-Semitic Propangandist, New York 1981; 369 S.

2098 [Strölin, Karl] Michaelis, Klaus: Dr. Karl Strölin. Oberbürgermeister der Stadt Stuttgart von 1933–1945, Speyer 1962; (6), 26 S. (Ms. vervielf.)

2099 [Stroop, Jürgen] Moczarski, Kazimierz: Gespräche mit dem Henker. Das Leben des SS-Gruppenführers und Generalleutnants der Polizei Jürgen Stroop, aufgezeichnet im Mokotów-Gefängnis zu Warschau, Mitarb. Andrzey Szypiorski/Erich Kuby, 2. Aufl., Frankfurt 1982; 416 S. (zuerst Düsseldorf 1978)

2100 [Todt, Fritz] Janssen, Gregor: Todt et Speer, in: RHDGM 21 (1971), Nr. 84, 37–54

2101 [Todt, Fritz] Milward, Alan S.: Fritz Todt als Minister für Bewaffnung und Munition, in: VfZ 14 (1966), 40–58

2102 [Todt, Fritz] Müller, Max: Der Tod des Reichsministers Dr. Fritz Todt, in: GWU 18 (1967), 602–4

2103 [Todt, Fritz] Seidler, Franz W.: Fritz Todt. Baumeister des Dritten Reiches, München/Berlin 1986; 424 S.

2104 [Todt, Fritz] Seidler, Franz W.: Fritz Todt – vom Autobahnbauer zum Reichsminister, in: Ronald M. Smelser/Rainer Zitelmann (Hg.), Die braune Elite. 22 biographische Skizzen, 2. Aufl., Darmstadt 1990, 299–312 (zuerst 1989)

2105 [Todt, Fritz] Seidler, Franz W.: Der Flugzeugabsturz des Reichsministers Dr. Todt 1942. Attentat oder Unfall, in: GeG 4 (1985), 213–34

2106 [Tschammer und Osten, Hans von] Kluge, Volker: Hitlers Statthalter im Sport: Hans von Tschammer und Osten, in: SZGS 7 (1993), Nr. 3, 29–42

2107 [Tschammer und Osten, Hans von] Steinhöfer, Dieter: Hans von Tschammer und Osten. Reichssportführer im Dritten Reich, Berlin 1973; 146 S.

2108 [Wagener, Otto] Turner jr., Henry A.: Otto Wagener – Der vergessene Vertraute Hitlers, in: Ronald M. Smelser u. a. (Hg.), Die braune Elite, Bd. 2: 21 weitere biographische Skizzen, Darmstadt 1993, 243–53

2109 [Wagner, Robert] Ferdinand, Horst: Die Misere der totalen Dienstbarkeit: Robert Wagner (1895–1946), NSDAP-Gauleiter, Reichsstatthalter von Baden, Chef der Zivilverwaltung im Elsaß, in: EGBl 91 (1992), 97–209 (»Nachlese«: 92/1993, 208–23)

2110 [Wagner, Robert] Grill, Johnpeter H.: Robert Wagner – Der »Herrenmensch« im Elsaß, in: Ronald M. Smelser u. a. (Hg.), Die braune Elite, Bd. 2: 21 weitere biographische Skizzen, Darmstadt 1993, 254–68

2111 [Wahl, Karl] Wahl, Karl: . . . es ist das deutsche Herz. Erlebnisse und Erkenntnisse eines ehemaligen Gauleiters, Augsburg 1954; 475 S.

2112 [Wahl, Karl] Wahl, Karl: Patrioten oder Verbrecher. Aus fünfzigjähriger Praxis, davon siebzehn Jahre als Gauleiter, 3. Aufl., Heusenstamm 1975; 243 S.

2113 [Waldeck und Pyrmont, Josaias Erbprinz zu] Schmeling, Anke: Josaias Erbprinz zu Waldeck und Pyrmont. Der politische Weg eines hohen SS-Führers, Kassel 1993; 154 S.

2114 [Wessel, Horst] Knobloch, Heinz: Der arme Epstein. Wie der Tod zu Horst Wessel kam, Berlin 1993; 224 S.

2115 [Wessel, Horst] Lazar, Imre: Der Fall Horst Wessel, Stuttgart 1980; 200 S.

2116 [Wessel, Horst] Oertel, Thomas: Horst Wessel. Untersuchung einer Legende, Köln/Wien 1988; VI, 202 S.

2117 [Wolff, Karl] Lang, Jochen von: Der Adjudant. Karl Wolff, der Mann zwischen Hitler und Himmler, Mitarb. Claus Sibyll, München/Berlin 1985; 428 S.

A.2 Aufstieg des Nationalsozialismus bis 1932/33

A.2.1 Allgemeines

Bibliographien

2118 Sagitz, Walter: Bibliographie des Nationalsozialismus, Cottbus 1933; VI, 168 S. (ND Toppenstedt 1983)

2119 Stachura, Peter D.: The Weimar Era and Hitler, 1918–1933. A Critical Bibliography, Oxford 1977; 275 S.

2120 Unger, Erich: Das Schrifttum des Nationalsozialismus von 1919 bis zum 1.1. 1934, Berlin 1934; 187 S.

Literaturberichte

2121 Hildebrand, Klaus: Hitlers »Mein Kampf«: Propaganda oder Programm? Zur Frühgeschichte der nationalsozialistischen Bewegung, in: NPL 14 (1969), 72–82

2122 Orlow, Dietrich: The Historiography of the Decline of Brüning and the Rise of the Nazis: Comment and Review Article, in: CEH 17 (1984), 63–71

Quellenkunde

2123 Stein, Peter: Die NS-Gaupresse 1925–33. Forschungsbericht – Quellenkritik – neue Bestandsaufnahme, Hg. Institut für Zeitungsforschung Dortmund, Vorwort Gabriele von Toepser-Ziegert, München u.a. 1987; 275 S.

Gedruckte Quellen

2124 Deuerlein, Ernst (Hg.): Der Aufstieg der NSDAP 1919–1933 in Augenzeugenberichten, 3. Aufl., München 1976; 458 S. (2. Aufl., Düsseldorf 1968)

2125 Kempner, Robert M. W. (Hg.): Der verpaßte Nazi-Stopp. Die NSDAP als staats- und republikfeindliche, hochverräterische Verbindung. Preußische Denkschrift von 1930, Frankfurt u.a. 1983; 244 S.

2126 Kluke, Paul (Bearb.): Der Fall Potempa. (Dokumentation), in: VfZ 5 (1957), 279–300

2127 Kühnl, Reinhard: Zur Programmatik der nationalsozialistischen Linken: Das Strasser-Programm von 1925/26. (Dokumentation), in: VfZ 14 (1966), 317–33

2128 Noakes, Jeremy/Pridham, Geoffrey (Hg.): Nazism 1919–1945, Bd. 1: The Rise to Power 1919–1934, 4. Aufl., Exeter 1989; VII, 193 S. (zuerst 1983)

2129 Staat und NSDAP 1930–1932. Quellen zur Ära Brüning, Hg. Karl D. Bracher u.a., Bearb. Ilse Maurer/Udo Wengst, Einleitung Gerhard Schulz, Düsseldorf 1977; LXXXIX, 350 S.

Darstellungen

2130 Abel, Theodore F.: The Nazi Movement. Why Hitler Came to Power, Vorwort Thomas Childers, 2. Aufl. d. Neuausg., Cambridge 1986; XX, 322 S. (zuerst New York 1965; Erstausg. Englewood Cliffs/ N.Y. 1938 u.d.T.: Why Hitler Came to Power)

2131 Auerbach, Hellmuth: Nationalsozialismus vor Hitler, in: Wolfgang Benz u.a. (Hg.), Der Nationalsozialismus. Studien zur

Ideologie und Herrschaft. Hermann Graml zum 65. Geburtstag, Frankfurt 1993, 13–29, 225–27

2132 Balle, Hermann: Die propagandistische Auseinandersetzung des Nationalsozialismus mit der Weimarer Republik und ihre Bedeutung für den Aufstieg des Nationalsozialismus, Diss. Erlangen-Nürnberg, Straubing 1963; 333 S.

2133 Benz, Wolfgang: Widerstand gegen den Nationalsozialismus vor 1933, in: Wolfgang Benz/Walter H. Pehle (Hg.), Lexikon des deutschen Widerstandes, Frankfurt 1994, 15–27

2134 Bessel, Richard: The Rise of the NSDAP and the Myth of Nazi Propaganda, in: WLB 33 (1980), Nr. 51/52, 20–29

2135 Bessel, Richard J.: Violence as Propaganda: The Role of the Storm Troopers in the Rise of National Socialism, in: Thomas Childers (Hg.), The Formation of the Nazi Constituency, 1919–1933, London/Sydney 1986, 131–46

2136 Bessel, Richard J.: The Potempa Murder, in: CEH 10 (1977), 241–54

2137 Bracher, Karl D.: Die Auflösung der Weimarer Republik. Eine Studie zum Problem des Machtverfalls in der Demokratie, 5. Aufl., Villingen 1971; XXIV, 711 S. (zuerst 1955; ND Königstein, Ts./Düsseldorf 1978)

2138 Broszat, Martin: Die Machtergreifung. Der Aufstieg der NSDAP und die Zerstörung der Weimarer Republik, 3. Aufl., München 1990; 242 S. (zuerst 1984)**

2139 Burgelin, Henri: Die Wahlen vom September 1930, in: Alfred Grosser (Hg.), Wie war es möglich? Die Wirklichkeit des Nationalsozialismus. Neun Studien, 2. Aufl., Frankfurt 1980, 47–66 (zuerst München/Wien 1977; franz.: Paris 1976)

2140 Cahill, John J.: The NSDAP and May Day 1923. Confrontation and Aftermath, 1923–1927, Diss. Cincinnati University 1973; 279 S.

2141 Caplan, Jane: The Rise of National Socialism, 1919–1933, in: Gordon Martel (Hg.), Modern Germany Reconsidered, 1870–1945, London/New York 1992, 117–39

2142 Carsten, Francis L.: The Rise of Fascism, 2. Aufl., Berkeley, Ca. 1980; 279 S. (zuerst London 1967)

2143 Douglas, Donald M.: The Early Ortsgruppen: The Developement of National Socialist Local Groups, 1919–1923, Diss. University of Kansas 1969; 287 S.

2144 Engelman, Ralph M.: Dietrich Eckart and the Genesis of Nazism, Diss. Washington University 1971; 266 S.

2145 Faye, Jean P.: Totalitäre Sprachen. Kritik der narrativen Vernunft. Kritik der narrativen Ökonomie, Bd. 1, Frankfurt u. a. 1977, 643–719 (franz.: Paris 1972)

2146 Figge, Reinhard: Die Opposition der NSDAP im Reichstag, Köln 1963; 199, XX S.

2147 Frank, Robert H.: Hitler and the National Socialist Coalition, 1924–1932, Diss. John Hopkins University, Baltimore, Md. 1969; 583 S.

2148 Franz-Willing, Georg: Krisenjahr der Hitlerbewegung, 1923, Preußisch Oldendorf 1975; 408 S.

2149 Franz-Willing, Georg: Putsch und Verbotszeit der Hitlerbewegung. November 1923 – Februar 1925, Preußisch Oldendorf 1977; 464 S.

2150 Franz-Willing, Georg: Ursprung der Hitlerbewegung, 1919–1922, 2. Aufl., Preußisch Oldendorf 1974; 391 S. (zuerst Hamburg/Berlin 1962 u. d. T.: Die Hitlerbewegung)

2151 Gallo, Max: Der Nationalsozialismus: Vor und nach dem Münchner Putschversuch, in: Alfred Grosser (Hg.), Wie war es möglich? Die Wirklichkeit des Nationalsozialismus. Neun Studien, 2. Aufl., Frankfurt 1980, 30–46 (zuerst München/Wien 1977; franz.: Paris 1976)

2152 Gies, Horst: R[ichard] Walter Darré und die nationalsozialistische Bauernpolitik 1930–1933, Diss. Frankfurt 1966; 177 S.

2153 Götz von Olenhusen, Irmtraud: Die Krise der jungen Generation und der Aufstieg des Nationalsozialismus, in: JAdG 12 (1980), 53–79

2154 Hackett, David A.: The Nazi Party in the Reichstag Election of 1930, Diss. University of Wisconsin, Madison 1971; 465 S.

2155 Hatheway, Jay: The Pre-1920 Origins of the National Socialist German Workers Party, in: EHQ 29 (1994), 443–62

2156 Heiden, Konrad: Geburt des Dritten Reiches. Die Geschichte des Nationalsozialismus bis Herbst 1933, Zürich 1934; 272 S.

2157 Heiden, Konrad: Geschichte des Nationalsozialismus. Die Karriere einer Idee, Berlin 1932; 296 S.

2158 Hennig, Eike: Straßenschlacht und Geheimverhandlung. Anmerkungen zur Funktion nationalsozialistischer Öffentlichkeit (1928–1933), Münster 1991; 200 S.

2159 Hoepke, Klaus-Peter: Die deutsche Rechte und der italienische Faschismus. Ein Beitrag zum Selbstverständnis und zur Politik von Gruppen der deutschen Rechten, Düsseldorf 1968; 348 S.

2160 Horn, Wolfgang: Der Marsch zur Machtergreifung. Die NSDAP bis 1933, Königstein, Ts./Düsseldorf 1980; 452 S. (zuerst Düsseldorf 1972 u.d.T.: Führerideologie und Parteiorganisation in der NSDAP (1919–1933))

2161 Horn, Wolfgang: Strukturschwächen der Weimarer Demokratie und der Aufstieg des Nationalsozialismus. (Nationalsozialismus im Unterricht, Studieneinheit 1), Hg. Deutsches Institut für Fernstudien an der Universität Tübingen, Red. Michael Rentschler, Tübingen 1983; 162 S. (als Typoskript gedr.)**

2162 Horn, Wolfgang: Strukturprobleme der NSDAP vor der Machtergreifung, in: Wolfgang Michalka (Hg.), Die nationalsozialistische Machtergreifung, Paderborn u.a. 1984, 195–206

2163 Huber, Ernst R.: Deutsche Verfassungsgeschichte seit 1789, Bd. 6: Die Weimarer Reichsverfassung, Stuttgart 1981, 279–303

2164 Jablonsky, David: The Nazi Party in Dissolution. Hitler and the Verbotszeit, 1923–1925, London 1989; X, 237 S.

2165 Jasper, Gotthard: Der Schutz der Republik. Studien zur staatlichen Sicherung der Demokratie in der Weimarer Republik, Tübingen 1963; VIII, 337 S.

2166 Jochmann, Werner: Im Kampf um die Macht. Hitlers Rede vor dem Hamburger Nationalklub von 1919, Frankfurt/Köln 1960; 120 S.**

2167 Jung, Ottmar: Plebiszitärer Durchbruch 1929? Zur Bedeutung von Volksbegehren und Volksentscheid gegen den Youngplan für die NSDAP, in: GG 15 (1989), 489–510

2168 Kater, Michael H.: Generationskonflikt als Entwicklungsfaktor in der NS-Bewegung vor 1933, in: GG 11 (1985), 217–43

2169 Kissenkötter, Udo: Gregor Strasser und die NSDAP, Stuttgart 1978; 219 S.

2170 Kolb, Eberhard: Die Weimarer Republik, 3. Aufl., München 1993; 309 S. (zuerst 1984)

2171 Koshar, Rudy J.: From Stammtisch to Party. Nazi Joiners and the Contradictions of Grass Roots Fascism in Weimar Germany, in: JMH 59 (1987), 1–24

2172 Krebs, Albert: Tendenzen und Gestalten der NSDAP. Erinnerungen an die Frühzeit der Partei, Stuttgart 1959; 246 S.

2173 Kühnl, Reinhard: Deutschland zwischen Demokratie und Faschismus. Zur Problematik der bürgerlichen Gesellschaft seit 1918, 3., rev. Aufl., München 1971, 26–82

2174 Kühnl, Reinhard: Die nationalsozialistische Linke 1925–1930. Eine Untersuchung über Geschichte, Struktur und Ideologie der Straßer-Gruppe, Meisenheim 1966; 378 S.

2175 Kühnl, Reinhard: Pre-Conditions for the Rise and Victory of Fascism in Germany, in: Stein U. Larsen u.a. (Hg.), Who Were the Fascists? Social Roots of European Fascism, Bergen u.a. 1980, 118–30

2176 Kükelhahn, Kurt: Sprache als Werkzeug politischer Verführung. Der Wahlaufruf der NSDAP vom 1. März 1932, in: Muttersprache 93 (1983), 31–34

2177 Lang, Jochen von: Und willst du nicht mein Bruder sein... Der Terror in der Weimarer Republik, Wien/Darmstadt 1989; 280 S.

2178 Layton, Roland V.: The Völkischer Beobachter, 1920–1933. The Nazi Party Newspaper in the Weimar Era, in: CEH 3 (1970), 353–82

2179 Lehnert, Detlef: Interesse – Macht – Ideologie. Die historisch-gesellschaftlichen Ursprünge und Entwicklungslinien des Nationalsozialismus bis 1933, in: »Das war ein Vorspiel nur...« Bücherverbrennung in Deutschland 1933: Voraussetzungen und Folgen. Ausstellung der Akademie der Künste vom 8. Mai bis 3. Juli 1983, Bearb. Hermann Haarmann u.a., Berlin 1983, 9–29

2180 Longerich, Peter: Stichwort: 30. Januar 1933, München 1992, 32–71

2181 Maser, Werner: Der Sturm auf die Republik. Frühgeschichte der NSDAP, 2., überarb. Aufl., Stuttgart 1973; 524 S. (zuerst Frankfurt/Bonn 1965 u.d.T.: Die Frühgeschichte der NSDAP)

2182 Meier, Kurt: Die Religionspolitik der NSDAP in der Zeit der Weimarer Republik, in: Heinz Brunotte/Ernst Wolf (Hg.), Zur Geschichte des Kirchenkampfes. Gesammelte Aufsätze, Bd. [2], Göttingen 1971, 9–24; abgedr. in: Kurt Meier, Evangelische Kirche in Gesellschaft, Staat und Politik 1918–1945. Aufsätze zur kirchlichen Zeitgeschichte, Hg. Kurt Nowak, Berlin (O) 1987, 40–52

2183 Milatz, Alfred: Das Ende der Parteien im Spiegel der Wahlen 1930 bis 1933, in: Erich Matthias/Rudolf Morsey (Hg.), Das Ende der Parteien 1933. Darstellungen und Dokumente, Düsseldorf 1960, 743–93 (ND Königstein, Ts./Düsseldorf)

2184 Mitchell, Otis C.: Hitler over Germany. The Establishment of the Nazi Dictatorship (1918–1934), Philadelphia, Pa. 1983; XII, 294 S.

2185 Mommsen, Hans: Die verspielte Freiheit. Der Weg der Republik von Weimar in den Untergang 1918 bis 1933. (Propyläen Geschichte Deutschlands, 8), Berlin 1989, 321–60

2186 Mosse, George L.: Ein Volk, ein Reich, ein Führer. Die völkischen Ursprünge des Nationalsozialismus, 2. Aufl., Königstein, Ts. 1990; 378 S. (zuerst 1979; engl.: New York 1964/London 1966 u.d.T.: The Crisis of the German Ideology)

2187 Müller-Rytlewski, Marlene: Alltagsmühsal und Parteiherrlichkeit. Aus Erlebnisberichten der »Alten Garde«, in: Bernd Ogan/Wolfgang W. Weiß (Hg.), Faszination und Gewalt. Zur politischen Ästhetik des Nationalsozialismus, Nürnberg 1992, 105–16

2188 Neumann, Sigmund: Die Parteien in der Weimarer Republik, 4. Aufl., Stuttgart u.a. 1977; 148 S. (zuerst Berlin 1932 u.d.T.: Die politischen Parteien in Deutschland; Neuausg. Stuttgart u.a. 1965)

2189 Nicholls, Anthony J.: Weimar and the Rise of Hitler, 2. Aufl., London 1979; XIII, 151 S. (zuerst 1968 u.d.T.: The Making of the Twentieth Century; ND 1975)

2190 Nyomarkay, Joseph L.: Charisma and Factionalism in the Nazi Party, Minneapolis, Minn. u.a. 1967; (III), 161 S.

2191 Nyomarkay, Joseph L.: Factionalism in the National Socialist German Workers' Party, 1925–26: The Myth and Reality of the »Northern Faction«, in: PSQ 80 (1965), 22–47; abgedr. in: Joseph L. Nyomarkay, Charisma and Factionalism in the Nazi Party, Minneapolis, Minn. u.a. 1967, 71–89; Henry A. Turner jr. (Hg.), Nazism and the Third Reich, New York/Toronto 1972, 21–44

2192 Orlow, Dietrich: The History of the Nazi Party, [Bd. 1:] 1919–1933, Pittsburgh, Pa. 1969; XIV, 538 S.

2193 Orlow, Dietrich: The Organizational History and Structure of the NSDAP, 1919–1923, in: JMH 37 (1965), 208–26

2194 Orlow, Dietrich: The Conversion of Myth into Power. The Case of the Nazi Party, 1925–26, in: AHR 72 (1967), 906–24

2195 Paul, Gerhard: Aufstand der Bilder. Die NS-Propaganda vor 1933, Bonn 1990; 324 S.

2196 Paul, Gerhard: Der Sturm auf die Republik und der Mythos vom »Dritten Reich«. Die Nationalsozialisten, in: Detlef Lehnert/Klaus Megerle (Hg.), Politische Identität und nationale Gedenktage. Zur Politischen Kultur in der Weimarer Republik, Opladen 1989, 255–79

2197 Petzold, Joachim: Zwischen Putsch und Legalität. Die taktische Neuorientierung der NSDAP im Jahre 1924 (mit Dokumenten), in: JfG 26 (1982), 7–41**

2198 Phelps, Reginald H.: Hitler and the Deutsche Arbeiterpartei, in: AHR 68 (1963), 974–86; abgedr. in: Henry A. Turner (Hg.), Nazism and the Third Reich, New York/Toronto 1972, 5–19

2199 Piper, Ernst: Die Anfänge des Nationalsozialismus, in: Ulrich Wank (Hg.), Der neue alte Rechtsradikalismus, München/Zürich 1993, 33–64

2200 Pleyer, Hildegard: Politische Werbung in der Weimarer Republik. Die Propaganda der maßgeblichen politischen Parteien und Gruppen zu den Volksbegehren und Volksentscheiden »Fürstenenteignung« 1926, »Freiheitsgesetz« 1929 und »Auflösung des Preußischen Landtages« 1931, Diss. Münster 1959; 201, 38 S.

2201 Poteet, David D.: The Nazi Youth Movement, 1920–1927, Diss. University of Georgia, Athens 1971; 245 S. (Ms.; MF Ann Arbor 1973)

2202 Ribbe, Wolfgang: Flaggenstreit und Heiliger Hain. Bemerkungen zur nationalsozialistischen Symbolik in der Weimarer Republik, in: Dietrich Kurze (Hg.), Aus Theorie und Praxis der Geschichtswissenschaft. Festschrift für Hans Herzfeld, Berlin/New York 1972, 175–88

2203 Richardi, Hans-Günter: Hitler und seine Hintermänner. Neue Fakten zur Frühgeschichte der NSDAP, München 1991; 446 S.

2204 Sauer, Wolfgang W.: Der Sprachgebrauch von Nationalsozialisten vor 1933, Hamburg 1978; 197 S.

2205 Schieder, Theodor: Zum Problem der historischen Wurzeln des Nationalsozialismus, in: APUZ, Nr. B 5/63, 30.1.1963, 19–37

2206 Schieder, Wolfgang (Hg.): Die NSDAP als faschistische »Volkspartei«. (GG, Jg. 19, Nr. 2), Göttingen 1993, 134*

2207 Schieder, Wolfgang: Die NSDAP vor 1933. Profil einer faschistischen Partei, in: GG 19 (1993), 141–54

2208 Schildt, Gerhard: Die Arbeitsgemeinschaft Nord-West. Untersuchungen zur Geschichte der NSDAP 1925/26, Diss. Freiburg i.Br. 1964; XLVI, 194 S.

2209 Schmid, Klaus F.: Die »nationalsozialistischen Briefe« 1925–1930: Programm, Anschauungen, Tendenzen, Anmerkungen zu innerparteilichen Diskussionen und Richtungskämpfen der NSDAP, in: Paul Kluke zum 60. Geburtstage dargebracht von Frankfurter Schülern und Mitarbeitern, Frankfurt 1968, 111–26

2210 Schönhoven, Klaus: Geschichtliche Voraussetzungen für den Aufstieg des Nationalsozialismus, in: Widerstand und Exil in der deutschen Arbeiterbewegung, Hg. Friedrich-Ebert-Stiftung, Bonn 1982, 31–124**

2211 Schubert, Günter: Anfänge nationalsozialistischer Außenpolitik [1919–1923], Köln 1963; 251 S.

2212 Schulz, Gerhard: Aufstieg des Nationalsozialismus. Krise und Revolution in Deutschland, Frankfurt u. a. 1975; 921 S.

2213 Schulz, Gerhard: Staatsschutz und Nationalsozialismus in der Ära Brüning. (Einleitung), in: Staat und NSDAP 1930–1932. Quellen zur Ära Brüning, Hg. Karl D. Bracher u. a., Bearb. Ilse Maurer/ Udo Wengst, Düsseldorf 1977, VII-LXX

2214 Schulze, Hagen: Weimar. Deutschland 1917–1933, 2., durchges. Aufl., Berlin 1983, 328–410, 438–43 (zuerst 1982)

2215 Showalter, Dennis E.: Little Man, What Now? Der Stürmer in the Weimar Republic, Hamden, Conn. 1982; XVI, 285 S.

2216 Sidmann, Charles F.: Die Auflagenkurve des Völkischen Beobachters und die Entwicklung des Nationalsozialismus Dezember 1920 bis November 1923. (Dokumentation), in: VfZ 13 (1965), 112–18

2217 Stachura, Peter D.: Gregor Strasser and the Rise of Nazism, London 1983; XIV, 178 S.

2218 Stachura, Peter D.: The Nazi Machtergreifung, London u. a. 1983; XIII, 191 S.*

2219 Stachura, Peter D.: »Der Fall Strasser«: Gregor Strasser, Hitler, and the National Socialism 1930–1932, in: Peter D. Stachura (Hg.), The Shaping of the Nazi State, London/New York 1978, 88–130

2220 Stachura, Peter D.: Der kritische Wendepunkt? Die NSDAP und die Reichstagswahlen vom 20. Mai 1928, in: VfZ 26 (1978), 66–99

2222 Stachura, Peter D.: The Political Strategy of the Nazi Party, 1919–1933, in: GSR 3 (1980), 261–88

2223 Stechert, Kurt: Wie war das möglich? Der Ursprung des 3. Reiches in historischer und soziologischer Beleuchtung, Vorwort Gert Schäfer, ND Hildesheim 1983; XXIII, 383 S. (zuerst Stockholm 1945)

2224 Stegmann, Dirk: Zwischen Repression und Manipulation: Konservative Machteliten und Arbeiter- und Angestelltenbewegung 1910–1918. Ein Beitrag zur Vorgeschichte der DAP und NSDAP, in: AfS 12 (1972), 351–432

2225 Stoakes, Geoffrey: »More Unifinished Business«. Some Comments on the Evolution of the Nazi Foreign Policy Programme, 1919–24, in: ESR 8 (1978), 425–42

2226 Tyrell, Albrecht: Vom »Trommler« zum »Führer«. Der Wandel von Hitlers Selbstverständnis zwischen 1919 und 1924 und die Entwicklung der NSDAP, München 1975; 296 S.

2227 Tyrell, Albrecht: Führer befiehl... Selbstzeugnisse aus der »Kampfzeit« der NSDAP. Dokumentation und Analyse, Düsseldorf 1969; 403 S.**

2228 Tyrell, Albrecht: Die NSDAP als Partei und Bewegung – Strategie und Taktik der Machtergreifung, in: Volker Rittberger (Hg.), 1933. Wie die Republik der Diktatur erlag, Stuttgart u.a. 1983, 98–122

2229 Tyrell, Albrecht: Das Scheitern der Weimarer Republik und der Aufstieg der

NSDAP, in: Martin Broszat/Norbert Frei (Hg.), Ploetz. Das Dritte Reich. Ursprünge, Ereignisse, Wirkungen, Freiburg/Würzburg 1983, 18–27

2230 Tyrell, Albrecht: Der Aufstieg der NSDAP zur Macht, in: Karl D. Bracher u. a. (Hg.), Die Weimarer Republik 1918–1933. Politik – Wirtschaft – Gesellschaft, 2., durchges. Aufl., Bonn 1988 (zuerst 1987; zugl. Düsseldorf), 467–83

2231 Voigt, Gerhard: Das Wortfeld als Instrument der Analyse. Untersuchung eines nationalsozialistischen Wahlaufrufes vom 1. 3. 1932, in: PD 14 (1987), Nr. 85, 62–64

2232 Volkmann, Hans-Erich: Das außenwirtschaftliche Programm der NSDAP 1930–1933, in: AfS 17 (1977), 251–74

2233 Weißbecker, Manfred: Zur Herausbildung des Führer-Kults in der NSDAP, in: Karl Drechsler (Red.), Monopole und Staat in Deutschland 1917–1945, Berlin (O) 1973, 115–26

2234 Werner, Andreas: SA und NSDAP. »Wehrverband«, »Parteitruppe« oder »Revolutionsarmee«. Studien zur Geschichte der SA und der NSDAP 1920–1933, Diss. Erlangen-Nürnberg 1964; XXXVII, 599, XIV S.

2235 Wernette, Dee R.: Political Violence and German Elections: 1930 and July 1932, Diss. University of Michigan 1974; 213 S. (Ms.; MF Ann Arbor, Mich. 1975)

2236 Wörtz, Ulrich: Programmatik und Führerprinzip. Das Problem des Strasser-Kreises in der NSDAP. Eine historisch-politische Studie zum Verhältnis von sachlichem Programm und persönlicher Führung in einer totalitären Bewegung, Diss. Erlangen-Nürnberg 1966; V, 249, 124 S.

A.2.2 Regional- und Lokalstudien

Literaturberichte

2237 Horn, Wolfgang: Regionale Entwicklung des Nationalsozialismus, in: NPL 21 (1976), 366–76

Gedruckte Quellen

2238 Angermair, Elisabeth/Haerendel, Ulrike: Inszenierter Alltag. »Volksgemeinschaft« im nationalsozialistischen München 1933–1945. (Stadt im Bild), München 1993; 256 S.

2239 Bach, Hermann J.: Die Entwicklung der nationalsozialistischen Bewegung in Hessen, besonders im Odenwald. Vortrag auf der deutschen Nachrichtenkonferenz in Berlin über die Entwicklung der NSDAP, 28./29. April 1930, in: Eike Hennig u. a. (Hg.), Hessen unterm Hakenkreuz. Studien zur Durchsetzung der NSDAP in Hessen, 2. Aufl., Frankfurt 1984, 365–76 (zuerst 1983)

2240 Benz, Wolfgang (Hg.): Politik in Bayern 1919–1933. Berichte des württembergischen Gesandten Carl Moser von Filseck, Stuttgart 1971; 290 S.

2241 Berichte von NSDAP-Ortsgruppen, in: Bayern in der NS-Zeit, Bd. 1: Soziale Lage und politisches Verhalten der Bevölkerung im Spiegel vertraulicher Berichte, Hg. Martin Broszat u. a., München/Wien 1977, 487–526

2242 Broszat, Martin: Die Anfänge der Berliner NSDAP 1926/27. (Dokumentation), in: VfZ 8 (1960), 85–118

2243 Dickmann, Fritz: Die Regierungsbildung in Thüringen als Modell der Machtergreifung. Ein Brief Hitlers aus dem Jahre 1930. (Dokumentation), in: VfZ 14 (1966), 454–64

2244 Jatho, Jörg-Peter (Hg.): »Wenn es hoffentlich bald nach Blut und Eisen riecht...« Ein NS-Bericht aus der »Kampfzeit« in Gießen 1927–1933. Text mit einer Einführung, Materialien und einem Gespräch mit dem Verfasser des Berichts, Gießen o. J. (um 1986); 121 S.

2245 Jochmann, Werner (Hg.): Nationalsozialismus und Revolution. Ursprung und Geschichte der NSDAP in Hamburg 1922–1933. Dokumente, Frankfurt 1963; XI, 444 S.

2246 Klemm, Bernd (Hg.): »durch polizeiliches Einschreiten wurde dem Unfug ein Ende gemacht.« Geheime Berichte der politischen Polizei Hessen über Linke und Rechte in Offenbach 1923–1930, Frankfurt/New York 1982; 430 S.

2247 Stokes, Lawrence D.: Kleinstadt und Nationalsozialismus. Ausgewählte Dokumente zur Geschichte von Eutin 1918–1945, Neumünster 1984; 1032 S.

2248 Wehrmann, Volker (Bearb.): Lippe im Dritten Reich. Die Erziehung zum Nationalsozialismus, Hg. Universität Bielefeld, Dokumentationsstelle für regionale Kultur- und Schulgeschichte an der Fakultät für Pädagogik, 2. Aufl., Detmold 1987; 332 S.

Darstellungen

2249 Anschütz, Helga: Die Nationalsozialistische Arbeiterpartei in Hamburg. Ihre Anfänge bis zur Reichstagswahl vom 14. September 1930, Diss. Hamburg 1955; IV, 43, 186 S. (Ms.)

2250 Auerbach, Hellmuth: Hitlers politische Lehrjahre und die Münchener Gesellschaft 1919–1923. Versuch einer Bilanz anhand der neueren Forschung, in: VfZ 25 (1977), 1–45

2251 Baranowski, Shelley: The Sanctity of Rural Life: Protestantism, Agrarian Politics, and Nazism in Pomerania during the Weimar Republic, in: GH 9 (1991), 1–22

2252 Bauch, Herbert: Die »Vilbeler Wellblechfront« trotzt dem »braunen Sturmblock«, in: Eike Hennig u. a. (Hg.), Hessen unterm Hakenkreuz. Studien zur Durchsetzung der NSDAP in Hessen, 2. Aufl., Frankfurt 1984, 223–59 (zuerst 1983)

2253 Bäumer, Susanne: Anfänge der NS-Bewegung in Münster: Der Werdegang eines »Alten Kämpfers«, in: Heinz-Ulrich Eggert (Hg.), Schon fast vergessen. Alltag in Münster 1933–1945, 2. Aufl., Münster 1989, 15–33 (zuerst 1986)

2254 Behrend, Hanna: Die Beziehungen zwischen der NSDAP-Zentrale und dem Gauverband Süd-Hannover-Braunschweig. Ein Beitrag zur Führungsstruktur der nationalsozialistischen Partei, Frankfurt/Bern 1981; 282 S.

2255 Bentele, Ingrid: Krise und Nazis. Die Auswirkungen der Weltwirtschaftskrise und der Aufstieg der NSDAP in Tettnang (1928–1933). (Geschichte am See, 21), Hg. Kreisarchiv Bodenseekreis, Friedrichshafen a. B. 1983; X, 220 S. (Ms. vervielf.)**

2256 Bering, Dietz: Kampf um Namen. Bernhard Weiß gegen Joseph Goebbels, Stuttgart 1991; 527 S.

2257 Bering, Dietz: Von der Notwendigkeit politischer Beleidigungsprozesse. Der Beginn der Auseinandersetzungen zwischen Polizeivizepräsident Bernhard Weiß und der NSDAP, in: BGG (1983), 87–112

2258 Bering, Dietz: Der Kampf um den Namen Isidor. Polizeivizepräsident Bernhard Weiß gegen Gauleiter Joseph Goebbels, in: BzN 18 (1983), 121–53

2259 Böhnke, Wilfried: Die NSDAP im Ruhrgebiet 1920–1933, Bonn-Bad Godesberg 1974; 239 S.

2260 Böhnke, Wilfried: Nationalsozialismus und Ruhrgebiet. Zur Geschichte der NSDAP in der Weimarer Republik, in: MaH 28 (1975), 97–121

2261 Brandel, Hermann: Staatliche Maßnahmen gegen den Radikalismus in Baden 1930–1933, Diss. Heidelberg 1976; VI, 129 S.

2262 Bräunche, Ernst O.: Die Entwicklung der NSDAP in Baden bis 1932/33, in: ZGO 125 (1977), 331–75

2263 Brown, Jeremy R. S.: The Berlin NSDAP in the Kampfzeit, in: GH 7 (1989), 241–47

2264 Ciolek-Kümper, Jutta: Wahlkampf in Lippe. Die Wahlkampfpropaganda der NSDAP zur Landtagswahl am 15. Januar 1933, München 1976; 406 S.

2266 Egerer, Wolfgang: Die Entwicklung des Nationalsozialismus im Kreis Friedberg und seine Beziehungen zu den bäuerlichen Organisationen, in: Eike Hennig u. a. (Hg.), Hessen unterm Hakenkreuz. Studien zur Durchsetzung der NSDAP in Hessen, 2. Aufl., Frankfurt 1984, 199–222 (zuerst 1983)

2267 Ehlers, Carol J.: Nuremberg, Julius Streicher, and the Bourgeois Transition to Nazism, 1918–1924, Diss. University of Colorado 1965; XXI, 698 S. (Ms.)

2268 Faris, Ellsworth: Takeoff Point for the National Socialist Party: The Landtag Election in Baden 1929, in: CEH 8 (1975), 140–71

2269 Farquharson, John E.: The NSDAP in Hanover and Lower Saxony, 1921–1926, in: JCH 8 (1973), 103–20

2270 Fenske, Hans: Aufmarsch unterm Hakenkreuz. Die pfälzischen Nationalsozialisten bis zum 30. Januar 1933, in: Gerhard Nestler/Hannes Ziegler (Hg.), Die Pfalz unterm Hakenkreuz. Eine deutsche Provinz während der nationalsozialistischen Terrorherrschaft, Landau 1993, 11–36

2271 Fenske, Hans: Keine verschworene Gemeinschaft. Die pfälzischen Nationalsozialisten in der Weimarer Zeit, in: ZBL 52 (1989), 593–608

2272 Fenske, Hans: Die pfälzische NSDAP 1921–1932, in: MHVP 85 (1987), 347–81

2273 Fogel, Heidi/Rebentisch, Dieter: Organisation und Struktur der NSDAP in südhessischen Arbeiterwohngemeinden 1928–1932, in: Eike Hennig u. a. (Hg.), Hessen unterm Hakenkreuz. Studien zur Durchsetzung der NSDAP in Hessen, 2. Aufl., Frankfurt 1984, 318–497 (zuerst 1983)

2274 Franke, Volker: Der Aufstieg der NSDAP in Düsseldorf. Die nationalsozialistische Basis in einer katholischen Großstadt, Essen 1987; 350 S.

2275 Franz-Willing, Georg: Munich: Birthplace and Centre of the National Socialist Workers' Party, in: JMH 29 (1957), 319–34

2276 Frenz, Wilhelm: Der Aufstieg des Nationalsozialismus in Kassel 1922 bis 1933, in: Eike Hennig u. a. (Hg.), Hessen unterm Hakenkreuz. Studien zur Durchsetzung der NSDAP in Hessen, 2. Aufl., Frankfurt 1984, 63–106 (zuerst 1983)

2277 Genuneit, Jürgen (Bearb.): Völkische Radikale in Stuttgart. Zur Vorgeschichte und Frühphase der NSDAP 1890–1925. (Ausstellungsreihe Stuttgart im Dritten Reich), Hg. Projekt Zeitgeschichte beim Kulturamt der Landeshauptstadt Stuttgart, Stuttgart 1982; 227 S.

2278 Genuneit, Jürgen: »Des Führers frühe Fahnen«. Die Anfänge der NSDAP in Dingolfing und Umgebung, in: Storchenturm 17 (1983), Nr. 34, 1–29

2279 Glöckner, Paul W.: Aufstieg und Machtübernahme der NSDAP in Delmenhorst von 1926–1933. (Delmenhorst unter dem Hakenkreuz, 1), Delmenhorst 1982; 61 S.

2280 Gruchmann, Lothar: Hitlers Denkschrift an die bayerische Justiz vom 16. Mai 1923. Ein verloren geglaubtes Dokument, in: VfZ 39 (1991), 305–28**

2281 Hambrecht, Rainer: Der Aufstieg der NSDAP in Mittel- und Oberfranken 1925–1933, Nürnberg 1976; XI, 612 S.

2282 Hartmann, Jürgen: Völkische Bewegung und Nationalsozialismus in Lippe bis

1925. Ein Beitrag zur Entstehung und Frühzeit der NSDAP, in: LMGL 60 (1991), 149–98**

2283 Hayward, Nicholas F./Morris, David S.: The First Nazi Town [Coburg], Aldershot/Brookfield, Ver. 1988; VII, 135 S.

2284 Heilbronner, Oded: The Failure that Suceeded: Nazi Party Activity in a Catholic Region in Germany [Baden], 1929–32, in: JCH 27 (1992), 531–49

2285 Heimat, Heide, Hakenkreuz. Lüneburgs Weg ins Dritte Reich, Hg. Lüneburger Arbeitskreis »Machtergreifung«, Hamburg 1984; 224 S.*

2286 Heinacher, Peter: Der Aufstieg der NSDAP in Stadt- und Landkreis Flensburg (1919–1933), T. 1: Textbd., T. 2: Anmerkungs- u. Dokumentenbd., Flensburg 1986; 381, 264 S.**

2287 Heine, Werner u. a.: Die Endphase der Weimarer Republik. Zu den ökonomischen und politischen Rahmenbedingungen, in: Hannover 1933. Eine Großstadt wird nationalsozialistisch. Beiträge zur Ausstellung, Hg. Historisches Museum am Hohen Ufer, Hannover 1981, 11–37

2288 Hennig, Eike/Klemm, Bernd: »Offenbach war das röteste Nest der Frankfurter Umgebung«. Die Durchsetzung der NSDAP in Offenbach a. M., in: Eike Hennig u. a. (Hg.), Hessen unterm Hakenkreuz. Studien zur Durchsetzung der NSDAP in Hessen, 2. Aufl., Frankfurt 1984, 298–317 (zuerst 1983)

2289 Hoffmann, Erich/Wulf, Peter (Hg.): »Wir bauen das Reich.« Aufstieg und erste Herrschaftsjahre des Nationalsozialismus in Schleswig-Holstein, Neumünster 1983; 460 S.*

2290 Hüttenberger, Peter: Die Anfänge der NSDAP im Westen, in: Walter Först (Hg.), Zwischen Ruhrkampf und Wiederaufbau, Köln/Berlin 1972, 53–82

2291 Jahnke, Karl H.: Die NSDAP in Mecklenburg 1931/1932, in: WZR 39 (1990), Nr. 1, 57–62

2292 Kaiser, Klaus: Braunschweiger Presse und Nationalsozialismus. Der Aufstieg der NSDAP im Spiegel der Braunschweiger Tageszeitungen 1930–1933, Braunschweig 1970; 196 S.

2293 Klatt, Inge: Das Aufkommen des Nationalsozialismus am Beispiel Kiel, in: Urs J. Diederichs/Hans-Hermann Wiebe (Hg.), Schleswig-Holstein unter dem Hakenkreuz, hg. i. A. der Evangelischen Akademie Nordelbien, Bad Segeberg/Hamburg o. J. (1984), 53–64

2294 Klein, Ulrich: »Mekka des deutschen Sozialismus« oder »Kloake der Bewegung«? Der Aufstieg der NSDAP in Wuppertal 1920 bis 1934, in: Klaus Goebel (Hg.), Über allem die Partei. Schule, Kunst, Musik in Wuppertal 1933–1945. (Wuppertal in der Zeit des Nationalsozialismus, 2), Oberhausen 1987, 105–49

2295 Koziello-Poklewski, Bohdan: Des recherches sur la structure territoriale du NSDAP en Prusse Orientale dans les années 1921–1933, in: PWA 26 (1985), 241–51

2296 Krause, Thomas: Hamburg wird braun. Der Aufstieg der NSDAP von 1921–1933. (ergebnisse, 38/39), Vorwort Dirk Stegmann, Hamburg 1987; 242 S.

2297 Krause, Thomas: Von der Sekte zur Massenpartei. Die Hamburger NSDAP von 1922 bis 1933, in: Maike Bruns u. a., »Hier war doch alles nicht so schlimm«. Wie die Nazis in Hamburg den Alltag eroberten, Hamburg 1984, 18–51

2298 Kruppa, Bernd: Rechtsradikalismus in Berlin 1918–1928, Berlin 1988; X, 467 S.

2299 Lohmann, Hartmut: »Hier war doch alles nicht so schlimm.« Der Landkreis Stade in der Zeit des Nationalsozialismus, Hg. Landkreis Stade, 1. u. 2. Aufl., Stade 1991, 9–99

2300 Lohmann, Hartmut: Der Feuerüberfall auf Nationalsozialisten bei Bliedersdorf, in: GeG 8 (1989), 110–18

2301 Mann, Rosemarie (geb. Elmsheuser): Entstehung und Entwicklung der NSDAP in Marburg bis 1933, in: HJL 22 (1972), 254–342

2302 Matzerath, Horst: Der Nationalsozialismus und die Oberbehörden und Großstadtverwaltungen in Rheinland und Westfalen, 1929–1933, in: Kurt Düwell/Wolfgang Köllmann (Hg.), Rheinland-Westfalen im Industriezeitalter. Beiträge zur Landesgeschichte im 19. und 20. Jahrhundert, Bd. 3: Vom Ende der Weimarer Republik zum Land Nordrhein-Westfalen, Wuppertal 1984, 116–36

2304 Mayer, Ulrich: Das Eindringen des Nationalsozialismus in die Stadt Wetzlar, Wetzlar 1970; 124 S.

2305 Mensing, Björn/Prinz, Friedrich (Hg.): Irrlicht im leuchtenden München? Der Nationalsozialismus in der »Hauptstadt der Bewegung«, Regensburg 1991; 205 S.*

2305a Meyer, Enno: Auf dem Wege zur Macht. Die NSDAP, ihre Wegbereiter und ihre Gegner in einer norddeutschen Stadt 1930–1933, Frankfurt 1981; 96 S.

2306 Montenbruck, Jens: Zwischen Demokratie und Diktatur. Der Aufstieg der Hagener NSDAP 1930–1934, Hg. Stadt Hagen, Essen 1991; 127 S.

2307 Mühlberger, Detlef: The Rise of National Socialism in Westphalia 1920–33, Diss. University of London 1975; 396 S. (Ms.)

2308 Mühlberger, Detlef: Central Control versus Regional Autonomy: A Case Study of Nazi Propaganda in Westphalia, 1925–1932, in: Thomas Childers (Hg.), The Formation of the Nazi Constituency, 1919–1933, London/Sydney 1986, 64–103

2309 Nachtmann, Walter: Von der Splitterpartei zur Staatspartei. Zur Entwicklung des Nationalsozialismus in Stuttgart von 1925 bis 1933, in: Die Machtergreifung. Von der republikanischen zur braunen Stadt. (Stuttgart im Dritten Reich. Eine Ausstellung des Projekts Zeitgeschichte), Hg. Projekt Zeitgeschichte im Kulturamt der Landeshauptstadt Stuttgart, Bearb. Michael Molnar, Red. Karlheinz Fuchs, Stuttgart 1983, 128–57

2310 Neubach, Helmut: Die Gründung der NSDAP in Breslau am 15. März 1925. Bemerkungen zu einem Brief des Gauleiters Helmuth Brückner an Adolf Hitler, in: Helmut Neubach, Parteien und Politiker in Schlesien, Dortmund 1988, 202–9

2311 Noakes, Jeremy: The NSDAP in Lower Saxony, 1921–1933. A Study of National Socialist Organisation, Oxford 1971; XVI, 276 S.

2312 Piper, Ernst: Der Aufstieg der NSDAP, in: Richard Bauer/Ernst Piper, München. Geschichte einer Stadt, München/Zürich 1993, 308–29, 441

2313 Pollnick, Carsten: Die Entwicklung des Nationalsozialismus und Antisemitismus in Aschaffenburg 1919–1933, Einführung Renate Welsch, Aschaffenburg 1984; 251 S.

2314 Priamus, Heinz-Jürgen (Hg.): Deutschlandwahn und Wirtschaftskrise. Gelsenkirchen auf dem Weg in den Nationalsozialismus, T. 1: Die antidemokratische Allianz formiert sich, T. 2: Demokratie ohne Verteidiger?, Essen 1991–1994; 320, ca. 270 S.

2315 Pridham, Geoffrey: Hitlers Rise to Power. The Nazi Movement in Bavaria, 1923–1933, London 1973; XVI, 380 S.

2316 Rebentisch, Dieter: Zwei Beiträge zur Vorgeschichte und Machtergreifung des Nationalsozialismus in Frankfurt: Von der Splittergruppe zur Massenpartei. Straßenkämpfe und Wahlpropaganda in Frankfurt nach dem 30. Januar 1933, in: Eike Hennig u.a. (Hg.), Hessen unterm Hakenkreuz. Studien zur Durchsetzung der NSDAP in

Hessen, 2. Aufl., Frankfurt 1984, 279–97 (zuerst 1983)

2317 Reifferscheid, Gerhard: Die NSDAP in Ostpreußen. Besonderheiten ihrer Ausbreitung und Tätigkeit, in: ZGAE 39 (1978), 61–85

2318 Rennspieß, Uwe: Aufstieg des Nationalsozialismus. Eine vergleichende Lokalstudie der Bergbaustädte Ahlen und Kamen, Essen 1993; 357 S.

2319 Richter, Michaela W.: Resource Mobilisation and Legal Revolution: National Socialist Tactics in Franconia, in: Thomas Childers (Hg.), The Formation of the Nazi Constituency, 1919–1933, London/Sydney 1986, 104–30

2320 Rietzler, Rudolf: »Kampf in der Nordmark«. Das Aufkommen des Nationalsozialismus in Schleswig-Holstein (1919–1928), Neumünster 1982; 560 S.

2321 Rietzler, Rudolf: Gegründet 1928/29: Die Schleswig-Holsteinische Tageszeitung. Erste Gauzeitung der NSDAP, in: Erich Hoffmann/Peter Wulf (Hg.), »Wir bauen das Reich«. Aufstieg und erste Herrschaftsjahre des Nationalsozialismus in Schleswig-Holstein, Neumünster 1983, 117–33

2322 Rimmele, Dorette: Anspruch und Realität nationalsozialistischer Rundfunkarbeit vor 1933 in Hamburg, in: Winfried B. Lerg u. a. (Hg.), Rundfunk und Politik 1923 bis 1973. Beiträge zur Rundfunkforschung, Berlin 1975, 135–51

2323 Rogge, Friedrich W.: Weimar: Republik ohne Republikaner? Antidemokratisch-völkische Umtriebe im Oldenburger Land 1922–1930, in: OJb 84 (1984), 207–26

2324 Sahner, Heinz: Rechtsradikale Strömungen in Schleswig-Holstein: NSDAP, NPD und KLA, in: Urs J. Diederichs/Hans-Hermann Wiebe (Hg.), Schleswig-Holstein unter dem Hakenkreuz, hg. i. A. der Evangelischen Akademie Nordelbien, Bad Segeberg/Hamburg o. J. (1984), 265–78

2325 Schirmann, Léon: Altonaer Blutsonntag 17. Juli 1932. Dichtung und Wahrheit, Hamburg 1994; 168 S.

2326 Schirmann, Léon: Der Altonaer Blutsonntag und die Hamburger Justiz 1932–1991, in: DuR 19 (1991), 329–40

2327 Schnabel, Thomas: Die NSDAP in Württemberg 1928–1933. Die Schwäche einer regionalen Parteienorganisation, in: Thomas Schnabel (Hg.), Die Machtergreifung in Südwestdeutschland. Das Ende der Weimarer Republik in Baden und Württemberg 1928–1933, Stuttgart 1982, 49–81

2328 Schnabel, Thomas: Auf dem Weg ins Dritte Reich. Der Fall Schwäbisch Hall, in: WF 68 (1984), 179–95

2329 Schön, Eberhard: Die Entstehung des Nationalsozialismus in Hessen, Meisenheim a. Gl. 1972; XIX, 227 S.

2330 Schondelmaider, Hans-Willi: Die NSDAP im Badischen Landtag, in: Thomas Schnabel (Hg.), Die Machtergreifung in Südwestdeutschland. Das Ende der Weimarer Republik in Baden und Württemberg 1928–1933, Stuttgart 1982, 82–112

2331 Schönhagen, Benigna: Zwischen Verweigerung und Agitation: Landtagspolitik der NSDAP in Württemberg 1928/29–1933, in: Thomas Schnabel (Hg.), Die Machtergreifung in Südwestdeutschland. Das Ende der Weimarer Republik in Baden und Württemberg 1928–1933, Stuttgart 1982, 113–49

2332 Schröder, Uwe: Zur Entwicklung der Hitlerbewegung in Pommern 1922–1929, in: JGMO 41 (1993), 197–216

2333 Schulze, Hagen: Otto Braun. Preußens demokratische Sendung. Eine Biographie, Frankfurt u. a. 1981, 627–786, 985–1014 (zuerst 1977)

2334 Sörensen, Christian M.: Der Aufstieg der NSDAP in Husum. Zur politischen Entwicklung einer Kleinstadt 1918–1933, Bredstedt 1983; 200 S.

2335 Sörensen, Christian M.: Die NSDAP im Kreis Husum bis 1933, in: NFJ 18/19 (1982/83), 55–108

2336 Stegmann, Dirk: Nationalsozialismus in der Provinz: Aufstiegsbedingungen am Beispiel des Gaus Ost-Hannover 1925–1932, in: Rainer Eisfeld/Ingo Müller (Hg.), Gegen Barbarei. Essays Robert M. W. Kempner zu Ehren, Frankfurt 1989, 79–105

2337 Stokes, Lawrence D.: Der Fall [Karl] Radke. Zum Tode eines nationalsozialistischen »Märtyrers« und die Folgen in Eutin. 1931–1933, in: Erich Hoffmann/Peter Wulf (Hg.), »Wir bauen das Reich«. Aufstieg und erste Herrschaftsjahre des Nationalsozialismus in Schleswig-Holstein, Neumünster 1983, 41–72

2338 Tracey, Donald R.: The Development of the National Socialist Party in Thuringia, 1924–1930, in: CEH 8 (1975), 23–50

2339 Trumpp, Thomas: Franz von Papen, der preußisch-deutsche Dualismus und die NSDAP in Preußen. Ein Beitrag zur Vorgeschichte des 20. Juli 1932, Diss. Tübingen 1964; XII, 235 S.

2340 Tyrell, Albrecht: Führergedanke und Gauleiterwechsel. Die Teilung des Gaues Rheinland der NSDAP 1931, in: VfZ 23 (1975), 341–74

2341 Vollnhals, Clemens: Der Aufstieg der NSDAP in München 1925 bis 1933: Förderer und Gegner, in: Richard Bauer u.a. (Hg.), München – »Hauptstadt der Bewegung«. Bayerns Metropole und der Nationalsozialismus, München 1993, 157–65

2342 Wagner, Ulrich: Die NS-Bewegung in Heidelberg bis 1933, in: Joachim-Felix Leonhard (Hg.), Bücherverbrennung. Zensur, Verbot, Vernichtung unter dem Nationalsozialismus in Heidelberg, Heidelberg 1983, 15–32

2343 Wiemann-Stöhr, Ingeborg: Die Stadt Weinheim 1925–1933. Untersuchungen zu ihrem wirtschaftlichen, sozialen und politischen Profil, Weinheim 1991, 79–92, 137–42

2344 Wippermann, Wolfgang: Aufstieg und Machtergreifung der NSDAP in Bremerhaven-Wesermünde, in: JMM 57 (1978), 165–99

2345 Wulf, Peter: Entstehung und Aufstieg der nationalsozialistischen Bewegung in Schleswig-Holstein, in: Urs J. Diederichs/Hans-Hermann Wiebe (Hg.), Schleswig-Holstein unter dem Hakenkreuz, hg. i. A. der Evangelischen Akademie Nordelbien, Bad Segeberg/Hamburg o. J. (1984), 29–41

2346 Zank, Wolfgang: Blutsonntag in Altona. Vor sechzig Jahren: Sechzehn Frauen und Männer werden Opfer eines Polizeimassakers. Ein Justizmord an vier Kommunisten folgt, in: Zeit, Jg. 47, Nr. 30, 17. 7. 1992, 62

2347 Zofka, Zdenek: Die Ausbreitung des Nationalsozialismus auf dem Lande. Eine regionale Fallstudie zur politischen Einstellung der Landbevölkerung [im Kreis Günzburg (Schwaben)] in der Zeit des Aufstiegs und der Machtergreifung der NSDAP 1928–1936, München 1979; VII, 380 S.

A.2.3 Hitler-Putsch 1923

Gedruckte Quellen

2348 Deuerlein, Ernst: Der Hitler-Putsch. Bayerische Dokumente zum 8./9. November 1923, Stuttgart 1962; 759 S.

2349 Hoegner, Wilhelm: Hitler und Kahr. Die bayerischen Napoleonsgrößen von 1923. Ein im Untersuchungsausschuß des Bayerischen Landtags aufgedeckter Justizskandal, 2 Teile, München 1928; 52, 205 S.

2350 Schöner, Hellmut (Hg.): Hitler-Putsch im Spiegel der Presse. Berichte bayerischer, norddeutscher und ausländischer Zeitungen über die Vorgänge im November 1923 in Originalreproduktionen, München 1974; 184 S.

2351 Vogelsang, Thilo: Die Reichswehr und der Münchener Putsch 1923. (Dokumentation), in: VfZ 5 (1957), 91–101

Darstellungen

2352 Bonnin, Georges: Le Putsch de Hitler à Munich en 1923, Les Sables d'Olonne 1966; 230 S.

2353 Bry, Carl C.: Der Hitler-Putsch. Berichte und Kommentare eines Deutschland-Korrespondenten (1922–1924) für das »Argentinische Tag- und Wochenblatt«, Hg. Martin Gregor-Dellin, Nördlingen 1987; 232 S.

2354 Dornberg, John: Hitlers Marsch zur Feldherrnhalle, München, 8. und 9. November 1923, München 1983; 400 S. (engl. New York u. a. 1982 u. d. T.: The Putsch that Failed)

2355 Gordon jr., Harold J.: Hitlerputsch 1923. Machtkampf in Bayern 1923–1924, Frankfurt 1971; 580 S.

2356 Gritschneder, Otto: Bewährungsfrist für den Terroristen Adolf H. Der Hitler-Putsch und die bayerische Justiz, München 1990; 187 S.**

2357 Hofmann, Hanns H.: Der Hitlerputsch. Krisenjahre deutscher Geschichte 1920–1924, München 1961; 335 S.

2358 Kipphan, Klaus: Julius Streicher und der 9. November 1923, in: ZBL 39 (1976), 277–88

2359 Mommsen, Hans: Adolf Hitler und der 9. November 1923, in: Johannes Willms (Hg.), Der 9. November. Fünf Essays zur deutschen Geschichte, München 1994, 33–48, 91–94

2360 Schwend, Karl: Bayern zwischen Monarchie und Diktatur. Beiträge zur Bayerischen Frage in der Zeit von 1918 bis 1933, München 1954, 242–60

2361 Steger, Bernd: Der Hitlerprozeß und das Verhältnis Bayerns zum Reich, in: VfZ 25 (1977), 441–66

2362 Watt, Donald C.: Die bayerischen Bemühungen um Ausweisung Hitlers 1924, in: VfZ 6 (1958), 270–80

A.2.4 Soziale Basis der NS-Bewegung

A.2.4.1 Allgemeines

Bibliographien

2363 Schuhmacher, Martin: Wahlen und Abstimmungen 1933–1945. Eine Bibliographie zur Statistik und Analyse der politischen Wahlen in der Weimarer Republik, Düsseldorf 1976; 155 S.

Literaturberichte

2364 Fischer, Conan J.: Workers, the Middle Classes, and the Rise of National Socialism (Review Article), in: GH 9 (1991), 357–73

2365 Katz, Henryk: Arbeiter, Mittelklasse und die NSDAP. Randbemerkungen zu zwei amerikanischen Studien, in: IWK 10 (1974), 300–13

2366 Niehuss, Merith: Hitlers Wähler. (Literaturbericht), in: GG 20 (1994), 478–81

2367 Schnabel, Thomas: »Wer wählte Hitler?« Bemerkungen zu einigen Neuerscheinungen über die Endphase der Weimarer Republik, in: GG 8 (1982), 116–33

2368 Sheehan, James J.: National Socialism and German Society. Reflections on Recent Research, in: TuS 13 (1984), 851–67

2369 Wernette, Dee R.: Quantitative Methods on Studying Political Mobilization in Late Weimar Germany, in: HMN 10 (1977), 97–101

Methodische Probleme

2370 Andrews, Herbert D.: The Social Composition of the NSDAP: Problems and

Possible Solutions, in: GSR 9 (1986), 293–318

2371 Genuneit, Jürgen: Methodische Probleme der quantitativen Analyse früher NSDAP-Mitgliederlisten, in: Reinhard Mann (Hg.), Die Nationalsozialisten. Analysen faschistischer Bewegungen, Stuttgart 1980, 34–66

2372 Jamin, Mathilde: Methodische Konzeption einer quantitativen Analyse zur sozialen Zusammensetzung der SA, in: Reinhard Mann (Hg.), Die Nationalsozialisten. Analysen faschistischer Bewegungen, Stuttgart 1980, 84–97

2373 Merkl, Peter H.: Zur quantitativen Analyse von Lebensläufen »Alter Kämpfer«, in: Reinhard Mann (Hg.), Die Nationalsozialisten. Analysen faschistischer Bewegungen, Stuttgart 1980, 67–83

Darstellungen

2374 Abel, Theodore F.: Why Hitler Came to Power. An Answer Based on the Original Life Stories of Six Hundred of His Followers, New York 1938; 322 S.

2375 Allen, William S.: Farewell to Class Analysis in the Rise of Nazism: Comment, in: CEH 17 (1984), 54–62

2376 Atteslander, Peter: Arbeiter und Angestellte am Vorabend des Dritten Reiches. Notizen zu einer sozialpsychologischen Untersuchung von Erich Fromm, in: Josef Becker (Hg.), 1933 – Fünfzig Jahre danach. Die nationalsozialistische Machtergreifung in historischer Perspektive, München 1982, 89–105

2377 Bergmann, Jürgen/Megerle, Klaus: Wer unterstützte die Nationalsozialisten? Das Verhältnis der gesellschaftlichen Gruppen zur nationalsozialistischen Bewegung, in: Klaus Megerle (Hg.), Warum gerade die Nationalsozialisten?, Berlin 1983, 146–95

2378 Boak, Helen L.: »Our Last Hope«; Women's Votes for Hitler, in: GSR 12 (1989), 289–310

2379 Broszat, Martin: Zur Struktur der NS-Massenbewegung, in: VfZ 31 (1983), 52–76

2380 Burnham, Walter D.: Political Immunization and Political Confessionalism. The United States and Weimar Germany, in: JIH 3 (1972), 1–30

2381 Childers, Thomas (Hg.): The Formation of the Nazi Constituency, 1919–1933, London/Sydney 1986; VIII, 263 S.*

2382 Childers, Thomas: The Nazi Voter. The Social Foundations of Fascism in Germany, 1919–1933, Chapel Hill, N.C./London 1983; XVI, 367 S.

2383 Childers, Thomas: The Limits of National Socialist Mobilisation: The Election of 6 November 1932 and the Fragmentation of the Nazi Constituency, in: Thomas Childers (Hg.), The Formation of the Nazi Constituency, 1919–1933, London/Sydney 1986, 232–59

2384 Childers, Thomas: The Social Bases of the National Socialist Vote, in: JCH 11 (1976), 17–42

2385 Childers, Thomas: Who, Indeed, Did Vote for Hitler?, in: CEH 17 (1984), 45–53

2386 Childers, Thomas/Weiss, Eugene: Voters and Violence and the Limits of National Socialist Mobilization, in: GSR 13 (1990), 481–98

2387 Clemenz, Manfred: Gesellschaftliche Ursprünge des Faschismus, 2. Aufl., Frankfurt 1976; 318 S. (zuerst 1972)

2388 Evans, Richard J.: German Women and the Triumph of Hitler, in: JMH 48 (1976), 123–75

2389 Falter, Jürgen W.: Hitlers Wähler, München 1991; 443 S.

2390 Falter, Jürgen W.: Wer verhalf der NSDAP zum Sieg? Neuere Forschungsergebnisse zum parteipolitischen und sozialen Hintergrund der NSDAP-Wähler

1924–1933, in: APUZ, Nr. B 28–29/79, 14.7. 1979, 3–21

2391 Falter, Jürgen W.: Die erste moderne Integrationspartei? Historische Wahlforschung und die Kontroverse um das Wählerpotential der NSDAP, in: FAZ, Nr. 66, 19.3. 1986, 8

2392 Falter, Jürgen W.: The National Socialist Mobilisation of New Voters: 1928–1933, in: Thomas Childers (Hg.), The Formation of the Nazi Constituency, 1919–1933, London/Sydney 1986, 202–31

2393 Falter, Jürgen W.: Le comportement électoral des classes moyennes pendant la République de Weimar, in: Horst Möller u. a. (Hg.), Gefährdete Mitte? Mittelschichten und politische Kultur zwischen den Weltkriegen: Italien, Frankreich und Deutschland, Sigmaringen 1993, 117–41

2394 Falter, Jürgen W.: War die NSDAP die erste deutsche Volkspartei?, in: Michael Prinz/Rainer Zitelmann (Hg.), Nationalsozialismus und Modernisierung, 2. Aufl., Darmstadt 1994, 21–47 (zuerst 1991)

2395 Falter, Jürgen W.: Die Wähler der NSDAP 1928–1933: Sozialstruktur und parteipolitische Herkunft, in: Wolfgang Michalka (Hg.), Die nationalsozialistische Machtergreifung, Paderborn u. a. 1984, 47–59

2396 Falter, Jürgen W.: Die Wählerpotentiale politischer Teilkulturen 1920–1933, Mitarb. Hartmut Bömermann, in: Detlef Lehnert/Klaus Megerle (Hg.), Politische Identität und nationale Gedenktage. Zur Politischen Kultur in der Weimarer Republik, Opladen 1989, 281–307

2397 Falter, Jürgen W.: Die Jungmitglieder der NSDAP zwischen 1925 und 1933. Ein demographisches und soziales Profil, in: Wolfgang R. Krabbe (Hg.), Politische Jugend in der Weimarer Republik, Bochum 1993, 202–21

2398 Falter, Jürgen W.: Wählerwanderungen vom Liberalismus zu (rechts-)extremen Parteien. Ein Forschungsbericht am Beispiel des NSDAP-Aufstiegs 1928–1933 und der NPD-Erfolge 1966–1970, in: Lothar Albertin (Hg.), Politischer Liberalismus in der Bundesrepublik, Göttingen 1980, 92–124

2399 Falter, Jürgen W.: Radikalisierung des Mittelstandes oder Mobilisierung der Unpolitischen? Die Theorien von Seymor Martin Lipset und Reinhard Bendix über die Wählerschaft der NSDAP im Lichte neuerer Forschungsergebnisse, in: Peter Steinbach (Hg.), Probleme politischer Partizipation im Modernisierungsprozeß, Stuttgart 1982, 438–69 (engl.: SSI N. S. 20/1981, 389–430)

2400 Falter, Jürgen W.: »Anfälligkeit« der Angestellten – »Immunität« der Arbeiter? Mythen über die Wähler der NSDAP, in: Uwe Backes u. a. (Hg.), Die Schatten der Vergangenheit. Impulse zur Historisierung des Nationalsozialismus, 2. Aufl., Frankfurt/Berlin 1992, 265–90 (zuerst 1990)

2401 Falter, Jürgen W.: Wählerbewegungen zur NSDAP 1924–1933. Methodische Probleme – empirisch abgesicherte Erkenntnisse – offene Fragen, in: Otto Büsch (Hg.), Wählerbewegungen in der europäischen Geschichte. Eine Konferenz, Berlin 1980, 159–202

2402 Falter, Jürgen W.: Wahlen und Wählerverhalten unter besonderer Berücksichtigung des Aufstiegs der NSDAP nach 1928, in: Karl D. Bracher u. a. (Hg.), Die Weimarer Republik 1918–1933. Politik – Wirtschaft – Gesellschaft, 2., durchges. Aufl., Bonn 1988 (zuerst 1987; zugl. Düsseldorf), 484–504

2403 Falter, Jürgen W.: Arbeiter haben sehr viel häufiger, Angestellte dagegen sehr viel seltener NSDAP gewählt, als wir lange Zeit angenommen haben. Ein Rückblick auf das Projekt »Die Wähler der NSDAP 1928–1933«, in: GG 16 (1990), 536–52

2405 Falter, Jürgen W./Bömermann, Hartmut: Die Entwicklung der Weimarer Parteien in ihren Hochburgen und die Wahlfolge der NSDAP, in: Heinrich Best (Hg.),

Politik und Milieu. Wahl- und Elitenforschung im historischen und interkulturellen Vergleich, St. Katharinen 1989, 92–118

2406 Falter, Jürgen W./Kater, Michael H.: Wähler und Mitglieder der NSDAP. Neue Forschungsergebnisse zur Soziographie des Nationalsozialismus 1925 bis 1933, in: GG 19 (1993), 155–77

2407 Falter, Jürgen W./Zintl, Reinhard: Weltwirtschaftskrise und NSDAP-Wahlerfolge. Ein Erklärungsversuch mit Hilfe eines »rationalistischen« Ansatzes und ökologischer Regressionsanalysen, in: Jürgen W. Falter u. a. (Hg.), Wahlen und politische Einstellungen in der Bundesrepublik Deutschland. Neuere Entwicklungen der Forschung, Frankfurt u. a. 1989, 122–74

2408 Fischer, Conan J.: The Occupational Background of the SA's Rank and File Membership during the Depression Years, 1929 to Mid-1934, in: Peter D. Stachura (Hg.), The Shaping of the Nazi State, London/New York 1978, 131–59

2409 Fischer, Conan J.: The SA of the NSDAP: Social Background and Ideology of the Rank and File in the Early 1930s, in: JCH 17 (1982), 651–70

2410 Fromm, Erich: Arbeiter und Angestellte am Vorabend des Dritten Reiches. Eine sozialpsychologische Untersuchung, Hg. Wolfgang Bonss, Stuttgart 1980; 315 S. (zuerst amerikan. 1929)

2411 Götz von Olenhusen, Irmtraud: Die Krise der jungen Generation und der Aufstieg des Nationalsozialismus. Eine Analyse der Jugendorganisationen der Weimarer Zeit, in: Ulrich Herrmann (Hg.), »Neue Erziehung«, »Neue Menschen«. Ansätze zur Erziehungs- und Bildungsreform zwischen Kaiserreich und Diktatur, Weinheim/Basel 1987, 260–78; zuerst in: Jb. des Archivs der deutschen Jugendbewegung 12 (1980), 53–82

2412 Grebing, Helga: Faschismus, Mittelschichten und Arbeiterklasse, in: IWK 12 (1976), 443–60; abgedr. in: Helga Grebing, Arbeiterbewegung und politische Moral. Aufsätze, Kommentare und Berichte zur Geschichte und Theorie der deutschen Arbeiterbewegung, Göttingen 1985, 61–89

2413 Haben die Frauen Hitler an die Macht gebracht?, in: Maruta Schmidt/Gabi Dietz (Hg.), Frauen unterm Hakenkreuz. Eine Dokumentation, 3. Aufl., München 1985, 9–18, 199 (1. u. 2. Aufl., Berlin 1983); gekürzt abgedr. in: Hart und zart. Frauenleben 1920–1970, Hg. Elefanten Press, Berlin 1990, 135 ff.

2414 Hamilton, Richard F.: Who Voted for Hitler?, Princeton, N. J. 1982; XV, 664 S.

2415 Hamilton, Richard F.: Hitler's Electoral Support. Recent Findings and Theoretical Implications, in: CJS 11 (1986), 1–34

2416 Hänisch, Dirk: Sozialstrukturelle Bestimmungsgründe des Wahlverhaltens in der Weimarer Republik. Eine Aggregatdatenanalyse der Ergebnisse der Reichstagswahlen 1924 bis 1933, Duisburg 1983; IX, 298 S.

2417 Hänisch, Dirk: Die soziale Wählerbasis der NSDAP und der übrigen Parteien in der ersten österreichischen Republik im Vergleich zum Deutschen Reich, in: Heinrich Best (Hg.), Politik und Milieu. Wahl- und Elitenforschung im historischen und interkulturellen Vergleich, St. Katharinen 1989, 263–88

2418 Heberle, Rudolf: Zur Soziologie der nationalsozialistischen Revolution. Notizen aus dem Jahre 1934. (Dokumentation), in: VfZ 13 (1965), 438–45

2419 Hennig, Eike: Die weltwirtschaftliche Konstellation am Ende der Weimarer Republik – Weltwirtschaftskrise und der Aufstieg des Faschismus im internationalen Vergleich, in: Volker Rittberger (Hg.), 1933. Wie die Republik der Diktatur erlag, Stuttgart u. a. 1983, 40–60

2420 Holzer, Jerzy: Parteien und Massen. Die politische Krise in Deutschland 1928–1930, Wiesbaden 1975; 106 S.

2421 Holzer, Jerzy: La portée du N.S.D.A.P. dans les années 1928–1930, in: APH 22 (1970), 283–339

2422 Jamin, Mathilde: Zur Sozialstruktur des Nationalsozialismus, in: PVS 19 (1978), 88–91

2423 Jaschke, Hans-Gerd: Soziale Basis und soziale Funktion des Nationalsozialismus. Studien zur Bonapartismustheorie, Vorwort Eike Hennig, Opladen 1982; XVI, 291 S.

2424 Jaschke, Hans-Gerd: Soziale Basis und soziale Funktion des Nationalsozialismus – Alte Fragen, neu aufgeworfen, in: Hans-Uwe Otto/Heinz Sünker (Hg.), Politische Formierung und soziale Erziehung im Nationalsozialismus, Frankfurt 1991, 18–49

2425 Jeggle, Utz: Kontinuität in der Lebensgeschichte von Nazis, in: SAV 84 (1988), 201–11

2426 Kaltefleiter, Werner: Wirtschaft und Politik in Deutschland. Konjunktur als Bestimmungsfaktor des Parteiensystems, 2. Aufl., Köln 1968, 46–49 (zuerst 1966)

2427 Kaplan, Gisela T./Adams, Carole E.: Early Women Supporters of National Socialism, in: John Milfull (Hg.), The Attractions of Fascism. Social Psychology and Aesthetics of the »Triumph of the Right«, New York u.a. 1990, 186–203

2428 Kater, Michael H.: The Nazi Party. A Social Profile of Members and Leaders, 1919–1945, Oxford 1983; XIV, 415 S.

2429 Kater, Michael H.: Sozialer Wandel in der NSDAP im Zuge der nationalsozialistischen Machtergreifung, in: Wolfgang Schieder (Hg.), Faschismus als soziale Bewegung, 2. Aufl., Göttingen 1983, 25–67 (zuerst 1976)

2430 Kater, Michael H.: Ansätze zu einer Soziologie der SA bis zur Röhm-Krise, in: Ulrich Engelhardt u.a. (Hg.), Soziale Bewegung und politische Verfassung. Beiträge zur Geschichte der modernen Welt, Stuttgart u.a. 1976, 798–831

2431 Kater, Michael H.: Zur Soziographie der frühen NSDAP, in: VfZ 19 (1971), 124–59

2432 Kater, Michael H.: Quantifizierung und NS-Geschichte. Methodische Überlegungen über Möglichkeiten und Grenzen einer EDV-Analyse der NSDAP-Sozialstruktur von 1925 bis 1945, in: GG 3 (1977), 453–84

2433 Koonz, Claudia: Nazi Women before 1933. Rebels against Emancipation, in: SSQ 56 (1976), 553–63

2434 Kuechler, Manfred: The NSDAP Vote in the Weimar Republic. An Assessment of the State-of-the-art in View of Modern Electoral Research, in: HSR 17 (1992), Nr. 1, 22–52

2435 Larsen, Stein U. u.a. (Hg.): Who Where the Fascists? Social Roots of European Fascism, Bergen u.a. 1980; 816 S.*

2436 Lepsius, M. Rainer: Extremer Nationalismus. Strukturbedingungen vor der nationalsozialistischen Machtergreifung, Stuttgart 1966; 40 S.; abgedr. in: M. Rainer Lepsius, Demokratie in Deutschland. Soziologisch-historische Konstellationsanalysen, Göttingen 1993, 51–79, 339–44

2437 Levine, Mark H.: »Who voted for Hitler?« Revisited. A Cluster Analysis of the Bases of Increased Nazi Support in the 1930 Reichstag Election, Diss. Bowling Green State University (Ohio) 1976; 241 S.

2438 Lipset, Seymour M.: Der »Faschismus«, die Linke, die Rechte und die Mitte, in: KZSS 11 (1959), 401–44; abgedr. in: Ernst Nolte (Hg.), Theorien über den Faschismus, 5. Aufl., Königstein, Ts. 1989, 449–92 (zuerst Köln 1967)

2439 Lipset, Seymour M.: Soziologie der Demokratie, Neuwied/Berlin 1962, 131–89; abgedr. in: Gotthard Jasper (Hg.), Von Weimar zu Hitler 1930–1933, Köln/Berlin 1968,

101–23 (amerikan.: New York 1960 u. d. T.: Poitical Man. The Social Bases of Politics)

2440 Lohmöller, Jan-Bernd u. a.: Der Einfluß der Weltwirtschaftskrise auf den NSDAP-Aufstieg, in: Jürgen W. Falter u. a. (Hg.), Politische Willensbildung und Interessenvermittlung, Opladen 1984, 391–401

2441 Madden, James P.: The Social Composition of the Nazi Party, 1919–1930, Diss. University of Oklahoma 1976; XII, 318 S. (MF Ann Arbor, Mich./London 1977)

2442 Madden, James P.: Some Social Characteristics of Early Nazi Party Members, 1919–1923, in: CEH 15 (1982), 34–56

2443 Madden, James P.: The Social Class Origins of Nazi Party Members as Determined by Occupation, 1919–1933, in: SSQ 68 (1987), 263–80

2444 Mann, Reinhard (Hg.): Die Nationalsozialisten. Analysen faschistischer Bewegungen, Stuttgart 1980; 224 S.*

2445 Manstein, Peter: Die Mitglieder und Wähler der NSDAP 1919–1933. Untersuchung zu ihrer schichtmäßigen Zusammensetzung, 3., erg. Aufl., Frankfurt/Bern 1990; 291 S. (zuerst 1987)

2446 Merkl, Peter H.: Political Violence under the Swastica. 581 Early Nazis, Princeton, N. J. 1975; XIV, 735 S.

2447 Merkl, Peter H.: The Nazis of the [Theodore] Abel Collection: Why they Joined the NSDAP, in: Stein U. Larsen u. a. (Hg.), Who Were the Fascists? Social Roots of European Fascism, Bergen u. a. 1980, 268–82

2448 Merkl, Peter H.: Die alten Kämpfer der NSDAP. Auswertung von 35 Jahre alten Daten, in: SJP 2 (1971), 495–518

2449 Momper, Walter: Die 10. Internationale Tagung der Historiker der Arbeiterbewegung in Linz vom 10.–14. September 1974: Arbeiterbewegung und Faschismus. Der Februar 1934 in Österreich, in: IWK 11 (1975), 200–27

Soziale Basis der NS-Bewegung

2450 Morsey, Rudolf: Die katholische Volksminderheit und der Aufstieg des Nationalsozialismus 1930–1933, in: Klaus Gotto/Konrad Repgen (Hg.), Die Katholiken und das Dritte Reich, 3., erw. u. überarb. Aufl., Mainz 1990, 9–25 (zuerst 1980)

2451 Mühlberger, Detlef: Hitler's Followers. Studies in the Sociology of the Nazi Movement, London/New York 1991; XII, 276 S.

2452 Mühlberger, Detlef (Hg.): The Social Basis of European Fascist Movements, London u. a. 1987; 356 S.

2453 Mühlberger, Detlef: Germany, in: Detlef Mühlberger (Hg.), The Social Basis of European Fascist Movements, London u. a. 1987, 40–139

2454 Nilson, Sten S.: Wahlsoziologische Probleme des Nationalsozialismus, in: ZStW 110 (1954), 279–311

2455 Nitschke, August: Warum unterstützten Deutsche Hitler? Analysen der Wahlen vor 1933, in: FH 38 (1983), Nr. 2, 24–32

2456 Nolte, Ernst: Zur Soziologie des Nationalsozialismus, in: Ernst Nolte, Der Nationalsozialismus, Frankfurt u. a. 1970, 181–87

2457 O'Lessker, Karl: Who Voted for Hitler? A New Look at the Class Basis of Nazism, in: AJS 74 (1968/69), 63–69

2458 Ohno, Eiji: The Social Basis of Nazism, in: KUR 42 (1972), 1–25

2459 Passchier, Nico: The Electoral Geography of the Nazi Landslide. The Need for Community Studies, in: Stein U. Larsen u. a. (Hg.), Who Were the Fascists? Social Roots of European Fascism, Bergen u. a. 1980, 283–99

2460 Prinz, Michael: Milieu und neuer Mittelstand. War die NSDAP die erste moderne Volkspartei?, in: FAZ, Nr. 258, 6. 11. 1985, 35

2461 Rogowski, Ronald: The Gauleiter and the Social Origins of Fascism, in: CSSH 19 (1977), 399–430

2462 Rohe, Karl: Klimax des Dreilager-Systems und Aufstieg der NSDAP, in: Karl Rohe, Wahlen und Wählertraditionen in Deutschland, Frankfurt 1992, 140–63

2463 Roloff, Ernst-August: Wer wählte Hitler? Thesen zur Sozial- und Wirtschaftspolitik der Weimarer Republik, in: PS 15 (1964), 293–300

2464 Schmidt, Christoph: Zu den Motiven »alter Kämpfer« in der NSDAP, in: Detlev J. K. Peukert/Jürgen Reulecke (Hg.), Die Reihen fast geschlossen. Beiträge zur Geschichte des Alltags unterm Nationalsozialismus, Wuppertal 1981, 21–43

2465 Schnaiberg, Allan: A Critique of Karl O'Lessker's ›Who Voted for Hitler?‹, in: AJS 74 (1968/69), 732–35

2466 Scholz, Robert: »Heraus aus der unwürdigen Fürsorge«. Zur sozialen und politischen Orientierung der Kleinrentner in der Weimarer Republik, in: Christoph Conrad/Hans-Joachim Kondratwitz (Hg.), Gerontologie und Sozialgeschichte. Wege zu einer historischen Betrachtung des Alters, Berlin 1983, 319–50

2467 Schuon-Wiehl, Annaliese: Faschismus und Gesellschaftsstruktur. Am Beispiel des Aufstiegs des Nationalsozialismus, Frankfurt 1970; 102 S.

2468 Stachura, Peter D.: The Nazis, the Bourgeoisie, and the Workers during the Kampfzeit, in: Peter D. Stachura (Hg.), The Nazi Machtergreifung, London u. a. 1983, 15–32

2469 Stachura, Peter D.: Who Were the Nazis? A Socio-Political Analysis of the National Socialist »Machtübernahme«, in: ESR 11 (1981), 293–324

2470 Stephenson, Jill: National Socialism and Women before 1933, in: Peter D. Stachura (Hg.), The Nazi Machtergreifung, London u. a. 1983, 33–48

2471 Tröger, Annemarie: Die Dolchstoßlegende der Linken: »Frauen haben Hitler an die Macht gebracht.« Thesen zur Geschichte der Frauen am Vorabend des Dritten Reichs, in: Frauen und Wissenschaft. Beiträge zur Berliner Sommeruniversität für Frauen. Juli 1976, Hg. Gruppe Berliner Dozentinnen, Berlin 1977, 324–55

2472 Waldman, Loren K.: Models of Mass Movements. The Case of the Nazis, Diss. University of Chicago, Ill. 1973; 358 S. (Ms.)

2473 Weißbecker, Manfred: Kriegsideologie und Friedensdemagogie in der NSDAP 1919–1933, in: Sie reden vom Frieden und rüsten zum Krieg. Friedensdemagogie und Kriegsvorbereitung in Geschichte und Gegenwart, Köln 1986, 137–73

2474 Winkler, Heinrich A.: Mittelstandsbewegung oder Volkspartei? Zur sozialen Basis der NSDAP, in: Wolfgang Schieder (Hg.), Faschismus als soziale Bewegung, 2. Aufl., Göttingen 1983, 97–118 (zuerst 1976)

2475 Winkler, Heinrich A.: German Society, Hitler, and the Illusion of Restoration, 1930–33, in: JCH 11 (1976), 1–16

2476 Winkler, Jürgen R.: Sozialstruktur, politische Traditionen und Liberalismus. Eine empirische Längsschnittstudie zur Wahlentwicklung in Deutschland 1871–1933, Opladen 1994; 460 S.

A.2.4.2 Regional- und Lokalstudien

Darstellungen

2478 Anheier, Helmut K./Neidhardt, Friedhelm: Soziographische Entwicklung der NSDAP in München 1925 bis 1930, in: Richard Bauer u. a. (Hg.), München – »Hauptstadt der Bewegung«. Bayerns Metropole und der Nationalsozialismus, München 1993, 179–86

2479 Botz, Gerhard: The Changing Patterns of Social Support for Austrian National Socialism (1918–1945), in: Stein U. Larsen u.a. (Hg.), Who Were the Fascists? Social Roots of European Fascism, Bergen u.a. 1980, 202–25

2480 Domarus, Wolfgang: Nationalsozialismus, Krieg und Bevölkerung. Untersuchungen zu Lage, Volksstimmung und Struktur in Augsburg während des Dritten Reiches, München 1977; 228 S.

2481 Douglas, Donald M.: The Parent Cell: Some Computer Notes on the Composition of the First Nazi Party Group in Munich, 1919–21, in: CEH 10 (1977), 55–72

2482 Falter, Jürgen W./Bömermann, Hartmut: Die unterschiedlichen Wahlerfolge der NSDAP in Baden und Württemberg: Ergebnis differierender Sozialstrukutr oder regionalspezifischer Faktoren?, in: Dieter Oberndörfer/Karl Schmitt (Hg.), Parteien und regionale politische Traditionen in der Bundesrepublik Deutschland, Berlin 1991, 283–98

2483 Hamilton, Richard F.: Braunschweig 1932: Further Evidence on the Support for National Socialism, in: CEH 17 (1984), 3–36

2484 Hennig, Eike: Politischer Wandel und parochial-partizipative Politische Kultur-Formen – Bemerkungen zum mikro-makropolitischen Kontinuum des Landkreises Kassel in der Endphase der Weimarer Republik, in: Dirk Berg-Schlosser/Jakob Schissler (Hg.), Politische Kultur in Deutschland. Bilanz und Perspektiven der Forschung, Opladen 1987, 96–111

2485 Hennig, Eike u.a.: Die zeitverschobene Wende zur NSDAP. Zur Auswirkung sozialmoralischer Milieus auf die Wahlergebnisse in drei ländlichen hessischen Kreisen, in: Detlef Lehnert/Klaus Megerle (Hg.), Politische Teilkulturen zwischen Integration und Polarisierung. Zur politischen Kultur in der Weimarer Republik, Opladen 1990, 293–334

2486 Holmes, Kim R.: The NSDAP and the Crisis of Agrarian Conservatism in Lower Bavaria: National Socialism and the Peasants' Road to Modernity, Diss. Georgetown University 1982; 345 S.

2487 Kienzle, Gisela: Die Stadt Esslingen im Spiegel der Wahlen von 1928 bis 1932. Versuch einer vergleichenden Wahlanalyse, in: ESt 28 (1989), 219–83

2488 Klein, Wilfried/Schäfer, Hermann: Die politische Radikalisierung im Bezirk Kusel während der Jahre 1924–1933, in: WHB 11 (1980), Nr. 2/3, 41–99

2489 Koshar, Rudy J.: Vereinsleben und Nazismus. Eine Analyse der Mobilisierung in Marburg a.d.L., in: Eike Hennig u.a. (Hg.), Hessen unterm Hakenkreuz. Studien zur Durchsetzung der NSDAP in Hessen, 2. Aufl., Frankfurt 1984, 117–26 (zuerst 1983)

2490 Koshar, Rudy J.: Two »Nazisms«: The Social Context of Nazi Mobilization in Marburg and Tübingen, in: SH 7 (1982), 27–42

2491 Krause, Thomas: Von der Sekte zur Massenpartei. Die Hamburger NSDAP von 1922 bis 1933, in: Maike Bruns u.a., »Hier war doch alles nicht so schlimm«. Wie die Nazis in Hamburg den Alltag eroberten, Hamburg 1984, 18–51

2492 Kühr, Herbert: Parteien und Wahlen im Stadt- und Landkreis Essen in der Zeit der Weimarer Republik. Unter besonderer Berücksichtigung des Verhältnisses von Sozialstruktur und Wahlen, Düsseldorf 1973; 309 S.

2493 Mühlberger, Detlef: The Occupational and Social Structure of the NSDAP in the Border Province Posen-West Prussia in the Early 1930s, in: EHQ 15 (1985), 281–311

2494 Rohe, Karl u.a.: Politische Gesellschaft und politische Kultur, in: Wolfgang Köllmann u.a. (Hg.), Das Ruhrgebiet im Industriezeitalter. Geschichte und Entwicklung, Bd. 2, Düsseldorf 1990, 419–507, 671–75

2494a Rumpf, Maria R.: Die lebensalterliche Verteilung des Mitgliederzuganges zur NSDAP vor 1933, aufgezeigt an einer Großstadt und einem Landkreis. Ein Beitrag zum Generationsproblem, Diss. Heidelberg 1951; 87 S. (Ms.)

2495 Rünger, Gabriele: Wer wählte die NSDAP? Eine lokale Fallstudie im Kreis Euskirchen an Hand der Ergebnisse der politischen Wahlen 1920 bis 1933, Diss. Bonn 1984; 134 S.

2496 Sahrhage, Norbert/Stockhecke, Kerstin (Hg.): Der Aufbruch ins »Dritte Reich«. Wählerbewegungen in der Stadt und im Landkreis Herford 1919–1933, hg. i. A. des Schulverwaltungs- und Kulturamtes des Kreises Herford, Herford 1990; XLIII, 153 S.

2497 Saldern, Adelheid von: Sozialmilieus und der Aufstieg des Nationalsozialismus in Norddeutschland (1930–1933), in: Frank Bajohr (Hg.), Norddeutschland im Nationalsozialismus, Hamburg 1993, 20–52

2498 Schneider, Torsten/Schulz, Wolfram: Die Wählerschaft der NSDAP in Kiel, in: DG 2 (1987), 231–61

2499 Sommer, Antje: Der Aufstieg der NSDAP in Heidelberg. Zur Beziehung von Wählerstruktur und Wahlverhalten nach Stimmbezirken, in: Jörg Schadt/Michael Caroli (Hg.), Heidelberg unter dem Nationalsozialismus. Studien zu Verfolgung, Widerstand und Anpassung, Heidelberg 1985, 1–49

2500 Stokes, Lawrence D.: The Social Composition of the Nazi Party in Eutin [Holstein], 1925–32, in: IRSH 23 (1978), 1–32

2501 Weber, Alexander: Soziale Merkmale der NSDAP-Wähler. Eine Zusammenfassung bisheriger empirischer Untersuchungen und eine Analyse in den Gemeinden der Länder Baden und Hessen, Diss. Freiburg i.Br. 1969; 281 S.

2502 Zorn, Wolfgang: Kirchlich-evangelische Bevölkerung und Nationalsozialismus in Bayern 1919–1933. Eine Zwischenbilanz zu Forschung und Beurteilung, in: Dieter Albrecht u. a. (Hg.), Politik und Konfession. Festschrift für Konrad Repgen zum 60. Geburtstag, Berlin 1983, 319–39

A.2.4.3 Arbeiterschaft

[vgl. A.3.2.3]

Literaturberichte

2503 Abraham, David: Nazism and the Working Class, in: RHR 18 (1978), 161–65

Darstellungen

2504 Bessel, Richard/Jamin, Mathilde: Nazis, Workers, and the Use of Quantitative Evidence, in: SH 4 (1979), 111–16

2505 Bons, Joachim: Der Kampf um die Seele des deutschen Arbeiters. Zur Arbeiterpolitik der NSDAP 1920–1933, in: IWK 25 (1989), 11–41

2506 Falter, Jürgen W./Hänisch, Dirk: Die Anfälligkeit von Arbeitern gegenüber der NSDAP bei den Reichstagswahlen 1928–1933, in: AfS 26 (1986), 179–216

2507 Gossweiler, Kurt: Faschismus und Arbeiterklasse, in: Dietrich Eichholtz/Kurt Gossweiler (Hg.), Faschismus-Forschung. Positionen, Probleme, Polemik, 2., durchges. Aufl., Köln 1980, 99–123 (zuerst Berlin [O] 1980); abgedr. in: Faschismus in Deutschland. Faschismus und Gegenwart, 2. Aufl., Köln 1983 (zuerst 1980), 77–110; Kurt Gossweiler, Aufsätze zum Faschismus, Bd. 2, Köln 1988, 439–67

2508 Kele, Max H.: Nazis and Workers. National Socialist Appeals to German Labor, 1919–1933, Chapel Hill, N.C. 1972; 243 S.

2509 Mason, Timothy W.: Sozialpolitik im Dritten Reich. Arbeiterklasse und Volksgemeinschaft, 2. Aufl., Opladen 1978, 42–98 (zuerst 1977)

2510 Mühlberger, Detlef: The Sociology of the NSDAP: The Question of Working-class Membership, in: JCH 15 (1980), 493–511

2511 Reuter, Elke: Die Politik der NSDAP zur Einbeziehung der Arbeiterklasse in den faschistischen Massenanhang (1930–1934), Diss. Berlin (O) 1976; IX, 186 S. (Ms. vervielf.)

2512 Ruck, Michael: Bollwerk gegen Hitler? Arbeiterschaft, Arbeiterbewegung und die Anfänge des Nationalsozialismus, Köln 1988; 229 S.**

2513 Schöck, Eva C.: Arbeitslosigkeit und Rationalisierug. Die Lage der Arbeiter und die kommunistische Gewerkschaftspolitik 1920–28, Frankfurt/New York 1977, 35–46, 187–89

2514 Stachura, Peter D.: The NSDAP and the German Working-Class, 1925–1933, in: Michael N. Dobkowski/Isidor Wallimann (Hg.), Towards the Holocaust. The Social and Economic Collapse of the Weimar Republic, Westport, Conn./London 1983, 131–53

Regional-/Lokalstudien

2515 Bald, Albrecht: Porzellanarbeiterschaft und punktuelle Industrialisierung in Nordostoberfranken. Der Aufstieg der Arbeiterbewegung und Ausbreitung des Nationalsozialismus im Bezirksamt Rehau und in der kreisfreien Stadt Selb 1895–1936, Bayreuth 1991; XIX, 340 S.

2516 Botz, Gerhard: Arbeiterschaft und österreichische NSDAP-Mitglieder (1926–1945), in: Rudolf G. Ardelt/Hans Hautmann (Hg.), Arbeiterschaft und Nationalsozialismus in Österreich. In memoriam Karl R. Stadler, Wien/Zürich 1990, 29–48

2517 Katzinger, Willibald: Arbeiter(innen) als Mitglieder der NSDAP und ihrer Teilorganisationen (am Beispiel Linz), in: Rudolf G. Ardelt/Hans Hautmann (Hg.), Arbeiterschaft und Nationalsozialismus in Österreich. In memoriam Karl R. Stadler, Wien/Zürich 1990, 289–316

2518 Struve, Walter: Arbeiter und Nationalsozialismus in Osterode am Harz bis 1933, in: Frank Bajohr (Hg.), Norddeutschland im Nationalsozialismus, Hamburg 1993, 67–82

2519 Walser, Harald: »Treue dem wahren Nationalsozialismus!« Arbeiter in der Vorarlberger NSDAP, in: Rudolf G. Ardelt/Hans Hautmann (Hg.), Arbeiterschaft und Nationalsozialismus in Österreich. In memoriam Karl R. Stadler, Wien/Zürich 1990, 317–34

A.2.4.4 Arbeitslose

Darstellungen

2519a Falter, Jürgen W. u.a.: Arbeitslosigkeit und Nationalsozialismus. Eine empirische Analyse des Beitrags der Massenarbeitslosigkeit zu den Wahlerfolgen der NSDAP 1932 und 1933, in: KZSS 35 (1983), 525–54

2520 Falter, Jürgen W.: Unemployment and the Radicalization of the German Electorate 1928–1933: An Aggregate Data Analysis with Special Emphasis on the Rise of National Socialism, in: Peter D. Stachura (Hg.), Unemployment and the Great Depression in Weimar Germany, London 1986, 187–208

2521 Falter, Jürgen W.: Politische Konsequenzen von Massenerwerbslosigkeit. Neue Daten zu kontroversen Thesen über die Radikalisierung der Wählerschaft am Ende der Weimarer Republik, in: PVS 25 (1984), 275–96

2522 Frey, Bruno S./Weck, Hannelore: Hat Arbeitslosigkeit den Aufstieg des Nationalsozialismus bewirkt?, in: JNS 196 (1981), 1–31

2523 Geary, Dick: Unemployment and Working-class Solidarity: The German Experience 1929–33, in: Richard J. Evans/ Dick Geary (Hg.), The German Unemployed. Experiences and Consequences of Mass Unemployment from Weimar Republic to the Third Reich, London/Sydney 1987, 261–80

2524 Hermanns, Manfred: Jugendarbeitslosigkeit seit der Weimarer Republik. Ein sozialgeschichtlicher und soziologischer Vergleich, Opladen 1990; 103–13 S.

2525 Lohmöller, Jan-Bernd u. a.: Unemployment and the Rise of National Socialism. Contradicting Results from Different Regional Aggregations, in: Peter Nijkamp u. a. (Hg.), Measuring the Unmeasurable. Proceedings of the NATO Advanced Workshop on Analysis of Qualitative Data, Amsterdam, The Netherlands, March 28 – April 1, 1983, Dordrecht 1985, 357–70

2526 McKibbin, R. I.: The Myth of the Unemployed. Who Did Vote for the Nazis, in: AJPH 15 (1969), Nr. 2, 25–40

2527 Prokasky, Herbert: Haben die Arbeitslosen Hitler an die Macht gebracht?, in: GWU 33 (1982), 609–37

2528 Wacker, Ali: Haben die Arbeitslosen Hitler an die Macht gebracht? Anmerkungen zum Verhältnis von Massenarbeitslosigkeit und Rechtsradikalismus, in: Johannes Beck u. a. (Hg.), Terror und Hoffnung in Deutschland 1933–1945. Leben im Faschismus, Reinbek 1980, 450–57

A.2.4.5 Mittelschichten

Darstellungen

2529 Bergmann, Jürgen: Politische Anschauungen und politische Kultur des Handwerks in der Weimarer Republik im Spannungsverhältnis von Tradition, Ideologie und materiellen Interessen, in: Detlef Lehnert/Klaus Megerle (Hg.), Pluralismus als Verfassungs- und Gesellschaftsmodell. Zur politischen Kultur in der Weimarer Republik, Opladen 1993, 131–213

2530 Caplan, Jane: Speaking the Right Language. The Nazi Party and the Civil Service Vote in the Weimar Republic, in: Thomas Childers (Hg.), The Formation of the Nazi Constituency, 1919–1933, London/Sydney 1986, 182–201

2531 Childers, Thomas: National Socialism and the New Middle Class, in: Reinhard Mann (Hg.), Die Nationalsozialisten. Analysen faschistischer Bewegungen, Stuttgart 1980, 19–33

2532 Franke, Berthold: Die Kleinbürger. Begriff, Ideologie, Politik, Frankfurt/New York 1988, 179–213

2533 Geiger, Theodor: Die Mittelstände im Zeichen des Nationalsozialismus. (Exkurs), in: Theodor Geiger, Die soziale Schichtung des deutschen Volkes. Soziographischer Versuch auf statistischer Grundlage, Stuttgart 1932, 109–22

2534 Gellately, Robert: German Shopkeepers and the Rise of National Socialism, in: WLB 28 (1975), 31–40

2535 Giles, Geoffrey J.: National Socialism and the Educated Elite in the Weimar Republic, in: Peter D. Stachura (Hg.), The Nazi Machtergreifung, London u. a. 1983, 49–67

2536 Hamilton, Alastair: The Appeal of Fascism. A Study of Intellectuals and Fascism, 1919–1945, Vorwort Stephen Spender, London/New York 1971; XXIII, 312 S.

2537 Hamilton, Richard F.: Die soziale Basis des Nationalsozialismus. Eine kritische Betrachtung, in: Jürgen Kocka (Hg.), Angestellte im europäischen Vergleich, Göttingen 1989, 354–75

2538 Haupt, Heinz-Gerhard: La petite bourgeoisie en France et en Allemagne dans l'entre-deux-guerres, in: Horst Möller u. a. (Hg.), Gefährdete Mitte? Mittelschichten und politische Kultur zwischen den Weltkriegen: Italien, Frankreich und Deutschland, Sigmaringen 1993, 35–55

2539 Jarausch, Konrad H./Arminger, Gerhard: The German Teaching Professions and Nazi Party Membership. A Demographic Logit Model, in: JIH 20 (1989/90), 197–225

2540 Jung, Dirk: Vom Kleinbürgertum zur deutschen Mittelschicht. Analyse einer Sozialmentalität, Saarbrücken 1982; 150 S.

2541 Kadritzke, Ulf: Angestellte. Die geduldigen Arbeiter. Zur Soziologie und sozialen Bewegung der Angestellten, Frankfurt/Köln 1975, 343–81

2542 Kettenacker, Lothar: Hitler's Impact on the Lower Middle Class, in: David A. Welch (Hg.), Nazi Propaganda. The Power and the Limitations, London u.a. 1983, 10–28

2543 Kocka, Jürgen: Zur Problematik der deutschen Angestellten 1914–1933, in: Hans Mommsen u.a. (Hg.), Industrielles System und politische Entwicklung in der Weimarer Republik, Bd. 2, Düsseldorf 1974, 792–811 (Diskussion: 836–46) (ND Kronberg/Düsseldorf 1977); abgedr. in: Jürgen Kocka, Die Angestellten in der deutschen Geschichte 1850–1980. Vom Privatbeamten zum angestellten Arbeitnehmer, Göttingen 1981, 142–70

2544 Koshar, Rudy J.: Cult of Associations? The Lower Middle Classes in Weimar Germany, in: Rudy J. Koshar (Hg.), Splintered Classes. Politics and the Lower Middle Classes in Interwar Europe, New York/London 1990, 31–54

2545 Kraushaar, Wolfgang: Extremismus der Mitte. Zur Geschichte einer sozialen und sozialhistorischen Interpretationsfigur, in: Hans-Martin Lohmann (Hg.), Extremismus der Mitte. Vom rechten Verständnis deutscher Nation, Frankfurt 1994, 23–50

2546 Lasswell, Harold D.: Die Psychologie des Hitlerismus. Eine Reaktion der unteren Mittelklassen auf dauernde Unsicherheit (1933), in: Harold D. Lasswell, Politik und Moral, Düsseldorf 1957, 271–82

2547 Lenger, Friedrich: Sozialgeschichte der deutschen Handwerker seit 1800, Frankfurt 1988, 186–94

2548 Lenger, Friedrich: Mittelstand und Nationalsozialismus? Zur politischen Orientierung von Handwerkern und Angestellten in der Endphase der Weimarer Republik, in: AfS 29 (1989), 173–98

2549 Leppert-Fögen, Annette: Der Mittelstandssozialismus der NSDAP, in: FH 29 (1974), 656–66

2550 Prinz, Michael: Zur Rationalität antimodernistischer Diskurse. Ernst Bloch und der »neue Mittelstand«, in: Horst Möller u.a. (Hg.), Gefährdete Mitte? Mittelschichten und politische Kultur zwischen den Weltkriegen: Italien, Frankreich und Deutschland, Sigmaringen 1993, 143–58

2551 Prinz, Michael: »Ein Bilderbuchverhalten der Mäßigung«? Kritische Fragen zu den Angestellten in Weimar, in: TAJB 17 (1988), 83–106

2552 Roloff, Ernst-August: Bürgertum und Nationalsozialismus in Braunschweig, in: Helmut Kramer (Hg.), Braunschweig unterm Hakenkreuz, Braunschweig 1981, 13–28

2553 Saage, Richard: Antisozialismus, Mittelstand und NSDAP in der Weimarer Republik, in: IWK 11 (1975), 146–77

2554 Schenck, Friedbert: Die Einstellung der deutschen Beamten zur Weimarer Republik, 2 Bde., Diss. Mannheim 1984, Bd. 1, 194–218; Bd. 2, 38–47

2555 Schlegel-Batton, Thomas: Politische Kultur der Mittelschichten im Übergang zum Nationalsozialismus, in: Dirk Berg-Schlosser/Jakob Schissler (Hg.), Politische Kultur in Deutschland. Bilanz und Perspektiven der Forschung, Opladen 1987, 112–22

2556 Speier, Hans: Die Angestellten vor dem Nationalsozialismus. Ein Beitrag zum Verständnis der deutschen Sozialstruktur

1918–1933, Göttingen 1977; 202 S. (TB Frankfurt 1989)

2557 Unterstell, Rembert: Mittelstand in der Weimarer Republik. Die soziale Entwicklung und politische Orientierung von Handwerk, Kleinhandel und Hausbesitz 1919–1933. Ein Überblick, Frankfurt u. a. 1989; 183 S.

2558 Winkler, Heinrich A.: Mittelstand, Demokratie und Nationalsozialismus. Die politische Entwicklung von Handwerk und Kleinhandel in der Weimarer Republik, Köln 1972; 307 S.

2559 Winkler, Heinrich A.: Vom Protest zur Panik. Der gewerbliche Mittelstand in der Weimarer Republik, in: Hans Mommsen u. a. (Hg.), Industrielles System und politische Entwicklung in der Weimarer Republik, Bd. 2, Düsseldorf 1974, 778–91 (ND Kronberg/Düsseldorf 1977)

2560 Winkler, Heinrich A.: Extremismus der Mitte? Sozialgeschichtliche Aspekte der nationalsozialistischen Machtergreifung, in: VfZ 20 (1972), 175–91; abgedr. in: Heinrich A. Winkler, Liberalismus und Antiliberalismus. Studien zur politischen Sozialgeschichte des 19. und 20. Jahrhunderts, Göttingen 1979, 205–17, 349–53

2561 Wulf, Peter: Die Mittelschichten in der Krise der Weimarer Republik 1930–1933, in: Karl Holl (Hg.), Wirtschaftskrise und liberale Demokratie. Das Ende der Weimarer Republik und die gegenwärtige Situation, Göttingen 1978, 89–102

Regional-/Lokalstudien

2562 Haupt, Heinz-Gerhard/Niermann, Charlotte: Between Solidarity and Splintering: Bremen Shopkeepers in the Weimar Republic, in: Rudy J. Koshar (Hg.), Splintered Classes. Politics and the Lower Middle Classes in Interwar Europe, New York/London 1990, 55–69

2563 Heilbronner, Oded: Der verlassene Stammtisch. Vom Verfall der bürgerlichen Infrastruktur und dem Aufstieg der NSDAP am Beispiel der Region Schwarzwald, in: GG 19 (1993), 178–201

2564 Klein, Herbert: Die Stellung des Münsteraner Mittelstandes zum und im Nationalsozialismus, in: Hans-Günther Thien/Hanns Wienold (Hg.), Münster – Spuren aus der Zeit des Faschismus. Zum 50. Jahrestag der nationalsozialistischen Machtergreifung, Münster 1983, 57–63

2565 Krohn, Claus-Dieter/Stegmann, Dirk: Kleingewerbe und Nationalsozialismus in einer agrarisch-mittelständischen Region. Das Beispiel Lüneburgs, in: AfS 17 (1977), 41–98

2566 Wulf, Peter: Die politische Haltung des schleswig-holsteinischen Handwerks 1928–1932, Köln/Opladen 1969; 160 S.

A.2.4.6 Landbevölkerung

Darstellungen

2567 Bergmann, Jürgen/Megerle, Klaus: Protest und Aufruhr der Landwirtschaft in der Weimarer Republik (1924–1933). Formen und Typen der politischen Agrarbewegung im regionalen Vergleich, in: Jürgen Bergmann u. a. (Hg.), Regionen im historischen Vergleich. Studien zu Deutschland im 19. und 20. Jahrhundert, Opladen 1989, 200–87

2568 Fahlbusch, Lutz: Zu Problemen der wachsenden nationalsozialistischen Massenbeeinflussung auf dem Lande in den Jahren 1928 bis 1932, in: JBP 16 (1978), Nr. 43, 29–35

2569 Farquharson, John E.: The Plough and the Swastika. The NSDAP and Agriculture in Germany, 1928–1945, London/Beverley Hills, Ca. 1976; VIII, 312 S.

2570 Grill, Johnpeter H.: The Nazi Party's Rural Propaganda before 1928, in: CEH 15 (1982), 149–85

2571 Holmes, Kim R.: The Forsaken Past. Agrarian Conservatism and National Socialism in Germany, in: JCH 17 (1982), 671–88

2572 Kaschuba, Wolfgang/Lipp, Carola: Kein Volk steht auf, kein Sturm bricht los. Stationen dörflichen Lebens auf dem Weg in den Faschismus, in: Johannes Beck u. a. (Hg.), Terror und Hoffnung in Deutschland 1933–1945. Leben im Faschismus, Reinbek 1980, 111–55

2573 Loomis, Charles P./Beegle, Allan J.: The Spread of German Nazism in Rural Areas, in: ASR 11 (1946), 724–34

2574 Weisbrod, Bernd: Die Krise der Mitte oder: »Der Bauer stund auf im Lande«, in: Lutz Niethammer u. a., Bürgerliche Gesellschaft in Deutschland. Historische Einblicke, Fragen, Perspektiven, Frankfurt 1990, 396–410

2575 Zofka, Zdenek: Between Bauernbund and National Socialism. The Political Reorientation of the Peasants in the Final Phase of the Weimar Republic, in: Thomas Childers (Hg.), The Formation of the Nazi Constituency, 1919–1933, London/Sydney 1986, 37–63

Regional-/Lokalstudien

2576 Le Bars, Michelle: Le mouvement paysan dans le Schleswig-Holstein 1928–1932, Bern u. a. 1986; XVI, 364 S.

2577 Falter, Jürgen W.: Der Aufstieg der NSDAP in Franken bei den Reichstagswahlen 1924–1933. Ein Vergleich mit dem Reich unter besonderer Berücksichtigung landwirtschaftlicher Einflußfaktoren, in: GSR 9 (1986), 319–59

2578 Heberle, Rudolf: Landbevölkerung und Nationalsozialismus. Eine soziologische Untersuchung der politischen Willensbildung in Schleswig-Holstein 1918–1932, Stuttgart 1963; 171 S. (amerikan.: Baton Rouge 1945)

2579 Hennig, Eike: »Der Hunger naht« – »Mittelstand wehr Dich« – »Wir Bauern misten aus«. Über angepaßtes und abweichendes Wahlverhalten in hessischen Agrarregionen, in: Eike Hennig u. a. (Hg.), Hessen unterm Hakenkreuz. Studien zur Durchsetzung der NSDAP in Hessen, 2. Aufl., Frankfurt 1984, 379–432 (zuerst 1983)

2580 Ohr, Dieter u. a.: Weimarer Wahlen in zwei Dörfern des badischen Grenzlands [Niederhausen und Oberhausen, Kreis Emmendingen]. Der Beitrag kleinräumiger Fallstudien zur Erklärung des Aufstiegs der NSDAP, in: HSR 17 (1992), 4–48

2581 Reinhold, Josef: Die NSDAP und die Wahl zur Landwirtschaftskammer 1931 im Freistaat Sachsen, in: GeG 9 (1990), 188–96

2582 Schiffmann, Dieter/Nestler, Gerhard: Winzernot und Politik, in: Günther List (Hg.), »Deutsche, laßt des Weines Strom sich ins ganze Reich ergießen.« Die Pfälzer und ihre Weinstraße – ein Beitrag zur alternativen Landeskunde, Heidelberg 1985, 69–74

2583 Shookman, Ellis: Making History in Hans Fallada's »Bauern, Bonzen und Bomben«: Schleswig-Holstein, Nazism, and the »Landvolkbewegung«, in: GSR 13 (1990), 461–80

2584 Stäbler, Wolfgang: Die neue Bauernbewegung. Oberbayerischer Bauernprotest in der Endphase der Weimarer Republik, in: ZBL 51 (1988), 901–15

2585 Stoltenberg, Gerhard: Politische Strömungen im schleswig-holsteinischen Landvolk 1918–1933. Ein Beitrag zur politischen Willensbildung in der Weimarer Republik, Düsseldorf 1962; 229 S.

2586 Tilton, Timothy A.: Nazism, Democracy, and Peasantry. Nazi Success and Neo-Nazi Failure in Rural Schleswig-Holstein, Bloomington, Ind./London 1975; XVI, 186 S.

A.2.5 Verhältnis der NS-Bewegung zu anderen sozialen und politischen Kräften

A.2.5.1 Arbeiterbewegung

Gedruckte Quellen

2587 Gurland, Arkadij R. L.: Sozialdemokratische Kampfpositionen 1925–1953, Hg. Dieter Emig/Hubertus Buchstein, Baden-Baden 1991; 436 S.

2588 Jahn, Peter (Bearb.): Die Gewerkschaften in der Endphase der Republik 1930–1933. (Quellen zur Geschichte der deutschen Gewerkschaftsbewegung im 20. Jahrhundert, 4), Hg. Hermann Weber u. a., Mitarb. Detlev Brunner, Köln 1988; 1023 S.

2589 Weber, Hermann (Bearb.): Die Generallinie. Rundschreiben des Zentralkomitees der KPD an die Bezirke 1929–1933, Mitarb. Johann Wachtler, Düsseldorf 1981; CXXIV, 740 S.

Darstellungen

2590 Albrecht, Richard: Symbolkampf in Deutschland 1932: Sergej Tschachotin und der »Symbolkrieg« der drei Pfeile gegen den Nationalsozialismus als Episode im Abwehrkampf der Arbeiterbewegung gegen den Faschismus in Deutschland, in: IWK 22 (1986), 498–533

2591 Alexander, Thomas: Carl Severing. Sozialdemokrat aus Westfalen mit preußischen Tugenden, Bielefeld 1992, 171–211

2592 Aumann, Nancy J.: From Legality to Illegality. The Communist Party of Germany in Transition, 1930–1933, Diss. University of Wisconsin, Madison 1982; IV, 489 S. (MF Ann Arbor, Mich.)

2593 Bahne, Siegfried: Die Kommunistische Partei Deutschlands, in: Erich Matthias/Rudolf Morsey (Hg.), Das Ende der Parteien 1933. Darstellungen und Dokumente, Düsseldorf 1960, 655–739 (ND Königstein, Ts./Düsseldorf 1979)**

2594 Bergmann, Theodor: Das Zwischenfeld der Arbeiterbewegung zwischen SPD und KPD 1928–1933, in: Manfred Scharrer (Hg.), Kampflose Kapitulation. Arbeiterbewegung 1933, Reinbek 1984, 162–82, 247–49**

2595 Borsdorf, Ulrich/Deppe, Frank/Schneider, Michael/Weber, Hermann: Fehler, Versagen, Schuld? Ein Streitgespräch über die Rolle von SPD, KPD und Gewerkschaften am Ende der Weimarer Republik, in: GMH 34 (1983), 285–304

2596 Deppe, Frank/Roßmann, Witich: Hätte die Weimarer Republik verhindert werden können? Gewerkschaften, SPD und KPD 1929–1933, in: BDIP 28 (1983), 18–29

2597 Deutsche Arbeiterbewegung vor dem Faschismus. (Argument-Sonderbd., 74), Red. Heiko Haumann/Axel Schildt, Berlin 1981; 194 S.

2598 Finker, Kurt: KPD und Antifaschismus 1929 bis 1934, in: ZfG 41 (1993), 389–98

2599 Fischer, Conan J.: The German Communists and the Rise of Nazism, Houndmills/London 1991; XIV, 285 S.

2600 Fischer, Conan J.: Class Enemies or Class Brothers? Communist-Nazi Relations in Germany, 1929–33, in: EHQ 15 (1985), 259–79

2601 Fischer, Conan J.: The KPD and Nazism: A Reply to Dick Geary, in: EHQ 15 (1985), 465–71

2602 Fischer, Conan J.: Turning the Tide? The KPD and Right Radicalism in German Industrial Relations, 1925–8, in: JCH 24 (1989), 575–97

2603 Flechtheim, Ossip K.: Die KPD in der Weimarer Republik, Einleitung Hermann Weber, 2. Aufl., Frankfurt 1976 (zuerst 1969)

2604 Fowkes, Ben: Communism in Germany under the Weimar Republic, London u. a. 1984

2605 Geary, Dick: Employers, Workers, and the Collapse of the Weimar Republic, in: Ian Kershaw (Hg.), Weimar: Why Did German Democracy Fail?, London 1990, 92–119

2606 Geary, Dick: Nazis and Workers: a Response to Conan Fischer, in: EHQ 15 (1985), 453–64

2607 Gottschlich, Helga: Zwischen Kampf und Kapitulation. Zur Geschichte des Reichsbanners Schwarz-Rot-Gold, Berlin (O) 1987; 196 S.

2609 Grebing, Helga: Historiographische Forschungsergebnisse über die Aussichten des Widerstandes der Arbeiterbewegung gegen die nationalsozialistische Machtübernahme, in: Hans-Peter Harstick u. a. (Hg.), Arbeiterbewegung und Geschichte. Festschrift für Shlomo Na'aman zum 70. Geburtstag, Trier 1983, 113–35; abgedr. in: APUZ, B 4–5/83, 29. 1. 1983, 26–42 u. d. T.: Flucht vor Hitler?

2610 Grebing, Helga: Gewerkschaftliches Verhalten in der politischen Krise der Jahre 1930–1933, in: Gewerkschaftszeitung. Organ des Allgemeinen Deutschen Gewerkschaftsbundes 43 (1933), ND, Anhang, Berlin/Bonn 1983, [7]-[46]; abgedr. in: Helga Grebing, Arbeiterbewegung und politische Moral. Aufsätze, Kommentare und Berichte zur Geschichte und Theorie der deutschen Arbeiterbewegung, Göttingen 1985, 109–56

2611 Grebing, Helga: Ökonomische Krise und politische Moral. Thesen zur Niederlage der organisierten Arbeiterschaft im Kampf gegen den deutschen Faschismus, in: Bernd Rede u. a. (Hg.), Idee und Pragmatik der politischen Entscheidung. Alfred Kubel zum 75. Geburtstag, Bonn 1984, 111–22; abgedr. in: Helga Grebing, Arbeiterbewegung und politische Moral. Aufsätze, Kommentare und Berichte zur Geschichte und Theorie der deutschen Arbeiterbewegung, Göttingen 1985, 91–107

2612 Grebing, Helga: Auseinandersetzung mit dem Nationalsozialismus, in: Wolfgang Luthard (Hg.), Sozialdemokratische Arbeiterbewegung und Weimarer Republik. Materialien zur gesellschaftlichen Entwicklung 1927–1933, Bd. 2, Frankfurt 1978, 259–379**

2613 Grebing, Helga: Die Gewerkschaften in der Krisenphase der Weimarer Republik, in: GMH 34 (1983), 228–38

2614 Harsch, Donna: German Social Democracy and the Rise of Nazism, Chapel Hill, N. C. 1993; 420 S.

2615 Heer, Hannes: Burgfrieden oder Klassenkampf. Zur Politik der sozialdemokratischen Gewerkschaften 1930–1933, Neuwied/Berlin 1971; 240 S.**

2616 Hennig, Eike: Anmerkungen zur Propaganda der NSDAP gegenüber SPD und KPD in der Endphase der Weimarer Republik, in: TAJB 17 (1988), 209–40

2617 Huber-Koller, Rose-Marie: Gewerkschaften und Arbeitslose. Erfahrungen der Massenerwerbslosigkeit und Aspekte freigewerkschaftlicher Arbeitslosenpolitik in der Endphase der Weimarer Republik, 2 Bde., Pfaffenweiler 1992; XIX, 889, CLV S.

2618 Hüttner, Martin: Freie Gewerkschaften der Weimarer Republik zwischen italienischem Faschismus, Nationalsozialismus, Wirtschaftsdemokratie und Weltwirtschaftskrise, Frankfurt 1987; 116 S.

2619 Klönne, Arno: Die deutsche Arbeiterbewegung. Geschichte, Ziele, Wirkungen, 2., akt. Aufl., München 1989, 241–59 (zuerst Düsseldorf/Köln 1980; LA Frankfurt o. J.)

2620 Kroll, Eberhard u. a.: Deutschland am Hakenkreuz. Presse und Publizistik der Arbeiterbewegung um 1933, in: Projekt:

Spurensicherung. Alltag und Widerstand im Berlin der 30er Jahre. Katalog zur Ausstellung vom 12.6. bis 10.7. 1983 im U-Bahnhof Schlesisches Tor, Berlin, Hg. Berliner Geschichtswerkstatt, Red. Karl-Heinz Breidt u. a., Berlin 1983, 153–95

2622 Lademacher, Horst: Gewalt der Legalität oder Legalität der Gewalt – Zur Theorie und Politik der SPD von Kiel (1927) bis Prag (1934), in: Wolfgang Huber/Johannes Schwerdtfeger (Hg.), Frieden, Gewalt, Sozialismus. Studien zur Geschichte der sozialdemokratischen Areiterbewegung, Stuttgart 1976, 404–21

2623 Leppert-Fögen, Annette: Arbeiterbewegung und Kleinbürgertum vor dem Nationalsozialismus, in: Claudio Pozzoli (Hg.), Faschismus und Kapitalismus. (Jb. Arbeiterbewegung, 4), Frankfurt 1976, 44–65

2624 Lönne, Karl-Egon: Thesen zum publizistischen Tageskampf der KPD gegen den Faschismus: Die »Rote Fahne« – Zentralorgan der KPD, in: Gesellschaft 6 (1985), 242–91

2625 Matthias, Erich: Die Sozialdemokratische Partei Deutschlands, in: Erich Matthias/Rudolf Morsey (Hg.), Das Ende der Parteien 1933. Darstellungen und Dokumente, Düsseldorf 1960, 101–278 (ND Königstein, Ts./Düsseldorf 1979)**

2626 Mommsen, Hans: Die Sozialdemokratie in der Defensive. Der Immobilismus der SPD und der Aufstieg des Nationalsozialismus, in: Hans Mommsen (Hg.), Sozialdemokratie zwischen Klassenbewegung und Volkspartei, Frankfurt 1974, 106–33

2627 Moses, John A.: Trade Unionism in Germany from Bismarck to Hitler 1869–1933, Bd. 2: 1919–1933, London 1982, 403–33, 450–54, 513 f.*

2628 Müller-Tupath, Karla: Reichsführers gehorsamster [Kurt Alexander] Becher. Eine deutsche Karriere, Hamburg 1982; 158 S.

2629 Niemann, Heinz u. a.: Geschichte der deutschen Sozialdemokratie 1917 bis 1945, Berlin (O) (LA Frankfurt) 1982, 225–315, 503–17

2630 Niewyk, Donald L.: Socialist, Antisemite and Jew. German Social Democracy Confronts the Problem of Anti-Semitism, 1918–1933, Baton Rouge, La. 1971; 254 S.

2631 Plato, Alexander von: Zur Einschätzung der Klassenkämpfe in der Weimarer Republik. KPD und Komintern, Sozialdemokratie und Trotzkismus, 4.–6. Tsd., Berlin 1974; 403 S. (zuerst 1973)

2632 Pyta, Wolfram: Gegen Hitler und für die Republik. Die Auseinandersetzung der deutschen Sozialdemokratie mit der NSDAP in der Weimarer Republik, Düsseldorf 1989; 558 S.

2633 Rabehl, Bernd: Auf dem Wege in die nationalsozialistische Diktatur. Die deutsche Sozialdemokratie zwischen »Großer Koalition« und der legalen »Machtübernahme« Hitlers, in: Manfred Scharrer (Hg.), Kampflose Kapitulation. Arbeiterbewegung 1933, Reinbek 1984, 18–72, 240–42**

2634 Repgen, Konrad: Ein KPD-Verbot im Jahre 1933?, in: HZ 240 (1985), 67–99

2635 Rohe, Karl: Das Reichsbanner Schwarz Rot Gold. Ein Beitrag zur Geschichte und Struktur der politischen Kampfverbände zur Zeit der Weimarer Republik, Düsseldorf 1966; 494 S.

2636 Schaefer, Rainer: SPD in der Ära Brüning. Tolerierung oder Mobilisierung? Handlungsspielräume und Strategien sozialdemokratischer Politik 1930–1932, Frankfurt/New York 1990; 478 S.

2637 Schneider, Michael: Kleine Geschichte der Gewerkschaften. Ihre Entwicklung in Deutschland von den Anfängen bis heute, Bonn 1989 u. ö., 189–214

2638 Schönhoven, Klaus: Reformismus und Radikalismus. Gespaltene Arbeiterbewegung im Weimarer Sozialstaat, München 1989, 127–57, 219–27**

2639 Schönhoven, Klaus: Tolerierung oder Frontalangriff? Die politischen Konzeptionen von SPD und KPD in der Endphase der Weimarer Republik, in: Das Demokratieverständnis bei Sozialdemokraten und Kommunisten, Hg. Historische Kommission beim SPD-Parteivorstand, Bonn 1993, 54–76

2640 Schönhoven, Klaus: Strategie des Nichtstuns? Sozialdemokratischer Legalismus und kommunistischer Attentismus in der Ära der Präsidalkabinette, in: Heinrich A. Winkler (Hg.), Die deutsche Staatskrise 1930–1933. Handlungsspielräume und Alternativen, Mitarb. Elisabeth Müller-Luckner, München 1992, 59–75

2641 Schönhoven, Klaus: Arbeiterbewegung und Nationalsozialismus. Politik und Verhalten von Arbeiterparteien und Gewerkschaften, in: Rudolf Lill/Heinrich Oberreuther (Hg.), Machtverfall und Machtergreifung. Aufstieg und Herrschaft des Nationalsozialismus, München 1983, 223–50

2642 Schönhoven, Klaus: Der demokratische Sozialismus im Dilemma: Die Sozialdemokratie und der Untergang der Weimarer Republik, in: Wolfgang Michalka (Hg.), Die nationalsozialistische Machtergreifung, Paderborn u.a. 1984, 74–84

2643 Skrzypczak, Henryk: Führungsprobleme der sozialistischen Arbeiterbewegung in der Endphase der Weimarer Republik, in: Herkunft und Mandat. Beiträge zur Führungsproblematik in der Arbeiterbewegung, Frankfurt/Köln 1976, 128–47

2644 Skrzypczak, Henryk: Zur Strategie der Freien Gewerkschaften in der Weimarer Republik, in: Heinz O. Vetter (Hg.), Vom Sozialistengesetz zur Mitbestimmung. Zum 100. Geburtstag von Hans Böckler, Köln 1975, 201–27

2645 Skrzypczak, Henryk: From Carl Legien to Theodor Leipart, from Theodor Leipart to Robert Ley. Notes to some Strategic and Tactical Problems of the Free Trade Union Movement during the Weimar Republic, in: IWK 13 (1971), 26–45

2646 Skrzypczak, Henryk/Deppe, Frank u.a.: Stabilisierung, Krise, Diktatur – Hätten die Gewerkschaften die Weimarer Republik retten können?, in: Heinz O. Vetter (Hg.), Aus der Geschichte lernen – die Zukunft gestalten. Dreißig Jahre DGB. Protokoll der wissenschaftlichen Konferenz zur Geschichte der Gewerkschaften vom 12. und 13. Oktober 1979 in München, Red. Ulrich Borsdorf/Heinz O. Hemmer, Köln 1980, 139–208

2647 Stahr, Henrick: Der »Preußenschlag« und der BVG-Streik [1932] in der zeitgenössischen illustrierten Presse, in: Diethard Kerbs/Henrick Stahr (Hg.), Berlin 1932. Das letzte Jahr der ersten deutschen Republik. Politik, Symbole, Medien, Berlin 1992, 179–203

2648 Steinbach, Peter: »Das Schicksal hat bestimmt, daß ich hierbleibe.« Zur Erinnerung an Felix Fechenbach (1894–1933). Mit der Zusammenstellung der Artikel von »Nazi-Jüsken«, Berlin 1983; 156 S.**

2649 Striefler, Christian: Kampf um die Macht. Kommunisten und Nationalsozialisten am Ende der Weimarer Republik, Berlin/Frankfurt 1993; 469 S.

2650 Uellenberg, Wolfgang: Die Auseinandersetzung sozialdemokratischer Jugendorganisationen mit dem Nationalsozialismus in der Ausgangsphase der Weimarer Republik, Köln o.J. (1981); 292 S.

2651 Wachtler, Johann: Zwischen Revolutionserwartung und Untergang. Die Vorbereitung der KPD auf die Illegalität in den Jahren 1929–1933, Frankfurt u.a. 1983; 267 S.

2652 Ward, James J.: »Smash the Fascists...« German Communist Efforts to Counter the Nazis, 1930–31, in: CEH 14 (1981), 30–62

2653 Weber, Hermann: Kommunismus in Deutschland 1918–1945, Darmstadt 1983, 114–39

2654 Weber, Hermann: Zur Politik der KPD 1928–1933, in: Manfred Scharrer (Hg.), Kampflose Kapitulation. Arbeiterbewegung 1933, Reinbek 1984, 121–61, 245–47**

2655 Weber, Hermann: Die KPD im Kampf gegen SPD und NSDAP, in: Wolfgang Michalka (Hg.), Die nationalsozialistische Machtergreifung, Paderborn u. a. 1984, 85–96

2657 Wette, Wolfram: Mit dem Stimmzettel gegen den Faschismus? Das Dilemma des sozialdemokratischen Antifaschismus in der Endphase der Weimarer Republik, in: Wolfgang Huber/Johannes Schwertfeger (Hg.), Frieden – Gewalt – Sozialismus. Studien zur Geschichte der sozialdemokratischen Arbeiterbewegung, Stuttgart 1976, 358–403

2658 Wieszt, Joseph: KPD-Politik in der Krise 1928–1933. Zur Geschichte des Versuchs, den Kampf gegen den Faschismus mittels Sozialfaschismusthese und RGO-Politik zu führen, Frankfurt 1976; 744 S.

2659 Wimmer, Ruth/Wimmer, Walter: Kampf dem Faschismus! Thälmann 1929–1933, Leipzig 1986; 355 S.

2660 Winkler, Heinrich A.: Der Weg in die Katastrophe. Arbeiter und Arbeiterbewegung in der Weimarer Republik 1930 bis 1933, 2., vollst. durchges. u. korr. Aufl., Bonn 1990; 1028 S. (zuerst Berlin/Bonn 1987)

2661 Winkler, Heinrich A.: Der Schein der Normalität. Arbeiter und Arbeiterbewegung in der Weimarer Republik 1924 bis 1930, Berlin/Bonn 1985; 896 S.

2662 Wippermann, Wolfgang: Falsch gedacht und nicht gehandelt. Der 20. Juli 1932 [in Preußen] und das Scheitern des sozialdemokratischen Antifaschismus, in: Diethard Kerbs/Henrick Stahr (Hg.), Berlin 1932. Das letzte Jahr der ersten deutschen Republik. Politik, Symbole, Medien, Berlin 1992, 131–42

2663 Wonneberger, Günther: Deutsche Arbeitersportler gegen Faschisten und Militaristen 1929–1933. Zur historischen Bedeutung des revolutionären Arbeitersports, 2. Aufl., Köln 1975; 165 S. (zuerst Berlin [O] 1959)

Regional-/Lokalstudien

2664 Andersen, Arne: »Lieber im Feuer der Revolution sterben, als auf dem Misthaufen der Demokratie verrecken!« Die KPD in Bremen von 1928–1933. Ein Beitrag zur Bremer Sozialgeschichte, München 1987; 526 S.

2665 Andersen, Arne: Die Arbeiterbewegung in der Endphase der Weimarer Republik, in: Hartmut Müller (Hg.), Die Bremer Arbeiterbewegung 1918–1945. Trotz alledem. Katalogbuch zur gleichnamigen Ausstellung im Bremer Rathaus, Berlin 1983, 142–62**

2666 Bein, Reinhard: Nationalsozialismus und Arbeiterbewegung im Freistaat Braunschweig zwischen 1930 und 1935, in: Werner Pöls/Klaus E. Pollmann (Hg.), Moderne braunschweigische Geschichte, Hildesheim 1982, 285–306

2667 Binkowski, Johannes: Die Rolle der Arbeiterbewegung in Schlesien in den zwanziger Jahren und nach der Errichtung der nationalsozialistischen Herrschaft, in: Lothar Bossle u. a. (Hg.), Nationalsozialismus und Widerstand in Schlesien, Sigmaringen 1989, 9–16

2668 Busch, Bernd u. a.: Die Auseinandersetzungen zwischen Nazis und Arbeiterbewegung, in: Kreuzberg 1933. Ein Bezirk erinnert sich. Ausstellung vom 29. Mai bis 29. September 1983 im Kunstamt [Berlin]-Kreuzberg. »So politisch war ick nich...« Jugendalltag in Kreuzberg um 1933. Ausstellung vom 29. Mai bis 10. September 1983 in der Galerie am Chamissoplatz. Katalog, Hg. Verein zur Erforschung und Darstellung der Geschichte Kreuzbergs u. a., Red. Werner Tammen/Krista Tebbe, Berlin 1983, 35–101

2669 Deutesfeld, Wolfgang u. a.: Die Sozialdemokratische Partei Deutschlands in Lüneburg von 1930 bis zur Machtergreifung 1933, in: Heimat, Heide, Hakenkreuz. Lüneburgs Weg ins Dritte Reich, Hg. Lüneburger Arbeitskreis »Machtergreifung«, Hamburg 1984, 28–35

2670 Gätsch, Helmut: Die Freien Gewerkschaften in Bremen 1919–1933, Bremen 1969; 180 S.

2671 Goch, Stefan: Sozialdemokratische Arbeiterbewegung und Arbeiterkultur im Ruhrgebiet. Eine Untersuchung am Beispiel Gelsenkirchen 1848–1975, Düsseldorf 1990, 340–72

2672 Grebing, Helga: Sozialdemokratische Arbeiterbewegung am Ende der Weimarer Republik. Der Fall Emden, in: Dieter Brosius/Martin Last (Hg.), Beiträge zur niedersächsischen Landesgeschichte. Zum 65. Geburtstag von Hans Patze, hg. i. a. der Historischen Kommission für Niedersachsen und Bremen, Hildesheim 1984, 475–99; abgedr. in: Helga Grebing, Arbeiterbewegung und politische Moral. Aufsätze, Kommentare und Berichte zur Geschichte und Theorie der deutschen Arbeiterbewegung, Göttingen 1985, 61–89**

2673 Greiffenhagen, Sylvia: Die württembergischen Sozialdemokraten im Ersten Weltkrieg und in der Weimarer Republik (1914–1933), in: Jörg Schadt/Wolfgang Schmierer (Hg.), Die SPD in Baden-Württemberg und ihre Geschichte, Stuttgart u. a. 1979, 160–91

2674 Hege, Ingrid: Vor der Machtergreifung des Faschismus. Die Kölner Arbeiterparteien in der Endphase der Weimarer Republik, in: Reinhold Billstein (Hg.), Das andere Köln. Demokratische Traditionen seit der Französischen Revolution, Köln 1979, 257–82

2675 Höpfner, Edith: Stuttgarter Arbeiterbewegung zwischen Republik und Faschismus, Stuttgart 1984, 30–36

2676 Kral, Herbert: Die Landespolitik der SPD in Bayern von 1924 bis 1933, München 1985, 165–264

2677 Lienker, Heinrich: Die Niederlage. Bielefelder Gewerkschaften in der Weltwirtschaftskrise, in: Gisbert Brenneke u.a. (Hg.), »Es gilt, die Arbeit zu befreien.« Geschichte der Bielefelder Gewerkschaftsbewegung, Köln 1989, 211–85**

2678 Loiperdinger, Martin: »Das Blutnest vom Boxheimer Hof«. Die antifaschistische Agitation der SPD in der hessischen Hochverratsaffäre, in: Eike Hennig u. a. (Hg.), Hessen unterm Hakenkreuz. Studien zur Durchsetzung der NSDAP in Hessen, 2. Aufl., Frankfurt 1984, 433–68 (zuerst 1983)

2679 Lorinser, Margarete/Stender, Detlef: Das Ende der eigenständigen Arbeiterorganisationen und der Arbeiterkultur, in: Gerhard Zang (Hg.), Arbeiterleben in einer Randregion. Die allmähliche Entstehung der Arbeiterbewegung in einer rasch wachsenden Industriestadt. Singen a. H. 1895–1933, Konstanz 1987, 263–91

2680 Ludwig, Kurt: Die Arbeiterklasse in Thüringen im Kampf gegen das Vordringen des Faschismus und die Bildung der Frick-Regierung 1928–1930, Diss. Jena 1960; 268 S. (Ms. vervielf.)

2681 Mai, Gunther: Die Geislinger Metallarbeiterbewegung zwischen Klassenkampf und Volksgemeinschaft 1931–1933/34, Düsseldorf 1984; 199 S.**

2682 Matull, Wilhelm: Der Freiheit eine Gasse. Geschichte der Düsseldorfer Arbeiterbewegung, Bonn 1980, 129–41

2683 Mehringer, Hartmut: Alle Räder stehen still? Die Münchener Arbeiterbewegung und der Nationalsozialismus, in: Björn Mensing/Friedrich Prinz (Hg.), Irrlicht im leuchtenden München? Der Nationalsozialismus in der »Hauptstadt der Bewegung«, Regensburg 1991, 154–77

2684 Reimann, Günter: Über den BVG-Streik 1932. Ein persönlicher Bericht und eine politische Bewertung, in: Diethard Kerbs/Henrick Stahr (Hg.), Berlin 1932. Das letzte Jahr der ersten deutschen Republik. Politik, Symbole, Medien, Berlin 1992, 143–60

2685 Röhl, Klaus R.: Nähe zum Gegner. Kommunisten und Nationalsozialisten im Berliner BVG-Streit, Frankfurt/New York 1994; 285 S.**

2686 Röhl, Klaus R.: Fünf Tage im November. Kommunisten, Sozialdemokraten und Nationalsozialisten und der BVG-Streik vom November 1932, in: Diethard Kerbs/Henrick Stahr (Hg.), Berlin 1932. Das letzte Jahr der ersten deutschen Republik. Politik, Symbole, Medien, Berlin 1992, 161–77

2687 Rother, Bernd: Die Sozialdemokratie im Land Braunschweig 1918 bis 1933, Bonn 1990, 226–62

2688 Schildt, Axel: Hanseatische Vernunft kontra Extremismus? Zum antifaschistischen Kampf der Hamburger Sozialdemokratie 1929–1933, in: Jörg Berlin (Hg.), Das andere Hamburg. Freiheitliche Bestrebungen in der Hansestadt seit dem Spätmittelalter, Köln 1981, 263–81

2689 Schwarz, Rolf: Rendsburg und Büdelsdorf. Lokale Aktivitäten der Arbeiterparteien SPD und KPD, in: Erich Hoffmann/Peter Wulf (Hg.), »Wir bauen das Reich«. Aufstieg und erste Herrschaftsjahre des Nationalsozialismus in Schleswig-Holstein, Neumünster 1983, 149–64

2690 Skrzypczak, Henryk: »Revolutionäre« Gewerkschaftspolitik in der Weltwirtschaftskrise. Der Berliner Verkehrsarbeiterstreik 1932, in: GMH 34 (1983), 264–76

2691 Walter, Franz u. a.: Die SPD in Sachsen und Thüringen zwischen Hochburg und Diaspora. Untersuchungen auf lokaler Ebene vom Kaiserreich zur Gegenwart, Bonn 1993; 492 S.

2692 Werner, Emil: Die Freiheit hat ihren Preis. Die bayerische Sozialdemokratie von ihren Anfängen bis zum Widerstand im NS-Staat, München 1979, 123–53

2693 Witt, Friedrich-Wilhelm: Die Hamburger Sozialdemokratie in der Weimarer Republik. Unter besonderer Berücksichtigung der Jahre 1929/30–1933, Hannover 1971; 219 S.

2694 Wollenberg, Jörg u. a.: Die Bremer Arbeiterbewegung in der Endphase der Weimarer Republik. Eine Untersuchung zum Zusammenhang von Krisenverlauf und Krisenreaktion in der Bremer Arbeiterschaft von 1928–1933, Bremen 1982, 215–317, 359–70

2695 Zang, Gert: Die NSDAP und KPD am Ende der Weimarer Republik, in: Gert Zang (Hg.), Arbeiterleben in einer Randregion. Die allmähliche Entstehung der Arbeiterbewegung in einer rasch wachsenden Industriestadt. Singen a. H. 1895–1933, Konstanz 1987, 228–34

2696 Ziegs, Detlef: Die Haltung der Leipziger Parteiorganisation der SPD zur Politik des sozialdemokratischen Parteivorstandes in den Jahren 1929 bis 1933, 2 Bde., Diss. Leipzig 1978; VII, 218; 98 S. (Ms. vervielf.)

A.2.5.2 Nationalrevolutionäre

Darstellungen

2697 Dupeux, Louis: »Nationalbolschewismus« in Deutschland 1919–1933. Kommunistische Strategie und konservative Dynamik, München 1985; 492 S. (franz.: Paris 1979)

2698 Faye, Jean P.: Totalitäre Sprachen. Kritik der narrativen Vernunft. Kritik der narrativen Ökonomie, Bd. 1, Frankfurt u. a. 1977, 78–196 (franz.: Paris 1972)

2699 Moreau, Patrick: Nationalsozialismus von links. Die »Kampfgemeinschaft Revolutionärer Nationalsozialisten« und die »Schwarze Front« Otto Straßers 1930–1935, Stuttgart 1985; 267 S.

2700 Paetel, Karl O.: Versuchung oder Chance? Zur Geschichte des deutschen Nationalbolschewismus, Berlin u. a. 1965, 206–24

2701 Schüddekopf, Otto-Ernst: Nationalbolschewismus in Deutschland 1918–1933, 2. Aufl., Frankfurt/Berlin 1973; 576 S. (zuerst Stuttgart 1960 u. d. T.: Linke Leute von rechts)

A.2.5.3 Völkisch-nationalistisches Umfeld, Konservative Revolution

[vgl. A.3.5.3.2: C. Schmitt; A.3.19.6.2.; A.3.19.6.9: H. Freyer]

Darstellungen

2702 Altgeld, Wolfgang: Volk, Rasse, Raum. Völkisches Denken und radikaler Nationalismus im Vorfeld des Nationalsozialismus, in: Rudolf Lill/Heinrich Oberreuther (Hg.), Machtverfall und Machtergreifung. Aufstieg und Herrschaft des Nationalsozialismus, München 1983, 95–120

2703 Bamler, Albrecht: Der Publizist und Schriftsteller Hermann Stegemann (1870–1945). Seine Wandlung vom liksliberalen Journalisten zum deutschnationalen Publizisten, Frankfurt u. a. 1989; 370 S.

2704 Berghahn, Volker R.: Der Stahlhelm. Bund der Frontsoldaten 1918–1935, Düsseldorf 1966; 304 S.

2705 Bessel, Richard J.: Militarismus im innenpolitischen Leben der Weimarer Republik: Von den Freikorps zur SA, in: Klaus-Jürgen Müller/Eckhardt Opitz (Hg.), Militär und Militarismus in der Weimarer Republik. Beiträge eines internationalen Symposiums an der Hochschule der Bundeswehr Hamburg am 5. und 6. Mai 1977, Düsseldorf 1978, 193–222

2706 Breuer, Stefan: Anatomie der Konservativen Revolution, Darmstadt 1993; 232 S.

2707 Breuer, Stefan: Die »Konservative Revolution« – Kritik eines Mythos, in: PVS 31 (1990), 585–607

2708 Demandt, Ebbo: Hans Zehrer als politischer Publizist. Von Schleicher zu Springer, Mainz 1971; 263 S.

2709 Diehl, James M.: Paramilitary Politics in Weimar Germany, Bloomington, Ind./London 1977; X, 406 S.

2710 Diehl, James M.: Von der »Vaterlandspartei« zur »Nationalen Revolution«: Die Vereinigten Vaterländischen Verbände Deutschlands (VVVD) 1922–1932, in: VfZ 33 (1985), 617–39

2711 Duesterberg, Theodor: Der Stahlhelm und Hitler, Wolfenbüttel/Hannover 1949; 157 S.

2712 Dupeux, Louis: »Kulturpessimismus« – Konservative Revolution und Modernität, in: Manfred Gangl/Gérard Raulet (Hg.), Intellektuellendiskurse in der Weimarer Republik. Zur politischen Kultur einer Gemengelage, Frankfurt/New York 1994, 287–99

2713 Eley, Geoff: Konservative und rechte Nationalisten in Deutschland: Die Schaffung faschistischer Potentiale 1912–1928, in: Geoff Eley, Wilhelminismus, Nationalismus, Faschismus. Zur historischen Kontinuität in Deutschland, Münster 1991, 209–47; engl. in: Martin Blinkhorn (Hg.), Fascists and Conservatives in Europe, London 1990, 50–70

2714 Faye, Jean P.: Totalitäre Sprachen. Kritik der narrativen Vernunft. Kritik der narrativen Ökonomie, 2 Bde., Frankfurt u. a. 1977; 990 S. (franz.: Paris 1972)

2715 Fesser, Gerd: Die Mutterlauge der Nazis. Als Narren, Phantasten und krasse

Außenseiter wurden nach 1945 die Alldeutschen bagatellisiert. Tatsächlich aber hatte ihr Verband Förderer in der Schwerindustrie, im Militär und in der Regierung. Sie hetzten zum heiligen Krieg um die Weltherrschaft und riefen nach einem Diktator, in: Zeit, Jg. 49, Nr. 28, 8.7. 1994, 54

2716 Finker, Kurt: Jungdeutscher Orden (Jungdo) 1920–1933, in: Lexikon zur Parteiengeschichte. Die bürgerlichen und kleinbürgerlichen Parteien und Verbände in Deutschland (1789–1945), Hg. Dieter Fricke u.a., Bd. 3, Leipzig (LA Köln) 1985, 138–48

2717 Finker, Kurt: Tannenberg-Bund. Arbeitsgemeinschaft völkischer Frontkrieger- und Jugendverbände (TB) 1925–1933, in: Lexikon zur Parteiengeschichte. Die bürgerlichen und kleinbürgerlichen Parteien und Verbände in Deutschland (1789–1945), Hg. Dieter Fricke u.a., Bd. 4, Leipzig (LA Köln) 1986, 180–83

2718 Finker, Kurt: Vereinigte vaterländische Verbände Deutschlands (VvVD) 1922–1933/34, in: Lexikon zur Parteiengeschichte. Die bürgerlichen und kleinbürgerlichen Parteien und Verbände in Deutschland (1789–1945), Hg. Dieter Fricke u.a., Bd. 4, Leipzig (LA Köln) 1986, 314–21

2719 Finker, Kurt/Giersch, Reinhard: Offiziersverbände 1918–1940, in: Lexikon zur Parteiengeschichte. Die bürgerlichen und kleinbürgerlichen Parteien und Verbände in Deutschland (1789–1945), Hg. Dieter Fricke u.a., Bd. 3, Leipzig (LA Köln) 1985, 538–47

2720 Finker, Kurt/Giersch, Reinhard: Wehrwolf. Bund deutscher Männer und Frontkrieger (Wehrwolf) 1923–1933 (zunächst Mitteldeutscher Schutzverband), in: Lexikon zur Parteiengeschichte. Die bürgerlichen und kleinbürgerlichen Parteien und Verbände in Deutschland (1789–1945), Hg. Dieter Fricke u.a., Bd. 4, Leipzig (LA Köln) 1986, 475–81

2721 Flemming, Jens: Konservatismus als »nationalrevolutionäre Bewegung«. Konservative Kritik an der Deutschnationalen Volkspartei 1918–1933, in: Dirk Stegmann u.a. (Hg.), Deutscher Konservatismus im 19. und 20. Jahrhundert. Festschrift für Fritz Fischer zum 75. Geburtstag und zum 50. Doktorjubiläum, Bonn 1983, 295–331

2722 Forschbach, Edmund: Edgar J. Jung. Ein konservativer Revolutionär. 30. Juni 1934, Pfullingen 1984; 183 S.

2723 Fricke, Dieter/Bramke, Werner: Kyffhäuser-Bund der Deutschen Landeskriegerverbände (KB) 1899/1900–1943, in: Lexikon zur Parteiengeschichte. Die bürgerlichen und kleinbürgerlichen Parteien und Verbände in Deutschland (1789–1945), Hg. Dieter Fricke u.a., Bd. 3, Leipzig (LA Köln) 1985, 325–44

2724 Fricke, Dieter/Fritsch, Werner: Deutschnationaler Handlungsgehilfen-Verband (DHV) 1893–1934, in: Lexikon zur Parteiengeschichte. Die bürgerlichen und kleinbürgerlichen Parteien und Verbände in Deutschland (1789–1945), Hg. Dieter Fricke u.a., Bd. 2, Leipzig (LA Köln) 1984, 457–75

2725 Fritsch, Andreas: »Dritter Humanismus« und »Drittes Reich«. Assoziationen und Differenzen, in: Reinhard Dithmar (Hg.), Schule und Unterricht in der Endphase der Weimarer Republik, Neuwied u.a. 1993, 152–75

2726 Fritzsche, Klaus: Politische Romantik und Gegenrevolution. Fluchtwege in der Krise der bürgerlichen Gesellschaft: Das Beispiel des »Tat«-Kreises, Frankfurt 1976; 436 S.

2727 Fritzsche, Peter: Between Fragmentation and Fraternity: Civic Patriotism and the Stahlhelm in Bougeois Neighborhoods during the Weimar Republic, in: TAJB 17 (1988), 123–44

2728 Führer, Karl: Der Deutsche Reichskriegerbund Kyffhäuser 1930–1934. Politik, Ideologie und Funktion eines »unpolitischen« Verbandes, in: MGM 36 (1984), 57–76

2729 Garnett, Robert S.: Lion, Eagle, and Swastika. Bavarian Monarchism in Weimar Germany, 1918–1933, New York 1991; XVIII, 394 S.

2730 Gerstenberger, Heide: Der revolutionäre Konservatismus. Ein Beitrag zur Analyse des Liberalismus, Berlin 1969; 171 S.

2731 Goeldel, Denis: Moeller van den Bruck (1876–1925), un nationaliste contre la révolution. Contribution à l'etude de la »révolution conservatrice« et du conservatisme allemand au XXe siècle, Frankfurt u. a. 1984; XI, 614 S.

2732 Götz von Olenhusen, Irmtraud: Vom Jungstahlhelm zur SA: Die junge Nachkriegsgeneration in den paramilitärischen Verbänden der Weimarer Republik, in: Wolfgang R. Krabbe (Hg.), Politische Jugend in der Weimarer Republik, Bochum 1993, 146–82

2733 Gundolf, Elisabeth: Stefan George und der Nationalsozialismus [1944], in: CP 69 (1978), 52–76

2734 Hamel, Iris: Völkischer Verband und nationale Gewerkschaft. Der Deutschnationale Handlungsgehilfenverband (DHV) 1893–1933, Frankfurt 1967; 289 S.

2735 Hartung, Günter: Artur Dinter. A Successfull Fascist Author in the Pre-Fascist Germany, in: John Milfull (Hg.), The Attractions of Fascism. Social Psychology and Aesthetics of the »Triumph of the Right«, New York u. a. 1990, 103–23

2736 Hartwig, Edgar: Alldeutscher Verband (ADV) 1891–1939, in: Lexikon zur Parteiengeschichte. Die bürgerlichen und kleinbürgerlichen Parteien und Verbände in Deutschland (1789–1945), Hg. Dieter Fricke u. a., Bd. 1, Leipzig (LA Köln) 1983, 13–47

2737 Hartwig, Edgar: Welfen (1866–1933) (Deutsch-Hannoversche Partei [DHP]), in: Lexikon zur Parteiengeschichte. Die bürgerlichen und kleinbürgerlichen Parteien und Verbände in Deutschland (1789–1945), Hg. Dieter Fricke u. a., Bd. 4, Leipzig (LA Köln) 1986, 482–90

2738 Herbert, Ulrich: »Generation der Sachlichkeit«. Die völkische Studentenbewegung der frühen zwanziger Jahre in Deutschland, in: Frank Bajohr u. a. (Hg.), Zivilisation und Barbarei. Die widersprüchlichen Potentiale der Moderne. Detlev Peukert zum Gedenken, Hamburg 1991, 115–44

2739 Heydeloff, Rudolf: Staranwalt der Rechtsextremisten. Walter Luetgebrunne in der Weimarer Republik, in: VfZ 32 (1984), 373–421

2740 Hietala, Marjatta: Der neue Nationalismus in der Publizistik Ernst Jüngers und des Kreises um ihn 1920–1933, Helsinki 1975; 274 S.

2741 Holmes, Kim R.: The Forsaken Past: Agrarian Conservatism and National Socialism in Germany, in: JCH 17 (1982), 671–88

2742 Holzbach-Linsenmaier, Heidrun: Biedermann und Brandstifter. Die Harzburger Front und ihr Flegel Hitler, in: Zeit, Jg. 46, Nr. 42, 11. 10. 1991, 49 f.

2743 Hornung, Klaus: Der Jungdeutsche Orden, Düsseldorf 1958; 160 S.

2744 Hoyningen-Huene, Iris Freifrau von: Adel in der Weimarer Republik. Die rechtlich-soziale Situation des reichsdeutschen Adels 1918–1933, Limburg 1993; LIV, 428 S.

2745 Ishida, Yuji: Jungkonservative in der Weimarer Republik. Der Ring-Kreis 1928–1933, Frankfurt u. a. 1988; 298 S.

2746 Jatho, Jörg-Peter: Dr. Ferdinand Werner. Eine biographische Skizze zur Verstrickung eines völkischen Antisemiten in den Nationalsozialismus, in: WGB 34 (1985), 181–224

2747 Jones, Larry E.: Edgar Julius Jung: The Conservative Revolution in Theory and Practice, in: CEH 21 (1988), 142–74

2748 Kaempfer, Wolfgang: Ernst Jünger, Stuttgart 1981; VI, 188 S.

2749 Kater, Michael H.: Die Artamanen. Völkische Jugend in der Weimarer Republik, in: HZ 213 (1971), 577–638

2750 Klemperer, Klemens von: Konservative Bewegungen. Zwischen Kaiserreich und Nationalsozialismus, München/Wien o. J. [1962]; 276 S. (amerikan.: Princeton, N. J. 1957 u. d. T.: Germany's New Conservatism. Its History and Dilemma in the Twentieth Century)

2751 Klotzbücher, Alois: Der politische Weg des Stahlhelm, Bund der Frontsoldaten, in der Weimarer Republik. Ein Beitrag zur Geschichte der »Nationalen Opposition« 1918–1933, Diss. Erlangen-Nürnberg 1965; XXV, 349 S.

2752 Koch, Hannsjoachim W.: Der deutsche Bürgerkrieg. Eine Geschichte der deutschen und österreichischen Freikorps, Berlin u. a. 1978; 488 S.

2753 Könnemann, Erwin: Freikorps Oberland 1919–1930, in: Lexikon zur Parteiengeschichte. Die bürgerlichen und kleinbürgerlichen Parteien und Verbände in Deutschland (1789–1945), Hg. Dieter Fricke u. a., Bd. 2, Leipzig (LA Köln) 1984, 677–81

2754 Krebs, Willi: Der Alldeutsche Verband in den Jahren 1918 bis 1939 – ein politisches Instrument des deutschen Imperialismus, 2 Bde., Diss. Berlin (O) 1970; XVI, 303 S. (Ms. vervielf.)

2755 Krebs, Willi: Deutschvölkischer Schutz- und Trutzbund (DSTB) 1919–1922 (1924), in: Lexikon zur Parteiengeschichte. Die bürgerlichen und kleinbürgerlichen Parteien und Verbände in Deutschland (1789–1945), Hg. Dieter Fricke u. a., Bd. 2, Leipzig (LA Köln) 1984, 562–68

2756 Kruck, Alfred: Geschichte des Alldeutschen Verbandes 1890–1939, Wiesbaden 1954; 257 S.

2757 Krüger, Gabriele: Die Brigade Erhardt, Hamburg 1971; 176 S.

2758 Kruppa, Bernd: Rechtsextreme Wehrverbände in der Weimarer Republik. Die Entwicklung seit 1918 und ihre Rolle in den politischen Entscheidungen des Jahres 1932, in: Diethard Kerbs/Henrick Stahr (Hg.), Berlin 1932. Das letzte Jahr der ersten deutschen Republik. Politik, Symbole, Medien, Berlin 1992, 115–30

2759 Lakowski, Richard: Das Ende des »Stahlhelm«. Ein Beitrag zur Geschichte der Stabilisierung der faschistischen Diktatur in Deutschland, in: WZB 22 (1973), 39–49

2760 Lebovics, Hermann: Social Conservatism and the Middle Classes in Germany, 1914–1933, Princeton, N. J. 1969; XV, 248 S.

2761 Lenk, Kurt: Die Liebe zum Schicksal. Oswald Spengler und die »Konservative Revolution«, in: Eros – Liebe – Leidenschaft. Meisterwerke der Weltliteratur. Ringvorlesung der Philosophischen Fakultät der RWTH Aachen im Sommersemester 1987, Bonn 1988, 1–14; abgedr. in: Kurt Lenk, Rechts, wo die Mitte ist. Studien zur Ideologie: Rechtsextremismus, Nationalsozialismus, Konservatismus, Baden-Baden 1994, 215–25

2762 Lohalm, Uwe: Völkischer Radikalismus. Die Geschichte des Deutschvölkischen Schutz- und Trutzbundes 1919–1923, Hamburg 1970; 492 S.

2763 Mahlke, Bernhard: Stahlhelm – Bund der Frontsoldaten (Stahlhelm) 1918–1935, in: Lexikon zur Parteiengeschichte. Die bürgerlichen und kleinbürgerlichen Parteien und Verbände in Deutschland (1789–1945), Hg. Dieter Fricke u. a., Bd. 4, Leipzig (LA Köln) 1986, 145–58

2764 Mauch, Hans-Joachim: Nationalistische Wehrorganisationen in der Weimarer

Republik. Zur Entwicklung und Ideologie des »Paramilitarismus«, Frankfurt/Bern 1982; 291 S.

2765 Maus, Ingeborg: Gesellschaftliche und rechtliche Aspekte der »Konservativen Revolution«, in: Eike Hennig/Richard Saage (Hg.), Konservatismus – eine Gefahr für die Freiheit? Für Iring Fetscher, München 1983; abgedr. in: Ingeborg Maus, Rechtstheorie und politische Theorie im Industriekapitalismus, München 1986, 111–39

2767 Meinl, Susanne/Krüger, Dieter: Der politische Weg von Friedrich Wilhelm Heinz. Vom Freikorpskämpfer zum Leiter des Nachrichtendienstes im Bundeskanzleramt, in: VfZ 42 (1994), 39–69

2768 Mohler, Armin: Die Konservative Revolution in Deutschland, 2 Bde., 3. Aufl., Darmstadt 1989; 555, 130 S. (zuerst Stuttgart 1950)

2769 Osteraas, Leena K.: The New Nationalists: Front Generation Spokesmen in the Weimar Republic [Ernst Jünger, Franz Schauwecker, Friedrich Wilhelm Heinz, Helmut Franke], Diss. Columbia University 1972; 2, 351 S. (Ms.; MF Ann Arbor, Mich./London 1977)

2770 Petzold, Joachim: Wegbereiter des deutschen Faschismus. Die Jungkonservativen in der Weimarer Republik, Köln 1983; 456 S. (zuerst 1978; zugl. Berlin [O] u. d. T.: Konservative Theoretiker des deutschen Faschismus)

2771 Petzold, Joachim: Claß und Hitler. Über die Förderung der frühen Nazibewegung durch den Alldeutschen Verband und dessen Einfluß auf die nazistische Ideologie (mit einem Dokumentenanhang), in: JfG 21 (1980), 247–88**

2772 Petzold, Joachim: Konservative Wegbereiter des Faschismus und ihre Rehabilitierung in der Bundesrepublik, in: BDIP 28 (1983), 80–93

2773 Petzold, Joachim: Tatkreis 1929–1933, in: Lexikon zur Parteiengeschichte. Die bürgerlichen und kleinbürgerlichen Parteien und Verbände in Deutschland (1789–1945), Hg. Dieter Fricke u. a., Bd. 4, Leipzig (LA Köln) 1986, 184–90

2774 Phelps, Reginald H.: »Before Hitler Came.« Thule Society and Germanen Orden, in: JMH 35 (1963), 245–61

2775 Pöhls, Joachim: Die »Tägliche Rundschau« und die Zerstörung der Weimarer Republik 1930 bis 1933, 2 Bde., Münster 1975; 727 S.

2776 Prümm, Karl: Die Literatur des Soldatischen Nationalismus der 20er Jahre (1918–1933). Gruppenideologie und Epochenproblematik, 2 Bde., Kronberg, Ts. 1974; VI, 445, 46, 47 S.

2777 Rauschning, Hermann: Die konservative Revolution. Versuch und Bruch mit Hitler, New York 1941; 301 S.

2778 Schoeps, Manfred: Der deutsche Herrenclub. Ein Beitrag zur Geschichte des Jungkonservatismus in der Weimarer Republik, Diss. Erlangen 1974; 270 S.

2779 Schreiner, Klaus: Politischer Messianismus, Führergedanke und Führererwartung in der Weimarer Republik, in: Manfred Hettling (Hg.), Was ist Gesellschaftsgeschichte? Positionen, Themen, Analysen. Hans-Ulrich Wehler zum 60. Geburtstag, München 1991, 237–47

2780 Schwarz, Hans-Peter: Der konservative Anarchist. Politik und Zeitkritik Ernst Jüngers, Freiburg 1962; 320 S.

2781 Sieferle, Rolf P.: Die Konservative Revolution und das »Dritte Reich«, in: Dietrich Harth/Jan Assmann (Hg.), Revolution und Mythos, Frankfurt 1992, 178–205

2782 Sontheimer, Kurt: Antidemokratisches Denken in der Weimarer Republik. Die politischen Ideen des deutschen Nationalismus zwischen 1918 und 1933, 3. Aufl., München 1992; 330 S. (zuerst München 1962)

2783 Sontheimer, Kurt: Der Tatkreis, in: VfZ 7 (1959), 229–60

2784 Stammen, Theo: »Verrat der Intellektuellen«?, in: Josef Becker (Hg.), 1933 – Fünfzig Jahre danach. Die nationalsozialistische Machtergreifung in historischer Perspektive, München 1982, 105–51

2785 Stark, Gary D.: Entrepreneurs of Ideology. Neoconservative Publishers in Germany, 1890–1933, Chapel Hill, N.C. 1981; XII, 327 S.

2786 Steinweis, Alan E.: Weimar Culture and the Rise of National Socialism: The Kampfbund für deutsche Kultur, in: CEH 24 (1991), 402–23

2787 Striesow, Jan: Die Deutschnationale Volkspartei und die Völkisch-Radikalen 1918–1922, 2 Bde., Frankfurt 1981; VI, 775 S.

2788 Thoß, Bruno: Nationale Rechte, militärische Führung und Diktaturfrage in Deutschland 1913–1923, in: MGM 42 (1987), 27–76

2789 Waite, Robert G. L.: Vanguard of Nazism. The Free Corps Movement in Postwar Germany, 1918–1923, Cambridge, Mass. 1952; XII, 344 S.

2790 Weißbecker, Manfred: Deutschsozialistische Partei (DsP) 1919–1922, in: Lexikon zur Parteiengeschichte. Die bürgerlichen und kleinbürgerlichen Parteien und Verbände in Deutschland (1789–1945), Hg. Dieter Fricke u.a., Bd. 2, Leipzig (LA Köln) 1984, 547–49

2791 Weißbecker, Manfred: Deutschvölkische Freiheitspartei (DVFP) 1922–1933, in: Lexikon zur Parteiengeschichte. Die bürgerlichen und kleinbürgerlichen Parteien und Verbände in Deutschland (1789–1945), Hg. Dieter Fricke u.a., Bd. 2, Leipzig (LA Köln) 1984, 550–58

2792 Wulff, Reimer: Die Deutschvölkische Freiheitspartei 1922–1928, Diss. Marburg 1968; 311 S.

2793 Zeihe, Wolfgang: Arthur Marauhn – Politik mit Herz. Der Gründer des Jungdeutschen Ordens in der Weimarer Republik, Kassel 1991; 156 S.

Regional-/Lokalstudien

2794 Benz, Wolfgang: Süddeutschland in der Weimarer Republik. Ein Beitrag zur deutschen Innenpolitk 1918–1923, Berlin 1970; 371 S.

2795 Fenske, Hans: Konservatismus und Rechtsradikalismus in Bayern nach 1918, Bad Homburg u.a. 1969; 340 S.

2796 Flade, Roland: Es kann sein, daß wir eine Diktatur brauchen. Rechtsradikalismus und Demokratiefeindschaft in der Weimarer Republik am Beispiel Würzburg, Würzburg 1983; 158 S.

2797 Gilbhard, Hermann: Die Thule-Gesellschaft – eine Wegbereiterin des Faschismus in München 1918/19, in: Staatliche Kunsthalle Berlin (Hg.), Bericht 1983, Red. Dieter Ruckhaberle u.a., Berlin 1983, 17–28

2798 Hoch, Gerhard: Artmanen in Schleswig-Holstein, in: Erich Hoffmann/Peter Wulf (Hg.), »Wir bauen das Reich«. Aufstieg und erste Herrschaftsjahre des Nationalsozialismus in Schleswig-Holstein, Neumünster 1983, 137–48

2799 Krüger, Gerd: »Treudeutsch Allewege!« Gruppen, Vereine und Verbände der Rechten in Münster (1887–1929/30), Münster 1992; 323 S.

2800 Neumaier, Helmut: Die Organisation Escherich in Baden. Zum Rechtsextremismus in der Frühphase der Weimarer Republik, in: ZGO N.F. 98 (1989), 341–82

2801 Nußer, Horst G. W.: Konservative Wehrverbände in Bayern, Preußen und Österreich 1918–1933, 2 Bde., München 1973; 363, 64 S.

2802 Rudloff, Wilfried: Zwischen Revolution und Gegenrevolution: München 1918 bis 1920, in: Richard Bauer u.a. (Hg.),

München – »Hauptstadt der Bewegung«. Bayerns Metropole und der Nationalsozialismus, München 1993, 31–70

2803 Rudloff, Wilfried: Auf dem Weg zum »Hitler-Putsch«: Gegenrevolutionäres Milieu und früher Nationalsozialismus in München, in: Richard Bauer u. a. (Hg.), München – »Hauptstadt der Bewegung«. Bayerns Metropole und der Nationalsozialismus, München 1993, 97–104

2804 Schwensen, Broder: Der Schleswig-Holsteiner-Bund 1919–1933. Ein Beitrag zur Geschichte der nationalpolitischen Verbände im deutsch-dänischen Grenzland, Frankfurt u. a. 1993; 446 S.

2805 Sieh, Hans G.: Der Hamburger Nationalistenklub. Ein Beitrag zur Geschichte der christlich-konservativen Strömungen in der Weimarer Republik, Mainz 1963; IV, 240 S.

2806 Thoß, Bruno: Der Ludendorff-Kreis: 1919–1923. München als Zentrum der mitteleuropäischen Gegenrevolution zwischen Revolution und Hitler-Putsch, München 1978; V, 537 S.

2807 Ulbricht, Justus H.: Völkische Publizistik in München. Verleger, Verlage und Zeitschriften im Vorfeld des Nationalsozialismus, in: Richard Bauer u. a. (Hg.), München – »Hauptstadt der Bewegung«. Bayerns Metropole und der Nationalsozialismus, München 1993, 131–36

2808 Völkische Radikale in Stuttgart. Zur Vorgeschichte und Frühphase der NSDAP 1890–1925. (Stuttgart im Dritten Reich. Eine Ausstellung des Projekts Zeitgeschichte), Hg. Projekt Zeitgeschichte im Kulturamt der Landeshauptstadt Stuttgart, Bearb. Jürgen Genuneit, Stuttgart 1982; 227 S.

A.2.5.4 Mitte-Rechts-Spektrum

[vgl. A.1.9.2: A. Hugenberg; F. v. Papen]

Gedruckte Quellen

2809 Buchstab, Günter (Hg.): Keine Stimme dem Radikalismus. Christliche, liberale und konservative Parteien in den Wahlen 1930–1933, Berlin 1984; 136 S.

2810 Jones, Larry E.: Die Tage vor Hitlers Machtübernahme. Aufzeichnungen des Deutschnationalen Reinhold Quaatz. (Dokumentation), in: VfZ 37 (1989), 759–74

2811 Patch jr., William L.: Adolf Hitler und der Christlich-Soziale Volksdienst. Ein Gespräch aus dem Frühjahr 1932. (Dokumentation), in: VfZ 37 (1989), 145–55

2812 Sösemann, Bernd (Hg.): Theodor Wolff. Der Journalist. Berichte und Leitartikel, Düsseldorf u. a. 1993; 376 S.

Darstellungen

2813 Aretz, Jürgen: Katholische Arbeiterbewegung und Nationalsozialismus. Der Verband katholischer Arbeiter- und Knappenvereine Westdeutschlands 1923–1945, 2. Aufl., Mainz 1982; XXX, 258 S. (zuerst 1978)

2814 Becker, Josef: Brüning, Prälat Kaas und das Problem einer Regierungsbeteiligung der NSDAP 1930–1932, in: HZ 196 (1963), 74–111

2815 Booms, Hans: Die Deutsche Volkspartei, in: Erich Matthias/Rudolf Morsey (Hg.), Das Ende der Parteien 1933. Darstellungen und Dokumente, Düsseldorf 1960, 523–39 (ND Königstein, Ts./Düsseldorf 1979)**

2816 Brüning, Heinrich: Memoiren 1918–1934, Stuttgart 1970; 721 S.

2817 Ender, Wolfram: Konservative und rechtsliberale Deuter des Nationalsozialismus 1930–1945, Frankfurt u.a. 1984; 466 S.

2818 Fahlbusch, Lutz/Hartwig, Edgar: Vereinigung der deutschen Bauernvereine (VdB) 1900–1934 (1931–1934 Vereinigung der deutschen christlichen Bauernvereine), in: Lexikon zur Parteiengeschichte. Die bürgerlichen und kleinbürgerlichen Parteien und Verbände in Deutschland (1789–1945), Hg. Dieter Fricke u.a., Bd. 4, Leipzig (LA Köln) 1986, 344–57

2819 Flemming, Jens: Identitäts- und Interpretationsprobleme konservativer Politik. Anmerkungen zum Verhältnis von Konservatismus und Nationalsozialismus, in: 1933 in Gesellschaft und Wissenschaft. Ringvorlesung im Wintersemester 1982/83 und Sommersemester 1983, Bd. 1: Gesellschaft, Hg. Universität Hamburg, Pressestelle, Hamburg 1983, 113–26

2820 Fritsch, Werner: Deutsche Demokratische Partei (DDP) 1918–1933 (1930–1933 Deutsche Staatspartei), in: Lexikon zur Parteiengeschichte. Die bürgerlichen und kleinbürgerlichen Parteien und Verbände in Deutschland (1789–1945), Hg. Dieter Fricke u.a., Bd. 1, Leipzig (LA Köln) 1983, 574–622

2821 Fritsch, Werner: Reichspartei des deutschen Mittelstandes (Wirtschaftspartei) 1920–1933, in: Lexikon zur Parteiengeschichte. Die bürgerlichen und kleinbürgerlichen Parteien und Verbände in Deutschland (1789–1945), Hg. Dieter Fricke u.a., Bd. 3, Leipzig (LA Köln) 1985, 723–38

2822 Fritsch, Werner: Reichspartei für Volksrecht und Aufwertung (Volksrecht-Partei) 1926–1933, in: Lexikon zur Parteiengeschichte. Die bürgerlichen und kleinbürgerlichen Parteien und Verbände in Deutschland (1789–1945), Hg. Dieter Fricke u.a., Bd. 3, Leipzig (LA Köln) 1985, 739–44

2823 Fritzsche, Peter: Rehearsals for Fascism. Populism and Political Mobilization in Weimar Germany, Oxford/New York 1990; X, 301 S.

2824 Gottwald, Herbert/Wirth, Günter: Zentrum 1870–1933, in: Lexikon zur Parteiengeschichte. Die bürgerlichen und kleinbürgerlichen Parteien und Verbände in Deutschland (1789–1945), Hg. Dieter Fricke u.a., Bd. 4, Leipzig (LA Köln) 1986, 552–635, hier 611–20, 633f.

2825 Grebing, Helga: Zentrum und katholische Arbeiterschaft 1918–1933. Ein Beitrag zur Geschichte des Zentrums in der Weimarer Republik, Diss. FU Berlin 1953; VII, 300, 19 S. (Ms.)

2826 Hamm-Brücher, Hildegard: Das Versagen des politischen Liberalismus vor und nach 1933 und seine Folgewirkungen nach 1945, in: Peter Steinbach (Hg.), Widerstand. Ein Problem zwischen Theorie und Geschichte, Köln 1987, 44–55

2827 Heuß, Theodor: Erinnerungen 1905–1933, Tübingen 1963, 395–448

2828 Hiller von Gaetringen, Friedrich Freiherr von: Die Deutschnationale Volkspartei, in: Erich Matthias/Rudolf Morsey (Hg.), Das Ende der Parteien 1933. Darstellungen und Dokumente, Düsseldorf 1960, 543–652 (ND Königstein,Ts./Düsseldorf 1979)**

2829 Holzbach, Heidrun: Das »System Hugenberg«. Die Organisation bürgerlicher Sammlungspolitik vor dem Aufstieg der NSDAP, Stuttgart 1981; 350 S.

2830 Hürter, Johannes: Wilhelm Groener. Reichsminister am Ende der Weimarer Republik (1928–1932), München 1993; 401 S.

2831 Jonas, Erasmus: Die Volkskonservativen 1928–1933. Entwicklung, Struktur, Standort und staatspolitische Zielsetzung, Düsseldorf 1965; 199 S.

2832 Jones, Larry E.: Crisis and Realignment: Agrarian Splinter Parties in the Late Weimar Republic 1928–33, in: Robert G. Moeller (Hg.), Peasants and Lords in Modern Germany. Recent Studies in Agricultural History, Boston u. a. 1986, 198–232

2833 Jones, Larry E.: The Crisis of White-Collar Interest Politics: Deutschnationaler Handlungsgehilfen-Verband and Deutsche Volkspartei in the World Economic Crisis, in: Hans Mommsen u. a. (Hg.), Industrielles System und politische Entwicklung in der Weimarer Republik, Bd. 2, Düsseldorf 1974, 811–23 (Diskussion: 836-46) (ND Kronberg/Düsseldorf 1977)

2834 Junker, Detlef: Die deutsche Zentrumspartei und Hitler 1932/33. Ein Beitrag zur Problematik des politischen Katholizismus in Deutschland, Stuttgart 1969; 247 S.

2835 Kähler, Wilhelm: Noch hundert Tage bis Hitler. Die Erinnerungen des Reichskommissars Wilhelm Kähler, Hg. Eckhardt Oberdörfer, Schernfeld 1993; 128 S.

2836 Köhler, Joachim: Katholische Aktion und politischer Katholizismus in der Endphase der Weimarer Republik, in: RJK 2 (1983), 141–53

2836a Maga, Christian: Prälat Johann Leicht (1868–1940). Konservativer Demokrat in der Krise der Zwischenkriegszeit. Eine politische Biographie des Vorsitzenden der Reichstagsfraktion der Bayerischen Volkspartei in Berlin, Würzburg 1990; 342 S.

2837 Matthias, Erich/Morsey, Rudolf: Die Deutsche Staatspartei, in: Erich Matthias/Rudolf Morsey (Hg.), Das Ende der Parteien 1933. Darstellungen und Dokumente, Düsseldorf 1960, 31–97 (ND Königstein, Ts./Düsseldorf 1979)**

2838 May, Georg: Ludwig Kaas. Der Priester, der Politiker und der Gelehrte aus der Schule von Ulrich Stutz, Bd. 3, Amsterdam 1982, 1–281

2840 Morsey, Rudolf: Die Deutsche Zentrumspartei, in: Erich Matthias/Rudolf Morsey (Hg.), Das Ende der Parteien 1933. Darstellungen und Dokumente, Düsseldorf 1960, 281–453 (ND Königstein, Ts./Düsseldorf 1979)**

2841 Morsey, Rudolf: Fritz Gerlich – der Publizist als Prophet. Die Voraussetzungen seines Kampfes gegen Hitler 1931–1933, in: Norbert Glantzel/Eugen Kleindienst (Hg.), Die personale Struktur des gesellschaftlichen Lebens. Festschrift für Anton Rauscher, Berlin 1993, 529–48

2842 Opitz, Günter: Der Christlich-soziale Volksdienst. Versuch einer protestantischen Partei in der Weimarer Republik, Düsseldorf 1969; 371 S.

2843 Patch jr., William L.: Christian Trade Unions in the Weimar Republic, 1918–1933. The Failure of »Corporate Pluralism«, New Haven, Conn./London 1985, 188–27

2844 Peterson, Brian: Regional Elites and the Rise of National Socialism, 1920–1933, in: Michael N. Dobkowski/Isidor Wallimann (Hg.), Radical Perspectives on the Rise of Fascism in Germany, 1919–1945, New York 1989, 172–193

2845 Reichel, Peter: Von demokratiefeindlichen Traditionen zum Faschismus. Zur politischen Kultur vor 1933, in: 1933 in Gesellschaft und Wissenschaft. Ringvorlesung im Wintersemester 1982/83 und Sommersemester 1983, Bd. 1: Gesellschaft, Hg. Universität Hamburg, Pressestelle, Hamburg 1983, 91–111

2846 Reinhardt, Rudolf: Die Christlichen Gewerkschaften und der Nationalsozialismus. Bemerkungen aus Anlaß einer Neuerscheinung, in: Kirche im Nationalsozialismus. (RJK, 2), Sigmaringen 1983, 187–202 (ND 1984)

2847 Roder, Hartmut: Der christlich-nationale Deutsche Gewerkschaftsbund (DGB) im politisch-ökonomischen Kräftefeld der Weimarer Republik. Ein Beitrag zur Funktion und Praxis der bürgerlichen Arbeitnehmerbewegung vom Kaiserreich bis zur faschistischen Diktatur, Frankfurt u. a. 1986; 804 S.

2848 Roeske, Ulrich: Zum Verhältnis zwischen DNVP und NSDAP, in: WZB 22 (1973), 27–38

2849 Ruge, Wolfgang: Deutschnationale Volkspartei (DNVP) 1918–1933, in: Lexikon zur Parteiengeschichte. Die bürgerlichen und kleinbürgerlichen Parteien und Verbände in Deutschland (1789–1945), Hg. Dieter Fricke u. a., Bd. 2, Leipzig (LA Köln) 1984, 476–528

2850 Ruge, Wolfgang: Deutsche Volkspartei (DVP) 1918–1933, in: Lexikon zur Parteiengeschichte. Die bürgerlichen und kleinbürgerlichen Parteien und Verbände in Deutschland (1789–1945), Hg. Dieter Fricke u. a., Bd. 2, Leipzig (LA Köln) 1984, 413–46

2851 Scheurig, Bodo: Konservatismus, Weimarer Republik und Nationalsozialismus (1974), in: Bodo Scheurig, Verdrängte Wahrheiten. Zeitgeschichtliche Bilder, überarb. Neuausg., Frankfurt/Berlin 1988, 17–30, 242–44

2852 Schildt, Axel: Wer hat die Weimarer Republik zerstört?, in: BDIP 28 (1983), 7–18

2853 Schneider, Michael: Die Christlichen Gewerkschaften 1894–1933, Bonn 1982; XII, 815 S.

2854 Schumacher, Martin: Mittelstandsfront und Republik. Die Wirtschaftspartei-Reichspartei des deutschen Mittelstandes 1919–1933, Düsseldorf 1972; 271 S.

2855 Schwarz, Gotthard: Theodor Wolff und das »Berliner Tageblatt«. Eine liberale Stimme in der deutschen Politik 1906–1933, Tübingen 1968, 208–87

2856 Schwend, Karl: Die Bayerische Volkspartei, in: Erich Matthias/Rudolf Morsey (Hg.), Das Ende der Parteien 1933. Darstellungen und Dokumente, Düsseldorf 1960, 457–519 (ND Königstein, Ts./Düsseldorf 1979)**

2857 Sösemann, Bernd: Das Ende der Weimarer Republik in der Kritik demokratischer Publizisten: Theodor Wolff, Ernst Feder, Julius Elbau, Leopold Schwarzschild, Berlin 1976, 112–81, 210–31

2858 Stupperich, Amrei: Volksgemeinschaft oder Arbeitersolidarität. Studien zur Arbeitnehmerpolitik in der Deutsch-Nationalen Volkspartei (1918–1933), Göttingen/Zürich 1982; 280 S.

2859 Turner jr., Henry A.: »Alliance of Elites« as a Cause of Weimar's Collapse and Hitler's Triumph?, in: Heinrich A. Winkler (Hg.), Die deutsche Staatskrise 1930–1933. Handlungsspielräume und Alternativen, Mitarb. Elisabeth Müller-Luckner, München 1992, 205–14

2860 Weißbecker, Manfred/Wirth, Günter: Bayerische Volkspartei (BVP) 1918–1933, in: Lexikon zur Parteiengeschichte. Die bürgerlichen und kleinbürgerlichen Parteien und Verbände in Deutschland (1789–1945), Hg. Dieter Fricke u. a., Bd. 1, Leipzig (LA Köln) 1983, 156–86

2861 Zollitsch, Wolfgang: Adel und adlige Machteliten in der Endphase der Weimarer Republik. Standespolitik und agrarische Interessen, in: Heinrich A. Winkler (Hg.), Die deutsche Staatskrise 1930–1933. Handlungsspielräume und Alternativen, Mitarb. Elisabeth Müller-Luckner, München 1992, 239–56

Regional-/Lokalstudien

2862 Aschoff, Hans-Georg: Die Deutschhannoversche Partei zwischen Revolution und Machtergreifung (1918–1933), in: StJb 78 (1988), 61–87

2863 Auerbach, Hellmuth: Vom Trommler zum Führer. Hitler und das nationale Münchener Bürgertum, in: Björn Mensing/Friedrich Prinz (Hg.), Irrlicht im leuchtenden München? Der Nationalsozialismus in der »Hauptstadt der Bewegung«, Regensburg 1991, 67–91

2864 Krenn, Dorit-Maria: Die christliche Arbeiterbewegung in Bayern vom Ersten Weltkrieg bis 1933, Mainz 1991; LVIII, 644 S.

2865 Rommel, Hans-Otto: Aufbau und Zusammenbruch der Demokratie in Württemberg, in: Paul Rothmund/Erhard R. Wiehn (Hg.), Die F.D.P./DVP in Baden-Württemberg und ihre Geschichte, Stuttgart u.a. 1979, 131–64

2866 Sörensen, Christian M.: Bürgerliches Lager und NSDAP in Husum bis 1933, in: Erich Hoffmann/Peter Wulf (Hg.), »Wir bauen das Reich«. Aufstieg und erste Herrschaftsjahre des Nationalsozialismus in Schleswig-Holstein, Neumünster 1983, 73–116

2867 Stokes, Lawrence D.: Conservative Opposition to Nazism in Eutin, Schleswig-Holstein, 1932–1933, in: Francis R. Nicosia/Lawrence D. Stokes (Hg.), Germans against Nazism. Nonconformity, Opposition, and Resistance in the Third Reich. Essays in Honor of Peter Hoffmann, New York/Oxford 1990, 37–58

2868 Werneke, Klaus: Die konservative Faschisierung der protestantischen Provinz, in: Heimat, Heide, Hakenkreuz. Lüneburgs Weg ins Dritte Reich, Hg. Lüneburger Arbeitskreis »Machtergreifung«, Hamburg 1984, 52–81

2869 Wulf, Peter: Ernst Oberfohren und die DNVP am Ende der Weimarer Republik, in: Erich Hoffmann/Peter Wulf (Hg.), »Wir bauen das Reich«. Aufstieg und erste Herrschaftsjahre des Nationalsozialismus in Schleswig-Holstein, Neumünster 1983, 165–88

A.2.5.5 Gewerbliche Unternehmer und landwirtschaftliche Organisationen

[vgl. A.3.11.6.2; A.3.15.3–4]

Literaturberichte

2871 Hennig, Eike: Industrie und Faschismus. Anmerkungen zur sowjetmarxistischen Interpretation, in: NPL 15 (1970), 432–49

2872 Petzina, Dietmar: Hitler und die deutsche Industrie. Ein kommentierter Literatur- und Forschungsbericht, in: GWU 17 (1966), 482–91

Gedruckte Quellen

2873 Gessner, Dieter: »Grüne Front« oder »Harzburger Front«. Der Reichs-Landbund in der letzten Phase der Weimarer Republik zwischen wirtschaftlicher Interessenpolitik und nationalistischem Revisionsanspruch. (Dokumentation), in: VfZ 29 (1981), 110–23

2874 Hörster-Philipps, Ulrike (Hg.): Großkapital und Faschismus 1918–1945. Dokumente, 2. Aufl., Köln 1981; 388 S. (zuerst 1978 u.d.T.: Wer war Hitler wirklich?)

2875 Petzold, Joachim: Monopole – Mittelstand – NSDAP. Zu ideologischen Auseinandersetzungen zwischen den Interessenvertretern des Mittelstandes und des Monopolkapitals in der faschistischen Partei 1932. (Dokumentation), in: ZfG 28 (1980), 862–75

Darstellungen

2876 Asendorf, Manfred: Nationalsozialismus und Kapitalstrategien, in: 1933 – Wege zur Diktatur. Ausstellung im Rahmen der Projekte des Berliner Kulturrats vom 9.1. bis 10.2. 1983, Hg. Staatliche Kunsthalle Berlin, Berlin 1983, 126–84

2877 Asendorf, Manfred: Hamburger Nationalklub, [Wilhelm] Keppler-Kreis, Arbeitsstelle [Hjalmar] Schacht und Aufstieg Hitlers, in: 1999 2 (1987), Nr. 3, 106–50

2878 Barmeyer, Heide: Andreas Hermes und die Organisation der deutschen Landwirtschaft. Christliche Bauervereine, Reichslandbund, Grüne Front, Reichsnährstand 1928–1933, Stuttgart 1971; 176 S.

2879 Bernecker, Walther L.: Kapitalismus und Nationalsozialismus. Zum Problem der Unterstützung Hitlers durch die Wirtschaft, in: Josef Becker (Hg.), 1933 – Fünfzig Jahre danach. Die nationalsozialistische Machtergreifung in historischer Perspektive, München 1982, 49–87

2880 Cerny, Jochen/Fahlbusch, Lutz: Reichs-Landbund (RLB) 1921–1933, in: Lexikon zur Parteiengeschichte. Die bürgerlichen und kleinbürgerlichen Parteien und Verbände in Deutschland (1789–1945), Hg. Dieter Fricke u.a., Bd. 3, Leipzig (LA Köln) 1985, 688–712

2881 Czichon, Eberhard: Wer verhalf Hitler zur Macht? Zum Anteil der deutschen Industrie an der Zerstörung der Weimarer Republik, 5. Aufl., Köln 1978; 104 S. (zuerst 1967)

2882 Decker, Rainer: Großunternehmer und NSDAP im November 1932 – eine wissenschaftspropädeutische Unterrichtsreihe, in: GWU 38 (1987), 145–62

2883 Feldmann, Gerald D.: Aspekte deutscher Industriepolitik am Ende der Weimarer Republik 1930–1932, in: Karl Holl (Hg.), Wirtschaftskrise und liberale Demokratie. Das Ende der Weimarer Republik und die gegenwärtige Situation, Göttingen 1978, 103–25

2884 Fritsch, Werner: Reichsverband des deutschen Handwerks (RdH) 1919–1933, in: Lexikon zur Parteiengeschichte. Die bürgerlichen und kleinbürgerlichen Parteien und Verbände in Deutschland (1789–1945), Hg. Dieter Fricke u.a., Bd. 4, Leipzig (LA Köln) 1986, 58–62

2885 Geary, Dick: The Industrial Elite and the Nazis in the Weimar Republic, in: Peter D. Stachura (Hg.), The Nazi Machtergreifung, London u.a. 1983, 85–100

2886 Geary, Dick: Employers, Workers, and the Collapse of the Weimar Republic, in: Ian Kershaw (Hg.), Weimar: Why Did German Democracy Fail?, London 1990, 92–119

2887 Gessner, Dieter: Agrarverbände in der Weimarer Republik. Wirtschaftliche und soziale Voraussetzungen agrarkonservativer Politik vor 1933, Düsseldorf 1976; 304 S.

2888 Gies, Horst: NSDAP und landwirtschaftliche Organisationen in der Endphase der Weimarer Republik, in: VfZ 15 (1967), 341–76

2889 Görlitz, Walter: Geldgeber der Macht. Wie Hitler, Lenin, Mao Tse-tung, Stalin, Tito ihren Aufstieg zur Macht finanzierten, Düsseldorf 1976; 260 S.

2890 Gossweiler, Kurt: Kapital, Reichswehr und Industrie 1919–1924, Berlin (O) (LA Köln) 1982; 616 S.

2891 Gossweiler, Kurt: Hitler und das Kapital 1925–1928, in: BDIP 23 (1978), 842–60, 993–1109

2892 Gottwald, Herbert: Deutscher Landwirtschaftsrat (DLR) 1872–1933, in: Lexikon zur Parteiengeschichte. Die bürgerlichen und kleinbürgerlichen Parteien und Verbände in Deutschland (1789–1945), Hg. Dieter Fricke u.a., Bd. 2, Leipzig (LA Köln) 1984, 166–83

2893 Guérin, Daniel: in: Ernst Nolte (Hg.), Theorien über den Faschismus, 5. Aufl., Köln 1979, 265–76 (zuerst 1976; Teilabdr. aus franz. Original: Sur le fascisme, Bd. 2: Fascisme et le grand capital, zuerst Paris 1936)

2894 Hallgarten, George W. F.: Hitler, Reichswehr und Industrie. Zur Geschichte der Jahre 1918–1933, Frankfurt 1955; 139 S.

2895 Jeschke, Gerhard: Vom »neuen Staat« zur »Volksgemeinschaft«. Unternehmerverbände und Reichspolitik vom Sturz Brünings bis zu den Märzwahlen 1933, (ergebnisse 8), Beitrag »Zwischen Autarkie und Expansion. Zum Verhältnis von Industrie und staatlicher Politik in Deutschland 1932 bis 1934« Verena Schröter, Hamburg 1979; 96 S.

2896 John, Jürgen: Zur politischen Rolle der Großindustrie in der Weimarer Staatskrise. Gesicherte Erkenntnisse und strittige Meinungen, in: Heinrich A. Winkler (Hg.), Die deutsche Staatskrise 1930–1933. Handlungsspielräume und Alternativen, Mitarb. Elisabeth Müller-Luckner, München 1992, 215–37

2897 John, Jürgen u. a.: Deutscher Industrie- und Handelstag (DIHT) 1861–1935, in: Lexikon zur Parteiengeschichte. Die bürgerlichen und kleinbürgerlichen Parteien und Verbände in Deutschland (1789–1945), Hg. Dieter Fricke u. a., Bd. 2, Leipzig (LA Köln) 1984, 136–56

2898 John, Jürgen: Die Faschismus-»Kritik« in der Zeitschrift »Der Arbeitgeber«. Zur Politik der Spitzenverbände der deutschen Monopolbourgoisie 1923/24–1932, in: ZfG 30 (1982), 1072–86

2899 John, Jürgen: Vereinigung der Deutschen Arbeitgeberverbände (VgDA) 1913–1933, in: Lexikon zur Parteiengeschichte. Die bürgerlichen und kleinbürgerlichen Parteien und Verbände in Deutschland (1789–1945), Hg. Dieter Fricke u. a., Bd. 4, Leipzig (LA Köln) 1986, 322–43

2900 John, Jürgen: Reichsverband der Deutschen Industrie (RDI) 1919–1933, in: Lexikon zur Parteiengeschichte. Die bürgerlichen und kleinbürgerlichen Parteien und Verbände in Deutschland (1789–1945), Hg. Dieter Fricke u. a., Bd. 4, Leipzig (LA Köln) 1986, 9–57

2901 Klein, Fritz: Zur Vorbereitung der faschistischen Diktatur durch die deutsche Großbourgeoisie (1929–1932), in: ZfG 1 (1953), 872–904; abgedr. in: Gotthard Jasper (Hg.), Von Weimar zu Hitler 1930–1933, Köln/Berlin 1968, 124–55

2902 Krohn, Claus-Dieter: Autoritärer Kapitalismus. Wirtschaftskonzeptionen im Übergang von der Weimarer Republik zum Nationalsozialismus, in: Dirk Stegmann u. a. (Hg.), Industrielle Gesellschaft und politisches System. Beiträge zur politischen Sozialgeschichte. Festschrift für Fritz Fischer zum siebzigsten Geburtstag, Bonn 1978, 113–29

2903 Matzerath, Horst/Turner jr., Henry A.: Die Selbstfinanzierung der NSDAP 1930–1932, in: GG 3 (1977), 59–92

2904 Minuth, Heinrich: Das »Kölner Gespräch« am 4. Januar 1933, in: GWU 37 (1986), 463–80, 529–41

2905 Nagle, John D.: The NSDAP: An Alternative Elite for Capitalism in Crisis, in: Michael N. Dobkowski/Isidor Wallimann (Hg.), Radical Perspectives on the Rise of Fascism in Germany, 1919–1945, New York 1989, 194–211

2906 Neebe, Reinhard: Großindustrie, Staat und NSDAP 1930–1933. Paul Silverberg und der Reichsverband der deutschen Industrie in der Krise der Weimarer Republik, in: Guido Knopp (Hg.), Hitler heute. Gespräche über ein deutsches Trauma, Göttingen 1981, 174–88; gekürzt abgdr. in: Karl D. Bracher u. a. (Hg.), Nationalsozialistische Diktatur 1933–1945. Eine Bilanz, Bonn (zugl. Düsseldorf) 1983, 155–76

2907 Neebe, Reinhard: Die Großindustrie und die Machtergreifung, in: Wolfgang Michalka (Hg.), Die nationalsozialistische Machtergreifung, Paderborn u. a. 1984, 111–23

2908 Neebe, Reinhard: Die Verantwortlichkeit der Großindustrie für das Dritte Reich. Anmerkungen zu H[enry] A. Turners Buch »Die Großunternehmer und der Aufstieg Hitlers«, in: HZ 244 (1987), 353–63

2909 Nolte, Ernst: Hitlers Aufstieg und die Großindustrie. Ein »Kommentar« auf der Convention American Historical Association in New York 1968 (28. Dezember), in: Ernst Nolte, Der Nationalsozialismus, Frankfurt u. a. 1970, 181–96

2910 Pool, James/Pool, Suzanne: Hitlers Wegbereiter zur Macht. Die Geldgeber der Nationalsozialisten, 2. Aufl., Rastatt 1988; 507 S. (zuerst Bern/München 1979; engl.: London/New York 1979)

2911 Ruge, Wolfgang: Monopolbourgeoisie, faschistische Massenbasis und NS-Programmatik in Deutschland vor 1933, in: Dietrich Eichholtz/Kurt Gossweiler (Hg.), Faschismus-Forschung. Positionen, Probleme, Polemik, 2., durchges. Aufl., Köln 1980, 125–55 (zuerst Berlin [O] 1980); abgedr. in: Faschismus in Deutschland. Faschismus und Gegenwart, 2. Aufl., Köln 1983 (zuerst 1980), 35–76

2912 Schreiner, Albert: Die Eingabe deutscher Finanzmagnaten, Monopolisten und Junker an Hindenburg für die Berufung Hitlers zum Reichskanzler (November 1932), in: ZfG 4 (1956), 366–69

2913 Sohn-Rethel, Alfred: Industrie und Nationalsozialismus. Aufzeichnungen aus dem »Mitteleuropäischen Wirtschaftstag«, Einleitung Carl Freytag, Berlin 1992; 190 S.

2914 Stegmann, Dirk: Zum Verhältnis von Großindustrie und Nationalsozialismus 1930–1933. Ein Beitrag zur Geschichte der sogenannten Machtergreifung, in: AfS 13 (1973), 399–482**

2915 Stegmann, Dirk: Antiquierte Personalisierung oder sozialökonomische Faschismusanalyse? Eine Antwort auf H[enry] A. Turners Kritik an meinen Thesen zum Verhältnis von Nationalsozialismus und Großindustrie vor 1933, in: AfS 17 (1977), 275–96

2916 Stegmann, Dirk: Kapitalismus und Faschismus in Deutschland 1929 bis 1934. Thesen und Materialien zur Restituierung des Primats der Großindustrie zwischen Weltwirtschaftskrise und beginnender Rüstungskonjunktur, in: Gesellschaft 6 (1976), 19–91**

2917 Thyssen, Fritz: I Paid Hitler, London/New York 1941; XXIX, 319 S.

2918 Trumpp, Thomas: Zur Finanzierung der NSDAP durch die deutsche Großindustrie. Versuch einer Bilanz, in: GWU 32 (1981), 223–41; abgedr. in: Karl D. Bracher u. a. (Hg.), Nationalsozialistische Diktatur 1933–1945. Eine Bilanz, Bonn (zugl. Düsseldorf) 1983, 132–54

2919 Turner jr., Henry A.: Faschismus und Kapitalismus in Deutschland. Studien zum Verhältnis zwischen Nationalsozialismus und Wirtschaft, 1. u. 2. Aufl., Göttingen 1972; 185 S.*

2920 Turner jr., Henry A.: Die Großunternehmer und der Aufstieg Hitlers, Berlin 1985; 565 S.

2921 Turner jr., Henry A.: Verhalfen die deutschen »Monopolkapitalisten« Hitler zur Macht? (amerikan. 1969), in: Henry A. Turner jr., Faschismus und Kapitalismus in Deutschland. Studien zum Verhältnis zwischen Nationalsozialismus und Wirtschaft, 1. u. 2. Aufl., Göttingen 1972, 9–32

2922 Turner jr., Henry A.: Die »Ruhrlade«. Geheimes Kabinett der Schwerindustrie in der Weimarer Republik (amerikan. 1970), in: Henry A. Turner jr., Faschismus und Kapitalismus in Deutschland. Studien zum Verhältnis zwischen Nationalsozialismus und Wirtschaft, 1. u. 2. Aufl., Göttingen 1972, 114–56

2923 Turner jr., Henry A.: Hitlers geheime Broschüre für Industrielle, 1927 (amerikan. 1968), in: Henry A. Turner jr., Faschismus und Kapitalismus in Deutschland. Studien zum Verhältnis zwischen Nationalsozialismus und Wirtschaft, 1. u. 2. Aufl., Göttingen 1972, 33–59**

2924 Turner jr., Henry A.: Emil Kirdorf und die NSDAP (amerikan. 1968), in: Henry A. Turner jr., Faschismus und Kapitalismus in Deutschland. Studien zum Verhältnis zwischen Nationalsozialismus und Wirtschaft, 1. u. 2. Aufl., Göttingen 1972, 60–86

2925 Turner jr., Henry A.: Fritz Thyssen und »I Paid Hitler«, in: VfZ 19 (1971), 225–44; abgedr. in: Henry A. Turner jr., Faschismus und Kapitalismus in Deutschland. Studien zum Verhältnis zwischen Nationalsozialismus und Wirtschaft, 1. u. 2. Aufl., Göttingen 1972, 87–113

2926 Turner jr., Henry A.: Das Verhältnis des Großunternehmertums zur NSDAP, in: Hans Mommsen u. a. (Hg.), Industrielles System und politische Entwicklung in der Weimarer Republik, Bd. 2, Düsseldorf 1974, 919–31 (ND Kronberg/Düsseldorf 1977)

2927 Turner jr., Henry A.: Großunternehmertum und Nationalsozialismus 1930–1933. Kritisches und Ergänzendes zu zwei neuen Forschungsbeiträgen, in: HZ 221 (1975), 18–68

2928 Vogt, Martin: Zur Finanzierung der NSDAP zwischen 1924 und 1928, in: GWU 21 (1970), 234–43

2929 Wengst, Udo: Großindustrie und Machtergreifung. Zu den Beziehungen zwischen industriellen Führungsgruppen und Nationalsozialismus von 1930 bis 1933, in: PS 34 (1983), 37–47

2930 Winkler, Heinrich A.: Unternehmerverbände zwischen Ständeideologie und Nationalsozialismus, in: VfZ 17 (1969), 341–71; abgedr. in: Heinz J. Varain (Hg.), Interessenverbände in Deutschland, Köln 1973, 228–58; Heinrich A. Winkler, Liberalismus und Antiliberalismus. Studien zur politischen Sozialgeschichte des 19. und 20. Jahrhunderts, Göttingen 1979, 175–94, 335–43

A.2.5.6 Reichswehr
[vgl. A.3.6]

Gedruckte Quellen

2931 Deuerlein, Ernst: Hitlers Eintritt in die Politik und die Reichswehr. (Dokumentation), in: VfZ 7 (1959), 177–227

2932 Vogelsang, Thilo: Die Reichswehr und der Münchener Putsch 1923. (Dokumentation), in: VfZ 5 (1957), 91–101

2933 Vogelsang, Thilo: Zur Politik Schleichers gegenüber der NSDAP 1932. (Dokumentation), in: VfZ 6 (1958), 86–118

2934 Vogelsang, Thilo: Hitlers Brief an Reichenau. (Dokumentation), in: VfZ 7 (1959), 429–37

Darstellungen

2935 Bird, Keith W.: Weimar, the German Naval Officer Corps, and the Rise of National Socialism, Amsterdam 1977; IX, 313 S.

2936 Bucher, Peter: Der Reichswehrprozeß. Der Hochverrat der Ulmer Reichswehroffiziere 1929/30, Boppard 1967; VI, 524 S.

2937 Carsten, Francis L.: Reichswehr und Politik 1918–1933, 2. Aufl., Köln 1965; 484 S. (zuerst 1964)

2938 Geyer, Michael: Etudes in Political History: Reichswehr, NSDAP, and the Seizure of Power, in: Peter D. Stachura (Hg.), The Nazi Machtergreifung, London u. a. 1983, 101–23

2939 Gossweiler, Kurt: Kapital, Reichswehr und Industrie 1919–1924, Berlin (O) (LA Köln) 1982; 616 S.

2940 Hallgarten, George W. F.: Hitler, Reichswehr und Industrie. Zur Geschichte der Jahre 1918–1933, Frankfurt 1955; 139 S.

2941 Hillgruber, Andreas: Die Reichswehr und das Scheitern der Weimarer Republik, in: Karl D. Erdmann/Hagen Schulze (Hg.), Weimar. Selbstpreisgabe einer Demokratie. Eine Bilanz heute, Düsseldorf 1980, 177–92 (Diskussion: 193–209) (ND Königstein, Ts./Düsseldorf 1984)

2942 Petzold, Joachim: Über das Verhältnis von Faschismus und Militarismus in der Weimarer Republik, in: Karl Nuß u.a. (Hg.), Der deutsche Militarismus in Geschichte und Gegenwart. Studien – Probleme – Analysen, Berlin (O) 1980, 142–61

2943 Schildt, Axel: Militärdiktatur mit Massenbasis? Die Querfrontkonzeption der Reichswehrführung um General von Schleicher am Ende der Weimarer Republik, Frankfurt/New York 1981; 368 S.

2944 Schützle, Kurt: Reichswehr wider die Nation. Zur Rolle der Reichswehr bei der Vorbereitung und Errichtung der faschistischen Diktatur in Deutschland, 1929–1933, Berlin (O) 1963; 243 S.

2945 Vogelsang, Thilo: Reichswehr, Staat und NSDAP. Beiträge zur deutschen Geschichte 1930–1932, Stuttgart 1962; 506 S.

A.2.6 Verhältnis des Auslands zur NS-Bewegung

Gedruckte Quellen

2946 Gricksch, Eckehard F. (Hg.): So wurde Hitler finanziert. Das verschollene Dokument von Sidney Warburg über die internationalen Geldgeber des Dritten Reiches, Leonberg 1983; 166 S.

Darstellungen

2947 Carsten, Francis L.: Adolf Hitler im Urteil des Auslandes – in britischer Sicht, in: Wolfgang Treue/Jürgen Schmädeke (Hg.), Deutschland 1933. Machtzerfall der Demokratie und nationalsozialistische »Machtergreifung«. Eine Vortragsreihe, Berlin 1984, 97–118

2948 Hiden, John: National Socialism and Foreign Policy, 1919–33, in: Peter D. Stachura (Hg.), The Nazi Machtergreifung, London u. a. 1983, 146–61

2949 Kellmann, Klaus: Die UdSSR und Hitlers Aufstieg zur Macht, in: GWU 34 (1983), 50–65

2950 Lutz, Hermann: Fälschungen zur Auslandsfinanzierung Hitlers, in: VfZ 2 (1954), 386–96

2951 Sutton, Antony C.: Wall Street and the Rise of Hitler, Sea Beach, Ca. 1976; 220 S.

2952 Weingartner, Thomas: Stalin und der Aufstieg Hitlers. Die Deutschlandpolitik der Sowjetunion und der Kommunistischen Internationale 1929–1934, Berlin 1970; 302 S.

A.3 Der Nationalsozialismus an der Macht

A.3.1 Nationalsozialistische Machtergreifung 1933/34
[vgl. A.3.8.10.3]

A.3.1.1 Allgemeines

Literaturberichte

2953 Conway, John S.: Machtergreifung or Due Process of History. The Historiography of Hitler's Rise to Power, in: HJ 7 (1965), 399–413

Gedruckte Quellen

2954 Akten der Reichskanzlei der NSDAP. Regierung Hitler 1933–1938, T. I: 1933/34, Bd. 1: 30. Januar bis 31. August 1933, Bd. 2: 12. September 1933 bis 27. August 1934, Hg. Konrad Repgen/Hans Booms, Bearb. Karl-Heinz Minuth, Boppard 1983; LXXV, 1–724; VII, 725–1480 S.

2955 Becker, Josef/Becker, Ruth (Hg.): Hitlers Machtergreifung. Dokumente vom Machtantritt Hitlers 30. Januar 1933 bis zur Besiegelung des Einparteienstaates 14. Juli 1933, 2., durchges. Aufl., München 1992; 448 S. (zuerst 1983 u. ö.)

2956 Braubach, Max: Hitlers Machtergreifung. Die Berichte des französischen Botschafters François-Poncet über die Vorgänge in Deutschland von Juli 1932 bis Juli 1933, in: Josef Meixner u.a. (Hg.), Festschrift für Leo Brandt, Köln/Opladen 1968, 443–64

2957 Brüdigam, Heinz (Hg.): Das Jahr 1933. Terrorismus an der Macht. Eine Dokumentation über die Errichtung der faschistischen Diktatur, Frankfurt 1978; 136 S.

2958 Brüdigam, Heinz (Hg.): Faschismus an der Macht. Berichte, Bilder, Dokumente über das Jahr 1933. 50 Jahre danach, hg. i. A. der VVN-Bund der Antifaschisten, Frankfurt 1982; 280 S.

2959 Eschenhagen, Wieland (Hg.): Die Machtergreifung. Tagebuch einer Wende nach Presseberichten vom 1. Januar bis 6. März 1933, Darmstadt/Neuwied 1982; 232 S.

2960 Grosser, Alfred: Hitler, la presse et la naissance d'une dictature, Paris 1959; 264 S.

2961 Huber, Ernst R. (Hg.): Dokumente der Novemberrevolution und der Weimarer Republik 1918–1933. (Dokumente zur deutschen Verfassungsgeschichte, 3), Stuttgart 1966; 756 S.

2962 Megerle, Klaus (Hg.): Die nationalsozialistische Machtergreifung, Berlin 1982; XVI, 510 S.

2963 Metcalfe, Philip: Hitlers Machtergreifung in zeitgenössischen Berichten aus Berlin, Stuttgart 1989; 320 S.

2964 Die nationalsozialistische Revolution 1933. (Dokumente der deutschen Politik, 1), Hg. Paul Meier-Benneckenstein, Bearb. Axel Friedrichs, Berlin 1935; 355 S.

Methodische Probleme

2965 Frei, Norbert: »Machtergreifung«. Anmerkungen zu einem historischen Begriff, in: VfZ 31 (1983), 136–45

2966 Löwenthal, Richard: Die nationalsozialistische »Machtergreifung« – eine Revolution? Ihr Platz unter den totalitären Revolutionen unseres Jahrhunderts, in: Martin Broszat u.a. (Hg.), Deutschlands Weg in die Diktatur. Internationale Konferenz zur nationalsozialistischen Machtübernahme im Reichstagsgebäude zu Berlin. Referate und Diskussionen. Ein Protokoll, hg. i.A. der Historischen Kommission zu Berlin, des Instituts für Zeitgeschichte, München, der Deutschen Vereinigung für Parlamentsfragen, Bonn, Berlin 1983, 42–74

2967 Möller, Horst: Die nationalsozialistische Machtergreifung. Revolution oder Konterrevolution?, in: VfZ 31 (1983), 25–51; überarb. u. erg. abgedr. in: Rudolf Lill/Heinrich Oberreuther (Hg.), Machtverfall und Machtergreifung. Aufstieg und Herrschaft des Nationalsozialismus, München 1983, 121–39

Darstellungen

2968 Abraham, David: The Collapse of the Weimar Republic. Political Economy and Crisis, 2. Aufl., New York 1986; 366 S. (zuerst Princeton, N.J. 1981)

2969 Als Hitler kam ... 50 Jahre nach dem 30. Januar 1933. Erinnerungen prominenter Augenzeugen, Vorwort Fides Krause-Brewer, Freiburg 1982; 174 S.

2970 Becker, Josef (Hg.): 1933 – Fünfzig Jahre danach. Die nationalsozialistische Machtergreifung in historischer Perspektive, München 1982; 220 S.*

2971 Becker, Josef: Die Zerstörung einer »Republik wider Willen« – Voraussetzungen und Grundzüge der NS-Machtergreifung, in: Josef Becker (Hg.), 1933 – Fünfzig Jahre danach. Die nationalsozialistische Machtergreifung in historischer Perspektive, München 1982, 9–24

2972 Benz, Wolfgang: Wege zur Machtergreifung Hitlers, in: Manfred Sicking/Alexander Lohe (Hg.), Die Bedrohung der Demokratie von rechts. Wiederkehr der Vergangenheit?, Köln 1993, 9–27

2973 Bessel, Richard J.: The Role of Political Terror in the Nazi Seizure of Power, in: AUW (1980), Nr. 484, 199–216

2974 Bessel, Richard J.: Political Violence and the Nazi Seizure of Power, in: Richard Bessel (Hg.), Life in the Third Reich, 3. Aufl., Oxford/New York 1992, 1–15 (zuerst 1987)

2975 Bethge, Werner: Zum »Tag von Potsdam«. Gab es eine Symbiose zwischen Nationalsozialismus und Preußentum?, in: Werner Bethge/Kurt Finker, Der Tag von Potsdam – Geschichte oder Gegenwart?, Hg. Brandenburger Verein für politische Bildung »Rosa Luxemburg«, Potsdam 1993, 5–15

2976 Bracher, Karl D.: Stufen der Machtergreifung. (Die nationalsozialistische Machtergreifung. Studien zur Errichtung des totalitären Herrschaftssystems in Deutschland, 1), 4. Aufl., Frankfurt u.a. 1979; 655 S. (zuerst Köln/Opladen 1960 u. 1962)

2977 Bracher, Karl D.: Demokratie und Machtergreifung: Der Weg zum 30. Januar 1933, in: Rudolf Lill/Heinrich Oberreuther (Hg.), Machtverfall und Machtergreifung. Aufstieg und Herrschaft des Nationalsozialismus, München 1983, 17–35; veränd. abgedr. in: Karl D. Bracher u.a. (Hg.), Nationalsozialistische Dikatur 1933–1945. Eine Bilanz, Bonn (zugl. Düsseldorf) 1983, 17–36

2978 Bracher, Karl D.: Rückblick auf den 30. Januar 1933 (1983), in: Karl D. Bracher, Zeitgeschichtliche Kontroversen. Um Faschismus, Totalitarismus, Demokratie, 5., veränd. u. erw. Aufl., München/Zürich 1984, 105–18

2979 Bracher, Karl D.: Stufen totalitärer Gleichschaltung: Die Befestigung der nationalsozialistischen Herrschaft 1933/34, in:

VfZ 4 (1956), 30–42; abgedr. in: Wolfgang Michalka (Hg.), Die nationalsozialistische Machtergreifung, Paderborn u. a. 1984, 13–28

2980 Bracher, Karl D./Sauer, Wolfgang/ Schulz, Gerhard: Die nationalsozialistische Machtergreifung. Studien zur Errichtung des totalitären Herrschaftssystems in Deutschland, 3 Bde., 3., durchges. Aufl., Frankfurt 1974; 655, 551, 622 S. (zuerst Köln/Opladen 1960 in 1 Bd.)

2981 Brodersen, Ingke u. a. (Hg.): 1933. Wie die Deutschen Hitler zur Macht verhalfen. Ein Lesebuch für Demokraten, Reinbek 1983; 349 S.

2982 Broszat, Martin: Die Machtergreifung. Der Aufstieg der NSDAP und die Zerstörung der Weimarer Republik, 3. Aufl., München 1990; 242 S. (zuerst 1984)**

2983 Callies, Jörg (Hg.): 1933–1983. Von den Gefährdungen der Demokratie. Tagung vom 28. bis 30. Januar 1983. (Loccumer Protokolle, 4/1983), Rehburg-Loccum 1983; 156 S.

2984 Der [dreißigste] 30. Januar 1933. Ursachen und Folgen der nationalsozialistischen »Machtergreifung«, Hg. Regionales Pädagogisches Zentrum, Bad Kreuznach 1983; 94 S.**

2985 Errichtung und Stabilisierung einer totalitären Diktatur. (Zweite Arbeitssitzung), in: Martin Broszat u. a. (Hg.), Deutschlands Weg in die Diktatur. Internationale Konferenz zur nationalsozialistischen Machtübernahme im Reichstagsgebäude zu Berlin. Referate und Diskussionen. Ein Protokoll, hg. i. A. der Historischen Kommission zu Berlin, des Instituts für Zeitgeschichte, München, der Deutschen Vereinigung für Parlamentsfragen, Bonn, Berlin 1983, 185–255

2986 Feit, Mario: Machtergreifung und Machtetablierung von NSDAP und KPD/SED, in: Ludger Kühnhardt u. a. (Hg.), Die doppelte deutsche Diktaturerfahrung. Drittes Reich und DDR – ein historisch-politikwissenschaftlicher Vergleich, Frankfurt u. a. 1994, 55–62

2987 Feldmann, Gerald D.: Der 30. Januar 1933 und die politische Kultur von Weimar, in: Heinrich A. Winkler (Hg.), Die deutsche Staatskrise 1930–1933. Handlungsspielräume und Alternativen, Mitarb. Elisabeth Müller-Luckner, München 1992, 263–76

2988 Franz-Willing, Georg: 1933. Die nationale Erhebung, Leoni 1982; 325 S.

2989 Frei, Bruno: Der Hellseher. Leben und Sterben des Erik Jan Hanussen, Amsterdam 1982; 151 S. (zuerst 1934)

2990 Freitag, Werner: Nationale Mythen und kirchliches Heil: Der »Tag von Potsdam«, in: WF 41 (1991), 379–430

2991 Funke, Manfred: Republik im Untergang. Die Zerstörung des Parlamentarismus als Vorbereitung der Diktatur, in: Karl D. Bracher u. a. (Hg.), Die Weimarer Republik 1918–1933. Politik – Wirtschaft – Gesellschaft, 2., durchges. Aufl., Bonn 1988 (zuerst 1987; zugl. Düsseldorf), 505–31

2992 Glaser, Hermann (Hg.): Siegreich bis zum Untergang. Anfang und Ende des Dritten Reiches in Augenzeugenberichten, Freiburg u. a. 1983; 367 S.

2993 Gorce, Paul-Marie de la: La prise du pouvoir par Hitler, Paris 1983; 400 S.

2994 Goriély, Georges: Hitler prend le pouvoir, Paris 1982; 217 S.

2995 Grosser, Alfred: Hitler als Kanzler: Auf dem Weg zur totalen Macht, in: Alfred Grosser (Hg.), Wie war es möglich? Die Wirklichkeit des Nationalsozialismus. Neun Studien, 2. Aufl., Frankfurt 1980, 67–86 (zuerst München/Wien 1977; franz.: Paris 1976)

2996 Guérin, Daniel: Die braune Pest. Reportagen aus dem Alltagsleben in Deutschland 1932/33, Hg. Frank Benseler, mit einem Beitrag von John Göke, Frankfurt

1983; 146 S. (franz.: Sur le fascisme, Bd. 1: La pest brune, Neuausg. Paris 1965; zuerst 1934)

2997 Haugg, Rudolf: Die Anwendung des Artikels 48 WRV. Verfassungsgeschichtliche Betrachtung der Anwendungsfälle des Artikes 48 der Weimarer Reichsverfassung und seine Bedeutung für die Machtergreifung Hitlers, Diss. Würzburg 1976; XXX, 186 S.

2998 Hentschel, Volker: So kam Hitler. Schicksalsjahre 1932–1933. Eine Bild-Text-Reportage, 2. Aufl., Bindlich 1990; 178 S. (zuerst Düsseldorf 1980)**

2999 Hentschel, Volker: Weimars letzte Monate. Hitler und der Untergang der Republik, Düsseldorf 1978; 180 S.

3000 Herbert, Ulrich: 1933 und die »Rekonsolidierung bürgerlicher Herrschaft«, in: Lutz Niethammer u. a., Bürgerliche Gesellschaft in Deutschland. Historische Einblicke, Fragen, Perspektiven, Frankfurt 1990, 413–37

3001 Hitlers Machtergreifung in der Sicht deutscher und ausländischer Historiker. Rückschau nach 30 Jahren, Hg. Bundeszentrale für politische Bildung, Bonn 1963; 40 S.

3002 Hofer, Walther: Von der Demokratie zur Diktatur, in: Wolfgang Treue/Jürgen Schmädeke (Hg.), Deutschland 1933. Machtzerfall der Demokratie und nationalsozialistische »Machtergreifung«. Eine Vortragsreihe, Berlin 1984, 1–15

3003 Höhne, Heinz: Die Machtergreifung. Deutschlands Weg in die Hitler-Diktatur, 1. u. 2. Aufl., Reinbek 1983; 333 S.

3004 Holborn, Hajo (Hg.): Republic to Reich. The Making of the Nazi Revolution. Ten Essays, New York 1972; XX, 492 S. (übersetzte VfZ-Artikel)

3005 Holzbach-Linsenmaier, Heidrun: Der tiefere Sinn des deutschen Parademarsches. Zu Frühlingsanfang 1933 wurde die deutsche Republik von Weimar auf Potsdam umgepolt: das verlogene Rührstück in der Garnisonskirche, in: Zeit, Jg. 48, Nr. 12, 19. 3. 1933, 106

3006 Italiaander, Rolf (Hg.): Wir erlebten das Ende der Weimarer Republik. Zeitgenossen berichten. (Fotografierte Zeitgeschichte), Düsseldorf 1982; 240 S.**

3007 Jäckel, Eberhard: Der Machtantritt Hitlers – Versuch einer geschichtlichen Erklärung, in: Volker Rittberger (Hg.), 1933. Wie die Republik der Diktatur erlag, Stuttgart u. a. 1983, 123–39

3008 Jäckel, Eberhard: Wie kam Hitler an die Macht?, in: Karl D. Erdmann/Hagen Schulze (Hg.), Weimar. Selbstpreisgabe einer Demokratie. Eine Bilanz heute, Düsseldorf 1980, 305–12 (Diskussion: 313–21) (ND Königstein, Ts./Düsseldorf 1984)

3009 Janßen, Karl-Heinz: Der 30. Januar. Ein Report über den Tag, der die Welt veränderte, Frankfurt 1983; 190 S.

3010 Jasper, Gotthard: Die gescheiterte Zähmung. Wege zur Machtergreifung Hitlers 1930–1934, Frankfurt 1986; 271 S.

3011 Jasper, Gotthard (Hg.): Von Weimar zu Hitler 1930–1933, Köln/Berlin 1968; 527 S.*

3012 Jones, Larry E.: »The Greatest Stupidity of my Life«: Alfred Hugenberg and the Formation of the Hitler Cabinett, January 1933, in: JCH 27 (1992), 63–87

3013 Kershaw, Ian: Der 30. Januar 1933: Ausweg aus der Staatskrise und Anfang des Staatsverfalls, in: Heinrich A. Winkler (Hg.), Die deutsche Staatskrise 1930–1933. Handlungsspielräume und Alternativen, Mitarb. Elisabeth Müller-Luckner, München 1992, 277–84

3014 Knopp, Guido/Wiegmann, Bernd: Warum habt ihr Hitler nicht verhindert? Fragen an Mächtige und Ohnmächtige, Frankfurt 1983; 158 S.

3015 Koch, Hannsjoachim W.: 1933: The Legality of Hitler's Assumption of Power, in: Hannsjoachim W. Koch (Hg.), Aspects of the Third Reich, 3. Aufl., Basingstoke/London 1988, 39–61 (zuerst 1985)

3016 Koops, Tilman: Machtergreifung Hitlers 1933/34: Materialien und Dokumente einer Ausstellung, in: Manfred Sicking/Alexander Lohe (Hg.), Die Bedrohung der Demokratie von rechts. Wiederkehr der Vergangenheit?, Köln 1993, 28–53**

3017 Kreutz, Wilhelm: Der »Tag von Potsdam« im deutschen Rundfunk, in: MGFUM 42 (1993), Nr. 1, 21–30

3018 Lauber, Heinz/Rothstein, Birgit (Hg.): Der 1. Mai unterm Hakenkreuz. Hitlers »Machtergreifung« in Arbeiterschaft und in Betrieben. Augen- und Zeitzeugen, Daten, Fakten, Dokumente, Quellentexte, Thesen und Bewertungen, Gerlingen 1983; 394 S.**

3019 Lepsius, M. Rainer: Machtübernahme und Machtübergabe. Zur Strategie des Regimewechsels 1918/19 und 1932/33, in: Hans Albert (Hg.), Sozialtheorie und soziale Praxis. Eduard Baumgarten zum 70. Geburtstag, Meisenheim a.Gl. 1971, 158–73; abgedr. in: M. Rainer Lepsius, Demokratie in Deutschland. Soziologisch-historische Konstellationsanalysen, Göttingen 1993, 80–94, 345f.

3020 Lepsius, M. Rainer: The Collapse of an Intermediary Power Structure, 1933–1934, in: IJCS 9 (1968), 289–301

3021 Leuschner, Joachim: Zum Problem des Rechtsstaates. »Machtergreifung« und Rechtsstaatlichkeit 1933/34, in: Festschrift für Hermann Heimpel zum 70. Geburtstag am 19. September 1971, Hg. Max-Planck-Institut für Geschichte, Mitarbeiter, Bd. 3, Göttingen 1972, 475–97

3022 Longerich, Peter: Stichwort: 30. Januar 1933, München 1992, 7–11, 72–95, 99

3023 Longerich, Peter: Der Untergang der Weimarer Republik und die Machtübernahme der Nationalsozialisten, in: Ulrich Wank (Hg.), Der neue alte Rechtsradikalismus, München/Zürich 1993, 65–94

3024 Manvell, Roger/Fraenkel, Heinrich: The Hundred Days to Hitler, London/New York 1974; 245 S.

3025 Matthias, Erich/Morsey, Rudolf (Hg.): Das Ende der Parteien 1933. Darstellungen und Dokumente, Düsseldorf 1960; 816 S. (ND Königstein, Ts./Düsseldorf 1979)*

3026 Megerle, Klaus (Hg.): Warum gerade die Nationalsozialisten?, Berlin 1983; 239 S.*

3027 Meissner, Hans O.: 30. Januar ›33. Hitlers Machtergreifung, Esslingen 1976; 453 S.

3028 Meissner, Hans O./Wilde, Harry: Die Machtergreifung. Ein Bericht über die Technik des nationalsozialistischen Staatsstreichs, Stuttgart 1958; 363 S.

3029 Metcalfe, Philip: Berlin 1933. Das Jahr der Machtergreifung. Lebensläufe zu Beginn des Nationalsozialismus, Stuttgart 1989; 360 S. (amerikan.: New York 1989)

3030 Meyer-Hesemann, Wolfgang: Legalität und Revolution. Zur juristischen Verklärung der nationalsozialistischen Machtergreifung als »Legale Revolution«, in: Peter Salje (Hg.), Recht und Unrecht im Nationalsozialismus, Münster 1985, 110–37

3031 Michalka, Wolfgang (Hg.): Die nationalsozialistische Machtergreifung, Paderborn u.a. 1984; 415 S.*

3032 Mitchell, Otis C.: Hitler over Germany. The Establisment of the Nazi Dictatorship (1918–1934), Philadelphia, Pa. 1983; XII, 294 S.

3033 Möller, Horst: Das Ende der Weimarer Demokratie und die nationalsozialistische Revolution von 1933, in: Martin Broszat/Horst Möller (Hg.), Das Dritte Reich. Herrschaftsstruktur und Geschichte, 2., verb. Aufl., München 1986, 9–37 (zuerst 1983)

3034 Mommsen, Hans: Die verspielte Freiheit. Der Weg der Republik von Weimar in den Untergang 1918 bis 1933. (Propyläen Geschichte Deutschlands, 8), Berlin 1989, 495–547

3035 Mommsen, Hans: Die Auflösung der Weimarer Republik und die nationalsozialistische Machteroberung, in: Faschistische Diktatur in Deutschland. Historische Grundlagen – gesellschaftliche Voraussetzungen – politische Struktur (Politische Bildung, Jg. 5, H. 1), Stuttgart 1972, 1–16

3036 Mommsen, Hans: Die nationalsozialistische Machtergreifung und die deutsche Gesellschaft, in: Wolfgang Michalka (Hg.), Die nationalsozialistische Machtergreifung, Paderborn u.a. 1984, 29–46

3037 Mommsen, Hans: Das Scheitern der Weimarer Republik und der Aufstieg des Nationalsozialismus, in: TAJB 17 (1988), 1–17

3038 Mommsen, Wolfgang J.: 1933. Die Flucht in den Führerstaat, in: Carola Stern/Heinrich A. Winkler (Hg.), Wendepunkte deutscher Geschichte 1848–1990, überarb. u. erw. Neuausg., Frankfurt 1994, 127–58, 245f. (zuerst 1979)

3039 [Neunzehnhundertdreiunddreißig] 1933 – Wege zur Diktatur. Ausstellung im Rahmen der Projekte des Berliner Kulturrats vom 9.1. bis 10.2. 1983, Hg. Staatliche Kunsthalle Berlin, Mitarb. Arbeitsgruppe der Neuen Gesellschaft für Bildende Kunst und der Staatlichen Kunsthalle, Red. Dieter Ruckhaberle u.a., Berlin 1983; 419 S.*

3040 Niess, Wolfgang: Machtergreifung '33. Beginn einer Katastrophe, Stuttgart 1982; 175 S.

3041 Niessen, Manfred H.: Wie es zu den Bücherverbrennungen kam. Politische Entwicklung und geistiges Klima vor der sogenannten Machtergreifung, in: Ulrich Walberer (Hg.), 10. Mai 1933. Bücherverbrennung in Deutschland und die Folgen, Frankfurt 1983, 11–34

3042 Nolte, Ernst: Europäische Revolutionen des 20. Jahrhunderts. Die nationalsozialistische Machtergreifung im historischen Zusammenhang, in: Wolfgang Michalka (Hg.), Die nationalsozialistische Machtergreifung, Paderborn u.a. 1984, 395–410; abgedr. in: Ernst Nolte, Lehrstück oder Tragödie? Beiträge zur Interpretation der Geschichte des 20. Jahrhunderts, Köln 1991, 175–93

3043 Ooyen, Hans van: Heute gehört uns Deutschland ... Die lange Geschichte der faschistischen Machtergreifung, Dortmund 1983; 240 S.

3044 Pätzold, Kurt: Terror and Demagoguery in the Consolidation of the Fascist Dictatorship in Germany, 1933–34, in: Michael N. Dobkowski/Isidor Wallimann (Hg.), Radical Perspectives on the Rise of Fascism in Germany, 1919–1945, New York 1989, 231–46

3045 Pentzlin, Heinz: Wie Hitler an die Macht kam, Bergisch Gladbach 1983; 159 S.

3046 Plum, Günther: Übernahme und Sicherung der Macht 1933/34, in: Martin Broszat/Norbert Frei (Hg.), Ploetz. Das Dritte Reich. Ursprünge, Ereignisse, Wirkungen, Freiburg/Würzburg 1983, 28–44

3047 Reiche, Eric G.: From Spontaneous to Legal Terror: SA, the Police, and the Judicary, 1933–1934, in: ESR 9 (1979), 237–64

3048 Rexin, Manfred: Machtergreifung und Widerstand im Spiegel von Rundfunkberichten, in: Peter Steinbach (Hg.), Widerstand. Ein Problem zwischen Theorie und Geschichte, Köln 1987, 59–79

3049 Rittberger, Volker (Hg.): 1933. Wie die Republik der Diktatur erlag, Stuttgart u.a. 1983; 222 S.*

3050 Salewski, Michael: Machtergreifung 1933: Geschichte und Menetekel, in: Flensburg in der Zeit des Nationalsozialismus. Resümee einer Ausstellung, Hg. Gesellschaft für Flensburger Stadtgeschichte, Bearb. Dieter Pust, Flensburg 1984, 10–24

3051 Sauer, Wolfgang: Die Mobilmachung der Gewalt. (Die nationalsozialistische Machtergreifung. Studien zur Errichtung des totalitären Herrschaftssystems in Deutschland, 3), 3. Aufl., Frankfurt u. a. 1974; 551 S. (zuerst Köln/Opladen 1960)

3052 Schaefer, Eduard: Zur Legalität der nationalsozialistischen »Machtergreifung«, in: GWU 17 (1966), 536–54

3053 Schlotthaus, Jan: Merkmale der Errichtung zweier Diktaturen im Vergleich, in: Ludger Kühnhardt u. a. (Hg.), Die doppelte deutsche Diktaturerfahrung. Drittes Reich und DDR – ein historisch-politikwissenschaftlicher Vergleich, Frankfurt u. a. 1994, 43–54

3054 Die schnelle Etablierung des Nationalsozialismus in den ersten Monaten von 1933 durch Gesetz und Polizei. Podiumsdiskussion, in: Die Justiz und der Nationalsozialismus. Tagung vom 22. bis 24. Februar 1980 in Bad Boll. (Protokolldienst, 16), Hg. Evangelische Akademie Bad Boll, Bad Boll 1980, 148–63

3055 Schulz, Gerhard: Die Anfänge des totalitären Maßnahmestaates. (Die nationalsozialistische Machtergreifung. Studien zur Errichtung des totalitären Herrschaftssystems in Deutschland, 2), 3. Aufl., Frankfurt u. a. 1974; 622 S. (zuerst Köln/Opladen 1960)

3056 Schulz, Gerhard: Die Gleichschaltung des öffentlichen Lebens, in: Wolfgang Treue/Jürgen Schmädeke (Hg.), Deutschland 1933. Machtzerfall der Demokratie und nationalsozialistische »Machtergreifung«. Eine Vortragsreihe, Berlin 1984, 65–96

3057 Schulz, Gerhard: Permanente Gleichschaltung des öffentlichen Lebens und Entstehung des nationalsozialistischen Führerstaates in Deutschland, in: Gerhard Schulz (Hg.), Die Große Krise der dreißiger Jahre. Vom Niedergang der Weltwirtschaft zum 2. Weltkrieg, Göttingen 1985, 72–100

3058 Schwabe, Klaus: Recht und Gewalt: Die Deutschen und die nationalsozialistische Gleichschaltung, in: Manfred Sicking/ Alexander Lohe (Hg.), Die Bedrohung der Demokratie von rechts. Wiederkehr der Vergangenheit?, Köln 1993, 67–83

3059 Stachura, Peter D.: The Nazi Machtergreifung, London u. a. 1983; XIII, 191 S.*

3060 Taylor, Alan J. P.: Hitler's Seizure of Power, in: Alan J. P. Taylor, Europe. Grandeur and Decline, Harmondsworth 1967, 204–19

3061 Thamer, Hans-Ulrich: Der Marsch auf Rom – ein Modell für die nationalsozialistische Machtergreifung, in: Wolfgang Michalka (Hg.), Die nationalsozialistische Machtergreifung, Paderborn u. a. 1984, 245–60

3062 Tobias, Fritz: Ludendorff, Hindenburg, Hitler. Das Phantasieprodukt des Ludendorff-Briefes vom 30. Januar 1933, in: Uwe Backes u. a. (Hg.), Die Schatten der Vergangenheit. Impulse zur Historisierung des Nationalsozialismus, 2. Aufl., Frankfurt/Berlin 1992, 319–43 (zuerst 1990)

3063 Tormin, Eberhard: 1933–1934: Die Machtergreifung, in: Eberhard Aleff (Hg.), Das Dritte Reich, 23. Aufl., Hannover 1986, 9–60, 246–50 (zuerst 1970)**

3064 Treue, Wolfgang/Schmädeke, Jürgen (Hg.): Deutschland 1933. Machtzerfall der Demokratie und nationalsozialistische »Machtergreifung«. Eine Vortragsreihe, Einführungsreferat Walther Hofer, Berlin 1984; XIV, 175 S.*

3065 Tyrell, Albrecht: Auf dem Weg zur Diktatur: Deutschland 1930 bis 1934, in: Karl D. Bracher u. a. (Hg.), Deutschland 1933–1945. Neue Studien zur nationalsozialistischen Herrschaft, 2., erg. Aufl., Bonn/Düsseldorf 1993, 15–31 (zuerst 1992)

3066 Vor 50 Jahren. Machtergreifung des Faschismus in Deutschland. (Blätter für deutsche und internationale Politik, Jg. 28, Nr. 1), Köln 1983; 128 S.*

3067 Weimar – Krise und Zerstörung einer parlamentarischen Demokratie. (Erste Arbeitssitzung), in: Martin Broszat u. a. (Hg.), Deutschlands Weg in die Diktatur. Internationale Konferenz zur nationalsozialistischen Machtübernahme im Reichstagsgebäude zu Berlin. Referate und Diskussionen. Ein Protokoll, hg. i. A. der Historischen Kommission zu Berlin, des Instituts für Zeitgeschichte, München, der Deutschen Vereinigung für Parlamentsfragen, Bonn, Berlin 1983, 117–82

3068 Wheaton, Eliot B.: Prelude to Calamity. The Nazi Revolution, 1933–1935. With a Background Survey of the Weimar Era, London/Garden City 1969; XIX, 523 S.

3069 Winkler, Heinrich A.: Weimar 1918–1933. Die Geschichte der ersten deutschen Demokratie, München 1993; 709 S.

3070 Winkler, Heinrich A.: Wie konnte es zum 30. Januar 1933 kommen?, in: APUZ, Nr. B 4–5/83, 29.1. 1983, 3–15; abgedr. in: Nationalsozialistische Herrschaft, Hg. Bundeszentrale für politische Bildung, Bonn 1983, 5–27

3071 Wucher, Albert: Die Fahne hoch. Das Ende der Republik und Hitlers Machtübernahme. Ein Dokumentbericht, München 1963; 254 S.**

A.3.1.2 Regional- und Lokalstudien

Gedruckte Quellen

3073 Aspekte der nationalsozialistischen Machtergreifung in München. Aus der Stadtchronik und anderen Quellen, Hg. Stadtarchiv München, Bearb. Wolfram Selig, München 1983; 47 S.

3074 Becker, Willi-Ferdinand u. a. (Bearb.): Die nationalsozialistische »Machtergreifung« in Bonn 1932/33. Eine Dokumentation aus Bonner Zeitungen, Hg. Stadt Bonn, Bonn 1983; 36, (62) S.

3075 Becker, Winfried: Die nationalsozialistische Machtergreifung in Bayern. Ein Dokumentbericht Heinrich Helds aus dem Jahr 1933, in: HJB 112 (1992), 412–35

3076 Brügge, Otfried u. a. (Bearb.): Hannover wird nationalsozialistisch. Ein Quellenlesebuch zur Machtübernahme, Hg. Historisches Museum am Hohen Ufer Hannover, Hannover 1981; 75 S.

3077 Hauser, Gerhard (Bearb.): Vor 50 Jahren. Machtübernahme 1933 im Spiegel der Presse des Ermstals [Württemberg], Metzingen 1983; 366 S.

3078 Kirchner, Rolf/Schweitzer, Harry: »Die Flamme verzehre das Gift.« Offenbach 1932/33 im Spiegel der Tageszeitungen, Hg. Arbeitskreis »Geschichte der Offenburger Arbeiter und ihrer Organisationen«, Offenbach 1983; 229 S.

3079 Lange, Ulrich (Bearb.): 1932 in der Provinz. Das Jahr, das Hitlers Macht ermöglichte. Archiv- und Zeitungsberichte aus dem Landkreis Limburg, Bad Camberg 1982; 108 S.

3080 Die Machtergreifung der Nationalsozialisten 1933 in Mainz. Eine Dokumentation. Quellenband zur Ausstellung der Stadt Mainz, Januar bis März 1983, Leitung Anton M. Keim, Mitarb. Friedrich Schütz/Brigitte Strasser, Mainz 1983; 395 S.

3081 Meyer, Enno: Auf dem Weg zur Macht. Die NSDAP, ihre Wegbereiter und ihre Gegner in einer norddeutschen Stadt [Oldenburg] 1930–1933, Frankfurt 1981; 96 S.

3082 Morsey, Rudolf: Der Beginn der »Gleichschaltung« in Preußen. Adenauers Haltung in der Sitzung des »Dreimännerkollegiums« am 6. Februar 1933. (Dokumentation), in: VfZ 11 (1963), 85–97

3083 Pickel, Ingrid: Die Machtergreifung der Nationalsozialisten in Singen. Eine Dokumentation, Hg. Stadtarchiv Singen, Singen 1983; 56 S.

3084 Popplow, Ulrich: Die Machtergreifung in Augenzeugenberichten: Göttingen 1932–1935, in: GöJb 25 (1977), 157–86

3085 Schaap, Klaus (Hg.): Oldenburgs Weg ins »Dritte Reich«. (Quellen zur Regionalgeschichte Nordwest-Niedersachsen, 1), Oldenburg 1983; 221 S.

3086 Schmid, Heinz D.: Die nationalsozialistische Machtergreifung in einer Kreisstadt [Reutlingen]. Ein Lokalmodell zur Zeitgeschichte, 4. Aufl., Frankfurt 1982; 64 S. (zuerst 1979)

3087 Timpke, Henning (Hg.): Dokumente zur Gleichschaltung des Landes Hamburg 1933, Frankfurt 1964; 327 S. (ND Hamburg 1983)

3088 Tschentscher, Horst (Bearb.): Die Machtergreifung im Spiegel des Segeberger Tageblatts. 60 Original-Nachdrucke, Bad Segeberg 1983; 64 S.

3089 Zeit der Machtergreifung 1930–1934. Quellensammlung. (Dokumentation zur Geschichte der Stadt Düsseldorf, 3), Hg. Pädagogisches Institut der Landeshauptstadt Düsseldorf, Bearb. Hans-Peter Görgen, Düsseldorf 1982; 193 S.

Darstellungen

3090 Allen, William S.: »Das haben wir nicht gewollt!« Die nationalsozialistische Machtergreifung in einer Kleinstadt [Northeim] 1930–1935, Gütersloh 1966; 327 S. (engl.: Chicago, Ill. 1965/London 1966; 2., überarb. Aufl., New York 1984)

3091 Althaus, Hans J. u.a.: Da ist nichts gewesen außer hier. Das »rote Mössingen« im Generalstreik gegen Hitler. Geschichte eines schwäbischen Arbeiterdorfes, Berlin 1982; 227 S.

3092 Aretin, Karl O. Freiherr von: The Forgotten Elections in Prussia of 12 March 1933 (1988), in: Karl O. Freiherr von Aretin, Nation, Staat und Demokratie in Deutschland. Ausgewählte Beiträge zur Zeitgeschichte. Zum 70. Geburtstag des Verfassers, Hg. Andreas Kunz/Martin Vogt, Mainz 1993, 213–46

3093 Barteit, Peter: Der Umschwung 1933 in Vilsbiburg, in: Storchenturm 12 (1977), Nr. 23, 63–86

3094 Beck, Stefan/Schönberger, Klaus: Von »Spartania« nach »Germania«. Das Ende der Weimarer Republik und die Machtübergabe 1933 in Marbach a.N., Marbach 1984; 81 S.

3095 Besson, Waldemar: Württemberg und die deutsche Staatskrise 1928–1933. Eine Studie zur Auflösung der Weimarer Republik, Stuttgart 1959; 429 S.

3096 Bohmbach, Jürgen: Die Endphase der Weimarer Republik in Niedersachsen, in: NJL 54 (1982), 65–94

3097 Bräunche, Ernst O. u.a. (Hg.): 1933. Machtergreifung in Freiburg und Südbaden. Katalog zur Ausstellung vom 31.1.–20.3. 1983 in der Universitätsbibliothek, Freiburg i.Br. 1983; 71 S.

3098 Bräunche, Ernst O.: Die NSDAP in Baden 1928–1933. Der Weg zur Macht, in: Thomas Schnabel (Hg.), Die Machtergreifung in Südwestdeutschland. Das Ende der Weimarer Republik in Baden und Württemberg 1928–1933, Stuttgart 1982, 15–48

3099 Bruns, Maike u.a.: Als Hamburg »erwachte«. Alltag im Nationalsozialismus 1933, Hg. Museumspädagogischer Dienst der Kulturbehörde Hamburg, Hamburg 1983; 142 S.

3100 Buchloh, Ingrid: Die nationalsozialistische Machtergreifung in Duisburg. Eine Fallstudie, Duisburg 1980; XVI, 216 S.

3101 Burkert, Hans-Norbert u.a.: »Machtergreifung«. Berlin 1933, Berlin 1982; 263 S.

3102 Burkhardt, Bernd: Eine Stadt wird braun. Die nationalsozialistische Machtergreifung in der schwäbischen Provinz

[Mühlacker], Geleitwort Heinrich A. Winkler, Hamburg 1980; 160 S.

3103 Büttner, Ursula/Jochmann, Werner (Hg.): Zwischen Demokratie und Diktatur. Nationalsozialistische Machtaneignung in Hamburg – Tendenzen und Reaktionen in Europa, Hamburg 1984; 166 S.

3104 Ciolek-Kümper, Jutta: Wahlkampf in Lippe. Die Wahlkampfpropaganda der NSDAP zur Landtagswahl am 15. Januar 1933, München 1976; 406 S.

3105 Demps, Laurenz: Berlin als Experimentierfeld des Terrorismus im Jahr 1933, in: Staatliche Kunsthalle Berlin (Hg.), Bericht 1983, Red. Dieter Ruckhaberle u.a., Berlin 1983, 105–15

3106 Domröse, Ortwin: Der NS-Staat in Bayern von der Machtergreifung bis zum Röhm-Putsch, München 1974; 398 S.

3107 Emer, Wolfgang: Bürgertum und »Machtergreifung« in Bielefeld, in: Wolfgang Emer u.a. (Hg.), Provinz unterm Hakenkreuz. Diktatur und Widerstand in Ostwestfalen-Lippe, Bielefeld 1984, 1–27

3108 Fendler, Rudolf: Vor fünfzig Jahren. 1933 – Das Jahr der Machtergreifung und der Gleichschaltung in der Südpfalz, in: HJLSW 5 (1983), 72–82

3109 Filser, Karl: Augsburgs Weg in das »Dritte Reich«, in: Josef Becker (Hg.), 1933 – Fünfzig Jahre danach. Die nationalsozialistische Machtergreifung in historischer Perspektive, München 1982, 195–215

3110 Foth, Wilhelm: Die letzten Jahre der Weimarer Republik und die Machtergreifung der NSDAP in Balingen (1929–1933), in: HBKB 15 (1968), 685–99

3111 Friedel, Heinz: Die Machtergreifung 1933 in Kaiserslautern. Ein Beitrag zum Werden des Nationalsozialismus in der Westpfalz mit den Städten Landstuhl, Pirmasens und Zweibrücken sowie ein Vergleich zu Neustadt (Weinstraße), 3., erw. Aufl., Otterbach/Kaiserslautern 1983; 128 S. (zuerst 1979)

3112 Gelhaus, Hubert: 1933. 365 ganz normale Tage. Beobachtungen zum nationalsozialistischen Alltag in Cloppenburg und Umgebung (Südoldenburg), Oldenburg 1988; 491 S.

3113 Grevelhörster, Ludger: Machtergreifung und Gleichschaltung in Ahlen 1933–1934. Der Weg einer münsterländischen Industriestadt in die nationalsozialistische Diktatur, Ahlen 1987; 216 S.

3114 Günther, Wolfgang: Der Kampf gegen das »System [Theodor] Goerlitz«. Die Zerstörung der kommunalen Demokratie in der Landeshauptstadt Oldenburg, in: Dieter Brosius u.a. (Hg.), Geschichte in der Region. Zum 65. Geburtstag von Heinrich Schmidt, Hannover 1993, 399–417

3115 Hannover 1933. Eine Großstadt wird nationalsozialistisch. Beiträge zur Ausstellung, Hg. Historisches Museum am Hohen Ufer, Mitarb. Anke Dietzler u.a., Hannover 1981; 201 S.*

3116 Heck, Amalie: Der Widerstand der Badischen Staatsregierung vor und nach der Machtergreifung der NSDAP am 11. März 1933, in: BH 73 (1993), 491–98

3117 Hettinger, Anette: Die NSDAP auf dem Land. Aufstieg, Machtergreifung und Gleichschaltung im badischen Amtsbezirk Adelsheim 1928–1935, in: WüF 72 (1988), 91–193

3118 Hille, Karoline: Beispiel Thüringen. Die »Machtergreifung« auf der Probebühne, in: 1933 – Wege zur Diktatur. Ausstellung im Rahmen der Projekte des Berliner Kulturrats vom 9.1. bis 10.2. 1983, Hg. Staatliche Kunsthalle Berlin, Berlin 1983, 187–217

3119 Hoch, Gerhard: Das Scheitern der Demokratie im ländlichen Raum. Das Beispiel der Region Kaltenkirchen/Henstedt-Ulzburg 1870–1933, Kiel 1988; 280 S.

3120 Hoffmann, Herbert: Im Gleichschritt in die Diktatur? Die nationalsozialistische »Machtergreifung« in Heidelberg und

Mannheim 1930–1935, Frankfurt u. a. 1985; 281 S.

3121 Höner, Sabine: Der nationalsozialistische Zugriff auf Preußen. Preußischer Staat und nationalsozialistische Machteroberungsstrategie 1928–1934, Bochum 1984; 522 S.

3122 Hourand, Rupert: Die Gleichschaltung der badischen Gemeinden 1933/34, Diss. Freiburg 1985; 446 S.

3123 Hümmert, Ludwig: Bayern. Vom Königreich zur Diktatur 1900–1933, Pfaffenhofen 1979, 225–32

3124 Janson, Günther u. a.: Wer für die Freiheit stirbt, der ist nie tot. Die Machtergreifung der Nationalsozialisten am 10. März 1933 in [Ludwigshafen-]Oppau, Ludwigshafen a.Rh. 1989; 52 S.

3125 Jung, Norbert: Die nationalsozialistische Machtergreifung am Beispiel Heilbronn, Neckarsulm und Umgebung, in: Thomas Schnabel (Hg.), Lokalmodelle nationalsozialistischer Machtergreifung. Dokumente – Bilder – Unterrichtsmodelle, Heidelberg 1983, 35–64**

3126 Jungbluth, Uli: Zur Nazifizierung der Deutschen. Machtergreifung im Westerwald, Höhr-Grenzhausen 1993; 439 S.

3127 Kahrs, Axel (Bearb.): Vor fünfzig Jahren. Wahlen und Machtergreifung in Lüchow-Dannenberg, Hg. Gewerkschaft Erziehung und Wissenschaft, Kreisverband Lüchow-Dannenberg, 1. u. 2. Aufl., Lüchow 1984; 41 S.

3128 Keinemann, Friedrich: Sieben entscheidende Jahre: Hamm 1928–1935. Ende der Weimarer Republik, Machtergreifung, Gleichschaltung, Bochum 1991; 381 S.

3129 Kieserling, Manfred: Faschisierung und gesellschaftlicher Wandel. Mikroanalyse eines nordhessischen Kreises 1928–1935, Wiesbaden 1991; 397 S.

3130 Kirschgens, Albert/Spelsberg, Gerd: Einigkeit statt Recht und Freiheit. Aachen 1933, Aachen 1983; 160 S.

3131 Klatt, Inge/Peters, Horst: Kiel 1933. Dokumentation zur Erinnerung an den 50. Jahrestag der Machtergreifung der Nationalsozialisten in Kiel, Hg. Ferdinand-Tönnies-Gesellschaft, Mitarb. Götz Hess/Birgit Sippell, Kiel 1983; 20 S.

3132 Klein, Ulrich: SA-Terror und Bevölkerung in Wuppertal 1933/34, in: Detlev J. K. Peukert/Jürgen Reulecke (Hg.), Die Reihen fast geschlossen. Beiträge zur Geschichte des Alltags unterm Nationalsozialismus, Wuppertal 1981, 45–61

3133 Koshar, Rudy J.: Social Life, Local Politics, and Nazism: The Bürgertum of Marburg 1880–1935, 2. Aufl., Chapel Hill, N.C./London 1990; XVIII, 395 S. (zuerst 1986)

3134 Koziol, Michael S.: [Schwäbisch] Hall zwischen Machtergreifung und Verbot der SPD, Schwäbisch Hall 1983; 112 S.

3135 Kreuzberg 1933. Ein Bezirk erinnert sich. Ausstellung vom 29. Mai bis 29. September 1983 im Kunstamt [Berlin]-Kreuzberg. »So politisch war ick nich ...« Jugendalltag in Kreuzberg um 1933. Ausstellung vom 29. Mai bis 10. September 1983 in der Galerie am Chamissoplatz. Katalog, Hg. Verein zur Erforschung und Darstellung der Geschichte Kreuzbergs u. a., Red. Werner Tammen/Krista Tebbe, Berlin 1983; 167 S.

3136 Kropat, Wolf-Arno: Die nationalsozialistische Machtergreifung in Wiesbaden und Nassau, in: Eike Hennig u. a. (Hg.), Hessen unterm Hakenkreuz. Studien zur Durchsetzung der NSDAP in Hessen, 2. Aufl., Frankfurt 1984, 260–78 (zuerst 1983)

3137 Kuropka, Joachim: Die Machtergreifung der Nationalsozialisten. Dokumente – Fragen – Erläuterungen – Darstellung. (Geschichte original – am Beispiel der Stadt Münster, 2), Hg. Hans Galen u. a., hg. für das Stadtarchiv Münster/Stadtmuseum Münster, 4., erg. Aufl., Münster 1981; 16 S.; 16 Faltbl. (zuerst 1978)**

3138 Lienert, Eva M./Lienert, Wilhelm: Die nationalsozialistische Machtergreifung

– dargestellt an der lokalen Geschichte von Schwäbisch Gmünd, in: Thomas Schnabel (Hg.), Lokalmodelle nationalsozialistischer Machtergreifung. Dokumente – Bilder – Unterrichtsmodelle, Heidelberg 1983, 65–104**

3139 Die Machtergreifung der Nationalsozialisten am Beispiel des Emslandes. Begleitheft zu einer Ausstellung der Ludwig-Windthorst-Stiftung, Lingen-Holthausen 1983; 107 S.

3140 Die Machtergreifung in Dortmund, in: Widerstand und Verfolgung in Dortmund 1933–1945. Ständige Ausstellung und Dokumentation, im Auftrage des Rates der Stadt Dortmund erstellt vom Stadtarchiv. Eröffnet: 30. Januar 1981, Bearb. Günter Högl/Udo Steinmetz, Mitarb. Ewald Kurtz, Dortmund 1981, 41–100

3141 Machtergreifung und Gleichschaltung 1933 bis 1935 in Markdorf, Bearb. Arbeitsgemeinschaft Geschichte am Bildungszentrum Markdorf, in: Markdorf 1932–1940. (Geschichte am See, 27), Hg. Kreisarchiv Bodenseekreis, Friedrichshafen a. B. 1986, 3 f., 145–226 (Ms. vervielf.)

3142 Die Machtergreifung. Von der republikanischen zur braunen Stadt. (Stuttgart im Dritten Reich. Eine Ausstellung des Projekts Zeitgeschichte), Hg. Projekt Zeitgeschichte im Kulturamt der Landeshauptstadt Stuttgart, Bearb. Michael Molnar, Red. Karlheinz Fuchs, Stuttgart 1983; 485 S.**

3143 Meinzer, Lothar: Ludwigshafen am Rhein und die Pfalz in den ersten Jahren des Dritten Reiches, 2. Aufl., Ludwigshafen a.Rh. 1991; 299 S. (zuerst 1983 u. d. T.: Stationen und Strukturen der nationalsozialistischen Machtergreifung: Ludwigshafen am Rhein und [...])

3144 Meinzer, Lothar: Nationalsozialistische Machtergreifung in Ludwigshafen, in: Der Freiheit und Demokratie verpflichtet. Beiträge zur Geschichte der Ludwigshafener Sozialdemokratie, Hg. SPD-Stadtverband Ludwigshafen am Rhein, hg. aus Anlaß des 40. Jahrestages der Wiederzulassung, Neustadt a. d. W. 1986, 91–110

3145 Meinzer, Lothar: Die Pfalz wird braun. Machtergreifung und Gleichschaltung in der bayerischen Provinz, in: Gerhard Nestler/Hannes Ziegler (Hg.), Die Pfalz unterm Hakenkreuz. Eine deutsche Provinz während der nationalsozialistischen Terrorherrschaft, Landau 1993, 37–62

3146 Menapace, Bernd M.: »Klein-Moskau« wird braun. Geesthacht in der Endphase der Weimarer Republik (1928 bis 1933), Kiel 1991; 269 S.

3147 Michelson, Karl: Der Eintritt der Friedrichstädter Einwohner in das Dritte Reich, Friedrichstadt a. d. Eider 1983; 48 S.

3148 Mlynek, Klaus: Machtübernahme und Kommunalpolitik, in: Hannover 1933. Eine Großstadt wird nationalsozialistisch. Beiträge zur Ausstellung, Hg. Historisches Museum am Hohen Ufer, Hannover 1981, 100–33

3149 Mlynek, Klaus: Die Gleichschaltung der Hannoverschen Bürgervereine in der NS-Zeit am Beispiel von Stadt und Land Hannover, in: HGB 33 (1979), 143–86

3150 Montenbruck, Jens: Zwischen Demokratie und Diktatur. Der Aufstieg der Hagener NSDAP 1930–1934, Hg. Stadt Hagen, Essen 1991; 127 S.

3151 Mroßko, Kurt-Dietrich: Die nationalsozialistische Machtergreifung 1933 im Oberrheinischen Ried, in: Thomas Schnabel (Hg.), Lokalmodelle nationalsozialistischer Machtergreifung. Dokumente – Bilder – Unterrichtsmodelle, Heidelberg 1983, 105–62**

3152 Müller, Gabriele: Die Machtübernahme 1933 im Landkreis Dieburg, in: Eike Hennig u. a. (Hg.), Hessen unterm Hakenkreuz. Studien zur Durchsetzung der NSDAP in Hessen, 2. Aufl., Frankfurt 1984, 350–52 (zuerst 1983)

3153 Neufurth, Bernd: Solingen 1929–1933. Eine Studie zur Auflösung der Weimarer Republik und der nationalsozialistischen Machtübernahme in einer Kommune, St. Augustin 1984; 236 S.

3154 Obenaus, Herbert: Die Märzwahlen 1933 in Hannover: Terror und Gegenwehr, Jubel und Resignation, in: Hannover 1933. Eine Großstadt wird nationalsozialistisch. Beiträge zur Ausstellung, Hg. Historisches Museum am Hohen Ufer, Hannover 1981, 38–64

3155 Peters, Hartmut: Von der Revolte zur Restauration. Jever zwischen Novemberrevolution 1918 und dem Beginn der Bundesrepublik 1949/51, in: Ein Blick zurück. Beiträge zur Geschichte des Jeverlandes, Jever 1986, 90–138

3156 Pingel, Henner: Das Jahr 1933. NSDAP-Machtergreifung in Darmstadt und im Volksstaat Hessen. Mit zahlreichen Dokumenten und einer ausgewählten Gesetzessammlung, 2., überarb. u. erg. Aufl., Darmstadt/Marburg 1978; 245 S. (zuerst 1977 u. d. T.: Darmstadt 1933)**

3157 Pingel, Henner: Die Machtergreifung der NSDAP in Darmstadt, in: Eike Hennig u. a. (Hg.), Hessen unterm Hakenkreuz. Studien zur Durchsetzung der NSDAP in Hessen, 2. Aufl., Frankfurt 1984, 353–64 (zuerst 1983)

3158 Pinkus, Theo: Auf dem Weg in die Diktatur. Berlin in der Endphase der Weimarer Republik – aus der Sicht eines Zeitzeugen, in: Reinhard Dithmar (Hg.), Schule und Unterricht in der Endphase der Weimarer Republik, Neuwied u. a. 1993, 193–205

3159 Plesse, Sigurd: Die nationalsozialistische Machtergreifung im Oberharz. Clausthal-Zellerfeld 1929–1933, Clausthal-Zellerfeld 1970; 94 S.

3160 Podevin, Walter: 1933 bis 1945. Zwölf verhängnisvolle Jahre: Die Machtergreifung in Landstuhl [Pfalz], in: Mit 500 Gulden fing es an. 125 Jahre Sparkassen- und Wirtschaftsgeschichte, Landstuhl 1992, 66–77

3161 Rathmann, Johann: Itzehoe 1933.Wie die Nazis die Stadt eroberten. Eine Dokumentation der Ereignisse zwischen Januar und Juli 1933, Hg. SPD-Ortsverein Itzehoe, Itzehoe 1983; 103 S.

3162 Rebentisch, Dieter: Zwei Beiträge zur Vorgeschichte und Machtergreifung des Nationalsozialismus in Frankfurt: Von der Splittergruppe zur Massenpartei. Straßenkämpfe und Wahlpropaganda in Frankfurt nach dem 30. Januar 1933, in: Eike Hennig u. a. (Hg.), Hessen unterm Hakenkreuz. Studien zur Durchsetzung der NSDAP in Hessen, 2. Aufl., Frankfurt 1984, 279–97 (zuerst 1983)

3163 Rehberger, Horst: Die Gleichschaltung des Landes Baden 1932/33, Heidelberg 1966; 162 S.

3164 Rehberger, Horst: Die Gleichschaltung des Landes Baden 1932/33, in: Alfons Schäfer (Hg.), Neue Forschungen zu Grundproblemen der badischen Geschichte im 19. und 20. Jahrhundert. (Oberrheinische Studien, 2), Karlsruhe 1973, 203–22

3165 Rennspieß, Uwe/Stelbrink, Wolfgang: Herman Göring und Bergassessor Tengelmann. Die Anfänge der Bergarbeiterstadt Kamen, in: GiW 8 (1993), 65–70

3166 Reuter, Fritz: Die nationalsozialistische Machtergreifung in den Kommunen 1933 am Beispiel der Stadt Worms, in: BJGGRP 4 (1994), Nr. 6, 46–51

3167 Roloff, Ernst-August: Bürgertum und Nationalsozialismus 1930–1933. Braunschweigs Weg ins Dritte Reich, 2. Aufl., Braunschweig 1981; 174 S. (zuerst Hannover 1961)

3168 Rotermund, Gisela: Nationalsozialistische Machtergreifung in Ulm, in: Thomas Schnabel (Hg.), Lokalmodelle nationalsozialistischer Machtergreifung. Dokumente – Bilder – Unterrichtsmodelle, Heidelberg 1983, 163–200**

3169 Rothenberger, Karl-Heinz: Die nationalsozialistische Machtübernahme in der

Südpfalz (Januar – November 1933), in: ZGO 132 (1984), 305–42

3170 Sabais, Heinz W.: Machtergreifung 1933. Zur Kritik der Schrift von Henner Pingel »Darmstadt 1933. NSDAP-Machtergreifung im Volksstaat Hessen«, Darmstadt 1978; 76 S.

3171 Schaap, Klaus: Die Endphase der Weimarer Republik im Freistaat Oldenburg 1928–1933, Düsseldorf 1978; 313 S.

3172 Schanbacher, Eberhard: Vor fünfzig Jahren: Machtergreifung und Gleichschaltung im Oberamt Münsingen [und in Laichingen]. Referat und Materialien, [Laichingen-]Feldstetten 1983; 61 S. (Ms. vervielf.)**

3173 Schanbacher, Eberhard: Das Wählervotum und die »Machtergreifung« im deutschen Südwesten, in: Thomas Schnabel (Hg.), Die Machtergreifung in Südwestdeutschland. Das Ende der Weimarer Republik in Baden und Württemberg 1928–1933, Stuttgart 1982, 295–317

3174 Schapp, Klaus: Die Regierungsübernahme durch die Nationalsozialisten in Oldenburg 1932, in: Oldenburg und das Ende der Weimarer Republik. Zur Regierungsübernahme der NSDAP im Lande Oldenburg 1932, Oldenburg 1982, 25–48

3175 Scherer, Michael: Nationalsozialistische Machtübernahme und Gleichschaltung, in: Hartmut Müller (Hg.), Die Bremer Arbeiterbewegung 1918–1945. Trotz alledem. Katalogbuch zur gleichnamigen Ausstellung im Bremer Rathaus, Berlin 1983, 163–77**

3176 Scheurich, Ellen: Aufstieg und Machtergreifung des Nationalsozialismus in Wertheim am Main. Ein lokalgeschichtlicher Beitrag zu den Anfängen des Dritten Reichs, Wertheim 1983; 147 S.

3177 Schildt, Gerhard: Die Machtergreifung des Nationalsozialismus in Braunschweig, in: Gerd Spies (Hg.), Brunswiek 1031 – Braunschweig 1981, Folgebd., Braunschweig 1982, 109–18

3178 Schirpf, Michael: Die nationalsozialistische Machtergreifung in Bietigheim, Bissingen und Untermberg [Württemberg], in: BSBB (o.J [1983]), Nr. 1, 48–91

3179 Schnabel, Thomas (Hg.): Lokalmodelle nationalsozialistischer Machtergreifung. Dokumente – Bilder – Unterrichtsmodelle, Hg. Landeszentrale für politische Bildung Baden-Württemberg, Heidelberg 1983; 285 S.* **

3180 Schnabel, Thomas: Die Machtergreifung in Südwestdeutschland. Das Ende der Weimarer Republik in Baden und Württemberg 1928–1933, Stuttgart 1982; 344 S.

3181 Schneider, Ulrich (Hg.): Hessen vor 50 Jahren – 1933. Naziterror und antifaschistischer Widerstand zwischen Kassel und Bergstraße 1932/33, hg. i. A. der VVN-Bund der Antifaschisten, Landesverband Hessen, München 1982; 214 S.

3182 Schönhoven, Klaus: Die NSDAP im Dorf. Die Gleichschaltung der Gemeinden im Bezirksamt Bamberg 1933, in: HVPFB 120 (1984), 285–97

3183 Schulz, Willy: Die Machtübertragung an die Nationalsozialisten in Meldorf [Dithmarschen], Heide 1986; 86 S.

3184 Schwarzwälder, Herbert: Die Machtergreifung der NSDAP in Bremen 1933, Bremen 1966; 166 S.

3185 Schwend, Karl: Bayern zwischen Monarchie und Diktatur. Beiträge zur Bayerischen Frage in der Zeit von 1918 bis 1933, München 1954, 417–548

3186 Sommer, Karl-Ludwig: Verfolgung und Widerstand der Arbeiterbewegung in Bremen, in: Hartmut Müller (Hg.), Die Bremer Arbeiterbewegung 1918–1945. Trotz alledem. Katalogbuch zur gleichnamigen Ausstellung im Bremer Rathaus, Berlin 1983, 182–97**

3187 Sonnet, Peter: Die »Machtergreifung« in Bonn 1933, in: Josef Matzerath (Hg.), Bonn. 54 Kapitel Stadtgeschichte, Bonn 1989, 281–89

3188 Steinwascher, Gerd: Machtergreifung, Widerstand und Verfolgung in Schaumburg, in: NJL 62 (1990), 25–58

3189 Strauß, Heinrich: Fürth in der Weltwirtschaftskrise und nationalsozialistischen Machtergreifung. Studien zur politischen, sozialen und wirtschaftlichen Entwicklung einer deutschen Industriestadt 1928–1933, Nürnberg 1980; X, 492 S.

3190 Tietz, Gunter: Die nationalsozialistische Machtergreifung in einer hohenzollerischen Kleinstadt, in: Thomas Schnabel (Hg.), Lokalmodelle nationalsozialistischer Machtergreifung. Dokumente – Bilder – Unterrichtsmodelle, Heidelberg 1983, 201–50**

3191 Voigt, Harald: Der Sylter Weg ins Dritte Reich. Die Geschichte der Insel Sylt vom Ende des Ersten Weltkrieges bis zu den Anfängen der Nationalsozialistischen Diktatur. Eine Fallstudie, Münsterdorf 1977; 160 S.

3192 Voigt, Harald: Die Festung Sylt. Geschichte und Entwicklung der Insel Sylt unter militärischem Einfluß 1894–1945, Bräist/Bredstedt 1992; 156 S.

3193 Volz, Günther: Die Machtergreifung 1933 in der Stadt und im Bezirksamte Bergzabern, in: PfH 37 (1986), 65–67

3194 Walterscheid, Joseph: Der Volkshausprozeß [Siegburg 1933–1935], in: HSK 91 (1934), 33–44

3195 Weidisch, Peter: Die Machtergreifung in Würzburg 1933, Würzburg 1990; XVI, 281 S.

3196 Werner, Kurt/Biernat, Karl-Heinz: Die Köpeniker Blutwoche 1933, 2. Aufl., Berlin (O) 1960; 103 S. (zuerst 1958)

3197 Wiesemann, Falk: Die Vorgeschichte der nationalsozialistischen Machtübernahme in Bayern 1932/33, Berlin 1975; 328 S.

3198 Wippermann, Wolfgang: Aufstieg und Machtergreifung der NSDAP in Bremerhaven-Wesermünde, in: JMM 57 (1978), 165–99

3199 Wulfmeyer, Reinhard: Lippe 1933. Die faschistische Machtergreifung in einem deutschen Kleinstaat, Bielefeld 1987; 202 S.

3200 Zacher, Hans-Jürgen: »Im Geiste Adolf Hitlers wollen wir zusammenarbeiten.« Der Weg in den Nationalsozialismus, in: Amalie Rohrer/Hans-Jürgen Zacher (Hg.), Werl. Geschichte einer Stadt am Hellweg, Bd. 2, Paderborn/Werl 1994, 813–66

3201 Zecha, Horst: Machtübernahme und Machtausbau in Sindelfingen, in: AS 20 (1993), 293–304

3202 Zofka, Zdenek: Die Ausbreitung des Nationalsozialismus auf dem Lande. Eine regionale Fallstudie zur politischen Einstellung der Landbevölkerung [im Kreis Günzburg (Schwaben)] in der Zeit des Aufstiegs und der Machtergreifung der NSDAP 1928–1936, München 1979; VII, 380 S.

3203 Zofka, Zdenek: Dorfeliten und NSDAP. Fallbeispiel der Gleichschaltung aus dem Bezirk Günzburg [Schwaben], in: Bayern in der NS-Zeit, Bd. 4: Herrschaft und Gesellschaft im Konflikt, T. C, Hg. Martin Broszat u.a., München/Wien 1981, 383–433

A.3.1.3 Rolle des Reichspräsidenten Hindenburg

Darstellungen

3204 Bütow, Wolf J.: Hindenburg, München 1984; 335 S.

3205 Dorpalen, Andreas: Hindenburg in der Geschichte der Weimarer Republik, Berlin/Frankfurt 1966; 496 S. (amerikan.: Princeton, N.J. 1964)

3206 Hubatsch, Walther: Hindenburg und der Staat. Aus den Papieren des Generalfeldmarschalls und Reichspräsidenten von 1878 bis 1934, Göttingen u. a. 1966; XIV, 397 S.**

3207 Kalischer, Wolfgang: Hindenburg und das Reichspräsidentenamt im »Nationalen Umbruch« (1932–1934), Diss. Berlin 1957; 324 S.

3208 Lucas, Friedrich J.: Hindenburg als Reichspräsident, Bonn 1959; 157 S.

3209 Maser, Werner: Hindenburg. Eine politische Biographie, Rastatt 1989; 400 S.

A.3.1.4 Reichstagsbrand

Bibliographien

3210 Bibliographie zum Thema »Reichstagsbrand, Reichstagsbrandprozeß«, Hg. Georgi-Dimitroff-Museum, Bibliothek, Bearb. Karl Wiegel, Leipzig 1967; 14 S.

Literaturberichte

3211 Wolff, Richard: Der Reichstagsbrand 1933. Ein Forschungsbericht, in: APUZ, Nr. B 3/56, 18. 1. 1956, 25–56

3212 Zipfel, Friedrich: Der Fall »Reichstagsbrand« – ein Wissenschaftsskandal?, in: NPL 8 (1963), 414–26

Quellenkunde

3213 Henke, Josef: Archivfachliche Bemerkungen zur Kontroverse um den Reichstagsbrand, in: GG 16 (1990), 212–32

3214 Hofer, Walther/Graf, Christoph: Neue Quellen zum Reichstagsbrand, in: GWU 27 (1976), 65–88

3215 Sohl, Klaus: Entstehung und Verbreitung des Braunbuchs über Reichstagsbrand und Hitlerterror 1933/34 (mit drei bibliographischen Übersichten), in: JfG 21 (1980), 289–327

Gedruckte Quellen

3216 Anklage gegen die Ankläger. Die Widerlegung der geheimen Anklageschrift des Reichstagsbrand-Prozesses. Unter Mitwirkung der Professoren Fauconnet, G. Urbain, Prenant und anderer Gelehrter. (Nachtrag zum Braunbuch I), Hg. Weltkomitee für die Opfer des Hitlerfaschismus, Paris 1933; 48 S.

3217 Braunbuch [I] über Reichstagsbrand und Hitlerterror [abgeschlossen Juni 1933], Vorwort Lord Marley, Basel 1933; 383 S. (ND Frankfurt 1978; engl.: London 1933)

3218 Braunbuch II. Dimitroff contra Göring. Enthüllungen über die wahren Brandstifter, Vorwort Untersuchungsausschuß zur Aufklärung des Reichstagsbrandes, 1. u. 2. Aufl., Paris 1934; 463 S. (ND Köln 1980; engl.: London 1934)

3219 Hofer, Walther u. a. (Hg.): Der Reichstagsbrand. Eine wissenschaftliche Dokumentation, wissenschaftl. Mitarb. Christoph Graf u. a., Bearb. der Neuausg. Alexander Bahar, Nachwort Daniel Mayer, Neuausg., Freiburg 1992; XXXII, 529 S. (zuerst Berlin 1972 [Bd. 1]/München 1978 [Bd. 2])

3220 Hofer, Walther/Graf, Christoph: Neue Quellen zum Reichstagsbrand, in: GWU 27 (1976), 65–88

Darstellungen

3221 Backes, Uwe u. a.: Reichstagsbrand. Aufklärung einer historischen Legende, 2., erw. Aufl., München/Zürich 1987; 332 S. (zuerst 1986)

3222 Backes, Uwe: Objektivitätsstreben und Volkspädagogik in der NS-Forschung. Das Beispiel der Reichstagsbrand-Kontroverse, in: Uwe Backes u. a. (Hg.), Die Schatten der Vergangenheit. Impulse zur Historisierung des Nationalsozialismus, 2. Aufl., Frankfurt/Berlin 1992, 614–35 (zuerst 1990)

3223 Badia, Gilbert: Feu au Reichstag. L'acte de naissnace du régime nazi, Paris 1983; 333 S.

3224 Berndt, Alfred: Zur Entstehung des Reichstagsbrandes. Eine Untersuchung über den Zeitablauf, in: VfZ 23 (1975), 77–90

3225 Biernat, Karl-Heinz: Der Reichstag brennt. Hintergründe und Auswirkungen der faschistischen Reichstagsbrandprovokation, Berlin (O) 1960; 98 S.

3226 Broszat, Martin: Zum Streit um den Reichstagsbrand. Eine grundsätzliche Erörterung, in: VfZ 8 (1960), 275–79

3227 Calic, Edouard: Le Reichstag brûle!, Paris 1969; 301 S.

3228 [Fünfzigster] 50. Jahrestag des Reichstagsbrandprozesses und dessen Bedeutung für die Internationale Antifaschistische Bewegung. Forschungsgespräch am 27. Juni 1984, Hg. Bulgarisches Forschungsinstitut in Österreich, Wien 1984; 87 S.

3229 Garbe, Bernd: Das Ringen der KPD um die Mobilisierung aller antifaschistischen Kräfte für die Rettung Georgi Dimitroffs und der anderen im Reichstagsbrandprozeß angeklagten Kommunisten, in: JfG 26 (1982), 135–67

3230 Gerrens, Uwe: Zum Karl-Bonhoeffer-Gutachten vom 30. März 1933 im Reichstagsbrandprozeß, in: BGG (1991), 45–116

3231 Haungs, Peter: Was ist mit den deutschen Historikern los? Oder: Ist Quellen-Fälschung ein Kavaliersdelikt? Zur Kontroverse um den Reichstagsbrand, in: GG 13 (1987), 535–41

3232 Hehl, Ulrich von: Die Kontroverse um den Reichstagsbrand, in: VfZ 36 (1988), 259–80

3233 Hofer, Walther: Der Reichstagsbrand als Forschungsproblem, in: Günther Doeker/Winfried Steffani (Hg.), Klassenjustiz und Pluralismus. Festschrift für Ernst Fraenkel zum 75. Geburtstag am 26. Dezember 1973, Hamburg 1973, 167–86

3234 Janßen, Karl-Heinz: Kabalen um den Reichstagsbrand, in: Zeit, Jg. 34, Nr. 38, 14. 9. 1979, 45–48; Nr. 39, 21. 9. 1979, 20–23; Nr. 40, 28. 9. 1979, 49–52; Nr. 41, 5. 10. 1979, 57–60

3235 Jesse, Eckhard: Der Reichstagsbrand und seine »Aufklärer«. Ein Fälschungsskandal geht zu Ende, in: Karl Corino (Hg.), Gefälscht! Betrug in Politik, Literatur, Wissenschaft, Kunst und Musik, Nördlingen 1988, 106–27

3236 Jesse, Eckhard: Die Kontroverse zum Reichstagsbrand – ein nicht endender Wissenschaftsskandal, in: GG 14 (1988), 513–33

3237 Jesse, Eckhard: Reichstagsbrand und Vergangenheitsbewältigung, in: RuP 22 (1986), 189–200; dazu: Robert M. W. Kempner/Eckhard Jesse, Nochmals: Reichstagsbrand und Vergangenheitsbewältigung, in: RuP 23 (1987), 103–6

3238 Jesse, Eckhard: Der Reichstagsbrand – 55 Jahre danach, in: GWU 39 (1988), 195–219

3239 Kalbe, Ernstgert: Freiheit für Dimitroff. Der internationale Kampf gegen die provokatorische Reichstagsbrandstiftung und den Leipziger Prozeß, Berlin (O) 1963; 359 S.

3240 Kempner, Robert M. W.: Der Prozeß um den Reichstagsbrand, in: RuP 19 (1983), 13–16

3241 Lindquist, Ola: Studien zur Propaganda um den Reichstagsbrand in Berlin 1933, in: Probleme deutscher Zeitgeschichte. (Lund Studies in International History, 2), Stockholm 1971, 97–150

3242 Mommsen, Hans: Ansichten zum Reichstagsbrand, in: Zeit, Jg. 34, Nr. 40, 28. 9. 1979, 50

3243 Mommsen, Hans: Historisches Himmelfahrtskommando, in: Zeit, Jg. 34, Nr. 39, 21.9. 1979, 23 f.

3243a Mommsen, Hans: Der Reichstagsbrand und seine politischen Folgen, in: VfZ 12 (1964), 351–413; abgedr. in: Gotthard Jasper (Hg.), Von Weimar zu Hitler, Köln/Berlin 1968, 443–82; Hans Mommsen, Der Nationalsozialismus und die deutsche Gesellschaft. Ausgewählte Aufsätze. Zum 60. Geburtstag, Hg. Lutz Niethammer/Bernd Weisbrod, Reinbek 1991, 102–83

3244 Pritchard, John: Reichstag Fire – Ashes of Democracy, New York 1972; 159 S.

3245 Reed, Douglas: The Burning of the Reichstag, London 1934; 352 S.

3246 Der Reichstagsbrand, Bd. 1: Eine wissenschaftliche Dokumentation, Bd. 2: Die Provokation des 20. Jahrhunderts. Forschungsergebnisse, Hg. Walther Hofer/Internationales Komitee zur wissenschaftlichen Erforschung der Ursachen des Zweiten Weltkrieges, Luxemburg/Berlin, München 1972–1978; 293, 444 S.**

3247 Schulze-Wilde, Harry: Legenden um den Reichstagsbrand, in: PS 13 (1962), 295–312

3248 Soer, Josh van (Hg.): Marinus van der Lubbe und der Reichstagsbrand, Hamburg 1983; 167, (12) S. (niederländ.: 1933 u. d. T.: Roodboek)**

3249 Stojanoff, Petr: Reichstagsbrand. Die Prozesse in London und Leipzig, Wien 1966; 347 S.

3250 Tobias, Fritz: Der Reichstagsbrand. Legende und Wirklichkeit, Rastatt 1962; 723 S.

3251 Wippermann, Wolfgang: Oberbranddirektor Walter Gempp: Widerstandskämpfer oder Krimineller? Kein Beitrag zur Reichstagsbrandkontroverse, in: Wolfgang Ribbe (Hg.), Berlin-Forschungen, Bd. 3, Berlin 1988, 207–29

A.3.1.5 Ermächtigungsgesetz vom 24. März 1933

Gedruckte Quellen

3251a Becker, Josef: Zentrum und Ermächtigungsgesetz 1933. (Dokumentation), in: VfZ 9 (1961), 195–210

Darstellungen

3252 Biesmann, Jörg: Das Ermächtigungsgesetz als Grundlage der Gesetzgebung im nationalsozialistischen Deutschland. Ein Beitrag zur Stellung des Gesetzes in der Verfassungsgeschichte 1919–1945, Münster 1985; 403 S.

3253 Brintzinger, Ottobert L.: Die Gesetzgebung auf Grund des »Ermächtigungsgesetzes«, in: DR 80 (1954), 349–55

3254 Matthee, Ulrich: Die Legalität des Ermächtigungsgesetzes vom 24. März 1933 und die Schranken der Verfassungsrevision in der Weimarer Verfassung, Diss. Kiel 1972; 132 S.

3255 Morsey, Rudolf (Hg.): Das »Ermächtigungsgesetz« vom 24. März 1933. Quellen zur Geschichte und Interpretation des »Gesetzes zur Behebung der Not von Volk und Reich«, Düsseldorf 1992; 224 S.**

3256 Morsey, Rudolf (Hg.): Das »Ermächtigungsgesetz« vom 24. März 1933, Göttingen 1968; 84 S. (ND 1976)**

3257 Schattenfroh, Reinhold/Benecke, Annerose (Hg.): 1933. Fünfzig Jahre danach. Das Ermächtigungsgesetz, Bearb. Verena Schuster/Dorothee Zöbl, Berlin 1983; 82 S.

3258 Schnauber, Cornelius: Ausdrucksphonetische Untersuchungen von Rhythmus und Melodik an Hitlers Rede zum Ermächtigungsgesetz, Diss. Hamburg 1969; V, 129, 31 S.

3259 Schneider, Hans: Das Ermächtigungsgesetz vom 24. März 1933. Bericht über das Zustandekommen und die Anwendung des Gesetzes, 2., erw. Aufl., Berlin-Waidmannslust 1961; 49 S.; zuerst in: VfZ 1 (1953), 197–221; abgedr. in: Gotthard Jasper (Hg.), Von Weimar zu Hitler, Köln/Berlin 1968, 405–42

3260 Schweinsberg-Reichart, Ilse: Analyse von Redeausschnitten: Hitler und Wels zum Ermächtigungsgesetz, in: Hellmuth Geißner u. a. (Hg.), Sprache und Sprechen, Wuppertal u. a. 1968, 82–97

A.3.1.6 Selbstgleichschaltung und Zerschlagung der übrigen sozialen und politischen Kräfte

A.3.1.6.1 Arbeiterbewegung

[vgl. A.2.5.1]

Literaturberichte

3261 Vietzke, Siegfried: Die Kapitulation der rechten SPD-Führung vor dem Hitlerfaschismus Ende Januar/Anfang Februar 1933, in: ZfG 11 (1963), 104–15

Quellenkunde

3262 Roth, Karl H./Linne, Karsten: Searching for Lost Archives. New Documentation on the Pillage of Trade Union Archives and Libraries by the Deutsche Arbeitsfront (1938–1941) and on the Fate of Trade Union Documents in the Postwar Era, in: IRSH 38 (1993), 163–207

Gedruckte Quellen

3263 Andersen, Arne: Die KPD und die nationalsozialistische Machtübernahme. Ein Rundschreiben der KPD vom 2. Februar 1933, in: IWK 22 (1986), 357–73

3264 Beier, Gerhard: Zur Entstehung des Führerkreises der vereinigten Gewerkschaften Ende April 1933, in: AfS 15 (1975), 365–92

3265 Jahn, Peter (Bearb.): Die Gewerkschaften in der Endphase der Republik 1930–1933. (Quellen zur Geschichte der deutschen Gewerkschaftsbewegung im 20. Jahrhundert, 4), Hg. Hermann Weber u. a., Mitarb. Detlev Brunner, Köln 1988; 1023 S.

3266 Schulze, Hagen (Hg.): Anpassung oder Widerstand? Aus den Akten des Parteivorstands der deutschen Sozialdemokratie 1932/33, Bonn/Bad Godesberg 1975; XLII, 230 S.

3267 Der Untergang der Sozialdemokratie 1933. (Dokumentation), in: VfZ 4 (1956), 179–226

3268 Wels, Otto: Rede zur Begründung der Ablehnung des »Ermächtigungsgesetzes« durch die Sozialdemokratische Fraktion in der Reichstagssitzung vom 23. März 1933 in der Berliner Krolloper, Hg. Sabine Groenwold, Essay »Zivilcourage eines aufrechten Demokraten« Iring Fetscher, Hamburg 1993; 84 S.

Darstellungen

3269 Alexander, Thomas: Carl Severing. Sozialdemokrat aus Westfalen mit preußischen Tugenden, Bielefeld 1992, 211–23

3270 Bahne, Siegfried: Die KPD und das Ende von Weimar. Das Scheitern einer Politik 1932–1935, Frankfurt/New York 1976; 184 S.

3271 Beier, Gerhard: Das Lehrstück vom 1. und 2. Mai 1933, Frankfurt/Köln 1975; 81 S.**

3272 Beier, Gerhard: Gleichschaltung und Widerstand. Zum Verhalten der deutschen Gewerkschaften im April 1933 (im Lichte bisher unbekannter Dokumente), in: GMH 26 (1975), 410–21

3273 Bernett, Hajo: Die Zerschlagung des deutschen Arbeitersports durch die nationalsozialistische Revolution, in: Sportwissenschaft 4 (1983), 349–73

3274 Boberach, Heinz: Die Regelung von Ansprüchen von Gewerkschaften auf beschlagnahmtes Vermögen durch die Reichsfeststellungsbehörde 1938 bis 1944, in: IWK 25 (1989), 188–94

3275 Breit, Ernst (Hg.): Aufstieg des Nationalsozialismus – Untergang der Republik – Zerschlagung der Gewerkschaften. Dokumentation der historisch-politischen Konferenz des DGB im Mai 83 in Dortmund, Köln 1984; 265 S.*

3276 Buschak, Willy: Von Menschen, die wie Menschen leben wollten. Die Geschichte der Gewerkschaft Nahrung-Genuß-Gaststätten und ihrer Vorläufer, Köln 1985, 232–47

3277 Dapper, Beate/Rouette, Hans-Peter: Zum Ermittlungsverfahren gegen [Theodor] Leipart und Genossen wegen Untreue vom 9. Mai 1933, in: IWK 20 (1984), 509–35

3278 Deutschland, Heinz/Polzin, Hans: Die Zerschlagung der freien Gewerkschaften am 2. Mai 1933. Hintergründe und historische Lehren, in: BzG 25 (1983), 524–36

3279 Edinger, Lewis J.: German Social Democracy and Hitler's »National Revolution« of 1933: A Study in Democratic Leadership, in: WP 5 (1952), 330–67

3280 Eichler, Peter: Weder Widerstand noch Opportunismus. Zum Kurs der ADGB-Führung von Januar bis Mai 1933, Münster o. J. [1990]; 68 S. (Ms.)

3281 Glasbrenner, Walter: Betriebsräte und Gewerkschaften in der Weimarer Republik – ihre Zerschlagung durch die Nazis – die NS-Ersatzorganisationen, in: Post und Postler im Nationalsozialismus – Verfolgung und Widerstand, Hg. Deutsche Postgewerkschaft, Hauptvorstand, Frankfurt 1986, 42–79**

3282 Grebing, Helga: Geschichte der deutschen Arbeiterbewegung. Ein Überblick, 11. Aufl., München 1981, 199–210 (zuerst 1970)

3283 Grebing, Helga: Thesen zur Niederlage der organisierten Arbeiterschaft im Kampf gegen den deutschen Faschismus, in: Ernst Breit (Hg.), Aufstieg des Nationalsozialismus – Untergang der Republik – Zerschlagung der Gewerkschaften. Dokumentation der historisch-politischen Konferenz des DGB im Mai 83 in Dortmund, Köln 1984, 94–106

3284 Halberstadt, Gerhard: Die Angestellten und ihre Gewerkschaft. Stationen einer bewegten Geschichte, Freiburg 1991, 87–118

3285 Hebel-Kunze, Bärbel: SPD und Faschismus. Zur politischen und organisatorischen Entwicklung der SPD 1932–1935, Frankfurt 1977

3286 Henning, Uwe: Zum Verhältnis von Maßnahmen- und Normenstaat. Die Bedeutung des Ermittlungsverfahrens gegen Leipart und Genossen für die Machtposition der Deutschen Arbeitsfront, in: ZfG 40 (1992), 176–203

3287 Hoegner, Wilhelm: Flucht vor Hitler. Erinnerungen an die Kapitulation der ersten deutschen Republik 1933, Nachwort Wolfgang J. Stock, 3. Aufl., Frankfurt 1982; 222 S. (zuerst München 1977)

3288 Hüllbüsch, Ursula: Gewerkschaften und Staat. Ein Beitrag zur Geschichte der Gewerkschaften zu Anfang und zu Ende der Weimarer Republik, Diss. Heidelberg 1958; IV, 255, V S. (Ms.)

3289 Klönne, Arno/Reese, Hartmut: Die deutsche Gewerkschaftsbewegung. Von den Anfängen bis zur Gegenwart, Hamburg 1984, 149–79 (TB Frankfurt 1986 u. d. T.: Kurze Geschichte der deutschen Gewerkschaftsbewegung)**

3290 Kraushaar, Luise/Nitzsche, Gerhard: Einheitsbestrebungen sozialdemokratischer Mitglieder nach der Errichtung der faschistischen Diktatur, in: BzG 9 (1967), 1046–61

3291 Lehnert, Detlef: Sozialdemokratie zwischen Protestbewegung und Regierungspartei 1848–1983, Frankfurt 1983, 132–54

3292 Linne, Karsten: Von Leipart zu Ley: Clemens Nörpel. Ein Dokument aus dem Jahr 1940, in: 1999 3 (1988), Nr. 4, 92–104

3293 Linne, Karsten: »Wettkampf um Rohstoffe«. Walter Pahl – eine Gewerkschafter-Karriere, in: 1999 5 (1990), Nr. 3, 39–55

3294 Martin, Bernd: Die deutschen Gewerkschaften und die nationalsozialistische Machtübernahme. Von der Anpassungspolitik während der Präsidialkabinette zur Selbstausschaltung im totalitäten Staat, in: GWU 36 (1985), 605–39

3295 Mason, Timothy W.: Massenwiderstand ohne Organisation. Streiks im faschistischen Italien und im NS-Deutschland, in: Ernst Breit (Hg.), Aufstieg des Nationalsozialismus – Untergang der Republik – Zerschlagung der Gewerkschaften. Dokumentation der historisch-politischen Konferenz des DGB im Mai 83 in Dortmund, Köln 1984, 197–212

3296 Matthias, Erich: Das Ende der alten Sozialdemokratie 1933, in: VfZ 4 (1956), 250–86

3297 Mayer, Herbert: Die internationale Sozialdemokratie und der Machtantritt des Faschismus in Deutschland 1933, in: 30. Januar 1933 – Kontinuitäten und Brüche. Wissenschaftliche Konferenz des »Helle Panke« e. V., des antifa Bund der Antifaschisten, des Gesellschaftswissenschaftlichen Forums e. V. und der Redaktion des »Neuen Deutschland« am 23./24. Januar 1993, Hg. Helle Panke zur Förderung von Politik, Bildung und Kultur, Bd. 2, Berlin 1993, 28–35

3298 Novy, Klaus/Prinz, Michael: Illustrierte Geschichte der Gemeinwirtschaft. Wirtschaftliche Selbsthilfe in der Arbeiterbewegung von den Anfängen bis 1945, Berlin/Bonn 1985, 202–229, 238

3299 Osterroth, Franz: Der 2. Mai 1933, in: GMH 26 (1975), 429–32

3300 Osterroth, Franz: Erinnerungen um den 1. Mai 1933, in: GMH 26 (1975), 432–34

3301 Pikarski, Margot: Umstellung der KPD auf die Illegalität (Mai 1932 bis Sommer 1934), in: BzG 20 (1978), 719–33

3302 Remmling, Gunter W.: The Destruction of the Workers' Mass Movement in Nazi Germany, in: Michael N. Dobkowski/Isidor Wallimann (Hg.), Radical Perspectives on the Rise of Fascism in Germany, 1919–1945, New York 1989, 215–30

3303 Ruck, Michael: Bollwerk gegen Hitler? Arbeiterschaft, Arbeiterbewegung und die Anfänge des Nationalsozialismus, Köln 1988; 229 S.**

3304 Ruck, Michael: Gewerkschaften – Staat – Unternehmer. Die Gewerkschaften im sozialen und politischen Kräftefeld 1914 bis 1933, Köln 1990, 99–129, 181–202**

3305 Rupieper, Hermann-Josef: »Der Kampf gegen die nationalsozialistische Seuche«. Die Werbeabteilung der SPD und die Auseinandersetzung mit der NSDAP 1929–1933, in: IWK 19 (1983), 1–22

3306 Rupprecht, Adolf: Wie die Nazis das Eigentum der SPD raubten und zerstörten. Aus den Aufzeichnungen eines ehemaligen leitenden Funktionärs, Berlin (O) 1960; 55 S.**

3307 Scharrer, Manfred (Hg.): Kampflose Kapitulation. Arbeiterbewegung 1933, Reinbek 1984

3308 Scharrer, Manfred: Anpassung bis zum bitteren Ende. Die freien Gewerkschaften 1933, in: Manfred Scharrer (Hg.), Kampflose Kapitulation. Arbeiterbewegung 1933, Reinbek 1984, 73–120, 243 f.**

3309 Schneider, Michael: Kleine Geschichte der Gewerkschaften. Ihre Entwicklung in Deutschland von den Anfängen bis heute, Bonn 1989 u. ö., 215–27, 443–49**

221

3310 Schneider, Michael: Höhen, Krisen und Tiefen. Die Gewerkschaften in der Weimarer Republik 1918 bis 1933, in: Klaus Tenfelde u.a., Geschichte der deutschen Gewerkschaften von den Anfängen bis 1945, Hg. Ulrich Borsdorf, Mitarb. Gabriele Weiden, Köln 1987, 279–446, hier 419–41

3311 Schönhoven, Klaus: Die deutschen Gewerkschaften, Frankfurt 1987, 161–83

3312 Schönhoven, Klaus: Reformismus und Radikalismus. Gespaltene Arbeiterbewegung im Weimarer Sozialstaat, München 1989, 157–86, 227–38**

3313 Schueler, Hermann: Auf der Flucht erschossen. Felix Fechenbach 1894–1933. Eine Biographie, Köln 1981, 219–48, 292–94

3314 Schumann, Hans-Gerd: Nationalsozialismus und Gewerkschaftsbewegung. Die Vernichtung der deutschen Gewerkschaften und der Aufbau der »Deutschen Arbeitsfront«, Hannover/Frankfurt 1958; 222 S.

3315 Skrzypczak, Henryk: Das Ende der Gewerkschaften, in: Wolfgang Michalka (Hg.), Die nationalsozialistische Machtergreifung, Paderborn u.a. 1984, 97–110

3316 Skrzypczak, Henryk: »Vertrauliche 09 Verschlußsache«. Zur angeblichen Tagung des Zentralkomitees der KPD am 7. Februar 1933. Ein quellenkritischer Exkurs, in: IWK 29 (1993), 294–322

3317 Tenfelde, Klaus: Zwischen Betrieb und Kommune. Zum Arbeitsverhalten im Nationalsozialismus, in: Ernst Breit (Hg.), Aufstieg des Nationalsozialismus – Untergang der Republik – Zerschlagung der Gewerkschaften. Dokumentation der historisch-politischen Konferenz des DGB im Mai 83 in Dortmund, Köln 1984, 185–96

3318 Timmermann, Heinz: Geschichte und Struktur der Arbeitersportbewegung 1893–1933, Ahrensburg b. Hamburg 1973, 103–32, 139–46, 167–72

3319 Ueberhorst, Horst: Frisch, frei, stark und treu. Die Arbeitersportbewegung in Deutschland 1893–1933, Düsseldorf 1973, 226–78

3320 Ullrich, Volker: Abmarsch der Arbeiter. Der erste Mai 1933 markiert einen politisch-moralischen Tiefpunkt in der Geschichte der deutschen Gewerkschaftsbewegung: Unterwürfige Funktionäre riefen die Massen auf, hinter der Hakenkreuzfahne zu demonstrieren, in: Zeit, Jg. 48, Nr. 18, 30.4. 1993, 82

3321 Winkler, Heinrich A.: Der Weg in die Katastrophe. Arbeiter und Arbeiterbewegung in der Weimarer Republik 1930 bis 1933, 2., vollst. durchges. u. korr. Aufl., Bonn 1990, 867–949 (zuerst Berlin/Bonn 1987)

3322 Zieseke, Christiane: 2. Mai 1933 – Zerschlagung der Gewerkschaften, in: Staatliche Kunsthalle Berlin (Hg.), Bericht 1983, Red. Dieter Ruckhaberle u.a., Berlin 1983, 191–255**

3323 [Zweiter] 2. Mai 1933. Tatsachen und Lehren, Hg. Freier Deutscher Gewerkschaftsbund, Bearb. Joachim Hoffmann/ Heinz Brühl u.a., Berlin (O) o.J. (1963); 64 S.

Regional-/Lokalstudien

3324 Achilles, Klaus: Die Zerschlagung der Arbeitersportbewegung in Bremen, in: Hans J. Teichler (Hg.), Arbeiterkultur und Arbeitersport. 9. Fachtagung der DVS-Sektion Sportgeschichte vom 27.–29. März 1985 an der Gustav-Heinemann-Akademie der Friedrich-Ebert-Stiftung in Freudenberg, Clausthal-Zellerfeld 1985, 183–95

3325 Arbeiterbewegung in Stuttgart 1933. Erinnerungen, Berichte, Dokumente, Hg. Arbeitskreis zur Erforschung der Geschichte der Stuttgarter Arbeiterbewegung beim DGB, Bearb. Helmut Fidler, Tübingen 1984; 142 S.**

3326 Böhnke, Werner: Gustav Noskes Entlassung als Oberpräsident der Provinz Hannover, in: NJL 37 (1965), 122–34

3327 Die Ereignisse um den 2. Mai 1933 in Duisburg. Berichte und Dokumente, Hg. Industriegewerkschaft Metall, Verwaltungsstelle Duisburg, Bearb. Jürgen Dzudzek, hg. zum 50. Jahrestag der Besetzung der Gewerkschaftshäuser und der Ermordung von 4 Gewerkschaftern durch die Nationalsozialisten, Duisburg 1983; 108 S.**

3328 Kral, Herbert: Die Landespolitik der SPD in Bayern von 1924 bis 1933, München 1985, 265–97

3329 Peters, Martin: Mit dem Rüstzeug der Barbaren – Der 2. Mai 1933 in Duisburg, in: GMH 34 (1983), 309–16

3330 Schober, Sepp: Kapitulation im Gewerkschaftshaus [München], in: Sabine Asgodom (Hg.), »Halts Maul – sonst kommst nach Dachau!« Frauen und Männer aus der Arbeiterbewegung berichten über Widerstand und Verfolgung unter dem Nationalsozialismus, Köln 1983, 83–105

3331 Schönberger, Klaus: Die Arbeitersportbewegung in Württembergischen Landgemeinden und ihre Zerschlagung 1933, in: Hans J. Teichler (Hg.), Arbeiterkultur und Arbeitersport. 9. Fachtagung der DVS-Sektion Sportgeschichte vom 27.–29. März 1985 an der Gustav-Heinemann-Akademie der Friedrich-Ebert-Stiftung in Freudenberg, Clausthal-Zellerfeld 1985, 168–82

3332 Stender, Detlef: Illusionen und Realitäten: Die Ausschaltung der Arbeiterbewegung zwischen dem 30. Januar und dem 5. Mai 1933, in: Gerhard Zang (Hg.), Arbeiterleben in einer Randregion. Die allmähliche Entstehung der Arbeiterbewegung in einer rasch wachsenden Industriestadt. Singen a.H. 1895–1933, Konstanz 1987, 283–86

3334 Wagner, Johannes V.: Sozialdemokratie und nationalsozialistische Machtergreifung in Bochum, in: Bernd Faulenbach/Günter Högl (Hg.), Eine Partei in ihrer Region. Zur Geschichte der SPD im Westlichen Westfalen, hg. i. A. des SPD-Bezirks Westliches Westfalen, Essen 1988, 107–17

3335 Wichert, Udo: 11. März 1933 – Der Modellfall Bochum, in: Manfred Scharrer (Hg.), Kampflose Kapitulation. Arbeiterbewegung 1933, Reinbek 1984, 216–39, 251**

3336 Wollenberg, Jörg u.a.: Die Bremer Arbeiterbewegung in der Endphase der Weimarer Republik. Eine Untersuchung zum Zusammenhang von Krisenverlauf und Krisenreaktion in der Bremer Arbeiterschaft von 1928–1933, Bremen 1982, 319–52, 371**

A.3.1.6.2 Bürgerliche Organisationen

Gedruckte Quellen

3337 Berghahn, Volker R.: Das Ende des Stahlhelm. (Dokumentation), in: VfZ 13 (1965), 446–51

3338 Morsey, Rudolf: Hitlers Verhandlungen mit der Zentrumsführung am 31. Januar 1933. (Dokumentation), in: VfZ 9 (1961), 182–94

3339 Schumacher, Martin: Der Umschwung in Deutschland 1933. Eine unbekannte Artikelfolge des preußischen Staatsministers Otto Klepper. (Dokumentation), in: VfZ 31 (1983), 506–35

3340 Die Sitzung der Reichstagsfraktion des Zentrums am 25. März 1933. (Dokumentation), in: VfZ 4 (1956), 302–7

Darstellungen

3341 Gies, Horst: Die nationalsozialistische Machtergreifung auf dem agrarpolitischen Sektor, in: ZAA 16 (1968), 210–32

3342 Gottwald, Herbert/Wirth, Günter: Zentrum 1870–1933, in: Lexikon zur Parteiengeschichte. Die bürgerlichen und kleinbürgerlichen Parteien und Verbände in Deutschland (1789–1945), Hg. Dieter

Fricke u. a., Bd. 4, Leipzig (LA Köln) 1986, 552–635, hier 620–23, 634 f.

3344 Leiber, Robert: Reichskonkordat und Ende der Zentrumspartei, in: SdZ 167 (1960/61), 213–23

3345 May, Georg: Ludwig Kaas. Der Priester, der Politiker und der Gelehrte aus der Schule von Ulrich Stutz, Bd. 3, Amsterdam 1982, 283–385

3346 Minnerup, Willi: Pressesprache und Machtergreifung am Beispiel der Berliner »Germania«, in: Konrad Ehlich (Hg.), Sprache im Nationalsozialismus, Frankfurt 1989, 198–236

3347 Morsey, Rudolf: Der Untergang des politischen Katholizismus. Die Zentrumspartei zwischen christlichem Selbstverständnis und »nationaler Erhebung« 1932/33, Stuttgart/Zürich 1977; 279 S.

3348 Schneider, Michael: Zwischen Gegnerschaft und Unterwerfung. Die Christlichen Gewerkschaften und der Nationalsozialismus, in: Manfred Scharrer (Hg.), Kampflose Kapitulation. Arbeiterbewegung 1933, Reinbek 1984, 183–215, 249–51**

3349 Schönhoven, Klaus: Zwischen Anpassung und Ausschaltung. Die BVP in der Endphase der Weimarer Republik 1932/33, in: HZ 224 (1977), 340–78

3350 Schuhmacher, Martin: Zwischen »Einschaltung« und »Gleichschaltung«. Zum Untergang der Deutschen Zentrumspartei 1932–1933, in: HJB 99 (1979), 268–301

Regional-/Lokalstudien

3351 Genuneit, Jürgen: »Der Kriegerbund marschiert mit.« Zur Rolle des Württembergischen Kriegerbundes und der Kriegervereine, in: Die Machtergreifung. Von der republikanischen zur braunen Stadt. (Stuttgart im Dritten Reich. Eine Ausstellung des Projekts Zeitgeschichte), Hg. Projekt Zeitgeschichte im Kulturamt der Landeshauptstadt Stuttgart, Bearb. Michael Molnar, Red. Karlheinz Fuchs, Stuttgart 1983, 172–207

3352 Holzbach, Heidrun: »Block oder Brei«? Die Schlüsselrolle der DNVP bei der Machtergreifung, in: Die Machtergreifung. Von der republikanischen zur braunen Stadt. (Stuttgart im Dritten Reich. Eine Ausstellung des Projekts Zeitgeschichte), Hg. Projekt Zeitgeschichte im Kulturamt der Landeshauptstadt Stuttgart, Bearb. Michael Molnar, Red. Karlheinz Fuchs, Stuttgart 1983, 158–67

3353 Kirsch, Hans: Die Zerschlagung der Bayerischen Volkspartei 1933 im Bezirk Kusel, in: WHB 21 (1990), 119–22

A.3.1.7 »Röhm-Putsch« Juni 1934

[vgl. A.1.9.2: E. Röhm; A.3.9.2]

Gedruckte Quellen

3355 Gruchmann, Lothar: Erlebnisbericht Werner Pünders über die Ermordung Klauseners am 30. Juni 1934 und ihre Folgen, in: VfZ 19 (1971), 404–31

3356 Promemoria eines bayerischen Richters zu den Juni-Morden 1934. (Dokumentation), in: VfZ 5 (1957)

3357 Zur Ermordung des Generals Schleicher. (Dokumentation), in: VfZ 1 (1953), 71–95

Darstellungen

3358 Bennecke, Heinrich: Die Reichswehr und der »Röhm-Putsch«, München/Wien 1964; 93 S.

3359 Bloch, Charles: La nuit de longs couteaux, Mitarb. Jean-Claude Favez, Paris 1967; 255 S.

3360 Bloch, Charles: Die SA und die Krise des NS-Regimes 1934, Frankfurt 1970; 176 S.

3361 Gallo, Max: Der schwarze Freitag der SA. Die Vernichtung des revolutionären Flügels der NSDAP durch Hitlers SS im Juni 1934, München u. a. 1970; 319 S. (franz.: Paris 1970)

3362 Gossweiler, Kurt: Die Rolle des Monopolkapitals bei der Herbeiführung der Röhm-Affäre, 2 Bde., Diss. Humboldt-Universität Berlin (O) 1963; III, 599; 202, 45, 16 S. (Ms. vervielf.)

3363 Gossweiler, Kurt: Die Röhm-Affäre. Hintergründe – Zusammenhänge – Auswirkungen, Köln 1983; 614 S.

3364 Gossweiler, Kurt: Die Röhm-Affäre von 1934 und die Monopole, in: Monopole und Staat in Deutschland 1917–1945. Protokoll der 2. Tagung der Fachgruppe Geschichte der neuesten Zeit 1917–1945 am 20. und 21. 3. 1965 in Berlin im Rahmen des III. Kongresses der Deutschen Historiker-Gesellschaft, Hg. Deutsche Historiker-Gesellschaft, Berlin (O) 1966, 151–61

3365 Graß, Karl M.: Edgar Jung, Papenkreis und Röhmkrise 1933/34, Heidelberg 1966; III, 109 S.

3366 Gritschneder, Otto: Der Führer hat Sie zum Tode verurteilt. Hitlers »Röhm-Putsch«-Morde vor Gericht, München 1993; 149 S.

3367 Höhne, Heinz: Die Mordsache Röhm. Hitlers Durchbruch zur Alleinherrschaft 1933–1934, Reinbek 1984; 350 S.

3368 Jamin, Mathilde: Das Ende der »Machtergreifung«. Der 30. Juni 1934 und seine Wahrnehmung in der Bevölkerung, in: Wolfgang Michalka (Hg.), Die nationalsozialistische Machtergreifung, Paderborn u. a. 1984, 207–18

3369 Krausnick, Helmut: Der 30. Juni 1934. Bedeutung – Verlauf – Hintergründe, in: APUZ, Nr. B 25/54, 30. 6. 1954, 317–24

3370 Müller, Klaus-Jürgen: Reichswehr und »Röhm-Affäre«. Aus den Akten des Wehrkreiskommandos (Bayer.) VII. Dokumentation, in: MGM 3 (1968), 107–44**

3371 Philippon, Jean: Le Nuit des Longs Couteaux. Histoire d'une Intox, Paris 1992; 436 S.

3372 Die Reaktion des Offizierskorps auf den 30. Juni 1934, in: Militärarchiv, Hg. Bundesarchiv/Militärarchiv, Nr. 6, Koblenz, Juni 1965, 13–21

3373 Richardi, Hans-Günter/Schumann, Klaus: Geheimakte [Fritz] Gerlich/[George] Bell. Röhms Pläne für ein Reich ohne Hitler, München 1993; 230 S.

3374 Schulze-Wilde, Harry: Der »Röhm-Putsch«, in: PS 10 (1959), 372–80

3375 Sohn-Rethel, Alfred: Die Geschichte des 30. Juni 1934, in: Alfred Sohn-Rethel, Ökonomie und Klassenstruktur des deutschen Faschismus. Aufzeichnungen und Analysen 1937–1941, Hg. Johannes Agnoli u. a., Frankfurt 1973, 200–10

Regional-/Lokalstudien

3376 Selig, Wolfram: Ermordet im Namen des Führers. Die Opfer des Röhm-Putsches in München, in: Winfried Becker/Werner Chrobak (Hg.), Staat, Kultur, Politik. Beiträge zur Geschichte Bayerns und des Katholizismus. Festschrift zum 65. Geburtstag von Dieter Albrecht, Kallmünz 1992, 341–56

A.3.2 Organisationsgeschichte der NSDAP und ihrer Gliederungen seit 1933

A.3.2.1 NSDAP

[vgl. A.1.9.1; A.1.9.2: M. Bormann; Ph. Bouhler; R. Heß]

A.3.2.1.1 Allgemeines

Nachschlagewerke

3377 Gau- und Kreisverzeichnis der NSDAP, Hg. NSDAP, Reichsorganisationsleiter, 1. Aufl., München 1938 (mehr nicht ersch.)

3378 Organisationsbuch NSDAP, Hg. NSDAP, Reichsorganisationsleiter, 7. Aufl., München 1943; 596 S. (zuerst 1936)

Partei-Statistik. Stand 1. Januar 1935 (ohne Saargebiet) [Bd. 3–4: ..., Ostmark u. Sudetenland], Hg. NSDAP, Reichsorganisationsleiter [Bd. 3–4: ... Dr. Robert Ley], Bearb. Hauptorganisationsamt, Amt für Statistik, verantwortl. Fritz Mehnert/Ludwig Zimmermann, o.O. [München]:

3379 – Bd. 1: Parteimitglieder, o.J.; IX, 353 S. (»Als Manuskript gedruckt«)

3380 – Bd. 2: Politische Leiter, o.J.; 531 S. (»Als Manuskript gedruckt«)

3381 – Bd. 3: Mitglieder und Führende der Gliederungen, Ämter u. Verbände. Vertikale Organisation der NSDAP. Gebietliche Organisation der NSDAP. 1935, o.J.; 252 S. (»Als Manuskript gedruckt«)

3382 – Bd. 4: Deutsche Arbeitsfront, o.J. (»Als Manuskript gedruckt«)

Gedruckte Quellen

3383 Akten der Parteikanzlei der NSDAP. Rekonstruktion eines verlorengegangenen Bestandes. Sammlung der in anderen Provenienzen überlieferten Korrespondenzen, Niederschriften von Besprechungen usw. mit dem Stellvertreter des Führers und seinem Stab bzw. der Parteikanzlei, ihren Ämter, Referaten und Unterabteilungen sowie mit Heß und Bormann persönlich, Hg. Institut für Zeitgeschichte, Bearb. Helmut Heiber/Peter Longerich, 491 Microfiches, 5 Regestenbde., 2 Registerbde., München u.a. 1983–1992

Darstellungen

3384 Geiger, Cornelia: Die Rechtsstellung der NSDAP und ihrer Gliederungen HJ, SA und SS, in: Ernst-Wolfgang Bockenförde (Hg.), Staatsrecht und Staatsrechtlehre im Dritten Reich, Heidelberg 1985, 147–66

3385 Gerth, Hans: The Nazi Party: Its Leadership and Composition, in: AJS 45 (1940), 517–41

3386 Kater, Michael H.: The Nazi Party. A Social Profile of Members and Leaders, 1919–1945, Oxford 1983; XIV, 415 S.

3387 Kater, Michael H.: Sozialer Wandel in der NSDAP im Zuge der nationalsozialistischen Machtergreifung, in: Wolfgang Schieder (Hg.), Faschismus als soziale Bewegung, 2. Aufl., Göttingen 1983, 25–67 (zuerst 1976)

3388 Longerich, Peter: Hitlers Stellvertreter. Führung und Kontrolle des Staatsapparates durch den Stab Heß und die Partei-Kanzlei Bormanns, München u.a. 1992; V, 283 S.

3389 Moll, Martin: Der Sturz Alter Kämpfer. Ein neuer Zugang zur Herrschaftsanalyse des NS-Regimes, in: HM 5 (1992), 1–52

3390 Oebbecke, Janbernd: Zur Rechtsstellung der NSDAP im »Dritten Reich«, in: Peter Salje (Hg.), Recht und Unrecht im Nationalsozialismus, Münster 1985, 218–43

3391 Olschewski, Christa: Ausrichtung und Stabilisierung des Unterführerkorps der

NSDAP in der Konsoliderungsphase der faschistischen Diktatur, in: JfG 27 (1982), 63–74

3392 Orlow, Dietrich: The History of the Nazi Party, Bd. 2: 1933–1945, Pittsburgh, Pa. 1973; XIV, 538

3393 Pombeni, Paolo: Die besondere Form der Partei von Faschismus und Nationalsozialismus, in: Karl D. Bracher/Leo Valiani (Hg.), Faschismus und Nationalsozialismus, Berlin 1991, 161–94

3394 Riegel, Klaus-Georg: Die innerparteilichen Säuberungskonzeptionen von Hitler und Stalin. Ein Vergleich, in: Uwe Backes u. a. (Hg.), Die Schatten der Vergangenheit. Impulse zur Historisierung des Nationalsozialismus, 2. Aufl., Frankfurt/Berlin 1992, 136–68 (zuerst 1990)

3395 Scholtz, Harald: Die »NS-Ordensburgen«, in: VfZ 15 (1967), 269–98

3396 Unger, Aryeh L.: The Totalitarian Party. Party and People in Nazi Germany and the Soviet Russia, London/New York 1974; IX, 286 S.

A.3.2.1.2 Regional- und Lokalstudien

Darstellungen

3397 Arbogast, Christine/Gall, Bettina: Aufgaben und Funktionen des Gauinspekteurs, der Kreisleitung und der Kreisgerichtsbarkeit der NSDAP in Württemberg, in: Cornelia Rauh-Kühne/Michael Ruck (Hg.), Regionale Eliten zwischen Diktatur und Demokratie. Baden und Württemberg 1930–1952, München 1993, 151–69

3398 Falter, Jürgen W.: Die Parteistatistische Erhebung der NSDAP 1939. Einige Ergebnisse aus dem Gau Groß-Berlin, Mitarb. Christa Niklas-Falter, in: Thomas Nipperdey u. a. (Hg.), Weltbürgerkrieg der Ideologien. Antworten an Ernst Nolte. Festschrift zum 70. Geburtstag, Frankfurt/Berlin 1993, 175–203

3399 Fröhlich, Elke: Die Partei auf lokaler Ebene. Zwischen gesellschaftlicher Assimilation und Veränderungsdynamik, in: Gerhard Hirschfeld/Lothar Kettenacker (Hg.), Der »Führerstaat«: Mythos und Realität. Studien zur Struktur und Politik des Dritten Reiches, Stuttgart 1981, 255–69

3400 Fröhlich, Elke/Broszat, Martin: Politische und soziale Macht auf dem Lande. Die Durchsetzung der NSDAP im Kreis Memmingen, in: VfZ 25 (1977), 546–72

3402 Pollnick, Carsten: Die NSDAP und ihre Organisationen in Aschaffenburg 1933–1939, Aschaffenburg 1988; XIII, 275 S.

3403 Pollnick, Carsten: Die NSDAP und ihre Organisationen in Aschaffenburg 1933–1939, Aschaffenburg 1988; XIII, 275 S.

3404 Prinz, Regina (Bearb.): Hitlerjugend- und Parteiheime, in: Winfried Nerdinger (Hg.), Bauen im Nationalsozialismus. Bayern 1933–1945. Ausstellung des Architekturmuseums der Technischen Universität München und des Münchner Stadtmuseums, München 1993, 146–77

3405 Rothenberger, Karl-Heinz: Die NSDAP – Organisation und Herrschaft. (Die Pfalz im Dritten Reich, T. 2) [Karte 127], in: Pfalzatlas, Hg. Willi Alter, Textbd. 3, H. 44, Speyer 1987, 1640–58

3406 Rothenberger, Karl-Heinz: Die NSDAP in der Pfalz. Sozialstruktur der Partei nach der Parteistatistik von 1935, in: JWL 12 (1986), 199–211

3407 Schönekäs, Klaus: »Christenkreuz über Hakenkreuz und Sowjetstern«. Die NSDAP im Raum Fulda, in: Eike Hennig u. a. (Hg.), Hessen unterm Hakenkreuz. Studien zur Durchsetzung der NSDAP in Hessen, 2. Aufl., Frankfurt 1984, 127–79

3408 Sziling, Jan: Die Organisationsstruktur der NSDAP im »Reichsgau Danzig-

Westpreußen« in den Jahren 1939–1945 (poln.), in: Historia (Torun/Polen) 7 (1972), 75–94 (dt. Zusammenfassung: 93 f.)

A.3.2.1.3 NSDAP-Auslandsorganisation

[vgl. A.3.21.3]

Darstellungen

3409 Cérny, Bohumil/Jaraslov, César: Die nazistische Bewegung der Deutschen in der Tschechoslowakei, in: Historica 15 (1968), 183–225

3410 Cérny, Bohumil/Jaraslov, César: The Nazi Fith Column in Czechoslovakia, in: Historica 4 (1962), 191–255

3411 Diamond, Sander A.: The Nazi Movement in the United States, 1924–1941, Ithaka, N.Y. 1974; 380 S.

3412 Diamond, Sander A.: Zur Typologie der amerikadeutschen NS-Bewegung, in: VfZ 23 (1975), 271–96

3413 Economides, Stephen: Der Nationalsozialismus und die deutschsprachige Presse in New York 1933–1941, Frankfurt/Bern 1982; 316 S.

3414 Gaudig, Olaf/Veit, Peter: »... und morgen die ganze Welt!« Der Nationalsozialismus in Chile 1932–1943, in: ZfG 42 (1994), 507–24

3415 Lachmann, Günter: Der Nationalsozialismus in der Schweiz 1931–1945. Ein Beitrag zur Geschichte der Auslandsorganisation der NSDAP, Berlin-Dahlem 1962; 114 S.

3416 McKale, Donald M.: The Swastika outside Germany, Kent, Ohio 1977; XVI, 288 S.

3417 McKale, Donald M.: The Nazi Party in the Far East, in: JCH 12 (1977), 291–311

3418 Moore, Bob: Nazism and German Nationals in the Netherlands, 1933–40, in: JCH 22 (1987), 45–70

3419 Orlow, Dietrich: Der Nationalsozialismus als Markenzeichen und Exportartikel. Das Dritte Reich und die Entwicklung des Faschismus in Holland und Frankreich 1933–39, in: Ursula Büttner (Hg.), Das Unrechtsregime. Internationale Forschung über den Nationalsozialismus. Festschrift für Werner Jochmann zum 65. Geburtstag, Bd. 1, Hamburg 1986, 427–68

3420 Perkins, John: The Swastika Down Under: Nazi Activities in Australia, 1933–1939, in: JCH 26 (1991), 111–29

3421 Smelser, Ronald M.: Hitler and the DNSDAP. Between Democracy and Gleichschaltung, in: Bohemia 20 (1979), 137–55

3422 Smelser, Ronald M.: Nazis without Hitler. The DNSDAP and the First Czechoslovak Republic, in: ECE 4 (1977), 1–19

3423 Stuebel, Heinrich: Die Entwicklung des Nationalsozialismus in Südwestafrika, in: VfZ 1 (1953), 170–76

3424 Wagner, Jonathan F.: Die NS-Bewegung in Kanada, in: VfZ 29 (1981), 246–68

A.3.2.1.4 Parteigerichtsbarkeit

Darstellungen

3425 McKale, Donald: A Case of Nazi »Justice«. The Punishment of Members Involved in the Kristallnacht, in: JSS 35 (1973), 228–38

3426 McKale, Donald M.: The Nazi Party Courts. Hitlers Management of Conflict in His Movement, 1921–1945, Lawrence, Kan. 1974; XII, 252 S.

3427 McKale, Donald M.: Der öffentliche Dienst und die Parteigerichtsbarkeit der

NSDAP, in: Dieter Rebentisch/Karl Teppe (Hg.), Verwaltung contra Menschenführung im Staat Hitlers. Studien zum politisch-administrativen System, Göttingen 1986, 237–54

Regional-/Lokalstudien

3428 Roser, Hubert: Nationalsozialistische Beamte auf der Anklagebank? NS-Parteigerichtsbarkeit und öffentliche Verwaltung in Südwestdeutschland 1933–1945, in: Cornelia Rauh-Kühne/Michael Ruck (Hg.), Regionale Eliten zwischen Diktatur und Demokratie. Baden und Württemberg 1930–1952, München 1993, 125–49

A.3.2.2 Hitlerjugend

[vgl. A.1.9.2: B. v. Schirach; A.3.11.8; A.3.13.8]

A.3.2.2.1 Allgemeines

Literaturberichte

3429 Buddrus, Michael: Die Geschichte der Hitlerjugend im Spiegel der BRD-Historiographie – Bemerkungen zu Forschungsstand und Darstellungen, in: BGFDJ 9 (1986), Nr. 8, 54–59

Darstellungen

3430 Brandenburg, Hans-Christian: Die Geschichte der HJ. Wege und Irrwege einer Generation, 2. Aufl., Köln 1982; 348 S. (zuerst 1968)

3431 Buddrus, Michael: Zur Geschichte der Hitlerjugend (1922–1939), 2 Bde., Diss. Rostock 1989 (Ms. vervielf.)

3432 Buddrus, Michael: Zum antijüdischen Rassismus in der Hitlerjugend, in: JG 13 (1990), Nr. 12, 13–22

3433 Burger, Horst: Warum warst Du in der Hitler-Jugend? Vier Fragen an meinen Vater, Reinbek 1978; 159 S.

3434 Eilers, Rolf: Nationalsozialistische Jugendpolitik, in: Rolf Eilers (Hg.), Löscht den Geist nicht aus. Der Bund Neudeutschland im Dritten Reich. Erlebnisberichte, Mainz 1985, 9–29

3435 Giesecke, Hermann: Vom Wandervogel zur Hitlerjugend. Jugendarbeit zwischen Politik und Pädagogik, München 1981; 232 S.

3436 Giesecke, Hermann: Die Hitlerjugend, in: Ulrich Herrmann (Hg.), »Die Formung des Volksgenossen«. Der »Erziehungsstaat« des Dritten Reiches, Weinheim/Basel 1985, 173–88

3437 Griesmayr, Gottfried/Würschinger, Otto: Idee und Gestalt der Hitlerjugend, Leoni 1979; 324 S.

3438 Horn, Daniel: The National Socialist Schülerbund and the Hitler Youth, 1929–1933, in: CEH 11 (1978), 355–75

3439 Huebsch, Norbert A.: The »Wolf Cubs« of the New Order: The Indoctrination and Training of the Hitler Youth, in: Otis C. Mitchell (Hg.), Nazism and the Common Man: Essays in German History (1929–1939), 2. Aufl., Washington, D.C. 1981, 93–114 (zuerst Minneapolis, Minn. 1972)

3440 Kater, Michael H.: Hitlerjugend und Schule im Dritten Reich, in: HZ 228 (1979), 572–623

3441 Kipp, Martin: Hitlerjugend und Berufserziehung, in: BBS (1985), 92–105; abgedr. in: Martin Kipp/Gisela Miller-Kipp, Erkundungen im Halbdunkel. Fünfzehn Studien zur Berufserziehung und Pädagogik im nationalsozialistischen Deutschland, Kassel 1990, 204–17, 342

3442 Klönne, Arno: Hitlerjugend und ihre Organisation im Dritten Reich, 2. Aufl., Hannover/Frankfurt 1960; 109 S. (zuerst 1956 u.d.T.: Hitlerjugend. Die Jugend und ihre Organisation im Dritten Reich)

3443 Klönne, Arno: Jugend im Dritten Reich. Die Hitler-Jugend und ihre Gegner.

Dokumente und Analysen, 2., überarb. Aufl., München 1990; 309 S. (zuerst Düsseldorf 1982)

3444 Klönne, Arno: Widersprüche der HJ-Sozialisation, in: Ulrich Herrmann (Hg.), »Die Formung des Volksgenossen«. Der »Erziehungsstaat« des Dritten Reiches, Weinheim/Basel 1985, 206–15

3445 Klönne, Arno: Die Hitlerjugendgeneration. Bemerkungen zu den politischen Folgen der Staatsjugenderziehung im Dritten Reich, in: PS 10 (1959), 93–99

3446 Klose, Werner: Sprache der Aggression, Bd. 1: Hitler-Jugend, 2 Bde., 2. Aufl., Dortmund 1976; 29, 49 S. (zuerst 1974)**

3447 Klose, Werner: Generation im Gleichschritt. Ein Dokumentarbericht, im Anhang akt. u. um ein Nachwort erg. Neuausg., Oldenburg 1982; 296 S. (zuerst 1964)

3448 Koch, Hannsjoachim W.: Hitlerjugend. Ihre Ursprünge und ihre Entwicklung 1922–1945, 2. Aufl., München 1979; X, 487 S. (zuerst Percha 1975 u.d.T.: Geschichte der Hitlerjugend; engl.: London 1975)

3449 Kreuter, Marie-Luise: Die Reichsjugendführung. Heerstraße 12–14, in: Helmut Engel u.a. (Hg.), Geschichtslandschaft Berlin. Orte und Ereignisse, Bd. 1: Charlottenburg, T. 2: Der neue Westen, Berlin 1985, 41–58

3450 Langer, Hermann: Zur Schulung und Propaganda der Hitlerjugend im letzten Jahr des Krieges, in: Ingo Koch/Studienkreis für Jugendgeschichte und -forschung. Darstellung und Vermittlung (Hg.), Deutsche Jugend zwischen Krieg und Frieden 1944–1946, Rostock 1993, 27–38

3451 Lewin, Herbert S.: A Comparative Study of the Principles and Practices of the Hitler Youth and of the Boy Scouts of America, Diss. New School for Social Research, New York 1950; 227 S.

3452 Loewenberg, Peter: The Psychohistorical Origins of the Nazi Youth Cohort, in: AHR 76 (1971/72), 1457–1502

3453 Möding, Nori/Plato, Alexander von: Siegermadeln. Jugendkarrieren in BDM und HJ, in: Willi Bucher/Klaus Pohl (Hg.), Schock und Schöpfung. Jugendästhetik im 20. Jahrhundert, Hg. Deutscher Werkbund/Württembergischer Kunstverein Stuttgart, Darmstadt/Neuwied 1986, 292–301

3454 Poteet, David D.: The Nazi Youth Movement, 1920–1927, Diss. University of Georgia, Athens 1971; 245 S. (Ms.; MF Ann Arbor 1973)

3455 Rempel, Gerhard: Hitler's Children. The Hitler Youth and the SS, Chapel Hill, N.C./London 1989; XII, 354 S.

3456 Reulecke, Jürgen: »... und sie werden nicht mehr frei ihr ganzes Leben!« Der Weg in die »Staatsjugend« von der Weimarer Republik zur NS-Zeit, in: Ulrich Herrmann/Jürgen Oelkers (Hg.), Pädagogik und Nationalsozialismus, Weinheim/Basel 1988, 243–55

3457 Rovan, Joseph: Der Aufbau der Hitlerjugend, in: Alfred Grosser (Hg.), Wie war es möglich? Die Wirklichkeit des Nationalsozialismus. Neun Studien, 2. Aufl., Frankfurt 1980, 87–113 (zuerst München/Wien 1977; franz.: Paris 1976)

3458 Rüdiger, Jutta (Hg.): Die Hitler-Jugend und ihr Selbstverständnis im Spiegel ihrer Aufgabengebiete, Lindhorst 1983; 326, 91 S.**

3459 Schaar, Torsten: Stellung und Kompetenzen des Reichsjugendführers der NSDAP im Kriegseinsatz der Hitlerjugend, in: Deutsche Jugend im Zweiten Weltkrieg, Rostock 1991, 43–52

3460 Schaar, Torsten: Die Reichsjugendführung der NSDAP im totalen Krieg – August 1944 bis Mai 1945, in: Ingo Koch/Studienkreis für Jugendgeschichte und -forschung. Darstellung und Vermittlung (Hg.), Deutsche Jugend zwischen Krieg und Frieden 1944–1946, Rostock 1993, 49–59

3461 Schaar, Torsten: Zu auslandspolitischen Aktivitäten der Reichsjugendführung während des zweiten Weltkrieges unter besonderer Berücksichtigung der Gründung des Europäischen Jugendverbandes, in: JG 13 (1990), Nr. 13, 42–53

3462 Schroeder, Richard E.: The Hitler Youth as a Paramilitary Organisation, Diss. University of Chicago, Ill. 1975; 319 S.

3463 Schubert-Weller, Christoph: Hitlerjugend. Vom »Jungsturm Adolf Hitler« zur Staatsjugend des Dritten Reiches, Weinheim/München 1993; 232 S.

3464 Schultz, Jürgen: Die Akademie für Jugendführung der Hitlerjugend in Braunschweig, Braunschweig 1978; 308 S.

3465 Siemsen, Hans: Die Geschichte des Hitlerjungen Adolf Soers, Düsseldorf 1947; 223 S.

3466 Stachura, Peter D.: Nazi Youth in the Weimar Republic, Einleitung Peter H. Merkl, Santa Barbara, Ca. 1975; XIX, 301 S.

3467 Stachura, Peter D.: Das Dritte Reich und die Jugenderziehung: Die Rolle der Hitlerjugend 1933–1939, in: Manfred Heinemann (Hg.), Erziehung und Schulung im Dritten Reich, Teil 1, Stuttgart 1980, 90–112; abgdr. in: Karl D. Bracher u.a. (Hg.), Nationalsozialistische Diktatur 1933–1945. Eine Bilanz, Bonn (zugl. Düsseldorf) 1983, 224–44

3468 Stachura, Peter D.: The Ideology of the Hitler Youth in the Kampfzeit, in: JCH 8 (1975), 155–67

3469 Stephens, Frederick J.: Hitler Youth. History, Organisation, Uniforms, and Insignia, London 1973; 88 S.

3470 Welch, David A.: Educational Film Propaganda and the Nazi Youth, in: David A. Welch (Hg.), Nazi Propaganda. The Power and the Limitations, London u.a. 1983, 65–87

3471 Wolff, Jörg: Hitlerjugend und Jugendgerichtsbarkeit 1933–1945, in: VfZ 33 (1985), 640–72

Regional-/Lokalstudien

3472 Ringler, Ralf R.: Illusion einer Jugend. Lieder, Fahnen und das bittere Ende. Hitler-Jugend in Österreich. Ein Erlebnisbericht, St. Pölten/Wien 1977; 223 S.

A.3.2.2.2 Bund deutscher Mädel

[vgl. A.1.9.2: T. Bürckner; J. Rüdiger]

Gedruckte Quellen

3473 Der Bund Deutscher Mädel. Materialsammlung zur Richtigstellung, Hg. Arbeitsgemeinschaft für Jugendforschung, Bearb. Jutta Rüdiger, Lindhorst 1984; 364 S.

Darstellungen

3474 Arendt, Hans-Jürgen: Mädchenerziehung im faschistischen Deutschland – unter besonderer Berücksichtigung des BDM, in: JbESG 23 (1983), 107–27

3475 Braun, Helga: Der Bund Deutscher Mädel (BDM). Faschistische Projektionen von der »neuen deutschen Frau«, in: ergebnisse, Bd. 15, Hamburg 1981, 92–124

3476 Jürgens, Birgit: Zur Geschichte des BDM (Bund Deutscher Mädel) von 1923 bis 1939, Frankfurt u.a. 1994; 225 S.

3477 Kinz, Gabriele: Der Bund Deutscher Mädel. Ein Beitrag zur außerschulischen Mädchenerziehung im Nationalsozialismus, Frankfurt u.a. 1990; (X), 302 S.

3478 Klaus, Martin: Mädchenerziehung zur Zeit der faschistischen Herrschaft in Deutschland. Der Bund Deutscher Mädel, 2 Bde., Frankfurt 1983; 438, 234 S.** (2., gekürzte Aufl. 1985 u.d.T.: Mädchen im Dritten Reich)

3479 Klaus, Martin: Mädchen in der Hitlerjugend. Die Erziehung zur »deutschen Frau«, Köln 1980; 260 S.

3480 Klaus, Martin: Freiwillige Integration und Objektbestimmung. Wie Mädchen den BDM erleben konnten, in: Hans-Uwe Otto/ Heinz Sünker (Hg.), Soziale Arbeit und Faschismus. Volkspflege und Pädagogik im Nationalsozialismus, Bielefeld 1986, 455–65

3481 Klaus, Martin: Es gab nicht nur Jungen im Dritten Reich – Gedanken über die Mädchen in der Hitlerjugend, in: Frauenforschung 1 (1983), Nr. 2, 29–40

3482 Klaus, Martin: Mädchen im Bund Deutscher Mädel, in: IZEBF 7 (1980), Nr. 14, 155–69

3483 Leitsch, Claudia: Drei BDM-Autobiographinnen, in: MDNSS 2 (1986), Nr. 11/12, 73–101

3484 Maschmann, Melita: Fazit. Mein Weg in der Hitler-Jugend, 5. Aufl., München 1983; 252 S. (zuerst 1979)

3485 Miller-Kipp, Gisela: Der Bund Deutscher Mädel in der Hitlerjugend – Erziehung zwischen Ideologie und Herrschaftsprozeß, in: PäR 36 (1982), 189–205 (Sonderheft); abgedr. in: Martin Kipp/Gisela Miller-Kipp, Erkundungen im Halbdunkel. Fünfzehn Studien zur Berufserziehung und Pädagogik im nationalsozialistischen Deutschland, Kassel 1990, 132–66, 340 f.; gekürzt abgedr. in: Ulrich Herrmann Hg.), »Die Formung des Volksgenossen«. Der »Erziehungsstaat« des Dritten Reiches, Weinheim/Basel 1985, 189–205

3486 Möding, Nori: »Ich muß irgendwo engagiert sein – fragen sie mich bloß nicht warum.« Überlegungen zu Sozialisationserfahrungen von Mädchen in NS-Organisationen, in: Lutz Niethammer/Alexander von Plato (Hg.), »Wir kriegen jetzt andere Zeiten.« Auf der Suche nach der Erfahrung des Volkes in nachfaschistischen Ländern. (Lebensgeschichte und Sozialkultur im Ruhrgebiet 1930 bis 1960, 3), Berlin/Bonn 1985, 256–304

3487 Paysen, Roswitha: Als ich »zwanzig« war. Erinnerungen an meinen Lehrgang an der Akademie für Jugendführung vom 15.4. bis zum 15.10. 1943, 2. Aufl., Norderstedt o. D.; 33 S. (zuerst 1974)

3488 Reese, Dagmar: Straff, aber nicht stramm – herb, aber nicht derb. Zur Vergesellschaftung von Mädchen durch den Bund Deutscher Mädel im sozialkulturellen Vergleich zweier Milieus, Weinheim/Basel 1989; 259 S.

3489 Reese, Dagmar: Bund Deutscher Mädel. Zur Geschichte der weiblichen deutschen Jugend im Dritten Reich, in: Mutterkreuz und Arbeitsbuch. Zur Geschichte der Frauen in der Weimarer Republik und im Nationalsozialismus, Hg. Frauengruppe Faschismusforschung, Frankfurt 1981, 163–87

3490 Reese, Dagmar: Emanzipation oder Vergesellschaftung: Mädchen im »Bund Deutscher Mädel«, in: Hans-Uwe Otto/ Heinz Sünker (Hg.), Politische Formierung und soziale Erziehung im Nationalsozialismus, Frankfurt 1991, 203–25

3491 Reese, Dagmar: Verstrickung und Verantwortung. Weibliche Jugendliche in der Führung des Bundes Deutscher Mädel, in: SOWI 20 (1991), 90–96

3492 Rogge, Brigitte: »Mädel, kommt zum BDM!«, in: Maruta Schmidt/Gabi Dietz (Hg.), Frauen unterm Hakenkreuz. Eine Dokumentation, 3. Aufl., München 1985, 31–41, 200 (1. u. 2. Aufl., Berlin 1983); gekürzt abgedr. in: Hart und zart. Frauenleben 1920–1970, Hg. Elefanten Press, Berlin 1990, 149–59

3493 Rüdiger, Jutta: Der Bund Deutscher Mädel. Eine Richtigstellung, Lindhorst 1984; 208 S.

Regional-/Lokalstudien

3494 Gehmacher, Johanna: »Ostmarkmädel«. Anmerkungen zum illegalen Bund deutscher Mädel in Österreich (1933–1938), in: Lerke Gravenhorst/Carmen Tatschmurat (Hg.), TöchterFragen: NS-Frauen-Geschichte, Freiburg i.Br. 1990, 253–70

A.3.2.2.3 Verhältnis zur bündischen und bürgerlichen Jugendbewegung

Literaturberichte

3495 Zilius, Wilhelm: Bücher über die Hitler-Jugend. Ein Bericht unter besonderer Berücksichtigung des Verhältnisses zwischen Hitler-Jugend und Jugendbewegung, in: JAdG 13 (1981), 221–48

Darstellungen

3496 Borinski, Fritz u. a.: Jugend im politischen Protest. Der Leuchtenburgkreis 1923–1933–1977, Frankfurt 1977; 240 S.**

3497 Hellfeld, Matthias G. von: Bündischer Mythos und bündische Opposition. Zu einer Neubewertung der bündischen Tradition und ihrer kulturellen Praxis, in: Wilfried Breyvogel (Hg.), Piraten, Swings und Junge Garde. Jugendwiderstand im Nationalsozialismus, Bonn 1991, 74–101

3498 Hellfeld, Matthias G. von/Westenburger, Herbert: Herbert Westenburger – Freundschaft, nicht Kadavergehorsam, in: Matthias G. von Hellfeld Davongekommen! Erwachsenwerden im Holocaust, Frankfurt 1990, 19–70, 146 f.

3499 Hellfeld, Matthias G. von: Bündische Jugend und Hitlerjugend. Zur Geschichte von Anpassung und Widerstand 1930–1939, Köln 1987; 301 S.

3500 Jovy, Michael: Jugendbewegung und Nationalsozialismus. Zusammenhänge und Gegensätze. Versuch einer Klärung, Münster 1984; XIV, 216 S. (zuerst Diss. Köln 1952 u. d. T.: Deutsche Jugend und Nationalsozialismus)

3501 Kater, Michael H.: Jugendbewegung und Hitlerjugend in der Weimarer Republik, in: Ulrich Herrmann (Hg.), »Neue Erziehung«, »Neue Menschen«. Ansätze zur Erziehungs- und Bildungsreform in Deutschland zwischen Kaiserreich und Diktatur, Weinheim/Basel 1987, 279–302

3502 Kater, Michael H.: Bürgerliche Jugendbewegung und Hitlerjugend in Deutschland von 1926 bis 1939, in: AfS 17 (1977), 127–74

3503 Klönne, Arno: Hitler-Jugend und Jugendopposition im Dritten Reich, in: APUZ, Nr. B 4–5/83, 29.1. 1983, 17–25; abgedr. in: Nationalsozialistische Herrschaft, Hg. Bundeszentrale für politische Bildung, Bonn 1983, 38–48

3504 Klönne, Irmgard: »Ich spring' in diesem Ringe.« Mädchen und Frauen in der deutschen Jugendbewegung, Pfaffenweiler 1990, 267–73

3505 Lehmann, Albrecht: Militär und Militanz zwischen den Weltkriegen, in: Dieter Langewiesche/Heinz-Elmar Tenorth (Hg.), Handbuch der deutschen Bildungsgeschichte, Bd. 5: Die Weimarer Republik und die nationalsozialistische Diktatur, München 1989, 407–29

3506 Mogge, Winfried: Bündische Jugend und Nationalsozialismus. Probleme der Forschung, illustriert am Beispiel Eberhard Köbels und der deutschen Jungenschaft, in: IZEBF 14 (1980), 137–53

3507 Reulecke, Jürgen: »Hat die Jugendbewegung den Nationalsozialismus vorbereitet?« Zum Umgang mit einer falschen Frage, in: Wolfgang R. Krabbe (Hg.), Politische Jugend in der Weimarer Republik, Bochum 1993, 222–43

3508 Schmidt, Ulrike: Über das Verhältnis von Jugendbewegung und Hitlerjugend, in: GWU 16 (1965), Nr. 1, 19–37

3509 Stachura, Peter D.: The German Youth Movement, 1900–1945. An Interpretative and Documentary History, London/Basingstoke 1981; X, 246 S.**

3510 Stachura, Peter D.: German Youth, the Youth Movement and National Socialism in the Weimar Republic, in: Peter D. Stachura (Hg.), The Nazi Machtergreifung, London u. a. 1983, 68–84

3511 Stachura, Peter D.: The National Socialist Machtergreifung and the German Youth Movement. Co-ordination and Reorganization, 1933–34, in: JES 5 (1975), 255–72

A.3.2.3 Nationalsozialistische Betriebszellen-Organisation und Deutsche Arbeitsfront

[vgl. A.1.9.2: W. Börger; R. Ley; A.3.16]

Nachschlagewerke

3512 Partei-Statistik. Stand 1. Januar 1935. ohne Saargebiet, Ostmark u. Sudetenland, Bd. 4: Deutsche Arbeitsfront, Hg. NSDAP, Reichsorganisationsleiter Dr. Robert Ley, Bearb. NSDAP, Hauptorganisationsamt – Amt für Statistik, verantwortl. Fritz Mehnert/Ludwig Zimmermann, o. O. [München] o. J. (»Als Manuskript gedruckt«)

Quellenkunde

3513 Linne, Karsten: Der Bestand »Deutsche Arbeitsfront« im Archiv der Gewerkschaftsbewegung in Berlin, in: 1999 8 (1993), Nr. 1, 130 f.

Gedruckte Quellen

Sozialstrategien der Deutschen Arbeitsfront, Hg. Hamburger Stiftung für Sozialgeschichte des 20. Jahrhunderts, Frankfurt:

3514 – T. A: Jahrbücher des Arbeitswissenschaftlichen Instituts der Deutschen Arbeitsfront 1936–1941 (Reprint-Ausgabe), 6 Bde., Bearb. Michael Hepp/Karl H. Roth, 1986–1987; XLIII, 5041 S.

3515 –T. B: Periodika, Denkschriften, Gutachten und Veröffentlichungen des Arbeitswissenschaftlichen Instituts der Deutschen Arbeitsfront (Microfiche-Ausgabe nebst Begleitband mit Kommentar und Register), Bearb. Michael Hepp/Karl H. Roth, 1987

Darstellungen

3516 Brackel, Thomas: Antikapitalismus und Antimarxismus. Der »linke« Flügel der NSDAP auf dem Weg in das faschistische Herrschaftssystem, in: Argument 22 (1980), Nr. 121, 389–94

3517 Broszat, Martin: Die Ausbootung der NSBO-Führung im Sommer 1934. Ein Beitrag zum ordnungspolitischen Machtkampf im Dritten Reich, in: Manfred Funke u. a. (Hg.), Demokratie und Diktatur. Geist und Gestalt politischer Herrschaft in Deutschland und Europa. Festschrift für Karl Dietrich Bracher, Düsseldorf 1987, 198–215

3518 Eckardt, Jochen: Deutsche Arbeitsfront, Arbeiterklasse, imperialistische Sozialpolitik in den Betrieben und forcierte Aufrüstung 1936–1939, in: JfG 27 (1983), 75–107

3520 Frese, Matthias: Betriebspolitik im »Dritten Reich«. Deutsche Arbeitsfront, Unternehmer und Staatsbürokratie in der westdeutschen Großindustrie 1933–1939, Paderborn 1991; XI, 545 S.

3521 Frese, Matthias: Vom »NS-Musterbetrieb« zum »Kriegs-Musterbetrieb«. Zum Verhältnis von Deutscher Arbeiterfront und Großindustrie 1936–1944, in: Wolfgang Michalka (Hg.), Der Zweite Weltkrieg. Analysen, Grundzüge, Forschungsbilanz, München/Zürich 1989, 382–401

3522 Geuter, Ulfried: Das Institut für Arbeitspsychologie und Arbeitspädagogik der Deutschen Arbeitsfront. Eine Forschungsnotiz, in: 1999 2 (1987), Nr. 1, 87–95

3523 Giersch, Reinhard: Die »Deutsche Arbeitsfront« (DAF), ein Instrument zur Sicherung der Herrschaft und zur Kriegsvorbereitung des faschistischen deutschen Imperialismus (1933–1938), 2 Bde., Diss. Jena 1980; XXIII, 294 S. (Ms. vervielf.)

3524 Giersch, Reinhard: Deutsche Arbeitsfront (DAF) 1933–1945, in: Lexikon zur Parteiengeschichte. Die bürgerlichen und kleinbürgerlichen Parteien und Verbände in Deutschland (1789–1945), Hg. Dieter Fricke u. a., Bd. 1, Leipzig (LA Köln) 1983, 548–69

3525 Giersch, Reinhard: Nationalsozialistische Betriebszellen-Organisation (NSBO) 1930 (1931) – 1934 (1935), in: Lexikon zur Parteiengeschichte. Die bürgerlichen und kleinbürgerlichen Parteien und Verbände in Deutschland (1789–1945), Hg. Dieter Fricke u. a., Bd. 3, Leipzig (LA Köln) 1985, 454–59

3526 Giersch, Reinhard: Von der »Nationalsozialistischen Betriebszellenorganisation« zur »Deutschen Arbeitsfront« 1932–1934, in: JfG 26 (1982), 43–73

3527 Henning, Uwe: Zum Verhältnis von Maßnahmen- und Normenstaat. Die Bedeutung des Ermittlungsverfahrens gegen Leipart und Genossen für die Machtposition der Deutschen Arbeitsfront, in: ZfG 40 (1992), 176–203

3528 Heuel, Eberhard: Der umworbene Stand. Die ideologische Integration der Arbeiter im Nationalsozialismus 1933–1935, Frankfurt/New York 1989, 188–466

3529 Kratzenberg-Annies, Volker: Arbeiter auf dem Weg zu Hitler? Die Nationalsozialistische Betriebszellen-Organisation. Ihre Entstehung, ihre Programmatik, ihr Scheitern 1927–1934, 2., veränd. Aufl., Frankfurt u. a. 1989; 344 S. (zuerst 1987)

3530 Linne, Karsten: Von Leipart zu Ley: Clemens Nörpel. Ein Dokument aus dem Jahr 1940, in: 1999 3 (1988), Nr. 4, 92–104

3531 Mai, Gunther: Die Nationalsozialistische Betriebszellen-Organisation, in: Erich Matthias/Klaus Schönhoven (Hg.), Solidarität und Menschenwürde. Etappen deutscher Gewerkschaftsgeschichte von den Anfängen bis zur Gegenwart, Bonn 1984, 271–289

3532 Mai, Gunther: »Warum steht der deutsche Arbeiter zu Adolf Hitler?« Zur Rolle der Deutschen Arbeitsfront im Herrschaftssystem des Dritten Reiches, in: GG 12 (1986), 212–34

3533 Mai, Gunther: Die Nationalsozialistische Betriebszellen-Organisation. Zum Verhältnis von Arbeiterschaft und Nationalsozialismus, in: VfZ 31 (1983), 573–613

3534 Reichardt, Hans J.: Die Deutsche Arbeitsfront. Ein Beitrag zur Geschichte des Nationalsozialismus Deutschlands und zur Struktur des totalitären Herrschaftssystems, Diss. FU Berlin 1956; III, 196 S. (Ms.)

3535 Reifner, Udo: NS-Rechtsbetreuungsstellen und die Rechtsberatung der Deutschen Arbeitsfront – Theorie und Praxis sozial befriedender Rechtsberatung, in: Udo Reifner (Hg.), Das Recht des Unrechtsstaates. Arbeitsrecht und Staatsrechtswissenschaft im Faschismus, Frankfurt/New York 1981, 178–210

3536 Roth, Hermann: Die nationalsozialistische Betriebszellenorganisation (NSBO) von der Gründung bis zur Röhm-Affäre (1928–1934), in: JWG (1978), Nr. 1, 49–66

3537 Roth, Karl H.: Intelligenz und Sozialpolitik im »Dritten Reich«. Eine methodisch-historische Studie am Beispiel des Arbeitswissenschaftlichen Instituts der Deutschen Arbeitsfront, München u.a. 1993; 394 S.

3538 Roth, Karl H.: Das Arbeitswissenschaftliche Institut der Deutschen Arbeitsfront und die Ostplanung. [Anhang:] Arbeitswissenschaftliches Institut der DAF, Erwägungen zur Nutzung der eroberten Gebiete durch das deutsche Volk, Dezember 1941, in: Mechtild Rössler/Sabine Schleiermacher (Hg.), Der »Generalplan Ost«. Hauptlinien der nationalsozialistischen Planungs- und Vernichtungspolitik, Berlin 1993, 215–31**

3539 Schumann, Hans-Gerd: Nationalsozialismus und Gewerkschaftsbewegung. Die Vernichtung der deutschen Gewerkschaften und der Aufbau der »Deutschen Arbeitsfront«, Hannover/Frankfurt 1958; 222 S.

3540 Schumann, Hans-Gerd: Die Führungsspitzen der NSBO und der DAF, in: Herkunft und Mandat. Beiträge zur Führungsproblematik in der Arbeiterbewegung, Frankfurt/Köln 1976, 148–64

3541 Siegel, Tilla: Leistung und Lohn in der nationalsozialistischen »Ordnung der Arbeit«, Opladen 1989, 62–124

3542 Siegel, Tilla: Rationalisierung statt Klassenkampf. Zur Rolle der Deutschen Arbeitsfront in der nationalsozialistischen Ordnung der Arbeit, in: Hans Mommsen/ Susanne Willems (Hg.), Herrschaftsalltag im Dritten Reich. Studien und Texte, Düsseldorf 1988, 97–224**

3543 Smelser, Ronald M.: Die Sozialplanung der Deutschen Arbeitsfront, in: Michael Prinz/Rainer Zitelmann (Hg.), Nationalsozialismus und Modernisierung, 2. Aufl., Darmstadt 1994, 71–92 (zuerst 1991)

3544 Smelser, Ronald M.: Eine »braune Revolution«? Robert Ley, Deutsche Arbeitsfront und sozialrevolutionäre Konzepte, in: Wolfgang Michalka (Hg.), Der Zweite Weltkrieg. Analysen, Grundzüge, Forschungsbilanz, München/Zürich 1989, 418–29

3545 Smelser, Ronald M.: How »Modern« were the Nazis? DAF Social Planning and the Modernization Question, in: GSR 13 (1990), 285–302

3546 Zucht, Ulrich: Das Arbeitswissenschaftliche Institut und die Nazifizierung der Sozialwissenschaften in Europa, 1936–1944, in: 1999 4 (1989), Nr. 3, 10–40

A.3.3 Reichstag

[vgl. A.3.8.10.2]

Nachschlagewerke

3547 Adolf Hitler und seine Kämpfer. 288 Braunhemden im Reichstag. Die nationalsozialistische Reichstagsfraktion. VIII. Wahlperiode 5.3. 1933, München 1933; 240 S.

3548 Adreßbuch der Nationalsozialistischen Volksvertreter, Hg. Arthur Görlitzer, Berlin 1933; 714 S.

3549 Der Deutsche Reichstag 1936. III. Wahlperiode nach dem 30.1. 1933, Berlin 1936; 546 S.

3550 Der Deutsche Reichstag 1938. IV. Wahlperiode nach dem 30.1. 1933 [dazu: Nachtrag 1939], Hg. Ernst Kienast, Berlin 1938 (1939); 24, 63 S.

3551 Der Deutsche Reichstag. (Kürschners Volkshandbuch), Hg. Hermann Hillger, Berlin 1933; 640 S.

3552 Reichstagshandbuch. 6.–9. Wahlperiode, Hg. Reichstagsbüro, Berlin 1933–1943; 381, 589, 420, 491 S.

3553 Schwarz, Max: MdR. Biographisches Handbuch der deutschen Reichstage [bis 1933], Hannover 1965; XIII, 832 S.

Darstellungen

3554 Buchheim, Hans: Die Liquidation des deutschen Reichstags, in: PS 9 (1958), Nr. 95, 155–60

3555 Hoffmann, Andreas: Krolloper. Platz der Republik, in: Helmut Engel u. a. (Hg.), Geschichtslandschaft Berlin. Orte und Ereignisse, Bd. 2: Tiergarten, T. 1: Vom Brandenburger Tor zum Zoo, Berlin 1989, 123–36

3556 Hubert, Peter: Uniformierter Reichstag. Die Geschichte der Pseudo-Volksvertretung 1933–1945, Düsseldorf 1992; 394 S.

3557 Schmädeke, Jürgen: Das Reichstagsgebäude. Platz der Republik, in: Helmut Engel u. a. (Hg.), Geschichtslandschaft Berlin. Orte und Ereignisse, Bd. 2: Tiergarten, T. 1: Vom Brandenburger Tor zum Zoo, Berlin 1989, 73–105

A.3.4 Verwaltung

[vgl. A.1.9.2: W. Frick; H. Globke; H. Nicolai; A.3.5.6; A.3.15.8–9; A.3.16.3]

A.3.4.1 Allgemeines

Bibliographien

3558 Bibliographie zur Verwaltungsgeschichte der NS-Zeit, in: Dieter Rebentisch/ Karl Teppe (Hg.), Verwaltung contra Menschenführung im Staat Hitlers. Studien zum politisch-administrativen System, Göttingen 1986, 418–27

3559 Kröker, Thomas (Bearb.): Berufsbeamtentum und Beamtenorganisationen in Geschichte und Gegenwart. Eine Auswahlbibliographie, in: August Lückerath (Hg.), Berufsbeamtentum und Beamtenorganisationen. Geschichtliche Wirklichkeit im Widerspruch. Referate und Diskussionen, Köln u. a. 1987, 215–39

Nachschlagewerke

3560 Horkenbach, Cuno (Hg.): Handbuch der Reichs- und Staatsbehörden, Körperschaften und Organisationen [Folge 1 u. 2], Berlin 1933, 1935; 136, 200 S.

3561 Die neuen Männer. Verzeichnis der Dienststellenbesetzungen in Reichs- und Länderministerien, Berlin 1933; 85 S.

3562 Personalstand und Personalausgaben der öffentlichen Verwaltung im Deutschen Reich. (Erhebung vom 31. März 1930 unter Berücksichtigung der Entwicklung in den Rechnungsjahren 1931/32 und 1932/33), Bearb. Statistisches Reichsamt, Berlin 1933; 80 S.

3563 Taschenbuch [bis 1937: Taschen-Kalender] für Verwaltungsbeamte, Berlin 50 (1933) – 60 (1943)

Gedruckte Quellen

3564 Hirsch, Martin u. a. (Hg.): Recht, Verwaltung und Justiz im Nationalsozialismus. Ausgewählte Schriften, Gesetze, Gerichtsentscheidungen von 1933 bis 1945 mit Einleitungen, Köln 1984; 590 S.

3565 Mommsen, Hans: Ein Erlaß Himmlers zur Bekämpfung der Korruption in der inneren Verwaltung vom Dezember 1944. (Dokumentation), in: VfZ 16 (1968), 295–309

3566 Plum, Günter: Staatspolizei und innere Verwaltung 1934–1936. (Dokumentation), in: VfZ 13 (1965), 191–224

Darstellungen

3567 Armanski, Gerhard: Das gewöhnliche Auge der Macht. Sozialgeschichte der Beamten, Berlin 1983; 191 S.**

3568 Aronson, Shlomo: The Nazi Bureaucracy, in: PAIA 8 (1969), 84–99

3569 Baum, Walter: Die »Reichsreform« im Dritten Reich, in: VfZ 3 (1955), 36–56

3570 Benz, Wolfgang: Partei und Staat im Dritten Reich, in: Martin Broszat/Horst Möller (Hg.), Das Dritte Reich. Herrschaftsstruktur und Geschichte, 2., verb. Aufl., München 1986, 64–82 (zuerst 1983)

3571 Benz, Wolfgang: Expansion und Konkurrenz. Zum Verhältnis von Regierungsapparat und NSDAP, in: Wolfgang Benz Herrschaft und Gesellschaft im nationalsozialistischen Staat, Frankfurt 1990, 47–62

3572 Bollmus, Reinhard: Das Amt Rosenberg und seine Gegner. Zum Machtkampf im nationalsozialistischen Herrschaftssystem, Stuttgart 1970; 360 S.

3573 Borch, Herbert von: Obrigkeit und Widerstand. Zur politischen Soziologie des Beamtentums, Tübingen 1954; VIII, 243 S.

3574 Browning, Christopher R.: Bureaucracy and Mass Murder: The German Administrator's Comprehension of the Final Solution, in: Asher Cohen u. a. (Hg.), Comprehending the Holocaust. Historical and Literary Research, Frankfurt u. a. 1988, 159–78; abgedr. in: Christopher R. Browning, The Path to Genocide. Essays on Launching the Final Solution, Cambridge u. a. 1992, 125–44

3575 Browning, Christopher R.: The Government Experts, in: Henry Friedlander/Sybil Milton (Hg.), The Holocaust: Ideology, Bureaucracy, and Genocide. The San José Papers, Millwood, N. Y. 1980, 183–98

3576 Buchheim, Hans: Nationalsozialismus und Beamtenschaft, in: Gerhard A. Ritter u. a., Totalitäre Verführung im Dritten Reich. Arbeiterschaft – Intelligenz – Beamtenschaft – Militär, Hg. Bayerische Landeszentrale für politische Bildungsarbeit, München 1983, 24–31

3577 Burin, Frederic S.: Bureaucracy and National Socialism: A Reconsideration of Weberian Theory, in: Robert Merton (Hg.), Reader in Bureaucracy, Glencoe, Ill. 1952, 33–47

3578 Caplan, Jane: The Civil Servant in the Third Reich, Diss. Oxford 1973; X, 392 S. (Ms.)

3579 Caplan, Jane: Government without Administration. State and Civil Service in Weimar and Nazi Germany, Oxford 1988; XVII, 382 S.

3580 Caplan, Jane: Strategien und Politik in der Ausbildung der Beamten im Dritten Reich, in: Manfred Heinemann (Hg.), Erziehung und Schulung im Dritten Reich, T. 2: Hochschule, Erwachsenenbildung, Stuttgart 1980, 246–60

3581 Caplan, Jane: Civil Service Support for National Socialism: An Evaluation, in: Gerhard Hirschfeld/Lothar Kettenacker (Hg.), Der »Führerstaat«: Mythos und Realität. Studien zur Struktur und Politik des Dritten Reiches, Stuttgart 1981, 167–93

3582 Caplan, Jane: Profession as Vocation: The German Civil Service, in: Geoffrey Cocks/Konrad H. Jarausch (Hg.), German Professions, 1800–1950, Oxford 1990, 163–82

3583 Caplan, Jane: Recreating the Civil Service – Issues and Ideas in Nazi Regime, in: Jeremy Noakes (Hg.), Government, Party and People in Nazi Germany, Exeter 1980, 34–56, 99 (ND 1981, 1986)

3584 Caplan, Jane: Bureaucracy, Politics, and the National Socialist State, in: Peter D. Stachura (Hg.), The Shaping of the Nazi State, London/New York 1978, 234–56

3585 Caplan, Jane: The Politics of Administration: The Reich Interior Ministry and the German Civil Service, 1933–1943, in: HJ 20 (1977), 707–36

3586 Deutsche Verwaltungsgeschichte, Bd. 4: Das Reich als Republik und in der Zeit des Nationalsozialismus, Hg. Kurt G. A. Jeserich u. a., Stuttgart 1985; 1168 S.*

3587 Diehl-Thiele, Peter: Partei und Staat im Dritten Reich. Untersuchungen zum Verhältnis von NSDAP und allgemeiner innerer Staatsverwaltung, 2. Aufl., München 1971; 269 S. (zuerst 1969)

3588 Diehl-Thiele, Peter: Die Verwaltungsbürokratie wurde gefügig, in: Nationalsozialistische Herrschaft, Hg. Bundeszentrale für politische Bildung, Bonn 1983, 28–31

3589 Dror, Yehezkel: Beamtenpolitik of the Third Reich, Cambridge, Mass. 1953/54; 99 S. (Ms. vervielf.)

3590 Eggestein, Michael/Schirmer, Lothar: Verwaltung im Nationalsozialismus. Materialien zu einer Ausstellung der Fachhochschule für Verwaltung und Rechtspflege Berlin, Einleitung Albrecht Dehnhard, Berlin 1987; 202 S.

3591 Eschenburg, Theodor: Eine Beamtenvernehmung im 3. Reich, in: VfZ 11 (1963), 210–12

3592 Fenske, Hans: Bürokratie in Deutschland. Vom späten Kaiserreich bis zur Gegenwart, Berlin 1985, 39–52

3593 Fenske, Hans: Radikale im öffentlichen Dienst. Drei Kapitel zur Geschichte des Problems in Deutschland, in: Civitas 14 (1976), 99–141

3594 Franz-Willing, Georg: Die Reichskanzlei 1933–1945, Tübingen u. a. 1984; 275 S.

3595 Grotkopp, Jörg: Beamtentum und Staatsformwechsel. Die Auswirkungen der Staatsformwechsel von 1918, 1933 und 1945 auf das Beamtenrecht und die personelle Zusammensetzung der deutschen Beamtenschaft, Frankfurt u. a. 1992; VIII, 324 S.

3596 Gruchmann, Lothar: Die »Reichsregierung« im »Führerstaat«. Stellung und Funktion des Kabinetts im nationalsozialistischen Herrschaftssystem, in: Günther Doeker/Winfried Steffani (Hg.), Klassenjustiz und Pluralismus. Festschrift für Ernst Fraenkel zum 75. Geburtstag am 26. Dezember 1973, Hamburg 1973, 187–223

3597 Grundriß zur deutschen Verwaltungsgeschichte, Bd. 22, T. I: Bundes- und Reichsbehörden, T. II: Das Reichsland Elsaß-Lothringen, T. III: Die Schutzgebiete des Deutschen Reiches, Hg. Walther Hubatsch, Bearb. Walther Hubatsch, Mitarb. Iselin Gundermann u. a., Marburg 1983; XI, 585 S.

3598 Hartmannsgruber, Friedrich: Die Reichskanzlei im Dritten Reich und das Verfahren zur Zwangspensionierung von Beamten, in: Winfried Becker/Werner Chrobak (Hg.), Staat, Kultur, Politik. Beiträge zur Geschichte Bayerns und des Katholizismus. Festschrift zum 65. Geburtstag von Dieter Albrecht, Kallmünz 1992, 397–411

3599 Hattenhauer, Hans: Geschichte des Beamtentums. (Handbuch des öffentlichen Dienstes, 1), Köln u. a. 1980, 369–421

3600 Hattenhauer, Hans: Zum Beamtenleitbild des 20. Jahrhunderts, in: NS-Recht in historischer Perspektive. (Kolloquien des Instituts für Zeitgeschichte), München/Wien 1981, 109–34

3601 Hehl, Ulrich von: Hans Globke (1898–1973), in: Zeitgeschichte in Lebensbildern. Aus dem deutschen Katholizismus des 19. und 20. Jahrhunderts, Hg. Jürgen Aretz u. a., Bd. 3, Mainz 1979, 247–59, 294 f.

3602 Herz, John H.: German Administration under the Nazi Regime, in: APSR 40 (1946), 682–702

3603 Hüttenberger, Peter: Aufbau und Ressourcen der deutschen Staatsverwaltung von 1930 bis 1934, in: Die Verwaltung und ihre Ressourcen. Untersuchungen zu ihrer Wechselwirkung. Tagung der Vereinigung für Verfassungsgeschichte in Hofgeismar vom 13.3.–15.3. 1989, Red. Gerhard Dilcher, Berlin 1991, 111–47

3604 Jacob, Herbert: German Administration since Bismarck. Central Authority versus Local Autonomy, New Haven, Conn./London 1963, 108–51

3605 Kordt, Erich: The Public Servant in Germany, in: Public Administration 16 (1938), 173–84

3606 Lepawsky, Albert: The Nazi Reform the Reich, in: APSR 30 (1936), 324–50

3607 Lessmann, Peter/Taubert, Rolf: Beamte im Nationalsozialismus. Ausstellung der Fachhochschule für Verwaltung Nordrhein-Westfalen, o. O. [Dortmund] o. J. [1987]; 73 S.

3608 Marx, Fritz M.: Government in the Third Reich, Vorwort W. Y. Elliot, 2. Aufl., New York 1937; XIII, 199 S. (zuerst 1936)

3609 Marx, Fritz M.: Civil Service in Germany, in: Leonhard D. White u. a., Civil Service Abroad. Great Britain, Canada, France, Germany, New York/London 1935, 161–275

3610 Matzerath, Horst: Bürokratie und Judenverfolgung, in: Ursula Büttner (Hg.), Die Deutschen und die Judenverfolgung im Dritten Reich, Hamburg 1992, 105–29

3611 McKale, Donald M.: Der öffentliche Dienst und die Parteigerichtsbarkeit der NSDAP, in: Dieter Rebentisch/Karl Teppe (Hg.), Verwaltung contra Menschenführung im Staat Hitlers. Studien zum politisch-administrativen System, Göttingen 1986, 237–54

3612 Möltgen, Klaus: Zur Ausstellung »Der Beamte im Nationalsozialismus« (1984) und ihrer Ergänzung »Kriegswirtschaft und öffentliche Verwaltung 1939–1945 im Ruhrgebiet« (1989) – gezeigt während des Symposiums, in: Klaus Möltgen (Hg.), Kriegswirtschaft und öffentliche Verwaltung im Ruhrgebiet 1939–1945. Dokumentation des 4. Symposiums der Dokumentations- und Forschungsstelle für Beamten- und Verwaltungsgeschichte der Fachhochschule für öffentliche Verwaltung Nordrhein-Westfalen in Dortmund am 20. Oktober 1989, Dortmund 1990, 129–37

3613 Mommsen, Hans: Beamtenpolitik im Dritten Reich. Mit ausgewählten Quellen zur nationalsozialistischen Beamtenpolitik, Stuttgart 1966; 246 S.**

3614 Mommsen, Hans: Aufgabenkreis und Verantwortlichkeit des Staatssekretärs der Reichskanzlei Dr. Wilhelm Kritzinger, in: Gutachten des Instituts für Zeitgeschichte, Bd. 2, Stuttgart 1966, 369–98

3615 Morsey, Rudolf: Beamtenschaft und Verwaltung zwischen Republik und »Neuem Staat«, in: Karl D. Erdmann/Hagen Schulze (Hg.), Weimar. Selbstpreisgabe einer Demokratie. Eine Bilanz heute, Düsseldorf 1980, 151–68 (Diskussion: 193–209) (ND Königstein, Ts./Düsseldorf 1984)

3616 Münchheimer, Werner: Die Versuche zur Neugestaltung der deutschen Länder von 1919 bis 1945. Eine Übersicht, in: Die Bundesländer. Beiträge zur Neugliederung der Bundesrepublik. [...] Diskussion und Ergebnisse der Weinheimer Tagung [»Neugliederung der Länder in der Bundesrepublik« des Instituts zur Förderung öffentlicher Angelegenheiten, 22./23. April 1950], Frankfurt 1950, 117–69

3617 Neeße, Gottfried: Staatsdienst und Staatsschicksal, Hamburg 1955; 115 S.

3618 Noakes, Jeremy: Philipp Bouhler und die Kanzlei des Führers der NSDAP: Beispiel einer Sonderverwaltung im Dritten Reich, in: Dieter Rebentisch/Karl Teppe (Hg.), Verwaltung contra Menschenführung im Staat Hitlers. Studien zum politisch-administrativen System, Göttingen 1986, 208–36

3619 Peterson, Edward N.: Die Bürokratie und die NSDAP (engl. 1966), in: Staat 6 (1967), 151–73

3620 Püttner, Günter: Der öffentliche Dienst [1933–1945], in: Deutsche Verwaltungsgeschichte, Bd. 4: Das Reich als Republik und in der Zeit des Nationalsozialismus, Hg. Kurt G. A. Jeserich u. a., Stuttgart 1985, 1082–98

3621 Rebentisch, Dieter: Führerstaat und Verwaltung im Zweiten Weltkrieg. Verfassungsentwicklung und Verwaltungspolitik 1939–1945, Stuttgart 1989; XIII, 587 S.

3622 Rebentisch, Dieter: Innere Verwaltung [1933–1945], in: Deutsche Verwaltungsgeschichte, Bd. 4: Das Reich als Republik und in der Zeit des Nationalsozialismus, Hg. Kurt G. A. Jeserich u. a., Stuttgart 1985, 732–74

3623 Rebentisch, Dieter: Hitlers Reichskanzlei zwischen Politik und Verwaltung, in: Dieter Rebentisch/Karl Teppe (Hg.), Verwaltung contra Menschenführung im Staat Hitlers. Studien zum politisch-administrativen System, Göttingen 1986, 65–99

3624 Rebentisch, Dieter: Verfassungswandel und Verwaltungsstaat vor und nach der nationalsozialistischen Machtergreifung, in: Jürgen Heideking u. a. (Hg.), Wege in die Zeitgeschichte. Festschrift zum 65. Geburtstag von Gerhard Schulz, Berlin/New York 1989, 123–50

3625 Rebentisch, Dieter: Die Staatssekretäre im Reichsministerium des Inneren 1933–1945. Anmerkungen zu Struktur und Wandel der Ministerialbürokratie, in: Wolfgang Michalka (Hg.), Der Zweite Weltkrieg. Analysen, Grundzüge, Forschungsbilanz, München/Zürich 1989, 260–74

3626 Rebentisch, Dieter/Teppe, Karl (Hg.): Verwaltung contra Menschenführung im Staat Hitlers. Studien zum politisch-administrativen System, Göttingen 1986; 434 S.*

3627 Schweitzer, Arthur: Parteidikatur und überministerielle Führungsgewalt, in: JfS 21 (1970), 49–74

3628 Seidel, Ralf/Sueße, Thorsten: Werkzeuge der Vernichtung. Zum Verhalten von Verwaltungsbeamten und Ärzten bei der »Euthanasie«, in: Norbert Frei (Hg.), Medizin und Gesundheitspolitik in der NS-Zeit, München 1991, 253–64

3629 Silverman, Dan P.: Nazification of the German Bureaucracy. Reconsidered. A Case Study [Reichsanstalt für Arbeitsvermittlung und Arbeitslosenversicherung], in: JMH 60 (1988), 496–539

3630 Teppe, Karl: Die NSDAP und die Ministerialbürokratie. Zum Machtkampf zwischen dem Reichsministerium des Innern und der NSDAP um die Entscheidungsgewalt in den annektierten Gebieten am Beispiel der Kontroversen um die Einsetzung der Gauräte 1940/41, in: Staat 15 (1976), 367–80

3631 Wunder, Bernd: Geschichte der Bürokratie in Deutschland, Frankfurt 1986, 109–48, 220–23

A.3.4.2 Kriegsverwaltung

Literaturberichte

3632 Mommsen, Hans: Führerstaat und Verwaltung im Zweiten Weltkrieg, in: HPB 38 (1990), 321 f.

Gedruckte Quellen

3633 Umbreit, Hans: Die Kriegsverwaltung 1940–1945. (Dokumentation), in: MGM 4 (1968), 105–34

Darstellungen

3634 Baum, Walter: Vollziehende Gewalt und Kriegsverwaltung im »Dritten Reich«, in: WR 6 (1956), 475–96

3635 Boelcke, Willi A.: Die Verwaltung im Zweiten Weltkrieg, in: Deutsche Verwaltungsgeschichte, Bd. 4: Das Reich als Republik und in der Zeit des Nationalsozialismus, Hg. Kurt G. A. Jeserich u. a., Stuttgart 1985, 1114–30

3636 Busch, Eckhart: Das Reichsverteidigungsgesetz vom 21. Mai 1935, in: WR 10 (1960), 613–18

3637 Meinck, Gerhard: Der Reichsverteidigungsrat, in: WR 6 (1956), 411–22

3638 Meyer-Hesemann, Wolfgang: Kriegsverwaltungsrecht im Nationalsozialismus, in: Peter Salje (Hg.), Recht und Unrecht im Nationalsozialismus, Münster 1985, 170–92

Regional-/Lokalstudien

3639 Hauf, Reinhard: Die Beamten in der allgemeinen inneren Verwaltung in der Zeit der Kriegswirtschaft im Ruhrgebiet 1939–1945, in: Klaus Möltgen (Hg.), Kriegswirtschaft und öffentliche Verwaltung im Ruhrgebiet 1939–1945. Dokumentation des 4. Symposiums der Dokumentations- und Forschungsstelle für Beamten- und Verwaltungsgeschichte der Fachhochschule für öffentliche Verwaltung Nordrhein-Westfalen in Dortmund am 20. Oktober 1989, Dortmund 1990, 99–122 (Diskussion: 123–28)

3640 Möltgen, Klaus (Hg.): Kriegswirtschaft und öffentliche Verwaltung im Ruhrgebiet 1939–1945. Dokumentation des 4. Symposiums der Dokumentations- und Forschungsstelle für Beamten- und Verwaltungsgeschichte der Fachhochschule für öffentliche Verwaltung Nordrhein-Westfalen in Dortmund am 20. Oktober 1989, Dortmund 1990; 152 S.

3641 Teppe, Karl: Der Reichsverteidigungskommissar. Organisation und Praxis in Westfalen, in: Dieter Rebentisch/Karl Teppe (Hg.), Verwaltung contra Menschenführung im Staat Hitlers. Studien zum politisch-administrativen System, Göttingen 1986, 278–301

3642 Wiemers, Martina: Kriegsverwaltung, in: Karl-Heinz Metzger u. a., Kommunalverwaltung unterm Hakenkreuz. Berlin-Wilmersdorf 1933–1945, Hg. Bezirksamt Wilmersdorf von Berlin, Berlin 1992, 120–50, 291–94

A.3.4.3 Regional- und Lokalstudien

A.3.4.3.1 Länder und Regionen

Quellenkunde

3643 Cordshagen, Hugo: Die Aktenvernichtung beim Mecklenburgischen Staatsministerium, Abteilung Inneres, und seinen nachgeordneten Behörden im März und April 1945, in: Archivmitteilungen 6 (1956), 127–30

Darstellungen

3644 Adamy, Kurt/Hübener, Kristina: Provinz Mark Brandenburg – Gau Kurmark. Eine verwaltungsgeschichtliche Skizze, in: Dietrich Eichholtz (Hg.), Verfolgung – Alltag – Widerstand. Brandenburg in der NS-Zeit. Studien und Dokumente, Berlin 1993, 11–31

3645 Beimrohr, Wilfried: Staat und Partei des Dritten Reichs in Tirol, in: Tirol 1938. Voraussetzungen und Folgen. Ausstellung des Landes Tirol, Tiroler Landesmuseum Ferdinandeum Innsbruck, 9. März bis 10. April 1988, Hg. Tiroler Landesmuseum Ferdinandeum Innsbruck, Innsbruck 1988, 41–55

3646 Dehlinger, Alfred: Württembergs Staatswesen in seiner geschichtlichen Entwicklung bis heute, 2 Bde., Stuttgart 1951–1953; XXXIV, 1120 S.

3647 Fenske, Hans: Die Verwaltung Pommerns 1815–1945. Aufbau und Ertrag, Köln u. a. 1993; V, 184 S.

3648 Fenske, Hans: Bürokratie am braunen Gängelband. Zur Entwicklung der pfälzischen Verwaltung in den Jahren der NS-Diktatur, in: Gerhard Nestler/Hannes Ziegler (Hg.), Die Pfalz unterm Hakenkreuz. Eine deutsche Provinz während der nationalsozialistischen Terrorherrschaft, Landau 1993, 119–140

3649 Fenske, Hans: Josef Bürckel und die Verwaltung der Pfalz (1933–1940), in: Dieter Rebentisch/Karl Teppe (Hg.), Verwaltung contra Menschenführung im Staat Hitlers. Studien zum politisch-administrativen System, Göttingen 1986, 153–72

Grundriß zur deutschen Verwaltungsgeschichte, Reihe A: Preußen, Hg. Walther Hubatsch, Marburg:

3650 – Bd. 1: Ost- und Westpreußen, Bearb. Dieter Stüttgen, 1975; XIX, 286 S., 94 Abb., 7 Karten

3651 – Bd. 2: T. 1: Provinz (Großherzogtum) Posen, T. 2: Provinz Grenzmark Posen-Westpreußen, Bearb. Dieter Stüttgen/Walther Hubatsch, 1975; VIII, 149 S., 30 Abb., 6 Karten

3652 – Bd. 3: Pommern, Bearb. Dieter Stüttgen, 1975; X, 120 S., 56 Abb., 6 Karten

3653 – Bd. 4: Schlesien, Bearb. Dieter Stüttgen u. a., 1976; X, 332 S., 121 Abb., 8 Karten

3654 – Bd. 5: Brandenburg, Bearb. Werner Vogel, 1975; X, 190 S., 78 Abb., 4 Karten

3655 – Bd. 6: Provinz Sachsen, Bearb. Thomas Klein, 1975; X, 211 S., 130 Abb., 4 Karten

3656 – Bd. 7: Rheinland, Bearb. Rüdiger Schütz, 1978; XV, 648 S., 35 Abb., 10 Karten

3657 – Bd. 8: Westfalen, Bearb. Walther Hubatsch, 1980; VIII, 348 S., 53 Abb., 2 Karten

3658 – Bd. 9: Schleswig-Holstein, Bearb. Klaus Friedland/Kurt Jürgensen, 1977; VIII, 255 S., 44 Abb., 9 Karten

3659 – Bd. 10: Hannover, Bearb. Iselin Gundermann/Walther Hubatsch, 1977; XV, 920 S., 3 Karten

3660 – Bd. 11: Hessen-Nassau, Bearb. Thomas Klein, Mitarb. Wolfgang Klötzer, 1979; 507 S., 238 Abb., 4 Karten

3661 – Bd. 12: T. A: Zentralbehörden, T. B: Unmittelbare Gebiete Preußens, Bearb. Friedrich W. Wehrstedt, 1978; 290 S., 260 Abb., 5 Karten

3662 – Bd. 12A: Register zu Bd. 1–12. Berichtigungen und Ergänzungen. Verzeichnis der höheren Verwaltungsbeamten Preußens und der Vorgängerstaaten 1815–1945. Verzeichnis der Amtssitze, Bearb. Walther Hubatsch, 1981; 358 S.

3663 – Bd. 13: Mecklenburg, Bearb. Helge Bei der Wieden, 1976; XV, 334 S., 102 Abb., 4 Karten

Grundriß zur deutschen Verwaltungsgeschichte, Reihe B: Mitteldeutschland, Hg. Thomas Klein, Marburg:

3664 – Bd. 14: Sachsen, Bearb. Thomas Klein, 1982; XVI, 458 S., 101 Abb., 3 Karten

3665 – Bd. 15: Thüringen, Bearb. Thomas Klein, 1983; XXIII, 446 S., 128 Abb., 3 Karten

3666 – Bd. 16: Mitteldeutschland (Kleinere Länder), Bearb. Thomas Klein, 1983; VIII, 311 S., 87 Abb., 3 Karten

3667 Grunwald, Klaus-Dieter: Die Provinzialverwaltung und ihre Organe in der preußischen Provinz Schleswig-Holstein 1867–1945. Ein Überblick über die provinzielle Selbstverwaltung in Schleswig-Holstein, Diss. Kiel 1972; 137 S.

3668 Hasel, Karl: Forstbeamte im NS-Staat am Beispiel des ehemaligen Landes Baden, in: Forstverwaltung und Forstwirtschaft im Gebiet des späteren Landes Baden-Württemberg 1945–1952. Forstbeamte im NS-Staat am Beispiel des ehemaligen Landes Baden. (Schriftenreihe der Landesforstverwaltung Baden-Württemberg, 62), Hg. Ministerium für Ernährung, Landwirtschaft und Forsten Baden-Württemberg, Stuttgart 1985, 415–58

3669 Heinrich, Gerd u. a. (Hg.): Verwaltungsgeschichte Ostdeutschlands 1815–1945. Organisation – Aufgaben – Leistungen der Verwaltung, Stuttgart u. a. 1993; XXIII, 1140 S.

3670 Herrmann, Hans-Walter: Pfalz und Saarland in den Plänen zur Neugliederung des Reichsgebietes 1933–1941, in: MHVP 83 (1985), 321–61

3671 Hoffmann, Klaus D.: Die Geschichte der Provinzial- und Bezirksregierung für Rheinhessen 12. 7. 1816–1. 10. 1968, 2., erg. Aufl., Mainz 1978; 42 S. (zuerst 1977)

3672 Hofmann, Walter: Vier Jahrzehnte im Dienste der inneren Verwaltung in der Pfalz, in Bayern, im Saarland und in Rheinland-Pfalz. Erinnerungen eines Verwaltungsbeamten aus den Jahren 1931 bis 1970, Neustadt a. d. W./Speyer 1982; 59 S.

3673 Housden, Martyn: Personal Rivalry in the Hitler State: A Case Study [Sachsen-Anhalt], in: GH 8 (1990), 294–309

3674 Jürgensen, Kurt: Die Gleichschaltung der Provinzialverwaltung. Ein Beitrag zur Durchsetzung der nationalsozialistischen Herrschaft in Schleswig-Holstein (1932–1934), in: Erich Hoffmann/Peter Wulf (Hg.), »Wir bauen das Reich«. Aufstieg und erste Herrschaftsjahre des Nationalsozialismus in Schleswig-Holstein, Neumünster 1983, 393–422

3675 Klein, Thomas: Leitende Beamte der allgemeinen Verwaltung in der preußischen Provinz Hessen-Nassau und in Waldeck 1867–1945, Darmstadt/Marburg 1988; 412 S.

3676 Krabbe, Wolfgang R.: Die Entwicklung von Aufgabenstruktur und Leistungsvermögen des Provinzialverbandes Westfalen von 1886 bis 1945, in: Karl Teppe (Hg.), Selbstverwaltungsprinzip und Herrschaftsordnung. Bilanz und Perspektiven landschaftlicher Selbstverwaltung in Westfalen, Münster 1987, 45–68

3677 Leesch, Wolfgang: Die Verwaltung der Provinz Westfalen 1815–1945. Struktur und Organisation, 2. Aufl., Münster 1993; IX, 469 S. (zuerst 1992 u. d. T.: Verwaltung in Westfalen 1815–1945)

3678 Merz, Hans-Georg: Beamtentum und Beamtenpolitik in Baden. Studien zu ihrer Geschichte vom Großherzogtum bis in die Anfangsjahre des nationalsozialistischen Herrschaftssystems, Freiburg i.Br./München 1985; IX, 388 S.

3679 Mühlebach, Josef: Der Landeskommunalverband der Hohenzollerischen Lande. Geschichtliche Entwicklung, Rechtsgrundlagen und Aufgabengebiete, Sigmaringen 1972; 142 S.

3679a Mühlebach, Josef: Die preußischen Regierungspräsidenten in Hohenzollern, in: HH 27 (1977), 9–13

3680 Muncy, Lysbeth: The Junkers and the Prussian Administration from 1918 to 1939, in: RP 9 (1947), 482–501

3681 Pankoke, Eckart: Öffentliche Verwaltung 1918–1975, in: Wolfgang Köllmann u. a. (Hg.), Das Ruhrgebiet im Industriezeitalter. Geschichte und Entwicklung, Bd. 2, Düsseldorf 1990, 7–66, hier 40–46; 635–39

3682 Pehle, Walter H.: Die nationalsozialistische Machtergreifung im Regierungsbezirk Aachen unter besonderer Berücksichtigung der staatlichen und kommunalen Verwaltung 1922–1933, 2 Bde., Diss. Düsseldorf 1976; 508, 158 S.

3683 Rauh-Kühne, Cornelia/Ruck, Michael (Hg.): Regionale Eliten zwischen Dikatur und Demokratie. Baden und Württemberg 1930–1952, München 1993, 18–23, 37–169*

3684 Rebentisch, Dieter: Der Gau Hessen-Nassau und die nationalsozialistische Reichsreform, in: NA 89 (1978), 128–62

3685 Die Regierungspräsidenten von Koblenz, Beitrag über die Amtsgebäude von Udo Liessem, Mitarb. Hans Köppe u. a., Einführung Franz-Josef Heyen, Koblenz 1983; 131 S.

3686 Rödel, Volker: Die Behörde des Reichsstatthalters in der Westmark, in: JWL 10 (1984), 287–318

3687 Romeyk, Horst: Verwaltungs- und Behördengeschichte der Rheinprovinz 1914–1945, Düsseldorf 1985; 584 S.

3688 Romeyk, Horst: Der preußische Regierungspräsident im NS-Herrschaftssystem. Am Beispiel der Regierung Düsseldorf, in: Dieter Rebentisch/Karl Teppe (Hg.), Verwaltung contra Menschenführung im Staat Hitlers. Studien zum politisch-administrativen System, Göttingen 1986, 121–40

3689 Romeyk, Horst: Zwischen Anpassung und Auflehnung. Zum Verhalten der Beamtenschaft in Rheinland und Westfalen 1933 bis 1945, in: Friedrich G. Schwegmann (Hg.), Zwischen Gehorsamspflicht und Widerstandsrecht: ein unlösbares Dilemma der Beamtenschaft? Dokumentation des 2. Symposiums der Dokumentations- und Forschungsstelle der FHSöV NW für Beamten- und Verwaltungsgeschichte im 20. Jahrhundert im Gebiet des heutigen Landes Nordrhein-Westfalen vom 4. bis 5. Dezember 1986 in Münster, Gelsenkirchen 1989, 137–65

3690 Romeyk, Horst: Der Gau Moselland in der nationalsozialistischen Reichsreform, in: JWL 11 (1985), 247–69

3691 Romeyk, Horst: Düsseldorfer Regierungspräsidenten 1914–1945, in: RVB 44 (1980), 237–99

3692 Roser, Hubert: Nationalsozialistische Beamte auf der Anklagebank? NS-Parteigerichtsbarkeit und öffentliche Verwaltung in Südwestdeutschland 1933–1945, in: Cornelia Rauh-Kühne/Michael Ruck (Hg.), Regionale Eliten zwischen Diktatur und Demokratie. Baden und Württemberg 1930–1952, München 1993, 125–49

3693 Roser, Hubert/Spear, Peter: »Der Beamte gehört dem Staat und der Partei«. Die Gauämter für Beamte und für Kommunalpolitik in Baden und Württemberg im polykratischen Herrschaftsgefüge des NS-Regimes, in: Cornelia Rauh-Kühne/Michael Ruck (Hg.), Regionale Eliten zwischen Diktatur und Demokratie. Baden und Württemberg 1930–1952, München 1993, 71–102

3694 Ruck, Michael: »... und dann kam ich in das Dritte Reich, einfach als Berufsbeamter.« Zur Rolle der administrativen Eliten in Südwestdeutschland 1928 bis 1972, Habil. Mannheim 1994; 397 S. (Ms.; erscheint München 1996)

3695 Ruck, Michael: Kollaboration – Loyalität – Resistenz. Administrative Eliten und NS-Regime am Beispiel der südwestdeutschen Innenverwaltung, in: Thomas Schnabel (Hg.), Formen des Widerstandes im Südwesten 1933–1945. Scheitern und Nachwirken, Mitarb. Angelika Hauser-Hauswirth, hg. f. d. Landeszentrale für politische Bildung Baden-Württemberg/Haus der Geschichte Baden-Württemberg, Ulm 1994, 124–51

3696 Ruck, Michael: Administrative Eliten in Demokratie und Diktatur. Beamtenkarrieren in Baden und Württemberg von den zwanziger Jahren bis in die Nachkriegszeit, in: Cornelia Rauh-Kühne/Michael Ruck (Hg.), Regionale Eliten zwischen Diktatur und Demokratie. Baden und Württemberg 1930–1952, München 1993, 37–69

3697 Sauer, Paul (Bearb.): 200 Jahre Württembergische Gebäudebrandversicherungsanstalt 1773–1973, Hg. Württembergische Gebäudebrandversicherungsanstalt, Stuttgart 1973, 169–89

3698 Scheitler, Sigrid (Bearb.): Verwaltungsbauten, in: Winfried Nerdinger (Hg.), Bauen im Nationalsozialismus. Bayern 1933–1945. Ausstellung des Architekturmuseums der Technischen Universität München und des Münchner Stadtmuseums, München 1993, 390–411

3699 Schineller, Werner: Die Regierungspräsidenten der Pfalz. Festgabe zum 60. Geburtstag des Regierungspräsidenten Hans Keller am 6.5. 1980, Speyer 1980; 107 S.

3700 Schultze-Plotzius, Manfred: Ein Überblick über die Tätigkeit der Provinzialverwaltung von Pommern in den Jahren 1933–1945, in: BS 49 (1962/63), 69–100

3701 Sengotta, Hans-Jürgen: Der Reichsstatthalter in Lippe 1933–1939. Reichsrechtliche Bestimmungen und politische Praxis, Detmold 1976; 422 S.

3702 Sikinger, Jürgen/Ruck, Michael: »Vorbild treuer Pflichterfüllung«? Badische Beamte vor dem Sondergericht Mannheim 1933 bis 1945, in: Cornelia Rauh-Kühne/Michael Ruck (Hg.), Regionale Eliten zwischen Diktatur und Demokratie. Baden und Württemberg 1930–1952, München 1993, 103–24

3703 Springorum, Ulrich: Entstehung und Aufbau der Verwaltung in Rheinland-Pfalz nach dem Zweiten Weltkrieg (1945–1947), Berlin 1982, 35–52

3704 Stiefel, Karl: Baden 1648–1952, 2 Bde., 2. Aufl., Karlsruhe 1979; 2104 S. (zuerst 1978)

3705 Teppe, Karl (Hg.): Selbstverwaltungsprinzip und Herrschaftsordnung. Bilanz und Perspektiven landschaftlicher Selbstverwaltung in Westfalen, Münster 1987; VII, 304 S.

3706 Teppe, Karl: Provinz, Partei, Staat. Zur provinziellen Selbstverwaltung im Dritten Reich, untersucht am Beispiel Westfalens, Münster 1977; XII, 300 S.

3707 Teppe, Karl: Die Oberpräsidenten der Provinz Westfalen 1919–1945. Eine sozialhistorische Studie, in: Mentalitäten und Lebensverhältnisse. Beispiele aus der Sozialgeschichte der Neuzeit. Rudolf Vierhaus zum 60. Geburtstag, hg. von Mitarbeitern und Schülern, Göttingen 1982, 260–74

3708 Teppe, Karl: Die preußischen Oberpräsidenten 1933–1945, in: Klaus Schwabe (Hg.), Die preußischen Oberpräsidenten 1815–1945, Boppard 1981, 219–48 (Anhang, 335–38: Oberpräsidentenliste Preußen 1933–1945)

3709 Teppe, Karl: Provinzielle Selbstverwaltung im Dritten Reich. Das Beispiel Westfalens 1933–1945, in: WF 27 (1975), 22–34

3710 Volkert, Wilhelm (Hg.): Handbuch der bayerischen Ämter, Gemeinden und Gerichte 1799–1980, Mitarb. Richard Bauer u. a., München 1983; XXXIV, 705 S.

3711 Wallthor, Alfred H. von: Die landschaftliche Selbstverwaltung, in: Wilhelm Kohl (Hg.), Westfälische Geschichte, Bd. 2: Das 19. und 20. Jahrhundert. Politik und Kultur, Münster 1983, 165–209, hier 188–97

A.3.4.3.2 Landkreise

3713 Angerbauer, Wolfram: Vom Oberamt zum Landkreis Heilbronn. Der lange Weg zur Kreisreform 1938 am Beispiel des württembergischen Unterlandes, Heilbronn 1988; 144 S.

3714 Astfäller, Josef: Bericht des Villinger Landrats Dr. Josef Astfäller über seine Tätigkeit beim Landratsamt Konstanz in den Jahren 1943 bis 1948, in: Hegau 29/30 (1984/85), Nr. 41/42, 294–99

3715 Eckhardt, Albrecht: Birkenfelds Weg vom Oldenburgischen Landesteil zum preußischen Landkreis, in: Vorträge der Oldenburgischen Landschaft (Oldenburg) 11 (1983), 3–28

3716 Fischer, Joachim: Die badische Landkreisordnung vom 24. Juni 1939. Zur Geschichte der Selbstverwaltung in Baden, in: LKNBW 28 (1989), 91–94

3717 Gerhardt, Kurt: Vogt – Oberamtmann – Landrat. Zur Geschichte des Hauptverwaltungsbeamten des Landkreises in Württemberg, in: Beiträge zur Geschichte der Landkreise in Baden und Württemberg. Festschrift zum 20jährigen Landratsjubiläum von Landrat Dr. Wilhelm Bühler, Alb-Donau-Kreis, am 11. März 1987, Hg. Landkreistag Baden-Württemberg, Stuttgart 1987, 60–74

3718 Götz, Franz: Amtsbezirke und Kreise im badischen Bodenseegebiet. Ihre Entwicklung seit 1803 und ihre wichtigsten Organe. Chronologische Übersichten und Personalien, hg. i. A. der Landkreise Konstanz, Stockach und Überlingen in Verbindung mit dem Verein für Geschichte des Hegaus, Radolfzell 1971; 223 S.

3719 Götz, Gerhard W.: Die Entwicklung der höheren Kommunalverbände in Baden, Diss. Freiburg i.Br. 1957; X, 167 S.

3720 Groeben, Klaus von der: Landkreis und Verbandstätigkeit im Nationalsozialistischen Staat von 1933–1945, in: Klaus von der Groeben/Hans-Jürgen von der Heide (Hg.), Geschichte des Deutschen Landkreistages. (Der Kreis. Ein Handbuch, 5), Köln/Berlin 1981, 157–212

3721 [Hundertfünfzig] 150 Jahre Landkreis Jülich 1816–1966, Text Editha Limbach-Nassen, hg. in Verbindung mit dem Landkreis Jülich, Düsseldorf 1966, 47–51

3722 Jeserich, Kurt G. A.: Die Landkreise zwischen 1933 und 1945. Das Problem einer

Reichskreisordnung (1966), in: Der Kreis im Wandel der Zeiten. Grundlegende Texte der Kreisliteratur, Hg. Deutscher Landkreistag, Köln u. a. 1976, 89–99

3723 Klenner, Jochen: Verhältnis von Partei und Staat 1933–1945. Dargestellt am Beispiel Bayerns, München 1974; XIII, 364 S.

3724 Mages, Emma: Probleme der Verwaltungs- und Gerichtsorganisation im ehemaligen Landkreis Oberviechtach im 19. und 20. Jahrhundert, in: Dieter Albrecht/Dirk Götschmann (Hg.), Forschungen zur bayerischen Geschichte. Festschrift für Wilhelm Volkert zum 65. Geburtstag, Frankfurt u. a. 1993, 237–54

3725 Moersch, Karl: Der Größte war's im ganzen Land. Anmerkungen zur fünfzigjährigen Geschichte des Kreises Ludwigsburg, in: LGB 43 (1989), 111–26

3726 Mühlebach, Josef: Oberamtmänner und Landräte in Hohenzollern, in: HH 24 (1974), 9–11, 22–26

3727 Münzebrock, August: Amtshauptmann in Cloppenburg 1933–1945, Cloppenburg 1962; 104 S.

3728 Neckenauer, Albert: Der Rhein-Neckar-Kreis von den altbadischen Kreisen bis zur Kreisreform 1973, o. O. [Heidelberg] 1986; 23, (5) S.

3729 Neckenauer, Albert: Von den altbadischen Kreisen bis zur Kreisreform 1803–1973, in: Beiträge zur Geschichte der Landkreise in Baden und Württemberg. Festschrift zum 20jährigen Landratsjubiläum von Landrat Dr. Wilhelm Bühler, Alb-Donau-Kreis, am 11. März 1987, Hg. Landkreistag Baden-Württemberg, Stuttgart 1987, 27–59

3729a Steinegger, Fritz: Die Tiroler Bezirkshauptleute von 1868 bis heute (1972), in: 100 Jahre Bezirkshauptmannschaften in Tirol, Innsbruck 1972, 208–58

3730 Tellenbach, Klaus: Die badische Innere Verwaltung im Dritten Reich. Von Erlebnissen eines Landrats, in: ZGO 134 (N. F. 95) (1986), 377–412

3731 Zürlik, Josef: Die Oldenburgische Verwaltungsreform von 1933. Ein Schritt in der Entwicklung unserer Gemeinden und Landkreise. Vortrag, gehalten vor der 12. Landschaftsversammlung der Oldenburgischen Landschaft am 12. März 1983 in Wardenburg, Oldenburg 1983; 40 S.

A.3.4.3.3 Kommunen

Gedruckte Quellen

3733 Berichte der Kommunalpolitischen Gauämter in Bayern, in: Bayern in der NS-Zeit, Bd. 1: Soziale Lage und politisches Verhalten der Bevölkerung im Spiegel vertraulicher Berichte, Hg. Martin Broszat u. a., München/Wien 1977, 552–69

Darstellungen

3734 Bauerkämper, Arnd u. a.: Wilhelm Gräfer in Lemgo. Eine Fallstudie zur Stellung des Bürgermeisters im Nationalsozialismus, in: LMGL 51 (1982), 211–39; abgedr. in: Wolfgang Emer u. a. (Hg.), Provinz unterm Hakenkreuz. Diktatur und Widerstand in Ostwestfalen-Lippe, Bielefeld 1984, 101–24

3736 Bock, Karl H.: Wachstum aus wilder Wurzel. Als Wolfsburg gegründet wurde: Zusammenprall zwischen politischer Technokratie und innerer Verwaltung. Erinnerungen, Stuttgart u. a. 1982; 50 S.

3737 Csendes, Peter: Die Wiener Stadtverwaltung im März 1938 und ihre Entwicklung unter der nationalsozialistischen Herrschaft, in: Wien 1938, Hg. Kommission Wien 1938, Wien 1978, 70–76

3738 Dimpker, Hinrich: Die »Wiederherstellung des Berufsbeamtentums«. Nationalsozialistische Personalpolitik in Lübeck, Diss. Kiel 1981; 145 S.

3739 Eckardt, Uwe: »Der Bonzentraum ist ausgeträumt, im Rathaus wird nun aufgeräumt!« Zur Verwaltungsgeschichte 1933 bis 1937, in: Klaus Goebel (Hg.), Wuppertal in der Zeit des Nationalsozialismus, 1. u. 2., korr. Aufl., Wuppertal 1984, 27–42

3740 Engeli, Christian: Die nationalsozialistischen Kommunalpolitiker in Berlin, in: Wolfgang Ribbe (Hg.), Berlin-Forschungen, Bd. 2, Berlin 1987, 113–39

3741 Fröhlich, Elke: Ein katholischer Polizeiwachtmeister [Franz Fischer in Eichstätt], in: Elke Fröhlich, Die Herausforderung des Einzelnen. Geschichten über Widerstand und Verfolgung. (Bayern in der NS-Zeit, 6), München/Wien 1983, 157–71; abgedr. in: Elke Fröhlich/Martin Broszat, Alltag und Widerstand – Bayern im Nationalsozialismus, München/Zürich 1987, 545–66**

3742 Füllberg-Stolberg, Claus: Die Gleichschaltung der Beamtenschaft an einem hannoverschen Beispiel, in: Hannover 1933. Eine Großstadt wird nationalsozialistisch. Beiträge zur Ausstellung, Hg. Historisches Museum am Hohen Ufer, Hannover 1981, 134–44

3743 Hanko, Helmut M.: Die nationalsozialistische Machtübernahme im Münchener Rathaus. Die Stadtverwaltung unterm Hakenkreuz, in: Richard Bauer u. a. (Hg.), München – »Hauptstadt der Bewegung«. Bayerns Metropole und der Nationalsozialismus, München 1993, 196–205

3744 Hanko, Helmut M.: Kommunalpolitik in der »Hauptstadt der Bewegung« 1933–1935. Zwischen »revolutionärer« Umgestaltung und Verwaltungskontinuität, in: Bayern in der NS-Zeit, Bd. 3: Herrschaft und Gesellschaft im Konflikt, T. B, Hg. Martin Broszat u. a., München/Wien 1981, 329–444

3745 Hanko, Helmut M.: München 1933 bis 1935. Das Rathaus unterm Hakenkreuz, in: Wilhelm Rausch (Hg.), Die Städte Mitteleuropas im 20. Jahrhundert, hg. i. A. des Österreichischen Arbeitskreises für Stadtgeschichtsforschung und des Ludwig-Boltzmann-Institutes für Stadtgeschichtsforschung, Linz 1984, 287–306

3746 Hensel, Walther: 3 x Kommunalpolitik 1926–1964 [Düsseldorf], Köln 1970; 253 S.

3747 Hilpert, Wolfram: Nationalsozialismus und Stadt (Verwaltung) Köln. Der Einfluß des Nationalsozialismus auf die kommunale Selbstverwaltung in den Vorkriegsjahren des Dritten Reiches, in: JbKGV 60 (1989), 241–84

3748 Luntowski, Gustav: Die kommunale Selbstverwaltung. (Geschichte Dortmunds im 19. und 20. Jahrhundert, 1), Dortmund 1977; 204 S.

3749 Matzerath, Horst: Nationalsozialismuse und kommuale Selbstverwaltung, Stuttgart 1970; 503 S.

3750 Matzerath, Horst: Kommunale Selbstverwaltung im Zweiten Weltkrieg, in: Klaus Möltgen (Hg.), Kriegswirtschaft und öffentliche Verwaltung im Ruhrgebiet 1939–1945. Dokumentation des 4. Symposiums der Dokumentations- und Forschungsstelle für Beamten- und Verwaltungsgeschichte der Fachhochschule für öffentliche Verwaltung Nordrhein-Westfalen in Dortmund am 20. Oktober 1989, Dortmund 1990, 35–50 (Diskussion: 51–53)

3751 Matzerath, Horst: Oberbürgermeister im Dritten Reich. Auswertung einer quantitativen Analyse, in: Klaus Schwabe (Hg.), Oberbürgermeister, Boppard 1981, 157–99; gekürzt abgedr. in: Gerhard Hirschfeld/Lothar Kettenacker (Hg.), Der »Führerstaat«: Mythos und Realität. Studien zur Struktur und Politik des Dritten Reiches, Stuttgart 1981, 228–54

3752 Matzerath, Horst: Die Zeit des Nationalsozialismus, in: Günter Püttner/Michael Borchmann (Hg.), Handbuch der kommunalen Wissenschaft und Praxis, hg. in Verbindung mit den kommunalen Spitzenverbänden, Bd. 1, 2., völlig neu bearb. Aufl., Berlin u. a. 1981, 101–13

3753 Matzerath, Horst: Nationalsozialistische Kommunalpolitik. Anspruch und Realität, in: AS 5 (1978), 1–22

3754 Metzger, Karl-Heinz u.a.: Kommunalverwaltung unterm Hakenkreuz. Berlin-Wilmersdorf 1933–1945, Hg. Bezirksamt Wilmersdorf von Berlin, Berlin 1992; 336 S.* **

3755 Meyer-Kahrweg, Ruth: Straßenumbenennungen in Wuppertal als Demonstration nationalsozialistischen Geistes, in: Klaus Goebel (Hg.), Wuppertal in der Zeit des Nationalsozialismus, 1. u. 2., korr. Aufl., Wuppertal 1984, 43–50

3756 Mögle-Hofacker, Franz: Zur Bedeutung rechtsstaatlicher Traditionen während der Zeit des Nationalsozialismus am Beispiel württembergischer Kommunalverwaltungen, in: Bernhard Kirchgässner/Jörg Schadt (Hg.), Kommunale Selbstverwaltung – Idee und Wirklichkeit, Sigmaringen 1983, 182–96

3757 Mommsen, Hans: Die Geschichte des Chemnitzer Kanzleigehilfen K. B., in: Detlev J. K. Peukert/Jürgen Reulecke (Hg.), Die Reihen fast geschlossen. Beiträge zur Geschichte des Alltags unterm Nationalsozialismus, Wuppertal 1981, 337–66

3758 Müller, Herbert: Parteien- oder Verwaltungsvorherrschaft? Die Kommunalpolitik der Stadt Kempten (Allgäu) zwischen 1929 und 1953, München 1988, 33–55, 324–33

3759 Müller, Roland: Ein geräuschloser Umbau. Die Machtübernahme im Stuttgarter Rathaus, in: Die Machtergreifung. Von der republikanischen zur braunen Stadt. (Stuttgart im Dritten Reich. Eine Ausstellung des Projekts Zeitgeschichte), Hg. Projekt Zeitgeschichte im Kulturamt der Landeshauptstadt Stuttgart, Bearb. Michael Molnar, Red. Karlheinz Fuchs, Stuttgart 1983, 331–50

3760 Mutius, Albert von: Kommunalverwaltung und Kommunalpolitik [1933–1945], in: Deutsche Verwaltungsgeschichte, Bd. 4: Das Reich als Republik und in der Zeit des Nationalsozialismus, Hg. Kurt G. A. Jeserich u.a., Stuttgart 1985, 1055–81

3761 Noakes, Jeremy: Oberbürgermeister and Gauleiter. City Government between Party und State, in: Gerhard Hirschfeld/Lothar Kettenacker (Hg.), Der »Führerstaat«: Mythos und Realität. Studien zur Struktur und Politik des Dritten Reiches, Stuttgart 1981, 194–227

3762 Rebentisch, Dieter: Die politische Stellung der Oberbürgermeister im Dritten Reich, in: Klaus Schwabe (Hg.), Oberbürgermeister, Boppard 1981, 125–55

3763 Ribbe, Wolfgang (Hg.): Stadtoberhäupter. Biographien Berliner Bürgermeister im 19. und 20. Jahrhundert, Berlin 1992; 691 S.

3764 Ribhegge, Wilhelm: Die Systemfunktion der Gemeinden. Zur deutschen Kommunalgeschichte seit 1918, in: Reiner Frey (Hg.), Kommunale Demokratie. Beiträge für die Praxis der kommunalen Selbstverwaltung, Bonn-Bad Godesberg 1976, 28–65, hier 46–54

3765 Röhrbein, Waldemar R.: »... damit in der Stadt Hannover endlich klare Verhältnisse geschaffen werden.« Zum politischen Ende des Oberbürgermeisters Dr. Arthur Menge, in: Dieter Brosius/Martin Last (Hg.), Beiträge zur niedersächsischen Landesgeschichte. Zum 65. Geburtstag von Hans Patze, hg. i.a. der Historischen Kommission für Niedersachsen und Bremen, Hildesheim 1984, 500–23

3766 Roser, Hubert: Kommunale Bürokratie im Nationalsozialismus: Das Beispiel Neckargemünd, in: NJb 3 (1991), 42–62

3767 Sahrhage, Norbert: Lokale Eliten in Demokratie und Diktatur. Die Bürgermeister in Stadt und Landkreis Herford 1929–1945, in: Stefan Brakensiek u.a. (Hg.), Kultur und Staat in der Provinz. Perspektiven und Erträge der Regionalgeschichte, Bielefeld 1992, 233–58

3768 Schnabel, Thomas: Die Gleichschaltung der kommunalen Verwaltung: Das Beispiel Freiburg, in: Ernst O. Bräunche u.a. (Hg.), 1933. Machtergreifung in Freiburg und Südbaden. Katalog zur Ausstellung vom 31.1.–20.3. 1983 in der Universitätsbibliothek, Freiburg i.Br. 1983, 41–48, 67 f.

3769 [Siebenter] 7. April 1933: Berufsbeamtentum und Nationalsozialismus. »... von unwürdigen und unverläßlichen Elementen gesäubert...« Veröffentlichung zur Gedenkveranstaltung der Stadt Hamm, Hg. Stadtarchiv Hamm/Arnold-Freimuth-Gesellschaft, Bearb. Elke Hilscher, Hamm 1993; 30 S.**

3770 Stokes, Lawrence D.: Der Fall [Otto] Stoffregen. Die Absetzung des Eutiner Bürgermeisters im Zuge der NS-Machtergreifung 1928–1937, in: ZGSHG 104 (1979), 253–86

3771 Wagener, Ulrich: Katholische Beamte als Opfer nationalsozialistischer Willkür. Zum Beispiel Dr. Alfred Cohausz, Stadtsyndikus in Paderborn, in: TuG 75 (1985), 85–92; abgedr. in: Ulrich Wagener (Hg.), Das Erzbistum Paderborn in der Zeit des Nationalsozialismus. Beiträge zur regionalen Kirchengeschichte 1933–1945, Paderborn 1993, 215–24

3772 Wiemers, Martina: Personalpolitik und allgemeine Verwaltung, in: Karl-Heinz Metzger u.a., Kommunalverwaltung unterm Hakenkreuz. Berlin-Wilmersdorf 1933–1945, Hg. Bezirksamt Wilmersdorf von Berlin, Berlin 1992, 34–119, 283–91

A.3.4.4 Beamtenrecht, Beamtenorganisationen, soziale Lage der Beamtenschaft

3773 Christmann, Alfred/Skiba, Rainer: Die Entwicklung der Gehälter der Beamten des Reiches und des Bundes 1928–1963, 2. Aufl., Köln 1965; 40 S. (zuerst 1964)

3774 Fricke, Dieter: Reichsbund der höheren Beamten (RhB) 1918–1934 (1918–1921 Bund höherer Beamter BhB), in: Lexikon zur Parteiengeschichte. Die bürgerlichen und kleinbürgerlichen Parteien und Verbände in Deutschland (1789–1945), Hg. Dieter Fricke u.a., Bd. 1, Leipzig (LA Köln) 1983, 639–46

3775 Giersch, Reinhard: Reichsbund der Deutschen Beamten (RDB) (1933) 1934-(1943) 1945, in: Lexikon zur Parteiengeschichte. Die bürgerlichen und kleinbürgerlichen Parteien und Verbände in Deutschland (1789–1945), Hg. Dieter Fricke u.a., Bd. 1, Leipzig (LA Köln) 1983, 632–38

3777 Heyneck, Karl: Die Entwicklung des Besoldungswesens vom Norddeutschen Bund bis zur Bundesrepublik Deutschland, in: APF 2 (1950), 837–915

3778 Jubelius, Werner: Beamtenpflichten und Disziplinarrecht unter der Herrschaft des Nationalsozialismus, in: Peter Salje (Hg.), Recht und Unrecht im Nationalsozialismus, Münster 1985, 150–69

3779 Schneider, Otmar: Rechtsgedanken und Rechtstechniken totalitärer Herrschaft. Aufgezeigt am Recht des öffentlichen Dienstes im Dritten Reich und der DDR, Berlin 1988; 263 S.

3780 Schütz, Dieter: Zwischen Standesbewußtsein und gewerkschaftlicher Orientierung. Beamte und ihre Interessenverbände in der Weimarer Republik, Baden-Baden 1992, 270–345

A.3.5 Justiz

A.3.5.1 Allgemeines

[vgl. A.1.9.2: F. Gürtner; H. Frank; C. Joel; F. Schlegelberger]

Bibliographien

3781 Ehrlich, Ulf: Recht – Nationalsozialismus. Eine Bibliographie nebst erschließenden Registern, Pfaffenweiler 1990; 131 S.

3782 Jessen, Jens: Die Selbstzeugnisse der deutschen Juristen. Erinnerungen, Tagebücher und Briefe. Eine Bibliographie, Frankfurt u. a. 1983; 287 S.

Literaturberichte

3783 Angermund, Ralph: Opfer und Täter. Die Rolle der Juristen im »Dritten Reich«. Literatur über die NS-Justiz und ihre Aufarbeitung, in: Parlament, Jg. 41, Nr. 27, 28. 6. 1991, 22 f.

3784 Angermund, Ralph: Von der »Verdrängung« zur »Historisierung«. Neuere Literatur über Justiz und Nationalsozialismus, in: Parlament, Jg. 39, Nr. 12, 17. 3. 1989, 13

3785 Kramer, Helmut: Entstehung, Funktion und Folgen des nationalsozialistischen Rechtssystems. Ein Literaturbericht, in: KJ 20 (1987), 218–45

3786 Kübler, Friedrich: Die nationalsozialistische Rechtsordnung im Spiegel neuer juristischer Literatur, in: NPL 15 (1970), 291–99

3787 Stolleis, Michael: »Anpassung und Unterwerfung« – die Justiz in der Ära Gürtner (1933–1940), in: HZ 249 (1989), 637–48

Quellenkunde

3788 Bästlein, Klaus: Zum Erkenntniswert von Justizakten aus der NS-Zeit. Erfahrungen in der konkreten Forschung, in: Jürgen Weber (Hg.), Datenschutz und Forschungsfreiheit. Die Archivgesetzgebung des Bundes auf dem Prüfstand, München 1986, 85–102

Gedruckte Quellen

3789 Boberach, Heinz (Hg.): Richterbriefe. Dokumente zur Beeinflussung der deutschen Rechtsprechung 1942–1944, Mitarb. Robert M. W. Kempner/Theo Rasehorn, Boppard 1975; XXVIII, 515 S.

3790 Gewerkschaftsfeinde in Richterroben, [T. 1:] Eine Dokumentation über die Verbrechen der heute noch in Westdeutschland amtierenden Nazi-Blutrichter und Staatsanwälte gegen antifaschistische Gewerkschafter, T. 2: Neue Dokumente über die Verbrechen heute noch amtierender Nazi-Juristen gegen antifaschistische Gewerkschafter, Hg. Freier Deutscher Gewerkschaftsbund, Bundesvorstand, Berlin (O) o. J. [1962; um 1964]; 78, 149 S.

3791 Gruchmann, Lothar: Hitler und die Justiz. Das Tischgespräch vom 20. August 1942. (Dokumentation), in: VfZ 12 (1964), 86–101

3792 Gruchmann, Lothar: Ein unbequemer Amtsrichter im Dritten Reich. Aus den Personalakten des Lothar Kreyßig. (Dokumentation), in: VfZ 32 (1984), 463–88

3793 Hirsch, Martin u. a. (Hg.): Recht, Verwaltung und Justiz im Nationalsozialismus. Ausgewählte Schriften, Gesetze, Gerichtsentscheidungen von 1933 bis 1945 mit Einleitungen, Köln 1984; 590 S.

3794 Koppel, Wolfgang (Hg.): Ungesühnte Justiz. 100 Urteile klagen ihre Richter an, Karlsruhe 1960

3795 Mendelsohn, John (Hg.): The Holocaust. Selected Documents in 18 Volumes, Bd. 13: The Judicial System and the Jews in Nazi Germany, New York 1982; 290 S.

3796 Ostendorf, Heribert/ter Veen, Heino (Hg.): Das »Nürnberger Juristenurteil«.

Eine kommentierte Dokumentation, Frankfurt/New York 1985; 243 S.

3797 Parteijustiz. Eine vergleichende Dokumentation über den nationalsozialistischen und kommunistischen Rechtsmißbrauch in Deutschland 1933–1963, Hg. Bundesministerium für gesamtdeutsche Fragen, Bonn 1964; 83 S.

3798 Poliakov, Léon/Wulf, Josef: Das Dritte Reich und seine Diener. Dokumente, Berlin 1956, 169–334 (ND München u. a. 1978)

3799 Rechtssicherheit und richterliche Unabhängigkeit aus der Sicht des SD. (Dokumentation), in: VfZ 4 (1956), 399–422

3800 Rothfels, Hans: Widerstandsrecht und Widerstandspflicht. (Dokumentation), in: VfZ 10 (1962), 88–94

3801 Staff, Ilse (Hg.): Justiz im Dritten Reich. Eine Dokumentation, 2. Aufl., Frankfurt 1978; 234 S. (zuerst 1964)

3802 Verbrecher in Richterroben. Dokumente über die verbrecherische Tätigkeit von 230 nazistischen Richtern und Staatsanwälten auf dem okkupierten Gebiet der Tschechoslowakischen Republik, die gegenwärtig in der westdeutschen Justiz dienen, Prag 1960; 135 S.

Methodische Probleme

3803 Stolleis, Michael/Simon, Dieter: Vorurteile und Werturteile der rechtshistorischen Forschung zum Nationalsozialismus, in: NS-Recht in historischer Perspektive. (Kolloquien des Instituts für Zeitgeschichte), München/Wien 1981, 13–51

Darstellungen

3804 Albrecht, Dietmar/Clausen, Holger (Hg.): Justiz und Drittes Reich (Schriftenreihe der Akademie Sankelmark, N. F., 57), Sankelmark 1984; 63 S.*

3805 Ammon, Gerhard von: Das Handeln auf Befehl, Diss. München 1950; 117 S. (Ms.)

3806 Angermund, Ralph: Deutsche Richterschaft 1919–1945. Krisenerfahrung, Illusion, politische Rechtsprechung, Frankfurt 1990; 280 S.

3807 Angermund, Ralph: »Recht ist, was dem Volke nutzt.« Zum Niedergang von Recht und Justiz im Dritten Reich, in: Karl D. Bracher u. a. (Hg.), Deutschland 1933–1945. Neue Studien zur nationalsozialistischen Herrschaft, 2., erg. Aufl., Bonn/Düsseldorf 1993, 57–75 (zuerst 1992)

3808 Angermund, Ralph: Die geprellten »Richterkönige«. Zum Niedergang der Justiz im NS-Staat, in: Hans Mommsen/Susanne Willems (Hg.), Herrschaftsalltag im Dritten Reich. Studien und Texte, Düsseldorf 1988, 304–73**

3809 Bennhold, Martin (Hg.): Spuren des Unrechts. Recht und Nationalsozialismus. Beiträge zur historischen Kontinuität, Köln 1989; 157 S.*

3810 Bertram, Günter: Der Jurist und die »Rutenbündel des Faschismus«, in: ZRP 16 (1983), 81–86; dazu: Kommentar Theo Rasehorn u. Stellungnahme Günter Bertram (ebd., 158 f., 231 f.)

3811 Blasius, Dirk: Die Zerstörung des Rechts als Akt der politischen Justiz: Die Zeit des Nationalsozialismus, Frankfurt 1983, 115–38, 150 f.

3812 Boehnert, Gunnar S.: The Jurists in the SS-Führerkorps 1925–1939, in: Gerhard Hirschfeld/Lothar Kettenacker (Hg.), Der »Führerstaat«: Mythos und Realität. Studien zur Struktur und Politik des Dritten Reiches, Stuttgart 1981, 361–74

3813 Brünneck, Alexander von: Die Justiz im deutschen Faschismus, in: KJ 3 (1970), 21–35; abgedr. in: Der Unrechtsstaat, Hg. Redaktion Kritische Justiz, [Bd. 1], Frankfurt 1979 (ND Baden-Baden 1983), 108–22

3814 Claussen, Karl E.: Justizverwaltung [1933–1945], in: Deutsche Verwaltungsgeschichte, Bd. 4: Das Reich als Republik und in der Zeit des Nationalsozialismus, Hg.

Kurt G. A. Jeserich u. a., Stuttgart 1985, 1044–54

3815 Dencker, Friedrich: Die strafrechtliche Beurteilung von NS-Rechtsprechungsakten, in: Peter Salje (Hg.), Recht und Unrecht im Nationalsozialismus, Münster 1985, 294–310

3816 Diestelkamp, Bernhard/Stolleis, Michael (Hg.): Justizalltag im Dritten Reich, Frankfurt 1988; 169 S.*

3817 Dreier, Ralf/Sellert, Wolfgang (Hg.): Recht und Justiz im »Dritten Reich«, Frankfurt 1989; 368 S.*

3818 Ecke, Felix: Die braunen Gesetze. Über das Recht im Unrechtsstaat, Berlin (O)/Freiburg 1990; 188 S.

3819 Eckert, Joachim/Tens, Antonia: Hitler und die Juristen. Äußerungen und tatsächliche Politik, in: RuP 29 (1993), 34–50

3820 Fangmann, Helmut D./Peach, Norman (Hg.): Recht, Justiz und Faschismus. Nach 1933 und heute, Köln 1984; 179 S.

3821 Fieberg, Gerhard: Justiz im nationalsozialistischen Deutschland, Hg. Bundesministerium der Justiz, Bonn 1984; 79 S.

3822 Fiedler, Wilfried: Zur rechtlichen Bewältigung von Revolutionen und Umbrüchen in der staatlichen Entwicklung Deutschlands, in: Staat 31 (1992), 436–53

3823 Flechtheim, Ossip K.: Recht und Unrecht im Nationalsozialismus, in: Julius H. Schoeps/Horst Hillermann (Hg.), Justiz und Nationalsozialismus. Bewältigt – verdrängt – vergessen, Stuttgart/Bonn 1987, 178–90

3824 Fraenkel, Ernst: Der Doppelstaat. Recht und Justiz im Nationalsozialismus, Frankfurt 1984; 257 S. (zuerst 1974; amerikan.: New York 1941)

3825 Friedrich, Jörg: Freispruch für die Nazi-Justiz. Die Urteile gegen NS-Richter seit 1948. Eine Dokumentation, Reinbek 1983; 499 S.

3826 Friedrich, Jörg: Normierung und Legalisierung staatlicher Kriminalität. Zu den Aufgaben der Justiz im Dritten Reich, in: Jörg Friedrich/Jörg Wollenberg (Hg.), Licht in den Schatten der Vergangenheit. Zur Enttabuisierung der Nürnberger Kriegsverbrecherprozesse, Frankfurt/Berlin 1987, 55–66

3827 Giles, Geoffrey J.: »The Most Unkindest Cut of All«: Castration, Homosexuality, and Nazi Justice, in: JCH 27 (1992), 41–61

3828 Göppinger, Horst: Juristen jüdischer Abstammung im »Dritten Reich«. Entrechtung und Verfolgung, 2., völlig neu bearb. Aufl., München 1990; XVIII, 435 S. (zuerst Villingen 1963 u. d. T.: Die Verfolgung der Juristen jüdischer Abstammung durch den Nationalsozialismus)

3829 Götz von Olenhusen, Albrecht: Zur Entwicklung völkischen Rechtsdenkens. Frühe rechtsradikale Programmatik und bürgerliche Rechtswissenschaft, in: Hans-Jochen Vogel u. a. (Hg.), Die Freiheit des anderen. Festschrift für Martin Hirsch, Baden-Baden 1981, 77–108

3830 Gruchmann, Lothar: Justiz im Dritten Reich 1933 bis 1940. Verwaltung, Anpassung und Ausschaltung in der Ära Gürtner, 2. Aufl., München 1990; 1297 S. (zuerst 1987)

3831 Gruchmann, Lothar: Rechtssystem und nationalsozialistische Justizpolitik, in: Martin Broszat/Horst Möller (Hg.), Das Dritte Reich. Herrschaftsstruktur und Geschichte, 2., verb. Aufl., München 1986, 83–103 (zuerst 1983)

3832 Gruchmann, Lothar: Die »rechtsprechende Gewalt« im nationalsozialistischen Herrschaftssystem. Eine rechtspolitisch-historische Betrachtung, in: Wolfgang Benz u. a. (Hg.), Der Nationalsozialismus. Studien zur Ideologie und Herrschaft. Hermann Graml zum 65. Geburtstag, Frankfurt 1993, 78–103, 243–48

3833 Gruchmann, Lothar: Euthanasie und Justiz im Dritten Reich, in: VfZ 20 (1972), 235–79

3834 Hattenhauer, Hans: Richterleitbilder im 19. und 20. Jahrhundert, in: Ralf Dreier/ Wolfgang Sellert (Hg.), Recht und Justiz im »Dritten Reich«, Frankfurt 1989, 9–33

3835 Heiber, Helmut: Zur Justiz im Dritten Reich: Der Fall [Alois] Elias, in: VfZ 3 (1955), 275–96

3836 Heinrichs, Helmut u. a. (Hg.): Deutsche Juristen jüdischer Herkunft, München 1993; XXVI, 866 S.

3837 Hiller, Marlene P.: Von der Weimarer Republik zum nationalsozialistischen Regime, in: Recht im Nationalsozialismus. Bericht über die Tagung vom 5. bis 8. November 1990 in St. Johann-Lonsingen, Hg. Justizministerium Baden-Württemberg/=Landeszentrale für politische Bildung Baden-Württemberg, Stuttgart 1993, 15–36

3838 Hippel, Fritz von: Die Perversion von Rechtsordnungen, Tübingen 1955; 213 S.

3839 Holly, Günter: Geschichte der Ehrengerichtsbarkeit der deutschen Rechtsanwälte, Frankfurt u. a. 1989, 241–50

3840 Im Namen des deutschen Volkes. Justiz und Nationalsozialismus. Katalog zur Ausstellung des Bundesministers der Justiz, Hg. Bundesminister der Justiz, Bearb. Gerhard Fieberg u. a., Red. Gertrud Sahler u. a., Köln 1988; 464 S.**

3841 Jarausch, Konrad H.: The Unfree Professions. German Lawyers, Teachers, and Engineers, 1900–1950, New York/Oxford 1990; XV, 352 S.

3842 Jarausch, Konrad H.: Jewish Lawyers in Germany, 1848–1938. The Disintegration of a Profession, in: LBY 36 (1991), 171–90

3843 Jarausch, Konrad H.: The Perils of Professionalism: Lawyers, Teachers, and Engineers in Nazi Germany, in: GSR 9 (1986), 107–37

3844 Jasper, Gotthard u. a.: Justiz und Nationalsozialismus, Hg. Niedersächsische Landeszentrale für politische Bildung, Hannover 1985; 153 S.

3845 Johe, Werner: Die Beteiligung der Justiz an der nationalsozialistischen Judenverfolgung, in: Ursula Büttner (Hg.), Die Deutschen und die Judenverfolgung im Dritten Reich, Hamburg 1992, 179–90

3846 Die Justiz und der Nationalsozialismus [I]. Tagung vom 22. bis 24. Februar 1980 in Bad Boll. (Protokolldienst, 16), Hg. Evangelische Akademie Bad Boll, Bad Boll 1980; 163 S.*

3847 Die Justiz und der Nationalsozialismus (III): Ursachen und Folgen einer Perversion des Rechtsdenkens. Tagung vom 18. bis 20. Juni 1982 in Bad Boll. (Protokolldienst, 25), Hg. Evangelische Akademie Bad Boll, Bad Boll 1980; 94 S.*

3848 Kirchheimer, Otto: Politische Justiz. Verwendung juristischer Verfahrensmöglichkeiten zu politischen Zwecken, 2. Aufl., Frankfurt 1981; 687 S. (zuerst 1965; amerikan. 1961)

3849 Kirchheimer, Otto: Die Rechtsordnung des Nationalsozialismus, in: KJ 4 (1971), 356–70; abgedr. in: Der Unrechtsstaat, Hg. Redaktion Kritische Justiz, [Bd. 1], Frankfurt 1979 (ND Baden-Baden 1983), 9–23

3850 Klug, Ulrich: Erlaubnis zum Mord. Justiz und Judenverfolgung, in: Jörg Wollenberg (Hg.), »Niemand war dabei und keiner hat's gewußt.« Die deutsche Öffentlichkeit und die Judenverfolgung 1933–1945, München/Zürich 1989, 81–93, 236

3851 Kracht, Tilmann: Jüdische Rechtsanwälte in Preußen. Über die Bedeutung der freien Advokatur und ihre Zerstörung durch den Nationalsozialismus, München 1991; XXXIV, 442 S.

3852 Kracht, Tilmann: Wie Ernst Fraenkel 1934 dem Berufsverbot entging, in: RuP 27 (1991), 52–55

3853 Kracht, Tilmann: ».. . endlich von artfremdem Einfluß ganz befreit . . .« Jüdische Rechtsanwälte und ihre Vertreibung im Nationalsozialismus, in: RuP 29 (1993), 84–93

3854 Kramer, Helmut: Oberlandesgerichtspräsidenten und Generalstaatsanwälte als Gehilfen der NS-»Euthanasie«. Selbstentlastung der Justiz für die Teilnahme am Anstaltsmord, in: KJ 17 (1984), 25–43

3855 Kroeschell, Karl: Rechtsgeschichte Deutschlands im 20. Jahrhundert [T. 3: Das »Dritte Reich«], Göttingen 1992, 70–117

3856 Landau, Peter: Römisches Recht und deutsches Gemeinrecht. Zur rechtspolitischen Zielsetzung im nationalsozialistischen Parteiprogramm, in: Michael Stolleis/Dieter Simon (Hg.), Rechtsgeschichte im Nationalsozialismus. Beiträge zur Geschichte einer Disziplin, Tübingen 1989, 11–24

3857 Majer, Diemut: Grundlagen des nationalsozialistischen Rechtssystems. Führerprinzip, Sonderrecht, Einheitspartei, Stuttgart 1987; VII, 254 S.

3858 Majer, Diemut: »Fremdvölkische« im Dritten Reich. Ein Beitrag zur nationalsozialistischen Rechtsetzung und Rechtspraxis in Verwaltung und Justiz unter besonderer Berücksichtigung der eingegliederten Ostgebiete und des Generalgouvernements, 2., fast unveränd. Aufl., Boppard 1993; 1034 S. (zuerst 1981)

3859 Majer, Diemut: »Rechts«-Prinzipien des nationalsozialistischen Staates am Beispiel der Verfolgung Andersdenkender, in: APUZ, Nr. B 30/83, 30. 7. 1983, 11–21

3860 Majer, Diemut: Der Einfluß der NSDAP auf die Justiz, in: Die Justiz und der Nationalsozialismus [I]. Tagung vom 22. bis 24. Februar 1980 in Bad Boll. (Protokolldienst, 16), Hg. Evangelische Akademie Bad Boll, Bad Boll 1980, 59–82 (Disk.: 84–90)

3861 Majer, Diemut: Die ideologischen Grundlagen des nationalsozialistischen Rechtsdenkens, dargestellt am Beispiel der NSDAP (Justiz und NSDAP), in: Dietmar Albrecht/Holger Clausen (Hg.), Justiz und Drittes Reich. (Schriftenreihe der Akademie Sankelmark, N. F., 57), Sankelmark 1984, 43–55

3862 Majer, Diemut: Justiz zwischen Anpassung und Konflikt, in: Julius H. Schoeps/Horst Hillermann (Hg.), Justiz und Nationalsozialismus. Bewältigt – verdrängt – vergessen, Stuttgart/Bonn 1987, 118–37

3863 Majer, Diemut: Justiz und Polizei im »Dritten Reich«, in: Ralf Dreier/Wolfgang Sellert (Hg.), Recht und Justiz im »Dritten Reich«, Frankfurt 1989, 136–50

3864 Majer, Diemut: Justiz zwischen Anpassung und Konflikt am Beispiel der »Euthanasie«, in: Ulrich Jokusch/Lothar Scholz (Hg.), Verwaltetes Morden im Nationalsozialismus. Verstrickung – Verdrängung – Verantwortung von Psychiatrie und Justiz. Eine deutsch-israelische Tagung, Regensburg 1992, 26–40

3865 Majer, Diemut: Justiz und NS-Staat. Zum Einfluß der NSDAP auf die Organisation und Personalpolitik der Justiz 1933–1945, in: DRZ 56 (1978), 47–51

3866 Maus, Ingeborg: Juristische Methodik und Justizfunktion im Nationalsozialismus, in: Hubert Rottleuthner (Hg.), Recht, Rechtsphilosophie und Nationalsozialismus, Wiesbaden 1983, 176–96

3867 Maus, Ingeborg: »Gesetzesbindung« der Justiz und die Struktur der nationalsozialistischen Rechtsnormen, in: Ralf Dreier/Wolfgang Sellert (Hg.), Recht und Justiz im »Dritten Reich«, Frankfurt 1989, 81–103

3868 Meinck, Jürgen: Justiz und Justizfunktion im Dritten Reich, in: ZNR 3 (1981)

3869 Michelberger, Hans: Berichte aus der Justiz des Dritten Reiches. Die Lageberichte der Oberlandesgerichtspräsidenten von 1940–45 unter vergleichender Heranziehung der Lageberichte der Generalstaatsanwälte, Pfaffenweiler 1989; 558 S.

3870 Moritz, Günther: Die deutsche Besatzungsgerichtsbarkeit während des zweiten Weltkrieges, Tübingen 1954; IX, 188 S. (als Manuskr. gedr.)

3871 Moritz, Günther: Die Gerichtsbarkeit in den besetzten Gebieten. Historische Entwicklung und völkerrechtliche Würdigung, Tübingen 1959; XIV, 126 S.

3872 Müller, Ingo: Furchtbare Juristen. Die unbewältigte Vergangenheit unserer Justiz, München 1987; 320 S.

3873 Nestler, Ludwig: Mit gepanzertem Herz. Zur Rolle der deutschen Justiz in der Vorgeschichte des zweiten Weltkrieges, in: Ludwig Nestler (Hg.), Der Weg deutscher Eliten in den Zweiten Weltkrieg. Nachtrag zu einer verhinderten deutsch-deutschen Publikation, hg. in Verbindung mit Paul Heider u. a., Berlin (O) 1990, 119–72

3874 NS-Recht in historischer Perspektive. (Kolloquien des Instituts für Zeitgeschichte), München/Wien 1981; 156 S.* **

3875 Oldenhage, Klaus: Justizverwaltung und Lenkung der Rechtsprechung im Zweiten Weltkrieg. Die Lageberichte der Oberlandesgerichtspräsidenten und Generalstaatsanwälte (1940–1945), in: Dieter Rebentisch/Karl Teppe (Hg.), Verwaltung contra Menschenführung im Staat Hitlers. Studien zum politisch-administrativen System, Göttingen 1986, 100–20

3876 Ostler, Fritz: Rechtsanwälte in der NS-Zeit. Fakten und Erinnerungen, in: Anwaltsblatt N. S. 33 (1983), Nr. 2, 50–59

3877 Preuß, Ulrich K.: Die Perversion des Rechtsstaatsgedankens, in: Jörg Tröger (Hg.), Hochschule und Wissenschaft im Dritten Reich, 2. Aufl., Frankfurt/New York 1986, 116–28 (zuerst 1984)

3878 Rapsch, Arnulf: Gesetzgebung unter nationalsozialistischer Gewaltherrschaft, in: Peter Salje (Hg.), Recht und Unrecht im Nationalsozialismus, Münster 1985, 138–49

3879 Rasehorn, Theo: Der Richter im NS-Staat und die Anpassungstradition der Justiz, in: FH 34 (1979), Nr. 4, 34–38

3880 Recht im Nationalsozialismus. Bericht über die Tagung vom 5. bis 8. November 1990 in St. Johann-Lonsingen, Hg. Justizministerium Baden-Württemberg/Landeszentrale für politische Bildung Baden-Württemberg, Stuttgart 1993; 183 S.*

3881 Reifner, Udo: Institutionen des Rechtssystems, in: Udo Reifner (Hg.), Das Recht des Unrechtsstaates. Arbeitsrecht und Staatsrechtswissenschaft im Faschismus, Frankfurt/New York 1981, 11–85

3882 Reifner, Udo: Gemeinschaft und Feindschaft im Ausnahmezustand. Faschistisches Rechtsdenken im Nationalsozialismus, in: Martin Bennhold (Hg.), Spuren des Unrechts. Recht und Nationalsozialismus. Beiträge zur historischen Kontinuität, Köln 1989, 35–82

3883 Reifner, Udo: Justiz und Faschismus – Ansätze einer Theorie der Vergangenheitsbewältigung der Justiz, in: Udo Reifner/Bernd-Rüdiger Sonnen (Hg.), Strafjustiz und Polizei im Dritten Reich, Frankfurt/New York 1984, 9–40

3884 Roetter, Friedrich: The Impact of Nazi Law, in: WLR 16 (1944/45), 516–62

3885 Rottleuthner, Hubert (Hg.): Recht, Rechtsphilosophie und Nationalsozialismus. Vorträge aus der Tagung der deutschen Sektion der Internationalen Vereinigung für Rechts- und Sozialphilosophie (IVR) in der Bundesrepublik Deutschland vom 11. bis 12. Oktober 1982 in Berlin (West), Wiesbaden 1983; VIII, 225 S.*

3886 Rüthers, Bernd: Die Ideologie des Nationalsozialismus in der Entwicklung des deutschen Rechts von 1933 bis 1945, in: Franz J. Säcker (Hg.), Recht und Rechtslehre im Nationalsozialismus. Ringvorlesung der Rechtswissenschaftlichen Fakultät der Christian-Albrechts-Universität zu Kiel, Baden-Baden 1992, 17–36

3887 Säcker, Franz J. (Hg.): Recht und Rechtslehre im Nationalsozialismus. Ringvorlesung der Rechtswissenschaftlichen Fakultät der Christian-Albrechts-Universität zu Kiel, Baden-Baden 1992; 260 S.*

3888 Salje, Peter (Hg.): Recht und Unrecht im Nationalsozialismus, Münster 1985; 310 S.*

3889 Schoeps, Julius H./Hillermann, Horst (Hg.): Justiz und Nationalsozialismus. Bewältigt – verdrängt – vergessen, Stuttgart/Bonn 1987; 204 S.*

3890 Schorn, Hubert: Die Gesetzgebung des Nationalsozialismus als Mittel der Machtpolitik, Frankfurt 1983; 175 S.

3891 Schorn, Hubert: Der Richter im Dritten Reich. Geschichte und Dokumente, Frankfurt 1959; 742 S.**

3892 Schwerdtner, Peter: Personen – Persönlichkeitsschutz und Rechtsfähigkeit im Nationalsozialismus, in: Hubert Rottleuthner (Hg.), Recht, Rechtsphilosophie und Nationalsozialismus, Wiesbaden 1983, 82–91

3893 Senfft, Heinrich: Richter und andere Bürger. 150 Jahre politische Justiz und neudeutsche Herrschaftspublizistik, Nördlingen 1988, 155–68

3894 Shartel, Burke/Wolff, Hans J.: German Lawyers: Training and Functions, in: MiLR 42 (1943/44), 521–27

3895 Simon, Dieter: Waren die NS-Richter »unabhängige Richter« im Sinne des Paragraphen 1 GVG, in: Bernhard Diestelkamp/Michael Stolleis (Hg.), Justizalltag im Dritten Reich, Frankfurt 1988, 11–25 (zuerst in: RJ 4/1986, 102–16)

3896 Siol, Joachim: Justiz und Tagespresse in der NS-Zeit, in: 175 Jahre Oberlandesgericht Oldenburg. 1814 Oberappellationsgericht – Oberlandesgericht 1989. Festschrift, Köln u. a. 1989, 323–36

3897 Steinlechner, Wolfgang: Der Richter im Dritten Reich, Mainz 1974; 183 S.

3898 Stolleis, Michael: Gemeinwohlformeln im nationalsozialistischen Recht, Berlin 1974; XXV, 315 S.

3899 Stolleis, Michael: Nationalsozialistisches Recht, in: Handwörterbuch zur deutschen Rechtsgeschichte, Hg. Adalbert Erler/Ekkehard Kaufmann, 20. Lieferung, Berlin 1981, 873–92

3900 Stolleis, Michael: »Perversion des Rechtsdenkens« im Nationalsozialismus. Was heißt das?, in: RuP 19 (1983), 1–4

3901 Stolleis, Michael: Gemeinschaft und Volksgemeinschaft. Zur juristischen Terminologie im Nationalsozialismus, in: VfZ 20 (1972), 16–38

3902 Sunnus, Michael: Der NS-Rechtswahrerbund (1928–1945). Zur Geschichte der nationalsozialistischen Juristenorganisation, Frankfurt u. a. 1990; 179 S.

3903 Taylor, Telford: The Legal Profession, in: Henry Friedlander/Sybil Milton (Hg.), The Holocaust: Ideology, Bureaucracy, and Genocide. The San José Papers, Millwood, N. Y. 1980, 133–40

3904 Toeplitz, Heinrich: Das Nürnberger Juristenurteil – Bedeutung und aktuelle Lehren, in: NJ 21 (1967), 713–19

3905 Ule, Carl-Hermann: Beiträge zur Rechtswirklichkeit im Dritten Reich, Berlin 1987; 185 S.

3906 Der Unrechtsstaat. Recht und Justiz im Nationalsozialismus, Hg. Redaktion Kritische Justiz, 2 Bde., Baden-Baden 1983–1984; 211, 302 S. (Bd. 1 zuerst Frankfurt 1979)*

3907 Volkmann, Klaus J.: Die Rechtsprechung staatlicher Gerichte in Kirchensachen 1933–1945, Mainz 1978; XL, 241 S.

3908 Volkmann, Klaus J.: Recht und Rechtspflege im Nationalsozialismus, in: Kirche im Nationalsozialismus. (RJK, 2), Sigmaringen 1983, 59–75 (ND 1984)

3909 Wagner, Albrecht: Die Umgestaltung der Gerichtsverfassung und des Verfahrens-

und Richterrechts im nationalsozialistischen Staat, in: Die Deutsche Justiz und der Nationalsozialismus, Hg. Institut für Zeitgeschichte, Bd. 1, Stuttgart 1968, 189–366

3910 Wahl, Bernhard: Die Richterbriefe. Ein Beitrag zur Geschichte der nationalsozialistischen Justizpolitik, Heidelberg 1982; 196 S.

3911 Walther, Manfred: Hat der juristische Positivismus die deutschen Juristen im »Dritten Reich« wehrlos gemacht?, in: Ralf Dreier/Wolfgang Sellert (Hg.), Recht und Justiz im »Dritten Reich«, Frankfurt 1989, 323–54

3912 Wassermann, Rudolf: Die Justiz als Instrument eines rechtsfeindlichen Herrschaftssystems. Zur Beteiligung von Richtern und Staatsanwälten am Terror des NS-Regimes, in: RuP 24 (1988), 129–40

3913 Weingartner jr., James J.: Law and Justice in the Nazi SS. The Case of Konrad Morgan, in: CEH 16 (1983), 276–94

3914 Weinkauff, Hermann: Die deutsche Justiz und der Nationalsozialismus. Ein Überblick, in: Die Deutsche Justiz und der Nationalsozialismus, Hg. Institut für Zeitgeschichte, Bd. 1, Stuttgart 1968, 17–188

3915 Wieland, Günther: Die Rolle der Justiz im Nazistaat, in: NJ 34 (1980), 409–13

3916 Willems, Susanne: Widerstand aus Glauben. Lothar Kreyssig und die Euthanasieverbrechen, in: Dietrich Eichholtz (Hg.), Verfolgung – Alltag – Widerstand. Brandenburg in der NS-Zeit. Studien und Dokumente, Berlin 1993, 383–410

3917 Wrobel, Hans: Der Deutsche Richterbund im Jahr 1933. Skizze eines Ablaufs, in: KJ 15 (1982), 323–47; abgedr. in: Der Unrechtsstaat, Hg. Redaktion Kritische Justiz, Bd. 2, Baden-Baden 1984, 73–98

Regional-/Lokalstudien: Gedruckte Quellen

3918 Noam, Ernst/Kropat, Wolf-Arno (Hg.): Juden vor Gericht 1933–1945. Dokumente aus hessischen Justizakten. (Justiz und Judenverfolgung, 1), Vorwort Johannes Strelitz, Wiesbaden 1975; 327 S.

Regional-/Lokalstudien: Darstellungen

3919 Angermund, Ralph: Justiz als Instrument politischer Verfolgung. Rechtsprechung im Rheinland und in Westfalen 1933–1945, in: Anselm Faust (Hg.), Verfolgung und Widerstand im Rheinland und in Westfalen 1933–1945, Köln u.a. 1992, 50–64

3919a Gruchmann, Lothar: Die bayerische Justiz im politischen Machtkampf 1933/34. Ihr Scheitern bei der Strafverfolgung von Mordfällen in Dachau, in: Bayern in der NS-Zeit, Bd. 2: Herrschaft und Gesellschaft im Konflikt, T. A, Hg. Martin Broszat/Elke Fröhlich, München/Wien 1979, 415–28

3919b Heydenreuther, Reinhard u.a.: Gerichtsbarkeit und Justizverwaltung. Gebietsorganisation der Gerichtsbarkeit, in: Wilhelm Volkert (Hg.), Handbuch der bayerischen Ämter, Gemeinden und Gerichte 1799–1980, München 1983, 109–41, 605–17

3920 Majer, Diemut: Richter und Rechtswesen, in: Otto Borst (Hg.), Das Dritte Reich in Baden und Württemberg, Stuttgart 1988, 46–73, 292–94

3921 Merz, Hans-Georg: Betr. Zulassung zur Rechtsanwaltschaft – Der Fall des liberalen Politikers Florian Waldeck im Lichte badischer Akten aus dem Jahre 1933, in: Archiv-Nachrichten, Hg. Landesarchivdirektion Baden-Württemberg, Bd. 6, Stuttgart, Mai 1993, 1–8**

3922 Morsey, Rudolf: Politische Gesinnungsprüfung der Oberlandesgerichtspräsidenten in Preußen 1933. Ein Beitrag zur Gleichschaltung der Justiz zu Beginn des »Dritten Reiches«, in: Willi Blümel u.a. (Hg.), Verwaltung im Rechsstaat. Festschrift für Carl Hermann Ule zum 80. Geburtstag am 26. Februar 1987, Köln u.a. 1987, 209–22

3923 Neugebauer, Wolfgang: Politische Justiz in Österreich, in: Erika Weinzierl/Karl R. Stadler (Hg.), Justiz und Zeitgeschichte, Salzburg 1977, 169–209

3924 Oberkofler, Gerhard/Rabofsky, Eduard: Das NS-Programm und das Römische Recht in Österreich, in: ZG 13 (1985/86), 189–301

3925 Szecsi, Maria/Stadler, Karl R.: Die NS-Justiz in Österreich und ihre Opfer, Wien/München 1962; 126 S.

A.3.5.2 Einzelne Gerichte und Gerichtsbezirke

Literaturberichte

3926 Schröder, Rainer: Wie ein Gericht [Oberlandesgericht Celle] seine Vergangenheit bewältigt, in: IC 16 (1989), 338–51

Darstellungen

3927 Bästlein, Klaus: Vom hanseatischen Richtertum zum nationalsozialistischen Justizverbrechen. Zur Person und Tätigkeit Curt Rothenbergers 1896–1959, in: Klaus Bästlein u. a. (Red.), »Für Führer, Volk und Vaterland . . .«. Hamburger Justiz im Nationalsozialismus, Hg. Justizbehörde Hamburg, Hamburg 1992, 74–145

3928 Debus, Karl H.: Christen und Juden und die Justiz im Dritten Reich im Oberlandesgerichtsbezirk Zweibrücken, in: Sven Paulsen (Hg.), 175 Jahre pfälzisches Oberlandesgericht. 1815 Appellationshof – Oberlandesgericht 1990, Zweibrücken 1990, 181–206

3929 Dinslage, Karl H.: Das Oberlandesgericht in der Zeit von 1933 bis 1945, in: Heinrich Wiesen (Hg.), 75 Jahre Oberlandesgericht Düsseldorf. Festschrift, Bonn u. a. 1981, 67–84

3930 Fischer, Heinz: Die Entlassung mißliebiger Richter, in: Horst Henrichs/Karl Stephan (Hg.), Ein Jahrhundert Frankfurter Justiz. Gerichtsgebäude A: 1889–1989, Frankfurt 1989, 110–14

3931 Flotho, Manfred: Bruno Heusinger. Ein Präsident im Konflikt zwischen Solidarität und Gewissen, in: Rudolf Wassermann (Hg.), Justiz im Wandel der Zeit. Festschrift des Oberlandesgerichts Braunschweig, Braunschweig 1989, 349–69**

3932 »Für Führer, Volk und Vaterland . . .« Hamburger Justiz im Nationalsozialismus, Hg. Justizbehörde Hamburg, Red. Klaus Bästlein u. a., Hamburg 1992; 455 S.*

3933 Grabitz, Helge: In vorauseilendem Gehorsam . . . Die Hamburger Justiz im »Führer-Staat«. Normative Grundlagen und politisch-administrative Tendenzen, in: Klaus Bästlein u. a. (Red.), »Für Führer, Volk und Vaterland . . .«. Hamburger Justiz im Nationalsozialismus, Hg. Justizbehörde Hamburg, Hamburg 1992, 21–73

3934 Grzywatz, Berthold: Das Kriminalgericht Moabit. Turmstraße 91, in: Helmut Engel u. a. (Hg.), Geschichtslandschaft Berlin. Orte und Ereignisse, Bd. 2: Tiergarten, T. 2: Moabit, Berlin 1987, 216–35

3935 Hamann, Ulrich: Das Oberlandesgericht Celle im Dritten Reich – Justizverwaltung und Personalwesen, in: Festschrift zum 275jährigen Bestehen des Oberlandesgerichts Celle, Celle 1986, 143–231

3936 Helling, Wilfried: Gleichschaltung und Ausgrenzung. Der Weg der bremischen Anwaltschaft ins Dritte Reich, Bremen 1990; IV, 423 S.

3937 [Hundertfünfzig] 150 Jahre Landgericht Saarbrücken. Festschrift, Hg. Landgericht Saarbrücken, Der Präsident/Universität des Saarlandes, Fachbereich Rechtswissenschaften, München u. a. 1985; XI, 386 S.

3938 Johe, Werner: Die gleichgeschaltete Justiz. Organisation des Rechtsweges und Politisierung der Rechtssprechung 1933–1945, dargestellt am Beispiel des Oberlandesgerichtsbezirks Hamburg, Frankfurt/Köln 1967; 258 S.

3939 Kaul, Friedrich K.: Geschichte des Reichsgerichts, Bd. 4: 1933–1945, Mitarb. hinsichtlich der Auswertung der historischen Materialien Winfried Matthäus, Berlin (O) (zugl. LA Glashütten, Ts.) 1971; 356 S.

3940 Kerman, Joachim: Das Oberlandesgericht Zweibrücken und der Aufbau einer deutschen Justizverwaltung in Lothringen (1940/41), in: Sven Paulsen (Hg.), 175 Jahre pfälzisches Oberlandesgericht. 1815 Appellationshof – Oberlandesgericht 1990, Zweibrücken 1990, 207–26

3941 Klein, Adolf: Hundert Jahre Akten – hundert Jahre Fakten. Das Landgericht Köln ab 1879, in: Adolf Klein/Günter Rennen (Hg.), Justitia Colonensis. Landgericht und Amtsgericht Köln erzählen ihre Geschichte(n), Mitarb. Hermann J. Goebel, Köln 1981, 89–193

3942 Klein, Adolf: Die rheinische Justiz und der rechtsstaatliche Gedanke in Deutschland. Zur Geschichte des Oberlandesgerichts Köln und der Gerichtsbarkeit in seinem Bezirk, in: Josef Wolffram/Adolf Klein (Hg.), Recht und Rechtspflege in den Rheinlanden, Köln 1969, 113–264

3943 Kolbe, Dieter: Reichsgerichtspräsident Dr. Erwin Bumke. Studien zum Niedergang des Reichsgerichts und der deutschen Rechtspflege, Karlsruhe 1975; 431 S.

3944 Kramer, Helmut: Die NS-Justiz in Braunschweig und ihre Bewältigung nach 1945, in: Helmut Kramer (Hg.), Braunschweig unterm Hakenkreuz, Braunschweig 1981, 29–60

3945 Kramer, Helmut: Im Namen des Volkes. Die Nürnberger Justiz von 1933 bis heute, in: Faschismus in Deutschland. Ursachen und Folgen. Verfolgung und Widerstand. Ausländerfeindlichkeit und neonazistische Gefahren, Hg. IG Druck und Papier, Köln 1985, 80–99

3946 Kramer, Helmut: Im Namen des Volkes. Die Nürnberger Justiz von 1933 bis heute, in: Bernd Ogan/Wolfgang W. Weiß (Hg.), Faszination und Gewalt. Zur politischen Ästhetik des Nationalsozialismus, Nürnberg 1992, 61–70

3947 Kregel, Volker: Die Personalpolitik der Justiz im Dritten Reich. Dargestellt am Beispiel der Personalbewirtschaftung für den höheren Dienst im Oberlandesgerichtsbezirk Celle, Göttingen 1986; 103 S.

3948 Kregel, Volker: Die Personalpolitik der Justiz im »Dritten Reich« am Beispiel des Oberlandesgerichts Celle, in: Ralf Dreier/Wolfgang Sellert (Hg.), Recht und Justiz im »Dritten Reich«, Frankfurt 1989, 226–40

3949 Kuhn, Paul: Die Unterstützung der imperialistischen Unterdrückungs- und Kriegspolitik durch die faschistische Terrorjustiz im Lande Thüringen in den Jahren 1933 bis 1945 (unter besonderer Berücksichtigung der Zeit des Zweiten Weltkrieges), Diss. Potsdam 1973; 421 S. (Ms. vervielf.)

3950 Lein, Albrecht: Braunschweiger Justiz im Nationalsozialismus: Zwischen Anpassung und »Innerer Emigration«, in: Helmut Kramer (Hg.), Braunschweig unterm Hakenkreuz, Braunschweig 1981, 61–78

3951 Marx, Alfred: Das Schicksal der jüdischen Juristen in Württemberg und Hohenzollern 1933–1945, in: Justiz 14 (1965), 178–84, 202–11, 245–47

3952 Meinck, Jürgen: Die Rechtsprechung des Reichsgerichts in der Zeit von 1933 bis 1945 – unter besonderer Berücksichtigung weltanschaulicher Entscheidungen, in: Die Justiz und der Nationalsozialismus [I]. Tagung vom 22. bis 24. Februar 1980 in Bad Boll. (Protokolldienst, 16), Hg. Evangelische Akademie Bad Boll, Bad Boll 1980, 34–48 (Disk.: 49–58)

3953 Michaelis, Karl: Die außerordentliche Wiederaufnahme rechtskräftig abgeschlossener Verfahren in der Praxis des Reichsgerichts 1941–1945, in: Ralf Dreier/Wolfgang Sellert (Hg.), Recht und Justiz im »Dritten Reich«, Frankfurt 1989, 273–94

3954 Ortstermin Hamm. Zur Justiz im Dritten Reich, Hg. Stadt Hamm, Hamm 1991

3955 Pauli, Gerhard: Die Rechtsprechung des Reichsgerichts in Strafsachen zwischen 1933 und 1945 und ihre Fortwirkung in der Rechtsprechung des Bundesgerichtshofes, Berlin/New York 1992; XXIV, 252 S.

3956 Rübenstrunk, Karlernst: Zwischen Eiland und Bendahl. »Im Namen des deutschen Volkes!«, in: Klaus Goebel (Hg.), Wuppertal in der Zeit des Nationalsozialismus, 1. u. 2., korr. Aufl., Wuppertal 1984, 51–63

3957 Rüping, Hinrich: Staatsanwaltschaft und Provinzialjustizverwaltung im Dritten Reich. Aus den Akten der Staatsanwaltschaft bei dem Oberlandesgericht Celle als höherer Reichsjustizbehörde, Baden-Baden 1990; 248 S.**

3958 Schmid, Hans: Erinnerungen aus den Jahren 1930 bis 1945, in: 250 Jahre Oberlandesgericht Celle 1711–1961, Schriftl. Guido Schräder, Celle 1961, 101–19

3959 Schröder, Rainer: »... aber im Zivilrecht sind die Richter standhaft geblieben!« Die Urteile des OLG Celle aus dem Dritten Reich, Baden-Baden 1988; 316 S.

3960 Schröder, Rainer: Insel der Reinheit oder Insel des Vergessens? Zur Urteilstätigkeit des OLG Celle in der Zeit des Dritten Reiches, in: RuP 25 (1989), 147–54

3961 Schütz, Hans: Justiz im »Dritten Reich«. Dokumentation aus dem Bezirk des Oberlandesgerichts Bamberg, Bamberg 1984; 239 S., (57 S.)**

3962 Steffahn, Harald: Die angepaßte Justiz. Nationalsozialistische Rechtsprechung in Hamburg, in: ISHZG 23 (1992), 54–62

3963 Stein-Stegemann, Hans-Konrad: In der »Rechtsabteilung« des »Unrechts-Staates«: Richter und Staatsanwälte in Hamburg 1933–1945, in: Klaus Bästlein u. a. (Red.), »Für Führer, Volk und Vaterland ...«. Hamburger Justiz im Nationalsozialismus, Hg. Justizbehörde Hamburg, Hamburg 1992, 146–215

3964 Warmbrunn, Paul: Rechtsanwälte im Nationalsozialismus. Anpassung, Widerstand und Verfolgung, aufgezeigt am Beispiel des OLG-Bezirks Zweibrücken, in: Pirmin Spieß (Hg.), Palatia Historica. Festschrift für Ludwig Anton Doll zum 75. Geburtstag, Mainz 1994, 595–626

3965 Wassermann, Rudolf: Justiz als Mythos, Realität und Symbol. Das Kammergericht [Berlin] im Kontext politischen Geschehens 1468–1945, in: Rudolf Wassermann, Auch die Justiz kann aus der Geschichte nicht aussteigen. Studien zur Justizgeschichte, Baden-Baden 1990, 9–111

3966 Wassermann, Rudolf: Zur Geschichte des Oberlandesgerichts Braunschweig, in: Rudolf Wassermann (Hg.), Justiz im Wandel der Zeit. Festschrift des Oberlandesgerichts Braunschweig, Braunschweig 1989, 11–110

3967 Wolff, Jörg: Justizverwaltung im Bezirk des OLG Oldenburg 1933–1945, in: 175 Jahre Oberlandesgericht Oldenburg. 1814 Oberappellationsgericht – Oberlandesgericht 1989. Festschrift, Köln u. a. 1989, 289–321

3968 Ziegler, Hans: 175 Jahre Oberlandesgericht Zweibrücken 1815 bis 1990. Seine Richter und Staatsanwälte, in: Sven Paulsen (Hg.), 175 Jahre pfälzisches Oberlandesgericht. 1815 Appellationshof – Oberlandesgericht 1990, Zweibrücken 1990, 411–38

A.3.5.3 Rechtswissenschaft

A.3.5.3.1 Allgemeines

Darstellungen

3971 Anderbrügge, Klaus: Völkisches Rechtsdenken. Zur Rechtslehre in der Zeit des Nationalsozialismus, Berlin 1978; 237 S.

3972 Anderson, Dennis L.: The Academy for German Law, 1933–1944, London/New York 1987; XII, 655 S.

3973 Grimm, Dieter: Die »Neue Rechtswissenschaft«. Über Funktion und Formation nationalsozialistischer Jurisprudenz, in: Peter Lundgreen (Hg.), Wissenschaft im Dritten Reich, Frankfurt 1985, 31–54

3974 Hartung, Fritz: Jurist unter vier Reichen, Köln u. a. 1971; 169 S.

3975 Hattenhauer, Hans: Rechtswissenschaft im NS-Staat. Der Fall Eugen Wohlhaupter, Heidelberg 1987; VII, 214 S.

3976 Hattenhauer, Hans: Die Akademie für Deutsches Recht (1933–1944), in: JUS 26 (1986), 680–84

3977 Heine, Götz-Thomas: Juristische Zeitschriften aus der NS-Zeit, in: Peter Salje (Hg.), Recht und Unrecht im Nationalsozialismus, Münster 1985, 272–93

3978 Höpel, Stefan: Die »Säuberung« der deutschen Rechtswissenschaft. Ausmaß und Dimensionen der Vertreibung nach 1933, in: KJ 26 (1993), 438–60

3979 Pichinot, Hans-Rainer: Die Akademie für Deutsches Recht. Aufbau und Entwicklung einer öffentlich-rechtlichen Körperschaft des Dritten Reichs, Diss. Kiel 1981; 181 S.

3980 Rottleuthner, Hubert: Rechtsphilosophie und Rechtssoziologie im Nationalsozialismus, in: Ralf Dreier/Wolfgang Sellert (Hg.), Recht und Justiz im »Dritten Reich«, Frankfurt 1989, 295–322

3981 Rottleuthner, Hubert: Rechtspositivismus und Nationalsozialismus, in: RuP 19 (1983), 195–201

3982 Rüthers, Bernd: Entartetes Recht. Rechtslehren und Kronjuristen im Dritten Reich, 2., überarb. Aufl., München 1989; 230 S. (zuerst 1988; TB München 1994)

3983 Simon, Dieter: Die deutsche Wissenschaft vom römischen Recht nach 1933, in: Michael Stolleis/Dieter Simon (Hg.), Rechtsgeschichte im Nationalsozialismus. Beiträge zur Geschichte einer Disziplin, Tübingen 1989, 161–76

3984 Stolleis, Michael/Simon, Dieter (Hg.): Rechtsgeschichte im Nationalsozialismus. Beiträge zur Geschichte einer Disziplin, Tübingen 1989; VI, 202 S.*

3985 Wahsner, Roderich: Die Deutsche Rechtsgeschichte und der Faschismus, in: KJ 6 (1971), 172–81; abgedr. in: Der Unrechtsstaat, Hg. Redaktion Kritische Justiz, [Bd. 1], Frankfurt 1979 (ND Baden-Baden 1983), 95–104

Regional-/Lokalstudien

3986 Dillmann, Franz: Beschweigen ist unverfänglicher als Aufdeckung. Die juristische Fakultät im Nationalsozialismus, in: Wolfgang Blaschke u. a. (Hg.), Nachhilfe zur Erinnerung. 600 Jahre Universität zu Köln, Köln 1988, 98–109

3987 Döhring, Erich: Die juristische Fakultät (Geschichte der Christian-Albrechts-Universität Kiel 1665–1965, 3.1), Neumünster 1965; 240 S.

3988 Eckert, Jörn: Was war die Kieler Schule?, in: Franz J. Säcker (Hg.), Recht und Rechtslehre im Nationalsozialismus. Ringvorlesung der Rechtswissenschaftlichen Fakultät der Christian-Albrechts-Universität zu Kiel, Baden-Baden 1992, 37–70

3989 Halfmann, Frank: Eine »Pflanzstätte bester nationalsozialistischer Rechtsgelehrter«: Die juristische Abteilung der Rechts- und Staatswissenschaftlichen Fakultät, in: Heinrich Becker u. a. (Hg.), Die Universität Göttingen unter dem Nationalsozialismus. Das verdrängte Kapitel ihrer 250jährigen Geschichte, München u. a. 1987, 88–141

3990 Hollerbach, Alexander: Juristische Lehre und Forschung in Freiburg in der Zeit des Nationalsozialismus, in: Eckhard

John u. a. (Hg.), Die Freiburger Universität in der Zeit des Nationalsozialismus, Freiburg/Würzburg 1991, 91–114

3991 Paech, Norman/Krampe, Ulrich: Die Rechts- und Staatswissenschaftliche Fakultät – Abteilung Rechtswissenschaft –, in: Eckart Krause u. a. (Hg.), Hochschulalltag im »Dritten Reich«. Die Hamburger Universität 1933–1945, Bd. 2, Berlin/Hamburg 1991, 867–912

3992 Rathkolb, Oliver: Die Rechts- und Staatswissenschaftliche Fakultät der Universität Wien zwischen Antisemitismus, Deutschnationalismus und Nationalsozialismus 1938, davor und danach, in: Gernot Heiß u. a. (Hg.), Willfährige Wissenschaft. Die Universität Wien 1938–1945, Wien 1989, 197–232

A.3.5.3.2 Staatsrechtslehre

Bibliographien

3993 Tommissen, Piet: Carl Schmitt-Bibliographie, in: Hans Barion u. a. (Hg.), Festschrift für Carl Schmitt zum 70. Geburtstag, dargebracht von Freunden und Schülern, Berlin 1959, 273–330

3994 Tommissen, Piet: Zweite Fortsetzungsliste der Carl Schmitt-Bibliographie vom Jahre 1959, in: RESS 16 (1978), Nr. 44, 187–238

Literaturberichte

3995 Kervegan, Jean-François: Actualité de Carl Schmitt? A propos de rééditions de publications récentes, in: IC 18 (1991), 309–54

3996 Mehring, Reinhard: Vom Umgang mit Carl Schmitt. Zur neueren Literatur, in: GG 19 (1993), 388–407

3997 Münkler, Herfried: Carl Schmitt in der Diskussion, in: NPL 35 (1990), 289–300

3998 Rumpf, Helmut: Carl Schmitt und der Faschismus, in: Staat 17 (1978), 233–43

3999 Schefold, Dian: Carl Schmitt als Klassiker. Funktionen und Folgen formaler Publikations- und Tagungspolitiken, in: IC 18 (1991), 297–307

Darstellungen

4000 Adam, Armin: Rekonstruktion des Politischen. Carl Schmitt und die Krise der Staatlichkeit 1912–1933, Weinheim 1992; VI, 141 S.

4001 Ballestrem, Karl Graf: Carl Schmitt und der Nationalsozialismus. Ein Problem der Theorie oder des Charakters?, in: Oscar W. Gabriel (Hg.), Der demokratische Verfassungsstaat. Theorie, Geschichte, Probleme. Festschrift für Hans Buchheim zum 70. Geburtstag, München 1992, 115–32

4002 Bendersky, Joseph: Carl Schmitt. Theorist for the Reich, Princeton, N. J. 1983; XIV, 320 S.

4003 Bendersky, Joseph: The Expendable Kronjurist Carl Schmitt and National Socialism, 1933–1936, in: JCH 14 (1979), 309–28

4004 Böckenförde, Ernst-Wolfgang (Hg.): Staatsrecht und Staatsrechtslehre im Dritten Reich, Heidelberg 1985; 262 S.*

4005 Dahlheimer, Manfred: Ständische Ordnung statt pluralistischer Gesellschaft, in: Ernst-Wolfgang Bockenförde (Hg.), Staatsrecht und Staatsrechtlehre im Dritten Reich, Heidelberg 1985, 122–43

4006 Dannemann, Gerhard: Legale Revolution, Nationale Revolution. Die Staatsrechtslehre zum Umbruch von 1933, in: Ernst-Wolfgang Bockenförde (Hg.), Staatsrecht und Staatsrechtlehre im Dritten Reich, Heidelberg 1985, 3–22

4007 Echterhölter, Rudolf: Das öffentliche Recht im nationalsozialistischen Staat. (Die Deutsche Justiz und der Nationalsozialismus, 2), Stuttgart 1970; 343 S.

4008 Greven, Michael Th.: Der substanzhafte und metaphysische Ansatz des politischen Schriftstellers Carl Schmitt bis 1934, in: Rainer Eisfeld/Ingo Müller (Hg.), Gegen Barbarei. Essays Robert M. W. Kempner zu Ehren, Frankfurt 1989, 131–52

4009 Grimm, Dieter: Verfassungserfüllung – Verfassungsbewahrung – Verfassungsauflösung. Positionen der Staatsrechtslehre in der Staatskrise der Weimarer Republik, in: Heinrich A. Winkler (Hg.), Die deutsche Staatskrise 1930–1933. Handlungsspielräume und Alternativen, München 1992, 183–99

4010 Hansen, Klaus/Lietzmann, Hans (Hg.): Carl Schmitt und die Liberalismuskritik, Opladen 1988; 194 S.

4011 Hofmann, Hasso: Legitimität gegen Legalität. Der Weg der politischen Philosophie Carl Schmitts, Neuwied/Berlin 1964; 304 S.

4012 Hofmann, Hasso: Carl Schmitt – oder: Die eigene Frage als Gestalt, in: ZNR 7 (1985), 64–68

4013 Holczhauser, Vilmos: Konsens und Konflikt. Die Begriffe des Politischen bei Carl Schmitt, Berlin 1990; 277 S.

4014 Hufnagel, Gerhard: Von der Verführbarkeit des Denkens: Carl Schmitt und der Faschismus, in: Rainer Geißler/Wolfgang Popp (Hg.), Wissenschaft und Nationalsozialismus. Eine Ringvorlesung an der Universität-Gesamthochschule-Siegen, Essen 1988, 245–74

4015 Kaufmann, Arthur: Rechtsphilosophie und Nationalsozialismus, in: Hubert Rottleuthner (Hg.), Recht, Rechtsphilosophie und Nationalsozialismus, Wiesbaden 1983, 1–19

4016 Kennedy, Ellen: Carl Schmitt und die »Frankfurter Schule«. Deutsche Liberalismuskritik im 20. Jahrhundert, in: GG 12 (1986), 380–419

4017 Kirschenmann, Dietrich: »Gesetz« im Staatsrecht und in der Staatsrechtslehre des Nationalsozialismus, Berlin 1970; 143 S.

4018 Kriele, Martin: Staatsphilosophische Lehren aus dem Nationalsozialismus, in: Hubert Rottleuthner (Hg.), Recht, Rechtsphilosophie und Nationalsozialismus, Wiesbaden 1983, 210–22

4019 Krockow, Christian Graf von: Die Entscheidung. Eine Untersuchung über Ernst Jünger, Carl Schmitt, Martin Heidegger, 2. Aufl., Frankfurt 1990; 170 S. (zuerst Stuttgart 1953)

4020 Laux, Eberhard: Führung und Verwaltung in der Rechtslehre des Nationalsozialismus, in: Dieter Rebentisch/Karl Teppe (Hg.), Verwaltung contra Menschenführung im Staat Hitlers. Studien zum politisch-administrativen System, Göttingen 1986, 33–64

4021 Lege, Joachim: Neue methodische Positionen in der Staatsrechtslehre und ihr Selbstverständnis, in: Ernst-Wolfgang Bokkenförde (Hg.), Staatsrecht und Staatsrechtslehre im Dritten Reich, Heidelberg 1985, 23–41

4022 Limperg, Bettina: Personelle Veränderungen in der Staatsrechtslehre und ihre neue Situation nach der Machtergreifung, in: Ernst-Wolfgang Bockenförde (Hg.), Staatsrecht und Staatsrechtslehre im Dritten Reich, Heidelberg 1985, 44–67

4023 Lukács, Georg: Präfaschistische und faschistische Soziologie ([Othmar] Spann, [Hans] Freyer, C[arl] Schmitt), in: Georg Lukács, Die Zerstörung der Vernunft, 2. Aufl., Darmstadt/Neuwied 1974, 557–76 (zuerst Berlin 1954; TB Neuwied 1983)

4024 Majer, Diemut: Rechtstheoretische Funktionsbestimmungen der Justiz im Nationalsozialismus am Beispiel der »Völkischen Ungleichheit«, in: Hubert Rottleuthner (Hg.), Recht, Rechtsphilosophie und Nationalsozialismus, Wiesbaden 1983, 163–75

4025 Martens, Claus-Nis: Walther Schoenborn (1883–1956). Ein Staatsrechtslehrer in den verfassungsrechtlichen Epochen unseres Jahrhunderts, Frankfurt u. a. 1990; 150 S.

4026 Maschke, Günter: Im Irrgarten Carl Schmitts, in: Karl Corino (Hg.), Intellektuelle im Bann des Nationalsozialismus, Hamburg 1980, 204–41

4027 Maus, Ingeborg: Bürgerliche Rechtstheorie und Faschismus. Zur sozialen Funktion und aktuellen Wirkung der Theorie Carl Schmitts, 2., erw. Aufl., München 1980; 195 S. (zuerst 1976)

4028 Maus, Ingeborg: Existierten zwei Nationalsozialismen? (1971), in: Ingeborg Maus, Rechtstheorie und politische Theorie im Industriekapitalismus, München 1986, 83–92

4029 Maus, Ingeborg: Rechtsgleichheit und gesellschaftliche Differenzierung bei Carl Schmitt (1985), in: Ingeborg Maus, Rechtstheorie und politische Theorie im Industriekapitalismus, München 1986, 111–39

4030 Maus, Ingeborg: Zur »Zäsur« von 1933 in der Theorie Carl Schmitts, in: KJ 2 (1969), 113–24; abgedr. in: Der Unrechtsstaat, Hg. Redaktion Kritische Justiz, [Bd. 1], Frankfurt 1979 (ND Baden-Baden 1983), 47–58; Ingeborg Maus, Rechtstheorie und politische Theorie im Industriekapitalismus, München 1986, 93–110

4031 Mauz, Gerhard: Ernst Forsthoff und andere..., in: Karl Corino (Hg.), Intellektuelle im Bann des Nationalsozialismus, Hamburg 1980, 193–203

4032 Mehring, Reinhard: Carl Schmitt zur Einführung, Hamburg 1992; 190 S.

4033 Meinck, Jürgen: Weimarer Staatsrechtslehre und Nationalsozialismus. Eine Studie zum Problem der Kontinuität im staatsrechtlichen Denken in Deutschland 1928–1936, Frankfurt/New York 1978; 367 S.

4034 Meinck, Jürgen: Die nationalsozialistische Machtergreifung und die deutsche Staatsrechtswissenschaft, in: DuR 7 (1979), 154–62; abgedr. in: Martin Hirsch u. a. (Hg.), Recht, Verwaltung und Justiz im Nationalsozialismus. Ausgewählte Schriften, Gesetze und Gerichtsentscheidungen von 1933 bis 1945, Köln 1984, 119–25

4035 Meyer-Hesemann, Wolfgang: Legalität und Revolution. Zur juristischen Verklärung der nationalsozialistischen Machtergreifung als »Legale Revolution«, in: Peter Salje (Hg.), Recht und Unrecht im Nationalsozialismus, Münster 1985, 110–37

4036 Müller, Christoph: Das Freund/Feind-Theorem. Carl Schmitts Fortwirken im Verfassungsdenken der Bundesrepublik Deutschland, in: Rainer Eisfeld/Ingo Müller (Hg.), Gegen Barbarei. Essays Robert M. W. Kempner zu Ehren, Frankfurt 1989, 153–78

4037 Muth, Heinrich: Carl Schmitt in der Innenpolitik des Sommers 1932, in: Theodor Schieder (Hg.), Beiträge zur Geschichte der Weimarer Republik, München 1971, 75–147

4038 Neumann, Volker: Der Staat im Bürgerkrieg. Kontinuität und Wandlung des Staatsbegriffs in der politischen Theorie Carl Schmitts, Frankfurt/New York 1980; 253 S.

4039 Neumann, Volker: Vom Entscheidungs- zum Ordnungsdenken – Carl Schmitts Rechts- und Staatstheorie in der nationalsozialistischen Herausforderung, in: Hubert Rottleuthner (Hg.), Recht, Rechtsphilosophie und Nationalsozialismus, Wiesbaden 1983, 152–62

4040 Neumann, Volker: Verfassungstheorien politischer Antipoden: Otto Kirchheimer und Carl Schmitt, in: KJ 14 (1981), 235–54; abgedr. in: Der Unrechtsstaat, Hg. Redaktion Kritische Justiz, Bd. 2, Baden-Baden 1984, 31–50

4041 Noack, Paul: Carl Schmitt. Eine Biographie, Berlin/Frankfurt 1993; 360 S.

4042 Quaritsch, Helmut (Hg.): Complexio oppositorum. Über Carl Schmitt. Vorträge und Diskussionsbeiträge des 28. Sonderseminars 1986 der Hochschule für Verwaltungswissenschaften Speyer, Berlin 1988; 610 S.

4043 Quaritsch, Helmut: Positionen und Begriffe Carl Schmitts, 2. Aufl., Berlin 1991; 130 S. (zuerst 1989)

4044 Rapp, Gertrud: Die Stellung der Juden in der nationalsozialistischen Staatsrechtslehre. Die Emanzipation der Juden im 19. Jahrhundert und die Haltung der deutschen Staatsrechtslehre zur staatsrechtlichen Stellung der Juden im Nationalsozialismus, Baden-Baden 1992; VII, 237 S.

4045 Rasehorn, Theo: Carl Schmitt siegt über Hans Kelsen. Das Ende der Weimarer Republik im Spiegel juristischer Publizistik, in: APUZ, Nr. B 48/85, 30.11.1985, 3–13

4046 Ridder, Helmut: Zur Verfassungsdoktrin des NS-Staates, in: KJ 2 (1969), 221–43; abgedr. in: Der Unrechtsstaat, Hg. Redaktion Kritische Justiz, [Bd. 1], Frankfurt 1979 (ND Baden-Baden 1983), 24–46

4047 Rottleuthner, Hubert: Substantieller Dezisionismus. Zur Funktion der Rechtsphilosophie im Nationalsozialismus, in: Hubert Rottleuthner (Hg.), Recht, Rechtsphilosophie und Nationalsozialismus, Wiesbaden 1983, 20–35

4048 Rüthers, Bernd: Carl Schmitt im Dritten Reich. Wissenschaft als Zeitgeist-Verstärkung?, 2., erw. Aufl., München 1990; 162 S. (zuerst 1989)

4049 Schaefer, Alisa: Führergewalt statt Gewaltenteilung, in: Ernst-Wolfgang Bokkenförde (Hg.), Staatsrecht und Staatsrechtlehre im Dritten Reich, Heidelberg 1985, 89–105

4050 Schäfer, Herwig: Die Rechtsstellung des Einzelnen – Von den Grundrechten zur volksgenössischen Gliedstellung, in: Ernst-Wolfgang Bockenförde (Hg.), Staatsrecht und Staatsrechtlehre im Dritten Reich, Heidelberg 1985, 106–21

4051 Schefold, Dian: Carl Schmitt: Auf dem Weg der Staatsrechtlehre in den Nationalsozialismus und zurück, in: Steffen Harbordt (Hg.), Wissenschaft und Nationalsozialismus. Zur Stellung der Staatsrechtslehre, Staatsphilosophie, Psychologie, Naturwissenschaft und der Universität zum Nationalsozialismus. Eine Vortragsreihe des Fachbereichs Gesellschafts- und Planungswissenschaften der Technischen Universität Berlin im Wintersemester 1982/83, Berlin 1983, 35–53

4052 Schellenberg, Ulrich: Die Rechtsstaatkritik. Vom liberalen zum nationalen und nationalsozialistischen Rechtsstaat, in: Ernst-Wolfgang Bockenförde (Hg.), Staatsrecht und Staatsrechtlehre im Dritten Reich, Heidelberg 1985, 71–88

4053 Schwab, George: The Challenge of the Exeption. An Introduction to the Political Ideas of Carl Schmitt between 1921 and 1936, Berlin 1970; 174 S.

4053a Söllner, Alfons: »Kronjurist des Dritten Reiches«. Das Bild Carl Schmitts in den Schriften der Emigranten, in: JfA 1 (1979), 191–216

4054 Sombart, Nicolaus: Die deutschen Männer und ihre Feinde. Carl Schmitt – ein deutsches Schicksal zwischen Männerbund und Matriarchatsmythos, München 1991; 400 S.

4055 Stolleis, Michael: Staatsrechtslehre zwischen Monarchie und Führerstaat, in: Steffen Harbordt (Hg.), Wissenschaft und Nationalsozialismus. Zur Stellung der Staatsrechtslehre, Staatsphilosophie, Psychologie, Naturwissenschaft und der Universität zum Nationalsozialismus. Eine Vortragsreihe des Fachbereichs Gesellschafts- und Planungswissenschaften der Technischen Universität Berlin im Wintersemester 1982/83, Berlin 1983, 12–34

4056 Tomberg, Friedrich: Konservative Wegbereitung des Faschismus in der politischen Philosophie Carl Schmitts, in: Argument 16 (1974), Nr. 87, 604–33

4057 Ulmen, Gary L.: Politischer Mehrwert. Eine Studie über Max Weber und Carl Schmitt, München 1991; 400 S.

4058 Ward, Ian: Law, Philosophy, and National Socialism. Heidegger, Schmitt, and Radbruch in Context, Bern u. a. 1992; 267 S.

4059 Wrobel, Hans: Otto Palandt zum Gedächtnis. 1. 5. 1877–3. 12. 1951, in: KJ 15 (1982), 1–17; abgedr. in: Der Unrechtsstaat, Hg. Redaktion Kritische Justiz, Bd. 2, Baden-Baden 1984, 137–54

4060 Ziegler, Rita: Die Frage der Weitergeltung der Reichsverfassung unter der Herrschaft des Nationalsozialismus, Diss. München 1949; II, 117 S. (Ms.)

Regional-/Lokalstudien

4061 Schefold, Dian: Staatslehre in Berlin. Zwischen Weimar und Nationalsozialismus, in: Tilmann Buddensieg u. a. (Hg.), Wissenschaften in Berlin. Begleitband zur Ausstellung »Der Kongreß denkt«. Wissenschaften in Berlin, 14. Juni bis 1. November 1987 in der wiedereröffneten Kongreßhalle Berlin, hg. i. A. des Senators für Wissenschaft und Forschung, Bd. 3: Gedanken, Berlin 1987, 114–19

A.3.5.3.3 Völkerrechtslehre

Darstellungen

4062 Diner, Dan: Rassistisches Völkerrecht. Elemente einer nationalsozialistischen Weltordnung, in: VfZ 37 (1989), 23–56; abgedr. in: Dan Diner, Weltordnungen. Über Geschichte und Wirkung von Recht und Macht, Frankfurt 1993, 77–123

4063 Majer, Diemut: Die Perversion des Völkerrechts unter dem Nationalsozialismus, in: JIdG 14 (1985), 311–50

4064 Majer, Diemut: Der Wahn von »Reich« und »Großraum«. Ein Beitrag zur Völkerrechtslehre des Nationalsozialismus, in: DB 33 (1983), 177f., 198–202

4065 Roediger, Conrad: Versuche der Wahrung des humanitären Völkerrechts nach 1933, in: Andreas Flitner (Hg.), Deutsches Geistesleben und Nationalsozialismus. Eine Vortragsreihe der Universität Tübingen, Tübingen 1965, 178–94

4066 Weber, Hermann: Rechtswissenschaft im Dienst der NS-Propaganda. Das Institut für Auswärtige Politik und die deutsche Völkerrechtsdoktrin in den Jahren 1933 bis 1945, in: Klaus-Jürgen Gantzel (Hg.), Wissenschaftliche Verantwortung und politische Macht. Zum wissenschaftlichen Umgang mit der Kriegsschuldfrage 1914, mit Versöhnungsdiplomatie und mit ihrem nationalsozialistischen Großmachtstreben. Wissenschaftsgeschichtliche Untersuchungen zum Umfeld und zur Entwicklung des Instituts für Auswärtige Politik Hamburg/Berlin 1923–1945, Berlin/Hamburg 1986, 185–425

4067 Wolfrum, Rüdiger: Nationalsozialismus und Völkerrecht, in: Franz J. Säcker (Hg.), Recht und Rechtslehre im Nationalsozialismus. Ringvorlesung der Rechtswissenschaftlichen Fakultät der Christian-Albrechts-Universität zu Kiel, Baden-Baden 1992, 89–101

A.3.5.4 Strafrecht und Strafgerichtsbarkeit

[vgl. A.3.6.5]

A.3.5.4.1 Allgemeines

Bibliographien

4068 Rüping, Hinrich: Bibliographie zum Strafrecht im Nationalsozialismus. Literatur zum Straf-, Strafverfahrens- und Strafvollzugsrecht mit ihren Grundlagen und ein Anhang: Verzeichnis der veröffentlichten Entscheidungen der Sondergerichte, Mitarb. Josef Deuringer u. a., München/Wien 1985; 218 S.

Gedruckte Quellen

4069 Broszat, Martin: Zur Perversion der Strafjustiz im Dritten Reich. (Dokumentation), in: VfZ 6 (1958), 390–443

Quellen zur Reform des Straf- und Strafprozeßrechts, Abt. II: NS-Zeit (1933–1939) – Strafgesetzbuch, Hg. Werner Schubert u. a., Berlin/New York:

4070 – Bd. 1.1: Entwürfe eines Strafgesetzbuchs, T. 1, Hg. Jürgen Regge/Werner Schubert, 1988; XX, 483 S.

4071 – Bd. 1.2: Entwürfe eines Strafgesetzbuchs, T. 2, Hg. Jürgen Regge/Werner Schubert, 1990; IX, 637 S.

4072 – Bd. 2.1: Protokolle der Strafrechtskommission des Reichsjustizministeriums, T. 1: 1. Lesung: Allgemeiner Teil. Besonderer Teil (Tötung, Abtreibung, Körperverletzung, Beleidigung, Staatsschutzdelikte), Hg. Jürgen Regge/Werner Schubert, 1988; LVIII, 932 S.

4073 – Bd. 2.2: Protokolle der Strafrechtskommission des Reichsjustizministeriums, T. 2: 1. Lesung: Allgemeiner Teil (Strafrahmen, Unternehmen einer Straftat). Besonderer Teil (Fortsetzung und Abschluß der Beratungen), Hg. Jürgen Regge/Werner Schubert, 1989; XVIII, 943 S.

4074 – Bd. 2.3: Protokolle der Strafrechtskommission des Reichsjustizministeriums, T. 3: 2. Lesung: Allgemeiner Teil. Besonderer Teil (Schutz des Volkes. – Schutz der Volkskraft: Angriffe auf die Lebenskraft des Volkes sowie auf die sittliche und seelische Haltung des Volkes. – Schutz der Volksordnung: Angriffe auf die Reichsregierung und Bewegung, auf die öffentliche Ordnung sowie auf die Rechtsordnung, Hg. Jürgen Regge/Werner Schubert, 1990; XVII, 964 S.

4075 – Bd. 2.4: Protokolle der Strafrechtskommission des Reichsjustizministeriums, T. 4: 2. Lesung: Besonderer Teil. Schutz des Volkes (Rasse. Erbgut. – Schutz der Bewegung. – Angriffe auf die Wirtschaftskraft.) – Schutz des Volksguts. – Schutz der Volksgenossen. – Überprüfung der 2. Lesung. Gesamtregister, Hg. Jürgen Regge/Werner Schubert, 1994; XV, 914 S.

Quellen zur Reform des Straf- und Strafprozeßrechts, Abt. III: NS-Zeit (1933–1939) – Strafverfahrensrecht, Hg. Werner Schubert u. a., Berlin/New York:

4076 – Bd. 1: Entwürfe zu einer Strafverfahrensordnung und einer Friedens- und Schiedsrichterordnung (1936–1939), Hg. Werner Schubert, 1991; XXI, 648 S.

4077 – Bd. 2.1: Protokolle der Großen Strafprozeßkommission des Reichsjustizministeriums (1936–1939), T. 1: Erste Lesung : Leitsätze.- Vorverfahren. Hauptverfahren. Gemeinsame Verfahrensvorschriften (Richter, Staatsanwalt, Beteiligte. – Mittel der Wahrheitsforschung. Zwangsmittel). – Rechtsbehelfe (Allgemeine Vorschriften. Beschwerde. Berufung), Hg. Werner Schubert, 1991; XXXI, 772 S.

4078 – Bd. 2.2: Protokolle der Großen Strafprozeßkommission des Reichsjustizministeriums (1936–1939), T. 2: Abschluß der 1. Lesung (Urteilsrüge. Wahrung der Rechtseinheit. Wiederaufnahme des Verfahrens. Besondere Verfahrensarten. Verfahren mit besonderen Zwecken. Kosten. Richterliches Eröffnungsverfahren).- Beginn der zweiten Lesung: Vorverfahren, Hg. Werner Schubert, 1992; VII, 760 S.

4079 – Bd. 2.3: Protokolle der Großen Strafprozeßkommission des Reichsjustizministeriums (1936–1939), T. 3: 2. Lesung des Entwurfs einer Strafverfahrensordnung (mit Ausnahme des Vorverfahrens), Hg. Werner Schubert, 1993; VIII, 908 S.

4080 Widerstand als »Hochverrat« 1933–1945. Die Verfahren gegen deutsche Reichsangehörige vor dem Reichsgericht, dem Volksgerichtshof und dem Reichskriegsgericht. (Mikrofiche-Edition), 2. Lfg.: Fiche 439–690 u. Verfahrensliste (1 Fiche), Hg. Institut für Zeitgeschichte, Bearb. Jürgen Zarusky/Hartmut Mehringer, München u. a. 1993

Darstellungen

4081 Bader, Karl S.: Strafverteidigung vor deutschen Gerichten im Dritten Reich, in: JZ (1972), 6–12

4082 Bästlein, Klaus: Als Recht zu Unrecht wurde. Zur Entwicklung der Strafjustiz im Nationalsozialismus, in: APUZ, Nr. B 13–14/89, 24. 3. 1989, 3–18

4083 Bock, Michael: Naturrecht und Positivismus im Strafrecht zur Zeit des Nationalsozialismus, in: ZNR 6 (1984), 132–52

4084 Dürkop, Marlis: Zur Funktion der Kriminologie im Nationalsozialismus, in: Udo Reifner/Bernd-Rüdiger Sonnen (Hg.), Strafjustiz und Polizei im Dritten Reich, Frankfurt/New York 1984, 97–120

4085 Engelmann, Bernt: Rechtsverfall, Justizterror und das schwere Erbe. Die unsichtbare Tradition, Bd. 2: Ein Beitrag zur Geschichte der deutschen Strafjustiz 1919 bis heute, Köln 1989; 399 S.

4086 Frommel, Monika: Von der Strafrechtsreform zur »Rechtserneuerung«, in: Hubert Rottleuthner (Hg.), Recht, Rechtsphilosophie und Nationalsozialismus, Wiesbaden 1983, 45–54

4087 Frommel, Monika: Verbrechensbekämpfung im Nationalsozialismus, in: Franz J. Säcker (Hg.), Recht und Rechtslehre im Nationalsozialismus. Ringvorlesung der Rechtswissenschaftlichen Fakultät der Christian-Albrechts-Universität zu Kiel, Baden-Baden 1992, 185–201

4088 Frommel, Monika: Welzels finale Handlungslehre. Eine konservative Antwort auf das nationalsozialistische Willensstrafrecht – oder die Legende von der »Überwindung des Wertneutralismus« im Strafrecht, in: Udo Reifner/Bernd-Rüdiger Sonnen (Hg.), Strafjustiz und Polizei im Dritten Reich, Frankfurt/New York 1984, 86–96

4089 Fürst, Michael: Reformen im politischen Strafrecht in der Zeit des Dritten Reiches unter besonderer Berücksichtigung der Sondergerichte für politische Strafsachen und deren Arbeit, Diss. Augsburg 1990; XXVI, 187 S.

4090 Gerats, Johannes: Das System des gerichtlichen Terrors im Dienste des Faschismus und Militarismus, in: Der deutsche Imperialismus und der Zweite Weltkrieg, Bd. 4, Hg. Kommission der Historiker der DDR und der UdSSR, Red. Leo Stern u. a., Berlin (O) 1961, 159–68

4091 Gribbohm, Günter: Richter und Strafrechtspflege im Dritten Reich, in: Dietmar Albrecht/Holger Clausen (Hg.), Justiz und Drittes Reich. (Schriftenreihe der Akademie Sankelmark, N. F., 57), Sankelmark 1984, 15–42

4092 Gruchmann, Lothar: »Nacht- und Nebel-Justiz«. Die Mitwirkung deutscher Strafgerichte an der Bekämpfung des Widerstands in den besetzten westeuropäischen Ländern, in: VfZ 29 (1981), 307–96

4093 Güstrow, Dietrich: Tödlicher Alltag. Strafverteidiger im Dritten Reich, Berlin 1981; 266 S.

4094 Hellmer, Joachim: Der Gewohnheitsverbrecher und die Sicherungsverwahrung 1934–1945, Berlin 1961; 391 S.

4095 Knobloch, Heinz: Der arme Epstein. Wie der Tod zu Horst Wessel kam, Berlin 1993; 224 S.

4096 König, Stefan: Vom Dienst am Recht. Rechtsanwälte als Strafverteidiger im Nationalsozialismus, Berlin/New York 1987; 260 S.

4097 Lengemann, Rolf: Höchstrichterliche Strafgerichtsbarkeit unter der Herrschaft des Nationalsozialismus, Marburg 1974; 116 S.

4098 Lüken, Erhard-Josef: Der Nationalsozialismus und das materielle Strafrecht, Göttingen 1988; 302 S.

4099 Majer, Diemut: Zum Verhältnis von Staatsanwaltschaft und Polizei im Nationalsozialismus, in: Udo Reifner/Bernd-Rüdiger Sonnen (Hg.), Strafjustiz und Polizei im Dritten Reich, Frankfurt/New York 1984, 121–60

4100 Marxen, Klaus: Der Kampf gegen das liberale Strafrecht. Eine Studie zum Antiliberalismus in der Strafrechtswissenschaft der zwanziger und dreißiger Jahre, Berlin 1975; 296 S.

4101 Marxen, Klaus: Strafjustiz im Nationalsozialismus. Vorschläge für eine Erweiterung der historischen Perspektive, in: Bernhard Diestelkamp/Michael Stolleis (Hg.), Justizalltag im Dritten Reich, Frankfurt 1988, 101–11

4102 Marxen, Klaus: Die rechtsphilosophische Begründung der Straftatlehre im Nationalsozialismus. Zur Frage der Kontinuität strafrechtswissenschaftlichen Denkens, in: Hubert Rottleuthner (Hg.), Recht, Rechtsphilosophie und Nationalsozialismus, Wiesbaden 1983, 55–64

4103 Marxen, Klaus: Zum Verhältnis von Strafrechtsdogmatik und Strafrechtspraxis im Nationalsozialismus, in: Udo Reifner/Bernd-Rüdiger Sonnen (Hg.), Strafjustiz und Polizei im Dritten Reich, Frankfurt/New York 1984, 77–85

4104 Müller, Ingo: Das Strafprozeßrecht des Dritten Reiches, in: Udo Reifner/Bernd-Rüdiger Sonnen (Hg.), Strafjustiz und Polizei im Dritten Reich, Frankfurt/New York 1984, 59–76

4105 Nationalsozialistische Justiz und Todesstrafe. Eine Dokumentation zur Gedenkstätte in der Justizvollzugsanstalt Wolfenbüttel, Hg. Niedersächsisches Justizministerium/Niedersächsische Landesregierung, Pressestelle, verantwortl. Wilfried Knauer, Braunschweig 1991; 101 S.**

4106 Naucke, Wolfgang: Die Aufhebung des strafrechtlichen Analogieverbots 1935, in: NS-Recht in historischer Perspektive. (Kolloquien des Instituts für Zeitgeschichte), München/Wien 1981, 71–108

4107 Nehlsen, Hermann: Der Zweite Weltkrieg in seiner Wirkung auf das Strafrecht während der NS-Zeit. Der Krieg als Argument, in: Venanz Schubert u. a. (Hg.), Der Zweite Weltkrieg und die Gesellschaft in Deutschland. 50 Jahre danach. Eine Ringvorlesung der Universität München, St. Ottilien 1992, 311–62

4108 Peters, Karl: Die Umgestaltung des Strafgesetzes in den Jahren 1933–1945, in: Andreas Flitner (Hg.), Deutsches Geistesleben und Nationalsozialismus. Eine Vortragsreihe der Universität Tübingen, Tübingen 1965, 160–77

4109 Reifner, Udo/Sonnen, Bernd-Rüdiger (Hg.): Strafjustiz und Polizei im Dritten Reich, Frankfurt/New York 1984; 231 S.*

4110 Rüping, Hinrich: Grundriß der Strafrechtsgeschichte, München 1981, 94–108

4111 Rüping, Hinrich: Strafrechtspflege und politische Justiz im Umbruch vom liberalen Rechtsstaat zum NS-Regime, in: Josef Becker (Hg.), 1933 – Fünfzig Jahre danach. Die nationalsozialistische Machtergreifung in historischer Perspektive, München 1982, 153–68

4112 Rüping, Hinrich: »Auflockerung« im Strafverfahrensrecht. Grundsätzliche Entwicklung zwischen Liberalismus, »deutschem Gemeinrecht« und Naturrecht, in: Hubert Rottleuthner (Hg.), Recht, Rechtsphilosophie und Nationalsozialismus, Wiesbaden 1983, 65–74

4113 Rüping, Hinrich: Zur Praxis der Strafjustiz im »Dritten Reich«, in: Ralf Dreier/Wolfgang Sellert (Hg.), Recht und Justiz im »Dritten Reich«, Frankfurt 1989, 180–93

4114 Rüping, Hinrich: Nationalsozialistische Rechtsprechung am Beispiel der SS- und Polizeigerichte, in: NZS 3 (1983), 112–14

4115 Scheffler, Wolfgang: Zur Praxis der SS- und Polizeigerichtsbarkeit im Dritten Reich, in: Günther Doeker/Winfried Steffani (Hg.), Klassenjustiz und Pluralismus. Festschrift für Ernst Fraenkel zum 75. Geburtstag am 26. Dezember 1973, Hamburg 1973, 224–36

4116 Schreiber, Hans-Ludwig: Die Strafgesetzgebung im »Dritten Reich«, in: Ralf Dreier/Wolfgang Sellert (Hg.), Recht und Justiz im »Dritten Reich«, Frankfurt 1989, 151–79

4117 Seiter, Walther H./Kahn, Alphonse: Hitlers Blutjustiz. Ein noch zu bewältigendes Kapitel deutscher Vergangenheit, Einführung Norman Paech, Heinz Düx, Frankfurt 1981; 80 S.

4118 Sonnen, Bernd-Rüdiger: Strafgerichtsbarkeit – Unrechtsurteile als Regel oder Ausnahme?, in: Udo Reifner/Bernd-Rüdiger Sonnen (Hg.), Strafjustiz und Polizei im Dritten Reich, Frankfurt/New York 1984, 41–58

4119 Spendel, Günter: Rechtsbeugung durch Rechtsprechung. 6 strafrechtliche Studien, Berlin/New York 1984; XII, 140 S.

4120 Stolleis, Michael: »Die Weiße Rose« und ihre Richter, in: RJ 2 (1983), 211–22

4121 Wagner, Heinz: Das Strafrecht im Nationalsozialismus, in: Franz J. Säcker (Hg.), Recht und Rechtslehre im Nationalsozialismus. Ringvorlesung der Rechtswissenschaftlichen Fakultät der Christian-Albrechts-Universität zu Kiel, Baden-Baden 1992, 141–84

4122 Werle, Gerhard: Justiz – Strafrecht und polizeiliche Verbrechensbekämpfung im Dritten Reich, Berlin/New York 1989; XXXVI, 791 S.

4123 Werle, Gerhard: Das Wirken der Strafjustiz im Nationalsozialismus, in: Recht im Nationalsozialismus. Bericht über die Tagung vom 5. bis 8. November 1990 in St. Johann-Lonsingen, Hg. Justizministerium Baden-Württemberg/Landeszentrale für politische Bildung Baden-Württemberg, Stuttgart 1993, 90–114

4124 Werner, Stefan: Wirtschaftsordnung und Wirtschaftsstrafrecht im Nationalsozialismus, Frankfurt u.a. 1991; LXIV, 615 S.

4125 Wolff, Jörg: Jugendliche vor Gericht im Dritten Reich. Nationalsozialistische Jugendstrafrechtspolitik und Justizalltag, Mitarb. Christine Dörner u.a., München 1992; XII, 416 S.

4126 Wolff, Jörg: Jugend und Strafrecht im Nationalsozialismus, in: ZNR 14 (1992), 41–66

4127 Wolff, Jörg: Hitlerjugend und Jugendgerichtsbarkeit 1933–1945, in: VfZ 33 (1985), 640–72

Regional-/Lokalstudien: Quellenkunde

4128 Schmitz, Gunther u.a.: Hunderttausend Akten – Millionen Fakten. Zur Erfassung und Auswertung der Strafakten aus der NS-Zeit, in: Klaus Bästlein u.a. (Red.), »Für Führer, Volk und Vaterland ...«. Hamburger Justiz im Nationalsozialismus, Hg. Justizbehörde Hamburg, Hamburg 1992, 432–42

Regional-/Lokalstudien: Gedruckte Quellen

4129 Riebartsch, Erich: Als die braune Diktatur »Recht« sprach – Prozesse gegen Diözesanpriester, in: Hermann Engfer (Hg.), Das Bistum Hildesheim 1933–1945. Eine Dokumentation, Hildesheim 1971, 530–72

Regional-/Lokalstudien: Darstellungen

4130 Endemann, Fritz: Nationalsozialistische Strafjustiz in Stuttgart, Hg. Landeszentrale für politische Bildung Baden-Württemberg, Tübingen 1991; 12 S. (Sonderdr. aus: Schwäbische Heimat 42/1991)

4131 Godin, Hans von: Strafjustiz in rechtloser Zeit. Mein Ringen um Menschenleben in Berlin 1943–1945, Berlin 1990; 204 S.

4132 Knobelsdorf, Andreas: Politische Strafjustiz in Ostwestfalen-Lippe 1933 bis

1945 und ihre Verarbeitung nach 1945. Ein Forschungs- und Seminarbericht, in: JHVGR 78 (1990), 173–241

4133 Lassen, Hans-Christian: Der Kampf gegen Homosexualität, Abtreibung und »Rassenschande«. Sexualdelikte vor Gericht in Hamburg 1933–1939, in: Klaus Bästlein u. a. (Red.), »Für Führer, Volk und Vaterland . . .«. Hamburger Justiz im Nationalsozialismus, Hg. Justizbehörde Hamburg, Hamburg 1992, 216–89

4134 Luge, Jens: Die Rechtsstaatlichkeit der regionalen Strafrechtspflege im Oldenburger Land 1932–1945, Hannover 1993; 319 S.

4135 Luge, Jens: Konflikte in der regionalen Strafrechtspflege 1932–1945, in: 175 Jahre Oberlandesgericht Oldenburg. 1814 Oberappellationsgericht – Oberlandesgericht 1989. Festschrift, Köln u. a. 1989, 217–51

4136 Marxen, Klaus: Strafrechtliche Maßnahmen zu Beginn des Dritten Reichs. Das Beispiel der Generalstaatsanwaltschaft und der Strafsenate beim Oberlandesgericht in Hamm, in: ZNR 15 (1993), 54–65

4137 Rabofsky, Eduard/Oberkofler, Gerhard: Verborgenen Wurzeln der NS-Justiz. Strafrechtliche Rüstung für zwei Weltkriege, Wien/Zürich 1985; 262 S.

4138 Robinsohn, Hans: Justiz als politische Verfolgung. Die Rechtsprechung in »Rasseschandefällen« beim Landgericht Hamburg, Stuttgart 1977; 167 S.

4139 Schmitz, Gunther: Wider die »Miesmacher«, »Nörgler« und »Kritikaster«. Zur strafrechtlichen Verfolgung politischer Äußerungen in Hamburg 1933 bis 1939. Mit einem Ausblick auf die Kriegszeit, in: Klaus Bästlein u. a. (Red.), »Für Führer, Volk und Vaterland . . .«. Hamburger Justiz im Nationalsozialismus, Hg. Justizbehörde Hamburg, Hamburg 1992, 290–331

A.3.5.4.2 Sondergerichte

Gedruckte Quellen

4140 Pawlas, Karl R. (Hg.): Sondergerichte im 3. Reich. (chronica, 13), Nürnberg o. J. [1962], 766–847

Darstellungen

4143 Blumberg-Ebel, Anna: Nationalsozialistische Sondergerichte: ihre Urteile gegen katholische Geistliche und Laien, in: SOWI 20 (1991), 118–24

4144 Müller, Ingo: Nationalsozialistische Sondergerichte. Ihre Stellung im System des deutschen Strafverfahrens, in: Martin Bennhold (Hg.), Spuren des Unrechts. Recht und Nationalsozialismus. Beiträge zur historischen Kontinuität, Köln 1989, 17–34

4146 Waller, Hellmut: Das Wirken der Sondergerichte, in: Recht im Nationalsozialismus. Bericht über die Tagung vom 5. bis 8. November 1990 in St. Johann-Lonsingen, Hg. Justizministerium Baden-Württemberg/Landeszentrale für politische Bildung Baden-Württemberg, Stuttgart 1993, 90–114

4147 Wegner, Bernd: Die Sondergerichtsbarkeit von SS und Polizei. Militärjustiz oder Grundlegung einer SS-gemäßen Rechtsordnung?, in: Ursula Büttner (Hg.), Das Unrechtsregime. Internationale Forschung über den Nationalsozialismus. Festschrift für Werner Jochmann zum 65. Geburtstag, Bd. 1, Hamburg 1986, 243–60

4148 Wehling, Gerd: NS-Blutjustiz: Sondergerichte und Volksgerichtshof, in: RuP 20 (1984), 90–96

4149 Wüllenweber, Hans: Sondergerichte im Dritten Reich. Vergessene Verbrechen der Justiz, Frankfurt 1990; 254 S.

Regional-/Lokalstudien: Gedruckte Quellen

4149a Gritschneder, Otto (Hg.): Pater Rupert Mayer vor dem Sondergericht. Dokumente der Verhandlung vor dem Sondergericht in München am 22. und 23. Juli 1937, München 1965; 155 S.

4149b Köhler, Joachim: Vor dem Sondergericht. Eine Dokumentation zum Kirchenkampf in Schlesien [Gerhard Moschner], Hildesheim 1983; 68 S. (Sonderdr. aus: ASKG 41/1983)

4150 Nestler, Ludwig: Zum Aufbau und zur Tätigkeit der faschistischen Sondergerichte in den zeitweilig okkupierten Gebieten Polens. (Dokumentation), in: JfG 10 (1974), 579–631

4150a Schimmler, Bernd: Recht ohne Gerechtigkeit. Zur Tätigkeit der Berliner Sondergerichte im Nationalsozialismus, Berlin 1984; 141 S.

4150b Wrobel, Hans (Bearb.): Strafjustiz im totalen Krieg. Aus den Akten des Sondergerichts Bremen 1940 bis 1945, Hg. Senator für Justiz und Verfassung der Freien Hansestadt Bremen, Mitarb. Ilka Renken, Bremen 1991; 398 S.

Regional-/Lokalstudien: Darstellungen

4151 Ball, Wolfgang: »Panzertruppe der Rechtspflege«. Die Tätigkeit der Sondergerichte in der Pfalz während der Herschaft des Nationalsozialismus, in: Gerhard Nestler/Hannes Ziegler (Hg.), Die Pfalz unterm Hakenkreuz. Eine deutsche Provinz während der nationalsozialistischen Terrorherrschaft, Landau 1993, 141–60

4152 Ball, Wolfgang: Sondergerichte im Oberlandesgerichtsbezirk Zweibrücken, in: Sven Paulsen (Hg.), 175 Jahre pfälzisches Oberlandesgericht. 1815 Appellationshof – Oberlandesgericht 1990, Zweibrücken 1990, 227–54

4153 Bästlein, Klaus: Als Recht zu Unrecht wurde ... Zur Tätigkeit des Schleswig-Holsteinischen Sondergerichts 1937–1945, Kiel 1993; 150 S.

4154 Bästlein, Klaus: Sondergerichte in Norddeutschland als Verfolgungsinstanz, in: Frank Bajohr (Hg.), Norddeutschland im Nationalsozialismus, Hamburg 1993, 218–38

4155 Bästlein, Klaus: Zur »Rechts«praxis des Schleswig-Holsteinischen Sondergerichts (1937–1945), in: Heribert Ostendorf (Hg.), Strafverfolgung und Strafverzicht. Festschrift zum 125jährigen Bestehen der Staatsanwaltschaft Schleswig-Holstein, Köln u. a. 1992, 93–185**

4156 Bästlein, Klaus: Die Akten des ehemaligen Sondergerichts Kiel als zeitgeschichtliche Quelle, in: ZGSHG 113 (1988), 157–211

4157 Blumberg-Ebel, Anna: Sondergerichtsbarkeit und »Politischer Katholizismus« im Dritten Reich, Mainz 1990; XXX, 214 S. [Sondergericht München]

4157a Bornscheuer, Karl-Dieter (Bearb.): Justiz im Dritten Reich. NS-Sondergerichtsverfahren in Rheinland-Pfalz. Eine Dokumentation, Hg. Ministerium der Justiz Rheinland-Pfalz, T. 1–3, Frankfurt u. a. 1994 S.; 323, 556, 675 S.**

4158 Fröhlich, Elke: Die Falle für den Grafen [Franz Graf von Monteglas in Nürnberg], in: Elke Fröhlich, Die Herausforderung des Einzelnen. Geschichten über Widerstand und Verfolgung. (Bayern in der NS-Zeit, 6), München/Wien 1983, 209–27; abgedr. in: Martin Broszat/Elke Fröhlich (Hg.), Alltag und Widerstand – Bayern im Nationalsozialismus, München/Zürich 1987, 622–49**

4159 Gritschneder, Otto: Unbekannte Akten aus der NS-Zeit. Priester vor dem Sondergericht München und die bayerische Justiz, in: OBA 107 (1982), 331–45**

4160 Hanisch, Ernst: Politische Prozesse vor dem Sondergericht im Reichsgau Salzburg 1939–1945, in: Erika Weinzierl/Karl R. Stadler (Hg.), Justiz und Zeitgeschichte, Salzburg 1977, 210–26

4161 Hüttenberger, Peter: Heimtückefälle vor dem Sondergericht München

1933–1939, in: Bayern in der NS-Zeit, Bd. 4: Herrschaft und Gesellschaft im Konflikt, T. C, Hg. Martin Broszat u. a., München/Wien 1981, 435–526

4162 Keil, Norbert: Priester und Ordensleute vor dem Sondergericht München, in: Georg Schwaiger (Hg.), Das Erzbistum München und Freising in der Zeit der nationalsozialistischen Herrschaft, Bd. 1, München/Zürich 1984, 489–579

4163 Mager, Harald: Gewerbetreibende als Angeklagte vor dem Sondergericht Mannheim, in: Cornelia Rauh-Kühne/Michael Ruck (Hg.), Regionale Eliten zwischen Diktatur und Demokratie. Baden und Württemberg 1930–1952, München 1993, 263–82

4164 Möller, Günter: Die Todesurteile des Schleswig-Holsteinischen Sondergerichts – vertane Möglichkeiten und heutige Bemühungen um ihre Aufhebung, in: Heribert Ostendorf (Hg.), Strafverfolgung und Strafverzicht. Festschrift zum 125jährigen Bestehen der Staatsanwaltschaft Schleswig-Holstein, Köln u. a. 1992, 223–60**

4165 Müller, Elmar: Die Rechtsprechung des Sondergerichts nach der Saarrückgliederung von 1935, in: 150 Jahre Landgericht Saarbrücken. Festschrift, Hg. Landgericht Saarbrücken, Der Präsident/Universität des Saarlandes, Fachbereich Rechtswissenschaften, München u. a. 1985, 161–84

4166 Raasch, Rainer: Sondergerichtsrechtsprechung und Spruchpraxis zum »Blutschutz«, in: Horst Henrichs/Karl Stephan (Hg.), Ein Jahrhundert Frankfurter Justiz. Gerichtsgebäude A: 1889–1989, Frankfurt 1989, 123–37

4167 Schiffmann, Dieter: »Volksopposition«. Unorganisierte Opposition und politische Verfolgung in Mannheim 1933–1945, in: Erich Matthias/Hermann Weber (Hg.), Widerstand gegen den Nationalsozialismus in Mannheim, Mitarb. Günter Braun/Manfred Koch, Mannheim 1984, 435–62

4167a Schminck-Gustavus, Christoph U.: Das Heimweh des Walerjan Wrobel. Ein Sondergerichtsverfahren [in Bremen] 1941/42, Berlin/Bonn 1986; 155 S.

4168 Schwartz, Michael: Bauern vor dem Sondergericht. Resistenz und Verfolgung im bäuerlichen Milieu Westfalens, in: Anselm Faust (Hg.), Verfolgung und Widerstand im Rheinland und in Westfalen 1933–1945, Köln u. a. 1992, 113–23

4169 Sikinger, Jürgen/Ruck, Michael: »Vorbild treuer Pflichterfüllung«? Badische Beamte vor dem Sondergericht Mannheim 1933 bis 1945, in: Cornelia Rauh-Kühne/Michael Ruck (Hg.), Regionale Eliten zwischen Diktatur und Demokratie. Baden und Württemberg 1930–1952, München 1993, 103–24

4170 Staudinger, Roland: Politische Justiz. Die Tiroler Sondergerichtsbarkeit im Dritten Reich am Beispiel des Gesetzes gegen heimtückische Angriffe auf Partei und Staat, Schwaz 1994; 240 S.

4171 Streim, Alfred: Zur Bildung und Tätigkeit der Sondergerichte, in: Thomas Schnabel (Hg.), Formen des Widerstandes im Südwesten 1933–1945. Scheitern und Nachwirken, Mitarb. Angelika Hauser-Hauswirth, hg. f. d. Landeszentrale für politische Bildung Baden-Württemberg/Haus der Geschichte Baden-Württemberg, Ulm 1994, 237–58

A.3.5.4.3 Volksgerichtshof

[vgl. A.1.9.2: R. Freisler]

Gedruckte Quellen

4173 ... für immer ehrlos. Aus der Praxis des Volksgerichtshofes. (Beiträge zum Widerstand 1933–1945, 8), Hg. Gedenkstätte Deutscher Widerstand Berlin, 4. Aufl., Berlin 1985; 48 S.

4174 Hillermeier, Heinz (Hg.): »Im Namen des deutschen Volkes.« Todesurteile des Volksgerichtshofes, 2. Aufl., Darmstadt/Neuwied 1983; 154 S. (zuerst 1980)

4175 Kattnig, Franz (Hg.): Sämtlich Slowenen: Versuch einer Dokumentation aus den Akten des Volksgerichtshofes Berlin, Klagenfurt 1978; 85 S.

4176 Weinbrenner, Hans-Joachim (Hg.): Volksgerichtshof-Prozesse zum 20. Juli 1944. Transskripte von Tonbandfunden, Frankfurt 1971; 150 S. (Ms. vervielf.)

Darstellungen

4177 Bräutigam, Helmut/Silbereisen, Gabriele: Volksgerichtshof, ehemals Königliches Wilhelms-Gymnasium. Bellevuestraße 15, in: Helmut Engel u.a. (Hg.), Geschichtslandschaft Berlin. Orte und Ereignisse, Bd. 2: Tiergarten, T. 1: Vom Brandenburger Tor zum Zoo, Berlin 1989, 220–29

4179 Fröhlich, Elke: Ein gelehrter Sammler [Rudolf Kriß in Berchtesgaden], in: Elke Fröhlich Die Herausforderung des Einzelnen. Geschichten über Widerstand und Verfolgung. (Bayern in der NS-Zeit, 6), München/Wien 1983, 193–208; abgedr. in: Elke Fröhlich/Martin Broszat, Alltag und Widerstand – Bayern im Nationalsozialismus, München/Zürich 1987, 598–621**

4180 Jahntz, Bernhard/Kähne, Volker: Der Volksgerichtshof. Darstellung der Ermittlungen der Staatsanwaltschaft bei dem Landgericht Berlin gegen ehemalige Richter und Staatsanwälte am Volksgerichtshof, Hg. Senator für Justiz und Bundesangelegenheiten Berlin, 2. Aufl., Berlin 1987; 214 S. (zuerst 1986)

4181 Koch, Hannsjoachim W.: In the Name of the Volk. Political Justice in Hitler's Germany, London 1989; 300 S.

4182 Koch, Hannsjoachim W.: Der Volksgerichtshof. Politische Justiz im Dritten Reich, München 1988; 631 S.

4183 Lambard, Friedrich (Hg.): Tod eines Pianisten. Karlrobert Kreiten und der Fall Werner Höfer, Berlin 1988; 342 S.**

4184 Lauf, Edmund: Der Volksgerichtshof und sein Beobachter. Bedingungen und Funktionen der Gerichtsberichterstatter im Nationalsozialismus, Opladen 1994; 317 S.

4185 Marxen, Klaus: Die Rechtssprechung des Volksgerichtshofes, in: Franz J. Säcker (Hg.), Recht und Rechtslehre im Nationalsozialismus. Ringvorlesung der Rechtswissenschaftlichen Fakultät der Christian-Albrechts-Universität zu Kiel, Baden-Baden 1992, 203–17

4186 Rätsch, Birgit: Hinter Gittern. Schriftsteller und Journalisten vor dem Volksgerichtshof 1934–1945, Bonn/Berlin 1992; VII, 235 S.

4187 Rösler, Ingo/Wieland, Günther: Vor 50 Jahren: Bildung des faschistischen Volksgerichtshofes, in: SuR 33 (1984), 589–94

4188 Rüping, Hinrich: »Streng, aber gerecht.« Schutz der Staatssicherheit durch den Volksgerichtshof, in: JZ 39 (1984), 815–21

4189 Sweet, Wiliam: The Volksgerichtshof 1934–45, in: JMH 46 (1974), 314–29

4190 Wagner, Walter: Der Volksgerichtshof im nationalsozialistischen Staat. (Die deutsche Justiz und der Nationalsozialismus, 3), Stuttgart 1974; 992 S.

4191 Wehling, Gerd: NS-Blutjustiz: Sondergerichte und Volksgerichtshof, in: RuP 20 (1984), 90–96

4192 Wieland, Günther: Das war der Volksgerichtshof. Ermittlungen – Fakten – Dokumente, Pfaffenweiler 1989; 218 S.**

A.3.5.5 Zivilrecht und Zivilgerichtsbarkeit

[vgl. A.3.16.2]

Gedruckte Quellen

Akademie für deutsches Recht 1933–1945. Protokolle der Ausschüsse, Hg. Werner Schubert u.a., Berlin:

4193 – Bd. 1: Ausschuß für Aktienrecht, Hg. Werner Schubert, 1986; LXX, 554 S.

4194 – Bd. 2: Ausschuß für GmbH-Recht, Hg. Werner Schubert, 1986; XXIX, 625 S.

4195 – Bd. 3.1: Volksgesetzbuch: Teilentwürfe, Arbeitsberichte und sonstige Materialien, Hg. Werner Schubert, 1988; XVI, 672 S.

4196 – Bd. 3.2: Familienrechtsausschuß. Unterausschuß für eheliches Güterrecht, Hg. Werner Schubert, 1989; VII, 990 S.

4197 – Bd. 3.3: Ausschuß für Personen-, Vereins- und Schuldrecht 1934–1936 (Mietrecht, Recht der Leistungsstörungen, Sicherungsübereignung, Eigentumsvorbehalt und Sicherungssezession, Luftverschollenheit), Hg. Werner Schubert, 1990; VII, 778 S.

4198 – Bd. 3.4: Ausschuß für Personen-, Vereins- und Schuldrecht 1937–1939. Unterausschuß für allgemeines Vertragsrecht 1938–1942, Hg. Werner Schubert, 1990; XXXVII, 764 S.

4199 – Bd. 3.5: Ausschuß für Schadenersatzrecht (Leistungsstörungen, Umfang und Art des Schadenersatzes. Deliktsrecht) – Ausschuß für das Recht der Betätigungsverträge (Allgemeine Bestimmungen. Geschäftsbesorgung. Werkvertrag) – Ausschuß für landwirtschaftliches Pachtrecht, Hg. Werner Schubert, 1993; XL, 719 S.

4200 – Bd. 4: Ausschuß für Genossenschaftsrecht, hg. zus. mit dem Entwurf des Reichsjustizministers von 1938/1939 zu einem Genossenschaftsgesetz, Hg. Werner Schubert, 1989; VII, 1199 S.

4201 Schubert, Werner (Hg.): Das Familien- und Erbrecht unter dem Nationalsozialismus. Ausgewählte Quellen zu den wichtigsten Gesetzen und Projekten aus den Ministerialakten, Paderborn u. a. 1993; XLI, 1022 S.

Darstellungen

4202 Brandt, Martin: Eigentum und Eigentumsbindung, in: Ernst-Wolfgang Bockenförde (Hg.), Staatsrecht und Staatsrechtlehre im Dritten Reich, Heidelberg 1985, 212–35

4203 Brünneck, Alexander von: Die Eigentumsordnung im Nationalsozialismus, in: KJ 12 (1979), 151–72; abgedr. in: Der Unrechtsstaat, Hg. Redaktion Kritische Justiz, Bd. 2, Baden-Baden 1984, 9–30

4204 Buchner, Herbert: Das Wirtschaftsrecht im Nationalsozialismus, in: Hubert Rottleuthner (Hg.), Recht, Rechtsphilosophie und Nationalsozialismus, Wiesbaden 1983, 92–104

4205 Dannreuther, Dieter: Der Zivilprozess als Gegenstand der Rechtspolitik im Deutschen Reich 1871–1945. Ein Beitrag zur Geschichte des Zivilprozessrechts in Deutschland, Frankfurt u. a. 1987; 575 S.

4206 Diederichsen, Uwe: Nationalsozialistische Ideologie in der Rechtsprechung des Reichsgerichts zum Ehe- und Familienrecht, in: Ralf Dreier/Wolfgang Sellert (Hg.), Recht und Justiz im »Dritten Reich«, Frankfurt 1989, 241–72

4207 Enneper, Carsten: Die Reform der Erbenhaftung im Erbrechtsausschuß der Akademie für deutsches Recht. Eine rechtsgeschichtliche und rechtsvergleichende Untersuchung zu einer nie verwirklichten Reform, dargestellt anhand der Vorschläge von Siber und Karpe, Frankfurt u. a. 1993; 304 S.

4208 Graue, Eugen: Das Zivilrecht im Nationalsozialismus, in: Franz J. Säcker (Hg.), Recht und Rechtslehre im Nationalsozialismus. Ringvorlesung der Rechtswissenschaftlichen Fakultät der Christian-Albrechts-Universität zu Kiel, Baden-Baden 1992, 103–24

4209 Gruchmann, Lothar: Das Ehegesetz vom 6. Juli 1938. Entstehung und Beurteilung, in: ZNR 11 (1989), 63–83

4210 Gruchmann, Lothar: Die Entstehung des Testamentsgesetzes vom 31. Juli 1938: Nationalsozialistische »Rechtserneuerung« und Rechtskontinuität, in: ZNR 7 (1985), 53–63

4211 Hattenhauer, Hans: Das NS-Volksgesetzbuch, in: Arno Buschmann u. a., Festschrift für Rudolf Gmür zum 70. Geburtstag. 28. Juli 1983, Bielefeld 1983, 255–81

4212 Holzhauer, Heinz: Die Scheidungsgründe in der nationalsozialistischen Familienrechtsgesetzgebung, in: NS-Recht in historischer Perspektive. (Kolloquien des Instituts für Zeitgeschichte), München/Wien 1981, 53–70

4213 Hütte, Rüdiger: Das Gemeinschaftsgedanke in den Erbrechtsreformen des Dritten Reichs, Frankfurt u. a. 1988; XXIV, 306 S.

4214 Kroeschell, Karl: Die nationalsozialistische Eigentumslehre. Vorgeschichte und Nachwirkung, in: Michael Stolleis/Dieter Simon (Hg.), Rechtsgeschichte im Nationalsozialismus. Beiträge zur Geschichte einer Disziplin, Tübingen 1989, 43–62

4215 Lammel, Siegbert: Die GmbH im Spannungsfeld von Politik, Wirtschaft und Recht während der NS-Zeit, in: ZNR 11 (1989), 148–67

4216 Lehmann, Brigitte: Ehevereinbarungen im 19. und 20. Jahrhundert, Frankfurt u. a. 1990, 111–15

4217 Mohnhaupt, Heinz: Justus Wilhelm Hedemann als Rechtshistoriker und Zivilrechtler vor und während der Epoche des Nationalsozialismus, in: Michael Stolleis/ Dieter Simon (Hg.), Rechtsgeschichte im Nationalsozialismus. Beiträge zur Geschichte einer Disziplin, Tübingen 1989, 107–60

4218 Nissen, Joern C.: Die Beratungen des Seeversicherungsausschusses der Akademie für deutsches Recht zu einem neuen Seeversicherungsgesetz (1934–1939). Ein Beitrag zur Entwicklung der allgemeinen Lehren des Seeversicherungsrechts unter besonderer Berücksichtigung des Handelsgesetzbuchs und der Allgemeinen deutschen Seeversicherungsbedingungen 1919, Frankfurt u. a. 1991; XIV, 532 S.

4219 Popp, Hans: Die nationalsozialistische Sicht einiger Institute des Zivilprozeß- und Gerichtsverfassungsrechts. Dargestellt am Beispiel des Gesetzes über die Mitwirkung des Staatsanwalts in bürgerlichen Rechtssachen vom 15. 7. 1941 (RGBl. I S. 383), Frankfurt u. a. 1986; XLVII, 375 S.

4220 Raiser, Bernhard: Die Rechtsprechung zum deutschen internationalen Eherecht im »Dritten Reich«, Frankfurt 1980; 194 S.

4221 Ramm, Thilo: Das nationalsozialistische Familien- und Jugendrecht, Heidelberg 1984; 54 S.

4222 Ramm, Thilo: Eherecht und Nationalsozialismus, in: Günther Doeker/Winfried Steffani (Hg.), Klassenjustiz und Pluralismus. Festschrift für Ernst Fraenkel zum 75. Geburtstag am 26. Dezember 1973, Hamburg 1973, 151–66

4223 Ramm, Thilo: Familien- und Jugendrecht im Nationalsozialismus, in: Hubert Rottleuthner (Hg.), Recht, Rechtsphilosophie und Nationalsozialismus, Wiesbaden 1983, 75–81

4224 Rudolph, Kurt: Das Wirken der Ziviljustiz im Nationalsozialismus. (Der NS-Rassismus in der Zivilrechtsprechung), in: Recht im Nationalsozialismus. Bericht über die Tagung vom 5. bis 8. November 1990 in St. Johann-Lonsingen, Hg. Justizministerium Baden-Württemberg/Landeszentrale für politische Bildung Baden-Württemberg, Stuttgart 1993, 37–64

4225 Rüthers, Bernd: Die unbegrenzte Auslegung. Zum Wandel der Privatrechtsordnung unter dem Nationalsozialismus, 3., unveränd. Aufl., Heidelberg 1988; XX, 496 S. (zuerst Tübingen 1968)

4226 Rüthers, Bernd: Von der »Normalität« der Ziviljustiz im Dritten Reich, in: ZNR 11 (1989), 184–91

4227 Saar, Stefan C.: Familienrecht im NS-Staat – ein Überblick, in: Peter Salje (Hg.), Recht und Unrecht im Nationalsozialismus, Münster 1985, 80–108

4228 Salje, Peter: Bürgerliches Recht und Wirtschaftsordnung im Dritten Reich, in: Peter Salje (Hg.), Recht und Unrecht im Nationalsozialismus, Münster 1985, 46–79

4229 Schröder, Rainer: Zur Rechtsgeschäftslehre in nationalsozialistischer Zeit, in: Peter Salje (Hg.), Recht und Unrecht im Nationalsozialismus, Münster 1985, 8–44

4230 Schubert, Werner: Der Entwurf eines Nichtehelichengesetzes vom Juli 1940 und seine Ablehnung durch Hitler, in: ZGF 31 (1984), 1–10

4231 Shartel, Burke/Wolff, Hans J.: Civil Justice in Germany, in: MiLR 42 (1943/44), 863–908

4232 Thoss, Peter: Das subjektive Recht in der gliedschaftlichen Bindung. Zum Verhältnis von Nationalsozialismus und Privatrecht, Frankfurt 1968; 155 S.

4233 Weitzel, Jürgen: Sonderprivatrecht aus konkretem Ordnungsdenken: Reichserbhofrecht und allgemeines Privatrecht, in: ZNR 14 (1992), 55–79

4234 Wrobel, Hans: [Hans] Groschuff und [Karl-August] Crisolli. Wie zwei Amtsgerichtsräte nach dem 30. Januar 1933 versuchten, mit dem liberalistischen Mißbrauch des Firmenzusatzes »Deutsch« aufzuräumen und so das Handelsregister von einer undeutschen Verfallserscheinung zu befreien, und was aus diesem Versuch wurde, in: Hans-Ernst Böttcher (Hg.), Recht – Justiz – Kritik. Festschrift für Richard Schmid zum 85. Geburtstag, Baden-Baden 1985, 75–96

4235 Wrobel, Hans: Die Pfändbarkeit des Volksempfängers – oder: Wie der vermeintlich unpolitische und neutrale Paragraph 811 Ziffer 1 ZPO nach 1933 im Sinne der NS-Ideologie ausgelegt wurde, in: KJ 18 (1985), 57–67

Regional-/Lokalstudien

4236 Bartels, Gundolf: Zivilrechtsprechung in Oldenburg 1933–1945. Dargestellt am Beispiel vor allem des Ehe- und Familienrechts, in: 175 Jahre Oberlandesgericht Oldenburg. 1814 Oberappellationsgericht – Oberlandesgericht 1989. Festschrift, Köln u. a. 1989, 253–88

4237 Puerschel, Reginald: Trügerische Normalität. Die Rechtsprechung in Ehe- und Familiensachen der Landgerichte Hamburg und Altona 1933–1939, in: Klaus Bästlein u. a. (Red.), »Für Führer, Volk und Vaterland ...«. Hamburger Justiz im Nationalsozialismus, Hg. Justizbehörde Hamburg, Hamburg 1992, 382–431

4238 Schröder, Rainer: Der zivilrechtliche Alltag der Volksgenossen. Beispiele aus der Praxis des Oberlandesgerichts Celle im Dritten Reich, in: Bernhard Diestelkamp/Michael Stolleis (Hg.), Justizalltag im Dritten Reich, Frankfurt 1988, 39–62

A.3.5.6 Verwaltungsrecht und Verwaltungsgerichtsbarkeit

Darstellungen

4239 Anderbrügge, Klaus: Verwaltungsrechtliche Aspekte der volksgenössischen Rechtsstellung, in: Hubert Rottleuthner (Hg.), Recht, Rechtsphilosophie und Nationalsozialismus, Wiesbaden 1983, 128–39

4240 Kirchberg, Christian: Die Kontrolle von Maßnahmen der »politischen Polizei« durch die Verwaltungsgerichte, in: Dieter Rebentisch/Karl Teppe (Hg.), Verwaltung contra Menschenführung im Staat Hitlers. Studien zum politisch-administrativen System, Göttingen 1986, 141–52

4241 Kohl, Wolfgang: Das Reichsverwaltungsgericht. Ein Beitrag zur Entwicklung der Verwaltungsgerichtsbarkeit in Deutschland, Tübingen 1991, 399–507

4242 Külz, Helmut R.: Verwaltungskontrolle unter dem Nationalsozialismus, in: KJ 2 (1969), 367–78

4243 Meyer-Hesemann, Wolfgang: Modernisierungstendenzen in der nationalsozialistischen Verwaltungsrechtswissenschaft, in: Hubert Rottleuthner (Hg.), Recht, Rechtsphilosophie und Nationalsozialismus, Wiesbaden 1983, 140–51

4244 Rüfner, Wolfgang: Die Entwicklung der Verwaltungsgerichtsbarkeit [1933–1945], in: Deutsche Verwaltungsgeschichte, Bd. 4: Das Reich als Republik und in der Zeit des Nationalsozialismus, Hg. Kurt G. A. Jeserich u. a., Stuttgart 1985, 1099–113

4245 Stolleis, Michael: Verwaltungsrechtswissenschaft und Verwaltungslehre im Nationalsozialismus, in: Deutsche Verwaltungsgeschichte, Bd. 4: Das Reich als Republik und in der Zeit des Nationalsozialismus, Hg. Kurt G. A. Jeserich u. a., Stuttgart 1985, 707–24

4246 Stolleis, Michael: Die Verwaltungsgerichtsbarkeit im Nationalsozialismus, in: Bernhard Diestelkamp/Michael Stolleis (Hg.), Justizalltag im Dritten Reich, Frankfurt 1988, 26–38

4247 Stolleis, Michael: Die Verwaltungsgerichtsbarkeit im Nationalsozialismus, in: Hans U. Erichsen u. a. (Hg.), System des verwaltungsrechtlichen Rechtsschutzes. Festschrift für Christian-Friedrich Menger zum 70. Geburtstag, Berlin 1985, 57–80

4248 Stolleis, Michael: Die »Wiederbelebung der Verwaltungslehre« im Nationalsozialismus, in: Erk V. Heyen (Hg.), Wissenschaft und Recht der Verwaltung seit dem Ancien Régime. Europäische Ansichten, Frankfurt 1984, 147–62

4249 Storost, Ulrich: Die Verwaltungsrechtslehre Ernst Forsthoffs als Ausdruck eines politischen Verfassungsmodells, in: Erk V. Heyen (Hg.), Wissenschaft und Recht der Verwaltung seit dem Ancien Régime. Europäische Ansichten, Frankfurt 1984, 163–88

4250 Uffelmann, Gerd: Die Rechtsprechung des Reichsfinanzhofs unter nationalsozialistischem Einfluß in den Jahren 1933–1943, Diss. Köln 1948; 7, 148 S. (Ms.)

4251 Ule, Carl H.: Die Entwicklung des Beamtenrechts durch die Rechtsprechung der Verwaltungsgerichte, in: Helmut R. Külz/Richard Naumann (Hg.), Staatsbürger und Staatsgewalt. Verwaltungsrecht und Verwaltungsgerichtsbarkeit in Geschichte und Gegenwart, Bd. 2, Karlsruhe 1963, 113–45

Regional-/Lokalstudien

4252 Fachet, Siegfried: Verwaltungsgerichtshof, Kompetenzgerichtshof und Disziplinargerichte in Württemberg unter dem Nationalsozialismus, Pfaffenweiler 1988; 340 S.

4253 Frege, Ludwig: Der Status des Preußischen Oberverwaltungsgerichts und die politische Standhaftigkeit seiner Rechtsprechung auf politischem Gebiet, in: Helmut R. Külz/Richard Naumann (Hg.), Staatsbürger und Staatsgewalt. Verwaltungsrecht und Verwaltungsgerichtsbarkeit in Geschichte und Gegenwart, Bd. 1, Karlsruhe 1963, 131–55

4254 Hempfer, Walter: Die nationalsozialistische Staatsauffassung in der Rechtsprechung des Preußischen Oberverwaltungsgerichts. Dargestellt an ausgewählten Beispielen rechtsstaatlicher Grundsätze, Berlin 1974; 189 S.

4255 Kirchberg, Christian: Der Badische Verwaltungsgerichtshof im Dritten Reich. Eine Quellenstudie zur Justiz- und Verwaltungsgeschichte des ehemaligen Landes Baden unter dem Nationalsozialismus, Berlin 1982; 272 S.

4256 Kirchberg, Christian: Der Badische Verwaltungsgerichtshof im Dritten Reich, in: VBlBW 2 (1981), 370–75; 3 (1982), 67–70, 210–13; 4 (1983), 47–53

4257 Petermann, Werner: Die Mitglieder des Preußischen Oberverwaltungsgerichts 1875–1942, in: Friedrich Benninghoven/Cécile Lowenthal-Hensel (Hg.), Neue Forschungen zur Brandenburgisch-Preußischen Geschichte, hg. in Zusammenarbeit mit der Preußischen Historischen Kommission, Bd. 1, Köln/Wien 1979, 173–237

4258 Rapp, Maximilian: 100 Jahre Badischer Verwaltungsgerichtshof, in: Helmut R. Külz/Richard Naumann (Hg.), Staatsbürger und Staatsgewalt. Verwaltungsrecht und Verwaltungsgerichtsbarkeit in Geschichte und Gegenwart, Bd. 1, Karlsruhe 1963, 1–24

A.3.6 Wehrmacht

[vgl. A.2.5.6; A.3.9.3.2; A.3.13.5.2; A.3.22.2]

A.3.6.1 Allgemeines

Bibliographien

4259 Wehrmacht und Nationalsozialismus 1933–1945. Bibliographie, in: Wehrmacht und Nationalsozialismus 1933–1945. (Deutsche Militärgeschichte 1648–1939, 4), Hg. Friedrich Forstmeier u. a., hg. i. A. d. Militärgeschichtlichen Forschungsamtes, 2. Aufl., Herrsching 1983, 501–79 (zuerst München 1978 u. d. T.: Handbuch zur deutschen Militärgeschichte 1648–1939)

Literaturberichte

4260 Berghahn, Volker R.: Wehrmacht und Nationalsozialismus, in: NPL 15 (1970), 44–52

Nachschlagewerke

4261 Die Ritterkreuzträger 1939–1945. Die Ritterkreuzträger sämtlicher Wehrmachtteile. Brillianten-, Schwerter- und Eichenlaubträger in der Reihenfolge der Verleihung. Anhang mit Verleihungsbestimmungen und weiteren Angaben, Bearb. Gerhard von Seemen, 2. Aufl., Friedberg o. J. (1976); 424 S. (zuerst 1955)

Die Ritterkreuzträger der Deutschen Wehrmacht 1939–1945, Hg. Franz Thomas/Günter Wegmann, Osnabrück:

4262 – Bd. 1: Sturmartillerie, 1985; XV, 318 S.

4263 – Bd. 2: Fallschirmjäger, 1986; XVI, 442 S.

4264 – Bd. 3.1: Infanterie: A-Be, 1987; XIX, 491 S.

4265 – Bd. 3.2: Infanterie: Bialetzki – Bottler, 1992; XVIII, 331 S.

4266 – Bd. 4.1: Die U-Boot-Waffe: A-J, 1988; XIX, 342 S.

4267 – Bd. 4.2: Die U-Boot-Waffe: K-Z, 1989; XXI, 400 S.

4268 – Bd. 5.1: Die Flugabwehrtruppen: A-K, 1991; XVI, 358 S.

4269 – Bd. 5.2: Die Flugabwehrtruppen: L-Z, 1991; XVI, 330 S.

4270 – Bd. 6.1.: Gebirgstruppe: A-K, 1993; XX, 505 S.

4271 Siegler, Fritz von (Bearb.): Die höheren Dienststellen der deutschen Wehrmacht 1933–1945, Bearb. Institut für Zeitgeschichte, München 1953; 155 S.

4272 Tessin, Georg: Deutsche Verbände und Truppen 1918–1939. Altes Heer, Freiwilligenverbände, Reichswehr, Heer, Luftwaffe, Landespolizei, bearb. auf Grund der Unterlagen des Bundesarchiv-Militärarchivs, erw. Ausg., Osnabrück 1974; 468 S. (zuerst Boppard 1959 u. d. T.: Formationsgeschichte der Wehrmacht 1933–1939)

Tessin, Georg (Bearb.): Verbände und Truppen der deutschen Wehrmacht und Waffen-

SS im Zweiten Weltkrieg 1939–1945, Hg. Bundesarchiv/Arbeitskreis für Wehrforschung, bearb. auf Grund der Unterlagen des Bundesarchivs-Militärarchivs, Frankfurt:

4273 – Bd. 1: Die Waffengattungen. Gesamtübersicht, 1977; XXXIII, 469 S.

4274 – Bd. 2: Die Landstreitkräfte 1–5, 1965; 324 S.

4275 – Bd. 3: Die Landstreitkräfte 6–14, o. J. [1967]; 316 S.

4276 – Bd. 4: Die Landstreitkräfte 15–30, o. J. [1970]; 292 S.

4277 – Bd. 5: Die Landstreitkräfte 31–70, o. J. [1972]; 296 S.

4278 – Bd. 6: Die Landstreitkräfte 71–130, 1972; 336 S.

4279 – Bd. 7: Die Landstreitkräfte 131–200, 1973; 296 S.

4280 – Bd. 8: Die Landstreitkräfte 201–80, 1973; 340 S.

4281 – Bd. 9: Die Landstreitkräfte 281–370, 1975; 323 S.

4282 – Bd. 10: Die Landstreitkräfte 371–500, 1975; 308 S.

4283 – Bd. 11: Die Landstreitkräfte 501–630, 1975; 347 S.

4284 – Bd. 12: Die Landstreitkräfte 631–800, 1975; 328 S.

4285 – Bd. 13: Die Landstreitkräfte 801–13400, 1976; 429 S.

4286 – Bd. 14: Die Landstreitkräfte. Namensverbände. Die Luftstreitkräfte (Fliegende Verbände. Flakeinsatz im Reich 1943–1945), 1980; 496 S.

4287 – Bd. 15: Kriegsstärkenachweisungen (KStN), taktische Zeichen, Traditionspflege, Bearb. Brün Meyer, 1988; 360 S.

Quellenkunde

4288 Dillgard, Georg: Die Zentralnachweisstelle des Bundesarchivs und die Abwicklung wehr- und militärrechtlicher personeller Angelegenheiten aus der Zeit bis zum 8. Mai 1945, in: Friedrich P. Kahlenberg (Hg.), Aus der Arbeit der Archive. Beiträge zum Archivwesen, zur Quellenkunde und zur Geschichte. Festschrift für Hans Booms, Boppard 1989, 257–69

4289 Enders, Gerhard: Die ehemaligen deutschen Militärarchive und das Schicksal der deutschen Militärakten nach 1945, in: ZMG 8 (1969), 559–608

4290 Heinsius, Paul: Der Verbleib des Aktenmaterials der deutschen Kriegsmarine, in: Archivar 8 (1955), 55–86

4291 Meyer, Brün: Der Spanische Bürgerkrieg in der Berichterstattung der deutschen Wehrmachtführung. Ein Hinweis auf Quellen im Bundesarchiv-Militärarchiv, in: Friedrich P. Kahlenberg (Hg.), Aus der Arbeit der Archive. Beiträge zum Archivwesen, zur Quellenkunde und zur Geschichte. Festschrift für Hans Booms, Boppard 1989, 519–38

4292 Poll, Bernhard: Vom Schicksal der deutschen Heeresakten und der amtlichen Kriegsgeschichtsschreibung, in: Archivar 6 (1953), 66–75

4293 Stuolanski, Rudolf: Die Bestände des Deutschen Militärarchivs, in: ZMG 4 (1965), 594–98

Gedruckte Quellen

4294 Besson, Waldemar: Zur Geschichte des Nationalsozialistischen Führungsoffiziers. (Dokumentation), in: VfZ 9 (1961), 76–116

4295 Frede, Günther/Schüddekopf, Otto-Ernst (Bearb.): Wehrmacht und Politik 1933–1945. Dokumente mit verbindendem Text, Braunschweig 1962; 62 S.

4296 Poliakov, Léon/Wulf, Josef: Das Dritte Reich und seine Diener. Dokumente,

Berlin 1956, 335–532 (ND München u. a. 1978)

Darstellungen

4297 Absolon, Rudolf: Wehrgesetz und Wehrdienst 1935–1945. Das Personalwesen in der Wehrmacht, Boppard a.Rh. 1960; XVI, 430 S.

Absolon, Rudolf: Die Wehrmacht im Dritten Reich, Boppard a.Rh.:

4298 – Bd. 1/2: 30. Januar 1933–2. August 1934. Mit einem Rückblick auf das Militärwesen in Preußen, im Kaiserreich und in der Weimarer Republik, 1969/71; XV, 445; XIV, 601 S.

4299 – Bd. 3: 3. August 1934 – 4. Februar 1938, 1975; XVIII, 533 S.

4300 – Bd. 4: 5. Februar 1938–31. August 1939, 1979; XIX, 412 S.

4301 Aretin, Karl O. Freiherr von: Die deutschen Generale und Hitlers Kriegspolitik, in: PS 10 (1959), 569–83

4302 Aretin, Karl O. Freiherr von: Der Eid auf Hitler. Eine Studie zum moralischen Verfall des Offizierskorps der Reichswehr, in: PS 7 (1956), Nr. 79, 1–19; abgedr. in: Karl O. Freiherr von Aretin, Nation, Staat und Demokratie in Deutschland. Ausgewählte Beiträge zur Zeitgeschichte. Zum 70. Geburtstag des Verfassers, Hg. Andreas Kunz/Martin Vogt, Mainz 1993, 175–94

4303 Bachmann, Peter/Zeisler, Kurt: Der deutsche Militarismus 1917–1945. Vom wilhelminischen zum faschistischen Militarismus. Illustrierte Geschichte, Leipzig (LA Köln) o. J. [1983]; 472 S.**

4304 Bald, Detlef: Der deutsche Offizier. Sozial- und Bildungsgeschichte des deutschen Offizierskorps im 20. Jahrhundert, München 1982; 168 S.

4305 Barnett, Correlli (Hg.): Hitler's Generals, London 1989; XIX, 497 S.

4306 Baum, Walter: Die Reichswehr und das Wehrpolitische Amt der Nationalsozialistischen Deutschen Arbeiterpartei, in: ASM 131 (1965), 345–51

4307 Bennecke, Heinrich: Die Reichswehr und der »Röhm-Putsch«, München/Wien 1964; 93 S.

4308 Berghahn, Volker R.: NSDAP und »Geistige Führung« der Wehrmacht 1939–1943, in: VfZ 17 (1969), 17–71

4309 Bernhardt, Walter: Die deutsche Aufrüstung 1934–1939. Militärische und politische Konzeptionen und ihre Einschätzung durch die Alliierten, Vorwort Michael Freund, Frankfurt 1969; 179 S.

4310 Bracher, Karl D.: Die Deutsche Armee zwischen Republik und Diktatur (1918–1945), in: Schicksalsfragen der Gegenwart, Hg. Bundesministerium der Verteidigung, Bd. 3, Tübingen 1958, 95–120

4311 Breit, Gotthard: Das Staats- und Gesellschaftsbild deutscher Generale beider Weltkriege im Spiegel ihrer Memoiren, Boppard 1973; VIII, 237 S.

4312 Brett-Smith, Richard: Hitler's Generals, London/San Rafael, Ca. 1976; VIII, 306 S.

4313 Buchheit, Gert: Soldatentum und Rebellion. Die Tragödie der deutschen Wehrmacht, Rastatt 1961; X, 509 S.

4314 Carr, William: National Socialism: Foreign Policy and Wehrmacht, in: Walter Laqueur (Hg.), Fascism. A Reader's Guide. Analyses, Interpretation, Bibliography, 2. Aufl., Harmondsworth 1979, 115–50 (zuerst London/Berkeley, Ca. 1976)

4315 Cartier, Raymond: Hitler et ses généraux. Les secrets de la guerre, 2., überarb. u. vervollst. Aufl., Paris 1962; 265 S. (zuerst 1962)

4316 Cooper, Matthew: The German Army 1933–1945: Its Political and Military Failure, London 1978; X, 598 S.

4317 Craig, Gordon A.: Die preußisch-deutsche Armee 1640–1945. Staat im Staate, Düsseldorf 1960; 576 S. (ND Königstein/Düsseldorf 1980)

4318 Demeter, Karl: Das deutsche Offizierskorps in Gesellschaft und Staat 1650–1945, 4. Aufl., Frankfurt 1965; X, 351 S. (zuerst 1930; Neuausgabe 1962)**

4319 Deutsch, Harold C.: Das Komplott oder Die Entmachtung der Generale. Blomberg- und Fritsch-Krise. Hitlers Weg zum Krieg, Zürich 1974; 461 S. (amerikan.: Minneapolis 1968)

4320 Dreetz, Dieter/Kern, Wolfgang: Zur inneren Funktion des deutschen Militarismus von 1900 bis 1945, in: Karl Nuß u. a. (Hg.), Der deutsche Militarismus in Geschichte und Gegenwart. Studien – Probleme – Analysen, Berlin (O) 1980, 206–25

4321 Dülffer, Jost: Vom Bündnispartner zum Erfüllungsgehilfen im totalen Krieg. Militär und Gesellschaft in Deutschland 1933–1945, in: Wolfgang Michalka (Hg.), Der Zweite Weltkrieg. Analysen, Grundzüge, Forschungsbilanz, München/Zürich 1989, 286–300

4322 Elble, Rolf: Die Wehrmacht – stählerner Garant des NS-Systems? Zum Aufsatz »Das Verhältnis von Wehrmacht und NS-Staat und die Frage der Traditionsbildung« von Manfred Messerschmidt (B 17/81), in: APUZ, Nr. B 34/81, 22. 8. 1981, 37–41

4323 Erfurth, Waldemar: Die Geschichte des deutschen Generalstabes 1918 bis 1945, 2., neubearb. u. erw. Aufl., Göttingen 1960; 340 S. (zuerst 1957)

4324 Folttmann, Josef/Möller-Witten, Hanns: Opfergang der Generale. Die Verluste der Generale und Admirale und der im gleichen Rang stehenden sonstigen Offiziere und Beamten im Zweiten Weltkrieg, 3., wesentl. erg. u. abschließ. bearb. Aufl., Berlin 1957; 189 S. (zuerst 1952)

4325 Förster, Jürgen: Vom Führerheer der Republik zur nationalsozialistischen Volksarmee. Zum Strukturwandel der Wehrmacht 1935–1945, in: Jost Dülffer u. a. (Hg.), Deutschland in Europa. Kontinuität und Bruch. Gedenkschrift für Andreas Hillgruber, Frankfurt/Berlin 1990, 311–28

4326 Förster, Jürgen: The German Army and the Ideological War against the Soviet Union, in: Gerhard Hirschfeld (Hg.), The Policies of Genocide. Jews and Soviet Prisoners of War in Nazi Germany, London u. a. 1986, 15–29

4327 Förster, Jürgen: Jewish Policies of the German Military, 1939–1942, in: Asher Cohen u. a. (Hg.), The Shoah and the War, New York u. a. 1992, 53–71

4328 Förtsch, Hermann: Schuld und Verhängnis. Die Fritsch-Krise im Frühjahr 1938 als Wendepunkt in der Geschichte der nationalsozialistischen Zeit, Stuttgart 1951; 239 S.

4329 Fried, Hans E.: The Guilt of the Germany Army, New York 1942; 426 S.

4330 Fritscher, Werner u. a.: Deutsche Wehrmachtspsychologie 1914–1939, Einführung Peter R. Hofstätter, München 1985; XII, 475 S.

4331 Funke, Manfred: Hitler und die Wehrmacht. Eine Profilskizze ihrer Beziehungen, in: Wolfgang Michalka (Hg.), Der Zweite Weltkrieg. Analysen, Grundzüge, Forschungsbilanz, München/Zürich 1989, 301–13

4333 Gembruch, Werner: Zur Gleichschaltung der bewaffneten Macht unter der Herrschaft des Nationalsozialismus, in: WR 8 (1958), 81–92

4334 Gerstenberger, Heide: »Heereselite« und nationalsozialistische Herrschaft, in: Heide Gerstenberger/Dorothea Schmidt (Hg.), Normalität oder Normalisierung? Geschichtswerkstätten und Faschismusanalyse, Münster 1987, 97–114

4335 Geuter, Ulfried: Polemos panton pater – Militär und Psychologie im Deutschen

Reich 1914–1945, in: Mitchell G. Ash/Ulfried Geuter (Hg.), Geschichte der deutschen Psychologie im 20. Jahrhundert, Opladen 1985, 146–71

4336 Geyer, Michael: Aufrüstung oder Sicherheit. Die Reichswehr in der Krise der Machtpolitik 1924–1936, Wiesbaden 1980; VIII, 555 S.

4337 Geyer, Michael: The Past as Future: The German Officer Corps as Profession, in: Geoffrey Cocks/Konrad H. Jarausch (Hg.), German Professions, 1800–1950, New York/Oxford 1990, 183–212

4338 Görlitz, Walter: Der deutsche Generalstab. Geschichte und Gestalt 1657–1945, Frankfurt 1950; 707 S. (2., gekürzte Aufl. 1953)

4339 Groehler, Olaf: »Doktrinärer« und »flexibler« Militarismus im faschistischen Deutschland, in: Karl Nuß u. a. (Hg.), Der deutsche Militarismus in Geschichte und Gegenwart. Studien – Probleme – Analysen, Berlin (O) 1980, 177–90

4340 Grzywatz, Berthold: Die obersten Marinebehörden, das Reichswehrministerium und das Oberkommando der Wehrmacht. Reichpietschufer 72–76/Stauffenbergstraße 11–14, in: Helmut Engel u. a. (Hg.), Geschichtslandschaft Berlin. Orte und Ereignisse, Bd. 2: Tiergarten, T. 1: Vom Brandenburger Tor zum Zoo, Berlin 1989, 277–98

4341 Gschaider, Peter: Das österreichische Bundesheer 1938 und seine Überführung in die deutsche Wehrmacht, Diss. Wien 1967; 398 S. (Ms.)

4342 Hass, Gerhart: Militärische Entscheidungsfindung und politische Führung im faschistischen Deutschland, in: MG 15 (1976), 584–90

4343 Heer, Hannes: Killing Fields. Die Wehrmacht und der Holocaust, in: Mittelweg 3 (1994), Nr. 3, 7–31**

4344 Heiß, Ulrich (Bearb.): Militärbauten, in: Winfried Nerdinger (Hg.), Bauen im Nationalsozialismus. Bayern 1933–1945. Ausstellung des Architekturmuseums der Technischen Universität München und des Münchner Stadtmuseums, München 1993, 463–513

4345 Herzfeld, Hans: Das Problem des deutschen Heeres 1919–1945, Laupheim 1952; 248 S.

4346 Hillgruber, Andreas: Militär und Militarismus am Ende der Weimarer Republik und im »Dritten Reich«, in: Andreas Hillgruber, Großmachtpolitik und Militarismus im 20. Jahrhundert. Drei Beiträge zum Kontinuitätsproblem, Düsseldorf 1974, 37–51; abgedr. in: ders., Deutsche Großmacht- und Weltpolitik im 19. und 20. Jahrhundert, 2. Aufl., Düsseldorf 1979, 134–48 (zuerst 1977)

4347 Hillgruber, Andreas: Das Rußland-Bild der führenden deutschen Militärs vor Beginn des Angriffs auf die Sowjetunion, in: Bernd Wegner (Hg.), Zwei Wege nach Moskau. Vom Hitler-Stalin-Pakt zum »Unternehmen Barbarossa«, München/Zürich 1991, 167–84

4348 Humble, Richard: Hitler's Generals, London 1973; 167 S.

4349 Janßen, Karl-Heinz/Tobias, Fritz: Der Sturz der Generäle. Hitler und die Blomberg-Fritsch-Krise 1938, München 1994; 320 S.

4350 Kaiser, Gerhard: Sperrgebiet. Die geheimen Kommandozentralen in Wünsdorf seit 1871, Fotografien Christian Thiel/Detlev Steinberg, Berlin 1993; 199 S.**

4351 Kersting, Franz-Werner: Militär und Jugend im NS-Staat. Rüstungs- und Schulpolitik der Wehrmacht, Wiesbaden 1989; XII, 472 S.

4352 Kielmansegg, Johann A. Graf: Der Fritsch-Prozeß 1938. Ablauf und Hintergründe, Hamburg 1949; 152 S.

4353 Kolmsee, Peter: Deutsche Gesellschaft für Wehrpolitik und Wehrwissenschaft (DGW) 1933–1945, in: Lexikon zur Parteiengeschichte. Die bürgerlichen und kleinbürgerlichen Parteien und Verbände in Deutschland (1789–1945), Hg. Dieter Fricke u. a., Bd. 1, Leipzig (LA Köln) 1983, 704–10

4354 Krannhals, Hanns von: Die Judenvernichtung in Polen und die »Wehrmacht«, in: WR 15 (1965), 570–81

4355 Krausnick, Helmut: Die Wehrmacht im nationalsozialistischen Deutschland, in: Martin Broszat/Horst Möller (Hg.), Das Dritte Reich. Herrschaftsstruktur und Geschichte, 2., verb. Aufl., München 1986, 176–208 (zuerst 1983)

4356 Kroener, Bernhard R.: Strukturelle Veränderungen in der militärischen Gesellschaft des Dritten Reiches, in: Michael Prinz/Rainer Zitelmann (Hg.), Nationalsozialismus und Modernisierung, 2. Aufl., Darmstadt 1994, 267–96 (zuerst 1991)

4357 Lakowski, Richard: Zwischen Professionalismus und Nazismus: die Wehrmacht des Dritten Reiches vor dem Überfall auf die UDSSR, in: Bernd Wegner (Hg.), Zwei Wege nach Moskau. Vom Hitler-Stalin-Pakt zum »Unternehmen Barbarossa«, München/Zürich 1991, 149–66

4358 Lammers, Walther: Zur Mentalität deutscher Generäle bei Beginn des Krieges gegen die Sowjetunion (Juni bis Dezember 1941), Stuttgart 1990; 378 S.

4359 Liddell Hart, Basil H.: Deutsche Generale des Zweiten Weltkriegs. Aussagen, Aufzeichnungen und Gespräche, Düsseldorf 1964; 289 S. (engl.: London 1964 u. d. T.: The Other Side of the Hill)

4360 Liddell Hart, Basil H.: Jetzt dürfen sie reden. Hitlers Generale berichten, veränd. u. erw. Neuausg., Stuttgart/Hamburg 1950; 573 S. (zuerst Zürich 1949 u. d. T.: Die Strategie einer Diktatur; engl.: London 1948 u. d. T.: The German Generals Talk)

4361 Manoschek, Walter: Verbrecherische Befehle – Verbrecherische Taten. Sie gehörten zum Kriegsalltag der Wehrmacht, in: Mittelweg 1 (1992), Nr. 5, 137–44

4362 Manoschek, Walter: Das deutsche Heer beim Judenmord, in: Zeit, Jg. 47, Nr. 27, 26. 6. 1992, 78

4363 Manoschek, Walter/Safrian, Hans: Österreicher in der Wehrmacht, in: Emmerich Tálos u. a. (Hg.), NS-Herrschaft in Österreich 1938–1945, Wien 1988, 331–60

4364 Martin, Bernd: Das deutsche Militär und die Wendung der deutschen Fernostpolitik von China auf Japan, in: Franz Knipping/Klaus-Jürgen Müller (Hg.), Machtbewußtsein in Deutschland am Vorabend des Zweiten Weltkrieges, Paderborn 1984, 191–207

4365 Mellenthin, Friedrich W. von: German Generals of World War II, Norman, Okl. 1977; 300 S.

4366 Messerschmidt, Manfred: Die Wehrmacht im NS-Staat. Zeit der Indoktrination, Einführung Johann A. Graf Kielmansegg, Heidelberg/Hamburg 1969; XIX, 519 S.; Teilabdr. (480–91) in: Karl D. Bracher u. a. (Hg.), Nationalsozialistische Diktatur 1933–1945. Eine Bilanz, Bonn (zugl. Düsseldorf) 1983, 465–79

4367 Messerschmidt, Manfred: Das Verhältnis von Wehrmacht und NS-Staat und die Frage der Traditionsbildung, in: APUZ, Nr. B 17/81, 25. 4. 1981, 11–23

4368 Messerschmidt, Manfred: Das Verhältnis von Wehrmacht und NS-Staat und die Frage der Traditionsbildung – Ein Nachwort [zur Kritik von Rolf Elble], in: APUZ, Nr. B 17/81, 25. 4. 1981, 43–45

4369 Messerschmidt, Manfred: Die Wehrmacht im NS-Staat, in: Karl D. Bracher u. a. (Hg.), Deutschland 1933–1945. Neue Studien zur nationalsozialistischen Herrschaft, 2., erg. Aufl., Bonn/Düsseldorf 1993, 377–403 (zuerst 1992)

4370 Messerschmidt, Manfred: Politische Erziehung der Wehrmacht. Scheitern einer

Strategie, in: Manfred Heinemann (Hg.), Erziehung und Schulung im Dritten Reich, T. 2: Hochschule, Erwachsenenbildung, Stuttgart 1980, 261–84

4371 Messerschmidt, Manfred: Das Heer als Faktor der arbeitsteiligen Täterschaft, in: Hanno Loewy (Hg.), Holocaust: Die Grenzen des Verstehens. Eine Debatte über die Besetzung der Geschichte, Reinbek 1992, 160–65

4372 Messerschmidt, Manfred: Harte Sühne am Judentum. Befehlswege und Wissen in der deutschen Wehrmacht, in: Jörg Wollenberg (Hg.), »Niemand war dabei und keiner hat's gewußt.« Die deutsche Öffentlichkeit und die Judenverfolgung 1933–1945, München/Zürich 1989, 113–28, 238–40

4373 Messerschmidt, Manfred: Nationalsozialismus und Militär, in: Gerhard A. Ritter u. a., Totalitäre Verführung im Dritten Reich. Arbeiterschaft – Intelligenz – Beamtenschaft – Militär, Hg. Bayerische Landeszentrale für politische Bildungsarbeit, München 1983, 32–40

4374 Messerschmidt, Manfred: The Wehrmacht and the Volksgemeinschaft, in: JCH 18 (1983), 719–44

4375 Model, Hansgeorg: Der deutsche Generalstabsoffizier. Seine Auswahl und Ausbildung in Reichswehr, Wehrmacht und Bundeswehr, Frankfurt 1968; 300 S.

4376 Moll, Otto E.: Die deutschen Generalfeldmarschälle 1935–1945, Bearb. Wolfgang W. Marek, 2., verb. Aufl., Rastatt 1962; 272 S. (zuerst 1961)

4377 Mühleisen, Hans-Otto: Die Rolle des Militärs bei der Machtübernahme der Nationalsozialisten, in: Josef Becker (Hg.), 1933 – Fünfzig Jahre danach. Die nationalsozialistische Machtergreifung in historischer Perspektive, München 1982, 25–47

4378 Müller, Klaus-Jürgen: Armee, Politik und Gesellschaft in Deutschland 1933–1945. Studien zum Verhältnis von Armee und NS-System, Paderborn 1979; 123 S.

4379 Müller, Klaus-Jürgen: Armee und Drittes Reich 1933–1939. Darstellung und Dokumentation, Mitarb. Ernst W. Hansen, 2. Aufl., Paderborn u. a. 1989; 413 S. (zuerst 1987)**

4380 Müller, Klaus-Jürgen: Deutsche Militär-Elite in der Vorgeschichte des Zweiten Weltkrieges, in: Martin Broszat/Klaus Schwabe (Hg.), Die deutschen Eliten und der Weg in den Zweiten Weltkrieg, München 1989, 226–90

4381 Müller, Klaus-Jürgen: Revision, Aufrüstung und nationale Sicherheit. Der Grundsatzkonflikt zwischen Militär und Diplomatie in Deutschland 1933–1935, in: Karl D. Bracher u. a. (Hg.), Deutschland zwischen Krieg und Frieden. Beiträge zu Politik und Kultur im 20. Jahrhundert. Festschrift für Hans-Adolf Jacobsen, Düsseldorf 1991, 19–30

4382 Müller, Klaus-Jürgen: Militärpolitische Konzeptionen des deutschen Generalstabes 1938, in: Franz Knipping/Klaus-Jürgen Müller (Hg.), Machtbewußtsein in Deutschland am Vorabend des Zweiten Weltkrieges, Paderborn 1984, 159–74

4383 Müller, Klaus-Jürgen: Die Reichswehr und die »Machtergreifung«, in: Wolfgang Michalka (Hg.), Die nationalsozialistische Machtergreifung, Paderborn u. a. 1984, 137–51

4384 Müller, Klaus-Jürgen: Reichswehr und »Röhm-Affäre«. Aus den Akten des Wehrkreiskommandos (Bayer.) VII. Dokumentation, in: MGM 3 (1968), 107–44**

4385 Neugebauer, Karl-Volker (Hg.): Grundzüge der deutschen Militärgeschichte, Bd. 1: Historischer Überblick, Bd. 2: Arbeits- und Quellenbuch, Freiburg 1993; 484, 464 S.**

4386 O'Neill, Robert J.: The German Army and the Nazi Party, 1933–1939, Vorwort Basil H. Liddell Hart, London 1966; 286 S.

4387 Petter, Wolfgang: Wehrmacht und Judenverfolgung, in: Ursula Büttner (Hg.), Die Deutschen und die Judenverfolgung im Dritten Reich, Hamburg 1992, 161–78

4388 Die Reaktion des Offizierskorps auf den 30. Juni 1934, in: Militärarchiv, Hg. Bundesarchiv/Militärarchiv, H. 6, Juni 1965, 13–21

4389 Riess, Curt: The Self-betrayed. Glory and Doom of the German Generals, New York 1942; XVI, 402 S.

4390 Rohde, Horst: Der Chef des Transportwesens der deutschen Wehrmacht im zweiten Weltkrieg. Entstehung, Organisation, Aufgaben, Boppard 1968; 320 S.

4391 Salewski, Michael: Grundzüge der Militärverwaltung [1933–1945], in: Deutsche Verwaltungsgeschichte, Bd. 4: Das Reich als Republik und in der Zeit des Nationalsozialismus, Hg. Kurt G. A. Jeserich u. a., Stuttgart 1985, 888–911

4392 Salewski, Michael: Die bewaffnete Macht im Dritten Reich 1933–1939, in: Wehrmacht und Nationalsozialismus 1933–1945. (Deutsche Militärgeschichte 1648–1939, 4), Hg. Friedrich Forstmeier u. a., hg. i. A. d. Militärgeschichtlichen Forschungsamtes, 2. Aufl., Herrsching 1983, 3–287 (zuerst München 1978 u. d. T.: Handbuch zur deutschen Militärgeschichte 1648–1939)

4393 Scheurig, Bodo: Militarismus – Theorie und Wirklichkeit (1960/86), in: Bodo Scheurig, Verdrängte Wahrheiten. Zeitgeschichtliche Bilder, überarb. Neuausg., Frankfurt/Berlin 1988, 52–60

4394 Schickel, Alfred: Wehrmacht und SS. Eine Untersuchung über ihre Stellung und Rolle in den Planungen der nationalsozialistischen Führer, in: GWU 21 (1970), 581–606

4395 Schmädeke, Jürgen: Die Blomberg-Fritsch-Krise: Vom Widerspruch zum Widerstand, in: Jürgen Schmädeke/Peter Steinbach (Hg.), Der Widerstand gegen den Nationalsozialismus. Die deutsche Gesellschaft und der Widerstand gegen Hitler, 2. Aufl., München/Zürich 1986, 368–82 (zuerst 1985; ND 1994)

4396 Schreiber, Gerhard: Das strategische Lagebild von Luftwaffe und Kriegsmarine im Jahr 1938, in: Franz Knipping/Klaus-Jürgen Müller (Hg.), Machtbewußtsein in Deutschland am Vorabend des Zweiten Weltkrieges, Paderborn 1984, 175–90

4397 Schröder, Hans J.: Kasernenzeit. Arbeiter erzählen von der Militärausbildung im Dritten Reich, Frankfurt/New York 1985; 316 S.

4398 Schröder, Hans J.: »Man kam sich da vor wie ein Stück Dreck.« Schikane in der Militärausbildung des Dritten Reiches, in: Wolfram Wette (Hg.), Der Krieg des kleinen Mannes. Eine Militärgeschichte von unten, München/Zürich 1992, 183–98

4399 Siewert, Curt: Schuldig? Die Generale unter Hitler. Stellung und Einfluß der hohen militärischen Führer im nationalsozialistischen Staat. Das Maß ihrer Verantwortung und Schuld, Bad Nauheim 1988; 190 S.

4400 Streit, Christian: The German Army and the Politics of Genocide, in: Gerhard Hirschfeld (Hg.), The Policies of Genocide. Jews and Soviet Prisoners of War in Nazi Germany, London u. a. 1986, 1–14

4401 Stumpf, Reinhard: Die Wehrmacht-Elite. Rang und Herkunftsstruktur der deutschen Generale und Admirale 1933–1945, Boppard 1982; 416 S.

4402 Taylor, Telford: Sword and Swastika. Generals and Nazis in the Third Reich, New York 1952; XII, 431 S. (London 1953 u. d. T.: [...] The Wehrmacht in the Third Reich)

4403 Vogel, Rolf: Ein Stück von uns. Deutsche Juden in deutschen Armeen 1813–1976. Eine Dokumentation, Mainz 1977; 395 S.

4404 Vogt, Arnold: Religion im Militär. Seelsorge zwischen Kriegsverherrlichung und Humanität. Eine militärgeschichtliche Studie, Frankfurt u. a. 1984; 951 S.

4406 Wehrmacht und Nationalsozialismus 1933–1945. (Deutsche Militärgeschichte 1648–1939, 4), Hg. Friedrich Forstmeier u. a., Red. Gerhard Papke/Wolfgang Petter, hg. i. A. d. Militärgeschichtlichen Forschungsamtes, 2. Aufl., Herrsching 1983; 623 S. (zuerst München 1978 u. d. T.: Handbuch zur deutschen Militärgeschichte 1648–1939)*

4407 Welcker, Ingrid/Zelinka, Fritz F.: Qualifikation zum Offizier? Eine Inhaltsanalyse der Einstellungsvoraussetzungen für Offiziere vom Kaiserreich zur Bundeswehr, Frankfurt/Bern 1982; 195 S.

4408 Wheeler-Bennet, John W.: Die Nemesis der Macht. Die deutsche Armee in der Politik 1918–1945, Düsseldorf 1954; 831 S. (ND Düsseldorf/Königstein, Ts., 2 Bde. 1981; engl.: London 1953/New York 1954)

4409 Wilhelm, Hans-Heinrich: Knowledge and Comprehension among the German Army on the Final Solution, in: Asher Cohen u. a. (Hg.), Comprehending the Holocaust. Historical and Literary Research, Frankfurt u. a. 1988, 179–202

4410 Zoepf, Arne W. G.: Wehrmacht zwischen Tradition und Ideologie. Der NS-Führungsoffizier im Zweiten Weltkrieg, Frankfurt u. a. 1988; 401 S.

A.3.6.2 Heer

Bibliographien

4411 Tuider, Othmar (Bearb.): Bibliographie zur Geschichte der Felddivisionen der Deutschen Wehrmacht und Waffen-SS 1939–1945, 2 Bde., Wien 1984; IV, 388; III, 294 S.

Nachschlagewerke

Die Generale des Heeres 1921–1945. Die militärischen Werdegänge der Generäle sowie der Ärzte, Veterinäre, Intendanten, Richter und Ministerialbeamten im Generalsrang. (Deutschlands Generale und Admirale, IV), Hg. Dermont Bradley/Markus Rövekamp, Mitarb. Ernest Henriot u. a., Osnabrück:

4412 – Bd. 4.1: Abberger – Bitthorn, Bearb. Dermont Bradley, 1993; 422 S.

4413 – Bd. 4.2: v. Blankensee – v. Czettritz und Neuhauß, Bearb. Dermont Bradley, 1993; 491 S.

4414 Podzun, Hans-Henning (Hg.): Das deutsche Heer 1939. Gliederung, Standorte, Stellenbesetzung und Verzeichnis sämtlicher Offiziere am 3. Januar 1939, Bad Nauheim 1953; XII, 1016, 111 S.

4415 Rangliste des Deutschen Heeres 1944. Dienstalterliste T der Generale und Stabsoffiziere nach dem Stande vom 1. 5. 1944 und Stellenbesetzung der Kommandobehörden und Divisionen am 10. 6. 1944, Bad Nauheim 1954; 260 S.

Quellenkunde

4416 Stahl, Friedrich-Christian: Die Organisation des Heeresarchivwesens in Deutschland 1936–1945, in: Heinz Boberach/Hans Booms (Hg.), Aus der Arbeit des Bundesarchivs. Beiträge zum Archivwesen, zur Quellenkunde und Zeitgeschichte, Boppard 1977, 69–101

Darstellungen

4417 Absolon, Rudolf: Das Offizierskorps des Deutschen Heeres 1935–1945, in: Hanns H. Hofmann (Hg.), Das deutsche Offizierskorps 1860–1960. Büdinger Vorträge 1977, hg. in Verbindung mit dem Militärgeschichtlichen Forschungsamt, Boppard a.Rh. 1980, 247–68

4418 Castellan, Georges: Das Heer im totalitären Staat, in: Das Dritte Reich und

Europa. Bericht über die Tagung des Instituts für Zeitgeschichte in Tutzing, Mai 1956, Hg. Institut für Zeitgeschichte München, München 1957, 25–42

4419 Heusinger, Adolf: Hitler et l'OKH, Paris 1952; 280 S.

4420 Hürten, Heinz: Das Offizierskorps des Reichsheeres, in: Hanns H. Hofmann (Hg.), Das deutsche Offizierskorps 1860–1960. Büdinger Vorträge 1977, hg. in Verbindung mit dem Militärgeschichtlichen Forschungsamt, Boppard a.Rh. 1980, 231–45; abgedr. in: Heinz Hürten, Katholiken, Kirche und Staat als Problem der Historie. Ausgewählte Aufsätze 1963–1992, Hg. Hubert Gruber, Paderborn u.a. 1994, S. 117–131

4421 Kaltenegger, Roland: Die deutsche Gebirgstruppe 1935–1945, München 1989; 576 S.

4422 Kroener, Bernhard R.: Auf dem Weg zu einer »nationalsozialistischen Volksarmee«. Die soziale Öffnung des Heeresoffizierskorps im Zweiten Weltkrieg, in: Martin Broszat u.a. (Hg.), Von Stalingrad zur Währungsreform. Zur Sozialgeschichte des Umbruchs in Deutschland, 3. Aufl., München 1990, 651–82 (zuerst 1988)

4423 Müller, Klaus-Jürgen: Das Heer und Hitler. Armee und nationalsozialistisches Regime 1933–1940, Stuttgart 1969; 711 S.

4424 Müller, Klaus-Jürgen: Militärpolitik in der Krise. Zur militärpolitischen Konzeption des deutschen Heeres-Generalstabs 1938, in: Dirk Stegmann u.a. (Hg.), Deutscher Konservatismus im 19. und 20. Jahrhundert. Festschrift für Fritz Fischer zum 75. Geburtstag und zum 50. Doktorjubiläum, Bonn 1983, 333–45

4425 Müller-Hillebrand, Burckhart: The Organizational Problems of the Army High Kommand and their Solutions, 1938–1945, Hg. US Army, Europe, Historical Division, o.O. 1953; 86 S. (Ms. vervielf.)

Müller-Hillebrand, Burckhart: Das Heer 1933–1945. Entwicklung des organisatorischen Aufbaues, Darmstadt:

4426 – Bd. 1: Das Heer bis zum Kriegsbeginn, Geleitwort Franz Halder, 1954; 200 S.

4427 – Bd. 2: Die Blitzfeldzüge 1939–1941. Das Heer im Krieg bis zum Beginn des Feldzuges gegen die Sowjetunion im Juni 1941, 1956; 194 S.

4428 – Bd. 3: Der Zweifrontenkrieg. Das Heer vom Beginn des Feldzuges gegen die Sowjetunion bis zum Kriegsende, 1969; 325 S.

4429 Preradovich, Nikolaus von: Die militärische und soziale Herkunft der Generalität des deutschen Heeres. 1. Mai 1944, Osnabrück 1978; 247 S.

4430 Reinicke, Adolf: Das Reichsheer 1921–1934. Ziele, Methoden der Ausbildung sowie der Dienstgestaltung, Osnabrück 1986; 473 S.

4431 Schottelius, Herbert/Caspar, Gustav-Adolf: Die Organisation des Heeres 1933–1945, in: Wehrmacht und Nationalsozialismus 1933–1945. (Deutsche Militärgeschichte 1648–1939, 4), Hg. Friedrich Forstmeier u.a., hg. i.A. d. Militärgeschichtlichen Forschungsamtes, 2. Aufl., Herrsching 1983, 289–399 (zuerst München 1978 u.d.T.: Handbuch zur deutschen Militärgeschichte 1648–1939)

4432 Vogelsang, Thilo: Das Heer im totalitären Staat, in: Das Dritte Reich und Europa. Bericht über die Tagung des Instituts für Zeitgeschichte in Tutzing, Mai 1956, Hg. Institut für Zeitgeschichte München, München 1957, 42–53

A.3.6.3 Luftwaffe

Nachschlagewerke

4433 Dierich, Wolfgang (Hg.): Die Verbände der Luftwaffe 1935–1945. Gliederungen und Kurzchroniken. Eine Dokumentation, bearb. unter Mitarb. der Männer aller Truppenteile der Luftwaffe und der Stiftung »Luftwaffenehrenmal e. V.«, Stuttgart 1976; 703 S.

Die Generale der deutschen Luftwaffe 1935–1945. Die militärischen Werdegänge der Flieger-, Flakartillerie-, Fallschirmjäger-, Luftnachrichten- und Ingenieur-Offiziere einschließlich der Ärzte, Richter, Intendanten und Ministerialbeamten im Generalsrang. (Deutschlands Generale und Admirale, II), Hg. Dermont Bradley/Markus Rövekamp, Mitarb. Ernest Henriot u. a., Osnabrück:

4434 – Bd. 2.1: Abernetty – v. Gyldenfeldt, Bearb. Karl F. Hildebrand, 1990; XLV, 406 S.

4435 – Bd. 2.2: Habermehl – Nuber, Bearb. Karl F. Hildebrand, 1991; 459 S.

4436 – Bd. 2.3: Odebrecht – Zoch. Mit Berichtigungen und Ergänzungen zu Band 1–3, Bearb. Karl F. Hildebrand, 1992; 604 S.

4437 Rangliste der deutschen Luftwaffe vom 20. April 1945, T. A I: Aktive Offiziere der Fliegertruppe, Flakartillerie und Luftnachrichtentruppe, Bd. 1: Generale, Stabsoffiziere und Hauptleute mit alphabetischem Namensverzeichnis, Hg. Personenstandsarchiv II des Landes Nordrhein-Westfalen Kornelimünster, Kornelimünster 1954; 363 S.

Quellenkunde

4438 Noack, Wulf-Dietrich: Die Schließung von Überlieferungslücken am Beispiel des Schriftgutes der Luftwaffe 1933–1945, in: Heinz Boberach/Hans Booms (Hg.), Aus der Arbeit des Bundesarchivs. Beiträge zum Archivwesen, zur Quellenkunde und Zeitgeschichte, Boppard 1977, 369–78

Darstellungen

4439 Boog, Horst: Das Offizierskorps der Luftwaffe 1935–1945, in: Hanns H. Hofmann (Hg.), Das deutsche Offizierskorps 1860–1960. Büdinger Vorträge 1977, hg. in Verbindung mit dem Militärgeschichtlichen Forschungsamt, Boppard a.Rh. 1980, 269–25

4440 Boog, Horst: Das Problem der Selbständigkeit der Luftstreitkräfte in Deutschland 1908–1945, in: MGM 43 (1988), 31–60

4441 Köhler, Karl/Hummel, Karl-Heinz: Die Organisation der Luftwaffe 1933–1939, in: Wehrmacht und Nationalsozialismus 1933–1945. (Deutsche Militärgeschichte 1648–1939, 4), Hg. Friedrich Forstmeier u. a., hg. i. A. d. Militärgeschichtlichen Forschungsamtes, 2. Aufl., Herrsching 1983, 501–79 (zuerst München 1978 u.d.T.: Handbuch zur deutschen Militärgeschichte 1648–1939)

4442 Nielsen, Andreas: The German Air Force General Staff, Einleitung Telford Taylor, New York 1959; 265, XIII, 6 S. (ND 1968)

4443 Stumpf, Reinhard: Die Luftwaffe als drittes Heer. Die Luftwaffen-Erdkampfverbände und das Problem der Sonderheere 1933 bis 1945, in: Ulrich Engelhardt u.a. (Hg.), Soziale Bewegung und politische Verfassung. Beiträge zur Geschichte der modernen Welt, Stuttgart 1976, 857–94

4444 Tuider, Othmar: Die Luftwaffe in Österreich 1938–1945, Wien 1985; 134 S.

4444a Völker, Karl-Heinz: Die deutsche Luftwaffe 1933–1939. Aufbau, Führung und Rüstung der Luftwaffe sowie Entwicklung der deutschen Luftkriegstheorie, 2. Aufl., Stuttgart 1968; 334 S. (zuerst 1967)

A.3.6.4 Marine

Literaturberichte

4445 Dülffer, Jost: Zur deutschen Marinegeschichte der Zwischenkriegszeit (1920–1939), in: JBBfZ 44 (1972), 559–77

4446 Löbel, Waltraud: Zur deutschen Marinegeschichte der Zwischenkriegszeit (1920–1939), Mitarb. Max Gunzenhäuser, in: JBBfZ 39 (1967), 433–83

Nachschlagewerke

Deutschlands Admirale 1849–1945. Die militärischen Werdegänge der See-, Ingenieur-, Sanitäts-, Waffen- und Verwaltungsoffiziere mit Admiralsrang. (Deutschlands Generale und Admirale, I), Hg. Dermont Bradley/ Markus Rövekamp, Mitarb. Ernest Henriot u. a., Osnabrück:

4447 – Bd. 1.1: A-G, Bearb. Hans H. Hildebrand, 1988; XL, 481 S.

4448 – Bd. 1.2: H-O, Bearb. Hans H. Hildebrand, 1989; XL, 555 S.

4449 – Bd. 1.3: P-Z, Bearb. Hans H. Hildebrand, 1990; XL, 617 S.

4450 Lohmann, Walter/Hildebrand, Hans H. (Bearb.): Die deutsche Kriegsmarine 1939–1945. Gliederung, Einsatz, Stellenbesetzung, Bad Nauheim 1956 ff. (Loseblattausgabe)

Darstellungen

4451 Baum, Walter: Marine, Nationalsozialismus und Widerstand, in: VfZ 11 (1963), 16–48

4452 Bensel, Rolf: Die deutsche Flottenpolitik von 1933 bis 1939. Eine Studie über die Rolle des Flottenbaus in Hitlers Außenpolitik, Berlin/Frankfurt 1958; 77 S.

4453 Dülffer, Jost: Weimar, Hitler und die Marine. Reichspolitik und Flottenbau 1920–1939, Anhang Jürgen Rohwer, Düsseldorf 1973; 615 S.

4454 Dülffer, Jost: Die Reichs- und Kriegsmarine 1918–1939, in: Deutsche Marinegeschichte der Neuzeit. (Deutsche Militärgeschichte 1648–1939, 5), Hg. Friedrich Forstmeier u. a., hg. i. A. d. Militärgeschichtlichen Forschungsamtes, 2. Aufl., Herrsching 1983, 337–527 (zuerst München 1977 u. d. T.: Handbuch zur deutschen Militärgeschichte 1648–1939)

4455 Dülffer, Jost: Wilhelm II. und Hitler. Ein Vergleich ihrer Marinekonzeptionen, in: Jürgen Elvert u. a. (Hg.), Kiel, die Deutschen und die See, Stuttgart 1992, 49–69

4456 Duppler, Jörg: Maritimes Denken in nationalsozialistischer Zeit, in: Jürgen Elvert u. a. (Hg.), Kiel, die Deutschen und die See, Stuttgart 1992, 71–87

4457 Giese, Fritz E.: Die deutsche Marine 1920 bis 1945. Aufbau und Untergang, Frankfurt 1956; XII, 150 S.

4458 Güth, Rolf: Die Marine des Deutschen Reiches 1919–1939, Frankfurt 1972; 263 S.

4459 Güth, Rolf: Die Organisation der Kriegsmarine bis 1939, Mitarb. Karl-Heinz Groscurt u. a., in: Wehrmacht und Nationalsozialismus 1933–1945. (Deutsche Militärgeschichte 1648–1939, 4), Hg. Friedrich Forstmeier u. a., hg. i. A. d. Militärgeschichtlichen Forschungsamtes, 2. Aufl., Herrsching 1983, 401–99 (zuerst München 1978 u. d. T.: Handbuch zur deutschen Militärgeschichte 1648–1939)

4460 Hubatsch, Walther: Der Admiralstab und die obersten Marinebehörden in Deutschland 1848 bis 1945, Frankfurt 1958; 269 S.

4461 Lakowski, Richard: Reichs- und Kriegsmarine geheim: 1919–1945. Mit mehr als 200 bisher unveröffentlichten Dokumenten aus den Akten des Amtes Kriegsschiffbau, Berlin 1993; 205 S.**

4462 Lakowski, Richard: Deutsche U-Boote geheim: 1935–1945. Mit mehr als 200 bisher unveröffentlichten Dokumenten aus den Akten des Amtes Kriegsschiffbau, 2. Aufl., Berlin 1993; 207 S. (zuerst 1991)**

4463 Martienssen, Anthony: Hitler and His Admirals, London/New York 1948/1949; 275 S.

4464 Salewski, Michael: Das maritime Reich – Ideologie und Wirklichkeit 1933–1945, in: Die deutsche Flotte im Spannungsfeld der Politik 1848–1985. Vorträge und Diskussionen der 25. Historisch-Taktischen Tagung der Flotte 1985, Hg. Deutsches Marine-Institut/Militärgeschichtliches Forschungsamt, Herford 1985, 113–39

4465 Salewski, Michael: Das Offizierskorps der Reichs- und Kriegsmarine, in: Hanns H. Hofmann (Hg.), Das deutsche Offizierskorps 1860–1960. Büdinger Vorträge 1977, hg. in Verbindung mit dem Militärgeschichtlichen Forschungsamt, Boppard 1980, 211–29

4466 Schreiber, Gerhard: Revisionismus und Weltmachtstreben. Marineführung und deutsch-italienische Beziehungen 1919 bis 1944, Stuttgart 1978; 428 S.

4467 Schreiber, Gerhard: Thesen zur ideologischen Kontinuität in den machtpolitischen Zielsetzungen der deutschen Marineführung 1897 bis 1945, in: Manfred Messerschmidt u. a. (Hg.), Militärgeschichte. Probleme – Thesen – Wege, hg. i. A. des Militärgeschichtlichen Forschungsamtes aus Anlaß seines 25jährigen Bestehens, Stuttgart 1982, 260–80

4468 Schwengler, Walter: Marine und Öffentlichkeit 1919–1939, in: MGM 46 (1989), 35–59

4469 Thomas, Charles S.: The German Navy in the Nazi Era, London u. a. 1990; XVII, 284 S.

4470 Treue, Wilhelm u. a.: Deutsche Marinerüstung 1919–1942. Die Gefahren der Tirpitz-Tradition, Herford/Bonn 1992; 208 S.**

A.3.6.5 Militärjustiz

[vgl. A.3.22.17]

Literaturberichte

4471 Majer, Diemut: Aspekte der Militärjustiz im nationalsozialistischen Staat, in: IC 20 (1993), 248–64

Gedruckte Quellen

4472 Absolon, Rudolf (Bearb.): Das Wehrmachtsstrafrecht im Zweiten Weltkrieg. Sammlung der grundlegenden Gesetze, Verordnungen und Erlasse, Hg. Bundesarchiv, Abt. Zentralnachweisstelle, Kornelimünster 1958; XVI, 276 S.

4473 Gruchmann, Lothar: Ausgewählte Dokumente zur deutschen Marinejustiz im Zweiten Weltkrieg. (Dokumentation), in: VfZ 26 (1978), 433–98

4474 Hürten, Heinz: Im Umbruch der Normen. Dokumente über die deutsche Militärjustiz nach der Kapitulation der Wehrmacht. (Dokumentation), in: MGM 28 (1980), 137–56

4475 Torgau – Zentrale des Wehrmachtstrafsystems. Dokumentation, in: Norbert Haase/Brigitte Oleschinski (Hg.), Das Torgau-Tabu. Wehrmachtstrafsystem – NKWD-Straflager – DDR-Strafvollzug, Leipzig 1993, 105–34

Darstellungen

4476 Baier, Stephan: Das Todesurteil des Kriegsgerichtsrats Dr. [Erich] Schwinge, in: KJ 21 (1988), 340–46

4477 Block, Just: Die Ausschaltung und Beschränkung der deutschen ordentlichen Militärgerichtsbarkeit während des Zweiten Weltkrieges, Diss. Würzburg 1967; XVII, 118 S.

4478 Bösch, Hermann: Heeresrichter Dr. Karl Sack im Widerstand. Eine historisch-politische Studie, München 1967; 101 S.

4479 Filbinger, Hans: Die geschmähte Generation, München 1987; 364 S.

4480 Garbe, Detlef: »In jedem Einzelfall ... bis zur Todesstrafe«. Der Militärstrafrechtler Erich Schwinge. Ein deutsches Juristenleben, Hamburg 1989; 164 S.

4481 Haase, Norbert: Das Reichskriegsgericht und der Widerstand gegen die nationalsozialistische Herrschaft. Katalog zur Sonderausstellung der Gedenkstätte Deutscher Widerstand in Zusammenarbeit mit der Neuen Richtervereinigung, Berlin 1993; 280 S.**

4482 Haase, Norbert: »... dem Gebot der Stunde Rechnung tragen.« Torgau und das Reichskriegsgericht, in: Norbert Haase/Brigitte Oleschinski (Hg.), Das Torgau-Tabu. Wehrmachtstrafsystem – NKWD-Straflager – DDR-Strafvollzug, Leipzig 1993, 45–60

4483 Haase, Norbert: Aus der Praxis des Reichskriegsgerichts. Neue Dokumente zur Militärgerichtsbarkeit im Zweiten Weltkrieg, in: VfZ 39 (1991), 379–411

4484 Haase, Norbert: Spuren des Unrechts: Berlin, Witzlebenstraße 4–10. Aus den Resten der vernichtet geglaubten Akten, in: Zeit, Jg. 48, Nr. 243, 19.10. 1992, 11

4485 Haase, Norbert/Oleschinski, Brigitte (Hg.): Das Torgau-Tabu. Wehrmachtstrafsystem – NKWD-Straflager – DDR-Strafvollzug, hg. Bernward Dörner, hg. i. A. des Fördervereins Dokumentations- und Informationszentrum (DIZ) Torgau »Fort Zinna«/»Brückenkopf« e. V., Leipzig 1993; 272 S.*

4486 Hannemann, Ludwig C. R.: Die Justiz der Kriegsmarine 1939–1945 im Spiegel ihrer Rechtsprechung, Regensburg 1993; 386 S.

4487 Hennicke, Otto: Über den Justizterror in der deutschen Wehrmacht, in: MG 4 (1965), 715–20

4488 Kreuter, Marie-Luise: Das Gerichtsgebäude Witzlebenstraße 4–5, in: Helmut Engel u. a. (Hg.), Geschichtslandschaft Berlin. Orte und Ereignisse, Bd. 1: Charlottenburg, T. 2: Der neue Westen, Berlin 1985, 151–71

4489 Lassen, Volker: Todesurteile zur See. Zur Rolle der deutschen Marinegerichtsbarkeit im 2. Weltkrieg, in: IAKNSSH (Kiel) (1985), Nr. 6, 21–38

4490 Messerschmidt, Manfred: Deutsche Militärgerichtsbarkeit im Zweiten Weltkrieg, in: Hans-Jochen Vogel u. a. (Hg.), Die Freiheit des anderen. Festschrift für Martin Hirsch, Baden-Baden 1981, 111–36

4491 Messerschmidt, Manfred/Wüllner, Fritz: Die Wehrmachtsjustiz im Dienste des Nationalsozialismus. Zerstörung einer Legende, Baden-Baden 1987; 365 S.

4492 Rösler, Ingo: Die faschistische Gesetzgebung und Rechtsprechung gegen »Wehrkraftzersetzung« als Mittel der zwangsweisen Erhaltung der Kampfmoral von Truppe und Bevölkerung im zweiten Weltkrieg, in: MG 10 (1971), 561–75

4493 Schmeisser, Theo: Die Überspannung des Abschreckungsgedankens in den Gesetzen, der Rechtsprechung und dem Strafvollzug der deutschen Wehrmacht während des Zweiten Weltkrieges, Diss. Heidelberg 1948; V, 116 S. (Ms.)

4494 Scheweling, Otto P.: Die deutsche Militärgerichtsbarkeit in der Zeit des Nationalsozialismus, Hg. Erich Schwinge, 2. Aufl., Marburg 1978; XVI, 407 S. (zuerst 1977 u. d. T.: Die deutsche Militärjustiz)

4495 Schwind, Hans-Dieter: Kurze Geschichte der deutschen Kriegsgerichte, München 1966; V, 54 S. (Ms. vervielf.)

4496 Seidler, Franz W.: Die Militärgerichtsbarkeit der Deutschen Wehrmacht 1939–1945, Rechtsprechung und Strafvollzug, München/Berlin 1991; 336 S.

4497 Vultejus, Ulrich: Kampfanzug unter der Robe. Kriegsgerichtbarkeit des zweiten und dritten Weltkrieges, Hamburg 1984; 196 S.

4498 Wüllner, Fritz: Die NS-Militärjustiz und das Elend der Geschichtsschreibung. Ein grundlegender Forschungsbericht, Baden-Baden 1991; 871 S.

4499 Wüllner, Fritz: Der Wehrmacht»strafvollzug« im Dritten Reich. Zur zentralen Rolle der Wehrmachtgefängnisse in Torgau, in: Norbert Haase/Brigitte Oleschinski (Hg.), Das Torgau-Tabu. Wehrmachtstrafsystem – NKWD-Straflager – DDR-Strafvollzug, Leipzig 1993, 29–44

A.3.6.6 Einzelne Persönlichkeiten

[vgl. A.13.5.2.2]

4501 [Adam, Wilhelm] Hoch, Anton/Weiß, Hermann: Die Erinnerungen des Generalobersten Wilhelm Adam, in: Wolfgang Benz (Hg.), Miscellanea. Festschrift für Helmut Krausnick zum 75. Geburtstag, Mitarb. Ino Arndt, Stuttgart 1980, 32–62

4502 [Dietl, Eduard] Kaltenegger, Roland: Generaloberst Dietl. Der Held von Narvik. Eine Biographie, München 1990; 460 S.

4503 [Dietl, Eduard] Vogel, Winfried: Der falsche Held. Eine beispiellose Karriere: Vom Nationalsozialisten der ersten Stunde und Freund Hitlers zur Leitfigur der Bundeswehr: Generaloberst Eduard Dietl. Vor fünfzig Jahren hielt er eine Durchhalterede vor der Feldherrnhalle, in: Zeit, Jg. 48, Nr. 45, 5.11.1993, 86

4504 [Dönitz, Karl] Dönitz, Karl: Mein wechselvolles Leben, Göttingen 1968; 227 S.

4505 [Dönitz, Karl] Dönitz, Karl: Zehn Jahre und zwanzig Tage. Erinnerungen 1935–1945, Nachwort »Die Schlacht im Atlantik in der historischen Forschung« Jürgen Rohwer, 9. Aufl., Koblenz 1985; 509 S. (zuerst Bonn 1958)

4506 [Dönitz, Karl] Görlitz, Walter: Karl Dönitz. Der Großadmiral, Göttingen u.a. 1972; 94 S.

4507 [Dönitz, Karl] Padfield, Peter: Dönitz. Des Teufels Admiral, Berlin u.a. 1984; 608 S. (engl.: London 1984)

4508 [Dönitz, Karl] Sandhofer, Gert: Dokumente zum militärischen Werdegang des Großadmirals Dönitz, in: MGM 1 (1967), 59–81**

4508a [Dönitz, Karl] Thompson, H. Keith: Grand Admiral Karl Doenitz. Last President of a United Germany. His Succession, His Government, the Nuremberg Proceedings, the Aftermath, Some Personal Observations and Experiences, in: JHR 4 (1983), 305–34

Gedruckte Quellen

4509 [Fritsch, Werner Freiherr von] Reynolds, Nicholas: Der Fritsch-Brief vom 11. Dezember 1938. (Dokumentation), in: VfZ 28 (1980), 358–71

4510 [Guderian, Heinz] Bradley, Dermont: Generaloberst Heinz Guderian und die Entstehung des modernen Blitzkrieges, 2., erg. Aufl., Osnabrück 1986; IX, 419 S. (zuerst 1978)

4511 [Guderian, Heinz] Guderian, Heinz: Erinnerungen eines Soldaten, 13. Aufl., Neckargemünd 1994; 464 S. (zuerst Heidelberg 1951)

4512 [Guderian, Heinz] Macksey, Kenneth: Guderian, der Panzergeneral, Düsseldorf 1976; 348, [16] S. (engl.: London 1975)

4513 [Hoßbach, Friedrich] Hoßbach, Friedrich: Zwischen Wehrmacht und Hitler 1934–1938, 2., durchges. Aufl., Göttingen 1965; 199 S. (zuerst Wolfenbüttel/Hannover 1949)**

4514 [Horstenau, Edmund Glaises von] Horstenau, Edmund Glaises von: Ein General im Zwielicht. Die Erinnerungen des

Edmund Glaises von Horstenau, Bd. 2: Minister im Ständestaat und General im OKW, Hg. Peter Broucek, Wien/Köln 1983; 710 S.

4515 [Jodl, Alfred] Jodl, Luise: Jenseits des Endes. Der Weg des Generaloberst Alfred Jodl, erw. u. überarb. Neuausg., München 1987; 381 S. (zuerst Wien 1976)

4516 [Jodl, Alfred] Scheurig, Bodo: Alfred Jodl. Gehorsam und Verhängnis. Eine Biographie, Berlin/Frankfurt 1991; 528 S.

Gedruckte Quellen

4517 [Keitel, Wilhelm] Görlitz, Walter (Hg.): Generalfeldmarschall Keitel. Verbrecher oder Offizier? Erinnerungen, Briefe, Dokumente des Chefs OKW, Göttingen u.a. 1961; 447 S.

4518 [Keitel, Wilhelm] Mueller, Gene: The Forgotten Field Marshal Wilhelm Keitel, Durham, N.C. 1979; 389 S.

4519 [Köstring, Ernst] Teske, Hermann (Bearb.): General Ernst Köstring. Der militärische Mittler zwischen dem Deutschen Reich und der Sowjetunion, Frankfurt 1965; 334 S.

4520 [Manstein, Erich von] Manstein, Rüdiger von/Fuchs, Theodor: Manstein. Soldat im 20. Jahrhundert. Militärisch-politische Nachlese, München 1981; 437 S.

4521 [Manstein, Erich von] Paget, Reginald T.: Manstein. His Campaigns and his Trial, London 1951; XV, 239 S.

Gedruckte Quellen

4522 [Meier-Welcker, Hans] Meier-Welcker, Hans: Aufzeichnungen eines Generalstabsoffiziers, 1939–1942, Freiburg 1982; 240 S.

Gedruckte Quellen

4523 [Model, Walter] Model, Hansgeorg/ Bradley, Dermont (Hg.): Generalfeldmarschall Walter Model (1891–1945). Dokumentation eines Soldatenlebens, Osnabrück 1991; XXIV, 388 S.

Literaturberichte

4524 [Rommel, Erwin] Ueberschär, Gerd R.: Rommel zwischen Loyalität und militärischem Widerstand. Anmerkungen zur neueren Literatur, in: WR 29 (1980), 188–92

Darstellungen

4525 [Rommel, Erwin] Fraser, David: Knight's Cross. A Life of Field Marshal Erwin Rommel, London 1993; 601 S.

4526 [Rommel, Erwin] Irving, David: Rommel. Eine Biographie, 2. Aufl., Berlin 1990; 448 S. (zuerst Hamburg 1978; engl.: London 1977)

4526a [Rommel, Erwin] Krausnick, Helmut: Erwin Rommel und der deutsche Widerstand gegen den Hitler, in: VfZ 1 (1953), 65–70

4526b [Rommel, Erwin] Ose, Dieter: Erwin Rommel, in: Rudolf Lill/Heinrich Oberreuther (Hg.), 20. Juli. Portraits des Widerstands, München u.a. 1984, 253–68

4527 [Rommel, Erwin] Reuth, Ralf G.: Erwin Rommel. Des Führers General, München/Zürich 1987; 159 S.

4528 [Rommel, Erwin] Stumpf, Reinhard: Erwin Rommel (1891–1944), in: Hans Schumann (Hg.), Baden-Württembergische Portraits. Gestalten aus dem 19. und 20. Jahrhundert, Stuttgart 1988, 350–55

4529 [Rundstedt, Gerd von] Hillgruber, Andreas: Generalfeldmarschall Gerd von Rundstedt (engl. 1976), in: Andreas Hillgruber, Deutsche Großmacht- und Weltpolitik im 19. und 20. Jahrhundert, 2. Aufl., Düsseldorf 1979, 316–32 (zuerst 1977)

Gedruckte Quellen

4530 [Wagner, Eduard] Der Generalquartiermeister. Briefe und Tagebuchaufzeichnungen des Generalquartiermeisters des Heeres, General der Artillerie Eduard Wagner, von 1919–1941. Mit einem Geleitwort von General der Infanterie a. D. Günther Blumentritt und Beiträgen ehemaliger Mitarbeiter Wagners im Anhang, Hg. Elisabeth Wagner, München/Wien 1963; 320 S.

4531 [Wenck, Walter] Bradley, Dermont: Walter Wenck. General der Panzertruppe, 2. Aufl., Osnabrück 1982; XII, 485 S. (zuerst 1981)

A.3.7 Geheimdienste

A.3.7.1 Allgemeines

Bibliographien

4532 Gunzenhäuser, Max: Geschichte des geheimen Nachrichtendienstes. (Spionage, Sabotage und Abwehr). Literaturbericht und Bibliographie, Frankfurt 1968; VIII, 434 S.

Gedruckte Quellen

4533 Groehler, Olaf/Moritz, Erhard: Zur Kaderauslese des faschistischen Geheimen Meldedienstes 1944/45. Dokumente, in: MG 17 (1978), 582–94

Darstellungen

4534 Brammer, Uwe: Spionageabwehr und »Geheimer Meldedienst«. Die Abwehrstelle im Wehrkreis X Hamburg 1935–1945, Freiburg 1989; 178 S.**

4535 Buchheit, Gert: Die anonyme Macht. Aufgaben, Methoden, Erfahrungen der Geheimdienste, Einführung Wilhelm Ritter von Schramm, Frankfurt 1969; 373 S.

4536 Buchheit, Gert: Der deutsche Geheimdienst. Geschichte der militärischen Abwehr, München 1966; 494 S.

4537 Gellermann, Günther W.: ... und lauschten für Hitler. Geheime Reichssache! Die Abhörzentralen des Dritten Reiches, Bonn 1991; 320, XII S.

4538 Hagen, Walter (d. i. Wilhelm Höttl): Die geheime Front. Organisation, Personen und Aktionen des deutschen Geheimdienstes, 3. Aufl., Stuttgart 1953; 512 S. (zuerst Linz/Wien 1950)

4539 Herfeldt, Olav: Schwarze Kapelle. Spionagefall Berlin – Vatikan, Wels/München 1960; 270 S.

4540 Herfeldt, Olav: Schwarze Kapelle. Spionage und Widerstand. Die Geschichte der Widerstandsgruppe um Admiral Wilhelm Canaris, Augsburg 1990; 270 S.

4541 Höhne, Heinz: Der Krieg im Dunkeln. Macht und Einfluß des deutschen und russischen Geheimdienstes, Gütersloh 1985; 608 S.

4542 Irving, David: Das Reich hört mit. Görings »Forschungsamt«: Der geheimste Nachrichtendienst des Dritten Reiches, Kiel 1989; 323 S.

4543 Kahn, David: Hitler's Spies. German Military Intelligence in World War II, London u. a. 1978; XIII, 671 S.

4544 Mader, Julius: Hitlers Spionagegenerale sagen aus. Ein Dokumentarbericht über Aufbau, Struktur und Operationen des OKW-Geheimdienstes Ausland/Abwehr mit einer Chronologie seiner Einsätze von 1933–1944, Berlin (O) 1970; 475 S.

4545 May, Ernest R.: Knowing One's Enemies. Intelligence Assessment before the Two World Wars, Princeton, N. J. 1984; XIII, 561 S.

4546 Meyer, Winfried: Unternehmen Sieben. Eine Rettungsaktion für vom Holocaust Bedrohte aus dem Amt Ausland/Abwehr im Oberkommando der Wehrmacht, Frankfurt 1993; XII, 623 S.

4547 Mulligan, Timothy P.: Spies, Ciphers, and »Zitadelle«: Intelligence and the Battle of Kursk, 1943, in: CEH 22 (1987), 235–60

4548 Reile, Oscar: Macht und Ohnmacht der Geheimdienste. Der Einfluß der Geheimdienste der USA, Englands, der UdSSR, Frankreichs und Deutschlands auf die politischen und militärischen Ereignisse im Zweiten Weltkrieg, München 1968; 331 S.

4549 Reile, Oscar: Geheime Ostfront. Die deutsche Abwehr im Osten 1921–1945, München 1963; 475 S.

4550 Reile, Oscar: Geheime Westfront. Die deutsche Abwehr 1935–1945, München 1962; 490 S.

4551 Ringsdorf, Ulrich: Organisatorische Entwicklung und Aufgaben der Abteilung Fremde Heere Ost im Generalstab des Heeres, in: Friedrich P. Kahlenberg (Hg.), Aus der Arbeit der Archive. Beiträge zum Archivwesen, zur Quellenkunde und zur Geschichte. Festschrift für Hans Booms, Boppard 1989, 800–10

4552 Schickel, Alfred: Entschied Verrat den Zweiten Weltkrieg? Vom Einfluß der Spionage auf die politischen und militärischen Ereignisse im Zweiten Weltkrieg, in: GWU 19 (1968), 608–31

4553 Schramm, Wilhelm Ritter von: Geheimdienste im Zweiten Weltkrieg. Organisation, Methoden, Erfolge, Nachwort Leo Hepp, 4., überarb. und erw. Aufl., München/Wien 1983; XVI, 445 S. (zuerst Düsseldorf/Wien 1967 u. d. T.: Verrat im Zweiten Weltkrieg. Berichte und Dokumente)

4554 Schramm, Wilhelm Ritter von: Der Geheimdienst in Europa 1937–1945, München 1974; 406 S.

4555 Schulz, Gerhard (Hg.): Geheimdienste und Widerstandsbewegung im Zweiten Weltkrieg, Göttingen 1982; 230 S.

4556 Thomas, David: Foreign Armies East and German Military Intelligence in Russia 1941–1945, in: CEH 22 (1987), 261–301

A.3.7.2 Einzelne Persönlichkeiten

Gedruckte Quellen

4557 [Canaris, Wilhelm] Krausnick, Helmut: Aus den Personalakten von Canaris. (Dokumentation), in: VfZ 10 (1962), 280–310

Darstellungen

4558 [Canaris, Wilhelm] Abshagen, Karl H.: Canaris. Patriot und Weltbürger, 3. Aufl., Stuttgart 1954; 409 S. (zuerst 1949)

4559 [Canaris, Wilhelm] Brissaud, André: Canaris. The Biography of Admiral Canaris. Chief of German Military Intelligence in the Second World War, London 1973; XVII, 347 S. (franz.: Paris 1970)

4560 [Canaris, Wilhelm] Fraenkel, Heinrich/Manvell, Roger: Canaris. Spion im Widerstreit, 2. Aufl., München 1978; 280 S. (zuerst 1969)

4561 [Canaris, Wilhelm] Höhne, Heinz: Canaris. Patriot im Zwielicht, 2. Aufl., München 1978; 653 S. (zuerst 1976)

4562 [Canaris, Wilhelm] Höhne, Heinz: Canaris und die Abwehr zwischen Anpassung und Opposition, in: Jürgen Schmädeke/Peter Steinbach (Hg.), Der Widerstand gegen den Nationalsozialismus. Die deutsche Gesellschaft und der Widerstand gegen Hitler, 2. Aufl., München/Zürich 1986, 405–16 (zuerst 1985; ND 1994)

4563 [Gehlen, Reinhard] Gehlen, Reinhard: Der Dienst. Erinnerungen 1942–1971, Mainz/Wiesbaden 1971; 424 S. (TB 51.–56. Tsd., München 1975)

4564 [Schellenberg, Walter] Schellenberg, Walter: Aufzeichnungen. Die Memoiren des letzten Geheimdienstchefs unter Hitler. Im Anhang unter Verwendung bislang unveröffentlichter Dokumente kommentiert, Hg. Gita Petersen, Bearb. Gerald Fleming, Vorwort Klaus Harpprecht, Wiesbaden 1979; 438 S.

4565 [Skossyreff, Boris von] Zwehl, Eberhardt von: Der Mann in Jalta. Hitlers geheimer Auftrag an Boris von Skossyreff, Leoni 1982; 320 S.

4566 [Solitkow, Michael Graf] Solitkow, Michael Graf: Ich war mittendrin. Meine Jahre bei Canaris, Wien 1980; 439 S.

A.3.8 Propaganda

[vgl. A.1.9.2: J. Goebbels; A.3.20]

A.3.8.1 Allgemeines

Gedruckte Quellen

4567 Heyen, Franz-Josef (Hg.): Parole der Woche. Eine Wandzeitung im Dritten Reich 1936–1943, München 1983; 141 S.

4568 Inszenierung der Macht: Ausstellung »Das Sowjet-Paradies«, in: Inszenierung der Macht. Ästhetische Faszination des Faschismus, Hg. Neue Gesellschaft für Bildende Kunst, Red. Klaus Behnken/Frank Wagner, Berlin 1987, 51–62

4569 Poliakov, Léon/Wulf, Josef: Das Dritte Reich und seine Denker. Dokumente, Berlin 1959, 431–68 (ND München u.a. 1978; Frankfurt 1983)

4570 Treue, Wilhelm (Bearb.): Rede Hitlers vor der deutschen Presse (10. November 1938). (Dokumentation), in: VfZ 6 (1958), 175–91

Darstellungen

4571 Arendt, Hannah: Totalitäre Propaganda, in: Monat 3/2 (1950/51), 241–58

4572 Baird, Jay W.: The Mythical World of Nazi Propaganda, 1925–1945, Minneapolis, Minn. 1974; XII, 329 S.

4573 Baird, Jay W.: Goebbels, Horst Wessel, and the Myth of Resurrection and Return, in: JCH 17 (1982), 633–50

4574 Balle, Hermann: Die propagandistische Auseinandersetzung des Nationalsozialismus mit der Weimarer Republik und ihre Bedeutung für den Aufstieg des Nationalsozialismus, Diss. Erlangen-Nürnberg, Straubing 1963; 333 S.

4575 Benz, Wolfgang: The Ritual and Stage Management of National Socialism. Techniques of Domination and the Public Sphere, in: John Milfull (Hg.), The Attractions of Fascism. Social Psychology and Aesthetics of the »Triumph of the Right«, New York u.a. 1990, 273–88

4576 Benz, Wolfgang: Herrschaft und Gesellschaft im nationalsozialistischen Staat, in: Ferdinand Seibt (Hg.), Gesellschaftsgeschichte. Festschrift für Karl Bosl zum 80. Geburtstag, hg. i.A. des Collegium Carolinum, Bd. 2, München 1990, 243–55; abgedr. in: Wolfgang Benz, Herrschaft und Gesellschaft im nationalsozialistischen Staat, Frankfurt 1990, 9–28, u.d.T.: Herrschaft und Gesellschaft. Die Inszenierung der Ekstase

4577 Bering, Dietz: Die Intellektuellen. Geschichte eines Schimpfwortes, Stuttgart 1978, 94–147

4578 Bessel, Richard: The Rise of the NSDAP and the Myth of Nazi Propaganda, in: WLB 33 (1980), Nr. 51/52, 20–29

4579 Boelcke, Willi A.: Volksaufklärung und Propaganda [1933–1945], in: Deutsche Verwaltungsgeschichte, Bd. 4: Das Reich als Republik und in der Zeit des Nationalsozialismus, Hg. Kurt G.A. Jeserich u.a., Stuttgart 1985, 949–58

4580 Bytwerk, Randall L.: Fritz Reinhardt and the »Rednerschule der NSDAP«, in: QJS 67 (1981), 298–309

4581 Doob, Leonard W.: Goebbels' Principles of Propaganda, in: POQ 14 (1950/51), 419–42

4582 Faschistische Öffentlichkeit. (ÄuK, Jg. 7, Nr. 26), Hg. Institut für Kultur und

Ästhetik, Berlin, Red. Eberhard Knödler-Bunte/Olav Münzberg, Kronberg, Ts. 1976; 130 S.*

4583 Fleischer, Andreas/Kämpfer, Frank: The Political Poster in the Third Reich, in: Brandon Taylor/Wilfried van der Will (Hg.), The Nazification of Art. Art, Design, Music, Architecture, and Film in the Third Reich, Winchester, Hampsh. 1990, 183–203, 259–61

4584 Franke, Manfred: Albert Leo Schlageter. Der erste Soldat des 3. Reiches. Die Entmythologisierung eines Helden, Köln 1980; 157 S.

4585 Frei, Norbert: Nationalsozialistische Presse und Propaganda, in: Martin Broszat/ Horst Möller (Hg.), Das Dritte Reich. Herrschaftsstruktur und Geschichte, 2., verb. Aufl., München 1986, 152–75 (zuerst 1983)

4586 Gaertringen, Friedrich Freiherr Hiller von: »Dolchstoß«-Diskussion und »Dolchstoßlegende« im Wandel von vier Jahrzehnten, in: Waldemar Besson/Friedrich Freiherr Hiller von Gaertringen (Hg.), Geschichte und Gegenwartsbewußtsein. Historische Betrachtungen und Untersuchungen. Festschrift für Hans Rothfels zum 70. Geburtstag, Göttingen 1963, 122–60

4587 Gamm, Hans-Jochen: Der braune Kult. Das Dritte Reich und seine Ersatzreligion. Ein Beitrag zur politischen Bildung, Hamburg 1962; 221 S.

4588 Grosser, Thomas: Perzeptionssteuerung durch Propaganda: England in der nationalsozialistischen Karikatur, in: Gottfried Niedhart (Hg.), Das kontinentale Europa und die britischen Inseln. Wahrnehmungsmuster und Wechselwirkungen seit der Antike, Mannheim 1993, 178–204

4589 Hardy, Alexander G.: Hitlers Secret Weapon. The »Managed« Press and Propanda Machine of Nazi Germany, New York 1967; X, 350 S.

4590 Hennig, Eike: Faschistische Ästhetik und faschistische Öffentlichkeit, in: Berthold Hinz u. a. (Hg.), Die Dekoration der Gewalt. Kunst und Medien im Faschismus, Gießen 1979, 9–15

4591 Hüppauf, Bernd: The Birth of Fascist Man from the Spirit of the Front. From Langemarck to Verdun, in: John Milfull (Hg.), The Attractions of Fascism. Social Psychology and Aesthetics of the »Triumph of the Right«, New York u. a. 1990, 45–76

4592 Inszenierung der Macht. Ästhetische Faszination des Faschismus. [Begleitbuch] zur gleichnamigen Ausstellung der neuen Gesellschaft für Bildende Kunst im »Kunstquartier Ackerstraße«, Berlin-Wedding, vom 1. April bis zum 17. Mai 1987, Hg. Neue Gesellschaft für Bildende Kunst, Red. Klaus Behnken/Frank Wagner, Berlin 1987* **

4593 Kele, Max H.: Nazis and Workers. National Socialist Appeals to German Labor, 1919–1933, Chapel Hill, N. C. 1972; 243 S.

4594 Kershaw, Ian: Der Hitler-Mythos. Volksmeinung und Propaganda im Dritten Reich, Stuttgart 1980; 215 S.

4595 Kershaw, Ian: Ideology, Propaganda, and the Rise of the Nazi Party, in: Peter D. Stachura (Hg.), The Nazi Machtergreifung, London u. a. 1983, 162–81

4596 Kershaw, Ian: How Effective Was Nazi Propaganda?, in: David A. Welch (Hg.), Nazi Propaganda. The Power and the Limitations, London u. a. 1983, 180–205

4597 Ketelsen, Uwe-Karsten: »Die Jugend von Langemarck.« Ein poetisch-politisches Motiv der Zwischenkriegszeit, in: Thomas Koebner u. a. (Hg.), »Mit uns zieht die neue Zeit.« Der Mythos Jugend, Frankfurt 1985, 68–96

4598 Kirwin, Gerald: Waiting for Retaliation. A Study in Nazi Propaganda Behavior and German Civilian Morale, in: JCH 16 (1981), 565–83

4599 Klinksiek, Dorothee: Herrschafts- und Manipulationstechniken des Nationalsozialismus. (Nationalsozialismus im Unterricht, Studieneinheit 7), Hg. Deutsches Institut für Fernstudien an der Universität Tübingen, Red. Friedrich Diestelmeier, Tübingen 1983; 155 S. (als Typoskript gedr.)**

4600 Kretschmer, Rainer/Koch, Helmut J.: Der Propagandaapparat des NS-Staates, in: Argument 12 (1970), Nr. 58, 305–21

4601 Laudien, Kay: Propaganda als Machtsicherungsmethode – die Kontrolle der Medien, in: Ludger Kühnhardt u.a. (Hg.), Die doppelte deutsche Diktaturerfahrung. Drittes Reich und DDR – ein historisch-politikwissenschaftlicher Vergleich, Frankfurt u.a. 1994, 63–75

4602 Longerich, Peter: Nationalsozialistische Propaganda, in: Karl D. Bracher u.a. (Hg.), Deutschland 1933–1945. Neue Studien zur nationalsozialistischen Herrschaft, 2., erg. Aufl., Bonn/Düsseldorf 1993, 291–314 (zuerst 1992)

4603 Macht der Verführung. Sprache und Ideologie des Nationalsozialismus. Tagung der Katholischen Akademie Stuttgart in Stuttgart-Hohenheim, 29./30. Januar 1983. (Hohenheimer Protokolle), Hg. Katholische Akademie Stuttgart, Stuttgart 1983; 114 S.*

4604 Mallmann, Klaus-Michael/Paul, Gerhard: Alles nur »schöner Schein« im deutschen Faschismus? Propaganda, ästhetische Inszenierungen und Sozialpolitik in der Perspektive regionaler NS-Forschung, in: SOWI 21 (1992), 125–31

4605 Markmann, Heinz: Die Massenführung des Nationalsozialismus. Methoden, Institutionen und Ziele, Diss. Heidelberg 1951; 192 S. (Ms.)

4606 Mommsen, Hans: Preußentum und Nationalsozialismus, in: Wolfgang Benz u.a. (Hg.), Der Nationalsozialismus. Studien zur Ideologie und Herrschaft. Hermann Graml zum 65. Geburtstag, Frankfurt 1993, 29–41, 227–30

4607 Mosse, George L.: Die Nationalisierung der Massen. Politische Symbolik und Massenbewegungen in Deutschland von den Befreiungskriegen bis zum Dritten Reich, 2. Aufl., Frankfurt/New York 1993; 286 S. (zuerst Frankfurt u.a. 1976; amerikan.: New York 1975)

4608 Oertel, Thomas: Horst Wessel. Untersuchung einer Legende, Köln/Wien 1988; VI, 202 S.

4609 Ogan, Bernd/Weiß, Wolfgang W. (Hg.): Faszination und Gewalt. Zur politischen Ästhetik des Nationalsozialismus, Nürnberg 1992; 303 S.* **

4610 Pätzold, Kurt: »Faustisches Volk« oder Räuberhorde? Faschistische Politik und Propaganda 1933–1940, in: Reinhard Kühnl/Karen Schönwälder (Hg.), Sie reden vom Frieden und rüsten zum Krieg. Friedensdemagogie und Kriegsvorbereitung in Geschichte und Gegenwart, Köln 1986, 174–209

4611 Paul, Gerhard: Aufstand der Bilder. Die NS-Propaganda vor 1933, Bonn 1990; 324 S.

4612 Propaganda im Nationalsozialismus – Vorbereitung, Methoden, Nachklänge. (Medium, Jg. 18, Nr. 3), Hg. Gemeinschaftswerk der Evangelischen Publizistik, Red. Horst Pöttker, Frankfurt 1988; 83 S.

4613 Publizistik unter Hitler. Lenkung, Anpassung, Widerstand, Opfer. (Medium, Jg. 18, Nr. 2), Hg. Gemeinschaftswerk der Evangelischen Publizistik, Red. Horst Pöttker, Frankfurt 1988; 79 S.

4614 Reichel, Peter: Der schöne Schein. Faszination und Gewalt des Faschismus, 2. Aufl., Frankfurt 1993; 452 S. (zuerst München 1991)

4615 Roegele, Otto B.: Nationalsozialistische Propaganda vor und in dem Krieg, in: Venanz Schubert u.a. (Hg.), Der Zweite Weltkrieg und die Gesellschaft in Deutschland. 50 Jahre danach. Eine Ringvorlesung der Universität München, St. Ottilien 1992, 481–520

4616 Scheel, Klaus: Meinungsmanipulierung im Faschismus. Die faschistische Propagandamaschinerie – Bestandteil des staatsmonopolistischen Herrschaftssystems in Nazideutschland, in: ZfG 17 (1969), 1283–1303

4617 Schmeer, Karlheinz: Die Regie des öffentlichen Lebens im Dritten Reich, München 1956; 164 S.

4618 Schmitt-Sasse, Joachim: »Der Führer ist immer der Jüngste.« Nazi-Reden an die deutsche Jugend, in: Thomas Koebner u. a. (Hg.), »Mit uns zieht die neue Zeit.« Der Mythos Jugend, Frankfurt 1985, 128–49

4619 Schoebe, Gerhard (Bearb.): Hitler, seine »Bewegung« und die »Volksgemeinschaft« im Bild der nationalsozialistischen Propaganda, Hg. Kuratorium für Staatsbürgerliche Bildung Hamburg, Hamburg 1964; 100 S.

4620 Schütz, Erhard: Medien, Mitarb. Thomas Wegmann, in: Dieter Langewiesche/Heinz-Elmar Tenorth (Hg.), Handbuch der deutschen Bildungsgeschichte, Bd. 5: Die Weimarer Republik und die nationalsozialistische Diktatur, München 1989, 371–406

4621 Selle, Gert: Die Sinnlichkeit der Gewalt. Oder: Das Kleinbürgertum als Produzent und Adressat faschistischer Sozialisationsstrategien, in: Ulrich Herrmann (Hg.), »Neue Erziehung«, »Neue Menschen«. Ansätze zur Erziehungs- und Bildungsreform in Deutschland zwischen Kaiserreich und Diktatur, Weinheim/Basel 1987, 91–103

4622 Sington, Derrick/Weidenfeld, Arthur: The Goebbels Experiment. A Study of the Nazi Propaganda Machine, London 1942; 260 S.

4623 Sösemann, Bernd: Die Macht der allgegenwärtigen Suggestion. Die »Wochensprüche der NSDAP« als Propagandamittel, in: JbWG 13 (1989), 227–48

4624 Stollmann, Rainer: Faschistische Politik als Gesamtkunstwerk. Tendenzen der Ästhetisierung des politischen Lebens im Nationalsozialismus, in: Horst Denkler/Karl Prümm (Hg.), Die deutsche Literatur im Dritten Reich. Themen – Traditionen – Wirkungen, Stuttgart 1976, 83–101

4625 Taylor, Richard: Goebbels and the Function of Propaganda?, in: David A. Welch (Hg.), Nazi Propaganda. The Power and the Limitations, London u. a. 1983, 29–44

4626 Thate, Wolfgang: Die Rolle des Emotionalen in der NS-Propaganda, Diss. Berlin 1954; 157 S. (Ms.)

4627 Thomae, Otto: Die Propaganda-Maschinerie. Bildende Kunst und Öffentlichkeitsarbeit im Dritten Reich, Berlin 1978; 579 S.

4628 Travaglini, Thomas: Der 20. Juli 1944. Technik und Wirkung seiner propagandistischen Behandlung nach den amtlichen SD-Berichten, Berlin/Karlsruhe 1963; 230 S.

4629 Travaglini, Thomas: »m. E. sogar ausmerzen«. Der 20. Juli 1944 in der nationalsozialistischen Propaganda, in: APUZ, Nr. B 29/74, 20. 7. 1974, 3–23

4630 Tutas, Herbert E.: NS-Propaganda und deutsches Exil 1933–1939, Worms 1973; XII, 194 S.

4631 Voigt, Klaus: Zuflucht auf Widerruf. Exil in Italien 1933–1945, 2 Bde., Stuttgart 1989–1993; 663, 668 S.

4632 Weißbecker, Manfred: Kriegsideologie und Friedensdemagogie in der NSDAP 1919–1933, in: Sie reden vom Frieden und rüsten zum Krieg. Friedensdemagogie und Kriegsvorbereitung in Geschichte und Gegenwart, Köln 1986, 137–73

4633 Welch, David A. (Hg.): Nazi-Propaganda. The Power and the Limitations, London u. a. 1983; 228 S.*

4634 Welch, David A.: The Third Reich. Politics and Propaganda, London/New York 1993; XV, 203 S.

4635 Welch, David A.: Propaganda and Indoctrination in the Third Reich. Sucess or Failure?, in: EHQ 17 (1987), 403–22

4636 Westphal, Uwe: Werbung im Dritten Reich, Berlin 1989; 188 S.

4637 Weyergraf, Bernd: Aspekte faschistischer Demagogie und Volkstümlichkeit, in: Ralf Schnell (Hg.), Kunst und Kultur im deutschen Faschismus, Stuttgart 1978, 1–16

4638 Wilke, Jürgen (Hg.): Telegraphenbüros und Nachrichtenagenturen in Deutschland. Untersuchungen zu ihrer Geschichte bis 1949, München u. a. 1991; 360 S.

4639 Zeman, Zbynek A. B.: Nazi-Propaganda, 2. Aufl., London 1973; XVII, 260 S. (zuerst 1964)

Regional-/Lokalstudien

4640 Goebel, Klaus: Fahnen, Feiern und Parolen. Nationalsozialistische Propaganda in Wuppertal, in: Klaus Goebel (Hg.), Wuppertal in der Zeit des Nationalsozialismus, 1. u. 2., korr. Aufl., Wuppertal 1984, 9–25

4641 Mühlberger, Detlef: Central Control versus Regional Autonomy: A Case Study of Nazi Propaganda in Westphalia, 1925–1932, in: Thomas Childers (Hg.), The Formation of the Nazi Constituency, 1919–1933, London/Sydney 1986, 64–103

4642 Ott, Hugo: Alfred Rosenbergs Großkundgebung auf dem Freiburger Münsterplatz am 16. Oktober 1937. Ein Beitrag zum nationalsozialistischen Alltag, in: FDA 107 (1987), 303–19

4643 Priamus, Heinz-Jürgen/Goch, Stefan (Hg.): Macht der Propaganda oder Propaganda der Macht? Inszenierung nationalsozialistischer Politik im »Dritten Reich« am Beispiel der Stadt Gelsenkirchen, Essen 1992; 119 S.

4644 Rathkolb, Oliver u. a. (Hg.): Die veruntreute Wahrheit. Hitlers Propagandisten in Österreich '38, Salzburg 1988; XI, 507 S.

4645 Rathkolb, Oliver: Über den Einfluß nationalsozialistischer Foto- und Filmpropaganda auf Arbeiter/Arbeiterinnen in der »Ostmark« 1938/1939, in: Rudolf G. Ardelt/Hans Hautmann (Hg.), Arbeiterschaft und Nationalsozialismus in Österreich. In memoriam Karl R. Stadler, Wien/Zürich 1990, 419–39

A.3.8.2 Auslandspropaganda

[vgl. A.3.23]

Darstellungen

4646 Bockhorn, Olaf: Volkskundliche Filme des »SS-Ahnenerbes« in Südtirol, in: Reinhard Johler u. a. (Hg.), Im Auge der Ethnographen. (Volkskultur und Südtirol. Tagung in Lana, 5.–7. Mai 1989), Wien/Lana 1991, 105–36

4647 Edwards, John C.: Berlin Calling. American Broadcasters in Service to the Third Reich, New York 1991; X, 238 S.

4648 Glasneck, Johannes: Methoden der deutsch-faschistischen Propagandatätigkeit in der Türkei vor und während des Zweiten Weltkrieges, Halle a. d. S. 1966; 46 S.

4649 Haumann, Heiko: Eine inszenierte Friedensaktion. Freiburg i. Br. und Besançon als Schauplätze deutsch-französischer Frontkämpfertreffen 1937–1938, in: Schau-ins-Land 108 (1989), 289–316

4650 Humbel, Kurt: Nationalsozialistische Propaganda in der Schweiz 1931–1939. Einige Hauptaspekte der Mittel, Technik, Inhalte, Methoden und Wirkungen der deutschen Propaganda gegenüber Auslandsdeutschen und Deutschschweizern sowie behördliche Abwehrmaßnahmen, 2. Aufl., Bern 1977; 295 S. (zuerst 1976)

4651 Jawaorski, Josef: Die Tschechoslowakei in der NS-Propaganda des Jahres 1938, in: Peter Glotz u. a. (Hg.), München 1938. Das Ende des alten Europa, Red. Frank Boldt u. a., Essen 1990, 161–78

4652 Kiesinger, Kurt G.: Dunkle und helle Jahre. Erinnerungen 1904–1958, Stuttgart 1989; 542 S.

4653 Kipphan, Klaus: Deutsche Propaganda in den Vereinigten Staaten 1933–1941, Heidelberg 1971; 223 S.

4654 Koerner, Ralf R.: So haben sie es damals gemacht ... Die Propagandavorbereitungen zum Österreichanschluß durch das Hitlerregime 1933 bis 1938, Wien 1958; 327 S.

4655 Longerich, Peter: Propagandisten im Krieg. Die Presseabteilung des Auswärtigen Amtes unter Ribbentrop, München 1987; 356 S.

4656 Moll, Martin: »Signal«. Die NS-Auslandsillustrierte und ihre Propaganda für Hitlers »Neues Europa«, in: Publizistik 31 (1986), 357–400

4657 Richter, Erich: Entwicklung und Wirken des faschistischen Rundfunks, T. 3: Die Auslandsarbeit des deutschen faschistischen Rundfunks bei der Vorbereitung und Durchführung des Zweiten Weltkrieges, in: BGR 3 (1969), Nr. 2, 4–39

4658 Schallock, Wolfgang: Lateinamerika und die Rundfunkpropaganda der Nazis in Theorie und Praxis, in: Der deutsche Faschismus in Lateinamerika 1933–1945, Hg. Humboldt-Universität Berlin, Berlin (O) 1966, 159–86

A.3.8.3 Kriegspropaganda

[vgl. A.3.23]

Quellenkunde

4659 Auckland, Reginald G. (Bearb.): Catalogue of German Leaflets to Allied Troops in Italy, also Italian and Solidiers, 1943–1945, 2. Aufl., St. Albans, Herts. 1975; 43 S.

4660 Auckland, Reginald G. (Bearb.): Catalogue of V 1 Rocket Propaganda Leaflets, 1944–45, 3. Aufl., London 1978; 59 S.

4661 Leser, Lothar: Die Flugblattpropaganda im Bereich der 20. (Gebirgs-) Armee (Propaganda-Kompanie 680), in: JBBfZ 46 (1974), 573–86

Gedruckte Quellen

4662 Boelcke, Willi A. (Hg.): Kriegspropaganda 1939–1941. Geheime Ministerkonferenzen im Reichspropagandaministerium, Stuttgart 1966; 794 S.

4663 Boelcke, Willi A. (Hg.): »Wollt Ihr den totalen Krieg?« Die Geheimen Goebbels-Konferenzen 1939–1943, 2. Aufl., München 1969; 470 S. (zuerst Stuttgart 1967; engl.: London 1967)

4664 Kircher, Klaus (Bearb.): Flugblätter aus Deutschland 1939/1940. (Flugblattpropaganda im 2. Weltkrieg, 2), Erlangen 1982; LXXXI, 378 S.

4665 Kircher, Klaus (Bearb.): Flugblätter aus Deutschland 1941. (Flugblattpropaganda im 2. Weltkrieg, 10), Erlangen 1987; XLVI, 331 S.

4666 Scheel, Klaus (Bearb.): Dokumente über die Manipulierung der deutschen Bevölkerung für den zweiten Weltkrieg durch die Wehrmachtspropaganda, in: ZMG 10 (1971), 324–38

4667 Schnabel, Reimund: Mißbrauchte Mikrofone. Deutsche Rundfunkpropaganda im Zweiten Weltkrieg. Eine Dokumentation, Wien 1967; 506 S.

4668 Stang, Werner: Richtlinien für die Meinungsmanipulierung der deutschen Soldaten des Heeres 1939 bis 1943, in: ZfG 41 (1993), 513–31

4669 Sündermann, Helmut: Tagesparolen. Deutsche Presseanweisungen 1939–1945. Hitlers Propaganda und Kriegsführung. Aus dem Nachlaß, Hg. Gert Sudholt, Leoni 1973; 320 S.

Darstellungen

4670 Baird, Jay W.: Die mystische Welt der nationalsozialistischen Kriegspropaganda, in: Joachim Hütter u. a. (Hg.), Tradition und Neubeginn. Internationale Forschungen zur Geschichte des 20. Jahrhunderts, Köln u. a. 1975, 289–98

4671 Balfour, Michael: Propaganda in War, 1939–1945. Organizations, Policies and Publics in Britain and Germany, London 1979; XVII, 520 S.

4672 Beck, Stefan/Keim, Gerhard: Der Krieg beginnt im Frieden, in: Von Weimar bis Bonn. Esslingen 1919–1949. Begleitband zur Ausstellung »Esslingen 1919–1949. Von Weimar bis Bonn«, Esslingen 1991, 339–54

4673 Behrenbeck, Sabine: Heldenkult und Opfermythos. Mechanismen der Kriegsbegeisterung 1918–1945, in: Marcel van der Linden/Gottfried Mergner (Hg.), Kriegsbegeisterung und mentale Kriegsvorbereitung. Interdisziplinäre Studien, Mitarb. Herman de Lange, Berlin 1991, 143–59

4674 Berghahn, Volker R.: Meinungsforschung im »Dritten Reich«. Die Mundpropaganda-Aktion der Wehrmacht im letzten Kriegsjahr. (Dokumentation), in: MGM 1 (1967), 83–119**

4675 Berghahn, Volker R.: Tendances de la »Wehrmachtpropaganda«, in: RHDGM 21 (1971), Nr. 84, 55–74

4676 Bodenstedt, Adolf: Der »Sonderbericht der deutschen Wochenschau« vom Überfall auf Jugoslavien und Griechenland am 6. April 1941. Ein Beispiel nationalsozialistischer Filmpropaganda im 2. Weltkrieg, Staatliche Landesbildstelle Hamburg/Kuratorium für staatsbürgerliche Bildung Hamburg, Hamburg 1958; 32 S.

4677 Boelcke, Willi A.: Goebbels und die Kundgebung im Berliner Sportpalast vom 18. Februar 1943. Vorgeschichte und Verlauf, in: JGMO 19 (1970), 234–55

4678 Boelcke, Willi A.: Das »Seehaus« in Berlin-Wannsee. Zur Geschichte des deutschen »Monitoring-Service« während des Zweiten Weltkrieges, in: JGMO 23 (1974), 231–69

4679 Bohse, Jörg: Inszenierte Kriegsbegeisterung und ohnmächtiger Friedenswille. Meinungslenkung und Propaganda im Nationalsozialismus, Stuttgart 1988; VIII, 199 S.

4680 Bohse, Jörg: Elemete von Pseudoklassenkampf in Goebbels Rede zum »totalen Krieg«, in: Rhetorik, Ästhetik, Ideologie. Aspekte einer kritischen Kulturwissenschaft, Stuttgart 1973, 219–36

4681 Born, Jürgen: Der Sprachgebrauch des Oberkommandos der Wehrmacht, in: WW 9 (1959), 160–69

4682 Buchbender, Ortwin: Das tönende Erz. Deutsche Propaganda gegen die Rote Armee im Zweiten Weltkrieg, Stuttgart 1978; 378 S.

4683 Buchbender, Ortwin/Schuh, Horst (Hg.): Heil Beil! Flugblattpropaganda im Zweiten Weltkrieg. Dokumentation und Analyse, Stuttgart 1974; 216 S.**

4684 Bucher, Peter: Der Kampf um Stalingrad in der deutschen Wochenschau, in: Friedrich P. Kahlenberg (Hg.), Aus der Arbeit der Archive. Beiträge zum Archivwesen, zur Quellenkunde und zur Geschichte. Festschrift für Hans Booms, Boppard 1989, 565–84

4685 Bucher, Peter: Goebbels und die Deutsche Wochenschau. Nationalsozialistische Filmpropaganda im Zweiten Weltkrieg, in: MGM 40 (1986), 53–69

4686 Bytwerk, Randall L.: The Rhetorik of Defeat. Nazi Propaganda in 1945, in: CSSJ 29 (1978), 44–52

4687 Cruickshank, Charles: The Fourth Arm. Psychological Warfare, 1938–1945, London 1977; 200 S.

4688 Eckhardt, Heinz-Werner: Die Frontzeitungen des deutschen Heeres, 1939–1945, Wien 1975; XI, 176 S.

4689 Flugblattpropaganda im 2. Weltkrieg. Ausstellung 4. September – 5. November

1980, Hg. Staatsbibliothek Preußischer Kulturbesitz, Red. Eva Bliembach, Mitarb. Klaus Kirchner/Adolf Wild, Wiesbaden 1980; 160 S.**

4690 Flugblattpropaganda im II. Weltkrieg. Eine Ausstellung, Hg. Historisches Museum am Hohen Ufer, Mitarb. Klaus Kirchner/Adolf Wild, 1. u. 2. Aufl., Hannover 1983; 83 S.**

4691 Fox, John P.: Der Fall Katyn und die Propaganda des NS-Regimes, in: VfZ 30 (1982), 462–99

4692 Fröhlich, Elke: Die Anweisungen des Reichsministeriums für Volksaufklärung und Propaganda bezüglich des Kulturproblems in okkupierten Gebieten, in: Czeslaw Madayczyk (Hg.), Inter arma non silent Musae. The War and the Culture, 1939–1945, Warschau 1977, 217–44

4693 George, Alexander L.: Propaganda Analysis. A Study of Interferences Made from Nazi Propaganda in World War II, Evanstone, Ill. 1959; XXII, 287 S.

4694 Herzstein, Robert E.: The War that Hitler Won. The Most Infamous Propaganda Campain in History, New York/London 1978/1979; 491 S.

4695 Heysing, Günther: Adler gegen Falken. Sonderdienst der Luftwaffe gegen die Sowjetunion, Hamburg 1967; 176 S.

4696 Hildebrandt, Jens: Zum Aufbau von Vorbildern der Jugend in Veröffentlichungen der nationalsozialistischen Presse von Juli 1943 bis Mai 1945, in: Deutsche Jugend im Zweiten Weltkrieg, Rostock 1991, 79–82

4697 Hille, Karoline/Steinweh, Karin: Die Ehre des deutschen Frontsoldaten – oder wie man den nächsten Krieg gewinnt. Die ideologische Kriegsvorbereitung der Nationalsozialisten am Ende der Weimarer Republik, in: 1933 – Wege zur Diktatur, Ergänzungsbd., Hg. Staatliche Kunsthalle Berlin, Red. Dieter Ruckhaberle u.a., Berlin 1983, 46–124

4698 Huar, Ulrich: Zu Inhalt und Methodik der Meinungsmanipulierung im staatsmonopolistischen System des Hitlerfaschismus in der Periode des grundlegenden Umschwungs im zweiten Weltkrieg und ihren Wandlungen, Diss. Berlin (O) 1968; XXVI, 365 S. (Ms.)

4699 Jürgens, Ekkehardt: Krieg und Medien. Die Arbeiterbewegung als »innerer Feind«, in: Faschismus in Deutschland. Ursachen und Folgen. Verfolgung und Widerstand. Ausländerfeindlichkeit und neonazistische Gefahren, Hg. IG Druck und Papier, Köln 1985, 43–79

4700 Kirchner, Klaus: Flugblätter. Psychologische Kriegsführung im Zweiten Weltkrieg in Europa, München 1974; 192 S.

4701 Kohlmann-Viand, Doris: Die NS-Pressepolitik im Zweiten Weltkrieg. Die »Vertraulichen Informationen« als Mittel der Presselenkung, München 1991; 199 S.

4702 Kroener, Bernhard: »Nun Volk, steh auf...!« Stalingrad und der »totale« Krieg 1942–1943, in: Jürgen Förster (Hg.), Stalingrad. Ereignis – Wirkung – Symbol, München/Zürich 1992, 151–70

4703 Langer, Hermann: Die imperialistische Verführung der Jugend durch den faschistischen Rundfunk in den Jahren 1939–1941, in: BGR 12 (1978), Nr. 3, 49–66

4704 Linebarger, Paul M.: Schlachten ohne Tote, Frankfurt 1960; 332 S. (amerikan.: Washington, D.C. 1948; 2. Aufl., New York 1954 u.d.T.: Psychological Warfare)

4705 Maier, Hans: Ideen von 1914 – Ideen von 1939?, in: Venanz Schubert u.a. (Hg.), Der Zweite Weltkrieg und die Gesellschaft in Deutschland. 50 Jahre danach. Eine Ringvorlesung der Universität München, St. Ottilien 1992, 269–309

4706 Moll, Martin: Das neue Europa. Studien zur nationalsozialistischen Auslandspropaganda in Europa 1939–1945. Die Geschichte eines Fehlschlages, 2 Bde., Diss. Graz 1986; 1096, 4 S.

4707 Moltmann, Günter: Nationalklischees und Demagogie: Die deutsche Amerikapropaganda im Zweiten Weltkrieg, in: Ursula Büttner (Hg.), Das Unrechtsregime. Internationale Forschung über den Nationalsozialismus. Festschrift für Werner Jochmann zum 65. Geburtstag, Bd. 1, Hamburg 1986, 219–42

4708 Moltmann, Günter: Goebbels› Rede zum totalen Krieg am 18. Februar 1943, in: VfZ 12 (1964), 13–43

4709 Mosse, George L.: Gefallen für das Vaterland. Nationales Heldentum und namenloses Sterben, Stutttgart 1993; 311 S.

4710 Münkler, Herfried/Storch, Wolfgang: Siegfrieden. Politik mit einem deutschen Mythos, Berlin 1988; 144 S.

4711 Murawski, Erich: Der deutsche Wehrmachtbericht 1939–1945. Ein Beitrag zur Untersuchung der geistigen Kriegführung. Mit einer Dokumentation der Wehrmachtberichte vom 1.7.1944 bis zum 9.5.1945, Boppard 1962; IX, 768 S.**

4712 Murmann, Geerte: Komödianten für den Krieg. Deutsches und alliiertes Fronttheater, Düsseldorf 1992; 315 S.

4713 Petersen, Jens: Die Organisation der deutschen Propaganda in Italien 1939–1943, in: QFIAB 70 (1990), 513–55

4714 Ranke, Winfried: Fotografische Kriegsberichterstattung im Zweiten Weltkrieg. Wann wurde daraus Propaganda?, in: Fotogeschichte 12 (1992), Nr. 43, 61–75**

4715 Rhodes, Anthony: Propaganda. The Art of Persuation: World War II, Hg. Victor Margolin, London 1976; 319 S.

4716 Richter, Erich: Entwicklung und Wirken des faschistischen Rundfunks, T. 4: Der Nazi-Rundfunk im Kriegseinsatz, in: BGR 3 (1969), Nr. 3, 8–44

4717 Rossignol, Dominique: Histoire de la propagande en France de 1940 à 1944, Paris 1991; 351 S.**

4718 Rupp, Leila J.: Mobilizing Women for War. German and American Propaganda, Princeton, N. J. 1978; XII, 243 S.

4719 Schaller, Hans: Landung und Invasion im Lichte der Propaganda in der Frankfurter Presse, Diss. München 1950; 214 S. (Ms.)

4720 Scheel, Klaus: Die faschistische Meinungsmanipulierung in Deutschland 1944/45. Funktion, Organisation, Mittel, Methoden und »Argumentation«, Diss. Berlin (O) 1968; XX, 333 S. (Ms.)

4721 Scheel, Klaus: Zur Steuerung der faschistischen Durchhaltepropaganda im Februar 1945, in: Befreiung und Neubeginn. Zur Stellung des 8. Mai 1945 und der deutschen Geschichte, Red. Bernhard Weißel, Berlin (O) 1968, 126–34

4722 Schipps, Werner: Wortschlacht im Äther. Der deutsche Auslandsrundfunk im Zweiten Weltkrieg. Geschichte des Kurzwellenrundfunks in Deutschland 1939–1945, Berlin 1971; 148 S.

4723 Schoebe, Gerhard: Die Hitler-Rede vom 8. November 1939. Erläuterungen und Hinweise für die Auswertung des Tonbandes, Hg. Staatliche Landesbildstelle/Kuratorium für staatsbürgerliche Bildung Hamburg, Hamburg 1960; 59 S.**

4724 Schröder, Jürgen: Der Kriegsbericht als propagandistisches Kampfmittel der deutschen Kriegsführung im Zweiten Weltkrieg, Diss. Berlin 1965; 286 S.

4725 Seth, Ronald: The Truth-Benders. Psychological Warfare in Second World War, London 1969; 204 S.

4726 Sommerfeldt, Martin H.: Das Oberkommando der Wehrmacht gibt bekannt. Ein Augenzeugenbericht des Auslandssprechers des OKW, Frankfurt 1952; 240 S.

4727 Stamm, Karl: Das »Erlebnis« des Krieges in der Deutschen Wochenschau, in: Berthold Hinz u. a. (Hg.), Die Dekoration der Gewalt. Kunst und Medien im Faschismus, Gießen 1979, 115–22

4728 Sywottek, Jutta: Mobilmachung für den totalen Krieg. Die propagandistische Vorbereitung der deutschen Bevölkerung auf den Zweiten Weltkrieg, Opladen 1976; 398 S.

4729 Szunyogh, Bela: Der psychologische Krieg. Eine Einführung in die politische und weltanschauliche Propaganda und die Technik des psychologischen Krieges, 2. Aufl., Leer 1952; 84 S. (zuerst 1951)

4730 Uzulis, André: Psychologische Kriegführung und Hitlers Erfolg im Westen. Zur nationalsozialistischen Rundfunk- und Flugblattpropaganda gegenüber Frankreich 1939/40, in: ZfG 42 (1994), 139–53

4731 Voigt, Gerhard: Faschistische Rede? Zu Stilistik und Rezeption des Aufrufes A. Hitlers vom 19.12.1941, in: Dietrich Hartmann u.a. (Hg.), Sprache in Gegenwart und Geschichte. Festschrift für Heinrich Matthias Heinrichs zum 65. Geburtstag, Köln/Wiesbaden 1978, 281–93

4732 Wette, Wolfram: Die schwierige Überredung zum Krieg. Zur psychologischen Mobilmachung der deutschen Bevölkerung 1933–1939, in: APUZ, Nr. B 32–33/89, 4.8.1989, 3–17 (zuerst amerikan. 1985); abgedr. in: Wolfgang Michalka (Hg.), Der Zweite Weltkrieg. Analysen, Grundzüge, Forschungsbilanz, München/Zürich 1989, 205–23; Wolfram Wette, Militarismus und Pazifismus. Auseinandersetzung mit den deutschen Kriegen, Bremen 1991, 164–81

4733 Wette, Wolfram: Die propagandistische Begleitmusik zum deutschen Überfall auf die Sowjetunion am 22. Juni 1941, in: Gerd R. Ueberschär/Wolfram Wette (Hg.), Der deutsche Überfall auf die Sowjetunion. »Unternehmen Barbarossa« 1941, 2., überarb. Aufl., Frankfurt 1991, 45–65, 360–64 (zuerst Paderborn 1984)

4734 Wette, Wolfram: Deutsche Kriegspropaganda während des Zweiten Weltkrieges. Die Beeinflussung der südosteuropäischen Satellitenstaaten Ungarn, Rumänien und Bulgarien (ungar. 1979), in: Manfred Messerschmidt u.a. (Hg.), Militärgeschichte. Probleme – Thesen – Wege, hg. i.A. des Militärgeschichtlichen Forschungsamtes aus Anlaß seines 25jährigen Bestehens, Stuttgart 1982, 311–26

4735 Wette, Wolfram: Das Massensterben als »Heldenepos«. Stalingrad in der NS-Propaganda, in: Wolfram Wette/Gerd R. Ueberschär (Hg.), Stalingrad. Mythos und Wirklichkeit einer Schlacht, Frankfurt 1992, 43–60, 272–78**

4736 Wette, Wolfram: Ideologien, Propaganda und Innenpolitik als Voraussetzung der Kriegspolitik des Dritten Reiches, in: Das Deutsche Reich und der Zweite Weltkrieg, Bd. 1, Stuttgart 1979, 25–173

4737 Zehetmeier, Winfried: Bau und Wirkung demagogischer Rede. Zur Goebbelsrede vom 19. April 1945, in: Hellmuth Geißner u.a. (Hg.), Sprache und Sprechen, Bd. 4, Ratingen u.a. 1973, 56–74

A.3.8.4 NS-Symbolik

4738 Arndt, Karl: Die NSDAP und ihre Denkmäler oder: Das NS-Regime und seine Denkmäler, in: Ekkehard Mai/Gisela Schmirber (Hg.), Denkmal – Zeichen – Monument. Skulptur und öffentlicher Raum heute, München 1989, 69–80

4739 Baird, Jay W.: To Die for Germany. Heroes in the Nazi Pantheon, Bloomington, Ind. 1990; XVII, 329 S.

4740 Bender, Roger J.: For Führer and Fatherland. Political and Civil Awards of the Third Reich, San José, Ca. 1978; 367 S.

4741 Degreif, Uwe: Das Hakenkreuz. Zur Geschichte und Gegenwart eines Symbols, in: TK 37 (1990), 36–46

4742 Ribbe, Wolfgang: Flaggenstreit und Heiliger Hain. Bemerkungen zur nationalsozialistischen Symbolik in der Weimarer Republik, in: Dietrich Kurze (Hg.), Aus

Theorie und Praxis der Geschichtswissenschaft. Festschrift für Hans Herzfeld, Berlin/New York 1972, 175–88

4743 Scharf, Helmut: Die Feldherrenhalle in München. Ein Beitrag zur Rezeption durch die Nationalsozialisten, in: Jutta Schuchard/Horst Claussen (Hg.), Vergänglichkeit und Denkmal. Beiträge zur Sepuralkultur, Bonn 1985, 151–56

4744 Thöne, Albrecht W.: Das Licht der Arier. Licht-, Feuer- und Dunkelsymbolik des Nationalsozialismus, München 1979; 106 S.

4745 Weißmann, Karlheinz: Schwarze Fahnen, Runenzeichen. Die Entwicklung der politischen Symbolik der deutschen Rechten zwischen 1890 und 1945, Düsseldorf 1991; IV, 282 S.

A.3.8.5 Sprache

[vgl. A.3.11.5]

Bibliographien

4746 Jäger, Siegfried: Faschismus – Rechtsextremismus – Sprache. Eine kommentierte Bibliographie, Duisburg 1990; 80 S.

4747 Kinne, Michael: Zum Sprachgebrauch der deutschen Faschisten. Ein bibliographischer Überblick, in: DD 14 (1983), Nr. 73, 518–21

4748 Voigt, Gerhard: Bibliographie. Die deutsche Sprache in der Zeit des Nationalsozialismus, in: PD 10 (1983), Nr. 58, 4–6

Literaturberichte

4749 Marek, Michael: »Wer deutsch spricht, wird nicht verstanden!« Der wissenschaftliche Diskurs über das Verhältnis von Sprache und Politik im Nationalsozialismus. Ein Forschungsbericht, in: AfS 30 (1990), 454–92

4750 Marek, Michael: Sprache und Politik im Nationalsozialismus. Tendenzen und Probleme der Forschung. Mit einem bibliographischen Überblick der seit 1945 erschienenen Literatur, in: JBBfZ 62 (1990), 405–27

Darstellungen

4751 Ach, Manfred/Pentrop, Clemens: Hitlers »Religion«. Pseudoreligiöse Elemente im nationalsozialistischen Sprachgebrauch, 4. Aufl., München 1991; 116 S. (zuerst 1979)

4752 Adler, Hans G.: Wörter der Gewalt, in: Muttersprache 75 (1965), 213–30

4753 Bähr, Rudolf: Grundlagen für Karl Kraus' Kritik an der Sprache im nationalsozialistischen Deutschland, Köln/Wien 1977; V, 156 S.

4754 Bartholomes, Herbert: Das Wort Volk im Dienst der Parteiterminologie der NSDAP und SED, in: MV 2 (1963), 33–46

4755 Bauer, Gerhard: Sprache und Sprachlosigkeit im »Dritten Reich«, 2. Aufl., Köln 1990; 360 S. (zuerst 1988)

4756 Bergsdorf, Wolfgang: Sprachlenkung im Nationalsozialismus, in: Martin Greiffenhagen (Hg.), Kampf um Wörter? Politische Begriffe im Meinungsstreit, München/Wien 1980, 65–74

4757 Bergsdorf, Wolfgang: Wörter sind wie Arsen. Zur Technik totalitärer Sprachlenkung, in: Wolfgang Bergsdorf (Hg.), Politik und Sprache, München/Wien 1978, 87–102

4758 Bergsdorf, Wolfgang: Die Sprache der Diktatur und ihre Wörter. Zur Technik nationalsozialistischer und kommunistischer Sprachlenkung in Deutschland, in: DA 11 (1978), 1299–1313; abgedr. in: Wolfgang Bergsdorf, Wörter als Waffen. Sprache als Mittel der Politik, Stuttgart 1979, 102–27

4759 Berning, Cornelia: Vom »Abstammungsnachweis« zum »Zuchtwart«. Vokabular des Nationalsozialismus, Vorwort Werner Betz, Berlin 1964; VI, 225 S.

4760 Berning, Cornelia: Die Sprache des Nationalsozialismus, in: ZDW 16 (1960), 71–118, 178–88; 17 (1961), 83–121, 171–82; 18 (1962), 108–118, 160–72; 19 (1963), 92–112

4761 Blumenthal, Nachman: On the Nazi Vocabulary, in: YVS 1 (1957), 133–67

4762 Bork, Siegfried: Mißbrauch der Sprache. Tendenzen nationalsozialistischer Sprachregelung, München/Bern 1970; 139 S.

4763 Brackmann, Karl-Heinz/Birkenhauer, Renate: NS-Deutsch. »Selbstverständliche« Begriffe und Schlagwörter aus der Zeit des Nationalsozialismus, Straelen 1988; 223 S.

4764 Briegleb, Klaus: Unmittelbar zur Epoche des NS-Faschismus. Arbeiten zur politischen Philologie 1978–1988, Frankfurt 1989; 465 S.

4765 Burke, Kenneth: Die Rhetorik in Hitlers »Mein Kampf« (amerikan. 1939), in: Kenneth Burke (Hg.), Die Rhetorik in Hitlers »Mein Kampf« und andere Essays zur Strategie der Überredung, Frankfurt 1967, 7–34

4766 Bytwerk, Randall L.: Julius Streicher. The Rhetoric of an Anti-Semite, Diss. Northwestern University, Evanston, Ill. 1975; III, 216 S.

4767 Cancik, Hubert: »Wir sind jetzt eins.« Rhetorik und Mystik einer Rede Hitlers (Nürnberg, 11.9. 1936), in: Günter Kehrer (Hg.), Zur Religionsgeschichte der Bundesrepublik Deutschland, München 1980, 13–48

4768 Dohnke, Kay: »Plattdeutsch als Waffe im politischen Kampfe«. Anmerkungen zur Verwendung des Niederdeutschen in nationalsozialistischer Agitation und Propaganda, in: Kay Dohnke u.a. (Hg.), Niederdeutsch im Nationalsozialismus. Studien zur Rolle regionaler Kultur im Faschismus, Hildesheim u.a. 1994, 207–61

4769 Ehlich, Konrad (Hg.): Sprache im Faschismus, Frankfurt 1989; 326 S.*

4770 Epping, Heinz: Die NS-Rhetorik als politisches Kampf- und Führungsmittel. Ihre organisatorische Entwicklung, Bedeutung und Wirkung. Ein Beitrag zur Publizistik im Dritten Reich, Diss. Münster 1954; 411 S. (Ms.)

4771 Esh, Shaul: Words and their Meanings. Twenty-five Examples of Nazi Idiom, in: YVS 5 (1963), 133–67

4772 Friedlander, Henry: The Manipulation of Language, in: Henry Friedlander/Sybil Milton (Hg.), The Holocaust: Ideology, Bureaucracy, and Genocide. The San José Papers, Millwood, N. Y. 1980, 103–14

4773 Frind, Sigrid: Die Sprache als Propagandainstrument in der Publizistik des Dritten Reiches, untersucht an Hitlers »Mein Kampf« und den Kriegsjahrgängen des »Völkischen Beobachters«, Diss. Berlin 1964; 193 S.

4774 Glunk, Rolf: Erfolg und Mißerfolg nationalsozialistischer Sprachlenkung, in: ZDS 22 (1966), 57–73, 146–53; 23 (1967), 83–113, 178–88; 24 (1968), 72–91, 184–91; 25 (1969), 116–28, 180–83; 26 (1970), 84–97, 176–83; 27 (1971), 113–23, 177–87

4775 Gomard, Kirsten: Zum Sprachgebrauch im Dritten Reich, in: Augias 1 (1981), Nr. 2, 27–45

4776 Graumann, Carl F.: Die Sprache der NS-Propaganda und ihre Wirkung, in: Gerrit Hohendorf/Achim Magull-Seltenreich (Hg.), Von der Heilkunde zur Massentötung. Medizin im Nationalsozialismus, Heidelberg 1990, 185–99 (201–3)

4777 Grieswelle, Detlev: Propaganda der Friedlosigkeit. Eine Studie zu Hitlers Rhetorik, 1920–1933, Stuttgart 1972; 233 S.

4778 Hoffend, Andrea: Bevor die Nazis die Sprache beim Wort nahmen. Wurzeln und Entsprechungen nationalsozialistischen Sprachgebrauchs, in: Muttersprache 97 (1987), 257–99

4779 Jacob, Hans: An ihrer Sprache sollt ihr sie erkennen. Die Gleichschaltung der deutschen Sprache, in: Wort 3 (1938), 81–86 (ND Zürich 1969)

4780 Kinne, Michael (Hg.): Nationalsozialismus und deutsche Sprache. Arbeitsmaterialien zum deutschen Sprachgebrauch während der nationalsozialistischen Herrschaft, Frankfurt u. a. 1981; 96 S.**

4781 Klein, Gabriella: Tendenzen der Sprachpolitik des italienischen Faschismus und des Nationalsozialismus in Deutschland, in: ZfSW 3 (1984), 100–13

4782 Klemperer, Victor: »LTI« [Lingua Tertii Imperii]. Notizbuch eines Philologen, 10. Aufl., Leipzig 1990; 300 S. (zuerst Berlin 1946)

4783 Klose, Werner: Sprache der Aggression, Bd. 1: Hitler-Jugend, 2 Bde., 2. Aufl., Dortmund 1976; 29, 49 S. (zuerst 1974)**

4784 Kuhberg, Horst: Sprache der Aggression, Bd. 2: Angriff von rechts und links, 2 Bde., 2. Aufl., Dortmund 1976; 28, 36 S. (zuerst 1974)**

4785 Kükelhahn, Kurt: Sprache als Werkzeug politischer Verführung. Der Wahlaufruf der NSDAP vom 1. März 1932, in: Muttersprache 93 (1983), 31–34

4786 Lang, Ewald: Victor Klemperers LTI, in: OBS 11 (1986), Nr. 33, 69–79

4787 Lange, Gerhard: Sprachform und Sprechform in Hitlers »Mein Kampf«, in: Muttersprache 78 (1968), 342–49

4788 Loohuis, Wilhelmus J. M.: Das Sprachgenie Adolf Hitler, dargelegt am Gebrauch der Fremdwörter, München 1976; 160 S.

4789 Maas, Utz: »Als der Geist der Gemeinschaft eine Sprache fand.« Sprache im NS – Versuch einer historischen Argumentationsanalyse, Opladen 1984; 261 S.

4790 Maas, Utz: Sprache im Nationalsozialismus, in: DD 14 (1983), Nr. 73, 499–517

4791 Maas, Utz: Analyse einer Rede des »Reichs[jugend]führers« Baldur von Schirach aus dem Jahre 1938, in: Rhetorik 4 (1985), 133–45

4792 Maas, Utz: Zu Gabriella Klein, Tendenzen der Sprachpolitik des italienischen Faschismus und des Nationalsozialismus in Deutschland, in: ZfSW 4 (1985), 242–45

4793 Maas, Utz: Macht des Wortes oder Lähmung der Sprache? Die Wirkung der Rede im Nationalsozialismus beruhte auf dem spezifischen Mißbrauch, der mit der Sprache betrieben wurde, in: FR, Jg. 46, Nr. 13, 16. 1. 1990, 13

4794 Mieder, Wolfgang: Sprichwörter unterm Hakenkreuz, in: Muttersprache 93 (1983), 1–30 (amerikan. in: JAF 95/1982, 435–64 u. d. T.: Proverbs in Nazi Germany. The Promulgation of Anti-Semitism and Sterotypes through Folklore)

4795 Paechter, Henry M.: Nazi-Deutsch. A Glossary of Contemporary German Usage, with Appendices on Government, Military, and Economic Institutions, Mitarb. Bertha Hellmann u. a., New York 1944; 128 S.

4796 Pross, Harry: Anmerkungen zur Sprache der Diktatur in Deutschland, in: Essays über Naziverbrechen. Simon Wiesenthal gewidmet, Hg. Wiesenthal Fonds/ Bund Jüdischer Verfolgter des Naziregimes in Wien, Amsterdam 1973, 281–95

4797 Rennick, Robert M.: The Nazi Name Degrees of the Nineteen Thirties, in: names 18 (1970), 65–88

4798 Sauer, Christoph: NS-Sprachpolitik in der Besatzungssituation: am Beispiel der »Deutschen Zeitung in den Niederlanden« 1940–1945, in: Franz Januschek (Hg.), Politische Sprachwissenschaft. Zur Analyse von Sprache und kultureller Praxis, Opladen 1985, 271–306

4799 Sauer, Christoph: »Niederländer, blickt nach Osten!« Die »Nederlandsche Oost-Compagnie« in der NS-Sprachpolitik, in: Georg Stölzel (Hg.), Germanistik – Forschungsstand und Perspektiven. Vorträge des deutschen Germanistentages 1984, Bd. 1, Berlin/New York 1985, 278–318

4800 Sauer, Christoph: Sprachpolitik und NS-Herrschaft. Zur Sprachanalyse des Nationalsozialismus als Besatzungsmacht in den Niederlanden 1940–1945, in: SLWU 14 (1983), Nr. 51, 80–99

4801 Sauer, Christoph: Nicht drinnen und nicht draußen. NS-Sprachpolitik, die Niederlande und das »Neue Europa« im Februar/März 1941, in: DD 15 (1984), Nr. 78, 408–32

4802 Sauer, Wolfgang W.: Der Sprachgebrauch von Nationalsozialisten vor 1933, Hamburg 1978; 197 S.

4803 Sauer, Wolfgang W.: Die Nazifizierung des Dudens, in: Wolfgang W. Sauer, Der Duden. Geschichte und Aktualität eines »Volkswörterbuchs«, Stuttgart 1988, 120–39

4804 Sauer, Wolfgang W.: Sprachlosigkeit. Zum Problem der Sprachkritik wärend der Zeit des Faschismus, in: Ralf Schnell (Hg.), Kunst und Kultur im deutschen Faschismus, Stuttgart 1978, 329–44

4805 Sauer, Wolfgang W.: Schlag nach bei [Cornelia] Berning? Anmerkungen zur Renaissance der »Vokabularien zur ns Sprache« [Vom Abstammungsnachweis zum Zuchtwart. Vokabular des Nationalsozialismus, Berlin 1964], in: DD 15 (1984), Nr. 77, 319–24

4806 Sauer, Wolfgang W.: Die Okkupation der Sprache durch die Nationalsozialisten oder: Ist die deutsche (Sprach-)Geschichte manchmal noch aktuell, in: OBS 3 (1978), Nr. 7, 38–56

4807 Schnauber, Cornelius: Ausdrucksphonetische Untersuchungen von Rhythmus und Melodik an Hitlers Rede zum Ermächtigungsgesetz, Diss. Hamburg 1969; V, 129, 31 S.

4808 Schnauber, Cornelius: Wie Hitler sprach und schrieb. Zur Psychologie und Prosodik der faschistischen Rhetorik, Frankfurt 1972; X, 149 S.

4809 Schweinsberg-Reichart, Ilse: Analyse von Redeausschnitten: Hitler und Wels zum Ermächtigungsgesetz, in: Hellmuth Geißner u. a. (Hg.), Sprache und Sprechen, Wuppertal u. a. 1968, 82–97

4810 Schwelien, Joachim: Jargon der Gewalt, Frankfurt 1961; 30 S.

4811 Seebold, Elmar: Die Entwicklung der deutschen Sprache im Zweiten Weltkrieg, in: Venanz Schubert u. a. (Hg.), Der Zweite Weltkrieg und die Gesellschaft in Deutschland. 50 Jahre danach. Eine Ringvorlesung der Universität München, St. Ottilien 1992, 363–90

4812 Seidel, Eugen/Seidel-Slotty, Ingeborg: Sprachwandel im Dritten Reich. Eine kritische Untersuchung faschistischer Einflüsse, Halle a. d. S. 1961; IX, 174 S.

4813 Sternberger, Dolf u. a.: Aus dem Wörterbuch des Unmenschen. Neue und erw. Ausgabe mit Zeugnissen des Streits über die Sprachkritik, 3. Aufl., Düsseldorf/Hamburg 1968; 339 S. (TB Frankfurt/Berlin 1986; zuerst Hamburg 1957); Teilabdr. in: Dolf Sternberger, Sprache und Politik. (Schriften, 11), Hg. Peter Haungs u. a., Frankfurt 1991, 324–411

4814 Straßner, Erich: Sprache im Nationalsozialismus, in: Macht der Verführung. Sprache und Ideologie im Nationalsozialismus. Tagung der Katholischen Adademie Stuttgart-Hohenheim, 29./30. Januar 1983, Hg. Katholische Akademie Stuttgart, Stuttgart 1983, 37–54; zugl. in: Kirche im Nationalsozialismus. (RJK, 2), Sigmaringen 1983, 77–85 (ND 1984)

4815 Ulosnka, Ulrich: Suggestion der Glaubwürdigkeit. Untersuchungen zu Hitlers rhetorischer Selbstdarstellung zwischen 1920 und 1933, Ammersbek b. Hamburg 1990; 352 S.

4816 Voigt, Gerhard: Faschistische Rede? Zu Stilistik und Rezeption des Aufrufes A.

Hitlers vom 19.12. 1941, in: Dietrich Hartmann u.a. (Hg.), Sprache in Gegenwart und Geschichte. Festschrift für Heinrich Matthias Heinrichs zum 65. Geburtstag, Köln/Wiesbaden 1978, 281–93

4817 Voigt, Gerhard: Das Wortfeld als Instrument der Analyse. Untersuchung eines nationalsozialistischen Wahlaufrufes vom 1.3. 1932, in: PD 14 (1987), Nr. 85, 62–64

4818 Voigt, Gerhard: Bericht vom Ende der »Sprache des Nationalsozialismus«, in: DD 5 (1974), Nr. 19, 445–64

4819 Wedleff, Margarete: Zum Stil in Adolf Hitlers Maireden, in: Muttersprache 80 (1970), 107–27

4820 Winckler, Lutz: Studie zur gesellschaftlichen Funktion faschistischer Sprache, 4. Aufl., Frankfurt 1985; 151 S. (zuerst 1970)

4821 Winckler, Lutz: Hitlers Rede zum 1. Mai 1933 – Oder: Des Kaisers neue Kleider, in: DD 14 (1983), Nr. 73, 483–98

4822 Winterfeldt, Hans: Elemente der Brutalität im nationalsozialistischen Sprachgebrauch, in: Muttersprache 75 (1965), 231–36

4823 Wolf, Antonius: Wandel im Jargon des Nationalsozialismus. Analyse der ideologischen Sprache in einer Fachzeitschrift für Sonderschullehrer (1934–1944), Pfaffenweiler 1991; 196 S.

4824 Wulf, Josef: Aus dem Lexikon der Mörder. »Sonderbehandlung« und verwandte Wörter in nationalsozialistischen Dokumenten, Gütersloh 1963; 110 S.

4825 Zabel, Hermann: Verschwiegen – Vergessen – Verdrängt. Altes und Neues vom Heimatverein. Zugleich ein Beitrag zum Problemkreis »Sprache im Nationalsozialismus«, Mitarb. Andreas Antheporth u.a., Frankfurt 1986; 92 S.

4826 Zabel, Hermann: »Es spricht der Ortsgruppenleiter.« Zum Sprachgebrauch eines NS-Funktionärs, in: WW 37 (1987), 407–18

A.3.8.6 Journalisten

A.3.8.6.1 Allgemeines

Gedruckte Quellen

4827 Frei, Norbert: Die nationalsozialistischen Berufsgerichte der Presse. (Dokumentation), in: VfZ 32 (1984), 122–62

Darstellungen

4828 Darauf kam die Gestapo nicht. Beiträge zum Widerstand im Rundfunk, Berlin 1966; 87 S.

4829 Frei, Norbert/Schmitz, Johannes: Journalismus im Dritten Reich, München 1989; 219 S.

4830 Köhler, Otto: Wir Schreibmaschinentäter. Journalisten unter Hitler – und danach, Köln 1989; 320 S.

4831 Köhler, Otto: Schreibmaschinen-Täter. Journalisten im Dritten Reich und danach: eine vergessene Vergangenheit, eine unvollkommene Debatte, in: Zeit, Jg. 43, 15.1. 1988, 33 f.

4832 Pross, Harry: Das Filmische in der Massenregie und das moralische Subjekt. Gedanken zu einem Datum: 8. Mai 1945, in: Publizistik 30 (1985), 175–81

4833 Rätsch, Birgit: Hinter Gittern. Schriftsteller und Journalisten vor dem Volksgerichtshof 1934–1945, Bonn/Berlin 1992; VII, 235 S.

4834 Retallack, James: From Pariah to Professional? The Journalist in German Society and Politics, from the Late Enlightenment to the Rise of Hitler, in: GSR 16 (1993), 175–223

4835 Schildt, Axel: Deutschlands Platz in einem »christlichen Abendland«. Konservative Publizisten aus dem Tat-Kreis in der Kriegs- und Nachkriegszeit, in: Thomas Koebner u. a. (Hg.), Deutschland nach Hitler: Zukunftspläne im Exil und aus der Besatzungszeit 1939–1945, Opladen 1987, 344–69

4836 Sösemann, Bernd: Publizistische Opposition in den Anfängen des nationalsozialistischen Regimes, in: Jürgen Schmädeke/Peter Steinbach (Hg.), Der Widerstand gegen den Nationalsozialismus. Die deutsche Gesellschaft und der Widerstand gegen Hitler, 2. Aufl., München/Zürich 1986, 190–206 (zuerst 1985; ND 1994)

4837 Sösemann, Bernd: Voraussetzungen und Wirkungen publizistischer Opposition im Dritten Reich, in: Publizistik 30 (1985), 195–215

4838 Stöcker, Hans u. a. (Hg.): Zwischen den Zeilen. Ein Beitrag zur Geschichte des Widerstandes der deutschen bürgerlichen Presse gegen die Diktatur des Nationalsozialismus, hg. unter Benutzung des [Droste-] Verlagsarchivs, Düsseldorf 1948; 55 S.

Regional-/Lokalstudien

4839 Bobrowsky, Manfred (Hg.): Schreiben im Widerstand. Österreichische Publizisten 1933–1945, Wien 1993; 290 S.

4840 Fritsche, Heinz R.: Nationalsozialismus und Widerstand im Schlesischen Rundfunk, in: Lothar Bossle u. a. (Hg.), Nationalsozialismus und Widerstand in Schlesien, 1989, 121–36

A.3.8.6.2 Einzelne Persönlichkeiten

4841 [Boveri, Margret] Boveri, Margret: Verzweigungen. Eine Autobiographie, Hg. Uwe Johnson, München/Zürich 1977; 438 S.

4842 [Gerlich, Fritz] Aretin, Karl O. Freiherr von: Fritz Gerlich, in: Georg Schwaiger (Hg.), Das Erzbistum München und Freising in der Zeit der nationalsozialistischen Herrschaft, Bd. 2, München/Zürich 1984, 157–72; abgedr. in: Karl O. Freiherr von Aretin, Nation, Staat und Demokratie in Deutschland. Ausgewählte Beiträge zur Zeitgeschichte. Zum 70. Geburtstag des Verfassers, Hg. Andreas Kunz/Martin Vogt, Mainz 1993, 261–74

4843 [Höfer, Werner] Lambard, Friedrich (Hg.): Tod eines Pianisten. Karlrobert Kreiten und der Fall Werner Höfer, Berlin 1988; 342 S.

4844 [Hofmann, Josef] Hofmann, Josef: Journalist in Republik, Diktatur und Besatzungszeit. Erinnerungen 1916–1947, Bearb. Rudolf Morsey, Mainz 1977, 52–140

4944a [Kardorff, Ursula von] Kardorff, Ursula von: Berliner Aufzeichnungen 1942–45. Unter Verwendung der Original-Tagebücher, Hg. Peter Hartl, Neuausg., München 1992; 413 S. (zuerst 1962)

4845 [Knab, Otto] Fröhlich, Elke: Redakteur am Starnberger »Seeboten« [Otto Knab], in: Elke Fröhlich, Die Herausforderung des Einzelnen. Geschichten über Widerstand und Verfolgung. (Bayern in der NS-Zeit, 6), München/Wien 1983, 115–37; abgedr. in: Elke Fröhlich/Martin Broszat, Alltag und Widerstand – Bayern im Nationalsozialismus, München/Zürich 1987, 482–516

4846 [Korn, Karl] Jansen, Elmar: Ein deutsches Leben. Literarische Bemühungen am Rande des Dritten Reiches [Karl Korn], in: SuF 44 (1992), 462–84

4847 [Korn, Karl] Korn, Karl: Lange Lehrzeit. Ein deutsches Leben, Frankfurt 1975; 314 S.

4848 [Lojewski, Werner von] Lojewski, Werner von: Tausend Jahre – durch meine Brille. Ein Journalistenleben im Dritten Reich, Freiburg i.Br. u. a. 1985; 159 S.

4849 [Petersen, Jürgen] Petersen, Jürgen: Journalist im Dritten Reich, T. 1: Lehrjahre in Darmstadt und Berlin, T. 2: An der »Deutschen Allgemeinen Zeitung«, in: FH 36 (1981), Nr. 3, 41–49; Nr. 4, 41–48

4850 [Prechtel, Rudolf] Prechtel, Rudolf: Zwischen den Zeilen. Der Kampf einer Zeitschrift [»Deutsche Rundschau«] für Freiheit und Recht. 1932–1942. Aufsätze, Einführung Werner Bergengruen, Wiesentheid 1948; 348 S.

4851 [Reifenberg, Benno] Hummerich, Helga: Wahrheit zwischen den Zeilen. Erinnerungen an Benno Reifenberg und die Frankfurter Zeitung, Freiburg 1984; 126 S.

4852 [Rotzoll, Christa] Rotzoll, Christa: Frauen und Zeiten, Stuttgart 1987; 191 S.

4853 [Sänger, Fritz] Hesslein, Bernd C. (Hg.): Fritz Sänger. Ein Mutiger – kein Held. Darstellung einer Kontroverse, Hamburg 1991; 106 S.

4854 [Sänger, Fritz] Köhler, Otto: »... das nirgendwo die deutschen Truppen versagen.« Darf es auch weiterhin einen Fritz-Sänger-Preis für mutigen Journalismus geben? Neues Material belastet den Namensgeber schwer, in: Zeit, Jg. 45, Nr. 9, 23.2. 1990, 60

4855 [Sänger, Fritz] Sänger, Fritz: Verborgene Fäden. Erinnerungen und Bemerkungen eines Journalisten, Bonn 1978; 250 S.

4856 [Schäferdieck, Willi] Schäferdieck, Willi: Lebens-Echo. Erinnerungen eines Schriftstellers, Düsseldorf 1985; 288 S.

4857 [Sieburg, Friedrich] Flügge, Manfred: Friedrich Sieburg. Frankreichbild und Frankreichpolitik 1933–1945, in: Jürgen Sieß (Hg.), Vermittler. Deutsch-französisches Jahrbuch, Frankfurt 1981, 197–218

4858 [Silex, Karl] Silex, Karl: Mit Kommentar. Lebensbericht eines Journalisten, Frankfurt 1968; 300 S.

4859 [Taucher, Franz] Taucher, Franz: Frankfurter Jahre, Wien 1977; 215 S.

A.3.8.7 Presse

Nachschlagewerke

4860 Fischer, Heinz-Dietrich: Handbuch der politischen Presse in Deutschland 1480–1980. Synopse rechtlicher, struktureller und wirtschaftlicher Grundlagen der Tendenzpublizistik im Kommunikationsfeld, Düsseldorf 1981; 734 S.

Gedruckte Quellen

4861 Facsimile Querschnitt durch »Das Reich«, Hg. Hans D. Müller, Einleitung Harry Pross, München u. a. 1964; 207 S.

4862 Facsimile Querschnitt durch das Schwarze Korps, Hg. Helmut Heiber/Hildegard von Kotze, München 1968; 207 S.

4863 Facsimile Querschnitt durch den Völkischen Beobachter, Hg. Sonja Noller/Hildegard von Kotze, München 1967; 207 S.

4864 Hahn, Fred (Hg.): Lieber Stürmer! Leserbriefe an das NS-Kampfblatt 1924 bis 1945. Eine Dokumentation aus dem Leo-Baeck-Institut, New York, Bearb. Günther Wagenlehner, Stuttgart 1978; 263 S.

NS-Presseanweisungen der Vorkriegszeit. Edition und Dokumentation, Hg. Hans Bohrmann, hg. i. A. des Instituts für Zeitungsforschung der Stadt Dortmund, München u. a.:

4865 – Bd. 1: 1933, Bearb. Gabriele von Toepser-Ziegert, Vorwort Fritz Sänger, 1984; 351 S.

4866 – Bd. 2: 1934, Bearb. Gabriele von Toepser-Ziegert, 1985; 694 S.

4867 – Bd. 3: 1935, Bearb. Gabriele von Toepser-Ziegert, 2 Teilbde., 1987; 994 S.

4868 – Bd. 4: 1936, Bearb. Gabriele von Toepser-Ziegert, 4 Teilbde., 1993; 1970 S.

4869 Sänger, Fritz: Politik der Täuschungen. Mißbrauch der Presse im Dritten

Reich. Weisungen, Informationen, Notizen 1933–1939, Wien 1975; 430 S.

4870 Wulf, Josef (Hg.): Presse und Funk im Dritten Reich. Eine Dokumentation. (Kunst im Dritten Reich, 1), Neuausg., Frankfurt/Berlin 1989; 417 S. (zuerst Gütersloh 1964; 2. Aufl. Frankfurt 1983)

Darstellungen

4871 Abel, Karl-Dietrich: Presselenkung im NS-Staat. Eine Studie zur Geschichte der Publizistik in der nationalsozialistischen Zeit, 2. Aufl., Berlin 1990; 185 S. (zuerst 1968)

4872 Altmeyer, Karl A.: Katholische Presse unter der NS-Diktatur. Die katholischen Zeitungen und Zeitschriften Deutschlands in den Jahren 1933 bis 1945. Dokumentation, Berlin 1962; 204 S.

4873 Bohrmann, Hans: Strukturwandel der deutschen Studentenpresse. Studentenpolitik und Studentenzeitschriften 1848–1974, München 1975; 357 S.

4874 Bramstedt, Ernest K.: Goebbels and his Newspaper Der Angriff, in: Max Beloff (Hg.), On the Track of Tyranny. Essays presented by the Wiener Library to Leonhard G. Montefiore, O.B.E. on the Occasion of His Seventieth Birthday, London 1960, 45–65

4875 Brunotte, Heinz: Die Auswirkungen der nationalsozialistischen Schrifttums- und Pressepolitik auf die Deutsche Evangelische Kirche, in: Helmut Baier u.a., Kirche und Nationalsozialismus. Zur Geschichte des Kirchenkampfes, München 1969, 207–34

4876 Bytwerk, Randall L.: Julius Streicher and the Impact of Der Stürmer, in: WLB 29 (1976/77), Nr. 39/40, 41–46

4877 Combs, William L.: The Voice of the SS. A History of the SS Journal »Das Schwarze Korps«, New York u.a. 1986; 455 S.

4878 Crips, Liliane: Modeschöpfung und Frauenbild am Beispiel von zwei nationalsozialistischen Zeitschriften. Deutsche Mutter versus Dame von Welt, in: Leonore Siegele-Wenschkewitz/Gerda Stuchlik (Hg.), Frauen und Faschismus in Europa. Der faschistische Körper, Pfaffenweiler 1990, 228–35

4879 Denkler, Horst: Januskőpfig. Zur ideologischen Physiognomie der Zeitschrift »Das innere Reich« (1934–1944), in: Horst Denkler/Karl Prümm (Hg.), Die deutsche Literatur im Dritten Reich. Themen – Traditionen – Wirkungen, Stuttgart 1976, 382–405

4880 Duchkowitsch, Wolfgang: Zeitungswissenschaft »an der schönen heimatlichen Donaustadt«. Aufbau, Errichtung und Funktion des Wiener Instituts für Zeitungswissenschaft, in: Gernot Heiß u.a. (Hg.), Willfährige Wissenschaft. Die Universität Wien 1938–1945, Wien 1989, 155–78

4881 Eksteins, Modris: The Limits of Reason. The German Democratic Press and the Collapse of Weimar Democracy, London 1975; XV, 337 S.

4882 Fischer, Heinz-Dietrich (Hg.): Deutsche Zeitungen des 17. bis 20. Jahrhunderts, Pullach b. München 1972; 415 S.

4883 Fischer, Peter: Die deutsche Publizistik als Faktor der deutsch-polnischen Beziehungen, Wiesbaden 1991; XIV, 287 S.

4884 Gebhardt, Hartwig: Nationalsozialistische Werbung in der Arbeiterschaft. Die Illustrierte »ABZ – Arbeit in Bild und Zeit«, in: VfZ 33 (1985), 310–38

4885 Götte, Karl-Heinz: Die Propaganda der Glaubensbewegung »Deutsche Christen« und ihre Beurteilung in der deutschen Tagespresse. Ein Beitrag zur Publizistik im Dritten Reich, Diss. Münster 1957; 247, XVII S.

4886 Günsche, Karl-Ludwig: Phasen der Gleichschaltung. Stichtags-Analysen deutscher Zeitungen 1933–1938, Osnabrück 1970; 95 S.

4887 Hagemann, Jürgen: Die Presselenkung im Dritten Reich, Bonn 1970; 398 S.

4888 Hagemann, Walter: Publizistik im Dritten Reich. Ein Beitrag zur Methodik der Massenführung, Hamburg 1948; 515 S.

4889 Hale, Oron J.: Presse in der Zwangsjacke 1933–1945, Düsseldorf 1965; XII, 345 S. (amerikan.: Princeton, N.J. 1964)

4890 Hano, Horst: Die Taktik der Pressepropaganda des Hitlerregimes 1943–1945. Eine Untersuchung auf Grund unveröffentlichter Dokumente des Sicherheitsdienstes und des Reichsministeriums für Volksaufklärung und Propaganda, Diss. Berlin 1963; XVIII, 143 S.

4891 Höhne, Roland: Die Einschätzung der internationalen Machtverhältnisse durch die Frankfurter Zeitung während der Sudetenkrise, in: Franz Knipping/Klaus-Jürgen Müller (Hg.), Machtbewußtsein in Deutschland am Vorabend des Zweiten Weltkrieges, Paderborn 1984, 295–316

4892 Kapitza, Arne: Zwischen Anpassung und Opposition. Die »Frankfurter Zeitung« und die nationalsozialistische Machtergreifung, in: JbLF 5 (1993), 69–103

4892a Kessler, Hannelore: »Die deutsche Frau«. Nationalsozialistische Frauenpropaganda im »Völkischen Beobachter«, Köln 1981; 127 S.

4893 Klimsch, Günter W.: Die Entwicklung des NS-Filmmonopols von 1930 bis 1940 in vergleichender Betrachtung zur Pressekonzentration, Diss. München 1954; 131 S. (Ms. vervielf.)

4894 Koerner, Ralf R.: Die publizistische Behandlung der Österreichfrage und die Anschlußvorbereitungen in der Tagespresse des Dritten Reiches (1933–1938). Ein Beitrag zur Methodik der außenpolitischen Meinungsführung des nationalsozialistischen Regimes, Diss. Münster 1956; 396 S. (Ms. vervielf.)

4895 Kohlmann-Viand, Doris: Die NS-Pressepolitik im Zweiten Weltkrieg. Die »Vertraulichen Informationen« als Mittel der Presselenkung, München 1991; 199 S.

4896 Koszyk, Kurt: Deutsche Presse 1914–1945. (Geschichte der deutschen Presse, 3), Berlin 1972; 588 S.

4897 Koszyk, Kurt: Das Ende des Rechtsstaates 1933/34 und die deutsche Presse, Hg. Kulturamt der Stadt Dortmund, Düsseldorf 1960; 20 S.

4898 Koszyk, Kurt: Das Ende der Pressefreiheit nach dem Reichstagsbrand, in: Publizistik 5 (1960), 307–10

4899 Layton, Roland V.: The Völkischer Beobachter, 1920–1933. The Nazi Party Newspaper in the Weimar Era, in: CEH 3 (1970), 353–82

4900 Lerg, Winfried B.: Richtlinien für die Gesamthaltung der deutschen Presse (November 1934), in: Gazette 8 (1962), 228–45

4901 Limburg, Albert O.: Der Pötz-Konzern. Ein Beitrag zur Geschichte der Konzernbildung im Zeitungsgewerbe und des Pressekampfes in der nationalsozialistischen Zeit, Diss. Bonn 1946; 201 S. (Ms.)

4902 Lönne, Karl-Egon: Der »Völkische Beobachter« und der italienische Faschismus, in: QFIAB 51 (1971), 539–84

4903 Martens, Erika: Zum Beispiel »Das Reich«. Zur Phänomenologie der Presse im totalitären Regime, Köln 1972; 294 S.

4904 Meininger, Herbert: Das Wesen der NS-Druckereien und -Verlage. Nach einem Referat im Jahre 1946, Neustadt a.d.W. 1971; 11 S.

4905 Presse in Fesseln. Eine Schilderung des NS-Pressetrusts. Gemeinschaftsarbeit des Verlages auf Grund authentischen Materials, Hg. Verlag Archiv und Kartei, Berlin 1947; 275 S.

4906 Schulz, Klaus: »Kladderadatsch«. Ein bürgerliches Witzblatt von der Märzrevolution bis zum Nationalsozialismus 1848–1944, Bochum 1975; III, 264 S.

4907 Schwarz, Falk: Die gelenkte Literatur. Die »Neue Rundschau« im Konflikt mit den Kontrollstellen des NS-Staates und der nationalsozialistischen »Bewegung«, in: Horst Denkler/Karl Prümm (Hg.), Die deutsche Literatur im Dritten Reich. Themen – Traditionen – Wirkungen, Stuttgart 1976, 66–82

4908 Schwarz, Falk: Literarisches Zeitgespräch im Dritten Reich. Dargestellt an der Zeitschrift »Neue Rundschau«, in: BBlBH 27 (1971), 1409–1508

4909 Schwarzenbeck, Engelbert: Nationalsozialistische Pressepolitik und die Sudetenkrise 1938, München 1979; 630 S.

4910 Storek, Henning: Dirigierte Öffentlichkeit. Die Zeitung als Herrschaftsmittel in den Anfangsjahren der nationalsozialistischen Regierung, Opladen 1972; 156 S.

4911 Ziegler, Wiltrud: Die Phantom-Zeitschrift Tele. Ein Beitrag zur Publizistik der letzten Jahre des Dritten Reiches, Altendorf 1989; 463 S.

Regional-/Lokalstudien

4912 Bechtle, Friedrich R.: Die nordwürttembergische politische Presse 1930 bis 1949 unter Berücksichtigung allgemeiner Vorgänge im deutschen Zeitungswesen, Diss. München 1952; 279 S. (Ms.)

4913 Binkowski, Johannes: Die Diktatur des Nationalsozialismus. Die Presse in Baden-Württemberg 1933–1945, in: Von der Preßfreiheit zur Pressefreiheit. Südwestdeutsche Zeitungsgeschichte von den Anfängen bis zur Gegenwart, Hg. Württembergische Landesbibliothek u.a., Stuttgart 1983, 155–71

4914 Boveri, Margret: Wir lügen alle. Eine Hauptstadtzeitung [Berliner Tageblatt] unter Hitler, Olten/Freiburg 1965; 744 S.

4915 Diel, Helmut: Grenzen der Presselenkung und Pressefreiheit im Dritten Reich. Untersucht am Beispiel der »Frankfurter Zeitung«, Diss. Freiburg 1960; 314 S. (Ms. vervielf.)

4916 Frei, Norbert: Nationalsozialistische Eroberung der Provinzpresse. Gleichschaltung, Selbstanpassung und Resistenz in Bayern, Stuttgart 1980; 360 S.

4917 Frei, Norbert: Nationalsozialistische Eroberung der Provinzzeitungen. Eine Studie zur Pressesituation in der Bayrischen Ostmark, in: Bayern in der NS-Zeit, Bd. 2: Herrschaft und Gesellschaft im Konflikt, T. A, Hg. Martin Broszat/Elke Fröhlich, München/Wien 1979, 1–89

4918 Gillessen, Günter: Auf verlorenem Posten. Die Frankfurter Zeitung im Dritten Reich, Berlin 1987; 585 S.

4919 Gröschel, Bernhard: Studien und Materialien zur oberschlesischen Tendenzpublizistik des 19. und 20. Jahrhunderts, Mitarb. Günter Lewald/Marlene Plum, Vorwort Gerhard W. Wittkämper, Berlin 1993; 219 S.

4920 Gröschel, Bernhard: Die Presse Oberschlesiens von den Anfängen bis zum Jahre 1945. Dokumentation und Strukturbeschreibung, Vorwort Gerhard W. Wittkämper, Berlin 1993; 447 S.

4921 Hausjell, Fritz: Die gleichgeschaltete österreichische Presse als nationalsozialistisches Führungsmittel (1938–1945), in: Emmerich Tálos u.a. (Hg.), NS-Herrschaft in Österreich 1938–1945, Wien 1988, 319–30

4922 Hoser, Paul: Die politischen, wirtschaftlichen und sozialen Hintergründe der Münchener Tagespresse zwischen 1914 und 1934. Methoden der Pressebeeinflussung, Frankfurt u.a. 1993; 1213 S.

4923 Meininger, Herbert: Das NS-Verlagsunwesen von 1933 bis 1945 in der Pfalz, in: PfRh 30 (1957), 115–22

4924 Nohr, Fritz (Hg.): Die Unterdrückung der Rheinisch-Nassauischen Zeitung und ihrer Nebenausgaben durch die NSDAP, 2., erg. Aufl., Lahnstein o.J. (um 1950); 35 S.

4925 Orlowski, Hubert: Krakauer Zeitung 1939–1945. Auch ein Kapitel deutscher Literaturgeschichte im Dritten Reich, in: T&K 8 (1980), 411–18

4926 Rietzler, Rudolf: Gegründet 1928/29: Die Schleswig-Holsteinische Tageszeitung. Erste Gauzeitung der NSDAP, in: Erich Hoffmann/Peter Wulf (Hg.), »Wir bauen das Reich«. Aufstieg und erste Herrschaftsjahre des Nationalsozialismus in Schleswig-Holstein, Neumünster 1983, 117–33

4927 Scheel, Klaus: Die »Potsdamer Tageszeitung«, 86. Jahrgang – 1935. Eine Zeitung im dritten Jahr des Dritten Reiches, in: Dietrich Eichholtz (Hg.), Verfolgung – Alltag – Widerstand. Brandenburg in der NS-Zeit. Studien und Dokumente, Berlin 1993, 113–38

4928 Schnöring, Kurt: Wuppertaler Presse unter dem Hakenkreuz. Von der Gleichschaltung bis zur Ausschaltung, in: Klaus Goebel (Hg.), Wuppertal in der Zeit des Nationalsozialismus, 1. u. 2., korr. Aufl., Wuppertal 1984, 81–92

4929 Schwarz, Robert: »Sozialismus« der Propaganda. Das Werben des »Völkischen Beobachters« um die österreichische Arbeiterschaft 1938/39, Einleitung »Ideologie und soziale Wirklichkeit des ›nationalen Sozialismus‹ in der ›Ostmark‹« Gerhard Botz, Wien/Zürich 1975; 159 S.

4930 Schwarz, Robert: Die nationalsozialistische Propagandapresse und ihr Werben um die österreichische Arbeiterschaft, in: Wien 1938, Hg. Kommission Wien 1938, Wien 1978, 105–15

4931 Stein, Peter: Heimatpresse und Hakenkreuz. Die Tagespresse in Lüneburg vor und nach 1933, in: Heimat, Heide, Hakenkreuz. Lüneburgs Weg ins Dritte Reich, Hg. Lüneburger Arbeitskreis »Machtergreifung«, Hamburg 1984, 116–44

4932 Weber, Christine: Die Gleichschaltung der Heidelberger katholischen Tageszeitung »Pfälzer Bote« 1930–1935, in: Jörg Schadt/Michael Caroli (Hg.), Heidelberg unter dem Nationalsozialismus. Studien zu Verfolgung, Widerstand und Anpassung, Heidelberg 1985, 343–98

4933 Werber, Rudolf: Die »Frankfurter Zeitung« und ihr Verhältnis zum Nationalsozialismus. Untersucht an Hand von Beispielen aus den Jahren 1932 bis 1943. Ein Beitrag zur publizistischen Camouflage im Dritten Reich, Diss. Bonn 1965; 230 S.

4934 Ziegler, Hannes: Presse unter Druck. Die pfälzische Tagespresse unter dem Nationalsozialismus, in: Gerhard Nestler/Hannes Ziegler (Hg.), Die Pfalz unterm Hakenkreuz. Eine deutsche Provinz während der nationalsozialistischen Terrorherrschaft, Landau 1993, 197–226

A.3.8.8 Rundfunk

Quellenkunde

4936 Boelcke, Willi A.: Die deutsche Rundfunkgeschichte 1923 bis 1945 aus der Sicht der archivalischen Überlieferung, in: Günter Moltmann u. a. (Hg.), Zeitgeschichte im Film- und Tondokument. 17 historische, pädagogische und sozialwissenschaftliche Beiträge, Göttingen 1970, 257–280

4937 Rundfunkpublikationen, Eigenpublikationen des Rundfunks und Fachperiodika 1923–1992. (Materialien zur Rundfunkgeschichte, 4), Hg. Deutsches Rundfunkarchiv, Bearb. Elke Niebauer, 2. Aufl., Frankfurt 1992; 474 S. (zuerst 1986)

Gedruckte Quellen

4938 Latour, Conrad F.: Goebbels' »Außerordentliche Rundfunkmaßnahmen« 1939–1942. (Dokumentation), in: VfZ 11 (1963), 418–35

4939 Wulf, Josef (Hg.): Presse und Funk im Dritten Reich. Eine Dokumentation. (Kunst im Dritten Reich, 1), Neuausg., Frankfurt/Berlin 1989; 417 S. (zuerst Gütersloh 1964; 2. Aufl. Frankurt 1983)

Darstellungen

4940 Bauer, Günther: Kirchliche Rundfunkarbeit 1924–1939, Frankurt 1966; 135 S.

4941 Boelcke, Willi A.: Die Macht des Radios. Weltpolitik und Auslandsfunk, 1924–1976, Frankurt u. a. 1977; 703 S.

4942 Boelcke, Willi A.: Rundfunk [1933–1945], in: Deutsche Verwaltungsgeschichte, Bd. 4: Das Reich als Republik und in der Zeit des Nationalsozialismus, Hg. Kurt G. A. Jeserich u. a., Stuttgart 1985, 959–66

4943 Dahl, Peter: Radio. Sozialgeschichte des Rundfunks für Sender und Empfänger, Reinbek 1983, 146–205

4944 Diller, Ansgar: Rundfunkpolitik im Dritten Reich, Frankfurt 1980; 483 S.

4945 Diller, Ansgar: »Vom Schicksal des deutschen Geistes« – Mitternachtsstunden in Frankfurt und Berlin. Wolfgang Frommel, seine Sendereihe im Rundfunk des Dritten Reichs und ein Dokument, in: MSRG 14 (1988), 367–75

4946 Diller, Ansgar: Der Volksempfänger. Propaganda- und Wirtschaftsfaktor, in: MSRG 9 (1983), 140–57

4947 Döhl, Reinhard: Das Hörspiel zur NS-Zeit. (Geschichte und Typologie des Hörspiels), Darmstadt 1992; VI, 265 S.

4948 Domurath, Brigitte: Wir schalten um auf deutschen Geist, in: 1933 – Wege zur Diktatur, Hg. Staatliche Kunsthalle Berlin, Red. Dieter Ruckhaberle u. a., Ergänzungsbd., Berlin 1983, 201–20

4949 Goebel, Gerhard: Das Fernsehen in Deutschland bis zum Jahre 1945, in: APF 5 (1953), 259–393

4950 Grün, Rita von der: Das Hörspiel im »Dritten Reich«. Eine statistische Erhebung und Auswertung entsprechender Daten aus Programm-Zeitschriften ausgewählter Jahrgänge, Frankfurt 1984; 211 S.

4951 Hay, Gerhard: Rundfunk und Hörspiel als »Führungsmittel« des Nationalsozialismus, in: Horst Denkler/Karl Prümm (Hg.), Die deutsche Literatur im Dritten Reich. Themen – Traditionen – Wirkungen, Stuttgart 1976, 366–81

4952 Hempel, Wolfgang: Der braune Kanal. Die Entstehung und Entwicklung des Fernsehens in Deutschland bis zur Zerschlagung des Hitlerregimes, Leipzig 1969; 237 S.

4953 Klingler, Walter: Nationalsozialistische Rundfunkpolitik 1942–1945. Organisation, Programm und die Hörer, Diss. Mannheim 1983; 381 S.

4954 Klingler, Walter: Fernsehen im Dritten Reich. Fernseh-Intendanten und Programm-Beauftragte. Vier biographische Notizen, in: MSRG 11 (1985), 230–58

4955 Lacey, Katharine: Bridging the Divide: Women, Radio, and the Renegotiation of the Public and Private Spheres in Germany, 1923–1945, Diss. Liverpool 1993 (Ms.)

4956 Lerg, Winfried B.: Zur Geschichte des Fernsehens in Deutschland. Das Fernsehen der Reichs-Rundfunk-Gesellschaft 1935–1944, in: Christian Longolius (Hg.), Fernsehen in Deutschland, Bd. 1, Mainz 1967, 9–22

4957 Morgen die ganze Welt. Deutsche Kurzwellensender im Dienst der NS-Propaganda. Geschichte des Kurzwellenrundfunks in Deutschland 1933–1939, Hg. Deutsche Welle, Berlin 1970; 116 S.

4959 Pohle, Heinz: Der Rundfunk als Instrument der Politik. Zur Geschichte des deutschen Rundfunks von 1923 bis 1938, Hamburg 1955; 480 S.

4960 Reiss, Erwin: »Wir senden Frohsinn.« Fernsehen unterm Faschismus. Das unbekannteste Kapitel deutscher Mediengeschichte, Berlin 1979; 231 S.

4961 Rexin, Manfred: Machtergreifung und Widerstand im Spiegel von Rundfunkberichten, in: Peter Steinbach (Hg.), Widerstand. Ein Problem zwischen Theorie und Geschichte, Köln 1987, 59–79

4962 Richter, Erich: Entwicklung und Wirken des faschistischen Rundfunks, T. 1: Der Prozeß der Faschisierung im Rundfunk der Weimarer Republik, in: BGR 2 (1968), Nr. 3, 5–32

4963 Richter, Erich: Entwicklung und Wirken des faschistischen Rundfunks, T. 2: Die Faschisierung des deutschen Rundfunks nach der Machtübernahme durch die Nazis, in: BGR 2 (1968), Nr. 4, 4–35

4964 Rüden, Peter von: Ablenkung als Programmauftrag. Das NS-Fernsehen – ein Unterhaltungsmedium, in: Peter von Rüden (Hg.), Unterhaltungsmedium Fernsehen, München 1979, 143–63, 267–70

4965 Scheel, Klaus: Krieg über Ätherwellen. NS-Rundfunk und Monopole 1933–1945, Berlin (O) 1970; 316 S.

4966 Scheel, Klaus: Die letzten Monate des Nazi-Rundfunks 1945, in: BGR 3 (1969), Nr. 1, 5–34

4967 Scheel, Klaus: Zur Rolle des Senders Flensburg im Mai 1945, in: BGR 3 (1969), Nr. 3, 56–60

4968 Schütte, Wolfgang: Regionalität und Föderalismus im Rundfunk. Die geschichtliche Entwicklung in Deutschland 1923–1945, Frankfurt 1971; 260 S.

4969 Schwipps, Werner: Deutschland im Weltrundfunkverein 1933–1938, in: R&F 19 (1971), 429–41

4970 Spiekermann, Gerd: »... habe ich mit Interesse Kenntnis genommen.« Anmerkungen zur Stellung des Niederdeutschen im nationalsozialistischen Rundfunk, in: Kay Dohnke u.a. (Hg.), Niederdeutsch im Nationalsozialismus. Studien zur Rolle regionaler Kultur im Faschismus, Hildesheim u.a. 1994, 387–415

4971 Uricchio, William (Hg.): Die Anfänge des deutschen Fernsehens. Kritische Annäherungen an die Entwicklung bis 1945, Tübingen 1991; VI, 330 S.

4972 Wessels, Wolfram: Hörspiele im Dritten Reich. Zur Institutionen-, Theorie- und Literaturgeschichte, Bonn 1985; 561 S.

4973 Wessels, Wolfram: Der 9. November, »weihevollster Tag« im »Dritten Reich«. Ein Versuch zur Programmgeschichte, in: MSRG 10 (1984), 82–100

4974 Winker, Klaus: Fernsehen unterm Hakenkreuz. Organisation – Programm – Personal, Köln u.a. 1994; XII, 527 S.

4975 Wortschlacht im Äther. Der deutsche Auslandsrundfunk im Zweiten Weltkrieg. Geschichte des Kurzwellenrundfunks in Deutschland 1939–1945, Hg. Deutsche Welle, Berlin 1971; 148 S.

4976 Würffel, Stefan B.: »... denn heute hört uns Deutschland« – Anmerkungen zum Hörspiel im Dritten Reich, in: Ralf Schnell (Hg.), Kunst und Kultur im deutschen Faschismus, Stuttgart 1978, 129–55

Regional-/Lokalstudien

4977 Diller, Ansgar: Der Frankfurter Rundfunk 1923–1945 unter besonderer Berücksichtigung der Zeit des Nationalsozialismus, Diss. Frankfurt 1975; IV, 393 S.

4978 Drechsler, Nanny: Die Funktion der Musik im deutschen Rundfunk 1933 bis 1945, Pfaffenweiler 1988; IX, 188 S.

4979 Ergert, Victor: 50 Jahre Rundfunk in Österreich, Hg. Österreichischer Rundfunk, Bd. 1: 1924–1945, Salzburg 1974; 245 S.

4980 Fritsche, Heinz R.: Nationalsozialismus und Widerstand im Schlesischen Rundfunk, in: Lothar Bossle u.a. (Hg.),

Nationalsozialismus und Widerstand in Schlesien, Sigmaringen 1989, 121–36

4981 Heimann, Dieter: NS-Rundfunkführung am Beispiel des Westdeutschen Rundfunks, in: Winfried B. Lerg u. a. (Hg.), Rundfunk und Politik 1923 bis 1973. Beiträge zur Rundfunkforschung, Berlin 1975, 153–78

4982 John, Herwig: Der Rundfunk in Südwestdeutschland in der Zeit vor und nach dem Zusammenbruch des Jahres 1945, in: Hansmartin Schwarzmaier (Hg.), Landesgeschichte und Zeitgeschichte: Kriegsende 1945 und demokratischer Neubeginn am Oberrhein. (Oberrheinische Studien, 5), Karlsruhe 1980, 153–77

4983 Kutsch, Arnulf: Rundfunkwissenschaft im Dritten Reich. Geschichte des Instituts für Rundfunkwissenschaft der Universität Freiburg, München u. a. 1985; XI, 600 S.

4984 Rimmele, Dorette: Anspruch und Realität nationalsozialistischer Rundfunkarbeit vor 1933 in Hamburg, in: Winfried B. Lerg u. a. (Hg.), Rundfunk und Politik 1923 bis 1973. Beiträge zur Rundfunkforschung, Berlin 1975, 135–51

4985 Rimmele, Lilian-Dorette: Der Rundfunk in Norddeutschland 1933–1945. Ein Beitrag zur nationalsozialistischen Organisations-, Personal- und Kulturpolitik, Hamburg 1977; 241, 66 S.

4986 Schreiber, Hans-Joachim: Die geschichtliche Entwicklung des Rundfunks in Bayern 1922–1949, Diss. München 1950; 352 S.

4987 Venus, Theodor: Von der »Ravag« zum »Reichssender Wien«, in: Emmerich Tálos u. a. (Hg.), NS-Herrschaft in Österreich 1938–1945, Wien 1988, 301–18

A.3.8.9 Wahlen und Abstimmungen

Darstellungen

4988 Bracher, Karl D.: Plebiszit und Machtergreifung. Eine kritische Analyse der nationalsozialistischen Wahlpolitik (1933–34), in: Max Beloff (Hg.), On the Track of Tyranny. Essays presented by the Wiener Library to Leonhard G. Montefiore, O. B. E. on the Occasion of His Seventieth Birthday, London 1960, 1–43

4989 Lerg, Winfried B.: Die Ansprache von Joseph Goebbels am 19. März 1938 über die Propaganda zur Wahl zum Großdeutschen Reichstag. Ein Dokument zur Regie des öffentlichen Lebens im Dritten Reich, in: Publizistik 7 (1962), 167–77**

4990 Singer, Hans-Jürgen: Hitlers Rede in Siemensstadt [10. November 1933]. Ein Beispiel zur Meinungslenkung im Dritten Reich, in: Friedrich P. Kahlenberg (Hg.), Aus der Arbeit der Archive. Beiträge zum Archivwesen, zur Quellenkunde und zur Geschichte. Festschrift für Hans Booms, Boppard 1989, 504–18

Regional-/Lokalstudien

4991 Albrich, Thomas: »Gebt dem Führer Euer Ja!« Die NS-Propaganda in Tirol für die Volksabstimmung am 10. April 1938, in: Thomas Albrich u. a. (Hg.), Tirol und der Anschluß. Voraussetzungen, Entwicklungen, Rahmenbedingungen 1918–1938, Innsbruck 1988, 505–37

4992 Bers, Günter (Bearb.): Wahlen im Kreise Jülich 1933–1934. (Dokumentation), in: BJG 40 (1973), 166–87

4993 Botz, Gerhard: Schuschniggs geplante »Volksbefragung« und Hitlers »Volksabstimmung« in Österreich. Ein Vergleich, in: Anschluß 1938. Protokoll des Symposiums in Wien am 14. und 15. März 1978, München/Wien 1981, 220–43

4994 Botz, Gerhard: Das Ergebnis der »Volksabstimmung« vom 10. April 1938, in:

Wien 1938, Hg. Kommission Wien 1938, Wien 1978, 95–104

4995 Denscher, Bernhard: Nationalsozialistische Propaganda zur »Volksabstimmung« [in Österreich] am 10. April 1938, in: Wien 1938, Hg. Kommission Wien 1938, Wien 1978, 89–94

A.3.8.10 Feste und Feiern
[vgl. A.3.16.6]

A.3.8.10.1 Allgemeines

Gedruckte Quellen

4996 NS-Feiertage in Wochenschauen 1933–1945. Materialien zu einem Filmseminar, Hg. Landeszentrale für politische Bildung Baden-Württemberg, Red. Gerd Albrecht u. a., Stuttgart o. J. (um 1990); 163 S.

Darstellungen

4997 Ackermann, Volker: Nationale Totenfeiern in Deutschland. Von Wilhelm I. bis Franz Josef Strauß. Eine Studie zur politischen Semiotik, Stuttgart 1990; 349 S.

4998 Barkhausen, Hans/Reimers, Karl F.: Erste Weihnachtsfeier der Reichsbahndirektion Berlin im Dritten Reich, in: Peter Konlechner/Peter Kubelka (Hg.), Propaganda und Gegenpropaganda im Film 1933–1945, Wien 1972, 41–49**

4999 Behrenbeck, Sabine: Festarchitektur im Dritten Reich, in: Bazon Brock/Achim Preiß (Hg.), Kunst auf Befehl? Dreiunddreißig bis Fünfundvierzig, München 1990, 201–52**

5000 Eichberg, Henning: Thing-, Fest- und Weihespiele im Nationalsozialismus, Arbeiterkultur und Olympismus. Zur Geschichte des politischen Verhaltens in der Epoche des Faschismus, in: Henning Eichberg u. a. (Hg.), Massenspiele. NS-Thingspiel, Arbeiterweihespiel und olympisches Zeremoniell, Stuttgart-Bad Cannstadt 1977, 19–180

5001 Eichberg, Henning: Das nationalsozialistische Thingspiel. Massentheater in Faschismus und Arbeiterkultur, in: ÄuK 7 (1976), Nr. 26, 60–69

5002 Gajek, Esther: Die Inszenierung der »Volksgemeinschaft«. Zum volkskundlichen Beitrag zur nationalsozialistischen Feiergestaltung, in: Volkskunde im Dritten Reich. Diskussionsanstöße. Begleitheft zu einer Ausstellung, Hg. Institut für deutsche und vergleichende Volkskunde der Universität München, München 1986, 17–25 (Ms. vervielf.)**

5003 Gajek, Esther: Weihnachten im Dritten Reich. Der Beitrag von Volkskundlern an den Veränderungen des Weihnachtsfestes, in: EE 20 (1990), 121–40

5004 Gebhardt, Winfried: Nationalsozialistische Feiern, in: Winfried Gebhardt, Fest, Feier und Alltag. Über die gesellschaftliche Wirklichkeit des Menschen und ihre Deutung, Frankfurt u. a. 1987, 146–55

5005 Hartmann, Wolfgang: Der historische Festzug zum »Tag der deutschen Kunst«, in: Berthold Hinz u. a. (Hg.), Die Dekoration der Gewalt. Kunst und Medien im Faschismus, Gießen 1979, 87–99

5006 Hernø, Leif: Das Thingspiel. Fragen zu seiner literarischen Untersuchung, in: T&K 8 (1980), 337–52

5007 Menz, Egon: Sprechchor und Aufmarsch. Zur Entstehung des Thingspiels, in: Horst Denkler/Karl Prümm (Hg.), Die deutsche Literatur im Dritten Reich. Themen – Traditionen – Wirkungen, Stuttgart 1976, 330–46

5008 Moser, Dietz-Rüdiger: Nationalsozialistische Fasnachtsdeutung. Die Bestreitung der Christlichkeit des Fasnachtfestes als zeitgeschichtliches Phänomen, in: ZfV 78 (1982), 200–19

5009 Reichelt, Werner: Das braune Evangelium. Hitler und die NS-Liturgie, Wuppertal 1990; 171 S.

5010 Reklamesammelbilder – Massenmedium der NS-Zeit. Materialien zur volkstumsideologischen Durchdringung des Alltags 1933–1945. Begleitheft zu einer Ausstellung anläßlich der Tagung »Volkskunde und Nationalsozialismus« im Institut für deutsche und vergleichende Volkskunde an der Ludwig-Maximilians-Universität München, 23.–25. Oktober 1986, Hg. Institut für deutsche und vergleichende Volkskunde der Universität München, Text Evamaria Ciolina, München 1986; 27 S. (Ms. vervielf.)

5011 Sauer, Klaus/Werth, German: Lorbeer und Palme. Patriotismus in deutschen Festspielen, München 1971; 235 S.

5012 Schellack, Fritz: Nationalfeiertage in Deutschland von 1871 bis 1945, Frankfurt u. a. 1990; XIII, 424 S.

5013 Stommer, Rainer: Die inszenierte Volksgemeinschaft. Die »Thing-Bewegung« im Dritten Reich, Marburg 1985; 305 S.

5014 Stommer, Rainer: »Da oben versinkt der Alltag ...« Thingstätten im Dritten Reich als Demonstration der Volksgemeinschaftsideologie, in: Detlev J. K. Peukert/Jürgen Reulecke (Hg.), Die Reihen fast geschlossen. Beiträge zur Geschichte des Alltags unterm Nationalsozialismus, Wuppertal 1981, 149–73

5015 Stommer, Rainer: Thingplatz und Sprechchor im Dienste der »Volksgemeinschaft«. Ansätze zu einer nationalsozialistischen »Volkskultur« in der Thingbewegung 1933–1936, in: T&K 8 (1980), 309–36

5016 Ueberhorst, Horst: Feste, Fahnen, Feiern. Die Bedeutung politischer Symbole und Rituale im Nationalsozialismus, in: Rüdiger Voigt (Hg.), Symbole der Politik, Politik der Symbole, Opladen 1989, 157–78

5017 Volkskunde im Dritten Reich. Diskussionsanstöße. Begleitheft zu einer Ausstellung anläßlich der Tagung »Volkskunde und Nationalsozialismus« im Institut für deutsche und vergleichende Volkskunde an der Ludwig-Maximilians-Universität München, 23.–25. Oktober 1986, Hg. Institut für deutsche und vergleichende Volkskunde der Universität München, München 1986; 44 S. (Ms. vervielf.)

5018 Vondung, Klaus: Magie und Manipulation. Ideologischer Kult und politische Religion des Nationalsozialismus, Göttingen 1971; 271 S.

5019 Vondung, Klaus: Revolution als Ritual. Der Mythos des Nationalsozialismus, in: Dietrich Harth/Jan Assmann (Hg.), Revolution und Mythos, Frankfurt 1992, 206–18

5020 Watte, Pierre: National-socialisme et sacralisation du meurtre, in: Yannis Thanassekos/Heinz Wismann (Hg.), Révision de l'histoire. Totalitarismes, crimes et génocides nazis. Actes du colloque international organisé à l'initiative des la Fondation Auschwitz, 3–5 novembre 1988, Institute de Sociologie, Université libre de Bruxelles, Paris 1990, 187–94

5021 Wessels, Wolfram: Der 9. November, »weihevollster Tag« im »Dritten Reich«. Ein Versuch zur Programmgeschichte, in: MSRG 10 (1984), 82–100

Regional-/Lokalstudien

5022 Hockerts, Hans G.: Mythos, Kult und Feste. München im nationalsozialistischen »Feierjahr«, in: Richard Bauer u. a. (Hg.), München – »Hauptstadt der Bewegung«. Bayerns Metropole und der Nationalsozialismus, München 1993, 331–41

5023 Markmiller, Fritz: Beobachtungen zum Fest- und Brauchwesen während der NS-Zeit, T. 1: Dokumentation des Fallbeispiels Stadt Dingolfing und Umgebung im Jahre 1933. Aufgrund und im Spiegel der Lokalpresse, in: Storchenturm 19 (1984), Nr. 38, 1–114**

5024 Markmiller, Fritz: Beobachtungen zum Fest- und Brauchwesen während der

NS-Zeit, T. 2: Fest- und Feiergestaltung während der NS-Zeit. Im Spiegel der Lokalpresse Dingolfing 1933–1937, in: Storchenturm 21/22 (1986/87), Nr. 42/43, 1–262**

5025 Riecke, Gerd: Vom Dschungel zum Fahnenwald. Berlin in Reih und Glied – zur 700-Jahr-Feier der Reichshauptstadt 1937, in: Jochen Boberg u. a. (Hg.), Die Metropole. Industriekultur in Berlin im 20. Jahrhundert. (Industriekultur deutscher Städte und Regionen, 2), München 1986, 230–37

A.3.8.10.2 Reichsparteitage

Gedruckte Quellen

5026 Nederling, R. (d.i. August Piesack) (Hg.): Die Reichsparteitage der NSDAP, 1923–1945. Zeitgeschichte im Bild, Leoni 1981; 183 S.

Darstellungen

5027 Barsam, Richard M.: Filmguide to Triumph of the Will, Bloomington, Ind. 1975; X, 82 S.

5028 Burden, Hamilton T.: Die programmierte Nation. Die Nürnberger Reichsparteitage, Gütersloh 1970; 254 S. (engl.: London/New York 1967)

5029 Eichmann, Bernd: Geometrie der Macht. Das Nürnberger Reichsparteitagsgelände. (Deutschland, deine Denkmäler, 12), in: Parlament, Jg. 41, Nr. 41–42, 4./11. 10. 1991, 13

5030 Förster, Karin: Staatsaufträge an Bildhauer für das Reichsparteitagsgelände in Nürnberg, in: Magdalena Bushart u. a. (Hg.), Entmachtung der Kunst. Architektur, Bildhauerei und ihre Institutionalisierung 1920 bis 1960, Berlin 1985, 156–82**

5031 Heinzelmann, Herbert: Die Heilige Messe des Reichsparteitags. Zur Zeichensprache von Leni Riefenstahls »Triumph des Willens«, in: Bernd Ogan/Wolfgang W. Weiß (Hg.), Faszination und Gewalt. Zur politischen Ästhetik des Nationalsozialismus, Nürnberg 1992, 163–68

5032 Henke, Josef: Die Reichsparteitage der NSDAP in Nürnberg 1933–1938. Planung, Organisation, Propaganda, in: Heinz Boberach/Hans Booms (Hg.), Aus der Arbeit des Bundesarchivs. Beiträge zum Archivwesen, zur Quellenkunde und Zeitgeschichte, Boppard 1977, 398–422

5033 Kulissen der Gewalt. Das Reichsparteitagsgelände in Nürnberg, Hg. Klaus Sembach, hg. i. A. d. Centrums für Industriekultur Nürnberg, München 1992; 176 S.

5034 Loiperdinger, Martin: Nationalsozialistische Gelöbnisrituale im Parteitagsfilm »Triumph des Willens«, in: Dirk Berg-Schlosser/Jakob Schissler (Hg.), Politische Kultur in Deutschland. Bilanz und Perspektiven der Forschung, Opladen 1987, 138–43

5035 Reimers, Karl F.: Der Reichsparteitag als Instrument totaler Propaganda. Appell, Feier, Kult, Magie, in: ZfV 75 (1979), 216–28

5036 Sembach, Klaus J. (Hg.): Kulissen der Gewalt. Das Reichsparteitagsgelände in Nürnberg, München 1992; 176 S.**

5037 Thamer, Hans-Ulrich: Von der »Ästhetisierung der Politik«: Die Nürnberger Reichsparteitage der NSDAP, in: Bernd Ogan/Wolfgang W. Weiß (Hg.), Faszination und Gewalt. Zur politischen Ästhetik des Nationalsozialismus, Nürnberg 1992, 95–104

5038 Tyrell, Albrecht: IV. Reichsparteitag der NSDAP, Nürnberg 1929. Hergestellt von der Reichsleitung der NSDAP, München. (Begleitveröffentlichung zur Filmedition G 140), Hg. Institut für den Wissenschaftlichen Film, Göttingen 1978; 61 S.

5039 Winckler, Lutz: »Die Meistersinger von Nürnberg« Eine Exilzeitung berichtet über die Nürnberger Parteitage, in: Bernd

Ogan/Wolfgang W. Weiß (Hg.), Faszination und Gewalt. Zur politischen Ästhetik des Nationalsozialismus, Nürnberg 1992, 127–36

5040 Wykes, Alan: The Nuremberg Rallies, London 1970; 160 S.

5041 Zelnhefer, Siegfried: Die Reichsparteitage der NSDAP. Geschichte, Struktur und Bedeutung der größten Propagandafeste im nationalsozialistischen Feierjahr, 1. u. 2. Aufl., Neustadt a. d. A. 1991; III, 300, 33 S.

5042 Zelnhefer, Siegfried: Die Reichsparteitage der NSDAP, in: Bernd Ogan/Wolfgang W. Weiß (Hg.), Faszination und Gewalt. Zur politischen Ästhetik des Nationalsozialismus, Nürnberg 1992, 79–94

A.3.8.10.3 Erster Mai

5043 Behrens, Manfred: Ideologische Anordnung und Präsentation der Volksgemeinschaft am 1. Mai 1933, in: Projektgruppe Ideologie-Theorie, Faschismus und Ideologie, Bd. 1, Berlin 1980, 81–106, 185–90

5044 Bosch, Herbert: Ideologische Transformationsarbeit in Hitlers Rede zum 1. Mai 1933, in: Projektgruppe Ideologie-Theorie, Faschismus und Ideologie, Bd. 1, Berlin 1980, 107–40, 190

5045 Elfferding, Wieland: Der soldatische Mann und die »weiße Frau der Revolution«. Faszination und Gewalt am Beispiel des 1. Mai der Nazis, in: 100 Jahre Erster Mai. Beiträge und Projekte zur Geschichte der Maifeiern in Deutschland. Ein Tagungsbericht, Hg. Verein zum Studium Sozialer Bewegungen, Berlin 1989, 56–73

5046 Elfferding, Wieland: Von der proletarischen Masse zum Kriegsvolk. Massenaufmarsch und Öffentlichkeit im deutschen Faschismus am Beispiel des 1. Mai 1933, in: Inszenierung der Macht. Ästhetische Faszination des Faschismus, Hg. Neue Gesellschaft für Bildende Kunst, Red. Klaus Behnken/Frank Wagner, Berlin 1987, 17–50**

5047 Fricke, Dieter: Kleine Geschichte des Ersten Mai. Die Maifeier in der deutschen und internationalen Arbeiterbewegung, Berlin (O) (LA Frankfurt) 1980, 220–43

5048 Friemert, Chup: Vom 1. Mai zum Tag der nationalen Arbeit. Über faschistische Arbeiterpolitik, in: 1933 in Gesellschaft und Wissenschaft. Ringvorlesung im Wintersemester 1982/83 und Sommersemester 1983, Bd. 1: Gesellschaft, Hg. Universität Hamburg, Pressestelle, Hamburg 1983, 69–89

5049 Hartwig, Helmut: Plaketten zum 1. Mai 1934–1939. Herkunft und Funktion von Bildsymbolen im Faschismus, in: ÄuK 7 (1976), Nr. 26, 56–59

5050 Heuel, Eberhard: Der umworbene Stand. Die ideologische Integration der Arbeiter im Nationalsozialismus 1933–1935, Frankfurt/New York 1989, 42–187

5051 Heuel, Eberhard: Vom Arbeitermai zum nationalsozialistischen Fest der Volksgemeinschaft, in: GMH 41 (1990), 241–49

5052 Lauber, Heinz/Rothstein, Birgit (Hg.): Der 1. Mai unterm Hakenkreuz. Hitlers »Machtergreifung« in Arbeiterschaft und in Betrieben. Augen- und Zeitzeugen, Daten, Fakten, Dokumente, Quellentexte, Thesen und Bewertungen, Gerlingen 1983; 394 S.**

5053 Ruck, Michael: Vom Demonstrations- und Festtag der Arbeiterbewegung zum nationalen Feiertag des deutschen Volkes. Der 1. Mai im Dritten Reich und die Arbeiter, in: Inge Marßolek (Hg.), 100 Jahre Zukunft. Zur Geschichte des 1. Mai, Frankfurt/Wien 1990, 171–88, 386–88

5054 Seidel, M.: Adolf Hitler spricht zum »Tag der nationalen Arbeit«, Tempelhofer Feld, Berlin 1. Mai 1933. (Filmdokumente zur Zeitgeschichte, G 116/1969), Hg. Institut für den Wissenschaftlichen Film, Göttingen 1969; 24 S.

5055 Wedleff, Margarete: Zum Stil in Adolf Hitlers Maireden, in: Muttersprache 80 (1970), 107–27

5056 Winckler, Lutz: Hitlers Rede zum 1. Mai 1933. Ein kritischer Kommentar, in: Macht der Verführung. Sprache und Ideologie im Nationalsozialismus. Tagung der Katholischen Adademie Stuttgart-Hohenheim, 29./30. Januar 1983, Hg. Katholische Akademie Stuttgart, Stuttgart 1983, 55–88**

5057 Winckler, Lutz: Hitlers Rede zum 1. Mai 1933 – Oder: Des Kaisers neue Kleider, in: DD 14 (1983), Nr. 73, 483–98

Regional-/Lokalstudien

5058 Friedemann, Peter: Vom Marsch in den nationalen Tag der Arbeit: Der 1. Mai in Bochum 1930–1933, in: Peter Friedemann/Gustav Seebold (Hg.), Struktureller Wandel und kulturelles Leben. Politische Kultur in Bochum 1860–1990, hg. i. A. des Bochumer Kulturrats, Essen 1992, 302–16

A.3.9 Repressionsapparat

[vgl. A.3.5.4; A.3.11.4]

A.3.9.1 Allgemeines

Darstellungen

5059 Artzt, Heinz: Mörder in Uniform. Organisationen, die zu Vollstreckern nationalsozialistischer Verbrechen wurden, Vorwort Gerd Bastian, München 1979; 206 S.

5060 Blass, Thomas: Psychological Perspectives on the Perpetrators of the Holocaust. The Role of Situational Pressures, Personal Dispositions, and Their Interactions, in: H&GS 7 (1993), 30–50

5061 Blass, Thomas: Psychological and Sociological Theories of Antisemitism, in: PP 7 (1993), 30–50

5062 Drobisch, Klaus: Über den Terror und seine Institutionen in Nazideutschland, in: Dietrich Eichholtz/Kurt Gossweiler (Hg.), Faschismus-Forschung. Positionen, Probleme, Polemik, 2., durchges. Aufl., Köln 1980, 157–79 (zuerst Berlin [O] 1980); abgedr. in: Faschismus in Deutschland. Faschismus und Gegenwart, 2. Aufl., Köln 1983 (zuerst 1980), 179–208

5063 Kempner, Robert M. W.: The German National Registration System as Means of Political Control of Population, in: JCLC 36 (1946), 362–87

5064 Kolb, Eberhard: Die Maschinerie des Terrors. Zum Funktionieren des Unterdrückungs- und Verfolgungsapparates im NS-System, in: Leo Haupts/Georg Möhlich (Hg.), Strukturelemente des Nationalsozialismus. Rassenideologie, Unterdrückungsmaschinerie, Außenpolitik, Köln 1981, 37–60; abgedr. in: Karl D. Bracher u.a. (Hg.), Nationalsozialistische Diktatur 1933–1945. Eine Bilanz, Bonn (zugl. Düsseldorf) 1983, 270–84

5065 Lehmann, Albrecht: Militär und Militanz zwischen den Weltkriegen, in: Dieter Langewiesche/Heinz-Elmar Tenorth (Hg.), Handbuch der deutschen Bildungsgeschichte, Bd. 5: Die Weimarer Republik und die nationalsozialistische Diktatur, München 1989, 407–29

5066 Petter, Wolfgang: SA und SS als Instrumente nationalsozialistischer Herrschaft, in: Karl D. Bracher u.a. (Hg.), Deutschland 1933–1945. Neue Studien zur nationalsozialistischen Herrschaft, 2., erg. Aufl., Bonn/Düsseldorf 1993, 76–94 (zuerst 1992)

5067 Pohlmann, Friedrich: Ideologie und Terror im Nationalsozialismus, Pfaffenweiler 1992, 329–508

5068 Rebentisch, Dieter: Die »politische Beurteilung« als Herrschaftsinstrument der

NSDAP, in: Detlev J. K. Peukert/Jürgen Reulecke (Hg.), Die Reihen fast geschlossen. Beiträge zur Geschichte des Alltags unterm Nationalsozialismus, Wuppertal 1981, 107–25

5069 Rürup, Reinhard (Hg.): Topographie des Terrors. Gestapo, SS und Reichssicherheitshauptamt auf dem »Prinz-Albrecht-Gelände« [Berlin]. Eine Dokumentation, 7., erw. Aufl., Berlin 1989; 222 S. (zuerst 1987)**

5070 Rusinek, Bernd-A.: Unsicherheit durch die Organe der Sicherheit. Gestapo, Kriminalpolizei und Hilfspolizei im »Dritten Reich«, in: Herbert Reinke (Hg.), ». . . nur für die Sicherheit da . . .? Zur Geschichte der Polizei im 19. und 20. Jahrhundert, Frankfurt/New York 1993, 116–33

5071 Scheffler, Wolfgang: Zur Praxis der SS- und Polizeigerichtsbarkeit im Dritten Reich, in: Günther Doeker/Winfried Steffani (Hg.), Klassenjustiz und Pluralismus. Festschrift für Ernst Fraenkel zum 75. Geburtstag am 26. Dezember 1973, Hamburg 1973, 224–36

Regional-/Lokalstudien

5072 Eiber, Ludwig: Polizei, Justiz und Verfolgung in München, in: Richard Bauer u. a. (Hg.), München – »Hauptstadt der Bewegung«. Bayerns Metropole und der Nationalsozialismus, München 1993, 235–44

5073 Eiber, Ludwig: Aspekte des Verfolgungsapparates in Hamburg 1933/34, in: Ludwig Eiber (Hg.), Verfolgung – Ausbeutung – Vernichtung. Die Lebens- und Arbeitsbedingungen der Häftlinge in deutschen Konzentrationslagern 1933–1945, Hannover 1985, 111–29

5074 Neugebauer, Wolfgang: Das NS-Terrorsystem, in: Emmerich Tálos u. a. (Hg.), NS-Herrschaft in Österreich 1938–1945, Wien 1988, 163–84

5075 Neugebauer, Wolfgang: Der Aufbau des NS-Terrorapparates im Jahre 1938, in:

Wien 1938, Hg. Kommission Wien 1938, Wien 1978, 126–35

A.3.9.2 SA

[vgl. A.1.9.2: E. Röhm; A.3.1.7]

Literaturberichte

5076 Mai, Gunther: Zwischen den Klassen? Zur Soziographie der SA, in: AfS 25 (1985), 634–46

5077 Schnurr, Stefan: Gewalt, Gemeinschaft und Betreuung. Die SA als paramilitärische Subkultur und Verkörperung der »kommenden Ordnung«, in: SLR 14 (1992), Nr. 25, 50–62

Methodische Probleme

5078 Jamin, Mathilde: Methodische Konzeption einer quantitativen Analyse zur sozialen Zusammensetzung der SA, in: Reinhard Mann (Hg.), Die Nationalsozialisten. Analysen faschistischer Bewegungen, Stuttgart 1980, 84–97

Darstellungen

5079 Balistier, Thomas: Gewalt und Ordnung. Kalkül und Faszination der SA, Münster 1989; 209 S.

5080 Bennecke, Heinrich: Hitler und die SA, München/Wien 1962; 264 S.

5081 Bessel, Richard J.: Political Violence and the Rise of Nazism. The Storm Troopers in Eastern Germany, 1925–1934, New Haven, Conn./London 1984; 215 S.

5082 Bessel, Richard J.: Violence as Propaganda: The Role of the Storm Troopers in the Rise of National Socialism, in: Thomas Childers (Hg.), The Formation of the Nazi Constituency, 1919–1933, London/Sydney 1986, 131–46

5083 Bessel, Richard J.: Militarismus im innenpolitischen Leben der Weimarer Republik. Von den Freikorps zur SA, in: Klaus-Jürgen Müller/Eckhardt Opitz (Hg.), Militär und Militarismus in der Weimarer Republik, Düsseldorf 1978, 193–222

5084 Bloch, Charles: Die SA und die Krise des NS-Regimes 1934, Frankfurt 1970; 176 S.

5085 Campbell, Bruce B.: The SA after the Röhm Purge, in: JCH 28 (1993), 659–74

5086 Fischer, Conan J.: The Occupational Background of the SA's Rank and File Membership during the Depression Years, 1929 to Mid-1934, in: Peter D. Stachura (Hg.), The Shaping of the Nazi State, London/New York 1978, 131–59

5087 Fischer, Conan J.: Stormtroopers. A Social, Economic, and Ideological Analysis 1929–1935, London u. a. 1983; XIV, 239 S.

5088 Fischer, Conan J.: The SA of the NSDAP: Social Background and Ideology of the Rank and File in the Early 1930s, in: JCH 17 (1982), 651–70

5089 Jamin, Mathilde: Zwischen den Klassen. Zur Sozialstruktur der SA-Führerschaft, Wuppertal 1984; VIII, 399 S.

5090 Jamin, Mathilde: Zur Rolle der SA im nationalsozialistischen Herrschaftssystem, in: Gerhard Hirschfeld/Lothar Kettenacker (Hg.), Der »Führerstaat«: Mythos und Realität. Studien zur Struktur und Politik des Dritten Reiches, Stuttgart 1981, 329–60

5091 Kater, Michael H.: Ansätze zu einer Soziologie der SA bis zur Röhm-Krise, in: Ulrich Engelhardt u. a. (Hg.), Soziale Bewegung und politische Verfassung. Beiträge zur Geschichte der modernen Welt, Stuttgart u. a. 1976, 798–831

5092 Kater, Michael H.: Zum gegenseitigen Verhältnis von SA und SS in der Sozialgeschichte des Nationalsozialismus von 1925 bis 1939, in: VSWG 62 (1975), 339–79

5093 Kipp, Martin: Privilegien für »alte Kämpfer«. Zur Geschichte der SA-Berufsschulen, in: Manfred Heinemann (Hg.), Erziehung und Schulung im Dritten Reich, T. 1: Kindergarten, Schule, Jugend, Berufserziehung, Stuttgart 1980, 289–300; abgedr. in: Martin Kipp/Gisela Miller-Kipp, Erkundungen im Halbdunkel. Fünfzehn Studien zur Berufserziehung und Pädagogik im nationalsozialistischen Deutschland, Kassel 1990, 52–63, 337

5094 Longerich, Peter: Die braunen Bataillone. Geschichte der SA, München 1989; 285 S.

5095 Merkl, Peter H.: The Making of a Stormtropper, 2. Aufl., Oxford 1987; XIX, 328 S. (zuerst Princeton, N. J. 1980)

5096 Merkl, Peter H.: Formen der nationalsozialistischen Gewaltanwendung: Die SA der Jahre 1925–1933, in: Wolfgang J. Mommsen/Gerhard Hirschfeld (Hg.), Sozialprotest, Gewalt, Terror. Gewaltanwendung durch politische und gesellschaftliche Randgruppen im 19. und 20. Jahrhundert, Stuttgart 1982, 422–40

5097 Mitchell, Otis C.: Criminals of the Dream: Nazi Storm Troopers during the Drive to Power and the Early Days of the Reich, in: Otis C. Mitchell (Hg.), Nazism and the Common Man: Essays in German History (1929–1939), 2. Aufl., Washington, D. C. 1981, 11–42 (zuerst Minneapolis, Minn. 1972)

5098 Pätzold, Kurt/Rüssig, Peter: Sturm-Abteilung der Nationalsozialistischen Arbeiterpartei (SA) 1920/21–1945, in: Lexikon zur Parteiengeschichte. Die bürgerlichen und kleinbürgerlichen Parteien und Verbände in Deutschland (1789–1945), Hg. Dieter Fricke u. a., Bd. 4, Leipzig (LA Köln) 1986, 159–70

5099 Werner, Andreas: SA und NSDAP. »Wehrverband«, »Parteitruppe« oder »Revolutionsarmee«. Studien zur Geschichte der SA und der NSDAP 1920–1933, Diss. Erlangen-Nürnberg 1964; XXXVII, 599, XIV S.

Regional-/Lokalstudien

5100 Gliech, Oliver C.: Die Spandauer SA 1926 bis 1933. Eine Studie zur nationalsozialistischen Gewalt in einem Berliner Bezirk, in: Wolfgang Ribbe (Hg.), Berlin-Forschungen, Bd. 3, Berlin 1988, 107–205

5101 Ibach, Karl: Kemna. Wuppertaler Lager der SA, 1933, Wuppertal 1948; XI, 132 S. (ND Wuppertal 1981)

5102 Klein, Ulrich: SA-Terror und Bevölkerung in Wuppertal 1933/34, in: Detlev J. K. Peukert/Jürgen Reulecke (Hg.), Die Reihen fast geschlossen. Beiträge zur Geschichte des Alltags unterm Nationalsozialismus, Wuppertal 1981, 45–61

5103 Reiche, Eric G.: The Development of the SA in Nürnberg, Cambridge, Mass. 1986; XVIII, 314 S.

A.3.9.3 SS

[vgl. A.1.9.2: K. Barbie; K. Daluege; R. Heydrich; H. Himmler; E. Kaltenbrunner; O. Ohlendorf; J. Stroop; J. Erbprinz zu Waldeck und Pyrmont; A.3.7.2: W. Schellenberg]

A.3.9.3.1 Allgemeines

Nachschlagewerke

5104 Haupt, Werner: Gliederung und Organisation der SS. Stand: 9.11.1944. Zusammengestellt nach der letzten amtlichen Rangliste der Allgemeinen- und Waffen-SS vom 9.11.1944, Stuttgart 1981; 33 S.

Uniforms of the SS, London:

5105 – Bd. 1: Allgemeine-SS, 1923–1945, Bearb. Andrew Mollo, 2., korr. Aufl., 1969; III, 74 S. (zuerst 1968)

5106 – Bd. 2: Germanische-SS, 1940–1945, Bearb. Hugh P. Taylor, 1969; V, 152 S.

5107 – Bd. 3: SS-Verfügungstruppe, 1933–1939, Bearb. Andrew Mollo, Mitarb. Hugh P. Taylor, 1970; II, 99 S.

5108 – Bd. 4: SS-Totenkopfverbände, 1933–1945, Bearb. Andrew Mollo, 1971; 2, II, 51 S.

5109 – Bd. 5: Sicherheitsdienst and Sicherheitspolizei, 1931–1945, Bearb. Andrew Mollo, 1971; 2, II, 54 S.

5110 – Bd. 6: Waffen-SS Clothing and Equipement, 1939–1945, Bearb. Andrew Mollo, 1972; 2, II, 133 S.

Gedruckte Quellen

5111 Breitman, Richard/Aronson, Shlomo: Eine unbekannte Himmler-Rede vom Januar 1943. Dokumentation, in: VfZ 38 (1990), 337–48**

5112 Koch, Peter-Ferdinand (Hg.): Die Dresdner Bank und der Reichsführer SS. (Das Dritte Reich in Dokumenten), Kirchheim 1987; 324 S.

5113 Koch, Peter-Ferdinand (Hg.): Himmlers Graue Eminenz. Oswald Pohl und das Wirtschafts-Hauptverwaltungsamt der SS. (Das Dritte Reich in Dokumenten), Kirchheim 1988; 333 S.

5114 Schnabel, Reimund: Macht ohne Moral. Eine Dokumentation über die SS, 2., erw. Aufl., Frankfurt 1958; 582 S. (zuerst 1957)

5115 SS im Einsatz. Eine Dokumentation über die Verbrechen der SS, Hg. Komitee der Antifaschistischen Widerstandskämpfer in der DDR, 8., verb. Aufl., Berlin (O) 1967; 590 S. (zuerst 1957)

Darstellungen

5116 Assion, Peter/Schwinn, Peter: Migration, Politik und Volkskunde 1940/43. Zur Tätigkeit des SS-Ahnenerbes in Südtirol, in: Ina-Maria Greverus u.a. (Hg.), Kulturkontakt, Kulturkonflikt. Zur Erfahrung des

Fremden. 26. Volkskundekongreß in Frankfurt vom 28. September bis 2. Oktober 1987, Bd. 1, 1988, 221–26

5117 Bayle, Francois: Psychologie et éthique du national socialisme. Étude anthropologique des dirigeants S. S., Vorwort Pierre Oudard, Paris 1953; XX, 550 S.

5118 Bernadac, Christian: L'ordre S. S., Paris 1982; 407 S.

5119 Besgen, Achim: Der stille Befehl. Medizinalrat [Felix] Kersten, Himmler und das Dritte Reich, München 1960; 206 S.

5120 Birn, Ruth B.: Die Höherern SS- und Polizeiführer. Himmlers Vertreter im Reich und in den besetzten Gebieten, Düsseldorf 1986; 430 S.

5121 Birn, Ruth B.: Himmlers Statthalter. Die Höheren SS- und Polizeiführer als nationalsozialistische Führungselite, in: Wolfgang Michalka (Hg.), Der Zweite Weltkrieg. Analysen, Grundzüge, Forschungsbilanz, München/Zürich 1989, 275–85

5122 Boehnert, Gunnar S.: A Sociography of the SS Officer Corps, 1925–1939, Diss. University of London 1978; V, 262 S. (Ms.)

5123 Boehnert, Gunnar S.: The Jurists in the SS-Führerkorps 1925–1939, in: Gerhard Hirschfeld/Lothar Kettenacker (Hg.), Der »Führerstaat«: Mythos und Realität. Studien zur Struktur und Politik des Dritten Reiches, Stuttgart 1981, 361–74

5124 Bogatsvo, Jules: Les S. S. Techniciens de la mort, Einführung André Bernard, Paris 1973; 262 S.

5125 Bohn, Robert: Der [Jakob] Sporrenberg-Bericht. Ein Dokument aus dem Innern des SS-Apparates, in: HM 6 (1993), 250–77

5126 Brissaud, André: Hitler et l'ordre noir, Paris 1969; 478 S.

5127 Brissaud, André: Les agents de Lucifer, Paris 1975; 556 S.

5128 Bromberger, Barbara/Mausbach, Hans: Die Tätigkeit von Ärzten in der SS und in Konzentrationslagern, in: Barbara Bromberger u. a., Medizin, Faschismus und Widerstand. Drei Beiträge, Köln 1985, 186–262, 342–44

5129 Buchheim, Hans: Die SS – das Herrschaftsinstrument. Befehl und Gehorsam. (Anatomie des SS-Staates, 1), 5. Aufl., München 1989; 324 S. (zuerst 1967; Originalausg. Olten 1965)

5130 Buchheim, Hans: SS und Polizei im NS-Staat, Duisdorf b. Bonn 1964; 224 S.

5131 Buchheim, Hans: Die Höheren SS- und Polizeiführer, in: VfZ 11 (1963), 362–91

5132 Buchheim, Hans: Die SS in der Verfassung des Dritten Reiches, in: VfZ 3 (1955), 127–57

5133 Büchler, Yehoshua: Kommandostab Reichsführer-SS. Himmler's Personal Murder Brigades in 1941, in: H&GS 1 (1986), 11–25

5134 Combs, William L.: The Voice of the SS. A History of the SS Journal »Das Schwarze Korps«, New York u. a. 1986; 455 S.

5135 Dicks, Henry V.: Licensed Mass Murder. A Socio-psychological Study of Some SS Killers, London/New York 1972/1973; XIII, 283 S.

5136 Drobisch, Klaus: Schutz-Staffel (SS) 1925–1945, in: Lexikon zur Parteiengeschichte. Die bürgerlichen und kleinbürgerlichen Parteien und Verbände in Deutschland (1789–1945), Hg. Dieter Fricke u. a., Bd. 4, Leipzig (LA Köln) 1986, 118–27

5137 Epstein, Fritz T.: War-time Activities of the SS-Ahnenerbe, in: Max Beloff (Hg.), On the Track of Tyranny. Essays presented by the Wiener Library to Leonhard G. Montefiore, O. B. E. on the Occasion of His Seventieth Birthday, London 1960, 77–95

5138 Franz, Helmut: Kurt Gerstein. Außenseiter des Widerstandes der Kirche gegen Hitler, Zürich 1964; 112 S. (ND Schiffsweiler 1987)

5139 Friedländer, Saul: Kurt Gerstein oder die Zwiespältigkeit des Guten, Gütersloh 1968; 207 S. (franz.: Tornai 1967; engl.: London 1967 u. d. T.: Counterfeit Nazi)

5140 Georg, Enno: Die wirtschaftlichen Unternehmungen der SS, Stuttgart 1963; 154 S.

5141 Gies, Horst: Zur Entstehung des Rasse- und Siedlungshauptamtes der SS, in: Paul Kluke zum 60. Geburtstage dargebracht von Frankfurter Schülern und Mitarbeitern, Frankfurt 1968, 127–39

5142 Grunberger, Richard: Hitler's SS, London 1970; 128 S.

5143 Harmening, Dieter: Himmlers Hexenkartei. Ein Lagebericht zu ihrer Erforschung, in: JbV N. F. 12 (1989), 99–112

5144 Henke, Josef: Der Griff der SS nach dem Apollinaris-Brunnen in Bad Neuenahr. Ein Beitrag zum Verhältnis von SS und Verwaltung während des Zweiten Weltkrieges, in: JWL (1982), 159–98; überarb. abgedr. in: Dieter Rebentisch/Karl Teppe (Hg.), Verwaltung contra Menschenführung im Staat Hitlers. Studien zum politisch-administrativen System, Göttingen 1986, 255–77, u. d. T.: Von den Grenzen der SS-Macht. Eine Fallstudie zur Tätigkeit des SS-Wirtschafts-Verwaltungshauptamtes

5145 Hentig, Hans W. von: Beiträge zu einer Sozialgeschichte des Dritten Reiches, in: VfZ 16 (1968), 48–59 [SS-Lebensläufe]

5146 Hillel, Marc/Henry, Charles: »Lebensborn e. V.«. Im Namen der Rasse, Wien u. a. 1975; 351 S. (franz.: Paris 1975)

5147 Höhne, Heinz: Der Orden unter dem Totenkopf. Die Geschichte der SS, 3. Aufl., München 1981; 651 S. (zuerst Gütersloh 1967)

5148 Hommel, Andrea/Hahn, Susanne: Zur Rolle der Organisation »Lebensborn e. V.« der SS, in: Sabine Fahrenbach/Achim Thom (Hg.), Der Arzt als »Gesundheitsführer«. Ärztliches Wirken zwischen Ressourcenerschließung und humanitärer Hilfe im 2. Weltkrieg, Frankfurt 1991, 135–41

5149 Huber, Gabriele: Die Porzellan-Manufaktur Allach-München GmbH. Eine »Wirtschaftsunternehmung« der SS zum Schutz der »deutschen Seele«, Marburg 1992; 224 S.

5150 Hüser, Karl: Wewelsburg [bei Paderborn] 1933 bis 1945. Kult- und Terrorstätte der SS. Eine Dokumentation, 2., überarb. Aufl., Paderborn 1987; XII, 465 S. (zuerst 1982)**

5151 Joffroy, Pierre: Der Spion Gottes: die Passion des Kurt Gerstein, Stuttgart 1972; 358 S. (franz.: Paris 1969)

5152 Kárny, Miroslav: Das SS-Wirtschafts-Verwaltungshauptamt. Verwalter der KZ-Häftlingsarbeitskräfte und Zentrale des Wirtschaftskonzerns, in: »Deutsche Wirtschaft«. Zwangsarbeit von KZ-Häftlingen für Industrie und Behörden. Symposion »Wirtschaft und Konzentrationslager«, Hg. Hamburger Stiftung zur Förderung von Wissenschaft und Kultur, Hamburg 1991, 153–69

5153 Kater, Michael H.: Das »Ahnenerbe« der SS 1935–1945. Ein Beitrag zur Kulturpolitik des Dritten Reiches, Stuttgart 1974; 522 S.

5154 Kater, Michael H.: Zum gegenseitigen Verhältnis von SA und SS in der Sozialgeschichte des Nationalsozialismus von 1925 bis 1939, in: VSWG 62 (1975), 339–79

5155 Kempner, Robert M. W.: Eichmann und Komplizen, Zürich u. a. 1961; 452 S.**

5156 Kempner, Robert M. W.: SS im Kreuzverhör, erw. Neuausg., München 1987; 364 S. (zuerst 1964)

5157 Kinder, Elisabeth: Der Persönliche Stab Reichsführer SS. Geschichte, Aufgaben und Überlieferung, in: Heinz Boberach/Hans Booms (Hg.), Aus der Arbeit des Bundesarchivs. Beiträge zum Archivwesen, zur Quellenkunde und Zeitgeschichte, Boppard 1977, 379–97

5158 Klausch, Hans-Peter: Antifaschisten in SS-Uniform. Schicksal und Widerstand der deutschen politischen KZ-Häftlinge, Zuchthaus- und Wehrmachtstrafgefangenen in der SS-Sonderformation Dirlewanger, Bremen 1993; 591 S.

5159 Koehl, Robert L.: The Black Corps: The Structure and Power Struggles of the Nazi SS, Madison, Wisc. 1983; XXXI, 437 S.

5160 Koehl, Robert L.: RKFDV: German Resettlement and Population Policy, 1939–1945. A History of the Reich Commission for Strengthening of Germandom, Cambridge, Mass. 1957; XI, 263 S.

5161 Koehl, Robert L.: The Character of Nazi SS, in: JMH 34 (1962), 175–83

5162 Kogon, Eugen: Der SS-Staat. Das System der deutschen Konzentrationslager, 18. Aufl., München 1988; 427 S. (zuerst 1946)

5163 Lilienthal, Georg: Der »Lebensborn e. V.«. Ein Instrument nationalsozialistischer Rassenpolitik, Stuttgart/New York 1985; VII, 264 S.

5164 Lilienthal, Georg: Medizin und Rassenpolitik. Der »Lebensborn e. V.« der SS, in: Johanna Bleker/Norbert Jachertz (Hg.), Medizin im Dritten Reich, Köln 1989, 47–57

5165 Lumans, Valdis O.: Himmler's Auxiliaries. The Volksdeutsche Mittelstelle and the German Minorities of Europe, 1933–1945, Chapel Hill, N.C. 1993; XIV, 335 S.

5166 Maier, Hedwig: Die SS und der 20. Juli 1944, in: VfZ 14 (1966), 299–316

5167 Müller-Tupath, Karla: Reichsführers gehorsamster [Kurt Alexander] Becher. Eine deutsche Karriere, Hamburg 1982; 158 S.

5168 Neusüss-Hunkel, Ermenhild: Die SS, Hannover/Frankfurt 1956; 143 S.

5169 Oesterle, Anka: Die volkskundlichen Forschungen des »SS-Ahnenerbes« mit Berücksichtigung der »Kulturkommission Südtirol«, in: Reinhard Johler u. a. (Hg.), Im Auge der Ethnographen. (Volkskultur und Südtirol. Tagung in Lana, 5.–7. Mai 1989), Wien/Lana 1991, 76–90

5170 Paetel, Karl O.: Die SS. Ein Beitrag zur Soziologie des Nationalsozialismus, in: VfZ 2 (1954), 1–33

5171 Popieszalski, Karol M.: Nazi Attacks on German Property. The SS Reichsführers's Plan of Summer 1939, in: PWA 24 (1983), 98–137

5172 Reitlinger, Gerald: Die SS. Tragödie einer deutschen Epoche. Mit 243 Kurzbiographien, Wien u. a. 1957; 480 S. (engl.: Melbourne 1956; 2. Aufl. Englewood Cliffs/London 1981)

5173 Rempel, Gerhard: Hitler's Children. The Hitler Youth and the SS, Chapel Hill, N.C./London 1989; XII, 354 S.

5174 Rüping, Hinrich: Nationalsozialistische Rechtsprechung am Beispiel der SS- und Polizeigerichte, in: NZS 3 (1983), 112–14

5175 Russel, Stuart/Schneider, Jost W.: Heinrich Himmlers Burg. Das weltanschauliche Zentrum der SS. Bildchronik der SS-Schule Haus Wewelsburg [bei Paderborn] 1934–1945, Essen 1989; 214 S.**

5176 Schickel, Alfred: Wehrmacht und SS. Eine Untersuchung über ihre Stellung und Rolle in den Planungen der nationalsozialistischen Führer, in: GWU 21 (1970), 581–606

5177 Schleiermacher, Sabine: Die SS-Stiftung »Ahnenerbe«. Menschen als Material für exakte Wissenschaft, in: Rainer Osnowski (Hg.), Menschenversuche: Wahnsinn und Wirklichkeit, Köln 1988, 70–87

5178 Schulze-Kossens, Richard: Führernachwuchs der Waffen-SS. Die SS-Junkerschulen, Osnabrück 1982; 216 S.

5179 Schwarz, Gudrun: Verdrängte Täterinnen. Frauen im Apparat der SS (1939–1945), in: Theresa Wobbe (Hg.), Nach Osten. Verdeckte Spuren nationalsozialistischer Verbrechen, Frankfurt 1992, 197–223

5180 Schwinn, Peter: »SS-Ahnenerbe« und »Volkstumsarbeit« in Südtirol, in: Reinhard Johler u. a. (Hg.), Im Auge der Ethnographen. (Volkskultur und Südtirol. Tagung in Lana, 5.–7. Mai 1989), Wien/Lana 1991, 91–104

5181 Seidler, Franz W.: Lebensborn e.V. der SS. Vom Gerücht zur Legende, in: Uwe Backes u. a. (Hg.), Die Schatten der Vergangenheit. Impulse zur Historisierung des Nationalsozialismus, 2. Aufl., Frankfurt/Berlin 1992, 291–318 (zuerst 1990)

5183 Simon, Gerd: Die Sprachsoziologische Abteilung der SS, in: Wilfried Kürschner/Rüdiger Vogt (Hg.), Sprachtheorie, Pragmatik, Interdisziplinäres. Akten des 19. Linguistischen Kolloquiums Vechta 1984, Bd. 2, Tübingen 1985, 375–96

5184 Speer, Albert: Der Sklavenstaat. Meine Auseinandersetzungen mit der SS, Stuttgart 1980; 512 S.

5185 Steiner, John M.: Power Politics and Social Change in National Socialist Germany. A Process of Escalation into Mass Destruction, The Hague/Paris 1976, 45–127; 228–306; 359–423

5186 Steiner, John M.: Über das Glaubensbekenntnis der SS, in: Joachim Hütter u. a. (Hg.), Tradition und Neubeginn. Internationale Forschungen zur deutschen Geschichte im 20. Jahrhundert, Köln 1975, 317–35; abgedr. in: Karl D. Bracher u. a. (Hg.), Nationalsozialistische Diktatur 1933–1945. Eine Bilanz, Bonn (zugl. Düsseldorf) 1983, 206–23

5187 Ternon, Yves/Helman, Socrate: Histoire de la Médicine SS ou Le mythe du racisme biologique, Tournai 1971; 223 S.

5188 Ternon, Yves/Helman, Socrate: Le massacre des aliénés. Des théoriciens nazis aux praticiens SS, Tournai 1971; 269 S.

5189 Thompson, Larry V.: Lebensborn and the Eugenics Policy of the Reichsführer-SS, in: CEH 4 (1971), 54–77

5190 Vogelsang, Reinhard: Der Freundeskreis Himmler, Göttingen 1972; 182 S.

5191 Wegner, Bernd: The »Aristocracy of National Socialism«: The Role of the SS in National Socialist Germany, in: Hannsjoachim W. Koch (Hg.), Aspects of the Third Reich, 3. Aufl., Basingstoke/London 1988, 430–50 (zuerst 1985)

5192 Wegner, Bernd: Der Durchbruch zum »SS-Staat«. Die SS und das Jahr 1938, in: Franz Knipping/Klaus-Jürgen Müller (Hg.), Machtbewußtsein in Deutschland am Vorabend des Zweiten Weltkrieges, Paderborn 1984, 43–55

5193 Weingartner jr., James J.: Law and Justice in the Nazi SS. The Case of Konrad Morgan, in: CEH 16 (1983), 276–94

5194 Ziegler, Herbert F.: Nazi Germany's New Aristocracy. The SS Leadership, 1925–1939, Princeton, N.J. 1989; 181 S.

5195 Ziegler, Herbert F.: Elite Recruitment and National Socialism. The SS-Führerkorps, 1925–1939, in: Heinrich Best (Hg.), Politik und Milieu. Wahl- und Elitenforschung im historischen und interkulturellen Vergleich, St. Katharinen 1989, 223–37

5196 Zumpe, Lotte: Die Textilbetriebe der SS in Konzentrationslager Ravensbrück [bei Fürstenberg]. Eine Studie über ökonomische Funktion und wirtschaftliche Tätigkeit der SS, in: JWG (1969), Nr. 1, 11–40

Regional-/Lokalstudien: Quellenkunde

5197 Spezialnachweis des Schriftgutes des Reichsführers SS und Chefs der deutschen

Polizei und des höheren SS- und Polizeiführers West im Bestand Regierung Aachen. (Das Schriftgut der NSDAP, ihrer Gliederungen und angeschlossenen Verbände in der Überlieferung staatlicher Behörden im Bereich des heutigen Landes Nordrhein-Westfalen, 3). (Veröffentlichungen der staatlichen Archive Nordrhein-Westfalens, 8/3), Bearb. Konrad Bund u.a., Düsseldorf 1981; 2, 282 S.

Regional-/Lokalstudien: Darstellungen

5198 Preradovich, Nikolaus von: Österreichs höhere SS-Führer, Berg a. See 1987; 367 S.

A.3.9.3.2 Waffen-SS

Bibliographien

Held, Walter (Hg.): Verbände und Truppen der deutschen Wehrmacht und Waffen-SS im Zweiten Weltkrieg. Eine Bibliographie der deutschsprachigen Nachkriegsliteratur, hg. mit Unterstützung des Arbeitskreises für Wehrforschung, Osnabrück:

5199 – Bd. [1]: (bis 31.12. 1976), 1978; XXII, 694 S.

5200 – Bd. 2: 1977–1981, 1983; XXIV, 1035 S.

5201 – Bd. 3: 1982–1986, 1989; XLIV, 940 S.

5202 Tuider, Othmar (Bearb.): Bibliographie zur Geschichte der Felddivisionen der Deutschen Wehrmacht und Waffen-SS 1939–1945, 2 Bde., Wien 1984; IV, 388; III, 294 S.

Literaturberichte

5203 Ziemke, Earl F.: »Heroic« Nihilism in Weimar and Nazi Germany, in: CEH 13 (1980), 83–91

Nachschlagewerke

5204 Mollo, Andrew: Waffen-SS Clothing and Equipment, 1939–1945. (Uniforms of the SS, 6), London 1971; 2, II, 133 S.

Gedruckte Quellen

5205 Unsere Ehre heißt Treue. Kriegstagebuch des Kommandostabes Reichsführer SS, Tätigkeitsberichte der 1. und 2. SS-Infanterie-Brigade, der 1. SS-Kavallerie-Brigade und von Sonderkommandos der SS, 2. Aufl., Wien/Zürich 1984; 264 S. (zuerst Wien u.a. 1965)

5206 Wegner, Bernd: Auf dem Wege zur pangermanischen Armee. Dokumente zur Entstehungsgeschichte des III. (»germanischen«) SS-Panzerkorps. (Dokumentation), in: MGM 28 (1980), 101–36

Darstellungen

5207 De Wever, Bruno: »Rebellen« an der Ostfront. Die flämischen Freiwilligen der Legion »Flandern« und der Waffen-SS, in: VfZ 39 (1991), 589–610

5208 Ernst, Volker: Zusammenarbeit von Reichswehr und SS-Führung bei der Aufstellung einer bewaffneten SS Ende 1934, in: MG (1979), 708–20

5209 Görlitz, Walter: Die Waffen-SS, Berlin-Grunewald 1960; 29 S.

5210 Herzog, Robert: Die Volksdeutschen in der Waffen-SS, Tübingen 1955; II, 17 S.

5211 Klietmann, Kurt-Gerhard: Die Waffen-SS. Eine Dokumentation, Osnabrück 1965; 519 S.

5212 Lucas, James/Cooper, Matthew: Hitler's Elite. Leibstandarte SS, 1933–1945, London 1975; 160 S.

5213 Rempel, Gerhard: Gottlob Berger and Waffen-SS Recruitment: 1939–1945, in: MGM 27 (1980), 107–22

5214 Seraphim, Hans-Günther: SS-Verfügungstruppe und Wehrmacht, in: WR 5 (1955), 569–85

5215 Stein, Georg H.: Geschichte der Waffen-SS, 2. Aufl., Königstein, Ts./Düsseldorf 1978; 288 S. (zuerst 1967; amerikan.: Ithaka 1966)

5216 Stein, George H./Krosby, H. Peter: Das finnische Freiwilligen-Bataillon der Waffen-SS: Eine Studie zur SS-Diplomatie und zur ausländischen Freiwilligen-Bewegung, in: VfZ 14 (1966), 413–53

5217 Sydnor jr., Charles W.: Soldiers of Destruction. The SS-Death's Head Division, 1933–1945, Princeton, N.J. 1977; XVI, 371 S.

5218 Wegner, Bernd: Hitlers Politische Soldaten: Die Waffen-SS 1933–1945. Leitbild, Struktur und Funktion einer nationalsozialistischen Elite, 4., durchges. u. verb. Aufl., Paderborn u.a. 1990; 390 S. (zuerst Diss. Hamburg 1980; 2. Aufl., Paderborn u.a. 1982)

5219 Wegner, Bernd: Das Führerkorps der Waffen-SS im Kriege, in: Hanns H. Hofmann (Hg.), Das deutsche Offizierskorps 1860–1960. Büdinger Vorträge 1977, hg. in Verbindung mit dem Militärgeschichtlichen Forschungsamt, Boppard 1980, 327–50

5220 Weingartner jr., James J.: The Leibstandarte Adolf Hitler, 1933–1945, Diss. University of Wisconsin 1967; 261 S. (Ms.; MF Ann Arbor, Mich. 1978)

A.3.9.4 Gestapo und SD

Quellenkunde

5221 Boberach, Heinz (Bearb.): Bestand R 58. Reichssicherheitshauptamt. (Findbücher zu Beständen des Bundesarchivs, 22), Koblenz 1982; LXI, 667 S.

5222 Eckert, Rainer: Geheimdienstakten als historische Quelle. Eine Vergleich zwischen den Stimmungsberichten des Sicherheitsdienstes der SS und des Ministeriums für Staatssicherheit der DDR, in: Bernd Florath u.a. (Hg.), Die Ohnmacht der Allmächtigen. Geheimdienste und politische Polizei in der modernen Gesellschaft, Berlin 1992, 263–96

5223 Rusinek, Bernd-A.: Dokumente der Unterdrückung und ihre Interpretation. Überlegungen im Rahmen einer »kleinen« Hermeneutik, in: Mündliche Geschichte im Rheinland, Hg. Landschaftsverband Rheinland, Archivberatungsstelle Rheinland, Köln 1991, 95–113

Gedruckte Quellen

5224 Browder, George C.: Die Anfänge des SD. Dokumente aus der Organisationsgeschichte des Sicherheitsdienstes des Reichsführers SS. (Dokumentation), in: VfZ 27 (1979), 299–324

5225 Rechtssicherheit und richterliche Unabhängigkeit aus der Sicht des SD. (Dokumentation), in: VfZ 4 (1956), 399–422

5226 Röder, Werner (Hg.): Sonderfahndungsliste UdSSR. Faksimile der »Sonderfahndungsliste UdSSR« des Chefs der Sicherheitspolizei und des SD, 2 Bde., Erlangen 1976; 316, 80 S.

Darstellungen

5227 Arendt, Hannah: Die Geheimpolizei. Ihre Rolle im totalitären Herrschaftsapparat, in: Monat 4/2 (1952), 370–88

5228 Baxter, Richard: Women of the Gestapo, London 1943; 95 S.

5229 Bernadac, Christian: La Gestapo. L'état-prison, Paris 1982; 430 S.

5230 Bramstedt, Ernest K.: Dictatorship and Political Police. The Technique of Control by Fear, 2. Aufl., New York 1976; IX, 275 S. (zuerst London/New York 1945)

5231 Brissaud, André: Die SD-Story. Hitlers Geheimarmee: Mord auf Bestellung, Zürich 1975; 318 S. (franz.: Paris 1972 u.d.T.: Histoire du Service Secret Nazi)

5232 Browder, George C.: Foundations of the Nazi Police State. The Formation of

Sipo and SD, Lexington, Ky. 1990; XII, 346 S.

5233 Browder, George C.: The SD. The Significance of an Organization and Image, in: George L. Mosse (Hg.), Police Forces in History, London/Beverly Hills, Ca. 1971, 205–29

5234 Crankshaw, Edward: Die Gestapo, Berlin 1959; 259 S. (engl.: London 1956)

5235 Delarue, Jacques: Geschichte der Gestapo, Düsseldorf 1964; 380 S. (ND Königstein 1979; franz.: o. O. [Paris] 1962)

5236 Desroches, Alain: La Gestapo: Atrocités et secrets de l'inqisition nazie, Paris 1972; 869 S.

5237 Diels, Rudolf: Lucifer ante portas. . . . es spricht der erste Chef der Gestapo, Stuttgart 1950; 451 S. (zuerst Zürich 1949 u.d.T.: [. . .] Zwischen Severing und Heydrich)

5238 Drobisch, Klaus u.a.: Juden unterm Hakenkreuz. Verfolgung und Ausrottung der deutschen Juden 1933–1945, Berlin (O) (LA Frankfurt) 1973; 437 S.

5239 Drobisch, Klaus: Die Judenreferate des Geheimen Staatspolizeiamtes und des Sicherheitsdienstes der SS 1933 bis 1939, in: JfA 2 (1993), 230–54

5240 Gellately, Robert: Surveillance and Disobedience: Aspects of the Political Policing of Nazi Germany, in: Francis R. Nicosia/Lawrence D. Stokes (Hg.), Germans against Nazism. Nonconformity, Opposition, and Resistance in the Third Reich. Essays in Honor of Peter Hoffmann, New York/Oxford 1990, 15–36

5241 Gellately, Robert: Die Gestapo und die »öffentliche Sicherheit und Ordnung«, in: Herbert Reinke (Hg.), ». . . nur für die Sicherheit da . . . ? Zur Geschichte der Polizei im 19. und 20. Jahrhundert, Frankfurt/New York 1993, 94–115

5242 Gellately, Robert: Gestapo und Terror. Perspektiven auf die Sozialgeschichte des nationalsozialistischen Herrschaftssystems, in: Alf Lüdtke (Hg.), »Sicherheit« und »Wohlfahrt«. Polizei, Gesellschaft und Herrschaft im 19. und 20. Jahrhundert, Frankfurt 1992, 371–92

5243 Gellately, Robert: The Gestapo and German Society: Political Denunziation in the Gestapo Files, in: JMH 60 (1988), 654–94

5244 Graf, Christoph: The Genesis of the Gestapo, in: JCH 22 (1987), 419–35

5245 Hautecloque, Xavier de: Police politique hitlérienne, Paris 1935; 224 S.

5246 Köhler, Hansjürgen: Inside Information, London 1940; 269 S.

5247 Köhler, Hansjürgen: Inside the Gestapo. Hitler's Shadow Over the World, London 1940; 287 S.

5248 Krausnick, Helmut: Die Einsatzgruppen vom Anschluß Österreichs bis zum Feldzug gegen die Sowjetunion. Entwicklung und Verhältnis zur Wehrmacht, in: Helmut Krausnick/Hans-Heinrich Wilhelm Die Truppe des Weltanschauungskrieges. Die Einsatzgruppen der Sicherheitspolizei und des SD 1938–1942, Stuttgart 1981, 5f., 11–278; durchges. Ausg. Frankfurt 1985 u.d.T.: Hitlers Einsatzgruppen. Die Truppe des Weltanschauungskrieges 1938–1942

5249 Krausnick, Helmut/Wilhelm, Hans-Heinrich: Die Truppe des Weltanschauungskrieges. Die Einsatzgruppen der Sicherheitspolizei und des SD 1938–1942, Stuttgart 1981; 688 S.*

5250 Lang, Jochen von: Die Gestapo. Instrument des Terrors, Mitarb. Claus Sibyll, Hamburg 1990; 327 S.

5251 Mallmann, Klaus-Michael/Paul, Gerhard: Gestapo – Mythos und Realität, in: Bernd Florath u.a. (Hg.), Die Ohnmacht der Allmächtigen. Geheimdienste und politische Polizei in der modernen Gesellschaft, Berlin 1992, 100–10

5252 Mallmann, Klaus-Michael/Paul, Gerhard: Allwissend, allmächtig, allgegenwärtig? Gestapo, Gesellschaft und Widerstand, in: ZfG 41 (1993), 984–98

5253 Manvell, Roger: Die Herrschaft der Gestapo, Mitarb. Heinrich Fraenkel, 2. Aufl., Rastatt 1988; 239 S. (zuerst 1982; engl.: New York 1969/London 1970 u. d. T.: SS and Gestapo)

5254 Moszkiewiez, Helene: Inside the Gestapo. A Jewish Woman's Secret War, Toronto 1985; X, 189 S.

5255 Nippert, Erwin: Prinz-Albrecht-Straße 8, Berlin (O) 1988; 204 S.

5256 Ohlendorff, Otto: The Sicherheitsdienst and Public Opinion in Nazi Germany, in: George L. Mosse (Hg.), Police Forces in History, London/Beverly Hills, Ca. 1971, 231–61

5257 Safrian, Hans: Die Eichmann-Männer, Wien/Zürich 1993; 359 S. (TB Frankfurt 1995)

5258 Tenenbaum, Joseph: The Einsatzgruppen, in: JSS 17 (1955), 43–64

5259 Tuchel, Johannes/Schattenfroh, Reinhold: Zentrale des Terrors. Prinz-Albrecht-Straße 8: Hauptquartier der Gestapo, Berlin 1987; 316 S.

5260 Weyrauch, Walter O.: Gestapo V-Leute. Tatsachen und Theorien des Geheimdienstes. Untersuchungen zur Geheimen Staatspolizei während der nationalsozialistischen Herrschaft, Frankfurt 1989; 140 S. (TB Frankfurt 1992)

5261 Weyrauch, Walter O.: Gestapo Informants: Facts and Theory of Undercover Operations, in: CJTL 24 (1986), 553–96

5262 Wilhelm, Hans-Heinrich: Die Einsatzgruppe der Sicherheitspolizei und des SD 1941/42. Eine exemplarische Studie, in: Helmut Krausnick/Hans-Heinrich Wilhelm, Die Truppe des Weltanschauungskrieges. Die Einsatzgruppen der Sicherheitspolizei und des SD 1938–1942, Stuttgart 1981, 6 f., 281–646**

5263 Zipfel, Friedrich: Gestapo und Sicherheitsdienst, Berlin 1960; 28 S.

5264 Zipfel, Friedrich: Gestapo and the SD: A Sociographic Profile of the Organizers of Terror, in: Stein U. Larsen u. a. (Hg.), Who Were the Fascists? Social Roots of European Fascism, Bergen u. a. 1980, 301–11

Regional-/Lokalstudien

5265 Aronson, Shlomo: Beginnings of the Gestapo System. The Bavarian Model in 1933, Jerusalem 1969; 76 S.

5266 Bothien, Horst-Pierre: NS-Verfolgungsstätten und die Gestapo in Bonn, in: Josef Matzerath (Hg.), Bonn. 54 Kapitel Stadtgeschichte, Bonn 1989, 291–99

5267 Brommer, Peter: Zur Tätigkeit der Gestapo Trier in den Jahren 1944/45, in: JWL 18 (1992)

5268 Diamant, Adolf: Gestapo Frankfurt am Main. Zur Geschichte einer verbrecherischen Organisation in den Jahren 1933–1945, Frankfurt 1988; XVI, 459 S.**

5269 Diamant, Adolf: Gestapo Leipzig. Zur Geschichte einer verbrecherischen Organisation in den Jahren 1933–1945, Frankfurt 1990; XV, 230 S.

5270 Döscher, Hans-Jürgen: Geheime Staatspolizei und allgemeine Verwaltung im Regierungsbezirk Stade, in: StJb 62 (1972), 70–90

5271 Gellately, Robert: Die Gestapo und die deutsche Gesellschaft. Die Durchsetzung der Rassenpolitik 1933–1945, Paderborn u. a. 1993; 323 S. (engl.: Oxford 1990) [Unterfranken]

5272 Graf, Christoph: Politische Polizei zwischen Demokratie und Diktatur. Die Entwicklung der preußischen Politischen Polizei vom Staatsschutzorgan der Weimarer Republik zum Geheimen Staatspolizeiamt des Dritten Reiches, Berlin 1983; XVII, 457 S.**

5273 Hey, Bernd: Die westfälischen Staatspolizeistellen und ihre Lageberichte 1933–1936, in: Anselm Faust (Hg.), Verfolgung und Widerstand im Rheinland und in Westfalen 1933–1945, Köln u. a. 1992, 30–39

5274 Hey, Bernd: Zur Geschichte der westfälischen Staatspolizeistellen und der Gestapo, in: WF 37 (1987), 58–90

5275 Kammler, Jörg: Nationalsozialistische Machtergreifung und Gestapo – am Beispiel der Staatspolizeistelle für den Regierungsbezirk Kassel, in: Eike Hennig u. a. (Hg.), Hessen unterm Hakenkreuz. Studien zur Durchsetzung der NSDAP in Hessen, 2. Aufl., Frankfurt 1984, 506–35 (zuerst 1983)

5276 Mallmann, Klaus-Michael: Gestapo und Widerstand [an der Saar], St. Ingbert 1992; 30 S.

5277 Mlynek, Klaus: Der Aufbau der Geheimen Staatspolizei in Hannover und die Errichtung des Konzentrationslagers Moringen, in: Hannover 1933. Eine Großstadt wird nationalsozialistisch. Beiträge zur Ausstellung, Hg. Historisches Museum am Hohen Ufer, Hannover 1981, 65–80

5278 Neumann, Wolfgang/Kahle, Hans-Jürgen (Hg.): Geheime Staatspolizei – Außendienststelle Cuxhaven, Mitarb. Frauke Dettmer u. a., Cuxhaven 1989; 50 S.

5279 Obenaus, Herbert: »Sei stille, sonst kommst Du nach Ahlem!« Zur Funktion der Gestapoleitstelle in der ehemaligen Israelitischen Gartenbauschule von Ahlem (1943–1945), in: HGB N. F. 41 (1987), 301–27

5280 Ramme, Alwin: Der Sicherheitsdienst der SS. Zu seiner Funktion im faschistischen Machtapparat und im Besatzungsregime des sogenannten Generalgouvernements Polen, Berlin (O) 1970; 324 S.

5281 Streim, Alfred: Zum Beispiel: Die Verbrechen der Einsatzgruppen in der Sowjetunion, in: Adalbert Rückerl (Hg.), NS-Prozesse. Nach 25 Jahren Strafverfolgung: Möglichkeiten – Grenzen – Ergebnisse, Karlsruhe 1971, 65–106

5282 Weisz, Franz: Die personelle Zusammensetzung der Führungskräfte der Wiener Gestapoleitstelle zwischen 1938 und 1945, in: ZG 20 (1993), 234–48

5283 Wilhelm, Friedrich: Der Wandel von der politischen Polizei zur Gestapo, in: Thomas Schnabel (Hg.), Formen des Widerstandes im Südwesten 1933–1945. Scheitern und Nachwirken, Mitarb. Angelika Hauser-Hauswirth, hg. f. d. Landeszentrale für politische Bildung Baden-Württemberg/ Haus der Geschichte Baden-Württemberg, Ulm 1994, 222–36

5284 Zipfel, Friedrich: Gestapo und SD in Berlin, in: JGMO 9/10 (1961), 263–92

A.3.9.5 Polizei

Darstellungen

5285 Bessel, Richard J.: Die »Modernisierung« der Polizei im Nationalsozialismus, in: Frank Bajohr (Hg.), Norddeutschland im Nationalsozialismus, Hamburg 1993, 371–86

5286 Browning, Christopher R.: Ganz normale Männer. Das Reserve-Polizeibataillon 101 und die »Endlösung« in Polen, Reinbek 1993; 280 S.

5287 Fangmann, Helmut: Faschistische Polizeirechtslehren, in: Udo Reifner/Bernd-Rüdiger Sonnen (Hg.), Strafjustiz und Polizei im Dritten Reich, Frankfurt/New York 1984, 173–207

5288 Gisevius, Hans B.: Wo ist [Arthur] Nebe? Erinnerungen an Hitlers Reichskriminaldirektor, Zürich 1966; 320 S.

5289 Götz, Volkmar: Polizei und Polizeirecht [1933–1945], in: Deutsche Verwaltungsgeschichte, Bd. 4: Das Reich als Republik und in der Zeit des Nationalsozialismus, Hg. Kurt G. A. Jeserich u. a., Stuttgart 1985, 1017–31

5290 Heller, Karl H.: The Remodeled Praetorians: The German Ordnungspolizei as Guardians of the »New Order«, in: Otis C. Mitchell (Hg.), Nazism and the Common Man: Essays in German History (1929–1939), 2. Aufl., Washington, D.C. 1981, 45–64 (zuerst Minneapolis, Minn. 1972)

5291 Kilching, Michael/Pinter, Stefan K.: Die rechtliche Ordnung der Polizei, T. A.: Begriff und Aufgabe der Polizei, T. B: Organisatorische Veränderungen im Bereich der Polizei und die Verklammerung von Polizei und SS, in: Ernst-Wolfgang Bockenförde (Hg.), Staatsrecht und Staatsrechtslehre im Dritten Reich, Heidelberg 1985, 167–90

5292 Kwiet, Konrad: Auftakt zum Holocaust. Ein Polizeibataillon im Osteinsatz, in: Wolfgang Benz u.a. (Hg.), Der Nationalsozialismus. Studien zur Ideologie und Herrschaft. Hermann Graml zum 65. Geburtstag, Frankfurt 1993, 191–208, 263–65

5293 Lichtenstein, Heiner: Himmlers grüne Helfer. Die Schutz- und Ordnungspolizei im »Dritten Reich«, Köln 1990; 217 S.

5294 Majer, Diemut: Justiz und Polizei im »Dritten Reich«, in: Ralf Dreier/Wolfgang Sellert (Hg.), Recht und Justiz im »Dritten Reich«, Frankfurt 1989, 136–50

5295 Majer, Diemut: Zum Verhältnis von Staatsanwaltschaft und Polizei im Nationalsozialismus, in: Udo Reifner/Bernd-Rüdiger Sonnen (Hg.), Strafjustiz und Polizei im Dritten Reich, Frankfurt/New York 1984, 121–60

5296 Majer, Diemut: Der Kampf um die Einführung des preußischen Polizeiverwaltungsgesetzes in den »eingegliederten Ostgebieten«. Ein Beitrag zum Prozeß der politischen Willensbildung im totalitären Staat, in: Staat 17 (1978), 49–72

5297 Neufeldt, Hans-Joachim u.a.: Zur Geschichte der Ordnungspolizei 1936–1945, 2 Teile, Koblenz 1957; XV, 110, 144 S.

5298 Terhorst, Karl-Leo: Polizeiliche planmäßige Überwachung und polizeiliche Vorbeugungshaft im Dritten Reich. Ein Beitrag zur Rechtsgeschichte vorbeugender Verbrechensbekämpfung, Heidelberg 1985; XVIII, 197 S.

5299 Wagner, Heinz: Die Polizei im Faschismus, in: Udo Reifner/Bernd-Rüdiger Sonnen (Hg.), Strafjustiz und Polizei im Dritten Reich, Frankfurt/New York 1984, 161–72

5300 Wagner, Patrick: Das Gesetz über die Behandlung Gemeinschaftsfremder. Die Kriminalpolizei und die »Vernichtung des Verbrechertums«, in: Feinderklärung und Prävention. Kriminalbiologie, Zigeunerforschung und Asozialenpolitik. (Beiträge zur nationalsozialistischen Gesundheits- und Sozialpolitik, 6), Berlin 1988, 75–100

5301 Wagner, Patrick: Feindbild »Berufsverbrecher«. Die Kriminalpolizei im Übergang von der Weimarer Republik zum Nationalsozialismus, in: Frank Bajohr u.a. (Hg.), Zivilisation und Barbarei. Die widersprüchlichen Potentiale der Moderne. Detlev Peukert zum Gedenken, Hamburg 1991, 226–52

5302 Wehner, Bernd: Dem Täter auf der Spur. Die Geschichte der deutschen Kriminalpolizei, Bergisch Gladbach 1983; 319 S.

5303 Werle, Gerhard: Justiz – Strafrecht und polizeiliche Verbrechensbekämpfung im Dritten Reich, Berlin/New York 1989; XXXVI, 791 S.

Regional-/Lokalstudien: Gedruckte Quellen

5304 »Abgabe asozialer Justizgefangener an die Polizei« – eine unbekannte Vernichtungsaktion der Justiz. Eine Dokumentation, in: Angelika Ebbinghaus u.a. (Hg.), Heilen und Vernichten im Mustergau Hamburg. Bevölkerungs- und Gesundheitspolitik im Dritten Reich, Hamburg 1984, 21–25

Regional-/Lokalstudien: Darstellungen

5305 Fangmann, Helmut u. a.: »Parteisoldaten«. Die Hamburger Polizei im »3. Reich«, Hamburg 1987; 145 S.

5306 Lankenau, Bernhard H.: Polizei im Einsatz während des Krieges 1939 bis 1945 in Rheinland-Westfalen, Bremen 1957; 221 S.

5307 Leßmann, Peter: Die preußische Schutzpolizei in der Weimarer Republik. Streifendienst und Straßenkampf, Düsseldorf 1989; 448 S.

5308 Liang, Hsi-Huey: Die Berliner Polizei in der Weimarer Republik, Berlin/New York 1977; XVI, 232 S. (amerikan.: Berkeley, Ca. u. a. 1970)

5309 Raible, Eugen: Geschichte der Polizei in den alten Ländern Baden und Württemberg und in dem neuen Bundesland Baden-Württemberg unter besonderer Berücksichtigung der kasernierten Polizei (Bereitschaftspolizei), Stuttgart 1963, 83–106

5310 Schuler, Emil: Die Bayerische Landespolizei 1919–1935. Kurze geschichtliche Übersicht, München 1964; 48 S.

5311 Stolz, Gerd: Geschichte der Polizei in Schleswig-Holstein, Heide i. Holst. 1978; 459 S.

5312 Wagner, Patrick: Kriminalpolizei und »innere Sicherheit« in Bremen und Nordwestdeutschland zwischen 1942 und 1949, in: Frank Bajohr (Hg.), Norddeutschland im Nationalsozialismus, Hamburg 1993, 239–65

5313 Wilhelm, Friedrich: Die württembergische Polizei im Dritten Reich, Diss. Stuttgart 1989; 364 S.

A.3.10 Unrechts- und Gewaltmaßnahmen des NS-Regimes

[vgl. A.3.9; A.3.13; A.3.17.4–5; A.3.15.16; A.22.15.2; B.1.4]

A.3.10.1 Allgemeines

Bibliographien

5314 Persecution and Resistance under the Nazis, Part I: Reprint of Catalogue No. 1 (second edition) [zuerst 1949], Part II: New Material and Amendements. (The Wiener Library, Catalogue Series, 7), Hg. Ilse Wolff/Helen Kehr, London 1978; 500 S.

Literaturberichte

5315 Adler, Hans G.: Die Organisation des Hasses. Literatur zu den Terroraktionen des Hitlerismus, in: ZfP N. F. 4 (1957), 82–90

5316 Gellately, Robert: Situating the »SS-State« in a Social-History Context: Recent Histories of the SS, the Police, and the Courts in the Third Reich, in: JMH 64 (1992), 338–65

5317 Hildebrand, Klaus: Dimensionen des Völkermords. Zu einer Neuerscheinung des Instituts für Zeitgeschichte, in: GWU 42 (1991), 710–13

5318 Kuss, Horst: Aussonderung, Konzentration, Vernichtung. Zur Geschichte der nationalsozialistischen Konzentrationslager und der Vernichtung des europäischen Judentums. Ergebnisse und Fragen der zeitgeschichtlichen Forschung seit 1981, in: NPL 34 (1989), 375–408

5319 Willems, Susanne: Bilan des différentes interprétations des génocides commis par les nazis, in: Yannis Thanassekos/Heinz Wismann (Hg.), Révision de l'histoire. Totalitarismes, crimes et génocides nazis. Actes du colloque international organisé à l'initiative des la Fondation Auschwitz, 3–5 novembre 1988, Institute de Sociologie, Université libre de Bruxelles, Paris 1990, 98–106

Nachschlagewerke

5320 Ehrenbuch der Opfer von Berlin-Plötzensee. Zum Gedenken der 1574 Frauen und Männer, die wegen ihrer politischen und weltanschaulichen Einstellung und wegen ihres mutigen Widerstandes gegen das faschistische Barbarentum in der Strafanstalt Berlin-Plötzensee von 1933 bis 1945 hingerichtet wurden, Hg. VVN West-Berlin, Red. Willy Perk/Willi Desch, Berlin 1984; 215 S.

5321 Kossoy, Edward: Handbuch zum Entschädigungsverfahren, Mitarb. Eberhard Hammitzsch, München 1958; 223 S., Faltbl.

5322 Schuhmacher, Martin (Hg.): MdR. Die Reichstagsabgeordneten der Weimarer Republik in der Zeit des Nationalsozialismus. Politische Verfolgung, Emigration und Ausbürgerung 1933–1945. Eine biographische Dokumentation, Bearb. Katharina Lübbe/Martin Schuhmacher, bearb. in Verbindung mit Wilhelm Schröder, Mitarb. Angela Joseph/Evelyn Richter u. a., Düsseldorf 1991; 686 S.

Quellenkunde

5323 Kartothek des Grauen – Das International Tracing Service, in: Heinz Ganther (Hg.), Die Juden in Deutschland. Ein Almanach, 2. Aufl., Hamburg o. J. (1959), 356–59

5324 Rusinek, Bernd-A.: Vernehmungsprotokolle. »Wir haben sehr schöne Methoden (...).« Zur Interpretation von Vernehmungsprotokollen, in: Bernd-A. Rusinek u. a. (Hg.), Einführung in die Interpretation historischer Quellen. Schwerpunkt: Neuzeit, Paderborn u. a. 1992, 111–31

5325 Tuchel, Johannes: Die NS-Prozesse als Materialgrundlage für die historische Forschung. Thesen zu Möglichkeiten und Grenzen interdisziplinärer Zusammenarbeit, in: Jürgen Weber/Peter Steinbach (Hg.), Vergangenheitsbewältigung durch Strafverfahren? NS-Prozesse in der Bundesrepublik Deutschland, München 1984, 134–44

Methodische Probleme

5326 Reemtsma, Jan P.: Terroratio. Überlegungen zum Zusammenhang von Terror, Rationalität und Vernichtungspolitik, in: Wolfgang Schneider (Hg.), »Vernichtungspolitik«. Eine Debatte über den Zusammenhang von Sozialpolitik und Genozid im nationalsozialistischen Deutschland, Hamburg 1991, 135–63

5326a Tal, Uriel: On the Study of the Holocaust and Genocide, in: YVS 13 (1979), 7–52

5327 Vetelsen, Arne J.: Die Rolle der Empathie für die moralische Wahrnehmung. Moralphilosophische Überlegungen am Beispiel der Massenvernichtung, in: Babylon 8 (1993), Nr. 12, 113–31

Darstellungen

5328 Adam, Uwe D.: Herrenmenschentum und Rassenvernichtung. (Nationalsozialismus im Unterricht, Studieneinheit 8), Hg. Deutsches Institut für Fernstudien an der Universität Tübingen, Red. Michael Rentschler, Tübingen 1983; 160 S. (als Typoskript gedr.)**

5329 Alexander, Leo: War Crimes and Their Motivation. The Socio-psychological Structure of the SS and the Criminalization of Society, in: JCLC 39 (1948/49), 298–326

5330 Aly, Götz u. a.: Biedermann und Schreibtischtäter. Materialien zur deutschen Täter-Biographie. (Beiträge zur nationalsozialistischen Gesundheits- und Sozialpolitik, 4), Berlin 1987; 207 S.*

5331 Aly, Götz/Roth, Karl H.: Die restlose Erfassung. Volkzählen, Identifizieren, Aussondern im Nationalsozialismus, Berlin 1984; 157 S.

5332 Anatomie des SS-Staates, 4. Aufl., München 1984; 324, 371 S. (zuerst 1967; Originalausg.: Olten 1965)

5333 Artzt, Heinz: Mörder in Uniform. Organisationen, die zu Vollstreckern nationalsozialistischer Verbrechen wurden, Vorwort Gerd Bastian, München 1979; 206 S.

5334 Artzt, Heinz: Zur Abgrenzung von Kriegsverbrechen und NS-Verbrechen, in: Adalbert Rückerl (Hg.), NS-Prozesse. Nach 25 Jahren Strafverfolgung: Möglichkeiten – Grenzen – Ergebnisse, Karlsruhe 1971, 163–94

5335 Bédarida, François (Hg.): La politique nazie d'extermination, hg. für das Institut d'Histoire du Temps Présent, Paris 1989; 332 S.

5336 Benz, Wolfgang/Distel, Barbara (Hg.): Die Verfolgung von Kindern und Jugendlichen. (DH, Jg. 9, Nr. 9), München 1993; 215 S.

5337 Bromberger, Barbara/Mausbach, Hans: Feinde des Lebens. NS-Verbrechen an Kindern, Köln 1987; 317 S.

5338 Burleigh, Michael/Wippermann, Wolfgang: Das Dritte Reich: Klassenherrschaft oder Rassenstaat? Rassenpolitik und Rassenmord. 1933–1940/41, in: Werner Röhr u. a. (Hg.), Faschismus und Rassismus. Kontroversen um Ideologie und Opfer, Berlin 1992, 127–47

5339 Diner, Dan: Massenverbrechen im 20. Jahrhundert: über Nationalsozialismus und Stalinismus, in: Rolf Steininger (Hg.), Der Umgang mit dem Holocaust. Europa – USA – Israel, Wien u. a. 1994, 468–81

5341 Essays über Naziverbrechen. Simon Wiesenthal gewidmet, Hg. Wiesenthal Fonds/Bund Jüdischer Verfolgter des Naziregimes in Wien, Amsterdam 1973; 296 S.*

5342 Feinderklärung und Prävention. Kriminalbiologie, Zigeunerforschung und Asozialenpolitik. (Beiträge zur nationalsozialistischen Gesundheits- und Sozialpolitik, 6), Berlin 1988; 214 S.*

5343 Finkielkraut, Alain: Die vergebliche Erinnerung. Vom Verbrechen gegen die Menschlichkeit, Berlin 1989; 115 S. (franz. Paris 1989)

5344 Geiss, Immanuel: Massaker in der Weltgeschichte. Ein Versuch über den Grenzen der Menschlichkeit, in: Uwe Backes u. a. (Hg.), Die Schatten der Vergangenheit. Impulse zur Historisierung des Nationalsozialismus, 2. Aufl., Frankfurt/Berlin 1992, 110–35 (zuerst 1990)

5345 Gellately, Robert: Enforcing Racial Policy in Nazi Germany, in: Thomas Childers/Jane Caplan (Hg.), Reevaluating the Third Reich, New York/London 1993, 42–65

5346 Gellately, Robert: Rethinking the Nazi Terror System: A Historiographical Analysis, in: GSR 14 (1991), 23–38

5347 Ginzel, Günther B. (Hg.): Mut zur Menschlichkeit – Hilfe für Verfolgte während der NS-Zeit, Pulheim 1993; XIII, 220 S.

5348 Hammer, Walter (Hg.): Hohes Haus in Henkers Hand. Rückschau auf die Hitlerzeit, auf Leidensweg und Opfergang deutscher Parlamentarier, 1. u. 2. Aufl., Frankfurt 1956; 132 S.

5349 Hammer, Walter: Die »Gewitteraktion« vom 22.8. 1944. Vor 15 Jahren wurden deutsche Parlamentarier zu Tausenden verhaftet, in: FuR 5 (1959), Nr. 8/9, 15–18

5350 Heim, Susanne/Aly, Götz: Sozialplanung und Völkermord. Thesen zur Herrschaftsrationalität der nationalsozialistischen Vernichtungspolitik, in: Wolfgang Schneider (Hg.), »Vernichtungspolitik«. Eine Debatte über den Zusammenhang von Sozialpolitik und Genozid im nationalsozialistischen Deutschland, Hamburg 1991, 11–23

5351 Henkys, Reinhard: Die nationalsozialistischen Gewaltverbrechen. Geschichte und Gericht, Hg. Dietrich Goldschmidt, Mitarb. Jürgen Baumann, Einleitung Kurt Scharf, Stuttgart/Berlin 1964; 392 S.

5352 Herbert, Ulrich: Arbeit und Vernichtung. Ökonomisches Interesse und Primat der »Weltanschauung« im Nationalsozialismus, in: Dan Diner (Hg.), Ist der Nationalsozialismus Geschichte? Zu Historisierung und Historikerstreit, Frankfurt 1987, 198–236, 285–94; abgedr. in: Ulrich Herbert (Hg.), Europa und der »Reichseinsatz«. Ausländische Zivilarbeiter, Kriegsgefangene und KZ-Häftlinge in Deutschland 1938–1945, Essen 1991, 384–426

5353 Heydecker, Joe J./Leeb, Johannes: Bilanz der tausend Jahre. Die Geschichte des Dritten Reiches im Spiegel des Nürnberger Prozesses, 2. Aufl., München 1975; 569 S. (zuerst 1958)

5354 Hinrichsen, Kurt: »Befehlsnotstand«, in: Adalbert Rückerl (Hg.), NS-Prozesse. Nach 25 Jahren Strafverfolgung: Möglichkeiten – Grenzen – Ergebnisse, Karlsruhe 1971, 131–62

5355 Hirschfeld, Gerhard (Hg.): The Policies of Genocide. Jews and Soviet Prisoners of War in Nazi Germany, London u. a. 1986; XIII, 172 S.*

5356 Jäger, Herbert: Verbrechen unter totalitärer Herrschaft. Studien zur nationalsozialistischen Gewaltkriminalität, 2. Aufl., Frankfurt 1982; 409 S. (zuerst Olten/Freiburg 1967)

5357 Klee, Ernst: Was sie taten – was sie wurden. Ärzte, Juristen und andere Beteiligten am Kranken- oder Judenmord, Frankfurt 1986; 355 S.

5358 Klönne, Arno: Staatsverbrechen und Massenakzeptanz. Zur Normalität faschistischer Herrschaft, in: Jörg Friedrich/Jörg Wollenberg (Hg.), Licht in den Schatten der Vergangenheit. Zur Enttabuisierung der Nürnberger Kriegsverbrecherprozesse, Frankfurt/Berlin 1987, 155–62

5359 Lifton, Robert J./Markusen, Eric: Psychologie des Völkermordes. Atomkrieg und Holocaust, Stuttgart 1992; 348 S.

5359a Lins, Ulrich: Die gefährliche Sprache. Die Verfolgung der Esperantisten unter Hitler und Stalin, Gerlingen 1988; 326 S.

5360 Majer, Diemut: »Rechts«-Prinzipien des nationalsozialistischen Staates am Beispiel der Verfolgung Andersdenkender, in: APUZ, Nr. B 30/83, 30. 7. 1983, 11–21

5361 Maser, Werner: Pfarrer am Schafott der Nazis. Der authentische Bericht des Mannes, der über 1000 Opfer des Hitler-Regimes zum Henker begleitete, Rastatt 1982; 176 S.

5362 Matt, Volker: Menschenrechtsproblematik von NS- und DDR-Diktatur im Vergleich, in: Ludger Kühnhardt u. a. (Hg.), Die doppelte deutsche Diktaturerfahrung. Drittes Reich und DDR – ein historisch-politikwissenschaftlicher Vergleich, Frankfurt u. a. 1994, 95–106

5363 Müller, Rolf-Dieter: Die Konsequenzen der »Volksgemeinschaft«: Ernährung, Ausbeutung und Vernichtung, in: Wolfgang Michalka (Hg.), Der Zweite Weltkrieg. Analysen, Grundzüge, Forschungsbilanz, München/Zürich 1989, 240–48

5364 Müller-Hill, Benno: Tödliche Wissenschaft. Die Aussonderung von Juden, Zigeunern und Geisteskranken 1933–1945, Reinbek 1984; 187 S.

5365 Oppitz, Ulrich-Dieter: Strafverfahren und Strafvollstreckung bei NS-Gewaltverbrechen. Dargestellt an Hand von 542 rechtskräftigen Urteilen deutscher Gerichte aus der Zeit von 1964–1975, Ulm 1979; XXIX, 318 S.

5366 Peukert, Detlev J. K.: Volksgenossen und Gemeinschaftsfremde. Anpassung, Ausmerze und Aufbegehren unter dem Nationalsozialismus, Köln 1982; 332 S.

5367 Die Pogrom-Nacht vom 9./10. November 1938. Von der Entrechtung der Juden zum Völkermord, Hg. Historische Kommission beim SPD-Parteivorstand, Bonn o. J. [1988]; 28 S.* **

5368 Röhr, Werner u. a. (Hg.): Faschismus und Rassismus. Kontroversen um Ideologie und Opfer, Berlin 1992; 454 S.*

5369 Rosmus, Anna: Wintergrün. Verdrängte Morde, Vorwort Ignatz Bubis, Konstanz 1993; 202 S.

5370 Rückerl, Adalbert (Hg.): NS-Prozesse. Nach 25 Jahren Strafverfolgung: Möglichkeiten – Grenzen – Ergebnisse, Karlsruhe 1971; 205, [16] S.*

5371 Scheffler, Wolfgang: Der Beitrag der Zeitgeschichte zur Erforschung der NS-Verbrechen – Versäumnisse, Schwierigkeiten, Aufgaben, in: Jürgen Weber/Peter Steinbach (Hg.), Vergangenheitsbewältigung durch Strafverfahren? NS-Prozesse in der Bundesrepublik Deutschland, München 1984, 114–33

5372 Schmuhl, Hans-Walter: Rassismus unter den Bedingungen charismatischer Herrschaft. Zum Übergang von der Verfolgung zur Vernichtung gesellschaftlicher Minderheiten im Dritten Reich, in: Karl D. Bracher u. a. (Hg.), Deutschland 1933–1945. Neue Studien zur nationalsozialistischen Herrschaft, 2., erg. Aufl., Bonn/Düsseldorf 1993, 182–97 (zuerst 1992)

5373 Schorn, Hubert: Die Gesetzgebung des Nationalsozialismus als Mittel der Machtpolitik, Frankfurt 1983; 175 S.

5374 Sereny, Gitta: Into that Darkness. An Examination of Conscience, 2. Aufl., New York 1983; 379 S. (zuerst 1974 u. d. T.: [...] From Mery Killing to Mass Murder)

5375 Sofsky, Wolfgang: Formen absoluter Gewalt, in: Mittelweg 2 (1993), Nr. 10, 36–46

5376 Thanassekos, Yannis/Wismann, Heinz (Hg.): Révision de l'histoire. Totalitarismes, crimes et génocides nazis. Actes du colloque international organisé à l'initiative des la Fondation Auschwitz, 3–5 novembre 1988, Institute de Sociologie, Université libre de Bruxelles, Vorwort Jean-Michel Chaumont, Paris 1990; 371 S.*

5377 Uthoff, Hayo: Rollenkonforme Verbrechen unter einem totalitären System, Einführung Ferdinand A. Hermens, Berlin 1975; 329 S.

5378 Verachtet – verfolgt – vernichtet. Zu den »vergessenen« Opfern des NS-Regimes, Hg. Projektgruppe für die vergessenen Opfer des NS-Regimes in Hamburg, Mitarb. Wolfgang Ayaß u. a., Red. Klaus Frahm u. a., Überarbeitung der 2. Aufl. Elke Alperstadt, 2., durchges. u. akt. Aufl., Hamburg 1988; 252 S. (zuerst 1986)*

5379 Welzer, Harald: Männer der Praxis. Zur Sozialpsychologie des Verwaltungsmassenmordes, in: Harald Welzer (Hg.), Nationalsozialismus und Moderne, Tübingen 1993, 105–27 (zugl. u. d. T. »Härte und Rollendistanz. [...]« in: Leviathan 21/1993, 358–73)

5380 Wobbe, Theresa (Hg.): Nach Osten. Verdeckte Spuren nationalsozialistischer Verbrechen, Frankfurt 1992; 238 S.*

5381 Wulf, Josef: Aus dem Lexikon der Mörder. »Sonderbehandlung« und verwandte Wörter in nationalsozialistischen Dokumenten, Gütersloh 1963; 110 S.

A.3.10.2 Regional- und Lokalstudien

5382 Danker, Uwe/Dittrich, Irene: Verscharrt – verdrängt – vergessen. NS-Opfer auf dem Friedhof Eichhof/Kiel, Kiel 1992; 550 Abb.; 17 lose Bogen; Beih. 32 S.

5383 Debus, Karl H.: Verfolgung und Widerstand in der Pfalz. Ethnische Minderheiten und Religionsgemeinschaften unter nationalsozialistischem Terror. Eine topoprosopographische Studie, Zeichnungen Kurt Feth, in: Pirmin Spieß (Hg.), Palatia Historica. Festschrift für Ludwig Anton Doll zum 75. Geburtstag, Mainz 1994, 627–709, 13 Karten

5384 Diercke, Herbert: Friedhof Ohlsdorf. Auf den Spuren von Naziherrschaft und

Widerstand, Hg. Willy-Bredel-Gesellschaft/ Geschichtswerkstatt, Hamburg 1991; 128 S.

5385 Ebbinghaus, Angelika u.a. (Hg.): Heilen und Vernichten im Mustergau Hamburg. Bevölkerungs- und Gesundheitspolitik im Dritten Reich, Hamburg 1984; 215 S.* **

5386 Emig, Erik (Hg.): Jahre des Terrors. Der Nationalsozialismus in Oberhausen. Gedenkbuch für die Opfer des Faschismus, Hg. Stadt Oberhausen, o.O. (Oberhausen) 1967; 259 S.

5387 Frankemölle, Hubert (Hg.): Opfer und Täter. Zum nationalsozialistischen und antijüdischen Alltag in Ostwestfalen-Lippe, Hg. Gesellschaft für Christlich-Jüdische Zusammenarbeit Paderborn, Bielefeld 1990; 246 S.*

5388 Frei, Alfred G./Runge, Jens (Hg.): Erinnern – Bedenken – Lernen. Das Schicksal von Juden, Zwangsarbeitern und Kriegsgefangenen zwischen Hochrhein und Bodensee in den Jahren 1933 bis 1945, Sigmaringen 1990; 266 S.*

5389 Früh, Eckart: Terror und Selbstmord in Wien nach der Annexion Österreichs, in: Felix Kreissler (Hg.), Fünfzig Jahre danach – der »Anschluß« von innen und außen gesehen. Beiträge zum Internationalen Symposium von Rouen 29. Februar – 4. März 1988, Wien/Zürich 1989, 216–26

5390 Garbe, Detlef: Ausgrenzung und Verfolgung im Nationalsozialismus, in: Frank Bajohr (Hg.), Norddeutschland im Nationalsozialismus, Hamburg 1993, 186–217

5391 Die Gestapo-Morde in Rombergpark und Bittermark. Die Machtergreifung in Dortmund, in: Widerstand und Verfolgung in Dortmund 1933–1945. Ständige Ausstellung und Dokumentation, im Auftrage des Rates der Stadt Dortmund erstellt vom Stadtarchiv. Eröffnet: 30. Januar 1981, Bearb. Günter Högl/Udo Steinmetz, Mitarb. Ewald Kurtz, Dortmund 1981, 307–21

5392 Heuzeroth, Günter (Hg.): Unter der Gewaltherrschaft des Nationalsozialismus 1933–1945. Dargestellt an Ereignissen im Oldenburger Land, Bd. 2: Verfolgte aus rassischen Gründen, Bearb. Universität Oldenburg, Zentrum für Pädagogische Berufspraxis, Oldenburg 1985; 355 S.**

5393 Kuropka, Joachim: Vom Antisemitismus zum Holocaust. Zu Vorgeschichte und Folgen des 9. November 1938 unter Berücksichtigung der Stadt Münster, in: Gedenken an die Pogromnacht 9./10. November 1938. Dokumentation der Veranstaltungen am 9. November 1988, Hg. Stadt Münster, Red. Isolde M. Weineck/Andreas Determann, Münster 1989, 62–101; überarb. u. erw. abgedr. in: WeZ 140 (1990), 185–205

5394 Meynert, Joachim/Klönne, Arno (Hg.): Verdrängte Geschichte. Verfolgung und Vernichtung in Ostwestfalen 1933–1945, Bielefeld 1986; 376 S.

5395 Mohn, Joseph: Der Leidensweg unter dem Hakenkreuz. Aus der Geschichte von Stadt und Stift Buchau am Federsee, Hg. Stadt Buchau, Bad Buchau 1970; 199 S.

5396 Pantcheff, T.X.H.: Der Henker vom Emsland. Willi Herold, 19 Jahre alt. Ein deutsches Lehrstück, Köln 1987; 240 S. (zuerst engl. u.d.T.: The Emsland Executioner)

5397 Schilde, Kurt (Bearb.): Erinnern und nicht vergessen. Dokumentation zum Gedenkbuch für die Opfer des Nationalsozialismus aus dem Bezirk Tempelhof, Hg. Bezirksamt Berlin-Tempelhof, Geleitwort/Schlußwort Klaus Wowereit/Klaus Scheunenberg, hg. anläßlich der Erweiterung des Gedenkbuches am 9. November 1988, Berlin 1988; 150 S.**

5398 Schönhagen, Benigna: Das Gräberfeld X. Eine Dokumentation über NS-Opfer auf dem Tübinger Stadtfriedhof, Tübingen 1987; 148 S.

5399 Stuhlpfarrer, Karl: Nationalsozialistische Verfolgungspolitik 1938–1945, in: Erich Zöllner (Hg.), Wellen der Verfolgung in der österreichischen Geschichte. (Schriften des Instituts für Österreichkunde, 48), Wien 1986, 144–54

5400 Triebel, Armin: Orte der Verfolgung und Unterdrückung: Prinz-Albrecht-Straße, Wilhelmstraße, Hedemannstraße, in: Helmut Engel u.a. (Hg.), Geschichtslandschaft Berlin. Orte und Ereignisse, Bd. 5: Kreuzberg, Berlin 1994, 117–52

A.3.10.3 Erlebnisberichte

5402 Hellfeld, Matthias G. von: Davongekommen! Erwachsenwerden im Holocaust, Frankfurt 1990; 151 S.

5403 Lepsius, Juliane: Es taucht in den Träumen wieder auf. Schicksale seit 1933, Düsseldorf 1991; 259 S.

A.3.10.4 Judenverfolgung und Judenvernichtung

[vgl. A.1.9.2: A. Eichmann; R. Heydrich; H. Himmler; A.3.10.8; A.3.15.15–16; A.3.18.4.2]

A.3.10.4.1 Allgemeines

Bibliographien

5405 Als die Synagogen brannten. Judenpogrom November 1938. Eine Auswahl der Stadtbücherei, Hg. Dezernat Kultur und Freizeit der Stadt Frankfurt am Main, Stadtbücherei, Frankfurt 1988; 26 S.

5406 Bibliographie. Empfohlene Bücher zum Thema Juden – Judentum – Israel, Hg. Landeszentrale für politische Bildung Baden-Württemberg/Erzieherausschüsse der Gesellschaft für Christlich-Jüdische Zusammenarbeit Stuttgart und Mannheim, Red. Heinz Lauber u.a., Villingen-Schwenningen 1989; 170 S.

5407 Bibliographie zum Antisemitismus/A Bibliography of Antisemitism. Die Bestände der Bibliothek des Zentrums für Antisemitismusforschung der Technischen Universität Berlin, Hg. Herbert A. Strauss, Bearb. Lydia Bressem, Mitarb. Uta Lohmann u.a., 4 Bde., München u.a. 1990–1993; XXX, 1377 S.

5408 Bloomberg, Marty: Jewish Holocaust. An Annoted Guide to Books in English, San Bernardino, Ca. 1991; 248 S.

5409 Cargas, Harry J.: The Holocaust. An Annoted Bibliography, Haverford, Pa. 1977; 86 S.

5410 Dickmann, Elisabeth: Die Reichskristallnacht. Materialien zum Antisemitismus und zur Judenverfolgung, Bremen 1978; 70 S.

5411 Ellmann-Krüger, Angelika G.: Auswahlbibliographie zur jüdischen Familienforschung vom Anfang des 19. Jahrhunderts bis zur Gegenwart, Wiesbaden 1992; 202 S.

5412 Piekarz, Mendel: Der Holocaust und seine Folgen. Hebräische Bücher, veröffentlicht in den Jahren 1933–1972, Jerusalem 1978; VII, 920 S. (hebr.)

5413 Piekarz, Mendel: Der Holocaust und seine Folgen im Spiegel hebräischer Zeitschriften. Eine Bibliographie, Jerusalem 1978; 492 S. (hebr.)

5414 Robinson, Jacob/Friedmann, Philip: Guide to Jewish History under Nazi Impact, New York 1973; XXXI, 425 S.

5415 Robinson, Jacob/Friedmann, Philip: The Holocaust and After. Sources and Literature in English, Jerusalem 1973; 353 S.

5416 Sable, Martin H. (Bearb.): Jewish Holocaust Studies. A Dictionary and Bibliography of Bibliographies, Greenwood, Fl. 1987; 128 S.

5417 Wassermann, Henry (Bearb.): Bibliographie des jüdischen Schrifttums in Deutschland 1933–1943, Mitarb. Joel Golb u.a., bearb. für das Leo Baeck Institute,

Jerusalem, München u.a. 1989; XXVII, 153 S.

Literaturberichte

5418 Blasius, Dirk: »Judenfrage« und Gesellschaftsgeschichte, in: NPL 23 (1978), 17–33

5419 Broszat, Martin: Holocaust. Literatur im Kielwasser des Fernsehfilms, in: GWU 31 (1980), 21–29

5420 Conway, John S.: The Holocaust – Evaluations and Reassessments, in: GSR 5 (1982), 389–96

5421 Heid, Ludger: Im Brennglas der Kritik – deutsch-jüdische Historiographie, in: HPB 38 (1990), 33–36

5422 Hilberg, Raul: Developments in the Historiography of the Holocaust, in: Asher Cohen u.a. (Hg.), Comprehending the Holocaust. Historical and Literary Research, Frankfurt u.a. 1988, 21–44

5423 Hoffmann, Christhard: Neue Studien zur Ideen- und Mentalitätsgeschichte des Antisemitismus, in: JfA 1 (1992), 274–85

5424 Homann, Ursula: Warnsignal auf dem Weg zum Holocaust. Pogromnacht 1938 – Leben und Verfolgung der Juden im Dritten Reich, in: Parlament, Jg. 38, Nr. 44, 28.10. 1988, 14 f.

5425 Kaiser, Jochen-Christoph: Gesellschaftspolitik im Nationalsozialismus. Zur aktuellen Auseinandersetzung über die Interpretation der Shoa, in: SLR 17 (1994), Nr. 28, 7–26

5426 Kraus, Elisabeth: »Mietbürger« ohne Kündigungsschutz. Neuere Literatur zur Geschichte der Juden in Deutschland, in: AfS 31 (1991), 645–74

5427 Kwiet, Konrad: Judenverfolgung und Judenvernichtung im Dritten Reich. Ein historiographischer Überblick, in: Dan Diner (Hg.), Ist der Nationalsozialismus Geschichte? Zu Historisierung und Historikerstreit, Frankfurt 1987, 237–64, 294–306

5428 Marek, Michael: Es war hier nicht so schlimm wie in anderen Orten. Pädagogischer Diskurs und Perspektivenwahl bei der Rekonstruktion der Shoah, in: Parlament, Jg. 42, Nr. 12, 13.3. 1992, 22 f.

5429 Maurer, Trude: Die Entwicklung der jüdischen Minderheit in Deutschland (1780–1933). Neuere Forschungen und offene Fragen, Tübingen 1992; 195 S.

5430 Mommsen, Hans: Über Michael R. Marrus: The Nazi Holocaust, in: HPB 41 (1993), 443–54

5431 Pulzer, Peter: New Books on German-Jewish History, in: CEH 24 (1991), 176–86

5432 Rasehorn, Theo: Die Wunde schwärt noch: Juristen als Opfer und Täter Hitlers, in: RuP 29 (1993), 213–20

5433 Scheffler, Wolfgang: Holocaustforschung am Wendepunkt. Kritische Anmerkungen zur deutschen Ausgabe der »Enzyklopädie des Holocaust«, in: JfA 3 (1994), 341–53

Zeitschriften

5434 Holocaust & Genocide Studies. An International Journal, Oxford u.a., 1 (1986)ff.

5435 Jahrbuch für Antisemitismusforschung, Hg. Wolfgang Benz, Hamburg, 1 (1992)ff.

5436 Leo Baeck Institut of Jews from Germany. Year Book, London, 1 (1956)ff.

5437 Yad Vashem Studies on the European Jewish Catastrophe and Resistance, Jerusalem, 1 (1957)ff.

Nachschlagewerke

5438 Enzyklopädie des Holocaust. Die Verfolgung und Ermordung der europäischen Juden, Hg. Eberhard Jäckel u.a., 3 Bde., Berlin 1993; 1914, XIX S. (amerik.: Israel Gutman [Hg.], New York 1989; hebr.: Tel Aviv 1989)

5439 Gedenkbuch. Opfer der Verfolgung der Juden unter der nationalsozialistischen Gewaltherrschaft in Deutschland 1933–1945, Bearb. Bundesarchiv/Internationaler Suchdienst Arolsen, 2 Bde., Koblenz 1986; XVI, VIII, 1822 S.

5440 Gilbert, Martin: Endlösung. Die Vertreibung und Vernichtung der Juden. Ein Atlas, Reinbek 1982; 264 S. (engl.: London 1982)

5441 Kaznelson, Siegmund (Hg.): Juden im deutschen Kulturbereich. Ein Sammelwerk, Geleitwort Richard Willstätter, 3., erg. u. korr. Aufl., Berlin 1962; XX, 1078 S. (2. Aufl. 1959)

5442 Lexikon deutsch-jüdischer Autoren, Hg. Archiv Bibliographia Judaica, Red. Renate Heuer, ca. 16 Bde. u. 2 Reg.-Bde., München u.a. 1992ff.; ca. 8000 S.

5443 Stengel, Theo: Lexikon der Juden in der Musik. Mit einem Titelverzeichnis jüdischer Werke. (Veröffentlichungen des Instituts der NSDAP zur Erforschung der Judenfrage, 2), Mitarb. Herbert Gerigk, bearb. i. A. der Reichsleitung der NSDAP auf Grund behördlicher, parteiamtlich geprüfter Unterlagen, 12.–14. Tsd., Frankfurt 1943; 404 S. (zuerst 1940)

5445 Stern, Desider: Werke von Autoren jüdischer Herkunft in deutscher Sprache. Eine Bio-Bibliographie, 3. Aufl., Wien 1970; 455 S. (zuerst 1967)

5446 Tetzlaff, Walter: 2000 Kurzbiographien bedeutender deutscher Juden des 20. Jahrhunderts, Lindhorst 1982; III, 375 S.

5447 Walk, Joseph: Kurzbiographien zur Geschichte der Juden in Deutschand 1918–1945, Hg. Leo Baeck Institute, München u.a. 1988; XVIII, 452 S.

5448 Wiesenthal, Simon: Jeder Tag ein Gedenktag. Chronik jüdischen Leidens, Gerlingen 1988; 328 S.

Quellenkunde

5449 Bauer, Yehuda u.a.: Guide of Unpublished Materials of the Holocaust Period, 5 Bde., Jerusalem 1970–1979

5450 Extermination and Resistance. Historical Records and Source Material, Hg. Kibbuz Lohamei Haghettaot, Israel 1958; 196 S.

5451 Kreutzberger, Max (Hg.): Leo Baeck Institute New York. Bibliothek und Archiv. Katalog, Bd. 1: Deutschsprachige jüdische Gemeinden, Zeitungen, Zeitschriften, Jahrbücher, Almanache und Kalender, unveröffentlichte Memoiren und Erinnerungsschriften, Mitarb. Irmgard Foerg, Tübingen 1970; XLI, 623 S.

5452 List of Nuremberg Documents Dealing with the Persecution of Jews, Hg. Wiener Library, London 1967; 231 S. (Ms. vervielf.)

5453 Robinson, Jacob/Sachs, Henry (Hg.): The Holocaust. The Nuremberg Evidence, T. 1: Documents. Digest, Index and Chronological Tabels, Jerusalem 1976; 370 S.

5454 Zetzsche, Jürgen: Beweisstücke aus der Vergangenheit. Fotografien des Holocaust und ihre Spuren in der Literatur, in: Fotogeschichte 11 (1991), Nr. 39, 47–59**

Gedruckte Quellen

5455 Dafni, Reuven/Kleimann, Yehudit (Hg.): Final Letters. From the Yad Vashem Archive, London 1991; 128 S.

5456 Dokumentation zur »Reichskristallnacht«, in: Tribüne 17 (1978), Nr. 68, 22–60

5457 Dokumente über Methoden der Judenverfolgung im Ausland, Hg. United Restitution Organization, Frankfurt 1959; 106 S.

5458 Döscher, Hans-Jürgen (Hg.): Reichskristallnacht. Die Novemberpogrome 1938 im Spiegel ausgewählter Quellen. Eine Dokumentation, Bonn/Niederkassel 1988; 63 S.

5459 Eschwege, Helmut (Hg.): Kennzeichen »J«. Bilder, Dokumente, Berichte zur Geschichte der Verbrechen des Hitlerfaschismus an den deutschen Juden 1933–1945, Chronik der faschistischen Judenverfolgung: Klaus Drobisch, Einleitung Otto Goguel, Geleitwort Arnold Zweig, 2., durchges. u. erg. Aufl., Berlin (O) 1981; 405 S. (zuerst 1966; LA Frankfurt 1979)

5460 Feiner, Herta: Vor der Deportation. Briefe an die Töchter Januar 1939 – Dezember 1942, Hg. Karl H. Jahnke, Frankfurt 1993; 127 S.

5461 Freimark, Peter/Kopitzsch, Wolfgang (Hg.): Der 9./10. November 1938 in Deutschland. Dokumentation zur »Kristallnacht«, 1. u. 2. Aufl., Hamburg 1978; 104 S.

5462 Gedenke! Vergiß nie! 40. Jahrestag des faschistischen »Kristallnacht«-Pogroms. Eine Dokumentation, Hg. Verband der Jüdischen Gemeinden in der DDR, Berlin (O) 1979; 125 S.

5463 Guttmann, Theodor (Hg.): Dokumentenwerk über die jüdische Geschichte in der Zeit des Nazismus. Ehrenbuch für das Volk Israel, 2 Bde., Jerusalem 1943–1945

5464 Heim, Susanne/Aly, Götz (Hg.): Bevölkerungsstruktur und Massenmord. Neue Dokumente zur deutschen Politik der Jahre 1938–1945, Berlin 1991; 208 S.

5465 Heim, Susanne/Aly, Götz: Staatliche Ordnung und »organische Lösung«. Die Rede Hermann Görings »Über die Judenfrage« vom 6. Dezember 1938, in: JfA 2 (1993), 378–404

5466 Hiob, Hanne/Koller, Gerd (Hg.): »Wir verreisen ...« – In die Vernichtung. Briefe 1937–1944, Hamburg 1993; 216 S.

The Holocaust. Selected Documents in 18 Volumes, Hg. John Mendelsohn, New York:

5467 – Bd. 1: Legalizing the Holocaust. The Early Phase, 1933–1939, 1982; 908 S.

5468 – Bd. 2: Legalizing the Holocaust. The Later Phase, 1939–1943, 1982; 355 S.

5469 – Bd. 3: The Crystal Night Pogrom, Einleitung John Mendelsohn, 1982; 402 S.

5470 – Bd. 4: Propaganda and Aryanization 1938–1944, Einleitung John Mendelsohn, 1982; 288 S.

5471 – Bd. 5: Jewish Emigration from 1933 to the Evian Conference of 1938, Einleitung John Mendelsohn, 1982; 282 S.

5472 – Bd. 6: Jewish Emigration 1938–1940, Rublee Negociations, and the Intergovernmental Committee, Einleitung John Mendelsohn, 1982; 256 S.

5473 – Bd. 7: Jewish Emigration, the S. S. St. Louis Affair, and Other Cases, Einleitung John Mendelsohn, 1982; 270 S.

5474 – Bd. 8: Deportation of the Jews to the East, Stettin, 1940, to Hungary, 1944, Einleitung John Mendelsohn, 1982; 254 S.

5475 – Bd. 9: Medical Experiments on Jewish Inmates of Concentration Camps, Einleitung John Mendelsohn, 1982; 245 S.

5476 – Bd. 10: The Einsatzgruppen Murder Commandos, Einleitung Willard A. Fletcher, 1982; 250 S.

5477 – Bd. 11: The Wannsee Protocol and a 1944 Report on Auschwitz by the Office of Strategic Services, Einleitung Robert Wolfe, 1982; 278 S.

5478 – Bd. 12: The »Final Solution« in the Extermination Camps and the Aftermath, Einleitung Henry Friedlander, 1982; 290 S.

5479 – Bd. 13: The Judicial System and the Jews in Nazi Germany, Einleitung John Mendelsohn, 1982; 290 S.

5480 – Bd. 14: Relief and Rescue of Jews from Nazi Oppression, 1943–1945, Einleitung John Mendelsohn, 1982; 242 S.

5481 – Bd. 15: Relief Hungary and the Failure of the Joel Brand Mission, Einleitung John Mendelsohn, 1982; 249 S.

5482 – Bd. 16: Rescue to Switzerland, the Musy and Saly Mayer Affairs, Einleitung Sybil Milton, 1982; 219 S.

5483 – Bd. 17: Punishing the Perpetrators of the Holocaust. The [Rudolf] Brandt, [Oswald] Pohl, and [Otto] Ohlendorf Cases, Einleitung John Mendelsohn, 1982; 266 S.

5484 – Bd. 18: Punishing the Perpetrators of the Holocaust. The [Otto] Ohlendorf and [Ernst Freiherr] Von Weizsäcker Cases, Einleitung John Mendelsohn, 1982; 259 S.

5486 Longerich, Peter (Hg.): Die Ermordung der europäischen Juden. Eine umfassende Dokumentation des Holocaust 1941–1945, Mitarb. Peter Pohl, München/Zürich 1989; 479 S.

5487 Metzger, Hartmut (Hg.): Kristallnacht. Dokumente von gestern zum Gedenken heute, Stuttgart 1978; 64 S.

5488 Milton, Sybil: The Expulsion of Polish Jews from Germany October 1938 to July 1939. A Documentation, in: LBY 29 (1984), 169–99

5489 Mommsen, Hans: Der nationalsozialistische Polizeistaat und die Judenverfolgung vor 1938. (Dokumentation), in: VfZ 10 (1962), 68–87

5490 Pätzold, Kurt: Verfolgung, Vertreibung, Vernichtung. Dokumente des faschistischen Antisemitismus 1933 bis 1943, Leipzig 1983; 364 S. (LA Frankfurt 1984)

5491 Pätzold, Kurt/Schwarz, Erika: Tagesordnung: Judenmord. Die Wannsee-Konferenz vom 20. Januar 1942. Eine Dokumentation der »Endlösung«, 1. u. 2. Aufl., Berlin 1992; 257 S.

5492 Riesenburger, Martin: Das Licht verlöschte nicht. Dokumente aus der Nacht des Nazismus, Berlin (O) 1960; 87 S.

5493 Scheffler, Wolfgang: Ausgewählte Dokumente zur Geschichte des Novemberpogroms 1938, in: APUZ, Nr. B 44/78, 4.11. 1978, 3–30

5494 Schmid, Hans-Dieter u. a. (Bearb.): Juden unterm Hakenkreuz. Dokumente und Berichte zur Verfolgung und Vernichtung der Juden durch die Nationalsozialisten 1933 bis 1945, Bd. 1: Verdrängung und Verfolgung, Bd. 2: Vertreibung und Vernichtung, Düsseldorf 1983; 179, 288 S.

5495 Schoenberner, Gerhard (Hg.): Wir haben es gesehen. Augenzeugenberichte über Terror und Judenverfolgung im Dritten Reich, 3. Aufl., Wiesbaden 1981; 430 S. (zuerst Hamburg 1962)

5496 Das Schwarzbuch. Die Lage der Juden in Deutschland 1933. Tatsachen und Dokumente, Hg. Comité des Délégations Juives, ND, Frankfurt/Berlin 1983; 535 S. (zuerst Paris 1934)

5497 Strauß, Walter: Das Reichsministerium des Innern und die Judengesetzgebung. Aufzeichnungen von Dr. Bernhard Lösener. (Dokumentation), in: VfZ 9 (1961), 264–313

5498 Verjagt, ermordet. Zeichnungen jüdischer Schüler 1936–1941, Hg. Stadtmuseum Düsseldorf, Düsseldorf 1988; 158 S.

5499 Walk, Joseph (Hg.): Das Sonderrecht für die Juden im NS-Staat. Eine Sammlung der gesetzlichen Maßnahmen und Richtlinien – Inhalt und Bedeutung, Heidelberg 1981; XVII, 452 S.

5500 Wertheimer, Martha: In mich ist die große dunkle Ruhe gekommen. Briefe an Siegfried Guggenheim in New York. Geschrieben vom 27.5. 1939–2.9. 1941 in Frankfurt am Main, Hg. Arbeitsstelle zur Vorbereitung des Frankfurter Lern- und Dokumentationszentrums des Holocaust/Förderverein »Fritz-Bauer-Institut«, Bearb. Hanno Loewy, Frankfurt 1993; 40 S.

Methodische Probleme

5501 Graml, Hermann: Irregeleitet und in die Irre führend. Widerspruch gegen eine »nationale« Erklärung von Auschwitz, in: JfA 1 (1992), 286–95

5502 Hilberg, Raul: Tendenzen der Holocaust-Forschung, in: Walter H. Pehle (Hg.), Der historische Ort des Nationalsozialismus. Annäherungen, Frankfurt 1990, 71–80

5503 Postone, Moishe: Nationalsozialismus und Antisemitismus. Ein theoretischer Versuch, in: Merkur 36 (1982), 13–25; abgedr. in: Dan Diner (Hg.), Zivilisationsbruch. Denken nach Auschwitz, Frankfurt 1988, 242–54, 285–87

Darstellungen

5504 Adam, Uwe D.: Judenpolitik im Dritten Reich, 2. Aufl., Königstein/Düsseldorf 1979; 384 S. (zuerst 1972)

5505 Adam, Uwe D.: Zur Entstehung und Auswirkung des Reichsbürgergesetzes, in: APUZ, Nr. B 48/85, 30.11.1985, 14–22

5506 Adam, Uwe D.: Der Aspekt der »Planung« in der NS-Judenpolitik, in: Thomas Klein u. a. (Hg.), Judentum und Antisemitismus von der Antike bis zur Gegenwart, Düsseldorf 1984, 161–78

5507 Adam, Uwe D.: Wie spontan war der Pogrom?, in: Walter H. Pehle (Hg.), Novemberpogrom 1938. Von der Reichskristallnacht zum Völkermord, Frankfurt 1988, 74–93

5508 Adam, Uwe D.: An Overall Plan for Anti-Jewish Legislation in the Third Reich?, in: YVS 11 (1976), 33–55

5509 Adler, Hans G.: Der verwaltete Mensch. Studien zur Deportation der Juden aus Deutschland, Tübingen 1974; XXXII, 1076 S.

5510 Adler, Hans G.: Pogrome und Konzentrationslager. Die Judenverfolgungen im 20. Jahrhundert, in: Karlheinz Deschner (Hg.), Das Jahrhundert der Barbarei, München 1966, 243–315

5511 Adler-Rudel, Salomon: Ostjuden in Deutschland 1880–1940, Tübingen 1959; 169 S.

5512 »Als ob ich selber nackt im Schnee und Regen stehe...« Alis Guggenheim 1896–1958. Jüdin, Kommunistin, Künstlerin, Hg. Aargauer Kunsthaus Aarau, Mitarb. Hans H. Holz u.a., hg. anläßlich der Ausstellung Alis Guggenheim. 1896–1958, 18. Oktober bis 22. November 1992, Ennetbaden 1992; 199 S.

5513 Aly, Götz u. a.: Sozialpolitik und Judenvernichtung. Gibt es eine Ökonomie der Endlösung? (Beiträge zur nationalsozialistischen Gesellschafts- und Sozialpolitik, 5), Berlin 1987; 188 S.*

5514 Aly, Götz/Heim, Susanne: Vordenker der Vernichtung. Auschwitz und die deutschen Pläne für eine europäische Ordnung, Hamburg 1991; 541 S. (TB Frankfurt 1995)

5515 Angress, Werner T.: Generation zwischen Furcht und Hoffnung. Jüdische Jugend im 3. Reich, Hamburg 1985; 180 S.

5516 Angress, Werner T.: The German Jews, 1933–1939, in: Henry Friedlander/Sybil Milton (Hg.), The Holocaust: Ideology, Bureaucracy, and Genocide. The San José Papers, Millwood, N.Y. 1980, 69–84

5517 Angress, Werner T.: Die »Judenfrage« im Spiegel amtlicher Berichte 1935, in: Ursula Büttner (Hg.), Das Unrechtsregime. Internationale Forschung über den Nationalsozialismus. Festschrift für Werner Jochmann zum 65. Geburtstag, Bd. 2, Hamburg 1986, 19–44

5518 Arad, Yitzhak: Jewish Family Camps in the Forests. An Original Means of Rescue, in: Yisrael Gutman/Efraim Zuroff (Hg.), Rescue Attempts during the Holocaust, Jerusalem 1977, 333–53

5519 Arndt, Ino: Antisemitismus und Judenverfolgung, in: Martin Broszat/Horst Möller (Hg.), Das Dritte Reich. Herrschaftsstruktur und Geschichte, 2., verb. Aufl., München 1986, 209–30 (zuerst 1983)

5520 Arndt, Ino/Scheffler, Wolfgang: Organisierter Massenmord an Juden in nationalsozialistischen Vernichtungslagern. Ein Beitrag zur Richtigstellung apologetischer Literatur, Vorbemerkung Martin Broszat, in: VfZ 24 (1976), 105–35; abgedr. in: Karl D. Bracher u.a. (Hg.), Nationalsozialistische Diktatur 1933–1945. Eine Bilanz, Bonn (zugl. Düsseldorf) 1983, 539–71

5521 Arnold, Ben: Art, Music, and the Holocaust, in: H&GS 6 (1991), 335–49

5522 Azzola, Axel: Die rechtliche Ausschaltung der Juden aus dem öffentlichen Leben im Jahre 1933. Ein Beitrag zur Vorgeschichte eines Genozids, in: Ralf Dreier/Wolfgang Sellert (Hg.), Recht und Justiz im »Dritten Reich«, Frankfurt 1989, 105–17

5523 Bacharach, Walter Z.: Die Shoa aus jüdischer Sicht, in: Arno Herzig/Ina S. Lorenz (Hg.), Verdrängung und Vernichtung der Juden unter dem Nationalsozialismus, Hamburg 1992, 75–83

5524 Ball-Kaduri, Kurt J.: Das Leben der Juden in Deutschland im Jahre 1933. Ein Zeitbericht, Frankfurt 1963; 226 S.

5525 Ball-Kaduri, Kurt J.: Vor der Katastrophe. Juden in Deutschland 1934–1939, Tel Aviv 1967; 302 S.

5526 Bankier, David: Hitler and the Policymaking Process on the Jewish Question, in: H&GS 1 (1988), 1–20

5527 Bankier, David: Jewish Society through Nazi Eyes, 1933–1936, in: H&GS 6 (1991), 111–27

5528 Barkai, Avraham: Regierungsmechanismem im Dritten Reich und die »Genesis der Endlösung«, in: JIdG 14 (1985), 371–91

5529 Bauer, Yehuda: The Holocaust in Historical Perspective, London/Seattle 1989; IX, 181 S.

5530 Bauer, Yehuda: A History of the Holocaust, Mitarb. Nili Keren, New York u.a. 1982; XVI, 398 S.

5531 Bauer, Yehuda: Who Was Responsible and When? Some Wellknown Documents Revisited, in: H&GS 6 (1991), 129–49

5532 Bauman, Zygmunt: Dialektik der Ordnung. Die Moderne und der Holocaust, Hamburg 1992; 253 S.(engl.: Cambridge/Oxford 1989 u.d.T.: Modernity and the Holocaust)

5533 Beer, Mathias: Die Entwicklung der Gaswagen beim Mord an den Juden, in: VfZ 35 (1987), 403–17

5534 Beer, Ulrich: Versehrt, verfolgt, versöhnt. Horst Berkowitz, ein jüdisches Anwaltsleben, Essen 1979; 164 S.

5535 Bein, Alex[ander]: Die Judenfrage. Biographie eines Weltproblems, 2 Bde., Stuttgart 1980; 464, 429 S.

5536 Bein, Alexander: »Der jüdische Parasit«. Bemerkungen zur Semantik der Judenfrage, in: VfZ 13 (1965), 121–49

5537 Benz, Wolfgang (Hg.): Dimension des Völkermords. Die Zahl der jüdischen Opfer des Nationalsozialismus, München 1991; 584 S.

5538 Benz, Wolfgang (Hg.): Die Juden in Deutschland 1933–1945. Leben unter nationalsozialistischer Herrschaft, 2., durchges. Aufl., München 1993; 779 S. (zuerst 1988; ND 1989)*

5539 Benz, Wolfgang: Erziehung zur Unmenschlichkeit. Der 9. November 1938, in: Johannes Willms (Hg.), Der 9. November. Fünf Essays zur deutschen Geschichte, München 1994, 49–65, 94 f.

5540 Benz, Wolfgang: Die Juden im Dritten Reich, in: Karl D. Bracher u.a. (Hg.),

Deutschland 1933–1945. Neue Studien zur nationalsozialistischen Herrschaft, 2., erg. Aufl., Bonn/Düsseldorf 1993, 273–90 (zuerst 1992)

5541 Benz, Wolfgang: Überleben in Deutschland. Drei jüdische Schicksale, in: Wolfgang Benz, Herrschaft und Gesellschaft im nationalsozialistischen Staat, Frankfurt 1990, 160–66

5542 Benz, Wolfgang: Realität und Illusion. Die deutschen Juden und der Nationalsozialismus, in: Wolfgang Benz, Herrschaft und Gesellschaft im nationalsozialistischen Staat, Frankfurt 1990, 112–44 (zuerst gekürzt in: APUZ, B 43/88, 21. 10. 1988, 22–33)

5543 Benz, Wolfgang: Aktionen und Reaktionen. Der Novemberpogrom [1938], in: Wolfgang Benz, Herrschaft und Gesellschaft im nationalsozialistischen Staat, Frankfurt 1990, 145–59

5544 Benz, Wolfgang: Prolog. Der 30. Januar 1933. Die deutschen Juden und der Beginn der nationalsozialistischen Herrschaft, in: Wolfgang Benz (Hg.), Die Juden in Deutschland 1933–1945. Leben unter nationalsozialistischer Herrschaft, 2., durchges. Aufl., München 1993, 15–33 (zuerst 1988; ND 1989)

5545 Benz, Wolfgang: Der Novemberpogrom 1938, in: Wolfgang Benz (Hg.), Die Juden in Deutschland 1933–1945. Leben unter nationalsozialistischer Herrschaft, 2., durchges. Aufl., München 1993, 499–544 (zuerst 1988; ND 1989)

5546 Benz, Wolfgang: Leben im Untergrund 1943–1945, in: Wolfgang Benz (Hg.), Die Juden in Deutschland 1933–1945. Leben unter nationalsozialistischer Herrschaft, 2., durchges. Aufl., München 1993, 660–700 (zuerst 1988; ND 1989)

5547 Benz, Wolfgang: Der Rückfall in die Barbarei. Bericht über den Pogrom, in: Walter H. Pehle (Hg.), Novemberpogrom 1938. Von der Reichskristallnacht zum Völkermord, Frankfurt 1988, 13–15, 213 f.

5548 Benz, Wolfgang: Rassenkrieg gegen Kinder in Ghetto und KZ, in: JfA 1 (1992), 182–90

5549 Benz, Wolfgang: Judenvernichtung aus Notwehr? Die Legenden um Theodore N. Kaufmann, in: VfZ 29 (1981), 615–30

5550 Billig, Joseph: Die Endlösung der Judenfrage. Studie über ihre Grundsätze im III. Reich und in Frankreich während der Besatzung, Frankfurt u. a. 1979; 240 S. (franz.: Paris 1977)

5551 Billig, Joseph: L'Allemagne et le génocide. Plans et réalisations nazis, Vorwort François de Menthon, Paris 1950; 110 S.

5552 Billig, Joseph: Le Commissariat Générale aux Questions Juivres 1941–1944, 3 Bde., Paris 1955, 1957, 1960; 388, 382, 340 S.

5553 Billig, Joseph: The Launching of the »Final Solution«, in: Serge Klarsfeld (Hg.), The Holocaust and the Neo-Nazi Mythomania, New York u. a. 1978, 1–104a

5554 Binion, Rudolph: »Der Jude ist weg.« Machtpolitische Auswirkungen des Hitlerschen Rassengedankens, in: Josef Becker/ Andreas Hillgruber (Hg.), Die Deutsche Frage im 19. und 20. Jahrhundert. Referate und Diskussionsbeiträge eines Augsburger Symposiums, 23. bis 25. September 1981, München u. a. 1983, 347–72

5555 Black, Peter R.: Ernst Kaltenbrunner and the Final Solution, in: Randolph L. Braham (Hg.), Contemporary Views on Holocaust, Boston u. a. 1983, 183–99

5556 Blasius, Dirk: »Bürgerlicher Tod«: Der NS-Unrechtsstaat und die deutschen Juden, in: GWU 41 (1991), 138–60; überarb. abgedr. in: Dirk Blasius/Dan Diner (Hg.) Zerbrochene Geschichte. Leben und Selbstverständnis der Juden in Deutschland, Frankfurt 1991, 121–37 u. d. T.: Zwischen Rechtsvertrauen und Rechtszerstörung. Deutsche Juden 1933–1935

5557 Blau, Bruno: Das Ausnahmerecht für die Juden in Deutschland 1933–1945, 3.

Aufl., Düsseldorf 1965; 125 S. (zuerst New York 1952; 2. Aufl., Düsseldorf 1954)

5558 Blumenthal, Nachman: Zur Genesis der »Endlösung der Judenfrage«, in: Essays über Naziverbrechen. Simon Wiesenthal gewidmet, Hg. Wiesenthal Fonds/Bund Jüdischer Verfolgter des Naziregimes in Wien, Amsterdam 1973, 19–55

5559 Boas, Jacob: Germany or Diaspora? German Jewry's Shifting Perceptions in the Nazi Era (1933–1938), in: LBY 27 (1982), 109–26

5560 Boas, Jacob: German-Jewish International Politics under Hitler, 1933–1938, in: LBY 29 (1984), 3–25

5561 Boas, Jacob: The Shrinking World of German Jewry, 1933–1938, in: LBY 31 (1986), 241–66

5562 Bohleber, Werner/Kafka, John S. (Hg.): Antisemitismus, Bielefeld 1992; 208 S.

5563 Botstein, Leon: Judentum und Modernität. Essays zur Rolle der Juden in der deutschen und österreichischen Kultur, Köln 1991; 231 S.

5564 Braham, Randolph L. (Hg.): Contemporary Views on the Holocaust, Boston, Mass. u.a. 1983; IX, 237 S.*

5565 Braham, Randolph L. (Hg.): The Psychological Perspectives of the Holocaust and of Its Aftermath, Boulder, Col. 1988; VII, 225 S.

5566 Braham, Randolph L.: The Emergence of the Final Solution and the War, 1939–41, in: Asher Cohen u.a. (Hg.), The Shoah and the War, New York u.a. 1992, 35–52

5567 Braun, Christina von/Heid, Ludger (Hg.): Der ewige Judenhaß. Christlicher Antijudaismus, deutschnationale Judenfeindlichkeit, rassistischer Antisemitismus, Sachsenheim 1990; 243 S.

5568 Breitman, Richard: The End of the »Final Solution«? Nazi Plans to Ransom Jews in 1944, in: CEH 25 (1992), 177–203

5569 Breitman, Richard: The »Final Solution«, in: Gordon Martel (Hg.), Modern Germany Reconsidered, 1870–1945, London/New York 1992, 197–210

5570 Brentzel, Marianne: Nesthäkchen kommt ins KZ. Eine Erinnerung an Else Ury 1877–1943. Mit Fotos, Briefen und einer Bibliographie der Werke Else Urys, Mitarb. Barbara Asper, 3. Aufl., Zürich/Dortmund 1993; 254 S. (zuerst 1992)**

5571 Broszat, Martin: Hitler und die Genesis der Endlösung. Aus Anlaß der Thesen von David Irving, in: VfZ 25 (1977), 739–75; abgedr. in: Hermann Graml/Klaus-Dietmar Henke (Hg.), Nach Hitler. Der schwierige Umgang mit unserer Geschichte. Beiträge von Martin Broszat, 2. Aufl., München 1986, 187–229 (zuerst 1987; TB München 1990)

5572 Browning, Christopher R.: Fateful Months. Essays on the Emergence of the Final Solution, New York/London 1985; IX, 113 S.

5573 Browning, Christopher R.: The Path to Genocide. Essays on Launching the Final Solution, Cambridge u.a. 1992; XIII, 191 S.*

5574 Browning, Christopher R.: German Technocrats, Jewish Labor, and the Final Solution. A Reply to Götz Aly and Susanne Heim, in: Christopher R. Browning, The Path to Genocide. Essays on Launching the Final Solution, Cambridge u.a. 1992, 59–76

5575 Browning, Christopher R.: Beyond »Intentionalism« and »Functionalism«: The Decision for the Final Solution Reconsidered, in: Christopher R. Browning, The Path to Genocide. Essays on Launching the Final Solution, Cambridge u.a. 1992, 86–121

5576 Browning, Christopher R.: Beyond »Intentionalism« and »Functionalism«: A

Reassessment of Nazi Jewish Policy from 1939 to 1941, in: Thomas Childers/Jane Caplan (Hg.), Reevaluating the Third Reich, New York/London 1993, 211–33

5577 Browning, Christopher R.: Zur Genesis der »Endlösung«. Eine Antwort an Martin Broszat, in: VfZ 29 (1981), 97–109

5578 Browning, Christopher R.: Nazi Resettlement Policy and the Search for a Solution to the Jewish Question, 1939–1941, in: GSR 9 (1986), 497–519; abgedr. in: Christopher R. Browning, The Path to Genocide. Essays on Launching the Final Solution, Cambridge u. a. 1992, 3–27

5579 Brumlik, Micha/Kunik, Petra (Hg.): Reichspogromnacht. Vergangenheitsbewältigung aus jüdischer Sicht, 1. u. 2. Aufl., Frankfurt 1988; 123 S.*

5580 Burrin, Philippe: Hitler und die Juden. Die Entscheidung für den Völkermord, Frankfurt 1993; 205 S. (franz.: Paris 1989)

5581 Büttner, Ursula: Die Not der Juden teilen. Christlich-jüdische Familien im Dritten Reich. Beispiel und Zeugnis des Schriftstellers Robert Bredel, Hamburg 1988; 314 S.

5582 Cahnmann, Werner J.: German Jewry. Its History and Sociology. Selected Essays, New Brunswick 1989; XIV, 256 S.

5583 Carr, William: Nazi Policy against the Jews, in: Richard Bessel (Hg.), Life in the Third Reich, 3. Aufl., Oxford/New York 1992, 69–82 (zuerst 1987)

5584 Chalk, Frank/Jonassohn, Kurt (Hg.): The History and Sociology of Genocide. Analyses and Case Studies, New Haven, Conn./London 1990, 323–77, 440–42

5585 Cocks, Geoffrey: Partners and Pariahs. Jews and Medicine in Modern German Society, in: LBY 36 (1991), 191–205

5586 Cohen, Asher u. a. (Hg.): Dapim. Studies on the Shoa, New York u. a. 1991; 278 S. (Beiträge zuerst hebr. in: Dapim, Hg. Institute for Research of the Holocaust Period)

5587 Cohen, Asher u. a. (Hg.): Comprehending the Holocaust. Historical and Literary Research, Frankfurt u. a. 1988; 372 S.*

5588 Cohen, Asher u. a. (Hg.): The Shoah and the War, New York u. a. 1992; (V), 450 S.

5589 Cohn, Norman R. C.: Die Protokolle der Weisen von Zion. Der Mythos von der jüdischen Weltverschwörung, Köln/Berlin 1969; 391 S. (engl.: New York 1966/London 1967 u. d. T.: Warrant for Genocide)**

5590 Cohn, Werner: Bearers of a Common Fate? The »Non-Aryan« Christian »Fate-Comrades« of the Paulus-Bund, 1933–1939, in: LBY 33 (1988), 327–66

5591 Czermak, Gerhard: Christen gegen Juden. Geschichte einer Verfolgung. Von der Antike bis zum Holocaust, 1945 bis heute, 2. Aufl., Frankfurt 1991; 442 S. (zuerst 1990)

5592 Dadrian, Vahakn N.: The Convergent Aspects of the Armenian and Jewish Cases of Genocide. A Reinterpretation of the Concept of Holocaust, in: H&GS 3 (1988), 151–69

5593 Dawidowicz, Lucy S.: Der Krieg gegen die Juden 1933–1945, München 1979; 448 S. (engl.: London/New York 1975 u. ö.)

5594 Deutsche jüdische Soldaten 1914 bis 1945. Katalog zur Wanderausstellung des Militärgeschichtlichen Forschungsamtes, Hg. Militärgeschichtliches Forschungsamt, hg. i. A. des Bundesministers der Verteidigung, 3., erw. u. überarb. Aufl., Herford/Bonn 1982; 268 S. (zuerst Freiburg 1982)

5595 Diamant, Adolf: Zerstörte Synagogen vom November 1938. Eine Bestandsaufnahme, Frankfurt 1978; XVI, 227 S.

5596 Dick, Lutz van: Der Attentäter. Herschel Grynszpan und die Vorgänge um die »Kristallnacht«, Reinbek 1988; 216 S.

5597 Dickinson, John K.: German and Jew. The Life and Death of Sigmund Stein, Chicago, Ill. 1967; 339 S.

5598 Diner, Dan: Historisierung und Rationalität. Bausteine zu einer Theorie über die »Endlösung«, in: Hans-Uwe Otto/Heinz Sünker (Hg.), Politische Formierung und soziale Erziehung im Nationalsozialismus, Frankfurt 1991, 9–17

5599 Diner, Dan: Rationalisierung und Methode. Zu einem neuen Erklärungsversuch der »Endlösung«, in: VfZ 40 (1992), 359–82

5600 Dobroszycki, Lucjan: Jewish Elites under German Rule, in: Henry Friedlander/Sybil Milton (Hg.), The Holocaust: Ideology, Bureaucracy, and Genocide. The San José Papers, Millwood, N. Y. 1980, 221–30

5601 Döscher, Hans-Jürgen: »Reichskristallnacht«. Die November-Pogrome 1938, Frankfurt/Berlin 1988; 200 S.

5602 Döscher, Hans-Jürgen: Der Tod Ernst vom Raths und die Auslösung der Pogrome am 9. November 1938 – ein Nachwort zur »Reichskristallnacht«, in: GWU 41 (1990), 619f.

5603 Drobisch, Klaus: Die Judenreferate des Geheimen Staatspolizeiamtes und des Sicherheitsdienstes der SS 1933 bis 1939, in: JfA 2 (1993), 230–54

5604 Duchhardt, Heinz: Arnold Berney (1887–1943). Das Schicksal eines jüdischen Historikers, Köln u.a. 1993; IX, 136 S.

5605 Dwork, Debórah: Kinder mit dem gelben Stern 1933–1945, München 1994; 384 S. (engl.: New Haven, Conn./London 1991)

5606 Eckardt, Arthur Roy: Is there a Way out of the Christian Crime? The Philosophic Question of the Holocaust, in: H&GS 1 (1986), 121–26

5607 Eckardt, Alice L./Eckardt, Arthur R.: Long Night's Journey into Day. A Revised Retrospective on the Holocaust, Detroit, Mich. 1988; 277 S.

5608 Eggert, Wolfgang: Jüdische Rechtsanwälte und Richter im Deutschland des 19. und 20. Jahrhunderts, in: HM 2 (1989), Nr. 1, 79–115

5609 Eisen, George: Spielen im Schatten des Todes. Kinder im Holocaust, München/Zürich 1993; 222 S. (amerikan.: Amherst, Mass. 1988)

5610 Engelmann, Bernt: Deutschland ohne Juden. Eine Bilanz, völlig überarb. Neuausg., Köln 1988; 494 S. (zuerst München 1970)

5611 Erdmann, Karl D.: Judenvernichtung und »Ausmerzung lebensunwerten Lebens«, in: Karl D. Erdmann Der Zweite Weltkrieg. (Gebhardt Handbuch der deutschen Geschichte, 21), 2. Aufl., München 1980 u.ö., 106–15 (zuerst Stuttgart 1976); abgedr. in: Karl D. Bracher u.a. (Hg.), Nationalsozialistische Diktatur 1933–1945. Eine Bilanz, Bonn (zugl. Düsseldorf) 1983, 529–38

5612 Eschwege, Helmut: Die Synagoge in der deutschen Geschichte. Eine Dokumentation, 3. Aufl., Dresden 1988; 203 S. (zuerst 1980; LA Wiesbaden 1980, 2. Aufl., 1988)**

5613 Esh, Shaul: Between Discrimination and Extermination. (The Fateful Year 1938), in: YVS 2 (1958), 79–93

5614 Fahrenbach, Sabine: Verfolgung – Vertreibung – Vernichtung jüdischer Mediziner in Deutschland, in: Sabine Fahrenbach/Achim Thom (Hg.), Der Arzt als »Gesundheitsführer«. Ärztliches Wirken zwischen Ressourcenerschließung und humanitärer Hilfe im 2. Weltkrieg, Frankfurt 1991, 151–59

5615 Fahrenbach, Sabine: Ausgegrenzt und vertrieben. Jüdische Ärzte 1933 bis 1941, in: Werner Röhr u.a. (Hg.), Faschismus und Rassismus. Kontroversen um Ideologie und Opfer, Berlin 1992, 168–78

5616 Faith, Ethics, and the Holocaust. (H&GS, Jg. 3), Oxford u. a. 1988; 123 S.

5617 Faust, Anselm: Die »Reichskristallnacht«: Der Judenpogrom vom November 1938, in: APUZ, Nr. B 43/88, 21.10. 1988, 14–21

5618 Fein, Helen: Accounting for Genocide. National Responses and Jewish Victimization during the Holocaust, 2. Aufl., New York/London 1979; XXI, 468 S. (zuerst 1976)

5619 Felsmann, Barbara/Prümm, Karl: Kurt Gerron – Gefeiert und gejagt. 1897–1944. Das Schicksal eines deutschen Unterhaltungskünstlers. Berlin, Amsterdam, Theresienstadt, Auschwitz, Berlin 1992; 251 S.

5620 Fleming, Gerald: Hitler und die Endlösung. »Es ist des Führers Wunsch ...«, Wiesbaden 1982; 219 S. (engl.: Oxford 1986)

5621 Fleming, Gerald: Befehlsgebung und Verantwortung. Die Bewußtseinslage des Chef-Endlösers [Heinrich Himmler] in der Zeitspanne Oktober 1943 bis Juni 1944, in: Jörg Friedrich/Jörg Wollenberg (Hg.), Licht in den Schatten der Vergangenheit. Zur Enttabuisierung der Nürnberger Kriegsverbrecherprozesse, Frankfurt/Berlin 1987, 83–88

5622 Fliedner, Hans-Joachim: Jude – Christ. Aus dem Leben des Pfarrers Ernst Josef Lehmann, in: MH 15 (1967), Nr. 1, 25–37

5623 Fox, John P.: The Final Solution: Intended or Contingent? The Stuttgart Conference of May 1984 and the Historical Debate, in: PP 18 (1984), Nr. 3, 27–39

5624 Frei, Norbert: Die Juden im NS-Staat, in: Martin Broszat/Norbert Frei (Hg.), Ploetz. Das Dritte Reich. Ursprünge, Ereignisse, Wirkungen, Freiburg/Würzburg 1983, 185–95

5625 Freimark, Peter u. a. (Hg.): Juden in Deutschland. Emanzipation, Integration, Verfolgung und Vernichtung. 25 Jahre Institut für die Geschichte der deutschen Juden Hamburg, Hamburg 1991; 486 S.*

5626 Friedlander, Henry: Jüdische Anstaltspatienten im NS-Deutschland, in: Götz Aly (Hg.), Aktion T 4 1939–1945. Die »Euthanasie«-Zentrale in der Tiergartenstraße 4, 2., erw. Aufl., Berlin 1989, 34–44 (zuerst 1987)

5627 Friedlander, Henry/Milton, Sybil (Hg.): The Holocaust: Ideology, Bureaucracy, and Genocide. The San José Papers, Millwood, N. Y. 1980; VII, 361 S.*

5628 Friedländer, Saul: Die Genese der »Endlösung«. Zu Philippe Burrins Thesen, in: JfA 1 (1992), 166–81

5629 Friedman, Régine M.: L'image et son Juif. Le Juif dans le cinema Nazi, Paris 1983; 261 S.

5630 Führer, Karl C.: Mit Juden unter einem Dach? Zur Vorgeschichte des Gesetzes über Mietverhältnisse mit Juden [v. 30. April 1939], in: 1999 7 (1992), Nr. 1, 51–61

5631 Funke, Manfred: Auswanderung – Aussiedlung – Ausrottung. Ein Beitrag zur Tateinheit von Rassen- und Machtpolitik während der Diktatur Hitlers, in: Manfred Funke u. a. (Hg.), Demokratie und Diktatur. Geist und Gestalt politischer Herrschaft in Deutschland und Europa. Festschrift für Karl Dietrich Bracher, Düsseldorf 1987, 237–51

5632 Gay, Ruth: Geschichte der Juden in Deutschland. Vom Mittelalter bis zur Gegenwart, München 1993; 280 S. (amerikan.: New Haven, Conn. 1992)

5633 Gilbert, Martin: The Holocaust. The Jewish Tragedy, London 1986; 959 S.

5634 Ginzel, Günther B.: Jüdischer Alltag in Deutschland 1933–1945, 2. Aufl., Düsseldorf 1993; 252 S. (zuerst 1984)

5635 Ginzel, Günther B. (Hg.): Antisemitismus. Erscheinungsformen der Judenfeindschaft gestern und heute, Köln 1991; 527 S.

5636 Glaser, Hermann/Straube, Harald (Hg.): Wohnungen des Todes. Jüdisches Schicksal im Dritten Reich. Dokumente und Texte, Bamberg 1961; 186 S.**

5637 Göppinger, Horst: Juristen jüdischer Abstammung im »Dritten Reich«. Entrechtung und Verfolgung, 2., völlig neu bearb. Aufl., München 1990; XVIII, 435 S. (zuerst Villingen 1963 u. d. T.: Die Verfolgung der Juristen jüdischer Abstammung durch den Nationalsozialismus)

5638 Gorschenek, Günter/Reimers, Stephan (Hg.): Offene Wunden – brennende Fragen. Juden in Deutschland von 1938 bis heute, Frankfurt 1989; 174 S.

5639 Goshen, Seev: Endphase des Verbrechens am europäischen Judentum. Hintergrund und Genesis der »Endlösung«, in: ZG 14 (1986/87), 211–43

5640 Götz von Olenhusen, Albrecht: Die »nichtarischen« Studenten an den deutschen Hochschulen. Zur nationalsozialistischen Rassenpolitik 1933–1945, in: VfZ 14 (1966), 175–206

5641 Grab, Walter: Der deutsche Weg der Judenemanzipation 1789–1938, München/ Zürich 1991; 204 S.

5642 Graml, Hermann: Der 9. November 1938. »Reichskristallnacht«, 8. Aufl., Bonn 1962; 64 S. (zuerst 1953)**

5643 Graml, Hermann: Reichskristallnacht. Antisemitismus und Judenverfolgung im Dritten Reich, 2. Aufl., München 1989; 291 S. (zuerst 1988)

5644 Graml, Hermann: Die Durchführung der »Endlösung«, in: Rolf Steininger (Hg.), Der Umgang mit dem Holocaust. Europa – USA – Israel, Wien u. a. 1994, 31–44

5645 Graml, Hermann: Zur Genesis der »Endlösung«, in: Ursula Büttner (Hg.), Das Unrechtsregime. Internationale Forschung über den Nationalsozialismus. Festschrift für Werner Jochmann zum 65. Geburtstag, Bd. 2, Hamburg 1986, 2–18; abgedr. in: Walter H. Pehle (Hg.), Der Judenpogrom 1938. Von der »Reichskristallnacht« zum Völkermord, Frankfurt 1988, 160–75, 226–29

5646 Green, Gerald: Holocaust, London 1978; 408 S.

5647 Grenville, John A. S.: Die »Endlösung« und die »Judenmischlinge« im Dritten Reich, in: Ursula Büttner (Hg.), Das Unrechtsregime. Internationale Forschung über den Nationalsozialismus. Festschrift für Werner Jochmann zum 65. Geburtstag, Bd. 2, Hamburg 1986, 91–122

5647a Grode, Walter: Nationalsozialistische Moderne. Rassenideologische Modernisierung durch Abtrennung und Zerstörung gesellschaftlicher Peripherien, Frankfurt u. a. 1994; 222 S.

5648 Grossmann, Kurt R.: Die letzte Phase. Von der »Machtergreifung« bis zur Gegenwart, in: Karl Thieme (Hg.), Judenfeindschaft. Darstellung und Analysen, Frankfurt 1963, 258–88, 310–16

5649 Gruchmann, Lothar: Das »Blutschutzgesetz« vom 15. September 1935. Entstehung, Anwendung und rechtsgeschichtliche Bedeutung, in: Manfred Treml/ Josef Kirmeier (Hg.), Geschichte und Kultur der Juden in Bayern. Aufsätze, Mitarb. Evamaria Brockhoff, München u. a. 1988, 469–78

5650 Gruchmann, Lothar: »Blutschutzgesetz« und Justiz. Entstehung und Anwendung des Nürnberger Gesetzes vom 15. September 1935, in: VfZ 31 (1983), 418–42; abgedr. in: APUZ, B 48/85, 30.11. 1985, 41–48; danach abgedr. in: Bernd Ogan/ Wolfgang W. Weiß (Hg.), Faszination und Gewalt. Zur politischen Ästhetik des Nationalsozialismus, Nürnberg 1992, 49–59

5651 Gutman, Yisrael/Greif, Gideon (Hg.): The Historiography of the Holocaust Period. Proceedings of the Fith Yad Vashem

International Historical Conference, Jerusalem, March 1983, Jerusalem 1988, 1–51

5652 Hartog, L. J.: Als Hitler den Massenmord prophezeite. Zur Rede vom 30. Januar 1939, in: Zeit, Jg. 45, Nr. 5, 27.1. 1989, 41

5653 Hartung, Günter: Vor-Planer des Holocaust, in: Werner Röhr u. a. (Hg.), Faschismus und Rassismus. Kontroversen um Ideologie und Opfer, Berlin 1992, 66–78

5654 Hausner, Gideon: Die Vernichtung der Juden. Das größte Verbrechen der Geschichte, München 1967; 760 S. (gekürzte Neuausg. 1979; engl.: London 1967)

5655 Hayes, Peter (Hg.): Lessons and Legacies: The Meaning of the Holocaust in a Changing World, Evanston, Ill. 1991; X, 373 S.

5656 Heiber, Helmut: Der Fall [Herschel] Grünspan, in: VfZ 5 (1957), 134–72

5657 Heim, Susanne/Aly, Götz: Die Ökonomie der »Endlösung«. Menschenvernichtung und wirtschaftliche Neuordnung, in: Götz Aly u. a. Sozialpolitik und Judenvernichtung. Gibt es eine Ökonomie der Endlösung? (Beiträge zur nationalsozialistischen Gesellschafts- und Sozialpolitik, 5), Berlin 1987, 11–90

5658 Heim, Susanne/Aly, Götz: Wider die Unterschätzung der nationalsozialistischen Politik. Antwort an unsere Kritiker, in: Wolfgang Schneider (Hg.), »Vernichtungspolitik«. Eine Debatte über den Zusammenhang von Sozialpolitik und Genozid im nationalsozialistischen Deutschland, Hamburg 1991, 165–75

5659 Heim, Susanne/Aly, Götz: Staatliche Ordnung und »organische Lösung«. Die Rede Hermann Görings »Über die Judenfrage« vom 6. Dezember 1938, in: JfA 2 (1993), 378–404**

5660 Heinrichs, Helmut u. a. (Hg.): Deutsche Juristen jüdischer Herkunft, München 1993; XXVI, 866 S.

5661 Henning, Kai/Kestler, Josef: Die Rechtsstellung der Juden, in: Ernst-Wolfgang Böckenförde (Hg.), Staatsrecht und Staatsrechtlehre im Dritten Reich, Heidelberg 1985, 191–211

5662 Herbert, Ulrich: Von der »Reichskristallnacht« zum »Holocaust«, in: Lutz Niethammer u. a. Bürgerliche Gesellschaft in Deutschland. Historische Einblicke, Fragen, Perspektiven, Frankfurt 1990, 489–504

5663 Herbert, Ulrich: Von der »Reichskristallnacht« zum »Holocaust«. Der 9. November und das Ende des »Radauantisemitismus«, in: Thomas Hofmann u. a. (Hg.), Pogromnacht und Holocaust. Frankfurt, Weimar, Buchenwald ... Die schwierige Erinnerung an die Stationen der Vernichtung, Weimar u. a. 1994, 58–80

5664 Herbert, Ulrich: Weltanschauung, Kalkül und »Sachzwang«: Ökonomische Aspekte der »Endlösung der Judenfrage«, in: Rolf Steininger (Hg.), Der Umgang mit dem Holocaust. Europa – USA – Israel, Wien u. a. 1994, 45–59

5665 Herzig, Arno/Lorenz, Ina (Hg.): Verdrängung und Vernichtung der Juden unter dem Nationalsozialismus, Mitarb. Saskia Rhode, Hamburg 1992; 359 S.*

5666 Hilberg, Raul: Täter, Opfer, Zuschauer. Die Vernichtung der europäischen Juden 1933–1945, 1.–3. Aufl., Frankfurt 1992; 367 S. (amerikan.: New York 1992 u. d. T.: Perpetrators, Victims, Bystanders)

5667 Hilberg, Raul: Die Vernichtung der europäischen Juden, 3 Bde., 2., durchges. u. erw. Aufl., Frankfurt 1990; 1351 S. (zuerst Berlin 1982; amerikan.: Chicago, Ill. 1961)

5668 Hilberg, Raul: The Significance of the Holocaust, in: Henry Friedlander/Sybil Milton (Hg.), The Holocaust: Ideology, Bureaucracy, and Genocide. The San José Papers, Millwood, N. Y. 1980, 95–102

5669 Hilberg, Raul: The Anatomy of the Holocaust, in: Henry Friedlander/Sybil

Milton (Hg.), The Holocaust: Ideology, Bureaucracy, and Genocide. The San José Papers, Millwood, N.Y. 1980, 85–94

5670 Hilberg, Raul: »Es war der Gedanke, das Einmalige zu schaffen.« Vor fünfzig Jahren: Die Wannsee-Konferenz. Zur Geschichte der Vernichtung der europäischen Juden. Ein Gespräch mit Raul Hilberg im Deutschlandfunk am 2.9.1991, Interview Walter van Rossum, in: FR, Jg. 48, Nr. 16, 20.1.1992, 16

5671 Hillgruber, Andreas: Die »Endlösung« und das deutsche Ostimperium als Kernstück des rassenideologischen Programms des Nationalsozialismus, in: VfZ 20 (1972), 133–53; abgedr. in: Manfred Funke (Hg.), Hitler, Deutschland und die Mächte. Materialien zur Außenpolitik des Dritten Reiches, Düsseldorf 1976 (ND 1977; Düsseldorf/Königstein 1978), 94–114; Andreas Hillgruber, Deutsche Großmacht- und Weltpolitik im 19. und 20. Jahrhundert, 2. Aufl., Düsseldorf 1979, 252–75 (zuerst 1977); Wolfgang Wippermann (Hg.), Kontroversen um Hitler, Frankfurt 1986, 219–47

5672 Hochstim, Paul: Theorien über die Ausbreitung des Anti-Semitismus, in: Paul Hochstim, Nationalsozialismus: Soziologisches und Persönliches. Betrachtungen, Besinnungen, Bewertungen, Frankfurt u.a. 1990, 53–85

5673 Hofer, Walther: Stufen der Judenverfolgung im Dritten Reich 1933–1939, in: Herbert A. Strauss/Norbert Kampe (Hg.), Antisemitismus. Von der Judenfeindschaft zum Holocaust, Frankfurt/New York (zugl. Bonn) 1985, 172–85

5674 Hollstein, Dorothea: Antisemitische Filmpropaganda. Die Darstellung der Juden im nationalsozialistischen Spielfilm, München/Berlin 1971; 367 S. (TB Frankfurt 1983 u.d.T.: »Jud Süß« und die Deutschen. Antisemitische Vorurteile im nationalsozialistischen Spielfilm)

5675 Hudemann, Rainer: Die Reichskristallnacht in der Politik des Dritten Reiches, in: Reinhard Schneider (Hg.), Juden in Deutschland. Lebenswelten und Einzelschicksale. Ringvorlesung der Philosophischen Fakultät der Universität des Saarlandes, St. Ingbert 1994, 9–35

5676 Huerkamp, Claudia: Jüdische Akademikerinnen in Deutschland 1900–1938, in: GG 19 (1993), 311–31

5677 Jäckel, Eberhard: Der Mord an den europäischen Juden und die Judenfeindschaft, in: Werner Bohleber/John S. Kafka (Hg.), Antisemitismus, Bielefeld 1992, 65–69 (Diskussion: 70–74)

5678 Jäckel, Eberhard: Die Konferenz am Wannsee. »Wo Heydrich seine Ermächtigung bekanntgab.« Der Holocaust war längst im Gange, in: Zeit, Jg. 47, Nr. 4, 17.1.1992, 33f.

5679 Jäckel, Eberhard/Rohwer, Jürgen (Hg.): Der Mord and den Juden im Zweiten Weltkrieg. Entschlußbildung und Verwirklichung, 2. Aufl., Frankfurt 1987; 252 S. (zuerst Stuttgart 1985)

5680 Jäger, Herbert: Arbeitsteilige Täterschaft. Kriminologische Perspektiven auf den Holocaust, in: Hanno Loewy (Hg.), Holocaust: Die Grenzen des Verstehens. Eine Debatte über die Besetzung der Geschichte, Reinbek 1992, 160–65

5681 Jarausch, Konrad H.: Jewish Lawyers in Germany, 1848–1938. The Disintegration of a Profession, in: LBY 36 (1991), 171–90

5682 Jonca, Karol: Die Radikalisierung des Antisemitismus. Der Fall Herschel Grynszpan und die »Reichskristallnacht«, in: Karl D. Bracher u.a. (Hg.), Deutschland zwischen Krieg und Frieden. Beiträge zu Politik und Kultur im 20. Jahrhundert. Festschrift für Hans-Adolf Jacobsen, Düsseldorf 1991, 43–55

5683 Kaplan, Marion: Alltagsleben jüdischer Frauen in Deutschland 1933–1938, in: Leonore Siegele-Wenschkewitz/Gerda Stuchlik (Hg.), Frauen und Faschismus in Europa. Der faschistische Körper, Pfaffenweiler 1990, 137–49

5684 Kaplan, Marion A.: Jewish Women in Nazi Germany: Daily Life, Daily Struggles, 1933–1939, in: FeSt 16 (1990), 576–606; abgedr. in: Peter Freimark u.a. (Hg.), Juden in Deutschland. Emanzipation, Integration, Verfolgung und Vernichtung. 25 Jahre Institut für die Geschichte der deutschen Juden Hamburg, Hamburg 1991, 406–34

5686 Kaplan, Marion A.: Der Alltag jüdischer Frauen im NS-Deutschland, in: JoGe 8 (1986), Nr. 1, 50–58

5687 Katz, Fred E.: Implementation of the Holocaust. The Behavior of Nazi Officials, in: CSSH 24 (1982), 510–29

5688 Kaul, Friedrich K.: Der Fall des Herschl Grynszpan, Berlin (O) 1965; 182 S.

5689 Kettenacker, Lothar: Hitler's Final Solution and its Rationalization, in: Gerhard Hirschfeld (Hg.), The Policies of Genocide. Jews and Soviet Prisoners of War in Nazi Germany, London u.a. 1986, 73–92

5690 Kilian, Michael: Das Recht des Unrechtsstaates. Die »Nürnberger Gesetze«, in: RuP 22 (1986), 110–14

5691 Kipp, Martin: »Was wissen wir über die ›Entjudung‹ der Berufsausbildung?«, in: ZBW 84 (1988), 598–609; abgedr. in: Martin Kipp/Gisela Miller-Kipp, Erkundungen im Halbdunkel. Fünfzehn Studien zur Berufserziehung und Pädagogik im nationalsozialistischen Deutschland, Kassel 1990, 306–17, 346

5692 Kirchberger, Petra: Die Stellung der Juden in der deutschen Rentenversicherung, in: Götz Aly u.a., Sozialpolitik und Judenvernichtung. Gibt es eine Ökonomie der Endlösung? (Beiträge zur nationalsozialistischen Gesellschafts- und Sozialpolitik, 5), Berlin 1987, 111–32

5693 Kistler, Helmut: Der Pogrom vom November 1938. »Reichskristallnacht«, Hg. Bundeszentrale für politische Bildung, Bonn 1988; 85 S.**

5694 Klagsbrun, Francine: The Value of Life: Jewish Ethics and the Holocaust, in: Randolph L. Braham (Hg.), Contemporary Views on Holocaust, Boston u.a. 1983, 3–19

5695 Klarsfeld, Serge (Hg.): The Holocaust and the Neo-Nazi Mythomania, New York u.a. 1978; XVII, 215 S.* **

5696 Koch, Gertrud: Die Einstellung ist die Einstellung. Visuelle Konstruktionen des Judentums, Frankfurt 1992; 258 S.

5697 Kochan, Lionel: Pogrom November 10 1938, London 1957; 259 S.

5697a Kopecky, Lilli: Im Schatten der Flammen. Sechs Vorlesungen über den Holocaust, Hg. Pädagogisch-Theologisches Institut der Evangelischen Kirche im Rheinland, Düsseldorf 1992; 117 S. (zuerst engl.)

5698 Kracht, Tilmann: Jüdische Rechtsanwälte in Preußen. Über die Bedeutung der freien Advokatur und ihre Zerstörung durch den Nationalsozialismus, München 1991; XXXIV, 442 S.

5699 Kracht, Tilmann: »...endlich von artfremdem Einfluß ganz befreit...« Jüdische Rechtsanwälte und ihre Vertreibung im Nationalsozialismus, in: RuP 29 (1993), 84–93

5700 Kraus, Ota/Kulka, Erich: Massenmord und Profit. Die faschistische Ausrottungspolitik und ihre ökonomischen Hintergründe, Berlin (O) 1963; 438 S.

5701 Krausnick, Helmut: Zur Zahl der jüdischen Opfer des Nationalsozialismus, in: APUZ, Nr. B 32/54, 11.8. 1954, 426f.

5702 Krausnick, Helmut: Die Verfolgung der Juden unter dem Nationalsozialismus, in: Franz Böhm/Walter Dirks (Hg.), Judentum. Schicksal, Wesen und Gegenwart, Bd. 1, Wiesbaden 1965, 290–366

5703 Krausnick, Helmut: Judenverfolgung, in: Anatomie des SS-Staates, Bd. 2, 5. Aufl., München 1989, 233–366 (zuerst 1967; Orginalausg. Olten 1965)

5704 Kreissl, Reinhard: Zwischen Moral und Theorie. Der Diskurs über Rationalität und Irrationalität der nationalsozialistischen Vernichtungspolitik als Form der Vergangenheitsverarbeitung, in: Wolfgang Schneider (Hg.), »Vernichtungspolitik«. Eine Debatte über den Zusammenhang von Sozialpolitik und Genozid im nationalsozialistischen Deutschland, Hamburg 1991, 77–87

5705 Kren, George M./Rappoport, Leon: The Holocaust and the Crisis of Human Behavior, New York 1980; 175 S.

5706 Krüger, Arnd: »Wenn die Olympiade vorbei, schlagen wir die Juden zu Brei!« Das Verhältnis der Juden zu den Olympischen Spielen von 1936, in: Menora 5 (1994), 331–46

5707 Kümmel, Werner F.: Die »Ausschaltung«. Wie die Nationalsozialisten die jüdischen und die politisch mißliebigen Ärzte aus dem Beruf verdrängten, in: Johanna Bleker/Norbert Jachertz (Hg.), Medizin im Dritten Reich, Köln 1989, 30–37

5708 Kwiet, Konrad: Nach dem Pogrom: Stufen der Ausgrenzung, in: Wolfgang Benz (Hg.), Die Juden in Deutschland 1933–1945. Leben unter nationalsozialistischer Herrschaft, 2., durchges. Aufl., München 1993, 545–659 (zuerst 1988; ND 1989)

5709 Lamm, Hans: Über die innere und äußere Entwicklung des deutschen Judentums im Dritten Reich, Diss. Erlangen 1951; 369 S. (Ms.)

5710 Landau, Ronnie S.: The Nazi Holocaust, London 1992; XII, 356 S.

5711 Lang, Berel: Act and Idea in the Nazi Genocide, Chicago, Ill. 1990; XXII, 258 S.

5712 Langbein, Hermann: Étapes des génocides nazis, in: Yannis Thanassekos/Heinz Wismann (Hg.), Révision de l'histoire. Totalitarismes, crimes et génocides nazis. Actes du colloque international organisé à l'initiative des la Fondation Auschwitz, 3–5 novembre 1988, Institute de Sociologie, Université libre de Bruxelles, Paris 1990, 98–106

5713 Lauber, Heinz (Red.): Die Nacht, in der im deutschen Reich die Synagogen brannten. Dokumente und Materialien zur Information und zur Orientierung über das Judenpogrom »Reichskristallnacht« (9./10.11. 1938), Hg. Landeszentrale für politische Bildung Baden-Württemberg, Villingen-Schwennigen 1988; 126 S.**

5714 Lauber, Heinz: Judenpogrom. »Reichskristallnacht«, November 1938 in Großdeutschland. Daten, Fakten, Dokumente, Quellentexte, Thesen und Bewertungen, Gerlingen 1981; 254 S.**

5715 Lehmann, Reinhold: Du wirst leben und dich rächen. Die Geschichte des Juden Zwi Michaeli, München 1992; 193 S.

5716 Leimkugel, Frank: Wege jüdischer Apotheker. Die Geschichte deutscher und österreichisch-ungarischer Pharmazeuten, Frankfurt 1991; 212 S.

5717 Ley, Michael: Genozid und Heilserwartung. Zum nationalsozialistischen Mord am europäischen Judentum, Vorwort Léon Poliakov, Wien 1993; 285 S.

5718 Ley, Michael: Genozid und Heilserwartung. Zum nationalsozialistischen Mord am europäischen Judentum, in: JSF 32 (1992), 377–96

5719 Lichtenstein, Heiner: Mit der Reichsbahn in den Tod. Massentransporte in den Holocaust 1941 bis 1945, Köln 1985; 160 S.

5720 Lilienthal, Georg: Arier oder Jude? Die Geschichte des erb- und rassenkundlichen Abstammungsgutachtens, in: Peter Propping/Heinz Schott (Hg.), Wissenschaft auf Irrwegen. Biologismus – Rassenhygiene – Eugenik, Bonn/Berlin 1992, 66–84

5721 Lilienthal, Georg: Die jüdischen »Rassenmerkmale«. Zur Geschichte der Anthropologie der Juden, in: MHJ 28 (1993), 173–98

5722 Loewenberg, Peter: Die »Reichskristallnacht« vom 9. zum 10. November 1938 als öffentliches Erniedrigungsritual, in: Werner Bohleber/John S. Kafka (Hg.), Antisemitismus, Bielefeld 1992, 39–61 (Diskussion: 62–64)

5723 Lowenthal, Ernst G. (Hg.): Bewährung im Untergang. Ein Gedenkbuch, hg. i. A. des Council of Jews from Germany, London, Stuttgart 1965; 199 S.

5724 Lübbe, Hermann: Rationalität und Irrationalität des Völkermords, in: Hanno Loewy (Hg.), Holocaust: Die Grenzen des Verstehens. Eine Debatte über die Besetzung der Geschichte, Reinbek 1992, 83–92

5725 Lühe, Barbara von der: Aufbau im Untergang. Das Leben der Juden in Deutschland nach 1933, in: Tribüne 24 (1985), 136–45; 25 (1986), 155–64

5726 Madajczyk, Czeslaw: Hitler's Direct Influence on Decisions Affecting Jews during World War II, in: YVS 20 (1990), 53–58

5727 Mairgünther, Wilfred: Reichskristallnacht. Hitlers »Kriegserklärung« an die Juden, Kiel 1987; 212 S.

5728 Mandel, Ernest: Prémisses matérielles, sociales et idéologiques du génocide nazi, in: Yannis Thanassekos/Heinz Wismann (Hg.), Révision de l'histoire. Totalitarismes, crimes et génocides nazis. Actes du colloque international organisé à l'initiative des la Fondation Auschwitz, 3–5 novembre 1988, Institute de Sociologie, Université libre de Bruxelles, Paris 1990, 169–74

5729 Manvell, Roger/Fraenkel, Heinrich: The Incomparable Crime. Mass Extermination in the Twentieth Century. The Legacy of Guilt, London 1967; 339 S.

5730 Marrus, Michael R.: The Holocaust in History, 2. Aufl., New York 1989; XV, 267 S. (zuerst Hanover, N. H. u. a. 1987)

Marrus, Michael R. (Hg.): The Nazi Holocaust. Historical Articles on the Destruction of European Jews, Westport, Conn./London:

5731 – Bd. 1: Perspectives on the Holocaust, 1989; IX, 391 S.

5732 – Bd. 2: The Origins of the Holocaust, 1989; IX, 648 S.

5733 – Bd. 3: The Final Solution: The Implementation of Mass Murder, 2 Bde., 1989; XI, 847 S.

5734 – Bd. 4: The »Final Solution« outside Germany, 2 Bde., 1989; XI, 793 S.

5735 – Bd. 5: Public Opinion and Relations to the Jews in Nazi Europe, 2 Bde., 1989; XI, 768 S.

5736 – Bd. 6: The Victims of the Holocaust, 2 Bde., 1989; XI, 1259 S.

5737 – Bd. 7: Jewish Resistance to the Holocaust, 1989; IX, 563 S.

5738 – Bd. 8: Bystanders to the Holocaust, 3 Bde., 1989; XIII, 1507 S.

5739 – Bd. 9: The End of the Holocaust, 1989; 713 S.

5740 Mathieu, G. Bording: The Secret Anti-Juden-Sondernummer of 21st May 1943, in: LBY 26 (1981), 291–300

5741 Mattenklott, Gert: Über Juden in Deutschland, Frankfurt 1992; 202 S.**

5742 Mattenklott, Gert: Von Weimar nach Buchenwald. Die Juden auf dem deutschen Sonderweg, in: Thomas Hofmann u. a. (Hg.), Pogromnacht und Holocaust. Frankfurt, Weimar, Buchenwald ... Die schwierige Erinnerung an die Stationen der Vernichtung, Weimar u. a. 1994, 20–31

5743 Maurer, Trude: Ausländische Juden in Deutschland, 1933–1939, in: Arnold Paucker u. a. (Hg.), Die Juden im nationalsozialistischen Deutschland/The Jews in Nazi Germany 1933–1945, Tübingen 1986, 189–210

5744 Maurer, Trude: Abschiebung und Attentat. Die Ausweisung der polnischen Juden und der Vorwand für die »Kristallnacht«, in: Walter H. Pehle (Hg.), Novemberpogrom 1938. Von der Reichskristallnacht zum Völkermord, Frankfurt 1988, 215–20

5745 Mayer, Arno J.: Der Krieg als Kreuzzug. Das Deutsche Reich, Hitlers Wehrmacht und die »Endlösung«, Reinbek 1989; 702 S. (amerikan.: New York 1988 u. d. T.: Why Did the Havens not Darken?)

5746 McKale, Donald: A Case of Nazi »Justice«. The Punishment of Members Involved in the Kristallnacht, in: JSS 35 (1973), 228–38

5747 Meyer, Enno: Terror gegen deutsche Juden, in: Enno Meyer, Fünfundzwanzig Ereignisse deutscher Geschichte 1900–1945, Bd. 3, Stuttgart 1981, 31–38

5748 Michmann, Dan: Research on the Problems and Conditions of Religious Jewry under the Nazi Regime, in: Yisrael Gutman/Gideon Greif (Hg.), The Historiography of the Holocaust Period, Jerusalem 1988, 737–48

5749 Milfull, John (Hg.): Why Germany? National Socialist Anti-Semitism and the European Context, Providence, Ri./Oxford 1993; VI, 257 S.*

5750 Miller, Judith: One, by one, by one. Facing the Holocaust, New York 1990; 319 S.

5751 Milton, Sybil: Images of the Holocaust, in: H&GS 1 (1984), 27–61, 193–216

5752 Milton, Sybil: Menschen zwischen Grenzen. Die Polenausweisung 1938, in: Menora 1 (1990), 184–206

5753 Milton, Sybil: The Context of the Holocaust, in: GSR 13 (1990), 269–83

5754 Mommsen, Hans: Die Funktion des Antisemitismus im »Dritten Reich«. Das Beispiel des Novemberpogroms, in: Günter Brakelmann/Martin Roskowski (Hg.), Antisemitismus. Von religiöser Judenfeindschaft zur Rassenideologie, Göttingen 1989, 179–92; abgedr. in: Dirk Blasius/Dan Diner (Hg.), Zerbrochene Geschichte. Leben und Selbstverständnis der Juden in Deutschland, Frankfurt 1991, 161–71

5755 Mommsen, Hans: Anti-Jewish Politics and the Implementation of the Holocaust, in: Hedley Bull (Hg.), The Challenge of the Third Reich, Oxford 1986, 117–40

5756 Mommsen, Hans: Die Realisierung des Utopischen: Die »Endlösung« der »Judenfrage« im »Dritten Reich«, in: GG 9 (1983), 381–420; abgedr. in: Wolfgang Wippermann (Hg.), Kontroversen um Hitler, Frankfurt 1986, 248–98; Hans Mommsen, Der Nationalsozialismus und die deutsche Gesellschaft. Ausgewählte Aufsätze. Zum 60. Geburtstag, Hg. Lutz Niethammer/Bernd Weisbrod, Reinbek 1991, 184–232

5757 Moser, Jonny: Die Entrechtung der Juden im Dritten Reich. Diskriminierung und Terror durch Gesetze, Verordnungen und Erlasse, in: Walter H. Pehle (Hg.), Novemberpogrom 1938. Von der Reichskristallnacht zum Völkermord, Frankfurt 1988, 118–31

5758 Mosse, George L.: Jüdische Intellektuelle in Deutschland. Zwischen Religion und Nationalismus, Frankfurt/New York 1992; 144 S. (amerikan.: Bloomington, Ind. 1985 u. d. T.: German Jews beyond Judaism)

5759 Mosse, Werner E.: Entscheidungsjahr 1932. Zur Judenfrage in der Endphase der Weimarer Republik, Mitarb. Arnold Paukker, 2., rev. u. erw. Aufl., Tübingen 1966; XX, 615 S. (zuerst 1965)

5760 Müller, Wolfgang: Moritz Rülf – ein jüdischer Lehrer in schwerer Zeit, in: LMGL 57 (1988), 365–432; abgedr. in: Hubert Frankemölle (Hg.), Opfer und Täter. Zum nationalsozialistischen und antijüdischen Alltag in Ostwestfalen-Lippe, Bielefeld 1990, 26–53

5761 Niewyk, Donald L.: Solving the »Jewish Problem«. Continuity and Change in

German Antisemitism, 1871–1945, in: LBY 35 (1990), 335–70

5762 Noakes, Jeremy: Wohin gehören die »Judenmischlinge«? Die Entstehung der ersten Durchführungsverordnungen zu den Nürnberger Gesetzen, in: Ursula Büttner (Hg.), Das Unrechtsregime. Internationale Forschung über den Nationalsozialismus. Festschrift für Werner Jochmann zum 65. Geburtstag, Bd. 2, Hamburg 1986, 69–90

5763 Oberlaender, Franklin A.: Zwischen den Stühlen. Zur Problematik katholischer Deutscher jüdischer Herkunft dargestellt am Fallbeispiel des Pfarrers Fuchs, in: BIOS 3 (1990), 189–223

5764 Obst, Dieter: »Reichskristallnacht«. Ursachen und Verlauf des antisemitischen Pogroms vom November 1938, Frankfurt u. a. 1991; 371 S.

5765 Oppenheimer, Max u. a. (Hg.): Als die Synagogen brannten. Zur Funktion des Antisemitismus gestern und heute, Vorwort Willi Bleicher, hg. i. A. des Präsidiums der VVN-Bund der Antifaschisten, Frankfurt 1978; 156 S.

5766 Oppenheimer, Max (Hg.): Eichmann und die Eichmänner. Dokumentarische Hinweise auf den Personenkreis der Helfer und Helfershelfer bei der »Endlösung«, Ludwigsburg 1961; 189 S.

5767 Pätzold, Kurt: Faschismus, Rassenwahn, Judenverfolgung. Eine Studie zur politischen Strategie und Taktik des faschistischen deutschen Imperialismus (1933–1935), Berlin (O) 1975; 314 S.

5768 Pätzold, Kurt: »Die vorbereitenden Arbeiten sind eingeleitet.« Zum 50. Jahrestag der »Wannsee-Konferenz« vom 20. Januar 1942, in: APUZ, Nr. B 1–2/92, 3.1. 1992, 14–23

5769 Pätzold, Kurt: Faschistische Gewalt gegen Juden (1933–1939). Thesenhafter Überblick, in: Deutscher Faschismus – Terror und Widerstand. Zur 2. Tagung der IREX-Unterkommission »Faschismus –

Theorie und Praxis« von Historikern der USA und der DDR in Princeton, N. J., im Mai 1989. Beiträge der Historiker der DDR, Hg. Akademie für Gesellschaftswissenschaften beim Zentralkomitee der SED, Berlin (O) 1989, 45–55

5770 Pätzold, Kurt: Die Wannsee-Konferenz – zu ihrem Platz in der Geschichte der Judenvernichtung, in: Werner Röhr u. a. (Hg.), Faschismus und Rassismus. Kontroversen um Ideologie und Opfer, Berlin 1992, 257–90

5771 Pätzold, Kurt: Von der Vertreibung zum Genozid. Zu den Ursachen, Triebkräften und Bedingungen der antijüdischen Politik des faschistischen deutschen Imperialismus, in: Dietrich Eichholtz/Kurt Gossweiler (Hg.), Faschismus-Forschung. Positionen, Probleme, Polemik, 2., durchges. Aufl., Köln 1980, 181–208 (zuerst Berlin [O] 1980); abgedr. in: Faschismus in Deutschland. Faschismus und Gegenwart, 2. Aufl., Köln 1983 (zuerst 1980), 209–46

5772 Pätzold, Kurt: Der deutsche Faschismus und die Juden, in: Kurt Schmid/Robert Streibel (Hg.), Der Pogrom 1938. Judenverfolgung in Österreich und in Deutschland. Dokumentation eines Symposiums der Volkshochschule Brigittenau, 1. u. 2. Aufl., Wien 1990, 78–86

5773 Pätzold, Kurt: Der historische Platz des antijüdischen Pogroms von 1938. Zu einer Kontroverse, in: JdG 26 (1982), 193–216

5774 Pätzold, Kurt: Judenmord und Kriegsaufwand, in: BD 4 (1993), Nr. 5, 47–58

5775 Pätzold, Kurt/Runge, Irene: Pogromnacht 1938, Berlin (O) 1988; 260 S. (zugl. Köln)

5776 Paucker, Arnold u. a. (Hg.): Die Juden im Nationalsozialistischen Deutschland/The Jews in Nazi Germany 1933–1945, Tübingen 1986; XXIV, 426 S.*

5777 Pehle, Walter H. (Hg.): Der Judenpogrom 1938. Von der »Reichskristallnacht« zum Völkermord, Frankfurt 1988; 246 S.*

5778 Peukert, Detlev J. K.: Rassismus und »Endlösungs«-Utopie. Thesen zur Entwicklung und Struktur der nationalsozialistischen Vernichtungspolitik, in: Christoph Kleßmann (Hg.), Nicht nur Hitlers Krieg. Der Zweite Weltkrieg und die Deutschen, Düsseldorf 1989, 71–82

5779 Peukert, Detlev J. K.: Die Genesis der »Endlösung« aus dem Geist der Wissenschaft, in: Zerstörung des moralischen Selbstbewußtseins – Chance oder Gefährdung?, Hg. Forum für Philosophie, Frankfurt 1987, 24–48; abgedr. in: Detlev J. K. Peukert, Max Webers Diagnose der Moderne, 2. Aufl., Göttingen 1990, 102–121, 135–38 (zuerst 1989)

5780 Plum, Günter: Deutsche Juden oder Juden in Deutschland?, in: Wolfgang Benz (Hg.), Die Juden in Deutschland 1933–1945. Leben unter nationalsozialistischer Herrschaft, 2., durchges. Aufl., München 1993, 35–74 (zuerst 1988; ND 1989)

5781 Poliakov, Léon: Bréviare de la haine. (Le IIIe Reich et les Juifs), Paris 1951; 385 S. (engl.: London/New York 1954)

5782 Poliakov, Léon/Wulf, Josef (Hg.): Das Dritte Reich und die Juden. Dokumente und Aufsätze, Berlin 1955; 457 S. (2. Aufl., München 1978; ND Frankfurt/M. 1983)**

5783 Püschel, Almuth: Antisemitismus im deutschen Film der 20er und 30er Jahre, in: Werner Röhr u. a. (Hg.), Faschismus und Rassismus. Kontroversen um Ideologie und Opfer, Berlin 1992, 179–91

5784 Raim, Edith: Die SA und Th[omas] Th[eodor] Heine. Chronik der »Entjudung« des Grundstücks eines »jüdischen Schmierfinken«, in: Tribüne 28 (1989), Nr. 111, 135–46**

5785 Read, Anthony/Fisher, David: Kristallnacht. Unleashing the Holocaust, London 1989; XII, 306 S.

5786 Reichmann, Eva G.: Die Flucht in den Haß. Die Ursachen der deutschen Judenkatastrophe, 5. Aufl., Frankfurt 1968; 324 S. (zuerst 1956)

5787 Die »Reichskristallnacht« 1938. Materialien zur Judenverfolgung. Katalog der Ausstellung im Schwedenspeicher-Museum Stade, 9. November bis 1. Dezember 1978, Hg. Niedersächsischer Kultusminister, Stade 1978; 40 S.**

5788 Reichskristallnacht. 9./10. November 1938. Einleitung zu einer Ausstellung der Stadt Oberhausen und des Archivs der sozialen Demokratie der Friedrich-Ebert-Stiftung, Bonn, vom 11.–27. Januar 1980 im Städtischen Saalbau Witten, Hg. Stadt Witten, Bearb. Werner Krause/Horst-Peter Schulz, Bonn/Niederkassel 1980; 30 S.

5789 Die Reichskristallnacht. Der Antisemitismus in der deutschen Geschichte, Hg. Friedrich-Ebert-Stiftung, 2. Aufl., Bonn 1960; 46 S. (zuerst 1959)

5790 Die Reichskristallnacht. Eine Arbeitshilfe für Unterricht und Gemeindearbeit. 9. November 1938–9. November 1988, Hg. Aktion Kirche und Israel, Hessen-Nassau, Mitarb. Hermann Graml u.a., 4., erw. Aufl., Heppenheim 1988; 88 S.

5791 Reinharz, Jehuda: Hashomer Hazair in Nazi Germany, in: Arnold Paucker u.a. (Hg.), Die Juden im nationalsozialistischen Deutschland/The Jews in Nazi Germany 1933–1945, Tübingen 1986, 317–52

5792 Reitlinger, Gerald: Die Endlösung. Hitlers Versuch der Ausrottung der Juden Europas 1939–1945, 7. Aufl., Berlin 1992; XIX, 698 S. (zuerst 1953; engl.: London 1953)

5793 Ringelheim, Joan M.: Women and the Holocaust. A Reconsideration of Research. (Viewpoint), in: Signs 10 (1985), 741–61

5794 Rohde, Saskia: Die Zerstörung der Synagogen unter dem Nationalsozialismus, in: Arno Herzig/Ina S. Lorenz (Hg.), Verdrängung und Vernichtung der Juden unter dem Nationalsozialismus, Hamburg 1992, 153–72

Röhm, Eberhard/Thierfelder, Jörg: Juden, Christen, Deutsche 1933–1945, Stuttgart:

5795 – Bd. 1: 1933–1935. Ausgegrenzt, 1990; 452 S.**

5796 – Bd. 2: 1935–1938. Entrechtet, 2 Bde., 1991–1992; 457, 353 S.**

5797 Roizen, Ron: Herschel Grynzpan. The Fate of a Forgotten Assassin, in: H&GS 1 (1986), 217–28

5798 Rosenstock, Werner: Dispersion and Resettlement. The Story of the Jews from Central Europe, Hg. Association of Jewish Refugees in Great Britain, London 1955; 61 S.

5799 Rosenthal, Ludwig: »Endlösung der Judenfrage«. Massenmord oder »Gaskammerlüge«? Eine Auswertung der Beweisaufnahme im Prozeß gegen die Hauptkriegsverbrecher vor dem Internationalen Militärgerichtshof Nürnberg v. 14.11.1945–1.10.1946, 2., verb. Aufl., Darmstadt 1980; 154 S. (zuerst 1979)

5800 Rosh, Lea/Jäckel, Eberhard: »Der Tod ist ein Meister aus Deutschland.« Deportation und Ermordung der Juden. Kollaboration und Verweigerung in Europa, Hamburg 1990; 317 S. (TB München 1992)

5801 Roth, Karl H.: Europäische Neuordnung durch Völkermord. Bemerkungen zu Götz Alys und Susanne Heims Studie über die »Vordenker der Vernichtung«, in: Wolfgang Schneider (Hg.), »Vernichtungspolitik«. Eine Debatte über den Zusammenhang von Sozialpolitik und Genozid im nationalsozialistischen Deutschland, Hamburg 1991, 179–95

5802 Rubinstein, Richard L./Roth, John K.: Approaches to Auschwitz. The Holocaust and its Legacy, Atlanta, Ga. 1987; IX, 422 S.

5803 Rürup, Reinhard (Hg.): Juden in Deutschland zwischen Assimilation und Verfolgung. (Geschichte und Gesellschaft, Jg. 9, H. 3), Göttingen 1983; 147 S.*

5804 Rürup, Reinhard: Der November-Pogrom von 1938 und die nationalsozialistische Judenverfolgung, in: Gedenken an die Pogromnacht 9./10. November 1938. Dokumentation der Veranstaltungen am 9. November 1988, Hg. Stadt Münster, Red. Isolde M. Weineck/Andreas Determann, Münster 1989, 153–87

5805 Rürup, Reinhard: Das Ende der Emanzipation: Die antijüdische Politik in Deutschland vor der »Machtergreifung« bis zum Zweiten Weltkrieg, in: Arnold Paucker u.a. (Hg.), Die Juden im nationalsozialistischen Deutschland/The Jews in Nazi Germany 1933–1945, Tübingen 1986, 97–114

5806 Rürup, Reinhard: Von der Diskriminierung zum Völkermord. Der historische Ort des November-Pogroms von 1938, in: Die Pogrom-Nacht vom 9./10. November 1938. Von der Entrechtung der Juden zum Völkermord, Hg. Historische Kommission beim SPD-Parteivorstand, Bonn o.J. [1988], 79–101

5807 Rürup, Reinhard: Jüdische Geschichte in Deutschland. Von der Emanzipation bis zur nationalsozialistischen Gewaltherrschaft, in: Dirk Blasius/Dan Diner (Hg.), Zerbrochene Geschichte. Leben und Selbstverständnis der Juden in Deutschland, Frankfurt 1991, 79–101

5808 Rutherford, Ward: Genocide, New York 1973; 160 S.

5809 Safrian, Hans: Die Eichmann-Männer, Wien/Zürich 1993; 359 S. (TB Frankfurt 1995)

5810 Scheffler, Wolfgang: Judenverfolgung im Dritten Reich. 1933–1945, erg. Neuaufl., Berlin 1964 u.ö.; 94 S. (zuerst 1960)**

5811 Scheffler, Wolfgang: Zur Entstehungsgeschichte der »Endlösung«, in: APUZ, Nr. B 9–10/81, 28.2.1981, 3–10

5812 Scheffler, Wolfgang: Rassenfanatismus und Judenverfolgung, in: Wolfgang

Treue/Jürgen Schmädeke (Hg.), Deutschland 1933. Machtzerfall der Demokratie und nationalsozialistische »Machtergreifung«. Eine Vortragsreihe, Berlin 1984, 16–44

5813 Schleunes, Karl A.: The Twisted Road to Auschwitz. Nazi Policy toward German Jews, 1933–1939, Chicago, Ill. 1970; 280 S.

5814 Schmid, Hans-Dieter u. a. (Hg.): Juden unterm Hakenkreuz. Dokumente und Berichte zur Verfolgung und Vernichtung der Juden durch die Nationalsozialisten 1933 bis 1945, Bd. 1: Verdrängung und Verfolgung, Bd. 2: Vertreibung und Vernichtung, Düsseldorf 1983; 179, 288 S.**

5815 Schmid, Kurt/Streibel, Robert (Hg.): Der Pogrom 1938. Judenverfolgung in Österreich und in Deutschland. Dokumentation eines Symposiums der Volkshochschule Brigittenau, 1. u. 2. Aufl., Wien 1990; 115 S.*

5816 Schneider, Wolfgang (Hg.): »Vernichtungspolitik«. Eine Debatte über den Zusammenhang von Sozialpolitik und Genozid im nationalsozialistischen Deutschland, Hamburg 1991; 199 S.*

5817 Schoenberner, Gerhard: Der gelbe Stern. Die Judenverfolgung in Europa 1933–1945, 4. Aufl., Frankfurt 1991; 320 S. (zuerst Hamburg 1960; 3. Aufl. München 1978)**

5818 Schuder, Rosemarie/Hirsch, Rudolf: Der gelbe Fleck. Wurzeln und Wirkungen des Judenhasses in der deutschen Geschichte. Essays, 3. Aufl., Berlin 1990; 748 S. (zuerst 1987; LA Frankfurt 1988)

5819 Schultheis, Herbert: Die Reichskristallnacht in Deutschland nach Augenzeugenberichten, Bad Neustadt a. d. S. 1985; XXVIII, 405 S.

5820 Schultz, Hans J. (Hg.): Es ist ein Weinen in der Welt. Hommage für deutsche Juden unseres Jahrhunderts, Stuttgart 1990; 479 S.

5821 Siegert, Michael: »Der Ewige Jude«, in: Peter Konlechner/Peter Kubelka (Hg.), Propaganda und Gegenpropaganda im Film 1933–1945, Wien 1972, 63–79

5822 Sigg, Marianne: Das Rassenstrafrecht in Deutschland in den Jahren 1933–1945 unter besonderer Berücksichtigung des Blutschutzgesetzes, Arau 1951; VIII, 126 S.

5823 Sijes, Benjamin A.: Die Endlösung der Judenfrage, in: Essays über Naziverbrechen. Simon Wiesenthal gewidmet, Hg. Wiesenthal Fonds/Bund Jüdischer Verfolgter des Naziregimes in Wien, Amsterdam 1973, 57–86

5824 Simmel, Ernst (Hg.): Antisemitismus. Mit Beiträgen von Theodor W. Adorno, Bernhard Berliner, Otto Fenichel, Else Frenkel-Brunswik und R. Nevitt Sanford, Max Horkheimer, Douglas W. Orr, Ernst Simmel [auf einem Symposion in San Francisco 1944], Frankfurt 1993; 199 S.

5825 Skloot, Robert: The Darkness We Carry. The Drama of the Holocaust, Madison, Wisc. 1988; XVI, 147 S.

5826 Stegemann, Wolf/Eichmann, S. Johanna: Der Davidstern. Zeichen der Schmach – Symbol der Hoffnung. Ein Beitrag zur Geschichte der Juden, Red. Elisabeth Cosanne-Schulte-Huxel u. a., Dorsten 1991; 202 S.

5827 Steinbach, Peter: Zur deutsch-jüdischen Beziehungsgeschichte im 19. und 20. Jahrhundert, in: APUZ, Nr. B 1–2/92, 3. 1. 1992, 3–13

5828 Sterling, Eleonore: Die Vernichtung des deutschen Judentums, in: Ismar Elbogen/Eleonore Sterling, Die Geschichte der Juden in Deutschland, 2. Aufl., Hamburg 1993, 303–20 (zuerst Frankfurt 1966)

5829 Strauss, Herbert A.: Essays on the History, Persecution, and Emigration of German Jews. (Jewish Immigrants of the Nazi Period in the USA, 6), New York u. a. 1987; 411 S.

5830 Strauss, Herbert A. (Hg.): Hostages of Modernization. Studies on Modern Antisemitism, 1870–1933/39, Bd. 1: Germany – Great Britain – France, Berlin/New York 1993; XV, 666 S.*

5831 Strauss, Herbert A.: Anfänge und Folgen des Antisemitismus, in: Manfred Treml/Josef Kirmeier (Hg.), Geschichte und Kultur der Juden in Bayern. Aufsätze, Mitarb. Evamaria Brockhoff, München u. a. 1988, 443–54

5832 Strauss, Herbert A.: Hostages of »World Jewry«: On the Origin of the Idea of Genocide in German History, in: H&GS 3 (1988), 125–36; gekürzt abgedr. in: Herbert A. Strauss (Hg.), Hostages of Modernization. Studies on Modern Antisemitism, 1870–1933/39, Bd. 1, Berlin/New York 1993, 165–73

5833 Strauss, Herbert A./Kampe, Norbert (Hg.): Antisemitismus. Von der Judenfeindschaft zum Holocaust, Bonn (zugl. Frankfurt/New York) 1985; 288 S.*

5834 Tarrab-Maslaton, Martin: Rechtliche Strukturen der Diskriminierung der Juden im Dritten Reich, Berlin 1993; 281 S.

5835 Tenenbaum, Joseph: The Crucial Year 1938, in: YVS 2 (1958), 49–77

5836 Thalmann, Rita R.: Der 9. November 1938, in: Günter Brakelmann/Martin Roskowski (Hg.), Antisemitismus. Von religiöser Judenfeindschaft zur Rassenideologie, Göttingen 1989, 193–203

5837 Thalmann, Rita R.: Jüdische Frauen nach dem Pogrom 1938, in: Arnold Paucker u. a. (Hg.), Die Juden im nationalsozialistischen Deutschland/The Jews in Nazi Germany 1933–1945, Tübingen 1986, 295–302

5838 Thalmann, Rita R.: Das Protokoll der Wannseekonferenz: Vom Antisemitismus zur »Endlösung der Judenfrage«, in: Alfred Grosser (Hg.), Wie war es möglich? Die Wirklichkeit des Nationalsozialismus. Neun Studien, 2. Aufl., Frankfurt 1980, 156–78 (zuerst München/Wien 1977; franz.: Paris 1976)

5839 Thalmann, Rita R./Feinermann, Emmanuel: Die Kristallnacht, 2. Aufl., Frankfurt 1988; 240 S. (zuerst 1987; franz.: Paris 1972)

5840 Traverso, Enzo: Die Juden und Deutschland. Auschwitz und die »jüdisch-deutsche Symbiose«, Berlin 1993; 242 S. (zuerst franz.: Paris 1993)

5841 »Und lehrte sie: Gedächtnis!« Eine Ausstellung des Ministeriums für Kultur und des Staatssekretärs für Kirchenfragen in Zusammenarbeit mit dem Verband der Jüdischen Gemeinden in der DDR zum Gedenken an den faschistischen Novemberpogrom vor fünfzig Jahren, Red. Jörn Grabowski u. a., Berlin (O) 1988; 112 S.

5842 Wagner, Ulrich/Zick, Andreas: Sozialpsychologische Überlegungen zu Vorurteilen und Rassismus, in: JfA 1 (1992), 237–52

5843 Wellers, Georges: The Number of Victims and the [Richard] Korherr Report, in: Serge Klarsfeld (Hg.), The Holocaust and the Neo-Nazi Mythomania, New York u. a. 1978, 139–62 (Text), 163–20 (Anhang)**; gekürzt abgedr. in: APUZ, B 30/78, 29. 7. 1978, 22–39 u. d. T.: Die Zahl der Opfer der »Endlösung« und der Korherr-Bericht

5844 Wellers, Georges: De la mégalomanie collective au crime inexpiable. Le génocide des Juifs (1933–1945), in: Yannis Thanassekos/Heinz Wismann (Hg.), Révision de l'histoire. Totalitarismes, crimes et génocides nazis. Actes du colloque international organisé à l'initiative des la Fondation Auschwitz, 3–5 novembre 1988, Institute de Sociologie, Université libre de Bruxelles, Paris 1990, 113–29**

5846 Wider das Vergessen. Schicksale judenchristlicher Pfarrer in der Zeit von 1933–1945. Sonderausstellung im Lutherhaus Eisenach, April 1988 – April 1989, Hg. Evangelisches Pfarrhausarchiv Eisenach, Eisenach 1988; 23 S.

5847 Wiehn, Erhard R.: Schriften zur Schoáh und Judaica. Gesammelte Schriften zur Soziologie, Konstanz 1992; 595 S.

5848 Wilhelm, Hans-Heinrich: Wie geheim war die »Endlösung«?, in: Wolfgang Benz (Hg.), Miscellanea. Festschrift für Helmut Krausnick zum 75. Geburtstag, Mitarb. Ino Arndt, Stuttgart 1980, 131–48

5849 Wistrich, Robert S.: Hitler's Apocalypse. Jews and the Nazi Legacy, London 1985; 309 S.

5850 Wistrich, Robert S.: Antisemitism. The Longest Hatred, London 1991; XXVI, 341 S. (TB New York 1994)

5851 Wolffsohn, Michael: Das Bild als Gefahren- und Informationsquelle. Von der »Judensau« über den »Nathan« zum »Stürmer« und zum [Werner] Nachmann, in: Uwe Backes u.a. (Hg.), Die Schatten der Vergangenheit. Impulse zur Historisierung des Nationalsozialismus, 2. Aufl., Frankfurt/Berlin 1992, 522–42 (zuerst 1990)

5852 Wörner, Hansjörg: Rassenwahn – Entrechtung – Mord. Der Leidensweg der Juden 1933–1945, Freiburg 1981; 109 S.

5853 Wrobel, Hans: Die Anfechtung der Rassenmischehe. Diskriminierung und Entrechtung der Juden in den Jahren 1933 bis 1945, in: KJ 16 (1983), 349–74; abgedr. in: Der Unrechtsstaat, Hg. Redaktion Kritische Justiz, Bd. 2, Baden-Baden 1984, 99–124

5854 Wucher, Albert: Eichmanns gab es viele. Ein Dokumentbericht über die Endlösung der Judenfrage, München/Zürich 1961; 286 S.

5855 Wulf, Josef: Die Nürnberger Gesetze, Berlin-Grunewald 1960; 29 S.

5856 Wyden, Peter: Stella [Goldschlag], Göttingen 1993; 397 S.

5857 Yahil, Leni: The Holocaust. The Fate of European Jewry, 1932–1945, New York 1990; XVIII, 808 S. (zuerst hebr.)

5858 Zentner, Christian (Hg.): Anmerkungen zu »Holocaust«. Die Geschichte der Juden im Dritten Reich. Bilder, Texte, Dokumente, München/Zürich 1979; 144 S.**

A.3.10.4.2 Regional- und Lokalstudien

Bibliographien

5859 Gerlach, Bernhard H. (Bearb.): Bibliographie zur Geschichte der Juden in der Pfalz von 1800 bis 1945, in: Alfred H. Kuby (Hg.), Juden in der Provinz. Beiträge zur Geschichte der Juden in der Pfalz zwischen Emanzipation und Vernichtung, 2. Aufl., Neustadt a.d.W. 1989, 241–322 (zuerst 1988)

5860 Schembs, Hans-Otto (Bearb.): Bibliographie zur Geschichte der Frankfurter Juden 1781–1945, Hg. Kommission zur Erforschung der Geschichte der Frankfurter Juden, Frankfurt 1978; 680 S.

5861 Wiesemann, Falk: Bibliographie zur Geschichte der Juden in Bayern, München u.a. 1989; XV, 263 S.

Literaturberichte

5862 Richarz, Monika: Tödliche Heimat. Zur neueren Ortsgeschichte der Juden, in: GiW 3 (1988), 198-

5863 Sauer, Paul: Zur Geschichte der jüdischen Gemeinden in Rheinland-Pfalz und im Saarland. Ein Literaturbericht, in: ZGO 123 (N.F. 84) (1975), 253–58

5864 Volkmer, Gerhard F.: »Plötzlich waren sie alle weg.« Literatur zum Schicksal der Juden in den nationalsozialistischen Städten, in: AS 20 (1993), 395–99

Nachschlagewerke

5865 Arnsberg, Paul: Die jüdischen Gemeinden in Hessen. Anfang, Untergang, Neubeginn, Bd. 1–2, Hg. Landesverband der Jüdischen Gemeinden in Hessen, Frankfurt 1971; 515, 500 S.

5866 Arnsberg, Paul: Die Geschichte der Frankurter Juden seit der Französischen Revolution, Bd. 3: Biographisches Lexikon der Juden in den Bereichen: Wissenschaft, Kultur, Bildung, Öffentlichkeitsarbeit in Frankfurt am Main, Hg. Kuratorium für Jüdische Geschichte, Frankfurt a. M., Bearb. Otto Schembs, Darmstadt 1983; 600 S.

5867 Bühler, Marianne/Bühler, Werner: Gedenkliste für die während der nationalsozialistischen Herrschaft ermordeten Wittlicher Juden, in: BJGGRP 3 (1993), Nr. 5, 15–21

5868 Deportationsbuch der von Frankfurt am Main aus gewaltsam verschickten Juden in den Jahren 1941–1944, Hg. Jüdische Gemeinde Frankfurt am Main, Frankfurt 1984; 175 S.

5869 Diamant, Adolf (Hg.): Deportationsbuch der in den Jahren 1942 bis 1945 von Leipzig aus gewaltsam verschickten Juden. Nach Listen von der Israelitischen Religionsgemeinde zu Leipzig und dem Archiv Yad Vashem in Jerusalem, Frankfurt 1991; 217 S.

5870 Diamant, Adolf: Durch Freitod aus dem Leben geschiedene Frankfurter Juden, Frankfurt 1983; 16 S.

5871 Gold, Hugo: Österreichische Juden in der Welt. Ein bio-bibliographisches Lexikon, Tel Aviv 1971; 50 S.

5872 Die Guillotinierten: Namensliste der durch das Fallbeil im Wiener Landesgericht durch die Nazihenker Ermordeten, o. O. u. J. (Wien 1945)

5873 Guth, Klaus (Hg.): Jüdische Landgemeinden in Oberfranken (1800–1942). Ein historisch-topographisches Handbuch, Mitarb. Eva Groiss-Lau u. a., Bamberg 1988; 416 S.

5874 Pinkas Hakehillot. Encyclopaedia of Jewish Communities from their Foundation till after the Holocaust – Germany –, Bd. 2: Württemberg, Hohenzollern, Baden, Hg. Joseph Walk, Mitarb. Bracha Freundlich u. a., Jerusalem 1986; (3), 548 S. (hebräisch)

5875 Strätz, Reiner (Bearb.): Biographisches Handbuch Würzburger Juden 1900–1945, wissenschaftl. Einleitung Herbert A. Strauss, Hg. Ulrich Wagner, Red. Hans-Peter Baum u. a., 2 Bde., Würzburg 1989; 762 S.

Quellenkunde

5876 Conrad, Horst: Quellen zur Geschichte der Juden im 19. und 20. Jahrhundert in westfälischen Kommunalarchiven, in: WF 39 (1989), 351–58

5877 Inventar zur Geschichte der jüdischen Bevölkerung in Rheinland-Pfalz und im Saarland von 1800/1815–1945. Eine Gemeinschaftsarbeit. (Dokumentation zur Geschichte der jüdischen Bevölkerung in Rheinland-Pfalz und im Saarland von 1800 bis 1945, 9, 1–4), Hg. Landesarchivverwaltung Rheinland-Pfalz/Landesarchiv Saarbrücken, Red. Theresia Zimmer, 4 Bde., Koblenz 1982; 1708 S.

5878 Lepper, Herbert: Von der Emanzipation zum Holocaust 1801–1942. Die Judendokumentation des Stadtarchivs Aachen, in: Archivar 45 (1992), 52–59

5879 Sauer, Paul: Die Dokumentation der Judenschicksale in Baden-Württemberg, in: Archivar 45 (1992), 47–52

5880 Schnorbus, Ursula (Bearb.): Quellen zur Geschichte der Juden in Westfalen. Spezialinventar zu den Akten des Nordrhein-Westfälischen Staatsarchivs Münster, Münster 1983; 352 S.

Gedruckte Quellen

5881 Arnsberg, Paul: Die jüdischen Gemeinden in Hessen. Anfang, Untergang, Neubeginn, Bd. 3: Bilder, Dokumente, Hg. Landesverband der Jüdischen Gemeinden in Hessen, Frankfurt 1973; 224, (15) S.

5882 Aussonderung, Enteignung und Deportation der Hamburger Juden. Eine Dokumentation, in: Angelika Ebbinghaus u. a. (Hg.), Heilen und Vernichten im Mustergau Hamburg. Bevölkerungs- und Gesundheitspolitik im Dritten Reich, Hamburg 1984, 54–79

5883 Bembenek, Lothar/Dickel, Horst: »Ich bin kein deutscher Patriot mehr, jetzt bin ich Jude.« Die Vertreibung jüdischer Bürger aus Wiesbaden (1933–1945), Beitrag »Wenn keine Stimme sich für uns erhebt, so mögen die Steine dieser Stadt für uns zeugen.« Angelika Rieber, Hg. Hessisches Institut für Bildungsplanung und Schulentwicklung (HIBS), Wiesbaden 1991; 225 S.

5884 Borries, Achim von: Am Morgen des Laubhüttenfestes, als die Gestapo kam ... Vor fünfzig Jahren wurden die »Reichsgaue« Baden und Saarpfalz »judenfrei« gemacht. Eine Erinnerung in Dokumenten, in: FR, Jg. 46, Nr. 246, 22. 10. 1990, 8

5885 Dokumente zur Geschichte der Frankfurter Juden 1933–1945, Hg. Kommission zur Erforschung der Geschichte der Frankfurter Juden, Frankfurt 1963; 553 S.

5886 Drobisch, Klaus: Überfall auf jüdische Jungen [in Wolzig] im Juni 1933. Dokumente, in: Dietrich Eichholtz (Hg.), Verfolgung – Alltag – Widerstand. Brandenburg in der NS-Zeit. Studien und Dokumente, Berlin 1993, 168–206

5886a Ehmann, Annegret (Bearb.): 1933–1945. Verfolgung – Selbstbehauptung – Untergang. (Textdokumentation), in: Annegret Ehmann u. a., Juden in Berlin 1671–1945. Ein Lesebuch, Berlin 1988, 242–327

5887 Faust, Anselm: Die »Kristallnacht« im Rheinland. Dokumente zum Judenpogrom im November 1938, 4. Aufl., Düsseldorf 1988; 224 S. (zuerst 1987)

5888 Gruner, Wolf: Der Beginn der Zwangsarbeit für arbeitslose Juden in Deutschland 1938/39. Dokumente aus der Stadtverwaltung Berlin, in: ZfG 37 (1989), 135–51

5889 Hecht, Winfried (Hg.): Reichskristallnacht in Rottweil. 1938–1988. Quellen und Materialien, Hg. Stadtarchiv Rottweil/Geschichts- und Altertumsverein Rottweil, Rottweil 1988; 87 S.

5890 Herbert Sonnenfeld. Ein jüdischer Fotograf in Berlin 1933–1938, Hg. Berlin Museum, Abteilung Jüdisches Museum, Berlin 1990; 146 S.

5891 Herrmann, Hans-Walter (Bearb.): Das Schicksal der Juden im Saarland 1920 bis 1945, in: Dokumentation zur Geschichte der jüdischen Bevölkerung in Rheinland-Pfalz und im Saarland von 1800 bis 1945, Hg. Landesarchivverwaltung Rheinland-Pfalz/Landesarchiv Saarbrükken, Bd. 6, Koblenz 1974, 259–491

5892 Keil, Heinz: Dokumentation über die Verfolgungen der jüdischen Bürger von Ulm/Donau, bearb. i. A. der Stadt Ulm, Ulm 1961; 423 S.

5893 Keim, Anton M. (Hg.): Tagebuch einer jüdischen Gemeinde 1941/43, hg. i. A. der Jüdischen Gemeinde Mainz, Mainz 1968; 112 S.

5894 Keller, Volker: Bilder vom jüdischen Leben in Mannheim, Hg. Stadtarchiv Mannheim, Mannheim 1988; 172 S.

5895 Krausnick, Helmut: Goerdeler und die Deportation der Leipziger Juden. (Dokumentation), in: VfZ 13 (1965), 338 f.

5896 Kropat, Wolf-Arno: Kristallnacht in Hessen. Der Judenpogrom vom November 1938. Eine Dokumentation, Wiesbaden 1988; 292 S.

5897 Mais, Edgar: Die Verfolgung der Juden in den Landkreisen Bad Kreuznach und Birkenfeld 1933–1945. Eine Dokumentation, Hg. Kreisverwaltung Bad Kreuznach/Pädagogisches Zentrum des Landes Rheinland-Pfalz, Bad Kreuznach, Bad Kreuznach 1988; 404 S.

5898 Noam, Ernst/Kropat, Wolf-Arno (Hg.): Juden vor Gericht 1933–1945. Dokumente aus hessischen Justizakten. (Justiz und Judenverfolgung, 1), Vorwort Johannes Strelitz, Wiesbaden 1975; 327 S.

5899 Ruch, Martin (Hg.): Familie Cohn. Tagebücher, Briefe und Gedichte einer jüdischen Familie aus Offenburg, Vorwort Eva Mendelsson, Offenburg 1992; 248 S.

5900 Sauer, Paul (Bearb.): Dokumente über die Verfolgung der jüdischen Bürger in Baden-Württemberg durch das nationalsozialistische Regime, bearb. i. A. der Archivdirektion Stuttgart, 2 Bde., Stuttgart 1966; LII, 346, 414 S.

5901 Schloss, Gertrude: Hilferufe aus Frankfurt. Briefe 1939–1941, Hg. Helga Krohn/Günther Vogt, hg. i. A. der Kommission zur Erforschung der Geschichte der Frankfurter Juden, Frankfurt 1985; 109 S.

5902 Simmert, Johannes (Bearb.): Die nationalsozialistische Judenverfolgung in Rheinland-Pfalz 1933 bis 1945, in: Dokumentation zur Geschichte der jüdischen Bevölkerung in Rheinland-Pfalz und im Saarland von 1800 bis 1945, Hg. Landesarchivverwaltung Rheinland-Pfalz/Landesarchiv Saarbrücken, Bd. 6, Koblenz 1974, 3–256

5903 Spuren des Faschismus in Frankfurt. Das Alltagsleben der Frankfurter Juden 1933–1945. Eine kommentierte Materialsammlung, Hg. Hessisches Institut für Lehrerfortbildung, Frankfurt 1984; 150 S.

5904 Winkelmann, Michael: »Auf einmal sind sie weggemacht.« Lebensbilder Arolser Juden im 20. Jahrhundert. Eine Dokumentation, Kassel 1992; I, 428 S.

5905 Witek, Hans/Safrian, Hans: Und keiner war dabei. Dokumente des alltäglichen Antisemitismus in Wien 1938, Vorwort Erika Weinzierl, Wien 1988; 207 S.

5906 Zeugnisse zur Geschichte der Juden in Ulm. Erinnerungen und Dokumente, Hg. Stadtarchiv Ulm, Ulm 1991; 271 S.

Darstellungen

5907 Andlauer, Teresa u. a.: »Eigentlich habe ich nichts gesehen, aber ...« (Verdrängte) Geschichte der Judenverfolgung in Freiburg, in: Heiko Haumann/Thomas Schnabel (Hg.), »Eigentlich habe ich nichts gesehen...« Beiträge zu Geschichte und Alltag in Südbaden im 19. und 20. Jahrhundert, Freiburg i.Br. 1987, 125–42

5908 Anpassung, Widerstand, Verfolgung. Die Jahre von 1933 bis 1939. (Ausstellungsreihe Stuttgart im Dritten Reich), Hg. Projekt Zeitgeschichte im Kulturamt der Landeshauptstadt Stuttgart, Stuttgart 1984, 484–573

5909 Arnolds, Wolfgang (Hg.): 9./10. November 1938. Die »Kristallnacht« im Sauerland, Brilon 1988; 74 S.**

5910 Arnsberg, Paul: Die Geschichte der Frankurter Juden seit der Französischen Revolution, Bd. 1: Der Gang der Ereignisse, Bd. 2: Struktur und Aktivitäten der Frankfurter Juden von 1789 bis zu deren Vernichtung in der nationalsozialistischen Ära, Hg. Kuratorium für Jüdische Geschichte, Frankfurt a.M., Bearb. Otto Schembs, Darmstadt 1983; 913, 595 S.

5911 Arntz, Hans-Dieter: Judenverfolgung und Fluchthilfe im deutsch-belgischen Grenzgebiet. Kreisgebiet Schleiden, Euskirchen, Monschau, Aachen und Eupen/Malmedy, Euskirchen 1990; XXIII, 784 S.

5912 Aschoff, Diethard: Juden in Münster 1933–1945. Von den Anfängen bis zur Gegenwart. Dokumente, Fragen, Erläuterungen. (Geschichte original – am Beispiel der Stadt Münster, 5), Hg. Hans Galen u. a., hg. für das Stadtarchiv Münster/Stadtmuseum Münster, Münster 1981; 48 S.**

5913 Awerbuch, Marianne: Die Hochschule für die Wissenschaft des Judentums, in: Reimer Hansen/Wolfgang Ribbe (Hg.), Geschichtswissenschaft in Berlin im 19. und 20. Jahrhundert. Persönlichkeiten und Institutionen, Berlin/New York 1992, 527–51

5914 Ball-Kaduri, Kurt J.: Berlin wird judenfrei. Die Juden in Berlin in den Jahren 1942/1943, in: JGMO 22 (1973), 196–241 (engl. in: YVS 5/1963, 271–316)

5915 Bartlev, Jehuda: Juden und die jüdische Gemeinde in Gütersloh 1671–1943, 2., überarb. u. erw. Aufl., Gütersloh 1988; 184 S. (zuerst 1977)

5916 Beck, Hans-Jürgen/Rudolf, Walter: Jüdisches Leben in Bad Kissingen, Hg. Stadt Bad Kissingen, Bad Kissingen 1990; 220 S.**

5917 Becker, Barbara u.a.: Holocaust, in: Jörg Schadt/Michael Caroli (Hg.), Mannheim im Zweiten Weltkrieg 1939–1945. Ein Bildband, Mannheim 1993, 55–70, 190–92

5918 Becker-Jákli, Barbara: Juden in Brühl [am Rhein], Brühl 1988

5919 Bein, Reinhard (Hg.): Juden in Braunschweig 1900–1945. Materialien zur Landesgeschichte, Mitarb. Jürgen Langmaack, Braunschweig o. J. [1983/84]; 250 S.

5920 Benz, Wolfgang: Deportation und Ermordung, in: Manfred Treml/Josef Kirmeier (Hg.), Geschichte und Kultur der Juden in Bayern. Aufsätze, Mitarb. Evamaria Brockhoff, München u.a. 1988, 491–504

5921 Benz, Wolfgang: »Evakuierung«. Deportation und Vernichtung der Juden aus Bayern (1988), in: Wolfgang Benz, Herrschaft und Gesellschaft im nationalsozialistischen Staat, Frankfurt 1990, 167–79

5922 Bierganz, Manfred/Kreutz, Annelie: Juden in Aachen, Hg. Gesellschaft für Christlich-Jüdische Zusammenarbeit Aachen, Aachen 1988; 166 S.

5923 Bitzel, Uwe: Damit kein Gras darüber wächst. Ereignisse um die Pogromnacht 1938 in Dortmund, Hg. Gesellschaft für Christlich-Jüdische Zusammenarbeit Dortmund/Stadtarchiv Dortmund, Dortmund 1988; III, 180 S.

5924 Bloch, Erich: Geschichte der Juden von Konstanz im 19. und 20. Jahrhundert. Eine Dokumentation, Konstanz 1971; 300 S.**

5925 Bohmbach, Jürgen: »Unser Grundsatz war, Israeliten möglichst fernzuhalten.« Zur Geschichte der Juden in Stade, Stade 1992; 64 S.

5926 Bohmbach, Jürgen: Die Juden im alten Regierungsbezirk Stade, in: StJb 67 (1977), 31–75

5927 Böhme, Rolf/Haumann, Heiko: Das Schicksal der Freiburger Juden am Beispiel des Kaufmanns Max Mayer und die Ereignisse des 9./10. November 1938. In der Vergangenheit liegt die Kraft für die Zukunft, Freiburg 1989

5928 Bollmus, Reinhard: Stätten jüdischen Lebens, Leidens und Gedenkens in Trier, in: BJGGRP 4 (1994), Nr. 7, 17–21

5929 Bömelburg, Hans-Jürgen: Vom Antisemitismus zum Völkermord. Die Deportation und Ermordung der Mainzer Juden, in: Anton M. Keim/Verein für Sozialgeschichte Mainz (Hg.), Als die letzten Hoffnungen verbrannten. 9./10. November 1938. Mainzer Juden zwischen Integration und Vernichtung, Mainz 1988, 101–14

5930 Bömelburg, Hans-Jürgen: Zurück blieb ein Trümmerfeld. Die Pogrome vom 9./10. November 1938 in Mainz, in: Anton M. Keim/Verein für Sozialgeschichte Mainz (Hg.), Als die letzten Hoffnungen verbrannten. 9./10. November 1938. Mainzer Juden zwischen Integration und Vernichtung, Mainz 1988, 67–78

5931 Bosch, Manfred u.a. (Hg.): Alemannisches Judentum. Versuche einer Wiederannäherung. (Allmende, Jg. 13, Nr. 36/37), Eggingen 1993; 251 S.

5932 Boskamp, A. Erich (Hg.): Baun wir doch aufs neue das alte Haus. Jüdisches Schicksal in Paderborn, Paderborn 1964; 77 S.

5933 Botz, Gerhard: Wohnungspolitik und Judendeportation in Wien 1938–1945. Zur

Funktion des Antisemitismus als Ersatz nationalsozialistischer Sozialpolitik, Wien 1975; 200 S.

5934 Botz, Gerhard: »Judenhatz« und »Reichskristallnacht« im historischen Kontext: Pogrom in Österreich 1938 und in Osteuropa um 1900, in: Kurt Schmid/Robert Streibel (Hg.), Der Pogrom 1938. Judenverfolgung in Österreich und in Deutschland. Dokumentation eines Symposiums der Volkshochschule Brigittenau, 1. u. 2. Aufl., Wien 1990, 9–24

5935 Botz, Gerhard: Stufen der Ausgliederung der Juden aus der Gesellschaft. Die österreichischen Juden vom »Anschluß« zum »Holocaust«, in: ZG 14 (1987), 359–78

5936 Brändle, Gerhard: Die jüdischen Mitbürger der Stadt Pforzheim. Dokumentation, Hg. Stadt Pforzheim, Red. Alfred Hübner, Pforzheim 1985; 214 S.**

5937 Brenner, Michael: Am Beispiel Weiden. Jüdischer Alltag im Nationalsozialismus, Würzburg 1983; 173 S.

5938 Brieden, Hubert: Juden in Neustadt a./Rbge. Diskriminierung, Verfolgung und Vernichtung einer Minderheit, Hannover 1992; 189 S.

5939 Brilling, Bernhard: Die jüdischen Gemeinden, in: Wilhelm Kohl (Hg.), Westfälische Geschichte, Bd. 2: Das 19. und 20. Jahrhundert. Politik und Kultur, Münster 1983, 417–30, hier 426–29

5940 Brilling, Bernhard/Dieckmann, Ulrich (Hg.): Juden in Münster 1933–1945. Eine Gedenkschrift, Münster 1960; 31 S.

5941 Brocke, Edna/Zimmermann, Michael (Bearb.): Stationen jüdischen Lebens. Von der Emanzipation bis zur Gegenwart, Hg. Alte Synagoge Essen, Bonn 1990; 336 S.

5942 Brunsvicensia Judaica. Gedenkbuch für die jüdischen Mitbürger der Stadt Braunschweig 1933–1945, Braunschweig 1966; 237 S.

5943 Bruss, Regina: Die Bremer Juden unter dem Nationalsozialismus, Bremen 1983; 341 S.

5944 Bucher, Editha: Die Liste der am 22. Oktober 1940 aus der Pfalz und dem Saarland nach Gurs deportierten Juden, in: Dokumentation zur Geschichte der jüdischen Bevölkerung in Rheinland-Pfalz und im Saarland von 1800 bis 1945, Bd. 7: Dokumente des Gedenkens, Hg. Franz-Josef Heyen, Mitarb. Editha Bucher, Koblenz 1974, 113–92

5945 Bücher, Johannes: Zur Geschichte der jüdischen Gemeinde [Bonn-]Beuel, Beuel 1965

5946 Buchholz, Marlis: Die hannoverschen Judenhäuser. Zur Situation der Juden in der Zeit der Ghettoisierung und Verfolgung 1941 und 1945, Hildesheim 1987; VIII, 294 S.

5947 Bütterich, Anette u.a.: Die Judenverfolgung in Kaiserslautern während des Nationalsozialismus, dargestellt am Beispiel der Familie Wertheimer, in: Faschismus in Kaiserslautern. Ausstellung 28.2.–26.3. 1983. (Arbeiten von Kaiserslauterer Schülern zum »Schülerwettbewerb Deutsche Geschichte um den Preis des Bundespräsidenten«), Hg. Volkshochschule Kaiserslautern, Kaiserslautern 1983, 20–26 (Ms. vervielf.)

5948 Cahnmann, Werner J.: Die Juden in München 1918–1943, in: ZBL 42 (1979), 403–61

5949 Christoffel, Udo (Hg.): Berlin-Wilmersdorf – die Juden, Leben und Leiden, Berlin 1987; 336 S.

5950 Debus, Karl H.: Verfolgung und Auslöschung. Geschichte der Juden in Speyer von Hitlers Machtergreifung 1933 bis zur Deportation nach Gurs 1940, in: Franz X. Portenlänger (Hg.), Geschichte der Juden in Speyer, Speyer 1981, 132–69

5951 Debus, Karl H.: Christen und Juden in der Pfalz zur Zeit des Nationalsozialismus, in: Pfälzische Landeskunde. Beiträge zur Geographie, Biologie, Volkskunde und Geschichte, Hg. Michael Geiger u. a., Landau 1981, 370–85

5952 Debus, Karl H.: Das Geistesleben der Speyerer Juden – Spannungen in ihrer Gemeinde und ihre Beziehungen zu den Christen, in: Schriftenreihe der Stadt [Speyer], Bd. 1, Speyer o. J. [1983], 59–96

5953 Debus, Karl H.: Die Reichskristallnacht in der Pfalz. Schuldbewußtsein und Ermittlungen, in: ZGO 129 (N. F. 90) (1981), 445–515

5954 Diamant, Adolf: Chronik der Juden in Chemnitz – heute Karl-Marx-Stadt. Aufstieg und Untergang einer jüdischen Gemeinde in Sachsen, Frankfurt 1970; 183 S.

5955 Diamant, Adolf: Chronik der Juden in Dresden. Von den ersten Juden bis zur Blüte der Gemeinde und deren Ausrottung, Geleitwort Robert M. W. Kempner, Darmstadt 1973; XIV, 521 S.

5956 Diamant, Adolf: Zur Chronik der Juden in Zwickau. Dem Gedenken einer kleinen jüdischen Gemeinde in Sachsen, Frankfurt 1971; 97 S.

5957 Dicker, Hermann: Aus Württembergs jüdischer Vergangenheit und Gegenwart, Gerlingen 1984, 100–6

5958 Düsseldorf, Donnerstag, den 10. November 1938. Texte, Berichte, Dokumente, Hg. Mahn- und Gedenkstätte Düsseldorf/Stadtarchiv Düsseldorf, Bearb. Barbara Suchy, Düsseldorf 1989; 266 S.**

5959 Düwell, Kurt: Die Rheingebiete in der Judenpolitik des Nationalsozialismus vor 1942. Beiträge zu einer vergleichenden zeitgeschichtlichen Landeskunde, Bonn 1968; 328 S.

5960 Ebbinghaus, Gerhard: Die Geschichte der Juden in Urbach/Westerwald, in: BJGGRP 3 (1993), Nr. 5, 62–72

5961 Ebert, Hans: The Expulsion of the Jews from the Berlin-Charlottenburg Technische Hochschule, in: LBY 19 (1974), 155–74

5962 Echt, Samuel: Die Geschichte der Juden in Danzig, Leer 1972; 282 S.

5963 Ehmann, Annegret u. a.: Juden in Berlin 1671–1945, Gesamtred. Carolin Hilker-Siebenhaar, Berlin 1988; 350 S.

5965 Esh, Shaul (Hg.): The Bamberger Family. The Descendants of Rabbi Seligmann Bär Bamberger, »the Würzburger Rav« (1807–1878), Mitarb. Yirat Adler/Rosa Eschwege, Jerusalem 1964; 106, 14 S.

5966 Faassen, Dina van/Hartmann, Jürgen: »... dennoch Menschen von Gott erschaffen«. Die jüdische Minderheit in Lippe von den Anfängen bis zur Vernichtung, Bielefeld 1991; 136 S.

5967 Faust, Anselm: Der improvisierte Pogrom. Die »Kristallnacht« 1938, in: Anselm Faust (Hg.), Verfolgung und Widerstand im Rheinland und in Westfalen 1933–1945, Köln u. a. 1992, 152–61

5968 Fechenbach, Hermann: Die letzten Mergentheimer Juden und Die Geschichte der Familie Fechenbach, Stuttgart u. a. 1972, 153–215

5969 Fellner, Günter: Der Novemberpogrom in Westösterreich, in: Kurt Schmid/Robert Streibel (Hg.), Der Pogrom 1938. Judenverfolgung in Österreich und in Deutschland. Dokumentation eines Symposiums der Volkshochschule Brigittenau, 1. u. 2. Aufl., Wien 1990, 34–41

5970 Ferk, Gabriele: Judenverfolgung in Norddeutschland, in: Frank Bajohr (Hg.), Norddeutschland im Nationalsozialismus, Hamburg 1993, 280–309

5971 Flade, Roland: Die Würzburger Juden. Ihre Geschichte vom Mittelalter bis zur Gegenwart, Würzburg 1987; XIV, 434 S.

5972 Fliedner, Hans-Joachim: Die Judenverfolgung in Mannheim 1933–1945, Bd. 1:

Darstellung, Bd. 2: Dokumente, Hg. Stadtarchiv Mannheim, Stuttgart u. a. 1991; 669 S. (2 Bde. in 1 Bd.; zuerst 2 Bde., 1971)**

5973 Föhse, Ulrich: Erst Mensch, dann Untermensch. Der Weg der jüdischen Wuppertaler in den Holocaust, in: Klaus Goebel (Hg.), Wuppertal in der Zeit des Nationalsozialismus, 1. u. 2., korr. Aufl., Wuppertal 1984, 65–80

5974 Franke, Hans: Geschichte und Schicksal der Juden in Heilbronn vom Mittelalter bis zur Zeit der nationalsozialistischen Verfolgungen (1050–1945), Heilbronn 1963; 384 S.

5975 Freimark, Peter: Juden an der Hamburger Universität, in: Eckart Krause u. a. (Hg.), Hochschulalltag im »Dritten Reich«. Die Hamburger Universität 1933–1945, Bd. 1, Berlin/Hamburg 1991, 125–47

5976 Friedrich, Eckhardt/Schmieder-Friedrich, Dagmar (Hg.): Die Gailinger Juden. Materialien zur Geschichte der jüdischen Gemeinde Gailingen aus ihrer Blütezeit und den Jahren der gewaltsamen Auflösungen, Konstanz 1981; 127 S.

5977 Fröhlich, Elke: Ein »Volksschädling« [Leopold Obermayer in Würzburg], in: Elke Fröhlich, Die Herausforderung des Einzelnen. Geschichten über Widerstand und Verfolgung. (Bayern in der NS-Zeit, 6), München/Wien 1983, 76–114; abgedr. in: Elke Fröhlich/Martin Broszat, Alltag und Widerstand – Bayern im Nationalsozialismus, München/Zürich 1987, 424–81**

5978 Fromm, Hubert: Die Coburger Juden. Geschichte und Schicksal, Hg. Evangelisches Bildungswerk im Dekanatsbezirk Coburg, Mitarb. Rainer Axmann, Coburg 1990; 353 S.

5979 Fücks, Karl/Jäger, Michael: Synagogen der Pfälzer Juden. Vom Untergang ihrer Gotteshäuser und Gemeinden. Eine Dokumentation, Edesheim/Böbingen 1988; 248 S.

5980 [Fünfzig] 50 Jahre nach dem Judenpogrom. Reden zum 9./10. November 1988 in Schleswig-Holstein, Hg. Beirat für Geschichte der Arbeiterbewegung und Demokratie in Schleswig-Holstein/Landesregierung Schleswig-Holstein, Pressestelle, Red. Uwe Danker/Andreas M. Rink, Kiel 1989; 143 S.*

5981 Gailus, Manfred: Beihilfe zur Ausgrenzung. Die »Kirchenbuchstelle Alt-Berlin« in den Jahren 1936 bis 1945, in: JfA 2 (1993), 255–80

5982 Gedenkbuch für die jüdischen Opfer des Nationalsozialismus in Hamburg. Mit einem »Bericht über die Deportationsmaßnahmen der Geheimen Staatspolizei in Hamburg« von Dr. Max Plant, Vorsitzender der Jüdischen Gemeinde in Hamburg 1938–1943, Hg. Staatsarchiv der Freien und Hansestadt Hamburg, Hamburg 1965; 104 S.

5983 Gedenken an die Pogromnacht 9./10. November 1938. Dokumentation der Veranstaltung am 9. November 1988, Hg. Stadt Münster, Presse- und Informationsamt, Münster 1989; 189 S.

5984 Gehler, Michael: Studentischer Antisemitismus an der Universität Innsbruck. Ein historischer Beitrag zum Antisemitismus in Tirol, in: Die Geschichte der Juden in Tirol von den Anfängen im Mittelalter bis in die neueste Zeit. (Sturzflüge, 15/16), Bozen 1986, 73–87

5985 Gehler, Michael: Murder on Command. The Anti-Jewish Pogrom in Innsbruck, 9th-10th November 1938, in: LBY 38 (1993), 119–53

5986 Geschichte der Juden in Münster. Ausstellungsdokumentation, Hg. Gesellschaft für Christlich-Jüdische Zusammenarbeit Münster/Volkshochschule Münster, Bearb. Andreas Determann u. a., Münster 1989, 88–149, 163–87**

Geschichte und Kultur der Juden in Bayern, München u. a.:

5987 – Bd. [1]: Aufsätze, Vorwort Manfred Tranl/Bernward Deneke, Hg. Manfred Tranl/Josef Kirmeier, Mitarb. Evamaria Brockhoff, 1988; 616 S.*

5988 – Bd. [2]: Lebensläufe, Vorwort Manfred Tranl/Bernward Deneke, Hg. Manfred Tranl/Wolf Weigand, Mitarb. Evamaria Brockhoff, 1988; 328 S.*

5989 Giovannini, Norbert u. a. (Hg.): Jüdisches Leben in Heidelberg. Studien zu einer unterbrochenen Geschichte, Heidelberg 1992; 334 S.*

5990 Golczewski, Frank: Jüdische Hochschullehrer an der neuen Universität Köln vor dem Zweiten Weltkrieg, in: Jutta Bohnke-Kollwitz u. a. (Hg.), Köln und das rheinische Judentum. Festschrift Germania Judaica 1959–1984, Köln 1984, 363–96

5991 Gold, Hugo: Geschichte der Juden in Österreich. Ein Gedenkbuch, Tel Aviv 1971; 176 S.

5992 Gold, Hugo: Geschichte der Juden in Wien. Ein Gedenkbuch, Tel Aviv 1966; 158 S.

5993 Gosmann, Michael (Hg.): Juden in Arnsberg. Eine Dokumentation, hg. i. A. der Stadt Arnsberg u. des Arbeitskreises »Geschichtswerkstatt« Arnsberg, Arnsberg 1991; 334 S.**

5994 Götz von Olenhusen, Albrecht: Die nationalsozialistische Rassenpolitik und die jüdischen Studenten an der Universität Freiburg i.Br. 1933–1945, in: FUB 4 (1964), Nr. 6, 71–80

5995 Grosche, Heinz: Geschichte der Juden in Bad Homburg vor der Höhe 1866 bis 1945. Geschichte der Stadt Homburg, Sonderbd.), Hg. Stadt Bad Homburg, Mitarb. Klaus Rhode u. a., Frankfurt 1991; 122 S.

5996 Grothe, Ewald u. a.: Verfolgt – vergast – vergessen. Zur Geschichte der Juden in den Ortschaften der Stadt Marienmünster, 1. u. 2. Aufl., Bielefeld 1990; 60 S.

5997 Hahn, Joachim: Erinnerungen und Zeugnisse jüdischer Geschichte in Baden-Württemberg, Hg. Kommission für geschichtliche Landeskunde Baden-Württemberg/Innenministerium Baden-Württemberg, Stuttgart 1988; 607 S.

5998 Haider, Christian/Hausjell, Fritz: Die Apokalypse als Bildgeschichte. Antisemitische Karikatur am Beispiel des »Jude Tate« im Wiener Deutschen Volksblatt 1936 bis 1939, in: MZ 6 (1991), Nr. 1, 9–15

5999 Hammerschmitt, Barbara: Rassische Verfolgung in Schorndorf, in: AS 20 (1993), 321–37

6000 Händler-Lachmann, Barbara/Schütt, Ulrich: »Unbekannt verzogen« oder »weggemacht«. Schicksale der Juden im alten Landkreis Marburg 1933–1945, Marburg 1992; 245 S.

6001 Hanke, Peter: Zur Geschichte der Juden in München zwischen 1933 und 1945, München 1967; 353 S.

6002 Hartwich, Dirk/Stegemann, Wolf (Hg.): Dorsten unterm Hakenkreuz. Eine Dokumentation zur Zeitgeschichte, Bd. 1: Die jüdische Gemeinde, Mitarb. Arbeitskreis zur Erforschung der jüdischen Gemeinde in Dorsten, 4. Aufl., Dorsten 1985; 112 S. (zuerst 1983)**

6003 Hartwig-Thürmer, Christine: »Hier war's schon schlimm ...« Die jüdische Gemeinde in (Mainz-)Bischofsheim unterm Hakenkreuz, in: Anton M. Keim/Verein für Sozialgeschichte Mainz (Hg.), Als die letzten Hoffnungen verbrannten. 9./10. November 1938. Mainzer Juden zwischen Integration und Vernichtung, Mainz 1988, 115–25

6004 Haumann, Heiko: Juden in Freiburg i.Br. von der Mitte des 19. Jahrhunderts bis zur Gegenwart: Assimilation, Antisemitismus, Suche nach Identität, in: Landjudentum im Süddeutschen- und Bodenseeraum. Wissenschaftliche Tagung zur Eröffnung des Jüdischen Museums Hohenems vom 9. bis 11. April 1991, veranstaltet vom Vorarlberger Landesarchiv, Dornbirn 1991, 155–62

6005 Haumann, Heiko: »Lieber ›n alter Jud verrecke als e Tröpfle Schnaps verschütte.« Juden im bäuerlichen Milieu des Schwarzwaldes zu Beginn des Nationalsozialismus, in: Menora 3 (1992), 143–52

6006 Haupts, Leo: Das Schicksal der Kölner Juden im Dritten Reich, in: Jutta Bohnke-Kollwitz u. a. (Hg.), Köln und das rheinische Judentum. Festschrift Germania Judaica 1959–1984, Köln 1984, 399–414

6007 Hauschildt, Dietrich: Vom Judenboykott zum Judenmord. Der 1. April 1933 in Kiel, in: Erich Hoffmann/Peter Wulf (Hg.), »Wir bauen das Reich«. Aufstieg und erste Herrschaftsjahre des Nationalsozialismus in Schleswig-Holstein, Neumünster 1983, 335–60

6008 Heß, Hans: Die Landauer Judengemeinde. Ein Abriß ihrer Geschichte, 2. Aufl., Landau 1983; 87 S.

6009 Hermes, Hermann: Deportationsziel Riga. Schicksale Warburger Juden, Warburg 1982; 147 S.**

6010 Herrmann, Gert-Julius: Jüdische Jugend in der Verfolgung. Eine Studie über das Schicksal jüdischer Jugendlicher aus Württemberg und Hohenzollern, Diss. Tübingen 1967; 210 S.

6011 Herzig, Arno: Judentum und Emanzipation in Westfalen, Münster 1973; XV, 162 S.; Teilabdr. u. d. T. »Die Deportation der Juden aus dem Münsterland« in: Hans-Günter Thien/Hanns Wienold (Hg.), Münster – Spuren des Faschismus. Zum 50. Jahrestag der nationalsozialistischen Machtergreifung, Münster 1983, 157–65

6012 Herzig, Arno/Rohde, Saskia (Hg.): Die Geschichte der Juden in Hamburg 1590 bis 1990, Bd. 1: Vierhundert Jahre Juden in Hamburg. Ausstellungskatalog, Bd. 2: Die Juden in Hamburg 1590 bis 1990. Wissenschaftliche Beiträge, Hamburg 1991; 557, 733 S.

6013 Heuvels, Peter: Jüdisches Leben im Emsland. Begleitbuch zu der Ausstellung des Katholischen Bildungswerkes Aschendorf-Hümmling im Foyer der Aula des Hümmling-Gymnasiums in Sögel, 6. bis 24. November 1988, Sögel 1988; 104 S.

6014 Hoch, Gerhard: Von Auschwitz nach Holstein. Der Leidensweg der 1200 jüdischen Häftlinge von Fürstengrube, Hamburg 1990; 197 S.

6015 Hoepke, Klaus-Peter: Auswirkungen der nationalsozialistischen Rassenpolitik an der Technischen Hochschule Fridericiana Karlsruhe 1933–1945, in: ZGO 136 (N. F. 97) (1988), 383–413

6016 Hoffmann, Dieter: »... wir sind doch Deutsche«. Zu Geschichte und Schicksal der Landjuden in Rheinhessen, hg. in Zusammenarbeit mit der Stadt Alzey, Alzey 1992; VIII, 409 S.

6017 Hofmann, Klaus: Die Verdrängung der Juden aus öffentlichem Dienst und selbständigen Berufen in Regensburg 1933–1939, Frankfurt u. a. 1993; 208 S.

6018 Honigmann, Peter: Die Austritte aus der Jüdischen Gemeinde Berlin 1873–1941. Statistische Auswertung und historische Interpretation, Frankfurt u. a. 1988; 177 S.

6019 Höpfinger, Renate: Die Judengemeinde von Floß 1648–1942. Die Geschichte einer jüdischen Landgemeinde in Bayern, Kallmünz 1993; XXXVI, 379 S.

6020 Horsch, Daniel: Die jüdische Gemeinde in Weinheim a. d. Bergstraße, Hg. Stadt Weinheim, Weinheim 1964; 77 S.

6021 Huettner, Axel: Die jüdische Gemeinde von Kirchen (Efringen-Kirchen, Kreis Lörrach) 1736–1940. Beiträge zur geschichtlichen, politischen, wirtschaftlichen und religiösen Situation der Juden im Markgräflerland, 1. u. 2., verb. Aufl., Grenzach/Heidelberg 1978, 151–202

6022 Hundsnurscher, Franz/Taddey, Gerhard: Die jüdischen Gemeinden in Baden. Denkmale, Geschichte, Schicksale, Hg. Archivdirektion Stuttgart, Stuttgart 1968; XVIII, 327 S., 225 Bildtafeln

6023 Jahnke, Karl H.: Die Vernichtung der Juden in Mecklenburg, in: Arno Herzig/Ina S. Lorenz (Hg.), Verdrängung und Vernichtung der Juden unter dem Nationalsozialismus, Hamburg 1992, 291–307

6024 Jahnke, Karl H.: Terror gegen die jüdische Bevölkerung in Mecklenburg 1938, in: WZR 38 (1989), Nr. 2, 57–62

6025 Johe, Werner: Im Dritten Reich 1933–1945, in: Werner Jochmann (Hg.), Hamburg. Geschichte der Stadt und ihrer Bewohner, Bd. 2: Vom Kaiserreich bis zur Gegenwart, Hamburg 1986, 265–376

6026 Juden auf dem Lande. Beispiel Ichenhausen. Katalog zur Ausstellung in der ehemaligen Synagoge Ichenhausen – Haus der Begegnung, 9. Juli bis 29. September 1991, Hg. Haus der Bayerischen Geschichte, Bearb. Evamaria Brockhoff/Josef Jordan, München 1991; 173 S.**

6028 Juden in Altenkirchen, Hg. Pädagogisches Zentrum des Landes Rheinland-Pfalz, Red. Eckard Hanke/Manfred Koschig, Bad Kreuznach 1988; 83 S.**

6029 Juden in Baden 1809–1984. 175 Jahre Oberrat der Israeliten Badens, Hg. Oberrat der Israeliten Badens, Bearb. Jael B. Paulus, Karlsruhe 1984; 256 S.

6030 Juden in Baden 1809–1984. 175 Jahre Oberrat der Israeliten Badens. Begleitbuch zur Ausstellung im Badischen Landesmuseum, Karlsruhe, Schloß, von 17. Januar bis 4. März 1984, Hg. Oberrat der Israeliten Badens, Karlsruhe 1984; 75 S.

6031 Juden in Baden, Bd 1: Beiträge zu Literatur, Kunst, Theater und Kritik, Bd. 2: Hochschule, Gemeinde, persönliches Erleben, Mitarb. Ilse Bab u.a., Frankfurt 1974; 160 S.

6032 Juden in Bergen-Enkheim. Begleitbuch zur Ausstellung des Jüdischen Museums der Stadt Frankfurt am Main, Bearb. Helga Krohn/Helmut Ulshöfer, Frankfurt 1990; 77 S.**

6033 Juden in Bergzabern. (Mitteilungen des Historischen Vereins der Pfalz, Bezirksgruppe Bad Bergzabern, 7), Bad Bergzabern 1988; 50 S.

6034 Juden in Bocholt. Eine Dokumentation. Mit einer Einführung in die jüdische Religion. Anhang: Archäologische Beiträge zur Geschichte der Juden in Bocholt, Hg. Stadt Bocholt, Mitarb. Kurt Nussbaum/Werner Sundermann, Bocholt 1988; 197 S.**

6035 Juden in Bockenheim. Begleitbuch zur Ausstellung des Jüdischen Museums der Stadt Frankfurt am Main, Bearb. Lisbeth Ehlers/Helga Krohn, Frankfurt 1990; 80 S.**

6036 Juden in Brilon zur Zeit des Nationalsozialismus. Dokumente, Familienschicksale, Zeitzeugenaussagen, Hg. Demokratische Initiative zur Förderung sozialer, kultureller und politischer Bildung [Brilon], Red. Sigrid Blömeke u.a., Einleitung Arno Klönne, Brilon 1988; 158 S.**

6037 Juden in Bühl, Hg. Stadtverwaltung Bühl, Bühl 1986; 67 S.

6038 Juden in der Zeit des Nationalsozialismus. (Zum Beispiel Krefeld, 2), Red. Franz Janssen, Mitarb. Dieter Hangebruch, Krefeld 1988; 117 S.

6039 Juden in Gesecke. Beiträge zur Geschichte einer Minderheit. Aus Anlaß des 50. Jahrestages der »Reichskristallnacht« am 9. November 1988, Hg. Verein für Heimatkunde Gesecke, Bearb. Hans P. Buch, Gesecke 1988; 86 S.

6040 Juden in Hall. Geschichte und Schicksal der israelitischen Gemeinde vom Mittelalter bis zur Gegenwart. Eine Ausstellung des Hällisch-Fränkischen Museums Schwäbisch Hall [u.a.] (vom 20. Juni bis 15. September 1985 im Hällisch-Fränkischen Museum Schwäbisch Hall), Kataloggestaltung Manfred Akermann/Herta Beutter, Texte Herta Beutter u.a., Schwäbisch Hall 1985; XII, 98, (28) S.**

6041 Juden in Höchst. Begleitbuch zur Ausstellung des Jüdischen Museums der Stadt Frankfurt am Main, Bearb. Waltraud Beck u. a., Frankfurt 1990; 81 S.**

6042 Juden in Hohensolms. Ein Katalog zur Ausstellung der Evang. Kirchengemeinde Hohensolms im Bürgerhaus zu Hohensolms, November 1988, Bearb. Erco von Dietze, Hohensolms 1988, 77–93**

6043 Juden in Hungen. Berichte und Dokumente der Arbeitsgemeinschaft »Spurensuche«. Zur Einweihung des Denkmals zur Erinnerung an die jüdischen Bürger in der Großgemeinde Hungen m 26. August 1990, Red. Erhard Eller u.a., Hungen 1990; 86, (59) S.**

6044 Juden in Illingen. Eine Dokumentation über Entstehung, Entwicklung und Zerstörung der Illinger Judengemeinde. Ausstellung im Illtal-Gymnasium, Hg. Illtal-Gymnasium, Schülervertretung, Mitarb. Carolin Schröder u. a., Illingen 1989; 130 S.**

6045 Juden in Kreuzberg. Fundstücke, Fragmente, Erinnerungen. Katalog zur gleichnamigen Ausstellung vom 18. Oktober bis 29. Dezember 1991 im Kreuzberg-Museum (in Gründung), Berlin, Hg. Berliner Geschichtswerkstatt, Red. Andreas Ludwig, Berlin 1991; 436 S.**

6046 Die Juden in Lambsheim, Hg. Gemeindeverwaltung Lambsheim, Bearb. Kurt Kinkel, Lambsheim (Pfalz) 1981; 43 S.**

6047 Juden in Leipzig. Eine Dokumentation der Ausstellung anläßlich des 50.Jahrestages der faschistischen Progromnacht im Ausstellungszentrum der Karl-Marx-Universität Leipzig [...] vom 5. November bis 17. Dezember 1988, Hg. Rat der Stadt Leipzig, Bearb. Manfred Unger u. a., Leipzig 1988; 239 S.

6048 Juden in Lemgo und Lippe. Kleinstadtleben zwischen Emanzipation und Deportation, Red. Jürgen Scheffler/Herbert Stöwer, Bielefeld 1988; 299 S.**

6049 Juden in Minden. Dokumente und Bilder jüdischen Lebens vom Mittelalter bis zum 20. Jahrhundert. Katalog zur Ausstellung des Kommunalarchivs Minden (Archiv der Stadt Minden und des Kreises Minden Lübbecke) vom 1. November bis 20. November 1988 im Kommunalarchiv Minden, Hg. Kommunalarchiv Minden, Texte Hans Nordsiek, Minden 1988, 55–84

6050 Juden in Oberhausen 1933–1945, Hg. Projekt Sozialgeschichte, Gedenkhalle [Oberhausen], Red. Rainer Stöcker, Oberhausen 1988; 64 S.

6051 Juden in Preußen. Ein Kapitel deutscher Geschichte. Offizieller Katalog der Ausstellung »Juden in Preußen« (Berlin 1981), Hg. Bildarchiv Preußischer Kulturbesitz, Konzeption Roland Klemig, wissenschaftl. Beratung Walter Grab/Reinhard Rürup, Dortmund 1981, 383–441**

6052 Juden in Rödelheim. Begleitbuch zur Ausstellung des Jüdischen Museums der Stadt Frankfurt am Main, Bearb. Helga Krohn/Katharina Rauschenberger, Frankfurt 1990; 87 S.**

6053 Juden in Rüsselsheim. Katalog zur Ausstellung vom 12. Oktober – 31. Dezember 1980, Hg. Museum der Stadt Rüsselsheim, Bearb. Wolfram Heitzenröder u. a., Rüsselsheim 1988; 40 S.**

6054 Die Juden in Schleswig-Holstein, Hg. Landeszentrale für politische Bildung Schleswig-Holstein, Red. Wolfgang Hubrich/Rüdiger Wenzel, Kiel 1988; 89 S.**

6055 Juden in Stommeln. Geschichte einer jüdischen Gemeinde im Kölner Umland, Hg. Verein für Geschichte und Heimatkunde Pulheim, Mitarb. Manfred Backhaus u. a., Pulheim 1983–1987; 263, 344 S.

6056 Die Juden in Tauberfranken 1933–1945. Quellen und didaktische Hinweise für die Hand des Lehrers, Hg. Landeszentrale für politische Bildung Baden-Württemberg, Stuttgart 1984; 107 S.**

6057 Juden in Taunusstein. Sonderausstellung des Heimatmuseums Taunusstein, Wehener Schloß vom 26. November 1983–29. Februar 1984, Hg. Stadt Taunusstein, Heimatmuseum, Bearb. Peter Jakobi, Taunusstein 1985; 58 S.

6058 Juden in Trier. Katalog einer Ausstellung von Stadtarchiv und Stadtbibliothek Trier, März–November 1988, Bearb. Reiner Nolden, Mitarb. Horst Mühleisen/Bernhard Simon, Trier 1988; 152 S.

6059 Juden in Wiesbaden von der Jahrhundertwende bis zur »Reichskristallnacht«. Eine Ausstellung des hessischen Hauptstaatsarchivs Wiesbaden, Bearb. Bernhard Post, Wiesbaden 1988; 81 S.**

6060 Juden und ihre Heimat Buttenhausen. Ein Gedenkbuch zum 200. Jahrestag des Buttenhausener Judenschutzbriefes am 7. Juli 1987, Hg. Stadt Münsingen, Bearb. Günter Randecker, 2., korr. Aufl., Münsingen 1988; 120 S. (zuerst 1987)

6061 Der Judenpogrom vom 9./10. November 1938 in Münster. Die Ereignisse und ihre Bedeutung in Geschichte und Gegenwart. Dokumentation der Ausstellung des Stadtarchivs in der Bürgerhalle des Rathauses, 9.11. bis 14.12. 1988, Hg. Stadtarchiv Münster/Stadt Münster, Presse- und Informationsamt, Bearb. Ewald Frie/Roswitha Link, Münster 1989; 128 S.**

6062 Die Judenverfolgung in Dortmund von 1933 bis 1945, in: Widerstand und Verfolgung in Dortmund 1933–1945. Ständige Ausstellung und Dokumentation, im Auftrage des Rates der Stadt Dortmund erstellt vom Stadtarchiv. Eröffnet: 30. Januar 1981, Bearb. Günter Högl/Udo Steinmetz, Mitarb. Ewald Kurtz, Dortmund 1981, 265–306

6063 Der jüdische Frisör. Auf Spurensuche: Juden in Stuttgart-Ost, Hg. Stuttgarter Osten Lokalzeitung, Tübingen/Stuttgart 1992; 128 S.

6064 Jüdisches Leben im Hochsauerland, Hg. Hochsauerlandkreis, Red. Rudolf Brüschke/Norbert Föggeler, Mitarb. Johannes Bödger u. a., Schmallenberg-Fredeburg 1994; 588, 96 S.

6065 Jüdisches Leben in Darmstadt. Dokumente 1629–1940, Hg. Hessisches Staatsarchiv Darmstadt, Bearb. Thomas Lange, Darmstadt 1988; (76) S.**

6066 Jüdisches Leben in Frankfurt. Materialien, Bd. 2: Die Entwicklung des Staatsbürgers. 1800–1945, Hg. Frankfurter Bund für Volksbildung, Frankfurt 1988; 103 S.

6067 Jüdisches Leben in Fulda. Begegnung mit Fuldas ehemaligen jüdischen Mitbürgern vom 25.–30. Mai 1987, Hg. Stadt Fulda, Red. Klaus Krolopp, Fulda 1987; 81 S.

6068 Jüdisches Leben in Pankow. Eine zeitgeschichtliche Dokumentation, Hg. Bund der Antifaschisten Berlin-Pankow, Red. Inge Lammel, Berlin 1993; 326 S.**

6069 Jungbluth, Uli: Kristallnacht im Westerwald. Der Judenpogrom im November 1938, Nauort 1988; 30 S.

6070 Jungbluth, Uli: Nationalsozialistische Judenverfolgung im Westerwald, Vorwort Frederik Hetmann, Koblenz 1989; 195 S.**

6071 Junk, Peter/Sellmeyer, Martina: Stationen auf dem Weg nach Auschwitz. Entrechtung, Vertreibung, Vernichtung. Juden in Osnabrück 1900–1945. Ein Gedenkbuch, 2. Aufl., Bramsche 1989; 331 S. (zuerst 1988)

6072 Kaiser, Wolfram: Die Fakultät wurde »judenfrei«. Eine Chronologie zum Schicksal jüdischer Mediziner in Halle 1933–1943, in: Tribüne 31 (1992), Nr. 124, 153–64

6073 Kappel, Rolf: Unbekannt, wohin verzogen. Jüdinnen und Juden in Gevelsberg, Hg. Gesellschaft für christlich-jüdische Zusammenarbeit Hagen und Umgebung, Hagen 1991; 135 S.

6074 Kappes, Reinhild: ... und in Singen gab es keine Juden? Eine Dokumentation, Hg. Stadt Singen, Sigmaringen 1991; 112 S.**

6075 Kappes, Reinhild: ... und in Singen gab es keine Juden? Singener Juden im Nationalsozialismus, in: Alfred G. Frei/Jens Ruge (Hg.), Erinnern – Bedenken – Lernen. Das Schicksal von Juden, Zwangsarbeitern und Kriegsgefangenen zwischen Hochrhein und Bodensee in den Jahren 1933 bis 1945, Sigmaringen 1990, 47–71

6076 Kattermann, Hildegard: Das Ende einer jüdischen Landgemeinde. Nonnenweier in Baden, 1933–1945, Freiburg 1984; 136 S.**

6077 Kattermann, Hildegard: Geschichte und Schicksale der Lahrer Juden. Eine Dokumentation, Hg. Stadt Lahr, Lahr 1976; 43 S.

6078 Kauß, Dieter: Juden in Jebenhausen und Göppingen 1777 bis 1945. Zu einer Ausstellung des Archivs und Museums der Stadt Göppingen vom 16. September bis 8. November 1981 in den Räumen des Städtischen Museums, Hg. Städtisches Museum Göppingen, Göppingen 1981, 42–59

6079 Kaufman, Menahem: The Daily Life of the Village and Country Jews in Hessen from Hitler's Ascent to Power to November 1938, in: YVS 22 (1992), 147–98

6080 Keim, Anton M./Verein für Sozialgeschichte Mainz (Hg.): Als die letzten Hoffnungen verbrannten. 9./10. November 1938. Mainzer Juden zwischen Integration und Vernichtung, Red. Hans Berkessel/Susanne Schlösser, Mainz 1988; 184 S.*

6081 Kirschner, Klaus: »Da brennt's mich in Ermreuth!« Juden und Nazis in einem fränkischen Dorf, in: FH 34 (1979), 37–44

6082 Klamper, Elisabeth: Der »Anschlußpogrom« [in Österreich], in: Kurt Schmid/Robert Streibel (Hg.), Der Pogrom 1938. Judenverfolgung in Österreich und in Deutschland. Dokumentation eines Symposiums der Volkshochschule Brigittenau, 1. u. 2. Aufl., Wien 1990, 25–33

6083 Klampfer, Josef: Das Eisenstädter Ghetto, Eisenstadt 1965; 229 S.

6084 Klatt, Inge: »... dahin wie ein Schatten«. Aspekte jüdischen Lebens in Lübeck, in: DG 7 (1992), 11–71

6086 Kliner-Lintzen, Martina/Pape, Siegfried: »... vergessen kann man das nicht.« Wittener Jüdinnen und Juden unter dem Nationalsozialismus, Hg. Stadt Witten, Bearb. Stadt Witten, Amt für Statistik und Stadtforschung, Bochum 1991; XXXIX, 413 S.

6087 Knauss, Erwin: Die jüdische Bevölkerung Gießens 1933–1945. Eine Dokumentation, Hg. Kommission für die Geschichte der Juden in Hessen, Wiesbaden 1974; 153 S.**

6088 Knipping, Ulrich: Die Geschichte der Juden in Dortmund während der Zeit des Dritten Reiches, Dortmund 1977; 255 S.

6089 Köfler, Gretl: Tirol und die Juden, in: Thomas Albrich u. a. (Hg.), Tirol und der Anschluß. Voraussetzungen, Entwicklungen, Rahmenbedingungen 1918–1938, Innsbruck 1988, 169–82

6090 Köhn, Gerhard: Die Verfolgung der jüdischen Mitbürger in Soest während des Dritten Reiches. Eine Dokumentation, Hg. Stadtarchiv Soest, Soest 1979; 151 S.

6091 Köhn, Gerhard: Die Verfolgung der jüdischen Mitbürger in Soest während des Dritten Reiches, Soest 1979

6092 Kößler, Gottfried: »... daß wir nicht erwünscht waren.« Novemberpogrom 1938 in Frankfurt am Main. Berichte und Dokumente, Frankfurt 1993; 176 S.**

6093 Kolland, Dorothea (Hg.): Zehn Brüder waren wir gewesen... Spuren jüdischen Lebens in Berlin-Neukölln, hg. i. A. der Gesellschaft für ein Jüdisches Museum in Berlin, Berlin 1988; 515 S.

6094 Kraetke, Karl-Heinz/Strüber, Reinhard: Das Schicksal jüdischer Bürger in Esslingen während des Nationalsozialismus, in: Von Weimar bis Bonn. Esslingen 1919–1949. Begleitband zur Ausstellung

»Esslingen 1919–1949. Von Weimar bis Bonn«, Esslingen 1991, 255–78

6095 Krick, Hugo: Geschichte und Schicksale der Juden zu Beckum, Mitarb. Diethard Aschoff, Warendorf 1986; 160 S.

6096 Kropat, Wolf-Arno: Die Hessischen Juden im Alltag der NS-Diktatur 1933–1939, in: Kommission für die Geschichte der Juden in Hessen (Hg.), Neunhundert Jahre Geschichte der Juden in Hessen, Wiesbaden 1983, 411–45

6097 Kuby, Alfred H. (Hg.): Juden in der Provinz. Beiträge zur Geschichte der Juden in der Pfalz zwischen Emanzipation und Vernichtung, 2. Aufl., Neustadt a.d.W. 1989; 325 S. (zuerst 1988)*

6098 Lamm, Hans: Von Juden in München, 3. Aufl., Darmstadt 1979; 406 S. (zuerst München 1959)

6099 Lefèvre, Andrea: Das Jüdische Krankenhaus in der Iranischen Straße 2, in: Helmut Engel u.a. (Hg.), Geschichtslandschaft Berlin. Orte und Ereignisse, Bd. 3: Wedding, Berlin 1990, 300–18

6100 Lichtenstein, Erwin: Die Juden der Freien Stadt Danzig unter der Herrschaft des Nationalsozialismus, Tübingen 1973; XIII, 242 S.

6101 Lichtenstein, Erwin: Die Juden in Danzig (1933–1939), in: ZGJ 4 (1967), 199–217

6102 Liesenberg, Carsten: Juden in Mühlhausen. Ihre Geschichte, Gemeinde und bedeutende Persönlichkeiten, Mühlhausen 1989; 218 S. (Ms.)

6103 Linn, Dorothee: Das Schicksal der jüdischen Bevölkerung in Memmingen 1933–1945. Jahresbericht einer Primanerin, Stuttgart 1968; 96 S.

6104 Linn, Heinrich: Juden an Rhein und Sieg. Ausstellung des Archivs des Rhein-Sieg-Kreises, Mai – September 1983, Hg. Rhein-Sieg-Kreis, Der Oberkreisdirektor, Mitarb. Horst Dahlhaus u.a., Siegburg 1983; XI, 672 S.

6105 Lohmann, Hartmut: Von der Ausgrenzung zur Deportation. Zum Schicksal der Juden im Landkreis Stade, Hg. Landkreis Stade, Stade 1989; 32 S.

6106 Lorenz, Ina S.: Die Gründung des »Jüdischen Religionsverbandes Hamburg« (1937) und das Ende der jüdischen Gemeinden zu Altona, Wandsbek und Hamburg-Wilhelmsburg, in: Peter Freimark u.a. (Hg.), Juden in Deutschland. Emanzipation, Integration, Verfolgung und Vernichtung. 25 Jahre Institut für die Geschichte der deutschen Juden Hamburg, Hamburg 1991, 81–115

6107 Lorenz, Ina S.: Das Leben der Hamburger Juden im Zeichen der »Endlösung« (1942–1945), in: Arno Herzig/Ina S. Lorenz (Hg.), Verdrängung und Vernichtung der Juden unter dem Nationalsozialismus, Hamburg 1992, 207–47

6108 Lucas, Franz D./Heitmann, Margret: Die Stadt des Glaubens. Geschichte und Kultur der Juden in Glogau, Hildesheim 1991; VIII, 582 S.

6109 Lührs, Wilhelm: »Reichskristallnacht in Bremen«. Vorgeschichte, Hergang und gerichtliche Bewältigung des Pogroms vom 9./10. November 1938, Hg. Senator für Justiz und Verfassung der Freien Hansestadt Bremen/Israelitische Gemeinde Bremen, Bremen 1988; 99 S.

6110 Maier, Ulrich: Judenverfolgung im »Dritten Reich«. Das Schicksal der Heilbronner Juden, in: Thomas Schnabel (Hg.), Lokalmodelle nationalsozialistischer Machtergreifung. Dokumente – Bilder – Unterrichtsmodelle, Heidelberg 1983, 251–85

6111 Manegold, Karl-Heinz (Hg.): Die jüdischen Bürger im Kreis Göttingen 1933–1945. Göttingen, Hann. Münden, Duderstadt. Ein Gedenkbuch, Bearb. Uta Schäfer-Richter/Jörg Klein, Mitarb. Peter Aufgebauer/Matthias Manthey, Göttingen 1993; 310 S.

6112 Marx, Alfred: Das Schicksal der jüdischen Juristen in Württemberg und Hohenzollern 1933–1945, in: Justiz 14 (1965), 178–84, 202–11, 245–47

6113 Maul, Bärbel: »Ihr müßt nicht glauben, daß das alles ist...« Diskriminiert, entrechtet, beraubt. Das Schicksal der Mainzer Juden bis zu ihrer Deportation, in: Anton M. Keim/Verein für Sozialgeschichte Mainz (Hg.), Als die letzten Hoffnungen verbrannten. 9./10. November 1938. Mainzer Juden zwischen Integration und Vernichtung, Mainz 1988, 39–52

6114 Meincke, Susanne/Krause, Clemens: »Kristallnacht« und Judenverfolgung. Zur Geschichte der Jüdischen Gemeinde Halle, in: Burchard Brentjes (Hg.), Wissenschaft unter dem NS-Regime, Berlin u.a. 1992, 170–77

6115 Merz, Hans-Georg: Betr. Zulassung zur Rechtsanwaltschaft – Der Fall des liberalen Politikers Florian Waldeck im Lichte badischer Akten aus dem Jahre 1933, in: Archiv-Nachrichten, Hg. Landesarchivdirektion Baden-Württemberg, Bd. 6, Mai 1993, 1–8

6116 Messmer, Willy: Juden unserer Heimat. Die Geschichte der Juden aus den Orten Mingolsheim, Langenbrücken und Malsch, Bad Schörnborn 1986; 223 S.

6117 Meyer, Dieter (Hg.): Franziska Spiegel. Die Stadt Spenge gedenkt eines jüdischen Schicksals. Beiträge zur Erinnerungsarbeit, Hg. Stadt Spenge, Spenge 1994; ca. 240 S.**

6118 Meyer, Enno: Geschichte der Delmenhorster Juden 1695–1945, Oldenburg 1985; 125 S.

6119 Meyer, Enno: Die Reichskristallnacht in Oldenburg. Die Verantwortung einer Stadt für all ihre Bürger 1938/1978, Oldenburg 1979; 28 S.

6120 Meyer, Enno/Fleischer, Hans: Die Reichskristallnacht in Oldenburg. Die Verantwortung einer Stadt für alle ihre Bürger 1938/1978. Reden anläßlich der Gedenkfeier zum 40. Jahrestag der Zerstörung von Synagoge und jüdischer Gemeinde in Oldenburg. 9./10. November 1938–1978, Hg. Stadt Oldenburg, Oldenburg 1979; 28 S.

6121 Meyhöfer, Rita u.a.: Berliner Gedenkbuch für die jüdischen Opfer des Nationalsozialismus, in: BGG (1993), 509–28

6122 Meynert, Joachim: Was vor der »Endlösung« geschah. Antisemitische Ausgrenzung und Verfolgung in Minden-Ravensberg 1933–1945, Münster 1988; 330 S.

6123 Meynert, Joachim: »Das hat mir sehr weh getan!« Jüdische Jugend in Ostwestfalen-Lippe. Streiflichter 1933–1939, in: Hubert Frankemölle (Hg.), Opfer und Täter. Zum nationalsozialistischen und antijüdischen Alltag in Ostwestfalen-Lippe, Bielefeld 1990, 54–71

6124 Meynert, Joachim: Das Ende vor Augen. Die Deportationen der Juden aus Bielefeld, in: Anselm Faust (Hg.), Verfolgung und Widerstand im Rheinland und in Westfalen 1933–1945, Köln u.a. 1992, 162–74

6125 Meynert, Joachim/Schäffler, Friedhelm: Judenverfolgung in Bielefeld, in: Wolfgang Emer u.a. (Hg.), Provinz unterm Hakenkreuz. Diktatur und Widerstand in Ostwestfalen-Lippe, Bielefeld 1984, 165–90

6126 Meynert, Joachim/Schäffler, Friedhelm: Die Juden in der Stadt Bielefeld während der Zeit des Nationalsozialismus, Bielefeld 1983; 208 S.

6127 Minninger, Monika u.a.: Antisemitisch Verfolgte registriert in Bielefeld 1933–45. Eine Dokumentation jüdischer Einzelschicksale, Stadtarchiv Bielefeld, Bielefeld 1985; 308 S.

6128 Minor, Ulrike/Ruf, Peter: Juden in Ludwigshafen, Hg. Stadtarchiv Ludwigshafen am Rhein, Ludwigshafen a. Rh. 1992; 189 S.

6129 Moraw, Frank: Das November-Pogrom 1938 und die lokale Politik in Heidelberg, in: Norbert Giovannini u.a. (Hg.), Jüdisches Leben in Heidelberg. Studien zu einer unterbrochenen Geschichte, Heidelberg 1992, 121–41

6130 Moser, Jonny: Die Judenverfolgungen in Österreich 1938–1945, Wien u.a. 1966; 55 S.

6131 Moser, Jonny: Österreichs Juden unter der NS-Herrschaft, in: Emmerich Tálos u.a. (Hg.), NS-Herrschaft in Österreich 1938–1945, Wien 1988, 185–98

6132 Moser, Jonny: Verfolgungsmaßnahmen gegen die Juden in Österreich, in: Widerstand, Verfolgung und Emigration 1933–1945. (Referate auf der Tagung des Forschungsinstituts der Friedrich-Ebert-Stiftung vom 25. bis 30. September 1966 in Bergneustadt), Bad Godesberg 1967, 15–22 (Ms. vervielf.)

6133 Moser, Jonny: Das Schicksal der Wiener Juden in den März- und Apriltagen 1938, in: Wien 1938, Hg. Kommission Wien 1938, Wien 1978, 172–82

6134 Mußdorf, Torsten: Die Verdrängung jüdischen Lebens in Bad Segeberg im Zuge der Gleichschaltung 1933–1939, Frankfurt u.a. 1993; 263 S.

6135 Müller, Arnd: Geschichte der Juden in Nürnberg 1146–1945, Nürnberg 1968; 381 S.

6136 Müller, Hanno: Juden in Steinbach, Fernwald 1988; 64 S. (Ms. vervielf.)

6137 Müller, Roland: Judenfeindschaft und Wohnungsnot. Zur Geschichte der jüdischen Altersheime in Stuttgart, in: Der jüdische Frisör. Auf Spurensuche: Juden in Stuttgart-Ost, Hg. Stuttgarter Osten Lokalzeitung, Tübingen/Stuttgart 1992, 61–80

6138 Müller, Rolf (Hg.): Juden in der Geschichte der Stadt Leverkusen, hg. i.A. der Stadtgeschichtlichen Vereinigung Leverkusen, Leverkusen 1988; 126 S.

6139 Naarmann, Margit: Die Paderborner Juden 1802–1945. Emanzipation, Integration und Vernichtung. Ein Beitrag zur Geschichte der Juden in Westfalen im 19. und 20. Jahrhundert, Paderborn 1988; 504 S.

6140 Nacke, Aloys: Die Juden in Schöppingen, in: Werner Frese (Hg.), Schöppingen 838–1988. Eine Geschichte der Gemeinden Schöppingen und Eggerode, Schöppingen 1988, 328–44

6141 Neußer Juden. Spuren ihrer Geschichte. Ausstellung des Stadtarchivs Neuß im Clemens-Sels-Museum, 1. Juni bis 18. September 1988, Hg. Stadtarchiv Neuß, Einleitungstexte Stefan Rohrbacher, Kataloggestaltung Claudia Chehab, Neuß 1988; 75 S.

6142 Neugebauer, Otto: Ein Dokument zur Deportation der jüdischen Bevölkerung Bonns und seiner Umgebung, in: BG 18 (1964), 158–229**

6143 Neugebauer, Otto: Der Pogrom vom 10. November 1938 in Bonn, in: BG 19 (1965), 196–206

6144 Niermann, Charlotte/Leibfried, Stephan: Die Verfolgung jüdischer und sozialistischer Ärzte in Bremen in der »NS«-Zeit, Bremen 1988; 72 S.

6145 Obst, Johannes: Gurs. Deportation und Schicksal der badisch-pfälzischen Juden 1940–1945. Didaktisch-methodische Handreichung für weiterführende Schulen, Planung und Materialsammlung: Pädagogengruppe der Gesellschaft für Christlich-Jüdische Zusammenarbeit Rhein-Neckar, Mannheim 1986; 121 S.**

6146 Offenberg, Mario (Hg.): Adass Jisroel – vernichtet und vergessen. Die jüdische Gemeinde in Berlin (1869–1942), Berlin 1986; 332 S.

6147 Ohlischläger, Dorothée: Die Kündigungsverfahren von jüdischen Arbeitnehmern vor dem Arbeitsgericht Berlin 1933, in: 60 Jahre Berliner Arbeitsgerichtsbarkeit 1927–1987, Hg. Gesamtrichterrat der Berliner Gerichte für Arbeitssachen, Red. André Lundt, Berlin 1987, 271–87

6148 Omland, Kurt/Omland, Sabine: Dem Holocaust entkommen. Der Leidensweg der Jüdin Herta Salomon aus Drensteinsfurth, in: WF 38 (1988), 232–43

6149 Die Opfer der Nationalsozialistischen Judenverfolgung in Baden-Württemberg 1933–1945. Ein Gedenkbuch, Hg. Landesarchivdirektion Stuttgart, Stuttgart 1969; XVI, 478 S.

6150 Ophir, Baruch Z./Wiesemann, Falk (Hg.): Die jüdischen Gemeinden in Bayern 1918–1945. Geschichte und Zerstörung, München/Wien 1979; 511 S. (hebr./engl.: Jerusalem 1972)

6151 Oxaal, Ivar u. a. (Hg.): Jews, Antisemitism, and Culture in Vienna, London 1987; XIV, 300 S.

6152 Pätzold, Kurt: Die neue Etappe der faschistischen Judenverfolgung und der Ausbruch des Antisemitismus in Wien 1938, in: Felix Kreissler (Hg.), Fünfzig Jahre danach – der »Anschluß« von innen und außen gesehen. Beiträge zum Internationalen Symposium von Rouen 29. Februar – 4. März 1988, Wien/Zürich 1989, 189–201

6153 Paul, Roland: Die jüdische Gemeinde in Landstuhl [Pfalz]. Anmerkungen zu ihrem Schicksal im Dritten Reich, in: Heimatkalender 1982 für Stadt und Landkreis Kaiserslautern, Otterberg 1981, 60–64

6154 Paul, Roland: Die Deportation der Juden aus der Pfalz nach Gurs in Südfrankreich vom 22. 10. 1940 [Karte 149], in: Pfalzatlas, Hg. Willi Alter, Textbd. 4, H. 53, Speyer 1991, 1995–2004

6155 Paulsen, Sven: Die Verfolgung jüdischer Richter, Beamter, Notare und Rechtsanwälte unter nationalsozialistischer Gewaltherrschaft in der Pfalz, in: Sven Paulsen (Hg.), 175 Jahre pfälzisches Oberlandesgericht. 1815 Appellationshof – Oberlandesgericht 1990, Zweibrücken 1990, 267–84

6156 Pfäfflin, Friedemann u. a.: Die jüdischen Patienten der Psychiatrischen und Nervenklinik des Universitätskrankenhauses Hamburg (1927–1945), in: Friedemann Pfäfflin u. a. (Hg.), Der Mensch in der Psychiatrie. Für Jan Gross, Berlin u. a. 1988, 101–28

6157 Pflugfelder, Thilo: Verfolgungsmaßnahmen gegen Juden in Baden während des »Dritten Reichs«, Hg. Landeszentrale für politische Bildung Baden-Württemberg, Stuttgart o. J. (um 1980); 45 S.

6158 Poliakov, Léon: Lois de Nuremberg et Lois de Vichy: Du Racisme Intégral au Racisme de Compromis, in: Max Beloff (Hg.), On the Track of Tyranny. Essays presented by the Wiener Library to Leonhard G. Montefiore, O. B. E. on the Occasion of His Seventieth Birthday, London 1960, 181–87

6159 Pommerening, Günther: Die Juden in Schmieheim. Untersuchungen zu Geschichte und Kultur der Judenheit in einer badischen Landgemeinde, Diss. Hamburg 1990; 228 S.

6160 Popplow, Ulrich: Der Novemberpogrom 1938 in München und Göttingen, in: GöJb 28 (1980), 177–92

6161 Preising, Rudolf: Zur Geschichte der Juden in Werl [Westfalen], Werl 1971; 48 S.

6162 Raveh, Karla/Rosenberg, Helene: Überleben. Der Leidensweg der jüdischen Familie Frenkel aus Lemgo, Bielefeld 1986; 152 S.

6163 Regnery, Franz: Jüdische Gemeinde Neuwied. Geschichte in Bildern und Dokumenten, Hg. Deutsch-Israelischer Freundeskreis Neuwied, Neuwied 1988; 500 S.**

6164 Rehme, Günther/Hase, Konstantin: ». . . mit Stumpf und Stiel ausrotten . . .« Zur Geschichte der Juden in Marburg und Umgebung nach 1933, Marburg 1982; 182 S.

6165 Die Reichskristallnacht. 9./10. November 1938–9. November 1978, Hg. Aktion Kirche und Israel, Hessen-Nassau, Mainz 1978; 80 S.

6166 »Reichskristallnacht« am 10. November 1938 in Bretten. Ereignisse und Vorgeschichte. Dokumentation zur Ausstellung, Hg. Melanchthon-Gymnasium Bretten, Red. Maria Halbritter, Mitarb. Wolfgang Martin, 2 Bde., Bretten 1979; 184, 190 S.**

6167 »Reichskristallnacht« in Bremen. Vorgeschichte, Hergang und gerichtliche Bewältigung des Pogroms vom 9./10. November 1938, Hg. Senator für Justiz und Verfassung der Freien Hansestadt Bremen, 2. Aufl., Bremen 1988; 100 S.

6168 »Reichskristallnacht« in Hannover. Eine Ausstellung zur 40. Wiederkehr des 9. November 1938, Hg. Museum am Hohen Ufer Hannover, Mitarb. Marlis Buchholz u. a., Hannover 1978; 136 S.

6169 Reinke, Andreas: Stufen der Zerstörung: Das Breslauer Jüdische Krankenhaus während des Nationalsozialismus, in: Menora 5 (1993), 379–414

6170 Reissig, Harald: Die Synagoge (1912–1958) und das Jüdischen Gemeindehaus (seit 1959). Fasanenstraße 79/80, in: Helmut Engel u. a. (Hg.), Geschichtslandschaft Berlin. Orte und Ereignisse, Bd. 1: Charlottenburg, T. 2: Der neue Westen, Berlin 1985, 410–23

6171 Renner, Gerhard u. a. (Hg.): »... werden in Kürze anderweit untergebracht...« Das Schicksal der Fuldaer Juden im Nationalsozialismus. Eine Dokumentation, Fulda 1990; 160 S.

6171a Repgen, Konrad: Ein belgischer Augenzeuge der Judenpogrome im November 1938 in Köln [Generalkonsul G. van Schendel], in: Harald Dickerhof (Hg.), Heinz Hürten zum 60. Geburtstag. Festgabe, Frankfurt u. a. 1988, 397–419**

6172 Reuter, Fritz: Unbekannt verzogen? Die Deportation der Sinti und der Juden aus Worms 1940/42, in: BJGGRP 3 (1993), Nr. 4, 31–35

6173 Rey, Manfred van: Leben und Sterben unserer jüdischen Mitbürger in Königswinter. Ein Buch des Gedenkens, Hg. Stadt Königswinter, Siegburg 1985; 200 S.

6174 Rey, Manfred van: Die jüdischen Bürger von [Düsseldorf-]Oberkassel, in: BG 36 (1984), 291–334

6175 Richarz, Monika: Jüdisches Berlin und seine Vernichtung, in: Jochen Boberg u. a. (Hg.), Die Metropole. Industriekultur in Berlin im 20. Jahrhundert. (Industriekultur deutscher Städte und Regionen, 2), München 1986, 216–25

6176 Ries, Elmar: Die Deportationen von jüdischen Mitbürgern aus Koblenz und Umgebung. Vortrag am 11. März 1992 im Saal der Jüdischen Kultusgemeinde Koblenz, in: BJGGRP 3 (1993), Nr. 5, 32–45**

6177 Robinsohn, Hans: Justiz als politische Verfolgung. Die Rechtsprechung in »Rasseschandefällen« beim Landgericht Hamburg, Stuttgart 1977; 167 S.

6178 Rödel, Volker: Die Judenpolitik der pfälzischen NSDAP, in: Alfred H. Kuby (Hg.), Juden in der Provinz. Beiträge zur Geschichte der Juden in der Pfalz zwischen Emanzipation und Vernichtung, 2. Aufl., Neustadt a. d. W. 1989, 87–102 (zuerst 1988)

6179 Römer, Gernot: Die Austreibung der Juden aus Schwaben. Schicksale nach 1933 in Berichten, Dokumenten, Zahlen und Bildern, Augsburg 1987; 256 S.**

6180 Römer, Gernot: Der Leidensweg der Juden in Schwaben. Schicksale von 1933 bis 1945 in Berichten, Dokumenten und Zahlen, Mitarb. Ellen Römer, Augsburg 1983; 188 S.**

6181 Rosenkranz, Herbert: »Reichskristallnacht«. 9. November 1938 in Österreich, Wien u. a. 1968; 72 S.

6182 Rosenkranz, Herbert: Verfolgung und Selbstbehauptung. Die Juden in Österreich 1938–1945, Wien/München 1978; 400 S.

6183 Rosenkranz, Herbert: Entrechtung, Verfolgung und Selbsthilfe der Juden in

Österreich, März bis Oktober 1938, in: Gerald Stourzh/Birgitta Zaar (Hg.), Österreich, Deutschland und die Mächte. Internationale und österreichische Aspekte des »Anschlusses« vom März 1938, Wien 1990, 367–417

6184 Rosenkranz, Herbert: Austrian Jewry: Between Forced Emigration and Deportation, in: Yisrael Gutman/Cynthia J. Haft (Hg.), Patterns of Jewish Leadership in Europe, 1933–1945. Proceedings of the Third Yad Vashem International Historical Conference, Jerusalem, April 4–7, 1977, Jerusalem 1979, 65–74

6185 Rosenkranz, Herbert: Der Novemberpogrom 1938 in Innsbruck, in: BLBI 27 (1988), Nr. 81, 31–35**

6186 Rosenstrauch, Hazel (Hg.): Aus Nachbarn wurden Juden. Ausgrenzung und Selbstbehauptung. 1933–1942. Mit Fotos von Abraham Pisarek, Erinnerungen von Ruth Gross und Briefen der Familie Königsberg, Berlin 1988; 162 S.**

6187 Rudnick, Heinrich: Nachforschungen über das weitere Schicksal der am 22. Oktober 1940 aus dem Saarland nach Gurs verschickten Juden und der Träger des Judensterns im Saarland, in: JWL 1 (1975), 337–72

6188 Ruge, Jens: Antisemitismus und Judenverfolgung zwischen Hochrhein und Bodensee, in: Alfred G. Frei/Jens Ruge (Hg.), Erinnern – Bedenken – Lernen. Das Schicksal von Juden, Zwangsarbeitern und Kriegsgefangenen zwischen Hochrhein und Bodensee in den Jahren 1933 bis 1945, Sigmaringen 1990, 21–45

6189 Sahrhage, Norbert: »Juden sind in dieser Stadt unerwünscht!« Die Geschichte der Synagogengemeinde Bünde im »Dritten Reich«, Hg. Volkshochschule im Kreis Herford, Mitarb. Jürgen Bolz u.a., Bielefeld 1988; 199 S.**

6190 Sauer, Paul: Die Schicksale der jüdischen Bürger Baden-Württembergs während der nationalsozialistischen Verfolgungszeit 1933–1945. Statistische Ergebnisse der Erhebungen der Dokumentationsstelle bei der Archivdirektion Stuttgart und zusammenfassende Darstellung, Stuttgart 1969; XVI, 468 S.

6191 Sauer, Paul: Die jüdischen Gemeinden in Württemberg und Hohenzollern. Denkmale, Geschichte, Schicksale, Beitrag »Zur Geschichte der Juden in Württemberg 1924–1939« [196–213]: Julius Wissmann, Hg. Archivdirektion Stuttgart, Stuttgart 1966; XIV, 230, (46) S.

6192 Saure, Werner: Geschichte und Schicksale jüdischer Mitbürger aus Neheim und Hüsten, Hg. Heimatbund Neheim-Hüsten, Balve 1988; 120 S.**

6193 Saure, Werner: Religionsgemeinschaften: Juden in Neheim und Hüsten, in: 625 Jahre Neheim und Hüsten, Hg. Stadt Arnsberg, Red. Franz C. Feldmann u.a., Arnsberg 1983, 124–67

6194 Schäfer, Nikolaus: Die Geschichte der jüdischen Gemeinde in Medebach [Westfalen] vom Anfang bis zum bitteren Ende, Medebach 1990; 192 S.

6195 Scherg, Leonhard/Harth, Martin: Juden im Landkreis Marktheidenfeld [Franken] und Umgebung, Hg. Historischer Verein Marktheidenfeld, Marktheidenfeld 1993; 176 S.

6196 Schicksal und Geschichte der jüdischen Gemeinden Ettenheim, Altdorf, Kippenheim, Schmieheim, Rust, Orschweier 1938–1988. Ein Gedenkbuch, Hg. Historischer Verein für Mittelbaden, Mitgliedergruppe Ettenheim, Ettenheim 1988; 456 S.

6197 Schicksale Peiner Juden während der Nazidiktatur, Hg. Dokumentationsstätte zu Kriegsgeschehen und Friedensarbeit Lehrte, Lehrte 1988; 32 S.

6198 Schiefelbein, Dieter: »Reichskristallnacht« in Frankfurt am Main. Eine Skizze, in: Thomas Hofmann u.a. (Hg.), Pogromnacht und Holocaust. Frankfurt, Weimar, Buchenwald... Die schwierige Erinnerung an die Stationen der Vernichtung, Weimar u.a. 1994, 32–57

6199 Schindler, Angelika: Der verbrannte Traum. Jüdische Gäste und Bürger in Baden-Baden, Bühl-Moss 1992; 224 S.

6200 Schmidt, Franz: Juden in Edenkoben [Pfalz]. Spuren der Geschichte 1660–1942, Neustadt a.d.W. 1990; 191 S.

6201 Schmidt, Monika: Ausgrenzung der Juden, in: Karl-Heinz Metzger u.a., Kommunalverwaltung unterm Hakenkreuz. Berlin-Wilmersdorf 1933–1945, Hg. Bezirksamt Wilmersdorf von Berlin, Berlin 1992, 151–68, 294–97

6202 Schmitz, Irmgard: Zur Geschichte der Bonner Juden während der NS-Zeit, in: Josef Matzerath (Hg.), Bonn. 54 Kapitel Stadtgeschichte, Bonn 1989, 301–6

6203 Schnöring, Kurt: Auschwitz begann in Wuppertal. Jüdisches Schicksal unter dem Hakenkreuz, Wuppertal 1981; 142 S.

6204 Schröder, Frank/Ehlers, Ingrid: Zwischen Emanzipation und Vernichtung. Zur Geschichte der Juden in Rostock, Rostock 1988; 96 S.

6205 Schröder, Karl-Heinz: Das Schicksal der Wittlicher Jüdischen Gemeinde während des Nationalsozialismus 1933–1942, in: BJGGRP 3 (1993), Nr. 4, 21–30

6206 Schröter, Hermann: Geschichte und Schicksal der Essener Juden. Gedenkbuch für die jüdischen Einwohner der Stadt Essen, Hg. Stadt Essen, Essen 1980; 811 S.

6207 Schröter, Manfred: Die Verfolgung der Nordhäuser Juden 1933–1945, Bad Lauterberg 1992; 232 S.

6208 Schröter, Manfred: Der Judenpogrom vom November 1938 in Nordhausen [am Harz] und Umgebung, in: Beiträge zur Heimatkunde aus Stadt und Kreis Nordhausen 14 (1989), 54–60

6209 Schuhbauer, Rolf: Nehmt dieses kleine Heimatstück. Spuren und Stationen der Leidenswege von Müllheimer und Badenweiler Juden zwischen 1933 und 1945, Müllheim 1988; 142 S.

6210 Schultheis, Herbert: Juden in Mainfranken 1933–1945, unter besonderer Berücksichtigung der Deportationen Würzburger Juden, Bad Neustadt a.d.S. 1980; XIV, 941, (81) S.**

6211 Schultheis, Herbert: Juden in der Diözese Würzbug 1933–1945, Bad Neustadt a.d.S. 1983; 32 S.**

6212 Schultheis, Herbert/Wahler, Isaac E.: Bilder und Akten der Gestapo Würzburg über die Judendeportationen 1941–1943, Bad Neustadt a.d.S. 1988; 206 S.**

6213 Schulze, Peter: Das Jahr 1933 als Wendepunkt im Leben der hannoverschen Juden, in: Hannover 1933. Eine Großstadt wird nationalsozialistisch. Beiträge zur Ausstellung, Hg. Historisches Museum am Hohen Ufer, Hannover 1981, 96–99

6214 Schwineköper, Berent/Laubenberger, Franz: Geschichte und Schicksal der Freiburger Juden. Aus Anlaß des 100jährigen Bestehens der israelischen Gemeinde in Freiburg, Freiburg 1963; 15 S. (ND 1983)

6215 Seidel, Ortrud: Mut zur Erinnerung. Geschichte der Gmünder Juden. Eine persönliche Spurensuche, Hg. Stadtarchiv Schwäbisch Gmünd, Schwäbisch Gmünd 1991; 207 S.

6216 Selig, Wolfram: Richard Seligmann. Ein jüdisches Schicksal. Zur Geschichte der Judenverfolgung in München während des Drittens Reiches, München 1983; 200 S.

6217 Selig, Wolfram: Judenverfolgung in München 1933 bis 1941, in: Richard Bauer u.a. (Hg.), München – »Hauptstadt der Bewegung«. Bayerns Metropole und der Nationalsozialismus, München 1993, 398–401

6218 Sella, Gad H.: Die Juden Tirols. Ihr Leben und Schicksal, Tel Aviv 1979; 166 S.

6219 Sie waren Bürger unserer Stadt. Beiträge zur Geschichte der Juden in Vlotho, Hg. Mendel-Grundmann-Gesellschaft, Red. Dagmar Ammon u. a., Vlotho 1988; 134 S.

6220 Simon, Hermann: Das Berliner Jüdische Museum in der Oranienburger Straße. Geschichte einer zerstörten Kulturstätte, Hg. Berlin Museum, 2. Aufl., Berlin 1988; 131 S. (zuerst 1983)

6221 Simon, Hermann: Die Berliner Juden unter dem Nationalsozialismus, in: Arno Herzig/Ina S. Lorenz (Hg.), Verdrängung und Vernichtung der Juden unter dem Nationalsozialismus, Hamburg 1992, 249–66

6222 Sinasohn, Max M.: Die Berliner Privatsynagogen und ihre Rabbiner 1671–1971. Zur Erinnerung an das 300jährige Bestehen der jüdischen Gemeinde zu Berlin, Jerusalem 1971; VIII, 104 S.

6223 Sinasohn, Max M. (Hg.): Adass Jisroel, Berlin. Entstehung, Entfaltung, Entwurzelung, 1869–1939. Eine Gemeinschaftsarbeit, Jerusalem 1966

6224 Sommer, Karin: Die Juden von Altenstadt. Zum Alltagsleben in einem Judendorf von ca. 1900 bis 1942, Hg. Landkreis Neu-Ulm, Neu-Ulm 1983; 79 S. (Ms. vervielf.)

6225 Spira, Leopold: Feindbild »Jud«. 100 Jahre politischer Antisemitismus in Österreich, Wien 1981; 185 S.

6226 Stainer, Maria L.: »Wir werden den Juden schon eintunken.« Ein Beitrag zur Geschichte der Juden in Innsbruck, Vorarlberg und des übrigen Tirol, in: Die Geschichte der Juden in Tirol von den Anfängen im Mittelalter bis in die neueste Zeit. (Sturzflüge, 15/16), Bozen 1986, 17–32

6227 Staudinger, Eduard: Die Pogromnacht vom 9./10. November 1938 in Graz, in: Kurt Schmid/Robert Streibel (Hg.), Der Pogrom 1938. Judenverfolgung in Österreich und in Deutschland. Dokumentation eines Symposiums der Volkshochschule Brigittenau, 1. u. 2. Aufl., Wien 1990, 42–50

6228 Stegemann, Wolf/Eichmann, S. Johanna (Hg.): Juden in Dorsten und in der Herrlichkeit Lembeck. Zur Geschichte der jüdischen Gemeinde und Synagogenhauptgemeinde. Eine Dokumentation der Forschungsgruppe Regionalgeschichte/Dorsten unterm Hakenkreuz, Red. Elisabeth Cosanne-Schulte-Huxel u. a., Dorsten 1989; 299 S.**

6229 Steim, Karl W.: Juden in Haigerloch, Photos Paul Weber, Haigerloch 1987; 64 S.**

6230 Stein, Nathan: Memoirs of the Oberrat der Israeliten Badens, 1922–1937, in: LBY 1 (1956), 3–25

6231 Steiner, Herbert: Von der Annexion im März 1938 zur Reichskristallnacht am 10. November 1938, in: Felix Kreissler (Hg.), Fünfzig Jahre danach – der »Anschluß« von innen und außen gesehen. Beiträge zum Internationalen Symposium von Rouen 29. Februar – 4. März 1988, Wien/Zürich 1989, 202–15

6232 Steinmetz, Horst/Hofmann, Helmut: Die Juden in Windsheim [Franken] nach 1871, Bad Windsheim 1992; 472 S.

6233 Streibel, Robert: Plötzlich waren sie alle weg. Die Juden der »Gauhauptstadt Krems« und ihre Mitbürger, Mitarb. Gabriele Anderl, 2. Aufl., Wien 1992; 291 S. (zuerst 1991)

6234 Streibel, Robert: »Und plötzlich waren sie alle weg...« Die Juden in Krems 1938, in: Kurt Schmid/Robert Streibel (Hg.), Der Pogrom 1938. Judenverfolgung in Österreich und in Deutschland. Dokumentation eines Symposiums der Volkshochschule Brigittenau, 1. u. 2. Aufl., Wien 1990, 51–61

6235 Stude, Jürgen: Die jüdische Gemeinde Friesenheim. Geschichte – Schicksale – Dokumente. Eine Dokumentation, Hg. Gemeindeverwaltung Friesenheim, Friesenheim 1988; 64 S.**

6236 Stude, Jürgen: Geschichte der Juden im Landkreis Karlsruhe, Karlsruhe 1990; X, 411 S.**

6237 Stuhlpfarrer, Karl: Antisemitismus, Rassenpolitik und Judenverfolgung in Österreich nach dem Ersten Weltkrieg, in: Anna Drabek u. a. Das österreichische Judentum. Voraussetzungen und Geschichte, Red. Nikolaus Vielmetti, Wien 1982, 141-64 (zuerst 1974)

6238 Stürzbecher, Manfred: Judenverfolgung im Berliner Gesundheitswesen. Die Vierte Verordnung des Reichsbürgergesetzes vom 25. Juli 1938, in: JfBL 39 (1988), 163-78**

6239 »Die Synagoge brennt«. 9. November 1938. Zum Gedenken an die Reichspogromnacht. Eine Arbeitshilfe für die Gemeinden, Hg. Evangelische Kirche im Rheinland, Düsseldorf 1988; 48 S.

6240 »Die Synagogen brennen...!« Die Zerstörung Frankfurts als jüdische Lebenswelt. Ausstellungskatalog, Hg. Historisches Museum Frankfurt, Bearb. Jürgen Steen/ Wolff von Wolzogen, Frankfurt 1988; 234 S.

6241 Synagogen in Berlin. Zur Geschichte einer zerstörten Architektur. Ausstellung Synagogen in Berlin, Berlin-Museum, 26. Januar – 20. März 1983, Hg. Berlin-Museum, 2 Bde., Berlin 1983; 224, 152 S.

6242 Taddey, Gerhard: Die Zeit der Verfolgung 1933–1945, in: Juden in Baden 1809–1984. 175 Jahre Oberrat der Israeliten Badens, Hg. Oberrat der Israeliten Badens, Karlsruhe 1984, 57–69

6243 Thiemann, Walter: Von den Juden im Siegerland, Hg. Gesellschaft für christlich-jüdische Zusammenarbeit, Siegen 1968; 57 S.

6244 Thill, Hildburg-Helene: Der Untergang der jüdischen Gemeinde Vallendar [Rheinland], in: BJGGRP 3 (1993), Nr. 5, 57–61

6245 Toury, Jacob: Die Entstehungsgeschichte des Austreibungsbefehls gegen die Juden der Saarpfalz und Badens (22./23. Oktober 1940 – Camp de Gurs), in: JIdG 15 (1986), 431–64

6246 Unger, Manfred: Die Juden in Leipzig unter der Herrschaft des Nationalsozialismus, in: Arno Herzig/Ina S. Lorenz (Hg.), Verdrängung und Vernichtung der Juden unter dem Nationalsozialismus, Hamburg 1992, 267–89

6247 Unger, Wilhelm/Asaria, Zvi: Die Agonie einer Religionsgemeinschaft – 1933/38. Die Vernichtung, in: Zvi Asaria (Hg.), Die Juden in Köln von den ältesten Zeiten bis zur Gegenwart, Köln 1959, 320–402**

6248 Voigt, Angelika/Wiesemann, Falk: Juden in Düsseldorf. Die Zerstörung der jüdischen Gemeinde während der nationalsozialistischen Herrschaft. Dokumente, Erläuterungen, Darstellung, Münster 1983; 12, (20) S.**

6249 Vor 50 Jahren brannten die Synagogen. Aus sieben Jahrhunderten jüdischen Lebens in Butzbach und Umgebung. Begleitheft zur Sonderausstellung des Stadtarchivs und Museums im Bürgerhaus Butzbach, Mitarb. F. Battenberg u. a., 1. u. 2. Aufl., Butzbach 1988; 109 S.

6250 Vorndran, Hans-Georg/Ziegler, Jürgen: Juden in Groß-Gerau. Eine lokale Spurensuche, Hg. Evangelisches Dekanat Groß-Gerau/Evangelischer Arbeitskreis Kirche und Israel in Hessen und Nassau, Mitarb. Menachem Kaufmann u. a., 2., erw. Aufl., Groß-Gerau 1989; 88 S. (zuerst 1988)

6251 Wacker, Bernd/Wacker, Marie-Theres: ... verfolgt, verjagt, deportiert. Juden in Salzkotten [Westfalen] 1933–1942. Eine Dokumentation aus Anlaß des 50. Jahrestages der »Reichskristallnacht« vom 9./10. November 1938, Hauptbd., Beih.: Arbeitsbericht, Anmerkungen, Korrekturen, Literaturnachtrag, Hg. Arbeitskreis »Juden in Salzkotten«, Salzkotten 1988; 188, 33 S.

6252 Waldhoff, Johannes: Die Geschichte der Juden in Steinheim [Westfalen], Steinheim 1980, 215–83, 294 f.

6253 Wamser, Ursula/Weinke, Wilfried (Hg.): Ehemals in Hamburg zu Hause: Jüdisches Leben am Grindel, Hamburg 1991; 247 S.*

6254 Wamser, Ursula/Weinke, Wilfried: Der Judenpogrom vom November 1938, in: Ursula Wamser/Wilfried Weinke (Hg.), Ehemals in Hamburg zu Hause: Jüdisches Leben am Grindel, Hamburg 1991, 201–15

6255 Wamser, Ursula/Weinke, Wilfried: Entrechtung, Beraubung, Vertreibung und Mord, in: Ursula Wamser/Wilfried Weinke (Hg.), Ehemals in Hamburg zu Hause: Jüdisches Leben am Grindel, Hamburg 1991, 222–32

6256 Watzinger, Karl O.: Geschichte der Juden in Mannheim 1650–1945. Mit 52 Biographien, Übersicht über die Quellen im Stadtarchiv Mannheim zur Geschichte der Juden: Jörg Schadt/Michael Martin, 2. Aufl., Stuttgart u.a. 1987; 197 S. (zuerst 1984)

6257 Weckbecker, Arno: Die Judenverfolgung in Heidelberg 1933–1945, Heidelberg 1985; XIX, 268 S.

6258 Weckbecker, Arno: Die Judenverfolgung in Heidelberg 1933–1945, in: Jörg Schadt/Michael Caroli (Hg.), Heidelberg unter dem Nationalsozialismus. Studien zu Verfolgung, Widerstand und Anpassung, Heidelberg 1985, 399–467

6259 Weiß, Michael/Günter-Kaminski, Michael: »... als wäre es nie gewesen.« Juden am Ku'damm, Red. Doro Führe-Beringmeier/Susanne Köstering, 2., überarb. Aufl., Berlin 1990; 114 S. (zuerst 1989)

6260 Weinzierl, Erika: Christen und Juden nach der NS-Machtergreifung in Österreich, in: Anschluß 1938. Protokoll des Symposiums in Wien am 14. und 15. März 1978, München/Wien 1981, 175–205

6261 Weiss, Elmar: Zeugnisse jüdischer Existenz in Wenkheim, Hg. Verein zur Erforschung jüdischer Geschichte und Pflege jüdischer Denkmäler im Tauberfränkischen Raum, Wenkheim 1992, 57–81

6262 Wendt, Inge: Zum antijüdischen Pogrom 1938 in Rostock, in: BGFDJ 12 (1989), Nr. 11, 51–55

6263 Wenzel-Buchard, Gertrud: Granny. Gerta Warburg und die ihren. Hamburger Schicksale, Hamburg o.J. (1970); 237 S.

6264 Werner, Josef: Hakenkreuz und Judenstern. Das Schicksal der Karlsruher Juden im Dritten Reich, Karlsruhe 1988; 543 S.

6264a Werner, Otto: Leon Schmalzbach (1882–1942) – Lehrer und Rabbinatsverweser in Hechingen, in: ZHG 103 (N.F. 16) (1980), 115–95

6265 Wiehn, Erhard R.: Novemberpogrom 1938. Die »Reichskristallnacht« in den Erinnerungen jüdischer Zeitzeugen in der Kehilla Kedoscha Konstanz. 50 Jahre danach als Dokumentation des Gedenkens, Konstanz 1988; 316 S.

6266 Wiehn, Erhard R. (Hg.): Oktoberdeportation 1940. Die sogenannte »Abschiebung« der badischen und saarpfälzischen Juden in das französische Internierungslager Gurs und andere Vorstationen von Auschwitz. 50 Jahre danach zum Gedenken, Konstanz 1990; 1024 S.**

6267 Wißkirchen, Josef: Reichspogromnacht an Rhein und Erft 9./10. November 1938. Eine Dokumentation, Hg. Verein für Geschichte und Heimatkunde Pulheim/Stadt Pulheim, Pulheim 1988; 192 S.**

6268 Wippermann, Wolfgang: Das Leben in Frankfurt zur NS-Zeit. Darstellung, Dokumente und didaktische Hinweise, Bd. 1: Die nationalsozialistische Judenverfolgung, Frankfurt 1986; 273 S.**

6269 Wippermann, Wolfgang: Steinerne Zeugen. Stätten der Judenverfolgung in

Berlin, Hg. Pädagogisches Zentrum Berlin, Berlin 1982; 116 S.

6270 Wissmann, Julius: Zur Geschichte der Juden in Württemberg 1924–1939, in: Paul Sauer, Die jüdischen Gemeinden in Württemberg und Hohenzollern. Denkmale, Geschichte, Schicksale, Stuttgart 1966, 196–213

6271 Wittenberger, Georg: Das »Dritte Reich« und die Folgen für die jüdische Gemeinde Babenhausen, in: Klaus Lötsch/Georg Wittenberger (Hg.), Die Juden von Babenhausen. Beiträge zur Geschichte der jüdischen Gemeinden von Babenhausen, Langstadt, Sickenhofen und Hergertshausen, hg. i. A. des Heimat- und Geschichtsvereins Babenhausen, Babenhausen 1988, 56–79

6272 Wolfanger, Dieter: Das Schicksal der saarländischen Juden unter der NS-Herrschaft, St. Ingbert 1992; 37 S.

6273 Wulf, Peter: Die Verfolgung der schleswig-holsteinischen Juden im November 1938, in: 50 Jahre nach den Judenpogromen. Reden zum 9./10. November 1983 in Schleswig-Holstein, Hg. Beirat für Geschichte der Arbeiterbewegung und Demokratie in Schleswig-Holstein/Landesregierung Schleswig-Holstein, Pressestelle, Kiel 1989, 113–28

6274 Zacher, Hans-Jürgen: Die Synagogengemeinde Werl [Westfalen] in der Zeit von 1847–1941, Werl 1988; 184 S.

6275 Zacher, Hans-Jürgen: Die jüdische Gemeinde in der Zeit des Nationalsozialismus, in: Amalie Rohrer/Hans-Jürgen Zacher (Hg.), Werl. Geschichte einer Stadt am Hellweg, Bd. 2, Paderborn/Werl 1994, 867–94

6276 Zahnow, Gregor: Judenverfolgung in Münster, Münster 1993; 155 S.

6277 Zapf, Lilli: Die Tübinger Juden. Eine Dokumentation, 3. Aufl., Tübingen 1981; 288 S. (zuerst 1974)

6278 Der zehnte November 1938. Rabbiner Max Eschelbach und der Pogrom in Düsseldorf, in: GiW 2 (1987), 199–226

6279 Zelzer, Maria: Weg und Schicksal der Stuttgarter Juden. Ein Gedenkbuch, Hg. Stadt Stuttgart, Stuttgart o. J. [1964]; 588 S.

6280 Ziegler, Hannes: Verfemt – Verjagt – Vernichtet. Die Verfolgung der pfälzischen Juden 1933–1945, in: Gerhard Nestler/Hannes Ziegler (Hg.), Die Pfalz unterm Hakenkreuz. Eine deutsche Provinz während der nationalsozialistischen Terrorherrschaft, Landau 1993, 325–56

6281 Zimmermann, Michael: Die Deportation der Juden aus Essen und dem Regierungsbezirk Düsseldorf, in: Ulrich Borsdorf/Mathilde Jamin (Hg.), Über Leben im Krieg. Kriegserfahrungen in einer Industrieregion 1939–1945. Katalogbuch [...], Reinbek 1989, 126–47

6282 Zürn, Gaby: Die fotografische Dokumentation von Grabinschriften auf dem Jüdischen Friedhof Königstraße/Altona (1942–1944) und ihr historischer Kontext, in: Peter Freimark u. a. (Hg.), Juden in Deutschland. Emanzipation, Integration, Verfolgung und Vernichtung. 25 Jahre Institut für die Geschichte der deutschen Juden Hamburg, Hamburg 1991, 116–29

6283 [Zweiundzwanzigster] 22./23. Oktober 1940. Deportation Mannheimer Juden nach Gurs, Hg. Stadt Mannheim, Schulverwaltungsamt, Bearb. Arbeitsgruppe Stadtgeschichte der Gewerkschaft Erziehung und Wissenschaft, Kreis Mannheim: Volker Keller u. a., Mannheim 1990; 64 S.

6284 Giovannini, Norbert/Jansen, Christian: Judenemanzipation und Antisemitismus an der Universität Heidelberg, in: Norbert Giovannini u. a. (Hg.), Jüdisches Leben in Heidelberg. Studien zu einer unterbrochenen Geschichte, Heidelberg 1992, 155–99

A.3.10.4.3 Besetzte Gebiete

A.3.10.4.3.1 Allgemeines

Gedruckte Quellen

6285 Ausnahmegesetze gegen Juden in den von Nazi-Deutschland besetzten Gebieten Europas, Hg. Wiener Library, London 1956; 36 S. (Ms. vervielf.)

Darstellungen

6286 Cohen, Asher: The Comprehension of the Final Solution in France and Hungary: a Comparison, in: Asher Cohen u. a. (Hg.), Comprehending the Holocaust. Historical and Literary Research, Frankfurt u. a. 1988, 243-66

6287 Cohen, Asher: A History of Failures: The Fascists in German Client and Occupied Countries, in: Asher Cohen u. a. (Hg.), The Shoah and the War, New York u. a. 1992, 87-123

6288 Schleunes, Karl A.: 1939: The Making of War and the Final Solution, in: Asher Cohen u. a. (Hg.), The Shoah and the War, New York u. a. 1992, 25-34

A.3.10.4.3.2 Osteuropa

Bibliographien

6289 Braham, Randolph L.: The Hungarian Jewish Catastrophe. A Selected and Annoted Bibliography, New York 1962; 86 S.

Literaturberichte

6290 Arad, Yitzhak: The Holocaust in Soviet Historiography, in: Yisrael Gutman/Gideon Greif (Hg.), The Historiography of the Holocaust Period, Jerusalem 1988, 187-216

6291 Cholawski, Shalom: The Holocaust and the Armed Struggle in Belorussia as Reflected in Soviet Literature and Works by Emigrés in the West, in: Yisrael Gutman/Gideon Greif (Hg.), The Historiography of the Holocaust Period, Jerusalem 1988, 315-37

6292 Golczewski, Frank: Zur Historiographie des Schicksals der polnischen Juden im Zweiten Weltkrieg, in: Arno Herzig/Ina S. Lorenz (Hg.), Verdrängung und Vernichtung der Juden unter dem Nationalsozialismus, Hamburg 1992, 85-99

6293 Karsai, Elek: The Holocaust in Hungarian Literature and Arts, in: Yisrael Gutman/Gideon Greif (Hg.), The Historiography of the Holocaust Period, Jerusalem 1988, 387-403

6294 Katzburg, Nathaniel: The Destruction of Hungarian Jewry in Hungarian Historiography, in: Yisrael Gutman/Gideon Greif (Hg.), The Historiography of the Holocaust Period, Jerusalem 1988, 369-86

6295 Krakowski, Shmuel: The Holocaust of Polish Jewry in Polish Historiography and Polish Emigré Circles, in: Yisrael Gutman/Gideon Greif (Hg.), The Historiography of the Holocaust Period, Jerusalem 1988, 117-31

6296 Levin, Dov: The Soviet Communist Motif and its Effect on the Subject of the Holocaust in the Baltic Emigré Historiography, in: Yisrael Gutman/Gideon Greif (Hg.), The Historiography of the Holocaust Period, Jerusalem 1988, 249-74

6297 Neshamit, Sarah: The History and Polemics of the Relations between the Jews and Lithuanians during World War II, in: Yisrael Gutman/Gideon Greif (Hg.), The Historiography of the Holocaust Period, Jerusalem 1988, 291-314

6298 Netzer, Shlomo: The Holocaust of Polish Jewry in Jewish Historiography, in: Yisrael Gutman/Gideon Greif (Hg.), The Historiography of the Holocaust Period, Jerusalem 1988, 133-48

6299 Pohl, Dieter: Nationalsozialistischer Judenmord als Problem osteuropäischer

Geschichte und Osteuropa-Geschichtsschreibung, in: JGO 58 (N. F. 40) (1992), 96–119

6300 Vago, Bela: The Destruction of Romanian Jewry in Romanian Historiography, in: Yisrael Gutman/Gideon Greif (Hg.), The Historiography of the Holocaust Period, Jerusalem 1988, 405–21

6301 Vestermanis, Margers: Der »Holocaust« in Lettland. Zur »postkommunistischen« Aufarbeitung des Themas in Osteuropa, in: Arno Herzig/Ina S. Lorenz (Hg.), Verdrängung und Vernichtung der Juden unter dem Nationalsozialismus, Hamburg 1992, 101–30

6302 Zaharia, Gheorge/Copoiu, N.: The Situation of the Jews of Romania, 1938–1944, as Reflected in Romanian Historiography, in: Yisrael Gutman/Gideon Greif (Hg.), The Historiography of the Holocaust Period, Jerusalem 1988, 423–32

Quellenkunde

6303 Hoffmann, Detlef: Ein Foto aus dem Ghetto Lodz oder: Wie die Bilder zerrinnen, in: Hanno Loewy (Hg.), Holocaust: Die Grenzen des Verstehens. Eine Debatte über die Besetzung der Geschichte, Reinbek 1992, 233–47

Gedruckte Quellen

6304 Adelson, Alan/Lapides, Robert (Hg.): Lodz Ghetto. Inside a Community under Siege, Mitarb. Marek Web, Nachwort Geoffrey H. Hartmann, New York 1989; XXI, 526 S.

6305 Adler, Hans G.: Die verheimlichte Wahrheit. Theresienstädter Dokumente, Tübingen 1958; XIII, 327 S.

6306 Eiber, Ludwig: »... ein bißchen die Wahrheit« – Briefe eines Bremer Kaufmanns von seinem Einsatz beim Reserve-Polizeibataillon 105 in der Sowjetunion 1941, in: 1999 6 (1991), Nr. 1, 58–83

6307 The Einsatzgruppen Reports. Selections from the Official Dispatches of the Nazi Death Squads' Campaign against the Jews, July 1941 – January 1943, Bearb. Yitzhak Arad u. a., New York 1987; XVI, 378 S.

6308 Faschismus – Getto – Massenmord. Dokumentation über Ausrottung und Widerstand der Juden in Polen während des Zweiten Weltkrieges, Hg. Jüdisches Historisches Institut Warschau, Bearb. Tatiana Berenstein u. a., 1. u. 2. Aufl., Frankfurt 1961; 612 S. (zuerst Berlin [O] 1960)

6309 Das Ghettotagebuch des David Sierakowiak. Aufzeichnungen eines Siebzehnjährigen 1941/42, Vorwort Arnold Mostowicz, Leipzig 1993; 199 S.

6310 Judenverfolgung in Rumänien, Hg. United Restitution Organization (URO), Bearb. Bruno Fischer, 4 Bde., Frankfurt 1959–1960; 27, XVIII, 661 S. (Ms. vervielf.)

6311 Judenverfolgung in Ungarn. Dokumentensammlung, Hg. United Restitution Organization, Frankfurt 1959; 235 S.

6312 Der Kastner-Bericht über Eichmanns Menschenhandel in Ungarn, Vorwort Carlo Schmid, München 1961; 368 S.

6313 Klarsfeld, Serge (Hg.): Documents Concerning the Destruction of the Jews of Grodno, Bd. 6: Jewish Community in Prewar Grodno. German Documents in Grodno Archives, hg. für die Beate Klarsfeld Foundation, New York 1992; VII, 670 S.

6314 Lévai, Jenö (Hg.): Eichmann in Hungary. Documents, Budapest 1961; 302 S.

6315 La persécution des Juifs dans les pays de l'Est, présentée par la France à Nuremberg. Recueil de documents, Hg. Centre de Documentation Juive Contemporaine, Leitung Henri de Monneray, Paris 1949; 359 S.

6316 Rosenfeld, Else/Luckner, Gertrud (Hg.): Lebenszeichen aus Piaski. Briefe Deportierter aus dem Distrikt Lublin

1940–1943, Nachwort Albrecht Goes, München 1968; 183 S.

6317 Rothenberg, Samuel: Bericht vom Untergang. Brief [v. 26. April 1946] über die Vernichtung der Juden in Drohobycz [Polen], in: Zeit, Jg. 48, Nr. 44, 20.10. 1993, 98

6318 Rothfels, Hans: Zur »Umsiedlung« der Juden im Generalgouvernement. (Dokumentation), in: VfZ 7 (1959), 333–36

6319 Troller, Norbert: Theresienstadt. Hitler's Gift to the Jews, Hg. Joel Shatzky, Mitarb. Richard Ives/Doris Rauch, Chapel Hill, N.C. 1991; XXXVI, 182 S.

6320 Winick, Myron (Hg.): Hunger Disease. Studies by the Jewish Physicians in the Warschaw Ghetto, New York 1979; XIII, 261 S.

Darstellungen

6321 Adler, Hans G.: Theresienstadt 1941–1945. Das Anlitz einer Zwangsgemeinschaft, Geschichte, Soziologie, Psychologie, 2., verb. u. erg. Aufl., Tübingen 1960; LIX, 892 S. (zuerst 1955)

6322 Arad, Yitzhak: Alfred Rosenberg and the »Final Solution« in the Occupied Soviet Territories, in: YVS 13 (1979), 263–86

6323 Arad, Yitzhak: The Holocaust of Soviet Jewry in the Occupied Territories of the Soviet Union, in: YVS 21 (1991), 1–47

6324 Aronson, Gregor u. a. (Hg.): Russian Jewry, 1917–1967, New York 1969, 88–170

6326 Bästlein, Klaus: Das »Reichskommissariat Ostland« unter schleswig-holsteinischer Verwaltung und die Vernichtung der europäischen Juden, in: 50 Jahre nach den Judenpogromen. Reden zum 9./10. November 1983 in Schleswig-Holstein, Hg. Beirat für Geschichte der Arbeiterbewegung und Demokratie in Schleswig-Holstein/Landesregierung Schleswig-Holstein, Pressestelle, Kiel 1989, 65–85

6327 Benz, Wolfgang: Theresienstadt und der Untergang der deutschen Juden. Versuch einer Ortsbestimmung, in: Wolfgang Benz u. a. (Hg.), Der Nationalsozialismus. Studien zur Ideologie und Herrschaft. Hermann Graml zum 65. Geburtstag, Frankfurt 1993, 177–90, 261–63

6328 Bibo, Istvan: Zur Judenfrage am Beispiel Ungarns nach 1944, Frankfurt 1990; 181 S. (zuerst ungar.)

6329 Biss, Andreas: List als Mittel des Widerstandes. (Beiträge zum Widerstand 1933–1945, 1), Gedenkstätte Deutscher Widerstand Berlin, 6. Aufl., Berlin 1987; 24 S. (zuerst 1971)** [Ungarn]

6330 Biss, Andreas: Der Stopp der Endlösung. Kampf gegen Himmler und Eichmann in Budapest, Stuttgart 1966; 358 S.

6331 Biss, Andreas: Wir hielten die Vernichtung an. Der Kampf gegen die »Endlösung« [in Ungarn] 1944, Vorbemerkung Hans D. Heilmann, Herbstein 1985; 403 S.

6332 Black, Peter R.: Rehearsals for »Reinhard«? Odilo Globocnik and the Lublin Selbstschutz, in: CEH 25 (1992), 204–26

6333 Blank, Manfred: Zum Beispiel: Die Ermordung der Juden im »Generalgouvernement« Polen, in: Adalbert Rückerl (Hg.), NS-Prozesse. Nach 25 Jahren Strafverfolgung: Möglichkeiten – Grenzen – Ergebnisse, Karlsruhe 1971, 35–64

6334 Braham, Randolph L. (Hg.): The Destruction of Hungarian Jewry. A Documentary Account, 2 Bde., New York 1963; 969 S.**

6335 Braham, Randolph L.: Eichmann and the Destruction of Hungarian Jewry. A Documentary Account, New York 1961; 44 S.

6336 Braham, Randolph L.: The Politics of Genocide. The Holocaust in Hungary, 2 Bde., New York 1981; XLII, X, 1269 S.

6337 Braham, Randolph L. (Hg.): Studies on the Holocaust in Hungary, Boulder, Col. 1990; VIII, 267 S.

6338 Braham, Randolph L.: The Rescue of the Jews of Hungary in Historical Perspective, in: Yisrael Gutman/Gideon Greif (Hg.), The Historiography of the Holocaust Period, Jerusalem 1988, 447–66

6339 Breitman, Richard: Himmler and the »Terrible Secret« among the Executioners, in: JCH 26 (1991), 431–51

6340 Brocke, Edna/Zimmermann, Michael (Bearb.): Das Jüdische Museum in Prag. Von schönen Gegenständen und ihren Besitzern, Hg. Alte Synagoge Essen, Bonn 1991; 240 S.**

6341 Browning, Christopher R.: Ganz normale Männer. Das Reserve-Polizeibataillion 101 und die »Endlösung« in Polen, Reinbek 1993; 280 S. (amerikan.: New York 1992)

6342 Browning, Christopher R.: One Day in Józefów [Polen]: Initiation to Mass Murder, in: Peter Hayes (Hg.), Lessons and Legacies: The Meaning of the Holocaust in a Changing World, Evanston, Ill. 1991, 196–209; abgedr. in: Christopher R. Browning, The Path to Genocide. Essays on Launching the Final Solution, Cambridge u.a. 1992, 169–83

6343 Browning, Christopher R.: Nazi Ghettoization Policy in Poland, 1939–41, in: CEH 19 (1986), 343–68; abgedr. in: Christopher R. Browning, The Path to Genocide. Essays on Launching the Final Solution, Cambridge u.a. 1992, 28–56

6344 Büchler, Yehoshua: The Deportation of Slovakian Jews to the Lublin District of Poland in 1942, in: H&GS 6 (1991), 151–66

6345 Carmilly-Weinberger, Moshe (Hg.): Memorial Volume for the Jews of Cluj-Kolozsvár, New York 1970; 313, 155 S.

6346 Chary, Frederick B.: The Bulgarian Jews and the Final Solution, 1940–1944, Pittsburgh, Pa. 1972; XIV, 246 S.

6347 Cochavi, Yehoyakim: The Impact of the War on the Population of the Warsaw Ghetto, in: Asher Cohen u.a. (Hg.), The Shoah and the War, New York u.a. 1992, 261–70

6349 Conway, John S.: Der Holocaust in Ungarn. Neue Kontroversen und Überlegungen, in: VfZ 32 (1984), 179–212

6350 Davies, Norman/Polonsky, Antony (Hg.): Jews in Eastern Poland and the USSR, 1939–46, hg. in Zusammenarbeit mit der School of Slavonic and East European Studies, University of London, London 1991; XIX, 426 S.

6351 Deak, Andreja: Razzia in Novisad und andere Geschehnisse während des Zweiten Weltkrieges in Ungarn und Yugoslavien, Zürich 1967; 222 S.

6352 Diamant, Adolf: Getto Litzmannstadt [Lodz]. Bilanz eines nationalen Verbrechens. Mit Deportations- und Totenlisten der aus dem Altreich stammenden Juden, Frankfurt 1986; XIV, 411 S.

6353 Dobroszycki, Lucjan/Gurock, Jeffrey S. (Hg.): The Holocaust in the Soviet Union. Studies and Sources on the Destruction of the Jews in the Nazi-occupied Territories of the USSR, 1941–1945, Vorwort Richard Pipes, Armonk, N.Y. 1993; XII, 260 S.**

6354 Fisher, Julius S.: Transnistria. The Forgotten Cemetery, South Brunswick 1969; 161 S.

6355 Freund, Florian u.a. (Hg.): »Ess firt kejn weg zurik...« Geschichte und Lieder des Ghettos Wilna 1941–1943, Wien 1992; 200 S.**

6356 Freund, Florian u.a.: Farbdias aus dem Ghetto Lodz, in: ZG 18 (1990/91), 271–303

6357 Friedman, Philip: The Karaites Under Nazi Rule, in: Max Beloff (Hg.), On the Track of Tyranny. Essays presented by the Wiener Library to Leonhard G. Montefiore, O.B.E. on the Occasion of His Seventieth Birthday, London 1960, 97–123

6358 Friedman, Philip: The Haredim and the Holocaust, in: JQ 15 (1990), Nr. 53, 86–114

6359 Gladitz-Perez Lorenzo, Nina: Der Fall Giorgio Perlasca, in: DH 7 (1991), Nr. 7, 129–43

6360 Gold, Hugo: Gedenkbuch der untergegangenen Judengemeinden Mährens, Tel Aviv 1974; 166 S.

6361 Gold, Hugo: Geschichte der Juden in Bukowina, Bd. 2, Tel Aviv 1962; VIII, 228 S.

6362 Gordon, Harry: The Shadow of Death. The Holocaust in Lithuania, Lexington, Ky. 1992; XV, 174 S.

6363 Goshen, Seev: Eichmann und die Nisko-Aktion im Oktober 1939. Eine Fallstudie zur NS-Judenpolitik in der letzten Etappe vor der Endlösung, in: VfZ 29 (1981), 74–96

6364 Gosztony, Peter: »Unternehmen Margarethe«. Mit 120 000 Soldaten besetzte die Wehrmacht am 19. März 1944 Ungarn, um dem Abfall des Landes vorzubeugen. Der Einmarsch bedeutete den Tod für Hunderttausende ahnungsloser Juden, in: Zeit, Jg. 49, Nr. 12, 18. 3. 1994, 86

6365 Grabitz, Helge/Scheffler, Wolfgang: Letzte Spuren. Ghetto Warschau – SS-Arbeitslager Trawniki – Aktion Erntefest. Fotos und Dokumente über Opfer des Endlösungswahns im Spiegel der historischen Ereignisse, 2., durchges. Aufl., Berlin 1993; 338 S. (zuerst 1988)**

6366 Grode, Walter: Modernisierung und Destruktion. Regionale Differenzierungen der nationalsozialistischen Vernichtungspolitik im besetzten Polen, in: Wolfgang Schneider (Hg.), »Vernichtungspolitik«. Eine Debatte über den Zusammenhang von Sozialpolitik und Genozid im nationalsozialistischen Deutschland, Hamburg 1991, 53–63

6367 Grossmann, Chaika: Die uns verließen und die sich erhoben. Der Aufstand im Ghetto Biaylstok, in: DH 7 (1991), Nr. 7, 102–218

6368 Gutman, Yisrael: The Attitude of the Poles to the Mass Deportations of Jews from the Warsaw Ghetto in the Summer of 1942, in: Yisrael Gutman/Efraim Zuroff (Hg.), Rescue Attempts during the Holocaust, Jerusalem 1977, 399–422

6368a Hano, Jozef: Über die »Sonderaktion Krakau« 1939, in: Burchard Brentjes (Hg.), Wissenschaft unter dem NS-Regime, Berlin u. a. 1992, 38–63

6369 Haumann, Heiko: Geschichte der Ostjuden, 3. Aufl., München 1991, 181–85 (zuerst 1990)

6370 Headland, Ronald: The Einsatzgruppen. The Question of Their Initial Operations, in: H&GS 4 (1989), 401–12

6371 Heim, Susanne/Aly, Götz: Das Bataillion Nachtigall und geschwärzte Stellen im Buch [»Vordenker der Vernichtung«]. Neue Ergebnisse zur Rolle des früheren Ministers Theodor Oberländer bei Pogromen in Lemberg, in: FR, Jg. 49, Nr. 168, 23. 7. 1993, 10

6372 Held, Thomas: Vom Pogrom zum Massenmord. Die Vernichtung der jüdischen Bevölkerung im Zweiten Weltkrieg, in: Peter Fäßler u. a. (Hg.), Lemberg – Lwów – Lviv. Eine Stadt im Schnittpunkt europäischer Kulturen, Köln u. a. 1994, 113–66

6373 Hellfeld, Matthias G. von: Carlotta Marchand – Opfer der nationalsozialistischen Judenpolitik, in: Matthias G. von Hellfeld, Davongekommen! Erwachsenwerden im Holocaust, Frankfurt 1990, 71–106, 148 f.

6374 Hillgruber, Andreas: Der Ostkrieg und die Judenvernichtung, in: Gerd R. Ueberschär/Wolfram Wette (Hg.), Der deutsche Überfall auf die Sowjetunion. »Unternehmen Barbarossa« 1941, 2., überarb. Aufl., Frankfurt 1991, 185–205, 386–90 (zuerst Paderborn 1984); abgedr. in: Andreas Hillgruber, Die Zerstörung Europas. Beiträge zur Weltkriegsepoche 1914 bis 1945, Frankfurt/Berlin 1988, 313–38

6375 Hillgruber, Andreas: Die ideologisch-dogmatische Grundlage der nationalsozialistischen Politik der Ausrottung der Juden in den besetzten Gebieten der Sowjetunion und ihre Durchführung 1941–1944, in: GSR 2 (1979), 263–96

6376 Hirsch, Helga: Eine Vergangenheit, die schmerzt. Ein junger polnischer Journalist hat seine Landsleute an eine Vergangenheit erinnert, die bislang verschwiegen oder heruntergespielt wurde: Neben unzähligen mutigen und selbstlosen Polen gab es nicht wenige, die Juden während des Zweiten Weltkrieges erpreßten, beraubten, ermordeten, in: Zeit, Jg. 49, Nr. 25, 17.6. 1994, 25

6377 Jalbrzykowski, Jan (Hg.): Genocide, 1939–1945, Mitarb. Szymon Datner u.a., Warschau 1962; 334 S.

6378 Kárny, Miroslav u.a. (Hg.): Theresienstadt in der »Endlösung der Judenfrage«, hg. für die Theresienstädter Initiative – Internationale Theresienstädter Vereinigung, Prag 1992; 312 S.

6379 Kárny, Miroslav: Die »Judenfrage« in der nazistischen Okkupationspolitik [in der CSR], in: Historica 21 (1982), 137–92

6380 Kermish, Joseph: The Activities of the Council for Aid to Jews (»Zegota«) in Occupied Poland, in: Yisrael Gutman/ Efraim Zuroff (Hg.), Rescue Attempts during the Holocaust, Jerusalem 1977, 367–98

6381 Krakau, Knud: Willkür und Recht. Zur nationalsozialistischen Regelung der Staatsangehörigkeit – besonders der Juden – im sogenannten »Protektorat Böhmen und Mähren«, Hamburg 1966; 81 S.

6382 Kulka, Erich: The Annihilation of Czechoslovak Jewry, in: Avigdor Dagan (Hg.), The Jews of Czechoslovakia. Historical Studies and Surveys, Mitarb. Gertrude Hirschler/Lewis Weiner, Bd. 3, Philadelphia, Pa./New York 1984, 262–328

6383 Kwiet, Konrad: Auftakt zum Holocaust. Ein Polizeibataillon im Osteinsatz, in: Wolfgang Benz u.a. (Hg.), Der Nationalsozialismus. Studien zur Ideologie und Herrschaft. Hermann Graml zum 65. Geburtstag, Frankfurt 1993, 191–208, 263–65

6384 Kwiet, Konrad: From the Diary of a Killing Unit [Polizei-Bataillon 322 (Wien)], in: John Milfull (Hg.), Why Germany? National Socialist Anti-Semitism and the European Context, Providence, Ri./Oxford 1993, 75–90

6385 Lambert, Gilles: Opération Hazalah. Budapest 1944. Les jeunes sionistes face aux nazis et aux Juifs de Hongrie, o.O. (Paris) 1972; 189 S.

6386 Lawrence, Peter: Why Lithuania? A Study of Active and Passive Collaboration in Mass Murder in a Lithuanian Village, 1941, in: John Milfull (Hg.), Why Germany? National Socialist Anti-Semitism and the European Context, Providence, Ri./ Oxford 1993, 209–19

6387 Lederer, Zdenek: Ghetto Theresienstadt, London 1953; 275 S.

6388 Lederer, Zdenek: Terezin [Theresienstadt], in: Avigdor Dagan (Hg.), The Jews of Czechoslovakia. Historical Studies and Surveys, Mitarb. Gertrude Hirschler/Lewis Weiner, Bd. 3, Philadelphia, Pa./New York 1984, 104–64

6389 Lévai, Jenö: Hungarian Jewry and the Papacy, London 1968; 132 S.

6390 Lexa, John G.: Anti-Jewish Laws and Regulations in the Protectorate of Bohemia and Moravia, in: Avigdor Dagan (Hg.), The Jews of Czechoslovakia. Historical Studies and Surveys, Mitarb. Gertrude Hirschler/ Lewis Weiner, Bd. 3, Philadelphia, Pa./New York 1984, 75–103

6391 Lichtenstein, Heiner: Raoul Wallenberg, Retter von hunderttausend Juden. Ein Opfer Himmlers und Stalins, Vorwort Simon Wiesenthal, Köln 1982; 172 S.

6392 Lifton, Betty J.: Der König der Kinder. Das Leben von Janusz Korczak, 4. Aufl., Stuttgart 1991; 540 S. (zuerst 1990; engl.: New York 1987/London 1988)

6393 Lipscher, Ladislav: Die Juden im slowakischen Staat 1939–1945, München/ Wien 1979; 210 S.

6394 Lipscher, Ladislav: Die Einflußnahme des Dritten Reiches auf die Judenpolitik der Slowakischen Regierung, in: Karl Bosl (Hg.), Das Jahr 1945 in der Tschechoslowakei. Internationale, nationale und wirtschaftlich-soziale Probleme, München/Wien 1971, 139–57

6395 Lipscher, Ladislav: The Jews of Slovakia: 1939–1945, in: Avigdor Dagan (Hg.), The Jews of Czechoslovakia. Historical Studies and Surveys, Mitarb. Gertrude Hirschler/Lewis Weiner, Bd. 3, Philadelphia, Pa./New York 1984, 165–261

6396 Loewy, Hanno: P. W. O. K. Arieh Ben Menachems Album [Ghetto Litzmannstadt/Lodz], in: Fotogeschichte 11 (1991), Nr. 39, 34–46**

6397 Longerich, Peter: Vom Massenmord zur »Endlösung«. Die Erschießung von jüdischen Zivilisten in den ersten Monaten des Ostfeldzuges im Kontext des nationalsozialistischen Judenmords, in: Bernd Wegner (Hg.), Zwei Wege nach Moskau. Vom Hitler-Stalin-Pakt zum »Unternehmen Barbarossa«, München/Zürich 1991, 251–74

6398 Löwenthal, Zdenko (Hg.): The Crimes of Fascist Occupants and their Collaborateurs Against Jews in Yugoslavia, Hg. Vereinigung jüdischer Gemeinden in Yugoslavien, Belgrad 1957; 245, 42 S.

6399 Madajczyk, Czeslaw: Was »Generalplan Ost« Synchronous with the Final Solution?, in: Asher Cohen u. a. (Hg.), The Shoah and the War, New York u. a. 1992, 145–59

6400 Madajczyk, Czeslaw: Besteht ein Synchronismus zwischen dem »Generalplan Ost« und der Endlösung der Judenfrage?, in: Wolfgang Michalka (Hg.), Der Zweite Weltkrieg. Analysen, Grundzüge, Forschungsbilanz, München/Zürich 1989, 844–57

6401 Marton, Kati: [Raul] Wallenberg, München 1981; XII, 243 S. [Ungarn]

6402 Masters, Anthony: The Summer that Bled. The Biography of Hannah Senesh, London 1972; 349 S.

6403 Munz, Max: Die Verantwortlichkeit für die Judenverfolgung im Ausland während der nationalsozialistischen Herrschaft. Ein Beitrag zur Klärung des Begriffs der »Veranlassung«, seines Verhältnisses zur Staatssouveränität und seiner Anwendung auf die Einwirkung des nationalsozialistischen Deutschlands auf nicht-deutsche Staaten 1933–1945 hinsichtlich der Rechtsstellung und Behandlung der Juden unter besonderer Berücksichtigung der Judenverfolgungen in Bulgarien, Rumänien und Ungarn, Diss. Frankfurt 1959; 251 S.

6404 Nagy-Talavera, Nicholas M.: The Anatomy of a Massacre: Sarmas 1944, in: SWCA 7 (1990), 41–62

6405 »Nähmaschinen-Reparatur-Abteilung«. Ein Album von 1943 aus dem Ghetto Lodz, Vorbemerkung Hanno Loewy, in: Fotogeschichte 9 (1989), Nr. 34, 11–30**

6406 Neshamit, Sarah: Rescue in Lithuania during the Nazi Occupation (June 1941 – August 1944), in: Yisrael Gutman/Efraim Zuroff (Hg.), Rescue Attempts during the Holocaust, Jerusalem 1977, 289–331

6406a Ophir, Ephraim: Was the Transnistria Rescue Plan Achievable?, in: H&GS 6 (1991), 1–16

6407 Paldiel, Mordecai: Fear and Comfort: The Plight of Hidden Jewish Children in Wartime-Poland, in: H&GS 6 (1991), 397–413

6408 Pelz, Monika: »Nicht mich will ich retten!« Die Lebensgeschichte des Janusz

401

Korczak, 4. Aufl., Weinheim/Basel 1991; 115 S. (zuerst 1985)

6409 Pelzer, Wolfgang: Janusz Korczak in Selbstzeugnissen und Bilddokumenten dargestellt, Reinbek 1992; 156 S.

6410 Pohl, Dieter: Von der »Judenpolitik« zum Judenmord. Der Distrikt Lublin des Generalgouvernements 1939–1944, Frankfurt u. a. 1993; 208 S.

6411 Porat, Dina: The Impact of the War on the Zionist Pioneering Youth Movements in Poland during The Shoah, in: Asher Cohen u. a. (Hg.), The Shoah and the War, New York u. a. 1992, 245–60

6412 Press, Bernhard: Judenmord in Lettland 1941–1945, 2. Aufl., Berlin 1992; 178 S. (zuerst 1988)

6413 Ránki, György: The Political Leadership's Comprehension in East-Central Europe during the Holocaust, in: Asher Cohen u. a. (Hg.), Comprehending the Holocaust. Historical and Literary Research, Frankfurt u. a. 1988, 225–42

6414 Ringelheim, Joan M.: Verschleppung, Tod und Überleben. Nationalsozialistische Ghetto-Politik gegen jüdische Frauen und Männer im besetzten Polen, in: Theresa Wobbe (Hg.), Nach Osten. Verdeckte Spuren nationalsozialistischer Verbrechen, Frankfurt 1992, 135–60

6415 Röhr, Werner: Zum Zusammenhang von nazistischer Okkupationspolitik in Polen und dem Völkermord an den polnischen Juden, in: Werner Röhr u. a. (Hg.), Faschismus und Rassismus. Kontroversen um Ideologie und Opfer, Berlin 1992, 300–16

6416 Rose, Paul L.: Joel Brand's Interim Agreement and the Course of Nazi-Jewish Negotiations, 1944–1945, in: HJ 34 (1991), 909–29

6417 Rosenfeld, Harvey: Raoul Wallenberg, Angel of Rescue, Buffalo, N. Y. 1982; 261 S.

6418 Rothkirchen, Livia: The Jews of Bohemia and Moravia: 1938–1945, in: Avigdor Dagan (Hg.), The Jews of Czechoslovakia. Historical Studies and Surveys, Mitarb. Gertrude Hirschler/Lewis Weiner, Bd. 3, Philadelphia, Pa./New York 1984, 3–74

6419 Schwarberg, Günther: Das Getto. Spaziergang durch die Hölle, 3. Aufl., Göttingen 1993; 216 S. (zuerst 1989; TB Frankfurt 1991)

6420 Smith, Danny: 100 000 Juden gerettet. Raoul Wallenberg und seine außergewöhnliche Mission in Budapest, Neuhausen/Stuttgart 1987; 190 S. (engl.: Basingstoke 1980 u. d. T.: Wallenberg. Lost Hero)

6421 St. George, George: The Road to Babyi-Yar, London 1967; 191 S.

6422 Streim, Alfred: Zum Beispiel: Die Verbrechen der Einsatzgruppen in der Sowjetunion, in: Adalbert Rückerl (Hg.), NS-Prozesse. Nach 25 Jahren Strafverfolgung: Möglichkeiten – Grenzen – Ergebnisse, Karlsruhe 1971, 65–106

6423 Streit, Christian: The War in the East, Anti-Communism, and the Implementation of the Final Solution, in: Asher Cohen u. a. (Hg.), The Shoah and the War, New York u. a. 1992, 73–85

6424 Szenes, Sándor/Baron, Frank: Von Ungarn nach Auschwitz. Die verschwiegene Warnung, Münster 1994; 208 S.

6425 Tenenbaum, Joseph: Underground. The Story of a People [Warschau], New York 1952; 532 S.

6426 Tushnet, Leonhard: The Pavement of Hell, New York 1972; XI, 210 S.

6427 »Unser einziger Weg ist die Arbeit.« Das Getto in Lodz 1940–1944, Hg. Jüdisches Museum Frankfurt, Red. Hanno Loewy/Gerhard Schoenberger, hg. in Zusammenarbeit mit Yad Vashem, Wien 1990; 288 S.

6428 Vago, Bela/Mosse, George L. (Hg.): Jews and Non-Jews in Eastern Europe, 1918–1945, New York 1974; XVII, 334 S.

6429 Vestermanis, Margers: Der lettische Anteil an der »Endlösung«. Versuch einer Antwort, in: Uwe Backes u. a. (Hg.), Die Schatten der Vergangenheit. Impulse zur Historisierung des Nationalsozialismus, 2. Aufl., Frankfurt/Berlin 1992, 426–49 (zuerst 1990)

6430 Wajsenberg, Jenny: Toward an Interpretation of Ghetto: Bialystok, a Case Study, in: John Milfull (Hg.), Why Germany? National Socialist Anti-Semitism and the European Context, Providence, Ri./Oxford 1993, 193–207

6431 Wallach, Jehuda L.: Feldmarschall Erich von Manstein und die deutsche Judenausrottung in Rußland, in: JIdG 4 (1975), 457–78

6432 Weissberg, Alexander: Die Geschichte von Joel Brand, Köln/Berlin 1956; 319 S.**

6433 Wiehn, Erhard R. (Hg.): Die Schoáh von Babij Jar. Das Massaker deutscher Sonderkommandos an der jüdischen Bevölkerung von Kiew. Fünfzig Jahre danach zum Gedenken, Konstanz 1991; 851 S.

6434 Wilhelm, Hans-Heinrich: Rassenpolitik und Kriegsführung. Sicherheitspolizei und Wehrmacht in Polen und der Sowjetunion, Passau 1991; 214 S.**

6435 Wilhelm, Hans-Heinrich: Offene Fragen der Holocaust-Forschung. Das Beispiel des Baltikums, in: Uwe Backes u. a. (Hg.), Die Schatten der Vergangenheit. Impulse zur Historisierung des Nationalsozialismus, 2. Aufl., Frankfurt/Berlin 1992, 403–25 (zuerst 1990)

6436 Wlaschek, Rudolf M.: Juden in Böhmen. Beiträge zur Geschichte des europäischen Judentums im 19. und 20. Jahrhundert, München 1990; 236 S.

6437 Wulf, Josef: Das Dritte Reich und seine Vollstrecker. Die Liquidation von 500.000 Juden im Ghetto Warschau, Berlin 1961; 383 S. (ND München u. a. 1978)

6438 Wulf, Josef: Lodz. Das letzte Ghetto auf polnischem Boden, Hg. Bundeszentrale für Heimatdienst, Bingen 1962; 84 S.

6439 Wulf, Josef: Vom Leben, Kampf und Tod im Ghetto Warschau, Hamburg 1979; 104 S.

6440 Wysok, Wieslaw/Schwarz, Matthias: Vom Paradies zur Hölle/From Paradise to Hell. Das Schicksal der Lubliner Juden, Hg. Pánstwowe Muzeum na Majdanku, Lublin 1993; 82 S. (dt./engl.)

6441 Zieseke, Christiane/Ruckhaberle, Dieter: Rettung der bulgarischen Juden – 1943, in: Staatliche Kunsthalle Berlin (Hg.), Bericht 1983, Red. Dieter Ruckhaberle u. a., Berlin 1983, 257–373

A.3.10.4.3.3 Übriges Europa

Literaturberichte

6441a Cohen, Richard I.: The Fate of French Jewry in World War II in Historical Writing (1944–1983) – Interim Conclusions, in: Yisrael Gutman/Gideon Greif (Hg.), The Historiography of the Holocaust Period, Jerusalem 1988, 155–86

6442 Haestrup, Jorgen: The Historiography of the Holocaust and Rescue Efforts in Denmark and Norway, in: Yisrael Gutman/Gideon Greif (Hg.), The Historiography of the Holocaust Period, Jerusalem 1988, 535–44

6443 Hausmann, Ulrich: Der Duce und die Geschichte der italienischen Juden. Wie Mussolini auf die deutsche Vernichtungspolitik reagierte. Neue Literatur über Antisemitismus und Widerstand, in: FR, Jg. 48, Nr. 59, 10. 3. 1992, 10

6444 Jelinek, Yeshayahu A.: The Holocaust of Slovakian and Croatian Jewry from the Historiographical Viewpoint. A Comparative Analysis, in: Yisrael Gutman/Gideon Greif (Hg.), The Historiography of the Holocaust Period, Jerusalem 1988, 343–67

6445 Von der Dunk, Hermann: Jews and the Rescue of Jews in the Netherlands in Historical Writing, in: Yisrael Gutman/Gideon Greif (Hg.), The Historiography of the Holocaust Period, Jerusalem 1988, 489–511

Nachschlagewerke

6446 The Deportation of German and Austrian Jews from France, 1942–1944 [Namenslisten], Paris 1980

Quellenkunde

6447 Billig, Joseph (Bearb.): L'Institut d'Etude des Questions Juivres, officine française des autorités nazies en France. Inventaire commenté de la collection de documents provenant des archives de l'Institut conservés au CDJC, Hg. Centre de Documentation Juive Contemporaine, Paris 1974; 217 S.

6448 Steinberg, Lucien: Les autorités allemandes en France occupée. Inventaire commenté de la collection de documents conservés au CDJC provenant des archives de l'Ambassade d'Allemagne, de l'Administration Militaire Allemande et de la Gestapo en France, Vorbemerkung Issac Schneesohn, Vorwort Jacques Delarue, Hg. Centre de Documentation Juive Contemporaine, Paris 1966; 355 S.

Gedruckte Quellen

6449 Anderl, Gabriele/Manoschek, Walter (Hg.): Gescheiterte Flucht. Der jüdische »Kladovo-Transport« auf dem Wege nach Palästina 1939–1942, Wien 1993; 315 S.

6450 Anne Frank Tagebuch, Bearb. Otto H. Frank/Mirjam Pressler, einzig autor. u. erg. Fassung, Frankfurt 1991; 316 S.

6451 Friedmann, Tuvia (Hg.): Dokumentensammlung über die »Deportierung der Juden aus Norwegen nach Auschwitz«, Hg. Stadtverwaltung Ramat Gan [Israel], Ramat Gan 1963; VIII, 101 S.

6452 Judenverfolgung in Frankreich. Dokumente über die Verantwortlichkeit des Reiches für die Judenmaßnahmen im besetzten und unbesetzten Frankreich, insbesondere nach Algerien, Marokko, Tunis, Hg. United Restitution Organization, Frankfurt 1959; 170 S.

6453 Judenverfolgung in Italien, den italienisch besetzten Gebieten und in Nordafrika. Dokumentensammlung, Hg. United Restitution Organization, Frankfurt 1962; XXVI, 229 S.

6454 Klarsfeld, Serge (Hg.): Die Endlösung der Judenfrage in Frankreich. (Deutsche Dokumente 1941–1944), Paris 1977; 244 S.

6455 Persécution des Juifs en France et dans les autres pays de l'Ouest, présentée par la France à Nuremberg. Recueil de documents, Einleitung Centre de Documentation Juive Contemporaine, Leitung Henri de Monneray, Einleitung Edgar Faure, Vorwort René Cassin, Paris 1947; 423 S.

6456 Die Tagebücher der Anne Frank. Mit einer Zusammenfassung des Berichts des Gerichtslaboratoriums des Justizministeriums von H. J. Hardy, Hg. Niederländisches Staatliches Institut für Kriegsdokumentation, Einführung Harry Paape u. a., Frankfurt 1988; 792 S. (Sonderausg. 1992; zuerst Heidelberg 1950; niederländ.: Amsterdam 1947)

Darstellungen

6457 Abrahamsen, Samuel: The Holocaust in Norway, in: Randolph L. Braham (Hg.), Contemporary Views on Holocaust, Boston u. a. 1983, 109–42

6458 Activité des organisations juives en France sous l'occupation, Hg. Centre de Documentation Juive Contemporaine, Paris 1947; 245 S.

6459 Adler, Hans G.: Danish Jewry under German Occupation, in: WLB 9 (1955), Nr. 12, 16

6460 Adler, Jacques: The Changing Attitude of the »Bystanders« toward the Jews in France, 1940–1943, in: John Milfull (Hg.), Why Germany? National Socialist Anti-Semitism and the European Context, Providence, Ri./Oxford 1993, 171–91

6460a Avni, Haim: The Zionist Underground in Holland and France and the Escape to Spain, in: Yisrael Gutman/Efraim Zuroff (Hg.), Rescue Attempts during the Holocaust, Jerusalem 1977, 555–90

6461 Billig, Joseph: La condition des juifs en France, juillet 1940 – août 1944, in: RHDGM 6 (1956), 23–55

6462 Browning, Christopher R.: Wehrmacht Reprisal Policy and the Mass Murder of Jews in Serbia, in: MGM 33 (1983), 31–47

6463 Carpi, Daniel: The Rescue of Jews in the Italian Zone of Occupied Croatia, in: Yisrael Gutman/Efraim Zuroff (Hg.), Rescue Attempts during the Holocaust, Jerusalem 1977, 465–525

6464 Deaglio, Enrico: Die Banalität des Guten. Die Geschichte des Hochstaplers Georgio Pertasca, der 5200 Juden das Leben rettete, Frankfurt 1993; 203 S. (zuerst italien.)

6465 Freimark, Peter/Kopitzsch, Wolfgang: Anne Frank. Ein jüdisches Schicksal. Texte und Materialien für die politische Bildung, Hg. Landeszentrale für politische Bildung Hamburg, Hamburg 1979; 31 S.**

6466 Gamillscheg, Hannes: »Die Deutschen konnten sich nicht vorstellen, daß man Juden hilft.« Vor fünfzig Jahren: Dokumente zur Rettung der in Dänemark lebenden Juden, in: FR, Jg. 49, Nr. Nr. 230, 4.10.1993, 12

6467 Green, Warren: The Fate of Oriental Jews in Vichy France, in: WLB 32 (1979), 40–50

6468 Harari, Jacob: Die Ausrottung der Juden im besetzten Holland. Ein Tatsachenbericht, Tel Aviv 1944; 100 S.

6469 Hilaire, Yves-Marie: Christian Youth Associations in France Face the Holocaust during World War II, in: Asher Cohen u. a. (Hg.), Comprehending the Holocaust. Historical and Literary Research, Frankfurt u. a. 1988, 303–16

6470 Jong, Louis de: Jews and Non-Jews in Nazi-Occupied Holland, in: Max Beloff (Hg.), On the Track of Tyranny. Essays presented by the Wiener Library to Leonhard G. Montefiore, O.B.E. on the Occasion of His Seventieth Birthday, London 1960, 139–55

6471 Keilson, Hans: Trennung und Traumatisierung. Jüdische Kinder im Untergrund in Holland während deutscher Besatzung 1940–1945, in: Ute Benz/Wolfgang Benz (Hg.), Sozialisation und Traumatisierung. Kinder in der Zeit des Nationalsozialismus, Frankfurt 1992, 40–57, 142 f.

6472 Kempner, Robert M. W.: Edith Stein und Anne Frank. Zwei von hunderttausend. Die Enthüllungen der NS-Verbrechen in Holland vor dem Schwurgericht in München. Die Ermordung der »nicht-arischen« Mönche und Nonnen, Freiburg i.Br. 1968; 189 S.

6473 Klarsfeld, Serge: Le mémorial de la déportation des Juifs de France [1942–1944]. Listes alphabétiques par convois des Juifs déportés de France. Historique des convois de déportation. Statistiques de la déportation des Juifs de France. Listes alphabétiques par camps de Juifs décédés pendant leur internement en France. Listes alphabétiques de Juifs exécutés ou abattus sommairement en France, Paris 1978; o. Pag. [ca. 700 S.] (amerikan.: New York 1983)

6474 Klarsfeld, Serge: Vichy – Auschwitz. Die Zusammenarbeit deutscher und französischer Behörden bei der »Endlösung der Judenfrage« in Frankreich 1942–1944,

Nördlingen 1989; 600 S. (franz.: 2 Bde., Paris 1983–1985)

6475 Klarsfeld, Serge: Les Juifs en France 1941. Préludes à la solution finale, New York 1991; 99 S.

6476 Klarsfeld, Serge: The Influence of the War on the Final Solution in France, in: Asher Cohen u.a. (Hg.), The Shoah and the War, New York u.a. 1992, 271–81

6477 Klarsfeld, Serge/Klarsfeld, Beate: Die Kinder von Izieu. Eine jüdische Tragödie, Berlin 1991; 188 S.

6478 Kolb, Eberhard: Anne Frank. Stimme eines Kindes im Holocaust, Hannover 1992; 31 S.

6479 Leydeshoff, Selma: »Wir haben als Mensch gelebt.« Das jüdische Proletariat von Amsterdam, Frankfurt 1993; 259 S.

6480 Lindwer, Willy: Anne Frank. Die letzten sieben Monate. Augenzeuginnen berichten, 3. Aufl., Frankfurt 1991; 255 S. (zuerst 1990; TB Frankfurt 1993; niederländ.: Hilversum 1988)

6481 Manoschek, Walter: »Serbien ist judenfrei.« Militärische Besatzungspolitik und Judenvernichtung in Serbien 1941/42, München 1993; 210 S.

6482 Marrus, Michael R.: Die französischen Kirchen und die Judenverfolgung in Frankreich 1940–1944, in: VfZ 31 (1983), 483–505

6483 Michaelis, Meir: Mussolini and the Jews. German-Italian Relations and the Jewish Question in Italy, 1922–1945, Oxford 1978; XIII, 472 S.

6484 Molho, Michael/Nehama, Joseph (Hg.): In Memoriam. Hommage aux victimes juives des nazis en Grèce, Bearb. Joseph Nehama, 2., überarb. u. verb. Aufl., Thessaloniki 1973; 469 S. (zuerst 1948)

6485 Novitch, Miriam (Hg.): Le passage des barbares. Contribution à l'histoire de la déportation et la résistance des Juifs grecs, o.O. [Nizza] o.J. [1971]; 141 S.

6486 Poliakov, Léon: L'Etoile jaune, Vorwort Justin Godard, Hg. Centre de Documentation Juive Contemporaine, Paris 1949; 93 S.

6487 Poliakov, Léon/Sabille, Jacques (Hg.): Jews under Italian Occupation, Paris 1955; 208 S. (franz.: Paris 1946 u.d.T.: La condition des Juifs en France sous l'occupation italienne)

6488 Presser, Jacob: Ashes in the Wind. The Destruction of Dutch Jewry, London 1968; 556 S. (holländ.: 2 Bde., 's-Gravenhage 1965)

6489 Pressler, Mirjam: Ich sehne mich so. Die Lebensgeschichte der Anne Frank, Weinheim/Basel 1992; 152 S.

6490 Ramati, Alexander: Barbed Wire on the Isle of Man. The Wartime British Internment of Jews, New York 1980; 231 S.

6491 Rol, Ruud van der/Verhoeven, Rian: Anne Frank, Hg. Anne Frank Stiftung, Hamburg 1993; 64 S.

6492 Rutkowski, Adam: La lutte des Juifs en France à l'époque de l'occupation, 1940–1944, Paris 1975; 349 S.

6493 Schemm, Klaus-Dietrich: Die Festnahme und die Deportation der dänischen Juden. Eine Dokumentation, in: Paul Kluke zum 60. Geburtstage dargebracht von Frankfurter Schülern und Mitarbeitern, Frankfurt 1968, 199–211

6494 Schnabel, Ernst: Anne Frank. Spur eines Kindes. Ein Bericht, 2. Aufl., Frankfurt 1981; 157 S. (zuerst Frankfurt/Hamburg 1958)

6495 Shelah, Menachem: The Murder of Jews in Serbia and the Serbian Uprising in July, 1941, in: Asher Cohen u.a. (Hg.), The Shoah and the War, New York u.a. 1992, 161–75

6496 Sijes, Benjamin A.: Several Observations Concerning the Position of the Jews in

Occupied Holland during World War II, in: Yisrael Gutman/Efraim Zuroff (Hg.), Rescue Attempts during the Holocaust, Jerusalem 1977, 527–53

6497 Sode-Madsen, Hans: The Perfect Deception. The Danish Jews and Theresienstadt, 1940–1945, in: LBY 38 (1993), 263–90

6498 Steinberg, Jonathan: Deutsche, Italiener und Juden. Der italienische Widerstand gegen den Holocaust, Göttingen 1992; 373 S. (engl.: New York/London 1990 u.d.T.: All or Nothing. The Axis and the Holocaust)

6499 Steinberg, Lucien: Jewish Rescue Activities in Belgium and France, in: Yisrael Gutman/Efraim Zuroff (Hg.), Rescue Attempts during the Holocaust, Jerusalem 1977, 603–15

6500 Szajkowski, Zosa: Analytical Franco-Jewish Gazetter, 1939–1945. With an Introduction to Some Problems in Writing the History of the Jews in France during World War II, New York 1966; 349 S.

6501 Tübergen, Herbert: Das Bild des Juden in der Propaganda des Vichy-Regimes. Analyse der antisemitischen Ausstellung »Le juif et la France«, Diss. Frankfurt 1992; 231 S.

6502 Vormeier, Barbara: Die Deportierung deutscher und österreichischer Juden aus Frankreich 1942–1944, Paris 1980; 120 S. (Text dt., engl., franz.)

6503 Webster, Paul: Pétain's Crime. The Full Story of French Collaboration in Holocaust, London 1990; 240 S.

6504 Yahil, Leni: The Uniqueness of the Rescue of Danish Jewry, in: Yisrael Gutman/Efraim Zuroff (Hg.), Rescue Attempts during the Holocaust, Jerusalem 1977, 617–25

6505 Zariz, Ruth: The Jews of Luxembourg during the Second World War, in: H&GS 7 (1993), 51–66

A.3.10.4.4 Emigration

[vgl. A.3.10.4.7; A.3.14; A.3.14.8.2: A. Ehrenstein; A. Einstein; L. Feuchtwanger; F. Haber; E. Harthern; M. Hirschfeld; R. Kroner; K. Lewin; G. Mosse; G. Scholem; G. Weil; A. Zweig; St. Zweig]

Bibliographien

Jewish Immigrants of the Nazi Period in the USA, Hg. Herbert A. Strauss, New York u.a.:

6506 – Bd. 2: Classified and Annoted Bibliography of Books and Articles on the Immigration and Acculturation of Jews from Central Europe to the USA since 1933, Bearb. Henry Friedlaender u.a., 1981; XXVIII, 279 S.

6507 – Bd. 3.2: Classified List of Articles Concerning Emigration in Germany. Jewish Periodicals, Jan. 30, 1933 to Nov. 9, 1938, Bearb. Daniel R. Schwartz, 1982; XXII, 177 S.

Quellenkunde

Jewish Immigrants of the Nazi Period in the USA, Hg. Herbert A. Strauss, New York u.a.:

6508 – Bd. 1: Archival Ressources, Bearb. Steven W. Siegel, 1978; XXVIII, 279 S.

6509 – Bd. 3.1: Guide to the Oral History Collection of the Research Foundation for Jewish Immigration, 1982; XXVI, 152 S.

6510 Junk, Peter: »Hätten Sie doch ein halbes Jahr früher angefragt!« oder Schwierigkeiten beim Suchen der Wahrheit. Felix Nußbaum, in: Edith Böhne/Wolfgang Motzkau-Valeton (Hg.), Die Künste und die Wissenschaften im Exil 1933–1945, Gerlingen 1992, 203–15

Gedruckte Quellen

6511 Anderl, Gabriele/Manoschek, Walter (Hg.): Gescheiterte Flucht. Der jüdische

»Kladovo-Transport« auf dem Wege nach Palästina 1939–1942, Wien 1993; 315 S.

6512 Benz, Wolfgang (Hg.): Das Tagebuch der Hertha Nathorff. Berlin – New York. Aufzeichnungen 1933 bis 1945, 3. Aufl., Frankfurt 1989; 222 S. (zuerst München 1987)

6513 Friedlaender, Salomo/Mynona (Pseud.): Briefe aus dem Exil, 1933–1946, Hg. Hartmut Geerken, Mainz 1982; 265 S.

Jewish Immigrants of the Nazi Period in the USA, Hg. Herbert A. Strauss, New York u. a.:

6514 – Bd. 4: Jewish Emigration from Germany 1933–1942, T. 1: Programs and Policies until 1937, T. 2: Restrictions on Emigration and Deportation to Eastern Europe, Hg. Norbert Kampe, 1992; VIII, 726 S.

6515 – Bd. 5: The Individual and Collective Experience of German-Jewish Immigrants 1933–1984. An Oral History Record, Bearb. Dennis Rohrbaugh, 1992; 308 S.

6516 Pilgrim, Volker E. u. a. (Hg.): Fremde Freiheit. Jüdische Emigration nach Australien. Briefe 1938–1940, Reinbek 1992; 256 S.

6517 Scholem, Betty/Scholem, Gershom: Mutter und Sohn im Briefwechsel 1917–1946, Hg. Itta Shedletzky, Mitarb. Thomas Sparr, München 1989; 579 S.

6518 Vogel, Rolf: Ein Stempel hat gefehlt. Dokumente zur Emigration deutscher Juden, München 1977; 367 S.

Darstellungen

6519 Abella, Irving/Troper, Harold: None is too Many. Canada and the Jews of Europe, 1933–1948, Toronto 1982; XIII, 336 S.

6520 Barkai, Avraham: German Interests in the Haavara-transfer Agreement, 1933–1939, in: LBY 35 (1990), 245–66

6521 Bendix, Reinhard: Geistige Gegensätze deutsch-jüdischer Sozialwissenschaftler in der Emigration. Eine biographische Perspektive, in: Erhard R. Wiehn (Hg.), Juden in der Soziologie. Eine öffentliche Vortragsreihe an der Universität Konstanz 1989, Konstanz 1989, 323–38

6522 Benz, Wolfgang (Hg.): Das Exil der kleinen Leute. Alltagserfahrungen deutscher Juden in der Emigration, München 1991; 344 S. (TB Frankfurt 1994)

6523 Berghan, Marion: Continental Britons. German-Jewish Refugees from Nazi Germany, Oxford u. a. 1988; IX, 294 S. (zuerst London/New York 1984 u. d. T.: German-Jewish Refugees in England)

6524 Berghan, Marion: Deutsche Juden in England. Zu einigen Aspekten des Assimilierungs- und Integrationsprozesses, in: Gerhard Hirschfeld (Hg.), Exil in Großbritannien. Zur Emigration aus dem nationalsozialistischen Deutschland, Stuttgart 1983, 268–88

6525 Black, Edwin: The Transfer Agreement. The Untold Story of the Secret Pact between the Third Reich and Jewish Palestine, New York 1984; 430 S.

6526 Brada, Fini: Emigration to Palestine, in: The Jews of Czechoslovakia. Historical Studies and Surveys, Hg. Jewish Publication Society of America/Society for the History of Czechoslovak Jews, Bd. 2, Philadelphia, Pa./New York 1971, 589–98

6527 Brüchert-Schunk, Hedwig: In alle Winde zerstreut. Mainzer Juden in der Emigration, in: Anton M. Keim/Verein für Sozialgeschichte Mainz (Hg.), Als die letzten Hoffnungen verbrannten. 9./10. November 1938. Mainzer Juden zwischen Integration und Vernichtung, Mainz 1988, 79–100**

6528 Caron, Vicki: Loyalities in Conflict: French Jewry and the Refugee Crisis, 1933–1935, in: LBY 36 (1991), 305–38

6529 Cummins, Paul F.: Dachau Song. The Twentieth-century Odyssey of Herbert Zipper, 2. Aufl., New York u. a. 1993; XIII, 308 S. (zuerst 1992)

6530 Dauerer, Claudia: Alfred Moos, ein Ulmer Jude auf der Flucht vor dem NS-Staat. Ein Beitrag zur deutschen Emigration nach Palästina, Hg. Dokumentationszentrum Oberer Kuhberg Ulm, Ulm 1994; 150 S.**

6531 Diner, Dan: Die Katastrophe vor der Katastrophe: Auswanderung ohne Einwanderung, in: Dirk Blasius/Dan Diner (Hg.), Zerbrochene Geschichte. Leben und Selbstverständnis der Juden in Deutschland, Frankfurt 1991, 138–60

6532 Eshkoli, Hava: The Founding and Activity of the Hehalutz-Histadrut Rescue Center in Geneva, 1939–1942, in: YVS 20 (1990), 161–210

6533 Feilchenfeld, Werner u. a.: Haavara-Transfer nach Palästina und Einwanderung deutscher Juden, 1933–1939, Einleitung Siegfried Moses, Tübingen 1972; 112 S.

6534 Freeden, Herbert: »Bleiben oder gehen?« Ein Kapitel aus der jüdischen Presse im nationalsozialistischen Deutschland, in: Publizistik 31 (1986), 91–107

6535 Frei, Alfred G. u. a.: »Grund der Arretierung: Obdachlosigkeit, Flucht aus Deutschland«. Jüdische Flucht vor Hitler-Deutschland in die Schweiz. Eine Rekonstruktion, in: Alfred G. Frei/Jens Ruge (Hg.), Erinnern – Bedenken – Lernen. Das Schicksal von Juden, Zwangsarbeitern und Kriegsgefangenen zwischen Hochrhein und Bodensee in den Jahren 1933 bis 1945, Sigmaringen 1990, 229–40

6536 Friedman, Saul S.: No Haven for the Oppressed. United States Policy toward Jewish Refugees, 1938–1945, Detroit, Mich. 1973; 315 S.

6537 Gelber, Yoav: Deutsche Juden im politischen Leben des jüdischen Palästina 1933–1948, in: BLBI 26 (1987), Nr. 76, 51–72

6538 Gelber, Yoav/Goldstern, Walter: Vertreibung und Emigration deutschsprachiger Ingenieure nach Palästina 1933–1939, Düsseldorf 1988; X, 133 S.

6539 George, Manfred: Refugees in Prague, 1933–1945, in: The Jews of Czechoslovakia. Historical Studies and Surveys, Hg. Jewish Publication Society of America/Society for the History of Czechoslovak Jews, Bd. 2, Philadelphia, Pa./New York 1971, 582–88

6540 Göpfert, Rebekka (Hg.): »Ich kam allein.« Die Rettung von zehntausend jüdischen Kindern nach England 1938/39, München 1994; 177 S. (Auswahl aus: Barta Leverton/Shmuel Lowensohn [Hg.], I Came Alone, Lewes 1990)

6541 Graf, Angela: »... und ihre Augen waren voller Angst.« Die Flucht der jüdischen Kinder aus Deutschland, in: FR, Jg. 50, Nr. 264, 12.11. 1994, ZB 5

6542 Grossmann, Kurt R.: Refugees to and from Czechoslovakia, in: The Jews of Czechoslovakia. Historical Studies and Surveys, Hg. Jewish Publication Society of America/Society for the History of Czechoslovak Jews, Bd. 2, Philadelphia, Pa./New York 1971, 565–81

6543 Herlin, Hans: Die Reise der Verdammten. Die Tragödie der »St. Louis«, 2. Aufl., Hamburg 1984; 208 S. (zuerst Wiesbaden 1979; leicht gekürzte Ausg. Frankfurt u. a. 1985)

6544 Hoffmann, Christhard: Deutsch-jüdische Geschichtswissenschaft in der Emigration: Das Leo-Baeck-Institut, in: Herbert A. Strauss u. a. (Hg.), Die Emigration der Wissenschaften. Disziplingeschichtliche Studien, München u. a. 1991, 257–79

6545 Hoffmann, Christhard/Schwartz, Daniel R.: Early but Opposed – Supported but Late. Two Berlin Seminaries which Attempted to Move Abroad, in: LBY 36 (1991), 267–304

6546 Huttenbach, Henry R.: The Emigration of Jews from Worms (November 1938

– October 1941): Hopes and Plans. A Statistical Analysis of the Impact of Immigration Policies on the Fate of German Jewry, in: Yisrael Gutman/Efraim Zuroff (Hg.), Rescue Attempts during the Holocaust, Jerusalem 1977, 289–331

6547 Die jüdische Emigration aus Deutschland 1933–1941. 60 exemplarische Biographien. Ein zusätzliches Kapitel zur Ausstellung der Deutschen Bibliothek im Haus der Geschichte der Bundesrepublik Deutschland. Bonn, 7. Oktober 1986–4. Januar 1987, Hg. Deutsche Bibliothek, Frankfurt 1986; 40 S.

6548 Die jüdische Emigration aus Deutschland 1933–1941. Die Geschichte einer Austreibung. Eine Ausstellung der Deutschen Bibliothek, Frankfurt am Main, Bearb. Brita Eckert u. a., Mitarb. Leo Baeck Institut, Frankfurt 1985; XII, 324 S.

6549 Jütte, Robert: Die Emigration der deutschsprachigen »Wissenschaft des Judentums«. Die Auswanderung jüdischer Historiker nach Palästina, Stuttgart 1991; 247 S.

6550 Kampe, Norbert: »Endlösung« durch Auswanderung? Zu den widersprüchlichen Zielvorstellungen antisemitischer Politik bis 1941, in: Wolfgang Michalka (Hg.), Der Zweite Weltkrieg. Analysen, Grundzüge, Forschungsbilanz, München/Zürich 1989, 827–43

6551 Kampe, Norbert: Die Reichsstelle für das Auswanderungswesen und die Vertreibung der deutschen Juden 1933 bis 1941, in: ZfK 39 (1989), 326–35

6552 Kauffmann, Fritz: Die Juden in Shanghai im 2. Weltkrieg. Erinnerungen eines Vorstandsmitglieds der Jüdischen Gemeinde, in: BLBI 27 (1988), Nr. 81, 31–35**

6553 Koebner, Thomas u. a. (Hg.): Das jüdische Exil und andere Themen. (Exilforschung, 4), München 1986; 310 S.

6554 Kölmel, Rainer: Die Anfänge der Association of Jewish Refugees in London, in: Rainer Erb u. a. (Hg.), Antisemitismus und jüdische Geschichte. Studien zu Ehren von Herbert A. Strauss, Berlin 1987, 215–29

6555 Korfmacher, Norbert: Exil mit vielen Problemen. Geflohene deutsche Juden im Fürstentum Lichtenstein 1933–1945, in: Tribüne 32 (1993), Nr. 125, 115–38

6556 Kranzler, David: Japanese, Nazis, and Jews. The Jewish Refugee Community of Shanghai, 1938–1945, Vorwort Adam S. Duker, New York 1976; 644 S.

6557 Kranzler, David: Restrictions against German-Jewish Refugee Immigration to Shanghai in 1939, in: JSS 36 (1974), 40–60

6558 Krüger, Dirk: Die deutsch-jüdische Kinder- und Jugendbuchautorin Ruth Rewald und die Kinder- und Jugendliteratur im Exil, Frankfurt 1990; 339 S.

6559 Krüger, Dirk: »Vater, du mußt mir zuerst etwas erklären. Was bedeutet staatenlos? Wie kommt es, das jemand staatenlos ist?« Kinder- und Jugendliteratur im Exil – Erinnerungen an die deutsch-jüdische Autorin Ruth Rewald, in: Exilforschung 11 (1993), 171–89

6560 Krüger, Dirk: Wider das Vergessen. Erinnerungen an die deutsch-jüdische Kinder- und Jugendbuchautorin Ruth Rewald, in: Menora 2 (1991), 270–97

6561 Kwiet, Konrad: Max Joseph – Lebensweg eines deutsch-jüdischen Emigranten, in: Rainer Erb u. a. (Hg.), Antisemitismus und jüdische Geschichte. Studien zu Ehren von Herbert A. Strauss, Berlin 1987, 231–42

6562 Kwiet, Konrad: Gehen oder Bleiben? Die deutschen Juden am Wendepunkt, in: Walter H. Pehle (Hg.), Novemberpogrom 1938. Von der Reichskristallnacht zum Völkermord, Frankfurt 1988, 132–45

6563 Kwiet, Konrad: Die Integration deutsch-jüdischer Emigranten in Australien, in: Ursula Büttner (Hg.), Das Unrechtsregime. Internationale Forschung über den Nationalsozialismus. Festschrift für Werner Jochmann zum 65. Geburtstag, Bd. 2, Hamburg 1986, 309–23

6564 Kwiet, Konrad/Moses, John A. (Hg.): On Being a German-Jewish Refugee in Australia. Experiences and Studies, St. Lucia, Queensland 1985; IX, 172 S.

6565 Lixl-Purcell, Andreas (Hg.): Women of Exile. German-Jewish Autobiographies since 1933, Westport, Conn. u.a. 1988; X, 231 S.

6566 Lixl-Purcell, Andreas (Hg.): Erinnerungen deutsch-jüdischer Frauen 1900–1990, Leipzig 1992; 458 S.

6567 Margaliot, Abraham: Emigration – Planung und Wirklichkeit, in: Arnold Paukker u.a. (Hg.), Die Juden im nationalsozialistischen Deutschland/The Jews in Nazi Germany 1933–1945, Tübingen 1986, 303–16

6568 Margaliot, Abraham: The Problem of the Rescue of German Jewry during the Years, 1933–1939; the Reasons for the Delay in their Emigration from the Third Reich, in: Yisrael Gutman/Efraim Zuroff (Hg.), Rescue Attempts during the Holocaust, Jerusalem 1977, 247–65

6569 Meier, Maurice: Refuge, New York 1962; 241 S.

6570 Michaelis-Stern, Eva: Der Vernichtung entronnen. Jugend-Aliyah von 1933 bis 1944 aus Europa nach Palästina, T. 1–3, in: Tribüne 27 (1988), Nr. 106, 230–36; Nr. 108, 167–75; 28 (1989), Nr. 110, 216–26

6571 Moneke, Kirsten (Hg.): Die Emigration der deutschen Juden nach Argentinien 1933–1945. Zur Rolle der jüdischen Hilfsvereine, Hg. Westfälische Wilhelms-Universität Münster, Lateinamerika-Zentrum, St. Ingbert 1993; 164 S.

6572 Moser, Jonny: Die Zentralstelle für jüdische Auswanderung in Wien, in: Kurt Schmid/Robert Streibel (Hg.), Der Pogrom 1938. Judenverfolgung in Österreich und in Deutschland. Dokumentation eines Symposiums der Volkshochschule Brigittenau, 1. u. 2. Aufl., Wien 1990, 96–100

6573 Moses, Siegfried: Salman Schocken – Wirtschaftsführer und Zionist, in: Robert Weltsch (Hg.), Deutsches Judentum – Aufstieg und Krise. Gestalten, Ideen, Werke, Stuttgart 1963, 145–84

6574 Neumann, Moritz/Reinhold-Postina, Eva (Hg.): Das zweite Leben. Darmstädter Juden in der Emigration. Ein Lesebuch, hg. i.A. der Stadt Darmstadt/Jüdische Gemeinde Darmstadt, Darmstadt 1993; 235 S.

6575 Ofer, Dalia: Escaping the Holocaust. Illegal Immigration to the Land of Israel, 1939–1944, New York 1990; XIII, 408 S.

6576 Paul, Roland: »Es war nie Auswanderung, immer nur Flucht.« Zur Emigration der Juden aus dem Dritten Reich, in: Alfred H. Kuby (Hg.), Juden in der Provinz. Beiträge zur Geschichte der Juden in der Pfalz zwischen Emanzipation und Vernichtung, 2. Aufl., Neustadt a.d.W. 1989, 147–76 (zuerst 1988)**

6577 Picard, Jacques: Die Schweiz und die »Judenfrage« 1933–1945, in: Erhard R. Wiehn (Hg.), Judenfeindschaft. Eine öffentliche Vortragsreihe an der Universität Konstanz 1988/89, Konstanz 1989, 119–62**

6578 Quack, Sybille: Deutsch-jüdische Emigrantinnen nach 1933 in New York: Ein Forschungsbericht, in: Monika Blaschke/Christiane Harzig (Hg.), Frauen wandern aus: Deutsche Migrantinnen im 19. und 20. Jahrhundert, Bremen 1990, 145–59

6579 Reinharz, Jehuda: Die Ansiedlung deutscher Juden im Palästina der 1930er Jahre, in: Menora 2 (1991), 163–64

6580 Rengstorf, Karl H.: Exil und jüdische Identität. Literatur deutsch-jüdischer Emigranten in Lateinamerika, in: Tribüne 28 (1989), Nr. 109, 172–84

6581 Riemer, Jehuda: Fritz Perez Naphtali. Sozialdemokrat und Zionist, Gerlingen 1991; 400 S.

6582 Rohwer, Jürgen: Die Versenkung der jüdischen Flüchtlingstransporter Struma und Mefkure im Schwarzen Meer (Februar 1942, August 1944). Historische Untersuchung, Frankfurt 1965; 153 S.

6583 Rohwer, Jürgen: Jüdische Flüchtlingsschiffe im Schwarzen Meer – 1934–44, in: Ursula Büttner (Hg.), Das Unrechtsregime. Internationale Forschung über den Nationalsozialismus. Festschrift für Werner Jochmann zum 65. Geburtstag, Bd. 2, Hamburg 1986, 197–248

6584 Rosenstock, Werner: Exodus 1933–1939. Ein Überblick über die jüdische Auswanderung aus Deutschland, in: Robert Weltsch (Hg.), Deutsches Judentum – Aufstieg und Krise. Gestalten, Ideen, Werke, Stuttgart 1963, 380–405

6585 Sampson, Margaret: Jewish Anti-Semitism? The Attitudes of the Jewish Community in Britain toward Refugees from Nazi Germany: »The Jewish Chronicle«, March 1933 – September 1938, in: John Milfull (Hg.), Why Germany? National Socialist Anti-Semitism and the European Context, Providence, Ri./Oxford 1993, 149–70

6586 Schaber, Will (Hg.): »Aufbau – Reconstruction«. Dokumente einer Kultur im Exil, Geleitwort Hans Steinitz, New York/Köln 1972; 416 S.**

6587 Schölch, Alexander: Das Dritte Reich, die zionistische Bewegung und der Palästina-Konflikt, in: VfZ 30 (1982), 646–74

6588 Shedletzky, Itta/Horch, Hans O. (Hg.): Deutsch-jüdische Emigrationsliteratur im 20. Jahrhundert, Tübingen 1993; VI, 302 S.

6589 Skjönsberg, Harald: Norwegen und die jüdischen Flüchtlinge. 1933–1940, in: Hans U. Petersen (Hg.), Hitlerflüchtlinge im Norden. Asyl und politisches Exil 1933–1945, Kiel 1991, 25–32

6590 Stern, Bruno: So war es. Leben und Schicksal eines jüdischen Emigranten. Eine Autobiographie, Sigmaringen 1985; XI, 198 S.

6591 Strauss, Herbert A.: Jüdische Emigrantenverbände in den USA. Perioden ihrer Akkulturation, in: Manfred Briegel/Wolfgang Frühwald (Hg.), Die Erfahrung der Fremde. Kolloquium des Schwerpunktprogramms »Exilforschung« der Deutschen Forschungsgemeinschaft. Forschungsbericht, Weinheim 1988, 121–40

6592 Strauss, Herbert A.: Jewish Emigration from Germany. Nazi Policies and Jewish Responses, in: LBY 25 (1980), 313–61; 26 (1981), 343–409; T. 1 abgekürzt abgedr. in: Herbert A. Strauss (Hg.), Hostages of Modernization. Studies on Modern Antisemitism, 1870–1933/39, Bd. 1, Berlin/New York 1993, 236–68

6593 Toury, Gideon/Toury, Jacob: Namensänderungen deutschsprachiger Einwanderer in Palästina bis 1942, in: Menora 2 (1991), 163–84

6594 Toury, Jacob: Ein Auftakt zur »Endlösung«: Judenaustreibungen über nichtslawische Reichsgrenzen 1933–39, in: Ursula Büttner (Hg.), Das Unrechtsregime. Internationale Forschung über den Nationalsozialismus. Festschrift für Werner Jochmann zum 65. Geburtstag, Bd. 2, Hamburg 1986, 164–96

6595 Turner, Barry: Kindertransport. Eine beispiellose Rettungsaktion, Gerlingen 1994; 269 S. (engl.: London 1990 u. d. T.: »... and the Policeman Smiled.« 10 000 Children Escape from Nazi Europe)

6596 Voigt, Klaus: Die jüdische Emigration in Italien. Ein Überblick, in: Manfred Briegel/Wolfgang Frühwald (Hg.), Die Erfahrung der Fremde. Kolloquium des Schwerpunktprogramms »Exilforschung« der Deutschen Forschungsgemeinschaft. Forschungsbericht, Weinheim 1988, 13–32

6597 Völker, Heinz-Hermann: Zur Genesis der »Endlösung«. Die Auswanderung als »Lösung der Judenfrage«, in: Tribüne 29 (1990), Nr. 115, 88–104

6598 Wasserstein, Bernard: Britain and the Jews of Europe, 1939–1945, Oxford 1979; VIII, 389 S.

6599 Weinzierl, Erika/Kulka, Otto D.: Vertreibung und Neubeginn. Israelische Bürger österreichischer Herkunft, Mitarb. Gabriele Anderl u. a., Köln u. a. 1992; 561 S.

6600 Wetzel, Juliane: Auswanderung aus Deutschland, in: Wolfgang Benz (Hg.), Die Juden in Deutschland 1933–1945. Leben unter nationalsozialistischer Herrschaft, 2., durchges. Aufl., München 1993, 412–98 (zuerst 1988; ND 1989)

6601 Wilhelmus, Wolfgang: Hitlerdeutschland, Schweden, Skandinavien und die Juden, in: Hans U. Petersen (Hg.), Hitlerflüchtlinge im Norden. Asyl und politisches Exil 1933–1945, Kiel 1991, 33–40

6602 Wipfler-Pohl, Sigrun: Kinderemigration 1939, in: Alfred H. Kuby (Hg.), Pfälzisches Judentum gestern und heute. Beiträge zur Regionalgeschichte des 19. und 20. Jahrhunderts, Neustadt a. d. W. 1992, 321–86**

6603 Wischnitzer, Mark: Die jüdische Wanderung unter der Naziherrschaft 1933–1939, in: Heinz Ganther (Hg.), Die Juden in Deutschland. Ein Almanach, 2. Aufl., Hamburg o. J. (1959), 95–136 (zuerst 1953)

6604 Zimmer, Wendelin: Gesichter des Exils. Zu den Selbstporträts Felix Nußbaums, in: Edith Böhne/Wolfgang Motzkau-Valeton (Hg.), Die Künste und die Wissenschaften im Exil 1933–1945, Gerlingen 1992, 203–15

6605 Zwergbaum, Aaron: From Internment in Bratislava and Detention in Mauritius to Freedom. The Story of the Czechoslovak Refugees of the Atlantic (1939–1945), in: The Jews of Czechoslovakia. Historical Studies and Surveys, Hg. Jewish Publication Society of America/Society for the History of Czechoslovak Jews, Bd. 2, Philadelphia, Pa./New York 1971, 599–654

A.3.10.4.5 Selbstbehauptung und Widerstand

Gedruckte Quellen

6606 Adler-Rudel, Salomon: Jüdische Selbsthilfe unter dem Naziregime 1933–1939. Im Spiegel der Berichte der Reichsvertretung der Juden in Deutschland, Tübingen 1974; XV, 221 S.

Darstellungen

6607 Altmann, Alexander: The German Rabbi: 1910–1939, in: LBY 19 (1974), 31–49

6608 Angress, Werner T.: Jüdische Jugend zwischen nationalsozialistischer Verfolgung und jüdischer Wiedergeburt, in: Arnold Paucker u. a. (Hg.), Die Juden im nationalsozialistischen Deutschland/The Jews in Nazi Germany 1933–1945, Tübingen 1986, 211–22

6609 Barkai, Avraham: Max Warburg im Jahre 1933: Mißglückte Versuche zur Milderung der Judenverfolgung, in: Peter Freimark u. a. (Hg.), Juden in Deutschland. Emanzipation, Integration, Verfolgung und Vernichtung. 25 Jahre Institut für die Geschichte der deutschen Juden Hamburg, Hamburg 1991, 390–405

6610 Bauer, Yehuda: Jewish Reactions to the Holocaust, Tel Aviv 1989; 226 S.

6611 Bauer, Yehuda: The Jewish Emergence from Powerlessness, Vorwort Emil L. Fackenheim, London/Basingstoke 1979; XIV, 89 S.

6612 Baumel, Judy: Die »Zehnerschaft«-Gruppe als Beispiel gegenseitiger Hilfe während der Shoah, in: TAJB 21 (1992), 271–88

6613 Bernett, Hajo: Der jüdische Sport im nationalsozialistischen Deutschland, Schorndorf 1978; 182 S.

6614 Bernett, Hajo: Die jüdische Turn- und Sportbewegung als Ausdruck der Selbstfindung und Selbstbehauptung des deutschen Judentums, in: Arnold Paucker u. a. (Hg.), Die Juden im nationalsozialistischen Deutschland/The Jews in Nazi Germany 1933–1945, Tübingen 1986, 223–29

6615 Braun, Helmuth F.: »Eine unparteiische Pflanzstätte jüdischen Wissens«. Die Hochschule für die Wissenschaft des Judentums (1872–1942), in: Tilmann Buddensieg u. a. (Hg.), Wissenschaften in Berlin. Begleitband zur Ausstellung »Der Kongreß denkt«. Wissenschaften in Berlin, 14. Juni bis 1. November 1987 in der wiedereröffneten Kongreßhalle Berlin, hg. i. A. des Senators für Wissenschaft und Forschung, Bd. 3: Gedanken, Berlin 1987, 120–25

6616 Brebeck, Wulff E. u. a.: Über-Lebens-Mittel. Kunst aus Konzentrationslagern und in Gedenkstätten für Opfer des Nationalsozialismus, Marburg 1992; 175 S.**

6617 Broder, Henryk M./Geisel, Eike (Hg.): Premiere und Pogrom. Der Jüdische Kulturbund 1933–1941. Texte und Bilder, Berlin 1992; 335 S.

6618 Brothers, Eric: On the Anti-Fascist Resistance of German Jews, in: LBY 32 (1987), 369–82

6619 Brustin-Berenstein, Tatiana: Jüdische Soziale Selbsthilfe. Ein Bericht über das Buch von Michael Weichert: Jidische Aleinhilf 1939–1945 (jidisch), »Jüdische Soziale Selbsthilfe 1939–1945«, Tel Aviv 1962, in: Wolf Gruner u. a., Arbeitsmarkt und Sondererlaß. Menschenverwertung, Rassenpolitik und Arbeitsamt. (Beiträge zur nationalsozialistischen Gesundheits- und Sozialpolitik, 8), Berlin 1990, 156–74

6620 Bücher und Bibliotheken in Ghettos und Lagern (1933–1945), Hannover 1991; 137 S.

6621 Cochavi, Yehoyakim: »The Hostile Alliance«: The Relationship between the Reichsvereinigung of Jews in Germany and the Regime, in: YVS 22 (1992), 237–72

6622 Cochavi, Yehoyakim: Kultur- und Bildungsarbeit der deutschen Juden 1933–1941. Antwort auf die Verfolgung durch das NS-Regime, in: NS 26 (1986), 396–407

6623 Cochavi, Yehoyakim: Georg Kareski's Nomination as Head of the Kulturbund. The Gestapo's First Attempt – and Last Failure – to Impose a Jewish Leadership, in: LBY 34 (1989), 227–46

6624 Colodner, Salomon: Jewish Education in Germany under the Nazis, o. O. [USA] 1964; 139 S.

6625 Dahm, Volker: Das jüdische Buch im Dritten Reich, 2., überarb. Aufl., München 1993; 576 S. (zuerst Frankfurt 1979–1982 u. d. T.: [...] T. 1: Die Ausschaltung der jüdischen Autoren, Verleger und Buchhändler, T. 2: Salman Schocken und sein Verlag; 915 S.)

6626 Dahm, Volker: Kulturelles und geistiges Leben, in: Wolfgang Benz (Hg.), Die Juden in Deutschland 1933–1945. Leben unter nationalsozialistischer Herrschaft, 2., durchges. Aufl., München 1993, 75–267 (zuerst 1988; ND 1989)

6627 Daxelmüller, Christoph: Nationalsozialistisches Kulturverständnis und das Ende der jüdischen Volkskunde, in: Helge Gerndt (Hg.), Volkskunde und Nationalsozialismus. Referate und Diskussionen einer Tagung der deutschen Gesellschaft für Volkskunde, München, 23. bis 25. Oktober 1986, München 1987, 149–67

6628 Dick, Lutz van: Der Partisan. Das kurze Leben des Hirsch Glik, Nachwort »Poesie als Waffe?« Esther Bejarano, 3. Aufl., Reinbek 1991; 176 S. (zuerst 1987)

6629 Diner, Dan: Historisches Verstehen und Gegenrationalität. Der Judenrat als erkenntnistheoretische Warte, in: Frank Bajohr u. a. (Hg.), Zivilisation und Barbarei. Die widersprüchlichen Potentiale der Moderne. Detlev Peukert zum Gedenken, Hamburg 1991, 307–21

6630 Dunker, Ulrich: Der Reichsbund jüdischer Frontsoldaten 1919–1938. Geschichte eines jüdischen Abwehrvereins, Düsseldorf 1977; 354 S.

6631 Düwell, Kurt: Jewish Cultural Centers in Nazi Germany: Expectations and Accomplishments, in: Jehuda Reinharz/ Walter Schatzberg (Hg.), The Jewish Response to German Culture. From the Enlightenment to the Second World War, Hanover/London 1985, 294–316

6632 Edelheim-Muehsam, Margaret T.: Die Haltung der jüdischen Presse gegenüber der nationalsozialistischen Bedrohung, in: Robert Weltsch (Hg.), Deutsches Judentum – Aufstieg und Krise. Gestalten, Ideen, Werke, Stuttgart 1963, 353–79

6633 Erpel, Simone: Struggle and Survival. Jewish Women in the Antifascist Resistance in Germany, in: LBY 37 (1992), 397–414

6634 Eschwege, Helmut: Resistance of German Jews against the Nazi Regime, in: LBY 15 (1970), 143–80

6635 Fabian, Hans-Erich: Zur Entstehung der »Reichsvereinigung der Juden in Deutschland«, in: Herbert A. Strauss/Kurt R. Großmann (Hg.), Gegenwart im Rückblick. Festgabe für die Jüdische Gemeinde zu Berlin 25 Jahre nach dem Neubeginn, Heidelberg 1970, 165–79

6636 Freeden, Herbert: Jüdisches Theater in Nazi-Deutschland, 2. Aufl., Frankfurt/ Berlin 1985; 184 S. (zuerst Tübingen 1964)

6637 Freeden, Herbert: Die jüdische Presse im Dritten Reich, Hg. Leo Baeck Institut, Frankfurt 1987; 203 S.

6638 Freeden, Herbert: Kultur »nur für Juden«: »Kulturkampf« in der jüdischen Presse in Nazideutschland, in: Arnold Paucker u. a. (Hg.), Die Juden im nationalsozialistischen Deutschland/The Jews in Nazi Germany 1933–1945, Tübingen 1986, 259–72

6639 Freeden, Herbert: Drinnen im Exil. Das Theater des Jüdischen Kulturbundes 1933–1941, in: Exil 13 (1993), Nr. 2, 46–51

6640 Freeden, Herbert: Vom geistigen Widerstand der Juden. Ein Kapitel jüdischer Selbstbehauptung in den Jahren 1933–1938, in: Tribüne 23 (1984), Nr. 90, 168–81; abgedr. in: Widerstand und Exil 1933–1945, Hg. Bundeszentrale für politische Bildung, Bonn 1985 (Frankfurt/New York 1986), 47–59

6641 Friesel, Evyatar: The Centralverein and the American Jewish Committee. A Comparative Study, in: LBY 36 (1991), 97–125

6642 Fritz Wisten. Drei Leben für das Theater. Stuttgart 1919–1933, Jüdischer Kulturbund, Berlin 1945–1962. Erscheint zur gleichnamigen Ausstellung in der Akademie der Künste vom 16. September bis 4. November 1990, Hg. Akademie der Künste, Red. Jörg W. Gronius, Berlin 1990; 213 S.

6643 Geschlossene Vorstellung. Der Jüdische Kulturbund in Deutschland 1933–1941, Hg. Akademie der Künste, Berlin 1992; 454 S.

6644 Girtler, Roland/Okladek, Friederike: Eine Wiener Jüdin im Chor der deutschen Wehrmacht. Eine wahre Geschichte, Wien 1994; 200 S.

6645 Goldschmidt, Fritz: Meine Arbeit bei der Vertretung der Interessen der jüdischen Ärzte in Deutschland seit 1933, Hg. Stephan Leibfried/Florian Tennstedt, Bremen 1979; IV, 179 S.

6646 Grab, Walter: Die jüdische Antwort auf den Zusammenbruch der deutschen Demokratie 1933. (Beiträge zum Widerstand 1933–1945, 34), Hg. Gedenkstätte Deutscher Widerstand Berlin, Berlin 1988; 16 S.

6647 Gruenewald, Max: Der Anfang der Reichsvertretung [der Deutschen Juden], in: Robert Weltsch (Hg.), Deutsches Judentum – Aufstieg und Krise. Gestalten, Ideen, Werke, Stuttgart 1963, 315–25

6648 Gruner, Wolf: Die Berichte über die Jüdische Winterhilfe von 1938/39 bis 1941/42. Dokumente jüdischer Sozialarbeit zwischen Selbstbehauptung und Fremdbestimmung nach dem Novemberpogrom, in: JfA 1 (1992), 307–41**

6649 Gutman, Yisrael: Jewish Resistance – Questions and Assessments, in: Yisrael Gutman/Gideon Greif (Hg.), The Historiography of the Holocaust Period, Jerusalem 1988, 641–77

6650 Gutman, Yisrael/Haft, Cynthia J. (Hg.): Patterns of Jewish Leadership in Europe, 1933–1945. Proceedings of the Third Yad Vashem International Historical Conference, Jerusalem, April 4–7, 1977, Jerusalem 1979; (VII), 419 S.

6651 Herrmann, Klaus J.: Das Dritte Reich und die deutschjüdischen Organisationen 1933–1934, Köln 1969; VIII, 156 S.

6652 Herzberg, Arno: The Jewish Press under the Nazi Regime. Its Mission, Suppression, and Defiance. A Memoir, in: LBY 36 (1991), 367–88

6653 Hilberg, Raul: The Judenrat: Conscious or Unconscious »Tool«, in: Yisrael Gutman/Cynthia J. Haft (Hg.), Patterns of Jewish Leadership in Europe, 1933–1945. Proceedings of the Third Yad Vashem International Historical Conference, Jerusalem, April 4–7, 1977, Jerusalem 1979, 31–44

6654 Hill, Leonidas E.: Walter Gyssling, the Centralverein, and the Büro Wilhelmstraße, 1929–1933, in: LBY 38 (1993), 193–208

6655 In den Katakomben. Jüdische Verlage in Deutschland 1933 bis 1938. (Marbacher Magazin, 25), Hg. Deutsche Schillergesellschaft, Bearb. Ingrid Belke, Marbach a. N. 1983; 95 S.

6656 Jewish Resistance during the Holocaust. Proceedings of the Conference on Manifestations of Jewish Resistance, Jerusalem, April 7–11, 1968, Hg. Yad Vashem, Jerusalem 1971; 562 S. (hebr. 1970)

6657 Kaplan, Marion A.: Die jüdische Frauenbewegung in Deutschland. Organisation und Ziele des Jüdischen Frauenbundes 1904–1938, Hamburg 1981; 356 S.

6658 Kiesel, Doron u. a. (Hg.): »Wer zum Leben, wer zum Tod...« Strategien jüdischen Überlebens im Ghetto, Frankfurt/ New York 1992; 134 S.

6659 Kipp, Martin: Berufsausbildung zur Selbstbehauptung. Das jüdische Berufsausbildungswerk unter dem Nationalsozialismus als produktive pädagogische Reaktion auf Berufsverbot, Ausgrenzung und Verfolgung, in: Friedhelm Zubke (Hg.), Politische Pädagogik. Beiträge zur Humanisierung der Gesellschaft. (Hans-Jochen Gamm zum 65. Geburtstag), Weinheim 1990, 233–46; abgedr. in: ZBW 86 (1990); Martin Kipp/ Gisela Miller-Kipp, Erkundungen im Halbdunkel. Fünfzehn Studien zur Berufserziehung und Pädagogik im nationalsozialistischen Deutschland, Kassel 1990, 318–31

6660 Koonz, Claudia: Courage and Choice among German-Jewish Women and Men, in: Arnold Paucker u. a. (Hg.), Die Juden im nationalsozialistischen Deutschland/The Jews in Nazi Germany 1933–1945, Tübingen 1986, 283–94

6661 Kramer, David: Jewish Welfare Work under the Impact of Pauperisation, in: Arnold Paucker u. a. (Hg.), Die Juden im nationalsozialistischen Deutschland/The Jews in Nazi Germany 1933–1945, Tübingen 1986, 173–88

6662 Kroh, Ferdinand: David kämpft. Vom jüdischen Widerstand gegen Hitler, Nachwort Nathan Schwalb-Dror, Reinbek 1988; 204 S.

6663 Kulka, Erich: Jews in the Czechoslovak Armed Forces Abroad during World War II, in: Avigdor Dagan (Hg.), The Jews of Czechoslovakia. Historical Studies and Surveys, Mitarb. Gertrude Hirschler/Lewis Weiner, Bd. 3, Philadelphia, Pa./New York 1984, 331–448

6664 Kulka, Otto D.: The Reichsvereinigung and the Fate of the German Jews, 1938/39–1943. Continuity or Discontinuity in German-Jewish History in the Third Reich, in: Arnold Paucker u. a. (Hg.), Die Juden im nationalsozialistischen Deutschland/The Jews in Nazi Germany 1933–1945, Tübingen 1986, 352–64

6665 Kulka, Otto D.: The »Reichsvereinigung of the Jews in Germany« (1938/9–1943). Problems of Continuity in the Organization and Leadership of German Jewry under the National Socialist Regime, in: Yisrael Gutman/Cynthia J. Haft (Hg.), Patterns of Jewish Leadership in Europe, 1933–1945. Proceedings of the Third Yad Vashem International Historical Conference, Jerusalem, April 4–7, 1977, Jerusalem 1979, 45–58

6666 Kwiet, Konrad: Resistance and Opposition: The Example of the German Jews, in: David C. Large (Hg.), Contending with Hitler. Varieties of German Resistance in the Third Reich, Cambridge u. a. 1991, 65–74

6667 Kwiet, Konrad/Eschwege, Helmut (Hg.): Selbstbehauptung und Widerstand. Deutsche Juden im Kampf um Existenz und Menschenwürde 1933–1945, 2. Aufl., Hamburg 1986; 392 S. (zuerst 1984)

6668 Lebzelter, Gisela: Die Stellung des »Centralvereins deutscher Staatsbürger jüdischen Glaubens« zur Machtergreifung, in: Wolfgang Michalka (Hg.), Die nationalsozialistische Machtergreifung, Paderborn u. a. 1984, 344–56

6669 Levine, Herbert S.: A Jewish Collaboration in Nazi Germany: The Strange Career of Georg Kareski, 1933–37, in: CEH 8 (1975), 251–81

6670 Ludwig, Emil: David und Goliath. Geschichte eines politischen Mordes. Epilog: David Frankfurter 9 Jahre später, Zürich 1945; 139 S. (engl.: London 1937 u. d. T.: The Davos Murder)

6671 Lustiger, Arno (Hg.): Zum Kampf auf Leben und Tod! Das Buch vom Widerstand der Juden 1933–1945, Köln 1994; 628 S.

6672 Mankowitz, Ze'ev: The Formation of She'erit Hapleita, November 1944 – July 1945, in: YVS 20 (1990), 337–70

6673 Margaliot, Abraham: The Struggle for Survival of the Jewish Community in Germany in the Face of Opression, in: Jewish Resistance During the Holocaust. Proceedings of the Conference on Manifestations of Jewish Resistance. Jerusalem, April 7–11, 1968, Hg. Yad Vashem, Jerusalem 1971, 100–22 (hebr.: 1970)

6674 Margaliot, Abraham: The Dispute over the Leadership of German Jewry (1933–1938), in: YVS 10 (1974), 129–48

6675 Maurer, Trude: Variations on the Theme of »Einigkeit und Recht und Freiheit«. Jewish Obituaries of German Heads of State 1888–1925–1934, in: LBY 35 (1990), 153–87

6676 Morgenthaler, Sybille: Countering the Pre-1933 Nazi Boycott against the Jews, in: LBY 36 (1991), 127–49

6677 Nicosia, Francis R.: Revisionist Zionism in Germany. Georg Kareski and the Staatszionistische Organisation, 1933–1938, in: LBY 32 (1987), 231–67

6678 Nicosia, Francis R.: The End of Emancipation and the Illusion of Preferential Treatment: German Zionism, 1933–1938, in: LBY 36 (1991), 243–65

6679 Nicosia, Francis R.: Ein nützlicher Feind. Zionismus im nationalsozialistischen Deutschland 1933–1939, in: VfZ 37 (1989), 367–400

6680 Pätzold, Kurt: Zionistische Vereinigung für Deutschland (ZV) 1897/98–

1938/39, in: Lexikon zur Parteiengeschichte. Die bürgerlichen und kleinbürgerlichen Parteien und Verbände in Deutschland (1789–1945), Hg. Dieter Fricke u. a., Bd. 4, Leipzig (LA Köln) 1986, 636–41

6681 Paucker, Arnold: Jüdischer Widerstand in Deutschland. Tatsachen und Problematik. (Beiträge zum Widerstand 1933–1945, 37), Hg. Gedenkstätte Deutscher Widerstand Berlin, Berlin 1989; 22 S.

6682 Paucker, Arnold: Der jüdische Abwehrkampf gegen Antisemitismus und Nationalsozialismus in den letzten Jahren der Weimarer Republik, Hamburg 1969; 311 S. (zuerst 1968)

6683 Paucker, Arnold: Die Abwehr des Antisemitismus in den Jahren 1878–1933, in: Herbert A. Strauss/Norbert Kampe (Hg.), Antisemitismus. Von der Judenfeindschaft zum Holocaust, Frankfurt/New York (zugl. Bonn) 1985, 143–71

6684 Paucker, Arnold: Self-Defence against Fascism in a Middle-Class Community: The Jews in Weimar Germany and Beyond, in: Francis R. Nicosia/Lawrence D. Stokes (Hg.), Germans against Nazism. Nonconformity, Opposition, and Resistance in the Third Reich. Essays in Honor of Peter Hoffmann, New York/Oxford 1990, 59–76

6685 Reinharz, Jehuda: Hashomer Hazair in Germany. Under the Shadow of the Swastika, 1933–1935, in: LBY 32 (1987), 183–229

6686 Reissig, Harald: Der Sitz der zentralen jüdischen Organisationen. Kantstraße 158, in: Helmut Engel u. a. (Hg.), Geschichtslandschaft Berlin. Orte und Ereignisse, Bd. 1: Charlottenburg, T. 2: Der neue Westen, Berlin 1985, 336–56

6687 Reissig, Harald: Das Haus der Zionistischen Organisationen. Meinekestr. 10, in: Helmut Engel u. a. (Hg.), Geschichtslandschaft Berlin. Orte und Ereignisse, Bd. 1: Charlottenburg, T. 2: Der neue Westen, Berlin 1985, 424–41

6688 Rheins, Carl J.: Deutscher Vortrupp. Gefolgschaft deutscher Juden 1933–1939, in: LBY 26 (1981), 207–29

6689 Rogge-Gau, Sylvia: Widerstand von Juden im Alltag und in nationalsozialistischen Lagern, in: Peter Steinbach/Johannes Tuchel (Hg.), Widerstand gegen den Nationalsozialismus, Berlin 1994, 513–25

6690 Schatzker, Chaim: Comprehension and Perceptions of the Organized Jewish Youth during the Holocaust, in: Asher Cohen u. a. (Hg.), Comprehending the Holocaust. Historical and Literary Research, Frankfurt u. a. 1988, 215–24

6691 Schatzker, Chaim: The Jewish Youth Movement in Germany in the Holocaust Period, T. 1: Youth in Confrontation with a New Reality, T. 2: The Relations between the Youth Movement and the Hechaluz, in: LBY 32 (1987), 157–81; 33 (1988), 301–25

6692 Schieb-Samizadeh, Barbara: Die Gemeinschaft für Frieden und Aufbau. Eine wenig bekannte Widerstandsgruppe, in: DH 7 (1991), Nr. 7, 174–90

6693 Schwersenz, Jizchak/Wolff, Edith: Jüdische Jugend im Untergrund. Eine zionistische Gruppe in Deutschland während des Zweiten Weltkrieges, historische Einführung Shaul Esh, in: BLBI 12 (1969), 27–100; abgedr. in: APUZ, B 15–16/81, 11. 4. 1981, 16–38

6694 Seligmann, Avraham: An Illegal Way of Life in Nazi Germany, in: LBY 37 (1992), 327–61

6695 Simon, Ernst: Aufbau im Untergang. Jüdische Erwachsenenbildung im nationalsozialistischen Deutschland als geistiger Widerstand, Tübingen 1959; X, 109 S.

6696 Steinbach, Peter: Selbstbehauptung als Widerstand: Widerstand von Juden als Thema deutsch-jüdischer Beziehungsgeschichte im 20. Jahrhundert, in: GPD 18 (1990), 158–66; abgedr. in: Peter Steinbach, Widerstand im Widerstreit. Der Widerstand gegen den Nationalsozialismus in der

Erinnerung der Deutschen. Ausgewählte Studien, Paderborn u. a. 1994, 175–85

6697 Steinberg, Lucien: Der Anteil der Juden am Widerstand in Deutschland, in: Stand und Problematik der Erforschung des Widerstandes gegen den Nationalsozialismus, Hg. Friedrich-Ebert-Stiftung, Forschungsinstitut, Bad Godesberg 1965, 113–43 (Ms. vervielf.)

6698 Strauss, Herbert A.: Jewish Autonomy within the Limits of National Socialist Policy – the Communities and the Reichsvertretung, in: Arnold Paucker u. a. (Hg.), Die Juden im nationalsozialistischen Deutschland/The Jews in Nazi Germany 1933–1945, Tübingen 1986, 125–52

6699 Strauss, Herbert A.: Zum zeitgeschichtlichen Hintergrund zionistischer Kulturkritik: [Gershom] Scholem, [Robert] Weltsch und Jüdische Rundschau, in: Peter Freimark u. a. (Hg.), Juden in Deutschland. Emanzipation, Integration, Verfolgung und Vernichtung. 25 Jahre Institut für die Geschichte der deutschen Juden Hamburg, Hamburg 1991, 375–89

6700 Suhl, Yuri: They Fought Back. The Story of the Jewish Resistance in Nazi Europe, New York 1967; 312, 16 S.

6701 Syrkin, Marie: Blessed is the Match. The Story of Jewish Resistance, London 1948; 254 S.

6702 Trunk, Isaiah: Jewish Responses to Nazi Persecution. Collective and Individual Behaviours in extremis, New York 1979; XII, 371 S. (zuerst hebr.)

6703 Urban, Susanne: Verbannung in ein Ghetto ohne Mauern. Jüdischer Verlag und Philo-Verlag 1933–1938, in: Buchhandelsgeschichte (1994), B 12–29

6704 Vollnhals, Clemens: Jüdische Selbsthilfe bis 1938, in: Wolfgang Benz (Hg.), Die Juden in Deutschland 1933–1945. Leben unter nationalsozialistischer Herrschaft, 2., durchges. Aufl., München 1993, 314–411 (zuerst 1988; ND 1989)

6705 Walk, Joseph: Jüdische Erziehung als geistiger Widerstand, in: Arnold Paucker u. a. (Hg.), Die Juden im nationalsozialistischen Deutschland/The Jews in Nazi Germany 1933–1945, Tübingen 1986, 230–48

6706 Weigand, Wolf: Jüdisches Leben unter der Bedrohung des Antisemitismus. Formen jüdischer Selbstbehauptung vor und während der NS-Zeit, in: Manfred Treml/Josef Kirmeier (Hg.), Geschichte und Kultur der Juden in Bayern. Aufsätze, Mitarb. Evamaria Brockhoff, München u. a. 1988, 455–68

6707 Weiss, Aharon: The Historiographical Controversy Concerning the Character and Functions of the Judenrats, in: Yisrael Gutman/Gideon Greif (Hg.), The Historiography of the Holocaust Period, Jerusalem 1988, 679–96

6708 Weltsch, Robert: Jüdische Presse vor dreißig Jahren (1957), in: Robert Weltsch, An der Wende des modernen Judentums. Betrachtungen aus fünf Jahrzehnten, Tübingen 1972, 40–50

Regional-/Lokalstudien: Literaturberichte

6709 Altschuler, Mordechai: Jewish Welfare and the Participation of Jews in Combat in the Soviet Union as Reflected in Soviet and Western Historiography, in: Yisrael Gutman/Gideon Greif (Hg.), The Historiography of the Holocaust Period, Jerusalem 1988, 217–38

Regional-/Lokalstudien: Darstellungen

6710 Ainsztein, Reuben: Jewish Resistance in Nazi-Occupied Eastern Europe, with a Historical Survey of the Jew as Fighter and Soldier in the Diaspora, London 1974; XXVIII, 970 S.

6711 Bruce, George: The Warsaw Uprising of 1944. 1 August – 2 October 1944, London 1972; 224 S.

6712 Ciechanowski, Jan M.: The Warsaw Rising of 1944, Cambridge 1974; XI, 332 S.

6713 Deutschkron, Inge: Berliner Juden im Untergrund. (Beiträge zum Widerstand 1933–1945, 15), Hg. Gedenkstätte Deutscher Widerstand Berlin, 3. Aufl., Berlin 1983; 10 S. (zuerst 1980)

6714 Diamant, David: Les Juifs dans la Résistance française, 1940–1944. Avec armes et sans armes, Vorwort Albert Ouzoulias (gen. Colonel André), Nachwort Charles Ledermann, Paris 1971; 365 S.

6715 Düwell, Kurt: Der Jüdische Kulturbund Rhein-Ruhr 1933–1938. Selbstbesinnung und Selbstbehauptung einer Geistesgemeinschaft, in: Jutta Bohnke-Kollwitz u. a. (Hg.), Köln und das rheinische Judentum. Festschrift Germania Judaica 1959–1984, Köln 1984, 427–41

6716 Edelman, Marek: Das Ghetto [Warschau] kämpft, Vorwort Ingrid Strobl, Berlin 1993; 97 S. (zuerst poln.)

6717 Elkin, Rivka: The Survival of the Jewish Hospital in Berlin, 1938–1945, in: LBY 38 (1993), 157–92

6718 Geisel, Eike: Das Jüdische Museum in Berlin 1933–1938, in: JIdG 14 (1985), 277–88

6719 Grossmann, Chaika: Die Untergrundarmee. Der jüdische Widerstand in Bialystok. Ein autobiographischer Bericht, Frankfurt 1993; 554 S. (amerikan.: New York 1988)

6720 Grupinska, Anka: Im Kreis. Gespräche mit jüdischen Kämpfern, Frankfurt 1993; 256 S.

6721 Hartung-von Doetinchem, Dagmar/Winau, Rolf (Hg.): Zerstörte Fortschritte. Das Jüdische Krankenhaus in Berlin 1756–1861–1914–1989, Berlin 1989; 273 S.

6722 Henschel, Hildegard: Aus der Arbeit der Jüdischen Gemeinde Berlin während der Jahre 1941–1943. Gemeindearbeit und Evakuierung von Berlin. 16. Oktober 1941–16. Juni 1943, in: ZGJ 9 (1972), 33–52

6723 Jochheim, Gernot: Frauenprotest in der Rosenstraße [Berlin], Berlin 1993; 192 S.

6724 Jonca, Karol: Jewish Resistance to Nazi Racial Legislation in Silesia, 1933–1937, in: Francis R. Nicosia/Lawrence D. Stokes (Hg.), Germans against Nazism. Nonconformity, Opposition, and Resistance in the Third Reich. Essays in Honor of Peter Hoffmann, New York/Oxford 1990, 77–86

6725 Kisch, Guido (Hg.): Das Breslauer Seminar: Jüdisch-Theologisches Seminar (Fraenkelscher Stiftung) in Breslau 1854–1938. Gedächtnisschrift, Tübingen 1963; 442 S.

6726 Lichtenstein, Erwin: Der Kulturbund der Juden in Danzig, 1933–1938, in: ZGJ 10 (1973), 181–90

6727 Lowenstein, Steven M.: The Struggle for Survival of Rural Jews in Germany, 1933–1938: The Case of Bezirksamt Weissenburg, Mittelfranken, in: Arnold Paucker u. a. (Hg.), Die Juden im nationalsozialistischen Deutschland/The Jews in Nazi Germany 1933–1945, Tübingen 1986, 115–24

6728 Müller-Wesemann, Barbara: »Seid trotz der schweren Last stets heiter.« Der Jüdische Kulturbund Hamburg (1934–1941), in: Ursula Wamser/Wilfried Weinke (Hg.), Ehemals in Hamburg zu Hause: Jüdisches Leben am Grindel, Hamburg 1991, 135–43

6729 Oppenheimer, Max: Sozialer Zusammenhalt und kulturelles Ghetto. Die Lebenssituation Heidelberger Juden vom Beginn der nationalsozialistischen Machtübernahme bis zur Deportation, in: Norbert Giovannini u. a. (Hg.), Jüdisches Leben in Heidelberg. Studien zu einer unterbrochenen Geschichte, Heidelberg 1992, 107–16

6730 Porat, Dina: The Legend of the Struggle of Jews from the Third Reich in the Ninth Fort near Kovno, 1941–1942, in: TAJB 20 (1991), 363–92

6731 Rothkirchen, Livia: The Role of the Czech and Slovak Jewish Leadership in the Field of Rescue Work, in: Yisrael Gutman/ Efraim Zuroff (Hg.), Rescue Attempts during the Holocaust, Jerusalem 1977, 423–34

6732 Sakowska, Ruta: Two Forms of Resistance in the Warsaw Ghetto. Two Functions of the Ringelblum Archives, in: YVS 21 (1991), 189–219

6733 Scheffler, Wolfgang/Grabitz, Helge: Der Ghetto-Aufstand Warschau 1943. Aus der Sicht der Täter und Opfer in Aussagen vor deutschen Gerichten, München 1993; 416 S.**

6734 Schwersenz, Jizchak/Wolff, Edith: Jüdische Jugend im Untergrund. Eine zionistische Gruppe in Berlin während des Zweiten Weltkriegs, in: APUZ, Nr. B 15–16/81, 11. 4. 1981, 16–38

6735 Stern, Willy: Israelitische Kultusgemeinde – Ältestenrat der Juden in Wien 1938–1945, in: Kurt Schmid/Robert Streibel (Hg.), Der Pogrom 1938. Judenverfolgung in Österreich und in Deutschland. Dokumentation eines Symposiums der Volkshochschule Brigittenau, 1. u. 2. Aufl., Wien 1990, 93–95

6736 Trunk, Isaiah: Judenrat. The Jewish Councils in Eastern Europe under Nazi Occupation, Einleitung Jacob Robinson, New York 1972; XXXV, 664 S.

6737 Trunk, Isaiah: The Typology of the Judenräte in Eastern Europe, in: Yisrael Gutman/Cynthia J. Haft (Hg.), Patterns of Jewish Leadership in Europe, 1933–1945. Proceedings of the Third Yad Vashem International Historical Conference, Jerusalem, April 4–7, 1977, Jerusalem 1979, 17–30

6738 Tushnet, Leonhard: To Die with Honour. The Uprising of the Jews in the Warsaw Ghetto, New York 1965; 128 S.

6739 Wamser, Ursula/Weinke, Wilfried: Menschen jüdischer Herkunft im Widerstand, in: Ursula Wamser/Wilfried Weinke (Hg.), Ehemals in Hamburg zu Hause: Jüdisches Leben am Grindel, Hamburg 1991, 164–200

6740 Wiehn, Erhard R.: Ghetto Warschau. Aufstand und Vernichtung 1943 – fünfzig Jahre danach zum Gedenken, Konstanz 1993; 302 S.**

6741 Wippermann, Wolfgang: Die Berliner Gruppe [Herbert] Baum und der jüdische Widerstand. (Beiträge zum Widerstand 1933–1945, 19), Hg. Informationszentrum Berlin, Gedenk- und Bildungsstätte Stauffenbergstraße, 2. Aufl., Berlin 1982; 23 S. (zuerst 1981)

6742 Zariz, Ruth: Attempts at Rescue and Revolt. Attitude of Members of the Dror Youth Movement in Bedzin to Foreign Passports as Means of Rescue, in: YVS 20 (1990), 211–36

6743 Zuckerman, Yitzhak (»Antek«): A Surplus of Memory. Chronicle of the Warsaw Ghetto Uprising, Berkeley, Ca. 1993; XVIII, 702 S.

A.3.10.4.6 Haltung der nichtjüdischen Bevölkerung

Literaturberichte

6744 Büttner, Ursula: Die deutsche Gesellschaft und die Judenverfolgung – ein Forschungsproblem, in: Ursula Büttner (Hg.), Die Deutschen und die Judenverfolgung im Dritten Reich, Hamburg 1992, 7–29

6745 Kulka, Otto D./Rodrigue, Aron: The German Population and the Jews in the Third Reich. Recent Publications and Trends in Research on German Society and the »Jewish Question«, in: YVS 16 (1984), 421–35

Quellenkunde

6746 Boberach, Heinz: Quellen für die Einstellung der deutschen Bevölkerung zur Judenverfolgung, in: Ursula Büttner (Hg.), Die Deutschen und die Judenverfolgung im Dritten Reich, Hamburg 1992, 31–49

6747 Kulka, Otto D.: The Central Organisation of German Jews in the Third Reich and its Archives. (On the Completion of the Reconstruction Part), in: LBY 34 (1989), 184–203

Gedruckte Quellen

6748 Grunwald, Clara: »Und doch gefällt mir das Leben.« Die Briefe der Clara Grunwald 1941–1943, Hg. Egon Larsen, Mannheim 1985; 105 S.

6749 Paldiel, Mordecai: »To the Rigtheous among the Nations Who Risked Their Lives to Rescue Jews«, in: YVS 19 (1988), 403–25

Darstellungen

6750 Adler, Hans G.: Der Kampf gegen die »Endlösung der Judenfrage«, Hg. Bundeszentrale für Heimatdienst, 2. Aufl., Bonn 1960; 119 S. (zuerst 1958)

6751 Allen, William S.: Die deutsche Öffentlichkeit und die »Reichskristallnacht«. Konflikt zwischen Werthierarchie und Propaganda im Dritten Reich, in: Detlev J. K. Peukert/Jürgen Reulecke (Hg.), Die Reihen fast geschlossen. Beiträge zur Geschichte des Alltags unterm Nationalsozialismus, Wuppertal 1981, 397–412

6752 Altmann, Wolfgang: Die Judenfrage in evangelischen und katholischen Zeitschriften zwischen 1918 und 1933, Diss. München 1971; XXXIV, 434 S.

6753 Angress, Werner T.: Erfahrungen jüdischer Jugendlicher und Kinder mit der nichtjüdischen Umwelt 1933–1945, in: Ursula Büttner (Hg.), Die Deutschen und die Judenverfolgung im Dritten Reich, Hamburg 1992, 89–104

6754 Arndt, Ino: Machtübernahme und Judenboykott in der Sicht evangelischer Sonntagsblätter, in: Wolfgang Benz (Hg.), Miscellanea. Festschrift für Helmut Krausnick zum 75. Geburtstag, Mitarb. Ino Arndt, Stuttgart 1980, 15–31

6755 Bankier, David: The Germans and the Final Solution. Public Opinion under Nazism, Cambridge, Mass./Oxford 1992; VII, 206 S. (dt.: Berlin 1995 u.d.T.: Die öffentliche Meinung im Hitler-Staat)

6756 Bankier, David: Otto Strasser und die Judenfrage, in: BLBI 20 (1981), Nr. 60, 3–20

6757 Bankier, David: The Germans and the Holocaust. What Did They Know?, in: YVS 20 (1990), 69–98

6758 Bankier, David: The German Communist Party and Nazi Antisemitism, 1933–1938, in: LBY 32 (1987), 325–40

6759 Barkai, Avraham: Volksgemeinschaft, »Arisierung« und der Holocaust, in: Arno Herzig/Ina S. Lorenz (Hg.), Verdrängung und Vernichtung der Juden unter dem Nationalsozialismus, Hamburg 1992, 133–52

6760 Barkai, Avraham: Die deutschen Unternehmer und die Judenpolitik im Dritten Reich, in: GG 15 (1989), 227–47; abgedr. in: Ursula Büttner (Hg.), Die Deutschen und die Judenverfolgung im Dritten Reich, Hamburg 1992, 207–29

6761 Bauer, Yehuda u.a. (Hg.): Remembering for the Future. Working Papers and Addenda. Papers and Adresses Delivered at a Conference Held in Oxford, July 10–13, 1988, and a Public Meeting in London, July 15, 1988, Bd. 1: Jews and Christians during and after the Holocaust, Frankfurt 1989; XXV, 1159 S.

6762 Baum, Rainer C.: The Holocaust and the German Elite. Genocide and National Suicide in Germany, 1871–1945, London/Totowa, N.J. 1981; IX, 374 S.

6763 Benz, Wolfgang: Reaktionen auf die Verfolgung der Juden und den Holocaust in Deutschland vor und nach 1945, in: APUZ, Nr. B 1–2/92, 3.1.1992, 24–32

6764 Benz, Wolfgang: Die Deutschen und die Judenverfolgung. Mentalitätsgeschichtliche Aspekte, in: Ursula Büttner (Hg.), Die Deutschen und die Judenverfolgung im Dritten Reich, Hamburg 1992, 51–65

6765 Block, Gay/Drucker, Malka: Rescuers. Portraits of Moral Courage in the Holocaust, New York/London 1992; XVI, 255 S.

6766 Boas, Jacob: Countering Nazi Defamation. German Jews and the Jewish Tradition, 1933–1945, in: LBY 34 (1989), 205–26

6767 Born, Lutger: Die Erzbischöfliche Hilfsstelle für nichtarische Katholiken in Wien, Hg. Lothar Groppe, 3. Aufl., Wien 1979; 190 S.

6768 Brandt, Leon: Menschen ohne Schatten. Juden zwischen Untergang und Untergrund 1938 bis 1945, Berlin 1984; 150 S.

6769 Bronowski, Alexander: Es waren so wenige. Retter im Holocaust, Stuttgart 1991; 256 S.

6770 Browning, Christopher R.: The Final Solution and the German Foreign Office. A Study of Referat D III of Abteilung Deutschland, 1940–1943, New York/London 1978; 276 S.

6771 Browning, Christopher R.: Bureaucracy and Mass Murder: The German Administrator's Comprehension of the Final Solution, in: Asher Cohen u.a. (Hg.), Comprehending the Holocaust. Historical and Literary Research, Frankfurt u.a. 1988, 159–78

6772 Browning, Christopher R.: The Government Experts, in: Henry Friedlander/Sybil Milton (Hg.), The Holocaust: Ideology, Bureaucracy, and Genocide. The San José Papers, Millwood, N.Y. 1980, 183–98

6773 Browning, Christopher R.: Vernichtung und Arbeit. Zur Fraktionierung der planenden deutschen Intelligenz im besetzten Polen, in: Wolfgang Schneider (Hg.), »Vernichtungspolitik«. Eine Debatte über den Zusammenhang von Sozialpolitik und Genozid im nationalsozialistischen Deutschland, Hamburg 1991, 37–51

6774 Browning, Christopher R.: Genozid und Gesundheitswesen. Deutsche Ärzte und polnische Juden 1939–1941, in: Der Wert des Menschen. Medizin in Deutschland 1918–1945, Hg. Ärztekammer Berlin, hg. in Zusammenarbeit mit der Bundesärztekammer, Red. Christian Pross/Götz Aly, Berlin 1989, 316–28

6775 Brunotte, Heinz: Die Kirchenmitgliedschaft der nichtarischen Christen im Kirchenkampf, in: ZfEK 13 (1967), 140–67

6776 Buddrus, Michael: Zum antijüdischen Rassismus in der Hitlerjugend, in: JG 13 (1990), Nr. 12, 13–22

6777 Busch, Eberhard: Juden und Christen im Schatten des Dritten Reiches. Ansätze zu einer Kritik des Antisemitismus in der Zeit der Bekennenden Kirche, München 1979; 77 S.

6778 Buscher, Frank M./Phayer, Michael: German Catholic Bishops and the Holocaust, 1940–1952, in: GSR 11 (1988), 463–85

6779 Büttner, Ursula (Hg.): Die Deutschen und die Judenverfolgung im Dritten Reich. Werner Jochmann zum 70. Geburtstag, Hamburg 1992; 394 S.*

6780 Büttner, Ursula: Die deutsche Bevölkerung und die Judenverfolgung 1933–1945, in: Ursula Büttner (Hg.), Die Deutschen und die Judenverfolgung im Dritten Reich, Hamburg 1992, 67–88

6781 Christian Confrontations with the Holocaust. (H&GS, Jg. 4), Oxford u.a. 1989; 124 S.

6782 Conway, John S.: The Churches and the Jewish People: Actions, Inactions, and Reactions during the Nazi Era, in: Asher Cohen u.a. (Hg.), Comprehending the Holocaust. Historical and Literary Research, Frankfurt u.a. 1988, 125–44

6783 Conway, John S.: Catholicism and the Jews during the Nazi Period and after, in: Otto D. Kulka/Paul R. Mendes-Flohr (Hg.), Judaism and Christianity under the Impact of National Socialism, Jerusalem 1987, 435–51

6784 Diem, Hermann: Kirche und Antisemitismus, in: Andreas Flitner (Hg.), Deutsches Geistesleben und Nationalsozialismus. Eine Vortragsreihe der Universität Tübingen, Tübingen 1965, 7–22

6785 Dipper, Christof: Der Widerstand und die Juden, in: Jürgen Schmädeke/Peter Steinbach (Hg.), Der Widerstand gegen den Nationalsozialismus. Die deutsche Gesellschaft und der Widerstand gegen Hitler, 2. Aufl., München/Zürich 1986, 598–616 (zuerst 1985; ND 1994)

6786 Dipper, Christof: Der 20. Juli und die »Judenfrage«. Selbst nach Beginn des Holocaust hielten einige nationalkonservative Widerstandskreise am traditionellen Antisemitismus fest, in: Zeit, Jg. 49, Nr. 27, 1.7. 1994, 70

6787 Dipper, Christof: Der deutsche Widerstand und die Juden, in: GG 9 (1991), 349–80

6788 Elias, Otto L.: Der evangelische Kirchenkampf und die Judenfrage, in: IGNLL 10 (1961), 213–19

6789 Felstiner, John: The Popular Response, in: Henry Friedlander/Sybil Milton (Hg.), The Holocaust: Ideology, Bureaucracy, and Genocide. The San José Papers, Millwood, N.Y. 1980, 261–70

6790 Förster, Jürgen: Jewish Policies of the German Military, 1939–1942, in: Asher Cohen u.a. (Hg.), The Shoah and the War, New York u.a. 1992, 53–71

6791 Gamillscheg, Hannes: Die »Ausnahme« hatte viele anonyme Helfer. Ein Historiker untersucht den Anteil deutscher Soldaten an der Rettung dänischer Juden, in: FR, Jg. 46, Nr. 174, 30.7. 1990, 6

6792 Gerlach, Wolfgang: Als die Zeugen schwiegen. Bekennende Kirche und die Juden, 2., bearb. u. erg. Aufl., Berlin 1993; 484 S. (zuerst 1987)

6793 Gerlach, Wolfgang: Als die Zeugen schwiegen. Bekennende Kirche und die Juden, in: Jörg Wollenberg (Hg.), »Niemand war dabei und keiner hat's gewußt.« Die deutsche Öffentlichkeit und die Judenverfolgung 1933–1945, München/Zürich 1989, 94–112, 236f.

6794 Gordon, Sarah A.: Hitler, Germans, and the »Jewish Question«, Princeton, N.J. 1984; XIV, 412 S. (zuerst Diss. State University of New York, Buffalo 1979 u.d.T.: German Opposition to Nazi Anti-Semitism Measures between 1933 and 1945, with Particular Reference to the Rhein-Ruhr Area)

6795 Goshen, Seev: Albert Battels Widerstand gegen die Judenvernichtung, in: VfZ 33 (1985), 478–88

6796 Grenville, John A. S.: Juden, »Nichtarier« und »Deutsche Ärzte«. Die Anpassung der Ärzte im Dritten Reich, in: Ursula Büttner (Hg.), Die Deutschen und die Judenverfolgung im Dritten Reich, Hamburg 1992, 191–206

6797 Greschat, Martin: Die Haltung der deutschen evangelischen Kirchen zur Verfolgung der Juden im Dritten Reich, in: Ursula Büttner (Hg.), Die Deutschen und die Judenverfolgung im Dritten Reich, Hamburg 1992, 273–92

6798 Grossmann, Kurt R.: Die unbesungenen Helden. Menschen in Deutschlands dunklen Tagen, 2., veränd. u. erg. Aufl., Berlin 1961; 415 S. (zuerst 1957; gekürzte LA Hamburg 1964)

6799 Grünheid, Uwe: »Wir wollten doch überleben!« Über die »unbesungenen Helden« des Widerstands gegen das NS-Regime, in: Tribüne 23 (1984), Nr. 91, 42–56; abgedr. in: Widerstand und Exil 1933–1945, Hg. Bundeszentrale für politische Bildung, Bonn 1985 (Frankfurt/New York 1986), 145–58

6800 Gutteridge, Richard: German Protestantism and the Jews in the Third Reich, in: Otto D. Kulka/Paul R. Mendes-Flohr (Hg.), Judaism and Christianity under the Impact of National Socialism, Jerusalem 1987, 227–49

6801 Gutteridge, Richard: Open the Mouth for the Dumb! The German Evangelical Church and the Jews, 1870–1950, Oxford 1976; 374 S.

6802 Hannot, Walter: Die Judenfrage in der katholischen Tagespresse Deutschlands und Österreichs 1923–1933, Mainz 1990; XXXVI, 328 S.

6803 Heer, Hannes: Killing Fields. Die Wehrmacht und der Holocaust, in: Mittelweg 3 (1994), Nr. 3, 7–31**

6804 Horbach, Michael: So überlebten sie den Holocaust. Zeugnisse der Menschlichkeit 1933–1945, München 1979; 309 S. (zuerst 1964 u. d. T.: Wenige)

6805 Johe, Werner: Die Beteiligung der Justiz an der nationalsozialistischen Judenverfolgung, in: Ursula Büttner (Hg.), Die Deutschen und die Judenverfolgung im Dritten Reich, Hamburg 1992, 179–90

6806 Johe, Werner: Das deutsche Volk und das System der Konzentrationslager, in: Ursula Büttner (Hg.), Das Unrechtsregime. Internationale Forschung über den Nationalsozialismus. Festschrift für Werner Jochmann zum 65. Geburtstag, Bd. 1, Hamburg 1986, 331–46

6807 Jonca, Karol: Schlesiens Kirchen zur »Lösung der Judenfrage«, in: Ursula Büttner (Hg.), Das Unrechtsregime. Internationale Forschung über den Nationalsozialismus. Festschrift für Werner Jochmann zum 65. Geburtstag, Bd. 2, Hamburg 1986, 123–48

6808 Kaiser, Jochen-Christoph: Protestantismus, Diakonie und »Judenfrage« 1933–1941, in: VfZ 37 (1989), 673–714

6809 Kaiser, Jochen-Christoph/Greschat, Martin: Der Holocaust und die Protestanten. Analysen einer Verstrickung, Frankfurt 1988; XIII, 282 S.

6810 Keim, Anton M. (Hg.): Yad Vashem: Die Judenretter aus Deutschland, Mainz/München 1983; 160 S.

6811 Keßler, Mario: Antisemitismus, Zionismus und Sozialismus. Arbeiterbewegung und jüdische Frage im 20. Jahrhundert, Mainz 1993; 156 S.

6812 Keneally, Thomas: Schindlers Liste, 2. Aufl., München 1994; 345 S. (zuerst 1983; engl.: London/New York 1982)

6813 Kershaw, Ian: German Public Opinion during the Final Solution: Information, Comprehension, Reaction, in: Asher Cohen u. a. (Hg.), Comprehending the Holocaust. Historical and Literary Research, Frankfurt u. a. 1988, 145–58

6814 Kershaw, Ian: German Popular Opinion and the »Jewish Question«, 1939–1943: Some Further Reflections, in: Arnold Paucker u. a. (Hg.), Die Juden im nationalsozialistischen Deutschland/The Jews in Nazi Germany 1933–1945, Tübingen 1986, 365–88; gekürzt abgedr. in: Herbert A. Strauss (Hg.), Hostages of Modernization. Studies on Modern Antisemitism, 1870–1933/39, Bd. 1, Berlin/New York 1993, 269–79

6815 Kershaw, Ian: The Persecution of the Jews and German Popular Opinion in the Third Reich, in: LBY 26 (1981), 261–89

6816 Klee, Ernst u. a. (Hg.): »Schöne Zeiten«. Judenmord aus der Sicht der Täter und Gaffer, 4. Aufl., Frankfurt 1989; 276 S.

6817 Klee, Ernst/Petrich, Gunnar: Judenrein – Protestanten und die Judenverfolgung. [Redaktionell überarb. Manuskript des am 15. September 1989 v. Hessischen Rundfunk in der ARD-Reihe »Gott und die Welt« gesendeten Fernsehfilms], in: FR, Jg. 45, Nr. 218, 20. 9. 1989, 10

6818 Kleine-Brockhoff, Thomas/Kurbjuweit, Dirk: Die anderen Schindlers. Sie retteten Juden vor der Gaskammer. Ihre Geschichten sind vergessen oder verdrängt. Denn was sie taten, ist ein Vorwurf an alle, die passiv blieben, in: Zeit, Jg. 49, Nr. 14, 1.4. 1994, 13–16

6819 Klepper, Jochen: Unter dem Schatten Deiner Flügel. Aus den Tagebüchern der Jahre 1932–1942, 96. Tsd., Stuttgart 1976; 1178 S. (zuerst 1956)

6820 Klug, Ulrich: Erlaubnis zum Mord. Justiz und Judenverfolgung, in: Jörg Wollenberg (Hg.), »Niemand war dabei und keiner hat's gewußt.« Die deutsche Öffentlichkeit und die Judenverfolgung 1933–1945, München/Zürich 1989, 81–93, 236

6821 Köhrer, Helmut: Entziehung, Beraubung, Rückerstattung. Vom Wandel der Beziehungen zwischen Juden und Nichtjuden durch Verfolgung und Restitution, Baden-Baden 1951; 205 S.

6822 Krannhals, Hanns von: Die Judenvernichtung in Polen und die »Wehrmacht«, in: WR 15 (1965), 570–81

6823 Krause-Vilmar, Dietfrid: Das zeitgenössische Wissen um die NS-Konzentrationslager an einem Beispiel aus dem Regierungsbezirk Kassel, in: Ariane Garlichs u. a. (Hg.), Unterrichtet wird auch morgen noch. Lehrerberuf und Unterrichtsinhalte, Königstein, Ts. 1982, 133–63

6824 Kulka, Otto D.: Popular Christian Attitudes in the Third Reich to the National Socialist Policies towards the Jews, in: Otto D. Kulka/Paul R. Mendes-Flohr (Hg.), Judaism and Christianity under the Impact of National Socialism, Jerusalem 1987, 251–67

6825 Kulka, Otto D.: Die Nürnberger Rassengesetze und die deutsche Bevölkerung im Lichte geheimer NS-Lage- und Stimmungsberichte, in: VfZ 32 (1984), 582–624

6826 Kulka, Otto D./Mendes-Flohr, Paul R. (Hg.): Judaism and Christianity under the Impact of National Socialism, Mitarb. Irit Sivan, Jerusalem 1987; 558 S.*

6827 Kwiet, Konrad: »Material Incentives«. The Lust for »Jewish« Property, in: John Milfull (Hg.), The Attractions of Fascism. Social Psychology and Aesthetics of the »Triumph of the Right«, New York u. a. 1990, 238–52

6828 Laqueur, Walter: Was niemand wissen wollte. Die Unterdrückung der Nachrichten über Hitlers »Endlösung«, Frankfurt u. a. 1981; 320 S. (engl.: London 1980)

6829 Laqueur, Walter/Breitman, Richard: Der Mann, der das Schweigen brach [Eduard Schulte]. Wie die Welt vom Holocaust erfuhr, Frankfurt/Berlin 1986; 304 S. (amerikan.: New York 1986 u. d. T.: Breaking the Silence)

6831 Leuner, Heinz D.: Gerettet vor dem Holocaust. Menschen, die halfen, 3. Aufl., Frankfurt/Berlin 1979; 222 S. (zuerst Wiesbaden 1967 u.d.T.: Als Mitleid ein Verbrechen war. Deutschlands stille Helden 1933–1945; engl.: London 1966 u.d.T.: When Compassion Was a Crime)

6832 Lichtenstein, Heiner: Krummstab und Davidstern. Die katholische Kirche und der Holocaust, in: Monika Kringels-Kemen/Ludwig Lemhöfer (Hg.), Katholische Kirche und NS-Staat. Aus der Vergangenheit lernen?, Frankfurt 1981, 69–81

6833 Littell, Franklin H./Locke, Hubert G. (Hg.): The German Church Struggle and the Holocaust, Detroit, Mich. 1974; 327 S.

6834 Lyotard, Jean-François: Heidegger und »die Juden«, Hg. Peter Engelmann, Wien 1988; 116 S. (franz.: Paris 1988)

6835 Maier, Dieter: Arbeitsverwaltung und nationalsozialistische Judenverfolgung in den Jahren 1933–1939, in: Wolf Gruner u. a., Arbeitsmarkt und Sondererlaß. Menschenverwertung, Rassenpolitik und Arbeitsamt. (Beiträge zur nationalsozialistischen Gesundheits- und Sozialpolitik, 8), Berlin 1990, 62–136

6836 Manoschek, Walter: Das deutsche Heer beim Judenmord, in: Zeit, Jg. 47, Nr. 27, 26.6. 1992, 78

6837 Markgraf, Eckhardt: »Die Kirche muß ein schützender Zaun sein um das ganze leibliche Israel.« Der Einsatz von Hermann Maas für bedrängte Juden, in: Theodor Strohm/Jörg Thierfelder (Hg.), Diakonie im »Dritten Reich«. Neuere Ergebnisse zeitgeschichtlicher Forschung, Heidelberg 1990, 305–18

6838 Matzerath, Horst: Bürokratie und Judenverfolgung, in: Ursula Büttner (Hg.), Die Deutschen und die Judenverfolgung im Dritten Reich, Hamburg 1992, 105–29

6839 Mazura, Uwe: Zentrumspartei und Judenfrage 1870/71–1933. Verfassungsstaat und Minderheitenschutz, Mainz 1994; LVIII, 229 S.

6840 McKale, Donald M.: From Weimar to Nazism. Abteilung III of the German Foreign Office and the Support of Antisemitism, in: LBY 32 (1987), 297–307

6841 Mehl, Stefan: Das Reichsfinanzministerium und die Verfolgung der deutschen Juden 1933–1945, Berlin 1990; VII, 117 S.

6842 Meier, Kurt: Kirche und Judentum. Die Haltung der evangelischen Kirche zur Judenpolitik des Dritten Reiches, Göttingen 1968; 153 S.

6843 Meier, Kurt: Evangelische Kirche und »Endlösung der Judenfrage«, in: Wolfgang Stegemann (Hg.), Kirche und Nationalsozialismus, Mitarb. Dirk Acksteiner u. a., 2., überarb. u. erw. Aufl., Stuttgart u. a. 1992, 77–93 (zuerst 1990)

6844 Messerschmidt, Manfred: Die Wehrmacht in der Endphase. Realität und Perzeption, in: APUZ, Nr. B 32–33/89, 4. 9. 1989, 33–46

6845 Messerschmidt, Manfred: Das Heer als Faktor der arbeitsteiligen Täterschaft, in: Hanno Loewy (Hg.), Holocaust: Die Grenzen des Verstehens. Eine Debatte über die Besetzung der Geschichte, Reinbek 1992, 160–65

6846 Messerschmidt, Manfred: Harte Sühne am Judentum. Befehlswege und Wissen in der deutschen Wehrmacht, in: Jörg Wollenberg (Hg.), »Niemand war dabei und keiner hat's gewußt.« Die deutsche Öffentlichkeit und die Judenverfolgung 1933–1945, München/Zürich 1989, 113–28, 238–40

6847 Meyer, Winfried: Unternehmen Sieben. Eine Rettungsaktion für vom Holocaust Bedrohte aus dem Amt Ausland/Abwehr im Oberkommando der Wehrmacht, Frankfurt 1993; XII, 623 S.

6848 Mommsen, Hans: Was haben die Deutschen vom Völkermord an den Juden gewußt?, in: Walter H. Pehle (Hg.), Novemberpogrom 1938. Von der Reichskristallnacht zum Völkermord, Frankfurt 1988, 229–35

6849 Mommsen, Hans/Obst, Dieter: Die Reaktion der deutschen Bevölkerung auf die Verfolgung der Juden 1933–1945, in: Hans Mommsen/Susanne Willems (Hg.), Herrschaftsalltag im Dritten Reich. Studien und Texte, Düsseldorf 1988, 374–485**

6850 Müller, Christine-Ruth: Dietrich Bonhoeffers Kampf gegen die nationalsozialistische Verfolgung und Vernichtung der Juden. Bonhoeffers Haltung zur Judenfrage im Vergleich mit Stellungnahmen aus der evangelischen Kirche und Kreisen des deutschen Widerstandes, München 1990; XXIII, 352 S.

6851 Müller, Christine-Ruth: Diakonische Hilfe für den verfolgten Nächsten. Das »Büro Pfarrer Grüber«, in: Theodor Strohm/Jörg Thierfelder (Hg.), Diakonie im »Dritten Reich«. Neuere Ergebnisse zeitgeschichtlicher Forschung, Heidelberg 1990, 285–304

6852 Müller-Claudius, Michael: Der Antisemitismus und das deutsche Verhängnis, Frankfurt 1948; 218 S.

6853 Müller-Münch, Ingrid: Wäre da nicht jene Haushälterin gewesen. Ein Kölner Symposium widmete sich den »unbesungenen Helden«, den Helfern illegal lebender Juden in der Nazizeit, in: FR, Jg. 46, Nr. 242/43, 18. 10. 1990, 3

6854 Nellessen, Bernd: Die schweigende Kirche. Katholiken und Judenverfolgung, in: Ursula Büttner (Hg.), Die Deutschen und die Judenverfolgung im Dritten Reich, Hamburg 1992, 259–71

6855 Norden, Günther van: Die Evangelische Kirche und die Juden im »Dritten Reich«, in: Günter Brakelmann/Martin Roskowski (Hg.), Antisemitismus. Von religiöser Judenfeindschaft zur Rassenideologie, Göttingen 1989, 97–111; abgedr. in: KZG 2 (1989), 38–49

6856 Norden, Günther van: Die Barmer Theologische Erklärung und die »Judenfrage«, in: Ursula Büttner (Hg.), Das Unrechtsregime. Internationale Forschung über den Nationalsozialismus. Festschrift für Werner Jochmann zum 65. Geburtstag, Bd. 1, Hamburg 1986, 315–30

6857 Oleschinski, Brigitte: »... daß das Menschen waren, nicht Steine.« Hilfsnetze katholischer Frauen für verfolgte Juden im Dritten Reich, in: ZG 17 (1989/90), 395–416

6858 Oliner, Samuel P./Oliner, Pearl M.: The Altruistic Personality: Rescuers of Jews in Nazi Europe, New York u. a. 1988; XXV, 419 S.

6859 Paucker, Arnold: Some Notes on Resistance, in: LBY 16 (1971), 239–47**

6860 Petter, Wolfgang: Wehrmacht und Judenverfolgung, in: Ursula Büttner (Hg.), Die Deutschen und die Judenverfolgung im Dritten Reich, Hamburg 1992, 161–78

6861 Petzold, Joachim: Die Rolle des Antisemitismus im Denken und Handeln deutscher Wissenschaftler, in: Werner Röhr u. a. (Hg.), Faschismus und Rassismus. Kontroversen um Ideologie und Opfer, Berlin 1992, 79–85

6862 Peukert, Detlev J. K.: Die Deutschen und die »Reichskristallnacht«, in: Die Pogrom-Nacht vom 9./10. November 1938. Von der Entrechtung der Juden zum Völkermord, Hg. Historische Kommission beim SPD-Parteivorstand, Bonn o. J. [1988], 10–14; abgedr. in: 50 Jahre nach den Judenpogromen. Reden zum 9./.10. November 1983 in Schleswig-Holstein, Hg. Beirat für Geschichte der Arbeiterbewegung und Demokratie in Schleswig-Holstein/Pressestelle der Landesregierung Schleswig-Holstein, Kiel 1989, 129–41**

6863 Prolingheuer, Hans: Judennot und Christenschuld. Eine evangelisch-kirchenhistorische Erinnerung aus Anlaß des Gedenkens an die Novemberpogrome 1938, in: Hubert Frankemölle (Hg.), Opfer und Täter. Zum nationalsozialistischen und antijüdischen Alltag in Ostwestfalen-Lippe, Bielefeld 1990, 127–46

6864 Rapp, Gertrud: Die Stellung der Juden in der nationalsozialistischen Staatsrechtslehre. Die Emanzipation der Juden im 19. Jahrhundert und die Haltung der deutschen Staatsrechtslehre zur staatsrechtlichen Stellung der Juden im Nationalsozialismus, Baden-Baden 1992; VII, 237 S.

6865 Repgen, Konrad: 1938 – Judenpogrom und katholischer Kirchenkampf, in: Günter Brakelmann/Martin Roskowski (Hg.), Antisemitismus. Von religiöser Judenfeindschaft zur Rassenideologie, Göttingen 1989, 112–46

6866 Repgen, Konrad: Ein belgischer Augenzeuge der Judenpogrome im November 1938 in Köln [Generalkonsul G. van Schendel], in: Harald Dickerhof (Hg.), Heinz Hürten zum 60. Geburtstag. Festgabe, Frankfurt u. a. 1988, 397–419**

6867 Repgen, Konrad: German Catholics and the Jews: 1933–1945, in: Otto D. Kulka/Paul R. Mendes-Flohr (Hg.), Judaism and Christianity under the Impact of National Socialism, Jerusalem 1987, 197–226

6868 Rittner, Carol/Myers, Sondra: The Courage to Care. Rescuers of Jews during the Holocaust, New York 1986; 157 S.

6869 Rohwer, Götz: Rationalisierung und Vernichtungspolitik. Der Beitrag sozial-

und wirtschaftspolitischer Erwägungen zur Akzeptanz der Massenvernichtung, in: Wolfgang Schneider (Hg.), »Vernichtungspolitik«. Eine Debatte über den Zusammenhang von Sozialpolitik und Genozid im nationalsozialistischen Deutschland, Hamburg 1991, 109–18

6870 Sandkühler, Thomas: Wer mit dem Teufel handelt... Menschlichkeit im Holocaust: Die bitteren Erfahrungen des Berthold Beitz in Ostgalizien 1941–1944, in: Zeit, Jg. 47, Nr. 8, 14.2.1992, 49f.

6871 Scheiger, Brigitte: »Ich bitte um baldige Arisierung der Wohnung...« Zur Funktion von Frauen im bürokratischen System der [Juden-]Verfolgung, in: Theresa Wobbe (Hg.), Nach Osten. Verdeckte Spuren nationalsozialistischer Verbrechen, Frankfurt 1992, 175–96

6872 Schewick, Burkhard van: Katholische Kirche und nationalsozialistische Rassenpolitik, in: Klaus Gotto/Konrad Repgen (Hg.), Die Katholiken und das Dritte Reich, 3., erw. u. überarb. Aufl., Mainz 1990, 151–72 (zuerst 1980)

6873 Schmalhausen, Bernd: Berthold Beitz im Dritten Reich. Mensch in unmenschlicher Zeit, Essen 1991; 112 S.

6874 Schoeps, Julius H.: Kaum jemand in Deutschland half den Juden. Wie die nationalsozialistische Diktatur von den Opfern gesehen und erlebt wurde, in: FAZ, Nr. 150, 3.7.1985, 11

6875 Siegele-Wenschkewitz, Leonore: Neutestamentliche Wissenschaft vor der Judenfrage. Gerhard Kittels theologische Arbeit im Wandel deutscher Geschichte, München 1980; 119 S.

6876 Siegele-Wenschkewitz, Leonore: Protestantische Universitätstheologie und Rassenideologie in der Zeit des Nationalsozialismus – Georg Kittels Vortrag »Die Entstehung des Judentums und die Entstehung der Judenfrage« von 1936, in: Günter Brakelmann/Martin Roskowski (Hg.), Antisemitismus. Von religiöser Judenfeindschaft zur Rassenideologie, Göttingen 1989, 52–75

6877 Siegele-Wenschkewitz, Leonore: Auseinandersetzungen mit einem Stereotyp: Die Judenfrage im Leben Martin Niemöllers, in: Ursula Büttner (Hg.), Die Deutschen und die Judenverfolgung im Dritten Reich, Hamburg 1992, 293–319

6878 Silver, Eric: Sie waren stille Helden. Frauen und Männer, die Juden vor den Nazis retteten, München 1994; 256 S. (engl.: London 1992 u.d.T.: The Book of the Just)

6879 Smid, Marikje: Deutscher Protestantismus und Judentum 1932/1933, München 1990; XXX, 547 S.

6880 Streit, Christian: The German Army and the Politics of Genocide, in: Gerhard Hirschfeld (Hg.), The Policies of Genocide. Jews and Soviet Prisoners of War in Nazi Germany, London u.a. 1986, 1–14

6881 Tödt, Heinz E.: Die Novemberverbrechen 1938 und der deutsche Protestantismus. Ideologische und theologische Voraussetzungen für die Hinnahme des Pogroms, in: KZG 2 (1989), 14–37

6882 Ullrich, Volker: »Wir haben nichts gewußt.« Ein deutsches Trauma, in: 1999 6 (1991), Nr. 4, 11–46

6883 Verbeeck, Georgi: Marxism, Anti-semitism, and the Holocaust, in: GH 7 (1989), 319–31

6884 Vogel, Rolf: Ein Stück von uns. Deutsche Juden in deutschen Armeen 1813–1976. Eine Dokumentation, Mainz 1977; 395 S.

6885 Wallach, Jehuda L.: Feldmarschall Erich von Manstein und die deutsche Judenausrottung in Rußland, in: JIdG 4 (1975), 457–78

6886 Weß, Ludger: Wissenschaft und Massenmord. Einige Schlußfolgerungen aus der konzeptionellen Beteiligung der deutschen

Intelligenz an der nationalsozialistischen Vernichtungspolitik, in: Wolfgang Schneider (Hg.), »Vernichtungspolitik«. Eine Debatte über den Zusammenhang von Sozialpolitik und Genozid im nationalsozialistischen Deutschland, Hamburg 1991, 103–8

6887 Weinreich, Max: Hitler's Professors. The Part of Scholarship in Germany's Crime against the Jewish People, New York 1946; 291 S.

6888 Wilhelm, Hans-Heinrich: Knowledge and Comprehension among the German Army on the Final Solution, in: Asher Cohen u. a. (Hg.), Comprehending the Holocaust. Historical and Literary Research, Frankfurt u. a. 1988, 179–202

6889 Wolfson, Manfred: Zum Widerstand gegen Hitler: Umriß eines Gruppenporträts deutscher Retter von Juden, in: Joachim Hütter u. a. (Hg.), Tradition und Neubeginn. Internationale Forschungen zur Geschichte des 20. Jahrhunderts, Köln u. a. 1975, 391–407

6890 Wollenberg, Jörg (Hg.): »Niemand war dabei und keiner hat's gewußt.« Die deutsche Öffentlichkeit und die Judenverfolgung 1933–1945, München/Zürich 1989; 271 S.*

6891 Zur Erinnerung an Oskar Schindler, den unvergeßlichen Lebensretter 1200 verfolgter Juden. Dokumentation der Gedenkstunde zum 10. Todestag am 14. Oktober 1984 in Frankfurt am Main, Hg. Ackermann Gemeinde Hessen, Bearb. Erhard Knechtel, Frankfurt 1984; 52 S.

Regional-/Lokalstudien: Gedruckte Quellen

6892 Judenverfolgung und nichtjüdische Bevölkerung 1933–1944, in: Bayern in der NS-Zeit, Bd. 1: Soziale Lage und politisches Verhalten der Bevölkerung im Spiegel vertraulicher Berichte, Hg. Martin Broszat u. a., München/Wien 1977, 427–86

6893 Safrian, Hans/Witek, Hans (Hg.): Und keiner war dabei. Dokumente des alltäglichen Antisemitismus in Wien 1938, Wien 1988; 207 S.

Regional-/Lokalstudien: Darstellungen

6894 Barta, Tony: Living in Dachau. Bavarian Catholics and the Fate of the Jews, 1893–1943, in: John Milfull (Hg.), Why Germany? National Socialist Anti-Semitism and the European Context, Providence, Ri./Oxford 1993, 41–60

6895 Brade, Lutz: Die Achtung vor den Menschenrechten gegenüber der jüdischen Bevölkerung. Beispiele aus Herford, Deutschland, Dänemark und Bulgarien zwischen 1933 und 1945, in: Hubert Frankemölle (Hg.), Opfer und Täter. Zum nationalsozialistischen und antijüdischen Alltag in Ostwestfalen-Lippe, Bielefeld 1990, 117–26

6896 Debus, Karl H.: Christen und Juden und die Justiz im Dritten Reich im Oberlandesgerichtsbezirk Zweibrücken, in: Sven Paulsen (Hg.), 175 Jahre pfälzisches Oberlandesgericht. 1815 Appellationshof – Oberlandesgericht 1990, Zweibrücken 1990, 181–206

6897 Ehrich, Ute: Die Judenfrage in der Presse. Forschung und Denunziation am Institut für Zeitungswissenschaft an der Universität Leipzig, in: Werner Röhr u. a. (Hg.), Faschismus und Rassismus. Kontroversen um Ideologie und Opfer, Berlin 1992, 86–95

6898 Groppe, Lothar: Kirche und Juden im Dritten Reich, Hg. Wiener Katholische Akademie, Arbeitskreis für kirchliche Zeit- und Wiener Diözesangeschichte, Wien 1979; 19 S.

6899 Gross, Leonhard: Versteckt. Wie Juden in Berlin die Nazi-Zeit überlebten, Reinbek 1983; 379 S. (TB 1988; amerikan. New York 1982 u. d. T.: The Last Jews of Berlin)

6900 Henry, Frances: Victims and Neighbors: A Small Town in Nazi Germany Remembered, South Hadley, Mass. 1984; XII, 201 S.

6901 Hermle, Siegfried/Lächele, Rainer: Die Evangelische Landeskirche in Württemberg und der »Arierparagraph«, in: Siegfried Hermle u. a. (Hg.), Im Dienst an Volk und Kirche. Theologiestudium im Nationalsozialismus. Erinnerungen, Darstellungen, Dokumente und Reflexionen zum Tübinger Stift 1930 bis 1950, Stuttgart 1988, 179–214

6902 Hofinger, Niko: »Unsere Losung ist: Tirol den Tirolern!« Antisemitismus in Tirol 1918–1938, in: ZG 21 (1994), 83–108

6903 Juden in Heckinghausen. Dokumente zum Thema: Judenverfolgung unter den Augen der Gemeinde, Mitarb. Bernd Böth u. a., Hg. Arbeitskreis »Juden in Heckinghausen«, hg. i. A. des Presbyteriums der Vereinigten Evangelischen Kirchengemeinde Heckinghausen, Heckinghausen 1988; 22 S.**

6904 Kershaw, Ian: Antisemitismus und Volksmeinung. Reaktion auf die Judenverfolgung, in: Bayern in der NS-Zeit, Bd. 2: Herrschaft und Gesellschaft im Konflikt, T. A, Hg. Martin Broszat/Elke Fröhlich, München/Wien 1979, 281–348

6905 Krüger, Maren u. a.: Alltag im Berliner Untergrund 1943 bis 1945, in: Rainer Erb u. a. (Hg.), Antisemitismus und jüdische Geschichte. Studien zu Ehren von Herbert A. Strauss, Berlin 1987, 295–309

6906 Marggraf, Eckhart: Hermann Maas. Evangelischer Pfarrer [in Heidelberg] und »stadtbekannter Judenfreund«, in: Michael Bosch/Wolfgang Niess (Hg.), Der Widerstand im deutschen Südwesten 1933–1945, Stuttgart 1984, 71–82

6907 Mayerhofer, Josef: Die nationalsozialistischen Gesundheits- und Rassengesetze und ihre Auswirkungen auf die Seelsorge im Bistum Regensburg, in: Georg Schwaiger/Paul Mai (Hg.), Das Bistum Regensburg im Dritten Reich, Regensburg 1981, 193–206

6908 Naarmann, Margit: Christliches Kloster und Jüdisches Waisenhaus in Paderborn, in: Hubert Frankemölle (Hg.), Opfer und Täter. Zum nationalsozialistischen und antijüdischen Alltag in Ostwestfalen-Lippe, Bielefeld 1990, 87–116

6909 Reichrath, Hans L.: Die »Judenfrage« im Pfälzischen Pfarrerblatt von 1933 bis 1939, in: Alfred H. Kuby (Hg.), Pfälzisches Judentum gestern und heute. Beiträge zur Regionalgeschichte des 19. und 20. Jahrhunderts, Neustadt a. d. W. 1992, 287–319

6910 Reichrath, Hans L.: Die Judenfrage im Lichte der evangelischen Sonntagsblätter der Pfalz im 3. Reich, in: Judaica (Zürich/Basel) 46 (1990), 164–181

6911 Reichrath, Hans L.: Die evangelischen Sonntagsblätter der Pfalz und die »Judenfrage« im »Dritten Reich«, in: BPKG 54 (1987), 51–64

6912 Rewald, Ilse: Berliner, die uns halfen, die Hitlerdikatur zu überleben. (Beiträge zum Widerstand 1933–1945, 6), Hg. Gedenkstätte Deutscher Widerstand Berlin, 4. Aufl., Berlin 1985; 24 S. (zuerst 1975)

6913 Rückleben, Hermann: Die Badische Kirchenleitung und ihre nichtarischen Mitarbeiter zur Zeit des Nationalsozialismus, in: ZGO 126 (1978), 371–407

6914 Schnabel, Thomas: Gertrud Luckner. Mitarbeiterin der Caritas in Freiburg, in: Michael Bosch/Wolfgang Niess (Hg.), Der Widerstand im deutschen Südwesten 1933–1945, Stuttgart 1984, 117–28

6915 Schröttel, Gerhard: Christen und Juden. Die Haltung der Evangelisch-Lutherischen Landeskirche in Bayern seit 1933, in: Manfred Treml/Josef Kirmeier (Hg.), Geschichte und Kultur der Juden in Bayern. Aufsätze, Mitarb. Evamaria Brockhoff, München u. a. 1988, 479–90

6916 Sprenger, Isabell: »Erbarmungsloses Schweigen« – Bevölkerung und Konzentrationslager in Groß-Rosen [Niederschlesien], in: AS 20 (1993), 377–80

6917 Wagener, Ulrich: Priester und Laien der katholischen Kirche als Opfer und Täter, in: Hubert Frankemölle (Hg.), Opfer und Täter. Zum nationalsozialistischen und antijüdischen Alltag in Ostwestfalen-Lippe, Bielefeld 1990, 147–64

6918 Weinzierl, Erika: Zu wenig Gerechte. Österreicher und Judenverfolgung 1938–1945, 2. Aufl., Graz u. a. 1985; 208 S.

6918a Ziegler, Hannes: Der 1. April 1933 im Spiegel der Berichterstattung und Kommentierung der katholischen Presse in der Pfalz, in: Alfred H. Kuby (Hg.), Juden in der Provinz. Beiträge zur Geschichte der Juden in der Pfalz zwischen Emanzipation und Vernichtung, 2. Aufl., Neustadt a. d. W. 1989, 103–25 (zuerst 1988)

A.3.10.4.7 Haltung des Auslands

[vgl. A.3.10.8.4; B.1.8.4.1]

Literaturberichte

6919 Yahil, Leni: The Historiography of the Refugee Problem and of Rescue Efforts in the Neutral Countries, in: Yisrael Gutman/Gideon Greif (Hg.), The Historiography of the Holocaust Period, Jerusalem 1988, 513–33

Gedruckte Quellen

6920 Lévai, Jenö (Bearb.): Geheime Reichssache. Papst Pius XII. hat nicht geschwiegen. Berichte, Dokumente, Akten, zusammengestellt aufgrund kirchlichen Archivmaterials, Vor- u. Nachwort Robert M. W. Kempner, Köln 1966; 144 S.

Wyman, David S. (Hg.): America and the Holocaust. A Thirteen-Volume Set Documenting the Editor's Book »The Abandonment of the Jews«, New York/London:

6921 – Bd. 1: Confirming the News of Extermination, 1990; XI, 265 S.

6922 – Bd. 2: The Struggle for Rescue Action, 1990; XXIII, 305 S.

6923 – Bd. 3: The Mock Rescue Conference: Bermunda, 1990; XIII, 307 S.

6924 – Bd. 4: Barring the Gates to America, 1990; XVII, 359 S.

6925 – Bd. 5: American Jewish Disunity, 1990; XXIII, 352 S.

6926 – Bd. 6: Showdown in Washington: State, Treasury, and Congress, 1990; XXI, 512 S.

6927 – Bd. 7: War Refugee Board: Basic Rescue Operations, 1990; XIX, 457 S.

6928 – Bd. 8: War Refugee Board: Hungary, 1990; XIX, 216 S.

6929 – Bd. 9: War Refugee Board: Special Problems, 1990; XXXI, 429 S.

6930 – Bd. 10: Token Shipment (Oswego Camp) [Edward B. Marks]; and War Refugee Board »Summary Report« [William O'Dwyer], 1989; 186 S.

6931 – Bd. 11: War Refugee Board: »Weekly Reports«, 1989; 539 S.

6932 – Bd. 12: Bombing Auschwitz; and the Auschwitz Escapees' Report, 1990; XIX, 267 S.

6933 – Bd. 13: Responsibility for America's Failure, 1991; XX, 263 S.

Darstellungen

6934 Ancel, Jean: The Impact of the Course of the War on Romanian Jewish Policies, in: Asher Cohen u. a. (Hg.), The Shoah and the War, New York u. a. 1992, 177–210

6935 Aronson, Shlomo: Die dreifache Falle. Hitlers Judenpolitik, die Alliierten und die Juden, in: VfZ 32 (1984), 29–65

6936 Avni, Haim: The War and the Possibilities of Rescue [through Latin America], in: Asher Cohen u. a. (Hg.), The Shoah and the War, New York u. a. 1992, 373–92

6937 Bauer, Yehuda: My Brother's Keeper. A History of the American Jewish Joint Distribution Committee, 1929–1939, Philadelphia, Pa. 1974; XI, 350 S.

6938 Bauer, Yehuda: The Negotiations Between Saly Mayer and the Representatives of the S. S. in 1944–1945, in: Yisrael Gutman/Efraim Zuroff (Hg.), Rescue Attempts during the Holocaust, Jerusalem 1977, 5–45

6939 Bauer, Yehuda: »Onkel Saly« – die Verhandlungen des Saly Mayer zur Rettung der Juden 1944/45, in: VfZ 25 (1977), 188–219

6940 Bejski, Moshe: The »Rightous Among the Nations« and their Part in the Rescue of Jews, in: Yisrael Gutman/Efraim Zuroff (Hg.), Rescue Attempts during the Holocaust, Jerusalem 1977, 627–47

6941 Ben-Elissar, Eliahu: Le facteur juif dans la politique étrangère du IIIe Reich (1933–1939), Paris 1969; 521 S.

6942 Ben-Tov, Arieh: Das Rote Kreuz kam zu spät. Die Auseinandersetzung zwischen dem jüdischen Volk und dem Internationalen Komitee vom Roten Kreuz im Zweiten Weltkrieg, Zürich 1990; 511 S.

6943 Bodensieck, Heinrich: Das Dritte Reich und die Lage der Juden in der Tschecho-Slowakei nach München, in: VfZ 9 (1961), 249–61

6944 Bolchover, Richard: British Jewry and the Holocaust, Cambridge 1993; XI, 208 S.

6945 Boyens, Armin: The World Council of Churches and its Activities on Behalf of the Jews inthe Nazi Period, in: Otto D. Kulka/Paul R. Mendes-Flohr (Hg.), Judaism and Christianity under the Impact of National Socialism, Jerusalem 1987, 453–69

6946 Braham, Randolph L. (Hg.): Jewish Leadership during the Nazi Era. Patterns of Behavior in the Free World, New York 1985; XIV, 154 S.

6947 Braham, Randolph L.: The Influence of War on the Jewish Policies of the German Satellite States, in: Asher Cohen u. a. (Hg.), The Shoah and the War, New York u. a. 1992, 125–43

6948 Breitman, Richard: The Allied War Effort and the Jews, 1942–1943, in: JCH 20 (1985), 135–56

6949 Breitman, Richard: American Rescue Activities in Schweden, in: H&GS 7 (1993), 202–15

6950 Dworzecki, Meir: The International Red Cross and its Policy vis á vis the Jews in Ghettos and Concentration Camps in Nazi Occupied Europe, in: Yisrael Gutman/Efraim Zuroff (Hg.), Rescue Attempts during the Holocaust, Jerusalem 1977, 71–110

6951 Eppler, Elizabeth E.: The Rescue Work of the World Jewish Congress during the Nazi Period, in: Yisrael Gutman/Efraim Zuroff (Hg.), Rescue Attempts during the Holocaust, Jerusalem 1977, 47–69

6952 Favez, Jean-Claude: Das Internationale Rote Kreuz und das Dritte Reich. War der Holocaust aufzuhalten?, Mitarb. Geneviève Billeter, München/Zürich 1989; 592 S. (TB München 1994 u. d. T.: Warum schwieg das Rote Kreuz? Eine internationale Organisation und das Dritte Reich; franz.: Lausanne 1988 u. d. T.: Une mission impossible?)

6953 Feinberg, Nathan: The Jewish Front against Hitler on the Stage of the League of Nations. (Bernheim Petition). Issued by Yad Vashem, Jerusalem 1957; 186 S.

6954 Feingold, Henry L.: The Government Response [USA], in: Henry Friedlander/Sybil Milton (Hg.), The Holocaust: Ideology, Bureaucracy, and Genocide. The San José Papers, Millwood, N. Y. 1980, 245–60

6955 Feingold, Henry L.: Roosevelt and the Resettlement Question, in: Yisrael Gutman/Efraim Zuroff (Hg.), Rescue Attempts during the Holocaust, Jerusalem 1977, 123–81

6956 Fox, John P.: The British Attitudes to Rescue: Definitions and Perspectives, in: Asher Cohen u. a. (Hg.), The Shoah and the War, New York u. a. 1992, 355–72

6957 Gelber, Yoav: The Free World and the Holocaust: Moralist and Realist Approaches in Historiography, in: Asher Cohen u. a. (Hg.), Comprehending the Holocaust. Historical and Literary Research, Frankfurt u. a. 1988, 107–24

6958 Gewirtz, Sharon: Anglo-Jewish Responses to Nazi Germany 1933–39: The Anti-nazi Boycott and the Board of Deputies of British Jews, in: JCH 26 (1991), 255–76

6959 Grobman, Alex: Rekindling the Flame. American Jewish Chaplains and the Survivors of European Jewry, 1944–1948, Detroit, Mich. 1993; XII, 259 S.

6960 Gutman, Yisrael/Zuroff, Efraim (Hg.): Rescue Attempts during the Holocaust. Proceedings of the Second Yad Vashem International Historical Conference, Jerusalem, April 8–11, 1974, Jerusalem 1977; (VII), 679 S.*

6961 Hansen, Niels: Die Katastrophe der Juden in Ungarn. Eine historische Untersuchung der Haltung des IKRK in Genf, in: Tribüne 28 (1989), Nr. 111, 126–34

6962 Hurwirz, Ariel: The Struggle over the Creation of the War Refugee Board (WRB), in: H&GS 6 (1991), 17–31

6963 Ioanid, Radu: The Pogrom of Bucharest, 21–23 January 1941, in: H&GS 6 (1991), 373–82

6964 Jones, Priscilla D.: British Policy towards German Crimes against German Jews, 1939–1945, in: LBY 36 (1991), 339–66

6965 Katzburg, Nathaniel: British Policy on Immigration to Palestine during World War II, in: Yisrael Gutman/Efraim Zuroff (Hg.), Rescue Attempts during the Holocaust, Jerusalem 1977, 183–203

6966 Keller, Stefan: Grüningers Fall. Geschichten von Flucht und Hilfe, Zürich 1993; 256 S.

6967 Kranzler, David: The Japanese Ideology of Anti-Semitism and the Holocaust, in: Randolph L. Braham (Hg.), Contemporary Views on Holocaust, Boston u. a. 1983, 79–107

6968 Kühner, Claudia: »... die Verjudung zu verhindern«. Die Schweiz in der Nazizeit – und ihre Emigranten, in: Tribüne 22 (1983), Nr. 67, 134–39

6969 Laqueur, Walter: Was niemand wissen wollte. Die Unterdrückung der Nachrichten über Hitlers »Endlösung«, Frankfurt 1981; 262 S. (engl.: London 1980 u. d. T.: The Terrible Secret)

6970 Lasserre, André: Les réfugiés de Bergen-Belsen et Theresienstadt ou les déboires d'une politique d'asile en 1944–1945, in: SZG 40 (1990), 307–17

6971 Levin, Dov: The Attitude of the Soviet Union to the Rescue of Jews, in: Yisrael Gutman/Efraim Zuroff (Hg.), Rescue Attempts during the Holocaust, Jerusalem 1977, 225–36

6972 Levin, Dov: The Fateful Decision. The Flight of the Jews into the Soviet Interior in the Summer of 1941, in: YVS 20 (1990), 115–42

6973 Lichtenstein, Heiner: Angepaßt und treu ergeben. Das Rote Kreuz im »Dritten Reich«, Vorwort Robert M. W. Kempner, Köln 1988; 180 S.

6974 Lustiger, Arno: »Brider un schwester, jidn vun der ganzer welt«. Von Stalin benutzt, geächtet, ermordet: Das Jüdische Antifaschistische Komitee und die Ermordung seiner Mitglieder vor vierzig Jahren, in: FR, Jg. 48, Nr. 186, 12. 8. 1991, 18

6975 Michaelis, Meir: Italian Jewish Policy up to the Armistice, in: Asher Cohen u. a.

(Hg.), The Shoah and the War, New York u. a. 1992, 283–300

6976 Morley, John F.: Vatican Diplomacy and the Jews during the Holocaust, 1939–1945, Diss. New York University 1979; 601 S.

6977 Ofer, Dalia: The Activities of the Jewish Agency Delegation in Istambul in 1943, in: Yisrael Gutman/Efraim Zuroff (Hg.), Rescue Attempts during the Holocaust, Jerusalem 1977, 435–50

6978 Peck, Sarah E.: The Campaign for an American Response to the Nazi Holocaust, 1943–1945, in: JCH 15 (1980), 367–400

6979 Penkower, Monty N.: The Struggle for an Allied Jewish Fighting Force during World War II, in: Randolph L. Braham (Hg.), Contemporary Views on Holocaust, Boston u. a. 1983, 47–75

6980 Pommerin, Reiner: Rassenpolitische Differenzen im Verhältnis der Achse Berlin – Rom 1938–1943, in: VfZ 27 (1979), 646–60

6981 Porat, Dina: The Allies, Herzl's Testament, the Holocaust, and Limitations of Jewish Policies, July 1944, in: H&GS 6 (1991), 269–82

6982 Rassinier, Paul: Operation »Stellvertreterkrieg«. Huldigung eines Ungläubigen, München 1966; 244 S. (franz.: Paris 1965 u. d. T.: L'operation »Vicaire«. Le rôle de Pie XII devant l'histoire)

6983 Shafir, Shlomo: The Impact of the Jewish Crisis on American-German Relations, 2 Bde., Diss. Georgetown University, Washington, D. C. 1971; 1033 S.

6984 Shelah, Menachem: Kroatische Juden zwischen Deutschland und Italien. Die Rolle der italienischen Armee am Beispiel des Generals Giuseppe Amico 1941–1943, in: VfZ 41 (1993), 175–95

6985 Silberklang, David: Jewish Politics and Rescue. The Founding of the Council for German Jewry, in: H&GS 7 (1993), 333–71

6986 Spear, Sheldon: The United States and the Persecution of the Jews in Germany, 1933–1939, in: JSS 30 (1968), 215–42

6987 Spector, Shmuel: The Attitude of the Ukrainian Diaspora to the Holocaust of Ukrainian Jewry, in: Yisrael Gutman/Gideon Greif (Hg.), The Historiography of the Holocaust Period, Jerusalem 1988, 275–90

6988 Stadlmayer, Tina: Später Dank für den Schindler aus Japan. Ein japanischer Diplomat [Chiune Sugihara] rettete 1940 Tausende Juden aus Litauen vor dem KZ, in: FR, Jg. 50, Nr. 222, 23. 9. 1994, 7

6989 Vago, Bela: The Horthy Offer. A Missed Opportunity for Rescuing [Hungarian] Jews in 1944, in: Randolph L. Braham (Hg.), Contemporary Views on Holocaust, Boston u. a. 1983, 23–45

6990 Vago, Bela: The British Government and the Fate of Hungarian Jewry in 1944, in: Yisrael Gutman/Efraim Zuroff (Hg.), Rescue Attempts during the Holocaust, Jerusalem 1977, 205–23

6991 Visser, Bernardus J. J.: Gewalt gegen Gewissen. Nationalsozialismus, Vatikan, Episkopat. Die Entlarvung einer Geschichtsfälschung, Bearb. Philipp Schertl, Würzburg 1974; 268 S.

6992 Weingarten, Ralph: Die Hilfeleistung der westlichen Welt bei der Endlösung der deutschen Judenfrage. Das »Intergouvernemental Committee on Political Refugees« (IGC) 1938–1939, 2. Aufl., Bern/Frankfurt 1983; 232 S. (zuerst 1981)

6993 The Western Alliies and the Holocaust. (H&GS, Jg. 5), Oxford u. a. 1990; 183 S.

6994 Wyman, David S.: Das unerwünschte Volk. Amerika und die Vernichtung der europäischen Juden, 2. Aufl., Frankfurt 1989

(zuerst Ismaning 1986; amerikan.: New York 1984)

6996 Zweig, Ronald W.: The War Refugee Board and American Intelligence, in: Asher Cohen u. a. (Hg.), The Shoah and the War, New York u. a. 1992, 393–404

A.3.10.4.8 Erlebnisberichte

[vgl. A.3.10.8.5]

6997 Andreas-Friedrich, Ruth: Der Schattenmann. Tagebuchaufzeichnungen 1938–1945, Neuausg., Frankfurt 1983 u. ö.; 289 S. (zuerst Berlin 1947; TB Frankfurt 1986; amerikan.: New York 1945 u. d. T.: Berlin Underground)

6998 Aschoff, Diethard: Holocaust in Augenzeugenberichten westfälischer Juden, in: WF 38 (1988), 244–56

6999 Balbin, André: De Lodz à Auschwitz. En passant par la Lorraine, Vorwort Henry Bulawko, Nancy 1989; 147 S.

7000 Baratz, Barbara: Flucht vor dem Schicksal. Escape from Destiny. Holocaust-Erinnerungen aus der Ukraine 1941–1944, aus dem russischen Tagebuch ins Deutsche und Englische übersetzt, Darmstadt 1984; 155 S.

7001 Baumann, Janina: Als Mädchen im Warschauer Ghetto, Nachwort Wladyslaw Bartoszewski, München 1986; 310 S. (engl. London/New York 1986 u. d. T.: Winter in the Morning)

7002 Becker-Jákli, Barbara (Hg.): Ich habe Köln doch so geliebt. Lebensgeschichten jüdischer Kölnerinnen und Kölner, Köln 1993; 379 S.

7003 Beckert, Sven: Als Hitler an die Haustür klopfte. Überlebende des Holocaust erinnern sich an ihre Kindheit im Versteck, in: FR, Jg. 47, Nr. 255, 2.11. 1991, ZB 1

7004 Bednarz, Dieter/Lüders, Michael (Hg.): Blick zurück ohne Haß. Juden aus Israel erinnern sich an Deutschland, Geleitwort Helmut Gollwitzer, Köln 1981; 175 S.

7005 Behrend-Rosenfeld, Else R.: Ich stand nicht allein. Leben einer Jüdin in Deutschland 1933–1944, Nachwort Marita Krauss, Neuausg., 2. Aufl., München 1988; 270 S. (zuerst 1979; Originalausg. Zürich 1945)

7006 Bendix, Reinhard: Von Berlin nach Berkeley. Deutsch-jüdische Identitäten, 2. Aufl., Frankfurt 1990; 492 S. (zuerst 1985; amerikan. 1982)

7007 BenGershôm, Ezra: David. Aufzeichnungen eines Überlebenden, Neuausg., Frankfurt 1989; 359 S. (zuerst TB Frankfurt 1979 u. ö.; Erstausg.: Joel König [d. i. Ezra BenGershôm], Den Netzen entronnen, Göttingen 1967)

7008 Birger, Trudi: Im Angesicht des Todes. Wie ich der Hölle des Konzentrationslagers entkam, München/Zürich 1990; 215 S.

7009 Cargas, Harry J.: Voices from the Holocaust, Lexington, Ky. 1993; XIX, 164 S.

7010 Castle Stanford, Julian (d. i. Julius Schloss): Tagebuch eines deutschen Juden im Untergrund, Hg. Deutsch-Israelische Gesellschaft, Darmstadt 1980; 189 S. (amerikan.: Oackland, Ca. 1965)

7012 Corbach, Dieter: Köln und Warschau sind zwei Welten. Amalie Banner – Leiden unter dem NS-Terror, Köln 1993; 104 S.

7013 Czerniaków, Adam: Im Warschauer Ghetto. Das Tagebuch des Adam Czerniaków 1939–1942, München 1986; 303 S.

7014 Delpard, Raphaël: Überleben im Versteck. Jüdische Kinder 1940–1944, Bonn 1994; 264 S. (franz.: Paris 1993 u. d. T.: Les enfants cachés)

7015 Deutschkron, Inge: Ich trug den gelben Stern, 4. Aufl., Köln 1983; 214 S. (zuerst 1978; TB München 1985 u. ö.)

7016 Dietz, Edith: Den Nazis entronnen. Die Flucht eines jüdischen Mädchens in die Schweiz. Autobiographischer Bericht 1933–1942, Vorwort Micha Brumlik, Frankfurt 1990; 131 S.

7017 Edel, Peter: Wenn es ans Leben geht. Meine Geschichte, 2 Bde., Berlin (O) 1979; 451, 420 S.

7018 Eichengreen, Lucille: Von Asche zu Leben, Mitarb. Harriet Chamberlain, Vorwort Ursula Wamser, Hamburg 1992; 248 S.

7019 Elias, Ruth: Die Hoffnung erhielt mich am Leben. Mein Weg von Theresienstadt und Auschwitz nach Israel, 5. Aufl., München/Zürich 1988; 331 S. (zuerst 1988)

7020 Eschwege, Helmut: Fremd unter meinesgleichen. Erinnerungen eines Dresdner Juden, Berlin 1991; 288 S.

7021 Fischer, Alfred J.: In der Nähe der Ereignisse. Als jüdischer Journalist in diesem Jahrhundert, Berlin 1991; 260 S.

7022 Flesch-Thebesius, Marlies: Hauptsache Schweigen. Ein Leben unterm Hakenkreuz, Stuttgart 1988; 160 S.

7023 Fraenkel, Abraham A.: Lebenskreise. Aus den Erinnerungen eines jüdischen Mathematikers, Stuttgart 1967; 207 S.

7024 Frankenthal, Käte: Der dreifache Fluch: Jüdin, Intellektuelle, Sozialistin. Lebenserinnerungen einer Ärztin in Deutschland und im Exil, Hg. Kathleen M. Pearle/ Stephan Leibfried, Frankfurt/New York 1981; 320 S.

7025 Freeden, Herbert: Leben zur falschen Zeit, Berlin 1991; 277 S.

7026 Frick, Hans: Die blaue Stunde, München 1979; 137 S.

7027 Gebhard, Peter: »Ich wollte schon immer der ganzen Welt angehören.« Lothar Simenauer – eine deutsch-jüdische Lebensgeschichte, Weinheim/Basel 1994; 104 S.

7028 Genin, Salomea: Scheindl und Salomea. Von Lemberg nach Berlin, Nachwort Wolfgang Benz, Frankfurt 1992; 150 S.

7029 Gershon, Karenn: »Wir kamen als Kinder.« Eine kollektive Autobiographie, Frankfurt 1988; 222 S. (zuerst engl.)

7030 Gilbert, David/Rose, Kathy Y.: Nightmare in Germany. The Inspiring Odyssey of One Man's Triumph over Nazism: From the Ghetto to Bergen-Belsen, San Francisco, Ca. 1992; 160 S.

7031 Gilbert, Martin: Final Journey. The Fate of the Jews in Nazi Europe, London 1979; 224 S.

7032 Gillis-Carlebach, Miriam: Jedes Kind ist mein Einziges. Lotte Carlebach-Preuss. Anlitz einer Mutter und Rabbiner-Frau, Hamburg 1992; 413 S.

7033 Golan, Reuven: Aus der Erlebniswelt eines jüdischen Jugendlichen in Kiel Anfang der dreißiger Jahre, in: Erich Hoffmann/Peter Wulf (Hg.), »Wir bauen das Reich«. Aufstieg und erste Herrschaftsjahre des Nationalsozialismus in Schleswig-Holstein, Neumünster 1983, 361–68

7034 Goldfaden, Edith: Und trotzdem lebe ich noch. Lebensgeschichte einer deutschen Jüdin, Lahr 1993; 63 S.

7035 Goldmann, Nachum: Mein Leben als deutscher Jude, erw. u. erg. Neufassung, München 1980; 479 S. (TB Frankfurt/Berlin 1983; T. 1 zuerst Köln 1970 u.d.T.: Staatsman ohne Staat)

7036 Goldschmidt, Adolph: Lebenserinnerungen 1863–1944, Hg. Marie Roosen-Runge-Mollwo, Berlin 1989; 495 S.

7037 Gottschalk, Gerda: Der letzte Weg, Mitarb. Dora Hansen u.a., Vorwort Josef Gülden, Konstanz 1991; 169 S.

7038 Greve, Ludwig: Wo gehörte ich hin? Geschichte einer Jugend, Frankfurt 1994; 192 S.

7039 Grünfeld, Fritz V.: Das Leinenhaus Grünfeld. Erinnerungen und Dokumente,

Hg. Stefi Jersch-Wenzel, Berlin 1967; 237 S.

7040 Gurwitz, Percy: Zähl nicht nur, was bitter war. Eine baltische Chronik von Juden und Deutschen, Berlin 1991; 356 S.

7041 Gutermann, Simcha: Das gerettete Buch des Simcha Gutermann, Hg. Nicole Lapierre, München/Wien 1993; 319 S. (franz.: Paris 1991)

7042 Hachenburg, Max: Lebenserinnerungen eines Rechtsanwalts und Briefe aus der Emigration, Hg. Jörg Schadt, Stuttgart u. a. 1978; 260 S.

7042a Hahn, Joachim: Erinnerungen und Zeugnisse jüdischer Geschichte in Baden-Württemberg, Stuttgart 1988; 608 S.**

7043 Hecht, Ingeborg: Als unsichtbare Mauern wuchsen. Eine deutsche Familie unter den Nürnberger Rassegesetzen, Vorwort Ralph Giordano, Hamburg 1984; 156 S. (TB München 1987; 2. Aufl. 1988)

7044 Heilers, Margarete B.: Lebensration. Tagebuch einer Ehe [mit Will Pless] 1933 bis 1945, Frankfurt 1985; 119 S.

7045 Heller, Alfred: Dr. Seligmanns [A. Heller] Auswanderung. Der schwierige Weg nach Israel, Hg. Wolfgang Benz, München 1990; 354 S.

7046 Herman-Friede, Eugen: Für Freudensprünge keine Zeit. Erinnerungen an Illegalität und Aufbegehren 1942–1948, 3. Aufl., Berlin 1994; 222 S. (zuerst 1991)

7047 Herz, Emil: Denk ich an Deutschland in der Nacht. Die Geschichte des Hauses Steg, 2. Aufl., Berlin 1953; 330 S. (zuerst 1951)

7048 Herzberg, Wolfgang: Überleben heißt Erinnern. Lebensgeschichten deutscher Juden, Berlin/Weimar 1990; 438 S.

7049 Hindls, Arnold: Einer kehrte zurück. Bericht eines Deportierten, Stuttgart 1965; 178 S.

7050 Hochhäuser, Alex: Zufällig überlebt. Als deutscher Jude in der Slowakei 1939–1945, Berlin 1992; 179 S.

7051 Hohenberger, Eleonore/Strasser, Marguerite R.: Zwischen Hakenkreuz und gelben Stern. Zwei Biographien aus München, Hg. Thomas Michel, Hamburg 1990; 256 S.

7052 Hohenstein, Alexander (Pseud.): Wartheländisches Tagebuch aus den Jahren 1941/42, 2. Aufl., München 1963; 286 S. (zuerst Stuttgart 1961)

7053 Joseph, Artur: Meines Vaters Haus. Ein Dokument, Vorrede Heinrich Böll, 2. Aufl., Köln 1979; 143 S. (zuerst 1959)

7054 Just-Dahlmann, Barbara: Simon, 1. u. 2. Aufl., Stuttgart 1980; 99 S.

7055 Kapralik, Charles J.: Erinnerungen eines Beamten der Wiener Israelitischen Kultusgemeinde 1938/39, in: BLBI 20 (1981), Nr. 58, 52–78

7056 Katz, Josef: One Who Came Back. The Diary of a Jewish Survivor, New York 1973; 277 S.

7057 Katz, William: Ein deutsch-jüdisches Leben, 1904–1939–1978, Tübingen 1980; 248 S.

7058 Klarsfeld, Serge (Hg.): Documents Concerning the Destruction of the Jews of Grodno, Bd. 1: A: Accounts by Jewish Survivors Residing in the West, B: Accounts Recorded in Poland and the Soviet Union, Bd. 2: Accounts by German Witnesses or Perpetrators of the Final Solution, hg. für die Beate Klarsfeld Foundation, New York o. J. [um 1986]; 493, 364 S.

7059 Klein, Catherine: Escape from Berlin, London 1944; 149 S.

7060 Koehn, Ilse: Mischling Second Degree. My Childhood in Nazi Germany, London 1977; 240 S.

7061 Kovály, Margolius: Eine Jüdin in Prag. Unter dem Schatten von Hitler und Stalin, Berlin 1992; 255 S.

7062 Krakauer, Max: Lichter im Dunkel. Flucht und Rettung eines jüdischen Ehepaares im Dritten Reich, 10., neugest. u. mit e. Nachwort versehne. Aufl., Stuttgart 1975; 141 S. (zuerst 1975)

7063 Kreutz, Wilhelm: Den Holocaust auf abenteuerliche Weise überlebt. Oscar Althausen im Gespräch, in: Alfred H. Kuby (Hg.), Juden in der Provinz. Beiträge zur Geschichte der Juden in der Pfalz zwischen Emanzipation und Vernichtung, 2. Aufl., Neustadt a. d. W. 1989, 177–94 (zuerst 1988)

7064 Krüger, Helmut: Der halbe Stern. Leben als deutsch-jüdischer »Mischling« im Dritten Reich, Nachwort Götz Aly, Berlin 1993; 140 S.

7065 Lachs, Minna: Warum schaust du zurück. Erinnerungen 1907–1941, Wien u. a. 1986; 270 S.

7066 Lammersmann, Birgit/Wißmann, Karin: Nicht nach Riga! Der Überlebenskampf einer Münsterschen Jüdin [Henriette Hertz] im Dritten Reich, in: Heinz-Ulrich Eggert (Hg.), Schon fast vergessen. Alltag in Münster 1933–1945, 2. Aufl., Münster 1989, 139–83 (zuerst 1986)**

7067 Lange, Bernd-Lutz: Davidstern und Weihnachtsbaum. Erinnerungen von Überlebenden, Leipzig 1992; 270 S.

7068 Leiser, Erwin: »Gott hat kein Kleingeld.« Erinnerungen, Köln 1993; 287 S.

7069 Lennert, Rudolf: Zugehörigkeit, Selbstbewußtsein, Fremdheit. Erinnerungen an eine dunkle Zeit, in: NS 26 (1986), 381–95

7070 Lexl-Purcell, Andreas: Erinnerungen deutsch-jüdischer Frauen 1900–1990, Leipzig 1992; 458 S.

7071 Leyens, Erich/Andor, Lotte: Die fremden Jahre. Erinnerungen an Deutschland, Frankfurt 1991; 120 S.

7072 Limberg, Margarete/Rübsaat, Hubert (Hg.): Sie durften nicht mehr Deutsche sein. Jüdischer Alltag in Selbstzeugnissen, 2. Aufl., Frankfurt/New York 1992; 372 S. (zuerst 1990)

7073 Loewenstein, Karl: Minsk. Im Lager der deutschen Juden, Hg. Bundeszentrale für Heimatdienst, Bonn 1961; 58 S.

7074 Löwenthal, Gerhard: Ich bin geblieben. Erinnerungen, München 1987; 397 S.

7075 Lubisch, Ruth: Ich kam nach Palästina, Hg. Angelika Timm, Berlin (O) 1988; 405 S. (zuerst hebr.)

7076 Lucas, Eric: Jüdisches Leben auf dem Lande. Eine Familienchronik, Frankfurt 1991; 155 S.

7077 Ludwig, Max (d. i. Max Oppenheimer): Aus dem Tagebuch des Hans O. Dokumente und Berichte über Deportation und den Untergang der Heidelberger Juden, Vorwort Hermann Maas, Heidelberg 1965; 69 S.

7078 Maor, Zenek (Selig): Von Auschwitz nach Haifa. Erinnerungen eines polnischen Juden, Vorwort Benjamin Levy, Geleitwort Helmut Donat, Bremen 1993; 213 S.

7079 Marchand, Carlotta: Wie durch ein Nadelöhr. Erinnerungen einer jüdischen Frau, Berlin 1985; 150 S. (niederländ.: Amsterdam 1981)

7080 Marx, Hugo: Die Flucht. Jüdisches Schicksal 1940, Düsseldorf 1955; 194 S.

7081 Meier, Maurice: Briefe an meinen Sohn (aus Gurs und anderen Interniertenlagern), Zürich 1946; 218 S.

7082 Meiers, Thomas: Zur Lebensgeschichte des Artur Kann aus Emmelshausen [Hunsrück] (1923–1945), in: BJGGRP 3 (1993), Nr. 4, 46–57

7083 Meynert, Joachim (Hg.): Ein Spiegel des eigenen Ich. Selbstzeugnisse antisemitisch Verfolgter, Brakwede b. Bielefeld 1988; 206 S.

7084 Micheels, Louis J.: Doctor 117641. A Holocaust Memoir, New Haven, Conn./ London 1989; XIII, 199 S.

7085 Muller, Robert: Niemand rettete Muni. Erinnerung an eine verordnete »Abwanderung«, in: Zeit, Jg. 47, Nr. 6, 31.1. 1992, 80

7086 Neumann, Siegfried: Vom Kaiserhoch zur Austreibung. Aus den Aufzeichnungen eines jüdischen Rechtsanwalts, in: APUZ, Nr. B 45/76, 6.11. 1976, 3–32

7087 Oliner, Samuel P.: Restless Memoirs. Recollections of the Holocaust Years, Berkeley, Ca. 1986; XIII, 215 S.

7088 Ostrowski, Siegfried: Vom Schicksal jüdischer Ärzte im Dritten Reich. Ein Augenzeugenbericht aus den Jahren 1933–1939, in: BLBI 6 (1963), Nr. 24, 313–51

7089 Paepcke, Lotte: Unter einem fremden Stern. (»Ich wurde vergessen.«) Mit einem Nachwort »Über die menschliche Würde und das Jude-sein«, Neuausg., Moos/Baden-Baden o.J. [1989]; 139 S. (zuerst Freiburg i.Br. 1952; 2. Aufl. 1979)

7090 Peleg-Marianska, Miriam/Peleg, Mordecai: Witnesses. Life in Occupied Kraków, Vorwort Rafael Scharf, London 1991; XIX, 187 S. (zuerst hebr.)

7091 Perechodnik, Calel: Meine Frau sieht mich mit stummen Augen an, nie werde ich diesen Blick vergessen. Im Jahre 1942 half der jüdische Ghettopolizist Calel Perechodnik [in Otwock] der SS, die eigene Familie ins KZ zu bringen. Fünf Jahrzehnte lang verstaubte seine beklemmende Lebensbeichte im Archiv, jetzt ist sie in Polen als Buch erschienen, in: Zeit, Jg. 49, Nr. 5, 28.1. 1994, 36

7092 Perel, Sally: Ich war Hitlerjunge Salomon, 1. u. 2., durch den Autor um ein Nachwort u. den Fototeil erw. Aufl., München 1993; 203 S. (Erstausg. Berlin 1992; 2. Aufl 1993)

7093 Pincus, Lily: Verloren – gewonnen. Mein Weg von Berlin nach London, Nachwort Bernd H. Stappert, Stuttgart 1980; 207 S.

7094 Prinz, Joachim: A Rabbi under the Hitler Regime, in: Herbert A. Strauss/Kurt R. Großmann (Hg.), Gegenwart im Rückblick. Festgabe für die Jüdische Gemeinde zu Berlin 25 Jahre nach dem Neubeginn, Heidelberg 1970, 231–38

7095 Rattner, Anna/Blonder, Lola: Zuflucht Palästina. Zwei Frauen berichten, Bearb. Helga Embacher, Wien 1989; 185 S.

7096 Richarz, Monika (Hg.): Bürger auf Widerruf. Lebenszeugnisse deutscher Juden, München 1989; 609 S.

7097 Richarz, Monika (Hg.): Jüdisches Leben in Deutschland, Bd. 3: Selbstzeugnisse zur Sozialgeschichte 1918–1945, Stuttgart 1982; 495 S.

7098 Rosenberg, Heinz: Jahre des Schrekkens. ... und ich blieb übrig, daß ich's Dir ansage, Bearb. Hannah Vogt, 3. Aufl., Göttingen 1992; 158 S. (zuerst 1985; amerikan.: 1983)

7099 Rosenthal, Hans: Zwei Leben in Deutschland, 2. Aufl., Bergisch-Gladbach 1987; 319 S. (zuerst 1980)

7100 Rothchild, Sylvia (Hg.): Voices from the Holocaust. Transcripts of Tape Recordings in the William E. Wiener Oral History Library of the American Jewish Committee, Vorwort Eli Wiesel, New York 1981; VII, 456 S.

7101 Rothschild, Recha: Verschlungene Wege. Identitätssuche einer deutschen Jüdin, Frankfurt 1994

7102 Runge, Irene/Stellbrink, Uwe: Georg Mosse: »Ich bleibe Emigrant.« Gespräche mit George L. Mosse, Berlin 1991; 121 S.

7103 Rymkiewicz, Jaroslaw M.: Umschlagplatz, Berlin 1993; 334 S. (poln. 1988)

7104 Scheurenberg, Klaus: Ich will leben. Ein autobiographischer Bericht, Berlin 1982; 267 S.

7105 Scheurenberg, Klaus: Überleben. Flucht- und andere Geschichten aus der Verfolgungszeit des Naziregimes, Hg. Bruno- und Else-Voigt-Stiftung, Berlin 1990; 63 S.

7106 Schmid, Armin/Schmid, Renate: Im Labyrinth der Paragraphen. Die Geschichte einer gescheiterten Emigration, Frankfurt 1993; 172 S.

7107 Schohl-Braumann, Hela: Sieger bleibt die Liebe. Geschichte einer jüdischen Familie im »Dritten Reich«, Dortmund 1961; 64 S.

7108 Scholem, Gershom: Von Berlin nach Jerusalem. Jugenderinnerungen, 3. Aufl., Frankfurt 1993; 220 S. (zuerst 1977)

7109 Schroeter, Kurt: Tage, die so quälend sind. Aufzeichnungen eines jüdischen Bürgers aus Gröbenzell im besetzten Amsterdam September 1942 – Januar 1943, Hg. Kurt Lehnstaedt, München 1993; 118 S.

7110 Schwarz-Gardos, Alice: Von Wien nach Tel Aviv. Lebensweg einer Journalistin, Gerlingen 1991; 240 S.

7111 Schwersenz, Jizchak: Die versteckte Gruppe. Ein jüdischer Lehrer erinnert sich an Deutschland, 2. Aufl., Berlin 1990; 204 S. (zuerst 1988)

7112 Senger, Valentin: Kaiserhofstraße 12, 4. Aufl., Darmstadt 1985; 247 S. (zuerst 1978)

7113 Simonsohn, Trude: So wird auch die Seele ohnmächtig, in: Renate Cogoy u. a. (Hg.), Erinnerung einer Profession. Erziehungsberatung, Jugendhilfe und Nationalsozialismus, Münster 1989, 202–11

7115 Smoliakovas, Grigorijus: Die Nacht, die Jahre dauerte. Ein jüdisches Überlebensschicksal in Litauen 1941–1945, Hg. Erhard R. Wiehn, Konstanz 1992; 223 S.

7116 Stillmann, Günter: Berlin – Palästina und zurück, Vorwort Rudolf Hirsch, Berlin (O) 1989; 169 S.

7117 Stolz, Gerd (Bearb.): Zwischen gestern und heute. Erinnerungen jüdischen Lebens ehemaliger Schleswig-Holsteiner, Hg. Jüdische Gemeinde in Hamburg, Heide i. Holst. 1991; 154 S.

7118 Strauss, Walter (Hg.): Lebenszeichen. Juden aus Württemberg nach 1933, Gerlingen 1982; 367 S. (amerikan.: New York 1982)

7119 Sznajder, Lipman: Wladek war ein falscher Name. Die wahre Geschichte eines dreizehnjährigen Jungen, München 1991; 350 S.

7120 Szwajgier, Adina B.: Die Erinnerung verläßt mich nie. Das Kinderkrankenhaus im Warschauer Ghetto und der jüdische Widerstand, München/Leipzig 1993; 216 S. (engl.: London/New York 1990 u. d. Namen: Blady-Szwajger [sic!])

7121 Tausk, Walter: Breslauer Tagebuch 1933–1940, 2. Aufl., Berlin 1977; 264 S. (zuerst Frankfurt 1977)

7122 Tec, Nechama: Dry Years. The Story of a Lost Childhood, 2., um ein neues Vorwort erg. Aufl., New York 1984; 242 S. (zuerst Westport, Conn. 1982)

7123 Tory, Avraham: Surviving the Holocaust. The Kovno Ghetto Diary, Hg. Martin Gilbert, Bearb. Dina Porat, Cambridge, Mass. 1990; XXIV, 445 S.

7124 Tuch, Theodor: An meine Tochter. Aufzeichnungen eines Hamburger Juden 1941/42, Hg. Ursula Randt, in: BLBI 24 (1985), Nr. 70, 3–32

7125 Valensi, Lucette/Wachtel, Nathan (Hg.): Jewish Memories, Berkeley, Ca. 1991; V, 351 S. (franz.: Paris 1986)

7126 Walk, Joseph (Hg.): Als Jude in Breslau. Aus den Tagebüchern von Studienrat a. D. Dr. Willy Israel Cohn, o. O. [Jerusalem] 1975; 90, 5 S.

7127 Warburg-Spinelli, Ingrid: Die Dringlichkeit des Mitleids und die Einsamkeit, nein zu sagen. Lebenserinnerungen 1910–1989, Hamburg 1990; 480 S.

7128 Weglein, Resi: Als Krankenschwester im KZ Theresienstadt. Erinnerungen einer Ulmer Jüdin. Mit einer Zeit- und Lebensbeschreibung, 2. Aufl., Hg. Silvester Lechner/Alfred Moss, Stuttgart 1988; 228 S. (zuerst 1988)

7129 Wieck, Michael: Zeugnis vom Untergang Königsbergs. Ein »Geltungsjude« berichtet, Heidelberg 1988; 380 S.

7130 Wiener, Jan: Immer gegen den Strom. Ein jüdisches Überlebensschicksal aus Prag 1939–1950, Konstanz 1992; 140 S.

7131 Wimmer, Adi (Hg.): Die Heimat wurde ihnen fremd, die Fremde nicht zur Heimat. Erinnerungen österreichischer Juden aus dem Exil, Wien 1993; 236 S.

7132 Zernik, Charlotte E.: Im Sturm der Zeit. Ein persönliches Dokument, Düsseldorf 1977; 120 S.

7133 Zuelzer, Wolf: Keine Zukunft als »Nicht-Arier« im Dritten Reich. Erinnerungen eines Ausgewanderten, in: Walter H. Pehle (Hg.), Novemberpogrom 1938. Von der Reichskristallnacht zum Völkermord, Frankfurt 1988, 146–59

7134 Zürndorfer, Hannelore: Verlorene Welt. Jüdische Kindheit im Dritten Reich, Pfaffenweiler 1988; IX, 162 S. (engl.: London u. a. 1983 u. d. T.: The Ninth of November)

A.3.10.5 Verfolgung und Vernichtung der Sinti und Roma

Bibliographien

7136 Hohmann, Joachim S.: Neue deutsche Zigeunerbibliographie. Unter Berücksichtigung aller Jahrgänge des »Journals of the Gypsy Lore Society«, Frankfurt u. a. 1992; 259 S.

Quellenkunde

7137 Henke, Josef: Quellenschicksale und Bewertungsfragen. Archivische Probleme bei der Sicherung von Quellen zur Verfolgung der Sinti und Roma im Dritten Reich, in: VfZ 41 (1993), 61–77

7138 Henke, Josef: Die Verfolgung der Sinti und Roma. Eine Bestandsaufnahme der Quellen aus Sicht des Bundesarchivs, in: Archivar 45 (1992), 59–63

Darstellungen

7139 Arnold, Hermann: Die NS-Zigeunerverfolgung. Ihre Ausdeutung und Ausbeutung. Fakten, Mythos, Agitation, Kommerz, Aschaffenburg 1989; 113 S. (Ms. vervielf.)

7140 Asseo, Henriette: La spéficité de l'extermination des Tziganes, in: Yannis Thanassekos/Heinz Wismann (Hg.), Révision de l'histoire. Totalitarismes, crimes et génocides nazis. Actes du colloque international organisé à l'initiative des la Fondation Auschwitz, 3–5 novembre 1988, Institute de Sociologie, Université libre de Bruxelles, Paris 1990, 131–43

7141 Bernadac, Christian: L'Holocauste oublié. Les massacres des Tsiganes, Paris 1979; 413 S.

7142 Döring, Hans-Joachim: Die Zigeuner im nationalsozialistischen Staat, Hamburg 1964; 232 S.

7143 Döring, Hans-Joachim: Die Motive der Zigeuner-Deportation vom Mai 1940, in: VfZ 7 (1959), 418–28

7144 Fings, Karola/Sparing, Frank: Nur wenige kamen zurück. Sinti und Roma im Nationalsozialismus. (Ausstellungskatalog), Köln 1990; 50 S.

7145 Freudenberg, Andreas u. a.: Verdrängte Erinnerung – der Völkermord an

Sinti und Roma, in: Hanno Loewy (Hg.), Holocaust: Die Grenzen des Verstehens. Eine Debatte über die Besetzung der Geschichte, Reinbek 1992, 52–70

7146 Gedenkbuch. Die Sinti und Roma im Konzentrationslager Auschwitz-Birkenau. Memorial. [...], Hg. State Museum of Auschwitz-Birkenau/Documentary and Cultural Center of German Sintis and Roma, Heidelberg, Leitung Jan Percer, 2 Bde., München u. a. 1993; XL, VII, 1674 S.

7147 Gilsenbach, Reimar: Die Verfolgung der Sinti – ein Weg, der nach Auschwitz führte, in: Feinderklärung und Prävention. Kriminalbiologie, Zigeunerforschung und Asozialenpolitik. (Beiträge zur nationalsozialistischen Gesundheits- und Sozialpolitik, 6), Berlin 1988, 11–42

7148 Gilsenbach, Reimar: Wie Lditschai zur Doktorwürde kam. Ein akademisches Kapitel aus dem Völkermord an den Sinti, in: Feinderklärung und Prävention. Kriminalbiologie, Zigeunerforschung und Asozialenpolitik. (Beiträge zur nationalsozialistischen Gesundheits- und Sozialpolitik, 6), Berlin 1988, 101–34

7149 Günther, Wolfgang: »Ach Schwester, ich kann nicht mehr tanzen...« Sinti und Roma im KZ Bergen-Belsen, Hannover 1990; 163 S.

7150 Hohmann, Joachim S.: Geschichte der Zigeunerverfolgung in Deutschland, Frankfurt/New York 1988; 248 S.

7151 Hohmann, Joachim S.: Verfolgte ohne Heimat. Geschichte der Zigeuner in Deutschland, Frankfurt u. a. 1990; 194 S.

7152 Hohmann, Joachim S.: Zigeuner und Zigeunerwissenschaft. Ein Beitrag zur Grundlagenforschung und Dokumentation des Völkermordes im »Dritten Reich«, Marburg 1980; 262 S.

7153 Hohmann, Joachim S.: Robert Ritter und die Erben der Kriminalbiologie. »Zigeunerforschung« im Nationalsozialismus und in Westdeutschland im Zeichen des Rassismus, Frankfurt u. a. 1991; 624 S.

7154 Kenrick, Donald/Puxon, Grattan: Sinti und Roma. Die Vernichtung eines Volkes im NS-Staat, Göttingen 1981; 192 S. (engl.: New York/London 1972)

7155 König, Ulrich: Sinti und Roma unter dem Nationalsozialismus. Verfolgung und Widerstand, Bochum 1989; 210 S.

7156 Krausnick, Michail (Hg.): »Da wollten wir frei sein.« Eine Sinti-Familie erzählt. Mit Fotos aus dem Familienalbum, aus dem Bundesarchiv Koblenz und von Klaus Fark, 2. Aufl., Weinheim/Basel 1986; 169 S. (zuerst 1983; TB 1993)**

7157 Mazirel, Lau C.: Die Verfolgung der »Zigeuner« im Dritten Reich, in: Essays über Naziverbrechen. Simon Wiesenthal gewidmet, Hg. Wiesenthal Fonds/Bund Jüdischer Verfolgter des Naziregimes in Wien, Amsterdam 1973, 123–76

7158 Michalewicz, Bogumila: L'Holocauste des Tsiganes en Pologne, in: Patrick Wiliams (Hg.), Tsiganes: identité, évolution, Paris 1954, 129–39

7159 Rose, Romani: Bürgerrechte für Sinti und Roma. Das Buch zum Rassismus in Deutschland, Hg. Zentralrat deutscher Sinti und Roma, Heidelberg 1987; 191 S.

7160 Rose, Romani/Weiss, Walter: Sinti und Roma im »Dritten Reich«. Das Programm der Vernichtung durch Arbeit, Hg. Zentralrat Deutscher Sinti und Roma, Neuausg., 2., veränd. u. erw. Aufl., Göttingen 1993; 203 S. (zuerst 1991; Erstausg. Hamburg 1989)

7161 Seible, Theresia: Sintezza und Zigeunerin, in: Angelika Ebbinghaus (Hg.), Opfer und Täterinnen. Frauenbiographien des Nationalsozialismus, Nördlingen 1987, 302–16

7162 Spitta, Arnold: Entschädigung für Zigeuner? Geschichte eines Vorurteils, in: Ludolf Herbst/Constantin Goschler (Hg.), Wiedergutmachung in der Bundesrepublik Deutschland, München 1989, 385–401

7163 »Die Überlebenden sind die Ausnahme.« Der Völkermord an Sinti und Roma. Eine Ausstellung des Verbandes Deutscher Sinti, Landesverband Rheinland-Pfalz. Katalog zur Ausstellung, Hg. Verband Deutscher Sinti, Landesverband Rheinland-Pfalz, Bearb. Anita Awosusi/Michail Krausnick, Landau 1992; 29 S.

7164 Winter, Mathias: Kontinuitäten in der deutschen Zigeunerforschung und Zigeunerpolitik, in: Feinderklärung und Prävention. Kriminalbiologie, Zigeunerforschung und Asozialenpolitik. (Beiträge zur nationalsozialistischen Gesundheits- und Sozialpolitik, 6), Berlin 1988, 135–52

7165 Wölffling, Siegfried: Wissenschaft und Medizin im Dienst der Verfolgung und Vernichtung der Zigeuner unter dem Nationalsozialismus, in: Burchard Brentjes (Hg.), Wissenschaft unter dem NS-Regime, Berlin u.a. 1992, 107–21

7166 Yoors, Jan: Die Zigeuner, Stuttgart 1970; 272 S. (amerikan.: New York 1967)

7167 Zentralrat deutscher Sinti und Roma: »Wir knieten auf dem Boden und sollten erschossen werden...« Im Mai 1940 begannen die Deportationen der Sinti und Roma in die Vernichtungslager. Entschädigung steht noch immer aus, in: FR, Jg. 47, Nr. 123, 31.5. 1991, 22

7168 Zimmermann, Michael: Verfolgt, vertrieben, vernichtet. Die nationalsozialistische Vernichtungspolitik gegen Sinti und Roma, Essen 1989; 142 S.

7169 Zimmermann, Michael: Die nationalsozialistische Vernichtungspolitik gegen Sinti und Roma, in: APUZ, Nr. B 16–17/87, 18.4. 1987, 31–46

7170 Zimmermann, Michael: Ausgrenzung, Ermordung, Ausgrenzung. Normalität und Exzeß in der polizeilichen Zigeunerverfolgung in Deutschland (1870–1980), in: Alf Lüdtke (Hg.), »Sicherheit« und »Wohlfahrt«. Polizei, Gesellschaft und Herrschaft im 19. und 20. Jahrhundert, Frankfurt 1992, 344–70

7171 Zimmermann, Michael: »Zigeunerforschung« im Nationalsozialismus, in: SOWI 20 (1991), 104–10

7172 Zimmermann, Michael: Die letzte Fahrt. Im März 1943 wurden die Sinti und Roma aus Deutschland ins Zigeunerfamilienlager Auschwitz verschleppt, in: Zeit, Jg. 48, Nr. 10, 5.3. 1993, 98

7173 Zülch, Tilman (Hg.): In Auschwitz vergast, bis heute verfolgt. Zur Situation der Roma (Zigeuner) in Deutschland und Europa, Reinbek 1979; 333 S.

7174 Zülch, Tilman: Sinti und Roma in Deutschland. Geschichte einer verfolgten Minderheit, in: APUZ, Nr. B 9–10/81, 28.2. 1981, 27–45

Regional-/Lokalstudien

7175 Bott-Bodenhausen, Karin (Hg.): Erinnerungen an »Zigeuner«. Menschen aus Ostwestfalen-Lippe erzählen von Sinti und Roma, Düsseldorf 1988; 102 S.

7176 Eiber, Ludwig: Ich wußte, es wird schlimm. Die Verfolgung der Sinti und Roma in München 1933–1945, Hg. Stadt München, Mitarb. Eva Strauss/Michail Krausnick, München 1993; 153 S.

7177 Fings, Karola/Sparing, Frank: »z. Zt. Zigeunerlager«. Die Verfolgung der Düsseldorfer Sinti und Roma im Nationalsozialismus, Hg. Mahn- und Gedenkstätte Düsseldorf, Köln 1992; 152 S.

7178 Fings, Karola/Sparing, Frank: Das Zigeunerlager in Köln 1935–1958, in: 1999 6 (1991), Nr. 3, 11–40

7179 Gilsenbach, Reimar: Marzahn – Hitlers erstes Lager für »Fremdrassige«. Ein vergessenes Kapitel der Naziverbrechen, in: Pogrom 17 (1986), Nr. 122, 15–17

7180 Günther, Wolfgang: Zur preußischen Zigeunerpolitik seit 1871. Eine Untersuchung am Beispiel des Landkreises Neustadt am Rübenberge und der Hauptstadt Hannover, Hannover 1985; 129 S.

7181 Hase-Mihalik, Eva von/Kreuzkamp, Doris (Hg.): Du kriegst auch einen schönen Wohnwagen. Zwangslager für Sinti und Roma während des Nationalsozialismus in Frankfurt am Main, Frankfurt 1990; 156 S.

7182 Henke, Reinhold: Leben lassen ist nicht genug. Minderheiten in Österreich, Wien 1988; 260 S.

7183 Kawczynski, Rudko: Hamburg soll »zigeunerfrei« werden, in: Angelika Ebbinghaus u. a. (Hg.), Heilen und Vernichten im Mustergau Hamburg. Bevölkerungs- und Gesundheitspolitik im Dritten Reich, Hamburg 1984, 45–53

7184 Krausnick, Michail: Abfahrt Karlsruhe. 16. 5. 1940: Deportation der Karlsruher Sinti und Roma – ein unterschlagenes Kapitel aus der Geschichte unserer Stadt, Hg. Verband der Sinti und Roma, Karlsruhe, Karlsruhe 1990; 71 S.

7185 Krausnick, Michail: »Man kann verzeihen, aber nicht vergessen.« Der Völkermord an den pfälzischen Sinti und Roma, in: Gerhard Nestler/Hannes Ziegler (Hg.), Die Pfalz unterm Hakenkreuz. Eine deutsche Provinz während der nationalsozialistischen Terrorherrschaft, Landau 1993, 357–76

7186 Mayerhofer, Claudia: Dorfzigeuner. Kultur und Geschichte der Burgenland-Roma von der Ersten Republik bis zur Gegenwart, Wien 1987; 241 S.

7187 Mehl, Hans P./Dettling, Adolf: Die Freiburger Zigeuner. Auf der Suche nach einer neuen Identität. (Freiburger Stadthefte, 25), Freiburg i.Br. o. J.; 18 S.

7188 Meister, Johannes: Die »Zigeunerkinder« von der St. Josefspflege in Mulfingen, in: 1999 2 (1987), Nr. 2, 14–51

7189 Meister, Johannes: Schicksale der »Zigeunerkinder« aus der St. Josefspflege in Mulfingen, in: WüF 68 (1984), 197–229

7190 Reuter, Fritz: Unbekannt verzogen? Die Deportation der Sinti und der Juden aus Worms 1940/42, in: BJGGRP 3 (1993), Nr. 4, 31–35

7191 Steinmetz, Selma: Österreichs Zigeuner im NS-Staat, Wien u. a. 1966; 64 S.

7192 Thurner, Erika: Kurzgeschichte des nationalsozialistischen Zigeunerlagers in Lackenbach (1940 bis 1945), Eisenstadt 1984; 47 S.

7193 Thurner, Erika: Nationalsozialismus und Zigeuner in Österreich, Wien/Salzburg 1983; VI, 235, 57 S.

7194 Thurner, Erika: »Ortsfremde, asoziale Gemeinschaftsschädlinge« – die Konsequenzen des »Anschlusses« für Sinti und Roma (Zigeuner), in: Rudolf G. Ardelt/Hans Hautmann (Hg.), Arbeiterschaft und Nationalsozialismus in Österreich. In memoriam Karl R. Stadler, Wien/Zürich 1990, 531–51

7195 Wippermann, Wolfgang: Das Leben in Frankfurt zur NS-Zeit. Darstellung, Dokumente und didaktische Hinweise, Bd. 2: Die nationalsozialistische Zigeunerverfolgung, Frankfurt 1986; 150 S.**

7196 Wippermann, Wolfgang/Brückner-Boroujerdi, Ute: Nationalsozialistische Zwangslager in Berlin III: Das »Zigeunerlager« Marzahn, in: Wolfgang Ribbe (Hg.), Berlin-Forschungen, Bd. 2, Berlin 1987, 189–201

7197 Wölffling, Siegfried: Zur Verfolgung und Vernichtung der mitteldeutschen Zigeuner unter dem Nationalsozialismus, in: WZH 14 (1965), 501–8

7198 Zimmermann, Michael: Eine Deportation [aus dem Kreis Mosbach (Baden)] nach Auschwitz. Zur Rolle des Banalen bei der Durchsetzung des Bösen, in: Heide Gerstenberger/Dorothea Schmidt (Hg.), Normalität oder Normalisierung? Geschichtswerkstätten und Faschismusanalyse, Münster 1987, 84–96

7199 Zimmermann, Michael: Die Verfolgung der Sinti und Roma, in: Anselm Faust

(Hg.), Verfolgung und Widerstand im Rheinland und in Westfalen 1933–1945, Köln u. a. 1992, 200–14

A.3.10.6 Diskriminierung und Verfolgung sogenannter »Asozialer«

[vgl. A.3.16.7]

Darstellungen

7201 Ayaß, Wolfgang: »Ein Gebot der nationalen Arbeitsdisziplin«. Die Aktion »Arbeitsscheu Reich« 1938, in: Feinderklärung und Prävention. Kriminalbiologie, Zigeunerforschung und Asozialenpolitik. (Beiträge zur nationalsozialistischen Gesundheits- und Sozialpolitik, 6), Berlin 1988, 43–74

7202 Ayaß, Wolfgang: Vagrants and Beggars in Hitler's Reich, in: Richard J. Evans (Hg.), The German Underworld. Deviants and Outcasts in German History, London/New York 1988, 210–38

7203 Ayaß, Wolfgang: Wanderer und Nichtseßhafte – »Gemeinschaftsfrende« im Dritten Reich, in: Hans-Uwe Otto/Heinz Sünker (Hg.), Soziale Arbeit und Faschismus. Volkspflege und Pädagogik im Nationalsozialismus, Bielefeld 1986, 361–87

7204 Blandow, Jürgen: »Fürsorgliche Bewahrung« – Kontinuitäten und Diskontinuitäten in der Bewahrung »Asozialer«, in: Renate Cogoy u. a. (Hg.), Erinnerung einer Profession. Erziehungsberatung, Jugendhilfe und Nationalsozialismus, Münster 1989, 125–43

7205 Drobisch, Klaus: Die Verhaftung »Asozialer« und Krimineller und ihre Einweisung in Konzentrationslager 1933/34 und 1937/38, in: Werner Röhr u. a. (Hg.), Faschismus und Rassismus. Kontroversen um Ideologie und Opfer, Berlin 1992, 192–205

7206 Ebbinghaus, Angelika: Helene Wessel und die Verwahrung, in: Angelika Ebbinghaus (Hg.), Opfer und Täterinnen. Frauenbiographien des Nationalsozialismus, Nördlingen 1987, 152–73

7207 Grohall, Karl-Heinz: Fürsorge im Zwielicht. Nichtseßhaftigkeit im Zwielicht, in: Gefährdetenhilfe 28 (1986), 29–36

7209 Meister, Barbara/Langholf, Reinhard: »Zweckmäßige Asozialenbehandlung«. Entmündigung in der nationalsozialistischen Fürsorgepolitik, in: Angelika Ebbinghaus (Hg.), Opfer und Täterinnen. Frauenbiographien des Nationalsozialismus, Nördlingen 1987, 179–90

7210 Noakes, Jeremy: Social Outcast in the Third Reich, in: Richard Bessel (Hg.), Life in the Third Reich, 3. Aufl., Oxford/New York 1992, 83–96 (zuerst 1987)

7211 Peukert, Detlev J. K.: Arbeitslager und Jugend-KZ: die »Behandlung Gemeinschaftsfremder« im Dritten Reich, in: Detlev J. K. Peukert/Jürgen Reulecke (Hg.), Die Reihen fast geschlossen. Beiträge zur Geschichte des Alltags unterm Nationalsozialismus, Wuppertal 1981, 413–34

7212 Scherer, Klaus: »Asozial« im Dritten Reich. Die vergessenen Verfolgten, Münster 1990; 212 S.

7213 Seliger, Maren: Die Verfolgung normabweichenden Verhaltens im NS-System. Am Beispiel der Politik gegenüber »Asozialen«, in: ÖZP 20 (1991), 409–28

7214 Wagner, Patrick: Das Gesetz über die Behandlung Gemeinschaftsfremder. Die Kriminalpolizei und die »Vernichtung des Verbrechertums«, in: Feinderklärung und Prävention. Kriminalbiologie, Zigeunerforschung und Asozialenpolitik. (Beiträge zur nationalsozialistischen Gesundheits- und Sozialpolitik, 6), Berlin 1988, 75–100

Regional-/Lokalstudien: Gedruckte Quellen

7215 »Abgabe asozialer Justizgefangener an die Polizei« – eine unbekannte Vernichtungsaktion der Justiz. Eine Dokumentation, in: Angelika Ebbinghaus u. a. (Hg.), Heilen und Vernichten im Mustergau Hamburg. Bevölkerungs- und Gesundheitspolitik im Dritten Reich, Hamburg 1984, 21–25

7215a Der Staat. Prostituiertenjäger und Zuhälter. Eine Dokumentation, in: Angelika Ebbinghaus u. a. (Hg.), Heilen und Vernichten im Mustergau Hamburg. Bevölkerungs- und Gesundheitspolitik im Dritten Reich, Hamburg 1984, 85–92

Regional-/Lokalstudien: Darstellungen

7216 Brunner, Claudia: »Bettler, Schwindler, Psychopathen«. Die Asozialen-Politik des Münchener Wohlfahrtsamtes in den frühen Jahren der NS-Zeit (1933 bis 1936), München 1993; 123 S.

7217 Eberle, Annette: Zentralwandererhof Herzogsägmühle 1936–45. Zwangsfürsorge für »Nichtseßhafte« und »Asoziale« in Bayern, in: 1999 9 (1994), Nr. 1, 46–60

7218 Langgaertner, Karl: Maßnahmen der Sicherung und Besserung. Artikel 2 des »Gesetzes gegen gefährliche Gewohnheitsverbrecher und über Maßnahmen der Sicherung und Besserung vom 24. November 1933«. Ein geschichtlicher Rückblick und ein Bericht aufgrund von Erfahrungen der Heil- und Pflegeanstalt Haar bei München, München 1949; 72 S.

7219 Pfäfflin, Friedemann: Hamburger Wohlfahrt. Die würdigen und die unwürdigen Insassen der Fürsorgeheime, in: Götz Aly u. a. (Hg.), Aussonderung und Tod. Die klinische Hinrichtung der Unbrauchbaren. (Beiträge zur nationalsozialistischen Gesundheits- und Sozialpolitik, 1), Berlin 1985, 108–20

7220 Roth, Karl H.: Ein Mustergau gegen die Armen, Leistungsschwachen und »Gemeinschaftsunfähigen«, in: Angelika Ebbinghaus u. a. (Hg.), Heilen und Vernichten im Mustergau Hamburg. Bevölkerungs- und Gesundheitspolitik im Dritten Reich, Hamburg 1984, 7–17

7221 Scheer, Rainer: Die nach Paragraph 42 b RStGB verurteilten Menschen in Hadamar, in: Dorothee Roer/Dieter Henkel (Hg.), Psychiatrie im Faschismus. Die Anstalt Hadamar 1933–1945, Bonn 1986, 237–55

7222 Zürn, Gaby: »Von der Herbertstraße [Hamburg-St. Pauli] nach Auschwitz«, in: Angelika Ebbinghaus (Hg.), Opfer und Täterinnen. Frauenbiographien des Nationalsozialismus, Nördlingen 1987, 91–101

A.3.10.7 Diskriminierung und Verfolgung von Homosexuellen

Gedruckte Quellen

7223 Grau, Günter (Hg.): Homosexualität in der NS-Zeit. Dokumente einer Diskriminierung und Verfolgung, Mitarb. Claudia Schoppmann, Frankfurt 1993; 373 S.

Darstellungen

7224 Dijk, Lutz van: Ein erfülltes Leben – trotzdem... Erinnerungen Homosexueller 1933 bis 1945, Reinbek 1992; 147 S.

7225 Die Geschichte des Paragraphen 175. Strafrecht gegen Homosexuelle. Katalog zur Ausstellung in Berlin und Frankfurt am Main 1990, Hg. Freunde eines Schwulen Museums in Berlin/Emanzipation e. V. Frankfurt am Main, Bearb. Manfred Grimm, Berlin 1990; 171 S.

7226 Giles, Geoffrey J.: »The Most Unkindest Cut of All«: Castration, Homosexuality, and Nazi Justice, in: JCH 27 (1992), 41–61

7227 Grau, Günter: Die »Reichszentrale zur Bekämpfung der Homosexualität und Abtreibung«. Administratives Instrument zur praktischen Durchsetzung rassenpolitischer Zielsetzungen, in: Sabine Fahrenbach/Achim Thom (Hg.), Der Arzt als »Gesundheitsführer«. Ärztliches Wirken zwischen Ressourcenerschließung und humanitärer Hilfe im 2. Weltkrieg, Frankfurt 1991, 117–28

7228 Grau, Günter: Die Verfolgung und »Ausmerzung« Homosexueller zwischen 1933 und 1945 – Folgen des rassenhygienischen Konzepts der Reproduktionssicherung, in: Achim Thom/Genadij I. Caregorodcev (Hg.), Medizin unterm Hakenkreuz, Berlin (O) 1989, 91–110

7229 Heger, Heinz: Die Männer mit dem rosa Winkel. Der Bericht eines Homosexuellen über seine KZ-Haft von 1939–1945, Hamburg 1972; 169 S.

7230 Jellonnek, Burkhard: Homosexuelle unterm Hakenkreuz. Die Verfolgung der Homosexuellen im Dritten Reich, Paderborn u. a. 1990; 356 S.

7231 Lautmann, Rüdiger: »Hauptdevise: bloß nicht anecken«. Das Leben homosexueller Männer unter dem Nationalsozialismus, in: Johannes Beck u. a. (Hg.), Terror und Hoffnung in Deutschland 1933–1945. Leben im Faschismus, Reinbek 1980, 366–90

7232 Plant, Richard: Rosa Winkel. Der Krieg der Nazis gegen die Homosexuellen, Frankfurt/New York 1991; 212 S. (amerikan.: New York 1986)

7233 Röll, Wolfgang: Homosexuelle Häftlinge im Konzentrationslager Buchenwald, Hg. Gedenkstätte Buchenwald, Weimar 1992; 48 S.

7234 Roth, Karl H.: Die »Behandlung« von Homosexuellen im Nationalsozialismus, in: Hermann L. Gremlitza (Hg.), Sexualität Konkret, Hamburg 1985, 26–29

7235 Schilling, Heinz-Dieter (Hg.): Schwule und Faschismus, Berlin 1983; 174 S.

7236 Schoppmann, Claudia: Nationalsozialistische Sexualpolitik und weibliche Homosexualität, Pfaffenweiler 1991; VI, 286 S.

7237 Schoppmann, Claudia: Zeit der Maskierung. Lebensgeschichten lesbischer Frauen im »Dritten Reich«, Berlin 1993; 192 S.

7238 Stümke, Hans-Georg: Homosexuelle in Deutschland. Eine politische Geschichte, München 1989; 184 S.

7239 Stümke, Hans-Georg/Finkler, Rudi: Rosa Winkel, rosa Listen. Homosexuelle und »gesundes Volksempfinden« von Auschwitz bis heute, Reinbek 1981; 512 S.

7240 Tunsch, Thomas: »Ausmerzung der Entarteten«. Einige Aspekte der Schwulenverfolgung in Deutschland, in: Burchard Brentjes (Hg.), Wissenschaft unter dem NS-Regime, Berlin u. a. 1992, 122–31

7241 Vincineau, Michel: Quelques réflexions et quelques interrogations sur le massacre des homosexuels par les nazis, in: Yannis Thanassekos/Heinz Wismann (Hg.), Révision de l'histoire. Totalitarismes, crimes et génocides nazis. Actes du colloque international organisé à l'initiative des la Fondation Auschwitz, 3–5 novembre 1988, Institute de Sociologie, Université libre de Bruxelles, Paris 1990, 145–53

7242 Wilde (d. i. Schulze-Wilde), Harry: Das Schicksal der Verfemten. Die Verfolgung der Homosexuellen im »Dritten Reich« und ihre Stellung in der heutigen Gesellschaft, Tübingen 1969; 154 S.

7243 Wuttke, Walter: Homosexuellen im Nationalsozialismus. Ausstellungskatalog, Ulm 1987; 91 S.

7244 Wuttke, Walter: Die Verfolgung der Homosexuellen im Nationalsozialismus und ihr Schicksal nach 1945, in: Es geschah in Braunschweig. Gegen das Vergessen der nationalsozialistischen Vergangenheit, Hg. JUSO-Unterbezirk Braunschweig, o. J. [1989], 112–33

7245 Wuttke-Groneberg, Walter: Verstümmelt, ermordet, vergessen: Homosexuelle im Nationalsozialismus, in: Vergessene Opfer. Wiedergutmachung für die Betroffenen der Zwangssterilisation und des nationalsozialistischen Euthanasie-Programms. Tagung vom 27. bis 29. März 1987 in Bad Boll. (Protokolldienst, 14/87), Hg. Evangelische Akademie Bad Boll, Bad Boll 1987, 23–46

Regional-/Lokalstudien

7246 Jellonnek, Burkhard: In ständiger Furcht. Zur Lebenssituation homosexueller Männer in Düsseldorf während der NS-Zeit, in: Anselm Faust (Hg.), Verfolgung und Widerstand im Rheinland und in Westfalen 1933–1945, Köln u. a. 1992, 215–23

7247 Kokula, Ilse: Lesbisch leben von Weimar bis zur Nachkriegszeit, in: Eldorado. Homosexuelle Frauen und Männer in Berlin 1850–1950. Geschichte, Alltag und Kultur, Hg. Berlin Museum, Berlin 1984, 149–61

7248 Limpricht, Cornelia u. a. (Hg.): »Verführte« Männer. Das Leben der Kölner Homosexuellen im Dritten Reich, Köln 1991; 146 S.**

7249 Stümke, Hans-Georg: Die Verfolgung der Homosexuellen in Hamburg, in: Angelika Ebbinghaus u. a. (Hg.), Heilen und Vernichten im Mustergau Hamburg. Bevölkerungs- und Gesundheitspolitik im Dritten Reich, Hamburg 1984, 80–84

A.3.10.8 Konzentrationslager

[vgl. A.3.10.4; A.3.15.16; A.3.17.5; B.1.8.3.2]

A.3.10.8.1 Allgemeines

Bibliographien

7250 Konzentrationslager. Bibliographie – Auswahlverzeichnis – zur Ausstellung »Kinderzeichnungen aus Theresienstadt«, März 1980 in der UB Bremen, Hg. Universitätsbibliothek Bremen, Bearb. Elisabeth Dickmann/Panos Voglis, Bremen 1980; 15 S.

Zeitschriften

7250a Dachauer Hefte. Studien und Dokumente zur Geschichte der nationalsozialistischen Konzentrationslager. Hg. Wolfgang Benz/Barbara Distel, hg. i. A. des Comité International du Dachau, München (1985) ff.

Nachschlagewerke

7251 Verzeichnis der Haftstätten unter dem Reichsführer-SS (1933–1945). Konzentrationslager und deren Außenkommandos sowie andere Haftstätten unter dem Reichsführer-SS in Deutschland und deutsch besetzten Gebieten, Hg. Internationaler Suchdienst, Arolsen 1979; CXI, 870 S.

7252 Verzeichnis der Konzentrationslager und ihrer Außenkommandos gemäß Paragraph 42 Abs. 2 BEG Bundesentschädigungsgesetz, in: BGBl I, Nr. 64, 24. 9. 1977, 1787–852

7253 Vorläufiges Verzeichnis der Konzentrationslager und deren Außenkommandos sowie anderer Haftstätten unter dem Reichsführer SS in Deutschland und deutsch besetzten Gebieten (1933–1945), Hg. Internationaler Suchdienst, Arolsen 1969; 50, 612 S.

7254 Weinmann, Martin (Hg.): Das nationalsozialistische Lagersystem (CCP Catalogue of Camps and Prisons in Germany and German-Occupied Territories, 1939–1945), Mitarb. Anne Kaiser/Ursula Krause-Schmidt, Frankfurt 1990; CLVIX, 1169 S.

Quellenkunde

7254a Hartmann, Erich/Reinartz, Dirk: Totenstill. Zwei Photographen haben, unabhängig voneinander, ehemalige Konzentrationslager in Europa besucht. Erich Hartmann und Dirk Reinartz diskutieren über ihre Bestandsaufnahme, Moderation Peter

Sager, in: ZEITmagazin, Nr. 47, 18.11. 1994, 18–33**

Gedruckte Quellen

7254b Hartmann, Erich: In the Camps, New York 1995 [Fotos]

7255 Kursbuch für die Gefangenenwagen. Gültig vom 6. Oktober 1944 an. Mit einem Anhang: Nummerplan und Übersichtszeichnungen der eingesetzten Gefangenenwagen, Hg. Deutsche Reichsbahn, Generalbetriebsleitung Ost, Bearb. Winfried Gronwald, Mainz 1979; XVII, 201 S.

7256 Moll, Michael/Weiler, Barbara (Hg.): Lyrik gegen das Vergessen. Gedichte aus Konzentrationslagern, Marburg 1991; 174 S.

7257 Reinartz, Dirk/Krockow, Christian Graf von: totenstill. Bilder aus den ehemaligen deutschen Konzentrationslagern, Göttingen 1994; 308 S.

7258 Rückerl, Adalbert (Hg.): Nationalsozialistische Vernichtungslager im Spiegel deutscher Strafprozesse. Belzec, Sobibor, Treblinka, Chelmno, 3. Aufl., München 1979; 359 S. (zuerst 1977)

Darstellungen

7259 Abzug, Robert H.: Inside the Vicious Heart: Americans and the Liberation of Nazi Concentration Camps, New York 1985; XIII, 192 S.

7260 Adler, Hermann G.: Die Juden in nationalsozialistischen Zwangslagern (historisch und soziologisch betrachtet), in: Essays über Naziverbrechen. Simon Wiesenthal gewidmet, Hg. Wiesenthal Fonds/Bund Jüdischer Verfolgter des Naziregimes in Wien, Amsterdam 1973, 87–122

7261 Antoni, Ernst: KZ – von Dachau bis Auschwitz. Faschistische Konzentrationslager 1933–1945, Frankfurt 1979; 144 S.

7262 Arad, Yitzhak: Belzec, Sobibór, Treblinka. The Operation Reinhard Death Camps, Bloomington, Ind. 1987; VII, 437 S.

7263 Armanski, Gerhard: Maschinen des Terrors. Das Lager (KZ und GULAG) in der Moderne, Münster 1993; 206 S.

7264 Arndt, Ino u.a.: Studien zur Geschichte der Konzentrationslager [Fuhlsbüttel (Hamburg), Neuengamme (Hamburg), Mauthausen, Ravensbrück (bei Fürstenberg), Bergen-Belsen, Dora-Mittelbau (Harz)], Stuttgart 1970; 202 S.*

7265 Arndt, Ino/Scheffler, Wolfgang: Organisierter Massenmord an Juden in nationalsozialistischen Vernichtungslagern. Ein Beitrag zur Richtigstellung apologetischer Literatur, in: VfZ 24 (1976), 105–35

7266 Baader, Gerhard: Das Humanexperiment in den Konzentrationslagern. Konzeption und Durchführung, in: Rainer Osnowski (Hg.), Menschenversuche: Wahnsinn und Wirklichkeit, Köln 1988, 48–69

7267 Bartel, Walter/Deyda, Ewald: 30 Jahre später. Allgemeine Aufgaben der Konzentrationslager sowie Aufbau und Rolle des Terrororgans der Monopole, der SS, Hg. Nationale Mahn- und Gedenkstätte Buchenwald, Weimar-Buchenwald 1976; 50 S.

7268 Bastiaans, Jan: Vom Menschen im KZ und vom KZ im Menschen, in: Die Bundesrepublik Deutschland und die Opfer des Nationalsozialismus. Tagung vom 25.–27. November 1983 in Bad Boll. (Protokolldienst, 14/84), Hg. Evangelische Akademie Bad Boll, Bad Boll 1984, 10–18

7269 Bastiaans, Jan: Vom Menschen im KZ und vom KZ im Menschen. Ein Beitrag zur Behandlung des KZ-Syndroms und dessen Spätfolgen, in: Essays über Naziverbrechen. Simon Wiesenthal gewidmet, Hg. Wiesenthal Fonds/Bund Jüdischer Verfolgter des Naziregimes in Wien, Amsterdam 1973, 177–202

7270 Benz, Wolfgang/Distel, Barbara (Hg.): Solidarität und Widerstand. (DH, 7), München 1991; 241 S.*

7271 Benz, Wolfgang/Distel, Barbara (Hg.): Die Befreiung. (DH, 1), München 1985; 231 S.

7272 Benz, Wolfgang/Distel, Barbara (Hg.): Frauen-Verfolgung und Widerstand. (DH, 3), München 1987; 256 S.

7273 Benz, Wolfgang/Distel, Barbara (Hg.): Die vergessenen Lager. (DH, 5), München 1989; 283 S. (TB 1994)

7274 Billig, Joseph: Les camps de concentration dans l'economie du Reich Hitlérien, Vorwort Jacques Droz, Paris 1973; 346 S.

7275 Billig, Joseph: L'Hitlérisme et le système concentrationaire, Paris 1967; XX, 323 S.

7276 Blatter, Janet/Milton, Sybil: Art of the Holocaust, Einleitung Henry Friedlander, Vorwort Irving Howe, New York 1981; 272 S. (London 1982)**

7277 Blohm, Katharina (Bearb.): Konzentrations- und Zwangsarbeiterlager, in: Winfried Nerdinger (Hg.), Bauen im Nationalsozialismus. Bayern 1933–1945. Ausstellung des Architekturmuseums der Technischen Universität München und des Münchner Stadtmuseums, München 1993, 514–37

7278 Boberach, Heinz: Die Überführung von Soldaten des Heeres und der Luftwaffe in die SS-Totenkopfverbände zur Bewachung von Konzentrationslagern 1944, in: MGM 34 (1983), 185–90

7279 Bridgman, Jon: The End of the Holocaust. The Liberation of the Camps, Portland, Oreg. 1990; 158 S.

7280 Bromberger, Barbara u.a.: Schwestern, vergeßt uns nicht. Frauen im Konzentrationslager: Moringen, Lichtenburg, Ravensbrück [bei Fürstenberg] 1933–1945. Katalog zur Ausstellung »Frauen im Konzentrationslager«, Bearb. Studienkreis Deutscher Widerstand, Mitarb. Lagergemeinschadt Ravensbrück, Frankfurt 1988; 106 S.**

7281 Broszat, Martin: Nationalsozialistische Konzentrationslager 1933–1945, in: Anatomie des SS-Staates, Bd. 2, 5. Aufl., München 1989, 9–133 (zuerst 1967; Originalausg. Olten 1965)

7282 Chagoll, Lydia: Im Namen Hitlers. Kinder hinter Stacheldraht, Köln 1979; 136 S.

7283 Deutschkron, Inge (Hg.): »... denn ihrer war die Hölle.« Kinder in Ghettos und Lagern, 3. Aufl., Köln 1985; V, 158 S. (zuerst 1965)

7284 Distel, Barbara: Kinder in Konzentrationslagern, in: Ute Benz/Wolfgang Benz (Hg.), Sozialisation und Traumatisierung. Kinder in der Zeit des Nationalsozialismus, Frankfurt 1992, 117–27, 147

7285 Drobisch, Klaus/Wieland, Günther: System der NS-Konzentrationslager 1933–1939, Berlin 1993; 371 S.

7286 Durand, Pierre: Le système concentrationaire nazi. Ses objectifs et ses résultats, in: Yannis Thanassekos/Heinz Wismann (Hg.), Révision de l'histoire. Totalitarismes, crimes et génocides nazis. Actes du colloque international organisé à l'initiative des la Fondation Auschwitz, 3–5 novembre 1988, Institute de Sociologie, Université libre de Bruxelles, Paris 1990, 155–61

7287 Eiber, Ludwig (Hg.): Verfolgung – Ausbeutung – Vernichtung. Die Lebens- und Arbeitsbedingungen der Häftlinge in deutschen Konzentrationslagern 1933–1945, Hannover 1985; 184 S.*

7288 Elling, Hanna: Frauen im Konzentrationslager, in: Maruta Schmidt/Gabi Dietz (Hg.), Frauen unterm Hakenkreuz. Eine Dokumentation, 3. Aufl., München 1985, 119–29, 203f. (1. u. 2. Aufl., Berlin 1983); gekürzt abgedr. in: Hart und zart. Frauenleben 1920–1970, Hg. Elefanten Press, Berlin 1990, 186–93

7289 Faschistische Frauenkonzentrationslager 1933–1945. Kolloquium der Forschnungsgemeinschaft »Geschichte des Kampfes der Arbeiterklasse um die Befreiung der Frau« zur Frauenpolitik des faschistischen deutschen Imperialismus, Leipzig 1984

7290 Franz, Helmut: Kurt Gerstein. Außenseiter des Widerstandes der Kirche gegen Hitler, Zürich 1964; 112 S. (ND Schiffsweiler 1987)

7291 Friedländer, Saul: Kurt Gerstein oder die Zwiespältigkeit des Guten, Gütersloh 1968; 207 S. (franz.: Tornai 1967; engl.: London 1967 u. d. T.: Counterfeit Nazi)

7292 Fröbe, Rainer: Der Arbeitseinsatz von KZ-Häftlingen und die Perspektive der Industrie, 1943–1945, in: Ulrich Herbert (Hg.), Europa und der »Reichseinsatz«. Ausländische Zivilarbeiter, Kriegsgefangene und KZ-Häftlinge in Deutschland 1938–1945, Essen 1991, 351–83

7293 Garbe, Detlef: Absonderung, Strafkommando und spezifischer Terror: Jüdische Gefangene in nationalsozialistischen Konzentrationslagern 1933 bis 1945, in: Arno Herzig/Ina S. Lorenz (Hg.), Verdrängung und Vernichtung der Juden unter dem Nationalsozialismus, Hamburg 1992, 173–204

7294 Goldstein, Jacob u. a.: Individuelles und kollektives Verhalten in Nazi-Konzentrationslagern. Soziologische und psychologische Studien zu Berichten ungarisch-jüdischer Überlebender, Frankfurt/New York 1991; 198 S.

7295 Grode, Walter: Die »Sonderbehandlung 14f13« in den Konzentrationslagern des Dritten Reiches. Ein Beitrag zur Dynamik faschistischer Vernichtungspolitik, Frankfurt u. a. 1986; 306 S.

7296 Hommel, Andrea/Thom, Achim: Verbrecherische Experimente in Konzentrationslagern – Ausdruck des antihumanen Charakters einer der faschistischen Machtpolitik untergeordneten medizinischen Forschung, in: Achim Thom/Genadij I. Caregorodcev (Hg.), Medizin unterm Hakenkreuz, Berlin (O) 1989, 383–400

7297 Joffroy, Pierre: Der Spion Gottes: die Passion des Kurt Gerstein, Stuttgart 1972; 358 S. (franz.: Paris 1969)

7298 Johe, Werner: Das deutsche Volk und das System der Konzentrationslager, in: Ursula Büttner (Hg.), Das Unrechtsregime. Internationale Forschung über den Nationalsozialismus. Festschrift für Werner Jochmann zum 65. Geburtstag, Bd. 1, Hamburg 1986, 331–46

7299 Kaminski, Andrzej J.: Konzentrationslager 1896 bis heute. Eine Analyse, Stuttgart u. a. 1982; 289 S.

7300 Kárny, Miroslav: »Vernichtung durch Arbeit«. Sterblichkeit in den NS-Konzentrationslagern, in: Götz Aly u. a., Sozialpolitik und Judenvernichtung. Gibt es eine Ökonomie der Endlösung? (Beiträge zur nationalsozialistischen Gesellschafts- und Sozialpolitik, 5), Berlin 1987, 133–58

7301 Kimmel, Günther: Zum Beispiel: Tötungsverbrechen in nationalsozialistischen Konzentrationslagern, in: Adalbert Rückerl (Hg.), NS-Prozesse. Nach 25 Jahren Strafverfolgung: Möglichkeiten – Grenzen – Ergebnisse, Karlsruhe 1971, 107–30

7302 Klausch, Hans-Peter: Antifaschisten in SS-Uniform. Schicksal und Widerstand der deutschen politischen KZ-Häftlinge, Zuchthaus- und Wehrmachtstrafgefangenen in der SS-Sonderformation Dirlewanger, Bremen 1993; 591 S.

7303 Kogon, Eugen: Der SS-Staat. Das System der deutschen Konzentrationslager, 18. Aufl., München 1988; 427 S. (zuerst 1946)

7304 Kogon, Eugen u. a. (Hg.): Nationalsozialistische Massentötungen durch Giftgas. Eine Dokumentation, Frankfurt 1983; 347 S.

7305 Konzentrationslager. Dokument F 321 für den Internationalen Militärgerichtshof Nürnberg, Hg. Französisches Büro des Informationsdienstes über Kriegsverbrechen, Bearb. Peter Neitzke/Martin Weinmann, 4. Aufl., Frankfurt 1990; 344 S. (zuerst 1988; franz.: Paris 1945)**

7306 Krause, Rolf D.: Vom kalten Wind. Zu Leseverhalten und Literaturrezeption in den nationalsozialistischen Konzentrationslagern, in: Exil 8 (1988), Nr. 2, 30–47

7307 Krüger, Norbert: »Wenn Sie nicht ins KZ wollen ...« Häftlinge in Bombenräumkommandos, in: APUZ, Nr. B 16/77, 23. 4. 1977, 25–37

7308 Kühnrich, Heinz: Der KZ-Staat. Rolle und Entwicklung der faschistischen Konzentrationslager 1933 bis 1945, 2., neubearb. Aufl., Berlin (O) 1980; 231 S. (zuerst 1960)

7309 Levy, Paul M. G.: Quelques réflextions sur l'univers concentrationaire nazi, in: Yannis Thanassekos/Heinz Wismann (Hg.), Révision de l'histoire. Totalitarismes, crimes et génocides nazis. Actes du colloque international organisé à l'initiative des la Fondation Auschwitz, 3–5 novembre 1988, Institute de Sociologie, Université libre de Bruxelles, Paris 1990, 163–68

7310 Matussek, Paul u. a.: Die Konzentrationslager und ihre Folgen, Berlin u. a. 1971; IX, 272 S.

7311 Milton, Sybil: Die Kunst im Holocaust, in: Edith Böhne/Wolfgang Motzkau-Valeton (Hg.), Die Künste und die Wissenschaften im Exil 1933–1945, Gerlingen 1992, 217–30

7312 Musik in Konzentrationslagern. [Veranstaltungsreihe] Freiburg im Breisgau Oktober – Dezember 1991, Konzeption u. Durchführung Projektgruppe MUSIK in Konzentrationslagern: Andrea Baaske u. a., Freiburg i.Br. 1991; 84 S.

7313 Oschlies, Wolf: Lagerszpracha. Zur Theorie einer KZ-spezifischen Soziolinguistik, in: Das Vermächtnis der Opfer des Nationalsozialismus. Tagung vom 18. bis 20. Mai 1984 in Bad Boll. (Protokolldienst, 32), Hg. Evangelische Akademie Bad Boll, Bad Boll 1984, 71–97

7314 Oschlies, Wolf: »Lagerszpracha«. Zur Theorie und Empirie einer KZ-spezifischen Soziolinguistik, in: ZG 13 (1985/86), 1–27

7315 Pingel, Falk: Die Konzentrationslager, in: Peter Meyers/Dieter Riesenberger (Hg.), Der Nationalsozialismus in der historisch-politischen Bildung, Göttingen 1979, 147–63

7316 Pingel, Falk: Das System der Konzentrationslager, in: Ludwig Eiber (Hg.), Verfolgung – Ausbeutung – Vernichtung. Die Lebens- und Arbeitsbedingungen der Häftlinge in deutschen Konzentrationslagern 1933–1945, Hannover 1985, 12–33

7317 Pingel, Falk: Die KZ-Häftlinge zwischen Vernichtung und NS-Arbeitseinsatz, in: Wolfgang Michalka (Hg.), Der Zweite Weltkrieg. Analysen, Grundzüge, Forschungsbilanz, München/Zürich 1989, 784–97

7318 Pingel, Falk: The Destruction of Human Identity in Concentration Camps. The Contribution of the Social Sciences to an Analysis of Behaviour under Extreme Conditions, in: H&GS 6 (1991), 167–84

7319 Rabitsch, Gisela: Konzentrationslager in Österreich 1938–1945. Überblick und Geschehen, Diss. Wien 1968; VII, 220 S.

7320 Ryn, Zdzislaw: Tod und Sterben im Konzentrationslager, in: Medizin im Nationalsozialismus. Tagung vom 30. April bis 2. Mai 1982. (Protokolldienst, 23), Hg. Evangelische Akademie Bad Boll, Bad Boll 1982, 267–78

7321 Schähle, Roland: Zur Sprache und Psyche der Täter. Auschwitz? – »Eine rein technische Frage für die Erstellung des Fahrplans«, in: Tribüne 29 (1990), Nr. 115, 105–16

7322 Schwarz, Gudrun: Die nationalsozialistischen Lager, Frankfurt/New York 1990; 268 S.

7323 Segev, Tom: Die Soldaten des Bösen. Zur Geschichte der KZ-Kommandanten,

Reinbek 1992; 285 S. (amerikan.: Diss. Boston, Mass. 1977 u.d.T.: The Commanders of the Concentration Camps)

7324 Sofsky, Wolfgang: Die Ordnung des Terrors. Das Konzentrationslager, Frankfurt 1993; 390 S.

7325 Sofsky, Wolfgang: Absolute Macht. Zur Soziolgie des Konzentrationslagers, in: Leviathan 18 (1990), 518–35

7326 Der Strafvollzug im III. Reich. Denkschrift und Materialsammlung, Hg. Union für Recht und Freiheit, Prag 1936; 3, 5, 129 S.

7327 Tuchel, Johannes: Herrschaftssicherung und Terror – zu Funktion und Wirkung nationalsozialistischer Konzentrationslager 1933 und 1934. (Occasional Papers des Fachbereichs Politische Wissenschaft der FU Berlin, 7), Berlin 1983; 64 S.

7328 Tuchel, Johannes: Konzentrationslager. Organisationsgeschichte und Funktion der »Inspektion der Konzentrationslager« 1934–1938, Boppard 1991; XII, 425 S.

7329 Tuchel, Johannes: »Arbeit« in den Konzentrationslagern im Deutschen Reich 1933–1939, in: Rudolf G. Ardelt/Hans Hautmann (Hg.), Arbeiterschaft und Nationalsozialismus in Österreich. In memoriam Karl R. Stadler, Wien/Zürich 1990, 455–67

7330 Tuchel, Johannes: Die »Inspektion der Konzentrationslager«, in: Dietrich Eichholtz (Hg.), Verfolgung – Alltag – Widerstand. Brandenburg in der NS-Zeit. Studien und Dokumente, Berlin 1993, 273–302

7331 Wellers, Georges: Les chambres à gaz ont existé. Des documents, des témoignages, des chiffres, Paris 1981; 227 S.

7332 Wellers, Georges: The Existence of Gas Chambers, in: Serge Klarsfeld (Hg.), The Holocaust and the Neo-Nazi Mythomania, New York u. a. 1978, 109–38

7333 Wellers, Georges: De la mégalomanie collective au crime inexpiable. Génocide des Juifs 1933–1945, in: MJ 45 (1989), 1–19

7334 Werner, Wolfgang F.: Die Arbeitererziehungslager als Mittel nationalsozialistischer »Sozialpolitik« gegen deutsche Arbeiter, in: Waclaw Dlugoborski (Hg.), Zweiter Weltkrieg und sozialer Wandel, Göttingen 1981, 138–47

7335 Winterfeldt, Hans: Die Sprache im Konzentrationslager, in: Muttersprache 78 (1968), 126–52

A.3.10.8.2 Einzelne Lager und Haftstätten

Bibliographien

7336 Bibliographie der über Neuengamme [Hamburg] erschienenen Bücher und Zeitschriften, T. 1: Bücher und Artikel, T. 2: Dokumente und Berichte, T. 3: Transportlisten, Hamburg 1959; 7, 7, 6 S.

7337 Günther, Gitta (Bearb.): Auswahlbibliographie zur Geschichte des faschistischen Konzentrationslagers Buchenwald und der Nationalen Mahn- und Gedenkstätte Buchenwald, Hg. Nationale Mahn- und Gedenkstätte Buchenwald, Weimar 1980; 33 S.

7338 Hofmann, Rosemarie/Röll, Wolfgang: Bibliographie zur Geschichte des faschistischen KZ und der NMG Buchenwald, T. 1: Deutschsprachige Literatur, T. 2: Fremdsprachige Literatur, Hg. Nationale Mahn- und Gedenkstätte Buchenwald, 2 Bde., Weimar-Buchenwald 1985–1986; III, 132; XII, 89 S.

Nachschlagewerke

7339 Glienke, Franz (Bearb.): Totenbuch Neuengamme [Hamburg]. Dokumentation, Hg. Freundeskreis Neuengamme, Mitarb. Hans Schwarz u.a., Wiesbaden o.J. [1967]; XI, 573 S.

Quellenkunde

7340 Cohen, Nathan: Diaries of the Sonderkommandos in Auschwitz. Coping with

Fate and Reality, in: YVS 20 (1990), 273–312

Gedruckte Quellen

7341 Buchenwald. Mahnung und Verpflichtung. Dokumente und Berichte, Hg. Internationales Buchenwald-Komitee/Komitee der Antifaschistischen Widerstandskämpfer der Deutschen Demokratischen Republik, Red. Walter Bartel u. a., hg. i. A. der Fédération Internationale des Résistents du Fascisme, 4., völlig neu bearb. Aufl., Berlin (O) 1983; 776 S. (zuerst Berlin [O]/Frankfurt 1960)

7342 Ebbinghaus, Angelika: Frauen gegen Frauen. Das Vernichtungslager Uckermark-Ravensbrück [bei Fürstenberg] Januar-April 1945. Dokumentation,, Mitarb. Karl H. Roth, in: Angelika Ebbinghaus (Hg.), Opfer und Täterinnen. Frauenbiographien des Nationalsozialismus, Nördlingen 1987, 275–300

7343 Höss, Rudolf: Kommandant in Auschwitz. Autobiographische Aufzeichnungen, Einleitung u. Kommentar Martin Broszat, bearb. i. A. des Instituts für Zeitgeschichte München, 6. Aufl., München 1979; 184 S. (zuerst Stuttgart 1958)

7344 Huiskes, Manfred (Bearb.): Die Wandinschriften des Gestapo-Gefängnisses im EL-DE-Haus 1943–1945, Mitarb. Alexander Gal u. a., Köln/Wien 1983; 360 S.

7345 Klarsfeld, Serge (Hg.): The Auschwitz Album. Lili Jacob's Album, New York 1980; 120 S.

7346 Krehbiel-Darmstädter, Maria: Briefe aus Gurs und Limonest, 1940–1943, Hg. Walter Schmitthenner, Heidelberg 1970; 383 S.

7347 Marum, Ludwig: Briefe aus dem Konzentrationslager Kislau, Hg. Elisabeth Marum-Lunau u. a., 2. Aufl., Karlsruhe 1988; 168 S.

7348 Niethammer, Lutz (Hg.): Der »gesäuberte« Antifaschismus. Die SED und die roten Kapos von Buchenwald. Dokumente, Mitarb. Karin Hartewig u. a., Berlin 1994; 566 S.

7349 Rahe, Thomas: Häftlingszeichnungen aus dem Konzentrationslager Bergen-Belsen, hg. Niedersächsische Landeszentrale für politische Bildung, Hannover 1993; 56 S.

7350 Schockenhoff, Volker: »Dem SS-Einsatzkommando überstellt«. Neue Quellen zur Geschichte des Stalag 326 (VI K) Senne im Moskauer Staatsarchiv. Eine Dokumentation, in: GiW 8 (1993), 201–9

7351 Shelley, Lore (Bearb.): Schreiberinnen des Todes. Dokumentation, Bielefeld 1992; 382 S. (amerikan.: New York 1986 u. d. T.: Secretaries of Death. Accounts from Prisoners Who Worked in the Gestapo of Auschwitz)

7352 Vogt, Hannah (Hg.): KZ Mohringen. Männerlager, Frauenlager, Jugendschutzlager. Eine Dokumentation, Göttingen 1983; 63 S.

7353 Vorländer, Herwart (Hg.): Nationalsozialistische Konzentrationslager im Dienst der totalen Kriegsführung. Sieben württembergische Außenkommandos des Konzentrationslagers Natzweiler/Elsaß, Stuttgart 1978; XIX, 270, 35 S.

Darstellungen

7354 Albertus, Heinz u. a.: Buchenwalder Antifaschisten. Biographische Skizzen, Hg. Nationale Mahn- und Gedenkstätte Buchenwald, Weimar-Buchenwald 1987; 96 S.

7355 Albertus, Heinz: Kinder und Jugendliche im KZ Buchenwald, Hg. Nationale Mahn- und Gedenkstätte Buchenwald, 4. Aufl., Weimar-Buchenwald 1985; 73 S. (zuerst 1981 u. d. T.: Verbrechen an Kindern und Jugendlichen im KZ Buchenwald und der Kampf der illegalen antifaschistischen Widerstandsorganisation um ihre Rettung)

7356 Anderl, Gabriele: Die Kommandanten des jüdischen Ghettos in Theresienstadt. Ein Werkstattbericht, in: ÖZG 3 (1992), 563–77

7357 Angreß, Erwin: Im Arbeitslager am Grünen Weg in Paderborn, in: Hubert Frankemölle (Hg.), Opfer und Täter. Zum nationalsozialistischen und antijüdischen Alltag in Ostwestfalen-Lippe, Bielefeld 1990, 54–71

7358 Arenz-Morch, Angelika/Hennig, Eike (Bearb.): Osthofen – Erinnern und Vergegenwärtigen, Hg. Projekt Osthofen/Christlicher Friedensdienst, Mitarb. Herbert Bauch/Thomas Schlegel-Batton, Frankfurt 1986; 52 S.

7359 Arndt, Ino: Das Frauenkonzentrationslager Ravensbrück [bei Fürstenberg], in: Ino Arndt u. a., Studien zur Geschichte der Konzentrationslager, Stuttgart 1970, 93–129

7360 Auschwitz. Geschichte und Wirklichkeit des Vernichtungslagers, wissenschaftliche Beratung Józef Buszko, Reinbek 1980; 303 S.

7361 Auschwitz-Birkenau. »Eine Erinnerung, die brennt, aber sich niemals verzehrt, Fotos Adam Bujak, Texte Wladyslaw Bartoszewski u. a., Freiburg i. Br. 1989; 120 S.**

7362 Die Auschwitz-Hefte. Texte der polnischen Zeitschrift »Przeglad Lekarski«. Historische, psychologische und medizinische Aspekte des Lebens und Sterbens in Auschwitz, Hg. Hamburger Institut für Sozialforschung, 2 Bde., Weinheim/Basel 1987; 328, 329 S.

7363 Austerlitz – Lévitan – Bassano. Trois camps annexés de Drancy. Trois camps oubliés, in: MJ 49 (1993), Nr. 146, 34–44

7364 Ayaß, Wolfgang u. a.: Breitenau. Zur Geschichte eines nationalsozialistischen Konzentrations- und Arbeitserziehungslagers, Hg. Gunnar Richter, Kassel 1993; 319 S.

7365 Balling, Adalbert L./Abeln, Reinhard: Speichen am Rad der Zeit. Pater Engelmar Unzeitig und der Priesterblock im KZ Dachau, Göttingen 1988; 387 S.

7366 Barche, Heinz: Mahnung und Verpflichtung. Leben, Ausbeutung und antifaschistischer Widerstandskampf weiblicher Häftlinge in den Konzentrationslagern Neubrandenburgs 1943–1945. Kommentare, Dokumente, Berichte, Hg. Kommission zur Erforschung der Geschichte der örtlichen Arbeiterbewegung bei der Bezirksleitung Neubrandenburg der SED/Komitee der antifaschistischen Widerstandskämpfer der DDR, Bezirkskomitee Neubrandenburg, Neubrandenburg 1985; 56 S.**

7367 Bartel, Walter: Rolle und Bedeutung des Mittelwerkes einschließlich des Konzentrationslagers Dora-Mittelbau und die Funktion der SS bei der A 4-Produktion, Hg. Nationale Mahn- und Gedenkstätte Buchenwald, 2. Aufl., Weimar-Buchenwald 1983; 90 S. (zuerst 1976)

7368 Bartel, Walter: Die letzten zehn Tage des faschistischen Konzentrationslagers Buchenwald, in: BzG 18 (1976), 301–10

7369 Bartel, Walter: Rüstungskonzerne – Staatsapparat – SS. Wechselbeziehungen und Abhängigkeiten, dargestellt an den Mittelwerken GmbH und dem KZ Mittelbau-Dora, in: BAZW 8 (1970), Nr. 4, 1–28

7370 Bastian, Till: Das Vernichtungslager Auschwitz-Birkenau, in: Till Bastian, Auschwitz und die »Auschwitz-Lüge«. Massenmord und Geschichtsfälschung, München 1994, 9–58, 93–95

7371 Bästlein, Klaus u. a. (Hg.): Das KZ Husum-Schwesing. Außenkommando des Konzentrationslagers Neuengamme [Hamburg]. Materialien zu einem dunklen Kapitel nordfriesischer Geschichte, 1. u. 2. Aufl., Husum 1983; 48 S.

7372 Bauche, Ulrich u. a. (Hg.): Arbeit und Vernichtung. Das Konzentrationslager Neuengamme [Hamburg] 1938–1945. Katalog zur ständigen Ausstellung im Dokumentenhaus Neuengamme, 2., überarb. Aufl., Hamburg 1990; 260 S. (zuerst 1986)

7373 Baum, Bruno: Die letzten Tage von Mauthausen, Berlin (O) 1965; 155 S.

7374 Beckert, Werner A.: Die Wahrheit über das Konzentrationslager Buchenwald, o. O. (Weimar) o. J. [1945]; 32 S.

7375 Berben, Paul: Histoire du camp de concentration Dachau 1933–1945, Hg. Comité International de Dachau, Brüssel 1968; 301 S. (engl.: London 1975 u. d. T.: Dachau, 1933–1945. The Official History)

Bernadac, Christian: Mauthausen, Paris:

7376 – Bd. 1: Les 186 marches, 1974; 379 S. (TB 1976)

7377 – Bd. 2: Le neuvième cercle, 1975; 381 S. (TB 1977)

7378 – Bd. 3: Des jours sans fin, 1976; 377 S. (TB 1978)

Bernadac, Christian: Les mannequins nus, Genf:

7379 – Bd. 1: Auschwitz, 2. Aufl., 1978; 318 S. (zuerst Paris 1971; TB 1979)

7380 – Bd. 2: Le Camp des Femmes: Ravensbrück, 2. Aufl., 1978; 318 S. (zuerst Paris 1972; TB 1976)

7381 – Bd. 3: Kommandos des femmes: Ravensbrück, 2. Aufl., 1978; 316 S. (zuerst Paris 1973; TB 1976)

7382 Bernard, Raja/Renger, Dietmar: Neue Bremm. Ein KZ in Saarbrücken, Hg. VVN-Bund der Antifaschisten, Landesverband Saar, Saarbrücken 1984; 158 S.

7383 Bezaut, Jean: Oranienbourg 1933–1935, Sachsenhausen 1936–1945. Étude, Maulévier 1989; 366 S.

7384 Bittel, Karl: Wir klagen an! Die Wahrheit über die faschistischen Konzentrationslager im Ostseegebiet. Kurze Führung durch die Ausstellung [...] vom 10.7.–13.8. 1966, Hg. SED-Kreisleitung Stralsund/Urania, Kreisvorstand Stralsund, Stralsund 1966; 14 S.

7385 Böhm, Udo u. a.: Sicherungslager Rothenfels. Ein Konzentrationslager in Deutschland, Ludwigsburg 1989; 74 S.

7386 Borgsen, Werner/Volland, Klaus: Stalag XB Sandbostel. Zur Geschichte eines Kriegsgefangenen- und KZ-Auffanglagers in Norddeutschland 1939–1945, Bremen 1991; 288 S.

7387 Bornemann, Manfred/Broszat, Martin: Das KL Dora-Mittelbau, in: Ino Arndt u. a., Studien zur Geschichte der Konzentrationslager, Stuttgart 1970, 155–98

7388 Börnert, Gisela: Kalendarium über die Ereignisse und Tatsachen im Konzentrationslager Buchenwald Januar 1939 – Mai 1941 (Auszug), Hg. Nationale Mahn- und Gedenkstätte Buchenwald, Weimar-Buchenwald 1976; 61 S.

7389 Börnert, Gisela/Trostorff, Klaus: Kalendarium über die Ereignisse und Tatsachen im Konzentrationslager Buchenwald 16. Juli 1937 – August 1939. Zur Einweisung sowjetischer Kriegsgefangener in das faschistische Konzentrationslager Buchenwald – Vorgeschichte und Ankunft des ersten Transports, Hg. Nationale Mahn- und Gedenkstätte Buchenwald, Weimar-Buchenwald 1976; 54 S.

7390 Bräutigam, Helmut/Gliech, Oliver C.: Nationalsozialistische Zwangslager in Berlin I: Die »wilden« Konzentrationslager und Folterkeller 1933/34, in: Wolfgang Ribbe (Hg.), Berlin-Forschungen, Bd. 2, Berlin 1987, 141–78

7391 Brebeck, Wulff E.: Wewelsburg [bei Paderborn] – Zum Umgang der Bevölkerung mit der Erfahrung eines Konzentrationslagers im Dorf, in: Hubert Frankemölle (Hg.), Opfer und Täter. Zum nationalsozialistischen und antijüdischen Alltag in Ostwestfalen-Lippe, Bielefeld 1990, 175–202

7392 Brenner, Hans: Zur Rolle der Außenkommandos des KZ Flossenbürg im System der staatsmonopolistischen Rüstungswirtschaft des faschistischen deutschen Imperialismus und im antifaschistischen Widerstandskampf 1942–1945, 2 Bde., Diss. PH Dresden 1982; VII, 491, 19 S.

7393 Bringmann, Fritz: Arbeitserziehungslager Nordmark [Kiel]. Berichte, Erlebnisse, Dokumente, Kiel 1983; 63 S.**

7394 Brousek, Karl: ».. . Wir werden verlieren, aber ihr kommt auch dran!« Zur Befreiung Mauthausens. Häftlingswiderstand, Liquidierungspläne, Rettermythos, in: ZG 17 (1989/90), 114–25

7395 Buchenwald. Ein Konzentrationslager, Hg. Lagergemeinschaft Buchenwald-Dora, Frankfurt 1984; 190 S.

7396 Bucher, Peter: Das SS-Sonderlager Hinzert bei Trier. (Anhang: Auszüge aus dem Diensttagebuch des Polizeihaftlagers Homburg-Nord), in: JWL 4 (1978), 413–39**

7397 Burgard, Dieter: Alles im Laufschritt – das KZ-Außenlager Wittlich, Luxemburg 1994; 126 S.

7398 Conway, John S.: Frühe Augenzeugenberichte aus Auschwitz. Glaubwürdigkeit und Wirkungsgeschichte, in: VfZ 27 (1979), 260–84

7399 Czech, Danuta: Kalendarium der Ereignisse im Konzentrationslager Auschwitz-Birkenau 1939–1945, Reinbek 1989; 1060 S. (LA Frankfurt 1990)

7400 Dagenbach, Klaus/Koppenhöfer, Peter: Eine Schule als KZ, Hg. Stadt Mannheim, Schulverwaltungsamt, Mannheim 1990; 123 S.

7401 Demandt, Ebbo (Hg.): Auschwitz – »Direkt von der Rampe weg...« Kaduk – Erber – Klehr: Drei Täter geben zu Protokoll, Einführung Axel Eggebrecht, Reinbek 1979; 142 S.

7402 Demps, Laurenz: Konzentrationslager in Berlin 1933 bis 1945, in: JbMM 3 (1977), 7–19

7403 Dieckmann, Götz: Existenzbedingungen und Widerstand im Konzentrationslager Dora-Mittelbau unter dem Aspekt der funktionalen Einbeziehung der SS in das System der faschistischen Kriegswirtschaft, 4 Bde., Diss. Berlin (O) 1968; VI, 518 S. (Ms. vervielf.)

7404 Dieckmann, Götz: Zum Verhältnis von Monopolen und SS in der faschistischen Kriegswirtschaft, untersucht am Beispiel des Konzentrationslagers Dora, in: WZB 19 (1970), 147–58

7405 Dieckmann, Götz/Hochmuth, Peter: KZ Dora-Mittelbau. Produktionsstätte der V-Waffen – Kampffront gegen den faschistischen Terror und Rüstungsproduktion, o.O. 1970; 88 S.

7406 »Doch die Freiheit, die kommt wieder«. NS-Gegner im Württembergischen Schutzhaftlager Ulm 1933–1935, Hg. Haus der Geschichte Baden-Württemberg, Stuttgart 1994; 96 S.**

7407 Drobisch, Klaus: Alltag im Zuchthaus Luckau 1933 bis 1939, in: Dietrich Eichholtz (Hg.), Verfolgung – Alltag – Widerstand. Brandenburg in der NS-Zeit. Studien und Dokumente, Berlin 1993, 247–72

7408 Durand, Pierre: Die Bestie von Buchenwald [Ilse Koch], 4. Aufl., Berlin (O) 1989; 189 S. (zuerst 1985; franz.: Paris 1982)

7409 Die Erforschung des antifaschistischen Widerstandskampfes im KZ Buchenwald und die Verbreitung seiner Lehren in der DDR – Ergebnisse, Erfahrungen, Perspektiven. Materialien eines wissenschaftlichen Kolloquiums der NMGB und der Lagerarbeitsgemeinschaft Buchenwald-Dora vom 9.–10. Oktober 1984, Hg. Nationale Mahn- und Gedenkstätte Buchenwald, Red. Wolfgang Röll, 2 Bde., Weimar-Buchenwald 1984; 98, 89 S.

7410 Erinnern, Begegnen, Lernen. (Ausstellung), Hg. Förderverein Projekt Osthofen, Red. Heribert Fachinger, Osthofen 1990; 35 S.**

7411 Fein, Erich/Flanner, Karl: Rot-weiß-rot in Buchenwald. Die österreichischen politischen Häftlinge im Konzentrationslager am Ettersberg bei Weimar (1938–1945), Wien/Zürich 1987; 328 S.

7412 Fénelon, Fanria: Das Mädchenorchester in Auschwitz, 7. Aufl., München 1988; 314 S. (zuerst Frankfurt 1980; franz.: Paris 1976)

7413 Ferber, Walter: 55 Monate Dachau. Ein Tatsachenbericht [1945], Geleitwort Barbara Distel, biographische Würdigung Reinhard Bockhofer, Neuausg., Bremen 1993; 95 S.

7414 Fiedermann, Angela u.a.: Das Konzentrationslager Mittelbau-Dora. Ein historischer Abriß, Berlin/Bonn 1993; 112 S.**

7415 Les Françaises à Ravensbrück [bei Fürstenberg], Hg. Amicale de Ravensbrück/Association des Deportées et Interneés de la Résistance, Paris 1987; 350 S.

7416 Die Frauen von Ravensbrück [bei Fürstenberg], Hg. Komitee der Antifaschistischen Widerstandskämpfer in der DDR, Bearb. Erika Buchmann, Berlin (O) 1961; 169 S.

7417 Freund, Florian u.a.: Der Bau des Vernichtungslagers Auschwitz-Birkenau. Die Aktenmappe der Zentralbauleitung Auschwitz »Vorhaben: Kriegsgefangenenlager Auschwitz (Durchführung der Sonderbehandlung)« im Militärhistorischen Archiv Prag, in: ZG 20 (1993), 187–214**

7418 Fröbe, Rainer u.a.: Konzentrationslager in Hannover. KZ-Arbeit und Rüstungsindustrie in der Spätphase des Zweiten Weltkriegs, 2 Bde., Hildesheim 1985; 647 S.**

7419 Garbe, Detlef: Das KZ-Neuengamme [Hamburg], in: Ulrike Jureit/Karin Orth Überlebensgeschichten. Gespräche mit Überlebenden des KZ-Neuengamme, Hg. KZ-Gedenkstätte Neuengamme, Hamburg 1994, 16–43

7420 Das Geheimnis der Versöhnung heißt Erinnerung. Dokumentation der Internationalen Tage der Begegnung in Stadtallendorf, KZ-Außenlager Münchmühle-Nobel vom 21.–26.10. 1990, Hg. Stadt Stadtallendorf, Stadtallendorf 1991; 368 S. (dt./ungar.)**

7421 Die Geschichte des Außenkommandos des Konzentrationslagers Buchenwald im Reichsbahnausbesserungswerk Schwerte-Ost 6.4. 1944–29.1. 1945, Hg. Stadt Schwerte, Bearb. Marita Riese, Schwerte 1989; 105 S.

7422 Ginzel, Günther B.: Auschwitz, in: Günther B. Ginzel (Hg.), Auschwitz als Herausforderung für Juden und Christen, Heidelberg 1980, 15–48

7423 Goguel, Rudi: Cap Arcona. Report über den Untergang der Häftlingsflotte in der Lübecker Bucht am 3. Mai 1945, 2. Aufl., Frankfurt 1982; 156 S. (zuerst 1972)

7424 Goshen, Seev: Nisko – Ein Ausnahmefall unter den Judenlagern der SS, in: VfZ 40 (1992), 95–106

7425 Gostomski, Victor von/Loch, Walter: Der Tod von Plötzensee. Erinnerungen, Ereignisse, Dokumente 1942–1944, Neuausg., Frankfurt 1993; 351 S. (zuerst Meitingen/Freising 1969)**

7426 Grosser, Lucie (Hg.): KZ Sachsenhausen, Berlin o.J. [um 1950]; 39 S.

7427 Grünewald, Paul: Das KZ Osthofen, in: Eike Hennig u.a. (Hg.), Hessen unterm Hakenkreuz. Studien zur Durchsetzung der NSDAP in Hessen, 2. Aufl., Frankfurt 1984, 490–505 (zuerst 1983)

7428 Guse, Martin (Hg.): »Wir hatten noch gar nicht angefangen zu leben.« Eine Ausstellung zu den Jugend-Konzentrationslagern Moringen und Uckermark 1940–1945. Unbekannte – Getötete – Überlebende, Moringen 1992; 47 S.

7429 Hausberger, Karl: Das Konzentrationslager Dachau, in: Georg Schwaiger (Hg.), Das Erzbistum München und Freising in der Zeit der nationalsozialistischen

Herrschaft, Bd. 1, München/Zürich 1984, 77–134

7430 Heigl, Peter: Konzentrationslager Flossenbürg in Geschichte und Gegenwart. Bilder und Dokumente gegen das zweite Vergessen, Mitarb. Bénédicte Omont, Regensburg 1989; 200 S.**

7431 Hemmendinger, Judith: Die Kinder von Buchenwald, Rastatt 1987; 190 S. (franz.: Paris 1984)

7432 Hepp, Michael: Vorhof zur Hölle. Mädchen im »Jugendschutzlager« Uckermark, in: Angelika Ebbinghaus (Hg.), Opfer und Täterinnen. Frauenbiographien des Nationalsozialismus, Nördlingen 1987, 191–216

7433 Hessen hinter Stacheldraht. Verdrängt und vergessen. KZs, Lager, Außenkommandos, Hg. Die Grünen Hessen, Frankfurt 1984; 188 S.

7434 Heubner, Christoph u. a.: Lebenszeichen. Gesehen in Auschwitz, Bornheim 1979; 184 S.

7435 Hilberg, Raul: Sonderzüge nach Auschwitz, 2., geringfügig veränd. Aufl., Frankfurt/Berlin 1987; 276 S. (zuerst Mainz 1981)

7436 Hirsch, Raimund: Im KZ Lichtenburg, Mitarb. Wolfgang Neumann/Hans-Jürgen Kahle, Cuxhaven 1989; 56 S.

7437 Hoch, Gerhard: Hauptort der Verbannung. Das KZ-Außenkommando Kaltenkirchen. Zwölf wiedergefundene Jahre. Kaltenkirchen 1933–1945, Bad Segeberg 1979; 91 S.

7438 Hohlmann, Susanne: Pfaffenwald. Sterbe- und Geburtenlager 1942–1945, 2. Aufl., Kassel 1988; 225 S. (zuerst 1984)

7439 Holthaus, Otto-Ernst (Hg.): Der Todesmarsch der Häflinge des Konzentrationslagers Dachau im April 1945. Eine Dokumentation mit dem Bericht über die Einweihung eines Mahnmals am 22. November 1992 in Grünwald, Grünwald 1993; 83 S.**

7440 Horwitz, Gordon J.: In the Shadow of Death. Living outside the Gates of Mauthausen, New York 1990; X, 236 S.

7441 Hrdlicka, Manuela R.: Alltag im KZ. Das Lager Sachsenhausen bei Berlin, Opladen 1992; 160 S.

7442 Hüser, Karl: Das KZ in Wewelsburg [bei Paderborn] 1933–1945, in: Ludwig Eiber (Hg.), Verfolgung – Ausbeutung – Vernichtung. Die Lebens- und Arbeitsbedingungen der Häftlinge in deutschen Konzentrationslagern 1933–1945, Hannover 1985, 149–59

7443 Ibach, Karl: Kemna. Wuppertaler Lager der SA, 1933, Wuppertal 1948; XI, 132 S. (ND Wuppertal 1981)

7444 Jenner, Harald: Konzentrationslager Kuhlen, Hg. Landesverein für Innere Mission Schleswig-Holstein, Rickling 1988; 128 S.

7445 Johe, Werner: Neuengamme. Zur Geschichte der Konzentrationslager in Hamburg, Hg. Landeszentrale für politische Bildung Hamburg, 1. u. 2. Aufl., Hamburg 1981; 92 S.

7446 Johe, Werner: Das KL Neuengamme [Hamburg], in: Ino Arndt u. a., Studien zur Geschichte der Konzentrationslager, Stuttgart 1970, 29–49

7447 Kaienburg, Hermann: »Vernichtung durch Arbeit«. Der Fall Neuengamme [Hamburg]. Die Wirtschaftsbestrebungen der SS und ihre Auswirkungen auf die Existenzbedingungen der KZ-Gefangenen, Bonn 1990; 504 S.

7448 Kamphausen, Rudolf E.: Buchenwald – die Saat der Zerstörung. Die Geschichte. Die Verfolgung. Der Widerstand, Düsseldorf 1988; 96 S.

7449 Kannonier, Reinhard: Auf den Spuren der Gejagten und Gequälten. Peter Kammerstätter rekonstruiert die Leidenswege von Mauthausener KZ-Häftlingen (»Mühlviertler Hasenjagd«, Todesmarsch der ungarischen Juden), in: Hubert Hummer u.a. (Hg.), Die Pflicht zum Widerstand. Festschrift Peter Kammerstätter zum 75. Geburtstag, Wien u.a. 1986, 181–214

7450 Kárny, Miroslav: Theresienstadt und Auschwitz, in: 1999 3 (1988), Nr. 3, 9–26

7451 Kaul, Friedrich K.: Ärzte in Auschwitz, Mitarb. Winfried Matthäus, bearb. im Rahmen der Arbeit des Instituts für zeitgenössische Rechtsgeschichte bei der Juristischen Fakultät der Humboldt-Universität zu Berlin, Berlin (O) 1968; 337 S.

7452 Kimmel, Günther: Das Konzentrationslager Dachau. Eine Studie zu den nationalsozialistischen Gewaltverbrechen, in: Bayern in der NS-Zeit, Bd. 2: Herrschaft und Gesellschaft im Konflikt, T. A, Hg. Martin Broszat/Elke Fröhlich, München/Wien 1979, 349–413

7453 Kirstein, Wolfgang: Das Konzentrationslager als Institution totalen Terrors. Das Beispiel des KL Natzweiler, Pfaffenweiler 1992; XI, 153 S.

7454 KL Auschwitz in den Augen der SS. [Rudolf] Höss, [Percy] Broad, [Hannes] Kremer, Hg. Staatliches Auschwitz-Museum, Bearb. Jadwiga Bezwinska/Danuta Czech, Auschwitz 1973; 339 S.

7455 Klewitz, Bernd: Die Münchmühle [bei Stadtallendorf]. Außenkommando des Konzentrationslagers Buchenwald, Hg. Landkreis Marburg-Biedenkopf, Kreisausschuß, 2. Aufl., Marburg 1989; 59 S. (zuerst 1988)

7456 Klodzinski, Stanislaw: Die »Aktion 14f13«. Der Transport von 575 Häftlingen von Auschwitz in das »Sanatorium Dresden« (poln. 1970), in: Götz Aly (Hg.), Aktion T 4 1939–1945. Die »Euthanasie«-Zentrale in der Tiergartenstraße 4, 2., erw. Aufl., Berlin 1989, 136–46 (zuerst 1987)

7457 Kolb, Eberhard: Bergen-Belsen. Vom »Aufenthaltslager« zum Konzentrationslager, 1943–1945, 4., überarb. Aufl., Göttingen 1991; 105 S. (zuerst Hannover 1962)**

7458 Kolb, Eberhard: Bergen-Belsen, in: Ino Arndt u.a., Studien zur Geschichte der Konzentrationslager, Stuttgart 1970, 130–53

7459 Konzentrationslager Dachau, Hg. Comité International de Dachau, Red. Barbara Distel/Ruth Jakusch, 6. Aufl., München/Brüssel 1978; 221 S.

7460 Ein Konzentrationslager in Düsseldorf-Stoffeln. (1933–1945. Einzelschicksale und Erlebnisse, 3), Hg. Stadt Düsseldorf, Stadtbezirk 3/Stadtarchiv Düsseldorf, Bearb. Andreas Kussmann, Düsseldorf 1988; 223 S.**

7461 Korte, Detlef: Das »Arbeitserziehungslager Nordmark« in Kiel (1944/45), in: Frank Bajohr (Hg.), Norddeutschland im Nationalsozialismus, Hamburg 1993, 266–79

7462 Korte, Detlef: Die schleswig-holsteinischen Konzentrationslager, in: Urs J. Diederichs/Hans-Hermann Wiebe (Hg.), Schleswig-Holstein unter dem Hakenkreuz, hg. i.A. der Evangelischen Akademie Nordelbien, Bad Segeberg/Hamburg o.J. (1984), 121–34

7463 Korte, Detlef: »Erziehung« ins Massengrab. Die Geschichte des »Arbeitserziehungslagers Nordmark« [Kiel], Kiel 1991; 329 S.

7464 Kosthorst, Erich/Walter, Bernd: Konzentrations- und Strafgefangenenlager im Emsland 1933–1945. Zum Verhältnis von NS-Regime und Justiz. Darstellung und Dokumentation, Düsseldorf 1983; 498 S. (ND Königstein, Ts./Düsseldorf 1985)**

7465 Koziol, Michael S.: Rüstung, Krieg und Sklaverei. Der Fliegerhorst Schwäbisch Hall-Hessental und das Konzentrationslager. Eine Dokumentation, Sigmaringen 1986; 246 S.**

7466 Krause-Vilmar, Dietfrid: Das Konzentrationslager Breitenau 1933/34, in: Eike Hennig u.a. (Hg.), Hessen unterm Hakenkreuz. Studien zur Durchsetzung der

NSDAP in Hessen, 2. Aufl., Frankfurt 1984, 469–89 (zuerst 1983)

7467 Krause-Vilmar, Dietfrid: Das zeitgenössische Wissen um die NS-Konzentrationslager an einem Beispiel aus dem Regierungsbezirk Kassel, in: Ariane Garlichs u. a. (Hg.), Unterrichtet wird auch morgen noch. Lehrerberuf und Unterrichtsinhalte, Königstein, Ts. 1982, 133–63

7468 Kreuter, Marie-Luise: Gefängnis und Gedenkstätte Plötzensee. Friedrich-Olbricht-Damm 16, in: Helmut Engel u. a. (Hg.), Geschichtslandschaft Berlin. Orte und Ereignisse, Bd. 1: Charlottenburg, T. 1: Die historische Stadt, Berlin 1986, 215–31

7469 Krüger, Dieter: »... Doch sie liebten das Leben.« Gefangenenlager in Neubrandenburg 1939 bis 1945, Hg. Regionalmuseum Neubrandenburg, Neubrandenburg 1990; 95 S.

7470 Kühn, Rainer: Konzentrationslager Sachsenhausen, Hg. Landeszentrale für politische Bildungsarbeit Berlin, Mitarb. Barbara Kühle, 2., überarb. Aufl., Berlin 1990; 48 S.

7471 KZ Buchenwald 1937–1945. Das SS-Konzentrationslager bei Weimar in Thüringen, Hg. Comité de l'Amicale Buchenwald, Luxemburg 1985; 237 S.

7472 »KZ in Leonberg«. Eine Stadt will sich erinnern. Dokumentation einer Veranstaltung zur 35. Wiederkehr der Errichtung des Lagers Leonberg als Außenkommando des Konzentrationslagers Natzweiler im Elsaß, Hg. Haus der Begegnung, Erwachsenenarbeit des Evangelischen Kirchenbezirks Leonberg/Ditzingen, Red. Friedrich E. Wolf, Leonberg 1980; 214 S.**

7473 KZ Majdanek. Report über das Vernichtungslager und über den Majdanek-Prozeß, Hg. VVN-Bund der Antifaschisten, Präsidium/VVN-Bund der Antifaschisten, Kreisverband Düsseldorf, 3., erw. u. verb. Aufl., Frankfurt 1979; 71 S.

7474 KZ Neuengamme [Hamburg] und Außenlager. Protokoll der Arbeitstagung vom 18./19. Februar 1984 im Museum für Hamburgische Geschichte, Veranstalter Arbeitsgemeinschaft Neuengamme für die BRD u. a., Bearb. Herbert Diercks u. a., Hamburg 1984; 99, (8) S.

7475 Das KZ Sachsenhausen und seine Nebenlager, Bearb. Sachsenhausenkomitee Berlin, in: 1933 – Wege zur Diktatur. Ausstellung im Rahmen der Projekte des Berliner Kulturrats vom 9.1. bis 10.2. 1983, Hg. Staatliche Kunsthalle Berlin, Berlin 1983, 290–303**

7476 KZ Sasel. Geschichte eines Außenlagers, Hg. Gymnasium Oberalster [Hamburg], verantwortl. G. Liszkowski, 2. u. 3. Aufl., Hamburg 1982; 84 S.

7477 Das KZ-Außenlager Hannover-Mühlenberg, Hg. Freizeit- und Bildungszentrum Weiße Rose, Hannover 1981; 28 S.

7478 Ein KZ-Außenlager in Düsseldorf-Stoffeln, Hg. Stadt Düsseldorf, Bezirksverwaltungsstelle 3/Stadtarchiv Düsseldorf, Bearb. Andreas Kussmann, Düsseldorf 1988; 223 S.

7479 KZ-Außenlager »Wille«, eine Stätte des Grauens, Hg. SED-Kreisleitung Zeitz, Bearb. Erich Beyer u. a., Zeitz o. J. [1985]; 31 S.

7480 Langbein, Hermann: Der Auschwitz-Prozeß. Eine Dokumentation, 2 Bde., Frankfurt/Wien 1965; 1027 S. (ND Frankfurt 1995)**

7481 Langbein, Hermann: Menschen in Auschwitz, 2. Aufl., Wien/Zürich 1987; 608 S. (zuerst 1972)

7482 Lange, Wilhelm: Cap Arcona. Dokumentation. Das tragische Ende einiger Konzentrationslager-Evakuierungstransporte im Raum der Stadt Neustadt in Holstein am 3. Mai 1945, erstellt i. A. der Stadt Neustadt in Holstein, Eutin 1988; 207 S.**

7483 Laschitza, Horst: Die Errichtung von Konzentrationslagern und die Ausbeutung und Vernichtung von KZ-Häftlingen als

Wesenszug des menschenfeindlichen deutschen Imperialismus (dargestellt am Beispiel des KZ Buchenwald), in: Der deutsche Imperialismus und der Zweite Weltkrieg, Bd. 4, Hg. Kommission der Historiker der DDR und der UdSSR, Red. Leo Stern u. a., Berlin (O) 1961, 139–57

7484 Lechner, Silvester: Das KZ Oberer Kuhberg und die NS-Zeit in der Region Ulm/Neu-Ulm. (Die NS-Zeit in der Region Ulm/Neu-Ulm, 1), Stuttgart 1988; 132 S.*

7485 Lechner, Silvester: Das ehemalige Konzentrationslager Oberer Kuhberg in Ulm, in: Silvester Lechner, Das KZ Oberer Kuhberg und die NS-Zeit in der Region Ulm/Neu-Ulm. (Die NS-Zeit in der Region Ulm/Neu-Ulm, 1), Stuttgart 1988, 10–67

7486 Leppien, Jörn-Peter: »Das waren keine Menschen mehr...« Aus der Chronik einer Kirchengemeinde. Pastor Johannes Meyer über das Konzentrationslager Ladelund 1944. Eine quellenkritische Studie, in: Grenzfriedenshefte [30] (1983), Nr. 3, 143–85

7487 Lifton, Robert J.: Medicalized Killing in Auschwitz, in: Psychiatry 45 (1982), 283–97

7488 Luchterhand, Elmer: Das KZ in der Kleinstadt. Erinnerungen einer Gemeinde an den unsystematischen Völkermord, in: Detlev J. K. Peukert/Jürgen Reulecke (Hg.), Die Reihen fast geschlossen. Beiträge zur Geschichte des Alltags unterm Nationalsozialismus, Wuppertal 1981, 435–54

7489 Lustigman, Michael M.: Kindness of Truth and the Art of Reading Ashes [Auschwitz], New York u. a. 1988; X, 146 S.

7490 Maier, Dieter: Die Mitarbeit der Arbeitsverwaltung beim Bau der IG-Farben Auschwitz, in: Wolf Gruner u. a., Arbeitsmarkt und Sondererlaß. Menschenverwertung, Rassenpolitik und Arbeitsamt. (Beiträge zur nationalsozialistischen Gesundheits- und Sozialpolitik, 8), Berlin 1990, 175–83

7491 Malcher, Rita: Das Konzentrationslager Stutthof [bei Danzig], in: Theresa Wobbe (Hg.), Nach Osten. Verdeckte Spuren nationalsozialistischer Verbrechen, Frankfurt 1992, 161–73

7492 Marsálek, Hans: Die Geschichte des Konzentrationslagers Mauthausen. Eine Dokumentation, 2. Aufl., Wien 1980; 374 S. (zuerst 1974)**

7493 Menschen in Lagern an der Nahe und im Hunsrück, Hg. Regionales Pädagogisches Zentrum, Bad Kreuznach 1986; 57 S.

7494 Meyer, Petra: Das Arbeitserziehungslager [Frankfurt-]Heddernheim. Unter Berücksichtigung anderer Arbeitslager, ausgehend von den archivalischen Unterlagen und Berichten von Zeitzeugen, Frankfurt 1986; 79 S.

7495 Michel, Jean: Dora. Dans l'enfer du camp de concentration ou les savants nazis préparation la conquête de l'espace, Mitarb. Louis Nucéra, Paris 1975; 439 S.

7496 Mlynek, Klaus: Der Aufbau der Geheimen Staatspolizei in Hannover und die Errichtung des Konzentrationslagers Moringen, in: Hannover 1933. Eine Großstadt wird nationalsozialistisch. Beiträge zur Ausstellung, Hg. Historisches Museum am Hohen Ufer, Hannover 1981, 65–80

7497 Moser, Arnulf: »Paradiesische Zustände«. Das Internierungslager Liebenau [bei Tettnang (Württemberg)] im Zweiten Weltkrieg, in: Allmende 10 (1985), 76–83

7498 Müller-Münch, Ingrid: Die Frauen von Maidanek. Vom zerstörten Leben der Opfer und Mörderinnen, Reinbek 1982; 123 S.

7499 Münch, Maurus: Unter 2579 Priestern in Dachau. Zum Gedenken an den 25. Jahrestag der Befreiung in der Osterzeit 1945, 2., erw. Aufl., Trier 1972; 189 S.

7500 Naumann, Bernd: Auschwitz. Bericht über die Strafsache gegen [Robert] Mulka u. a. vor dem Schwurgericht Frankfurt, 2. Aufl., Frankfurt 1967; 522 S. (zuerst 1965)

7501 Naumann, Christa: Das arbeitsteilige Zusammenwirken von SS und deutschen Rüstungskonzernen 1942–1945, dargestellt am Beipiel der Außenkommandos des Konzentrationslagers Buchenwald, Diss. Humboldt-Universität Berlin (O) 1973; IV, 341 S. (Ms. vervielf.)

7502 Ottosen, Kristian: Arbeits- und Konzentrationslager in Norwegen 1940–1945, in: Robert Bohn u. a. (Hg.), Neutralität und totalitäre Aggression. Nordeuropa und die Großmächte im Zweiten Weltkrieg, Stuttgart 1991, 355–68

7503 Pachaly, Erhard/Pelny, Kurt: KZ Mittelbau-Dora – Terror und Widerstand, Hg. Nationale Mahn- und Gedenkstätte Buchenwald, Weimar-Buchenwald 1987; 60 S.

7504 Pawelczynska, Anna: Differenzierung der Häftlingsgemeinschaft und Überlebenschancen im KZ Auschwitz, in: Waclaw Dlugoborski (Hg.), Zweiter Weltkrieg und sozialer Wandel, Göttingen 1981, 171–83

7505 Pawelczynska, Anna: Values and Violence. Sociology of Auschwitz, in: PSB 15 (1976), Nr. 3, 5–17

7506 Pieper, Volker/Siedenhans, Michael: Die Vergessenen von Stukenbrock. Die Geschichte des Lagers Stukenbrock-Senne von 1941 bis zur Gegenwart, Mitarb. Olaf Eimer, Vorwort Heiner Lichtenstein, Bielefeld 1988; 190 S.

7507 Piper, Franciszek: Die Zahl der Opfer von Auschwitz. Aufgrund der Quellen und der Erträge der Forschung 1945 bis 1990, Hg. Staatliches Museum in Oswięcim, Oswięcim 1993; 248 S.

7508 Piper, Franciszek: Estimating the Number of Deportees to and Victims of the Auschwitz-Birkenau Camp, in: YVS 21 (1991), 49–103

7509 Poliakov, Léon: Auschwitz, Paris 1964; 222 S.

7510 Poller, Walter: Arztschreiber in Buchenwald. Bericht des Häftlings 996 aus Block 36, 2. Aufl., Offenbach 1960; 285, 1 S. (zuerst Hamburg 1947)

7511 Pressac, Jean-Claude: Die Krematorien von Auschwitz. Die Technik des Massenmordes, Einführungstext »Von der Entfernung zur Vernichtung oder Wir standen in der Pflicht, gegenüber der SS, der Firma Topf und dem SS-Staat« Ernst R. Piper, München 1994; XXVII, 210 S. (franz.: Paris 1993)

7512 Pressac, Jean-Claude: Auschwitz: Technique and Operation of the Gas Chambers, New York 1989; 564 S.

7513 Przybylski, Peter/Busse, Horst: Mörder von Oradur [Heinz Barth], Berlin (O) 1984; 174 S.

7514 Rabitsch, Gisela: Das KL Mauthausen, in: Ino Arndt u. a., Studien zur Geschichte der Konzentrationslager, Stuttgart 1970, 50–92

7515 Ragwitz, Renate: Die Frauenaußenkommandos des Konzentrationslagers Buchenwald, Hg. Nationale Mahn- und Gedenkstätte Buchenwald, 2. Aufl., Weimar-Buchenwald 1985; 60 S. (zuerst 1982)**

7516 Raim, Edith: Die Dachauer KZ-Außenkommandos Kaufering und Mühldorf. Rüstungsbauten und Zwangsarbeit im letzten Kriegsjahr 1944/45, Landsberg a. L. 1992; 317, XVI S.

7517 Rassismus in Deutschland. (Beiträge zur Geschichte der nationalsozialistischen Verfolgung in Norddeutschland, 1), Hg. KZ-Gedenkstätte Neuengamme, Red. Detlef Garbe u. a., Bremen 1994; 179 S.

7518 Reiter, Raimond: Tötungsstätten für ausländische Kinder im Zweiten Weltkrieg. Zum Spannungsverhältnis von kriegswirtschaftlichem Arbeitseinsatz und nationalsozialistischer Rassenpolitik, Hannover 1993; 296 S.

7519 Richardi, Hans-Günter: Schule der Gewalt. Die Anfänge des Konzentrationslagers Dachau 1933–1934. Ein dokumentarischer Bericht, Vorwort Hermann Langbein, München 1983; XII, 331 S.; 31 Bilder etc.

7520 Richardi, Hans-Günter: Leben auf Abruf. Das Blindgängerbeseitigungs-Kommando aus dem KL Dachau in München 1944/45, Hg. Zum Beispiel Dachau – Arbeitsgemeinschaft zur Erforschung der Dachauer Zeitgeschichte, Dachau 1989; 51 S.

7521 Richardi, Hans-Günter: Schule der Gewalt. Das KL Dachau als Modell für den Aufbau des KL-Systems, in: Ludwig Eiber (Hg.), Verfolgung – Ausbeutung – Vernichtung. Die Lebens- und Arbeitsbedingungen der Häftlinge in deutschen Konzentrationslagern 1933–1945, Hannover 1985, 34–65

7522 Richter, Axel: Das Unterkommando Vechelde des KZ Neuengamme [Hamburg]. Zum Einsatz von KZ-Häftlingen in der Rüstungsproduktion, Vechelde 1985; 128 S.

7523 Röll, Wolfgang: Homosexuelle Häftlinge im Konzentrationslager Buchenwald, Hg. Gedenkstätte Buchenwald, Weimar 1992; 48 S.

7524 Römer, Gernot: Für die Vergessenen. KZ-Außenlager in Schwaben – Schwaben in Konzentrationslagern. Berichte, Dokumente, Zahlen und Bilder, Augsburg 1984; 231 S.**

7525 Roth, Karl H.: I.G. Auschwitz – Normalität oder Anomalie eines kapitalistischen Entwicklungssprungs?, in: 1999 4 (1989), Nr. 4, 11–28

7526 Saint-Mandé – Auschwitz, in: MJ 49 (1993), Nr. 146, 103–19

7527 Sandkühler, Thomas/Schmuhl, Hans-Walter: Noch einmal: Die I.G. Farben und Auschwitz, in: GG 19 (1993), 259–67

7528 Sarodnik, Wolfgang: »Dieses Haus muß ein Haus des Schreckens werden...«. Strafvollzug in Hamburg 1933 bis 1945, in: Klaus Bästlein u.a. (Red.), »Für Führer, Volk und Vaterland...«. Hamburger Justiz im Nationalsozialismus, Hg. Justizbehörde Hamburg, Hamburg 1992, 332–81

7529 Schäche, Wolfgang/Szymanski, Norbert: Das Zellengefängnis [Berlin-]Moabit. Zur Geschichte einer preußischen Anstalt, Berlin 1992; 167 S.**

7530 Schäfer, Annette: Das Außenlager des Konzentrationslagers Natzweiler in Geislingen/Steige, in: 1999 5 (1990), Nr. 3, 98–109

7531 Schäfer, Christine: Evakuierungstransporte des KZ Buchenwald und seiner Außenkommandos, Hg. Nationale Mahn- und Gedenkstätte Buchenwald, Weimar-Buchenwald 1983; 99 S.**

7532 Schätzle, Julius: Stationen zur Hölle – Konzentrationslager in Baden und Württemberg 1933–1945, 2., verb. Aufl., Frankfurt 1980; 80 S. (zuerst 1974)

7533 Schilde, Kurt/Tuchel, Johannes: Columbia-Haus. Berliner Konzentrationslager 1933–1936, Hg. Bezirksamt Tempelhof von Berlin, hg. anläßlich der geplanten Errichtung eines Mahnmals zur Erinnerung an die Geschichte des Gefängnisses und Konzentrationslagers Columbia-Haus, Berlin 1990; 228 S.

7534 Schlegel, Birgit: Die Evakuierungsmärsche der KZ-Häftlinge nach Auflösung der Rüstungsbetriebe im April 1945, in: Rüstungsindustrie in Südniedersachsen während der NS-Zeit, Hg. Arbeitsgemeinschaft Südniedersächsischer Heimatfreunde, 1. u. 2. Aufl., Mannheim 1993, 334–53

7535 Schnabel, Reimund: Die Frommen in der Hölle. Geistliche in Dachau, Frankfurt 1966; 333 S.

7536 Schneider, Ulrich/Stein, Harry: IG Farben. Abt[eilung] Behringwerke-Marburg – KZ Buchenwald – Menschenversuche. Ein dokumentarischer Bericht, Kassel 1986; 83 S. (zugleich Weimar-Buchenwald)

7537 Schwarberg, Günther: Angriffsziel Cap Arcona, Hamburg 1983; 199 S.

7538 Schwarberg, Günther: Der Juwelier von Majdanek, Hamburg 1981; 238 S.

7539 Schwerdtfeger, Ruth: Women of Theresienstadt. Voices from a Concentration Camp, Oxford u. a. 1989; 152 S.

7540 Selzer, Michael: Deliverance Day. The Last Hours of Dachau, 2. Aufl., London 1980; 251 S. (zuerst Philadelphia, Penn. 1978)

7541 Siedenhans, Michael: Stalag 326 in Stukenbrock [Senne], in: Wolfgang Emer u. a. (Hg.), Provinz unterm Hakenkreuz. Diktatur und Widerstand in Ostwestfalen-Lippe, Bielefeld 1984, 205–26

7542 Siegert, Toni: Das Konzentrationslager Flossenbürg. Ein Lager für sogenannte Asoziale und Kriminelle, in: Bayern in der NS-Zeit, Bd. 2: Herrschaft und Gesellschaft im Konflikt, T. A, Hg. Martin Broszat/Elke Fröhlich, München/Wien 1979, 429–92

7543 Sington, Derrick: Die Türen öffnen sich. Authentischer Bericht über das englische Hilfswerk für Belsen mit amtlichen Photos, Rückblick Rudolf Küstermeier, Hamburg 1948; 183 S. (engl.: London 1946 u. d. T.: Belsen Uncovered)**

7544 Smith, Arthur L.: Die Hexe von Buchenwald. Der Fall Ilse Koch, 2., unveränd. Aufl., Weimar u. a. 1994; V, 260 S. (zuerst Köln/Wien 1983)

7545 Smith, Marcus J.: The Harrowing of Hell. Dachau, Albuquerque 1972; XI, 291 S.

7546 Smolén, Kazimierz: Auschwitz 1940–1945, Auschwitz 1965; 103 S.

7547 Smolén, Kazimierz u. a.: Ausgewählte Probleme aus der Geschichte des KL Auschwitz, Hg. Staatliches Auschwitz-Museum, Berater der deutschen Ausgabe Fritz Beyerlein, Auschwitz 1978; 123 S.

7548 Sprenger, Isabell: »Der Judenblock bleibt stehen.« Jüdische Häftlinge in der ersten Kriegshälfte im Konzentrationslager Groß-Rosen in Schlesien, in: Menora (1994), 415–33

7549 Stein, Harry: Juden in Buchenwald 1937–1942, Hg. Gedenkstätte Buchenwald, Weimar 1992; 143 S.

7550 Stein, Harry: Juden im Konzentrationslager Buchenwald 1938–1942, in: Thomas Hofmann u. a. (Hg.), Pogromnacht und Holocaust. Frankfurt, Weimar, Buchenwald ... Die schwierige Erinnerung an die Stationen der Vernichtung, Weimar u. a. 1994, 81–171

7551 Steinbach, Peter: Modell Dachau. Das Konzentrationslager und die Stadt Dachau in der Zeit des Nationalsozialismus und ihre Bedeutung für die Gegenwart, Passau 1987; 55 S.

7552 Steinbacher, Sybille: Dachau. Die Stadt und das Konzentrationslager in der NS-Zeit. Die Untersuchung einer Nachbarschaft, 2. Aufl., Frankfurt u. a. 1994; 289 S. (zuerst 1993)

7553 Stendell, Günther: Die Geschichte des Konzentrationslagers Reiherhorst bei Wöbbelin, in: Gegen Imperialismus, Faschismus und Krieg. Zur Geschichte der Arbeiterbewegung in Mecklenburg, Hg. Bezirkskommission zur Erforschung der Geschichte der Arbeiterbewegung bei der Bezirksleitung Schwerin der SED/Bezirksheimatmuseum Schwerin – Abteilung Geschichte der neuesten Zeit, o. O. u. J. [Schwerin 1967], 41–60

7554 Stendell, Günther: Das Zuchthaus Dreibergen-Bützow – eine faschistische Vernichtungszentrale in Mecklenburg, in: SchwBl 3 (1983), 14–22

7555 Stokes, Lawrence D.: Das Eutiner Schutzhaftlager 1933/34. Zur Geschichte eines »wilden« Konzentrationslagers, in: VfZ 27 (1979), 570–625

7556 Suchowiak, Bogdan: Die Tragödie der Häftlinge von Neuengamme [Hamburg], Reinbek 1985; 189 S.

7557 Suhr, Elke: Die Emslandlager. Die politische und wirtschaftliche Bedeutung der emsländischen Konzentrations- und Strafgefangenenlager 1933-1945, Bremen 1985; 300 S.

7558 Suhr, Elke: Konzentrationslager – Justizgefangenenlager – Kriegsgefangenenlager im Emsland 1933-1945, in: Ludwig Eiber (Hg.), Verfolgung – Ausbeutung – Vernichtung. Die Lebens- und Arbeitsbedingungen der Häftlinge in deutschen Konzentrationslagern 1933-1945, Hannover 1985, 66-89

7559 Timpke, Henning: Das KL Fuhlsbüttel [Hamburg], in: Ino Arndt u. a., Studien zur Geschichte der Konzentrationslager, Stuttgart 1970, 11-28

7560 Die Toten von Dachau. Deutsche und Österreicher. Ein Gedenk- und Nachschlagewerk, Hg. Staatskommissariat für rassisch, religiös und politisch Verfolgte, München 1947; 104 S.

7561 Trostorff, Klaus/Weidlich, Herbert: Die politische Abteilung im Terrorsystem des KZ Buchenwald, Hg. Nationale Mahn- und Gedenkstätte Buchenwald, Weimar-Buchenwald 1984; 93 S.

7562 Übel, Rolf: Das Landauer Schutzhaftlager (März bis Juli 1933), in: HJLSW 11 (1989), 47-50

7563 Uhlmann, Walter (Hg.): Sterben um zu leben. Politische Gefangene im Zuchthaus Brandenburg-Görden 1933-1945, Köln 1983; 297 S. (LA Frankfurt u. a. 1983)

7564 Unternehmen »Malachit«. Zur Geschichte des Konzentrationslagers Langenstein-Zwieberge, Hg. SED-Kreisleitung Halberstadt, Kommission zur Erforschung der örtlichen Arbeiterbewegung, Halberstadt 1966; 44 S.

7565 Vogler, Erich u. a.: Das Schicksal von Juden, Mischlingen und jüdisch Versippten im Zwangsarbeiterlager Lenne in Hils, Hg. Arbeitskreis Friedensbewegung, Dassel-Einbek o. J. [1991]

7566 Walendy, Udo (Hg.): Auschwitz im IG Farben-Prozeß – Holocaust-Dokumente?, Vlotho 1981; 404 S.

7567 Wegner, Werner: Keine Massenvergasungen in Auschwitz? Zur Kritik des Leuchter-Gutachtens, in: Uwe Backes u. a. (Hg.), Die Schatten der Vergangenheit. Impulse zur Historisierung des Nationalsozialismus, 2. Aufl., Frankfurt/Berlin 1992, 450-76 (zuerst 1990)

7568 Weidlich, Herbert: Das Sonderkommando und weitere gefährliche Aktionen der SS, Hg. Nationale Mahn- und Gedenkstätte Buchenwald, Weimar-Buchenwald 1979; 94 S.

7569 Weidlin, Werner: Das Konzentrationslager Fort Oberer Kuhberg Ulm, Ludwigsburg 1983; 64 S.

7570 Weiler, Eugen (Hg.): Die Geistlichen in Dachau sowie in anderen Konzentrationslagern und Gefängnissen. Nachlaß von Emil Thoma, Mödling b. Wien 1971 (Ergänzungen und Berichtigungen, o. O. u. J.); 1158, 20 S.

7571 Wellers, Georges: A propos du »rapport Leuchter« et les chambres à gaz d'Auschwitz, in: MJ 45 (1989), 45-53

7572 Wellers, Georges: A propos du nombre de morts au camp d'Auschwitz, in: MJ 46 (1990), 187-95

7573 Wellers, Georges: Der »Leuchter-Bericht« über die Gaskammern von Auschwitz: Revisionistische Propaganda und Leugnung der Wahrheit, in: DH 7 (1991), Nr. 7, 230-41

7574 White, Elizabeth B.: Majdanek. Cornerstone of Himmler's SS Empire in the East, in: SWCA 7 (1990), 3-21

7575 Wieland, Lothar: Die Konzentrationslager Langjüten II und Ochtumsand, Bremerhaven 1993; 81 S.

7576 Wippermann, Wolfgang: Nationalsozialistische Zwangslager in Berlin, II: Das

»Arbeitserziehungslager« Wulheide, in: Wolfgang Ribbe (Hg.), Berlin-Forschungen, Bd. 2, Berlin 1987, 179–88

7577 Wittfogel, Karl A.: Staatliches Konzentrationslager VII. Eine »Erziehungsanstalt« im Dritten Reich. Roman, Hg. Fietje Ausländer, Nachwort Joachim Radkau, Neuausg., Bremen 1991; 292 S. (zuerst London 1936 u. d. Pseud. Klaus Hinrichs)

7578 Wollenberg, Jörg: Vom Auswandererlager zum KZ. Zur Geschichte des Bremer Konzentrationslagers Mißler, in: Wiltrud U. Drechsel/Jörg Wollenberg (Red.), Arbeit, Teil 1: Zwangsarbeit, Rüstung, Widerstand 1931–1945. (Beiträge zur Sozialgeschichte Bremens, 5), Bremen 1982, 85–150

7579 Das Zeugnis der Verfolgten. (Ausstellungskatalog), Hg. Zum Beispiel Dachau – Arbeitsgemeinschaft zur Erforschung der Dachauer Stadtgeschichte, Red. Hans-Günter Richardi, Dachau 1993; 99 S.**

7580 Ziegler, Jürgen: Mitten unter uns. Natzweiler-Struthof [Elsaß]: Spuren eines Konzentrationslagers, Hamburg 1986; 272 S.

7581 Zörner, Guste u. a.: Frauen-KZ Ravensbrück [bei Fürstenberg], 5. Aufl., Berlin (O) 1986; 200 S. (zuerst 1971; LA Frankfurt 1982)

A.3.10.8.3 Widerstand und Selbstbehauptung

Darstellungen

7582 Adler, Hans G.: Selbstverwaltung und Widerstand in den Konzentrationslagern der SS, in: VfZ 8 (1960), 221–36

7583 Benz, Wolfgang/Distel, Barbara (Hg.): Solidarität und Widerstand. (DH, 7), München 1991; 241 S.*

7584 Brebeck, Wulff E. u. a.: Über-Lebens-Mittel. Kunst aus Konzentrationslagern und in Gedenkstätten für Opfer des Nationalsozialismus, Marburg 1992; 175 S.**

7585 Crome, Len: Unbroken. Resistance and Survival in the Concentration Camps, London/New York 1988; 174 S.

7586 Dauer, Hannelore: Kunst im täglichen Schatten des Todes. Künstlerischer Widerstand in Konzentrationslagern und Ghettos, in: Tribüne 23 (1984), Nr. 90, 116–24; abgedr. in: Widerstand und Exil 1933–1945, Hg. Bundeszentrale für politische Bildung, Bonn 1985 (Frankfurt/New York 1986), 169–76

7587 Distel, Barbara: Widerstand der Verfolgten, in: Wolfgang Benz/Walter H. Pehle (Hg.), Lexikon des deutschen Widerstandes, Frankfurt 1994, 113–27

7588 Dunin-Wasowicz, Krysztof: Resistance in the Nazi Concentration Camps 1933–1945, Warschau 1982; VIII, 436, (40) S.

7589 Dunin-Wasowicz, Krzysztof: Soziale und sozialpsychologische Aspekte des Widerstandskampfes der KZ-Häftlinge, in: Waclaw Dlugoborski (Hg.), Zweiter Weltkrieg und sozialer Wandel, Göttingen 1981, 164–70

7590 Grubmüller, Margit: Widerstand, Solidarität und Zusammenarbeit in Konzentrationslagern, in: Widerstand und Exil in der deutschen Arbeiterbewegung, Hg. Friedrich-Ebert-Stiftung, Bonn 1982, 365–450**

7591 Langbein, Hermann: ... nicht wie die Schafe zur Schlachtbank. Widerstand in den nationalsozialistischen Konzentrationslagern 1938–1945, Frankfurt 1980; 495 S.

7592 Langbein, Hermann: Dem brutalsten Terror zum Trotz. Widerstand in den nationalsozialistischen Konzentrationslagern, in: Tribüne 23 (1984), Nr. 91, 31–40; abgedr. in: Widerstand und Exil 1933–1945, Hg. Bundeszentrale für politische Bildung, Bonn 1985 (Frankfurt/New York 1986), 159–68

7593 Lochmann, Reinhold: Signale aus dem Todeslager. Eine lebenswichtige Brücke zur Außenwelt im antifaschistischen Widerstandskampf, in: BGR 7 (1973), Nr. 2, 50–57

7595 Pingel, Falk: Häftlinge unter SS-Herrschaft. Widerstand, Selbstbehauptung und Vernichtung im Konzentrationslager, Hamburg 1978; 336 S.

7596 Pingel, Falk: Resistance and Resignation in Nazi Concentration and Extermination Camps, in: Gerhard Hirschfeld (Hg.), The Policies of Genocide. Jews and Soviet Prisoners of War in Nazi Germany, London u. a. 1986, 30–72

7597 Pingel, Falk: Widerstand in nationalsozialistischer Haft, in: Richard Löwenthal/Patrik von Zur Mühlen (Hg.), Widerstand und Verweigerung in Deutschland 1933 bis 1945, 2. Aufl., Berlin/Bonn 1984, 241–55 (zuerst 1982)

7598 Rahe, Thomas: Jüdische Religiosität in den nationalsozialistischen Konzentrationslagern, in: GWU 44 (1993), 87–101

7599 Seela, Torsten: Bücher und Bibliotheken in nationalsozialistischen Konzentrationslagern. Das gedruckte Wort im antifaschistischen Widerstand der Häftlinge, München u. a. 1992; XI, 252 S.

7600 Tuchel, Johannes: Selbstbehauptung und Widerstand in nationalsozialistischen Konzentrationslagern, in: Jürgen Schmädeke/Peter Steinbach (Hg.), Der Widerstand gegen den Nationalsozialismus. Die deutsche Gesellschaft und der Widerstand gegen Hitler, 2. Aufl., München/Zürich 1986, 938–53 (zuerst 1985; ND 1994)

Regional-/Lokalstudien

7601 Bartel, Walter: Das internationale antifaschistische Aktiv befreite das Konzentrationslager Buchenwald, Hg. Nationale Mahn- und Gedenkstätte Buchenwald, Weimar-Buchenwald 1979; 57 S.**

7602 Baum, Bruno: Widerstand in Auschwitz, Berlin (O) o. J. [1962]; 110 S. (zuerst 1957)

7603 Berger, Karin u. a.: »Ich gebe Dir einen Mantel, daß Du ihn noch in Freiheit tragen kannst.« Widerstehen im KZ. Österreichische Frauen erzählen, Wien 1987

7604 Deyda, Ewald: Die Geschichte des Widerstandskampfes im Konzentrationslager Buchenwald auf dem Gebiet der Sabotage, Diss. Hochschule der Deutschen Volkspolizei, Berlin (O) 1977; 259 S. (Ms. vervielf.)

7605 Drobisch, Klaus: Widerstand in Buchenwald, 2., überarb. Aufl., Frankfurt 1985; 219 S. (zuerst Berlin [O] 1978)

7606 Drobisch, Klaus: Widerstand hinter Stacheldraht. Aus dem antifaschistischen Kampf im KZ Buchenwald, Berlin (O) 1962; 158 S.

7607 Fröbe, Rainer/Füllberg-Stolberg, Claus: Von der Résistance zum Widerstand im Konzentrationslager. Weibliche KZ-Häftlinge in Ravensbrück [bei Fürstenberg] und Hannover-Limmer, in: DH 7 (1991), Nr. 7, 191–201

7608 Häberer, Bruno: Die Organisierung des antifaschistischen Widerstandskampfes in den Elektrikerkommandos des Konzentrationslagers Buchenwald unter maßgeblichem Einfluß deutscher Kommunisten. Dargestellt an den technischen Methoden, dem System und Aufbau sowie der Wirksamkeit der illegalen Empfänger und Sender, Diss. Dresden 1972; 316 S. (Ms. vervielf.)

7609 Hartung, Hans-Joachim: Signale durch den Todeszaun. Historische Reportage über Bau, Einsatz und Tarnung illegaler Rundfunkempfänger und -sender im Konzentrationslager Buchenwald, Berlin (O) 1974; 207 S.

7610 Hobrecht, Jürgen: Die Fluchthelfer von Auschwitz. Ein unbekanntes Kapitel der Hoffnung aus der Hölle des Vernichtungslagers: Polnische Einwohner in Auschwitz, vorneweg die Frauen, und Widerständler hinter Stacheldraht retteten vielen inhaftierten Landsleuten das Leben, in: Zeit, Jg. 49, Nr. 36, 2. 9. 1994, 82

7611 Kießling, Wolfgang: Die Rolle Ernst Schnellers bei der Organisierung des antifaschistischen Widerstands im Konzentrationslager Sachsenhausen, in: Der deutsche Imperialismus und der Zweite Weltkrieg, Bd. 4, Hg. Kommission der Historiker der DDR und der UdSSR, Red. Leo Stern u. a., Berlin (O) 1961, 529–49

7612 Klausch, Hans-Peter: Widerstand in Flossenbürg. Zum antifaschistischen Widerstandskampf der deutschen, österreichischen und sowjetischen Kommunisten im Konzentrationslager Flossenbürg 1940–1945, Oldenburg 1990; 110 S.

7613 Kühn, Günter/Weber, Wolfgang: Stärker als die Wölfe. Ein Bericht über die illegale militärische Organisation im ehemaligen Konzentrationslager Buchenwald und den bewaffneten Aufstand, 2. Aufl., Berlin (O) 1978; 324 S. (zuerst 1977)

7614 Lochmann, Reinhold: Der illegale Rundfunk-Abhördienst im KZ Buchenwald, in: BGR 5 (1971), Nr. 2–3, 61–80, 76–79

7615 Matt, Alphons: Einer aus dem Dunkel. Die Befreiung des Konzentrationslagers Mauthausen durch den Bankbeamten H. [Louis Haeflinger), Zürich 1988; 182 S.

7615a Orski, Marek: The Jewish Subsidiary of the Stutthof Concentration Camp at Brusy-Dziemiany, 1944–1945, in: YVS 22 (1992), 273–86

7616 Otto, Karl: ». . . Tausend Kameraden Mann an Mann . . .« Beiträge zur Geschichte des antifaschistischen Widerstandskampfes im Konzentrationslager Sachsenburg, Hg. SED-Kreisleitung Hainichen, Bearb. Kommission zur Erforschung der Geschichte der örtlichen Arbeiterbewegung bei der Kreisleitung der SED in Hainichen, 2. Aufl., Hainichen o. J. (1978); 60 S. (zuerst 1962)

7617 Pachaly, Erhard: Die Entwicklung und der Kampf des Parteiaktivs der KPD im KZ Buchenwald, T. 1: 1937–1941, T. 2: 1941–1945, Hg. Nationale Mahn- und Gedenkstätte Buchenwald, 2 Bde., 2., durchges. Aufl., Weimar-Buchenwald 1982; 82, 82 S. (zuerst 1982)

7618 Pachaly, Erhard: Herausbildung und Wirken der illegalen Organisation der KPD im KZ Buchenwald bis zum Beginn des zweiten Weltkrieges, in: JfG 26 (1982), 169–91

7619 Pachaly, Erhard/Pelny, Kurt: KZ Dora-Mittelbau. Zum antifaschistischen Widerstand im KZ Dora 1943 bis 1945, Berlin 1990; 268 S.

7620 Renz, Werner: Der Aufstand des Sonderkommandos in Auschwitz-Birkenau, in: FR, Jg. 50, Nr. 233, 7. 10. 1994, 18

7621 Ritscher, Bodo: Zum organisierten Widerstandskampf deutscher Antifaschisten im KZ Buchenwald, in: Ludwig Eiber (Hg.), Verfolgung – Ausbeutung – Vernichtung. Die Lebens- und Arbeitsbedingungen der Häftlinge in deutschen Konzentrationslagern 1933–1945, Hannover 1985, 130–48

7622 Ritscher, Bodo/Hermann, Anton: Walter Krämer – ein Arzt für die Häftlinge, Hg. Nationale Mahn- und Gedenkstätte Buchenwald, 2. Aufl., Weimar-Buchenwald 1988; 69 S. (zuerst 1983)

7623 Sacharow, Valentin: Aufstand in Mauthausen, 2. Aufl., Berlin (O) 1970; 238 S. (zuerst 1961)

7624 Seidel, Sonja: Kultur und Kunst im antifaschistischen Widerstandskampf im Konzentrationslager Buchenwald, Hg. Nationale Mahn- und Gedenkstätte Buchenwald, Weimar-Buchenwald 1983; 84 S.

7625 Staar, Sonja: Kunst, Widerstand und Lagerkultur. Eine Dokumentation, Hg. Nationale Mahn- und Gedenkstätte Buchenwald, Weimar-Buchenwald 1987; 80 S.

7626 Steiner, Jean-François: Treblinka. Die Revolte eines Vernichtungslagers, Oldenburg/Hamburg 1966; 348 S. (franz.: Paris 1966)

7627 Weidlich, Herbert: Häftlinge in Lagerorganen – Stützen der illegalen Widerstandsorganisation [im KZ Buchenwald], Hg. Nationale Mahn- und Gedenkstätte Buchenwald, 2., überarb. Aufl., Weimar-Buchenwald 1983; 73 S. (zuerst 1977)

A.3.10.8.4 Haltung des Auslands

[vgl. A.3.10.4.7]

7628 Fleming, Gerald: Die Herkunft des »Bernadotte-Briefs« an Himmler vom 10. März 1945, in: VfZ 26 (1978), 571–600

7629 Frei, Norbert: »Wir waren blind, ungläubig und langsam.« Buchenwald, Dachau und die amerikanischen Medien im Frühjahr 1945, in: VfZ 35 (1987), 385–401

7630 Gilbert, Martin: Auschwitz und die Alliierten, München 1982; 482 S.

7631 Lichtenstein, Heiner: Warum Auschwitz nicht bombadiert wurde. Eine Dokumentation, Vorwort Eugen Kogon, Köln 1980; 184 S.

7632 Paucker, Arnold: Die Haltung Englands und der USA zur Vernichtung der europäischen Juden im Zweiten Weltkrieg, in: Ursula Büttner (Hg.), Das Unrechtsregime. Internationale Forschung über den Nationalsozialismus. Festschrift für Werner Jochmann zum 65. Geburtstag, Bd. 2, Hamburg 1986, 149–62

A.3.10.8.5 Erlebnisberichte

[vgl. A.3.10.4.8]

Gedruckte Quellen

7633 Beyer, Wilhelm R. (Hg.): Rückkehr unerwünscht. Joseph Drexels »Reise nach Mauthausen« und der Widerstandskreis Ernst Niekisch, 2. Aufl., München 1980; 369 S. (zuerst 1978)

Darstellungen

7634 Adam, Walter: Nacht über Deutschland. Erinnerungen an Dachau. Ein Beitrag zur Kulturgeschichte des Dritten Reiches, Wien 1947; 85 S.

7635 Adelsberger, Lucie: Auschwitz. Ein Tatsachenbericht. Das Vermächtnis der Opfer für uns Juden und für alle Menschen, 3. Aufl., Berlin 1960; 176 S. (zuerst 1956)

7636 Adler, Hans G. u. a. (Hg.): Auschwitz. Zeugnisse und Berichte, 3., überarb. Aufl., Frankfurt 1984; 316 S. (zuerst 1962; TB 1988)

7637 Alt, Karl: Todeskandidaten. Erlebnisse eines Seelsorgers im Gefängnis München-Stadelheim mit zahlreichen im Hitlerreich zum Tode verurteilten Männern und Frauen, München 1946; 96 S.

7638 Altmann, Erich: Im Angesicht des Todes. 3 Jahre in deutschen Konzentrationslagern. Auschwitz – Buchenwald – Oranienburg, Luxemburg 1948; 165 S.

7639 Antelme, Robert: Das Menschengeschlecht. Als Deportierter in Deutschland, 2. Aufl., München 1990; 412 S. (zuerst 1987; franz.: Paris 1947 u. d. T.: L'espèce humaine)

7640 Apitz, Bruno: Nackt unter Wölfen, 56. Aufl., Halle a. d. S. 1990; 437 S. (zuerst 1958; LA 11. Aufl., Frankfurt 1988)

7641 Bakels, Floris B.: Nacht und Nebel. Der Bericht eines holländischen Christen aus deutschen Gefängnissen und Konzentrationslagern, Frankfurt 1979; 388 S.

7642 Berger, Karin u. a. (Hg.): Ich gebe dir einen Mantel, daß Du ihn noch in Freiheit tragen kannst. Widerstehen im KZ. Frauen erzählen, Wien 1988; 326 S.

7643 Bernard, Jean: Priesterblock 25487 [Dachau]. Ein Bericht, Hg. Charles Reinert/Gebhard Stillfried, München 1962; 171 S.

7644 Beyond Human Endurance. The Ravensbrück [bei Fürstenberg] Women Tell Their Stories, Warschau 1970; 181 S.

7645 Biermann, Pierre: Streiflichter aus Hinzert, Natzweiler, Buchenwald, Luxemburg 1950; 48 S.

7646 Blanz, Fritz u. a. (Hg.): KZ Hersbruck. Überlebende berichten, Hersbruck o. J. [um 1983]; 70 S.

7647 Bleton, Pierre: »Das Leben ist schön!« Überlebensstrategien eines Häftlings im KZ Porta [Westfalica], Bielefeld 1987; 82 S.

7648 Brinkmann, Elisabeth: Der letzte Gang. Ein Priesterleben im Dienste Todgeweihter. Erinnerungen an meinen Bruder, 25.–26. Tsd., Münster 1981; 108 S. (zuerst 1950)

7649 Broad, Pery: KZ Auschwitz. Aussage von Pery Broad, einem SS-Mann der politischen Abteilung im Konzentrationslager Auschwitz, 1. u. 2. Aufl., Oswiecim 1969; XVIII, 87 S. (engl. 1965)

7650 Buchenwald. Ein Konzentrationslager. Bericht der ehemaligen Häftlinge Emil Carlebach, Paul Grünewald, Helmut Röder, Willy Schmidt, Walter Vielhauer, hg. i. A. der Lagergemeinschaft Buchenwald-Dora der Bundesrepublik Deutschland, 2., durchges. Aufl., Berlin (O) 1988; 190 S. (zuerst Frankfurt 1984)

7651 Burckhard, Hugo: Tanz mal, Jude! Von Dachau bis Shanghai. Meine Erlebnisse in den Konzentrationslagern Dachau, Buchenwald, Ghetto Shanghai 1933–1948, 2. Aufl., Nürnberg 1967; 207 S.

7652 Carls, Hans: Dachau. Erinnerungen eines katholischen Geistlichen aus der Zeit seiner Gefangenschaft 1941–1945, Köln 1946; 218 S.

7653 Christel, Albert: Apokalypse unserer Tage. Erinnerungen an das KZ Sachsenhausen, Hg. Manfred Ruppel/Lothar Wolfstetter, Frankfurt 1987; 213 S.

7654 Danos, Eva: Prison of Wheels. From Ravensbrück to Burgau, Brookvale 1990; 80 S. (ungar.: St. Ottilien 1945)

7655 Deichmann, Hans: Auschwitz, in: 1999 5 (1990), Nr. 3, 100–16

7656 Delbo, Charlotte: Trilogie. Auschwitz und danach. Keine von uns wird zurückkehren. Eine nutzlose Bekanntschaft. Maß unserer Tage, Frankfurt 1990; 504 S.

7657 Dietmar, Udo: Häftling…X… in der Hölle auf Erden!, 3. Aufl., Weimar 1948; 128 S. (zuerst Mainz 1946)

7658 Ernst, Christoph/Jensen, Ulrike (Hg.): Als Letztes starb die Hoffnung. Berichte von Überlebenden aus dem KZ Neuengamme [Hamburg], Vorwort Ralph Giordano, Hamburg 1989; 168 S.

7659 Fürstenberg, Doris (Hg.): Jeden Monat war dieser Tod. Interviews mit jüdischen Frauen, die Auschwitz überlebten. Eine Dokumentation, Düsseldorf 1986; 178 S.

7660 Geve, Thomas: Geraubte Kindheit, Konstanz 1993; 264 S.

7661 Glazar, Richard: Die Falle mit dem grünen Zaun. Überleben in Treblinka, Frankfurt 1992; 188 S.

7662 Glazar, Richard: Tötungsmaschinerie und Aufstand. Im Vernichtungslager Treblinka: Bericht eines Überlebenden, in: Maria Zenner (Hg.), Der Widerstand gegen den Nationalsozialismus. Eine interdisziplinäre didaktische Konzeption zu seiner Erschließung, Bochum 1989, 123–31

7663 Gostner, Erwin: 1000 Tage im KZ. Ein Erlebnisbericht aus den Konzentrationslagern Dachau, Mauthausen und Gusen. Mit authentischem Bildmaterial und Dokumenten, 2. Aufl., Innsbruck 1947; 211 S. (zuerst 1945; ND 1986)**

7664 Graumann, Samuel: Deportiert! Ein Wiener Jude berichtet, Wien 1947; 165 S.

7665 Greif, Gideon (Hg.): Wir weinten tränenlos… Augenzeugenberichte der jüdischen Sonderkommandos in Auschwitz, Köln u. a. 1995; 360 S.

7666 Groeneveld, Alfred F.: Im Außenkommando Kassel des KZ Buchenwald. Ein Bericht. Mit einer biographischen Skizze des Höheren SS- und Polizeiführers Josaias Erbprinz zu Waldeck und Pyrmont, Mitarb. Anke Schmeling, Kassel 1991; 84 S.

7667 Heftler, Nadine: Si tu t'en sors ... Auschwitz, 1944–1945, Vorwort Pierre Vidal-Naquet, Paris 1992; VIII, 189 S.

7668 Heger, Heinz: Die Männer mit dem rosa Winkel. Der Bericht eines Homosexuellen über seine KZ-Haft von 1939–1945, Hamburg 1972; 169 S.

7669 Henze, Wilhelm: »Hochverräter raus!«. Geschichten, Geschichte und Zeichnungen eines Moorsoldaten, Hg. Harro Knoch, Bremen 1992; 288 S.

7670 Hillesum, Etty: Das denkende Herz der Baracke. Die Tagebücher der Etty Hillesum 1941–1943, 2. Aufl., Freiburg u.a. 1984; 238 S. (zuerst 1983; TB Reinbek 1985 u.ö.; niederländ.: Haarlem 1981, 8. Aufl. 1982)

7671 Hoffmann, Karl-Heinz: Am Eismeer verschollen. Erinnerungen aus der Haftzeit in faschistischen Strafgefangenenlagern in Nordnorwegen, Berlin (O) 1988; 189 S.

7672 Horsky, Monika (Hg.): Man muß darüber reden. Schüler fragen KZ-Häftlinge, Wien 1988; 216 S.

7673 Jacobeit, Sigrid: Arbeitsalltag in Ravensbrück [bei Fürstenberg]. Aus der Lebensbeschreibung von Rita Sprengel, Häftling Nr. 12867, in: Dietrich Eichholtz (Hg.), Verfolgung – Alltag – Widerstand. Brandenburg in der NS-Zeit. Studien und Dokumente, Berlin 1993, 303–21

7674 Joos, Joseph: Leben auf Widerruf. Begegnungen und Beobachtungen im Konzentrationslager Dachau 1941–1945, Olten 1946; 260 S.

7675 Kielar, Wieslaw: Anus Mundi. Fünf Jahre Auschwitz, 2. Aufl., Frankfurt 1980; 416 S. (zuerst 1979)

7676 Kocwa, Eugenia: Flucht aus Ravensbrück [bei Fürstenberg], Nachwort Maria Kubasch, Berlin (O) 1973; 225 S. (poln.: Krakau 1969)

7677 Konzentrationslager Buchenwald. Geschildert von Buchenwalder Häftlingen, Wien 1945; 30 S.

7678 Krause, Rolf D.: KZ-Wirklichkeit und KZ-Darstellung zwischen 1935 und 1940. Zu den autobiographischen KZ-Berichten der Exilliteratur, in: Editha Koch/Frithjof Trapp (Hg.), Realismuskonzeptionen der Exilliteratur zwischen 1935 und 1940/41. Tagung der Hamburger Arbeitsstelle für deutsche Exilliteratur 1986, Maintal 1987, 176–88

7679 Kupfer-Koberwitz, Edgar: Die Mächtigen und die Hilflosen. Als Häftling im Konzentrationslager Dachau, Bd. 1: Wie es begann 1941–1942, Bd. 2: Wie es endete 1943–1945, Stuttgart 1957–1960; 430, 263 S.

7680 Langbein, Hermann: Die Stärkeren. Ein Bericht aus Auschwitz und anderen Konzentrationslagern, 2., überarb. Aufl., Köln 1982; 292 S. (zuerst Wien 1949)

7681 Langhoff, Wolfgang: Die Moorsoldaten. 13 Monate Konzentrationslager. Unpolitischer Tatsachenbericht, Zürich o. J. (1935); 327 S. (2. Aufl. Stuttgart 1978 u.d.T.: Die Moorsoldaten)

7682 Laqueur, Renata: Schreiben im KZ. Tagebücher 1940–1945, Bearb. Martina Dreisbach, Geleitwort Rolf Wernstedt, Bremen 1991; 168 S.

7683 Laqueur, Renata: Bergen-Belsen Tagebuch 1944/1945, Hannover 1983; 143 S. (niederländ.: Amsterdam 1979)

7684 Laska, Vera (Hg.): Women in the Resistance and the Holocaust. The Voices of Eyewitnesses, Westport, Conn. u.a. 1983; XV, 330 S.

7685 Lebensgeschichten. Gespräche mit Überlebenden des KZ Neuengamme [Hamburg], Hg. KZ-Gedenkstätte Neuengamme u.a., Bearb. Ulrike Jensen, Neuengamme 1992; 52 S.

7686 Levi, Primo: Ist das ein Mensch? Erinnerungen an Auschwitz, erw. Neuaufl., 41.–52. Tsd., Frankfurt 1979; 182 S.; abgedr. in: Primo Levi, Ist das ein Mensch? Die Atempause, München 1991

7687 Levi, Primo: Die Untergegangenen und die Geretteten, München 1990; 212 S.

7688 Lévy-Hass, Hanna: Vielleicht war das alles erst der Anfang. Tagebuch aus dem KZ Bergen-Belsen 1944–1945. Mit einem Gespräch 1978, Hg. Eike Geisel, Berlin 1979

7689 Lingens-Reiner, Ella: Eine Frau im Konzentrationslager, Wien 1966; 44 S.

7690 Lingens-Reiner, Ella: Prisoners of Fear, London 1948; 195 S.

7691 Lundholm, Anna: Das Höllentor. Bericht eines Überlebenden, Reinbek 1991; 312 S.

7692 Mechanicus, Philip: Im Depot. Tagebuch aus Westerbork, Vorwort Eike Geisel, Berlin 1993; 384 S. (engl.: ND London 1982; niederl.: Amsterdam 1989)

7693 Meier, Heinrich C.: So war es. Das Leben im KZ Neuengamme [Hamburg], Hamburg 1946; 126 S.

7694 »Mein Vater, was machst du hier...? Zwischen Buchenwald und Auschwitz. Der Bericht des Zacharias Zweig, Frankfurt 1987; 123 S.

7695 Meyer, Alwin: Die Kinder von Auschwitz, 2. Aufl., Göttingen 1992; 240 S. (zuerst 1990)

7696 Michel, Henri: Oranienburg – Sachsenhausen: KZ-Erinnerungen und Hungermarsch in die Freiheit eines polnischen Gefangenen, Eupen 1985; 456 S.

7697 Müller, Charlotte: Die Klempnerkolonne in Ravensbrück [bei Fürstenberg]. Erinnerungen des Häftlings Nr. 10787, Textbearb. Gabriele Stammberger, 5. Aufl., Berlin (O) 1987; 224, (2) S. (zuerst 1981; LA Frankfurt)

7698 Müller, Filip: Sonderbehandlung. Drei Jahre in den Krematorien und Gaskammern von Auschwitz, München 1979; 279 S. (engl.: London 1979)

7699 Naujoks, Harry: Mein Leben im KZ Sachsenhausen 1936–1942. Erinnerungen des ehemaligen Lagerältesten, Hg. Martha Naujoks, Bearb. Ursel Hochmuth, Berlin (O) 1989; 352 S.

7700 Nomberg-Prytyk, Sara: Auschwitz. True Tales from a Grotesque Land, Hg. Eli Pfefferkorn/David M. Hirsch, Chapel Hill, N.C. 1985; XII, 185 S.

7701 Nyiszli, Miklós: Jenseits der Menschlichkeit. Ein Gerichtsmediziner in Auschwitz, Berlin 1992; 195 S. (ungar.: 1946)

7702 Ott, Hugo: Einleitung und Vorbemerkung zu den nachfolgenden Erlebnisberichten und Dokumentation von KZ-Priestern der Erzdiözese Freiburg, in: FDA 90 (1970), 5–23, 24–315

7703 Poelchau, Harald: Die letzten Stunden. Erinnerungen eines Gefängnispfarrers, aufgezeichnet von Alexander Stenbock-Fermor, Neuausg., 2. Aufl., Köln 1991; 153 S. (zuerst 1987; Originalausg. Berlin 1949)

7704 Pollak, Michael: Die Grenzen des Sagbaren. Lebensgeschichte von KZ-Überlebenden als Augenzeugenberichte und als Identitätsarbeit, Frankfurt/New York 1988; 180 S.

7705 Pollak, Michael: L'expérience concentrationnaire. Essai sur le maintien de l'identité sociale, Mitarb. Mission Recherche Expérimentation (MIRE), Paris 1990; 342 S.

7706 The Relief of Belsen, April 1945. Eyewitness Accounts, Hg. Imperial War Museum, Bearb. Paul Kemp, London 1991; 32 S.

7707 Röder, Karl: Nachtwache. 10 Jahre KZ Dachau und Flossenbürg, Köln/Wien 1985; 345 S.

7708 Rothfels, Hans: Augenzeugenbericht zu den Massenvergasungen. (Dokumentation), in: VfZ 1 (1953), 177–94

7709 Rovan, Joseph: Geschichten aus Dachau, 2. Aufl., München/Zürich 1992; 293 S. (zuerst Stuttgart 1989; franz.: Paris 1987 u. d. T.: Contes de Dachau)

7710 Rozanski, Zenon: Mützen ab . . . Eine Reportage aus der Strafkompanie des KZ Auschwitz, ND Oldenburg 1991; 144 S. (zuerst Hannover 1948)

7711 Scheuer, Lisa: Vom Tode, der nicht stattfand. Theresienstadt, Auschwitz, Freiberg, Mauthausen. Eine Frau überlebt, Reinbek 1983; 121 S.

7712 Sereny, Gitta: Am Abgrund. Eine Gewissensforschung. Gespräche mit Franz Stangl, Kommandant von Treblinka, und anderen, Frankfurt u. a. 1979; 414 S.

7713 Shelley, Lore (Hg.): Auschwitz – the Nazi Civilization. Twenty-three Women Prisoner's Accounts. Auschwitz Camp Administration and SS Enterprises and Workshops, Lanham 1992; X, 296 S.

7714 Sonnenbluck, Henri: J'avais 16 ans à Auschwitz, Brüssel o. J. [1990]; 94 S.

7715 Spritzer, Jenny: Ich war Nr. 10291. Tatsachenbericht einer Schreiberin der politischen Abteilung aus dem Konzentrationslager Auschwitz, 2., erg. Aufl., Darmstadt 1980; 157 S. (zuerst Zürich o. J. [ca. 1947])

7716 Sturm, Hanna: Die Lebensgeschichte einer Arbeiterin. Vom Burgenland nach Ravensbrück [bei Fürstenberg], 1. u. 2. Aufl., Wien 1982; XXI, 349 S.

7717 Szalet, Leon: Experiment »E«. A Report from an Extermination Laboratory [Sachsenhausen], New York 1945; 284 S.

7718 Theissen, Rolf u. a.: Der Anarcho-Syndikalistische Widerstand an Rhein und Ruhr. Zwölf Jahre hinter Stacheldraht und Gitter! Erlebnisberichte aus den KZ-Lagern Emsländer Moor, Sachsenhausen, Dachau und Buchenwald, Meppen 1980; 207, 71, (3) S.

7719 Tillion, Germaine: Ravensbrück [bei Fürstenberg]. Suivi de: Les exterminations par la gaz à Ravensbrück. Les exterminations par la gaz à Hartheim, Mauthausen et Gusen, Mitarb. Anise Postal-Vinay/Pierre S. Choumoff, 2., vollst. überarb. Aufl., Paris 1988; 468 S. (zuerst 1973; amerikan.: Garden City, N. Y. 1975)

7720 Vaisman, Sima: Une déportée à Auschwitz témoigne, in: MJ 46 (1990), 153–81

7721 Vermehren, Isa: Reise durch den letzten Akt. Ravensbrück [bei Fürstenberg], Buchenwald, Dachau, Neuausg., Reinbek 1979 u. ö.; 188 S. (zuerst Hamburg 1948)

7722 Walleitner, Hugo: Zebra. Ein Tatsachenbericht aus dem KZ Flossenbürg. Mit 34 Bildern, Bad Ischl o. J. [1946]; 191 S.**

7723 Walsken, Ernst: Warten auf die Freiheit. Zeichnungen und Aquarelle eines Moorsoldaten 1935–1939, Vorwort Johannes Rau, Wuppertal 1984; 176 S.

7724 Weber, Alfred: Stärker als der Tod. Die verbrecherische Rolle des Heinkel-Konzerns im KZ-Außenlager Barth [Mecklenburg] und der Widerstandskampf der Häftlinge vieler Nationen. Ein dokumentarischer Bericht, Hg. SED-Bezirksleitung Rostock u. a., Red. Johanna Jawinsky/Elisabeth Harloff, Rostock 1970; 49 S.**

7725 Weinstock, Rolf: Das wahre Gesicht Hitlerdeutschlands. Häftling Nr. 59000 erzählt das Schicksal der 10000 Juden aus Baden, der Pfalz und aus dem Saargebiet in den Höllen von Dachau, Gurs-Drancy, Auschwitz, Jamishowitz, Buchenwald, Singen 1948; 184 S.

7726 Wohl, Tibor: Arbeit macht tot. Eine Jugend in Auschwitz, Hg. Benjamin Ortmeyer, Vorwort Hermann Langbein, hg. in

Zusammenarbeit mit der Holbein-Schule Frankfurt a. M., Arbeitsgemeinschaft gegen den Antisemitismus, Frankfurt 1990; 191 S.

7727 Wollenberg, Hans-Werner: ... und der Alptraum wurde zum Alltag. Autobiographischer Bericht eines jüdischen Arztes über NS-Zwangsarbeitslager in Schlesien (1942–1945), Bearb. Manfred Brusten, Beitrag zur Person des Autors Godfrey Golzen, Pfaffenweiler 1992; 219 S.

7728 Zywulska, Krystyna: Wo vorher Birken waren. Überlebensbericht einer jungen Frau aus Auschwitz-Birkenau, München 1980; 290 S. (zuerst poln.)

7729 Zywulska, Krystyna: Tanz, Mädchen ... vom Warschauer Ghetto nach Auschwitz. Ein Überlebensbericht, 2. Aufl., München 1989; 387 S. (zuerst 1988; Erstausg. poln.)

A.3.11 Soziale Lage, Stimmung und Verhalten der Bevölkerung

[vgl. A.1.4.4; A.3.10.4.6]

A.3.11.1 Allgemeines

Literaturberichte

7730 Kaiser, Hans: Vom »Totalitarismus« zum »Mobilisierungs«-Modell, in: NPL 18 (1973), 141–69

7731 Kater, Michael H.: Die Sozialgeschichte und das Dritte Reich. Überlegungen zu neuen Büchern. (Literaturbericht), in: AfS 22 (1982), 661–81

7732 Kater, Michael H.: Begrifflichkeit und Historie. »Alltag«, »Neokonservativismus« und »Judenfrage« als Themen einer NS-bezogenen Sozialgeschichtsschreibung. (Literaturbericht), in: AfS 23 (1983), 688–705

7733 Marßolek, Inge: Das Dritte Reich von unten gesehen. (Sammelrezension), in: IWK 21 (1985), 36–44

7734 Peukert, Detlev J. K.: Das »Dritte Reich« aus der »Alltags«-Perspektive. (Literaturbericht), in: AfS 26 (1986), 533–56

Nachschlagewerke

7735 Petzina, Dietmar u.a.: Sozialgeschichtliches Arbeitsbuch, Bd. 3: Materialien zur Statistik des Deutschen Reiches 1914–1945, München 1978; 187 S.

Quellenkunde

7736 Dörr, Margarete: Warum sind so viele Menschen Hitler freiwillig gefolgt? Ein Vorschlag, Autobiographien für den Geschichtsunterricht nutzbar zu machen, in: GWU 37 (1986), 739–60

7737 Metschies, Kurt: Mittelschichten und Arbeiterbewegung in Deutschland 1918 bis 1945. Zur Quellenlage im Bundesarchiv Koblenz, Abteilungen Potsdam, in: ZfG 39 (1991), 915–24

7738 Unger, Aryeh L.: The Public Opinion Reports of the Nazi Party, in: POQ 29 (1965/66), 565–82

Gedruckte Quellen

7739 Abelshauser, Werner u. a. (Hg.): Deutsche Sozialgeschichte 1914–1945. Ein historisches Lesebuch, München 1985, 350–454

7740 Berger, Thomas: Lebenssituationen unter der Herrschaft des Nationalsozialismus. Materialien, Hg. Niedersächsische Landeszentrale für politische Bildung, Hannover 1981; 161 S.

7741 Boberach, Heinz (Hg.): Berichte des SD und der Gestapo über Kirche und Kirchenvolk in Deutschland 1934–1944, Mainz 1971; XLIII, 1021 S.

7742 Boberach, Heinz (Hg.): Meldungen aus dem Reich. Auswahl aus geheimen Lageberichten des Sicherheitsdienstes der SS 1939–1944, 2. Aufl., München 1968; XXXII, 458 S. (zuerst Neuwied/Berlin 1965)

7743 Boberach, Heinz (Hg.): Meldungen aus dem Reich. Die geheimen Lageberichte des Sicherheitsdienstes der SS 1938–1945, 17 Bde. u. Reg.bd., Herrsching 1984 (Reg.bd. 1985); 6740, 423 S.

7744 Deutschland-Berichte der Sozialdemokratischen Partei Deutschlands (Sopade) 1934–1940, Hg. Klaus Behnken, 7 Bde., Salzhausen/Frankfurt 1980 u. ö.; 8955 S.

7745 Eickhoff, Friedrich-Wilhelm: Identification and its Vicissitudes in the Context of the Nazi-Phenomenon, in: IJP 67 (1986), 33–44

7746 Loschütz, Gert (Hg.): Von deutscher Art. Was in den Köpfen derer steckte, die sich einen Führer wünschten. Ein Familienalbum vom Dachboden, Darmstadt/Neuwied 1982; 159 S.

7747 Obenaus, Herbert/Obenaus, Sybille (Bearb.): »Schreiben wie es wirklich war!« Aufzeichnungen Karl Dürkefäldens aus der Zeit des Nationalsozialismus, Hg. Niedersächsische Landeszentrale für politische Bildung, Hannover 1985; 136 S.

Methodische Probleme

7748 Alltagsgeschichte der NS-Zeit: Neue Perspektive oder Trivialisierung? (Kolloquien des Instituts für Zeitgeschichte), München 1984; 79 S.

7749 Broszat, Martin: Alltagsgeschichte der NS-Zeit, in: Alltagsgeschichte der NS-Zeit: Neue Perspektive oder Trivialisierung? (Kolloquien des Instituts für Zeitgeschichte), München 1984, 11–20; abgedr. in: Hermann Graml/Klaus-Dietmar Henke (Hg.), Nach Hitler. Der schwierige Umgang mit unserer Geschichte. Beiträge von Martin Broszat, 2. Aufl., München 1987, 131–39 (zuerst 1986; TB München 1990)

7750 Gerstenberger, Heide: Alltagsforschung und Faschismustheorie, in: Heide Gerstenberger/Dorothea Schmidt (Hg.), Normalität oder Normalisierung? Geschichtswerkstätten und Faschismusanalyse, Münster 1987, 35–49

Darstellungen

7751 Abelshauser, Werner/Faust, Anselm: Wirtschafts- und Sozialpolitik: Eine nationalsozialistische Sozialrevolution? (Nationalsozialismus im Unterricht, Studieneinheit 4), Hg. Deutsches Institut für Fernstudien an der Universität Tübingen, Red. Michael Rentschler, Tübingen 1983; 184 S. (als Typoskript gedr.)**

7752 Aeschbacher, Urs: Faschismus und Begeisterung. Psychologische Neuvermessungen eines Jahrhunderttraumas, Essen 1992; 173 S.

7753 Alexander, Leo: The Molding of Personality under Dictatorship. The Importance of the Destructive Drives in the Socio-psychological Structure of Nazism, in: JCLC 40 (1949/50), 3–27

7754 Auerbach, Hellmuth: Volksstimmung und veröffentlichte Meinung in Deutschland zwischen März und Novemver 1938, in: Franz Knipping/Klaus-Jürgen Müller (Hg.), Machtbewußtsein in Deutschland am Vorabend des Zweiten Weltkrieges, Paderborn 1984, 273–94

7755 Auerbach, Hellmuth: Aspects de l'opinion publique et privée en Allemagne en 1938, in: René Girault/Robert Frank (Hg.), La puissance en Europe – 1938–1940 –, Paris 1984, 331–39

7756 Baeyer-Katte, Wanda von: Das Verlockende im NS-Führerprinzip, in: Autoritarismus und Nationalismus – ein deutsches Problem? Bericht über eine Tagung, veranstaltet vom Institut für staatsbürgerliche Bildung Rheinland-Pfalz im Fridtjof-Nansen-Haus in Ingelheim, geleitet von Karl Holzamer, Frankfurt 1963, 35–50

7757 Beck, Johannes u. a. (Hg.): Terror und Hoffnung in Deutschland 1933–1945.

Leben im Faschismus, Reinbek 1980; 528 S.*

7758 Beier, Rosemarie/Biedermann, Bettina (Hg.): Lebenssituationen in Deutschland 1900–1993. Katalog- und Aufsatzband zur Ausstellung des Deutschen Historischen Museums, 26. März bis 15. Juni 1993 im Zeughaus Berlin, Mitarb. Ilse Böhme u. a., Gießen 1993, 65–117**

7759 Beradt, Charlotte: Das Dritte Reich des Traumes, 2. Aufl., Frankfurt 1981; 133 S. (zuerst München 1966)

7760 Billig, Michael: Psychological Aspects of Fascism, in: PP 24 (1990), Nr. 1, 19–31

7761 Binion, Rudolph: »... daß ihr mich gefunden habt«. Hitler und die Deutschen. Eine Psychohistorie, Stuttgart 1978; 278 S. (amerikan.: New York 1976)

7762 Bleuel, Hans P.: Das saubere Reich. Theorie und Praxis des sittlichen Lebens im Dritten Reich, Bern/München 1972; 302 S.

7763 Breidt, Karl-Heinz u. a.: Das deutsche Volk zwischen Altmetall und Zigarettenbildchen: Sammeln im Nationalsozialismus, in: Projekt: Spurensicherung. Alltag und Widerstand im Berlin der 30er Jahre. Katalog zur Ausstellung vom 12.6. bis 10.7. 1983 im U-Bahnhof Schlesisches Tor, Berlin, Hg. Berliner Geschichtswerkstatt, Red. Karl-Heinz Breidt u. a., Berlin 1983, 77–105

7764 Broszat, Martin u. a. (Hg.): Von Stalingrad zur Währungsreform. Zur Sozialgeschichte des Umbruchs in Deutschland, 3. Aufl., München 1990; XLIX, 767 S.*

7765 Broszat, Martin: The Third Reich and the German People, in: Hedley Bull (Hg.), The Challenge of the Third Reich, Oxford 1986, 77–94

7766 Broszat, Martin: Soziale und psychologische Grundlagen des Nationalsozialismus, in: Edgar J. Feuchtwanger (Hg.), Deutschland. Wandel und Zustand. Eine Bilanz nach hundert Jahren, München 1973, 159–90

7767 Broszat, Martin: Grundzüge der gesellschaftlichen Verfassung des Dritten Reiches, in: Martin Broszat/Horst Möller (Hg.), Das Dritte Reich. Herrschaftsstruktur und Geschichte, 2., verb. Aufl., München 1986, 38–63 (zuerst 1983); abgedr. in: Ulrich Herrmann (Hg.), »Die Formung des Volksgenossen«. Der »Erziehungsstaat« des Dritten Reiches, Weinheim/Basel 1985, 25–39

7768 Broszat, Martin: Das weltanschauliche und gesellschaftliche Kräftefeld, in: Martin Broszat/Norbert Frei (Hg.), Ploetz. Das Dritte Reich. Ursprünge, Ereignisse, Wirkungen, Freiburg/Würzburg 1983, 158–68

7769 Broszat, Martin: Soziale Motivation und Führer-Bindung des Nationalsozialismus, in: VfZ 18 (1970), 329–65; abgedr. in: Wolfgang Michalka (Hg.), Nationalsozialistische Außenpolitik, Darmstadt 1978, 92–116

7770 Buchheim, Hans: Die Lebensbedingungen unter totalitärer Herrschaft, in: Karl Forster (Hg.), Möglichkeiten und Grenzen für die Bewältigung historischer und politischer Schuld in Strafprozessen, Würzburg 1962, 87–106

7771 Crouch, Mira: The Oppressors and the Oppressed in Interaction. A Shared Dimension of Everyday Life, in: John Milfull (Hg.), The Attractions of Fascism. Social Psychology and Aesthetics of the »Triumph of the Right«, New York u. a. 1990, 21–31

7772 Dahrendorf, Ralf: Gesellschaft und Demokratie in Deutschland, 2. Aufl., München 1971 u. ö.; 516 S. (zuerst 1965)

7773 Dahrendorf, Ralf: Demokratie und Sozialstruktur in Deutschland, in: Ralf Dahrendorf, Gesellschaft und Freiheit. Zur soziologischen Analyse der Gegenwart, München 1961, 260–99

7774 Daim, Wilfried: Der Mann, der Hitler die Ideen gab. Die sektiererischen Grundlagen des Nationalsozialismus, 3. Aufl., Berlin 1990; 316 S. (zuerst München 1958; 2. Aufl., Köln/Wien 1985)

7775 Doucet, Friedrich W.: Im Banne des Mythos. Die Psychologie des Dritten Reiches, Esslingen 1979; 295 S.

7776 Dreßen, Wolfgang: Modernität und innerer Feind, in: Jochen Boberg u. a. (Hg.), Die Metropole. Industriekultur in Berlin im 20. Jahrhundert. (Industriekultur deutscher Städte und Regionen, 2), München 1986, 262–81

7777 Eitner, Hans-Jürgen: Hitlers Deutsche. Das Ende eines Tabus, Gernsbach 1990; 564 S.

7778 Engelmann, Bernt: Bis alles in Scherben fällt. Wie wir die Nazizeit erlebten. 1933–1945, Köln 1983; 448 S.

7779 Engelmann, Bernt: Wie wir die Nazizeit erlebten, Göttingen 1993; 486 S.

7780 Feger, Hubert: Wurden die Juden im Dritten Reich Opfer der Vorurteile »autoritärer Persönlichkeiten«?, in: Carl F. Graumann (Hg.), Psychologie im Nationalsozialismus, Berlin u. a. 1985, 279–89

7781 Focke, Harald/Reimer, Uwe: Alltag unter Hakenkreuz. Wie die Nazis das Leben der Deutschen veränderten. (Alltag unterm Hakenkreuz, 1), Reinbek 1979 u. ö.; 192 S.

7782 Fraenkel, Heinrich: The German People versus Hitler, London 1940; 370 S.

7783 Galinski, Dieter u.a. (Hg.): Nazis und Nachbarn. Schüler erforschen den Alltag im Nationalsozialismus, Reinbek 1982; 328 S.

7784 Galinski, Dieter/Lachauer, Ulla (Hg.): Alltag im Nationalsozialismus 1933 bis 1939. Jahrbuch zum Schülerwettbewerb Deutsche Geschichte um den Preis des Bundespräsidenten, hg. i. A. der Körber-Stiftung, Braunschweig 1982; 316 S.

7786 Gellately, Robert: Enforcing Racial Policy in Nazi Germany, in: Thomas Childers/Jane Caplan (Hg.), Reevaluating the Third Reich, New York/London 1993, 42–65

7787 Gerstenberger, Heide: Vernichtung und Alltag. Anmerkungen zur Erforschung des Alltags im Nationalsozialismus, in: Mittelweg 1 (1992), Nr. 3, 39–43

7788 Geyer, Michael: Krieg, Staat und Nationalsozialismus im Deutschland des 20. Jahrhunderts, in: Jost Dülffer u.a. (Hg.), Deutschland in Europa. Kontinuität und Bruch. Gedenkschrift für Andreas Hillgruber, Frankfurt/Berlin 1990, 250–72

7789 Geyer, Michael: The Stigma of Violence, Nationalism, and War in Twentieth-Century Germany, in: GSR 15 (1992), Nr. »German Identity« (Sonderh.), 75–110

7790 Gillingham, John R.: The »Deproletarianization« of German Society. Vocational Training in the Third Reich, in: JSH 19 (1985/86), 423–32

7791 Glaser, Hermann: Die Entstehung des »Volksgenossen«, in: Volker Rittberger (Hg.), 1933. Wie die Republik der Diktatur erlag, Stuttgart u. a. 1983, 153–69

7792 Grube, Frank/Richter, Gerhard: Alltag im Dritten Reich. So lebten die Deutschen 1933–1945, Hamburg 1982; 192 S.

7793 Grunberger, Richard: Das zwölfjährige Reich. Der deutsche Alltag unter Hitler, München/Wien 1972; 542 S. (engl.: London/New York 1971)

7794 Guérin, Daniel: Die braune Pest. Reportagen aus dem Alltagsleben in Deutschland 1932/33, Frankfurt 1983; 146 S.

7795 Heer, Friedrich: Die Deutschen, der Nationalsozialismus und die Gegenwart, in: NG 7 (1960), 167–78

7796 Hehl, Ulrich von: Das Kirchenvolk im Dritten Reich, in: Klaus Gotto/Konrad Repgen (Hg.), Die Katholiken und das Dritte Reich, 3., erw. u. überarb. Aufl., Mainz 1990, 93–118 (zuerst 1980)

7797 Hennig, Eike: Thesen zur deutschen Sozial- und Wirtschaftsgeschichte 1933–1938, Frankfurt 1973; 263 S.

7798 Herbert, Ulrich: Good Times, Bad Times: Memories of the Third Reich, in: Richard Bessel (Hg.), Life in the Third Reich, 3. Aufl., Oxford/New York 1992, 97–110 (zuerst 1987)

7799 Hochstim, Paul: Nationalsozialismus und Soziologie. Zur Analyse gesellschaftlicher Aspekte des Nationalsozialismus, Frankfurt u.a. 1984; (4), 304 S.

7800 Hochstim, Paul: Die Abwesenheit eines erfolgreichen Widerstands: Ein soziologischer Einblick, in: Paul Hochstim, Nationalsozialismus: Soziologisches und Persönliches. Betrachtungen, Besinnungen, Bewertungen, Frankfurt u.a. 1990, 43–52

7801 Hopster, Norbert/Moll, Alex: Träume und Trümmer. Der Nationalsozialismus von 1933 bis 1945, Bielefeld 1989; 248 S.

7802 Horn, Klaus: Sozialpsychologische Aspekte des Nationalsozialismus, in: Fascism in Europe. An International Symposium. Prague, 28–29 August 1969, Hg. Czechoslovak Academy of Sciences, Institute of History, Bd. 2, o.O (Prag) 1970, 107–51 (Ms. vervielf.)

7803 Hughes, Michael L.: Wer bezahlt die Rechnung? Die Kosten der Regimewechsel im Deutschland des 20. Jahrhunderts, in: GWU 43 (1992), 538–52

7804 Jäckel, Eberhard: Hitler und die Deutschen, in: Hartmut Boockmann u.a. (Hg.), Geschichte und Gegenwart. Festschrift für Karl Dietrich Erdmann, Neumünster 1980, 351–64; abgedr. in: Karl Corino (Hg.), Intellektuelle im Bann des Nationalsozialismus, Hamburg 1980, 7–25; Karl D. Bracher (Hg.), Nationalsozialistische Diktatur. Eine Bilanz, Bonn (zugl. Düsseldorf) 1983, 706–20

7805 Jacobeit, Sigrid/Jacobeit, Wolfgang: Illustrierte Alltags- und Sozialgeschichte Deutschlands 1900–1945, Münster 1995; 423 S.**

7806 Jamin, Mathilde: Das Ende der »Machtergreifung«. Der 30. Juni 1934 und seine Wahrnehmung in der Bevölkerung, in: Wolfgang Michalka (Hg.), Die nationalsozialistische Machtergreifung, Paderborn u.a. 1984, 207–18

7807 Jannen jr., William: National Socialists and Social Mobility, in: JSH 9 (1976), 339–66

7808 Kaelble, Hartmut: Soziale Mobilität und Chancengleichheit im 19. und 20. Jahrhundert. Deutschland im internationalen Vergleich, Göttingen 1983; 322 S.

7809 Kaelble, Hartmut: Geschichte der sozialen Mobilität, 1900–1960, in: Hartmut Kaelble u.a., Probleme der Modernisierung in Deutschland. Sozialhistorische Studien zum 19. und 20. Jahrhundert, Opladen 1978, 235–327

7810 Kershaw, Ian: Der Hitler-Mythos. Volksmeinung und Propaganda im Dritten Reich, Stuttgart 1980; 215 S.

7811 Kershaw, Ian: Social Unrest and the Response of the Nazi Regime, in: Francis R. Nicosia/Lawrence D. Stokes (Hg.), Germans against Nazism. Nonconformity, Opposition, and Resistance in the Third Reich. Essays in Honor of Peter Hoffmann, New York/Oxford 1990, 157–74

7812 Kershaw, Ian: Popular Opinion in the Third Reich, in: Jeremy Noakes (Hg.), Government, Party and People in Nazi Germany, Exeter 1980, 57–75, 100f. (ND 1981, 1986)

7813 Kershaw, Ian: Hitlers Popularität. Mythos und Realität im Dritten Reich, in: Hans Mommsen/Susanne Willems (Hg.), Herrschaftsalltag im Dritten Reich. Studien und Texte, Düsseldorf 1988, 24–96**

7814 Kershaw, Ian: Hitler and the Germans, in: Richard Bessel (Hg.), Life in the Third Reich, 3. Aufl., Oxford/New York 1992, 41–55 (zuerst 1987)

7815 Kershaw, Ian: Alltägliches und Außeralltägliches: ihre Bedeutung für die Volksmeinung 1933–1939, in: Detlev J.K.

Peukert/Jürgen Reulecke (Hg.), Die Reihen fast geschlossen. Beiträge zur Geschichte des Alltags unterm Nationalsozialismus, Wuppertal 1981, 273–92

7816 Kershaw, Ian: »Widerstand ohne Volk?« Dissens und Widerstand im Dritten Reich, in: Jürgen Schmädeke/Peter Steinbach (Hg.), Der Widerstand gegen den Nationalsozialismus. Die deutsche Gesellschaft und der Widerstand gegen Hitler, 2. Aufl., München/Zürich 1986, 779–98 (zuerst 1985; ND 1994)

7817 Klönne, Arno: Staatsverbrechen und Massenakzeptanz. Zur Normalität faschistischer Herrschaft, in: Jörg Friedrich/Jörg Wollenberg (Hg.), Licht in den Schatten der Vergangenheit. Zur Enttabuisierung der Nürnberger Kriegsverbrecherprozesse, Frankfurt/Berlin 1987, 155–62

7818 Klönne, Arno: Die Alltäglichkeit des Faschismus. Ein Nachwort, in: Wolfgang Emer u. a. (Hg.), Provinz unterm Hakenkreuz. Diktatur und Widerstand in Ostwestfalen-Lippe, Bielefeld 1984, 291–301

7819 Koselleck, Reinhart: Terreur et Rêve. Sur l'experience onirique du 3e Reich, in: Francia 8 (1980), 525–36

7820 Kuczynski, Jürgen: Geschichte des Alltags des deutschen Volkes, Bd. 5: 1918–1945, Köln 1982; 396 S.

7821 Lange, Karl: Hitlers unbeachtete Maximen. »Mein Kampf« und die Öffentlichkeit, Stuttgart u. a. 1968; 211 S.

7822 Lenk, Kurt: Die Verführten: Wie der Nationalsozialismus ankam, in: Macht der Verführung. Sprache und Ideologie im Nationalsozialismus. Tagung der Katholischen Akademie Stuttgart-Hohenheim, 29./30. Januar 1983, Hg. Katholische Akademie Stuttgart, Stuttgart 1983, 7–36; gekürzt abgedr. u. d. T.: Warum der Nationalsozialismus so ankam in: NG 30 (1983), 280–85; Kurt Lenk, Rechts, wo die Mitte ist. Studien zur Ideologie: Rechtsextremismus, Nationalsozialismus, Konservatismus, Baden-Baden 1994, 309–17

7823 Lüdtke, Alf: »Formierung der Massen« oder: Mitmachen und Hinnehmen? »Alltagsgeschichte« und Faschismusanalyse, in: Heide Gerstenberger/Dorothea Schmidt (Hg.), Normalität oder Normalisierung? Geschichtswerkstätten und Faschismusanalyse, Münster 1987, 15–34

7824 Lüdtke, Alf: Die Praxis von Herrschaft. Zur Analyse von Hinnehmen und Mitmachen im deutschen Faschismus, in: BD 4 (1993), Nr. 5, 23–34

7825 Michelberger, Hans: Berichte aus der Justiz des Dritten Reiches. Die Lageberichte der Oberlandesgerichtspräsidenten von 1940–45 unter vergleichender Heranziehung der Lageberichte der Generalstaatsanwälte, Pfaffenweiler 1989; VII, 558 S.

7826 Mitchell, Otis C. (Hg.): Nazism and the Common Man: Essays in German History (1929–1939), 2. Aufl., Washington, D. C. 1981; VI, 157 S. (zuerst Minneapolis 1972)

7827 Mit-Täter: Gesellschaft im Nationalsozialismus. (SOWI, Jg. 19, Nr. 2), Seelze-Velber 1991, 69–152*

7828 Mommsen, Hans: Die nationalsozialistische Machtergreifung und die deutsche Gesellschaft, in: Wolfgang Michalka (Hg.), Die nationalsozialistische Machtergreifung, Paderborn u. a. 1984, 29–46

7829 Mommsen, Hans/Willems, Susanne (Hg.): Herrschaftsalltag im Dritten Reich. Studien und Texte, Düsseldorf 1988; 492 S.* **

7830 Müller, Rolf-Dieter: Die Konsequenzen der »Volksgemeinschaft«: Ernährung, Ausbeutung und Vernichtung, in: Wolfgang Michalka (Hg.), Der Zweite Weltkrieg. Analysen, Grundzüge, Forschungsbilanz, München/Zürich 1989, 240–48

7831 Munk, Frank: The Legacy of Nazism. The Economic and Social Consequences of Totalitarism, New York 1943; 288 S.

7832 Nowak, Kurt: Widerstand, Zustimmung, Hinnahme. Das Verhalten der Bevölkerung zur »Euthanasie«, in: Norbert Frei (Hg.), Medizin und Gesundheitspolitik in der NS-Zeit, München 1991, 235–52

7833 Ohlendorff, Otto: The Sicherheitsdienst and Public Opinion in Nazi Germany, in: George L. Mosse (Hg.), Police Forces in History, London/Beverly Hills, Ca. 1971, 231–61

7834 Otruba, Gustav: Die Wirtschafts- und Gesellschaftspolitik des Nationalsozialismus im Spiegel der österreichischen Gesandtschaftsberichte 1933/34, in: Friedrich-Wilhelm Henning (Hg.), Probleme der nationalsozialistischen Wirtschaftspolitik, Berlin 1976, 43–97

7835 Paul, Gerhard: Die widerspenstige »Volksgemeinschaft«. Dissens und Verweigerung im Dritten Reich, in: Peter Steinbach/Johannes Tuchel (Hg.), Widerstand gegen den Nationalsozialismus, Berlin 1994, 395–410

7836 Pentzlin, Heinz: Die Deutschen im Dritten Reich. Nationalsozialisten, Mitläufer, Gegner, Stuttgart/Herford 1985; 222 S.

7837 Petzina, Dietmar: Soziale und wirtschaftliche Entwicklung [1933–1945], in: Deutsche Verwaltungsgeschichte, Bd. 4: Das Reich als Republik und in der Zeit des Nationalsozialismus, Hg. Kurt G. A. Jeserich u. a., Stuttgart 1985, 664–81

7838 Peukert, Detlev J. K.: Alltag unterm Nationalsozialismus. (Beiträge zum Widerstand 1933–1945, 17), Hg. Gedenkstätte Deutscher Widerstand Berlin, 2. Aufl., Berlin 1987; 32 S. (zuerst 1981); abgedr. in: Ulrich Herrmann (Hg.), »Die Formung des Volksgenossen«. Der »Erziehungsstaat« des Dritten Reiches, Weinheim/Basel 1985, 40–64

7839 Peukert, Detlev J. K.: Der Nationalsozialismus und das »Volk«. (Nationalsozialismus im Unterricht, Studieneinheit 5), Hg. Deutsches Institut für Fernstudien an der Universität Tübingen, Red. Brigitte Löhr, Tübingen 1983; 160 S. (als Typoskript gedr.)**

7840 Peukert, Detlev J. K.: Volksgenossen und Gemeinschaftsfremde. Die nationalsozialistische »Volksgemeinschaft« zwischen völkischer Propaganda und industriegesellschaftlicher Normalität, in: Bernd Ogan/Wolfgang W. Weiß (Hg.), Faszination und Gewalt. Zur politischen Ästhetik des Nationalsozialismus, Nürnberg 1992, 151–58

7841 Prinz, Michael: Die soziale Funktion moderner Elemente in der Gesellschaftspolitik des Nationalsozialismus, in: Michael Prinz/Rainer Zitelmann (Hg.), Nationalsozialismus und Modernisierung, 2. Aufl., Darmstadt 1994, 297–327 (zuerst 1991)

7842 Prinz, Michael: Die Arbeitswelt in der Weimarer Republik zwischen Weltkrieg und Wirtschaftskrise. Die Ausgangssituation im Dritten Reich, in: August Nitschke (Hg.), Jahrhundertwende. Der Aufbruch in die Moderne, Bd. 2, Reinbek 1990, 7–33

7843 Reich, Wilhelm: Massenpsychologie des Faschismus. Zur Sexualökonomie der politischen Reaktion und zur proletarischen Sexualpolitik, Neuausg., 3. Aufl., Hamburg 1979; 351 S. (zuerst Köln/Berlin 1971; Erstausgabe: Zürich 1933; 2. Aufl., Kopenhagen 1934)

7844 Ritter, Gerhard A. u. a. (Hg.): Totalitäre Verführung im Dritten Reich. Arbeiterschaft – Intelligenz – Beamtenschaft – Militär, Hg. Bayerische Landeszentrale für politische Bildungsarbeit, München 1983; 445 S.*

7845 Ruhl, Klaus-Jörg: Brauner Alltag. 1933–1939 in Deutschland. (Fotografierte Zeitgeschichte), Düsseldorf 1981; 168 S. (LA Bindlach 1990)**

7846 Schäfer, Hans D.: Das gespaltene Bewußtsein. Über die deutsche Kultur und Lebenswirklichkeit 1933–1945, München/Wien 1981; 254 S.

7847 Schettler, Holger: Arbeiter und Angestellte im Film. Die Darstellung der sozialen Lage von Arbeitern und Angestellten im deutschen Spielfilm 1918–1939, Bielefeld 1991; 360 S.

7848 Schiwy, Günther: Der »schöne Schein« des Dritten Reiches. Warum Hitler gerade die Deutschen fasziniert, in: SdZ 197 (N. F. 104) (1979), 403–18

7849 Schoenbaum, David: Die braune Revolution. Eine Sozialgeschichte des Dritten Reiches, 2. Aufl., München 1980; 389 S. (zuerst Köln/Berlin 1968; engl.: London/New York 1967)

7850 Sieder, Reinhard: Sozialgeschichte der Familie, Frankfurt 1987, 228–36, 337–39

7851 Sofsky, Wolfgang: Über die Zuschauer der Gewalt, in: Universitas 49 (1994), Nr. 577, 621–26

7852 Stephan, Alexander: Geschichte von unten. Täglicher Faschismus und Widerstand in Anna Seghers' Roman »Das siebente Kreuz«, in: Sigrid Bauschinger/Susan L. Cocalis (Hg.), Wider den Faschismus. Exilliteratur als Geschichte, Tübingen/Basel 1993, 191–223

7853 Stolten, Inge: Das alltägliche Exil. Leben zwischen Hakenkreuz und Währungsreform, Berlin/Bonn 1982; 167 S.

7854 Stöver, Bernd: Volksgemeinschaft im Dritten Reich. Die Konsensbereitschaft der Deutschen aus der Sicht sozialistischer Exilberichte, Düsseldorf 1993; 465 S.

7855 Suri, Surindar: Nazism and Social Change in Germany, New Dehli 1959; 49 S.

7856 Unger, Aryeh L.: The Totalitarian Party. Party and People in Nazi Germany and the Soviet Russia, London/New York 1974; IX, 286 S.

7857 Varga, Lucie: Zeitenwende. Mentalitätshistorische Studien 1936–1939, Hg. Peter Schöttler, Frankfurt 1991; 247 S.

7858 Vinnai, Gerhard: Der Führer war an allem schuld. Zur Sozialpsychologie des »Dritten Reichs«, in: Johannes Beck u. a. (Hg.), Terror und Hoffnung in Deutschland 1933–1945. Leben im Faschismus, Reinbek 1980, 458–75

7859 Zorn, Wolfgang: Sozialgeschichte 1918–1970, in: Wolfgang Zorn (Hg.), Handbuch der deutschen Wirtschafts- und Sozialgeschichte, Bd. 2: Das 19. und 20. Jahrhundert, Frankfurt/New York 1976, 876–933

A.3.11.2 Regional- und Lokalstudien

Nachschlagewerke

7860 Kaelble, Hartmut/Federspiel, Ruth (Hg.): Soziale Mobilität in Berlin 1825–1957. Tabellen zur Mobilität, zu Heiratskreisen und zur Sozialstruktur, St. Katharinen 1990; XVI, 204 S.

Quellenkunde

7861 Hürten, Heinz: Schlaglichter aus der Provinz. Eine bislang kaum bekannte Quellengattung über die Volksmeinung im »Dritten Reich« [Lageberichte der Justizbehörden], in: ZBL 56 (1993), 131–46

Gedruckte Quellen

7862 Bästlein, Klaus: Schleswig-Holstein in den »Meldungen wichtiger staatspolizeilicher Ereignisse« – August 1941 bis November 1944, in: IAKNSSH 7/8 (1986), 4–45

7863 Brommer, Peter (Bearb.): Die Partei hört mit, Bd. 1: Lageberichte und andere Meldungen des Sicherheitsdienstes der SS aus dem Großraum Koblenz 1937–1941, Bd. 2: Lageberichte und andere Meldungen des Sicherheitsdienstes der SS im Gau Moselland 1941–1945, 2 Halbbe., Koblenz 1988–1992; XXXI, 512; XXXII, 891 S.

7864 Broszat, Martin u.a. (Hg.): Soziale Lage und politisches Verhalten im Spiegel vertraulicher Berichte. (Bayern in der NS-Zeit, 1), München/Wien 1977; 712 S.*

7865 Hey, Bernd: Bielefeld und seine Bevölkerung in den Berichten des Sicherheitsdienstes (SD) 1939–1942, in: JHVGR 70 (1975/76), 227–73

7866 Heyen, Franz-Josef (Hg.): Der Nationalsozialismus im Alltag. Quellen zur Geschichte des Nationalsozialismus, vornehmlich im Raum Mainz – Koblenz – Trier, Boppard 1967; 12, 372 S.

7867 Klein, Thomas (Bearb.): Die Lageberichte der Geheimen Staatspolizei über die Provinz Hessen-Nassau 1933–1936. Mit ergänzenden Materialien. (Veröffentlichungen aus den Archiven Preußischer Kulturbesitz, 22), 2 Bde., Köln/Wien 1986; XLIV, 986 S.

7868 Klein, Thomas (Hg.): Der Regierungsbezirk Kassel 1933–1936. Die Berichte des Regierungspräsidenten und der Landräte, 2 Bde., Darmstadt/Marburg 1985; CXXX, 931 S.

7869 Kuropka, Joachim (Hg.): Meldungen aus Münster 1924–1944. Geheime und vertrauliche Berichte von Polizei, Gestapo, NSDAP und ihren Gliederungen, staatlicher Verwaltung, Gerichtsbarkeit und Wehrmacht über die politische und gesellschaftliche Situation in Münster, Münster 1992; 691 S.

7870 Meyer, Enno (Hg.): Menschen zwischen Weser und Ems 1933–1945. Wie sie lebten, was sie erlebten. (Quellen zur Regionalgeschichte Nordwest-Niedersachsens, 2), Oldenburg 1986; 208 S.

7871 Mlynek, Klaus (Bearb.): Gestapo Hannover meldet ... Polizei- und Regierungsberichte für das mittlere und südliche Niedersachsen zwischen 1933 und 1937, Hildesheim 1986; VIII, 570 S.

7872 Mlynek, Klaus: Politische Lageberichte aus den Anfangszeiten der NS-Zeit am Beispiel von Stadt und Landkreis Hannover, in: HGB 33 (1979), 187–238

7873 Preuß, Sabine/Wienold, Hanns: Münsteraner Alltag im Spiegel vertraulicher Berichte, in: Hans-Günther Thien/Hanns Wienold (Hg.), Münster – Spuren aus der Zeit des Faschismus. Zum 50. Jahrestag der nationalsozialistischen Machtergreifung, Münster 1983, 123–53

7874 Schadt, Jörg (Bearb.): Verfolgung und Widerstand unter dem Nationalsozialismus in Baden. Die Lageberichte der Gestapo und des Generalstaatsanwalts Karlsruhe 1933–1940, Hg. Stadtarchiv Mannheim, Stuttgart u. a. 1976; 354 S.

7875 Tilitzki, Christian: Alltag in Ostpreußen. Die geheimen Lageberichte der Königsberger Justiz 1940–1945, Leer 1991; 323 S.

7876 Vollmer, Bernhard: Volksopposition im Polizeistaat. Gestapo- und Regierungsberichte 1934–1936, Stuttgart 1957; 399 S. [Regierungsbezirk Aachen]

Darstellungen

7877 Alltag im Nationalsozialismus. Beitrag zum Schülerwettbewerb Deutsche Geschichte um den Preis des Bundespräsidenten, Hg. Hans-Wolfgang Kappes, Bearb. Theodor-Heuß-Schule, Städtisches Gymnasium Ratingen, Leistungskurs Geschichte, Jahrgangsstufe 12/1, Schuljahr 1980/81, Ratingen 1981; 69 S.

7878 Alltag im Nationalsozialismus der Stadt Eschwege, Bearb. Friedrich-Wilhelm-Schule/Oberstufengymnasium in Eschwege, Mitarb. Werner Posdziech, Gießen 1982; 96 S.

7879 Angermair, Elisabeth/Haerendel, Ulrike: Inszenierter Alltag. »Volksgemeinschaft« im nationalsozialistischen München 1933–1945, München 1993; 256 S.

7880 Baumhauer, Joachim F.: Regional – national – nationalsozialistisch. Wandlung des Nationalgefühls in einem niedersächsischen Dorf [Hösseringen in der Lüneburger Heide], in: Albrecht Lehmann/Andreas Kuntz (Hg.), Sichtweisen der Volkskunde. Zur Geschichte und Forschungspraxis einer

Disziplin. Gerhard Lutz zum 60. Geburtstag, Berlin/Hamburg 1988, 197–218

7881 Boelke, Willi A.: Sozialgeschichte Baden-Württembergs 1800–1989, Stuttgart u. a. 1989, 301–400

7882 Botz, Gerhard: Zwischen Akzeptanz und Distanz. Die österreichische Bevölkerung und das NS-Regime nach dem »Anschluß«, in: Gerald Stourzh/Birgitta Zaar (Hg.), Österreich, Deutschland und die Mächte. Internationale und österreichische Aspekte des »Anschlusses« vom März 1938, Wien 1990, 429–55

7883 Bruns, Maike u. a. (Hg.): »Hier war doch alles nicht so schlimm.« Wie die Nazis in Hamburg den Alltag eroberten, Hamburg 1984; 160 S.

7884 Domarus, Wolfgang: Nationalsozialismus, Krieg und Bevölkerung. Untersuchungen zu Lage, Volksstimmung und Struktur in Augsburg während des Dritten Reiches, München 1977; 228 S.

7885 Duisburger im Dritten Reich. Augenzeugen berichten, Hg. Progressiver Eltern- und Erzieherverband NRW/Stadtverband Duisburg, Mitarb. Reinhold Lengkeit u. a., Duisburg 1983; 101 S.

7886 Dussel, Konrad/Frese, Matthias: Von traditioneller Vereinskultur zu moderner Massenkultur? Vereins- und Freizeitangebote in einer südwestdeutschen Kleinstadt 1920–1960 [Weinheim], in: AfS 33 (1993), 59–106

7887 Eggert, Heinz-Ulrich (Hg.): Schon fast vergessen. Alltag in Münster 1933–1945. Preisgekrönte Beiträge für den Schülerwettbewerb Deutsche Geschichte um den Preis des Bundespräsidenten 1980/81 und 1982/83, 2. Aufl., Münster 1989; 215 S. (zuerst 1986)**

7888 Engelsing, Tobias: Im Verein mit dem Feuer. Die Sozialgeschichte der Freiwilligen Feuerwehr [Konstanz] von 1830 bis 1950, Konstanz 1990; 226 S.

7889 Erker, Paul: Ernährungskrise und Nachkriegsgesellschaft. Bauern und Arbeiterschaft in Bayern 1943–1953, Stuttgart 1990; 475 S.

7890 Freitag, Werner: Spenge 1900–1950. Lebenswelten in einer ländlich-industriellen Dorfgesellschaft, Bielefeld 1988; 496 S.

7891 Fröhlich, Elke: Regimekritik in privaten und anonymen Briefen, in: Elke Fröhlich, Die Herausforderung des Einzelnen. Geschichten über Widerstand und Verfolgung. (Bayern in der NS-Zeit, 6), München/Wien 1983, 138–56; abgedr. in: Elke Fröhlich/Martin Broszat, Alltag und Widerstand – Bayern im Nationalsozialismus, München/Zürich 1987, 517–44**

7892 Gellately, Robert: Die Gestapo und die deutsche Gesellschaft. Die Durchsetzung der Rassenpolitik 1933–1945, Paderborn u. a. 1993; 323 S. (engl.: Oxford 1990) [Unterfranken]

7893 Hamelmann, Berthold: Helau und Heil Hitler. Alltagsgeschichte der Fasnacht 1919–1939 am Beispiel der Stadt Freiburg, Eggingen 1989; 384 S.

7894 Hammer, Günter u. a.: Valhausen. Alltag in einem lippischen Dorf 1900–1950, Hg. Lippischer Heimatbund, Mitarb. Lore Bögeholz u. a., Detmold 1987; 192 S.*

7895 Hannoversch Münden in der NS-Diktatur, Hg. Verein zur Erforschung der Geschichte der Arbeiterbewegung, Bearb. Dieter Kropp u. a., 2. Aufl., Göttingen 1993; 246 S. (zuerst Hannoversch Münden o. J. [um 1988] u. d. T.: Münden in der NS-Diktatur. Exemplarische Analysen und didaktisch aufbereitete Dokumente zum Thema: Fabrikleben und Alltag im Nationalsozialismus)**

7896 Kellenbenz, Hermann: Wirtschafts- und Sozialentwicklung der nördlichen Rheinlande seit 1815, in: Franz Petri/Georg Droege (Hg.), Rheinische Geschichte, Bd. 3: Wirtschaft und Kultur im 19. und 20. Jahrhundert, Düsseldorf 1979, 1–192, hier 113–55, 189–92

7897 Kerschbaumer, Gert: Der deutsche Frühling ist angebrochen... Glücksversprechungen, Kriegsalltag und Modernität des Dritten Reiches – am Beispiel Salzburg, in: Emmerich Tálos u. a. (Hg.), NS-Herrschaft in Österreich 1938–1945, Wien 1988, 381–96

7898 Kershaw, Ian: Popular Opinion and Political Dissent in the Third Reich. Bavaria, 1933–1945, Oxford 1983; XVI, 425 S.

7899 Kershaw, Ian: The Führer Image and Political Integration: The Popular Conception of Hitler in Bavaria during the Third Reich, in: Gerhard Hirschfeld/Lothar Kettenacker (Hg.), Der »Führerstaat«: Mythos und Realität. Studien zur Struktur und Politik des Dritten Reiches, Stuttgart 1981, 133–63

7900 Kiersch, Gerhard u. a.: Berliner Alltag im Dritten Reich, Düsseldorf 1981; 180 S.

7902 Koshar, Rudy J.: Contentious Citadel: Bourgeois Crisis and Nazism in Marburg/Lahn, 1880–1933, in: Thomas Childers (Hg.), The Formation of the Nazi Constituency, 1919–1933, London/Sydney 1986, 11–36

7903 Kreuzberg 1933. Ein Bezirk erinnert sich. Ausstellung vom 29. Mai bis 29. September 1983 im Kunstamt [Berlin]-Kreuzberg. »So politisch war ick nich...« Jugendalltag in Kreuzberg um 1933. Ausstellung vom 29. Mai bis 10. September 1983 in der Galerie am Chamissoplatz. Katalog, Hg. Verein zur Erforschung und Darstellung der Geschichte Kreuzbergs u. a., Red. Werner Tammen/Krista Tebbe, Berlin 1983; 167 S.

7904 Maaß, Michael: Aspekte von Kultur und Freizeit in Nürnberg während des Nationalsozialismus, in: AfS 33 (1993), 329–56

7905 Milkereit, Gertrud: Wirtschafts- und Sozialentwicklung der südlichen Rheinlande seit 1815, in: Franz Petri/Georg Droege (Hg.), Rheinische Geschichte, Bd. 3: Wirtschaft und Kultur im 19. und 20. Jahrhundert, Düsseldorf 1979, 193–328

7906 Mull, Uwe: Der Wandel der Wirtschafts- und Sozialstruktur der Stadt Münden (Hann[oversch] Münden), beginnend mit den Anfängen der Industrialisierung, Frankfurt u. a. 1988; XII, 163 S.

7907 Mulley, Klaus-Dieter: Modernität oder Traditionalität? Überlegungen zum sozialstrukturellen Wandel in Österreich, in: Emmerich Tálos u. a. (Hg.), NS-Herrschaft in Österreich 1938–1945, Wien 1988, 25–48

7908 Niethammer, Lutz (Hg.): »Die Jahre weiß man nicht, wo man die heute hinsetzen soll.« Faschismus-Erfahrungen im Ruhrgebiet. (Lebensgeschichte und Sozialkultur im Ruhrgebiet 1930 bis 1960, 1), 2. Aufl., Berlin/Bonn 1986; 328 S. (zuerst 1983)

7909 Nöther, Gerd: Der Pfälzer Sängerbund im Dritten Reich und seine Wiedergründung nach dem Zweiten Weltkrieg, Hg. Pfälzischer Sängerbund im DSB, o. O. (Verlagsort Essingen) 1989; 90 S.

7910 Reeken, Dietmar von: Emden und Aurich 1928–1948. Zum Verhältnis von Bruch und Kontinuität sozialmoralischer Milieus, in: Frank Bajohr (Hg.), Norddeutschland im Nationalsozialismus, Hamburg 1993, 53–66

7911 Rehn, Marie-Elisabeth: Heider gottsleider. Kleinstadtleben [in Heide (Dithmarschen)] unter dem Hakenkreuz: Eine Biographie, Bonn 1992; 213 S.

7912 Scheffler, Jürgen: »Große Bauern« und »kleine Leute«. Dörfliche Lebenswelt zwischen Landwirtschaft und Industrie, in: Günter Hammer u. a., Valhausen. Alltag in einem lippischen Dorf 1900–1950, Hg. Lippischer Heimatbund, Detmold 1987, 20–105

7913 Schnabel, Thomas: Die Stimmung in Baden, Württemberg und Hohenzollern während des Dritten Reiches, in: Thomas Schnabel (Hg.), Formen des Widerstandes im Südwesten 1933–1945. Scheitern und Nachwirken, Mitarb. Angelika Hauser-Hauswirth, hg. f. d. Landeszentrale für politische Bildung Baden-Württemberg/Haus der Geschichte Baden-Württemberg, Ulm 1994, 180–204

7914 Stegmann, Dirk: Kleinstadtgesellschaft und Nationalsozialismus, in: Heimat, Heide, Hakenkreuz. Lüneburgs Weg ins Dritte Reich, Hg. Lüneburger Arbeitskreis »Machtergreifung«, Hamburg 1984, 82–115

7915 Steinbach, Lothar: Ein Volk, ein Reich, ein Glaube? Ehemalige Nationalsozialisten und Zeitzeugen berichten über ihr Leben im Dritten Reich, Berlin/Bonn 1983; 256 S.

7916 Steinbach, Lothar: Mannheim – Erinnerungen aus einem halben Jahrhundert. Sozialgeschichte einer Stadt in Lebensbildern, Stuttgart 1984, 303–92, 405–8

7917 Stephenson, Jill: Widerstand gegen soziale Modernisierung am Beispiel Württembergs 1939–1945, in: Michael Prinz/Rainer Zitelmann (Hg.), Nationalsozialismus und Modernisierung, 2. Aufl., Darmstadt 1994, 93–116 (zuerst 1991)

7918 Tenfelde, Klaus: Soziale Schichtung, Klassenbildung und Konfliktlagen im Ruhrgebiet, in: Wolfgang Köllmann u. a. (Hg.), Das Ruhrgebiet im Industriezeitalter. Geschichte und Entwicklung, Bd. 2, Düsseldorf 1990, 121–217, 644–59

7919 Thévoz, Robert u. a.: Pommern 1934/35 im Spiegel von Gestapo-Lageberichten und Sachakten, Bd. 1: Darstellung, Bd. 2: Quellen, Köln/Berlin 1974; 335, 441 S.**

7920 »... vergessen kann man die Zeit nicht, das ist nicht möglich ...« Kölner erinnern sich an die Jahre 1929–1945. Zum 40. Jahrestag des Kriegsendes, Hg. Stadt Köln, Bearb. Horst Matzerath, Mitarb. Brigitte Holzhauer, 1. u. 2. Aufl., Köln 1985; 368 S.

7921 Weyrather, Irmgard u. a.: Mündliche Geschichte. Ein Berliner Kiez in der Weimarer Republik und im Nationalsozialismus, in: Dokumentation der Tagung Frauenforschung in den Sozialwissenschaften, Hg. Arbeitskreis München der Sektionsinitiative »Frauenforschung in den Sozialwissenschaften«, München 1978, 149–55

7922 Wippermann, Wolfgang: Das Leben in Frankfurt zur NS-Zeit. Darstellung, Dokumente, didaktische Hinweise, Bd. 3: Der Alltag, Frankfurt 1986; 194 S.**

7923 Wolffram, Knud: Tanzdielen und Vergnügungspaläste. Berliner Nachtleben in den dreißiger und vierziger Jahren. Von der Friedrichstraße bis Berlin W., vom Moka Efti bis zum Delphi, Berlin 1992; 241 S.

7924 Zittel, Bernhard: Die Volksstimmung im Coburger Land in der Sicht der Geheimberichte des Regierungspräsidenten von Ober- und Mittelfranken (1926–1945), in: JbCL 20 (1975), 131–50

7925 Zittel, Bernhard: Die Volksstimmung im Dritten Reich im Spiegel der Geheimberichte des Regierungspräsidenten von Schwaben, in: ZHVS 66 (1972), 1–58

7926 Zittel, Bernhard: Die Volksstimmung im Dritten Reich, aufgezeigt an den Geheimberichten des Regierungspräsidenten von Niederbayern-Oberpfalz, in: VHVN 98 (1972), 96–138

A.3.11.3 Kriegszeit

[vgl. A.3.22.11]

Bibliographien

7927 Jahnke, Karl H./Ullmann, Carsten (Bearb.): Bibliographie: Deutsche Jugend im Zweiten Weltkrieg, in: Deutsche Jugend im Zweiten Weltkrieg, Rostock 1991, 122–37

Gedruckte Quellen

7928 Stimmung und Verhalten der Bevölkerung unter den Bedingungen des Krieges, in: Bayern in der NS-Zeit, Bd. 1: Soziale Lage und politisches Verhalten der Bevölkerung im Spiegel vertraulicher Berichte, Hg. Martin Broszat u. a., München/Wien 1977, 571–688

Darstellungen

7929 Alltag im Nationalsozialismus. Die Kriegsjahre in Deutschland. (Schülerwettbewerb Deutsche Geschichte um den Preis des Bundespräsidenten. Katalog der preisgekrönten Arbeiten, 5: Wettbewerb 1982/83), Hg. Körber-Stiftung, Bearb. Joachim Lietzke, Hamburg 1985; 202 S.

7930 Andermann, Walter Th.: Bis der Vorhang fiel. Berichtet nach Aufzeichnungen aus den Jahren 1940 bis 1945, Dortmund 1947; 414 S.

7931 Beck, Earl R.: Under the Bombs. The German Home Front, 1942–1945, Lexington, Ky. 1986; XI, 252 S.

7932 Benz, Wolfgang: Freude am Krieg oder widerwillige Loyalität? Die Stimmungslage der Deutschen bei Beginn des Zweiten Weltkriegs, in: Wolfgang Benz, Herrschaft und Gesellschaft im nationalsozialistischen Staat, Frankfurt 1990, 63–71

7933 Blau, Bruno: Die Kriminalität in Deutschland während des zweiten Weltkrieges, in: ZGStW 64 (1952), 32–81

7934 Boberach, Heinz: Stimmungsumschwung in der deutschen Bevölkerung, in: Wolfram Wette/Gerd R. Ueberschär (Hg.), Stalingrad. Mythos und Wirklichkeit einer Schlacht, Frankfurt 1992, 61–66, 278 f.**

7935 Burchardt, Ludwig: Die Auswirkungen der Kriegswirtschaft auf die deutsche Zivilbevölkerung im Ersten und Zweiten Weltkrieg, in: MGM 15 (1974), 65–97

7936 Deist, Wilhelm: Überlegungen zur »widerwilligen Loyalität« der Deutschen bei Kriegsbeginn, in: Wolfgang Michalka (Hg.), Der Zweite Weltkrieg. Analysen, Grundzüge, Forschungsbilanz, München/Zürich 1989, 224–39

7937 Deuel, Wallace R.: People under Hitler, New York 1942; 392 S.

7938 Deutsche Jugend im Zweiten Weltkrieg, Mitarb. Barbara Bromberger u. a., Rostock 1991; 138 S.*

7939 Dröll, Hajo: Die Zusammenbruchskrise des faschistischen Deutschlands, in: Lutz Niethammer u. a. (Hg.), Arbeiterinitiative 1945. Antifaschistische Ausschüsse und Reorganisation der Arbeiterbewegung in Deutschland, Wuppertal 1976, 130–74

7940 Frei, Norbert: Der totale Krieg und die Deutschen, in: Norbert Frei/Hermann Kling (Hg.), Der nationalsozialistische Krieg, Mitarb. Margit Brandt, Frankfurt/New York 1990, 283–301

7941 Galinski, Dieter/Schmidt, Wolf (Hg.): Die Kriegsjahre in Deutschland, 1939–1945. Ergebnisse und Anregungen aus dem Schülerwettbewerb Deutsche Geschichte um den Preis des Bundespräsidenten 1982/83, hg. i. A. der Körber-Stiftung, Hamburg 1985; 309 S.

7942 Heinemann, Ulrich: Krieg und Frieden an der »inneren Front«. Normalität und Zustimmung, Terror und Opposition im Dritten Reich, in: Christoph Kleßmann (Hg.), Nicht nur Hitlers Krieg. Der Zweite Weltkrieg und die Deutschen, Düsseldorf 1989, 25–50

7943 Holmsten, Georg: Kriegsalltag. 1939–1945 in Deutschland. (Fotografierte Zeitgeschichte), Düsseldorf 1982; 128 S. (LA Bindlach 1989)**

7944 Kleßmann, Christoph: Untergänge-Übergänge. Gesellschaftsgeschichtliche Brüche und Kontinuitätslinien vor und nach 1945, in: Christoph Kleßmann (Hg.), Nicht nur Hitlers Krieg. Der Zweite Weltkrieg und die Deutschen, Düsseldorf 1989, 83–98

7945 Lemhöfer, Ludwig: Zur tapferen Pflichterfüllung gerufen. Die Katholiken in Adolf Hitlers Krieg, in: Monika Kringels-Kemen/Ludwig Lemhöfer (Hg.), Katholische Kirche und NS-Staat. Aus der Vergangenheit lernen?, Frankfurt 1981, 83–99

7946 Mergner, Gottfried: Gläubiger Fatalismus. Zur Mentalitätsgeschichte des »totalen Krieges« am Beispiel der Kriegstagebücher meiner Mutter 1940–1946, in: Marcel van der Linden/Gottfried Mergner (Hg.), Kriegsbegeisterung und mentale Kriegsvorbereitung. Interdisziplinäre Studien, Mitarb. Herman de Lange, Berlin 1991, 179–92**

7947 Milward, Alan S.: Der Zweite Weltkrieg. Krieg, Wirtschaft und Gesellschaft 1939–1945, München 1977; 448 S. (engl.: London 1977)

7948 Missalla, Heinrich: Für Volk und Vaterland. Die »Kirchliche Kriegshilfe« im Zweiten Weltkrieg, Königstein, Ts. 1978; XXVI, 215 S.

7949 Riemer, Karl H.: Zensurpost aus dem III. Reich. Die Überwachung des II. Weltkrieges durch deutsche Dienststellen, Düsseldorf 1966; VII, 82 S.

7950 Rürup, Reinhard: Die Deutschen und der Krieg gegen die Sowjetunion 1941–1945, in: Bernd Faulenbach/Martin Stadelmaier (Hg.), Diktatur und Emanzipation. Zur russischen und deutschen Entwicklung 1917–1991, Essen 1993, 136–43

7951 Schubert, Venanz u. a. (Hg.): Der Zweite Weltkrieg und die Gesellschaft in Deutschland. 50 Jahre danach. Eine Ringvorlesung der Universität München, St. Ottilien 1992; 559 S.*

7952 Seydewitz, Max: Civil Life in Wartime Germany. The Story of the Home Front, New York 1945; 448 S.

7953 Steinert, Marlis G.: Hitlers Krieg und die Deutschen. Stimmung und Haltung der deutschen Bevölkerung im Zweiten Weltkrieg, Düsseldorf/Wien 1970; 646 S.

7954 Steinert, Marlis G.: Die Einstellung der deutschen Bevölkerung zum Krieg in den dreißiger Jahren, in: Klaus Hildebrand u. a. (Hg.), 1939. An der Schwelle zum Weltkrieg. Die Entfesselung des Zweiten Weltkrieges und das internationale System, Berlin/New York 1990, 55–59

7955 Steinert, Marlis G.: Deutsche im Krieg: Kollektivmeinungen, Verhaltensmuster und Mentalitäten, in: Karl D. Bracher u. a. (Hg.), Deutschland 1933–1945. Neue Studien zur nationalsozialistischen Herrschaft, 2., erg. Aufl., Bonn/Düsseldorf 1993, 474–90 (zuerst 1992)

7956 Steinert, Marlis G.: Hitlers Krieg und die Deutschen, in: Gerhard Schulz (Hg.), Die Große Krise der dreißiger Jahre. Vom Niedergang der Weltwirtschaft zum 2. Weltkrieg, Göttingen 1985, 137–53

7957 Steinert, Marlis G.: Stalingrad und die deutsche Gesellschaft, in: Jürgen Förster (Hg.), Stalingrad. Ereignis – Wirkung – Symbol, München/Zürich 1992, 171–85

7958 Steinhoff, Johannes u. a. (Hg.): Deutsche im Zweiten Weltkrieg. Zeitzeugen sprechen, München 1989; 752 S.

7959 Tröger, Annemarie: German Women's Memories of World War II, in: Margaret R. Higonnet u. a. (Hg.), Behind the Lines. Gender and the Two World Wars, New Haven, Conn./London 1987, 185–99

7960 Trommler, Frank: »Deutschlands Sieg oder Untergang«. Perspektiven aus dem Dritten Reich auf die Nachkriegsentwicklung, in: Thomas Koebner u. a. (Hg.), Deutschland nach Hitler: Zukunftspläne im Exil und aus der Besatzungszeit 1939–1949, Opladen 1987, 214–29

7961 Wendel, Else: Hausfrau at War. A German Woman's Account of Life in Hitler's Reich, Mitarb. Eileen Winncroft, London 1957; 225 S.

7962 Wette, Wolfram (Hg.): Der Krieg des kleinen Mannes. Eine Militärgeschichte von unten, München/Zürich 1992; 461 S. (2. Aufl. 1995)*

7963 Zahn, Gordon C.: Die deutschen Katholiken und Hitlers Kriege, Graz u.a. 1965; 299 S. (amerikan.: New York 1962)

Regional-/Lokalstudien: Gedruckte Quellen

7964 Boor, Lisa de: Tagebuchblätter aus den Jahren 1938–1945, München 1963; 245 S.

7965 Hammer, Ingrid/Zur Nieden, Susanne (Hg.): Sehr selten habe ich geweint. Briefe und Tagebücher aus dem Zweiten Weltkrieg von Menschen aus Berlin, Zürich 1992; 480 S.

7966 Nadler, Fritz: Eine Stadt [Nürnberg] im Schatten Streichers. Bisher unveröffentlichte Tagebuchblätter und Bilder vom Kriegsjahr 1943, Nürnberg 1969; 204 S.

7967 Oldenhage, Klaus: Die Pfalz und das Saarland während des Krieges (1940–1945). Aus den Lageberichten des Oberlandesgerichtspräsidenten und des Generalstaatsanwalts in Zweibrücken, [T. 1:] 1940–1941, T. 2: 1942–1945, in: JWL 5 (1979), 303–56; 6 (1980), 343–98

Regional-/Lokalstudien: Darstellungen

7968 Alltag im Dritten Reich. Krieg und Kriegsende in Herten. Dokumentation zur Ausstellung im Rathaus Herten vom 8. Mai – 17. Juni 1985, Hg. Stadt Herten, Herten 1987; 100 S.

7969 Borsdorf, Ulrich/Jamin, Mathilde (Hg.): Über Leben im Krieg. Kriegserfahrungen in einer Industrieregion 1939–1945. Katalogbuch zur Ausstellung über »Leben im Krieg. Kriegserfahrungen im Ruhrgebiet 1939–1945«, Ruhrlandmuseum Essen, Reinbek 1989; 108 S.*

7970 Brelie-Lewien, Doris von der: »Dann kamen die Flüchtlinge.« Der Wandel des Landkreises Fallingbostel vom Rüstungszentrum im »Dritten Reich« zur Flüchtlingshochburg nach dem Zweiten Weltkrieg, Hildesheim 1990; 306 S.

7971 Hall, Bernhard/Schonebohm, Dieter: »Westwallzigeuner« – die Evakuierung von Weisweil und Wyhl: 1939, 1940 und 1944/45, in: Heiko Haumann/Thomas Schnabel (Hg.), »Eigentlich habe ich nichts gesehen...« Beiträge zu Geschichte und Alltag in Südbaden im 19. und 20. Jahrhundert, Freiburg i.Br. 1987, 143–72

7972 Kundrus, Birthe/Schulte-Zweckel, Astrid: Versorgungslage und Frauenarbeitseinsatz in Hamburg 1939–1943, in: 1999 6 (1991), Nr. 4, 47–62

7973 Kuropka, Joachim: Stimmung und Lage der Bevölkerung in Westfalen 1939, in: WF 30 (1980), 169–98

7974 »Restloser, verzehrender Einsatz für Deutschland«. Eine Schulklasse erlebt den Zweiten Weltkrieg. Das Rundbuch des Abiturjahrgangs 1940 der »Adolf-Hitler-Oberschule« Böblingen, Hg. Geschichtswerkstatt am Goldberg-Gymnasium Sindelfingen, Bearb. Dominik Dittrich u.a., 1. u. 2. Aufl., Stuttgart 1992; 209 S.**

7975 Ruhl, Klaus-Jörg (Hg.): Deutschland 1945. Alltag zwischen Krieg und Frieden in Berichten, Dokumenten und Bildern, Darmstadt/Neuwied 1984; 220 S.**

7976 Rusinek, Bernd-A.: Gesellschaft in der Katastrophe. Terror, Illegalität, Widerstand – Köln 1944/45, Essen 1989; 472 S.

7977 Schütz, Hans: Bamberger Berichte. Über Stimmung und Haltung der Bevölkerung des Oberlandesbezirks Bamberg während des 2. Weltkrieges, Bamberg 1983; 135 S.**

7978 Stephenson, Jill: War and Society in Württemberg, 1939–1945: Beating the System, in: GSR 8 (1985), 89–105

7979 Unger, Manfred: Die Leipziger Sondergerichtsakten 1940–1945 und der Volkswiderstand in Westsachsen, in: Hans-Dieter Schmid (Hg.), Zwei Städte unter dem Hakenkreuz. Widerstand und Verweigerung in Hannover und Leipzig 1933–1945, Leipzig 1994, 178–96

7980 Walther, Simone: Die Versorgungslage in Berlin im Januar 1940 und das politische Verhalten der Bevölkerung, in: ZfG 34 (1986), 427–32

7981 Ziegler, Walter: Die Verhältnisse im bayerischen Sudetenland im Jahr 1940 nach Regensburger SD-Berichten, in: Bohemia 15 (1974), 285–344

A.3.11.4 Denunziationen
[vgl. A.3.9.4]

Darstellungen

7982 Gellately, Robert: »In den Klauen der Gestapo«. Die Bedeutung von Denunziationen für das nationalsozialistische Terrorsystem, in: Anselm Faust (Hg.), Verfolgung und Widerstand im Rheinland und in Westfalen 1933–1945, Köln u. a. 1992, 40–49

7983 Gellately, Robert: The Gestapo and German Society: Political Denunziation in the Gestapo Files, in: JMH 60 (1988), 654–94

7984 Hegewisch, Ernst: Die politische Denunziation, in: NWDH 1 (1946), Nr. 7, 31 ff.; abgedr. in: Charles Schüddekopf (Hg.), Vor den Toren der Wirklichkeit. Deutschland 1946/47 im Spiegel der Nordwestdeutschen Hefte, Berlin/Bonn 1980, 149–52

7985 Marßolek, Inge: Die Denunziantin [Goerdelers]. Die Geschichte der Helene Schwärzel 1944–1947, Bremen 1993; 139 S.

7986 Müller-Hohagen, Jürgen: Gleichschaltung und Denunziation. Disziplinierung der Eltern über die Kinder, in: Ute Benz/Wolfgang Benz (Hg.), Sozialisation und Traumatisierung. Kinder in der Zeit des Nationalsozialismus, Frankfurt 1992, 80–91, 144

7987 Nipperdey, Hans C.: Die Haftung für politische Denunziation in der Nazizeit, in: Hans C. Nipperdey (Hg.), Das Deutsche Privatrecht in der Mitte des 20. Jahrhunderts. Festschrift für Heinrich Lehmann zum 80. Geburtstag, Berlin 1956, 285–307

7988 Paul, Gerhard: Deutschland, deine Denunzianten, in: Zeit, Jg. 48, Nr. 37, 10. 9. 1993, 56

7989 Schubert, Helga: Judasfrauen. Zehn Fallgeschichten weiblicher Denunziation im Dritten Reich, 3. Aufl., Frankfurt 1990; 170 S. (zuerst 1989; TB München 1992)

7990 Wyden, Peter: Stella [Goldschlag], Göttingen 1993; 397 S.

Regional-/Lokalstudien

7991 Arbogast, Christine: Von Spitzeln, »Greifern« und Verrätern. Denunziantentum im Dritten Reich, in: Thomas Schnabel (Hg.), Formen des Widerstandes im Südwesten 1933–1945. Scheitern und Nachwirken, Mitarb. Angelika Hauser-Hauswirth, hg. f. d. Landeszentrale für politische Bildung Baden-Württemberg/Haus der Geschichte Baden-Württemberg, Ulm 1994, 205–21

7992 Broszat, Martin: Politische Denunziationen in der NS-Zeit. Aus Forschungserfahrungen im Staatsarchiv München, in: AZ 73 (1977), 221–38

7993 Dörner, Bernward: Alltagsterror und Denunziation. Zur Bedeutung von Anzeigen aus der Bevölkerung für die Verfolgungswirkung des nationalsozialistischen »Heimtücke-Gesetzes« in Krefeld, in: Alltagskultur, Subjektivität und Geschichte. Zur Theorie und Praxis von Alltagsgeschichte, Hg. Berliner Geschichtswerkstatt, Red. Heike Diekwisch u. a., Münster 1994, 254–71

7994 Fröhlich, Elke: Grenzfälle: Widerstand oder Verrat?, in: Elke Fröhlich, Die Herausforderung des Einzelnen. Geschichten über Widerstand und Verfolgung. (Bayern in der NS-Zeit, 6), München/Wien 1983, 172–92; abgedr. in: Elke Fröhlich/Martin Broszat, Alltag und Widerstand – Bayern im Nationalsozialismus, München/Zürich 1987, 567–97

A.3.11.5 Witze und Gerüchte
[vgl. A.3.8.5]

7995 Danimann, Franz: Flüsterwitze und Spottgedichte unterm Hakenkreuz, Köln u. a. 1983; 208 S.

7996 Dor, Milo/Federmann, Reinhard: Der politische Witz, München u. a. 1964; 330 S.

7997 Drodzynski, Alexander: Das verspottete Tausendjährige Reich. Witze, Düsseldorf 1978; 220 S.

7998 Dröge, Franz W.: Der zerredete Widerstand. Zur Soziologie und Publizistik des Gerüchts im Zweiten Weltkrieg, Düsseldorf 1970; 258 S.

7999 Friedrich, Ernst (Hg.): Man flüstert in Deutschland. Die besten Witze über das Dritte Reich, 2 Bde., Paris/Prag 1934; 31, 31 S.

8000 Gamm, Hans-Jochen: Der Flüsterwitz im Dritten Reich, München 1963; 223 S. (TB München/Zürich 1993)

8001 Hermes, Richard: Witz contra Nazi. Hitler und sein Tausendjähriges Reich, Hamburg 1946; 174 S.

8002 Hirche, Kurt: Der »braune« und der »rote« Witz, Düsseldorf u. a. 1964; 309 S.

8003 Meier, John A.: Geflüstertes. Die Hitlerei im Volksmund, Neuausg., Heidelberg u. a. 1953; 123 S. (zuerst 1946 unter dem Pseudonym Vox Populi)

8004 Petermann, Jörg: Wollt ihr den totalen Witz? Anektoten und Witze aus dem »tausendjährigen Reich«, München 1966; 77 S.

8005 Vandrey, Max: Der politische Witz im Dritten Reich, München 1967; 151 S.

8006 Willenbacher, Jörg: Deutsche Flüsterwitze. Das Dritte Reich unterm Brennglas, Karlsbad 1935; 82 S.

A.3.11.6 Einzelne soziale Gruppen

A.3.11.6.1 Arbeiterschaft
[vgl. A.3.2.3; A.3.15.11; A.3.13.3]

Literaturberichte

8007 Frese, Matthias: Zugeständnisse und Zwangsmaßnahmen. Neuere Studien zur nationalsozialistischen Sozial- und Arbeitspolitik, in: NPL 32 (1987), 53–74

8008 Frese, Matthias: Sozial- und Arbeitspolitik im »Dritten Reich«. Ein Literaturbericht, in: NPL 38 (1993), 403–46

8009 Herbert, Ulrich: Arbeiterschaft im »Dritten Reich«. Zwischenbilanz und offene Fragen, in: GG 15 (1989), 320–60

8010 Tenfelde, Klaus: Worker's in Nazi Germany: Recent West Germany Research, in: Charles S. Maier u. a. (Hg.), The Rise of the Nazi Regime. Historical Reassessments, Boulder, Col./London 1986, 107–114

Quellenkunde

8011 Müller, Markus: Die Stellung des Arbeiters im Nationalsozialistischen Staat. Quellenmäßige Erschließung, in: GWU 26 (1975), 1–21

Gedruckte Quellen

8012 Emmerich, Wolfgang (Hg.): Proletarische Lebensläufe. Autobiographische Dokumente zur Entstehung der Zweiten Kultur in Deutschland, Bd. 2: 1914 bis 1945, Reinbek 1975; 475 S.

8013 Eschenburg, Theodor: Streiflichter zur Geschichte der [Vertrauensrats-]Wahlen im Dritten Reich. (Dokumentation), in: VfZ 3 (1955), 311–16

8014 Kachulle, Doris: »Arbeitsniederlegungen in Betrieben«. Ein Bericht des DAF-Geheimdienstes über eine Streikbewegung im Jahre 1936, in: 1999 6 (1991), Nr. 4, 85–109

8015 Lage der Arbeiterschaft, Arbeiteropposition, Aktivität und Verfolgung der illegalen Arbeiterbewegung 1933–1944, in: Bayern in der NS-Zeit, Bd. 1: Soziale Lage und politisches Verhalten der Bevölkerung im Spiegel vertraulicher Berichte, Hg. Martin Broszat u. a., München/Wien 1977, 193–325

8016 Mason, Timothy W.: Arbeiterklasse und Volksgemeinschaft. Dokumente und Materialien zur deutschen Arbeiterpolitik 1936–1939, Opladen 1975; LXIV, 1299 S.

Darstellungen

8017 Ardelt, Rudolf G.: Arbeiterschaft und Nationalsozialismus – ein Thema zwischen Legende und Realität, in: Rudolf G. Ardelt/Hans Hautmann (Hg.), Arbeiterschaft und Nationalsozialismus in Österreich. In memoriam Karl R. Stadler, Wien/Zürich 1990, 19–26

8018 Aretz, Jürgen: Die katholische Arbeiterbewegung (KAB) im Dritten Reich, in: Klaus Gotto/Konrad Repgen (Hg.), Die Katholiken und das Dritte Reich, 3., erw. u. überarb. Aufl., Mainz 1990, 119–34 (zuerst 1980)

8019 Aretz, Jürgen: Katholische Arbeiter gegen Hitler. Zur Auseinandersetzung zwischen KAB und Nationalsozialismus, in: Monika Kringels-Kemen/Ludwig Lemhöfer (Hg.), Katholische Kirche und NS-Staat. Aus der Vergangenheit lernen?, Frankfurt 1981, 51–67

8020 Bartov, Omer: The Missing Years. German Workers, German Soldiers, in: GH 8 (1990), 46–65

8021 Borsdorf, Ulrich: Arbeiteropposition, Widerstand und Exil der deutschen Gewerkschaften, in: Erich Matthias/Klaus Schönhoven (Hg.), Solidarität und Menschenwürde. Etappen deutscher Gewerkschaftsgeschichte von den Anfängen bis zur Gegenwart, Bonn 1984, 291–306

8022 Brandt, Peter: Die deutsche Linke, die Arbeiterklasse und die nationalsozialistische »Volksgemeinschaft« in der Kriegs- und frühen Nachkriegszeit, in: Helga Grebing u. a. (Hg.), Sozialismus in Europa – Bilanz und Perspektiven. Festschrift für Willy Brandt, Essen 1987, 272–96

8023 Campbell, Joan: Joy in Work, German Work. The National Debate, 1800–1945, Princeton, N.J. 1989; XII, 431 S.

8024 Falter, Jürgen W.: Warum die deutschen Arbeiter während des »Dritten Reiches« zu Hitler standen. Einige Anmerkungen zu Gunther Mais Beitrag über die Unterstützung des nationalsozialistischen Herrschaftssystems durch Arbeiter, in: GG 13 (1987), 217–31

8025 Gebhardt, Hartwig: Nationalsozialistische Werbung in der Arbeiterschaft. Die Illustrierte »ABZ – Arbeit in Bild und Zeit«, in: VfZ 33 (1985), 310–38

8026 Herbert, Ulrich: Arbeiterschaft unter der NS-Diktatur, in: Lutz Niethammer u. a., Bürgerliche Gesellschaft in Deutschland. Historische Einblicke, Fragen, Perspektiven, Frankfurt 1990, 447–71

8027 Heuel, Eberhard: Der umworbene Stand. Die ideologische Integration der Arbeiter im Nationalsozialismus 1933–1935, Frankfurt/New York 1989; 671 S.

8028 [Hundert] 100 Jahre Industriegewerkschaft Chemie-Papier-Keramik 1890–1990. Von den Verbänden der ungelernten Fabrikarbeiter, der Glas- und Porzellanarbeiter zur modernen Gewerkschaftsorganisation, Hg. IG Chemie-Papier-Keramik, Hauptvorstand, Leitung/Bearb. Hermann Weber, bearb. unter Mitwirkung von Werner Müller/Günter Braun u. a., Reinbek 1990, 327–46

8029 Jäckel, Rudolf: Die faschistische Politik gegenüber der werktätigen Landbevölkerung in Deutschland (1933–1935), Diss. Humboldt-Universität Berlin (O) 1979; IX, 295, XV S. (Ms. vervielf.)

8030 Jokisalo, Jouko: »... den Arbeiter für die NSDAP zu gewinnen«. Zur Ideologie und Massenbasis des deutschen Faschismus 1933–1939, Oulu 1988; 235 S.

8031 Jokisalo, Jouko: Vom Bockmist zur geschichtsmächtigen Kraft. Determinanten und Wirkung der Heilsversprechen des »deutschen Sozialismus« (1933–1939), Frankfurt u. a. 1994; 322 S.

8032 Kaschuba, Wolfgang: Lebenswelt und Kultur der unterbürgerlichen Schichten im 19. und 20. Jahrhundert, München 1990; X, 153 S.

8033 Köpping, Walter (Hg.): Lebensberichte deutscher Bergarbeiter, Oberhausen 1984; 486 S.

8034 Kuczynski, Jürgen: Geschichte der Lage der Arbeiter unter dem Kapitalismus. Die Geschichte der Lage der Arbeiter in Deutschland von 1789 bis zur Gegenwart, Neuausgabe, Bd. I/6: Darstellung der Lage der Arbeiter in Deutschland von 1933 bis 1945, Berlin (O) 1964; 240 S.

8034a Lüdtke, Alf: The Appeal of Exterminating »Others«: German Workers and the Limits of Resistance, in: John W. Boyer/ Julius Kirshner (Hg.), Resistance against the Third Reich. (JMH, Jg. 64, Beih.), Chicago, Ill. 1992, S46–67

8035 Lüdtke, Alf: Eigen-Sinn. Fabrikalltag, Arbeitserfahrungen und Politik vom Kaiserreich bis in den Faschismus, Hamburg 1993; 445 S.

8036 Lüdtke, Alf: Wo blieb die »rote Glut«? Arbeitererfahrungen und deutscher Faschismus, in: Alf Lüdtke (Hg.), Alltagsgeschichte. Zur Rekonstruktion historischer Erfahrungen und Lebensweisen, Frankfurt/ New York 1989, 224–82; abgedr. in: Alf Lüdtke, Eigen-Sinn. Fabrikalltag, Arbeitererfahrungen und Politik vom Kaserreich bis in den Faschismus, Hamburg 1993, 221–282

8037 Lüdtke, Alf: »Ehre der Arbeit«: Industriearbeiter und Macht der Symbole. Zur Reichweite symbolischer Orientierungen im Nationalsozialismus, in: Klaus Tenfelde (Hg.), Arbeiter im 20. Jahrhundert, Stuttgart 1991, 343–92; abgedr. in: Alf Lüdtke, Eigen-Sinn. Fabrikalltag, Arbeitererfahrungen und Politik vom Kaiserreich bis in den Faschismus, Hamburg 1993, 283–350

8038 Mai, Gunther: Arbeiter ohne Gewerkschaften. Verfolgung und Widerstand 1933–1945, in: Helga Grebing u. a. (Hg.), Das HolzArbeiterBuch. Die Geschichte der Holzarbeiter und ihrer Gewerkschaften, Köln 1993, 173–85

8039 Mai, Gunther: Arbeiterschaft und Nationalsozialismus in der Phase der »Machtergreifung«, in: Volker Malettke (Hg.), Der Nationalsozialismus an der Macht. Aspekte nationalsozialistischer Politik und Herrschaft, Göttingen 1984, 85–109

8040 Mai, Gunther: Arbeiterschaft zwischen Sozialismus, Nationalismus und Nationalsozialismus. Wider gängige Stereotype, in: Uwe Backes u. a. (Hg.), Die Schatten der Vergangenheit. Impulse zur Historisierung des Nationalsozialismus, 2. Aufl., Frankfurt/Berlin 1992, 195–217 (zuerst 1990)

8041 Mai, Gunther: »Warum steht der deutsche Arbeiter zu Adolf Hitler?« Zur Rolle der Deutschen Arbeitsfront im Herrschaftssystem des Dritten Reiches, in: GG 12 (1986), 212–34

8042 Mammach, Klaus: Die Betriebe – Hauptfeld des Widerstandes der Arbeiter. Zum antifaschistischen Kampf 1936–1941, in: JfG 27 (1983), 201–27

8043 Mason, Timothy W.: Sozialpolitik im Dritten Reich. Arbeiterklasse und Volksgemeinschaft, 2. Aufl., Opladen 1978; 376 S. (zuerst 1977)

8044 Mason, Timothy W.: Die Bändigung der Arbeiterklasse im nationalsozialistischen Deutschland. Eine Einleitung, in: Carola Sachse u. a., Angst, Belohnung, Zucht und Ordnung. Herrschaftsmechanismen im Nationalsozialismus, Opladen 1982, 11–53

8045 Mason, Timothy W.: Arbeiteropposition im nationalsozialistischen Deutschland, in: Detlev J. K. Peukert/Jürgen Reulecke (Hg.), Die Reihen fast geschlossen. Beiträge zur Geschichte des Alltags unterm Nationalsozialismus, Wuppertal 1981, 293–313

8046 Mohr, Klaus: Der deutsche Arbeiter: »Pfeiler des Volkstums« oder biologischer Flugsand«. Der Beitrag der Volkskunde zur NS-Arbeiterpolitik, in: Volkskunde im Dritten Reich. Diskussionsanstöße. Begleitheft zu einer Ausstellung, Hg. Institut für deutsche und vergleichende Volkskunde der Universität München, München 1986, 26–30 (Ms. vervielf.)

8047 Mooser, Josef: Arbeiterleben in Deutschland 1900–1970. Klassenlagen, Kultur und Politik, Frankfurt 1984; 304 S.

8048 Morsch, Günter: Arbeit und Brot. Studien zu Lage, Stimmung, Einstellung und Verhalten der deutschen Arbeiterschaft 1933–1936/37, Frankfurt u.a. 1993; IX, 596 S.

8049 Morsch, Günter: Streik im Dritten Reich, in: VfZ 36 (1988), 649–89

8050 Moser, Josef: Arbeit adelt – die Pflicht ruft. Bemerkungen zum Mythos der Arbeit im Faschismus, in: Rudolf Kropf (Hg.), Arbeit/Mensch/Maschine. Der Weg in die Industriegesellschaft. Oberösterreichische Landesausstellung 1987, Linz 1987, 119–34

8051 Niethammer, Lutz: Arbeiter ohne Gewerkschaften, in: GMH 34 (1983), 277–85

8052 Nolan, Mary: Workers and National Socialism, in: Charles S. Maier u.a. (Hg.), The Rise of the Nazi Regime. Historical Reassessments, Boulder, Col./London 1986, 89–96

8053 Nolan, Molly: Class Struggles in the Third Reich, in: RHR 4 (1977), 138–59

8054 Petzina, Dietmar: Soziale Lage der deutschen Arbeiter und Probleme des Arbeitseinsatzes während des Zweiten Weltkrieges, in: Waclaw Dlugoborski (Hg.), Zweiter Weltkrieg und sozialer Wandel, Göttingen 1981, 65–86

8055 Peukert, Detlev J. K.: Die Lage der Arbeiter und der gewerkschaftliche Widerstand im Dritten Reich, in: Klaus Tenfelde u.a., Geschichte der deutschen Gewerkschaften von den Anfängen bis 1945, Hg. Ulrich Borsdorf, Mitarb. Gabriele Weiden, Köln 1987, 447–98

8056 Plato, Alexander von: »Der Verlierer geht nicht leer aus.« Betriebsräte geben zu Protokoll, Berlin/Bonn 1984; 220 S.

8057 Riesenfeller, Stefan: Zur nationalsozialistischen »Arbeitskultur« – Aspekte der Instrumentalisierung der Arbeiterliteratur im Nationalsozialismus, in: Rudolf G. Ardelt/Hans Hautmann (Hg.), Arbeiterschaft und Nationalsozialismus in Österreich. In memoriam Karl R. Stadler, Wien/Zürich 1990, 403–18

8058 Ritter, Gerhard A.: Nationalsozialismus und Arbeiterschaft, in: Gerhard A. Ritter u.a., Totalitäre Verführung im Dritten Reich. Arbeiterschaft – Intelligenz – Beamtenschaft – Militär, Hg. Bayerische Landeszentrale für politische Bildungsarbeit, München 1983, 7–13

8059 Ruck, Michael: Vom Demonstrations- und Festtag der Arbeiterbewegung zum nationalen Feiertag des deutschen Volkes. Der 1. Mai im Dritten Reich und die Arbeiter, in: Inge Marßolek (Hg.), 100 Jahre Zukunft. Zur Geschichte des 1. Mai, Frankfurt/Wien 1990, 171–88, 386–88

8060 Rülcker, Christoph: Zur Rolle und Funktion des Arbeiters in der NS-Literatur, in: Horst Denkler/Karl Prümm (Hg.), Die deutsche Literatur im Dritten Reich. Themen – Traditionen – Wirkungen, Stuttgart 1976, 240–55

8061 Sachse, Carola u.a.: Angst, Belohnung, Zucht und Ordnung. Herrschaftsmechanismen im Nationalsozialismus, Opladen 1982; 342 S.*

8062 Salter, Stephen: Class Harmony or Class Conflict? The Industrial Working Class and the National Socialist Regime, in: Jeremy Noakes (Hg.), Government, Party and People in Nazi Germany, Exeter 1980, 76–97, 101 f. (ND 1981, 1986)

8063 Salter, Stephen/Stephenson, John (Hg.): Germany, in: The Working Class and Politics in Europe and America, 1929–1945, London/New York 1989, 99–124

8064 Schirmbeck, Peter: Adel der Arbeit. Der Arbeiter in der Kunst der NS-Zeit, Marburg 1984; 216 S.

8065 Schirmbeck, Peter: Zur Industrie- und Arbeitsdarstellung in der NS-Kunst, in: Berthold Hinz u. a. (Hg.), Die Dekoration der Gewalt. Kunst und Medien im Faschismus, Gießen 1979, 61–74

8066 Schüren, Reinhard: Mobilitätsprozesse in der Zwischenkriegszeit: Die Arbeiterschaft im Vergleich zu anderen Schichten, in: Klaus Tenfelde (Hg.), Arbeiter im 20. Jahrhundert, Stuttgart 1991, 694–702

8067 Steinberg, Hans-Josef: Die Haltung der Arbeiterschaft zum NS-Regime, in: Jürgen Schmädeke/Peter Steinbach (Hg.), Der Widerstand gegen den Nationalsozialismus. Die deutsche Gesellschaft und der Widerstand gegen Hitler, 2. Aufl., München/Zürich 1986, 867–74 (zuerst 1985; ND 1994)

8068 Teichler, Hans J.: Ende des Arbeitersports 1933?, in: Hans J. Teichler (Hg.), Arbeiterkultur und Arbeitersport. 9. Fachtagung der DVS-Sektion Sportgeschichte vom 27.–29. März 1985 an der Gustav-Heinemann-Akademie der Friedrich-Ebert-Stiftung in Freudenberg, Clausthal-Zellerfeld 1985, 196–234

8069 Teichler, Hans J.: »Wir brauchen einfach den Kontakt zueinander.« Arbeitersport und Arbeitersportler im »Dritten Reich«, in: Hans J. Teichler (Hg.), Illustrierte Geschichte des Arbeitersports, Berlin/Bonn 1987, 231–41

8070 Trischler, Helmuth: »An der Spitze der Lohnarbeiterschaft«. Der Bergmann im Spannungsfeld von nationalsozialistischer Arbeitsideologie und bergbaulicher Tradition, in: Der Anschnitt 41 (1989), Nr. 1, 29–37

8071 Voges, Michael: Klassenkampf in der »Betriebsgemeinschaft«. Die »Deutschland-Berichte« der SOPADE (1934–1940) als Quelle zum Widerstand der Industriearbeiter im Dritten Reich, in: AfS 21 (1981), 329–84; abgedr. in: Werner Plum (Hg.), Die »Grünen Berichte« der Sopade. Gedenkschrift für Erich Rinner (1902–1982), hg. i. A. der Friedrich-Ebert-Stiftung, Bonn 1984, 201–302

8072 Voges, Michael: Klassenkampf in der »Betriebsgemeinschaft«, in: GMH 35 (1984), 555–65

8073 Werner, Wolfgang F.: »Bleib übrig!« Deutsche Arbeiter in der nationalsozialistischen Kriegswirtschaft, Düsseldorf 1983; 461 S.

8074 Werner, Wolfgang F.: Belastungen der deutschen Arbeiterschaft in der zweiten Kriegshälfte, in: Ulrich Borsdorf/Mathilde Jamin (Hg.), Über Leben im Krieg. Kriegserfahrungen in einer Industrieregion 1939–1945. Katalogbuch [...], Reinbek 1989, 33–49

8075 Winkler, Heinrich A.: Vom Mythos der Volksgemeinschaft, in: AfS 17 (1977), 484–90

8076 Wisotzky, Klaus: Zwischen Integration und Opposition. Aspekte des Arbeiterverhaltens im Nationalsozialismus, in: Anselm Faust (Hg.), Verfolgung und Widerstand im Rheinland und in Westfalen 1933–1945, Köln u. a. 1992, 137–51

8077 Zollitsch, Wolfgang: Arbeiter zwischen Weltwirtschaftskrise und Nationalsozialismus. Ein Beitrag zur Sozialgeschichte der Jahre 1928 bis 1936, Göttingen 1990; 320 S.

Regional-/Lokalstudien: Gedruckte Quellen

8078 Bounin, Ingrid (Bearb.): Heraus zum Kampf! Dokumente zur Geschichte der Arbeiterbewegung in Lübeck 1866–1949, Hg. Industriegewerkschaft Metall, Verwaltungsstelle Lübeck, Lübeck 1987, 279–336

8079 Braun, Helga (Bearb.): Die eigene Kraft erkennen. Dokumente zur Geschichte der Arbeiterbewegung in Geislingen an der Steige 1781–1963, Hg. Industriegewerkschaft Metall, Verwaltungsstelle Geislingen, Kösching 1986, 245–310

8080 Ebenau, Michael (Bearb.): Freiheit für das Volk. Dokumente zur Geschichte der Arbeiterbewegung in Neunkirchen 1848–1961, Hg. Industriegewerkschaft Metall, Verwaltungsstelle Neunkirchen, Ottweiler 1990; 421 S.

8081 Ebenau, Michael/Kuffler, Alfred (Bearb.): Es gilt der Kampf. Dokumente zur Geschichte der Arbeiterbewegung in Frankenthal [Pfalz] 1832–1949, Hg. Industriegewerkschaft Metall, Verwaltungsstelle Frankenthal, Kösching 1984, 55–78, 193–261**

8082 Glaeser, Wolfgang (Bearb.): Unser die Zukunft. Dokumente zur Geschichte der Arbeiterbewegung in Karlsruhe 1845–1952, Hg. Industriegewerkschaft Metall, Verwaltungsstelle Karlsruhe, Heilbronn 1991, 170–204, 480–522**

8083 Gündisch, Dieter (Bearb.): Damit die nicht machen, was sie wollen. Dokumente aus der Geschichte der Arbeiterbewegung in Wetzlar 1889–1945, Hg. Industriegewerkschaft Metall, Verwaltungsstelle Wetzlar, 2. Aufl., Kösching 1988, 110–45, 280–300 (zuerst 1988)**

8084 Hauptmann, Harald (Bearb.): Trotz alledem! Von der Errichtung der Diktatur bis zur Kapitulation des faschistischen Deutschland 1933–1945. (Das rote Nürnberg. Dokumente zur Geschichte der Arbeiterbewegung, 5), Hg. Industriegewerkschaft Metall, Verwaltungsstelle Nürnberg, Kösching 1985; VIII, 284 S.

8085 Landmesser, Paul/Päßler, Peter (Bearb.): Wir lernen im Vorwärtsgehen! Dokumente zur Geschichte der Arbeiterbewegung in Reutlingen 1844–1949, Hg. Industriegewerkschaft Metall, Verwaltungsstelle Reutlingen, Heilbronn 1990; 645 S.

8086 Merklin, Anna (Bearb.): Brot ist Freiheit, Freiheit Brot. Dokumente zur Geschichte der Arbeiterbewegung in Südbaden 1832–1952, Hg. Industriegewerkschaft Metall, Verwaltungsstelle Offenburg, Bd. 2, Heilbronn 1991, 7–152, 350–52

8087 Merz, Peter (Bearb.): Damit nichts bleibt, wie es ist. Dokumente zur Geschichte der Arbeiterbewegung in Heidelberg 1845–1949, Hg. Industriegewerkschaft Metall, Verwaltungsstelle Heidelberg, Kösching 1986, 179–255

8088 Roßmann, Witich: Panzerrohre zu Pflugscharen. Zwangsarbeit, Wiederaufbau, Sozialisierung. Wetzlar 1939–1956, Hg. Industriegewerkschaft Metall, Verwaltungsstelle Wetzlar, Marburg 1987; 485 S.

8089 Roßmann, Witich (Bearb.): Vom mühsamen Weg zur Einheit. Lesebuch zur Geschichte der Kölner Metallgewerkschaften. Quellen und Dokumente 1848–1951, Bd. 2: 1918–1951, Hg. Industriegewerkschaft Metall, Verwaltungsstelle Köln, Hamburg 1991; 499 S.

8090 Schulz, Peter (Bearb.): Nicht die Zeit, um auszuruhen. Dokumente zur Geschichte der hannoverschen Arbeiterbewegung 1814–1949, Hg. Industriegewerkschaft Metall, Verwaltungsstelle Hannover, Hannover 1990; VII, 693 S.

8091 Thomas, Angelika (Bearb.): Die alten und die neuen Herren. Dokumente zur Geschichte der Arbeiterbewegung in Augsburg 1933–1945. (Und über sich keinen Herrn. Dokumente zur Geschichte der Arbeiterbewegung in Augsburg 1848–1954, 3), Hg. Industriegewerkschaft Metall, Verwaltungsstelle Augsburg, Augsburg 1988; 428 S.

8092 Ziegler-Schultes, Hildegard (Bearb.): Entweder – oder! Dokumente zur Geschichte der Arbeiterbewegung in Landshut 1848–1949, Bd. 2: 1933–1949, Hg. Industriegewerkschaft Metall, Verwaltungsstelle Landshut, Kösching 1990; 254 S.

Regional-/Lokalstudien: Darstellungen

8093 Althaus, Hans J. u. a.: Da ist nichts gewesen außer hier. Das »rote Mössingen« im Generalstreik gegen Hitler. Geschichte eines schwäbischen Arbeiterdorfes, Berlin 1982; 227 S.

8094 Ardelt, Rudolf G./Hautmann, Hans (Hg.): Arbeiterschaft und Nationalsozialismus in Österreich. In memoriam Karl R. Stadler, Wien/Zürich 1990; 728 S.*

8095 Aretz, Jürgen: Die katholischen Arbeiter an Rhein und Ruhr im Dritten Reich: Profil und Geschichte, in: Kurt Düwell/ Wolfgang Köllmann (Hg.), Rheinland-Westfalen im Industriezeitalter. Beiträge zur Landesgeschichte im 19. und 20. Jahrhundert, Bd. 3: Vom Ende der Weimarer Republik zum Land Nordrhein-Westfalen, Wuppertal 1984, 137–46

8096 Drechsel, Wiltrud U./Wollenberg, Jörg (Bearb.): Arbeit, T. 1: Zwangsarbeit, Rüstung, Widerstand 1931–1945. (Beiträge zur Sozialgeschichte Bremens, 5), Bremen 1982; 287 S.*

8097 Eiber, Ludwig: Arbeiter unter der NS-Herrschaft. Textil- und Porzellanarbeiter im nordöstlichen Oberfranken 1933–1939, München 1979; III, 304 S.

8098 Eichholtz, Dietrich: Rüstungswirtschaft und Arbeiterleben am Vorabend der Katastrophe (1943/44), in: Dietrich Eichholtz (Hg.), Verfolgung – Alltag – Widerstand. Brandenburg in der NS-Zeit. Studien und Dokumente, Berlin 1993, 63–112

8099 Einfeldt, Anne-Katrin: Auskommen – Durchkommen – Weiterkommen. Weibliche Arbeitserfahrungen in der Bergarbeiterkolonie, in: Lutz Niethammer (Hg.), »Die Jahre weiß man nicht, wo man die heute hinsetzen soll.« Faschismus-Erfahrungen im Ruhrgebiet. (Lebensgeschichte und Sozialkultur im Ruhrgebiet 1930 bis 1960, 1), 2. Aufl., Berlin/Bonn 1986, 267–96 (zuerst 1983)

8100 Frese, Matthias: Betriebsrat und Betriebsrätetätigkeit zwischen 1920 und 1960. Handlungsspielräume und -muster betrieblicher Interessenvertretung am Beispiel der Carl-Freudenberg-Werke in Weinheim a. d. Bergstraße, in: Karl Lauschke/Thomas Welskopp (Hg.), Mikropolitik im Unternehmen: Arbeitsbeziehungen und Machtstrukturen in industriellen Großbetrieben des 20. Jahrhunderts, Essen 1994, 161–85

8101 Gillingham, John R.: Die Ruhrbergleute und Hitlers Krieg, in: Hans Mommsen/Ulrich Borsdorf (Hg.), Glück auf, Kameraden! Die Bergarbeiter und ihre Organisationen in Deutschland, Köln 1979, 325–43

8102 Goch, Stefan: Sozialdemokratische Arbeiterbewegung und Arbeiterkultur im Ruhrgebiet. Eine Untersuchung am Beispiel Gelsenkirchen 1848–1975, Düsseldorf 1990, 373–418

8103 Hachtmann, Rüdiger: Die Arbeiter der Gutehoffnungshütte [Oberhausen] 1933 bis 1939, in: Klaus Tenfelde (Hg.), Arbeiter im 20. Jahrhundert, Stuttgart 1991, 105–41

8104 Heß, Ulrich: Zum Widerstand gegen den Nationalsozialismus in Leipziger Betrieben 1933–1939. Bedingungen, Möglichkeiten, Grenzen, in: Hans-Dieter Schmid (Hg.), Zwei Städte unter dem Hakenkreuz. Widerstand und Verweigerung in Hannover und Leipzig 1933–1945, Leipzig 1994, 144–53

8105 Heinisch, Theodor: Österreichs Arbeiter für die Unabhängigkeit 1934–1945, 2. Aufl., Wien/Zürich 1988; 42 S. (zuerst 1968)

8106 Herbert, Ulrich: Zur Entwicklung der Ruhrarbeiterschaft 1930 bis 1960 aus erfahrungsgeschichtlicher Perspektive, in: Lutz Niethammer/Alexander von Plato (Hg.), »Wir kriegen jetzt andere Zeiten.« Auf der Suche nach der Erfahrung des Volkes in nachfaschistischen Ländern. (Lebensgeschichte und Sozialkultur im Ruhrgebiet 1930 bis 1960, 3), Berlin/Bonn 1985, 19–52

8107 Hetzer, Gerhard: Die Industriestadt Augsburg. Eine Sozialgeschichte der Arbeiteropposition, in: Bayern in der NS-Zeit, Bd. 3: Herrschaft und Gesellschaft im Konflikt, T. B, Hg. Martin Broszat u.a., München/Wien 1981, 1–234

8108 Hinze, Sibylle: »Die ungewöhnlich geduldigen Deutschen«. Arbeiterleben 1934–1936 im Spiegel ausgewählter Gestapodokumente, in: Dietrich Eichholtz (Hg.), Verfolgung – Alltag – Widerstand. Brandenburg in der NS-Zeit. Studien und Dokumente, Berlin 1993, 32–62

8109 Hochstein, Beatrix: Zerstörung des Arbeiterkollektivismus in Duisburg 1933–1945, in: Beatrix Hochstein, Die Ideologie des Überlebens. Zur Geschichte der politischen Apathie in Deutschland, Frankfurt/New York 1984, 141–229

8110 Hoffmann, Lutz u.a.: Zwischen Feld und Fabrik. Arbeiteralltag auf dem Dorf von der Jahrhundertwende bis heute. Die Sozialgeschichte des Chemiewerkes Bodenfelde 1896–1986, Göttingen 1986; 111 S.

8111 Kirk, Timothy: The Austrian Working Class under National Socialist Rule: Unrest and Political Dissent in the Peoples Community, Diss. University of Manchester 1988; 358 S. (Ms.)

8112 Klein, Herbert: »Haltet zusammen« – Münsteraner Arbeiter gegen den Faschismus, in: Hans-Günther Thien/Hanns Wienold (Hg.), Münster – Spuren aus der Zeit des Faschismus. Zum 50. Jahrestag der nationalsozialistischen Machtergreifung, Münster 1983, 93–122**

8113 Klein-Reesink, Andreas: Textilarbeiter und Nationalsozialismus im Westmünsterland. Eine regionale Untersuchung zur Auseinandersetzung katholischer Arbeiter mit dem Faschismus, Münster 1981; 163 S.

8114 Köhle-Hezinger, Christel: Von der »Roten ME« zur »Braunen ME« [Maschinenfabrik Esslingen], in: Von Weimar bis Bonn. Esslingen 1919–1949. Begleitband zur Ausstellung »Esslingen 1919–1949. Von Weimar bis Bonn«, Esslingen 1991, 27–48

8115 Kraus, Elisabeth: Das sozialistische Arbeitermilieu. Zur Soziologie des sozialistischen Arbeitermilieus in München, in: Richard Bauer u.a. (Hg.), München – »Hauptstadt der Bewegung«. Bayerns Metropole und der Nationalsozialismus, München 1993, 425–32

8116 Mai, Gunther: Die Geislinger Metallarbeiterbewegung zwischen Klassenkampf und Volksgemeinschaft 1931–1933/34, Düsseldorf 1984; 199 S.**

8117 Mallmann, Klaus-Michael/Steffens, Horst: Lohn der Mühen. Geschichte der Bergarbeiter an der Saar, München 1989, 209–44

8118 Moser, Josef: Arbeit im Faschismus. Aspekte nationalsozialistischer Herrschaft in der industriellen Arbeitswelt unter besonderer Berücksichtigung Oberösterreichs, in: Olaf Bockhorn u.a. (Hg.), Auf der Suche nach der verlorenen Kultur. Arbeiterkultur zwischen Museum und Realität. Beiträge der 4. Arbeitstagung der Kommission »Arbeiterkultur« in der Deutschen Gesellschaft für Volkskunde in Steyr vom 30.4.–2.5. 1987, Wien 1989, 247–74

8119 Parisius, Bernhard: Lebenswege im Revier. Erlebnisse und Erfahrungen zwischen Jahrhundertwende und Kohlenkrise, erzählt von Frauen und Männern aus Borbeck, Abbildungen (Sammlung Sozialgeschichte, Essen-Borbeck/Archivsammlung Essen) Kurt Wohlgemuth/Ernst Schmidt, Essen 1984; 181 S.**

8120 Paul, Hinrich/Pingel, Falk: Unter dem Faschismus. Arbeiter ohne Gewerkschaften, in: Gisbert Brenneke u.a. (Hg.), »Es gilt, die Arbeit zu befreien.« Geschichte der Bielefelder Gewerkschaftsbewegung, Köln 1989, 287–341**

8122 Pfliegensdörfer, Dieter: »Ich war mit Herz und Seele dabei, und so, daß mir das gar nichts ausmachte.« – Bremer Flugzeugbauer im Nationalsozialismus, in: 1999 3 (1988), Nr. 1, 44–103

8123 Pichler, Meinrad: Arbeiteropposition gegen den Nationalsozialismus in Vorarlberg, in: Rudolf G. Ardelt/Hans Hautmann (Hg.), Arbeiterschaft und Nationalsozialismus in Österreich. In memoriam Karl R. Stadler, Wien/Zürich 1990, 599–609

8124 Plum, Günter: Die Arbeiterbewegung während der nationalsozialistischen Herrschaft, in: Jürgen Reulecke (Hg.), Arbeiterbewegung an Rhein und Ruhr. Beiträge zur Geschichte der Arbeiterbewegung in Rheinland-Westfalen, Wuppertal 1974, 355–83

8125 Rathkolb, Oliver: Über den Einfluß nationalsozialistischer Foto- und Filmpropaganda auf Arbeiter/Arbeiterinnen in der »Ostmark« 1938/1939, in: Rudolf G. Ardelt/Hans Hautmann (Hg.), Arbeiterschaft und Nationalsozialismus in Österreich. In memoriam Karl R. Stadler, Wien/Zürich 1990, 419–39

8126 Rennspieß, Uwe: Jenseits der Bahn. Geschichte der Ahlener Bergarbeiterkolonie und der Zeche Westfalen, Essen 19; 396 S.

8127 Riesche, Hans P.: Widerstand und Verweigerung in hannoverschen Betrieben 1933–1945, in: Hans-Dieter Schmid (Hg.), Zwei Städte unter dem Hakenkreuz. Widerstand und Verweigerung in Hannover und Leipzig 1933–1945, Leipzig 1994, 154–75

8128 Rüther, Martin: Arbeiterschaft in Köln 1928–1945, Köln 1990; 492 S.

8129 Rüther, Martin: Lage und Abstimmungsverhalten der Arbeiterschaft: Die Vertrauensratswahlen in Köln 1934 und 1935, in: VfZ 39 (1991), 221–64

8130 Schwarz, Robert: »Sozialismus« der Propaganda. Das Werben des »Völkischen Beobachters« um die österreichische Arbeiterschaft 1938/39, Einleitung »Ideologie und soziale Wirklichkeit des ›nationalen Sozialismus‹ in der ›Ostmark‹« Gerhard Botz, Wien/Zürich 1975; 159 S.

8131 Schwarz, Robert: Die nationalsozialistische Propagandapresse und ihr Werben um die österreichische Arbeiterschaft, in: Wien 1938, Hg. Kommission Wien 1938, Wien 1978, 105–15

8132 Tenfelde, Klaus: Proletarische Provinz. Radikalisierung und Widerstand in Penzburg/Oberbayern 1900–1945, 2., durchges. u. erw. Aufl., München/Wien 1982; zuerst abgedr. in: Bayern in der NS-Zeit, Bd. 4: Herrschaft und Gesellschaft im Konflikt, T. C, Hg. Martin Broszat u. a., München/Wien 1981, S. 1–382

8133 Werner, Wolfgang F.: Rüstungswirtschaftliche Mobilisierung und materielle Lebensverhältnisse im Ruhrgebiet 1933–1939. Das Beispiel der Bergarbeiter, in: Kurt Düwell/Wolfgang Köllmann (Hg.), Rheinland-Westfalen im Industriezeitalter. Beiträge zur Landesgeschichte im 19. und 20. Jahrhundert, Bd. 3: Vom Ende der Weimarer Republik zum Land Nordrhein-Westfalen, Wuppertal 1984, 147–58

8134 Wiesemann, Falk: Arbeitskonflikte in der Landwirtschaft während der NS-Zeit in Bayern 1933–1938, in: VfZ 25 (1977), 573–90

8135 Wisotzky, Klaus: Der Ruhrbergbau im Dritten Reich. Studien zur Sozialpolitik und zum sozialen Verhalten der Bergleute in den Jahren 1933 bis 1939, Düsseldorf 1983; 370 S.

8136 Zimmermann, Michael: Schachtanlage und Zechenkolonie: Leben, Arbeit und Politik in einer Arbeitersiedlung 1880–1980, Essen 1987; 298 S.

8137 Zollitsch, Wolfgang: Die Vertrauensratswahlen von 1934 und 1935. Zum Stellenwert von Abstimmungen im »Dritten Reich« am Beispiel Krupp [Essen], in: GG 15 (1989), 361–80

A.3.11.6.2 Mittelschichten
[vgl. A.2.4.5]

A.3.11.6.2.1 Allgemeines

Darstellungen

8138 Eyll, Klara von: Berufsständische Verwaltung und Verbände [1933–1945], in: Deutsche Verwaltungsgeschichte, Bd. 4: Das Reich als Republik und in der Zeit des Nationalsozialismus, Hg. Kurt G. A. Jeserich u. a., Stuttgart 1985, 682–95

8139 Hüttenberger, Peter: Interessenvertretung und Lobbyismus im Dritten Reich, in: Gerhard Hirschfeld/Lothar Kettenacker (Hg.), Der »Führerstaat«: Mythos und Realität. Studien zur Struktur und Politik des Dritten Reiches, Stuttgart 1981, 429–57

8140 Leppert-Fögen, Annette: Der Mittelstandssozialismus der NSDAP, in: FH 29 (1974), 656–66

8143 Schlegel-Batton, Thomas: Politische Kultur der Mittelschichten im Übergang zum Nationalsozialismus, in: Dirk Berg-Schlosser/Jakob Schissler (Hg.), Politische Kultur in Deutschland. Bilanz und Perspektiven der Forschung, Opladen 1987, 112–22

8144 Schweitzer, Arthur: Die Nazifizierung des Mittelstandes, Stuttgart 1970; XIII, 208 S.

Regional-/Lokalstudien

8147 Marßolek, Inge: Bürgerlicher Alltag in Bremen – oder »die zähe Fortdauer der Wonnen der Gewöhnlichkeit« (Christa Wolf), in: Heide Gerstenberger/Dorothea Schmidt (Hg.), Normalität oder Normalisierung? Geschichtswerkstätten und Faschismusanalyse, Münster 1987, 115–24

A.3.11.6.2.2 Alter Mittelstand

A.3.11.6.2.2.1 Allgemeines

Darstellungen

8148 Saldern, Adelheid von: Blut und Goldener Boden. Der Mittelstand marschierte mit, in: Nationalsozialistische Herrschaft, Hg. Bundeszentrale für politische Bildung, Bonn 1983, 32–34

8148a Saldern, Adelheid von: Mittelstand im »Dritten Reich«. Handwerker – Einzelhändler – Bauern, Frankfurt/New York 1979; 401 S.

8148b Saldern, Adelheid von: »Alter Mittelstand« im »Dritten Reich«. Anmerkungen zu einer Kontroverse, in: GG 12 (1986), 235–43

8149 Winkler, Heinrich A.: Der entbehrliche Stand? Zur Mittelstandspolitik im Dritten Reich, in: AfS 17 (1977), 1–40; abgedr. in: Heinrich A. Winkler, Liberalismus und Antiliberalismus. Studien zur politischen Sozialgeschichte des 19. und 20. Jahrhunderts, Göttingen 1979, 110–44, 317–27 (TB Frankfurt 1991 u. d. T.: Zwischen Marx und Monopolen. Der deutsche Mittelstand vom Kaiserreich zur Bundesrepublik Deutschland)

8149a Winkler, Heinrich A.: Ein neuer Mythos vom alten Mittelstand. Antwort auf eine Anti-Kritik, in: GG 12 (1986), 548–57

Regional-/Lokalstudien

8150 Lobmeier, Kornelia: Die sozialökonomische Lage und das politische Verhalten der »alten« Mittelschichten in der Kreishauptmannschaft Chemnitz 1927 bis 1935, Diss. Leipzig 1989; 174, 12, 7 S. (Ms. vervielf.)

A.3.11.6.2.2.2 Selbständige

Literaturberichte

8151 Tipton, Frank B.: Small Business and the Rise of Hitler, in: BHR 53 (1979), 235–46

Gedruckte Quellen

8152 Haupt, Heinz-Gerhard (Hg.): Die radikale Mitte. Lebensweise und Politik von Handwerkern und Kleinhändlern in Deutschland seit 1848, München 1985; 301 S.

Darstellungen

8153 Chesi, Valentin: Struktur und Funktionen der Handwerksorganisationen in Deutschland seit 1933. Ein Beitrag zur Verbandstheorie, Berlin 1966; 245 S.

8154 Gurland, Arkadij R. L. u. a.: The Fate of Small Business in Nazi Germany. Printed for the Use of the Special Committee to Study Problems of American Small Business, Washington, D. C. 1943; VIII, 152 S.

8155 John, Peter: Handwerkskammern im Zwielicht. 700 Jahre Unternehmerinteressen im Gewande der Zunftidylle, Köln/Frankfurt 1979, 125–57

8156 Keller, Bernhard: Das Handwerk im faschistischen Deutschland. Zum Problem der Massenbasis, Köln 1980; 157 S.

8157 Kuntz, Andreas: Anmerkungen zum Handwerk im Nationalsozialismus, in: ZfV 78 (1982), 187–99

8158 Lenger, Friedrich: Sozialgeschichte der deutschen Handwerker seit 1800, Frankfurt 1988, 186–94

8160 Schüler, Felix: Das Handwerk im Dritten Reich. Die Gleichschaltung und was danach folgte, Bad Wörishofen 1951; 109 S.

8161 Winkler, Heinrich A.: Vom Sozialprotektionismus zum Nationalsozialismus. Die Bewegung des gewerblichen Mittelstandes in Deutschland im Vergleich (engl. 1976), in: Heinz-Gerhard Haupt (Hg.), »Bourgeois und Bürger zugleich?« Zur Geschichte des Kleinbürgertums im 19. und 20. Jahrhundert, Frankfurt/New York 1978, 143–61

Regional-/Lokalstudien

8162 Kaiser, Hermann: Handwerk und Kleinstadt. Das Beispiel Rheine/Westfalen, Münster 1978; 501 S.

8162a Reininghaus, Wilfried: Entwicklung und Struktur des Handwerks, in: Wolfgang Köllmann u. a. (Hg.), Das Ruhrgebiet im Industriezeitalter. Geschichte und Entwicklung, Bd. 1, Düsseldorf 1990, 395–433; Bd. 2, 614 f.

A.3.11.6.2.2.3 Bauern

[vgl. A.1.9.2: R. W. Darré; A.3.15.7]

Gedruckte Quellen

8163 Corni, Gustavo/Gies, Horst: »Blut und Boden«. Rassenideologie und Agrarpolitik im Staat Hitlers, Idstein 1994; 227 S.

Darstellungen

8164 Farquharson, John E.: The Plough and the Swastika. The NSDAP and Agriculture in Germany, 1928–1945, London/Beverley Hills, Ca. 1976; VIII, 312 S.

8165 Gessner, Dieter: Die Landwirtschaft und die Machtergreifung, in: Wolfgang Michalka (Hg.), Die nationalsozialistische Machtergreifung, Paderborn u. a. 1984, 124–36

8166 Gies, Horst: Revolution oder Kontinuität. Die personelle Struktur des Reichsnährstandes, in: Günther Franz (Hg.), Bauernschaft und Bauernstand 1500–1970. Büdinger Vorträge 1971–1972, Limburg (Lahn) 1975, 323–30

8167 Gies, Horst: Die Rolle des Reichsnährstandes im nationalsozialistischen Herrschaftssystem, in: Gerhard Hirschfeld/ Lothar Kettenacker (Hg.), Der »Führerstaat«: Mythos und Realität. Studien zur Struktur und Politik des Dritten Reiches, Stuttgart 1981, 270–304

8168 Gies, Horst: Landbevölkerung und Nationalsozialismus: Der Weg in den Reichsnährstand, in: ZG 13 (1985/86), 123–41

8169 Grundmann, Friedrich: Agrarpolitik im »Dritten Reich«. Anspruch und Wirklichkeit des Reichserbhofgesetzes, Hamburg 1979; 233 S.

8170 Herferth, Wilhelm: Der Reichsnährstand – ein Instrument des Faschismus zur Vorbereitung des zweiten Weltkrieges (unter besonderer Berücksichtigung des Aufbaus des Reichsnährstandes in den Jahren 1933 bis 1935), Diss. Institut für Gesellschaftswissenschaften beim ZK der SED Berlin (O) 1961; 302, 91 S. (Ms. vervielf.)

8171 Herferth, Wilhelm: Der faschistische »Reichsnährstand« und die Stellung seiner Funktionäre im Bonner Staat, in: ZfG 10 (1962), 1046–76

8172 Lehmann, Joachim: Reichsnährstand (RN) 1933–1945, in: Lexikon zur Parteiengeschichte. Die bürgerlichen und kleinbürgerlichen Parteien und Verbände in Deutschland (1789–1945), Hg. Dieter Fricke u.a., Bd. 3, Leipzig (LA Köln) 1985, 713–22

8173 Lenz, Wilhelm: Der Deutsche Reichsbauernrat – Darrés agrarpolitische Kampfgemeinschaft, in: Friedrich P. Kahlenberg (Hg.), Aus der Arbeit der Archive. Beiträge zum Archivwesen, zur Quellenkunde und zur Geschichte. Festschrift für Hans Booms, Boppard 1989, 787–99

8174 Lovin, Clifford R.: Reorganisation in the Reich. The Reich Food Corporation, 1933–1936, in: AH 43 (1969), 447–61

8175 Volkmann, Hans-Erich: Deutsche Agrareliten auf Revisions- und Expansionskurs, in: Martin Broszat/Klaus Schwabe (Hg.), Die deutschen Eliten und der Weg in den Zweiten Weltkrieg, München 1989, 334–88

8176 Wilke, Gerhard: Village Life in Nazi Germany, in: Richard Bessel (Hg.), Life in the Third Reich, 3. Aufl., Oxford/New York 1992, 17–24 (zuerst 1987)

8177 Wunderlich, Frieda: Farm Labor in Germany, 1810–1945. Its Historical Development within the Framework of Agricultural and Social Policy, Princeton, N.J. 1961, 159–350

Regional-/Lokalstudien

8178 Gies, Horst: Konfliktregelung im Reichsnährstand: Der Westfalen-Streit und die [Wilhelm] Meinberg-Revolte, in: ZAA 30 (1982), 176–204

8179 Herlemann, Beatrix: »Der Bauer klebt am Hergebrachten.« Bäuerliche Verhaltensweisen unterm Nationalsozialismus auf dem Gebiet des heutigen Landes Niedersachsen, Hannover 1993; 352 S.

8180 Herlemann, Beatrix: Bäuerliche Verhaltensweisen unterm Nationalsozialismus am Beispiel Niedersachsens, in: Frank Bajohr (Hg.), Norddeutschland im Nationalsozialismus, Hamburg 1993, 109–22

8181 Herlemann, Beatrix: Bäuerliche Verhaltensweisen unter dem Nationalsozialismus in niedersächsischen Gebieten, in: NJL 62 (1990), 59–75

8182 Hohmann, Joachim S.: Landvolk unterm Hakenkreuz. Agrar- und Rassenpolitik in der Rhön. Ein Beitrag zur Landesgeschichte Bayerns, Hessens und Thüringens, 2 Bde., Frankfurt u.a. 1992; 547; XIV, 742 S.

8183 Küppers, Heinrich: Bauernverbände und Landwirtschaft im Rheinland während des Dritten Reiches, in: JWL (1984), 251–85

8184 Lehmann, Joachim: Mecklenburgische Landwirtschaft und »Modernisierung«

in den dreißiger Jahren, in: Frank Bajohr (Hg.), Norddeutschland im Nationalsozialismus, Hamburg 1993, 335–46

8185 Münkel, Daniela: Bauern und Nationalsozialismus. Der Landkreis Celle im Dritten Reich, Bielefeld 1991; 216 S.

8186 Münkel, Daniela: Bauern, Hakenkreuz und »Blut und Boden«. Bäuerliches Leben im Landkreis Celle 1933–1939, in: ZAA 40 (1992), 206–47

8187 Schwartz, Michael: Bauern vor dem Sondergericht. Resistenz und Verfolgung im bäuerlichen Milieu Westfalens, in: Anselm Faust (Hg.), Verfolgung und Widerstand im Rheinland und in Westfalen 1933–1945, Köln u. a. 1992, 113–23

8188 Schwartz, Michael: Zwischen »Reich« und »Nährstand«. Zur soziostrukturellen und politischen Heterogenität der Landesbauernschaft Westfalen im »Dritten Reich«, in: WF 40 (1990), 303–36

8189 Soldan, Dieter: Klausenhof [Pöcking am Starnberger See]. Das Leben der Anna Soldan, Stuttgart 1994; 144 S.**

8190 Verhey, Klaus: Der Bauernstand und der Mythos von Blut und Boden im Nationalsozialismus. Mit besonderer Berücksichtigung Niedersachsens, Diss. Göttingen 1966; 127 S.

A.3.11.6.2.3 Neuer Mittelstand

8191 Kocka, Jürgen/Prinz, Michael: Vom »neuen Mittelstand« zum angestellten Arbeitnehmer. Kontinuität und Wandel der deutschen Angestellten seit der Weimarer Republik, in: Jürgen Kocka (Hg.), Die Angestellten in der deutschen Geschichte 1850–1980. Vom Privatbeamten zum angestellten Arbeitnehmer, Göttingen 1981, 171–229; abgedr. in: Werner Conze/M. Rainer Lepsius (Hg.). Sozialgeschichte der Bundesrepublik Deutschland. Beiträge zum Kontinuitätsproblem, Stuttgart 1983, 210–55

8192 König, Mario: Die Angestellten unterwegs. Vom Berufsstand zur modernen Gewerkschaft 1890–1990, Köln 1990; 193 S.**

8193 Prinz, Michael: Vom neuen Mittelstand zum Volksgenossen. Die Entwicklung des sozialen Status der Angestellten von der Weimarer Republik bis zum Ende der NS-Zeit, München 1986; 362 S.

8194 Prinz, Michael: Angestellte und Nationalsozialismus. Ein Gespräch mit Hans Speier, in: GG 15 (1989), 552–62

8195 Prinz, Michael: Der unerwünschte Stand. Lage und Status der Angestellten im »Dritten Reich«, in: HZ 242 (1986), 327–59

8195a Trischler, Helmuth: Industrielle Beziehungen im deutschen Bergbau 1918–1945: Die Angestellten, in: Klaus Tenfelde (Hg.), Sozialgeschichte des Bergbaus im 19. und 20. Jahrhundert. Beiträge des Internationalen Kongresses zur Bergbaugeschichte Bochum, 3.–7. September 1989, München 1992, 641–55

8196 Trischler, Helmuth: Steiger im deutschen Bergbau. Sozialgeschichte der technischen Angestellten 1815–1945, München 1988, 303–57, 459–75

A.3.11.6.3 Eliten

[vgl. A.3.4–7; A.3.8.6; A.3.12; A.3.15.3; A.3.17; A.3.19–20; A.3.21.2]

A.3.11.6.3.1 Allgemeines

Gedruckte Quellen

8197 Scholder, Klaus (Hg.): Die Mittwochs-Gesellschaft. Protokolle aus dem geistigen Deutschland 1932–1944, 1. u. 2. Aufl., Berlin 1982; 383 S.

Darstellungen

8198 Baum, Rainer C.: The Holocaust and the German Elite. Genocide and National Suicide in Germany, 1871–1945, London/ Totowa, N.J. 1981; IX, 374 S.

8199 Beyrau, Dietrich: Bildungsschichten unter totalitären Bedingungen. Überlegungen zu einem Vergleich zwischen NS-Deutschland und der Sowjetunion unter Stalin, in: AfS 34 (1994), 35–54

8200 Broszat, Martin/Schwabe, Klaus (Hg.): Die deutschen Eliten und der Weg in den Zweiten Weltkrieg, München 1989; 444 S.*

8201 Browning, Christopher R.: Vernichtung und Arbeit. Zur Fraktionierung der planenden deutschen Intelligenz im besetzten Polen, in: Wolfgang Schneider (Hg.), »Vernichtungspolitik«. Eine Debatte über den Zusammenhang von Sozialpolitik und Genozid im nationalsozialistischen Deutschland, Hamburg 1991, 37–51

8202 Cocks, Geoffrey/Jarausch, Konrad H. (Hg.): German Professions, 1800–1950, New York/Oxford 1990; 340 S.*

8203 Dülffer, Jost: Nationalsozialismus und traditionelle Machteliten. (Nationalsozialismus im Unterricht, Studieneinheit 2), Hg. Deutsches Institut für Fernstudien an der Universität Tübingen, Red. Brigitte Löhr, Tübingen 1984; 154 S. (als Typoskript gedr.)**

8204 Dülffer, Jost: Die Machtergreifung und die Rolle der alten Eliten im Dritten Reich, in: Wolfgang Michalka (Hg.), Die nationalsozialistische Machtergreifung, Paderborn u. a. 1984, 182–94

8205 Feldbauer, Gerhard/Petzold, Joachim: Deutscher Herrenklub (DHK) 1924–1945 (1933–1945 Deutscher Klub), in: Lexikon zur Parteiengeschichte. Die bürgerlichen und kleinbürgerlichen Parteien und Verbände in Deutschland (1789–1945), Hg. Dieter Fricke u. a., Bd. 2, Leipzig (LA Köln) 1984, 107–15

8206 Fischer, Fritz: Bündnis der Eliten: Zur Kontinuität der Machtstrukturen in Deutschland 1871–1945, 2., unveränd. Aufl., Düsseldorf 1979; 112 S.

8207 Focke, Harald/Strocka, Monika (Hg.): Alltag der Gleichgeschalteten. Wie die Nazis Kirche, Kultur, Justiz und Presse braun färbten. (Alltag unterm Hakenkreuz, 3), Reinbek 1985; 266 S.

8208 Geyer, Michael: Traditional Elites and National Socialist Leadership, in: Charles S. Maier u. a. (Hg.), The Rise of the Nazi Regime. Historical Reassessments, Boulder, Col./London 1986, 57–74

8209 Klee, Ernst: Was sie taten – was sie wurden. Ärzte, Juristen und andere Beteiligten am Kranken- oder Judenmord, Frankfurt 1986; 355 S.

8210 Lüdtke, Alf: Funktionseliten: Täter, Mit-Täter, Opfer? Zu den Bedingungen des deutschen Faschismus, in: Alf Lüdtke (Hg.), Herrschaft als soziale Praxis. Historische und sozial-anthropologische Studien, Göttingen 1991, 559–90

8211 Mommsen, Hans: Der Mythos des nationalen Aufbruchs und die Haltung der deutschen intellektuellen und funktionalen Eliten, in: 1933 in Gesellschaft und Wissenschaft. Ringvorlesung im Wintersemester 1982/83 und Sommersemester 1983, Bd. 1: Gesellschaft, Hg. Universität Hamburg, Pressestelle, Hamburg 1983, 127–41

8212 Mommsen, Hans: Zur Verschränkung traditioneller und faschistischer Führungsgruppen in Deutschland beim Übergang von der Bewegungs- zur Systemphase, in: Wolfgang Schieder (Hg.), Faschismus als soziale Bewegung, 2. Aufl., Göttingen 1983, 157–81 (zuerst Hamburg 1976); abgedr. in: Hans Mommsen, Der Nationalsozialismus und die deutsche Gesellschaft. Ausgewählte Aufsätze. Zum 60. Geburtstag, Hg. Lutz Niethammer/Bernd Weisbrod, Reinbek 1991, 39–66

8213 Mommsen, Hans: Die deutschen Eliten und der Mythos des nationalen Aufbruchs von 1933, in: Merkur 38 (1984), 97–102

8214 Müller, Klaus-Jürgen: Nationalkonservative Eliten zwischen Kooperation und Widerstand, in: Jürgen Schmädeke/Peter Steinbach (Hg.), Der Widerstand gegen den Nationalsozialismus. Die deutsche Gesellschaft und der Widerstand gegen Hitler, 2. Aufl., München/Zürich 1986, 24–49 (zuerst 1985; ND 1994)

8215 Nestler, Ludwig u.a. (Hg.): Der Weg deutscher Eliten in den Zweiten Weltkrieg. Nachtrag zu einer verhinderten deutsch-deutschen Publikation, Berlin (O) 1990; 384 S.*

8216 Titze, Hartmut: Überfüllungskrisen in akademischen Karrieren. Eine Zyklustheorie, in: ZfPä 27 (1981), 187–224

8217 Weß, Ludger: Wissenschaft und Massenmord. Einige Schlußfolgerungen aus der konzeptionellen Beteiligung der deutschen Intelligenz an der nationalsozialistischen Vernichtungspolitik, in: Wolfgang Schneider (Hg.), »Vernichtungspolitik«. Eine Debatte über den Zusammenhang von Sozialpolitik und Genozid im nationalsozialistischen Deutschland, Hamburg 1991, 103–8

8218 Wollenberg, Jörg: Das Eliteverbrechen. Über das sorgfältige Vergessen der Nürnberger NS-Kriegsverbrecherprozesse gegen die Eliten aus Wirtschaft, Heer und Diplomatie, in: Jörg Friedrich/Jörg Wollenberg (Hg.), Licht in den Schatten der Vergangenheit. Zur Enttabuisierung der Nürnberger Kriegsverbrecherprozesse, Frankfurt/Berlin 1987, 10–25

8219 Zapf, Wolfgang: Wandlungen der deutschen Elite. Ein Zirkulationsmodell deutscher Führungsgruppen 1919–1961, 2. Aufl., München 1966; 260 S. (zuerst 1965)

Regional-/Lokalstudien

8220 Elsner, Lothar: Zur Funktion und Politik der »Herrengesellschaft Mecklenburg« (»Deutscher Klub Mecklenburg«), in: WZR 17 (1968), 181–85

8221 Roloff, Ernst-August: Die bürgerliche Oberschicht in Braunschweig und der Nationalsozialismus: Eine Stellungnahme, in: CEH 17 (1984), 37–44

8222 Stokes, Lawrence D.: Professionals and National Socialism: The Case Histories of a Small Town Lawyer [Johann Heinrich Böhnker] and Physician [Wolfgang Saalfeldt], 1918–1945, in: GSR 8 (1985), 449–80

A.3.11.6.3.2 Adel

Gedruckte Quellen

8223 Gutsche, Willibald/Petzold, Joachim: Das Verhältnis der Hohenzollern zum Faschismus. Dokumentation, in: ZfG 29 (1981), 917–39

Darstellungen

8224 Dornheim, Andreas: Adel in der bürgerlich-industrialisierten Gesellschaft. Eine sozialwissenschaftlich-historische Fallstudie über die Familie Waldburg-Zeil, Frankfurt u.a. 1993; 708 S.

8225 Fricke, Dieter/Rößling, Udo: Deutsche Adelsgenossenschaft (DAg) 1874–1945, in: Lexikon zur Parteiengeschichte. Die bürgerlichen und kleinbürgerlichen Parteien und Verbände in Deutschland (1789–1945), Hg. Dieter Fricke u.a., Bd. 1, Leipzig (LA Köln) 1983, 530–43

8226 Kleine, Georg H.: Adelsgenossenschaft und Nationalsozialismus, in: VfZ 26 (1978), 100–43

8227 Zimmer, Detlef: Soziale Lebensläufe und individuelle politische Biographien. Das Beispiel der Familie v. Helldorff (Haus St. Ulrich), in: ZfG 40 (1992), 834–52

Regional-/Lokalstudien

8228 Aretin, Karl O. Freiherr von: Der bayerische Adel von der Monarchie zum Dritten Reich, in: Bayern in der NS-Zeit,

Bd. 3: Herrschaft und Gesellschaft im Konflikt, T. B, Hg. Martin Broszat u. a., München/Wien 1981, 513–67; abgedr. in: Karl Otmar Freiherr von Aretin, Nation, Staat und Demokratie in Deutschland. Ausgewählte Beiträge zur Zeitgeschichte, Hg. Andreas Kunz/Martin Vogt, Mainz 1993, 7–63

8229 Rall, Hans: Bayerns Königshaus in der NS-Zeit, in: Georg Schwaiger (Hg.), Das Erzbistum München und Freising in der Zeit der nationalsozialistischen Herrschaft, Bd. 1, München/Zürich 1984, 135–172

A.3.11.6.3.3 Technische Eliten

[vgl. A.3.19.10]

8230 Gispen, Kees: National Socialism and the Technological Culture of the Weimar Republic, in: CEH 25 (1992), 387–406

8231 Guse, John C.: The Spirit of the Plassenburg. Technology and Ideology in the Third Reich, Diss. University of Nebraska, Lincoln 1981; XX, 299 S. (Ms., MF Ann Arbor, Mich. 1983)

8232 Herf, Jeffrey: Reactionary Modernism: Technology, Culture, and Politics in Weimar and the Third Reich, Cambridge u. a. 1984; XII, 251 S.

8233 Herf, Jeffrey: The Engineer as Ideologue: Reactionary Modernists in Weimar and Nazi Germany, in: JCH 19 (1984), 631–48

8234 Hermann, Armin: Naturwissenschaft und Technik im Dienste der Kriegswirtschaft, in: Jörg Tröger (Hg.), Hochschule und Wissenschaft im Dritten Reich, 2. Aufl., Frankfurt/New York 1986, 157–67 (zuerst 1984)

8235 Hortleder, Gerd: Das Gesellschaftsbild des Ingenieurs. Zum politischen Verhalten der technischen Intelligenz in Deutschland, 3. Aufl., Frankfurt 1974; 226 S. (zuerst 1970)

8236 Hughes, Thomas P.: Technology, in: Henry Friedlander/Sybil Milton (Hg.), The Holocaust: Ideology, Bureaucracy, and Genocide. The San José Papers, Millwood, N.Y. 1980, 165–82

8237 Jarausch, Konrad H.: The Unfree Professions. German Lawyers, Teachers, and Engineers, 1900–1950, New York/Oxford 1990; XV, 352 S.

8238 Jarausch, Konrad H.: The Perils of Professionalism: Lawyers, Teachers, and Engineers in Nazi Germany, in: GSR 9 (1986), 107–37

8239 Ludwig, Karl-Heinz: Technik und Ingenieure im Dritten Reich, Düsseldorf 1974; 544 S. (ND Königstein, Ts./Düsseldorf 1979)

8240 Ludwig, Karl-Heinz: Der VDI als Gegenstand der Parteipolitik 1933 bis 1945. Vereinsarbeit im Dritten Reich, in: Karl-Heinz Ludwig (Hg.), Technik, Ingenieure und Gesellschaft. Geschichte des Vereins Deutscher Ingenieure 1856–1981, hg. i. A. des Vereins Deutscher Ingenieure, Düsseldorf 1981, 407–27, 429–54

8241 Ludwig, Karl-Heinz: Das nationalsozialistische Geschichtsbild und die Technikgeschichte 1933–1945, in: Technikgeschichte 50 (1983), 359–75

8242 Mehrtens, Herbert/Richter, Steffen (Hg.): Naturwissenschaft, Technik und NS-Ideologie. Beiträge zur Wissenschaftsgeschichte des Dritten Reiches, Frankfurt 1980; 289 S.*

8243 Renneberg, Monika/Walker, Mark (Hg.): Science, Technology, and National Socialism, Cambridge 1994; XIX, 422 S.

8244 Stöhr, Martin (Hg.): Von der Verführbarkeit der Naturwissenschaft. Naturwissenschaft und Technik im Nationalsozialismus, Frankfurt 1984; 123 S.

8245 Troitzsch, Ulrich: Technikgeschichte in der Forschung und in der Sachbuchliteratur während des Nationalsozialimus, in: Herbert Mehrtens/Steffen Richter (Hg.), Naturwissenschaft, Technik und NS-Ideologie. Beiträge zur Wissenschaftsgeschichte des Dritten Reiches, Frankfurt 1980, 215–42

8246 Wölker, Thomas: Ingenieure zwischen beruflicher Selbstbehauptung und politischer Vereinnahmung: der Deutsche Normenausschuß im Dritten Reich, in: Technikgeschichte 61 (1994), 239–68

A.3.11.7 Frauen

[vgl. A.3.2.2.2; A.3.13.10; A.3.17.4; A.3.16.7]

Bibliographien

8247 Albers, Helene (Bearb.): Frauen-Geschichte in Deutschland 1930–1960. Bibliographie, Hg. Karl Teppe, Münster 1993; 176 S.

8248 Bock, Ulla/Witych, Barbara: Thema: Frau. Bibliographie zur deutschsprachigen Literatur zur Frauenfrage 1949–1979, Bielefeld 1980; 293 S.

8249 Cole, Helena: The History of Women in Germany from Medieval Times to the Present. Bibliography of English Language Publications, Hg. German Historical Institute Washington, Mitarb. Jane Caplan/Hanna Schissler, Washington, D.C. 1990; 102 S.

8250 Feministische Bibliographie zur Frauenforschung in der Kunstgeschichte, Hg. FrauenKunstGeschichte, Forschungsgruppe Marburg, Pfaffenweiler 1993; (X), 546 S.

8251 Fischer, Gayle V. (Bearb.): Journal of Women's History. Guide to Periodical Literature, Bloomington, Ind. 1992; X, 501 S.

8252 Die Frauenfrage in Deutschland. Bibliographie, Hg. Deutscher Akademikerinnenbund, Bd. 10: 1931–1980, Bearb. Ilse Delvendahl, Mitarb. Doris Marek, München u. a. 1982, 191–210

Die Frauenfrage in Deutschland. Bibliographie, N. F., München u. a.:

8253 – Bd. 1: [1981], Hg. Deutscher Akademikerinnenbund, Bearb. Ilse Delvendahl, 1983, 35 f.

8254 – Bd. 2: 1982–1983, Hg. Deutscher Akademikerinnenbund, Bearb. Ilse Delvendahl, 1985, 107–11

8255 – Bd. 3: [1984], Hg. Deutscher Akademikerinnenbund, Bearb. Ilse Delvendahl, 1987, 85–88

8255a – Bd. 4: 1985, Hg. Institut für Frau und Gesellschaft, Bearb. Gisela Ticheloven, Mitarb. Susanne Rudolph/Susanne Urban, 1990, 88–91

8256 – Bd. 5: 1986, Hg. Institut Frau und Gesellschaft, Bearb. Marion Göhler, 1991, 63–65

8257 Frey, Linda u. a. (Hg.): Women in Western European History. A Chronological, Geographical, and Topical Bibliography, Bd. 2: The Nineteenth and Twentieth Century, Supplementbd. 1, 2. Aufl. (Bd. 2), Westport, Conn. 1984–1986; LIV, 1024; LXV, 699 S. (zuerst 1982)

8258 Gersdorff, Ursula von: Die Frau im Zweiten Weltkrieg. Einsatz und Schicksal, in: JBBfZ 36 (1964), 470–505

8259 Gilbert, Victor F./Tatla, Darshan S. (Bearb.): Women's Studies. A Bibliography of Dissertations, 1870–1982, Oxford u. a. 1985; XIV, 496 S.

8260 Kelly, Joan u. a. (Hg.): Bibliography in the History of European Women, 5. Aufl., Bronxville, N. Y. 1982; 157 S. (4. Aufl. 1976)

8261 Stuchlik, Gerda: Bibliographie »Frauen und Nationalsozialismus«, in: Leonore Siegele-Wenschkewitz/Gerda Stuchlik (Hg.), Frauen und Faschismus in Europa. Der faschistische Körper, Pfaffenweiler 1990, 300–28

Literaturberichte

8262 Arendt, Hans-Jürgen: Frauenpolitik und Frauenbewegung in Deutschland 1917 bis 1945 im Spiegel nichtmarxistischer Geschichtsschreibung der 70er Jahre, in: Kolloqium der Forschungsgemeinschaft »Geschichte des Kampfes der Arbeiterklasse um die Befreiung der Frau« and der Pädagogischen Hochschule »Clara Zetkin«, Leipzig, 27. Januar 1981 (Referate und Diskussionsbeiträge), Leipzig 1981, 42–62

8263 Arendt, Hans-Jürgen: Frauenfrage und Frauenbewegung in Deutschland 1871 bis 1945. Bürgerliche und sozialreformistische Publikationen seit Anfang der siebziger Jahre, in: ZfG 32 (1984), 141–49

8264 Evans, Richard J.: The History of European Women. A Critical Survey of Recent Research, in: JMH 52 (1980), 656–75

8265 Faulstich-Wieland, Hannelore: Frauen im Nationalsozialismus. (Sammelrezension), in: Frauenforschung 1 (1983), Nr. 2, 59–63

8266 Haug, Frigga: Mütter im Vaterland. [Claudia Koonz, Mothers in Fatherland, Worcester/London 1987], in: Argument 30 (1988), Nr. 172, 821–31

8267 Mason, Tim[othy W.]: Zur Frauenarbeit im NS-Staat. (Literaturbericht), in: AfS 19 (1979), 579–84

8268 Reese, Dagmar: Frauen und Nationalsozialismus. Eine Forschungsbilanz, in: Dietrich Benner u.a. (Hg.), Bilanz für die Zukunft: Aufgaben, Konzepte und Forschung in der Erziehungswissenschaft. Beiträge zum 12. Kongreß der deutschen Gesellschaft für Erziehungswissenschaft vom 19. bis 21. März 1990 in der Universität Bielefeld, Weinheim/Basel 1990, 102–5

8269 Reese, Dagmar: Neue Literatur zum Thema Frauen und Nationalsozialismus. Ein Besprechungsessay, in: FS 10 (1992), 131–41

8270 Reese, Dagmar/Sachse, Carola: Frauenforschung und Nationalsozialismus. Eine Bilanz, in: Lerke Gravenhorst/Carmen Tatschmurat (Hg.), TöchterFragen: NS-Frauen-Geschichte, Freiburg i.Br. 1990, 73–106

8271 Schmidt, Dorothea: Die peinlichen Verwandtschaften – Frauenforschung zum Nationalsozialismus, in: Heide Gerstenberger/Dorothea Schmidt (Hg.), Normalität oder Normalisierung? Geschichtswerkstätten und Faschismusanalyse, Münster 1987, 50–65

Nachschlagewerke

8272 Schukowski, Kerstin: Chronik der Jahre 1933–1950, in: Annette Kuhn (Hg.), Die Chronik der Frauen, Dortmund 1992, 476–529

8273 Weiland, Daniela: Geschichte der Frauenemanzipation in Deutschland und Österreich. Biographien – Programme – Organisationen. (Hermes Handlexikon), Düsseldorf 1983; 317 S.

Quellenkunde

8274 zur Nieden, Susanne: »Ach, ich möchte (...) eine tapfere deutsche Frau werden.« Tagebücher als Quelle zur Erforschung des Nationalsozialismus, in: Alltagskultur, Subjektivität und Geschichte. Zur Theorie und Praxis von Alltagsgeschichte, Hg. Berliner Geschichtswerkstatt, Red. Heike Diekwisch u.a., Münster 1994, 174–86

Gedruckte Quellen

8275 Benz, Ute (Hg.): Frauen im Nationalsozialismus. Dokumente und Zeugnisse, München 1993; 247 S.

8276 Jantzen, Eva/Niehuss, Merith (Hg.): Das Klassenbuch. Chronik einer Frauengeneration 1934–1976, Köln u.a. 1994; 318 S.

8277 Schmidt, Maruta/Dietz, Gaby (Hg.): Frauen unterm Hakenkreuz. Eine Dokumentation, Berlin 1983

8278 Scholtz-Klink, Gertrud: Die Frau im Dritten Reich. Eine Dokumentation, Tübingen 1978; 546, 16 S.

8279 Women and Nazism, in: John Fout/ Eleanor Riemer (Hg.), European Women: A Documentary History 1789–1945, New York 1980, 104–14

Methodische Probleme

8280 Baader, Meike: Unschuldsrituale in der Frauenforschung zum Nationalsozialismus, in: Babylon 6 (1991), Nr. 4, 140–45

8281 Bock, Gisela: Frauen und der Nationalsozialismus. Bemerkungen zu einem Buch von Claudia Koonz, in: GG 15 (1989), 563–79

8282 Bock, Gisela: Ein Historikerinnenstreit?, in: GG 18 (1992), 400–4

8283 Evans, Richard J.: Feminism and Female Emancipation in Germany, 1879–1945: Sources, Methods, and Problems of Research, in: CEH 9 (1976), 323–51

8284 Gabriel, Nicole: Un corps à avec l'histoire: les féministes allemandes face au passé nazi, in: Rita R. Thalmann (Hg.), Femmes et Fascismes, o.O. (Paris) 1986, 219–32

8285 Gordon, Linda: Nazi Feminists? (Review Essay), in: FeR 27 (1987), 97–105

8286 Grossmann, Atina: Feminist Debates about Women and National Socialism, in: G&H 3 (1991), 350–58

8287 Grote, Christine/Rosenthal, Gabriele: Frausein als Entlastungsargument für die biographische Verstrickung in den Nationalsozialismus?, in: TAJB 21 (1992), 289–318

8288 Haubrich, Karin/Gravenhorst, Lerke: Wie stellen wir heute moralische Wirklichkeiten von Frauen im Nationalsozialismus her? Titel im Blickfeld, in: Lerke Gravenhorst/Carmen Tatschmurat (Hg.), TöchterFragen: NS-Frauen-Geschichte, Freiburg i.Br. 1990, 39–58

8289 Kosnick, Kira: Sozialwissenschaftliche Ansätze in der Diskussion um Opfer und Überleben, in: Theresa Wobbe (Hg.), Nach Osten. Verdeckte Spuren nationalsozialistischer Verbrechen, Frankfurt 1992, 87–98

8290 Kuhn, Annette: Vom schwierigen Umgang der Frauengeschichtsforschung mit dem Nazismus, in: Argument 31 (1989), Nr. 177, 733–40

8291 Reese, Dagmar: Homo hommini lupus – Frauen als Täterinnen?, in: IWK 27 (1991), 25–34

8292 Weigel, Sigrid: »Judasfrauen«. Sexualbilder im Opfer-Täter-Diskurs über den Nationalsozialismus, in: FS 10 (1992), 121–31

8293 Windaus-Walser, Karin: Frauen im Nationalsozialismus. Eine Herausforderung für femimistische Theoriebildung, in: Lerke Gravenhorst/Carmen Tatschmurat (Hg.), TöchterFragen: NS-Frauen-Geschichte, Freiburg i.Br. 1990, 59–72

8294 Windaus-Walser, Karin: Gnade der weiblichen Geburt? Zum Umgang der Frauenforschung mit Nationalsozialismus und Antisemitismus, in: FS 6 (1988), 102–15

8295 Wobbe, Theresa: Das Dilemma der Überlieferung. Zu politischen und theoretischen Kontexten von Gedächtniskonstruktionen über den Nationalsozialismus, in: Theresa Wobbe (Hg.), Nach Osten. Verdeckte Spuren nationalsozialistischer Verbrechen, Frankfurt 1992, 13–44

8296 Wobbe, Theresa: Identifikation als Symptom. Politische und theoretische Kontexte feministischer Diskurse über den Nationalsozialismus, in: Barbara Determann u.a. (Hg.), Verdeckte Überlieferungen. Weiblichkeitsbilder zwischen Weimarer Republik, Nationalsozialismus und Fünfziger Jahren, Frankfurt 1991, 15–25

Darstellungen

8297 Arendt, Hans-Jürgen: Grundzüge der Frauenpolitik des faschistischen deutschen Imperialismus, in: JfG 24 (1981), 313–49

8298 Arendt, Hans-Jürgen: Zur Frauenpolitik des faschistischen deutschen Imperialismus im zweiten Weltkrieg, in: JfG 26 (1982), 299–333

8299 Arendt, Hans-Jürgen: Die »Gleichschaltung« der bürgerlichen Frauenorganisationen in Deutschland 1933/34, in: ZfG 27 (1979), 615–27

8300 Arendt, Hans-Jürgen/Scholze, Siegfried (Hg.): Zur Rolle der Frau in der Geschichte des deutschen Volkes 1830 bis 1945. Eine Chronik, hg. i.a. der Forschungsgemeinschaft »Geschichte des Kampfes der Arbeiterklasse um die Befreiung der Frau« an der Pädagogischen Hochschule »Clara Zetkin«, Leipzig/ Frankfurt a.d.O. 1984; 304 S. (LA Frankfurt a.M. 1984)

8301 Bajohr, Stefan: Die Hälfte der Fabrik. Geschichte der Frauenarbeit in Deutschland 1914–1945, Marburg 1979; 340 S.

8302 Bajohr, Stefan/Rüdiger-Bajohr, Kathrin: Die Diskriminierung der Juristin in Deutschland bis 1945, in: KJ 13 (1984), 39–50; abgedr. in: Der Unrechtsstaat, Hg. Redaktion Kritische Justiz, Bd. 2, Baden-Baden 1984, 125–36

8303 Bechdolf, Ute: Wunsch-Bilder? Frauen im nationalsozialistischen Unterhaltungsfilm, Tübingen 1992; 143 S.

8304 Benz, Ute: Der Mythos von der guten Mutter. Zur Tradition der politischen Instrumentalisierung eines Ideals, in: Brigitte Rauschenbach (Hg.), Erinnern, Wiederholen, Durcharbeiten. Zur Psycho-Analyse deutscher Wenden, Berlin 1992, 148–56

8305 Bingen, Monika: Die drei »F« – Fressen, Frauen und Freiheit. Ein ungeschriebenes Kapitel: Zwangsprostitution im Nationalsozialismus, in: FR, Jg. 49, Nr. 49, 27.2.1993, ZB 5

8306 Bock, Gisela (Hg.): Rassenpolitik und Geschlechterpolitik im Nationalsozialismus. (GG, Jg. 19, Nr. 3), Göttingen 1993; 146 S.*

8307 Bock, Gisela: Racism and Sexism in Nazi Germany. Motherhood, Compulsory Sterilization, and the State, in: Renate Bridenthal u.a. (Hg.), When Biology Became Destiny. Women in Weimar and Nazi Germany, New York 1984, 271–96

8308 Bock, Gisela: »Keine Arbeitskräfte in diesem Sinne«. Prostituierte im Nazi-Staat, in: Pieke Biermann (Hg.), Wir sind Frauen wie andere auch, Reinbek 1980, 71–106

8309 Bock, Gisela: Frauen und ihre Arbeit im Nationalsozialismus, in: Annette Kuhn/ Gerhard Schneider (Hg.), Frauen und ihre Geschichte, Bd. 1, Düsseldorf 1982, 113–52

8310 Brainin, Elisabeth/Zeug, Marieta: Arisch ist der Zopf – Jüdisch ist der Bubikopf, in: Nationalsozialismus und Nationalismus. (Facetten feministischer Theoriebildung, Materialienbd. 8), Hg. Verein Sozialwissenschaftliche Forschung und Bildung für Frauen, Frankfurt 1990, 7–30

8311 Brockhaus, Gudrun: Opfer, Täterin, Mitbeteiligte. Zur Diskussion um die Rolle der Frauen im Nationalsozialismus, in: Lerke Gravenhorst/Carmen Tatschmurat (Hg.), TöchterFragen: NS-Frauen-Geschichte, Freiburg i.Br. 1990, 107–26

8312 Brockhaus, Gudrun: »Schrecklich lieb...« Anmerkungen zu einer deutschen »Heldenmutter«, in: Astrid Deuber-Mankowsky/Ursula Konnertz (Hg.), Weimarer Republik und Faschismus. Eine feministische Auseinandersetzung. (Die Philosophin, Jg. 2, Nr. 3), Tübingen 1991, 51–71

8313 Bruns, Brigitte: Nationalsozialismus, in: Johanna Beyer u. a. (Hg.), Frauenhandlexikon: Stichworte zur Selbstbestimmung, München 1983, 203–8

8314 Burghardt, Christina: Die deutsche Frau. Küchenmagd, Zuchtsau, Leibeigene im III. Reich – Geschichte oder Gegenwart? Analysiert anhand der Seite für »Die deutsche Frau« aus dem »Völkischen Beobachter«, Jg. 1938, 2. Aufl., Münster 1979; 140 S. (zuerst 1978)

8315 Bychowski, Ute u. a.: Charlottenburger Frauen im Nationalsozialismus: »Ich hab' mir nie etwas gefallen gelassen« – Trude Hippe: Ein Frauenleben im Faschismus, Bearb. Frauengruppe Charlottenburg, in: Projekt: Spurensicherung. Alltag und Widerstand im Berlin der 30er Jahre. Katalog zur Ausstellung vom 12.6. bis 10.7. 1983 im U-Bahnhof Schlesisches Tor, Berlin, Hg. Berliner Geschichtswerkstatt, Red. Karl-Heinz Breidt u. a., Berlin 1983, 106–16

8315a Carruthers, Susan L.: »Manning in the Factories«. Propaganda and Policy on the Employment of Women, 1939–1947, in: History 75 (1990), 232–56

8316 Crips, Liliane: Die Inszenierung der Weiblichkeit in der NS-Gesellschaft. Deutsche Mutter versus Dame von Welt, in: Nationalsozialismus und Nationalismus. (Facetten feministischer Theoriebildung, Materialienbd. 8), Hg. Verein Sozialwissenschaftliche Forschung und Bildung für Frauen, Frankfurt 1990, 31–42

8317 Crips, Liliane: Une revue »nationalféministe«: »Die deutsche Kämpferin« 1933–1937, in: Rita R. Thalmann (Hg.), La tentation nationaliste 1914–1945. Entre emancipation et nationalisme. La presse féminine d'europe 1914–1945, Paris 1990, 167–82

8318 Cyrus, Hannelore: Für Führer, Volk und Vaterland. Frauen im Faschismus, in: Barbara Riedl (Hg.), Geborsten und vergiftet ist das Land. Frauen über politische Gewalt, Köln 1984, 10–32

8319 Czarnowski, Gabriele: Frauen – Staat – Medizin. Aspekte der Körperpolitik im Nationalsozialismus, in: Frauen zwischen Auslese und Ausmerze. (beiträge zur feministischen theorie und praxis, 14), Hg. Verein Sozialwissenschaftliche Forschung und Praxis für Frauen, Köln 1985, 79–99

8320 Czarnowski, Gabriele: »Menschenmaterial« in ärztlicher Hand. Aspekte der Körperpolitik im NS, in: Cornelia Weikert u. a. (Hg.), Schöne neue Männerwelt. Beiträge zu Gen- und Fortpflanzungstechnologien, Wien 1987, 25–39

8321 Dammer, Susanna: Kinder, Kirche, Kriegsarbeit. Die Schulung der Frauen durch die NS-Frauenschaft, in: Mutterkreuz und Arbeitsbuch. Zur Geschichte der Frauen in der Weimarer Republik und im Nationalsozialismus, Hg. Frauengruppe Faschismusforschung, Frankfurt 1981, 215–45

8322 Dammer, Susanna: Nationalsozialistische Frauenpolitik und soziale Arbeit, in: Hans-Uwe Otto/Heinz Sünker (Hg.), Soziale Arbeit und Faschismus, 2., veränd. u. überarb. Aufl., Frankfurt 1989, 157–75 (zuerst Bielefeld 1986)

8323 Dammer, Susanna/Sachse, Carola: Nationalsozialistische Frauenpolitik und weibliche Arbeitskraft, Hg. Sozialwissenschaftliche Forschung und Praxis für Frauen, in: Frauengeschichte. Dokumentation des 3. Historikerinnentreffens in Bielefeld, April '81. (beiträge zur feministischen theorie und praxis, 5), München 1981, 108–77

8324 Decken, Godele von der: Emanzipation auf Abwegen. Frauenkultur und Frauenliteratur im Umkreis des Nationalsozialismus, Vorwort Uwe-Karsten Ketelsen, Frankfurt 1988; 302 S.

8325 Decken, Godele von der: Die neue »Macht des Weibes«. Frauenliteratur im

Umkreis des Nationalsozialismus, in: Gisela Brinker-Gabler (Hg.), Deutsche Literatur von Frauen, Bd. 2: 19. und 20. Jahrhundert, München 1988, 285–93

8326 Dem Führer ein Kind schenken. Mutterkult im Nationalsozialismus, in: Maruta Schmidt/Gabi Dietz (Hg.), Frauen unterm Hakenkreuz. Eine Dokumentation, München 1985, 58–77, 201 f. (1. u. 2. Aufl., Berlin 1983); gekürzt abgedr. in: Hart und zart. Frauenleben 1920–1970, Hg. Elefanten Press, Berlin 1990, 165–73

8327 Deuber-Mankowsky, Astrid/Konnertz, Ursula (Hg.): Weimarer Republik und Faschismus. Eine feministische Auseinandersetzung. (Die Philosophin, Jg. 2, Nr. 3), Tübingen 1991; 125 S.*

8328 Dischner, Gisela (Hg.): Eine stumme Generation berichtet. Frauen der dreißiger und vierziger Jahre, Frankfurt 1982; 224 S.

8329 Ebbinghaus, Angelika (Hg.): Opfer und Täterinnen. Frauenbiographien des Nationalsozialismus, Nördlingen 1987; 347 S.

8330 Eckert, Elisabeth (Bearb.): Arbeitsdienst für die weibliche Jugend – Antworten nach 40 Jahren. Befragung ehemaliger Arbeitsdienstführerinnen. Zusammenfassung der Antworten aus den Jahren 1971–75, Witten (Ruhr) 1978; 73 S.

8331 Ellwanger, Karen: Frau nach Maß. Der Frauentyp der vierziger Jahre im Zeichensystem des Filmkostüms, in: Inszenierung der Macht. Ästhetische Faszination des Faschismus, Hg. Neue Gesellschaft für Bildende Kunst, Red. Klaus Behnken/Frank Wagner, Berlin 1987, 119–28

8332 Evans-von Krbek, Franziska-Sophie: Berufsverbot der Frau im Dritten Reich und seine Wiedergutmachung unter der Geltung des Grundgesetzes, in: DRZ 56 (1978), 293–98

8333 Frauen im deutschen Faschismus 1890–1980. Katalog, Hg. Historisches Museum Frankfurt am Main, Bearb. Viktoria Schmidt-Linsenhoff u. a., Basel/Frankfurt 1981, 81–110, 173–81**

8334 Frauen im deutschen Faschismus. (Frauenalltag und Frauenbewegung im 20. Jahrhundert, 3), Hg. Stadt Frankfurt, Dezernat für Kultur und Freizeit, Bearb. Sabine Kübler u. a., Frankfurt 1980; 170 S.

8335 Frauen im deutschen Faschismus. Hintergründe und Auswirkungen des deutschen Faschismus, Hg. Frauenforum Rüsselsheim, Mitarb. Ulrike Ebling u. a., Rüsselsheim 1979; 80 S.

8336 Frauen im Faschismus. Wenn wir alle es nicht wollen, wird es nicht wieder passieren, Hg. Demokratische Fraueninitiative Hannover, Red. Waltraud Heine-Mahler u. a., 1. u. 2. Aufl., Hannover 1983; 90 S. (zuerst 1981)

8337 Frauen im Nationalsozialismus. Arbeitspapier für Seminarteilnehmer, Hg. Friedrich-Ebert-Stiftung, Red. Gisela Schäf-Koch, Bonn 1984; 103 S.

8338 Frauen im Nationalsozialismus. Beiträge zum Frauenwiderstand, zur Mädchenerziehung und zur sozialen Berufsarbeit. (Frauenforschung, Jg. 1, Nr. 2), Hg. Institut Frau und Gesellschaft, Red. Robert Schreiber u. a., Bielefeld 1983, 1–63*

8339 Frauen um Hitler. Nach Materialien von Henriette von Schirach, 3. Aufl., München/Berlin 1987; 251 S. (zuerst 1983)

8340 Frevert, Ute: Frauen-Geschichte. Zwischen Bürgerlicher Verbesserung und Neuer Weiblichkeit, 6. Aufl., Frankfurt 1992; 200–43, 343–47 S. (zuerst 1986)

8341 Frevert, Ute: Frauen an der »Heimatfront«, in: Christoph Kleßmann (Hg.), Nicht nur Hitlers Krieg. Der Zweite Weltkrieg und die Deutschen, Düsseldorf 1989, 51–70

8342 Gersdorff, Ursula von: Frauen im Kriegsdienst 1914–1945, Stuttgart 1969; 572, (24) S.

8343 Gravenhorst, Lerke/Tatschmurat, Carmen (Hg.): TöchterFragen: NS-Frauen-Geschichte, Freiburg i.Br. 1990; 414 S.*

8344 Grossmann, Atina: Crisis, Reaction, and Resistance. Women in Germany in the 1920s and 1930s, in: Amy Swerdlow/Hanna Lessinger (Hg.), Class, Race, and Sex. The Dynamics of Control, Boston, Mass. 1983, 60–74

8345 Grossmann, Atina: German Women Doctors from Berlin to New York: Maternity and Modernity in Weimar and in Exile, in: FeSt 19 (1993), Nr. 1, 65–88

8346 Gupta, Charu: Politics of Gender – Women in Nazi Germany, in: EPW 26 (1991), Nr. 17, 40–48

8347 Gurba, Andrea: Gebärmaschine und Reservearmee für den Arbeitsmarkt. Zur Situation der Frauen im Dritten Reich, in: Studium Feminale. Vorträge 1984–1985, Hg. Arbeitsgemeinschaft Frauenforschung der Universität Bonn, Bonn 1986, 84–100

8348 Habeth, Stephanie: Die Freiberuflerin und Beamtin (Ende 19. Jahrhundert bis 1945), in: Hans Pohl/Wilhelm Treue (Hg.), Die Frau in der deutschen Wirtschaft. Referate und Diskussionsbeiträge des wissenschaftlichen Symposiums der Gesellschaft für Unternehmensgeschichte am 8. und 9. Dezember 1983 in Essen, Stuttgart 1985, 155–70

8349 Hachtmann, Rüdiger: Industriearbeiterinnen in der deutschen Kriegswirtschaft 1936–1944/45, in: GG 19 (1993), 332–66

8350 Hart und Zart. Frauenleben 1920–1970, Hg. Elefanten Press, Berlin 1990; 492 S.*

8351 Hennies, Frauke: Mädchenerziehung im Dritten Reich, in: Frauenforschung 1 (1983), Nr. 2, 41–48

8352 Hering, Sabine/Maierhof, Gudrun: Die unpäßliche Frau. Sozialgeschichte der Menstruation und Hygiene von 1860 bis 1985, Pfaffenweiler 1991; 159 S.

8353 Hermand, Jost: Alle Macht den Frauen. Faschistische Matriarchatskonzepte, in: Argument 26 (1984), Nr. 146, 539–54 (engl. in: JCH 19/1984, 649–67)

8354 Hlawatschek, Elke: Die Unternehmerin (1800–1945), in: Hans Pohl/Wilhelm Treue (Hg.), Die Frau in der deutschen Wirtschaft. Referate und Beiträge des wissenschaftlichen Symposiums der Gesellschaft für Unternehmensgeschichte am 8. und 9. Dezember 1983 in Essen, Stuttgart 1985, 127–46

8355 Hohmann, Joachim S.: Frauen und Mädchen in faschistischen Lesebüchern und Fibeln, 2. Aufl., Frankfurt u. a. 1991; 280 S. (zuerst Köln 1986)

8356 Holzbach-Linsenmaier, Heidrun: Dem Führer ein Kind schenken. Der Muttertag steht in einer frauenfeindlichen, ja mörderischen Tradition: Er war Feiertag im NS-Männerstaat. Das Mutterkreuz diente der Selektion unerwünschter Familien, in: Zeit, Jg. 49, Nr. 19, 6.5. 1994, 90

8357 Huster, Gabriele: Das Bild der Frau in der Malerei des deutschen Faschismus, in: Maruta Schmidt/Gabi Dietz (Hg.), Frauen unterm Hakenkreuz. Eine Dokumentation, 3. Aufl., München 1985, 50–57, 200f. (1. u. 2. Aufl., Berlin 1983); abgedr. in: Hart und zart. Frauenleben 1920–1970, Hg. Elefanten Press, Berlin 1990, 160–64

8358 Huster, Gabriele: Die Verdrängung der Femme Fatale und ihrer Schwestern. Nachdenken über das Frauenbild des Nationalsozialismus, in: Inszenierung der Macht. Ästhetische Faszination des Faschismus, Hg. Neue Gesellschaft für Bildende Kunst, Red. Klaus Behnken/Frank Wagner, Berlin 1987, 143–51

8359 Inhetveen, Heide: »Fast immer wie in einem Zwiespalt« – Bäuerinnen und Nationalsozialismus, in: Sabine Hebenstreit-Müller/Ingrid Helbrecht-Jordan (Hg.), Frauenleben in ländlichen Regionen. Individuelle und strukturelle Wandlungsprozesse in der weiblichen Lebenswelt, Bielefeld 1990, 233–58

8360 Jacobeit, Sigrid: Arbeits- und Lebensbedingungen der Bäuerin in Klein- und Mittelbetrieben. Ein Beitrag zur Lebensweise der Frau auf dem Lande in der Zeit der faschistischen Diktatur des deutschen Imperialismus 1933–1939, 2 Bde., Diss. Berlin (O) 1979; IV, 213, 7 S.

8361 Jacobeit, Sigrid: Zum Alltag der Bäuerinnen in Klein- und Mittelbetrieben während der Zeit des deutschen Faschismus 1933 bis 1939, in: JWG (1982), Nr. 1, 7–29

8362 Jacobeit, Sigrid: ». . . dem Mann Gehilfin und Knecht. Sie ist Magd und Mutter . . .« Klein- und Mittelbäuerinnen im faschistischen Deutschland, in: Johanna Werckmeister (Hg.), Land – Frauen – Alltag. Hundert Jahre Lebens- und Arbeitsbedingungen der Frauen im ländlichen Raum, Marburg 1989, 66–90

8363 Jacobeit, Sigrid: Die Stellung der werktätigen Bäuerin in der faschistischen Ideologie 1933–1939. Realität und Manipulation, in: JfG 27 (1983), 171–99

8364 Janzen, Dörte: Frauen in der Konfektionsindustrie (1930–1960), in: RJV 29 (1991/92), 149–56

8365 Jurczyk, Karin: Frauenarbeit und Frauenrolle. Zum Zusammenhang von Familienpolitik und Frauenerwerbstätigkeit in Deutschland von 1918–1975, 3. Aufl., Frankfurt/New York 1978, 51–68 (zuerst Frankfurt/München 1976)

8366 Juristinnen in den Jahren zwischen 1933 und 1945, in: Juristinnen in Deutschland. Eine Dokumentation (1900 bis 1989), Hg. Deutscher Juristinnenbund, Neuwied/Frankfurt 1989, 16–21 (zuerst 1984)

8367 Kather, Brigitte: Mädchenerziehung – Müttererziehung?, in: Maruta Schmidt/Gabi Dietz (Hg.), Frauen unterm Hakenkreuz. Eine Dokumentation, 3. Aufl., München 1985, 19–30, 199 f. (1. u. 2. Aufl., Berlin 1983)

8368 Keifer, Ellen: Frauendiskriminierung im Nationalsozialismus. Auswirkungen auf die gesellschaftliche und berufliche Stellung der Frau, in: Vorgänge 17 (1978), Nr. 32, 91–99

8370 Kessler, Hannelore: »Die deutsche Frau«. Nationalsozialistische Frauenpropaganda im »Völkischen Beobachter«, Köln 1981; 127 S.

8371 Kleiber, Lore: »Wo ihr seid, da soll die Sonne scheinen!« Der Frauenarbeitsdienst am Ende der Weimarer Republik und im Nationalsozialismus, in: Mutterkreuz und Arbeitsbuch. Zur Geschichte der Frauen in der Weimarer Republik und im Nationalsozialismus, Hg. Frauengruppe Faschismusforschung, Frankfurt 1981, 188–214

8372 Klinksiek, Dorothee: Die Frau im NS-Staat, Stuttgart 1982; 177 S.

8373 Komann, Margot: Als Biologie Schicksal wurde – Frauen und Nationalsozialismus, in: 100 Jahre deutscher Rassismus. Katalog und Arbeitsbuch, Hg. Kölnische Gesellschaft für Christlich-Jüdische Zusammenarbeit, Katalog Christiane Hoss u. a., Köln 1988, 224–31

8374 Komann, Margot: »Wie ich Nationalsozialistin wurde.« Eine kritisch feministische Lektüre der Theodore Abel-Akten, in: Lerke Gravenhorst/Carmen Tatschmurat (Hg.), TöchterFragen: NS-Frauen-Geschichte, Freiburg i.Br. 1990, 149–66

8375 König, Cosima: Die Frau im Recht des Nationalsozialismus. Eine Analyse ihrer familien-, erb- und arbeitsrechtlichen Stellung, Frankfurt u. a. 1988; 266 S.

8376 Koonz, Claudia: Mütter im Vaterland. Frauen im Dritten Reich, Freiburg i. Br. 1991; 572 S. (engl.: Worcester/London 1987)

8377 Koonz, Claudia: Mothers in the Fatherland: Women in Nazi Germany, in: Renate Bridenthal/Claudia Koonz (Hg.), Becoming Visible: Women in European History, 2. Aufl., Boston, Mass. 1987, 445–73 (zuerst 1977)

8378 Koonz, Claudia: The Fascist Solution to the Women Question in Italy and Germany, in: Renate Bridenthal/Claudia Koonz (Hg.), Becoming Visible: Women in European History, 2. Aufl., Boston, Mass. 1987, 499–533 (zuerst 1977)

8379 Koonz, Claudia: Frauen schaffen ihren »Lebensraum« im Dritten Reich, in: Barbara Schaeffer-Hegel (Hg.), Frauen und Macht. Der alltägliche Beitrag der Frauen zur Politik des Patriarchats, 2. Aufl., Pfaffenweiler 1988, 47–57 (zuerst 1984)

8380 Koonz, Claudia: Women Between God and Führer, in: Charles S. Maier u. a. (Hg.), The Rise of the Nazi Regime. Historical Reassessments, Boulder, Col./London 1986, 79–88

8381 Koonz, Claudia: Das zweite Geschlecht im »Dritten Reich«, in: FS 2 (1986), 14–33

8382 Koonz, Claudia: Nazi Women before 1933. Rebels against Emancipation, in: SSQ 56 (1976), 553–63

8383 Korotin, Ilse E.: »Am Muttergeist soll die Welt genesen.« Philosophische Dispositionen zum Frauenbild im Nationalsozialismus, Köln/Wien 1992; 234 S.

8384 Kuhn, Annette (Hg.): Frauen im deutschen Faschismus. Eine Quellensammlung mit fachwissenschaftlichen und fachdidaktischen Kommentaren, Bd. 1: Frauenpolitik im NS-Staat, Bd. 2: Frauenarbeit und Frauenwiderstand im NS-Staat, 2. Aufl., Düsseldorf 1987; 142, 205 S. (zuerst 1982)**

8385 Kuhn, Annette: Nationalsozialismus, in: Anneliese Lissner u. a. (Hg.), Frauenlexikon. Traditionen, Fakten, Perspektiven, Freiburg u. a. 1988, 811–21 (Neuausg. 1991)

8386 Lehker, Marianne: Frauen im Nationalsozialismus. Wie aus Opfern Handlanger der Täter wurden. Eine nötige Trauerarbeit, Frankfurt 1984; 132 S.

8387 Loschek, Ingrid: Mode im 20. Jahrhundert. Eine Kulturgeschichte unserer Zeit, 4., durchges. u. akt. Aufl., München 1988; 368 S. (zuerst 1978)

8388 Lovin, Clifford R.: Farm Women in the Third Reich, in: AH 60 (1986), 105–23

8389 Lück, Margret: Die Frau im Männerstaat. Die gesellschaftliche Stellung der Frau im Nationalsozialismus. Eine Analyse aus pädagogischer Sicht, Frankfurt u. a. 1979; 266 S.

8390 Macciocchi, Maria-Antonietta: Jungfrauen, Mütter und ein Führer. Frauen im Faschismus, Berlin 1976; 108 S.

8391 Maimann, Helene: Zur Frauen- und Familienideologie des Nationalsozialismus, in: Erika Weinzierl/Karl R. Stadler (Hg.), Geschichte der Familienrechtsgesetzgebung in Österreich. (Justiz und Zeitgeschichte, [2]), Wien o. J. [1978], 53–67

8392 Mamozai, Martha: Kolonialismus, Rassismus, Faschismus – Fragen nach einer deutschen Kontinuität, in: Martha Mamozai, Herrenmenschen. Frauen im deutschen Kolonialismus, Reinbek 1982, 255–76

8393 Mamozai, Martha: Dulden – Hinschauen – Mitmachen: Komplizinnen im deutschen Faschismus, in: Martha Mamozai, Komplizinnen, Reinbek 1990, 99–153

8394 Mason, Timothy W.: Women in Germany, 1925–1940. Family, Welfare, and Work, in: HWJ 1 (1976), 74–113; 2 (1977), 5–32

8395 Mason, Timothy W.: Zur Lage der Frauen in Deutschland 1930–1940. Wohlfahrt, Arbeit und Familie, in: Gesellschaft 6 (1976), 118–93

8396 Matter, Max: Entpolitisierung durch Emotionalisierung. Deutscher Muttertag – Tag der Deutschen Mutter – Muttertag, in: Rüdiger Voigt (Hg.), Symbole der Politik, Politik der Symbole, Opladen 1989, 123–35

8397 Matzen-Stöckert, Sigrid: Frauen im Faschismus – Frauen im Widerstand, in:

Florence Hervé (Hg.), Geschichte der deutschen Frauenbewegung, 3., überarb. u. erw. Aufl., Köln 1987, 154–86 (zuerst 1982)

8398 Mayenburg, Hiltrud von: Frauenbild im Nationalsozialismus. Voraussetzungen und Widersprüche, Diss. Marburg 1991; 382 S.

8399 McIntyre, Jill: Women and Professions in Germany, 1930–1940, in: Anthony J. Nicholls/Erich Matthias (Hg.), German Democracy and the Triumph of Hitler. Essays in Recent German History, London 1971, 175–214

8400 Meier-Scherling, Anne-Gudrun: Die Benachteiligung der Juristin zwischen 1933 und 1945, in: DRZ 53 (1975), 10–13

8401 Meyer, Sabine: Die Frau in der ärztlichen Standes- und parteipolitischen Presse von 1933–1939, Diss. FU Berlin 1989; 92 S. (Ms.; MF)

8402 Mitscherlich-Nielsen, Margarete: Überlegungen einer Psychoanalytikerin zum Hitlerreich. Über männliche und weibliche Werte damals und heute, in: Leonore Siegele-Wenschkewitz/Gerda Stuchlik (Hg.), Frauen und Faschismus in Europa. Der faschistische Körper, Pfaffenweiler 1990, 23–38

8403 Mittäterschaft und Entdeckungslust. Berichte und Ergebnisse der gleichnamigen Tagung vom 6.–10. April 1988 in Berlin, Hg. Studienschwerpunkt »Frauenforschung« am Institut für Sozialpädagogik der Technischen Universität Berlin, verantwortl. Christina Thürmer-Rohr u.a., 2. Aufl., Berlin 1990; 218 S. (zuerst 1989)

8404 Möding, Nori: Kriegsfolgen. Kriegserfahrungen von Frauen und ihre Verarbeitung, in: Ulrich Borsdorf/Mathilde Jamin (Hg.), Über Leben im Krieg. Kriegserfahrungen in einer Industrieregion 1939–1945. Katalogbuch [...], Reinbek 1989, 50–66

8405 Monse-Schneider, Elisabeth: Frauen im zahnmedizinischen Studium und Beruf (historische Entwicklung und statistische Analyse 1913–1938), Diss. Münster 1991; 110, XXXI S. (Ms.)

8406 Mutterkreuz und Arbeitsbuch. Zur Geschichte der Frauen in der Weimarer Republik und im Nationalsozialismus, Hg. Frauengruppe Faschismusforschung, Frankfurt 1981; 368 S.*

8407 Nationalsozialismus und Nationalismus. (Facetten feministischer Theoriebildung, Materialienbd. 8), Hg. Verein Sozialwissenschaftliche Forschung und Bildung für Frauen, Mitarb. Elisabeth Brainin u.a., Frankfurt 1990; 99 S.*

8407a Nave-Herz, Rosemarie: Die Geschichte der Frauenbewegung in Deutschland, 4., völlig überarb. u. erw. Aufl., Opladen 1994, 52–57 (zuerst Hannover 1981)

8408 Nienhaus, Ursula: Von der (Ohn-)Macht der Frauen. Postbeamtinnen 1933–1945, in: Lerke Gravenhorst/Carmen Tatschmurat (Hg.), TöchterFragen: NS-Frauen-Geschichte, Freiburg i.Br. 1990, 193–210

8409 Nyssen, Elke: Frauen und Frauenopposition im Dritten Reich, in: Kurt-Ingo Flessau u.a. (Hg.), Erziehung im Nationalsozialismus. »... und sie werden nicht mehr frei ihr ganzes Leben!«, Köln/Wien 1987, 23–44

8410 Paul-Horn, Ina: Faszination Nationalsozialismus? Zu einer politischen Theorie des Geschlechterverhältnisses, Pfaffenweiler 1993; 157 S.

8411 Pauwels, Jacques R.: German Women, University Students, National Socialism, and the War, 1939–1945, in: Kay Goodman/Ruth H. Sanders (Hg.), Proceedings of the Second Annual Women in German Symposium, Oxford 1977, 99–113

8412 Pauwels, Jacques R.: Women, Nazis, and Universities. Female University Students in the Third Reich, Westport, Conn. 1984; XV, 206 S.

8413 Pauwels, Jacques R.: Der Rückgang des Frauenstudiums im Dritten Reich. Vortrag, gehalten auf der 35. Tagung der Deutschen Studenten-Historiker in Würzburg am 5. Oktober 1975, in: Der Convent 26 (1975), 271–76

8414 Phayer, Michael: Protestant and Catholic Women in Nazi Germany, Detroit, Mich. 1990; 286 S.

8415 Pilgrim, Volker E.: »Du kannst mich ruhig Frau Hitler nennen.« Frauen als Schmuck und Tarnung der NS-Herrschaft, Reinbek 1994; 335 S.

8416 Poley, Stefanie (Hg.): Rollenbilder im Nationalsozialismus – Umgang mit dem Erbe. (Ausstellungskatalog), Mitarb. Andreas Brenner u. a., Bad Honnef 1991; 454 S.**

8417 Reese, Dagmar: Frauen im Nationalsozialismus: Opfer oder Täterinnen? Zu einer aktuellen Auseinandersetzung in der Frauenforschung zum Nationalsozialismus, in: Christa Berg/Sieglind Ellger-Rüttgardt (Hg.), »Du bist nichts, Dein Volk ist alles.« Forschungen zum Verhältnis von Pädagogik und Nationalsozialismus, Weinheim 1991, 59–73

8418 Reese-Nübel, Dagmar: Kontinuitäten und Brüche in der Weiblichkeitskonstruktion im Übergang von der Weimarer Republik zum Nationalsozialismus, in: Hans-Uwe Otto/Heinz Sünker (Hg.), Soziale Arbeit und Faschismus, 2., veränd. u. überarb. Aufl., Frankfurt 1989, 109–29 (zuerst Bielefeld 1986)

8419 Richardson, Annie: The Nazification of Women in Art, in: Brandon Taylor/Wilfried van der Will (Hg.), The Nazification of Art. Art, Design, Music, Architecture, and Film in the Third Reich, Winchester, Hampsh. 1990, 53–79, 251–55

8420 Risch, Gabriele E.: Auf der Suche nach der Geschichte der Zahnärztinnen in Deutschland, Diss. Münster 1992; 169, X S. (Ms.)

8421 Rosenhaft, Eve: Inside the Third Reich: What is the Women's Story?, in: RHR 43 (1989), Nr. 177, 72–85

8422 Rupp, Leila J.: Mobilizing Women for War. German and American Propaganda, Princeton, N. J. 1978; XII, 243 S.

8423 Rupp, Leila J.: Mother of the Volk. The Image of Women in Nazi Ideology, in: Signs 3 (1977/78), 362–79

8424 Rüttenauer, Isabella: Die Zeit des Entsetzens und des kleinen privaten Glücks. Ein Rückblick auf Hochschulausbildung und Familienalltag im Dritten Reich, in: Frauenforschung 1 (1983), Nr. 2, 22–28

8425 Sachse, Carola: Fabrik, Familie und kein Feierabend. Frauenarbeit im Nationalsozialismus, in: GMH 35 (1984), 566–79

8426 Saldern, Adelheid von: Opfer oder (Mit-)Täterinnen? Kontroversen über die Rolle der Frauen im NS-Staat, in: SOWI 20 (1991), 97–103

8427 Schaefer, Anka: Zur Stellung der Frau im nationalsozialistischen Eherecht, in: Lerke Gravenhorst/Carmen Tatschmurat (Hg.), TöchterFragen: NS-Frauen-Geschichte, Freiburg i.Br. 1990, 183–92

8428 Schäfer, Hermann: Die Heimarbeiterin und die Fabrikarbeiterin (1800–1945), in: Hans Pohl/Wilhelm Treue (Hg.), Die Frau in der deutschen Wirtschaft. Referate und Diskussionsbeiträge des wissenschaftlichen Symposiums der Gesellschaft für Unternehmensgeschichte am 8. und 9. Dezember 1983 in Essen, Stuttgart 1985, 65–78

8429 Scheiger, Brigitte: »Ich bitte um baldige Arisierung der Wohnung...« Zur Funktion von Frauen im bürokratischen System der [Juden-]Verfolgung, in: Theresa Wobbe (Hg.), Nach Osten. Verdeckte Spuren nationalsozialistischer Verbrechen, Frankfurt 1992, 175–96

8430 Schlimmgen-Ehmke, Katharina: Bemerkungen zur Anpassungsfähigkeit des Muttertages seit 1923, in: Frauenalltag und Frauenforschung. Beiträge zur 2. Tagung der Kommission Frauenforschung in der deutschen Gesellschaft für Volkskunde. Freiburg, 22. Mai-25. Mai 1988, Hg. Arbeitsgruppe Volkskundliche Frauenforschung Freiburg, Frankfurt 1988, 142–52

8431 Schlüpmann, Heide: Faschismus. (Frauen und Film, Jg. 15, Nr. 44/45), Basel/Frankfurt 1988; 171 S.

8432 Schlüpmann, Heide: Faschistische Trugbilder weiblicher Autonomie, in: FuF 15 (1988), Nr. 44/45, 44–66

8433 Schmidlechner, Karin M.: Das Frauenbild in der NS-Zeit und die Arbeiterin, in: Rudolf G. Ardelt/Hans Hautmann (Hg.), Arbeiterschaft und Nationalsozialismus in Österreich. In memoriam Karl R. Stadler, Wien/Zürich 1990, 441–51

8434 Schmidt, Maruta/Dietz, Gabi (Hg.): Frauen unterm Hakenkreuz. Eine Dokumentation, 3. Aufl., München 1985; 223 S. (1. u. 2., Berlin 1983); gekürzt abgedr. in: Hart und zart. Frauenleben 1920–1970, Hg. Elefanten Press, Berlin 1990, 135–210* **

8435 Schmidt-Waldherr, Hiltraud: Pervertierte Emanzipation und Organisation von weiblicher Öffentlichkeit im Nationalsozialismus, in: Barbara Schaeffer-Hegel (Hg.), Frauen und Macht. Der alltägliche Beitrag der Frauen zur Politik des Patriarchats, 2. Aufl., Pfaffenweiler 1988, 10–35 (zuerst 1984)

8436 Schmidt-Waldherr, Hiltraud: Konflikte um die »Neue Frau« zwischen liberalbürgerlichen Frauen und den Nationalsozialisten, in: Lerke Gravenhorst/Carmen Tatschmurat (Hg.), TöchterFragen: NS-Frauen-Geschichte, Freiburg i.Br. 1990, 167–82

8437 Schmidt-Waldherr, Hiltraud: Frauen im Nationalsozialismus. Thesen. Nationalsozialistische Männersprüche, in: Konkursbuch 12 (1984), 235–39

8438 Schubert, Helga: Judasfrauen. Zehn Fallgeschichten weiblicher Denunziation im Dritten Reich, 3. Aufl., Frankfurt 1990; 170 S. (zuerst 1989; TB München 1992)

8439 Schüddekopf, Charles (Hg.): Der alltägliche Faschismus. Frauen im Dritten Reich, 2. Aufl., Berlin/Bonn 1982; 222 S. (zuerst 1981)

8440 Schulz, Günther: Die weiblichen Angestellten vom 19. Jahrhundert bis 1945, in: Hans Pohl/Wilhelm Treue (Hg.), Die Frau in der deutschen Wirtschaft. Referate und Diskussionsbeiträge des wissenschaftlichen Symposiums der Gesellschaft für Unternehmensgeschichte am 8. und 9. Dezember 1983 in Essen, Stuttgart 1985, 179–215

8441 Schupetta, Ingrid H. E.: Frauen- und Ausländererwerbstätigkeit in Deutschland von 1939 bis 1945, Köln 1983; 369 S.

8442 Schupetta, Ingrid H. E.: Jeder das Ihre. Frauenerwerbstätigkeit und Einsatz von Fremdarbeitern/-arbeiterinnen im Zweiten Weltkrieg, in: Mutterkreuz und Arbeitsbuch. Zur Geschichte der Frauen in der Weimarer Republik und im Nationalsozialismus, Hg. Frauengruppe Faschismusforschung, Frankfurt 1981, 292–317

8443 Schwarz, Gudrun: Verdrängte Täterinnen. Frauen im Apparat der SS (1939–1945), in: Theresa Wobbe (Hg.), Nach Osten. Verdeckte Spuren nationalsozialistischer Verbrechen, Frankfurt 1992, 197–223

8444 Seidler, Franz W.: Blitzmädchen. Die Geschichte der Helferinnen der deutschen Wehrmacht im Zweiten Weltkrieg, Koblenz/Bonn 1979; 166 S.

8445 Seidler, Franz W.: Frauen zu den Waffen? Marketenderinnen, Helferinnen, Soldatinnen, Koblenz 1978; 413 S.

8446 Siegele-Wenschkewitz, Leonore/Stuchlik, Gerda (Hg.): Frauen und Faschismus in Europa. Der faschistische Körper, Pfaffenweiler 1990; (XI) 335 S.*

8447 Stephenson, Jill: The Nazi Organization of Women, 2. Aufl., London/New York 1981; 246 S. (zuerst 1975 u. d. T.: Women in Nazi Society)

8448 Stephenson, Jill: »Verantwortungsbewußtsein«: Politische Schulung durch die

Frauenorganisationen im Dritten Reich, in: Manfred Heinemann (Hg.), Erziehung und Schulung im Dritten Reich, T. 2: Hochschule, Erwachsenenbildung, Stuttgart 1980, 194–205

8449 Stephenson, Jill: Women and the Professions in Germany, 1900–1945, in: Geoffrey Cocks/Konrad H. Jarausch (Hg.), German Professions, 1800–1950, New York/Oxford 1990, 270–88

8450 Stephenson, Jill: Propaganda, Autarky, and the German Housewife, in: David A. Welch (Hg.), Nazi Propaganda. The Power and the Limitations, London u. a. 1983, 117–42

8451 Stephenson, Jill: The Nazi Organisation of Women, 1933–1939, in: Peter D. Stachura (Hg.), The Shaping of the Nazi State, London/New York 1978, 186–209

8452 Stephenson, Jill: Girls' Higher Education in Germany in the 1930s, in: JCH 10 (1975), 41–69

8453 Stephenson, Jill: Middle-Class Women and National Socialist »Service«, in: History 67 (1982), 32–44

8454 Stephenson, Jill: Nationalsozialistischer Dienstgedanke, bürgerliche Frauen und Frauenorganisationen im Dritten Reich, in: GG 7 (1981), 555–71

8455 Stiehr, Karin: Auf der Suche nach Weiblichkeitsbildern im Nationalsozialismus, in: Barbara Determann u. a. (Hg.), Verdeckte Überlieferungen. Weiblichkeitsbilder zwischen Weimarer Republik, Nationalsozialismus und Fünfziger Jahren, Frankfurt 1991, 27–39

8456 Stockmann, Reinhard: Gewerbliche Frauenarbeit in Deutschland 1875–1980. Zur Entwicklung der Beschäftigtenstruktur, in: GG 11 (1985), 447–75

8457 Summerfield, Penny: Women Workers in Second World War, London 1984; 214 S.

8458 Szepansky, Gerda: Deutsche Mütter und Frauen, in: Renate Cogoy u. a. (Hg.), Erinnerung einer Profession. Erziehungsberatung, Jugendhilfe und Nationalsozialismus, Münster 1989, 59–66

8459 Tappe, Elisabeth: Die andere Hälfte. Ein Beitrag zur Geschichte der Frauen in Lünen, in: Lünen 1918–1966, Hg. Stadtarchiv Lünen, Lünen 1991

8460 Thalmann, Rita R.: Frausein im Dritten Reich, München/Wien 1984; 307 S. (franz.: Paris 1982)

8461 Thalmann, Rita R.: Frauen im Dritten Reich. Autobiographische Zeugnisse, in: Gisela Brinker-Gabler (Hg.), Deutsche Literatur von Frauen, Bd. 2: 19. und 20. Jahrhundert, München 1988, 293–304

8462 Thalmann, Rita R.: Zwischen Mutterkreuz und Rüstungsbetrieb: Zur Rolle der Frau im Dritten Reich, in: Karl D. Bracher u. a. (Hg.), Deutschland 1933–1945. Neue Studien zur nationalsozialistischen Herrschaft, 2., erg. Aufl., Bonn/Düsseldorf 1993, 198–217 (zuerst 1992)

8463 Thomas, Katherine: Women in Nazi Germany, London 1943; 102 S.

8464 Thürmer-Rohr, Christina: Aus der Täuschung in die Enttäuschung. Zur Mittäterschaft von Frauen, in: Christina Thürmer-Rohr, Vagabundinnen. Feministische Essays, Berlin 1987, 38–56

8465 Tidl, Georg: Die Frau im Nationalsozialismus, Wien u. a. 1984; 324 S.

8466 Traudisch, Dora: Mutterschaft mit Zuckerguß? Antinatalismus in nationalsozialistischen Spielfilmen, Pfaffenweiler 1993; 207 S.

8467 Treusch-Dieter, Gerburg: Ferner als die Antike. Machtform und Mythisierung der Frau im Nationalsozialismus und Faschismus, in: Konkursbuch 12 (1984), 193–218

8468 Tröger, Annemarie: Die Frau im wesensgemäßen Einsatz, in: Mutterkreuz und

Arbeitsbuch. Zur Geschichte der Frauen in der Weimarer Republik und im Nationalsozialismus, Hg. Frauengruppe Faschismusforschung, Frankfurt 1981, 246–72; abgedr. in: Maruta Schmidt/Gabi Dietz (Hg.), Frauen unterm Hakenkreuz. Eine Dokumentation, 3. Aufl. München 1985, 161–86, 205–10 (1. u. 2. Aufl., Berlin 1983); gekürzt abgedr. in: Hart und Zart. Frauenleben 1920–1970, Hg. Elefanten-Press, Berlin 1990, 203–10

8469 Tröger, Annemarie: Die Planung des Rationalisierungsproletariats. Zur Entwicklung der geschlechtsspezifischen Arbeitsteilung und des weiblichen Arbeitsmarktes im Nationalsozialismus, in: Annette Kuhn/Karin Rüsen (Hg.), Frauen in der Geschichte, Bd. 2, Düsseldorf 1982, 245–98 (zuerst 1984)

8470 Vedder-Schults, Nancy: Motherhood for the Fatherland. The Portrayal of Women in Nazi Propaganda, Diss. University of Wisconsin, Madison 1982; 404 S.

8471 Voigt-Firon, Diana: Das Mädchenbuch im Dritten Reich. Weibliche Rollenangebote zwischen bürgerlichem Frauenbild, faschistischer Neuprägung und Staatsinteresse, Köln 1989; 140 S.

8472 Vormschlag, Elisabeth: Inhalte, Leitbilder und Funktionen politischer Frauenzeitschriften der SPD, der USPD, der KPD in den Jahren 1890–1933 und der NSDAP in den Jahren 1932–1945, Diss. Göttingen 1970; 270 S.

8473 Walesca Tielsch, Elfriede: Feministische Theorie und Philosophie in der Weimarer Zeit und im Faschismus, in: Astrid Deuber-Mankowsky/Ursula Konnertz (Hg.), Weimarer Republik und Faschismus. Eine feministische Auseinandersetzung. (Die Philosophin, Jg. 2, Nr. 3), Tübingen 1991, 72–102

8474 Warth, Eva-Maria: The Reconceptualisation of Women's Roles in War-Time National Socialism. An Analysis of Die Frau meiner Träume, in: Brandon Taylor/Wilfried van der Will (Hg.), The Nazification of Art. Art, Design, Music, Architecture, and Film in the Third Reich, Winchester, Hampsh. 1990, 262 f.

8475 Weghaupt-Schneider, Ingeborg: Frauenindustriearbeit in Deutschland: Eine Konkurrenz für die männlichen Industriearbeiter auf dem Arbeitsmarkt? Zur Geschichte der sozialen, politischen und ökonomischen Bedingungen der Frauenindustriearbeit in Deutschland von der Industrialisierung bis zum Ende des Zweiten Weltkrieges, Diss. Göttingen 1985, 345–450

8476 Westenrieder, Norbert: »Deutsche Frauen und Mädchen!« Vom Alltagsleben 1933–1945. (Fotografierte Zeitgeschichte), Düsseldorf 1984; 140 S. (LA Bindlach 1990)**

8477 Weyrather, Irmgard: Muttertag und Mutterkreuz. Der Kult um die »deutsche Mutter« im Nationalsozialismus, Frankfurt 1993; 224 S.

8478 Weyrather, Irmgard: »Ich bin noch aus dem vorigen Jahrhundert.« Frauenleben zwischen Kaiserreich und Wirtschaftswunder, Frankfurt 1985; 282 S.

8479 Wiggershaus, Renate: Frauen unterm Nationalsozialismus, Wuppertal 1984; 168 S.

8480 Wiggershaus, Renate: Frauen im Nationalsozialismus, in: Johannes Beck u.a. (Hg.), Terror und Hoffnung in Deutschland 1933–1945. Leben im Faschismus, Reinbek 1980, 357–65

8481 Willmot, Louise: Women in the Third Reich. The Auxiliary Military Law of 1944, in: GH 2 (1985), Nr. 2, 10–20

8482 Willms, Angelika: Segregation auf Dauer? Zur Entwicklung des Verhältnisses von Frauenarbeit und Männerarbeit in Deutschland 1880–1980, in: Walter Müller u.a., Strukturwandel der Frauenarbeit 1880–1980, Frankfurt/New York 1983, 107–81

8483 Winkel, Harald: Die Frau in der Landwirtschaft (1800–1945), in: Hans Pohl/

Wilhelm Treue (Hg.), Die Frau in der deutschen Wirtschaft. Referate und Diskussionsbeiträge des wissenschaftlichen Symposiums der Gesellschaft für Unternehmensgeschichte am 8. und 9. Dezember 1983, Stuttgart 1985, 89–102

8484 Winkler, Dörte: Frauenarbeit im »Dritten Reich«, Hamburg 1977; 253 S.

8485 Winkler, Dörte: Frauenarbeit versus Frauenideologie. Probleme der weiblichen Erwerbstätigkeit in Deutschland 1930–1945, in: AfS 17 (1977), 99–126

8486 Wittmann, Ingrid: »Echte Weiblichkeit ist ein Dienen«. Die Haushaltsgehilfin in der Weimarer Republik und im Nationalsozialismus, in: Mutterkreuz und Arbeitsbuch. Zur Geschichte der Frauen in der Weimarer Republik und im Nationalsozialismus, Hg. Frauengruppe Faschismusforschung, Frankfurt 1981, 15–48

8487 Wittrock, Christine: Weiblichkeitsmythen. Das Frauenbild im Faschismus und seine Vorläufer in der Frauenbewegung der 20er Jahre, 2. Aufl., Frankfurt 1985; 339 S. (zuerst 1983)

8488 Zahn, Susanne: Töchterleben: Studien zur Sozialgeschichte der Mädchenliteratur, Frankfurt 1983; IX, 459 S.

Regional-/Lokalstudien: Bibliographien

8489 Bibliographie zur Essener Frauengeschichte, Hg. Stadt Essen, Volkshochschule – Projekt Essener Frauengeschichte –, Bearb. Birgit Beese/Marion Karla, Essen 1992; 36 S. (Ms. vervielf.)

Regional-/Lokalstudien: Gedruckte Quellen

8490 Frauen vor Ort. Lebenserfahrungen von Bergarbeiterfrauen. Bilder und Texte aus der Kolonie der Zeche Westfalen in Ahlen, Hg. Stadt Ahlen, Bearb. Anke Schiller-Mertens, Essen 1990; 127 S.

Regional-/Lokalstudien: Darstellungen

8491 Berger, Karin: »Hut ab vor Frau Sedlmayer!« Zur Militarisierung und Ausbeutung der Arbeit von Frauen im nationalsozialistischen Österreich, in: Emmerich Tálos u. a. (Hg.), NS-Herrschaft in Österreich 1938–1945, Wien 1988, 141–62

8492 Bock, Ulla/Jank, Dagmar: Studierende, lehrende und forschende Frauen in Berlin. 1908–1945 Friedrich-Wilhelms-Universität zu Berlin. 1948–1990 Freie Universität Berlin. Ausstellung im Foyer der FU Berlin vom 18. Juni bis 20. Juli 1990, Hg. Universitätsbibliothek der FU Berlin, Berlin 1990; 55 S.

8493 Dageförde, Astrid: Frauen an der Hamburger Universität 1933 bis 1945: Emanzipation oder Repression?, in: Eckart Krause u. a. (Hg.), Hochschulalltag im »Dritten Reich«. Die Hamburger Universität 1933–1945, Bd. 1, Berlin/Hamburg 1991, 255–70

8494 Eiber, Ludwig: Frauen in der Kriegsindustrie. Arbeitsbedingungen, Lebensumstände und Protestverhalten, in: Bayern in der NS-Zeit, Bd. 3: Herrschaft und Gesellschaft im Konflikt, T. B, Hg. Martin Broszat u. a., München/Wien 1981, 569–644

8495 Fastnacht, Kathrin: Die Geschichte der Frauenarbeitsschule und der Mütterschule in Esslingen, in: Von Weimar bis Bonn. Esslingen 1919–1949. Begleitband zur Ausstellung »Esslingen 1919–1949. Von Weimar bis Bonn«, Esslingen 1991, 169–88

8496 Frauen berichten aus der Zeit des Nationalsozialismus, Hg. Arbeitsgemeinschaft sozialdemokratischer Frauen in Karlsruhe, Karlsruhe 1983

8497 Huerkamp, Claudia: Zwischen Überfüllungskrise und politischer Reglementierung. Studienrätinnen in Preußen in der Zwischenkriegszeit, in: Juliane Jacobi (Hg.), Frauen zwischen Familie und Schule. Professionalisierungsstrategien von Lehrerinnen im internationalen Vergleich, Köln 1993, 108–29

8498 Jacobeit, Sigrid: OSRAM-Arbeiterinnen. Deutsche und ausländische Frauen in der Kriegsproduktion für den Berliner

Glühlampen-Konzern 1939 bis 1945, in: JfG 35 (1987), 369–88

8499 Klinksiek, Dorothee: Frauen im Nationalsozialismus, in: Ulrich Wagner (Hg.), »Dem Reich der Freiheit werb' ich Bürgerinnen.« Anspruch und Wirklichkeit. Aus dem Leben Würzburger Frauen vom Kaiserreich bis heute Würzburg, Würzburg 1988, 96–102

8500 Koerner, Marianne: Auf die Spur gekommen. Frauengeschichte in Göttingen, Neustadt a. Rbge. 1989; 183 S.

8501 Korotin, Ilse E.: »Ach Österreich ... das ist wirklich ein Kapitel für sich.« Auf den Spuren weiblichen Philosophierens zwischen »Wissenschaftlicher Weltauffassung« und »Deutscher Sendung«, in: Astrid Deuber-Mankowsky/Ursula Konnertz (Hg.), Weimarer Republik und Faschismus. Eine feministische Auseinandersetzung. (Die Philosophin, Jg. 2, Nr. 3), Tübingen 1991, 26–50

8502 Kuhn, Annette u.a. (Leitung): Frauenleben im NS-Alltag. Bonn 1933–1945, Bearb. Universität Bonn, Seminar für Frauengeschichte/FrauenMuseum Bonn, Red. Bettina Bab, Bonn 1991; 64 S.

8503 Kuhn, Annette (Hg.): Frauenleben im NS-Alltag. Bonner Studien zur Frauengeschichte, Pfaffenweiler 1994; 368 S.

8504 Meier-Kaienburg, Helma: Frauenarbeit auf dem Land. Zur Situation abhängig beschäftigter Frauen im Raum Hannover 1919–1939, Bielefeld 1992; 385 S.

8505 Merbeck, Marianne (Hg.): Ich bin doch nichts Besonderes. Aachener Frauen erzählen Geschichte, Aahen 1991; 186 S.

8506 Merkel, Christine/Unger, Anne: Erziehung und Motivierung der Frauen zur Bewältigung des Alltags in der Krise. Beispiele aus Freiburg vom Ende der Weimarer Republik bis zum Beginn des »Dritten Reiches«, in: Heiko Haumann/Thomas Schnabel (Hg.), »Eigentlich habe ich nichts gesehen ...« Beiträge zu Geschichte und Alltag in Südbaden im 19. und 20. Jahrhundert, Freiburg i.Br. 1987, 75–123

8507 Müller, Roswitha: Frauen im Nationalsozialismus. Nationalsozialistische Einrichtungen in Bonn, in: Josef Matzerath (Hg.), Bonn. 54 Kapitel Stadtgeschichte, Bonn 1989, 313–15

8508 Obschernitzki, Doris: »Der Frau ihre Arbeit!«. Lette-Verein. Zur Geschichte einer Berliner Institution 1866 bis 1986, Berlin 1954, 170–98, 274f.

8509 Polm, Rita: »Irgendwie wußten wir schon Bescheid ...! Frauenleben in Münster 1933–1945. Versuch einer Darstellung anhand der Erinnerungen einer Münsteranerin, in: FrauenLeben in Münster; Ein historisches Lesebuch, Hg. Arbeitskreis Frauengeschichte in Münster, Münster 1991, 67–88

8510 Schäfer, Ingrid: Verborgene Welten – Frauenleben in Valhausen: ein Beitrag zur regionalen Frauengeschichte, in: Günter Hammer u.a., Valhausen. Alltag in einem lippischen Dorf 1900–1950, Hg. Lippischer Heimatbund, Detmold 1987, 107–61

8511 Schweiger, Elisabeth/Süllwold, Erika (Hg.): Fünf Frankfurter Frauen. Berichte vom Faschismus, Krieg und Widerstand, Frankfurt 1983; 27 S.

8512 Volland, Eva M./Bauer, Reinhard (Hg.): München – Stadt der Frauen. Kampf für Frieden und Gleichberechtigung 1800–1945. Ein Lesebuch, München/Zürich 1991, 137–205, 209**

8513 Wisotzky, Klaus: Frauen im »Dritten Reich«, in: Erika Münster/Klaus Wisotzky (Hg.), »Der Wirkungskreis der Frau...« Frauengeschichte in Ratingen, Ratingen 1991, 173–213

8514 Wittener Frauengeschichte(n). Dokumentation anläßlich einer frauengeschichtlichen Stadtrundfahrt, Hg. Arbeitskreis Frauengeschichte Witten, Red. Beate Brunner/Martina Kliner-Lintzen, Witten 1985; 57 S.

8515 Zymek, Bernd: Der Strukturwandel des Mädchenschulwesens in Preußen, 1908–1948, in: ZfPä 34 (1988), 191–203

A.3.11.8 Jugend

[vgl. A.3.2.2; A.3.12.3.3; A.3.12.4.4; A.3.13.8; A.3.18; A.3.19.3]

Bibliographien

8516 Jahnke, Karl H./Ullmann, Carsten (Bearb.): Bibliographie: Deutsche Jugend im Zweiten Weltkrieg, in: Deutsche Jugend im Zweiten Weltkrieg, Rostock 1991, 122–37

Literaturberichte

8517 Jahnke, Karl H.: Forschungen zur Geschichte der Jugendbewegung, in: Historische Forschungen in der DDR 1970–1980. Analysen und Berichte. Zum XV. Internationalen Historikerkongreß in Bukarest 1980. (ZfG, Sonderh.), Red. Gerhard Becker u. a., Berlin (O) 1980, 693–706

8518 Schörken, Rolf: Jugendalltag im Dritten Reich. Die »Normalität« in der Diktatur. Anmerkungen zu einigen Erinnerungsbüchern, in: Klaus Bergmann/Rolf Schörken (Hg.), Geschichte im Alltag – Alltag in der Geschichte, Düsseldorf 1982, 236–46

Nachschlagewerke

8519 Schneider, Bernhard: Daten zur Geschichte der Jugendbewegung. Unter besonderer Berücksichtigung des Pfadfindertums 1890–1945, Neuausg., Münster 1990; (7), 259 S. (zuerst Bad Godesberg 1965)

Quellenkunde

8521 »Jugend im NS-Staat«. Eine Ausstellung des Bundesarchivs. Katalog, Hg. Bundesarchiv, Vorbereitung Heinz Boberach u. a., Mitarb. Josef Henke/Rainer F. Raillard, Koblenz 1982; 50 S.

8522 Jugend unterm Hakenkreuz. Nationalsozialistische Kinderbücher aus der Sammlung Hobrecher, Braunschweig. Auswahlverzeichnis. Eine Ausstellung der Kreisbibliothek Eutin, 30.1.–30.4. 1983, Eutin 1983; 25 S.

8523 Klönne, Arno: Zur »bündischen Opposition« im Dritten Reich. Hinweise auf Quellen und Materialien, in: JAdG 12 (1980), 123–28

8524 Lütgert, Will: Zeitgeschichtliche Filmdokumente als pädagogische Forschungsquellen. Erziehungsstile in nationalsozialistischen Jugendgruppen, in: Günter Moltmann u. a. (Hg.), Zeitgeschichte im Film- und Tondokument. 17 historische, pädagogische und sozialwissenschaftliche Beiträge, Göttingen 1970, 69–91

Gedruckte Quellen

8525 Hellfeld, Matthias G. von/Klönne, Arno (Hg.): Die betrogene Generation. Jugend in Deutschland unter dem Faschismus. Quellen und Dokumente, Köln 1985; 352 S.

8526 Jahnke, Karl H.: Hitlers letztes Aufgebot. Deutsche Jugend im sechsten Kriegsjahr 1944/45, Essen 1993; 190 S.

8527 Jahnke, Karl H./Buddrus, Michael: Deutsche Jugend 1933–1945. Eine Dokumentation, Hamburg 1989; 496 S.

8528 Körber, Hilde: Kindheit und Jugend 1942–1947. Briefe und Aufzeichnungen junger Menschen, Berlin 1948; 191 S.

8529 Landenberger, Annemarie: Als Hamburger Lehrerin in der Kinderlandverschickung. Tagebuch 1943, Hamburg 1993; 70 S.

Methodische Probleme

8530 Gröschel, Roland: Einige methodenkritische Bemerkungen zur Anwendung der Oral History in der Erforschung von Lebenswelten und Erfahrungen Jugendlicher im Zweiten Weltkrieg, in: Deutsche Jugend im Zweiten Weltkrieg, Rostock 1991, 93–98

8531 Jahnke, Karl H.: Zur Rolle der deutschen Jugend im Zweiten Weltkrieg – Stand und Perspektive der Forschung, in: Deutsche Jugend im Zweiten Weltkrieg, Rostock 1991, 9–24

Darstellungen

8532 Aley, Peter: Jugendliteratur im Dritten Reich. Dokumente und Kommentare, Vorwort Klaus Doderer, Hamburg 1969; XI, 262 S. (zuerst Gütersloh 1967)**

8533 Benz, Ute: Verführung und Verführbarkeit. NS-Ideologie und kindliche Disposition zur Radikalität, in: Ute Benz/Wolfgang Benz (Hg.), Sozialisation und Traumatisierung. Kinder in der Zeit des Nationalsozialismus, Frankfurt 1992, 25–39

8534 Benz, Ute/Benz, Wolfgang (Hg.): Sozialisation und Traumatisierung. Kinder in der Zeit des Nationalsozialismus, Frankfurt 1992; 151 S.

8535 Benz, Wolfgang: Kinder und Jugendliche unter der Herrschaft des Nationalsozialismus, in: Ute Benz/Wolfgang Benz (Hg.), Sozialisation und Traumatisierung. Kinder in der Zeit des Nationalsozialismus, Frankfurt 1992, 11–24, 141 f.

8536 Boberach, Heinz: Jugend unter Hitler. (Fotografierte Zeitgeschichte), Düsseldorf 1982; 174 S.**

8537 Bucher, Willi/Pohl, Klaus (Hg.): Schock und Schöpfung. Jugendästhetik im 20. Jahrhundert, hg. i.A. des Deutschen Werkbundes/Württembergischen Kunstvereins Stuttgart, Darmstadt/Neuwied 1986; 436 S.*

8538 Bude, Heinz: Deutsche Karrieren. Lebenskonstruktionen sozialer Aufsteiger aus der Flakhelfer-Generation, Frankfurt 1987; 280 S.

8539 Castell Rüdenhausen, Adelheid Gräfin zu: Familie und Kindheit, in: Dieter Langewiesche/Heinz-Elmar Tenorth (Hg.), Handbuch der deutschen Bildungsgeschichte, Bd. 5: Die Weimarer Republik und die nationalsozialistische Diktatur, München 1989, 65–110

8540 Czeloth, Hans u.a.: Jugendbewegtes Reservat oder nationalsozialistische Kaderschule? Das »Landjahr« in der Diskussion, in: JAdG 14 (1982/83), 105–16

8541 Deutsche Jugend im Zweiten Weltkrieg, Mitarb. Barbara Bromberger u.a., Rostock 1991; 138 S.*

8542 Dörner, Christine: Erziehung durch Strafe. Die Geschichte des Jugendstrafvollzugs 1871–1945, Weinheim 1991; 321 S.

8543 Dörner, Christine: Bestrafung »Frühreifer« und Erziehung »Unreifer«. Die Geschichte des Strafunmündigkeitsalters in den drei deutschen Jugendgerichtsgesetzen von 1923, 1943 und 1953, in: ZNR 16 (1994), 58–84

8544 Ehrentreich, Alfred: Erfahrungen aus der Kinderlandverschickung, in: IZEBF 14 (1980), 109–22

8545 Eilers, Rolf: Nationalsozialistische Jugendpolitik, in: Rolf Eilers (Hg.), Löscht den Geist nicht aus. Der Bund Neudeutschland im Dritten Reich. Erlebnisberichte, Mainz 1985, 9–29

8546 Glaser, Georg/Silenius, Axel (Hg.): Jugend im Dritten Reich, Frankfurt 1975; 124 S.

8547 Götz von Olenhusen, Irmtraud: Die Krise der jungen Generation und der Aufstieg des Nationalsozialismus, in: JAdG 12 (1980), 53–79

8548 Graml, Hermann: Integration und Entfremdung. Inanspruchnahme durch Staatsjugend und Dienstpflicht, in: Ute Benz/Wolfgang Benz (Hg.), Sozialisation und Traumatisierung. Kinder in der Zeit des Nationalsozialismus, Frankfurt 1992, 70–79

8549 Hannsmann, Margarete: Der helle Tag bricht an. Ein Kind wird Nazi, Hamburg 1982; 255 S.

8550 Harvey, Elizabeth: Youth and the Welfare State in Weimar Germany, Oxford u. a. 1993, 264–98

8551 Haupert, Bernhard/Schäfer, Franz J.: Jugend zwischen Kreuz und Hakenkreuz. Biographische Rekonstruktion [Josef Schäfer] als Alltagsgeschichte des Faschismus, Vorwort Manfred Messerschmidt, 2. Aufl., Frankfurt 1992; 352 S. (zuerst 1991)

8552 Hausmann, Christopher: Heranwachsen im »Dritten Reich«. Möglichkeiten und Besonderheiten jugendlicher Sozialisation im Spiegel autobiographischer Zeugnisse, in: GWU 41 (1990), 607–18

8553 Hellfeld, Matthias G. von: Davongekommen! Erwachsenwerden im Holocaust, Frankfurt 1990; 151 S.*

8554 Hopster, Norbert/Nassen, Ulrich: Vom »Bekenntnis« zum »Kampf«. Jugend und Jugendliteratur auf dem Weg ins »jugendliche Reich«, in: Thomas Koebner u. a. (Hg.), »Mit uns zieht die neue Zeit.« Der Mythos Jugend, Frankfurt 1985, 546–62

8555 Huber, Karl-Heinz: Jugend unter Hakenkreuz, 2. Aufl., Berlin 1986; 325 S. (zuerst 1982)

8556 Itschert, Ernst A. u. a.: Feuer frei, Kinder! Eine mißbrauchte Generation. Flakhelfer im Einsatz, Saarbrücken 1984; 224 S.

8557 Jahnke, Karl H.: Deutsche Jugend beim Übergang vom Krieg zum Frieden 1944–1946, in: Ingo Koch/Studienkreis für Jugendgeschichte und -forschung. Darstellung und Vermittlung (Hg.), Deutsche Jugend zwischen Krieg und Frieden 1944–1946, Rostock 1993, 6–21

8558 Jaide, Walter: Generationen eines Jahrhunderts. Wechsel der Jugendgenerationen im Jahrhunderttrend. Zur Sozialgeschichte der Jugend in Deutschland 1871 bis 1985, Opladen 1988; 362 S.

8559 Jaroslawski, Renate/Steinlein, Rüdiger: Die »politische Jugendschrift«. Zur Theorie und Praxis faschistischer deutscher Jugendliteratur, in: Horst Denkler/Karl Prümm (Hg.), Die deutsche Literatur im Dritten Reich. Themen – Traditionen – Wirkungen, Stuttgart 1976, 305–29

8560 Klafki, Wolfgang: Typische Faktorenkonstellationen für Indentitätsbildungsprozesse von Kindern und Jugendlichen im Nationalsozialismus im Spiegel autobiographischer Berichte, in: Christa Berg/Sieglind Ellger-Rüttgardt (Hg.), »Du bist nichts, Dein Volk ist alles.« Forschungen zum Verhältnis von Pädagogik und Nationalsozialismus, Weinheim 1991, 159–72

8561 Klönne, Arno: Deutsche Jugend im Zweiten Weltkrieg – Lebensbedingungen, Erfahrungen, Mentalitäten, in: Deutsche Jugend im Zweiten Weltkrieg, Rostock 1991, 25–32

8562 Klönne, Arno: Jugend im Dritten Reich, in: Karl D. Bracher u. a. (Hg.), Deutschland 1933–1945. Neue Studien zur nationalsozialistischen Herrschaft, 2., erg. Aufl., Bonn/Düsseldorf 1993, 218–39 (zuerst 1992)

8563 Klönne, Arno: Jugend im Nationalsozialismus – Ansätze und Probleme der Aufarbeitung, in: Wolfgang Keim (Hg.), Pädagogen und Pädagogik im Nationalsozialismus. Ein unerledigtes Problem der Erziehungswissenschaft, 3. Aufl., Frankfurt u. a. 1991, 79–88 (zuerst 1988)

8564 Klönne, Arno: Jugendopposition gegen HJ und NS-Staat, in: Johannes Beck u. a. (Hg.), Terror und Hoffnung in Deutschland 1933–1945. Leben im Faschismus, Reinbek 1980, 435–49

8565 Klönne, Arno: Jugendbewegung und Faschismus, in: Johannes Beck u. a. (Hg.), Terror und Hoffnung in Deutschland 1933–1945. Leben im Faschismus, Reinbek 1980, 421–25

8566 Klönne, Arno: Bündische Jugend, Nationalsozialismus und NS-Staat, in: Jürgen Schmädeke/Peter Steinbach (Hg.), Der Widerstand gegen den Nationalsozialismus.

Die deutsche Gesellschaft und der Widerstand gegen Hitler, 2. Aufl., München/Zürich 1986, 182–89 (zuerst 1985; ND 1994)

8567 Klönne, Arno: Jugendbewegung und Faschismus. Zusammenhänge und Konflikte, in: JAdG 12 (1980), 23–34

8568 Klönne, Arno: Jugend im Dritten Reich. Jugendbewegung – Hitlerjugend – Jugendopposition, in: JoGe 2 (1980), Nr. 3, 14–18

8569 Koch, Ingo/Studienkreis für Jugendgeschichte und -forschung. Darstellung und Vermittlung (Hg.): Deutsche Jugend zwischen Krieg und Frieden 1944–1946, Rostock 1993; 138 S.*

8570 Krolle, Stefan: Bündische Umtriebe. Die Geschichte des Nerother Wandervogels vor und unter dem NS-Staat. Ein Jugendbund zwischen Konformität und Widerstand, 1. u. 2. Aufl., Münster 1985; 144 S.

8571 Krüger, Heinz-Hermann: Jugend und Jugendopposition im Dritten Reich, in: Kurt-Ingo Flessau u. a. (Hg.), Erziehung im Nationalsozialismus. »... und sie werden nicht mehr frei ihr ganzes Leben!«, Köln/Wien 1987, 9–22

8573 Langer, Hermann: Zielsetzung, Struktur, Inhalt und Methoden der Meinungsmanipulation der Jugend insbesondere in Schule und Hitlerjugend durch den faschistischen deutschen Imperialismus von September 1939 bis zum Juli 1943, Diss. Rostock 1973; XI, 184 S. (Ms. vervielf.)

8574 Langer, Hermann: »Wollt ihr den totalen Tanz?« Streiflichter zur imperialistischen Manipulierung der Jugend, 2. Aufl., Berlin (O) 1986; 206 S. (zuerst 1985)

8575 Langer, Hermann: Schulfrei für den Tod. Jugend unter Pickelhaube und Stahlhelm, Berlin (O) 1988; 203 S.

8576 Langer, Hermann: Zur jugendfeindlichen Politik des deutschen Imperialismus im letzten Jahr des zweiten Weltkrieges, in: BGFDJ 10 (1987), Nr. 9, 42–47

8577 Langer, Hermann: Über die Bestrebungen zur geistigen Militarisierung der deutschen Jugend während des Faschismus, in: MG 14 (1975), 206–12

8578 Langer, Hermann: Zur faschistischen Manipulierung der deutschen Jugend während des zweiten Weltkrieges, in: JfG 26 (1982), 335–65

8579 Laqueur, Walter Z.: Die deutsche Jugendbewegung. Eine historische Studie, Köln 1962; 279 S. (engl.: London/New York 1962 u. d. T.: Young Germany)

8580 Larass, Claus: Der Zug der Kinder. KLV – Die Evakuierung 5 Millionen deutscher Kinder im 2. Weltkrieg, München 1983; 270 S.

8581 Laurien, Ingrid: Generationendialog. Über Kindheit und Jugend im Nationalsozialismus, in: L 80 4 (1983), Nr. 27, 145–57

8582 Lessing, Helmut (Hg.): Kriegskinder, Frankfurt 1984; 168 S.

8583 Lück, Oliver: Einige ausgewählte Aspekte zur Lage der deutschen Jugend unter den Bedingungen des totalen Krieges 1943–1945, in: JG 13 (1990), Nr. 12, 43–52

8584 Mogge, Winfried: »Der gespannte Bogen«. Jugendbewegung und Nationalsozialismus: Eine Zwischenbilanz, in: JAdG 13 (1981), 11–34

8585 Müller, Hans: Edelweißpiraten. (Unterrichtsmaterialien), Hg. Pädagogische Arbeitsstelle Dortmund, Dortmund 1982; 110 S.**

8587 Nicolaisen, Hans-Dietrich: Der Einsatz der Luftwaffen- und Marinehelfer im 2. Weltkrieg. Darstellung und Dokumente, Büsum 1981; 667 S.**

8588 Nicolaisen, Hans-Dietrich: Die Flakhelfer. Luftwaffenhelfer und Marinehelfer im Zweiten Weltkrieg, 2. Aufl., Frankfurt/Berlin 1985; 304 S. (zuerst 1981)

8589 Nicolaisen, Hans-Dietrich: Gruppenfeuer und Salventakt. Schüler und Lehrlinge bei der Flak 1943–1945, Büsum 1993; 1792 S.

8590 Petrick, Fritz: Zur sozialen Lage der Arbeiterjugend in Deutschland 1933 bis 1939, Berlin (O) 1974; XI, 123 S.

8591 Peukert, Detlev J. K.: Arbeiterjugendliche im Dritten Reich, in: Ernst Breit (Hg.), Aufstieg des Nationalsozialismus – Untergang der Republik – Zerschlagung der Gewerkschaften. Dokumentation der historisch-politischen Konferenz des DGB im Mai 83 in Dortmund, Köln 1984, 213–18

8592 Peukert, Detlev J. K.: Youth in the Third Reich, in: Richard Bessel (Hg.), Life in the Third Reich, 3. Aufl., Oxford/New York 1992, 25–40 (zuerst 1987)

8593 Peukert, Detlev J. K.: Die »Halbstarken«. Protestverhalten von Arbeiterjugendlichen zwischen Wilhelminischem Kaiserreich und Ära Adenauer, in: ZfPä 30 (1984), 533–48

8594 Pöggeler, Franz: Die Politisierung der Jugendarbeit, dargestellt am Beispiel der deutschen Jugendherbergen von 1933 bis 1945, in: IZEBF 14 (1980), 171–89

8595 Radkau, Joachim: Die singende und die tote Jugend. Der Umgang mit Jugendmythen im italienischen und deutschen Faschismus, in: Thomas Koebner u. a. (Hg.), »Mit uns zieht die neue Zeit.« Der Mythos Jugend, Frankfurt 1985, 97–127

8596 Rohrbach, Rainer: Erziehung zum Kriege. Jugend im 3. Reich, Hg. Städtisches Museum Göttingen, Göttingen 1983; 24 S.

8597 Rusinek, Bernd-A.: Jugend im »Totalen Krieg« 1944/45, in: Deutsche Jugend im Zweiten Weltkrieg, Rostock 1991, 53–59

8598 Schätz, Ludwig: Schüler-Soldaten. Die Geschichte der Luftwaffenhelfer im Zweiten Weltkrieg, 2. Aufl., Darmstadt 1974; X, 160 S.

8599 Schörken, Rolf: Luftwaffenhelfer und III. Reich. Die Entstehung eines politischen Bewußtseins, 2. Aufl., Stuttgart 1985; 260 S. (zuerst 1984)

8600 Schörken, Rolf: Jugendästhetik bei den Luftwaffenhelfern, in: Willi Bucher/ Klaus Pohl (Hg.), Schock und Schöpfung. Jugendästhetik im 20. Jahrhundert, Hg. Deutscher Werkbund/Württembergischer Kunstverein Stuttgart, Darmstadt/Neuwied 1986, 326–30

8603 Simoneit, Ferdinand: »... mehr als der Tod«. Die geopferte Jugend, München 1989; 318 S.

8604 Sommer, Wilhelm: Kinder und Jugendliche im Nationalsozialismus. (Tempora. Lesehefte für die Sekundarstufe I), Stuttgart/Mainz 1984; 64 S.

8605 Stachura, Peter D.: Deutsche Jugendbewegung und Nationalsozialismus. Interpretation und Perspektiven, in: JAdG 12 (1980), 35–52

8606 Steinbrinker, Heinrich: Schnittmengen – Eine Einführung in das Thema: Jugendbewegung und Nationalsozialismus, in: JAdG 12 (1980), 11–22

8607 Sternheim-Peters, Eva: Die Zeit der großen Täuschungen. Mädchenleben im Faschismus, 2. Aufl., Köln 1992; 481 S. (zuerst Bielefeld 1987)

8608 Tewes, Ludger: Jugend im Krieg. Von Luftwaffenhelfern und Soldaten, Essen 1989; 389 S.

8609 Theilen, Fritz: Edelweißpiraten, Hg. u. Dokumentation Matthias G. von Hellfeld, 13.–15. Tsd., Frankfurt 1987; 213 S. (zuerst 1984)**

8610 Ullmann, Carsten: Zum Kriegseinsatz der deutschen Jugend 1939 bis 1945, in: Deutsche Jugend im Zweiten Weltkrieg, Rostock 1991, 33–42

8611 Ullmann, Carsten: Auf dem Weg zur »neuen Armee«? Jugend und Militär 1944/45, in: Ingo Koch/Studienkreis für Jugendgeschichte und -forschung. Darstellung und Vermittlung (Hg.), Deutsche Jugend zwischen Krieg und Frieden 1944–1946, Rostock 1993, 39–48

8612 Ullmann, Carsten: Zu Aspekten der vormilitärischen Ausbildung der männlichen deutschen Jugend in den ersten beiden Perioden des zweiten Weltkrieges, in: JG 13 (1990), Nr. 12, 37–42

8613 Waldeck, Ruth: Jugend im Nationalsozialismus – ein Erbe unserer Mütter, in: Hans-Jürgen Busch/Alfred Krovoza (Hg.), Subjektivität und Geschichte, Frankfurt 1989, 59–79

8614 Wolff, Jörg u. a.: Jugendliche vor Gericht im Dritten Reich. Nationalsozialistische Jugendstrafrechtspolitik und Justizalltag, München 1992; 416 S.

8615 Wolff, Jörg: Jugend und Strafrecht im Nationalsozialismus, in: ZNR 14 (1992), 41–66

8616 Zinnecker, Jürgen: Jugendkultur 1940–1985, Opladen 1987; 380 S.

Regional-/Lokalstudien: Darstellungen

8617 Castell Rüdenhausen, Adelheid Gräfin zu/Reulecke, Jürgen: Aspekte der nationalsozialistischen Gesellschaftspolitik am Beispiel der Jugend- und Rassenpolitik, in: Kurt Düwell/Wolfgang Köllmann (Hg.), Rheinland-Westfalen im Industriezeitalter. Beiträge zur Landesgeschichte im 19. und 20. Jahrhundert, Bd. 3: Vom Ende der Weimarer Republik zum Land Nordrhein-Westfalen, Wuppertal 1984, 159–78

8618 Goebel, Klaus (Hg.): Unter Hakenkreuz und Bombenhagel. Die Irreführung einer Generation in Beispielen und Augenzeugenberichten aus Wuppertal, 2. Aufl., Wuppertal 1990; 239 S. (zuerst 1989)

8619 Hermand, Jost: Als Pimpf in Polen. Erweiterte Kinderlandverschickung 1940–1945, Frankfurt 1993; 150 S.

8619a Jugend im nationalsozialistischen Frankfurt. Ausstellungsdokumentation, Zeitzeugenerinnerungen, Publikum, Hg. Historisches Museum Frankfurt am Main, Bearb. Jürgen Steen, Frankfurt 1987; 378 S.**

8619b Krüger, Norbert: »... dem Rufe des Führers begeistert folgend ...«. Essener Schüler und Lehrlinge als Luftwaffenhelfer im Totalen Krieg, in: MaH 28 (1975), 17–46, 49–74

8620 Leppien, Annemarie/Leppien, Jörn-Peter: Mädel-Landjahr in Schleswig-Holstein. Einblicke in ein Kapitel nationalsozialistischer Mädchenerziehung 1936–1940, Neumünster 1989; 144 S.

8620a Müller, Thorsten: Furcht vor der SS im Alsterpavillion [Hamburg]. Swing, das war eine aparte Lebensart, in: Willi Bucher/Klaus Pohl (Hg.), Schock und Schöpfung. Jugendästhetik im 20. Jahrhundert, hg. i. A. des Deutschen Werkbundes/Württembergischen Kunstvereins Stuttgart, Darmstadt/Neuwied 1986, 324 f.

8621 Neuland, Franz/Werner-Cordt, Albrecht: Die Junge Garde. Arbeiterjugendbewegung in Frankfurt am Main 1904–1945, Gießen 1980; 349 S.

8622 Rühlig, Cornelia/Steen, Jürgen (Bearb.): Walter, geb. 1926, gefallen an der Ostfront. Leben und Lebensbedingungen eines Frankfurter Jungen im III. Reich, Hg. Historisches Museum Frankfurt, Frankfurt 1983; 149 S.**

8623 Schaar, Torsten: Zum Einsatz Mecklenburger Schüler als Luftwaffen- und Marinehelfer 1943 bis 1945, in: Studien zur Geschichte Mecklenburgs in der ersten Hälfte des 20. Jahrhunderts, Hg. Studienkreis für Jugendgeschichte und -forschung. Darstellung und Vermittlung, Rostock o. J. [1993], 56–70

8623a Schwarz, Helga: »Das war sogar ›ne Ehre, wenn man ins Landjahr kam.« Leben und Alltag im Landjahrlager Hanerau [Schleswig-Holstein], in: Uns gab es auch, Hg. Arbeitsgemeinschaft Frauen in der Geschichte des Emslandes, Bd. 2, Sögel 1993, 32–43

8623b Seebold, Gustav: »... und sie werden nicht mehr frei für ihr ganzes Leben.« Das Landjahr in Preußen. Ein Beispiel der Sozialisation Jugendlicher während der NS-Zeit, in: Peter Friedemann/Gustav Seebold (Hg.), Struktureller Wandel und kulturelles Leben. Politische Kultur in Bochum 1860–1990, hg. i. A. des Bochumer Kulturrats, Essen 1992, 327–44

Erlebnisberichte

8624 Böll, Heinrich: Was soll aus dem Jungen bloß werden? Oder: Irgendwas mit Büchern, 2. Aufl., München 1983; 96 S. (zuerst Bornheim 1981)

8625 Braunburg, Rudolf: Hinter Mauern. Eine Jugend in Deutschland. Roman, Reinbek 1989; 286 S.

8626 Bremer, Sigrid: Muckefuck und Kameradschaft. Mädchenzeit im Dritten Reich. Von der Kinderlandverschickung 1940 bis zum Studium 1946, 3. Aufl., Frankfurt 1989; 126 S. (zuerst 1988)

8627 Brückner, Peter: Das Abseits als sicherer Ort. Kindheit und Jugend zwischen 1933 und 1945, Berlin 1980; 154 S.

8628 Cwojdrak, Günther: Kontrapunkt. Tagebuch 1943–1944. Neu betrachtet 1986, Berlin (O)/Weimar 1989; 129 S.

8629 Erlebnisse aus der Geschichte der Arbeiterjugendbewegung von den Anfängen bis zum Jahre 1945. (Deutschlands Junge Garde, 1), Hg. Freie Deutsche Jugend, Zentralrat, Bearb. Wolfgang Arlt, 2., überarb. Aufl., Berlin (O) 1959; 343 S.

8630 Everwyn, Klas E.: Jetzt wird alles besser. Eine Jugend zwischen Krieg und Nachkriegszeit, Würzburg 1989; 152 S.

8631 Finckh, Renate: Mit uns zieht die neue Zeit, Nachwort Inge Aicher-Scholl, Baden-Baden 1979; 192 S.

8632 Glaser, Hermann/Silenius, Axel (Hg.): Jugend im Dritten Reich, Frankfurt 1975; 124 S.

8633 Görtz, Adolf: Stichwort: Front. Tagebuch eines jungen Deutschen 1938–1942, Halle a. d. S./Leipzig 1987; 367 S.

8634 Gotschlich, Helga: Reifezeugnis für den Krieg. Abiturienten des Jahrgangs ‹39 erinnern sich, Berlin 1990; 296 S.

8635 Granzow, Klaus: Tagebuch eines Hitlerjungen. Kriegsjugend in Pommern 1943–1945, 3. Aufl., Wiesbaden/München 1986; 267 S. (zuerst Bremen 1965)

8636 Grün, Max von der: Wie war das eigentlich? Kindheit und Jugend im Dritten Reich, Dokumentation Christel Schütz, Nachwort Malte Dahrendorf, Darmstadt/Neuwied 1979; 263 S.

8637 Haß, Kurt (Hg.): Jugend unterm Schicksal. Lebensberichte junger Deutscher, 1946–1949, Vorwort Albrecht Goes, Bern/Hamburg 1950; 244 S.

8638 Heer, Hannes (Hg.): Als ich 9 Jahre war, kam der Krieg. Ein Lesebuch gegen den Krieg, 2. Aufl., Reinbek 1983; 251 S. (zuerst Köln 1980)

8639 Heutger, Nikolaus: Schüler im Dritten Reich. Erinnerungen aus Rinteln an der Weser, in: GiW 8 (1993), 71–76

8640 Hochhuth, Maili: Schulzeit auf dem Lande. Gespräche und Untersuchungen über die Jahre 1933–1945 in Wattenbach, Kassel 1945; 244 S.

8641 Klafki, Wolfgang (Hg.): Verführung, Distanzierung, Ernüchterung. Kindheit und Jugend im Nationalsozialismus. Autobiographisches aus erziehungswissenschaflicher Sicht, Hg. Gerda Freise u. a., Weinheim/Basel 1984; 263 S.

8642 Klafki, Wolfgang: Typische Faktorenkonstellationen für Identitätsprozesse von Kindern und Jugendlichen im Nationalsozialismus im Spiegel autobiographischer Berichte, in: Dietrich Benner u. a. (Hg.), Bilanz für die Zukunft: Aufgaben, Konzepte und Forschung in der Erziehungswissenschaft. Beiträge zum 12. Kongreß der deutschen Gesellschaft für Erziehungswissenschaft vom 19. bis 21. März 1990 in der Universität Bielefeld, Weinheim/Basel 1990, 119–22

8643 Krüger, Horst: Das zerbrochene Haus. Eine Jugend in Deutschland, 2. Aufl., München 1967; 186 S. (zuerst 1966; TB 1986)

8644 Lipp, Christine (Hg.): Kindheit und Krieg. Erinnerungen, Frankfurt 1992; 160 S.

8645 Meixner-Wülker, Emmy: Zwiespalt. Jugend zwischen NS-Erziehung und -verfolgung, Hamburg 1988; 173 S.

8646 Nosbüsch, Johannes: »Als ich bei meinen Kühen wacht'...« Geschichte einer Kindheit und Jugend [in der Eifel] in den dreißiger und vierziger Jahren, Landau 1993; 327 S.

8647 Pross, Harry: Memoiren eines Inländers. 1923–1993, München 1993, 11–116

8648 Queiser, Hans R.: »Du gehörst dem Führer!« Vom Hitlerjungen zum Kriegsberichter, Hg. Rolf Schloesser, Köln 1993; 256 S.

8649 Reich-Ranicki, Marcel (Hg.): Meine Schulzeit im Dritten Reich. Erinnerungen deutscher Schriftsteller, Köln 1982; 209 S.

8650 Roberts, Ulla: Starke Mütter – ferne Väter. Töchter reflektieren ihre Kindheit im Nationalsozialismus und in der Nachkriegszeit, Frankfurt 1994; 239 S.

8651 Römer-Jacobs, Monika/Schonig, Bruno (Hg.): Nie wieder Krieg! Berliner Lehrerinnen und Lehrer erinnern sich an das Jahr 1945, die Zeit davor und danach, Hg. Erzählkreis der GEW Berlin, Projektgruppe Lehrerlebensläufe, Berlin 1986; 128 S.

8652 Roser, Hans: Im Dorf daheim. Eine Kindheit in Franken unter Kreuz und Hakenkreuz, 2. Aufl., Nürnberg 1981; 252 S. (zuerst 1978)

8653 Samper, Rudolf: Abitur 32. Leben im Dritten Reich. Chronik, München 1984; 655 S.

8654 Schmidt, Helmut u.a.: Kindheit und Jugend unter Hitler, Berlin 1992; 254 S.

8655 Schönfeldt, Sybil Gräfin: Sonderappell. 1945 – Ein Mädchen berichtet, 6. Aufl., München 1989; 238 S. (zuerst 1984; Originalausg. Wien 1979)

8656 Seghers, Anna u.a.: Jugend im Nationalsozialismus. (Moderne Erzähler, 15), Paderborn 1984; 118 S.

8657 Storjohann, Uwe: Hauptsache: Überleben. Eine Jugend im Krieg 1936–1945, Hg. Jens Michelsen, Hamburg 1993; 219 S.

8658 Tigges, Paul: Jugendjahre unter Hitler. Auf der Suche nach einer verlorenen Zeit. Erinnerungen – Berichte – Dokumente, Iserlohn 1984; 223 S.

8659 Winter, Rolf: Hitler kam aus der Dankwartsgrube (und kommt manchmal wieder). Eine Kindheit in Deutschland [Lübeck], Hamburg 1991; 176 S.

8660 Zeitler, Klaus: Jahrgang 1929. Eine Jugend in Deutschland..., Erlangen u.a. 1989; 338 S.

A.3.12 Kirchen

A.3.12.1 Allgemeines

[vgl. A.3.13.5.6]

Literaturberichte

8661 Bußmann, Walter: Kirche und Theologie zwischen Weimar und Drittem Reich, in: HZ 227 (1978), 617–30

8662 Conway, John S.: Der deutsche Kirchenkampf. Tendenzen und Probleme seiner Erforschung an Hand neuerer Literatur, in: VfZ 17 (1969), 423–49

8663 Eichhorn, Mathias: Die Kirchen unterm Nationalsozialismus, in: PVS-Literatur 27 (1986), 153–57

8664 Padinger, Franz: Die Kirchen und das Dritte Reich. (Literaturbericht), in: ZG 10 (1982/83), 35–41

8665 Schmidt, Heinrich: Der Kirchenkampf im »Dritten Reich«, in: NPL 8 (1963), 835–43

8666 Schmidt, Jürgen: Die Erforschung des Kirchenkampfes. Die Entwicklung der Literatur und der gegenwärtige Stand der Erkenntnis, München 1968; 112 S.

8667 Volk, Ludwig: Hitlers Kirchenminister. Versuch einer Gesamtdarstellung des Kirchenkampfes im NS-Staat, in: SdZ 190 (1970), 277–81; abgedr. in: Dieter Albrecht (Hg.), Katholische Kirche im Dritten Reich. Eine Aufsatzsammlung, Mainz 1976, 211–18

8668 Wittstadt, Klaus: Zwischen Vergangenheitsbewältigung und interdisziplinären Neuansätzen – neuere Forschungen zur kirchlichen Zeitgeschichte, in: NPL 34 (1991), 185–215

Quellenkunde

8669 Abele, Christiana/Boberach, Heinz (Bearb.): Inventar staatlicher Akten zum Verhältnis von Staat und Kirchen 1933 bis 1945, Hg. Evangelische Arbeitsgemeinschaft für kirchliche Zeitgeschichte/Kommission für Zeitgeschichte, Mitarb. Hannelore Braun/Carsten Nicolaisen, 2 Bde., Kassel 1987; XXII, 702; 703–1359 S.

8670 Conway, John S.: Staatliche Akten zum Kirchenkampf. Archive und Bestände, in: Heinz Brunotte/Ernst Wolf (Hg.), Zur Geschichte des Kirchenkampfes. Gesammelte Aufsätze, Bd. [2], Göttingen 1971, 25–34

8671 Hockerts, Hans G.: Die Goebbels-Tagebücher 1932–1941. Eine neue Hauptquelle zur Erforschung der nationalsozialistischen Kirchenpolitik, in: Dieter Albrecht u. a. (Hg.), Politik und Konfession. Festschrift für Konrad Repgen zum 60. Geburtstag, Berlin 1983, 359–92

Gedruckte Quellen

8672 Boberach, Heinz (Hg.): Berichte des SD und der Gestapo über Kirche und Kirchenvolk in Deutschland 1934–1944, Mainz 1971; XLIII, 1021 S.

Dokumente zur Kirchenpolitik des Dritten Reiches, Hg. Georg Kretschmar, hg. i. A. der Evangelischen Arbeitsgemeinschaft für kirchliche Zeitgeschichte, München:

8673 – Bd. 1: Das Jahr 1933, Bearb. Carsten Nicolaisen, 1971; XXIV, 221 S.

8674 – Bd. 2: 1934/35. Vom Beginn des Jahres 1934 bis zur Errichtung des Reichsministeriums für kirchliche Angelegenheiten am 16. Juli 1935, Bearb. Carsten Nicolaisen, 1975; XXIII, 368 S.

8675 Drobisch, Klaus/Fischer, Gerhard (Hg.): Ihr Gewissen gebot es. Christen im Widerstand gegen den Hitlerfaschismus, Berlin (O) 1980; 422 S.

8676 Drobisch, Klaus/Fischer, Gerhard (Hg.): Widerstand aus Glauben. Christen in der Auseinandersetzung mit dem Hitlerfaschismus, Berlin (O) 1985; 443 S.

8677 Klee, Ernst: »Die SA Jesu Christi.« Die Kirchen im Banne Hitlers, Frankfurt 1989; 203 S.

8678 Steward, John S.: Sieg des Glaubens. Authentische Gestapoberichte über den kirchlichen Widerstand in Deutschland, Zürich 1946; 118 S.

Methodische Probleme

8679 Nowak, Kurt: Kirchenkampf und Widerstand im »Dritten Reich«. Erwägungen zu einem historiographischen Prinzipienproblem, in: WZL 30 (1981), 584–96

8680 Repgen, Konrad: Das Wesen des christlichen Widerstandes. Prolegomena, in:

Wolfgang Frühwald/Heinz Hürten (Hg.), Christliches Exil und christlicher Widerstand. Ein Symposium an der katholischen Universität Eichstätt 1985, Regensburg 1987, 13–20

Darstellungen

8681 Altmann, Wolfgang: Die Judenfrage in evangelischen und katholischen Zeitschriften zwischen 1918 und 1933, Diss. München 1971; XXXIV, 434 S.

8682 Bauer, Günther: Kirchliche Rundfunkarbeit 1924–1939, Frankurt 1966; 135 S.

8683 Bauer, Yehuda u.a. (Hg.): Remembering for the Future. Working Papers and Addenda. Papers and Adresses Delivered at a Conference Held in Oxford, July 10–13, 1988, and a Public Meeting in London, July 15, 1988, Bd. 1: Jews and Christians during and after the Holocaust, Frankfurt 1989; XXV, 1159 S.

8684 Baumgärtner, Raimund: Weltanschauungskampf im Dritten Reich. Die Auseinandersetzung der Kirchen mit Alfred Rosenberg, Mainz 1977; XXXII, 276 S.

8685 Berger, Alexander: Kreuz hinter Stacheldraht. Der Leidensweg deutscher Pfarrer, Bayreuth 1963; 239 S.

8686 Bernadac, Christian: Les sorciers du ciel, Paris 1968; 400 S.

8687 Boberach, Heinz: Organe der nationalsozialistischen Kirchenpolitik. Kompetenzverteilung und Karrieren in Reich und Ländern, in: Karl D. Bracher u.a. (Hg.), Staat und Parteien. Festschrift für Rudolf Morsey zum 65. Geburtstag, Berlin 1992, 305–31

8688 Bracher, Karl D.: Kirche in der Diktatur: Die deutsche Erfahrung von 1933/34, in: Ursula Büttner (Hg.), Das Unrechtsregime. Internationale Forschung über den Nationalsozialismus. Festschrift für Werner Jochmann zum 65. Geburtstag, Bd. 1, Hamburg 1986, 272–90; zuerst in: Barmener Theologische Erklärung und heutiges Staatsverständnis, Hg. Kultusminister des Landes Nordrhein-Westfalen, Köln 1986, 7–16; abgedr. in: Karl D. Bracher, Die totalitäre Erfahrung, München/Zürich 1987, 118–37;

8689 Breuer, Thomas: Kirchliche Opposition im NS-Staat. Eine Basisperspektive, in: Günther Heydemann/Lothar Kettenacker (Hg.), Drittes Reich und SED-Staat. Fünfzehn Beiträge. Eine Publikation des Deutschen Historischen Instituts London, Göttingen 1993, 215–37

8690 Buchheim, Hans: Glaubenskrise im Dritten Reich. Drei Kapitel nationalsozialistischer Religionspolitik, Stuttgart 1953; 223 S.

8691 Buhofer, Ines/Helbling, Hanno (Hg.): Kanzeltausch. Predigt und Satire im Dritten Reich, Zürich 1973; 159 S.

8692 Christian Confrontations with the Holocaust. (H&GS, Jg. 4), Oxford u.a. 1989; 124 S.

8693 Conway, John S.: Die nationalsozialistische Kirchenpolitik 1933–1945. Ihre Ziele, Widersprüche und Fehlschläge, München 1969; 383 S. (engl. London/New York 1968)

8694 Conway, John S.: The Churches and the Jewish People: Actions, Inactions, and Reactions during the Nazi Era, in: Asher Cohen u.a. (Hg.), Comprehending the Holocaust. Historical and Literary Research, Frankfurt u.a. 1988, 125–44

8695 Conway, John S.: The Churches, in: Henry Friedlander/Sybil Milton (Hg.), The Holocaust: Ideology, Bureaucracy, and Genocide. The San José Papers, Millwood, N.Y. 1980, 199–206

8696 Conway, John S.: National Socialism and the Christian Churches during the Weimar Republic, in: Peter D. Stachura (Hg.), The Nazi Machtergreifung, London u.a. 1983, 124–45

8697 Denzler, Georg/Fabricius, Volker: Christen und Nationalsozialismus. Darstellung und Dokumente. Mit einem Exkurs: Kirche im Sozialismus, überarb. u. akt. Neuausg., Frankfurt 1993; 389 S. (zuerst 1984 u. ö. u. d. T.: Die Kirchen im Dritten Reich. Christen und Nazis Hand in Hand?)**

8698 Diem, Hermann: Kirche und Antisemitismus, in: Andreas Flitner (Hg.), Deutsches Geistesleben und Nationalsozialismus. Eine Vortragsreihe der Universität Tübingen, Tübingen 1965, 7–22

8699 Drobisch, Klaus: Widerstand aus Glauben. Christen in der Auseinandersetzung mit dem Hitlerfaschismus, Berlin (O) 1985; 444 S.

8700 Eckert, Willehad P.: Zur Geschichte des kirchlichen Widerstands, in: Günther B. Ginzel (Hg.), Auschwitz als Herausforderung für Juden und Christen, Heidelberg 1980, 51–83

8701 Fischer, Fritz: Die Kirchen in Deutschland und die beiden Weltkriege, in: Fritz Fischer, Hitler war kein Betriebsunfall. Aufsätze, 1. u. 2. Aufl., München 1992, 182–214

8702 Frühwald, Wolfgang/Hürten, Heinz (Hg.): Christliches Exil und christlicher Widerstand. Ein Symposium an der katholischen Universität Eichstätt 1985, Regensburg 1987; 427 S.*

8703 Fuchs, Gotthard (Hg.): Glaube als Widerstandkraft. Edith Stein, Alfred Delp, Dietrich Bonhoeffer, Frankfurt 1986; 248 S.

8703a Geiger, Max: Der deutsche Kirchenkampf 1933–1945, Zürich 1965; 86 S.

8704 Gotto, Klaus: »Die Kanzel der Deppen.« Hitlers Vernichtungskampf gegen die christlichen Kirchen, in: PM 29 (1984), Nr. 212, 78–85

8705 Hehl, Ulrich von: Die Kirchen in der NS-Diktatur. Zwischen Anpassung, Selbstbehauptung und Widerstand, in: Karl D. Bracher u. a. (Hg.), Deutschland 1933–1945. Neue Studien zur nationalsozialistischen Herrschaft, 2., erg. Aufl., Bonn/Düsseldorf 1993, 153–81 (zuerst 1992)

8706 Hehl, Ulrich von/Nicolaisen, Carsten: Kirchenkampf, in: Staatslexikon. Recht – Wirtschaft – Gesellschaft, Hg. Görres-Gesellschaft, Bd. 3, 7., völlig neu bearb. Aufl., Freiburg 1987, 429–35

8707 Helmreich, Ernst C.: The German Churches under Hitler. Background, Struggle, and Epilogue, Detroit, Mich. 1979; 616 S.

8708 Helmreich, Ernst C.: Religionsunterricht in Deutschland. Von den Klosterschulen bis heute. Mit 54 Bilddokumenten, Hamburg/Düsseldorf 1966; 422 S. (amerikan.: Cambridge, Mass./London 1959)**

8709 Hering, Rainer: Theologische Wissenschaft und Drittes Reich, Pfaffenweiler 1990; 197 S.

8710 Herman, Steward W.: Eure Seelen wollen wir. Kirche im Untergrund, München/Berlin 1951; 382 S. (engl.: New York/London 1943)

8711 Heydemann, Günther/Kettenacker, Lothar (Hg.): Drittes Reich und SED-Staat. Fünfzehn Beiträge. Eine Publikation des Deutschen Historischen Instituts London, Göttingen 1993; 370 S.*

8712 Hockerts, Hans G.: Die nationalsozialistische Kirchenpolitik im neuen Licht der Goebbels-Tagebücher, in: APUZ, Nr. B 30/83, 30. 7. 1983, 23–38

8713 Huber, Wolfgang: Theologie zwischen Anpassung und Auflehnung, in: Jörg Tröger (Hg.), Hochschule und Wissenschaft im Dritten Reich, 2. Aufl., Frankfurt/New York 1986, 129–41 (zuerst 1984)

8714 Hürten, Heinz: Zehn Thesen eines profanen Historikers zur Diskussion um den Widerstand der Kirchen in der nationalsozialistischen Zeit, in: KZG 1 (1988), 116–17; abgedr. in: Heinz Hürten, Katholiken, Kirche und Staat als Problem der Historie. Ausgewählte Aufsätze 1963–1992, Hg. Hubert Gruber, Paderborn u.a. 1994, 132–34

8715 Immenkötter, Herbert: Die christlichen Kirchen und die Machtergreifung, in: Josef Becker (Hg.), 1933 – Fünfzig Jahre danach. Die nationalsozialistische Machtergreifung in historischer Perspektive, München 1982, 169–82

8716 Kaiser, Marcus U.: Deutscher Kirchenkampf und Schweizer Öffentlichkeit in den Jahren 1933 und 1934, Zürich 1972; 392 S.

8717 Koch, Werner: Kirche und Staat im Dritten Reich, Kampen (Holland) 1971; 22 S.

8718 Kulka, Otto D.: Popular Christian Attitudes in the Third Reich to the National Socialist Policies towards the Jews, in: Otto D. Kulka/Paul R. Mendes-Flohr (Hg.), Judaism and Christianity under the Impact of National Socialism, Jerusalem 1987, 251–67

8719 Kulka, Otto D./Mendes-Flohr, Paul R. (Hg.): Judaism and Christianity under the Impact of National Socialism, Mitarb. Irit Sivan, Jerusalem 1987; 558 S.*

8720 Künneth, Walter: Der große Abfall. Eine geschichtstheologische Untersuchung der Begegnung zwischen Nationalsozialismus und Christentum, Hamburg 1947; 319 S.

8721 Läpple, Alfred: Kirchen und Nationalsozialismus in Deutschland und Österreich. Fakten, Dokumente, Analysen, Aschaffenburg 1980; 450 S.**

8722 Lemhöfer, Lutz: Gegen den gottlosen Bolschewismus. Zur Stellung der Kirchen zum Krieg gegen die Sowjetunion, in: Gerd R. Ueberschär/Wolfram Wette (Hg.), Der deutsche Überfall auf die Sowjetunion. »Unternehmen Barbarossa« 1941, 2., überarb. Aufl., Frankfurt 1991, 67–83, 364–67 (zuerst Paderborn 1984)

8723 Link, Christoph: Staat und Kirchen, in: Deutsche Verwaltungsgeschichte, Bd. 4: Das Reich als Republik und in der Zeit des Nationalsozialismus, Hg. Kurt G. A. Jeserich u.a., Stuttgart 1985, 1002–16

8724 Littell, Franklin H./Locke, Hubert G. (Hg.): The German Church Struggle and the Holocaust, Detroit, Mich. 1974; 327 S.

8725 Maier, Hans: Die totalitäre Herausforderung und die Kirchen, in: Günther Heydemann/Lothar Kettenacker (Hg.), Drittes Reich und SED-Staat. Fünfzehn Beiträge. Eine Publikation des Deutschen Historischen Instituts London, Göttingen 1993, 33–64

8726 Malina, Peter: Berichte aus einem fernen Land? Die Berichterstattung der Reichspost über die Lage der Kirchen in Deutschland 1933, in: MZ 5 (1990), Nr. 4, 11–17

8727 Maser, Peter: Kirchenkampf »von außen«. Die Deutschland-Berichte über Kirchen und Christen im Dritten Reich, in: Werner Plum (Hg.), Die »Grünen Berichte« der Sopade. Gedenkschrift für Erich Rinner (1902–1982), hg. i.A. der Friedrich-Ebert-Stiftung, Bonn 1984, 303–90

8728 May, Georg: Interkonfessionalismus in der deutschen Militärseelsorge von 1933 bis 1945, Amsterdam 1978; LXXIII, 529 S.

8729 May, Georg: Kirchenkampf oder Katholikenverfolgung? Ein Beitrag zu dem gegenseitigen Verhältnis von Nationalsozialismus und christlichen Bekenntnissen, Stein a.Rh. 1991; XVIII, 700 S.

8730 Meier, Kurt: Kirche und Nationalsozialismus. Ein Beitrag zum Problem der nationalsozialistischen Religionspolitik, in: Heinz Brunotte/Ernst Wolf (Hg.), Zur Geschichte des Kirchenkampfes. Gesammelte Aufsätze, Bd. [1], Göttingen 1965, 9–29; abgedr. in: Kurt Meier, Evangelische Kirche in Gesellschaft, Staat und Politik

1918–1945. Aufsätze zur kirchlichen Zeitgeschichte, Hg. Kurt Nowak, Berlin (O) 1987, 53–69

8731 Meier, Kurt: Die Religionspolitik der NSDAP in der Zeit der Weimarer Republik, in: Heinz Brunotte/Ernst Wolf (Hg.), Zur Geschichte des Kirchenkampfes. Gesammelte Aufsätze, Bd. [2], Göttingen 1971, 9–24; abgedr. in: Kurt Meier, Evangelische Kirche in Gesellschaft, Staat und Politik 1918–1945. Aufsätze zur kirchlichen Zeitgeschichte, Hg. Kurt Nowak, Berlin (O) 1987, 40–52

8732 Missalla, Heinrich: Für Volk und Vaterland. Die »Kirchliche Kriegshilfe« im Zweiten Weltkrieg, Königstein, Ts. 1978; XXVI, 215 S.

8733 Neuhäusler, Johann: Saat des Bösen. Kirchenkampf im Dritten Reich, München 1964; 172 S.

8734 Norden, Günther van: Widersetzlichkeit von Kirchen und Christen, in: Wolfgang Benz/Walter H. Pehle (Hg.), Lexikon des deutschen Widerstandes, Frankfurt 1994, 68–82

8735 Norden, Günther van: Zwischen Kooperation und Teilwiderstand: Die Rolle der Kirchen und Konfessionen – ein Überblick über die Forschungspositionen, in: Jürgen Schmädeke/Peter Steinbach (Hg.), Der Widerstand gegen den Nationalsozialismus. Die deutsche Gesellschaft und der Widerstand gegen Hitler, 2. Aufl., München/Zürich 1986, 227–39 (zuerst 1985; ND 1994)

8736 Norden, Günther van: Widerstand in den Kirchen, in: Richard Löwenthal/Patrik von Zur Mühlen (Hg.), Widerstand und Verweigerung in Deutschland 1933 bis 1945, 2. Aufl., Berlin/Bonn 1984, 111–28 (zuerst 1982)

8737 Norden, Günther van: Sieben Thesen eines profanen Historikers zur Diskussion um den Widerstand der Kirchen in der nationalsozialistischen Zeit. Eine Ergänzung zu Heinz Hürten, in: KZG 2 (1989), 291–93

8738 Nowak, Kurt: »Euthanasie« und Sterilisierung im »Dritten Reich«. Die Konfrontation der evangelischen und katholischen Kirche mit dem »Gesetz zur Verhütung erbkranken Nachwuchses« und der »Euthanasie«-Aktion, 3. Aufl., Göttingen 1984; 222 S. (zuerst Halle a. d. S. 1977)

8739 Nowak, Kurt: Christuskreuz gegen Hakenkreuz. Die Ideologie des Nationalsozialismus im Urteil der Kirchen, in: Günther Heydemann/Lothar Kettenacker (Hg.), Drittes Reich und SED-Staat. Fünfzehn Beiträge. Eine Publikation des Deutschen Historischen Instituts London, Göttingen 1993, 215–37

8740 Nowak, Kurt: Die Kirche und das »Gesetz zur Verhütung erbkranken Nachwuchses« vom 14. Juli 1933, in: Johannes Tuchel (Hg.), Kein Recht auf Leben. Beiträge und Dokumente zur Entrechtung und Vernichtung »lebensunwerten Lebens« im Nationalsozialismus, Berlin 1984, 101–19

8741 Osten-Sacken, Peter von der: Geschichte im Detail: Die Daten der »Reichskristallnacht« in Gerhard Schäfers »Dokumentation zum Kirchenkampf«, in: KZG 2 (1989), 49–52

8742 Pottier, Joël (Hg.): Christen im Widerstand gegen das Dritte Reich. Mit Beiträgen über Franz Ballhorn [u. a.], Mitarb. Peter A. Bloch, Stuttgart/Bonn 1988; 615 S.

8743 Reese, Hans-Jörg: Bekenntnis und Bekennen. Vom 19. Jahrhundert zum Kirchenkampf der nationalsozialistischen Zeit, Göttingen 1974; 620 S.

8744 Rehmann, Jan C.: Die Kirchen im NS-Staat. Untersuchung zur Interaktion ideologischer Mächte. (Ideologische Mächte im deutschen Faschismus, 2), Berlin 1986; 154 S.

8745 Robertson, Edwin H.: Christen gegen Hitler, Bearb. Heinz Kloppenburg, Gütersloh 1964; 135 S.

8746 Schnabel, Reimund: Die Frommen in der Hölle. Geistliche in Dachau, Frankfurt 1966; 333 S.

8747 Scholder, Klaus: Die Kirchen zwischen Republik und Gewaltherrschaft. Gesammelte Aufsätze, Hg. Karl O. Freiherr von Aretin/Gerhard Besier, Berlin 1988; 307 S.*

8748 Scholder, Klaus: Die Krise der dreißiger Jahre als Fragen an Christentum und Kirchen, in: Gerhard Schulz (Hg.), Die Große Krise der dreißiger Jahre. Vom Niedergang der Weltwirtschaft zum 2. Weltkrieg, Göttingen 1985, 101–19; abgedr. in: Klaus Scholder, Die Kirchen zwischen Republik und Gewaltherrschaft. Gesammelte Aufsätze, Hg. Karl O. von Aretin/Gerhard Besier, Berlin 1988, 113–30

8749 Scholder, Klaus: Judaism and Christianity in the Ideology and Politics of National Socialism, in: Otto D. Kulka/Paul R. Mendes-Flohr (Hg.), Judaism and Christianity under the Impact of National Socialism, Jerusalem 1987, 183–95

8750 Scholder, Klaus: Politik und Kirchenpolitik im Dritten Reich. Die kirchenpolitische Wende in Deutschland 1936/37, in: Dieter Oberndörfer/Karl Schmitt (Hg.), Kirche und Demokratie, Paderborn u. a. 1983, 107–21; abgedr. in: Klaus Scholder, Die Kirchen zwischen Republik und Gewaltherrschaft. Gesammelte Aufsätze, Hg. Karl O. von Aretin/Gerhard Besier, Berlin 1988, 213–27

8751 Scholder, Klaus: Politischer Widerstand oder Selbstbehauptung als Problem der Kirchenleitungen, in: Jürgen Schmädeke/Peter Steinbach (Hg.), Der Widerstand gegen den Nationalsozialismus. Die deutsche Gesellschaft und der Widerstand gegen Hitler, 2. Aufl., München/Zürich 1986, 254–64 (zuerst 1985; ND 1994); abgedr. in: Klaus Scholder, Die Kirchen zwischen Republik und Gewaltherrschaft. Gesammelte Aufsätze, Hg. Karl O. von Aretin/ Gerhard Besier, Berlin 1988, 204–12

Scholder, Klaus: Die Kirchen und das Dritte Reich, Frankfurt u. a.:

8752 – Bd. 1: Vorgeschichte und Zeit der Illusionen 1918–1934, 1977; IX, 897, 19 S.

8753 – Bd. 2: Das Jahr der Ernüchterung 1934. Barmen und Rom, 1985; 477 S.

8754 Siegele-Wenschkewitz, Leonore: Nationalsozialismus und Kirche. Religionspolitik von Partei und Staat bis 1935, Düsseldorf 1974; 235 S.

8756 Vogt, Arnold: Religion im Militär. Seelsorge zwischen Kriegsverherrlichung und Humanität. Eine militärgeschichtliche Studie, Frankfurt u. a. 1984; 951 S.

8757 Volkmann, Klaus J.: Die Rechtsprechung staatlicher Gerichte in Kirchensachen 1933–1945, Mainz 1978; XL, 241 S.

8758 Westermeyer, Harry: The Fall of the German Gods, Mountain View, Ca. 1950; 328 S.

8759 Der Widerstand von Kirchen und Christen gegen den Nationalsozialismus. Günther Ruprecht zum 90. Geburtstag, Göttingen 1988; 203 S.

8760 Wiener, Alfred: Untersuchungen zum Widerhall des deutschen Kirchenkampfes in England (1933–1938), in: Max Beloff (Hg.), On the Track of Tyranny. Essays presented by the Wiener Library to Leonhard G. Montefiore, O.B.E. on the Occasion of His Seventieth Birthday, London 1960, 211–32

8761 Wollasch, Hans-Josef: »Euthanasie« im NS-Staat: Was taten Kirche und Caritas? »Ein unrühmliches Kapitel« in einem neuen Buch von Ernst Klee, in: Communio 13 (1984), 174–89

8762 Zipfel, Friedrich: Kirchenkampf in Deutschland 1933–1945. Religionsverfolgung und Selbstbehauptung der Kirchen in der nationalsozialistischen Zeit, Einleitung Hans Herzfeld, Berlin 1965; XVI, 571 S.**

8763 Zürcher, Franz: Kreuzzug gegen das Christentum, Zürich/New York 1938; 214 S.

A.3.12.2 Regional- und Lokalstudien

Gedruckte Quellen

Die kirchliche Lage in Bayern nach den Regierungspräsidentenberichten 1933–1945, Hg. Kommission für Zeitgeschichte bei der Katholischen Akademie in Bayern, Mainz:

8764 – Bd. 1: Regierungsbezirk Oberbayern, Bearb. Helmut Witetschek, 1966; XLVII, 395 S.

8765 – Bd. 2: Regierungsbezirk Ober- und Mittelfranken, Bearb. Helmut Witetschek, 1967; XXXV, 527 S.

8766 – Bd. 3: Regierungsbezirk Schwaben, Bearb. Helmut Witetschek, 1971; XXIV, 285 S.

8767 – Bd. 4: Regierungsbezirk Niederbayern und Oberpfalz 1933–1945, Bearb. Walter Ziegler, 1973; XLIV, 415 S.

8768 – Bd. 5: Regierungsbezirk Pfalz 1933–1940, Bearb. Helmut Prantl, 1978; LXVII, 343 S.

8769 – Bd. 6: Regierungsbezirk Unterfranken 1933–1944, Bearb. Klaus Wittstadt, 1981; LVI, 268 S.

8770 – Bd. 7: Ergänzungsband, Regierungsbezirke Oberbayern, Ober- und Mittelfranken, Schwaben 1933–1945, Bearb. Helmut Witetschek, 1981; XVIII, 80 S.

Darstellungen

8771 Albertin, Lothar u.a.: Christlicher Widerstand, in: Erich Matthias/Hermann Weber (Hg.), Widerstand gegen den Nationalsozialismus in Mannheim, Mitarb. Günter Braun/Manfred Koch, Mannheim 1984, 357–434

8772 Baumgärtel, Gottfried: Die Erlanger Theologische Fakultät 1922–1972, in: JbFL 34/35 (1975), 635–58

8773 Czerwinski, Norbert/Grabowski, Sabine u.a.: Unmöglich, sich zu entziehen? Katholische und Evangelische Jugend im nationalsozialistischen Düsseldorf, verantwortl. Bund der deutschen Katholischen Jugend Düsseldorf/Evangelisches Jugendreferat Düsseldorf, 2., überarb. Aufl., Düsseldorf 1990; 153 S. (zuerst 1989)**

8774 Debus, Karl H.: Die großen Kirchen unter dem Hakenkreuz. Kirchen und Religionsgemeinschaften in der Pfalz 1933–1945, in: Gerhard Nestler/Hannes Ziegler (Hg.), Die Pfalz unterm Hakenkreuz. Eine deutsche Provinz während der nationalsozialistischen Terrorherrschaft, Landau 1993, 227–72

8775 Debus, Karl H.: Kreuz gegen Hakenkreuz. Kirchen in der Pfalz im Alltag, in: Gerhard Nestler/Hannes Ziegler (Hg.), Die Pfalz unterm Hakenkreuz. Eine deutsche Provinz während der nationalsozialistischen Terrorherrschaft, Landau 1993, 273–92

8776 Debus, Karl H.: Kirchen und Religionsgemeinschaften in Speyer seit 1918, in: Geschichte der Stadt Speyer, Hg. Stadt Speyer, Red. Wolfgang Eger, Bd. 2, 2., durchges. Aufl., Speyer 1983, 465–527 (zuerst 1982)

8777 Ericksen, Robert P.: Die Göttinger Theologische Fakultät im Dritten Reich, in: Heinrich Becker u.a. (Hg.), Die Universität Göttingen unter dem Nationalsozialismus. Das verdrängte Kapitel ihrer 250jährigen Geschichte, München u.a. 1987, 61–87

8778 Fränkel, Hans-Joachim: Der Kirchenkampf in Schlesien, in: JbSK N.F. 66 (1987), 169–86

8779 Gestier, Markus: Die christlichen Parteien an der Saar und ihr Verhältnis zum deutschen Nationalstaat in den Abstimmungskämpfen 1935 und 1955, St. Ingbert 1991; 269 S.

8780 Hartwich, Wolf/Stegemann, Wolf (Hg.): Dorsten unterm Hakenkreuz. Eine Dokumentation zur Zeitgeschichte, Bd. 2: Kirche zwischen Anpassung und Widerstand, Mitarb. Forschungsgruppe Dorsten unterm Hakenkreuz, Red. S. Johanna Eichmann u. a., Dorsten 1984; 210 S.**

8781 Hauschild, Wolf-Dieter: Kirchlicher Widerstand am Beispiel Lübecks, in: Urs J. Diederichs/Hans-Hermann Wiebe (Hg.), Schleswig-Holstein unter dem Hakenkreuz, hg. i. A. der Evangelischen Akademie Nordelbien, Bad Segeberg/Hamburg o. J. (1984), 75–102

8782 Heidel, Klaus/Peters, Christian: Nicht nur ein Kampf um Seelen: Die Kirchen und das »Dritte Reich« in Heidelberg, in: Jörg Schadt/Michael Caroli (Hg.), Heidelberg unter dem Nationalsozialismus. Studien zu Verfolgung, Widerstand und Anpassung, Heidelberg 1985, 51–341

8783 Hetzer, Gerhard: Kulturkampf in Augsburg 1933–1945. Konflikte zwischen Staat, Einheitspartei und christlichen Kirchen, dargestellt am Beispiel einer Stadt, Augsburg 1982; 230 S.

8784 Heuzeroth, Günter (Hg.): Unter der Gewaltherrschaft des Nationalsozialismus 1933–1945. Dargestellt an Ereignissen im Oldenburger Land, Bd. 3: Verfolgte aus religiösen Gründen, Bearb. Universität Oldenburg, Zentrum für Pädagogische Berufspraxis, Oldenburg 1985; 214 S.**

8785 Hüttenberger, Peter: Solidarität der Gegner. Die Kirchen und die Arbeiterbewegung zwischen Anpassung, Abwehr und Anteilnahme, in: Anselm Faust (Hg.), Verfolgung und Widerstand im Rheinland und in Westfalen 1933–1945, Köln u. a. 1992, 65–76

8786 Jonca, Karol: Schlesiens Kirchen zur »Lösung der Judenfrage«, in: Ursula Büttner (Hg.), Das Unrechtsregime. Internationale Forschung über den Nationalsozialismus. Festschrift für Werner Jochmann zum 65. Geburtstag, Bd. 2, Hamburg 1986, 123–48

8787 Karnapp, Birgit-Verena (Bearb.): Sakralbauten, in: Winfried Nerdinger (Hg.), Bauen im Nationalsozialismus. Bayern 1933–1945. Ausstellung des Architekturmuseums der Technischen Universität München und des Münchner Stadtmuseums, München 1993, 302–29

8788 Köhler, Joachim/Thierfelder, Jörg: Anpassung oder Widerstand? Die Kirchen im Bann der »Machtergreifung« Hitlers, in: Thomas Schnabel (Hg.), Formen des Widerstandes im Südwesten 1933–1945. Scheitern und Nachwirken, Mitarb. Angelika Hauser-Hauswirth, hg. f. d. Landeszentrale für politische Bildung Baden-Württemberg/ Haus der Geschichte Baden-Württemberg, Ulm 1994, 53–94

8789 Pauly, Ferdinand: Zur Kirchenpolitik des Gauleiters J. Bürckel im Saargebiet (März – August 1935), in: RVB 35 (1971), 414–53

8790 Pelke, Else: Der Lübecker Christenprozeß 1943, Nachwort Stephanus Pfürtner, Mainz 1961; 275 S.

8791 Pohlschneider, Johannes: Der nationalsozialistische Kirchenkampf in Oldenburg. Erinnerungen und Dokumente, Kevelaer 1978; 147 S.**

8792 Sauer, Walter: Österreichs Kirchen 1938–1945, in: Emmerich Tálos u. a. (Hg.), NS-Herrschaft in Österreich 1938–1945, Wien 1988, 517–36

8793 Stasiewski, Bernhard: Die Kirchenpolitik der Nationalsozialisten im Warthegau 1939–1945, in: VfZ 7 (1959), 46–74

8793a Teping, Franz: Der Kampf um die konfessionelle Schule in Oldenburg während der Herrschaft der NS-Regierung, München 1949; 70 S.

8794 Thierfelder, Jörg: Die Kirchen, in: Otto Borst (Hg.), Das Dritte Reich in Baden und Württemberg, Stuttgart 1988, 74–95, 294–96

8795 Thimme, Hans: Kirchen und kirchliches Leben in Spenge. Von der jüngsten Vergangenheit bis zur Gegenwart (1935–1982), in: Wolfgang Mager (Hg.), Geschichte der Stadt Spenge [Westfalen], Spenge 1984, 429–39

8796 Weinzierl, Erika: Christen und Juden nach der NS-Machtergreifung in Österreich, in: Anschluß 1938. Protokoll des Symposiums in Wien am 14. und 15. März 1978, München/Wien 1981, 175–205

8797 Weinzierl, Erika: Kirche und Nationalsozialismus in Wien im März 1938, in: Wien 1938, Hg. Kommission Wien 1938, Wien 1978, 164–71

8798 Widerstand aus christlicher Verantwortung, in: Widerstand und Verfolgung in Dortmund 1933–1945. Ständige Ausstellung und Dokumentation, im Auftrage des Rates der Stadt Dortmund erstellt vom Stadtarchiv. Eröffnet: 30. Januar 1981, Bearb. Günter Högl/Udo Steinmetz, Mitarb. Ewald Kurtz, Dortmund 1981, 229–63

8799 Wilhelm, Hans-Heinrich: Der SD und die Kirchen in den besetzten Ostgebieten, in: MGM 29 (1981), 55–99

A.3.12.3 Protestantische Kirche

A.3.12.3.1 Allgemeines

Bibliographien

8801 Diehn, Otto: Bibliographie zur Geschichte des Kirchenkampfes 1933–1945, Göttingen 1958; 249 S.

8802 Grünzinger-Siebert, Gertraud (Hg.): Arbeiten zur Geschichte des Kirchenkampfes, Registerband: Dokumente – Institutionen – Personen, Hg. Evangelische Arbeitsgemeinschaft für kirchliche Zeitgeschichte, Mitarb. Hannelore Braun u. a., Göttingen 1984; 855 S.

Literaturberichte

8803 Norden, Günther van: Die evangelische Kirche im Dritten Reich, in: NPL 11 (1966), 435–47

8804 Schmidt, Jürgen: Die Erforschung des Kirchenkampfes. Die Entwicklung der Literatur und der gegenwärtige Stand der Erkenntnis, München 1968; 112 S.

Quellenkunde

8804a Repertorium des Archivs für die Geschichte des Kirchenkampfes. Stand: Februar 1972, Hg. Kirchliche Hochschule Berlin, Berlin o. J.; XV, 246 S.

Gedruckte Quellen

8805 Beyreuther, Erich (Hg.): Die Geschichte des Kirchenkampfes in Dokumenten 1933/45, Wuppertal 1966; 127 S.

8806 Brakelmann, Günter (Hg.): Kirche im Krieg. Der deutsche Protestantismus am Beginn des II. Weltkrieges, Mitarb. Dieter Beese u. a., München 1979; 336 S.

8807 Greschat, Martin (Hg.): Zwischen Widerspruch und Widerstand. Texte zur Denkschrift der Bekennenden Kirche an Hitler (1936), Mitarb. Achim Glaum u. a., München 1987; 245 S.

8808 Harder, Günther/Niemöller, Wilhelm (Hg.): Die Stunde der Versuchung. Gemeinden im Kirchenkampf 1933–1945. Selbstzeugnisse, München 1963; 471 S.

8809 Hase, Christoph (Hg.): Evangelische Dokumente zur Ermordung der »unheilbar Kranken« unter nationalsozialistischer Herrschaft in den Jahren 1939–45, hg. i. A. der Inneren Mission und Hilfswerk der Evangelischen Kirche in Deutschland, Stuttgart 1964; 128 S.

8810 Hermelink, Heinrich (Hg.): Kirche im Kampf. Dokumente des Widerstands und des Aufbaus in der evangelischen Kirche Deutschlands von 1933 bis 1945, Tübingen/ Stuttgart 1950; 710 S.

8811 Jannasch, Wilhelm: Deutsche Kirchendokumente. Die Haltung der Bekenntniskirche im Dritten Reich, Hg. Schweizerisches Evangelisches Hilfswerk für die Bekennende Kirche in Deutschland, Zürich 1946; 116 S.

8812 Klingler, Fritz (Hg.): Dokumente zum Abwehrkampf der deutschen evangelischen Pfarrerschaft gegen Verfolgung und Bedrückung 1933–1945, Nürnberg 1946; 125 S.

8814 Niemöller, Wilhelm (Hg.): Texte zur Geschichte des Pfarrernotbundes, Berlin 1958; 109 S.

8815 Niemöller, Wilhelm (Hg.): Die vierte Bekenntnissynode der Deutschen Evangelischen Kirche zu Bad Oeynhausen. Text, Dokumente, Berichte, Göttingen 1960; 343 S.

8816 Niemöller, Wilhelm (Hg.): Die zweite Bekenntnissynode der Deutschen Evangelischen Kirche zu Dahlem. Text, Dokumente, Berichte, Göttingen 1958; 240 S.

8817 Norden, Günther van (Hg.): Der deutsche Protestantismus im Jahr der nationalsozialistischen Machtergreifung, Gütersloh 1979; 438 S.

Schmidt, Kurt D. (Hg.): Dokumente des Kirchenkampfes, Bd. 2: Die Zeit des Reichskirchenausschusses 1935–1937, Mitarb. Claus-Hinrich Feilcke/Hans-Jörg Reese, Göttingen:

8819 – Bd. 1: 1935–28. Mai 1936, 1964; XL, 724 S.

8820 – Bd. 2: 29. Mai 1936 bis Ende Februar 1937, 1965; XVI, 725–1383 S.

Methodische Probleme

8821 Besier, Gerhard: Widerstand im Dritten Reich – ein kompatibler Forschungsgegenstand für gegenseitige Verständigung heute? Anfragen aus historisch-theologischer Perspektive, in: KZG 1 (1988), 50–68

Darstellungen

8822 Allgaier, Walter: Tödlicher Flirt mit der braunen Ideologie, in: CuW/RhM, Jg. 45, Nr. 17, 6.7.1990, 26

8823 Anselm, Reiner: Verfaßte Grundwerte – letztlich wertlos? Die Haltung des Protestantismus in der Rechts- und Verfassungsdiskussion zwischen 1943 und 1949, in: MAGKZ 9 (1989), 34–86

8824 Arndt, Ino: Machtübernahme und Judenboykott in der Sicht evangelischer Sonntagsblätter, in: Wolfgang Benz (Hg.), Miscellanea. Festschrift für Helmut Krausnick zum 75. Geburtstag, Mitarb. Ino Arndt, Stuttgart 1980, 15–31

8825 Baier, Helmut u. a.: Kirche und Nationalsozialismus. Zur Geschichte des Kirchenkampfes. (Tutzinger Texte, Sonderbd. 1), München 1969; 286 S.*

8826 Baier, Helmut: Das Verhalten der lutherischen Bischöfe gegenüber dem nationalsozialistischen Staat 1933/34, in: Helmut Baier u. a., Kirche und Nationalsozialismus. Zur Geschichte des Kirchenkampfes, München 1969, 87–116

8827 Barnes, Kenneth C.: Nazism, Liberalism, and Christianity. Protestant Social Thought in Germany and Great Britain, Lexington, Ky. 1991; 224 S.

8828 Barnett, Victoria: For the Soul of the People. Protestant Protest against Hitler, New York u. a. 1992; VIII, 358 S.

8829 Barranowski, Shelley: The Confessing Church, Conservative Elites, and the Nazi State, Leviston/New York 1986; 185 S.

8830 Baumgärtel, Friedrich: Wider die Kirchenkampflegenden, 2., erw. Aufl., Neuendettelsau 1959; 90 S. (zuerst 1958)

8831 Beckmann, Joachim: Der Kirchenkampf in der Evangelischen Kirche

Deutschlands 1933 bis 1945, in: Günther B. Ginzel (Hg.), Auschwitz als Herausforderung für Juden und Christen, Heidelberg 1980, 98–127

8832 Besier, Gerhard: Ansätze zum politischen Widerstand in der Bekennenden Kirche. Zur gegenwärtigen Forschungslage, in: Jürgen Schmädeke/Peter Steinbach (Hg.), Der Widerstand gegen den Nationalsozialismus. Die deutsche Gesellschaft und der Widerstand gegen Hitler, 2. Aufl., München/Zürich 1986, 265–80 (zuerst 1985; ND 1994)

8833 Besier, Gerhard/Ringshausen, Gerhard (Hg.): Bekenntnis, Widerstand, Martyrium. Von Barmen 1934 bis Plötzensee 1944, Göttingen 1986; 428 S.

8834 Bethge, Eberhard: Zwischen Bekenntnis und Widerstand. Erfahrungen in der Altpreußischen Union, in: Peter Steinbach (Hg.), Widerstand. Ein Problem zwischen Theorie und Geschichte, Köln 1987, 115–27

8835 Beyreuther, Erich: Die Vorgeschichte des Kirchenkampfes zwischen 1918 und 1933, in: Helmut Baier u. a., Kirche und Nationalsozialismus. Zur Geschichte des Kirchenkampfes, München 1969, 9–30

8836 Bloth, Peter C.: Kreuz oder Hakenkreuz? Zum Ertrag evangelischer Religionsdidaktik zwischen 1933 und 1945, in: Reinhard Dithmar (Hg.), Schule und Unterricht im Dritten Reich, Neuwied 1989, 87–99

8837 Boyens, Armin: Kirchenkampf und Ökumene 1939–1945. Darstellung und Dokumentation unter besonderer Berücksichtigung der Quellen des Ökumenischen Rates der Kirchen, 2. Aufl., München 1973; 463 S. (zuerst 1969)**

8838 Boyens, Armin: Widerstand der evangelischen Kirche im Dritten Reich, in: Karl D. Bracher u. a. (Hg.), Nationalsozialistische Diktatur 1933–1945. Eine Bilanz, Bonn (zugl. Düsseldorf) 1983, 669–86

8839 Brakelmann, Günter: Hoffnungen und Illusionen evangelischer Prediger zu Beginn des Dritten Reiches: gottesdienstliche Feiern aus politischen Anlässen, in: Detlev J. K. Peukert/Jürgen Reulecke (Hg.), Die Reihen fast geschlossen. Beiträge zur Geschichte des Alltags unterm Nationalsozialismus, Wuppertal 1981, 129–48

8840 Brakelmann, Günter: Die Bochumer Bekenntnisse des Jahres 1933. Ein Meilenstein auf dem Weg nach Barmen, in: Ursula Büttner (Hg.), Das Unrechtsregime. Internationale Forschung über den Nationalsozialismus. Festschrift für Werner Jochmann zum 65. Geburtstag, Bd. 1, Hamburg 1986, 291–314

8841 Brunotte, Heinz: Die Auswirkungen der nationalsozialistischen Schrifttums- und Pressepolitik auf die Deutsche Evangelische Kirche, in: Helmut Baier u. a., Kirche und Nationalsozialismus. Zur Geschichte des Kirchenkampfes, München 1969, 207–34

8842 Brunotte, Heinz: Der kirchenpolitische Kurs der Deutschen Evangelischen Kirchenkanzlei von 1937 bis 1945, in: Heinz Brunotte/Ernst Wolf (Hg.), Zur Geschichte des Kirchenkampfes. Gesammelte Aufsätze, Bd. [1], Göttingen 1965, 92–145

8843 Brunotte, Heinz: Die Kirchenmitgliedschaft der nichtarischen Christen im Kirchenkampf, in: ZfEK 13 (1967), 140–67

8844 Brunotte, Heinz: Die Entwicklung der staatlichen Finanzaufsicht über die DEK von 1935–1945, in: ZfEK 3 (1953/54), 29–55

8845 Brunotte, Heinz/Wolf, Ernst (Hg.): Zur Geschichte des Kirchenkampfes. Gesammelte Aufsätze, hg. i. A. der Kommission der Evangelischen Kirche in Deutschland für die Geschichte des Kirchenkampfes, 2 Bde., Göttingen 1965–1971; 324, 332 S.*

8846 Busch, Eberhard: Juden und Christen im Schatten des Dritten Reiches. Ansätze zu einer Kritik des Antisemitismus in der Zeit der Bekennenden Kirche, München 1979; 77 S.

8847 Conway, John S.: The German Church Struggle: Its Making and Meaning, in: Hubert G. Locke (Hg.), The Church Confronts the Nazis: Barmen Then and Now, New York/Toronto 1984, 93–143

8848 Dahm, Karl-Wilhelm: Pfarrer und Politik. Soziale Position und politische Mentalität des deutschen evangelischen Pfarrerstandes zwischen 1918 und 1933, Köln/Opladen 1965; 225 S.

8849 Diakonie im Dritten Reich, Hg. Evangelische Akademie Mülheim, Ruhr, Mülheim 1987; 128 S.

8850 Elias, Otto L.: Der evangelische Kirchenkampf und die Judenfrage, in: IGNLL 10 (1961), 213–19

8851 Ericksen, Robert P.: Theologen unter Hitler. Das Bündnis zwischen evangelischer Dogmatik und Nationalsozialismus, München 1986; 342 S. (amerikan.: New Haven, Conn. 1985)

8852 Ericksen, Robert P.: The Barmen Synod and Its Declaration: A Historical Synopsis, in: Hubert G. Locke (Hg.), The Church Confronts the Nazis: Barmen Then and Now, New York/Toronto 1984, 27–91

8853 Ericksen, Robert P.: A Radical Minority: Resistance in the German Protestant Church, in: Francis R. Nicosia/Lawrence D. Stokes (Hg.), Germans against Nazism. Nonconformity, Opposition, and Resistance in the Third Reich. Essays in Honor of Peter Hoffmann, New York/Oxford 1990, 115–36

8854 Fischer, Jörg: Evangelische Kirchenmusik im Dritten Reich, in: AfM 46 (1989), 185–234

8855 Fleischmann-Bisten, Walter: Der Evangelische Bund in der Weimarer Republik und im sogenannten Dritten Reich, Frankfurt u. a. 1989; 586 S.

8856 Gerlach, Wolfgang: Als die Zeugen schwiegen. Bekennende Kirche und die Juden, 2., bearb. u. erg. Aufl., Berlin 1993; 484 S. (zuerst 1987)

8857 Gerlach, Wolfgang: Als die Zeugen schwiegen. Bekennende Kirche und die Juden, in: Jörg Wollenberg (Hg.), »Niemand war dabei und keiner hat's gewußt.« Die deutsche Öffentlichkeit und die Judenverfolgung 1933–1945, München/Zürich 1989, 94–112, 236f.

8858 Gerlach-Prätorius, Angelika: Die Kirche vor der Eidesfrage. Die Diskussion um den Pfarrereid im »3. Reich«, Göttingen 1967; 235 S.

8859 Glenthoj, Jorgen: Hindenburg, Göring und die evangelischen Kirchenführer. Ein Beitrag zur Beleuchtung des staatspolitischen Hintergrundes der Kanzleraudienz am 25. Januar 1934, in: Heinz Brunotte/Ernst Wolf (Hg.), Zur Geschichte des Kirchenkampfes. Gesammelte Aufsätze, Bd. [1], Göttingen 1965, 45–91

8860 Götte, Karl-Heinz: Die Propaganda der Glaubensbewegung »Deutsche Christen« und ihre Beurteilung in der deutschen Tagespresse. Ein Beitrag zur Publizistik im Dritten Reich, Diss. Münster 1957; 247, XVII S.

8861 Graf, Friedrich W.: Der deutsche Protestantismus und der Zweite Weltkrieg, in: Venanz Schubert u.a. (Hg.), Der Zweite Weltkrieg und die Gesellschaft in Deutschland. 50 Jahre danach. Eine Ringvorlesung der Universität München, St. Ottilien 1992, 217–67

8862 Greschat, Martin: Die Haltung der deutschen evangelischen Kirchen zur Verfolgung der Juden im Dritten Reich, in: Ursula Büttner (Hg.), Die Deutschen und die Judenverfolgung im Dritten Reich, Hamburg 1992, 273–92

8863 Greschat, Martin/Lächele, Rainer: Das Ringen der Bekennenden Kirche um eine gemeinsame Front 1936, in: ZKG 97 (N.F. 35) (1986), 373–90

8864 Gutteridge, Richard: German Protestantism and the Jews in the Third Reich, in: Otto D. Kulka/Paul R. Mendes-Flohr (Hg.), Judaism and Christianity under the

Impact of National Socialism, Jerusalem 1987, 227–49

8865 Gutteridge, Richard: Open the Mouth for the Dumb! The German Evangelical Church and the Jews, 1870–1950, Oxford 1976; 374 S.

8866 Harder, Günther: Die Bekennende Kirche und der Staat, in: Helmut Baier u.a., Kirche und Nationalsozialismus. Zur Geschichte des Kirchenkampfes, München 1969, 151–84

8867 Hartweg, Frédéric: Bekennende Kirche, Widerstand und Versöhnung, in: Huberta Engel (Hg.), Deutscher Widerstand – Demokratie heute. Kirche, Kreisauer Kreis, Ethik, Militär und Gewerkschaften, 2. Aufl., Bonn/Berlin 1994, 294–311 (zuerst 1992)

8868 Hauschild, Wolf-Dieter u.a. (Hg.): Die lutherischen Kirchen und die Bekenntnissynode von Barmen. Referate des Internationalen Symposiums auf der Reisenburg, Göttingen 1984; 520 S.

8869 Heinemann, Manfred: Evangelische Kindergärten im Nationalsozialismus. Von den Illusionen zum Abwehrkampf, in: Manfred Heinemann (Hg.), Erziehung und Schulung im Dritten Reich, T. 1: Kindergarten, Schule, Jugend, Berufserziehung, Stuttgart 1980, 49–89

8870 Helmreich, Ernst C.: Die Veröffentlichungen der »Denkschrift der Vorläufigen Leitung der Deutschen Evangelischen Kirche an den Führer und Reichskanzler, 28. Mai 1936«, in: ZKG 87 (1976), 39–53

8871 Herbert, Karl: Der Kirchenkampf. Historie oder bleibendes Erbe?, Frankfurt 1985; 352 S.

8872 Hunsche, Klara: Der Kampf um die christliche Schule und Erziehung 1933–45, in: KJEKD 76 (1950), 455–519

8873 Iber, Harald: Christlicher Glaube oder rassischer Mythus. Die Auseinandersetzung der Bekennenden Kirche mit Alfred Rosenbergs »Der Mythus des 20. Jahrhunderts«, Frankfurt u.a. 1987; 374 S.

8874 Jacobs, Manfred: Kirche, Weltanschauung, Politik. Die evangelische Kirche und die Option zwischen dem zweiten und dritten Reich, in: VfZ 31 (1983), 108–35

8875 Kaiser, Jochen-Christoph: Diakonie und Eugenik im »Dritten Reich«. Grundzüge der Entwicklung 1933–1945, in: Wolfgang Stegemann (Hg.), Kirche und Nationalsozialismus, Mitarb. Dirk Acksteiner u.a., 2., überarb. u. erw. Aufl., Stuttgart u.a. 1992, 106–20 (zuerst 1990)

8876 Kaiser, Jochen-Christoph: Diakonie und Sterilisation 1930–1938, in: Vergessene Opfer. Wiedergutmachung für die Betroffenen der Zwangssterilisation und des nationalsozialistischen Euthanasie-Programms. Tagung vom 27. bis 29. März 1987 in Bad Boll. (Protokolldienst, 14/87), Hg. Evangelische Akademie Bad Boll, Bad Boll 1987, 64–69

8877 Kaiser, Jochen-Christoph: Protestantismus, Diakonie und »Judenfrage« 1933–1941, in: VfZ 37 (1989), 673–714

8878 Kaiser, Jochen-Christoph: Innere Mission und Rassenhygiene. Zur Diskussion im Centralausschuß für Innere Mission 1930–1938, in: LMGL 55 (1986), 197–217

8879 Kaiser, Jochen-Christoph/Greschat, Martin: Der Holocaust und die Protestanten. Analysen einer Verstrickung, Frankfurt 1988; XIII, 282 S.

8880 Kantzenbach, Friedrich W.: »Theologische Blätter«. Kampf, Krisis und Ende einer theologischen Zeitschrift im Dritten Reich, in: Heinz Brunotte/Ernst Wolf (Hg.), Zur Geschichte des Kirchenkampfes. Gesammelte Aufsätze, Bd. [2], Göttingen 1971, 79–104

8881 Kater, Horst: Die Deutsche Evangelische Kirche in den Jahren 1933 und 1934. Eine rechts- und verfassungsgeschichtliche Untersuchung zu Gründung und Zerfall einer Kirche im nationalsozialistischen Staat, Göttingen 1970; 226 S.

8882 Kirchliches Jahrbuch für die evangelische Kirche in Deutschland, Jg. 60–71 (1933–1944), Hg. Joachim Beckmann, 2. Aufl., Gütersloh 1970; 533 S. (zuerst 1948)

8883 Klappert, Bertold: Bekennende Kirche in ökumenischer Verantwortung. Die gesellschaftliche und ökumenische Bedeutung des Darmstädter Wortes, München 1988; 127 S.

8884 Klee, Ernst: »Evangelische Diakonie und Nationalsozialismus gehören zusammen.« Wie unsere Schwestern den »Reichsparteitag der Ehre« erlebten, in: Bernd Ogan/Wolfgang W. Weiß (Hg.), Faszination und Gewalt. Zur politischen Ästhetik des Nationalsozialismus, Nürnberg 1992, 117–26

8885 Klee, Ernst/Petrich, Gunnar: Judenrein – Protestanten und die Judenverfolgung. [Redaktionell überarb. Manuskript des am 15. September 1989 v. Hessischen Rundfunk in der ARD-Reihe »Gott und die Welt« gesendeten Fernsehfilms], in: FR, Jg. 45, Nr. 218, 20. 9. 1989, 10

8886 Koch, Werner: Der Kampf der Bekennenden Kirche im Dritten Reich. (Beiträge zum Widerstand 1933–1945, 4), Hg. Gedenkstätte Deutscher Widerstand Berlin, 5. Aufl., Berlin 1988; 24 S. (zuerst 1974)

8887 Koch, Werner: Widerstand der Bekennenden Kirche? Schwankend zwischen »Gottes Reich zur Linken« und »zur Rechten«, in: Tribüne 23 (1984), Nr. 90, 125–39; abgedr. in: Widerstand und Exil 1933–1945, Hg. Bundeszentrale für politische Bildung, Bonn 1985 (Frankfurt/New York 1986), 97–111

8888 Kretschmar, Georg: Die Auseinandersetzung der Bekennenden Kirche mit den Deutschen Christen, in: Helmut Baier u. a., Kirche und Nationalsozialismus. Zur Geschichte des Kirchenkampfes, München 1969, 117–50

8889 Kupisch, Karl: Die deutschen Landeskirchen im 19. und 20. Jahrhundert. (Die Kirchen in ihrer Geschichte, 4, Lfg. R 2), 2., durchges. Aufl., Göttingen 1975; 126 S. (zuerst 1966)

8890 Kurtz, Adolf: Bekennende Kirche, 2., erw. Aufl., Berlin 1947; 36 S. (zuerst 1946)

8891 Lächele, Rainer: Begegnungen junger englischer und deutscher Theologen 1934–1939. Briefe des Tübinger Dozenten Albrecht Stumpf, in: ZWL 49 (1990), 393–418**

8892 Langer, Hans-Otto: Der Kirchenkampf in der Ära der Kirchenausschüsse 1935–1937, Bielefeld 1971; III, 126 S.

8893 Lauterer, Heide-Marie: Liebestätigkeit für die Volksgemeinschaft. Der Kaiserswerther Verband Deutscher Diakonissenmutterhäuser in den ersten Jahren des NS-Regimes, Göttingen 1994; 240 S.

8894 Ludlow, Peter W.: Bischof Berggrav zum deutschen Kirchenkampf, in: Heinz Brunotte/Ernst Wolf (Hg.), Zur Geschichte des Kirchenkampfes. Gesammelte Aufsätze, Bd. [2], Göttingen 1971, 221–58

8895 Lüpsen, Focko: Der Weg der kirchlichen Pressearbeit von 1933 bis 1950, in: KJEKD 76 (1950), 415–54

8896 Luther, Christian: Das kirchliche Notrecht. Seine Theorie und seine Anwendung im Kirchenkampf, 1933–1937, Göttingen 1969; 204 S.

8897 Maurer, Wilhelm: Ausklang und Folgen des Kirchenkampfes, in: Helmut Baier u. a., Kirche und Nationalsozialismus. Zur Geschichte des Kirchenkampfes, München 1969, 235–58

8898 Mayer, Eberhard: Deutschkirche oder Bekenntniskirche. Der Ulmer Bekenntnistag 1934 und der Kampf um die rechtmäßige Evangelische Kirche Deutschlands, Langenau/Ulm 1984; 36 S.

8899 Meier, Kurt: Die Deutschen Christen. Das Bild einer Bewegung im Kirchenkampf des Dritten Reiches, 3. Aufl., Göttingen 1967; XV, 384 S. (zuerst 1964)

8900 Meier, Kurt: Evangelische Kirche in Gesellschaft, Staat und Politik 1918–1945. Aufsätze zur kirchlichen Zeitgeschichte, Hg. Kurt Nowak, Berlin (O) 1987; 160 S.* **

8901 Meier, Kurt: Kirche und Judentum. Die Haltung der evangelischen Kirche zur Judenpolitik des Dritten Reiches, Göttingen 1968; 153 S.

8902 Meier, Kurt: Kreuz und Hakenkreuz. Die evangelische Kirche im Dritten Reich, Frankfurt 1992; 250 S.

8903 Meier, Kurt: Barmen und die Universitätstheologie (1984), in: Kurt Meier, Evangelische Kirche in Gesellschaft, Staat und Politik 1918–1945. Aufsätze zur kirchlichen Zeitgeschichte, Hg. Kurt Nowak, Berlin (O) 1987, 96–113

8904 Meier, Kurt: Die historische Bedeutung des Kirchenkampfes für den Widerstand im »Dritten Reich«. Zeitgenössische und aktuelle Aspekte der Urteilsbildung (1983/84), in: Kurt Meier, Evangelische Kirche in Gesellschaft, Staat und Politik 1918–1945. Aufsätze zur kirchlichen Zeitgeschichte, Hg. Kurt Nowak, Berlin (O) 1987, 132–53

8905 Meier, Kurt: Die zeitgeschichtliche Bedeutung volkskirchlicher Konzeptionen im deutschen Protestantismus zwischen 1918 und 1945, in: Kurt Meier, Evangelische Kirche in Gesellschaft, Staat und Politik 1918–1945. Aufsätze zur kirchlichen Zeitgeschichte, Hg. Kurt Nowak, Berlin (O) 1987, 16–39

8906 Meier, Kurt: Evangelische Kirche und »Endlösung der Judenfrage«, in: Wolfgang Stegemann (Hg.), Kirche und Nationalsozialismus, Mitarb. Dirk Acksteiner u. a., 2., überarb. u. erw. Aufl., Stuttgart u. a. 1992, 77–93 (zuerst 1990)

8907 Meier, Kurt: Das Verhalten evangelischer Kirchenführer zum NS-Staat, zur Aufrüstung und zum Krieg, in: Ludwig Nestler (Hg.), Der Weg deutscher Eliten in den Zweiten Weltkrieg. Nachtrag zu einer verhinderten deutsch-deutschen Publikation, hg. in Verbindung mit Paul Heider u. a., Berlin (O) 1990, 81–118

8908 Meier, Kurt: Der NS-Staat in zeitgenössischer kirchlicher Beurteilung, in: TLZ 103 (1978), 545–59; abgedr. in: Kurt Meier, Evangelische Kirche in Gesellschaft, Staat und Politik 1918–1945. Aufsätze zur kirchlichen Zeitgeschichte, Hg. Kurt Nowak, Berlin (O) 1987, 70–86

Meier, Kurt: Der evangelische Kirchenkampf, Göttingen:

8909 – Bd. 1: Der Kampf um die »Reichskirche«, 2. Aufl., 1984; XV, 648 S. (zuerst 1976)

8910 – Bd. 2: Gescheiterte Neuordnungsversuche im Zug staatlicher »Rechtshilfe«, 2. Aufl., 1984; VII, 472 S. (zuerst 1976)

8911 – Bd. 3: Im Zeichen des Zweiten Weltkrieges, 1984; 734 S.

8912 Meisiek, Cornelius H.: Evangelisches Theologiestudium im Dritten Reich, Frankfurt u. a. 1993; 422 S.

8913 Melzer, Karl-Heinrich: Der Geistliche Vertrauensrat. Geistliche Leitung für die Deutsche Evangelische Kirche im Zweiten Weltkrieg?, Göttingen 1991; 390 S.

8914 Neumann, Peter: Die Jungreformatorische Bewegung, Göttingen 1971; 182 S.

8915 Nicolaisen, Carsten: Die Stellung der »Deutschen Christen« zum Alten Testament, in: Heinz Brunotte/Ernst Wolf (Hg.), Zur Geschichte des Kirchenkampfes. Gesammelte Aufsätze, Bd. [2], Göttingen 1971, 197–220

Niemöller, Gerhard: Die erste Bekenntnissynode der Deutschen Evangelischen Kirche zu Barmen, Göttingen:

8916 – Bd. 1: Geschichte, Kritik und Bedeutung der Synode und ihrer Theologischen Erklärung, 2. Aufl., 1984; 269 S. (zuerst 1959)**

8917 – Bd. 2: Texte, Dokumente, Berichte, 1959; 209 S.**

8918 Niemöller, Gerhard: Organisation und Aufbau der Bekennenden Kirche in ihren Anfängen, in: Heinz Brunotte/Ernst Wolf (Hg.), Zur Geschichte des Kirchenkampfes. Gesammelte Aufsätze, Bd. [2], Göttingen 1971, 105–20

8919 Niemöller, Wilhelm: Die Bekennende Kirche sagt Hitler die Wahrheit. Die Geschichte der Denkschrift der vorläufigen Leitung vom Mai 1936, Bielefeld 1954; 54 S.

8920 Niemöller, Wilhelm: Die evangelische Kirche im Dritten Reich. Handbuch des Kirchenkampfes, Bielefeld 1956; 408 S.

8921 Niemöller, Wilhelm: Hitler und die evangelischen Kirchenführer. (Zum 25. Januar 1934), Bielefeld 1959; 77 S.

8922 Niemöller, Wilhelm: Kampf und Zeugnis der Bekennenden Kirche, Bielefeld 1948; XXVII, 527 S.

8923 Niemöller, Wilhelm: Der Pfarrernotbund. Geschichte einer kämpfenden Bruderschaft, Hamburg 1973; 269 S.

8924 Niesel, Wilhelm: Der Weg der bekennenden Kirche, Zürich 1947; 48 S.

8925 Norden, Günther van: Kirche in der Krise 1933. Die Stellung der Evangelischen Kirche zum nationalsozialistischen Staat im Jahre 1933, Düsseldorf 1963; 211 S.

8926 Norden, Günther van u. a. (Hg.): Wir verwerfen die falsche Lehre. Arbeits- und Lesebuch zur Barmer Theologischen Erklärung und zum Kirchenkampf, Wuppertal-Barmen 1984; 325 S.**

8927 Norden, Günther van: Die Evangelische Kirche und die Juden im »Dritten Reich«, in: Günter Brakelmann/Martin Roskowski (Hg.), Antisemitismus. Von religiöser Judenfeindschaft zur Rassenideologie, Göttingen 1989, 97–111; abgedr. in: KZG 2 (1989), 38–49

8928 Norden, Günther van: Widerstand im deutschen Protestantismus 1933–1945, in: Klaus-Jürgen Müller (Hg.), Der deutsche Widerstand 1933–1945, Paderborn u. a. 1986, 108–34

8929 Norden, Günther van: Der deutsche Protestantismus zwischen Patriotismus und Bekenntnis, in: Günther Heydemann/Lothar Kettenacker (Hg.), Drittes Reich und SED-Staat. Fünfzehn Beiträge. Eine Publikation des Deutschen Historischen Instituts London, Göttingen 1993, 88–108

8930 Norden, Günther van: Widerstand im deutschen Protestantismus 1933–1945, in: Christoph Kleßmann/Falk Pingel (Hg.), Gegner des Nationalsozialismus. Wissenschaftler und Widerstandskämpfer auf der Suche nach historischer Wirklichkeit, Frankfurt/New York 1980, 103–25

8931 Norden, Günther van: Die Barmer Theologische Erklärung und ihr historischer Ort in der Widerstandsgeschichte, in: Peter Steinbach/Johannes Tuchel (Hg.), Widerstand gegen den Nationalsozialismus, Berlin 1994, 170–81

8932 Norden, Günther van: Die Barmer Theologische Erklärung und die »Judenfrage«, in: Ursula Büttner (Hg.), Das Unrechtsregime. Internationale Forschung über den Nationalsozialismus. Festschrift für Werner Jochmann zum 65. Geburtstag, Bd. 1, Hamburg 1986, 315–30

8933 Nowak, Kurt: Sterilisation, Krankenmord und Innere Mission im »Dritten Reich«, in: Achim Thom/Genadij I. Caregorodcev (Hg.), Medizin unterm Hakenkreuz, Berlin (O) 1989, 167–79; gekürzt abgedr. in: Götz Aly, Aktion T 4 1939–1945. Die »Euthanasie«-Zentrale in der Tiergartenstraße 4, 2., erw. Aufl., Berlin 1989, 73–83 (zuerst 1987)

8934 Ohlemacher, Jörg: Günter Ruprecht und Hans Lokies – Zivilcourage. Das Beispiel der Zeitschrift »Haus und Schule« 1935–1937, in: KZG 1 (1988), 137–50

8935 Pertiet, Martin: Das Ringen um Wesen und Auftrag der Kirche in der nationalsozialistischen Zeit, Göttingen 1968; 339 S.

8936 Prolingheuer, Hans: Ausgetan aus dem Land der Lebendigen. Leidensgeschichte unter Kreuz und Hakenkreuz, Vorwort Wolfgang Huber, Neukirchen-Vluyn 1983; 236 S.

8937 Prolingheuer, Hans: Der ungekämpfte Kirchenkampf 1939–1945. Das politische Versagen der Bekennenden Kirche, Köln 1983; 34 S.

8938 Prolingheuer, Hans: Wir sind in die Irre gegangen. Die Schuld der Kirche unterm Hakenkreuz nach dem Bekenntnis des »Darmstädter Wortes« von 1947, Köln 1987; 301 S.

8939 Prolingheuer, Hans: Judennot und Christenschuld. Eine evangelisch-kirchenhistorische Erinnerung aus Anlaß des Gedenkens an die Novemberpogrome 1938, in: Hubert Frankemölle (Hg.), Opfer und Täter. Zum nationalsozialistischen und antijüdischen Alltag in Ostwestfalen-Lippe, Bielefeld 1990, 127–46

8940 Ringshausen, Gerhard: Evangelische Kirche im Widerstand, in: Huberta Engel (Hg.), Deutscher Widerstand – Demokratie heute. Kirche, Kreisauer Kreis, Ethik, Militär und Gewerkschaften, 2. Aufl., Bonn/Berlin 1994, 62–117 (zuerst 1992)

8941 Röhm, Eberhard/Thierfelder, Jörg (Bearb.): Evangelische Kirche zwischen Kreuz und Hakenkreuz. Bilder und Texte einer Ausstellung, Einführung Klaus Scholder, bearb. für die Evangelische Arbeitsgemeinschaft für kirchliche Zeitgeschichte i. A. des Rats der Evangelischen Kirche Deutschlands, 3. Aufl., Stuttgart 1983; 160 S. (zuerst 1981)**

8942 Röhm, Eberhard/Thierfelder, Jörg: Die evangelische Kirche und die Machtergreifung, in: Wolfgang Michalka (Hg.), Die nationalsozialistische Machtergreifung, Paderborn u. a. 1984, 168–81

8943 Rüppel, Erich G.: Die Gemeinschaftsbewegung im Dritten Reich. Ein Beitrag zur Geschichte des Kirchenkampfes, Göttingen 1969; 258 S.

8944 Scherffig, Wolfgang: Junge Theologen im »Dritten Reich«. Dokumente, Briefe, Erfahrungen, Bd. 1: Es begann mit einem Nein!, Bd. 2: Im Bannkreis politischer Verführung 1936–1937, Neukirchen-Vluyn 1989–1990; XVI, 224; XX, 315 S.**

8945 Schleiermacher, Sabine: Die Innere Mission und ihr bevölkerungspolitisches Programm, in: Heidrun Kaupen-Haas (Hg.), Der Griff nach der Bevölkerung. Aktualität und Kontinuität nazistischer Bevölkerungspolitik, Nördlingen 1986, 73–89

8946 Schmid, Heinrich: Apokalyptisches Wetterleuchten. Ein Beitrag der Evangelischen Kirche zum Kampf im »Dritten Reich«, München 1947; 459 S.

8947 Scholder, Klaus: Kirchenkampf, in: Evangelisches Staatslexikon, 2. Aufl., Stuttgart/Berlin 1975, 1177–1200; abgedr. in: Klaus Scholder, Die Kirchen zwischen Republik und Gewaltherrschaft. Gesammelte Aufsätze, Hg. Karl O. von Aretin/Gerhard Besier, Berlin 1988, 131–70

8948 Scholder, Klaus: Die evangelische Kirche in der Sicht der nationalsozialistischen Führung bis zum Kriegsausbruch, in: VfZ 16 (1968), 15–35

8949 Seeber, Otto: Kriegstheologie und Kriegspredigten in der Evangelischen Kirche Deutschlands im Ersten und Zweiten Weltkrieg, in: Marcel van der Linden/Gottfried Mergner (Hg.), Kriegsbegeisterung und mentale Kriegsvorbereitung. Interdisziplinäre Studien, Mitarb. Herman de Lande, Berlin 1991

8950 Siegele-Wenschkewitz, Leonore/Nicolaisen, Carsten (Hg.): Theologische Fakultäten im Nationalsozialismus, Göttingen 1993; 429 S.

8951 Smid, Marikje: Deutscher Protestantismus und Judentum 1932/1933, München 1990; XXX, 547 S.

8952 Söhngen, Oskar: Hindenburgs Eingreifen in den Kirchenkampf 1933, in: Heinz Brunotte/Ernst Wolf (Hg.), Zur Geschichte des Kirchenkampfes. Gesammelte Aufsätze, Bd. [1], Göttingen 1965, 30–44

8953 Söhngen, Oskar: Die Reaktion der »amtlichen« Kirche auf die Einsetzung eines Staatskommissars durch den nationalsozialistischen Staat, in: Heinz Brunotte/Ernst Wolf (Hg.), Zur Geschichte des Kirchenkampfes. Gesammelte Aufsätze, Bd. [2], Göttingen 1971, 35–78

8954 Stegemann, Wolfgang (Hg.): Kirche und Nationalsozialismus, Mitarb. Dirk Acksteiner u. a., 2., überarb. u. erw. Aufl., Stuttgart u. a. 1992; 175 S. (zuerst 1990)*

8955 Stein, Albert: Die Evangelische Laienpredigt. Ihre Geschichte, ihre Ordnung im Kirchenkampf und ihre gegenwärtige Bedeutung, Göttingen 1972; 156 S.

8956 Stoll, Gerhard E.: Die evangelische Zeitschriftenpresse im Jahre 1933, Witten 1963; 300 S.

8957 Strohm, Theodor/Thierfelder, Jörg (Hg.): Diakonie im Dritten Reich. Neuere Ergebnisse zeitgeschichtlicher Forschung, Heidelberg 1990; 352 S.*

8958 Thierfelder, Jörg: Die evangelische Kirche zu Beginn des Dritten Reiches, in: Peter Steinbach (Hg.), Widerstand. Ein Problem zwischen Theorie und Geschichte, Köln 1987, 128–43

8959 Tilgner, Wolfgang: Volksnomostheologie und Schöpfungsglaube. Ein Beitrag zur Geschichte des Kirchenkampfes, Göttingen 1966; 268 S.

8960 Tödt, Heinz E.: Die Novemberverbrechen 1938 und der deutsche Protestantismus. Ideologische und theologische Voraussetzungen für die Hinnahme des Progroms, in: KZG 2 (1989), 14–37

8961 Urmoneit, Annekatrin/Brechschmidt, Sylvia: Der deutsche Protestantismus und seine Haltung zur NS-Bewegung und zur Wiederaufrüstung in der BRD, München 1991; 100 S. (mit 5 Overhead-Folien)

8962 Vollmer, Antje: Die Neuwerkbewegung 1919–1935. Ein Beitrag zur Geschichte der Jugendbewegung, des religiösen Sozialismus und der Arbeiterbildung, Diss. Berlin 1973; 317 S.

8963 Vorländer, Herwart: Zum Selbstverständnis der Bekennenden Kirche im Dritten Reich, in: GWU 19 (1968), 393–407

8964 Wenschkewitz, Leonore: Zur Geschichte des Reichskirchenministeriums und seines Ministers, in: Helmut Baier u. a., Kirche und Nationalsozialismus. Zur Geschichte des Kirchenkampfes, München 1969, 185–206

8965 Wenschkewitz, Leonore: Politische Versuche einer Ordnung der Deutschen Evangelischen Kirche durch den Reichskirchenminister 1937 bis 1939, in: Heinz Brunotte/Ernst Wolf (Hg.), Zur Geschichte des Kirchenkampfes. Gesammelte Aufsätze, Bd. [2], Göttingen 1971, 121–38

8966 Wesenick, Jürgen: Die Entstehung des Deutschen Evangelischen Missions-Tages, in: Heinz Brunotte/Ernst Wolf (Hg.), Zur Geschichte des Kirchenkampfes. Gesammelte Aufsätze, Bd. [1], Göttingen 1965, 258–324

8967 Wider das Vergessen. Schicksale judenchristlicher Pfarrer in der Zeit von 1933–1945. Sonderausstellung im Lutherhaus Eisenach, April 1988 – April 1989, Hg. Evangelisches Pfarrhausarchiv Eisenach, Eisenach 1988; 23 S.

8968 Der Widerstand von Kirchen und Christen gegen den Nationalsozialismus (KZG, Jg. 1, Nr. 1), Göttingen 1988; 431 S.*

8969 Widerstand zwischen Schuldverstrikkung und Gewissensruf 1933–1945. Kirchenkampf, Völkermord und Gegenwehr.

Tagung der Evangelischen Akademie Iserlohn vom 6.5. bis 8.5. 1988 in Haus Ortlohn, Iserlohn. (Tagungsprotokoll, 54), Hg. Evangelische Akademie Iserlohn, Iserlohn 1988; 139 S.

8970 Winter, Helmut (Hg.): Zwischen Kanzel und Kerker. Augenzeugen berichten vom Kirchenkampf im Dritten Reich, München 1982; 127 S.

8971 Wolf, Ernst: Die evangelischen Kirchen und der Staat im Dritten Reich, Zürich 1963; 40 S.

8972 Wolf, Ernst: Kirche im Widerstand? Protestantische Opposition in der Klammer der Zweireichlehre, München 1965; 39 S.

8973 Wright, Jonathan R. C.: »Über den Parteien«. Die politische Haltung der evangelischen Kirchenführer 1918–1933, Göttingen 1977; XIV, 276 S. (engl.: London 1974)

8974 Zabel, James A.: Nazism and the Pastors. A Study of the Ideas of Three Deutsche Christen-Groups, Missoula, Mont. 1976; XV, 243 S.

8975 Die Zwangssterilisation von Gehörlosen nach dem Erbgesundheitsgesetz und die Stellungnahmen evangelischer Gehörlosenseelsorger sowie evangelischer Kirchen im 3. Reich und nach 1945, Hg. Deutsche Arbeitsgemeinschaft für Evangelische Gehörlosenseelsorge, Friedberg 1987; 51 S.

A.3.12.3.2 Regional- und Lokalstudien

Quellenkunde

8977 Ehmer, Hermann: Das Landeskirchliche Archiv Stuttgart im Zweiten Weltkrieg. Ein Beitrag zur württembergischen Archivgeschichte, in: Wolfgang Schmierer u. a. (Hg.), Aus südwestdeutscher Geschichte. Festschrift für Hans-Martin Maurer. Dem Archivar und Historiker zum 65. Geburtstag, Stuttgart 1994, 736–49

Gedruckte Quellen

8978 Beckmann, Joachim: Rheinische Bekenntnissynoden im Kirchenkampf. Eine Dokumentation aus den Jahren 1933–1945, Neukirchen-Vluyn 1975; XII, 491 S.

8979 Bergmann, Richard (Hg.): Documenta. Unsere Pfälzische Landeskirche innerhalb der Deutschen Evangelischen Kirche in den Jahren 1930–1944. Berichte und Dokumente, Bd. 1: 1930–1934, Bd. 2: 1935–1937, Bd. 3: 1938–1944, Speyer 1960; 361, 423, 487 S.

8980 Dinkler-von Schubert, Erika (Hg.): Feldpost: Zeugnis und Vermächtnis. Briefe und Texte aus dem Kreis der evangelischen Studentengemeinde Marburg/Lahn und ihrer Lehrer 1939–1945, Göttingen 1993; 164 S.

8981 Klügel, Eberhard (Hg.): Die lutherische Landeskirche Hannovers und ihr Bischof [August Mahrarens] 1933–1945. Dokumente, Berlin/Hamburg 1965; 248 S.

8982 Kuessner, Dietrich/Saul, Norbert: Die ev[angelisch]- luth[erische] Landeskirche in Braunschweig und der Nationalsozialismus. Materialsammlung zur Ausstellung, Hg. Konförderation evangelischer Kirchen in Niedersachsen für Erwachsenenbildung, o. O. 1982; 289 S.

8983 Niemöller, Gerhard (Hg.): Die Synode zu Halle 1937. Die 2. Tagung der 4. Bekenntnissynode der Evang[elischen] Kirche der Altpreußischen Union. Text, Dokumente, Berichte, Göttingen 1963; 459 S.

8984 Niemöller, Wilhelm (Hg.): Die Preussensynode zu Dahlem. Die zweite Bekenntnissynode der Evangelischen Kirche der Altpreußischen Union. Geschichte, Dokumente, Berichte, Göttingen 1975; XXV, 251 S.

8985 Niemöller, Wilhelm (Hg.): Die Synode zu Steglitz. Die dritte Bekenntnissynode der Evangelischen Kirche der Altpreußischen Union. Geschichte, Dokumente, Berichte, Göttingen 1970; 382 S.

8986 Quellen zur rheinischen Kirchengeschichte, Bd. 5: Das 20. Jahrhundert, Hg. Evangelische Kirche im Rheinland, Bearb. Günther van Norden, Düsseldorf 1990; XXVIII, 539 S.

Rückleben, Hermann/Erbacher, Hermann (Hg.): Die Evangelische Landeskirche in Baden im »Dritten Reich«. Quellen zu ihrer Geschichte, Hg. Oberkirchenrat Karlsruhe, Karlsruhe:

8987 – Bd. 1: 1931–1933, 1991; XVI, 891 S.

8988 – Bd. 2: 1933–1934, 1992; XVI, 800 S.

Schäfer, Gerhard: Die Evangelische Landeskirche in Württemberg und der Nationalsozialismus. Eine Dokumentation zum Kirchenkampf, Stuttgart:

8989 – Bd. 1: Um das politische Engagement der Kirche 1932–1933, Geleitwort Wolfgang Metzger, 1971; 607 S.

8990 – Bd. 2: Um eine deutsche Reichskirche 1933, 1972; 1120 S.

8991 – Bd. 3: Der Einbruch des Reichsbischofs in die württembergische Landeskirche 1934, 1974; 731 S.

8992 – Bd. 4: Die intakte Landeskirche 1935–1936, 1977; XIX, 960 S.

8993 – Bd. 5: Babylonische Gefangenschaft 1937–1938, 1982; XXIII, 1180 S.

8994 – Bd. 6: Von der Reichskirche zur Evangelischen Kirche in Deutschland 1938–1945, 1986; XXXII, 1468 S.

8995 Zur Lage evangelischer Kirchengemeinden, in: Bayern in der NS-Zeit, Bd. 1: Soziale Lage und politisches Verhalten der Bevölkerung im Spiegel vertraulicher Berichte, Hg. Martin Broszat u.a., München/Wien 1977, 369–425

Darstellungen

8996 Alwast, Jendrist: Geschichte der theologischen Fakultät. Vom Beginn der preußischen Zeit bis zur Gegenwart. (Geschichte der Christian-Albrechts-Universität Kiel 1665–1965, 2/1), Neumünster 1988, 189–212

8997 Andresen, Dieter: »... ick will hier je keen Politik up de Kanzel bringen.« Niederdeutsch und Nationalsozialismus in der Kirche, in: Kay Dohnke u.a. (Hg.), Niederdeutsch im Nationalsozialismus. Studien zur Rolle regionaler Kultur im Faschismus, Hildesheim u.a. 1994, 416–40

8998 Baier, Helmut: Kirche in Not. Die bayerische Landeskirche im Zweiten Weltkrieg, Neustadt 1979; XV, 471 S.

8999 Baier, Helmut: Die Deutschen Christen Bayerns im Rahmen des bayerischen Kirchenkampfes, Nürnberg 1968; XX, 601 S.

9000 Baier, Helmut: Kirchenkampf in Nürnberg 1933–1945, Nürnberg 1973; 58 S. (Ms. vervielf.)

9001 Baier, Helmut: Die bayerische Landeskirche im Umbruch 1931–1934, in: Helmut Baier u.a., Kirche und Nationalsozialismus. Zur Geschichte des Kirchenkampfes, München 1969, 31–86

9002 Baier, Helmut/Henn, Ernst: Chronologie des bayerischen Kirchenkampfes 1933–1945, Nürnberg 1969; XIV, 284 S.

9003 Beckmann, Joachim: Das Wort Gottes bleibt in Ewigkeit. Erlebte Kirchengeschichte, Neukirchen-Vluyn 1986; XI, 778 S.

9004 Beckmann, Joachim/Prolingheuer, Hans: Zur Geschichte der Bekennenden Kirche im Rheinland, Köln u.a. 1981; 178 S.

9005 Beste, Niklot: Der Kirchenkampf in Mecklenburg von 1933 bis 1945. Geschichte, Dokumente, Erinnerungen, Göttingen 1975; 375 S.**

9006 Beste, Niklot: Der Schweriner Prozeß im Juni 1934, in: Heinrich Benckert u.a.,

Kirche – Theologie – Frömmigkeit. Festgabe für Gottfried Holtz zum 65. Geburtstag, Berlin (O) 1965, 32–46

9007 Bethge, Eberhard: Zwischen Bekenntnis und Widerstand: Erfahrungen in der Altpreußischen Union, in: Jürgen Schmädeke/Peter Steinbach (Hg.), Der Widerstand gegen den Nationalsozialismus. Die deutsche Gesellschaft und der Widerstand gegen Hitler, 2. Aufl., München/Zürich 1986, 281–94 (zuerst 1985; ND 1994)

9008 Bielfeldt, Johann: Der Kirchenkampf in Schleswig-Holstein 1933–1945, Göttingen 1964; 268 S.

9009 Bielfeldt, Johann: Die Haltung des Schleswig-Holsteinischen Bruderrates im Kirchenkampf, in: Heinz Brunotte/Ernst Wolf (Hg.), Zur Geschichte des Kirchenkampfes. Gesammelte Aufsätze, Bd. [1], Göttingen 1965, 173–88

9010 Birkmann, Günter/Birkmann, Ingrid: Nationalsozialismus und evangelische Kirche in Dortmund, Hg. Vereinigte Kirchenkreise Dortmund, Schulreferat, Dortmund 1984; 63 S.

9011 Bockermann, Dirk: Die Anfänge des evangelischen Kirchenkampfes in Hagen 1932 bis 1935, Bielefeld 1988; 192 S.

9012 Brinkmann, Ernst: Die evangelische Kirche im Dortmunder Raum in der Zeit von 1815 bis 1945. (Die Geschichte Dortmunds im 19. und 20. Jahrhundert, 2), Dortmund 1979; 269 S.

9013 Brülls, Holger: Ein feste Burg? Kirchenbau und Kirchenkampf in der NS-Zeit: Die Reformations-Gedächtniskirche in Nürnberg, in: Bazon Brock/Achim Preiß (Hg.), Kunst auf Befehl? Dreiunddreißig bis Fünfundvierzig, München 1990, 161–86**

9014 Bühler, Anne L.: Der Kirchenkampf im evangelischen München. Die Auseinandersetzung mit dem Nationalsozialismus und seinen Folgeerscheinungen im Bereich des Evang.-Luth. Dekanates München. Ein Kapitel der Geschichte des Evang.-Luth. Dekanates München, Nürnberg 1974; 465 S.

9015 Daumiller, Oscar: Südbayerns evangelische Diaspora in Geschichte und Gegenwart, München 1955; 310 S.

9016 Dietrich, Hans-Georg: Die evangelische Kirchengemeinde Freiburg 1933–1945 in der Begegnung mit dem Nationalsozialismus. Aspekte eines schwierigen Jahrzwölfts, in: Schau-ins-Land 110 (1991), 213–55

9017 Dipper, Theodor: Die Evangelische Bekenntnisgemeinschaft in Württemberg 1933–1945. Ein Beitrag zur Geschichte des Kirchenkampfes im Dritten Reich, Göttingen 1966; 294 S.

9018 Ehrenforth, Gerhard: Die schlesische Kirche im Kirchenkampf 1932–1945, Göttingen 1968; 316 S.

9019 Epha, Oskar: Der Landesverein für Innere Mission in Schleswig-Holstein in der Zeit der Weimarer Republik und des Dritten Reiches. Festschrift zur Feier des 100jährigen Bestehens des Landesvereins am 30. 9. 1975, Rickling 1975; 80 S.

9020 Erbacher, Hermann: Die evangelische Landeskirche in Baden in der Weimarer Zeit und im Dritten Reich 1919–1945. Geschichte und Dokumente, Karlsruhe 1983; 104 S.**

9021 Ericksen, Robert P.: Widerstand als ambivalenter Gegenstand historischer Forschung: Am Beispiel der evangelisch-theologischen Fakultät der Universität Göttingen, in: KZG 1 (1988), 68–79

9022 Ericksen, Robert P.: The Göttingen University Theological Faculty: A Test Case in »Gleichschaltung« and Denazification, in: CEH 17 (1984), 355–83

9023 Faber, Karl-Georg: Überlegungen zu einer Geschichte der Pfälzischen Landeskirche unter dem Nationalsozialismus, in: BPKG 41 (1974), 29–59

9024 Fischer, Joachim: Die sächsische Landeskirche im Kirchenkampf 1933–1937, Göttingen 1972; 267 S.

9025 Fleisch, Paul: Die Entwicklung der leitenden Organe der Evangel.-luther. Landeskirche Hannovers von 1922–1953, in: JGNKG 51 (1953), 174–85

9026 Flory, Günter R.: Die kirchenpolitischen Gruppierungen in der Pfalz und ihr Schicksalsjahr 1933, in: BPKG 50 (1983), 77–92

9027 Friedrich, Otto: Die kirchen- und staatskirchenrechtliche Entwicklung der evangelischen Landeskirche Badens von 1933 bis 1953, in: ZfEK 3 (1953/54), 292–349

9028 Gailus, Manfred (Hg.): Kirchengemeinden im Nationalsozialismus. 7 Beispiele aus der Evangelischen Kirche Berlins, Berlin 1990; 249 S.

9029 Gailus, Manfred: Beihilfe zur Ausgrenzung. Die »Kirchenbuchstelle Alt-Berlin« in den Jahren 1936 bis 1945, in: JfA 2 (1993), 255–80

9030 Gailus, Manfred: »Aufräumen« – »Instandsetzen« – »Arbeit schaffen«. Wie es einer kleinen Gruppe von Nationalsozialisten gelang, innerhalb kurzer Zeit maßgeblichen Einfluß in einer Berliner Kirchengemeinde zu gewinnen, in: Wolfgang Ribbe (Hg.), Berlin-Forschungen, Bd. 5, Berlin 1990, 219–78

9031 Gamsjäger, Helmut: Die evangelische Kirche in Österreich in den Jahren 1933 bis 1938 unter besonderer Berücksichtigung der deutschen Kirchenwirren, Diss. Wien 1967; 148 S. (Ms.)

9031a Gebel, Hans G./Grisshammer, Heinrich (Bearb.): Dokumentation zu den Krankenverlegungen aus Neuendettelsauer Anstalten [Franken] 1941, dem Verhalten von Innerer Mission und Kirche 1936–1942 und der heutigen Reaktion von Kirche und Diakonie auf die Nachfrage nach den Ereignissen (Nachrichten 3/1977), 1. u. 2. Aufl., Berlin 1977; 76 S. (Ms. vervielf.)**

9032 Goebel, Klaus: Nationalsozialistische Ideologie oder christlicher Glaube? Konflikte und Kontroversen im Rheinland, dargestellt an vier Beispielen zwischen 1933 und 1941, in: Günther van Norden (Hg.), Der Kirchenkampf im Rheinland. Die Entstehung der Bekennenden Kirche und die Theologische Erklärung von Barmen 1934, Köln 1984, 261–82**

9033 Goebel, Klaus: Evangelische Kirchengeschichte seit 1815, in: Franz Petri/Georg Droege (Hg.), Rheinische Geschichte, Bd. 3: Wirtschaft und Kultur im 19. und 20. Jahrhundert, Düsseldorf 1979, 413–64, hier 449–53, 463

9034 Graff, Gerti u. a.: Unterwegs zur mündigen Gemeinde. Die evangelische Kirche im Nationalsozialismus am Beispiel der Gemeinde Dahlem. Bilder und Texte einer Ausstellung im Friedenszentrum Martin Niemöller-Haus Berlin-Dahlem, Stuttgart 1982; X, 157 S.**

9035 Gürtler, Paul: Nationalsozialismus und evangelische Kirche in Warthegau. Trennung von Staat und Kirche im nationalsozialistischen Weltanschauungsstaat, Göttingen 1958; 359 S.

9036 Habicht, Martin: Evangelische Kirche und Nationalsozialismus in Leipzig. Ein Überblick, in: Hans-Dieter Schmid (Hg.), Zwei Städte unter dem Hakenkreuz. Widerstand und Verweigerung in Hannover und Leipzig 1933–1945, Leipzig 1994, 198–203

9037 Haendler, Gert: Die Theologische Fakultät Rostock und der Reichsbischof 1933–1934, in: Wissenschaftler und Studenten im Antifaschismus. (Rostocker Wissenschaftshistorische Manuskripte, 17), Hg. Rektor der Wilhelm-Pieck-Universität Rostock, wissenschaftl. Leitung Martin Guntau, Red. Elisabeth Fleischhauer, Rostock 1989, 89–93

9038 Hamm, Berndt: Schuld und Verstrikkung der Kirche. Vorüberlegungen zu einer Darstellung der Erlanger Theologie in der Zeit des Nationalsozialismus, in: Wolfgang

Stegemann (Hg.), Kirche und Nationalsozialismus, Mitarb. Dirk Acksteiner u.a., 2., überarb. u. erw. Aufl., Stuttgart u.a. 1992, 13–49 (zuerst 1990)

9039 Harder, Günther: Die kirchenleitende Tätigkeit des Brandenburgischen Bruderrates, in: Heinz Brunotte/Ernst Wolf (Hg.), Zur Geschichte des Kirchenkampfes. Gesammelte Aufsätze, Bd. [1], Göttingen 1965, 189–216

9040 Heine, Ludwig: Geschichte des Kirchenkampfes in der Grenzmark Posen-Westpreußen 1930–1940, Göttingen 1961; 115 S.

9041 Heinonen, Reijo E.: Anpassung und Identität. Theologie und Kirchenpolitik der Bremer Deutschen Christen 1933–1945, Göttingen 1978; 302 S.

9042 Helmich, Hans: Der Kirchenkampf in Elberfeld und Barmen. Die evangelische Kirche von 1933 und 1945, in: Klaus Goebel (Hg.), Wuppertal in der Zeit des Nationalsozialismus, 1. u. 2., korr. Aufl., Wuppertal 1984, 93–116

9043 Helmreich, Ernst C.: The Arrest and Freeing of the Protestant Bishops of Württemberg and Bavaria, September – October 1934, in: CEH 2 (1969), 159–69

9044 Henn, Ernst: Die bayerische Volksmission im Kirchenkampf, in: ZBKG 38 (1969), 1–106

9045 Henn, Ernst: Führungswechsel, Ermächtigungsgesetz und das Ringen um eine neue Synode im bayerischen Kirchenkampf, in: ZBKG 43 (1974), 325–443

9046 Henry, Marie-Louise: Studien zum Kulturkampf der Deutschen evangelischen Kirche mit besonderer Berücksichtigung der mecklenburgischen Verhältnisse, Diss. Rostock 1948; VII, 127 S. (Ms.)

9047 Hering, Rainer: Theologie im Spannungsfeld von Kirche und Staat. Die Entstehung der Evangelisch-Theologischen Fakultät an der Universität Hamburg 1895 bis 1955, Berlin/Hamburg 1992; 463 S.

9048 Hering, Rainer: Der lange Weg zur »Volluniversität«. Von der Religionslehrerausbildung zur Entstehung der Evangelisch-Theologischen Fakultät der Universität Hamburg (1895 bis 1954), in: Eckart Krause u.a. (Hg.), Hochschulalltag im »Dritten Reich«. Die Hamburger Universität 1933–1945, Bd. 1, Berlin/Hamburg 1991, 409–21

9049 Hermelink, Heinrich: Geschichte der evangelischen Kirche in Württemberg von der Reformation bis zur Gegenwart. Das Reich Gottes in Wirtemberg, Tübingen/Stuttgart 1949, 469–91

9050 Hermle, Siegfried u.a. (Hg.): Im Dienst an Volk und Kirche. Theologiestudium im Nationalsozialismus. Erinnerungen, Darstellungen, Dokumente und Reflexionen zum Tübinger Stift 1930 bis 1950, Stuttgart 1988; 383 S.* **

9051 Hermle, Siegfried/Lächele, Rainer: Die Evangelische Landeskirche in Württemberg und der »Arierparagraph«, in: Siegfried Hermle u.a. (Hg.), Im Dienst an Volk und Kirche. Theologiestudium im Nationalsozialismus. Erinnerungen, Darstellungen, Dokumente und Reflexionen zum Tübinger Stift 1930 bis 1950, Stuttgart 1988, 179–214

9052 Hoch, Gerhard: Die braune Synode. Ein Dokument kirchlicher Untreue, Bad Bramstedt 1982; 72 S.

9053 Hornig, Ernst: Die bekennende Kirche in Schlesien 1933–1945. Geschichte und Dokumente, Göttingen 1977; XXIV, 381 S.**

9054 Kersting, Andreas: Kirchenordnung und Widerstand. Der Kampf um den Aufbau der Bekennenden Kirche der altpreußischen Union aufgrund des Dahlemer Notrechts von 1934 bis 1937, München 1993; 384 S.

9055 Kinder, Christian: Neue Beiträge zur Geschichte der evangelischen Kirche in Schleswig-Holstein und im Reich 1925–1945, 3., überarb. u. erw. Aufl., Flensburg 1968; 247 S. (zuerst 1964)

9056 Klügel, Eberhard: Die lutherische Landeskirche Hannovers und ihr Bischof [August Mahrarens] 1933–1945, Berlin/Hamburg 1964; XXIII, 531 S.

9057 Klügel, Eberhard: Das deutschchristliche Gewaltregiment in der hannoverschen Landeskirche, in: JGNKG 51 (1953), 186–206

9058 Koschorke, Manfred (Hg.): Geschichte der Bekennenden Kirche in Ostpreußen 1933–1945. Allein das Wort hat's getan, Göttingen 1976; 536 S.

9059 Kremmel, Paul: Pfarrer und Gemeinden im evangelischen Kirchenkampf in Bayern bis 1939. Mit besonderer Berücksichtigung der Ereignisse im Bereich des Bezirksamts Weißenburg in Bayern, Lichtenfels 1987; 5, 784 S.

9060 Kuessner, Dietrich (Hg.): Kirche und Nationalsozialismus in Braunschweig, Braunschweig 1980; 96 S.

9061 Kuessner, Dietrich: Die Braunschweigische ev[angelisch]-luth[erische] Landeskirche und der Nationalsozialismus, in: Helmut Kramer (Hg.), Braunschweig unterm Hakenkreuz, Braunschweig 1981, 61–78

9062 Kuzak, Franz-Josef: Die Lutherbildaltäre in Oldenburg. Die Evangelisch-Lutherische Kirche im Kampf um Kreuz und Lutherbild, in: Joachim Kuropka (Hg.), Zur Sache – Das Kreuz! Untersuchungen zur Geschichte des Konflikts um Kreuz und Lutherbild in den Schulen Oldenburgs, zur Wirkungsgeschichte des Massenprotests und zum Problem nationalsozialistischer Herrschaft in einer agrarisch-katholischen Region, Vechta 1987, 82–100

9063 Lächele, Rainer: Ein Volk, ein Reich, ein Glaube. Die »Deutschen Christen« in Württemberg 1925–1960, Stuttgart 1994; XI, 319 S.

9064 Lächele, Rainer: Hitlerjugend und Kampfbund gegen den Faschismus: Politisches Engagement im Tübinger Stift am Ende der Weimarer Republik, in: Siegfried Hermle u. a. (Hg.), Im Dienst an Volk und Kirche. Theologiestudium im Nationalsozialismus. Erinnerungen, Darstellungen, Dokumente und Reflexionen zum Tübinger Stift 1930 bis 1950, Stuttgart 1988, 157–78

9065 Lächele, Rainer: Die Deutschen Christen im Kirchenbezirk Aalen, in: AJB 4 (1984), 285–301

9066 Linck, Hugo: Der Kirchenkampf in Ostpreußen 1933 bis 1945, München 1968; 295 S.

9067 Lueken, Wilhelm: Kampf. Behauptung und Gestalt der Evangelischen Landeskirche Nassau-Hessen, Göttingen 1963; 201 S.

9068 Marggraf, Eckhart: Die Barmener Synode und die Badische Landeskirche 1934, in: Entwurf 1/2 (1984), 58–75

9069 Maser, Peter (Hg.): Der Kirchenkampf im deutschen Osten und in den deutschsprachigen Kirchen Osteuropas, Göttingen 1992; 265 S.

9070 Mayer, Traugott: Kirche in der Schule. Evangelischer Religionsunterricht in Baden zwischen 1918 und 1945, Karlsruhe 1980; 397 S.

9071 Meier, Kurt: Zur Resistenzbedeutung einer Institution. Die Theologische Fakultät Leipzig im Dritten Reich, in: Hans-Dieter Schmid (Hg.), Zwei Städte unter dem Hakenkreuz. Widerstand und Verweigerung in Hannover und Leipzig 1933–1945, Leipzig 1994, 204–22

9072 Mensing, Björn: »Hitler hat eine göttliche Sendung«. Münchens Protestantismus und der Nationalsozialismus, in: Björn Mensing/Friedrich Prinz (Hg.), Irrlicht im leuchtenden München? Der Nationalsozialismus in der »Hauptstadt der Bewegung«, Regensburg 1991, 92–123

9073 Meyer-Zollitsch, Almuth: Nationalsozialismus und evangelische Kirche in Bremen, Bremen 1985; 388 S.

9074 Middendorff, Friedrich: Der Kirchenkampf in einer reformierten Kirche. Geschichte des Kirchenkampfes während der nationalsozialistischen Zeit innerhalb der Evang.-reformierten Kirche in Nordwestdeutschland (damals: Evangel.-reformierte Landeskirche der Provinz Hannover), Göttingen 1961; 182 S.

9075 Minkner, Detlef: Christuskreuz und Hakenkreuz. Kirche im Wedding, Berlin 1986; 205 S.

9076 Niemöller, Wilhelm: Bekennende Kirche in Westfalen, Bielefeld 1952; 344 S.

9077 Niesel, Wilhelm: Kirche unter dem Wort. Der Kampf der Bekennenden Kirche der Altpreußischen Union 1933–1945, Göttingen 1978; XIII, 340 S.

9078 Niesel, Wilhelm: Um Verkündigung und Ordnung der Kirche. Die Bekenntnissynoden der Evangelischen Kirche der Altpreußischen Union 1934–1943, Bielefeld 1949; 121 S.

9079 Norden, Günther van: Der Kirchenkampf im Rheinland 1933 bis 1934, in: Günther van Norden (Hg.), Der Kirchenkampf im Rheinland. Die Entstehung der Bekennenden Kirche und die Theologische Erklärung von Barmen 1934, Köln 1984, 1–188**

9080 Norden, Günther van: Die Evangelische Kirche in Rheinland und Westfalen 1933/34, in: Kurt Düwell/Wolfgang Köllmann (Hg.), Rheinland-Westfalen im Industriezeitalter. Beiträge zur Landesgeschichte im 19. und 20. Jahrhundert, Bd. 3: Vom Ende der Weimarer Republik zum Land Nordrhein-Westfalen, Wuppertal 1984, 98–115

9081 Onnasch, Martin: Waren die Existenzbedingungen in beiden Diktaturen vergleichbar? Die Evangelische Kirche im Mansfelder Land, in: Günther Heydemann/Lothar Kettenacker (Hg.), Drittes Reich und SED-Staat. Fünfzehn Beiträge. Eine Publikation des Deutschen Historischen Instituts London, Göttingen 1993, 345–63

9082 Prehn, Wolfgang (Hg.): Zeit, den schmalen Weg zu gehen. Zeugen berichten vom Kirchenkampf in Schleswig-Holstein, Kiel 1985; 232 S.

9083 Reichrath, Hans L.: Die »Judenfrage« im Pfälzischen Pfarrerblatt von 1933 bis 1939, in: Pfälzisches Judentum gestern und heute. Beiträge zur Regionalgeschichte des 19. und 20. Jahrhunderts, Neustadt a.d.W. 1992, 287–319

9084 Reichrath, Hans L.: Die Judenfrage im Lichte der evangelischen Sonntagsblätter der Pfalz im 3. Reich, in: Judaica (Zürich/Basel) 46 (1990), 164–181

9085 Reichrath, Hans L.: Die evangelischen Sonntagsblätter der Pfalz und die »Judenfrage« im »Dritten Reich«, in: BPKG 54 (1987), 51–64

9086 Reimers, Karl F.: Lübeck im Kirchenkampf des Dritten Reiches. Nationalsozialistisches Führerprinzip und evangelisch-lutherische Landeskirche von 1933 bis 1945, Göttingen 1965; 390 S.

9087 Reingrabner, Gustav: Protestanten in Österreich. Geschichte und Dokumentation, Wien u.a. 1981; 312 S.

9088 Reumann, Klaus-Peter (Hg.): Kirche und Nationalsozialismus. Beiträge zur Geschichte des Kirchenkampfes in den evangelischen Landeskirchen Schleswig-Holsteins, Hg. Arbeitskreis für kirchliche Zeitgeschichte, Neumünster 1988; 442, (14) S.

9089 Rietzler, Rudolf: Von der »politischen Neutralität« zur »Braunen Synode«. Evangelische Kirche und Nationalsozialismus in Schleswig-Holstein (1930–1933), in: ZGSHG 107 (1982), 139–54

9090 Röhrbein, Waldemar R.: Gleichschaltung und Widerstand in der Evangelisch-lutherischen Landeskirche Hannover 1933/35, in: Hannover 1933. Eine Großstadt wird nationalsozialistisch. Beiträge zur Ausstellung, Hg. Historisches Museum am Hohen Ufer, Hannover 1981, 179–92

9091 Rückleben, Hermann: Die Badische Kirchenleitung und ihre nichtarischen Mitarbeiter zur Zeit des Nationalsozialismus, in: ZGO 126 (1978), 371–407

9092 Schäfer, Gerhard: Die Evangelische Landeskirche in Württemberg von den Anfängen bis zur Zeit nach dem Zweiten Weltkrieg, in: Heinz Sproll/Jörg Thierfelder (Hg.), Die Religionsgemeinschaften in Baden-Württemberg, Stuttgart u. a. 1984, 136–57

9093 Scherrieble, Joachim: Reichenbach/Fils im Kirchenkampf, in: AS 20 (1993), 305–20

9093a Schlaich, Ludwig: Lebensunwert? Kirche und Innere Mission Württembergs im Kampf gegen die »Vernichtung lebensunwerten Lebens«, Stuttgart 1947; 88 S.

9094 Schmidt, Heinrich: Apokalyptisches Wetterleuchten. Ein Beitrag zum Kampf der evangelischen Kirche im Dritten Reich, München 1947; 459 S.

9095 Schmiechen-Ackermann, Detlef: Gemeindeleben und Konfliktverhalten im evangelischen Kirchenkampf in Hannover, in: Hans-Dieter Schmid (Hg.), Zwei Städte unter dem Hakenkreuz. Widerstand und Verweigerung in Hannover und Leipzig 1933–1945, Leipzig 1994, 223–42

9096 Schmiechen-Ackermann, Detlef: Nazifizierung der Kirche – Bewahrung des Bekenntnisses – Loyalität zum Staat: Die evangelische Kirche in der Stadt Hannover 1933 bis 1945, in: NJL 62 (1990), 97–132

9097 Schneider, Ulrich: Die Bekennende Kirche zwischen »freudigem Ja« und antifaschistischem Widerstand. Eine Untersuchung des christlich motivierten Widerstandes gegen den Faschismus unter besonderer Berücksichtigung der Bekennenden Kirche in Kurhessen-Waldeck, Kassel 1986; XXXV, 611 S.

9098 Schneider, Ulrich: Marburg 1933–1945. Arbeiterbewegung und Bekennende Kirche gegen den Faschismus, Frankfurt 1980; 149 S.

9099 Scholder, Klaus: Baden im Kirchenkampf des Dritten Reiches. Aspekte und Fragen, in: Alfons Schäfer (Hg.), Neue Forschungen zu Grundproblemen der badischen Geschichte im 19. und 20. Jahrhundert. (Oberrheinische Studien, 2), Karlsruhe 1973, 223–41

9100 Schreck, Karl: Aus dem Kampf der Bekennenden Kirche in Lippe 1933–1945, [Kalletal]-Varenholz 1969; 56 S.

9101 Schröttel, Gerhard: Christen und Juden. Die Haltung der Evangelisch-Lutherischen Landeskirche in Bayern seit 1933, in: Manfred Treml/Josef Kirmeier (Hg.), Geschichte und Kultur der Juden in Bayern. Aufsätze, Mitarb. Evamaria Brockhoff, München u. a. 1988, 479–90

9102 Schwarz, Gerhard P.: Ständestaat und Evangelische Kirche von 1933 bis 1938. Evangelische Geistlichkeit und der Nationalsozialismus aus der Sicht der Behörden von 1933 bis 1938, Graz 1987; 150 S. [Österreich]

9103 See, Wolfgang/Weckerling, Rudolf: Frauen im Kirchenkampf. Beispiele aus der Bekennenden Kirche Berlin-Brandenburg 1933 bis 1945, 2. Aufl., Berlin 1986; 164 S. (zuerst 1984)

9103a Siegele-Wenschkewitz, Leonore: Die Theologische Fakultät im Dritten Reich. »Bollwerk gegen Basel«, in: Wilhelm Doerr u. a. (Hg.), Semper apertus. Sechshundert Jahre Ruprecht-Karls-Universität Heidelberg 1386–1986. Festschrift in sechs Bänden, Bd. 3: Das zwanzigste Jahrhundert 1918–1985, Berlin u. a. 1985, 504–43

9104 Slenczka, Hans: Die evangelische Kirche von Kurhessen-Waldeck in den Jahren 1933–1945, Göttingen 1977; 283 S.

9105 Sodeikat, Ernst: Die Verfolgung und der Widerstand der Evangelischen Kirche in Danzig von 1933 bis 1945, in: Heinz Brunotte/Ernst Wolf (Hg.), Zur Geschichte des Kirchenkampfes. Gesammelte Aufsätze, Bd. [1], Göttingen 1965, 146–72

9106 Söldner, Ludwig: Evangelische Frauenhilfe zu Neuss im Kaiserreich, der Weimarer Republik und im Dritten Reich, in: MEKR 40 (1991), 301–34

9107 Sommer, Karl-Ludwig: Bekenntnisgemeinschaft und bekennende Gemeinden in Oldenburg in den Jahren der nationalsozialistischen Herrschaft. Evangelische Kirchlichkeit und nationalsozialistischer Alltag in einer ländlichen Region, Hannover 1993; 506 S.

9108 Sommer, Karl-Ludwig: Bekenntnisgemeinden und nationalsozialistische Herrschaft auf lokaler Ebene in Oldenburg, in: Frank Bajohr (Hg.), Norddeutschland im Nationalsozialismus, Hamburg 1993, 148–65

9109 Sommer, Karl-Ludwig: »Kirchenkampf« vor Ort – Nationalsozialistischer Alltag und Bekennende Gemeinden in Oldenburg 1933 bis 1939, in: NJL 62 (1990), 133–52

9110 Sonne, Hans-Joachim: Die politische Theologie der Deutschen Christen. Einheit und Vielfalt christlichen Denkens, dargestellt anhand des Bundes für deutsche Kirche der Thüringer Kirchenbewegung »Deutsche Christen« und der Christlich-Deutschen Bewegung, Göttingen 1982; 278 S.

9111 Stein, Albert: Die Denkschrift des Altpreußischen Bruderrates »Von rechter Kirchenordnung«, in: Heinz Brunotte/Ernst Wolf (Hg.), Zur Geschichte des Kirchenkampfes. Gesammelte Aufsätze, Bd. [2], Göttingen 1971, 164–96

9112 Steitz, Heinrich: Geschichte der evangelischen Kirche in Hessen und Nassau, Marburg 1977; XVI, 743 S.

9113 Stempel, Hans: Vom Kirchenkampf in der Pfälzischen Landeskirche, Speyer o.J. [1970]; 60 S.

9114 Stoevesandt, Karl: Bekennende Gemeinde und deutschgläubige Bischofsdiktatur. Geschichte des Kirchenkampfes in Bremen 1933–1945, Göttingen 1961; 201 S.

9115 Stupperich, Robert: Die evangelischen Kirchen seit 1803, in: Wilhelm Kohl (Hg.), Westfälische Geschichte, Bd. 2: Das 19. und 20. Jahrhundert. Politik und Kultur, Münster 1983, 385–415, hier 404–9

9116 Telschow, Jürgen/Reiter, Elisabeth: Die evangelischen Pfarrer von Frankfurt am Main, Frankfurt 1980; XXII, 359 S.

9117 Thierfelder, Jörg: Die Auseinandersetzung um Schulreform und Religionsunterricht im Dritten Reich zwischen Staat und evangelischer Kirche in Württemberg, in: Manfred Heinemann (Hg.), Erziehung und Schulung im Dritten Reich, T. 1: Kindergarten, Schule, Jugend, Berufserziehung, Stuttgart 1980, 230–50

9118 Thierfelder, Jörg/Röhm, Eberhard: Die evangelischen Landeskirchen von Baden und Württemberg in der Spätphase der Weimarer Republik und zu Beginn des Dritten Reiches, in: Thomas Schnabel (Hg.), Die Machtergreifung in Südwestdeutschland. Das Ende der Weimarer Republik in Baden und Württemberg 1928–1933, Stuttgart 1982, 219–56

9119 Ueberholz, Holger: Die evangelische Kirchengemeinde Vohwinkel während der Zeit des Nationalsozialismus, Köln/Wien 1987; VII, 351 S.

9120 Vorländer, Herwart: Kirchenkampf in Elberfeld 1933–1945. Ein kritischer Beitrag zur Erforschung des Kirchenkampfes in Deutschland, Göttingen 1968; 696 S.

9121 Wilhelm, Heinrich: Die Hamburger Kirche in der nationalsozialistischen Zeit. 1933–1945, Göttingen 1968; 326 S.

9122 Wittram, Heinrich: Aufbruch ins Unbekannte. Orientierungsversuche und Stellungnahmen deutschbaltischer Geistlicher 1939–1945, in: ZfO 27 (1978), 616–40

9123 Wolfinger, Eva/Hüttenberger, Peter: Zerreißprobe. Der Kirchenkampf in der Evangelischen Gemeinde Mönchengladbach in der Zeit des Nationalsozialismus 1933–1945, Hg. Gemeindeverband Evangelischer Kirchengemeinden Mönchengladbach, Mönchengladbach 1991; 143 S.

9124 Wunder, Olaf: Remscheider Protestanten im Widerstand, in: Armin Breitenbach u. a., Widerstand und Verfolgung in Remscheid 1933–1945, Hg. Ronsdorfer Zeitung, Bd. 2, Wuppertal-Ronsdorf 1986, 27–38

9125 Zabel, Manfred: Die Bedeutung der Zweiten Freien Reformierten Synode: Siegen 1935 für den Kirchenkampf im NS-Staat, in: Rainer Geißler/Wolfgang Popp (Hg.), Wissenschaft und Nationalsozialismus. Eine Ringvorlesung an der Universität-Gesamthochschule-Siegen, Essen 1988, 37–62

9126 Zehnter, Annette: »...daß es noch einen ganz anderen Regenten gibt, als Euren erbärmlichen Adolf Hitler...« Möglichkeiten und Grenzen des evangelischen Widerstandes in Bochum während des Dritten Reiches, in: Peter Friedemann/Gustav Seebold (Hg.), Struktureller Wandel und kulturelles Leben. Politische Kultur in Bochum 1860–1990, hg. i. A. des Bochumer Kulturrats, Essen 1992, 317–26

9127 Ziegler, Hannes: Die Berichte und Kommentare der evangelischen Kirchenzeitungen der Pfalz vom Januar bis Juli 1933, in: BPKG 56 (1989), 59–100

A.3.12.3.3 Jugend

Darstellungen

9129 Braun, Theo: Entscheidung: Ja oder Nein. Erinnerungen an die evangelische Jugendarbeit im Dritten Reich, Stuttgart 1980; 109 S.

9130 Müller, Manfred: Jugend in der Zerreißprobe. Persönliche Erinnerungen und Dokumente eines Jugendpfarrers im Dritten Reich, München 1982; 160 S.

9131 Priepke, Manfred: Die evangelische Jugend im Dritten Reich 1933–1936, Hannover/Frankfurt 1960; 244 S.

9132 Riedel, Heinrich: Kampf um die Jugend. Evangelische Jugendarbeit 1933–1945, München 1976; XXII, 381 S.

Regional-/Lokalstudien

9133 Lersner, Dieter Freiherr von: Die evangelischen Jugendverbände Württembergs und die Hitler-Jugend 1933–1934, Göttingen 1958; 72 S.

A.3.12.3.4 Einzelne Persönlichkeiten

9134 Oehme, Werner: Märtyrer der evangelischen Christenheit 1933–1945. Neunundzwanzig Lebensbilder, 2. Aufl., Berlin 1980; 158 S. (zuerst 1979)

9135 [Althaus, Paul] Ericksen, Robert P.: The Political Theology of Paul Althaus: Nazi Supporter, in: GSR 9 (1986), 547–67

Gedruckte Quellen

9136 [Asmussen, Hans] Asmussen, Hans: Aufsätze, Briefe, Reden 1927–1945, Itzehoe/Berlin 1963; 171 S.

Darstellungen

9137 [Asmussen, Hans] Lehmann, Wolfgang: Hans Asmussen. Ein Leben für die Kirche, Göttingen 1988; 387 S.

9138 [Barth, Karl] Kupisch, Karl: Karl Barth in Selbstzeugnissen und Bilddokumenten, Reinbek 1972; 156 S.**

9139 [Barth, Karl] Prolingheuer, Hans: Der Fall Karl Barth 1934–1935. Chronologie einer Vertreibung, Neukirchen-Vluyn 1977; XXIII, 410 S.

9140 [Beckmann, Joachim] Niemöller, Wilhelm: Aus der Polizeiakte des Bekenntnispfarrers Joachim Beckmann, in: Heinz Brunotte/Ernst Wolf (Hg.), Zur Geschichte des Kirchenkampfes. Gesammelte Aufsätze, Bd. [1], Göttingen 1965, 217–57

9141 [Behrens, Johann Gerhard] Döscher, Hans-Jürgen: Der Fall »[Johann Gerhard] Behrens« in Stade. Eine Dokumentation zum Verhältnis Kirche – Partei – Staat im Dritten Reich, in: StJb 66 (1976), 103–44

9142 [Behrens, Johann Gerhard] Koch, Sigrid R.: Die langfristige Kirchenpolitik Hitlers, beleuchtet am »Fall [Johann Gerhard] Behrens« in Stade, in: JGNKG 85 (1987), 253–91

9143 [Bodelschwingh, Friedrich] Hellmann, Manfred: Friedrich von Bodelschwingh d. J. – Widerstand für das Kreuz Christi, Wuppertal 1988; 224 S.

Quellenkunde

9144 [Bonhoeffer, Dietrich] Nachlaß Dietrich Bonhoeffer. Ein Verzeichnis. Archiv – Sammlung – Bibliothek, Bearb. Dietrich Meyer/Eberhard Bethge, München 1987; XV, 275 S.

Gedruckte Quellen

9145 [Bonhoeffer, Dietrich] Bethge, Eberhard u. a. (Hg.): Dietrich Bonhoeffer. Sein Leben in Bildern und Texten, München 1986; 239 S.

9146 [Bonhoeffer, Dietrich] Bethge, Eberhard/Bethge, Renate (Hg.): Letzte Briefe im Widerstand. Aus dem Kreis der Familie Bonhoeffer, 2. Aufl., München 1988; 132 S. (zuerst 1984)

9147 [Bonhoeffer, Dietrich] Bonhoeffer, Dietrich: Widerstand und Ergebung. Briefe und Aufzeichnungen aus der Haft, Hg. Eberhard Bethge, 14., durchges. Aufl., München 1990; 232 S. (zuerst 1951)

[Bonhoeffer, Dietrich] Bonhoeffer, Dietrich: Gesammelte Schriften, Hg. Eberhard Bethge, München:

9148 – Bd. 2: Kirchenkampf und Finkenwalde. Resolutionen, Aufsätze, Rundbriefe 1933–1943, 1959; 667 S.

9149 – Bd. 3: Theologie – Gemeinde. Vorlesungen, Briefe, Gespräche 1927–1944, 1960; 571 S.

9150 [Bonhoeffer, Dietrich] Brautbriefe Zelle 92: Dietrich Bonhoeffer – Maria von Wedemeyer. 1943–1944, Hg. Ruth-Alice von Bismarck/Ulrich Kabitz, Vorwort Eberhard Bethge, München 1992; XIV, 306 S.

Darstellungen

9151 [Bonhoeffer, Dietrich] Bethge, Eberhard: Dietrich Bonhoeffer. Theologe, Christ, Zeitgenosse, 6. Aufl., München 1986; 1099 S. (zuerst 1967)

9152 [Bonhoeffer, Dietrich] Bethge, Renate: Bonhoeffers Familie und ihre Bedeutung für seine Theologie. (Beiträge zum Widerstand 1933–1945, 30), Hg. Gedenkstätte Deutscher Widerstand Berlin, Berlin 1987; 48 S.**

9153 [Bonhoeffer, Dietrich] Bosanquet, Mary: Life and Death of Dietrich Bonhoeffer, 2. Aufl., London 1969; 287 S. (zuerst 1968)

9154 [Bonhoeffer, Dietrich] Clements, Keith W.: Freisein wozu? Dietrich Bonhoeffer als ständige Herausforderung, Bonn 1991; 250 S.

9155 [Bonhoeffer, Dietrich] Dreß, Walter: Milita Christi. Dietrich Bonhoeffer als Widerstandskämpfer, in: Willi Göber/Friedrich Herneck (Hg.), Forschen und Wirken. Festschrift zur 150-Jahr-Feier der Humboldt-Universität zu Berlin 1810–1960, Bd. 3: Forschungsbeiträge aus den Gebieten der gesellschaftswissenschaftlichen Fakultäten, Bearb. Hans Lange, hg. i. A. von Rektor und Senat, Berlin (O) 1960, 709–26

9156 [Bonhoeffer, Dietrich] Goddard, Donald: The Last Days of Dietrich Bonhoeffer, New York 1976; 245 S.

9157 [Bonhoeffer, Dietrich] Kaltenborn, Carl-Jürgen/Kraft, Dieter (Hg.): Dietrich

Bonhoeffer – gefährdetes Erbe in bedrohter Welt. Beiträge zur Auseinandersetzung um sein Werk, Berlin 1987; 141 S.

9158 [Bonhoeffer, Dietrich] Leibholz-Bonhoeffer, Sabine: Vergangen, erlebt, überwunden. Schicksale der Familie Bonhoeffer, 6. Aufl., Gütersloh 1990; 230 S. (zuerst 1976)

9158a [Bonhoeffer, Dietrich] Morris, Kenneth E.: Bonhoeffer's Critique of Totalitarism, in: JCS 26 (1984), 255–72

9159 [Bonhoeffer, Dietrich] Müller, Christine-Ruth: Dietrich Bonhoeffers Kampf gegen die nationalsozialistische Verfolgung und Vernichtung der Juden. Bonhoeffers Haltung zur Judenfrage im Vergleich mit Stellungnahmen aus der evangelischen Kirche und Kreisen des deutschen Widerstandes, München 1990; XXIII, 352 S.

9160 [Bonhoeffer, Dietrich] Nübel, Hans U.: Bonhoeffer und die Denkschrift des Freiburger Kreises, in: FUB 27 (1988), Nr. 102, 41–52

9161 [Bonhoeffer, Dietrich] Peters, Tiems R.: Die Präsenz des Politischen in der Theologie Dietrich Bonhoeffers. Eine historische Untersuchung in systematischer Absicht, München 1976; 224 S.

9162 [Bonhoeffer, Dietrich] Ringshausen, Gerhard: Die lutherische »Zweireichelehre« und der Widerstand im Dritten Reich. Zu D[ietrich] Bonhoeffers Aufsatz »Die Kirche vor der Judenfrage«, 15. April 1933, in: KZG 1 (1988), 215–44

9163 [Bonhoeffer, Dietrich] Robertson, Edwin H.: Dietrich Bonhoeffer. Leben und Verkündigung, Einführung Renate Bethge, Göttingen 1989; 335 S. (engl.: London 1987 u. d. T.: The Shame and the Sacrifice)

9164 [Bonhoeffer, Dietrich] Rosenbaum, Stanley R.: Dietrich Bonhoeffer. A Jewish View, in: CJR 15 (1982), Nr. 80, 56–63

9164a [Bonhoeffer, Dietrich] Schleicher, Hans-Walter: Dietrich Bonhoeffer, in: Rudolf Lill/Heinrich Oberreuther (Hg.), 20. Juli. Portraits des Widerstands, München u. a. 1984, 87–98

9165 [Bonhoeffer, Dietrich] Schlingensiepen, Ferdinand: Dietrich Bonhoeffers Entscheidung gegen das Exil, in: Wolfgang Frühwald/Heinz Hürten (Hg.), Christliches Exil und christlicher Widerstand. Ein Symposium an der katholischen Universität Eichstätt 1985, Regensburg 1987, 150–59

9166 [Bonhoeffer, Dietrich] Schönherr, Albrecht/Krötke, Wolf (Hg.): Bonhoeffer-Studien. Beiträge zur Theologie und Wirkungsgeschichte Dietrich Bonhoeffers, München 1985; 211 S.

9167 [Bonhoeffer, Dietrich] Strohm, Christoph: Theologische Ethik im Kampf gegen den Nationalsozialismus. Der Weg Dietrich Bonhoeffers mit den Juristen Hans von Dohnanyi und Gerhard Leibholz in den Widerstand, München 1989; XXIV, 392 S.

9168 [Bonhoeffer, Dietrich] Strohm, Christoph: Der Widerstandskreis um Dietrich Bonhoeffer und Hans von Dohnanyi – seine Voraussetzungen zur Zeit der Machtergreifung, in: Jürgen Schmädeke/Peter Steinbach (Hg.), Der Widerstand gegen den Nationalsozialismus. Die deutsche Gesellschaft und der Widerstand gegen Hitler, 2. Aufl., München/Zürich 1986, 295–313 (zuerst 1985; ND 1994)

9169 [Bonhoeffer, Dietrich] Strohm, Christoph: »Zweireichelehre« und antiliberales Rechtsverständnis bei Bonhoeffer? Zu G[erhard] Ringshausens Interpretation des Aufsatzes »Die Kirche vor der Judenfrage«, in: KZG 1 (1988), 245–66

9170 [Bonhoeffer, Dietrich] Wind, Renate: Dem Rad in die Speichen fallen. Die Lebensgeschichte des Dietrich Bonhoeffer, 4. Aufl., Weinheim/Basel 1993; 163 S. (zuerst 1990)

Gedruckte Quellen

9172 [Braune, Paul G.] Braune, Paul G.: Denkschrift für Adolf Hitler vom 9. Juli

1940, in: Götz Aly (Hg.), Aktion T 4 1939–1945. Die »Euthanasie«-Zentrale in der Tiergartenstraße 4, 2., erw. Aufl., Berlin 1989, 23–33 (zuerst 1987; zuerst abgedr. in: IM 37/1947, 16–39)

9173 [Braune, Paul Gerhard] Braune, Berta: Hoffnung gegen die Not. Mein Darstellungen Leben mit Paul Braune, 1932–1956, 2. Aufl., Wuppertal 1984; 144 S. (zuerst 1983)**

9174 [Braune, Paul Gerhard] Funke, Alex (Hg.): Paul Gerhard Braune, ein Mann des kirchlichen Widerstands. Eine Gedenkrede von Kurt Scharf mit dokumentarischen Anhang, Bethel 1979; 38 S.**

9175 [Braune, Paul Gerhard] Nowak, Kurt: Sozialarbeit und Menschenwürde. Pastor Paul Gerhard Braune im »Dritten Reich«, in: Theodor Strohm/Jörg Thierfelder (Hg.), Diakonie im »Dritten Reich«. Neuere Ergebnisse zeitgeschichtlicher Forschung, Heidelberg 1990, 209–25

Gedruckte Quellen

9176 [Dibelius, Otto] Dibelius, Otto: So habe ich's erlebt. Selbstzeugnisse, Hg. Wilhelm Dittmann, Bearb. Wolf-Dieter Zimmermann, hg. i. A. der Evangelischen Kirche in Berlin-Brandenburg, Berlin 1980; 368 S.

Darstellungen

9177 [Dibelius, Otto] Dibelius, Otto: Ein Christ ist immer im Dienst. Erlebnisse und Erfahrungen in einer Zeitenwende, Stuttgart 1961; 332 S.

9178 [Dibelius, Otto] Gollert, Friedrich: Dibelius vor Gericht, München 1959; VI, 193 S.

9179 [Dibelius, Otto] Stupperich, Robert: Otto Dibelius. Ein evangelischer Bischof im Umbruch der Zeiten, Mitarb. Martin Stupperich, Göttingen 1989; 707 S.

9180 [Fezer, Karl] Thierfelder, Jörg: Karl Fezer – Stiftsephorus in der Zeit des Nationalsozialismus, in: Siegfried Hermle u.a. (Hg.), Im Dienst an Volk und Kirche. Theologiestudium im Nationalsozialismus. Erinnerungen, Darstellungen, Dokumente und Reflexionen zum Tübinger Stift 1930 bis 1950, Stuttgart 1988, 126–56

9181 [Fritze, Georg] Prolingheuer, Hans: Der »rote Pfarrer« von Köln. Georg Fritze (1874–1939). Christ, Sozialist, Antifaschist, Wuppertal 1981; 265 S.

9182 [Gerstenmaier, Eugen] Gerstenmaier, Eugen: Streit und Friede hat seine Zeit. Ein Lebensbericht, Berlin 1981, 33–233, 600–4

9183 [Grüber, Heinrich] Grüber, Heinrich: Erinnerungen aus sieben Jahrzehnten, 1. u. 2. Aufl., Köln 1968; 429 S.

9184 [Güß, Egon Thomas] Gerner-Wolfhard, Gottfried: Egon Thomas Güß. Ein evangelischer Dorfpfarrer [in Stein bei Pforzheim], in: Michael Bosch/Wolfgang Niess (Hg.), Der Widerstand im deutschen Südwesten 1933–1945, Stuttgart 1984, 83–93

9185 [Hahn, Hugo] Prater, Georg (Hg.): Kämpfer wider Willen. Erinnerungen des Landesbischofs von Sachsen Dr. Hugo Hahn aus dem Kirchenkampf 1933–1945, Metzingen 1969; 351 S.

9186 [Halfen, Wilhelm] Reumann, Klaus-Peter: Kirche und Nationalsozialismus. Die Berufung Wilhelm Halfmanns nach St. Marien Flensburg im Februar/März 1933. Vorweggenommene Fronten des Kirchenkampfes?, in: Erich Hoffmann/Peter Wulf (Hg.), »Wir bauen das Reich«. Aufstieg und erste Herrschaftsjahre des Nationalsozialismus in Schleswig-Holstein, Neumünster 1983, 369–89

9187 [Hamm, Johann Jakob] Kronenberg, Ulrich: Ein Christ der Tat. Lebensbild des Pfarrers Johann Jakob Hamm, in: BPKG 59 (1992), 119–40

Gedruckte Quellen

9188 [Hermann, Rudolf] Assel, Heinrich (Hg.): Briefwechsel zwischen Rudolf Hermann und Jochen Klepper 1925–1942. Der du die Zeit in Händen hast, Mitarb. Arnold Wiebel, München 1992; 194 S.

Gedruckte Quellen

9189 [Immer, Karl] Klappert, Bertold/Norden, Günther van (Hg.): Tut um Gottes Willen etwas Tapferes? Karl Immer im Kirchenkampf, Neukirchen-Vluyn 1989; 242 S.

9190 [Jannasch, Wilhelm] Niemöller, Wilhelm: Verkündigung und Fürbitte. Der Prozeß des Hauptpastors Wilhelm Jannasch, in: Heinz Brunotte/Ernst Wolf (Hg.), Zur Geschichte des Kirchenkampfes. Gesammelte Aufsätze, Bd. [2], Göttingen 1971, 139–63

9191 [Keßler, Jakob Friedrich] Dietsche, Bernd: Jakob Friedrich Keßler – Oder wie ein Kirchenpräsident verloren geht, in: Von der Lateinschule des Rates zum Eduard-Spranger-Gymnasium Landau in der Pfalz. 1432–1982, Hg. Eduard Spranger-Gymnasium Landau in der Pfalz, Red. Rudolf Fendler, Landau 1982, 373–83

9192 [Kittel, Georg] Siegele-Wenschkewitz, Leonore: Protestantische Universitätstheologie und Rassenideologie in der Zeit des Nationalsozialismus – Georg Kittels Vortrag »Die Entstehung des Judentums und die Entstehung der Judenfrage« von 1936, in: Günter Brakelmann/Martin Roskowski (Hg.), Antisemitismus. Von religiöser Judenfeindschaft zur Rassenideologie, Göttingen 1989, 52–75

9193 [Kittel, Gerhard] Ericksen, Robert P.: Zur Auseinandersetzung mit und um Gerhard Kittels Antisemitismus, in: ETh 43 (1983), 250–70

9194 [Kittel, Gerhard] Siegele-Wenschkewitz, Leonore: Neutestamentliche Wissenschaft vor der Judenfrage. Gerhard Kittels theologische Arbeit im Wandel deutscher Geschichte, München 1980; 119 S.

9195 [Koch, Werner] Koch, Werner: Sollen wir K. weiterbeobachten? Ein Leben im Widerstand, Geleitwort Helmut Gollwitzer, Stuttgart 1982; 326 S.

9196 [Kreyssig, Lothar] Willems, Susanne: Widerstand aus Glauben. Lothar Kreyssig und die Euthanasieverbrechen, in: Dietrich Eichholtz (Hg.), Verfolgung – Alltag – Widerstand. Brandenburg in der NS-Zeit. Studien und Dokumente, Berlin 1993, 383–410

9197 [Lahusen, Gustav] Lahusen, Maria: Verurteilt wegen Heimtücke [Pfarrer Gustav Lahusen]. (Beiträge zum Widerstand 1933–1945, 12), Hg. Gedenkstätte Deutscher Widerstand Berlin, 3. Aufl., Berlin 1987; 24 S. (zuerst 1979)

9198 [Lehndorff, Hans Graf von] Lehndorff, Hans Graf von: Die Insterburger Jahre. Mein Weg zur Bekennenden Kirche, München 1992; 99 S.

9199 [Leikam, Alfred] Wenke, Bettina: Alfred Leikam. Mitglied im CVJM, in: Michael Bosch/Wolfgang Niess (Hg.), Der Widerstand im deutschen Südwesten 1933–1945, Stuttgart 1984, 61–70

Gedruckte Quellen

9200 [Lietzmann, Hans] Aland, Kurt (Hg.): Glanz und Niedergang der deutschen Universität. 50 Jahre deutsche Wissenschaftsgeschichte in Briefen an und von Hans Lietzmann (1892–1942), Berlin 1979; XVI, 1278 S.

9201 [Maas, Hermann] Marggraf, Eckhart: Hermann Maas. Evangelischer Pfarrer [in Heidelberg] und »stadtbekannter Judenfreund«, in: Michael Bosch/Wolfgang Niess (Hg.), Der Widerstand im deutschen Südwesten 1933–1945, Stuttgart 1984, 71–82

9202 [Maas, Hermann] Markgraf, Eckhardt: »Die Kirche muß ein schützender Zaun sein um das ganze leibliche Israel.« Der Einsatz von Hermann Maas für bedrängte Juden, in: Theodor Strohm/Jörg Thierfelder (Hg.), Diakonie im »Dritten Reich«. Neuere Ergebnisse zeitgeschichtlicher Forschung, Heidelberg 1990, 305–18

9203 [Mannweiler, Walter G.] Reichrath, Hans L.: Walter G. Mannweiler (1901–1960). Versuch des Gedenkens an einen ehemaligen Pfarrer der Pfälzischen Landeskirche, der als »Nichtarier« seine Heimat verlassen mußte, in: Alfred H. Kuby (Hg.), Juden in der Provinz. Beiträge zur Geschichte der Juden in der Pfalz zwischen Emanzipation und Vernichtung, 2. Aufl., Neustadt a. d. W. 1989, 127–40 (zuerst 1988)**

Gedruckte Quellen

[Meiser, Hans] Verantwortung für die Kirche. Stenografische Aufzeichnungen und Mitschriften von Landesbischof Hans Meiser 1933–1955, Bearb. Hannelore Braun/Carsten Nicolaisen, Göttingen:

9204 – Bd. 1: Sommer 1933 bis Sommer 1935, 1985; XLIV, 590 S.

9205 – Bd. 2: August 1935 bis Februar 1937, 1993; XXXI, 723 S.

9206 [Müller, Ludwig] Schneider, Thomas M.: Reichsbischof Ludwig Müller. Eine Untersuchung zu Leben, Werk und Persönlichkeit, Göttingen 1993; 384 S.

Gedruckte Quellen

9206a [Niemöller, Martin] Niemöller, Martin: Dahlemer Predigten 1936/37, Nachwort Thomas Mann, Nachlese Franz Hildebrandt, Neuausg., München 1981; 207 S. (zuerst Wuppertal 1938)

9207 [Niemöller, Martin] Niemöller, Martin: Briefe aus der Gefangenschaft Moabit, Hg. Wilhelm Niemöller, Frankfurt 1975; 348 S.

9208 [Niemöller, Martin] Niemöller, Martin: Mein Herr ist Jesus Christus. Die letzten 28 Predigten, gehalten in den Jahren 1936 und 1937 in Berlin-Dahlem, Gütersloh 1946; 270 S.

9209 [Niemöller, Martin] Niemöller, Martin: »... zu verkündigen ein gnädiges Jahr des Herrn!« 6 Dachauer Predigten, München 1946; 63 S.

9210 [Niemöller, Martin] Ein NS-Funktionär zum Niemöller-Prozeß. (Dokumentation), in: VfZ 4 (1956), 307–15

Darstellungen

9211 [Niemöller, Martin] Bentley, James: Martin Niemöller. Eine Biographie, München 1985; 301 S. (engl.: New York/Oxford 1984)

9212 [Niemöller, Martin] Conway, John S.: The Political Theology of Martin Niemöller, in: GSR 9 (1986), 521–46

9213 [Niemöller, Martin] Gerlach, Wolfgang: Vom Seeteufel zum Friedensengel. U-Bootskommandant, Freikorpsoffizier, Pastor, Widersacher Hitlers, KZ-Häftling, Gewissen der Nation [Martin Niemöller], in: Zeit, Jg. 47, Nr. 3, 10.1.1992, 33 f.

9214 [Niemöller, Martin] Michael, Robert: Theological Myth, German Antisemitism and the Holocaust. The Case of Martin Niemöller, in: H&GS 2 (1987), 105–22

9215 [Niemöller, Martin] Schmidt, Jürgen: Martin Niemöller im Kirchenkampf, Hamburg 1971; 541 S.

9216 [Niemöller, Martin] Siegele-Wenschkewitz, Leonore: Auseinandersetzungen mit einem Stereotyp: Die Judenfrage im Leben Martin Niemöllers, in: Ursula Büttner (Hg.), Die Deutschen und die Judenverfolgung im Dritten Reich, Hamburg 1992, 293–319

9217 [Niemöller, Wilhelm] Niemöller, Wilhelm: Aus dem Leben eines Bekenntnispfarrers, Bielefeld 1961; 287 S.

9218 [Perels, Friedrich Justus] Schreiber, Matthias: Friedrich Justus Perels. Ein Weg vom Rechtskampf der bekennenden Kirche in den politischen Widerstand, München 1989; 263 S.

9219 [Rau, Werner] Rau, Ulrich: Der Fall Rau: Die Entfernung eines Unbequemen, in: Siegfried Hermle u.a. (Hg.), Im Dienst an Volk und Kirche. Theologiestudium im Nationalsozialismus. Erinnerungen, Darstellungen, Dokumente und Reflexionen zum Tübinger Stift 1930 bis 1950, Stuttgart 1988, 230–53

9220 [Schairer, Immanuel] Lächele, Rainer: Immanuel Schairer: Pfarrer – Nationalsozialist – Deutscher Christ, in: Bernhard Jendorff/Gerhard Schmalenberg (Hg.), Politik – Religion – Menschenwürde. Herrn Prof. Dr. theol. Adolf Hampel zum 60. Geburtstag am 7. September 1993, Gießen 1993, 221–37

9221 [Schempp, Paul] Bizer, Ernst: Ein Kampf um die Kirche. Der »Fall [Paul] Schempp« nach den Akten erzählt, Tübingen 1965; VIII, 277 S.

Gedruckte Quellen

9222 [Schneider, Paul] Wentorf, Rudolf (Hg.): Der Fall der Pfarrers Paul Schneider. Eine biographische Dokumentation, Neuausg., Neukirchen 1989; 263 S. (zuerst Berlin 1967 u.d.T.: Trotz der Hölle Toben. Dokumente berichten aus dem Leben Paul Schneiders, der zum Prediger von Buchenwald wurde)

Darstellungen

9223 [Schümer, Wilhelm] Schäfer, Jürgen/ Schreiber, Matthias: Kompromiß und Gewissen. Der Weg des Pastors Wilhelm Schümer im Dritten Reich, Waltrop 1994; 138 S.

9224 [Siegmund-Schultze, Friedrich] Conway, John S.: Between Pacifism and Patriotism – A Protestant Dilemma: The Case of Friedrich Siegmund-Schultze, in: Francis R. Nicosia/Lawrence D. Stokes (Hg.), Germans against Nazism. Nonconformity, Opposition, and Resistance in the Third Reich. Essays in Honor of Peter Hoffmann, New York/Oxford 1990, 87–114

9225 [Stammler, Eberhard] Stammler, Eberhard: Der Nationalsozialismus aus lebensgeschichtlicher Perspektive (T. II), in: Volker Rittberger (Hg.), 1933. Wie die Republik der Diktatur erlag, Stuttgart u.a. 1983, 178–86

9226 [Stapel, Wilhelm] Keinhorst, Willi: Wilhelm Stapel. Ein evangelischer Journalist im Nationalsozialismus. Gratwanderer zwischen Politik und Theologie, Frankfurt u.a. 1993; 294 S.

9227 [Stöhr, Hermann] Röhm, Eberhard: Sterben für den Frieden. Spurensicherung: Hermann Stöhr (1898–1940) und die ökumenische Friedensbewegung, Vorwort Kurt Scharf, Stuttgart 1985; 278 S.**

9228 [Sylten, Werner] Köhler, Bruno: Gotha, Berlin, Dachau. Werner Sylten. Stationen seines Widerstandes im Dritten Reich, Stuttgart 1980; 92 S.

9229 [Tillich, Paul] Schäfer, Karin: Die Theologie des Politischen bei Paul Tillich unter besonderer Berücksichtigung der Zeit von 1933 bis 1945, Frankfurt u.a. 1988; VIII, 328 S.

9230 [Tügel, Franz] Tügel, Franz: Mein Weg 1888–1946. Erinnerungen eines Hamburger Bischofs, Hamburg 1972; XI, 453 S.

9231 [Viertmann, Wilhelm] Spanhofer, Kai U.: Wilhelm Viertmann – Bekenntnis und Widerstand im Leben eines westfälischen Pfarrers in der NS-Zeit, Vorwort Günter Brakelmann, Bielefeld 1988; 146 S.

Gedruckte Quellen

9232 [Wurm, Theophil] Schäfer, Gerhard/ Fischer, Richard (Hg.): Landesbischof D. [Theophil] Wurm und der nationalsozialistische Staat 1940–1945. Eine Dokumentation, Stuttgart 1968; 507 S.

Darstellungen

9233 [Wurm, Theophil] Thierfelder, Jörg: Das kirchliche Einigungswerk des württembergischen Landesbischofs Theophil Wurm, Göttingen 1975; XIII, 311 S.

9234 [Wurm, Theophil] Thierfelder, Jörg: Theophil Wurm. Landesbischof von Württemberg, in: Michael Bosch/Wolfgang Niess (Hg.), Der Widerstand im deutschen Südwesten 1933–1945, Stuttgart 1984, 47–59

9235 [Zauleck, Johannes] Friedemann, Peter: Evangelische Kirche im Dritten Reich. Das Beispiel des Pfarrers Johannes Zauleck [in Wetter (Ruhr)], in: Anselm Faust (Hg.), Verfolgung und Widerstand im Rheinland und in Westfalen 1933–1945, Köln u. a. 1992, 89–100

9237 [Zöllner, Wilhelm] Philipps, Werner: Wilhelm Zöllner – Mann der Kirche in Kaiserreich, Republik und Drittem Reich, Bibliographie Mechtild Philipps, Bielefeld 1985; 201 S.

A.3.12.4 Katholische Kirche, katholische Organisationen und politischer Katholizismus

A.3.12.4.1 Allgemeines

[vgl. A.3.21.13]

Literaturberichte

9238 Haupt, Michael: Die Katholische Kirche im Deutschen Widerstand 1933–1945, in: JBBfZ 57 (1985), 399–432

9239 Hehl, Ulrich von: Kirche, Katholizismus und das nationalsozialistische Deutschland. Ein Forschungsüberblick, in: Dieter Albrecht (Hg.), Katholische Kirche im Dritten Reich. Eine Aufsatzsammlung, Mainz 1976, 219–51; abgedr. in: Kirche im Nationalsozialismus. (Rottenburger Jb. für Kirchengeschichte, 2), Sigmaringen 1983 (ND 1984), 11–29

9240 Volk, Ludwig: Zwischen Geschichtsschreibung und Hochhuthprosa. Kritisches und Grundsätzliches zu einer Neuerscheinung über Kirche und Nationalsozialismus [Guenther Loewy, The Catholic Church and Nazi Germany, New York 1964], in: SdZ 176 (1964/65), 29–41; abgedr. in: Dieter Albrecht (Hg.), Katholische Kirche im Dritten Reich. Eine Aufsatzsammlung, Mainz 1976, 35–65

Nachschlagewerke

9241 Hehl, Ulrich von (Bearb.): Priester unter Hitlers Terror. Eine biographische und statistische Erhebung, bearb. i. A. der Deutschen Bischofskonferenz unter Mitwirkung der Diözesanarchive, 2. Aufl., Mainz 1985; XC, 1630, 110 S. (zuerst 1984)

Quellenkunde

9242 Dokumentenverzeichnis 1933–1945, Hg. Kommission für Zeitgeschichte, Bearb. Arnd Goertz, Mainz 1990; 432 S.

9242a Reisch, Erich: Denkschriften des Deutschen Caritasverbandes. Chronologisches und kurz kommentiertes Verzeichnis der Denkschriften und Gutachten, der prinzipiellen Stellungnahmen, grundsätzlichen Entschließungen und relevanten Eingaben des Deutschen Caritasverbandes unter Einbeziehung auch der Fassungen des Verbandsstatuts, T. 3: 1933–1944, in: Caritas (1974), 259–70

9243 Witetschek, Helmut: Der gefälschte und der echte Mölders-Brief [an Probst Johst in Stettin vom Herbst 1941/6. Oktober 1940], in: VfZ 16 (1968), 60–65**

Gedruckte Quellen

Akten deutscher Bischöfe über die Lage der Kirche 1933–1945, Mainz:

9244 – Bd. 1: 1933–1934, Bearb. Bernhard Stasiewski, 1968; LII, 969 S.

9245 – Bd. 2: 1934–1935, Bearb. Bernhard Stasiewski, 1976; XLVII, 505 S.

9246 – Bd. 3: 1935–1936, Bearb. Bernhard Stasiewski, 1979; LII, 588 S.

9247 – Bd. 4: 1936–1939, Bearb. Ludwig Volk, 1981; XXXII, 864 S.

9248 – Bd. 5: 1940–1942, Bearb. Ludwig Volk, 1983; XXXVIII, 1018 S.

9249 – Bd. 6: 1943–1945, Bearb. Ludwig Volk, 1985; XXXVII, 961 S.

9250 Borengässer, Norbert M./Hainbuch, Friedrich (Hg.): Krankenpflege im Kriegsfall. Die Verhandlungen des deutschen Episkopats mit der Reichsregierung 1936 bis 1940, Bonn 1987; XXII, 106 S.

9251 Corsten, Wilhelm (Hg.): Kölner Aktenstücke zur Lage der katholischen Kirche in Deutschland 1933–1945, Köln 1949; 351 S.

9252 Hoser, Paul: Hitler und die katholische Kirche. Zwei Briefe aus dem Jahr 1927. (Dokumentation), in: VfZ 42 (1994), 473–92

9253 Kinkel, Walter: Kirche und Nationalsozialismus. Ihre Auseinandersetzung zwischen 1925 und 1945 in Dokumenten dargestellt, Düsseldorf 1960; 168 S.

9254 Morsey, Rudolf (Hg.): Katholizismus, Verfassungsstaat und Demokratie. Vom Vormärz bis 1933, Paderborn u.a. 1988, 189–205

9255 Müller, Hans (Hg.): Katholische Kirche und Nationalsozialismus. Dokumente 1930–1935, Einleitung Kurt Sontheimer, München 1963; XXVI, 433 S. (TB 1965)

9256 Raem, Heinz-Albert (Hg.): Katholische Kirche und Nationalsozialismus. Eine Quellensammlung für den katholischen Religionsunterricht an weiterführenden Schulen, Paderborn 1980; 109 S.

9257 Schneider, Burkhart (Bearb.): Die Briefe Pius' XII. an die deutschen Bischöfe 1939–1944, Mainz 1966; XLVI, 381 S.

9258 Strobel, Ferdinand (Hg.): Christliche Bewährung. Dokumente des Widerstandes der katholischen Kirche in Deutschland 1933–1945, Olten 1946; 326 S.

9259 Volk, Ludwig (Bearb.): Erste Jahreswende unter Hitler. Ein unbekannter Briefwechsel zwischen Ludwig Kaas und dem Abt von Grüssau. Zum 100. Geburtstag des Zentrumspolitikers am 23. Mai 1981, in: SdZ 106 (1981), 314–26

Darstellungen

9260 Adolph, Walter: Hirtenamt und Hitlerdiktatur, Berlin 1965; 183 S.

9261 Adolph, Walter: Im Schatten des Galgens. Zum Gedächtnis der Blutzeugen in der nationalsozialistischen Kirchenverfolgung. Darstellung und Dokumente, 1. u. 2., verb. u. erw. Aufl., Berlin 1953; 116 S.**

9262 Adriànyi, Gabriel: Widerstand der katholischen Kirche, in: PS 34 (1983), 57–67

9263 Albrecht, Dieter (Hg.): Katholische Kirche im Dritten Reich. Eine Aufsatzsammlung zum Verhältnis von Papsttum, Episkopat und deutschen Katholiken zum Nationalsozialismus, Mainz 1976; VIII, 272 S.*

9264 Altmeyer, Karl A.: Katholische Presse unter der NS-Diktatur. Die katholischen Zeitungen und Zeitschriften Deutschlands in den Jahren 1933 bis 1945. Dokumentation, Berlin 1962; 204 S.

9265 Aretz, Jürgen: Katholische Arbeiterbewegung und Nationalsozialismus. Der Verband katholischer Arbeiter- und Knappenvereine Westdeutschlands 1923–1945, 2. Aufl., Mainz 1982; XXX, 258 S. (zuerst 1978)

9266 Aretz, Jürgen: Die katholische Arbeiterbewegung (KAB) im Dritten Reich, in: Klaus Gotto/Konrad Repgen (Hg.), Die Katholiken und das Dritte Reich, 3., erw. u. überarb. Aufl., Mainz 1990, 119–34 (zuerst 1980)

9267 Aretz, Jürgen: Katholische Arbeiter gegen Hitler. Zur Auseinandersetzung zwischen KAB und Nationalsozialismus, in: Monika Kringels-Kemen/Ludwig Lemhöfer (Hg.), Katholische Kirche und NS-Staat.

Aus der Vergangenheit lernen?, Frankfurt 1981, 51–67

9268 Becker, Carl: Die Durchführung der Euthanasie in den katholischen Heimen für geistig Behinderte, in: JbCW (1968), 104–19; darin: Euthanasie und Rottenmünster [Rottweil]. Bericht von Chefarzt Dr. [Josef] Wrede, 15.4. 1947 (111–15); Verlegung von Anstaltsinsassen in Ursberg während des »Dritten Reiches«. Bericht der Generaloberin der St.-Josefs-Kongretation Ursberg, 13.8. 1959 (116–19)

9269 Becker, Winfried: Politischer Katholizismus und Widerstand, in: Peter Steinbach/Johannes Tuchel (Hg.), Widerstand gegen den Nationalsozialismus, Berlin 1994, 235–45

9270 Bender, Oskar: »Der Gerade Weg« und der Nationalsozialismus. Ein Beitrag zur katholischen Widerstandspresse vor 1933, Diss. München 1954; 552 S. (Ms.)

9271 Binder, Gerhard: Irrtum und Widerstand. Die deutschen Katholiken in der Auseinandersetzung mit dem Nationalsozialismus, München 1968; XVI, 455 S.

9272 Bleistein, Roman: Die Jesuiten im Kreisauer Kreis. Ihre Bedeutung für den Gesamtwiderstand gegen den Nationalsozialismus, Passau 1990; 26 S.

9273 Bleistein, Roman: Jesuiten im Kreisauer Kreis, in: SdZ 200 (N.F. 107) (1982), 595–607; überarb. abgedr. in: Joël Pottier (Hg.), Christen im Widerstand gegen das Dritte Reich, Stuttgart/Bonn 1988, 541–55

9274 Bleistein, Roman: Nationalsozialistische Kirchenpolitik und katholische Orden, in: SdZ 203 (N.F. 110) (1985), 159–69

9275 Bleistein, Roman: Kirche und Politik im Dritten Reich. Reflexionen in neuaufgefundenen Dokumenten des Kreisauer Kreises, in: SdZ 205 (N.F. 112) (1987), 147–58

9276 Blumberg-Ebel, Anna: Nationalsozialistische Sondergerichte: ihre Urteile gegen katholische Geistliche und Laien, in: SOWI 20 (1991), 118–24

9277 Bockenförde, Ernst-Wolfgang: Der deutsche Katholizismus im Jahre 1933. Eine kritische Betrachtung, in: Hochland 53 (1960/61), 215–39; abgedr. in: Gotthard Jasper (Hg.), Von Weimar zu Hitler 1930–1933, Köln/Berlin 1968, 317–43

9278 Bockenförde, Ernst-Wolfgang: Der deutsche Katholizismus im Jahre 1933. Stellungnahme zu einer Diskussion, in: Hochland 54 (1961/62), 217–45

9279 Borgmann, Karl: Der Deutsche Caritasverband im »Dritten Reich«, in: 1897–1972. 75 Jahre Deutscher Caritasverband, Hg. Deutscher Caritasverband, Freiburg 1972, 92–99

9280 Breuning, Klaus: Die Vision des Reiches. Deutscher Katholizismus zwischen Demokratie und Diktatur 1929–1934, München 1969; 403 S.

9281 Buscher, Frank M./Phayer, Michael: German Catholic Bishops and the Holocaust, 1940–1952, in: GSR 11 (1988), 463–85

9282 Bussmann, Walter: Der deutsche Katholizismus im Jahre 1933, in: Festschrift für Hermann Heimpel zum 70. Geburtstag am 19. September 1971, Hg. Max-Planck-Institut für Geschichte, Mitarbeiter, Bd. 1, Göttingen 1971, 180–204

9283 Denzler, Georg: Widerstand oder Anpassung? Katholische Kirche und Drittes Reich, München 1984; 155 S.

9284 Deuerlein, Ernst: Der deutsche Katholizismus, Osnabrück 1963; 186 S.

9285 Dietrich, Donald: Catholic Resistance to Biological and Racist Eugenics in the Third Reich, in: Francis R. Nicosia/Lawrence D. Stokes (Hg.), Germans against Nazism. Nonconformity, Opposition, and Resistance in the Third Reich. Essays in Honor of Peter Hoffmann, New York/Oxford 1990, 137–56

9286 Dietrich, Donald J.: Catholic Citizens in the Third Reich. Psycho-Social Principles and Moral Reasoning, New Brunswick, N.J./Oxford 1988; XII, 356 S.

9287 Dietrich, Donald J.: Catholic Resistance in the Third Reich, in: H&GS 3 (1988), 171–86

9288 Ehrle, Gertrud (Hg.): Licht über dem Abgrund. Aufzeichnungen und Erlebnisse christlicher Frauen 1933–1945, Mitarb. Regina Broel, Freiburg 1951; 236 S.

9289 Erinnerung und Verantwortung. 30. Januar 1933 – 30. Januar 1983. Fragen, Texte, Materialien, Hg. Deutsche Bischofskonferenz, Bonn 1983; 27 S.

9290 Gotto, Klaus u.a.: Nationalsozialistische Herausforderung und kirchliche Antwort. Eine Bilanz, in: Klaus Gotto/Konrad Repgen (Hg.), Die Katholiken und das Dritte Reich, 3., erw. u. überarb. Aufl., Mainz 1990, 173–90 (zuerst 1980)

9291 Gotto, Klaus: Die historisch-politische Beurteilung des Zentrums aus nationalsozialistischer Sicht, in: Karl D. Bracher u.a. (Hg.), Staat und Parteien. Festschrift für Rudolf Morsey zum 65. Geburtstag, Berlin 1992, 711–26**

9292 Gotto, Klaus/Repgen, Konrad (Hg.): Die Katholiken und das Dritte Reich, 3., erw. Aufl., Mainz 1990; 223 S. (zuerst 1980 u.d.T.: Kirche, Katholiken und Nationalsozialismus)

9293 Güsgen, Johannes: Die katholische Militärseelsorge in Deutschland zwischen 1920 und 1945: ihre Praxis und Entwicklung in der Reichswehr der Weimarer Republik und der Wehrmacht des nationalsozialistischen Deutschlands unter besonderer Berücksichtigung ihrer Rolle bei den Reichskonkordatsverhandlungen, Wien/Köln 1989; LXIX, 526 S.

9294 Hainbuch, Friedrich: Die Extremismus-Beschlüsse der Fuldaer Bischofskonferenz von 1930 und 1931 unter Vorsitz Kardinal Adolf Bertrams, in: Gabriel Adriányi (Hg.), Festgabe für Bernhard Stasiewski zum 75. Geburtstag, Leverkusen-Opladen/Bonn 1980, 81–103

9295 Hannot, Walter: Die Judenfrage in der katholischen Tagespresse Deutschlands und Österreichs 1923–1933, Mainz 1990; XXXVI, 328 S.

9296 Hehl, Ulrich von: Katholischer Widerstand im Dritten Reich, in: Huberta Engel (Hg.), Deutscher Widerstand – Demokratie heute. Kirche, Kreisauer Kreis, Ethik, Militär und Gewerkschaften, 2. Aufl., Bonn/Berlin 1994, 43–61 (zuerst 1992)

9297 Hehl, Ulrich von: Das Kirchenvolk im Dritten Reich, in: Klaus Gotto/Konrad Repgen (Hg.), Die Katholiken und das Dritte Reich, 3., erw. u. überarb. Aufl., Mainz 1990, 93–118 (zuerst 1980)

9298 Hirt, Simon: Mit brennender Sorge. Das päpstliche Rundschreiben gegen den Nationalsozialismus und seine Folgen in Deutschland, Freiburg 1946; 101 S.**

9299 Hockerts, Hans G.: Die Sittlichkeitsprozesse gegen katholische Ordensangehörige und Priester 1936/37. Eine Studie zur nationalsozialistischen Herrschaftstechnik und zum Kirchenkampf, Mainz 1971; XV, 224 S.

9300 Hoffmann, Ernst/Janssen, Hubert: Die Wahrheit über die Ordensdevisenprozesse 1935/36, Bielefeld 1967; 288 S.

9301 Höllen, Martin: Katholische Kirche und NS-»Euthanasie«. Eine vergleichende Analyse neuer Quellen, in: ZKG 91 (Folge 4, 24) (1980), 53–82

9302 Huber, Heinrich: Dokumente einer christlichen Widerstandsbewegung. Gegen die Entfernung der Kruzifixe aus den Schulen 1941, München 1948; 82 S.

9303 Hürten, Heinz: Die katholische Kirche zwischen Nationalsozialismus und Widerstand. (Beiträge zum Widerstand 1933–1945, 36), Hg. Gedenkstätte Deutscher Widerstand Berlin, Berlin 1989; 32 S.; abgedr. in: Heinz Hürten, Katholiken, Kirche und Staat als Problem der Historie. Ausgewählte Aufsätze 1963–1992, Hg. Hubert Gruber, Paderborn u.a. 1994, 141–158

9304 Hürten, Heinz: Deutsche Katholiken 1918–1945, Paderborn u. a. 1992; 700 S.

9305 Hürten, Heinz: Kurze Geschichte des deutschen Katholizismus 1800–1960, Mainz 1986, 209–42

9306 Hürten, Heinz: Verfolgung, Widerstand und Zeugnis. Kirche im Nationalsozialismus. Fragen eines Historikers, Mainz 1987; 132 S.

9307 Hürten, Heinz: Katholiken, Kirche und Staat als Problem der Historie. Ausgewählte Aufsätze 1963–1992, Hg. Hubert Gruber, Paderborn u. a. 1994; VIII, 342 S.*

9308 Hürten, Heinz: Selbstbehauptung und Widerstand der katholischen Kirche, in: Klaus-Jürgen Müller (Hg.), Der deutsche Widerstand 1933–1945, Paderborn u. a. 1986, 135–56

9309 Hürten, Heinz: Katholische Kirche und nationalsozialistischer Krieg, in: Martin Broszat/Klaus Schwabe (Hg.), Die deutschen Eliten und der Weg in den Zweiten Weltkrieg, München 1989, 135–79

9310 Hürten, Heinz: Der katholische Episkopat nach dem Reichskonkordat, in: Günther Heydemann/Lothar Kettenacker (Hg.), Drittes Reich und SED-Staat. Fünfzehn Beiträge. Eine Publikation des Deutschen Historischen Instituts London, Göttingen 1993, 109–25

9311 Hürten, Heinz: Der Deutsche in Polen. Skizze einer katholischen Zeitung 1934–1939, in: Dieter Albrecht u. a. (Hg.), Politik und Konfession. Festschrift für Konrad Repgen zum 60. Geburtstag, Berlin 1983, 415–46

9312 Hürten, Heinz: Zeugnis und Widerstand. Zur Interpretation des Verhaltens der katholischen Kirche im Deutschland Hitlers, in: Peter Steinbach (Hg.), Widerstand. Ein Problem zwischen Theorie und Geschichte, Köln 1987, 144–62

9313 Hürten, Heinz: Selbstbehauptung und Widerstand der katholischen Kirche, in: Jürgen Schmädeke/Peter Steinbach (Hg.), Der Widerstand gegen den Nationalsozialismus. Die deutsche Gesellschaft und der Widerstand gegen Hitler, 2. Aufl., München/Zürich 1986, 240–53 (zuerst 1985; ND 1994); abgedr. in: Heinz Hürten, Katholiken, Kirche und Staat als Problem der Historie. Ausgewählte Aufsätze 1963–1992, Hg. Hubert Gruber, Paderborn u. a. 1994, S. 159–173

9314 Hürten, Heinz: Der Widerstand der katholischen Kirche, in: Maria Zenner (Hg.), Der Widerstand gegen den Nationalsozialismus. Eine interdisziplinäre didaktische Konzeption zu seiner Erschließung, Bochum 1989, 55–66

9315 Hürten, Heinz: Katholische Kirche und Widerstand, in: Peter Steinbach/Johannes Tuchel (Hg.), Widerstand gegen den Nationalsozialismus, Berlin 1994, 182–92

9316 Hürten, Heinz: Zeugnis und Widerstand der Kirche im NS-Staat. Überlegungen zu Begriff und Sache, in: SdZ 201 (N. F. 108) (1983), 363–73

9317 Hürten, Heinz: »Endlösung« für den Katholizismus? Das nationalsozialistische Regime und seine Zukunftspläne gegenüber der Kirche, in: SdZ 203 (N. F. 110) (1985), 534–46; abgedr. in: Heinz Hürten, Katholiken, Kirche und Staat als Problem der Historie. Ausgewählte Aufsätze 1963–1992, Hg. Hubert Gruber, Paderborn u. a. 1994, 174–189

9318 Keck, Alois: Anpassung und Widerstand in der kirchlichen Presse, in: Kirche im Nationalsozialismus. (RJK, 2), Sigmaringen 1983, 87–94 (ND 1984)

9319 Kempner, Benedicta M.: Nonnen unter dem Hakenkreuz. Leiden, Heldentum, Tod. Die erste Dokumentation über das Schicksal der Nonnen im 3. Reich, Würzburg 1979; 241 S.

9320 Kempner, Benedicta M.: Priester vor Hitlers Tribunalen, 2., durchges. u. erg. Aufl., München 1967; 495 S. (zuerst 1966)

9321 Kißener, Michael: »Nach außen ruhig, nach innen lebendig«. Widerstand aus der katholischen Arbeiterschaft, in: Peter Steinbach/Johannes Tuchel (Hg.), Widerstand gegen den Nationalsozialismus, Berlin 1994, 153–63

9322 Kirche im Nationalsozialismus. Referate der Arbeitstagung des Geschichtsvereins der Diözese Rottenburg-Stuttgart mit der Akademie der Diözese Rottenburg-Stuttgart in Weingarten, 10.–14. Oktober 1982. (RJK, 2), Sigmaringen 1983; 315 S. (ND 1984 [bis S. 247])* **

9323 Klausener, Erich: Zum Widerstand der Katholiken im Dritten Reich. (Beiträge zum Widerstand 1933–1945, 22), Hg. Gedenkstätte Deutscher Widerstand Berlin, 2. Aufl., Berlin 1985; 24 S. (zuerst 1983)

9324 Klausener, Erich: Frauen in Fesseln. Hoffnung in der Finsternis. Von Mut und Opfer katholischer Frauen im Dritten Reich, Berlin 1982; 119 S.

9325 Kloidt, Franz: Verräter oder Märtyrer? Dokumente katholischer Blutzeugen der nationalsozialistischen Kirchenverfolgung geben Antwort, Düsseldorf 1962; 235 S.**

9326 Kopf, Paul: Die Entwicklung der Kongregation von Bonlanden in den Jahren des Exils der Ordensleitung. Ein Beitrag zum Thema Ordensleben in der Zeit des Nationalsozialismus und der Nachkriegszeit (1937–1951), in: RJK 10 (1991), 133–47

9327 Körner, Hans-Michael: Katholische Kirche und polnische Zwangsarbeiter 1939–1945, in: HJB 112 (1992), 128–42

9328 Kringels-Kemen, Monika/Lemhöfer, Ludwig (Hg.): Katholische Kirche und NS-Staat. Aus der Vergangenheit lernen?, Vorwort Walter Dirks, Frankfurt 1981; 120 S.*

9329 Kühner, Hans: Das Episkopat schwieg. Hat die katholische Kirche in Deutschland Widerstand geleistet?, in: Tribüne 23 (1984), Nr. 90, 142–56

9330 Küppers, Heinrich: Der Katholische Lehrerverband in der Übergangszeit von der Weimarer Republik zur Hitlerdiktatur. Zugleich ein Beitrag zur Geschichte des Volksschullehrerstandes, Mainz 1975; XXX, 202 S.

9331 Lapomarda, Vincent A.: The Jesuits and the Third Reich, Lewiston, N. Y. 1989; XI, 375 S.

9332 Lemhöfer, Ludwig: Zur tapferen Pflichterfüllung gerufen. Die Katholiken in Adolf Hitlers Krieg, in: Monika Kringels-Kemen/Ludwig Lemhöfer (Hg.), Katholische Kirche und NS-Staat. Aus der Vergangenheit lernen?, Frankfurt 1981, 83–99

9333 Lemhöfer, Ludwig: Zwischen Annäherung und Widerstand. Die Katholiken und die Entstehung des »Dritten Reiches«, in: Monika Kringels-Kemen/Ludwig Lemhöfer (Hg.), Katholische Kirche und NS-Staat. Aus der Vergangenheit lernen?, Frankfurt 1981, 15–32

9334 Lewy, Guenter: Die katholische Kirche und das Dritte Reich, München 1965; 449 S. (amerikan.: New York/Toronto 1964)

9335 Lichtenstein, Heiner: Krummstab und Davidstern. Die katholische Kirche und der Holocaust, in: Monika Kringels-Kemen/Ludwig Lemhöfer (Hg.), Katholische Kirche und NS-Staat. Aus der Vergangenheit lernen?, Frankfurt 1981, 69–81

9336 Lill, Rudolf: NS-Ideologie und katholische Kirche, in: Klaus Gotto/Konrad Repgen (Hg.), Die Katholiken und das Dritte Reich, 3., erw. u. überarb. Aufl., Mainz 1990, 135–50 (zuerst 1980)

9337 Lill, Rudolf: Katholische Kirche und Nationalsozialismus, in: Rudolf Lill/Heinrich Oberreuther (Hg.), Machtverfall und Machtergreifung. Aufstieg und Herrschaft des Nationalsozialismus, München 1983, 251–74

9338 Maier, Joachim: Die katholische Kirche und die Machtergreifung, in: Wolfgang

Michalka (Hg.), Die nationalsozialistische Machtergreifung, Paderborn u.a. 1984, 152–67

9339 Mensch, was wollt ihr denen sagen? Katholische Feldseelsorge im Zweiten Weltkrieg, Hg. Katholisches Militärbischofsamt, Augsburg 1991; 207 S.

9340 Micklem, Nathaniel: National Socialism and the Roman Catholic Church. Being an Account of the Conflict between the National Socialist Government of Germany and the Roman Catholic Church, 1933–1938, London 1939; XVI, 243 S.

9341 Mikat, Paul: Zur Kundgebung der Fuldaer Bischofskonferenz über die nationalsozialistische Bewegung vom 28. März 1933, in: J. Höffner (Hg.), Freiheit und Verantwortung in der modernen Gesellschaft. Festschrift zum 70. Geburtstag von Gustav Gundlach. (Jahrbuch des Instituts für christliche Sozialwissenschaft, 3), Münster 1962, 209–35

9342 Moser, Dietz-Rüdiger: Nationalsozialistische Fasnachtsdeutung. Die Bestreitung der Christlichkeit des Fasnachtfestes als zeitgeschichtliches Phänomen, in: ZfV 78 (1982), 200–19

9343 Münch, Maurus: Unter 2579 Priestern in Dachau. Zum Gedenken an den 25. Jahrestag der Befreiung in der Osterzeit 1945, 2., erw. Aufl., Trier 1972; 189 S.

9344 Mund, Ottokar: Blumen auf den Trümmern – Kilian Kirchhoff OFM, Elpidius Markötter OFM, Wolfgang Rosenbaum OFM. Eine Bildbiografie, Paderborn 1989; 88 S.

9345 Murtorinne, Eino: Erzbischof Eidem zum deutschen Kirchenkampf 1933–1934, Helsinki 1968; 127 S.

9346 Nellessen, Bernd: Die schweigende Kirche. Katholiken und Judenverfolgung, in: Ursula Büttner (Hg.), Die Deutschen und die Judenverfolgung im Dritten Reich, Hamburg 1992, 259–71

9347 Neuhäusler, Johann: Kreuz und Hakenkreuz. Der Kampf des Nationalsozialismus gegen die katholische Kirche und der kirchliche Widerstand, 2 Bde., München 1946; 384, 440 S.

9348 Neupert, Jutta (Hg.): Vom Ducken und Aufrechtgehen. Ein Lesebuch über Christen im Dritten Reich, Nachwort Birgit Harprath, hg. für den Bund der Deutschen Katholischen Jugend, Landesarbeitsgemeinschaft Bayern, Regensburg 1989; 152 S.

9349 Nobécourt, Jacques: Die Enzyklika »Mit brennender Sorge«, in: Alfred Grosser (Hg.), Wie war es möglich? Die Wirklichkeit des Nationalsozialismus. Neun Studien, 2. Aufl., Frankfurt 1980, 114–34 (zuerst München/Wien 1977; franz.: Paris 1976)

9350 Padberg, Rudolf: Reinhard Heydrich und das Beichtgeheimnis, in: Ulrich Wagener (Hg.), Das Erzbistum Paderborn in der Zeit des Nationalsozialismus. Beiträge zur regionalen Kirchengeschichte 1933–1945, Paderborn 1993, 289–96**

9351 The Persecution of the Catholic Church in the Third Reich. Facts and Documents, London 1940; 565 S.**

9352 Pötzl, Walter: Wallfahrten gegen das Hakenkreuz, in: Harald Dickerhof (Hg.), Heinz Hürten zum 60. Geburtstag. Festgabe, Frankfurt u.a. 1988, 443–65

9353 Die Predigt im Dritten Reich: Hermann Tüchle, Albert Manz/Eugen Schmidt, Bernhard Hanssler, in: Kirche im Nationalsozialismus. (RJK, 2), Sigmaringen 1983, 161–79 (ND 1984)**

9354 Raem, Heinz-Albert: Katholischer Gesellenverein und Deutsche Kolpingfamilie in der Ära des Nationalsozialismus, Mainz 1982; XXVIII, 264 S.

9355 Raem, Heinz-Albert: Die kirchenpolitischen Auseinandersetzungen auf dem Reichsparteitag der Arbeit vom 6. bis 13. September 1937, in: Gabriel Adriányi (Hg.), Festgabe für Bernhard Stasiewski zum 75.

Geburtstag, Leverkusen-Opladen/Bonn 1980, 170–87

9356 Rapp, Petra M.: Die Devisenprozesse gegen katholische Ordensangehörige und Geistliche im Dritten Reich. Eine Untersuchung zum Konflikt deutscher Orden und Klöster in wirtschaftlicher Notlage, totalitärer Machtausübung des nationalsozialistischen Regimes und im Kirchenkampf 1935/36, Diss. Bonn 1981; 497 S.

9357 Reichold, Anselm: Die deutsche katholische Kirche zur Zeit des Nationalsozialismus (1933–1945) unter besonderer Berücksichtigung der Hirtenbriefe, Denkschriften, Predigten und sonstigen Kundgebungen der deutschen katholischen Bischöfe, St. Ottilien 1992; XXI, 286 S.

9359 Repgen, Konrad: Hitlers Machtergreifung und der deutsche Katholizismus. Versuch einer Bilanz. Festvortrag, gehalten am 13. November 1963 anläßlich der feierlichen Eröffnung des Rektoratsjahres 1963/64, Saarbrücken 1967; 35 S.; abgedr. in: Dieter Albrecht (Hg.), Katholische Kirche im Dritten Reich. Eine Aufsatzsammlung, Mainz 1976, 1–35

9360 Repgen, Konrad: 1938 – Judenpogrom und katholischer Kirchenkampf, in: Günter Brakelmann/Martin Roskowski (Hg.), Antisemitismus. Von religiöser Judenfeindschaft zur Rassenideologie, Göttingen 1989, 112–46

9362 Repgen, Konrad: German Catholics and the Jews: 1933–1945, in: Otto D. Kulka/Paul R. Mendes-Flohr (Hg.), Judaism and Christianity under the Impact of National Socialism, Jerusalem 1987, 197–226

9363 Reutter, Lutz-Eugen: Katholische Kirche als Fluchthelfer im Dritten Reich. Die Betreuung von Auswanderern durch den St. Raphael-Verein, Recklinghausen 1971; 305 S.

9364 Roon, Ger van: Der katholische Widerstand, in: Ger van Roon (Hg.), Europäischer Widerstand im Vergleich. Die Internationalen Konferenzen Amsterdam, Berlin 1985, 112–26; zuerst in: Ger van Roon, Widerstand im Dritten Reich. Ein Überblick, München 1979, 99–118 (4. erw. Aufl. 1987)

9365 Schäfer, Johann P.: Die Katholische Kirche im Nationalsozialismus: Irrtum und Widerstand, in: Peter Salje (Hg.), Recht und Unrecht im Nationalsozialismus, Münster 1985, 194–217

9366 Schewick, Burkhard van: Katholische Kirche und nationalsozialistische Rassenpolitik, in: Klaus Gotto/Konrad Repgen (Hg.), Die Katholiken und das Dritte Reich, 3., erw. u. überarb. Aufl., Mainz 1990, 151–72 (zuerst 1980)

9367 Schnack, Dieter: Repräsentanten der katholischen Kirche und ihre Begegnung mit der nationalsozialistischen Weltanschauung – die Schriftenreihe »Reich und Kirche« aus dem Aschendorff-Verlag Münster, in: Hans-Günther Thien/Hanns Wienold (Hg.), Münster – Spuren aus der Zeit des Faschismus. Zum 50. Jahrestag der nationalsozialistischen Machtergreifung, Münster 1983, 81–92

9368 Scholder, Klaus: Ein Reqiem für Hitler. Kardinal Bertram, Hitler und der deutsche Episkopat im Dritten Reich (1980), in: Klaus Scholder, Die Kirchen zwischen Republik und Gewaltherrschaft. Gesammelte Aufsätze, Hg. Karl O. Freiherr von Aretin/Gerhard Besier, Berlin 1988, 228–38

9369 Schröder, Heribert: Anmerkungen zur Geschichte und zum Funktionswandel katholischer Kirchenmusik im Dritten Reich, in: KJb 72 (1988), 137–66

9370 Seth, Ronald: For My Name's Sake. A Brief Account of the Struggle of the Roman Catholic Church against the Nazis in Western Europe and against Communist Persecution in Eastern Europe, London 1958; 246 S.

9371 Stehkämper, Hugo: Protest, Opposition und Widerstand im Umkreis der (untergegangenen) Zentrumspartei – ein Überblick, T. I: Protest und Opposition, in: Jürgen Schmädeke/Peter Steinbach (Hg.), Der Widerstand gegen den Nationalsozialismus. Die deutsche Gesellschaft und der Widerstand gegen Hitler, 2. Aufl., München/Zürich 1986, 113–50 (zuerst 1985; ND 1994)

9372 Stehle, Hansjakob: Bischof [Alois] Hudal und SS-Führer [Waldemar] Meyer. Ein kirchenpolitischer Friedensversuch 1942/43, in: VfZ 37 (1989), 299–322**

9373 Tauch, Max: Kirchliche Kunst und Widerstand, in: Kirche im Nationalsozialismus. (RJK, 2), Sigmaringen 1983, 95–102 (ND 1984)

9374 Volk, Ludwig: Katholische Kirche und Nationalsozialismus. Ausgewählte Aufsätze, Hg. Dieter Albrecht, Mainz 1987; XVII, 382 S.

9375 Volk, Ludwig: Der Widerstand der katholischen Kirche, in: Christoph Kleßmann/Falk Pingel (Hg.), Gegner des Nationalsozialismus. Wissenschaftler und Widerstandskämpfer auf der Suche nach historischer Wirklichkeit, Frankfurt/New York 1980, 126–39

9376 Volk, Ludwig: Nationalsozialistischer Kirchenkampf und deutscher Episkopat, in: Klaus Gotto/Konrad Repgen (Hg.), Die Katholiken und das Dritte Reich, 3., erw. u. überarb. Aufl., Mainz 1990, 49–92 (zuerst 1980)

9377 Volk, Ludwig: Episkopat und Kirchenkampf im Zweiten Weltkrieg, T. 1: Lebensvernichtung und Klostersturm 1939–1941, T. 2: Judenverfolgung und Zusammenbruch des NS-Staates, in: SdZ 105 (1980), 597–612, 687–702

9378 Volk, Ludwig: Die Fuldaer Bischofskonferenz von der Enzyklika »Mit brennender Sorge« bis zum Ende der NS-Herrschaft, in: SdZ 178 (1966), 241–67; abgedr. in: Dieter Albrecht (Hg.), Katholische Kirche im Dritten Reich. Eine Aufsatzsammlung, Mainz 1976, 66–102

9379 Volk, Ludwig: Die Fuldaer Bischofskonferenz von Hitlers Machtergreifung bis zur Enzyklika »Mit brennender Sorge«, in: SdZ 183 (1969), 10–31; abgedr. in: Dieter Albrecht (Hg.), Katholische Kirche im Dritten Reich. Eine Aufsatzsammlung, Mainz 1976, 35–65

9380 Weiler, Eugen (Hg.): Die Geistlichen in Dachau sowie in anderen Konzentrationslagern und Gefängnissen. Nachlaß von Emil Thoma, Mödling b. Wien 1971 (Ergänzungen und Berichtigungen, o. O. u. J.); 1158, 20 S.

9381 Witetschek, Helmut: Das Überleben der Kirche unter dem NS-Regime. Die Kirche im Spannungsfeld zwischen staatsbürgerlichen Pflichten und Glaubenszeugnis, in: SdZ 203 (N. F. 110) (1985), 829–43

9382 Wollasch, Andreas: Der katholische Fürsorgeverein für Mädchen, Frauen und Kinder (1899–1945). Ein Beitrag zur Geschichte der Jugend- und Gefährdetenfürsorge in Deutschland, Freiburg 1991; 517 S.

9383 Wollasch, Hans-Josef: Caritas und Euthanasie im Dritten Reich. Staatliche Lebensvernichtung in katholischen Heil- und Pflegeanstalten 1936 bis 1945, in: Caritas (1973), 61–85; abgedr. in: Hans-Josef Wollasch, Beiträge zur Geschichte der deutschen Caritas in der Zeit der Weltkriege, Freiburg i.Br. 1978, 208–25

9384 Wollasch, Hans-Josef: Kirchliche Reaktionen auf das »Gesetz zur Verhütung erbkranken Nachwuchses« vom Jahr 1933, in: Caritas (1974), 290–306**

9385 Wollasch, Hans-Josef: Caritasarbeit unter der Diktatur, in: Caritas (1974), 270–90**

9386 Zahn, Gordon C.: Die deutschen Katholiken und Hitlers Kriege, Graz u. a. 1965; 299 S. (amerikan.: New York 1962)

9387 Ziegler, Walter: Haben die deutschen Bischöfe im Dritten Reich versagt? Kritische Überlegungen zu einem vielbehandelten Thema, in: Harald Dickerhof (Hg.), Heinz Hürten zum 60. Geburtstag. Festgabe, Frankfurt u. a. 1988, 497–524

9388 Zimmermann-Buhr, Bernhard: Die katholische Kirche und der Nationalsozialismus in den Jahren 1930–1933, Frankfurt/New York 1982; 178 S.

A.3.12.4.2 Reichskonkordat 1933

Literaturberichte

9389 Grünthal, Günther: Konkordatspolitik 1933, in: NPL 17 (1972), 501–8

Gedruckte Quellen

9390 Giese, Friedrich/Heydte, Friedrich A. Freiherr von der (Hg.): Der Konkordatsprozeß [vor dem Bundesverfassungsgericht], 4 Bde., München 1956–1958; 408, 439, 455, 475 S.

9391 Kirchliche Akten über die Reichskonkordatsverhandlungen 1933, Bearb. Ludwig Volk, Mainz 1969; XXXIII, 386 S.

9392 Reichskonkordat und Länderkonkordate, Einleitung/Sachverzeichnis Joseph Wenner, 7., verb. Aufl., Paderborn 1964; 121 S. (zuerst 1934)

9393 Repgen, Konrad: Zur vatikanischen Strategie beim Reichskonkordat. (Dokumentation), in: VfZ 31 (1983), 506–35

9394 Staatliche Akten über die Reichskonkordatsverhandlungen 1933, Bearb. Alfons Kupper, Mainz 1969; XLV, 537 S.

9395 Vollnhals, Clemens: Das Reichskonkordat von 1933 als Konfliktfall im Alliierten Kontrollrat. (Dokumentation), in: VfZ 35 (1987), 677–706

Darstellungen

9396 Aretin, Karl O. Freiherr von: Das Ende der Zentrumspartei und der Abschluß des Reichskonkordats am 20. Juli 1933, in: FH (1962), Nr. 17, 237–43

9397 Aretin, Karl O. Freiherr von: Prälat Kaas, Franz von Papen und das Reichskonkordat von 1933, in: VfZ 14 (1966), 252–79; abgedr. in: Karl O. Freiherr von Aretin, Nation, Staat und Demokratie in Deutschland. Ausgewählte Beiträge zur Zeitgeschichte. Zum 70. Geburtstag des Verfassers, Hg. Andreas Kunz/Martin Vogt, Mainz 1993, 141–68

9398 Becker, Hans J.: Rechtsfragen des Reichskonkordats, München 1956; 143 S.

9399 Bracher, Karl D.: Nationalsozialistische Machtergreifung und Reichskonkordat. Ein Gutachten zur Frage des geschichtlichen Zusammenhanges und der politischen Verknüpfung von Reichskonkordat und nationalsozialistischer Revolution, Hg. Hessische Landesregierung, Wiesbaden 1956; 84 S.

9400 May, Georg: Ludwig Kaas. Der Priester, der Politiker und der Gelehrte aus der Schule von Ulrich Stutz, Bd. 3, Amsterdam 1982, 387–422

9401 Repgen, Konrad: Reichskonkordats-Kontroversen und historische Logik, in: Manfred Funke u.a. (Hg.), Demokratie und Diktatur. Geist und Gestalt politischer Herrschaft in Deutschland und Europa. Festschrift für Karl Dietrich Bracher, Düsseldorf 1987, 158–77

9402 Repgen, Konrad: Über die Entstehung der Reichskonkordats-Offerte im Frühjahr 1933 und die Bedeutung des Reichskonkordats. Kritische Bemerkungen zu einem neuen Buch [von Klaus Scholder], in: VfZ 26 (1978), 499–534

9403 Scholder, Klaus: Altes und Neues zur Vorgeschichte des Reichskonkordats. Erwiderung auf Konrad Repgen, in: VfZ 26 (1978), 535–70; abgedr. in: Klaus Scholder, Die Kirchen zwischen Republik und Gewaltherrschaft. Gesammelte Aufsätze, Hg. Karl O. von Aretin/Gerhard Besier, Berlin 1988, 171–203

9404 Suy, Eric: Le concordat du Reich de 1933 et le droit des gens. Quelques réflexions sur la question concordataire en Allemagne, Tamise (Belgien) 1958; V, 90 S.

9405 Volk, Ludwig: Das Reichskonkordat vom 20. Juli 1933. Von den Ansätzen in der Weimarer Republik bis zur Ratifizierung am 10. September 1933, Mainz 1972; XXVII, 266 S.

A.3.12.4.3 Regional- und Lokalstudien

Gedruckte Quellen

9406 Dokumente aus dem Kampf der katholischen Kirche im Bistum Berlin gegen den Nationalsozialismus, Hg. Bischöfliches Ordinariat Berlin, Berlin 1948; 117 S.

9407 Engfer, Hermann (Hg.): Das Bistum Hildesheim 1933–1945. Eine Dokumentation, Mitarb. Winfried Haller u.a., Hildesheim 1971; XII, 602 S.*

9408 Friedrichs, Peter (Hg.): Aus dem Kampf um die Schule. Dokumente und Verhandlungen aus den Jahren 1936 bis 1940 um den Abbau des Gymnasiums am Lietzensee, Berlin-Charlottenburg, Freiburg i.Br. 1951; V, 108 S.

Hellriegel, Ludwig (Hg.): Widerstehen und Verfolgung in den Pfarreien des Bistums Mainz 1933–1945. Dokumentation, Mitarb. Peter Fleck/Christoph Duch, hg. von der Abteilung Öffentlichkeitsarbeit des Bischöflichen Ordinariates Mainz in Zusammenarbeit mit der Carl Brilmayer-Gesellschaft Gau-Algesheim, Mainz:

9409 – Bd. 1.1: Rheinhessen. Dekanate Mainz-Stadt, Mainz-Land und Alzey, 1989; 190 S.

9410 – Bd. 1.2: Rheinhessen. Dekanate Bingen, Gau-Bickelheim, Oppenheim, Worms, 1990; 296 S.

9411 – Bd. 2.1: Starkenburg. Dekanate Mainz-Land rechtsrhein., Bensheim, Darmstadt, Dieburg, 1990; 286 S.

9412 – Bd. 2.2: Starkenburg. Dekanate Heppenheim, Offenbach, Seligenstadt, 1990; 341 S.

9413 – Bd. 3: Oberhessen. Dekanate Friedberg, Gießen, 1990; 184 S.

9414 Konflikte im agrarisch-katholischen Milieu Oberbayerns am Beispiel des Bezirks Aichbach 1933–1938, in: Bayern in der NS-Zeit, Bd. 1: Soziale Lage und politisches Verhalten der Bevölkerung im Spiegel vertraulicher Berichte, Hg. Martin Broszat u.a., München/Wien 1977, 327–68

9416 Ott, Hugo: Einleitung und Vorbemerkung zu den nachfolgenden Erlebnisberichten und Dokumentation von KZ-Priestern der Erzdiözese Freiburg, in: FDA 90 (1970), 5–23, 24–315

9417 Riebartsch, Erich: Als die braune Diktatur »Recht« sprach – Prozesse gegen Diözesanpriester, in: Hermann Engfer (Hg.), Das Bistum Hildesheim 1933–1945. Eine Dokumentation, Hildesheim 1971, 530–72

Darstellungen

9418 Baumeister, Martin: Der Münchner Katholizismus: Die »Hauptstadt der Bewegung« – eine katholische Metropole?, in: Richard Bauer u.a. (Hg.), München – »Hauptstadt der Bewegung«. Bayerns Metropole und der Nationalsozialismus, München 1993, 418–23

9419 Bäumer, Remigius: Die Theologische Fakultät Freiburg und das Dritte Reich, in: FDA 103 (1983), 265–89

9420 Baumgärtner, Raimund: Forschungslücken in der kirchlichen Zeitgeschichte, in: Kirche im Nationalsozialismus. (RJK, 2), Sigmaringen 1983, 249–54 (ND 1984)

9421 Becker, Hans-Georg: Die Münchener Katholische Kirchenzeitung, in: Georg Schwaiger (Hg.), Das Erzbistum München und Freising in der Zeit der nationalsozialistischen Herrschaft, Bd. 4, München/Zürich 1984, 134–56

9422 Benker, Sigmund: Das Metropolitankapitel von 1933–1945, in: Georg Schwaiger (Hg.), Das Erzbistum München und Freising in der Zeit der nationalsozialistischen Herrschaft, Bd. 1, München/Zürich 1984, 256–84

9423 Bettecken, Wilhelm: Zwischen Anpassung und Widerstand. Die katholische Kirche von 1933 und 1945, in: Klaus Goebel (Hg.), Wuppertal in der Zeit des Nationalsozialismus, 1. u. 2., korr. Aufl., Wuppertal 1984, 117–31

9424 Bies, Luitwin: Widerstand aus dem katholischen Milieu [an der Saar], St. Ingbert 1993; 34 S.

9425 Bisson, Jakob: Sieben Speyerer Bischöfe und ihre Zeit 1870 bis 1950. Beiträge zur heimatlichen Kirchengeschichte, Speyer 1956; 406 S.*

9426 Blessing, Werner K.: »Deutschland in Not, wir im Glauben...« Kirche und Kirchenvolk in einer katholischen Region [Bamberg] 1933–1949, in: Martin Broszat u. a. (Hg.), Von Stalingrad zur Währungsreform. Zur Sozialgeschichte des Umbruchs in Deutschland, 3. Aufl., München 1990, 3–111 (zuerst 1988)

9427 Blumberg-Ebel, Anna: Sondergerichtsbarkeit und »Politischer Katholizismus« im Dritten Reich, Mainz 1990; XXX, 214 S. [Sondergericht München]

9428 Böhm, Helmut: Die Theologische Fakultät der Universität München, in: Georg Schwaiger (Hg.), Das Erzbistum München und Freising in der Zeit der nationalsozialistischen Herrschaft, Bd. 1, München/Zürich 1984, 684–738

9429 Bonner Gelehrte. Beiträge zur Geschichte der Wissenschaften in Bonn. Katholische Theologie. (150 Jahre Rheinische Friedrich-Wilhelms-Universität zu Bonn 1818–1968), Bonn 1968; 138 S.

9430 Born, Lutger: Die Erzbischöfliche Hilfsstelle für nichtarische Katholiken in Wien, Hg. Lothar Groppe, 3. Aufl., Wien 1979; 190 S.

9431 Brandt, Hans J./Hengst, Karl: Die Bischöfe und Erzbischöfe von Paderborn, Paderborn 1984; 389 S.

9431a Brecher, August: Der Aachener Karmel von der Heiligen Familie 1662–1990, in: Geschichte im Bistum Achen, Hg. Geschichtsverein für das Bistum Aachen, Bd. 1, Aachen/Kevelaer 1992, 160–257, hier 214–22, 250f.

9432 Brecher, August: Katholische Kirchenpresse unter NS-Diktatur. Die Kirchenzeitung für das Bistum Aachen im Dritten Reich, Aachen 1988; 154 S.

9433 Breuer, Thomas: Verordneter Wandel? Der Widerstreit zwischen nationalsozialistischem Herrschaftsanspruch und traditionaler Lebenswelt im Erzbistum Bamberg, Mainz 1992; XXXIX, 411 S.**

9434 Bulla, Sigmund: Das Schicksal der schlesischen Männerklöster während des Dritten Reiches und in den Jahren 1945/46, Sigmaringen 1991; 200 S.

9435 Busch, Benedikt: Die Abtei Metten im Dritten Reich, in: Georg Schwaiger/Paul Mai (Hg.), Das Bistum Regensburg im Dritten Reich, Regensburg 1981, 333–62

9436 Busl, Franz: Die Durchführung der Fronleichnamsprozessionen im Bezirksamt (Landkreis) Tirschenreuth von 1935–1942, in: Georg Schwaiger/Paul Mai (Hg.), Das Bistum Regensburg im Dritten Reich, Regensburg 1981, 315–32

9437 Chrobak, Werner: Die Regensburger Kirchenzeitung im Dritten Reich, in: Georg Schwaiger/Paul Mai (Hg.), Das Bistum Regensburg im Dritten Reich, Regensburg 1981, 389–430

9438 Damberg, Wilhelm: Der Kampf um die Schulen in Westfalen 1933–1945, Mainz 1987; XXIV, 276 S.

9439 Denzler, Georg: »Ein Gebetssturm für den Führer«. Münchens Katholizismus und der Nationalsozialismus, in: Björn Mensing/Friedrich Prinz (Hg.), Irrlicht im leuchtenden München? Der Nationalsozialismus in der »Hauptstadt der Bewegung«, Regensburg 1991, 124–53

9440 Doetsch, Wilhelm J.: Württembergs Katholiken unterm Hakenkreuz 1930–1935, Stuttgart 1969; 223 S.

9441 Dörnte, Günter: Die katholischen Schulen und ihre Auflösung, in: Reiner Lehberger/Hans-Peter de Lorent (Hg.), »Die Fahne hoch.« Schulpolitik und Schulalltag in Hamburg unterm Hakenkreuz, Hamburg 1986, 335–49

9442 Fettweis, Klaus: Zwischen Herr und Herrlichkeit. Zur Mentalitätsfrage im »Dritten Reich« an Beispielen aus der Rheinprovinz, Aachen 1989; 373 S.

9443 Frei, Friedrich: Nationalsozialistische Verfolgungen katholischer Geistlicher im Erzbistum München und Freising (Fragebogen 1946 und 1980), in: Georg Schwaiger (Hg.), Das Erzbistum München und Freising in der Zeit der nationalsozialistischen Herrschaft, Bd. 1, München/Zürich 1984, 402–88

9444 Fried, Jakob: Nationalsozialismus und katholische Kirche in Österreich, Wien 1947; 248 S.

9445 Frieling, Christian: Priester aus dem Bistum Münster im KZ. 38 Biographien, 2. Aufl., Münster 1993; VIII, 228 S. (zuerst 1992)

9446 Fuchs, Josef u. a. (Hg.): Christus! – nicht Hitler. Zeugnis und Widerstand von Katholiken in der Diözese Augsburg zur Zeit des Nationalsozialismus. (Ausstellungskatalog), St. Ottilien 1984; 80 S.

9447 Gasten, Elmar: Zum Verhältnis katholische Kirche und Nationalsozialismus. Das Beispiel Aachen, in: Harm Klueting (Hg.), Nation – Nationalismus – Postnation. Beiträge zur Identitätsfindung der Deutschen im 19. und 20. Jahrhundert. Leo Haupts zum 65. Geburtstag, Köln u.a. 1992, 133–60

9448 Geigges, Michael: Die Deutsche Bodensee-Zeitung. Versuch einer katholischen Tageszeitung, im Dritten Reich zu überleben, Konstanz 1986; 230 S.

9449 Gritschneder, Otto: Unbekannte Akten aus der NS-Zeit. Priester vor dem Sondergericht München und die bayerische Justiz, in: OBA 107 (1982), 331–45**

9450 Groppe, Lothar: Kirche und Juden im Dritten Reich, Hg. Wiener Katholische Akademie, Arbeitskreis für kirchliche Zeit- und Wiener Diözesangeschichte, Wien 1979; 19 S.

9451 Gruber, Johann: Statistik des Bistums Regensburg 1933–1945, in: Georg Schwaiger/Paul Mai (Hg.), Das Bistum Regensburg im Dritten Reich, Regensburg 1981, 69–88

9452 Hagen, August: Geschichte der Diözese Rottenburg, Bd. 3, Stuttgart 1960; 656 S.

9453 Hagenmeier, Karl: Langenau im Dritten Reich. Zum Verhältnis von Kirche und Staat, Weißenhorn 1986; 54 S.

9454 Hanisch, Ernst: Der österreichische Katholizismus zwischen Anpassung und Widerstand, in: ZG 15 (1987/88), 171–79

9455 Hegel, Eduard: Geschichte der Katholisch-Theologischen Fakultät Münster 1773–1964, 2 Bde., Münster 1966–1971; XI, 598; VIII, 571 S.

9456 Hegel, Eduard: Die katholische Kirche in den Rheinlanden 1815–1945, in: Franz Petri/Georg Droege (Hg.), Rheinische Geschichte, Bd. 3: Wirtschaft und Kultur im 19. und 20. Jahrhundert, Düsseldorf 1979, 329–412, hier 396–405, 411 f.

9457 Hegel, Eduard: Die katholische Kirche 1800–1962, in: Wilhelm Kohl (Hg.), Westfälische Geschichte, Bd. 2: Das 19. und 20. Jahrhundert. Politik und Kultur, Münster 1983, 341–84, hier 374–78, 384

9458 Hehl, Ulrich von: Katholische Kirche und Nationalsozialismus im Erzbistum Köln 1933–1945, Mainz 1977; XXX, 270 S.

9459 Heimbeck, Stepan A.: Aufrecht durch die Hölle. Widerstand der katholischen Kirche im Dritten Reich am Beispiel von drei unterfränkischen Priestern im KZ Dachau, Würzburg 1991; 121 S.

9460 Hildebrandt, Armin: Das Limburger Domjubiläum 1935 in der Auseinandersetzung zwischen Kirche und NS-Staat. Die Berichterstattung von SD und Gestapo, in: AMK 32 (1980), 147–200

9461 Hofen, Karl: Das Bistum Speyer in den Jahren religiöser Bedrückung durch den Nationalsozialismus. Geschichtliche Notizen. Beilage zum Schematismus des Bistums Speyer 1947, ND Speyer 1980; 61 S.

9462 Hüsgen, Manfred: Die Bistumsblätter in Niedersachsen während der nationalsozialistischen Zeit, Hildesheim 1975; VII, 380 S.

9463 Karp, Hans-Jürgen: Germanisierung oder Seelsorge? Zur Tätigkeit reichsdeutscher Priester in den dem Deutschen Reich eingegliederten Gebieten Polens 1939–1945, in: ZfO 30 (1981), 40–74

9464 Kast, Augustin: Die badischen Märtyrerpriester. Lebensbilder badischer Priester aus der Zeit des Dritten Reiches, 2. Aufl., Karlsruhe 1949; 67 S. (zuerst 1947)

9465 Keil, Norbert: Priester und Ordensleute vor dem Sondergericht München, in: Georg Schwaiger (Hg.), Das Erzbistum München und Freising in der Zeit der nationalsozialistischen Herrschaft, Bd. 1, München/Zürich 1984, 489–579

9466 Kleineidam, Erich: Die Katholisch-Theologische Fakultät der Universität Breslau 1811–1945, Köln 1961; 219 S.

9467 Kleinöder, Eva-Maria: Der Kampf um die katholische Schule in Bayern in der NS-Zeit, in: Georg Schwaiger (Hg.), Das Erzbistum München und Freising in der Zeit der nationalsozialistischen Herrschaft, Bd. 1, München/Zürich 1984, 596–638

9468 Kleinöder, Evi: Katholische Kirche und Nationalsozialismus im Kampf um die Schulen. Antikirchliche Maßnahmen und ihre Folgen untersucht am Beispiel von Eichstätt, in: SBHVE 74 (1981), 7–199

9469 Kloidt, Franz: Kirchenkampf am Niederrhein 1933–1945, Xanten 1965; 67 S.

9470 Klostermann, Ferdinand u. a. (Hg.): Kirche in Österreich 1918–1965, Red. Erika Weinzierl, 2 Bde., Wien/München 1966–1967; 479, 200 S.

9471 Köhler, Joachim: Die katholische Kirche in Baden und Württemberg in der Endphase der Weimarer Republik und zu Beginn des Dritten Reiches, in: Thomas Schnabel (Hg.), Die Machtergreifung in Südwestdeutschland. Das Ende der Weimarer Republik in Baden und Württemberg 1928–1933, Stuttgart 1982, 257–94

9472 Köhler, Joachim: Zwischen Kultur- und Kirchenkampf. Neue Aspekte zur Geschichte der Diözese Rottenburg in den Jahren 1930–1934, in: ThQ 159 (1979), 125–39

9473 Köhler, Manfred: Die Volksschule Harsum [Niedersachsen] im Dritten Reich. Widerstand und Anpassung einer katholischen Dorfschule, Hildesheim 1985; 214, [58] S.**

9474 Kopf, Paul: Das Bischöfliche Ordinariat [Rottenburg] und der Nationalsozialismus, in: Kirche im Nationalsozialismus. (RJK, 2), Sigmaringen 1983, 115–27 (ND 1984)

9474a Kopf, Paul: Der Blutfreitag in Weingarten. Zeugnis in Bedrängnis und Not 1933–1949, Ulm 1990; 258 S.**

9475 Kopf, Paul: Die Blutfreitags-Feiern in Weingarten 1936–1939. Ein Beitrag zum Thema »Kirche im Nationalsozialismus«, in: RJK 9 (1990), 147–60

9476 Kroll, Rüdiger: Die katholische Kirche in Trier und die Machtergreifung Hitlers, Trier 1982; IX, 143 S. (Ms. vervielf.)

9477 Kühn, Heinz: Blutzeugen des Bistums Berlin: [Erich] Klausener, [Bernhard] Lichtenberg, [Carl] Lampert, [Friedrich] Lorenz, [Herbert] Simoleit, [Rudolf] Mandrella, [Albert] Hirsch, [Alfons Maria] Wachsmann, [Max Joseph] Metzger, [Karl Heinrich] Schäfer, [Albert] Willimsky, [Joseph] Lenzel, [August] Froehlich, Berlin 1950; 190 S.

9477a Kupper, Alfons: Das Schicksal der Dominikanerinnenschule in Ludwigshafen [am Rhein] unter der Herrschaft des Nationalsozialismus. Ein Beispiel nationalsozialistischer Schulpolitik, in: Edith-Stein-Schule. Schulbericht 1978–1980, Hg. Edith-Stein-Schule Speyer, Red. Alfons Kupper u. a., Speyer 1979 [sic!], 13–29

9478 Kuropka, Joachim (Hg.): Zur Sache – Das Kreuz! Untersuchungen zur Geschichte des Konflikts um Kreuz und Lutherbild in den Schulen Oldenburgs, zur Wirkungsgeschichte des Massenprotests und zum Problem nationalsozialistischer Herrschaft in einer agrarisch-katholischen Region, Vechta 1987; 512 S.

9479 Lange-Stuke, Agnes: Die Schulpolitik im Dritten Reich. Die katholische Bekenntnisschule im Bistum Hildesheim von 1933 bis 1948, Hildesheim 1989; XV, 301 S.

9480 Liebmann, Maximilian: Kardinal Innitzer und der Anschluß. Kirche und Nationalsozialismus in Österreich, Graz 1982; 162 S.

9481 Liebmann, Maximilian: Kardinal Innitzer und der Anschluß. Österreichs Kirche 1938, Köln 1988; 327 S.

9482 Liebmann, Maximilian: Die Verbannung der theologischen Fakultät aus der Universität Graz im Konnex nationalsozialistischer Kulturpolitik, in: Christian Brünner/Helmut Konrad (Hg.), Die Universität und 1938, Wien/Köln 1989, 105–24

9483 Liebmann, Maximilian: Die Geheimverhandlungen zwischen Nationalsozialismus und Kirche 1938 in Österreich, in: GeG 1 (1982), 42–78

9484 Liebmann, Maximilian: Die »Antifaschistische Freiheitsbewegung Österreichs«. Ein Beitrag zur Erforschung ihrer Motivstruktur, personellen Zusammensetzung und des Engagements der drei hingerichteten Theologen, in: GeG 4 (1985), 255–81

9485 Lieobgid Ziegler, Maria: Das kirchliche Bildungs- und Fürsorgewesen in Bayern während des Dritten Reiches mit besonderer Berücksichtigung des Bistums Regensburg, in: Georg Schwaiger/Paul Mai (Hg.), Das Bistum Regensburg im Dritten Reich, Regensburg 1981, 257–313

9486 Lindner, Dominikus: Die Philosophisch-Theologische Hochschule Freising in der NS-Zeit, in: Georg Schwaiger (Hg.), Das Erzbistum München und Freising in der Zeit der nationalsozialistischen Herrschaft, Bd. 1, München/Zürich 1984, 639–56

9487 Loichinger, Alexander: Die Münchener Fronleichnamsprozession unter Kardinal Faulhaber, in: Georg Schwaiger (Hg.), Das Erzbistum München und Freising in der Zeit der nationalsozialistischen Herrschaft, Bd. 2, München/Zürich 1984, 100–21

9488 Lowenthal-Hensel, Cécile: 50 Jahre Bistum Berlin. Menschen und Ereignisse 1930–1945, Berlin 1980; 78 S.

9489 Lowitsch, Bruno: Der Kreis um die Rhein-Mainische Volkszeitung, Frankfurt/Wiesbaden 1980; VIII, 142 S.

9490 Maier, Joachim: Schulkampf in Baden 1933–1945. Die Reaktion der Katholischen Kirche auf die nationalsozialistische Schulpolitik, dargestellt am Beispiel des Religionsunterrichts in den badischen Volksschulen, Mainz 1983; XXXII, 308 S.

9491 Maier, Joachim: Zur Auseinandersetzung zwischen Staat und katholischer Kirche in Baden 1933–1945 in Fragen der Schule und des Religionsunterrichts, in: Manfred Heinemann (Hg.), Erziehung und Schulung im Dritten Reich, T. 1: Kindergarten, Schule, Jugend, Berufserziehung, Stuttgart 1980, 216–29

9492 Mayerhofer, Josef: Die nationalsozialistischen Gesundheits- und Rassengesetze und ihre Auswirkungen auf die Seelsorge im Bistum Regensburg, in: Georg Schwaiger/Paul Mai (Hg.), Das Bistum Regensburg im Dritten Reich, Regensburg 1981, 193–206

9493 Merl, Otho: Der theresianische Karmel im Bistum Regensburg während des Dritten Reiches, in: Georg Schwaiger/Paul Mai (Hg.), Das Bistum Regensburg im Dritten Reich, Regensburg 1981, 367–87

9494 Möckershoff, Barbara: Nationalsozialistische Verfolgung katholischer Geistlicher im Bistum Regensburg (Fragebogen 1946 und 1980), in: Georg Schwaiger/Paul Mai (Hg.), Das Bistum Regensburg im Dritten Reich, Regensburg 1981, 89–144

9495 Möckershoff, Barbara: Der Kampf um das Schulkreuz, in: Georg Schwaiger/Paul Mai (Hg.), Das Bistum Regensburg im Dritten Reich, Regensburg 1981, 237–55

9496 Naarmann, Margit: Christliches Kloster und Jüdisches Waisenhaus in Paderborn, in: Hubert Frankemölle (Hg.), Opfer und Täter. Zum nationalsozialistischen und antijüdischen Alltag in Ostwestfalen-Lippe, Bielefeld 1990, 87–116

9497 Nellessen, Bernd: Das mühsame Zeugnis. Die katholische Kirche in Hamburg im 20. Jahrhundert, Hamburg 1992; 201 S.

9498 Nestler, Gerhard: »In einem Namen nur ist Heil« Der Widerstand ehemaliger Zentrums- und BVP-Politiker gegen die nationalsozialistische Diktatur in der Pfalz, in: Gerhard Nestler/Hannes Ziegler (Hg.), Die Pfalz unterm Hakenkreuz. Eine deutsche Provinz während der nationalsozialistischen Terrorherrschaft, Landau 1993, 293–324

9499 Noakes, Jeremy: The Oldenburg Crucifix Struggle of November 1936: A Case Study of Opposition in the Third Reich, in: Peter D. Stachura (Hg.), The Shaping of the Nazi State, London/New York 1978, 210–33

9500 Nüßler, Karola: Geschichte des Katholischen Pressevereins für Bayern, München 1954; III, 292 S.

9501 Ott, Hugo: Möglichkeiten und Formen kirchlichen Widerstands gegen das Dritte Reich von Seiten der Kirchenbehörde und des Pfarrklerus am Beispiel der Erzdiözese Freiburg im Breisgau, in: HJB 92 (1972), 312–33

9502 Padberg, Rudolf (Hg.): Kirche und Nationalsozialismus am Beispiel Westfalen. Ein Beitrag zur Seelsorgekunde der jüngsten Zeitgeschichte, Münster 1984; 239 S.

9503 Panzer, Marita A.: »Gott segne die christliche Arbeit!« Die katholischen Arbeiter- und Arbeiterinnenvereine Augsburgs 1874–1939, St. Ottilien 1992; 312 S.

9504 Pfister, Peter: Priester und Theologiestudenten des Erzbistums München und Freising im militärischen Dienst, in: Georg Schwaiger (Hg.), Das Erzbistum München und Freising in der Zeit der nationalsozialistischen Herrschaft, Bd. 1, München/Zürich 1984, 333–401

9505 Phayer, Michael: The Catholic Resistance Circle in Berlin and German Catholic Bishops during the Holocaust, in: H&GS 7 (1993), 216–29

9506 Popp, Marianne: Priester und Theologiestudenten des Bistums Regensburg im militärischen Dienst, in: Georg Schwaiger/Paul Mai (Hg.), Das Bistum Regensburg im Dritten Reich, Regensburg 1981, 145–91

9507 Prantl, Helmut: Zur Geschichte der katholischen Kirche in der Pfalz unter der nationalsozialistischen Herrschaft, in: BPKG 42 (1975), 79–117

9508 Reifferscheid, Gerhard: Das Bistum Ermland [Ostpreußen] und das Dritte Reich, Köln/Wien 1975; XXXI, 351 S.

9509 Reineke, Augustinus: Katholische Kirche in Lippe 783–1983, Paderborn 1983; 299 S.

9510 Reiter, Ernst: Die Eichstätter Bischöfe und ihre Hochschule im Dritten

Reich. Abwehr der Versuche zur Politisierung der Hochschule und Sorge um deren Bestand, Regensburg 1982; 94 S.

9511 Renz, Rudolf: Kirchenkampf in Ellwangen. Bericht eines Zeitgenossen, in: Kirche im Nationalsozialismus, Hg. Geschichtsverein der Diözese Rottenburg-Stuttgart, Sigmaringen 1984, 255–68

9512 Rick, Hermann-Joseph: Das 1100jährige Libori-Jubiläum von 1936. Treuebekenntnis zu Glaube und Kirche in schwieriger Zeit, in: Ulrich Wagener (Hg.), Das Erzbistum Paderborn in der Zeit des Nationalsozialismus. Beiträge zur regionalen Kirchengeschichte 1933–1945, Paderborn 1993, 297–332**

9513 Scherlacher, Beatrix: Widerstand und Verfolgung der Konservativen und der Kirche in Nordtirol 1938–1945, Diss. Wien 1984; 298, 11 S. (Ms.)

9514 Schickel, Alfred: Priester und Laien gegen den Nationalsozialismus im Bistum Eichstätt. Zeitgeschichtliche Erinnerungen an einen vergessenen Widerstand, Ingolstadt 1983; 18, (62) S.**

9514a Schilling, Gerhard: Sie folgten der Stimme ihres Gewissens. Denkschrift über Mitglieder der zum Kartellverband katholischer deutscher Studentenvereine (KV) gehörenden Verbindung Rheno-Bavaria in München, die Blutzeugen gegen den nationalsozialistischen Unrechtsstaat wurden, Düsseldorf 1989; 82 S.

9515 Schneider, Dieter M.: Verfolgung, Widerstand und Emigration der Innsbrucker Jesuiten in den Jahren 1938 und 1939. Ein Fallbeispiel zur Geschichte der christlichen Emigration unter dem Nationalsozialismus, in: Manfred Briegel/Wolfgang Frühwald (Hg.), Die Erfahrung der Fremde. Kolloquium des Schwerpunktprogramms »Exilforschung« der Deutschen Forschungsgemeinschaft. Forschungsbericht, Weinheim 1988, 141–62

9516 Schönhoven, Klaus: Der politische Katholizismus in Bayern unter der NS-Herrschaft 1933–1945, in: Bayern in der NS-Zeit, Bd. 5: Die Parteien KPD, SPD, BVP in Verfolgung und Widerstand, Hg. Martin Broszat/Hartmut Mehringer, München/Wien 1983, 541–646

9517 Schwaiger, Georg (Hg.): Das Erzbistum München und Freising in der Zeit der nationalsozialistischen Herrschaft, 2 Bde., München/Zürich 1984; 919, 768 S.*

9518 Schwaiger, Georg/Mai, Paul (Hg.): Das Erzbistum Regensburg im Dritten Reich, Regensburg 1981; 499 S.*

9519 Seiler, Joachim: Statistik des Erzbistums München und Freising in der ersten Hälfte des 20. Jahrhunderts, in: Georg Schwaiger (Hg.), Das Erzbistum München und Freising in der Zeit der nationalsozialistischen Herrschaft, Bd. 1, München/Zürich 1984, 285–332

9520 Seminar und Hochschule in Eichstätt unter dem Nationalsozialismus. Johannes Ev. Stigler (1884–1966) aus Anlaß seines 100. Geburtstages zum Gedächtnis. Ausstellung November 1984 – Februar 1985. (Katalog), Hg. Universitätsbibliothek Eichstätt, Bearb. Matthias Buschkühl, Eichstätt 1984; 97 S.

9521 Slapnicka, Harry: Die Kirche Oberösterreichs zur Zeit des Nationalsozialismus, in: Rudolf Zinnhobler (Hg.), Das Bistum Linz im Dritten Reich, Linz 1979, 1–28

9522 Spitznagel, Peter: Die Schließung der Theologischen Fakultät an der Universität Würzburg durch die Nationalsozialisten im November 1935, in: WüDB 39 (1977), 275–81

9523 Steinert, Johannes-Dieter: Gnadenbild und Hakenkreuz. Die Wallfahrt nach Kevelaer, in: Anselm Faust (Hg.), Verfolgung und Widerstand im Rheinland und in Westfalen 1933–1945, Köln u.a. 1992, 77–88

9524 Stöffler, Friedrich: Die Euthanasie und die Haltung der Bischöfe im Hessischen Raum, in: AMK 13 (1961), 301–25

9525 Tschol, Helmut: Der Kampf um den schulischen Religionsunterricht in Tirol, in: 45.–46. Jahresbericht des Bischöflichen Gymnasiums Paulinum in Schwaz, Schwaz 1978–1979, 32–57, 31–54

9526 Tschol, Helmut: Nord- und Osttiroler Wallfahrtsorte in den Jahren 1938–1945, in: 51.–52. Jahresbericht des Bischöflichen Gymnasiums Paulinum in Schwaz, Schwaz 1984–1985, 14–27, 7–21

9527 Veselsky, Oskar: Bischof und Klerus der Diözese Seckau unter nationalsozialistischer Herrschaft, Graz 1981; XXXIX, 484 S.

9528 Veselsky, Oskar: Steirische Priesterhilfe für die »Untersteiermark« in der nationalsozialistischen Besetzung, in: GeG 4 (1985), 140–64, 175–90

9529 Vetter, Helmuth: Die Katholisch-theologische Fakultät 1938–1945, in: Gernot Heiß u. a. (Hg.), Willfährige Wissenschaft. Die Universität Wien 1938–1945, Wien 1989, 179–96

9530 Volk, Ludwig: Der bayerische Episkopat und der Nationalsozialismus 1930–1934, 2. Aufl., Mainz 1966; XXII, 216 S. (zuerst 1965)

9531 Volk, Ludwig: Der österreichische Weihnachtshirtenbrief 1933. Zur Vorgeschichte und Resonanz, in: Dieter Albrecht u. a. (Hg.), Politik und Konfession. Festschrift für Konrad Repgen zum 60. Geburtstag, Berlin 1983, 393–414

9532 Volk, Ludwig: Flucht aus der Isolation. Zur »Anschluß«-Kundgebung des österreichischen Episkopats vom 18. März 1938, in: SdZ 107 (1982), 651–61, 769–83

9533 Wächter, Dietmar: Katholische Arbeiterbewegung und Nationalsozialismus im Erzbistum Paderborn, Paderborn 1989; 148 S.**

9534 Wagener, Ulrich (Hg.): Das Erzbistum Paderborn in der Zeit des Nationalsozialismus. Beiträge zur regionalen Kirchengeschichte 1933–1945, Paderborn 1993; 380 S.*

9535 Wagener, Ulrich: Unterdrückungs- und Verfolgungsmaßnahmen gegen Priester des Erzbistums Paderborn in der Zeit des Nationalsozialismus. Ergebnisse einer Untersuchung der Kommission für Zeitgeschichte, in: Ulrich Wagener (Hg.), Das Erzbistum Paderborn in der Zeit des Nationalsozialismus. Beiträge zur regionalen Kirchengeschichte 1933–1945, Paderborn 1993, 225–40

9536 Wagener, Ulrich: Priester und Laien der katholischen Kirche als Opfer und Täter, in: Hubert Frankemölle (Hg.), Opfer und Täter. Zum nationalsozialistischen und antijüdischen Alltag in Ostwestfalen-Lippe, Bielefeld 1990, 147–64

9537 Wanner, Gerhard: Kirche und Nationalsozialismus in Vorarlberg, Dornbirn 1972; 275 S.

9538 Weber, Christine: Die Gleichschaltung der Heidelberger katholischen Tageszeitung »Pfälzer Bote« 1930–1935, in: Jörg Schadt/Michael Caroli (Hg.), Heidelberg unter dem Nationalsozialismus. Studien zu Verfolgung, Widerstand und Anpassung, Heidelberg 1985, 343–98

9539 Weinzierl, Erika: Österreichische Priester über den katholischen Widerstand gegen den Nationalsozialismus. Ergebnisse einer Umfrage, in: Helmut Konrad/Wolfgang Neugebauer (Hg.), Arbeiterbewegung – Faschismus – Nationalbewußtsein. Festschrift zum 20jährigen Bestand des Dokumentationsarchivs des österreichischen Widerstandes und zum 60. Geburtstag von Herbert Steiner, Wien u. a. 1983, 263–71

9540 Weinzierl-Fischer, Erika: Österreichs Katholiken und der Nationalsozialismus, T. 1: 1918–1933, T. 2: 1933–1945, in: WuW 18 (1963), 417–39, 493–526

9541 Wetzler, Eva: Die katholische Kirche und der Nationalsozialismus in Ludwigshafen [am Rhein] 1933–1945, Bd. 1: Die Geistlichen, Hg. Bistum Speyer, Archiv, Speyer 1987; 277 S.

9542 Wilmes, Theodor: Katholische Kirche und Nationalsozialismus [in Wuppertal]. Eine Chronik, Wuppertal 1983; 100 S.

9543 Witetschek, Helmut: Kirche und Politik im Spiegel der Hirtenbriefe der bayerischen Bischöfe in der Weimarer Zeit (1920–1933), in: Harald Dickerhof (Hg.), Heinz Hürten zum 60. Geburtstag. Festgabe, Frankfurt u. a. 1988, 467–95

9544 Witetschek, Helmut: Die kirchliche Lage im Erzbistum München und Freising nach den Berichten der Regierungspräsidenten 1933 bis 1945, in: Georg Schwaiger (Hg.), Das Erzbistum München und Freising in der Zeit der nationalsozialistischen Herrschaft, Bd. 2, München/Zürich 1984, 8–70

9545 Wittstadt, Klaus: Die katholisch-theologische Fakultät der Universität Würzburg während der Zeit des Dritten Reiches, in: Peter Baumgart (Hg.), Vierhundert Jahre Universität Würzburg. Eine Festschrift, Neustadt a. d. A. 1982, 399–435

9546 Wöhr, Karl: Erinnerungen der Generaloberin der St.-Anna-Schwestern, Kreszentia Harder, an die Auseinandersetzungen mit dem nationalsozialistischen Bürgermeister und Kreisleiter Adolf Kölle in Ellwangen, in: Kirche im Nationalsozialismus, Hg. Geschichtsverein der Diözese Rottenburg-Stuttgart, Sigmaringen 1984, 269–72

9547 Wollasch, Hans-Josef: Geistig behinderte Menschen zwischen »Caritas« und Nationalsozialismus. Die St. Josephs-Anstalt Herten in Baden, in: Caritas (1981), 350–68**

9547a Ziegler, Hannes: Der 1. April 1933 im Spiegel der Berichterstattung und Kommentierung der katholischen Presse in der Pfalz, in: Alfred H. Kuby (Hg.), Juden in der Provinz. Beiträge zur Geschichte der Juden in der Pfalz zwischen Emanzipation und Vernichtung, 2. Aufl., Neustadt a. d. W. 1989, 103–25 (zuerst 1988)

9548 Ziegler, Hannes: Die Berichterstattung und Kommentierung des »Rheinischen Volksblatt« und »Christlichen Pilger« vom Januar bis Juli 1933, in: AMK 39 (1987), 203–47

9549 Ziegler, Walter: Der Kirchenkampf in Ostbayern im Rahmen des allgemeinen Kirchenkampfes, in: Georg Schwaiger/Paul Mai (Hg.), Das Bistum Regensburg im Dritten Reich, Regensburg 1981, 9–38

9550 Ziegler, Walter: Nationalsozialismus und kirchliches Leben in Bayern 1933–1945, in: Georg Schwaiger (Hg.), Das Erzbistum München und Freising in der Zeit der nationalsozialistischen Herrschaft, Bd. 1, München/Zürich 1984, 49–76

9551 Zinnhobler, Rudolf: Das Bistum Linz im Dritten Reich, Linz 1979; XVIII, 468 S.*

A.3.12.4.4 Jugend

Gedruckte Quellen

9555 Beilmann, Christel: Eine katholische Jugend in Gottes und dem Dritten Reich. Briefe, Berichte, Gedrucktes 1930–1945, Kommentare 1988/89, Wuppertal 1989; 400 S.

Darstellungen

9556 Altenhöfer, Ludwig: Aktion Grün. Ein Buch vom Widerstand der Jugend gegen die Diktatur, 2. Aufl., Würzburg 1957; 216 S. (zuerst 1956)

9557 Anzenhofer, Karl: Katholische Jugend in München während des Dritten Reiches, in: Georg Schwaiger (Hg.), Das Erzbistum München und Freising in der Zeit der nationalsozialistischen Herrschaft, Bd. 1, München/Zürich 1984, 760–74

9558 Becher, Kurt: »Neudeutschland« im Erzbistum München und Freising. Schicksale katholischer studierender Jugend in der NS-Zeit, in: Georg Schwaiger (Hg.), Das Erzbistum München und Freising in der

Zeit der nationalsozialistischen Herrschaft, Bd. 1, München/Zürich 1984, 784–852

9559 Beilmann, Christel: Eine katholische Jugend in Gottes und dem Dritten Reich. Briefe, Berichte, Gedrucktes 1930–1945, Kommentare 1988/89, Nachwort Arno Klönne, Wuppertal 1989; 400 S.**

9560 Beilmann, Christel: Eine Jugend im katholischen Milieu. Zum Verhältnis von Glaube und Widerstand, in: Wilfried Breyvogel (Hg.), Piraten, Swings und Junge Garde. Jugendwiderstand im Nationalsozialismus, Bonn 1991, 57–73

9561 Börger, Bernd/Schroer, Hans (Hg.): »Sie hielten stand.« Sturmschar und Katholischer Jungmännerverband Deutschlands, 2., korr. Aufl., Düsseldorf 1990; 288 S. (zuerst 1989)

9562 Eilers, Rolf (Hg.): Löscht den Geist nicht aus. Der Bund Neudeutschland im Dritten Reich. Erlebnisberichte, Mainz 1985; 269 S.

9563 Gotto, Klaus: Die Wochenzeitung Junge Front/Michael. Eine Studie zum katholischen Selbstverständnis und zum Verhalten der jungen Kirche gegenüber dem Nationalsozialismus, Mainz 1970; XXIV, 250 S.

9564 Lemhöfer, Ludwig: Blaue Blume und braune Diktatur. Die katholische Jugend auf der Suche nach dem anderen Reich, in: Monika Kringels-Kemen/Ludwig Lemhöfer (Hg.), Katholische Kirche und NS-Staat. Aus der Vergangenheit lernen?, Frankfurt 1981, 33–50

9565 Neisinger, Oskar: Flugblätter. Katholische Jugend im Widerstand gegen den NS, Würzburg 1982; 111 S.

9566 Oertel, Ferdinand: Jugend im Feuerofen. Aus der Chronik des Kampfes der katholischen Jugend im 3. Reich, Recklinghausen 1960; 192 S.

9567 Paetel, Karl O.: Jugend in der Entscheidung. 1913–1933–1945, 2., stark erw. Aufl., Bad Godesberg 1963; 308 S. (zuerst 1961)

9568 Reineke, Augustinus: Jugend zwischen Kreuz und Hakenkreuz. Ereignisse, Erlebnisse, Erinnerungen, Dokumente, Paderborn 1987; 356 S.**

9569 Roth, Heinrich (Bearb.): Katholische Jugend in der NS-Zeit, unter besonderer Berücksichtigung des Katholischen Jungmännerverbandes. Daten und Dokumente, Düsseldorf 1959; 240 S.**

9570 Schellenberger, Barbara: Katholischer Jugendwiderstand, in: Jürgen Schmädeke/Peter Steinbach (Hg.), Der Widerstand gegen den Nationalsozialismus. Die deutsche Gesellschaft und der Widerstand gegen Hitler, 2. Aufl., München/Zürich 1986, 314–28 (zuerst 1985; ND 1994)

9571 Walker, Lawrence D.: Hitler Youth and Catholic Youth, 1933–1936. A Study in Totalitarian Conquest, Washington, D.C. 1970; X, 203 S.

Regional-/Lokalstudien

9572 Demand, Markus: Jugendliche in der Auseinandersetzung mit dem Nationalsozialismus: Der katholische Schülerbund Neudeutschland, in: Heinz-Ulrich Eggert (Hg.), Schon fast vergessen. Alltag in Münster 1933–1945, 2. Aufl., Münster 1989, 101–38 (zuerst 1986)**

9573 Dolata, Werner: Chronik einer Jugend. Katholische Jugend im Bistum Berlin 1936–1949, Hildesheim 1988; X, 356 S.

9574 Goldhammer, Karl-Werner: Katholische Jugend Frankens im Dritten Reich. Die Situation der katholischen Jugendarbeit unter besonderer Berücksichtigung Unterfrankens und seiner Hauptstadt Würzburg, Frankfurt u.a. 1987; 549 S.

9575 Kleinöder, Evi: Verfolgung und Widerstand der katholischen Jugendvereine. Eine Fallstudie über Eichstätt, in: Bayern in der NS-Zeit, Bd. 2: Herrschaft und Gesellschaft im Konflikt, T. A, Hg. Martin Broszat/Elke Fröhlich, München/Wien 1979, 175–236

9576 Klostermann, Ferdinand: Katholische Jugend im Untergrund, in: Rudolf Zinnhobler (Hg.), Das Bistum Linz im Dritten Reich, Linz 1979, 138–229

9577 Müller, Manfred: Der Bund Neudeutschland (ND) in Neuss (1919–1946). Katholische bündische Jugend: Aufbruch, Bewährung, Neubeginn, Hg. Vereinigung der Heimatfreunde Neuss, Neuss o. J. [1985]; 160 S.

9578 Pahlke, Georg: »Es werden an jeden von Euch harte Anforderungen gestellt, die klar zeigen, ob ihr reif seid oder nicht ...« Katholische Jugendarbeit im Erzbistum Paderborn bis zum Verbot der Verbände 1937, in: Ulrich Wagener (Hg.), Das Erzbistum Paderborn in der Zeit des Nationalsozialismus. Beiträge zur regionalen Kirchengeschichte 1933–1945, Paderborn 1993, 243–70

9579 Reineke, Augustinus/Pahlke, Georg: »Haben Sie Mut und Phantasie!« Organisatorischer Aufbau und innere Gestaltung der kirchlichen Jugendarbeit nach dem Verbot der Verbände [1937], in: Ulrich Wagener (Hg.), Das Erzbistum Paderborn in der Zeit des Nationalsozialismus. Beiträge zur regionalen Kirchengeschichte 1933–1945, Paderborn 1993, 271–87

9580 Schellenberger, Barbara: Katholische Jugend und Drittes Reich. Eine Geschichte des Katholischen Jungmännerverbandes 1933–1939 unter besonderer Berücksichtigung der Rheinprovinz, Mainz 1975; XXVII, 202 S.

A.3.12.4.5 Einzelne Persönlichkeiten

Nachschlagewerke

9581 Gatz, Erwin (Hg.): Die Bischöfe der deutschsprachigen Länder 1785/1803 bis 1945. Ein biographisches Lexikon, Berlin 1985; XIX, 910 S.

Darstellungen

9583 [Adam, Karl] Kreidler, Hans: Karl Adam und der Nationalsozialismus, in: Kirche im Nationalsozialismus. (RJK, 2), Sigmaringen 1983, 129–40 (ND 1984)

Gedruckte Quellen

9584 [Adenauer, Konrad] Adenauer im Dritten Reich. (Adenauer. Rhöndorfer Ausgabe), Hg. Rudolf Morsey/Hans-Peter Schwarz, Bearb. Hans P. Mensing, Berlin 1991; 720 S.

Darstellungen

9585 [Adenauer, Konrad] Morsey, Rudolf: Leben und überleben. Konrad Adenauer im Dritten Reich, in: GiW 7 (1992), 135–42

9586 [Adenauer, Konrad] Schwarz, Hans-Peter: Adenauer. Der Aufstieg 1876–1952, Stuttgart 1986; 1018 S.

Gedruckte Quellen

9587 [Adolph, Walter] Adolph, Walter: Geheime Aufzeichnungen aus dem nationalsozialistischen Kirchenkampf 1935–1945, Bearb. Ulrich von Hehl, 4. Aufl., Mainz 1987; XLII, 310 S. (zuerst 1979)

9588 [Albers, Johannes] Hömig, Herbert: Johannes Albers (1890–1963), in: Zeitgeschichte in Lebensbildern. Aus dem deutschen Katholizismus des 19. und 20. Jahrhunderts, Hg. Jürgen Aretz u. a., Bd. 5, Mainz 1982, 205–22, 291 f.

9589 [Angermaier, Georg] Leugers, Antonia: Georg Angermaier 1913–1945. Katholischer Jurist zwischen nationalsozialistischem Regime und Kirche. Lebensbild und Tagebücher, Mainz 1994; XXXVI, 444 S.**

9590 [Arnold, Karl] Hüwel, Detlev: Karl Arnold. Eine politische Biographie, Wuppertal 1980, 51–60

9591 [Auer, Heinrich] Wollasch, Hans-Josef: Heinrich Auer (1884–1951), Bibliotheksdirektor beim Deutschen Caritasverband, als politischer Schutzhäftling Nr. 50 241 im Konzentrationslager Dachau, in: ZGO 131 (1983), 383–429

9592 [Bertram, Adolf Johannes Kardinal] Leugers, Antonia: Adolf Kardinal Bertram als Vorsitzender der Bischofskonferenz während der Kriegsjahre (1939–1945), in: ASKG 47/48 (1990), 7–35

9593 [Bertram, Adolf Johannes Kardinal] Stasiewski, Bernhard: Das Wirken des Breslauer Erzbischofs Adolf Kardinal Bertram gegen den Nationalsozialismus, in: Lothar Bossle u.a. (Hg.), Nationalsozialismus und Widerstand in Schlesien, Sigmaringen 1989, 137–58

9594 [Bertram, Adolf Johannes Kardinal] Volk, Ludwig: Adolf Kardinal Bertram (1859–1945), in: Zeitgeschichte in Lebensbildern. Aus dem deutschen Katholizismus des 19. und 20. Jahrhunderts, Hg. Rudolf Morsey, Bd. [1], Mainz 1973, 274–86, 312.

9595 [Bolz, Eugen] Köhler, Joachim (Hg.): Christentum und Politik. Dokumente des Widerstands. Zum 40. Jahrestag der Hinrichtung des Zentrumspolitikers und Staatspräsidenten Eugen Bolz am 23. Januar 1945, Sigmaringen 1985; 84 S.**

9596 [Bolz, Eugen] Köhler, Joachim: Zwischen den Fronten. War die Haltung des Zentrumspolitikers und ehemaligen Ministerpräsidenten Eugen Bolz christliches Bekenntnis oder politischer Widerstand?, in: Joachim Köhler (Hg.), Christentum und Politik. Dokumente des Widerstands. Zum 40. Jahrestag der Hinrichtung des Zentrumspolitikers und Staatspräsidenten Eugen Bolz am 23. Januar 1945, Sigmaringen 1985, 7–22

9597 [Bolz, Eugen] Köhler, Joachim: Eugen Bolz. Württembergischer Minister und Staatspräsident, in: Michael Bosch/Wolfgang Niess (Hg.), Der Widerstand im deutschen Südwesten 1933–1945, Stuttgart 1984, 227–35

9598 [Bolz, Eugen] Krämer, Heinz: Eugen Bolz. Staatspräsident von 1928–1933, in: Kurt Gayer u. a., Die Villa Reitzenstein und ihre Herren. Die Geschichte des baden-württembergischen Regierungssitzes, Stuttgart 1988, 101–18

9599 [Bolz, Eugen] Miller, Max: Eugen Bolz – Staatsmann und Bekenner, Stuttgart 1951, 432–519

9600 [Bolz, Eugen] Morsey, Rudolf: Eugen Bolz (1881–1945), in: Zeitgeschichte in Lebensbildern. Aus dem deutschen Katholizismus des 19. und 20. Jahrhunderts, Hg. Jürgen Aretz u. a., Bd. 5, Mainz 1982, 88–103, 285

9601 [Bolz, Eugen] Sailer, Joachim: Eugen Bolz (1881–1945). Seine Politik und sein Weg in den politischen Widerstand, in: RJK 10 (1991), 219–39

9602 [Breitinger, Hilarius] Breitinger, Hilarius: Als Deutschenseelsorger in Posen und im Warthegau 1934–1945. Erinnerungen, 2. Aufl., Mainz 1986; XII, 230 S. (zuerst 1984)

9603 [Buchberger, Michael] Mai, Paul: Michael Buchberger, Bischof von Regensburg (1927–1961), in: Georg Schwaiger/Paul Mai (Hg.), Das Bistum Regensburg im Dritten Reich, Regensburg 1981, 39–68

9604 [Buchholz, Peter] Oleschinski, Brigitte: Mut zur Menschlichkeit. Der Gefängnisgeistliche Peter Buchholz im Dritten Reich, Hg. Stadt Königswinter, Königswinter 1991; X, 190 S.

9605 [Carls, Hans] Carls, Hans: Dachau. Erinnerungen eines katholischen Geistlichen aus der Zeit seiner Gefangenschaft 1941–1945, Köln 1946; 218 S.

9606 [Cohausz, Alfred] Wagener, Ulrich: Katholische Beamte als Opfer nationalsozialistischer Willkür. Zum Beispiel Dr. Alfred Cohausz, Stadtsyndikus in Paderborn, in: TuG 75 (1985), 85–92; abgdr. in: Ulrich Wagener (Hg.), Das Erzbistum Paderborn in der Zeit des Nationalsozialismus. Beiträge zur regionalen Kirchengeschichte 1933–1945, Paderborn 1993, 215–24

9606a [Dangelmaier, Alois] Findeisen, Hans-Volkmar: Pfarrer Alois Dangelmaier und der Oeffinger Frauenprotest. Politisches Christentum im NS-Staat, in: RJK 6 (1987), 263–65

Gedruckte Quellen

9607 [Delp, Alfred] Delp, Alfred: Im Angesicht des Todes. Geschrieben zwischen Verhaftung und Hinrichtung 1944–1945, 11. Aufl., Frankfurt 1981; 234 S. (zuerst 1947)

9608 [Delp, Alfred] Delp, Alfred: Kassiber. Aus der Haftanstalt Berlin-Tegel, Hg. Roman Bleistein, Frankfurt 1987; 136 S.

Darstellungen

9609 [Delp, Alfred] Bleistein, Roman: Alfred Delp. Geschichte eines Zeugen, Frankfurt 1989; 532 S.

9610 [Delp, Alfred] Bleistein, Roman: Alfred Delp, in: Rudolf Lill/Heinrich Oberreuther (Hg.), 20. Juli. Portraits des Widerstands, München u. a. 1984, 99–110

9611 [Delp, Alfred] Bleistein, Roman: Alfred Delp. Glaubenszeugnis im Widerstand, in: SdZ 202 (N. F. 109) (1984), 219–226

9612 [Delp, Alfred] Bleistein, Roman: Alfred Delp SJ (1907–1945), in: Zeitgeschichte in Lebensbildern. Aus dem deutschen Katholizismus des 19. und 20. Jahrhunderts, Hg. Jürgen Aretz u.a., Bd. 6, Mainz 1984, 50–63

9613 [Delp, Alfred] Bleistein, Roman: Alfred Delp und der 20. Juli. Ergebnisse aus neueren Forschungen, in: ZKG 97 (1986), 66–78

9614 [Delp, Alfred] Delp, Alfred: Kämpfer, Beter, Zeuge. Letzte Briefe, Beiträge von Freunden, Freiburg i.Br. 1962; 126 S.**

9615 [Delp, Alfred] Ogiermann, Otto: In Gottes Kraft. Pater Delps Blutzeugnis, 2. Aufl., Leipzig 1965; 143 S. (zuerst 1964)

9615a [Delp, Alfred] Pope, Michael: Alfred Delp S.J. im Kreisauer Kreis. Die rechts- und sozialphilosophischen Grundlagen in seinen Konzeptionen für eine Neuordnung Deutschlands, Mainz 1994; XX, 233 S.

9616 [Delp, Alfred] Tattenbach, Franz von/ Bleistein, Roman: P. Alfred Delp SJ, in: Georg Schwaiger (Hg.), Das Erzbistum München und Freising in der Zeit der nationalsozialistischen Herrschaft, Bd. 2, München/Zürich 1984, 211–26

9617 [Eberle, Joseph] Eberle, Joseph: Erlebnisse und Bekenntnisse. Ein Kapitel Lebenserinnerungen des früheren Herausgebers der Zeitschriften »Das Neue Reich« und »Schönere Zukunft«, Stuttgart 1947; 104 S.

9618 [Elfes, Albert] Eßer, Albert: Wilhelm Elfes 1884–1969. Arbeiterführer und Politiker, Stuttgart 1971, 110–23

Gedruckte Quellen

[Faulhaber, Michael Kardinal von] Akten Kardinal Michael von Faulhabers, Bearb. Ludwig Volk, Mainz:

9619 – Bd. 1: 1917–1934, 1975; XCVI, 952 S.

9620 – Bd. 2: 1935–1945, 2. Aufl., 1984; XXXVI, 1176 S. (zuerst 1978)

Darstellungen

9621 [Faulhaber, Michael Kardinal von] Aretin, Karl O. Freiherr von: Kardinal Faulhaber, in: FH 21 (1966), 314–18; abgedr. in: Karl O. Freiherr von Aretin, Nation, Staat und Demokratie in Deutschland. Ausgewählte Beiträge zur Zeitgeschichte. Zum 70. Geburtstag des Verfassers, Hg. Andreas Kunz/Martin Vogt, Mainz 1993, 169–73

9622 [Faulhaber, Michael Kardinal von] Volk, Ludwig: Kardinal Michael von Faulhaber, Erzbischof von München und Freising (1917–1952), in: Georg Schwaiger

(Hg.), Das Erzbistum München und Freising in der Zeit der nationalsozialistischen Herrschaft, Bd. 1, München/Zürich 1984, 192–255

9623 [Faulhaber, Michael Kardinal von] Volk, Ludwig: Michael Kardinal von Faulhaber (1869–1952), in: Zeitgeschichte in Lebensbildern. Aus dem deutschen Katholizismus des 19. und 20. Jahrhunderts, Hg. Rudolf Morsey, Bd. 2, Mainz 1975, 101–13, 219 f.

9624 [Fließer, Josephus] Naderer, Anton: Bischof Fließer und der Nationalsozialismus, in: Rudolf Zinnhobler (Hg.), Das Bistum Linz im Dritten Reich, Linz 1979, 74–107

9625 [Fuchs, Pfarrer] Oberlaender, Franklin A.: Zwischen den Stühlen. Zur Problematik katholischer Deutscher jüdischer Herkunft dargestellt am Fallbeispiel des Pfarrers Fuchs, in: BIOS 3 (1990), 189–223

Gedruckte Quellen

9627 [Galen, Clemens August Graf von] Galen, Clemens August Graf von: Akten, Briefe und Predigten 1933–1946, Bearb. Peter Löffler, 2 Bde., Mainz 1988; XCII, 1417 S.

9628 [Galen, Clemens August Graf von] Kuropka, Joachim (Bearb.): Clemens August Graf von Galen. Sein Leben und Wirken in Bildern und Dokumenten. Ausstellungskatalog, Mitarb. Maria-Anna Zumholz, Cloppenburg 1992; 279 S.

9629 [Galen, Clemens August Graf von] Portmann, Heinrich (Hg.): Bischof Graf von Galen spricht! Ein apostolischer Kampf und sein Widerhall, Freiburg i.Br. 1946; 111 S.

9630 [Galen, Clemens August Graf von] Portmann, Heinrich (Hg.): Dokumente um den Bischof von Münster, Clemens August Graf von Galen, Münster 1948; 312 S.

Darstellungen

9631 [Galen, Clemens August Graf von] Hürten, Heinz: Clemens August Graf von Galen, Bischof von Münster. Zu den Grundlagen seiner politischen Positionsbestimmung, in: Winfried Becker/Werner Chrobak (Hg.), Staat, Kultur, Politik. Beiträge zur Geschichte Bayerns und des Katholizismus. Festschrift zum 65. Geburtstag von Dieter Albrecht, Kallmünz 1992, 389–96; abgedr. in: Heinz Hürten, Katholiken, Kirche und Staat als Problem der Historie. Ausgewählte Aufsätze 1963–1992, Hg. Hubert Gruber, Paderborn u. a. 1994, 214–24

9632 [Galen, Clemens August Graf von] Kuropka, Joachim (Hg.): Clemens August Graf von Galen. Neue Forschungen zum Leben und Wirken des Bischofs von Münster, 2. Aufl., Münster 1993; 439 S. (zuerst 1992)

9633 [Galen, Clemens August Graf von] Morsey, Rudolf: Clemens August Kardinal von Galen. Versuch einer historischen Würdigung, in: Clemens August Kardinal von Galen. Gedenkstunde zum 20. Jahrestag seines Todes im Stadttheater zu Münster am Sonntag, dem 24. April 1966, Münster 1967, 9–24

9634 [Galen, Clemens August Graf von] Portmann, Heinrich: Der Bischof von Münster. Das Echo eines Kampfes für Gottesrecht und Menschenrechte, Münster 1946; 251 S.

9635 [Galen, Clemens August Graf von] Portmann, Heinrich: Kardinal von Galen. Ein Gottesmann seiner Zeit, 18. Aufl., Münster 1986; 379 S. (zuerst 1948)

9636 [Galen, Clemens August Graf von] Rahner, Stefan u.a.: Treu deutsch sind wir – wir sind auch treu katholisch. Kardinal Graf Galen und das Dritte Reich, Münster 1987; 106 S.

9637 [Galen, Clemens August Graf von] Morsey, Rudolf: Clemens August Kardinal von Galen (1878–1946), in: Zeitgeschichte in Lebensbildern. Aus dem deutschen Katholizismus des 19. und 20. Jahrhunderts, Hg. Rudolf Morsey, Bd. 2, Mainz 1975, 37–47, 215 f.

9638 [Galen, Clemens August Graf von] Klein, Herbert: Ein »Löwe« im Zwielicht. Der Bischof von Galen und die katholische Opposition gegen den Nationalsozialismus, in: Hans-Günther Thien/Hanns Wienold (Hg.), Münster – Spuren aus der Zeit des Faschismus. Zum 50. Jahrestag der nationalsozialistischen Machtergreifung, Münster 1983, 65–80

9639 [Galen, Clemens August Graf von] Bierbaum, Max: Nicht Lob, nicht Furcht. Das Leben des Kardinals von Galen nach unveröffentlichten Briefen und Dokumenten, 6., erw. Aufl., Münster 1966; 404 S. (zuerst 1955)

9640 [Gantenberg, Hermann] Zinnhobler, Rudolf: Die Tätigkeit des Dr. Gantenberg in Oberösterreich, in: Rudolf Zinnhobler (Hg.), Das Bistum Linz im Dritten Reich, Linz 1979, 230–36

9641 [Gehrmann, Eduard] Preuschoff, Hans: Pater Eduard Gehrmann SVD (1888–1960). Diener der Kirche in zwei Diktaturen, Münster/Osnabrück 1984; 135 S.

9642 [Gföllner, Johannes] Zinnhobler, Rudolf: Die Haltung Bischof Gföllners gegenüber dem Nationalsozialismus, in: Rudolf Zinnhobler (Hg.), Das Bistum Linz im Dritten Reich, Linz 1979, 61–73

Gedruckte Quellen

9643 [Groß, Nikolaus] Groß, Nikolaus: Christ – Arbeiterführer – Widerstandskämpfer. Briefe aus dem Gefängnis, Hg. Jürgen Aretz, Geleitwort Hubert Luthe, Mainz 1993; 143 S.

Darstellungen

9644 [Groß, Nikolaus] Aretz, Jürgen: Nikolaus Groß (1898–1945), in: Zeitgeschichte in Lebensbildern. Aus dem deutschen Katholizismus des 19. und 20. Jahrhunderts, Hg. Jürgen Aretz u. a., Bd. 4, Mainz 1980, 159–71, 275 f.

9645 [Groß, Nikolaus] Beaugrand, Günter/ Budde, Heiner: Nikolaus Groß. Zeuge und Bekenner im Widerstand der KAB 1933–1945, Aschaffenburg 1989; 112 S.

9646 [Gröber, Conrad] Ott, Hugo: Conrad Gröber (1872–1948), in: Zeitgeschichte in Lebensbildern. Aus dem deutschen Katholizismus des 19. und 20. Jahrhunderts, Hg. Jürgen Aretz u. a., Bd. 6, Mainz 1984, 64–75, 268 f.

9647 [Gröber, Conrad] Ott, Hugo: Silvesterpredigt (31.12.1939) und Fastenhirtenbrief (12.2.1941) von Erzbischof C[onrad] Gröber. Reaktionen nationalsozialistischer Partei- und Regierungsstellen, in: FDA 84 (1974), 601–23

9648 [Gröber, Conrad] Schwalbach, Bruno: Erzbischof Conrad Gröber und die nationalsozialistische Diktatur. Eine Studie zum Episkopat des Metropoliten der oberrheinischen Kirchenprovinz während des Dritten Reiches, Karlsruhe 1986; 288 S.

9649 [Hermes, Andreas] Hermes, Anna: Und setzet ihr nicht das Leben ein. Andreas Hermes – Leben und Wirken. Nach Briefen, Tagebuchaufzeichnungen und Erinnerungen, Stuttgart 1971, 79–184**

Gedruckte Quellen

9650 [Hildebrandt, Dietrich von] Hildebrandt, Dietrich von: Memoiren und Aufsätze gegen den Nationalsozialismus 1933–1938, Hg. Ernst Wenisch, Mitarb. Alice Hildebrandt/Rudolf Ebneth, Mainz 1994; 33, 391 S.

9651 [Hofmann, Josef] Hofmann, Josef: Journalist in Republik, Diktatur und Besatzungszeit. Erinnerungen 1916–1947, Bearb. Rudolf Morsey, Mainz 1977, 52–140

9652 [Hudal, Alois] Liebmann, Maximilian: Bischof Hudal und der Nationalsozialismus – Rom und die Steiermark, in: GeG 7 (1988), 263–80

9654 [Imbusch, Heinrich] Schäfer, Michael: Heinrich Imbusch. Christlicher Gewerkschaftsführer und Widerstandskämpfer, München 1990, 257–301, 370–83

9655 [Innitzer, Theodor] Reimann, Viktor: Innitzer. Kardinal zwischen Hitler und Rom, Wien/München 1967; 380 S.

9656 [Jaeger, Lorenz] Gruß, Heribert: Erzbischof Lorenz Jaeger [Paderborn] als Kirchenführer im Dritten Reich. Tatsachen – Dokumente – Entwicklungen – Kontext – Probleme, Paderborn 1994; ca. 648 S.

9657 [Jaeger, Lorenz] Gruss, Heribert: Erzbischof Lorenz Jaeger im Spiegel sicherheitspolizeilicher Berichte, in: Ulrich Wagener (Hg.), Das Erzbistum Paderborn in der Zeit des Nationalsozialismus. Beiträge zur regionalen Kirchengeschichte 1933–1945, Paderborn 1993, 13–44

9658 [Jedin, Hubert] Jedin, Hubert: Lebensbericht. Mit einem Dokumentenanhang, Hg. Konrad Repgen, Mainz 1984; XIV, 301 S.**

9659 [Kaiser, Jakob] Mayer, Tilman: Ein christlicher Gewerkschafter im Widerstand. Jakob Kaiser und der 20. Juli 1944, in: ZfG 41 (1993), 593–604

9660 [Kaiser, Jakob] Nebgen, Elfriede: Jakob Kaiser. Der Widerstandskämpfer. (Jakob Kaiser, 2), Stuttgart u. a. 1967; 245 S.

9661 [Kirchhoff, Kilian] Mund, Ottokar: Kilian Kirchhoff. Glaubenszeuge, Brückenbauer zwischen Ost und West, 2. Aufl., Werl 1983; 40 S.

9662 [Kirchhoff, Kilian] Mund, Ottokar: P. Kilian Kirchhoff OFM – »Zeuge des Glaubens und Arbeiter der Versöhnung des Ostens und des Westens«. Zum 100. Geburtstag von P. Kilian Kirchhoff, in: Ulrich Wagener (Hg.), Das Erzbistum Paderborn in der Zeit des Nationalsozialismus. Beiträge zur regionalen Kirchengeschichte 1933–1945, Paderborn 1993, 183–214**

9663 [Kirchhoff, Kilian] Mund, Ottokar: P. Kilian Kirchhoff OFM. Ein literarisches Werk im Dienst der Einheit von Ost- und Westchristenheit, in: Paul-Werner Scheele (Hg.), Paderbornensis Ecclesia. Beiträge zur Geschichte des Erzbistums Paderborn. Festschrift für Lorenz Kardinal Jaeger zum 80. Geburtstag am 23. September 1972, Paderborn u. a. 1972, 689–709

Gedruckte Quellen

9664 [Klausener, Erich] Gruchmann, Lothar: Erlebnisbericht Werner Pünders über die Ermordung Klauseners am 30. Juni 1934 und ihre Folgen, in: VfZ 19 (1971), 404–31

Darstellungen

9665 [Klausener, Erich] Knauft, Wolfgang: Erich Klausener (1885–1934). Zum 50. Jahrestag der Ermordung des Berliner Katholikenführers, in: SdZ 202 (N. F. 109) (1984), 487–96

9666 [Kolbe, Maximilian] Dewar, Diana: Saint of Auschwitz. The Story of Maksymilian Kolbe, ND, London 1983; XIII, 146 S.

9667 [Kolbe, Maximilian] Frossard, André: Die Leidenschaft des Maximilian Kolbe. Eine Biographie, Stuttgart 1988; 180 S. (franz.: Paris 1987 u. d. T.: N'oubliez pas l'amour)

9668 [König, Lothar] Bleistein, Roman: Lothar König. Ein Jesuit im Widerstand gegen den Nationalsozialismus, in: SdZ 204 (N. F. 111) (1986), 313–26

9669 [Kreutz, Benedict] Wollasch, Hans-Josef: Benedict Kreutz (1879–1949), in: Zeitgeschichte in Lebensbildern. Aus dem deutschen Katholizismus des 19. und 20. Jahrhunderts, Hg. Jürgen Aretz u. a., Bd. 5, Mainz 1982, 118–33, 286 f.

9670 [Letterhaus, Bernhard] Aretz, Jürgen: Bernhard Letterhaus (1894–1944), in: Zeitgeschichte in Lebensbildern. Aus dem deutschen Katholizismus des 19. und 20. Jahrhunderts, Hg. Rudolf Morsey, Bd. 2, Mainz 1975, 10–24, 214

9671 [Lichtenberg, Bernhard] Mann, Hans G.: Prozeß Bernhard Lichtenberg. Ein Leben in Dokumenten, Berlin 1977; 120 S.**

9672 [Lichtenberg, Bernhard] Ogiermann, Otto: Bis zum letzten Atemzug. Das Leben und Aufbegehren des Priesters Bernhard Lichtenberg, 4. Aufl., Leipzig 1983; 264 S. (zuerst 1972; LA Leutesdorf 1985)

9673 [Maaßen, Johannes] Gotto, Klaus: Johannes Maaßen – oder der Entschluß, nicht zu emigrieren, in: Wolfgang Frühwald/Heinz Hürten (Hg.), Christliches Exil und christlicher Widerstand. Ein Symposium an der katholischen Universität Eichstätt 1985, Regensburg 1987, 168–85

9674 [Maier, Johann] Weikl, Ludwig: Domprediger Dr. Johann Maier, Regensburg (1906–1945), in: Georg Schwaiger/Paul Mai (Hg.), Das Bistum Regensburg im Dritten Reich, Regensburg 1981, 431–75

Gedruckte Quellen

9675 [Mayer, Rupert] Gritschneder, Otto (Hg.): Pater Rupert Mayer vor dem Sondergericht. Dokumente der Verhandlung vor dem Sondergericht in München am 22. und 23. Juli 1937, München 1965; 155 S.

Darstellungen

9677 [Mayer, Rupert] Bleistein, Roman: Rupert Mayer. Der verstummte Prophet, Frankfurt 1993; 447 S.

9678 [Mayer, Rupert] Gritschneder, Otto: Ich predige weiter. Pater Rupert Mayer und das Dritte Reich. Eine Dokumentation, Rosenheim 1987; 207 S.**

9679 [Mayer, Rupert] Sandfuchs, Wilhelm: Pater Rupert Mayer. Verteidiger der Wahrheit, Apostel der Nächstenliebe, Wegbereiter moderner Seelsorge, Würzburg 1981; 227 S.

9680 [Mayer, Rupert] Sandfuchs, Wilhelm: »Für die Rechte der Kirche und die Freiheit«. Pater Rupert Mayer SJ – unerschrokkener Bekenner und Glaubenszeuge im Kirchenkampf, in: Georg Schwaiger (Hg.), Das Erzbistum München und Freising in der Zeit der nationalsozialistischen Herrschaft, Bd. 2, München/Zürich 1984, 186–210

Gedruckte Quellen

9681 [Metzger, Max Josef] Metzger, Max J.: Für Frieden und Einheit. Briefe aus der Gefangenschaft, Hg. Meitinger Christkönigsschwestern, 3., erw. Aufl., Meitingen b. Augsburg 1964 (zuerst 1947 u. d. T.: Gefangenschaftsbriefe)

Darstellungen

9682 [Metzger, Max Josef] Drobisch, Klaus: Wider den Krieg. Dokumentarbericht über Leben und Sterben des katholischen Geistlichen Dr. Max Josef Metzger, Berlin (O) 1970; 209 S.

9683 [Metzger, Max Josef] Posset, Franz: Krieg und Christentum. Katholische Friedensbewegung zwischen Erstem und Zweitem Weltkrieg unter besonderer Berücksichtigung des Werkes von Max Josef Metzger, Meitingen/Freising 1978; 644 S.

9684 [Metzger, Max Josef] Schnabel, Thomas: Max Josef Metzger. Katholischer Pfarrer aus Schopfheim, in: Michael Bosch/Wolfgang Niess (Hg.), Der Widerstand im deutschen Südwesten 1933–1945, Stuttgart 1984, 105–16

9685 [Michel, Ernst] Lowitsch, Bruno: Ernst Michel (1889–1964), in: Zeitgeschichte in Lebensbildern. Aus dem deutschen Katholizismus des 19. und 20. Jahrhunderts, Hg. Jürgen Aretz u. a., Bd. 5, Mainz 1982, 223–38, 292

Gedruckte Quellen

9686 [Moschner, Gerhard] Köhler, Joachim: Vor dem Sondergericht. Eine Dokumentation zum Kirchenkampf in Schlesien, Hildesheim 1983; 68 S. (Sonderdr. aus: ASKG 41/1983)

9687 [Muckermann, Friedrich] Gruber, Hubert: Friedrich Muckermann S.J. 1883–1946. Ein katholischer Publizist in der Auseinandersetzung mit dem Zeitgeist, Mainz 1994; LII, 395 S.

9688 [Müller, Josef] Hettler, Friedrich H.: Josef Müller (»Ochsensepp«). Mann des Widerstandes und erster CSU-Vorsitzender, München 1991; 468 S.

9689 [Müller, Otto] Aretz, Jürgen: Otto Müller (1870–1944), in: Zeitgeschichte in Lebensbildern. Aus dem deutschen Katholizismus des 19. und 20. Jahrhunderts, Hg. Jürgen Aretz u.a., Bd. 3, Mainz 1979, 191–203, 291 f.

9690 [Naab, Ingbert] Witetschek, Helmut: Pater Ingbert Naab O.F.M. Cap. (1885–1935). Ein Prophet wider den Zeitgeist, München 1985; 224 S.

9691 [Ochse, Wilhelm] Wagener, Ulrich: Glaubenszeugnis und Widerstand. Pfarrer Wilhelm Ochse (1878–1960), Siegen 1990; 168 S.

9692 [Petersen, Friedrich Karl] Saal, Friedrich W.: »Zwischen sämtlichen Stühlen.« Eine kirchenhistorische und kanonistische Fallstudie zum KZ-Tod des Paderborner Priesters Friedrich Karl Petersen, in: Ulrich Wagener (Hg.), Das Erzbistum Paderborn in der Zeit des Nationalsozialismus. Beiträge zur regionalen Kirchengeschichte 1933–1945, Paderborn 1993, 113–81

9693 [Peterson, Erik] Nichtweiss, Barbara: Erik Peterson. Neue Sicht auf Leben und Werk, Freiburg 1993; 966 S.

9694 [Pieper, Lorenz] Tröster, Werner: »... die besondere Eigenart des Herrn Dr. Pieper!« Dr. Lorenz Pieper, Priester der Erzdiözese Paderborn, Mitglied der NSDAP Nr. 9740, in: Ulrich Wagener (Hg.), Das Erzbistum Paderborn in der Zeit des Nationalsozialismus. Beiträge zur regionalen Kirchengeschichte 1933–1945, Paderborn 1993, 45–91

9695 [Preysing, Konrad Kardinal von] Hehl, Ulrich von: Konrad Kardinal von Preysing, Bischof von Berlin, in: APUZ, Nr. B 39–40/80, 27.9. 1980, 29–38

9696 [Preysing, Konrad Kardinal von] Volk, Ludwig: Konrad Kardinal von Preysing (1880–1950), in: Zeitgeschichte in Lebensbildern. Aus dem deutschen Katholizismus des 19. und 20. Jahrhunderts, Hg. Rudolf Morsey, Bd. 2, Mainz 1975, 88–100, 218 f.

9697 [Restituta, Schwester] Maimann, Helene: Schwester Restituta. Versuch über eine Unbequeme, in: Helmut Konrad/Wolfgang Neugebauer (Hg.), Arbeiterbewegung – Faschismus – Nationalbewußtsein. Festschrift zum 20jährigen Bestand des Dokumentationsarchivs des österreichischen Widerstandes und zum 60. Geburtstag von Herbert Steiner, Wien u.a. 1983, 201–12

9698 [Rink, Ildefons] Rink, Hans: Ildefons Rink (1874–1946), in: Zeitgeschichte in Lebensbildern. Aus dem deutschen Katholizismus des 19. und 20. Jahrhunderts, Hg. Rudolf Morsey, Bd. 2, Mainz 1975, 64–74, 217

Gedruckte Quellen

9699 [Rösch, Augustin] Rösch, Augustin: Kampf gegen den Nationalsozialismus, Hg. Roman Bleistein, Frankfurt 1985; 492 S.

9700 [Schäffer, Fritz] Altendorfer, Otto: Fritz Schäffer als Politiker der Bayerischen Volkspartei (1888–1945), Bd. 2, München 1993, 598–865

9701 [Schmaus, Michel] Deschner, Karlheinz: Michel Schmaus – einer statt vieler, in: Karl Corino (Hg.), Intellektuelle im Bann des Nationalsozialismus, Hamburg 1980, 26–47

9702 [Schmitt, Josef] Bartilla, Michael-Josef: Der badische Staatsmann und Jurist Josef Schmitt (1874–1939). Ein Beitrag zur badischen Geschichte und zur Geschichte des Staatskirchenrechts, Frankfurt 1980; XIII, 200 S.

9703 [Schmittmann, Benedikt] Stehkämper, Hugo: Benedikt Schmittmann

(1871–1939), in: Zeitgeschichte in Lebensbildern. Aus dem deutschen Katholizismus des 19. und 20. Jahrhunderts, Hg. Jürgen Aretz u. a., Bd. 6, Mainz 1984, 29–49, 266–68

9704 [Schneider, Reinhold] Landau, Edwin M.: Reinhold Schneider (1903–1958), in: Zeitgeschichte in Lebensbildern. Aus dem deutschen Katholizismus des 19. und 20. Jahrhunderts, Hg. Jürgen Aretz u. a., Bd. 6, Mainz 1984, 88–101, 270

9705 [Schreiber, Georg] Schreiber, Georg: Zwischen Demokratie und Diktatur. Persönliche Erinnerungen an die Politik und Kultur des Reiches (1919–1944), Münster 1949; 149 S.

9706 [Schulte, Kaspar] Padberg, Rudolf: Aspekte kirchlichen Widerstandes im Dritten Reich. Zur Tätigkeit des Männerseelsorgers Dr. Kaspar Schulte in der Ära des Nationalsozialismus, in: Ulrich Wagener (Hg.), Das Erzbistum Paderborn in der Zeit des Nationalsozialismus. Beiträge zur regionalen Kirchengeschichte 1933–1945, Paderborn 1993, 93–111

9707 [Schwering, Leo] Schwering, Leo: In den Klauen der Gestapo. Tagebuchaufzeichnungen der Jahre 1944–1945, Hg. Markus Schwering, Köln 1988; 240 S.

9708 [Sebastian, Ludwig] Bisson, Jakob: Bischof Dr. Ludwig Sebastian 1917–1943, in: Jakob Bisson, Sieben Speyerer Bischöfe und ihre Zeit 1870 bis 1950. Beiträge zur heimatlichen Kirchengeschichte, Speyer 1956, 252–356

9709 [Sebastian, Ludwig] Heim, Manfred: Ludwig Sebastian, Bischof von Speyer (1917–1943), in: Hans Ammerich (Hg.), Lebensbilder der Bischöfe von Speyer seit der Wiedererrichtung des Bistums Speyer 1817/21. Festgabe zum 60. Geburtstag für Seine Exellenz Dr. Anton Schlembach, Bischof von Speyer, Speyer 1992, 257–76

9710 [Seelmeyer, Otto] Nowak, Josef: Der Devisenprozeß Dr. [Otto] Seelmeyer. Ein Generalvikar ging unschuldig ins Zuchthaus, in: Hermann Engfer (Hg.), Das Bistum Hildesheim 1933–1945. Eine Dokumentation, Hildesheim 1971, 507–29**

9711 [Siemer, Laurentius] Ockenfels, Wolfgang: Laurentius Siemer (1888–1956), in: Zeitgeschichte in Lebensbildern. Aus dem deutschen Katholizismus des 19. und 20. Jahrhunderts, Hg. Jürgen Aretz u. a., Bd. 5, Mainz 1982, 147–60, 288

9712 [Simon, Paul] Riesenberger, Dieter: Der Paderborner Dompropst Paul Simon (1882–1946). Ein Beitrag zur Geschichte des Nationalsozialismus, der Ökumene und der Nachkriegsjahre in Paderborn, Paderborn 1992; 84 S.

9713 [Soden, Carl-Oskar Freiherr von] Trenner, Florian: Carl-Oskar Freiherr von Soden. Ein Politiker-Priester in Bayern zwischen Monarchie und Diktatur, St. Ottilien 1986; XIV, 288 S.

9714 [Soden, Carl-Oskar Freiherr von] Trenner, Florian: »Mein Herz gehört der Heimat.« Carl-Oskar Freiherr von Soden (1898–1943), in: Georg Schwaiger (Hg.), Das Erzbistum München und Freising in der Zeit der nationalsozialistischen Herrschaft, Bd. 2, München/Zürich 1984, 173–85

9715 [Spieker, Josef] Spieker, Josef: Mein Kampf gegen Unrecht in Staat und Gesellschaft. Erinnerungen eines Kölner Jesuiten, Köln 1971; 126 S.

Gedruckte Quellen

9716 [Sproll, Joannes Baptista] Kopf, Paul/ Miller, Max (Hg.): Die Vertreibung von Bischof Joannes Baptista Sproll von Rottenburg. Dokumente zur Geschichte des kirchlichen Widerstands, Mainz 1971; XXXV, 386 S.

Darstellungen

9717 [Sproll, Joannes Baptista] Hanssler, Bernhard: Bischof Joannes Baptista Sproll. Der Fall und seine Lehren, Sigmaringen 1984; 140, 11 S.

9718 [Sproll, Joannes Baptista] Keck, Rudolf: Widerstand im Dritten Reich. Das Beispiel des Joannes Baptista Sproll, Bischof von Rottenburg (1870–1949), in: Hildegard Macha/Hans-Joachim Roth (Hg.), Bildungs- und Erziehungsgeschichte im 20. Jahrhundert. Festschrift für Heinrich Kanz zum 65. Geburtstag, Frankfurt u. a. 1992, 107–24

9719 [Sproll, Joannes Baptista] Köhler, Joachim: Joannes Baptista Sproll. Bischof von Rottenburg, in: Michael Bosch/Wolfgang Niess (Hg.), Der Widerstand im deutschen Südwesten 1933–1945, Stuttgart 1984, 35–46, 286

9720 [Sproll, Joannes Baptista] Kopf, Paul: Briefwechsel zwischen Joannes Baptista Sproll und Conrad Gröber (1941–1944). Ein Beitrag zur Vertreibung des Rottenburger Bischofs aus seiner Diözese von 1938 bis 1945, in: RJK 11 (1992), 271–300**

9721 [Sproll, Joannes Baptista] Kopf, Paul: Joannes Baptista Sproll. Bischof von Rottenburg. 1870–1949, in: Lebensbilder aus Schwaben und Franken, Hg. Robert Uhland, Bd. 13, Stuttgart 1977, 442–69

9722 [Sproll, Joannes Baptista] Kopf, Paul: Bischof [von Rottenburg] Joannes Baptista Sproll (1870–1949), in: Zeitgeschichte in Lebensbildern. Aus dem deutschen Katholizismus des 19. und 20. Jahrhunderts, Hg. Jürgen Aretz u. a., Bd. 5, Mainz 1982, 104–17

9723 [Sproll, Joannes Baptista] Richter, Gregor: Wie im württembergischen Allgäu 1938 nach dessen Vertreibung »weitaus der überwiegende Teil der katholischen Bevölkerung auf Seiten von Bischof Sproll« stand, in: RJK 13 (1994), 199–211

9724 [Stegerwald, Adam] Morsey, Rudolf: Adam Stegerwald (1874–1945), in: Zeitgeschichte in Lebensbildern. Aus dem deutschen Katholizismus des 19. und 20. Jahrhunderts, Hg. Rudolf Morsey, Bd. [1], Mainz 1973, 206–19, 307 f.

9725 [Stein, Edith] Herbstrith, Waltraud (Hg.): Edith Stein. Ein neues Lebensbild in Zeugnissen und Selbstzeugnissen, 2. Aufl., Freiburg 1985; 190 S. (zuerst 1983)**

9726 [Stein, Edith] Herbstrith, Waltraud (Hg.): Edith Stein – eine große Glaubenszeugin. Leben, neue Dokumente, Philosophie, Annweiler o. J. [1986]; 284 S.**

9727 [Stein, Edith] Oben, Freda M.: Edith Stein the Woman, in: John Sullivan (Hg.), Edith Stein Symposium [1984]. Teresian Culture. (Carmelite Studies, 4), Washington, D.C. 1987, 3–33

9728 [Stein, Edith] Teresia Renata de Spiritu Sancto (d. i. Teresia Posselt): Edith Stein, Schwester Teresa Benedicta a Cruce – Philosophin und Karmelitin. Ein Lebensbild, gewonnen aus Erinnerungen und Briefen, 8. Aufl., Freiburg 1962; 238 S. (zuerst Nürnberg 1948)

9729 [Stock, Franz] Brandt, Hans J.: Wem die Stunde schlägt – Abbé Franz Stock (1904–1948) unter dem Anspruch seiner Zeit, in: TuG 73 (1983), 1–24

9730 [Stock, Franz] Closset, René: Er ging durch die Hölle – Franz Stock, Einleitung Walter Dirks, 3. Aufl., Paderborn 1979; XIII, 301 S. (franz.: Mühlhausen 1964)

9731 [Stock, Franz] Kock, Erich: Zwischen den Fronten. Der Priester Franz Stock, Münster 1962; 24 S.

9732 [Storm, Gerhard] Kloidt, Franz: KZ-Häftling Nr. 32281. Blutzeuge Gerhard Storm, Xanten 1966; 69 S.

9733 [Thomas, Alois] Thomas, Alois: Kirche unter dem Hakenkreuz. Erinnerungen und Dokumente, Trier 1992; 384 S.**

9734 [Unzeitig, Engelmar] Balling, Adalbert L./Abeln, Reinhard: Speichen am Rad der Zeit. Pater Engelmar Unzeitig und der Priesterblock im KZ Dachau, Göttingen 1988; 387 S.

9735 [Vogt, Joseph] Brecher, August: Das Wirken von Bischof Dr. [Joseph] Vogt unter den Bedingungen der nationalsozialistischen Diktatur (1931–1937), in: Geschichte im Bistum Achen, Hg. Geschichtsverein für das Bistum Aachen, Bd. 1, Aachen/Kevelaer 1992, 104–15

9737 [Weeser-Krell, Gregor] Loidl, Franz: Pfarrer Gregor Weeser-Krell, ein nationalsozialistisch gesinnter Idealist, in: Rudolf Zinnhobler (Hg.), Das Bistum Linz im Dritten Reich, Linz 1979, 325–35

9738 [Wehrle, Hermann Josef] Schmidkonz, Theo: Hermann Josef Wehrle – Priester und Märtyrer, in: Georg Schwaiger (Hg.), Das Erzbistum München und Freising in der Zeit der nationalsozialistischen Herrschaft, Bd. 2, München/Zürich 1984, 227–42

9739 [Wendel, Joseph] Bisson, Jakob: Bischof Dr. Josef Wendel [1943–1952], in: Jakob Bisson, Sieben Speyerer Bischöfe und ihre Zeit 1870 bis 1950. Beiträge zur heimatlichen Kirchengeschichte, Speyer 1956, 357–69

9740 [Wendel, Joseph] Schwaiger, Georg: Joseph Wendel, Bischof von Speyer (1943–1952), in: Hans Ammerich (Hg.), Lebensbilder der Bischöfe von Speyer seit der Wiedererichtung des Bistums Speyer 1817/21. Festgabe zum 60. Geburtstag für Seine Exellenz Dr. Anton Schlembach, Bischof von Speyer, Speyer 1992, 277–306

9741 [Wensch, Bernhardt] Siegel, Rudolf u. a.: Blutzeuge der Wahrheit. Ein Gedenkheft für den im KZ-Dachau verstorbenen Jugendseelsorger des Bistums Meißen, Dr. Bernhardt Wensch, Berlin 1948; 16 S.

9742 [Wienken, Heinrich] Höllen, Martin: Heinrich Wienken, der »unpolitische« Kirchenpolitiker. Eine Biographie aus drei Epochen des deutschen Katholizismus, Mainz 1981; XXVII, 160 S.

9743 [Wienken, Heinrich] Höllen, Martin: Heinrich Wienken (1883–1961), in: Zeitgeschichte in Lebensbildern. Aus dem deutschen Katholizismus des 19. und 20. Jahrhunderts, Hg. Jürgen Aretz u. a., Bd. 5, Mainz 1982, 176–89, 289 f.

9744 [Wolker, Ludwig] Schellenberger, Barbara: Ludwig Wolker (1887–1955), in: Zeitgeschichte in Lebensbildern. Aus dem deutschen Katholizismus des 19. und 20. Jahrhunderts, Hg. Jürgen Aretz u. a., Bd. 5, Mainz 1982, 134–46, 287 f.

9745 [Wörndl, Paulus] Bruderhofer, Raimund: P. Paulus Wörndl O. C. D., ein Opfer des Nationalsozialismus, in: Rudolf Zinnhobler (Hg.), Das Bistum Linz im Dritten Reich, Linz 1979, 295–324

9746 [Wörner, August] Fröhlich, Elke: Der Pfarrer von Mömbris, in: Elke Fröhlich, Die Herausforderung des Einzelnen. Geschichten über Widerstand und Verfolgung. (Bayern in der NS-Zeit, 6), München/Wien 1983, 52–74; abgedr. in: Elke Fröhlich/Martin Broszat, Alltag und Widerstand – Bayern im Nationalsozialismus, München/Zürich 1987, 387–423

A.3.12.5 Kleinere Glaubensgemeinschaften

A.3.12.5.1 Allgemeines

Gedruckte Quellen

9747 Kretzer, Hartmut (Hg.): Quellen zum Versammlungsverbot des Jahres 1937 und zur Gründung des BfC [Bund freikirchlicher Christen], Neustadt a. d. Weinstr. 1987; 512 S.

Darstellungen

9748 Halle, Anna S.: The German Quakers and the Third Reich, in: GH 11 (1993), 222–36

9749 Halle, Anna S.: »Alle Menschen sind unsere Brüder . . .« Nahezu unbekannter religiöser Widerstand im »Dritten Reich«, in: Tribüne 23 (1984), Nr. 90, 160–66; abgedr. in: Widerstand und Exil 1933–1945, Hg. Bundeszentrale für politische Bildung, Bonn 1985 (Frankfurt/New York 1986), 127–33

9750 Hindley, Marjorie: »Unerwünscht«: One of the Lesser Known Confrontations with the National Socialist State [Bruderhof], 1933–37, in: GH 11 (1993), 207–21

9751 King, Christine E.: The Nazi State and the New Religions. Five Case Studies in Non-Conformity, New York/Toronto 1982; 311 S.

9752 King, Christine E.: Strategies for Survival: An Examination of the History of Five Christian Sects in Germany, 1933–1945, in: JCH 14 (1979), 211–33

9753 Lebensbilder der Quäker während der NS-Herrschaft 1933–1945. Sammlung von Schicksalen aus der Erinnerung, aus Briefen, Zeitungsartikeln und anderen Dokumenten, Hg. Religiöse Gesellschaft der Freunde (Quäker), Hannover 1993; 125 S.**

9754 Lichdi, Diether G.: Mennoniten im Dritten Reich. Dokumentation und Deutung, Weierhof (Pfalz) 1977; 248 S.**

9755 Oleschinski, Brigitte: Religiöse Gemeinschaften im Widerstand, in: Peter Steinbach/Johannes Tuchel (Hg.), Widerstand gegen den Nationalsozialismus, Berlin 1994, 193–201

9756 Strahm, Herbert: Die Bischöfliche Methodistenkirche im Dritten Reich, Stuttgart u. a. 1989; XIV, 484 S.

9757 Strübind, Andrea: Die unfreie Freikirche. Der Bund der Baptistengemeinden im »Dritten Reich«, Neukirchen-Vluyn 1991; XV, 343 S.

9758 Weber, Werner: Die kleinen Religionsgemeinschaften im Staatskirchenrecht des nationalsozialistischen Regimes, in: Otto Bachof u. a. (Hg.), Forschungen und Berichte aus dem öffentlichen Recht. Gedächtnisschrift für Walter Jellinek, München o. J. [1962], 101–12

9759 Zehrer, Karl: Evangelische Freikirchen und das »Dritte Reich«, Göttingen 1986; 189 S.

Regional-/Lokalstudien

9760 Halle, Anna S.: »Die Gedanken sind frei...« Eine Jugendgruppe der Berliner Quäker 1935–1941. (Beiträge zum Widerstand 1933–1945, 14), Hg. Gedenkstätte Deutscher Widerstand Berlin, 3. überarb. Aufl., Berlin 1990; 32 S. (zuerst 1980)

A.3.12.5.2 Ernste Bibelforscher (»Zeugen Jehovas«)

Darstellungen

9761 Garbe, Detlef: Zwischen Widerstand und Martyrium. Die Zeugen Jehovas im »Dritten Reich«, 2. Aufl., München 1994; 577 S. (zuerst 1993)

9762 Gebhard, Manfred: Die Zeugen Jehovas. Eine Dokumentation über die Wachturmgesellschaft, Schwerte 1971; 317 S.**

9763 Kater, Michael H.: Die Ernsten Bibelforscher im Dritten Reich, in: VfZ 17 (1969), 181–218

Regional-/Lokalstudien

9764 Breitenbach, Armin: Die Verfolgung der Zeugen Jehovas in Remscheid, in: Armin Breitenbach u. a., Widerstand und Verfolgung in Remscheid 1933–1945, Hg. Ronsdorfer Zeitung, Bd. 2, Wuppertal-Ronsdorf 1986, 39–43

9765 Hetzer, Gerhard: Ernste Bibelforscher in Augsburg, in: Bayern in der NS-Zeit, Bd. 4: Herrschaft und Gesellschaft im Konflikt, T. C, Hg. Martin Broszat u. a., München/Wien 1981, 621–43

9766 Imberger, Elke: Widerstand »von unten«. Widerstand und Dissens aus den Reihen der Arbeiterbewegung [in Lübeck] und Zeugen Jehovas [in Schleswig-Holstein] 1933–1945, Neumünster 1991, 11–44, 243–376

9767 Koch, Manfred: Julius Engelhard. Drucker, Kurier und Organisator der Zeugen Jehovas, in: Michael Bosch/Wolfgang Niess (Hg.), Der Widerstand im deutschen Südwesten 1933-1945, Stuttgart 1984, 95-103

9768 Lichtenegger, Renate: Die Bibelforscher im Widerstand gegen das NS-Regime unter besonderer Berücksichtigung des weiblichen Bibelforscherwiderstandes aus Wien, in: ZG 13 (1985/86), 179-91

9769 Struve, Walter: Die Zeugen Jehovas in Osterode am Harz. Eine Fallstudie über Widerstand und Unterdrückung in einer kleinen Industriestadt im Dritten Reich, in: NJL 62 (1990), 265-95

A.3.13 Widerstand und Opposition gegen die NS-Herrschaft in Deutschland

A.3.13.1 Allgemeines

[vgl. A.3.10.4.5; A.3.10.8.3; A.3.22.16-17; B.1.8.2]

Bibliographien

9770 Behrens, Petra/Stiepani, Ute (Bearb.): Auswahlbibliographie, in: Peter Steinbach/Johannes Tuchel (Hg.), Widerstand gegen den Nationalsozialismus, Berlin 1994, 623-55

9771 Bibliographie zur Geschichte des antifaschistischen Widerstandes, Hg. Deutsche Staatsbibliothek, Bearb. Heinz Gittig u. a., Berlin (O) 1959; 276, XVII S. (»Nur für den Dienstgebrauch«)

9772 Büchel, Regine: Der deutsche Widerstand im Spiegel von Fachliteratur und Publizistik seit 1945, München 1975; VIII, 215 S.

9773 Cartarius, Ulrich (Bearb.): Bibliographie »Widerstand«, Hg. Forschungsgemeinschaft 20. Juli, Vorwort Karl O. Freiherr von Aretin, München u. a. 1984; 326 S.

9774 Goguel, Rudi: Antifaschistischer Widerstand und Klassenkampf. Die faschistische Diktatur 1933 bis 1945 und ihre Gegner. Bibliographie deutschsprachiger Literatur aus den Jahren 1945 bis 1973, Mitarb. Jutta Grimann u. a., Berlin (O) 1976; 567 S.

9775 Hochmuth, Ursel: Faschismus und Widerstand 1933-1945. Ein Verzeichnis deutschsprachiger Literatur, Frankfurt 1973; 197 S.

9776 Literatur zu deutschen Widerstandsbewegung 1933-1945 und zum 20. Juli 1944, Hg. Weltkriegsbücherei. Bibliothek für Zeitgeschichte, Stuttgart 1954; 8 S. (Ms. vervielf.)

9777 Markmann, Hans-Jochen: Der deutsche Widerstand gegen den Nationalsozialismus. Literatur zur fachwissenschaftlichen und fachdidaktischen Rezeption, Hg. Pädagogisches Zentrum Berlin, Berlin 1981; 291 S.

9778 Persecution and Resistance under the Nazis, Part I: Reprint of Catalogue No. 1 (second edition) [zuerst 1949], Part II: New Material and Amendements. (The Wiener Library, Catalogue Series, 7), Hg. Ilse Wolff/Helen Kehr, London 1978; 500 S.

Literaturberichte

9779 Altgeld, Wolfgang: Zur Geschichte der Widerstandsforschung. Überblick und Auswahlbibliographie, in: Rudolf Lill/Heinrich Oberreuther (Hg.), 20. Juli. Portraits des Widerstands, München u. a. 1984, 377-91

9780 Aretin, Karl O. Freiherr von: Bericht über den deutschen Widerstand. (Literaturbericht), in: GWU 25 (1974), 507-12, 565-76

9781 Beck, Dorothea: Neue biographische Literatur zum Widerstand gegen den Nationalsozialismus, in: AfS 31 (1991), 578-86

9782 Höpfner, Hans-Paul: Opposition und Widerstand gegen den Nationalsozialismus, in: Parlament, Jg. 40, Nr. 34–35, 17./24. 8. 1977, 13

9783 Kluke, Paul: Der deutsche Widerstand. Eine kritische Literaturübersicht, in: HZ 169 (1949), 136–61

9784 Mann, Reinhard: Widerstand gegen den Nationalsozialismus, in: NPL 22 (1977), 425–42

9785 Marßolek, Inge: Widerstand und Verfolgung unter dem NS-Regime – zu einigen neueren Darstellungen, in: IWK 28 (1992), 421–28

9786 Müller, Werner: Opposition und Widerstand gegen die nationalsozialistische Herrschaft im Alltag, in: IWK 20 (1984), 35–44

9787 Nicosia, Francis R.: Resistance to National Socialism in the Work of Peter Hoffmann, in: Francis R. Nicosia/Lawrence D. Stokes (Hg.), Germans against Nazism. Nonconformity, Opposition, and Resistance in the Third Reich. Essays in Honor of Peter Hoffmann, New York/Oxford 1990, 1–14

9788 Schmitthenner, Walter: Verfolgung und Widerstand. (Literaturbericht), in: GWU 12 (1961), 516–29

9789 Schumann, Heinz/Wehling, Wilhelm: Literatur über Probleme der deutschen antifaschistischen Widerstandsbewegung, in: Historische Forschungen in der DDR. Analysen und Berichte. Zum XI. Internationalen Historikerkongreß in Stockholm August 1960. (ZfG, Sonderh.), Red. Dieter Fricke u. a., Berlin (O) 1960, 381–402

9790 Ueberschär, Gerd R.: Gegner des Nationalsozialismus 1933–1945. Volksopposition, individuelle Gewissensentscheidung und Rivalitätskämpfe konkurrierender Führungseliten als Aspekte der Literatur über Emigration und Widerstand im Dritten Reich zwischen dem 35. und 40. Jahrestag des 20. Juli 1944, in: MGM 35 (1984), 141–96

9791 Widerstandsliteratur. Ein Querschnitt durch die Literatur über die Verfolgungen und den Widerstand im Dritten Reich, Hamburg 1948; 45 S.

9792 Zimmermann, Michael: Verfolgung und Widerstand im Nationalsozialismus. Ergebnisse und Aufgaben der Geschichtsschreibung. Eine Einführung, in: Anselm Faust (Hg.), Verfolgung und Widerstand im Rheinland und in Westfalen 1933–1945, Köln u. a. 1992, 11–29

9793 Zipfel, Friedrich: Verschwörung und Widerstand. Zum Widerstand im »Dritten Reich«, in: NPL 9 (1964), 595–618

Nachschlagewerke

9794 Benz, Wolfgang/Pehle, Walter H. (Hg.): Lexikon des deutschen Widerstandes, wissenschaftl. Beratung Hermann Graml u. a., Frankfurt 1994; 429 S.*

9795 Steinbach, Peter/Tuchel, Johannes (Hg.): Lexikon des Widerstandes 1933–1945, München 1994; 238 S.

Quellenkunde

9796 Aronsfeld, C. C.: Opposition und Nonkonformismus: Nach den Quellen der Wiener Library [London], in: Stand und Problematik der Erforschung des Widerstandes gegen den Nationalsozialismus, Hg. Friedrich-Ebert-Stiftung, Forschungsinstitut, Bad Godesberg 1965, 68–83 (Ms. vervielf.)

9797 Boberach, Heinz: Die Quellenlage zur Erforschung des deutschen Widerstandes gegen den Nationalsozialismus in Deutschland, in: Stand und Problematik der Erforschung des Widerstandes gegen den Nationalsozialismus, Hg. Friedrich-Ebert-Stiftung, Forschungsinstitut, Bad Godesberg 1965, 84–112 (Ms. vervielf.)

9798 Stroech, Jürgen: Die illegale Presse. Eine Waffe im Kampf gegen den Faschismus. Ein Beitrag zur Geschichte und Bibliographie der illegalen Presse, Frankfurt (zugl. Leipzig) 1979; 302, (16) S.

Gedruckte Quellen

9799 Aleff, Eberhard u.a. (Hg.): Terror und Widerstand 1933–1945. Dokumente aus Deutschland und dem besetzten Europa, Berlin 1966 (Loseblattsammlung)

9800 Gollwitzer, Helmut u.a. (Hg.): Du hast mich heimgesucht bei Nacht. Abschiedsbriefe und Aufzeichnungen des Widerstandes 1933–1945, 2. Aufl., München 1960; 312 S. (zuerst 1954)

9801 Lipgens, Walter (Hg.): Die Europa-Föderationspläne der Widerstandsbewegungen 1940–1945. Eine Dokumentation, München 1968; XX, 547 S.

9802 Rittmeister, John: »Hier brennt doch die Welt.« Aufzeichnungen aus dem Gefängnis 1942–1943 und andere Schriften, Hg. Christine Teller, Gütersloh 1992; 179 S.

9803 Schmidt, Walter A. (Hg.): Damit Deutschland lebe. Ein Quellenwerk über den deutschen antifaschistischen Widerstandskampf 1933 bis 1945, 2. Aufl., Berlin (O) 1959; 836 S. (zuerst 1958)

9804 Widerstand als »Hochverrat« 1933–1945. Die Verfahren gegen deutsche Reichsangehörige vor dem Reichsgericht, dem Volksgerichtshof und dem Reichskriegsgericht. (Mikrofiche-Edition), 2. Lfg.: Fiche 439–690 u. Verfahrensliste (1 Fiche), Hg. Institut für Zeitgeschichte, Bearb. Jürgen Zarusky/Hartmut Mehringer, München u.a. 1993 [mehr noch nicht erschienen]

Methodische Probleme

9805 Botz, Gerhard: Methoden- und Theorieprobleme der historischen Widerstandsforschung, in: Helmut Konrad/Wolfgang Neugebauer (Hg.), Arbeiterbewegung – Faschismus – Nationalbewußtsein. Festschrift zum 20jährigen Bestand des Dokumentationsarchivs des österreichischen Widerstandes und zum 60. Geburtstag von Herbert Steiner, Wien u.a. 1983, 137–51

9806 Deutsch, Harold C.: The German Resistance: Answered and Unanswered Questions, in: CEH 14 (1981), 322–31

9807 Hill, Leonidas E.: Towards a New History of German Resistance to Hitler, in: CEH 14 (1981), 369–99

9808 Hüttenberger, Peter: Vorüberlegungen zum »Widerstandsbegriff«, in: Jürgen Kocka (Hg.), Theorien in der Praxis des Historikers, Göttingen 1977, 117–39

9809 Hüttenberger, Peter: Dimensionen des Widerstandsbegriffs, in: Peter Steinbach (Hg.), Widerstand. Ein Problem zwischen Theorie und Geschichte, Köln 1987, 80–95

9810 Jaeger, Harald/Rumschöttel, Hermann: Das Forschungsprojekt »Widerstand und Verfolgung« in Bayern 1933–1945. Ein Modell für die Zusammenarbeit von Archivaren und Historikern, in: ArchZ 73 (1977), 209–20

9811 Krause-Schmidt, Ursula: Aus dem anderen Leben lernen. Zur Rolle der Zeitzeugen in der Auseinandersetzung mit dem deutschen Faschismus, in: SDWI 14 (1989), Nr. 29/30, 4–9

9812 Langewiesche, Dieter: Was heißt »Widerstand gegen den Nationalsozialismus«?, in: 1933 in Gesellschaft und Wissenschaft. Ringvorlesung im Wintersemester 1982/83 und Sommersemester 1983, Bd. 1: Gesellschaft, Hg. Universität Hamburg, Pressestelle, Hamburg 1983, 143–59

9813 Löwenthal, Richard: Widerstand im totalen Staat, in: Richard Löwenthal/Patrik von Zur Mühlen (Hg.), Widerstand und Verweigerung in Deutschland 1933 bis 1945, 2. Aufl., Berlin/Bonn 1984, 11–24 (zuerst 1982); abgedr. in: Karl D. Bracher u.a. (Hg.), Nationalsozialistische Diktatur 1933–1945. Eine Bilanz, Bonn (zugl. Düsseldorf) 1983, 618–32

9814 Maier, Charles S.: The German Resistance in Comparative Perspective, in: David C. Large (Hg.), Contending with Hitler. Varieties of German Resistance in the Third Reich, Cambridge u. a. 1991, 141–50

9815 Mallmann, Klaus-Michael/Paul, Gerhard: Resistenz oder loyale Widerwilligkeit? Anmerkungen zu einem umstrittenen Begriff, in: ZfG 41 (1993), 99–116

9816 Mann, Reinhard: Was wissen wir vom Widerstand? Datenqualität, Dunkelfeld und Forschungsartefakte, in: Christoph Kleßmann/Falk Pingel (Hg.), Gegner des Nationalsozialismus. Wissenschaftler und Widerstandskämpfer auf der Suche nach historischer Wirklichkeit, Frankfurt/New York 1980, 35–54

9817 Marßolek, Inge u. a.: Auch eine historische Verspätung. Zum Problem der Erforschung des Widerstandes gegen den Nationalsozialismus, in: Arbeiterbewegung und Faschismus. (Jb. Soziale Bewegungen, 1), Frankfurt 1984, 21–37

9818 Müller, Klaus-Jürgen/Mommsen, Hans: Der deutsche Widerstand gegen das NS-Regime. Zur Historiographie des Widerstands, in: Klaus-Jürgen Müller (Hg.), Der deutsche Widerstand 1933–1945, Paderborn u. a. 1986, 13–21

9819 Natoli, Claudio: Widerstand gegen Nationalsozialismus und Faschismus: Deutsche und italienische Forschungstendenzen im Vergleich, in: Klaus-Dietmar Henke/Claudio Natoli (Hg.), Mit dem Pathos der Nüchternheit. Martin Broszat, das Institut für Zeitgeschichte und die Erforschung der NS-Zeit, Frankfurt/New York 1991, 119–54

9820 Neugebauer, Wolfgang u. a.: Gesichtspunkte für eine vergleichende Untersuchung des Widerstandes. Schema und Erläuterung, in: Ger van Roon (Hg.), Europäischer Widerstand im Vergleich. Die Internationalen Konferenzen Amsterdam, Berlin 1985, 38–42

9821 Paxton, Robert O.: The German Opposition to Hitler: A Non-Germanist's View, in: CEH 14 (1981), 362–68

9822 Peukert, Detlev J. K.: »Widerstand« oder »Resistenz«? Zu den Bänden V und VI der Publikation »Bayern in der NS-Zeit«, in: AfS 24 (1984), 661–66

9823 Ryszka, Franciszek: Widerstand: Ein wertfreier oder ein wertbezogener Begriff?, in: Jürgen Schmädeke/Peter Steinbach (Hg.), Der Widerstand gegen den Nationalsozialismus. Die deutsche Gesellschaft und der Widerstand gegen Hitler, 2. Aufl., München/Zürich 1986, 1107–18 (zuerst 1985; ND 1994)

9824 Steinbach, Peter: Aspekte der Widerstandsforschung im wissenschaftlichen und landesgeschichtlichen Kontext, in: NJL 62 (1990), 1–23

9825 Tenfelde, Klaus: Soziale Grundlagen von Resistenz und Widerstand, in: Jürgen Schmädeke/Peter Steinbach (Hg.), Der Widerstand gegen den Nationalsozialismus. Die deutsche Gesellschaft und der Widerstand gegen Hitler, 2. Aufl., München/Zürich 1986, 799–812 (zuerst 1985; ND 1994)

9826 Zipfel, Friedrich: Die Bedeutung der Widerstandsforschung für die allgemeine zeitgeschichtliche Forschung, in: Stand und Problematik der Erforschung des Widerstandes gegen den Nationalsozialismus, Hg. Friedrich-Ebert-Stiftung, Forschungsinstitut, Bad Godesberg 1965, 1–19 (Ms. vervielf.)

Darstellungen

9827 Aretin, Karl O. Freiherr von: Der deutsche Widerstand gegen Hitler, in: Ulrich Cartarius (Bearb.), Bibliographie »Widerstand«, Hg. Forschungsgemeinschaft 20. Juli, München u. a. 1984, 5–26; abgedr. in: Karl O. Freiherr von Aretin, Nation, Staat und Demokratie in Deutschland. Ausgewählte Beiträge zur Zeitgeschichte. Zum 70. Geburtstag des Verfassers, Hg. Andreas Kunz/Martin Vogt, Mainz 1993, 213–46

9828 Balfour, Michael: Withstanding Hitler in Germany, 1933–45, London/New York 1988; XXII, 310 S.

9829 Balfour, Michael: How Far Could the German Resistance Have Changed the Course of History?, in: Francis R. Nicosia/ Lawrence D. Stokes (Hg.), Germans against Nazism. Nonconformity, Opposition, and Resistance in the Third Reich. Essays in Honor of Peter Hoffmann, New York/Oxford 1990, 389–98

9830 Bartel, Walter: Neue Forschungsergebnisse über den gemeinsamen Kampf deutscher und ausländischer Antifaschisten in Deutschland gegen den faschistischen Raubkrieg, in: Befreiung und Neubeginn. Zur Stellung des 8. Mai 1945 und der deutschen Geschichte, Red. Bernhard Weißel, Berlin (O) 1968, 103–19

9831 Benz, Wolfgang u.a.: Deutscher Widerstand 1933–1945. (Informationen zur politischen Bildung, 243), Hg. Bundeszentrale für politische Bildung, Bonn 1994; 50 S.**

9832 Benz, Wolfgang: Deutsche gegen Hitler. Widerstand, Verweigerung, Kampf gegen die NS-Herrschaft, in: Wolfgang Benz, Herrschaft und Gesellschaft im nationalsozialistischen Staat, Frankfurt 1990, 180–96

9833 Beuys, Barbara: Vergeßt uns nicht. Menschen im Widerstand 1933–1945, Reinbek 1987; 601 S.

9834 Boberach, Heinz: Chancen eines Umsturzes im Spiegel der Berichte des Sicherheitsdienstes, in: Jürgen Schmädeke/Peter Steinbach (Hg.), Der Widerstand gegen den Nationalsozialismus. Die deutsche Gesellschaft und der Widerstand gegen Hitler, 2. Aufl., München/Zürich 1986, 813–21 (zuerst 1985; ND 1994)

9835 Bock, Helmut u.a. (Hg.): Sturz ins Dritte Reich. Historische Miniaturen und Porträts 1933/35, Leipzig u.a. 1983; 424 S.

9836 Botzenhart, Manfred: Deutsche Verfassungsgeschichte 1806–1949, Stuttgart u.a. 1993, 175–78

9837 Boveri, Margret: Verrat im 20. Jahrhundert. Für und gegen die Nation, Neuausg., Reinbek 1976; XVIII S. (zuerst Hamburg, 4 Bde., 1956–1960/1966)

9838 Boyer, John W./Kirshner, Julius (Hg.): Resistance against the Third Reich. (JMH, Jg. 64, Beih.), Chicago, Ill. 1992; 214 S.

9839 Bracher, Karl D.: Problems of the German Resistance, in: Hedley Bull (Hg.), The Challenge of the Third Reich, Oxford 1986, 57–76

9840 Bracher, Karl D.: Zur Widerstandsproblematik in »Rechtsdiktaturen« – die deutsche Erfahrung, in: Karl D. Bracher u.a. (Hg.), Deutschland zwischen Krieg und Frieden. Beiträge zu Politik und Kultur im 20. Jahrhundert. Festschrift für Hans-Adolf Jacobsen, Düsseldorf 1991, 117–29; abgedr. in: Karl D. Bracher, Wendezeiten der Geschichte. Historisch-politische Essays 1987–1992, Stuttgart 1992, 185–202

9841 Bramke, Werner: Stationen der Annäherung. Über Voraussetzungen für Bündnisbeziehungen zwischen Kommunisten und bürgerlichen Patrioten in der Endphase des Krieges, in: WMHGDDR 13 (1985), Nr. 1–2, 38–44

9842 Brandt, Peter/Schulze-Marmeling, Ulrich (Hg.): Antifaschismus. Ein Lesebuch. Deutsche Stimmen gegen Nationalismus und Rechtsextremismus von 1922 bis zur Gegenwart, Berlin 1985; 415 S.

9843 Broszat, Martin: A Social and Historical Typology of the German Opposition to Hitler, in: David C. Large (Hg.), Contending with Hitler. Varieties of German Resistance in the Third Reich, Cambridge u.a. 1991, 25–33

9844 Broszat, Martin: Zur Sozialgeschichte des deutschen Widerstands, in: VfZ 34 (1986), 293–309

9845 Cartarius, Ulrich: Opposition gegen Hitler. Bilder, Texte, Dokumente, Essay »Der deutsche Widerstand gegen Hitler« [1–26] Karl O. Freiherr von Aretin, akt. Neuausg., Berlin 1994; 316 S. (zuerst 1984)**

9846 Claussen, Regina/Schwarz, Siegfried (Hg.): Vom Widerstand lernen. Von der Bekennenden Kirche bis zum 20. Juli 1944, Bonn 1986; 210 S.

9847 Deutsche Widerstandskämpfer 1933–1945. Biographien und Briefe, Hg. Institut für Marxismus-Leninismus beim ZK der SED, Bearb. Luise Kraushaar u. a., 2 Bde., Berlin (O) 1970; 659, 582 S.**

9848 Deutscher Faschismus – Terror und Widerstand. Zur 2. Tagung der IREX-Unterkommission »Faschismus – Theorie und Praxis« von Historikern der USA und der DDR in Princeton, N. J., im Mai 1989. Beiträge der Historiker der DDR, Hg. Akademie für Gesellschaftswissenschaften beim Zentralkomitee der SED, Red. Gisela Buuck, Berlin (O) 1989; 95 S.*

9849 Dipper, Christof: Der Widerstand und die Juden, in: Jürgen Schmädeke/Peter Steinbach (Hg.), Der Widerstand gegen den Nationalsozialismus. Die deutsche Gesellschaft und der Widerstand gegen Hitler, 2. Aufl., München/Zürich 1986, 598–616 (zuerst 1985; ND 1994)

9850 Drobisch, Klaus: Nationalsozialistische Verbrechen und widerständige Reaktionen, in: Peter Steinbach/Johannes Tuchel (Hg.), Widerstand gegen den Nationalsozialismus, Berlin 1994, 97–106

9851 Ehrenbuch der Opfer von Berlin-Plötzensee. Zum Gedenken der 1574 Frauen und Männer, die wegen ihrer politischen oder weltanschaulichen Einstellung und wegen ihres mutigen Widerstandes gegen das faschistische Barbarentum in der Strafanstalt Berlin-Plötzensee von 1933 bis 1945 hingerichtet wurden, Hg. VVN-Bund der Antifaschisten West-Berlin, Red. Willy Perk/Willi Desch, Berlin 1974; 215 S.

9852 Emmerich, Wolfgang: Die Literatur des antifaschistischen Widerstandes in Deutschland, in: Horst Denkler/Karl Prümm (Hg.), Die deutsche Literatur im Dritten Reich. Themen – Traditionen – Wirkungen, Stuttgart 1976, 427–58

9853 Engel, Huberta (Hg.): Deutscher Widerstand – Demokratie heute. Kirche, Kreisauer Kreis, Ethik, Militär und Gewerkschaften, hg. i. A. der Forschungsgemeinschaft 20. Juli, 2. Aufl., Bonn/Berlin 1994; XIV, 322 S. (zuerst 1992)*

9854 Erkämpft das Menschenrecht. Lebensbilder und letzte Briefe antifaschistischer Widerstandskämpfer, Hg. Institut für Marxismus-Leninismus bei ZK der SED, Bearb. Heinz Schumann/Gerda Werner, Berlin (O) 1958; 694 S. (Neuausg. Düsseldorf 1988)**

9855 Es gab nicht nur den 20. Juli 1944... Dokumente aus einer Sendereihe im Westdeutschen Fernsehen, Mitarb. Heinz Kühn u. a., Wuppertal 1980; 115 S.

9856 Focke, Harald/Reimer, Uwe: Alltag der Entrechteten. Wie die Nazis mit ihren Gegnern umgingen. (Alltag unterm Hakenkreuz, 2), Reinbek 1980 u. ö.; 254 S.

9857 Frei, Bruno: Der kleine Widerstand, Wien 1978; 143 S.

9858 Gerstenmaier, Eugen: Von Bolz zu Rommel und Wurm. Baden-Württemberger im Kampf gegen Hitler, Stuttgart 1978; 29 S.

9859 Giordano, Ralph: Der Widerstand und seine Widersacher. Die Ursachen des Verlustes an humaner Orientierung, in: Tribüne 23 (1984), Nr. 90, 48–64; abgedr. in: Widerstand und Exil 1933–1945, Hg. Bundeszentrale für politische Bildung, Bonn 1985 (Frankfurt/New York 1986), 255–69

9860 Gottschaldt, Eva: Antifaschismus und Widerstand. Der Kampf gegen den deutschen Faschismus 1933–1945. Ein Überblick, Vorwort Reinhard Kühnl, Heilbronn 1985; 189 S.

9861 Graml, Hermann: Widerstand im Dritten Reich. Probleme, Ereignisse, Gestalten, Frankfurt 1984; 269 S.; Beiträge teilw. übernommen aus: Hans J. Schultz (Hg.), Der 20. Juli 1944. Alternative zu Hitler? Berlin 1974

9862 Graml, Hermann: Widerstand im NS-Regime, in: DH 7 (1991), Nr. 7, 3–12

9863 Haase, Norbert: Das Reichskriegsgericht und der Widerstand gegen die nationalsozialistische Herrschaft. Katalog zur Sonderausstellung der Gedenkstätte Deutscher Widerstand in Zusammenarbeit mit der Neuen Richtervereinigung, Berlin 1993; 280 S.**

9864 Heuer, Wolfgang: Woher nehmen mutige Menschen im Alltag und im Extremfall ihre Kraft? Zwischen Anpassung und Widerständigkeit. Über das Entstehen von Zivilcourage und ihre Bedeutung für eine demokratische Gesellschaft, in: FR, Jg. 50, Nr. 198, 26.8. 1994, 10

9865 Hildebrand, Klaus: Die ostpolitischen Vorstellungen im deutschen Widerstand, in: GWU 29 (1978), 213–41

9866 Hoffmann, Marhild: Möglichkeiten und Bedingungen des Widerstandes, in: Peter Meyers/Dieter Riesenberger (Hg.), Der Nationalsozialismus in der historisch-politischen Bildung, Göttingen 1979, 120–46

9867 Hoffmann, Peter: Motive, in: Jürgen Schmädeke/Peter Steinbach (Hg.), Der Widerstand gegen den Nationalsozialismus. Die deutsche Gesellschaft und der Widerstand gegen Hitler, 2. Aufl., München/Zürich 1986, 1089–96 (zuerst 1985; ND 1994)

9868 Hübner, Irene (Hg.): Unser Widerstand. Deutsche Frauen und Männer berichten über ihren Kampf gegen die Nazis, Frankfurt 1982; 235 S.

9869 Ising, Erika: Die Sprache im deutschen antifaschistischen Widerstand, in: ZfGerm 9 (1988), 404–21

9870 Jasper, Gotthard: Schwierigkeiten und Zumutungen des Widerstandes in Deutschland, in: Die »Weiße Rose« und das Erbe des deutschen Widerstandes. Münchener Gedächnisvorlesung, München 1993, 177–97

9871 Kershaw, Ian: »Widerstand ohne Volk?« Dissens und Widerstand im Dritten Reich, in: Jürgen Schmädeke/Peter Steinbach (Hg.), Der Widerstand gegen den Nationalsozialismus. Die deutsche Gesellschaft und der Widerstand gegen Hitler, 2. Aufl., München/Zürich 1986, 779–98 (zuerst 1985; ND 1994)

9872 Kettenacker, Lothar (Hg.): Das »Andere Deutschland« im Zweiten Weltkrieg. Emigration und Widerstand in internationaler Perspektive, Stuttgart 1977; 258 S.*

9873 Kinne, Michael: Ein lange vernachlässigtes Thema: Sprache des antifaschistischen Widerstandes, in: Sprachdienst 30 (1986), 43–45

9874 Kleßmann, Christoph: Widerstand gegen den Nationalsozialismus in Deutschland, in: Ger van Roon (Hg.), Europäischer Widerstand im Vergleich. Die Internationalen Konferenzen Amsterdam, Berlin 1985, 57–88; abgedr. in: Widerstand und Exil 1933–1945, Hg. Bundeszentrale für politische Bildung, Bonn 1985 (Frankfurt/New York 1986), 11–38

9875 Kleßmann, Christoph/Pingel, Falk (Hg.): Gegner des Nationalsozialismus. Wissenschaftler und Widerstandskämpfer auf der Suche nach historischer Wirklichkeit, Frankfurt/New York 1980; 307 S.*

9876 Klemperer, Klemens von: Widerstand – Résistance: The Place of German Resistance in the European Resistance against National Socialism, in: Hedley Bull (Hg.), The Challenge of the Third Reich, Oxford 1986, 35–56

9877 Klemperer, Klemens von: Der deutsche Widerstand gegen den Nationalsozialismus im Lichte der konservativen Tradition, in: Manfred Funke u.a. (Hg.), Demokratie und Diktatur. Geist und Gestalt politischer Herrschaft in Deutschland und Europa. Festschrift für Karl Dietrich Bracher, Düsseldorf 1987, 266–83

9878 Klemperer, Klemens von: Sie gingen ihren Weg ... Ein Beitrag zur Frage des Entschlusses und der Motivation zum Widerstand, in: Jürgen Schmädeke/Peter

Steinbach (Hg.), Der Widerstand gegen den Nationalsozialismus. Die deutsche Gesellschaft und der Widerstand gegen Hitler, 2. Aufl., München/Zürich 1986, 1097–1106 (zuerst 1985; ND 1994)

9879 Klemperer, Klemens von: Naturrecht und der deutsche Widerstand gegen den Nationalsozialismus. Ein Beitrag zur Frage des deutschen »Sonderwegs«, in: VfZ 40 (1992), 323–37; abgedr. in: Peter Steinbach/Johannes Tuchel (Hg.), Widerstand gegen den Nationalsozialismus, Berlin 1994, 43–53

9880 Klemperer, Klemens von: Reflections and Reconsiderations on the German Resistance, in: KZG 1 (1988), 13–28

9882 Kluke, Paul: Deutscher Widerstand: Eine Facette im Schlußakt der europäischen Tragödie, in: Rudolf Neck/Adam Wandruszka (Hg.), Beiträge zur Zeitgeschichte. Festschrift Ludwig Jedlicka zum 60. Geburtstag, St. Pölten 1976, 299–319

9883 Koonz, Claudia: Choice and Courage, in: David C. Large (Hg.), Contending with Hitler. Varieties of German Resistance in the Third Reich, Cambridge u. a. 1991, 49–63

9884 Kopp, Otto (Hg.): Widerstand und Erneuerung. Neue Berichte und Dokumente vom inneren Kampf gegen das Hitler-Regime, Stuttgart 1966; 308 S.**

9885 Kosthorst, Erich: Deutsche Opposition gegen Hitler zwischen Polen- und Frankreichfeldzug, 3., bearb. Aufl., Bonn 1957; 192 S. (zuerst in: APUZ, B 27–28/54, 7./14. 7. 1954, 329–76)

9886 Kroner, Bernhard: Zur Psychologie des Widerstandes. Das Beispiel der Milgram-Experimente, in: Maria Zenner (Hg.), Der Widerstand gegen den Nationalsozialismus. Eine interdisziplinäre didaktische Konzeption zu seiner Erschließung, Bochum 1989, 135–56

9887 Large, David C. (Hg.): Contending with Hitler. Varieties of German Resistance in the Third Reich, Cambridge u. a. 1991; VIII, 197 S.*

9888 Leber, Annedore (Hg.): Das Gewissen steht auf. 64 Lebensbilder aus dem deutschen Widerstand, Mitarb. Willy Brandt/Karl D. Bracher, Berlin u. a. 1954; 237 S.

9889 Leber, Annedore (Hg.): Das Gewissen entscheidet. Bereiche des deutschen Widerstands von 1933 bis 1945 in Lebensbildern, Frankfurt 1957; 303 S.

9890 Lipgens, Walter: Widerstand gegen Hitler und europäische Föderation, in: APUZ, Nr. B 26/84, 30. 6. 1984, 25–37

9891 Löwenthal, Richard/Zur Mühlen, Patrik von (Hg.): Widerstand und Verweigerung in Deutschland 1933 bis 1945, 2., überarb. Aufl., Berlin/Bonn 1984; 319 S. (zuerst 1982)*

9893 Maier, Hans: Das Recht auf Widerstand, in: Rudolf Lill/Heinrich Oberreuther (Hg.), 20. Juli. Portraits des Widerstands, München u. a. 1984, 63–72; abgedr. in: Peter Steinbach/Johannes Tuchel (Hg.), Widerstand gegen den Nationalsozialismus, Berlin 1994, 33–42

9894 Mammach, Klaus: Widerstand 1939–1945. Geschichte der deutschen antifaschistischen Widerstandsbewegung im Inland und in der Emigration, 2. Aufl., Berlin (O) 1987; 444 S. (zuerst 1984; LA Köln 1984)

9895 Martin, Bernd: Deutsche Oppositions- und Widerstandskreise und die Frage eines separaten Friedensschlusses im Zweiten Weltkrieg, in: Klaus-Jürgen Müller (Hg.), Der deutsche Widerstand 1933–1945, Paderborn u. a. 1986, 79–107

9896 Mausbach-Bromberger, Barbara: Wer leistete Widerstand gegen Faschismus und Krieg?, in: BDIP 28 (1983), 30–40

9897 Mehringer, Hartmut/Röder, Werner: Gegner, Widerstand, Emigration, in: Martin Broszat/Norbert Frei (Hg.), Ploetz. Das Dritte Reich. Ursprünge, Ereignisse, Wirkungen, Freiburg/Würzburg 1983, 173–84

9898 Meyer, Helga/Pech, Karlheinz: Zu einigen Hauptrichtungen des antifaschistischen Kampfes in den letzten Monaten des zweiten Weltkrieges, in: JfG 27 (1983), 285–315

9899 Mommsen, Hans u.a.: Widerstand und Opposition im Dritten Reich. (Nationalsozialismus im Unterricht, Studieneinheit 6), Hg. Deutsches Institut für Fernstudien an der Universität Tübingen, Red. Brigitte Löhr, Tübingen 1984; 184 S. (als Typoskript gedr.)**

9900 Mommsen, Hans: Die Opposition gegen Hitler und die deutsche Gesellschaft 1933–1945, in: Klaus-Jürgen Müller (Hg.), Der deutsche Widerstand 1933–1945, Paderborn u.a. 1986, 22–39; abgedr. in: Wolfgang Michalka (Hg.), Der Zweite Weltkrieg. Analysen, Grundzüge, Forschungsbilanz, München/Zürich 1989, 329–46

9901 Mommsen, Hans: Widerstand und Dissens im Dritten Reich, in: Klaus-Dietmar Henke/Claudio Natoli (Hg.), Mit dem Pathos der Nüchternheit. Martin Broszat, das Institut für Zeitgeschichte und die Erforschung der NS-Zeit, Frankfurt/New York 1991, 107–18

9902 Mommsen, Hans: Der deutsche Widerstand gegen Hitler und die Wiederherstellung der Grundlagen der Politik, in: Die »Weiße Rose« und das Erbe des deutschen Widerstandes. Münchener Gedächnisvorlesung, München 1993, 198–214

9903 Mommsen, Hans: Der Widerstand gegen Hitler und die deutsche Gesellschaft, in: HZ 241 (1985), 81–104; abgedr. in: Jürgen Schmädeke/Peter Steinbach (Hg.), Der Widerstand gegen den Nationalsozialismus. Die deutsche Gesellschaft und der Widerstand gegen Hitler, 2. Aufl., München/Zürich 1986 (zuerst 1985), 3–23; Hans Mommsen, Der Nationalsozialismus und die deutsche Gesellschaft. Ausgewählte Aufsätze. Zum 60. Geburtstag, Hg. Lutz Niethammer/Bernd Weisbrod, Reinbek 1991, 338–61

9904 Müller, Elmar: Widerstand und Wirtschaftsordnung. Die wirtschaftspolitischen Konzepte der Widerstandsbewegung gegen das NS-Regime und ihr Einfluß auf die Soziale Marktwirtschaft, Frankfurt u.a. 1988; 264 S.

9905 Müller, Klaus-Jürgen: Der deutsche Widerstand 1933–1945, Paderborn u.a. 1986; 267 S.*

9906 Müller, Klaus-Jürgen: The German Opposition to Both Hitler and Stalin, in: David W. Pike (Hg.), The Opening of the Second World War. Proceedings of the Second International Conference on International Relations, held at The American University of Paris, September 26–30, 1989, New York u.a. 1991, 49–55

9907 Nicosia, Francis R./Stokes, Lawrence D. (Hg.): Germans against Nazism. Nonconformity, Opposition, and Resistance in the Third Reich. Essays in Honor of Peter Hoffmann, New York/Oxford 1990; XIV, 435 S.**

9908 Pech, Karlheinz: Widerstand in Deutschland, in: Ger van Roon (Hg.), Europäischer Widerstand im Vergleich. Die Internationalen Konferenzen Amsterdam, Berlin 1985, 89–111

9909 Pechel, Rudolf: Deutscher Widerstand, Erlenbach/Zürich 1947; 343 S.

9910 Peukert, Detlev J.K.: Volksgenossen und Gemeinschaftsfremde. Anpassung, Ausmerze und Aufbegehren unter dem Nationalsozialismus, Köln 1982; 332 S.

9911 Plum, Günter: Widerstand und Resistenz, in: Martin Broszat/Horst Möller (Hg.), Das Dritte Reich. Herrschaftsstruktur und Geschichte, 2., verb. Aufl., München 1986, 248–73 (zuerst 1983)

9912 Plum, Günter: Das »Gelände« des Widerstands. Marginalien zur Literatur über den Widerstand gegen den Nationalsozialismus, in: Wolfgang Benz (Hg.), Miscellanea. Festschrift für Helmut Krausnick zum 75. Geburtstag, Mitarb. Ino Arndt, Stuttgart 1980, 93–102

9913 Plum, Günter: Widerstandsbewegung, in: Klaus D. Kernig (Hg.), Marxismus im Systemvergleich – Geschichte, Bd. 5, Frankfurt/New York 1974, 294–320

9914 Plum, Günter: Widerstandsbewegungen, in: Sowjetsystem und demokratische Gesellschaft. Eine vergleichende Enzyklopädie, Hg. Klaus D. Kernig u. a., Bd. 6, Freiburg i.Br. 1972, 961–83

9915 Prittie, Terence: Deutsche gegen Hitler. Eine Darstellung des deutschen Widerstandes gegen den Nationalsozialismus während der Herrschaft Hitlers, Tübingen 1965; 319 S. (engl.: London 1964)

9916 Reisch, Elisabeth (Hg.): Widerstand gegen das NS-Regime. (Tribüne, Jg. 23, H. 90), Frankfurt 1984; 200 S.; abgedr. in: Widerstand und Exil 1933–1945, Hg. Bundeszentrale für politische Bildung, Bonn 1985, Frankfurt/New York 1986**

9917 Rexin, Manfred: Machtergreifung und Widerstand im Spiegel von Rundfunkberichten, in: Peter Steinbach (Hg.), Widerstand. Ein Problem zwischen Theorie und Geschichte, Köln 1987, 59–79

9918 Röder, Werner: Emigration und innerdeutscher Widerstand. Zum Problem der politischen Legitimation des Exils, in: Widerstand, Verfolgung und Emigration 1933–1945. (Referate auf der Tagung des Forschungsinstituts der Friedrich-Ebert-Stiftung vom 25. bis 30. September 1966 in Bergneustadt), Bad Godesberg 1967, 119–42 (Ms. vervielf.)

9919 Röder, Werner: Zum Verhältnis von Exil und innerdeutschem Widerstand, in: Exilforschung 5 (1987), 28–39

9920 Romoser, George K.: The Politics of Uncertainty: The German Resistance Movement, in: SR 31 (1964), Nr. 1, 73–95

9921 Roon, Ger van: Widerstand im Dritten Reich. Ein Überblick, 6., überarb. Aufl., München 1994; 253 S. (zuerst 1979)

9922 Roon, Ger van: Widerstand und Krieg, in: Jürgen Schmädeke/Peter Steinbach (Hg.), Der Widerstand gegen den Nationalsozialismus. Die deutsche Gesellschaft und der Widerstand gegen Hitler, 2. Aufl., München/Zürich 1986, 50–72 (zuerst 1985; ND 1994)

9923 Roon, Ger van: Restauration oder Neubeginn? Die verfassungspolitische Programmatik des Widerstandes, in: APUZ, Jg. 39, Nr. 16–17, 14./21.4. 1989, 9

9924 Rothfels, Hans: Die Deutsche Opposition gegen Hitler, Einführung Friedrich Freiherr von Hiller von Gaetringen, Neuausg. (nach der TB-Ausg. 1969), Zürich 1994; 443 S. (zuerst Krefeld 1949; Neuausg. Frankfurt 1958 u. ö.; amerikan.: Hinsdale, Ill. 1948)

9925 Ruppelt, Georg: »Die Kunst des Selbstrasierens«. Getarnte Schriften gegen die nationalsozialistische Diktatur, in: Der Zensur zum Trotz. Das gefesselte Wort und die Freiheit in Europa. Katalog zur Ausstellung im Zeughaus der Herzog August Bibliothek Wolfenbüttel vom 13. Mai bis 16. Oktober 1991, Bearb. Paul Raabe, Weinheim 1991, 181–204**

9926 Ryszka, Franciszek: Formen des Widerstandes gegen den Nationalsozialismus, in: Christoph Kleßmann/Falk Pingel (Hg.), Gegner des Nationalsozialismus. Wissenschaftler und Widerstandskämpfer auf der Suche nach historischer Wirklichkeit, Frankfurt/New York 1980, 15–26

9927 Scheffler, Wolfgang: Widerstand im NS-Staat. Bedingungen, Entwicklungen, Grenzen, in: Tribüne 23 (1984), Nr. 90, 65–72; abgedr. in: Widerstand und Exil 1933–1945, Hg. Bundeszentrale für politische Bildung, Bonn 1985 (Frankfurt/New York 1986), 39–45

9928 Schiele, Siegfried (Hg.): Politischer Widerstand gegen die NS-Diktatur. (PuU, Jg. 20, Nr. 2), Stuttgart 1994; 52 S.

9929 Schmädeke, Jürgen/Steinbach, Peter (Hg.): Der Widerstand gegen den Nationalsozialismus. Die deutsche Gesellschaft und der Widerstand gegen Hitler, 2. Aufl., München/Zürich 1986; XXXVIII, 1185 S. (zuerst 1985; ND 1994)*

9930 Schmitthenner, Walter/Buchheim, Hans (Hg.): Der deutsche Widerstand gegen Hitler. Vier historisch-kritische Studien, Köln/Berlin 1966; 288 S.*

9931 Schulz, Gerhard: Über Entscheidungen und Formen des politischen Widerstandes in Deutschland [1963], in: Gerhard Schulz, Das Zeitalter der Gesellschaft. Aufsätze zur politischen Sozialgeschichte der Neuzeit, München 1969, 323–53

9932 Schulz, Günther: Die Gesellschaftsordnung in den Staatsentwürfen des deutschen Widerstandes, in: Jörg-Dieter Gauger/Klaus Weigelt (Hg.), Soziales Denken in Deutschland zwischen Tradition und Innovation, Bonn 1990, 129–55

9933 Schüren, Ulrich: Rahmenbedingungen für den Widerstand gegen den Nationalsozialismus, in: Widerstand und Exil in der deutschen Arbeiterbewegung, Hg. Friedrich-Ebert-Stiftung, Bonn 1982, 125–214**

9934 Siefken, Hinrich/Vieregg, Hildegard (Hg.): Resistance to National Socialism. Arbeiter, Christen, Jugendliche, Eliten. Forschungs- und Erfahrungsberichte. Second Nottingham Symposium, Nottingham 1993; 191 S.

9935 Stand und Problematik der Erforschung des Widerstandes gegen den Nationalsozialismus, Hg. Friedrich-Ebert-Stiftung, Forschungsinstitut, Bad Godesberg 1965; 173 S. (Ms. vervielf.)*

9936 Steinbach, Peter (Hg.): Widerstand. Ein Problem zwischen Theorie und Geschichte, Köln 1987; 448 S.*

9937 Steinbach, Peter: Gruppen, Zentren und Ziele des deutschen Widerstands, in: Rudolf Lill/Heinrich Oberreuther (Hg.), 20. Juli. Portraits des Widerstands, München u.a. 1984, 29–46

9938 Steinbach, Peter: Einführung in die Geschichte des deutschen Widerstandes, in: Huberta Engel (Hg.), Deutscher Widerstand – Demokratie heute. Kirche, Kreisauer Kreis, Ethik, Militär und Gewerkschaften, 2. Aufl., Bonn/Berlin 1994, 5–22 (zuerst 1992)

9939 Steinbach, Peter: Der Widerstand gegen die Diktatur. Hauptgruppen und Grundzüge der Systemopposition, in: Karl D. Bracher u.a. (Hg.), Deutschland 1933–1945. Neue Studien zur nationalsozialistischen Herrschaft, 2., erg. Aufl., Bonn/Düsseldorf 1993, 452–73 (zuerst 1992)

9940 Steinbach, Peter: Wiederherstellung des Rechtsstaates als zentrale Zielsetzung des Widerstandes, in: Jürgen Schmädeke/Peter Steinbach (Hg.), Der Widerstand gegen den Nationalsozialismus. Die deutsche Gesellschaft und der Widerstand gegen Hitler, 2. Aufl., München/Zürich 1986, 617–38 (zuerst 1985; ND 1994)

9941 Steinbach, Peter: Widerstand gegen den Nationalsozialismus, in: Peter Steinbach/Johannes Tuchel (Hg.), Widerstand gegen den Nationalsozialismus, Berlin 1994, 15–26

9942 Steinbach, Peter: Widerstand. Ein Problem zwischen Recht und Geschichte, in: RuP 20 (1984), 57–67; abgedr. in: Peter Steinbach, Widerstand im Widerstreit. Der Widerstand gegen den Nationalsozialismus in der Erinnerung der Deutschen. Ausgewählte Studien, Paderborn u.a. 1994, 21–38

9943 Steinbach, Peter/Tuchel, Johannes (Hg.): Widerstand gegen den Nationalsozialismus, Red. Claudia Horn/Klaus W. Wippermann, Berlin (zugl. Bonn) 1994; 672 S.*

9944 Steinbach, Peter/Tuchel, Johannes (Hg.): Widerstand in Deutschland 1933–1945. Ein historisches Lesebuch, München 1994; 358 S.

9945 Voss, Rüdiger von: Widerstand, in: Nationalsozialistische Herrschaft, Hg. Bundeszentrale für politische Bildung, Bonn 1983, 65–68

9946 Weisenborn, Günther (Hg.): Der lautlose Aufstand. Bericht über die Widerstandsbewegung des deutschen Volkes 1933–1945, 4. Aufl., Frankfurt 1974; 445 S. (zuerst 1953)

9947 Widerstand gegen den Nationalsozialismus, Hg. Projektgruppe Scharfenberg-Archiv, o. O. [Berlin] 1984; 45 S.

9948 Widerstand im Dritten Reich. (RPZ-Unterrichtsmodell, 6/84), Hg. Regionales Pädagogisches Zentrum Bad Kreuznach, Bad Kreuznach 1984; 85 S.

9949 Widerstand und Exil 1933–1945, Hg. Bundeszentrale für politische Bildung, Bonn 1985; 302 S. (Frankfurt/New York 1986)*

9950 Widerstand und Exil 1933–1945. (Tribüne, Jg. 23, Nr. 91), Frankfurt 1984; 208 S.; abgedr. in: Widerstand und Exil 1933–1945, Hg. Bundeszentrale für politische Bildung, Bonn 1985, Frankfurt/New York 1986)*

9951 Widerstand, Verfolgung und Emigration 1933–1945. (Referate auf der Tagung des Forschungsinstituts der Friedrich-Ebert-Stiftung vom 25. bis 30.6. 1966 in Bergneustadt), Bad Godesberg 1967; 157 S. (Ms. vervielf.)**

9952 Wolfrum, Edgar: Widerstand in den letzten Kriegsmonaten, in: Peter Steinbach/Johannes Tuchel (Hg.), Widerstand gegen den Nationalsozialismus, Berlin 1994, 537–52

9953 Zentner, Kurt: Illustrierte Geschichte des Widerstandes in Deutschland und in Europa 1933–1945, Mitarb. Gerhard Schreiber, München 1966; 608 S.**

A.3.13.2 Regional- und Lokalstudien

Bibliographien

9954 Dickmann, Elisabeth/Voglis, Panos: Antifaschistischer Widerstand in Bremen 1933–1945. Materialien und Bibliographie zur Ausstellung, Bremen 1979; 58 S.

9955 Düwell, Kurt: Die regionale Geschichte des NS-Staates zwischen Mikro- und Makroanalyse. Forschungsaufgaben zur »Praxis im kleinen Bereich«, in: JWL 9 (1983), 287–344 (Bibliographie: 305 ff.)

9956 Laak, Ursula van: Bibliographie zur Geschichte von Widerstand und Verfolgung in Bayern 1933–1945, München 1975; 77 S.

9957 Markmann, Hans-Jochen: Regionale Berichte über den deutschen Widerstand von 1933–1945. (Übersicht), in: Hans-Jochen Markmann, Der deutsche Widerstand gegen den Nationalsozialismus 1933–1945. Modelle für den Unterricht. Medien – Materialien – Dokumente, Hg. Forschungsgemeinschaft 20. Juli, Mainz 1984, 87–91

Literaturberichte

9958 Jahnke, Karl H.: Widerstand gegen den Nationalsozialismus in Mecklenburg 1933 bis 1945 – Bilanz und Aufgaben der Forschung, in: Studien zur Geschichte Mecklenburgs in der ersten Hälfte des 20. Jahrhunderts, Hg. Studienkreis für Jugendgeschichte und -forschung. Darstellung und Vermittlung, Rostock o. J. [1993], 29–39

9959 Jahnke, Karl H.: Stand und Aufgaben der Erforschung der Geschichte des antifaschistischen Widerstandskampfes 1933 bis 1945 in Mecklenburg, in: WZR 36 (1987), Nr. 10, 69–74

9960 Maur, Hans: Neuere Forschungen zur Regionalgeschichte der deutschen antifaschistischen Widerstandsbewegung, in: JfG 26 (1982), 367–92

Quellenkunde

9961 Dohms, Peter: Flugschriften in Gestapo-Akten. Nachweis und Analyse der Flugschriften in den Gestapo-Akten des Hauptstaatsarchivs Düsseldorf. Mit einem Literaturbericht und einer Quellenübersicht zu Widerstand und Verfolgung im Rhein-

Ruhrgebiet 1933–1945, Siegburg 1977; 683 S.

9962 Schadt, Jörg: Der Bestand Dokumentation des Widerstands im Stadtarchiv Mannheim, in: Jörg Schadt/Michael Caroli (Hg.), Heidelberg unter dem Nationalsozialismus. Studien zu Verfolgung, Widerstand und Anpassung, Heidelberg 1985, 551–555

Gedruckte Quellen

9963 Bembenek, Lothar/Ulrich, Axel: Widerstand und Verfolgung in Wiesbaden 1933–1945. Eine Dokumentation, Hg. Magistrat der Landeshauptstadt Wiesbaden, Gießen 1990; 456 S.

9964 Billstein, Aurel (Hg.): Der eine fällt, die anderen rücken nach ... Dokumente des Widerstandes und der Verfolgung in Krefeld 1933–1945, bearb. i. A. der VVN-Bund der Antifaschisten Krefeld/Jüdische Gemeinde Krefeld, Frankfurt 1973; 343 S.

9965 Bosch, Manfred: Als die Freiheit unterging. Eine Dokumentation über Verweigerung, Widerstand und Verfolgung im Dritten Reich in Südbaden, Konstanz 1985; 352 S.

9966 Holzner, Johann u. a. (Bearb.): Zeugen des Widerstandes. Eine Dokumentation über die Opfer des Nationalsozialismus in Nord-, Ost- und Südtirol von 1938 bis 1945, Innsbruck u. a. 1977; 112 S.

9967 Rebentisch, Dieter/Raab, Angelika (Bearb.): Neu-Isenburg zwischen Anpassung und Widerstand. Dokumente über Lebensbedingungen und politisches Verhalten, i. A. des Magistrats d. Stadt Neu-Isenburg, Neu-Isenburg 1978; 343 S.

9968 Schadt, Jörg (Bearb.): Verfolgung und Widerstand unter dem Nationalsozialismus in Baden. Die Lageberichte der Gestapo und des Generalstaatsanwalts Karlsruhe 1933–1940, Hg. Stadtarchiv Mannheim, Stuttgart u. a. 1976; 354 S.

9969 Widerstand und Verfolgung im Burgenland 1934–1945, Hg. Dokumentationsarchiv des österreichischen Widerstandes, 2. Aufl., Wien 1983; 504 S. (zuerst 1979)

9970 Widerstand und Verfolgung in Niederösterreich 1934–1945, Bd. 1: 1934–1938, Bd. 2: 1938–1945, Bd. 3: 1938–1945, Hg. Dokumentationsarchiv des österreichischen Widerstandes, Bearb. Heinz Arnberger/Christa Mitterrutzner, wiss. Beratung Wolfgang Neugebauer, Wien 1987; 574, 654, 749 S.

9971 Widerstand und Verfolgung in Oberösterreich 1934–1945, Hg. Dokumentationsarchiv des österreichischen Widerstandes, 2 Bde., Wien/Linz 1982; 587, 642 S.

9972 Widerstand und Verfolgung in Salzburg 1934–1945. Eine Dokumentation, Hg. Dokumentationsarchiv des österreichischen Widerstandes, Bearb. Christa Mitterrutzner/Gerhard Ungar, 2 Bde., Wien/Salzburg 1991; 653, 656 S.

9973 Widerstand und Verfolgung in Tyrol 1934–1945, Hg. Dokumentationsarchiv des österreichischen Widerstandes, 2 Bde., Wien/Linz 1984; XIX, 662, [8]; VIII, 658, [8] S.

9974 Widerstand und Verfolgung in Wien 1934–1945. Eine Dokumentation, Bd. 1: 1934–1938, Bd. 2: 1938–1945, Bd. 3: 1938–1945, Hg. Dokumentationsarchiv des österreichischen Widerstandes, Bearb. Wolfgang Neugebauer, 2. Aufl., Wien 1984; 612, 487, 555 S. (zuerst 1975)

Methodische Probleme

9975 Broszat, Martin: Resistenz und Widerstand. Eine Zwischenbilanz des Forschungsprojekts »Widerstand und Verfolgung in Bayern 1933–1945«, in: Bayern in der NS-Zeit, Bd. 4: Herrschaft und Gesellschaft im Konflikt, T. C, Hg. Martin Broszat u. a., München/Wien 1981, 691–709; abgedr. in: Hermann Graml/Klaus-Dietmar Henke (Hg.), Nach Hitler. Der schwierige Umgang mit unserer Geschichte. Beiträge von Martin Broszat, München 1987, S. 68–91 (zuerst 1986; TB München 1990)

9976 Zimmermann, Michael: »Widerstand und Verfolgung«. Zu den Möglichkeiten der Entwicklung und Grenzen eines Untersuchungsansatzes für die Regionalforschung, in: Frank Bajohr (Hg.), Norddeutschland im Nationalsozialismus, Hamburg 1993, 100–8

Darstellungen

9977 Alltag im Nationalsozialismus. Widerstand und Verweigerung in Hannover 1939–45, Bearb. Freizeitheim Lister Turm, Hannover 1983; 33 S.

9978 Anpassung, Widerstand, Verfolgung. Die Jahre von 1933 bis 1939. (Stuttgart im Dritten Reich. Eine Ausstellung des Projekt Zeitgeschichte), Hg. Projekt Zeitgeschichte im Kulturamt der Landeshauptstadt Stuttgart, Bearb. Michael Molnar/Claudine Pachnicke, Mitarb. Bernd Burckhardt u. a., Stuttgart 1984, 365–483

9979 Asmussen, Peter/Hummel, Wolfgang: Widerstand und Verfolgung, in: Heimat, Heide, Hakenkreuz. Lüneburgs Weg ins Dritte Reich, Hg. Lüneburger Arbeitskreis »Machtergreifung«, Hamburg 1984, 184–202

9980 Auerbach, Hellmuth: Zur Geschichte des Widerstandes gegen den Nationalsozialismus in Bayern, in: ZBL 25 (1962), 222–32

9981 Aus der Reinickendorfer Geschichte. Naziterror und Widerstand, Hg. VVN-Bund der Antifaschisten Berlin, Berlin 1983; 68 S.

Bayern in der NS-Zeit, Hg. Martin Broszat u. a., München/Wien:

9982 – Bd. 2: Herrschaft und Gesellschaft im Konflikt, T. A, Hg. Martin Broszat/Elke Fröhlich, 1979; XXV, 515 S.*

9983 – Bd. 3: Herrschaft und Gesellschaft im Konflikt, T. B, Hg. Martin Broszat u. a., 1981; 696 S.*

9984 – Bd. 4: Herrschaft und Gesellschaft im Konflikt, T. C, Hg. Martin Broszat u. a., 1981; 760 S.*

9985 – Bd. 5: Die Parteien KPD, SPD, BVP in Verfolgung und Widerstand, Hg. Martin Broszat/Hartmut Mehringer, 1983; 690 S.*

9986 – Bd. 6: Elke Fröhlich, Die Herausforderung des Einzelnen. Geschichten über Widerstand und Verfolgung, Hg. Martin Broszat/Elke Fröhlich, 1983; 262 S.*

9987 Beer, Helmut: Widerstand gegen den Nationalsozialismus in Nürnberg 1933–1945, Nürnberg 1976; X, 398 S.

9988 Bein, Reinhard: Widerstand im Nationalsozialismus. Braunschweig 1930–1945, Braunschweig 1985; 199 S.

9989 Belz, Willi: Die Standhaften. Über den antifaschistischen Widerstand in Kassel und im Bezirk Hessen-Waldeck 1933–1945, 2., verb. u. erg. Aufl., o. O. u. J. [1978]; 224 S. (zuerst Ludwigsburg 1960)

9990 Bembenek, Lothar/Schuhmacher, Fritz: Nicht alle sind tot, die begraben sind. Widerstand und Verfolgung in Wiesbaden 1933–1945, Frankfurt 1980; 111 S.

9991 Berger, Peter: Gegen ein braunes Braunschweig. Skizzen zum Widerstand 1925–1945, Hannover 1980; 208 S.

9992 Berichte von Männern und Frauen in Widerstand und Verfolgung. Katholiken, Konservative, Legitimisten, Hg. Dokumentationsarchiv des österreichischen Widerstands, Bearb. Heinz Arnberger/Peter Mähner, Vorwort Christa Mehany-Mitterrutzner, Wien 1992; 484 S.

9993 Bludau, Kuno: Gestapo – geheim! Widerstand und Verfolgung in Duisburg 1933–1945, Bonn-Bad Godesberg 1973; XIX, 324 S.

9994 Bosch, Manfred: Widerstand und Resistenz im ehemaligen Bezirk Stockach während des Nationalsozialismus (1933–

1940), in: Hegau 28 (1983), Nr. 40, 137–88**

9995 Bosch, Michael: Südwestdeutschland und der Widerstand gegen das NS-Regime, in: Michael Bosch/Wolfgang Niess (Hg.), Der Widerstand im deutschen Südwesten 1933–1945, Stuttgart 1984, 15–22

9996 Bosch, Michael/Niess, Wolfgang (Hg.): Der Widerstand im deutschen Südwesten 1933–1945, Stuttgart 1984; 342 S.*

9997 Bossle, Lothar u. a. (Hg.): Nationalsozialismus und Widerstand in Schlesien, Red. Ulrich Schmilewski, Sigmaringen 1989; IX, 208 S.*

9998 Bothe-von Richthofen, Felicitas: Widerstand in Wilmersdorf. (Schriftenreihe über den Widerstand in Berlin von 1933 bis 1945, 7), Hg. Gedenkstätte Deutscher Widerstand Berlin, Berlin 1993; 192 S.

9999 Bothien, Horst-Pierre: Bonn in der NS-Zeit – Verfolgung und Widerstand, Pulheim 1989; 52 S.

10000 Bramke, Werner: Der unbekannte Widerstand in Westsachsen 1933 bis 1945. Zum Problem des Widerstandsbegriffs, in: WZL 34 (1985), 190–206

10001 Brandes, Heino: Antifaschistischer Widerstandskampf in der Provinz Brandenburg. Biographisches/Bibliographisches, Hg. Komitee der Antifaschistischen Widerstandskämpfer der DDR, Bezirkskomitee Potsdam u. a., Potsdam 1982; 228 S.

10002 Breidenbach, Armin u. a.: Widerstand und Verfolgung in Remscheid 1933–1945, Hg. Ronsdorfer Zeitung, 2 Bde., Wuppertal-Ronsdorf 1983–1986; 99, 69 S.*

10003 Bretschneider, Heike: Der Widerstand gegen den Nationalsozialismus in München 1933 bis 1945, München 1968; 282 S.

10004 Brickwedde, Fritz: Widerstand und Verfolgung im Dritten Reich. Straßennamen in Georgsmarienhütte [Teutoburger Wald], Hg. Stadt Georgsmarienhütte, Georgsmarienhütte 1981; 165 S.

10005 Bringmann, Fritz/Diercks, Herbert: Die Freiheit lebt! Antifaschistischer Widerstand und Naziterror in Elmshorn und Umgebung. 702 Jahre Haft für Antifschisten, Hg. VVN-Bund der Antifaschisten, Land Schleswig-Holstein, Frankfurt 1983; 159 S.

10006 Broszat, Martin/Fröhlich, Elke: Alltag und Widerstand – Bayern im Nationalsozialismus, München/Zürich 1987; 702 S.* **

10007 Broszat, Martin/Fröhlich, Elke: Gesellschaftsgeschichte des Widerstands. Einführung, in: Martin Broszat/Elke Fröhlich Alltag und Widerstand – Bayern im Nationalsozialismus, München/Zürich 1987, 11–73

10008 Bruegmann, Klaus-Dieter u. a.: Die anderen. Widerstand und Verfolgung in Hamburg und Wilhelmsburg. Zeugnisse und Berichte 1933–1945, 1. u. 2. Aufl., Hamburg 1981; 251 S.

10009 Busch, Arnold: Widerstand im Kreis Groß-Gerau 1933–1945. Eine Dokumentation, bearb. i. A. des Kreises Groß-Gerau, Groß-Gerau 1988; 206 S.**

10010 Busch, Thomas/Windhab, Brigitte (Hg.): Jelka. Aus dem Leben einer Kärtner Partisanin, hg. nach Tonbandaufzeichnungen von Helena Kuchar[-Jelka], Basel 1984

10011 Christoffel, Edgar: Der Weg durch die Nacht. Verfolgung und Widerstand im Trierer Land während der Zeit des Nationalsozialismus. Verfolgte aus Trier und dem Trierer Land durchleben die Konzentrationslager und Zuchthäuser des »Dritten Reiches«, Trier 1983; 256 S.

10012 Chronik des antifaschistischen Widerstandskampfes im Bezirk Chemnitz-Erzgebirge-Vogtland 1933–1935, wiss. Leitung Willi Glier, Karl-Marx-Stadt 1969

10013 Diercke, Herbert: Friedhof Ohlsdorf. Auf den Spuren von Naziherrschaft und Widerstand, Hg. Willy-Bredel-Gesellschaft/Geschichtswerkstatt, Hamburg 1991; 128 S.

10014 Doetsch, Doris u.a. (Hg.): Verfolgung und Widerstand in Mülheim a.d. Ruhr, Essen 1987; 400 S.

10015 Dusek, Peter: Der vergessene Widerstand. Österreichischer Widerstand gegen den Nationalsozialismus, Wien 1978; 16 S.

10016 Ewert, Alfred u.a.: Der antifaschistische Widerstandskampf in Mecklenburg und Pommern (Arbeitskreis II), in: Befreiung und Neubeginn. Ausgewähltes und überarbeitetes Protokoll der Wissenschaftlichen Konferenz des Historischen Instituts der Ernst-Moritz-Arndt-Universität Greifswald in Verbindung mit der Gesellschaft für Deutsch-Sowjetische Freundschaft und der Deutschen Historiker-Gesellschaft am 29. und 30. April 1965, Hg. Historisches Institut der Ernst-Moritz-Arndt-Universität, Berlin (O) 1966, 145–90

10018 Faust, Anselm (Hg.): Verfolgung und Widerstand im Rheinland und in Westfalen 1933–1945, Köln u.a. 1992; 254 S.*

10019 Flanner, Karl: Widerstand im Gebiet von Wiener Neustadt 1938 bis 1945, Wien u.a. 1973; 352 S.

10020 Fleck, Christian: Koralmpartisanen. Über abweichende Karrieren politisch motivierter Widerstandskämpfer, Wien/Köln 1986; 319 S.

10021 Fuchs, Gerhard: Gegen Hitler und Henlein. Der solidarische Kampf tschechischer und deutscher Antifaschisten von 1933 bis 1938, Berlin (O) 1961; 334 S.

10022 Füllberg-Stolberg, Claus/Obenaus, Herbert: Die Anfänge von Verfolgung und Widerstand, in: Hannover 1933. Eine Großstadt wird nationalsozialistisch. Beiträge zur Ausstellung, Hg. Historisches Museum am Hohen Ufer, Hannover 1981, 81–95

10023 Genger, Angela (Bearb.): Verfolgung und Widerstand in Düsseldorf 1933–1945.

Katalog zur ständigen Ausstellung der Mahn- und Gedenkstätte Düsseldorf, Hg. Stadt Düsseldorf, Düsseldorf 1990; 203 S.

10024 Glöckner, Paul: Der Widerstand. (Delmenhorst unter dem Hakenkreuz, 2), Delmenhorst 1983; 64 S.

10025 Grünwald, Leopold: Sudetendeutscher Widerstand gegen Hitler, Bd. 1: Der Kampf gegen das nationalsozialistische Regime in den sudetendeutschen Gebieten 1938–1945, Bd. 2: Im Kampf für Frieden und Freiheit, München 1968–1979; 104, 180 S.

10026 Haas, Joachim: Abseits der »großen« Geschichte. Opposition und Widerstand gegen den Nationalsozialismus im Raum Fulda. Versuch einer Spurensicherung, Frankfurt 1989; 167 S.

10027 Hanisch, Ernst: Widerstand in Österreich 1934–1945, in: APUZ, Nr. B 28/88, 8.7.1988, 35–45

10028 Hanisch, Ernst: Peasants and Workers in their Environment: Nonconformity and Opposition to National Socialism in the Austrian Alps, in: Francis R. Nicosia/Lawrence D. Stokes (Hg.), Germans against Nazism. Nonconformity, Opposition, and Resistance in the Third Reich. Essays in Honor of Peter Hoffmann, New York/Oxford 1990, 175–90

10029 Hanisch, Ernst: Gab es einen spezifisch österreichischen Widerstand?, in: ZG 12 (1984/85), 339–50

Heimatgeschichtlicher Wegweiser zu Stätten des Widerstandes und der Verfolgung 1933–1945, Hg. Studienkreis zur Erforschung und Vermittlung der Geschichte des Widerstandes 1933–1945/VVN-Bund der Antifaschisten, Präsidium [Bd. 5ff.: Studienkreis Deutscher Widerstand], Red. Ursula Krause-Schmitt u.a., Köln [Bd. 5ff.: Frankfurt]:

10030 – Bd. 1: Hessen, 1984; 136 S.

10031 – Bd. 2: Niedersachsen I: Regierungsbezirke Braunschweig und Lüneburg, 1985; 116 S.

10032 – Bd. 3: Niedersachsen II: Regierungsbezirke Hannover und Weser-Ems, 1986; 206 S.

10033 – Bd. 4: Saarland, Bearb. Hermann Volk, 1990; 183 S.

10034 – Bd. 5: Baden-Württemberg I: Regierungsbezirke Karlsruhe und Stuttgart, 1991; 330 S.

10035 – Bd. 6: Bremen: Stadt Bremen, Bremen-Nord, Bremerhaven, Bearb. Susanne Engelbertz, 1992; 135 S.

10036 Heuzeroth, Günter/Petrich, Johannes (Hg.): Unter der Gewaltherrschaft des Nationalsozialismus 1933–1945. Dargestellt an den Ereignissen in Weser-Ems, Bd. 1: Verfolgte aus politischen Gründen – Widerstand und Verfolgung der regionalen Arbeiterbewegung in Dokumenten, Lebensberichten und Analysen, Vorwort Werner Boldt, Osnabrück 1989; XXXV, 1078 S.**

10037 Hochmut, Ursel/Meyer, Gertrud: Streiflichter aus dem Hamburger Widerstand 1933–1945. Berichte und Dokumente, Frankfurt 1969; XVI, 650 S. (ND 1980)**

10038 Högl, Günter (Hg.): Widerstand und Verfolgung in Dortmund 1933 bis 1945. Katalog zur ständigen Ausstellung des Stadtarchivs Dortmund in der Mahn- und Gedenkstätte Steinwache, Bearb. Günter Högl u.a., Einführung Hans Mommsen, Dortmund 1992; 480 S.**

10039 Holzer, Willibald I.: Im Schatten des Faschismus. Der österreichische Widerstand gegen den Nationalsozialismus 1938–1945, Wien 1978; 32 S.

10040 Holzner, Johann: Untersuchungen zur Überwindung des Nationalsozialismus in Österreich, Diss. Innsbruck 1971; 326 S. (Ms. vervielf.)

10041 Hummer, Hubert u.a. (Hg.): Die Pflicht zum Widerstand. Festschrift Peter Kammerstätter zum 75. Geburtstag, Geleitwort Karl R. Stadler, Wien u.a. 1986; 241 S.*

10042 Hummer, Hubert: Region und Widerstand. Am Beispiel des Salzkammergutes. Der österreichische Widerstand gegen den Nationalsozialismus und seine Verankerung im kollektiven Gedächtnis. Eine Problemskizze, in: Hubert Hummer u.a. (Hg.), Die Pflicht zum Widerstand. Festschrift Peter Kammerstätter zum 75. Geburtstag, Wien u.a. 1986, 111–79

10043 Jagschitz, Gerhard: Der österreichische Widerstand gegen das nationalsozialistische Regime 1938–1945, in: Peter Schneck/Karl Sretenovic (Hg.), Zeitgeschichte als Auftrag politischer Bildung, Wien 1979, 65–89

10044 Jahnke, Karl H. (Hg.): Der antifaschistische Widerstandskampf unter der Führung der KPD in Mecklenburg 1933–1945, Rostock 1970; 400 S.

10045 Jahnke, Karl H. u.a.: Gegen Faschismus und Krieg. Zur Geschichte des antifaschistischen Widerstandskampfes im Gebiet des heutigen Bezirkes Rostock, Hg. Ernst-Moritz-Arndt-Universität Greifswald, Historisches Institut, Abteilung »Geschichte der neuesten Zeit«, hg. i.A. der Bezirkskommission Rostock zur Erforschung der Geschichte der örtlichen Arbeiterbewegung, Rostock 1963; 96 S.

10046 Jahnke, Karl H.: Zum antifaschistischen Widerstandskampf in Mecklenburg und Vorpommern während des Zweiten Weltkrieges (1939–1945), in: Befreiung und Neubeginn. Ausgewähltes und überarbeitetes Protokoll der Wissenschaftlichen Konferenz des Historischen Instituts der Ernst-Moritz-Arndt-Universität Greifswald in Verbindung mit der Gesellschaft für Deutsch-Sowjetische Freundschaft und der Deutschen Historiker-Gesellschaft am 29. und 30. April 1965, Hg. Historisches Institut der Ernst-Moritz-Arndt-Universität, Berlin (O) 1966, 65–82

10047 Jahnke, Karl H.: Zum antifaschistischen Widerstandskampf in Mecklenburg von 1933 bis 1945, in: Gegen Imperialismus, Faschismus und Krieg. Zur Geschichte der Arbeiterbewegung in Mecklenburg, Hg. Bezirkskommission zur Erforschung der Geschichte der Arbeiterbewegung bei der Bezirksleitung Schwerin der SED/Bezirksheimatmuseum Schwerin – Abteilung Geschichte der neuesten Zeit, o. O. u. J. [Schwerin 1967], 5–24

10048 Jahnke, Karl H. u. a.: Forschungen zum antifaschistischen Widerstandskampf in Mecklenburg, in: BzG 12 (1970), 481–92

10049 Jahnke, Karl H.: Zu den Ergebnissen des antifaschistischen Widerstandskampfes von 1933 bis 1945 in Rostock, in: BGSR N. F. 5 (1985), Nr. 5, 11–17

10050 Jahre der Finsternis. Die österreichische Widerstandsbewegung 1938–1945. (Österreich-Dokumentation), Hg. Bundespressedienst, Wien 1975; 66 S.

10051 Kämpfer gegen Faschismus und Krieg. Zur Geschichte des antifaschistischen Widerstandskampfes im Kreis Parchim [Mecklenburg], Hg. SED-Bezirksleitung Parchim, Parchim 1969; 89 S.

10052 Kaulen, Alois: Entrechtung, Verfolgung und Vernichtung der Juden in [Berlin-]Spandau unter dem Nationalsozialismus, in: Alois Kaulen/Joachim Pohl, Juden in Spandau vom Mittelalter bis 1945, Berlin 1988, 77–171

10053 Keval, Susanna: Widerstand und Selbstbehauptung in Frankfurt am Main 1933–1945. Spuren und Materialien, Hg. Stadt Frankfurt am Main, Magistrat, Frankfurt/New York 1988; 270 S.

10054 Kick, Wilhelm: Sag es unseren Kindern. Widerstand 1933–1945. Beispiel Regensburg, Geleitwort Adalbert Rückerl, Berlin 1985; VI, 438 S.

10055 Kißener, Michael: Verfolgung – Resistenz – Widerstand. Südwestdeutsche Parlamentarier in der Zeit des Nationalsozialismus, in: Thomas Schnabel (Hg.), Formen des Widerstandes im Südwesten 1933–1945. Scheitern und Nachwirken, Mitarb. Angelika Hauser-Hauswirth, hg. f. d. Landeszentrale für politische Bildung Baden-Württemberg/Haus der Geschichte Baden-Württemberg, Ulm 1994, 95–104

10056 Kirsch, Walter: Der antifaschistische Widerstandskampf in Leipzig von Mitte 1935 bis Mitte 1937, in: WMHGDDR 2 (1970), Nr. 2/3, 9–33

10057 Klopcic, France: Die österreichische Widerstandsgruppe um »Die Wahrheit« (1942–1943), in: Helmut Konrad/Wolfgang Neugebauer (Hg.), Arbeiterbewegung – Faschismus – Nationalbewußtsein. Festschrift zum 20jährigen Bestand des Dokumentationsarchivs des österreichischen Widerstandes und zum 60. Geburtstag von Herbert Steiner, Wien u. a. 1983, 191–200

10058 Klotzbach, Kurt: Gegen den Nationalsozialismus. Widerstand und Verfolgung in Dortmund 1930–1945. Eine historisch-politische Studie, Hannover 1969; 311 S.

10059 Klusacek, Christine: Die österreichische Freiheitsbewegung. Gruppe Roman Karl Scholz, Wien u. a. 1968; 76 S.

10060 Köfler, Gretl: Widerstand und Verfolgung 1938–1945, in: Tirol 1938. Voraussetzungen und Folgen. Ausstellung des Landes Tirol, Tiroler Landesmuseum Ferdinandeum, 9. März bis 10. April 1988, Hg. Tiroler Landesmuseum Ferdinandeum, Innsbruck 1988, 95–104

10061 Köllmayr, Friedrich (Hg.): Unser München. Antifaschistischer Stadtführer, hg. i. A. der VVN-Bund der Antifaschisten, Landesverband Bayern, Frankfurt 1983; 86 S.

10062 Krause-Schmidt, Ursula: Die badische antifaschistische Widerstandsbewegung 1933–1945, in: Heiko Haumann (Hg.), Vom Hotzenwald bis Wyhl. Demokratische Traditionen in Baden, Köln 1977, 125–46

10063 Kretzschmar, Ernst (Hg.): Widerstandskampf Görlitzer Antifaschisten 1933–1945. Erinnerungen, Dokumente, Kurzbiographien, Görlitz 1973; 102 S.**

10064 Kuropka, Joachim: Für Wahrheit, Recht und Freiheit – gegen den Nationalsozialismus, Vechta 1983; 130 S.

10065 Luza, Radomir: Der Widerstand in Österreich 1938–1945, Wien 1985; 387 S. (amerikan.: Minneapolis, Minn. 1984)

10066 Mallmann, Klaus-Michael/Paul, Gerhard: Das zersplitterte Nein – Saarländer gegen Hitler. (Widerstand und Verweigerung im Saarland 1935 bis 1945, 1), Hg. Hans-Walter Herrmann, Bonn 1989; 346 S.

10067 Mareiner, Hilde: »Zeitspiegel«. Eine österreichische Stimme gegen Hitler, Wien u. a. 1967; 44 S.

10068 Marßolek, Inge/Ott, René: Bremen im Dritten Reich. Anpassung – Widerstand – Verfolgung, Mitarb. Peter Brandt u. a., Bremen 1986; 542 S.

10069 Matthias, Erich/Weber, Hermann (Hg.): Widerstand gegen den Nationalsozialismus in Mannheim, Mitarb. Günter Braun/Manfred Koch, hg. i. A. der Stadt Mannheim, Mannheim 1984; 554 S.*

10070 Mellacher, Karl: Das Lied im österreichischen Widerstand. Funktionsanalyse eines nichtkommerziellen Systems, Wien/Zürich 1986; 272 S.

10071 Meyer, Gertrud: Nacht über Hamburg. Berichte und Dokumente, Frankfurt 1971; 364 S.**

10072 Mirkes, Adolf/Schild, Karl: Zeugnisse: Offenbach 1933–1945. Verfolgung und Widerstand in Stadt- und Landkreis Offenbach, Köln 1988; 228 S.

10073 Mitteräcker, Hermann: Kampf und Opfer für Österreich. Ein Beitrag zur Geschichte des österreichischen Widerstandes 1938 bis 1945, Wien 1963; 215 S.

10074 Molden, Fritz: Die Feuer in der Nacht. Opfer und Sinn des österreichischen Widerstandes 1938–1945, Wien 1988; 239 S.

10075 Molden, Otto: Der Ruf des Gewissens. Der österreichische Freiheitskampf 1938–1945. Beiträge zur Geschichte der österreichischen Freiheitsbewegung, 3. Aufl., Wien/München 1970; 376 S. (zuerst 1958)

10076 Mühldorfer, Friedbert: Verfolgung und Widerstand in Traunstein [Bayern] 1933–1945, Ingolstadt 1992; 157 S.

10077 Mütze-Specht, Fanny: Aus dem antifaschistischen Widerstandskampf in Mecklenburg gegen das Naziregime, o. O. [Schwerin] 1948; 77 S.

10078 Neugebauer, Wolfgang: Widerstand in Österreich, in: Ger van Roon (Hg.), Europäischer Widerstand im Vergleich. Die Internationalen Konferenzen Amsterdam, Berlin 1985, 141–70

10079 Neugebauer, Wolfgang: Widerstand und Opposition, in: Emmerich Tálos u. a. (Hg.), NS-Herrschaft in Österreich 1938–1945, Wien 1988, 537–52

10080 Neugebauer, Wolfgang/Steiner, Herbert: Widerstand und Verfolgung in Österreich (im Zeitraum vom 12. Februar 1938 bis zum 10. April 1938), in: Anschluß 1938. Protokoll des Symposiums in Wien am 14. und 15. März 1978, München/Wien 1981, 86–108

10081 [Neunzehnhundertdreiunddreißig] 1933 bis 1945. Widerstand und Verfolgung in Mülheim an der Ruhr, Hg. VVN-Bund der Antifaschisten, Kreisvereinigung Mülheim an der Ruhr, Bearb. Doris Doetsch/Michael Doetsch u. a., Mülheim a. d. Ruhr 1987; IV, 378 S.

10082 Nissen, Hans C.: Widerstand, Verfolgung, Emigration, Anpassung [in Schleswig-Holstein], in: DG 3 (1988), 473–94

10083 Paul, Gerhard: Widerstand an der Saar. Bilanz eines Forschungsprojektes, St. Ingbert 1993; 38 S.

10084 Peine unter der NS-Gewaltherrschaft. Zeugnisse des Widerstandes und der Verfolgung im Dritten Reich, Hg. VVN-Bund der Antifaschisten, Kreisvereinigung Peine, Red. Richard Brennig u. a., Peine o. J. (1970); 120 S.

10085 Pingel-Rollmann, Heinrich: Widerstand und Verfolgung in Darmstadt und der Provinz Starkenburg 1933–1945, Darmstadt/Marburg 1985; 471 S.

10086 Poppinga, Onno u. a.: Ostfriesland. Biographien aus dem Widerstand, Frankfurt 1977; 186 S.

10087 Prusnik Gasper, Karel: Gemsen auf der Lawine. Der Kärntner Partisanenkampf, Klagenfurt/Celovec 1980; 322 S.

10088 Raab, Helmut: Der Arbeiter im Reich des Hakenkreuzes. Widerstand und Verfolgung in Würzburg, Hg. Gewerkschaft Erziehung und Wissenschaft, Kreisverband Würzburg, Würzburg o. J. [1983]; 71 S.**

10089 Rausch, Josef: Der Partisanenkampf in Kärnten im Zweiten Weltkrieg, 2. Aufl., Wien 1983; 107 S. (zuerst 1979)

10090 Rausch, Josef: Der Partisanenkrieg in Kärnten im Zweiten Weltkrieg, in: ÖOH 23 (1981), 53–76

10091 Roskamp, Heiko: Verfolgung und Widerstand. [Berlin-]Tiergarten, ein Bezirk im Spannungsfeld der Geschichte 1933–1945, Berlin 1985; 165 S.

10092 Rosmus-Wenninger, Anja: Widerstand und Verfolgung. Am Beispiel Passaus 1933–1939, Passau 1983; 191 S.

10093 Rossaint, Josef C./Zimmermann, Michael: Widerstand gegen den Faschismus in Oberhausen, Frankfurt 1983; 230 S.

10094 Roth, Herlinde: Beiträge zum Widerstand gegen das NS-Regime in Kärnten 1938–1945, Diss. Wien 1985; XI, 397 S.

10095 Rusinek, Bernd-A.: Verfolgung und Widerstand in Düsseldorf 1933–1945, in: Verfolgung und Widerstand in Düsseldorf 1933–1945. (Katalog der ständigen Ausstellung in der Mahn- und Gedenkstätte Düsseldorf), Hg. Stadt Düsseldorf, Konzeption/Red. Angela Genger, Düsseldorf 1990, 29–158**

10096 Sandvoß, Hans-Rainer: Widerstand in Wedding. (Schriftenreihe über den Widerstand in Berlin von 1933 bis 1945, 1), Hg. Gedenkstätte Deutscher Widerstand Berlin, Berlin 1983; 108 S.

10097 Sandvoß, Hans-Rainer: Widerstand in Steglitz und Zehlendorf. (Schriftenreihe über den Widerstand in Berlin von 1933 bis 1945, 2), Hg. Gedenkstätte Deutscher Widerstand Berlin, Berlin 1986; 224 S.

10098 Sandvoß, Hans-Rainer: Widerstand in Spandau. (Schriftenreihe über den Widerstand in Berlin von 1933 bis 1945, 3), Hg. Gedenkstätte Deutscher Widerstand Berlin, Berlin 1988; 200 S.

10099 Sandvoß, Hans-Rainer: Widerstand in Neukölln. (Schriftenreihe über den Widerstand in Berlin von 1933 bis 1945, 4), Hg. Gedenkstätte Deutscher Widerstand Berlin, Berlin 1988; 287 S.

10100 Sandvoß, Hans-Rainer: Widerstand in Pankow und Reinickendorf. (Schriftenreihe über den Widerstand in Berlin von 1933 bis 1945, 6), Hg. Gedenkstätte Deutscher Widerstand Berlin, Berlin 1992; 288 S.

10101 Sboshy, Inge/Schabrod, Karl: Widerstand in Solingen. Aus dem Leben antifaschistischer Kämpfer, Frankfurt 1975; 135 S.

10102 Schabrod, Karl: Widerstand an Rhein und Ruhr 1933–1945, Hg. VVN-Bund der Antifaschisten, Landesvorstand Nordrhein-Westfalen, Düsseldorf 1969; 184 S.

10103 Schabrod, Karl: Widerstand gegen Flick und Florian. Düsseldorfer Antifaschisten über ihren Widerstand 1933–1945, Frankfurt 1978; 205 S.

10104 Schadt, Jörg: Verfolgung und Widerstand, in: Otto Borst (Hg.), Das Dritte Reich in Baden und Württemberg, Stuttgart 1988, 96–120, 296–300

10105 Schadt, Jörg/Caroli, Michael (Hg.): Heidelberg unter dem Nationalsozialismus. Studien zu Verfolgung, Widerstand und Anpassung, hg. i. A. der Stadt Heidelberg, Heidelberg 1985; XVI, 574 S.*

10106 Schirmer, Hermann: Das andere Nürnberg. Antifaschistischer Widerstand in der Stadt der Reichsparteitage, Frankfurt 1974; 255 S.

10107 Schmeer, Günter: Zur Geschichte des antifaschistischen Widerstandskampfes unter Führung der KPD im Gebiet des heutigen Bezirks Neubrandenburg (1933–1945), Diss. Rostock 1976; VI, 169, LXVII S. (Ms. vervielf.)

10108 Schmid, Hans-Dieter (Hg.): Zwei Städte unter dem Hakenkreuz. Widerstand und Verweigerung in Hannover und Leipzig 1933–1945, Leipzig 1994; 262 S.*

10109 Schmidt, Ernst: Lichter in der Finsternis. Widerstand und Verfolgung in Essen 1933–1945. Erlebnisse, Berichte, Forschungen, Gespräche, Hg. VVN-Bund der Antifaschisten, Kreisvereinigung Essen, 2., erw. u. verb. Aufl., Frankfurt 1980; 400 S. (zuerst 1979)

10110 Schnabel, Thomas (Hg.): Formen des Widerstandes im Südwesten 1933–1945. Scheitern und Nachwirken, Mitarb. Angelika Hauser-Hauswirth, hg. f. d. Landeszentrale für politische Bildung Baden-Württemberg/Haus der Geschichte Baden-Württemberg, Ulm 1994; 367 S.*

10111 Schneider, Ulrich: Marburg 1933–1945. Arbeiterbewegung und Bekennende Kirche gegen den Faschismus, Frankfurt 1980; 149 S.

10112 Schumann, Wilhelm: Ihr seid den dunklen Weg für uns gegangen... Skizzen aus dem Widerstand in Hann[oversch] Münden 1933–1939, Frankfurt 1973; 127 S.

10113 Schüngeler, Heribert: Widerstand und Verfolgung in Mönchengladbach und Rheydt 1933–1945, 1. u. 2. Aufl., Mönchengladbach 1985; XX, 487, 12 S.

10114 Schwenger, Hannes (Hg.): Berlin im Widerstand, Berlin 1965; 134 S.

10115 Stadler, Robert/Mooslechner, Michael: St. Johann/Pg. 1938–1945. Das nationalsozialistische »Markt Pognau«. Der »2. Juli 1944« in Goldegg: Widerstand und Verfolgung, Salzburg 1986; 159 S.

10116 Steinberg, Hans-Josef: Widerstand und Verfolgung in Essen 1933–1945, 2. Aufl., Bonn/Bad Godesberg 1973; 422 S. (zuerst 1969)

10117 Steiner, Herbert: Gestorben für Österreich. Widerstand gegen Hitler. Eine Dokumentation, Wien u. a. 1968; 241 S.**

10118 Steiner, Herbert: Zum Tode verurteilt. Österreicher gegen Hitler. Eine Dokumentation, Wien u. a. 1964; 208 S.**

10119 Steiner, Herbert: Einige Probleme des Widerstandes gegen den Nationalsozialismus in Österreich (1938–1945), in: Widerstand, Verfolgung und Emigration 1933–1945. (Referate auf der Tagung des Forschungsinstituts der Friedrich-Ebert-Stiftung vom 25. bis 30. September 1966 in Bergneustadt), Bad Godesberg 1967, 3–14 (Ms. vervielf.)

10120 Steiner, Herbert: Widerstand in Wien, in: Wien 1938, Hg. Kommission Wien 1938, Wien 1978, 136–46

10121 Steinwascher, Gerd: Machtergreifung, Widerstand und Verfolgung in Schaumburg, in: NJL 62 (1990), 25–58

10122 Streiflichter aus Verfolgung und Widerstand 1933–45, Hg. VVN-Bund der Antifaschisten, Kreis Ludwigsburg, H. 1–5, Ludwigsburg 1985–1993; 52, 68, 72, 62, 80 S.**

10123 Tappe, Rudolf/Tietz, Manfred (Hg.): Tatort Duisburg 1933–1945. Widerstand und Verfolgung im Nationalsozialismus, hg. für die Geschichtskommission der VVN/ Bund der Antifaschisten, Kreis Duisburg, 2 Bde., Essen 1989–1993; 441, 700 S.**

10124 Teich, Hans: Hildesheim und seine Antifaschisten. Widerstandskampf gegen den Hitlerfaschismus und demokratischer Neubeginn 1945 in Hildesheim, Hg. VVN-Bund der Antifaschisten, Kreisvereinigung Hildesheim, Red. Dirk Addicks u.a., Hildesheim 1979; X, 177 S.

10125 Totenliste Hamburger Widerstandskämpfer und Verfolgter 1933–1945, Hg. Vereinigte Arbeitsgemeinschaft der Naziverfolgten e.V., Bearb. Willi Sander u.a., Hamburg 1968; 112 S.

10126 Trallori, Lisbeth N.: Der »Verschwiegene Widerstand« [in Österreich], in: ZG 12 (1984/85), Nr. 5, 151–64

10127 Veiter, Theodor: Aspekte des Widerstandes in der Wiener Lokomotivfabrik AG und in der Rax-Werk Ges.m.b.H., in: Helmut Konrad/Wolfgang Neugebauer (Hg.), Arbeiterbewegung – Faschismus – Nationalbewußtsein. Festschrift zum 20jährigen Bestand des Dokumentationsarchivs des österreichischen Widerstandes und zum 60. Geburtstag von Herbert Steiner, Wien u.a. 1983, 249–61

10128 Verfolgung und Widerstand in Düsseldorf 1933–1945. (Katalog der ständigen Ausstellung in der Mahn- und Gedenkstätte Düsseldorf), Hg. Stadt Düsseldorf, Konzeption/Red. Angela Genger, Konzeption/Gestaltung Bernhard Langerock, Düsseldorf 1990; 204 S.* **

10129 Verfolgung, Widerstand, Neubeginn in Freiburg. (Eine Dokumentation), Hg. VVN-Bund der Antifaschisten, Kreis Freiburg, Freiburg i.Br. o.J. [1980]; 224 S.

10130 Viebahn, Wilfried: Widerstand gegen die Nazidiktatur in Köln, in: Reinhold Billstein (Hg.), Das andere Köln. Demokratische Traditionen seit der Französischen Revolution, Köln 1979, 283–361

10131 Voller, Leopold: Le mouvement de résistance autrichien et les alliés, in: European Resistance Movements 1939–45. Proceedings of the Second International Conference on the History of the Resistance Movements Held an Milan 26–29 March 1961, Oxford u.a. 1964, 566–71

10132 Von Herren und Menschen. Verfolgung und Widerstand in Vorarlberg 1933–1945, Hg. Johann-August-Malin-Gesellschaft, Bregenz 1985; 411 S.

10133 Wachs, Walter: Kampfgruppe Steiermark, Wien u.a. 1968; 64 S.

10134 Wagner, Karl: Erinnerungen an Neustift. Beitrag zur Geschichte des antifaschistischen Widerstandes in Neustift-Stubai, Hg. Hilde Wagner, Karlsruhe 1979; 25 S.

10135 Weick, Käte: Widerstand im Bodenseeraum, in: Heiko Haumann (Hg.), Vom Hotzenwald bis Wyhl. Demokratische Traditionen in Baden, Köln 1977, 147–53

10136 Weinzierl, Erika: Der österreichische Widerstand 1938 bis 1945, in: Erika Weinzierl/Kurt Skalnik (Hg.), Das neue Österreich. Geschichte der Zweiten Republik, Graz u.a. 1975, 11–29

10137 Weinzierl, Erika: Die Anfänge des österreichischen Widerstandes, in: Gerald Stourzh/Birgitta Zaar (Hg.), Österreich, Deutschland und die Mächte. Internationale und österreichische Aspekte des »Anschlusses« vom März 1938, Wien 1990, 511–26

10138 Wenke, Bettina: Interviews mit Überlebenden. Verfolgung und Widerstand in Südwestdeutschland, Stuttgart 1980; 273 S.

10139 Werner, Gerhard: Aufmachen! Gestapo! Über den Widerstand in Wuppertal 1933 bis 1945, Hg. Stadt Wuppertal, Presse- und Werbeamt, Mitarb. Karl Ibach u.a., 2. Aufl., Wuppertal 1975; 63 S. (zuerst 1974)

10140 Widerstand an Rhein und Ruhr 1933–1945, Hg. VVN-Bund der Antifaschisten, Landesvorstand Nordrhein-Westfalen, Düsseldorf 1969; 184 S.

10141 Widerstand und Verfolgung in Bayern 1933–1945. (Katalog zur Ausstellung), Hg. Arbeitsgemeinschaft Bayerischer Verfolgtenorganisationen, verantwortl. Carola Karg/Clara Huber, Red. Wolfgang J. Stock/Dieter Strothmann, München 1976; 72 S.**

10142 Widerstand und Verfolgung in Bochum und Wattenscheid. Ein alternativer Stadtführer zur Geschichte in den Jahren 1933–1945, Hg. VVN-Bund der Antifaschisten, Kreisvereinigung Bochum, Red. Günter Gleising, Münster 1988; 64 S.

10143 Widerstand und Verfolgung in Dortmund 1933–1945. Ständige Ausstellung und Dokumentation, im Auftrage des Rates der Stadt Dortmund erstellt vom Stadtarchiv. Eröffnet: 30. Januar 1981, Bearb. Günter Högl/Udo Steinmetz, Einleitung Hans Mommsen, Mitarb. Ewald Kurtz, Gesamtkonzeption Günter Högl, Projektleitung Gustav Luntowski, Dortmund 1981; XVI, 336 S.**

10144 Widerstand und Verfolgung in Essen 1933–1945. Informationsblätter zur Ausstellung in der Alten Synagoge Essen, Hg. Stadt Essen, Kulturamt, Red. Angela Genger, Essen 1982; 79 S.

10145 Widerstand und Verfolgung in Köln 1933–1945. Ausstellung, 8. Februar bis 28. April 1974, Hg. Historisches Archiv der Stadt Köln, Bearb. Franz Irsfeld/Bernd Wittschier, Köln 1974; 423 S.

10146 Widerstand und Verfolgung in Remscheid 1933–1945, Hg. Ronsdorfer Zeitung, Bd. 2, Wuppertal 1986; 68 S.

10147 Wippermann, Wolfgang: Das Leben in Hessen zur NS-Zeit. Darstellung, Dokumente, didaktische Hinweise, Bd. 4: Der Widerstand, Frankfurt 1986; 167 S.**

10148 Wir »Hoch- und Landesverräter«. Antifaschistischer Widerstand in Oberhausen. Ein Lesebuch, Bochum 1983; 296 S.

10149 Wörmann, Heinrich-Wilhelm: Widerstand in Charlottenburg. (Schriftenreihe über den Widerstand in Berlin von 1933 bis 1945, 5), Hg. Gedenkstätte Deutscher Widerstand Berlin, Berlin 1991; 275 S.

10150 Zehnter, Annette: Widerstand und Verfolgung in Bochum und Wattenscheid 1933–1945, Hg. Stadtarchiv Bochum, Essen 1992; 364 S.

10151 Zorn, Gerda: Stadt im Widerstand, Frankfurt 1965; 160 S.

10152 Zorn, Gerda: Widerstand in Hannover. Gegen Reaktion und Faschismus 1920–1946, Frankfurt 1977; 276 S.

10153 Zur Geschichte des antifaschistischen Widerstandes und der Arbeiterbewegung in Hamburg 1932–1948. Erweiterte Dokumentation auf Grundlage der Ausstellung »Antifaschistischer Widerstand in Hamburg 1932–1945. Arbeiterbewegung in Hamburg 1945–1948«, Hg. Hochschule für bildende Künste, Fachbereich Visuelle Kommunikation, Bearb. Wolfgang A. Schneider/Marianne Haustein, Mitarb. Ulrike Knolle, Hamburg 1977; 90 S.**

10154 Zur Geschichte des Kampfes gegen den Faschismus in Berlin-Prenzlauer Berg 1933 bis 1945, Hg. Komitee der Antifaschistischen Widerstandskämpfer der DDR, Kreiskomitee Berlin-Prenzlauer Berg, Berlin (O) 1988; 196 S.

10155 Zweigart, Egon: Widerstand und nonkonformes Verhalten in Esslingen, in: Von Weimar bis Bonn. Esslingen 1919–1949. Begleitband zur Ausstellung »Esslingen 1919–1949. Von Weimar bis Bonn«, Esslingen 1991, 281–301

A.3.13.3 Arbeiterbewegung

[vgl. A.3.11.6.1]

A.3.13.3.1 Allgemeines

Bibliographien

10156 Bibliographie zur Geschichte der deutschen Arbeiterbewegung, Hg. Bibliothek des Archivs der sozialen Demokratie der Friedrich-Ebert-Stiftung, Bonn, 1 (1976)ff.

10157 Bibliographie zur Geschichte der deutschen Arbeiterjugendbewegung von den Anfängen bis 1945, Hg. Wilhelm-Pieck-Universität Rostock, Sektion Geschichte, Leitung Bodo Brücher/Karl H. Jahnke, Bearb. Ingo Koch/Ralf Schmölders, Rostock 1989, 76–90 (zugleich Bielefeld)

10158 Klotzbach, Kurt: Bibliographie zur Geschichte der deutschen Arbeiterbewegung 1914–1945. Sozialdemokratie, Freie Gewerkschaften, Christlich-Soziale Bewegungen, Kommunistische Bewegung und linke Splittergruppen. Mit einer forschungsgeschichtlichen Einleitung, Bearb. Volker Mettig, 3., wesentl. erw. u. verb. Aufl., Bonn 1981; 394 S. (zuerst 1975)

Nachschlagewerke

10159 Geschichte der deutschen Arbeiterbewegung. Chronik, Bd. 2: Von 1917 bis 1945, Hg. Institut für Marxismus-Leninismus beim ZK der SED, Berlin (O) 1966; 551 S.

Darstellungen

10160 Abendroth, Wolfgang: Ein Leben in der Arbeiterbewegung. Gespräche, Hg. Barbara Dietrich/Joachim Perels, Frankfurt 1976, 141–95

10161 Abendroth, Wolfgang: Historische Funktion und Umfang des Widerstandes der Arbeiterbewegung im Dritten Reich, in: Peter von Oertzen (Hg.), Festschrift für Otto Brenner zum 60. Geburtstag, Frankfurt a. M. 1967, 303–23

10162 Asgodom, Sabine (Hg.): »Halts Maul – sonst kommst nach Dachau!« Frauen und Männer aus der Arbeiterbewegung berichten über Widerstand und Verfolgung unter dem Nationalsozialismus, Köln 1983; 215 S.

10163 Bajohr, Frank: In doppelter Isolation. Zum Widerstand der Arbeiterjugendbewegung gegen den Nationalsozialismus, in: Wilfried Breyvogel (Hg.), Piraten, Swings und Junge Garde. Jugendwiderstand im Nationalsozialismus, Bonn 1991, 17–35

10164 Begemann, Dieter: »Ich hoffe, daß ein freies Deutschland für Euch entsteht.« Das Schicksal des 1944 hingerichteten Arbeiters Heiko Ploeger, Vorwort Bernt Engelmann, Bielefeld 1988; 147 S.

10165 Deutschlands Junge Garde. 50 Jahre Arbeiterjugendbewegung, 2. Aufl., o.O [Berlin (O)] 1955, 233–99**

10166 Gerhard, Dirk: Antifaschisten. Proletarischer Widerstand 1933–1945, Berlin 1976; 175 S.

10167 Geschichte der deutschen Arbeiterbewegung, Bd. 5: Von Januar 1933 bis Mai 1945, Hg. Institut für Marxismus-Leninismus beim ZK der SED, Berlin (O) 1966; 664 S.

10168 Gittig, Heinz: Illegale antifaschistische Tarnschriften 1933–1945, Frankfurt/Leipzig 1971/1972; 262 S.

10169 Grebing, Helga: Geschichte der deutschen Arbeiterbewegung. Ein Überblick, 11. Aufl., München 1981, 210–24 (zuerst 1970)

10170 Großkopf, Fred-Rainer: Zum antifaschistischen Widerstandskampf deutscher Seeleute der Handelsflotte von 1933 bis 1945, Rostock 1981; VII, 202 S.

10171 Herlemann, Beatrix: Widerstand von unten, Hg. Arbeitsgemeinschaft verfolgter Sozialdemokraten/SPD-Bundesvorstand, Bonn 1988; 42 S.

10172 Klönne, Arno: Die deutsche Arbeiterbewegung. Geschichte, Ziele, Wirkungen, 2., akt. Aufl., München 1989, 261–77 (zuerst Düsseldorf/Köln 1980; LA Frankfurt o. J.)

10173 Langewiesche, Dieter: Sozialistischer und kommunistischer Widerstand in Deutschland 1933–1945, in: Helmut Hoffacker (Hg.), Materialien zum historisch-politischen Unterricht, Bd. 1: Versäumte Lektionen. Deutschland 1890–1949, Stuttgart 1975, 67–81

10174 Mason, Timothy W.: The Third Reich and the German Left: Persecution and Resistance, in: Hedley Bull (Hg.), The Challenge of the Third Reich, Oxford 1986, 95–116

10175 Mattausch, Wolf-Dieter: Deutsche Arbeitersportler im antifaschistischen Widerstandskampf 1933 bis 1945, Diss. B Rostock 1983; 393 S.

10176 Mommsen, Hans: Der 20. Juli und die deutsche Arbeiterbewegung. (Beiträge zum Widerstand 1933–1945, 28), Hg. Gedenkstätte Deutscher Widerstand Berlin, 2. Aufl., Berlin 1989; 32 S. (zuerst 1985); abgedr. in: Klaus Schönhoven/Dietrich Staritz (Hg.), Sozialismus und Kommunismus im Wandel. Hermann Weber zum 65. Geburtstag, Köln 1993, 236–60

10177 Peukert, Detlev J. K.: Der deutsche Arbeiterwiderstand gegen das Dritte Reich. (Beiträge zum Widerstand 1933–1945, 13), Hg. Gedenkstätte Deutscher Widerstand Berlin, 5. Aufl., Berlin 1990; 68 S. (zuerst 1980)**

10178 Peukert, Detlev J. K.: Der deutsche Arbeiterwiderstand 1933–1945, in: APUZ, Nr. B 28–29/79, 14. 7. 1979, 22–36; abgedr. in: Der Nationalsozialismus als didaktisches Problem. Beiträge zur Behandlung des NS-Systems und des deutschen Widerstands im Unterricht, Hg. Bundeszentrale für politische Bildung, Bonn 1980, 77–101; überarb. abgedr. in: Karl D. Bracher u. a. (Hg.), Nationalsozialistische Diktatur 1933–1945. Eine Bilanz, Bonn (zugl. Düsseldorf) 1983, 633–54; Klaus-Jürgen Müller (Hg.), Der deutsche Widerstand 1933–1945, Paderborn u. a. 1986, 157–81

10179 Peukert, Detlev J. K.: Working-Class Resistance: Problems and Options, in: David C. Large (Hg.), Contending with Hitler. Varieties of German Resistance in the Third Reich, Cambridge u. a. 1991, 35–48

10180 Peukert, Detlev J. K.: Zur Rolle des Arbeiterwiderstandes im »Dritten Reich«, in: Christoph Kleßmann/Falk Pingel (Hg.), Gegner des Nationalsozialismus. Wissenschaftler und Widerstandskämpfer auf der Suche nach historischer Wirklichkeit, Frankfurt/New York 1980, 73–90

10181 Peukert, Detlev J. K.: Arbeiterwiderstand – Formen und Wirkungsmöglichkeiten, in: Widerstand und Exil in der deutschen Arbeiterbewegung, Hg. Friedrich-Ebert-Stiftung, Bonn 1982, 215–364**

10182 Plum, Günter: Politik und Widerstand von Parteien und Parteigruppen aus dem Bereich der Arbeiterbewegung, in: Ernst Breit (Hg.), Aufstieg des Nationalsozialismus – Untergang der Republik – Zerschlagung der Gewerkschaften. Dokumentation der historisch-politischen Konferenz des DGB im Mai 83 in Dortmund, Köln 1984, 176–84

10183 Post und Postler im Nationalsozialismus – Verfolgung und Widerstand, Hg. Deutsche Postgewerkschaft, Hauptvorstand, Red. Walter Glasbrenner, Mitarb. Armin Breidenbach u. a., Frankfurt 1986, 169–283**

10184 Reichardt, Hans J.: Möglichkeiten und Grenzen des Widerstands der Arbeiterbewegung, in: Walter Schmitthenner/Hans Buchheim (Hg.), Der deutsche Widerstand gegen Hitler. Vier historisch-kritische Studien, Köln/Berlin 1966, 169–213, 275–81

10185 Résistance. Erinnerungen deutscher Antifaschisten, Hg. Institut für Marxismus-Leninismus beim Zentralkomitee der SED, Bearb. Dora Schaul, Mitarb. Otto Niebergall u. a., Berlin (O) 1973; 477 S. (LA 1. u. 2. Aufl., Frankfurt 1973)

10186 Schröder, Willi u.a.: Rote Sportler im antifaschistischen Widerstand, Hg. Deutscher Turn- und Sportbund der DDR, 3 Bde., Berlin (O) 1978–1980; 47 S. (Bd. 3)

10187 Steinbach, Peter: Widerstand aus der Arbeiterbewegung, in: Maria Zenner (Hg.), Der Widerstand gegen den Nationalsozialismus. Eine interdisziplinäre didaktische Konzeption zu seiner Erschließung, Bochum 1989, 23–54; abgedr. in: Peter Steinbach, Widerstand im Widerstreit. Der Widerstand gegen den Nationalsozialismus in der Erinnerung der Deutschen. Ausgewählte Studien, Paderborn u.a. 1994, 147–74

10188 Steinberg, Hans-Josef: Thesen zum Widerstand aus der Arbeiterbewegung, in: Christoph Kleßmann/Falk Pingel (Hg.), Gegner des Nationalsozialismus. Wissenschaftler und Widerstandskämpfer auf der Suche nach historischer Wirklichkeit, Frankfurt/New York 1980, 67–72

10189 Stender-Petersen, Ole: Exilleitung und deutscher Widerstand, in: Hans U. Petersen (Hg.), Hitlerflüchtlinge im Norden. Asyl und politisches Exil 1933–1945, Kiel 1991, 259–63

10190 Stroech, Jürgen: Die illegale Presse – eine Waffe im Kampf gegen den deutschen Faschismus. Ein Beitrag zur Geschichte und Bibliographie der illegalen antifaschistischen Presse 1933–1939, Leipzig 1979; 302 S.

10191 Widerstand und Exil der deutschen Arbeiterbewegung 1933–1945, Hg. Friedrich-Ebert-Stiftung, Mitarb. Manfred Geis u.a., Bonn 1982; 768 S.* **

Regional-/Lokalstudien

10192 Antifaschistischer Widerstandskampf im heutigen Kreis Röbel (Müritz), Hg. SED-Kreisleitung Röbel (Müritz), Röbel 1986; 29 S.

10193 Arbeiterjugendbewegung in Frankfurt 1904–1945. Material zu einer verschütteten Kulturgeschichte. Begleitbuch zur Ausstellung über die Arbeiterjugendbewegung in Frankfurt am Main, Hg. Verein zur Erforschung der Geschichte der sozialistischen Jugendbewegung in Frankfurt am Main, Organisation Detlef Hoffmann u.a., Frankfurt 1978; 200 S. (Buchhandelsausg.: Lahn-Gießen 1978)

10194 Beier, Gerhard: Arbeiterbewegung in Hessen. Zur Geschichte der hessischen Arbeiterbewegung durch einhundertfünfzig Jahre (1834–1984), Frankfurt 1984; 672 S.

10195 Berghahn, Volker R. u.a.: Arbeiterwiderstand, in: Erich Matthias/Hermann Weber (Hg.), Widerstand gegen den Nationalsozialismus in Mannheim, Mitarb. Günter Braun/Manfred Koch, Mannheim 1984, 91–356

10196 Bethge, Werner: Widerstand von links. Antifaschismus und Widerstand von Kommunisten und Sozialdemokraten 1933/34, in: Dietrich Eichholtz (Hg.), Verfolgung – Alltag – Widerstand. Brandenburg in der NS-Zeit. Studien und Dokumente, Berlin 1993, 355–82

10197 Braun, Günter: Sozialdemokratischer und kommunistischer Widerstand in der Pfalz. Illegale Organisationsansätze und politische Traditionswahrung der Arbeiterparteien unter dem NS-Regime, in: Gerhard Nestler/Hannes Ziegler (Hg.), Die Pfalz unterm Hakenkreuz. Eine deutsche Provinz während der nationalsozialistischen Terrorherrschaft, Landau 1993, 377–412

10198 Dähn, Horst: SPD im Widerstand und Wiederaufbau (1933–1952), in: Jörg Schadt/Wolfgang Schmierer (Hg.), Die SPD in Baden-Württemberg und ihre Geschichte, Stuttgart u.a. 1979, 192–232

10199 Ditt, Karl: Organisierter Widerstand der Sozialdemokraten und Kommunisten in Hamburg während der Anfangsphase des Dritten Reiches, in: Ludwig Eiber (Hg.), Verfolgung – Ausbeutung – Vernichtung. Die Lebens- und Arbeitsbedingungen der Häftlinge in deutschen Konzentrationslagern 1933–1945, Hannover 1985, 90–110

10200 Erzählte Geschichte: Berichte von Widerstandskämpfern und Verfolgten, Bd. 1: Arbeiterbewegung, Hg. Dokumentationsarchiv des österreichischen Widerstandes/Institut für Wissenschaft und Kunst, Wien, Bearb. Siglinde Bolbecher u. a., Wien 1985; 349 S.

10201 Fischer-Defoy, Christine: Arbeiterwiderstand in der Provinz. Arbeiterbewegung und Faschismus in Kassel und Nordhessen 1933–1945. Eine Fallstudie, Berlin 1982; 280 S.

10202 Griepenburg, Rüdiger: 1933–1945: Illegalität und Verfolgung, in: Wilhelm van Kampen/Tilman Westphalen (Hg.), 100 Jahre SPD in Osnabrück, 1875–1975. Ausgewählte Kapitel zur Geschichte der Arbeiterbewegung in Osnabrück, Osnabrück 1975, 107–15

10203 Grubmüller, Margit/Langewiesche, Dieter: Die Würzburger Arbeiterbewegung unter der nationalsozialistischen Diktatur, in: Hans W. Loew/Klaus Schönhoven (Hg.), Würzburger Sozialdemokraten. Vom Arbeiterverein zur Sozialdemokratischen Volkspartei, Würzburg 1978, 89–106

10204 Heinisch, Theodor: Österreichs Arbeiter für Unabhängigkeit 1934–1945, Wien u. a. 1968; 39 S.

10205 Hüttenberger, Peter: Solidarität der Gegner. Die Kirchen und die Arbeiterbewegung zwischen Anpassung, Abwehr und Anteilnahme, in: Anselm Faust (Hg.), Verfolgung und Widerstand im Rheinland und in Westfalen 1933–1945, Köln u. a. 1992, 65–76

10206 Imberger, Elke: Widerstand »von unten«. Widerstand und Dissens aus den Reihen der Arbeiterbewegung [in Lübeck] und Zeugen Jehovas [in Schleswig-Holstein] 1933–1945, Neumünster 1991, 11–241

10207 Klages, Rita: Proletarische Fluchtburgen und letzte Widerstandsorte? Zeltstädte und Laubenkolonien in Berlin, in: Projekt: Spurensicherung. Alltag und Widerstand im Berlin der 30er Jahre. Katalog zur Ausstellung vom 12.6. bis 10.7. 1983 im U-Bahnhof Schlesisches Tor, Berlin, Hg. Berliner Geschichtswerkstatt, Red. Karl-Heinz Breidt u. a., Berlin 1983, 117–36

10208 Klein, Herbert: Arbeiterwiderstand im Faschismus. Nördliches Ruhrgebiet/Münsterland 1933–1945, Münster 1979; 138 S.

10209 Köhler, Johann: Klettern in der Großstadt. Volkstümliche Geschichten vom Überleben in Berlin 1933–1945, Vorwort Wolf Biermann, Berlin 1979; 274 S.

10210 Lawan, Christian: Aus dem Bielefelder Arbeiterwiderstand 1935–45, in: Wolfgang Emer u. a. (Hg.), Provinz unterm Hakenkreuz. Diktatur und Widerstand in Ostwestfalen-Lippe, Bielefeld 1984, 53–76

10211 Matull, Wilhelm/Sommerfeld, Max: Der Anteil der ostpreußischen Arbeiterbewegung am Widerstand gegen den Nationalsozialismus, in: JbAUK 17 (1967), 164–78

10212 Mausbach-Bromberger, Barbara: Arbeiterwiderstand in Frankfurt am Main. Gegen den Faschismus 1933–1945, Frankfurt 1976; 312 S.

10213 Peters, Horst: Proletarischer Widerstand in Schleswig-Holstein, in: Urs J. Diederichs/Hans-Hermann Wiebe (Hg.), Schleswig-Holstein unter dem Hakenkreuz, hg. i. A. der Evangelischen Akademie Nordelbien, Bad Segeberg/Hamburg o. J. (1984), 103–20

10214 Pies, Norbert: »Hetzer wohnen hier verhältnismäßig wenige.« Geschichte der Arbeiterbewegung am linken Niederrhein, Hg. Günter Pätzold/Karl-Heinz Schlingmann, Marburg 1989; 405 S.

10215 Der politische Widerstand der Arbeiterbewegung, in: Widerstand und Verfolgung in Dortmund 1933–1945. Ständige Ausstellung und Dokumentation, im Auftrage des Rates der Stadt Dortmund erstellt vom Stadtarchiv. Eröffnet: 30. Januar 1981, Bearb. Günter Högl/Udo Steinmetz, Mitarb. Ewald Kurtz, Dortmund 1981, 101–228

10216 Reutter, Friederike: Verfolgung und Widerstand der Arbeiterparteien in Heidelberg (1933 bis 1945), in: Jörg Schadt/Michael Caroli (Hg.), Heidelberg unter dem Nationalsozialismus. Studien zu Verfolgung, Widerstand und Anpassung, Heidelberg 1985, 469–550

10217 Salm, Fritz: Im Schatten des Henkers. Vom Arbeiterwiderstand in Mannheim, 2. Aufl., Frankfurt 1979; 301 S. (zuerst 1973)

10218 Schmid, Hans-Dieter: Zur Sozialstruktur des organisierten Widerstands der Arbeiterschaft in Hannover, in: Frank Bajohr (Hg.), Norddeutschland im Nationalsozialismus, Hamburg 1993, 123–47

10219 Stapperfenne, Wilfried: Arbeiterbewegung und Arbeiterwiderstand im Raum Minden 1932–34, in: Wolfgang Emer u. a. (Hg.), Provinz unterm Hakenkreuz. Diktatur und Widerstand in Ostwestfalen-Lippe, Bielefeld 1984, 77–100

10220 Stöcker, Rainer: Tatort Hagen 1933–1945. (Geschichte der Hagener Arbeiterbewegung, 3), Essen 1993; 280 S.

10221 Vogl, Friedrich (Hg.): Österreichs Eisenbahner im Widerstand, Wien 1968; 280 S.

10222 Wichers, Hermann: Möglichkeiten und Grenzen des Widerstandes von Sozialdemokraten und Kommunisten in Baden und Württemberg, in: Thomas Schnabel (Hg.), Formen des Widerstandes im Südwesten 1933–1945. Scheitern und Nachwirken, Mitarb. Angelika Hauser-Hauswirth, hg. f. d. Landeszentrale für politische Bildung Baden-Württemberg/Haus der Geschichte Baden-Württemberg, Ulm 1994, 26–52

A.3.13.3.2 Sozialdemokraten

A.3.13.3.2.1 Allgemeines

Nachschlagewerke

10223 Osterroth, Franz/Schuster, Dieter (Bearb.): Chronik der deutschen Sozialdemokratie, Bd. 2: Vom Beginn der Weimarer Republik bis zum Ende des Zweiten Weltkrieges, 3. Aufl., Berlin/Bonn 1980; 452 S. (zuerst 1963)

Gedruckte Quellen

10224 Blick in die Zeit. Pressestimmen des In- und Auslandes zu Politik, Wirtschaft und Kultur. Reprint der Jahrgänge 1933, 1934 und 1935. Mit neu erstelltem Personen- und Sachregister, Vorwort Herta Mendel, Einführung Peter Lösche/Michael Scholing, Köln 1988; 1816 S.

10225 Klein, Anton/Labudat, Fritz: Überleben und Widerstehen. Nationalsozialismus, Krieg und Nachkrieg in den Tagebüchern von Sozialdemokraten, Hg. Frank Bajohr/Ernst Schmidt, Essen 1985; 149 S.

Darstellungen

10226 Allen, William S.: Social Democratic Resistance against Hitler and the European Tradition of Underground Movements, in: Francis R. Nicosia/Lawrence D. Stokes (Hg.), Germans against Nazism. Nonconformity, Opposition, and Resistance in the Third Reich. Essays in Honor of Peter Hoffmann, New York/Oxford 1990, 191–204

10227 Allen, William S.: Die sozialdemokratische Untergrundbewegung: Zur Kontinuität subkultureller Werte, in: Jürgen Schmädeke/Peter Steinbach (Hg.), Der Widerstand gegen den Nationalsozialismus. Die deutsche Gesellschaft und der Widerstand gegen Hitler, 2. Aufl., München/Zürich 1986, 849–66 (zuerst 1985; ND 1994)

10228 Beck, Dorothea: Theodor Haubach, Julius Leber, Carlo Mierendorff, Kurt

Schumacher. Zum Selbstverständnis der »militanten Sozialisten« in der Weimarer Republik, in: AfS 26 (1986), 87–123

10229 Brandt, Willy: Deutsche Sozialdemokraten und ihr Widerstand gegen den Nationalsozialismus, in: Tribüne 18 (1979), Nr. 71, 102–12

10230 Brandt, Willy: Demokratische Sozialisten gegen Hitler, in: FH 38 (1983), Nr. 4, 32–42

10231 Deppe, Ralf: Sozialdemokratisches Exil in Dänemark und der innerdeutsche Widerstand: Das Grenzsekretariat Kopenhagen der SOPADE – Unterstützung für die Widerstandsarbeit in Deutschland, in: Hans U. Petersen (Hg.), Hitlerflüchtlinge im Norden. Asyl und politisches Exil 1933–1945, Kiel 1991, 207–13

10232 Grasman, Peter: Sozialdemokraten gegen Hitler 1933–1945, München/Wien 1976; 163 S.

10233 Griepenburg, Rüdiger: Die Volksfronttaktik im sozialdemokratischen Widerstand gegen das Dritte Reich. Dargestellt an der Gruppe Deutsche Volksfront und dem Volksfrontkomitee im Konzentrationslager Buchenwald, Diss. Marburg 1969; II, 133 S.

10234 Heine, Fritz: Wie war das mit der SOPADE? Zum Beitrag von M[ichael] Voges, Politische Opposition als Organisationsprozeß gesellschaftlicher Erfahrung. Zum Widerstandskonzept der Sopade im Dritten Reich (B 26/84), in: APUZ, Nr. B 33/84, 18.8. 1984, 33–35 (Kommentar M. Voges: 35–37)

10235 Lehnert, Detlef: Sozialdemokratie zwischen Protestbewegung und Regierungspartei 1848–1983, Frankfurt 1983, 155–64

10236 Lehnert, Detlef: Vom Widerstand zur Neuordnung? Zukunftsperspektiven des demokratischen Sozialismus im Exil als Kontrastprogramm zur NS-Diktatur, in: Jürgen Schmädeke/Peter Steinbach (Hg.), Der Widerstand gegen den Nationalsozialismus. Die deutsche Gesellschaft und der Widerstand gegen Hitler, 2. Aufl., München/Zürich 1986, 497–519 (zuerst 1985; ND 1994)

10237 Lösche, Peter/Scholing, Michael: In den Nischen des Systems: Der sozialdemokratische Pressespiegel »Blick in die Zeit«, in: Jürgen Schmädeke/Peter Steinbach (Hg.), Der Widerstand gegen den Nationalsozialismus. Die deutsche Gesellschaft und der Widerstand gegen Hitler, 2. Aufl., München/Zürich 1986, 207–24 (zuerst 1985; ND 1994)

10238 Lösche, Peter/Scholing, Michael: Solidargemeinschaft im Widerstand: Eine Fallstudie über »Blick in die Zeit«, in: IWK 19 (1983), 517–60

10239 Mehringer, Hartmut: Sozialdemokratischer und sozialistischer Widerstand, in: Peter Steinbach/Johannes Tuchel (Hg.), Widerstand gegen den Nationalsozialismus, Berlin 1994, 126–43

10240 Mendel, Kurt H.: »Blick in die Zeit« (1933–1935). Entstehung und Werdegang. Aus der Redaktionswerkstatt. Aus eigener Kenntnis. (Beiträge zum Widerstand 1933–1945, 24), Hg. Gedenkstätte Deutscher Widerstand Berlin, 2. Aufl., Berlin 1986; 36 S. (zuerst 1984)**

10241 Moraw, Frank: Die Parole der »Einheit« und die Sozialdemokratie. Zur parteiorganisatorischen und gesellschaftspolitischen Orientierung der SPD in der Periode der Illegalität und in der ersten Phase der Nachkriegszeit 1933–1948, Berlin/Bad Godesberg 1973; 262 S.

10242 Niemann, Heinz/Findeisen, Otto/ Lange, Dietrich: SPD und Hitlerfaschismus. Der Weg der deutschen Sozialdemokratie vom 30. Januar 1933 bis zum 21. April 1946, Kap. I-III: Januar 1933 – Herbst 1935, Kap. IV-V: November 1935 – August 1939, Kap. VI-VII: September 1939 – Ende 1942 (Kap. VIII-IX nicht erschienen), Diss. Institut für Marxismus-Leninismus beim Zentralkomitee der SED Berlin (O) 1965; 3, 308, 83; 288, 63; 321, 75 S. (Ms. vervielf.)

10243 Potthoff, Heinrich: Die Sozialdemokratie von den Anfängen bis 1945, in: Susanne Miller/Heinrich Potthoff, Kleine Geschichte der SPD. Darstellung und Dokumentation 1848–1983, 7., überarb. u. erw. Aufl., Bonn 1990, 13–169, hier 142–54 (zuerst Bonn-Bad Godesberg 1974)

10244 Rabe, Bernd: Die »Sozialistische Front«. Sozialdemokraten gegen den Faschismus 1933–1936, Hannover 1984; 120 S.

10245 Schlingensiepen, Alexandra: Zeitzeugen des Widerstands. Demokratische Sozialisten gegen Hitler. Über ein Symposium der Friedrich-Ebert-Stiftung, Bonn 1983; 112 S.

10246 Voges, Michael: Politische Opposition als Organisationsprozeß gesellschaftlicher Erfahrung. Zum Widerstandskonzept der Sopade im Dritten Reich, in: APUZ, Nr. B 26/84, 30. 6. 1984, 13–24

10247 White, Dan S.: Lost Comrades. Socialists of the Front Generation 1918–1945, Cambridge, Mass./London 1992; XIII, 255 S.

10248 Widerstand 1933–1945. Sozialdemokraten und Gewerkschafter gegen Hitler, Hg. Archiv der sozialen Demokratie, 2., überarb. Aufl., Bonn 1983; 168 S. (zuerst 1980)**

10249 Zur Mühlen, Patrik von: Gegnerschaft – Opposition – Widerstand: Sozialdemokraten und Nationalsozialismus, in: Dieter Dowe/Kurt Klotzbach (Hg.), Kämpfe – Krisen – Kompromisse. Kritische Beiträge zum 125jährigen Jubliläum der SPD, Bonn 1989, 81–100

10250 Zur Mühlen, Patrik von: Die SPD zwischen Anpassung und Widerstand, in: Jürgen Schmädeke/Peter Steinbach (Hg.), Der Widerstand gegen den Nationalsozialismus. Die deutsche Gesellschaft und der Widerstand gegen Hitler, 2. Aufl., München/Zürich 1986, 86–98 (zuerst 1985; ND 1994)

10251 Zur Mühlen, Patrik von: Sozialdemokraten gegen Hitler, in: Richard Löwenthal/Patrik von Zur Mühlen (Hg.), Widerstand und Verweigerung in Deutschland 1933 bis 1945, 2. Aufl., Berlin/Bonn 1984, 57–75 (zuerst 1982)

Regional-/Lokalstudien

10252 Albrecht, Richard: Berlin, am 16. September 1942: Rekonstruktion einer »Stummen« Demonstration im Krematorium Baumschulenweg, in: IWK 22 (1986), 71–78

10253 Allen, William S.: Eine statistische Analyse der sozialistischen Untergrundbewegung in Nordrhein-Westfalen 1933–1938, in: Widerstand, Verfolgung und Emigration 1933–1945. (Referate auf der Tagung des Forschungsinstituts der Friedrich-Ebert-Stiftung vom 25. bis 30. September 1966 in Bergneustadt), Bad Godesberg 1967, 23–36 (Ms. vervielf.)

10254 Beier, Gerhard: Zur doppelten Tragödie des Widerstands gegen den Nationalsozialismus: Wilhelm Leuschner, Willi Richter und Willi Knothe. Beispiele aus Hessen, in: KBD 4 (1994), Nr. 2, 1–24

10255 Braun, Günter: Widerstand und Verfolgung in Mannheim 1933–1945. Mannheimer Sozialdemokraten gegen die Nazi-Diktatur, Hg. Sozialdemokratischer Bildungsverein Mannheim, Mannheim 1983; 76 S.

10256 Braun, Günter: Ludwigshafener Sozialdemokraten in Verfolgung und Widerstand 1933–1945, in: Der Freiheit und Demokratie verpflichtet. Beiträge zur Geschichte der Ludwigshafener Sozialdemokratie, Hg. SPD-Stadtverband Ludwigshafen am Rhein, hg. aus Anlaß des 40. Jahrestages der Wiederzulassung, Neustadt a. d. W. 1986, 111–42**

10257 Brunstein, Reinhard: Spuren sozialdemokratischen und gewerkschaftlichen Widerstandes gegen den Nationalsozialismus in Münster, in: Heinz-Ulrich Eggert (Hg.), Schon fast vergessen. Alltag in Münster 1933–1945, 2. Aufl., Münster 1989, 35–52 (zuerst 1986)

10258 Dähn, Horst: SPD im Widerstand und Wiederaufbau (1933–1952), in: Jörg Schadt/Wolfgang Schmierer (Hg.), Die SPD in Baden-Württemberg und ihre Geschichte. Von den Anfängen der Arbeiterbewegung bis heute, Stuttgart 1979, 192–232

10259 Ditt, Karl: Sozialdemokraten im Widerstand. Hamburg in der Anfangsphase des Dritten Reiches, Hamburg 1984; 159 S.

10260 Glaeßner, Gert-Joachim/Sühl, Klaus: Anpassung – Überleben – Widerstand. Die Berliner Arbeiterbewegung im Jahre 1933, in: Gert-Joachim Glaeßner u.a. (Hg.), Studien zur Geschichte der Arbeiterbewegung und Arbeiterkultur in Berlin, Berlin 1989, 313–33

10261 Goch, Stefan: Überlebenskämpfe sozialdemokratischer Arbeiterbewegungskultur. Einige Beispiele aus Gelsenkirchen, in: Bernd Faulenbach/Günter Högl (Hg.), Eine Partei in ihrer Region. Zur Geschichte der SPD im Westlichen Westfalen, hg. i.A. des SPD-Bezirks Westliches Westfalen, Essen 1988, 128–35

10262 Goch, Stefan: Möglichkeiten und Grenzen des Widerstands von Sozialdemokraten – Beispiele aus dem Ruhrgebiet, in: Anselm Faust (Hg.), Verfolgung und Widerstand im Rheinland und in Westfalen 1933–1945, Köln u.a. 1992, 124–36

10263 Goch, Stefan: Widerstand und Verfolgung. Sozialdemokraten aus dem Bezirk Westliches Westfalen unter dem Nationalsozialismus, in: Bernd Faulenbach u.a. (Hg.), Vom Außenposten zur Hochburg der Sozialdemokratie. Der SPD-Bezirk Westliches Westfalen 1893–1993, Essen 1993, 125–59**

10264 Grossmann, Anton J.: Milieubedingungen von Verfolgung und Widerstand. Am Beispiel ausgewählter Ortsvereine der SPD, in: Bayern in der NS-Zeit, Bd. 5: Die Parteien KPD, SPD, BVP in Verfolgung und Widerstand, Hg. Martin Broszat/Hartmut Mehringer, München/Wien 1983, 433–540

10265 Henk, Emil: Sozialdemokratischer Widerstand im Raum Mannheim, in: 100 Jahre SPD in Mannheim, Hg. Sozialdemokratische Partei Deutschlands, Kreisverband Mannheim, Mannheim 1967, 68–73

10266 Högl, Günter: »Eher siegt der Faschismus nicht, eh' er nicht jeden von uns zerbricht.« Dortmunder Sozialdemokraten im Widerstand, in: Bernd Faulenbach/Günther Högl (Hg.), Eine Partei in ihrer Region. Zur Geschichte der SPD im Westlichen Westfalen, hg. i.A. des SPD-Bezirks Westliches Westfalen, Essen 1988, 117–24

10267 Homburg, George: Sozialdemokratie unterm Hakenkreuz. Ostwestfalen-Lippe 1933–1945, Vorwort Arno Klönne, Hamburg 1988; 188 S.

10268 Hurwitz, Harold/Sühl, Klaus: Die Berliner Sozialdemokratie während des Dritten Reiches, in: Harold Hurwitz/Klaus Sühl, Demokratie und Antikommunismus in Berlin nach 1945, Bd. 2: Autoritäre Tradierung und Demokratiepotential in der sozialdemokratischen Arbeiterbewegung, Köln 1984, 133–89, 299–304

10269 Janson, Günther: Oppauer Sozialdemokraten im Kampf gegen den Nationalsozialismus, Hg. SPD-Stadtverband Ludwigshafen [am Rhein], Ludwigshafen a.Rh. 1985; 20 S. (Ms. hekt.)

10270 Matull, Wilhelm: Der Freiheit eine Gasse. Geschichte der Düsseldorfer Arbeiterbewegung, Bonn 1980, 142–54

10271 Mehringer, Hartmut: Die bayerische Sozialdemokratie bis zum Ende des NS-Regimes. Vorgeschichte, Verfolgung und Widerstand, in: Bayern in der NS-Zeit, Bd. 5: Die Parteien KPD, SPD, BVP in Verfolgung und Widerstand, Hg. Martin Broszat/ Hartmut Mehringer, München/Wien 1983, 287–432

10272 Morweiser, Hermann: Auch in Ludwigshafen gab es Widerstand gegen den Faschismus, Hg. VVN-Bund der Antifaschisten, Kreisvereinigung Ludwigshafen-Frankenthal, o. O. [Ludwigshafen a.Rh.] o. J. [1981] (Ms. hekt.; o. Pag.)**

10273 Morweiser, Hermann: Vom antifaschistischen Widerstand in Speyer, Hg. VVN-Bund der Antifaschisten, Kreisvereinigung Speyer, Mitarb. Antifa-Archiv Ludwigshafen, Speyer 1983; 233 S. (Ms. hekt.)**

10274 Nerdinger, Eugen: Flamme unter Asche. Die Gestapo schrieb die Geschichte der illegalen sozialdemokratischen Partei Südbayerns und Österreichs »Revolutionäre Sozialisten«. Dokumente zu einer Lektion aus den Jahren 1933/45. (Widerstand in Augsburg und Südbayern 1933/1942), Hg. Stadt Augsburg, Augsburg 1979; 238 S.**

10275 Obenaus, Herbert: Bürgerliche im sozialdemokratischen Widerstand. Der Fall der Sozialistischen Front in Hannover, in: Dieter Brosius u. a. (Hg.), Geschichte in der Region. Zum 65. Geburtstag von Heinrich Schmidt, Hannover 1993, 419–40

10276 Obenaus, Herbert: Niederlage und Erneuerung der Arbeiterbewegung: Das Konzept der hannoverschen »Sozialistischen Blätter« (1933–1936), in: Hans-Dieter Schmid (Hg.), Zwei Städte unter dem Hakenkreuz. Widerstand und Verweigerung in Hannover und Leipzig 1933–1945, Leipzig 1994, 71–91

10277 Obenaus, Herbert: Probleme der Erforschung des Widerstands in der hannoverschen Sozialdemokratie 1933 bis 1945, in: NJL 62 (1990), 77–95

10278 Peters, Horst: Zuchthausstrafen für Volksschädlinge. Eine Gruppe Kieler Sozialdemokraten im Widerstand gegen den Nationalsozialismus, in: Wir sind das Bauvolk. Kiel 1945–1950, Hg. Arbeitskreis »Demokratische Geschichte«, Kiel 1989, 11–29

10279 Risthaus, Willi: »Politisch waren wir tot.« Bei den Sozialdemokraten regte sich nach 1933 kein Widerstand mehr, in: Wolf Stegemann (Hg.), Dorsten unterm Hakenkreuz. Eine Dokumentation zur Zeitgeschichte, Bd. 3: Der gleichgeschaltete Alltag, Mitarb. Forschungsgruppe Dorsten unterm Hakenkreuz, Dorsten 1985, 20–25

10280 Runge, Hermann/Runge, Wilhelmine: Die Moerser SPD im Kampf gegen die Nazis, in: Erasmus Schöpfer (Hg.), Der rote Großvater erzählt. Berichte und Erzählungen von Veteranen der Arbeiterbewegung aus der Zeit 1914–1945, Vorbemerkung Aletta Eßer, ND Berlin 1983, 175–91 (zuerst Frankfurt 1974)

10281 Rusinek, Bernd-A.: Verfolgung und Widerstand in der Diktatur, in: Frank Morgner/Andreas Kussmann (Hg.), Die Kraft einer großen Idee. 125 Jahre Sozialdemokratie in Düsseldorf, hg. i. A. der SPD, Unterbezirk Düsseldorf, Düsseldorf 1988, 133–47

10282 Schmid, Hans-Dieter: Der organisierte Widerstand der Sozialdemokraten in Leipzig 1933–1935, in: Hans-Dieter Schmid (Hg.), Zwei Städte unter dem Hakenkreuz. Widerstand und Verweigerung in Hannover und Leipzig 1933–1945, Leipzig 1994, 26–70

10283 Werner, Emil: Die Freiheit hat ihren Preis. Die bayerische Sozialdemokratie von ihren Anfängen bis zum Widerstand im NS-Staat, München 1979, 153–83

10284 Der Widerstand gegen das Nazi-Regime in Schlesien von 1932 bis 1945 durch SPD und andere Gruppen, Hg. Arbeitskreis »Ehemals schlesische Sozialdemokraten«, Red. Lothar Konschak, Bonn 1987; 32 S.

10285 Wunder, Gerhard: Die Sozialdemokratie in Neustadt an der Weinstraße seit 1832. Zum einhundertjährigen Bestehen des Ortsvereins 1875 bis 1985, Neustadt a. d. W. 1985, 74–87

10286 Zimmermann, Michael: Gegen den Nationalsozialismus. Sozialdemokraten und Gewerkschafter in Oberhausen 1933–1945, Essen 1982; 96 S.

A.3.13.3.2.2 Einzelne Persönlichkeiten

10287 [Barend, Lisa] Barend, Lisa: Danziger Jahre. Aus dem Leben einer jungen Frau bis 1945/46, Berlin 1992; 223 S.

10288 [Brill, Hermann] Brill, Hermann: Gegen den Strom, Offenbach 1946; 101 S.

10289 [Brill, Hermann] Overesch, Manfred: Hermann Brill in Thüringen 1895–1946. Ein Kämpfer gegen Hitler und Ulbricht, Bonn 1992; 424 S.

10290 [Buch, Georg] Emig, Erik: Georg Buch. Leben und Wirken eines Sozialdemokraten, Bonn 1983; 127 S.

10291 [Bußmann, Heinrich] Bußmann, Ludwig: Der Kommunalpolitiker Heinrich Bußmann [Lünen]. Sein Leben und Wirken 1892–1942, Düsseldorf 1993; 167 S.

Gedruckte Quellen

10292 [Faller, Emil] Faller, Frieda/Faller, Emil: Wir trugen die Last, bis sie zerbrach. Ein deutscher Briefwechsel 1933–1938, Hg. Manfred Bosch, Nachwort Martin Walser, Freiburg 1983; 167 S.

10293 [Gehm, Ludwig] Dertinger, Antje: Der treue Partisan. Ein deutscher Lebenslauf: Ludwig Gehm, Bonn 1989; 192 S.

10294 [Gehm, Ludwig] Grabe, Hans-Dieter: Ludwig Gehm – ein deutscher Widerstandskämpfer, in: Faschismus in Deutschland. Ursachen und Folgen. Verfolgung und Widerstand. Ausländerfeindlichkeit und neonazistische Gefahren, Hg. IG Druck und Papier, Köln 1985, 173–83

10295 [Graef, Adam] Caspary, Eugen: Bürgermeister Adam Graef [Niederselters]. Baugewerkschafter und Sozialdemokrat. * 1882 Niederselters, + 1945 KZ Bergen-Belsen, Camberg 1982; 101 S.**

10296 [Haubach, Theodor] Hammer, Walter (Hg.): Theodor Haubach zum Gedächtnis, Frankfurt 1955; 84 S.

10297 [Heilmann, Ernst] Lösche, Peter: Ernst Heilmann. Ein Widerstandskämpfer aus Charlottenburg, Hg. Bezirksverordnetenversammlung Berlin-Charlottenburg/Bezirksamt Berlin-Charlottenburg, Berlin 1981; 16 S.

10298 [Kreisky, Bruno] Kreisky, Bruno: Zwischen den Zeiten. Erinnerungen aus fünf Jahrzehnten, Berlin 1986; 494 S.

10299 [Kühn, Heinz] Kühn, Heinz: Widerstand und Emigration. Die Jahre 1928–1945, Hamburg 1980; 357 S.

10300 [Kuttner, Erich] »Was ich will, soll Tat werden.« Erich Kuttner 1887–1942. Ein Leben für Freiheit und Recht. Ausstellung im Heimatmuseum Tempelhof im Zusammenhang mit der Erstellung des Gedenkbuches für die Opfer des Nationalsozialismus aus dem Bezirk Tempelhof, Bearb. Bart de Cort, Red. Kurt Schilde, Berlin 1990; 95 S.

Gedruckte Quellen

10301 [Leber, Julius] Beck, Dorothea/Schoeller, Wilfried F. (Hg.): Julius Leber. Schriften, Reden, Briefe, Gedenkrede Golo Mann, Vorwort Willy Brandt, München 1976; 327 S.

Darstellungen

10302 [Leber, Julius] Beck, Dorothea: Julius Leber. Sozialdemokrat zwischen Reform und Widerstand. Mit Briefen aus dem Zuchthaus, Einleitung Willy Brandt, Vorwort Hans Mommsen, 2., überarb. Aufl., München 1994; 384 S. (zuerst Berlin 1983)**

10303 [Leber, Julius] Beck, Dorothea: Julius Leber, in: Rudolf Lill/Heinrich Oberreuther (Hg.), 20. Juli. Portraits des Widerstands, München u. a. 1984, 135–46

10304 [Leber, Julius] Blumenberg, Werner: Julius Leber, in: Werner Blumenberg, Kämpfer für die Freiheit, Berlin/Hannover 1959, 148–55 (ND Berlin/Bonn 1974)

10305 [Leber, Julius] Bohrmann, Ingeborg/Bohrmann, Hans: Julius Leber (1891–

1945), in: Peter Glotz/Wolfgang R. Langenbucher (Hg.), Vorbilder für Deutsche. Korrektur einer Heldengalerie, München/Zürich 1974, 236–54

10306 [Leber, Julius] Brandt, Willy: Heimliche Besuche beim »Kohlenhändler« zu Berlin. Zur freiheitlichen Tradition der deutschen Hauptstadt und zum Erbe des Widerstands. Willy Brandt über Julius Leber. (Rede auf einer Gedenkveranstaltung der Friedrich-Ebert-Stiftung zum 100. Geburtstag von Julius Leber in Berlin am 15.11.91), in: FR, Jg. 47, Nr. 267, 16.11. 1991, 10

10307 [Leber, Julius] Mommsen, Hans: Julius Leber und der deutsche Widerstand gegen Hitler, in: ZfG 42 (1994), 581–87

10308 [Mierendorff, Carl] Albrecht, Richard: Carl Mierendorff und das Konzept einer demokratischen Volksbewegung, in: Jürgen Schmädeke/Peter Steinbach (Hg.), Der Widerstand gegen den Nationalsozialismus. Die deutsche Gesellschaft und der Widerstand gegen Hitler, 2. Aufl., München/Zürich 1986, 838–48 (zuerst 1985; ND 1994)

10308a [Mierendorff, Carlo] Albrecht, Richard: Konzept für ein neues Deutschland. Carl Mierendorffs Programmentwurf aus dem Jahre 1943, in: Tribüne 23 (1984), Nr. 91, 163–71

10308b [Mierendorff, Carlo] Albrecht, Richard: Der militante Sozialdemokrat Carlo Mierendorff 1897–1943. Eine Biographie, Bonn 1987; 464 S.

10309 [Mierendorff, Carlo] Kopitzsch, Franklin: Carlo Mierendorff, in: Rudolf Lill/Heinrich Oberreuther (Hg.), 20. Juli. Portraits des Widerstands, München u. a. 1984, 175–90

10310 [Mierendorff, Carlo] Reitz, Jakob: Carlo Mierendorff 1897–1943. Stationen seines Lebens und Wirkens, Darmstadt 1983; 131 S.

10310a [Mierendorff, Carlo] Usinger, Fritz: Carlo Mierendorff. Eine Einführung in sein Werk und eine Auswahl, Wiesbaden 1965; 114 S.

Bibliographien

10311 [Reichwein, Adolf] Schulz, Ursula: Adolf Reichwein (3. Oktober 1898 bis 20. Oktober 1944). Bibliographie seiner Schriften, nebst einer Zusammenstellung seiner Lebensdaten und einem Brief Adolf Reichweins zum Thema: Volk – Völker – Heimat – Welt, Hg. Volkshochschule Bremen, Mitarb. Ulrich Steinmann, Bremen o. J. [1967], 45–56**

Gedruckte Quellen

10311a [Reichwein, Adolf] Adolf Reichwein. Ein Lebensbild aus Briefen und Dokumenten, Hg. Ursula Schulz, Mitarb. Hans Bohnenkamp, Sonderausg. der Lessing-Akademie Wolfenbüttel, 2 Bde., München/Wolfenbüttel 1974; 294, 184 S. (gekürzte Ausg. München 1974)

Darstellungen

10311b [Reichwein, Adolf] Adolf Reichwein 1898–1944. Reformpädagoge, Volkskundler, Widerstandskämpfer. Vorträge im Rahmen einer Akademischen Feierstunde anläßlich der Übergabe des Adolf-Reichwein-Archivs am 1. Dezember 1989, Red. Ullrich Amlung/Walter Wagner, Marburg 1990; 58 S.**

10311c [Reichwein, Adolf] Amlung, Ullrich: Adolf Reichwein 1898–1944. Ein Lebensbild des politischen Pädagogen, Volkskundlers und Widerstandskämpfers, 2 Bde., Frankfurt 1991; 302, 696 S.

10311d [Reichwein, Adolf] Boehringer, Hannes: Die Rolle Adolf Reichweins im Widerstand, in: Christian Salzmann (Hg.), Pädagogik und Widerstand. Pädagogik und Politik im Leben von Adolf Reichwein. (Symposium des Fachbereichs 3 der Universität Osnabrück, 8. Februar 1980), Osnabrück 1984, 67–73

10311e [Reichwein, Adolf] Gentsch, Dirk: Adolf Reichwein 1898–1944 – ein Pädagoge und antifaschistischer Widerstandskämpfer. Eine politische Biographie, Diss. Potsdam 1985; 178 S. (Ms. vervielf.)

10311f [Reichwein, Adolf] Gentsch, Dirk: Adolf Reichwein – sozialdemokratischer Widerstandskämpfer im Kreisauer Kreis (1939–1944), in: BzG 31 (1989), 841–47

10312 [Reichwein, Adolf] Henderson, James L.: Adolf Reichwein. Eine politisch-pädagogische Biographie, Hg. Helmut Lindemann, Stuttgart 1958; 223 S.

10312a [Reichwein, Adolf] Huber, Wilfried: Adolf Reichwein – Pädagoge im Widerstand. Eine biographische Skizze. Jahre der Durchbildung 1898–1923. Die Jahre pädagogischer Gestaltung in der Weimarer Republik. Die Jahre unter dem Nationalsozialismus und die Stufen des Widerstandes 1933–1944, in: Roland Reichwein (Hg.), Adolf Reichwein. Reformpädagoge und Widerstandskämpfer 1898–1944. Beiträge und Dokumente zum 40. Todestag, hg. i. A. der Gewerkschaft Erziehung und Wissenschaft, Heidelberg 1984, 46–64

10312b [Reichwein, Adolf] Huber, Wilfried: Museumspädagogik und Widerstand 1939–1944. Zum bildungspolitischen Aspekt im Leben von Adolf Reichwein, in: Wilfried Huber/Albert Krebs (Hg.), Adolf Reichwein 1898–1944. Erinnerungen, Forschungen, Impulse, Paderborn u. a. 1981, 303–77

10313 [Reichwein, Adolf] Huber, Wilfried/ Krebs, Albert: Adolf Reichwein. Erinnerungen, Forschungen, Impulse, Paderborn 1981; 397 S.

10313a [Reichwein, Adolf] Miller, Susanne: Adolf Reichwein – seine Bedeutung im antifaschistischen Widerstand, in: »Schafft eine lebendige Schule.« Adolf Reichwein (1898–1944). Dokumentation und Materialien einer Veranstaltung der Gewerkschaft Erziehung und Wissenschaft zum 40. Todestag von Adolf Reichwein in Bodenrod (Butzbach), Taunus, Red. Jochen Schweitzer, Hg. Max-Traeger-Stiftung, Heidelberg 1985, 24–31

10314 [Reichwein, Adolf] Steinmann, Ulrich: Aus dem Leben Adolf Reichweins. Berichtigungen und Ergänzungen zu Hendersons Biographie, in: Staatliche Museen zu Berlin [O], Forschungen und Berichte 7 (1965), 68–84

10315 [Reinbold, Georg] Braun, Günter: »Mit Parteigruß: Reinbold«. Zum Schicksal des letzten badischen SPD-Vorsitzenden vor 1933, in: Allmende 14 (1987), 32–56**

10316 [Reinhold, Georg] Braun, Günter: Georg Reinhold. Grenzsekretär der Sozialdemokraten für Baden und die Pfalz, in: Michael Bosch/Wolfgang Niess (Hg.), Der Widerstand im deutschen Südwesten 1933–1945, Stuttgart 1984, 163–71

10317 [Reuter, Ernst] Brandt, Willy/Löwenthal, Richard: Ernst Reuter. Ein Leben für die Freiheit, 2. Aufl., Berlin/Wien 1965; 758 S. (zuerst München 1957)

10318 [Reuter, Ernst] Lehmann, Hans G.: Ernst Reuters Entlassung aus dem Konzentrationslager, in: AfS 13 (1973), 483–508

10319 [Roßmann, Erich] Roßmann, Erich: Ein Leben für Sozialismus und Demokratie, Stuttgart/Tübingen 1947; 263 S.

10320 [Schöttle, Erwin] Nachtmann, Walter: Erwin Schöttle. Grenzsekretär der Sozialdemokraten in Württemberg, in: Michael Bosch/Wolfgang Niess (Hg.), Der Widerstand im deutschen Südwesten 1933–1945, Stuttgart 1984, 153–61

Gedruckte Quellen

10321 [Thape, Ernst] Overesch, Manfred: Ernst Thapes Buchenwalder Tagebuch von 1945. (Dokumentation), in: VfZ 29 (1981), 631–72

Darstellungen

10322 [Thape, Ernst] Thape, Ernst: Von Rot zu Schwarz-Rot-Gold. Lebensweg eines Sozialdemokraten, Hannover 1969; 364 S.

A.3.13.3.3 Kommunisten

A.3.13.3.3.1 Allgemeines

Gedruckte Quellen

10325 Gestapo-Berichte über den antifaschistischen Widerstandskampf der KPD 1933 bis 1945, Bd. 1: Anfang 1933 bis August 1939, Bd. 2: September 1939 bis August 1943, Bd. 3: September 1943 bis April 1945, Bearb. Margot Pikarski/Elke Warning, Berlin (O) 1989–1990; 220, 428, 198 S.

10326 Griebel, Regina u.a. (Hg.): Erfaßt? Das Gestapo-Album zur Roten Kapelle. Eine Foto-Dokumentation, Halle a.d.S. 1992; 372 S.

10327 Die illegale Tagung des Zentralkomitees der KPD am 7. Februar 1933 in Ziegenhals bei Berlin, Red. Günter Hortzschansky, Mitarb. Kurt Wrobel, 5., überarb. u. erw. Aufl., Berlin (O) 1988; 126 S. (3. Aufl. 1981)

10328 Kennan, George/Weber, Hermann: Aus dem Kadermaterial der illegalen KPD 1943. (Dokumentation), in: VfZ 20 (1972), 422–46

10329 Kühnrich, Heinz/Pech, Karlheinz: Am Beginn der letzten Phase des Krieges. Ein neues bedeutendes Dokument aus dem illegalen Kampf der KPD in Deutschland 1944 [Franz Jacobs, 1944], in: BzG 21 (1979), 402–25

10330 Kühnrich, Heinz/Pech, Karlheinz: Neue, bedeutsame Materialien über die politisch-theoretische Tätigkeit der illegalen operativen Leitung der KPD in Deutschland 1944, in: BzG 21 (1979), 26–41

10331 Pikarski, Margot/Uebel, Günter (Bearb.): Die KPD lebt! Flugblätter aus dem antifaschistischen Widerstandskampf der KPD 1933–1945, 2. Aufl., Berlin (O) 1980; 64, 240 S. (zuerst Berlin [O] u. LA Frankfurt 1978 u.d.T.: Der antifaschistische Widerstandskampf der KPD im Spiegel des Flugblattes 1933–1945)

10332 Pikarski, Margot/Warning, Elke: Über den antifaschistischen Widerstandskampf der KPD. Aus Gestapoakten, in: BzG 25 (1983), 67–87, 398–410, 548–60, 704–10; 26 (1984), 55–62, 338–46

10333 Plum, Günter: Die KPD in der Illegalität. Rechenschaftsbericht einer Bezirksleitung aus dem Jahre 1934. (Dokumentation), in: VfZ 23 (1975), 219–35

10334 Scheel, Heinrich: Die »Rote Kapelle« und der 20. Juli 1944. (Dokumentation), in: ZfG 33 (1985), 325–37

10335 Weisenborn, Günther/Weisenborn, Joy: Einmal laß mich traurig sein. Briefe, Lieder, Kassiber 1942–1943, Hg. Elisabeth Raabe, Mitarb. Joy Weisenborn, 2. Aufl., Frankfurt 1989; 166 S. (zuerst Zürich 1984)

Methodische Probleme

10336 Mallmann, Klaus-Michael: Kommunistischer Widerstand 1933–1945. Anmerkungen zu Forschungsstand und Forschungsdefiziten, in: Peter Steinbach/Johannes Tuchel (Hg.), Widerstand gegen den Nationalsozialismus, Berlin 1994, 113–25

Darstellungen

10337 Bankier, David: The German Communist Party and Nazi Antisemitism, 1933–1938, in: LBY 32 (1987), 325–40

10338 Bednareck, Horst: Die Gewerkschaftspolitik der KPD – fester Bestandteil ihres Kampfes um die antifaschistische Einheits- und Volksfront zum Sturze des Hitlerdiktatur und zur Verhinderung des Krieges (1935 bis August 1939), Berlin (O) 1969; 303 S.

10339 Biernat, Karl-Heinz/Kraushaar, Luise: Die Schulze-Boysen/Harnack-Organisation im antifaschistischen Kampf, 2., durchges. Aufl., Berlin (O) 1972; 184 S. (zuerst 1970)

10340 Bischoff, Charlotte: Die »Innere Front« – ein Beispiel des Kampfes der deutschen Arbeiterklasse unter Führung der KPD gegen Militarismus und Faschismus, in: Der deutsche Imperialismus und der Zweite Weltkrieg, Bd. 4, Hg. Kommission der Historiker der DDR und der UdSSR, Red. Leo Stern u.a., Berlin (O) 1961, 411–21 (zuerst in: Die Völker im Widerstandskampf, Red. Heinz Schumann, Berlin [O] 1960, 109–20)

10341 Blank, Alexander/Mader, Julius: Rote Kapelle gegen Hitler, Berlin (O) 1979; 528 S.

10342 Coppi, Hans u.a. (Hg.): Die Rote Kapelle im Widerstand gegen den Nationalsozialismus, Berlin 1994; 307 S.**

10343 Dallin, David I.: Die Sowjetspionage. Die rote Kapelle in Deutschland, in: APUZ, Nr. B 49/55, 7.12. 1955, 745–56

10344 Danyel, Jürgen: Zwischen Nation und Sozialismus: Genese, Selbstverständnis und ordnungspolitische Vorstellungen der Widerstandsgruppe um Arvid Harnack und Harro Schulze-Boysen, in: Peter Steinbach/Johannes Tuchel (Hg.), Widerstand gegen den Nationalsozialismus, Berlin 1994, 468–87

10345 Drobisch, Klaus: Zur Tätigkeit des Beauftragten des ZK der KPD in Berlin 1939–1941, in: ZfG 11 (1963), 535–51

10346 Duhnke, Horst: Die KPD von 1933 bis 1945, Köln 1972; 605 S.

10347 Fricke, Wilhelm F.: Die Rote Kapelle, Hilden a.Rh. 1949; 377 S.

10348 Fricke, Wilhelm F.: Rote Kapelle. Die Geschichte der größten Spionage- und Sabotageorganisation im II. Weltkrieg, Augsburg 1990; 423 S.

10349 Der »Gegner«-Kreis im Jahre 1932/33 – ein Kapitel aus der Vorgeschichte des Widerstandes. Tagung vom 4.–6. Mai 1990, Evangelische Akademie Berlin/Evangelisches Bildungswerk Berlin, Red. Hans Coppi/Jürgen Danyel, Berlin 1990; 126 S.

10350 Herlemann, Beatrix: Die Emigration als Kampfposten. Die Anleitung des kommunistischen Widerstands in Deutschland aus Frankreich, Belgien und den Niederlanden, Königstein, Ts. 1982; 238 S.

10351 Herlemann, Beatrix: Der deutsche kommunistische Widerstand während des Krieges. Sinnloser Opfergang oder nationale Ehrenrettung? (Beiträge zum Widerstand 1933–1945, 35), Hg. Gedenkstätte Deutscher Widerstand Berlin, Berlin 1989; 32 S.**

10352 Herlemann, Beatrix: Auf verlorenem Posten. Kommunistischer Widerstand im Zweiten Weltkrieg. Die Knöchel-Organisation, Bonn 1986; 311 S.

10353 Herlemann, Beatrix: Kommunistischer Widerstand, in: Wolfgang Benz/Walter H. Pehle (Hg.), Lexikon des deutschen Widerstandes, Frankfurt 1994, 28–41

10354 Hoffman, Louise E.: Erikson on Hitler: The Origins of »Hitler's Imagery and German Youth«, in: PR 22 (1993), 69–86

10355 Höhne, Heinz: Kennwort Direktor. Die Geschichte der Roten Kapelle, Frankfurt 1970; 235 S.

10356 Jahnke, Karl H.: Jungkommunisten im Widerstandskampf gegen den Hitlerfaschismus, Berlin (O) 1977; 430 S.

10357 Jahnke, Karl H. u.a.: Geschichte der deutschen Arbeiterjugendbewegung 1904–1945, Berlin (O) (zugl. Dortmund) 1973; 632 S.

10358 Klinger, Christian: Zum Anteil deutscher Frauen am antifaschistischen Widerstand unter Führung der KPD (1933–1945), Diss. Leipzig 1975; 289 S.

10359 Kuckhoff, Greta: Vom Rosenkranz zur Roten Kapelle, 7. Aufl., Berlin (O) 1986; 406 S. (zuerst 1965)

10360 Kühnrich, Heinz: Die KPD im Kampf gegen die faschistische Diktatur 1933 bis 1945, Berlin (O) 1983; 341 S.

10361 Lebendige Tradition. Lebensbilder deutscher Kommunisten und Antifaschisten, 2 Bde., Berlin (O) 1974; 321, 287 S.

10362 Lehmann, Klaus: Widerstandsgruppe Schulze-Boysen-Harnack. (Männer und Frauen des antifaschistischen Kampfes), Berlin 1948; 88 S.

10363 Mammach, Klaus: Zum antifaschistischen Kampf der KPD, in: Dietrich Eichholtz/Kurt Gossweiler (Hg.), Faschismus-Forschung. Positionen, Probleme, Polemik, 2., durchges. Aufl., Köln 1980, 323–54 (zuerst Berlin [O] 1980)

10364 Merson, Allan: Communist Resistance in Nazi Germany, London 1985; X, 372 S.

10365 Nitzsche, Gerhard: Die [Anton] Saefkow-[Franz] Jakob-[Bernhard] Bästlein-Gruppe. Dokumente des illegalen antifaschistischen Kampfes (1942–1945), Berlin (O) 1957; 211 S.

10366 Nitzsche, Gerhard/Mammach, Klaus: Zum antifaschistischen Kampf der KPD den Jahren von 1939 bis 1941, in: BzG 13 (1971), 911–35

10367 Paul, Elfriede: Ein Sprechzimmer der Roten Kapelle, Hg. Wera Küchenmeister, 3. Aufl., Berlin (O) 1987; 278, (16) S. (zuerst 1981)

10369 Perrault, Gilles: Auf den Spuren der Roten Kapelle, überarb. u. erw. Neuausg., Wien/Zürich 1990; 556 S. (zuerst Reinbek 1969; franz.: Paris 1967)

10370 Peukert, Detlev J. K.: Volksfront und Volksbewegungskonzept im kommunistischen Widerstand – Thesen, in: Jürgen Schmädeke/Peter Steinbach (Hg.), Der Widerstand gegen den Nationalsozialismus. Die deutsche Gesellschaft und der Widerstand gegen Hitler, 2. Aufl., München/Zürich 1986, 875–87 (zuerst 1985; ND 1994)

10371 Pikarski, Margot: Zur Entwicklung des Parteiaufbaus und der Organisationsstruktur der KPD unter den Bedingungen des antifaschistischen Kampfes in den Jahren 1933 bis 1935, Diss. Institut für Marxismus-Leninismus beim Zentralkomitee der SED Berlin (O) 1972 (Ms. vervielf.)

10372 Pikarski, Margot: Zur Hilfe der KI und der kommunistischen Bruderparteien beim Übergang der KPD in die Illegalität im Jahre 1933, in: BzG 16 (1974), 838–47

10373 Pikarski, Margot: Aus der politisch-organisatorischen Führungstätigkeit des ZK der KPD (Sommer 1934 bis Oktober 1935), in: BzG 22 (1980), 36–47

10374 Roeder, Manfred: Die Rote Kapelle. Europäische Spionage, Hamburg 1952; 36 S.

10375 Roggenbuck, Helene: Der Aufschwung der antifaschistischen Bewegung unter Führung der KPD seit dem Überfall des faschistischen deutschen Imperialismus auf die friedliebende Sowjetunion, in: Der deutsche Imperialismus und der Zweite Weltkrieg, Bd. 4, Hg. Kommission der Historiker der DDR und der UdSSR, Red. Leo Stern u. a., Berlin (O) 1961, 447–63

10376 Rosenhaft, Eve: The Uses of Remembrance: The Legacy of the Communist Resistance in the German Democratic Republic, in: Francis R. Nicosia/Lawrence D. Stokes (Hg.), Germans against Nazism. Nonconformity, Opposition, and Resistance in the Third Reich. Essays in Honor of Peter Hoffmann, New York/Oxford 1990, 369–88

10377 Rosiejka, Gert: Die Rote Kapelle. »Landesverrat« als antifaschistischer Widerstand. (ergebnisse, 33), Einführung Heinrich Scheel, Hamburg 1986; 157 S.

10378 Rossmann, Gerhard: Der Kampf der KPD um die Einheit aller Hitlergegner, Berlin (O) 1963; 300 S.

10379 Scheel, Heinrich: Die »Rote Kapelle« und der 20. Juli, in: WMHGDDR 13 (1985), Nr. 1–2, 45–57

10380 Schuhmacher, Horst: Die internationale Solidarität mit den Antifaschisten

Österreichs 1938 und das Eintreten der KPD für das Selbstbestimmungsrecht und die nationale Unabhängigkeit des österreichischen Volkes, in: Helmut Konrad/Wolfgang Neugebauer (Hg.), Arbeiterbewegung – Faschismus – Nationalbewußtsein. Festschrift zum 20jährigen Bestand des Dokumentationsarchivs des österreichischen Widerstandes und zum 60. Geburtstag von Herbert Steiner, Wien u. a. 1983, 225–33

10382 Steinbach, Peter: Widerstandsorganisation Harnack/Schulze-Boysen, Die »Rote Kapelle« – ein Vergleichsfall für die Widerstandsgeschichte, in: Rudolf G. Ardelt/Hans Hautmann (Hg.), Arbeiterschaft und Nationalsozialismus in Österreich. In memoriam Karl R. Stadler, Wien/Zürich 1990, 691–720; abgedr. in: GWU 42 (1991), 133–52; Peter Steinbach, Widerstand im Widerstreit. Der Widerstand gegen den Nationalsozialismus in der Erinnerung der Deutschen. Ausgewählte Studien, Paderborn u. a. 1994, 234–56

10383 Sywottek, Arnold: Revolutionäre Perspektiven des kommunistischen Widerstandes, in: Jürgen Schmädeke/Peter Steinbach (Hg.), Der Widerstand gegen den Nationalsozialismus. Die deutsche Gesellschaft und der Widerstand gegen Hitler, 2. Aufl., München/Zürich 1986, 475–96 (zuerst 1985; ND 1994)

10384 Tuchel, Johannes: Weltanschauliche Motivationen in der Harnack/Schulze-Boysen-Organisation (»Rote Kapelle«), in: KZG 1 (1988), 267–92

10385 Vaßen, Florian: »Das illegale Wort«. Literatur und Literaturverhältnisse des Bundes proletarisch-revolutionärer Schriftsteller nach 1933, in: Ralf Schnell (Hg.), Kunst und Kultur im deutschen Faschismus, Stuttgart 1978, 285–327

10386 Vietzke, Siegfried: Zur Strategie und Taktik der KPD nach der Errichtung der faschistischen Diktatur in Deutschland, in: WZB 22 (1973), 125–36

10387 Voßke, Heinz: Im Kampf bewährt. Erinnerungen deutscher Genossen an den antifaschistischen Widerstand 1933 bis 1945, 3. Aufl., Berlin (O) 1987; 633 S. (zuerst 1969)

10388 Weber, Hermann: Kommunismus in Deutschland 1918–1945, Darmstadt 1983, 140–77

10389 Weber, Hermann: Kommunistischer Widerstand gegen die Hitler-Diktatur 1933–1939. (Beiträge zum Widerstand 1933–1945, 33), Hg. Gedenkstätte Deutscher Widerstand Berlin, 2. Aufl., Berlin 1990; 32 S. (zuerst 1988)

10390 Weber, Hermann: Die Ambivalenz der kommunistischen Widerstandsstrategie bis zur »Brüsseler« Parteikonferenz, in: Jürgen Schmädeke/Peter Steinbach (Hg.), Der Widerstand gegen den Nationalsozialismus. Die deutsche Gesellschaft und der Widerstand gegen Hitler, 2. Aufl., München/Zürich 1986, 73–85 (zuerst 1985; ND 1994)

10391 Weber, Hermann: Die KPD in der Illegalität, in: Richard Löwenthal/Patrik von Zur Mühlen (Hg.), Widerstand und Verweigerung in Deutschland 1933 bis 1945, 2. Aufl., Berlin/Bonn 1984, 83–101 (zuerst 1982)

10392 Wichers, Hermann: Zur Anleitung des Widerstands der KPD. Ein Rundschreiben des ZK-Sekretariats [Moskau] an die Abschnittsleitungen vom 29. Juli 1938, in: IWK 26 (1990), 526–39**

Regional-/Lokalstudien: Gedruckte Quellen

10392a Beck, Friedrich u. a. (Bearb.): Ausgewählte Dokumente und Materialien zum antifaschistischen Widerstandskampf unter Führung der Kommunistischen Partei Deutschlands in der Provinz Brandenburg 1939–1945, Hg. Bezirksleitung Potsdam der SED, Kommission zur Erforschung der Geschichte der örtlichen Arbeiterbewegung u. a., 2 Bde., 2., erw. Aufl., Potsdam 1985; 586 S. (zuerst 1978)

10393 Glondajewski, Gertrud/Schumann, Heinz: Die Neubauer-Poser-Gruppe. Dokumente und Materialien des illegalen antifaschistischen Kampfes (Thüringen 1939 bis 1945), Berlin (O) 1957; 127 S.

10394 Krause, Ilse: Die [Georg] Schumann-[Otto] Engert-[Kurt] Kresse-Gruppe. Dokumente und Materialien des illegalen antifaschistischen Kampfes (Leipzig – 1943 bis 1945), Berlin (O) 1960; 150 S.

Regional-/Lokalstudien: Darstellungen

10395 Bergmann, Gerd u.a.: Zur Geschichte des antifaschistischen Widerstandskampfes 1933–1945 in Stadt und Kreis Eisenach. Biografien antifaschistischer Widerstandskämpfer. (Aus der Geschichte der Arbeiterbewegung in Stadt und Kreis Eisenach, 5), Hg. SED-Kreisleitung Eisenach, Kreiskommission zur Erforschung der Geschichte der örtlichen Arbeiterbewegung beim Sekretariat u.a., Eisenach 1980; 80 S.

10396 Die Berliner Widerstandsgruppe um Herbert Baum. Informationen zur Diskussion um die Benennung des Hauptgebäudes der TU Berlin, Hg. Allgemeiner Studentenausschuß der Technischen Universität Berlin, 1. u. 2. Aufl., Berlin 1984; 79 S.

10397 Bohn, Willi: Stuttgart. Geheim! Ein dokumentarischer Bericht, Frankfurt 1969; 288 S.

10398 Buck, Hans-Robert: Der kommunistische Widerstand gegen den Nationalsozialismus in Hamburg 1933 bis 1945, Augsburg 1969; IV, 223 S.

10399 Ertel-Hochmuth, Ursel: »Hitlers Niederlage ist nicht unsere Niederlage, sondern unser Sieg!« Über den Widerstand der KPD in Hamburg während des Zweiten Weltkrieges, in: Jörg Berlin (Hg.), Das andere Hamburg. Freihheitliche Bestrebungen in der Hansestadt seit dem Spätmittelalter, Köln 1981, 263–81

10400 Frenzel, Max u.a.: Gesprengte Fesseln. Ein Bericht über den antifaschistischen Widerstand und die Geschichte der illegalen Parteiorganisation der KPD im Zuchthaus Brandenburg-Goerden von 1933 bis 1945, 4. Aufl., Berlin (O) 1982; 376 S. (zuerst 1975)

10401 Göhring, Walter: Der illegale kommunistische Jugendverband Österreichs, Diss. Wien 1971 (Ms.)

10402 Grün, Heinz: Ergebnisse und Erfahrungen aus dem antifaschistischen Widerstandskampf in Jena 1933–1945, in: BGFDJ 10 (1987), Nr. 9, 37–41

10403 Hochmuth, Ursel: Illegale KPD und Kampfbewegung »Freies Deutschland« in Berlin-Brandenburg. Zur Widerstandsorganisation um [Anton] Saefkow, [Franz] Jacob und [Bernhard] Bästlein, in: BzG 36 (1994), 82–101

10404 Holzer, Willibald: Die österreichischen Bataillione im Verband der NOV i POJ. Die Kampfgruppe Avantgarde/Steiermark. Die Partisanengruppe Leoben/Donawitz. Die KPÖ im militanten politischen Widerstand, 2 Bde., Diss. Wien 1971; 552 S. (Ms.)

10405 Höppner, Solvejg: Leipziger Jugendliche im Widerstand 1933/34 – die »Zelle Zentrum«, in: Hans-Dieter Schmid (Hg.), Zwei Städte unter dem Hakenkreuz. Widerstand und Verweigerung in Hannover und Leipzig 1933–1945, Leipzig 1994, 119–42

10406 Kammerstätter, Peter: Bedingungen des Widerstandes gegen das NS-Regime in Oberösterreich: Die »Welser Gruppe der KP«, in: Rudolf G. Ardelt/Hans Hautmann (Hg.), Arbeiterschaft und Nationalsozialismus in Österreich. In memoriam Karl R. Stadler, Wien/Zürich 1990, 599–609

10407 Kerstan, Heinz: Der antifaschistische Widerstandskampf der Gruppe Albert Zimmermann im Lautawerk, Cottbus 1964; 34 S.

10408 Koch, Magdalena: Der Widerstand der Kommunistischen Partei Österreichs gegen Hitler von 1938–1945, 2 Bde., Diss. Wien 1964; VIII, 387; 55 S. (Ms.)

10409 Konrad, Helmut: Widerstand zwischen Donau und Moldau. KPÖ und KSC zur Zeit des Hitler-Stalin-Paktes, Wien u. a. 1978; 351 S.

10410 Kraushaar, Luise: Berliner Kommunisten im Kampf gegen den Faschismus 1936 bis 1942. Robert Uhrig und Genossen, Berlin (O) 1981; 352 S.

10411 Mehringer, Hartmut: Die KPD in Bayern 1919–1945. Vorgeschichte, Verfolgung und Widerstand, in: Bayern in der NS-Zeit, Bd. 5: Die Parteien KPD, SPD, BVP in Verfolgung und Widerstand, Hg. Martin Broszat/Hartmut Mehringer, München/Wien 1983, 1–286

10412 Merson, Allan: Kommunisten in Düsseldorf 1933/34. Eine nähere Betrachtung, in: GiW 5 (1990), 38–54

10413 Müser, Mechthild/Heer-Kleinert, Lore: Die »Wahrheitsprozesse« in Bremen 1934. Zum antifaschistischen Widerstand, in: Wiltrud U. Drechsel/Jörg Wollenberg (Red.), Arbeit, Teil 1: Zwangsarbeit, Rüstung, Widerstand 1931–1945. (Beiträge zur Sozialgeschichte Bremens, 5), Bremen 1982, 159–212

10414 Peukert, Detlev J. K.: Die KPD im Widerstand. Verfolgung und Untergrundarbeit an Rhein und Ruhr 1933–1945, Wuppertal 1980; 460 S.

10415 Peukert, Detlev J. K.: Ruhrarbeiter gegen den Faschismus. Dokumentation über den Widerstand im Ruhrgebiet 1933–1945, Frankfurt 1976; 412 S.**

10416 Pikarski, Margot: Geschichte der revolutionären Berliner Arbeiterbewegung 1933–1939, Berlin (O) 1978; 239 S.

10417 Pikarski, Margot: Jugend im Berliner Widerstand. Herbert Baum und Kampfgefährten, 2., korr. Aufl., Berlin (O) 1984; 235 S. (zuerst 1978)

10418 Pikarski, Margot: Über die führende Rolle der Parteiorganisation der KPD in der antifaschistischen Widerstandsgruppe Herbert Baum, Berlin 1939–1942, in: BzG 8 (1966), 867–81

10419 Plum, Günter: Die KPD in der Illegalität. Bericht einer Bezirksleitung [Rheinland] aus dem Jahre 1934, in: Hermann Graml (Hg.), Widerstand im Dritten Reich. Probleme, Ereignisse, Gestalten, Frankfurt 1984, 157–71, 260–66 (zuerst 1975)

10420 Puls, Ursula: Die [Bernhard] Bästlein-[Franz] Jakob-[Robert] Abshagen-Gruppe. Bericht über den antifaschistischen Widerstandskampf in Hamburg und an der Wasserkante während des Zweiten Weltkrieges, Berlin (O) 1959; 227 S.

10421 Quast, Cläre/Graf, Rudolf: Der Kampf der KPD im Rhein-Ruhr-Gebiet für die schnelle Beendigung des Krieges (1942), in: Der deutsche Imperialismus und der Zweite Weltkrieg, Bd. 4, Hg. Kommission der Historiker der DDR und der UdSSR, Red. Leo Stern u. a., Berlin (O) 1961, 423–45

10422 Reichart, Elisabeth: Heute ist Morgen. Fragen an den kommunistisch organisierten Widerstand im Salzkammergut, Diss. Salzburg 1983; 189, LXCII S.

10423 Rosendahl, Klaus: Studentischer Widerstand an der Universität [»Gruppe Universität der KPD« um Walter Markov], in: Josef Matzerath (Hg.), Bonn. 54 Kapitel Stadtgeschichte, Bonn 1989, 317–22

10424 Scheffler, Wolfgang: Der Brandanschlag [der Gruppe Herbert Baum] im Berliner Lustgarten im Mai 1942 und seine Folgen. Eine quellenkritische Betrachtung, in: BBG (1984), 91–118

10425 Schreier, Israel: Zum Kampf der KPD gegen den faschistischen deutschen Imperialismus im Bezirk Dresden (Ostsachsen) 1933–1935, Diss. Leipzig 1964; III, 176 S. (Ms. vervielf.)

10426 Sie leben in uns fort. Zur Geschichte des antifaschistischen Widerstandskampfes unter Führung der Kommunistischen Partei Deutschlands von 1933 bis 1945 im Kreis

Wanzleben, Hg. SED-Kreisleitung Wanzleben, Kommission zur Erforschung der örtlichen Arbeiterbewegung/Komitee der Antifaschistischen Widerstandskämpfer der Deutschen Demokratischen Republik, Kreiskomitee Oschersleben-Wanzleben, o. O. o. J.; 144 S.

10427 Sommer, Wilhelm: Der kommunistische Widerstand in Hannover im Spiegel der parteiinternen Berichterstattung, in: Hans-Dieter Schmid (Hg.), Zwei Städte unter dem Hakenkreuz. Widerstand und Verweigerung in Hannover und Leipzig 1933–1945, Leipzig 1994, 94–118

10428 Stendell, Günther: Zu einigen Problemen des antifaschistischen Widerstandskampfes unter Führung der KPD in Mecklenburg von 1933 bis 1939, in: Gegen Imperialismus, Faschismus und Krieg. Zur Geschichte der Arbeiterbewegung in Mecklenburg, Hg. Bezirkskommission zur Erforschung der Geschichte der Arbeiterbewegung bei der Bezirksleitung Schwerin der SED/Bezirksheimatmuseum Schwerin – Abteilung Geschichte der neuesten Zeit, o. O. u. J. [Schwerin 1967], 25–39

10429 Tidl, Marie: Die Roten Studenten. Dokumente und Erinnerungen, Wien 1976; VII, 300 S.**

10430 Weißbecker, Manfred: Gegen Faschismus und Kriegsgefahr. Ein Beitrag zur Geschichte der KPD in Thüringen 1933–1945, Erfurt 1967; V, 199 S.

10431 Weinert, Willi: Gegen die nationalsozialistische Gewaltherrschaft, für die Wiedergeburt Österreichs (1938–1945), in: Die kommunistische Partei Österreichs. Beiträge zu ihrer Geschichte und Politik, Hg. Historische Kommission beim Zentralkomitee der KPÖ, 2., durchges. Aufl., Wien 1989, 267–327 (zuerst 1987)**

10432 Wippermann, Wolfgang: Die Berliner Gruppe [Herbert] Baum und der jüdische Widerstand. (Beiträge zum Widerstand 1933–1945, 19), Hg. Informationszentrum Berlin, Gedenk- und Bildungsstätte Stauffenbergstraße, 2. Aufl., Berlin 1982; 23 S. (zuerst 1981)

A.3.13.3.3.2 Einzelne Persönlichkeiten

10433 [Arndt, Rudi] Harmsen, Torsten: Vom schwarzen Wimpel zur roten Fahne. Ein Lebensbild über den antifaschistischen Widerstandskämpfer Rudi Arndt, Hg. Freie Deutsche Jugend, Zentralrat, Berlin (O) 1984; 54 S.

10434 [Barutzki, Olaf] Barutzki, Olaf: TU--Station. Bericht aus faschistischen Kerkern, Berlin (O) 1981; 112 S.

10435 [Benjamin, Georg] Winter, Irina: Georg Benjamin. Arzt und Kommunist, Berlin (O) 1962; 184 S.

10436 [Bohn, Willi] Bohn, Willi: »Hochverräter!«, Frankfurt 1984; 176 S.

10437 [Bohn, Willi] Niess, Wolfgang: Willi Bohn. Kommunistischer Funktionär und Chefredakteur, in: Michael Bosch/Wolfgang Niess (Hg.), Der Widerstand im deutschen Südwesten 1933–1945, Stuttgart 1984, 173–82

10438 [Buch, Eva Maria] Schilde, Kurt (Hg.): Eva Maria Buch und die »Rote Kapelle«. Erinnerungen an den Widerstand gegen den Nationalsozialismus, hg. für die Bruno-und-Else-Voigt-Stiftung, Berlin 1992; 152 S.

10439 [Crüger, Herbert] Crüger, Herbert: Verschwiegene Zeiten. Vom geheimen Apparat der KPD ins Gefängnis der Staatssicherheit, Berlin 1990; 253 S.

10440 [Dubber, Bruno] Jahnke, Karl H.: Ein ungewöhnliches Leben: Bruno Dubber (1919–1944), Hamburg 1990; 154 S.**

10441 [Faulhaber, Max] Faulhaber, Max: »Aufgegeben haben wir nie...« Erinnerungen aus einem Leben in der Arbeitsbewegung, Hg. Peter Fäßler u. a., Marburg 1988; 390 S.

10442 [Finkelmeier, Conrad] Finkelmeier, Conrad: Die braune Apokalypse. Erlebnisbericht eines ehemaligen Redakteurs der Arbeiterpresse aus der Zeit der Nazityrannei, Weimar 1947; 152 S.

10443 [Gross, Werner] Schlör, Joachim: »In einer Nazi-Welt läßt sich nicht leben.« Werner Gross – Lebensgeschichte eines Antifaschisten [aus Nürtingen], Tübingen 1991; 261 S.**

10444 [Harnack, Arvid] Kesselbauer, Günther: Arvid Harnack. Wissenschaftler und Revolutionär, in: Willi Göber/Friedrich Herneck (Hg.), Forschen und Wirken. Festschrift zur 150-Jahr-Feier der Humboldt-Universität zu Berlin 1810–1960, Bd. 1: Beiträge zur wissenschaftlichen und politischen Entwicklung der Universität, Bearb. Erich Buchholz/Karl Heinig, hg. i. A. von Rektor und Senat, Berlin (O) 1960, 577–83

10445 [Harnack, Arvid] Zechlin, Egmont: Erinnerungen an Arvid und Mildred Harnack, in: GWU 33 (1982), 395–404

10446 [Hermann, Liselotte] Lilo Hermann. Eine Stuttgarter Widerstandskämpferin, Hg. VVN-Bund der Antifaschisten, Landesverband Baden-Württemberg, Bearb. Gertrud Traub/Lothar Leschke, 2. Aufl., Stuttgart 1993; 70 S. (zuerst 1989)

10447 [Ibach, Karl] Steinbach, Peter: Karl Ibach. Zur Biographie eines Widerstandskämpfers, Passau 1990; 132 S.

10448 [Lechleiter, Georg] Braun, Günter: Georg Lechleiter. Ein Mannheimer Kommunist, in: Michael Bosch/Wolfgang Niess (Hg.), Der Widerstand im deutschen Südwesten 1933–1945, Stuttgart 1984, 183–91

10449 [Meier, Emil/Eisinger, Robert] Fröhlich, Elke: Zwei Münchener Kommunisten [Emil Meier und Robert Eisinger], in: Elke Fröhlich, Die Herausforderung des Einzelnen. Geschichten über Widerstand und Verfolgung. (Bayern in der NS-Zeit, 6), München/Wien 1983, 23–51; abgedr. in: Elke Fröhlich/Martin Broszat, Alltag und Widerstand – Bayern im Nationalsozialismus, München/Zürich 1987, 344–86

10450 [Meisel, Josef] Meisel, Josef: »Jetzt haben wir Ihnen, Meisel!« Kampf, Widerstand und Verfolgung eines österreichischen Antifaschisten (1911–1945), Wien 1985; X, 170 S.

10451 [Muschkau, Martin] Muschkau, Martin: Entscheidende Jahre 1928–1946. Bericht eines Zeitzeugen, Hannover 1990; 265 S.

10452 [Neubauer, Theodor] Hammer, Franz: Theodor Neubauer. Aus seinem Leben, 3., durchges. u. erg. Aufl., Berlin (O) 1970; 212 S. (zuerst 1967)

10453 [Neubauer, Theodor] Müller, Sonja: Theodor Neubauer. (Lebensbilder großer Pädagogen), Berlin (O) 1969; 143 S.

Gedruckte Quellen

[Pieck, Wilhelm] Pieck, Wilhelm: Gesammelte Reden und Schriften, Berlin (O):

10454 – Bd. 5: Februar 1933 bis August 1939, 1972; 9, 661 S.

10455 – Bd. 6: September 1939 bis Mai 1945, 1979

10456 [Retzlaff-Kresse, Bruno] Retzlaff-Kresse, Bruno: Illegalität, Kerker, Exil. Erinnerungen aus dem antifaschistischen Kampf, Berlin (O) 1980; 356 S.

10457 [Rittmeister, John] Schulz, Manfred: Dr. John Rittmeister. Nervenarzt und Widerstandskämpfer, Diss. Berlin (O) 1981; 129, 15 S. (Ms. vervielf.)

10458 [Scheel, Heinrich] Scheel, Heinrich: Vor den Schranken des Reichskriegsgerichts. Mein Weg in den Widerstand, Berlin 1993; 416 S.

10459 [Schlotterbeck, Friedrich] Schlotterbeck, Friedrich: Je dunkler die Nacht ...

Erinnerungen eines deutschen Arbeiters 1933–1945, Nachwort Christa Wolf/Werner Stiefele, Stuttgart 1986; 439 S. (zuerst Zürich/New York 1945)

10460 [Schulze-Boysen, Harro] Boysen, Elsa: Harro Schulze-Boysen. Das Bild eines Freiheitskämpfers. Zusammengestellt nach seinen Briefen, nach Berichten der Eltern und anderen Aufzeichnungen, Düsseldorf 1947; 40 S.**

10461 [Schulze-Boysen, Harro] Christadler, Marielouise: Harro Schulze-Boysen oder die »Gegen-Lust des Von-Innen-Heraus-Sprengens«, in: Manfred Gangl/Gérard Raulet (Hg.), Intellektuellendiskurse in der Weimarer Republik. Zur politischen Kultur einer Gemengelage, Frankfurt/New York 1994, 67–79

10462 [Schulze-Boysen, Harro] Coppi, Hans: Harro Schulze-Boysen – Wege in den Widerstand. Eine biographische Studie, Vorwort Robert Jungk, Weinheim/Basel 1994; 253 S.

10463 [Schumann, Georg] Bramke, Werner: Führend im Widerstand. Georg Schumann und Carl Goerdeler, in: SHB 36 (1990), 90–95

10464 [Schütte-Lihotzky, Margarete] Schütte-Lihotzky, Margarete: Erinnerungen aus dem Widerstand 1938–1945. Mit einem Gespräch zwischen Margarete Schütte-Lihotzky und Chup Friemert, Hamburg 1985; 197 S.

10465 [Seelenbinder, Werner] Mattausch, Wolf-Dieter: Werner Seelenbinder – Arbeitersportler, Olympiateilnehmer, Widerstandskämpfer, in: SZGS 2 (1988), Nr. 1, 72–85

10466 [Sievers, Max] Zimmermann, Fritz: Max Sievers – Freidenker und Antifaschist. Sein Wirken im Exil, in: BzG 31 (1990), 515–25

10467 [Sprengel, Rita] Sprengel, Rita: Der Rote Faden. Lebenserinnerungen. Ostpreußen, Weimarer Republik, Ravensbrück [bei Fürstenberg], DDR, Die Wende, Hg. Sigrid Jacobeit, Nachwort Wolfgang Jacobeit, Berlin 1994; 331 S.

10468 [Strecha, Valentin] Strecha, Valentin: Widerstand für Österreich. (Biographische Texte zur Geschichte der österreichischen Arbeiterbewegung, 1), Historische Kommission beim Zentralkomitee der KPÖ, Wien 1988; 204 S.**

10469 [Taleikis, Horst] Taleikis, Horst: Aktion Funkausstellung. Berliner Studenten 1934 im antifaschistischen Widerstand. Erinnerungen, Neufassung Wolfgang Teichmann, Nachwort Waltraud Mehls, Berlin (O) 1988; 174 S.

10470 [Thälmann, Ernst] Heer, Hannes: Ernst Thälmann in Selbstzeugnissen und Bilddokumenten, Reinbek 1975; 150 S.

10471 [Trepper, Leopold] Trepper, Leopold: Die Wahrheit. Autobiographie. Ich war der Chef der Roten Kapelle, München 1975; 440 S.

A.3.13.3.4 Linke Splittergruppen

A.3.13.3.4.1 Allgemeines

Gedruckte Quellen

10473 Die Roten Kämpfer. Zur Geschichte einer linken Widerstandsgruppe. (Dokumentation), in: VfZ 7 (1959), 438–60

Darstellungen

10474 Becker, Jens: Der Widerstand der KPD-O im Faschismus, Mainz 1992; 109 S.

10475 Bergmann, Theodor: »Gegen den Strom«. Die Geschichte der Kommunistischen Partei-Opposition, Hamburg 1987; 497 S.

10476 Bremer, Jörg: Die Sozialistische Arbeiterpartei Deutschlands (SAP). Untergrund und Exil 1933–1945, Frankfurt/New York 1978; 322 S.

10477 Drechsler, Hanno: Die Sozialistische Arbeiterpartei Deutschlands (SAPD), Meisenheim a.Gl. 1965; XV, 406 S.

10478 Eberhard, Fritz: Arbeit gegen das Dritte Reich. (Beiträge zum Widerstand 1933–1945, 10), Hg. Informationszentrum Berlin, Gedenk- und Bildungsstätte Stauffenbergstraße, 3. Aufl., Berlin 1981; 64 S. (zuerst 1974)

10479 Eberhard, Fritz: Illegal in Deutschland – Erinnerungen an den Widerstand gegen das Dritte Reich, in: Detlev J. K. Peukert/Jürgen Reulecke (Hg.), Die Reihen fast geschlossen. Beiträge zur Geschichte des Alltags unterm Nationalsozialismus, Wuppertal 1981, 315–33

10480 Foitzik, Jan: Zwischen den Fronten. Zur Politik, Organisation und Funktion linker politischer Kleinorganisationen im Widerstand 1933 bis 1939/40 unter besonderer Berücksichtigung des Exils, Bonn 1986; 364 S.

10481 Foitzik, Jan: Zwei Dokumente aus dem Untergrund: Paul Sering [d.i. Richard Löwenthal] (Entwurf) zur Org[anisations]-Kritik [Mai/Juni 1935] und [Stefan] Neuberg [d.i. Georg Eliasberg]: Geschichte der Org[anisation] [Juni 1935], in: IWK 21 (1985), 142–82**

10482 Foitzik, Jan: Linke politische Kleinorganisationen in Widerstand und Exil, in: Exil 8 (1988), Nr. 2, 85–91

10483 Freyberg, Jutta von: Sozialdemokraten und Kommunisten. Die Revolutionären Sozialisten Deutschlands vor dem Problem der Aktionseinheit 1934–1937, Köln 1973; 186 S.

10484 Haug, Wolfgang F.: »Eine Flamme erlischt.« Die Freie Arbeiter Union Deutschlands (Anarchosyndikalisten) von 1932 bis 1937, in: IWK 25 (1989), 359–79

10485 Ihlau, Olaf: Die Roten Kämpfer. Ein Beitrag zur Geschichte der Arbeiterbewegung in der Weimarer Republik und im Dritten Reich, Meisenheim a.Gl. 1969; 223 S.

10486 Kliem, Kurt: Der sozialistische Widerstand gegen das Dritte Reich. Dargestellt an der Gruppe »Neu Beginnen«, Diss. Marburg 1957; 456 S.

10487 Küstermeyer, Rudolf: Der Rote Stoßtrupp. (Beiträge zum Widerstand 1933–1945, 3), Hg. Informationszentrum Berlin, Gedenk- und Bildungsstätte Stauffenbergstraße, 3. Aufl., Berlin 1981; 32 S. (zuerst 1970)

10488 Löwenthal, Richard: Die Widerstandsgruppe »Neu Beginnen«. (Beiträge zum Widerstand 1933–1945, 20), Hg. Gedenkstätte Deutscher Widerstand Berlin, 2. Aufl., Berlin 1985; 36 S. (zuerst 1982)**

10489 Reichardt, Hans J.: Neu Beginnen. Ein Beitrag zur Geschichte des Widerstandes der Arbeiterbewegung gegen den Nationalsozialismus, in: JGMO 12 (1963), 150–88

10490 Tjaden, Karl H.: Struktur und Funktion der »KPD-Opposition« (KPO), Meisenheim a.Gl. 1964; XVI, 350, 235 S.

10491 Uhlmann, Walter: Metallarbeiter im antifaschistischen Widerstand. (Beiträge zum Widerstand 1933–1945, 21), Hg. Informationszentrum Berlin, Gedenk- und Bildungsstätte Stauffenbergstraße, 2. Aufl., Berlin 1983; 36 S. (zuerst 1982)**

Regional-/Lokalstudien

10492 Klan, Ulrich/Nelles, Dieter: »Es lebt noch eine Flamme.« Rheinische Anarcho-Syndikalisten/innen 1919–1945, 2., überarb. Aufl., Grafenau-Döffingen 1990; 400 S. (zuerst 1986)

10493 Nerdinger, Eugen: Flamme unter Asche. Die Gestapo schrieb die Geschichte der illegalen sozialdemokratischen Partei Südbayerns und Österreichs »Revolutionäre Sozialisten«. Dokumente zu einer Lektion aus den Jahren 1933/45. (Widerstand in Augsburg und Südbayern 1933/1942), Hg. Stadt Augsburg, Augsburg 1979; 238 S.**

10494 Oppenheimer, Max: Der Fall Vorbote. Zeugnisse des Mannheimer Widerstandes, Frankfurt 1969; 248 S.

10495 Theissen, Rolf u. a.: Der Anarcho-Syndikalistische Widerstand an Rhein und Ruhr. Zwölf Jahre hinter Stacheldraht und Gitter! Erlebnisberichte aus den KZ-Lagern Emsländer Moor, Sachsenhausen, Dachau und Buchenwald, Meppen 1980; 207, 71, (3) S.

A.3.13.3.4.2 Einzelne Persönlichkeiten

10496 [Bleicher, Willi] Wenke, Bettina: Willi Bleicher. Gewerkschafter aus Württemberg, in: Michael Bosch/Wolfgang Niess (Hg.), Der Widerstand im deutschen Südwesten 1933–1945, Stuttgart 1984, 129–41

10497 [Bleicher, Willi/Simon, Helmut] Prinz, Detlef/Rexin, Manfred: Beispiele für den aufrechten Gang. Willi Bleicher, Helmut Simon, Köln 1979; 157 S.

10498 [Haas, Otto] Schärf, Paul: Otto Haas. Ein revolutionärer Sozialist gegen das Dritte Reich, Wien u. a. 1967; 40 S.

10499 [Kraus, Otto] Alheit, Peter/Wollenberg, Jörg (Hg.): Otto Kraus. Ein »IG Metaller« der ersten Stunde. (Geschichte erzählt: Arbeiterbiographien, 2), Fischerhude 1987; 230 S.

10500 [Löwenthal, Richard] Vorholt, Udo: Die Gruppe Neu Beginnen im Exil. Richard Löwenthals Bewertung der Politik der Sowjetunion in den dreißiger/vierziger Jahren, in: ZfG 41 (1993), 204–20

10501 [Ochs, Eugen] Ochs, Eugen: Ein Arbeiter im Widerstand, Red. Heinrich Schwing, Stuttgart 1984; 151 S.

10502 [Schmid, Richard] Niess, Wolfgang: Richard Schmid. Rechtsanwalt und Sympathisant der SAP, in: Michael Bosch/Wolfgang Niess (Hg.), Der Widerstand im deutschen Südwesten 1933–1945, Stuttgart 1984, 143–51

10503 [Schröder, Heinz] Schröder, Heinz: »Olle Icke« erzählt. Über Widerstand, Strafdivision und Wiederaufbau, Hg. VVN-Verband der Antifaschisten Westberlins, Berlin 1986; 192 S.

10504 [Seydewitz, Max] Seydewitz, Ruth/ Seydewitz, Max: Unvergessene Jahre. Begegnungen, Berlin 1984; 267 S.

10505 [Szende, Stefan] Szende, Stefan: Zwischen Gewalt und Toleranz. Zeugnisse und Reflexionen eines Sozialisten, Vorwort Willy Brandt, Frankfurt/Köln 1975; 332 S.

A.3.13.3.5 Gewerkschaften
A.3.13.3.5.1 Allgemeines

Darstellungen

10506 Bednareck, Horst: Gewerkschafter im Kampf gegen die Todfeinde der Arbeiterklasse und des deutschen Volkes. Zur Geschichte der deutschen Gewerkschaftsbewegung von 1933 bis 1945, Berlin (O) 1966; 219 S.

10507 Beier, Gerhard: Die illegale Reichsleitung der Gewerkschaften 1933–1945, Köln 1981; 120 S.**

10508 Beier, Gerhard: Gewerkschaften zwischen Illusion und Aktion – Wandlungen gewerkschaftlicher Strategie vom potentiellen Massenwiderstand zur Technik der Verschwörung, in: Jürgen Schmädeke/ Peter Steinbach (Hg.), Der Widerstand gegen den Nationalsozialismus. Die deutsche Gesellschaft und der Widerstand gegen Hitler, 2. Aufl., München/Zürich 1986, 99–112 (zuerst 1985; ND 1994)

10509 Beier, Gerhard: Die illegale Reichsleitung der Gewerkschaften, in: Richard

Löwenthal/Patrik von Zur Mühlen (Hg.), Widerstand und Verweigerung in Deutschland 1933 bis 1945, 2. Aufl., Berlin/Bonn 1984, 25–50 (zuerst 1982)

10510 Boberach, Heinz: Die Regelung der Ansprüche von Gewerkschaftern auf beschlagnahmtes Vermögen durch die Reichsfeststellungsbehörde 1938 bis 1944, in: IWK 25 (1989), 188–94

10511 Borsdorf, Ulrich: Hat es »den« gewerkschaftlichen Widerstand gegeben?, in: Ernst Breit (Hg.), Aufstieg des Nationalsozialismus – Untergang der Republik – Zerschlagung der Gewerkschaften. Dokumentation der historisch-politischen Konferenz des DGB im Mai 83 in Dortmund, Köln 1984, 167–75

10512 Borsdorf, Ulrich: Arbeiteropposition, Widerstand und Exil der deutschen Gewerkschaften, in: Erich Matthias/Klaus Schönhoven (Hg.), Solidarität und Menschenwürde. Etappen deutscher Gewerkschaftsgeschichte von den Anfängen bis zur Gegenwart, Bonn 1984, 291–306

10513 Borsdorf, Ulrich: Widerstand und Illegalität, Emigration und Exil. Zur Verwendung von Begriffen in der Geschichte der Gewerkschaftem, in: GMH 33 (1982), 486–97

10514 Buschak, Willy: Von Menschen, die wie Menschen leben wollten. Die Geschichte der Gewerkschaft Nahrung-Genuß-Gaststätten und ihrer Vorläufer, Köln 1985, 248–68

10515 Buschak, Willy: »Arbeit im kleinsten Zirkel«. Gewerkschaften im Widerstand gegen den Nationalsozialismus, Hamburg 1992; 312 S.

10516 Buschak, Willy: Gewerkschaften im Widerstand gegen den Nationalsozialismus 1933 bis 1939, in: GMH 45 (1994), 646–59

10517 Esters, Helmut/Pelger, Hans: Gewerkschafter im Widerstand, forschungsgeschichtl. Überblick Alexandra Schlingensiepen, 2. Aufl., Bonn 1983; XLIII, 187 S. (zuerst Hannover 1967)

10518 Funke, Manfred: Gewerkschaften und Widerstand. Zwischen Ausharren und Orientierung auf die Zukunft, in: Tribüne 23 (1984), Nr. 90, 73–89; abgedr. in: Widerstand und Exil 1933–1945, Hg. Bundeszentrale für politische Bildung, Bonn 1985 (Frankfurt/New York 1986), 60–75

10519 Gross, Günther: Der gewerkschaftliche Widerstandskampf der deutschen Arbeiterklasse während der faschistischen Vertrauensrätewahlen 1934, Berlin (O) 1962; 87 S.

10520 Gross, Günther: Zum antifaschistischen Widerstandskampf der deutschen Gewerkschafter während der faschistischen Vertrauensräte-Wahlen 1934, in: ZfG 4 (1956), 230–45

10521 Harrer, Jürgen: Gewerkschaftlicher Widerstand gegen das »Dritte Reich«, in: Frank Deppe u. a. (Hg.), Geschichte der deutschen Gewerkschaftsbewegung, Köln 1977 u. ö., 211–70

10522 Klein, Jürgen: Die deutschen Gewerkschaften in der Illegalität, in: Jürgen Klein, Vereint sind sie alles? Untersuchungen zur Entstehung von Einheitsgewerkschaften in Deutschland. Von der Weimarer Republik bis 1946/47, Hamburg 1972, 57–94 (2. Aufl. 1974 u. d. T.: Bürgerliche Demokraten oder christliche, sozialdemokratische und kommunistische Gewerkschafter Hand in Hand gegen die Arbeiter)

10523 Mommsen, Hans: Die deutschen Gewerkschaften zwischen Anpassung und Widerstand 1930–1944, in: Heinz O. Vetter (Hg.), Vom Sozialistengesetz zur Mitbestimmung. Zum 100. Geburtstag von Hans Böckler, Köln 1975, 275–99

10524 Pelger, Hans/Esters, Helmut: Zur Erforschung des Widerstandes ehemaliger Gewerkschafter des Einheitsverbandes der Eisenbahner Deutschlands und des Gesamtverbandes der Arbeitnehmer der öffentlichen Betriebe und des Personen- und Warenverkehrs im Rahmen der Internationalen Transportarbeiter-Föderation, in: Stand und Problematik der Erforschung des

Widerstandes gegen den Nationalsozialismus, Hg. Friedrich-Ebert-Stiftung, Forschungsinstitut, Bad Godesberg 1965, 144–52 (Ms. vervielf.)

10525 Peukert, Detlev J. K.: Die Lage der Arbeiter und der gewerkschaftliche Widerstand im Dritten Reich, in: Klaus Tenfelde u. a., Geschichte der deutschen Gewerkschaftem von den Anfängen bis 1945, Hg. Ulrich Borsdorf, Mitarb. Gabriele Weiden, Köln 1987, 447–98

10526 Peukert, Detlev J. K./Bajohr, Frank: Spuren des Widerstehens. Die Bergarbeiterbewegung im Dritten Reich und im Exil. Mit Dokumenten aus dem IISG Amsterdam, München 1987; 223 S.**

10527 Pike, David W.: Gewerkschaften im Exil und Widerstand 1939–1945, Hamburg 1979; 104 S.

10528 Reichold, Ludwig: Arbeiterbewegung jenseits des totalen Staates. Die Gewerkschaften und der 20. Juli 1944, Wien u. a. 1965; 186 S.

10529 Schafheitlin, Stefan: Gewerkschaften in Exil und Widerstand 1939–1945, Vorwort Ulrich Borsdorf, Hamburg 1979; 104 S.

10530 Schneider, Michael: Kleine Geschichte der Gewerkschaften. Ihre Entwicklung in Deutschland von den Anfängen bis heute, Bonn 1989 u. ö., 228–35

10531 Schneider, Michael: Gewerkschafter in Widerstand und Exil (1933–1945), in: Huberta Engel (Hg.), Deutscher Widerstand – Demokratie heute. Kirche, Kreisauer Kreis, Ethik, Militär und Gewerkschaften, 2. Aufl., Bonn/Berlin 1994, 23–42 (zuerst 1992); abgedr. in: Werner Röhr u. a. (Hg.), Faschismus und Rassismus. Kontroversen um Ideologie und Opfer, Berlin 1992, 23–42

10533 Schneider, Michael: Zwischen Standesvertretung und Werksgemeinschaft. Zu den Gewerkschaftskonzeptionen der Widerstandsgruppen des 20. Juli 1944, in: Jürgen Schmädeke/Peter Steinbach (Hg.), Der Widerstand gegen den Nationalsozialismus. Die deutsche Gesellschaft und der Widerstand gegen Hitler, 2. Aufl., München/Zürich 1986, 520–32 (zuerst 1985; ND 1994)

10534 Schneider, Michael: Gewerkschaftlicher Widerstand 1933–1945, in: Peter Steinbach/Johannes Tuchel (Hg.), Widerstand gegen den Nationalsozialismus, Berlin 1994, 144–52

10535 Schönhoven, Klaus: Die deutschen Gewerkschaften, Frankfurt 1987, 183–96

10536 Wolfram, Adam: Bergarbeiter im Widerstand. (Beiträge zum Widerstand 1933–1945, 18), Hg. Gedenkstätte Deutscher Widerstand Berlin, 2. Aufl., Berlin 1985; 40 S. (zuerst 1983)

Regional-/Lokalstudien

10537 Abendroth, Wolfgang u. a.: Hessische Gewerkschafter im Widerstand 1933–1945, Hg. DGB-Bildungswerk Hessen/Studienkreis zur Erforschung und Vermittlung der Geschichte des deutschen Widerstandes 1933–1945, Red. Axel Ulrich, 2. Aufl., Gießen 1984; 345 S. (zuerst 1983)

10538 Bajohr, Frank: Der Widerstand der Bergarbeiterbewegung gegen den Nationalsozialismus, in: Bernd Faulenbach/Günter Högl (Hg.), Eine Partei in ihrer Region. Zur Geschichte der SPD im Westlichen Westfalen, hg. i. A. des SPD-Bezirks Westliches Westfalen, Essen 1988, 124–28

10539 Hindels, Josef: Österreichs Gewerkschaften im Widerstand 1934–1945, Wien u. a. 1976; 434 S.

10540 Leichter, Otto: Österreichs freie Gewerkschaften im Untergrund, Wien u. a. 1963; 155 S.

10541 Vogl, Friedrich: Österreichs Eisenbahner im Widerstand, Wien 1968; 280 S.

A.3.13.3.5.2 Einzelne Persönlichkeiten

10542 [Endraß, Fridolin] Raichle, Gerhard: Fridolin Endraß (1893 bis 1940), in: Gerhard Raichle u. a., Die »ausgesperrte« Geschichte. Beiträge zur Geschichte der Arbeiterbewegung und des Nationalsozialismus in Friedrichshafen. (Geschichte am See, 26), Hg. Kreisarchiv Bodenseekreis, Friedrichshafen 1985, 257–73

10543 [Leuschner, Wilhelm] Beier, Gerhard: Wilhelm Leuschner, in: Rudolf Lill/Heinrich Oberreuther (Hg.), 20. Juli. Portraits des Widerstands, München u. a. 1984, 159–74

10544 [Leuschner, Wilhelm] Beier, Gerhard: Wilhelm Leuschners Widerstand gegen Hitler und sein Konzept für eine neue Gewerkschaftsbewegung, in: GMH 45 (1994), 635–45; zuerst in: KBD 4 (1994), Nr. 3, 1–12 u. d. T.: Wilhelm Leuschners Weg zur »Deutschen Gewerkschaft«

10544a [Leuschner, Wilhelm] Kogon, Eugen: Wilhelm Leuschners politischer Weg, in: Wilhelm Leuschner. Auftrag und Verpflichtung. Biographische Würdigung des Innenministers des Volksstaates Hessen und Widerstandskämpfers gegen den Nationalsozialismus. Dokumentation des Festaktes der Verleihung der Wilhelm-Leuschner-Medaille zum hessischen Verfassungstag 1987, Hg. Hessendienst der Staatskanzlei, Neuausg., Wiesbaden 1988, 7–28 (zuerst 1977)

10545 [Leuschner, Wilhelm] Mommsen, Hans: Wilhelm Leuschner und die Widerstandsbewegung des 20. Juli 1944, in: Ursula Büttner (Hg.), Das Unrechtsregime. Internationale Forschung über den Nationalsozialismus. Festschrift für Werner Jochmann zum 65. Geburtstag, Bd. 1, Hamburg 1986, 347–62

A.3.13.4 Nationalrevolutionäre

A.3.13.4.1 Allgemeines

[vgl. A.1.9.2: O. Straßer; A.2.5.2]

Darstellungen

10546 Beyer, Wilhelm R. (Hg.): Rückkehr unerwünscht. Joseph Drexels »Reise nach Mauthausen« und der Widerstandskreis Ernst Niekisch, 2. Aufl., München 1980; 369 S. (zuerst 1978)

10547 Moreau, Patrick: Nationalsozialismus von links. Die »Kampfgemeinschaft Revolutionärer Nationalsozialisten« und die »Schwarze Front« Otto Straßers 1930–1935, Stuttgart 1985; 267 S.

10548 Sauermann, Uwe: Die Situation der nationalrevolutionären Gegner Hitlers nach der Konstituierung des NS-Regimes, in: Jürgen Schmädeke/Peter Steinbach (Hg.), Der Widerstand gegen den Nationalsozialismus. Die deutsche Gesellschaft und der Widerstand gegen Hitler, 2. Aufl., München/Zürich 1986, 169–81 (zuerst 1985; ND 1994)

10549 Strasser, Otto/Alexandrov, Victor: Le Front noir contre Hitler, Paris 1968; 312 S.

10550 Weißbecker, Manfred: Kampfgemeinschaft Revolutionäre Nationalsozialisten (KG) 1930–1937/38 (Seit 1931 Schwarze Front [SF]), in: Lexikon zur Parteiengeschichte. Die bürgerlichen und kleinbürgerlichen Parteien und Verbände in Deutschland (1789–1945), Hg. Dieter Fricke u. a., Bd. 1, Leipzig (LA Köln) 1983, 172–78

Regional-/Lokalstudien

10551 Bachstein, Martin K.: Der Volkssozialismus in Böhmen: Nationaler Sozialismus gegen Hitler, in: Bohemia 14 (1973), 340–71

A.3.13.4.2 Einzelne Persönlichkeiten

10552 [Niekisch, Ernst] Buchheim, Hans: Ernst Niekischs Ideologie des Widerstands, in: VfZ 5 (1957), 334–61

10553 [Niekisch, Ernst] Kabermann, Friedrich: Widerstand und Entscheidung eines deutschen Revolutionärs. Leben und Denken von Ernst Niekisch, Köln 1973; 419 S.

10554 [Niekisch, Ernst] Kantorowicz, Alfred: Ernst Niekischs Widerstand, in: Andreas W. Mytze (Hg.), Die Geächteten der Republik. Alte und neue Aufsätze, Berlin 1977, 35–43

10555 [Niekisch, Ernst] Lebovics, Herman: The Uses of Social Conservatism: Ernst Niekisch Confronts Nationalism, in: Herman Lebovics Social Conservatism and the Middle Classes in Germany, 1914–1933, Princeton, N.J. 1969, 136–56

10556 [Niekisch, Ernst] Niekisch, Ernst: Gewagtes Leben. Begegnungen und Erlebnisse, Berlin 1958; 390 S.

10557 [Niekisch, Ernst] Sauermann, Uwe: Ernst Niekisch. Zwischen allen Fronten, bio-bibliographischer Anhang Armin Mohler, München 1980; 236 S.

10558 [Niekisch, Ernst] Sauermann, Uwe: Ernst Niekisch und der revolutioäre Nationalismus, München 1985; V, 458 S.

10559 [Römer, Beppo] Bindrich, Oswald/Römer, Susanne: Beppo Römer. Ein Leben zwischen Revolution und Nation, Vorwort Peter Steinbach, Berlin 1991; 268 S.**

10560 [Straßer, Otto] Paetel, Karl O.: Otto Strasser und die »Schwarze Front« des »Wahren Nationalsozialismus«, in: PS 8 (1957), Nr. 92, 269–81

A.3.13.5 Bürgerlicher Widerstand

A.3.13.5.1 Allgemeines

Darstellungen

10561 Bouvier, Beatrix: Die »Deutsche Freiheitspartei« im Spiegel der Gestapo. Skizze zum Organisationsproblem einer bürgerlichen Opposition gegen das Dritte Reich, in: Paul Kluke zum 60. Geburtstage dargebracht von Frankfurter Schülern und Mitarbeitern, Frankfurt 1968, 153–66

10562 Hammersen, Nicolai: Politisches Denken im deutschen Widerstand. Ein Beitrag zur Wirkungsgeschichte neokonservativer Ideologien 1914–1944, Berlin 1993; 296 S.

10563 Meyer-Krahmer, Marianne: Probleme und Schwierigkeiten des konservativen Widerstandes gegen den Nationalsozialismus aus der Sicht der Miterlebenden, in: Peter Steinbach (Hg.), Widerstand. Ein Problem zwischen Theorie und Geschichte, Köln 1987, 422–32

10564 Mommsen, Hans: Bürgerlicher (nationalkonservativer) Widerstand, in: Wolfgang Benz/Walter H. Pehle (Hg.), Lexikon des deutschen Widerstandes, Frankfurt 1994, 55–67

10565 Mommsen, Hans: Die Gewerkschaftsfrage in den Neuordnungsplanungen des deutschen Widerstands gegen Hitler, in: GMH 45 (1994), 624–33

10566 Müller, Elmar: Widerstand und Wirtschaftsordnung. Die wirtschaftspolitischen Konzepte der Widerstandsbewegung gegen das NS-Regime und ihr Einfluß auf die Soziale Marktwirtschaft, Frankfurt u.a. 1988; 264 S.

A.3.13.5.2 Militäropposition und 20. Juli 1944

A.3.13.5.2.1 Allgemeines

Bibliographien

10566a Borgstedt, Angela/Meyer, Jochen: Literatur zum 20. Juli 1944. 1984–1993, in: Rudolf Lill/Michael Kißener (Hg.), 20. Juli 1944 in Baden und Württemberg, Konstanz 1994, 209–40

Literaturberichte

10567 Groehler, Olaf: Neuerscheinungen zur 50. Wiederkehr des 20. Juli 1944, in: Utopie 5 (1994), Nr. 45/46, 69–74

10568 Müller, Christian: Neue Literatur zum 20. Juli 1944, in: PM 39 (1994), Nr. 296, 10–15

10569 Syring, Enrico: Die beliebige Verfügbarkeit der Geschichte. Neue Forschungen zum 50. Jahrestag des 20. Juli 1944, in: Parlament, Jg. 44, Nr. 39, 30.9. 1994, 25–27

Quellenkunde

10570 Rothfels, Hans: Zerrspiegel des 20. Juli [»Kaltenbrunner-Berichte«], in: VfZ 10 (1962), 62–67

10571 Rühle, Jürgen: Unser Umgang mit dem überlieferten Prozeßmaterial über den 20. Juli 1944, in: GWU 31 (1980), 399–402

Gedruckte Quellen

10572 Adam, Ursula (Hg.): »Die Generalsrevolte«. Deutsche Emigranten und der 20. Juli 1944. Dokumentation, Berlin 1994; 234 S.

10573 Groscurth, Helmuth: Tagebücher eines Abwehroffiziers 1938–1940. Mit weiteren Dokumenten zur Militäropposition gegen Hitler, Hg. Helmut Krausnick u.a., Stuttgart 1970; 594 S.

10574 Holmsten, Georg: Deutschland Juli 1944. Soldaten, Zivilisten, Widerstandskämpfer. (Fotografierte Zeitgeschichte), Düsseldorf 1982; 160 S. (LA Bindlach)

10575 Jacobsen, Hans-Adolf (Hg.): »Spiegelbild einer Verschwörung«. Die Opposition gegen Hitler und der Staatsstreich vom 20. Juli 1944 in der SD-Berichterstattung. Geheime Dokumente aus dem ehemaligen Reichssicherheitshauptamt, 2 Bde., 2., überarb. u. erw. Aufl., Stuttgart 1984; XXXII, 1020 S. (zuerst 1961; Sonderausg. 1989 u.d.T.: Opposition gegen Hitler und die Verschwörung vom 20. Juli 1944)

10576 Die Rede Himmlers vor den Gauleitern am 3. August 1944. (Dokumentation), in: VfZ 1 (1953), 357–94

10577 Scheel, Heinrich: Die »Rote Kapelle« und der 20. Juli 1944. (Dokumentation), in: ZfG 33 (1985), 325–37

10578 Scheurig, Bodo (Hg.): Deutscher Widerstand 1938–1945. Fortschritt oder Reaktion? Programmatische Schriften von Vertretern des 20.7. 1944, 2. Aufl., München 1984; 331 S. (zuerst 1969)

10579 Schramm, Wilhelm Ritter von (Hg.): Beck und Goerdeler. Gemeinschaftsdokumente für den Frieden 1941–1944, München 1965; 285 S.

10580 SS-Bericht über den 20. Juli. Aus den Papieren des SS-Obersturmbannführers Dr. Georg Kiesel, in: NWDH 2 (1947), Nr. 2, 5 ff.; abgedr. in: Charles Schüddekopf (Hg.), Vor den Toren der Wirklichkeit. Deutschland 1946/47 im Spiegel der Nordwestdeutschen Hefte, Berlin/Bonn 1980, 114–48

10581 Weinbrenner, Hans-Joachim (Hg.): Volksgerichtshof-Prozesse zum 20. Juli 1944. Transskripte von Tonbandfunden, Frankfurt 1971; 150 S. (Ms. vervielf.)

10582 Zwei außenpolitische Memoranden der deutschen Opposition (Frühjahr 1942). (Dokumentation), in: VfZ 5 (1957), 388–97

Darstellungen

10583 Alff, Wilhelm: Zur Interpretation des Zwanzigsten Juli (1964/65), in: Wilhelm Alff, Der Begriff des Faschismus und andere Aufsätze, Frankfurt 1971, 104–23

10584 Bergstraesser, Arnold: Zum 20. Juli 1963. (Rede, die anläßlich der Gedenkstunde am 20. Juli 1963 in der Stauffenbergstraße in Berlin gehalten wurde), in: VfZ 12 (1964), 1–12

10585 Boeselager, Philipp Freiherr von: Der Widerstand in der Heeresgruppe Mitte. (Beiträge zum Widerstand 1933–1945, 40), Hg. Gedenkstätte Deutscher Widerstand Berlin, Berlin 1990; 24 S.

10586 Borejsza, Jerzy W.: Der 25. Juli 1943 in Italien und der 20. Juli 1944 in Deutschland. Zur Technik des Staatsstreiches im totalitären System, in: Jürgen Schmädeke/ Peter Steinbach (Hg.), Der Widerstand gegen den Nationalsozialismus. Die deutsche Gesellschaft und der Widerstand gegen Hitler, 2. Aufl., München/Zürich 1986, 1071–88 (zuerst 1985; ND 1994)

10587 Bracher, Karl D.: Der Weg zum 20. Juli 1944, in: Rudolf Lill/Heinrich Oberreuther (Hg.), 20. Juli. Portraits des Widerstands, München u. a. 1984, 15–28

10588 Bracher, Karl D.: Auf dem Weg zum 20. Juli 1944, in: Richard Löwenthal/Patrik von Zur Mühlen (Hg.), Widerstand und Verweigerung in Deutschland 1933 bis 1945, 2. Aufl., Berlin/Bonn 1984, 143–72 (zuerst 1982)

10589 Braubach, Max: Der Weg zum 20. Juli 1944. Ein Forschungsbericht, Köln/Opladen 1953; 48 S.

10590 Childers, Thomas: The Kreisau Circle and the Twentieth of July, in: David C. Large (Hg.), Contending with Hitler. Varieties of German Resistance in the Third Reich, Cambridge u. a. 1991, 99–117

10591 Deutsch, Harold C.: Verschwörung gegen den Krieg. Der Widerstand in den Jahren 1939–1940, München 1969; 423 S. (amerikan.: Minneapolis, Minn. 1968)

10592 Deutsch, Harold C.: German Soldiers in the 1938 Munich Crisis, in: Francis R. Nicosia/Lawrence D. Stokes (Hg.), Germans against Nazism. Nonconformity, Opposition, and Resistance in the Third Reich. Essays in Honor of Peter Hoffmann, New York/Oxford 1990, 305–22

10593 Dipper, Christof: Der 20. Juli und die »Judenfrage«. Selbst nach Beginn des Holocaust hielten einige nationalkonservative Widerstandskreise am traditionellen Antisemitismus fest, in: Zeit, Jg. 49, Nr. 27, 1. 7. 1994, 70

10594 Dönhoff, Marion Gräfin: »Um der Ehre Willen«. Erinnerungen an die Freunde vom 20. Juli, Berlin 1994; 191 S.

10595 Drobisch, Klaus: Die innenpolitische Krise des Faschismus und der 20. Juli, in: WMHGDDR 13 (1985), Nr. 1–2, 57–62

10596 Dulles, Allan W./Schulze-Gaevernitz, Gero von: Verschwörung in Deutschland, Nachwort Wolfgang von Eckhardt, Zürich 1948; 288 S. (amerikan. New York 1947 u. d. T.: Germany's Underground)

10597 Ehlers, Dieter: Technik und Moral einer Verschwörung. Der Aufstand am 20. Juli 1944, Hg. Bundeszentrale für politische Bildung, Bonn (zugl. Frankfurt) 1964; 250 S.

10598 Eich, Ulrike: Suizid – Volksgerichtshof – Standgerichte: Die Opfer des 20. Juli, in: Rudolf Lill/Heinrich Oberreuther (Hg.), 20. Juli. Portraits des Widerstands, München u. a. 1984, 393–410

10599 Fest, Joachim C.: Staatsstreich. Der lange Weg zum 20. Juli, Berlin 1994; 416 S.

10600 Finker, Kurt: Probleme des militärischen Widerstandes und des Umsturzversuches vom 20. Juli 1944 in Deutschland, in: Christoph Kleßmann/Falk Pingel (Hg.), Gegner des Nationalsozialismus. Wissenschaftler und Widerstandskämpfer auf der

Suche nach historischer Wirklichkeit, Frankfurt/New York 1980, 153–86

10601 Finker, Kurt: Der Platz des 20. Juli 1944 in der Geschichte des Antifaschistischen Widerstandskampfes, in: WMHGDDR 13 (1985), Nr. 1–2, 5–26

10602 FitzGibbon, Constantine: To Kill Hitler, 2. Aufl., London 1972; 288 S. (zuerst 1956 u. d. T.: The Shirt of Nessus)

10603 Funke, Manfred: Aufstand für Deutschlands Ehre, in: PM 39 (1994), Nr. 296, 4–9

10604 Gisevius, Hans B.: Bis zum bitteren Ende, Bd. 1: Vom Reichstagsbrand bis zur Fritsch-Krise, Bd. 2: Vom Münchener Abkommen zum 20. Juli 1944, 2. Aufl., Hamburg 1947; 470, 338 S. (zuerst Zürich 1946; akt. Sonderausgabe Hamburg 1961)

10605 Graml, Hermann: Die außenpolitischen Vorstellungen des deutschen Widerstands, in: Walter Schmitthenner/Hans Buchheim (Hg.), Der deutsche Widerstand gegen Hitler. Vier historisch-kritische Studien, Köln/Berlin 1966, 15–72, 257–62

10606 Graml, Hermann: Militärischer Widerstand, in: Wolfgang Benz/Walter H. Pehle (Hg.), Lexikon des deutschen Widerstandes, Frankfurt 1994, 83–97

10607 Groehler, Olaf: Hitlerwehrmacht und Offiziersopposition, in: WMHGDDR 13 (1985), Nr. 1–2, 86–94

10608 Heinemann, Winfried: Außenpolitische Illusionen des nationalkonservativen Widerstandes in den Monaten vor dem Attentat, in: Jürgen Schmädeke/Peter Steinbach (Hg.), Der Widerstand gegen den Nationalsozialismus. Die deutsche Gesellschaft und der Widerstand gegen Hitler, 2. Aufl., München/Zürich 1986, 1061–70 (zuerst 1985; ND 1994)

10609 Henk, Emil: Die Tragödie des 20. Juli 1944. Ein Beitrag zur politischen Vorgeschichte, 1. u. 2., erw. Aufl., Heidelberg 1946; 62 S.

10610 Herfeldt, Olav: Schwarze Kapelle. Spionage und Widerstand. Die Geschichte der Widerstandsgruppe um Admiral Wilhelm Canaris, Augsburg 1990; 270 S.

10611 Hett, Ulrike/Tuchel, Johannes: Die Reaktionen des NS-Staates auf den Umsturzversuch vom 20. Juli 1944, in: Peter Steinbach/Johannes Tuchel (Hg.), Widerstand gegen den Nationalsozialismus, Berlin 1994, 377–89

10611a Höhne, Heinz: Canaris und die Abwehr zwischen Anpassung und Opposition, in: Jürgen Schmädeke/Peter Steinbach (Hg.), Der Widerstand gegen den Nationalsozialismus. Die deutsche Gesellschaft und der Widerstand gegen Hitler, 2. Aufl., München/Zürich 1986, 405–16 (zuerst 1985; ND 1994)

10612 Hoffmann, Peter: Widerstand gegen Hitler und das Attentat vom 20. Juli 1944, 4., überarb. Aufl., Konstanz 1994; 159 S. (zuerst München/Zürich 1979)

10613 Hoffmann, Peter: Widerstand, Staatsstreich, Attentat. Der Kampf der Opposition gegen Hitler, 4., neu überarb. Aufl., München/Zürich 1994; 1003 S. (zuerst 1969)

10614 Hoffmann, Peter: The Second World War, German Society, and Internal Resistance to Hitler, in: David C. Large (Hg.), Contending with Hitler. Varieties of German Resistance in the Third Reich, Cambridge u. a. 1991, 119–28

10615 Hoffmann, Peter: Zu dem Attentat im Führerhauptquartier »Wolfsschanze« am 20. Juli 1944, in: VfZ 12 (1964), 254–84

10616 Hoffmann, Peter: Warum mißlang das Attentat vom 20. Juli 1944?, in: VfZ 32 (1984), 441–62

10617 Hohmann, Friedrich G. (Hg.): Deutsche Patrioten in Widerstand und Verfolgung 1933–1945. Paul Lejeune-Jung, Theodor Roeingh, Josef Wirmer, Georg Frhr. von Boeselager. Ein Gedenkbuch der Stadt Paderborn, Paderborn u. a. 1986; 76 S.

10618 Holmsten, Georg: 20. Juli 1944 – Personen und Aktionen. (Beiträge zum Widerstand 1933–1945, 5), Hg. Gedenkstätte Deutscher Widerstand Berlin, 6. Aufl., Berlin 1990; 24 S. (zuerst 1975)

10619 Hömig, Herbert: Die Katastrophe vor dem Ende. Politiker und Offiziere am 20. Juli 1944, in: Herbert Hömig, Von der deutschen Frage zur Einheit Europas. Historische Essays, 2., verb. Aufl., Bochum 1993, 113–36 (zuerst 1991)

10620 Jäckel, Eberhard: Wenn der Anschlag gelungen wäre..., in: Hans J. Schultz (Hg.), Der zwanzigste Juli. Alternative zu Hitler?, Stuttgart 1974, 69–76; abgedr. in: Eberhard Jäckel, Umgang mit der Geschichte. Beiträge zur Geschichte, Stuttgart 1989, 195–206

10621 John, Otto: »Falsch und zu spät.« Der 20. Juli. Epilog, 2., erw. u. korr. Aufl., München 1989; 271 S. (zuerst 1984)

10622 Klausa, Ekkehard: Preußische Soldatentradition und Widerstand – Das Potsdamer Infanterieregiment 9 zwischen dem »Tag von Potsdam« und dem 20. Juli 1944, in: Jürgen Schmädeke/Peter Steinbach (Hg.), Der Widerstand gegen den Nationalsozialismus. Die deutsche Gesellschaft und der Widerstand gegen Hitler, 2. Aufl., München/Zürich 1986, 533–45 (zuerst 1985; ND 1994)

10623 Kleßmann, Christoph: Das Problem der »Volksbewegung« im deutschen Widerstand, in: Jürgen Schmädeke/Peter Steinbach (Hg.), Der Widerstand gegen den Nationalsozialismus. Die deutsche Gesellschaft und der Widerstand gegen Hitler, 2. Aufl., München/Zürich 1986, 822–37 (zuerst 1985; ND 1994)

10624 Klemperer, Klemens von u. a. (Hg.): »Für Deutschland«. Die Männer des 20. Juli, Frankfurt/Berlin 1994; 392 S.

10625 Klemperer, Klemens von: Nationale und Internationale Außenpolitik des Widerstands, in: Jürgen Schmädeke/Peter Steinbach (Hg.), Der Widerstand gegen den Nationalsozialismus. Die deutsche Gesellschaft und der Widerstand gegen Hitler, 2. Aufl., München/Zürich 1986, 639–51 (zuerst 1985; ND 1994)

10626 Krausnick, Helmut: Vorgeschichte und Beginn des militärischen Widerstandes gegen Hitler, Hg. Institut für Zeitgeschichte, o. O. [München] o. J. (1956); 203 S. (Sonderdr. aus: Die Vollmacht des Gewissens, Hg. Europäische Publikation, Bd. 1, München 1956)

10627 Lill, Rudolf/Oberreuther, Heinrich (Hg.): 20. Juli. Portraits des Widerstands, Düsseldorf/Wien 1984; 432 S. (Neuausg. 1994)*

10628 Maier, Hedwig: Die SS und der 20. Juli 1944, in: VfZ 14 (1966), 299–316

10629 Manvell, Roger/Fraenkel, Heinrich: The Canaris Conspiracy. The Second Resistance to Hitler in the German Army, New York 1969; XXV, 267 S.

10630 Manvell, Roger/Fraenkel, Heinrich: Der 20. Juli, Vorwort Wolf Graf von Baudissin, Karten Renate Görtz-Renzel, 2. Aufl., Berlin 1969; 268 S. (zuerst Frankfurt/Berlin 1964; engl.: London 1964)

10631 Martin, Bernd: Das außenpolitische Versagen des Widerstandes 1943/44, in: Jürgen Schmädeke/Peter Steinbach (Hg.), Der Widerstand gegen den Nationalsozialismus. Die deutsche Gesellschaft und der Widerstand gegen Hitler, 2. Aufl., München/Zürich 1986, 1037–60 (zuerst 1985; ND 1994)

10632 Meding, Dorothee von (Hg.): Mit dem Mut des Herzens. Die Frauen des 20. Juli, 1. u. 2. Aufl., Berlin 1992; 298 S.

10633 Melnikow, Daniil E.: Der 20. Juli 1944. Legende und Wirklichkeit, 2. Aufl., Hamburg 1968; 256 S. (zuerst Berlin [O] 1964; russ.: Moskau 1965)

10634 Messerschmidt, Manfred: Motivationen der nationalkonservativen Opposition und des militärischen Widerstandes seit dem Frankreich-Feldzug, in: Klaus-Jürgen Müller (Hg.), Der deutsche Widerstand 1933–1945, Paderborn u. a. 1986, 60–78

10635 Messerschmidt, Manfred: Militärische Motive zur Durchführung des Umsturzes, in: Jürgen Schmädeke/Peter Steinbach (Hg.), Der Widerstand gegen den Nationalsozialismus. Die deutsche Gesellschaft und der Widerstand gegen Hitler, 2. Aufl., München/Zürich 1986, 1021–36 (zuerst 1985; ND 1994)

10636 Messerschmidt, Manfred: Verschwörer in Uniform. Der militärische Widerstand gegen Hitler und sein Regime, in: Tribüne 23 (1984), Nr. 90, 90–100; abgedr. in: Widerstand und Exil 1933–1945, Hg. Bundeszentrale für politische Bildung, Bonn 1985 (Frankfurt/New York 1986), 134–44

10637 Meyer, Winfried: »Unternehmen Sieben«. Eine Rettungsaktion für vom Holocaust Bedrohte aus dem Amt Ausland/Abwehr im Oberkommando der Wehrmacht, Frankfurt 1993; 634 S.

10638 Meyer, Winfried: Staatsstreichplanung, Opposition und Nachrichtendienst. Widerstand aus dem Amt Ausland/Abwehr im Oberkommando der Wehrmacht, in: Peter Steinbach/Johannes Tuchel (Hg.), Widerstand gegen den Nationalsozialismus, Berlin 1994, 319–38

10639 Middendorff, Wolf: 20. Juli 1944 und Kapp-Putsch in der Sicht der Kriminologie, in: Hans-Dieter Schwind u. a. (Hg.), Festschrift für Günther Blau zum 70. Geburtstag am 18. Dezember 1985, Berlin/ New York 1985, 257–76

10640 Mommsen, Hans: Der 20. Juli und die deutsche Arbeiterbewegung. (Beiträge zum Widerstand 1933–1945, 28), Hg. Gedenkstätte Deutscher Widerstand Berlin, 2. Aufl., Berlin 1989; 32 S. (zuerst 1985); abgedr. in: Klaus Schönhoven/Dietrich Staritz (Hg.), Sozialismus und Kommunismus im Wandel. Hermann Weber zum 65. Geburtstag, Köln 1993, 236–60

10641 Mommsen, Hans: Gesellschaftsbild und Verfassungspläne des deutschen Widerstands, in: Walter Schmitthenner/Hans Buchheim (Hg.), Der deutsche Widerstand gegen Hitler. Vier historisch-kritische Studien, Köln/Berlin 1966, 73–167, 262–75; überarb. abgedr. in: Hermann Graml (Hg.), Widerstand im Dritten Reich. Probleme, Ereignisse, Gestalten, Frankfurt 1984, 14–91, 244–53; Hans Mommsen, Der Nationalsozialismus und die deutsche Gesellschaft. Ausgewählte Aufsätze. Zum 60. Geburtstag, Hg. Lutz Niethammer/Bernd Weisbrod, Reinbek 1991, 233–337

10642 Mommsen, Hans: Verfassungs- und Verwaltungsreformpläne der Widerstandsgruppen des 20. Juli 1944, in: Jürgen Schmädeke/Peter Steinbach (Hg.), Der Widerstand gegen den Nationalsozialismus. Die deutsche Gesellschaft und der Widerstand gegen Hitler, 2. Aufl., München/Zürich 1986, 570–97 (zuerst 1985; ND 1994)

10643 Müller, Klaus-Jürgen: Witzleben – Stülpnagel – Speidel. Offiziere im Widerstand. (Beiträge zum Widerstand 1933–1945, 7), Hg. Gedenkstätte Deutscher Widerstand Berlin, 1988; 36 S.

10644 Müller, Klaus-Jürgen: 20. Juli 1944: Der Entschluß zum Staatsreich. (Beiträge zum Widerstand 1933–1945, 27), Hg. Gedenkstätte Deutscher Widerstand Berlin, 2. Aufl., Berlin 1989; 20 S. (zuerst 1985)

10645 Müller, Klaus-Jürgen: Über den »militärischen Widerstand«, in: Huberta Engel (Hg.), Deutscher Widerstand – Demokratie heute. Kirche, Kreisauer Kreis, Ethik, Militär und Gewerkschaften, 2. Aufl., Bonn/Berlin 1994, 118–40 (zuerst 1992); abgedr. in: Peter Steinbach/Johannes Tuchel (Hg.), Widerstand gegen den Nationalsozialismus, Berlin 1994, 266–79

10646 Müller, Klaus-Jürgen: The German Military Opposition before the Second World War, in: Wolfgang J. Mommsen/Lothar Kettenacker (Hg.), The Fascist Challenge and the Policy of Appeasement, London u. a. 1983, 61–78

10648 Müller, Klaus-Jürgen: Militärpolitik, nicht Militäropposition! Eine Erwiderung [auf Peter Hoffmann, Generaloberst Ludwig Becks militärpolitisches Denken (HZ 234/1982, 101–21)], in: HZ 235 (1982), 355–71

10649 Münchheimer, Werner: Die Verfassungs- und Verwaltungsreformpläne der deutschen Opposition gegen Hitler zum 20. Juli 1944, in: EA 5 (1950), 3188–95

10650 Nayhaus, Mainhardt Graf von: Zwischen Gehorsam und Gewissen. Richard von Weizsäcker und das Infanterie-Regiment 9, Bergisch Gladbach 1994; 528 S.

10651 Petzold, Joachim: Erfahrungen von 1918 in der Offiziersbewegung gegen Hitler, in: WMHGDDR 13 (1985), Nr. 1–2, 94–103

10652 Der Platz des 20. Juli 1944 in der Geschichte des Antifaschistischen Widerstandskampfes. Materialien des Kolloquiums vom 18. Juli 1984, veranstaltet von der Historiker-Gesellschaft der DDR und dem Zentralinstitut für Geschichte der AdW der DDR anläßlich des 40. Jahrestages des 20. Juli 1944. (WMHGDDR, Jg.13, Nr. 1/2), Hg. Historiker-Gesellschaft der DDR, Red. Ewald Bibow, Berlin (O) 1985; 160 S.*

10653 Polomski, Franciszek: Das Vermögen der »Reichsfeinde«. Eigentumsrechtliche Sanktionen gegen die Verschwörer vom 20. Juli 1944, in: Ursula Büttner (Hg.), Das Unrechtsregime. Internationale Forschung über den Nationalsozialismus. Festschrift für Werner Jochmann zum 65. Geburtstag, Bd. 1, Hamburg 1986, 363–74

10653a Reich, Ines: Potsdam und der 20. Juli 1944. Auf den Spuren des Widerstandes gegen den Nationalsozialismus, Freiburg 1994; 104 S.

10654 Reich, Ines/Finker, Kurt: Potsdam und der 20. Juli 1944. Offiziere und Beamte im Widerstand gegen den Nationalsozialismus, in: Dietrich Eichholtz (Hg.), Verfolgung – Alltag – Widerstand. Brandenburg in der NS-Zeit. Studien und Dokumente, Berlin 1993, 322–54

10655 Reichold, Ludwig: Arbeiterbewegung jenseits des totalen Staates. Die Gewerkschaften und der 20. Juli 1944, Wien u. a. 1965; 186 S.

10656 Scheurig, Bodo: Der 20. Juli 1944 – damals und heute, in: APUZ, Nr. B 28/94, 15. 7. 1994, 15–21

10657 Scheurig, Bodo: Der 20. Juli – damals und heute (1964), in: Bodo Scheurig, Verdrängte Wahrheiten. Zeitgeschichtliche Bilder, überarb. Neuausg., Frankfurt/Berlin 1988, 201–20

10658 Schieder, Wolfgang: Zwei Generationen im militärischen Widerstand gegen Hitler, in: Jürgen Schmädeke/Peter Steinbach (Hg.), Der Widerstand gegen den Nationalsozialismus. Die deutsche Gesellschaft und der Widerstand gegen Hitler, 2. Aufl., München/Zürich 1986, 436–59 (zuerst 1985; ND 1994); abgedr. in: Karl D. Bracher/Leo Valiani (Hg.), Faschismus und Nationalsozialismus, Berlin 1991, 217–42

10659 Schlabrendorff, Fabian von: Offiziere gegen Hitler. Nach einem Erlebnisbericht, Hg. Gero von Schulze-Gaevernitz, 4., völlig neu bearb. Aufl., Zürich u. a. 1951; 228 S. (zuerst 1946; durchges. u. erw. Neuausg., Hg. Walter Bußmann, Berlin 1984; erw. engl. Ausg.: 3. Aufl., London 1966 u. d. T.: The Secret War against Hitler)

10660 Schmädeke, Jürgen: Die Blomberg-Fritsch-Krise: Vom Widerspruch zum Widerstand, in: Jürgen Schmädeke/Peter Steinbach (Hg.), Der Widerstand gegen den Nationalsozialismus. Die deutsche Gesellschaft und der Widerstand gegen Hitler, 2. Aufl., München/Zürich 1986, 368–82 (zuerst 1985; ND 1994)

10661 Schmädeke, Jürgen: Militärische Umsturzversuche und diplomatische Oppositionsbestrebungen zwischen der Münchener Konferenz und Stalingrad, in: Peter Steinbach/Johannes Tuchel (Hg.), Widerstand gegen den Nationalsozialismus, Berlin 1994, 294–318

10662 Schneider, Michael: Zwischen Standesvertretung und Werksgemeinschaft. Zu den Gewerkschaftskonzeptionen der Widerstandsgruppen des 20. Juli 1944, in: Jürgen Schmädeke/Peter Steinbach (Hg.), Der Widerstand gegen den Nationalsozialismus. Die deutsche Gesellschaft und der Widerstand gegen Hitler, 2. Aufl., München/Zürich 1986, 520–32 (zuerst 1985; ND 1994)

10663 Schramm, Wilhelm Ritter von: Aufstand der Generale. Der 20. Juli 1944 in Paris, 5. Aufl., München 1978; 365 S. (zuerst Bad Wörishofen 1953)

10664 Schultz, Hans J. (Hg.): Der 20. Juli 1944. Alternative zu Hitler?, Berlin/Stuttgart 1974; 206 S.; Beiträge teilw. abgedr. in: Hermann Graml (Hg.), Widerstand im Dritten Reich. Probleme, Ereignisse, Gestalten, Frankfurt 1984

10665 Schwerin, Detlef Graf von: Der Weg der »Jungen Generation« in den Widerstand, in: Jürgen Schmädeke/Peter Steinbach (Hg.), Der Widerstand gegen den Nationalsozialismus. Die deutsche Gesellschaft und der Widerstand gegen Hitler, 2. Aufl., München/Zürich 1986, 460–74 (zuerst 1985; ND 1994)

10666 Schwerin, Detlef Graf von: »Dann sind's die besten Köpfe, die man henkt.« Die junge Generation im deutschen Widerstand, München/Wien 1991; 570 S.

10667 Schwerin, Detlef Graf von: Die Jungen des 20. Juli 1944. Brücklmeier – Kessel – Schulenburg – Schwerin – Wussow – Yorck, Berlin 1991; 327 S.

10668 Slavinas, Alexander: »Treff« und Joker». Widerstand in letzter Minute: Agenten im Schatten von Diktaturen. Ein NKGB-Offizier erinnert sich: Admiral Canaris warnte die Sowjetunion vergeblich vor dem deutschen Überfall, in: Zeit, Jg. 44, Nr. 23, 2.6. 1989, 45 f.

10669 Steinbach, Peter: Verbandlich organisierte Demokratie in den Plänen des deutschen Widerstands gegen den Nationalsozialismus, in: Harald Dickerhof (Hg.), Heinz Hürten zum 60. Geburtstag. Festgabe, Frankfurt u. a. 1988, 525–44

10670 Steinbach, Peter: Zum Verhältnis der Ziele der militärischen und zivilen Widerstandsgruppen, in: Jürgen Schmädeke/ Peter Steinbach (Hg.), Der Widerstand gegen den Nationalsozialismus. Die deutsche Gesellschaft und der Widerstand gegen Hitler, 2. Aufl., München/Zürich 1986, 977–1002 (zuerst 1985; ND 1994)

10671 Steinbach, Peter: Es ging um die Würde aller Deutschen. Zum gescheiterten Attentat auf Hitler am 20. Juli 1944, in: Parlament, Jg. 44, Nr. 28, 15.7. 1994, 16 f.

10672 Steltzer, Theodor: Der 20. Juli und die Bewältigung der Zukunft. Rede am 20. Juli 1961 in der Johann Wolfgang Goethe-Universität Frankfurt, in: DR 87 (1961), 828–39

10673 Stöver, Bernd: Das sozialistische Exil und der 20. Juli 1944. Die Wahrnehmung des Attentats auf Hitler durch die Sopade und die Gruppe Neu Beginnen, in: APUZ, Nr. B 28/94, 15.7. 1994, 31–38

10674 Strölin, Karl: Verräter oder Patrioten? Der 20. Juli 1944 und das Recht auf Widerstand, Stuttgart 1952; 47 S.

10675 Travaglini, Thomas: Der 20. Juli 1944. Technik und Wirkung seiner propagandistischen Behandlung nach den amtlichen SD-Berichten, Berlin/Karlsruhe 1963; 230 S.

10676 Travaglini, Thomas: »m.E. sogar ausmerzen«. Der 20. Juli 1944 in der nationalsozialistischen Propaganda, in: APUZ, Nr. B 29/74, 20.7. 1974, 3–23

10677 Ueberschär, Gerd R.: Das Dilemma der deutschen Militäropposition. (Beiträge zum Widerstand 1933–1945, 32), Hg. Gedenkstätte Deutscher Widerstand Berlin, Berlin 1988; 48 S.**

10678 Ueberschär, Gerd R.: Militäropposition gegen Hitlers Kriegspolitik 1939–1941. Motive, Struktur und Alternativvorstellungen des entstehenden militärischen Widerstandes, in: Jürgen Schmädeke/Peter Steinbach (Hg.), Der Widerstand gegen den Nationalsozialismus. Die deutsche Gesellschaft und der Widerstand gegen Hitler, 2. Aufl., München/Zürich 1986, 345–67 (zuerst 1985; ND 1994)

10679 Ueberschär, Gerd R.: Der militärische Umsturzplan: Die Operation »Walküre«, in: Peter Steinbach/Johannes Tuchel (Hg.), Widerstand gegen den Nationalsozialismus, Berlin 1994, 353–63

10680 Venohr, Wolfgang: Patrioten gegen Hitler. Der Weg zum 20. Juli 1944. Eine dokumentarische und szenische Rekonstruktion, Bergisch Gladbach 1994; 336 S.

Die Vollmacht des Gewissens, Hg. Europäische Publikation, München:

10681 – Bd. 1: Die Vollmacht des Gewissens, 3. Aufl., 1960; 599 S. (zuerst 1956)

10682 – Bd. 2: Der militärische Widerstand gegen Hitler im Kriege, 1965; 539 S.

10683 Voss, Rüdiger von/Neske, Günther (Hg.): Der 20. Juli 1944. Annäherung an den geschichtlichen Augenblick, Pfullingen 1984; 254 S.

10684 Walle, Heinrich (Hg.): Aufstand des Gewissens. Der militärische Widerstand gegen Hitler und das NS-Regime, hg. für das Militärgeschichtliche Forschungsamt i. A. des Bundesministeriums der Verteidigung zur Wanderausstellung, 4., überarb. u. erw. Aufl., Berlin 1994; 724 S. (zuerst Herford/Bonn 1984)

10685 Walle, Heinrich: Der 20. Juli 1944. Eine Chronik der Ereignisse von Attentat und Umsturzversuch, in: Peter Steinbach/Johannes Tuchel (Hg.), Widerstand gegen den Nationalsozialismus, Berlin 1994, 364–76

10686 Wolf, Ernst: Zum Verhältnis der politischen und moralischen Motive in der deutschen Widerstandsbewegung, in: Walter Schmitthenner/Hans Buchheim (Hg.), Der deutsche Widerstand gegen Hitler. Vier historisch-kritische Studien, Köln/Berlin 1966, 215–55, 282–84

10687 Yorck von Wartenburg, Marion: Die Stärke der Stille. Erzählung eines Lebens aus dem Widerstand, 2. Aufl., Köln 1985; 155 S. (zuerst 1984)

10688 Zeller, Eberhard: Geist der Freiheit. Der 20. Juli 1944, 5., nochmals durchges. Aufl., München 1965; 560 S. (zuerst Berlin u. a. 1952)

10689 Zeugnis für ein anderes Deutschland. Ehemalige Tübinger Studenten als Opfer des 20. Juli 1944, Hg. Universitätsarchiv Tübingen, Bearb. Manfred Schmid, 2., um die am 19. 7. 1984 gehaltenen Reden erw. Aufl., Tübingen 1984; 84 S. (zuerst 1984)

10690 [Zwanzigster] 20. Juli 1944, Hg. Bundeszentrale für politische Bildung, Bearb. Hans Royce, neubearb. u. erg. v. Erich Zimmermann/Hans Adolf Jacobsen, 5. Aufl., Bonn 1964; 374 S. (zuerst 1953); gekürzte u. überarb. LA u. d. T.: 20. Juli 1944. Ein Drama des Gewissens und der Geschichte. Dokumente und Berichte, 3. Aufl., Freiburg u. a. 1963 (zuerst 1961)**

Darstellungen

10692 Eisele, Klaus: Die »Aktion Goerdeler«. Mitverschwörer des 20. Juli 1944 im deutschen Südwesten. Biographische Skizzen, in: Rudolf Lill/Michael Kißener (Hg.), 20. Juli 1944 in Baden und Württemberg, Konstanz 1994, 155–207

10693 Jedlicka, Ludwig: Der 20. Juli in Österreich, Wien/München 1965; 187 S.

10694 Lill, Rudolf/Kißener, Michael (Hg.): 20. Juli 1944 in Baden und Württemberg, Konstanz 1994; 242 S.*

10695 Scholtyseck, Joachim: Der »Stuttgarter Kreis« – Bolz, Bosch, Strölin: Ein Mikrokosmos des Widerstands gegen den Nationalsozialismus, in: Rudolf Lill/Michael Kißener (Hg.), 20. Juli 1944 in Baden und Württemberg, Konstanz 1994, 61–123

A.3.13.5.2.2 Einzelne Persönlichkeiten

[vgl. A.3.6.6: E. Rommel; A.3.7.2: W. Canaris; A.3.12.3.4: D. Bonhoeffer; A.3.13.3.5.2: W. Leuschner]

10696 [Beck, Ludwig] Buchheit, Gert: Ludwig Beck – ein preußischer General, München 1964; 367 S.

10697 [Beck, Ludwig] Förster, Wolfgang: Generaloberst Ludwig Beck. Sein Kampf gegen den Krieg. Aus den nachgelassenen Papieren des Generalstabschefs, 2. Aufl., München 1953; 171 S. (zuerst 1949)**

10698 [Beck, Ludwig] Hoffmann, Peter: Ludwig Beck: Loyality and Resistance, in: CEH 14 (1981), 332–50

10699 [Beck, Ludwig] Hoffmann, Peter: Generaloberst Ludwig Becks militärpolitisches Denken, in: HZ 234 (1982), 101–21

10700 [Beck, Ludwig] Krausnick, Helmut: Ludwig Beck, in: Rudolf Lill/Heinrich Oberreuther (Hg.), 20. Juli. Portraits des Widerstands, München u. a. 1984, 73–86

10701 [Beck, Ludwig] Müller, Klaus-Jürgen: General Ludwig Beck. Studien und Dokumente zur politisch-militärischen Vorstellungswelt und Tätigkeit des Generalstabschefs des deutschen Heeres 1933–1938, Boppard 1980; 632 S.

10702 [Beck, Ludwig] Müller, Klaus-Jürgen: Ludwig Beck. Ein General zwischen Wilhelminismus und Nationalsozialismus, in: Immanuel Geiss/Bernd-Jürgen Wendt (Hg.), Deutschland in der Weltpolitik des 19. und 20. Jahrhunderts. Fritz Fischer zum 65. Geburtstag, Düsseldorf 1973, 513–28

10703 [Beck, Ludwig] Müller, Klaus-Jürgen: Staat und Politik im Denken Ludwig Becks. Ein Beitrag zur politischen Ideenwelt des deutschen Widerstandes, in: HZ (1972), 607–31

10704 [Beck, Ludwig] Reynolds, Nicholas: Beck – Gehorsam und Widerstand. Das Leben eines deutschen Generalstabschefs 1935–1938, Wiesbaden/München 1977; 283 S. (engl.: London 1976)

10705 [Boeselager, Georg Freiherr von] Doepgen, Heinz W.: Georg von Boeselager. Kavallerie-Offizier in der Militäropposition gegen Hitler, Herford/Bonn 1991; 196 S.

10706 [Boeselager, Philipp Freiherr von] John, Antonius: Philipp von Boeselager. Freiherr, Demokrat, Verschwörer, Bonn 1994; 308 S.

10708 [Bussche, Axel von dem] Medem, Gevinon von (Hg.): Axel von dem Bussche, Mainz 1994; X, 282 S.**

10710 [Cramer, Walter] Heintze, Beatrix: Walter Cramer (1886 bis 1944). Ein Leipziger Unternehmer im Widerstand. Dokumentation, Hg. Gesellschaft für Unternehmensgeschichte, Köln 1993; 188 S.**

10711 [Delp, Alfred] Bleistein, Roman: Alfred Delp und der 20. Juli. Ergebnisse aus neueren Forschungen, in: ZKG 97 (1986), 66–78

10712 [Dohna, Heinrich Graf zu] Dohna, Lothar Graf zu: Vom Kirchenkampf zum Widerstand. Probleme der Widerstandsforschung im Brennspiegel einer Fallstudie [Heinrich Graf zur Dohna], in: Ralph Melville u. a. (Hg.), Deutschland und Europa in der Neuzeit. Festschrift für Karl Otmar Freiherr von Aretin zum 65. Geburtstag, Halbbd. 2, Stuttgart 1988, 857–79

10713 [Dohnanyi, Hans von] Chowaniec, Elisabeth: Der »Fall Dohnanyi« 1943–1945. Widerstand, Militärjustiz, SS-Willkür, München 1991; 228 S.**

10714 [Frank, Reinhold] Kißener, Michael: Die Karlsruher Widerstandsgruppe um Reinhold Frank, in: Rudolf Lill/Michael Kißener (Hg.), 20. Juli 1944 in Baden und Württemberg, Konstanz 1994, 19–59

10715 [Frank, Reinhold] Rehberger, Horst: Reinhold Frank. Rechtsanwalt in Karlsruhe, in: Michael Bosch/Wolfgang Niess

(Hg.), Der Widerstand im deutschen Südwesten 1933–1945, Stuttgart 1984, 299–309

10716 [Fritzsche, Hans Karl] Fritzsche, Hans K.: Ein Leben im Schatten des Verrats. Erinnerungen eines Überlebenden an den 20. Juli 1944, Vorwort Eugen Gerstenmaier, Freiburg u. a. 1984; 126 S.

10717 [Gersdorff, Rudolf-Christoph Freiherr von] Gersdorff, Rudolf-Christoph Freiherr von: Soldat im Untergang, Frankfurt 1979; 226 S. (zuerst 1977)

10718 [Gersdorff, Rudolf-Christoph Freiherr von] Schulz, Eberhard G.: Der Widerstand gegen die Staatsgewalt als Problem der philosophischen Rechtslehre, erläutert durch das Beispiel des verhinderten Hitler-Attentäters Rudolf-Christoph Freiherr von Gersdorff, in: Lothar Bossle u. a. (Hg.), Nationalsozialismus und Widerstand in Schlesien, Sigmaringen 1989, 17–28

10719 [Goerdeler, Carl Friedrich] Bramke, Werner: Führend im Widerstand. Georg Schumann und Carl Goerdeler, in: SHB 36 (1990), 90–95

10720 [Goerdeler, Carl Friedrich] Drees, Hans: Die Stellung der Gemeinden und Kreise im Rahmen der Verfassungspläne Goerdelers, in: Der deutsche Imperialismus und der Zweite Weltkrieg, Bd. 4, Hg. Kommission der Historiker der DDR und der UdSSR, Red. Leo Stern u. a., Berlin (O) 1961, 587–606

10721 [Goerdeler, Carl Friedrich] Giere, Gustav: Carl Goerdeler 1884–1945, in: Männer der deutschen Verwaltung. 23 biographische Essays, Köln/Berlin 1963, 349–65, 405 f.

10722 [Goerdeler, Carl Friedrich] Kosthorst, Erich: Carl Friedrich Goerdeler, in: Rudolf Lill/Heinrich Oberreuther (Hg.), 20. Juli. Portraits des Widerstands, München u. a. 1984, 111–34

10723 [Goerdeler, Carl Friedrich] Krüger-Charlé, Michael: From Reform to Resistance: Carl Goerdeler's 1938 Memorandum, in: David C. Large (Hg.), Contending with Hitler. Varieties of German Resistance in the Third Reich, Cambridge u. a. 1991, 75–87

10724 [Goerdeler, Carl Friedrich] Krüger-Charlé, Michael: Carl Goerdelers Versuche der Durchsetzung einer alternativen Politik 1933 bis 1937, in: Jürgen Schmädeke/Peter Steinbach (Hg.), Der Widerstand gegen den Nationalsozialismus. Die deutsche Gesellschaft und der Widerstand gegen Hitler, 2. Aufl., München/Zürich 1986, 383–404 (zuerst 1985; ND 1994)

10725 [Goerdeler, Carl Friedrich] Meyer-Krahmer, Marianne: Carl Goerdeler und sein Weg in den Widerstand. Eine Reise in die Welt meines Vaters, Freiburg 1989; 189 S.

10726 [Goerdeler, Carl Friedrich] Ritter, Gerhard: Carl Goerdeler und die deutsche Widerstandsbewegung, 5. Aufl., Hamburg 1987; 647 S. (zuerst 1954)

10727 [Goerdeler, Carl Friedrich] Ritter, Gerhard: Goerdelers Verfassungspläne, in: NWDH 1 (1946), Nr. 9, 6 ff.; abgedr. in: Charles Schüddekopf (Hg.), Vor den Toren der Wirklichkeit. Deutschland 1946/47 im Spiegel der Nordwestdeutschen Hefte, Berlin/Bonn 1980, 103–11

10728 [Groppe, Theodor] Groppe, Theodor: Ein Kampf um Recht und Sitte. Erlebnisse um Wehrmacht, Partei und Gestapo, Trier 1947; 47 S.

10729 [Halder, Franz] Bor, Peter: Gespräche mit Halder, Wiesbaden 1950; 288 S.

10730 [Halder, Franz] Hartmann, Christian: Halder. Generalstabschef Hitlers 1938–1942, Paderborn u. a. 1991; 397 S.

10731 [Halder, Franz] Schall-Riaucour, Heidemarie Gräfin: Aufstand und Gehorsam. Offizierstum und Generalstab im Umbruch. Leben und Wirken von Generaloberst Halder, Generalstabschef 1938–1942, Vorwort Adolf Heusinger, Wiesbaden 1972; 351 S.

10732 [Halder, Franz] Ueberschär, Gerd R.: Generaloberst Halder. Generalstabschef, Gegner und Gefangener Hitlers, Göttingen/Zürich 1991; 108 S.

10733 [Halder, Franz] Ueberschär, Gerd R.: Generaloberst Halder im militärischen Widerstand, in: Wehrforschung 2 (1973), 20–31

10734 [Hardenberg, Carl Hans Graf von] Agde, Günter (Hg.): Carl Hans Graf von Hardenberg. Ein deutsches Schicksal im Widerstand. Dokumente und Auskünfte, Berlin 1994; 292 S.**

10735 [Hardenberg, Carl Hans Graf von] Mühleisen, Horst: Patrioten im Widerstand. Carl Hans Graf von Hardenberg. (Dokumentation), in: VfZ 41 (1993), 419–77**

10736 [Harnack, Ernst von] Harnack, Axel von: Ernst von Harnack (1888 bis 1945). Ein Kämpfer für Deutschlands Zukunft, Villingen 1951; 78 S.

10737 [Harnack, Ernst von] Harnack, Ernst von: Jahre des Widerstands 1932–1945, Hg. Gustav-Adolf von Harnack, Pfullingen 1989; 247 S.**

Gedruckte Quellen

10738 [Hassell, Ulrich von] Hassell, Ulrich von: Der Kreis schließt sich. Aufzeichnungen aus der Haft 1944, Hg. Malve von Hassell, Berlin/Frankfurt 1994; 375 S.

10739 [Hassell, Ulrich von] Die Hassell-Tagebücher 1938–1944. Aufzeichnungen vom Anderen Deutschland. Nach der Handschrift rev. u. erw. Ausgabe, Hg. Friedrich Freiherr Hiller von Gaetringen, Mitarb. Klaus P. Reiß, Geleitwort Hans Mommsen, 2., durchges. Aufl., Berlin 1989; 689 S. (zuerst 1988; Originalausgabe 1946)

Darstellungen

10740 [Hassell, Ulrich von] Asendorf, Manfred: Ulrich von Hassells Europakonzeption und der Mitteleuropäische Wirtschaftstag, in: JIdG 7 (1978), 387–419

10741 [Hassell, Ulrich von] Hassell, Fey von: Niemals sich beugen. Erinnerungen einer Sondergefangenen der SS, München 1990; 240 S. (italien.: 1987)

10742 [Hassell, Ulrich von] Schlie, Ulrich: Ulrich von Hassells außenpolitisches Programm, in: QFIAB 72 (1992), 468–82

10743 [Hassell, Ulrich von] Schöllgen, Gregor: Ulrich von Hassell 1881–1944. Ein Konservativer in der Opposition, München 1990; 278 S.

10744 [Hassell, Ulrich von] Schöllgen, Gregor: Auswege. Ulrich von Hassell und die außenpolitischen Vorstellungen des deutschen Widerstandes, in: Gregor Schöllgen, Die Macht in der Mitte Europas. Stationen deutscher Außenpolitik von Friedrich dem Großen bis zur Gegenwart, München 1992, 107–22

10744a [Hassell, Ulrich von] Schöllgen, Gregor: Ulrich von Hassell, in: Rudolf Lill/ Heinrich Oberreuther (Hg.), 20. Juli. Portraits des Widerstands, München u. a. 1984, 135–46

10745 [Hassell, Ulrich von] Schöllgen, Gregor: Wurzeln konservativer Opposition. Ulrich von Hassell und der Übergang vom Kaiserreich zur Weimarer Republik, in: GWU 38 (1987), 478–89

10746 [Hoepner, Erich] Bücheler, Heinrich: Generaloberst Erich Hoepner und die Militäropposition gegen Hitler. (Beiträge zum Widerstand 1933–1945, 9), Hg. Gedenkstätte Deutscher Widerstand Berlin, 3. Aufl., Berlin 1985; 24 S. (zuerst 1978)

10747 [Hoepner, Erich] Bücheler, Heinrich: Hoepner. Ein deutsches Soldatenschicksal des 20. Jahrhunderts, Herford 1980; 228 S.

10748 [Hofacker, Caesar von] Schmid, Manfred: Caesar von Hofacker. Der 20. Juli 1944 in Paris, in: Michael Bosch/Wolfgang Niess (Hg.), Der Widerstand im deutschen Südwesten 1933–1945, Stuttgart 1984, 207–15

10749 [Hößlin, Roland von] Kageneck, August Graf von: Zwischen Eid und Gewissen. Roland von Hößlin. Ein deutscher Offizier, Berlin/Frankfurt 1991; 203 S.

10750 [Kaiser, Hermann] Roon, Ger van: Hermann Kaiser und der deutsche Widerstand, in: VfZ 24 (1976), 259–86

Gedruckte Quellen

10751 [Kessel, Albrecht von] Kessel, Albrecht von: Verborgene Saat. Aufzeichnungen aus dem Widerstand 1933 bis 1945, Berlin 1992; 296 S.

10752 [Kusch, Oskar] Walle, Heinrich: Individual Loyalty and Resistance in the German Military: The Case of Sub-Lieutenant Oskar Kusch, in: Francis R. Nicosia/Lawrence D. Stokes (Hg.), Germans against Nazism. Nonconformity, Opposition, and Resistance in the Third Reich. Essays in Honor of Peter Hoffmann, New York/Oxford 1990, 323–50

10754 [Lindemann, Fritz] Welkerling, Wolfgang: Der Wehrmachtsgeneral auf dem Weg zum Antifaschisten. Zur Biographie des Generals der Artillerie Fritz Lindemann (1894–1944), in: ZfG 37 (1989), 796–811

10755 [Olbricht, Friedrich] Georgi, Friedrich: »Wir haben das letzte gewagt ...« General Olbricht und die Verschwörung gegen Hitler. Der Bericht eines Mitverschworenen, Freiburg 1990; 240 S.

10756 [Olbricht, Friedrich] Georgi, Friedrich: Soldat im Widerstand. General der Infanterie Friedrich Olbricht. Vortrag vor Offizieren des Heeresamtes der Bundeswehr am 23. April 1987, Berlin 1988; 71 S.

10757 [Olbricht, Friedrich] Page, Helena P.: General Friedrich Olbricht. Ein Mann des 20. Juli, 2., erw. Aufl., Bonn 1994; XV, 304, (41) S. (zuerst 1993)**

10758 [Olbricht, Friedrich] Wollstein, Günter: Friedrich Olbricht, in: Rudolf Lill/Heinrich Oberreuther (Hg.), 20. Juli. Portraits des Widerstands, München u. a. 1984, 207–22

10759 [Oster, Hans] Graml, Hermann: Der Fall Oster, in: VfZ 14 (1966), 26–59

10760 [Oster, Hans] Thun-Hohenstein, Romedio G. Graf von: Widerstand und Landesverrat am Beispiel des Generalmajors Hans Oster, in: Jürgen Schmädeke/Peter Steinbach (Hg.), Der Widerstand gegen den Nationalsozialismus. Die deutsche Gesellschaft und der Widerstand gegen Hitler, 2. Aufl., München/Zürich 1986, 751–62 (zuerst 1985; ND 1994)

10761 [Oster, Hans] Thun-Hohenstein, Romedio G. Graf von: Der Verschwörer. General Oster und die Militäropposition, 3. Aufl., München 1994; 304 S. (zuerst Berlin 1982)

10762 [Oster, Hans] Thun-Hohenstein, Romedio G. Graf von: Hans Oster, in: Rudolf Lill/Heinrich Oberreuther (Hg.), 20. Juli. Portraits des Widerstands, München u. a. 1984, 223–36

10765 [Sack, Karl] Dignath, Stephan (Hg.): Dr. Karl Sack. Ein Widerstandskämpfer aus Bosenheim. Bekenntnis und Widerstand. Gedenkschrift anläßlich der 40. Wiederkehr des Tages seiner Ermordung im KZ Flossenbürg am 9. April 1945, Bad Kreuznach 1985; 136 S.

10766 [Schulenburg, Friedrich Werner Graf von der] Wegner-Korfes, Sigrid: Friedrich Werner Graf von der Schulenburg. Botschafter Nazideutschlands in Moskau und Mitverschwörer des 20. Juli 1944, in: Olaf Groehler (Hg.), Alternativen. Schicksale deutscher Bürger, 1987, 231–70

10767 [Schulenburg, Friedrich Werner Graf von der] Wegner-Korfes, Sigrid: Der Weg des Grafen Friedrich Werner von der Schulenburg vom Botschafter Nazideutschlands in Moskau zum Teilnehmer der Verschwörung des 20. Juli 1944, in: WMHGDDR 13 (1985), Nr. 1–2, 62–68

10768 [Schulenburg, Friedrich Werner Graf von der] Wegner-Korfes, Sigrid: Graf von der Schulenburg – Mitverschwörer des 20. Juli 1944. Zur außenpolitischen Konzeption des Botschafters des faschistischen Deutschland in Moskau, in: ZfG 32 (1984), 681–99

10769 [Schulenburg, Fritz-Dietlof Graf von der] Heinemann, Ulrich: Ein konservativer Rebell. Fritz-Dietlof Graf von der Schulenburg und der 20. Juli, Berlin 1990; 353 S.

10770 [Schulenburg, Fritz-Dietlof Graf von der] Heinemann, Ulrich: »Kein Platz für Polen und Juden.« Der Widerstandskämpfer Fritz-Dietlof Graf von der Schulenburg und die Politik der Verwaltung in Schlesien 1939/40, in: Christoph Kleßmann (Hg.), September 1939. Krieg, Besatzung, Widerstand in Polen. Acht Beiträge, Göttingen 1989, 38–54

10771 [Schulenburg, Fritz-Dietlof Graf von der] Heinemann, Ulrich: Fritz-Dietlof Graf von der Schulenburg – Das Problem von Kooperation und Opposition und der Entschluß zum Widerstand gegen das Hitler-Regime, in: Jürgen Schmädeke/Peter Steinbach (Hg.), Der Widerstand gegen den Nationalsozialismus. Die deutsche Gesellschaft und der Widerstand gegen Hitler, 2. Aufl., München/Zürich 1986, 417–35 (zuerst 1985; ND 1994)

10772 [Schulenburg, Fritz-Dietlof Graf von der] Krebs, Albert: Fritz-Dietlof Graf von der Schulenburg. Zwischen Staatsraison und Hochverrat, Hamburg 1964; 338 S.

10773 [Schulenburg, Fritz-Dietlof Graf von der] Mommsen, Hans: Fritz-Dietlof Graf von der Schulenburg und die preußische Tradition, in: VfZ 32 (1984), 213–39

10774 [Speidel, Hans] Speidel, Hans: Aus unserer Zeit. Erinnerungen, Berlin u. a. 1977; 512, 44 S.

10775 [Staehle, Wilhelm] Roon, Ger van: Wilhelm Staehle. Ein Leben auf der Grenze, 1877–1945, 2. Aufl., Neuenhaus 1986; 112 S. (zuerst München 1969)

10776 [Staehle, Wilhelm] Roon, Ger van: Wilhelm Staehle. Widerstandskämpfer und Abwehroffizier, in: JoGe 6 (1984), Nr. 4, 34–43

10777 [Stauffenberg, Claus Graf Schenk von] Graber, Gerry: Stauffenberg, New York 1973; 158 S.

10778 [Stauffenberg, Claus Graf Schenk von] Hoffmann, Peter: Claus Graf Schenck von Stauffenberg (1907–1944), in: Hans Schumann (Hg.), Baden-Württembergische Portraits. Gestalten aus dem 19. und 20. Jahrhundert, Stuttgart 1988, 379–87

10779 [Stauffenberg, Claus Graf Schenk von] Kramarz, Joachim: Claus Graf Stauffenberg. 15. November 1907–20. Juli 1944. Das Leben eines Offiziers, Frankfurt 1965; 245 S.

10780 [Stauffenberg, Claus Graf Schenk von] Middendorff, Wolf: Claus Graf Schenck von Stauffenberg. Eine historisch-kriminologische Studie, in: Theo Vogler u. a. (Hg.), Festschrift für Hans-Heinrich Jescheck zum 70. Geburtstag, Bd. 2, Berlin 1985, 1175–94

10781 [Stauffenberg, Claus Graf Schenk von] Müller, Christian: Oberst i.G. Stauffenberg. Eine Biographie, 2. Aufl., Düsseldorf 1971; 623 S. (zuerst 1970)

10782 [Stauffenberg, Claus Graf Schenk von] Scheurig, Bodo: Claus Graf Schenck von Stauffenberg, Berlin 1964; 95 S.

10783 [Stauffenberg, Claus Graf Schenk von] Venohr, Wolfgang: Stauffenberg. Symbol der deutschen Einheit. Eine politische Biographie, Frankfurt/Berlin 1986; 429, (16) S.

10784 [Stauffenberg, Claus Graf Schenk von] Venohr, Wolfgang: Stauffenbergs geistiger Hintergrund. Zum 80. Geburtstag des Stabschefs der Verschwörung gegen die NS-Diktatur, in: Damals 19 (1987), 982–99

10785 [Stauffenberg, Claus Schenk Graf von] Baigent, Michael/Leigh, Richard: Geheimes Deutschland. Stauffenberg und die Hintergründe des Attentats vom 20. Juli 1944, München 1994; 432 S. (zuerst engl.: London 1994)

10786 [Stauffenberg, Claus Schenk Graf von] Bussmann, Walter: Claus Schenk Graf von Stauffenberg, in: Rudolf Lill/Heinrich Oberreuther (Hg.), 20. Juli. Portraits des Widerstands, München u. a. 1984, 269–86

10787 [Stauffenberg, Claus Schenk Graf von] Finker, Kurt: Stauffenberg und der 20. Juli 1944, 7., überarb. Aufl., Berlin (O) 1989; 368 S. (zuerst 1967)

10788 [Stauffenberg, Claus Schenk Graf von] Gießler, Klaus-Volker: Briefwechsel zwischen Claus Graf Stauffenberg und Georg von Sodenstern vom Februar/März 1939. Gedanken zum Wesen des Soldatentums, in: Friedrich P. Kahlenberg (Hg.), Aus der Arbeit der Archive. Beiträge zum Archivwesen, zur Quellenkunde und zur Geschichte. Festschrift für Hans Booms, Boppard 1989, 552–64**

10789 [Stauffenberg, Claus Schenk Graf von] Hoffmann, Peter: Claus Schenk Graf von Stauffenberg und seine Brüder, 1. u. 2. Aufl., Stuttgart 1992; 672 S.

10790 [Stauffenberg, Claus Schenk Graf von] Hoffmann, Peter: Stauffenberg und die Veränderungen der außen- und innenpolitischen Handlungsbedingungen für die Durchführung des »Walküre«-Plans, in: Jürgen Schmädeke/Peter Steinbach (Hg.), Der Widerstand gegen den Nationalsozialismus. Die deutsche Gesellschaft und der Widerstand gegen Hitler, 2. Aufl., München/Zürich 1986, 1003–20 (zuerst 1985; ND 1994)

10791 [Stauffenberg, Claus Schenk Graf von] Krolak, Steven: Der Weg zum Neuen Reich: Die politischen Vorstellungen von Claus Stauffenberg. Ein Beitrag zur Geistesgeschichte des deutschen Widerstandes, in: Jürgen Schmädeke/Peter Steinbach (Hg.), Der Widerstand gegen den Nationalsozialismus. Die deutsche Gesellschaft und der Widerstand gegen Hitler, 2. Aufl., München/Zürich 1986, 546–59 (zuerst 1985; ND 1994)

10792 [Stauffenberg, Claus Schenk Graf von] Nolte, Josef: Claus Schenk Graf von Stauffenberg. Generalstabsoffizier und Attentäter, in: Michael Bosch/Wolfgang Niess (Hg.), Der Widerstand im deutschen Südwesten 1933–1945, Stuttgart 1984, 193–205

10793 [Stauffenberg, Claus Schenk Graf von] Partsch, Karl J.: Stauffenberg, in: EA 5 (1950), 3196–3200

10794 [Stauffenberg, Claus Schenk Graf von] Steffahn, Harald: Claus Schenk Graf von Stauffenberg, Reinbek 1994; 157 S.

10795 [Stauffenberg, Claus Schenk Graf von] Zeller, Eberhard: Oberst Claus Graf Stauffenberg. Ein Lebensbild, Einführung Peter Steinbach, Paderborn 1994; 331 S.

10796 [Stauffenberg, Claus Schenk Graf von] Zeller, Eberhard: Claus und Berthold Stauffenberg, in: VfZ 12 (1964), 105–46

Gedruckte Quellen

10796a [Stieff, Helmut] Ausgewählte Briefe von Generalmajor Helmuth Stieff, in: VfZ 2 (1954), 291–304

10797 [Stieff, Helmut] Stieff, Helmut: Briefe, Hg. Horst Mühleisen, Berlin 1991; 267 S.

Darstellungen

10798 [Stieff, Helmut] Mühleisen, Horst: Hellmut Stieff und der deutsche Widerstand, in: VfZ 32 (1991), 339–77

10800 [Stülpnagel, Karl-Heinrich von] Bücheler, Heinrich: Carl-Heinrich von Stülpnagel. Soldat, Philosoph, Verschwörer. Biographie, Berlin 1989; 367 S.

10801 [Stülpnagel, Karl-Heinrich von] Bücheler, Heinrich: Carl-Heinrich von Stülpnagel. Paris als Stützpunkt der Militäropposition, in: Damals 20 (1988), 579–90

10802 [Stülpnagel, Karl-Heinrich von] Schmidtchen, Volker: Karl-Heinrich von Stülpnagel, in: Rudolf Lill/Heinrich Oberreuther (Hg.), 20. Juli. Portraits des Widerstands, München u. a. 1984, 287–306

10803 [Tresckow, Henning von] Aretin, Karl O. Freiherr von: Henning von Tresckow, in: Rudolf Lill/Heinrich Oberreuther (Hg.), 20. Juli. Portraits des Widerstands, München u. a. 1984, 307–20; abgedr. in: Karl O. Freiherr von Aretin, Nation, Staat und Demokratie in Deutschland. Ausgewählte Beiträge zur Zeitgeschichte. Zum 70. Geburtstag des Verfassers, Hg. Andreas Kunz/Martin Vogt, Mainz 1993, 247–60

10804 [Tresckow, Henning von] L'Estocq, Christoph von: Soldat in drei Epochen. Eine Hommage an Henning von Tresckow, Berlin o. J. [1990]; 220 S.

10805 [Tresckow, Henning von] Scheurig, Bodo: Henning von Tresckow. Eine Biographie, 4. Aufl., Oldenburg 1975; 268 S. (zuerst 1973; TB Frankfurt 1980)

10806 [Tresckow, Henning von] Scheurig, Bodo: Henning von Tresckow. Ein Preuße gegen Hitler, Frankfurt u. a. 1990; 287 S.

10807 [Tresckow, Henning von] Scheurig, Bodo: Henning von Tresckow – vor dem Attentat 1944 (1975), in: Bodo Scheurig, Verdrängte Wahrheiten. Zeitgeschichtliche Bilder, überarb. Neuausg., Frankfurt/Berlin 1988, 65–71

10808 [Tresckow, Henning von] Scheurig, Bodo: Vor dem Attentat. Henning von Tresckow. Ein Beitrag zum 20. Juli 1944, in: Damals 18 (1986), 629–36

Gedruckte Quellen

10808a [Trott zu Solz, Adam von] Duff, Grant/Trott zu Solz, Adam von: A Noble Combat. The Letters 1932–1939, Hg. Klemens von Klemperer, Oxford 1988; 372 S.

Darstellungen

10809 [Trott zu Solz, Adam] Sykes, Christopher: Adam von Trott. Eine deutsche Tragödie, Düsseldorf/Köln 1969; 421 S. (engl.: London 1968)

10810 [Trott zu Solz, Adam von] Astor, David: Adam von Trott: A Personal View, in: Hedley Bull (Hg.), The Challenge of the Third Reich, Oxford 1986, 17–34

10811 [Trott zu Solz, Adam von] Bethge, Eberhard: Adam von Trott zu Solz und der deutsche Widerstand, in: VfZ 11 (1963), 213–23

10812 [Trott zu Solz, Adam von] Blasius, Rainer A.: Adam von Trott zu Solz, in: Rudolf Lill/Heinrich Oberreuther (Hg.), 20. Juli. Portraits des Widerstands, München u. a. 1984, 321–34

10813 [Trott zu Solz, Adam von] MacDonogh, Giles: A Good German. Adam von Trott zu Solz, London/New York 1989; X, 358 S.

10814 [Trott zu Solz, Adam von] Malone, Henry O.: Adam von Trott zu Solz. Werdegang eines Verschwörers 1909–1939, Berlin 1986; 326 S. (amerikan.: Diss. University of Texas, Austin 1980 [Ms.; MF Ann Arbor, Mich. 1980])

10815 [Trott zu Solz, Adam von] Malone, Henry O.: Between England and Germany: Adam von Trott's Contacts with the British, in: Francis R. Nicosia/Lawrence D. Stokes (Hg.), Germans against Nazism. Nonconformity, Opposition, and Resistance in the Third Reich. Essays in Honor of Peter Hoffmann, New York/Oxford 1990, 253–78

10816 [Trott zu Solz, Adam von] Malone, Henry O.: Adam von Trott zu Solz: Nationalsozialismus als Motiv für den Widerstand, in: Jürgen Schmädeke/Peter Steinbach (Hg.), Der Widerstand gegen den Nationalsozialismus. Die deutsche Gesellschaft und der Widerstand gegen Hitler, 2. Aufl., München/Zürich 1986, 652–63 (zuerst 1985; ND 1994)

10819 [Wartenburg, Peter Graf York von] Frohn, Axel: Peter Graf York von Wartenburg, in: Rudolf Lill/Heinrich Oberreuther (Hg.), 20. Juli. Portraits des Widerstands, München u. a. 1984, 349–62

10820 [Wirmer, Josef] Josef Wirmer. Ein Gegner Hitlers. Aufsätze und Dokumente, Hg. Museumsverein und Kulturforum Warburg, 2., korr., erg. u. erw. Aufl., Warburg 1993; 157 S. (zuerst 1989)**

10821 [Wirmer, Josef] Lill, Rudolf: Josef Wirmer, in: Rudolf Lill/Heinrich Oberreuther (Hg.), 20. Juli. Portraits des Widerstands, München u. a. 1984, 335–48

10822 [Witzleben, Erwin von] Bücheler, Heinrich: Erwin von Witzleben. Geehrt – entlassen – gehenkt, in: Damals 19 (1987), 624–40

10823 [Witzleben, Erwin von] Pommerin, Reiner: Erwin von Witzleben, in: Rudolf Lill/Heinrich Oberreuther (Hg.), 20. Juli. Portraits des Widerstands, München u. a. 1984, 349–62

Gedruckte Quellen

10824 [Yorck von Wartenburg, Peter Graf von] Yorck von Wartenburg, Marion: Die Stärke der Stille. Erzählung eines Lebens aus dem deutschen Widerstand, aufgeschrieben von Claudia Schmölders, 2. Aufl., Köln 1985; 155 S. (zuerst 1984)

A.3.13.5.3 Kreisauer Kreis
A.3.13.5.3.1 Allgemeines

Gedruckte Quellen

10825 Bleistein, Roman (Hg.): Dossier: Kreisauer Kreis. Dokumente aus dem Widerstand gegen den Nationalsozialismus. Aus dem Nachlaß von Lothar König S.J., Frankfurt 1987; 376 S.

Darstellungen

10826 Bleistein, Roman: Die Jesuiten im Kreisauer Kreis. Ihre Bedeutung für den Gesamtwiderstand gegen den Nationalsozialismus, Passau 1990; 26 S.

10827 Bleistein, Roman: Jesuiten im Kreisauer Kreis, in: SdZ 200 (N. F. 107) (1982), 595–607; überarb. abgedr. in: Joël Pottier (Hg.), Christen im Widerstand gegen das Dritte Reich, Stuttgart/Bonn 1988, 541–55

10828 Bleistein, Roman: Kirche und Politik im Dritten Reich. Reflexionen in neuaufgefundenen Dokumenten des Kreisauer Kreises, in: SdZ 205 (N. F. 112) (1987), 147–58

10829 Childers, Thomas: The Kreisau Circle and the Twentieth of July, in: David C. Large (Hg.), Contending with Hitler. Varieties of German Resistance in the Third Reich, Cambridge u. a. 1991, 99–117

10830 Drees, Hans: Fortschrittliche und reaktionäre Tendenzen in den Reformplänen des Kreisauer Kreises, in: Der deutsche Imperialismus und der Zweite Weltkrieg, Bd. 4, Hg. Kommission der Historiker der DDR und der UdSSR, Red. Leo Stern u. a., Berlin (O) 1961, 587–606

10831 Dress, Hans/Ersil, Wilhelm: Die volksfeindliche Konzeption des Kreisauer Kreises und das nationale Rettungsprogramm der KPD, in: SuR 9 (1960), 1105–34

10832 Finker, Kurt: Der Kreisauer Kreis aus Sicht der bisherigen DDR-Forschung, in: Huberta Engel (Hg.), Deutscher Widerstand – Demokratie heute. Kirche, Kreisauer Kreis, Ethik, Militär und Gewerkschaften, 2. Aufl., Bonn/Berlin 1994, 179–202 (zuerst 1992)

10833 Gablentz, Otto H. von der: Der Kreisauer Kreis: Eine Würdigung von van Roons Gesamtdarstellung, in: PVS 9 (1968), 592–600

10834 Gerstenmaier, Eugen: Der Kreisauer Kreis. Ein Beitrag zu dem Buch Gerrit van

Roons »Neuordnung im Widerstand«, in: VfZ 15 (1967), 221–46

10835 Die Herkunft der Mitglieder des engeren Kreisauer Kreises. Das biographische und genealogische Bild einer Widerstandsgruppe, Hg. Moltke-Stiftung, Berlin o. J. (1984); II, 195 S.

10836 Hornung, Klaus: Der Kreisauer Kreis und die deutsche Zukunft, in: APUZ, Nr. B 28/94, 15. 7. 1994, 22–30

10837 Jonca, Karol: Der »Kreisauer Kreis« um Helmuth James von Moltke und der deutsche Widerstand aus polnischer Sicht (1940–1944), in: Huberta Engel (Hg.), Deutscher Widerstand – Demokratie heute. Kirche, Kreisauer Kreis, Ethik, Militär und Gewerkschaften, 2. Aufl., Bonn/Berlin 1994, 275–93 (zuerst 1992)

10838 Jonca, Karol: Außenpolitische Perspektiven des »Kreisauer Kreises« aus polnischer Sicht (1939–1944), in: PWS 7 (1988), 3–19

10839 Kall, Alfred u. a.: Der Kreisauer Kreis. Christen im Widerstand gegen Hitler. Gründe – Ziele – Folgen, München 1986; 60 S.

10840 Der Kreisauer Kreis. Porträt einer Widerstandsgruppe, Hg. Landeszentrale für politische Bildung Schleswig-Holstein, Kiel 1986; 58 S.

10841 Der Kreisauer Kreis. Porträt einer Widerstandsgruppe. Begleitband zu einer Ausstellung der Stiftung Preußischer Kulturbesitz, Bearb. Wilhelm E. Winterhager, Mainz 1985; XVI, 244 S.

10842 Moltke, Albrecht von: Die wirtschafts- und gesellschaftspolitischen Vorstellungen des Kreisauer Kreises innerhalb der deutschen Widerstandsbewegung, Köln 1989; VIII, 293 S.

10843 Moltke, Albrecht von: Die Wirtschaftsordnungskonzeption des Kreisauer Kreises, in: Huberta Engel (Hg.), Deutscher Widerstand – Demokratie heute. Kirche, Kreisauer Kreis, Ethik, Militär und Gewerkschaften, 2. Aufl., Bonn/Berlin 1994, 245–74 (zuerst 1992)

10844 Mommsen, Hans: Kreisauer Vorstellungen als Antwort auf die Herausforderung des Nationalsozialismus, in: Dietmar Petzina u. a. (Hg.), Bevölkerung, Wirtschaft, Gesellschaft seit der Industrialisierung. Festschrift für Wolfgang Köllmann zum 65. Geburtstag, Hagen 1990, 388–98

10845 Mommsen, Hans: Der Kreisauer Kreis und die künftige Neuordnung Deutschlands und Europas, in: VfZ 42 (1994), 361–77; abgedr. in: Peter Steinbach/Johannes Tuchel (Hg.), Widerstand gegen den Nationalsozialismus, Berlin 1994, 246–61

10846 Ringshausen, Gerhard: Die Begründung des Staates und der Stellenwert der Kirchen, in: Huberta Engel (Hg.), Deutscher Widerstand – Demokratie heute. Kirche, Kreisauer Kreis, Ethik, Militär und Gewerkschaften, 2. Aufl., Bonn/Berlin 1994, 203–44 (zuerst 1992)

10847 Roon, Ger van: Neuordnung im Widerstand. Der Kreisauer Kreis innerhalb der deutschen Widerstandsbewegung, München 1967; XI, 652 S.

10848 Roon, Ger van: Der Kreisauer Kreis zwischen Widerstand und Umbruch. (Beiträge zum Widerstand 1933–1945, 26), Hg. Gedenkstätte Deutscher Widerstand Berlin, 2., überarb. Aufl., Berlin 1988; 24 S. (zuerst 1985; zugl. abgedr. in: Jb. Preußischer Kulturbesitz 22/1985, 115–29)

10849 Roon, Ger van: Staatsvorstellungen des Kreisauer Kreises, in: Jürgen Schmädeke/Peter Steinbach (Hg.), Der Widerstand gegen den Nationalsozialismus. Die deutsche Gesellschaft und der Widerstand gegen Hitler, 2. Aufl., München/Zürich 1986, 560–69 (zuerst 1985; ND 1994)

10850 Roon, Ger van: Der Kreisauer Kreis. Neuordnung und Widerstand, in: GWU 39 (1988), 142–53

10851 Steinbach, Peter: Der Kreisauer Kreis in seiner historischen Bedeutung, in: Huberta Engel (Hg.), Deutscher Widerstand – Demokratie heute. Kirche, Kreisauer Kreis, Ethik, Militär und Gewerkschaften, 2. Aufl., Bonn/Berlin 1994, 161–78 (zuerst 1992)

10852 Winterhager, Wilhelm E.: Politischer Weitblick und moralische Konsequenz. Der Kreisauer Kreis in seiner Bedeutung für die deutsche Zeitgeschichte, in: GWU 38 (1987), 402–17

A.3.13.5.3.2 Einzelne Persönlichkeiten

Gedruckte Quellen

10853 [Gerstenmaier, Eugen] Gerstenmaier, Brigitte/Gerstenmaier, Eugen: Zwei können widerstehen. Berichte und Briefe 1939–1969, Bonn 1992; VII, 201 S.

10854 [Lukaschek, Hans] Abmeier, Hans-Ludwig: Die Rolle von Hans Lukaschek im deutschen Widerstand, in: Lothar Bossle u.a. (Hg.), Nationalsozialismus und Widerstand in Schlesien, Sigmaringen 1989, 159–76

Gedruckte Quellen

10855 [Moltke, Helmuth James Graf von] Moltke, Helmuth James von: Bericht aus Deutschland im Jahre 1943. Letzte Briefe aus dem Gefängnis [Berlin-]Tegel, 16. Aufl., Berlin 1988; 68 S. (zuerst 1951)

10856 [Moltke, Helmuth James Graf von] Moltke, Helmuth James von: Völkerrecht im Dienst der Menschen. Dokumente, Hg. Ger van Roon, Berlin 1986; 352 S.

10857 [Moltke, Helmuth James Graf von] Moltke, Helmuth James von: Briefe an Freya 1939–1945, Hg. Beate Ruhm von Oppen, München 1988; 632 S.

Darstellungen

10858 [Moltke, Helmuth James Graf von] Balfour, Michael/Frisby, Julian: Helmuth James von Moltke 1907–1945. Anwalt der Zukunft, Bearb. Freya von Moltke, 2. Aufl., Berlin 1984; 369 S. (zuerst Stuttgart 1975; engl.: London 1972)

10859 [Moltke, Helmuth James Graf von] Finker, Kurt: Graf Moltke und der Kreisauer Kreis, überarb. Neuausg., Berlin 1993; 352 S. (zuerst Berlin [O] 1978; 2. Aufl. 1980)

10860 [Moltke, Helmuth James Graf von] Gerstenmaier, Eugen: Helmuth James Graf von Moltke, in: Rudolf Lill/Heinrich Oberreuther (Hg.), 20. Juli. Portraits des Widerstands, München u.a. 1984, 175–90

10861 [Moltke, Helmuth James Graf von] Mann, Golo: Helmuth James von Moltke, in: JES 4 (1974), 368–89

10862 [Moltke, Helmuth James Graf von] Roon, Ger van: Graf Moltke als Völkerrechtler im OKW, in: VfZ 18 (1970), 12–61

10863 [Moltke, Helmuth James Graf von] Roon, Ger van: Helmuth James Graf von Moltke als Völkerrechtler 1907–1945, in: ZaöRV 47 (1987), 740–54

10864 [Stelzer, Theodor] Stelzer, Theodor: Von deutscher Politik. Dokumente, Aufsätze und Vorträge, Hg. Friedrich Minssen, Frankfurt 1949; 169 S.**

A.3.13.5.4 National-konservative Kräfte

A.3.13.5.4.1 Allgemeines

Methodische Probleme

10865 Müller, Klaus-Jürgen: Die nationalkonservative Opposition vor dem Zweiten Weltkrieg. Zum Problem ihrer begrifflichen Erfassung, in: Manfred Messerschmidt u.a.

(Hg.), Militärgeschichte. Probleme – Thesen – Wege, hg. i. A. des Militärgeschichtlichen Forschungsamtes aus Anlaß seines 25jährigen Bestehens, Stuttgart 1982, 215–42

Darstellungen

10866 Gerhards, Christina M.: Konservativer Widerstand: Der Harnier-Kreis, in: Richard Bauer u. a. (Hg.), München – »Hauptstadt der Bewegung«. Bayerns Metropole und der Nationalsozialismus, München 1993, 433–35

10867 Graml, Hermann: Vorhut des konservativen Widerstands. Das Ende des Kreises um Edgar Jung, in: Hermann Graml (Hg.), Widerstand im Dritten Reich. Probleme, Ereignisse, Gestalten, 2. Aufl., Frankfurt 1984, 172–82, 266f. (zuerst 1974)

10868 Hill, Leonidas E.: The National-Conservatives and Opposition to the Third Reich before the Second World War, in: Francis R. Nicosia/Lawrence D. Stokes (Hg.), Germans against Nazism. Nonconformity, Opposition, and Resistance in the Third Reich. Essays in Honor of Peter Hoffmann, New York/Oxford 1990, 221–52

10869 Klausa, Ekkehard: Politischer Konservatismus und Widerstand, in: Peter Steinbach/Johannes Tuchel (Hg.), Widerstand gegen den Nationalsozialismus, Berlin 1994, 219–34

10870 Müller, Klaus-Jürgen: The Structure and Nature of the National Conservative Opposition in Germany up to 1940, in: Hannsjoachim W. Koch (Hg.), Aspects of the Third Reich, 3. Aufl., Basingstoke/London 1988, 133–78 (zuerst 1985)

10871 Müller, Klaus-Jürgen: Der nationalkonservative Widerstand 1933–1940, in: Klaus-Jürgen Müller (Hg.), Der deutsche Widerstand 1933–1945, Paderborn u. a. 1986, 40–59

10872 Müller, Klaus-Jürgen: Nationalkonservative Eliten zwischen Kooperation und Widerstand, in: Jürgen Schmädeke/Peter Steinbach (Hg.), Der Widerstand gegen den Nationalsozialismus. Die deutsche Gesellschaft und der Widerstand gegen Hitler, 2. Aufl., München/Zürich 1986, 24–49 (zuerst 1985; ND 1994)

10873 Müller, Klaus-Jürgen: Zu Struktur und Eigenart der national-konservativen Opposition bis 1938. Innenpolitischer Machtkampf, Kriegsverhinderungspolitik und Eventual-Staatsstreichplanung, in: Jürgen Schmädeke/Peter Steinbach (Hg.), Der Widerstand gegen den Nationalsozialismus. Die deutsche Gesellschaft und der Widerstand gegen Hitler, 2. Aufl., München/Zürich 1986, 329–44 (zuerst 1985; ND 1994)

10874 Ribhegge, Wilhelm: Konservative Politik in Deutschland. Von der Französischen Revolution bis zur Gegenwart, 2. Aufl., Darmstadt 1992, 206–51, 309–16 (zuerst 1989)

10875 Schildt, Axel: Die Illusion der konservativen Alternative, in: Jürgen Schmädeke/Peter Steinbach (Hg.), Der Widerstand gegen den Nationalsozialismus. Die deutsche Gesellschaft und der Widerstand gegen Hitler, 2. Aufl., München/Zürich 1986, 151–68 (zuerst 1985; ND 1994)

10876 Schulz, Gerhard: Nationalpatriotismus im Widerstand. Ein Problem der europäischen Krise und des Zweiten Weltkriegs – nach vier Jahrzehnten Widerstandsgeschichte, in: VfZ 32 (1984), 331–72

10877 Steinbach, Peter: The Conservative Resistance, in: David C. Large (Hg.), Contending with Hitler. Varieties of German Resistance in the Third Reich, Cambridge u. a. 1991, 89–97

10878 Werner, Robert: Der Jungdeutsche Orden im Widerstand 1933–1945, München 1980; 482 S.

Regional-/Lokalstudien

10879 Donohoe, James: Hitler's Conservative Opponents in Bavaria, 1930–1945. A

Study of Catholic, Monarchist und Separatist Anti-Nazi Activities, Leiden 1961; XI, 348 S.

10880 Scherlacher, Beatrix: Widerstand und Verfolgung der Konservativen und der Kirche in Nordtirol 1938–1945, Diss. Wien 1984; 298, 11 S. (Ms.)

A.3.13.5.4.2 Einzelne Persönlichkeiten

10881 [Guttenberg, Karl-Ludwig Freiherr von und zu] Von dem Bottlenberg-Landsberg, Maria Th. Freifrau: Die »Weißen Blätter« des Karl-Ludwig Freiherrn von und zu Guttenberg. Zur Geschichte einer Zeitschrift monarchistisch-religiöser Opposition gegen den Nationalsozialismus. (Beiträge zum Widerstand 1933–1945, 41), Hg. Gedenkstätte Deutscher Widerstand Berlin, Berlin 1990; 32 S.

10882 [Hardenberg, Carl-Hans Graf von] Gerbet, Klaus: Carl-Hans Graf von Hardenberg 1891–1958. Ein preußischer Konservativer in Deutschland, Berlin 1993; 246, 63 S.

10883 [Haushofer, Albrecht] Smelser, Ronald M.: Auslandsdeutschtum vor der Wahl – Kollaboration und Widerstand am Beispiel Albrecht Haushofers, in: Jürgen Schmädeke/Peter Steinbach (Hg.), Der Widerstand gegen den Nationalsozialismus. Die deutsche Gesellschaft und der Widerstand gegen Hitler, 2. Aufl., München/Zürich 1986, 763–76 (zuerst 1985; ND 1994)

10884 [Kleist-Schmenzin, Ewald von] Scheurig, Bodo: Ewald von Kleist-Schmenzin. Ein Konservativer gegen Hitler, Oldenburg 1968; 296 S.

10885 [Lüninck, Ferdinand von] Klausa, Ekkehard: Vom Bündnispartner zum »Hochverräter«. Der Weg des konservativen Widerstandskämpfers Ferdinand von Lüninck, in: WF 43 (1993), 530–71

A.3.13.5.5 Liberale Kräfte

A.3.13.5.5.1 Allgemeines

Gedruckte Quellen

10886 Erkens, Rainer/Sassin, Horst R. (Hg.): Dokumente zur Geschichte des Liberalismus in Deutschland 1930–1945, St. Augustin 1989; 443 S.

Darstellungen

10887 Brück, Carlheinz von: Bürger gegen Hitler. Demokraten im antifaschistischen Widerstand, Hg. Liberal-Demokratische Partei Deutschlands, Sekretariat des Zentralvorstands, Berlin (O) 1986; 215 S.

10888 Fricke, Dieter (Hg.): Deutsche Demokraten. Die nichtproletarischen demokratischen Kräfte in Deutschland 1830 bis 1945, Köln 1981, 317–80

10889 Sassin, Horst R.: Widerstand, Verfolgung und Emigration Liberaler 1933–1945, Bonn 1983; 120 S.

10890 Sassin, Horst R.: Liberale im Widerstand. Die Robinsohn-Strassmann-Gruppe 1934–1942, Hamburg 1993; 546 S.

10891 Sassin, Horst R.: Liberalismus und Widerstand, in: Peter Steinbach/Johannes Tuchel (Hg.), Widerstand gegen den Nationalsozialismus, Berlin 1994, 208–18

10892 Sassin, Horst R.: Liberals of Jewish Background in the Anti-Nazi Resistance, in: LBY 37 (1992), 381–96

A.3.13.5.5.2 Einzelne Persönlichkeiten

Gedruckte Quellen

10893 [Robinsohn, Hans] Benz, Wolfgang: Eine liberale Widerstandsgruppe und ihre Ziele. Hans Robinsohns Denkschrift aus dem Jahre 1939. (Dokumentation), in: VfZ 29 (1981), 437–71

A.3.13.5.6 Ethisch-religiöser Widerstand

A.3.13.5.6.1 Allgemeines
[vgl. A.3.12]

Gedruckte Quellen

10894 Kantzenbach, Friedrich W. (Hg.): Widerstand und Solidarität der Christen in Deutschland 1933–1945. Eine Dokumentation aus den Papieren des Wilhelm Freiherrn von Pechmann, Neustadt a. d. A. 1971; VIII, 349 S.

10895 Verfolgung und Widerstand 1933–1945. Christliche Demokraten gegen Hitler, Hg. Konrad-Adenauer-Stiftung, Bearb. Günter Buchstab u. a., Düsseldorf 1986; 288 S.

Darstellungen

10896 Christlicher Widerstand gegen den Faschismus, Hg. Christliche Union Deutschlands [Ost], Schlußred. Wilhelm Bondzio, Berlin (O) 1955, 156

10897 Geis, Robert R. u. a.: Männer des Glaubens im deutschen Widerstand, München 1959; 71 S.

10898 Klemperer, Klemens von: Glaube, Religion, Kirche und der deutsche Widerstand gegen den Nationalsozialismus, in: VfZ 28 (1980), 293–309; abgedr. in: Hermann Graml (Hg.), Widerstand im Dritten Reich. Probleme, Ereignisse, Gestalten, 2. Aufl., Frankfurt 1984, 140–56, 258–60 (zuerst 1980)

10899 Maier, Hans: Christlicher Widerstand im Dritten Reich, in: Norbert Glantzel/Eugen Kleindienst (Hg.), Die personale Struktur des gesellschaftlichen Lebens. Festschrift für Anton Rauscher, Berlin 1993, 549–68; abgedr. in: Die »Weiße Rose« und das Erbe des deutschen Widerstandes. Münchener Gedächtnisvorlesung, München 1993, 116–31

10900 Morsey, Rudolf: Vorstellungen christlicher Demokraten innerhalb und außerhalb des »Dritten Reiches« über den Neuaufbau Deutschlands und Europas, in: Winfried Becker/Rudolf Morsey (Hg.), Christliche Demokratie in Europa. Grundlagen und Entwicklung seit dem 19. Jahrhundert, Köln/Wien 1989, 189–212

10901 Strohm, Christoph: Theologische Ethik im Kampf gegen den Nationalsozialismus. Der Weg Dietrich Bonhoeffers mit den Juristen Hans von Dohnanyi und Gerhard Leipholz in den Widerstand, München 1989; 392 S.

10902 Strohm, Christoph: Der Widerstandskreis um Dietrich Bonhoeffer und Hans von Dohnanyi – seine Voraussetzungen zur Zeit der Machtergreifung, in: Jürgen Schmädeke/Peter Steinbach (Hg.), Der Widerstand gegen den Nationalsozialismus. Die deutsche Gesellschaft und der Widerstand gegen Hitler, 2. Aufl., München/Zürich 1986, 295–313 (zuerst 1985; ND 1994)

A.3.13.5.6.2 Einzelne Persönlichkeiten

10903 Kleinwächter, Johannes: Frauen und Männer des christlichen Widerstands. 13 Profile, Regensburg 1990; 149 S.

10904 [Ehlers, Hermann] Börner, Weert: Hermann Ehlers, Hannover 1963; 191 S.

10905 [Heinemann, Gustav] Koch, Werner: Heinemann im Dritten Reich. Ein Christ lebt für morgen, 3. Aufl., Wuppertal 1974; 224 S. (zuerst 1972)

10906 [Muckermann, Karl] Ebert, Hans: Karl Muckermann. Profil eines Theologen, Widerstandskämpfers und Hochschullehrers an der Technischen Universität Berlin, in: HuT 20 (1976), 29–40

A.3.13.6 Pazifisten

10907 [Hermann-Friede, Eugen] Hermann-Friede, Eugen: Für Freudensprünge keine Zeit. Erinnerungen an Illegalität und Aufbegehren 1942–1948, Berlin 1991; 222 S.

10908 [Ossietzky, Carl von] Baumer, Franz: Carl von Ossietzky, Berlin 1984; 94 S.

10909 [Ossietzky, Carl von] Frei, Bruno: Carl von Ossietzky. Eine politische Biographie, 2., veränd. u. erw. Aufl., Berlin 1978; 376 S. (zuerst Berlin [O]/Weimar 1966)

10910 [Ossietzky, Carl von] Grossmann, Kurt R.: Ossietzky. Ein deutscher Patriot, 2. Aufl., Frankfurt 1973; 463 S. (zuerst München 1963)

10911 [Ossietzky, Carl von] Soldenhoff, Richard von (Hg.): Carl von Ossietzky, 1889–1938. Ein Lebensbild. »Von mir ist weiter nichts zu sagen«, Weinheim u.a. 1988; 336 S.**

10912 [Ossietzky, Carl von] Suhr, Elke: Carl von Ossietzky. Eine Biographie, Köln 1988; 332 S. (TB München 1989)

10913 [Ossietzky, Carl von] Vinke, Hermann: Carl von Ossietzky, 3. Aufl., Hamburg 1980; 175 S. (zuerst 1978)

10914 [Ossietzky, Carl von] Wagner, Frank D.: Die Weltreaktion. Ossietzkys republikanischer Antifaschismus, in: Gerhard Kraiker/Dirk Grathoff (Hg.), Carl von Ossietzky und die politische Kultur der Weimarer Republik. Smposion zum 100. Geburtstag, Oldenburg 1991, 99–122

10915 [Ossietzky, Carl von] Wesseling, Berndt W.: Carl von Ossietzky. Märtyrer für den Frieden, München 1989; 320 S.

A.3.13.7 Innere Emigration und intellektuelle Opposition

A.3.13.7.1 Allgemeines

[vgl. A.3.19–20]

Quellenkunde

10916 Huder, Walter: Zu den Quellen des Widerstands deutscher Intellektueller gegen den Hitlerfaschismus, in: Stand und Problematik der Erforschung des Widerstandes gegen den Nationalsozialismus, Hg. Friedrich-Ebert-Stiftung, Forschungsinstitut, Bad Godesberg 1965, 39–60 (Ms. vervielf.)

Gedruckte Quellen

10917 Paetel, Karl O. (Hg.): Deutsche innere Emigration. Anti-nationalsozialistische Zeugnisse aus Deutschland. Gesammelt und erläutert, Mitarb. Carl Zuckmayer/Dorothy Thompson, New York 1946; 115 S.

Darstellungen

10918 Bluhm, Lothar: Das Tagebuch zum Dritten Reich. Zeugnisse der inneren Emigration, Bonn 1991; 324 S.

10919 Bobrowsky, Manfred (Hg.): Schreiben im Widerstand. Österreichische Publizisten 1933–1945, Wien 1992; 272 S.

10920 Brekle, Wolfgang: Schriftsteller im antifaschistischen Widerstand 1933–1945 in Deutschland, 2. Aufl., Berlin/Weimar 1990; 352 S. (zuerst 1985)**

10921 Dümling, Albrecht: Musikalischer Widerstand, in: Albrecht Dümling/Peter Girth (Bearb.), Entartete Musik. Zur Düsseldorfer Ausstellung von 1938. Eine kommentierte Rekonstruktion, Düsseldorf o.J. (1988), 171–87

Exil und Innere Emigration, Frankfurt:

10922 – Bd. 1: Reinhold Grimm/Jost Hermand (Hg.), Third Wisconsin Workshop, 1972; 210 S.

10923 – Bd. 2: Peter U. Hohendahl/Egon Schwarz (Hg.), Internationale Tagung in St. Louis, 1973; 170 S.*

10924 Frommhold, Erhard (Hg.): Kunst im Widerstand. Malerei, Graphik, Plastik 1922–1945, Dresden/Frankfurt a. M. 1968; 583 S.

10925 Geschichte der deutschen Literatur von 1917 bis 1945. (Geschichte der deutschen Literatur von den Anfängen bis zur Gegenwart, 10), Hg. Hans-Günter Thalheim u. a., Mitarb. Hans Kaufmann u. a., bearb. in Zusammenarbeit mit Dieter Schiller, 2. Aufl., Berlin (O) 1978; 754 S. (zuerst 1973)

10926 Grimm, Reinhold: Im Dickicht der inneren Emigration, in: Horst Denkler/Karl Prümm (Hg.), Die deutsche Literatur im Dritten Reich. Themen – Traditionen – Wirkungen, Stuttgart 1976, 406–26

10927 Hiepe, Richard: Gewissen und Gestaltung. Deutsche Kunst im Widerstand, Frankfurt 1960; 63 S.

10928 Hoffmann, Charles W.: Opposition Poetry in Nazi Germany, Berkeley, Ca. 1962; 184 S.

10929 Hoffmann, Charles W.: Opposition und Innere Emigration: Zwei Aspekte des »Anderen Deutschlands«, in: Peter U. Hohendahl/Egon Schwarz (Hg.), Exil und Innere Emigration, Bd. 2: Internationale Tagung in St. Louis, Frankfurt 1973, 119–40

10930 Koenigswald, Harald von: Die Gewaltlosen. Dichtung im Widerstand gegen den Nationalsozialismus, Herborn 1962; 94 S.

10931 Leiss, Ludwig: Kunst im Konflikt. Kunst und Künstler im Widerstreit mit der »Obrigkeit«, Berlin/New York 1971; 584 S.

10932 Ruhm von Oppen, Beate: The Intellectual Resistance, in: Henry Friedlander/Sybil Milton (Hg.), The Holocaust: Ideology, Bureaucracy, and Genocide. The San José Papers, Millwood, N. Y. 1980, 207–20

10933 Schäfer, Hans D.: Die nichtfaschistische Literatur der »jungen Generation« im nationalsozialistischen Deutschland, in: Horst Denkler/Karl Prümm (Hg.), Die deutsche Literatur im Dritten Reich. Themen – Traditionen – Wirkungen, Stuttgart 1976, 459–503

10934 Schnell, Ralf: Literarische Innere Emigration 1933–1945, Stuttgart 1976; VI, 211 S.

10935 Schnell, Ralf: Innere Emigration und kulturelle Dissidenz, in: Richard Löwenthal/Patrik von Zur Mühlen (Hg.), Widerstand und Verweigerung in Deutschland 1933 bis 1945, 2. Aufl., Berlin/Bonn 1984, 211–25 (zuerst 1982)

10936 Schoenberner, Gerhard (Hg.): Künstler gegen Hitler. Verfolgung, Exil, Widerstand, Bonn 1984; 72 S. (zugl. engl., franz., span.)

10937 Strohmeyer, Klaus (Hg.): Zu Hitler fällt mir noch ein ... Satire als Widerstand, Reinbek 1989; 279 S.

10938 Thoenelt, Klaus: Innere Emigration: Fiktion oder Wirklichkeit? Literarische Tradition und Nationalsozialismus in den Werken Ernst Wiecherts, Hans Carossas und Hans Falladas (1933–1945), in: Jörg Thunecke (Hg.), Leid der Worte. Panorama des literarischen Nationalsozialismus, Bonn 1987, 300–20

10939 Widerstand statt Anpassung. Deutsche Kunst im Widerstreit gegen den Faschismus 1933–1945, Hg. Badischer Kunstverein, Berlin 1980; 279 S.

10940 Wiesner, Herbert: »Innere Emigration«. Die innerdeutsche Literatur im Widerstand 1933–1945, in: Hermann Kunisch (Hg.), Handbuch der deutschen Gegenwartsliteratur, Bd. 2, 2., verb. u. erw. Aufl., München 1970, 383–408

10941 Wissenschaftler und Studenten im Antifaschismus. (Rostocker Wissenschaftshistorische Manuskripte, 17), Hg. Wilhelm-Pieck-Universität Rostock, Der Rektor, wissenschaftl. Leitung Martin Guntau, Red. Elisabeth Fleischhauer, Rostock 1989; 112 S.

Regional-/Lokalstudien: Gedruckte Quellen

10942 In der Stunde Null. Die Denkschrift des Freiburger »Bonhoeffer-Kreises«. Politische Gemeinschaftsordnung. Ein Versuch zur Selbstbesinnung des christlichen Gewissens in politischen Nöten unserer Zeit, Einleitung Helmut Thielicke, Nachwort Philipp von Bismarck, Tübingen 1979; 167 S.

Regional-/Lokalstudien: Darstellungen

10943 Blumenberg-Lampe, Christiane: Oppositionelle Nachkriegsplanung: Wirtschaftswissenschaftler gegen den Nationalsozialismus, in: Eckhard John u. a. (Hg.), Die Freiburger Universität in der Zeit des Nationalsozialismus, Freiburg/Würzburg 1991, 207–20

10944 Hauenstein, Fritz: Die Arbeitsgemeinschaft Erwin von Beckerath [Freiburg i.Br.], in: Norbert Kloten u. a. (Hg.), Systeme und Methoden in den Wirtschafts- und Sozialwissenschaften. Erwin von Beckerath zum 75. Geburtstag, Tübingen 1964, 55–60

10945 Kluge, Ulrich: Der Freiburger Kreis 1938–1945. Personen, Strukturen und Ziele kirchlich-akademischen Widerstandsverhaltens gegen den Nationalsozialismus, in: FUB 27 (1988), Nr. 102, 19–40

10946 Nübel, Hans U.: Bonhoeffer und die Denkschrift des Freiburger Kreises, in: FUB 27 (1988), Nr. 102, 41–52

10947 Rübsam, Dagmar/Schadek, Hans (Hg.): Der »Freiburger Kreis«. Widerstand und Nachkriegsplanung 1933–1945. Katalog einer Ausstellung, Träger der Ausstellung Albert-Ludwigs-Universität Freiburg i.Br., Mitarb. Hans-Georg Dietrich u.a., Freiburg 1990; 160 S.

10948 Rübsam-Haug, Dagmar: Widerstand und Nachkriegsplanung. Der »Freiburger Kreis« als Beispiel kirchlich-akademischen Widerstands gegen den Nationalsozialismus, in: Thomas Schnabel (Hg.), Formen des Widerstandes im Südwesten 1933–1945. Scheitern und Nachwirken, Mitarb. Angelika Hauser-Hauswirth, hg. f. d. Landeszentrale für politische Bildung Baden-Württemberg/Haus der Geschichte Baden-Württemberg, Ulm 1994, 114–23

10949 Schmidt-Bergmann, Hansgeorg (Hg.): Exil, Widerstand, Innere Emigration. Badische Autoren zwischen 1933 und 1945, Mitarb. Matthias Kußmann, Eggingen 1993; 169 S.

10950 Schulin, Ernst: Widerstand und Nachkriegsplanung 1933–1945. Der Freiburger Kreis, in: Andreas Mehl/Wolfgang C. Schneider (Hg.), Reformatio et reformationes. Festschrift für Lothar Graf zu Dohna zum 65. Geburtstag, Darmstadt 1989, 443–63

A.3.13.7.2 Einzelne Persönlichkeiten

Gedruckte Quellen

10952 [Heuß, Theodor] Wurtzbacher-Rundholz, Ingrid (Hg.): Theodor Heuss über Staat und Kirche 1933 bis 1946, mit Materialienanhang über Konkordatsfragen 1927, Frankfurt u. a. 1986; 120 S.

Darstellungen

10953 [Heuß, Theodor] Heuß, Theodor: Fragment von Erinnerungen aus der NS-Zeit, in: VfZ 15 (1967), 1–17

10954 [Kriss, Rudolf] Kriss, Rudolf: Im Zeichen des Ungeistes. Erinnerungen an die Jahre 1933–1945, München 1948; 132 S.

10955 [Mahraun, Artur] Steinbach, Peter: Artur Mahraun – kein Grenzfall der Widerstandsgeschichte, in: GBHL (1990), 671–81; abgedr. in: Peter Steinbach, Widerstand im Widerstreit. Der Widerstand gegen den Nationalsozialismus in der Erinnerung der Deutschen. Ausgewählte Studien, Paderborn u. a. 1994, 186–96

10956 [Ritter, Gerhard] Schwabe, Klaus: Der Weg in die Opposition: Der Historiker Gerhard Ritter und der Freiburger Kreis, in: Eckhard John u. a. (Hg.), Die Freiburger Universität in der Zeit des Nationalsozialismus, Freiburg/Würzburg 1991, 191–206

10957 [Schneider, Reinhold] Meinhold, Peter: Reinhold Schneider – ein Mann des Widerstandes, in: Saeculum 30 (1979), 264–79

10958 [Stündt, Otto] Müller, Petrus: Otto Stündt (1894–1970). Politiker, Schriftsteller und bewußter Christ im 20. Jahrhundert, in: liberal 32 (1990), Nr. 4, 103–15

10958a [Vossler, Karl] Gumbrecht, Hans U.: Karl Vosslers noble Einsamkeit. Über die Ambivalenz der »Inneren Emigration«, in: Rainer Geißler/Wolfgang Popp (Hg.), Wissenschaft und Nationalsozialismus. Eine Ringvorlesung an der Universität-Gesamthochschule-Siegen, Essen 1988, 275–98

10959 [Weber, Alfred] Nutzinger, Hans G.: Alfred Weber als Vertreter der »Inneren Emigration«, in: RC 44 (1992), 117–25

A.3.13.8 Jugendopposition und Jugendwiderstand

[vgl. A.3.2.2.3; A.11.8; A.3.12.3.3; A.3.12.4.4]

Bibliographien

10960 Breyvogel, Wilfried/Stuckert, Thomas: Kommentierte Bibliographie zum Jugendwiderstand im Nationalsozialismus, in: Wilfried Breyvogel (Hg.), Piraten, Swings und Junge Garde. Jugendwiderstand im Nationalsozialismus, Bonn 1991, 326–38

Literaturberichte

10961 Thole, Werner: Jugendwiderstand im Nationalsozialismus. Anstöße zur Entzauberung der Mythen im Gesträuch der Alltagsforschung, in: SLR 14 (1992), Nr. 25, 39–49

Gedruckte Quellen

10962 Ebeling, Hans/Hespers, Dieter (Hg.): Jugend contra Nationalsozialismus, »Rundbriefe« und »Sonderinformationen deutscher Jugend«, 2. Aufl., Frechen 1968; 246 S. (zuerst 1966)

10963 Jugendkriminalität und Jugendopposition im NS-Staat. Ein sozialgeschichtliches Dokument. (Nachdr. von: Lagebericht: Kriminalität und Gefährdung der Jugend, Hg. Jugendführer des Deutschen Reiches, Berlin 1941), Hg. Arno Klönne, Münster 1981; 228 S.

10964 Peukert, Detlev J. K.: Die Edelweißpiraten. Protestbewegungen jugendlicher Arbeiter im »Dritten Reich«. Eine Dokumentation, 3., erw. Aufl., Köln 1988; 248 S. (zuerst 1980)

Methodische Probleme

10965 Jahnke, Karl H.: Zum Stand der Erforschung und Darstellung des Anteils der deutschen Jugend am antifaschistischen Widerstand 1933 bis 1945 in der DDR und in der BRD, in: BGFDJ 9 (1986), Nr. 8, 7–25

10966 Lichtenstein, Heiner: Jugend und Widerstand. Noch ein weites Feld für die historische Forschung, in: Tribüne 23 (1984), Nr. 90, 182–94

Darstellungen

10967 Baumgart, Franzjörg (Hg.): Die Edelweißpiraten. Überlegungen und Materialien zu einem Unterrichtsprojekt für Jugendliche, Mitarb. Hubert Dünnemeier u. a., bearb. im Rahmen des weiterbildenden Studiums Weiterbildung der Ruhr-Universität Bochum, Bochum 1985; 92 S.

10968 Brand, Volker: Jugendkulturen und jugendliches Protestpotential. Sozialgeschichtliche Untersuchung des Jugendprotests von der Jugendbewegung zu Beginn des Jahrhunderts bis zu den Jugendkulturen der gegenwärtigen Risikogesellschaft, Frankfurt u. a. 1993, 81–110

10969 Breyvogel, Wilfried (Hg.): Piraten, Swings und Junge Garde. Jugendwiderstand im Nationalsozialismus, Bonn 1991; 384 S.*

10970 Breyvogel, Wilfried: Resistenz, Widersinn und Opposition. Jugendwiderstand im Nationalsozialismus, in: Wilfried Breyvogel (Hg.), Piraten, Swings und Junge Garde. Jugendwiderstand im Nationalsozialismus, Bonn 1991, 9–16

10971 Breyvogel, Wilfried: Jugendliche Widerstandsformen. Vom organisierten Widerstand zur jugendlichen Alltagsopposition, in: Peter Steinbach/Johannes Tuchel (Hg.), Widerstand gegen den Nationalsozialismus, Berlin 1994, 426–42

10972 Buscher, Paulus: Bündische Jugend in Illegalität und Widerstand, in: Willi Bucher/Klaus Pohl (Hg.), Schock und Schöpfung. Jugendästhetik im 20. Jahrhundert, hg. i. A. des Deutschen Werkbundes/Württembergischen Kunstvereins Stuttgart, Darmstadt/Neuwied 1986, 314–19

10974 Für ein besseres Deutschland. Protokoll der wissenschaftlichen Konferenz der Arbeitsgemeinschaft »Geschichte der deutschen Jugendbewegung« bei der Sektion Geschichte der deutschen Akademie der Wissenschaften zu Berlin über den Anteil junger deutscher Antifaschisten an der Befreiung Deutschlands vom Faschismus, Greifswald, 28. und 29. Mai 1966 [1965?] über den Anteil junger deutscher Antifaschisten an der Befreiung Deutschlands vom Faschismus, Hg. Zentralrat der Freien Deutschen Jugend, Red. Karl H. Jahnke u. a., Berlin (O) 1966; 168 S.

10975 Goeb, Alexander: Er war sechzehn, als man ihn hängte. Das kurze Leben des Bartholomäus Schink, Reinbek 1981; 363 S.

10976 Helmers, Gerrit/Kenkmann, Alfons: »Wenn die Messer blitzen und die Nazis flitzen . . .« Der Widerstand von Arbeiterjugendcliquen und -banden in der Weimarer Republik und im »Dritten Reich«, Lippstadt 1984; 267 S.

10977 Jahnke, Karl H.: Der Anteil der deutschen Jugend am antifaschistischen Widerstandskampf unter besonderer Berücksichtigung der kommunistischen Widerstandsbewegung 1933–1945, 3 Bde., Habil. Greifswald 1965; VI, 574, XXVII, 80 S. (Ms. vervielf.)

10978 Jahnke, Karl H.: Jugend im Widerstand 1933–1945, 2. Aufl., Frankfurt 1985; 251 S. (zuerst 1970 u. d. T.: Entscheidungen. [. . .])

10979 Jahnke, Karl H.: Vom antifaschistischen Widerstand zur Gründung der Freien Deutschen Jugend, in: BGFDJ 10 (1987), Nr. 9, 10–32

10980 Kenkmann, Alfons: Navajos, Kittelbach- und Edelweißpiraten. Jugendliche Dissidenten im »Dritten Reich«, in: Wilfried Breyvogel (Hg.), Piraten, Swings und Junge Garde. Jugendwiderstand im Nationalsozialismus, Bonn 1991, 138–58

10981 Kenkmann, Alfons: Im Visier von HJ, Partei und Polizei – die »bündische« Jugend, in: Anselm Faust (Hg.), Verfolgung und Widerstand im Rheinland und in Westfalen 1933–1945, Köln u. a. 1992, 175–85

10982 Klein, Silvia/Stelmaszyk, Bernhard: Eberhard Köbel, »tusk«. Ein biographisches Porträt über die Jahre 1907 bis 1945, in: Wilfried Breyvogel (Hg.), Piraten, Swings und Junge Garde. Jugendwiderstand im Nationalsozialismus, Bonn 1991, 102–37

10983 Klönne, Arno: Gegen den Strom. Bericht über Jugendwiderstand im Dritten Reich, Hannover/Frankfurt 1957; 180 S. (ND 1978)

10984 Klönne, Arno: Jugendliche Opposition gegen Hitler-Jugend und NS-Staat, in: Klaus-Jürgen Müller (Hg.), Der deutsche Widerstand 1933-1945, Paderborn u. a. 1986, 182-207

10985 Klönne, Arno: Jugendliche Subkulturen im Dritten Reich, in: Willi Bucher/ Klaus Pohl (Hg.), Schock und Schöpfung. Jugendästhetik im 20. Jahrhundert, hg. i. A. des Deutschen Werkbundes/Württembergischen Kunstvereins Stuttgart, Darmstadt/ Neuwied 1986, 308-13

10986 Klönne, Arno: Jugendwiderstand, Jugendopposition und Jugendprotest im Dritten Reich, in: JAdG 14 (1982/83), 65-76

10987 Muth, Heinrich: Jugendopposition im Dritten Reich, in: VfZ 30 (1982), 369-417

10988 Peukert, Detlev J. K.: Edelweißpiraten, Meuten, Swing. Jugendsubkulturen im Dritten Reich, in: Carola Sachse u. a., Angst, Belohnung, Zucht und Ordnung. Herrschaftsmechanismen im Nationalsozialismus, Opladen 1982, 307-27; abgedr. in: Ulrich Herrmann (Hg.), »Die Formung des Volksgenossen«. Der »Erziehungsstaat des Dritten Reiches, Weinheim/Basel 1985, 216-31

10989 Peukert, Detlev J. K.: Protest und Widerstand von Jugendlichen im Dritten Reich, in: Richard Löwenthal/Patrik von Zur Mühlen (Hg.), Widerstand und Verweigerung in Deutschland 1933 bis 1945, 2. Aufl., Berlin/Bonn 1984, 177-201 (zuerst 1982); abgedr. in: Widerstand und Exil 1933-1945, Hg. Bundeszentrale für politische Bildung, Bonn 1985 (Fankfurt/New York 1986), 76-96

10992 Roon, Ger van: Wirkungen der Jugendbewegung im deutschen Widerstand, in: VfZ 6 (1974), 31-37

10993 Roth, Harald (Hg.): Widerstand. Jugend gegen Nazis, Ravensburg 1993; 255 S.**

10994 Rusinek, Bernd-A.: Desintegration und gesteigerter Zwang. Die Chaotisierung der Lebensverhältnisse in den Großstädten 1944/45 und der Mythos der Ehrenfelder Gruppe, in: Wilfried Breyvogel (Hg.), Piraten, Swings und Junge Garde. Jugendwiderstand im Nationalsozialismus, Bonn 1991, 271-94

10998 Storjohann, Uwe: Ohne Tritt im Lotterschritt. Vor 50 Jahren: Hatz auf die »Swings«, die dem NS-Volksempfinden trotzten, in: Zeit, Jg. 46, Nr. 36, 30. 8. 1991, 80

10999 Tjaden, Kay (d. i. Karl Hermann): Rebellion der Jungen. Die Geschichte von tusk und dj. 1.11, Frankfurt 1958; 27 S.

11000 Vom antifaschistischen Widerstand zur Gründung der Freien deutschen Jugend. (BGFDJ, Jg. 10, Nr. 9), Hg. Wilhelm-Pieck-Universität Rostock, Leitung Karl H. Jahnke, Bearb. Ingo Koch/Matthias Redieck, Rostock 1987; 80 S.*

11001 Wenzel, Hartmut: Widerstandsmythen und Anpassungsrealität. Das Beispiel der Naturfreundejugend, in: Wilfried Breyvogel (Hg.), Piraten, Swings und Junge Garde. Jugendwiderstand im Nationalsozialismus, Bonn 1991, 36-56

11002 Zarusky, Jürgen: Jugendopposition, in: Wolfgang Benz/Walter H. Pehle (Hg.), Lexikon des deutschen Widerstandes, Frankfurt 1994, 98-112

11003 Zum Stand der Erforschung und Darstellung des Anteils der deutschen Jugend am antifaschistischen Widerstand 1933-1945 in der DDR und der BRD. (BGFDJ, Jg. 9, Nr. 8), Hg. Wilhelm-Pieck-Universität Rostock, Leitung Karl H. Jahnke, Bearb. Matthias Redieck/Evelyn Schildt, Rostock 1986; 87 S.*

Regional-/Lokalstudien: Gedruckte Quellen

11004 Jugendorganisationen und Jugendopposition in Berlin-Kreuzberg 1933-1945. Eine Dokumentation. Katalog zur Ausstellung »Jugendorganisationen und Jugendopposition in Berlin-Kreuzberg 1933–45« vom 9.10.–23.10. 1983 im U-Bahnhof Schlesisches Tor, Berlin, Hg. Verein zur Förderung der interkulturellen Zusammenarbeit in S.O. 36, Bearb. Kurt Schilde, Berlin 1983; 140 S.

Regional-/Lokalstudien: Darstellungen

11004a Everwyn, Klas E.: »Edelweißpiraten« u.a. Im Morgengrauen des 10. November 1944 wurden am Ehrenfelder Bahnhof in Köln dreizehn Deutsche öffentlich hingerichtet: Widerständler oder Kriminelle?, in: Zeit, Jg. 49, Nr. 46, 11.11. 1994, 94

11005 Gerbel, Christian u.a.: Die »Schlurfs«. Verweigerung und Opposition von Wiener Arbeiterjugendlichen im »Dritten Reich«, in: Emmerich Tálos u.a. (Hg.), NS-Herrschaft in Österreich 1938–1945, Wien 1988, 243–68

11006 Greiff, Walter: Das Boberhaus in Löwenberg/Schlesien 1933–1937. Selbstbehauptung einer nonkonformen Gruppe, Vorwort Hans Raupach, Nachwort Gotthard Gambke, Sigmaringen 1985; 146 S.

11007 Grieff, Walter: Das Ringen um das Boberhaus in Löwenberg 1933 bis 1937 als Beispiel eines Versuchs der Selbstbehauptung einer nonkonformen Gruppe, in: Lothar Bossle u.a. (Hg.), Nationalsozialismus und Widerstand in Schlesien, Sigmaringen 1989, 73–78

11007a Gruchmann, Lothar: Jugendopposition und Justiz im Dritten Reich. Die Probleme bei der Verfolgung der »Leipziger Meuten« durch die Gerichte, in: Wolfgang Benz (Hg.), Miscellanea. Festschrift für Helmut Krausnick zum 75. Geburtstag, Mitarb. Ino Arndt, Stuttgart 1980, 103–130

11008 Heiduk, Franz: Beiträge zur Geschichte der Jugendopposition in Schlesien 1933–1945, in: ASKG 42 (1984), 17–49

11009 Hellfeld, Matthias G. von: Edelweißpiraten in Köln. Jugendrebellion gegen das 3. Reich. Das Beispiel Köln-Ehrenfeld, 2., durchges. u. erw. Aufl., Köln 1983; 142 S. (zuerst 1981)

11010 Kenkmann, Alfons: Unruhe an der »Heimatfront« – Edelweißpiraten in Krefeld 1942/43, in: Deutsche Jugend im Zweiten Weltkrieg, Rostock 1991, 83–89

11011 Kircheisen, Sabine: Jugendliche Opposition gegen den Hitlerfaschismus. Die Leipziger Meuten 1937–1939, in: JG 13 (1990), Nr. 12, 23–29

11012 Klönne, Arno: Jugendprotest und Jugendopposition. Von der HJ-Erziehung zum Cliquenwesen der Kriegszeit, in: Bayern in der NS-Zeit, Bd. 4: Herrschaft und Gesellschaft im Konflikt, T. C, Hg. Martin Broszat u.a., München/Wien 1981, 527–620

11013 Martin, Klaus: Zur Einbeziehung junger Menschen Thüringens in den antifaschistischen Kampf und für die Errichtung einer antifaschistisch-demokratischen Ordnung 1944–1946, in: Arbeiterjugend im Kampf um den Frieden. Ausgewähltes Protokoll des wissenschaftlichen Kolloquiums des Zentralrates der FDJ, der Bezirksleitung der FDJ Rostock und der Forschungsgruppe »Geschichte der Jugendbewegung« an der Sektion Geschichte der Wilhelm-Pieck-Universität Rostock aus Anlaß des 65. Jahrestages der Novemberrevolution und der Gründung der KPD, Rostock, 16. November 1983, Red. Matthias Redieck, Berlin (O) 1984, 44–52

11014 Piehl, Kurt: Latscher, Pimpfe und Gestapo. Die Geschichte eines Edelweißpiraten [in Dortmund], Frankfurt 1988; 255 S.

11014a Pohl, Rainer: »Schräge Vögel, mausert euch!« Von Renitenz, Übermut und Verfolgung Hamburger Swings und Pariser Zazous, in: Wilfried Breyvogel (Hg.), Piraten, Swings und Junge Garde. Jugendwiderstand im Nationalsozialismus, Bonn 1991, 241–70

11014b Pohl, Rainer: »Swingend wollen wir marschieren«, in: Angelika Ebbinghaus u.a. (Hg.), Heilen und Vernichten im Mustergau Hamburg. Bevölkerungs- und Gesundheitspolitik im Dritten Reich, Hamburg 1984, 96–101

11014c Sander, Ulrich: Helmuth Hübener [Hamburg]. Für Wahrheit und Gerechtigkeit, Berlin 1985; 28 S.

11014d Sander, Ulrich: Helmuth Hübener: 17 Jahre, Verwaltungslehrling, hingerichtet 1942 in Berlin. (Hamburger im Widerstand gegen Hitler, 1), Hg. VVN/Bund der Antifaschisten, Bearb. Rosemarie Werder u.a., Hamburg 1980; 29 S.

11014e Schnibbe, Karl-Heinz: Jugendliche gegen Hitler. Die Helmuth Hübener Gruppe in Hamburg 1941/42, Dokumentation Blair Holmes/Alan Keele, Berg am See 1991; 247 S.

11015 Spuren der Ästhetik des Widerstands. Berliner Kunststudenten im Widerstand 1933–1945, Hg. Hochschule der Künste Berlin, Berlin 1984; 45 S.

11016 Wehner, Günter: Zum Anteil Jugendlicher an antifaschistischen Aktionen in der Schlacht um Berlin im Stadtbezirk Prenzlauer Berg, in: Deutsche Jugend im Zweiten Weltkrieg, Rostock 1991, 90–92

11017 Wehner, Günter: Zum Anteil der Jugend am antifaschistischen Widerstand in Berlin von 1943 bis 1945, in: BGFDJ 9 (1986), Nr. 8, 26–31

11018 Zarusky, Jürgen: »... nur eine Wachstumskrankheit«? Jugendwiderstand in Hamburg und München, in: DH 7 (1991), Nr. 7, 210–29

A.3.13.9 Weiße Rose

A.3.13.9.1 Allgemeines

Bibliographien

11019 Kißener, Michael: Literatur zur Weißen Rose 1971–1992, in: Rudolf Lill (Hg.), Hochverrat? Die »Weiße Rose« und ihr Umfeld, Mitarb. Michael Kißener, Konstanz 1993, 159–79

Literaturberichte

11020 Fleischhack, Ernst: Die Widerstandsbewegung »Weiße Rose«. Literaturbericht und Bibliographie, in: JBBfZ 42 (1970), 459–507

Gedruckte Quellen

11021 Aicher-Scholl, Inge (Hg.): Sippenhaft. Nachrichten und Botschaften der Familie in der Gestapohaft nach der Hinrichtung von Hans und Sophie Scholl, Frankfurt 1993; 137 S.

Methodische Probleme

11022 Breyvogel, Wilfried: Die Gruppe »Weiße Rose«. Anmerkungen zur Rezeptionsgeschichte und kritischen Rekonstruktion, in: Wilfried Breyvogel (Hg.), Piraten, Swings und Junge Garde. Jugendwiderstand im Nationalsozialismus, Bonn 1991, 159–201

Darstellungen

11023 Drobisch, Klaus: Wir schweigen nicht! Eine Dokumentation über den antifaschistischen Kampf Münchener Studenten 1942/43. Mit einer biographischen Skizze der Geschwister Scholl, 4. Aufl., Berlin (O) 1983; 190 S. (zuerst 1968)**

11024 Dumbach, Annette E./Newborn, Jud: Die Geschichte der Weißen Rose, 3. Aufl., Freiburg i.Br. u.a. 1993; 266 S. (zuerst Stuttgart 1988 u.d.T.: Wir sind euer Gewissen; amerikan.: Boston, Mass. 1986)

11025 Hanser, Richard: Deutschland zuliebe. Leben und Sterben der Geschwister Scholl. Die Geschichte der Weißen Rose, München 1980; 346 S. (amerikan.: New York 1979)

11026 Hirzel, Hans: Flugblätter der Weißen Rose in Ulm und Stuttgart, in: Rudolf Lill (Hg.), Hochverrat? Die »Weiße Rose«

und ihr Umfeld, Mitarb. Michael Kißener, Konstanz 1993, 89–119

11027 Holland, Felix: »Man muß etwas machen, um selbst keine Schuld zu haben.« Vor 50 Jahren wurde das Todesurteil an den Widerstandskämpfern der »Weißen Rose« vollsteckt, in: FR, Jg. 49, Nr. 44, 22.2. 1993, 12

11028 Jahnke, Karl H.: Antifaschistischer Widerstandskampf an der Münchener Universität. Die Studentengruppe Scholl/ Schmorell, in: ZfG 16 (1968), 874–83

11029 Jens, Inge: Die »Weiße Rose«. Biographische und kulturelle Tradition, in: Wilfried Breyvogel (Hg.), Piraten, Swings und Junge Garde. Jugendwiderstand im Nationalsozialismus, Bonn 1991, 202–21

11030 Kirchberger, Günther: Die »Weiße Rose«. Studentischer Widerstand gegen Hitler in München, Hg. Ludwig-Maximilians-Universität, München 1980; 60 S.

11031 Landersdorfer, Anton: Die »Weiße Rose« – eine studentische Widerstandsgruppe in München, in: Georg Schwaiger (Hg.), Das Erzbistum München und Freising in der Zeit der nationalsozialistischen Herrschaft, Bd. 1, München/Zürich 1984, 853–892

11032 Lechner, Silvester: Die »Weiße Rose« und Ulm. Die Geschister Scholl, ihre Familie und Freunde in den Beziehungen zur Stadt Ulm, in: Silvester Lechner, Das KZ Oberer Kuhberg und die NS-Zeit in der Region Ulm/Neu-Ulm. (Die NS-Zeit in der Region Ulm/Neu-Ulm, 1), Stuttgart 1988, 94–117

11033 Lill, Rudolf (Hg.): Hochverrat? Die »Weiße Rose« und ihr Umfeld, Mitarb. Michael Kißener, Konstanz 1993; 217 S.* **

11034 Moll, Christiane: Die Weiße Rose, in: Peter Steinbach/Johannes Tuchel (Hg.), Widerstand gegen den Nationalsozialismus, Berlin 1994, 443–67

11035 Petry, Christian: Studenten aufs Schafott. Die Weiße Rose und ihr Scheitern, München 1968; 258 S.

11036 Schneider, Michael C./Süß, Winfried: Keine Volksgenossen. Studentischer Widerstand der Weißen Rose, Hg. Ludwig-Maximilians-Universität München, München 1993; 111 S.

11037 Schneider, Michael C./Süß, Winfried: Täter des Worts. Am 18. Februar 1943 fielen die Münchener Studenten Sophie und Hans Scholl und Christoph Probst in die Hände der NS-Mordjustiz. Neue Dokumentenfunde ermöglichen Einblicke in das Innenleben der »Weißen Rose«. Unbekannte Zitate aus den Prozeßprotokollen und Bilder aus Familienarchiven, in: Zeit, Jg. 48, Nr. 7, 12.2. 1993, 82**

11038 Scholl, Inge: Die Weiße Rose, Sonderausg., Frankfurt 1992; 131 S. (zuerst 1952; erw. Neuausg. 1982 u. ö.)

11039 Steffahn, Harald: Die Weiße Rose, Reinbek 1992; 160 S.**

11040 Stolleis, Michael: »Die Weiße Rose« und ihre Richter, in: RJ 2 (1983), 211–22

11041 Verhoeven, Michael/Krebs, Mario: Der Film »Die Weiße Rose«. Das Drehbuch, Karlsruhe 1982; 150 S.

11042 Verhoeven, Michael/Krebs, Mario: Die Weiße Rose. Der Widerstand Münchener Studenten gegen Hitler. Informationen zum Film, 5. Aufl., Frankfurt 1988; 214 S. (zuerst 1982)

11043 Die Weiße Rose. Ausstellung über den Widerstand von Studenten gegen Hitler, München 1942/43, Hg. Weiße Rose Stiftung München, Bearb. Franz J. Müller u. a., München o. J. [1993]; 73 S.

11044 Die Weiße Rose. Studentischer Widerstand im Dritten Reich 1943. Gedenkausstellung in der Universitätsbibliothek München 1983, Bearb. Gerhard Schott, München 1983; 14 S.

11045 Die »Weiße Rose« und das Erbe des deutschen Widerstands. Münchener Gedächtnisvorlesung, München 1993; 215 S.*

A.3.13.9.2 Einzelne Persönlichkeiten

11048 [Geyer, Wilhelm] Geyer, Clara: Wie Wilhelm Geyer die Folgen der Studentenrevolte der Geschwister Scholl auf wunderbare Weise überstanden hat. Im Anhang Briefe und Skizzen des Künstlers aus seiner Haft, Hinführung Bernhard Hanssler, Bearb. Andrea Polonyi, in: RJK 7 (1988), 191–216

Gedruckte Quellen

11049 [Graf, Willi] Graf, Willi: Briefe und Aufzeichnungen, Hg. Anneliese Knoop-Graf/Inge Jens, einleitender Essay Walter Jens, Frankfurt 1988; 348 S.

11050 [Graf, Willi] Vielhaber, Klaus u. a. (Hg.): Gewalt und Gewissen. Willi Graf und die »Weiße Rose«. Eine Dokumentation, Freiburg 1964; 123 S.

Darstellungen

11051 [Graf, Willi] Knoop-Graf, Anneliese: »Jeder einzelne trägt die ganze Verantwortung« – Willi Graf und die Weiße Rose. (Beiträge zum Widerstand 1933–1945), Hg. Gedenkstätte Deutscher Widerstand Berlin, Berlin 1991; 16 S.

11052 [Graf, Willi] Knoop-Graf, Anneliese: Hochverräter? Willi Graf und die Ausweitung des Widerstands, in: Rudolf Lill (Hg.), Hochverrat? Die »Weiße Rose« und ihr Umfeld, Mitarb. Michael Kißener, Konstanz 1993, 43–88

11053 [Graf, Willi] Knoop-Graf, Anneliese: Willi Grafs Weg in den Widerstand, in: Peter Steinbach (Hg.), Widerstand. Ein Problem zwischen Theorie und Geschichte, Köln 1987, 433–48

11054 [Graf, Willi] Knoop-Graf, Anneliese: »Im Namen der deutschen Jugend...« – Willi Graf und die »Weiße Rose«, in: JAdG 14 (1982/83), 77–98

11054a [Graf, Willi] Knoop-Graf, Anneliese: »Jeder trägt die ganze Verantwortung!« Widerstand am Beispiel Willi Graf, in: Wilfried Breyvogel (Hg.), Piraten, Swings und Junge Garde. Jugendwiderstand im Nationalsozialismus, Bonn 1991, 222–40

11055 [Graf, Willi] Knoop-Graf, Anneliese: Jugendwiderstand im Dritten Reich. Willi Graf und die Weiße Rose, in: UJ 34 (1980), 337–58

11056 [Grimminger, Eugen] Kißener, Michael: Geld aus Stuttgart. Eugen Grimminger und die Weiße Rose, in: Rudolf Lill (Hg.), Hochverrat? Die »Weiße Rose« und ihr Umfeld, Mitarb. Michael Kißener, Konstanz 1993, 121–34

11057 [Hirsch, Helmut] Burkhardt, Bernd: Helmut Hirsch. Ein Aktivist der bündischen Jugend, in: Michael Bosch/Wolfgang Niess (Hg.), Der Widerstand im deutschen Südwesten 1933–1945, Stuttgart 1984, 319–29

11058 [Schneider, Karl Ludwig] Müller, Hans-Harald/Schöberl, Joachim: Karl Ludwig Schneider und die Hamburger »Weiße Rose«. Ein Beitrag zum Widerstand von Studenten im Dritten Reich. Vortrag im Rahmen der Universitätstage, gehalten am 12.11.1983, Hg. Pressestelle der Universität Hamburg, Hamburg 1983; 20 S.; abgedr. in: Eckart Krause u. a. (Hg.), Hochschulalltag im »Dritten Reich«. Die Hamburger Universität 1933–1945, Bd. 1, Berlin/Hamburg 1991, 423–37

Gedruckte Quellen

11059 [Scholl, Hans/Scholl, Sophie] Jens, Inge (Hg.): Hans Scholl, Sophie Scholl. Briefe und Aufzeichnungen, Frankfurt 1984; 306 S.

Darstellungen

11060 [Scholl, Hans/Scholl, Sophie] Altgeld, Wolfgang: Über Hans und Sophie Scholl, in: Rudolf Lill (Hg.), Hochverrat? Die »Weiße Rose« und ihr Umfeld, Mitarb. Michael Kißener, Konstanz 1993, 13–41

11061 [Scholl, Hans/Scholl, Sophie] Jahnke, Karl H.: Weiße Rosa contra Hakenkreuz. Der Widerstand der Geschwister Scholl und ihrer Freunde, Frankfurt 1969; 96 S.

11062 [Scholl, Sophie] Vinke, Hermann: Das kurze Leben der Sopie Scholl, 3. Aufl., Ravensburg 1990; 189 S.

11063 [Scholl, Sophie/Scholl, Hans] Mallmann, Hermann-Josef: Die Geschwister Scholl. Die Studenten der »Weißen Rose« in München, in: Michael Bosch/Wolfgang Niess (Hg.), Der Widerstand im deutschen Südwesten 1933–1945, Stuttgart 1984, 247–54

A.3.13.10 Frauen im Widerstand

A.3.13.10.1 Allgemeines

[vgl. A.3.11.7]

Darstellungen

11065 Elling, Hanna: Frauen im deutschen Widerstand 1933–1945, 4. Aufl., Frankfurt 1986; 264 S. (zuerst 1978)

11066 Elling, Hanna: Terror und Widerstand, in: Maruta Schmidt/Gabi Dietz (Hg.), Frauen unterm Hakenkreuz. Eine Dokumentation, 3. Aufl., München 1985, 139–53, 204f. (1. u. 2. Aufl., Berlin 1983); gekürzt abgedr. in: Hart und zart. Frauenleben 1920–1970, Hg. Elefanten Press, Berlin 1990, 194–99

11067 Gellot, Laura/Phayer, Michael: Dissenting Voices. Catholic Women in Opposition to Fascism, in: JCH 22 (1987), 91–114

11068 Hervé, Florence/Wisber, Renate (Hg.): Frei und in Frieden – Frauen gegen Faschismus und Krieg, hg. für die Demokratische Fraueninitiative, Frankfurt 1981; 63 S.

11069 Holland, Carolsue/Garett, G. R.: The »Skirt« of Nessus: Women and the German Opposition to Hitler, in: IJWS 6 (1983), 363–81

11070 Inhetveen, Heide: »Wir lassen uns unseren Herrgott nicht nehmen.« Ein Frauen-Kreuzzug im Dritten Reich, in: Hugo Gödde/Dieter Voegelin (Hg.), Für eine bäuerliche Landwirtschaft. Materialien zur Tagung in Bielefeld-Bethel vom 27.–30. 1. 1988, Kassel 1988, 17–21

11071 Jacobeit, Sigrid/Thoms-Heinrich, Lieselotte: Kreuzweg Ravensbrück [bei Fürstenberg]. Lebensbilder antifaschistischer Widerstandskämpferinnen, Leipzig (LA Köln) 1987; 232 S.

11072 Kaiser, Josef: »Lösch nie die Spuren.« Frauen leisten Widerstand 1933–1945, Vorwort Gerda Szepansky, Neustadt a.d.W. 1988; 32 S.

11073 Kerschbaumer, Marie-Thérèse: Der weibliche Name des Widerstandes. Sieben Beiträge, Freiburg 1980; 272 S.

11074 Klinger, Christian: Zum Anteil deutscher Frauen am antifaschistischen Widerstand unter Führung der KPD (1933–1945), Diss. Leipzig 1975; 206, 43, 33 S. (Ms. vervielf.)

11075 Kopetzky, Helmut: Die andere Front. Europäische Frauen in Krieg und Widerstand 1939 bis 1945, Köln 1983; 229 S.

11076 Kuhn, Annette (Hg.): Frauen im deutschen Faschismus. Eine Quellensammlung mit fachwissenschaftlichen und fachdidaktischen Kommentaren, Bd. 1: Frauenpolitik im NS-Staat, Bd. 2: Frauenarbeit und Frauenwiderstand im NS-Staat, 2. Aufl., Düsseldorf 1987; 142, 205 S. (zuerst 1982)**

11077 Kurth, Irmgard: Erinnerungen an den Widerstand von Frauen im Nationalsozialismus, in: Frauenforschung 1 (1983), Nr. 2, 16–22

11078 Oldfield, Sybil: German Women in Resistance to Hitler, in: Women, State, and Revolution: Essays on Power and Gender in Europe since 1789, Amherst 1987, 81–101

11079 Schäfer, Tine/Stiller, Anne: Widerstand und Verfolgung. Über ein Frauenschicksal im Dritten Reich, in: Frauenforschung 1 (1983), Nr. 2, 6–15

11080 Schefer, Gitte: Wo Unterdrückung ist, da ist auch Widerstand. Frauen gegen Faschismus und Krieg, in: Mutterkreuz und Arbeitsbuch. Zur Geschichte der Frauen in der Weimarer Republik und im Nationalsozialismus, Hg. Frauengruppe Faschismusforschung, Frankfurt 1981, 273–91

11081 Strobl, Ingrid: »Sag nie, du gehst den letzten Weg.« Frauen im bewaffneten Widerstand gegen Faschismus und deutsche Besatzung, Frankfurt 1989; 351 S.

11082 Szepansky, Gerda: Frauen leisten Widerstand: 1933–1945. Lebensgeschichten nach Interviews und Dokumenten, 23.–24. Tsd., Frankfurt 1993; 291 S. (zuerst 1983)

11083 Trallori, Lisbeth N.: Der »verschwiegene« Widerstand, in: ZG 12 (1984/85), 151–64

11084 Wickert, Christl: Frauen zwischen Dissens und Widerstand, in: Wolfgang Benz/Walter H. Pehle (Hg.), Lexikon des deutschen Widerstandes, Frankfurt 1994, 141–56

11085 Wickert, Christl: Frauen im Hintergrund – das Beispiel von Kommunistinnen und Bibelforscherinnen, in: Helga Grebing/Christl Wickert (Hg.), Das »andere Deutschland« im Widerstand gegen den Nationalsozialismus. Beiträge zur politischen Überwindung der nationalsozialistischen Diktatur im Exil und im Dritten Reich, Essen 1994, 200–25

11086 Wickert, Christl: Frauenwiderstand? Überlegungen zu einem vernachlässigten Thema am Beispiel Düsseldorfs und Essens, in: Anselm Faust (Hg.), Verfolgung und Widerstand im Rheinland und in Westfalen 1933–1945, Köln u. a. 1992, 101–12

11087 Wickert, Christl: Frauenwiderstand und Dissens im Kriegsalltag, in: Peter Steinbach/Johannes Tuchel (Hg.), Widerstand gegen den Nationalsozialismus, Berlin 1994, 411–25

11088 Zorn, Gerda: Frauen im Widerstand gegen Faschismus und Krieg, in: Florence Hervé (Hg.), Brot und Rosen. Geschichte und Perspektive der demokratischen Frauenbewegung, Frankfurt 1974, 136–44

11089 Zorn, Gerda/Meyer, Gertrud: Frauen gegen Hitler. Berichte aus dem Widerstand 1933–1945, Frankfurt 1974; 151 S.

Regional-/Lokalstudien

11090 Berger, Karin u. a.: »Der Himmel ist blau. Kann sein.« Frauen im Widerstand. Österreich 1938–1945, Wien 1985; 208 S.

11091 Berger, Karin: Zwischen Eintopf und Fließband. Frauenarbeit und Frauenbild im Faschismus Österreichs 1938–1945, Wien 1984; 265 S.

11092 Brauneis, Inge: Widerstand von Frauen in Österreich gegen den Nationalsozialismus 1938–1945, Diss. Wien 1974 1974; 384 S. (Ms.)

11093 Frauen im Faschismus – Frauen im Widerstand. Hamburger Sozialdemokratinnen berichten, Hg. Arbeitsgemeinschaft sozialdemokratischer Frauen Hamburg, Red. Britta Borgstädt u. a., 2. Aufl., Hamburg 1983; 38 S. (zuerst 1980)

11094 Frauen in der SPD berichten über ihre Erlebnisse unter dem Nationalsozialismus und über ihre Tätigkeit im antifaschistischen Widerstand, Hg. Arbeitsgemeinschaft sozialdemokratischer Frauen, Frankfurt o. J.

11095 Hannoversche Frauen gegen den Faschismus 1933–1945. Lebensberichte. Ein Beitrag zur Stadtgeschichte, Hg. VVN-Bund der Antifaschisten, Kreisgeschichtskommission Hannover, Red. Grete Hoell u.a., 5 Bde., Hannover 1981–1983; 51, 56, 56, 60, 68 S.

11096 Hervé, Florence u.a.: Trotz alledem. Frauen im Düsseldorfer Widerstand. Berichte, Dokumente, Interviews, Hg. Demokratische Fraueninitiative Düsseldorf, Düsseldorf 1979**

11097 Jochheim, Gernot: Frauenprotest in der Rosenstraße [Berlin], Berlin 1993; 192 S.

11098 Schabrodt, Klara/Wachter, Maria: Widerstand von Frauen in Düsseldorf, in: Ariane Neuhaus-Koch (Hg.), Der eigene Blick. Frauen-Geschichte und -Kultur in Düsseldorf, 2. Aufl., Düsseldorf 1990, 63–76 (zuerst 1989)

11099 Schmidt, Andrea: ... mit Politik beschäftige ich mich nicht. Frauen im Widerstand, in: Stadt ohne Frauen? Frauen in der Geschichte Mannheims, Hg. Frauenbeauftragte der Stadt Mannheim, Mannheim 1993, 312–28

11100 Spiegel, Tilly: Frauen und Mädchen im österreichischen Widerstand, Wien u.a. 1967; 76 S.

11102 Weiland, Martina: Frauen in Berliner Widerstandsorganisationen gegen den Nationalsozialismus (Schulze-Boysen/Harnack-Organisation und die Gruppe Baum), in: Kein Ort nirgends? 200 Jahre Frauenbewegung und Frauengeschichte in Berlin. Entwürfe der Berliner Frauen Kulturinitiative für ein Ausstellungsprojekt zur 750-Jahrfeier Berlin 1987, Hg. Berliner Frauen Kultur Initiative, Berlin 1985, 99–107**

A.3.13.10.2 Einzelne Persönlichkeiten

11103 [Kirchner, Johanna] Dertinger, Antje/Trott, Jan von: »... und lebe immer in Eurer Erinnerung.« Johanna Kirchner – eine Frau im Widerstand, Vorwort Walter Hesselbach, Berlin/Bonn 1985; 212 S.

11104 [Kirchner, Johanna] Oppenheimer, Max: Das kämpferische Leben der Johanna Kirchner. Portrait einer anti-faschistischen Widerstandskämpferin, Frankfurt 1974; 48 S.

11105 [Loe, Emilie von] Meyers, Fritz: Die Baronin im Schutzmantel. Emilie von Loe im Widerstand gegen den Nationalsozialismus, Geldern 1980; 223 S. (zuerst Kevelaer 1975)

11106 [Thadden, Elisabeth von] Lühe, Irmela von der: Elisabeth von Thadden. Ein Schicksal unserer Zeit, 2. Aufl., Düsseldorf/Köln 1967; 291 S. (zuerst 1966; gekürzte Ausg. Freiburg 1980/Hildesheim 1989 u.d.T.: Eine Frau im Widerstand)

11107 [Zeh, Maria] Wenke, Bettina: Maria Zeh. Sozialhelferin in Stuttgart, in: Michael Bosch/Wolfgang Niess (Hg.), Der Widerstand im deutschen Südwesten 1933–1945, Stuttgart 1984, 273–80

A.3.13.11 Einzeltäter und sonstiger Widerstand

A.3.13.11.1 Allgemeines

Darstellungen

11108 Jahnke, Karl H.: Gegen den Mißbrauch der olympischen Idee 1936. Sportler im antifaschistischen Widerstand, Frankfurt 1972; 150 S.

11109 Klemperer, Klemens von: Der einsame Zeuge. Einzelkämpfer im Widerstand, Passau 1990; 41 S.

11110 Klemperer, Klemens von: The Solitary Witness: No Mere Footnote to Resistance Studies, in: David C. Large (Hg.), Contending with Hitler. Varieties of German Resistance in the Third Reich, Cambridge u. a. 1991, 129–39

11111 Nicht nur Medaillen zählen. Sportler im antifaschistischen Widerstand, Berlin (O) 1975; 210 S.

11112 Steinbach, Peter: »Unbesungene Helden« – ihre Bedeutung für die allgemeine Widerstandsgeschichte, in: Günther B. Ginzel (Hg.), Mut zur Menschlichkeit – Hilfe für Verfolgte während der NS-Zeit, Pulheim 1993, 183–202; abgedr. in: Peter Steinbach, Widerstand im Widerstreit. Der Widerstand gegen den Nationalsozialismus in der Erinnerung der Deutschen. Ausgewählte Studien, Paderborn u. a. 1994, 215–33

Regional-/Lokalstudien

11113 Grasberger, Thomas: Individuum und Widerstand: Münchener Beispiele, in: Richard Bauer u. a. (Hg.), München – »Hauptstadt der Bewegung«. Bayerns Metropole und der Nationalsozialismus, München 1993, 438–42

A.3.13.11.2 Einzelne Persönlichkeiten

11114 [Bavaud, Maurice] Hoffmann, Peter: Maurice Bauvard's Attempt to Assassinate Hitler in 1938, in: George L. Mosse (Hg.), Police Forces in History, London/Beverly Hills, Ca. 1971, 173–204

11115 [Bavaud, Maurice] Hochhuth, Rolf: Tell 38 [Maurice Bavaud]. Dankrede für den Basler Kunstpreis 1976 am 2. Dezember in der Aula des alten Museums. Anmerkungen und Dokumente, Reinbek 1979; 159 S.**

11116 [Bavaud, Maurice] Hochhuth, Rolf: Tell 38 [Maurice Bavaud]. Dankrede für den Basler Kunstpreis 1976 am 2. Dezember in der Aula des alten Museums, Reinbek 1977; 55 S.

11117 [Bavaud, Maurice] Meienberg, Niklaus: Es ist kalt in Brandenburg. Ein Hitler-Attentat, 2. Aufl., Berlin 1990; 160 S. (zuerst 1980)

11118 [Bavaud, Maurice] Pokatzky, Klaus: »Er wird geköpft.« »Er ist ja selber schuld« – mehr hatte die Schweizer Botschaft nicht zu sagen, als vor fünfzig Jahren ihr Landsmann hingerichtet wurde, weil er Hitler töten wollte, in: Zeit, Jg. 46, Nr. 21, 17. 5. 1991, 33 f.

11119 [Bavaud, Maurice] Strothmann, Dietrich: Das einsame Opfer [Maurice Bavaud]. Die späte Ehrenrettung eines mißlungenen Hitler-Attentats, in: Walter Hinck (Hg.), Rolf Hochhuth – Eingriff in die Zeitgeschichte. Essays zum Werk, Reinbek 1981, 253–56

11120 [Bavaud, Maurice] Urner, Klaus: Der Schweizer Hitler-Attentäter. 3 Studien zum Widerstand und seinen Grenzbereichen. Systemgebundener Widerstand, Einzeltäter und ihr Umfeld, Maurice Bavaud und Marcel Gerbohay, 2. Aufl., Königstein, Ts. 1984; 395 S. (zuerst Frauenfeld 1980)

Gedruckte Quellen

11121 [Elser, Georg] Gruchmann, Lothar (Hg.): Autobiographie eines Attentäters. Johann Georg Elser. Der Anschlag auf Hitler im Bürgerbräu 1939, 2. Aufl., Stuttgart 1989; 167 S. (zuerst 1970; abgedr. in: Anton Hoch/Lothar Gruchmann, Georg Elser: Der Attentäter aus dem Volke. Der Anschlag auf Hitler im Münchener Bürgerbräu 1939, Frankfurt 1980, 39–154, 166–73)

Darstellungen

11122 [Elser, Georg] Bogaert, André: Un homme seul contre Hitler. 8 novembre 1939, Paris 1974; 261 S.

11123 [Elser, Georg] Gruchmann, Lothar: Georg Elser. Tischlergeselle und Attentäter, in: Michael Bosch/Wolfgang Niess (Hg.), Der Widerstand im deutschen Südwesten 1933–1945, Stuttgart 1984, 291–98

11124 [Elser, Georg] Gruchmann, Lothar: Georg Elser, in: Hermann Graml (Hg.), Widerstand im Dritten Reich. Probleme, Ereignisse, Gestalten, 2. Aufl., Frankfurt 1984, 183–89 (zuerst 1974)

11125 [Elser, Georg] Hoch, Anton: Das Attentat auf Hitler im Münchner Bürgerbräukeller 1939, in: VfZ 17 (1969), 383–413; abgedr. in: Anton Hoch/Lothar Gruchmann, Georg Elser: Der Attentäter aus dem Volke. Der Anschlag auf Hitler im Münchener Bürgerbräu, Frankfurt 1980, 7–37, 155–65

11126 [Elser, Georg] Ortner, Helmut: Der einsame Attentäter. Der Mann, der Hitler töten wollte, 2. Aufl., Göttingen 1993; 239 S. (zuerst Rastatt 1989 u. d. T.: Der Einzelgänger. Georg Elser. Der Mann, der Hitler töten wollte)

11127 [Elser, Georg] Steinbach, Peter: Der einsame Attentäter. Zur Erinnerung an Johann Georg Elser, in: ZG 17 (1989/90), 349–63; abgedr. in: Peter Steinbach, Widerstand im Widerstreit. Der Widerstand gegen den Nationalsozialismus in der Erinnerung der Deutschen. Ausgewählte Studien, Paderborn u. a. 1994, 197–214

11128 [Elser, Georg] Steinbach, Peter: Der »Bürgerbräu«-Attentäter Elser. Widerstandskämpfer ohne Dilemma durch Verstrickung in Schuld und Kooperation, in: Tribüne 29 (1990), 142–56

11129 [Elser, Georg] Zahl, Peter-Paul: Johann Georg Elser. Ein deutsches Drama, Berlin 1982; 156 S.

11130 [Günther, Hanno] Hoffmann, Volker: Hanno Günther – ein Hitler-Gegner 1921–1942. Geschichte eines unvollendeten Kampfes, Berlin 1992; 235 S.

11131 [Halem, Nikolaus von] Groeben, Klaus von der: Nikolaus von Halem. Im Widerstand gegen das Dritte Reich, Wien/Köln 1990; VI, 106 S.

11132 [Legband, Julius] Legband, Michael (Hg.): Zweimal Unrecht 1941–1957. Julius Legband – ein Itzehoer Maurermeister im Widerstand, Mitarb. Kay Dohnke/Klaus Bästlein, Heide 1992; 150 S.

A.3.13.12 Ausland und deutscher Widerstand

Gedruckte Quellen

11133 Heideking, Jürgen/Mauch, Christof (Hg.): USA und deutscher Widerstand. Analysen und Operationen des amerikanischen Geheimdienstes im Zweiten Weltkrieg, Tübingen/Basel 1993; XIII, 282 S.

11134 Ludlow, Peter W.: Papst Pius XII., die britische Regierung und die deutsche Opposition im Winter 1939/40. (Dokumentation), in: VfZ 22 (1974), 299–341

11135 Ribbentrop, Annelies von: Die Kriegsschuld des Widerstandes. Aus britischen Geheimdokumenten 1938/39. Aus dem Nachlaß, Hg. Rudolf von Ribbentrop, 2. Aufl., Leoni 1975; 414 S. (zuerst 1974)

11136 Roon, Ger van: Oberst Wilhelm Staehle. Ein Beitrag zu den Auslandskontakten des deutschen Widerstandes. (Dokumentation), in: VfZ 14 (1966), 209–23

11137 Rothfels, Hans: Trott und die Außenpolitik des Widerstandes. (Dokumentation), in: VfZ 12 (1964), 300–23

11138 Rothfels, Hans: Adam von Trott und das State Departement. (Dokumentation), in: VfZ 7 (1959), 318–32

11139 Young, Arthur P.: Die »X«-Dokumente. Die geheimen Kontakte Carl Goerdelers mit der britischen Regierung, Hg. Sidney Aster, Betreuung der deutschen Ausgabe u. Nachwort Helmut Krausnick, München/Zürich 1989; 331 S. (engl.: London 1974)

11140 Zur Haltung der Regierung Churchill zum deutschen Widerstand 1940–45.

Dokumentation, in: Lothar Kettenacker (Hg.), Das »Andere Deutschland« im Zweiten Weltkrieg. Emigration und Widerstand in internationaler Perspektive, Stuttgart 1977, 164–217

Darstellungen

11141 Bartel, Walter: La résistance allemande et les alliés pendant la deuxième guerre mondiale, in: European Resistance Movements 1939–1945. Proceedings of the History of the Resistance Movements Held at Milan 26–29 March 1961, Oxford u. a. 1964, 507–27

11142 Bartel, Walter: Die deutsche Widerstandsbewegung und die Alliierten zur Zeit des Zweiten Weltkrieges, in: ZfG 9 (1961), 993–1013

11143 Bell, George K. A.: Die Ökumene und die innerdeutsche Opposition, in: VfZ 5 (1957), 362–78

11144 Ben-Israel, Hedva: Im Widerstreit der Ziele: Die britische Reaktion auf den deutschen Widerstand, in: Jürgen Schmädeke/Peter Steinbach (Hg.), Der Widerstand gegen den Nationalsozialismus. Die deutsche Gesellschaft und der Widerstand gegen Hitler, 2. Aufl., München/Zürich 1986, 732–50 (zuerst 1985; ND 1994)

11145 Ben-Israel, Hedva: Cross Purposes: British Reactions to the German Anti-Nazi Opposition, in: JCH 20 (1985), 423–38

11146 Blasius, Rainer A.: Waiting for Action: The Debate on the »Other Germany« in Great Britain and the Reaction of the Foreign Office to German »Peace-Feelers«, 1942, in: Francis R. Nicosia/Lawrence D. Stokes (Hg.), Germans against Nazism. Nonconformity, Opposition, and Resistance in the Third Reich. Essays in Honor of Peter Hoffmann, New York/Oxford 1990, 279–304

11147 Blasius, Rainer A.: Appeasement und Widerstand 1938, in: Peter Steinbach/ Johannes Tuchel (Hg.), Widerstand gegen den Nationalsozialismus, Berlin 1994, 280–93

11148 Bryans, J. Lonsdale: Zur britischen amtlichen Haltung gegenüber der deutschen Widerstandsbewegung, in: VfZ 1 (1953), 347–51

11149 Heideking, Jürgen: Die »Breakers«-Akte. Das Office of Strategic Services und der 20. Juli 1944, in: Jürgen Heideking/ Christof Mauch (Hg.), Geheimdienstkrieg gegen Deutschland. Subversion, Propaganda und politische Planungen des amerikanischen Geheimdienstes im Zweiten Weltkrieg, Göttingen 1993, 11–50

11150 Heideking, Jürgen/Mauch, Christof: Das Herman-Dossier. Helmut James Graf von Moltke, die deutsche Emigration in Istambul und der amerikanische Geheimdienst Office of Strategic Services (OSS). (Dokumentation), in: VfZ 40 (1992), 567–623**

11151 Hofer, Walther: Das Attentat der Offiziere und das Ausland, in: Rudolf Lill/ Heinrich Oberreuther (Hg.), 20. Juli. Portraits des Widerstands, München u. a. 1984, 47–62

11152 Hoffmann, Peter: Peace through Coup d'État: The Foreign Contacts of the German Resistance, 1933–1944, in: CEH 19 (1986), 3–44

11153 Hoffmann, Peter: The Question of Western Allied Co-operation with the German Anti-Nazi Conspiracy, in: HJ 34 (1991), 437–64

11154 Kettenacker, Lothar: Die britische Haltung zum deutschen Widerstand während des Zweiten Weltkriegs, in: Lothar Kettenacker (Hg.), Das »Andere Deutschland« im Zweiten Weltkrieg. Emigration und Widerstand in internationaler Perspektive, Stuttgart 1977, 49–76

11155 Kettenacker, Lothar: Der nationalkonservative Widerstand aus angelsächsischer Sicht, in: Jürgen Schmädeke/Peter Steinbach (Hg.), Der Widerstand gegen den

Nationalsozialismus. Die deutsche Gesellschaft und der Widerstand gegen Hitler, 2. Aufl., München/Zürich 1986, 712–31 (zuerst 1985; ND 1994)

11156 Keyserlink, Robert H.: Die deutsche Komponente in Churchills Strategie der nationalen Erhebungen 1940–1942. Der Fall Otto Strasser, in: VfZ 31 (1983), 614–45

11157 Klemperer, Klemens von: Die »Verbindung zu der großen Welt«. Außenbeziehungen des deutschen Widerstands 1938–1945. (Beiträge zum Widerstand 1933–1945, 38), Hg. Gedenkstätte Deutscher Widerstand Berlin, Berlin 1990; 24 S.

11158 Klemperer, Klemens von: Die verlassenen Verschwörer. Der deutsche Widerstand auf der Suche nach Verbündeten 1938–1945, Berlin 1994; 604 S. (engl.: Oxford 1992)

11159 Klemperer, Klemens von: Adam von Trott zu Solz and Resistance Foreign Policy, in: CEH 14 (1981), 351–61

11160 Kozenski, Jerzy: Polnische Stimmen zum deutschen Widerstand, in: Joachim Hütter u. a. (Hg.), Tradition und Neubeginn. Internationale Forschungen zur Geschichte des 20. Jahrhunderts, Köln u. a. 1975, 377–90

11161 Krausnick, Helmut/Graml, Hermann: Der deutsche Widerstand und die Alliierten, Bonn 1962; 30 S.

11162 Lassal, Nicole: Exogene Einflüsse auf Widerstand und Opposition im Dritten Reich und der DDR, in: Ludger Kühnhardt u. a. (Hg.), Die doppelte deutsche Diktaturerfahrung. Drittes Reich und DDR – ein historisch-politikwissenschaftlicher Vergleich, Frankfurt u. a. 1994, 241–53

11163 Lindgren, Henrik: Adam von Trotts Reisen nach Schweden 1942–1944. Ein Beitrag zur Frage der Auslandsverbindungen des deutschen Widerstandes, in: VfZ 18 (1970), 274–91

11164 Malone, Henry O.: Between England and Germany: Adam von Trott's Contacts with the British, in: Francis R. Nicosia/Lawrence D. Stokes (Hg.), Germans against Nazism. Nonconformity, Opposition, and Resistance in the Third Reich. Essays in Honor of Peter Hoffmann, New York/Oxford 1990, 253–78

11165 Mauch, Christof: Subversive Kriegführung gegen das NS-Regime. Der Widerstand gegen den Nationalsozialismus im Kalkül des amerikanischen Geheimdienstes OSS, in: Jürgen Heideking/Christof Mauch (Hg.), Geheimdienstkrieg gegen Deutschland. Subversion, Propaganda und politische Planungen des amerikanischen Geheimdienstes im Zweiten Weltkrieg, Göttingen 1993, 51–89

11166 Meehan, Patricia: The Unnecessary War. Whitehall and the German Resistance to Hitler, London 1992; 441 S.

11167 Müller, Klaus-Jürgen: Der deutsche Widerstand und das Ausland. (Beiträge zum Widerstand 1933–1945, 29), Hg. Gedenkstätte Deutscher Widerstand Berlin, Berlin 1986; 31 S.

11168 Müller, Klaus-Jürgen/Dilks, David N.: Großbritannien und der deutsche Widerstand 1933–1944, Paderborn u. a. 1994; 268 S.

11169 Nicholls, Anthony J.: American Views of Germany's Future during World War II/Die amerikanischen Deutschland-Pläne während des Zweiten Weltkrieges, in: Lothar Kettenacker (Hg.), Das »Andere Deutschland« im Zweiten Weltkrieg. Emigration und Widerstand in internationaler Perspektive, Stuttgart 1977, 77–87

11170 Pommerin, Reiner: Demokraten und Pazifisten oder Rowdies und Rebellen? Die Einschätzung der »Edelweiß-Piraten« im britischen Außenministerium 1944/45, in: GiW 2 (1987), 135–44

11171 Roon, Ger van: Der Kreisauer Kreis und das Ausland, in: APUZ, Nr. B 50/86, 13. 12. 1986, 31–46

11172 Roon, Ger van: Dutch Contacts with the Resistance in Germany, in: Francis

R. Nicosia/Lawrence D. Stokes (Hg.), Germans against Nazism. Nonconformity, Opposition, and Resistance in the Third Reich. Essays in Honor of Peter Hoffmann, New York/Oxford 1990, 205–20

11173 Schlie, Ulrich: Kein Friede mit Deutschland. Die geheimen Gespräche im Zweiten Weltkrieg 1939–1941, München/ Berlin 1994; 520 S.

11174 Schöllgen, Gregor: »Another« Germany. The Secret Foreign Contacts of Ulrich von Hassell during the Second World War, in: IHR 11 (1989), 648–67

11175 Stafford, David: Britain and European Resistance, 1940–1945. A Survey of the Special Operations Executive, with Documents, 2. Aufl., London/Basingstoke 1983; XIV, 295 S. (zuerst Toronto/Buffalo 1980)**

11176 Stern, Wolf: Die Auslandsverbindungen der Verschwörer des 20. Juli 1944 im Lichte der Konferenz von Casablanca im Januar 1943, in: Der deutsche Imperialismus und der Zweite Weltkrieg, Bd. 4, Hg. Kommission der Historiker der DDR und der UdSSR, Red. Leo Stern u.a., Berlin (O) 1961, 621–35

11177 Viault, Birdsall S.: Le 20 juillet 1944 vu d'Amerique, in: GMCC 41 (1991), Nr. 163, 91–104

11178 Watt, Donald C.: Les Alliés et la Résistance Allemande 1939–44, in: RHDGM 9 (1959), Nr. 36, 65–86

11179 Wendt, Bernd-Jürgen: Konservative Honoratioren – eine Alternative zu Hitler? Englandkontakte des deutschen Widerstands im Jahre 1938, in: Dirk Stegmann u.a. (Hg.), Deutscher Konservatismus im 19. und 20. Jahrhundert. Festschrift für Fritz Fischer zum 75. Geburtstag und zum 50. Doktorjubiläum, Bonn 1983, 347–67

A.3.14 Emigration und Exil

A.3.14.1 Allgemeines

[vgl. A.3.10.4.4]

Bibliographien

11180 Bertold, Werner: Exilliteratur 1933–1945. Eine Ausstellung aus den Beständen der Deutschen Bibliothek, Frankfurt am Main (Sammlung Exil-Literatur), Mitarb. Christa Wilhelm/Gudrun Anschütz, 3., erw. u. verb. Aufl., Frankfurt 1967; 352 S., 40 Bildtafeln (zuerst 1965)

11181 Halfmann, Horst (Bearb.): Zeitschriften und Zeitungen des Exils 1933–1945. Bestandsverzeichnis der Deutschen Bücherei, 2., erg. u. erw. Aufl., Leipzig 1975; XVII, 105 S. (zuerst 1969)

Maas, Lieselotte: Handbuch der deutschen Exilpresse 1933–1945, Hg. Eberhard Lämmert, München/Wien:

11182 – Bd. 1: Bibliographie A-K, 1976; 352 S.

11183 – Bd. 2: Bibliographie L-Z, 1978; 353–648

11184 – Bd. 3: Nachträge, Register, Anhang, 1981; 649–969

11185 – Bd. 4: Die Zeitungen des deutschen Exils in Europa von 1933 bis 1939 in Einzeldarstellungen, 1990; 527 S.

11186 Rohlf, Sabine/Rockenbach, Susanne: Auswahlbibliographie »Frauen und Exil«, in: Exilforschung 11 (1993), 239–77

11187 Soffke, Günther: Deutsches Schrifttum im Exil (1933–1950). Ein Bestandsverzeichnis, Bonn 1965; 64 S.

Literaturberichte

11188 Albrecht, Richard: Exil-Forschung. Eine Zwischenbilanz (I), in: NPL 23 (1983), 174–201

11189 Albrecht, Richard: Exil-Forschung. Eine Zwischenbilanz (II), in: NPL 24 (1984), 311–34

Zeitschriften

11191 Exil. 1933–1945. Forschung, Erkenntnisse, Ergebnisse, Maintal, 1 (1981)ff.

11192 Exilforschung. Ein internationales Jahrbuch, Hg. Thomas Koebner u.a., hg. i.A. der Gesellschaft für Exilforschung, München, 1 (1983)ff.

Nachschlagewerke

Biographisches Handbuch der deutschsprachigen Emigration nach 1933/International Biographical Dictionary of Central European Emigrés 1933–1945, Gesamtleitung Werner Röder/Herbert A. Strauss u.a., Hg. Institut für Zeitgeschichte/Research Foundation for Jewish Immigration New York, München u.a.:

11193 – Bd. 1: Politik, Wirtschaft, Öffentliches Leben, Leitung/Bearb. Werner Röder/Herbert A. Strauss, Mitarb. Dieter M. Schneider/Louise Forsyth, Autoren Jan Foitzik u.a., 1980; LVIII, 875 S.

11194 – Bd. 2: The Arts, Sciences, and Literature, Hg. Hannah Caplan/Belinda Rosenblatt, Bearb. Fred Bilenkis u.a./Brigitte Bruns u.a., 2 Halbbde., 1983; XCIV, 1316 S.

11195 – Bd. 3: Gesamtregister, Leitung Werner Röder, Red. Sybille Claus u.a., 1983; XX, 281 S.

11196 Franck, Wolf: Führer durch die deutsche Emigration, Paris 1935; 63 S.

Hepp, Michael (Hg.): Die Ausbürgerung deutscher Staatsangehöriger 1933–45 nach den im Reichsanzeiger veröffentlichten Listen, Einleitung Hans G. Lehmann/Michael Hepp, München u.a.:

11197 – Bd. 1: Listen in chronologischer Reihenfolge, 1985; LVIII, 724 S.

11198 – Bd. 2: Namensregister, 1985; V, 356 S.

11199 – Bd. 3: Register der Geburtsorte und der letzten Wohnorte, 1988; VII, 296 S.

11200 Schuhmacher, Martin (Hg.): MdR. Die Reichstagsabgeordneten der Weimarer Republik in der Zeit des Nationalsozialismus. Politische Verfolgung, Emigration und Ausbürgerung 1933–1945. Eine biographische Dokumentation, Bearb. Katharina Lübbe/Martin Schuhmacher, bearb. in Verbindung mit Wilhelm Schröder, Mitarb. Angela Joseph/Evelyn Richter u.a., Düsseldorf 1991; 686 S.

Quellenkunde

11201 Albrecht, Richard: Exil-Publizistik 1933–1945. Broschüren aus dem deutschen antifaschistischen Exil, in: Publizistik 28 (1983), 547–73

11202 Berthold, Werner: Sammlung und Erschließung politischer Exil-Literatur, in: Widerstand, Verfolgung und Emigration 1933–1945. (Referate auf der Tagung des Forschungsinstituts der Friedrich-Ebert-Stiftung vom 25. bis 30. September 1966 in Bergneustadt), Bad Godesberg 1967, 37–58 (Ms. vervielf.)

11203 Callesen, Gerd u.a.: Quellen und Archive zur Erforschung der Hitlerflüchtlinge im Norden, in: Hans U. Petersen (Hg.), Hitlerflüchtlinge im Norden. Asyl und politisches Exil 1933–1945, Kiel 1991, 279–348

11204 Cérny, Bohumil: Die Presse der deutschen Emigration in der Tschechoslowakei 1933–1938/39, in: Stand und Problematik der Erforschung des Widerstandes gegen den Nationalsozialismus, Hg. Friedrich-Ebert-Stiftung, Forschungsinstitut, Bad Godesberg 1965, 61–67 (Ms. vervielf.)

11205 Deutschsprachige Emigration nach 1930 in Schweden. Die Bestände der Stadtbibliothek Västeras. Ein Verzeichnis, Hg.

Stockholmer Koordinationsstelle zur Erforschung der deutschsprachigen Exilliteratur, Bearb. Helmut Müssener, Stockholm 1975; 29 S.

11206 Praschek, Helmut (Bearb.): »Neue Deutsche Blätter«. Prag 1933–1935. Bibliographie einer Zeitschrift, Vorwort Wieland Herzfelde, Berlin [O]/Weimar 1973; 100 S.

11207 Quellen zur deutschen politischen Emigration 1933–1945. Inventar von Nachlässen, nichtstaatlichen Akten und Sammlungen in Archiven und Bibliotheken der Bundesrepublik Deutschland, Hg. Heinz Boberach u. a., Bearb. Ingrid Schulze-Bidlingmaier, hg. für die Herbert und Elsbeth Weichmann Stiftung, München u. a. 1994; 368 S.

11208 Röder, Werner: Zur Situation der Exilforschung in der Bundesrepublik Deutschland, in: Peter U. Hohendahl/Egon Schwarz (Hg.), Exil und Innere Emigration, Bd. 2: Internationale Tagung in St. Louis, Frankfurt 1973, 141–53

11209 Röder, Werner: Habent sua fata ... Von Schriften des Exils und ihren Irrwegen, in: Schicksale deutscher Emigranten. Auf der Suche nach den Quellen. Arbeitsergebnisse der Herbert und Elsbeth Weichmann Stiftung, Hg. Herbert und Elsbeth Weichmann Stiftung, München u. a. 1993, 24–34

11210 Röder, Werner: Sonderfahndungsliste UdSSR. Über Quellenprobleme bei der Erforschung des deutschen Exils in der Sowjetunion, in: Exilforschung 8 (1990), 92–105

Gedruckte Quellen

11211 Adam, Ursula (Hg.): »Die Generalsrevolte«. Deutsche Emigranten und der 20. Juli 1944. Dokumentation, Berlin 1994; 234 S.

11212 Boberach, Heinz: Zur Geschichte der politischen Emigranten aus Deutschland 1933–1945. Ausgewählte Dokumente aus deutschen Archiven, in: Schicksale deutscher Emigranten. Auf der Suche nach den Quellen. Arbeitsergebnisse der Herbert und Elsbeth Weichmann Stiftung, Hg. Herbert und Elsbeth Weichmann Stiftung, München u. a. 1993, 35–58

11213 Lucas, Robert: Teure Amalia, vielgeliebtes Weib! Die Briefe des Gefreiten Adolf Hirnschal an seine Frau in Zwieselsdorf, Nachwort Uwe Naumann, erw. Neuausg., Frankfurt 1984; 197 S. (zuerst Wien 1945)

11214 Meyer, Franz: Flucht aus Deutschland. Bilder aus dem Exil, Frankfurt 1984; VII, VII, 122 S.

11215 Sarkowski, Hans/Crone, Michael (Hg.): Der Kampf um die Ätherwellen. Feindpropaganda im Zweiten Weltkrieg. (Sammlung Historica – Tondokumente), 6 Tonkassetten u. Begleitbuch, Frankfurt 1990; 96 S.

11216 Schulze, Hagen: Rückblick auf Weimar. Ein Briefwechsel zwischen Otto Braun und Joseph Wirth im Exil. (Dokumentation), in: VfZ 26 (1978), 144–85

Söllner, Alfons (Hg.): Zur Archäologie der Demokratie in Deutschland, Frankfurt:

11217 – Bd. 1: Analysen politischer Emigranten im amerikanischen Geheimdienst 1943–1945, 1982; 294 S.

11218 – Bd. 2: Analysen politischer Emigranten im amerikanischen Außenministerium 1946–1949, 1986; 310 S.

11219 Voigt, Klaus (Hg.): Friedenssicherung durch europäische Einigung. Ideen des deutschen Exils. 1939–1945. 30 Texte, Frankfurt 1988; 255 S.

Methodische Probleme

11220 Laemmle, Peter: Vorschläge für eine Revision der Exilforschung, in: Akzente 20 (1973), 509–19

11221 Müssener, Helmut: Die deutschsprachige Emigration nach 1933. Aufgaben und

Probleme ihrer Erforschung, Saltsjo-Duvnäs (Schweden) 1970; 15 S.

11222 Stammen, Theo: Exil und Emigration – Versuch einer Theoretisierung, in: Exilforschung 5 (1987), 11–17

Darstellungen

11223 Adam, Ursula: Die deutsche Emigration und der 20. Juli, in: WMHGDDR 13 (1985), Nr. 1–2, 114–21

11224 Adam, Ursula: Die deutsche antifaschistische Emigration in Großbritannien in der Zeit der Stalingrader Schlacht. Zur Tätigkeit des Freien Deutschen Kulturbaundes 1943, in: JfG 27 (1983), 229–50

11225 Albrecht, Richard: Exil-Forschung. Studien zur deutschsprachigen Emigration nach 1933, Frankfurt u. a. 1988; 376 S.

11226 Backhaus-Lautenschläger, Christine: ... und standen ihre Frau. Das Schicksal deutschsprachiger Emigrantinnen in den USA nach 1933, Pfaffenweiler 1991; VIII, 303 S.

11227 Backhaus-Lautenschläger, Christine: Die stillen Verzichte der Mutter Courage: Anmerkungen zur Geschichte der weiblichen Hitler-Flüchtlinge in den USA, in: Monika Blaschke/Christiane Harzig (Hg.), Frauen wandern aus: Deutsche Migrantinnen im 19. und 20. Jahrhundert, Bremen 1990, 127–44

11228 Badia, Gilbert u.a.: Les barbelés de l'exil. Etudes sur l'emigration allemande et autrichienne (1938–1940), Grenoble 1979; 435 S.

11229 Badia, Gilbert u.a.: Les bannis de Hitler. Accueil et luttes des exiles allemands en France (1933–1939), Paris 1984; 411 S.

11230 Baerwald, Friedrich: Zur politischen Tätigkeit deutscher Emigranten im Council for a Democratic Germany, in: VfZ 27 (1980), 372–83

11231 Becher, Peter/Heumos, Peter (Hg.): Drehscheibe Prag. Zur deutschen Emigration in der Tschechoslowakei 1933–1939, München 1992; 206 S.

11232 Bénédite, Daniel: La filière Marseillaise. Un chemin vers la liberté sous l'occupation, Vorwort David Rousset, Paris 1984; 351 S.

11233 Benz, Wolfgang: Widerstand im Exil – Exil als Widerstand. (Beiträge zum Widerstand 1933–1945), Hg. Gedenkstätte Deutscher Widerstand Berlin, Berlin 1991; 13 S.

11234 Benz, Wolfgang: Konzeptionen für die Nachkriegsdemokratie. Pläne und Überlegungen im Widerstand, im Exil und in der Besatzungszeit, in: Thomas Koebner u.a. (Hg.), Deutschland nach Hitler: Zukunftspläne im Exil und aus der Besatzungszeit 1939–1945, Opladen 1987, 201–13

11235 Berendsohn, Walter A.: Probleme der Emigration aus dem Dritten Reich, in: APUZ, Nr. B 32/56, 8.8. 1956, 497–512; B 33/56, 15.8. 1956, 513–26

11236 Berg-Pan, Renata: Shanghai Chronicle: Nazi Refugees in China, in: Jarrell C. Jackman/Carla M. Borden (Hg.), The Muses Flee Hitler. Cultural Transfer and Adaptation, 1930–1945, Washington, D.C. 1983, 283–90

11237 Betz, Albrecht: »Der Tag danach«. Zur Auseinandersetzung um Deutschland nach Hitler im Pariser Sommer 1939, in: Thomas Koebner u.a. (Hg.), Deutschland nach Hitler: Zukunftspläne im Exil und aus der Besatzungszeit 1939–1949, Opladen 1987, 39–48

11238 Blodig, Vojtech: Die tschechoslowakischen politischen Parteien und die Unterstützung der deutschen und österreichischen Emigration in den 30er Jahren, in: Peter Glotz u.a. (Hg.), München 1938. Das Ende des alten Europa, Red. Frank Boldt u.a., Essen 1990, 251–70

11239 Bonte, Florimond: Les Antifascistes allemands dans la Résistance française, Paris 1969; 392 S.

11240 Brès, Eveline/Brès, Yvan: Un maquis d'antifascistes allemands en France (1942–1944), Montpellier 1987; 349 S.

11241 Breunig, Bernd: Die Deutsche Rolandwanderung [nach Brasilien] (1932–1938). Soziologische Analyse in historischer, wirtschaftlicher und politischer Sicht, Geleitwort Johannes Schauff, München 1983; 291 S.

11242 Briegel, Manfred/Frühwald, Wolfgang (Hg.): Die Erfahrung der Fremde. Kolloquium des Schwerpunktprogramms »Exilforschung« der Deutschen Forschungsgemeinschaft. Forschungsbericht, Weinheim u. a. 1988; 293 S.*

11243 Cérny, Bohumil: Der Einfluß des tschechoslowakischen Milieus auf die Anschauungen der deutschen Emigration nach 1933, in: Fascism in Europe. An International Symposium. Prague, 28–29 August 1969, Hg. Czechoslovak Academy of Sciences, Institute of History, Bd. 1, o.O (Prag) 1969, 163–66 (Ms. vervielf.)

11244 César, Jaroslov/Cérny, Bohumil: Die deutsche antifaschistische Emigration in der Tschechoslowakei (1933–1939), in: Historica 12 (1966), 147–84

11245 Dau, Rudolf: Der Anteil deutscher Antifaschisten am nationalen Befreiungskampf des tschechischen und slowakischen Volkes (1938–1945), Diss. PH Potsdam 1966; 2, XVIII, 363 S. (Ms. vervielf.)

11246 Davie, Maurice R.: Refugees in America. Report of the Committee for the Study of Recent Immigration from Europe, New York/London 1947; XXI, 453 S.

11247 Deutsche Emigranten in Frankreich – französische Emigranten in Deutschland 1685–1945. Eine Ausstellung des französischen Außenministeriums in Zusammenarbeit mit dem Goethe-Institut Paris, Red. Jacques Grandjonc, 2., verb. Aufl., Paris 1984; 171 S. (zuerst franz.: Paris 1983)

11248 Dittrich, Kathinka/Würzner, Hans (Hg.): Die Niederlande und das deutsche Exil 1933–1940, Königstein, Ts. 1982; 251 S.

11249 Dotzauer, Gertraude: Die Zeitschriften der deutschen Emigration in der Tschechoslowakei (1933–1938), Diss. Wien 1971; VII, 423 S. (Ms.)

11250 Draper, Paula J.: Muses behind Barbed Wire: Canada and the Interned Refugees, in: Jarrell C. Jackman/Carla M. Borden (Hg.), The Muses Flee Hitler. Cultural Transfer and Adaptation, 1930–1945, Washington, D.C. 1983, 271–82

11251 Economides, Stephen: Der Nationalsozialismus und die deutschsprachige Presse in New York 1933–1941, Frankfurt/Bern 1982; 316 S.

11252 Elkin, Judith L.: The Reception of the Muses in the Circum-Caribbean, in: Jarrell C. Jackman/Carla M. Borden (Hg.), The Muses Flee Hitler. Cultural Transfer and Adaptation, 1930–1945, Washington, D.C. 1983, 291–302

11253 Eppel, Peter: Österreicher im Exil 1938–1945, in: Emmerich Tálos u. a. (Hg.), NS-Herrschaft in Österreich 1938–1945, Wien 1988, 553–70

11254 Eppel, Peter: Österreichische Emigranten in den USA 1938–1945, in: Peter Steinbach (Hg.), Widerstand. Ein Problem zwischen Theorie und Geschichte, Köln 1987, 177–93

11255 Exil in Schweden. Ausstellung vom 19. November 1986–4. Januar 1987, Hg. Akademie der Künste, Bearb. Lothar Schirmer, Berlin 1986; 83 S.

Exil und Innere Emigration, Frankfurt:

11256 – Bd. 1: Reinhold Grimm/Jost Hermand (Hg.), Third Wisconsin Workshop, 1972; 210 S.

11257 – Bd. 2: Peter U. Hohendahl/Egon Schwarz (Hg.), Internationale Tagung in St. Louis, 1973; 170 S.*

11258 Les exiles allemands en France (1933–1939)/Die deutschen Emigranten in

Frankreich. (Revue d'Allemagne, Jg. 18), Paris 1986; 215 S.

11259 Fabian, Ruth/Coulmas, Corinna: Die deutsche Emigration in Frankreich nach 1933, München u. a. 1978; 136 S.

11260 Fabry, Joseph: The Next-to-Final Solution. A Belgian Detention Camp for Hitler Refugees, New York u. a. 1991; 146 S.

11260a Frei, Alfred G.: »In the End I Just Said O. K.«: Political and Moral Dimensions of Escape Aid at the Swiss Border, in: John W. Boyer/Julius Kirshner (Hg.), Resistance against the Third Reich. (JMH, Jg. 64, Beih.), Chicago, Ill. 1992, S68–81

11261 Friedmann, Friedrich G.: Erfahrungen eines Emigranten in England und Amerika, in: Venanz Schubert u. a. (Hg.), Der Zweite Weltkrieg und die Gesellschaft in Deutschland. 50 Jahre danach. Eine Ringvorlesung der Universität München, St. Ottilien 1992, 39–61

11262 Frühwald, Wolfgang: Von der Heimkehr in die Fremde. Über das »Biographische Handbuch der deutschsprachigen Emigration nach 1933«, in: HJB 107 (1987), 405–16

11263 Fuchs, Gerhard: Gegen Hitler und Henlein. Der solidarische Kampf tschechischer und deutscher Antifaschisten von 1933 bis 1939, Berlin (O) 1961; 335 S.

11264 Für ein besseres Deutschland. Protokoll der wissenschaftlichen Konferenz der Arbeitsgemeinschaft »Geschichte der deutschen Jugendbewegung« bei der Sektion Geschichte der Deutschen Akademie der Wissenschaften zu Berlin über den Anteil junger deutscher Antifaschisten an der Befreiung Deutschlands vom Faschismus, Greifswald, 28. und 29. Mai 1966 [1965?], Hg. Zentralrat der Freien Deutschen Jugend, Red. Karl H. Jahnke u. a., Berlin (O) 1966; 168 S.

11265 Gilzmer, Mechtild: Fraueninternierungslager in Südfrankreich: Rieucros – Brens (1939–1944), in: Exil 13 (1993), Nr. 1, 48–55

11266 Goldner, Franz: Die österreichische Emigration 1938–1945, 2. Aufl., Wien/München 1977; 363 S. (zuerst 1972)

11267 Grandjonc, Jacques/Grundtner, Theresia (Hg.): Zone der Ungewißheit. Exil und Internierung in Südfrankreich 1933–1944, Reinbek 1993; 512 S.

11268 Grebing, Helga/Wickert, Christl (Hg.): Das »andere Deutschland« im Widerstand gegen den Nationalsozialismus. Beiträge zur politischen Überwindung der nationalsozialistischen Diktatur im Exil und im Dritten Reich, Essen 1994; 226 S.*

11269 Grossmann, Kurt R.: Emigration. Geschichte der Hitler-Flüchtlinge 1933–1945, Frankfurt 1969; 408 S.

11270 Grossmann, Kurt R./Jacob, Hans: The German Exile and the »German Problem«, in: JCEA 4 (1944), 165–85

11271 Grunewald, Michael u. a. (Hg.): Les exilés allemands en France (1933–1939)/Die deutschen Emigraten in Frankreich. Colloque bilatéral franco-allemand organisé les 23, 24 et 25 janvier 1986 par le Goethe Institute de Nancy. (Revue d'Allemagne, Jg. 18, H. 2), Straßburg 1986; 222 S.

11272 Grünwald, Leopold: Sudetendeutsches Exil in Ost und West. (Sudetendeutscher Widerstand gegen Hitler, 3), München 1982; 184 S.

11273 Hardt, Hanno u. a. (Hg.): Presse im Exil. Beiträge zur Kommunikationsgeschichte des deutschen Exils 1933–1945, München u. a. 1979; 516 S.

11274 Hartenstein, Elfi: Heimat wider willen. Emigranten in New York, Berg am See 1991; 350 S.

11275 Häsler, Alfred A.: Das Boot ist voll ... Die Schweiz und die Flüchtlinge 1933–1945, 2., neu durchges. u. erg. Aufl., Zürich/Stuttgart 1968; 364 S.

11276 Heideking, Jürgen: Gero von Schulze-Gaevernitz. Deutscher Patriot im amerikanischen Geheimdienst, in: Michael Bosch/Wolfgang Niess (Hg.), Der Widerstand im deutschen Südwesten 1933–1945, Stuttgart 1984, 281–90

11277 Herrmann, Hans-Walter: Beiträge zur Geschichte der saarländischen Emigration 1935–1939, in: JWL 4 (1978), 357–412

11278 Hildebrandt, Irma: In der Fremde zu Hause? Begegnungen mit Emigranten und Flüchtlingen in der Schweiz, Freiburg i. Br. 1982; 125 S.

11279 Hinze, Sibylle: Antifaschisten im Camp LeVernet. Abriß der Geschichte des Konzentrationslagers LeVernet 1939 bis 1944, Berlin (O) 1988; 336 S.

11280 Hirschfeld, Gerhard (Hg.): Exil in Großbritannien. Zur Emigration aus dem nationalsozialistischen Deutschland, Stuttgart 1983; 300 S.*

11281 Hofmann, Alois: Die deutsche Emigration in der Tschechoslowakei (1933–1938), in: WB 21 (1975), 148–67

11282 Holl, Karl: Die USA als Exil während des Nationalsozialismus, in: Jürgen Elvert/Michael Salewski (Hg.), Deutschland und der Westen im 19. und 20. Jahrhundert, T. 1: Transatlantische Beziehungen, Stuttgart 1993, 323–39

11283 Huss-Michel, Angela: Literarische und politische Zeitschriften des Exils 1933–1945, Stuttgart 1987; VII, 225 S.

11284 Hyrslová, Kvela: Die CSR als eines der Hauptzentren der deutschen antifaschistischen Kultur der Jahre 1933–1939. (Der gemeinsame tschechisch-deutsche Kampf zur Verteidigung der Kultur), in: Historica 22 (1983), 183–229

11285 Jackman, Jarrell C.: German Emigrés in Southern California, in: Jarrell C. Jackman/Carla M. Borden (Hg.), The Muses Flee Hitler. Cultural Transfer and Adaptation, 1930–1945, Washington, D.C. 1983, 95–110

11286 Jahnke, Karl H.: In einer Front. Junge Deutsche an der Seite der Sowjetunion im Großen Vaterländischen Krieg, Berlin (O) 1986; 251 S.

11287 Jasper, Willi: Hotel Lutetia. Ein deutsches Exil in Paris, München 1994; 392 S.

11288 Jochmann, Werner: Deutschland nach Hitler. Deutsche Demokraten im Exil und ihr Ringen um die Zukunft des Landes, in: Schicksale deutscher Emigranten. Auf der Suche nach den Quellen. Arbeitsergebnisse der Herbert und Elsbeth Weichmann Stiftung, Hg. Herbert und Elsbeth Weichmann Stiftung, München u. a. 1993, 14–23

11289 Kaiser-Lahme, Angela: Die Beziehungen deutscher Regimegegner zu den europäischen Widerstandsbewegungen, in: Peter Steinbach/Johannes Tuchel (Hg.), Widerstand gegen den Nationalsozialismus, Berlin 1994, 339–49

11290 Kannonier, Waltraud: Zwischen Flucht und Selbstbehauptung. Frauen-Leben im Exil, Nachbemerkung Meinrad Ziegler, Linz 1989; 150 S.

11291 Kantorowicz, Alfred: Exil in Frankreich. Merkwürdigkeiten und Denkwürdigkeiten, Bremen 1971; 252 S. (ND Hamburg 1983; TB Frankfurt 1986)

11292 Keim, Wolfgang: Erziehungspolitische und pädagogische Konzepte des Exils aus der Endphase des Krieges, unter besonderer Berücksichtigung ihrer Sichtweisen auf die nazifizierte Jugend, in: Ingo Koch/Studienkreis für Jugendgeschichte und -forschung. Darstellung und Vermittlung (Hg.), Deutsche Jugend zwischen Krieg und Frieden 1944–1946, Rostock 1993, 60–64

11293 Kettenacker, Lothar (Hg.): Das »Andere Deutschland« im Zweiten Weltkrieg. Emigration und Widerstand in internationaler Perspektive, Stuttgart 1977; 258 S.*

11294 Kießling, Wolfgang: Alemania Libre in Mexiko, Bd. 1: Ein Beitrag zur Geschichte des antifaschistischen Exils (1941–1946), Bd. 2: Texte und Dokumente zur Geschichte des antifaschistischen Exils 1941–1946, Berlin (O) 1974; 338, 476 S.**

11295 Klapdor, Heike: Überlebenskampf statt Lebensentwurf. Frauen in der Emigration, in: Exilforschung 11 (1993), 12–30

11296 Klönne, Arno: Entwürfe für ein Deutschland nach Hitler – und was davon blieb, in: GMH 40 (1989), 269–76

11297 Knauer, Mathias/Frischknecht, Jürg: Die unterbrochene Spur. Antifaschistische Emigration in der Schweiz von 1933 bis 1945, Zürich 1983; 272 S.

11298 Koch, Gerhard: Die deutsche antifaschistische Bewegung im griechischen Widerstand während des zweiten Weltkrieges, Diss. Jena 1972 (Ms. vervielf.)

11300 Koch, Gerhard/Schumann, Gerhard: Deutsche Antifaschisten im griechischen Widerstand. Die Anfänge der deutschen antifaschistischen Bewegung in Griechenland, in: BAZW 7 (1969), Nr. 3, 14–33

11301 Koebner, Thomas u.a. (Hg.): Deutschland nach Hitler: Zukunftspläne im Exil und aus der Besatzungszeit 1939–1945, Opladen 1987; 379 S.*

11302 Koebner, Thomas u.a. (Hg.): Fluchtpunkte des Exils und andere Themen. (Exilforschung, 5), München 1987; 260 S.

11303 Koebner, Thomas u.a. (Hg.): Politische Aspekte des Exils. (Exilforschung, 8), München 1990; 243 S.*

11304 Koebner, Thomas: Das »andere Deutschland«. Zur Nationalcharakteristik im Exil, in: Manfred Briegel/Wolfgang Frühwald (Hg.), Die Erfahrung der Fremde. Kolloquium des Schwerpunktprogramms »Exilforschung« der Deutschen Forschungsgemeinschaft. Forschungsbericht, Weinheim 1988, 217–38

11305 Kohut, Karl/Zur Mühlen, Patrik von (Hg.): Alternative Lateinamerika. Das deutsche Exil in der Zeit des Nationalsozialismus, Frankfurt 1994; 258 S.

11306 Köllmann, Wolfgang/Marschalck, Peter: German Emigration to United States, in: Donald Fleming/Bernard Bailyn (Hg.), The Intellectual Migration. Europe and America, 1930–1960, Cambridge/Mass. 1969, 499–554

11307 Köpke, Wulf: Die Bestrafung und Besserung der Deutschen. Über die amerikanischen Kriegsziele, über Völkerpsychologie und Emil Ludwig, in: Thomas Koebner u.a. (Hg.), Deutschland nach Hitler: Zukunftspläne im Exil und aus der Besatzungszeit 1939–1949, Opladen 1987, 79–87

11308 Korlén, Gustav: Politik und Wissenschaft im schwedischen Exil, in: BzW 7 (1984), 11–21

11309 Kraus, Albert H. V.: Vom Saarkampf zum Teufelspakt. Nicht alle Freiheitskämpfer verurteilten den Hitler-Stalin-Pakt, in: Parlament, Jg. 40, Nr. 3, 12.1. 1990, 13

11310 Krauss, Marita: Eroberer oder Rückkehrer? Deutsche Emigranten in der Amerikanischen Armee, in: Exil 13 (1993), Nr. 1, 70–85

11311 Kreis, Gabriele: Frauen im Exil. Dichtung und Wirklichkeit, 2. Aufl., Frankfurt 1988; 234 S. (zuerst Düsseldorf 1984)

11312 Kreissler, Felix: Der Beitrag des Exils zur Entwicklung eines österreichischen Nationalbewußtseins, in: Helmut Konrad/Wolfgang Neugebauer (Hg.), Arbeiterbewegung – Faschismus – Nationalbewußtsein. Festschrift zum 20jährigen Bestand des Dokumentationsarchivs des österreichischen Widerstandes und zum 60. Geburtstag von Herbert Steiner, Wien u.a. 1983, 287–99

11313 Krohn, Claus-Dieter u.a. (Hg.): Frauen und Exil. Zwischen Anpassung und Selbstbehauptung. (Exilforschung, 11), Mitarb. Inge Stephan, München 1993; 280 S.*

11314 Krohn, Claus-Dieter: Der Kampf des politischen Exils im Westen gegen den Nationalsozialismus, in: Peter Steinbach/Johannes Tuchel (Hg.), Widerstand gegen den Nationalsozialismus, Berlin 1994, 495–512

11315 Krohn, Claus-Dieter: »Nobody Has a Right to Come into the United States.« Die amerikanischen Behörden und das Flüchtlingsproblem nach 1933, in: Exilforschung 3 (1985), 127–42

11316 Krohn, Claus-Dieter: Zerstörten deutsche Emigranten die Kultur der Vereinigten Staaten?, in: 1999 4 (1989), Nr. 1, 106–15

11317 Krohn, Dieter u.a. (Hg.): Exil und Remigration. (Exilforschung, 9), München 1991; 263 S.

11318 Lacina, Evelyn: Emigration 1933–1945. Sozialhistorische Darstellung der deutschsprachigen Emigration und einiger ihrer Asylländer aufgrund ausgewählter zeitgenössischer Selbstzeugnisse, Stuttgart 1982; 693 S.

11319 Landau, Edwin M./Schmitt, Samuel (Hg.): Lager in Frankreich. Überlebende und ihre Freunde. Zeugnisse der Emigration, Internierung und Deportation, Mannheim 1991; 259 S.

11320 Langkau-Alex, Ursula: Volksfront für Deutschland? Bd. 1: Vorgeschichte und Gründung des »Ausschusses zur Vorbereitung einer deutschen Volksfront« 1933–1936, Frankfurt 1977; 363 S.

11321 Langkau-Alex, Ursula: Deutsche Emigrationspresse (auch eine Geschichte des »Ausschusses zur Vorbereitung einer deutschen Volksfront« in Paris), in: IRSH 15 (1972), 167–201

11322 Langkau-Alex, Ursula: »Bildet die deutsche Volksfront! Für Frieden, Freiheit und Brot!« Zur Genesis des programmatischen Aufrufs des »Ausschusses zur Vorbereitung einer deutschen Volksfront« in Paris vom 21. Dezember 1936, in: IWK 21 (1985), 183–203

11323 Langkau-Alex, Ursula: Erziehung nach Hitler. Richtlinien für ein neues Schul- und Erziehungsprogramm in Deutschland. Vergleich von Ideen der deutschen Volksfront (1937) und des Council for a Democratic Germany (1945), in: IWK 24 (1988), 16–43

11324 Lehmann, Hans G.: Acht und Ächtung politischer Gegner im Dritten Reich. Die Ausbürgerung deutscher Emigranten 1933–45, in: Michael Hepp (Hg.), Die Ausbürgerung deutscher Staatsangehöriger 1933–45 nach den im Reichsanzeiger veröffentlichten Listen, Bd. 1, München u.a. 1985, IX-XXIII

11325 Lehmann, Hans G./Hepp, Michael: Die indiviuelle Ausbürgerung deutscher Emigranten 1933–1945, in: GWU 38 (1987), 163–72

11326 Lieber, Michael D. (Hg.): Exiles and Migrants in Oceania. Revised and Expanded Papers Presented at a Symposium Held at the University of Washington in 1970, Honolulu 1977; XII, 417 S.

11327 Link, Werner: German Political Refugees in the United States during the Second World War, in: Anthony J. Nicholls/Erich Matthias (Hg.), German Democracy and the Triumph of Hitler. Essays in Recent German History, London 1971, 241–60

11328 Loebl, Herbert: Das Refugee Industries Committee. Eine wenig bekannte britische Hilforganisation, in: Exilforschung 8 (1990), 220–41

11329 Loewy, Ernst: Deutsche Rundfunkaktivitäten im Exil. Ein Überblick, in: MSRG 4 (1978), 115–26

11330 Lööw, Heléne: Der institutionelle und organisierte Widerstand gegen die Flüchtlinge in Schweden. 1933–1945, in: Hans U. Petersen (Hg.), Hitlerflüchtlinge im Norden. Asyl und politisches Exil 1933–1945, Kiel 1991, 93–121

11331 Lorenz, Einhart: Exil in Norwegen. Lebensbedingungen und Arbeit deutschsprachiger Flüchtlinge 1933–1943, Vorwort Willy Brandt, Baden-Baden 1992; 402 S.

11332 Lorenz, Einhart: Exil in Skandinavien, in: Robert Bohn u. a. (Hg.), Neutralität und totalitäre Aggression. Nordeuropa und die Großmächte im Zweiten Weltkrieg, Stuttgart 1991, 251–69

11333 Lorenz, Einhart: Möglichkeiten und Grenzen des politischen Exils in Norwegen am Beispiel von Willy Brandt, Heinz Espe, Max Strobl und Jacob Nicolaus Vogel, in: Exilforschung 8 (1990), 174–84

11334 Lowenthal, Ernst G.: Bloombury House. Flüchtlingshilfsarbeit in London 1939–1946. Aus persönlichen Erinnerungen, in: Ursula Büttner (Hg.), Das Unrechtsregime. Internationale Forschung über den Nationalsozialismus. Festschrift für Werner Jochmann zum 65. Geburtstag, Bd. 2, Hamburg 1986, 267–308

11335 Löwenthal, Richard: Zur deutschen politischen Emigration in Großbritannien im Zweiten Weltkrieg: Wechselwirkungen und Nachwirkungen, in: Gottfried Niedhart (Hg.), Großbritannien als Gast- und Exilland für Deutsche im 19. und 20. Jahrhundert, Bochum 1985, 89–116

11336 Ludwig, Carl: Die Flüchtlingspolitik der Schweiz in den Jahren 1933–1955, o. O. 1957; 416 S.

11337 Maas, Lieselotte: Deutsche Exilpresse in Lateinamerika, Einführung Eberhard Lämmert, Frankfurt 1978; 87 S.

11338 Maas, Lieselotte: Thesen zum Umgang mit der Publizistik des Exils, in: Manfred Briegel/Wolfgang Frühwald (Hg.), Die Erfahrung der Fremde. Kolloquium des Schwerpunktprogramms »Exilforschung« der Deutschen Forschungsgemeinschaft. Forschungsbericht, Weinheim 1988, 271–75

11339 Maimann, Helene: Politik im Wartesaal. Österreichische Exilpolitik in Großbritannien 1938–1945, Wien u. a. 1975; XV, 355 S.

11340 Mammach, Klaus: Widerstand 1939–1945. Geschichte der deutschen antifaschistischen Widerstandsbewegung im Inland und in der Emigration, 2. Aufl., Berlin (O) 1987; 444 S. (zuerst 1984; LA Köln 1984)

11341 Mammach, Klaus: Deutsche Emigration in Österreich 1933–1938, in: JfG 38 (1989), 281–309

11342 McCabe, Cynthia J.: »Wanted by the Gestapo: Saved by America« – Varian Fry and the Emergency Rescue Committee, in: Jarrell C. Jackman/Carla M. Borden (Hg.), The Muses Flee Hitler. Cultural Transfer and Adaptation, 1930–1945, Washington, D. C. 1983, 79–91

11343 Mehringer, Hartmut/Schneider, Dieter M.: Deutsche in der europäischen Résistance, in: Richard Löwenthal/Patrik von Zur Mühlen (Hg.), Widerstand und Verweigerung in Deutschland 1933 bis 1945, 2. Aufl., Berlin/Bonn 1984, 263–81 (zuerst 1982)

11344 Mehringer, Hartmut/Röder, Werner: Gegner, Widerstand, Emigration, in: Martin Broszat/Norbert Frei (Hg.), Ploetz. Das Dritte Reich. Ursprünge, Ereignisse, Wirkungen, Freiburg/Würzburg 1983, 173–84

11345 Meve, Jörn: Homosexuelle Nazis. Ein Stereotyp in Politik und Literatur des Exils, Hamburg 1990; 116 S.

11346 Miller, Susanne: Kommentare aus der deutschen Exilpresse zur Annexion Österreichs, in: Felix Kreissler (Hg.), Fünfzig Jahre danach – der »Anschluß« von innen und außen gesehen. Beiträge zum Internationalen Symposium von Rouen 29. Februar – 4. März 1988, Wien/Zürich 1989, 65–70

11347 Miller, Susanne: Rahmenbedingungen für das politische Wirken im Exil, in: Widerstand und Exil in der deutschen Arbeiterbewegung, Hg. Friedrich-Ebert-Stiftung, Bonn 1982, 451–524**

11348 Mittag, Gabriele (Hg.): Gurs. Deutsche Emigrantinnen im französischen Exil,

Vorwort Gisèle Freund, Fotos Birgit Kleber, Berlin 1990; 71 S.**

11349 Möller, Horst: From Weimar to Bonn: The Arts and the Humanities in Exile and Return, 1933–1980, in: Biographisches Handbuch der deutschsprachigen Emigration nach 1933/International Biographical Dictionary of Central European Emigrés 1933–1945, Bd. 2: The Arts, Sciences, and Literature, Gesamtleitung Werner Röder/Herbert A. Strauss u. a., Hg. Institut für Zeitgeschichte/Research Foundation for Jewish Immigration New York, München u. a. 1983, XLI-LXI

11350 Moore, Bob: Refugees from Nazi Germany in the Netherlands, 1933–1940, Dordrecht u. a. 1986; XIV, 241 S.

11351 Morse, Arthur D.: Die Wasser teilen sich nicht. Zur Asylpolitik der USA 1933–1945, Bern u. a. 1968; 365 S. (engl.: New York 1967/London 1968)

11352 Muchitsch, Wolfgang: Mit Spaten, Waffen und Worten. Die Einbindung österreichischer Flüchtlinge in die britischen Kriegsanstrengungen 1939–1945, Wien/Zürich 1992; 266 S.

11353 Mußgnug, Dorothee: Die Reichsfluchtsteuer 1931–1953, Berlin 1993; 91 S.

11354 Müssener, Helmut: Exil in Schweden. Politische und kulturelle Emigration nach 1933, München 1974; 603 S.

11355 Müssener, Helmut: Exil in Schweden, in: Hans U. Petersen (Hg.), Hitlerflüchtlinge im Norden. Asyl und politisches Exil 1933–1945, Kiel 1991, 93–121

11356 Neumark, Fritz: Zuflucht am Bosporus. Deutsche Gelehrte, Politiker und Künstler in der Emigration 1933–1953, Frankfurt 1980; 288 S.

11357 Newton, Ronald C.: Das andere Deutschland: The Anti-Fascist Exile Network in Southern South America, in: Jarrell C. Jackman/Carla M. Borden (Hg.), The Muses Flee Hitler. Cultural Transfer and Adaptation, 1930–1945, Washington, D. C. 1983, 303–14

11358 Nielsen, Birgit S.: Frauen im Exil in Dänemark, in: Hans U. Petersen (Hg.), Hitlerflüchtlinge im Norden. Asyl und politisches Exil 1933–1945, Kiel 1991, 145–66

11359 Nordlund, Sven: Probleme der deutschen Einwanderung nach Schweden 1930–1945, in: Widerstand, Verfolgung und Emigration 1933–1945. (Referate auf der Tagung des Forschungsinstituts der Friedrich-Ebert-Stiftung vom 25. bis 30. September 1966 in Bergneustadt), Bad Godesberg 1967, 143–57 (Ms. vervielf.)

11360 Österreicher im Exil 1934 bis 1945. Protokoll des internationalen Symposiums zur Erforschung des österreichischen Exils von 1934 bis 1945, abgehalten vom 3. bis 6. Juni 1975 in Wien, Hg. Dokumentationsarchiv des österreichischen Widerstandes/Dokumentationsstelle für neuere österreichische Literatur, Wien 1977; XXXVII, 618 S.

Österreicher im Exil 1934–1945. Eine Dokumentation, Hg. Dokumentationsarchiv des österreichischen Widerstandes, Wien/München:

11361 – Bd. 1: Frankreich 1938–1945. Eine Dokumentation, Bearb. Ulrich Weinzierl, Mitarb. Kristina Schewig-Pfoser/Ernst Schwager, 1984; VIII, 249 S.

11362 – Bd. 2: Belgien 1938–1945. Eine Dokumentation, Bearb. Ulrich Weinzierl, Einleitung Gundl Herrnstadt-Steinmetz, 1987; 165 S.

11363 – Bd. 3: Für Spaniens Freiheit. Österreicher an der Seite der Spanischen Republik 1936–1939. Eine Dokumentation, Bearb. Brigitte Galanda u. a., historische Einführung Reinhard Kannonier, 1986; 462, (32) S.

11364 – Bd. 4: Großbritannien 1939–1945. Eine Dokumentation, Bearb. Wolfgang Muchitsch, 1992; XI, 652 S.

11365 Paetel, Karl O.: Zum Problem einer deutschen Exilregierung, in: VfZ 4 (1956), 286–301

11366 Paul, Roland: Flucht in die Fremde. Zur Emigration aus der Pfalz während der NS-Diktatur, in: Gerhard Nestler/Hannes Ziegler (Hg.), Die Pfalz unterm Hakenkreuz. Eine deutsche Provinz während der nationalsozialistischen Terrorherrschaft, Landau 1993, 413–54

11367 Pech, Karlheinz: Für ein freies Deutschland! Die Teilnahme deutscher Antifaschisten an den bewaffneten Kämpfen der französischen Résistance, in: MG 12 (1973), 297–311

11368 Pedersen, Minna S.: Das [dänische] Matteotti-Komitee und die Hitlerflüchtlinge, in: Hans U. Petersen (Hg.), Hitlerflüchtlinge im Norden. Asyl und politisches Exil 1933–1945, Kiel 1991, 169–79

11369 Peters, Jan: Exilland Schweden. Deutsche und schwedische Antifaschisten 1933–1945, Berlin (O) 1984; XIII, 244 S.

11370 Petersen, Hans U. (Hg.): Hitlerflüchtlinge im Norden. Asyl und politisches Exil 1933–1945, Red. Klaus-Joachim Lorenzen-Schmidt, Kiel 1991; 373 S.*

11371 Petersen, Hans U.: Dänemark und die antinazistischen Flüchtlinge 1940 bis 1941, in: Exilforschung 8 (1990), 157–73; abgedr. in: Hans U. Petersen (Hg.), Hitlerflüchtlinge im Norden. Asyl und politisches Exil 1933–1945, Kiel 1991, 55–78

11372 Peterson, Walter E.: Zwischen Mißtrauen und Interesse. Regierungsstellen in Washington und die deutsche politische Emigration 1939–1945, in: Manfred Briegel/Wolfgang Frühwald (Hg.), Die Erfahrung der Fremde. Kolloquium des Schwerpunktprogramms »Exilforschung« der Deutschen Forschungsgemeinschaft. Forschungsbericht, Weinheim 1988, 45–60

11373 Peterson, Walter F.: Die deutschen politischen Emigranten in Frankreich 1933–1940: »Dieselben Debatten wie zu Hause«?, in: Ralph Melville u.a. (Hg.), Deutschland und Europa in der Neuzeit. Festschrift für Karl Otmar Freiherr von Aretin zum 65. Geburtstag, Halbbd. 2, Stuttgart 1988, 881–905

11374 Pfanner, Helmut F.: The Role of Switzerland for the Refugees, in: Jarrell C. Jackman/Carla M. Borden (Hg.), The Muses Flee Hitler. Cultural Transfer and Adaptation, 1930–1945, Washington, D.C. 1983, 235–48

11375 Pohle, Fritz: Das mexikanische Exil. Ein Beitrag zur Geschichte der politisch-kulturellen Emigration aus Deutschland (1937–1946), Stuttgart 1986; XIII, 495 S.

11376 Prinz, Friedrich: Der Testfall Tschechoslowakei. Die politischen Pläne des sudetendeutschen Exils in London angesichts der britischen Politik und öffentlichen Meinung, in: Franz Knipping/Klaus-Jürgen Müller (Hg.), Machtbewußtsein in Deutschland am Vorabend des Zweiten Weltkrieges, Paderborn 1984, 375–82

11377 Protokoll des 2. internationalen Symposiums zur Erforschung des deutschsprachigen Exils nach 1933 in Kopenhagen 1972, Hg. Deutsches Institut der Universität Stockholm, Bearb. Helmut Müssener/Gisela Sandquist, Red. Helmut Müssener, Stockholm 1972; 556 S.

11378 Proudfoot, Malcolm J.: European Refugees, 1939–1952. A Study in Forced Population Movement, London o.J. [1957]; 542 S.

11379 Pütter, Conrad: Rundfunk gegen das Dritte Reich. Deutschsprachige Rundfunkaktivitäten im Exil 1933–1945. Ein Handbuch, Mitarb. Ernst Loewy/Elke Hilscher, bearb. i.A. des Deutschen Rundfunkarchivs, München u.a. 1986; 388 S.

11380 Pütter, Conrad: In den Wind gesprochen. Zur Wirkung des Deutschen Exilrundfunks zwischen 1933 und 1945, in: MSRG 4 (1978), 126–38

11381 Radkau, Joachim: Die deutsche Emigration in den USA. Ihr Einfluß auf die amerikanische Europa-Politik 1933–1945, Düsseldorf 1971; 378 S.

11382 Radkau, Joachim: Die Exil-Ideologie vom »anderen Deutschland« und die »Vansittartisten«. Eine Untersuchung über die Einstellung der deutschen Emigranten nach 1933 zu Deutschland, in: APUZ, Nr. B 2/70, 10.1. 1970, 31–48

11383 Reutter, Lutz-Eugen: Katholische Kirche als Fluchthelfer im Dritten Reich. Die Betreuung von Auswanderern durch den St. Raphael-Verein, Recklinghausen 1971; 305 S.

11384 Röder, Werner: Deutscher Widerstand im Ausland. Zur Geschichte des politischen Exils 1933–1945, in: APUZ, Nr. B 31/80, 2.8. 1980, 3–22

11385 Röder, Werner: Die Emigration aus dem nationalsozialistischen Deutschland, in: Klaus J. Bade (Hg.), Deutsche im Ausland – Fremde in Deutschland. Migration in Geschichte und Gegenwart, München 1992, 345–53

11386 Röder, Werner: Emigration nach 1933, in: Martin Broszat/Horst Möller (Hg.), Das Dritte Reich. Herrschaftsstruktur und Geschichte, 2., verb. Aufl., München 1986, 231–47 (zuerst 1983)

11387 Röder, Werner: Zum Verhältnis von Exil und innerdeutschem Widerstand, in: Exilforschung 5 (1987), 28–39

11388 Rojer, Olga E.: Exile in Argentinia, 1933–1945. A Historical and Literary Introduction, New York u.a. 1989; XXII, 250 S.

11389 Roussel, Hélène/Winckler, Lutz (Hg.): Deutsche Exilpresse und Frankreich 1933–1940, Bern u.a. 1992; 314 S.

11390 Saarinen, Hannes: Finnland ein Flüchtlingsland?, in: Hans U. Petersen (Hg.), Hitlerflüchtlinge im Norden. Asyl und politisches Exil 1933–1945, Kiel 1991, 41–53

11391 Schäfer, Ansgar: Hindernisse auf dem Weg in die Freiheit. Der portugiesische Staat und die deutsche Emigration, in: Exil 13 (1993), Nr. 1, 39–47

11392 Schicksale deutscher Emigranten. Auf der Suche nach den Quellen. Arbeitsergebnisse der Herbert und Elsbeth Weichmann Stiftung, Hg. Herbert und Elsbeth Weichmann Stiftung, München u.a. 1993; 70 S.*

11393 Schirmer, Lothar: Deutsche Literatur im internationalen antifaschistischen Widerstand 1933 bis 1945. Kampfbedingungen und Kunsterfahrung. Ein kommentierender Tagungsbericht, in: IWK 14 (1978), 502–10

11394 Schmid, Klaus-Peter: Gefangen in der zweiten Heimat. Internierungslager – noch immer ein großes deutsch-französisches Tabu, in: Zeit, Jg. 45, Nr. 22, 25.5. 1990, 47f.

11395 Schneider, Dieter M.: Westmächte und Sowjetunion in der Strategiediskussion exilierter politischer Widerstandsgruppen gegen das Dritte Reich, in: Franz Knipping/Klaus-Jürgen Müller (Hg.), Machtbewußtsein in Deutschland am Vorabend des Zweiten Weltkrieges, Paderborn 1984, 363–74

11396 Schneider, Dieter M.: Saarpolitik und Exil 1933–1955, in: VfZ 25 (1977), 467–545

11397 Schwager, Ernst: Die österreichische Emigration in Frankreich 1938–1945, Köln u.a. 1984; 192 S.

11398 Schwinghammer, Georg: Im Exil zur Ohnmacht verurteilt. Deutsche Politiker und Parteien in der Emigration 1933–1945, in: Tribüne 23 (1984), Nr. 91, 58–74; abgedr. in: Widerstand und Exil 1933–1945, Hg. Bundeszentrale für politische Bildung, Bonn 1985 (Frankfurt/New York 1986), 239–54

11399 Seebacher-Brandt, Brigitte: Die deutsche politische Emigration in der Tschechoslowakei, in: Peter Glotz u.a. (Hg.), München 1938. Das Ende des alten Europa, Red. Frank Boldt u.a., Essen 1990, 229–50

11400 Sherman, Ari J.: Island Refugees: Britain and Refugees from the Third Reich, 1933–1939, Berkeley, Ca./London 1973; 291 S.

11401 Spiegel, Tilly: Österreicher in der belgischen und französischen Resistance, Wien u. a. 1969; 80 S.

11402 Spitta, Arnold: Beobachtungen aus der Distanz. Das Argentinische Tageblatt und der deutsche Faschismus, in: Exilforschung 8 (1990), 185–202

11403 Stahlberger, Peter: Der Züricher Verleger Emil Oprecht und die deutsche politische Emigration 1933 bis 1945, Zürich u. a. 1970; 407 S.

11404 Steinbach, Peter: Widerstand gegen den Nationalsozialismus aus dem Exil? Zur politischen und räumlichen Struktur der deutschen Emigration 1933–1945, in: GWU 41 (1990), 587–606; abgedr. in: Peter Steinbach, Widerstand im Widerstreit. Der Widerstand gegen den Nationalsozialismus in der Erinnerung der Deutschen. Ausgewählte Studien, Paderborn u. a. 1994, 124–46

11405 Steinberg, Lucien: The Scum of the Earth. Ein Beitrag zur Situation der deutschsprachigen Emigration in Frankreich zu Beginn des 2. Weltkrieges, in: Widerstand, Verfolgung und Emigration 1933–1945. (Referate auf der Tagung des Forschungsinstituts der Friedrich-Ebert-Stiftung vom 25. bis 30. September 1966 in Bergneustadt), Bad Godesberg 1967, 103–17 (Ms. vervielf.)

11406 Strzelewicz, Willy: Exil – Bedeutung, Erfahrungen und Probleme, in: Rudolf Lill/Heinrich Oberreuther (Hg.), Machtverfall und Machtergreifung. Aufstieg und Herrschaft des Nationalsozialismus, München 1983, 289–304

11407 Sywottek, Arnold: Die Ästhetik des Widerstands [Peter Weiss] als Geschichtsschreibung?, in: Alexander Stephan (Hg.), Die Ästhetik des Widerstands, Frankfurt 1983, 312–41

11408 Tabori, Paul: The Anatomy of Exile. A Semantic and Historical Study, London 1972; 432 S.

11409 Thalmann, Rita R.: Die Flüchtlinge des Dritten Reiches. Ein Sonderfall der Immigration im Frankreich der dreißiger Jahre, in: Babylon 4 (1989), Nr. 5, 29–39

11410 Thalmann, Rita R.: L'Emigration allemande et l'opinion française de 1936 á 1939, in: Klaus Hildebrand/Karl F. Werner (Hg.), Deutschland und Frankreich 1936–1939. 15. Deutsch-französisches Historikerkolloquium des Deutschen Historischen Instituts Paris (Bonn, 26.–29. September 1979), München/Zürich 1981, 47–70

11411 Thalmann, Rita R.: Die Emigration aus Deutschland und die öffentliche Meinung Frankreichs 1933–1939, in: Ursula Büttner (Hg.), Das Unrechtsregime. Internationale Forschung über den Nationalsozialismus. Festschrift für Werner Jochmann zum 65. Geburtstag, Bd. 2, Hamburg 1986, 249–66

11412 Thomas, Gordon/Morgan-Witts, Max: Voyage of the Damned, London/New York 1974; 317 S.

11413 Tutas, Herbert E.: Nationalsozialismus und Exil. Die Politik des Dritten Reiches gegenüber der deutschen politischen Emigration 1933–1939, München 1975; 354 S.

11414 Tutas, Herbert E.: NS-Propaganda und deutsches Exil 1933–1939, Worms 1973; XII, 194 S.

11415 Tutas, Herbert E.: Nationalsozialismus und Exil. Aspekte zum Stellenwert des Exils in der nationalsozialistischen Politik, in: Akzente 20 (1973), 572–79

11416 Voigt, Klaus: Europäische Föderation und neuer Völkerbund. Die Diskussion im deutschen Exil zur Gestaltung der internationalen Beziehungen nach dem Krieg, in: Thomas Koebner u. a. (Hg.), Deutschland nach Hitler: Zukunftspläne im Exil und aus der Besatzungszeit 1939–1949, Opladen 1987, 104–22

11417 Wacker, Jean-Claude: Humaner als Bern!. Schweizer und Basler Asylpraxis gegenüber den jüdischen Flüchtlingen von 1933 bis 1943 im Vergleich, Basel 1992; 218 S.

11418 Walter, Hans-Albert: Die Asylpolitik Frankreichs von 1933 bis zur Annexion Österreichs, in: Peter U. Hohendahl/Egon Schwarz (Hg.), Exil und Innere Emigration, Bd. 2: Internationale Tagung in St. Louis, Frankfurt 1973, 47–46

11419 Weber, Hermann: »Weiße Flecken« in der Geschichte. Die KPD-Opfer der Stalinschen Säuberungen und ihre Rehabilitierung, 2., überarb. u. erw. Aufl., Frankfurt 1990; 168 S. (zuerst 1989)

11420 Widerstand und Exil 1933–1945, Hg. Bundeszentrale für politische Bildung, Bonn 1985; 302 S. (Frankfurt/New York 1986)*

11421 Widerstand und Exil 1933–1945. (Tribüne, Jg. 23, Nr. 91), Frankfurt 1984; 208 S.; abgedr. in: Widerstand und Exil 1933–1945, Hg. Bundeszentrale für politische Bildung, Bonn 1985, Frankfurt/New York 1986)*

11422 Winckler, Lutz: »Die Meistersinger von Nürnberg« Eine Exilzeitung berichtet über die Nürnberger Parteitage, in: Bernd Ogan/Wolfgang W. Weiß (Hg.), Faszination und Gewalt. Zur politischen Ästhetik des Nationalsozialismus, Nürnberg 1992, 127–36

11423 Wyman, David S.: Paper Walls. America and the Refugee Crisis, 1938–1941, Amherst, Mass. 1968; IX, 306 S.

11424 Zorn, Edith: Einige neuere Forschungsergebnisse zur Tätigkeit deutscher Antifaschisten, die an der Seite der französischen Résistance kämpften, in: BzG 7 (1965), 298–314

11425 Zur Mühlen, Patrik von: Fluchtweg Spanien – Portugal. Die deutsche Emigration und der Exodus aus Europa 1933–1945, Bonn 1992; 223 S.

11426 Zur Mühlen, Patrik von: Fluchtziel Lateinamerika. Die deutsche Emigration 1933–1945. Politische Aktivitäten und soziokulturelle Integration, Bonn 1988; 336 S.

11427 Zur Mühlen, Patrik von: »Schlagt Hitler an der Saar!« Abstimmungskampf, Emigration und Widerstand im Saargebiet 1933–1935, 2., korr. Aufl., Bonn 1981; 280 S. (zuerst 1979)

11428 Zur Mühlen, Patrik von: Wissenschaftliche Kompetenz und politische Ohnmacht. Deutsche Emigranten im amerikanischen Staatsdienst 1942–1949, in: Thomas Koebner u. a. (Hg.), Deutschland nach Hitler: Zukunftspläne im Exil und aus der Besatzungszeit 1939–1949, Opladen 1987, 169–80

11429 Zur Mühlen, Patrik von: Deutsches Exil in Lateinamerika, in: Manfred Briegel/Wolfgang Frühwald (Hg.), Die Erfahrung der Fremde. Kolloquium des Schwerpunktprogramms »Exilforschung« der Deutschen Forschungsgemeinschaft. Forschungsbericht, Weinheim 1988, 33–44

11430 Zur Mühlen, Patrik von: Exil und Widerstand, in: Wolfgang Benz/Walter H. Pehle (Hg.), Lexikon des deutschen Widerstandes, Frankfurt 1994, 128–40

11431 Zur Mühlen, Patrik von: Zur Typologie des Widerstandes im Exil, in: Editha Koch/Frithjof Trapp (Hg.), Realismuskonzeptionen der Exilliteratur zwischen 1935 und 1940/41. Tagung der Hamburger Arbeitsstelle für deutsche Exilliteratur 1986, Maintal 1987, 203–8

A.3.14.2 Erlebnisberichte

11432 Exilés en France. Souvenirs d'antifascistes allemands émigrés (1933–1945),

Interviews Klaus Berger u.a., Einleitung Gilbert Badia, Paris 1982; 330 S.

11433 Fittko, Lisa: Mein Weg über die Pyrenäen. Erinnerungen 1940/41, München u. a. 1985; 284 S.

11434 Fittko, Lisa: Solidarität unerwünscht. Meine Flucht durch Europa. Erinnerungen 1933–1940, München 1992; 215 S.

11435 Greenburger, Ingrid: Widerstand. Ein deutsches Schicksal, Reinbek 1981; 281 S. (amerikan.: Boston/Toronto 1973 u. d. T.: A Privat Treason)

11436 Hilzinger, Sonja: »Ich hatte nur zu schweigen.« Strategien des Bewältigens und des Verdrängens der Erfahrung Exil am Beispiel autobiographischer Texte, in: Exilforschung 11 (1993), 31–52

11437 Mittag, Gabriele: Erinnern, Schreiben, Überliefern. Über autobiographisches Schreiben deutscher und deutsch-jüdischer Frauen, in: Exilforschung 11 (1993), 53–67

11438 Olden, Rudolf/Olden, Ika: »In tiefem Dunkel liegt Deutschland.« Von Hitler vertrieben – Ein Jahr deutsche Emigration, Hg. Charmian Brinson/Marian Malet, Vorwort Lion Feuchtwanger, Berlin 1994; 198 S.

11439 Reiter, Franz R. (Hg.): Unser Kampf in Frankreich für Österreich. Interviews mit Widerstandskämpfern, Köln u. a. 1984; 328 S.

11440 Schramm, Hanna: Menschen in Gurs. Erinnerungen an ein französisches Internierungslager (1940–1941). Mit einem dokumentarischen Beitrag zur französischen Emigrantenpolitik (1933–1944), Mitarb. Barbara Vormeier, Worms 1977; XII, 404 S.

11441 Venedey, Hermann: »Unbeugsam in der Wahrung dessen, was ich als recht ansah...« Erinnerungen an das Baseler Exil 1933–1945, in: Allmende 9 (1984), 28–48

11442 Zadek, Walter (Hg.): Sie flohen vor dem Hakenkreuz. Selbstzeugnisse der Emigranten. Ein Lesebuch für Deutsche, Mitarb. Christine Brinck, Reinbek 1981 (u. ö.); 248 S.

A.3.14.3 Arbeiterbewegung

A.3.14.3.1 Allgemeines

Bibliographien

11443 Bibliographie zur Geschichte der deutschen Arbeiterbewegung, Hg. Bibliothek des Archivs der sozialen Demokratie der Friedrich-Ebert-Stiftung, Bonn, 1 (1976)ff.

11444 Klotzbach, Kurt: Bibliographie zur Geschichte der deutschen Arbeiterbewegung 1914–1945. Sozialdemokratie, Freie Gewerkschaften, Christlich-Soziale Bewegungen, Kommunistische Bewegung und linke Splittergruppen. Mit einer forschungsgeschichtlichen Einleitung, Bearb. Volker Mettig, 3., wesentl. erw. u. verb. Aufl., Bonn 1981; 394 S. (zuerst 1975)

Nachschlagewerke

11445 Geschichte der deutschen Arbeiterbewegung. Chronik, Bd. 2: Von 1917 bis 1945, Hg. Institut für Marxismus-Leninismus beim ZK der SED, Berlin (O) 1966; 551 S.

Quellenkunde

11446 Grahn, Gerlinde: Quellen zur Geschichte der Arbeiterbewegung zwischen der Mitte des vergangenen Jahrhunderts und 1945 in den Nachlässen des Bundesarchivs, Abteilungen Potsdam, in: IWK 29 (1993), 26–43

11447 Melzwig, Brigitte: Deutsche sozialistische Literatur 1918–1945. Bibliographie der Buchveröffentlichungen, Berlin (O)/Weimar 1975; 616 S.

Darstellungen

11448 Behrens, Beate: Die Freie Deutsche Jugend in der Tschechoslowakei. Zur Geschichte einer Exilorganisation junger Deutscher, in: JG 13 (1990), Nr. 13, 33–41

11449 Bergmann, Karl H.: Die Bewegung »Freies Deutschland« in der Schweiz 1943–1945. Mit einem Beitrag: Schweizer Flüchtlingspolitik und exilierte deutsche Arbeiterbewegung 1933–1943, Mitarb. Wolfgang J. Stock, o. O. [München] 1974; 272 S.

11450 Findeisen, Otto: Zu den Einheitsfrontverhandlungen am 23. November 1935 in Prag, in: BzG 8 (1966), 676–94

11451 Foitzik, Jan: Sozialdemokratische Selbstaufgabe durch Einheit mit Kommunisten. Einheitsfrontpolitik des deutschen Exils aus der Tschechoslowakei 1939–1945, in: Bohemia 28 (1987), 344–53

11452 Geis, Manfred: Politik aus dem Exil – Widerstand gegen das nationalsozialistische Deutschland, in: Widerstand und Exil in der deutschen Arbeiterbewegung, Hg. Friedrich-Ebert-Stiftung, Bonn 1982, 525–648**

11453 Geschichte der deutschen Arbeiterbewegung, Hg. Institut für Marxismus-Leninismus beim Zentralkomitee der SED, Bd. 5: Vom Januar 1933 bis Mai 1945, Berlin (O) 1966; 664 S.

11454 Kuehl, Michael: Die exilierte deutsche demokratische Linke in USA, in: ZfP N. F. 4 (1957), 273–89

11455 Löwenthal, Richard: Konflikte, Bündnisse und Resultate der deutschen politischen Emigration (1987), in: VfZ 39 (1991), 625–36

11456 Maier-Hultschin, J. C.: Struktur und Charakter der deutschen Emigration, in: PS 6 (1955/56), Nr. 67, 6–22

11457 Mallmann, Klaus-Michael: »Kreuzritter des antifaschistischen Mysteriums«. Zur Erfahrungsperspektive des Spanischen Bürgerkrieges, in: Helga Grebing/Christl Wickert (Hg.), Das »andere Deutschland« im Widerstand gegen den Nationalsozia-

lismus. Beiträge zur politischen Überwindung der nationalsozialistischen Diktatur im Exil und im Dritten Reich, Essen 1994, 32–55

11458 Miller, Susanne: Deutsche Arbeiterführer in der Emigration, in: Herkunft und Mandat. Beiträge zur Führungsproblematik in der Arbeiterbewegung, Frankfurt/Köln 1976, 165–70

11459 Nelles, Dieter: Die Unabhängige Antifaschistische Gruppe 9. Kommune im Lager Gurs. Zur gruppenspezifischen Interaktion nach dem Spanischen Bürgerkrieg, in: Helga Grebing/Christl Wickert (Hg.), Das »andere Deutschland« im Widerstand gegen den Nationalsozialismus. Beiträge zur politischen Überwindung der nationalsozialistischen Diktatur im Exil und im Dritten Reich, Essen 1994, 56–85

11460 Paul, Gerhard: Konzentration oder Kartell? Das gescheiterte Projekt einer sozialistischen Einigung im Pariser Exil 1938, in: Helga Grebing/Christl Wickert (Hg.), Das »andere Deutschland« im Widerstand gegen den Nationalsozialismus. Beiträge zur politischen Überwindung der nationalsozialistischen Diktatur im Exil und im Dritten Reich, Essen 1994, 12–31

11461 Schröder, Karsten: Zur Tätigkeit der Freien Deutschen Jugend in Großbritannien in den Jahren 1939 bis 1946, in: BGFDJ 10 (1987), Nr. 9, 51–54

11462 Schröder, Karsten: Zur Bedeutung des Wirkens der FDJ in Großbritannien für die Entfaltung der antifaschistischen Tätigkeit junger deutscher Emigranten in anderen Exilländern während des Zweiten Weltkrieges, in: JG 13 (1990), Nr. 12, 53–57

11463 Stender-Petersen, Ole: Exilleitung und deutscher Widerstand, in: Hans U. Petersen (Hg.), Hitlerflüchtlinge im Norden. Asyl und politisches Exil 1933–1945, Kiel 1991, 259–63

11464 Weber, Hermann: Ursachen und Umfang der Emigration unter besonderer Berücksichtigung von SPD und KPD im Exil, in: IWK 24 (1988), 2–16

11465 Widerstand und Exil der deutschen Arbeiterbewegung 1933–1945, Hg. Friedrich-Ebert-Stiftung, Mitarb. Manfred Geis u.a., Bonn 1982; 768 S.* **

11466 Zur Mühlen, Patrik von: Spanien war ihre Hoffnung. Die deutsche Linke im Spanischen Bürgerkrieg 1936–1939, Berlin/Bonn 1985; 292 S.

A.3.14.3.2 Sozialdemokraten

A.3.14.3.2.1 Allgemeines

Nachschlagewerke

11467 Osterroth, Franz/Schuster, Dieter (Bearb.): Chronik der deutschen Sozialdemokratie, Bd. 2: Vom Beginn der Weimarer Republik bis zum Ende des Zweiten Weltkrieges, 3. Aufl., Berlin/Bonn 1980; 452 S. (zuerst 1963)

Gedruckte Quellen

11468 Klotzbach, Kurt (Hg.): Drei Schriften aus dem Exil. (Miles: Neu beginnen!; Otto Bauer: Die illegale Partei; Curt Geyer: Die Partei der Freiheit), Berlin/Bad Godesberg 1974; 358 S.

11469 Klotzbach, Kurt/Dowe, Dieter (Hg.): Programmatische Dokumente der deutschen Sozialdemokratie, 3., überarb. u. erg. Aufl., Bonn 1990, 225–55 (zuerst Berlin/Bonn 1973)

Darstellungen

11470 Bachstein, Martin K.: Die Politik der Treuegemeinschaft sudetendeutscher Sozialdemokraten als Hauptpräsentanz des deutschen Exils aus der Tschechoslowakischen Republik, in: Karl Bosl (Hg.), Das Jahr 1945 in der Tschechoslowakei. Internationale, nationale und wirtschaftlich-soziale Probleme, München/Wien 1971, 65–100

11471 Borgert, Wolfgang/Krieft, Michael: Die Arbeit an den »Deutschland-Berichten«. Protokoll eines Gesprächs mit Friedrich Heine, in: Werner Plum (Hg.), Die »Grünen Berichte« der Sopade. Gedenkschrift für Erich Rinner (1902–1982), hg. i.A. der Friedrich-Ebert-Stiftung, Bonn 1984, 49–119

11472 Cérny, Bohumil: Der Parteivorstand der SPD im tschechoslowakischen Exil (1933–1945), in: Historica 14 (1967), 175–218

11473 Deppe, Ralf: Sozialdemokratisches Exil in Dänemark und der innerdeutsche Widerstand: Das Grenzsekretariat Kopenhagen der SOPADE – Unterstützung für die Widerstandsarbeit in Deutschland, in: Hans U. Petersen (Hg.), Hitlerflüchtlinge im Norden. Asyl und politisches Exil 1933–1945, Kiel 1991, 207–13

11474 Edinger, Lewis J.: Sozialdemokratie und Nationalsozialismus. Der Parteivorstand der SPD im Exil von 1933–1945, Hannover/Frankfurt 1960; XV, 256 S.

11475 Eifert, Christiane: Frauenpolitik und Wohlfahrtspflege. Zur Geschichte der sozialdemokratischen »Arbeiterwohlfahrt«, Frankfurt/New York 1993, 131–58

11476 Foitzik, Jan: Die Rückkehr aus dem Exil und das politisch-kulturelle Umfeld der Reintegration sozial-demokratischer Emigranten in Westdeutschland, in: Manfred Briegel/Wolfgang Frühwald (Hg.), Die Erfahrung der Fremde. Kolloquium des Schwerpunktprogramms »Exilforschung« der Deutschen Forschungsgemeinschaft. Forschungsbericht, Weinheim 1988, 255–70

11477 Foitzik, Jan: Revolution und Demokratie. Zu den Sofort- und Übergangsplanungen des sozialdemokratischen Exils für Deutschland 1943–1945, in: IWK 24 (1988), 308–42

11478 Gleissberg, Gerhard: SPD und Gesellschaftssystem. Aktualität der Programmdiskussion von 1934 bis 1946. Dokumente und Kommentar, Frankfurt 1973**

11479 Klein, Hans-Dieter: Die Haltung der Sozialistischen Jugend-Internationale (SJI) zum antifaschistischen Kampf nach der Errichtung der faschistischen Diktatur in Deutschland, in: Johannes Glasneck (Hg.), Der faschistische deutsche Imperialismus in der weltpolitischen Entwicklung der dreißiger und vierziger Jahre. Kolloquium des Wissenschaftsbereichs Allgemeine Geschichte/Staatsbürgerkunde an der Martin-Luther-Universität Halle-Wittenberg am 22. Juni 1982. Heinz Tillmann zur Vollendung des 65. Lebensjahres, Halle a. d. S. 1982, 10–28

11480 Klotz, Johannes: Das »kommende Deutschland«. Vorstellungen und Konzeptionen des sozialdemokratischen Parteivorstandes im Exil 1933–1945 zu Staat und Wirtschaft, Köln 1983; 314 S.

11481 Lange, Dieter: Die Haltung des sozialdemokratischen Parteivorstandes (Sopade) bei Ausbruch des zweiten Weltkrieges, in: ZfG 12 (1964), 949–67

11482 Lange, Dieter: Der faschistische Überfall auf die Sowjetunion und die Haltung emigrierter deutscher sozialdemokratischer Führer. Zu den Anfängen einer Zusammenarbeit von Kommunisten und Sozialdemokraten in der englischen Emigration, in: ZfG 14 (1966), 542–67

11483 Lange, Dieter: Das Prager Manifest von 1934, in: ZfG 20 (1972), 843–72

11484 Langkau-Alex, Ursula: Zwischen Tradition und neuem Bewußtsein. Die Sozialdemokratie im Exil, in: Manfred Briegel/Wolfgang Frühwald (Hg.), Die Erfahrung der Fremde. Kolloquium des Schwerpunktprogramms »Exilforschung« der Deutschen Forschungsgemeinschaft. Forschungsbericht, Weinheim 1988, 61–78

11485 Langkau-Alex, Ursula: Wie sich die Bilder gleichen! Sozialdemokratisches Exil in Dänemark und in den Niederlanden bis 1939/40, in: Hans U. Petersen (Hg.), Hitlerflüchtlinge im Norden. Asyl und politisches Exil 1933–1945, Kiel 1991, 215–23

11486 Lehnert, Detlef: Sozialdemokratie zwischen Protestbewegung und Regierungspartei 1848–1983, Frankfurt 1983, 155–64

11487 Maser, Peter: Die Deutschland-Berichte der Sopade, in: Werner Plum (Hg.), Die »Grünen Berichte« der Sopade. Gedenkschrift für Erich Rinner (1902–1982), hg. i. A. der Friedrich-Ebert-Stiftung, Bonn 1984, 123–64

11488 Matthias, Erich: Sozialdemokratie und Nation. Ein Beitrag zur Ideengeschichte der sozialdemokratischen Emigration in der Prager Zeit des Parteivorstandes 1933–1938, Stuttgart 1952; 363 S.

11489 Mayer, Paul: Die Geschichte des sozialdemokratischen Parteiarchivs und des Schicksals des Marx-Engels-Archivs, T. 2: In der Zwangslage von 1933, in: AfS 6/7 (1966), 5–198, hier 79–154**

11490 Menschen im Exil. Eine Dokumentation der sudetendeutschen sozialdemokratischen Emigration von 1938 bis 1945, Hg. Seliger-Archiv, Stuttgart 1974; 404 S.

11491 Miller, Susanne: Sozialistischer Widerstand im Exil. Prag – Paris – London. (Beiträge zum Widerstand 1933–1945, 25), Hg. Informationszentrum Berlin, Gedenk- und Bildungsstätte Stauffenbergstraße, Berlin 1984; 32 S.

11492 Moraw, Frank: Die Parole der »Einheit« und die Sozialdemokratie. Zur parteiorganisatorischen und gesellschaftspolitischen Orientierung der SPD in der Periode der Illegalität und in der ersten Phase der Nachkriegszeit 1933–1948, Berlin/Bad Godesberg 1973; 262 S.

11493 Nielsen, Birgit S.: Erziehung zum Selbstvertrauen. Ein sozialistischer Schulversuch im dänischen Exil 1933–1938, Vorwort Hellmut Becker, Wuppertal 1985; 191 S.

11494 Niemann, Heinz u.a.: SPD und Hitlerfaschismus. Der Weg der deutschen Sozialdemokratie vom 30. Januar 1933 bis zum 21. April 1946, Mitautoren Otto Findeisen/Dietrich Lange, Kap. I-III: Januar 1933 – Herbst 1935, Kap. IV-V: November 1935 – August 1939, Kap. VI-VII: September 1939 – Ende 1942 (Kap. VIII-IX nicht erschienen), Diss. Institut für Marxismus-Leninismus beim Zentralkomitee der SED Berlin (O) 1965; 3, 308, 83; 288, 63; 321, 75 S. (Ms. vervielf.)

11495 Niemann, Heinz u. a.: Geschichte der deutschen Sozialdemokratie 1917 bis 1945, Berlin (O) (LA Frankfurt) 1982, 316–74, 517–33

11496 Niemann, Heinz: Sozialdemokratie und 20. Juli 1944, in: WMHGDDR 13 (1985), Nr. 1–2, 122–27

11497 Niemann, Heinz: Zur Vorgeschichte und Wirkung des Prager Manifestes der SPD, in: ZfG 13 (1965), 1355–64

11498 Niemann, Heinz: Die »Partei der Freiheit«. Eine rechtssozialdemokratische programmatische Schrift [von Curt Geyer] am Vorabend des zweiten Weltkrieges, in: ZfG 29 (1981), 905–16

11499 Paterson, William E.: The German Social Democratic Party and European Integration in Emigration and Occupation, in: ESR 5 (1975), 429–41

11500 Petersen, Uta: Das Prager Manifest der SPD von 1934. Ein Beitrag zur Geschichte des sozialdemokratischen Exils. Mit einem Beitrag: Revolutionäres Programm oder Verbalradikalismus. Zur Rezeption des Prager Manifestes in der bundesrepublikanischen Sozialdemokratie, Mitarb. Wolfgang Henze, Vorwort Uwe Naumann, Hamburg 1983; 149 S.

11501 Plum, Werner (Hg.): Die »Grünen Berichte« der Sopade. Gedenkschrift für Erich Rinner (1902–1982). (Jahresgabe 1984 für Freunde des Forschungsinstituts der Friedrich-Ebert-Stiftung zum 80. Geburtstag von Fritz Heine am 6. Dezember 1984), hg. i. A. der Friedrich-Ebert-Stiftung, Bonn 1984; 424 S.*

11502 Plum, Werner: Mit dem Blick auf Budelsdorf. Kulturgeschichtliche Skizzen zur Einführung in die »Deutschland-Berichte« der Sopade, in: Werner Plum (Hg.), Die »Grünen Berichte« der Sopade. Gedenkschrift für Erich Rinner (1902–1982), hg. i. A. der Friedrich-Ebert-Stiftung, Bonn 1984, 11–48

11503 Plum, Werner: Volksfront, Konzentration und Mandatsfrage. Ein Beitrag zur Geschichte der SPD im Exil 1933–1939, in: VfZ 18 (1970), 410–42

11504 Ponthus, René: Tendences et activité de la Social-Démocratie allemande émigrée (1933–1941), in: MS (Paris) 84 (1973), 63–86

11505 Potthoff, Heinrich: Die Sozialdemokratie von den Anfängen bis 1945, in: Susanne Miller/Heinrich Potthoff, Kleine Geschichte der SPD. Darstellung und Dokumentation 1848–1983, 7., überarb. u. erw. Aufl., Bonn 1990, 13–169, hier 142–54 (zuerst Bonn-Bad Godesberg 1974)

11506 Putensen, Dörte: Die sozialdemokratischen Parteien Nordeuropas und der antifaschistische Kampf, in: Hans U. Petersen (Hg.), Hitlerflüchtlinge im Norden. Asyl und politisches Exil 1933–1945, Kiel 1991, 197–205

11507 Ragg, Albrecht: The German Socialist Emigration in the United States, 1933 to 1945, Diss. Loyola University, Chicago, Ill. 1977; VII, 485 S. (Ms.; MF Ann Arbor, Mich. 1983)

11508 Rinner, Erich: Von 1933 bis 1939: Die Wandlung der deutschen Emigration, in: Werner Plum (Hg.), Die »Grünen Berichte« der Sopade. Gedenkschrift für Erich Rinner (1902–1982), hg. i. A. der Friedrich-Ebert-Stiftung, Bonn 1984, 191–200

11509 Rinner, Erich: Vor vierzig Jahren: Gedankenaustausch zwischen sozialdemokratischen Emigranten über Deutschlands Zukunft, in: Werner Plum (Hg.), Die »Grünen Berichte« der Sopade. Gedenkschrift für Erich Rinner (1902–1982), hg. i. A. der Friedrich-Ebert-Stiftung, Bonn 1984, 397–401

11510 Rinner, Erich: Das Volk und sein Führer, in: Werner Plum (Hg.), Die »Grünen Berichte« der Sopade. Gedenkschrift für Erich Rinner (1902–1982), hg. i. A. der Friedrich-Ebert-Stiftung, Bonn 1984, 179–90

11511 Rinner, Erich: Die Entstehung und Entwicklung der Berichterstattung, in: Werner Plum (Hg.), Die »Grünen Berichte« der Sopade. Gedenkschrift für Erich Rinner (1902–1982), hg. i. A. der Friedrich-Ebert-Stiftung, Bonn 1984, 165–77

11512 Röder, Werner: Die deutschen sozialistischen Exilgruppen in Großbritannien 1940–1945. Ein Beitrag zur Geschichte des Widerstandes gegen den Nationalsozialismus, 2., verb. Aufl., Bonn/Bonn-Bad Godesberg 1973; 322 S. (zuerst 1969)

11513 Röder, Werner: Deutschlandpläne der sozialdemokratischen Emigration in Großbritannien 1942–1945, in: VfZ 17 (1969), 72–86

11514 Runge, Wolfgang: Das Prager Manifest von 1934. Ein Beitrag zur Geschichte der SPD, Hamburg 1971; 70 S.

11515 Saggau, Wolfgang: Faschismustheorien und antifaschistische Strategien in der SPD. Theoretische Einschätzungen des deutschen Faschismus und Widerstandskonzeptionen in der Endphase der Weimarer Republik und in der Emigration, Köln 1981; 603 S.

11516 Stadler, Karl R.: Opfer verlorener Zeiten. Geschichte der Schutzbundemigration 1934, Vorwort Bruno Kreisky, Wien/Zürich 1974; XXIV, 396 S.

11517 Staudinger, Anton: Die »sozialdemokratische Grenzländerkonferenz« vom 15. September 1933 in Salzburg, in: Viktor Flieder (Hg.), Festschrift Franz Loidl zum 65. Geburtstag, Bd. 3, Wien 1971, 247–60

11518 Stöver, Bernd: Volksgemeinschaft im Dritten Reich. Die Konsensbereitschaft der Deutschen aus der Sicht sozialistischer Exilberichte, Düsseldorf 1993; 465 S.

11519 Stöver, Bernd: Das sozialistische Exil und der 20. Juli 1944. Die Wahrnehmung des Attentats auf Hitler durch die Sopade und die Gruppe Neu Beginnen, in: APUZ, Nr. B 28/94, 15.7. 1994, 31–38

11520 Uellenberg, Wolfgang: Die Auseinandersetzung sozialdemokratischer Jugendorganisationen mit dem Nationalsozialismus in der Ausgangsphase der Weimarer Republik, Köln o. J. (1981), 249–54

11521 Vorholt, Udo: Die Sowjetunion im Urteil des sozialdemokratischen Exils 1933 bis 1945. Eine Studie des Exilparteivorstandes der SPD, des Internationalen Sozialistischen Kampfbundes, der Sozialistischen Arbeiterpartei und der Gruppe Neu Beginnen, Frankfurt u. a. 1991; 324 S.

11523 Zorn, Edith: Die deutschen Sozialdemokraten in Frankreich und die Bewegung »Freies Deutschland«, in: Befreiung und Neubeginn. Zur Stellung des 8. Mai 1945 und der deutschen Geschichte, Red. Bernhard Weißel, Berlin (O) 1968, 135–45

A.3.14.3.2.2 Einzelne Persönlichkeiten

11524 [Braun, Otto] Schulze, Hagen: Otto Braun. Preußens demokratische Sendung. Eine Biographie, 3. Aufl., Frankfurt u. a. 1981, 787–835, 1015–24 (zuerst 1977)

11525 [Breitscheid, Rudolf/Hilferding, Rudolf] Kesten, Kurt: Das Ende [Rudolf] Breitscheids und [Rudolf] Hilferdings, in: DR 84 (1958), 843–54

11526 [Breitscheid, Rudolf] Lehmann, Hans G.: Nationalsozialistische und akademische Ausbürgerung im Exil. Warum Rudolf Breitscheid der Doktortitel aberkannt wurde, Hg. Philipps-Universität Marburg, Marburg 1985; 32 S.

11527 [Breitscheid, Rudolf] Pistorius, Peter: Rudolf Breitscheid 1874–1944. Ein biographischer Beitrag zur deutschen Parteiengeschichte, Diss. Erlangen-Nürnberg 1970; 436 S.

11528 [Breitscheid, Rudolf/Hilferding, Rudolf] Jasper, Willi: »Sie waren selbständige Denker.« Erinnerungen an die »Affäre Breitscheid/Hilferding«, in: Exilforschung 3 (1985), 59–70

11529 [Hertz, Paul] Langkau-Alex, Ursula: »Es gilt, die Menschen zu verändern ...« Zur Politik des Sozialdemokraten Paul Hertz im Exil, in: Exilforschung 8 (1990), 142–56

11530 [Hirschfeld, Hans Emil] Burmeister, Barabara: »Nur die Fremde hier ist mir nicht zur Heimat geworden.« Der Sozialdemokrat Hans Emil Hirschfeld im Exil, in: BGG (1992), 121–53

11531 [Hoegner, Wilhelm] Hoegner, Wilhelm: Der schwierige Außenseiter. Erinnerungen eines Abgeordneten, Emigranten und Ministerpräsidenten, München 1959; 344 S.

11532 [Hoegner, Wilhelm] Kritzer, Peter: Wilhelm Hoegner. Politische Biographie eines bayerischen Sozialdemokraten, München 1979; 479 S.

11533 [Hoegner, Wilhelm] Ritter, Gerhard A.: Wilhelm Hoegner (1887–1980), in: Ferdinand Seibt (Hg.), Gesellschaftsgeschichte. Festschrift für Karl Bosl zum 80. Geburtstag, hg. i. A. des Collegium Carolinum, Bd. 2, München 1990, 337–60

Gedruckte Quellen

11534 [Jaksch, Wenzel] Jaksch, Wenzel/Benes, Evard: Briefe und Dokumente aus dem Londoner Exil 1939–1945, Hg. Friedrich Prinz, Köln 1973; 159 S.

Darstellungen

11535 [Jaksch, Wenzel] Bachstein, Martin K.: Wenzel Jaksch und die sudetendeutsche Sozialdemokratie, München/Wien 1974; 308 S.

11536 [Jaksch, Wenzel] Prinz, Friedrich: Benes, Jaksch und die Sudetendeutschen, Stuttgart 1975; 76 S.

11537 [Jaksch, Wenzel] Prinz, Friedrich: Jaksch und Benes im Londoner Exil und die Frage der Aussiedlung der Sudetendeutschen, in: Bohemia 15 (1974), 256–84

11538 [Knoeringen, Waldemar von] Mehringer, Hartmut: Waldemar von Knoeringen. Eine politische Biographie. Der Weg vom revolutionären Sozialismus zur sozialen Demokratie, München 1989; XVII, 529 S.

Gedruckte Quellen

11539 [Kühn, Heinz] Kühn, Heinz: »Stets auf dem Weg, niemals am Ziel.« Reden und Aufsätze 1932 bis heute, Hg. Holger Börner, hg. zum 75. Geburtstag Heinz Kühns, Bonn 1982, 3–46

Darstellungen

11540 [Kühn, Heinz] Kühn, Heinz: Widerstand und Emigration. Die Jahre 1928–1945, Hamburg 1980; 357 S.

Gedruckte Quellen

11541 [Naphtali, Fritz] Riemer, Jehuda: Nach dem Zusammenbruch: Fritz Naphtali im Briefwechsel 1933–34. (Dokumentation), in: IRSH 27 (1982), 324–56

11542 [Ollenhauer, Erich] Seebacher-Brandt, Brigitte: Ollenhauer. Biedermann und Patriot, Berlin 1984; 320 S.

11543 [Reuter, Ernst] Herr, Thomas: Ein deutscher Sozialdemokrat an der Peripherie – Ernst Reuter im türkischen Exil 1935–1946, in: Herbert A. Strauss u.a. (Hg.), Die Emigration der Wissenschaften. Disziplingeschichtliche Studien, München u.a. 1991, 193–218

11544 [Sender, Toni] Hild-Berg, Anette: Toni Sender (1888–1964). Ein Leben im Namen der Freiheit und der sozialen Gerechtigkeit, Köln 1994; 360 S.

11545 [Sender, Toni] Hild-Berg, Anette: Toni Sender – Aus Amerika ein »Blick nach Deutschland«, in: Helga Grebing/Christl

Wickert (Hg.), Das »andere Deutschland« im Widerstand gegen den Nationalsozialismus. Beiträge zur politischen Überwindung der nationalsozialistischen Diktatur im Exil und im Dritten Reich, Essen 1994, 117–45

11546 [Siemsen, Anna] Siemsen, August: Anna Siemsen. Leben und Werk, Hamburg/Frankfurt 1951; 227 S.

11547 [Sievers, Max] Kaiser, Jochen-Christoph: Max Sievers in der Emigration 1933–1944, in: IWK 16 (1980), 33–57

Gedruckte Quellen

11548 [Stampfer, Friedrich] Mit dem Gesicht nach Deutschland. Eine Dokumentation über die sozialdemokratische Emigration. Aus dem Nachlaß von Friedrich Stampfer, Hg. Erich Matthias, Bearb. Werner Link, Düsseldorf 1968; 758 S.

Darstellungen

11549 [Stampfer, Friedrich] Stampfer, Friedrich: Erfahrungen und Erkenntnisse. Aufzeichnungen aus meinem Leben, Köln 1957; 298 S.

11550 [Tempel, Hermann] Hein, Remmer: Der Reichstagsabgeordnete Hermann Tempel, Leer 1988; 134 S.

11551 [Weichmann, Herbert] Weichmann, Elsbeth: Zuflucht. Jahre des Exils, Vorwort Siegfried Lenz, Hamburg 1983; 208 S.

11552 [Wels, Otto] Adolph, Hans J. L.: Otto Wels und die Politik der deutschen Sozialdemokratie 1894–1939, Berlin 1971; XIV, 386 S.

11553 [Wendel, Hermann] Stübling, Rainer: »Vive la France!« Der Sozialdemokrat Hermann Wendel (1884–1936), Frankfurt/Bern 1983, 105–9, 150–52

A.3.14.3.3 Kommunisten

A.3.14.3.3.1 Allgemeines

Gedruckte Quellen

11554 Erler, Peter u. a. (Hg.): »Nach Hitler kommen wir.« Dokumente zur Programmatik der Moskauer KPD-Führung 1944/45 für Nachkriegsdeutschland, Berlin 1994; 426 S.

11555 Fischer, Ruth/Maslow, Arkadij: Abtrünnig wider Willen. Aus Briefen und Manuskripten des Exils, Hg. Peter Lübbe, Vorwort Hermann Weber, München 1990; XVI, 675 S.

11556 Foitzik, Jan: Die Kommunistische Partei Deutschlands und der Hitler-Stalin-Pakt. Die Erklärung des Zentralkomitees vom 25. August 1939 im Wortlaut. (Dokumentation), in: VfZ 37 (1989), 499–514

11557 Mammach, Klaus (Hg.): Die Berner Konferenz der KPD (30. Januar – 1. Februar 1939), Berlin (O) 1975; 152 S. (LA Frankfurt)

11558 Mammach, Klaus (Hg.): Die Brüsseler Konferenz der KPD (3.–15. Oktober 1935), Berlin (O) 1975; 621 S. (LA Frankfurt)

11559 Nitzsche, Gerhard: Berner Konferenz der KPD 1939. »Protokoll« der Diskussion, in: BzG 26 (1984), 761–78

Darstellungen

11560 Bednareck, Horst: Die Gewerkschaftspolitik der KPD (1935 bis 1939) – fester Bestandteil ihres Kampfes um die antifaschistische Einheits- und Volksfront zum Sturze der Hitlerdiktatur und zur Verhinderung des Krieges, Berlin (O) 1969; 303 S.

11561 Duhnke, Horst: Die KPD von 1933 bis 1945, Köln 1972; 605 S.

11562 Finn, Gerhard: Schicksale von Reichstagsabgeordneten der Weimarer Republik nach 1933. Auch ein Stück unbewältigter vergangenheit der KPD/SED. Dokumentation, in: BzK 15 (1985), Nr. 2, 129–33

11563 Glondajewski, Gertrud/Rossmann, Gerhard: Ein bedeutendes Dokument des illegalen antifaschistischen Kampfes der Kommunistischen Partei Deutschlands [»Wir Kommunisten und das Nationalkomitee ›Freies Deutschland‹« (1. Mai 1944)], in: BzG 8 (1966), 644–75**

11564 Gross, Babette L.: Die Volksfrontpolitik in den dreißiger Jahren. Ein Beitrag zum Verständnis der kommunistischen Taktik, in: APUZ, Nr. B 43/62, 24.10. 1962, 521–48

11565 Grunenberg, Antonia: »Ich wollte Montezumas Federhut nach Mexiko bringen.« Ein Gespräch mit Bruno Frei über das kommunistische Westexil und die Nachkriegszeit in Österreich, in: Exilforschung 4 (1986), 243–53

11566 Herlemann, Beatrix: Die Emigration als Kampfposten. Die Anleitung des kommunistischen Widerstands in Deutschland aus Frankreich, Belgien und den Niederlanden, Königstein, Ts. 1982; 238 S.

11567 Herlemann, Beatrix: Die Kaderpolitik der KPD in Exil und Widerstand, in: Manfred Briegel/Wolfgang Frühwald (Hg.), Die Erfahrung der Fremde. Kolloquium des Schwerpunktprogramms »Exilforschung« der Deutschen Forschungsgemeinschaft. Forschungsbericht, Weinheim 1988, 79–86

11568 Holzer, Willibald I.: Die österreichischen Bataillione in Jugoslawien 1944–1945. Zur Widerstandsstrategie der österreichischen kommunistischen Emigration, in: ZG 4 (1976/77), 39–55

11569 Interbrigadisten. Der Kampf deutscher Kommunisten und anderer Antifaschisten im nationalrevolutionären Krieg des spanischen Volkes 1936–1939. Protokoll einer wissenschaftlichen Konferenz an der Militärakademie »Friedrich Engels«, Dresden, 20./21.1. 1966, Hg. Lehrstuhl Geschichte der deutschen Arbeiterbewegung an der Fakultät für Gesellschaftswissenschaften der Militärakademie »Friedrich Engels«, Red. Horst Kühne u. a., Berlin (O) 1966; 567 S.

11570 Kohlhaas, Elisabeth: »Die Flamme des Weltbrandes an ihrem Ursprung austreten...« Der kommunistische Deutsche Freiheitssender 29,8, in: Exilforschung 8 (1990), 46–60

11571 Kühne, Horst: Die deutschen Interbrigadisten im national-revolutionären Krieg des spanischen Volkes, in: MG 24 (1985), 111–27

11572 Kühnrich, Heinz: Die KPD und der 20. Juli 1944, in: WMHGDDR 13 (1985), Nr. 1–2, 27–38

11573 Kühnrich, Heinz: Der deutsch-sowjetische Nichtangriffsvertrag vom 23. August 1939 aus der zeitgenössischen Sicht der KPD, in: MG 26 (1987), 527–47

11574 Kühnrich, Heinz: Die KPD und die Bewegung »Freies Deutschland«, in: BzG 30 (1988), 435–50

11575 Laschitza, Horst: Kämpferische Demokratie gegen Faschismus. Die programmatische Vorbereitung auf die antifaschistisch-demokratische Umwälzung in Deutschland durch die Parteiführung der KPD, Berlin (O) 1969; 285 S.**

11576 Lerg, Winfried B./Schulte-Döinghaus, Ulrich: Der Rundfunk und die kommunistische Emigration. Zur Geschichte des »Deutschen Freiheitssenders« 1937–1939, in: Winfried B. Lerg u.a. (Hg.), Rundfunk und Politik 1923 bis 1973. Beiträge zur Rundfunkforschung, Berlin 1975, 179–214

11577 Lewin, Erwin: Neue Dokumente zur Kursänderung 1934/35 in der KPD, in: JbHKF (1993), 171–86**

11578 Lorenz, Einhart: Die KPD im norwegischen Exil, in: IWK 27 (1991), 454–69

11579 Pasaremos. Deutsche Antifaschisten im national-revolutionären Krieg des spanischen Volkes 1936–1939. Bilder, Dokumente, Erinnerungen, Hg. Militärakademie »Friedrich Engels«, Red. Horst Kühne u. a., 2., überarb. u. erw. Aufl., Berlin (O) o. J. [1970]; 386 S. (zuerst 1966)**

11580 Petersen, Hans U.: Die Kommunistische Partei Deutschlands (KPD) im dänischen Exil. 1939–1941/43, in: Hans U. Petersen (Hg.), Hitlerflüchtlinge im Norden. Asyl und politisches Exil 1933–1945, Kiel 1991, 237–57

11581 Petrick, Fritz/Voss, Walter: Deutsche Kommunisten in Norwegen. 1933–1945, in: Hans U. Petersen (Hg.), Hitlerflüchtlinge im Norden. Asyl und politisches Exil 1933–1945, Kiel 1991, 233–36

11582 Sator, Klaus: Das kommunistische Exil und der deutsch-sowjetische Nichtangriffspakt, in: Exilforschung 8 (1990), 29–45

11583 Schafranek, Hans: Zwischen NKWD und Gestapo. Die Auslieferung deutscher und österreichischer Antifaschisten aus der Sowjetunion an Nazideutschland 1937–1941, Frankfurt 1991; 220 S.

11584 Schröder, Hans J.: Zur Geschichte der Freien Deutschen Jugend in Großbritannien (1939 bis 1946), 2 Bde., Diss. Rostock 1988

11585 Schröder, Hans J.: Zur Tätigkeit der Freien Deutschen Jugend in Großbritannien in den Jahren 1939 bis 1946, in: BGFDJ 9 (1987)

11586 Schröder, Karsten: Zum Anteil junger Deutscher am internationalen Kampf gegen Krieg und Faschismus 1933–1938, in: BGFDJ 9 (1986), Nr. 8, 32–35

11587 Sywottek, Arnold: Deutsche Volksdemokratie. Studien zur politischen Konzeption der KPD 1935–1946, Düsseldorf 1971; 297 S.

11588 Teubner, Hans: Exilland Schweiz. Dokumentarischer Bericht über den Kampf emigrierter deutscher Kommunisten 1933–1945, Hg. Institut für Marxismus-Leninismus beim Zentralkomitee der SED, Berlin (O) 1975; 374 S. (LA Frankfurt)

11589 Vietzke, Siegfried: Die KPD auf dem Wege zur Brüsseler Konferenz, Berlin (O) 1966; 282 S.

11590 Vietzke, Siegfried: Zur Entwicklung der Konzeption der KPD über die Deutsche Demokratische Republik 1936, in: JfG 4 (1969), 149–82

11591 Vogelmann, Karl: Die Propaganda der österreichischen Emigration in der Sowjetunion für einen selbständigen österreichischen Nationalstaat (1938–1945), Diss. Wien 1973; VIII, 327 S. (Ms.)

11592 Walter, Hans-Albert: Das Pariser KPD-Sekretariat, der deutsch-sowjetische Nichtangriffsvertrag und die Internierung deutscher Emigranten in Frankreich zu Beginn des Zweiten Weltkriegs, in: VfZ 36 (1988), 483–528

11593 Wegmüller, Jürg: Das Experiment der Volksfront. Untersuchungen zur Taktik der kommunistischen Internationale der Jahre 1934 bis 1938, Bern/Frankfurt 1972; 162 S.

11594 Wichers, Hermann: Zur Anleitung des Widerstands der KPD. Ein Rundschreiben des ZK-Sekretariats [Moskau] an die Abschnittsleitungen vom 29. Juli 1938, in: IWK 26 (1990), 526–39**

A.3.14.3.3.2 Einzelne Persönlichkeiten

11595 [Abusch, Isaac] Abusch, Isaac: Erinnerungen und Gedanken eines oppositionellen Kommunisten, Hg. Joachim Kowalczyk, Mainz 1994; 192 S.

11596 [Eisler, Gerhard] Schebera, Jürgen: The Lesson of Germany. Gerhard Eisler im Exil: Kommunist, Publizist, Galionsfigur der HUAC-Hexenjäger, in: Exilforschung 7 (1989), 85–97

11597 [Geusendam, Wilhelm] Geusendam, Wilhelm: Herausforderungen: KJVD – UdSSR – KZ – SPD, Kiel 1985; 176 S.

11598 [Heym, Stefan] Zachau, Reinhard K.: Stefan Heym als Herausgeber des kommunistischen »Deutschen Volksecho« (New York, 1937–1939), in: Donald G. Daviau/ Ludwig M. Fischer (Hg.), Das Exilerlebnis. Verhandlungen des vierten Symposium über Deutsche und Österreichische Exilliteratur, Columbia, S.C. 1982, 101–8

11599 [Hoffmann, Heinz] Hoffmann, Heinz: Mannheim – Moskau – Madrid, 2. Aufl., Berlin (O) 1982; 438 S. (zuerst 1981)

11600 [Jacoby, Henry] Jacoby, Henry: Davongekommen. 10 Jahre Exil 1936–1946. Prag – Paris – Montauban – New York – Washington, Frankfurt o.J. (1982); 154 S.

11601 [Koenen, Wilhelm] Koenen, Emmy: Exil in England, in: BzG 20 (1978), 540–63, 880–95

11602 [Merker, Paul] Kießling, Wolfgang: Paul Merkers »Unverständnis« für den Hitler-Stalin-Pakt. Gespräche mit dem Sowjetfeind, in: JbHKF (1993), 137–44

11603 [Merker, Paul] Maas, Lieselotte: »Unerschüttert bleibt mein Vertrauen in den guten Kern unseres Volkes«. Der Kommunist Paul Merker und die Exil-Diskussion um Deutschlands Schuld, Verantwortung und Zukunft, in: Thomas Koebner u.a. (Hg.), Deutschland nach Hitler: Zukunftspläne im Exil und aus der Besatzungszeit 1939–1949, Opladen 1987, 181–89

11604 [Merker, Paul] Maas, Lieselotte: Paul Merker und die Exil-Diskussion um Deutschlands Schuld, Verantwortung und Zukunft, in: BzG 32 (1990), 153–60

Gedruckte Quellen

11604a [Münzenberg, Willy] Kühnrich, Heinz: »Ein entsetzliches Mißverständnis« – oder was eigentlich dahinter steckte. Bisher unbekannte Schreiben Münzenbergs an Dimitroff, Oktober 1937, in: BzG 34 (1992), 66–82

Darstellungen

11605 [Münzenberg, Willi] Gross, Babette L.: Willi Münzenberg. Eine politische Biographie, Vorwort Arthur Koestler, Nachwort Diethard Kerbs, Leipzig 1991; 551 S. (zuerst Stuttgart 1967)

11606 [Münzenberg, Willi] Paul, Gerhard: Lernprozeß mit tödlichem Ausgang. Willi Münzenbergs Abkehr vom Stalinismus, in: Exilforschung 8 (1990), 9–28

11607 [Münzenberg, Willi] Uka, Walter: Willi Münzenberg. Probleme einer linken Publizistik im Exil, in: Exilforschung 7 (1989), 40–50

11608 [Münzenberg, Willi] Wessel, Harald: Münzenbergs Ende. Ein deutscher Kommunist im Widerstand gegen Hitler und Stalin. Die Jahre 1933 bis 1940, Berlin 1991; 420 S.

11609 [Münzenberg, Willi] Wessel, Harald: Willi Münzenberg im Jahre 1934, in: BzG 32 (1990), 312–25

11610 [Münzenberg, Willi] Willi Münzenberg 1889–1940 – un homme contre, Aubervilliers 1993; 200 S.

11612 [Sperling, Fritz u. Lydia] Jahnke, Karl H.: »...ich bin nie ein Parteifeind gewesen.« Der tragische Weg der Kommunisten Fritz und Lydia Sperling, Berlin 1993; 203 S.

11613 [Vogelsinger, Willy] Vogelsinger, Willy: Nicht verloren gegangen, Hg. Wolfgang Benz, Mannheim 1988; 228 S.

Gedruckte Quellen

11614 [Wehner, Herbert] Wehner, Herbert: Wandel und Bewährung. Ausgewählte Reden und Schriften 1930–1980, Hg. Gerhard

Jahn, Einleitung Günter Gaus, Frankfurt u. a. 1981, 14–47 (zuerst 1968)

11615 [Wehner, Herbert] Wehner, Herbert: Selbstbesinnung und Selbstkritik. Gedanken und Erfahrungen eines Deutschen [1942/43], Hg. August H. Leugers-Scherzberg, Geleitwort Greta Wehner, Köln 1994; 269 S.

Darstellungen

11615a [Wehner, Herbert] Beier, Gerhard: Zur Aufklärung über den Lebensweg Herbert Wehners, in: KBD 3 (1993), Nr. 1, 1–16

11616 [Wehner, Herbert] Müller, Reinhard: Die Akte Wehner. Moskau 1937 bis 1941, Berlin 1993; 431 S.**

11617 [Wehner, Herbert] Thompson, Wayne C.: The Political Odyssey of Herbert Wehner, Boulder, Col. 1993; XXII, 487 S.

11618 [Wehner, Herbert] Wehner, Herbert: Zeugnis, Köln 1982; 428 S. (TB Bergisch Gladbach 1984)

A.3.14.3.4 Linke Splittergruppen

A.3.14.3.4.1 Allgemeines

Bibliographien

11619 Die Presse der Sozialistischen Arbeiterpartei Deutschlands im Exil 1933–1939. Eine analytische Bibliographie, Bearb. Dagmar Schlünder, Red. Harro Kieser/Brita Eckert, München/Wien 1981; XXXIII, 431 S.

Darstellungen

11620 Bergmann, Theodor: »Gegen den Strom«. Die Geschichte der Kommunistischen Partei-Opposition, Hamburg 1987; 497 S.

11621 Bremer, Jörg: Die Sozialistische Arbeiterpartei Deutschlands (SAP). Untergrund und Exil 1933–1945, Frankfurt/New York 1978; 322 S.

11622 Buschak, Willy: Das Londoner Büro. Europäische Linkssozialisten in der Zwischenkriegszeit, Amsterdam 1985; XXVIII, 359 S.

11623 Foitzik, Jan: Zwischen den Fronten. Zur Politik, Organisation und Funktion linker politischer Kleinorganisationen im Widerstand 1933 bis 1939/40 unter besonderer Berücksichtigung des Exils, Bonn 1986; 364 S.

11624 Grebing, Helga: Was wird aus Deutschland nach dem Krieg? Perspektiven linkssozialistischer Emigranten für den Neuaufbau Deutschlands nach dem Zusammenbruch der nationalsozialistischen Diktatur, in: Exilforschung 3 (1985), 43–58

11625 Hiller, Kurt: Die Rundbriefe des Freiheitsbundes deutscher Sozialisten, London 1939–1947, Hg. Harald Lützenkirchen, Fürth 1991; XXV, 119 S.

11626 Link, Werner: Die Geschichte des Internationalen Jugend-Bundes (IJB) und des Internationalen Sozialistischen Kampfbundes (ISK). Ein Beitrag zur Geschichte der Arbeiterbewegung in der Weimarer Republik und im Dritten Reich, Meisenheim 1964; 381 S.

11627 Lorenz, Einhart: Die Sozialistische Arbeiterpartei Deutschlands (SAP) und das politische Exil in Norwegen, in: Hans U. Petersen (Hg.), Hitlerflüchtlinge im Norden. Asyl und politisches Exil 1933–1945, Kiel 1991, 225–31

11628 Lorenz, Einhart: »Hier oben in Skandinavien ist die Lage ja einigermaßen verschieden . . .« Zur sozialistischen Arbeiterpartei Deutschlands (SAP) im skandinavischen Exil, in: Klaus Schönhoven/Dietrich Staritz (Hg.), Sozialismus und Kommunismus im Wandel. Hermann Weber zum 65. Geburtstag, Köln 1993, 216–35

A.3.14.3.4.2 Einzelne Persönlichkeiten

Gedruckte Quellen

11636 [Brandt, Willy] Brandt, Willy: Draußen. Schriften während der Emigration, München 1966; 383 S.

Darstellungen

11636a [Brandt, Willy] Brandt, Willy: Links und frei. Mein Weg 1930–1950, Hamburg 1982; 462 S.

11636b [Brandt, Willy] Lehmann, Hans G.: In Acht und Bann. Politische Emigration, NS-Ausbürgerung und Wiedergutmachung am Beispiel Willy Brandts, München 1976; 387 S.

11636c [Brandt, Willy] Lorenz, Einhart: Willy Brandt in Norwegen. Die Jahre des Exils 1933–1940, Kiel 1989; 377 S.

11637 [Brandt, Willy] Prittie, Terence: Willy Brandt. Biographie, Frankfurt 1973; 463 S.

11637a [Eichler, Willi] Lemke-Müller, Sabine: Ethischer Sozialismus und soziale Demokratie. Der politische Weg Willi Eichlers vom ISK zur SPD, Bonn 1988; 253 S.

11638 [Epe, Heinz] Lorenz, Einhart: Heinz Epe – Mitarbeiter von Willi Brandt und Leo Trotzki, in: Armin Breitenbach u. a., Widerstand und Verfolgung in Remscheid 1933–1945, Hg. Ronsdorfer Zeitung, Bd. 2, Wuppertal-Ronsdorf 1986, 16–26

Gedruckte Quellen

11638a [Fabian, Walter] Fabian, Walter: Mit sanfter Beharrlichkeit. Ausgewählte Aufsätze 1924 bis 1991, Hg. Anne-Marie Fabian/Detlef Hensche, Frankfurt 1992; 220 S.

11639 [Lamm, Fritz] Brunner, Detlev: Fritz Lamm – Exil in Kuba, in: Helga Grebing/Christl Wickert (Hg.), Das »andere Deutschland« im Widerstand gegen den Nationalsozialismus. Beiträge zur politischen Überwindung der nationalsozialistischen Diktatur im Exil und im Dritten Reich, Essen 1994, 146–72

11639a [Platiel, Nora] Haas-Rieschel, Helga/Hering, Sabine: Nora Platiel. Sozialistin – Emigrantin – Politikerin, Mitarb. Susanne Miller, Köln 1990; 170 S.

11639b [Seydewitz, Max] Seydewitz, Max: Es hat sich gelohnt zu leben. Lebenserinnerungen, Bd. 1: Erkenntnisse und Bekenntnisse, Berlin (O) 1984; 484 S. (zuerst 1976)

A.3.14.3.5 Gewerkschaften

A.3.14.3.5.1 Allgemeines

11641 Borsdorf, Ulrich: Arbeiteropposition, Widerstand und Exil der deutschen Gewerkschaften, in: Erich Matthias/Klaus Schönhoven (Hg.), Solidarität und Menschenwürde. Etappen deutscher Gewerkschaftsgeschichte von den Anfängen bis zur Gegenwart, Bonn 1984, 291–306

11642 Borsdorf, Ulrich: Widerstand und Illegalität, Emigration und Exil. Zur Verwendung von Begriffen in der Geschichte der Gewerkschaftem, in: GMH 33 (1982), 486–97

11643 Gottfurcht, Hans: Die internationale Gewerkschaftsbewegung im Weltgeschehen. Geschichte, Probleme, Aufgaben, Köln 1962, 107–66

11644 Günther, Dieter: Gewerkschafter im Exil. Die Landesgruppe deutscher Gewerkschafter in Schweden von 1938–1945, Marburg 1982; 286 S.

11645 Internationale Gewerkschaftssolidarität 1933–1945. Hilfe der amerikanischen Gewerkschaften für ihre verfolgten deutschen Kollegen. Eine Dokumentation, Hg. Deutscher Gewerkschaftsbund, Bundesvorstand, Red. Gabriele Weiden-Sonn, Düsseldorf 1984; 49 S.**

11646 Klein, Jürgen: Die Emigrantenorganisationen deutscher Gewerkschafter 1933 bis 1945, in: Jürgen Klein, Vereint sind sie alles? Untersuchungen zur Entstehung von Einheitsgewerkschaften in Deutschland. Von der Weimarer Republik bis 1946/47, Hamburg 1972, 95–124 (2. Aufl. 1974 u. d. T.: Bürgerliche Demokraten oder christliche, sozialdemokratische und kommunistische Gewerkschafter Hand in Hand gegen die Arbeiter)

11647 Knüfken, Hermann: Über den Widerstand der Internationalen Transportarbeiter-Föderation gegen den Nationalsozialismus und Vorschläge zum Aufbau der Gewerkschaften in Deutschland. Zwei Dokumente 1944/45, Einleitung Dieter Nelles, in: 1999 7 (1992), Nr. 3, 64–87**

11648 Oppenheimer, Max: Aufgaben und Tätigkeit der Landesgruppe deutscher Gewerkschafter in Großbritannien. Ein Beitrag zur Vorbereitung der Einheitsgewerkschaft, in: Exilforschung 5 (1987), 241–56

11649 Peukert, Detlev J. K./Bajohr, Frank: Spuren des Widerstehens. Die Bergarbeiterbewegung im Dritten Reich und im Exil. Mit Dokumenten aus dem IISG Amsterdam, München 1987; 223 S.**

11650 Pike, David W.: Gewerkschaften im Exil und Widerstand 1939–1945, Hamburg 1979; 104 S.

11651 Schafheitlin, Stefan: Gewerkschaften in Exil und Widerstand 1939–1945, Vorwort Ulrich Borsdorf, Hamburg 1979; 104 S.

11652 Schneider, Michael: Gewerkschafter in Widerstand und Exil (1933–1945), in: Huberta Engel (Hg.), Deutscher Widerstand – Demokratie heute. Kirche, Kreisauer Kreis, Ethik, Militär und Gewerkschaften, 2. Aufl., Bonn/Berlin 1994, 23–42 (zuerst 1992); abgedr. in: Werner Röhr u. a. (Hg.), Faschismus und Rassismus. Kontroversen um Ideologie und Opfer, Berlin 1992, 23–42

11654 Stern, Guy: »Hitler besiegen – das genügt nicht!«. Zusammenarbeit zwischen amerikanischen und exilierten Gewerkschaftlern, in: Thomas Koebner u. a. (Hg.), Deutschland nach Hitler: Zukunftspläne im Exil und aus der Besatzungszeit 1939–1949, Opladen 1987, 151–68; abgedr. in: Guy Stern, Literatur im Exil. Gesammelte Aufsätze 1959–1989, Ismaning 1989, 372–92

A.3.14.3.5.2 Einzelne Persönlichkeiten

11655 [Imbusch, Heinrich] Schäfer, Michael: Heinrich Imbusch. Christlicher Gewerkschaftsführer und Widerstandskämpfer, München 1990, 257–301, 370–83

11656 [Tarnow, Fritz] Lange, Dieter: Fritz Tarnows Pläne zur Umwandlung der faschistischen Deutschen Arbeitsfront in Gewerkschaften, in: ZfG 24 (1976), 150–67

A.3.14.4 Nationalrevolutionäre Kräfte

A.3.14.4.1 Allgemeines

11657 Abendroth, Wolfgang: Das Problem der Widerstandstätigkeit der »Schwarzen Front«, in: VfZ 8 (1960), 181–87

11658 Grabe, Wilhelm: Die Rundfunkpropaganda der »Schwarzen Front« im südamerikanischen Exil (1935/36), in: MSRG 16 (1990), 55–64

11659 Strasser, Otto/Alexandrov, Victor: Le Front noir contre Hitler, Paris 1968; 312 S.

11660 Vollnhals, Clemens: Der Bündische Widerstandskreis um Karl Otto Paetel. Nationalsozialistische Ideologie und Politik aus dem Exil, in: JIdG 15 (1986), 399–430

11661 Zur Mühlen, Patrik von: Der »Gegenführer« im Exil. Die Otto-Strasser-Bewegung in Lateinamerika, in: Exilforschung 3 (1985), 143–57

A.3.14.4.2 Einzelne Persönlichkeiten

[vgl. A.1.9.2: O. Straßer]

11662 [Formis, Rudolf] Burkhardt, Bernd: Rudolf Formis. Rundfunktechniker aus Stuttgart, in: Michael Bosch/Wolfgang Niess (Hg.), Der Widerstand im deutschen Südwesten 1933–1945, Stuttgart 1984, 311–17

11663 [Paetel, Karl Otto] Elfe, Wolfgang D.: Von den Schwierigkeiten, ein »deutscher Patriot« zu sein. Karl Otto Paetel und Deutschland, in: Thomas Koebner u. a. (Hg.), Deutschland nach Hitler: Zukunftspläne im Exil und aus der Besatzungszeit 1939–1949, Opladen 1987, 190–98

11664 [Paetel, Karl Otto] Paetel, Karl O.: Reise ohne Uhrzeit. Autobiographie, Hg. Wolfgang D. Elfe/John M. Spalek, London/Worms 1982; 300 S.

11665 [Paetel, Karl Otto] Wehage, Franz-Joseph: Karl Otto Paetel. Leben und Werk eines Literaturkritikers mit einer umfassenden Bibliographie seiner Publikationen, Bern u. a. 1985; 224 S.

Literaturberichte

11666 [Rauschning, Hermann] Conway, John S.: Hermann Rauschning as Historian and Opponent of Nazism, in: CJH 8 (1983), 67–78

Darstellungen

11667 [Rauschning, Hermann] Jesse, Eckhard: Hermann Rauschning – Der fragwürdige Kronzeuge, in: Ronald M. Smelser u. a. (Hg.), Die braune Elite, Bd. 2: 21 weitere biographische Skizzen, Darmstadt 1993, 193–205

11668 [Straßer, Otto] Paetel, Karl O.: Otto Strasser und die »Schwarze Front« des »Wahren Nationalsozialismus«, in: PS 8 (1957), Nr. 92, 269–81

11669 [Straßer, Otto] Reed, Douglas: The Prisoner of Ottawa: Otto Strasser, London 1953; 272 S.

A.3.14.5 Bürgerliche und christliche Kräfte

A.3.14.5.1 Allgemeines

Gedruckte Quellen

11670 Erkens, Rainer/Sassin, Horst R. (Hg.): Dokumente zur Geschichte des Liberalismus in Deutschland 1930–1945, St. Augustin 1989; 443 S.

11671 »Kulturkampf. Berichte aus dem Dritten Reich. Paris.« Eine Auswahl aus den deutschsprachigen Jahrgängen 1936–1939, Bearb. Heinz Hürten, Regensburg 1988; XLI, 277 S.

11672 Verfolgung und Widerstand 1933–1945. Christliche Demokraten gegen Hitler, Hg. Konrad-Adenauer-Stiftung, Bearb. Günter Buchstab u. a., Düsseldorf 1986, 77–121

Darstellungen

11673 Conzemius, Victor: Christliche Widerstandsliteratur in der Schweiz 1933–1945, in: Wolfgang Frühwald/Heinz Hürten (Hg.), Christliches Exil und christlicher Widerstand. Ein Symposium an der katholischen Universität Eichstätt 1985, Regensburg 1987, 225–62

11674 Ebneth, Rudolf: Die österreichische Wochenschrift »Der christliche Ständestaat«. Deutsche Emigration in Österreich 1933–1938, Mainz 1976; XXVIII, 271 S.

11675 Feilchenfeld, Konrad: Christliches Volksfrontverhalten. Mit einem Exkurs über Paul Ludwig Landsberg, in: Wolfgang Frühwald/Heinz Hürten (Hg.), Christliches Exil und christlicher Widerstand. Ein Symposium an der katholischen Universität Eichstätt 1985, Regensburg 1987, 55–69

11676 Frühwald, Wolfgang/Hürten, Heinz (Hg.): Christliches Exil und christlicher Widerstand. Ein Symposium an der katholischen Universität Eichstätt 1985, Regensburg 1987; 427 S.*

11677 Hauschild, Wolf-Dieter: Evangelische Theologen im Exil, in: Edith Böhne/ Wolfgang Motzkau-Valeton (Hg.), Die Künste und die Wissenschaften im Exil 1933–1945, Gerlingen 1992, 257–78

11678 Hürten, Heinz: Die politische Tätigkeit von Angehörigen der Zentrumspartei und anderer katholischer Gruppen während des Exils, in: Donald G. Daviau/Ludwig M. Fischer (Hg.), Exil: Wirkung und Wertung. Ausgewählte Beiträge zum fünften Symposium über Deutsche und Österreichische Exilliteratur [University of California, Riverside, April 1981], Columbia, S.C. 1985, 45–58

11679 Hürten, Heinz: Kulturkampf. Skizze einer katholischen Exilzeitschrift, in: IASDL 9 (1984), 108–27; abgedr. in: Heinz Hürten, Katholiken, Kirche und Staat als Problem der Historie. Ausgewählte Aufsätze 1963–1992, Hg. Hubert Gruber, Paderborn u.a. 1994, 190–213**

11680 Jürgensmeier, Friedhelm: Katholische Theologen im Exil (1933–1945), in: Edith Böhne/Wolfgang Motzkau-Valeton (Hg.), Die Künste und die Wissenschaften im Exil 1933–1945, Gerlingen 1992, 279–97

11681 Morsey, Rudolf: Vorstellungen christlicher Demokraten innerhalb und außerhalb des »Dritten Reiches« über den Neuaufbau Deutschlands und Europas, in: Winfried Becker/Rudolf Morsey (Hg.), Christliche Demokratie in Europa. Grundlagen und Entwicklung seit dem 19. Jahrhundert, Köln/Wien 1989, 189–212

11682 Rauschning, Hermann: Die konservative Revolution. Versuch und Bruch mit Hitler, New York 1941; 301 S.

11683 Runge, Gerlinde: Linksliberale Emigranten in Großbritannien: Überlegungen zu Gesellschaft und Demokratie im Nachkriegsdeutschland, in: VfZ 37 (1989), 57–83

11684 Sassin, Horst R.: Widerstand, Verfolgung und Emigration Liberaler 1933–1945, Bonn 1983; 120 S.

A.3.14.5.2 Einzelne Persönlichkeiten

Gedruckte Quellen

11685 [Brüning, Heinrich] Broszat, Martin: Kritische Bemerkungen Herbert Weichmanns zu den Briefen Brüning an Sollmann. (Dokumentation), in: VfZ 22 (1974), 458–60

11686 [Brüning, Heinrich] Brüning, Heinrich: Briefe und Gespräche 1934–1945, Hg. Claire Nix, Mitarb. Reginald H. Phelps/ George Pettee, Stuttgart 1974; 556 S.

11687 [Brüning, Heinrich] Knapp, Thomas A.: Heinrich Brüning im Exil. Briefe an Wilhelm Sollmann 1940–1946. (Dokumentation), in: VfZ 22 (1974), 93–120

Darstellungen

11688 [Brüning, Heinrich] Morsey, Rudolf: Brünings Einschätzung der politischen Entwicklung in Deutschland 1934–1948, in: Wolfgang Frühwald/Heinz Hürten (Hg.), Christliches Exil und christlicher Widerstand. Ein Symposium an der katholischen Universität Eichstätt 1985, Regensburg 1987, 371–93

11689 [Brüning, Heinrich] Müller, Frank: Die »Brüning Papers«. Der letzte Zentrumskanzler im Spiegel seiner Selbstzeugnisse, Frankfurt u.a. 1993; 233 S.

11690 [Brüning, Heinrich] Schuker, Stephen A.: Ambivalent Exile: Heinrich Brüning and America's Good War, in: Christoph Buchheim u. a. (Hg.), Zerrissene Zwischenkriegszeit. Wirtschaftshistorische Beiträge. Knut Borchardt zum 65. Geburtstag, Baden-Baden 1994, 329–56

11692 [Gerlach, Helmut von] Gilbert, Ursula S.: Hellmut von Gerlach (1866–1935). Stationen eines deutschen Liberalen vom Kaiserreich zum »Dritten Reich«, Frankfurt u. a. 1984, 139–49, 243–53

11693 [Kaas, Ludwig] May, Georg: Ludwig Kaas. Der Priester, der Politiker und der Gelehrte aus der Schule von Ulrich Stutz, Bd. 3, Amsterdam 1982, 387–422

11694 [Koch-Weser, Erich] Portner, Ernst: Koch-Wesers Verfassungsentwurf. Ein Beitrag zur Ideengeschichte der Emigration, in: VfZ 14 (1966), 280–98

11695 [Leipholz, Gerhard] Scharffenorth, Ernst-Albrecht: Die Aufgabe der Kirche in Kriegszeiten. Der Einsatz von George Bell und Gerhard Leipholz für eine konstruktive Deutschlandpolitik Großbritanniens 1941–1943, in: KZG 1 (1988), 94–115

11696 [Muckermann, Friedrich] Gruber, Hubert: Friedrich Muckermann S. J. 1883–1946. Ein katholischer Publizist in der Auseinandersetzung mit dem Zeitgeist, Mainz 1993; 456 S.

11697 [Muckermann, Friedrich] Hürten, Heinz: »Der Deutsche Weg«. Katholische Exilpublizistik und Auslandsdeutschtum. Ein Hinweis auf Friedrich Muckermann, in: Exilforschung 4 (1986), 115–29

11698 [Muckermann, Friedrich] Kroos, Franz: Friedrich Muckermann (1883–1946), in: Zeitgeschichte in Lebensbildern. Aus dem deutschen Katholizismus des 19. und 20. Jahrhunderts, Bd. 2, Mainz 1975, 48–63

11699 [Muckermann, Friedrich] Muckermann, Friedrich: Der Deutsche Weg. Aus der Widerstandsbewegung der deutschen Katholiken von 1930–1945, 3. Aufl., Zürich 1946; 110 S. (zuerst 1945)

11700 [Muckermann, Friedrich] Muckermann, Friedrich: Im Kampf zwischen zwei Epochen. Lebenserinnerungen, Bearb. Nikolaus Junk, 3. Aufl., Mainz 1985; XVIII, 665 S. (zuerst 1973)

11701 [Muckermann, Friedrich] ter Haar, Carel: P. Friedrich Muckermann S.J. und »Der deutsche Weg«. Katholisches Exil in den Niederlanden, in: Wolfgang Frühwald/Heinz Hürten (Hg.), Christliches Exil und christlicher Widerstand. Ein Symposium an der katholischen Universität Eichstätt 1985, Regensburg 1987, 275–328

A.3.14.6 Nationalkomitee »Freies Deutschland«

A.3.14.6.1 Allgemeines

Quellenkunde

11702 Düsel, Hans H.: Die Flugblätter des Nationalkomitees »Freies Deutschland«, in: JBBfZ 57 (1985), 433–52

Gedruckte Quellen

11703 Drobisch, Klaus (Hg.): Christen im Nationalkomitee »Freies Deutschland«. Eine Dokumentation, Berlin (O) 1973; 310 S.

Darstellungen

11704 Benser, Günter: Zur Auflösung des Nationalkomitees »Freies Deutschland« 1945, in: ZfG 38 (1990), 907–14

11705 Bergmann, Karl H.: Die Bewegung »Freies Deutschland« in der Schweiz 1943–1945. Mit einem Beitrag: Schweizer Flüchtlingspolitik und exilierte deutsche Arbeiterbewegung 1933–1943, Mitarb. Wolfgang J. Stock, o. O. [München] 1974; 272 S.

11706 Bliembach, Eva: Flugblattpropaganda des Nationalkomitees »Freies Deutschland«, in: Peter Steinbach/Johannes Tuchel (Hg.), Widerstand gegen den Nationalsozialismus, Berlin 1994, 488–94

11707 Bungert, Heike: Ein meisterhafter Schachzug. Das Nationalkomitee Freies Deutschland in der Beurteilung der Amerikaner, 1943–1945, in: Jürgen Heideking/Christof Mauch (Hg.), Geheimdienstkrieg gegen Deutschland. Subversion, Propaganda und politische Planungen des amerikanischen Geheimdienstes im Zweiten Weltkrieg, Göttingen 1993, 90–121

11708 Demps, Laurenz: Die vertraulichen »Mitteilungen für die Bevollmächtigten und ihre Beauftragten an der Front« des Nationalkomitees Freies Deutschland (NKFD) Nr. 4 vom Juli 1944, in: BAZW 13 (1975), Nr. 3/4, 22–102

11709 Diesener, Gerald: NKFD und 20. Juli 1944, in: WMHGDDR 13 (1985), Nr. 1–2, 136–40

11710 Falkenberg, Rudolf: Die Bedeutung der Bewegung »Freies Deutschland« für die Gewinnung junger Deutscher im Kampf für eine schnelle Beendigung des faschistischen Raubkrieges sowie für die Schaffung von Voraussetzungen zur Teilnahme der deutschen Kriegsjugend am demokratischen Neuaufbau Deutschlands (Juli 1943 bis Mai 1945), Diss. Greifswald 1970; VI, 342 S. (Ms. vervielf.)

11711 Falkenberg, Rudolf: Über den Kampf des Nationalkomitees »Freies Deutschland« um die deutsche Jugend, in: MG 14 (1975), 682–93

11712 Falkenberg, Rudolf: Junge deutsche Antifaschisten in der Front der Sieger, in: BGFDJ 9 (1986), Nr. 8, 36–40

11713 Fischer, Alexander: Die Bewegung »Freies Deutschland« in der Sowjetunion: Widerstand hinter Stacheldraht?, in: Aufstand des Gewissens. Der militärische Widerstand gegen Hitler und das NS-Regime 1933–1945, Hg. Militärgeschichtliches Forschungsamt, hg. i. A. des Bundesministeriums der Verteidigung zur Wanderausstellung, 2., durchges. Aufl., Herford/Bonn 1985, 439–63 (zuerst 1984); abgedr. in: Jürgen Schmädeke/Peter Steinbach (Hg.), Der Widerstand gegen den Nationalsozialismus. Die deutsche Gesellschaft und der Widerstand gegen Hitler, 2. Aufl., München/Zürich 1986, 954–76 (zuerst 1985; ND 1994)

11714 Flugblätter des Nationalkomitees Freies Deutschland. Ausstellung, 29. September – 2. November 1989, Hg. Staatsbibliothek Preußischer Kulturbesitz, Bearb. Eva Bliembach, Wiesbaden 1989; 431 S.**

11715 Frieser, Karl-Heinz: Krieg hinter Stacheldraht. Die deutschen Kriegsgefangenen in der Sowjetunion und das »Nationalkomitee Freies Deutschland«, Mainz 1981; 381 S.

11716 Frieser, Karl-Heinz: Nationalkomitee »Freies Deutschland«. Der »Krieg hinter Stacheldraht« in sowjetischen Gefangenenlagern, in: Wolfgang Michalka (Hg.), Der Zweite Weltkrieg. Analysen, Grundzüge, Forschungsbilanz, München/Zürich 1989, 728–44

11717 Gisselbrecht, André: Brecht, Thomas Mann et le mouvement »Free Germany«, in: Jean-Marie Valentin (Hg.), Bertolt Brecht. Actes du Colloque franco-allemand tenu en Sorbonne (15–19 novembre 1988), Mitarb. Theo Buck, Bern u. a. 1990, 15–35

11718 Heider, Paul: Gründung des Nationalkomitees »Freies Deutschland« und des Bundes Deutscher Offiziere – alleiniges Verdienst der Führung der KPD oder sowjetischer Entschluß?, in: BzG 34 (1992), Nr. 3, 4–28

11719 Janßen, Karl-Heinz: Höret die Signale. War das Nationalkomitee Freies Deutschland ein Teil der Widerstandsbewegung gegen Hitler? Ein Film mit neuen Fragen zu einem alten Thema, in: Zeit, Jg. 45, Nr. 11, 10. 3. 1989, 49

11720 Korfes, Otto: Das Nationalkomitee Freies Deutschland, in: Alfred Anderle/

Werner Basler (Red.), Juni 1941. Beiträge zur Geschichte des hitlerfaschistischen Überfalls auf die Sowjetunion, Berlin (O) 1961, 343–66

11721 Kühnrich, Heinz: Die KPD und die Bewegung »Freies Deutschland«, in: BzG 30 (1988), 435–50

11722 Paetel, Karl O.: Versuchung oder Chance? Zur Geschichte des deutschen Nationalbolschewismus, Berlin u. a. 1965, 244–63

11723 Pech, Karlheinz: An der Seite der Résistance. Zum Kampf der Bewegung »Freies Deutschland« für den Westen in Frankreich (1943–1945), Berlin (O) (LA Frankfurt) 1974; 386 S.

11724 Pech, Karlheinz: Zur Geschichte der Bewegung »Freies Deutschland« für den Westen in Frankreich, in: ZfG 21 (1973), 164–80

11725 Pech, Karlheinz/Diesener, Gerald: Zur Entstehung und zum Wirken der Bewegung »Freies Deutschland«, in: ZfG 36 (1988), 595–607

11726 Puttkamer, Jesco von: Von Stalingrad zur Volkspolizei. Geschichte des Nationalkomitees »Freies Deutschland«, 2. Aufl., Wiesbaden 1951; 120 S. (zuerst Neuwied/Berlin 1948 u. d. T.: Irrtum und Schuld)

11727 Scheurig, Bodo: Verräter oder Patrioten? Das Nationalkomitee »Freies Deutschland« und der Bund Deutscher Offiziere in der Sowjetunion 1943–1945, überarb. u. erg. Neuausg., Berlin/Frankfurt 1993; 286 S. (zuerst 1960 u. d. T.: Freies Deutschland)

11728 Schoenhals, Kai P.: The Free Germany Movement. A Case of Patriotism or Treason?, New York 1989; 176 S.

11729 Steidle, Luitpold: Die Bewegung »Freies Deutschland«, in: Der deutsche Imperialismus und der Zweite Weltkrieg, Bd. 4, Hg. Kommission der Historiker der DDR und der UdSSR, Red. Leo Stern u. a., Berlin (O) 1961, 549–86

11730 Steinbach, Peter: »Es gibt wichtigere Tugenden als den militärischen Gehorsam.« Über das Nationalkomitee Freies Deutschland und den Bund deutscher Offiziere: Aufruf zum Sturz Hitlers, in: FR, Jg. 47, Nr. 8, 10. 1. 1991, 14

11731 Steinbach, Peter: Nationalkomitee »Freies Deutschland« und der Widerstand gegen den Nationalsozialismus, in: Exilforschung 8 (1990), 61–91; abgedr. in: Peter Steinbach, Widerstand im Widerstreit. Der Widerstand gegen den Nationalsozialismus in der Erinnerung der Deutschen. Ausgewählte Studien, Paderborn u. a. 1994, 257–89

11732 Weinert, Erich: Das Nationalkomitee »Freies Deutschland« 1943–1945. Bericht über seine Tätigkeit und seine Auswirkung. (Als Manuskript abgeschlossen Moskau, im Dezember 1945), Geleitwort Hermann Matern, Berlin (O) 1957; 165, (32) S.

11733 Wolff, Willy: An der Seite der Roten Armee. Zum Wirken des Nationalkomitees »Freies Deutschland« an der deutsch-sowjetischen Front 1943 bis 1945, 3., überarb. Aufl., Berlin (O) 1982; 349 S. (zuerst 1973)

11734 Zorn, Edith: Die deutschen Sozialdemokraten in Frankreich und die Bewegung »Freies Deutschland«, in: Befreiung und Neubeginn. Zur Stellung des 8. Mai 1945 und der deutschen Geschichte, Red. Bernhard Weißel, Berlin (O) 1968, 135–45

11735 Zorn, Edith/Kraushaar, Luise: Die führende Rolle der KPD-Organisation bei der Teilnahme deutscher Antifaschisten am Widerstandskampf des französischen Volkes und bei der Schaffung der Bewegung »Freies Deutschland« für den Westen, in: Der deutsche Imperialismus und der Zweite Weltkrieg, Bd. 4, Hg. Kommission der Historiker der DDR und der UdSSR, Red. Leo Stern u. a., Berlin (O) 1961, 465–88

A.3.14.6.2 Einzelne Persönlichkeiten

Gedruckte Quellen

11737 [Einsiedel, Heinrich Graf von] Einsiedel, Heinrich Graf von: Tagebuch der Versuchung, Berlin/Stuttgart 1950; 239 S.

11738 [Frankenfeld, Hans] Haase, Norbert: »Es gibt für mich nur eines: Schluß und selber dazu beitragen, daß der weitere Schluß kurz ist.« Die Desertion des Oberleutnants Hans Frankenfeld im Juli 1943 in der Sowjetunion, in: ZG 17 (1989/90), 364–85

11739 [Korfes, Otto] Wegner-Korfes, Sigrid: Weimar – Stalingrad – Berlin. Das Leben des deutschen Generals Otto Korfes. Biografie, Berlin 1994; 271 S.

Gedruckte Quellen

11739a [Kügelgen, Bernt von] Kügelgen, Bernt von/Kügelgen, Else von (Hg.): Die Front war überall. Erlebnisse und Berichte vom Kampf des Nationalkomitees »Freies Deutschland«, 3. Aufl., Berlin (O) 1983; 507 S. (zuerst 1968)

Darstellungen

11740 [Kügelgen, Bernt von] Kügelgen, Bernt von: Die Nacht der Entscheidung. Der Weg eines Offiziers zum Nationalkomitee Freies Deutschland. Eine Autobiographie, Berlin (O) 1983; 494, (48) S. (LA Köln 1984)

11741 [Merker, Paul] Kießling, Wolfgang: Im Widerstreit mit Moskau. Paul Merker und die Bewegung Freies Deutschland in Mexiko, in: BzG 34 (1992), 29–42

11742 [Seydlitz-Kurzbach, Walther von] Carnes, James D.: General zwischen Hitler und Stalin. Das Schicksal des Walther von Seydlitz, Düsseldorf 1980; 296 S. (amerikan.: Diss. Florida State University 1976 u. d. T.: A Study in Courage)

11743 [Seydlitz-Kurzbach, Walther von] Diesener, Gerald: Ein verfemter Patriot. Walther v[on] Seydlitz, in: MG 29 (1990), 546–55

11744 [Seydlitz-Kurzbach, Walther von] Martens, Hans: General von Seydlitz 1942–1945. Analyse eines Konfliktes, Berlin 1971; 101 S.

11745 [Seydlitz-Kurzbach, Walther von] Scheurig, Bodo: Walther von Seydlitz-Kurzbach – General im Schatten Stalingrads. (Beiträge zum Widerstand 1933–1945, 23), Hg. Gedenkstätte Deutscher Widerstand Berlin, 2. Aufl., Berlin 1986; 40 S. (zuerst 1983)**

11746 [Seydlitz-Kurzbach, Walther von] Scheurig, Bodo: Walther von Seydlitz – General im Schatten Stalingrads (1976), in: Bodo Scheurig, Verdrängte Wahrheiten. Zeitgeschichtliche Bilder, überarb. Neuausg., Frankfurt/Berlin 1988, 84–114

11747 [Seydlitz-Kurzbach, Walther von] Seydlitz, Walther von: Stalingrad. Konflikt und Konsequenz. Erinnerungen, Einleitung Bodo Scheurig, Berlin 1971; 101 S.

11748 [Wolf, Friedrich] Diesener, Gerald: Friedrich Wolf und das Nationalkomitee »Freies Deutschland«, in: ZfG 38 (1990), 689–99

A.3.14.7 Pazifisten

11749 Holl, Karl: Pazifismus in Deutschland, Frankfurt 1988, 204–19, 260–63

11750 Kraiker, Gerhard/Grathoff, Dirk (Hg.): Carl von Ossietzky und die politische Kultur der Weimarer Republik. Symposion zum 100. Geburtstag, Oldenburg 1991, 279–381

11751 Trapp, Frithjof u. a. (Hg.): Carl von Ossietzky und das politische Exil. Die Arbeit des Freundeskreises Carl von Ossietzky in den Jahren 1933–1936. (Begleitbuch zur

Ausstellung), Hamburg 1988; XXIX, 272, (22) S.

11752 Trapp, Frithjof: Verdecktes oder offenes Agieren? Strategien und Konflikte der Ossietzky-Kampagne 1933–1936, in: Exil 9 (1989), Nr. 2, 5–18

11753 Wickert, Christl: Helene Stöcker. 1869–1943. Frauenrechtlerin, Sexualreformerin und Pazifistin. Eine Biographie, Bonn 1991, 133–60

A.3.14.8 Wissenschaftler, Künstler, Intellektuelle

A.3.14.8.1 Allgemeines

Bibliographien

11754 Böhringer, Helga: Bibliographie – ausgewählte Titel zur deutschen antifaschistischen Literatur, in: Lutz Winckler (Hg.), Antifaschistische Literatur. Programme, Autoren, Werke, Bd. 2, Königstein, Ts. 1977, 271–85

Deutsche Literatur der Flüchtlinge aus dem Dritten Reich, Stockholm:

11755 – Akerman, Anatol (Bearb.): Personen- und Sachverzeichnis zu »Deutsche Literatur der Flüchtlinge aus dem Dritten Reich«, Bericht I-IV, hg. von Professor [Walter A.] Berendsohn, Universität Stockholm, Hg. Koordinationsstelle zur Erforschung der deutschsprachigen Exilliteratur, 1971; 42 S. (Ms. vervielf.)

11756 – [1. Bericht:] Der Stand der Forschung [1966], Hg. Walter A. Berendsohn, 1967; 7 S.

11757 – 2. Bericht: Der Stand der Forschung und ihre Hilfsquellen Ende 1967 (abgeschlossen 20.XI.1967), geordnet nach Erdteilen und unter ihnen alphabetisch nach Ländern, Hg. Walter A. Berendsohn, o.J. (1968); 47 S.

11758 – 3. Bericht: Der Stand der Forschung und ihre Hilfsmittel Ende 1968, geordnet nach Erdteilen und unter ihnen alphabetisch nach Ländern, Hg. Walter A. Berendsohn, o.J. (1969); 148 S. (Ms. vervielf.)

11759 – 4. Bericht: Der Stand der Forschung und ihre Hilfsmittel. Redaktionsschluß 1.VIII.69, Hg. Walter A. Berendsohn, o.J.; 59 S. (Ms. vervielf.)

11760 Deutsches Exilarchiv 1933–1945. Katalog der Bücher und Broschüren. Deutsche Bibliothek Frankfurt am Main, wiss. Leitung Werner Bertold/Brita Eckert, Red. Mechtild Hahner, Stuttgart 1989; XIX, 714 S.

11762 Rassler, Gerda: Pariser Tageblatt – Pariser Tageszeitung 1933–1940. Eine Auswahlbibliographie, Berlin/Weimar 1989; 433 S.

11763 Sternfeld, Wilhelm/Tiedemann, Eva (Bearb.): Deutsche Exil-Literatur 1933–1945. Eine Bio-Bibliographie, 2., verb. u. stark erw. Aufl., Heidelberg 1962; 606 S. (zuerst Heidelberg/Darmstadt 1962)

11764 Stockholmer Koordinationsstelle zur Erforschung der deutschsprachigen Exilliteratur: Bericht I-VIII, Hg. Deutsches Institut der Universität Stockholm, Stockholm 1970–1974

11765 Walter, Hans-Albert (Hg.): Deutsche Literatur im Exil. Eine Auswahlbibliographie mit Einführung, Aachen 1985; 288 S.

11766 Walter, Hans-Albert/Ochs, Günter (Hg.): Deutsche Literatur im Exil 1933–1945. Eine Auswahlbibliographie, Gütersloh/Aachen 1985; 288 S.*

Literaturberichte

11767 Nohara, Erik: Kunst und Literatur im antifaschistischen Exil 1933–1945. Ein kritischer Bericht über die Reclam-Reihe, in: DA 16 (1983), 527–39

Nachschlagewerke

11768 Emigration. Deutsche Wissenschaftler nach 1933. Entlassung und Vertreibung. Aus Anlaß der Ausstellung »Der Kongreß denkt«. Wissenschaften in Berlin, 14. Juni bis 1. November 1987. [Darin:] List of Displaced German Scholars 1936. Supplementary List of Displaces German Scholars 1937. The Emergency Comittee in Aid of Displaced Foreign Scholars, Report 1941., Hg. Herbert A. Strauss u. a., Berlin 1987; 175 S.**

11769 Epstein, Catherine (Bearb.): A Past Renewed. A Catalog of German-speaking Refugee Historians in the United States after 1933, Hg. German Historical Institute, Cambridge, Mass. 1993; 386 S.

11770 Hagemann, Harald/Krohn, Claus-Dieter: Die Emigration deutschsprachiger Wirtschaftswissenschaftler nach 1933. Biographische Gesamtübersicht, Mitarb. Hans U. Eßlinger, 2., erw. Aufl., Stuttgart 1992; XVII, 314 S. (zuerst 1991)

11771 Lexikon deutschsprachiger Schriftsteller. Von den Anfängen bis zur Gegenwart, Leitung des Autorenkollektivs u. Gesamtred. Kurt Böttcher, Mitarb. Günther Albrecht u. a., 2 Bde., 3. Aufl., Leipzig 1974; 516, 509 S. (ND der 2., überarb. Aufl.; zuerst 1967–1968; LA Kronberg, Ts. 1974)

11772 Lexikon sozialistischer deutscher Literatur von den Anfängen bis 1945. Monographisch-biographische Darstellungen, Red. Inge Diersen, Mitarb. Silvia Schlenstedt, Halle a. d. S. 1963; 592 S. (LA s'Gravenhage 1973)

11773 Mühlleitner, Elke: Biographisches Lexikon der Psychoanalyse. Die Mitglieder der Psychologischen Mittwoch-Gesellschaft und der Wiener Psychoanalytischen Vereinigung 1902–1938, Mitarb. Johannes Reichmayr, Tübingen 1992; 400 S.

Quellenkunde

11774 Berthold, Werner: Der deutsche PEN-Club im Exil 1933–1945. Bericht über die gedruckten Quellen der Deutschen Bibliothek, in: Günther Pflug u. a. (Hg.), Bibliothek – Buch – Geschichte. Kurt Köster zum 65. Geburtstag, Frankfurt 1977, 531–57

11775 Inventar zu den Nachlässen emigrierter deutschsprachiger Wissenschaftler in Archiven und Bibliotheken der Bundesrepublik Deutschland, Bearb. Deutsches Exilarchiv 1933–1945 der Deutschen Bibliothek, 2 Bde., München u. a. 1993; 1327 S.

11776 Spalek, John M.: Guide to the Archival Materials of the German-speaking Emigration to the United States after 1933/Verzeichnis der Quellen und Materialien der deutschsprachigen Emigration in den USA seit 1933, Mitarb. Adrienne Ash/ Sandra H. Hawrylchak, Charlottesville, Va. 1978; XXV, 1133 S.

11777 Veröffentlichungen deutscher sozialistischer Schriftsteller in der revolutionären und demokratischen Presse 1918–1945. Bibliographie, Bearb. Edith Zenker, 2., durchges. Aufl., Berlin (O)/Weimar 1969; XVI, 675 S. (zuerst 1966)

11778 Von Babelsberg nach Hollywood. Filmemigranten aus Nazideutschland. Ausstellung vom 26.5.–9.8. 1987. Exponatenverzeichnis, Hg. Deutsches Filmmuseum Frankfurt, Red. Ronny Loewy, Frankfurt 1987; 81 S.

Gedruckte Quellen

11779 Adler, Bruno: Frau Wernicke. Kommentare einer »Volksjenossin«, Hg. Uwe Naumann, Mannheim 1990; 177 S.

11780 Breser, Stefan/Pagel, Gerda (Hg.): Psychoanalyse im Exil. Texte verfolgter Analytiker, Würzburg 1987; 158 S.

11781 Härtling, Peter (Hg.): »Ich war für all das zu müde.« Briefe aus dem Exil, Hamburg/Zürich 1991; 197 S.

11782 Internationales Ärztliches Bulletin. Zentralorgan der Internationalen Vereinigung sozialistischer Ärzte. Jg. I-VI (1934–1939). Reprint, Vorwort »Sozialistische Ärzte im Nationalsozialismus. Das Internationale Ärztliche Bulletin und das Wirken Ewald Fabians für eine sozialistische Ärzteinternationale« [VII-XX] Florian Tennstedt u. a., Register Marlene Ellerkamp/Monika Ludwig, Berlin 1989; LXIV, 40; 600 S.

11783 Kesten, Hermann (Hg.): Deutsche Literatur im Exil. Briefe europäischer Autoren 1933–1949, Wien u. a. 1964; 380 S. (ND München o. J. [ca. 1981]; TB Frankfurt 1973)

Loewy, Ernst (Hg.): Exil. Literarische und politische Texte aus dem deutschen Exil 1933–1945, Mitarb. Brigitte Grimm u. a., Frankfurt:

11784 – Bd. 1: Mit dem Gesicht nach Deutschland, 2. Aufl., 1981; 463 S. (zuerst Stuttgart 1979)

11785 – Bd. 2: Erbärmlichkeit und Größe des Exils, 2. Aufl., 1982; XII, 360 S. (zuerst Stuttgart 1979)

11786 – Bd. 3: Perspektiven, 2. Aufl., 1982; XII, 456 S. (zuerst Stuttgart 1979)

11787 Paris 1935. Erster Internationaler Schriftstellerkongreß zur Verteidigung der Kultur. Reden und Dokumente. Mit Materialien der Londoner Schriftstellerkonferenz 1936, Hg. Akademie der Wissenschaften der DDR, Zentralinstitut für Literaturgeschichte, Bearb. Wolfgang Klein, Berlin (O) 1982; 524, (16) S.

11788 Schwarz, Egon/Wegner, Matthias (Hg.): Verbannung. Aufzeichnungen deutscher Schriftsteller im Exil, Hamburg 1964; 319 S.

11789 Der Scurla-Bericht. Bericht des Oberregierungsrates Dr. rer. pol. Herbert Scurla von der Auslandsabteilung des Reichserziehungsministeriums in Berlin über seine Dienstreise nach Ankara und Istambul vom 11.–25. Mai 1939: »Die Tätigkeit deutscher Hochschullehrer an türkischen wissenschaftlichen Hochschulen«, Hg. Klaus-Detlev Grothusen, Mitarb. Rusen Keles, Frankfurt 1987; 168 S.

Methodische Probleme

11790 Arnold, Hans L./Walter, Hans A.: Die Exilliteratur und ihre Erforschung, in: Akzente 20 (1973), 481–508

11791 Fischer, Klaus: Vom Wissenstransfer zur Kontextanalyse – oder: Wie schreibt man die Geschichte der Wissenschaftsemigration, in: Rainer Erb u. a. (Hg.), Antisemitismus und jüdische Geschichte. Studien zu Ehren von Herbert A. Strauss, Berlin 1987, 267–93

11792 Koepke, Wulf: Probleme und Problematik der Erforschung der Exilliteratur, in: Donald G. Daviau/Ludwig M. Fischer (Hg.), Das Exilerlebnis. Verhandlungen des vierten Symposium über Deutsche und Österreichische Exilliteratur, Columbia, S. C. 1982, 338–52

11793 Schwarz, Egon: Was ist und zu welchem Ende studieren wir Exilliteratur?, in: Peter U. Hohendahl/Egon Schwarz (Hg.), Exil und Innere Emigration, Bd. 2: Internationale Tagung in St. Louis, Frankfurt 1973, 155–64

11794 Stern, Guy: Hinweise und Anregungen zu einer Erforschung der Exilliteratur, in: Peter U. Hohendahl/Egon Schwarz (Hg.), Exil und Innere Emigration, Bd. 2: Internationale Tagung in St. Louis, Frankfurt 1989, 9–17; abgedr. in: Guy Stern, Literatur im Exil. Gesammelte Aufsätze 1959–1989, Ismaning 1989, 29–36

11795 Stern, Guy: Exilliteratur – Fach- oder Fehlbezeichnung? (engl. 1971), in: Guy Stern, Literatur im Exil. Gesammelte Aufsätze 1959–1989, Ismaning 1989, 16–28

11796 Stern, Guy: Prolegomena zu einer Typologie der Exilliteratur, in: Alexander Stephan/Hans Wagener (Hg.), Schreiben im Exil. Zur Ästhetik der deutschen Exilliteratur 1933–1945, Bonn 1985, 1–17; abgedr.

in: Guy Stern, Literatur im Exil. Gesammelte Aufsätze 1959–1989, Ismaning 1989, 37–52

11797 Strauss, Herbert A.: Wissenschaftsemigration als Forschungsproblem, in: Herbert A. Strauss u. a. (Hg.), Die Emigration der Wissenschaften. Disziplingeschichtliche Studien, München u. a. 1991, 7–23

11798 Strelka, J. Peter: Was ist Exilliteratur? Zur Begriffsbestimmung der deutschen Exilliteratur seit 1933, in: Exil 4 (1984), Nr. 1, 5–15

11799 Vordtriede, Werner: Vorläufige Gedanken zu einer Typologie der Exilliteratur, in: Akzente 20 (1973), 556–76

Darstellungen

11800 Abella, Irving/Troper, Harold: Canada and the Refugee Intellectual, 1933–1939, in: Jarrell C. Jackman/Carla M. Borden (Hg.), The Muses Flee Hitler. Cultural Transfer and Adaptation, 1930–1945, Washington, D. C. 1983, 257–70

11801 Adorno, Theodor W.: Scientific Experiences of an European Scholar in America, in: Donald Fleming/Bernard Bailyn (Hg.), The Intellectual Migration. Europe and America, 1930–1960, Cambridge/Mass. 1969, 338–70

11802 Albrecht, Richard: Nazis an der Macht: Machtübergabe, Machtübernahme und Machtausübung im Spiegel antifaschistischer Exil-Literatur – Heinz Liepmanns »Das Vaterland«, in: Wolfgang Michalka (Hg.), Die nationalsozialistische Machtergreifung, Paderborn u. a. 1984, 331–43

11803 Allende-Blin, Juan (Hg.): Musiktradition im Exil. Zurück aus dem Vergessen, Köln 1993; 232 S.

11804 Arnold, Hans L. (Hg.): Deutsche Literatur im Exil 1933–1945. Dokumente und Materialien, 2 Bde., Frankfurt 1974; XVIII, 312 S.**

11805 Badia, Gilbert: Deutsche Emigranten in Frankreich (1933–1939), in: Donald G. Daviau/Ludwig M. Fischer (Hg.), Das Exilerlebnis. Verhandlungen des vierten Symposium über Deutsche und Österreichische Exilliteratur, Columbia, S. C. 1982, 1–11

11806 Bahr, Ehrhard: The Anti-Semitism Studies of the Frankfurt School: The Failure of Critical Theory, in: GSR 2 (1979), 125–38

11807 Barner, Simon (d. i. Richard Albrecht): Wissenschaftler im Exil. Aber auch: Exil in der Wissenschaft, in: Tribüne 23 (1984), Nr. 91, 96–106; erw. abgedr. in: Widerstand und Exil 1933–1945, Hg. Bundeszentrale für politische Bildung, Bonn 1985 (Frankfurt/New York 1986), 223–38

11808 Bärwinkel, Klaus: Die Austreibung von Physikern unter der deutschen Regierung vor dem Zweiten Weltkrieg. Ausmaß und Auswirkung, in: Edith Böhne/Wolfgang Motzkau-Valeton (Hg.), Die Künste und die Wissenschaften im Exil 1933–1945, Gerlingen 1992, 569–99

11809 Baumgart, Hans: Der Kampf der sozialistischen deutschen Schriftsteller gegen den Faschismus 1933–1935, Diss. Institut für Gesellschaftswissenschaften beim Zentralkomitee der SED, Berlin (O) 1962; X, 229, XXVI S. (Ms. vervielf.)

11810 Bauschinger, Sigrid/Cocalis, Susan L. (Hg.): Wider den Faschismus. Exilliteratur als Geschichte, Tübingen/Basel 1993; X, 244 S.*

11811 Beck, Miroslav/Vesely, Jiri u. a. (Hg.): Exil und Asyl. Antifaschistische deutsche Literatur in der Tschechoslowakei 1933–1938, Berlin (O) 1981; 431 S.

11812 Bennhold, Martin: Juristen im Exil, in: Edith Böhne/Wolfgang Motzkau-Valeton (Hg.), Die Künste und die Wissenschaften im Exil 1933–1945, Gerlingen 1992, 503–32

11813 Bentwich, Norman: The Rescue and Achievement of Refugee Scholars. The Story of Displaced Scholars, 1933–1952, The Hague 1953; XIV, 107 S.

11814 Berendsohn, Walter A.: Die humanistische Front. Einführung in die deutsche Emigrantenliteratur, Bd. 1: Von 1933 bis zum Kriegsausbruch 1939, Zürich 1946; 204 S.

11815 Berendsohn, Walter A.: Die humanistische Front. Einführung in die deutsche Emigrantenliteratur, Bd. 2: Vom Kriegsausbruch 1939 bis Ende 1946, Worms 1976; XII, 236 S.

11816 Bernard, Ursula: Regards sur le IIIème Reich. Le point de vue des écrivains allemands émigrés en France 1933–1939, Grenoble 1983; 226 S.

11817 Berthold, Werner u.a.: So viele Bücher, so viele Verbote. Reden zur Eröffnung der Ausstellung »Der deutsche PEN-Club im Exil 1933–1948«. Rudolf Olden: Überlegungen zur Gründung einer deutschen Buchgemeinde im Exil, Hg. Deutsche Bibliothek, Frankfurt 1981; 58 S.

11818 Berthold, Werner/Eckert, Brita (Bearb.): Der deutsche PEN-Club im Exil 1933–1948. Eine Ausstellung der Deutschen Bibliothek Frankfurt am Main, Frankfurt 1980; XVI, 417 S.

11819 Betz, Albrecht: Exil und Engagement. Deutsche Schriftsteller im Frankreich der dreißiger Jahre, München 1986; 338 S.

11820 Bock, Sigrid/Hahn, Manfred (Hg.): Erfahrung Exil. Antifaschistische Romane 1933–1945. Analysen, 2. Aufl., Berlin (O)/Weimar 1981; 477 S. (zuerst 1979)

11821 Böhme, Edith/Motzkau-Valeton, Wolfgang (Hg.): Die Künste und die Wissenschaften im Exil 1933–1945, Gerlingen 1992; 671 S.*

11822 Bopp, Marianne O. de: Die Exilsituation in Mexiko, in: Manfred Durzak (Hg.), Die deutsche Exilliteratur 1933–1945, Stuttgart 1973, 173–82

11823 Bottin, Angela: Enge Zeit. Spuren Vertriebener und Verfolgter der Hamburger Universität. Katalog zur Ausstellung, Mitarb. Rainer Nicolaysen, Berlin/Hamburg 1992; 200 S.**

11824 Boyers, Robert (Hg.): The Legacy of the German Refugee Intellectuals, New York 1972; 306 S.

11825 Brenner, Hildegard: Deutsche Literatur im Exil 1933–1947, in: Hermann Kunisch (Hg.), Handbuch der deutschen Gegenwartsliteratur, Bd. 2, 2., verb. u. erw. Aufl., München 1970, 365–82

11826 Broerman, Bruce M.: The German Historical Novel in Exile after 1933. Calliope contra Clio, University Park, Pe. 1986; 128 S.

11827 Brown, Albert H. E.: Exildramatiker am Broadway, in: Donald G. Daviau/Ludwig M. Fischer (Hg.), Das Exilerlebnis. Verhandlungen des vierten Symposium über Deutsche und Österreichische Exilliteratur, Columbia, S.C. 1982, 64–73

11828 Busch, Arnold: Faust und Faschismus. Th[omas] Manns »Doktor Faustus« und A[lfred] Döblins »November 1918« als exilliterarische Auseinandersetzung mit Deutschland, Frankfurt u.a. 1984; 406 S.

11829 Carroll, P. Thomas: Immigrants in American Chemistry, in: Jarrell C. Jackman/Carla M. Borden (Hg.), The Muses Flee Hitler. Cultural Transfer and Adaptation, 1930–1945, Washington, D.C. 1983, 189–204

11830 Cazden, Robert E.: German Exile Literature in America, 1933–1950. A History of the German Print and Book Trade, Chicago, Ill. 1970; XI, 250 S.

11831 Clarke, Alan: Die Rolle des Theaters des »Freien Deutschen Kulturbundes in Großbritannien« im Kampf gegen den deutschen Faschismus (1938–47). Ein Beitrag zur Untersuchung des antifaschistischen Exiltheaters, 2 Bde., Diss. Berlin (O) 1972; XV, 488, XVIII S. (Ms. vervielf.)

11832 Dahlke, Hans: Geschichtsroman und Literaturkritik im Exil, 2. Aufl., Berlin (O) 1979; 451 S. (zuerst 1976)

11833 Dähnhard, Willy/Nielsen, Birgit S. (Hg.): Exil in Dänemark. Deutschsprachige Wissenschaftler, Künstler und Schriftsteller im dänischen Exil nach 1933, Heide 1993; 731 S. (dän.: 2., überarb. Aufl., Kopenhagen 1987 [zuerst 1986])

11834 Dähnhard, Willy/Nielsen, Birgit S. (Bearb.): Geflüchtet unter das dänische Strohdach. Schriftsteller und bildende Künstler im dänischen Exil nach 1933. Ausstellung in der königlichen Bibliothek Kopenhagen in Zusammenarbeit mit dem Kultusminister des Landes Schleswig-Holstein in der Schleswig-Holsteinischen Landesbibliothek Kiel, 17.1.–28.2. 1988, Heide 1988; 239 S.

11835 Damus, Hilde: Deutsche Exilliteratur in Argentinien, in: Donald G. Daviau/Ludwig M. Fischer (Hg.), Das Exilerlebnis. Verhandlungen des vierten Symposium über Deutsche und Österreichische Exilliteratur, Columbia, S.C. 1982, 41–46

11836 Daviau, Donald G./Fischer, Ludwig M. (Hg.): Das Exilerlebnis. Verhandlungen des vierten Symposium über Deutsche und Österreichische Exilliteratur [University of California, Riverside, 18.–20.4. 1980], Columbia, S.C. 1982; X, 516 S.

11837 Daviau, Donald G./Fischer, Ludwig M. (Hg.): Exil: Wirkung und Wertung. Ausgewählte Beiträge zum fünften Symposium über Deutsche und Österreichische Exilliteratur [University of California, Riverside, April 1981], Columbia, S.C. 1985; 329 S.

11838 Derman, Erich: ... aber unsere Stimme drang nach Österreich. Widerstand aus dem Exil via Radio, in: MZ 3 (1988), Nr. 1, 31–35

Deutsche [Bd. 2: Deutschsprachige] Exilliteratur seit 1933, Bern/Münster:

11839 – Bd. 1: Kalifornien, Hg. John M. Spalek u.a., 2 Bde., 1976; 868; VIII, 216 S.

11840 – Bd. 2: New York, Hg. John M. Spalek/Joseph Strelka, 2 Bde., 1989; XXX, 1817 S.

11841 Deutsche Exilliteratur 1933–1945. Bücher, Bilder, Dokumente aus der Sammlung Walter. Begleitheft zur Ausstellung in der Stadtbücherei Heilbronn, Deutschordenshof, 6. März bis 8. April 1979, Hg. Stadtbücherei Heilbronn, Heilbronn 1979; 55 S.**

11842 Deutsche Intellektuelle im Exil. Ihre Akademie und die »American Guild for German Cultural Freedom«. Eine Ausstellung des Deutschen Exilarchivs 1933–1945 der Deutschen Bibliothek, Hg. Klaus-Dieter Lehmann, Bearb. Werner Berthold u.a., Mitarb. Mechtild Hahner/Marie-Luise Hahn-Passera, München u.a. 1993; XI, 584 S.**

11843 Deutsche Theaterleute im amerikanischen Exil. Arbeitsmaterialien zur Ausstellung »Deutsche Theaterleute im Amerikanischen Exil«, Schauspielwochen Hamburg 1976, Red. Jan Hans, Beilage »Another Sun«: Dorothy Thompson/Fritz Kortner, Hamburg 1976; 112 S. u. Beilagen

11844 Diezel, Peter: Exiltheater in der Sowjetunion 1932–37. (Deutsches Theater im Exil), Hg. Akademie der Künste der DDR, Berlin (O) 1978; 334 S.

11845 Duggan, Stephen P. H./Drury, Betty: The Rescue of Science and Learning. The Story of the Emergency Committee in Aid of Displaced Foreign Scholars, New York 1948; XII, 214 S.

11846 Durzak, Manfred (Hg.): Die deutsche Exilliteratur 1933–1945, Stuttgart 1973; 624 S.

11847 Durzak, Manfred: Literarische Diaspora. Stationen des Exils, in: Manfred Durzak (Hg.), Die deutsche Exilliteratur 1933–1945, Stuttgart 1973, 40–55

11848 Durzak, Manfred: Die Exilsituation in USA, in: Manfred Durzak (Hg.), Die deutsche Exilliteratur 1933–1945, Stuttgart 1973, 145–58

11849 Düwell, Kurt: Berliner Wissenschaftler in der Emigration. Das Beispiel der Hochschullehrer nach 1933, in: Tilmann Buddensieg u. a. (Hg.), Wissenschaften in Berlin. Begleitband zur Ausstellung »Der Kongreß denkt«. Wissenschaften in Berlin, 14. Juni bis 1. November 1987 in der wiedereröffneten Kongreßhalle Berlin, hg. i. A. des Senators für Wissenschaft und Forschung, Bd. 3: Gedanken, Berlin 1987, 126–34

11850 Eisfeld, Rainer: Politikwissenschaft: Exil und Rückkehr, in: Edith Böhne/Wolfgang Motzkau-Valeton (Hg.), Die Künste und die Wissenschaften im Exil 1933–1945, Gerlingen 1992, 413–44

11851 Eisler, Colin: Kunstgeschichte American Style: A Study in Migration, in: Donald Fleming/Bernard Bailyn (Hg.), The Intellectual Migration. Europe and America, 1930–1960, Cambridge/Mass. 1969, 544–629

11852 Elfe, Wolfgang D. (Hg.): Deutsche Exilliteratur – Literatur im Dritten Reich. Akten des 2. Exilliteratur-Symposiums der University of Carolina, Frankfurt u. a. 1979; 191 S.

11853 Engelmann, Bernt (Hg.): Literatur des Exils. (Eine Dokumentation über die PEN-Jahrestagung in Bremen vom 18.–20. September 1980.), hg. i. A. des PEN-Zentrums Bundesrepublik Deutschland, 1. u. 2. Aufl., München 1981; 259 S.

11854 Erichsen, Regine: Die Emigration deutschsprachiger Naturwissenschaftler von 1933 bis 1945 in die Türkei in ihrem sozial- und wissenschaftshistorischen Zusammenhang, in: Herbert A. Strauss u. a. (Hg.), Die Emigration der Wissenschaften. Disziplingeschichtliche Studien, München u. a. 1991, 73–104

11855 Falk, Gerhard: The Immigration of the European Professors and Intellectuals to the United States and Particularly the Niagara Frontier During the Nazi Era, 1933–1941, Diss. State University of New York, Buffalo 1969 (MF Ann Arbor, Mich. 1974)

11856 Faulhaber, Uwe u. a. (Hg.): Exile and Enlightenment. Studies in German and Comparative Literature in Honor of Guy Stern, Detroit, Mich. 1987; XX, 282 S.

11857 Faure, Ulrich: Im Knotenpunkt des Weltverkehrs. [Wieland] Herzfelde, [John] Heartfield, [George] Grosz, Berlin 1992; 438 S.

11858 Feidel-Mertz, Hildegard (Hg.): Schulen im Exil. Die verdrängte Pädagogik nach 1933, Reinbek 1983; 252 S.

11859 Feidel-Mertz, Hildegard: Pädagogik im Exil nach 1933. Erziehung zum Überleben. Bilder und Texte einer Ausstellung, Frankfurt 1990; 257 S.**

11860 Feidel-Mertz, Hildegard: Reformpädagogik auf dem Prüfstand. Zur Funktion der Schul- und Heimgründungen emigrierter Pädagogen, in: Manfred Briegel/Wolfgang Frühwald (Hg.), Die Erfahrung der Fremde. Kolloquium des Schwerpunktprogramms »Exilforschung« der Deutschen Forschungsgemeinschaft. Forschungsbericht, Weinheim 1988, 205–16

11861 Feidel-Mertz, Hildegard: Sisyphos im Exil. Die verdrängte Pädagogik 1933–1945, in: Wolfgang Keim (Hg.), Pädagogen und Pädagogik im Nationalsozialismus. Ein unerledigtes Problem der Erziehungswissenschaft, 3. Aufl., Frankfurt u. a. 1991, 161–78 (zuerst 1988)

11862 Feidel-Mertz, Hildegard/Schnorbach, Hermann: Lehrer in der Emigration. Der Verband deutscher Lehreremigranten (1933–1939) im Traditionszusammenhang der demokratischen Lehrerbewegung, Weinheim/Basel 1981; 264 S.

11863 Feigl, Herbert: The Wiener Kreis in America, in: Donald Fleming/Bernard Bailyn (Hg.), The Intellectual Migration. Europe and America, 1930–1960, Cambridge/Mass. 1969, 630–73

11864 Fermi, Laura: Illustrious Immigrants: The Intellectual Migration from Europe, 1930–1941, 2. Aufl., Chicago, Ill./London 1971; XI, 431 S. (zuerst 1968)

11865 Fischer, Ernst: »Organisitis chronica«? Aspekte einer Funktions- und Wirkungsgeschichte schriftstellerischer Zusammenschlüsse im deutschsprachigen Exil 1933 bis 1945, in: Manfred Briegel/Wolfgang Frühwald (Hg.), Die Erfahrung der Fremde. Kolloquium des Schwerpunktprogramms »Exilforschung« der Deutschen Forschungsgemeinschaft. Forschungsbericht, Weinheim 1988, 163–76

11866 Fischer, Klaus: Die Emigration deutschsprachiger Physiker nach 1933: Strukturen und Wirkungen, in: Herbert A. Strauss, u. a. (Hg.), Die Emigration der Wissenschaften. Disziplingeschichtliche Studien, München u. a. 1991, 25–72

11867 Fischer, Klaus: Wissenschaftsemigration und Molekulargenetik: Soziale und kognitive Interferenzen im Entstehungsprozeß einer neuen Disziplin, in: Herbert A. Strauss u. a. (Hg.), Die Emigration der Wissenschaften. Disziplingeschichtliche Studien, München u. a. 1991, 105–35

11868 Fischer, Klaus: Die Emigration von Wissenschaftlern nach 1933: Möglichkeiten und Grenzen einer Bilanzierung, in: VfZ 39 (1991), 535–49

11869 Fischer, Wolfram u. a. (Hg.): Exodus von Wissenschaften aus Berlin. Fragestellungen – Ergebnisse – Desiderate. Entwicklungen vor und nach 1933, Berlin/New York 1994; X, 676 S.

11870 Fleck, Christian: Aus Österreich emigrierte Sozialwissenschaftler. Überblick und Stand der Forschung, in: BzW 17 (1994), 1–16

11871 Fleming, Donald: Emigré Physicists and the Biological Revolution, in: Donald Fleming/Bernard Bailyn (Hg.), The Intellectual Migration. Europe and America, 1930–1960, Cambridge/Mass. 1969, 152–89

11872 Fleming, Donald/Bailyn, Bernard (Hg.): The Intellectual Migration. Europe and America 1930–1960, Cambridge, Mass. 1969; (VI), 748 S.*

11873 Freyermuth, Gundolf S.: Reise in die Verlorengegangenheit. Auf den Spuren deutscher Emigranten (1933–1940) [Gitta Alpar, Paul Falkenberg, Paul Henreid, Paul Kohner, Grete Mosheim, Gitta Sahl], Hamburg 1990; 339 S.

11874 Friedmann, Friedrich G.: Auswanderung und Rückkehr – Gedanken zur nationalsozialistischen Universität, in: Die deutsche Universität im Dritten Reich. Eine Vortragsreihe der Universität München, München 1966, 215–40

11875 Frisch, Christian/Winckler, Lutz (Hg.): Faschismuskritik und Deutschlandbild im Exilroman, Berlin 1981; 192 S.

11876 Frowein, Cordula: Mit Pinsel und Zeichenstift ins Exil. Schicksal emigrierter bildender Künstler 1933–1945, in: Tribüne 23 (1984), Nr. 91, 107–20; abgedr. in: Widerstand und Exil 1933–1945, Hg. Bundeszentrale für politische Bildung, Bonn 1985 (Frankfurt/New York 1986), 185–99

11877 Frühwald, Wolfgang: Odysseus wird leben. Zu einem leitenden Thema in der deutschen Literatur des Exils 1933–1945, in: Werner Link (Hg.), Schriftsteller und Politik in Deutschland, Düsseldorf 1979, 103–13

11878 Frühwald, Wolfgang/Schieder, Wolfgang (Hg.): Leben im Exil. Probleme der Integration deutscher Flüchtlinge im Ausland 1933–1945, hg. in Verbindung mit Walter Hinck u. a., Hamburg 1981; 285 S.

11879 Funke, Hajo: Die andere Erinnerung. Gespräche mit jüdischen Wissenschaftlern im Exil, Mitarb. Hans-Hinrich Harbort, Frankfurt 1989; 470 S.

11880 Furtado Kestler, Izabela M.: Die Exilliteratur und das Exil der deutschsprachigen Schriftsteller und Publizisten in Brasilien, Frankfurt u. a. 1992; 267 S.

11881 Geschichte der deutschen Literatur von 1917 bis 1945. (Geschichte der deutschen Literatur von den Anfängen bis zur Gegenwart, 10), Hg. Hans-Günter Thalheim u.a., Mitarb. Hans Kaufmann u.a., bearb. in Zusammenarbeit mit Dieter Schiller, 2. Aufl., Berlin (O) 1978; 754 S. (zuerst 1973)

11882 Goossens, Sabine: Deutsche Dichter im Exil und Künstlertum im Exilroman, Frankfurt 1993; 164 S.

11883 Greffrath, Mathias (Hg.): Die Zerstörung einer Zukunft. Gespräche mit emigrierten Sozialwissenschaftlern, 2., erw. Aufl., Frankfurt/New York 1989; 317 S. (zuerst Reinbek 1979)

11884 Grossberg, Mimi: Österreichs literarische Emigration in den Vereinigten Staaten 1938, Wien u.a. 1970; 67 S.

11885 Groth, Michael: The Road to New York. The Emigration of Berlin Journalists 1933–1945, 2. Aufl., München u.a. 1988; X, 384 S. (zuerst 1984)

11886 Grothusen, Klaus-Detlev: Die deutsche wissenschaftliche Emigration in die Türkei 1933–1945. Unter besonderer Berücksichtigung Hamburgs, in: 1933 in Gesellschaft und Wissenschaft. Ringvorlesung im Wintersemester 1982/83 und Sommersemester 1983, Bd. 2: Wissenschaft, Hg. Universität Hamburg, Pressestelle, Hamburg 1983, 189–206

11887 Grothusen, Klaus-Detlev: Zuflucht bei Kemal Atatürk. Die deutsche Emigration in die Türkei 1933–1945 und ihre Auswirkungen auf die Reform des Bildungswesens, in: SOEM 21 (1981), 49–60

11888 Haarmann, Hermann: »... nur meines Kummers Gewalt sänftigen können sie nicht./Seit ich die Heimat verließ ...« Exil, Exilliteratur und Exilpublizistik, in: IASL 21 (1991), 79–93

11889 Haftmann, Werner: Verfemte Kunst. Bildende Künstler der inneren und äußeren Emigration in der Zeit des Nationalsozialismus, Köln 1986; 420 S.

11890 Hagemann, Harald (Hg.): Die deutschsprachige wirtschaftswissenschaftliche Emigration nach 1933, Marburg 1995; ca. 500 S.

11891 Hahn, Ulla: Der Freie Deutsche Kulturbund in Großbritannien. Eine Skizze seiner Geschichte, in: Lutz Winckler (Hg.), Antifaschistische Literatur. Programme, Autoren, Werke, Bd. 2, Königstein, Ts. 1977, 131–95

11892 Heeg, Günther: Die Wendung zur Geschichte. Konstitutionsprobleme antifaschistischer Literatur im Exil, Stuttgart 1977; IX, 222 S.

11893 Heilbut, Anthony: Exiled in Paradise. German Refugee Artists and Intellectuals in America, from the 1930s to the Present, New York 1983; XIV, 506 S.

11894 Heister, Hanns-Werner u.a. (Hg.): Musik im Exil. Folgen des Nazismus für die internationale Musikkultur, Frankfurt 1993; 523 S.

11895 Heister, Hanns-Werner u.a.: Vor sechzig Jahren begann die Vertreibung. Exil – Musik – Exilmusikforschung, in: Hanns-Werner Heister u.a. (Hg.), Musik im Exil. Folgen des Nazismus für die internationale Musikkultur, Frankfurt 1993, 13–26

11896 Hermann, Frank: Kulturpolitische Tradition und Funktion des Malik-Verlages während des Prager Exils 1933–1938 (1939), in: Exil 9 (1989), Nr. 1, 17–35

11897 Hielscher, Martin (Hg.): Fluchtort Mexiko. Ein Asylland für Literatur, Mitarb. Klaus Meyer-Minnemann/Fritz Pohle, Hamburg 1992; 256 S.

11898 Hilchenbach, Maria: Kino im Exil. Die Emigration deutscher Filmkünstler 1933–1945. Lebens- und Arbeitsbedingungen im Exil, München u.a. 1982; 286 S.

11899 Hippen, Reinhard (Hg.): Satire gegen Hitler. Kabarett im Exil, Zürich 1986; 180 S.

11900 Hirschfeld, Gerhard: Die Emigration deutscher Wissenschaftler nach Großbritannien, 1933–1945, in: Gottfried Niedhart (Hg.), Großbritannien als Gast- und Exilland für Deutsche im 19. und 20. Jahrhundert, Bochum 1985, 117–40

11901 Hofe, Harold von: Zweig und Feuchtwanger: Wechselbeziehungen im Exil, in: David Midgley u. a. (Hg.), Arnold Zweig – Poetik, Judentum und Politik. Akten des Internationalen Arnold Zweig-Symposiums aus Anlaß des 100. Geburtstags Cambridge 1987, Frankfurt u. a. 1989, 271–82

11902 Hofner-Kulenkamp, Gabriele: Versprengte Europäerinnen. Deutschsprachige Kunsthistorikerinnen im Exil, in: Exilforschung 11 (1993), 190–202

11903 Holborn, Luise W.: Deutsche Wissenschaftler in den Vereinigten Staaten nach 1933, in: JfAS 10 (1965), 15–26

11904 Holton, Gerald: The Migration of Phycists to the United States, in: Jarrell C. Jackman/Carla M. Borden (Hg.), The Muses Flee Hitler. Cultural Transfer and Adaptation, 1930–1945, Washington, D.C. 1983, 169–88

11905 Homann, Ursula: Exil und literarischer Widerstand. Das Wort als gefürchtete politische Waffe, in: Tribüne 23 (1984), Nr. 90, 102–15; abgedr. in: Widerstand und Exil 1933–1945, Hg. Bundeszentrale für politische Bildung, Bonn 1985 (Frankfurt/ New York 1986), 200–12

11906 Horak, Jan-Christopher: Anti-Nazi-Filme der deutschsprachigen Emigration von Hollywood 1939–1945, Münster 1984; XXII, 473 S.

11907 Horak, Jan-Christopher: Fluchtpunkt Hollywood. Eine Dokumentation zur Filmemigration 1933, Münster 1984; 204 S.**

11908 Horak, Jan-Christopher: Exilfilm, 1933–1945, in: Wolfgang Jacobsen u. a. (Hg.), Geschichte des deutschen Films, Stuttgart/Weimar 1993, 101–18

11909 Horak, Jan-Christopher: Filmkünstler im Exil. Ein Weg nach Hollywood, in: Edith Böhne/Wolfgang Motzkau-Valeton (Hg.), Die Künste und die Wissenschaften im Exil 1933–1945, Gerlingen 1992, 231–54

11910 Hughes, Stuart H.: The Sea Change: The Migration of Social Thought, 1930–1965, New York 1986; X, 283 S.

11911 Hughes, Stuart H.: Social Theory in a New Context, in: Jarrell C. Jackman/ Carla M. Borden (Hg.), The Muses Flee Hitler. Cultural Transfer and Adaptation, 1930–1945, Washington, D.C. 1983, 111–22

11912 Iggers, Georg G.: Die deutschen Historiker in der Emigration, in: Bernd Faulenbach (Hg.), Geschichtswissenschaft in Deutschland. Traditionelle Positionen und gegenwärtige Aufgaben, München 1974, 97–111

11913 Jackman, Jarrell C./Borden, Carla M. (Hg.): The Muses Flee Hitler. Cultural Transfer and Adaptation, 1930–1945, Washington, D.C. 1983; 348 S.*

11914 Jahoda, Marie: The Migration of Psychoanalysis: Its Impact on American Psychology, in: Donald Fleming/Bernard Bailyn (Hg.), The Intellectual Migration. Europe and America, 1930–1960, Cambridge/Mass. 1969, 420–45

11915 Jarmatz, Klaus: Literatur im Exil, Berlin (O) 1966; 300 S.

11916 Jay, Martin: The Dialectical Imagination. A History of the Frankfurt School and the Institute of Social Research [New York], 1923–1950, Boston, Mass. u. a. 1973; XXI, 382 S.

11917 Jordy, William H.: The Aftermath of the Bauhaus in America: Gropius, Mies, and Breuer, in: Donald Fleming/Bernard Bailyn (Hg.), The Intellectual Migration. Europe and America, 1930–1960, Cambridge/Mass. 1969, 485–543

11918 Kamla, Thomas A.: The German Exile Novel during the Third Reich: The

Problem of Art and Politics, in: GSR 3 (1980), 395–413

11919 Kamlah, Andreas: Die philosophiegeschichtliche Bedeutung des Exils nichtmarxistischer Philosophen zur Zeit des Dritten Reiches, in: Edith Böhne/Wolfgang Motzkau-Valeton (Hg.), Die Künste und die Wissenschaften im Exil 1933–1945, Gerlingen 1992, 299–312

11920 Kantorowicz, Alfred: Politik und Literatur im Exil. Deutschsprachige Schriftsteller im Kampf gegen den Nationalsozialismus, 2. Aufl., München 1983; 346 S. (zuerst Hamburg 1978)

11921 Kantorowicz, Alfred: Die Exilsituation in Spanien, in: Manfred Durzak (Hg.), Die deutsche Exilliteratur 1933–1945, Stuttgart 1973, 90–100

11922 Kazin, Alfred: European Writers in Exile, in: Jarrell C. Jackman/Carla M. Borden (Hg.), The Muses Flee Hitler. Cultural Transfer and Adaptation, 1930–1945, Washington, D. C. 1983, 123–34

11923 Kent, Donald P.: The Refugee Intellectual. The Americanization of the Immigrants of 1933–1941, New York 1953; XX, 317 S.

11924 Kieser, Rolf: Erzwungene Symbiose. Thomas Mann, Robert Musil, Georg Kaiser, Bertolt Brecht im Schweizer Exil, Bern/Stuttgart 1984; 267 S.

11925 Kleinschmidt, Erich: Exil als Schreiberfahrung. Bedingungen deutscher Exilliteratur 1933–1945, in: Exil 2 (1982), Nr. 2, 33–47

11926 Knütter, Hans-Helmuth: Zur Vorgeschichte der Exilsituation, in: Manfred Durzak (Hg.), Die deutsche Exilliteratur 1933–1945, Stuttgart 1973, 27–39

11927 Koch, Editha/Trapp, Frithjof (Hg.): Realismus-Konzeptionen der Exilliteratur zwischen 1935 und 1940/41. Tagung der Hamburger Arbeitsstelle für deutsche Exilliteratur 1986. (Exil, Sonderh. 1), Maintal 1987; VI, 225 S.*

11928 Koebner, Thomas u. a. (Hg.): Erinnerungen ans Exil – kritische Lektüre der Autobiographien nach 1933 und andere Themen. (Exilforschung, 2), München 1984; 415 S.*

11929 Koebner, Thomas u. a. (Hg.): Gedanken an Deutschland im Exil und andere Themen. (Exilforschung, 3), München 1985; 400 S.*

11930 Koebner, Thomas u. a. (Hg.): Das jüdische Exil und andere Themen. (Exilforschung, 4), München 1986; 310 S.*

11931 Koebner, Thomas u. a. (Hg.): Publizistik im Exil und andere Themen. (Exilforschung, 7), München 1989; 249 S.*

11932 Koebner, Thomas u. a. (Hg.): Stalin und die Intellektuellen und andere Themen. (Exilforschung, 1), München 1983; 391 S.*

11933 Koebner, Thomas u. a. (Hg.): Vertreibung der Wissenschaften und andere Themen. (Exilforschung, 6), München 1988; 243 S.*

11934 Koebner, Thomas: Vom »Pazifismus« der dreißiger Jahre. Der Aktivismus deutscher Intellektueller im Exil (1933–1945), in: APUZ, Nr. B 40–41/83, 8. 10. 1983, 9–16

11935 Koepke, Wulf/Winkler, Michael (Hg.): Deutschsprachige Exilliteratur. Studien zu ihrer Bestimmung im Kontext der Epoche 1930 bis 1960, Bonn 1984; VII, 520 S.

11936 Kohler, Eric D.: Relicensing Central European Refugee Physicians in the United States, 1933–1945, in: SWCA 6 (1989), 3–32

11937 Köhler, Fritz: Zur Vertreibung humanistischer Gelehrter 1933/34, in: BDIP 11 (1966), 696–707

11938 König, René: Identität und Anpassung im Exil, in: Max Haller u. a. (Hg.), Kultur und Gesellschaft. Verhandlungen des 24. Deutschen Soziologentages, des 11.

Österreichischen Soziologentages und des 8. Kongresses der Schweizerischen Soziologie in Zürich 1988, Frankfurt/New York 1989, 113–26

11939 König, René: Zur Situation der emigrierten deutschen Soziologen in Europa, in: KZSS 11 (1959), 113–31; abgdr. in: Wolf Lepenies (Hg.), Geschichte der Soziologie. Studien zur kognitiven, sozialen und historischen Identität einer Disziplin, Bd. 4, Frankfurt 1981, 115–58; René König, Soziologie in Deutschland. Begründer, Verfechter, Verächter, München/Wien 1987, 298–342, 474–78 (mit: Epilog 1981)

11940 Krispyn, Egbert: Anti-Nazi Writers in Exile, Athens, Ga. 1978; XII, 200 S.

11941 Krispyn, Egbert: Exil als Lebensform, in: Peter U. Hohendahl/Egon Schwarz (Hg.), Exil und Innere Emigration, Bd. 2: Internationale Tagung in St. Louis, Frankfurt 1973, 101–18

11942 Krockow, Christian Graf von: Die Vertreibung des Geistes, in: Oswald Hirschfeld (Hg.), Die Folgen des Dritten Reiches. »Ihr werdet Deutschland nicht wiederkennen.«, Köln 1984, 151–73

11943 Krohn, Claus-Dieter u.a. (Hg.): Künste im Exil. (Exilforschung, 10), München 1992; 210 S.*

11944 Krohn, Claus-Dieter: Wissenschaft im Exil. Deutsche Sozial- und Wirtschaftswissenschaftler in den USA und die New School for Social Research, Frankfurt/New York 1987; 288 S.

11945 Krohn, Claus-Dieter: »Let us be prepared to win the peace«. Nachkriegsplanungen emigrierter deutscher Sozialwissenschaftler an der New School for Social Research in New York, in: Thomas Koebner u.a. (Hg.), Deutschland nach Hitler: Zukunftspläne im Exil und aus der Besatzungszeit 1939–1949, Opladen 1987, 123–35

11946 Krohn, Claus-Dieter: Die Emigration deutschsprachiger Ökonomen, in: Herbert A. Strauss u.a. (Hg.), Die Emigration der Wissenschaften. Disziplingeschichtliche Studien, München u.a. 1991, 183–92

11947 Kröner, Hans-Peter: Die Emigration deutschsprachiger Mediziner im Nationalsozialismus. (BzW, Jg. 12, Sonderh.), Weinheim 1989; 44 S.

11948 Kröner, Hans-Peter: Die Emigration von Medizinern unter dem Nationalsozialismus, in: Johanna Bleker/Norbert Jachertz (Hg.), Medizin im Dritten Reich, Köln 1989, 38–46

11949 Kröner, Peter (Bearb.): Vor fünfzig Jahren. Die Emigration deutschsprachiger Wissenschaftler 1933–1939. Katalog anläßlich des 21. Symposions der Gesellschaft für Wissenschaftsgeschichte vom 12. bis 14. Mai 1983 in der Herzog August Bibliothek, bearb. i.A. der Gesellschaft für Wissenschaftsgeschichte, Münster 1983; 106 S.

11950 Krüger, Michael: Ökonomen im Exil, in: Edith Böhne/Wolfgang Motzkau-Valeton (Hg.), Die Künste und die Wissenschaften im Exil 1933–1945, Gerlingen 1992, 533–45

11951 Kudlinska, Krystyna: Die Exilsituation in UdSSR, in: Manfred Durzak (Hg.), Die deutsche Exilliteratur 1933–1945, Stuttgart 1973, 159–74

11952 Kunoff, Hugo: Literaturbetrieb in der Vertreibung: Die Exilverlage, in: Manfred Durzak (Hg.), Die deutsche Exilliteratur 1933–1945, Stuttgart 1973, 183–97

Kunst und Literatur im antifaschistischen Exil, Frankfurt (LA; zuerst Leipzig 1978 ff.):

11953 – Bd. 1: Klaus Jarmatz u.a., Exil in der UdSSR, 1979; 661 S.

11954 – Bd. 2: Werner Mittenzwei, Exil in der Schweiz, 1979; 446 S.

11955 – Bd. 3: Eike Midell u.a., Exil in den USA. Mit einem Bericht »Schanghai, eine Emigration am Rande«, Mitarb. Alfred Dreifuss, 1980; 589 S.

11956 – Bd. 4: Wolfgang Kiessling, Exil in Lateinamerika, 1981; 577 S.

11957 – Bd. 5: Ludwig Hoffmann u. a., Exil in der Tschechoslowakei, in Großbritannien, Skandinavien und Palästina, 1981; 556 S.

11958 – Bd. 6: Klaus Hermsdorf u. a., Exil in den Niederlanden und in Spanien, 1981; 423 S.

11959 – Bd. 7: Dieter Schiller u. a., Exil in Frankreich, 1981; 629 S.

11960 Lasko, Peter: Der Einfluß der deutschen Kunstgeschichte in England, in: Herbert A. Strauss u. a. (Hg.), Die Emigration der Wissenschaften. Disziplingeschichtliche Studien, München u. a. 1991, 221–33

11961 Lazarsfeld, Paul F.: An Episode in the History of Social Research: A Memoir, in: Donald Fleming/Bernard Bailyn (Hg.), The Intellectual Migration. Europe and America, 1930–1960, Cambridge/Mass. 1969, 270–337

11962 Lehmann, Hartmut/Sheehan, James J. (Hg.): An Interrupted Past. German-Speaking Refugee Historians in the United States after 1933, Washington, D. C./Cambridge 1991; 272 S.

11963 Lepsius, M. Rainer: Die sozialwissenschaftliche Emigration und ihre Folgen, in: M. Rainer Lepsius (Hg.), Soziologie in Deutschland und Österreich 1918–1945. Materialien zur Entwicklung, Emigration und Wirkungsgeschichte, Opladen 1981, 461–500

11964 Levin, Harry: Two Romanisten in America: [Leo] Spitzer and [Erich] Auerbach, in: Donald Fleming/Bernard Bailyn (Hg.), The Intellectual Migration. Europe and America, 1930–1960, Cambridge/Mass. 1969, 463–84

11965 Loewy, Ernst: Rundfunk im amerikanischen Exil, in: Donald G. Daviau/Ludwig M. Fischer (Hg.), Das Exilerlebnis. Verhandlungen des vierten Symposium über Deutsche und Österreichische Exilliteratur, Columbia, S. C. 1982, 109–23

11966 Loewy, Ernst: Hoffnung in finsterer Zeit: Die deutsche Exilliteratur 1933–1945, in: Edith Böhne/Wolfgang Motzkau-Valeton (Hg.), Die Künste und die Wissenschaften im Exil 1933–1945, Gerlingen 1992, 29–45

11967 Loewy, Ernst: Die Differenzen des Exils – am Beispiel der Exilliteratur, in: NR 82 (1982), Nr. 1, 166–81

11968 Loewy, Hanno: Ein kleiner Fotografenverband im Exil, in: Fotogeschichte 4 (1984), Nr. 14, 71–74

11969 Luckmann, Barbara: Eine deutsche Universität im Exil: Die »Graduate Faculty« der »New School for Social Research« [New York], in: M. Rainer Lepsius (Hg.), Soziologie in Deutschland und Österreich 1918–1945. Materialien zur Entwicklung, Emigration und Wirkungsgeschichte, Opladen 1981, 427–41

11970 Lützeler, Paul M.: Die Exilsituation in Österreich, in: Manfred Durzak (Hg.), Die deutsche Exilliteratur 1933–1945, Stuttgart 1973, 56–64

11971 Maas, Utz: Die vom Faschismus verdrängten Sprachwissenschaftler – Repräsentanten einer anderen Sprachwissenschaft?, in: Edith Böhne/Wolfgang Motzkau-Valeton (Hg.), Die Künste und die Wissenschaften im Exil 1933–1945, Gerlingen 1992, 445–502

11972 Marcuse, Herbert: Der Einfluß der deutschen Emigration auf das amerikanische Geistesleben: Philosphie und Soziologie, in: JfAS 10 (1965), 28–33

11973 Mathieu, Jean-Philippe: Die deutsche Universität im französischen Exil, in: Donald G. Daviau/Ludwig M. Fischer (Hg.), Das Exilerlebnis. Verhandlungen des vierten Symposium über Deutsche und Österreichische Exilliteratur, Columbia, S. C. 1982, 24–31

11974 Matter, Jean/Mandler, George: The Diaspora of Experimental Psychology. The Gestaltists and Others, in: Donald Fleming/Bernard Bailyn (Hg.), The Intellectual Migration. Europe and America, 1930–1960, Cambridge/Mass. 1969, 371–419

11975 McCabe, Cynthia J.: The Golden Door. Artist-Immigrants of America 1876–1976, Washington, D. C. 1976; 432 S.

11976 Mecklenburg, Frank: The Experience of German Refugee Lawjers in the United States after 1933 in the Light of their Memoirs, in: Sigrid Bauschinger/Susan L. Cocalis (Hg.), Wider den Faschismus. Exilliteratur als Geschichte, Tübingen/Basel 1993, 23–40

11977 Meiszies, Winrich: »Von hier aus«. Drei Theaterleute aus Düsseldorf im europäischen Exil [Wolfgang Langhoff, Fritz Valk, Hermann Greid], in: Musik, Literatur und Film zur Zeit des Dritten Reichs. (1937. Europa vor dem 2. Weltkrieg. September 1987 bis Januar 1988. Ein Gemeinschaftsprojekt Düsseldorfer Kulturinstitute), Hg. Kulturamt der Stadt Düsseldorf, Düsseldorf 1987, 46 f.

11978 Mennemeier, Franz N./Trapp, Frithjof: Deutsche Exildramatik 1933–1950, München 1980; 423 S.

11979 Meyer, Frank: Interkulturelle Kommunikation im Exil. Zur Analyse der Exilpublizistik in Skandinavien, in: Helga Grebing/Christl Wickert (Hg.), Das »andere Deutschland« im Widerstand gegen den Nationalsozialismus. Beiträge zur politischen Überwindung der nationalsozialistischen Diktatur im Exil und im Dritten Reich, Essen 1994, 86–116

11980 Mock, Wolfgang: Technische Intelligenz im Exil. Vertreibung und Emigration deutschsprachiger Ingenieure nach Großbritannien, 1933 bis 1945, Düsseldorf 1986; 207 S.

11981 Mock, Wolfgang: Emigration und Exil deutschsprachiger technischer Intelligenz in Großbritannien 1933 bis 1945, in: Gottfried Niedhart (Hg.), Großbritannien als Gast- und Exilland für Deutsche im 19. und 20. Jahrhundert, Bochum 1985, 141–60

11982 Mock, Wolfgang: Emigration und Exil. Deutschsprachige Ingenieure in Großbritannien 1933–1945. Vorbereitende Bemerkungen zu einem Projekt, in: Exil 11 (1982), Nr. 2, 60–66

11983 Möller, Horst: Exodus der Kultur. Schriftsteller, Wissenschaftler und Künstler in der Emigration nach 1933, München 1984; 136 S.

11984 Möller, Horst: Die Remigration von Wissenschaftlern nach 1945, in: Edith Böhne/Wolfgang Motzkau-Valeton (Hg.), Die Künste und die Wissenschaften im Exil 1933–1945, Gerlingen 1992, 601–14

11985 Möller, Horst: Wissenschaft in der Emigration – quantitative und geographische Aspekte, in: BzW 7 (1984), 1–9

11985a Müller, Gudrun: Der Geschichtsroman deutscher Autoren im Exil, in: Rudolf Wolff (Hg.), Lion Feuchtwanger. Werk und Wirkung, Bonn 1984, 121–44

11986 Musgrave, Richard A.: Crossing Traditions. (Papers Presented at the Conference »Zur deutschsprachigen wirtschaftswissenschaftlichen Emigration nach 1933«, Universität Hohenheim, Stuttgart, 27.–29. September 1991), Hg. Universität Stuttgart-Hohenheim, Institut für Volkswirtschaftslehre, Stuttgart 1993; 19 S. (Ms. vervielf.)

11987 Musik im NS-Staat und Exil. (Zwischentöne, 10), verantwortl. Eckhard John, Freiburg i.Br. 1987; 54 S.

11988 Müssener, Helmut: Deutschsprachiges Exiltheater in Skandinavien, Stockholm 1977; 28 S.

11989 Müssener, Helmut: Die Exilsituation in Skandinavien, in: Manfred Durzak (Hg.), Die deutsche Exilliteratur 1933–1945, Stuttgart 1973, 114–34

11990 Nelson, Herbert: Theater in der Legalität und der Illegalität – Amsterdam 1933–1945, in: Exil 13 (1993), Nr. 2, 52–65

11991 Neumann, Franz L. u. a.: The Cultural Migration. The European Scholar in America, Einleitung W. Rex Crawford, Philadephia u. a. 1953; 156 S.

11992 Neumark, Fritz: Die Emigration in die Türkei, in: M. Rainer Lepsius (Hg.), Soziologie in Deutschland und Österreich 1918–1945. Materialien zur Entwicklung, Emigration und Wirkungsgeschichte, Opladen 1981, 442–60

11993 Noth, Ernst E.: Die Exilsituation in Frankreich, in: Manfred Durzak (Hg.), Die deutsche Exilliteratur 1933–1945, Stuttgart 1973, 73–89

11994 Obermann, Karl: Exil Paris. Im Kampf gegen Kultur- und Bildungsabbau im faschistischen Deutschland (1933–1939), Berlin (O) (LA Frankfurt) 1984; 239 S.

11995 Ochs, Günter: »Als ich wiederkam, da – kam ich nicht wieder.« Vorläufige Bemerkungen zu Rückkehr und Reintegration von Exilierten 1945–1949, in: Hans-Albert Walter/Günter Ochs (Hg.), Deutsche Literatur im Exil 1933–1945. Eine Auswahlbibliographie, Gütersloh/Aachen 1985, 259–79

11996 Olbrich, Harald: Zur künstlerischen und kulturpolitischen Leistung deutscher bildender Künstler im Exil 1933–1945. Mit besonderer Berücksichtigung der Emigration in der Tschechoslowakei, 6 Bde., Diss. Leipzig 1966; 208, 76, 57, 196 S. (Ms. vervielf.)

11997 Otto, Christian F.: American Skyscrapers and Weimar Modern: Transactions between Fact and Idea, in: Jarrell C. Jackman/Carla M. Borden (Hg.), The Muses Flee Hitler. Cultural Transfer and Adaptation, 1930–1945, Washington, D.C. 1983, 151–65

11998 Palmier, Jean-Michel: Weimar en exil. Le destin de l'émigration intellectuelle allemande antinazie en Europe et aux États-Unis, Bd. 1: Exil en Europe, 1933–1940, Bd. 2: Exil en Amérique, 1939–1945, Paris 1988; 533, 486 S.

11999 Papcke, Sven: Deutsche Soziologie im Exil. Gegenwartsdiagnose und Epochenkritik 1933–1945, Frankfurt/New York 1993; 231 S.

12000 Papcke, Sven: Entlastet von Gemeinschaftsmythen. Anmerkungen zur deutschen Soziologie im Exil, in: Edith Böhne/Wolfgang Motzkau-Valeton (Hg.), Die Künste und die Wissenschaften im Exil 1933–1945, Gerlingen 1992, 401–12

12001 Pass, Walter u. a.: Orpheus im Exil. Die Vertreibung der österreichischen Musik 1938–1945, Wien 1994; ca. 350 S.

12002 Patsch, Sylvia M.: »Und alles ist hier fremd.« Schreiben im Exil, in: Gisela Brinker-Gabler (Hg.), Deutsche Literatur von Frauen, Bd. 2: 19. und 20. Jahrhundert, München 1988, 304–17

12003 Paucker, Henri R.: Neue Sachlichkeit. Literatur im »Dritten Reich« und im Exil, Stuttgart 1976; 318 S.

12004 Peters, Uwe H.: Psychiatrie im Exil. Die Emigration der dynamischen Psychiatrie aus Deutschland 1933–1939, Düsseldorf 1992; 424 S.

12005 Peters, Uwe H.: Emigration psychiatrischer Gruppen am Beispiel der Psychoanalyse, in: Manfred Briegel/Wolfgang Frühwald (Hg.), Die Erfahrung der Fremde. Kolloquium des Schwerpunktprogramms »Exilforschung« der Deutschen Forschungsgemeinschaft. Forschungsbericht, Weinheim 1988, 177–88

12006 Peters, Uwe H.: Psychiater und Psychoanalytiker im Exil, in: Edith Böhne/Wolfgang Motzkau-Valeton (Hg.), Die Künste und die Wissenschaften im Exil 1933–1945, Gerlingen 1992, 357–78

12007 Peters, Uwe H.: Zur Emigration der deutschen Psychoanalyse 1933–1938, in:

Medizin im Nationalsozialismus. Tagung vom 30. April bis 2. Mai 1982. (Protokolldienst, 23), Hg. Evangelische Akademie Bad Boll, Bad Boll 1982, 247–57

12008 Peterson, Walter F.: The Berlin Liberal Press in Exile. A History of the »Pariser Tageblatt – Pariser Tageszeitung«, 1933–1940, Tübingen 1987; XV, 285 S. (zuerst Diss. Buffalo, N. Y., 1982 u. d. T.: The German Left-liberal Press in Exile. Georg Bernhard and the Circle of Emigré Journalists around the Pariser Tageblatt – Pariser Tageszeitung 1933–1940)

12009 Peterson, Walter F.: Das Dilemma linksliberaler deutscher Journalisten im Exil. Der Fall des »Pariser Tageblatt«, in: VfZ 32 (1984), 269–88

12010 Pfanner, Helmut F.: Exile in New York. German and Austrian Writers after 1933, Detroit, Mich. 1983; 252 S.

12011 Pfanner, Helmut F.: In einer geborgten Heimat: Deutsche und österreichische Exilschriftsteller in New York nach 1945, in: Donald G. Daviau/Ludwig M. Fischer (Hg.), Das Exilerlebnis. Verhandlungen des vierten Symposium über Deutsche und Österreichische Exilliteratur, Columbia, S. C. 1982, 74–80

12012 Pfeiffer, K. Ludwig: Vertreibung des Geistes – Deutsche Fallstudien zur Selbstdemontage Alteuropas, in: Rainer Geißler/Wolfgang Popp (Hg.), Wissenschaft und Nationalsozialismus. Eine Ringvorlesung an der Universität-Gesamthochschule-Siegen, Essen 1988, 79–102

12013 Pike, David W.: Deutsche Schriftsteller im sowjetischen Exil 1933–1945, Frankfurt 1981; 585 S. (amerikan.: Diss. Stanford, Ca. 1979 [MF Ann Arbor, Mich. 1980]; Chapel Hill, N. C. 1982)

12014 Plessner, Monika: Die »University in Exile« in New York und ihr amerikanischer Gründer, in: FH 19 (1964), 181–86

12015 Pohle, Fritz: Emigrationstheater in Südamerika abseits der »Freien Deutschen Bühne«, Buenos Aires, Mitarb. Hermann P. Gebhardt/Willy Keller, Hamburg 1989; 101 S.

12016 Pross, Helge: Die deutsche akademische Emigration nach den Vereinigten Staaten 1933–1941, Einführung Franz L. Neuman, Berlin 1955; 69 S.

12017 Pross, Helge: Die geistige Enthauptung Deutschlands: Verluste durch Emigration, in: Nationalsozialismus und die deutsche Universität. (Universitätstage 1966), Hg. Freie Universität Berlin, Berlin 1966, 143–55

12018 Rassler, Gerda: Literatur im Feuilleton. »Pariser Tageblatt«, »Pariser Tageszeitung« und ihr literaturpolitisches Profil, 2 Bde., Diss. Leipzig 1982; 146, 127 S. (Ms. vervielf.)

12019 Reingold, Nathan: Refugee Mathematicians in the United States, 1933–1941: Reception and Reaction, in: Jarrell C. Jackman/Carla M. Borden (Hg.), The Muses Flee Hitler. Cultural Transfer and Adaptation, 1930–1945, Washington, D. C. 1983, 205–32

12020 Riemer, Svend: Die Emigration der deutschen Soziologen nach den Vereinigten Staaten, in: KZSS 11 (1959), 100–12; abgdr. in: Wolf Lepenies (Hg.), Geschichte der Soziologie. Studien zur kognitiven, sozialen und historischen Identität einer Disziplin, Bd. 4, Frankfurt 1981, 159–75

12021 Rosenberg, Arthur: Die Aufgabe des Historikers in der Emigration, in: Emil J. Gumbel (Hg.), Freie Wissenschaft, Straßburg 1938, 207–313

12022 Roussel, Hélène: Zur Geschichte der Pariser Niederlassung des Instituts für Sozialforschung und seiner Beziehungen zur Ecole Normale Supérieure, in: Donald G. Daviau/Ludwig M. Fischer (Hg.), Das Exilerlebnis. Verhandlungen des vierten Symposium über Deutsche und Österreichische Exilliteratur, Columbia, S. C. 1982, 13–23

12023 Runge, Gerlinde: Politische Identität und nationale Geschichte. Wirkungsabsichten liberaler Exilpublizisten in Großbritannien 1938 bis 1945, in: Manfred Briegel/Wolfgang Frühwald (Hg.), Die Erfahrung der Fremde. Kolloquium des Schwerpunktprogramms »Exilforschung« der Deutschen Forschungsgemeinschaft. Forschungsbericht, Weinheim 1988, 87–120

12024 Sahl, Hans: Das Exil im Exil, 1. u. 2. Aufl., Frankfurt 1990; 228 S.

12025 Schaper, Ralf: Mathematiker im Exil, in: Edith Böhne/Wolfgang Motzkau-Valeton (Hg.), Die Künste und die Wissenschaften im Exil 1933–1945, Gerlingen 1992, 547–68

12026 Schebera, Jürgen: Hollywood macht mobil oder: NS-Deutschland im klassischen MGM-Stil. Zur Beteiligung deutscher Emigranten an den »Anti-Nazi-Filmen« 1939–1945, in: Sigrid Bauschinger/Susan L. Cocalis (Hg.), Wider den Faschismus. Exilliteratur als Geschichte, Tübingen/Basel 1993, 89–102

12027 Schiller, Dieter: »... von Grund auf anders«. Programmatik der Literatur im antifaschistischen Kampf während der dreißiger Jahre, Berlin (O) 1974; 316 S.

12028 Schiller, Dieter: Die Deutsche Freiheitsbibliothek in Paris, in: Exilforschung 8 (1990), 203–19

12029 Schmidt-Bergmann, Hansgeorg (Hg.): Exil, Widerstand, Innere Emigration. Badische Autoren zwischen 1933 und 1945, Mitarb. Matthias Kußmann, Eggingen 1993; 169 S.

12030 Schnauber, Cornelius: Torberg und Kesten. Die Emigration in Los Angeles und New York, in: Donald G. Daviau/Ludwig M. Fischer (Hg.), Das Exilerlebnis. Verhandlungen des vierten Symposium über Deutsche und Österreichische Exilliteratur, Columbia, S. C. 1982, 56–63

12031 Schneider, Hansjörg: Exiltheater in der Tschechoslowakei 1933–38. (Deutsches Theater im Exil), Hg. Akademie der Künste der DDR/Humboldt-Universität Berlin, Sektion Ästhetik und Kunstwissenschaft, Berlin (O) 1979; 358 S.

12032 Schneider, Rolf: Sanary in Südfrankreich – Zuflucht für Walter Benjamin und die anderen, in: Zeit, Jg. 43, Nr. 41, 7.10. 1988, 73

12033 Schneider, Sigrid: Das Ende Weimars im Exilroman. Literarische Strategien zur Vermittlung von Faschismustheorien, München u. a. 1980; XI, 575 S.

12034 Schneider, Sigrid: Mit dem Wort als Waffe. Deutschsprachige Publizistik im Exil, in: Edith Böhne/Wolfgang Motzkau-Valeton (Hg.), Die Künste und die Wissenschaften im Exil 1933–1945, Gerlingen 1992, 97–124

12035 Schoenberner, Gerhard (Hg.): Künstler gegen Hitler. Verfolgung, Exil, Widerstand, Bonn 1984; 72 S. (zugl. engl., franz., span.)

12036 Scholdt, Günter: Autoren über Hitler. Deutschsprachige Schriftsteller 1919–1945 und ihr Bild vom »Führer«, Bonn/Berlin 1993; 1012 S.

12037 Schoor, Kerstin: Verlagsarbeit im Exil. Untersuchungen zur Geschichte der deutschen Abteilung des Amsterdamer Allert de Lange Verlages 1933–1940, Amsterdam 1992; 281 S.

12038 Schoppmann, Claudia (Hg.): »Im Fluchtgepäck die Sprache«. Deutschsprachige Schriftstellerinnen im Exil, Berlin 1991; 245 S.

12039 Schröter, Klaus: Positionen und Differenzen. Brecht, Heinrich Mann, Thomas Mann im Exil, in: Akzente 20 (1973), 520–35

12040 Schuhmann, Thomas B.: »Einmal Emigrant, immer Emigrant...« Schriftstellerschicksale im Exil, in: Tribüne 23 (1984), Nr. 91, 76–86; abgedr. in: Widerstand und Exil 1933–1945, Hg. Bundeszentrale für politische Bildung, Bonn 1985 (Frankfurt/New York 1986), 213–22

12041 Schwartz, Philipp: Notgemeinschaft. Zur Emigration deutscher Wissenschaftler nach 1933 in die Türkei, Hg. Helge Peukert, Marburg 1995; ca. 100 S.

12042 Schwarz, Boris: The Music World in Migration, in: Jarrell C. Jackman/Carla M. Borden (Hg.), The Muses Flee Hitler. Cultural Transfer and Adaptation, 1930–1945, Washington, D. C. 1983, 135–50

12043 Seelmann-Eggebert, Ulrich: Die Exilsituation in der Schweiz, in: Manfred Durzak (Hg.), Die deutsche Exilliteratur 1933–1945, Stuttgart 1973, 101–14

12044 Seyfert, Michael: Im Niemandsland. Deutsche Exilliteratur in britischer Internierung. Ein unbekanntes Kapitel der Kulturgeschichte des Zweiten Weltkriegs, Berlin 1984; 248 S.

12045 Seywald, Wilfried: Journalisten im Shanghaier Exil 1939–1949, Wien u. a. 1987; 375 S.

12046 Siegel, Eva-Marie: Jugend, Frauen, Drittes Reich. Autorinnen im Exil 1933–1945, Pfaffenweiler 1993; 162 S.

12047 Simon, Rolf: Umweltaspekte des lateinamerikanischen Exils, in: Donald G. Daviau/Ludwig M. Fischer (Hg.), Das Exilerlebnis. Verhandlungen des vierten Symposium über Deutsche und Österreichische Exilliteratur, Columbia, S. C. 1982, 32–40

12048 Singer, Hans W.: The Influence of Schumpeter and Keynes: on the Developement of a Developement Economist. (Papers Presented at the Conference »Zur deutschsprachigen wirtschaftswissenschaftlichen Emigration nach 1933«, Universität Hohenheim, Stuttgart, 27.–29. September 1991), Hg. Universität Stuttgart-Hohenheim, Institut für Volkswirtschaftslehre, überarb. Fassung, Stuttgart 1993; 19, 4 S. (Ms. vervielf.)

12049 Söllner, Alfons: Wissenschaftliche Kompetenz und politische Ohnmacht. Deutsche Emigranten im amerikanischen Staatsdienst 1942–1949, in: Thomas Koebner u. a. (Hg.), Deutschland nach Hitler: Zukunftspläne im Exil und aus der Besatzungszeit 1939–1949, Opladen 1987, 136–50

12050 Söllner, Alfons: »Kronjurist des Dritten Reiches«. Das Bild Carl Schmitts in den Schriften der Emigranten, in: JfA 1 (1979), 191–216

12051 Söllner, Alfons: Vom Staatsrecht zur »political science« – die Emigration deutscher Wissenschaftler nach 1933, ihr Einfluß auf die Transformation einer Disziplin, in: PVS 31 (1990), 627–54; abgedr. in: Herbert A. Strauss u. a. (Hg.), Die Emigration der Wissenschaften. Disziplingeschichtliche Studien, München u. a. 1991, 139–64

12052 Spalek, John M./Bell, Robert F. (Hg.): Exile. The Writer's Experience, Chapel Hill, N. C. 1982; XXIII, 368 S.

12053 Sprondel, Walter M.: Die »University in Exile« [New York] und Aspekte ihrer Wirkung, in: Wolf Lepenies (Hg.), Geschichte der Soziologie. Studien zur kognitiven, sozialen und historischen Identität einer Disziplin, Bd. 4, Frankfurt 1981, 176–201

12054 Srubar, Ilja (Hg.): Exil, Wissenschaft, Identität. Die Emigration deutscher Sozialwissenschaftler 1933–1945, Frankfurt 1990; 383 S.

Stadler, Friedrich (Hg.): Vertriebene Vernunft, München/Wien:

12055 – Bd. 1: Emigration und Exil österreichischer Wissenschaft 1930–1940, 1987; 584 S.

12056 – Bd. 2: Emigration und Exil österreichischer Wissenschaft. Internationales Symposion 19. bis 23. Oktober 1987 in Wien, 1988; 1120 S.

12057 Stephan, Alexander: Die deutsche Exilliteratur 1933–1945. Eine Einführung, München 1979; 376 S.

12058 Stephan, Alexander/Wagener, Hans (Hg.): Schreiben im Exil. Zur Ästhetik der deutschen Exilliteratur 1933–1945, Bonn 1985; IX, 251 S.

12059 Stern, Guy: Literatur im Exil. Gesammelte Aufsätze 1959–1989, Ismaning 1989; 428 S.*

12060 Stern, Guy: Das Amerikabild der Exilliteratur. Zu einem unveröffentlichten Filmexposé von Alfred Neumann, in: Horst Denkler/Wilfried Malsch (Hg.), Amerika in der deutschen Literatur, Stuttgart 1975, 323–28; abgedr. in: Guy Stern, Literatur im Exil. Gesammelte Aufsätze 1959–1989, Ismaning 1989, 192–98

12061 Stern, Guy: Ob und wie sie sich anpaßten: Deutsche Schriftsteller im Exilland USA, in: Wolfgang Frühwald/Wolfgang Schieder (Hg.), Leben im Exil. Probleme der Integration deutscher Flüchtlinge im Ausland 1933–1945, Hamburg 1981, 68–76; abgedr. in: Guy Stern, Literatur im Exil. Gesammelte Aufsätze 1959–1989, Ismaning 1989, 63–73

12062 Stern, Guy: Deutsch-jüdische und deutsch-christliche Schriftsteller: Zusammenarbeit im Exil, in: Guy Stern, Literatur im Exil. Gesammelte Aufsätze 1959–1989, Ismaning 1989, 93–107; engl. in: Jehuda Reinharz/Walter Schatzberg (Hg.), The Jewish Response to German Culture. From the Enlightenment to the Second World War, Hanover/London 1985, 150–63

12063 Stern, Guy: Waffengefährten und wechselseitige Urbilder der Dichtung: Hemingway und die Exilanten aus Nazideutschland im Spanischen Bürgerkrieg (engl. 1989), in: Guy Stern, Literatur im Exil. Gesammelte Aufsätze 1959–1989, Ismaning 1989, 403–23

12064 Stern, Guy: Die Nürnberger Rassengesetze im Spiegel der Exilliteratur, in: Editha Koch/Frithjof Trapp (Hg.), Realismus-Konzeptionen der Exilliteratur zwischen 1935 und 1940/41. Tagung der Hamburger Arbeitsstelle für deutsche Exilliteratur 1986. (Exil, Sonderh. 1), Maintal 1987, 189–202; abgedr. in: Guy Stern, Literatur im Exil. Gesammelte Aufsätze 1959–1989, Ismaning 1989, 130–48

12065 Stern, Guy: Die Thematik von »Flucht und Exil« innerhalb und außerhalb des Dritten Reiches: Eine Konfrontation, in: JfIG 5 (1977), 60–78; abgedr. in: Guy Stern, Literatur im Exil. Gesammelte Aufsätze 1959–1989, Ismaning 1989, 149–66

12066 Stiefel, Ernst C.: Die deutsche juristische Emigration in den U.S.A., in: JZ 43 (1988), 421–26

12067 Stiefel, Ernst C./Mecklenburg, Frank: Deutsche Juristen im amerikanischen Exil 1933–1950, Tübingen 1991; VIII, 236 S.

12067a Stompor, Stephan: Künstler im Exil in Oper, Konzert, Operette, Tanztheater, Schauspiel, Kabarett, Rundfunk, Film, Musik- und Theaterwissenschaft sowie Ausbildung in 62 Ländern, 2 Bde., Frankfurt u. a. 1994; 872 S.

12068 Strauß, Herbert A. u. a. (Hg.): Die Emigration der Wissenschaften. Disziplingeschichtliche Studien, München u. a. 1991; 282 S.*

12069 Strauss, Herbert A.: Wissenschaftler in der Emigration, in: Jörg Tröger (Hg.), Hochschule und Wissenschaft im Dritten Reich, 2. Aufl., Frankfurt/New York 1986, 53–64 (zuerst 1984)

12070 Strauss, Herbert A.: Wissenstransfer durch Emigration, in: HSR 13 (1988), Nr. 1, 111–21

12071 Strubar, Ilja: Zur Typisierung von Emigrationsverläufen. Dargestellt am Beispiel der Emigration deutschsprachiger Sozialwissenschaftler nach 1933, in: Herbert A. Strauss u. a. (Hg.), Die Emigration der Wissenschaften. Disziplingeschichtliche Studien, München u. a. 1991, 165–82

12072 Stuewer, Roger H.: Nuclear Physicists in a New World. The Émigrés of the 1930s in America, in: BzW 7 (1984), 23–40

12073 Stürzer, Anne: »Schreiben tue ich jetzt nichts ... keine Zeit.« Zum Beispiel:

Die Dramatikerinnen Christa Winsloe und Hilde Rubinstein im Exil, in: Exilforschung 11 (1993), 127–42

12074 Taylor, John R.: Fremde im Paradies. Emigranten in Hollywood 1930–1950, Berlin 1984; 337 S.

12075 Tergit, Gabriele: Die Exilsituation in England, in: Manfred Durzak (Hg.), Die deutsche Exilliteratur 1933–1945, Stuttgart 1973, 135–44

12076 Theater im Exil 1933–1945. Ausstellung, Filmretrospektive, Konferenz 21.10. – 18.11. 1973, Hg. Akademie der Künste, Berlin (O) o. J. (1973); 200 S.

12077 Thielking, Sigrid: Die Grimasse des Caliban. Erklärungsmuster von Dekulturation bei deutschsprachig-jüdischen Autoren, in: JfA 3 (1994), 165–77

12078 Thivat, Patricia-Laure: L'intelligentsia allemande émigrée aux Etats-Unis, 1933–1945. Problématique de la création culturelle dans le cadre de l'exil, in: RHMC 33 (1986), 74–95

12079 Traber, Habakuk/Weingarten, Elmar: Verdrängte Musik: Berliner Komponisten im Exil, Berlin 1987; 376 S.

12080 Traber, Jürgen H.: Emigrierte Musik: Komponisten im Exil, in: Edith Böhne/Wolfgang Motzkau-Valeton (Hg.), Die Künste und die Wissenschaften im Exil 1933–1945, Gerlingen 1992, 125–55

12081 Trapp, Frithjof: Deutsche Exilliteratur 1933–1945, in: Der Zensur zum Trotz. Das gefesselte Wort und die Freiheit in Europa. Katalog zur Ausstellung im Zeughaus der Herzog August Bibliothek Wolfenbüttel vom 13. Mai bis 16. Oktober 1991, Bearb. Paul Raabe, Weinheim 1991, 169–80

12082 Trapp, Frithjof: Schriftsteller als Politiker. Leistung und Schwäche der Linksintelligenz während der ersten Phase des Exils (1933–1940), in: Exil 4 (1984), Nr. 1, 17–31

12083 Trapp, Frithjof: Deutsche Literatur zwischen den Weltkriegen, Bd. 2: Literatur im Exil, Bern u. a. 1983; 250 S.

12084 Trommler, Frank: Sozialistische Literatur in Deutschland. Ein historischer Überblick, Stuttgart 1976, 595–677

12085 Um uns die Fremde. Die Vertreibung des Geistes 1933–1945, Hg. SFB [Sender Freies Berlin], Berlin 1968; 83 S.

12086 Velden, Manfred: Auswirkungen des Dritten Reiches auf die Psychologie der Wahrnehmung, in: Edith Böhne/Wolfgang Motzkau-Valeton (Hg.), Die Künste und die Wissenschaften im Exil 1933–1945, Gerlingen 1992, 333–55

12087 Verfolgung und Emigration, in: Karen Brecht u. a. (Hg.), »Hier geht das Leben auf eine sehr merkwürdige Weise weiter...« Zur Geschichte der Psychoanalyse in Deutschland. Katalog und Materialiensammlung zur Ausstellung anläßlich des 34. Kongresses der Internationalen Psychoanalytischen Vereinigung (IPV) in Hamburg vom 28.7.–2.8. 1985, 1. u. 2. Aufl., o. O. [1985], 64–81

12088 Die Vertreibung des Geistigen aus Österreich. Zur Kulturpolitik des Nationalsozialismus. [Ausstellung] Jänner/Februar 1985, Hg. Zentralsparkasse und Kommerzialbank Wien/Hochschule für Angewandte Kunst in Wien, Bearb. Gabriele Koller/Gloria Withalm, Wien 1985; 375 S.

12089 Von Büchner bis Brecht. Zürich als Literaturexil. (Ausstellung vom 27. Mai bis 15. Juli 1973.) Eine Veranstaltung der Präsidialabteilung der Stadt Zürich im Rahmen der Junifestwochen, Hg. Helmhaus Zürich, Mitarb. Detlef Droese u. a., Zürich 1973; (36) S.

12090 Wächter, Hans C.: Theater im Exil. Sozialgeschichte des deutschen Exiltheaters 1933–1945. Mit einem Beitrag »Theater in der deutschen Schweiz«, Mitarb. Louis Naef, München 1973; 298 S.

12091 Walter, Hans-Albert: »Ich hatte einst ein schönes Vaterland.«, in: Hans-Albert

Walter/Günter Ochs (Hg.), Deutsche Literatur im Exil 1933–1945. Eine Auswahlbibliographie, Gütersloh/Aachen 1985, 7–77

12092 Walter, Hans-Albert: Der Streit um die »Sammlung«. Porträt einer Literaturzeitschrift im Exil, in: Widerstand, Verfolgung und Emigration 1933–1945. (Referate auf der Tagung des Forschungsinstituts der Friedrich-Ebert-Stiftung vom 25. bis 30. September 1966 in Bergneustadt), Bad Godesberg 1967, 59–78 (Ms. vervielf.)

Walter, Hans-Albert: Deutsche Exilliteratur 1933–1950, Neuwied/Darmstadt:

12093 – Bd. 1.1: Bedrohung und Verfolgung bis 1933, 1972; 318 S.

12094 – Bd. 1.2: Asylpraxis und Lebensbedingungen in Europa, 1972; 420 S.

12095 – Bd. 2: Europäisches Appeasement und überseeische Asylpraxis, 1984; 589 S.

12096 – Bd. 3: Internierung, Flucht und Lebensbedingungen im Zweiten Weltkrieg, 1988; 631 S.

12097 – Bd. 4: Exilpresse, 1978; XI, 842 S.

12098 – Bd. 7.1: Exilpresse, 1974; 424 S.

12099 Walter, Peter Th.: Zur Kontinuität politikwissenschaftlicher Fragestellungen: Deutschlandstudien exilierter Dozenten, in: Gerhard Göhler/Bodo Zeuner (Hg.), Kontinuitäten und Brüche in der deutschen Politikwissenschaft, Baden-Baden 1991, 137–43

12100 Walther, Peter Th.: Nationale Pädagogik und nationale Politik. Die historische und politische Arbeit emigrierter deutscher Neuhistoriker in den USA, in: Manfred Briegel/Wolfgang Frühwald (Hg.), Die Erfahrung der Fremde. Kolloquium des Schwerpunktprogramms »Exilforschung« der Deutschen Forschungsgemeinschaft. Forschungsbericht, Weinheim 1988, 189–204

12101 Walther, Peter Th.: Emigrierte deutsche Historiker in den USA, in: BzW 7 (1984), 41–52

12102 Wasserstein, Bernard: Intellectual Emigrés in Britain, 1933–1939, in: Jarrell C. Jackman/Carla M. Borden (Hg.), The Muses Flee Hitler. Cultural Transfer and Adaptation, 1930–1945, Washington, D.C. 1983, 249–56

12103 Wegner, Matthias: Exil und Literatur. Deutsche Schriftsteller im Ausland 1933–1945, 2., durchges. u. erg. Aufl., Frankfurt/Bonn 1968; 247 S. (zuerst 1967)

12104 Weiner, Charles: A New Site for the Seminar: The Refugees and American Physics in the Thirties, in: Donald Fleming/Bernard Bailyn (Hg.), The Intellectual Migration. Europe and America, 1930–1960, Cambridge, Mass. 1969, 190–234

12105 Weinzierl, Ulrich: Österreichische Schriftsteller im Exil, in: Emmerich Tálos u.a. (Hg.), NS-Herrschaft in Österreich 1938–1945, Wien 1988, 571–76

12106 Weisstein, Ulrich: Literaturkritik in deutschen Exilzeitschriften: Der Fall Das Wort, in: Peter U. Hohendahl/Egon Schwarz (Hg.), Exil und Innere Emigration, Bd. 2: Internationale Tagung in St. Louis, Frankfurt 1973, 19–46

12107 Wellek, Albert: Der Einfluß der deutschen Emigration auf die Entwicklung der nordamerikanischen Psychologie, in: JfAS 10 (1965), 34–58

12108 Werner, Hans U.: Dichter-Exil und Dichter-Roman. Studien zur verdeckten Exilthematik in der deutschen Exilliteratur 1933–1945, Frankfurt u.a. 1987; XIV, 298 S.

12110 Widmann, Horst: Exil und Bildungshilfe. Die deutschsprachige akademische Emigration in die Türkei nach 1933. Mit einer Bio-Bibliographie der emigrierten Hochschullehrer im Anhang, Bern/Frankfurt 1973; 308 S.

12111 Wieler, Joachim: Emigrierte Sozialarbeit nach 1933. Berufskolleginnen und -kollegen als politische Flüchtlinge, in: Hans-Uwe Otto/Heinz Sünker (Hg.), Soziale Arbeit und Faschismus, 2., veränd. u. überarb. Aufl., Frankfurt 1989, 306–27 (zuerst Bielefeld 1986)

12112 Willett, John: Die Künste in der Emigration, in: Gerhard Hirschfeld (Hg.), Exil in Großbritannien. Zur Emigration aus dem nationalsozialistischen Deutschland, Stuttgart 1983, 183–204

12113 Winkler, Andreas/Elss, Wolfdieter (Hg.): Deutsche Exilliteratur 1933–1945. Primärtexte und Materialien zur Rezeption, Frankfurt u.a. 1982; 124 S.**

12114 Winkler, Michael: Deutsche Literatur im Exil 1933–1945. Texte und Dokumente, 4. Aufl., Stuttgart 1990; 512 S. (zuerst 1977)**

12115 Winkler, Michael: Die civitas hominum als Wolkenkuckucksheim? Ideen zu einer besseren Nachkriegswelt im New Yorker Freundeskreis Erich Kahler, Hermann Broch und Hannah Arendt, in: Thomas Koebner u.a. (Hg.), Deutschland nach Hitler: Zukunftspläne im Exil und aus der Besatzungszeit 1939–1949, Opladen 1987, 88–103

12116 Winkler, Michael: Jugend unter dem Nationalsozialismus. Zur Versöhnung von Autorität und Genie in faschistischer Ideologie und in Werken der Exilliteratur, in: Stein U. Larsen/Beatrice Sandberg (Hg.), Fascism and European Literature/Faschismus und europäische Literatur, Bern u.a. 1991, 91–114

12117 Winkler, Michael: Germany – Jekyll and Hyde. Nationale Stereotypen und die Suche nach kultureller Identität im Exil, in: Sigrid Bauschinger/Susan L. Cocalis (Hg.), Wider den Faschismus. Exilliteratur als Geschichte, Tübingen/Basel 1993, 1–22

12118 Wittebur, Klemens: Die deutsche Soziologie im Exil 1933–1945. Eine biographische Kartographie, Münster 1991; IX, 374 S.

12119 Wittmann, Reinhard: Geschichte des deutschen Buchhandels. Ein Überblick, München 1991, 347–57

12120 Wolf, Heinz: Deutsch-jüdische Emigrantenhistoriker in den USA und der Nationalsozialismus, Frankfurt u.a. 1989; 557 S.

12121 Wolfe, Tom: From Bauhaus to Our House, New York 1981; 143 S.

12122 Wollmann, Heide-Marie: Deutschsprachige Schriftsteller in Positano 1933–1945, in: Exil 6 (1986), Nr. 2, 65–76

12123 Zenker, Edith (Hg.): Wir sind die Rote Garde. Sozialistische Literatur 1914–1935, Bd. 2: 1929–1935, Geleitwort Otto Gotsche, Nachwort Klaus Kändler, 3. Aufl., Leipzig 1974; 353 S. (zuerst 2. Aufl. 1967 [1. Aufl. 1959: bis 1933]; LA Frankfurt 1974; 2. Aufl. 1980)

12124 Zimmermann, Bernhard: Antifaschistische Literaturkritik im Exil, in: Peter U. Hohendahl (Hg.), Geschichte der deutschen Literaturkritik, Stuttgart 1985, 285–300

12125 Zühlsdorf, Volkmar von: Die Deutsche Akademie der Künste und Wissenschaften im Exil und die American Guild for German Cultural Freedom, in: Exil 13 (1993), Nr. 2, 5–11

A.3.14.8.2 Einzelne Persönlichkeiten

Gedruckte Quellen

12128 [Adorno, Theodor W./Benjamin, Walter] Adorno, Theodor W./Benjamin, Walter: Briefwechsel 1928–1940, Hg. Henri Lonitz, Frankfurt 1994; 501 S.

12129 [Alewyn, Richard] Weber, Regina: Zur Remigration des Germanisten Richard Alewyn, in: Herbert A. Strauss u.a. (Hg.), Die Emigration der Wissenschaften. Disziplingeschichtliche Studien, München u.a. 1991, 235–56

Gedruckte Quellen

12130 [Barth, Karl] Lease, Gary (Bearb.): Der Briefwechsel zwischen Karl Barth und Hans-Joachim Schoeps (1929–1946). (Dokumentation), in: Menora 2 (1991), 105–37

Darstellungen

12131 [Barth, Karl] Prolingheuer, Hans: Der Fall Karl Barth 1934–1935. Chronologie einer Vertreibung, Neukirchen-Vluyn 1977; XXIII, 410 S.

Gedruckte Quellen

12132 [Becher, Johannes R.] Becher, Johannes R.: Briefe 1909–1958. Briefe an Johannes R. Becher 1910–1958, Hg. Rolf Harder, Mitarb. Brigitte Zessin, 2 Bde., Berlin/Weimar 1993; 1418 S.

Gedruckte Quellen

12133 [Benjamin, Walter] Benjamin, Walter: Moskauer Tagebuch. Aus der Handschrift, Hg. Gary Smith, Vorwort Gershom Scholem, Frankfurt 1980; 222 S.

12134 [Benjamin, Walter] Benjamin, Walter/Scholem, Gershom: Briefwechsel 1933–1940, Hg. Gershom Scholem, 2. Aufl., Frankfurt 1985; 329 S. (zuerst 1980)

Darstellungen

12136 [Benjamin, Walter] Brodersen, Momme: Spinne im eigenen Netz. Walter Benjamin. Leben und Werk, Bühl-Moos 1990, 215–69, 309–22

12137 [Benjamin, Walter] Fuld, Werner: Walter Benjamin. Zwischen den Stühlen. Eine Biographie, München 1979; 323 S.

12138 [Benjamin, Walter] Kambas, Chryssoula: Walter Benjamin im Exil. Zum Verhältnis von Literaturpolitik und Ästhetik, Tübingen 1983; XI, 247 S.

12139 [Benjamin, Walter] Kaulen, Heinrich: Leben im Labyrinth. Walter Benjamins letzte Lebensjahre, in: NR 93 (1982), Nr. 1, 34–59

12140 [Benjamin, Walter] Scheurmann, Ingrid/Scheurmann, Konrad (Hg.): Für Walter Benjamin. Dokumente, Essays und ein Entwurf. Eine Publikation des Arbeitskreises selbständiger Kultur-Institute – AsKI, Bonn und des Suhrkamp-Verlags, Frankfurt am Main, Frankfurt 1992; 283 S.**

12141 [Benjamin, Walter] Scholem, Gershom: Walter Benjamin. Die Geschichte einer Freundschaft, 3. Aufl., Frankfurt 1990; 298 S. (zuerst 1975)

12142 [Benjamin, Walter] Walter Benjamin 1892–1940. Eine Ausstellung des Theodor W. Adorno-Archivs Frankfurt am Main in Verbindung mit dem Deutschen Literaturarchiv Marbach am Neckar. (Marbacher Magazin, 55), Bearb. Rolf Tiedemann u. a., Marbach a. N. 1990, 229–315**

Bibliographien

12143 [Brecht, Bertolt] Bock, Stephan: Bertolt Brecht. Auswahl- und Ergänzungsbibliographie, Bochum 1979; X, 143 S.

12144 [Brecht, Bertolt] Petersen, Klaus-Dietrich: Bertolt-Brecht-Bibliographie, Geleitwort Johannes Hansel, Bad Homburg 1968, 16–35

Darstellungen

12145 [Brecht, Bertolt] Engberg, Harald: Brecht auf Fünen. Exil in Dänemark 1933–1939, Wuppertal 1974; 271 S. (dänisch: Odense 1966)

12146 [Brecht, Bertolt] Gisselbrecht, André: Brecht, Thomas Mann et le mouvement »Free Germany«, in: Jean-Marie Valentin (Hg.), Bertolt Brecht. Actes du Colloque franco-allemand tenu en Sorbonne (15–19 novembre 1988), Mitarb. Theo Buck, Bern u. a. 1990, 15–35

12147 [Brecht, Bertolt] Kesting, Marianne: Bertolt Brecht in Selbstzeugnissen und

Bilddokumenten, Mitarb. Paul Raabe u.a., 21. Aufl., München/Wien 1976 u.ö.; 190 S. (zuerst 1959)**

12148 [Brecht, Bertolt] Lyon, James K.: Bertolt Brecht in Amerika, Frankfurt 1984; 526 S. (amerikan.: Princeton, N.J. 1980)

12149 [Brecht, Bertolt] Mittenzwei, Werner: Das Leben des Bertolt Brecht oder Der Umgang mit den Welträtseln, 2 Bde., Berlin [O]/Weimar 1986; 774, 740 S. (LA Frankfurt 1987)

12150 [Brecht, Bertolt] Nielsen, Birgit S.: Die Freundschaft Bert Brechts und Helene Weigels mit Karin Michaëlis. Eine literarisch-menschliche Beziehung im Exil, in: Edith Böhne/Wolfgang Motzkau-Valeton (Hg.), Die Künste und die Wissenschaften im Exil 1933–1945, Gerlingen 1992, 71–96**

12150a [Brecht, Bertolt] Thiele, Dieter: Von der Prosa zur Elegie. Brechts Exilerfahrung in Hollywood und ihre ästhetischen Folgen, in: Lutz Winckler/Christian Fritsch (Hg.), Antifaschistische Literatur. Programme, Autoren, Werke, Bd. 3, Königstein, Ts. 1979, 34–62

12151 [Brecht, Bertolt] Völker, Klaus: Bertolt Brecht. Eine Biographie, München/Wien 1976; 448 S.

12152 [Brecht, Bertolt] Wiesstein, Ulrich: Bertolt Brecht. Die Lehren des Exils, in: Manfred Durzak (Hg.), Die deutsche Exilliteratur 1933–1945, Stuttgart 1973, 373–97

12153 [Breitscheid, Rudolf] Lehmann, Hans G.: Nationalsozialistische und akademische Ausbürgerung im Exil. Warum Rudolf Breitscheid der Doktortitel aberkannt wurde, Hg. Philipps-Universität Marburg, Marburg 1985; 32 S.

12154 [Dieterle, William] Mierendorff, Marta: William Dieterle. Der Plutarch von Hollywood. Eine Biographie, Berlin 1993; 384 S.

12155 [Dieterle, William] Mierendorff, Marta: William Dieterle – Vergessene Schlüsselfigur der Emigration. Seine Beziehungen zu exilierten Autoren, in: Donald G. Daviau/Ludwig M. Fischer (Hg.), Das Exilerlebnis. Verhandlungen des vierten Symposium über Deutsche und Österreichische Exilliteratur, Columbia, S.C. 1982, 81–100

Gedruckte Quellen

12156 [Döblin, Alfred] Döblin, Alfred: Autobiographische Schriften und letzte Aufzeichnungen, Hg. Edgar Pässler, 2. Aufl., Olten/Freiburg i.Br. 1980; 618 S.

Darstellungen

12157 [Döblin, Alfred] Auer, Manfred: Das Exil vor der Vertreibung. Motivkontinuität und Quellenproblematik im späten Werk Alfred Döblins [1933–1956], Bonn 1977; 247 S.

12158 [Döblin, Alfred] Kiesel, Helmut: Literarische Trauerarbeit. Das Exil- und Spätwerk Alfred Döblins, Tübingen 1986; XIII, 549 S.

12159 [Döblin, Alfred] Müller-Salget, Klaus: Alfred Döblin im Exil, in: Beda Allemann (Hg.), Literatur und Germanistik nach der »Machtübernahme«. Colloquium zur 50. Wiederkehr des 30. Januar 1933, Bonn 1983, 118–42

12160 [Döblin, Alfred] Niggl, Günter: Antwort auf das Inferno der Zeit: Das Spätwerk Alfred Döblins, in: Wolfgang Frühwald/Heinz Hürten (Hg.), Christliches Exil und christlicher Widerstand. Ein Symposium an der katholischen Universität Eichstätt 1985, Regensburg 1987, 263–74

12161 [Döblin, Alfred] Prangel, Matthias: Alfred Döblin, 2. Aufl., Stuttgart 1987; VIII, 131 S. (zuerst 1973)

12162 [Döblin, Alfred] Schröter, Klaus: Alfred Döblin in Selbstzeugnissen und Bilddokumenten, Reinbek 1978 u.ö.; 158 S.

12163 [Ehrenstein, Albert] Mittelmann, Hanni: Von der Erbärmlichkeit des Exils –

Albert Ehrensteins letzte Jahre, in: BLBI 19 (1980), Nr. 56/57, 110–34

12164 [Einstein, Albert] Fölsing, Albrecht: Albert Einstein. Eine Biographie, 3. Aufl., Frankfurt 1994; 959 S. (zuerst 1993)

Bibliographien

12165 [Feuchtwanger, Lion] Wolff, Rudolf: Bibliographie (Auswahl), in: Rudolf Wolff (Hg.), Lion Feuchtwanger. Werk und Wirkung, Bonn 1984, 146–67

Gedruckte Quellen

12166 [Feuchtwanger, Lion] Feuchtwanger, Lion: Briefwechsel mit Freunden 1933–1958, Hg. Harold von Hofe/Sigrid Washburn, 2 Bde., Berlin/Weimar 1991; 540, 448 S.

12166a [Feuchtwanger, Lion/Zweig, Arnold] Feuchtwanger, Lion/Zweig, Arnold: Briefwechsel 1933–1958, Bd. 1: 1933–1948, Hg. Harold von Hofe, Berlin (O)/Weimar 1984; 599 S. (LA Frankfurt 1986)

Darstellungen

12167 [Feuchtwanger, Lion] Dreyer, Stefan: Schriftstellerrollen und Schreibmodelle im Exil. Zur Periodisierung von Lion Feuchtwangers Romanwerk 1933–1945, Frankfurt u. a. 1988; 360 S.

12168 [Feuchtwanger, Lion] Feuchtwanger, Lion: Der Teufel in Frankreich. Erlebnisse [1940]. Tagebuch 1940. Briefe. Mit einem ergänzenden Bericht von Maria Feuchtwanger: Die Flucht, Bearb. Harold von Hofe, Nachwort Hans Dahlke, 2., erw. Aufl., Berlin/Weimar 1992; 414 S.**

12169 [Feuchtwanger, Lion] Jaretzky, Reinhold: Lion Feuchtwanger. Mit Selbstzeugnissen und Bilddokumenten, 2. Aufl., Reinbek 1985 u. ö.; 157 S. (zuerst 1984)

12170 [Feuchtwanger, Lion] Jeske, Wolfgang/Zahn, Peter: Lion Feuchtwanger oder Der arge Weg der Erkenntnis, Stuttgart 1984, 143–334

12171 [Feuchtwanger, Lion] Kröhnke, Karl: Lion Feuchtwanger. Der Ästhet in der Sowjetunion. Ein Buch nicht nur für seine Freunde, Stuttgart 1991; (VII), 321 S.

12172 [Feuchtwanger, Lion] Mayer, Hans: Lion Feuchtwanger oder Die Folgen des Exils, in: NR 76 (1965), Nr. 1, 120–29

12173 [Feuchtwanger, Lion] Pischel, Joseph: Lion Feuchtwanger. Versuch über Leben und Werk, Berlin 1984, 117–265, 278–93 (LA; zuerst Leipzig 1976)

12174 [Feuchtwanger, Lion] Pischel, Joseph: Brecht und Feuchtwanger. Ein Modell von Bündnisbeziehungen im Exil, in: Wolfgang Müller-Funk (Hg.), Jahrmarkt der Gerechtigkeit. Studien zu Lion Feuchtwangers zeitgeschichtlichem Werk, Tübingen 1987, 139–54

12175 [Feuchtwanger, Lion] Reich-Ranicki, Marcel: Lion Feuchtwanger oder Der Weltruhm des Emigranten, in: Manfred Durzak (Hg.), Die deutsche Exilliteratur 1933–1945, Stuttgart 1973, 443–56

12176 [Feuchtwanger, Lion] Rothmund, Doris: Lion Feuchtwanger und Frankreich. Exilerfahrung und deutsch-jüdisches Selbstverständnis, Frankfurt u. a. 1990; 380 S.

12177 [Feuchtwanger, Lion] Skierka, Volker: Lion Feuchtwanger. Eine Biographie, Hg. Stefan Jaeger, Berlin 1984; 387 S.

12178 [Feuchtwanger, Lion] Sternburg, Wilhelm von: Lion Feuchtwanger. Ein deutsches Schriftstellerleben, Königstein, Ts. 1984, 251–312

12179 [Feuchtwanger, Lion] Zerrahn, Holger: Exilerfahrung und Faschismusbild in Lion Feuchtwangers Romanwerk zwischen 1933 und 1945, Bern u. a. 1984; (VII), 254 S.

12180 [Fraenkel, Ernst] Göhler, Gerhard: Vom Sozialismus zum Pluralismus. Politiktheorie und Emigrationserfahrung bei Ernst Fraenkel, in: PVS 27 (1986), 6–27

12181 [Fuchs, Albert] Weinzierl, Ulrich: Albert Fuchs (1905–1946). Ein Intellektueller im Exil, in: Helmut Konrad/Wolfgang Neugebauer (Hg.), Arbeiterbewegung – Faschismus – Nationalbewußtsein. Festschrift zum 20jährigen Bestand des Dokumentationsarchivs des österreichischen Widerstandes und zum 60. Geburtstag von Herbert Steiner, Wien u. a. 1983, 315–30

12182 [Goldschmidt, Alfons] Kießling, Wolfgang: Vom Grunewald [Berlin] nach Woodstock über Moskau. Alfons Goldschmidt im USA-Exil, in: Exilforschung 8 (1990), 106–27

12183 [Goslar, Lotte] Schmeichel-Falkenberg, Beate: Aufforderung zum Überleben. Lotte Goslar und das Exil, in: Exilforschung 11 (1993), 216–28

Bibliographien

12184 [Graf, Oskar Maria] Pfanner, Helmut F.: Oskar Maria Graf. Eine kritische Bibliographie, Bern/München 1976, 287–507

Gedruckte Quellen

12185 [Graf, Oskar Maria] Briefe aus dem Exil. Mit einem Vortrag zur Eröffnung der Oskar Maria Graf-Ausstellung in der Deutschen Bibliothek, 12. Dezember 1977, Hg. Brita Eckert u. a., Vortrag Hans-Albert Walter, Frankfurt 1978; 71 S.**

Darstellungen

12186 [Graf, Oskar Maria] Bauer, Gerhard: Gefangenschaft und Lebenslust. Oskar Maria Graf in seiner Zeit, Bildred. Hans Dollinger, München 1987, 235–339

12187 [Graf, Oskar Maria] Bollenbeck, Georg: Oskar Maria Graf. Mit Selbstzeugnissen und Bilddokumenten, Reinbek 1985 u. ö., 158 (zuerst 1984)

12188 [Graf, Oskar Maria] Dietz, Wolfgang/Pfanner, Helmut F. (Hg.): Oskar Maria Graf. Beschreibung eines Volksschriftstellers, München 1974; 222 S.

12189 [Graf, Oskar Maria] Mersmann, Gerhard: Oskar Maria Graf. Rebellisches Exil – Utopische Provinz, Frankfurt 1988; 274 S.

12190 [Graf, Oskar Maria] Recknagel, Rolf: Ein Bayer in Amerika. Oskar Maria Graf. Leben und Werk, Berlin 1978; 460 S.

12191 [Grosz, George] Grosz, George (Hg.): Ein kleines Ja und ein großes Nein. Sein Leben von ihm selbst erzählt, Reinbek 1992; 289 S.

12192 [Gumbel, Emil Julius] Brenner, Arthur: »Hirngespinste« oder moralische Pflicht? Emil J. Gumbel im französischen Exil 1932–1940, in: Exilforschung 8 (1990), 128–41

12193 [Gumbel, Emil Julius] Jansen, Christian: Emil Julius Gumbel. Porträt eines Zvilisten, Heidelberg 1991; 420 S.**

12194 [Haber, Fritz] Stoltzenberg, Dietrich: Fritz Haber. Chemiker, Nobelpreisträger, Deutscher, Jude. Eine Biographie, Weinheim u. a. 1994; XIV, 669 S.

12195 [Hallgarten, George W. F.] Hallgarten, George W. F.: Als die Schatten fielen. Erinnerungen vom Jahrhundertbeginn bis zur Jahrtausendwende, Frankfurt/Berlin 1969; 366 S.

12196 [Harthern, Ernst] Müssener, Helmut: Ernst Harthern (1884–1969). Miszellen zu einem deutsch-jüdischen Schicksal und zur Geschichte der deutschsprachigen Exil-Literatur, in: Gert Mellbourn (Hg.), Germanistische Streifzüge. Festschrift für Günter Korlén, Stockholm 1974, 97–114

12197 [Heckroth, Hein] Grosse, Helmut: Hein Heckroth – Theaterarbeit in bedrohlichen Zeiten, in: Musik, Literatur und Film zur Zeit des Dritten Reichs. (1937. Europa vor dem 2. Weltkrieg. September 1987 bis

Januar 1988. Ein Gemeinschaftsprojekt Düsseldorfer Kulturinstitute), Hg. Kulturamt der Stadt Düsseldorf, Düsseldorf 1987, 20–25

12198 [Hermann-Neiße, Max] Völker, Klaus: Max Herrmann-Neiße. Künstler, Kneipen, Kabaretts – Schlesien, Berlin, im Exil, Berlin 1991, 159–237

12199 [Hirschfeld, Magnus] Herzer, Manfred: Magnus Hirschfeld. Leben und Werk eines jüdischen, schwulen und sozialistischen Sexologen, Frankfurt/New York 1992; 189 S.

12200 [Hodann, Max] Sagmo, Ivar: Max Hodann im Exil. Die Max-Hodann-Materialien in der Universitätsbibliothek Oslo, in: Hans U. Petersen (Hg.), Hitlerflüchtlinge im Norden. Asyl und politisches Exil 1933–1945, Kiel 1991, 181–94

12201 [Horváth, Ödon von] Huder, Walter: Ödon von Horváth. Existenz und Produktion im Exil, in: Manfred Durzak (Hg.), Die deutsche Exilliteratur 1933–1945, Stuttgart 1973, 232–44

12202 [Jacob, P. Walter] Naumann, Uwe: Ein Theatermann im Exil: P. Walter Jacob. Hinweis auf einen Vergessenen, in: BLBI 25 (1986), Nr. 74, 3–15**

12203 [Kahn, Erich Itor] Maurer-Zenck, Claudia: Erich Itor Kahn. Ein früher Vollender, in: Manfred Briegel/Wolfgang Frühwald (Hg.), Die Erfahrung der Fremde. Kolloquium des Schwerpunktprogramms »Exilforschung« der Deutschen Forschungsgemeinschaft. Forschungsbericht, Weinheim 1988, 239–54

12204 [Kaiser, Georg] Schürer, Ernst: Verinnerlichung, Protest und Resignation. Georg Kaisers Exil, in: Manfred Durzak (Hg.), Die deutsche Exilliteratur 1933–1945, Stuttgart 1973, 263–81

Gedruckte Quellen

12205 [Kantorowicz, Alfred] Büttner, Ursula (Bearb.): Alfred Kantorowicz im französischen Exil. Eine Auswahl aus den unveröffentlichten Tagebüchern, in: Exil 9 (1989), 36–63

Darstellungen

12206 [Kantorowicz, Alfred] Büttner, Ursula: Alfred Kantorowicz. Sein Beitrag zum geistigen Widerstand, in: Ulrich Walberer (Hg.), 10. Mai 1933. Bücherverbrennung in Deutschland und die Folgen, Frankfurt 1983, 199–220

12207 [Kantorowicz, Alfred] Kantorowicz, Alfred: Spanisches Kriegstagebuch. Mit einem Vorwort des Verfassers und einem Anhang bisher unveröffentlichter Dokumente und Briefe, Bearb. Theodor Bark u. a., 3. Aufl., Frankfurt 1982 u. ö.; 504 S. (zuerst Köln 1966)**

Gedruckte Quellen

12208 [Keßler, Harry Graf] Keßler, Harry Graf: Tagebücher 1918–1937, Hg. Wolfgang Pfeiffer-Belli, 4. Aufl., Frankfurt 1979; 799 S. (TB 1982; zuerst 1961)

Gedruckte Quellen

12209 [Kerr, Alfred] Kerr, Alfred (d. i. Alfred Kempner): Ich kam nach England. Ein Tagebuch aus dem Nachlaß, Hg. Walter Huder/Thomas Koebner, Bonn 1979; 206 S.; teilw. abgedr. in: Alfred Kerr, Sätze meines Lebens. Über Reisen, Kunst und Politik, Hg. Helga Bemmann, Berlin 1978, 321–421

12210 [Kisch, Egon Erwin] Siegel, Christian E.: Egon Erwin Kisch. Reportage und politischer Journalismus, Bremen 1973; 382 S.

12211 [Koestler, Arthur] Hamilton, Ian: Koestler. A Biography, London 1982, 27–97

12212 [Koestler, Arthur] Koestler, Arthur: Die Geheimschrift. Bericht eines Lebens. 1932 bis 1940, 2. Aufl., Wien u. a. 1955; 460 S. (zuerst 1954; engl.: London/New

York 1954 u. d. T.: The Inivisible Writing. Being the Second Volume of Arrow in the Blue. An Autobiography)

12213 [Koestler, Arthur] Koestler, Arthur: Als Zeuge der Zeit. Das Abenteuer meines Lebens. (Vom Verfasser autorisierte Bearbeitung seiner autobiographischen Werke »Pfeil ins Blaue«, »Die Geheimschrift«, »Ein spanisches Testament« bzw. »Frühe Empörung« und »Abschaum der Erde«), Bern/München 1983; 448 S.

12214 [Koestler, Arthur] Koestler, Arthur: Gesammelte autobiographische Schriften, Bd. 1: Frühe Empörung, Bd. 2: Abschaum der Erde, Wien u. a. 1970–1971; 552, 552 S.

12215 [König, Renè] König, Renè: »Tout va très bien . . .« – Renè König über Emigration und Nachkriegssoziologie. Ein Gespräch, Interview Wolf Schönleiter, in: Wolfgang Blaschke u. a. (Hg.), Nachhilfe zur Erinnerung. 600 Jahre Universität zu Köln, Köln 1988, 139–58

12216 [Kroner, Richard] Asmus, Walter: Richard Kroner (1884–1974). Ein christlicher Philosoph jüdischer Herkunft unter dem Schatten Hitlers, 2., überarb. u. erw. Aufl., Frankfurt u. a. 1993; 202 S. (zuerst 1990)

12217 [Lang, Fritz] Schnauber, Cornelius: Fritz Lang in Hollywood, Wien u. a. 1986; 190 S.

Gedruckte Quellen

12218 [Lasker-Schüler, Else] Lasker-Schüler, Else: »Was soll ich hier?« Exilbriefe an Salman Schocken. Dokumentarische Erstausgabe mit vier Briefen Schockens im Anhang, Heidelberg 1986; 111 S.

Darstellungen

12219 [Lasker-Schüler, Else] Hedgepeth, Sonja M.: »Überall blicke ich nach einem heimatlichen Boden aus.« Exil im Werk Else Lasker-Schülers, Frankfurt u. a. 1994; 254 S.

12220 [Lazar, Maria] Nielsen, Birgit S.: Maria Lazar. Eine Exilschriftstellerin aus Wien, in: T&K 11 (1983), Nr. 1, 138–94

12221 [Lessing, Theodor] Ströbinger, Rudolf: Der Mord in der »Villa Edelweiß« [Marienbad]. So starb 1933 der emigrierte Philosoph Theodor Lessing, in: Tribüne 23 (1984), Nr. 91, 122–29

12222 [Lewin, Kurt] Ash, Mitchell G.: Kurt Lewin in Iowa, in: Wolfgang Schönpflug (Hg.), Lurt Lewin – Person, Werk, Umfeld. Historische Rekonstruktionen und aktuelle Wertungen aus Anlaß seines hundertsten Geburtstags, Frankfurt u. a. 1992, 193–209

12223 [Lewin, Kurt] Bierbrauer, Günter: Ein Sozialpsychologe in der Emigration. Kurt Lewins Leben, Werk und Wirkungsgeschichte, in: Edith Böhne/Wolfgang Motzkau-Valeton (Hg.), Die Künste und die Wissenschaften im Exil 1933–1945, Gerlingen 1992, 313–32

12224 [Lewin, Kurt] Lück, Helmut E.: »Aber das Schicksal des einzelnen Juden ist wohl immer . . . nicht nur ein persönliches Schicksal gewesen«: Kurt Lewin – ein deutsch-jüdischer Psychologe, in: Wolfgang Schönpflug (Hg.), Kurt Lewin – Person, Werk, Umfeld. Historische Rekonstruktionen und aktuelle Wertungen aus Anlaß seines hundertsten Geburtstags, Frankfurt u. a. 1992, 173–91

12225 [Lewin, Kurt] Marrow, Alfred J.: Kurt Lewin. Leben und Werk, Stuttgart 1977; 286 S. (amerikan.: New York 1969 u. d. T.: The Practical Theorist)

12226 [Löwith, Karl] Löwith, Karl: Mein Leben in Deutschland vor und nach 1933. Ein Bericht, Vorwort Reinhart Koselleck, Nachbemerkung Ada Löwith, Stuttgart 1986; XVI, 160 S.

12227 [Mann, Erika] Frisch, Shelley: Erika Mann, »Vansittartism«, and the »Other Germany«. The Shape of a Debate in Exile, in: Oologsdocumentie '40-'45 5 (1993), 530–71

12228 [Mann, Erika] Lühe, Irmela von der: Erika Mann. Eine Biographie, 2. Aufl., Frankfurt/New York 1994; 350 S. (zuerst 1993)

Literaturberichte

12229 [Mann, Heinrich] Haupt, Jürgen: Heinrich Mann, Stuttgart 1980, 132–199

Quellenkunde

12230 [Mann, Heinrich] Heinrich-Mann-Bibliographie. Werke, Bearb. Edith Zenker, Berlin (O)/Weimar 1967; VIII, 267 S.

Gedruckte Quellen

12231 [Mann, Heinrich] Anger, Sigrid (Hg.): Heinrich Mann 1871–1950. Werk und Leben in Dokumenten und Bildern. Mit unveröffentlichten Manuskripten und Briefen aus dem Nachlaß. (Ausstellungskatalog), Mitarb. Rosemarie Eggert/Gerda Weißenfels, 2. Aufl., Berlin [O]/Weimar 1977, 253–347 (zuerst 1971)

12232 [Mann, Heinrich] Mann, Heinrich: Briefwechsel mit Bartold Fles 1942–1949, Hg. Madeleine Rietra, Berlin/Weimar 1993; 277 S.

Darstellungen

12233 [Mann, Heinrich] Banuls, André: Vom süßen Exil zur Arche Noah. Das Beispiel Heinrich Mann, in: Manfred Durzak (Hg.), Die deutsche Exilliteratur 1933–1945, Stuttgart 1973, 199–219

12234 [Mann, Heinrich] Bauer, Gert/Stein, Peter: Heinrich Mann im Exil. Standort und Kampf für die deutsche Volksfront, in: Lutz Winckler (Hg.), Antifaschistische Literatur. Programme, Autoren, Werke, Bd. 1, Königstein, Ts. 1977, 53–141

12235 [Mann, Heinrich] Ebersbach, Volker: Heinrich Mann. Leben, Werk und Wirken, Leipzig (LA Frankfurt) 1978, 228–303, 351–64

12236 [Mann, Heinrich] Gross, David: The Writer and the Society. Heinrich Mann and Literary Politics in Germany, 1890–1940, Atlantic Highlands, N.J. 1980, 241–70

12237 [Mann, Heinrich] Jasper, Willi: Heinrich Mann und die Volksfront, Bern/Frankfurt 1982; 350 S.

12238 [Mann, Heinrich] Jasper, Willi: Der Bruder. Heinrich Mann. Eine Biographie, München/Wien 1992, 275–346, 387–94

12239 [Mann, Heinrich] Pawek, Karl: Heinrich Manns Kampf gegen den Faschismus im französischen Exil 1933–1940, Diss. Hamburg 1972; 192 S.

12240 [Mann, Heinrich] Schröter, Klaus: Heinrich Mann in Selbstzeugnissen und Bilddokumenten, 7. Aufl., Reinbek 1976 u. ö., 129–66 (zuerst 1967)

12241 [Mann, Heinrich] Walter, Hans-Albert: Heinrich Mann im französischen Exil, in: Heinz L. Arnold (Hg.), Heinrich Mann. (Text + Kritik, Sonderbd.), 2. Aufl., München 1974, 115–40 (zuerst 1971)

12242 [Mann, Heinrich] Werner, Renate (Hg.): Heinrich Mann. Texte zu seiner Wirkungsgeschichte in Deutschland, München/Tübingen 1977, 159–86

12243 [Mann, Heinrich] Wolff, Rudolf (Hg.): Heinrich Mann. Das Werk im Exil, Bonn 1985; 179 S.

12244 [Mann, Heinrich/Mann, Thomas] Hamilton, Nigel: The Brothers Mann. The Lives of Heinrich and Thomas Mann 1871–1950 and 1875–1955, London 1978; (VII), 422 S.

Quellenkunde

12245 [Mann, Klaus] Grunewald, Michael: Klaus Mann 1906–1949. Eine Bibliographie. Verzeichnis des Werks und des Nachlasses mit Inhaltsbeschreibung der unveröffentlichten Schriften, Namenregister und Titelverzeichnis, München 1984; 266 S.

Gedruckte Quellen

12245a Mann, Klaus: Briefe und Antworten 1922–1949, Hg. Martin Gregor-Dellin, »Erinnerungen an meinen Bruder Klaus« Golo Mann, von Joachim Heimannsberg überarb. u. akt. Neuausg., Reinbek 1991; 823 S. (zuerst München 1975)

12246 [Mann, Klaus] Mann, Klaus: Das innere Vaterland. Literarische Essays aus dem Exil, Hg. Martin Gregor-Dellin, München 1986; 186 S.

[Mann, Klaus] Mann, Klaus: Tagebücher, Hg. Joachim Heimannsberg u.a., München:

12247 – Bd. [2]: 1934 bis 1935, 1989; 240 S.

12248 – Bd. [3]: 1936 bis 1937, 1990; 255 S.

12249 – Bd. [4]: 1938 bis 1939, 1990; 230 S.

12250 – Bd. [5]: 1940 bis 1943, 1991; 259 S.

12251 – Bd. [6]: 1944 bis 1949, 1991; 308 S.

Darstellungen

12252 [Mann, Klaus] Dirschauer, Wilfried: Klaus Mann und das Exil, Worms 1973; X, 151 S.**

12253 [Mann, Klaus] Grunewald, Michael: Klaus Mann 1906–1949, 2 Bde., Bern u.a. 1984; 999 S.

12254 [Mann, Klaus] Jonas, Isidore B.: Klaus Mann im amerikanischen Exil (1982), in: Rudolf Wolff (Hg.), Klaus Mann. Werk und Wirkung, Bonn 1984, 119–52

12255 [Mann, Klaus] Kerker, Elke: Weltbürgertum – Exil – Heimatlosigkeit. Die Entwicklung der politischen Dimension im Werk Klaus Manns von 1924–1936, Meisenheim a.Gl. 1977; 292 S.

12256 [Mann, Klaus] Lühe, Irmela von der: Geschwister im Exil: Erika und Klaus Mann, in: Exilforschung 11 (1993), 88–105

12257 [Mann, Klaus] Mann, Erika/Mann, Klaus: Deutsche Kultur im Exil. Escape to Life [1938], Hg. Heribert Hoven, München 1991; 421 S.

12258 [Mann, Klaus] Mann, Klaus: Mit dem Blick nach Deutschland. Der Schriftsteller und das politische Engagement, Hg. Michael Grunewald, München 1985; 221 S.

12259 [Mann, Klaus] Naumann, Uwe: Klaus Mann in Selbstzeugnissen und Bilddokumenten, Reinbek 1984 u.ö.; 157 S.**

12260 [Mann, Klaus] Naumann, Uwe: Der Pazifist als Soldat. Klaus Mann im Zweiten Weltkrieg, in: Heinz L. Arnold (Hg.), Klaus Mann. (Text + Kritik, 93/94), München 1987, 88–99

12261 [Mann, Klaus] Schultenkämper, Sabine: Klaus Mann und Deutschland. Eine Untersuchung seiner journalistischen Arbeiten (1933–1949). Hoffnungen, Erwartungen, Enttäuschungen, Diss. TU Berlin 1991; 452 S. (Ms.; MF Berlin 1992)

12262 [Mann, Klaus] Winkler, Lutz: Die Krise und die Intellektuellen. Klaus Mann zwischen ästhetischer Opposition und republikanischem Schriftstellerethos, in: Thomas Koebner u.a. (Hg.), Deutschland nach Hitler: Zukunftspläne im Exil und aus der Besatzungszeit 1939–1949, Opladen 1987, 49–61

Bibliographien

12263 [Mann, Thomas] Die Literatur über Thomas Mann. Eine Bibliographie 1898–1969, Bearb. Harry Matter, 2 Bde., Berlin (O)/Weimar 1972; 701, 637 S.

12264 [Mann, Thomas] Die Thomas-Mann-Literatur. Bibliographie der Kritik, Bd. 1: 1896–1955, Bd. 2: 1956–1975, Bearb. Klaus W. Jonas, bearb. in Zusammenarbeit mit dem Thomas-Mann-Archiv, Zürich, Berlin 1972–1979; 458, 719 S.

Quellenkunde

12265 [Mann, Thomas] Wenzel, Georg: Thomas Manns Briefwerk. Bibliographie gedruckter Briefe aus den Jahren 1889–1955, Berlin (O) 1969; XXXI, 265, (8) S.

Gedruckte Quellen

12266 [Mann, Thomas] Hübinger, Paul E.: Thomas Mann und Reinhard Heydrich in den Akten des Reichsstatthalters [Franz Ritter] v. Epp. (Dokumentation), in: VfZ 28 (1980), 111–43

12267 [Mann, Thomas] Jahre des Unmuts. Thomas Manns Briefwechsel mit René Schickele 1930–1940, Hg. Hans Wysling/Cornelia Berning, Frankfurt 1992; 415 S.

12268 [Mann, Thomas] Mann, Thomas: An die gesittete Welt. Politische Reden und Schriften im Exil, Nachwort Hanno Helbling, Frankfurt 1986; 937 S.

12269 [Mann, Thomas] Mann, Thomas: Deutsche Hörer! Radiosendungen aus dem Exil 1940–45, Hg. Walter A. Schwarz, Schallplatte, Wermatswil/Zürich 1987

12270 [Mann, Thomas] Mann, Thomas: Briefe 1889–1936, Hg. Erika Mann, Frankfurt 1962, 517–38 (TB 1979)

12271 [Mann, Thomas] Mann, Thomas: Briefe 1937–1947, Hg. Erika Mann, Frankfurt 1963; 767 S. (TB 1979)

12272 [Mann, Thomas] Mann, Thomas: Briefwechsel mit seinem Verleger Gottfried Bermann Fischer. 1932–1955, Hg. Peter de Mendelssohn, Frankfurt 1973; XXXIV, 888 S.

[Mann, Thomas] Mann, Thomas: Tagebücher, Frankfurt:

12273 – Bd. [2]: 1933–1934, Hg. Peter de Mendelssohn, 1977; XXI, 817 S.

12274 – Bd. [3]: 1935–1936, Hg. Peter de Mendelssohn, 1978; VII, 721 S.

12275 – Bd. [4]: 1937–1939, Hg. Peter de Mendelssohn, 1980; VIII, 986 S.

12276 – Bd. [5]: 1940–1943, Hg. Peter de Mendelssohn, 1982; XI, 1199 S.

12277 – Bd. [6]: 1944–1.4. 1946, Hg. Inge Jens, 1986; XIV, 911 S.

12278 – Bd. [7]: 28.5. 1946–31.12. 1948, Hg. Inge Jens, 1989; XIII, 1037 S.

12279 – Bd. [8]: 1949–1950, Hg. Inge Jens, 1991; XVIII, 775 S.

12280 – Bd. [9]: 1951–1952, Hg. Inge Jens, 1993; XXII, 927 S.

12281 [Mann, Thomas] Mann, Thomas/Mann, Heinrich: Briefwechsel 1900–1949. Aus den Beständen der Deutschen Akademie der Künste zu Berlin, Hg. Hans Wysling, erw. Neuausg., Frankfurt 1984; LX, 496 S. (zuerst Berlin [O]/Weimar 1965; erw. TB-Ausg. Frankfurt 1975)

12282 [Mann, Thomas] Mann, Thomas/Meyer, Agnes: Briefwechsel 1937–1955, Hg. Hans R. Vaget, Frankfurt 1992; 1170 S.

Darstellungen

12283 [Mann, Thomas] Bürgin, Hans/Mayer, Hans-Otto: Thomas Mann. Eine Chronik seines Lebens, Frankfurt 1965; 284 S.

12284 [Mann, Thomas] Fertig, Ludwig: Vor-Leben. Bekenntnis und Erziehung bei Thomas Mann, Darmstadt 1993; 297 S.

12285 [Mann, Thomas] Kantzenbach, Friedrich W.: Thomas Mann nach dem Abschied von München und die Kirche in der Zeit des Nationalsozialismus, in: ZBL 42 (1979), 369–402

12286 [Mann, Thomas] Kurzke, Hermann: Thomas Mann. Epoche – Werk – Wirkung, München 1985; 348 S.

12287 [Mann, Thomas] Mann, Thomas: Faschismuskritik als Selbstkritik bei Thomas Mann vor 1933 und im Exil, in: Stein U. Larsen/Beatrice Sandberg (Hg.), Fascism and European Literature/Faschismus und europäische Literatur, Bern u.a. 1991, 115–28

12288 [Mann, Thomas] Sauer, Paul L.: Zwischen »Außensein« und »Dabeisein«. Exilliterarische Aspekte in Thomas Manns »Doktor Faustus«, in: Edith Böhne/Wolfgang Motzkau-Valeton (Hg.), Die Künste und die Wissenschaften im Exil 1933–1945, Gerlingen 1992, 47–69

12289 [Mann, Thomas] Sautermeister, Gerd: Widersprüchlicher Antifaschismus. Thomas Manns politische Schriften (1914–1945), in: Lutz Winckler (Hg.), Antifaschistische Literatur. Programme, Autoren, Werke, Bd. 1, Königstein, Ts. 1977, 142–222

12290 [Mann, Thomas] Schröter, Klaus: Thomas Mann in Bilddokumenten und Selbstzeugnissen, 13., neubearb. Aufl., Reinbek 1977 u.ö., 105–41, 158f. (zuerst 1964)

12291 [Mann, Thomas] Schröter, Klaus: Thomas Mann im Urteil seiner Zeit. Dokumente 1891–1955, Hamburg 1969, 199–326, 500–16, 535f.

12292 [Mann, Thomas] Sontheimer, Kurt: Thomas Mann als politischer Schriftsteller, in: VfZ 6 (1958), 1–44; abgedr. in: Helmut Koopmann (Hg.), Thomas Mann. (Wege der Forschung, 335), Darmstadt 1975, 165–226

12293 [Mann, Thomas] Sprecher, Thomas: Thomas Mann und die Schweiz, in: Helmut Koopmann (Hg.), Thomas-Mann-Handbuch, Stuttgart 1990, 78–93

12294 [Mann, Thomas] Stammen, Theo: Thomas Mann und die politische Welt, in: Helmut Koopmann (Hg.), Thomas-Mann-Handbuch, Stuttgart 1990, 18–53

12296 [Mann, Thomas] Vaget, Hans R.: Schlechtes Wetter, gutes Klima: Thomas Mann in Amerika, in: Helmut Koopmann (Hg.), Thomas-Mann-Handbuch, Stuttgart 1990, 68–77

12297 [Mayer, Gustav] Niedhart, Gottfried: Gustav Mayers englische Jahre: Zum Exil eines Juden und Historikers, in: Exilforschung 6 (1988), 98–107

12298 [Mayer, Hans] Mayer, Hans: Ein Deutscher auf Widerruf. Erinnerungen, Bd. 1, Frankfurt 1982; 429 S.

12299 [Meitner, Lise] Rife, Patricia: Lise Meitner. Ein Leben für die Wissenschaft, Düsseldorf 1990; 400 S.

12303 [Morgenthau, Hans J.] Söllner, Alfons: Hans J. Morgenthau – ein deutscher Konservativer in Amerika? Eine Fallstudie zum Wissenstransfer durch Emigration, in: Rainer Erb u.a. (Hg.), Antisemitismus und jüdische Geschichte. Studien zu Ehren von Herbert A. Strauss, Berlin 1987, 243–66

12304 [Mosse, George L.] Hermand, Jost: Deutsche Juden jenseits des Judentums. Der Fall Gerhard, Israel, George L. Mosse, in: JfA 3 (1994), 178–93

12305 [Musil, Robert] Berghan, Wilfried: Robert Musil in Selbstzeugnissen und Bilddokumenten, 9. Aufl., Reinbek 1977 u.ö., 148–58

12306 [Musil, Robert] Corino, Karl: Reflexionen im Vakuum. Musils Schweizer Exil, in: Manfred Durzak (Hg.), Die deutsche Exilliteratur 1933–1945, Stuttgart 1973, 253–62

12307 [Musil, Robert] Dinklage, Karl: Musils Herkunft und Lebensgeschichte, in: Karl Dinklage (Hg.), Robert Musil. Leben, Werk, Wirkung, hg. i.A. des Landes Kärnten und der Stadt Klagenfurt, Wien 1960, 187–264 (LA Reinbek 1960)

12308 [Musil, Robert] Luft, David S.: Robert Musil and the Crisis of European Culture, 1880–1942, Berkeley, Ca. 1980; III, 323 S.

Gedruckte Quellen

12309 [Musil, Robert] Musil, Robert: Briefe 1901–1942. Mit Briefen von Martha Musil, Alfred Döblin, Efraim Frisch, Hugo von Hofmannsthal, Robert Lejeune, Thomas Mann, Dorothy Normann, Viktor Zuckerkandel u.a., Hg. Adolf Frisé, Mitarb. Murray G. Hall, 2 Bde., Reinbek 1981; XXIV, 1458; XVI, 830 S.

12310 [Neumann, Franz L.] Erb, Rainer (Hg.): Reform und Resignation. Gespräche über Franz L. Neumann, Frankfurt 1985; 260 S.

12311 [Neumann, Franz L.] Intelmann, Peter: Zur Biographie von Franz L. Neumann, in: 1999 5 (1990), Nr. 1, 14–52

12312 [Ottwalt, Ernst] Nielsen, Birgit S.: Aus dem Emigrantenkreis um Karin Michaëlis. Archiv-Materialien zu Ernst Ottwalts Aufenthalt in Dänemark, in: T&K 9 (1981), Nr. 1, 128–44

12313 [Piscator, Erwin] Kirfel-Lenk, Thea: Erwin Piscator im Exil in den USA 1939–1951. Eine Darstellung seiner antifaschistischen Theaterarbeit am Dramatic Workshop der New School for Social Research, Berlin 1984; 268 S.

12314 [Radbruch, Gustav] Kottusch, Peter: Gustav Radbruch und die Universität Zürich. Reserven gegenüber einer Lehrtätigkeit nach der Entlassung im nationalsozialistischen Deutschland, in: ZNR 12 (1990), 180–85

12315 [Regler, Gustav] Scholdt, Günter: Gustav Regler 1898–1963. Saarländer – Weltbürger. Katalog zur Ausstellung, Lebach 1988; 284 S.

12325 [Rohe, Mies van der] Hochmann, Elaine: Architects of Fortune. Mies van der Rohe and the Third Reich, New York 1989; XVI, 383 S.

12326 [Rohe, Mies van der] Schulze, Franz: Mies van der Rohe. A Critical Biography, Mitarb. Mies van der Rohe Archive of the Museum of Modern Art, Chicago, Ill./London 1985; XXIII, 355 S.

12327 [Rohe, Mies van der] Spaeth, David: Mies van der Rohe. Der Architekt der technischen Perfektion, Stuttgart 1986; 184 S. (engl.: London 1985)

12328 [Roth, Joseph] Bronsen, David: Der Sonderfall als exemplarischer Fall: Joseph Roth und die Emigration als Grenzsituation, in: Peter U. Hohendahl/Egon Schwarz (Hg.), Exil und Innere Emigration, Bd. 2: Internationale Tagung in St. Louis, Frankfurt 1973, 65–84

Gedruckte Quellen

12329 [Seghers, Anna/Herzfelde, Wieland] Seghers, Anna/Herzfelde, Wieland: Gewöhnliches und gefährliches Leben. Briefwechsel aus der Zeit des Exils 1939–1946. Mit Faksimiles, Fotos und dem Aufsatz »Frauen und Kinder in der Emigration« von Anna Seghers im Anhang [128–45], Darmstadt/Neuwied 1986; 204 S.

Darstellungen

12330 [Seghers, Anna] Roggausch, Werner: Das Exilwerk von Anna Seghers. Volksfront und antifaschistische Literatur, München 1979; 420 S.

12331 [Specht, Minna] Hansen-Schaberg, Inge: Minna Specht. Eine Sozialistin in der Landerziehungsheimbewegung 1918–1951. Untersuchung zur pädagogischen Biographie einer Reformpädagogin, Frankfurt u. a. 1992; 406 S.

12332 [Steel, Johannes] Schneider, Sigrid: Johannes Steel: »The Future of Europe«. Analysen und Konzepte eines populären Journalisten in den USA, in: Thomas Koebner u.a. (Hg.), Deutschland nach Hitler: Zukunftspläne im Exil und aus der Besatzungszeit 1939–1949, Opladen 1987, 62–78

Gedruckte Quellen

12333 [Tillich, Paul] Tillich, Paul: An meine deutschen Freunde. Die politischen Reden Paul Tillichs während des Zweiten Weltkriegs über die »Stimme Amerikas«. (Gesammelte Werke, Ergänzungs- u. Nachlaßbd. 3), Stuttgart 1973; 367 S.

12334 [Toch, Ernst] Jezic, Diane P.: The Musical Migration and Ernst Toch, Ames, Iowa 1989; XI, 220 S.

12335 [Toller, Ernst] Frühwald, Wolfgang: Exil als Ausbruchsversuch. Ernst Tollers Autobiographie, in: Manfred Durzak (Hg.), Die deutsche Exilliteratur 1933–1945, Stuttgart 1973, 489–98

12336 [Toller, Ernst] Spalek, John M.: Ernst Tollers Vortragstätigkeit und seine Hilfsaktionen im Exil, in: Peter U. Hohendahl/Egon Schwarz (Hg.), Exil und Innere Emigration, Bd. 2: Internationale Tagung in St. Louis, Frankfurt 1973, 85–100

Gedruckte Quellen

12337 [Torberg, Friedrich] Torberg, Friedrich: Eine tolle, tolle Zeit. Briefe und Dokumente aus den Jahren der Flucht 1938–1941. Zürich, Frankreich, Portugal, Amerika, Hg. David Axmann/Marietta Torberg, München 1989; 186 S.

12338 [Vogeler, Heinrich] Hohmann, Werner: Heinrich Vogeler in der UdSSR, in: Edith Böhne/Wolfgang Motzkau-Valeton (Hg.), Die Künste und die Wissenschaften im Exil 1933–1945, Gerlingen 1992, 157–90

12339 [Vogeler, Heinrich] Hohmann, Werner: Heinrich Vogeler im Moskauer Rundfunk. Dokumente zur Biographie, in: MSRG 14 (1988), 157–70**

12340 [Weil, Grete] Nussbaum, Laureen/Meyer, Uwe: Grete Weil: unbequem, weil zum Denken zwingend, in: Exilforschung 11 (1993), 156–70

12341 [Weil, Hans] Feidel-Mertz, Hildegard: Pädagogen im Exil – am Beispiel: Hans Weil (1898–1972), in: Edith Böhne/Wolfgang Motzkau-Valeton (Hg.), Die Künste und die Wissenschaften im Exil 1933–1945, Gerlingen 1992, 601–14

12342 [Werfel, Franz] Nehring, Wolfgang/Wagener, Hans (Hg.): Franz Werfel im Exil. International Franz Werfel Conference, Los Angeles, October 1990, Bonn 1992; 198 S.

12343 [Wolff, Theodor] Wolff, Theodor: Erlebnisse, Erinnerungen, Gedanken im südfranzösischen Exil, Bearb. Margrit Bröhan, Boppard 1992; IX, 355 S.

12345 [Wolff, Theodor] Köhler, Wolfgang: Der Chef-Redakteur Theodor Wolff. Ein Leben in Europa 1868–1943, Düsseldorf 1978; 319 S.

12346 [Zur Mühlen, Hermynia] Siegel, Eva-Maria: Zeitgeschichte, Alltag, Kolportage oder Über den »Bourgeois in des Menschen Seele«. Zum Exilwerk Hermynia Zur Mühlens, in: Exilforschung 11 (1993), 106–26

Bibliographien

12347 [Zweig, Arnold] Rost, Gottfried/Riedel, Volker (Hg.): Bibliographie Arnold Zweig, Bd. 1: Primärliteratur, Bd. 2: Sekundärliteratur, Register, Bearb. Maritta Rost, Mitarb. Jörg Armer, Berlin (O)/Weimar 1987; 512, 668 S.

Gedruckte Quellen

12348 [Zweig, Arnold] Wenzel, Georg (Hg.): Arnold Zweig 1887–1968. Werk und Leben in Dokumenten und Bildern. Mit unveröffentlichten Manuskripten und Briefen aus dem Nachlaß, Berlin (O)/Weimar 1978; VII, 675 S.

12349 [Zweig, Arnold] Zweig, Arnold: Tagebücher, Frankfurt 1984; 659 S.

Darstellungen

12350 [Zweig, Arnold] Davis, Geoffrey V.: »Männer, die am gleichen Strang ziehen«. Der Briefwechsel zwischen Arnold Zweig und Robert Neumann in den Jahren des Exils, in: Heinz L. Arnold (Hg.), Arnold Zweig. (Text + Kritik, 104), München 1989, 67–77

12351 [Zweig, Arnold] Davis, Geoffrey V.: Arnold Zweig im palästinensischen Exil. Erwartungen und Wirklichkeit, in: Exil 7 (1987), Nr. 1, 14–33

12352 [Zweig, Arnold] Grab, Walter: Arnold Zweig und der »Kreis für fortschrittliche Kultur«. Erinnerungen an die Jahre 1942–1945 (1987), in: Wilhelm von Sternburg (Hg.), Arnold Zweig. Materialien zu Leben und Werk, Frankfurt 1987, 73–79

12353 [Zweig, Arnold] Hermand, Jost: Arnold Zweig in Selbstzeugnissen und Bilddokumenten, Reinbek 1990, 71–108, 138–40

12354 [Zweig, Arnold] Hermand, Jost: Engagement als Lebensform. Über Arnold Zweig, Berlin 1992, 99–139, 192–97

12355 [Zweig, Arnold] Hiltscher, Eberhard: Arnold Zweig. Leben und Werk, Berlin (O) 1971, 124–46

12356 [Zweig, Arnold] Midgley, David: Arnold Zweig. Zu Werk und Wandlung 1927–1948, Königstein, Ts. 1980; IX, 207 S.

12357 [Zweig, Arnold] Vietor-Engländer, Deborah: Arnold Zweigs Jahre in Palästina aus der Sicht der DDR und der BRD, in: David Midgley u. a. (Hg.), Arnold Zweig – Poetik, Judentum und Politik. Akten des Internationalen Arnold Zweig-Symposiums aus Anlaß des 100. Geburtstags Cambridge 1987, Frankfurt u. a. 1989, 227–41

12358 [Zweig, Arnold] Wiznitzer, Manuel: Arnold Zweig. Das Leben eines deutsch-jüdischen Schriftstellers, Königstein, Ts. 1983, 43–152 (durchges. u. korr. TB-Ausgabe Frankfurt 1987)

12359 [Zweig, Arnold] Wiznitzer, Manuel: Arnold Zweig und das »Land der Verheißung« – Heimat oder Exil?, in: David Midgley u. a. (Hg.), Arnold Zweig – Poetik, Judentum und Politik. Akten des Internationalen Arnold Zweig-Symposiums aus Anlaß des 100. Geburtstags Cambridge 1987, Frankfurt u. a. 1989, 219–26

Quellenkunde

12360 [Zweig, Stefan] Klawiter, Randolph J.: Stefan Zweig. A Bibliography, Chapel Hill, N.C. 1964; XXXVII, 190 S.

Darstellungen

12361 [Zweig, Stefan] Kinder, Sabine/Presser, Ellen (Hg.): Die Zeit gibt die Bilder, ich spreche nur die Worte dazu. Stefan Zweig, 1881–1942. Eine Ausstellung der Münchener Stadtbibliothek Am Gasteig in Zusammenarbeit mit dem Kulturzentrum der Israelitischen Kultusgemeinde München, München 1993; 160 S.**

12362 [Zweig, Stefan] Müller, Hartmut: Stefan Zweig in Selbstzeugnissen und Bilddokumenten, Reinbek 1988 u. ö., 96–132**

12363 [Zweig, Stefan] Prater, Donald A.: Stefan Zweig. Das Leben eines Ungeduldigen, München/Wien 1981, 257–481 (engl.: Oxford 1972 u. d. T.: European of Yesterday)

12364 [Zweig, Stefan] Renolder, Klemens u. a. (Hg.): Stefan Zweig. Für ein Europa des Geistes. Eine Austellung der Stadt Salzburg, Salzburg 1992; 120 S.

12365 [Zweig, Stefan] Strelka, Joseph: Stefan Zweig. Freier Geist der Menschlichkeit, Wien 1981, 95–160

A.3.15 Wirtschaft und Wirtschaftspolitik

A.3.15.1 Allgemeines

[vgl. A.1.9.2: W. Funk; A. Hugenberg; A.3.16.3; A.3.19.9]

Bibliographien

Volkmann, Hans-Erich: Wirtschaft im Dritten Reich. Eine Bibliographie, München:

12366 – Bd. 1: 1933–1939, Mitarb. Lutz Köllner, 1980; XI, 294 S.

12367 – Bd. 2: 1939–1945, 1984; XXI, 433 S.

Literaturberichte

12368 Gillingham, John R.: Zur Rolle der Privatwirtschaft im Dritten Reich. (Literaturbericht), in: ZG 2 (1974), 20–27

12369 Treue, Wilhelm: Wirtschaft im Dritten Reich. Anmerkungen zu einigen Neuerscheinungen, in: ZfU 29 (1984), 131–49

Nachschlagewerke

12370 Borscheid, Peter/Drees, Anette (Hg.): Versicherungsstatistik Deutschlands 1750–1985. (Historische Statistik von Deutschland, 4), St. Katharinen 1988; XVI, 627 S.

12371 Hoffmann, Walther: Das deutsche Volkseinkommen, 1851–1957, Mitarb. Heinz König u.a., Tübingen 1959; XVI, 162 S.

12372 Hoffmann, Walther u.a.: Das Wachstum der deutschen Wirtschaft seit der Mitte des 19. Jahrhunderts, Berlin u.a. 1965; 842 S.

12373 Keese, Dietmar: Die volkswirtschaftlichen Gesamtgrößen für das deutsche Reich 1925–1936, in: Werner Conze/Hans Raupach (Hg.), Die Staats- und Wirtschaftskrise des deutschen Reichs 1929/33, Stuttgart 1967, 35–81

12374 Währung und Wirtschaft in Deutschland 1876–1975, Hg. Deutsche Bundesbank, Frankfurt 1976; 796 S.

Gedruckte Quellen

12375 Koch, Peter-Ferdinand (Hg.): Himmlers Graue Eminenz. Oswald Pohl und das Wirtschafts-Hauptverwaltungsamt der SS. (Das Dritte Reich in Dokumenten), Kirchheim 1988; 333 S.

12376 Treue, Wilhelm: Hitlers Denkschrift zum Vierjahresplan 1936. (Dokumentation), in: VfZ 3 (1955), 184–210

Darstellungen

12377 Abelshauser, Werner/Faust, Anselm: Wirtschafts- und Sozialpolitik: Eine nationalsozialistische Sozialrevolution? (Nationalsozialismus im Unterricht, Studieneinheit 4), Hg. Deutsches Institut für Fernstudien an der Universität Tübingen, Red. Michael Rentschler, Tübingen 1983; 184 S. (als Typoskript gedr.)**

12378 Ambrosius, Gerold: Staat und Wirtschaft im 20. Jahrhundert, München 1990, 89–99, 126–29

12379 Barkai, Avraham: Das Wirtschaftssystem des Nationalsozialismus. Ideologie, Theorie, Politik 1933–1945, 2., überarb. u. erw. Aufl., Frankfurt 1988; 256 S. (zuerst Köln 1977)

12380 Barkai, Avraham: Wirtschaftliche Grundanschauungen und Ziele der NSDAP (mit einem unveröffentlichten Dokument aus dem Jahre 1931), in: JIdG 7 (1978), 355–86**

12381 Beckenbach, Ralf: Der Staat im Faschismus. Ökonomie und Politik im Deutschen Reich 1920 bis 1945, Berlin 1974; 134 S.

12382 Bettelheim, Charles: Die deutsche Wirtschaft unter dem Nationalsozialismus, München 1974; 333 S. (franz. 1946)

12383 Blaich, Fritz: Wirtschaftspolitik und Wirtschaftsverfassung im Dritten Reich, in: APUZ, Nr. B 8/71, 20.2.1971, 3–18

12384 Bludau, Kuno: Nationalsozialismus und Genossenschaften, Hannover 1968; 240 S.

12385 Boelcke, Willi A.: Wirtschaftsverwaltung [1933–1945], in: Deutsche Verwaltungsgeschichte, Bd. 4: Das Reich als Republik und in der Zeit des Nationalsozialismus, Hg. Kurt G. A. Jeserich u.a., Stuttgart 1985, 774–93

12386 Boelke, Willi A.: Die deutsche Wirtschaft 1930–1945. Interna des Reichswirtschaftsministeriums, Düsseldorf 1983; 389 S.

12387 Borchardt, Knut: Wachstum und Wechsellagen 1914–1970, in: Wolfgang

Zorn (Hg.), Handbuch der deutschen Wirtschafts- und Sozialgeschichte, Bd. 2: Das 19. und 20. Jahrhundert, Frankfurt/New York 1976, 685–740

12388 Borchardt, Knut: Handel, Kreditwesen, Versicherung, Verkehr 1914–1970, in: Wolfgang Zorn (Hg.), Handbuch der deutschen Wirtschafts- und Sozialgeschichte, Bd. 2: Das 19. und 20. Jahrhundert, Frankfurt/New York 1976, 845–75

12389 Braun, Hans-Joachim: The German Economy in the Twentieth Century. The German Reich and the Federal Republic, London/New York 1990, 78–161

12390 Bruck, Werner F.: Social and Economic History of Germany from William II to Hitler, 1888–1938. A Comparative Study, New York 1962; 291 S.

12391 Buchheim, Christoph: Zur Natur des Wirtschaftsaufschwunges der NS-Zeit, in: Christoph Buchheim u.a. (Hg.), Zerrissene Zwischenkriegszeit. Wirtschaftshistorische Beiträge. Knut Borchardt zum 65. Geburtstag, Baden-Baden 1994, 97–119

12392 Buchner, Herbert: Das Wirtschaftsrecht im Nationalsozialismus, in: Hubert Rottleuthner (Hg.), Recht, Rechtsphilosophie und Nationalsozialismus, Wiesbaden 1983, 92–104

12393 Czichon, Erich: Der Primat der Industrie im Kartell der nationalsozialistischen Macht, in: Argument 10 (1968), Nr. 47, 168–92 (2. Aufl. 1969)

12394 Dannenfeld, Gerd: Die chemische Industrie und der Nationalsozialismus, in: Rainer Brämer (Hg.), Naturwissenschaft im NS-Staat, Marburg 1983, 89–101

12395 Dichgans, Hans: Zur Geschichte des Reichskommissars für die Preisbildung, Düsseldorf 1977; 46 S.

12396 Dirninger, Christian: Aspekte des wirtschaftspolitischen Systems unter dem Nationalsozialismus, in: Rudolf G. Ardelt/Hans Hautmann (Hg.), Arbeiterschaft und Nationalsozialismus in Österreich. In memoriam Karl R. Stadler, Wien/Zürich 1990, 169–99

12397 Ditt, Karl: Die Konsumgenossenschaften im Dritten Reich, in: IWK 23 (1987), 82–111

12398 Eichholtz, Dietrich: Faschismus und Ökonomie. Zu Problemen der Entwicklung der Produktionsverhältnisse unter der faschistischen Diktatur, in: Dietrich Eichholtz/Kurt Gossweiler (Hg.), Faschismus-Forschung. Positionen, Probleme, Polemik, 2., durchges. Aufl., Köln 1980, 49–72 (zuerst Berlin [O] 1980); abgedr. in: Faschismus in Deutschland. Faschismus und Gegenwart, 2. Aufl., Köln 1983 (zuerst 1980), 113–43

12399 Eichholtz, Dietrich/Gossweiler, Kurt: Noch einmal: Politik und Wirtschaft 1933 bis 1945, in: Argument 10 (1968), Nr. 47, 210–27 (2. Aufl. 1969)

12400 Erbe, René: Die nationalsozialistische Wirtschaftspolitik 1933–1939 im Lichte der modernen Theorie, Zürich 1958; 197 S.

12401 Etzold, Heike: Entwicklungstendenzen der Produktivkräfte in der deutschen Industrie 1917–1945, in: Günter Wendel (Hg.), Wissenschaft und Gesellschaft 1917–1945. Beiträge zur Wissenschaftsgeschichte, Berlin 1984, 11–34

12402 Feldenkirchen, Wilfried: Unternehmensfinanzierung in der Deutschen Elektroindustrie der Zwischenkriegszeit, in: Dietmar Petzina (Hg.), Zur Geschichte der Unternehmensfinanzierung, Berlin 1990, 35–68

12403 Fischer, Wolfram: Deutsche Wirtschaftspolitik 1918–1945, Tabellenanhang Peter Czada, 3., verb. Aufl., Opladen 1968, 49–88, 94–98 (zuerst Lüneburg 1961 u.d.T.: Die Wirtschaftspolitik des Nationalsozialismus)

12404 Fischer, Wolfram: Bergbau, Industrie und Handwerk 1914–1970, in: Wolfgang Zorn (Hg.), Handbuch der deutschen Wirtschafts- und Sozialgeschichte, Bd. 2: Das 19. und 20. Jahrhundert, Frankfurt/New York 1976, 796–844

12405 Georg, Enno: Die wirtschaftlichen Unternehmungen der SS, Stuttgart 1963; 154 S.

12406 Gossweiler, Kurt: Der Übergang von der Weltwirtschaftskrise zur Rüstungskonjunktur in Deutschland 1933–1934, in: JWG (1968), Nr. 2, 55–116

12407 Guillebaud, Claude W.: The Economic Recovery of Germany from 1933 to the Incorporation of Austria in March 1938, London 1939; XIV, 303 S.

12408 Hansmeyer, Karl-Heinrich/Caesar, Rolf: Kriegswirtschaft und Inflation (1936–1948), in: Währung und Wirtschaft in Deutschland 1876–1975, Hg. Deutsche Bundesbank, Frankfurt 1976, 367–429

12409 Hardach, Gerd: Wirtschaftsgeschichte Deutschlands im 20. Jahrhundert, Götttingen 1976, 65–106

12410 Hayes, Peter: Polycracy and Policy in the Third Reich: The Case of the Economy, in: Thomas Childers/Jane Caplan (Hg.), Reevaluating the Third Reich, New York/London 1993, 190–210

12411 Hennig, Eike: Thesen zur deutschen Sozial- und Wirtschaftsgeschichte 1933–1938, Frankfurt 1973; 263 S.

12412 Henning, Friedrich-Wilhelm (Hg.): Probleme der nationalsozialistischen Wirtschaftspolitik, Berlin 1976; 174 S.*

12413 Henning, Friedrich-Wilhelm: Das industrialisierte Deutschland 1914–1992, 8., durchges. u. wesentl. erw. Aufl., Paderborn 1993, 141–84 (zuerst 1974)

12414 Henning, Friedrich-Wilhelm: Börsenkrise und Börsengesetzgebung von 1914 bis 1945 in Deutschland, in: Hans Pohl (Hg.), Deutsche Börsengeschichte, hg. i. A. des Wissenschaftlichen Beirats des Instituts für bankhistorische Forschung, Frankfurt 1992, 211–90, hier 270–83, 289 f.

12415 Hentschel, Volker: Deutsche Wirtschafts- und Sozialpolitik 1815–1945, Düsseldorf 1980; 103 S.

12416 Herbst, Ludolf: Die nationalsozialistische Wirtschaftspolitik im internationalen Vergleich, in: Wolfgang Benz u. a. (Hg.), Der Nationalsozialismus. Studien zur Ideologie und Herrschaft. Hermann Graml zum 65. Geburtstag, Frankfurt 1993, 153–76, 257–60

12417 Huchting, Friedrich: Abfallwirtschaft im Dritten Reich, in: Technikgeschichte 48 (1981), 252–73

12418 Jaeger, Hans: Geschichte der Wirtschaftsordnung in Deutschland, Frankfurt 1988, 175–207

12419 James, Harold: Deutschland in der Weltwirtschaftskrise 1924–1936, Stuttgart 1988, 329–96

12420 James, Harold: Innovation and Conservatism in Economic Recovery: the Alleged »Nazi Recovery« of the 1930s, in: William R. Garside (Hg.), Capitalism in Crisis. International Responses to the Great Depression, London/New York 1993, 70–95; abgedr. in: Thomas Childers/Jane Caplan (Hg.), Reevaluating the Third Reich, New York/London 1993, 114–38

12421 Kadritzke, Niels: Faschismus und Krise. Zum Verhältnis von Politik und Ökonomie im Nationalsozialismus, Frankfurt 1976; 216 S.

12423 Kárny, Miroslav: Das SS-Wirtschafts-Verwaltungshauptamt. Verwalter der KZ-Häftlingsarbeitskräfte und Zentrale des Wirtschaftskonzerns, in: »Deutsche Wirtschaft«. Zwangsarbeit von KZ-Häftlingen für Industrie und Behörden. Symposion »Wirtschaft und Konzentrationslager«, Hg. Hamburger Stiftung zur Förderung von Wissenschaft und Kultur, Hamburg 1991, 153–69

12424 Kehrl, Hans: Krisenmanager im Dritten Reich. 6 Jahre Frieden – 6 Jahre Krieg. Erinnerungen, Düsseldorf 1973; 552 S.

12425 Kindleberger, Charles P.: Die Weltwirtschaftskrise 1929–1939, 3. Aufl., München 1984; 342 S. (zuerst 1973)

12426 Kratzsch, Gerhard: Der deutsche Arbeitsmarkt 1937–1939 im Urteil der Wirtschaftsberater der NSDAP, in: Paul Leidinger/Dieter Metzler (Hg.), Geschichte und Geschichtsbewußtsein. Festschrift für Karl-Ernst Jeismann zum 65. Geburtstag, gewidmet von den Kollegen und Freunden der Universität Münster, Münster 1990, 443–66

12427 Krause, Werner: Faschismus und bürgerliche, politische Ökonomie, in: Dietrich Eichholtz/Kurt Gossweiler (Hg.), Faschismus-Forschung. Positionen, Probleme, Polemik, 2., durchges. Aufl., Köln 1980, 303–20 (zuerst Berlin [O] 1980)

12428 Krengel, Rolf: Anlagevermögen, Produktion und Beschäftigung der Industrie im Gebiet der Bundesrepublik von 1924–1956, Berlin 1958; 187 S.

12429 Kroll, Gerhard: Von der Weltwirtschaftskrise zur Staats-Konjunktur, Berlin 1958; 743 S.

12430 Krüger, Peter: Zu Hitlers »nationalsozialistischen Wirtschaftserkenntnissen«, in: GG 6 (1980), 263–82

12431 Kuczynski, Jürgen: Studien zur Geschichte des staatsmonopolistischen Kapitalismus in Deutschland 1918–1945, Berlin (O) 1963; 287 S.

12432 Kuczynski, Thomas: Die unterschiedlichen wirtschaftspolitischen Konzeptionen des deutschen Imperialismus zur Überwindung der Wirtschaftskrise in Deutschland 1932/33 und deren Effektivität, in: Lotte Zumpe (Hg.), Wirtschaft und Staat im Imperialismus. Beiträge zur Entwicklungsgeschichte des staatsmonopolistischen Kapitalismus in Deutschland, Berlin (O) 1976, 215–51

12433 Kurzer, Ulrich: Konsumgenossenschaften im nationalsozialistischen Deutschland, in: IWK 27 (1991), 429–53

12434 Lehmann, Hans G.: Leitmotive nationalsozialistischer und großjapanischer Wirtschaftspolitik, in: ZfP N.F. 21 (1974), 158–67

12435 Lurié, Samuel: Private Investment in a Controlled Economy. Germany, 1933–1939, New York 1947; 243 S.

12436 Mason, Timothy W.: Primat der Industrie – Eine Erwiderung, in: Argument 10 (1968), Nr. 47, 193–209 (2. Aufl. 1969)

12437 Mason, Timothy W.: Der Primat der Politik – Politik und Wirtschaft im Nationalsozialismus, in: Argument 8 (1966), Nr. 41, 473–94; abgedr. in: Wolfgang Michalka (Hg.), Nationalsozialistische Außenpolitik, Darmstadt 1978, 117–47

12438 Milward, Alan S.: Fascism and the Economy, in: Walter Laqueur (Hg.), Fascism. A Reader's Guide. Analyses, Interpretation, Bibliography, 2. Aufl., Harmondsworth 1979, 409–536 (zuerst London/Berkeley, Ca. 1976)

12439 Mollin, Gerhard T.: Der Strukturwandel der Montanindustrie in der NS-Wirtschaft, in: Wolfgang Michalka (Hg.), Der Zweite Weltkrieg. Analysen, Grundzüge, Forschungsbilanz, München/Zürich 1989, 363–81

12440 Munk, Frank: The Legacy of Nazism. The Economic and Social Consequences of Totalitarism, New York 1943; 288 S.

12441 Nicholls, Anthony J.: Freedom with Responsibility. The Social Market Economy in Germany, 1918–1963, Oxford u.a. 1994, 60–121

12442 Novy, Klaus/Prinz, Michael: Illustrierte Geschichte der Gemeinwirtschaft. Wirtschaftliche Selbsthilfe in der Arbeiterbewegung von den Anfängen bis 1945, Berlin/Bonn 1985, 202–229, 238

12443 Otruba, Gustav: Die Wirtschafts- und Gesellschaftspolitik des Nationalsozialismus im Spiegel der österreichischen Gesandtschaftsberichte 1933/34, in: Friedrich-Wilhelm Henning (Hg.), Probleme der nationalsozialistischen Wirtschaftspolitik, Berlin 1976, 43–97

12444 Petzina, Dietmar: Die deutsche Wirtschaft in der Zwischenkriegszeit, Wiesbaden 1977; 205 S.

12445 Petzina, Dietmar: Soziale und wirtschaftliche Entwicklung [1933–1945], in: Deutsche Verwaltungsgeschichte, Bd. 4: Das Reich als Republik und in der Zeit des Nationalsozialismus, Hg. Kurt G. A. Jeserich u. a., Stuttgart 1985, 664–81

12446 Petzina, Dietmar: Zum Problem des Verlaufs und der Überwindung der Weltwirtschaftskrise im regionalen Vergleich – Materialien und Interpretationen, in: Friedrich-Wilhelm Henning (Hg.), Probleme der nationalsozialistischen Wirtschaftspolitik, Berlin 1976, 9–42

12447 Petzina, Dietmar: Hauptprobleme der deutschen Wirtschaftspolitik 1932–1933, in: VfZ 15 (1967), 18–55

12448 Pierenkemper, Toni: Gewerbe und Industrie im 19. und 20. Jahrhundert, München 1963; 148 S.

12449 Plumpe, Gottfried: Wirtschaftskrise, Wirtschaftspolitik und Nationalsozialismus, in: Volker Malettke (Hg.), Der Nationalsozialismus an der Macht. Aspekte nationalsozialistischer Politik und Herrschaft, Göttingen 1984, 53–84

12450 Produktivkräfte in Deutschland 1917/18 bis 1945. (Geschichte der Produktivkräfte in Deutschland von 1800 bis 1945, 3), Hg. Institut für Wirtschaftsgeschichte der Akademie der Wissenschaften der DDR, Red. Rudolf Berthold, Berlin (O) 1988; 566 S.

12451 Puppo, Rolf: Die wirtschaftsrechtliche Gesetzgebung des Dritten Reiches, Konstanz 1988; VII, 379 S.

12452 Reinhardt, Dirk: Von der Reklame zum Marketing. Geschichte der Wirtschaftswerbung in Deutschland, Berlin 1993; (6), 492 S.

12453 Reulecke, Jürgen: Die Fahne mit dem goldenen Zahnrad: der »Leistungskampf der deutschen Betriebe« 1937–1939, in: Detlev J. K. Peukert/Jürgen Reulecke (Hg.), Die Reihen fast geschlossen. Beiträge zur Geschichte des Alltags unterm Nationalsozialismus, Wuppertal 1981, 245–69; abgedr. in: Jürgen Reulecke, Vom Kohlenpott zu Deutschlands »starkem Stück«. Beiträge zu einer Sozialgeschichte des Ruhrgebiets, Bonn 1990, 161–85

12454 Ritschl, Albrecht: Wirtschaftspolitik im Dritten Reich. Ein Überblick, in: Karl D. Bracher u. a. (Hg.), Deutschland 1933–1945. Neue Studien zur nationalsozialistischen Herrschaft, 2., erg. Aufl., Bonn/Düsseldorf 1993, 118–34 (zuerst 1992)

12455 Ritschl, Albrecht: Die NS-Wirtschaftsideologie – Modernisierungsprogramm oder reaktionäre Utopie?, in: Michael Prinz/Rainer Zitelmann (Hg.), Nationalsozialismus und Modernisierung, 2. Aufl., Darmstadt 1994, 48–70 (zuerst 1991)

12456 Ritschl, Albrecht: Zum Verhältnis von Markt und Staat in Hitlers Weltbild. Überlegungen zu einer Forschungskontroverse, in: Uwe Backes u. a. (Hg.), Die Schatten der Vergangenheit. Impulse zur Historisierung des Nationalsozialismus, 2. Aufl., Frankfurt/Berlin 1992, 243–64 (zuerst 1990)

12457 Ritschl, Albrecht: Über die Höhe und Struktur der gesamtwirtschaftlichen Investitionen in Deutschland 1935–38, in: VSWG 79 (1992), 156–76

12458 Roth, Karl H.: Monopolkapital und Wirtschaftsunternehmen der NSDAP im »Dritten Reich«. Kritische Bemerkungen zu Gerhard Th. Mollin, in: 1999 4 (1989), Nr. 3, 122–33

12459 Rothermund, Dietmar: Die Welt in der Weltwirtschaftskrise 1929–1939, Münster/Hamburg 1992; 184 S.

12460 Salje, Peter: Bürgerliches Recht und Wirtschaftsordnung im Dritten Reich, in: Peter Salje (Hg.), Recht und Unrecht im Nationalsozialismus, Münster 1985, 46–79

12461 Schäfer, Hans D.: Amerikanismus im Dritten Reich, in: Michael Prinz/Rainer Zitelmann (Hg.), Nationalsozialismus und Modernisierung, 2. Aufl., Darmstadt 1994, 199–215 (zuerst 1991)

12462 Schweitzer, Arthur: Organisierter Kapitalismus und Parteidiktatur 1933–1936, in: Schmollers Jb. 79 (1959), 37–80

12463 Sohn-Rethel, Alfred: Ökonomie und Klassenstruktur des deutschen Faschismus. Aufzeichnungen und Analysen 1937–1941, Hg. Johannes Agnoli u.a., Frankfurt 1973; 209 S.*

12464 Stratmann, Friedrich: Chemische Industrie unter Zwang? Staatliche Einflußnahme am Beispiel der chemischen Industrie Deutschlands 1933–1949, Stuttgart 1985; XV, 531 S.

12465 Swatek, Dieter: Unternehmenskonzentration als Ergebnis und Mittel nationalsozialistischer Wirtschaftspolitik, Berlin 1972; 172 S.

12466 Tiburtius, Joachim: Lage und Leistungen des deutschen Handels in ihrer Bedeutung für die Gegenwart, Berlin/München 1949; 326 S.

12467 Tilly, Richard/Huck, Norbert: Die deutsche Wirtschaft in der Krise 1925–1934. Ein makroökonomischer Ansatz, in: Christoph Buchheim u.a. (Hg.), Zerrissene Zwischenkriegszeit. Wirtschaftshistorische Beiträge. Knut Borchardt zum 65. Geburtstag, Baden-Baden 1994, 45–95

12468 Treue, Wilhelm: Wirtschaft und Politik 1933–1945, Hannover 1952; 64 S.

12469 Treue, Wilhelm: Die Elektrizitätswirtschaft als Grundlage der Autarkiewirtschaft und die Frage der Sicherheit der Elektrizitätsversorgung in Westdeutschland, in: Friedrich Forstmeier/Hans-Erich Volkmann (Hg.), Wirtschaft und Rüstung am Vorabend des Zweiten Weltkrieges, 2. Aufl., Düsseldorf 1981, 136–57 (zuerst 1975)

12470 Turner jr., Henry A.: Hitlers Einstellung zu Wirtschaft und Gesellschaft vor 1933, in: GG 2 (1976), 89–117

12471 Uhlig, Heinrich: Die Warenhäuser im Dritten Reich, Köln/Opladen 1956; VIII, 230 S.

12472 Voegele, Alexander: Vom Faschismus zur »freien Marktwirtschaft«, in: BDIP 28 (1983), 105–14

12473 Volkmann, Hans-Erich: Ökonomie und Nationalsozialismus. Versuch einer deutschen historiographischen Bestandsaufnahme, in: Werner Röhr u.a. (Hg.), Faschismus und Rassismus. Kontroversen um Ideologie und Opfer, Berlin 1992, 206–27

12474 Waltmann, Frank: Ökonomische Grundstrukturen des Nationalsozialismus und der DDR im Vergleich, in: Ludger Kühnhardt u.a. (Hg.), Die doppelte deutsche Diktaturerfahrung. Drittes Reich und DDR – ein historisch-politikwissenschaftlicher Vergleich, Frankfurt u.a. 1994, 125–44

12475 Weber, Hajo: Political Design and Systems of Interest Intermediation: Germany between the 1930s and the 1950s, in: Wyn Grant u.a. (Hg.), Organising Business for War. Corporatist Economic Organisation during the Second World War, Oxford u.a. 1991, 107–34

12476 Werner, Stefan: Wirtschaftsordnung und Wirtschaftsstrafrecht im Nationalsozialismus, Frankfurt u.a. 1991; LXIV, 615 S.

12477 Westphal, Uwe: Werbung im Dritten Reich, Berlin 1989; 188 S.

12478 Zorn, Wolfgang: Staatliche Wirtschafts- und Sozialpolitik und öffentliche

Finanzen 1800–1970, in: Wolfgang Zorn (Hg.), Handbuch der deutschen Wirtschafts- und Sozialgeschichte, Bd. 2: Das 19. und 20. Jahrhundert, Frankfurt/New York 1976, 148–97

12479 Zumpe, Lotte: Wirtschaft und Staat in Deutschland 1933 bis 1945. (Wirtschaft und Staat in Deutschland, 3), Berlin (O) (zugl. Vaduz) 1980; 552 S.

12480 Zumpe, Lotte: Ökonomischer und außerökonomischer Zwang. Zur Funktion und Wirkungsweise im Kapitalismus, insbesondere im staatsmonopolistischen Kapitalismus, in: Lotte Zumpe (Hg.), Wirtschaft und Staat im Imperialismus. Beiträge zur Entwicklungsgeschichte des staatsmonopolistischen Kapitalismus in Deutschland, Berlin (O) 1976, 21–52

A.3.15.2 Regional- und Lokalstudien

A.3.15.2.1 Allgemeines

12481 Abelshauser, Werner: Wirtschaft, Staat und Arbeitsmarkt 1914–1945, in: Wolfgang Köllmann u. a. (Hg.), Das Ruhrgebiet im Industriezeitalter. Geschichte und Entwicklung, Bd. 1, Düsseldorf 1990, 435–89; Bd. 2, 616–19

12482 Blaich, Fritz: Grenzlandpolitik im Westen 1926–1936. Die »Westhilfe« zwischen Reichspolitik und Länderinteressen, Stuttgart 1978; 134 S.

12483 Blaich, Fritz: Die bayerische Industrie 1933–1939. Elemente von Gleichschaltung, Konformismus und Selbstbehauptung, in: Bayern in der NS-Zeit, Bd. 2: Herrschaft und Gesellschaft im Konflikt, T. A, Hg. Martin Broszat/Elke Fröhlich, München/Wien 1979, 237–80

12484 Boelke, Willi A.: Wirtschaft und Sozialsituationen, in: Otto Borst (Hg.), Das Dritte Reich in Baden und Württemberg, Stuttgart 1988, 29–45, 291–92

12485 Boelke, Willi A.: Wirtschaftsgeschichte Baden-Württembergs von den Anfängen bis heute, Stuttgart 1987, 312–448

12486 Borscheid, Peter: Vom Ersten zum Zweiten Weltkrieg (1914–1945), in: Wilhelm Kohl (Hg.), Westfälische Geschichte, Bd. 3: Das 19. und 20. Jahrhundert. Wirtschaft und Gesellschaft, Münster 1984, 313–438, 620–38

12487 Burth, Wolfgang u. a.: Nationalsozialistische Wirtschaftslenkung und württembergische Wirtschaft, in: Cornelia Rauh-Kühne/Michael Ruck (Hg.), Regionale Eliten zwischen Diktatur und Demokratie. Baden und Württemberg 1930–1952, München 1993, 195–219

12488 Deisting, Heinrich: Die wirtschaftliche Entwicklung im 19. Jahrhundert und bis zum Ende des Zweiten Weltkrieges, in: Amalie Rohrer/Hans-Jürgen Zacher (Hg.), Werl. Geschichte einer Stadt am Hellweg, Bd. 2, Paderborn/Werl 1994, 1081–98

12489 Erker, Paul: Keine Sehnsucht nach der Ruhr. Grundzüge der Industrialisierung in Bayern 1900–1970, in: GG 17 (1991), 480–511

12490 Haus, Rainer: Lothringen und Salzgitter in der Eisenerzpolitik der deutschen Schwerindustrie von 1871–1940, Salzgitter 1991; 323 S.

12491 Heiß, Ulrich (Bearb.): Industriebauten, in: Winfried Nerdinger (Hg.), Bauen im Nationalsozialismus. Bayern 1933–1945. Ausstellung des Architekturmuseums der Technischen Universität München und des Münchner Stadtmuseums, München 1993, 414–61

12492 Henke, Josef: Der Griff der SS nach dem Apollinaris-Brunnen in Bad Neuenahr. Ein Beitrag zum Verhältnis von SS und Verwaltung während des Zweiten Weltkrieges, in: JWL (1982), 159–98; überarb. abgedr. in: Dieter Rebentisch/Karl Teppe (Hg.), Verwaltung contra Menschenführung im Staat Hitlers. Studien zum politisch-administrativen System, Göttingen

1986, 255–77, u. d. T.: Von den Grenzen der SS-Macht. Eine Fallstudie zur Tätigkeit des SS-Wirtschafts-Verwaltungshauptamtes

12493 Hesse, Horst: Auswirkungen nationalsozialistischer Politik auf die bayerische Wirtschaft (1933–1939), in: ZBL 43 (1980), 369–485

12494 Kratzsch, Gerhard: Der Gauwirtschaftsapparat der NSDAP. Menschenführung – »Arisierung« – Wehrwirtschaft im Gau Westfalen-Süd. Eine Studie zur Herrschaftspraxis im totalitären Staat, Münster 1989; 548 S.

12495 Kratzsch, Gerhard: Der Gauwirtschaftsberater im Gau Westfalen-Süd, in: Dieter Rebentisch/Karl Teppe (Hg.), Verwaltung contra Menschenführung im Staat Hitlers. Studien zum politisch-administrativen System, Göttingen 1986, 173–206

12496 Meinzer, Lothar: Von der Dauerkrise in die Staatskonjunktur. Die pfälzische Industrie in der Zwischenkriegszeit, in: Gerhard Nestler/Hannes Ziegler (Hg.), Die Pfalz unterm Hakenkreuz. Eine deutsche Provinz während der nationalsozialistischen Terrorherrschaft, Landau 1993, 161–84

12497 Mull, Uwe: Der Wandel der Wirtschafts- und Sozialstruktur der Stadt Münden (Hann[oversch] Münden), beginnend mit den Anfängen der Industrialisierung, Frankfurt u. a. 1988; XII, 163 S.

12498 Pfliegensdörfer, Dieter: Wirtschaft, Staat und Arbeiterklasse in Bremen 1933–1939, in: Wiltrud U. Drechsel/Jörg Wollenberg (Red.), Arbeit, Teil 1: Zwangsarbeit, Rüstung, Widerstand 1931–1945. (Beiträge zur Sozialgeschichte Bremens, 5), Bremen 1982, 213–84

12499 Pollmann, Birgit/Ludewig, Hans-Ulrich: Nationalsozialistische Wirtschaftspolitik im Lande Braunschweig 1930–1939, T. 1: 1930–1933, T. 2: 1933–1939, in: BJ 65 (1984), 115–38; 66 (1985), 129–72

12500 Rauh-Kühne, Cornelia/Ruck, Michael (Hg.): Regionale Eliten zwischen Diktatur und Demokratie. Baden und Württemberg 1930–1952, München 1993, 23–27, 171–282*

12501 Reininghaus, Wilfried: Selbstverwaltung oder Befehlsempfang? Die Wirtschaftskammer Westfalen-Lippe und Gauwirtschaftskammer Westfalen-Süd im Dritten Reich, in: Klaus Möltgen (Hg.), Kriegswirtschaft und öffentliche Verwaltung im Ruhrgebiet 1939–1945. Dokumentation des 4. Symposiums der Dokumentations- und Forschungsstelle für Beamten- und Verwaltungsgeschichte der Fachhochschule für öffentliche Verwaltung Nordrhein-Westfalen in Dortmund am 20. Oktober 1989, Dortmund 1990, 55–77 (Diskussion: 78–81)

12502 Weidmann, Werner: Industriekarte um 1935 [Karte 142], in: Pfalzatlas, Hg. Willi Alter, Textbd. 4, Speyer 1990, 1871–87

12503 Westphal, Uwe: Berliner Konfektion und Mode. Die Zerstörung einer Tradition 1836–1939, 2. Aufl., Berlin 1992; 280 S. (zuerst 1986)

12504 Wysocki, Josef: Zwischen zwei Weltkriegen, wirtschaftliche Probleme der Pfalz 1918–1939, in: Beiträge zur pfälzischen Wirtschaftsgeschichte, Hg. Industrie- und Handelskammer für die Pfalz, Speyer 1968, 255–94

A.3.15.2.2 Österreich

12505 Brusatti, Alois: Österreich 1866–1970, in: Wolfgang Zorn (Hg.), Handbuch der deutschen Wirtschafts- und Sozialgeschichte, Bd. 2: Das 19. und 20. Jahrhundert, Frankfurt/New York 1976, 959–81

12506 Butschek, Felix: Die österreichische Wirtschaft 1938 bis 1945, Wien/Stuttgart 1978; 160 S.

12507 Eichholtz, Dietrich: Wirtschaftliche Interessen und Ziele des »Anschlusses«

Österreichs 1938, in: Felix Kreissler (Hg.), Fünfzig Jahre danach – der »Anschluß« von innen und außen gesehen. Beiträge zum Internationalen Symposium von Rouen 29. Februar – 4. März 1988, Wien/Zürich 1989, 132–38

12508 Karner, Stefan: Kärntens Wirtschaft 1938–1945. Unter besonderer Berücksichtigung der Rüstungsindustrie, Nachwort Albert Speer, Klagenfurt 1976; XX, 384 S.

12509 Kernbauer, Hans/Weber, Fritz: Österreichs Wirtschaft 1938–1945, in: Emmerich Tálos u. a. (Hg.), NS-Herrschaft in Österreich 1938–1945, Wien 1988, 49–68

12510 März, Eduard: Wirtschaftliche Aspekte der Annexion Österreichs durch das Dritte Reich, in: Wien 1938, Hg. Kommission Wien 1938, Wien 1978, 197–206

12511 Romanik, Felix: Der Leidensweg der österreichischen Wirtschaft 1933–1945, Wien 1957; 142 S.

12512 Romanik, Felix: Österreichs wirtschaftliche Ausbeutung 1938–1945, Wien u. a. 1966; 32 S.

12513 Schausberger, Norbert: Der Anschluß und seine ökonomische Relevanz, in: Anschluß 1938. Protokoll des Symposiums in Wien am 14. und 15. März 1978, München/Wien 1981, 244–70

12514 Schausberger, Norbert: Der wirtschaftliche Anschluß Österreichs 1938, in: ÖGG 15 (1971), 249–73

12515 Wittek-Saltzberg, Liselotte: Die wirtschaftspolitischen Auswirkungen der Okkupation Österreichs, Diss. Wien 1971; 263 S.

A.3.15.3 Unternehmer

[vgl. A.2.5.5]

Nachschlagewerke

12516 Wer leitet? Die Männer der Wirtschaft und der einschlägigen Verwaltung einschließlich Adreßbuch der Direktoren und Aufsichtsräte, Berlin 1 (1940) – 2 (1941/42); 1012, 1136 S.

Gedruckte Quellen

12517 Eichholtz, Dietrich/Schumann, Wolfgang (Hg.): Anatomie des Krieges. Neue Dokumente über die Rolle des deutschen Monopolkapitalismus bei der Vorbereitung und Durchführung des zweiten Weltkrieges, Berlin (O) 1969; 524 S.

12518 Hörster-Philipps, Ulrike (Hg.): Großkapital und Faschismus 1918–1945. Dokumente, 2. Aufl., Köln 1981; 388 S. (zuerst 1977 u. d. T.: Wer war Hitler wirklich?)

12519 Schumann, Wolfgang: Nachkriegsplanungen der Reichsgruppe Industrie im Herbst 1944. Eine Dokumentation, in: JWG (1972), Nr. 3, 259–96

Darstellungen

12520 Bleyer, Wolfgang: Die Reichsgruppe Industrie – eine wirtschaftliche Kommandostelle des »totalen Krieges«, in: Monopole und Staat in Deutschland 1917–1945. Protokoll der 2. Tagung der Fachgruppe Geschichte der neuesten Zeit 1917–1945 am 20. und 21. 3. 1965 in Berlin im Rahmen des III. Kongresses der Deutschen Historiker-Gesellschaft, Hg. Deutsche Historiker-Gesellschaft, Berlin (O) 1966, 183–92

12521 Drobisch, Klaus: Der Freundeskreis Himmler, in: Der deutsche Imperialismus und der Zweite Weltkrieg, Bd. 4, Hg. Kommission der Historiker der DDR und der UdSSR, Red. Leo Stern u. a., Berlin (O) 1961, 97–122

12522 Drobisch, Klaus: Der Freundeskreis Himmler. Ein Beispiel für die Unterordnung der Nazipartei und des faschistischen Staatsapparates durch die Finanzoligarchie, in: ZfG 8 (1960), 304–28

12523 Eckert, Rainer: Die Leiter und Geschäftsführer der Reichsgruppe Industrie, ihrer Haupt- und Wirtschaftsgruppen. Dokumentation über ihre Stellung zu Monopolen, monopolistischen Verbänden und bei der staatsmonopolistischen Wirtschaftsregulierung, in: JWG (1979), Nr. 4, 243–77; 1980, Nr. 1, 177–232

12524 Eichholtz, Dietrich: Monopole und Staat in Deutschland 1933–1945, in: Monopole und Staat in Deutschland 1917–1945. Protokoll der 2. Tagung der Fachgruppe Geschichte der neuesten Zeit 1917–1945 am 20. und 21. 3. 1965 in Berlin im Rahmen des III. Kongresses der Deutschen Historiker-Gesellschaft, Hg. Deutsche Historiker-Gesellschaft, Berlin (O) 1966, 33–59

12525 Eichholtz, Dietrich: Das Minette-Revier [Luxemburg/Lothringen] und die deutsche Montanindustrie. Zur Strategie der deutschen Monopole im zweiten Weltkrieg (1941/42), in: ZfG 25 (1977), 816–38

12526 Esenwein-Rothe, Ingeborg: Die Wirtschaftsverbände von 1933 bis 1945, Berlin 1965; 209 S.

12527 Eyll, Klara von: Berufsständische Verwaltung und Verbände [1933–1945], in: Deutsche Verwaltungsgeschichte, Bd. 4: Das Reich als Republik und in der Zeit des Nationalsozialismus, Hg. Kurt G. A. Jeserich u. a., Stuttgart 1985, 682–95

12529 Freymond, Jean: Les industriels allemands de l'acier et le bassin minier lorrain (1940–1942), in: RHMC 19 (1972), 27–44

12530 Gillingham, John R.: Industry and Politics in the Third Reich. Ruhr Coal, Hitler, and Europe, Stuttgart 1985; XII, 183 S.

12531 Gossweiler, Kurt: Die Rolle des Monopolkapitals bei der Herbeiführung der Röhm-Affäre, 2 Bde., Diss. Humboldt-Universität Berlin (O) 1963; III, 599; 202, 45, 16 S. (Ms. vervielf.)

12532 Gossweiler, Kurt: Die Röhm-Affäre von 1934 und die Monopole, in: Monopole und Staat in Deutschland 1917–1945. Protokoll der 2. Tagung der Fachgruppe Geschichte der neuesten Zeit 1917–1945 am 20. und 21. 3. 1965 in Berlin im Rahmen des III. Kongresses der Deutschen Historiker-Gesellschaft, Hg. Deutsche Historiker-Gesellschaft, Berlin (O) 1966, 151–61

12533 Habedank, Heinz: Zum maßgeblichen Anteil der Berliner Großbanken an der Finanzierung der Aufrüstung des faschistischen Deutschlands, in: JfG 35 (1987), 343–68

12534 Hayes, Peter: Fritz Roessler and Nazism: The Observations of a German Industrialist, 1930–37, in: CEH 20 (1987), 58–79

12535 Heinrichsbauer, August: Der Ruhrbergbau in Vergangenheit, Gegenwart und Zukunft, Essen 1948; 173 S.

12536 Heintze, Beatrix: Walter Cramer (1886 bis 1944). Ein Leipziger Unternehmer im Widerstand. Dokumentation, Hg. Gesellschaft für Unternehmensgeschichte, Köln 1993; 188 S.**

12537 Herbst, Ludolf: Der Krieg und die Unternehmensstrategie deutscher Industrie-Konzerne in der Zwischenkriegszeit, in: Martin Broszat/Klaus Schwabe (Hg.), Die deutschen Eliten und der Weg in den Zweiten Weltkrieg, München 1989, 72–134

12538 Herbst, Ludolf: Die Großindustrie und der Zweite Weltkrieg, in: Venanz Schubert u. a. (Hg.), Der Zweite Weltkrieg und die Gesellschaft in Deutschland. 50 Jahre danach. Eine Ringvorlesung der Universität München, St. Ottilien 1992, 63–88

12539 Hetzer, Gerhard: Unternehmer und leitende Angestellte zwischen Rüstungseinsatz und politischer Säuberung, in: Martin Broszat u. a. (Hg.), Von Stalingrad zur Währungsreform. Zur Sozialgeschichte des Umbruchs in Deutschland, 3. Aufl., München 1990, 551–91 (zuerst 1988)

12540 Hlawatschek, Elke: Die Unternehmerin (1800–1945), in: Hans Pohl/Wilhelm Treue (Hg.), Die Frau in der deutschen Wirtschaft. Referate und Diskussionsbeiträge des wissenschaftlichen Symposiums der Gesellschaft für Unternehmensgeschichte am 8. und 9. Dezember 1983 in Essen, Stuttgart 1985, 127–46

12541 Hüttenberger, Peter: Interessenvertretung und Lobbyismus im Dritten Reich, in: Gerhard Hirschfeld/Lothar Kettenacker (Hg.), Der »Führerstaat«: Mythos und Realität. Studien zur Struktur und Politik des Dritten Reiches, Stuttgart 1981, 429–57

12542 John, Jürgen: Deutsche Industriellenvereinigung (DI) 1924–1940. 1926–1936 Bund für Nationalwirtschaft und Werksgemeinschaft (BNW). 1936–1940 Bund für Nationalwirtschaft, in: Lexikon zur Parteiengeschichte. Die bürgerlichen und kleinbürgerlichen Parteien und Verbände in Deutschland (1789–1945), Hg. Dieter Fricke u. a., Bd. 1, Leipzig (LA Köln) 1983, 711–17

12543 John, Jürgen/Weißbecker, Manfred: Reichsgruppe Industrie (RI) 1933–1945 (1933/34 Reichsstand der Deutschen Industrie [RStDI]), in: Lexikon zur Parteiengeschichte. Die bürgerlichen und kleinbürgerlichen Parteien und Verbände in Deutschland (1789–1945), Hg. Dieter Fricke u. a., Bd. 1, Leipzig (LA Köln) 1983, 670–80

12544 Lammel, Siegbert: Die GmbH im Spannungsfeld von Politik, Wirtschaft und Recht während der NS-Zeit, in: ZNR 11 (1989), 148–67

12545 Laqueur, Walter/Breitman, Richard: Der Mann, der das Schweigen brach [Eduard Schulte]. Wie die Welt vom Holocaust erfuhr, Frankfurt/Berlin 1986; 304 S. (amerikan.: New York 1986 u. d. T.: Breaking the Silence)

12546 Lochner, Louis P.: Die Mächtigen und der Tyrann. Die deutsche Industrie von Hitler bis Adenauer, 2. Aufl., Darmstadt 1955; 343 S.

12547 Martin, Bernd: Friedensplanungen der multinationalen Großindustrie (1932–1940) als politische Krisenstrategie, in: GG 2 (1976), 66–88

12548 Nachtmann, Walter: Robert Bosch. Großindustrieller und Weltbürger, in: Michael Bosch/Wolfgang Niess (Hg.), Der Widerstand im deutschen Südwesten 1933–1945, Stuttgart 1984, 217–25

12549 Ogger, Günter: Friedrich Flick der Große, 3. Aufl., München/Zürich 1973; 352 S. (zuerst Bern u. a. 1971)

12550 Ohlsen, Manfred: Milliarden für den Geier oder Der Fall des Friedrich Flick, Berlin (O) 1980; 446 S.

12551 Ohlsen, Manfred: Die Austragung des Gegensatzes zwischen Monopolkapital und kleinen und mittleren Unternehmern zu Beginn der faschistischen Herrschaft in Deutschland, 1933–1945. Unter besonderer Berücksichtigung der Umwandlung der Unternehmerverbände in staatsmonopolitische Regulierungsorgane des Faschismus, Diss. Jena 1971; VII, 323 S. (Ms. vervielf.)

12553 Pohl, Hans: Zur Zusammenarbeit von Wirtschaft und Wissenschaft im »Dritten Reich«: Die »Förderergemeinschaft der Deutschen Industrie«, in: VSWG 72 (1985), 508–36

12554 Radkau, Joachim: Von der nationalsozialistischen Diktatur bis zur Gegenwart, in: George W. F. Hallgarten/Joachim Radkau, Deutsche Industrie und Politik von Bismarck bis in die Gegenwart, 2., überarb. Aufl. d. Neuausg., Frankfurt/Köln 1986, 225–538 (zuerst 1981; Erstausgabe 1974)

12555 Riedel, Matthias: Eisen und Kohle für das Dritte Reich. Paul Pleigers Stellung in der NS-Wirtschaft, Göttingen 1973; 375 S.

12556 Rohland, Walter: Bewegte Zeiten. Erinnerungen eines Eisenhüttenmannes, Stuttgart 1978; 238 S.

12557 Schmalhausen, Bernd: Berthold Beitz im Dritten Reich. Mensch in unmenschlicher Zeit, Essen 1991; 112 S.

12558 Schumann, Wolfgang: Die Industrie und der 20. Juli 1944, in: WMHGDDR 13 (1985), Nr. 1–2, 77–86

12559 Schweitzer, Arthur: Big Business in the Third Reich, Bloomington, Ind./London 1964; XII, 739 S.

12560 Sörgel, Werner: Metallindustrie und Nationalsozialismus. Eine Untersuchung über Struktur und Funktion industrieller Organisationen in Deutschland 1929 bis 1939, Frankfurt 1965; 96 S.

12561 Treue, Wilhelm: Widerstand von Unternehmern und Nationalökonomen, in: Jürgen Schmädeke/Peter Steinbach (Hg.), Der Widerstand gegen den Nationalsozialismus. Die deutsche Gesellschaft und der Widerstand gegen Hitler, 2. Aufl., München/Zürich 1986, 917–37 (zuerst 1985; ND 1994)

12562 Treue, Wilhelm: Die Einstellung einiger deutscher Großindustrieller zu Hitlers Außenpolitik, in: GWU 17 (1966), 491–507

12563 Treue, Wilhelm: Eduard Schulte. Ein Unternehmer in der Zeit des Nationalsozialismus, in: ZfU 33 (1988), 118–22

12564 Ullmann, Hans-Peter: Interessenverbände in Deutschland, Frankfurt 1988, 183–227

12565 Ullmann, Hans-Peter: Wirtschaftsverbände in Deutschland, in: ZfU 35 (1990), 95–115, hier 107–11

12566 Wengst, Udo: Der Reichsverband der Deutschen Industrie in den ersten Monaten des Dritten Reiches. Ein Beitrag zum Verhältnis von Großindustrie und Nationalsozialismus, in: VfZ 28 (1980), 94–110

12567 Wollenberg, Jörg: Anmerkungen und Dokumente zu dem AG »Weser«-Generaldirektor Franz Stapelfeldt oder wie aus einem prominenten Wehrwirtschaftsführer ein Widerstandskämpfer wird, in: Die AG »Weser« zwischen Sozialpartnerschaft und Klassenkampf. Arbeitskämpfe und politische Streiks der Bremer Werftarbeiter, Hg. Jungsozialisten in der SPD, Unterbezirksvorstand Bremen-West/Landesvorstand Bremen, Red. Jörg Wollenberg/Gerwin Möller, Berlin/Bremen 1984, 64–81

Regional-/Lokalstudien

12568 Bluhm, Gabriele: »Wirtschaft am Pranger«: Die Berichterstattung des württembergischen »Kampfblatts« »Flammenzeichen« über unangepaßtes Verhalten von Gewerbetreibenden, in: Cornelia Rauh-Kühne/Michael Ruck (Hg.), Regionale Eliten zwischen Diktatur und Demokratie. Baden und Württemberg 1930–1952, München 1993, 247–62

12569 Bräutigam, Petra u.a.: Drei württembergische Unternehmer während des Nationalsozialismus: Rolf Boehringer, Ernst Stütz, Richard Schweizer, in: Cornelia Rauh-Kühne/Michael Ruck (Hg.), Regionale Eliten zwischen Diktatur und Demokratie. Baden und Württemberg 1930–1952, München 1993, 195–219

12570 Budraß, Lutz: Unternehmer im Nationalsozialismus: Der »Sonderbevollmächtigte des Generalfeldmarschalls Göring für die Herstellung der Ju 88« [Hugo Junkers], in: Werner Plumpe/Christian Kleinschmidt (Hg.), Unternehmen zwischen Markt und Macht. Aspekte deutscher Unternehmens- und Industriegeschichte im 20. Jahrhundert, Essen 1992, 74–89

12570a Eyll, Klara von: Kammern in der gewerblichen Wirtschaft, in: Wolfgang Köllmann u.a. (Hg.), Das Ruhrgebiet im Industriezeitalter. Geschichte und Entwicklung, Bd. 1, Düsseldorf 1990, 601–53, hier 633–36; Bd. 2, 623–25

12571 Fischer, Peter G.: Wirtschaftliche Interessenvertretung vom »Ständestaat« zum »Führerstaat«, in: Wien 1938, Hg. Kommission Wien 1938, Wien 1978, 207–15

12572 Mager, Harald: Gewerbetreibende als Angeklagte vor dem Sondergericht Mannheim, in: Cornelia Rauh-Kühne/Michael Ruck (Hg.), Regionale Eliten zwischen Diktatur und Demokratie. Baden und Württemberg 1930–1952, München 1993, 263–82

12573 Mayr, Gaby: Waffenschmiede für Hitler – Bremer Unternehmer im Nazi-Faschismus, in: Faschismus in Deutschland. Ursachen und Folgen. Verfolgung und Widerstand. Ausländerfeindlichkeit und neonazistische Gefahren, Hg. IG Druck und Papier, Köln 1985, 100–7

12573a Plumpe, Werner: Unternehmerverbände und industrielle Interessenpolitik seit 1870, in: Wolfgang Köllmann u. a. (Hg.), Das Ruhrgebiet im Industriezeitalter. Geschichte und Entwicklung, Düsseldorf 1990, Bd. 1, 655–727; Bd. 2, 625–30

12574 Rauh-Kühne, Cornelia: Mittelständische Unternehmer im Konflikt mit Partei und Staat, in: Thomas Schnabel (Hg.), Formen des Widerstandes im Südwesten 1933–1945. Scheitern und Nachwirken, Mitarb. Angelika Hauser-Hauswirth, hg. f. d. Landeszentrale für politische Bildung Baden-Württemberg/Haus der Geschichte Baden-Württemberg, Ulm 1994, 105–13

A.3.15.4 Einzelne Unternehmen

[vgl. A.3.15.16: Regional- u. Lokalstudien; A.3.16.5]

Literaturberichte

12575 Hentschel, Volker: Daimler-Benz im Dritten Reich. Zu Inhalt und Methode zweier Bücher zum gleichen Thema, in: VSWG 75 (1988), 74–100

Nachschlagewerke

12576 Schreier, Anna E./Wex, Manuela: Chronik der Hoechst Aktiengesellschaft. 1863–1988, Frankfurt 1990, 157–86

Gedruckte Quellen

12577 Drobisch, Klaus: Eine Denkschrift der IG-Farben über die »Militarisierung der Wirtschaft« vom März 1935, in: JdG 1 (1967), 261–81

12578 Eichholtz, Dietrich: Die IG-Farben-»Friedensplanung«. Schlüsseldokumente der faschistischen »Neuordnung des europäischen Großraums«, in: JWG (1962), Nr. 3, 271–332

12579 Koch, Peter-Ferdinand (Hg.): Die Dresdner Bank und der Reichsführer SS. (Das Dritte Reich in Dokumenten), Kirchheim 1987; 324 S.

O. M. G.U. S. Office of Military Government for Germany, United States. Finance Divison – Financial Investigation Section, Nördlingen (ND Frankfurt):

12580 – Ermittlungen gegen die Deutsche Bank – 1946/47 –, Bearb. Dokumentationsstelle zur NS-Politik Hamburg, Nachwort Karl-Heinz Roth, 1985; 541 S. (ND o. J. [1990])

12581 – Ermittlungen gegen die Dresdner Bank – 1946 –, Bearb. Hamburger Stiftung für Sozialgeschichte des 20. Jahrhunderts, Einleitung Karl-Heinz Roth, 1986; CXXXV, 357 S. (ND o. J. [1990])

12582 – Ermittlungen gegen die I.G. Farbenindustrie AG – September 1945 –, Bearb. Dokumentationsstelle zur NS-Politik Hamburg, Einleitung Karl-Heinz Roth, 1986; LXXII, 497 S. (ND o. J. [1990])

12583 Pohl, Hans u.a.: Die Daimler Benz AG in den Jahren 1933 bis 1945. Eine Dokumentation, 2., durchges. Aufl., Stuttgart 1987; VII, 394 S. (zuerst 1986)

12584 Roth, Karl H.: Justitiar der Räuber. Wolfgang Heintzeler und die Pläne der I. G. Farbenindustrie zur Plünderung der sowjetischen Kautschukfabriken 1941/42. Eine Dokumentation, in: 1999 3 (1988), Nr. 2, 96–131

12585 Roth, Karl H./Schmid, Michael (Bearb.): Die Daimler Benz AG 1916 bis 1948. Schlüsseldokumente zur Konzerngeschichte, Mitarb. Rainer Fröbe, Nördlingen 1987; 480 S.

12586 Thieleke, Karl-Heinz (Hg.): Fall 5. Anklageplädoyer, ausgewählte Dokumente, Urteil des Flick-Prozesses. Mit einer Studie über die »Arisierungen« des Flick-Konzerns [353–451], Einleitung Klaus Drobisch, Berlin (O) 1965; 501 S.

Darstellungen

12587 Borkin, Joseph: Die unheilige Allianz der I.G. Farben. Eine Interessengemeinschaft im Dritten Reich, 4. Aufl., Frankfurt/New York 1990; 232 S. (zuerst 1979)

12588 Bremer Großwerften im Dritten Reich, Bremen 1993; 208 S.

12589 Burger, Oswald: Zeppelin und die Rüstungsindustrie am Bodensee, T. 2: Verhältnis des Konzerns zum Nationalsozialismus, in: 1999 2 (1987), Nr. 2, 52–87

12590 Drobisch, Klaus: Die Ausbeutung ausländischer Arbeitskräfte im Flick-Konzern während des zweiten Weltkrieges, Diss. Humboldt-Universität Berlin (O) 1964; XXXI, 270 S. (Ms. vervielf.)

12591 Drobisch, Klaus: Flick-Konzern und faschistischer Staat 1933–1945, in: Monopole und Staat in Deutschland 1917–1945. Protokoll der 2. Tagung der Fachgruppe Geschichte der neuesten Zeit 1917–1945 am 20. und 21.3. 1965 in Berlin im Rahmen des III. Kongresses der Deutschen Historiker-Gesellschaft, Hg. Deutsche Historiker-Gesellschaft, Berlin (O) 1966, 151–61

12592 Eichholtz, Dietrich: Die Norwegen-Denkschrift des IG-Farben-Konzerns von 1941, in: BAZW (1974), Nr. 1/2, 4–66

12593 Engelmann, Bernt: Krupp. Die Geschichte eines Hauses. Legenden und Wirklichkeit, 4. Aufl., München 1986; 590 S. (zuerst 1969; TB 1970)

12594 Fiereder, Helmut: Reichswerke »Hermann Göring« in Österreich (1938–1945), Wien/Salzburg 1984; 303 S.

12595 Fischer, Wolfram: Henning Berlin. Die Geschichte eines pharmazeutischen Unternehmens 1913–1991, Berlin 1992; 403 S.

12596 Fuchs, Konrad: Ein Konzern aus Sachsen. Das Kaufhaus Schocken als Spiegelbild deutscher Wirtschaft und Politik 1901 bis 1953, Stuttgart 1990; 343 S.

12597 Geschichte der Farbwerke Hoechst und der chemischen Industrie in Deutschland. Ein Lesebuch der Arbeiterbildung, 2., erw. Aufl., Offenbach 1989; 216 S. (zuerst 1984)

12598 Hayes, Peter: Industry and Ideology. IG Farben in the Nazi Era, Cambridge 1987; 411 S.

12599 Hayes, Peter: Zur umstrittenen Geschichte der I.G. Farbenindustrie AG, in: GG 18 (1992), 405–17

12600 Hayes, Peter: Industrie und Ideologie. Die IG Farben in der Zeit des Nationalsozialismus, in: ZfU 32 (1987), 124–36

12601 Heine, Jens U.: Verstand & Schicksal. Die Männer der I.G. Farbenindustrie A.G. (1925–1945) in 161 Kurzbiographien, Weinheim 1999; 341 S.

12602 Hillegeist, Hans-Heinrich: Die Firmen OIGEE und HEMAF in Osterode/Harz, in: Rüstungsindustrie in Südniedersachsen während der NS-Zeit, Hg. Arbeitsgemeinschaft Südniedersächsischer Heimatfreunde, 1. u. 2. Aufl., Mannheim 1993, 119–41

12603 Homburg, Heidrun: Rationalisierung und Industriearbeit. Arbeitsmarkt – Management – Arbeiterschaft im Siemens-Konzern Berlin 1900–1939, Berlin 1991; XXIII, 806 S.

12604 Hopfinger, Kurt B.: Beyond Expectation. The Volkswagen Story, 3. Aufl., London 1956; 182 S. (zuerst 1954)

12605 Huber, Gabriele: Die Porzellan-Manufaktur Allach-München GmbH. Eine »Wirtschaftsunternehmung« der SS zum Schutz der »deutschen Seele«, Marburg 1992; 224 S.

12606 Kahl, Gisela: Die Rolle des NS-Musterbetriebs Thüringische Zellwolle AG »Schwarza« bei der Vorbereitung und Durchführung des Zweiten Weltkrieges. Zur Rolle der Staatsbetriebe bzw. halbstaatlichen Unternehmungen im Imperialismus, Diss. Jena 1964; 267 S. (Ms. vervielf.)

12607 Kaiser, Ernst/Knorn, Michael: »Wir lebten und schliefen zwischen den Toten.« Rüstungsproduktion, Zwangsarbeit und Vernichtung in den Frankfurter Adlerwerken, Frankfurt/New York 1994; 311, (16) S.**

12608 Kampmann, Tobias: Vom Werkzeughandel zum Maschinenbau. Der Aufstieg des Familienunternehmens W. Ferd. Klingelnberg Söhne 1900–1950, Stuttgart 1994; 293 S.

12609 Kluke, Paul: Hitler und das Volkswagenprojekt, in: VfZ 8 (1960), 341–83

12610 Köhler, Otto: ... und heute die ganze Welt. Die Geschichte der IG Farben Bayer, BASF und Hoechst. Mit der Rede des Autors und BASF-Miteigentümers auf der BASF-Hauptversammlung 1987 in Ludwigshafen, Köln 1990; 354 S.

12611 Köhler, Otto: IG Farben – Geschichte einer bürgerlichen Vereinigung, in: Faschismus in Deutschland. Ursachen und Folgen. Verfolgung und Widerstand. Ausländerfeindlichkeit und neonazistische Gefahren, Hg. IG Druck und Papier, Köln 1985, 11–42

12612 Kugler, Anita: Die Behandlung des feindlichen Vermögens in Deutschland und die »Selbstverantwortung« der Rüstungsindustrie. Dargestellt am Beispiel der Adam Opel AG von 1941 bis Anfang 1943, in: 1999 3 (1988), Nr. 2, 46–78

12613 Leßmann, Peter: Ford Paris im Zugriff von Ford Köln 1943. Das Scheitern eines Projekts eines europäischen Automobilkonzerns unter deutscher Leitung, in: ZfU 38 (1993), 217–33

12614 Ludwig-Bühler, Ulrike: Im NS-Musterbetrieb. Frauen in einem Textilunternehmen an der Schweizer Grenze [Schiesser, Radolfzell], in: Lutz Niethammer/Alexander von Plato (Hg.), »Wir kriegen jetzt andere Zeiten.« Auf der Suche nach der Erfahrung des Volkes in nachfaschistischen Ländern. (Lebensgeschichte und Sozialkultur im Ruhrgebiet 1930 bis 1960, 3), Berlin/Bonn 1985, 72–90

12615 Meyer, August: Das Syndikat. Reichswerke »Hermann Göring«, Braunschweig u.a. 1986; 348 S.

12616 Mollin, Gerhard T.: Montankonzerne und »Drittes Reich«. Der Gegensatz zwischen Monopolindustrie und Befehlswirtschaft in der deutschen Rüstung und Expansion 1936–1944, Göttingen 1988; 388 S.

12617 Mommsen, Hans: Geschichte des Volkswagenwerks im Dritten Reich – Forschungsergebnisse, Mitarb. Heidrun Edelmann-Ullmann u.a., Bochum 1991; 77 S.

12618 Mönnich, Horst: BMW. Eine Jahrhundertgeschichte, Bd. 1: Vor der Schallmauer (1916–1945), Düsseldorf/Wien 1983, 177–306 (2. Aufl. Wien/Darmstadt 1989)

12619 Nelson, Walter H.: Die Volkswagen-Story. Biographie eines Autos, München 1966; 291 S.

12620 Paul, Hinrich: Zur Geschichte eines Bielefelder Industrieunternehmens während der Nazi-Zeit: das Beispiel Dürkopp, in: Wolfgang Emer u.a. (Hg.), Provinz unterm Hakenkreuz. Diktatur und Widerstand in Ostwestfalen-Lippe, Bielefeld 1984, 125–52

12621 Petzina, Dietmar: IG-Farbenindustrie und nationalsozialistische Autarkiepolitik, in: Tradition 13 (1968), 250–54

12622 Plumpe, Gottfried: Die I.G. Farbenindustrie AG. Wirtschaft, Technik und Politik 1904–1945, Berlin 1990; 784 S.

12623 Plumpe, Gottfried: Antwort auf Peter Hayes: Zur umstrittenen Geschichte der I.G. Farbenindustrie AG, in: GG 18 (1992), 526–32

12624 Quilitzsch, Siegmar: Zur verbrecherischen Rolle der IG Farben während der faschistischen Aggression gegen die Sowjetunion. Dargestellt am Beispiel der Filmfabrik Agfa Wolfen, in: Alfred Anderle/Werner Basler (Red.), Juni 1941. Beiträge zur Geschichte des hitlerfaschistischen Überfalls auf die Sowjetunion, Berlin (O) 1961, 157–187

12625 Radandt, Hans: Die Interessen der IG Farbenindustrie AG in Bulgarien bis 1944, in: 1999 3 (1988), Nr. 4, 10–30

12626 Radandt, Hans: Kriegsverbrecherkonzern Mansfeld. Die Rolle des Mansfeld-Konzerns bei der Vorbereitung und während des Zweiten Weltkrieges, Berlin (O) 1957; 292 S.

12627 Roth, Karl H.: Der Weg zum guten Stern des »Dritten Reichs«: Schlaglichter auf die Geschichte der Daimler-Benz AG und ihrer Vorläufer (1890–1945), in: Das Daimler-Benz-Buch. Ein Rüstungskonzern im Tausendjährigen Reich, Hg. Hamburger Stiftung für Sozialgeschichte des 20. Jahrhunderts, Nördlingen 1987, 28–373

12628 Roth, Karl H.: Ein Spezialunternehmen für Verbrennungskreisläufe: Konzernskizze Degussa, in: 1999 3 (1988), Nr. 2, 8–45

12629 Roth, Karl H.: I.G. Auschwitz – Normalität oder Anomalie eines kapitalistischen Entwicklungssprungs?, in: 1999 4 (1989), Nr. 4, 11–28

12630 Roth, Karl H.: Die Daimler-Benz AG. Ein Rüstungskonzern im »Tausendjährigen Reich« – Forschungsstand, Kontroversen, Kritik, in: 1999 8 (1993), Nr. 1, 40–64

12631 Roxer, Aribert: Die Entwicklung des Krupp-Konzerns bis zum Jahre 1939 unter besonderer Berücksichtigung der Vorbereitung des zweiten Weltkrieges in den Jahren 1936–1939, vorrangig dargestellt am Beispiel der Friedrich-Krupp-Grusonwerke AG Magdeburg, Diss. Berlin (O) 1972; 318; 145 S. (Ms. vervielf.)**

12632 Sachse, Carola: »Rationalisierung des Privatlebens«. Betriebssozialpolitik und Betriebssozialarbeit am Beispiel der Firma Siemens, Berlin (1918–1945), in: Hans-Uwe Otto/Heinz Sünker (Hg.), Politische Formierung und soziale Erziehung im Nationalsozialismus, Frankfurt 1991, 226–50

12633 Sandkühler, Thomas/Schmuhl, Hans-Walter: Noch einmal: Die I.G. Farben und Auschwitz, in: GG 19 (1993), 259–67

12634 Sawicki, Czeslaw: Das Unternehmen Oetker in der Zeit des Nationalsozialismus, in: Wolfgang Emer u.a. (Hg.), Provinz unterm Hakenkreuz. Diktatur und Widerstand in Ostwestfalen-Lippe, Bielefeld 1984, 153–64

12635 Schneider, Ulrich/Stein, Harry: IG Farben. Abt[eilung] Behringwerke-Marburg – KZ Buchenwald – Menschenversuche. Ein dokumentarischer Bericht, Kassel 1986; 83 S. (zugleich Weimar-Buchenwald)

12636 Seebold, Gustav-Hermann: Ein Stahlkonzern im Dritten Reich. Der Bochumer Verein 1927–1945, Wuppertal 1981; 322 S.

12637 Teltschik, Walter: Geschichte der deutschen Großchemie. Entwicklung und Einfluß in Staat und Gesellschaft, Weinheim u.a. 1992, 75–199, 358–74 [IG Farben]

12638 Treue, Wilhelm: Ilseder Hütte [Peine] 1858–1958. Ein Unternehmen der eisenschaffenden Industrie, Hg. Ilseder Hütte, Peine 1958, 98–114

12639 Verg, Erik: 125 Jahre Bayer [Leverkusen] 1863–1988, Hg. Bayer AG Konzernverwaltung, Abt. Öffentlichkeitsarbeit, Mitarb. Gottfried Plumpe/Heinz Schultheis, Leverkusen 1988, 292–306

12640 Vögel, Bernhild: Berufserziehung und Zwangsarbeit. Überlegungen zum 50jährigen Jubiläum des VW-Werkes Braunschweig, in: Es geschah in Braunschweig. Gegen das Vergessen der nationalsozialistischen Vergangenheit, Hg. JUSO-Unterbezirk Braunschweig, o. J. [1989], 74–111

12641 Weinberger, Gerda: Konkurrenz und Zusammenarbeit von Konzernen. Ein Beispiel aus der Geschichte der IG Farbenindustrie AG zwischen den beiden Weltkriegen, in: JWG (1991), Nr. 3, 9–29

12642 Wessel, Horst A.: Kontinuität im Wandel. 100 Jahre Mannesmann 1890–1990, Hg. Mannesmann-Archiv, Düsseldorf 1990; 572, 24 S.

12643 Wysocki, Gerd: Arbeit für den Krieg. Herrschaftsmechanismen in der Rüstungsindustrie des »Dritten Reiches«. Arbeitseinsatz, Sozialpolitik und staatspolizeiliche Repression bei den Reichswerken »Hermann Göring« im Salzgitter-Gebiet 1937/38 bis 1945, Braunschweig 1992; 607 S.**

12644 Yano, Hisashi: Hüttenarbeiter im Dritten Reich. Die Betriebsverhältnisse und soziale Lage bei der Gutehoffnungshütte Aktienverein und der Fried. Krupp AG 1936 bis 1939, Stuttgart 1986; XII, 193 S.

A.3.15.5 Finanz- und Währungspolitik

[vgl. A.1.9.2: F. Reinhardt; H. Schacht; J. L. Graf Schwerin v. Krosigk]

Darstellungen

12645 Blaich, Fritz: Die »Grundsätze nationalsozialistischer Steuerpolitik« und ihrer Verwirklichung, in: Friedrich-Wilhelm Henning (Hg.), Probleme der nationalsozialistischen Wirtschaftspolitik, Berlin 1976, 99–117

12646 Boelcke, Willi A.: Die Finanzpolitik des Dritten Reiches. Eine Darstellung in Grundzügen, in: Karl D. Bracher u. a. (Hg.), Deutschland 1933–1945. Neue Studien zur nationalsozialistischen Herrschaft, 2., erg. Aufl., Bonn/Düsseldorf 1993, 95–117 (zuerst 1992)

12647 Borchardt, Knut: Das Attentat auf Hans Luther 1932 und eine Intervention gegen Hjalmar Schacht 1934, in: Karl D. Bracher u. a. (Hg.), Staat und Parteien. Festschrift für Rudolf Morsey zum 65. Geburtstag, Berlin 1992, 689–709

12648 Borzikowsky, Reinhold: Finanzkontrolle und Rechnungsprüfungswesen [1933–1945], in: Deutsche Verwaltungsgeschichte, Bd. 4: Das Reich als Republik und in der Zeit des Nationalsozialismus, Hg. Kurt G. A. Jeserich u. a., Stuttgart 1985, 883–88

12649 Caesar, Rolf: Öffentliche Verschuldung in Deutschland seit der Weltwirtschaftskrise: Wandlungen in Politik und Theorie, in: Dietmar Petzina (Hg.), Probleme der Finanzgeschichte des 19. und 20. Jahrhunderts, Berlin 1989, 9–55

12650 Caesar, Rolf/Hansmeyer, Karl-Heinrich: Haushalts- und Finanzwesen [1933–1945], in: Deutsche Verwaltungsgeschichte, Bd. 4: Das Reich als Republik und in der Zeit des Nationalsozialismus, Hg. Kurt G. A. Jeserich u. a., Stuttgart 1985, 832–72

12651 Caesar, Rolf/Hansmeyer, Karl-Heinrich: Reichsbank und öffentliche Kreditinstitute [1933–1945], in: Deutsche Verwaltungsgeschichte, Bd. 4: Das Reich als Republik und in der Zeit des Nationalsozialismus, Hg. Kurt G. A. Jeserich u. a., Stuttgart 1985, 873–83

12652 Hansel, Klaus: Geprägt in Berlin – die Silbermünzen des Dritten Reichs mit dem Bilde Hitlers, in: JfBL 39 (1988), 179 ff.

12653 Högemann, Werner: Das deutsche Steuerrecht unter dem Einfluß des Nationalsozialismus (1933–1945), Diss. Münster 1991; 110 S. (ND Münster o. J.)

12654 Klein, Friedrich: Die Finanzkontrolle im nationalsozialistischen Staat, in:

Eckart Schiffer/Helmut Karehnke (Hg.), Verfassung, Verwaltung, Finanzkontrolle. Festschrift für Hans Schäfer zum 65. Geburtstag am 26. Januar 1975, Köln u. a. 1975, 209–32

12655 Kopper, Christopher: Zwischen Marktwirtschaft und Dirigismus. Bankenpolitik im »Dritten Reich« 1933 bis 1939, Bonn/Berlin 1994; ca. 400 S.

12658 Löbbe, Friedrich: Die Kreditaufnahmen des Deutschen Reiches von der Währungsstabilisierung 1923 bis zum Zusammenbruch 1945, Diss. Bonn 1948; V, 141 S. (Ms.)

12659 Mehl, Stefan: Das Reichsfinanzministerium und die Verfolgung der deutschen Juden 1933–1945, Berlin 1990; VII, 117 S.

12659a Schwerin von Krosikg, Lutz Graf: Finanz- und Außenpolitik unter Hitler, in: Manfred Funke (Hg.), Hitler, Deutschland und die Mächte. Materialien zur Außenpolitik des Dritten Reiches, Düsseldorf 1976, 310–23 (ND 1977 u. Düsseldorf/Königstein, Ts. 1978)

12660 Schwerin von Krosigk, Lutz Graf: Staatsbankrott. Die Geschichte der Finanzpolitik des Deutschen Reiches von 1920 bis 1945, geschrieben vom letzten Reichsfinanzminister, Göttingen u. a. 1974, 174–368

12661 Uffelmann, Gerd: Die Rechtsprechung des Reichsfinanzhofs unter nationalsozialistischem Einfluß in den Jahren 1933–1943, Diss. Köln 1948; 7, 148 S. (Ms.)

12662 Wagner, Valentin F.: Geldschöpfung, Wirtschaftskreislauf und die nationalsozialistische Wirtschaftspolitik, in: SZVS 93 (1957), 1–23

12663 Weinert, Rainer: Die Sauberkeit der Verwaltung im Kriege. Der Rechnungshof des Deutschen Reiches 1938–1946, Opladen 1993; 184 S.

12664 Wolfe, Martin: The Developement of Nazi Monetary Policy, in: JEH 15 (1955), 392–402

Regional-/Lokalstudien

12665 Birkwald, Ilse: Die Finanzverwaltung im Dritten Reich, in: Wolfgang Leesch/Ilse Birkwald Geschichte der Finanzverfassung und -verwaltung in Westfalen seit 1815, Hg. Oberfinanzdirektion Münster, 2., erw. Aufl., Münster 1994, 235–75 (in der 1. Aufl. nicht enthalten)**

12666 Pohl, Manfred: Baden-Württembergische Bankgeschichte, Stuttgart u. a. 1992, 222–37

A.3.15.6 Rüstungs- und Kriegswirtschaft

[vgl. A.1.9.2: W. Funk; H. Göring; F. Todt; F. Sauckel; A. Speer; A.3.22.2]

Nachschlagewerke

12667 Wagner, Anette: Decknamen der Wirtschaft während des Zweiten Weltkrieges, in: Friedrich P. Kahlenberg (Hg.), Aus der Arbeit der Archive. Beiträge zum Archivwesen, zur Quellenkunde und zur Geschichte. Festschrift für Hans Booms, Boppard 1989, 595–602

Gedruckte Quellen

12668 Boelcke, Willi A. (Hg.): Deutschlands Rüstung im Zweiten Weltkrieg. Hitlers Konferenzen mit Albert Speer 1942–1945, Frankfurt 1969; IV, 495 S.

12669 Eichholtz, Dietrich/Schumann, Wolfgang (Hg.): Anatomie des Krieges. Neue Dokumente über die Rolle des Monopolkapitalismus bei der Vorbereitung und Durchführung des zweiten Weltkrieges, Berlin (O)1969; 524 S.

12670 Erhard, Ludwig: Kriegsfinanzierung und Schuldenkonsolidierung. Faksimilierter Druck der Denkschrift von 1943/44, mit Vorbemerkungen von Ludwig Erhard u. a., Frankfurt u. a. 1977; XXXIV, 268 S.

12671 Geyer, Michael: Rüstungsbeschleunigung und Inflation. Zur Inflationsdenkschrift des Oberkommandos der Wehrmacht vom November 1938. (Dokumentation), in: MGM 30 (1981), 121–86

12672 Rasch, Manfred: Zur Mineralölpolitik der Kriegsmarine. Dokumente aus dem Jahre 1935. (Dokumentation), in: MGM 37 (1985), 71–101

Darstellungen

12673 Aalders, Gerard: Die Kunst der Tarnung in der deutschen Wirtschaft vor und während des Zweiten Weltkriegs, in: 1999 7 (1992), Nr. 2, 31–43

12674 Bagel-Bohlan, Anja E.: Die industrielle Kriegsvorbereitung in Deutschland von 1936 bis 1939, Koblenz 1975; 143 S.

12675 Birkenfeld, Wolfgang: Der synthetische Treibstoff 1933–1945. Ein Beitrag zur nationalsozialistischen Wirtschafts- und Rüstungspolitik, Göttingen u. a. 1964; 279 S.

12676 Bleyer, Wolfgang: Staat und Monopole im totalen Krieg. Der staatsmonopolistische Machtapparat und die totale Mobilisierung im 1. Halbjahr 1943, Berlin (O) 1970; 204 S.

12677 Boelcke, Willi A.: Die Kosten von Hitlers Krieg. Kriegsfinanzierung und finanzielles Kriegserbe in Deutschland. 1933–1948, Paderborn 1985; 220 S.

12678 Boelcke, Willi A.: Kriegsfinanzierung im internationalen Vergleich, in: Friedrich Forstmeier/Hans-Erich Volkmann (Hg.), Kriegswirtschaft und Rüstung 1939–1945, Düsseldorf 1977, 14–72

12679 Braun, Hans-Joachim: Flugzeugtechnik 1914 bis 1935. Militärische und zivile Wechselwirkungen, in: Technikgeschichte 59 (1992), 341–52

12680 Brehmer, Gerhard: Grundzüge der staatlichen Lenkung der Industrieproduktion in der deutschen Kriegswirtschaft von 1939 bis 1945 (unter besonderer Berücksichtigung der Verhältnisse in der elektrotechnischen Industrie), Diss. Bonn 1968; 200 S.

12681 Burchardt, Ludwig: Die Auswirkungen der Kriegswirtschaft auf die deutsche Zivilbevölkerung im Ersten und Zweiten Weltkrieg, in: MGM 15 (1974), 65–97

12682 Carroll, Berenice A.: Design for Total War. Arms and Economics in the Third Reich, The Hague/Paris 1968; 311 S.

12683 Dülffer, Jost: Aufrüstung, Kriegswirtschaft und soziale Frage im »Dritten Reich« 1936–1939, in: Klaus Hildebrand/Karl F. Werner (Hg.), Deutschland und Frankreich 1936–1939. 15. Deutsch-französisches Historikerkolloquium des Deutschen Historischen Instituts Paris (Bonn, 26.–29. September 1979), München/Zürich 1981, 409–25

12684 Eichholtz, Dietrich: Das Reichsministerium für Rüstung und Kriegsproduktion und die Straßburger Tagung vom 10. August 1944. Bemerkungen zu offenen Fragen, in: BAZW (1975), Nr. 3/4, 5–21

Eichholtz, Dietrich: Geschichte der deutschen Kriegswirtschaft 1939–1945, Berlin (O):

12685 – Bd. 1: 1939–1941, 3., durchges. Aufl., 1984; IX, 408 S. (zuerst 1967)

12686 – Bd. 2: 1941–1943, 2. Aufl., 1985; XVIII, 713 S. (zuerst 1983)

12687 Eichholtz, Dietrich: Die Vorgeschichte des »Generalbevollmächtigten für den Arbeitseinsatz« (mit Dokumenten), in: JfG 9 (1973), 339–83**

12688 Federau, Fritz: Der Zweite Weltkrieg. Seine Finanzierung in Deutschland, Tübingen 1962; 65 S.

12689 Forstmeier, Friedrich/Volkmann, Hans-Erich (Hg.): Wirtschaft und Rüstung am Vorabend des Zweiten Weltkrieges, hg.

für das Militärgeschichtliche Forschungsamt, 2. Aufl., Düsseldorf 1981; 415 S. (zuerst 1975)*

12690 Forstmeier, Friedrich/Volkmann, Hans-Erich (Hg.): Kriegswirtschaft und Rüstung 1939–1945, hg. für das Militärgeschichtliche Forschungsamt, Düsseldorf 1977; 420 S.*

12691 Goldberg, Jörg: Kurs auf den Weltkrieg. Faschistische Wirtschaftspolitik und Kriegsökonomie, in: BDIP 28 (1983), 41–52

12692 Hennig, Eike: Industrie, Aufrüstung und Kriegsvorbereitung im deutschen Faschismus (1933–1939). Anmerkungen zum Stand »der« neueren Faschismusdiskussion, in: Gesellschaft 5 (1975), 68–148

12693 Herbst, Ludolf: Totaler Krieg und die Ordnung der Wirtschaft. Die Kriegswirtschaft im Spannungsfeld von Politik, Ideologie und Propaganda 1939–1945, Stuttgart 1982; 474 S.

12694 Herbst, Ludolf: Krisenüberwindung und Wirtschaftsordnung. Ludwig Erhardts Beteiligung an den Wirtschaftsplanungen am Ende des Zweiten Weltkriegs, in: VfZ 25 (1977), 305–40

12695 Herbst, Ludolf: Die Krise des nationalsozialistischen Regimes am Vorabend des Zweiten Weltkrieges und die forcierte Aufrüstung. Eine Kritik, in: VfZ 26 (1978), 347–92

12696 Homze, Edward L.: Arming the Luftwaffe. The Reich Air Ministry and the German Aircraft Industry, 1919–1939, Lincoln, Nebr. 1976; XV, 296 S.

12697 Janssen, Gregor: Das Ministerium Speer. Deutschlands Rüstung im Krieg, Berlin u. a. 1968; 446 S.

12698 Kaldor, Nicholas: The German War Economy, in: RES 13 (1945/46), 33–52

12699 Klein, Burton H.: Germany's Economic Preparations for War, Cambridge, Mass. 1959; XI, 272 S.

12700 Knittel, Hartmut H.: Panzerfertigung im Zweiten Weltkrieg. Industrieproduktion für die deutsche Wehrmacht, Herford/Bonn 1988; 144 S.

12701 Kossmann, Joachim: Nationale Sicherheitspolitik und transnationaler Technologie-Transfer. Das »Nye-Committee« und die deutsche Lufrüstung, 1934–1936, in: Harm G. Schröter/Clemens A. Wurm (Hg.), Politik, Wirtschaft und internationale Beziehungen. Studien zu ihrem Verhältnis in der Zeit zwischen den Weltkriegen, Mainz 1991, 97–116

12702 Kreidler, Eugen: Die Eisenbahnen im Machtbereich der Achsenmächte während des Zweiten Weltkriegs. Einsatz und Leistung für die Wehrmacht und Kriegswirtschaft, Göttingen u. a. 1975; 440 S.

12703 Kroener, Bernhard R.: Der Kampf um den »Sparstoff Mensch«. Forschungskontroversen über die Mobilisierung der deutschen Kriegswirtschaft 1939–1942, in: Wolfgang Michalka (Hg.), Der Zweite Weltkrieg. Analysen, Grundzüge, Forschungsbilanz, München/Zürich 1989, 402–17

12704 Lakowski, Richard: Zur Vorbereitung der deutschen Handelsmarine auf den Zweiten Weltkrieg, in: MG 29 (1990), 387–96

12705 Lütge, Friedrich: Die deutsche Kriegsfinanzierung im ersten und zweiten Weltkrieg, in: Fritz Voigt (Hg.), Beiträge zur Finanzwissenschaft und zur Geldtheorie. Festschrift für Rudolf Stucken, Göttingen 1953, 243–57

12706 Milward, Alan S.: Der Zweite Weltkrieg. Krieg, Wirtschaft und Gesellschaft 1939–1945, München 1977; 448 S. (engl.: London 1977)

12707 Milward, Alan S.: Die deutsche Kriegswirtschaft 1939–1945, Stuttgart 1966; 183 S. (engl.: London 1965)

12708 Milward, Alan S.: Arbeitspolitik und Produktivität in der neuen Kriegswirtschaft unter vergleichendem Aspekt, in: Friedrich Forstmeier/Hans-Erich Volkmann (Hg.), Kriegswirtschaft und Rüstung 1939–1945, Düsseldorf 1977, 73–91

12709 Müller, Rolf-Dieter: Grundzüge der deutschen Kriegswirtschaft 1939 bis 1945, in: Karl D. Bracher u. a. (Hg.), Deutschland 1933–1945. Neue Studien zur nationalsozialistischen Herrschaft, 2., erg. Aufl., Bonn/Düsseldorf 1993, 357–76 (zuerst 1992)

12710 Müller, Rolf-Dieter: Die Mobilisierung der Wirtschaft für den Krieg – eine Aufgabe der Armee? Wehrmacht und Wirtschaft 1933–1942, in: Wolfgang Michalka (Hg.), Der Zweite Weltkrieg. Analysen, Grundzüge, Forschungsbilanz, München/Zürich 1989, 349–62

12711 Overy, Richard J.: War and Economy in the Third Reich, Oxford 1994; XIV, 390 S.

12712 Overy, Richard J.: Hitler's War and the German Economy: A Reinterpretation, in: EHR 32 (1985), 272–91

12713 Overy, Richard J.: »Blitzkriegswirtschaft«? Finanzpolitik, Lebensstandard und Arbeitseinsatz in Deutschland 1939–1942, in: VfZ 36 (1988), 379–435

12714 Petrick, Fritz: Die Bedeutung der Rohstoffe Nordeuropas für die deutsche Kriegswirtschaft, in: Robert Bohn u. a. (Hg.), Neutralität und totalitäre Aggression. Nordeuropa und die Großmächte im Zweiten Weltkrieg, Stuttgart 1991, 285–99

12715 Petzina, Dietmar: Autarkiepolitik im Dritten Reich. Der nationalsozialistische Vierjahresplan, Stuttgart 1968; 204 S.

12716 Petzina, Dietmar: Die deutsche Wehrwirtschaftsplanung und der Anschluß Österreichs, in: Thomas Albrich u. a. (Hg.), Tirol und der Anschluß. Voraussetzungen, Entwicklungen, Rahmenbedingungen 1918–1938, Innsbruck 1988, 453–80

12717 Petzina, Dietmar: Vierjahresplan und Rüstungspolitik, in: Friedrich Forstmeier/Hans-Erich Volkmann (Hg.), Wirtschaft und Rüstung am Vorabend des Zweiten Weltkrieges, 2. Aufl., Düsseldorf 1981, 65–80 (zuerst 1975)

12718 Petzina, Dietmar: Soziale Lage der deutschen Arbeiter und Probleme des Arbeitseinsatzes während des Zweiten Weltkrieges, in: Waclaw Dlugoborski (Hg.), Zweiter Weltkrieg und sozialer Wandel, Göttingen 1981, 65–86

12719 Petzina, Dietmar: Die Mobilisierung deutscher Arbeitskräfte vor und während des Zweiten Weltkrieges, in: VfZ 18 (1970), 443–55

12720 Petzina, Dietmar: La politique financière et fiscale de l'Allemagne pendant la Seconde Guerre mondiale, in: RHDGM 19 (1969), 1–14

12721 Pottgießer, Hans: Die Deutsche Reichsbahn im Ostfeldzug 1939–1944, 2., erw. Aufl., Neckargemünd 1975; 152 S. (zuerst 1960)

12722 Ránki, György: The Economics of the Second World War, Wien u. a. 1992; 359 S.

12723 Rings, Werner: Raubgold aus Deutschland. Die »Golddrehscheibe« Schweiz im Zweiten Weltkrieg, Zürich 1985; 232 S.

12724 Rohde, Horst: Das deutsche Wehrmachttransportwesen im Zweiten Weltkrieg. Entstehung – Organisation – Aufgaben, Stuttgart 1971; 439 S.

12725 Rohde, Horst: Das Eisenbahnverkehrswesen in der deutschen Kriegswirtschaft 1939–1945, in: Friedrich Forstmeier/Hans-Erich Volkmann (Hg.), Kriegswirtschaft und Rüstung 1939–1945, Düsseldorf 1977, 134–63

12726 Scherpenberg, Jens van: Die Rüstungsfinanzierung des Deutschen Reiches von 1934 bis zum ersten Jahre des Zweiten Weltkrieges, Diss. München 1974; 126 S. (Ms. vervielf.)

12727 Schinzinger, Francesca: Kriegsökonomische Aspekte der deutsch-italienischen Wirtschaftsbeziehungen 1934–1941, in: Friedrich Forstmeier/Hans-Erich Volkmann (Hg.), Kriegswirtschaft und Rüstung 1939–1945, Düsseldorf 1977, 164–81

12728 Schumann, Wolfgang: Die wirtschaftliche Überlebensstrategie des deutschen Imperialismus in der Endphase des zweiten Weltkriegs, in: ZfG 27 (1979), 499–513

12729 Smith, Arthur L.: Hitler's Gold. The Story of the Nazi War Loot, Oxford u.a. 1989; XVII, 174 S.

12730 Stelzner, Jürgen: Arbeitsbeschaffung und Wiederaufrüstung 1933–1936. Nationalsozialistische Beschäftigungspolitik und der Aufbau der Wehr- und Rüstungswirtschaft, Diss. Tübingen 1976; 300 S.

12731 Thomas, Georg: Geschichte der deutschen Wehr- und Rüstungswirtschaft 1918–1943/45, Boppard 1966; XV, 552 S.

12732 Volkmann, Hans-Erich: Politik, Wirtschaft und Aufrüstung unter dem Nationalsozialismus, in: Manfred Funke (Hg.), Hitler, Deutschland und die Mächte. Materialien zur Außenpolitik des Dritten Reiches, Düsseldorf 1976, 269–91 (ND 1977 u. Düsseldorf/Königstein, Ts. 1978)

12733 Volkmann, Hans-Erich: NS-Außenhandel im »geschlossenen« Kriegswirtschaftsraum (1939–1941), in: Friedrich Forstmeier/Hans-Erich Volkmann (Hg.), Kriegswirtschaft und Rüstung 1939–1945, Düsseldorf 1977, 92–133

12734 Volkmann, Hans-Erich: Zur Interdependenz von Politik, Wirtschaft und Rüstung im NS-Staat, in: MGM (1974), 161–72

12735 Volkmann, Hans-Erich: Die NS-Wirtschaft in Vorbereitung des Krieges, in: Ursachen und Voraussetzungen der deutschen Kriegspolitik. (Das Deutsche Reich und der Zweite Weltkrieg, 1), Hg. Militärgeschichtliches Forschungsamt, Stuttgart 1979, 177–368

12736 Volkmann, Hans-Erich: Außenhandel und Aufrüstung in Deutschland 1933 bis 1939, in: Friedrich Forstmeier/Hans-Erich Volkmann (Hg.), Wirtschaft und Rüstung am Vorabend des Zweiten Weltkrieges, 2. Aufl., Düsseldorf 1981, 81–131 (zuerst 1975)

12737 Volkmann, Hans-Erich: Zum Verhältnis von Großwirtschaft und NS-Regime im Zweiten Weltkrieg, in: Waclaw Dlugoborski (Hg.), Zweiter Weltkrieg und sozialer Wandel. Achsenmächte und besetzte Länder, Göttingen 1981, 87–116; abgedr. in: Karl D. Bracher u.a. (Hg.), Nationalsozialistische Diktatur 1933–1945. Eine Bilanz, Bonn (zugl. Düsseldorf) 1983, 480–508

12738 Volkmann, Hans-Erich: Zur nationalsozialistischen Aufrüstung und Kriegswirtschaft, in: MGM 47 (1990), 133–77

12739 Wagenführ, Rolf: Die deutsche Industrie im Kriege 1939–1945, Hg. Deutsches Institut für Wirtschaftsforschung, 2. Aufl., Berlin 1963; 216 S. (zuerst 1954)

12740 Wagner, Alfred von: Die Rüstung im Dritten Reich unter Speer, in: Technikgeschichte 33 (1966), 205–27

12741 Weinberg, Gerhard L.: Hitler's Memorandum on the Four-Year Plan: A Note, in: GSR 11 (1988), 133–35

12742 Welter, Erich: Falsch und richtig planen. Eine kritische Studie über die deutsche Wirtschaftslenkung im zweiten Weltkrieg, Heidelberg 1954; 164 S.

12743 Weyres-von Levetzow, Hans-Joachim: Die deutsche Rüstungswirtschaft von 1942 bis zum Ende des Krieges, Diss. München 1975; (9), II, 183 S.

Regional-/Lokalstudien

12744 Angerer, Jo/Schmidt-Eenbomm, Erich: Rüstung in Weiß-Blau. Politik und Waffenwirtschaft in Bayern, Hg. Die Grünen, Bayern, Starnberg 1988; 294 S.

12745 Braedt, Michael u.a.: Die Sprengstoffabrik Tanne in Clausthal-Zellerfeld, in:

Rüstungsindustrie in Südniedersachsen während der NS-Zeit, Hg. Arbeitsgemeinschaft Südniedersächsischer Heimatfreunde, 1. u. 2. Aufl., Mannheim 1993, 66–118

12746 Fear, Jeffrey: The Armament Industry in Schwaben, 1939–1945. Its Effects on the Regional, Economic, and Social Structure, Diss. University of Michigan, Ann Arbor 1983, II, 196 (Ms. vervielf.)

12747 Fear, Jeffrey: Die Rüstungsindustrie im Gau Schwaben 1939–1945, in: VfZ 35 (1987), 193–216

12748 Grieser, Helmut: Materialien zur Rüstungswirtschaft Schleswig-Holsteins im Dritten Reich, Kiel 1987; 277 S.**

12749 Henne, Franz: Die Industrie des Bergischen Landes und Märkischen Sauerlandes in der Rüstungspolitik des Nationalsozialismus und das Problem einer Konversion nach dem Zweiten Weltkrieg, in: Detlef Bald (Hg.), Rüstungsbestimmte Geschichte und das Problem der Konversion in Deutschland im 20. Jahrhundert. (JbHFF, 1/1992), Münster/Hamburg 1993, 31–47

12750 Herbst, Detlev: Die Heeresmunitionsanstalt Volpriehausen, in: Rüstungsindustrie in Südniedersachsen während der NS-Zeit, Hg. Arbeitsgemeinschaft Südniedersächsischer Heimatfreunde, 1. u. 2. Aufl., Mannheim 1993, 38–65

12751 Hillegeist, Hans-Heinrich: Dachs IV – Ein Projekt des Geilenberg-Programms in Osterode/Harz, in: Rüstungsindustrie in Südniedersachsen während der NS-Zeit, Hg. Arbeitsgemeinschaft Südniedersächsischer Heimatfreunde, 1. u. 2. Aufl., Mannheim 1993, 317–333

12752 Hillegeist, Hans-Heinrich: Die Schickert-Werke in Bad Lauterberg und Rhumspringe. Eines der bestgehüteten Geheimnisse des Zweiten Weltkrieges, in: Rüstungsindustrie in Südniedersachsen während der NS-Zeit, Hg. Arbeitsgemeinschaft Südniedersächsischer Heimatfreunde, 1. u. 2. Aufl., Mannheim 1993, 142–247

12753 John, Jürgen: Faschistische Rüstungswirtschaft und regionale Industrie. Probleme der industriellen Entwicklung in Thüringen 1933 bis 1939, Diss. Jena 1969, VII, 311 (Ms. vervielf.)

12754 John, Jürgen: Rüstungsindustrie und NSDAP-Organisation in Thüringen 1933–1939, in: ZfG (1974), 412–22

12755 Karner, Stefan: Österreichs Rüstungsindustrie 1944. Ansätze zu einer Strukturanalyse, in: ZfU 25 (1980), 179–206

12756 Karner, Stefan: Marine-Rüstung in Österreich 1938–1945, in: BfT 39/40 (1977/78), 81–135

12757 Peter, Roland: Rüstungspolitik in Baden. NS-Kriegswirtschaft und Arbeitseinsatz in einer Grenzregion, München 1995; ca. 390 S.

12758 Peter, Roland: NS-Wirtschaft in einer Grenzregion. Die badische Rüstungsindustrie im Zweiten Weltkrieg, in: Cornelia Rauh-Kühne/Michael Ruck (Hg.), Regionale Eliten zwischen Diktatur und Demokratie. Baden und Württemberg 1930–1952, München 1993, 171–93

12759 Pischke, Gudrun: Rüstungsindustrie in Südniedersachsen: Aufbau – Betriebe – Erbe im Überblick, in: Rüstungsindustrie in Südniedersachsen während der NS-Zeit, Hg. Arbeitsgemeinschaft Südniedersächsischer Heimatfreunde, 1. u. 2. Aufl., Mannheim 1993, 9–24

12760 Preuß, Johannes: Dokumentation, Anlage und Funktionen des von der Dynamit AG in Stadtallendorf errichteten Sprengstoffwerkes – Versuch einer Rekonstruktion potentiell kontaminierter Bereiche auf der Grundlage von Aktenrecherchen, Diss. Marburg 1990; 410 S.

12761 Preuß, Johannes: Erkundung und Rekonstruktion des ehemaligen Sprengstoffwerkes der Westfälisch-Anhaltischen Sprengstoff AG (WASAG) in Allendorf (Herrenwald), Habil. Marburg 1991; 371 S. (Ms. vervielf.)

12762 Rüstungsindustrie in Südniedersachsen während der NS-Zeit, Hg. Arbeitsgemeinschaft Südniedersächsischer Heimatfreunde, Red. Gudrun Pischke, 1. u. 2. Aufl., Mannheim 1993; 361 S.*

12763 Schausberger, Norbert: Rüstung in Österreich 1938–1945. Eine Studie über die Wechselwirkung von Wirtschaft, Politik und Kriegsführung, Wien 1970; 228 S.

12764 Schausberger, Norbert: Die Auswirkungen der Rüstungs- und Kriegswirtschaft 1938–1945 auf die soziale und ökonomische Struktur Österreichs, in: Friedrich Forstmeier/Hans-Erich Volkmann (Hg.), Kriegswirtschaft und Rüstung 1939–1945, Düsseldorf 1977, 219–55

12765 Wolff, Hans-Jürgen: Die Allendorfer Sprengstoffwerke DAG [Dynamit Nobel AG] und WASAG [Westfälisch-Anhaltische Sprengstoff AG], Hg. Stadt Stadtallendorf, Stadtallendorf 1989; 364 S.**

A.3.15.7 Landwirtschaft und Ernährung

[vgl. A.1.9.2: R. W. Darré; A. Hugenberg; A.3.11.6.2.2.3; A.3.19.11]

Nachschlagewerke

12766 Tornow, Werner (Bearb.): Chronik der Agrarpolitik und Agrarwirtschaft des Deutschen Reiches von 1933–1945, Hamburg/Berlin 1972; 193 S.

Quellenkunde

12767 Fehn, Klaus: Innere Kolonisation im Deutschen Reich zwischen 1933 bis 1945. Zum historisch-geographischen Quellenwert zeitgenössischer Veröffentlichungen aus dem Dritten Reich, in: Wolfgang Pinkwart (Hg.), Genetische Ansätze in der Kulturlandschaftsforschung. Festschrift für Helmut Jäger. (Würzburger geographische Arbeiten, 60), Würzburg 1983, 219–30

Darstellungen

12768 Bollmann, Kerstin C.: Agrarpolitik. Entwicklungen und Wandlungen zwischen Mittelalter und Zweitem Weltkrieg, Frankfurt u. a. 1990, 269–331

12769 Brandt, Karl: The German Flat Plan and its Economic Setting, Stanford, Ca. 1938; XII, 344 S.

12770 Corni, Gustavo: Hitler and the Peasants. Agrarian Policy of the Third Reich, 1930–1939, London/New York 1990; XVIII, 303 S. (zuerst italien.)

12771 Corni, Gustavo: Die Agrarpolitik des Faschismus: Ein Vergleich zwischen Deutschland und Italien, in: Ralph Melville u. a. (Hg.), Deutschland und Europa in der Neuzeit. Festschrift für Karl Otmar Freiherr von Aretin zum 65. Geburtstag, Halbbd. 2, Stuttgart 1988, 825–55

12772 Corni, Gustavo: Alfred Hugenberg as Minister of Agriculture: Interlude or Continuity, in: GH 7 (1989), 204–25

12773 Fahle, Günter: Nazis und Bauern. Zur Agrarpolitik des deutschen Faschismus, Köln 1986; 405 S.

12774 Farquharson, John E.: The Agrarian Policy of National Socialist Germany, in: Robert G. Moeller (Hg.), Peasants and Lords in Modern Germany. Recent Studies in Agricultural History, Boston, Mass. u. a. 1986, 233–59

12775 Gies, Horst: Von der Verwaltung des »Überflusses« zur Verwaltung des »Mangels«: Instrumente staatlicher Marktregelung für Nahrungsmittel vor und nach 1933, in: Dieter Rebentisch/Karl Teppe (Hg.), Verwaltung contra Menschenführung im Staat Hitlers. Studien zum politisch-administrativen System, Göttingen 1986, 302–32

12776 Gies, Horst: Der Reichsnährstand. Organ berufsständischer Selbstverwaltung oder Instrument staatlicher Wirtschaftslenkung?, in: ZAA 21 (1973), 216–33

12777 Gies, Horst: Aufgaben und Probleme der nationalsozialistischen Ernährungswirtschaft 1933–1939, in: VSWG 66 (1979), 466–99

12778 Kruedener, Jürgen von: Zielkonflikte in der nationalsozialistischen Agrarpolitik. Ein Beitrag zur Diskussion des Leistungsproblems in zentral gelenkten Wirtschaftssystemen, in: ZWS 94 (1974), 335–61

12779 Melzer, Rolf: Studien zur Agrarpolitik der faschistischen deutschen Imperialisten in Deutschland im System der Kriegsplanung und Kriegsführung 1933 bis 1941, Diss. Rostock 1966; XIII, 315 S. (Ms. vervielf.)

12780 Rolfes, Max: Landwirtschaft 1914–1970, in: Wolfgang Zorn (Hg.), Handbuch der deutschen Wirtschafts- und Sozialgeschichte, Bd. 2: Das 19. und 20. Jahrhundert, Frankfurt/New York 1976, 741–95

12781 Steinberger, Nathan: Die Agrarpolitik des Nationalsozialismus, Diss. Humboldt-Universität Berlin (O) 1960; 182 S. (Ms. vervielf.)

12782 Steiner, Max: Die Agrarpolitik in der Schweiz und in Deutschland von 1933 bis 1939, Breitenbach 1953; IX, 209 S.

12783 Volkmann, Hans-Erich: Landwirtschaft und Ernährung in Hitlers Europa 1939–45, in: MGM 35 (1984), 9–74

12784 Winkel, Harald: Landwirtschaft und Forsten [1933–1945], in: Deutsche Verwaltungsgeschichte, Bd. 4: Das Reich als Republik und in der Zeit des Nationalsozialismus, Hg. Kurt G. A. Jeserich u. a., Stuttgart 1985, 807–22

Regional-/Lokalstudien

12785 Bley, Hermannfried: Zur Rolle der Mecklenburgischen Landgesellschaft in der Zeit der Weimarer Republik und des Faschismus, in: WZR 17 (1968), 209–16

12786 Groth, Klaus: Der Aufbau des Adolf-Hitler-Koogs – Ein Beispiel nationalsozialistischen ländlichen Siedlungsbaues, in: Erich Hoffmann/Peter Wulf (Hg.), »Wir bauen das Reich«. Aufstieg und erste Herrschaftsjahre des Nationalsozialismus in Schleswig-Holstein, Neumünster 1983, 309–31

12787 Heyl, Bernd u.a.: Zur Gründungsgeschichte von Allmandfeld, Hessenaue und Riedrode [Rheinhessen]. Lokalstudie zur NS-Agrarpolitik, Groß-Gerau 1988; 160 S.

12788 Hube, Rolf: Auswirkungen des sich in Deutschland entwickelnden staatsmonopolistischen Kapitalismus auf den mecklenburgischen Grundbesitz zwischen 1918 und 1945. Dargestellt an Beispielen aus den Kreisen Güstrow und Malchin, Diss. Rostock 1970; III, 316 S. (Ms.)

12789 Keller, Kathrin: »Blut und Boden«. Die pfälzische Landwirtschaft im Zeichen der Kriegsvorbereitung, in: Gerhard Nestler/Hannes Ziegler (Hg.), Die Pfalz unterm Hakenkreuz. Eine deutsche Provinz während der nationalsozialistischen Terrorherrschaft, Landau 1993, 185–96

12790 List, Günther: Ein völkisches Spektakel – »Deutsche Weinstraße in der Pfalz«, in: Günther List (Hg.), »Deutsche, laßt des Weines Strom sich ins ganze Reich ergießen.« Die Pfälzer und ihre Weinstraße – ein Beitrag zur alternativen Landeskunde, Heidelberg 1985

12791 Lorenzen-Schmidt, Klaus-Joachim: Landwirtschaftspolitik und landwirtschaftliche Entwicklung in Schleswig-Holstein 1933–1945, in: Erich Hoffmann/Peter Wulf (Hg.), »Wir bauen das Reich«. Aufstieg und erste Herrschaftsjahre des Nationalsozialismus in Schleswig-Holstein, Neumünster 1983, 273–308

12792 Mooslechner, Michael/Stadler, Robert: Landwirtschaft und Agrarpolitik, in: Emmerich Tálos u.a. (Hg.), NS-Herrschaft in Österreich 1938–1945, Wien 1988, 69–94

12793 Pfahl, Robert: Zur statistischen Auswertung der »Hofkarte des Reichsnährstandes« für landwirtschaftliche Betriebe über 100 Hektar im Bereich der »Kreisbauernschaft« Güstrow von 1936 bis 1944, in: WZR 22 (1973), 221–31

12794 Reif, Heinz: Landwirtschaft im industriellen Ballungsraum, in: Wolfgang Köllmann u. a. (Hg.), Das Ruhrgebiet im Industriezeitalter. Geschichte und Entwicklung, Bd. 1, Düsseldorf 1990, 337–93; Bd. 2, 612–14

12795 Schmitz, Hubert: Die Bewirtschaftung der Nahrungsmittel und Verbrauchsgüter 1939–1950. Dargestellt am Beispiel der Stadt Essen, Essen 1956; 603 S.

12796 Smit, Jan G.: Neubildung deutschen Bauerntums. Innere Kolonisation im Deutschen Reich. Fallstudien in Schleswig-Holstein, Kassel 1983; 280 S.

12797 Stocker, Karl: Landwirtschaft zwischen »Rückständigkeit« und »Fortschritt«. Notizen zur Industrialisierung des Agrarbereichs in der NS-Zeit am Beispiel der Oststeiermark, in: ZAA 38 (1990), 62–86

12798 Treiber, Angela (Bearb.): Neubauernhöfe. Volkstumsideologie, Siedlungspolitik, Neuplanungen, in: Winfried Nerdinger (Hg.), Bauen im Nationalsozialismus. Bayern 1933–1945. Ausstellung des Architekturmuseums der Technischen Universität München und des Münchner Stadtmuseums, München 1993, 216–35

12799 Witt, Horst: Die Entwicklung und Rolle der Raiffeisengenossenschaften in den Jahren 1918 bis 1945 unter besonderer Berücksichtigung des Raiffeisenverbandes in Mecklenburg, Diss. Rostock 1966; IX, 229 S.

A.3.15.8 Verkehrswesen und Verkehrspolitik

[vgl. A.1.9.2: P. Freiherr v. Eltz-Rübenach; F. Todt; A. Speer]

Darstellungen

12800 Henning, Hans-Joachim: Kraftfahrzeugindustrie und Autobahnbau in der Wirtschaftspolitik des Nationalsozialismus 1933–1936, in: VSWG 65 (1978), 217–42

12801 Joachimsthaler, Anton: Die Breitspurbahn. Das Projekt zur Erschließung des groß-europäischen Raumes 1942–1945, 3. Aufl., München/Berlin 1985; 392 S. (zuerst Freiburg i.Br. 1981)

12802 Kaftan, Kurt: Der Kampf um die Autobahnen. Geschichte und Entwicklung des Autobahngedankens in Deutschland von 1907–1935 unter Berücksichtigung ähnlicher Pläne und Bestrebungen im übrigen Europa, Berlin 1955; 192 S.

12803 Kirchberg, Peter: Typisierung in der deutschen Kraftfahrzeugindustrie und der Generalbevollmächtigte für das Kraftfahrwesen. Ein Beitrag zur Problematik staatsmonopolistischer Kriegsvorbereitung, in: JWG (1969), Nr. 2, 117–43

12804 Lärmer, Karl: Autobahnbau in Deutschland 1933 bis 1945. Zu den Hintergründen, Berlin (O) 1975; 163 S.

12805 Lärmer, Karl: Autobahnbau und staatsmonopolistischer Kapitalismus (1933 bis 1945), in: Lotte Zumpe (Hg.), Wirtschaft und Staat im Imperialismus. Beiträge zur Entwicklungsgeschichte des staatsmonopolistischen Kapitalismus in Deutschland, Berlin (O) 1976, 253–81

12806 Meyer, Henry C.: Airshipmen, Businessmen, and Politics, 1890–1940, New York/London 1991; 273 S.

12807 Norden, Peter: Unternehmen Autobahn. Von Hitlers Aufmarschstraßen zum modernsten Verkehrsnetz Europas, Bayreuth 1983; 248 S.

12808 Salzwedel, Jürgen: Das Verkehrswesen und seine Verwaltung [1933–1945], in: Deutsche Verwaltungsgeschichte, Bd. 4: Das Reich als Republik und in der Zeit des Nationalsozialismus, Hg. Kurt G. A. Jeserich u.a., Stuttgart 1985, 911–23

12809 Seidenfus, Hellmuth St.: Eisenbahnwesen [1933–1945], in: Deutsche Verwaltungsgeschichte, Bd. 4: Das Reich als Republik und in der Zeit des Nationalsozialismus, Hg. Kurt G. A. Jeserich u. a., Stuttgart 1985, 924–35

12810 Seidler, Franz W.: Das Nationalsozialistische Kraftfahrkorps und die Organisation Todt im Zweiten Weltkrieg. Die Entwicklung des NSKK bis 1939, in: VfZ 32 (1984), 625–36

12811 Shand, James D.: The Reichsautobahn: Symbol for the Third Reich, in: JCH 19 (1984), 189–200

12812 Stommer, Rainer (Hg.): Reichsautobahn. Pyramiden des Dritten Reiches. Analysen zur Ästhetik eines unbewältigten Mythos, Marburg 1982; 201 S.

12813 Trischler, Helmuth: Historische Wurzeln der Großforschung: Die Luftfahrtforschung vor 1945, in: Margit Szöllösi-Janze/Helmuth Trischler (Hg.), Großforschung in Deutschland, Frankfurt/New York 1990, 23–37

12814 Windisch-Hojnacki, Claudia: Die Reichsautobahn. Konzeption und Bau der RAB, ihre ästhetischen Aspekte sowie ihre Illustration in der Malerei, Literatur, Fotographie und Plastik, Diss. Bonn 1989; 573 S.

Regional-/Lokalstudien

12815 Krause, Günter: Die Verkehrsentwicklung im 19. und 20. Jahrhundert unter besonderer Berücksichtigung der Eisenbahnen, in: Amalie Rohrer/Hans-Jürgen Zacher (Hg.), Werl. Geschichte einer Stadt am Hellweg, Bd. 2, Paderborn/Werl 1994, 1127–44

A.3.15.9 Post- und Fernmeldewesen

[vgl. A.1.9.2: P. Freiherr v. Eltz-Rübenach]

12816 Malina, Peter: Berichte aus einem fernen Land? Die Berichterstattung der Reichspost über die Lage der Kirchen in Deutschland 1933, in: MZ 5 (1990), Nr. 4, 11–17

12817 Post und Postler im Nationalsozialismus – Verfolgung und Widerstand, Hg. Deutsche Postgewerkschaft, Hauptvorstand, Red. Walter Glasbrenner, Mitarb. Armin Breidenbach u. a., Frankfurt 1986; 297 S.**

12818 Postler, Frank: Die historische Entwicklung des Post- und Fernmeldewesens in Deutschland vor dem Hintergrund spezifischer Interessenkonstellationen bis 1945. Eine sozialwissenschaftliche Analyse der gesellschaftlichen Funktionen der Post, Frankfurt u. a. 1991; VI, 291 S.

12819 Schilly, Ernst: Nachrichtenwesen (Post- und Fernmeldewesen) [1933–1945], in: Deutsche Verwaltungsgeschichte, Bd. 4: Das Reich als Republik und in der Zeit des Nationalsozialismus, Hg. Kurt G. A. Jeserich u. a., Stuttgart 1985, 935–49

12820 Schröter, Harm G.: Innovationsverhalten, Mentalität und technologische Entwicklung: Vorreiterrolle und Servicedefizite der deutschen Reichspost in der Fernmeldetechnik 1920–1939, in: Technikgeschichte 61 (1994), 11–34

12821 Thomas, Frank: Korporative Akteure und die Entwicklung des Telefonsystems in Deutschland 1877 bis 1945, in: Technikgeschichte 56 (1989), 39–65

A.3.15.10 Außenwirtschaft
[vgl. A.3.23]

Literaturberichte

12822 Bellers, Jürgen: Deutsche Außenwirtschaftspolitik seit 1918 – zwischen Imperialismus und Liberalismus, Globalismus und Regionalismus, in: NPL 33 (1988), 373–82

Gedruckte Quellen

12823 Nehrig, Christel: Die Verhandlungen zwischen der Reichsgruppe Industrie und der Federation of British Industries in Düsseldorf am 15. und 16. März 1939. (Dokumentation), in: JfG 18 (1978), 373–416

Darstellungen

12824 Abelshauser, Werner: »Mitteleuropa« und die deutsche Außenwirtschaftspolitik, in: Christoph Buchheim u.a. (Hg.), Zerrissene Zwischenkriegszeit. Wirtschaftshistorische Beiträge. Knut Borchardt zum 65. Geburtstag, Baden-Baden 1994, 263–86

12825 Birkenfeld, Wolfgang: Stalin als Wirtschaftspartner Hitlers (1939–1941), in: VSWG 53 (1966), 477–510

12826 Boelcke, Willi A.: Zur internationalen Goldpolitik des NS-Staates. Ein Beitrag zur deutschen Währungs- und Außenwirtschaftspolitik 1933–1945, in: Manfred Funke (Hg.), Hitler, Deutschland und die Mächte. Materialien zur Außenpolitik des Dritten Reiches, Düsseldorf 1976, 292–309 (ND 1977 u. Düsseldorf/Königstein, Ts. 1978)

12827 Boelcke, Willi A.: Die »europäische Wirtschaftspolitik« des Nationalsozialismus, in: HM 5 (1992), 194–232

12828 Bourgeois, Daniel: Les relations économiques germano-suisses 1939–1945, in: RHDGM 31 (1981), Nr. 121, 49–61

12829 Braatz, Werner E.: German Commercial Interests in Palestine. Zionism and the Boycott of German Goods, 1933–1934, in: ESR 9 (1979), 481–513

12830 Dengg, Sören: Deutschlands Austritt aus dem Völkerbund und Schachts »Neuer Plan«. Zum Verhältnis von Außen- und Außenwirtschaftspolitik in der Übergangsphase von der Weimarer Republik zum Dritten Reich (1929–1934), Frankfurt u.a. 1986; 480 S.

12831 Doering, Dörte: Deutsche Außenwirtschaft 1933–35. Die Gleichschaltung der Außenwirtschaft in der Frühphase des nationalsozialistischen Regimes, Diss. Berlin 1970; 377 S.

12832 Ebel, Arnold: Das Dritte Reich und Argentinien. Die diplomatischen Beziehungen unter besonderer Berücksichtigung der Handelspolitik (1933–1939), Köln/Wien 1971; XVI, 472 S.

12833 Einhorn, Marion: Die ökonomischen Hintergründe der faschistischen deutschen Intervention in Spanien 1936–1939, Berlin (O) 1962; IX, 239 S.; Auszug abgedr. in: Wolfgang Schieder/Christof Dipper (Hg.), Der Spanische Bürgerkrieg in der internationalen Politik (1936–1939), München 1976, 147–61

12834 Feldenkirchen, Wilfried: Foreign Investments in the German Electrical Industry (1918–1945), in: Hans Pohl (Hg.), Transnational Investment from the 19th Century to the Present. Referate und Diskussionsbeiträge des 15. Wissenschaftlichen Symposiums der Gesellschaft für Unternehmensgeschichte vom 12.–14. August 1992 im Siemens-Museum, München, Stuttgart 1994, 117–51

12835 Feldenkirchen, Wilfried: Die Handelsbeziehungen zwischen dem Deutschen Reich und der Schweiz 1914–1945, in: VSWG 74 (1987), 323–50

12836 Freymond, Jean: Le IIIieme Reich et la réorganisation économique de l'Europe 1940–1942. Origines et projets, Leiden 1974; XXII, 302 S.

12837 Friedrich, Monika: Die Aktivitäten der IG Farben-Verkaufsgemeinschaft Farben in Ägypten 1925–1939. Eine Untersuchung auf der Grundlage von Aktenbeständen im Zentralen Staatsarchiv Potsdam, in: ZfU 35 (1990), 237–54

12838 Friedrich, Monika: Die Aktivitäten des deutschen Stickstoff-Syndikats in Ägypten 1924–1939, in: ZfU 38 (1993), 26–48

12839 Grenzebach jr., William S.: Germany's Informal Empire in East-Central Europe. German Economic Policy toward Yugoslavia and Rumania, 1933–1939, Stuttgart 1988; IX, 269 S.

12840 Harper, Glenn T.: German Economic Policy in Spain during the Spanish Civil War, 1936–1939, Den Haag 1967; 150 S.

12841 Höpfner, Bernd: Der deutsche Außenhandel 1900–1945. Änderungen in der Waren- und Regionalstruktur, Frankfurt u. a. 1993; XI, 479 S.

12842 Jäger, Jörg-Johannes: Die wirtschaftliche Abhängigkeit des Dritten Reiches vom Ausland, dargestellt am Beispiel der Stahlindustrie, Berlin 1969; 336 S.

12843 Jerchow, Friedrich: Der Außenkurs der Mark 1944–1949, in: VfZ 30 (1982), 256–98

12844 Jones, Geoffrey: Cross-investments in Transnational Banking: Britain, Germany, and the United States in the Twentieth Century, in: Hans Pohl (Hg.), Transnational Investment from the 19th Century to the Present. Referate und Diskussionsbeiträge des 15. Wissenschaftlichen Symposiums der Gesellschaft für Unternehmensgeschichte vom 12.–14. August 1992 im Siemens-Museum, München, Stuttgart 1994, 173–203

12845 Kaiser, David E.: Economic Diplomacy and the Origins of the Second World War: Germany, Britain, France, and the Eastern Europe, 1930–1939, Princeton, N. J. 1980; XVI, 347 S.

12846 Kube, Alfred: Außenpolitik und »Großraumwirtschaft«. Die deutsche Politik zur wirtschaftlichen Integration Südosteuropas 1933 bis 1939, in: Helmut Berding (Hg.), Wirtschaftliche und politische Integration in Europa im 19. und 20. Jahrhundert, Göttingen 1984, 185–211

12847 Marguerat, Philippe: Le IIIe Reich et le pétrole roumain 1938–1940. Contribution à l'étude de la pénétration économique allemande dans les Balkans à la veille et au début de la seconde Guerre Mondiale, Leiden 1977; 231 S.

12848 Mathis, Franz: Deutsches Kapital in Österreich vor 1938, in: Thomas Albrich u. a. (Hg.), Tirol und der Anschluß. Voraussetzungen, Entwicklungen, Rahmenbedingungen 1918–1938, Innsbruck 1988, 435–51

12849 Meier, Manfred: Deutsche Außenhandelsregulierung von 1933 bis 1939, Bergen-Enkheim 1956; III, 80 S.

12850 Milward, Alan S.: The Reichsmark Bloc and the International Economy, in: Gerhard Hirschfeld/Lothar Kettenacker (Hg.), Der »Führerstaat«: Mythos und Realität. Studien zur Struktur und Politik des Dritten Reiches, Stuttgart 1981, 377–413; abgedr. in: Hansjoachim W. Koch (Hg.), Aspects of the Third Reich, 2. Aufl., Basingstoke/London 1987 (zuerst 1985), 330–59

12851 Milward, Alan S.: Der deutsche Handel und der Welthandel 1925–1939, in: Hans Mommsen u. a. (Hg.), Industrielles System und politische Entwicklung in der Weimarer Republik, Bd. 2, Düsseldorf 1974, 472–84 (Diskussion: 603–11) (ND Kronberg/Düsseldorf 1977)

12852 Müller, Rolf-Dieter: Das Tor zur Weltmacht. Die Bedeutung der Sowjetunion für die deutsche Wirtschafts- und Rüstungspolitik zwischen den Weltkriegen, Hg. Militärgeschichtliches Forschungsamt Freiburg, Boppard 1984; XI, 403 S.**

12853 Opitz, Reinhard: Europastrategien des deutschen Kapitals 1900 bis 1945, Köln 1977; 1069 S.

12854 Pauer, Erich: Menschen, Muster und Motoren: Die technische Zusammenarbeit zwischen Deutschland und Japan von 1930 bis 1945, in: Gerhard Krebs/Bernd Martin (Hg.), Formierung und Fall der Achse Berlin – Tokyo, München 1994, 95–125

12855 Perkins, John: Nazi Autarchic Aspirations and the Beet-sugar Industry, 1933–39, in: EHQ 20 (1990), 497–518

12856 Perrey, Hans-Jürgen: Der Rußlandausschuß der Deutschen Wirtschaft. Die deutsch-sowjetischen Wirtschaftsbeziehungen der Zwischenkriegszeit. Ein Beitrag zur Geschichte des Ost-West-Handels, München 1985; VIII, 422 S.

12857 Pohl, Hans: Der deutsche Seidenhandel vom Ersten Weltkrieg bis zur Gegenwart, in: Josef Schröder (Hg.), Festschrift für Günter Christ zum 65. Geburtstag, Mitarb. Ludwig Hüttl/Rainer Salzmann, Stuttgart 1994, 269–96

12858 Poidevin, Raymond: Vers une relance des relations économiques franco-allemandes 1938–1939, in: Klaus Hildebrand/ Karl F. Werner (Hg.), Deutschland und Frankreich 1936–1939. 15. Deutsch-französisches Historikerkolloquium des Deutschen Historischen Instituts Paris (Bonn, 26.–29. September 1979), München/Zürich 1981, 351–63

12859 Prucha, Václav: Certains aspects de la politique économique hitlerienne en Europe, in: Fascism in Europe. An International Symposium. Prague, 28–29 August 1969, Hg. Czechoslovak Academy of Sciences, Institute of History, Bd. 2, o.O (Prag) 1970, 37–65 (Ms. vervielf.)

12860 Puchert, Bertold: Einige Probleme des deutschen Außenhandels 1933 bis 1939, in: JWG (1989), Nr. 1, 61–81

12861 Radandt, Hans: Die Interessen der IG Farbenindustrie AG in Bulgarien bis 1944, in: 1999 3 (1988), Nr. 4, 10–30

12862 Radkau, Joachim: Entscheidungsprozesse und Entscheidungsdefizite in der deutschen Außenwirtschaftspolitik 1933–1940, in: GG 2 (1976), 33–65

12863 Ránki, György: Economy and Foreign Policy. The Struggle of the Great Powers for Hegemony in the Danube Valley, 1919–1939, Boulder, Col. 1983; 224 S.

12864 Ránki, György: Die wirtschaftliche Konsequenz der Annexion Österreichs für das Donaubecken, in: Felix Kreissler (Hg.), Fünfzig Jahre danach – der »Anschluß« von innen und außen gesehen. Beiträge zum Internationalen Symposium von Rouen 29. Februar – 4. März 1988, Wien/Zürich 1989, 139–48

12865 Recker, Marie-Luise: Von der Konkurrenz zur Rivalität. Das deutsch-britische Verhältnis in den Ländern der europäischen Peripherie 1919–1939, Stuttgart 1986; 186 S.

12866 Riemenschneider, Michael: Die deutsche Wirtschaftspolitik gegenüber Ungarn 1933–1944. Ein Beitrag zur Interdependenz von Wirtschaft und Politik unter dem Nationalsozialismus, Frankfurt u. a. 1986; 453 S.

12867 Riesenberger, Dieter: Außenpolitik und Außenhandelspolitik des Nationalsozialismus 1933–1939 als didaktisches Problem, in: Peter Meyers/Dieter Riesenberger (Hg.), Der Nationalsozialismus in der historisch-politischen Bildung, Göttingen 1979, 185–214

12868 Ritschl, Albrecht: Die deutsche Zahlungsbilanz 1936–1941 und das Problem des Devisenmangels vor Kriegsbeginn, in: VfZ 39 (1991), 103–23

12869 Schausberger, Norbert: Deutsche Wirtschaftsinteressen in Österreich vor und nach dem März 1938, in: Gerald Stourzh/ Birgitta Zaar (Hg.), Österreich, Deutschland und die Mächte. Internationale und österreichische Aspekte des »Anschlusses« vom März 1938, Wien 1990, 177–211

12870 Schieder, Wolfgang (Hg.): Außenwirtschaft und Außenpolitik im »Dritten Reich«. (GG, Jg. 2, Nr. 1), Göttingen 1976; 142 S.*

12871 Schönfeld, Roland: Deutsche Rohstoffsicherungspolitik in Jugoslawien 1934–1944, in: VfZ 24 (1976), 215–58

12872 Schröder, Hans-Jürgen: Deutschfranzösische Wirtschaftsbeziehungen 1936–1939, in: Klaus Hildebrand/Karl F. Werner (Hg.), Deutschland und Frankreich 1936–1939. 15. Deutsch-französisches Historikerkolloquium des Deutschen Historischen Instituts Paris (Bonn, 26.–29. September 1979), München/Zürich 1981, 387–407

12873 Schröder, Hans-Jürgen: Economic Appeasement. Zur britischen und amerikanischen Deutschlandpolitik vor dem Zweiten Weltkrieg, in: VfZ 30 (1982), 82–97

12874 Schröder, Hans-Jürgen/Wendt, Bernd-Jürgen: Les aspects économiques de la politique d'hégémonie du national-socialisme en 1938–1939, in: René Girault/Robert Frank (Hg.), La puissance en Europe – 1938–1940 –, Paris 1984, 155–68

12875 Schröter, Harm G.: Privatwirtschaftliche Marktregulierung und staatliche Interessenpolitik. Das Internationale Stickstoffkartell 1929–1939, in: Harm G. Schröter/Clemens A. Wurm (Hg.), Politik, Wirtschaft und internationale Beziehungen. Studien zu ihrem Verhältnis in der Zeit zwischen den Weltkriegen, Mainz 1991, 117–37

12876 Schweitzer, Arthur: Foreign Exchange Crisis of 1936, in: ZStW 118 (1962), 243–77

12877 Schwendemann, Heinrich: Die wirtschaftliche Zusammenarbeit zwischen dem deutschen Reich und der Sowjetunion von 1939 bis 1941. Alternative zu Hitlers Ostprogramm?, Berlin 1993; 398 S.

12878 Stegmann, Dirk: »Mitteleuropa« 1925–1934. Zum Problem der Kontinuität deutscher Außenhandelspolitik von Stresemann bis Hitler, in: Dirk Stegmann u.a. (Hg.), Industrielle Gesellschaft und politisches System. Beiträge zur politischen Sozialgeschichte. Festschrift für Fritz Fischer zum siebzigsten Geburtstag, Bonn 1978, 203–21

12879 Stuhlpfarrer, Karl: Der deutsche Plan einer Währungsunion mit Österreich, in: Anschluß 1938. Protokoll des Symposiums in Wien am 14. und 15. März 1978, München/Wien 1981, 271–94

12880 Sundhausen, Holm: Wirtschaftsgeschichte Kroatiens im nationalsozialistischen Großraum 1941–1945. Das Scheitern einer Ausbeutungsstrategie, Stuttgart 1983; 386 S.

12881 Teichert, Eckart: Autarkie und Großraumwirtschaft in Deutschland 1930–1939. Außenwirtschaftliche Konzeptionen zwischen Wirtschaftskrise und Zweitem Weltkrieg, München 1984; 390 S.

12882 Teichova, Alice: Die deutsch-britischen Wirtschaftsinteressen in Mittelost- und Südosteuropa am Vorabend des Zweiten Weltkrieges, in: Friedrich Forstmeier/Hans-Erich Volkmann (Hg.), Wirtschaft und Rüstung am Vorabend des Zweiten Weltkrieges, 2. Aufl., Düsseldorf 1981, 275–95 (zuerst 1975)

12883 Trepp, Gian: Bankgeschäfte mit dem Feind. Die Bank für Internationalen Zahlungsausgleich im Zweiten Weltkrieg. Von Hitlers Europabank zum Instrument des Marshallplans, Zürich 1993; 272 S.

12884 Treue, Wilhelm: Das Dritte Reich und die Westmächte auf dem Balkan. Zur Struktur der Außenhandelspolitik Deutschlands, Großbritanniens und Frankreichs 1933–1939, in: VfZ 1 (1953), 45–64

12885 Volkmann, Hans-Erich: Die Sowjetunion im ökonomischen Kalkül des Dritten Reiches 1933–1941, in: Roland G. Foerster (Hg.), »Unternehmen Barbarossa«. Zum historischen Ort der deutsch-sowjetischen Beziehungen von 1933 bis Herbst 1941, hg.

i. A. des Militärgeschichtlichen Forschungsamtes, München 1993, 89–107

12886 Volkmann, Hans-Erich: Das außenwirtschaftliche Programm der NSDAP 1930–1933, in: AfS 17 (1977), 251–74

12887 Volkmann, Hans-Erich: L'importance économique de la Lorraine pour le IIIieme Reich, in: RHDGM 30 (1974), Nr. 120, 69–93

12888 Wendt, Bernd-Jürgen: Appeasement 1938. Wirtschaftliche Rezession und Mitteleuropa, Frankfurt 1966; 152 S.

12889 Wendt, Bernd-Jürgen: England und der deutsche »Drang nach Südosten«. Kapitalbeziehungen und Warenverkehr in Südosteuropa zwischen den Weltkriegen, in: Immanuel Geiss/Bernd-Jürgen Wendt (Hg.), Deutschland in der Weltpolitik des 19. und 20. Jahrhunderts. Fritz Fischer zum 65. Geburtstag, Düsseldorf 1973, 483–512

12890 Wendt, Bernd-Jürgen: Südosteuropa in der nationalsozialistischen Großraumwirtschaft. Eine Antwort auf Alan S. Milward, in: Gerhard Hirschfeld/Lothar Kettenacker (Hg.), Der »Führerstaat«: Mythos und Realität. Studien zur Struktur und Politik des Dritten Reiches, Stuttgart 1981, 414–28

12891 Wendt, Bernd-Jürgen: Nationalsozialistische Großraumwirtschaft zwischen Utopie und Wirklichkeit – zum Scheitern einer Konzeption 1938/39, in: Franz Knipping/Klaus-Jürgen Müller (Hg.), Machtbewußtsein in Deutschland am Vorabend des Zweiten Weltkrieges, Paderborn 1984, 223–46

12892 Wittmann, Klaus: Deutsch-schwedische Wirtschaftbeziehungen im Zweiten Weltkrieg, in: Friedrich Forstmeier/Hans-Erich Volkmann (Hg.), Kriegswirtschaft und Rüstung 1939–1945, Düsseldorf 1977, 182–218

12893 Wohlert, Claus: Von der Co-operation zur Kollaboration – Schwedens Wirtschaftsweg ins NS-Rondell, in: Robert Bohn u. a. (Hg.), Neutralität und totalitäre Aggression. Nordeuropa und die Großmächte im Zweiten Weltkrieg, Stuttgart 1991, 301–09

12894 Zeidler, Manfred: Deutsch-sowjetische Wirtschaftsbeziehungen im Zeichen des Hitler-Stalin-Paktes, in: Bernd Wegner (Hg.), Zwei Wege nach Moskau. Vom Hitler-Stalin-Pakt zum »Unternehmen Barbarossa«, München/Zürich 1991, 93–110

A.3.15.11 Lohn- und Arbeitsbedingungen
[vgl. A.3.11.6.1; A.3.11.6.2.3]

Nachschlagewerke

12895 Bry, Gerhard: Wages in Germany, 1871–1945, Mitarb. Charlotte Boschan, Princeton, N. J. 1960; XXVI, 486 S.

Darstellungen

12896 Christmann, Alfred/Skiba, Rainer: Die Entwicklung der Gehälter der Beamten des Reiches und des Bundes 1928–1963, 2. Aufl., Köln 1965; 40 S. (zuerst 1964)

12897 Daniel, Ute: Über die alltäglichen Grenzen der Verantwortung: Industriearbeit 1933–1945, in: SOWI 20 (1991), 84–92

12898 Grumbach, Franz/König, Heinz: Beschäftigung und Löhne der deutschen Industriearbeiterschaft 1888–1954, in: WWA 79 (1957), Nr. 2, 125–55

12899 Hachtmann, Rüdiger: Industriearbeit im »Dritten Reich«. Untersuchungen zu den Lohn- und Arbeitsbedingungen in Deutschland 1933–1945, Göttingen 1989; 464 S.

12900 Hachtmann, Rüdiger: Thesen zur »Modernisierung« der Industriearbeit in Deutschland 1924 bis 1944, in: Frank Bajohr (Hg.), Norddeutschland im Nationalsozialismus, Hamburg 1993, 414–53

12901 Hachtmann, Rüdiger: Lebenshaltungskosten und Reallöhne während des »Dritten Reiches«, in: VSWG 75 (1988), 32–73

12902 Hanf, Reinhardt: Möglichkeiten und Grenzen betrieblicher Lohn- und Gehaltspolitik 1933–1939, Diss. Regensburg 1975; V, 313 S.

12903 Kuder, Dieter: Die wirtschaftliche und soziale Lage der deutschen Industriearbeiter von 1918 bis zur Gegenwart, Diss. Köln 1960; 285 S.

12904 Lutz, Burkart: Krise des Lohnanreizes. Ein empirisch-historischer Beitrag zum Wandel der Formen betrieblicher Herrschaft am Beispiel der deutschen Stahlindustrie, Frankfurt/Köln 1975; 368 S.

12905 Müller, J. Heinz: Nivellierung und Differenzierung der Arbeitseinkommen in Deutschland seit 1925, Berlin 1954; 175 S.

12906 Poth, Fritz: Die Entwicklung der Löhne im Steinkohlenbergbau, in der eisenschaffenden Industrie und im Baugewerbe seit 1924, Köln 1950; 143 S.

12907 Recker, Marie-Luise: Zwischen sozialer Befriedung und materieller Ausbeutung. Lohn- und Arbeitsbedingungen im Zweiten Weltkrieg, in: Wolfgang Michalka (Hg.), Der Zweite Weltkrieg. Analysen, Grundzüge, Forschungsbilanz, München/Zürich 1989, 430–44

12908 Roth, Karl H.: Nazismus gleich Fordismus? Die deutsche Autoindustrie in den dreißiger Jahren, in: 1999 5 (1990), Nr. 4, 82–91

12909 Siegel, Tilla: Leistung und Lohn in der nationalsozialistischen »Ordnung der Arbeit«, Opladen 1989, 125–269

12910 Siegel, Tilla: Lohnpolitik im nationalsozialistischen Deutschland, in: Carola Sachse u. a., Angst, Belohnung, Zucht und Ordnung. Herrschaftsmechanismen im Nationalsozialismus, Opladen 1982, 54–139

12911 Siegel, Tilla: Die gekaufte Arbeiterklasse? Lohnpolitik im nationalsozialistischen Deutschland, in: GMH 35 (1984), 533–45

12912 Siegel, Tilla/Freyberg, Thomas von: Industrielle Rationalisierung unter dem Nationalsozialismus, Frankfurt/New York 1990; 458 S.

12913 Stahlmann, Michael: Die erste Revolution in der Autoindustrie. Management und Arbeitspolitik von 1900–1940, Frankfurt/New York 1993; 286 S.

Regional-/Lokalstudien

12914 Homburg, Heidrun: Rationalisierung und Industriearbeit. Arbeitsmarkt – Management – Arbeiterschaft im Siemens-Konzern Berlin 1900–1939, Berlin 1991; XXIII, 806 S.

12915 Rohwer, Götz: Die Lohnentwicklung bei Daimler-Benz (Untertürkheim) 1925–1940, in: 1999 4 (1989), Nr. 1, 52–79

12916 Stahlmann, Michael: Management, Modernierungs- und Arbeitspolitik bei der Daimler Benz AG [Stuttgart] und ihren Vorläuferunternehmen von der Jahrhundertwende bis zum Zweiten Weltkrieg, in: ZfU 37 (1992), 147–80

12917 Wisotzky, Klaus: Der Ruhrbergbau am Vorabend des Zweiten Weltkriegs. Vorgeschichte, Entstehung und Auswirkung der »Verordnung zur Erhöhung der Förderleistung und des Leistungslohnes im Bergbau« vom 2. März 1939, in: VfZ 30 (1982), 418–61

A.3.15.12 Arbeitsdienst

Darstellungen

12918 Bajohr, Stefan: Weiblicher Arbeitsdienst im »Dritten Reich«. Ein Konflikt zwischen Ideologie und Ökonomie, in: VfZ 28 (1980), 331–57

12919 Benz, Wolfgang: Vom freiwilligen Arbeitsdienst zur Arbeitsdienstpflicht, in: VfZ 16 (1968), 317–46

12920 Dudek, Peter: Erziehung durch Arbeit. Arbeitslagerbewegung und Freiwilliger Arbeitsdienst 1920–1935, Opladen 1988; 308 S.

12921 Dudek, Peter: Nationalsozialistische Jugendpolitik und Arbeitserziehung. Das Arbeitslager als Instrument sozialer Disziplinierung, in: Hans-Uwe Otto/Heinz Sünker (Hg.), Politische Formierung und soziale Erziehung im Nationalsozialismus, Frankfurt 1991, 141–66

12922 Kleiber, Lore: »Wo ihr seid, da soll die Sonne scheinen!« Der Frauenarbeitsdienst am Ende der Weimarer Republik und im Nationalsozialismus, in: Mutterkreuz und Arbeitsbuch. Zur Geschichte der Frauen in der Weimarer Republik und im Nationalsozialismus, Hg. Frauengruppe Faschismusforschung, Frankfurt 1981, 188–214

12924 Köhler, Henning: Arbeitsdienst in Deutschland. Pläne und Verwirklichungsformen bis zur Einführung der Arbeitsdienstpflicht 1935, Berlin 1967; 281 S.

12925 Miller, Gisela: Erziehung durch den Reichsarbeitsdienst für die weibliche Jugend (RADwJ). Ein Beitrag zur Aufklärung nationalsozialistischer Erziehungsideologie, in: Manfred Heinemann (Hg.), Erziehung und Schulung im Dritten Reich, T. 2: Hochschule, Erwachsenenbildung, Stuttgart 1980, 170–93; abgedr. in: Martin Kipp/Gisela Miller-Kipp, Erkundungen im Halbdunkel. Fünfzehn Studien zur Berufserziehung und Pädagogik im nationalsozialistischen Deutschland, Kassel 1990, 88–111, 338 f.

12926 Morgan, Dagmar G.: Weiblicher Arbeitsdienst in Deutschland, Diss. Mainz 1978; VII, 475 S.

12927 Olschewski, Christa: Reichsarbeitsdienst (RAD) 1935–1945, in: Lexikon zur Parteiengeschichte. Die bürgerlichen und kleinbürgerlichen Parteien und Verbände in Deutschland (1789–1945), Hg. Dieter Fricke u. a., Bd. 1, Leipzig (LA Köln) 1983, 614–18

12928 Petrick, Fritz/Rasche, Edith: Vom FAD zum RAD. Bemerkungen zum Verhältnis von allgemeiner Arbeitspflicht, freiwilligem Arbeitsdienst und Arbeitsdienstpflicht unter den Bedingungen des staatsmonopolistischen Kapitalismus in Deutschland, in: WZG 16 (1967), Nr. 1, 59–70

12929 Stelling, Wiebke/Mallebrein, Wolfgang: Männer und Maiden. Leben und Wirken im Reichsarbeitsdienst in Wort und Bild, Oldendorf 1979; 214 S.**

12930 Stephenson, Jill: Women's Labor Service in Nazi Germany, in: CEH 15 (1982), 241–65

Regional-/Lokalstudien

12931 Hölz, Christoph (Bearb.): Reichsarbeitsdienstlager, in: Winfried Nerdinger (Hg.), Bauen im Nationalsozialismus. Bayern 1933–1945. Ausstellung des Architekturmuseums der Technischen Universität München und des Münchner Stadtmuseums, München 1993, 178–215

12931 a Klose-Stiller, Liselotte: Arbeitsdienst für die weibliche Jugend in Schlesien 1930–1945. Versuch einer Würdigung der Arbeit weiblicher Jugendlicher im Einsatz für die Allgemeinheit, Garmisch-Partenkirchen o. J. [1978]; 122 S.

12932 »Mein Herz war in Pommern.« Weiblicher Arbeitsdienst: Entstehung, Entwicklung – es war eine Herausforderung, Bearb. Irmgard von Boehn/Gisela Schröder-von Metzsch, Friedland 1980; 274 S.**

12933 Schroeter, Liselotte (Bearb.): Der Arbeitsdienst der weiblichen Jugend in Mecklenburg. Eine Chronik, Kiel 1979; 160 S.

12934 Waldschmidt, Annegret: Der Freiwillige Arbeitsdienst in Bremen 1931–1935, in: Wiltrud U. Drechsel/Jörg Wollenberg (Red.), Arbeit, Teil 1: Zwangsarbeit, Rüstung, Widerstand 1931–1945. (Beiträge zur Sozialgeschichte Bremens, 5), Bremen 1982, 62–80

A.3.15.13 Technische Nothilfe

12935 Kater, Michael H.: Die »Technische Nothilfe« im Spannungsfeld von Arbeiterunruhen, Unternehmerinteressen und Parteipolitik, in: VfZ 27 (1979), 30–78

A.3.15.14 Organisation Todt
[vgl. A.1.9.2: F. Todt]

12936 Raim, Edith: Die Organisation Todt und »Vernichtung durch Arbeit« in Kaufering und Mühldorf [Bayern], in: 1999 9 (1994), Nr. 2, 68–78

12937 Renn, Walter F.: Hitler's West Wall: Strategy in Concrete and Steel, 1938–1945, Diss. Florida State University 1970, 35–66 (Ms.; MF Ann Arbor, Mich.)

12938 Seidler, Franz W.: Die Organisation Todt. Bauen für Staat und Wehrmacht 1938–1945, Bonn 1987; 301 S.

12939 Seidler, Franz W.: L'Organisation Todt, in: RHDGM 34 (1984), Nr. 134, 33–58

A.3.15.15 Wirtschaftliche Diskriminierung und Verdrängung der Juden

Darstellungen

12940 Barkai, Avraham: Vom Boykott zur »Entjudung«. Der wirtschaftliche Existenzkampf der Juden im Dritten Reich 1933–1943, Frankfurt 1988; 235 S.

12941 Barkai, Avraham: Der wirtschaftliche Existenzkampf der Juden im Dritten Reich, 1933–1938, in: Arnold Paucker u. a. (Hg.), Die Juden im nationalsozialistischen Deutschland/The Jews in Nazi Germany 1933–1945, Tübingen 1986, 153–66

12943 Barkai, Avraham: Die deutschen Unternehmer und die Judenpolitik im Dritten Reich, in: GG 15 (1989), 227–47; abgedr. in: Ursula Büttner (Hg.), Die Deutschen und die Judenverfolgung im Dritten Reich, Hamburg 1992, 207–29

12944 Barkai, Avraham: »Schicksalsjahr 1938«. Kontinuität und Verschärfung der wirtschaftlichen Ausplünderung der deutschen Juden, in: Ursula Büttner (Hg.), Das Unrechtsregime. Internationale Forschung über den Nationalsozialismus. Festschrift für Werner Jochmann zum 65. Geburtstag, Bd. 2, Hamburg 1986, 45–68; abgedr. in: Walter H. Pehle (Hg.), Der Judenpogrom 1938. Von der »Reichskristallnacht« zum Völkermord, Frankfurt 1988, 94–117, 220–24

12945 Dahm, Volker: Das jüdische Buch im Dritten Reich, 2., überarb. Aufl., München 1993; 576 S. (zuerst Frankfurt 1979–1982 u. d. T.: [...] T. 1: Die Ausschaltung der jüdischen Autoren, Verleger und Buchhändler, T. 2: Salman Schocken und sein Verlag; 915 S.)

12946 Dahm, Volker: Jüdische Verleger, 1933–1938, in: Arnold Paucker u. a. (Hg.), Die Juden im nationalsozialistischen Deutschland/The Jews in Nazi Germany 1933–1945, Tübingen 1986, 273–82

12947 Dahm, Volker: Liquidation des jüdischen Buchhandels im Dritten Reich, in: BBlBH 35 (1975), Nr. 33, B 237–44

12948 The Economic Destruction of German Jewry by the Nazi Regime, 1933–1937. A Study, Hg. World Jewish Congress, Economic Bureau, New York 1937; 68 S.

12949 Freeden, Herbert: Das Ende der jüdischen Presse in Nazideutschland, in: BLBI 22 (1983), Nr. 65, 3–21

12950 Genschel, Helmut: Die Verdrängung der Juden aus der Wirtschaft im Dritten Reich, Göttingen 1966; 337 S.

12951 Hayes, Peter: Big Business and »Aryanization« in Germany, 1933–1939, in: JfA 3 (1994), 254–81

12952 Hilberg, Raul: Arisierung des Kapitals und Vernichtung durch Arbeit. Der Wirtschaftsgedanke in der NS-Judenpolitik am Beispiel von Banken und Industrie, in: Jörg Friedrich/Jörg Wollenberg (Hg.), Licht in den Schatten der Vergangenheit. Zur Enttabuisierung der Nürnberger Kriegsverbrecherprozesse, Frankfurt/Berlin 1987, 89–95

12953 Kopper, Christopher: Die Arisierung jüdischer Privatbanken im Nationalsozialismus, in: SOWI 20 (1991), 111–16

12955 Ludwig, Johannes: Boykott – Enteignung – Mord. Die »Entjudung« der deutschen Wirtschaft, 3., überarb. Aufl., München/Zürich 1992; 400 S. (zuerst Hamburg 1989)

12956 Mohr, Gundi: Praktiken der »Arisierung«. Die wirtschaftliche »Entjudung« durch den nationalsozialistischen Staat, in: Tribüne 28 (1989), Nr. 111, 147–58

12957 Mosse, George L.: The German-Jewish Economic Élite, 1820–1935. A Sociocultural Profile, Oxford 1989; 369 S.

12958 Sherman, A. J.: A Jewish Bank during the Schacht Era: M. M. Warburg & Co., 1933–1938, in: Arnold Paucker u.a. (Hg.), Die Juden im nationalsozialistischen Deutschland/The Jews in Nazi Germany 1933–1945, Tübingen 1986, 167–72

12959 Stürmer, Michael u.a.: Wägen und wagen. Sal. Oppenheim jr. & Cie. Geschichte einer Bank und ihrer Familie, München/Zürich 1989, 365–411**

12960 Thieleke, Karl-Heinz: Die »Arisierungen« des Flick-Konzerns. Eine Studie zur Geschichte des staatsmonopolistischen Kapitalismus, Diss. Humboldt-Universität Berlin (O) 1963; 369 S. (Ms. vervielf.)

12961 Thieleke, Karl-Heinz (Hg.): Fall 5. Anklageplädoyer, ausgewählte Dokumente, Urteil des Flick-Prozesses. Mit einer Studie über die »Arisierung« des Flick-Konzerns, Einleitung Klaus Drobisch, Berlin (O) 1965; 501 S.

12962 Treue, Wilhelm: Das Schicksal des Bankhauses Sal. Oppenheim jr. & Cie. und seiner Inhaber im Dritten Reich, Wiesbaden 1983; VII, 117 S.

Regional-/Lokalstudien

12963 Diekmann, Irene: Boykott – Entrechtung – Pogrom – Deportation. Die »Arisierung« jüdischen Eigentums während der NS-Diktatur. Untersucht und dargestellt an Beispielen aus der Provinz Mark Brandenburg, in: Dietrich Eichholtz (Hg.), Verfolgung – Alltag – Widerstand. Brandenburg in der NS-Zeit. Studien und Dokumente, Berlin 1993, 207–29

12964 Händler-Lachmann, Barbara/Werther, Thomas: »Vergessene Geschäfte – verlorene Geschichte«. Jüdisches Wirtschaftsleben in Marburg und seine Vernichtung im Nationalsozialismus, Marburg 1992; 297 S.

12965 Kopper, Christopher: Privates Bankwesen im Nationalsozialismus: Das Hamburger Bankhaus M. M. Warburg & Co., in: Werner Plumpe/Christian Kleinschmidt (Hg.), Unternehmen zwischen Markt und Macht. Aspekte deutscher Unternehmens- und Industriegeschichte im 20. Jahrhundert, Essen 1992, 61–73

12965a Laak, Dirk van: Die Mitwirkenden bei der »Arisierung«. Dargestellt am Beispiel der rheinisch-westfälischen Industrieregion 1933–1940, in: Ursula Büttner (Hg.), Die Deutschen und die Judenverfolgung im Dritten Reich, Hamburg 1992, 231–57

12966 Moser, Jonny: Das Unwesen der kommissarischen Leiter. Ein Teilaspekt der Arisierungsgeschichte in Wien und im Burgenland, in: Helmut Konrad/Wolfgang Neugebauer (Hg.), Arbeiterbewegung – Faschismus – Nationalbewußtsein. Festschrift zum 20jährigen Bestand des Dokumentationsarchivs des österreichischen Widerstandes und zum 60. Geburtstag von Herbert Steiner, Wien u.a. 1983, 89–97

12967 Rheingans, Stefan: Ab heute in arischem Besitz. Die Ausschaltung der Juden aus der Wirtschaft, in: Anton M. Keim/ Verein für Sozialgeschichte Mainz (Hg.), Als die letzten Hoffnungen verbrannten. 9./10. November 1938. Mainzer Juden zwischen Integration und Vernichtung, Mainz 1988, 53–66

12968 Schmidt, Monika: Arisierungspolitik des Bezirksamtes, in: Karl-Heinz Metzger u. a. Kommunalverwaltung unterm Hakenkreuz. Berlin-Wilmersdorf 1933–1945, Hg. Bezirksamt Wilmersdorf von Berlin, Berlin 1992, 169–228, 297–303

12969 Selig, Wolfram: Vom Boykott zur Arisierung. Die »Entjudung« der Wirtschaft in München, in: Björn Mensing/ Friedrich Prinz (Hg.), Irrlicht im leuchtenden München? Der Nationalsozialismus in der »Hauptstadt der Bewegung«, Regensburg 1991, 178–202

12970 Toury, Jakob: Jüdische Textilunternehmer in Baden und Württemberg 1683 bis 1938, Tübingen 1984; XIV, 294 S.

12971 Weckbecker, Arno: Phasen und Fälle der wirtschaftlichen »Arisierung« in Heidelberg 1933–1942, in: Norbert Giovannini u.a. (Hg.), Jüdisches Leben in Heidelberg. Studien zu einer unterbrochenen Geschichte, Heidelberg 1992, 143–52

12972 Weis, Georg: Arisierung in Wien, in: Wien 1938, Hg. Kommission Wien 1938, Wien 1978, 183–89

12973 Wiesemann, Falk: Juden auf dem Lande: Die wirtschaftliche Ausgrenzung der jüdischen Viehhändler in Bayern, in: Detlev J. K. Peukert/Jürgen Reulecke (Hg.), Die Reihen fast geschlossen. Beiträge zur Geschichte des Alltags unterm Nationalsozialismus, Wuppertal 1981, 381–96

12974 Witek, Hans: »Arisierung« in Wien. Aspekte nationalsozialistischer Enteignungspolitik 1938–1940, in: Emmerich Tálos u.a. (Hg.), NS-Herrschaft in Österreich 1938–1945, Wien 1988, 199–216

12975 Wollenberg, Jörg: Enteignung des »raffenden« Kapitals durch das »schaffende« Kapital. Zur Arisierung am Beispiel von Nürnberg. (Anhang: Die Liste der in Nürnberg arisierten Unternehmen), in: Jörg Wollenberg (Hg.), »Niemand war dabei und keiner hat's gewußt.« Die deutsche Öffentlichkeit und die Judenverfolgung 1933–1945, München/Zürich 1989, 158–87, 263–67

A.3.15.16 »Fremd-« und Zwangsarbeiter in Deutschland

[vgl. A.3.10.8; A.3.22.15.2]

Literaturberichte

12976 Wysocki, Gerd: Zwangsarbeit in der deutschen Kriegswirtschaft. Sammelrezension, in: 1999 4 (1989), Nr. 3, 134–44

Quellenkunde

12977 Brüninghaus, Beate: Quellen zur Zwangsarbeit [bei Daimler Benz] während des Zweiten Weltkriegs, in: Archivar 45 (1992), 63–69

Darstellungen

12978 August, Jochen u.a.: Herrenmensch und Arbeitsvölker. Ausländische Arbeiter und Deutsche 1939–1945. (Beiträge zur nationalsozialistischen Gesundheits- und Sozialpolitik, 3), Berlin 1986; 189 S.

12979 August, Jochen: Die Entwicklung des Arbeitsmarktes in Deutschland während der 30er Jahre und der Masseneinsatz ausländischer Arbeitskräfte während des Zweiten Weltkrieges. Das Fallbeispiel der polnischen zivilen Arbeitskräfte und Kriegsgefangenen, in: AfS 24 (1984), 305–53

12981 Benz, Wolfgang: Die Ausbeutung »fremdvölkischer« Arbeitskräfte, in: Norbert Frei/Hermann Kling (Hg.), Der nationalsozialistische Krieg, Mitarb. Margit Brandt, Frankfurt/New York 1990, 255–68

Wirtschaft und Wirtschaftspolitik

12982 Benz, Wolfgang/Distel, Barbara (Hg.): Sklavenarbeit im KZ. (DH, 2), München 1986; 194 S.

12983 Billig, Joseph: Les camps de concentration dans l'economie du Reich Hitlérien, Vorwort Jacques Droz, Paris 1973; 346 S.

12984 Bonwetsch, Bernd: Sowjetische Zwangsarbeiter vor und nach 1945. Ein doppelter Leidensweg, in: JGO 59 (N. F. 41) (1993), 532–46

12985 Brelie-Lewien, Doris von der: Im Spannungsfeld zwischen Beharrung und Wandel. Fremdarbeiter und Kriegsgefangene, Ausgebombte und Flüchtlinge in ländlichen Regionen Niedersachsens, in: Frank Bajohr (Hg.), Norddeutschland im Nationalsozialismus, Hamburg 1993, 347–70

12986 Dagenbach, Klaus: »Wir leben von den Ausländern.« Zwangsarbeit während des Zweiten Weltkriegs, in: Jörg Schadt/Michael Caroli (Hg.), Mannheim im Zweiten Weltkrieg 1939–1945. Ein Bildband, Mannheim 1993, 141–49, 193 f.

12987 Decker, Natalija: Zur medizinischen Versorgung polnischer Zwangsarbeiter in Deutschland, in: Sabine Fahrenbach/Achim Thom (Hg.), Der Arzt als »Gesundheitsführer«. Ärztliches Wirken zwischen Ressourcenerschließung und humanitärer Hilfe im 2. Weltkrieg, Frankfurt 1991, 99–107

12988 Demps, Laurenz: Einige Bemerkungen zur Veränderung der innenpolitischen Situation im faschistischen Deutschland durch den Einsatz ausländischer Zwangsarbeiter, in: Wesen und Kontinuität der Fremdarbeiterpolitik des deutschen Imperialismus. Materialien eines wissenschaftlichen Kolloquiums der Sektion Geschichte der Universität Rostock, Hg. Universität Rostock, Rostock o. J. (1974), 97–118

12989 Demps, Laurenz: Zahlen über den Einsatz ausländischer Zwangsarbeiter in Deutschland im Jahre 1943, in: ZfG 21 (1973), 830–43

12990 »Deutsche Wirtschaft«. Zwangsarbeit von KZ-Häftlingen für Industrie und Behörden. Symposion »Wirtschaft und Konzentrationslager«, Hg. Hamburger Stiftung zur Förderung von Wissenschaft und Kultur, Red. Maria Beimel u. a., Hamburg 1991; 227 S.**

12991 Drobisch, Klaus: Die Ausbeutung ausländischer Arbeitskräfte im Flick-Konzern während des zweiten Weltkrieges, Diss. Humboldt-Universität Berlin (O) 1964; XXXI, 270 S. (Ms. vervielf.)

12992 Eichholtz, Dietrich: Das Zwangsarbeitersystem des faschistischen deutschen Imperialismus in der Kontinuität imperialistischer Fremdarbeiterpolitik, in: Wesen und Kontinuität der Fremdarbeiterpolitik des deutschen Imperialismus. Materialien eines wissenschaftlichen Kolloquiums der Sektion Geschichte der Universität Rostock, Hg. Universität Rostock, Rostock o. J. (1974), 77–96

12993 Elsner, Lothar: Zum Wesen und zur Kontinuität der Fremdarbeiterpolitik des deutschen Imperialismus, in: Wesen und Kontinuität der Fremdarbeiterpolitik des deutschen Imperialismus. Materialien eines wissenschaftlichen Kolloquiums der Sektion Geschichte der Universität Rostock, Hg. Universität Rostock, Rostock o. J. (1974), 2–76

12994 Elsner, Lothar/Lehmann, Joachim: Auländische Arbeiter unter dem deutschen Imperialismus 1900 bis 1985, Berlin (O) 1988; 411 S.

12995 Fettweis, Klaus: Zwischen Herr und Herrlichkeit. Zur Mentalitätsfrage im »Dritten Reich« an Beispielen aus der Rheinprovinz, Aachen 1989; 373 S.

12996 Gruner, Wolf: Arbeitseinsatz und Zwangsarbeit jüdischer Deutscher 1938/1939, in: Wolf Gruner u. a., Arbeitsmarkt und Sondererlaß. Menschenverwertung, Rassenpolitik und Arbeitsamt. (Beiträge zur nationalsozialistischen Gesundheits- und Sozialpolitik, 8), Berlin 1990, 137–55

12997 Gruner, Wolf: Terra incognita? – Die Lager für den »jüdischen Arbeitseinsatz« (1938–1943), in: Ursula Büttner (Hg.), Die Deutschen und die Judenverfolgung im Dritten Reich, Hamburg 1992, 131–59

12998 Gruner, Wolf: »Am 20. April (Geburtstag des Führers) haben die Juden zu arbeiten ...«, in: Werner Röhr u. a. (Hg.), Faschismus und Rassismus. Kontroversen um Ideologie und Opfer, Berlin 1992, 148–67

12999 Hamann, Matthias: Die Ermordung psychisch kranker polnischer und sowjetischer Zwangsarbeiter, in: Götz Aly (Hg.), Aktion T 4 1939–1945. Die »Euthanasie«-Zentrale in der Tiergartenstraße 4, 2., erw. Aufl., Berlin 1989, 161–67 (zuerst 1987)

13000 Hamann, Matthias: Die Morde an polnischen und sowjetischen Zwangsarbeitern in deutschen Anstalten. [Anhang:] Beispiel Hadamar, in: Götz Aly u. a. (Hg.), Aussonderung und Tod. Die klinische Hinrichtung der Unbrauchbaren. (Beiträge zur nationalsozialistischen Gesundheits- und Sozialpolitik, 1), Berlin 1985, 121–87

13001 Herbert, Ulrich (Hg.): Europa und der »Reichseinsatz«. Ausländische Zivilarbeiter, Kriegsgefangene und KZ-Häftlinge in Deutschland 1938–1945, Essen 1991; 429 S.*

13002 Herbert, Ulrich: Fremdarbeiter. Politik und Praxis des »Ausländer-Einsatzes« in der Kriegswirtschaft des Dritten Reiches, 2. Aufl., Berlin/Bonn 1986; 488 S. (zuerst 1985)

13003 Herbert, Ulrich: Geschichte der Ausländerbeschäftigung in Deutschland 1880 bis 1980. Saisonarbeiter, Zwangsarbeiter, Gastarbeiter, Berlin/Bonn 1986; 272 S.

13004 Herbert, Ulrich: »Ausländer-Einsatz« in der deutschen Kriegswirtschaft, 1939–1945, in: Klaus J. Bade (Hg.), Deutsche im Ausland – Fremde in Deutschland. Migration in Geschichte und Gegenwart, München 1992, 354–67

13005 Herbert, Ulrich: Zwangsarbeiter in der deutschen Kriegswirtschaft 1939–1945, in: Klaus Möltgen (Hg.), Kriegswirtschaft und öffentliche Verwaltung im Ruhrgebiet 1939–1945. Dokumentation des 4. Symposiums der Dokumentations- und Forschungsstelle für Beamten- und Verwaltungsgeschichte der Fachhochschule für öffentliche Verwaltung Nordrhein-Westfalen in Dortmund am 20. Oktober 1989, Dortmund 1990, 83–92 (Diskussion: 93–97)

13006 Herbert, Ulrich: Herren und Knechte. Der »Ausländereinsatz« im Dritten Reich, in: Jörg Friedrich/Jörg Wollenberg (Hg.), Licht in den Schatten der Vergangenheit. Zur Enttabuisierung der Nürnberger Kriegsverbrecherprozesse, Frankfurt/Berlin 1987, 130–45

13007 Hirschfeld, Gerhard: Der »freiwillige« Arbeitseinsatz niederländischer Fremdarbeiter während des Zweiten Weltkrieges als Krisenstrategie einer nicht-nationalsozialistischen Verwaltung, in: Hans Mommsen/Winfried Schulze (Hg.), Vom Elend der Handarbeit. Probleme historischer Unterschichtenforschung, Stuttgart 1981, 497–513

13008 Homze, Edward L.: Foreign Labor in Nazi Germany, Princeton, N.J. 1967; XVIII, 350 S.

13009 Jacobeit, Sigrid: Frauenzwangsarbeit im faschistischen Deutschland, in: Klaus Tenfelde (Hg.), Arbeiter im 20. Jahrhundert, Stuttgart 1991, 91–104

13010 Jungfer, Eberhard u.a.: Arbeitsmigration und Flucht. Vertreibung und Arbeitskräfteregulierung im Zwischenkriegseuropa. (Beiträge zur nationalsozialistischen Gesundheits- und Sozialpolitik, 11), Göttingen/Berlin 1993; 228 S.

13011 Kannapin, Hans-Eckhardt: Wirtschaft unter Zwang. Anmerkungen und Analysen zur rechtlichen und politischen Verantwortung der deutschen Wirtschaft des Nationalsozialismus im 2. Weltkrieg, besonders im Hinblick auf den Einsatz und die Behandlung von ausländischen Arbeitskräften und Konzentrationslagerhäftlingen in deutschen Industrien und Rüstungsbetrieben, Köln 1966; 334 S.

13012 Konieczny, Alfred: Die Zwangsarbeit der Juden in Schlesien im Rahmen der »Organisation Schmelt«, in: Götz Aly u. a., Sozialpolitik und Judenvernichtung. Gibt es eine Ökonomie der Endlösung? (Beiträge zur nationalsozialistischen Gesellschafts- und Sozialpolitik, 5), Berlin 1987, 91–110

13013 Körner, Hans-Michael: Katholische Kirche und polnische Zwangsarbeiter 1939–1945, in: HJB 112 (1992), 128–42

13014 Kwiet, Konrad: Forced Labour of German Jews in Nazi Germany, in: LBY 36 (1991), 389–410

13015 Lehmann, Joachim: Zum Einsatz ausländischer Zwangsarbeiter in der deutschen Landwirtschaft während des zweiten Weltkrieges (unter besonderer Berücksichtigung der Jahre 1942 bis 1945), in: Wesen und Kontinuität der Fremdarbeiterpolitik des deutschen Imperialismus. Materialien eines wissenschaftlichen Kolloquiums der Sektion Geschichte der Universität Rostock, Hg. Universität Rostock, Rostock o. J. (1974), 133–56

13016 Lehmann, Joachim: Regionale Verteilung ausländischer Arbeitskräfte in Deutschland 1933 bis 1939, in: PAFK 16 (1985), 79–90

13017 Lehmann, Joachim: Ausländerbeschäftigung und Fremdarbeiterpolitik im faschistischen Deutschland, in: Klaus J. Bade (Hg.), Auswanderer, Wanderarbeiter, Gastarbeiter, Bevölkerung, Arbeitsmarkt und Wanderung in Deutschland seit der Mitte des 19. Jahrhunderts, Bd. 2, Ostfildern 1984, 558–83

13018 Lehmann, Joachim: Die Aufrüstung und die Politik der Ausländerbeschäftigung in Deutschland 1933 bis 1939, in: MG 28 (1989), 146–54

13019 Müller, Rolf-Dieter: Die Zwangsrekrutierung von »Ostarbeitern« 1941–1944, in: Wolfgang Michalka (Hg.), Der Zweite Weltkrieg. Analysen, Grundzüge, Forschungsbilanz, München/Zürich 1989, 772–83

13020 Müller-Münch, Ingrid: Zwölf Apostel auf dem Weg zur Hölle. Französische Priester als Helfer der Zwangsarbeiter in Nazi-Deutschland, in: FR, Jg. 46, Nr. 226, 28. 9. 1990, 3

13021 Pfahlmann, Hanns: Fremdarbeiter und Kriegsgefangene in der deutschen Kriegswirtschaft 1939–1945, Darmstadt 1968; 238 S.

13022 Pingel, Falk: Konzentrationslagerhäftlinge im nationalsozialistischen Arbeitseinsatz, in: Waclaw Dlugoborski (Hg.), Zweiter Weltkrieg und sozialer Wandel, Göttingen 1981, 151–63

13023 Plum, Günter: Wirtschaft und Erwerbsleben, in: Wolfgang Benz (Hg.), Die Juden in Deutschland 1933–1945. Leben unter nationalsozialistischer Herrschaft, 2., durchges. Aufl., München 1993, 268–313 (zuerst 1988; ND 1989)

13024 Poljan, Pavel M./Zajonckovskaja, Zanna A.: Ostarbeiter in Deutschland und daheim. Ergebnisse einer Fragebogenanalyse, in: JGO 41 (1993), 547–61

13025 Richter, Felicitas: Die Ausbeutung ausländischer Arbeiter durch das deutsche Monopolkapital im Zweiten Weltkrieg unter besonderer Berücksichtigung des Osram-Konzerns, in: Der deutsche Imperialismus und der Zweite Weltkrieg, Bd. 4, Hg. Kommission der Historiker der DDR und der UdSSR, Red. Leo Stern u. a., Berlin (O) 1961, 43–53

13026 Schminck-Gustavus, Christoph U.: Das Heimweh des Walerjan Wrobel. Ein Sondergerichtsverfahren [in Bremen] 1941/42, Berlin/Bonn 1986; 155 S.

13027 Schminck-Gustavus, Christoph U. (Hg.): Hungern für Hitler. Erinnerungen polnischer Zwangsarbeiter im Deutschen Reich 1940–1945, Reinbek 1984; 253 S.

13028 Schminck-Gustavus, Christoph U.: Zwangsarbeit und Faschismus. Zur »Polenpolitik« im »Dritten Reich«, in: KJ 13 (1980), 1–27, 184–206; abgedr. in: Der Unrechtsstaat, Hg. Redaktion Kritische Justiz, Bd. 2, Baden-Baden 1984, 155–204

13029 Schupetta, Ingrid H. E.: Frauen- und Ausländererwerbstätigkeit in Deutschland von 1939 bis 1945, Köln 1983; 369 S.

13030 Schupetta, Ingrid H. E.: Jeder das Ihre. Frauenerwerbstätigkeit und Einsatz von Fremdarbeitern/-arbeiterinnen im Zweiten Weltkrieg, in: Mutterkreuz und Arbeitsbuch. Zur Geschichte der Frauen in der Weimarer Republik und im Nationalsozialismus, Hg. Frauengruppe Faschismusforschung, Frankfurt 1981, 292–317

13031 Seeber, Eva: Zwangsarbeiter in der faschistischen Kriegswirtschaft. Die Deportation und Ausbeutung polnischer Bürger unter besonderer Berücksichtigung der Lage der Arbeiter aus dem sogenannten Generalgouvernement, Berlin (O) 1964; 309 S.

13032 Seeber, Eva: Zur Rolle der Monopole bei der Ausbeutung der ausländischen Zwangsarbeiter im Zweiten Weltkrieg, in: Der deutsche Imperialismus und der Zweite Weltkrieg, Bd. 4, Hg. Kommission der Historiker der DDR und der UdSSR, Red. Leo Stern u. a., Berlin (O) 1961, 7–21

13033 Stein, Robert: Vom Wehrmachtstraflager zur Zwangsarbeit bei Daimler-Benz. Ein Lebensbericht, in: 1999 2 (1987), Nr. 1, 20–51

13034 Stepien, Stanislaus: Der alteingesessene Fremde. Ehemalige Zwangsarbeiter in Westdeutschland, Frankfurt 1989; 344 S.

13035 Straede, Therkel: Dänische Fremdarbeiter in Deutschland während des Zweiten Weltkrieges, in: ZG 13 (1985/86), 397–416

13036 Thieleke, Karl-Heinz: Die »Arisierungen« des Flick-Konzerns. Eine Studie zur Geschichte des staatsmonopolistischen Kapitalismus, Diss. Humboldt-Universität Berlin (O) 1963; 369 S. (Ms. vervielf.)

13037 Vaupel, Dieter: Spuren, die nicht vergehen. Eine Studie über Zwangsarbeit und Entschädigung, Kassel 1990; 408 S.

13038 Vaupel, Dieter: Zwangsarbeiterinnen für die Dynamit AG, in: 1999 2 (1987), Nr. 1, 50–86

13039 Vaupel, Dieter: »Unauslöschliche Spuren« – Zwangsarbeiterinnen der Dynamit AG berichten nach mehr als vierzig Jahren, in: 1999 3 (1988), Nr. 4, 60–74

13040 Wallach, Jehuda L.: Probleme der Zwangsarbeit in der deutschen Kriegswirtschaft, in: JIdG 6 (1977), 477–512

13040a Wesen und Kontinuität der Fremdarbeiterpolitik des deutschen Imperialismus. Materialien eines wissenschaftlichen Kolloquiums der Sektion Geschichte der Universität Rostock, Hg. Universität Rostock, Red. Bruno Schrage, Rostock o. J. (1974); 158 S.*

13041 Woydt, Johann: Ausländische Arbeitskräfte in Deutschland. Vom Kaiserreich bis zur Bundesrepublik, Heilbronn 1987; 173 S.

13042 Zühl, Antje: Zum Verhältnis der deutschen Landbevölkerung gegenüber Zwangsarbeitern und Kriegsgefangenen, in: Werner Röhr u. a. (Hg.), Faschismus und Rassismus. Kontroversen um Ideologie und Opfer, Berlin 1992, 342–52

13044 Zwangsarbeit: Arbeit – Terror – Entschädigung. (Geschichtswerkstatt, 19), Red. Geschichtswerkstatt Marburg, Hamburg 1989; 110 S.

Regional-/Lokalstudien: Gedruckte Quellen

13045 Siegfried, Klaus-Jörg: Rüstungsproduktion und Zwangsarbeit im Volkswagenwerk [Wolfsburg] 1939–1945, 2. Aufl., Frankfurt/New York 1987; 239 S. (zuerst 1986)

Regional-/Lokalstudien: Darstellungen

13046 Baranowski, Frank: Arbeitskräftebeschaffung, in: Rüstungsindustrie in Südniedersachsen während der NS-Zeit, Hg. Arbeitsgemeinschaft Südniedersächsischer Heimatfreunde, 1. u. 2. Aufl., Mannheim 1993, 25–37

13047 Baranowski, Frank: Fremdarbeiter, Kriegsgefangene und KZ-Häftlinge im Rüstungsbetrieb Polte in Duderstadt, in: Rüstungsindustrie in Südniedersachsen während der NS-Zeit, Hg. Arbeitsgemeinschaft Südniedersächsischer Heimatfreunde, 1. u. 2. Aufl., Mannheim 1993, 248–316

13048 Bauer, Dietmar: Die soziale Lage ausländischer Arbeitskräfte in der Rüstungsindustrie während des 2. Weltkrieges am Beispiel der Hack Werke/Steyr, in: Rudolf G. Ardelt/Hans Hautmann (Hg.), Arbeiterschaft und Nationalsozialismus in Österreich. In memoriam Karl R. Stadler, Wien/Zürich 1990, 485–500

13048a Bazin, Charles-Henri-Guy: »Déporté du travail« à la BMW-Eisenach 1943–1945, 2 Bde., Cubnezais 1986–1987; 364, 62 S.**

13049 Beckert, Sven: Bis zu diesem Punkt und nicht weiter: Arbeitsalltag während des Zweiten Weltkriegs in der Industrieregion Offenbach-Frankfurt, Mitarb. Katharina F. Boehm, Vorwort Barbara Bromberger, Frankfurt 1990; 227 S.

13050 Billstein, Aurel: Fremdarbeiter in unserer Stadt 1939–1945. Kriegsgefangene und deportierte »fremdvölkische Arbeitskräfte« am Beispiel Krefelds, Frankfurt 1980; 195 S.

13051 Boland, Karl: Zivilarbeiter und Kriegsgefangene. Beobachtungen und Erfahrungen in Mönchengladbach und Rheydt, in: GiW 8 (1993), 38–64

13052 Boll, Bernd: »Das wird man nie mehr los ...« Ausländische Zwangsarbeiter in Offenburg 1939 bis 1945, Pfaffenweiler 1994; X, 384 S.

13053 Boll, Bernd: Zwangsarbeiter in Baden 1939–1945, in: GWU 43 (1992), 523–37

13054 Bräutigam, Helmut: Nationalsozialistische Zwangslager in Berlin, IV: Fremdarbeiterlager 1939 bis 1945, in: Wolfgang Ribbe (Hg.), Berlin-Forschungen, Bd. 4, Berlin 1989, 235–80

13055 Creydt, Detlef/Meyer, August: Zwangsarbeit für die Wunderwaffen in Südniedersachsen, 1943–1945, Bd. 1, Braunschweig 1993; 248 S.

13056 Dahl, Peter: Unter dem Werkshof liegt das Lager, in: Faschismus in Deutschland. Ursachen und Folgen. Verfolgung und Widerstand. Ausländerfeindlichkeit und neonazistische Gefahren, Hg. IG Druck und Papier, Köln 1985, 184–93

13057 Demps, Laurenz: Zwangsarbeiter und Zwangsarbeiterlager in der faschistischen Reichshauptstadt Berlin 1939–1945, Berlin (O) 1986; 198 S.

13058 Dorn, Fred/Heuer, Klaus: »Ich war immer gut zu meiner Russin.« Struktur und Praxis des Zwangsarbeitssystems am Beispiel der Region Südhessen, Pfaffenweiler 1994; X, 234 S.

13059 Fremde Arbeiter in Tübingen 1939–1945, Hg. Projektgruppe »Fremde Arbeiter«, Tübingen 1985; 131 S.

13060 Freund, Florian: Arbeitslager Zement. Das Konzentrationslager Ebensee und die Raketenrüstung. (Industrie, Zwangsarbeit und Konzentrationslager in Österreich, 2), Wien 1989; 488 S.

13061 Freund, Florian/Perz, Bertrand: Das KZ in der »Serbenhalle«. Zur Kriegsindustrie in Wiener Neustadt. (Industrie, Zwangsarbeit und Konzentrationslager in Österreich, 1), Wien 1988; 237 S.

13062 Freund, Florian/Perz, Bertrand: Industrialisierung durch Zwangsarbeit, in: Emmerich Tálos u. a. (Hg.), NS-Herrschaft in Österreich 1938–1945, Wien 1988, 95–114

13063 Fröbe, Rainer u.a.: Zwangs- und Häftlingsarbeit unter dem Dreizack, in: Das Daimler Benz-Buch. Ein Rüstungskonzern im »Tausendjährigen« Reich, Hg. Hamburger Stiftung für Sozialgeschichte des 20. Jahrhunderts, Nördlingen 1987, 392–591

13064 Gatterbauer, Roswitha H.: Arbeitseinsatz und Behandlung der Kriegsgefangenen in der Ostmark während des Zweiten Weltkrieges, Diss. Salzburg 1975; 399 S. (Ms.)

13065 Greussing, Kurt: Zwang und Verdrängung. Fremdarbeiter/innen und Kriegsgefangene in Vorarlberg 1939–1945, in: Rudolf G. Ardelt/Hans Hautmann (Hg.), Arbeiterschaft und Nationalsozialismus in Österreich. In memoriam Karl R. Stadler, Wien/Zürich 1990, 513–30

13066 Grossmann, Anton J.: Fremd- und Zwangsarbeiter in Bayern 1939–1945, in: Klaus J. Bade (Hg.), Auswanderer, Wanderarbeiter, Gastarbeiter, Bevölkerung, Arbeitsmarkt und Wanderung in Deutschland seit der Mitte des 19. Jahrhunderts, Bd. 2, Ostfildern 1984, 584–619

13067 Grossmann, Anton J.: Polen und Sowjetrussen als Arbeiter in Bayern 1939–1945, in: AfS 24 (1984), 355–397

13068 Grossmann, Anton J.: Fremd- und Zwangsarbeiter in Bayern 1939–1945, in: VfZ 34 (1986), 481–521

13069 Grygiel, Henryk: »P«-Arbeiter Nr. 26964. Als Zwangsarbeiter bei Focke-Wulf in Bremen 1942–1945, Vorbemerkung/Nachwort Christoph U. Schminck-Gustavus, in: Wiltrud U. Drechsel/Jörg Wollenberg (Red.), Arbeit, Teil 1: Zwangsarbeit, Rüstung, Widerstand 1931–1945. (Beiträge zur Sozialgeschichte Bremens, 5), Bremen 1982, 7–61

13070 Haida, Gerd E. u.a.: Gantenwald. Eine »Ausländerkinder-Pflegestätte«, in: Faschismus in Deutschland. Ursachen und Folgen. Verfolgung und Widerstand. Ausländerfeindlichkeit und neonazistische Gefahren, Hg. IG Druck und Papier, Köln 1985, 194–229

13071 Heusler, Andreas: Zwangsarbeit in der Münchener Kriegswirtschaft, 1939–1945, Hg. Stadt München, München 1991; 140 S.

13072 Heuzeroth, Günter (Hg.): Unter der Gewaltherrschaft des Nationalsozialismus 1933–1945. Dargestellt an Ereignissen im Oldenburger Land, Bd. 4.1: Die im Dreck lebten. Ausländische Zwangsarbeiterinnen, Kriegsgefangene und die Lager in der Stadt Oldenburg. Ereignisse, Augenzeugenberichte, Dokumente. Eine Spurensicherung. Dargestellt an den Ereignissen in Weser-Ems, Bearb. Universität Oldenburg, Zentrum für Pädagogische Berufspraxis, Oldenburg 1993; 476 S.**

13073 Hildebrandt, Reinhard/Hoffmann, Werner: Zwangsarbeit unter dem NS-Regime, in: Streiflichter aus Verfolgung und Widerstand 1933–45, Hg. VVN-Bund der Antifaschisten, Kreis Ludwigsburg, Ludwigsburg 1987, 16–44

13074 Hoch, Gerhard/Schwarz, Rolf (Hg.): Verschleppt zur Sklavenarbeit. Kriegsgefangene und Zwangsarbeiter in Schleswig-Holstein, Alveslohe/Nützen 1985; 191 S.

13075 Hopmann, Barbara u.a.: Zwangsarbeit bei Daimler-Benz [Stuttgart], Stuttgart 1994; 560 S.

13076 Jahnke, Karl H.: Zur Teilnahme ausländischer Zwangsarbeiter und Kriegsgefangener am antifaschistischen Widerstandskampf in mecklenburgischen Dörfern von 1939–1945, in: Wesen und Kontinuität der Fremdarbeiterpolitik des deutschen Imperialismus. Materialien eines wissenschaftlichen Kolloquiums der Sektion Geschichte der Universität Rostock, Hg. Universität Rostock, Rostock o.J. (1974), 119–32

13077 Kaienburg, Hermann: Zwangsarbeit für das »deutsche Rohstoffwunder«: Das Phrix-Werk Wittenberge im zweiten Weltkrieg, in: 1999 9 (1994), Nr. 3, 12–41

Wirtschaft und Wirtschaftspolitik

13078 Kaiser, Ernst/Knorn, Michael: »Wir lebten und schliefen zwischen den Toten.« Rüstungsproduktion, Zwangsarbeit und Vernichtung in den Frankfurter Adlerwerken, Frankfurt/New York 1994; 311, (16) S.**

13079 Kaiser, Ernst/Knorn, Michael: Die Adlerwerke und ihr KZ-Außenlager – Rüstungsproduktion und Zwangsarbeit in einem Frankfurter Traditionsbetrieb, in: 1999 7 (1992), Nr. 3, 11–42

13080 Kaminsky, Uwe: »... waren ja auch Menschen« – Zwangsarbeiter im Revier, in: Ulrich Borsdorf/Mathilde Jamin (Hg.), Über Leben im Krieg. Kriegserfahrungen in einer Industrieregion 1939–1945. Katalogbuch [...], Reinbek 1989, 111–25

13081 Kaminsky, Uwe: »Fremdarbeiter« in Ratingen. Repression und Widerstand, in: Anselm Faust (Hg.), Verfolgung und Widerstand im Rheinland und in Westfalen 1933–1945, Köln u. a. 1992, 186–99

13082 Kaminsky, Uwe: Fremdarbeiter in Ratingen während des Zweiten Weltkriegs, in: RF 1 (1989), 90–212

13083 Kárny, Miroslav: »Vernichtung durch Arbeit« in Leitmeritz. Die SS-Führungsstäbe in der deutschen Kriegswirtschaft, in: 1999 8 (1993), Nr. 4, 37–61

13084 Kasper, Barbara u.a.: Arbeiten für den Krieg. Deutsche und Ausländer in der Rüstungsproduktion bei Rheinmetall-Borsig 1943–1945, Hamburg 1987; 113 S.

13085 Keller, Michael: Das mit den Russenweibern ist erledigt – Rüstungsproduktion, Zwangsarbeit, Massenmord und Bewältigung der Vergangenheit in Hirzenhain [Hessen] zwischen 1943 und 1991, Friedberg 1991; 138 S.

13086 Klewitz, Bernd: Die Arbeitssklaven der Dynamit Nobel. Ausgebeutet und vergessen. Sklavenarbeiter und KZ-Häftlinge in Europas größten Rüstungswerken im 2. Weltkrieg, Vorwort Reinhard Kühnl, Schalksmühle 1986; 320 S.

13087 Kohne, Helga/Laue, Christoph (Hg.): Deckname Genofa. Zwangsarbeit im Raum Herford 1939 bis 1945. Ein Lesebuch der Geschichtswerkstatt Arbeit und Leben DGB/VHS, Bielefeld 1991; 208 S.

13088 Koppenhöfer, Peter: »Erste Wahl für Daimler-Benz«. Erinnerungen von KZ-Häftlingen an die Arbeit im Daimler-Benz-Werk Mannheim, in: MDNSS 2 (1986), Nr. 13/14, 5–30

13089 Krämer, Hans-Henning: Der Feind als Kollege – Kriegsgefangene und ausländische ZwangsarbeiterINNEN [an der Saar], St. Ingbert 1993; 34 S.

13090 Krämer, Hans-Henning/Plettenberg, Inge: Feind schafft mit ... Ausländische Arbeitskräfte im Saarland während des Zweiten Weltkrieges, Ottweiler 1992; 336 S.

13091 Krause-Vilmar, Dietfrid: Zur Typik des Terrors gegen ausländische Zwangsarbeiter im Bereich des Rüstungskommandos Kassel (1940–1945), in: Jörn Garber/Hanno Schmitt (Hg.), Die bürgerliche Gesellschaft zwischen Demokratie und Diktatur. Festschrift zum 65. Geburtstag von Prof. Dr. Walter Grab, Marburg 1985, 193–207

13092 Kuitert, Gerben: Zwei ehemalige niederländische Zwangsarbeiter [in Sindelfingen und Böblingen] im Gespräch (18. Juli 1988), in: 1999 3 (1988), Nr. 4, 115–18

13093 Lehmann, Joachim/Stutz, Reno: Ausländische Arbeitskräfte in Mecklenburg während der faschistischen Diktatur 1933 bis 1939, in: WZR 36 (1987), Nr. 10, 75–85

13094 Littman, Friederike: Das »Ausländerreferat« der Hamburger Gestapo. Die Verfolgung der polnischen und sowjetischen Zwangsarbeiter, in: Angelika Ebbinghaus u.a. (Hg.), Heilen und Vernichten im Mustergau Hamburg. Bevölkerungs- und Gesundheitspolitik im Dritten Reich, Hamburg 1984, 164–69

13095 Meyer-Kahrweg, Ruth: Fremdarbeiter und Kriegsgefangene in Wuppertal 1939 bis 1945, in: Klaus Goebel (Hg.), Wuppertal in der Zeit des Nationalsozialismus, 1. u. 2., korr. Aufl., Wuppertal 1984, 179–96

13096 Mosch-Wicke, Klaus: Schäferberg. Ein Henschel-Lager für ausländische Zwangsarbeiter, 2., ber. Aufl., Kassel 1985; 143 S. (zuerst 1983)

13097 Müller, Hartmut: Die Frauen von Obernheide. Jüdische Zwangsarbeiterinnen in Bremen 1944/1945, Bremen 1988; 146 S.

13098 Obenaus, Herbert: Konzentrationslager und Rüstungswirtschaft. Der Einsatz von KZ-Häftlingen in Industriebetrieben Hannovers, in: Ludwig Eiber (Hg.), Verfolgung – Ausbeutung – Vernichtung. Die Lebens- und Arbeitsbedingungen der Häftlinge in deutschen Konzentrationslagern 1933–1945, Hannover 1985, 160–83

13099 Pechmann, Peter u. a.: Zwangsarbeiter in Neukirchen-Vluyn 1939–1945, Pulheim 1992; 79 S.

13100 Perz, Bertrand: »Projekt Quarz«. Steyr-Daimler-Puch und das Konzentrationslager Melk. (Industrie, Zwangsarbeit und Konzentrationslager in Österreich, 3), Wien 1990; 524 S.

13101 Peter, Roland: Keine Liebe in Deutschland. Das Leben der ausländischen Zwangsarbeiter im Zweiten Weltkrieg in Baden, in: FR, Jg. 46, Nr. 29, 3. 2. 1990, ZB 1

13102 Pontier, Aart/Braet, Karel (Hg.): Lager Kinzig [Südbaden]. Zwei Jahre Zwangsarbeit in Nazi-Deutschland, 1943–1945. [Erlebnisberichte], Winterswijk, Le Soler 1991; 162, 55 S.

13103 Reiter, Raimond: »Ausländer-Pflegestätten« in Niedersachsen (heutiges Gebiet) 1942–1945. Die Behandlung »fremdvölkischer« Kinder und Mütter im Spannungsfeld von kriegswirtschaftlichem Arbeitseinsatz und nationalsozialistischer Rassenpolitik, Diss. Hannover 1991; 311 S.

13104 Reiter, Raimond: Zwangsarbeiterinnen und ihre Kinder im Arbeitseinsatz im Verden während des Zweiten Weltkrieges, in: HKLV 33 (1990), 130–51

13105 Riblet-Buchmann, Roger: Unerwartete Begegnung. Als junger »Fremdarbeiter« in Pforzheim 1944/45, Hg. Hans-Peter Becht, Sigmaringen 1993; 104 S.

13106 Rupprecht, Beate: Kriegsgefangene und Ostarbeiter in Kaiserslautern, in: Faschismus in Kaiserslautern. Ausstellung 28.2.–26.3. 1983. (Arbeiten von Kaiserslauterer Schülern zum »Schülerwettbewerb Deutsche Geschichte um den Preis des Bundespräsidenten«), Hg. Volkshochschule Kaiserslautern, Kaiserslautern 1983, 15–19 (Ms. vervielf.)

13107 Sachse, Carola: Zwangsarbeit jüdischer und nichtjüdischer Frauen und Männer bei der Fa. Siemens 1940 bis 1945, in: IWK 27 (1991), 1–12

13108 Schausberger, Norbert: Mobilisierung und Einsatz fremdländischer Arbeitskräfte während des zweiten Weltkrieges in Österreich. Österreichischer Beitrag zum 13. Internationalen Kongreß der historischen Wissenschaft, Moskau 16.–23.8.70, Hg. Dokumentationsarchiv des österreichischen Widerstands, Wien 1970; 15 S.

13109 Schmid, Michael: ». . . eine unterirdische Stadt in einer alten Gipsgrube . . .«. Der Einsatz von KZ-Häftlingen beim Bau einer untertägigen Fertigungsanlage für die Daimler-Benz AG, in: MDNSS 2 (1986), Nr. 13/14, 31–42

13110 Sensenig, Gene R.: Fremdarbeiter beim Bau der Dr. Todtbrücke in der Gauhauptstadt Salzburg, in: Rudolf G. Ardelt/ Hans Hautmann (Hg.), Arbeiterschaft und Nationalsozialismus in Österreich. In memoriam Karl R. Stadler, Wien/Zürich 1990, 501–12

13111 Seubert, Josef: Von Auschwitz nach Calw. Jüdische Frauen im Dienst der totalen Kriegsführung, Eggingen 1989; 80 S.

13112 Siegel, Tilla: Die doppelte Rationalisierung des »Ausländereinsatzes« bei Siemens, in: IWK 27 (1991), 12–24

13113 Siegfried, Klaus-Jörg: Das Leben der Zwangsarbeiter im Volkswagenwerk [Wolfsburg] 1939–1945, Frankfurt/New York 1988; 330 S.

13114 Slapnicka, Harry: Einsatz und Ausbeutung »fremdvölkischer« Arbeitskräfte in Oberösterreich. Kriegsbedingte Maßnahme oder mehr?, in: Rudolf G. Ardelt/Hans Hautmann (Hg.), Arbeiterschaft und Nationalsozialismus in Österreich. In memoriam Karl R. Stadler, Wien/Zürich 1990, 469–83

13115 Stephenson, Jill: Triangle: Foreign Workers, German Civilians, and the Nazi Regime. War and Society in Württemberg, 1939–1945, in: GSR 15 (1992), 339–59

13116 Vögel, Bernhild: »Entbindungsheim für Ostarbeiterinnen«. Braunschweig, Broitzemer Straße 200, Hamburg 1989; 197 S.

13117 Völkel, Klaus: »Hier ruhen 22 Genossen, zu Tode gequält...« Gedenkschrift für die Opfer der Zwangsarbeit in Witten, 1941–1945, Bochum 1992; 87 S.

13118 Waibel, Wilhelm J.: Zwischen Dämonie und Hoffnung. Zwangsarbeiter und Kriegsgefangene in Singen, in: Alfred G. Frei/Jens Ruge (Hg.), Erinnern – Bedenken – Lernen. Das Schicksal von Juden, Zwangsarbeitern und Kriegsgefangenen zwischen Hochrhein und Bodensee in den Jahren 1933 bis 1945, Sigmaringen 1990, 125–51

13119 Weidner, Marcus: Nur Gräber als Spuren. Das Leben und Sterben von Kriegsgefangenen und Fremdarbeitern in Münster während der Kriegszeit 1939–1945, Münster 1984; 132 S.

13121 Wysocki, Gerd: Häftlingsarbeit in der Rüstungsproduktion. Das Konzentrationslager Drütte bei den Hermann-Göring-Werken in Watenstedt-Salzgitter, in: DH 2 (1985), 35–67

13121a Zumpe, Lotte: Die Textilbetriebe der SS im Konzentrationslager Ravensbrück [bei Fürstenberg]. Eine Studie über ökonomische Funktion und wirtschaftliche Tätigkeit der SS, in: JWG 1 (1969), 11–40

A.3.16 Sozialpolitik

A.3.16.1 Allgemeines

[vgl. A.3.2.3]

Literaturberichte

13122 Frese, Matthias: Sozial- und Arbeitspolitik im »Dritten Reich«. Ein Literaturbericht, in: NPL 38 (1993), 403–46

13123 Frese, Matthias: Zugeständnisse und Zwangsmaßnahmen. Neuere Studien zur nationalsozialistischen Sozial- und Arbeitspolitik, in: NPL 32 (1987), 53–74

Gedruckte Quellen

13124 Mason, Timothy W.: Arbeiterklasse und Volksgemeinschaft. Dokumente und Materialien zur deutschen Arbeiterpolitik 1936–1939, Opladen 1975; LXIV, 1299 S.

Methodische Probleme

13125 Peukert, Detlev J. K.: Zur Erforschung der Sozialpolitik im Dritten Reich, in: Hans-Uwe Otto/Heinz Sünker (Hg.), Soziale Arbeit und Faschismus, 2., veränd. u. überarb. Aufl., Frankfurt 1989, 36–46 (zuerst 1986)

Darstellungen

13126 Berger, Thomas: NS-Sozialpolitik als ein Mittel der Herrschaftssicherung, in: Peter Meyers/Dieter Riesenberger (Hg.), Der Nationalsozialismus in der historisch-politischen Bildung, Göttingen 1979, 71–93

13127 Boelcke, Willi A.: Arbeit und Soziales [1933–1945], in: Deutsche Verwaltungsgeschichte, Bd. 4: Das Reich als Republik und in der Zeit des Nationalsozialismus, Hg. Kurt G. A. Jeserich u. a., Stuttgart 1985, 793–807

13128 Frerich, Johannes/Frey, Martin: Handbuch der Geschichte der Sozialpolitik in Deutschland, Bd. 1: Von der vorindustriellen Zeit bis zum Ende des Dritten Reiches, München/Wien 1993, 245–350

13129 Geyer, Martin H.: Soziale Sicherheit und wirtschaftlicher Fortschritt: Überlegungen zum Verhältnis von Arbeitsideologie und Sozialpolitik im »Dritten Reich«, in: GG 15 (1989), 382–406

13130 Guillebaud, Claude W.: The Social Policy of Nazi Germany, Cambridge 1941; 132 S.

13131 Hansen, Eckhard: Wohlfahrtspolitik im NS-Staat. Motivationen, Konflikte und Machtstrukturen im »Sozialismus der Tat« des Dritten Reiches, Augsburg 1991; X, 495 S.

13132 Hentschel, Volker: Geschichte der deutschen Sozialpolitik 1880–1980, Frankfurt 1983, 56–144, 274–87

13133 Hentschel, Volker: Deutsche Wirtschafts- und Sozialpolitik 1815–1945, Düsseldorf 1980; 103 S.

13134 Lampert, Heinz: Staatliche Sozialpolitik im Dritten Reich, in: HJWG 25 (1980), 149–74; abgedr. in: Karl D. Bracher u. a. (Hg.), Nationalsozialistische Diktatur 1933–1945. Eine Bilanz, Bonn (zugl. Düsseldorf) 1983, 509–28

13135 Mallmann, Klaus-Michael/Paul, Gerhard: Alles nur »schöner Schein« im deutschen Faschismus? Propaganda, ästhetische Inszenierungen und Sozialpolitik in der Perspektive regionaler NS-Forschung, in: SOWI 21 (1992), 125–31

13136 Mason, Timothy W.: Sozialpolitik im Dritten Reich. Arbeiterklasse und Volksgemeinschaft, 2. Aufl., Opladen 1978; 376 S. (zuerst 1977)

13137 Peukert, Detlev J. K.: Rassismus als Bildungs- und Sozialpolitik, in: Renate Cogoy u. a. (Hg.), Erinnerung einer Profession. Erziehungsberatung, Jugendhilfe und Nationalsozialismus, Münster 1989, 111–24

13138 Prinz, Michael: Wohlfahrtsstaat, Modernisierung und Nationalsozialismus. Thesen zu ihrem Verhältnis, in: Hans-Uwe Otto/Heinz Sünker (Hg.), Soziale Arbeit und Faschismus, 2., veränd. u. überarb. Aufl., Frankfurt 1989, 47–62 (zuerst Bielefeld 1986)

13139 Prinz, Michael: »Sozialpolitik im Wandel der Staatspolitik«? Das Dritte Reich und die Tradition bürgerlicher Sozialpolitik, in: Rüdiger vom Bruch (Hg.), »Weder Kommunismus noch Kapitalismus«. Bürgerliche Sozialreform in Deutschland vom Vormärz bis zur Ära Adenauer, München 1985, 219–44

13140 Recker, Marie-Luise: Nationalsozialistische Sozialpolitik im Zweiten Weltkrieg, München 1985; 325 S.

13141 Recker, Marie-Luise: Sozialpolitik im Dritten Reich, in: Hans Pohl (Hg.), Staatliche, städtische, betriebliche und kirchliche Sozialpolitik vom Mittelalter bis zur Gegenwart, Stuttgart 1991, 245–67

13142 Sachße, Christoph/Tennstedt, Florian: Der Wohlfahrtsstaat im Nationalsozialismus. (Geschichte der Armenfürsorge in Deutschland, 3), Stuttgart 1992; 356 S.

13143 Scheur, Wolfgang: Einrichtungen und Maßnahmen der sozialen Sicherheit in der Zeit des Nationalsozialismus, Diss. Köln 1967; 270 S.

13144 Smelser, Ronald M.: Die nationalsozialistische Machtergreifung als sozialintegrierender Prozeß: Überlegungen zur NS-Sozialpolitik, in: Wolfgang Michalka (Hg.), Die nationalsozialistische Machtergreifung, Paderborn u. a. 1984, 220–30

13145 Syrup, Friedrich: 100 Jahre staatliche Sozialpolitik 1839–1939, Hg. Julius Scheuble, Bearb. Otto Neuloh, hg. aus dem Nachlaß, Stuttgart 1957, 403–536, 572–83

13147 Witt, Thomas de: The Economics and Politics of Welfare in the Third Reich, in: CEH 11 (1978), 256–78

Regional-/Lokalstudien

13148 Karner, Stefan: Zur NS-Sozialpolitik gegenüber der österreichischen Arbeiterschaft, in: Rudolf G. Ardelt/Hans Hautmann (Hg.), Arbeiterschaft und Nationalsozialismus in Österreich. In memoriam Karl R. Stadler, Wien/Zürich 1990, 255–64

13149 Tálos, Emmerich: Sozialpolitik 1938 bis 1945. Versprechungen – Erwartungen – Realisationen, in: Emmerich Tálos u. a. (Hg.), NS-Herrschaft in Österreich 1938–1945, Wien 1988, 115–40

13150 Tálos, Emmerich: Staatliche Sozialpolitik in Österreich. Rekonstruktion und Analyse, Wien 1981, 290–303

13151 Wisotzky, Klaus: Der Ruhrbergbau im Dritten Reich. Studien zur Sozialpolitik und zum sozialen Verhalten der Bergleute in den Jahren 1933 bis 1939, Düsseldorf 1983; 370 S.

A.3.16.2 Arbeitsverfassung und Arbeitsrecht

Darstellungen

13152 Däubler, Wolfgang: Arbeitsrechtsideologie im deutschen Faschismus. Einige Thesen, in: Hubert Rottleuthner (Hg.), Recht, Rechtsphilosophie und Nationalsozialismus, Wiesbaden 1983, 120–27

13153 Frese, Matthias: Betriebspolitik im »Dritten Reich«. Deutsche Arbeitsfront, Unternehmer und Staatsbürokratie in der westdeutschen Großindustrie 1933–1939, Paderborn 1991; XI, 545 S.

13154 Frese, Matthias: Nationalsozialistische Vertrauensräte. Zur Betriebspolitik im »Dritten Reich«, in: GMH 43 (1992), 281–97

13155 Friemert, Chup: Die Organisation des Ideologischen als betriebliche Praxis, in: Projektgruppe Ideologie-Theorie, Faschismus und Ideologie, Bd. 2, Berlin 1980, 227–54, 339–43

13156 Hachtmann, Rüdiger: Die Krise der nationalsozialistischen Arbeitsverfassung – Pläne zur Änderung der Tarifgestaltung 1936–1940, in: KJ 17 (1984), 281–99

13157 Heuel, Eberhard: Der umworbene Stand. Die ideologische Integration der Arbeiter im Nationalsozialismus 1933–1935, Frankfurt/New York 1989, 467–566

13158 Kranig, Andreas: Lockung und Zwang. Zur Arbeitsverfassung im Dritten Reich, Stuttgart 1983; 256 S.

13159 Kranig, Andreas: Arbeitnehmer, Arbeitsbeziehungen und Sozialpolitik unter dem Nationalsozialismus, in: Karl D. Bracher u. a. (Hg.), Deutschland 1933–1945. Neue Studien zur nationalsozialistischen Herrschaft, 2., erg. Aufl., Bonn/Düsseldorf 1993, 135–52 (zuerst 1992)

13160 Kranig, Andreas: Treue gegen Fürsorge. Arbeitsrichter unter dem Nationalsozialismus, in: Bernhard Diestelkamp/Michael Stolleis (Hg.), Justizalltag im Dritten Reich, Frankfurt 1988, 63–80

13161 Kranig, Andreas: Arbeitsrecht und Nationalsozialismus, in: Hubert Rottleuthner (Hg.), Recht, Rechtsphilosophie und Nationalsozialismus, Wiesbaden 1983, 105–19

13162 Lampert, Heinz: Führerprinzip auch im Betrieb, in: Nationalsozialistische Herrschaft, Hg. Bundeszentrale für politische Bildung, Bonn 1983, 35–37

13163 Lehner, Oskar: Grundprinzipien des nationalsozialistischen Arbeitsrechtes, in: ZG 8 (1981), 215–27

13164 Linder, Marc: The Supreme Labour Court in Nazi Germany: A Jurisprudential Analysis, Frankfurt 1987; XIX, 290 S.

13165 Mason, Timothy W.: Zur Entstehung des Gesetzes zur Ordnung der nationalen Arbeit vom 20. Januar 1934: ein Versuch über das Verhältnis »archaischer« und »moderner« Momente in der neuesten deutschen Geschichte, in: Hans Mommsen u. a. (Hg.), Industrielles System und politische Entwicklung in der Weimarer Republik, Bd. 1, Düsseldorf 1974, 322–51 (ND Kronberg/Düsseldorf 1977)

13166 Mayer-Maly, Theo: Arbeitsrecht, Arbeitsgerichtsbarkeit und Nationalsozialismus, in: Franz J. Säcker (Hg.), Recht und Rechtslehre im Nationalsozialismus. Ringvorlesung der Rechtswissenschaftlichen Fakultät der Christian-Albrechts-Universität zu Kiel, Baden-Baden 1992, 125–40

13167 Mayer-Maly, Theo: Arbeitsgerichtsbarkeit im Nationalsozialismus. Judikatur als Instrument von »Säuberung« und Disziplinierung, in: AfS 31 (1991), 137–56

13168 Michel, Bertram: Die Entwicklung der Arbeitsgerichtsbarkeit in den Faschismus, in: Udo Reifner (Hg.), Das Recht des Unrechtsstaates. Arbeitsrecht und Staatsrechtswissenschaft im Faschismus, Frankfurt/New York 1981, 154–77

13169 Neumann, Franz L.: Mobilisierung der Arbeit in der Gesellschaftsordnung des Nationalsozialismus (1942), in: Franz L. Neumann Wirtschaft, Staat, Demokratie. Aufsätze 1930–1954, Frankfurt 1978, 255–90

13170 Rämisch, Raimund H.: Der berufsständische Gedanke als Episode in der nationalsozialistischen Politik, in: ZfP N. F. 4 (1957), 263–72 (Auszug aus der ungedr. Diss. FU Berlin 1957)

13171 Ramm, Thilo: Nationalsozialismus und Arbeitsrecht, in: KJ 1 (1968), 108–20; abgedr. in: Der Unrechtsstaat, Hg. Redaktion Kritische Justiz, [Bd. 1], Frankfurt 1979 (ND Baden-Baden 1983), 82–94

13172 Reifner, Udo (Hg.): Das Recht des Unrechtsstaates. Arbeitsrecht und Staatsrechtswissenschaft im Faschismus, Frankfurt/New York 1981; 269 S.*

13173 Salter, Stephen: Structures of Consensus and Coercion: Workers' Morale and the Maintenance of Work Discipline, 1939–1945, in: David A. Welch (Hg.), Nazi Propaganda. The Power and the Limitations, London u. a. 1983, 88–116

13174 Siegel, Tilla: Leistung und Lohn in der nationalsozialistischen »Ordnung der Arbeit«, Opladen 1989; 325 S.

13175 Siegel, Tilla: Rationalizing Industrial Relations: A Debate on the Control of Labor in German Shipyards in 1941, in: Thomas Childers/Jane Caplan (Hg.), Re-evaluating the Third Reich, New York/London 1993, 139–60

13176 Söllner, Alfons: Entwicklungslinien im Recht des Arbeitsverhältnisses, in: NS-Recht in historischer Perspektive. (Kolloquien des Instituts für Zeitgeschichte), München/Wien 1981, 135–56

13177 Spohn, Wolfgang: Betriebsgemeinschaft und innerbetriebliche Herrschaft, in: Carola Sachse u. a., Angst, Belohnung, Zucht und Ordnung. Herrschaftsmechanismen im Nationalsozialismus, Opladen 1982, 140–208

13178 Spohn, Wolfgang: Zur »Betriebsverfassung« im nationalsozialistischen Deutschland, in: GMH 35 (1984), 545–55

13179 Tálos, Emmerich: Arbeits- und Sozialrecht im Nationalsozialismus – Steuerung der Arbeitsbeziehungen, Integration und Disziplinierung der Arbeiterschaft, in: Rudolf G. Ardelt/Hans Hautmann (Hg.), Arbeiterschaft und Nationalsozialismus in Österreich. In memoriam Karl R. Stadler, Wien/Zürich 1990, 231–54

13180 Trischler, Helmuth: Führerideal und die Formierung faschistischer Bewegungen. Industrielle Vorgesetztenschulung in den USA, Großbritannien, der Schweiz, Deutschland und Österreich im Vergleich, in: HZ 251 (1990), 45–88

13181 Wahsner, Roderich: Faschismus und Arbeitsrecht, in: Udo Reifner (Hg.), Das Recht des Unrechtsstaates. Arbeitsrecht und Staatsrechtswissenschaft im Faschismus, Frankfurt/New York 1981, 86–129

Regional-/Lokalstudien

13182 Karl, Michael: Fabrikinspektoren in Preußen. Das Personal der Gewerbeaufsicht 1854–1945. Professionalisierung, Bürokratisierung und Gruppenprofil, Opladen 1993; XVI, 392 S.

13183 Karner, Stefan: Arbeitsvertragsbrüche als Verletzung der Arbeitspflicht im »Dritten Reich«. Dargestellung und EDV-Analyse am Beispiel des untersteirischen VDM-Luftfahrtwerkes Marburg/Maribor 1944, in: AfS 21 (1981), 269–328

13184 Mückenberger, Ulrich: Eine letzte Bekundung richterlicher Unabhängigkeit ... Otto Kahn-Freunds Entscheidung im »Radiofall«, in: 60 Jahre Berliner Arbeitsgerichtsbarkeit 1927–1987, Hg. Gesamtrichterrat der Berliner Gerichte für Arbeitssachen, Red. André Lundt, Berlin 1987, 249–70**

A.3.16.3 Arbeitsmarktpolitik

[vgl. A.1.9.2: F. Sauckel]

Darstellungen

13185 Fischer, Cornelia: Staatliche Arbeitsförderung. Ein Lehrstück deutscher Sozialpolitik, Frankfurt/New York 1981, 105–31

13186 Gruner, Wolf u.a.: Arbeitsmarkt und Sondererlaß. Menschenverwertung, Rassenpolitik und Arbeitsamt. (Beiträge zur nationalsozialistischen Gesundheits- und Sozialpolitik, 8), Berlin 1990; 215 S.*

13187 Herrmann, Volker: Vom Arbeitsmarkt zum Arbeitseinsatz. Zur Geschichte der Reichsanstalt für Arbeitsvermittlung und Arbeitslosenversicherung 1929 bis 1939, Frankfurt u.a. 1993; (VII), 352 S.

13188 Kahrs, Horst: Die ordnende Hand der Arbeitsämter. Zur deutschen Arbeitsverwaltung 1933 bis 1939, in: Wolf Gruner u.a. Arbeitsmarkt und Sondererlaß. Menschenverwertung, Rassenpolitik und Arbeitsamt. (Beiträge zur nationalsozialistischen Gesundheits- und Sozialpolitik, 8), Berlin 1990, 9–61

13189 Kranig, Andreas: Nationalsozialistische Arbeitsmarkt- und Arbeitseinsatzpolitik, in: Hans-Peter Benöhr (Hg.), Arbeitsvermittlung und Arbeitslosenversorgung in der neueren deutschen Rechtsgeschichte, Tübingen 1991, 171–216

13190 Silverman, Dan P.: Nazification of the German Bureaucracy. Reconsidered. A Case Study [Reichsanstalt für Arbeitsvermittlung und Arbeitslosenversicherung], in: JMH 60 (1988), 496–539

13191 Silverman, Dan P.: Fantasy and Reality in Nazi-Work-Creations Programs, 1933–1936, in: JMH 65 (1993), 113–51

13192 Stelzner, Jürgen: Arbeitsbeschaffung und Wiederaufrüstung 1933–1936. Nationalsozialistische Beschäftigungspolitik und der Aufbau der Wehr- und Rüstungswirtschaft, Diss. Tübingen 1976; 300 S.

13193 Winkel, Harald: Zur historischen Entwicklung der Arbeitsbeschaffungsmaßnahmen, in: HJWG 21 (1976), 317–32

13194 Wolffsohn, Michael: Industrie und Handwerk im Konflikt mit staatlicher Wirtschaftspolitik? Studien zur Arbeitsbeschaffung in Deutschland 1930–1934, Berlin 1977; 504 S.

13195 Wolffsohn, Michael: Arbeitsbeschaffung und Rüstung im nationalsozialistischen Deutschland: 1933, in: MGM 22 (1977), 9–21

Regional-/Lokalstudien

13196 Botz, Gerhard: Beseitigung der Arbeitslosigkeit in Wien 1938/39, in: Wien 1938, Hg. Kommission Wien 1938, Wien 1978, 190–96

13197 Förster, Wolfram: Arbeitsamt Mannheim 1893–1993. Institution – Wirtschaft – Bevölkerung – Politik. Eine Jahrhundertbetrachtung, Mannheim 1994, 91–148

13198 Wulff, Birgit: Arbeitslosigkeit und Arbeitsbeschaffungsmaßnahmen in Hamburg 1933–1939. Eine Untersuchung zur nationalsozialistischen Wirtschafts- und Sozialpolitik, Frankfurt u. a. 1987; 383 S.

A.3.16.4 Sozialversicherung

Gedruckte Quellen

13199 Moser, Gabriele: Töten auf »ministerielle Anordnung« 1940/41 und Reichsunfallversicherung, in: 1999 8 (1993), Nr. 2, 70–77

13200 »Versorgungswerk des Deutschen Volkes«. Die Neuordnungspläne der deutschen Arbeitsfront zur Sozialversicherung 1933–1943. (Dokumentation), in: MDNSS 1 (1985), Nr. 5/6, 4–10

Darstellungen

13201 Diehl, James M.: Victors or Victims? Disabled Veterans in the Third Reich, in: JMH 59 (1987), 705–36

13202 Geyer, Martin H.: Die Reichsknappschaft. Versicherungsreformen und Sozialpolitik im Bergbau 1900–1945, München 1987; 520 S.

13203 Geyer, Martin H.: Die Sozialversicherung im Bergbau und die Entwicklung des Sozialstaates in Deutschland, in: Klaus Tenfelde (Hg.), Sozialgeschichte des Bergbaus im 19. und 20. Jahrhundert. Beiträge des Internationalen Kongresses zur Bergbaugeschichte Bochum, 3.–7. September 1989, München 1992, 1046–65

13204 Kirchberger, Petra: Die Stellung der Juden in der deutschen Rentenversicherung, in: Götz Aly u. a., Sozialpolitik und Judenvernichtung. Gibt es eine Ökonomie der Endlösung? (Beiträge zur nationalsozialistischen Gesellschafts- und Sozialpolitik, 5), Berlin 1987, 111–32

13205 Scheur, Wolfgang: Die Geschichte der sozialen Versicherung, 3. Aufl., Sankt Augustin 1978, 105–22 (zuerst Bad Godesberg 1959)

13206 Tennstedt, Florian/Leibfried, Stephan: Sozialpolitik und Berufsverbote im Jahre 1933: Die Auswirkungen der nationalsozialistischen Machtergreifung auf die Krankenkassenverwaltung und die Kassenärzte, in: ZfSR 25 (1979), 211–38

13207 Teppe, Karl: Zur Sozialpolitik des Dritten Reiches am Beispiel der Sozialversicherung, in: AfS 17 (1977), 195–250

A.3.16.5 Betriebliche Sozialpolitik

Gedruckte Quellen

13208 Kalbaum, Günter (Hg.): Die freiwilligen sozialen Leistungen des Privatversicherungsgewerbes im Jahre 1936. Eine Dokumentation, Stuttgart 1990; XIV, 187 S.

Darstellungen

13209 Friemert, Chup: Produktionsästhetik im Faschismus. Das Amt »Schönheit der Arbeit« von 1933 bis 1939, München 1980; 315 S.

13210 Friemert, Chup: Produktionsästhetik im Faschismus, in: Berthold Hinz u. a. (Hg.), Die Dekoration der Gewalt. Kunst und Medien im Faschismus, Gießen 1979, 17–30

13211 Friemert, Chup: Das Amt »Schönheit der Arbeit«. Ein Beispiel zur Verwendung des Ästhetischen in der Produktionssphäre, in: Argument 14 (1972), Nr. 72, 258–75

13212 Hinrichs, Peter: Um die Seele des Arbeiters. Arbeitspsychologie, Industrie-

und Betriebssoziologie in Deutschland, Köln 1981, 290–303

13213 Hinrichs, Peter/Peter, Lothar: Industrieller Friede? Arbeitswissenschaft, Rationalisierung und Arbeiterbewegung in der Weimarer Republik, Köln 1976, 74–76

13214 Karbe, Karl-Heinz: Entstehung und Ausbau des faschistischen Betriebsarztsystems und dessen Funktion bei der Ausbeutung der deutschen Arbeiter und ausländischen Zwangsarbeiter, in: Achim Thom/Genadij I. Caregorodcev (Hg.), Medizin unterm Hakenkreuz, Berlin (O) 1989, 205–50

13215 Rabinbach, Anson G.: Die Ästhetik der Produktion im Dritten Reich, in: Ralf Schnell (Hg.), Kunst und Kultur im deutschen Faschismus, Stuttgart 1978, 57–85 (engl.: JCH 11/1976, 43–74)

13216 Sachse, Carola: Betriebliche Sozialpolitik als Familienpolitik in der Weimarer Republik und im Nationalsozialismus. Mit einer Fallstudie über die Firma Siemens, Berlin, Hamburg 1987; 625 S.

13217 Sachse, Carola (Hg.): Industrial Housewives. Women's Social Work in the Factories of Nazi Germany, New York 1987; 97 S. (zuerst: Women and History, Nr. 11, Oktober 1986)

13218 Wiedemann, Gerd: Die arbeitsrechtliche Entwicklung der betrieblichen Altersversorgung in Deutschland 1920–1974, in: AfS 31 (1991), 157–78

Regional-/Lokalstudien

13219 Conrad, Christoph: Erfolgsbeteiligung und Vermögensbildung der Arbeitnehmer bei Siemens [Berlin] (1847–1945), Stuttgart 1987; 175 S.

13220 Hien, Wolfgang: Chemiearbeit, Anilinkrebs und Dispositionsmythos am Beispiel der BASF Ludwigshafen, in: 1999 3 (1988), Nr. 4, 31–59

13221 Mulert, Jürgen: Erfolgsbeteiligung und Vermögensbildung der Arbeitnehmer bei der Firma Robert Bosch [Stuttgart] zwischen 1886 und 1945, in: ZfU 30 (1985), 1–29

13222 Rüther, Martin: Zur Sozialpolitik bei Klöckner-Humboldt-Deutz während des Nationalsozialismus: »Die Masse der Arbeiterschaft muß aufgespalten werden.«, in: ZfU 33 (1988), 81–117

13223 Sachse, Carola: Siemens [Berlin], der Nationalsozialismus und die moderne Familie. Eine Untersuchung zur sozialen Rationalisierung in Deutschland im 20. Jahrhundert, Hg. Hamburger Institut für Sozialforschung, Frankfurt 1988; 350 S.

13224 Sachse, Carola: »Rationalisierung des Privatlebens«. Betriebssozialpolitik und Betriebssozialarbeit am Beispiel der Firma Siemens, Berlin (1918–1945), in: Hans-Uwe Otto/Heinz Sünker (Hg.), Politische Formierung und soziale Erziehung im Nationalsozialismus, Frankfurt 1991, 226–50

13225 Sachse, Carola: Von »Güterströmen« und »Menschenströmen«. Betriebliche Familienpolitik bei Siemens [Berlin] 1918–1945, in: Christiane Eifert/Susanne Rouette (Hg.), Unter allen Umständen. Frauengeschichte(n) in Berlin, Berlin 1986, 218–41

13226 Stercken, Vera/Lahr, Reinhard: Erfolgsbeteiligung und Vermögensbildung der Arbeitnehmer bei Krupp [Essen]. Von 1811 bis 1945, Stuttgart 1992; IX, 206 S.

13227 Wisotzky, Klaus: Der Wandel der betrieblichen Sozialpolitik im Ruhrbergbau, in: Klaus Tenfelde (Hg.), Sozialgeschichte des Bergbaus im 19. und 20. Jahrhundert. Beiträge des Internationalen Kongresses zur Bergbaugeschichte Bochum, 3.–7. September 1989, München 1992, 1066–82

A.3.16.6 Organisierte Freizeit

[vgl. A.3.8.10]

13228 Buchholz, Wolfhard: Die nationalsozialistische Gemeinschaft »Kraft durch

Freude«. Freizeitgestaltung und Arbeiterschaft im Dritten Reich, Diss. München 1976; VI, 431 S.

13229 Merritt, Michael A.: Strength Through Joy: Regimented Leisure in Nazi Germany, in: Otis C. Mitchell (Hg.), Nazism and the Common Man: Essays in German History (1929–1939), 2. Aufl., Washington, D.C. 1981, 67–90 (zuerst Minneapolis, Minn. 1972)

13230 Moyer, Laurence V. Z.: The Kraft durch Freude Movement in Nazi Germany: 1933–1939, Diss. University of Evanston, Ill. 1967; 265 S. (Ms.; MF/Xerokopie Ann Arbor, Mich. 1978)

13231 Paradiesruinen. Das KdF-Seebad der Zwanzigtausend auf Rügen, Text Jürgen Rostock, Fotos Franz Zadnicek, Vorwort Wolfgang Schäche, Berlin 1992; 139 S.**

13232 Rabinbach, Anson G.: Organized Mass Culture in the Third Reich: The Women of Kraft durch Freude, in: Charles S. Maier u.a. (Hg.), The Rise of the Nazi Regime. Historical Reassessments, Boulder, Col./London 1986, 97–106

13233 Sachse, Carola: Freizeit zwischen Betrieb und Volksgemeinschaft. Betriebliche Freizeitpolitik im Nationalsozialismus, in: AfS 33 (1993), 305–28

13234 Spode, Hasso: Arbeiterurlaub im Dritten Reich, in: Carola Sachse u.a., Angst, Belohnung, Zucht und Ordnung. Herrschaftsmechanismen im Nationalsozialismus, Opladen 1982, 275–328

13235 Spode, Hasso: Der deutsche Arbeiter reist: Massentourismus im Dritten Reich, in: Gerhard Huck (Hg.), Sozialgeschichte der Freizeit. Untersuchungen zum Wandel der Alltagskultur in Deutschland, Wuppertal 1980, 281–306

13236 Tihany, János: Zur faschistischen Fremdenverkehrspolitik, in: ZfG 20 (1972), 967–73

13237 Vahsen, Friedhelm: Nationalsozialistische Freizeiterziehung als Sozialpolitik, in: Hans-Uwe Otto/Heinz Sünker (Hg.), Soziale Arbeit und Faschismus, 2., veränd. u. überarb. Aufl., Frankfurt 1989, 63–80 (zuerst Bielefeld 1986)

13238 Weiß, Hermann: Ideologie der Freizeit im Dritten Reich. Die NS-Gemeinschaft »Kraft durch Freude«, in: AfS 33 (1993), 289–303

A.3.16.7 Sozialfürsorge und Sozialarbeit

[vgl. A.1.9.2: F. Hilgenfeld; A.3.10.6; A.3.18.6]]

Quellenkunde

13239 Kenkmann, Alfons: Fürsorgeberichte. »Gertrud – ein Fürsorgebericht«, in: Bernd-A. Rusinek u.a. (Hg.), Einführung in die Interpretation historischer Quellen. Schwerpunkt: Neuzeit, Paderborn u.a. 1992, 133–52

Gedruckte Quellen

13241 Mitrovic, Emilija: Fürsorgerinnen im Nationalsozialismus: Hilfe zur Aussonderung, in: Angelika Ebbinghaus (Hg.), Opfer und Täterinnen. Frauenbiographien des Nationalsozialismus, Nördlingen 1987, 14–45

13242 Stimmungsberichte der Oberfürsorgerinnen im Krieg 1939–1945. Dokumentation, Bearb. Angelika Ebbinghaus, in: Angelika Ebbinghaus (Hg.), Opfer und Täterinnen. Frauenbiographien des Nationalsozialismus, Nördlingen 1987, 106–50

13243 Zeller, Susanne: Geschichte der Sozialarbeit als Beruf. Bilder und Dokumente (1893–1939), Pfaffenweiler 1994; 260 S.

Darstellungen

13244 Baron, Rüdeger: Eine Profession wird gleichgeschaltet. Fürsorgeausbildung unter dem Nationalsozialismus, in: Hans-Uwe Otto/Heinz Sünker (Hg.), Soziale Arbeit und Faschismus, 2., veränd. u. überarb. Aufl., Frankfurt 1989, 81–108 (zuerst Bielefeld 1986)

13245 Buchheim, Hans: Die Übernahme staatlicher Fürsorgeaufgaben durch die NSV, in: Gutachten des Instituts für Zeitgeschichte, Bd. 2, Stuttgart 1966, 126–32

13246 Elfferding, Wieland: Opferritual und Volksgemeinschaftsdiskurs am Beispiel des Winterhilfswerks, in: Projektgruppe Ideologie-Theorie Faschismus und Ideologie, Bd. 2, Berlin 1980, 199–26, 337–39

13247 Guse, Martin/Kohrs, Andreas: Zur Entpädagogisierung der Jugendfürsorge in den Jahren 1922–1945, in: Hans-Uwe Otto/ Heinz Sünker (Hg.), Soziale Arbeit und Faschismus, 2., veränd. u. überarb. Aufl., Frankfurt 1989, 228–49 (zuerst Bielefeld 1986)

13248 Heine, Fritz: Die Nationalsozialistische Volkswohlfahrt, Hg. Arbeiterwohlfahrt, Bundesverband, Bonn 1988; 64 S.

13249 Kaiser, Jochen-Christoph: NS-Volkswohlfahrt und freie Wohlfahrtspflege im »Dritten Reich«, in: Hans-Uwe Otto/Heinz Sünker (Hg.), Politische Formierung und soziale Erziehung im Nationalsozialismus, Frankfurt 1991, 78–105

13250 Kramer, David: Wohlfahrtspflege im Dritten Reich – Frauen in Beruf und Ausbildung, in: Rüdeger Baron (Hg.), Sozialarbeit und Soziale Reform. Zur Geschichte eines Berufs zwischen Frauenbewegung und öffentlicher Verwaltung. Festschrift zum 75jährigen Bestehen der Sozialen Frauenschule Berlin-Schöneberg/Fachhochschule für Sozialarbeit und Sozialpädagogik Berlin, Weinheim/Basel 1983, 37–51; abgedr. in: Frauenforschung 1 (1985), Nr. 2, 49–58

13251 Kramer, David/Landwehr, Rolf: Die »Freie Wohlfahrtspflege« am Ende der Weimarer Republik und im Nationalsozialismus, in: Rudolph Bauer (Hg.), Die liebe Not. Zur historischen Kontinuität der »Freien Wohlfahrtspflege«, Weinheim/Basel 1984, 72–82

13253 Mitrovic, Emilija: Mütterlichkeit und Repression – Zur Funktion der Fürsorge im Faschismus, in: Renate Cogoy u. a. (Hg.), Erinnerung einer Profession. Erziehungsberatung, Jugendhilfe und Nationalsozialismus, Münster 1989, 144–51

13254 Otto, Hans-Uwe/Sünker, Heinz (Hg.): Soziale Arbeit und Faschismus, überarb. Neuausg., Frankfurt 1989; 345 S. (zuerst Bielefeld 1986)*

13255 Otto, Hans-Uwe/Sünker, Heinz: Volksgemeinschaft als Formierungsideologie des Nationalsozialismus. Zu Genesis und Geltung von »Volkspflege«, in: Hans-Uwe Otto/Heinz Sünker (Hg.), Politische Formierung und soziale Erziehung im Nationalsozialismus, Frankfurt 1991, 50–77

13256 Otto, Hans-Uwe/Sünker, Heinz: Nationalsozialismus, Volksgemeinschaftsideologie und soziale Arbeit, in: Hans-Uwe Otto/Heinz Sünker (Hg.), Soziale Arbeit und Faschismus, 2., veränd. u. überarb. Aufl., Frankfurt 1989, 7–35 (zuerst Bielefeld 1989)

13257 Schnurr, Stefan: Die nationalsozialistische Funktionalisierung sozialer Arbeit. Zur Kontinuität und Diskontinuität der Praxis sozialer Berufe, in: Hans-Uwe Otto/ Heinz Sünker (Hg.), Politische Formierung und soziale Erziehung im Nationalsozialismus, Frankfurt 1991, 106–40

13258 Schoen, Paul: Die Nationalsozialistische Volkswohlfahrt e.V. (NSV) als Träger der »Freien Wohlfahrtspflege« und ihr Verhältnis zur öffentlichen Fürsorge und den anderen Wohlfahrtsverbänden, in: Rudolph Bauer (Hg.), Die liebe Not. Zur historischen Kontinuität der »Freien Wohlfahrtspflege«, Weinheim/Basel 1984, 83–104

13259 Sünker, Heinz: Nationalsozialistische Herrschaftssicherung durch Sozialarbeit: Destruktion wohlfahrtsstaatlicher Ansätze und hilfepolitischer Diskurse in der »Volkspflege«, in: Dietrich Benner u.a. (Hg.), Bilanz für die Zukunft: Aufgaben, Konzepte und Forschung in der Erziehungswissenschaft. Beiträge zum 12. Kongreß der deutschen Gesellschaft für Erziehungswissenschaft vom 19. bis 21. März 1990 in der Universität Bielefeld, Weinheim/Basel 1990, 98–102

13260 Tennstedt, Florian: Wohltat und Interesse. Das Winterhilfswerk des deutschen Volkes: Die Weimarer Vorgeschichte und ihre Instrumentalisierung durch das NS-Regime, in: GG 13 (1987), 157–80

13261 Vorländer, Herwarth: Die NSV. Darstellung und Dokumentation einer nationalsozialistischen Organisation, Boppard 1988; 544 S.**

13262 Vorländer, Herwarth: NS-Volkswohlfahrt und Winterhilfswerk des deutschen Volkes, in: VfZ 34 (1986), 341–80

13263 Wollasch, Andreas: Der katholische Fürsorgeverein für Mädchen, Frauen und Kinder (1899–1945). Ein Beitrag zur Geschichte der Jugend- und Gefährdetenfürsorge in Deutschland, Freiburg 1991; 517 S.

Regional-/Lokalstudien

13264 Brunner, Claudia: Frauenarbeit im Männerstaat. Wohlfahrtspflegerinnen im Spannungsfeld kommunaler Sozialpolitik in München 1918 bis 1938, Pfaffenweiler 1994; 176 S.

13265 Castell Rüdenhausen, Adelheid Gräfin zu: »Nicht mitzuleiden, mitzukämpfen sind wir da!« Nationalsozialistische Volkswohlfahrt im Gau Westfalen-Nord, in: Detlev J. K. Peukert/Jürgen Reulecke (Hg.), Die Reihen fast geschlossen. Beiträge zur Geschichte des Alltags unterm Nationalsozialismus, Wuppertal 1981, 223–43

13266 Castell Rüdenhausen, Adelheid Gräfin zu: Die Fürsorgepolitik der [preußischen] Provinzialverbände, in: Karl Teppe (Hg.), Selbstverwaltungsprinzip und Herrschaftsordnung. Bilanz und Perspektiven landschaftlicher Selbstverwaltung in Westfalen, Münster 1987, 95–113

13266a Fürsorgerinnen in Hamburg 1933–1939. Dokumentation, Bearb. Angelika Ebbinghaus, in: Angelika Ebbinghaus (Hg.), Opfer und Täterinnen. Frauenbiographien des Nationalsozialismus, Nördlingen 1987, 46–69

13267 Knüppel-Dähne, Helge/Mitrovic, Emilija: Helfen und Dienen. Die Arbeit der Fürsorgerinnen im Hamburger öffentlichen Dienst während des Nationalsozialismus, in: Hans-Uwe Otto/Heinz Sünker (Hg.), Soziale Arbeit und Faschismus, 2., veränd. u. überarb. Aufl., Frankfurt 1989, 176–97 (zuerst 1986)

13267a Lohalm, Uwe: Wohlfahrtspolitik und Modernisierung. Bürokratisierung, Professionalisierung und Funktionsausweitung der Hamburger Fürsorgebehörde im Nationalsozialismus, in: Frank Bajohr (Hg.), Norddeutschland im Nationalsozialismus, Hamburg 1993, 387–413

13268 Schoen, Paul: Armenfürsorge im Nationalsozialismus. Die Wohlfahrtspflege in Preußen zwischen 1933 und 1939 am Beispiel der Wirtschaftsfürsorge, Weinheim/Basel 1985; XXXIII, 353 S.

13269 Zolling, Peter: Zwischen Integration und Segregation. Sozialpolitik im »Dritten Reich« am Beispiel der »Nationalsozialistischen Volkswohlfahrt« (NSV) in Hamburg, Frankfurt u. a. 1986; 417 S.

A.3.16.8 Wohnungspolitik, Städtebau, Raumordnung, Natur- und Landschaftsschutz

[vgl. A.1.9.2: A. Speer; A.3.20.3]

A.3.16.8.1 Allgemeines

Gedruckte Quellen

13270 Dülffer, Jost u. a. (Hg.): Hitlers Städte. Baupolitik im Dritten Reich. Eine

Dokumentation, Köln/Wien 1978; VIII, 320 S.

13271 Harlander, Tilman/Fehl, Gerhard (Hg.): Hitlers Sozialer Wohnungsbau 1940–1945. Wohnungspolitik, Baugestaltung und Siedlungsplanung. Aufsätze und Rechtsgrundlagen zur Wohnungspolitik, Baugestaltung und Siedlungsplanung aus der Zeitschrift »Der Soziale Wohnungsbau in Deutschland«, Hamburg 1986; 446 S.

Darstellungen

13272 Arndt, Karl: Tradition und Unvergleichbarkeit. Zu Aspekten der Stadtplanung im nationalsozialistischen Deutschland, in: Wilhelm Rausch (Hg.), Die Städte Mitteleuropas im 20. Jahrhundert, hg. i. A. des Österreichischen Arbeitskreises für Stadtgeschichtsforschung und des Ludwig-Boltzmann-Institutes für Stadtgeschichtsforschung, Linz 1984, 149–66

13274 Dülffer, Jost: NS-Herrschaftssystem und Stadtgestaltung: Das Gesetz zur Neugestaltung deutscher Städte vom 4. Oktober 1937, in: Christian Kopetzki u. a. (Hg.), Stadterneuerung in der Weimarer Republik und im Nationalsozialismus. Beiträge zur stadtbaugeschichtlichen Forschung, Kassel 1987, 192–221; abgedr. in: GSR 12 (1989), 69–89

13276 Durth, Werner: Verschwiegene Geschichte. Probleme in der Kontinuität der Stadtplanung 1940–1960, in: AS 14 (1987), 28–50

13277 Durth, Werner/Gutschow, Niels: Städte in Trümmern. Planungen zum Wiederaufbau zerstörter Städte im Westen Deutschlands, 1940–1950, Bd. 1: Konzepte, Bd. 2: Städte, Braunschweig/Wiesbaden 1988; XLVIII, 1070 S.

13278 Durth, Werner/Gutschow, Niels: Vom Architekturraum zur Stadtlandschaft. Wandlungen städtebaulicher Leitbilder unter dem Eindruck des Luftkrieges 1942–45, in: Axel Schildt/Arnold Sywottek (Hg.), Massenwohnung und Eigenheim. Wohnungsbau und Wohnen in der Großstadt seit dem Ersten Weltkrieg, Frankfurt/New York 1988, 326–59

13279 Durth, Werner/Nerdinger, Winfried: Architektur und Städtebau der 30er/40er Jahre, Hg. Deutsches Nationalkomitee für Denkmalschutz, Bonn o. J. [1993]; 149 S.

13280 Fehl, Gerhard: Gartenstadt und Raumordnung in Deutschland: Konzepte für eine wohlgeordnete Suburbanisierung (1900–1945), in: AS 17 (1990), 161–80

13281 Führer, Karl C.: Die deutsche Mieterbewegung 1918–1945, in: Günther Schulz (Hg.), Wohnungspolitik im Sozialstaat. Deutsche und europäische Lösungen 1918–1960, Düsseldorf 1993, 223–45

13282 Götschmann, Dirk: »Jedermann Hauseigenthümer« – Motive, Ziele und Ergebnisse der öffentlichen Förderung des privaten Wohneigentums in Deutschland, in: Günther Schulz (Hg.), Wohnungspolitik im Sozialstaat. Deutsche und europäische Lösungen 1918–1960, Düsseldorf 1993, 141–68

13283 Gröning, Gert/Wolschke, Jochen: Naturschutz und Ökologie im Nationalsozialismus, in: AS 10 (1983), 1–17

13284 Gröning, Gert/Wolschke-Bulmahn, Joachim: Der Drang nach Osten. Zur Entwicklung der Landespflege im Nationalsozialismus und während des 2. Weltkrieges in den »eingegliederten Ostgebieten«. (Die Liebe zur Landschaft, 3), München 1987; X, 279 S.

13285 Hackelsberger, Christoph: Vom »Führererlaß« 1940 bis in die Wendezeit. Wohnungsbau im »Dritten Reich« und in der Bundesrepublik, in: Christoph Hackelsberger, Hundert Jahre deutsche Wohnmisere – und kein Ende?, Braunschweig/Wiesbaden 1990, 50–71

13286 Harlander, Tilman: Kleinsiedlungspolitik zwischen 1930 und 1950 – eine deutsche Geschichte, in: Günther Schulz (Hg.), Wohnungspolitik im Sozialstaat. Deutsche und europäische Lösungen 1918–1960, Düsseldorf 1993, 123–39

13287 Hofmann, Wolfgang: Abstraktion und Bürokratie. Raumplaner im NS-Staat, in: FW 10 (1993), Nr. 2, 12–18

13288 Hohn, Uta: Der Einfluß von Luftschutz, Bombenkrieg und Städtezerstörung auf Städtebau und Stadtplanung im »Dritten Reich«, in: AS 19 (1992), 326–53

13289 Honhart, Michael: Company Housing as Urban Planning in Germany, 1870–1940, in: CEH 23 (1990), 3–21

13290 Konter, Erich: Die Städtebaulehre an der Technischen Hochschule Berlin in den 40er Jahren. Eine Studie zur Kontinuität und Diskontinuität der Städtebaulehre in Berlin, in: Arch + 81 (1985), 60–62; 84 (1986), 88–90

13291 Krabbe, Wolfgang R.: Die deutsche Stadt im 19. und 20. Jahrhundert. Eine Einführung, Göttingen 1989; 224 S.

13292 Kühne, Jörg-Detlef: Bauverwaltung zwischen Städtbau und Raumordnung [1933–1945], in: Deutsche Verwaltungsgeschichte, Bd. 4: Das Reich als Republik und in der Zeit des Nationalsozialismus, Hg. Kurt G. A. Jeserich u. a., Stuttgart 1985, 823–31

13293 Lammert, Peter: Die gegliederte und aufgelockerte Stadt vor und nach 1945. Eine Skizze zur Planungsgeschichte, in: AS 14 (1987), 352–66

13294 Lembcke, Kurt: Der soziale Wohnungsbau 1918–1945. Die politisch-ökonomischen Grundlagen des monopolisierten, sozialreformistischen Wohnungsbaus und dessen Bedeutung für die Entwicklung der Wohnkultur, Diss. Weimar 1964; 311, XXIV S. (Ms. vervielf.)

13295 Mattausch, Roswitha: Siedlungsbau und Stadtneugründungen im deutschen Faschismus. Dargestellt anhand exemplarischer Beispiele, Frankfurt 1981; II, 297 S.

13296 Messerschmidt, Rolf: Nationalsozialistische Raumforschung und Raumordnung aus der Perspektive der »Stunde Null«, in: Michael Prinz/Rainer Zitelmann (Hg.), Nationalsozialismus und Modernisierung, 2. Aufl., Darmstadt 1994, 117–38 (zuerst 1991)

13297 Münch, Peter: Stadthygiene im 19. und 20. Jahrhundert. Die Wasserversorgung, Abwasser- und Abfallbeseitigung unter besonderer Berücksichtigung Münchens, Göttingen 1993; 384 S.

13298 Münk, Dieter: Die Organisation des Raumes im Nationalsozialismus. Eine soziologische Untersuchung ideologisch fundierter Leitbilder in Architektur, Städtebau und Raumplanung des Dritten Reiches, Bonn 1993; 497 S.

13299 Peltz-Dreckmann, Ute: Nationalsozialistischer Siedlungsbau. Versuch einer Analyse der die Siedlungspolitik bestimmenden Faktoren am Beispiel des Nationalsozialismus, München 1978; 472, (71) S.

13300 Recker, Marie-Luise: Der Reichswohnungskommissar für den sozialen Wohnungsbau. Zu Aufbau, Stellung und Arbeitsweise einer führerunmittelbaren Sonderbehörde, in: Dieter Rebentisch/Karl Teppe (Hg.), Verwaltung contra Menschenführung im Staat Hitlers. Studien zum politisch-administrativen System, Göttingen 1986, 333–50

13301 Recker, Marie-Luise: Wohnen und Bombardierung im Zweiten Weltkrieg, in: Lutz Niethammer (Hg.), Wohnen im Wandel. Beiträge zur Geschichte des Alltags in der bürgerlichen Gesellschaft, Wuppertal 1976, 408–28

13302 Recker, Marie-Luise: Staatliche Wohnungsbaupolitik im Zweiten Weltkrieg, in: AS 5 (1978), 117–37

13303 Riese, Horst: Mieterorganisationen und Wohnungsnot. Geschichte einer sozialen Bewegung, Basel u. a. 1990, 226–58

13304 Rössler, Mechtild: Die Institutionalisierung einer neuen »Wissenschaft« im Nationalsozialismus: Raumforschung und

Raumordnung 1935–1945, in: GZ 75 (1987), 177–94

13305 Rössler, Mechtild/Schleiermacher, Sabine: Der »Generalplan Ost«. Hauptlinien der nationalsozialistischen Planungs- und Vernichtungspolitik, Mitarb. Cordula Tollmien, Berlin 1993; 378 S.**

13306 Schäche, Wolfgang: Architektur und Städtebau im Nationalsozialismus, in: Bauwelt 4 (1983), 119–25

13307 Schubert, Dirk: Gottfried Feder und sein Beitrag zur Stadtplanungstheorie. Technokratische Richtwertplanung oder nationalsozialistische Stadtplanungsideologie, in: AS 13 (1986), 192–211

13308 Schulz, Günther: Kontinuitäten und Brüche in der Wohnungspolitik von der Weimarer Zeit bis zur Bundesrepublik, in: Hans-Jürgen Teuteberg (Hg.), Stadtwachstum, Industrialisierung, Sozialer Wandel. Beiträge zur Erforschung der Urbanisierung im 19. und 20. Jahrhundert, Berlin 1986, 136–73

13309 Thies, Jochen: Hitler's European Building Programme, in: JCH 13 (1978), 423–31

13310 Thies, Jochen: Nationalsozialistische Städteplanung: »Die Führerstädte«, in: AS 5 (1978), 23–38

13311 Walz, Manfred: Gegenbilder zur Großstadt. Von den nationalsozialistischen Versuchen zur Auflösung der Stadt bis zu den Wiederaufbauphasen nach 1945, in: Stadtbauwelt (1980), Nr. 65, 59–68

13312 Walz, Manfred: Instrumente des planmäßigen Stadtumbaus im Nationalsozialismus. Zum Verhältnis Kommune – Staat in der Stadtentwicklungspolitik, in: Christian Kopetzki u.a. (Hg.), Stadterneuerung in der Weimarer Republik und im Nationalsozialismus. Beiträge zur stadtbaugeschichtlichen Forschung, Kassel 1987, 176–91

13313 Wettengel, Michael: Staat und Naturschutz 1906–1945. Zur Geschichte der Staatlichen Stelle für Naturdenkmalpflege in Preußen und der Reichsstelle für Naturschutz, in: HZ 257 (1993), 355–99

Regional-/Lokalstudien

13313a Bärnreuther, Andrea: Revision der Moderne unterm Hakenkreuz. Planungen für ein »neues« München 1933–1945, München 1993; 274 S.

13314 Benz, Wolfgang (Hg.): Salzgitter. Geschichte und Gegenwart einer deutschen Stadt 1942–1992, Mitarb. Jörg Leuschner u.a., München 1992; 797 S.

13315 Bose, Michael u.a.: »... ein neues Hamburg entsteht...« Planen und Bauen 1933–1945, Hamburg 1986; 230 S.

13316 Botz, Gerhard: Wohnungspolitik und Judendeportation in Wien 1938–1945. Zur Funktion des Antisemitismus als Ersatz nationalsozialistischer Sozialpolitik, Wien 1975; 200 S.

13317 Brüggemeier, Franz-Josef/Rommelspacher, Thomas: Blauer Himmel über der Ruhr. Geschichte der Umwelt im Ruhrgebiet 1840–1990, Essen 1990; 235 S.

13318 Dülffer, Jost: Die japanische Botschaft im Tiergarten im Rahmen der nationalsozialistischen Umgestaltung der Reichshauptstadt Berlin, in: Gerhard Krebs/Bernd Martin (Hg.), Formierung und Fall der Achse Berlin – Tokyo, München 1994, 75–92

13319 Geist, Johann F./Kürvers, Klaus: Das Berliner Mietshaus, Bd. 2: 1862–1945. Eine dokumentarische Geschichte von »Meyer's Hof« in der Ackerstraße 132–133, der Entstehung der Berliner Mietshausquartiere und der Reichshauptstadt zwischen Gründung und Untergang, München 1984; 582 S.

13320 Grimme, Karin: Nationalsozialistische Siedlungen in Berlin, in: BGG (1991), 281–97

13321 Hagspiel, Wolfram: Forum West. Kahlschlag für den Führer. Die nationalsozialistische Stadtplanung in und für Köln [Manuskript einer Hörfunksendung am 26. 7. 1980], Hg. Westdeutscher Rundfunk, Hauptabteilung Politik, Landesredaktion, Köln 1980; 18 S. (Ms. vervielf.)

13322 Hagspiel, Wolfram: Die nationalsozialistische Stadtplanung in und für Köln, in: GiK, Nr. 9, 1981, 89–107

13323 Hahn, Barbara: Der geförderte Wohnungsbau in Mannheim 1850–1985, Mannheim 1986, 53–96

13324 Harendel, Ulrike/Krüger, Gabriele: »Groß-München«: Eingemeindungen, Verkehr, kommunales Bauen, in: Richard Bauer u. a. (Hg.), München – »Hauptstadt der Bewegung«. Bayerns Metropole und der Nationalsozialismus, München 1993, 287–93

13325 Heinen, Werner: Stadtplanung und Architektur 1933 bis 1945, in: Heribert Hall (Bearb.), Köln – seine Bauten 1928–1988, Hg. Architekten und Ingenieurverein Köln, hg. in Zusammenarbeit mit der Fachhochschule Köln, Fachbereich Architektur, Bauingenieurwesen und Versorgungstechnik, Köln 1991, 77–84

13326 Heinen, Werner/Pfeffer, Anne-Marie: Köln: Siedlungen, Bd. 1: 1888–1938, Bd. 2: 1938–1988, Köln 1988; 327, 270 S.**

13327 Henle, Susanne: Industriekultur und Architektur, in: Wolfgang Köllmann u. a. (Hg.), Das Ruhrgebiet im Industriezeitalter. Geschichte und Entwicklung, Bd. 2, Düsseldorf 1990, 219–90, hier 277–89; 659–63**

13328 Istel, Wolfgang (Bearb.): Steuerung der Siedlungs- und Raumentwicklung, in: Winfried Nerdinger (Hg.), Bauen im Nationalsozialismus. Bayern 1933–1945. Ausstellung des Architekturmuseums der Technischen Universität München und des Münchner Stadtmuseums, München 1993, 236–51

13329 Kautt, Dietrich: Stadtentwicklung in der Polarität städtebaulicher Leitbilder: Das Beispiel Wolfsburg, in: AS 15 (1988), 155–71

13330 Kepplinger, Brigitte: Wohnen in Linz. Zur Geschichte des Linzer Arbeiterwohnungsbaues von den Anfängen bis 1945, Wien u. a. 1989; 257 S.

13331 Kepplinger, Brigitte: Nationalsozialistische Wohnbaupolitik in Oberösterreich, in: Rudolf G. Ardelt/Hans Hautmann (Hg.), Arbeiterschaft und Nationalsozialismus in Österreich. In memoriam Karl R. Stadler, Wien/Zürich 1990, 265–87

13332 Klotz, Arnold: Stadtplanung und Städtebau in Innsbruck in den Jahren 1938–1945, in: Wilhelm Rausch (Hg.), Die Städte Mitteleuropas im 20. Jahrhundert, hg. i. A. des Österreichischen Arbeitskreises für Stadtgeschichtsforschung und des Ludwig-Boltzmann-Institutes für Stadtgeschichtsforschung, Linz 1984, 177–233

13333 Lackner, Helmut: Der soziale Wohnungsbau in der Steiermark 1938–1945, Graz 1984

13334 Lafrenz, Jürgen: Stadt- und Regionalplanung im Verstädterungsraum Hamburg 1937–1945, in: 1933 in Gesellschaft und Wissenschaft. Ringvorlesung im Wintersemester 1982/83 und Sommersemester 1983, Bd. 2: Wissenschaft, Hg. Universität Hamburg, Pressestelle, Hamburg 1983, 207–48

13335 Lupfer, Gilbert: Esslingens städtebauliche Entwicklung zwischen 1919 und 1949, in: Von Weimar bis Bonn. Esslingen 1919–1949. Begleitband zur Ausstellung »Esslingen 1919–1949. Von Weimar bis Bonn«, Esslingen 1991, 131–50

13336 Mai, Uwe: Ländlicher Wiederaufbau in der »Westmark« im Zweiten Weltkrieg, Kaiserslautern 1993; 256 S.

13337 Maier, Stefan: Schottenheim. »Die neue Stadt bei Regensburg« als völkische Gemeinschaftssiedlung, Bamberg 1992; 245 S.

13338 Mattausch, Roswitha: Die Planungen für die »Stadt des KdF-Wagens« und die »Stadt der Hermann Göring Werke« [Wolfsburg], in: Berthold Hinz u.a. (Hg.), Die Dekoration der Gewalt. Kunst und Medien im Faschismus, Gießen 1979, 173–84

13339 Nörnberg, Hans-Jürgen/Schubert, Dirk: Massenwohnungsbau in Hamburg. Materialien zur Entstehung und Veränderung Hamburger Arbeiterwohnungen und -siedlungen 1800–1967, Berlin 1975; 304 S.

13340 Pahl-Weber, Elke/Schubert, Dirk: Die Volksgemeinschaft unter dem steilen Dach? Ein ideologiekritischer Beitrag zum Wohnungs- und Städtebau zwischen 1933 und 1945 in Hamburg, in: Axel Schildt/Arnold Sywottek (Hg.), Massenwohnung und Eigenheim. Wohnungsbau und Wohnen in der Großstadt seit dem Ersten Weltkrieg, Frankfurt/New York 1988, 306–25

13341 Rasp, Hans-Peter: Bauen und Bauplanung für die »Hauptstadt der Bewegung«, in: Richard Bauer u.a. (Hg.), München – »Hauptstadt der Bewegung«. Bayerns Metropole und der Nationalsozialismus, München 1993, 294–99

13342 Recker, Marie-Luise: Die Großstadt als Wohn- und Lebensbereich im Nationalsozialismus. Zur Gründung der Stadt des KdF-Wagens [Wolfsburg], Frankfurt/New York 1985; 152 S.

13343 Reist, Hugo: Das württ[embergische] Vermessungswesen in historischer Sicht, in: 150 Jahre württembergische Landesvermessung 1818–1968. Festschrift zur 150-Jahrfeier, Hg. Landesvermessungsamt Baden-Württemberg, Stuttgart 1968, 3–56, hier 36–43

13344 Rössler, Mechtild: Die »Hochschularbeitsgemeinschaft für Raumforschung« an der Hamburger Universität 1934 bis 1945, in: Eckart Krause u.a. (Hg.), Hochschulalltag im »Dritten Reich«. Die Hamburger Universität 1933–1945, Bd. 2, Berlin/Hamburg 1991, 1035–48

13345 Sarlay, Ingo: Hitropolis [Linz]. Vom Idyll zum befohlenen Stadttraum(a), in: Bazon Brock/Achim Preiß (Hg.), Kunst auf Befehl? Dreiunddreißig bis Fünfundvierzig, München 1990, 187–99**

13346 Sarlay, Ingo: Stadtplanung Linz 1938–1945, in: Wilhelm Rausch (Hg.), Die Städte Mitteleuropas im 20. Jahrhundert, hg. i.A. des Österreichischen Arbeitskreises für Stadtgeschichtsforschung und des Ludwig-Boltzmann-Institutes für Stadtgeschichtsforschung, Linz 1984, 167–75 (Diskussion: 352–57)

13347 Schäche, Wolfgang: Architektur und Städtebau in Berlin zwischen 1933 und 1945. Planen und Bauen unter der Ägide der Stadtverwaltung, Berlin 1992; 655 S.

13348 Schäche, Wolfgang: Platz für die staatliche Macht, in: Jochen Boberg u.a. (Hg.), Die Metropole. Industriekultur in Berlin im 20. Jahrhundert. (Industriekultur deutscher Städte und Regionen, 2), Bd. 2, München 1986, 238–51**

13349 Schickel, Gabriele (Bearb.): Siedlungen und Luftschutz. »Siedeln heißt nicht bauen, sondern viel mehr.«, in: Winfried Nerdinger (Hg.), Bauen im Nationalsozialismus. Bayern 1933–1945. Ausstellung des Architekturmuseums der Technischen Universität München und des Münchner Stadtmuseums, München 1993, 253–99

13350 Schneider, Christian: Stadtgründung im Dritten Reich. Wolfsburg und Salzgitter, München 1979; 166 S.

13351 Schweitzer, Renate: Der staatlich geförderte, der kommunale und der gemeinnützige Wohnungs- und Siedlungsbau in Österreich bis 1945, 2 Bde., Diss. Wien 1989; 490, 376 S. (Ms. vervielf.)

13352 Walz, Manfred: Wohnungsbau und Industrieansiedungspolitik 1933–1939. Dargestellt am Aufbau des Industriekomplexes Wolfsburg – Braunschweig – Salzgitter, Frankfurt/New York 1979; 321 S.

13353 Wehling, Hans-Werner: Werks- und Genossenschaftssiedlungen im Ruhrgebiet 1844–1939, Bd. 1: Kreis Wesel, Bd. 2: Duisburg-Rheinhausen, Homberg-Ruhrort, Mitarb. Michael Franke/Karl-Heinz Freckmann, Essen 1990–1994; 172, 219 S.

A.3.16.8.2 Altbausanierung und Stadterneuerung

Darstellungen

13354 Koshar, Rudy J.: Altar, Stage, and City: Historic Preservation and Urban Meaning in Nazi Germany, in: H&M 3 (1991), Nr. 1, 30–59

13355 Lüken-Isberner, Folkert: Stadterneuerung im Nationalsozialismus. Ein Programm und seine Umsetzung, in: AfK 28/1 (1989), 292–308

13356 Petz, Ursula von: Stadtsanierung im Dritten Reich, Dortmund 1987; 200 S.

Regional-/Lokalstudien

13357 Bodenschatz, Harald: Platz frei für das Neue Berlin! Geschichte der Stadterneuerung in der »größten Mietskasernenstadt der Welt« seit 1871, Berlin 1987, 114–34

13358 Pahl-Weber, Elke: Der Einfluß von Raumordnung, Landes- und Stadtplanung auf die Sanierung der Innenstadt und Citybildung zwischen 1933 und 1945 am Beispiel Hamburgs, in: Christian Kopetzki u. a. (Hg.), Stadterneuerung in der Weimarer Republik und im Nationalsozialismus. Beiträge zur stadtbaugeschichtlichen Forschung, Kassel 1987, 163–75

13359 Pahl-Weber, Elke/Schubert, Dirk: Großstadtsanierung im Nationalsozialismus: Andreas Walthers Sozialkartographie von Hamburg, in: SOWI 16 (1987), 108–17

13360 Roth, Karl H.: Städtesanierung und ausmerzende Soziologie. Der Fall Andreas Walther und die »Notarbeit 51« der »Notgemeinschaft der Deutschen Wissenschaft« 1934–1935 in Hamburg, in: Michael Hermann u. a. (Hg.), »Hafenstraße«. Chronik und Analysen eines Konflikts, Hamburg 1987, 39–59

13361 Schubert, Dirk: Gesundung der Städte – Stadtsanierung in Hamburg 1933–1945, in: Michael Bose u. a. »... ein neues Hamburg entsteht...« Planen und Bauen 1933–1945, Hamburg 1986, 62–83

13362 Schubert, Dirk: Stadtsanierung im Nationalsozialismus. Propaganda und Realität am Beispiel Hamburg, in: AS 20 (1993), 363–76

A.3.17 Gesundheits- und Bevölkerungspolitik

A.3.17.1 Allgemeines

[vgl. A.1.8; A.3.11.7; A.3.19.7]

Bibliographien

13363 Auswahlbibliographie [1945–1990], in: Norbert Frei (Hg.), Medizin und Gesundheitspolitik in der NS-Zeit, München 1991, 309–23

Literaturberichte

13364 Kater, Michael H.: Die unbewältigte Medizingeschichte. Beiträge zur NS-Zeit aus Marburg, Tübingen und Göttingen, in: HZ 257 (1993), 401–16

Quellenkunde

13365 Grahn, Gerlinde: Der Teilbestand des Reichssippenamtes im Bundesarchiv, Abteilung Potsdam, in: Werner Röhr u. a. (Hg.), Faschismus und Rassismus. Kontroversen um Ideologie und Opfer, Berlin 1992, 420–26

Gedruckte Quellen

13366 Aly, Götz (Bearb.): Das Posener Tagebuch des Anatomen Hermann Voss, in: Götz Aly u. a., Biedermann und Schreibtischtäter. Materialien zur deutschen Täter-Biographie. (Beiträge zur nationalsozialistischen Gesundheits- und Sozialpolitik, 4), Berlin 1987, 15–66

Methodische Probleme

13367 Kater, Michael H.: The Burden of the Past: Problems of a Modern Historiography of Physicians and Medicine in Nazi Germany, in: GSR 10 (1987), 31–56

Darstellungen

13369 Annas, George J./Grodin, Michael A. (Hg.): The Nazi Doctors and the Nuremberg Code. Human Rights in Human Experimentation, New York u.a. 1992; XXII, 371 S.

13370 Baader, Gerhard u.a. (Hg.): Medizin und Nationalsozialismus. Tabuisierte Vergangenheit – ungebrochene Tradition? (Dokumentation des Gesundheitstages Berlin, 1), Berlin 1980; 250 S.

13371 Baader, Gerhard: Die Medizin im Nationalsozialismus. Ihre Wurzeln und die erste Periode ihrer Realisierung 1933–1938, in: Christian Pross/Rolf Winau (Hg.), »nicht mißhandeln.« Die Machtergreifung der Nazis in der Medizin am Beispiel des Krankenhauses Berlin-Moabit, hg. i.A. der Berliner Gesellschaft für Geschichte der Medizin, Berlin 1984, 60–107

13372 Benz, Wolfgang/Distel, Barbara (Hg.): Medizin im NS-Staat – Täter, Opfer, Handlanger. (DH, 4), München 1988; 236 S. (TB München 1993)

13373 Benzenhöfer, Udo/Eckart, Wolfgang U. (Hg.): Medizin im Spielfilm des Nationalsozialismus, Tecklenburg 1990; (III), 109 S.

13374 Besgen, Achim: Der stille Befehl. Medizinalrat [Felix] Kersten, Himmler und das Dritte Reich, München 1960; 206 S.

13375 Bis endlich der langersehnte Umschwung kam ... Von der Verantwortung der Medizin unter dem Nationalsozialismus, Hg. Universität Marburg, Fachschaft Medizin, Marburg 1991; 285 S.

13376 Bleker, Johanna/Jachertz, Norbert (Hg.): Medizin im Dritten Reich, Köln 1989; 156 S.*

13377 Brieger, Gert H.: The Medical Profession, in: Henry Friedlander/Sybil Milton (Hg.), The Holocaust: Ideology, Bureaucracy, and Genocide. The San José Papers, Millwood, N.Y. 1980, 141–50

13378 Bromberger, Barbara u.a.: Medizin, Faschismus und Widerstand. Drei Beiträge, Köln 1985, 352*

13379 Bromberger, Barbara/Mausbach, Hans: Die Tätigkeit von Ärzten in der SS und in Konzentrationslagern, in: Barbara Bromberger u.a., Medizin, Faschismus und Widerstand. Drei Beiträge, Köln 1985, 186–262, 342–44

13380 Bromberger, Barbara/Mausbach, Hans: Ärzte im Widerstand, in: Barbara Bromberger u.a., Medizin, Faschismus und Widerstand. Drei Beiträge, Köln 1985, 263–340, 344f.

13381 Bussche, Hendrik van den (Hg.): Anfälligkeit und Resistenz. Zur medizinischen Wissenschaft und politischen Opposition im »Dritten Reich«. Vorträge und Reden anläßlich der Einweihung des Rothe-Geußenhainer-Hauses im Universitätsklinikum Hamburg-Eppendorf am 3.12.1987, Hamburg 1990; 128 S.

13382 Bussche, Hendrik van den: Im Dienst der »Volksgemeinschaft«. Studienreform im Nationalsozialismus am Beispiel der ärztlichen Ausbildung, Berlin/Hamburg 1989; 261 S.

13383 Cocks, Geoffrey: Partners and Pariahs. Jews and Medicine in Modern German Society, in: LBY 36 (1991), 191–205

13384 Fahrenbach, Sabine: Erscheinungsformen und Motive progressiver Haltungen deutscher Ärzte in der Zeit des Faschismus, in: Achim Thom/Genadij I. Caregorodcev (Hg.), Medizin unterm Hakenkreuz, Berlin (O) 1989, 433–53

13385 Frei, Norbert (Hg.): Medizin im Nationalsozialismus. (Kolloquien des Instituts für Zeitgeschichte), München 1988; 119 S.

13386 Frei, Norbert (Hg.): Medizin und Gesundheitspolitik in der NS-Zeit, München 1991; 331 S.*

13387 Friedrich, Hannes/Matzow, Wolfgang (Hg.): Dienstbare Medizin. Ärzte betrachten ihr Fach im Nationalsozialismus, Göttingen 1992; 142 S.

13388 Gerhold, Andreas: Die nationalsozialistische Gesundheitspropaganda bis 1939 unter besonderer Berücksichtigung der Gesundheitserziehung von Arbeitern und Frauen, untersucht an fünf Zeitschriften – Gesundheit, Gesundes Volk, Volksgesundheit, Volksgesundheitswacht und Wege zur Gesundheit, Diss. Münster 1986; 155 S. (Ms.; MF)

13389 Graesner, Sepp: Leistungsmedizin im Nationalsozialismus, in: Medizin im Nationalsozialismus. Tagung vom 30. April bis 2. Mai 1982. (Protokolldienst, 23), Hg. Evangelische Akademie Bad Boll, Bad Boll 1982, 189–99

13390 Grau, Günter/Schneck, Peter (Hg.): Akademische Karrieren im »Dritten Reich«. Beiträge zur Personal- und Berufungspolitik an Medizinischen Fakultäten, hg. für die Humboldt-Universität zu Berlin, Institut für Geschichte der Medizin, Berlin 1993; V, 109 S.

13391 Grenville, John A. S.: Juden, »Nichtarier« und »Deutsche Ärzte«. Die Anpassung der Ärzte im Dritten Reich, in: Ursula Büttner (Hg.), Die Deutschen und die Judenverfolgung im Dritten Reich, Hamburg 1992, 191–206

13392 Guggenbichler, Norbert: Zahnmedizin unter dem Hakenkreuz. Zahnärzteopposition vor 1933. NS-Standespolitik 1933–1939, Frankfurt 1988; 305 S.

13393 Hahn, Susanne: Entwicklungstrends der Betreuung chronisch Kranker im Rahmen der faschistischen Gesundheitspolitik in Deutschland, in: Achim Thom/Genadij I. Caregorodcev (Hg.), Medizin unterm Hakenkreuz, Berlin (O) 1989, 111–26

13394 Haug, Alfred: »Neue Deutsche Heilkunde«. Naturheilkunde und »Schulmedizin« im Nationalsozialismus, in: Johanna Bleker/Norbert Jachertz (Hg.), Medizin im Dritten Reich, Köln 1989, 123–31

13395 Herber, Friedrich: Gerichtsmedizin: Belege und Gedanken zur Entwicklung eines medizinischen Sonderfaches in der Zeit des Faschismus, in: Achim Thom/Genadij I. Caregorodcev (Hg.), Medizin unterm Hakenkreuz, Berlin (O) 1989, 337–59

13396 Hoff, Ferdinand: Erlebnis und Besinnung. Erinnerungen eines Arztes, 4., neu durchges. u. erw. Aufl., Berlin 1972; 520 S.

13397 Hohendorf, Gerrit/Magull-Seltenreich, Achim (Hg.): Von der Heilkunde zur Massentötung. Medizin im Nationalsozialismus, Heidelberg 1990; 288 S.*

13398 Hubenstorf, Michael: Von der »freien Arztwahl« zur Reichsärzteordnung. Ärztliche Standespolitik zwischen Liberalismus und Nationalsozialismus, in: Johanna Bleker/Norbert Jachertz (Hg.), Medizin im Dritten Reich, Köln 1989, 112–22

13399 Hubenstorf, Michael: »Deutsche Landärzte an die Front!« Ärztliche Standespolitik zwischen Liberalismus und Nationalsozialismus, in: Der Wert des Menschen. Medizin in Deutschland 1918–1945, Hg. Ärztekammer Berlin, hg. in Zusammenarbeit mit der Bundesärztekammer, Red. Christian Pross/Götz Aly, Berlin 1989, 200–23

13400 Jäckle, Renate: Die Ärzte und die Politik. 1930 bis heute, München 1988; 187 S.

13401 Jäckle, Renate: Medizin und Faschismus, in: Sabine Fahrenbach/Achim Thom (Hg.), Der Arzt als »Gesundheitsführer«. Ärztliches Wirken zwischen Ressourcenerschließung und humanitärer Hilfe im 2. Weltkrieg, Frankfurt 1991, 161–72

13402 Karbe, Karl-Heinz: Entstehung und Ausbau des faschistischen Betriebsarztsystems und dessen Funktion bei der Ausbeutung der deutschen Arbeiter und ausländischen Zwangsarbeiter, in: Achim Thom/Genadij I. Caregorodcev (Hg.), Medizin unterm Hakenkreuz, Berlin (O) 1989, 205–50

13403 Kästner, Ingrid: Der Mißbrauch des Leistungsgedankens in der Medizin unter der faschistischen Diktatur und die Folgen für die Gesundheits- und Sozialpolitik, in: Achim Thom/Genadij I. Caregorodcev (Hg.), Medizin unterm Hakenkreuz, Berlin (O) 1989, 183–204

13404 Kater, Michael H.: Doctors under Hitler, Chapel Hill, N.C./London 1989; XIV, 426 S.

13404a Kater, Michael H.: Gesundheitsführung des deutschen Volkes, in: Medizin im Nationalsozialismus. Tagung vom 30. April bis 2. Mai 1982. (Protokolldienst, 23), Hg. Evangelische Akademie Bad Boll, Bad Boll 1982, 120–47

13405 Kater, Michael H.: Die Krise der Ärzte und der Medizin im Dritten Reich, in: Der Wert des Menschen. Medizin in Deutschland 1918–1945, Hg. Ärztekammer Berlin, Red. Christian Pross/Götz Aly, hg. in Zusammenarbeit mit der Bundesärztekammer, Berlin 1989, 357–73

13406 Kater, Michael H.: Die Medizin im nationalsozialistischen Deutschland und Erwin Liek, in: GG 16 (1990), 464–79

13407 Kater, Michael H.: Doctor Leonardo Conti and His Nemesis: The Failure of Centralized Medicine in the Third Reich, in: CEH 17 (1985), 299–325

13408 Kater, Michael H.: Medizin und Mediziner im Dritten Reich. Eine Bestandsaufnahme, in: HZ 244 (1987), 299–352

13409 Kater, Michael H.: Hitler's Early Doctors: Nazi Physicians in Predepression Germany, in: JMH 59 (1987), 25–52

13410 Kirchhoff, Wolfgang (Hg.): Zahnmedizin und Faschismus. Mit Bildern und Dokumenten, Marburg 1987; 203 S.**

13411 Klemperer, Ingeborg: Der Antifaschist Georg Groscurt, in: Willi Göber/Friedrich Herneck (Hg.), Forschen und Wirken. Festschrift zur 150-Jahr-Feier der Humboldt-Universität zu Berlin 1810–1960, Bd. 1: Beiträge zur wissenschaftlichen und politischen Entwicklung der Universität, Bearb. Erich Buchholz/Karl Heinig, hg. i. A. von Rektor und Senat, Berlin (O) 1960, 585–94

13412 Knödler, Ulrich: Von der Reform zum Raubbau. Arbeitsmedizin, Leistungsmedizin, Kontrollmedizin, in: Norbert Frei (Hg.), Medizin und Gesundheitspolitik in der NS-Zeit, München 1991, 113–36

13413 Knüpling, Harm: Untersuchungen zur Vorgeschichte der Deutschen Ärzteordnung von 1935, Diss. FU Berlin 1965; 73 S.

13414 Kudlien, Fridolf u.a.: Ärzte im Nationalsozialismus, Köln 1985; 312 S.

13414a Kudlien, Fridolf: Ärzte in der Bewegung, in: Medizin im Nationalsozialismus. Tagung vom 30. April bis 2. Mai 1982. (Protokolldienst, 23), Hg. Evangelische Akademie Bad Boll, Bad Boll 1982, 20–61

13415 Kudlien, Fridolf: Max von Gruber und die frühe Hitlerbewegung, in: MHJ 17 (1982), 373–89

13416 Kudlien, Fridolf/Andree, Christian: Sauerbruch und der Nationalsozialismus, in: MHJ 15 (1980), 201–22

13417 Kudlin, Fridolf: Fürsorge und Rigorismus. Überlegungen zur ärztlichen Normaltätigkeit im Dritten Reich, in: Norbert Frei (Hg.), Medizin und Gesundheitspolitik in der NS-Zeit, München 1991, 99–112

13418 Kühn, Kurt (Hg.): Ärzte an der Seite der Arbeiterklasse. Beiträge zur Geschichte

819

der Bündnisses der deutschen Arbeiterklasse mit der medizinischen Intelligenz, 2., durchges. Aufl., Berlin (O) 1977; 356 S. (zuerst 1973)

13419 Kümmel, Werner F.: Die »Ausschaltung«. Wie die Nationalsozialisten die jüdischen und die politisch mißliebigen Ärzte aus dem Beruf verdrängten, in: Johanna Bleker/Norbert Jachertz (Hg.), Medizin im Dritten Reich, Köln 1989, 30–37

13420 Labisch, Alfons: Der Gesundheitsbegriff Adolf Hitlers – zur inneren Rationalität nationalsozialistischer Gesundheitsgesetzgebung, in: Franz-Werner Kersting u. a. (Hg.), Nach Hadamar. Zum Verhältnis von Psychiatrie und Gesellschaft im 20. Jahrhundert, Paderborn 1993, 150–70

13421 Labisch, Alfons/Tennstedt, Florian: Der Weg zum »Gesetz über die Vereinheitlichung des Gesundheitswesens« vom 3. Juli 1934, Düsseldorf 1985; XXXIV, 601 S.

13422 Labisch, Alfons/Tennstedt, Florian: Gesundheitsamt oder Amt für Volksgesundheit? Zur Entwicklung des öffentlichen Gesundheitsdienstes seit 1933, in: Norbert Frei (Hg.), Medizin und Gesundheitspolitik in der NS-Zeit, München 1991, 35–66

13423 Leibfried, Stephan: Stationen der Abwehr. Berufsverbote für Ärzte im Deutschen Reich 1933–1938 und die Zerstörung des sozialen Asyls durch die organisierten Ärzteschaften des Auslands, in: BLBI 21 (1982), Nr. 62, 3–39

13424 Leimkugel, Frank: Wege jüdischer Apotheker. Die Geschichte deutscher und österreichisch-ungarischer Pharmazeuten, Frankfurt 1991; 212 S.

13425 Lifton, Robert J.: Ärzte im Dritten Reich, 2. Aufl., Stuttgart 1993; XIX, 681 S. (zuerst 1988; amerikan.: New York 1986)

13426 Mann, Gunter: Biologismus – Vorstufen und Elemente einer Medizin im Nationalsozialismus, in: Johanna Bleker/Norbert Jachertz (Hg.), Medizin im Dritten Reich, Köln 1989, 11–21

13427 Masuhr, Karl-Friedrich/Aly, Götz: Der diagnostische Blick des Gerhard Kloos, in: Götz Aly u. a., Reform und Gewissen. »Euthanasie« im Dienste des Fortschritts. (Beiträge zur nationalsozialistischen Gesundheits- und Sozialpolitik, 2), Berlin 1985, 81–106

13428 Medizin im Nationalsozialismus. Tagung vom 30. April bis 2. Mai 1982. (Protokolldienst, 23), Hg. Evangelische Akademie Bad Boll, Bad Boll 1982; 308 S.*

13429 Nickol, Thomas/Schenkel, Susanne: Zur Entwicklung der Zahnheilkunde in Deutschland von 1933 bis 1945, in: Achim Thom/Genadij I. Caregorodcev (Hg.), Medizin unterm Hakenkreuz, Berlin (O) 1989, 307–36

13430 Ostrowski, Siegfried: Vom Schicksal jüdischer Ärzte im Dritten Reich. Ein Augenzeugenbericht aus den Jahren 1933–1939, in: BLBI 6 (1963), Nr. 24, 313–51

13431 Pfeiffer, Jürgen (Hg.): Menschenverachtung und Opportunismus. Zur Medizin im Dritten Reich, Tübingen 1992; 252 S.

13432 Proctor, Robert N.: Racial Hygiene. Medicine under the Nazis, Cambridge, Mass. 1988; VIII, 414 S.

13433 Pross, Christian: Die »Machtergreifung« am Krankenhaus, in: Johanna Bleker/Norbert Jachertz (Hg.), Medizin im Dritten Reich, Köln 1989, 132–42

13434 Reeg, Peter: »Deine Ehre ist die Leistung...« Auslese und Ausmerze durch Arbeits- und Leistungsmedizin im Nationalsozialismus, in: Johanna Bleker/Norbert Jachertz (Hg.), Medizin im Dritten Reich, Köln 1989, 58–67

13435 Rimpau, Wilhelm: Victor von Weizsäcker im Nationalsozialismus, in: Gerrit Hohendorf/Achim Magull-Seltenreich (Hg.), Von der Heilkunde zur Massentötung. Medizin im Nationalsozialismus, Heidelberg 1990, 113–30 (131–35)

13436 Roth, Karl H.: Pervittin und »Leistungsgemeinschaft«. Pharmakologische

Versuche zur Stimulierung der Arbeitsleistung unter dem Nationalsozialismus (1938–1945), in: Medizin im Nationalsozialismus. Tagung vom 30. April bis 2. Mai 1982. (Protokolldienst, 23), Hg. Evangelische Akademie Bad Boll, Bad Boll 1982, 200–26

13437 Schröder, Christina u.a.: Ein gescheitertes Reformkonzept – Naturheilkunde, »Neue Deutsche Heilkunde« und Laientherapie in der faschistischen Gesundheitspolitik, in: Achim Thom/Genadij I. Caregorodcev (Hg.), Medizin unterm Hakenkreuz, Berlin (O) 1989, 251–79

13438 Schröder, Gerald: NS-Pharmazie. Gleichschaltung des deutschen Apothekenwesens im Dritten Reich. Ursachen, Voraussetzungen, Theorien und Entwicklungen, Stuttgart 1988; 296 S.

13439 Schröder, Gerald: Die »Wiedergeburt« der Pharmazie – 1933 bis 1934, in: Herbert Mehrtens/Steffen Richter (Hg.), Naturwissenschaft, Technik und NS-Ideologie. Beiträge zur Wissenschaftsgeschichte des Dritten Reiches, Frankfurt 1980, 166–88

13440 Schultz, Ulrich: Dichtkunst, Heilkunst, Forschung: Der Kinderarzt Werner Catel, in: Götz Aly u.a., Reform und Gewissen. »Euthanasie« im Dienste des Fortschritts. (Beiträge zur nationalsozialistischen Gesundheits-und Sozialpolitik, 2), Berlin 1985, 107–24

13441 Segal, Lilli: Die Hohenpriester der Vernichtung. Anthropologen, Mediziner und Psychiater als Wegbereiter von Selektion und Mord im Dritten Reich, Berlin 1991; 241 S.

13442 Seithe, Horst/Hagemann, Frauke: Das Deutsche Rote Kreuz im Dritten Reich (1933–1945). Mit einem Abriß seiner Geschichte in der Weimarer Republik, Frankfurt 1993; 280 S.

13443 Sierck, Udo: Arbeit ist die beste Medizin. Zur Geschichte der Rehabilitationspolitik, Hamburg 1992; 180 S.

13444 Steppe, Hilde (Hg.): Krankenpflege im Nationalsozialismus, 7., völlig überarb. u. erw. Aufl., Frankfurt 1993; 250 S. (zuerst 1985)

13445 Teller, Christine: Carl Schneider. Zur Biographie eines deutschen Wissenschaftlers, in: GG 16 (1990), 464–78

13446 Tennstedt, Florian/Leibfried, Stephan: Sozialpolitik und Berufsverbote im Jahre 1933: Die Auswirkungen der nationalsozialistischen Machtergreifung auf die Krankenkassenverwaltung und die Kassenärzte, in: ZfSR 25 (1979), 211–38

13447 Ternon, Yves/Helman, Socrate: Les médecins Allemands et le national-socialisme. Les métamorphoses du Darwinisme, Tournai 1973; 218 S.

13448 Thom, Achim: Die Durchsetzung des faschistischen Herrschaftsanspruches in der Medizin und der eines zentralistisch organisierten Medizinalwesens, in: Achim Thom/Genadij I. Caregorodcev (Hg.), Medizin unterm Hakenkreuz, Berlin (O) 1989, 35–62

13449 Thom, Achim/Caregorodcev, Genadij I. (Hg.): Medizin unterm Hakenkreuz, Berlin (O) 1989; 504 S.*

13450 Thom, Achim/Rapoport, Samuel M. (Hg.): Das Schicksal der Medizin im Faschismus. Auftrag und Verpflichtung zur Bewahrung von Humanismus und Frieden. Internationales wissenschaftliches Symposium europäischer Sektionen der IPPNW, 17.–20. November 1988, Erfurt/Weimar DDR, Neckarsulm/München 1989; VIII, 352 S.

13451 Thom, Achim/Spaar, Horst (Hg.): Medizin im Faschismus. Symposium über das Schicksal der Medizin in der Zeit des Faschismus in Deutschland 1933–1945, Berlin (O) 1985; 292 S.

13452 Thomann, Klaus-Dieter: Auf dem Weg in den Faschismus. Medizin in Deutschland von der Jahrhundertwende bis 1933, in: Barbara Bromberger u.a., Medizin, Faschismus und Widerstand. Drei Beiträge, Köln 1985, 15–185, 341 f.

13453 Volk und Gesundheit. Heilen und Vernichten im Nationalsozialismus. Begleitbuch zur Ausstellung im Ludwig-Uhland-Institut für empirische Kulturwissenschaft der Universität Tübingen, Hg. Projektgruppe »Volk und Gesundheit«, Mitarb. Martin Beutelspacher u. a., 3. Aufl., Frankfurt 1988; 250 S. (zuerst Tübingen 1982)

13454 Weß, Ludger: Menschenversuche und Seuchenpolitik. Zwei unbekannte Kapitel aus der Geschichte der deutschen Tropenmedizin, in: 1999 8 (1993), Nr. 2, 10–50

13455 Wehler, Hans-Ulrich (Hg.): Mediziner im »Dritten Reich«. (GG, Jg. 16, Nr. 4), Göttingen 1990, 211–78*

13456 Werle, Karl-Peter: Formen des Widerstandes deutscher Ärzte 1933–1945, Diss. Kiel 1974; 112 S.

13457 Wuttke-Groneberg, Walter: Medizin im Nationalsozialismus. Ein Arbeitsbuch, 2. Aufl., Rottenburg 1982; 423 S. (zuerst 1980)

13458 Wuttke-Groneberg, Walter: Heilen und Vernichten in der nationalsozialistischen Medizin, in: Jörg Tröger (Hg.), Hochschule und Wissenschaft im Dritten Reich, 2. Aufl., Frankfurt/New York 1986, 142–56 (zuerst 1984)

13459 Wuttke-Groneberg, Walter: Das Elend der »Volksmedizin« im Nationalsozialismus, in: TK 22 (1981), 1–7

13459a Wuttke-Groneberg, Walter: Leistung, Verwertung, Vernichtung – Hat NS-Medizin eine innere Struktur?, in: Medizin im Nationalsozialismus. Tagung vom 30. April bis 2. Mai 1982. (Protokolldienst, 23), Hg. Evangelische Akademie Bad Boll, Bad Boll 1982, 227–46

13459b Zander, Josef: Ärzte im Zwielicht. Medizin zwischen totalitärer Ideologie und Individualethik, in: Venanz Schubert u. a. (Hg.), Der Zweite Weltkrieg und die Gesellschaft in Deutschland. 50 Jahre danach. Eine Ringvorlesung der Universität München, St. Ottilien 1992, 521–42

13460 Zapp, Albert: Untersuchungen zum Nationalsozialistischen Deutschen Ärztebund (NSDÄP), Diss. Kiel 1979; 182 S.

13461 Zunke, Peter: Der erste Reichsärzteführer Dr. med. Gerhard Wagner, Diss. Kiel 1973; 140 S.

Regional-/Lokalstudien: Bibliographien

13462 Krebsz, Peter u. a. (Hg.): Bibliographie zur Medizingeschichte Hessens, Frankfurt u. a. 1983; 348 S.

Regional-/Lokalstudien: Gedruckte Quellen

13463 Rothmaler, Christiane: Gutachten und Dokumentationen über das Anatomische Institut des Universitäts-Krankenhauses Eppendorf der Universität Hamburg, in: 1999 5 (1990), Nr. 2, 78–95

Regional-/Lokalstudien: Darstellungen

13463a Andree, Christian: Die Ausschaltung jüdischer Mediziner der Universität Breslau und die Gleichschaltung der Ärzteschaft durch den Reichsärzteführer Gerhard Wagner, in: Lothar Bossle u. a. (Hg.), Nationalsozialismus und Widerstand in Schlesien, Sigmaringen 1989, 105–20

13464 Blank, Dagmar: Die »Ausschaltung« jüdischer Ärzte und Zahnärzte in Wiesbaden durch den Nationalsozialismus, Diss. Mainz 1984; 111 S.

13465 Breig, Christine: Anmerkungen zum Esslinger Krankenhaus und zur Gesundheitspolitik im Nationalsozialismus, in: Von Weimar bis Bonn. Esslingen 1919–1949. Begleitband zur Ausstellung »Esslingen 1919–1949. Von Weimar bis Bonn«, Esslingen 1991, 327–38

13466 Bussche, Hendrik van den (Hg.): Medizinische Wissenschaft im »Dritten Reich«. Kontinuität, Anpassung und Opposition an der Hamburger Medizinischen Fakultät, Berlin/Hamburg 1989; XII, 473 S.

13467 Bussche, Hendrik van den u.a.: Die Medizinische Fakultät der Hamburger Universität und das Universitätskrankenhaus Eppendorf, in: Eckart Krause u.a. (Hg.), Hochschulalltag im »Dritten Reich«. Die Hamburger Universität 1933–1945, Bd. 3, Berlin/Hamburg 1991, 1259–1384

13468 Delius, Peter/Eicken, Andreas: Medizin und Nationalsozialismus in Lübeck, 2. Aufl., Lübeck 1989; 80 S. (zuerst 1982)

13469 Drexler, Siegmund u.a.: Ärztliches Schicksal unter der Verfolgung 1933–1945 in Frankfurt am Main und Offenbach. Eine Denkschrift, bearb. i.A. der Landesärztekammer Hessen, 2. Aufl., Frankfurt 1990; 179 S. (zuerst 1979)

13470 Elsner, Heinrich A. K.: Geschichte des Instituts für Pathologie der Bergbau-Berufsgenossenschaft an den Berufsgenossenschaftlichen Krankenanstalten »Bergmannsheil Bochum« – Universitätsklinik – 1. Okt. 1919–31. Dez. 1985, Exkurs »Ergänzungen zur Autobiographie von Otto Lubarsch«: Heinz-Jürgen Blank-Lubarsch, Frankfurt u.a. 1990; 238 S.

13471 Hamann, Matthias u.a. (Hg.): Aeskulap und Hakenkreuz. Zur Geschichte der medizinischen Fakultät in Gießen zwischen 1933 und 1945, 2. Aufl., Frankfurt 1989; 294 S.

13472 Hubensdorf, Michael: Medizinische Fakultät 1938–1945, in: Gernot Heiß u.a. (Hg.), Willfährige Wissenschaft. Die Universität Wien 1938–1945, Wien 1989, 233–82

13473 Kersting, Franz-Werner: Mediziner zwischen »Drittem Reich« und Bundesrepublik. Die Anstaltsärzte des Provinzialverbandes Westfalen, in: Franz-Werner Kersting u.a. (Hg.), Nach Hadamar. Zum Verhältnis von Psychiatrie und Gesellschaft im 20. Jahrhundert, Paderborn 1993, 253–72

13474 Leipert, Matthias: »Euthanasie« und »Widerstand« von Ärzten in der Rheinprovinz 1939–1945, in: Ralf Seidel/Wolfgang F. Werner (Red.), Psychiatrie im Abgrund. Spurensuche und Standortbestimmung nach den NS-Psychiatrie-Verbrechen, Hg. Archivberatungsstelle Rheinland, Köln 1991, 110–24

13475 Liebermann, Peter: »Die Minderwertigen müssen ausgemerzt werden.« Die medizinische Fakultät 1933–1946, in: Wolfgang Blaschke u.a. (Hg.), Nachhilfe zur Erinnerung. 600 Jahre Universität zu Köln, Köln 1988, 110–20

13476 Loos, Herbert: Die Heil- und Pflegeanstalt Berlin-Herzberge während der Jahre des Zweiten Weltkriegs, in: Sabine Fahrenbach/Achim Thom (Hg.), Der Arzt als »Gesundheitsführer«. Ärztliches Wirken zwischen Ressourcenerschließung und humanitärer Hilfe im 2. Weltkrieg, Frankfurt 1991, 129–34

13477 Niermann, Charlotte/Leibfried, Stephan: Die Verfolgung jüdischer und sozialistischer Ärzte in Bremen in der »NS«-Zeit, Bremen 1988; 72 S.

13478 Pfäfflin, Friedemann: Das Hamburger Gesundheitspaßarchiv. Bürokratische Effizienz und Personenerfassung, in: Angelika Ebbinghaus u.a. (Hg.), Heilen und Vernichten im Mustergau Hamburg. Bevölkerungs- und Gesundheitspolitik im Dritten Reich, Hamburg 1984, 18–20

13479 Pross, Christian/Winau, Rolf (Hg.): »nicht mißhandeln.« Die Machtergreifung der Nazis in der Medizin am Beispiel des Krankenhauses Berlin-Moabit, hg. i.A. der Berliner Gesellschaft für Geschichte der Medizin, Berlin 1984; 264 S.**

13480 Reifenrath, Brigitte: ». . . für die Erneuerung des kranken deutschen Volkes« – Gießener Mediziner auf dem Weg in den Nationalsozialismus, in: Frontabschnitt Hochschule. Die Gießener Universität im Nationalsozialismus, Mitarb. Hans-Jürgen Böhles u.a., 2. Aufl., Gießen 1983, 187–222 (zuerst 1982)

13481 Roth, Karl H.: Großhungern und Gehorchen. Das Universitätskrankenhaus

Eppendorf, in: Angelika Ebbinghaus u. a. (Hg.), Heilen und Vernichten im Mustergau Hamburg. Bevölkerungs- und Gesundheitspolitik im Dritten Reich, Hamburg 1984, 109–35

13482 Seidler, Eduard: Die Medizinische Fakultät der Albert-Ludwigs-Universität Freiburg im Breisgau. Grundlagen und Entwicklungen, Berlin 1991; XV, 618 S.

13483 Seidler, Eduard: Die medizinische Fakultät zwischen 1926 und 1948, in: Eckhard John u. a. (Hg.), Die Freiburger Universität in der Zeit des Nationalsozialismus, Freiburg/Würzburg 1991, 73–90

13484 Seidler, Eduard: Alltag an der Peripherie. Die Medizinische Fakultät Freiburg im Winter 1932/33, in: Johanna Bleker/Norbert Jachertz (Hg.), Medizin im Dritten Reich, Köln 1989, 86–93

13485 Stürzbecher, Manfred: Judenverfolgung im Berliner Gesundheitswesen. Die Vierte Verordnung des Reichsbürgergesetzes vom 25. Juli 1938, in: JfBL 39 (1988), 163–78**

13486 Vieten, Bernward: Medizin ohne Menschlichkeit. Rassenhygiene und Kriegsforschung an der medizinischen Fakultät Münster, in: Lothar Kurz (Hg.), 200 Jahre zwischen Dom und Schloß. Ein Lesebuch zur Vergangenheit und Gegenwart der Westfälischen Wilhelms-Universität Münster, Münster 1980, 104–16

13487 Vieten, Bernward: Medizinstudenten und Medizinische Fakultät in Münster im »Dritten Reich«, in: Hans-Günther Thien/Hanns Wienold (Hg.), Münster - Spuren aus der Zeit des Faschismus. Zum 50. Jahrestag der nationalsozialistischen Machtergreifung, Münster 1983, 201–20

13488 Weß, Ludger: Tropenmedizin und Kolonialpolitik: Das Hamburger Institut für Schiffs- und Tropenkrankheiten 1918–1945, in: 1999 7 (1992), Nr. 4, 38–61

13489 Wehe, Herbert: Gesundheitsverwaltung, in: Karl-Heinz Metzger u. a., Kommunalverwaltung unterm Hakenkreuz. Berlin-Wilmersdorf 1933–1945, Hg. Bezirksamt Wilmersdorf von Berlin, Berlin 1992, 229–80, 297–99

13490 Wuttke, Walter: Medizin, Ärzte, Gesundheitspolitik, in: Otto Borst (Hg.), Das Dritte Reich in Baden und Württemberg, Stuttgart 1988, 211–35, 316–21

A.3.17.2 Gesundheitswesen im Krieg

Gedruckte Quellen

13491 Borengässer, Norbert M./Hainbuch, Friedrich (Hg.): Krankenpflege im Kriegsfall. Die Verhandlungen des deutschen Episkopats mit der Reichsregierung 1936 bis 1940, Bonn 1987; XXII, 106 S.

Darstellungen

13492 Baader, Gerhard: Menschenversuche in der deutschen Wehrmacht – das Beispiel Pervitin, in: Sabine Fahrenbach/Achim Thom (Hg.), Der Arzt als »Gesundheitsführer«. Ärztliches Wirken zwischen Ressourcenerschließung und humanitärer Hilfe im 2. Weltkrieg, Frankfurt 1991, 51–60

13493 Eckart, Wolfgang U.: Von der Agonie einer mißbrauchten Armee. Anmerkungen zur Verwundeten- und Krankenversorgung im Kessel von Stalingrad, in: Wolfram Wette/Gerd R. Ueberschär (Hg.), Stalingrad. Mythos und Wirklichkeit einer Schlacht, Frankfurt 1992, 108–30, 284–87**

13494 Eckhart, Wolfgang U.: Tropenhygiene und Militarismus in Deutschland 1933–1939, in: Sabine Fahrenbach/Achim Thom (Hg.), Der Arzt als »Gesundheitsführer«. Ärztliches Wirken zwischen Ressourcenerschließung und humanitärer Hilfe im 2. Weltkrieg, Frankfurt 1991, 25–38

13495 Fahrenbach, Sabine/Thom, Achim (Hg.): Der Arzt als »Gesundheitsführer«.

Ärztliches Wirken zwischen Ressourcenerschließung und humanitärer Hilfe im 2. Weltkrieg, Frankfurt 1991; 196 S.*

13496 Forrer, Friedrich: Sieger ohne Waffen. Das Deutsche Rote Kreuz im Zweiten Weltkrieg, Hannover 1962; 264 S.

13497 Guth, Ekkehart (Hg.): Sanitätswesen im Zweiten Weltkrieg, Bildmaterial von Karl Bringmann, Herford/Bonn 1990; 232 S.**

13498 Guth, Ekkehart: Militärärzte und Sanitätsdienst im Dritten Reich. Ein Überblick, in: Norbert Frei (Hg.), Medizin und Gesundheitspolitik in der NS-Zeit, München 1991, 173–90

13499 Hahn, Susanne: Zur Entwicklung der Krankenpflege in der Zeit der faschistischen Diktatur – Ausrichtung humanitären Engagements auf den Kriegseinsatz, in: Sabine Fahrenbach/Achim Thom (Hg.), Der Arzt als »Gesundheitsführer«. Ärztliches Wirken zwischen Ressourcenerschließung und humanitärer Hilfe im 2. Weltkrieg, Frankfurt 1991, 39–49

13500 Hahn, Susanne/Schröder, Christina: Zur Einordnung des Suizids in das faschistische Konzept der »Vernichtung lebensunwerten Lebens«, in: Sabine Fahrenbach/Achim Thom (Hg.), Der Arzt als »Gesundheitsführer«. Ärztliches Wirken zwischen Ressourcenerschließung und humanitärer Hilfe im 2. Weltkrieg, Frankfurt 1991, 109–16

13501 Haug, Alfred: Neue Deutsche Heilkunde, in: Medizin im Nationalsozialismus. Tagung vom 30. April bis 2. Mai 1982. (Protokolldienst, 23), Hg. Evangelische Akademie Bad Boll, Bad Boll 1982, 90–116

13502 Karbe, Karl-Heinz: Das faschistische Betriebsarztsystem als Werkzeug rücksichtsloser Kriegführung der »inneren Front«, in: Sabine Fahrenbach/Achim Thom (Hg.), Der Arzt als »Gesundheitsführer«. Ärztliches Wirken zwischen Ressourcenerschließung und humanitärer Hilfe im 2. Weltkrieg, Frankfurt 1991, 85–92

13504 Knödler, Ulrich: Das Insulinproblem. Eine Studie zum Zusammenbruch der Arzneimittelversorgung der Zivilbevölkerung im Zweiten Weltkrieg, in: Der Wert des Menschen. Medizin in Deutschland 1918–1945, Hg. Ärztekammer Berlin, hg. in Zusammenarbeit mit der Bundesärztekammer, Red. Christian Pross/Götz Aly, Berlin 1989, 250–60

13506 Kudlien, Fridolf: Begingen Wehrmachtsärzte im Rußlandkrieg Verbrechen gegen die Menschlichkeit?, in: Der Wert des Menschen. Medizin in Deutschland 1918–1945, Hg. Ärztekammer Berlin, hg. in Zusammenarbeit mit der Bundesärztekammer, Red. Christian Pross/Götz Aly, Berlin 1989, 333–52

13507 Lemmens, Franz: Zum Anspruchswandel der militärärztlichen Musterungen zwischen 1939 und 1945, in: Sabine Fahrenbach/Achim Thom (Hg.), Der Arzt als »Gesundheitsführer«. Ärztliches Wirken zwischen Ressourcenerschließung und humanitärer Hilfe im 2. Weltkrieg, Frankfurt 1991, 69–77

13508 Lemmens, Franz/Thom, Achim: Zur Entwicklung und Wirksamkeit des Wehrmachtsanitätswesens in den Jahren von 1933 bis 1945, in: Achim Thom/Genadij I. Caregorodcev (Hg.), Medizin unterm Hakenkreuz, Berlin (O) 1989, 363–81

13509 Leyendecker, Brigitte/Klapp, Burghard F.: Deutsche Hephatitisforschung im Zweiten Weltkrieg, in: Der Wert des Menschen. Medizin in Deutschland 1918–1945, Hg. Ärztekammer Berlin, hg. in Zusammenarbeit mit der Bundesärztekammer, Red. Christian Pross/Götz Aly, Berlin 1989, 261–93

13510 Nickol, Thomas: Die zahnheilkundliche Versorgung der Belegschaft von Rüstungsbetrieben in den Jahren des Zweiten Weltkrieges am Beispiel der BUNA-Werke [Schkopau], in: Sabine Fahrenbach/Achim Thom (Hg.), Der Arzt als »Gesundheitsführer«. Ärztliches Wirken zwischen Ressourcenerschließung und humanitärer Hilfe im 2. Weltkrieg, Frankfurt 1991, 93–98

13511 Roth, Karl H.: Die Modernisierung der Folter in den beiden Weltkriegen: Der Konflikt der Psychotherapeuten und Schulpsychiater um die deutschen »Kriegsneurotiker« 1915–1945, in: 1999 2 (1993), Nr. 3, 8–75

13512 Seidel, Michael/Zallmann, Norbert: Die Beurteilung der Wehrdienstbeschädigung bei Suiziden von Wehrmachtsangehörigen. Eine Analyse von Gutachten aus der Psychiatrischen- und Nervenklinik der Charité [Berlin] unter M. de Crinis, in: Sabine Fahrenbach/Achim Thom (Hg.), Der Arzt als »Gesundheitsführer«. Ärztliches Wirken zwischen Ressourcenerschließung und humanitärer Hilfe im 2. Weltkrieg, Frankfurt 1991, 79–83

13513 Seidler, Franz W.: Prostitution, Homosexualität, Selbstverstümmelung. Probleme der deutschen Sanitätsführung 1939–1945, Neckargemünd 1977; 323 S.

13514 Thom, Achim: Formen der Mitwirkung der deutschen Ärzteschaft bei der Kriegsvorbereitung durch das faschistische Regime in den Jahren 1933 bis 1939, in: Sabine Fahrenbach/Achim Thom (Hg.), Der Arzt als »Gesundheitsführer«. Ärztliches Wirken zwischen Ressourcenerschließung und humanitärer Hilfe im 2. Weltkrieg, Frankfurt 1991, 11–24

13515 Thom, Achim: Zur Mitwirkung der deutschen Ärzteschaft bei der Vorbereitung und Absicherung des zweiten Weltkrieges (1933–1941), in: Ludwig Nestler (Hg.), Der Weg deutscher Eliten in den Zweiten Weltkrieg. Nachtrag zu einer verhinderten deutsch-deutschen Publikation, hg. in Verbindung mit Paul Heider u. a., Berlin (O) 1990, 279–326

13516 Valentin, Rolf: Ärzte im Wüstenkrieg. Der deutsche Sanitätsdienst im Afrikafeldzug 1941–1943, Koblenz 1984; 206 S.

13517 Vogel, Detlef: Probleme sanitätsdienstlicher Versorgung in der Endphase deutscher Blitzkriege (Balkanfeldzug und Eroberung von Kreta), in: MGM 45 (1989), 93–109

13520 Zieger, Wilhelm: Das deutsche Heeresveterinärwesen im Zweiten Weltkrieg, Freiburg i.Br. 1973; XI, 708 S.

Regional-/Lokalstudien

13521 Kästner, Ingrid: Die Einbeziehung des Forschungspotentials der Leipziger Medizinischen Fakultät in die Kriegsvorbereitungen während der Zeit des Faschismus, in: Sabine Fahrenbach/Achim Thom (Hg.), Der Arzt als »Gesundheitsführer«. Ärztliches Wirken zwischen Ressourcenerschließung und humanitärer Hilfe im 2. Weltkrieg, Frankfurt 1991, 61–68

A.3.17.3 Psychologie und Psychiatrie

Quellenkunde

13522 Will, Herbert: Heil Hitler! Gez. Müller-Braunschweig. Gab es eine Kollaboration der deutschen Psychoanalyse mit dem Nationalsozialismus?, in: Karl M. Michel/Tilman Spengler (Hg.), Kollaboration. (Kursbuch, 115), Berlin 1994, 123–36

Darstellungen

13523 Ash, Mitchell G.: Psychology in Twentieth Century Germany: Science and Profession, in: Geoffrey Cocks/Konrad H. Jarausch (Hg.), German Professions, 1800–1950, New York/Oxford 1990, 289–307

13524 Ash, Mitchell G./Geuter, Ulfried: NSDAP-Mitgliedschaft und Universitäts-Karriere in der Psychologie, in: Carl F. Graumann (Hg.), Psychologie im Nationalsozialismus, Berlin u. a. 1985, 263–78

13525 Baader, Gerhard: Psychiatrie, Psychotherapie, Psychosomatik, in: Medizin im Nationalsozialismus. Tagung vom 30. April bis 2. Mai 1982. (Protokolldienst, 23), Hg. Evangelische Akademie Bad Boll, Bad Boll 1982, 148–62

13526 Becker-von Rose, Peta: Carl Schneider – wissenschaftlicher Schrittmacher der Euthanasieaktion und Universitätspsychiater in Heidelberg, in: Gerrit Hohendorf/ Achim Magull-Seltenreich (Hg.), Von der Heilkunde zur Massentötung. Medizin im Nationalsozialismus, Heidelberg 1990, 91–108 (Disk.: 109–12)**

13527 Benetka, Gerhard/Kienreich, Werner: Der Einmarsch in die akademische Seelenlehre, in: Gernot Heiß u.a. (Hg.), Willfährige Wissenschaft. Die Universität Wien 1938–1945, Wien 1989, 115–32

13528 Blasius, Dirk: »Einfache Seelenstörung«. Geschichte der deutschen Psychiatrie 1800–1945, Frankfurt 1994; 250 S.

13529 Blasius, Dirk: Die »Maskerade des Bösen«. Psychiatrische Forschung in der NS-Zeit, in: Norbert Frei (Hg.), Medizin und Gesundheitspolitik in der NS-Zeit, München 1991, 265–86

13530 Blasius, Dirk: Psychiatrischer Alltag im Nationalsozialismus, in: Detlev J. K. Peukert/Jürgen Reulecke (Hg.), Die Reihen fast geschlossen. Beiträge zur Geschichte des Alltags unterm Nationalsozialismus, Wuppertal 1981, 367–80

13531 Brainin, Elisabeth/Kaminer, Isidor J.: Psychoanalyse und Nationalsozialismus, in: Psyche 36 (1982), 989–1012

13532 Cocks, Geoffrey: The Professionalization of Psychotherapy in Germany, 1928–1949, in: Geoffrey Cocks/Konrad H. Jarausch (Hg.), German Professions, 1800–1950, New York/Oxford 1990, 308–28

13533 Cocks, Geoffrey C.: Psychoanalyse, Psychotherapie und Nationalsozialismus, in: Psyche 37 (1983), 1057–1106

13534 Dahmer, Helmut: Kapitulation vor der »Weltanschauung«. Zu einem Beitrag von Carl Müller-Braunschweig aus dem Herbst 1933, in: Psyche 37 (1983), 1116–35

13535 Fallend, Karl: Psychoanalyse bis 1945, in: Mitchell G. Ash/Ulfried Geuter (Hg.), Geschichte der deutschen Psychologie im 20. Jahrhundert, Opladen 1985, 113–45

13536 Geuter, Ulfried: Die Professionalisierung der deutschen Psychologie im Nationalsozialismus, Frankfurt 1984; 593 S.

13537 Geuter, Ulfried: Polemos panton pater – Militär und Psychologie im Deutschen Reich 1914–1945, in: Mitchell G. Ash/Ulfried Geuter (Hg.), Geschichte der deutschen Psychologie im 20. Jahrhundert, Opladen 1985, 146–71

13538 Geuter, Ulfried: Nationalsozialistische Ideologie und Psychologie, in: Mitchell G. Ash/Ulfried Geuter (Hg.), Geschichte der deutschen Psychologie im 20. Jahrhundert, Opladen 1985, 172–200

13539 Geuter, Ulfried: Der Nationalsozialismus und die Entwicklung der deutschen Psychologie, in: Steffen Harbordt (Hg.), Wissenschaft und Nationalsozialismus. Zur Stellung der Staatsrechtslehre, Staatsphilosophie, Psychologie, Naturwissenschaft und der Universität zum Nationalsozialismus. Eine Vortragsreihe des Fachbereichs Gesellschafts- und Planungswissenschaften der Technischen Universität Berlin im Wintersemester 1982/83, Berlin 1983, 82–100

13540 Graf, Hendrik: »Betrifft: Überführung von Kranken«. Kranken- und Irrenpflege in der Zeit des Nationalsozialismus, in: Ralf Seidel/Wolfgang F. Werner (Red.), Psychiatrie im Abgrund. Spurensuche und Standortbestimmung nach den NS-Psychiatrie-Verbrechen, Hg. Archivberatungsstelle Rheinland, Köln 1991, 86–109

13541 Graumann, Carl F. (Hg.): Psychologie im Nationalsozialismus, Berlin u.a. 1985; VII, 318 S.

13542 Güse, Hans-Georg/Schmacke, Norbert: Psychiatrie zwischen bürgerlicher Revolution und Faschismus, 2 Bde., Kronberg, Ts. 1976; XVI, XVI, 464 S.

13543 Güse, Hans-Georg/Schmacke, Norbert: Psychiatrie und Faschismus, in: Hans-

Georg Güse/Norbert Schmacke, Psychiatrie zwischen bürgerlicher Revolution und Faschismus, Bd. 2, Kronberg, Ts. 1976, 323–432

13544 Hauß, Friedrich: Von der Zwangsjacke zur Fördergruppe: Geistig Behinderte in der Geschichte der Psychiatrie. Medizinhistorische Untersuchungen über das sich wandelnde Krankheitsverständnis anhand von Psychiatrielehrbüchern ab 1850, Frankfurt u. a. 1989; 214 S.

13545 Hermanns, Ludger M.: Bemerkungen zur Geschichte der deutschen Psychotherapie im Nationalsozialismus, in: Medizin im Nationalsozialismus. Tagung vom 30. April bis 2. Mai 1982. (Protokolldienst, 23), Hg. Evangelische Akademie Bad Boll, Bad Boll 1982, 163–69

13546 Jantzen, Wolfgang: Der »Fall« [Hermann] Stutte und die »Stereoskopische Sicht«. Eine methodologische Studie zur Geschichte der deutschen Kinder- und Jugendpsychiatrie, in: FW 10 (1993), Nr. 2, 25–30

13547 Kersting, Franz-Werner u. a. (Hg.): Nach Hadamar. Zum Verhältnis von Psychiatrie und Gesellschaft im 20. Jahrhundert, Paderborn 1993; 322 S.*

13548 Kersting, Franz-Werner u. a.: Gesellschaft – Psychiatrie – Nationalsozialismus. Historisches Interesse und gesellschaftliches Bewußtsein, in: Franz-Werner Kersting u. a. (Hg.), Nach Hadamar. Zum Verhältnis von Psychiatrie und Gesellschaft im 20. Jahrhundert, Paderborn 1993, 9–61

13549 Lingens, Ella: Psychoanalyse unter dem Nationalsozialistischen Regime, in: SFHB 7 (1983), Nr. 2, 12–15

13550 Lockot, Regine: Erinnern und Durcharbeiten. Zur Geschichte der Psychoanalyse und Psychotherapie im Nationalsozialismus, Frankfurt 1985; 386 S.

13551 Lohmann, Hans-Martin (Hg.): Psychoanalyse und Nationalsozialismus. Beiträge zur Bearbeitung eines unbewältigten Traumas, Frankfurt 1984; 282 S.

13552 Lohmann, Hans-Martin: Die Psychoanalyse unterm Hakenkreuz, in: Medizin im NS-Staat. (DH, 4), München 1988, 116–27

13553 Lohmann, Hans-Martin/Rosenkötter, Lutz: Psychoanalyse in Hitlerdeutschland. Wie war es wirklich?, in: Psyche 36 (1982), 963–88

13554 Lohmann, Hans-Martin/Rosenkötter, Lutz: Psychoanalyse in Hitlerdeutschland. Wie war es wirklich? Ein Nachtrag, in: Psyche 37 (1983), 1107–15

13555 Meyer, Joachim-Ernst: Psychiatrie im Nationalsozialismus, in: Ralf Seidel/Wolfgang F. Werner (Red.), Psychiatrie im Abgrund. Spurensuche und Standortbestimmung nach den NS-Psychiatrie-Verbrechen, Hg. Archivberatungsstelle Rheinland, Köln 1991, 12–24

13556 Neumärker, Klaus-Jürgen: Karl Bonhoeffer. Leben und Werk eines deutschen Psychiaters und Neurologen in seiner Zeit, Leipzig 1990; 232 S.

13557 Pfäfflin, Friedemann u. a.: Universitätspsychiatrie und Nationalsozialismus, in: Ulrich Jokusch/Lothar Scholz (Hg.), Verwaltetes Morden im Nationalsozialismus. Verstrickung – Verdrängung – Verantwortung von Psychiatrie und Justiz. Eine deutsch-israelische Tagung, Regensburg 1992, 41–62

13558 Prinz, Wolfgang: Ganzheits- und Gestaltpsychologie und Nationalsozialismus, in: Peter Lundgreen (Hg.), Wissenschaft im Dritten Reich, Frankfurt 1985, 55–81

13559 Psychoanalyse im Nationalsozialismus, in: Karen Brecht u. a. (Hg.), »Hier geht das Leben auf eine sehr merkwürdige Weise weiter...« Zur Geschichte der Psychoanalyse in Deutschland. Katalog und Materialiensammlung zur Ausstellung anläßlich des 34. Kongresses der Internationalen Psychoanalytischen Vereinigung (IPV) in Hamburg vom 28.7.–2.8. 1985, 1. u. 2. Aufl., o. O. [1985], 86–173

13560 Roer, Dorothee: Psychiatrie im Faschismus: das Schicksal der Kinder, in: Renate Cogoy u.a. (Hg.), Erinnerung einer Profession. Erziehungsberatung, Jugendhilfe und Nationalsozialismus, Münster 1989, 161–72

13561 Roer, Dorothee/Henkel, Dieter: Funktion bürgerlicher Psychiatrie und ihre besondere Form im Faschismus, in: Dorothee Roer/Dieter Henkel (Hg.), Psychiatrie im Faschismus. Die Anstalt Hadamar 1933–1945, Bonn 1986, 13–37

13562 Schmuhl, Hans-Walter: Kontinuität oder Diskontinuität? Zum epochalen Charakter der Psychiatrie im Nationalsozialismus, in: Franz-Werner Kersting u.a. (Hg.), Nach Hadamar. Zum Verhältnis von Psychiatrie und Gesellschaft im 20. Jahrhundert, Paderborn 1993, 112–36

13563 Schmuhl, Hans-Walter: Reformpsychiatrie und Massenmord, in: Michael Prinz/Rainer Zitelmann (Hg.), Nationalsozialismus und Modernisierung, 2. Aufl., Darmstadt 1994, 239–66 (zuerst 1991)

13564 Schmuhl, Hans-Walter: Die Selbstverständlichkeit des Tötens. Psychiater im Nationalsozialismus, in: GG 16 (1990), 411–39

13565 Schröder, Christina: Programm und Wirksamkeit der »Neuen deutschen Seelenkunde«, in: Achim Thom/Genadij I. Caregorodcev (Hg.), Medizin unterm Hakenkreuz, Berlin (O) 1989, 283–305

13566 Schröder, Christina: Die Ausbildung zum »Volkspsychotherapeuten« und »Behandelnden und Beratenden Psychologen« am Institut für Psychologische Forschung und Psychotherapie [Berlin] 1936–1944, in: Leo Montada (Hg.), Bericht über den 38. Kongreß der Deutschen Gesellschaft für Psychologie in Trier 1992, Bd. 2, Göttingen u.a. 1993, 285–93

13567 Schultz, Ulrich: Fragmente zur Geschichte der deutschen Psychosomatik von 1920–1945 (1), in: Medizin im Nationalsozialismus. Tagung vom 30. April bis 2. Mai 1982. (Protokolldienst, 23), Hg. Evangelische Akademie Bad Boll, Bad Boll 1982, 170–87

13568 Siemen, Hans-Ludwig: Das Grauen ist vorprogrammiert. Psychiatrie zwischen Faschismus und Atomkrieg, Gießen 1982; 248 S.

13569 Siemen, Hans-Ludwig: Menschen blieben auf der Strecke... Psychiatrie zwischen Reform und Nationalsozialismus, Gütersloh 1987; 253 S.

13570 Thom, Achim: Die Entwicklung der Psychiatrie und die Schicksale psychisch Kranker sowie geistig Behinderter unter den Bedingungen der faschistischen Diktatur, in: Achim Thom/Genadij I. Caregorodcev (Hg.), Medizin unterm Hakenkreuz, Berlin (O) 1989, 127–65

13571 Walter, Bernd: Anstaltsleben als Schicksal. Die nationalsozialistische Erb- und Rassenpflege an Psychiatriepatienten, in: Norbert Frei (Hg.), Medizin und Gesundheitspolitik in der NS-Zeit, München 1991, 217–34

13572 Walter, Bernd: Das behinderte Kind im Nationalsozialismus – ausgegrenzt und tödlich gefährdet, in: Wolfgang Gernert (Hg.), Über die Rechte des Kindes. Impulse für die Jugendhilfe zum Schutz des Kindes durch Familie, Gesellschaft und Staat, Stuttgart u.a. 1992, 51–61

13573 Weber, Klaus: Vom Aufbau des Herrenmenschen. Philipp Lersch – eine Karriere als Militärpsychologe und Charakterologe, Pfaffenweiler 1994; 153 S.

13574 Zapp, Gudrun: Psychoanalyse und Nationalsozialismus. Untersuchungen zum Verhältnis Medizin/Psychoanalyse während des Nationalsozialismus, Diss. Kiel 1980; 259 S.

Regional-/Lokalstudien: Quellenkunde

13575 Werner, Wolfgang F.: Das Projekt »Rheinische Psychiatriegeschichte« des

Landschaftsverbandes Rheinland, in: Archivar 45 (1992), 69–74

Regional-/Lokalstudien: Gedruckte Quellen

13576 Sutter, Peter (Hg.): Der sinkende Petrus. Rickling 1933–1945, Rickling 1986; 310 S.

Regional-/Lokalstudien: Darstellungen

13577 Cocks, Geoffrey C.: Psychotherapy in the Third Reich. The Göring Institute, New York/Oxford 1985; XII, 326 S.

13578 Delius, Peter: Das Ende von Strecknitz. Die Lübecker Heilanstalt und ihre Auflösung 1941, Kiel 1988; 268 S.

13579 Hübener, Kristina: Heilen, Pflegen, Töten. Brandenburgische Provinzialanstalten im Nationalsozialismus, in: Menora 4 (1993), 334–59

13580 Huber, Wolfgang: Psychiatrie in Österreich seit 1933, Diss. Salzburg 1986; V, 395 S. (Ms. verviel.)

13581 Klieme, Joachim: Die Neuerkeröder Anstalten [bei Braunschweig] in der Zeit des Nationalsozialismus, Sickte-Neuerkeröde 1984; 105 S.

13582 Leininger, Gerlind: Die Kreispflegeanstalt Freiburg 1877 bis 1940, in: Schauins-Land 108 (1989), 251–80

13583 Loos, Herbert: Die Heil- und Pflegeanstalt Berlin-Herzberge während der Jahre des Zweiten Weltkrieges, in: Sabine Fahrenbach/Achim Thom (Hg.), Der Arzt als »Gesundheitsführer«. Ärztliches Wirken zwischen Ressourcenerschließung und humanitärer Hilfe im 2. Weltkrieg, Frankfurt 1991, 129–34

13584 Moser, Helmut: Zur Entwicklung der akademischen Psychologie in Hamburg bis 1945. Eine Kontrast-Skizze als Würdigung des vergessenen Erbes von William Stern, in: Eckart Krause u. a. (Hg.), Hochschulalltag im »Dritten Reich«. Die Hamburger Universität 1933–1945, Bd. 2, Berlin/Hamburg 1991, 483–518

13585 Paul, Rainer: Psychologie unter den Bedingungen der »Kulturwende«. Das Psychologische Institut 1933–1945, in: Heinrich Becker u. a. (Hg.), Die Universität Göttingen unter dem Nationalsozialismus. Das verdrängte Kapitel ihrer 250jährigen Geschichte, München u. a. 1987, 321–44

13586 Pfäfflin, Friedemann u. a.: Todesfälle bei Frauen mit der Diagnose Schizophrenie im Sommer 1943, in: Friedemann Pfäfflin u. a. (Hg.), Der Mensch in der Psychiatrie. Für Jan Gross, Berlin u. a. 1988, 147–65

13587 Pfäfflin, Friedemann u. a.: Die jüdischen Patienten der Psychiatrischen und Nervenklinik des Universitätskrankenhauses Hamburg (1927–1945), in: Friedemann Pfäfflin u. a. (Hg.), Der Mensch in der Psychiatrie. Für Jan Gross, Berlin u. a. 1988, 101–28

13588 Psychiatrie im Nationalsozialismus. Auswirkungen der NS-Psychiatrie auf hessische Einrichtungen, Hg. Landeswohlfahrtsverband Hessen, Kassel 1989; 136 S.

13589 Psychiatrie in Heppenheim. Streifzüge durch die Geschichte eines hessischen Krankenhauses 1866–1992, Hg. Landeswohlfahrtsverband Hessen, Kassel 1993; 175 S.

13590 Richarz, Bernhard: Heilen, Pflegen, Töten. Zur Alltagsgeschichte einer Heil- und Pflegeanstalt [Elfing-Haar] bis zum Ende des Nationalsozialismus, München 1987; 217 S.

13591 Roer, Dorothee/Henkel, Dieter (Hg.): Psychiatrie im Faschismus. Die Anstalt Hadamar 1933–1945, Bonn 1986; 400 S.*

13592 Scherer, Karl: NS-Psychiatrie in der Heil- und Pflegeanstalt Klingenmünster, in: Dokumentation der Gedenkstunde anläßlich der Einweihung eines Mahnmals für die Opfer der nationalsozialistischen Psychiatrie in der Heil- und Pflegeanstalt Klingenmünster, Pfalzklinik Landeck, 9. November 1993, Hg. Bezirksverband Pfalz, o.O. (Neustadt a.d.W.) 1993, 31–41 (Ms. vervielf.)

13593 Schneider, Wolfgang C.: Die Chronik der Stadt Stuttgart 1933 bis 1945 und die »Ausscheidung Minderwertiger«. Probleme einer Chronik der NS-Zeit, in: Demokratie- und Arbeitergeschichte. Jahrbuch. Geschichtsschreibung, Medienkritik, Unterrichtsmaterialien, Hg. Franz-Mehring-Gesellschaft, Bd. 4/5, Stuttgart 1985, 232–310

13594 Sprung, Lothar/Schönpflug, Wolfgang (Hg.): Zur Geschichte der Psychologie in Berlin, Frankfurt u.a. 1992; 238 S.

13595 Steinert, Tilman: Die Geschichte des psychiatrischen Landeskrankenhauses Weissenau [bei Ravensburg]. Darstellung der Anstaltgeschichte von 1888 bis 1945 im ideengeschichtlichen und sozio-ökonomischen Kontext, Weinsberg 1985; IV, 153 S.

13596 Sueße, Thomas/Meyer, Heinrich: Abtransport des »Lebensunwerten«. Die Konfrontation niedersächsischer Anstalten mit der NS-»Euthanasie«, Hannover 1988; 244 S.

13597 Teppe, Karl: Auf der Suche nach der Wirklichkeit. Die Psychiatrie in Westfalen während der NS-Zeit, in: Westfalenspiegel 35 (1986), 69–73

13598 Thom, Achim: Kriegsopfer der Psychiatrie. Das Beispiel der Heil- und Pflegeanstalten Sachsens, in: Norbert Frei (Hg.), Medizin und Gesundheitspolitik in der NS-Zeit, München 1991, 201–16

13599 »totgeschwiegen« 1933–1945. Zur Geschichte der Wittenauer Heilstätten, seit 1957 Karl-Bonhoeffer-Nervenklinik [Berlin], Hg. Arbeitsgruppe zur Erforschung der Geschichte der Karl-Bonhoeffer-Nervenklinik, wiss. Beratung Götz Aly, 2., erw. Aufl., Berlin 1989; 287 S. (zuerst 1988)

13600 Walter, Bernd: Psychiatrie in Westfalen 1918–1945. Soziale Fürsorge – Volksgesundheit – Totaler Krieg, in: Karl Teppe (Hg.), Selbstverwaltungsprinzip und Herrschaftsordnung. Bilanz und Perspektiven landschaftlicher Selbstverwaltung in Westfalen, Münster 1987, 115–34

13601 Wollasch, Hans-Josef: Geistig behinderte Menschen zwischen »Caritas« und Nationalsozialismus. Die St. Josephs-Anstalt Herten in Baden, in: Caritas (1981), 350–68**

13602 Wunder, Michael u.a.: Auf dieser schiefen Ebene gibt es kein Halten mehr. Die Alsterdorfer Anstalten [Hamburg] im Nationalsozialismus, Hamburg 1987; 241 S.

13603 Wunder, Michael: Euthanasie in den letzten Kriegsjahren. Die Jahre 1944 und 1945 in der Heil- und Pflegeanstalt Hamburg-Langenhorn, Husum 1992; 236 S.

A.3.17.4 Bevölkerungswissenschaft, Bevölkerungs-, Familien- und Nationalitätenpolitik

[vgl. A.3.19.5.5]

Literaturberichte

13604 Labisch, Alfons: Kritischer Essay [zur Rassenhygiene in Deutschland], in: MHJ 25 (1990), 336–49

Gedruckte Quellen

13605 Denkschrift Himmlers über die Behandlung der Fremdvölkischen im Osten, Mai 1940. (Dokumentation), in: VfZ 5 (1957), 194–98

13606 Hale, Oron J.: Adolf Hitler and the Post-War German Birthrate. An Unpublished Memorandum, in: JCEA 17 (1957), 166–73

Darstellungen

13607 Aly, Götz u.a.: Sozialpolitik und Judenvernichtung. Gibt es eine Ökonomie der

Endlösung? (Beiträge zur nationalsozialistischen Gesellschafts- und Sozialpolitik, 5), Berlin 1987; 188 S.*

13608 Aly, Götz: Bevölkerungspolitische Selektion als Mittel der sozialen »Neuordnung«, in: Norbert Frei/Hermann Kling (Hg.), Der nationalsozialistische Krieg, Mitarb. Margit Brandt, Frankfurt/New York 1990, 137–45

13609 Assion, Peter/Schwinn, Peter: Migration, Politik und Volkskunde 1940/43. Zur Tätigkeit des SS-Ahnenerbes in Südtirol, in: Ina-Maria Greverus u.a. (Hg.), Kulturkontakt, Kulturkonflikt. Zur Erfahrung des Fremden. 26. Volkskundekongreß in Frankfurt vom 28. September bis 2. Oktober 1987, Bd. 1, 1988, 221–26

13610 Baader, Gerhard: Rassenhygiene und Eugenik. Vorbedingungen für die Vernichtungsstrategien gegen sogenannte »Minderwertige« im Nationalsozialismus, in: Johanna Bleker/Norbert Jachertz (Hg.), Medizin im Dritten Reich, Köln 1989, 22–29

13611 Becker, Peter E.: Zur Geschichte der Rassenhygiene. (Wege ins Dritte Reich, 1), Stuttgart/New York 1988; IX, 403 S.

13612 Bergmann, Anna u.a.: Menschen als Objekte humangenetischer Forschung und Politik im 20. Jahrhundert. Zur Geschichte des Kaiser Wilhelm-Instituts für Anthropologie, menschliche Erblehre und Eugenik in Berlin-Dahlem (1927–1945), in: Der Wert des Menschen. Medizin in Deutschland 1918–1945, Hg. Ärztekammer Berlin, hg. in Zusammenarbeit mit der Bundesärztekammer, Red. Christian Pross/Götz Aly, Berlin 1989, 121–42

13613 Bergmann, Christel: Nationalsozialismus und Familienschutz, Düsseldorf 1962; 136 S.

13614 Bock, Gisela: Antinatalism, Maternity, and Paternity in National Socialist Racism, in: Gisela Bock/Pat Thane (Hg.), Maternity and Gender Policies. Women and the Rise of European Welfare States, 1880's-1950's, London/New York 1991, 233–55

13615 Bock, Gisela: Frauen und Geschlechterbeziehungen in der nationalsozialistischen Rassenpolitik, in: Theresa Wobbe (Hg.), Nach Osten. Verdeckte Spuren nationalsozialistischer Verbrechen, Frankfurt 1992, 99–132

13616 Bock, Gisela: Krankenmord, Judenmord und nationalsozialistische Rassenpolitik: Überlegungen zu einigen neueren Forschungshypothesen, in: Frank Bajohr u.a. (Hg.), Zivilisation und Barbarei. Die widersprüchlichen Potentale der Moderne. Detlev Peukert zum Gedenken, Hamburg 1991, 285–306

13617 Bock, Gisela: Gleichheit und Differenz in der nationalsozialistischen Rassenpolitik, in: GG 19 (1993), 277–310

13618 Brozek, Andrzej: Hitlers Osterlaß vom 1. Februar 1939, in: Joachim Hütter u.a. (Hg.), Tradition und Neubeginn. Internationale Forschungen zur Geschichte des 20. Jahrhunderts, Köln u.a. 1975, 367–76

13619 Czarnowski, Gabriele: Das kontrollierte Paar. Ehe- und Sexualpolitik im Nationalsozialismus, Weinheim 1991; 320 S.

13620 Czarnowski, Gabriele: Frauen – Staat – Medizin. Aspekte der Körperpolitik im Nationalsozialismus, in: Frauen zwischen Auslese und Ausmerze. (beiträge zur feministischen theorie und praxis, 14), Hg. Verein Sozialwissenschaftliche Forschung und Praxis für Frauen, Köln 1985, 79–99

13621 Czarnowski, Gabriele: Familienpolitik als Geschlechterpolitik, in: Hans-Uwe Otto/Heinz Sünker (Hg.), Soziale Arbeit und Faschismus, 2., veränd. u. überarb. Aufl., Frankfurt 1989, 130–56 (zuerst Bielefeld 1986)

13622 Dichtl, Gabriele: Beiträge zur Frauenheilkunde und Geburtshilfe im Dritten Reich, Diss. Heidelberg 1983; VI, 91, 32 S. (Ms.)

13623 Dodenhoeft, Bettina: »Laßt mich nach Rußland heim.« Russische Emigranten in Deutschland von 1918 bis 1945, Frankfurt u. a. 1993; III, 338 S.

13624 Förster, Frank: Das Wendenbild der NS-Wissenschaft, in: NASG 64 (1994), 175–84

13625 Ganssmüller, Christian: Die Erbgesundheitspolitik des Dritten Reiches. Planung, Durchführung und Durchsetzung, Köln/Wien 1987; VII, 205 S.

13626 Gies, Horst: Zur Entstehung des Rasse- und Siedlungshauptamtes der SS, in: Paul Kluke zum 60. Geburtstage dargebracht von Frankfurter Schülern und Mitarbeitern, Frankfurt 1968, 127–39

13627 Gilman, Sander L.: Seuche in Deutschland 1939/1989: Kulturelle Vorstellungen von Rasse, Raum und Krankheit, in: 1999 6 (1991), Nr. 4, 63–84

13628 Hauner, Milan L.: A German Racial Revolution?, in: JCH 19 (1984), 669–87

13629 Hesse, Silke: Fascism and the Hypertrophy of Male Adolescence, in: John Milfull (Hg.), The Attractions of Fascism. Social Psychology and Aesthetics of the »Triumph of the Right«, New York u. a. 1990, 157–75

13630 Hillel, Marc/Henry, Charles: »Lebensborn e. V.«. Im Namen der Rasse, Wien u. a. 1975; 351 S. (franz.: Paris 1975)

13631 Hommel, Andrea/Hahn, Susanne: Zur Rolle der Organisation »Lebensborn e. V.« der SS, in: Sabine Fahrenbach/Achim Thom (Hg.), Der Arzt als »Gesundheitsführer«. Ärztliches Wirken zwischen Ressourcenerschließung und humanitärer Hilfe im 2. Weltkrieg, Frankfurt 1991, 135–41

13632 Hopster, Norbert/Wirrer, Jan: Tradition, Selbstinterpretation und Politik: Die Niederdeutsche Bewegung vor und nach 1933, in: Kay Dohnke u. a. (Hg.), Niederdeutsch im Nationalsozialismus. Studien zur Rolle regionaler Kultur im Faschismus, Hildesheim u. a. 1994, 59–122

13633 Horstmann, Kurt: Bevölkerungsverschiebungen und Bevölkerungsdichte im Bundesgebiet 1939 bis 1950, in: WiSt 3 (1983), 270–75

13634 Horváth, Szilvia: Reorganisation der Geschlechterverhältnisse. Familienpolitik im faschistischen Deutschland, in: Inszenierung der Macht. Ästhetische Faszination des Faschismus, Hg. Neue Gesellschaft für Bildende Kunst, Red. Klaus Behnken/Frank Wagner, Berlin 1987, 129–42

13635 [Hundert] 100 Jahre deutscher Rassismus. Katalog und Arbeitsbuch, Hg. Kölnische Gesellschaft für Christlich-Jüdische Zusammenarbeit, Katalog Sabine Hoss u. a., Ausstellung Hilmar S. Ankerstein u. a., Köln 1988; 247 S.* **

13636 Janowsky, Oscar I./Fagen, Melvin M.: International Aspects of German Racial Policies, Vorwort James B. Scott, Nachwort Josiah C. Wedgwood, New York 1937; XXI, 266 S.

13637 Kaiser, Jochen-Christoph: Diakonie und Eugenik im »Dritten Reich«. Grundzüge der Entwicklung 1933–1945, in: Wolfgang Stegemann (Hg.), Kirche und Nationalsozialismus, Mitarb. Dirk Acksteiner u. a., 2., überarb. u. erw. Aufl., Stuttgart u. a. 1992, 106–20 (zuerst 1990)

13638 Kaiser, Jochen-Christoph: Innere Mission und Rassenhygiene. Zur Diskussion im Centralausschuß für Innere Mission 1930–1938, in: LMGL 55 (1986), 197–217

13639 Kaul, Friedrich K.: Das »SS-Ahnenerbe« und die »jüdische Schädelsammlung« an der ehemaligen »Reichsuniversität Straßburg«, in: ZfG 16 (1968), 1460–74

13640 Kaupen-Haas, Heidrun (Hg.): Der Griff nach der Bevölkerung. Aktualität und Kontinuität nazistischer Bevölkerungspolitik, Nördlingen 1986; 179 S.*

13641 Kaupen-Haas, Heidrun: Die Bevölkerungsplaner im Sachverständigenbeirat für Bevölkerungs- und Rassenpolitik, in:

Heidrun Kaupen-Haas (Hg.), Der Griff nach der Bevölkerung. Aktualität und Kontinuität nazistischer Bevölkerungspolitik, Nördlingen 1986, 103–20

13642 Kaupen-Haas, Heidrun: Eine deutsche Biographie – der Bevölkerungspolitiker Hans Harmsen, in: Angelika Ebbinghaus u. a. (Hg.), Heilen und Vernichten im Mustergau Hamburg. Bevölkerungs- und Gesundheitspolitik im Dritten Reich, Hamburg 1984, 41–44

13643 Kaupen-Haas, Heidrun: Eugenik, Volk und Raum. Städtehygiene und Bevölkerungspolitik, dargestellt an einer Karriere [Hans Harmsen] seit 1926, in: Axel Schildt/ Arnold Sywottek (Hg.), Massenwohnung und Eigenheim. Wohnungsbau und Wohnen in der Großstadt seit dem Ersten Weltkrieg, Frankfurt/New York 1988, 288–305

13644 Kaupen-Haas, Heidrun: Das Experiment Gen- und Reproduktionstechnologie. Nationalsozialistische Fundamente in der internationalen Konzeption der modernen Geburtshilfe, in: Rainer Osnowski (Hg.), Menschenversuche: Wahnsinn und Wirklichkeit, Köln 1988, 88–97

13645 Koehl, Robert L.: RKFDV: German Resettlement and Population Policy, 1939–1945. A History of the Reich Commission for Strengthening of Germandom, Cambridge, Mass. 1957; XI, 263 S.

13646 Kühl, Stefan: The Nazi Connection. Eugenics, American Racism, and German National Socialism, New York/Oxford 1994; 192 S.

13647 Kuhn, Annette: Der Antifeminismus als verborgene Theoriebasis des deutschen Faschismus. Feministische Gedanken zur nationalsozialistischen »Biopolitik«, in: Leonore Siegele-Wenschkewitz/Gerda Stuchlik (Hg.), Frauen und Faschismus in Europa. Der faschistische Körper, Pfaffenweiler 1990, 39–50

13648 Lauterer, Heide-Marie: Liebestätigkeit für die Volksgemeinschaft. Der Kaiserswerther Verband Deutscher Diakonissenmutterhäuser in den ersten Jahren des NS-Regimes, Göttingen 1994; 240 S.

13649 Lenz, Karl: Die Bevölkerungswissenschaft im Dritten Reich, Wiesbaden 1983; 200 S.

13650 Lilienthal, Georg: Der »Lebensborn e. V.«. Ein Instrument nationalsozialistischer Rassenpolitik, Stuttgart/New York 1985; VII, 264 S. (TB Frankfurt 1993)

13651 Lilienthal, Georg: Medizin und Rassenpolitik. Der »Lebensborn e. V.« der SS, in: Johanna Bleker/Norbert Jachertz (Hg.), Medizin im Dritten Reich, Köln 1989, 47–57

13652 Lilienthal, Georg: Rassenhygiene im Dritten Reich. Krise und Wende, in: MHJ 14 (1979), 114–34

13653 Lilienthal, Georg: »Rheinlandbastarde«. Rassenhygiene und das Problem der rassenideologischen Kontinuität, in: MHJ 15 (1980), 426–37

13654 Löwenberg, Dieter: Willibald Hentschel (1858–1947), seine Pläne zur Menschenzüchtung, sein Biologismus und Antisemitismus, Mainz 1978; 129 S.

13655 Madajczyk, Czeslaw: Das Hauptamt für Volkstumsfragen und die Germanische Leitstelle, in: Ursula Büttner (Hg.), Das Unrechtsregime. Internationale Forschung über den Nationalsozialismus. Festschrift für Werner Jochmann zum 65. Geburtstag, Bd. 1, Hamburg 1986, 261–70

13656 Marschalck, Peter: Bevölkerungsgeschichte Deutschlands im 19. und 20. Jahrhundert, Frankfurt 1984; 203 S.

13657 Mühlfeld, Claus: Rezeption der nationalsozialistischen Familienpolitik. Eine Analyse über die Auseinandersetzungen mit der NS-Familienpolitik in ausgewählten Wissenschaften 1933–1939, Stuttgart 1992; IV, 394 S.

13658 Mühlfeld, Claus/Schönweiss, Friedrich: Nationalsozialistische Familienpolitik.

Familiensoziologische Analyse der nationalsozialistischen Familienpolitik, Stuttgart 1989; 341 S.

13659 Müller-Hill, Benno: Selektion. Die Wissenschaft von der biologischen Auslese des Menschen durch Menschen, in: Norbert Frei (Hg.), Medizin und Gesundheitspolitik in der NS-Zeit, München 1991, 137–56

13660 Nadav, Daniel S.: Julius Moses (1868–1942) und die Politik der Sozialhygiene in Deutschland, Vorwort Shlomo Na'man, Nachwort Kurt Nemitz, Gerlingen 1985, 304–10

13661 Pinn, Irmgard: Die »Verwissenschaftlichung« völkischen und rassistischen Gedankenguts am Beispiel der Zeitschrift »Volk und Rasse«, in: 1999 2 (1987), Nr. 4, 80–95

13662 Pollak, Michael: Rassenwahn und Wissenschaft. Anthropologie, Biologie, Justiz und die nationalsozialistische Bevölkerungspolitik, Frankfurt 1990; 59 S.

13663 Polomski, Franciszek: Über den Einfluß des Rassismus auf die Bevölkerungspolitik des Dritten Reiches, in: Joachim Hütter u. a. (Hg.), Tradition und Neubeginn. Internationale Forschungen zur Geschichte des 20. Jahrhunderts, Köln u. a. 1975, 337–44

13664 Propping, Peter/Schott, Heinz (Hg.): Wissenschaft auf Irrwegen. Biologismus – Rassenhygiene – Eugenik, Bonn/Berlin 1992; 150 S.*

13665 Ramm, Thilo: Familien- und Jugendrecht im Nationalsozialismus, in: Hubert Rottleuthner (Hg.), Recht, Rechtsphilosophie und Nationalsozialismus, Wiesbaden 1983, 75–81

13666 Rassenkunde und Rassenhygiene. Materialien zur Ausstellung, Bearb. Ulrich Kattmann/Horst Seidler, gefördert durch Universität Oldenburg/Wissenschaftliches Institut für Schulpraxis Bremen, Velber 1989; 16 S.

13667 Reulecke, Jürgen: Bevölkerungswissenschaft und Nationalsozialismus, in: Rainer Geißler/Wolfgang Popp (Hg.), Wissenschaft und Nationalsozialismus. Eine Ringvorlesung an der Universität-Gesamthochschule-Siegen, Essen 1988, 15–36

13668 Reyer, Jürgen: Alte Eugenik und Wohlfahrtspflege. Entwertung und Funktionalisierung der Fürsorge vom Ende des 19. Jahrhunderts bis zur Gegenwart, Freiburg 1991; 260 S.

13669 Reyer, Jürgen: »Rassenhygiene« und »Eugenik« im Kaiserreich und in der Weimarer Republik: Pflege der »Volksgesundheit« oder Sozialrassismus?, in: Ulrich Herrmann/Jürgen Oelkers (Hg.), Pädagogik und Nationalsozialismus, Weinheim/Basel 1988, 113–45

13670 Ritter, Gerhard: Wunschträume Heinrich Himmlers am 21. Juli 1944, in: GWU 5 (1954), 162–68

13671 Röhr, Werner: Rassismus, Politik und Ökonomik beim Völkermord der deutschen Faschisten. Über die utilitaristische Funktion der Menschenvernichtung für die »Modernisierung« und »Neuordnung« des von den Nazis besetzten Europa, in: BD 4 (1993), Nr. 5, 35–46

13672 Rost, Karl L.: Der propagandistische Mißbrauch des Begriffes »Erbkrankheit« im NS-Staat, in: Peter Propping/Heinz Schott (Hg.), Wissenschaft auf Irrwegen. Biologismus – Rassenhygiene – Eugenik, Bonn/Berlin 1992, 44–65

13673 Roth, Karl H.: Schöner neuer Mensch. Der Paradigmenwechsel der Klassischen Genetik und seine Auswirkungen auf die Bevölkerungsbiologie des »Dritten Reichs«, in: Heidrun Kaupen-Haas (Hg.), Der Griff nach der Bevölkerung. Aktualität und Kontinuität nazistischer Bevölkerungspolitik, Nördlingen 1986, 11–63

13674 Roth, Karl H.: Bevölkerungspolitik und Zwangsarbeit im »Generalplan Ost«, in: MDNSS 1 (1985), Nr. 3, 70–93

13675 Rothbarth, Maria: Verband der nationalen Minderheiten Deutschlands (VnM) 1924–1938, in: Lexikon zur Parteiengeschichte. Die bürgerlichen und kleinbürgerlichen Parteien und Verbände in Deutschland (1789–1945), Hg. Dieter Fricke u. a., Bd. 4, Leipzig (LA Köln) 1986, 248–52

13676 Rothmaler, Christiane: Die Sozialpolitikerin Käthe Petersen zwischen Auslese und Ausmerze, in: Angelika Ebbinghaus (Hg.), Opfer und Täterinnen. Frauenbiographien des Nationalsozialismus, Nördlingen 1987, 75–90

13677 Ruhl, Klaus-Jörg: Zwischen völkischer und konservativer Ideologie. Familienpolitik in Deutschland (1913–1963), in: Jost Dülffer u. a. (Hg.), Deutschland in Europa. Kontinuität und Bruch. Gedenkschrift für Andreas Hillgruber, Frankfurt/Berlin 1990, 374–88

13678 Ruhl, Klaus-Jörg: Die nationalsozialistische Familienpolitik (1933–1945). Ideologie – Maßnahmen – Bilanz, in: GWU 42 (1991), 479–88

13679 Saller, Karl: Die Rassenlehre des Nationalsozialismus in Wissenschaft und Propaganda, Darmstadt 1961; 179 S.

13680 Scheffler, Wolfgang: Gedanken zur Rassenpolitik des Nationalsozialismus, in: Rudolf Lill/Heinrich Oberreuther (Hg.), Machtverfall und Machtergreifung. Aufstieg und Herrschaft des Nationalsozialismus, München 1983, 275–88

13681 Schiedeck, Jürgen: Mütterschulung im Nationalsozialismus, in: TPSA 39 (1989), Nr. 9, 344–53

13682 Schleiermacher, Sabine: Die Innere Mission und ihr bevölkerungspolitisches Programm, in: Heidrun Kaupen-Haas (Hg.), Der Griff nach der Bevölkerung. Aktualität und Kontinuität nazistischer Bevölkerungspolitik, Nördlingen 1986, 73–89

13683 Schleiermacher, Sabine: Die SS-Stiftung »Ahnenerbe«. Menschen als Material für exakte Wissenschaft, in: Rainer Osnowski (Hg.), Menschenversuche: Wahnsinn und Wirklichkeit, Köln 1988, 70–87

13684 Schneider, Wolfgang (Hg.): »Vernichtungspolitik«. Eine Debatte über den Zusammenhang von Sozialpolitik und Genozid im nationalsozialistischen Deutschland, Hamburg 1991; 199 S.*

13685 Segal, Lilli: Im Osten sollte ein kulturloses Sklavenvolk einer germanischen Herrenrasse dienen, in: Burchard Brentjes (Hg.), Wissenschaft unter dem NS-Regime, Berlin u. a. 1992, 89–106

13686 Seidler, Franz W.: Lebensborn e. V. der SS. Vom Gerücht zur Legende, in: Uwe Backes u. a. (Hg.), Die Schatten der Vergangenheit. Impulse zur Historisierung des Nationalsozialismus, 2. Aufl., Frankfurt/Berlin 1992, 291–318 (zuerst 1990)

13687 Seidler, Horst: Anthropologen im Widerstand? Ein kurzer Versuch zu Vergangenheit und Gegenwart, in: Maria Zenner (Hg.), Der Widerstand gegen den Nationalsozialismus. Eine interdisziplinäre didaktische Konzeption zu seiner Erschließung, Bochum 1989, 67–121**

13688 Seidler, Horst/Rett, Andreas: Rassenhygiene. Ein Weg in den Nationalsozialismus, Wien/München 1988; 320 S.

13689 Seidler, Horst/Rett, Andreas: Das Reichssippenamt entscheidet. Rassenbiologie im Nationalsozialismus, Wien/München 1982; 296 S.

13690 Steinberg, Heinz G.: Die Bevölkerungsentwicklung in Deutschland im Zweiten Weltkrieg mit einem Überblick über die Entwicklung von 1945 bis 1990, Hg. Kulturstiftung der deutschen Vertriebenen, Bonn 1991; 319 S.

13691 Stephenson, Jill: Reichsbund der Kinderreichen. The League of Large Families in the Population Policy of Nazi Germany, in: ESR 9 (1979), 351–75

13692 Ternon, Yves/Helman, Socrate: Histoire de la Médicine SS ou Le mythe du racisme biologique, Tournai 1971; 223 S.

13693 Ternon, Yves/Helman, Socrate: Le massacre des aliénés. Des théoriciens nazis aux praticiens SS, Tournai 1971; 269 S.

13694 Thieme, Frank: Rassentheorien zwischen Mythos und Tabu. Der Beitrag der Sozialwissenschaft zur Entstehung und Wirkung der Rassenideologie in Deutschland, Frankfurt u. a. 1988; X, 258 S.

13695 Thomann, Klaus-Dieter: Das Reichsgesundheitsamt und die Rassenhygiene. Ein Rückblick anläßlich der Verabschiedung des »Gesetzes zur Verhütung erbkranken Nachwuchses«, in: BGesBl 26 (1983), 206–13

13696 Thompson, Larry V.: Lebensborn and the Eugenics Policy of the Reichsführer-SS, in: CEH 4 (1971), 54–77

13697 Weber, Matthias M.: Ernst Rüdin. Eine kritische Biographie, Berlin/Heidelberg 1993; XIII, 352 S.

13698 Weber-Kellermann, Ingeborg: Die deutsche Familie. Versuch einer Sozialgeschichte, 8. Aufl., Frankfurt 1985; 287 S. (zuerst 1974)

13699 Weindling, Paul: Health, Race, and German Politics between National Unification and Nazism, 1870–1945, 3. Aufl., Cambridge 1993; X, 641 S. (zuerst 1989)

13700 Weingart, Peter u. a.: Rasse, Blut und Gene. Geschichte der Eugenik und Rassenhygiene in Deutschland, 2. Aufl., Frankfurt 1992; 746 S. (zuerst 1988)

13701 Weingart, Peter: Eugenische Utopien. Entwürfe für die Rationalisierung der menschlichen Entwicklung, in: Harald Welzer (Hg.), Nationalsozialismus und Moderne, Tübingen 1993, 166–83

13702 Weingart, Peter: Eugenik – eine angewandte Wissenschaft. Utopien der Menschenzüchtung zwischen Wissenschaftsentwicklung und Politik, in: Peter Lundgreen (Hg.), Wissenschaft im Dritten Reich, Frankfurt 1985, 314–49

13703 Ziegler, Herbert F.: Fight against the Empty Cradle. Nazi Pronatal Polities and the SS-Führerkorps, in: HSR 11 (1986), Nr. 38, 25–40

13704 Zimmermann, Michael: Feindschaft gegen Fremde und moderner Rassismus: Robert Ritters »Rassenhygienische Forschungsstelle«, in: Klaus J. Bade (Hg.), Deutsche im Ausland – Fremde in Deutschland. Migration in Geschichte und Gegenwart, München 1992, 333–44

Regional-/Lokalstudien

13705 Brozek, Andrzej: Grundzüge der Bevölkerungswanderungen im ehemaligen Preußischen Osten im 20. Jahrhundert bis 1944–45, in: Joachim Hütter u. a. (Hg.), Tradition und Neubeginn. Internationale Forschungen zur Geschichte des 20. Jahrhunderts, Köln u. a. 1975, 355–66

13706 Castell Rüdenhausen, Adelheid Gräfin zu/Reulecke, Jürgen: Aspekte der nationalsozialistischen Gesellschaftspolitik am Beispiel der Jugend- und Rassenpolitik, in: Kurt Düwell/Wolfgang Köllmann (Hg.), Rheinland-Westfalen im Industriezeitalter. Beiträge zur Landesgeschichte im 19. und 20. Jahrhundert, Bd. 3: Vom Ende der Weimarer Republik zum Land Nordrhein-Westfalen, Wuppertal 1984, 159–78

13707 Dohnke, Kay u. a. (Hg.): Niederdeutsch im Nationalsozialismus. Studien zur Rolle regionaler Kultur im Faschismus, Hildesheim 1994; 554 S.*

13708 Dreßen, Willi/Rieß, Volker: Ausbeutung und Vernichtung. Gesundheitspolitik im Generalgouvernement, in: Norbert Frei (Hg.), Medizin und Gesundheitspolitik in der NS-Zeit, München 1991, 157–72

13709 Hohmann, Joachim S.: Landvolk unterm Hakenkreuz. Agrar- und Rassenpolitik in der Rhön. Ein Beitrag zur Landesgeschichte Bayerns, Hessens und Thüringens, 2 Bde., Frankfurt u. a. 1992; 547; XIV, 742 S.

13710 Huebner, Todd: Ethnicity Denied: Nazi Policy Towards the Lusatian Sorbs, 1933–1945, in: GH 6 (1988), 250–77

13711 Kasper, Martin: Geschichte der Sorben. Gesamtdarstellung, Bd. 3: Von 1917 bis 1945, Bautzen 1976; 219 S.

13712 Kasper, Martin/Solta, Jan: Aus Geheimakten nazistischer Wendenpolitik, Bautzen 1960; 59 S.**

13713 Köllmann, Wolfgang u. a.: Bevölkerungsgeschichte, in: Wolfgang Köllmann u. a. (Hg.), Das Ruhrgebiet im Industriezeitalter. Geschichte und Entwicklung, Bd. 1, Düsseldorf 1990, 111–97; Bd. 2, 595–98

13714 Miedaner, Lore: Die Stuttgarter Mütterschule 1916–1945. Lernen, nicht Gebären wird ausschlaggebend für die Mutterschaft, Stuttgart 1981; X, 355 S.

13715 Oenning, Ralf K.: »Du da miti polnischen Farben . . .« Sozialisationserfahrungen von Polen im Ruhrgebiet 1918 bis 1939, Münster 1991; VI, 186 S.

13716 Schwinn, Peter: »SS-Ahnenerbe« und »Volkstumsarbeit« in Südtirol, in: Reinhard Johler u. a. (Hg.), Im Auge der Ethnographen. (Volkskultur und Südtirol. Tagung in Lana, 5.–7. Mai 1989), Wien/Lana 1991, 91–104

13717 Schwinn, Peter: Auf Germanensuche in Südtirol. Zu einer volkskundlichen Enquête des SS-Ahnenerbes, in: JbV N. F. 12 (1989), 85–98

13718 Söldner, Ludwig: Evangelische Frauenhilfe zu Neuss im Kaiserreich, der Weimarer Republik und im Dritten Reich, in: MEKR 40 (1991), 301–34

13719 Steinberg, Heinz G.: Bevölkerungsentwicklung des Ruhrgebiets im 19. und 20. Jahrhundert, Düsseldorf 1978; (7), 186 S.

13720 Stone, Gerald: The Smallest Slavonic Nation: The Sorbs of Lusatia, London 1972; 201 S.

13721 Töteberg, Michael: »Nedderdüütsch Volk op'n Weg«. Die Vereinigung Niederdeutsches Hamburg. Ein Dossier, in: Kay Dohnke u. a. (Hg.), Niederdeutsch im Nationalsozialismus. Studien zur Rolle regionaler Kultur im Faschismus, Hildesheim u. a. 1994, 123–48

13722 Weindling, Paul: »Mustergau« Thüringen. Rassenhygiene zwischen Ideologie und Machtpolitik, in: Norbert Frei (Hg.), Medizin und Gesundheitspolitik in der NS-Zeit, München 1991, 81–98

13723 Zwahr, Hartmut (Hg.): Meine Landsleute. Die Sorben und die Lausitz im Zeugnis deutscher Zeitgenossen. Von Spener und Lessing bis Pieck, Bautzen 1984, 383–417

A.3.17.5 Medizinverbrechen

[vgl. A.3.10.8]

Bibliographien

13724 Beck, Christoph: Sozialdarwinismus – Rassenhygiene – Zwangssterilisation und Vernichtung »lebensunwerten« Lebens. Bibliographie zum Umgang mit behinderten Menschen im »Dritten Reich« – und heute, Vorwort Klaus Dörner, Bonn 1992; IX, 362 S.

13725 Koch, Gerhard: Euthanasie, Sterbehilfe. Eine dokumentierte Bibliographie, Erlangen 1984; XVI, 300 S.

Literaturberichte

13726 Bock, Gisela: Rassenpolitik, Medizin und Massenmord im Nationalsozialismus [Literaturbericht], in: AfS 30 (1990), 423–53

13727 Hieronimi, Stefan: Nationalsozialistische Vernichtungsaktionen an geistig

Kranken im Spiegel psychiatriehistorischer Publikationen des Nachkriegsdeutschland. Eine Auseinandersetzung mit psychiatriehistorischen Positionen zur Geschichte der deutschen Psychiatrie 1933–1945, Diss. Mainz 1981; 75 S.

13728 Kaiser, Jochen-Christoph: Kritische Anmerkungen zu Neuerscheinungen über die Geschichte von Heil- und Pflegeanstalten im Kontext von Eugenik – Sterilisation – »Euthanasie«, in: WF 38 (1988), 326–34

13729 Lohmann, Thomas: Euthanasie in der Diskussion. Zu Beiträgen aus Medizin und Theologie seit 1945, Düsseldorf 1975; 248 S.

13730 Schierbaum, Clausjürgen: Aussondern des »Unwerten«. Anmerkungen zur nationalsozialistischen »Euthanasie«-Politik im Spiegel der Forschung, in: NPL 32 (1987), 220–32

Quellenkunde

13731 Roelcke, Volker/Hohendorf, Gerrit: Akten der »Euthanasie«-Aktion T 4 gefunden, in: VfZ 41 (1993), 479–81

Gedruckte Quellen

13732 Braune, Paul G.: Denkschrift für Adolf Hitler vom 9. Juli 1940, in: Götz Aly (Hg.), Aktion T 4 1939–1945. Die »Euthanasie«-Zentrale in der Tiergartenstraße 4, 2., erw. Aufl., Berlin 1989, 23–33 (zuerst 1987); zuerst abgedr. in: IM 37 (1947), 16–39

13733 Chroust, Peter (Bearb.): Friedrich Mennecke. Innenansichten eines medizinischen Täters im Nationalsozialismus. Eine Briefauswahl, in: Götz Aly u.a., Biedermann und Schreibtischtäter. Materialien zur deutschen Täter-Biographie. (Beiträge zur nationalsozialistischen Gesundheits- und Sozialpolitik, 4), Berlin 1987, 67–122

13734 Ebbinghaus, Angelika: Die Ärztin Herta Oberheuser und die kriegschirugischen Experimente im Frauen-Konzentrationslager Ravensbrück [bei Fürstenberg]. Dokumentation, Mitarb. Karl H. Roth/Michael Hepp, in: Angelika Ebbinghaus (Hg.), Opfer und Täterinnen. Frauenbiographien des Nationalsozialismus, Nördlingen 1987, 250–73

13735 Ebbinghaus, Angelika/Preissler, Gerd (Bearb.): Die Ermordung psychisch kranker Menschen in der Sowjetunion. Dokumentation, in: Götz Aly u.a. (Hg.), Aussonderung und Tod. Die klinische Hinrichtung der Unbrauchbaren. (Beiträge zur nationalsozialistischen Gesundheits- und Sozialpolitik, 1), Berlin 1985, 75–107

13736 Friedrich Mennecke – Innenansichten eines medizinischen Täters im Nationalsozialismus. Briefe eines »Euthanasie«-Arztes an seine Frau (1935–1947), Hg. Hamburger Institut für Sozialforschung, Bearb. Peter Chroust, Hamburg 1987; 1721 S.

13737 Hase, Christoph (Hg.): Evangelische Dokumente zur Ermordung der »unheilbar Kranken« unter nationalsozialistischer Herrschaft in den Jahren 1939–45, hg. i.A. der Inneren Mission und Hilfswerk der Evangelischen Kirche in Deutschland, Stuttgart 1964; 128 S.

13738 Kaiser, Jochen-Christoph u.a. (Hg.): Eugenik – Sterilisation – »Euthanasie«. Politische Biologie in Deutschland 1895–1945. Eine Dokumentation, Berlin 1992; XXXIII, 350 S.

13739 Klee, Ernst (Hg.): Dokumente zur »Euthanasie«, Frankfurt 1985; 342 S.

13740 Mendelsohn, John (Hg.): The Holocaust. Selected Documents in 18 Volumes, Bd. 9: Medical Experiments on Jewish Inmates of Concentration Camps, New York 1982; 245 S.

13741 Mitmachen, Zustimmen, Hinnehmen, Widerstehen. Die Krankenmorde zwischen »Geheimer Reichssache« und Privatangelegenheit. Eine Dokumentation, in: Götz Aly (Hg.), Aktion T 4 1939–1945. Die »Euthanasie«-Zentrale in der Tiergartenstraße 4, 2., erw. Aufl., Berlin 1989, 47–72 (zuerst 1987)

13742 Mitscherlich, Alexander/Mielke, Fred (Hg.): Medizin ohne Menschlichkeit. Dokumente des Nürnberger Ärzteprozesses, 3. Aufl., Frankfurt 1978 u. ö.; 296 S. (LA Berlin 1990; zuerst 1949 u. d. T.: Wissenschaft ohne Menschlichkeit)

13743 Moser, Gabriele: Töten auf »ministerielle Anordnung« 1940/41 und Reichsunfallversicherung, in: 1999 8 (1993), Nr. 2, 70–77

13744 »Reichsausschußkinder«. Eine Dokumentation, in: Götz Aly (Hg.), Aktion T 4 1939–1945. Die »Euthanasie«-Zentrale in der Tiergartenstraße 4, 2., erw. Aufl., Berlin 1989, 121–35 (zuerst 1987)

13745 Tuchel, Johannes (Bearb.): Dokumente zur Ermordung Kranker im Nationalsozialismus, in: Johannes Tuchel (Hg.), Kein Recht auf Leben. Beiträge und Dokumente zur Entrechtung und Vernichtung »lebensunwerten Lebens« im Nationalsozialismus, Berlin 1984, 33–101

Darstellungen

13746 Aly, Götz u. a.: Aussonderung und Tod. Die klinische Hinrichtung der Unbrauchbaren. (Beiträge zur nationalsozialistischen Gesundheits- und Sozialpolitik, 1), Hg. Verein zur Erforschung der nationalsozialistischen Gesundheits- und Sozialpolitik, Berlin 1985; 190 S.*

13747 Aly, Götz u. a.: Reform und Gewissen. »Euthanasie« im Dienste des Fortschritts. (Beiträge zur nationalsozialistischen Gesundheits- und Sozialpolitik, 2), Hg. Verein zur Erforschung der nationalsozialistischen Gesundheits- und Sozialpolitik, Berlin 1985; 198 S.*

13748 Aly, Götz (Hg.): Aktion T 4 1939–1945. Die »Euthanasie«-Zentrale in der Tiergartenstraße 4, 2., erw. Aufl., Berlin 1989; 214 S.* (zuerst 1987)

13749 Aly, Götz: Medizin gegen Unbrauchbare. Soziale Minderwertigkeit als »Euthanasie«-Grund. Die »Aktion Brandt« – Katastrophenmedizin und Anstaltsmord, in: Götz Aly u. a. (Hg.), Aussonderung und Tod. Die klinische Hinrichtung der Unbrauchbaren. (Beiträge zur nationalsozialistischen Gesundheits- und Sozialpolitik, 1), Berlin 1985, 9–74; gekürzt abgedr. in: Götz Aly (Hg.), Aktion T 4 1939–1945. Die »Euthanasie«-Zentrale in der Tiergartenstraße 4, 2., erw. Aufl., Berlin 1989, 168–82 (zuerst 1987)

13750 Aly, Götz: Die Menschenversuche des Doktor Heinrich Berning, in: Angelika Ebbinghaus u. a. (Hg.), Heilen und Vernichten im Mustergau Hamburg. Bevölkerungs- und Gesundheitspolitik im Dritten Reich, Hamburg 1984, 184–87

13751 Aly, Götz: Der saubere und der schmutzige Fortschritt, in: Götz Aly u. a., Reform und Gewissen. »Euthanasie« im Dienste des Fortschritts. (Beiträge zur nationalsozialistischen Gesundheits-und Sozialpolitik, 2), Berlin 1985, 9–78; gekürzt abgedr. in: Götz Aly (Hg.), Aktion T 4 1939–1945. Die »Euthanasie«-Zentrale in der Tiergartenstraße 4, 2., erw. Aufl., Berlin 1989, 153–60 (zuerst 1987)

13752 Baader, Gerhard: Menschenversuche in Konzentrationslagern, in: Johanna Bleker/Norbert Jachertz (Hg.), Medizin im Dritten Reich, Köln 1989, 103–11

13753 Baader, Gerhard: Die »Euthanasie« im Dritten Reich, in: Gerhard Baader/Ulrich Schultz (Hg.), Medizin und Nationalsozialismus, Berlin 1980, 95–101

13754 Baader, Gerhard: Das Humanexperiment in den Konzentrationslagern. Konzeption und Durchführung, in: Rainer Osnowski (Hg.), Menschenversuche: Wahnsinn und Wirklichkeit, Köln 1988, 48–69

13755 Baeyer, Walter Ritter von: Die Bestätigung der NS-Ideologie in der Medizin unter besonderer Berücksichtigung der Euthanasie, in: Nationalsozialismus und die deutsche Universität. (Universitätstage 1966), Hg. Freie Universität Berlin, Berlin 1966, 63–75

13756 Bastian, Till: Von der Eugenik zur Euthanasie. Ein verdrängtes Kapitel aus der Geschichte der Deutschen Psychiatrie, Bad Wörrishofen 1981; 128 S.

13757 Becker, Carl: Die Durchführung der Euthanasie in den katholischen Heimen für geistig Behinderte, in: JbCW (1968), 104–19; darin: Euthanasie und Rottenmünster [Rottweil]. Bericht von Chefarzt Dr. [Josef] Wrede, 15.4. 1947 (111–15); Verlegung von Anstaltsinsassen in Ursberg während des »Dritten Reiches«. Bericht der Generaloberin der St.-Josefs-Kongretation Ursberg, 13.8. 1959 (116–19)

13758 Belau, Detlef: Die Mentalität des Täter-Bürgers. Eine Kritik der Ethik der Industriegesellschaft. Dargestellt an der Euthanasie in Deutschland von 1933–1945 und ihrer Nichtbewältigung in der DDR/ Ostdeutschland, in: ZG 20 (1993), 219–33

13759 Benz, Wolfgang: Das Konzentrationslager als Experimentierfeld, oder: Die Karriere des Dr. med. Siegmund Rascher, in: Wolfgang Benz, Herrschaft und Gesellschaft im nationalsozialistischen Staat, Frankfurt 1990, 83–111

13760 Bernadac, Christian: Le médecins de l'impossible, Paris 1968; 444 S.

13761 Bernadac, Christian: Le médecins maudits. Les expériences médicales humaines dans les camps de concentration, Paris 1967; 288 S.

13762 Blasius, Dirk: Das Ende der Humanität. Psychiatrie und Krankenmord in der NS-Zeit, in: Walter H. Pehle (Hg.), Der historische Ort des Nationalsozialismus. Annäherungen, Frankfurt 1990, 47–70

13763 Blasius, Dirk: Psychiatrie und Krankenmord in der NS-Zeit. Probleme der historischen Urteilsbildung, in: Ralf Seidel/ Wolfgang F. Werner (Red.), Psychiatrie im Abgrund. Spurensuche und Standortbestimmung nach den NS-Psychiatrie-Verbrechen, Hg. Archivberatungsstelle Rheinland, Köln 1991, 126–38

13764 Blasius, Dirk: Rechtsstaat und Menschenwürde in der jüngeren deutschen Geschichte, in: GWU 37 (1986), 133–48

13765 Bock, Gisela: Zwangssterilisation im Nationalsozialismus. Studien zur Rassenfrage und Frauenpolitik, Opladen 1986; 494 S.

13766 Bock, Gisela: »Zum Wohle des Volkskörpers ...« Abtreibung und Sterilisation im Nationalsozialismus, in: Maruta Schmidt/Gabi Dietz (Hg.), Frauen unterm Hakenkreuz. Eine Dokumentation, 3. Aufl., München 1985, 78–85, 202 (1. u. 2. Aufl., Berlin 1983; gekürzt abgedr. in: Hart und zart. Frauenleben 1920–1970, Hg. Elefanten Press, Berlin 1990, 174–86

13767 Bock, Gisela: Racism and Sexism in Nazi Germany. Motherhood, Compulsory Sterilization, and the State, in: Renate Bridenthal u. a. (Hg.), When Biology Became Destiny. Women in Weimar and Nazi Germany, New York 1984, 271–96

13768 Bogusz, Józef: Experimente am Menschen, in: Medizin im Nationalsozialismus. Tagung vom 30. April bis 2. Mai 1982. (Protokolldienst, 23), Hg. Evangelische Akademie Bad Boll, Bad Boll 1982, 77–89

13769 Browning, Christopher R.: Genozid und Gesundheitswesen. Deutsche Ärzte und polnische Juden 1939–1941, in: Der Wert des Menschen. Medizin in Deutschland 1918–1945, Hg. Ärztekammer Berlin, hg. in Zusammenarbeit mit der Bundesärztekammer, Red. Christian Pross/Götz Aly, Berlin 1989, 316–28 (engl. in: H&GS 3/1988, 1, 21–36; abgedr. in: Christopher R. Browning, The Path to Genocide. Essays on Launching the Final Solution, Cambridge u.a. 1992, 145–68)

13770 Burkhardt, Claudia: Euthanasie: »Vernichtung lebensunwerten Lebens« im Spiegel der Diskussionen zwischen Juristen und Medizinern von 1900 bis 1940, Diss. Mainz 1982; 221 S.

13771 Dapp, Hans-Ulrich: Emma Z. Ein Opfer der Euthanasie, Stuttgart 1990; 120 S.

13772 Debus, Dieter u. a.: Neuere Überlegungen zur Vorbereitung und Organisation der Verbrechen der Psychiatrie in der NS-Zeit, in: Dorothee Roer/Dieter Henkel (Hg.), Psychiatrie im Faschismus. Die Anstalt Hadamar 1933–1945, Bonn 1986, 38–57

13773 Denzler, Georg/Fabricius, Volker: Euthanasie: Die Vernichtung »lebensunwerten Lebens«, in: Georg Denzler/Volker Fabricius (Hg.), Die Kirchen im Dritten Reich. Christen und Nazis Hand in Hand?, Bd. 1, Frankfurt 1984, 110–32

13774 Dießelhorst, Malte: Die Euthanasie im »Dritten Reich«, in: Ralf Dreier/Wolfgang Sellert (Hg.), Recht und Justiz im »Dritten Reich«, Frankfurt 1989, 118–35

13775 Dietrich, Donald: Catholic Resistance to Biological and Racist Eugenics in the Third Reich, in: Francis R. Nicosia/Lawrence D. Stokes (Hg.), Germans against Nazism. Nonconformity, Opposition, and Resistance in the Third Reich. Essays in Honor of Peter Hoffmann, New York/Oxford 1990, 137–56

13776 Dörner, Klaus u. a. (Hg.): Der Krieg gegen die psychisch Kranken. Nach »Holocaust«: Erkennen – Trauern – Begegnen, gewidmet den im »Dritten Reich« getöteten psychisch, geistig und körperlich behinderten Bürgern und ihren Familien, Rehburg-Lokkum 1980; 293 S.

13777 Dörner, Klaus: Anstaltsalltag in der Psychiatrie und NS-Euthanasie, in: Johanna Bleker/Norbert Jachertz (Hg.), Medizin im Dritten Reich, Köln 1989, 94–102

13778 Dörner, Klaus: Nationalsozialismus und Lebensvernichtung, in: VfZ 15 (1967), 121–52; abgedr. in: Klaus Dörner u. a. (Hg.), Der Krieg gegen die psychisch Kranken. Nach »Holocaust«: Erkennen – Trauern – Begegnen, Rehburg-Lokkum 1980, 74–111

13779 Drechsel, Klaus-Peter: Beurteilt – vermessen – ermordet. Die Praxis der Euthanasie bis zum Ende des deutschen Faschismus, Duisburg 1993; 175 S.

13780 Ehrhardt, Helmut: Euthanasie und Vernichtung »lebensunwerten« Lebens, Vorwort Hans Hoff, Stuttgart 1965; VI, 58 S.

13781 Ehrhardt, Helmut: Euthanasie, in: Hans Göppinger (Hg.), Arzt und Recht. Medizinisch-juristische Grenzprobleme unserer Zeit. 5 Beiträge, München 1966, 96–124

13782 Eid, Volker: Geschichtliche Aspekte des Euthanasieproblems, in: Volker Eid (Hg.), Euthanasie oder Soll man auf Verlangen töten?, 2., erw. Aufl., Mainz 1985, 12–24 (zuerst 1975)

13783 Erdmann, Karl D.: Judenvernichtung und »Ausmerzung lebensunwerten Lebens«, in: Karl D. Erdmann, Der Zweite Weltkrieg. (Gebhardt Handbuch der deutschen Geschichte, 21), 2. Aufl., München 1980 u. ö., 106–15 (zuerst Stuttgart 1976); abgedr. in: Karl D. Bracher u. a. (Hg.), Nationalsozialistische Diktatur 1933–1945. Eine Bilanz, Bonn (zugl. Düsseldorf) 1983, 529–38

13784 Erdmann, Karl D.: »Lebensunwertes Leben«. Totalitäre Lebensvernichtung und das Problem der Euthanasie, in: GWU 26 (1975), 215–25

13785 Ernst, Cécile: »Lebensunwertes Leben«. Die Ermordung Geisteskranker und Geistesschwacher im Dritten Reich, in: SMH 65 (1985), 489–504

13786 Euthanasie + Modernisierung – 1939 bis 1945, Initiative kritischer Psychologen und Psychologinnen, Mitarb. Ute Daub u. a., Frankfurt 1992; 121 S.

13787 Fischer, Eva M.: Zwangssterilisation geistig Behinderter, Pfaffenweiler 1989; XXX, 194 S.

13788 Fouquet, Christiane: Euthanasie und Vernichtung »lebensunwerten« Lebens unter Berücksichtigung des behinderten Menschen, Oberbiel 1978; 177 S.

13790 Gebel, Hans G./Grisshammer, Heinrich: Dokumentation zu den Krankenverlegungen aus Neuendettelsauer Anstalten [Franken] 1941, dem Verhalten von Innerer Mission und Kirche 1936–1942 und der heutigen Reaktion von Kirche und Diakonie auf die Nachfrage nach den Ereignissen (Nachrichten 3/1977), 1. u. 2. Aufl., Berlin 1977; 76 S. (Ms. vervielf.)

13792 Groeben, Norbert: Wie war es möglich? – Zur psychologischen Erklärbarkeit von Menschenversuchen im »Dritten Reich«, in: Gerrit Hohendorf/Achim Magull-Seltenreich (Hg.), Von der Heilkunde zur Massentötung. Medizin im Nationalsozialismus, Heidelberg 1990, 203–29 (229–31)

13793 Gruchmann, Lothar: Euthanasie und Justiz im Dritten Reich, in: VfZ 20 (1972), 235–79

13794 Haag, Antje: Medizin ohne Menschlichkeit – Gedanken zur Medizin im Nationalsozialismus, in: 1933 in Gesellschaft und Wissenschaft. Ringvorlesung im Wintersemester 1982/83 und Sommersemester 1983, Bd. 2: Wissenschaft, Hg. Universität Hamburg, Pressestelle, Hamburg 1983, 133–46

13795 Hamann, Matthias u.a. (Hg.): Euthanasie und Zwangssterilisation, in: Matthias Hamann u.a. (Hg.), Äskulap und Hakenkreuz. Zur Geschichte der medizinischen Fakultät in Gießen zwischen 1933 und 1945, 2. Aufl., Frankfurt 1989, 9–49 (zuerst Gießen 1982)

13796 Hamann, Matthias: Die Morde an polnischen und sowjetischen Zwangsarbeitern in deutschen Anstalten. [Anhang:] Beispiel Hadamar, in: Götz Aly u.a. (Hg.), Aussonderung und Tod. Die klinische Hinrichtung der Unbrauchbaren. (Beiträge zur nationalsozialistischen Gesundheits- und Sozialpolitik, 1), Berlin 1985, 121–87

13797 Hantel, Heinz: Die Eliminierung der Behinderten und die Ausrichtung der Psychologie im Hitler-Faschismus – ein historisches Paradigma, in: PuG 3 (1979), Nr. 12, 42–59

13798 Hellfeld, Matthias G. von: Katharina M. – Opfer der nationalsozialistischen »Rassenhygiene«, in: Matthias G. von Hellfeld, Davongekommen! Erwachsenwerden im Holocaust, Frankfurt 1990, 107–44, 149 f.

13799 Höck, Manfred: Das »Gesetz zur Verhütung erbkranken Nachwuchses« (GzVeN) vom 14.7.1933 und die Schüler der Sonderschule – Überlegungen anläßlich des Inkrafttretens vor 50 Jahren, in: ZfH 36 (1985), 192–96

13800 Hohmann, Joachim S.: »Sein Tod bedeutet Erlösung für ihn...« Der nationalsozialistischen »Euthanasie« fielen Zehntausende zum Opfer, in: Tribüne 25 (1986), 95–114

13801 Höllen, Martin: Katholische Kirche und NS-»Euthanasie«. Eine vergleichende Analyse neuer Quellen, in: ZKG 91 (Folge 4, 24) (1980), 53–82

13802 Honolka, Bert: Die Kreuzelschreiber. Ärzte ohne Gewissen. Euthanasie im Dritten Reich, Hamburg 1961; 157 S.

13803 Ich klage an. Tatsachen und Erlebnisberichte der »Euthanasie«-Geschädigten und Zwangssterilisierten, Hg. Bund der »Euthanasie«-Geschädigten und Zwangssterilisierten, Detmold 1989; 49 S.

13804 Jantzen, Wolfgang: Behinderung und Faschismus. Zum 30. Jahrestag der Befreiung vom Hitlerfaschismus, in: BPH 14 (1975), 150–69; abgedr. in: Wolfgang Jantzen, Konstitutionsprobleme materialistischer Behindertenpädagogik. Gesammelte Aufsätze, Lollar 1977, 117–41

13805 Jokusch, Ulrich/Scholz, Lothar (Hg.): Verwaltetes Morden im Nationalsozialismus. Administered Killings at the Time of National Socialism. Verstrickung – Verdrängung – Verantwortung von Psychiatrie und Justiz. Eine deutsch-israelische Tagung, Regensburg 1992; XIII, 156; XIII, 146 S. (dt./engl.)*

13806 Kaiser, Jochen-Christoph: Diakonie und Sterilisation 1930–1938, in: Vergessene Opfer. Wiedergutmachung für die Betroffenen der Zwangssterilisation und des nationalsozialistischen Euthanasie-Programms. Tagung vom 27. bis 29. März 1987 in Bad Boll. (Protokolldienst, 14/87), Hg. Evangelische Akademie Bad Boll, Bad Boll 1987, 64–69

13807 Kaul, Friedrich K.: Die Psychiatrie im Strudel der »Euthanasie«, Ein Bericht über die erste industriemäßig durchgeführte Mordaktion des Naziregimes, Köln 1979; 234 S. (zugl. Berlin [O] u. d. T.: Nazimordaktion Trier)

13808 Kaul, Friedrich K.: Ärzte in Auschwitz, Mitarb. Winfried Matthäus, bearb. im Rahmen der Arbeit des Instituts für zeitgenössische Rechtsgeschichte bei der Juristischen Fakultät der Humboldt-Universität zu Berlin, Berlin (O) 1968; 337 S.

13809 Kaupen-Haas, Heidrun: Medizin ohne Menschlichkeit. Zur Ideologie und Praxis der Tötung der unheilbar Kranken und der rassisch Unerwünschten, in: 1933 in Gesellschaft und Wissenschaft. Ringvorlesung im Wintersemester 1982/83 und Sommersemester 1983, Bd. 2: Wissenschaft, Hg. Universität Hamburg, Pressestelle, Hamburg 1983, 147–56

13810 Klee, Ernst: Was sie taten – was sie wurden. Ärzte, Juristen und andere Beteiligten am Kranken- oder Judenmord, Frankfurt 1986; 355 S.

13811 Klee, Ernst: »Euthanasie« im NS-Staat. Die »Vernichtung lebensunwerten Lebens«, 2. Aufl., Frankfurt 1985; 502 S. (zuerst 1983)

13812 Klee, Ernst: Selektieren und Vernichten. Medizinische Ausmerzungsprogramme im NS-Staat, in: Jörg Friedrich/Jörg Wollenberg (Hg.), Licht in den Schatten der Vergangenheit. Zur Enttabuisierung der Nürnberger Kriegsverbrecherprozesse, Frankfurt/Berlin 1987, 146–54

13813 Klee, Ernst: »Euthanasie« im NS-Staat. Die Vernichtung »lebensunwerten« Lebens, in: Gerrit Hohendorf/Achim Magull-Seltenreich (Hg.), Von der Heilkunde zur Massentötung. Medizin im Nationalsozialismus, Heidelberg 1990, 53–65 (Disk.: 66–70)

13814 Klee, Ernst: Der alltägliche Massenmord. Die »Euthanasie«-Aktion war der Probelauf für den Judenmord. Der Kreis der Opfer wurde bis Kriegsende immer mehr erweitert, in: Zeit, Jg. 45, Nr. 13, 23. 3. 1990, 49 f.

13815 Klee, Ernst: Sichten und Vernichten. Die bis auf den heutigen Tag verdrängte Geschichte der deutschen Kinder- und Jugendpsychiatrie, in: Zeit, Jg. 47, Nr. 38, 11. 9. 1992, 60

13816 Klee, Ernst: »Auf geht's zum fröhlichen Jagen.« [Dr. med. Friedrich Mennecke], in: Zeit, Jg. 49, Nr. 6, 4. 2. 1994, 82

13817 Klee, Ernst/Dreßen, Willi: Nationalsozialistische Gesundheits- und Rassenpolitik. »Lebensunwertes Leben«, Sterilisation und »Euthanasie«, in: Ute Benz/Wolfgang Benz (Hg.), Sozialisation und Traumatisierung. Kinder in der Zeit des Nationalsozialismus, Frankfurt 1992, 103–116, 145–47

13818 Koonz, Claudia: Reaktionen katholischer und protestantischer Frauen in Deutschland auf die nationalsozialistische Sterilisationspolitik 1933–1937, in: Leonore Siegele-Wenschkewitz/Gerda Stuchlik (Hg.), Frauen und Faschismus in Europa. Der faschistische Körper, Pfaffenweiler 1990, 114–36

13819 Koonz, Claudia: Eugenics, Gender, and Ethics in Nazi Germany: The Debate about Involuntary Sterilization, 1933–1936, in: Thomas Childers/Jane Caplan (Hg.), Reevaluating the Third Reich, New York/London 1993, 66–85

13820 Kramer, Helmut: Oberlandesgerichtspräsidenten und Generalstaatsanwälte als Gehilfen der NS-»Euthanasie«. Selbstentlastung der Justiz für die Teilnahme am Anstaltsmord, in: KJ 17 (1984), 25–43

13821 Kreuter, Marie-Luise: »Euthanasie«-Zentrale »T 4«. Tiergartenstraße 4, in: Helmut Engel u. a. (Hg.), Geschichtslandschaft Berlin. Orte und Ereignisse, Bd. 2: Tiergarten, T. 1: Vom Brandenburger Tor zum Zoo, Berlin 1989, 250–63

13822 Lagnado, Lucette M./Dekel, Sheila C.: Die Zwillinge des Dr. Mengele. Der Arzt von Auschwitz und seine Opfer, Reinbek 1994; 307 S. (amerikan.: New York 1992 u. d. T.: Children of the Flames)

13823 Leuthold, Gerhard: Veröffentlichungen des medizinischen Schrifttums in den Jahren 1933–1945 zum Thema »Gesetz zur Verhütung erbkranken Nachwuchses«, Diss. Erlangen 1975; II, 216 S.

13824 Linde, Ottfried K.: »Euthanasie« im NS-Staat. Ihre Wurzeln und was von ihnen übrig blieb, in: Dokumentation der Gedenkstunde anläßlich der Einweihung eines Mahnmals für die Opfer der nationalsozialistischen Psychiatrie in der Heil- und Pflegeanstalt Klingenmünster, Pfalzklinik Landeck, 9. November 1993, Hg. Bezirksverband Pfalz, o. O. (Neustadt a. d. W.) 1993, 13–30 (Ms. vervielf.)

13825 Lutzius, Franz: Die barmherzige Lüge. Euthanasie im Dritten Reich, Bochum 1984; 276 S.

13826 Lutzius, Franz: Verschleppt, Der Euthanasiemord an behinderten Kindern im Nazi-Deutschland, Essen 1987; 275 S.

13827 Majer, Diemut: Justiz zwischen Anpassung und Konflikt am Beispiel der »Euthanasie«, in: Ulrich Jokusch/Lothar Scholz (Hg.), Verwaltetes Morden im Nationalsozialismus. Verstrickung – Verdrängung – Verantwortung von Psychiatrie und Justiz. Eine deutsch-israelische Tagung, Regensburg 1992, 26–40

13828 Mausbach, Hans/Mausbach-Bromberger, Barbara: Feinde des Lebens. NS-Verbrechen an Kindern, Frankfurt 1979; 317 S. (ND Köln 1987)

13829 Menschenversuche. Wahnsinn und Wirklichkeit, Vorwort Karl H. Roth, Köln 1988; 173 S.

13830 Müller-Hill, Benno: Tödliche Wissenschaft. Die Aussonderung von Juden, Zigeunern und Geisteskranken 1933–1945, Reinbek 1984; 187 S.

13831 Müller-Küppers, Manfred: Kinderpsychiatrie und Euthanasie – staatlich angeordnete und sanktionierte Kindesmißhandlung und Kindestötung zwischen 1933–1945. Versuch einer Aufarbeitung einer Verdrängung, in: Gerrit Hohendorf/Achim Magull-Seltenreich (Hg.), Von der Heilkunde zur Massentötung. Medizin im Nationalsozialismus, Heidelberg 1990, 53–70

13832 Noakes, Jeremy: Nazism and Eugenics. The Background to Nazi Sterilisation Law of 14 July, 1933, in: Robert J. Bullen u. a. (Hg.), Ideas into Politics. Aspects of European History 1880–1950, London 1984, 75–94

13833 Nowak, Klara u. a.: Wie es uns erging ... Opfer der Zwangssterilisation und des Euthanasie-Programms berichten, in: Vergessene Opfer. Wiedergutmachung für die Betroffenen der Zwangssterilisation und des nationalsozialistischen Euthanasie-Programms. Tagung vom 27. bis 29. März 1987 in Bad Boll. (Protokolldienst, 14/87), Hg. Evangelische Akademie Bad Boll, Bad Boll 1987, 51–61

13834 Nowak, Kurt: »Euthanasie« und Sterilisierung im »Dritten Reich«. Die Konfrontation der evangelischen und katholischen Kirche mit dem »Gesetz zur Verhütung erbkranken Nachwuchses« und der »Euthanasie«-Aktion, 3. Aufl., Göttingen 1984; 222 S. (zuerst Halle a. d. S. 1977)

13835 Nowak, Kurt: Die Kirche und das »Gesetz zur Verhütung erbkranken Nachwuchses« vom 14. Juli 1933, in: Johannes Tuchel (Hg.), Kein Recht auf Leben. Beiträge und Dokumente zur Entrechtung und Vernichtung »lebensunwerten Lebens« im Nationalsozialismus, Berlin 1984, 101–19

13836 Nowak, Kurt: Widerstand, Zustimmung, Hinnahme. Das Verhalten der Bevölkerung zur »Euthanasie«, in: Norbert Frei (Hg.), Medizin und Gesundheitspolitik in der NS-Zeit, München 1991, 235–52

13837 Nowak, Kurt: Sterilisation, Krankenmord und Innere Mission im »Dritten Reich«, in: Achim Thom/Genadij I. Caregorodcev (Hg.), Medizin unterm Hakenkreuz, Berlin (O) 1989, 167–79; gekürzt abgedr. in: Götz Aly, Aktion T 4 1939–1945. Die »Euthanasie«-Zentrale in der Tiergartenstraße 4, 2., erw. Aufl., Berlin 1989, 73–83 (zuerst 1987)

13838 Nowak, Kurt: Sterilisation und Krankenmord 1934–1945. Von der Verhütung zur Vernichtung »lebensunwerten Lebens« im NS-Staat, in: Peter Propping/ Heinz Schott (Hg.), Wissenschaft auf Irrwegen. Biologismus – Rassenhygiene – Eugenik, Bonn/Berlin 1992, 85–99

13839 Nowak, Kurt: Sterilisation und »Euthanasie« im Dritten Reich. Tatsachen und Deutungen, in: GWU 39 (1988), 327–41

13840 Osnowski, Rainer (Hg.): Menschenversuche: Wahnsinn und Wirklichkeit, Vorwort Karl H. Roth, Köln 1988; 173 S.*

13841 Pauleikhoff, Bernhard: Ideologie und Mord. Euthanasie bei »lebensunwerten« Menschen, Hürtgenwald 1986; 196 S.

13842 Peiffer, Jürgen (Hg.): Menschenverachtung und Opportunismus. Zur Medizin im Dritten Reich, Tübingen 1992; 252 S.

13843 Petter, Wolfgang: Zur nationalsozialistischen »Euthanasie«: Ansatz und Entgrenzung, in: Wolfgang Michalka (Hg.), Der Zweite Weltkrieg. Analysen, Grundzüge, Forschungsbilanz, München/Zürich 1989, 814–26

13844 Platen-Hallermund, Alice: Die Tötung Geisteskranker in Deutschland. Aus der Deutschen Ärztekommission beim amerikanischen Militärgericht (Leiter D. Alexander Mitscherlich), 2. Aufl., Frankfurt 1950; 136 S.

13845 Plog, Ursula: »Euthanasie«-Geschehen damals – psychiatrisches Handeln heute, in: Ralf Seidel/Wolfgang F. Werner (Red.), Psychiatrie im Abgrund. Spurensuche und Standortbestimmung nach den NS-Psychiatrie-Verbrechen, Hg. Archivberatungsstelle Rheinland, Köln 1991, 139–43

13846 Pommerin, Reiner: The Fate of Mixed Blood Children in Germany, in: GSR 5 (1982), 315–23

13847 Pommerin, Reiner: »Sterilisation der Rheinlandbastarde«. Das Schicksal einer farbigen deutschen Minderheit, Düsseldorf 1979; 114 S.

13848 Posner, Gerald L./Ware, John: Mengele. The Complete Story, New York 1986; XIX, 364 S.

13849 Reumschüssel, Peter: Euthanasiepublikationen in Deutschland. Eine kritische Analyse als Beitrag zur Geschichte der Euthanasieverbrechen, Diss. Greifswald 1968; 108 S.

13850 Romey, Stefan: Von der Aussonderung zur Sonderbehandlung, in: Michael Wunder/Udo Sierck (Hg.), Sie nennen es Fürsorge. Behinderte zwischen Vernichtung und Widerstand. Mit Beiträgen vom Gesundheitstag Hamburg 1981, Berlin 1982, 13–26 (2. Aufl. 1987)

13851 Rost, Karl L.: Sterilisation und Euthanasie im Film des »Dritten Reiches«. Nationalsozialistische Propaganda in ihrer Beziehung zu rassenhygienischen Maßnahmen des NS-Staates, Husum 1987; 328 S.

13852 Rost, Karl L.: Propaganda zur Vernichtung »unwerten Lebens« durch das Rassenpolitische Amt der NSDAP, in: 1999 3 (1988), Nr. 3, 46–55

13853 Roth, Karl H.: Filmpropaganda für die Vernichtung der Geisteskranken und Behinderten im Dritten Reich, Diss. Hamburg 1986; VII, 229 S.

13854 Roth, Karl H. (Hg.): Erfassung zur Vernichtung. Von der Sozialhygiene zum

»Gesetz über Sterbehilfe«, Berlin 1984; 198 S.*

13855 Roth, Karl H.: »Erbbiologische Bestandsaufnahme« – ein Aspekt »ausmerzender« Erfassung vor der Entfesselung des Zweiten Weltkrieges, in: Karl H. Roth (Hg.), Erfassung zur Vernichtung. Von der Sozialhygiene zum »Gesetz über Sterbehilfe«, Berlin 1984, 57–100

13856 Roth, Karl H.: Filmpropaganda für die Vernichtung der Geisteskranken und Behinderten im »Dritten Reich«, in: Götz Aly u. a., Reform und Gewissen. »Euthanasie« im Dienste des Fortschritts. (Beiträge zur nationalsozialistischen Gesundheits- und Sozialpolitik, 2), Berlin 1985, 125–93; gekürzt abgedr. in: Götz Aly (Hg.), Aktion T 4 1939–1945. Die »Euthanasie«-Zentrale in der Tiergartenstraße 4, 2., erw. Aufl., Berlin 1989, 93–120 (zuerst 1987)

13857 Roth, Karl H./Aly, Götz: Das »Gesetz über die Sterbehilfe bei unheilbar Kranken«. Protokolle der Diskussion über die Legalisierung der nationalsozialistischen Anstaltsmorde in den Jahren 1938–1941, in: Karl H. Roth (Hg.), Erfassung zur Vernichtung. Von der Sozialhygiene zum »Gesetz über Sterbehilfe«, Berlin 1984, 101–79

13858 Rothmaler, Christiane: Zwangssterilisation nach dem »Gesetz zur Verhütung erbkranken Nachwuchses«, in: Johanna Bleker/Norbert Jachertz (Hg.), Medizin im Dritten Reich, Köln 1989, 68–75

13859 Rudnick, Martin (Hg.): Aussondern – Sterilisieren – Liquidieren. Die Verfolgung Behinderter im Nationalsozialismus, Berlin 1990; 231 S.*

13860 Rudnick, Martin: Behinderte im Nationalsozialismus. Von der Ausgrenzung und Zwangssterilisation zur »Euthanasie«, Weinheim 1985; IV, 196 S.

13861 Saner, Hans: Vom normlosen Gewissen und den gewissenlosen Normen. Das Dilemma der »Euthanasie«, in: Ralf Seidel/Wolfgang F. Werner (Red.), Psychiatrie im Abgrund. Spurensuche und Standortbestimmung nach den NS-Psychiatrie-Verbrechen, Hg. Archivberatungsstelle Rheinland, Köln 1991, 156–64

13863 Schmidt, Gerhard: Selektion in der Heilanstalt 1939–1945, Geleitwort Karl Jaspers, 2. Aufl., Frankfurt 1983; 166 S. (zuerst Stuttgart 1965)

13864 Schmuhl, Hans-Walter: Rassenhygiene, Nationalsozialismus, Euthanasie. Von der Verhütung zur Vernichtung »lebensunwerten Lebens« 1890 bis 1945, Göttingen 1987; 526 S.

13865 Schmuhl, Hans-Walter: Sterilisation, »Euthanasie«, »Endlösung«. Erbgesundheitspolitik unter den Bedingungen charismatischer Herrschaft, in: Norbert Frei (Hg.), Medizin und Gesundheitspolitik in der NS-Zeit, München 1991, 295–308

13866 Schulte, Walter: Euthanasie und Sterilisation, in: Andreas Flitner (Hg.), Deutsches Geistesleben und Nationalsozialismus. Eine Vortragsreihe der Universität Tübingen, Tübingen 1965, 73–89

13867 Seidel, Ralf/Sueße, Thorsten: Werkzeuge der Vernichtung. Zum Verhalten von Verwaltungsbeamten und Ärzten bei der »Euthanasie«, in: Norbert Frei (Hg.), Medizin und Gesundheitspolitik in der NS-Zeit, München 1991, 253–64

13868 Seipolt, Harry: Ich war »minderwertig«. Aus dem Lebensbericht einer NS-Zwangssterilisierten, in: GiW 8 (1993), 193–200

13869 Sierck, Udo/Radtke, Nati: Die WohlTÄTER-Mafia. Vom Erbgesundheitsgericht zur humangenetischen Beratung, Hamburg 1984; 132 S.

13870 Steinbach, Peter: Unter dem Deckmantel der »Euthanasie«. Vor 50 Jahren begann die NS-Aktion zur Tötung Geisteskranker, in: Parlament, Jg. 40, Nr. 27, 29. 6. 1990, 12

13871 Steinbach, Peter/Tuchel, Johannes: Die Ermordung Kranker. Von der Sterilisation zur Mordaktion, in: Johannes Tuchel (Hg.), Kein Recht auf Leben. Beiträge und Dokumente zur Entrechtung und Vernichtung »lebensunwerten Lebens« im Nationalsozialismus, Berlin 1984, 11–32

13872 Stoffels, Hans: Utopie und Opfer. Sozialanthropologische Überlegungen zu den nationalsozialistischen Krankentötungen, in: Ralf Seidel/Wolfgang F. Werner (Red.), Psychiatrie im Abgrund. Spurensuche und Standortbestimmung nach den NS-Psychiatrie-Verbrechen, Hg. Archivberatungsstelle Rheinland, Köln 1991, 144–55

13873 Strohm, Theodor/Thierfelder, Jörg (Hg.): Diakonie im Dritten Reich. Neuere Ergebnisse zeitgeschichtlicher Forschung, Heidelberg 1990; 352 S.*

13874 Stürzbecher, Manfred: Der Vollzug des Gesetzes zur Verhütung erbkranken Nachwuchses vom 14. Juli 1933 in den Jahren 1935 und 1936, in: ÖG 36 (1974), 350–59

13875 Thom, Achim: Die rassenhygienischen Leitlinien der faschistischen Gesundheitspolitik – die Zwangssterilisierungen als Beginn ihrer antihumanen Verwirklichung, in: Achim Thom/Genadij I. Caregorodcev (Hg.), Medizin unterm Hakenkreuz, Berlin (O) 1989, 65–90

13876 Thom, Achim/Hahn, Susanne: Euthanasie im Dritten Reich – nur ein Problem der Psychiatrie? Zur Entwicklung der Sterbehilfe-Debatte in den Jahren von 1933–1941 in Deutschland, in: ZGMG 41 (1986), 44–48

13877 Thomson, Matthew/Weindling, Paul: Sterilisationspolitik in Großbritannien und Deutschland, in: Franz-Werner Kersting u. a. (Hg.), Nach Hadamar. Zum Verhältnis von Psychiatrie und Gesellschaft im 20. Jahrhundert, Paderborn 1993, 137–49

13878 Tuchel, Johannes (Hg.): Kein Recht auf Leben. Beiträge und Dokumente zur Entrechtung und Vernichtung »lebensunwerten Lebens« im Nationalsozialismus, Berlin 1984; 122 S.* **

13879 Tuchel, Johannes: »Kein Recht auf Leben«. Zu den nationalsozialistischen Massenmorden an Kranken und Behinderten in den Jahren 1939–1945, in: Huberta Engel (Hg.), Deutscher Widerstand – Demokratie heute. Kirche, Kreisauer Kreis, Ethik, Militär und Gewerkschaften, 2. Aufl., Bonn/Berlin 1994, 141–49 (zuerst 1992)

13880 Vogel, Friedrich: Das »Gesetz zur Verhütung erbkranken Nachwuchses«, in: Gerrit Hohendorf/Achim Magull-Seltenreich (Hg.), Von der Heilkunde zur Massentötung. Medizin im Nationalsozialismus, Heidelberg 1990, 37–46 (47–52)

13881 Vondra, Hana: Malariaexperimente in Konzentrationslagern und Heilanstalten während der Zeit des Nationalsozialismus, Diss. Hannover 1989; 190, XXI S.

13883 Weindling, Paul: Compulsory Sterilisation in National Socialist Germany, in: GH 5 (1987), 10–24

13884 Weizsäcker, Viktor von: »Euthanasie« und Menschenversuche, in: Psyche 1 (1947), 68–102

13885 Wenzl, Hans: Die »Euthanasie«-Verbrechen des Dritten Reiches und die Kontinuität der Psychiatrie, in: Rainer Geißler/Wolfgang Popp (Hg.), Wissenschaft und Nationalsozialismus. Eine Ringvorlesung an der Universität-Gesamthochschule-Siegen, Essen 1988, 227–44

13886 Willems, Susanne: Widerstand aus Glauben. Lothar Kreyssig und die Euthanasieverbrechen, in: Dietrich Eichholtz (Hg.), Verfolgung – Alltag – Widerstand. Brandenburg in der NS-Zeit. Studien und Dokumente, Berlin 1993, 383–410

13887 Winau, Rolf: Die Freigabe der Vernichtung »lebensunwerten Lebens«. Euthanasie – Wandlung eines Begriffes, in: Johanna Bleker/Norbert Jachertz (Hg.), Medizin im Dritten Reich, Köln 1989, 76–85

13888 Winau, Rolf: Euthanasie und Sterilisation, in: Medizin im Nationalsozialismus. Tagung vom 30. April bis 2. Mai 1982. (Protokolldienst, 23), Hg. Evangelische Akademie Bad Boll, Bad Boll 1982, 62–76

13889 Wollasch, Hans-Josef: Caritas und Euthanasie im Dritten Reich. Staatliche Lebensvernichtung in katholischen Heil- und Pflegeanstalten 1936 bis 1945, in: Caritas (1973), 61–85; abgedr. in: Hans-Josef Wollasch, Beiträge zur Geschichte der deutschen Caritas in der Zeit der Weltkriege, Freiburg i.Br. 1978, 208–25

13890 Wollasch, Hans-Josef: Kirchliche Reaktionen auf das »Gesetz zur Verhütung erbkranken Nachwuchses« vom Jahr 1933, in: Caritas (1974), 290–306**

13891 Wollasch, Hans-Josef: »Euthanasie« im NS-Staat: Was taten Kirche und Caritas? »Ein unrühmliches Kapitel« in einem neuen Buch von Ernst Klee, in: Communio 13 (1984), 174–89

13892 Wunder, Michael/Sierck, Udo (Hg.): Sie nennen es Fürsorge. Behinderte zwischen Vernichtung und Widerstand. Mit Beiträgen vom Gesundheitstag Hamburg 1981, Berlin 1982; 205 S. (2. Aufl. 1987)*

13893 Zofka, Zdenek: Der KZ-Arzt Josef Mengele. Zur Typologie eines NS-Verbrechers, in: VfZ 34 (1986), 245–67

13894 Die Zwangssterilisation von Gehörlosen nach dem Erbgesundheitsgesetz und die Stellungnahmen evangelischer Gehörlosenseelsorger sowie evangelischer Kirchen im 3. Reich und nach 1945, Hg. Deutsche Arbeitsgemeinschaft für Evangelische Gehörlosenseelsorge, Friedberg 1987; 51 S.

Regional-/Lokalstudien: Gedruckte Quellen

13895 Die Ermordeten waren schuldig? Amtliche Dokumente der Direction de la Santé Publique der französischen Militärregierung. Untersuchungsergebnisse nach einem Bericht von Dr. [Robert] Poitrot, Chefarzt der neurologischen Kliniken der französisch besetzten Zone, Dezember 1945, 2. Aufl., Baden-Baden o.J.; 105 S. (zuerst 1947)

13896 Neuhauser, Johannes/Pfaffenwimmer, Michaela (Hg.): Hartheim – wohin unbekannt. Briefe & Dokumente [aus der Diakonieanstalt Gallneukirchen], Weitra 1947; 238 S.

13897 War Crimes Trials, Bd. 4: Trial of Alfons Klein, Adolf Wahlmann, Heinrich Ruoff, Karl Willig, Adolf Merkle, Irmgard Huber and Philipp Blum. (The Hadamar Trial), Gesamtleitung David M. Fyfe, Hg. Earl W. Kintner, Vorwort Robert H. Jackson, London u.a. 1949; XXXVII, 250 S.

Regional-/Lokalstudien: Darstellungen

13898 Alltag im Nationalsozialismus – Grafeneck, Buttenhausen. Materialien zu einer Tagung des Arbeitskreises Landeskunde/Landesgeschichte Neckar-Alb beim Oberschulamt Tübingen in Gomadingen/Buttenhausen am 15.10. 1984, Hg. Oberschulamt Tübingen, Tübingen 1984; 114 S.

13899 Aly, Götz: Der Mord an behinderten Kindern zwischen 1939 und 1945, in: Angelika Ebbinghaus u.a. (Hg.), Heilen und Vernichten im Mustergau Hamburg. Bevölkerungs- und Gesundheitspolitik im Dritten Reich, Hamburg 1984, 147–55

13900 Bastian, Till: Euthanasie in Hessen, in: Hessen hinter Stacheldraht. Verdrängt und vergessen. KZs, Lager, Außenkommandos, Hg. Die Grünen Hessen, Frankfurt 1984, 169–85

13901 Böhme, Klaus/Lohalm, Uwe (Hg.): Wege in den Tod. Hamburgs Anstalt Langenhorn und die Euthanasie in der Zeit des Nationalsozialismus, Mitarb. Peter von Rönn, hg. für das Allgemeine Krankenhaus Ochsenzoll und die Forschungsstelle für die Geschichte des Nationalsozialismus in Hamburg, Hamburg 1993; 512 S.

13902 Braß, Christoph: Rassismus nach Innen – Erbgesundheitspolitik und Zwangssterilisation [an der Saar], St. Ingbert 1993; 38 S.

13903 Bringmann, Fritz: Kindermord am Bullenhuserdamm. SS-Verbrechen in Hamburg 1945. Menschenversuche an Kindern, Hg. Arbeitsgemeinschaft Neuengamme für die BRD, Hamburg, Frankfurt 1978; 64 S.

13904 Brombacher, Horst: Das Euthanasieprogramm für »unheilbar Kranke« (1939–1941) und seine Durchführung in den Anstalten Mittelbadens, in: Ortenau 76 (1987), 453–59

13905 Brücks, Andrea/Rothmaler, Christiane: »In dubio pro Volksgemeinschaft«. Das »Gesetz zur Verhütung erbkranken Nachwuchses« in Hamburg, in: Angelika Ebbinghaus u. a. (Hg.), Heilen und Vernichten im Mustergau Hamburg. Bevölkerungs- und Gesundheitspolitik im Dritten Reich, Hamburg 1984, 30–36

13906 Brücks, Andrea u.a.: Sterilisation nach dem Gesetz zur Verhütung erbkranken Nachwuchses in Hamburg, Bearb. Arbeitsgruppe Psychiatrische und Nervenklinik [Hamburg], in: 1933 in Gesellschaft und Wissenschaft. Ringvorlesung im Wintersemester 1982/83 und Sommersemester 1983, Bd. 2: Wissenschaft, Hg. Universität Hamburg, Pressestelle, Hamburg 1983, 157–87

13907 Czarnowski, Gabriele: Nationalsozialistische Frauenpolitik und Medizin. Der Zusammenhang von Zwangssterilisation und Sterilitätsforschung am Beispiel des Königsberger Universitätsgynäkologen Felix von Mikulicz-Radecki, in: Leonore Siegele-Wenschkewitz/Gerda Stuchlik (Hg.), Frauen und Faschismus in Europa. Der faschistische Körper, Pfaffenweiler 1990, 90–113

13908 Dalicho, Wilfent: Sterilisation in Köln auf Grund des Gesetzes zur Verhütung erbkranken Nachwuchses vom 14. Juli 1933 nach den Akten des Erbgesundheitsgerichtes von 1934 bis 1943. Ein systematischer Beitrag zur gerichtsmedizinischen, sozialen und soziologischen Problematik, Diss. Köln 1971; IV, 245 S.

13909 Daum, Monika/Deppe, Hans-Ulrich: Zwangssterilisation in Frankfurt am Main 1933–1945, Frankfurt/New York 1991; 199 S.

13910 Dickel, Horst: »Die sind doch alle unheilbar.« Zwangssterilisation und Tötung der »Minderwertigen« im Rheingau 1934–1945, Wiesbaden 1988; 156 S.

13911 Ebbinghaus, Angelika: Kostensenkung, »Aktive Therapie« und Vernichtung. Konsequenzen für das Anstaltswesen, in: Angelika Ebbinghaus u.a. (Hg.), Heilen und Vernichten im Mustergau Hamburg. Bevölkerungs- und Gesundheitspolitik im Dritten Reich, Hamburg 1984, 136–46

13912 Die Ereignisse von Grafeneck, in: Von den Landesarmenverbänden zum Landeswohlfahrtsverband 1889–1989, Hg. Landeswohlfahrtsverband Württemberg-Hohenzollern, Stuttgart 1989, 30–33

13913 Euthanasie in Hadamar. Die nationalsozialistische Vernichtungspolitik in hessischen Anstalten. Eine Ausstellung, Hg. Landeswohlfahrtsverband Hessen, Bearb. Christina Vanja/Martin Vogt u.a., Kassel 1991; 260 S.

13914 Fenner, Elisabeth: Zwangssterilisation im Nationalsozialismus. Zur Rolle der Hamburger Sozialverwaltung, Ammersbeck b. Hamburg 1990; 156 S.

13915 Finzen, Asmus: Auf dem Dienstweg. Die Verstrickung einer Anstalt in die Tötung psychisch Kranker, Rehburg-Loccum 1984; 134 S.

13916 Frings, Bernhard: Zu melden sind sämtliche Patienten ... NS-»Euthanasie« und Heil- und Pflegeanstalten im Bistum Münster, Münster 1994; VII, 145 S.**

13917 Fuchs, Dieter: Einführung in die Geschichte der »Euthanasie« in der Rheinprovinz, in: Ralf Seidel/Wolfgang F. Werner (Red.), Psychiatrie im Abgrund. Spurensuche und Standortbestimmung nach den NS-Psychiatrie-Verbrechen, Hg. Archivberatungsstelle Rheinland, Köln 1991, 25–33

13918 Fuchs, Gerhard: Zwangssterilisation im Nationalsozialismus in Bremen, Diss. Hamburg 1988; 88 S.

13919 Garn, Michaela: Zwangsabtreibung und Abtreibungsverbot. Zur Gutachterstelle der Hamburger Ärztekammer, in: Angelika Ebbinghaus u. a. (Hg.), Heilen und Vernichten im Mustergau Hamburg. Bevölkerungs- und Gesundheitspolitik im Dritten Reich, Hamburg 1984, 37–40

13920 Göbel, Peter/Thormann, Helmut E. (Hg.): Verlegt, vernichtet, vergessen...? Leidenswege von Menschen aus Hephata im Dritten Reich. Eine Dokumentation, Schwalmstadt-Treysa 1985; 88 S.

13921 Hadamar – Ort der Vernichtung sogenannten »lebensunwerten Lebens« im NS-Regime und Gedenkstätte heute, Hg. Landeswohlfahrtsverband Hessen/Aktion Sühnezeichen-Friedens-Dienste, Berlin 1991; 141 S.

13922 Hermann, Alfred: Die Mordkiste von Hadamar. Eine Erzählung aufgrund authentischer Dokumente und wahrer Begebenheiten, Dortmund 1961; 46 S.

13923 Hochmuth, Anneliese: Bethel in den Jahren 1939–1943. Eine Dokumentation zur Vernichtung lebensunwerten Lebens. Euthanasie heute. Das Problem im weiten Sinn des Wortes, 3. Aufl., Bethel b. Bielefeld 1973; 48 S. (zuerst 1970)

13924 Hoser, Cornelia/Weber-Diekmann, Birgit: Zwangssterilisation an Hadamarer Anstaltsinsassen, in: Dorothee Roer/Dieter Henkel (Hg.), Psychiatrie im Faschismus. Die Anstalt Hadamar 1933–1945, Bonn 1986, 121–72

13925 Hübener, Kristina: Brandenburgische Heil- und Pflegeanstalten in der NS-Zeit. Sterilisation und »Vernichtung lebensunwerten Lebens«, in: Dietrich Eichholtz (Hg.), Verfolgung – Alltag – Widerstand. Brandenburg in der NS-Zeit. Studien und Dokumente, Berlin 1993, 230–46

13926 Hühn, Marianne: Psychiatrie im Nationalsozialismus am Beispiel der Wittenauer Heilstätten, in: Götz Aly (Hg.), Aktion T 4 1939–1945. Die »Euthanasie«-Zentrale in der Tiergartenstraße 4, 2., erw. Aufl., Berlin 1989, 183–97 (zuerst 1987)

13927 Jaroszewski, Zdzislaw: Die Vernichtung psychisch Kranker in Polen, 1939–1944, in: Achim Thom/Samuel M. Rapoport (Hg.), Das Schicksal der Medizin im Nationalsozialismus. Auftrag und Verpflichtung zur Bewahrung von Humanismus und Frieden, Neckarsulm/München 1989, 44–49

13928 Jensch, Hugo: Euthanasie-Aktion »T 4«. Verbrechen in den Jahren 1940 und 1941 auf dem Sonnenstein in Pirna, Pirna 1990; 16 S.

13929 Johlmann, Barbara: Abtransport und »Gnadentod«: Das Schicksal von Behinderten in und um Münster unter dem Nationalsozialismus, in: Heinz-Ulrich Eggert (Hg.), Schon fast vergessen. Alltag in Münster 1933–1945, 2. Aufl., Münster 1989, 53–100 (zuerst 1986)**

13930 Kersting, Franz-Werner: Anstaltsärzte und NS-Krankenmord in Westfalen. Zwischen Mittäterschaft, Mitwisserschaft und Resistenz, in: Euthanasie. Dokumentation einer Fortbildungsreihe, Hg. Westfälische Klinik für Psychiatrie Warstein, Warstein 1992, 12–31

13931 Klüppel, Manfred: Euthanasie und Lebensvernichtung am Beispiel der Landesheilanstalten Haina und Merxhausen. Eine Chronik der Ereignisse 1933–1945, 3., ber. Aufl., Kassel 1985; 98 S. (zuerst 1984)

13932 Klüppel, Manfred: »Euthanasie« und Lebensvernichtung 1933–1945 – Auswirkungen auf die Landesheilanstalt Haina und Merxhausen, in: Walter Heinemeyer/Tilman Pünder (Hg.), 450 Jahre Psychiatrie in Hessen, Marburg 1983, 321–48

13933 Kuhlbrodt, Dietrich: »Verlegt nach ... und getötet«. Die Anstaltstötungen in Hamburg, in: Angelika Ebbinghaus u. a. (Hg.), Heilen und Vernichten im Mustergau Hamburg. Bevölkerungs- und Gesundheitspolitik im Dritten Reich, Hamburg 1984, 156–61

13934 Leipert, Matthias u. a.: Verlegt nach unbekannt. Sterilisation und Euthanasie in Galkhausen 1933–1945, Köln/Bonn 1987; 264 S.

13935 Mader, Ernst T.: Das erzwungene Sterben von Patienten der Heil- und Pflegeanstalt Kaufbeuren-Irsee zwischen 1940 und 1945 nach Dokumenten und Berichten von Augenzeugen, 2., unveränd. Aufl., Blöcktach 1985; 88 S. (zuerst 1982)**

13936 Mensch achte den Menschen. Frühe Texte über die Euthanasieverbrechen der Nationalsozialisten in Hessen, Hg. Landeswohlfahrtsverband Hessen, 2. Aufl., Kassel 1987; 87 S. (zuerst 1985)

13937 Morlock, Karl: Wo bringt ihr uns hin? »Geheime Reichssache« Grafeneck [Württemberg], Stuttgart 1985; 96 S.

13938 Müller, Christine-Ruth/Siemen, Hans-Ludwig: Warum sie sterben mußten. Leidensweg und Vernichtung von Behinderten aus den Neuendettelsauer Pflegeanstalten [Franken] im Dritten Reich, Neustadt a. d. Aisch 1991; 249 S.**

13939 Nausner, Peter: Organisierte und »wilde« Euthanasie – zu den Tötungen in österreichischen Anstalten vor und nach dem sog. Euthanasiestopp, in: LOS 4 (1986), Nr. 10, 27–32

13940 Neugebauer, Wolfgang: Zur Psychiatrie in Österreich 1938–1945. »Euthanasie« und Sterilisation, in: Justiz und Zeitgeschichte. Schutz der Persönlichkeitsrechte am Beispiel der Behandlung von Geisteskranken, Hg. Bundesministerium für Justiz, Wien 1983, 197–285

13941 Neugebauer, Wolfgang: »Euthanasie« und Zwangssterilisierungen in Österreich, in: LOS 4 (1986), Nr. 10, 4–26

13942 Neumüller, Bernd: Die Erbgesundheitssachen in der Zeit des Dritten Reiches, in: Sven Paulsen (Hg.), 175 Jahre pfälzisches Oberlandesgericht. 1815 Appellationshof – Oberlandesgericht 1990, Zweibrücken 1990, 257–65

13943 Orth, Linda: Die Transportkinder aus Bonn. »Kindereuthanasie«, Mitarb. Paul-Günter Schulte, Bonn 1989; 113 S.

13944 Orth, Linda: Die Transportkinder aus Bonn – »Kindereuthanasie«, in: Peter Propping/Heinz Schott (Hg.), Wissenschaft auf Irrwegen. Biologismus – Rassenhygiene – Eugenik, Bonn/Berlin 1992, 100–13

13945 Pfäfflin, Friedemann: Zwangssterilisation in Hamburg. Ein Überblick, in: Angelika Ebbinghaus u. a. (Hg.), Heilen und Vernichten im Mustergau Hamburg. Bevölkerungs- und Gesundheitspolitik im Dritten Reich, Hamburg 1984, 26–29

13946 Pörksen, Niels/Waller, Heiko: »Geistig minderwertig«. Lebensvernichtung in der Psychiatrie: Die Heil- und Pflegeanstalt Lüneburg, in: Heimat, Heide, Hakenkreuz. Lüneburgs Weg ins Dritte Reich, Hg. Lüneburger Arbeitskreis »Machtergreifung«, Hamburg 1984, 162–71

13947 Psychiatrie im Abgrund. Spurensuche und Standortbestimmung nach den NS-Psychiatrie-Verbrechen, Hg. Archivberatungsstelle Rheinland, Red. Ralf Seidel/Wolfgang F. Werner, Köln 1991; 182 S.*

13948 Rexer, Martin/Rüdenburg, Bodo: Zwiefalten als Zwischenanstalt auf dem Weg nach Grafeneck [Württemberg], in: Ulrich Jokusch/Lothar Scholz (Hg.), Verwaltetes Morden im Nationalsozialismus. Verstrickung – Verdrängung – Verantwortung von Psychiatrie und Justiz. Eine deutsch-israelische Tagung, Regensburg 1992, 119–56

13949 Römer, Gernot: Die grauen Busse in Schwaben. Wie das Dritte Reich mit Geisteskranken und Schwangeren umging. Berichte, Dokumente, Zahlen und Bilder, Augsburg 1986; 184 S.**

13950 Romey, Stefan: Asylierung – Sterilisierung – Abtransport. Die Behandlung geistig behinderter Menschen im Nationalsozialismus am Beispiel der Alsterdorfer Anstalten [Hamburg], in: Michael Wunder/ Udo Sierck (Hg.), Sie nennen es Fürsorge. Behinderte zwischen Vernichtung und Widerstand. Mit Beiträgen vom Gesundheitstag Hamburg 1981, Berlin 1982, 43–64 (2. Aufl. 1987)

13951 Romey, Stefan: Eugenik und Volksgesundheit – Linien einer ungebrochenen Kontinuität in der Ausgrenzung NS-Verfolgter am Beispiel des Landes Hamburg, in: Vergessene Opfer. Wiedergutmachung für die Betroffenen der Zwangssterilisation und des nationalsozialistischen Euthanasie-Programms. Tagung vom 27. bis 29. März 1987 in Bad Boll. (Protokolldienst, 14/87), Hg. Evangelische Akademie Bad Boll, Bad Boll 1987, 2–22

13952 Romey, Stefan: »Euthanasie« in Hamburger Anstalten, in: Behindertenpädagogik 19 (1980), 215–23

13953 Rönn, Peter von: Von der gesundheitspolitischen Marginalisierung zur »Euthanasie«. Die Anstalt [Hamburg-]Langenhorn und ihre Patienten im NS-Staat, in: Frank Bajohr u. a. (Hg.), Zivilisation und Barbarei. Die widersprüchlichen Potentiale der Moderne. Detlev Peukert zum Gedenken, Hamburg 1991, 269–84

13954 Rothmaler, Christiane: Sterilisation nach dem »Gesetz zur Verhütung erbkranken Nachwuchses« vom 14. Juli 1933. Eine Untersuchung zur Tätigkeit des Erbgesundheitsgerichtes und zur Durchführung des Gesetzes in Hamburg in der Zeit zwischen 1934 bis 1944, Husum 1991; 267 S.

13955 Rothmaler, Christiane: »Erbliche Belastung liegt sicher vor, ist nur nicht festzustellen.« Zwangssterilisation in Hamburg, in: MDNSS 2 (1986), Nr. 13/24, 57–72

13956 Rückleben, Hermann: Deportation und Tötung von Geisteskranken aus den badischen Anstalten der Inneren Mission Kork und Mosbach, Karlsruhe 1981; 104 S.

13956a Schlaich, Ludwig: Lebensunwert? Kirche und Innere Mission Württembergs im Kampf gegen die »Vernichtung lebensunwerten Lebens«, Stuttgart 1947; 88 S.

13957 Schmacke, Norbert/Güse, Hans-Georg: Zwangssterilisiert – Verleugnet – Vergessen. Zur Geschichte der nationalsozialistischen Rassenhygiene am Beispiel Bremen, Bremen 1984; 189 S.

13958 Schmidt-von Blittersdorf, Heidi u. a.: Die Geschichte der Anstalt Hadamar von 1933 bis 1945 und ihre Funktion im Rahmen von T 4, in: Dorothee Roer/Dieter Henkel (Hg.), Psychiatrie im Faschismus. Die Anstalt Hadamar 1933–1945, Bonn 1986, 58–120

13959 Schwarberg, Günther: Der SS-Arzt und die Kinder. Bericht über den Mord vom Bullenhuser Damm, Mitarb. Daniel Haller, Hamburg 1979; 223 S. (Sonderausg. Göttingen 1988)

13960 Schwarz, Rolf: Ausgrenzung und Vernichtung kranker und schwacher Schleswig-Holsteiner. Fragen zu einem unbearbeiteten Problem der Geschichte unseres Landes von 1939–1945, in: DG 1 (1986), 317–37

13961 Sick, Dorothea: »Euthanasie« im Nationalsozialismus am Beispiel des Kalmenhofes in Idstein im Taunus, 1. u. 2. Aufl., Frankfurt 1983; 124 S.

13962 Steurer, Leopold: Ein vergessenes Kapitel Südtiroler Geschichte. Die Umsiedlung und Vernichtung der Südtiroler Geisteskranken im Rahmen des nationalsozialistischen Euthanasieprogramms. (Sturzflug, Sondernr.), Bozen 1982; 32 S.

13963 Stiefele, Werner: Josef Wrede. Sand im Getriebe der Euthanasie [Heil- und Pflegeanstalt Rottenmünster, Rottweil], in: Michael Bosch/Wolfgang Niess (Hg.), Der Widerstand im deutschen Südwesten 1933–1945, Stuttgart 1984, 261–71

13964 Stöckle, Thomas: Die »Aktion T4« in Grafeneck [Württemberg], in: AS 20 (1993), 381–84

13965 Stöffler, Friedrich: Die Euthanasie und die Haltung der Bischöfe im Hessischen Raum, in: AMK 13 (1961), 301–25

13966 Teppe, Karl: Massenmord auf dem Dienstweg. Hitlers »Euthanasie«-Erlaß und seine Durchführung in den Westfälischen Provinzialheilanstalten, Münster 1989; 34 S.

13967 Thürauf, Jobst: Erhebungen über die im Rahmen des Gesetzes zur Verhütung erbkranken Nachwuchses (G. z. V. e. N.) vom 14. 7. 1933 in den Jahren 1934–1945 durchgeführten Sterilisationen im Raume Nürnberg-Fürth-Erlangen (Mittelfranken), dargestellt an den Akten des Gesundheitsamtes der Stadt Nürnberg, Diss. Erlangen-Nürnberg 1970; 53 S.

13968 Tröster, Werner: »Die ganze Front stand voller Neugieriger, die aber lautlos zusahen.« »Euthanasie« an Geisteskranken, dargestellt am Beispiel der Heilanstalt Warstein, in: Ulrich Wagener (Hg.), Das Erzbistum Paderborn in der Zeit des Nationalsozialismus. Beiträge zur regionalen Kirchengeschichte 1933–1945, Paderborn 1993, 333–63

13969 »Verlegt nach Hadamar...« Die Geschichte einer NS-»Euthanasie«, Hg. Landeswohlfahrtsverband Hessen, Kassel 1991; 240 S.

13970 Vögel, Bernhild: »Entbindungsheim für Ostarbeiterinnen«. Braunschweig, Broitzemer Straße 200, Hamburg 1989; 197 S.

13971 Von der Aussonderung zur Sonderbehandlung. Behinderte Menschen unterm Hakenkreuz. Lehren und Forderungen für heute. Dokumentation aus Anlaß des 40. Jahrestages der Massen-Abtransporte aus den Alsterdorfer Anstalten in die Tötungsanstalten der »Euthanasie«, Hg. Gewerkschaft Erziehung und Wissenschaft, Landesverband Hamburg u. a., Hamburg 1983; 71 S.*

13972 Waibel, Alfons: Das Euthanasieprogramm des Dritten Reiches. Die Ereignisse in Heggbach und Ingerkingen [Württemberg], Hg. Heggbacher Einrichtungen, Maselheim-Heggbach 1984; 63 S.**

13972a Weichelt, Rainer: Zwangssterilisation in Gladbek von 1934 bis 1944. Nationalsozialistische Rassenideologie, Gesundheitspolitik und kommunale Gesellschaft, in: BzGG (1992), Nr. 4, 64–87

13973 Werner, Wolfgang F.: »Euthanasie« und Widerstand in der Rheinprovinz, in: Anselm Faust (Hg.), Verfolgung und Widerstand im Rheinland und in Westfalen 1933–1945, Köln u. a. 1992, 224–33

13974 Wettlaufer, Antje: Die Beteiligung von Schwestern und Pflegern an den Morden in Hadamar, in: Dorothee Roer/Dieter Henkel (Hg.), Psychiatrie im Faschismus. Die Anstalt Hadamar 1933–1945, Bonn 1986, 283–330

13975 Wojak, Andreas: Moordorf. Dichtung und Wahrheit über ein ungewöhnliches Dorf in Ostfriesland, Bremen 1992; 324 S.

13976 Wojak, Andreas: »Ik mut opereert worden heed' dat. De hemm dat nich seggt, worum.« NS-Zwangssterilisationen in einem niedersächsischen Dorf [Moordorf (Ostfriesland)], in: 1999 6 (1991), Nr. 2, 59–74

A.3.18 Bildung und Erziehung

A.3.18.1 Allgemeines

Literaturberichte

13977 Wittwer, Wolfgang W.: Die Geschichte der deutschen Bildungspolitik als Gegenstand und Aufgabe der Geschichtswissenschaft, in: GWU 26 (1975), 256–70

Gedruckte Quellen

13978 Antholz, Heinz: Die (Musik-)Erziehung im Dritten Reich. Erinnerungen, Erfahrungen und Erkenntnisse eines Betroffenen, Augsburg 1993; 212 S.

13979 Kanz, Heinrich (Hg.): Der Nationalsozialismus als pädagogisches Problem. Deutsche Erziehungsgeschichte 1933–1945, 2., verb. u. erg. Aufl., Frankfurt u.a. 1990; 512 S. (zuerst 1984)

13980 Keim, Helmut/Urbach, Dietrich (Hg.): Volksbildung in Deutschland 1933–1945. Einführung und Dokumente, Braunschweig 1976; 358 S.

Darstellungen

13981 Achs, Oskar/Tesar, Eva (Hg.): Jugend unterm Hakenkreuz. Erziehung und Schule im Faschismus, Mitarb. Markus Bittner u.a., Wien/München 1988; 68 S.

13982 Berg, Christa/Ellger-Rüttgardt, Sieglind (Hg.): »Du bist nichts, Dein Volk ist alles.« Forschungen zum Verhältnis von Pädagogik und Nationalsozialismus, Weinheim 1991; 190 S.*

13983 Beutler, Kurt u.a.: Erziehungswissenschaft und Nationalsozialismus. Eine kritische Positionsbestimmung, 2. Aufl., Marburg 1994; ca. 284 S. (zuerst 1990)

13984 Dickopp, Karl-Heinz: Systemanalyse nationalsozialistischer Erziehung. Kontinuität oder Abschied, Ratingen u.a. 1971; 75 S.

13985 Diere, Horst: Das Reichsministerium für Wissenschaft, Erziehung und Volksbildung – Zur Entstehung, Struktur und Rolle einer zentralen schulpolitischen Institution im faschistischen Deutschland, in: JbESG 22 (1982), 107–20

13986 Erhardt, Johannes: Erziehungsdenken und Erziehungspraxis des Nationalsozialismus, Clausthal 1968; 278 S.

13987 Esh, Shaul: »Nationalpolitische Erziehung« – ein Eckpfeiler des Nationalsozialismus, in: IJG 8 (1961/62), 125–36

13988 Flessau, Kurt-Ingo u.a. (Hg.): Erziehung im Nationalsozialismus. »... und sie werden nicht mehr frei ihr ganzes Leben!«, Köln/Wien 1987; 145 S.*

13989 Hafeneger, Benno: »Alle Arbeit für Deutschland«. Arbeit, Jugendarbeit und Erziehung in der Weimarer Republik, unter dem Nationalsozialismus und in der Nachkriegszeit, Köln 1988; 280 S.

13990 Heinemann, Manfred (Hg.): Erziehung und Schulung im Dritten Reich, T. 1: Kindergarten, Schule, Berufserziehung, T. 2: Hochschule, Erwachsenenbildung, Stuttgart 1980; 348, 300 S.*

13991 Hennies, Frauke: Mädchenerziehung im Dritten Reich, in: Frauenforschung 1 (1983), Nr. 2, 41–48

13992 Herrmann, Ulrich (Hg.): »Die Formung des Volksgenossen«. Der »Erziehungsstaat« des Dritten Reiches, Weinheim/Basel 1985; 348 S.*

13993 Herrmann, Ulrich (Hg.): »Neue Erziehung«, »Neue Menschen«. Ansätze zur Erziehungs- und Bildungsreform in Deutschland zwischen Kaiserreich und Diktatur, Weinheim/Basel 1987; 357 S.*

13994 Herrmann, Ulrich: »Völkische Erziehung ist wesentlich nichts anderes denn Bindung«. Zum Modell nationalsozialistischer Formierung, in: Ulrich Herrmann (Hg.), »Die Formung des Volksgenossen«. Der »Erziehungsstaat« des Dritten Reiches, Weinheim/Basel 1985, 67–78

13995 Hornung, Klaus: Menschenformung und Typenzucht. Geschichtliche Kontinuität und Nationalsozialismus, in: Klaus Hornung, Etappen politischer Pädagogik in Deutschland, Hg. Bundeszentrale für Heimatdienst, Bonn 1962, 61–76

13996 Kadauke-List, Anne M.: Erziehungsberatungsstellen im Nationalsozialismus, in: Renate Cogoy u.a. (Hg.), Erinnerung einer Profession. Erziehungsberatung, Jugendhilfe und Nationalsozialismus, Münster 1989, 182–92

13999 Kater, Michael H.: Die deutsche Elternschaft im nationalsozialistischen Erziehungssystem. Ein Beitrag zur Sozialgeschichte der Familie, in: VSWG 67 (1980), 484–512; abgedr. in: Ulrich Herrmann (Hg.), »Die Formung des Volksgenossen«. Der »Erziehungsstaat« des Dritten Reiches, Weinheim/Basel 1985, 79–101

14000 Keim, Wolfgang (Hg.): Pädagogen und Pädagogik im Nationalsozialismus. Ein unerledigtes Problem der Erziehungswissenschaft, 3. Aufl., Frankfurt u. a. 1991; 253 S. (zuerst 1988)*

14001 Kohrs, Peter: Kindheit und Jugend unter dem Hakenkreuz. Nationalsozialistische Erziehung in Familie, Schule und Hitlerjugend, Stuttgart 1983; 183 S.

14002 Kornder, Hans-Jürgen: Konterrevolution und Faschismus. Zur Analyse von Nationalsozialismus, Faschismus und Totalitarismus im Werk von Karl Korsch, Frankfurt u. a. 1987; 260 S.

14003 Krafeld, Franz J.: Die Geschichte der Jugendarbeit. Von den Anfängen bis zur Gegenwart, Weinheim/Basel 1984, 111–28

14004 Krause-Vilmar, Dietfrid: Das Lager als Lebensform des Nationalsozialismus, in: PäR 38 (1984), 29–38

14005 Küppers, Heinrich: Zum Gleichschaltungsprozeß der öffentlich organisierten Erziehung in den Jahren 1933/34. Konkurrierende Kräfte und politisches Schicksal der Lehrerverbände, in: Manfred Heinemann (Hg.), Erziehung und Schulung im Dritten Reich, T. 2: Hochschule, Erwachsenenbildung, Stuttgart 1980, 232–45

14006 Langewiesche, Dieter/Tenorth, Heinz-Elmar: Bildung, Formierung, Destruktion. Grundzüge der Bildungsgeschichte von 1918–1945. (Einleitung), in: Dieter Langewiesche/Heinz-Elmar Tenorth (Hg.), Handbuch der deutschen Bildungsgeschichte, Bd. 5: Die Weimarer Republik und die nationalsozialistische Diktatur, München 1989, 2–24

14007 Langewiesche, Dieter/Tenorth, Heinz-Elmar (Hg.): Handbuch der deutschen Bildungsgeschichte, Bd. 5: Die Weimarer Republik und die nationalsozialistische Diktatur, München 1989; XII, 471 S.*

14008 Lingelbach, Karl C.: Über die Schwierigkeiten, die Erziehungswirklichkeit im »Dritten Reich« als deutsche Variante einer »faschistischen« Pädagogik zu begreifen, in: IZEBF 14 (1980), 7–24

14009 Messerschmidt, Manfred: Bildung und Erziehung im »zivilen« und militärischen System des NS-Staates, in: Manfred Messerschmidt u. a. (Hg.), Militärgeschichte. Probleme – Thesen – Wege, hg. i. A. des Militärgeschichtlichen Forschungsamtes aus Anlaß seines 25jährigen Bestehens, Stuttgart 1982, 190–214

14010 Nemitz, Rolf: Die Erziehung des faschistischen Subjekts, in: Projektgruppe Ideologie-Theorie Faschismus und Ideologie, Bd. 1, Berlin 1980, 141–78, 190 f.

14011 Otto, Hans-Uwe/Sünker, Heinz (Hg.): Politische Formierung und soziale Disziplinierung im Nationalsozialismus, Frankfurt 1991; 253 S.*

14012 Pädagogik und Schule im Faschismus. Vortragsreihe März 1981, Hg. Forum Gesamtschule Braunschweig, Braunschweig 1981; 67 S.

14013 Röhrs, Hermann: Nationalsozialismus, Krieg, Neubeginn. Eine autobiographische Vergegenwärtigung aus pädagogischer Sicht, Frankfurt 1990; 275 S.

14014 Schiedeck, Jürgen/Stahlmann, Martin: Die Inszenierung »totalen Erlebens«: Lagererziehung im Nationalsozialismus, in: Hans-Uwe Otto/Heinz Sünker (Hg.), Politische Formierung und soziale Erziehung im Nationalsozialismus, Frankfurt 1991, 167–202

14015 Scholtz, Harald: Nationalsozialistische Machtausübung im Erziehungsfeld und ihre Wirkungen auf die junge Generation, Kurseinheit 1: Einführung in die erziehungshistorische Analyse politischer Machtausübung, Kurseinheit 2: Die Nutzung von Erziehung und Bildung für die politische Machtausübung, Kurseinheit 3: Die Auswirkungen der Umstrukturierung des Erziehungsfeldes in den Institutionen und bei den Jugendlichen. (Studienbrief, 3023/1–3), Hg. Fernuniversität/GHS Hagen, 2., durchges. u. erg. Aufl., Hagen 1989; 91, 113, 83 S.

14016 Seeligmann, Chaim: Zur Gestalt des Erziehers im Dritten Reich, in: IZEBF 14 (1980), 41–61

14017 Stahlmann, Martin/Schiedeck, Jürgen: »Erziehung zur Gemeinschaft – Auslese durch Gemeinschaft«. Zur Zurichtung des Menschen im Nationalsozialismus, Nachwort Heinrich Kupffer, Bielefeld 1991; XII, 165 S.

14018 Steinhaus, Hubert: Hitlers pädagogische Maximen. »Mein Kampf« und die Destruktion der Erziehung im Nationalsozialismus, Frankfurt u. a. 1981; X, 311 S.

14019 Stephenson, Jill: Girls' Higher Education in Germany in the 1930s, in: JCH 10 (1975), 41–69

14020 Tenorth, Heinz-Elmar: Zur deutschen Bildungsgeschichte 1918–1945, Köln 1985; IX, 272 S.

14021 Tenorth, Heinz-Elmar: Bildung und Wissenschaft im Dritten Reich, in: Karl D. Bracher u. a. (Hg.), Deutschland 1933–1945. Neue Studien zur nationalsozialistischen Herrschaft, 2., erg. Aufl., Bonn/Düsseldorf 1993, 240–55 (zuerst 1992)

14022 Urban, Karin: Das Ausbildungswesen unter dem Nationalsozialismus. Wissenschaftstheoretische Begründung und erziehungswirkliche Praxis, Frankfurt u. a. 1986; 181 S.

14023 Vorländer, Herwart: Heimat und Heimaterziehung im Nationalsozialismus, in: Peter P. Knoch/Thomas Leeb (Hg.), Heimat oder Region? Grundzüge einer Didaktik der Regionalgeschichte, Frankfurt u. a. 1984, 30–43

Regional-/Lokalstudien

14024 Arntz, Hans-Dieter: Ordensburg Vogelsang [Eifel] 1934–1945. Erziehung zur politischen Führung im Dritten Reich, Euskirchen 1986; 258 S.

14025 Dachs, Herbert: Schule und Jugenderziehung in der »Ostmark«, in: Emmerich Tálos u. a. (Hg.), NS-Herrschaft in Österreich 1938–1945, Wien 1988, 217–42

14026 Düwell, Kurt: Das Schul- und Hochschulwesen der Rheinlande, in: Franz Petri/Georg Droege (Hg.), Rheinische Geschichte, Bd. 3: Wirtschaft und Kultur im 19. und 20. Jahrhundert, Düsseldorf 1979, 465–552, hier 527–36, 551

14027 Gries, Christian (Bearb.): Erziehung und Ausbildung, in: Winfried Nerdinger (Hg.), Bauen im Nationalsozialismus. Bayern 1933–1945. Ausstellung des Architekturmuseums der Technischen Universität München und des Münchner Stadtmuseums, München 1993, 98–145

14028 Hermand, Jost: Als Pimpf in Polen. Erweiterte Kinderlandverschickung 1940–1945, Frankfurt 1993; 150 S.

14029 Lichtenstein, Heiner: Schulung unterm Hakenkreuz. Die Ordensburg Vogelsang [Eifel], in: Walter Först (Hg.), Menschen, Landschaft, Geschichte. Ein rheinisch-westfälisches Lesebuch, Köln/Berlin 1965, 129–41

14030 Saal, Friedrich W.: Das Schul- und Bildungswesen, in: Wilhelm Kohl (Hg.), Westfälische Geschichte, Bd. 3: Das 19. und 20. Jahrhundert. Wirtschaft und Gesellschaft, Münster 1984, 533–618, 638–45, hier 599–612

14031 Schneider, Karl: Schule und Erziehung, in: Otto Borst (Hg.), Das Dritte Reich in Baden und Württemberg, Stuttgart 1988, 121–36, 300–3

A.3.18.2 Pädagogik

Literaturberichte

14031a Steinhaus, Hubert: Nationalsozialismus und Pädagogik als Thema neuerer pädagogischer Standardliteratur, in: NS 10 (1970), 54–65

14032 Tenorth, Heinz-Elmar: Wissenschaftliche Pädagogik im nationalsozialistischen Deutschland. Zum Stand ihrer Erforschung, in: Ulrich Herrmann/Jürgen Oelkers (Hg.), Pädagogik und Nationalsozialismus, Weinheim/Basel 1988, 53–84

Gedruckte Quellen

14033 Gamm, Hans-Jochen: Führung und Verführung. Pädagogik und Nationalsozialismus. Eine Quellensammlung. Mit einer neuen Einleitung und einer Ergänzungsbibliographie, 2., erg. Aufl., Frankfurt/New York 1984; 491 S. (zuerst München 1964)

Methodische Probleme

14034 Lingelbach, Karl C.: »Erziehung« unter der NS-Herrschaft. Methodische Probleme ihrer Erfassung und Reflexion, in: Wolfgang Keim (Hg.), Pädagogen und Pädagogik im Nationalsozialismus. Ein unerledigtes Problem der Erziehungswissenschaft, 3. Aufl., Frankfurt u. a. 1991, 47–64 (zuerst 1988)

Darstellungen

14035 Assel, Hans-Günther: Die Perversion der politischen Pädagogik im Nationalsozialismus, München 1969; 196 S.

14036 Blankertz, Herwig: Die Geschichte der Pädagogik. Von der Aufklärung bis zur Gegenwart, Wetzlar 1982; 319 S.

14037 Böhme, Günther: Das Zentralinstitut für Erziehung und Unterricht und seine Leiter. Zur Pädagogik zwischen Kaiserreich und Nationalsozialismus, Neuburgweier (Karlsruhe) 1971; 320 S.

14038 Bollnow, Otto F.: Eduard Spranger zum hundertsten Geburtstag, in: ZfPä 28 (1982), 505–25

14039 Bühler, Johann-Christoph von: »Totalisierende Jugendkunde« für den totalitären Staat. Die »Vierteljahrsschrift/Zeitschrift für Jugendkunde« zwischen 1931 und 1935, in: Ulrich Herrmann/Jürgen Oelkers (Hg.), Pädagogik und Nationalsozialismus, Weinheim/Basel 1988, 327–44

14040 Flitner, Wilhelm: Erinnerungen 1889–1945, Paderborn 1986; 416 S.

14041 Giesecke, Hermann: Hitlers Pädagogen. Theorie und Praxis nationalsozialistischer Erziehung, München/Weinheim 1993; 304 S.

14042 Grießbach, Ernst: Die Erziehungswissenschaft Ernst Kriecks und ihre weltanschaulichen Grundlagen, Diss. Würzburg 1950; VII, 228 S. (Ms.)

14043 Habel, Werner: Pädagogik und Nationalsozialismus: Die Zeitschrift »Die Erziehung«, in: Kurt-Ingo Flessau u. a. (Hg.), Erziehung im Nationalsozialismus. »... und sie werden nicht mehr frei ihr ganzes Leben!«, Köln/Wien 1987, 101–14

14044 Herrmann, Ulrich: Probleme einer »nationalsozialistischen Pädagogik«, in: Ulrich Herrmann (Hg.), »Die Formung des Volksgenossen«. Der »Erziehungsstaat« des Dritten Reiches, Weinheim/Basel 1985, 9–21

14045 Herrmann, Ulrich: »Die Herausgeber müssen sich äußern«. Die »Staatsumwälzung« im Frühjahr 1933 und die Stellungnahmen von Eduard Spranger, Wilhelm Flitner und Hans Freyer in der Zeitschrift »Die Erziehung«. Mit einer Dokumentation, in: Ulrich Herrmann/Jürgen Oelkers (Hg.), Pädagogik und Nationalsozialismus, Weinheim/Basel 1988, 281–325**

14046 Herrmann, Ulrich/Oelkers, Jürgen (Hg.): Pädagogik und Nationalsozialismus, Weinheim/Basel 1988; 346 S.*

14047 Joch, Winfried: Theorie einer politischen Pädagogik. Alfred Baeumlers Beitrag zur Pädagogik im Nationalsozialismus, Bern/Frankfurt 1971; 327 S.

14048 Joch, Winfried: Zur Grundkonzeption der Erziehungstheorie Alfred Baeumlers, in: IZEBF 14 (1980), 25–40

14049 Klafki, Wolfgang: Die Pädagogik Theodor Litts. Eine kritische Vergegenwärtigung, Königstein, Ts. 1982; X, 499 S.

14050 Kühn, Heidemarie: Zur Rolle Alfred Bäumlers und des Instituts für »politische Pädagogik« im Faschisierungsprozeß der Berliner Universität, in: JbESG 27 (1987), 161–75

14051 Kunert, Hubertus: Deutsche Reformpädagogik und Faschismus, Hannover u. a. 1973; 155 S.

14052 Kupffer, Heinrich: Der Faschismus und das Menschenbild in der deutschen Pädagogik, Frankfurt 1984; 204 S.

14053 Küppers, Robert: Der Pädagoge Leo Weismantel und seine »Schule der Volkschaft« (1928–1936), Frankfurt u. a. 1992; XIV, 330 S.

14054 Leitner, Erich: Hochschul-Pädagogik. Zur Genese und Funktion der Hochschul-Pädagogik im Rahmen der Entwicklung der deutschen Universität 1800–1968, Frankfurt u. a. 1984; 378 S.

14055 Lingelbach, Karl C.: Erziehung und Erziehungstheorien im nationalsozialistischen Deutschland. Ursprünge und Wandlungen 1933–1945 in Deutschland vorherrschender erziehungstheoretischer Strömungen, Weinheim 1970; 341 S.

14056 Lingelbach, Karl C.: Ernst Krieck – von der »reinen« zur »völkisch-realistischen« Erziehungswissenschaft, in: Ulrich Herrmann (Hg.), »Die Formung des Volksgenossen«. Der »Erziehungsstaat« des Dritten Reiches, Weinheim/Basel 1985, 117–37

14057 Lingelbach, Karl C.: Alfred Bäumler – »deutscher Mensch« und »politische Pädagogik«, in: Ulrich Herrmann (Hg.), »Die Formung des Volksgenossen«. Der »Erziehungsstaat« des Dritten Reiches, Weinheim/Basel 1985, 138–53

14058 Lingelbach, Karl C.: Gibt es eine »faschistische Pädagogik«?, in: DE 5 (1979), 36–43

14059 Menck, Peter: Pädagogik in Deutschland zwischen 1933 und 1945. Überlegungen zur Aneignung einer verdrängten Tradition, in: Ulrich Herrmann/Jürgen Oelkers (Hg.), Pädagogik und Nationalsozialismus, Weinheim/Basel 1988, 39–51

14060 Menck, Peter: Anmerkungen zur Pädagogik in Deutschland zwischen 1933 und 1945, in: Rainer Geißler/Wolfgang Popp (Hg.), Wissenschaft und Nationalsozialismus. Eine Ringvorlesung an der Universität-Gesamthochschule-Siegen, Essen 1988, 159–78

14061 Miller-Kipp, Gisela: Die ausgebeutete Tradition, die ideologische Revolution und der pädagogische Mythos. Versuche und Schwierigkeiten, »nationalsozialistische Pädagogik« zu begreifen und historisch einzuordnen, in: Ulrich Herrmann/Jürgen Oelkers (Hg.), Pädagogik und Nationalsozialismus (1988), Weinheim/Basel 1988, 21–37; abgedr. in: Martin Kipp/Gisela Miller-Kipp, Erkundungen im Halbdunkel. Fünfzehn Studien zur Berufserziehung und Pädagogik im nationalsozialistischen Deutschland, Kassel 1990, 289–305, 344–46

14062 Prange, Klaus: Identität und Politik bei Ernst Krieck. Ein Beitrag zur Pathographie totalitärer Pädagogik, in: Ulrich Herrmann (Hg.), »Die Formung des Volksgenossen«. Der »Erziehungsstaat« des Dritten Reiches, Weinheim/Basel 1985, 154–69

14063 Rang, Adalbert: [Eduard] Spranger und [Wilhelm] Flitner 1933, in: Wolfgang Keim (Hg.), Pädagogen und Pädagogik im Nationalsozialismus. Ein unerledigtes Problem der Erziehungswissenschaft, 3. Aufl., Frankfurt u. a. 1991, 65–78 (zuerst 1988)

14064 Scheuerl, Hans: Zur Sprache deutscher Reformpädagogen in ihrem Verhältnis zum Dritten Reich, in: 1933 in Gesellschaft und Wissenschaft. Ringvorlesung im Wintersemester 1982/83 und Sommersemester 1983, Bd. 2: Wissenschaft, Hg. Universität Hamburg, Pressestelle, Hamburg 1983, 21–42

14065 Scholtz, Harald: Pädagogische Reformpraxis im Sog einer totalitären Bewegung. Versuche zur Anpassung und Instrumentalisierung, in: Ulrich Herrmann/Jürgen Oelkers (Hg.), Pädagogik und Nationalsozialismus, Weinheim/Basel 1988, 221–41

14067 Stippel, Fritz: Die Zerstörung der Person. Kritische Studie zur nationalsozialistischen Pädagogik, Donauwörth 1957; 228 S.

14068 Tenorth, Heinz-Elmar: Pädagogisches Denken, in: Dieter Langewiesche/Heinz-Elmar Tenorth (Hg.), Handbuch der deutschen Bildungsgeschichte, Bd. 5: Die Weimarer Republik und die nationalsozialistische Diktatur, München 1989, 111–54

14069 Tenorth, Heinz-Elmar: Die Entwicklung der Wissenschaftsdisziplin Pädagogik in der Zeit des Nationalsozialismus, in: Leonore Siegele-Wenschkewitz/Gerda Stuchlik (Hg.), Hochschule und Nationalsozialismus. Wissenschaftsgeschichte und Wissenschaftsbetrieb als Thema der Zeitgeschichte, Frankfurt 1990, 90–112

14070 Tenorth, Heinz-Elmar: Einfügung und Formierung, Bildung und Erziehung. Positionelle Differenzen in pädagogischen Argumentationen um 1933, in: Ulrich Herrmann/Jürgen Oelkers (Hg.), Pädagogik und Nationalsozialismus, Weinheim/Basel 1988, 259–79

14071 Tenorth, Heinz-Elmar: Deutsche Erziehungswissenschaft 1930 bis 1945. Aspekte ihres Strukturwandels, in: ZfPä 32 (1986), 229–321

14072 Weber, Bernd: Pädagogik und Politik vom Kaiserreich zum Faschismus. Zur Analyse politischer Optionen von Pädagogikhochschullehrern von 1914–1933, Königstein, Ts. 1979; IV, 467 S.

Regional-/Lokalstudien

14073 Ratzke, Erwin: Das Pädagogische Institut der Universität Göttingen. Ein Überblick über seine Entwicklung in den Jahren 1923–1949, in: Heinrich Becker u. a. (Hg.), Die Universität Göttingen unter dem Nationalsozialismus. Das verdrängte Kapitel ihrer 250jährigen Geschichte, München u. a. 1987, 200–18

14074 Scheuerl, Hans: Zur Geschichte des Seminars für Erziehungswissenschaft, in: Eckart Krause u. a. (Hg.), Hochschulalltag im »Dritten Reich«. Die Hamburger Universität 1933–1945, Bd. 2, Berlin/Hamburg 1991, 519–35

A.3.18.3 Lehrer und andere Erziehungsberufe

Bibliographien

14075 Lauterbach, Uwe: Bibliographie zur Lehrerbildung für berufliche Schulen in Deutschland. Von den Anfängen bis heute, Weinheim/Basel 1978; 209 S.

Gedruckte Quellen

14077 Hammerstein, Notker (Hg.): Deutsche Bildung? Briefwechsel zweier Schulmänner. Otto Schumann – Martin Havenstein 1930–1944, Frankfurt 1988; 367 S.

Darstellungen

14078 Antifaschistische Lehrer im Widerstandskampf, Red. Gerhard Tunsch, Berlin (O) 1967; 166 S.

14080 Bosch, Manfred: Hermann Venedey. Gymnasiallehrer in Konstanz, in: Michael Bosch/Wolfgang Niess (Hg.), Der Widerstand im deutschen Südwesten 1933–1945, Stuttgart 1984, 237–45

14081 Bungardt, Karl: Die Odyssee der Lehrerschaft. Sozialgeschichte eines Standes, 2., überarb. Aufl., Hannover 1965; 168 S. (zuerst Frankfurt 1959)

14082 Burg, Udo von der: Entstehung und Entwicklung der Gymnasiallehrer-Seminare bis 1945, 2 Bde., Bochum 1989; 557 S.

14083 Dick, Lutz van: Oppositionelles Lehrerverhalten 1933–1945. Biographische Berichte über den aufrechten Gang von Lehrerinnen und Lehrern, Weinheim 1988; 595 S. (gekürzte TB-Ausg. Frankfurt 1990 u. d. T.: Lehreropposition im NS-Staat)

14084 Dick, Lutz van: Oppositionelles Verhalten einzelner Lehrerinnen und Lehrer zwischen Nonkonformität und Widerstand in Deutschland 1933–1945, in: Wolfgang Keim (Hg.), Pädagogen und Pädagogik im Nationalsozialismus. Ein unerledigtes Problem der Erziehungswissenschaft, 3. Aufl., Frankfurt u. a. 1991, 113–28 (zuerst 1988)

14085 Erger, Johannes: Lehrer und Nationalsozialismus. Von den traditionellen Lehrerverbänden zum Nationalsozialistischen Lehrerbund (NSLB), in: Manfred Heinemann (Hg.), Erziehung und Schulung im Dritten Reich, T. 2: Hochschule, Erwachsenenbildung, Stuttgart 1980, 206–31

14086 Feiten, Willi: Der Nationalsozialistische Lehrerbund – Entwicklung und Organisation. Ein Beitrag zum Aufbau und zur Organisationsstruktur des nationalsozialistischen Herrschaftssystems, Weinheim/Basel 1981; 350 S.

14088 Hauschild, Hans: Erzieher im Dritten Reich, Mönchengladbach 1976; 175 S.

14089 Hoffmann, Volker: Lehrer – Arbeiter – Arbeitsdienst. Eine Untersuchung der Arbeitsdienstpropaganda unter (Jung-)Lehrern in der Endphase der Weimarer Republik und ihrer Stellung im faschistischen Arbeitsdienst, in: IZEBF 14 (1980), 73–91

14090 Hohendorf, Gerd u. a. (Bearb.): Lehrer im antifaschistischen Widerstandskampf der Völker. Studien und Materialien, 1. Folge, Berlin (O) 1974; 399 S.

14091 Hopster, Norbert: Ausbildung und politische Funktion der Deutschlehrer im Nationalsozialismus, in: Peter Lundgreen (Hg.), Wissenschaft im Dritten Reich, Frankfurt 1985, 113–39

14092 Jarausch, Konrad H.: The Unfree Professions. German Lawyers, Teachers, and Engineers, 1900–1950, New York/Oxford 1990; XV, 352 S.

14093 Jarausch, Konrad H.: The Perils of Professionalism: Lawyers, Teachers, and Engineers in Nazi Germany, in: GSR 9 (1986), 107–37

14094 Jeder, Michael: Die Auseinandersetzung der Reichsministerien über die Gewerbelehrerausbildung in der Zeit von 1940–1942. Ein Beitrag zur Geschichte der Gewerbelehrerausbildung, in: BBS 22 (1974), 607–15

14095 Jungk, Sabine: Volksschulreform und Volksschullehrerfortbildung 1933. Ein Beitrag zur Sozialgeschichte der Lehrerschaft am Beispiel des Deutschen Lehrervereins, Frankfurt 1990; 220 S.

14096 Klewitz, Marion: Lehrersein im Dritten Reich. Analysen lebensgeschichtlicher Erzählungen zum beruflichen Selbstverständnis, Weinheim 1987; 259 S.

14097 Klewitz, Marion: Berufsbiographien von Lehrerinnen und Lehrern während der NS-Zeit, in: Christa Berg/Sieglind Ellger-Rüttgardt (Hg.),»Du bist nichts, Dein Volk ist alles.« Forschungen zum Verhältnis von Pädagogik und Nationalsozialismus, Weinheim 1991, 173–88

14098 Krause-Vilmar, Dietfrid (Hg.): Lehrerschaft, Republik und Faschismus 1918–1933. Beiträge zur Geschichte der organisierten Lehrerschaft in der Weimarer Republik, Köln 1978; 279 S.

14099 Küppers, Heinrich: Der Katholische Lehrerverband in der Übergangszeit von der Weimarer Republik zur Hitlerdiktatur. Zugleich ein Beitrag zur Geschichte des Volksschullehrerstandes, Mainz 1975; XXX, 202 S.

14100 Mandel, Hans H.: Geschichte der Gymnasiallehrerbildung in Preußen-Deutschland 1787–1987, Berlin 1989; IX, 266 S.

14102 Müller-Rolle, Sebastian: Lehrer, in: Dieter Langewiesche/Heinz-Elmar Tenorth (Hg.), Handbuch der deutschen Bildungsgeschichte, Bd. 5: Die Weimarer Republik und die nationalsozialistische Diktatur, München 1989, 240–58

14103 Nath, Axel: Die Studienratskarriere im Dritten Reich. Systematische Entwicklung und politische Steuerung einer zyklischen »Überfüllungskrise« 1930–1944, Frankfurt 1988; 337 S.

14104 Nath, Axel: Der Studienassessor im Dritten Reich. Eine sozialhistorische Studie zur »Überfüllungskrise« des höheren Lehramtes in Preußen 1932–1942, in: ZfPä 27 (1981), 281–306

14105 Said, Erika: Zur Situation der Lehrerinnen in der Zeit des Nationalsozialismus, in: Mutterkreuz und Arbeitsbuch. Zur Geschichte der Frauen in der Weimarer Republik und im Nationalsozialismus, Hg. Frauengruppe Faschismusforschung, Frankfurt 1981, 105–30

14106 Scholtz, Harald/Stranz, Elmar: Nationalsozialistische Einflußnahmen auf die Lehrerbildung, in: Manfred Heinemann (Hg.), Erziehung und Schulung im Dritten Reich, T. 2: Hochschule, Erwachsenenbildung, Stuttgart 1980, 110–24

14107 Schonig, Bruno: Lehrerinnen und Lehrer im Nationalsozialismus: Lebensgeschichtliche Dokumente – kritische Verstehversuche, in: Wolfgang Keim (Hg.), Pädagogen und Pädagogik im Nationalsozialismus. Ein unerledigtes Problem der Erziehungswissenschaft, 3. Aufl., Frankfurt u. a. 1991, 89–112 (zuerst 1988)

Regional-/Lokalstudien: Gedruckte Quellen

14107a Berichte von Gau- und Kreisämtern des NS-Lehrerbundes, in: Bayern in der NS-Zeit, Bd. 1: Soziale Lage und politisches Verhalten der Bevölkerung im Spiegel vertraulicher Berichte, Hg. Martin Broszat u. a., München/Wien 1977, 527–51

Regional-/Lokalstudien: Darstellungen

14107b Asselhoven, Dieter: Fakultät 2. Klasse. Zur Geschichte der Lehrerausbildung, in: Wolfgang Blaschke u. a. (Hg.), Nachhilfe zur Erinnerung. 600 Jahre Universität zu Köln, Köln 1988, 159–71

14107c Günther-Arndt, Hilke: Volksschullehrer und Nationalsozialismus. Oldenburgischer Landeslehrerverein und Nationalsozialistischer Lehrerbund in den Jahren der politischen und wirtschaftlichen Krise 1930–1933, Oldenburg 1983; 120 S.

14108 Huerkamp, Claudia: Zwischen Überfüllungskrise und politischer Reglementierung. Studienrätinnen in Preußen in der Zwischenkriegszeit, in: Juliane Jacobi (Hg.), Frauen zwischen Familie und Schule. Professionalisierungsstrategien von Lehrerinnen im internationalen Vergleich, Köln 1993, 108–29

14109 Jooß, Rainer: Lehrerbildung in Esslingen 1919–1949, in: Von Weimar bis Bonn. Esslingen 1919–1949. Begleitband zur Ausstellung »Esslingen 1919–1949. Von Weimar bis Bonn«, Esslingen 1991, 151–68

14110 Joop, Heidrun: Kurt Steffelbauer. Ein Berliner Lehrer im Widerstand gegen den Nationalsozialismus, Berlin 1991; 215 S.

14111 Meran, Josef: Die Lehrer am Philosophischen Seminar der Hamburger Universität während der Zeit des Nationalsozialismus, in: Eckart Krause u. a. (Hg.), Hochschulalltag im »Dritten Reich«. Die Hamburger Universität 1933–1945, Bd. 2, Berlin/Hamburg 1991, 459–82

14112 Sandfuchs, Uwe: Universitäre Lehrerausbildung in der Weimarer Republik und im Dritten Reich. Eine historisch-systematische Untersuchung am Beispiel der

Lehrerausbildung an der Technischen Hochschule Braunschweig 1918–1940, Bad Heilbrunn 1978; XII, 451 S.

14113 Saul, Klaus: Lehrerausbildung in Demokratie und Diktatur. Zum Hamburger Reformmodell einer universitären Volksschullehrerausbildung, in: Eckart Krause u. a. (Hg.), Hochschulalltag im »Dritten Reich«. Die Hamburger Universität 1933–1945, Bd. 1, Berlin/Hamburg 1991, 367–408

14114 Schreiber, Horst: Die Tiroler Lehrerschaft und der Nationalsozialismus, in: ZG 21 (1994), 129–44

14115 Steegmüller, Fritz: Geschichte der Lehrerbildungsanstalt Speyer 1839–1937, Speyer 1978; 286 S.

A.3.18.4 Schule

A.3.18.4.1 Allgemeines

Bibliographien

14116 Matthes, Sigurd (Bearb.): Interdisziplinäre Bibliographie, in: Reinhard Dithmar (Hg.), Schule und Unterricht im Dritten Reich, Neuwied 1989, 287–98

Gedruckte Quellen

14117 Fricke-Finkelnburg, Renate (Hg.): Nationalsozialismus und Schule. Amtliche Erlasse und Richtlinien 1933–1945, Opladen 1989; 288 S.

14118 Gernert, Dörte (Hg.): Schulvorschriften für den Geschichtsunterricht im 19./20. Jahrhundert. Dokumente aus Preußen, Bayern, Sachsen, Thüringen und Hamburg bis 1945, Köln u. a. 1994; XLI, 275 S.

14119 Kersting, Franz-Werner: »Schulnot – Volksnot!«. Eine Denkschrift Hans Frießners vom Oktober 1939. (Dokumentation), in: MGM 36 (1984), 77–103

14120 Schnorbach, Hermann (Hg.): Lehrer und Schule unterm Hakenkreuz. Dokumente des Widerstands von 1930 bis 1945, Königstein, Ts. 1983; 198 S.

14121 Ueberhorst, Horst (Hg.): Elite für die Diktatur. Die Nationalpolitischen Erziehungsanstalten 1933–1945. Ein Dokumentarbericht, 2. Aufl., Königstein, Ts. 1980; 279 S. (zuerst Düsseldorf 1969)

Methodische Probleme

14122 Keim, Wolfgang: Schule und deutscher Faschismus – Perspektiven für die historische Schulforschung, in: Friedhelm Zubke (Hg.), Politische Pädagogik. Beiträge zur Humanisierung der Gesellschaft. (Hans-Jochen Gamm zum 65. Geburtstag), Weinheim 1990, 209–32

Darstellungen

14124 Assel, Hans-Günther: Die Perversion der politischen Pädagogik im Nationalsozialismus, München 1969; 169 S.

14125 Aumüller-Roske, Ursula: Weibliche Elite für die Diktatur? Zur Rolle der Nationalpolitischen Erziehungsanstalten für Mädchen im Dritten Reich, in: Ursula Aumüller-Roske (Hg.), Frauenleben – Frauenbilder – Frauengeschichte, Pfaffenweiler 1988, 17–44

14126 Aumüller-Roske, Ursula: Die nationalpolitischen Erziehungsanstalten für Mädchen im »Großdeutschen Reich«. Kleine Karrieren für Frauen?, in: Lerke Gravenhorst/Carmen Tatschmurat (Hg.), TöchterFragen: NS-Frauen-Geschichte, Freiburg i.Br. 1990, 211–36

14127 Bäumer-Schleinkofer, Änne: NS-Biologie und Schule, Frankfurt u. a. 1994; XIV, 272 S.

14128 Behr, Klaus: Gymnasialer Deutschunterricht in der Weimarer Republik und im Dritten Reich, Eine empirische Untersuchung unter ideologiekritischem Aspekt, Weinheim/Basel 1980; XXI, 421 S.

14129 Bernett, Hajo/John, Hans G. (Hg.): Schulsport und Sportlehrerausbildung in der NS-Zeit. Methodologische Probleme der Zeitgeschichtsforschung. Berichte über die Arbeitstagungen der DVS-Sektion Sportgeschichte 1981/82, hg. i. A. der Deutschen Vereinigung für Sportwissenschaft, Clausthal-Zellerfeld 1982; 152 S.

14130 Brämer, Rainer: Platz an der Sonne. Naturwissenschaften in der nationalsozialistischen Schule, in: Rainer Brämer (Hg.), Naturwissenschaft im NS-Staat, Marburg 1983, 103–23

14131 Breyvogel, Wilfried/Lohmann, Thomas: Schulalltag im Nationalsozialismus, in: Detlev J. K. Peukert/Jürgen Reulecke (Hg.), Die Reihen fast geschlossen. Beiträge zur Geschichte des Alltags unterm Nationalsozialismus, Wuppertal 1981, 199–221; abgedr. in: Ulrich Herrmann (Hg.), »Die Formung des Volksgenossen«. Der »Erziehungsstaat« des Dritten Reiches, Weinheim/Basel 1985, 253–68

14132 Diel, Alex: Die Kunsterziehung im Dritten Reich. Geschichte und Analyse, München 1969; IV, 341 S.

14133 Dithmar, Reinhard (Hg.): Schule und Unterricht in der Endphase der Weimarer Republik, Neuwied u. a. 1993; VII, 289 S.

14134 Dithmar, Reinhard (Hg.): Schule und Unterricht im Dritten Reich, Neuwied 1989; XXI, 301 S.*

14135 Dithmar, Reinhard: Richtlinien und Realität. Deutschunterricht im Gymnasium nach der »Machtergreifung«, in: Reinhard Dithmar (Hg.), Schule und Unterricht im Dritten Reich, Neuwied 1989, 21–37

14136 Doerfel, Marianne: Der Griff des NS-Regimes nach Eliteschulen. Stätten klassischer Bildungstradition zwischen Anpassung und Widerstand, in: VfZ 37 (1989), 401–56

14137 Eilers, Rolf: Die nationalsozialistische Schulpolitik. Eine Studie zur Funktion der Erziehung im totalitären Staat, Köln/Opladen 1963; XII, 152 S.

14138 Flessau, Kurt-Ingo: Schule der Diktatur. Lehrpläne und Schulbücher des Nationalsozialismus, 2. Aufl., Frankfurt 1984; 223 S. (zuerst München 1977)

14139 Flessau, Kurt-Ingo: Schulen der Partei(lichkeit)? Notizen zum allgemeinbildenden Schulwesen im Dritten Reich, in: Kurt-Ingo Flessau u. a. (Hg.), Erziehung im Nationalsozialismus. »... und sie werden nicht mehr frei ihr ganzes Leben!«, Köln/Wien 1987, 65–82

14140 Frank, Horst J.: Geschichte des Deutschunterrichts. Von den Anfängen bis 1945, München 1973; 996 S.

14141 Franke, Kurt F. K.: Medien im Geschichtsunterricht der nationalsozialistischen Schule, in: Reinhard Dithmar (Hg.), Schule und Unterricht im Dritten Reich, Neuwied 1989, 59–85

14142 Fricke-Finkelnburg, Renate: Schulpolitik des Nationalsozialismus, in: Peter Meyers/Dieter Riesenberger (Hg.), Der Nationalsozialismus in der historisch-politischen Bildung, Göttingen 1979, 94–119

14143 Fritsch, Andreas: Die altsprachlichen Fächer im nationalsozialistischen Schulsystem, in: Reinhard Dithmar (Hg.), Schule und Unterricht im Dritten Reich, Neuwied 1989, 135–62

14144 Gies, Horst: Geschichtsunterricht unter der Diktatur Hitlers, Köln u. a. 1992; 186 S.

14145 Gies, Horst: Geschichtsunterricht als deutschkundliche Weihestunde. Historische Nabelschau in der nationalsozialistischen Schule, in: Reinhard Dithmar (Hg.), Schule und Unterricht im Dritten Reich, Neuwied 1989, 39–58

14146 Grammes, Tilman: Auf der Suche nach der Fachdidaktik »Politik«. Community, Gemeinschaft und die Rede vom Partner, in: Reinhard Dithmar (Hg.), Schule und Unterricht im Dritten Reich, Neuwied 1989, 259–74

14147 Günther, Ulrich: Die Schulmusikerziehung von der [Leo] Kestenberg-Reform bis zum Ende des Dritten Reiches, 2. Aufl., Augsburg 1992; (10), 430 S. (zuerst Neuwied 1967)

14148 Günther, Ulrich: Erlebte Schulmusik im Dritten Reich. Musikunterricht im Spannungsfeld zwischen Quellenstudium und eigenen Erfahrungen, in: Reinhard Dithmar (Hg.), Schule und Unterricht im Dritten Reich, Neuwied 1989, 101–15

14149 Helmreich, Ernst C.: Religionsunterricht in Deutschland. Von den Klosterschulen bis heute. Mit 54 Bilddokumenten, Hamburg/Düsseldorf 1966; 422 S. (amerikan.: Cambridge, Mass./London 1959)**

14150 Herrlitz, Hans-Georg u. a.: Deutsche Schulgeschichte von 1800 bis zur Gegenwart, 2., durchges. Aufl., Frankfurt 1986; 192 S. (zuerst Königstein, Ts. 1980)

14151 Heske, Henning: »... und morgen die ganze Welt ...« Erdkundeunterricht im Nationalsozialismus, Gießen 1988; 286 S.

14152 Heymen, Norbert u. a.: Erziehung zur Wehrhaftigkeit im Sportunterricht, in: Reinhard Dithmar (Hg.), Schule und Unterricht im Dritten Reich, Neuwied 1989, 163–85

14153 Hohmann, Joachim S.: Erster Weltkrieg und nationalsozialistische »Bewegung« im deutschen Lesebuch 1933–1945, Frankfurt u. a. 1988; 372 S.

14154 Hopster, Norbert/Nassen, Ulrich: Literatur und Erziehung im Nationalsozialismus. Deutschunterricht als Körperkultur, Paderborn u. a. 1983; 121 S.

14155 Hunsche, Klara: Der Kampf um die christliche Schule und Erziehung 1933–45, in: KJEKD 76 (1950), 455–519

14156 Kater, Michael H.: Hitlerjugend und Schule im Dritten Reich, in: HZ 228 (1979), 572–623

14157 Kersting, Franz-Werner: Militär und Jugend im NS-Staat. Rüstungs- und Schulpolitik der Wehrmacht, Wiesbaden 1989; XII, 472 S.

14158 Kirsch, Hans-Christian: Bildung im Wandel. Schule gestern, heute und morgen, Düsseldorf/Wien 1979, 245–66

14159 Kraul, Magret: Das deutsche Gymnasium 1780–1980, Frankfurt 1984, 157–84, 235–39

14161 Langer, Hermann: Das »Gesicht der Schule« – Schüleraufsätze 1939 bis 1944, in: Deutsche Jugend im Zweiten Weltkrieg, Rostock 1991, 71–78

14162 Lauf-Immesberger, Karin: Literatur, Schule und Nationalsozialismus. Zum Lektürekanon der höheren Schulen im Dritten Reich, St. Ingbert 1987; 489 S.

14163 Lehberger, Reiner: Neusprachlicher Unterricht in der NS-Zeit. Rahmenbedingungen, Vorgaben und Unterrichtswirklichkeit unter besonderer Berücksichtigung des Englischunterrichts an höheren Schulen, in: Reinhard Dithmar (Hg.), Schule und Unterricht im Dritten Reich, Neuwied 1989, 117–34

14164 Leschinsky, Achim: Waldorfschulen im Nationalsozialismus, in: NS 23 (1983), 255–78

14165 Leschinsky, Achim: Volksschule zwischen Ausbau und Auszehrung. Schwierigkeiten bei der Steuerung der Schulentwicklung seit den zwanziger Jahren, in: VfZ 30 (1982), 27–81

14166 Lissmann, Hans J.: Sachunterricht in der Grundschule. Eine Fallstudie für die erste Phase des Dritten Reiches, in: Reinhard Dithmar (Hg.), Schule und Unterricht im Dritten Reich, Neuwied 1989, 235–57

14167 Lundgreen, Peter: Sozialgeschichte der deutschen Schule im Überblick, Bd. 2: 1918–1980, Göttingen 1981; 168 S.

14168 Mehrtens, Herbert: Mathematik als Wissenschaft und Schulfach im NS-Staat, in: Reinhard Dithmar (Hg.), Schule und Unterricht im Dritten Reich, Neuwied 1989, 205–16

14169 Montanus, Klaus: Die Elite-Fabrik. Ein Napola-Schüler erzählt, Erlangen 1991; 517 S.

14170 Neumeister, Andreas: »Der deutsche Lehrer will die Jugend ganz!« (Freudenthal). Der Beitrag der Volkskunde zur nationalsozialistischen Schulerziehung, in: Volkskunde im Dritten Reich. Diskussionsanstöße. Begleitheft zu einer Ausstellung, Hg. Institut für deutsche und vergleichende Volkskunde der Universität München, München 1986, 10–16 (Ms. vervielf.)

14171 Nixdorf, Delia/Nixdorf, Gerd: Politisierung und Neutralisierung der Schule in der NS-Zeit, in: Hans Mommsen/Susanne Willems (Hg.), Herrschaftsalltag im Dritten Reich. Studien und Texte, Düsseldorf 1988, 225–303**

14172 Nyssen, Elke: Schule im Nationalsozialismus, Heidelberg 1979; 155 S.

14173 Ohlemacher, Jörg: Günter Ruprecht und Hans Lokies – Zivilcourage. Das Beispiel der Zeitschrift »Haus und Schule« 1935–1937, in: KZG 1 (1988), 137–50

14174 Orlow, Dietrich: Die Adolf-Hitler-Schulen, in: VfZ 13 (1965), 272–84

14175 Ottweiler, Ottwilm: Die Volksschule im Nationalsozialismus, Weinheim/Basel 1979; XII, 359 S.

14176 Ottweiler, Ottwilm: Die nationalsozialistische Schulpolitik im Bereich des Volksschulwesens, in: Manfred Heinemann (Hg.), Erziehung und Schulung im Dritten Reich, T. 1: Kindergarten, Schule, Jugend, Berufserziehung, Stuttgart 1980, 193–215; abgedr. in: Ulrich Herrmann (Hg.), »Die Formung des Volksgenossen«. Der »Erziehungsstaat« des Dritten Reiches, Weinheim/Basel 1985, 235–52

14177 Preising, Renate: Willensschulung. Zur Begründung einer Theorie der Schule im Nationalsozialismus, Berlin 1976; 304 S.

14178 Rodehüser, Franz: Epochen der Grundschulgeschichte. Darstellung und Analyse der historischen Entwicklung einer Schulstufe unter besonderer Berücksichtigung ihrer Entstehungszusammenhänge und möglichen Perspektiven für die Zukunft. Mit einem Historiogramm, Bochum 1987, 241–394

14179 Rohde, Hubert: Der Nationalsozialismus im zeitgeschichtlichen Unterricht. Am Modell »Nationalsozialistische Erziehung« durchgeführt, Freiburg u. a. 1965; 157 S.

14180 Rossmeissl, Dieter: »Ganz Deutschland wird zum Führer halten...« Zur politischen Bildung in den Schulen des Dritten Reiches, Frankfurt 1985; 202 S.

14181 Schausberger, Norbert: Intentionen des Geschichtsunterrichts im Rahmen der nationalsozialistischen Erziehung, in: Manfred Heinemann (Hg.), Erziehung und Schulung im Dritten Reich, T. 1: Kindergarten, Schule, Jugend, Berufserziehung, Stuttgart 1980, 251–63

14182 Scherf, Gertrud: Vom deutschen Wald zum deutschen Volk. Biologieunterricht in der Volksschule im Dienste nationalsozialistischer Weltanschauung und Politik, in: Reinhard Dithmar (Hg.), Schule und Unterricht im Dritten Reich, Neuwied 1989, 217–34

14183 Scholtz, Harald: NS-Ausleseschulen. Internatsschulen als Herrschaftsmittel des Führerstaates, Göttingen 1973; 427 S.

14184 Scholtz, Harald: Die Schule als Erziehungsfaktor, in: Manfred Heinemann (Hg.), Erziehung und Schulung im Dritten Reich, T. 1: Kindergarten, Schule, Jugend, Berufserziehung, Stuttgart 1980, 31–48

14185 Scholtz, Harald: Schule unterm Hakenkreuz, in: Reinhard Dithmar (Hg.), Schule und Unterricht im Dritten Reich, Neuwied 1989, 1–20

14186 Schwingl, Georg: Die Pervertierung der Schule im Nationalsozialismus. Ein Beitrag zum Begriff »Totalitäre Erziehung«, Regensburg 1993; 330 S.

14187 Teistler, Gisela: Skizze zur deutschen Schulgeschichte bis 1945, in: ISF 13 (1991), 397–436

14189 Willenborg, Rudolf: Die Schule muß bedingungslos nationalsozialistisch sein. Erziehung und Unterricht im Dritten Reich, Vechta 1986; 148 S.

14190 Willer, Jörg: Physikunterricht unter der Diktatur des Nationalsozialismus, in: Reinhard Dithmar (Hg.), Schule und Unterricht im Dritten Reich, Neuwied 1989, 187–204

14191 Zymek, Bernd: War die nationalsozialistische Schulpolitik sozialrevolutionär? Praxis und Theorie der Auslese im Schulwesen während der nationalsozialistischen Herrschaft in Deutschland, in: Manfred Heinemann (Hg.), Erziehung und Schulung im Dritten Reich, T. 1: Kindergarten, Schule, Jugend, Berufserziehung, Stuttgart 1980, 264–74

14192 Zymek, Bernd: Die pragmatische Seite der nationalsozialistischen Schulpolitik, in: Ulrich Herrmann (Hg.), »Die Formung des Volksgenossen«. Der »Erziehungsstaat« des Dritten Reiches, Weinheim/Basel 1985, 269–81

14193 Zymek, Bernd: Schulen, in: Dieter Langewiesche/Heinz-Elmar Tenorth (Hg.), Handbuch der deutschen Bildungsgeschichte, Bd. 5: Die Weimarer Republik und die nationalsozialistische Diktatur, München 1989, 155–208

Regional-/Lokalstudien: Literaturberichte

14194 Weber, Ulrich: Humanistische Gymnasien Badens im Dritten Reich. Anmerkungen zu drei schulgeschichtlichen Studien, in: ZGO 138 (N.F. 99) (1990), 486–95

Regional-/Lokalstudien: Gedruckte Quellen

14195 Friedrichs, Peter (Hg.): Aus dem Kampf um die Schule. Dokumente und Verhandlungen aus den Jahren 1936 bis 1940 um den Abbau des Gymnasium am Lietzensee, Berlin-Charlottenburg, Freiburg i.Br. 1951; V, 108 S.

Regional-/Lokalstudien: Darstellungen

14196 Amlung, Ullrich: Adolf Reichweins Alternativschulmodell Tiefensee 1933–1939. Ein reformpädagogisches Gegenkonzept zum NS-Erziehungssystem, in: Ullrich Amlung u.a. (Hg.), Die alte Schule überwinden. Reformpädagogische Versuchsschulen zwischen Kaiserreich und Nationalsozialismus, Frankfurt 1993, 268–88

14197 Amlung, Ullrich: Reformpädagogische Unterrichtspraxis in der Zeit des Nationalsozialismus: Der oppositionelle Lehrer Adolf Reichwein an der einklassigen Landschule in Tiefensee/Mark Brandenburg 1933–1939, in: Adolf Reichwein Schaffendes Schulvolk/Film in der Schule. Die Tiefenseer Schulschriften. Kommentierte Neuausgabe, Hg. Wolfgang Klafki u.a., Weinheim/Basel 1993, 323–37

14198 Amlung, Ullrich: Praktisches Lernen mit »Kopf, Herz und Hand« – Adolf Reichweins reformpädagogisches »Schulmodell Tiefensee« (1933–1939), in: Christian Kubina (Hg.), Schule ist mehr als Unterricht. Beispiele aus der Praxis ganztägiger Erziehung, Wiesbaden 1992, 111–25

14199 Andrich, Matthias/Martin, Guido: Schule im Dritten Reich. Die Musterschule. Ein Frankfurter Gymnasium 1933–39, Frankfurt a.M. 1983; 182 S.

14200 Arnhardt, Gerhardt: Schulpforte [Sachsen-Anhalt] im faschistischen Deutschland – der Bruch mit einer 400jährigen humanistischen Bildungstradition, in: JbESG 22 (1982), 121–38

14201 Barthel, Otto: Die Schulen in Nürnberg 1905–1960. Mit einer Einführung in die Gesamtgeschichte, Nürnberg 1964; 680 S.

14202 Beck, Dorothea (Hg.): »Ich habe veranlaßt, daß die Kruzifixe aus den Klassenräumen entfernt werden.« Zur Geschichte der höheren Schule in Greven von 1933–1945, Bearb. Gymnasium Augustinianum Greven, Mitarb. Britta Adamini u. a., Greven 1986; 89 S.

14203 Behrens, Dirk u. a.: Es war einmal eine Mädchenschule ... Eine Ausstellung zur Geschichte und Entwicklung der Mädchenbildung in Stade 1863–1988, Stade 1988, 42–59

14204 Bernett, Hajo: Sportunterricht an der nationalsozialistischen Schule. Der Schulsport an den höheren Schulen Preußens 1933–1940, Sankt Augustin 1985; 143 S.

14205 Bussche, Albrecht von dem: Die Ritterakademie zu Brandenburg, Frankfurt u. a. 1989; 276 S.

14206 Damberg, Wilhelm: Der Kampf um die Schulen in Westfalen 1933–1945, Mainz 1987; XXIV, 276 S.

14207 Eggert, Heinz-Ulrich (Hg.): Der Krieg frißt eine Schule. Die Geschichte der Oberschule für Jungen am Wasserturm in Münster 1938–1945. Ein Unterrichtsprojekt in einem Geschichtsgrundkurs der Jahrgangsstufe 11 des Wilhelm-Hittorf-Gymnasiums Münster im Schulhalbjahr 1982/83 mit Schülerinnen und Schülern. Mit einem Nachtrag: Abgeschnitten von zu Hause. Die Auflösung des KLV-Lagers Bad Wiessee und die Rückkehr der Jungen nach Münster im Sommer 1945, verfaßt von einer Arbeitsgruppe der Jahrgangsstufe 7 im Schulhalbjahr 1984/85, Mitarb. Martin Berger u. a., 2. Aufl., Münster 1990; 250 S. (zuerst 1984)

14208 Eickels, Klaus van: Das Collegium Augustinianum Gaesdonck in der NS-Zeit 1933–1942. Anpassung und Widerstand im Schulalltag des 3. Reiches, Kleve 1982; 368 S.

14209 Engelbrecht, Helmut: Die Eingriffe des Dritten Reiches in das österreichische Schulwesen, in: Manfred Heinemann (Hg.), Erziehung und Schulung im Dritten Reich, T. 1: Kindergarten, Schule, Jugend, Berufserziehung, Stuttgart 1980, 113–59

14210 Fehl, Peter: Das Gymnasium von 1919 bis 1961, in: Gymnasium Moguntinum. Die Geschichte des Rabanus-Maurus-Gymnasiums Mainz, erg. Neuausg., Mainz 1980, 111–52 (zuerst 1962)

14211 Gamber, Klaus: Die Einführung der Gemeinschaftsschule und die dabei angewandten Druckmittel, in: Georg Schwaiger/Paul Mai (Hg.), Das Bistum Regensburg im Dritten Reich, Regensburg 1981, 211–35

14212 Geschichte der höheren Schulen zu Bernburg. Friederikenschule von 1810–1950, Karlsgymnasium von 1835–1944, Karls-Realgymnasium von 1853–1945, Hg. Schulgemeinschaft Carolium und Friederikenlyzeum, München 1980; 327 S.

14213 Geudtner, Otto u. a.: »Ich bin katholisch getauft und Arier.« Aus der Geschichte eines Kölner Gymnasiums, Köln 1985; 247 S.

14214 Goebel, Klaus: Ein Volk, ein Reich, eine Schule. Die Volksschule in Wuppertal zwischen 1933 und 1945, in: Klaus Goebel (Hg.), Über allem die Partei. Schule, Kunst, Musik in Wuppertal 1933–1945. (Wuppertal in der Zeit des Nationalsozialismus, 2), Oberhausen 1987, 9–48

14215 Heil Hitler, Herr Lehrer. Volksschule 1933–1945. Das Beispiel Berlin, Hg. Arbeitsgruppe Pädagogisches Museum, Reinbek 1983; 270 S.

14216 Hochmuth, Ursel/Lorent, Hans-Peter (Hg.): Hamburg: Schule unterm Hakenkreuz. Beiträge der »Hamburger Lehrerzeitung« (Organ der GWE) und der Landesgeschichtskommission der VVN/Bund der Antifaschisten, Geleitwort Joist Grolle, 2. Aufl., Hamburg 1986; 340 S. (zuerst 1985)

14217 Kaller, Gerhard: Nationalsozialismus und Schule. Vier Gymnasien in Karlsruhe und Mannheim im Spiegel der Jahresberichte 1933–1941, in: Wolfgang Schmierer u.a. (Hg.), Aus südwestdeutscher Geschichte. Festschrift für Hans-Martin Maurer. Dem Archivar und Historiker zum 65. Geburtstag, Stuttgart 1994, 721–35

14218 Kansteiner, Heinrich: Der kurze Weg vom Städtischen Gymnasium zum Hitler-Gymnasium. Das Gymnasium in der Zeit des Nationalsozialismus, in: Hanswalter Dobbelmann/Jochen Löher (Hg.), »Eine gemeine Schule für die Jugend«. 450 Jahre Stadtgymnasium Dortmund, Essen 1993, 149–68

14219 Karg, Georg: Bericht über die Schuljahre 1941–1953, in: Altsprachliches Gymnasium Landau i.d. Pfalz. Jahresbericht 1954, Landau 1955, 19–38

14220 Klattenhoff, Klaus/Wissmann, Friedrich: Lehrer und Schule im Jahre 1933. Dokumente und Kommentare. (Unter der Gewaltherrschaft des Nationalsozialismus 1933–1945. Dargestellt an Ereignissen im Oldenburger Land, 5), Oldenburg 1985; 350 S.**

14221 Kleinöder, Eva-Maria: Der Kampf um die katholische Schule in Bayern in der NS-Zeit, in: Georg Schwaiger (Hg.), Das Erzbistum München und Freising in der Zeit der nationalsozialistischen Herrschaft, Bd. 1, München/Zürich 1984, 596–638

14222 Kleinöder, Evi: Katholische Kirche und Nationalsozialismus im Kampf um die Schulen. Antikirchliche Maßnahmen und ihre Folgen untersucht am Beispiel von Eichstätt, in: SBHVE 74 (1981), 7–199

14223 Köhler, Manfred: Die Volksschule Harsum [Niedersachsen] im Dritten Reich. Widerstand und Anpassung einer katholischen Dorfschule, Hildesheim 1985; 214, [58] S.**

14223a Kupper, Alfons: Das Schicksal der Dominikanerinnenschule in Ludwigshafen [am Rhein] unter der Herrschaft des Nationalsozialismus. Ein Beispiel nationalsozialistischer Schulpolitik, in: Edith-Stein-Schule. Schulbericht 1978–1980, Hg. Edith-Stein-Schule Speyer, Red. Alfons Kupper u.a., Speyer 1979 [sic!], 13–29

14224 Lange-Stuke, Agnes: Die Schulpolitik im Dritten Reich. Die katholische Bekenntnisschule im Bistum Hildesheim von 1933 bis 1948, Hildesheim 1989; XV, 301 S.

14225 Langner, Hermann: »... bereit, zu siegen oder zu sterben.« Zur Geschichte der mecklenburgischen Schule 1933 bis 1939, in: Studien zur Geschichte Mecklenburgs in der ersten Hälfte des 20. Jahrhunderts, Hg. Studienkreis für Jugendgeschichte und -forschung. Darstellung und Vermittlung, Rostock o.J. [1993], 77–92

14226 Lehberger, Reiner: »Hamburg: Schule unterm Hakenkreuz« – Zu einem regionalgeschichtlichen Projekt von Lehrergewerkschaft und Universität, in: Wolfgang Keim (Hg.), Pädagogen und Pädagogik im Nationalsozialismus. Ein unerledigtes Problem der Erziehungswissenschaft, 3. Aufl., Frankfurt u.a. 1991, 147–60 (zuerst 1988)

14227 Lehberger, Reiner/Lorent, Hans-Peter de (Hg.): »Die Fahne hoch.« Schulpolitik und Schulalltag in Hamburg unterm Hakenkreuz, Hamburg 1986; 429 S.

14228 Maier, Joachim: Schulkampf in Baden 1933–1945. Die Reaktion der Katholischen Kirche auf die nationalsozialistische Schulpolitik, dargestellt am Beispiel des Religionsunterrichts in den badischen Volksschulen, Mainz 1983; XXXII, 308 S.

14229 Maier, Joachim: Zur Auseinandersetzung zwischen Staat und katholischer Kirche in Baden 1933–1945 in Fragen der Schule und des Religionsunterrichts, in: Manfred Heinemann (Hg.), Erziehung und Schulung im Dritten Reich, T. 1: Kindergarten, Schule, Jugend, Berufserziehung, Stuttgart 1980, 216–29

14230 Mayer, Traugott: Kirche in der Schule. Evangelischer Religionsunterricht in Baden zwischen 1918 und 1945, Karlsruhe 1980; 397 S.

14231 Michael, Berthold: Schule und Erziehung im Griff des totalitären Staates. Die Göttinger Schulen in der nationalsozialistischen Zeit von 1933 bis 1945, Göttingen 1994; 214, XVI S.

14232 Moraw, Frank: Das Gymnasium zwischen Anpassung und Selbstbehauptung. Zur Geschichte des Heidelberger Kurfürst-Friedrich-Gymnasiums 1932–1946, Heidelberg 1987; 159 S.

14233 Müller, Karl A.: Das Karl-Friedrich-Gymnasium in Mannheim 1933–1945. Eine deutsche Schule im Dritten Reich, Heidelberg 1988; 364 S.

14234 Nießeler, Martin: Augsburger Schulen im Wandel der Zeit, Augsburg 1984; 287 S.

14235 Nixdorf, Bärbel: Politisierte Schule? Zusammenfassung einiger Ergebnisse einer Fallstudie zum Lehrerverhalten in der NS-Zeit [in Düsseldorf], in: IZEBF 14 (1980), 63–71

14236 Patzer, Ursula: Die Wiener Schulen im März und April 1938, in: Wien 1938, Hg. Kommission Wien 1938, Wien 1978, 286–92

14237 Reinfried, Marcus: Eine Schule im Wandel der Zeiten. 75 Jahre Lieselotte-Gymnasium, in: 75 Jahre Lieselotte-Gymnasium Mannheim. 1911–1986. Festschrift, Hg. Liselotte-Gymnasium, Red. Günther Saltin/Marcus Reinfried, Mannheim 1986, 13–66, hier 26–41

14238 Riemenschneider, Michael: Die Schließung der Schule des Calvarienberges 1940 vor dem Hintergrund der nationalsozialistischen Ideologie, in: Kreis Ahrweiler unter dem Hakenkreuz, Hg. Landkreis Ahrweiler, Bad Neuenahr-Ahrweiler 1989, 306–14

14239 Saltzwedel, Rolf: Das Katharineum 1933–1945, in: Katharineum zu Lübeck. Festschrift zum 450jährigen Bestehen 19. März 1981, Hg. Bund der Freunde des Katharineums, Bearb. Redaktionskollegium im Auftrag der Schulkonferenz, Lübeck 1981, 42–50

14240 Sanmann, Cai: Die Schule in der Zeit des Nationalsozialismus, in: Georg Berkemeier u.a. (Hg.), Gymnasium Iserlohnense 1609–1984. 375 Jahre Schulgeschichte in Iserlohn. Von der Lateinschule zum Märkischen Gymnasium, Iserlohn 1984, 291–96

14241 Scholz, Barbara Ch.: Die Jahresberichte der Höheren Lehranstalten in Preußen. Ein Projektbericht zu einer empirischen, datenbankgestützten Untersuchung des nationalsozialistischen Deutschunterrichts, in: Reinhard Dithmar (Hg.), Schule und Unterricht im Dritten Reich, Neuwied 1989, 275–85

14242 Shirley, Dennis: The Politics of Progressive Education. The Odenwaldschule in Nazi Germany, Cambridge, Mass. 1992; X, 277 S.

14243 Sollbach, Gerhard E.: Das Dortmunder Schulwesen im 19. und 20. Jahrhundert. (Geschichte Dortmunds im 19. und 20. Jahrhundert, 3), Dortmund 1991; 327, (18) S.

14244 Sonnenberger, Franz: Der neue »Kulturkampf«. Die Gemeinschaftsschule und ihre historischen Voraussetzungen, in: Bayern in der NS-Zeit, Bd. 3: Herrschaft und Gesellschaft im Konflikt, T. B, Hg. Martin Broszat u.a., München/Wien 1981, 235–327

14245 Sonnenberger, Franz: Die vollstreckte Reform. Die Einführung der Gemeinschaftsschule in Bayern 1935–1938, in: Michael Prinz/Rainer Zitelmann (Hg.), Nationalsozialismus und Modernisierung, 2. Aufl., Darmstadt 1994, 172–98 (zuerst 1991)

14245a Teping, Franz: Der Kampf um die konfessionelle Schule in Oldenburg während der Herrschaft der NS-Regierung, München 1949; 70 S.

14246 Thierfelder, Jörg: Die Auseinandersetzung um Schulreform und Religionsunterricht im Dritten Reich zwischen Staat und evangelischer Kirche in Württemberg, in: Manfred Heinemann (Hg.), Erziehung und Schulung im Dritten Reich, T. 1: Kindergarten, Schule, Jugend, Berufserziehung, Stuttgart 1980, 230–50

14247 Trapp, Joachim: Kölner Schulen in der NS-Zeit, Köln u. a. 1994; 163 S.

14248 Treiber, Gunther: Spurensuche: Das Bismarck-Gymnasium im Dritten Reich, in: Bismarck-Gymnasium Karlsruhe. 400 Jahre Gymnasium illustre 1586–1986, Hg. Fördergemeinschaft des Bismarck-Gymnasiums Karlsruhe, Red. Ulrich Staffhorst, Karlsruhe 1986, 388–406

14249 Tschol, Helmut: Der Kampf um den schulischen Religionsunterricht in Tirol, in: 45.–46. Jahresbericht des Bischöflichen Gymnasiums Paulinum in Schwaz, Schwaz 1978–1979, 32–57, 31–54

14250 Unverhau, Dagmar: Nationalsozialistische Machtergreifung und Gleichschaltung am Beispiel der Schleswiger Domschule dargestellt, in: ZGSHG 108 (1983), 225–79

14251 Willenborg, Rudolf: Zur nationalsozialistischen Schulpolitik in Oldenburg 1932–1945, in: Joachim Kuropka (Hg.), Zur Sache – Das Kreuz! Untersuchungen zur Geschichte des Konflikts um Kreuz und Lutherbild in den Schulen Oldenburgs, zur Wirkungsgeschichte des Massenprotests und zum Problem nationalsozialistischer Herrschaft in einer agrarisch-katholischen Region, Vechta 1987, 56–81

14252 Worster-Roßbach, Marie-Luise/ Gühne, Monika: Grundzüge der nationalsozialistischen Schulpolitik in Thüringen von 1930 bis 1933, in: Dietfrid Krause-Vilmar (Hg.), Lehrerschaft, Republik und Faschismus. Beiträge zur Geschichte der organisierten Lehrerschaft in der Weimarer Republik, Köln 1978, 212–56

14253 Zymek, Bernd: Der verdeckte Strukturwandel im höheren Knabenschulwesen Preußens zwischen 1920 und 1940, in: ZfPä 27 (1981), 271–80

14254 Zymek, Bernd: Der Strukturwandel des Mädchenschulwesens in Preußen, 1908–1948, in: ZfPä 34 (1988), 191–203

A.3.18.4.2 Jüdische Schüler und Lehrer, jüdisches Schulwesen

Gedruckte Quellen

14255 Schmidt, Peter W. (Hg.): Judenfeindschaft und Schule in Deutschland 1933–1945. Materialien zur Ausstellung der Forschungsstelle für Schulgeschichte an der Pädagogischen Hochschule Weingarten, Mitarb. Erich H. Müller u. a., Weingarten 1988; 300 S.

Darstellungen

14257 Gaertner, Hans: Probleme der jüdischen Schule während der Hitlerjahre unter besonderer Berücksichtigung der Theodor-Herzl-Schule in Berlin, in: Robert Weltsch (Hg.), Deutsches Judentum – Aufstieg und Krise. Gestalten, Ideen, Werke. Vierzehn Monographien, Stuttgart 1963, 326–52

14258 Müller, Wolfgang: Moritz Rülf – ein jüdischer Lehrer in schwerer Zeit, in: LMGL 57 (1988), 365–432; abgedr. in: Hubert Frankemölle (Hg.), Opfer und Täter. Zum nationalsozialistischen und antijüdischen Alltag in Ostwestfalen-Lippe, Bielefeld 1990, 26–53

14259 Peukert, Detlev J. K.: Rassismus als Bildungs- und Sozialpolitik, in: Renate Cogoy u. a. (Hg.), Erinnerung einer Profession. Erziehungsberatung, Jugendhilfe und Nationalsozialismus, Münster 1989, 111–24

14260 Röcher, Ruth: Jüdische Schule im nationalsozialistischen Deutschland 1933–1942, Frankfurt 1992; 338 S.

14261 Walk, Joseph: Jüdische Schule und Erziehung im Dritten Reich, Frankfurt 1991; 372 S.

14262 Walk, Joseph: Jüdische Schüler an deutschen Schulen in Nazideutschland, in: BLBI 19 (1980), Nr. 56/57, 101–9

14263 Weiss, Yfaat: Schicksalsgemeinschaft im Wandel. Jüdische Erziehung im nationalsozialistischen Deutschland 1933–1938, Hamburg 1991; 225 S.

14264 Wetzel, Juliane: Ausgrenzung und Verlust des sozialen Umfeldes. Jüdische Schüler im NS-Staat, in: Ute Benz/Wolfgang Benz (Hg.), Sozialisation und Traumatisierung. Kinder in der Zeit des Nationalsozialismus, Frankfurt 1992, 92–102, 144 f.

14265 Wiegmann, Ulrich: Die Politik des faschistischen Erziehungsministeriums zur Aussonderung jüdischer Volksschüler 1934–1939, in: ZfG 36 (1988), 784–95

Regional-/Lokalstudien

14265a Busemann, Herta L. u. a.: Insel der Geborgenheit. Die Private Waldschule Kaliski, Berlin 1932 bis 1939, Stuttgart/Weimar 1992; VII, 379 S.

14266 Daxner, Michael: Die Private Jüdische Waldschule Kaliski in Berlin 1932–1939, in: Arnold Paucker u. a. (Hg.), Die Juden im nationalsozialistischen Deutschland/The Jews in Nazi Germany 1933–1945, Tübingen 1986, 249–58

14267 Daxner, Michael: Der Erfolg der Überlebenden. Die Private Jüdische Waldschule Kaliski in Berlin 1932–1939, in: NS 26 (1986), 68–78

14268 Heither, Dietrich u. a.: Als jüdische Schülerin entlassen. Erinnerungen und Dokumente zur Geschichte der Heinrich-Schütz-Schule in Kassel, Kassel 1984; 180 S.**

14269 Holzer, Willi: Jüdische Schulen in Berlin am Beispiel der privaten Volksschule der jüdischen Gemeinde Rykestraße, Berlin 1992; 120 S.

14270 Randt, Ursula: Carolinenstr. 35. Geschichte der Mädchenschule der Deutsch-Israelitischen Gemeinde in Hamburg 1884–1942, Hamburg 1984; 117 S.

14271 Randt, Ursula: Die Zerschlagung des jüdischen Schulwesens, in: Ursula Wamser/Wilfried Weinke (Hg.), Ehemals in Hamburg zu Hause: Jüdisches Leben am Grindel, Hamburg 1991, 120–30

14272 Schachne, Lucie: Erziehung zum geistigen Widerstand. Das jüdische Landschulheim Herrlingen 1933 bis 1939, Frankfurt 1986; 266 S.

14273 Steegmüller, Fritz: Die jüdische Volksschule in Speyer von ihrer Gründung im Jahre 1831 bis zu ihrer Vernichtung in der Reichskristallnacht 1938, in: PfH 39 (1988), 171–76

14274 Walk, Joseph: Jüdische Erziehung in Württemberg während der Zeit der Verfolgung, in: Peter W. Schmidt (Hg.), Judenfeindschaft und Schule in Deutschland 1933–1945. Materialien zur Ausstellung der Forschungsstelle für Schulgeschichte an der Pädagogischen Hochschule Weingarten, Weingarten 1988, 9–19

14275 Walk, Joseph: Das jüdische Schulwesen in Köln, in: Jutta Bohnke-Kollwitz u. a. (Hg.), Köln und das rheinische Judentum. Festschrift Germania Judaica 1959–1984, Köln 1984, 415–26

14276 Walk, Joseph: Das Ende des jüdischen Jugend- und Erziehungsheims Wolzig, in: BLBI [23] (1984), Nr. 66, 3–22

A.3.18.5 Vorschulische Erziehung

14277 Heinemann, Manfred: Evangelische Kindergärten im Nationalsozialismus. Von den Illusionen zum Abwehrkampf, in: Manfred Heinemann (Hg.), Erziehung und Schulung im Dritten Reich, T. 1: Kindergarten, Schule, Jugend, Berufserziehung, Stuttgart 1980, 49–89

Regional-/Lokalstudien

14278 Höltershinken, Dieter: Zur Kindergartenerziehung im Nationalsozialismus am Beispiel der Betriebskindergärten im Ruhrgebiet, in: Kurt-Ingo Flessau u.a. (Hg.), Erziehung im Nationalsozialismus. »... und sie werden nicht mehr frei ihr ganzes Leben!«, Köln/Wien 1987, 45–64

A.3.18.6 Sonderschul- und Fürsorgeerziehung, Behindertenpädagogik
[vgl. A.3.16.7]

Darstellungen

14279 Althoff, Georg u.a.: Das Märchen von der späten Geburt, in: Wolfgang Blaschke u.a. (Hg.), Nachhilfe zur Erinnerung. 600 Jahre Universität zu Köln, Köln 1988, 172–78

14280 Baron, Rüdeger: Eine Profession wird gleichgeschaltet. Fürsorgeausbildung unter dem Nationalsozialismus, in: Hans-Uwe Otto/Heinz Sünker (Hg.), Soziale Arbeit und Faschismus, 2., veränd. u. überarb. Aufl., Frankfurt 1989, 81–108 (zuerst Bielefeld 1986)

14281 Baumann, Ruth: Auslese im Spannungsfeld zwischen Ausmerzung und spezialisierter Förderung [Hamburg], in: Renate Cogoy u.a. (Hg.), Erinnerung einer Profession. Erziehungsberatung, Jugendhilfe und Nationalsozialismus, Münster 1989, 152–60

14282 Cogoy, Renate u.a. (Hg.): Erinnerung einer Profession. Erziehungsberatung, Jugendhilfe und Nationalsozialismus, Münster 1989; 261 S.*

14283 Ellger-Rüttgardt, Sieglind: Außerhalb der Norm. Behinderte Menschen in Deutschland und Frankreich während des Faschismus. Eine vergleichend-historische Studie, in: Dietrich Benner u.a. (Hg.), Bilanz für die Zukunft: Aufgaben, Konzepte und Forschung in der Erziehungswissenschaft. Beiträge zum 12. Kongreß der deutschen Gesellschaft für Erziehungswissenschaft vom 19. bis 21. März 1990 in der Universität Bielefeld, Weinheim/Basel 1990, 108–12; erw. abgedr. in: Christa Berg/Sieglind Eller-Rüttgardt (Hg.), »Du bist nichts, Dein Volk ist alles.« Forschungen zum Verhältnis von Pädagogik und Nationalsozialismus, Weinheim 1991, 88–104

14284 Ellger-Rüttgardt, Sieglind: Die Hilfsschule im Nationalsozialismus und ihre Erforschung durch die Behindertenpädagogik, in: Wolfgang Keim (Hg.), Pädagogen und Pädagogik im Nationalsozialismus. Ein unerledigtes Problem der Erziehungswissenschaft, 3. Aufl., Frankfurt u.a. 1991, 129–46 (zuerst 1988)

14285 Gamm, Hans-Jochen: Der Faschismuskomplex und die Sonderpädagogik, in: ZfH 34 (1983), 789–97

14286 Gers, Dieter: Sonderpädagogik im Faschismus – das Beispiel Hilfsschule, in: Martin Rudnick (Hg.), Aussondern – Sterilisieren – Liquidieren. Die Verfolgung Behinderter im Nationalsozialismus, Berlin 1990, 110–32

14287 Heckes, Claudia/Schrapper, Christian: Heilerziehung unterm Hakenkreuz, in: Renate Cogoy u.a. (Hg.), Erinnerung einer Profession. Erziehungsberatung, Jugendhilfe und Nationalsozialismus, Münster 1989, 173–81

14288 Höck, Manfred: Die Hilfsschule im Dritten Reich, Berlin 1979; 353 S.

14289 Höck, Manfred: Grundzüge der Entwicklung des Hilfsschulwesens im nationalsozialistischen Staat, in: IZEBF 14 (1980), 123–36

14290 Jantzen, Wolfgang: Sozialgeschichte des Behindertenbetreuungswesens, München 1982, 136–57

14291 Möckel, Andreas: Behinderte Kinder im Nationalsozialismus. Lehren für das Verhältnis von Pädagogik und Sonderpädagogik, in: Dietrich Benner u.a. (Hg.), Bilanz für die Zukunft: Aufgaben, Konzepte und Forschung in der Erziehungswissenschaft. Beiträge zum 12. Kongreß der deutschen Gesellschaft für Erziehungswissenschaft vom 19. bis 21. März 1990 in der Universität Bielefeld, Weinheim/Basel 1990, 105–8

14292 Möckel, Andreas: Behinderte Kinder im Nationalsozialismus. Lehren für das Verhältnis von Pädagogik und Sonderpädagogik, in: Christa Berg/Sieglind Ellger-Rüttgardt (Hg.), »Du bist nichts, Dein Volk ist alles.« Forschungen zum Verhältnis von Pädagogik und Nationalsozialismus, Weinheim 1991, 74–87

14293 Peukert, Detlev J. K.: Sozialpädagogik, in: Dieter Langewiesche/Heinz-Elmar Tenorth (Hg.), Handbuch der deutschen Bildungsgeschichte, Bd. 5: Die Weimarer Republik und die nationalsozialistische Diktatur, München 1989, 307–35

14294 Richter, Helmut: (Sozial-)Pädagogik und Faschismus. Anfragen zur Kontinuität und Diskontinuität, in: Hans-Uwe Otto/Heinz Sünker (Hg.), Soziale Arbeit und Faschismus, 2., veränd. u. überarb. Aufl., Frankfurt 1989, 273–305 (zuerst Bielefeld 1986)

14295 Romey, Stefan: Zur Funktion der Sonderschule im Faschismus, in: Von der Aussonderung zur Sonderbehandlung. Behinderte Menschen unterm Hakenkreuz. Lehren und Forderungen für heute. Dokumentation aus Anlaß des 40. Jahrestages der Massen-Abtransporte aus den Alsterdorfer Anstalten in die Tötungsanstalten der »Euthanasie«, Hg. Gewerkschaft Erziehung und Wissenschaft, Landesverband Hamburg u.a., Hamburg 1983, 7–13

14296 Wagner, Wilfried: Behinderung und Nationalsozialismus. Arbeitshypothesen zur Geschichte der Sonderschule, in: Alois Bürli (Hg.), Sonderpädagogische Theoriebildung. Vergleichende Sonderpädagogik. Referate der 13. Arbeitstagung der Dozenten für Sonderpädagogik in deutschsprachigen Ländern in Zürich, Luzern 1977, 159–74

Regional-/Lokalstudien

14297 Kuhlmann, Carola: Erbkrank oder erziehbar? Jugendhilfe als Vorsorge und Aussonderung in der Fürsorgeerziehung in Westfalen von 1933–1945, Weinheim/München 1989; 290 S.

A.3.18.7 Berufliche Bildung

Literaturberichte

14298 Seubert, Rolf: Berufsschule und Berufsbildungspolitik im Nationalsozialismus. Zum Stand der Forschung, in: Christa Berg/Sieglind Ellger-Rüttgardt (Hg.), »Du bist nichts, Dein Volk ist alles.« Forschungen zum Verhältnis von Pädagogik und Nationalsozialismus, Weinheim 1991, 105–31

Quellenkunde

14299 Grüner, Gustav: 1886–1974. Versuch einer Bibliographie berufspädagogischer Zeitschriften – im Deutschen Reich, in der Bundesrepublik Deutschland und in der Deutschen Demokratischen Republik, in: BBS 26 (1974), 328–46

Gedruckte Quellen

Quellen und Dokumente zur Geschichte der Berufsbildung in Deutschland, Hg. Karlwilhelm Stratmann u.a., Köln/Wien:

14300 – Bd. A.1: Quellen und Dokumente zur betrieblichen Berufsbildung 1918–1945, Hg. Günter Pätzold, 1980; 357 S.

14301 – Bd. A.2: Quellen und Dokumente zur schulischen Berufsbildung 1918–1945, Hg. Klaus Kümmel, 2 Halbbde., 1983; XVIII, 640 S.

14302 – Bd. A.3: Quellen und Dokumente zur Geschichte der kaufmännischen Berufsbildung 1818–1984, Hg. Manfred Horlebein, 1989; XVII, 318 S.

14303 – Bd. A.5: Quellen und Dokumente zur Geschichte des Berufsbildungsgesetzes

1875–1981, Hg. Günter Pätzold, 1982; X, 318 S.

14304 – Bd. C.1: Quellen und Dokumente zur Geschichte der gewerblichen Berufsbildung von Mädchen, Hg. Anne Schlüter, 1987; XIII, 348 S.

14305 – Bd. C.2: Quellen und Dokumente zur Beschulung von männlichen Ungelernten 1869–1969, Hg. Martin Kipp/Horst Biermann, 2 Halbbde., 1989; XIX, 619 S.

Darstellungen

14306 Grüner, Gustav u.a.: Berufsbildung, in: Dieter Langewiesche/Heinz-Elmar Tenorth (Hg.), Handbuch der deutschen Bildungsgeschichte, Bd. 5: Die Weimarer Republik und die nationalsozialistische Diktatur, München 1989, 259–306

14307 Kaiser, Rolf/Loddenkemper, Hermann: Nationalsozialismus – totale Manipulation der beruflichen Bildung, Frankfurt u.a. 1980; 118 S.

14308 Kipp, Martin: Hitlerjugend und Berufserziehung, in: BBS (1985), 92–105; abgedr. in: Martin Kipp/Gisela Miller-Kipp, Erkundungen im Halbdunkel. Fünfzehn Studien zur Berufserziehung und Pädagogik im nationalsozialistischen Deutschland, Kassel 1990, 204–17, 342

14309 Kipp, Martin: »Perfektionierung« der industriellen Berufsausbildung im Dritten Reich, in: Wolf-Dietrich Greinert u.a. (Hg.), Berufsausbildung und Industrie. Zur Herausbildung industrietypischer Lehrlingsausbildung, Berlin 1987, 213–66; abgedr. in: Martin Kipp/Gisela Miller-Kipp, Erkundungen im Halbdunkel. Fünfzehn Studien zur Berufserziehung und Pädagogik im nationalsozialistischen Deutschland, Kassel 1990, 218–71, 342f.

14310 Kipp, Martin: »Überwindung der Ungelernten«? Vorstudien zur Jungarbeiterbeschulung im Dritten Reich, in: Horst Biermann u.a. (Hg.), Berufsbildungsreform als politische und pädagogische Verpflichtung. Günter Wiemann zum 60. Geburtstag, Velber 1984, 170–89; abgedr. in: Martin Kipp/Gisela Miller-Kipp, Erkundungen im Halbdunkel. Fünfzehn Studien zur Berufserziehung und Pädagogik im nationalsozialistischen Deutschland, Kassel 1990, 167–86, 341

14311 Kipp, Martin: Betriebliche Berufserziehung im Nationalsozialismus und Bilanz zum Forschungsstand in ausgewählten »Sondergebieten«, in: Dietrich Benner u.a. (Hg.), Bilanz für die Zukunft: Aufgaben, Konzepte und Forschung in der Erziehungswissenschaft. Beiträge zum 12. Kongreß der deutschen Gesellschaft für Erziehungswissenschaft vom 19. bis 21. März 1990 in der Universität Bielefeld, Weinheim/Basel 1990, 116–19

14312 Kipp, Martin: Betriebliche Berufserziehung im Nationalsozialismus und Bilanz zum Forschungsstand in ausgewählten »Sondergebieten«, in: Christa Berg/Sieglind Ellger-Rüttgardt (Hg.), »Du bist nichts, Dein Volk ist alles.« Forschungen zum Verhältnis von Pädagogik und Nationalsozialismus, Weinheim 1991, 132–58

14313 Kipp, Martin: Privilegien für »alte Kämpfer«. Zur Geschichte der SA-Berufsschulen, in: Manfred Heinemann (Hg.), Erziehung und Schulung im Dritten Reich, T. 1: Kindergarten, Schule, Jugend, Berufserziehung, Stuttgart 1980, 289–300; abgedr. in: Martin Kipp/Gisela Miller-Kipp, Erkundungen im Halbdunkel. Fünfzehn Studien zur Berufserziehung und Pädagogik im nationalsozialistischen Deutschland, Kassel 1990, 52–63, 337

14314 Kipp, Martin: Zentrale Steuerung und planmäßige Durchführung der Berufserziehung in der Luftwaffenrüstungsindustrie des Dritten Reiches, in: Manfred Heinemann (Hg.), Erziehung und Schulung im Dritten Reich, T. 1: Kindergarten, Schule, Jugend, Berufserziehung, Stuttgart 1980, 310–33; abgedr. in: Martin Kipp/Gisela Miller-Kipp, Erkundungen im Halbdunkel. Fünfzehn Studien zur Berufserziehung und Pädagogik im nationalsozialistischen Deutschland, Kassel 1990, 64–87, 337

14315 Kipp, Martin: Berufliche Weiterbildung im Dritten Reich, in: Walter Georg (Hg.), Schule und Berufsausbildung. Gustav Grüner zum 60. Geburtstag, Bielefeld 1984, 83–99; abgedr. in: Martin Kipp/Gisela Miller-Kipp, Erkundungen im Halbdunkel. Fünfzehn Studien zur Berufserziehung und Pädagogik im nationalsozialistischen Deutschland, Kassel 1990, 187–203, 342

14316 Kipp, Martin: »Was wissen wir über die ›Entjudung‹ der Berufsausbildung?«, in: ZBW 84 (1988), 598–609; abgedr. in: Martin Kipp/Gisela Miller-Kipp, Erkundungen im Halbdunkel. Fünfzehn Studien zur Berufserziehung und Pädagogik im nationalsozialistischen Deutschland, Kassel 1990, 306–17, 346

14317 Kipp, Martin/Miller, Gisela: Anpassung, Ausrichtung und Lenkung: Zur Theorie und Praxis der Berufserziehung im Dritten Reich, in: Reformpädagogik und Berufspädagogik. (Argument-Sonderbd., 21: Schule und Erziehung, 6), Red. Holm Gottschalch u.a., Berlin 1978, 248–66; abgedr. in: Martin Kipp/Gisela Miller-Kipp, Erkundungen im Halbdunkel. Fünfzehn Studien zur Berufserziehung und Pädagogik im nationalsozialistischen Deutschland, Kassel 1990, 23–41

14318 Kipp, Martin/Miller-Kipp, Gisela: Erkundungen im Halbdunkel. Fünfzehn Studien zur Berufserziehung und Pädagogik im nationalsozialistischen Deutschland, Kassel 1990; 346 S.*

14319 Kümmel, Klaus: Zur schulischen Berufserziehung im Nationalsozialismus. Gesetze und Erlasse, in: Manfred Heinemann (Hg.), Erziehung und Schulung im Dritten Reich, T. 1: Kindergarten, Schule, Jugend, Berufserziehung, Stuttgart 1980, 275–88

14320 Pätzold, Günter: Zur industriellen Berufserziehung im Nationalsozialismus – »Die Lehrwerkstatt als Exerzierplatz des praktischen Lebens«, in: Kurt-Ingo Flessau u.a. (Hg.), Erziehung im Nationalsozialismus. »... und sie werden nicht mehr frei ihr ganzes Leben!«, Köln/Wien 1987, 83–100

14321 Reining, Elke: Hauswirtschaftsunterricht in der Mädchenberufsschule (1920–1946). Zur Kontinuität der »Berufsausbildung« der ungelernten Arbeiterin, in: Lerke Gravenhorst/Carmen Tatschmurat (Hg.), TöchterFragen: NS-Frauen-Geschichte, Freiburg i.Br. 1990, 271–92

14322 Seubert, Rolf: Berufserziehung im Nationalsozialismus. Das berufspädagogische Erbe und seine Betreuer, Weinheim/Basel 1977; 272 S.

14323 Seubert, Rolf: Berufsschule und Berufsbildungspolitik im Nationalsozialismus, in: Dietrich Benner u.a. (Hg.), Bilanz für die Zukunft: Aufgaben, Konzepte und Forschung in der Erziehungswissenschaft. Beiträge zum 12. Kongreß der deutschen Gesellschaft für Erziehungswissenschaft vom 19. bis 21. März 1990 in der Universität Bielefeld, Weinheim/Basel 1990, 112–15

14324 Urbach, Dietrich: Weiterbildung und Umschulung als kriegswichtige Maßnahmen 1935–1945, in: IZEBF 14 (1980), 191–204

14325 Wolsing, Theo: Untersuchungen zur Berufsausbildung im Dritten Reich, Kastellaune u.a. 1977; X, 803 S.

14326 Wolsing, Theo: Die Berufsausbildung im Dritten Reich im Spannungsfeld der Beziehungen von Industrie und Handwerk zu Partei und Staat, in: Manfred Heinemann (Hg.), Erziehung und Schulung im Dritten Reich, T. 1: Kindergarten, Schule, Jugend, Berufserziehung, Stuttgart 1980, 301–9

Regional-/Lokalstudien

14327 Karow, Willi u.a.: Berliner Berufsschulgeschichte. Von den Ursprüngen im 18. Jahrhundert bis zur Gegenwart, Hg. Herbert Bath, hg. für die Senatsverwaltung für Schule, Berufsbildung und Sport Berlin, Berlin 1993; XV, 792 S.

14328 Kipp, Martin: Die Formung des »neuen« deutschen Facharbeiters in der »Ordensburg der Arbeit«. Zu den Anfängen der Facharbeiterausbildung bei VW [Wolfsburg], in: ZBW 84 (1988), 195–211; abgedr. in: Martin Kipp/Gisela Miller-Kipp, Erkundungen im Halbdunkel. Fünfzehn Studien zur Berufserziehung und Pädagogik im nationalsozialistischen Deutschland, Kassel 1990, 272–88, 343

A.3.18.8 Erwachsenenbildung

Darstellungen

14329 Fischer, Georg: Erwachsenenbildung im Faschismus. Eine historisch-kritische Untersuchung über die Stellung und Funktion der Erwachsenenbildung zwischen 1930 und 1945, Bensheim 1981; 315 S.

14330 Fischer, Georg/Schmidt, R.: Erwachsenenbildung im faschistischen Deutschland. Bemerkungen zur Korrektur des bisherigen Geschichtsbildes der Erwachsenenbildung, in: liberal 25 (1983), 271–83

14331 Fischer, Georg/Scholtz, Harald: Stellung und Funktion der Erwachsenenbildung im Nationalsozialismus, in: Manfred Heinemann (Hg.), Erziehung und Schulung im Dritten Reich, T. 2: Hochschule, Erwachsenenbildung, Stuttgart 1980, 153–69

14332 Keim, Helmut/Urbach, Dietrich (Hg.): Volksbildung in Deutschland 1933–1945. Einführung und Dokumente, Braunschweig 1976; 358 S.**

14333 Keim, Helmut/Urbach, Dietrich: Erwachsenenbildung in Deutschland 1933–1945, in: APUZ, Nr. B 7/77, 19.2. 1977, 3–27

14334 Langewiesche, Dieter: Erwachsenenbildung, in: Dieter Langewiesche/Heinz-Elmar Tenorth (Hg.), Handbuch der deutschen Bildungsgeschichte, Bd. 5: Die Weimarer Republik und die nationalsozialistische Diktatur, München 1989, 337–70

14335 Miller, Gisela/Unverhau, Jürgen: Ländliche Erwachsenenbildung im Dritten Reich: Bauernschule und Bauernhochschule, in: IZEBF 14 (1980), 205–24; abgedr. in: Martin Kipp/Gisela Miller-Kipp, Erkundungen im Halbdunkel. Fünfzehn Studien zur Berufserziehung und Pädagogik im nationalsozialistischen Deutschland, Kassel 1990, 112–31

14336 Urbach, Dietrich: 1933–1945: Epoche des Nationalsozialismus, in: Franz Pöggeler (Hg.), Geschichte der Erwachsenenbildung. Handbuch der Erwachsenenbildung, 4), Stuttgart u. a. 1975, 78–95

Regional-/Lokalstudien

14337 Konrad, Dagmar M.: Andragogische Aktivitäten im Einzugsbereich der Stadt Koblenz von 1800 bis 1985/86. Ein Beitrag zur Epochalgeschichte der Erwachsenenbildung, Frankfurt u. a. 1990, 85–92

14338 Unkrodt, Renate: Die Volkshochschule Esslingen 1919–1949, in: Von Weimar bis Bonn. Esslingen 1919–1949. Begleitband zur Ausstellung »Esslingen 1919–1949. Von Weimar bis Bonn«, Esslingen 1991, 189–200

A.3.19 Wissenschaft und Universitäten

A.3.19.1 Allgemeines

[vgl. A.3.5.3; A.3.12; A.3.13.7; A.3.14.8; A.3.17.1; A.3.18.2]

Bibliographien

Arnim, Max: Internationale Personalbibliographie, Bearb. Gerhard Bock/Franz Hodes, 2. Aufl., Stuttgart (zuerst Leipzig 1936):

14339 – Bd. 1: A-K (1800–1943), 1952; XVI, 706 S.

14340 – Bd. 2: L-Z (1800–1943), 1952; 834 S.

14341 – Bd. 3: A-Z (1944–1959; Nachträge bis 1975), 1963/78; XI, 659 S.

14342 – Bd. 3 [neu]: A-H (1800–1977/80), 1981; XVI, 700 S.

14343 – Bd. 4: I-R (1944–1984), 1984; V, 701–1443 S.

14344 – Bd. 5: S-Z (1944–1984/85), 1987; VII, 466 S.

Literaturberichte

14345 Döring, Herbert: Deutsche Professoren zwischen Kaiserreich und Drittem Reich, in: NPL 19 (1974), 340–52

14346 Grimm, Gerhard: Die deutschen Universitäten 1933–1945. Literaturbericht, in: PS 20 (1969), 222–30

14347 Jansen, Christian: Die Hochschule zwischen angefeindeter Demokratie und nationalsozialistischer Politisierung. Neuere Publikationen zur Wissenschafts- und Universitätsgeschichte in Deutschland zwischen 1918 und 1945, in: NPL 38 (1993), 179–220

14348 Kühnl, Reinhard: Wissenschaft und Hochschule im deutschen Faschismus, in: NPL 33 (1988), 417–31

Nachschlagewerke

14349 Hartkopf, Werner: Die Berliner Akademie der Wissenschaften. Ihre Mitglieder und Preisträger 1700–1990, Berlin 1992; XXXVI, 466 S.

Kürschners deutscher Gelehrten-Kalender, Berlin/Leipzig [Bd. 6–7: Berlin]:

14350 – Bd. 4: 1931, Hg. Gerhard Lüdtke, o.J.; X, 3886 S.

14351 – Bd. 5: 1935, Hg. Gerhard Lüdtke, o.J.; IX, 1924 S.

14352 – Bd. 6: 1940/41, Hg. Gerhard Lüdtke, Red. Friedrich Richter/Paul Hoffmann, 2 Bde., 1941; Bd. 1: XLI, 1066 S.

14353 – Bd. 7: 1950 [Totenliste 1935–1950], Hg. Gerhard Lüdtke, Red. Friedrich Bertkau/Gerhard Oestreich, 1950; XI, 2534 S.

Gedruckte Quellen

14354 Poliakov, Léon/Wulf, Josef: Das Dritte Reich und seine Denker. Dokumente, Berlin 1959, 71–430 (ND München u.a. 1978; Frankfurt 1983)

Darstellungen

14355 Abendroth, Wolfgang: Die deutschen Professoren und die Weimarer Republik, in: Jörg Tröger (Hg.), Hochschule und Wissenschaft im Dritten Reich, 2. Aufl., Frankfurt/New York 1986, 11–25 (zuerst 1984)

14356 Albrecht, Helmuth/Hermann, Armin: Die Kaiser-Wilhelm-Gesellschaft im Dritten Reich (1933–1945), in: Rudolf Vierhaus/Bernhard vom Brocke (Hg.), Forschung im Spannungsfeld von Politik und Gesellschaft. Geschichte und Struktur der Kaiser-Wilhelm-/Max-Planck-Gesellschaft, hg. aus Anlaß ihres 75jährigen Bestehens, Stuttgart 1990, 356–406

14357 Aretin, Karl O. Freiherr von: Die deutsche Universität im Dritten Reich, in: FH 23 (1968), 689–96; abgedr. in: Karl O. Freiherr von Aretin, Nation, Staat und Demokratie in Deutschland. Ausgewählte Beiträge zur Zeitgeschichte. Zum 70. Geburtstag des Verfassers, Hg. Andreas Kunz/Martin Vogt, Mainz 1993, 195–203

14358 Beyerchen, Alan D.: Anti-Intellectualism and the Cultural Decapitation of Germany under the Nazis, in: Jarrell C. Jackman/Carla M. Borden (Hg.), The Muses Flee Hitler. Cultural Transfer and Adaptation, 1930–1945, Washington, D.C. 1983, 29–44

14359 Bleuel, Hans P.: Deutschlands Bekenner. Professoren zwischen Kaiserreich und Diktatur, Bern u. a. 1968; 255 S.

14360 Bollmus, Reinhard: Zum Projekt einer nationalsozialistischen Alternativ-Universität: Alfred Rosenbergs »Hohe Schule«, in: Manfred Heinemann (Hg.), Erziehung und Schulung im Dritten Reich, T. 2: Hochschule, Erwachsenenbildung, Stuttgart 1980, 125–52

14361 Bracher, Karl D.: Die Gleichschaltung der deutschen Universität, in: Nationalsozialismus und die deutsche Universität. (Universitätstage 1966), Hg. Freie Universität Berlin, Berlin 1966, 126–42

14362 Bracher, Karl D.: Nationalsozialismus und Intelligenz, in: Gerhard A. Ritter u. a., Totalitäre Verführung im Dritten Reich. Arbeiterschaft – Intelligenz – Beamtenschaft – Militär, Hg. Bayerische Landeszentrale für politische Bildungsarbeit, München 1983, 14–23

14363 Brentjes, Burchard (Hg.): Wissenschaft unter dem NS-Regime, Red. Günter Albrecht, Berlin u. a. 1992; 182 S.*

14364 Carmon, Arye Z.: Die Einführung des Führerprinzips in die deutsche Universität. Das Ende der akademischen Freiheit, in: NS 17 (1977), 553–74

14365 Corino, Karl (Hg.): Intellektuelle im Bann des Nationalsozialismus, Hamburg 1980; 252 S.*

14366 Die deutsche Universität im Dritten Reich. Eine Vortragsreihe der Universität München, München 1966; 282 S.*

14367 Döring, Herbert: Der Weimarer Kreis. Studien zum politischen Bewußtsein verfassungstreuer Hochschullehrer in der Weimarer Republik, Meisenheim a. Gl. 1975; VII, 336 S.

14368 Eggers, Phillipp: Bildungswesen [1933–1945], in: Deutsche Verwaltungsgeschichte, Bd. 4: Das Reich als Republik und in der Zeit des Nationalsozialismus, Hg. Kurt G. A. Jeserich u. a., Stuttgart 1985, 966–88

14369 Eigen, Manfred u. a.: Die Idee der Universität. Versuch einer Standortbestimmung, Berlin 1988; 173 S.

14370 Ellwein, Thomas: Die deutsche Universität. Vom Mittelalter bis zur Gegenwart, Königstein, Ts. 1985, 233–36, 263–90**

14371 Erdmann, Karl D.: Wissenschaft im Dritten Reich. [Vortrag, gehalten am 3. Juni 1965 anläßlich der 300-Jahr-Feier der Christian-Albrechts-Universität Kiel.] (Veröffentlichung der Schleswig-Holsteinischen Universitätsgesellschaft, N. F. 45), Kiel 1967; 27 S.**

14372 Faust, Anselm: Professoren für die NSDAP. Zum politischen Verhalten der Hochschullehrer 1932/33, in: Manfred Heinemann (Hg.), Erziehung und Schulung im Dritten Reich, T. 2: Hochschule, Erwachsenenbildung, Stuttgart 1980, 31–49

14373 Faust, Anselm: Die Selbstgleichschaltung der deutschen Hochschulen. Zum politischen Verhalten der Professoren und Studenten 1930–1933, in: Steffen Harbordt (Hg.), Wissenschaft und Nationalsozialismus. Zur Stellung der Staatsrechtslehre, Staatsphilosophie, Psychologie, Naturwissenschaft und der Universität zum Nationalsozialismus. Eine Vortragsreihe des Fachbereichs Gesellschafts- und Planungswissenschaften der Technischen Universität Berlin im Wintersemester 1982/83, Berlin 1983, 131–50

14374 Ferber, Christian von: Die Entwicklung des Lehrkörpers der deutschen Universitäten und Hochschulen 1864–1954, Göttingen 1956; 245 S.

14375 Flitner, Andreas (Hg.): Deutsches Geistesleben und Nationalsozialismus. Eine Vortragsreihe der Universität Tübingen, Nachwort Hermann Diem, Tübingen 1965; 244 S.*

14376 Funke, Manfred: Universität und Zeitgeist im Dritten Reich, in: APUZ, Nr. B 12/86, 22.3. 1986, 3–14

14377 Geißler, Rainer/Popp, Wolfgang (Hg.): Wissenschaft und Nationalsozialismus. Eine Ringvorlesung an der Universität-Gesamthochschule Siegen, Essen 1988; 300 S.*

14378 Gerstengarbe, Sybille: Die erste Entlassungswelle von Hochschullehrern aufgrund des Gesetzes zur Wiederherstellung des Berufsbeamtentums vom 7.4. 1933, in: BzW 17 (1994), 17–39

14379 Giles, Geoffrey J.: Die Idee der politischen Universität. Hochschulreform nach der Machtergreifung, in: Manfred Heinemann (Hg.), Erziehung und Schulung im Dritten Reich, T. 2: Hochschule, Erwachsenenbildung, Stuttgart 1980, 50–60

14380 Grimm, Gerhard: Größe und Verfall der deutschen Wissenschaft im zweiten Weltkrieg, in: Bilanz des zweiten Weltkrieges, Oldenburg 1953, 251–64

14381 Hamilton, Alastair: The Appeal of Fascism. A Study of Intellectuals and Fascism, 1919–1945, Vorwort Stephen Spender, London/New York 1971; XXIII, 312 S.

14382 Harbordt, Steffen (Hg.): Wissenschaft und Nationalsozialismus. Zur Stellung der Staatsrechtslehre, Staatsphilosophie, Psychologie, Naturwissenschaft und der Universität zum Nationalsozialismus. Eine Vortragsreihe des Fachbereichs Gesellschafts- und Planungswissenschaften der Technischen Universität Berlin im Wintersemester 1982/83, Berlin 1983; 150 S.*

14383 Hartshorne, Edward Y.: The German Universities and National Socialism, Cambridge, Mass./London 1937; 184 S.

14384 Harvolk, Edgar: Zentrale Wissenschaftsorganisationen in München im Umfeld von Partei und Staat, in: Richard Bauer u. a. (Hg.), München – »Hauptstadt der Bewegung«. Bayerns Metropole und der Nationalsozialismus, München 1993, 374–77

14385 Haug, Wolfgang F.: Der hilflose Antifaschismus. Zur Kritik der Vorlesungsreihen über Wissenschaft und Nationalsozialismus an deutschen Universitäten, 4. Aufl., Köln 1977; 168 S. (zuerst Frankfurt 1967)

Heiber, Helmut: Universität unterm Hakenkreuz, München u. a.:

14386 – Bd. 1: Der Professor im Dritten Reich. Bilder aus der akademischen Provinz, 1991; 652 S.

14387 – Bd. 2.1: Kapitulation der hohen Schulen. Das Jahr 1933 und seine Themen, 1992; 668 S.

14388 Heinemann, Karl-Heinz: Eine Professorenrunde organisierte den Wechsel in neue Machtverhältnisse. Nach der Nazizeit war in deutschen Hochschulen »business as usual« angesagt. Formaler Bruch mit der Universitätsgeschichte sollte vermieden werden, in: FR, Jg. 48, Nr. 163, 17.7. 1992, 6

14389 Heinemann, Manfred (Hg.): Erziehung und Schule im Dritten Reich, Teil II: Hochschule, Erwachsenenbildung, Stuttgart 1980; 300 S.*

14390 Hofer, Walther (Hg.): Wissenschaft im totalen Staat, Bern 1964; 232 S.

14391 Kater, Michael H.: Das »Ahnenerbe« der SS 1935–1945. Ein Beitrag zur Kulturpolitik des Dritten Reiches, Stuttgart 1974; 522 S.

14392 Kater, Michael H.: Die nationalsozialistische Machtergreifung an den deutschen Hochschulen. Zum politischen Verhalten akademischer Lehrer bis 1939, in: Hans-Jochen Vogel u. a. (Hg.), Die Freiheit des anderen. Festschrift für Martin Hirsch, Baden-Baden 1981, 49–75

14393 Kelly, Reece C.: National Socialism and German University Teachers: The NSDAP's Efforts to Create a National Socialist Professoriate and Scholarship, Diss. Seattle, Wash. 1973; IX, 492 S.

14394 Kelly, Reece C.: Die gescheiterte nationalsozialistische Personalpolitik und die mißlungene Entwicklung der nationalsozialistischen Hochschulen, in: Manfred Heinemann (Hg.), Erziehung und Schulung im Dritten Reich, T. 2: Hochschule, Erwachsenenbildung, Stuttgart 1980, 61–76

14395 Kempski, Jürgen von: Gefährdung der Wissenschaft durch die politische Macht. Reflexionen zum Schicksal der Wissenschaft im Dritten Reich, in: Klaus-Jürgen Gantzel (Hg.), Wissenschaftliche Verantwortung und politische Macht. Zum wissenschaftlichen Umgang mit der Kriegsschuldfrage 1914, mit Versöhnungsdiplomatie und mit ihrem nationalsozialistischen Großmachtstreben. Wissenschaftsgeschichtliche Untersuchungen zum Umfeld und zur Entwicklung des Instituts für Auswärtige Politik Hamburg/Berlin 1923–1945, Berlin/Hamburg 1986, 427–41

14396 Kleinberger, Aharon F.: Gab es eine nationalsozialistische Hochschulpolitik?, in: Manfred Heinemann (Hg.), Erziehung und Schulung im Dritten Reich, T. 2: Hochschule, Erwachsenenbildung, Stuttgart 1980, 9–30

14398 Kotowski, Georg: Nationalsozialistische Wissenschaftspolitik, in: Nationalsozialismus und die deutsche Universität. (Universitätstage 1966), Hg. Freie Universität Berlin, Berlin 1966, 209–23

14399 Kuhn, Helmut: Die deutsche Universität am Vorabend der Machtergreifung, in: Die deutsche Universität im Dritten Reich. Eine Vortragsreihe der Universität München, München 1966, 13–43

14400 Kunkel, Wolfgang: Der Professor im Dritten Reich, in: Die deutsche Universität im Dritten Reich. Eine Vortragsreihe der Universität München, München 1966, 103–33

14401 Leibholz, Gerhard: Als es umschlug an deutschen Universitäten … Erinnerungen des Staatsrechtslehrers und späteren Bundesverfassungsrichters an das Jahr 1933 und die Emigration, in: FAZ, Nr. 238, 22.10.1984, 11

14402 Leist, Fritz: Möglichkeiten und Grenzen des Widerstandes an der Universität, in: Die deutsche Universität im Dritten Reich. Eine Vortragsreihe der Universität München, München 1966, 175–213

14403 Lepenies, Wolf: Aufstieg und Fall der Intellektuellen in Europa, Frankfurt/New York 1992; 95 S.

14404 Lepenies, Wolf (Hg.): Wissenschaften im Nationalsozialismus. (GG, Jg. 2, Nr. 3), Göttingen 1986; 137 S.*

14405 Lepsius, M. Rainer: Kultur und Wissenschaft in Deutschland unter der Herrschaft des Nationalsozialismus (1987), in: M. Rainer Lepsius, Demokratie in Deutschland. Soziologisch-historische Konstellationsanalysen, Göttingen 1993, 119–32, 347f.

14406 Lilge, Frederic: The Abuse of Learning. The Failure of the German University, 2. Aufl., New York 1975; VI, 184 S. (zuerst 1948)

14407 Lindemann, Mary/Mitchell, Otis C.: Swastika Over the Academic Cloister: The Triumph of National Socialism in the Universities, in: Otis C. Mitchell (Hg.), Nazism and the Common Man: Essays in German History (1929–1939), 2. Aufl., Washington, D.C. 1981, 117–53 (zuerst Minneapolis, Minn. 1972)

14408 Losemann, Volker: Zur Konzeption der NS-Dozentenlager, in: Manfred Heinemann (Hg.), Erziehung und Schulung im Dritten Reich, T. 2: Hochschule, Erwachsenenbildung, Stuttgart 1980, 87–109

14409 Lundgreen, Peter (Hg.): Wissenschaft im Dritten Reich, Frankfurt 1985; 386 S.*

14410 Lundgreen, Peter: Hochschulpolitik und Wissenschaft im Dritten Reich, in: Peter Lundgreen (Hg.), Wissenschaft im Dritten Reich, Frankfurt 1985, 9–30

14411 Maier, Hans: Nationalsozialistische Hochschulpolitik, in: Die deutsche Universität im Dritten Reich. Eine Vortragsreihe der Universität München, München 1966, 71–102

14412 Möller, Horst: Nationalsozialistische Wissenschaftsideologie, in: Jörg Tröger (Hg.), Hochschule und Wissenschaft im Dritten Reich, 2. Aufl., Frankfurt/New York 1986, 65–76 (zuerst 1984)

14413 Müller, Gerhard: Ernst Krieck und die nationalsozialistische Wissenschaftsreform. Motive und Tendenzen zu einer Wissenschaftslehre und Hochschulreform im Dritten Reich, Weinheim/Basel 1978; XII, 615 S.

14414 Nationalsozialismus und die deutsche Universität. (Universitätstage 1966), Hg. Freie Universität Berlin, Berlin 1966; 223 S.*

14415 [Neunzehnhundertdreiunddreißig] 1933 in Gesellschaft und Wissenschaft. Ringvorlesung im Wintersemester 1982/83 und im Sommersemester 1983, Bd. 1: Gesellschaft, Bd. 2: Wissenschaft, Hg. Universität Hamburg, Pressestelle, Red. Holger Fischer, Hamburg 1983–1984; 161, 249 S.*

14416 Nipperdey, Thomas/Schmugge, Ludwig: 50 Jahre Forschungsförderung in Deutschland. Ein Abriß der Geschichte der Deutschen Forschungsgemeinschaft, Bonn 1970; 132 S.

14417 Nolte, Ernst: Zur Typologie des Verhaltens der Hochschullehrer im Dritten Reich, in: APUZ, Nr. B 46/65, 17.11. 1965, 3–14; abgedr. in: Ernst Nolte, Marxismus, Faschismus, Kalter Krieg. Vorträge und Aufsätze 1964–1976, Stuttgart 1977, 136–52

14418 Olszewski, Henryk: Zwischen Begeisterung und Widerstand. Deutsche Hochschullehrer und der Nationalsozialismus, Poznán 1989; 211 S.

14419 Pascher, Joseph: Das Dritte Reich, erlebt an drei deutschen Universitäten, in: Die deutsche Universität im Dritten Reich. Eine Vortragsreihe der Universität München, München 1966, 45–69

14420 Peukert, Detlev J. K.: Die Genesis der »Endlösung« aus dem Geist der Wissenschaft, in: Zerstörung des moralischen Selbstbewußtseins – Chance oder Gefährdung?, Hg. Forum für Philosophie, Frankfurt 1987, 24–48; abgedr. in: Detlev J. K. Peukert, Max Webers Diagnose der Moderne, 2. Aufl., Göttingen 1990, 102–121, 135–38 (zuerst 1989)

14421 Pohl, Hans: Zur Zusammenarbeit von Wirtschaft und Wissenschaft im »Dritten Reich«: Die »Förderergemeinschaft der Deutschen Industrie«, in: VSWG 72 (1985), 508–36

14422 Reimann, Bruno W.: Zum politischen Bewußtsein von Hochschullehrern in der Weimarer Republik und 1933, in: Leonore Siegele-Wenschkewitz/Gerda Stuchlik (Hg.), Hochschule und Nationalsozialismus. Wissenschaftsgeschichte und Wissenschaftsbetrieb als Thema der Zeitgeschichte, Frankfurt 1990, 22–48

14423 Reimann, Bruno W.: Die »Selbst-Gleichschaltung« der Universitäten 1933, in: Jörg Tröger (Hg.), Hochschule und Wissenschaft im Dritten Reich, 2. Aufl., Frankfurt/New York 1986, 38–52 (zuerst 1984)

14424 Rimbach, Gerhard: Wissenschaft und Nationalsozialismus, in: Rainer Geißler/Wolfgang Popp (Hg.), Wissenschaft und Nationalsozialismus. Eine Ringvorlesung an der Universität-Gesamthochschule-Siegen, Essen 1988, 9–14

14425 Ringer, Fritz K.: Die Gelehrten. Der Niedergang der deutschen Mandarine 1890–1933, München 1987; 452 S. (zuerst Stuttgart 1983)

14426 Ritter, Gerhard: Der deutsche Professor im »Dritten Reich«, in: Gegenwart 1 (1946), 23–26

14427 Scheel, Klaus: Die Wissenschaftspolitik des deutschen Faschismus auf dem Weg in den Zweiten Weltkrieg, in: Burchard Brentjes (Hg.), Wissenschaft unter dem NS-Regime, Berlin u. a. 1992, 15–37

14428 Schlicker, Wolfgang/Glaser, Josef: Tendenzen und Konsequenzen faschistischer Wissenschaftspolitik nach dem 30. Januar 1933, in: ZfG 31 (1983), 881–95

14429 Schröder, Reinald: Welteislehre, Ahnenerbe und »Weiße Juden«. Kuriosa aus der Wissenschaftspolitik im »Dritten Reich«, in: Zeit, Jg. 46, Nr. 17, 19.4. 1991, 41 f.

14430 Schwabe, Klaus: Deutsche Hochschullehrer und Hitlers Krieg, in: Martin Broszat/Klaus Schwabe (Hg.), Die deutschen Eliten und der Weg in den Zweiten Weltkrieg, München 1989, 291–333

14431 Seeliger, Rolf (Hg.): Braune Universität. Deutsche Hochschullehrer gestern und heute. Eine Dokumentation, Mitarb. Dieter Schoner/Hellmut Haasis, 6 Bde., München 1964–1968; 80, 82, 107, 121, 87, 118 S.

14432 Seier, Hellmut: Die Hochschullehrerschaft im Dritten Reich, in: Klaus Schwabe (Hg.), Deutsche Hochschullehrer als Elite 1815–1945, Boppard 1988, 247–95

14433 Seier, Hellmut: Nationalsozialistisches Wissenschaftsverständnis und Hochschulpolitik, in: Leonore Siegele-Wenschkewitz/Gerda Stuchlik (Hg.), Hochschule und Nationalsozialismus. Wissenschaftsgeschichte und Wissenschaftsbetrieb als Thema der Zeitgeschichte, Frankfurt 1990, 5–21

14434 Seier, Hellmut: Universität und Hochschulpolitik im nationalsozialistischen Staat, in: Volker Malettke (Hg.), Der Nationalsozialismus an der Macht. Aspekte nationalsozialistischer Politik und Herrschaft, Göttingen 1984, 143–65

14435 Seier, Hellmut: Niveaukritik und partielle Opposition. Zur Lage an den deutschen Hochschulen 1939/40, in: Paul Kluke zum 60. Geburtstage dargebracht von Frankfurter Schülern und Mitarbeitern, Frankfurt 1968, 167–89; abgedr. in: AKG 58 (1976), 227–46

14436 Seier, Hellmut: Der Rektor als Führer. Zur Hochschulpolitik des Reichserziehungsministeriums 1934–1945, in: VfZ 12 (1964), 105–46

14438 Siegele-Wenschkewitz, Leonore/Stuchlik, Gerda (Hg.): Hochschule und Nationalsozialismus. Wissenschaftsgeschichte und Wissenschaftsbetrieb als Thema der Zeitgeschichte, Frankfurt 1990; V, 139 S.*

14439 Tenorth, Heinz-Elmar: Bildung und Wissenschaft im Dritten Reich, in: Karl D. Bracher u. a. (Hg.), Deutschland 1933–1945. Neue Studien zur nationalsozialistischen Herrschaft, 2., erg. Aufl., Bonn/ Düsseldorf 1993, 240–55 (zuerst Bonn/Düsseldorf 1992)

14440 Thal, Peter: Theoretische Grundlinien der Wissenschaftsentwicklung der politischen Ökonomie und deren sozioökonomische Determination zwischen 1917 und 1945, in: Günter Wendel (Hg.), Wissenschaft und Gesellschaft 1917–1945. Beiträge zur Wissenschaftsgeschichte, Berlin 1984, 35–47

14441 Thom, Achim: Die Wesensmerkmale des Faschismus – der Faschismus in Deutschland und sein Verhältnis zur Wissenschaft, in: Achim Thom/Genadij I. Caregorodcev (Hg.), Medizin unterm Hakenkreuz, Berlin (O) 1989, 17–33

14442 Titze, Hartmut: Der Akademikerzyklus. Historische Untersuchungen über die Wiederkehr von Überfüllung und Mangel in akademischen Karrieren, Göttingen 1990; 512 S.

14443 Titze, Hartmut: Hochschulen, in: Dieter Langewiesche/Heinz-Elmar Tenorth (Hg.), Handbuch der deutschen Bildungsgeschichte, Bd. 5: Die Weimarer Republik und die nationalsozialistische Diktatur, München 1989, 209–40

14444 Tröger, Jörg (Hg.): Hochschule und Wissenschaft im Dritten Reich, Frankfurt/New York 1984 (2. Aufl. Frankfurt 1986)*

14445 Weinreich, Max: Hitler's Professors. The Part of Scholarship in Germany's

Crime against the Jewish People, New York 1946; 291 S.

14446 Wendel, Günter (Hg.): Wissenschaft und Gesellschaft 1917–1945. Beiträge zur Wissenschaftsgeschichte, Hg. Arbeitskreis Wissenschaftsgeschichte beim Ministerium für Hoch- und Fachschulwesen der DDR, Berlin (O) 1984; 231 S.*

14447 Wissenschaftler und Studenten im Antifaschismus. (Rostocker Wissenschaftshistorische Manuskripte, 17), Hg. Rektor der Wilhelm-Pieck-Universität Rostock, wissenschaftl. Leitung Martin Guntau, Red. Elisabeth Fleischhauer, Rostock 1989; 112 S.

14448 Zierold, Kurt: Forschungsförderung in drei Epochen. Deutsche Forschungsgemeinschaft. Geschichte, Arbeitsweise, Kommentar, Wiesbaden 1968, 175–272

Regional-/Lokalstudien

14449 Borst, Otto: Die Wissenschaften, in: Otto Borst (Hg.), Das Dritte Reich in Baden und Württemberg, Stuttgart 1988, 149–82, 304–13

14450 Brünner, Christian/Konrad, Helmut (Hg.): Die Universität und 1938, Köln/Wien 1989; 181 S.* [Österreich]

14450a Klusacek, Christine: Österreichs Wissenschaftler und Künstler unter dem NS-Regime, Wien 1966; 36 S.

14451 Lichtenberger-Fenz, Brigitte: Österreichs Hochschulen und Universitäten und das NS-Regime, in: Emmerich Tálos u.a. (Hg.), NS-Herrschaft in Österreich 1938–1945, Wien 1988, 269–82

14452 Ott, Hugo: Universitäten und Hochschulen, in: Otto Borst (Hg.), Das Dritte Reich in Baden und Württemberg, Stuttgart 1988, 137–48, 303 f.

14453 Toussaint, Ingo (Hg.): Die Universitätsbibliotheken Heidelberg, Jena und Köln unter dem Nationalsozialismus, München u.a. 1989; 406 S.**

14454 Treiber, Hubert/Sauerland, Karol (Hg.): Heidelberg im Schnittpunkt intellektueller Kreise. Zur Topographie der »geistigen Geselligkeit« eines »Weltdorfes«: 1850–1950, Opladen 1994; ca. 563 S.

14455 Weinert, Willi: Die Maßnahmen der reichsdeutschen Hochschulverwaltung im Bereich des österreichischen Hochschulwesens nach der Annexion 1938, in: Helmut Konrad/Wolfgang Neugebauer (Hg.), Arbeiterbewegung – Faschismus – Nationalbewußtsein. Festschrift zum 20jährigen Bestand des Dokumentationsarchivs des österreichischen Widerstandes und zum 60. Geburtstag von Herbert Steiner, Wien u.a. 1983, 127–34

A.3.19.2 Einzelne Hochschulen und Wissenschaftsinstitutionen

Bibliographien

14456 Bibliographie zur Geschichte der Universität Tübingen, Hg. Universitätsbibliothek Tübingen i.A. der Universität, Bearb. Friedrich Seck u.a., Tübingen 1980; XX, 647 S.

Nachschlagewerke

14459 Wenig, Otto (Hg.): Verzeichnis der Professoren und Dozenten der Rheinischen Friedrich-Wilhelms-Universität zu Bonn 1818–1968. (150 Jahre Rheinische Friedrich-Wilhelms-Universität zu Bonn 1818–1968), Bonn 1968; XXV, 376 S.

Gedruckte Quellen

14460 Heidegger, Martin: Die Selbstbehauptung der deutschen Universität. Rede, gehalten bei der feierlichen Übernahme des Rektorats der Universität Freiburg i. Br. am 27.5.1933 (durchges. Neuaufl. des Druckes Breslau 1933). Das Rektorat 1933/34. Tatsachen und Gedanken [1945], Frankfurt 1983; 43 S.

Wissenschaft und Universitäten

Darstellungen

14461 Adam, Uwe D.: Hochschule und Nationalsozialismus. Die Universität Tübingen im Dritten Reich, Anhang »Die Tübinger Studentenfrequenz« Wilfried Selzer, Tübingen 1977; X, 240 S.

14462 Adam, Uwe D.: Die Universität Tübingen im Dritten Reich, in: Hans-Martin Decker-Hauff u.a. (Hg.), 500 Jahre Eberhard-Karls-Universität Tübingen, Bd. 1: Beiträge zur Geschichte der Universität Tübingen 1477–1977, hg. i.A. der Eberhard-Karls-Universität Tübingen, Universitätspräsident/Senat, Tübingen 1977, 193–248

14463 Arndt, Helmut: Niedergang von Studium und Wissenschaft, 1933 bis 1945, in: Lothar Rathmann (Hg.), Alma Mater Lipsiensis. Geschichte der Karl-Marx-Universität Leipzig, Leipzig 1984, 261–71

14464 Bäßler, Heinz: Zu den Auswirkungen der faschistischen Hochschulpolitik auf die Bergakademie Freiberg (1933–1945), Diss. Rostock 1967; 2, IV, 261, 33 S. (Ms.)

14465 Baumgart, Peter (Hg.): Vierhundert Jahre Universität Würzburg. Eine Festschrift, Neustadt a.d.A. 1982; X, 1081 S.

14466 Becker, Heinrich u.a. (Hg.): Die Universität Göttingen unter dem Nationalsozialismus. Das verdrängte Kapitel ihrer 250jährigen Geschichte, München u.a. 1987; 523 S.*

14467 Becker, Heinrich: Aufstellung der Professoren, Privatdozenten, Lehrbeauftragten und Nachwuchswissenschaftler, die infolge der nationalsozialistischen Maßnahmen die Universität Göttingen verlassen mußten, in: Heinrich Becker u.a. (Hg.), Die Universität Göttingen unter dem Nationalsozialismus. Das verdrängte Kapitel ihrer 250jährigen Geschichte, München u.a. 1987, 489–501

14468 Blaschke, Wolfgang u.a. (Hg.): Nachhilfe zur Erinnerung. 600 Jahre Universität zu Köln, Köln 1988; 288 S.*

14469 Böhles, Hans-Jürgen u.a. (Bearb.): Gießener Universität und Nationalsozialismus. Erfahrungen mit einer Ausstellung, Gießen 1982; XV, 213 S.

14469a Bock, Günther: Die Städelschule im Dritten Reich, in: Die Städelschule Frankfurt am Main. Aus der Geschichte einer Kunsthochschule, Hg. Verein der Freunde der Städelschule, Frankfurt 1982, 102–15

14470 Bollmus, Reinhard: Handelshochschule und Nationalsozialismus. Das Ende der Handelshochschule Mannheim und die Vorgeschichte der Errichtung einer Staats- und Wirtschaftswissenschaftlichen Fakultät an der Universität Heidelberg 1933/34, Meisenheim a.Gl. 1973; 165 S.

14471 Braunbuch zum 500jährigen Jubiläum der Eberhard-Karls-Universität Tübingen, Hg. VVN-Bund der Antifaschisten, Ortsgruppe Tübingen, o.O. (Tübingen) o.J. (1977); 84 S.

14472 Carlsen, Ruth: Zum Prozeß der Faschisierung und zu den Auswirkungen der faschistischen Diktatur auf die Universität Rostock 1932–1935, Diss. Rostock 1966; 298 S. (Ms.)

14473 Carmon, Arye Z.: The University of Heidelberg and National Socialism, 1930–1935, Diss. University of Wisconsin, Madison 1974; VIII, 428 S. (Ms.)

14474 Carmon, Arye Z.: The Impact of the Nazi Racial Decrees on the University of Heidelberg, in: YVS 11 (1976), 131–63

14475 Classen, Peter/Wolgast, Eike: Kleine Geschichte der Universität Heidelberg, Berlin u.a. 1983, 79–105

14476 Dageförde, Astrid: Frauen an der Hamburger Universität 1933 bis 1945: Emanzipation oder Repression?, in: Eckart Krause u.a. (Hg.), Hochschulalltag im »Dritten Reich«. Die Hamburger Universität 1933–1945, Bd. 1, Berlin/Hamburg 1991, 255–70

14477 Dahms, Hans-Joachim: Verluste durch Emigration. Die Auswirkungen der nationalsozialistischen »Säuberungen« an der Universität Göttingen. Eine Fallstudie, in: Exilforschung 4 (1986), 160–85

14478 Dietze, Constantin von: Die Universität Freiburg im Dritten Reich, in: MLG 3 (1960), 95–105

14479 Dollinger, Heinz (Hg.): Die Universität Münster 1780–1980, Münster 1980; XVI, 520 S.

14480 Ebert, Hans: Die TH Berlin und der Nationalsozialismus: Politische »Gleichschaltung« und rassistische »Säuberungen«, in: Reinhard Rürup (Hg.), Wissenschaft und Gesellschaft. Beiträge zur Geschichte der TH/TU Berlin 1879–1979, Bd. 1, Berlin u. a. 1979, 455–68

14481 Ebert, Hans: The Expulsion of the Jews from the Berlin-Charlottenburg Technische Hochschule, in: LBY 19 (1974), 155–74

14482 Eckardt, Hans W.: Akademische Feiern als Selbstdarstellung der Hamburger Universität im »Dritten Reich«, in: Eckart Krause u. a. (Hg.), Hochschulalltag im »Dritten Reich«. Die Hamburger Universität 1933–1945, Bd. 1, Berlin/Hamburg 1991, 179–200

14483 Fischer-Defoy, Christine: Kunst, Macht, Politik. Die Nazifizierung der Kunst- und Musikhochschulen in Berlin, Berlin 1988; 348 S.

14484 Freimark, Peter: Juden an der Hamburger Universität, in: Eckart Krause u. a. (Hg.), Hochschulalltag im »Dritten Reich«. Die Hamburger Universität 1933–1945, Bd. 1, Berlin/Hamburg 1991, 125–47

14485 Frontabschnitt Hochschule. Die Gießener Universität im Nationalsozialismus, Mitarb. Hans-Jürgen Böhles u. a., 2. Aufl., Gießen 1983; 240 S. (zuerst 1982)*

14486 Georgia Augusta – Universität im Dritten Reich. (politikon. Göttinger Studentenzeitschrift für Niedersachsen, 9), Göttingen 1965; 30 S.

14487 Giles, Geoffrey J.: Professor und Partei: Der Hamburger Lehrkörper und der Nationalsozialismus, in: Eckart Krause u. a. (Hg.), Hochschulalltag im »Dritten Reich«. Die Hamburger Universität 1933–1945, Bd. 1, Berlin/Hamburg 1991, 113–24

14488 Giles, Geoffrey J.: University Government in Nazi Germany: Hamburg, in: Minerva 16 (1978), 196–221 (dt. in: Uni hh 13–14/1983, 1–4)

14489 Giovannini, Norbert/Jansen, Christian: Judenemanzipation und Antisemitismus an der Universität Heidelberg, in: Norbert Giovannini u. a. (Hg.), Jüdisches Leben in Heidelberg. Studien zu einer unterbrochenen Geschichte, Heidelberg 1992, 155–99

14490 Golczewski, Frank: Kölner Universitätslehrer und der Nationalsozialismus. Personengeschichtliche Ansätze, Köln/Wien 1988; 481 S.

14491 Golczewski, Frank: Jüdische Hochschullehrer an der neuen Universität Köln vor dem Zweiten Weltkrieg, in: Jutta Bohnke-Kollwitz u. a. (Hg.), Köln und das rheinische Judentum. Festschrift Germania Judaica 1959–1984, Köln 1984, 363–96

14492 Hammerstein, Notker: Die Johann Wolfgang Goethe-Universität Frankfurt am Main. Von der Stiftungsuniversität zur staatlichen Hochschule, Bd. 1: 1914–1950, Neuwied 1989, 171–543

14493 Hammerstein, Notker: Zur Geschichte der Johann Wolfgang Goethe-Universität zu Frankfurt am Main, in: Helmut Coing u. a., Wissenschaftsgeschichte seit 1900. 75 Jahre Universität Frankfurt, Frankfurt 1992, 124–41

14494 Harbert, Egbert: Rückblick auf das Jahr 1933 [Braunschweig], in: MTUCWB 18 (1983), Nr. 2, 33–39

14495 Heiß, Gernot u. a. (Hg.): Willfährige Wissenschaft. Die Universität Wien 1938–1945, Wien 1989; (VIII), 339 S.*

14496 Hering, Rainer: Der »unpolitische« Professor? Parteimitgliedschaften Hamburger Hochschullehrer in der Weimarer Republik und im »Dritten Reich«, in: Eckart Krause u. a. (Hg.), Hochschulalltag im »Dritten Reich«. Die Hamburger Universität 1933–1945, Bd. 1, Berlin/Hamburg 1991, 85–111

14497 Heusinger von Waldeck, Joachim (Hg.): Die Hochschule der bildenden Künste Karlsruhe im Dritten Reich. Katalog der Ausstellung in der Staatlichen Akademie der bildenden Künste Karlsruhe, Karlsruhe 1987; 77 S.

14498 Hoepke, Klaus-Peter: Die SS, der »Führer« und die Nöte der deutschen Wissenschaft. Ein Meinungsbild aus dem Senat der Technischen Hochschule Karlsruhe vom April 1942, in: ZGO 135 (N. F. 96) (1987), 407–18**

14500 Hoepke, Klaus-Peter: Auswirkungen der nationalsozialistischen Rassenpolitik an der Technischen Hochschule Fridericiana Karlsruhe 1933–1945, in: ZGO 137 (N. F. 98) (1989), 383–413

14501 Hörster-Phillips, Ulrike/Vieten, Bernward: Die Westfälische Wilhelms-Universität beim Übergang zum Faschismus. Zum Verhältnis von Politik und Wissenschaft 1929–1935, in: Lothar Kurz (Hg.), 200 Jahre zwischen Dom und Schloß. Ein Lesebuch zur Vergangenheit und Gegenwart der Westfälischen Wilhelms-Universität Münster, Münster 1980, 77–103

14502 Hübinger, Paul E.: Thomas Mann, die Universität Bonn und die Zeitgeschichte. Drei Kapitel deutscher Vergangenheit aus dem Leben des Dichters 1905–1955, München/Wien 1974; 682 S.

14503 Jahnke, Karl H.: Wissenschaftler und Studenten der Rostocker Universität in Konfrontation mit der Nazi-Herrschaft, in: Studien zur Geschichte Mecklenburgs in der ersten Hälfte des 20. Jahrhunderts, Hg. Studienkreis für Jugendgeschichte und -forschung. Darstellung und Vermittlung, Rostock o. J. [1993], 40–55

14504 Jansen, Christian: Professoren und Politik. Politisches Denken und Handeln der Heidelberger Hochschullehrer, Göttingen 1992; 414 S.

14505 Jenak, Rudolf: Der Mißbrauch der Wissenschaft in der Zeit des Faschismus. Dargestellt am Beispiel der TH Dresden 1933–1945, Diss. Berlin (O) 1964; II, 219, 84 S. (Ms. vervielf.)

14506 John, Eckhard u. a.: Die Freiburger Universität in der Zeit des Nationalsozialismus, Freiburg i. Br./Würzburg 1991; 266 S.*

14507 John, Jürgen: Die Universität Jena in der Weimarer Republik und unter dem Faschismus (1918/19 bis 1945), in: Siegfried Schmidt u. a. (Hg.), Alma mater Jenensis. Geschichte der Universität Jena, Weimar 1983, 249–97

14508 Kahle, Paul E.: Bonn University in Pre-Nazi and Nazi Times (1923–1939). Experiences of a German Professor, London 1945; 38 S.

14509 Krause, Eckart u. a. (Hg.): Hochschulalltag im »Dritten Reich«. Die Hamburger Universität 1933–1945, T. I: Einleitung. Allgemeine Aspekte, T. II: Philosophische Fakultät. Rechts- und staatswissenschaftliche Fakultät, T. III: Mathematisch-naturwissenschaftliche Fakultät. Medizinische Fakultät. Ausblick. Anhang, Berlin/Hamburg 1991; XVII, 1567 S.*

14510 Leussink, Hans u. a. (Hg.): Studium Berolinense. Aufsätze und Beiträge zu Problemen der Wissenschaft und Geschichte der Friedrich-Wilhelms-Universität zu Berlin. Gedenkschrift der Westdeutschen Rektorenkonferenz und der Freien Universität Berlin zur 150. Wiederkehr des Gründungsjahres der Friedrich-Wilhelm-Universität zu Berlin, Berlin 1960; XII, 930 S.

14511 Lichtenberger-Fenz, Brigitte: Österreichs Universitäten und Hochschulen – Opfer oder Wegbereiter der nationalsozialistischen Gewaltherrschaft? (Am Beispiel der Universität Wien), in: Gernot Heiß u. a. (Hg.), Willfährige Wissenschaft. Die Universität Wien 1938–1945, Wien 1989, 3–15

14512 Lüdtke, Alf: Vom Elend der Professoren: »Ständische« Autonomie und Selbstgleichschaltung 1932–33 in Tübingen, in: Martin Doehlmann (Hg.), Wem gehört die Universität? Untersuchungen zum Zusammenhang von Wissenschaft und Herrschaft anläßlich des 500jährigen Bestehens der Universität Tübingen, Gießen 1977, 99–127

14513 Martin, Bernd: Die Universität Freiburg im Breisgau im Jahre 1933. Eine Nachlese zu Heideggers Rektorat, in: ZGO 136 (N. F. 97) (1988), 445–77

14514 Massiczek, Albert: Die Situation an der Universität Wien März/April 1938, in: Wien 1938, Hg. Kommission Wien 1938, Wien 1978, 216–29

14515 Meißner, Walther: Die schwierige Lage der Akademie unter der nationalsozialistischen Regierung und der Wiederaufbau in den Jahren nach dem Zweiten Weltkrieg, in: Friedrich Baethgen (Hg.), Geist und Gestalt. Biographische Beiträge zur Geschichte der Bayerischen Akademie der Wissenschaften, Bd. 1, München 1959, 35–49

14516 Meinhardt, Günther: Die Universität Göttingen. Ihre Entwicklung und Geschichte von 1734–1974, Göttingen u. a. 1977, 106–12

14517 Meredig, Ernst: Die »völkische Wissenschaft«, in: Frontabschnitt Hochschule. Die Gießener Universität im Nationalsozialismus, Mitarb. Hans-Jürgen Böhles u. a., 2. Aufl., Gießen 1983, 168–86 (zuerst 1982)

14518 Miehe, Gudrun: Zur Rolle der Universität Rostock in der Zeit des Faschismus in den Jahren 1935 bis 1945, Diss. Rostock 1969; 319 S. (Ms.)

14519 Mußgnug, Dorothee: Die Universität Heidelberg zu Beginn der nationalsozialistischen Herrschaft, in: Wilhelm Doerr u. a. (Hg.), Semper apertus. Sechshundert Jahre Ruprecht-Karls-Universität Heidelberg 1386–1986. Festschrift in sechs Bänden, Bd. 3: Das zwanzigste Jahrhundert 1918–1985, Berlin u. a. 1985, 464–503

14520 Mußgnug, Dorothee: Die vertriebenen Heidelberger Dozenten. Zur Geschichte der Ruprecht-Karls-Universität nach 1933, Heidelberg 1988; 300 S.

14521 Oberkofler, Gerhard: Politische Stellungnahmen der Akademie der Wissenschaften in Wien in den Jahren der NS-Herrschaft, in: Helmut Konrad/Wolfgang Neugebauer (Hg.), Arbeiterbewegung – Faschismus – Nationalbewußtsein. Festschrift zum 20jährigen Bestand des Dokumentationsarchivs des österreichischen Widerstandes und zum 60. Geburtstag von Herbert Steiner, Wien u. a. 1983, 115–26

14522 Petry, Ludwig: Zur Rolle der Universität Breslau in der Zeit des Nationalsozialismus. Aus Erinnerungen, Aufzeichnungen und Korrespondenzen eines Habilitanden und Dozenten der Philosophischen Fakultät, in: Lothar Bossle u. a. (Hg.), Nationalsozialismus und Widerstand in Schlesien, Sigmaringen 1989, 79–104

14523 Pingel, Henner: 100 Jahre TH Darmstadt. Wissenschaft und Technik für wen? Ein Beitrag zur Entwicklung von Hochschule und Studentenschaft, Darmstadt 1977; 127 S.

14524 Pusch, Wolfgang: Die neue Verfassung, in: Frontabschnitt Hochschule. Die Gießener Universität im Nationalsozialismus, Mitarb. Hans-Jürgen Böhles u. a., 2. Aufl., Gießen 1983, 159–66 (zuerst 1982)

14525 Reimann, Bruno W.: Zur politischen Geschichte der Ludwigs-Universität 1914–1945, Mitarb. Hans-Jürgen Böhles u. a., in: 375 Jahre Universität Gießen 1607–1982. Geschichte und Gegenwart. Ausstellung im oberhessischen Museum und Gail'sche Sammlungen, 11. Mai bis 25. Juli 1982,

Planung/Leitung Norbert Werner, Mitarb. Ruth Stummann-Bowert u. a., Gießen 1982, 187–201

14526 Reimann, Bruno W.: Deutsche Universität und Nationalsozialismus. »Selbst-Gleichschaltung«, Selbstpolitisierung – Probleme der Vergangenheitsbewältigung, in: Frontabschnitt Hochschule. Die Gießener Universität im Nationalsozialismus, Mitarb. Hans-Jürgen Böhles u. a., 2. Aufl., Gießen 1983, 7–35 (zuerst 1982)

14527 Reimann, Bruno W.: Die Politisierung der Ludwigs-Universität im Zeichen des Nationalsozialismus, in: Frontabschnitt Hochschule. Die Gießener Universität im Nationalsozialismus, Mitarb. Hans-Jürgen Böhles u. a., 2. Aufl., Gießen 1983, 116–58 (zuerst 1982)

14528 Reiter, Ernst: Die Eichstätter Bischöfe und ihre Hochschule im Dritten Reich. Abwehr der Versuche zur Politisierung der Hochschule und Sorge um deren Bestand, Regensburg 1982; 94 S.

14529 Rüger, Adolf/Kossack, Heinz u. a.: Humboldt-Universität zu Berlin, Bd. 1: Überblick 1810–1985, Bd. 2: Dokumente 1810–1985, Hg. Helmut Klein, Berlin (O) 1985; 184, 132 S.**

14530 Salewski, Michael: Die Gleichschaltung der Christian-Albrechts-Universität [Kiel] im April 1933, Kiel 1983; 26 S.

14531 Saurer, Edith: Institutsneugründungen 1938–1945, in: Gernot Heiß u. a. (Hg.), Willfährige Wissenschaft. Die Universität Wien 1938–1945, Wien 1989, 303–28

14531a Schäfer, Karl Th.: Verfassungsgeschichte der Universität Bonn 1818–1960. (150 Jahre Rheinische Friedrich-Wilhelms-Universität zu Bonn 1818–1968), Anhang: Bonner Kuratoren 1818 bis 1933, Mitarb. Gottfried Stein von Kamienski, Bonn 1968; 569 S.

14532 Schäfer, Peter: Die Auslandsbeziehungen der Berliner Universität zwischen 1933 und 1939 unter besonderer Berücksichtigung ihrer Unterordnung unter die Ziele der faschistischen Außenpolitik, in: WZB 10 (1961), 13–27

14533 Schneider, Ulrich: Widerstand und Verfolgung an der Marburger Universität 1933–1945, in: Universität und demokratische Bewegung. Ein Lesebuch zur 450-Jahr-Feier der Philipps-Universität Marburg, Marburg 1977, 219–56

14534 Schottlaender, Rudolf (Bearb.): Verfolgte Berliner Wissenschaft. Ein Gedenkwerk, Einleitung Wolfgang Scheffler/Kurt Pätzold, Nachwort Götz Aly, Berlin 1988; 211 S.

14535 Schottlaender, Rudolf: Antisemitische Hochschulpolitik: Zur Lage an der TH Berlin 1933/34, in: Reinhard Rürup (Hg.), Wissenschaft und Gesellschaft. Beiträge zur Geschichte der TH/TU Berlin 1879–1979, Bd. 1, Berlin u. a. 1979, 445–53

14536 Seminar und Hochschule in Eichstätt unter dem Nationalsozialismus. Johannes Ev. Stigler (1884–1966) aus Anlaß seines 100. Geburtstages zum Gedächtnis. Ausstellung November 1984 – Februar 1985. (Katalog), Hg. Universitätsbibliothek Eichstätt, Bearb. Matthias Buschkühl, Eichstätt 1984; 97 S.

14537 Sonnemann, Rolf u. a.: Geschichte der Technischen Universität Dresden 1828–1978, Berlin (O) 1978, 155–65

14538 Speck, Dieter: »Grenzlanduniversität« im Nationalsozialismus. Die Verleihung der Ehrensenatorenwürde an Reichsminister Dr. Frick in der Aula des Universitätshauptgebäudes, in: FUB 32 (1993), Nr. 122, 149–64

14539 Steinmetz, Max u. a. (Hg.): Geschichte der Universität Jena 1548/58–1958. Festgabe zum vierhundertjährigen Universitätsjubiläum, Bd. 1: Darstellung, Hg. Friedrich-Schiller-Universität, Historisches Institut, i. A. von Rektor und Senat verfaßt, Jena 1958, 615–70

14540 Stolze, Elke: Die Martin-Luther-Universität Halle-Wittenberg während der

Herrschaft des Faschismus (1933 bis 1945), Diss. Halle 1982; VII, 272 S. (Ms.)

14541 Stuchlik, Gerda: Goethe im Braunhemd. Universität Frankfurt 1933–1945, Frankfurt 1984; 232 S.

14542 Technische Hochschule München 1868–1968, München 1968; 127 S.

14543 Toussaint, Ingo: Die Universitätsbibliothek Freiburg im Dritten Reich, Freiburg i.Br. 1982; 235 S.

14544 ». . . treu und fest hinter dem Führer«. Die Anfänge des Nationalsozialismus an der Universität Tübingen 1926–1934. Begleitheft zu einer Ausstellung des Universitätsarchivs Tübingen, Bearb. Manfred Schmid, Tübingen 1983; 60 S.

14545 Uhlig, Ralph (Hg.): Vertriebene Wissenschaftler der Christian-Albrechts-Universität zu Kiel (CAU) nach 1933. Zur Geschichte der CAU im Nationalsozialismus. Eine Dokumentation, Bearb. Uta C. Schmatzler/Matthias Wieben, Frankfurt u.a. 1991; 159 S.

14546 Universität Hamburg 1919–1969, Hg. Universität Hamburg, Hamburg 1969; 382 S.

14547 Universität Hannover 1831–1981. Festschrift zum 150jährigen Bestehen der Universität Hannover, Bd. 1: [Darstellung], Bd. 2: Catalogus Professorum 1831–1981, Red. Rita Seidel u.a., hg. i.A. des Präsidenten, Stuttgart u.a. 1981; 583; IX, 461 S.

14548 Vézina, Birgit: Die »Gleichschaltung« der Universität Heidelberg im Zuge der nationalsozialistischen Machtergreifung, Heidelberg 1982; 181 S.

14549 Vogel, Barbara: Anpassung und Widerstand. Das Verhältnis Hamburger Hochschullehrer zum Staat 1919 bis 1945, in: Eckart Krause u.a. (Hg.), Hochschulalltag im »Dritten Reich«. Die Hamburger Universität 1933–1945, Bd. 1, Berlin/Hamburg 1991, 3–83

14550 Voigt, Johannes H.: Universität Stuttgart. Phasen ihrer Geschichte, Stuttgart 1981, 33–50

14551 Voigt, Johannes H.: »Ehrentitel« oder der Streit zwischen der Firma Bosch und der Technischen Hochschule [Stuttgart-Hohenheim] während der Zeit des Nationalsozialismus, in: AS 16 (1989), 488–97

14552 Weigand, Hans-Peter: Die Technische Hochschule Graz im Dritten Reich. Vorgeschichte, Geschichte und Nachgeschichte des Nationalsozialismus an einer Institution, Graz 1988; 168 S.

14553 Weisert, Hermann: Die Rektoren der Ruperto Carola zu Heidelberg und die Dekane ihrer Fakultäten 1386–1968, Heidelberg 1968; 117 S.

14554 Weisert, Hermann: Die Verfassung der Universität Heidelberg 1386–1952, Heidelberg 1968; 168 S.

14555 Wendehorst, Alfred: Geschichte der Friedrich-Alexander-Universität Erlangen-Nürnberg 1743–1993, München 1993, 179–216

14556 Wolgast, Eike: Die Universität Heidelberg im Dritten Reich, in: Die Geschichte der Universität Heidelberg. Vorträge im Wintersemester 1985/86, Hg. Ruprechts-Karls-Universität Heidelberg, Heidelberg 1986, 186–216

14557 Wolgast, Eike: Die Universität Heidelberg im Dritten Reich, in: Gerrit Hohendorf/Achim Magull-Seltenreich (Hg.), Von der Heilkunde zur Massentötung. Medizin im Nationalsozialismus, Heidelberg 1990, 167–82 (Disk.: 183f.)

14558 Wolgast, Eike: Die Universität Heidelberg in der Zeit des Nationalsozialismus, in: ZGO 135 (N.F. 96) (1987), 359–406

14559 Wolgast, Elke: Die Universität Heidelberg und die nationalsozialistische Diktatur, in: Joachim-Felix Leonhard (Hg.), Bücherverbrennung. Zensur, Verbot, Vernichtung unter dem Nationalsozialismus in Heidelberg, Heidelberg 1983, 33–53

14560 Zneimer, Richard: The Nazis and the Professors: Social Origin, Professional Mobility, and Political Involvement of the Frankfurt University Faculty, 1933–1945, in: JSH 12 (1978/79), 147–58

A.3.19.3 Studentenschaft
[vgl. A.1.9.2: B. v. Schirach]

Quellenkunde

14561 Strätz, Hans-Wolfgang: Archiv der ehemaligen Reichsstudentenführung in Würzburg, in: VfZ 15 (1967), 106 f.

Gedruckte Quellen

14562 Gieles, Josef: Studentenbriefe 1939–1942, Hg. Agnes Kanz-Gieles/Heinrich Kanz, Frankfurt u. a. 1992; 370 S.

14563 Kalischer, Wolfgang (Bearb.): Die Universität und ihre Studentenschaft. Universitas magistratorum et scholarium. Versuch einer Dokumentation aus Gesetzen, Erlassen, Beschlüssen, Reden, Schriften und Briefen. (Stifterverband für die deutsche Wissenschaft, Jb. 1966/67), Essen o. J.; XXXV, 415 S.

Darstellungen

14564 Arminger, Gerhard: Involvement of German Students in NS Organizations. Based on the Archive of the Reichsstudentenführung, in: HSR (1984), Nr. 30, 3–34

14565 Bleuel, Hans P./Klinnert, Ernst: Deutsche Studenten auf dem Weg ins Dritte Reich. Ideologien, Programme, Aktionen, 1918–1935, Gütersloh 1967; 294 S.

14566 Bohrmann, Hans: Strukturwandel der deutschen Studentenpresse. Studentenpolitik und Studentenzeitschriften 1848–1974, München 1975; 357 S.

14567 Clephas-Möcker, Petra/Krallmann, Kristina: Studentinnenalltag in der Weimarer Republik und im Nationalsozialismus im Spiegel autobiographischer Interviews, in: Anne Schlüter (Hg.), Pionierinnen, Feministinnen, Karrierefrauen? Zur Geschichte des Frauenstudiums in Deutschland, Pfaffenweiler 1992, 169–90

14568 Dibner, Ursula R.: The History of the Nationalist Socialist German Student League, Diss. Michigan 1969; IX, 328 S. (Ms.; MF Ann Arbor, Mich./London 1978)

14569 Faust, Anselm: Der Nationalsozialistische Deutsche Studentenbund. Studenten und Nationalsozialismus in der Weimarer Republik, 2 Bde., Düsseldorf 1973; 179, 192 S.

14570 Faust, Anselm: Studenten und Nationalsozialismus, in: Alexandra Kurth/Jürgen Schlicher (Hg.), Studentische Korporationen gestern und heute. Dokumentation der Konferenz »Das Wartburgfest 1817«. Historische Erfahrungen und gegenwärtige Herausforderungen für eine demokratische Hochschulpolitik, Marburg 1992, 26–37

14571 Fließ, Gerhard/John, Jürgen: Deutsche Studenten (DSt) 1919–1936, in: Lexikon zur Parteiengeschichte. Die bürgerlichen und kleinbürgerlichen Parteien und Verbände in Deutschland (1789–1945), Hg. Dieter Fricke u. a., Bd. 2, Leipzig (LA Köln) 1983, 367–79

14572 Fließ, Gerhard/John, Jürgen: Deutscher Hochschulring (DHR) 1920–1933, in: Lexikon zur Parteiengeschichte. Die bürgerlichen und kleinbürgerlichen Parteien und Verbände in Deutschland (1789–1945), Hg. Dieter Fricke u. a., Bd. 2, Leipzig (LA Köln) 1984, 116–27

14573 Giles, Geoffrey J.: The Rise of the National Socialist Students' Association and the Failure of Political Education in the Third Reich, in: Peter D. Stachura (Hg.), The Shaping of the Nazi State, London/New York 1978, 160–85

14574 Giles, Geoffrey J.: German Students and Higher Education Policy in the Second World War, in: CEH 17 (1984), 330–54

14575 Götz von Olenhusen, Albrecht: Die »nichtarischen« Studenten an den deutschen Hochschulen. Zur nationalsozialistischen Rassenpolitik 1933–1945, in: VfZ 14 (1966), 175–206

14577 Jarausch, Konrad H.: Deutsche Studenten 1800–1970, Frankfurt 1984; 255 S.

14578 Kaelble, Hartmut: Chancenungleichheit und akademische Ausbildung in Deutschland 1910–1960, in: GG 1 (1975), 121–49

14579 Kater, Michael H.: Studentenschaft und Rechtsradikalismus in Deutschland 1918–1933. Eine sozialgeschichtliche Studie zur Bildungskrise in der Weimarer Republik, Hamburg 1975; 361 S.

14580 Kater, Michael H.: Die Studenten auf dem Weg in den Nationalsozialismus, in: Jörg Tröger (Hg.), Hochschule und Wissenschaft im Dritten Reich, 2. Aufl., Frankfurt/New York 1986, 26–37 (zuerst 1984)

14581 Kater, Michael H.: Der NS-Studentenbund von 1926 bis 1928: Randgruppe zwischen Hitler und Straßer, in: VfZ 22 (1974), 148–90

14582 Kater, Michael H.: The Reich Vocational Contest and Students of Higher Learning in Nazi Germany, in: CEH 7 (1974), 225–61

14583 Krappmann, Lothar: Die Studentenschaft in der Auseinandersetzung um die Universität im Dritten Reich, in: Nationalsozialismus und die deutsche Universität. (Universitätstage 1966), Hg. Freie Universität Berlin, Berlin 1966, 156–73

14584 Krönig, Waldemar/Müller, Klaus-Dieter: Nachkriegs-Semester. Studium in Kriegs- und Nachkriegszeit. Mit einer Rede vom 28. Oktober 1945 sowie einem statistischen und dokumentarischen Anhang, Vorwort Walter Rüegg, Rede Herbert Schöffler, Stuttgart 1990; 372 S.**

14585 Leisen, Adolf: Die Ausbreitung des völkischen Gedankens in der Studentenschaft der Weimarer Republik, Diss. Heidelberg, Köln 1964; III, 302 S.

14586 Mertens, Lothar: Vernachlässigte Töchter der Alma Mater. Ein sozialhistorischer und bildungssoziologischer Beitrag zur strukturellen Entwicklung des Frauenstudiums in Deutschland seit der Jahrhundertwende, Berlin 1991; 206 S.

14587 Pauwels, Jacques R.: Women, Nazis, and Universities. Female University Students in the Third Reich, Westport, Conn. 1984; XV, 206 S.

14588 Ringer, Fritz K.: A Sociography of German Academics, 1863–1938, in: CEH 25 (1992), 251–80

14589 Roegele, Otto B.: Student im Dritten Reich, in: Die deutsche Universität im Dritten Reich. Eine Vortragsreihe der Universität München, München 1966, 135–74

14590 Schnelle, Gertraude: Zur Geschichte des Frauenstudiums in Deutschland bis 1945, Hg. Institut für Hochschulbildung und Ökonomie, Berlin (O) 1971; 48 S. (als Manuskr. gedr.)

14591 Schwarz, Jürgen: Studenten in der Weimarer Republik. Die deutsche Studentenschaft in der Zeit von 1918 bis 1923 und ihre Stellung zur Politik, Berlin 1971; 488 S.

14592 Steinberg, Michael S.: Sabres and Brown Shirt. The German Students' Path to National Socialism, 1918–1935, Chicago, Ill./London 1977; VII, 237 S.

14593 Stuchlik, Gerda: Funktionäre, Mitläufer, Außenseiter und Ausgestoßene. Studentenschaft im Nationalsozialismus. (Mit Dokumentenanhang), in: Leonore Siegele-Wenschkewitz/Gerda Stuchlik (Hg.), Hochschule und Nationalsozialismus. Wissenschaftsgeschichte und Wissenschaftsbetrieb als Thema der Zeitgeschichte, Frankfurt 1990, 49–89**

14594 Weyrather, Irmgard: Numerus Clausus für Frauen. Studentinnen im Nationalsozialismus, in: Mutterkreuz und Arbeitsbuch. Zur Geschichte der Frauen in der Weimarer Republik und im Nationalsozialismus, Hg. Frauengruppe Faschismusforschung, Frankfurt 1981, 131–62

14595 Zorn, Wolfgang: Die politische Entwicklung des deutschen Studententums 1918–1931, in: Kurt Stephenson u. a. (Hg.), Darstellungen und Quellen zur Geschichte der deutschen Einheitsbewegung im neunzehnten und zwanzigsten Jahrhundert, hg. i. A. der Gesellschaft für burschenschaftliche Geschichtsforschung, Bd. 5, Heidelberg 1965, 223–307

Regional-/Lokalstudien

14596 Binder, Dieter A.: Der Weg der Studentenschaft in den Nationalsozialismus, in: Christian Brünner/Helmut Konrad (Hg.), Die Universität und 1938, Wien/Köln 1989, 75–94 [Österreich]

14597 Booß, Rutger: Der NS-Studentenbund, in: 150 Jahre: Klassenuniversität. Reaktionäre Herrschaft und demokratischer Widerstand am Beispiel der Universität Bonn, Hg. Studentengewerkschaft Bonn, Bonn 1968, 100–12

14598 Chroust, Peter u. a.: Gießener Studentenschaft vor und nach 1933, in: 375 Jahre Universität Gießen 1607–1982. Geschichte und Gegenwart. Ausstellung im oberhessischen Museum und Gail'sche Sammlungen 11. Mai bis 25. Juli 1982, Planung/Leitung Norbert Werner, Mitarb. Ruth Stummann-Bowert u. a., Gießen 1982, 202–13

14599 Chroust, Peter: Studentischer Alltag in Gießen vor und nach 1933, in: Frontabschnitt Hochschule. Die Gießener Universität im Nationalsozialismus, Mitarb. Hans-Jürgen Böhles u. a., 2. Aufl., Gießen 1983, 100–7 (zuerst 1982)

14600 Fieberg, Ralf: Die Durchsetzung des Nationalsozialismus in der Gießener Studentenschaft vor 1933, in: Frontabschnitt Hochschule. Die Gießener Universität im Nationalsozialismus, Mitarb. Hans-Jürgen Böhles u. a., 2. Aufl., Gießen 1983, 38–67 (zuerst 1982)

14601 Franze, Manfred: Die Erlanger Studentenschaft von 1918 bis 1945, Würzburg 1972; VII, 440 S. (um ein Reg. erw. ND 1993)

14602 Gehler, Michael: Studenten und Politik. Der Kampf um die Vorherrschaft an der Universität Innsbruck 1918–1938, Innsbruck 1990; 592 S.

14603 Giles, Geoffrey J.: »Die Fahne hoch, die Reihen dicht geschlossen« Die Studenten als Verfechter einer völkischen Universität, in: Eckhard John u. a. (Hg.), Die Freiburger Universität in der Zeit des Nationalsozialismus, Freiburg/Würzburg 1991, 43–56

14604 Giovannini, Norbert: Zwischen Republik und Faschismus. Heidelberger Studentinnen und Studenten 1918–1945, Weinheim 1990; 315 S.

14605 Götz von Olenhusen, Albrecht: Die nationalsozialistische Rassenpolitik und die jüdischen Studenten an der Universität Freiburg i.Br. 1933–1945, in: FUB 4 (1964), Nr. 6, 71–80

14606 Grüttner, Michael: »Ein stetes Sorgenkind für Partei und Staat«. Die Studentenschaft 1930 bis 1945, in: Eckart Krause u. a. (Hg.), Hochschulalltag im »Dritten Reich«. Die Hamburger Universität 1933–1945, Bd. 1, Berlin/Hamburg 1991, 201–36

14607 Hecker, Hellmuth: Kolonialforschung und Studentenschaft an der Hansischen Universität [Hamburg] im II. Weltkrieg. Die NSDStB-Kameradschaft »Hermann von Wißmann« und die »Übersee- und Kolonialarbeitsgemeinschaft«, Baden-Baden 1986; IX, 83 S.

14607a Jahnke, Karl H.: Über den Widerstandskampf Berliner Studenten gegen Faschismus und imperialistischen Krieg, in: Willi Göber/Friedrich Herneck (Hg.), Forschen und Wirken. Festschrift zur 150-Jahr-Feier der Humboldt-Universität zu Berlin 1810–1960, Bd. 1: Beiträge zur wissenschaftlichen und politischen Entwicklung der Universität, Bearb. Erich Buchholz/ Karl Heinig, hg. i. A. von Rektor und Senat, Berlin (O) 1960, 547–76

14608 Jordan, Udo: »Studenten des Führers«. Studentenschaft nach 1933, in: Frontabschnitt Hochschule. Die Gießener Universität im Nationalsozialismus, Mitarb. Hans-Jürgen Böhles u. a., 2. Aufl., Gießen 1983, 68–99 (zuerst 1982)

14609 Kast, Sabine: Unter den Augen der NS-Auslandsorganisation: Ökumenischer Studentenaustausch mit England, in: Siegfried Hermle u. a. (Hg.), Im Dienst an Volk und Kirche. Theologiestudium im Nationalsozialismus. Erinnerungen, Darstellungen, Dokumente und Reflexionen zum Tübinger Stift 1930 bis 1950, Stuttgart 1988, 215–29

14610 Klett, Werner: Die Gründungs- und Entwicklungsgeschichte des »Vereins Studentenwohl e. V.« von 1919 bis 1945, in: Wege und Formen der Studienförderung. (150 Jahre Rheinische Friedrich-Wilhelms-Universität zu Bonn 1818–1968), Bonn 1968, 23–35

14611 Kohler, Mathilde A.: »Irgendwie windet man sich durch, mit großem Unbehagen« Dienste und Einsätze der Studentinnen an der Universität Wien 1938–1945, in: Lerke Gravenhorst/Carmen Tatschmurat (Hg.), TöchterFragen: NS-Frauen-Geschichte, Freiburg i. Br. 1990, 237–52

14612 Kreutzberger, Wolfgang: Studenten und Politik 1918–1933. Der Fall Freiburg im Breisgau, Göttingen 1972; 239 S.

14613 Nuding, Albrecht: Lorenz Faber: Ein Stiftler verweigert den »Studenteneid«, in: Siegfried Hermle u. a. (Hg.), Im Dienst an Volk und Kirche. Theologiestudium im Nationalsozialismus. Erinnerungen, Darstellungen, Dokumente und Reflexionen zum Tübinger Stift 1930 bis 1950, Stuttgart 1988, 254–74

14614 Nuding, Albrecht: »... um der grundsätzlichen Bedeutung des Falles willen ...« Studieren im Nationalsozialismus am Beispiel des Stiftlers Lorenz Faber, in: Wolfgang Schöllkopf, Schwäbischer Olymp und württembergische Pfarrerschmiede. 450 Jahre Evangelisches Stift Tübingen 1536–1986. Katalog zur Ausstellung, Mitarb. Christoph Bäuerle u. a., Tübingen 1986, 97–103

14615 Pöppinghege, Rainer: Absage an die Republik. Das politische Verhalten der Studentenschaft der Westfälischen Wilhelms-Universität Münster 1918–1935, Münster 1994; 288 S.

14616 Pringsheim, Fritz: Die Haltung der Freiburger Studenten in den Jahren 1933–1935, in: Sammlung 15 (1960), 532–38

14617 Schröder, Christine: Der Alltag der weiblichen Studierenden an der Ludwigs-Universität in der Zeit des Nationalsozialismus, in: Frontabschnitt Hochschule. Die Gießener Universität im Nationalsozialismus, Mitarb. Hans-Jürgen Böhles u. a., 2. Aufl., Gießen 1983, 108–13 (zuerst 1982)

14618 Spitznagel, Peter: Studentenschaft und Nationalsozialismus in Würzburg 1927–1933, Diss. Würzburg 1974; VIII, 434 S.

14619 Spitznagel, Peter: Studentenschaft und Nationalsozialismus in Würzburg 1927–1936, in: 1582–1982. Studentenschaft und Korporationswesen an der Universität Würzburg, Hg. Institut für Hochschulkunde an der Universität Würzburg, Red. Rolf-Joachim Baum u. a., hg. zur 400-Jahrfeier der Alma Julia-Maximileanea, Würzburg 1982, 89–137

14620 Spitznagel, Peter: Studentenschaft und Nationalsozialismus in Würzburg 1927–1933, in: Peter Spitznagel/Geoffrey J. Giles Studentschaft und Nationalsozialismus in Würzburg 1927–1933. Der NSD-Studentenbund und der Geist der studentischen Korporationen. Vorträge, gehalten am 4. u. 5. Oktober 1975 in Würzburg anläßlich der Jahrestagung 1975 der Deutschen Gesellschaft für Hochschulkunde (DGFH), o.J. [Würzburg] o.J. [1974], 19 S. (getr. Zählung; Ms. vervielf.)

14621 Spuren der Ästhetik des Widerstands. Berliner Kunststudenten im Widerstand 1933–1945, Hg. Hochschule der Künste Berlin, Berlin 1984; 45 S.

A.3.19.4 Korporationen

Bibliographien

14622 Golücke, Friedhelm: Das Schrifttum des CV der katholischen deutschen bzw. österreichischen Studentenverbindungen 1844–1980. Eine Bibliographie, Würzburg 1982; XVI, 334 S.

Nachschlagewerke

14623 Gladen, Paulgerhard: Geschichte der studentischen Korporationsverbände, Bd. 1: Die schlagenden Verbände. Stand Pfingsten 1981, Bd. 2: Die nichtschlagenden Verbände und Nachträge zu Bd. 1. Stand Herbst 1985, Würzburg 1981–1985; 252, 270 S.

Darstellungen

14624 Bauer, Erich: Die Kameradschaften im Bereich des Kösener SC in den Jahren 1937–1945, in: EuJ 1 (1956), 5–40

14625 Feldkamp, Michael F.: Die Blutzeugen des KV [Kartellverband der katholischen Studentenvereine Deutschlands]. Kartellbrüder in Opposition zum Nationalsozialismus 1933–1945, Bonn 1984; 16 S.

14626 Finke, Lutz E.: Gestatte mir Hochachtungsschluck. Bundesdeutschlands korporierte Elite, Hamburg 1963, 81–113

14627 Giles, Geoffrey J.: Der NSD-Studentenbund und der Geist der studentischen Korporationen, in: Peter Spitznagel/Geoffrey J. Giles, Studentenschaft und Nationalsozialismus in Würzburg 1927–1933. Der NSD-Studentenbund und der Geist der studentischen Korporationen. Vorträge, gehalten am 4. u. 5. Oktober 1975 in Würzburg anläßlich der Jahrestagung 1975 der Deutschen Gesellschaft für Hochschulkunde (DGFH), o.J. [Würzburg] o.J. [1974], 21 S. (getr. Zählung; Ms. vervielf.)

14628 Giles, Geoffrey J.: Die Verbändepolitik des Nationalsozialistischen deutschen Studentenbundes, in: Christian Probst u.a. (Hg.), Darstellungen und Quellen zur Geschichte der deutschen Einheitsbewegung im neunzehnten und zwanzigsten Jahrhundert, hg. i.A. der Gesellschaft für burschenschaftliche Geschichtsforschung, Bd. 11, Heidelberg 1981, 97–157

14629 Gladen, Paulgerhard: Gaudeamus igitur. Die studentischen Verbindungen einst und jetzt, Mitarb. Ulrich Becker, 2., überarb. Aufl., München 1988, 45–51 (zuerst 1986)

14630 Golücke, Friedhelm (Hg.): Korporationen und Nationalsozialismus 1933–1945, Schernfeld o.J. [1989]; 268 S.

14631 Heither, Dietrich/Lemling, Michael: Die studentischen Verbindungen in der Weimarer Republik und ihr Verhältnis zum Faschismus, in: Ludwig Elm u.a. (Hg.), Füxe, Burschen, Alte Herren. Studentische Korporationen vom Wartburgfest bis heute, 2., unveränd. Aufl., Köln 1993 (zuerst 1992), 92–156

14632 Heither, Dietrich/Schäfer, Gerhard: Geschichte und Gegenwart der Burschenschaften, in: 1999 9 (1994), Nr. 2, 79–103

14633 Hoelke, Theodor: Unsere Korporationen nach 1933. Veränderungen in CC, LC und VC, Hg. Jürgen Setter, Gießen 1987; 273 S.

14634 Der Kampf der Katholischen Studentenverbände gegen den Nationalsozialismus. Aus einem Vortrag auf der 14. Deutschen Studentenhistorikertagung in Würzburg (Dr. H.), in: Unitas 94 (1983), Nr. 5, 7–11

14635 Neuenhoff, Gerhard: Die Auflösung des HKSV [Hoher Kösener Senioren-Convents-Verband] und VAC. (EuJ, 13, Beil.), Nürnberg 1968; 32 S.

14636 Schäfer, Gerhard: Fritz Hippler – Landsmannschafter in Braunhemd und Couleur, in: Ludwig Elm u. a. (Hg.), Füxe, Burschen, Alte Herren. Studentische Korporationen vom Wartburgfest bis heute, 2., unveränd. Aufl., Köln 1993 (zuerst 1992), 157–79

14637 Schäfer, Gerhard: Studentische Korporationen im Übergang von der Weimarer Republik zum deutschen Faschismus, in: 1999 3 (1988), Nr. 1, 104–29

14638 Schlömer, Hans: Die Gleichschaltung des KV [Kartellverband der katholischen Studentenvereine Deutschlands] im Frühjahr 1933, in: Friedhelm Golücke (Hg.), Korporationen und Nationalsozialismus, Schernfeld o. J. [1989], 13–71

14639 Sklorz, Norbert: Die »politische« Haltung der Academica 1918–1935. Ein Beitrag zur Geschichte des CV [Cartellverband der katholischen deutschen Studentenverbindungen] in der Weimarer Republik, Würzburg 1980; 63 S.

14640 Stitz, Peter: Der CV 1919–1938. Der hochschulpolitische Weg des Cartellverbandes der katholischen deutschen Studentenverbindungen (CV) vom Ende des 1. Weltkrieges bis zur Vernichtung durch den Nationalsozialismus, München 1970; 419 S.

14641 Ströle-Bühler, Heike: Studentischer Antisemitismus in der Weimarer Republik. Eine Analyse der Burschenschaftlichen Blätter 1918 bis 1933, Frankfurt u. a. 1991; 197 S.

14642 Ströle-Bühler, Heike: Studentischer Antisemitismus in der Weimarer Republik. Eine Analyse der Burschenschaftlichen Blätter 1918 bis 1933, in: Alexandra Kurth/Jürgen Schlicher (Hg.), Studentische Korporationen gestern und heute. Dokumentation der Konferenz »Das Wartburgfest 1817«. Historische Erfahrungen und gegenwärtige Herausforderungen für eine demokratische Hochschulpolitik, Marburg 1992, 38–45

14643 Warloski, Ronald: Neudeutschland. German Catholic Students, 1919–1939, The Hague 1970; XXVIII, 220 S.

14644 Weber, R. G. S.: The German Student Corps in the Third Reich, Basingstoke u. a. 1986; XI, 209 S.

14645 Widerstand und Verfolgung im CV [Cartellverband der katholischen deutschen Studentenverbindungen]. Die im Zweiten Weltkrieg gefallenen CVer (Zählbild). Eine Dokumentation, Hg. Gesellschaft für Studentengeschichte und studentisches Brauchtum, München 1983; 223 S.

Regional-/Lokalstudien

14646 Becher, Kurt: »Neudeutschland« im Erzbistum München und Freising. Schicksale katholischer studierender Jugend in der NS-Zeit, in: Georg Schwaiger (Hg.), Das Erzbistum München und Freising in der Zeit der nationalsozialistischen Herrschaft, Bd. 1, München/Zürich 1984, 784–852

14647 Bernhardi, Horst: Die Göttinger Burschenschaft 1933 bis 1945. Ein Beitrag zur studentischen Geschichte in der nationalsozialistischen Zeit, in: Paul Wentzcke (Hg.), Darstellungen und Quellen zur Geschichte der deutschen Einheitsbewegung im neunzehnten und zwanzigsten Jahrhundert, hg. i. A. der Gesellschaft für burschenschaftliche Geschichtsforschung, Bd. 1, Heidelberg 1957, 205–47

14648 Fritz, Herbert u. a.: Farben tragen, Farbe bekennen 1938–45. Katholische Korporierte in Widerstand und Verfolgung, Hg. Österreichischer Verein für Studentengeschichte, Wien 1988; 407 S.

14649 Gehler, Michael: Korporationsstudenten und Nationalsozialismus in Österreich, in: GG 20 (1994), 1–28

14650 Gehler, Michael: Männer im Lebensbund. Studentenvereine im 19. und 20.

Jahrhundert unter besonderer Berücksichtigung der österreichischen Entwicklung, in: ZG 21 (1994), 45–66

14651 Golücke, Friedhelm: Das Kameradschaftswesen in Würzburg von 1936 bis 1945, in: 1582–1982. Studentenschaft und Korporationswesen an der Universität Würzburg, Hg. Institut für Hochschulkunde an der Universität Würzburg, Red. Rolf-Joachim Baum u. a., hg. zur 400-Jahrfeier der Alma Julia-Maximileanea, Würzburg 1982, 139–96

14652 Heither, Dietrich u. a.: »Wegbereiter des Faschismus«. Aus der Geschichte des Marburger Vereins Deutscher Studenten, Hg. Geschichtswerkstatt Marburg/Allgemeiner Studierendenausschuß der Philipps-Universität Marburg, Marburg 1992; 86 S.**

14653 Rill, Robert: CV [Cartellverband der katholischen deutschen Studentenverbindungen] und Nationalsozialismus in Österreich, Wien u. a. 1987; 185 S.

14654 Schilling, Gerhard: Sie folgten der Stimme ihres Gewissens. Denkschrift über Mitglieder der zum Kartellverband katholischer deutscher Studentenvereine (KV) gehörenden Verbindung Rheno-Bavaria in München, die Blutzeugen gegen den nationalsozialistischen Unrechtsstaat wurden, Düsseldorf 1989; 82 S.

14655 Spitznagel, Peter: Die Machtergreifung der Nationalsozialisten an der Universität Würzburg und die Rolle der studentischen Korporationen, in: Christian Probst u. a. (Hg.), Darstellungen und Quellen zur Geschichte der deutschen Einheitsbewegung im neunzehnten und zwanzigsten Jahrhundert, hg. i. A. der Gesellschaft für burschenschaftliche Geschichtsforschung, Bd. 11, Heidelberg 1981, 159–93

A.3.19.5 Naturwissenschaften

A.3.19.5.1 Allgemeines

Literaturberichte

14656 Mehrtens, Herbert: Das »Dritte Reich« in der Naturwissenschaftsgeschichte: Literaturbericht und Problemskizze, in: Herbert Mehrtens/Steffen Richter (Hg.), Naturwissenschaft, Technik und NS-Ideologie. Beiträge zur Wissenschaftsgeschichte des Dritten Reiches, Frankfurt 1980, 15–87

Darstellungen

14657 Bowen, Robert: Universal Ice. Science and Ideology in the Nazi State, London 1993; XIV, 189 S.

14658 Brämer, Rainer (Hg.): Naturwissenschaft im NS-Staat, Marburg 1983; 179 S.*

14659 Brämer, Rainer: Heimliche Komplizen? Zur Rolle der Naturwissenschaften im Dritten Reich, in: APUZ, Nr. B 12/86, 22. 3. 1986, 15–30

14660 Brämer, Rainer: Heimliche Komplizen. Zur politischen Situation der Naturwissenschaften im NS-Staat, in: Rainer Brämer (Hg.), Naturwissenschaft im NS-Staat, Marburg 1983, 7–29

14661 Freise, Gerda: Autonomie und Anpassung. Das Selbstverständnis von Naturwissenschaftlern im Nationalsozialismus, in: Rainer Brämer (Hg.), Naturwissenschaft im NS-Staat, Marburg 1983, 31–58; abgedr. in: 1933 in Gesellschaft und Wissenschaft. Ringvorlesung im Wintersemester 1982/83 und Sommersemester 1983, Bd. 2: Wissenschaft, Hg. Universität Hamburg, Pressestelle, Hamburg 1983, 103–32 u. d. T.: Selbstverständnis [...]

14662 Hartmann, Frank: Wider Natur. Die Biologisierung sozialer Praxis im »naturwissenschaftlichen Monismus«, in: Harald

Welzer (Hg.), Nationalsozialismus und Moderne, Tübingen 1993, 150–65

14663 Hermann, Armin: Naturwissenschaft und Technik im Dienste der Kriegswirtschaft, in: Jörg Tröger (Hg.), Hochschule und Wissenschaft im Dritten Reich, 2. Aufl., Frankfurt/New York 1986, 157–67 (zuerst 1984)

14664 Mehrtens, Herbert: Entartete Wissenschaft? Naturwissenschaften und Nationalsozialismus, in: Leonore Siegele-Wenschkewitz/Gerda Stuchlik (Hg.), Hochschule und Nationalsozialismus. Wissenschaftsgeschichte und Wissenschaftsbetrieb als Thema der Zeitgeschichte, Frankfurt 1990, 113–28

14665 Mehrtens, Herbert: Naturwissenschaften und Nationalsozialismus, in: Steffen Harbordt (Hg.), Wissenschaft und Nationalsozialismus. Zur Stellung der Staatsrechtslehre, Staatsphilosophie, Psychologie, Naturwissenschaft und der Universität zum Nationalsozialismus. Eine Vortragsreihe des Fachbereichs Gesellschafts- und Planungswissenschaften der Technischen Universität Berlin im Wintersemester 1982/83, Berlin 1983, 101–14

14666 Mehrtens, Herbert/Richter, Steffen (Hg.): Naturwissenschaft, Technik und NS-Ideologie. Beiträge zur Wissenschaftsgeschichte des Dritten Reiches, Frankfurt 1980; 289 S.*

14667 Nagel, Brigitte: Die Welteislehre. Ihre Geschichte und ihre Rolle im »Dritten Reich«, Stuttgart 1991; 188 S.

14668 Quitzow, Wilhelm (Hg.): Naturwissenschaft und Ideologie, 2 Bde., Bad Salzdetfurth 1986; 38, 98 S.**

14669 Renneberg, Monika/Walker, Mark (Hg.): Science, Technology, and National Socialism, Cambridge 1994; XIX, 422 S.

14670 Stöhr, Martin (Hg.): Von der Verführbarkeit der Naturwissenschaft. Naturwissenschaft und Technik im Nationalsozialismus, Frankfurt 1984; 123 S.

Regional-/Lokalstudien

14671 Broda, Engelbert: Das Jahr 1938 und die Naturwissenschaft in Österreich, in: Wien 1938, Hg. Kommission Wien 1938, Wien 1978, 230–36

14672 Mehrtens, Herbert: Die Naturwissenschaften im Nationalsozialismus, in: Reinhard Rürup (Hg.), Wissenschaft und Gesellschaft. Beiträge zur Geschichte der TH/TU Berlin 1879–1979, Bd. 1, Berlin u. a. 1979, 427–43

14673 Renneberg, Monika: Zur Mathematisch-Naturwissenschaftlichen Fakultät der Hamburger Universität im »Dritten Reich«, in: Eckart Krause u.a. (Hg.), Hochschulalltag im »Dritten Reich«. Die Hamburger Universität 1933–1945, Bd. 3, Berlin/Hamburg 1991, 1051–74

A.3.19.5.2 Mathematik

Darstellungen

14674 Alles, Peter: Mathematik im Dritten Reich, Hg. Initiative für Abrüstung an der Technischen Hochschule Darmstadt, Darmstadt 1984; 61 S.

14675 Lindner, Helmut: »Deutsche« und »gegentypische« Mathematik. Zur Begründung einer »arteigenen« Mathematik im »Dritten Reich« durch Ludwig Bieberbach, in: Herbert Mehrtens/Steffen Richter (Hg.), Naturwissenschaft, Technik und NS-Ideologie. Beiträge zur Wissenschaftsgeschichte des Dritten Reiches, Frankfurt 1980, 88–115

14676 Mehrtens, Herbert: Mathematik als Wissenschaft und Schulfach im NS-Staat, in: Reinhard Dithmar (Hg.), Schule und Unterricht im Dritten Reich, Neuwied 1989, 205–16

14677 Mehrtens, Herbert: Angewandte Mathematik und Anwendungen der Mathematik im nationalsozialistischen Deutschland, in: GG 12 (1986), 317–47

14678 Pinl, Max/Furtmüller, Lux: Mathematicans under Hitler, in: LBY 18 (1973), 129–82

14679 Schlote, Karl-Heinz: Zur Entwicklung der Mathematik im Zeitraum 1917–1945, in: Günter Wendel (Hg.), Wissenschaft und Gesellschaft 1917–1945. Beiträge zur Wissenschaftsgeschichte, Berlin 1984, 49–66

Regional-/Lokalstudien

14680 Maas, Christoph: Das Mathematische Seminar der Hamburger Universität in der Zeit des Nationalsozialismus, in: Eckart Krause u. a. (Hg.), Hochschulalltag im »Dritten Reich«. Die Hamburger Universität 1933–1945, Bd. 3, Berlin/Hamburg 1991, 1075–95

14681 Schappacher, Norbert: Das Mathematische Institut der Universität Göttingen 1929–1950, in: Heinrich Becker u. a. (Hg.), Die Universität Göttingen unter dem Nationalsozialismus. Das verdrängte Kapitel ihrer 250jährigen Geschichte, München u. a. 1987, 345–73

A.3.19.5.3 Physik

Literaturberichte

14682 Bernstein, Jeremy: The Farm Hall Transcripts: The German Scientists and the Bomb, in: NYRB 39 (1992), Nr. 14, 47–53

Gedruckte Quellen

14683 Heisenberg, Werner: Deutsche und Jüdische Physik, Hg. Helmut Rechenberg, München 1992; 210 S.

14684 Hoffmann, Dieter (Hg.): Operation Epsilon. Die Farm Hall-Protokolle oder Die Angst der Alliierten vor der deutschen Atombombe, Berlin 1993; 380 S.

Darstellungen

14685 Adam, Konrad: Die siegreichen Verlierer. Was die Aufzeichnungen von Farm Hall über die Mentalität der deutschen Kernforscher verraten, in: FAZ, Nr. 187, 13. 8. 1992, 21

14686 Behnke, Thies: Arische Physik, in: Rainer Brämer (Hg.), Naturwissenschaft im NS-Staat, Marburg 1983, 75–87

14687 Beyerchen, Alan D.: Der Kampf um die Besetzung der Lehrstühle für Physik im NS-Staat, in: Manfred Heinemann (Hg.), Erziehung und Schulung im Dritten Reich, T. 2: Hochschule, Erwachsenenbildung, Stuttgart 1980, 77–86

14688 Beyerchen, Alan D.: The Physical Sciences, in: Henry Friedlander/Sybil Milton (Hg.), The Holocaust: Ideology, Bureaucracy, and Genocide. The San José Papers, Millwood, N. Y. 1980, 151–64

14689 Beyerchen, Alan D.: Wissenschaftler unter Hitler. Physiker im Dritten Reich, 2. Aufl., Frankfurt u. a. 1982; 253 S. (zuerst 1982; engl.: New Haven, Conn./London 1977)

14690 Cassidy, David C.: Uncertainty. The Life and Science of Werner Heisenberg, New York 1992; XII, 669 S.

14691 Dürr, Hans-Peter u. a.: Werner Heisenberg, München 1992; 123 S.

14692 Goldberg, Stanley/Powers, Thomas: Declassified Files Reopen »Nazi Bomb« Debate, in: BAS 48 (1992), Nr. 7, 32–40

14693 Haberditzl, Werner: Der Widerstand gegen die »Deutsche Physik« und andere faschistische Zerrbilder, in: Gerhard Harig (Hg.), Naturwissenschaft, Tradition, Fortschritt. (NTM, Beih.), Leipzig 1963, 320–26

14694 Heilbron, John L.: The Dilemma of an Upright Man: Max Planck as Spokesman for German Science, Berkeley, Ca. 1986; XIII, 238 S.

14695 Heisenberg, Elisabeth: Das politische Leben eines Unpolitischen. Erinnerungen an Werner Heisenberg, München/Zürich 1991; 202 S.

14696 Hermann, Armin: Die Atomprotokolle. Abhörmitschrift jetzt freigegeben: Was die deutschen Physiker wirklich wollten, in: BdW 29 (1992), 30–36

14697 Hoffmann, Dieter: Operation Epsilon. Die Geheimdienstakten über die Internierung der deutschen Atomphysiker im englischen Farm Hall sind geöffnet, in: PB 48 (1992), Nr. 12, 989–93

14698 Hoffmann, Klaus: Schuld und Verantwortung – Otto Hahn. Konflikte eines Wissenschaftlers, Berlin/Heidelberg 1993; VIII, 275 S.

14699 Jensen, Hermann: Warum Hitler die Bombe nicht baute. Eine neue These zum Gespräch zwischen Bohr und Heisenberg 1941 und den welthistorischen Folgen, in: Zeit, Jg. 47, Nr. 18, 24.4. 1992, 41 f. [vgl. Nr. 24, 5.6. 1992, 84]

14700 Kant, Horst: Werner Heisenberg und das Kaiser-Wilhelm-Institut für Physik in Berlin, in: Bodo Geyer u.a. (Hg.), Werner Heisenberg. Physiker und Philosoph. Verhandlungen der Konferenz »Werner Heisenberg als Physiker und Philosoph in Leipzig« vom 9.–12. Dezember 1991 an der Universität Leipzig, Heidelberg u.a. 1993, 152–58

14701 Kleinert, Andreas: Nationalistische und antisemitische Ressentiments von Wissenschaftlern gegen Einstein, in: Horst Nelkowski u.a. (Hg.), Einstein Symposium Berlin aus Anlaß der 100. Wiederkehr seines Geburtstages 25. bis 30. März 1979, Berlin u.a. 1979, 501–16

14702 Kleinert, Andreas: Von der Science allemande zur Deutschen Physik. Nationalismus und moderne Naturwissenschaft in Frankreich und Deutschland zwischen 1914 und 1940, in: Francia 6 (1978), 509–25

14703 Kleint, Christian/Wiemers, Gerald (Hg.): Werner Heisenberg in Leizig 1927–1942, Berlin 1993; 263 S.

14704 Macrakis, Kristie: Wissenschaftsförderung durch die Rockefeller-Stiftung im »Dritten Reich«. Die Entscheidung, das Kaiser-Wilhelm-Institut für Physik finanziell zu unterstützen (1934–39), in: GG 12 (1986), 348–79

14705 Ramsauer, Carl: Die Geschichte der Deutschen Physikalischen Gesellschaft in der Hitlerzeit, in: PB 3 (1947), 110–14

14706 Reichling, Michael: Biographie eines Unpolitischen. Werner Heisenberg im Dritten Reich, in: Rainer Brämer (Hg.), Naturwissenschaft im NS-Staat, Marburg 1983, 59–74

14707 Richter, Steffen: Forschungsförderung in Deutschland 1920–1936. Dargestellt am Beispiel der Notgemeinschaft der Deutschen Wissenschaft und ihrem Wirken für das Fach Physik, Düsseldorf 1972; 69 S.

14708 Richter, Steffen: Physik im Dritten Reich, in: JbTHD (1978/79), 103–13

14709 Richter, Steffen: Die »Deutsche Physik«, in: Herbert Mehrtens/Steffen Richter (Hg.), Naturwissenschaft, Technik und NS-Ideologie. Beiträge zur Wissenschaftsgeschichte des Dritten Reiches, Frankfurt 1980, 116–41

14710 Richter, Steffen: Physik und Gesellschaft. Einige äußere Einflüsse auf die Entwicklung der Physik in Deutschland 1850–1945, in: PB 33 (1977), 49–57

14711 Richter, Steffen: Die Kämpfe innerhalb der Physik in Deutschland nach dem ersten Weltkrieg, in: SA 57 (1973), 195–207

14712 Scherzer, Otto: Physik im totalitären Staat, in: Andreas Flitner (Hg.), Deutsches Geistesleben und Nationalsozialismus. Eine Vortragsreihe der Universität Tübingen, Tübingen 1965, 47–58

14713 Schlicker, Wolfgang: Physiker im faschistischen Deutschland. Zum Geschehen um eine naturwissenschaftliche Grundlagendisziplin seit 1933, in: JfG 27 (1983), 109–42

14714 Schöpf, Hans-Georg: Zur geistigen Situation der Physik zwischen den beiden

Weltkriegen, in: Günter Wendel (Hg.), Wissenschaft und Gesellschaft 1917–1945. Beiträge zur Wissenschaftsgeschichte, Berlin 1984, 67–78

14715 Walker, Mark: Physics and Propaganda: Werner Heisenbergs Foreign Lectures under National Socialism, in: HSPBS 22 (1992), 339–89

14716 Walker, Mark: National Socialism and German Physics, in: JCH 24 (1989), 63–89

14717 Walker, Mark: Selbstreflexionen deutscher Atomphysiker. Die Farm Hall-Protokolle und die Entstehung neuer Legenden um die »deutsche Atombombe«, in: VfZ 41 (1993), 519–42

14718 Wallach, Curt: Völkische Wissenschaft – Deutsche Physik, in: DR 69 (1946), 126–41

14719 Wittich, Dieter: Werner Heisenberg und die »Deutsche Physik«, in: Bodo Geyer u. a. (Hg.), Werner Heisenberg. Physiker und Philosoph. Verhandlungen der Konferenz »Werner Heisenberg als Physiker und Philosoph in Leipzig« vom 9.–12. Dezember 1991 an der Universität Leipzig, Heidelberg u. a. 1993, 133–40

Regional-/Lokalstudien

14720 Renneberg, Monika: Die Physik und die physikalischen Institute an der Hamburger Universität im »Dritten Reich«, in: Eckart Krause u. a. (Hg.), Hochschulalltag im »Dritten Reich«. Die Hamburger Universität 1933–1945, Bd. 3, Berlin/Hamburg 1991, 1097–118

14721 Rosenow, Ulf: Die Göttinger Physik unter dem Nationalsozialismus, in: Heinrich Becker u. a. (Hg.), Die Universität Göttingen unter dem Nationalsozialismus. Das verdrängte Kapitel ihrer 250jährigen Geschichte, München u. a. 1987, 374–409

14722 Tollmien, Cordula: Das Kaiser-Wilhelm-Institut für Strömungsforschung verbunden mit der Aerodynamischen Versuchsanstalt, in: Heinrich Becker u. a. (Hg.), Die Universität Göttingen unter dem Nationalsozialismus. Das verdrängte Kapitel ihrer 250jährigen Geschichte, München u. a. 1987, 464–88

A.3.19.5.4 Chemie

Darstellungen

14723 Bechstedt, Martin: »Gestalthafte Atomlehre« – Zur »Deutschen Chemie« im NS-Staat, in: Herbert Mehrtens/Steffen Richter (Hg.), Naturwissenschaft, Technik und NS-Ideologie. Beiträge zur Wissenschaftsgeschichte des Dritten Reiches, Frankfurt 1980, 142–65

14724 Freise, Gerda: Der Nobelpreisträger Prof. Dr. Heinrich Wieland: Zivilcourage in der Zeit des Nationalsozialismus, in: Rudolf Lill (Hg.), Hochverrat? Die »Weiße Rose« und ihr Umfeld, Mitarb. Michael Kißener, Konstanz 1993, 135–57

14726 Ramstätter, Heiner: Der deutsche Chemiker in Krieg und Frieden (1914–1945), in: Eberhard Schmauderer (Hg.), Der Chemiker im Wandel der Zeiten. Skizzen zur geschichtlichen Entwicklung des Berufsbildes, Weinheim 1973, 311–23

14727 Walter, Wolfgang: Otto Stern: Leistung und Schicksal, in: Eckart Krause u. a. (Hg.), Hochschulalltag im »Dritten Reich«. Die Hamburger Universität 1933–1945, Bd. 3, Berlin/Hamburg 1991, 1141–54

14728 Welsch, Fritz: Die Entwicklung der Chemie im Zeitraum 1917–1945, in: Günter Wendel (Hg.), Wissenschaft und Gesellschaft 1917–1945. Beiträge zur Wissenschaftsgeschichte, Berlin 1984, 79–96

Regional-/Lokalstudien

14729 Weyer, Jost: Das Fach Chemie an der Hamburger Universität im »Dritten Reich«, in: Eckart Krause u. a. (Hg.), Hochschulalltag im »Dritten Reich«. Die

Hamburger Universität 1933–1945, Bd. 3, Berlin/Hamburg 1991, 1119–40

A.3.19.5.5 Biologie

[vgl. A.3.17.4]

Darstellungen

14730 Bäumer, Änne: NS-Biologie, Stuttgart 1990; 219 S.

14731 Deichmann, Ute: Biologen unter Hitler. Vertreibung, Karrieren, Forschung, Frankfurt/New York 1992; 370 S.

14732 Kalikow, Theodora J.: Die ethologische Theorie von Konrad Lorenz: Erklärung und Ideologie, 1938 bis 1943, in: Herbert Mehrtens/Steffen Richter (Hg.), Naturwissenschaft, Technik und NS-Ideologie. Beiträge zur Wissenschaftsgeschichte des Dritten Reiches, Frankfurt 1980, 189–214

14733 Kirchner, Walter: Ursprünge und Konsequenzen rassistischer Biologie, in: Jörg Tröger (Hg.), Hochschule und Wissenschaft im Dritten Reich, 2. Aufl., Frankfurt/New York 1986, 77–91 (zuerst 1984)

14734 Lehmann, Ernst: Irrweg der Biologie, Stuttgart 1946; 93 S.

14735 Melchers, Georg: Biologie und Nationalsozialismus, in: Andreas Flitner (Hg.), Deutsches Geistesleben und Nationalsozialismus. Eine Vortragsreihe der Universität Tübingen, Tübingen 1965, 59–72

14736 Moghareh-Abed, Hamid: Rassenhygiene/Eugenik. Ideologisches Prädispositiv und Handlungsmotivation zum Genozid, in: Wolfgang Michalka (Hg.), Der Zweite Weltkrieg. Analysen, Grundzüge, Forschungsbilanz, München/Zürich 1989, 798–813

14737 Pätzold, Kurt: Professor Dr. med. et phil. Walter Arndt – Opfer des exzessiven faschistischen Terrors 1944, in: WMHGDDR 13 (1985), Nr. 1–2, 128–35

14738 Peters, Günther: Walter Arndt, ein Opfer des faschistischen Gesinnungsterrors, in: Willi Göber/Friedrich Herneck (Hg.), Forschen und Wirken. Festschrift zur 150-Jahr-Feier der Humboldt-Universität zu Berlin 1810–1960, Bd. 1: Beiträge zur wissenschaftlichen und politischen Entwicklung der Universität, Bearb. Erich Buchholz/Karl Heinig, hg. i. A. von Rektor und Senat, Berlin (O) 1960, 595–603

14739 Zirnstein, Gottfried: Grundzüge der Entwicklung der Biologie im Zeitraum zwischen 1917 und 1945, in: Günter Wendel (Hg.), Wissenschaft und Gesellschaft 1917–1945. Beiträge zur Wissenschaftsgeschichte, Berlin 1984, 133–51

14740 Zmarzlik, Hans-Günter: Politische Biologie im Dritten Reich (1966), in: Hans-Günter Zmarzlik, Wieviel Zukunft hat unsere Vergangenheit? München 1970, 86–103

Regional-/Lokalstudien

14741 Hünemörder, Christian: Biologie und Rassenbiologie in Hamburg 1933 bis 1945, in: Eckart Krause u.a. (Hg.), Hochschulalltag im »Dritten Reich«. Die Hamburger Universität 1933–1945, Bd. 3, Berlin/Hamburg 1991, 1155–96

A.3.19.6 Geistes- und Sozialwissenschaften

A.3.19.6.1 Allgemeines

Darstellungen

14742 Klingemann, Carsten: Die deutschen Sozialwissenschaften zwischen den beiden Weltkriegen. Mythos und Realität von Kontinuitätsbrüchen, in: Gerhard Göhler/Bodo Zeuner (Hg.), Kontinuitäten und Brüche in der deutschen Politikwissenschaft, Baden-Baden 1991, 23–40

Regional-/Lokalstudien

14743 Borowsky, Peter: Die Philosophische Fakultät 1933 bis 1945, in: Eckart Krause u.a. (Hg.), Hochschulalltag im »Dritten Reich«. Die Hamburger Universität 1933–1945, Bd. 2, Berlin/Hamburg 1991, 441–58

A.3.19.6.2 Philosophie

Bibliographien

14744 Lübbe, Hermann: Bibliographie der Heidegger-Literatur, 1917–1955, Meisenheim a.Gl. 1957; 52 S.

14745 Schneeberger, Guido: Ergänzungen zu einer Heidegger-Bibliographie, Bern 1960; 27 S.

Literaturberichte

14746 Rippel, Philipp: Martin Heidegger und der Nationalsozialismus. (Sammelbesprechung), in: PVS 31 (1991), 123–29

Nachschlagewerke

14747 Nida-Rümelin, Julian (Hg.): Philosophie der Gegenwart in Einzeldarstellungen von Adorno bis Wright, Stuttgart 1991; 659 S.

Gedruckte Quellen

14748 Heidegger, Martin: Die Selbstbehauptung der deutschen Universität. Rede, gehalten bei der feierlichen Übernahme des Rektorats der Universität Freiburg i. Br. am 27.5.1933 (durchges. Neuaufl. des Druckes Breslau 1933). Das Rektorat 1933/34. Tatsachen und Gedanken [1945], Frankfurt 1983; 43 S.

14749 Heidegger, Martin/Jaspers, Karl: Briefwechsel 1920–1963, Hg. Walter Biemel/Hans Saner, Frankfurt 1990; 299 S.

14750 Schneeberger, Guido: Nachlese zu Heidegger. Dokumente zu seinem Leben und Denken, Bern 1962; XVI, 288 S.

Darstellungen

14751 Aeschbacher, Urs: Faschismus und Begeisterung. Psychologische Neuvermessungen eines Jahrhunderttraumas, Essen 1992; 173 S.

14752 Altwegg, Jürgen (Hg.): Die Heidegger-Kontroverse, Frankfurt 1988; 249 S.

14753 Bernrath, Klaus: »Wer groß denkt, muß groß irren.« Martin Heidegger und der Nationalsozialismus, in: SZ, Jg. 44, Nr. 24, 30./31.1.1988, XXIf.; Nr. 30, 6./7.2.1988, X

14754 Bourdieu, Pierre: Die politische Ontologie Martin Heideggers, Anhang »Heidegger der Unumgängliche« Jean Bollack/Heinz Wismann, Frankfurt 1976; 121 S. (franz.: 1975)

14755 Brede, Werner: Institutionen von rechts gesehen: Arnold Gehlen, in: Karl Corino (Hg.), Intellektuelle im Bann des Nationalsozialismus, Hamburg 1980, 95–106

14756 Brown, Kathryn: Language, Modernity, and Fascism. Heidegger's Doubling of Myth, in: John Milfull (Hg.), The Attractions of Fascism. Social Psychology and Aesthetics of the »Triumph of the Right«, New York u.a. 1990, 137–54

14757 Clemens, Gabriele: Oswald Spengler. Konservativer Denker zwischen Kaiserreich und Diktatur, München 1988; 304 S.

14758 Demandt, Alexander/Farrenkopf, John (Hg.): Der Fall Spengler. Eine kritische Bilanz, Köln u.a. 1994; VIII, 200 S.

14759 Ebeling, Hans: Martin Heidegger. Philosophie und Ideologie, 2., erw. Aufl., Würzburg 1992; 102 S. (zuerst Reinbek 1991)

14760 Farias, Victor: Heidegger und der Nationalsozialismus, Vorwort Jürgen Habermas, Frankfurt 1988; 439 S. (franz.: Paris 1987)

14761 Fischer, Klaus P.: History and Prophecy. Oswald Spengler and the Decline of the West, New York u. a. 1989; (IX), 291 S.

14762 Gröbl-Steinbach, Evelyn: Der Arbeiter als Titan. Der Übergang der Lebensphilosophie zum Faschismus am Beispiel Ernst Jüngers, in: Rudolf G. Ardelt/Hans Hautmann (Hg.), Arbeiterschaft und Nationalsozialismus in Österreich. In memoriam Karl R. Stadler, Wien/Zürich 1990, 389–402

14763 Guzzoni, Ute: Bemerkungen zu Heidegger 1933, in: FUB 25 (1986), Nr. 92, 75–80

14764 Haug, Wolfgang F. (Hg.): Deutsche Philosophen 1933. (Ideologische Mächte im deutschen Faschismus, 3), Hamburg 1989; 261 S.

14765 Hollerbach, Alexander: Im Schatten des Jahres 1933: Erik Wolf und Martin Heidegger, in: FUB 25 (1986), Nr. 92, 33–47

14766 Kemper, Peter (Hg.): Martin Heidegger – Faszination und Erschrecken. Die politische Dimension einer Philosophie, Frankfurt/New York 1990; 208 S.

14767 Korotin, Ilse E. (Hg.): »Die besten Geister der Nation«. Philosophie und Nationalsozialismus, Vorwort Kurt R. Fischer, Wien 1994; ca. 288 S.

14768 Krockow, Christian Graf von: Die Entscheidung. Eine Untersuchung über Ernst Jünger, Carl Schmitt, Martin Heidegger, 2. Aufl., Frankfurt 1990; 170 S. (zuerst Stuttgart 1953)

14769 Laugstien, Thomas: Philosophieverhältnisse im deutschen Faschismus, Hamburg 1990; 225 S.

14770 Leaman, George: Heidegger im Kontext. Gesamtüberblick zum NS-Engagement der NS-Philosophen. (Ideologische Mächte im deutschen Faschismus, 5), Hamburg/Berlin 1993; 161 S.

14771 Leske, Monika: Philosophen im »Dritten Reich«. Studien zu Hochschul- und Philosophiebetrieb im faschistischen Deutschland, Berlin (O) 1990; 318 S.

14772 Leske, Monika: Zur Stellung und Bedeutung der Naziphilosophie im »Dritten Reich«, in: DZP 31 (1983), 1293–1303

14773 Lieber, Hans-Joachim: Die deutsche Lebensphilosophie und ihre Folgen, in: Nationalsozialismus und die deutsche Universität. (Universitätstage 1966), Hg. Freie Universität Berlin, Berlin 1966, 92–108

14774 Lukács, Georg: Präfaschistische und faschistische Lebensphilosophie ([Dietrich] Klagges, [Ernst] Jünger, [Alfred] Baeumler, [Max H.] Boehm, [Ernst] Krieck, [Alfred] Rosenberg), in: Georg Lukács Die Zerstörung der Vernunft, 2. Aufl., Darmstadt/Neuwied 1974, 458–73 (zuerst Berlin 1954; TB Neuwied 1983)

14775 Lyotard, Jean-François: Heidegger und »die Juden«, Hg. Peter Engelmann, Wien 1988; 116 S. (franz.: Paris 1988)

14776 Martin, Bernd (Hg.): Martin Heidegger und das »Dritte Reich«. Ein Kompendium, Darmstadt 1989; VII, 235 S.

14777 Martin, Bernd: Die Universität Freiburg im Breisgau im Jahre 1933. Eine Nachlese zu Heideggers Rektorat, in: ZGO 136 (N. F. 97) (1988), 445–77

14778 Martin, Bernd: Heidegger und die Reform der deutschen Universität 1933, in: FUB 25 (1986), Nr. 92, 49–69

14779 Martin, Bernd/Schramm, Gottfried: Ein Gespräch mit Max Müller [über Martin Heidegger], in: FUB 25 (1986), Nr. 92, 13–31

14780 Martin Heidegger. Ein Philosoph und die Politik. (FUB, Jg. 25, Nr. 92), Red. Gottfried Schramm u. a., hg. i. A. des Rektors der Albert-Ludwigs-Universität Freiburg, Freiburg i.Br. 1986; 116 S.*

14781 Moehling, Karl A.: Martin Heidegger and the Nazi Party: An Examination, Diss. Northern Illinois University 1972; 298 S. (Ms.)

14782 Moehling, Karl A.: Heidegger and the Nazis, in: Thomas Sheehan (Hg.), Heidegger. The Man and the Thinker, Chicago, Ill. 1981, 31–43

14783 Möller, Horst: Oswald Spengler – Geschichte im Dienst der Zeitkritik, in: Peter C. Ludz (Hg.), Spengler heute. 6 Essays, München 1980, 49–73

14784 Naeher, Jürgen: Oswald Spengler. Mit Selbstzeugnissen und Bilddokumenten dargestellt, Reinbek 1984; 157 S.**

14785 Nolte, Ernst: Martin Heidegger. Politik und Geschichte in Leben und Denken, Berlin 1992; 330 S.

14786 Nolte, Ernst: Ein Höhepunkt der Heidegger-Kritik? Victor Farias' Buch »Heidegger et le Nazisme«, in: HZ 247 (1988), 95–114

14787 Orozco, Teresa: Die Männlichkeit der Philosophie und der deutsche Faschismus, in: Astrid Deuber-Mankowsky/Ursula Konnertz (Hg.), Weimarer Republik und Faschismus. Eine feministische Auseinandersetzung. (Die Philosophin, Jg. 2, Nr. 3), Tübingen 1991, 9–25

14788 Ott, Hugo: Martin Heidegger. Unterwegs zu seiner Biographie, 2., durchges. u. mit e. Nachwort versehen. Aufl., Frankfurt/New York 1992; 366 S. (zuerst 1988)

14789 Ott, Hugo: Martin Heidegger als Rektor der Universität Freiburg 1933/34, in: ZGO 132 (N.F. 93) (1984), 343–58 (zuerst in: Schau-ins-Land 102/1983, 121–36; 103/1984, 107–30)

14790 Patri, Aimé: Un exemple d'engagement: Martin Heidegger et le nazisme, in: CS 6 (1962), Nr. 1, 37–42

14791 Penzo, Giorgio: Zur Frage der »Entnazifizierung« Friedrich Nietzsches, in: VfZ 34 (1986), 105–16

14792 Philosophie im deutschen Faschismus. (Widerspruch, Jg. 7, H. 13), Hg. Münchner Gesellschaft für Dialektische Philosophie, 1. u. 2. Aufl., München 1987; 123 S.

14793 Pöggeler, Otto: Philosophie und Nationalsozialismus – am Beispiel Heideggers, Opladen 1990; 37 S.

14794 Rockmore, Tom: On Heidegger's Nazism and Philosophy, Berkeley, Ca. 1992; XI, 382 S.

14795 Rottleuthner, Hubert: Leviathan oder Behemoth? Zur Hobbes-Rezeption im Nationalsozialismus – und ihrer Neuauflage, in: Steffen Harbordt (Hg.), Wissenschaft und Nationalsozialismus. Zur Stellung der Staatsrechtslehre, Staatsphilosophie, Psychologie, Naturwissenschaft und der Universität zum Nationalsozialismus. Eine Vortragsreihe des Fachbereichs Gesellschafts- und Planungswissenschaften der Technischen Universität Berlin im Wintersemester 1982/83, Berlin 1983, 54–81

14796 Safranski, Rüdiger: Ein Meister aus Deutschland. Heidegger und seine Zeit, München 1994; 544 S.

14797 Schmidt, Gerhart: Heideggers philosophische Politik, in: FUB 25 (1986), Nr. 92, 83–90

14798 Schneller, Martin: Zwischen Romantik und Faschismus. Der Beitrag Othmar Spanns zum Konservatismus in der Weimarer Republik, Stuttgart 1970; 225 S.

14799 Sheehan, Thomas (Hg.): Heidegger. The Man and the Thinker, Chicago, Ill. 1981; 347 S.

14800 Siegfried, Klaus-Jörg: Universalismus und Faschismus. Das Gesellschaftsbild Othmar Spanns, Wien 1974; 289 S.

14801 Spranger, Eduard: Mein Konflikt mit der nationalsozialistischen Regierung 1933, in: Universitas 10 (1955), 457–73

14802 Stutz, Ernst: Oswald Spengler als politischer Denker, Bern 1958; 279 S.

14803 Vietta, Silvio: Heideggers Kritik am Nationalsozialismus und an der Technik, Tübingen 1989; 105 S.

14804 Vollnhals, Clemens: Oswald Spengler und der Nationalsozialismus. Das Dilemma eines konservativen Revolutionärs, in: JIdG 13 (1984), 263–303

14805 Watson, James R.: Why Heidegger Wasn't Shocked by the Holocaust: Philosophy and its Defense System, in: HEI 14 (1992), 545–56

14806 Wimmer, Franz M.: Rassismus und Kulturphilosophie, in: Gernot Heiß u. a. (Hg.), Willfährige Wissenschaft. Die Universität Wien 1938–1945, Wien 1989, 89–114

14807 Wolin, Richard: The Politics of Being. The Political Thought of Martin Heidegger, Irvington, N. Y. 1990; 280 S.

14808 Wyschgorod, Edith: Spirit in the Ashes: Hegel, Heidegger, and Man-made Mass Death, New Haven, Conn./London 1985; XVI, 247 S.**

14809 Zimmermann, Hans D.: Die Höhen der Philosophie und die Niederungen des Lebens: Ernst Bloch und Martin Heidegger, in: Hans D. Zimmermann, Der Wahnsinn des Jahrhunderts. Die Verantwortung der Schriftsteller in der Politik. Überlegungen zu Johannes R. Becher [...] und anderen, Stuttgart u. a. 1992, 139–45

Regional-/Lokalstudien

14810 Dahms, Hans-Joachim: Aufstieg und Ende der Lebensphilosophie: Das Philosophische Seminar der Universität Göttingen zwischen 1917 und 1950, in: Heinrich Becker u. a. (Hg.), Die Universität Göttingen unter dem Nationalsozialismus. Das verdrängte Kapitel ihrer 250jährigen Geschichte, München u. a. 1987, 169–99

14811 Schorcht, Claudia: Philosophie an den bayerischen Universitäten 1933–1945, Erlangen 1990; 470 S.

A.3.19.6.3 Germanistik

[vgl. A.3.8.5; A.3.19.7.2: H. Naumann; A.3.20.4]

Darstellungen

14812 Briegleb, Klaus: Deutschwissenschaft 1933, in: 1933 in Gesellschaft und Wissenschaft. Ringvorlesung im Wintersemester 1982/83 und Sommersemester 1983, Bd. 2: Wissenschaft, Hg. Universität Hamburg, Pressestelle, Hamburg 1983, 73–102

14813 Conrady, Karl O.: Deutsche Literaturwissenschaft und Drittes Reich, in: Eberhard Lämmert u. a., Germanistik – eine deutsche Wissenschaft, 3. Aufl., Frankfurt 1968, 71–109 (zuerst 1967)

14814 Dahle, Wendula: Der Einsatz einer Wissenschaft. Eine sprachinhaltliche Analyse militärischer Terminologie in der Germanistik 1933–1945, Bonn 1969; 309 S.

14815 Fischer, Jens M.: »Zwischen uns und Weimar liegt Buchenwald«. Germanisten im Dritten Reich, in: Rainer Geißler/Wolfgang Popp (Hg.), Wissenschaft und Nationalsozialismus. Eine Ringvorlesung an der Universität-Gesamthochschule-Siegen, Essen 1988, 137–58 (zuerst in: Merkur 41/1987, 12–25)

14816 Gilman, Sander L. (Hg.): NS-Sprachtheorie. Eine Dokumentation, Einleitung Cornelius Schnauber, Frankfurt 1971; XXII, 264 S.

14817 Jacob, Hans: An ihrer Sprache sollt ihr sie erkennen. Die Gleichschaltung der deutschen Sprache, in: Wort 3 (1938), 81–86 (ND Zürich 1969)

14818 Köstlin, Konrad: Niederdeutsch und Nationalsozialismus. Bemerkungen zur Geschichte einer Beziehung, in: Kay Dohnke u. a. (Hg.), Niederdeutsch im Nationalsozialismus. Studien zur Rolle regionaler Kultur im Faschismus, Hildesheim u. a. 1994, 36–58

14819 Lämmert, Eberhard u. a. (Hg.): Germanistik – eine deutsche Wissenschaft, 3. Aufl., Frankfurt 1968; 165 S. (zuerst 1967)*

14820 Lämmert, Eberhard: Germanistik – eine deutsche Wissenschaft, in: Nationalsozialismus und die deutsche Universität. (Universitätstage 1966), Hg. Freie Universität Berlin, Berlin 1966, 76–91; abgedr. in: Eberhard Lämmert u. a., Germanistik – eine deutsche Wissenschaft, 3. Aufl., Frankfurt 1968, 7–41 (zuerst 1967)

14821 Maas, Utz: Die sprachwissenschaftliche Beschäftigung mit dem Niederdeutschen zur Zeit des Nationalsozialismus. Betrachtet im Zusammenhang der professionellen Entwicklung der »Niederdeutschen Philologie«, in: Kay Dohnke u. a. (Hg.), Niederdeutsch im Nationalsozialismus. Studien zur Rolle regionaler Kultur im Faschismus, Hildesheim u. a. 1994, 262–82

14822 Oellers, Norbert: Dichtung und Volkstum. Der Fall der Literaturwissenschaft, in: Beda Allemann (Hg.), Literatur und Germanistik nach der »Machtübernahme«. Colloquium zur 50. Wiederkehr des 30. Januar 1933, Bonn 1983, 232–54

14823 Polenz, Peter von: Sprachpurismus und Nationalsozialismus. Die »Fremdwort«-Frage gestern und heute, in: Eberhard Lämmert u. a., Germanistik – eine deutsche Wissenschaft, 3. Aufl., Frankfurt 1968, 111–65 (zuerst 1967)

14824 Römer, Ruth: Sprachwissenschaft und Rassenideologie in Deutschland, München 1985; 238 S.

14825 Römer, Ruth: Der Germanenmythos in der Germanistik der dreißiger Jahre, in: Beda Allemann (Hg.), Literatur und Germanistik nach der »Machtübernahme«. Colloquium zur 50. Wiederkehr des 30. Januar 1933, Bonn 1983, 216–31

14826 Röther, Kurt: Die Germanistenverbände und ihre Tagungen. Ein Beitrag zur germanistischen Organisations- und Wissenschaftsgeschichte, Köln 1980, 253–307, 437–46

14827 Sauder, Gerhard: Akademischer »Frühlingssturm«. Germanisten als Redner bei der Bücherverbrennung, in: Ulrich Walberer (Hg.), 10. Mai 1933. Bücherverbrennung in Deutschland und die Folgen, Frankfurt 1983, 140–59

14828 Schümer, Dieter: Franz Thierfelder und »Deutsch für Ausländer«: Kontinuität und Neuorientierung seit 1932, in: Gerd Simon (Hg.), Sprachwissenschaft und politisches Engagement. Zur Problem- und Sozialgeschichte einiger sprachtheoretischer, sprachdidaktischer und sprachpflegerischer Ansätze in der Germanistik des 19. und 20. Jahrhunderts, Weinheim/Basel 1979, 207–29

14829 See, Klaus von: Deutsche Germanen-Ideologie. Vom Humanismus bis zur Gegenwart, Frankfurt 1970; 105 S.

14830 Simon, Gerd: Sprachwissenschaft im III. Reich. Ein erster Überblick, in: Franz Januschek (Hg.), Politische Sprachwissenschaft. Zur Analyse von Sprache und kultureller Praxis, Opladen 1985, 97–141

14831 Simon, Gerd: Materialien über den »Widerstand« in der deutschen Sprachwissenschaft des Dritten Reiches. Der Fall Georg Schmidt-Rohr, in: Gerd Simon (Hg.), Sprachwissenschaft und politisches Engagement. Zur Problem- und Sozialgeschichte einiger sprachtheoretischer, sprachdidaktischer und sprachpflegerischer Ansätze in der Germanistik des 19. und 20. Jahrhunderts, Weinheim/Basel 1979, 153–206

14832 Simon, Gerd: Zündschnur zum Sprengstoff. Leo Weisgerbers keltologische Forschungen und seine Tätigkeit als Zensuroffizier in Rennes während des 2. Weltkriegs, in: LB 14 (1982), Nr. 79, 30–52

14833 Simon, Gerd: Die Sprachsoziologische Abteilung der SS, in: Wilfried Kürschner/Rüdiger Vogt (Hg.), Sprachtheorie, Pragmatik, Interdisziplinäres. Akten des 19. Linguistischen Kolloquiums Vechta 1984, Bd. 2, Tübingen 1985, 375–96

14834 Voßkamp, Wilhelm: Kontinuität und Diskontinuität. Zur deutschen Literaturwissenschaft im Dritten Reich, in: Peter Lundgreen (Hg.), Wissenschaft im Dritten Reich, Frankfurt 1985, 140–62

14835 Vondung, Klaus: Völkisch-nationale und nationalsozialistische Literaturtheorie, München 1973; 247 S.

14836 Wigger, Arndt: Sprachwissenschaft und Faschismus, in: OBS 8 (1983), Nr. 21, 105–19

14837 Wirrer, Jan: »Die Rassenseele ist des Volkes Sprache.« Sprache, Standarddeutsch, Niederdeutsch. Zum Sprachbegriff in der Diskussion um das Niederdeutsche während der nationalsozialistischen Diktatur, in: Kay Dohnke u. a. (Hg.), Niederdeutsch im Nationalsozialismus. Studien zur Rolle regionaler Kultur im Faschismus, Hildesheim u. a. 1994, 207–61

14838 Wirrer, Jan: Sprachlicher Regionalismus, sprachlicher Separatismus, sprachlicher Partikularismus – eine Kontroverse aus dem Jahre 1938, in: Edith Slembek (Hg.), Von Lauten und Leuten. Festschrift für Peter Martens zum 70. Geburtstag, Frankfurt 1989, 207–16

14839 Wirrer, Jan: Niederdeutsch im Nationalsozialismus, in: NDJ 110 (1987), 24–58

14840 Ziegler, Klaus: Deutsche Sprach- und Literaturwissenschaft im Dritten Reich, in: Andreas Flitner (Hg.), Deutsches Geistesleben und Nationalsozialismus. Eine Vortragsreihe der Universität Tübingen, Tübingen 1965, 144–59

Regional-/Lokalstudien

14841 Bachofer, Wolfgang/Beck, Wolfgang: Deutsche und niederdeutsche Philologie. Das Germanistische Seminar zwischen 1933 bis 1945, in: Eckart Krause u. a. (Hg.), Hochschulalltag im »Dritten Reich«. Die Hamburger Universität 1933–1945, Bd. 2, Berlin/Hamburg 1991, 641–703

14842 Beck, Wolfgang/Krogoll, Johannes: Literaturwissenschaft im »Dritten Reich«. Das Literaturwissenschaftliche Seminar zwischen 1933 bis 1945, in: Eckart Krause u. a. (Hg.), Hochschulalltag im »Dritten Reich«. Die Hamburger Universität 1933–1945, Bd. 2, Berlin/Hamburg 1991, 705–35

14843 Conrady, Karl O.: Völkisch-nationale Germanistik in Köln. Eine unfestliche Erinnerung, Schernfeld 1990; 78 S.

14844 Herrmann, Hans P.: Germanistik – auch in Freiburg eine »Deutsche Wissenschaft«?, in: Eckhard John u. a. (Hg.), Die Freiburger Universität in der Zeit des Nationalsozialismus, Freiburg/Würzburg 1991, 115–50

14845 Hunger, Ulrich: Germanistik zwischen Geistesgeschichte und »völkischer Wissenschaft«: Das Seminar für deutsche Philologie im Dritten Reich, in: Heinrich Becker u. a. (Hg.), Die Universität Göttingen unter dem Nationalsozialismus. Das verdrängte Kapitel ihrer 250jährigen Geschichte, München u. a. 1987, 272–97

14846 Meissl, Sebastian: Wiener Ostmark-Germanistik, in: Gernot Heiß u. a. (Hg.), Willfährige Wissenschaft. Die Universität Wien 1938–1945, Wien 1989, 133–54

A.3.19.6.4 Anglistik

Darstellungen

14847 Finkenstaedt, Thomas: Kleine Geschichte der Anglistik in Deutschland, Darmstadt 1983, 161–68, 293 f.

14848 Habicht, Werner: Shakespeare and the Third Reich, in: Manfred Pfister (Hg.), Anglistentag 1984, Passau. Vorträge, Gießen 1985, 194–204

14849 Klein, Jürgen: Die Auseinandersetzung der britischen Schriftsteller 1933–1945 mit dem Dritten Reich, in: Rainer Geißler/Wolfgang Popp (Hg.), Wissenschaft und Nationalsozialismus. Eine Ringvorlesung an der Universität-Gesamthochschule Siegen, Essen 1988, 103–36

14850 Ledebur, Ruth Freifrau von: Der Deutsche Geist und Shakespeare: Anmerkungen zur Shakespeare-Rezeption 1933–1945, in: Rainer Geißler/Wolfgang Popp (Hg.), Wissenschaft und Nationalsozialismus. Eine Ringvorlesung an der Universität-Gesamthochschule Siegen, Essen 1988, 197–226

Regional-/Lokalstudien

14851 Lütjen, Hans P.: Das Seminar für Englische Sprache und Kultur 1933 bis 1945, in: Eckart Krause u. a. (Hg.), Hochschulalltag im »Dritten Reich«. Die Hamburger Universität 1933–1945, Bd. 2, Berlin/Hamburg 1991, 737–56

A.3.19.6.5 Romanistik

Darstellungen

14852 Christmann, Hans H./Hausmann, Frank-Rutger (Hg.): Deutsche und österreichische Romanisten als Verfolgte des Nationalsozialismus. Mit einer bio-bibliographischen Dokumentation der verfolgten Romanisten, Mitarb. Manfred Briegel, Tübingen 1989; VIII, 333 S.

14853 Jehle, Peter: Unterstützung der »Neuordnung Europas«. Anmerkungen zur Geschichte der Romanistik im deutschen Faschismus, in: FW 10 (1993), Nr. 2, 32–35

14854 Kramer, Johannes: Die Romanische Sprachwissenschaft im Dritten Reich, in: Rainer Geißler/Wolfgang Popp (Hg.), Wissenschaft und Nationalsozialismus. Eine Ringvorlesung an der Universität-Gesamthochschule Siegen, Essen 1988, 63–78

Regional-/Lokalstudien

14855 Settekorn, Wolfgang: Romanistik an der Hamburger Universität. Untersuchungen zu ihrer Geschichte von 1933 bis 1945, in: Eckart Krause u. a. (Hg.), Hochschulalltag im »Dritten Reich«. Die Hamburger Universität 1933–1945, Bd. 2, Berlin/Hamburg 1991, 757–74

A.3.19.6.6 Geschichts- und Altertumswissenschaften

[vgl. A.1.9.2: W. Frank]

Bibliographien

14856 Holtzmann, Walther/Ritter, Gerhard (Hg.): Die deutsche Geschichtswissenschaft im Zweiten Weltkrieg. Bibliographie des historischen Schrifttums deutscher Autoren 1939–1945, hg. i. A. des Verbandes der Historiker Deutschlands und der Monumenta Germanica Historica, Marburg 1951; XI, 149, 512 S.

Literaturberichte

14857 Schröder, Rainer: Belastetes Denken. Neuerscheinungen zu Heinrich Mitteis und Claudius Freiherr von Schwerin, in: IC 20 (1993), 265–72

Nachschlagewerke

14858 Bruch, Rüdiger vom/Müller, Rainer A. (Hg.): Historikerlexikon. Von der Antike bis zum 20. Jahrhundert, München 1991; 379 S.

14859 Weber, Wolfgang: Biographisches Lexikon zur Geschichtswissenschaft in Deutschland, Österreich und der Schweiz. Die Lehrstuhlinhaber für Geschichte von den Anfängen des Fachs bis 1970, 2., durchges. u. erg. Aufl., Frankfurt u. a. 1987; XIV, 697 S. (zuerst 1984)

Gedruckte Quellen

14860 Kaehler, Siegfried A.: Briefe 1900 bis 1963, Hg. Walter Bußmann, Mitarb. Joachim Stemmler, Boppard 1993; 500 S.

14861 Kämmerer, Jürgen (Hg.): Heinrich Ritter von Srbik. Die wissenschaftliche Korrespondenz des Historikers 1912–1945, Boppard 1988, 389–565

14862 Roth, Karl H. (Bearb.): Eine höhere Form des Plünderns. Der Abschlußbericht der »Gruppe Archivwesen« der deutschen

Militärverwaltung in Frankreich 1940–1944, in: 1999 4 (1989), Nr. 2, 79–112

14863 Schwabe, Klaus/Reichardt, Rolf (Hg.): Gerhard Ritter. Ein politischer Historiker in seinen Briefen, Mitarb. Reinhard Hauf, Boppard 1984; XVII, 830 S.

Darstellungen

14864 Arnold, Bettina: The Past as Propaganda: Totalitarian Archeologie in Nazi Germany, in: Antiquity 64 (1990), 464–78

14865 Blänsdorf, Agnes: Gerhard Ritter 1942–1950. Seine Überlegungen zum kirchlichen und politischen Neubeginn in Deutschland, in: GWU 42 (1991), 1–21, 67–91

14866 Brun, Georg: Leben und Werk des Rechtshistorikers Heinrich Mitteis. Unter besonderer Berücksichtigung seines Verhältnisses zum Nationalsozialismus, Frankfurt u.a. 1991; 207 S.

14867 Burleigh, Michael: Germany Turns Eastwards. A Study of »Ostforschung« in the Third Reich, 2. Aufl., Cambridge u.a. 1989; XI, 351 S. (zuerst 1988)

14868 Burleigh, Michael: The Knights, Nationalists, and the Historians: Images of Medieval Prussia from the Enlightenment to 1945, in: EHQ 17 (1987), 35–55

14869 Burleigh, Michael: Albert Brackmann (1871–1952), Ostforscher. The Years of Retirement, in: JCH 23 (1988), 573–88

14870 Burleigh, Michael: Historians & Their Times. Albert Brackmann and the Nazi Adjustment of History, in: HiT 37 (1987), 42–46

14871 Camphausen, Gabriele: Die wissenschaftliche historische Rußlandforschung im Dritten Reich 1933–1945, Frankfurt u.a. 1983; XIV, 435 S.

14872 Clemens, Gabriele: Martin Spahn und der Rechtskatholizismus in der Weimarer Republik, Mainz 1983; XLIV, 236 S.

14873 Duchhardt, Heinz: Arnold Berney (1887–1943). Das Schicksal eines jüdischen Historikers, Köln u.a. 1993; IX, 136 S.

14874 Ebbinghaus, Angelika/Roth, Karl H.: Vorläufer des »Generalplans Ost«. Eine Dokumentation über Theodor Schieders Polendenkschrift vom 7. Oktober 1939, in: 1999 7 (1992), Nr. 1, 62–94

14875 Engelberg, Ernst: Einiges über die faschistische Geschichtsideologie und -methodik und die Ohnmacht des Spätliberalismus, in: Elmar Faber u.a. (Hg.), Wissenschaft aus nationaler Verantwortung. Beiträge zum nationalen Kulturvorbild der DDR auf dem Gebiet der Wissenschaft. Dem Rektor der Karl-Marx-Universiät Leipzig Georg Meyer zum 70. Geburtstag, Leipzig 1963, 111–18

14876 Erdmann, Karl D.: Die Ökumene der Historiker. Geschichte der Internationalen Historikerkongresse und des Comité Internationale des Sciences Historiques, Göttingen 1987, 190–264

14877 Faulenbach, Bernd: Die »nationale Revolution« und die deutsche Geschichte. Zum zeitgenössischen Urteil der Historiker, in: Wolfgang Michalka (Hg.), Die nationalsozialistische Machtergreifung, Paderborn u.a. 1984, 357–71

14878 Franz, Günther: Das Geschichtsbild des Nationalsozialismus und die deutsche Geschichtswissenschaft, in: Oswald Hauser (Hg.), Geschichte und Geschichtsbewußtsein. Neunzehn Vorträge, Göttingen 1981, 91–111

14879 Gentzen, Felix-Heinrich/Wolfgramm, Eberhard: »Ostforscher« – »Ostforschung«, Berlin (O) 1960; 189 S.

14880 Goguel, Rudi: Über die Mitwirkung deutscher Wissenschaftler am Okkupationsregime in Polen im 2. Weltkrieg, untersucht an drei Institutionen der deutschen Ostforschung, Diss. Berlin (O) 1964

14881 Goguel, Rudi: Die Nord- und Ostdeutsche Forschungsgemeinschaft im Dienste der faschistischen Aggressionspolitik gegen Polen (1933 bis 1945), in: WZB 15 (1966), 663–74

14882 Goguel, Rudi: Die Nord- und Ostdeutsche Forschungsgemeinschaft (1933 bis 1945), in: IAGIO 2 (1962), Nr. 5/6, 11–29

14883 Gradmann, Christoph: Historische Belletristik. Populäre historische Biographien in der Weimarer Republik, Frankfurt/New York 1993; 256 S.

14884 Graf, Rudolf: Hermann Aubin im Dienste des »Dranges nach Osten« und der Okkupationspolitik des deutschen Imperialismus in Polen, in: Der deutsche Imperialismus und der Zweite Weltkrieg, Bd. 4, Hg. Kommission der Historiker der DDR und der UdSSR, Red. Leo Stern u. a., Berlin (O) 1961, 55–78

14885 Graus, Frantisek: Geschichtsschreibung und Nationalsozialismus, in: VfZ 17 (1969), 87–95

14886 Grolle, Joist: Der Hamburger Percy Ernst Schramm – ein Historiker auf der Suche nach der Wirklichkeit, Hamburg 1989; 63 S.

14887 Grolle, Joist: Das zerrissene Leben des Historikers Percy Ernst Schramm: Selbsttäuschungen eines Großbürgers, in: Zeit, Jg. 44, Nr. 42, 13.10. 1989, 49

14888 Grünewald, Eckhart: Ernst Kantorowicz und Stefan George. Beiträge zur Biographie des Historikers bis zum Jahre 1938 und zu seinem Jugendwerk »Kaiser Friedrich der Zweite«, Wiesbaden 1982; IX, 189 S.

14889 Hammen, Oscar J.: German Historians and the Advent of National Socialist State, in: JMH 13 (1941), 161–88

14890 Heiber, Helmut: Walter Frank und sein Reichsinstitut für Geschichte im neuen Deutschland, Stuttgart 1966; 1273 S.

14891 Henn, Volker: Wege und Irrwege der Hanseforschung und Hanserezeption in Deutschland im 19. und 20. Jahrhundert, in: Marlene Nikolay-Panter u. a. (Hg.), Geschichtliche Landeskunde der Rheinlande. Regionale Befunde und raumübergreifende Perspektiven. Georg Droege zum Gedenken, Köln u. a. 1994, 388–414

14892 Hömig, Herbert: Zeitgeschichte als »Kämpfende Wissenschaft«. Zur Problematik nationalsozialistischer Geschichtsschreibung, in: HJB 99 (1979), 355–74

14893 Iggers, Georg G.: Geschichtswissenschaft im 20. Jahrhundert. Ein kritischer Überblick im internationalen Zusammenhang, Göttingen 1993; X, 130 S.

14894 Junghans, Reinhard: Thomas Münzer-Rezeption während des »Dritten Reiches«. Eine Fallstudie zur populär(wissenschaftlich)en und wissenschaftlichen Geschichtsschreibung, Frankfurt u. a. 1990; 606 S.

14895 Jütte, Robert: Die Emigration der deutschsprachigen »Wissenschaft des Judentums«. Die Auswanderung jüdischer Historiker nach Palästina, Stuttgart 1991; 247 S.

14896 Katsch, Günter: Alexander Graf Schenk von Stauffenberg. Eine historiographisch-kritische Untersuchung, 2 Bde., Diss. Leipzig 1968; 438 S.

14897 Kettenacker, Lothar: Kontinuität im Denken Ernst Andrichs. Ein Beitrag zum Verständnis gleichbleibender Anschauungen des Rechtsradikalismus in Deutschland, in: Paul Kluke zum 60. Geburtstage dargebracht von Frankfurter Schülern und Mitarbeitern, Frankfurt 1968, 140–52

14898 Kisch, Guido: Deutsche Rechtsgeschichtsforschung zur Nazizeit. Ein Briefwechsel aus den Jahren 1935–1941, in: JbSFWUB 9 (1964), 401–19**

14899 Kleßmann, Christoph: Osteuropaforschung und Lebensraumpolitik im Dritten Reich, in: APUZ, Nr. B 7/84, 18.2. 1984, 33–45; abgedr. in: Peter Lundgreen (Hg.), Wissenschaft im Dritten Reich, Frankfurt 1985, 350–83

14900 Kneppe, Alfred/Wiesehöfer, Josef: Friedrich Münzer. Ein Althistoriker zwischen Kaiserreich und Nationalsozialismus. Zum 20. Oktober 1982, Bonn 1983; VIII, 310 S.

14901 Kocka, Jürgen: Ideological Regression and Methodological Innovation: Historiography and the Social Sciences in the 1930s and 1940s, in: H&M 2 (1990), 130–38

14902 Kühnl, Reinhard: Reichsdeutsche Geschichtswissenschaft, in: Jörg Tröger (Hg.), Hochschule und Wissenschaft im Dritten Reich, 2. Aufl., Frankfurt/New York 1986, 92–102 (zuerst 1984)

14903 Liszkowski, Uwe: Osteuropaforschung und Politik. Ein Beitrag zum historisch-politischen Denken und Wirken von Otto Hoetzsch, Berlin 1988; 263, 377 S.

14904 Losemann, Volker: Nationalsozialismus und Antike. Studien zur Entwicklung des Faches Alte Geschichhte 1933–1945, Hamburg 1977; 283 S.

14905 Losemann, Volker: Programme deutscher Althistoriker in der »Machtergreifungsphase«, in: QdS 6 (1980), Nr. 11, 35–105

14906 Lübbe, Anna: Die deutsche Verfassungsgeschichtsschreibung unter dem Einfluß der nationalsozialistischen Machtergreifung, in: Michael Stolleis/Dieter Simon (Hg.), Rechtsgeschichte im Nationalsozialismus. Beiträge zur Geschichte einer Disziplin, Tübingen 1989, 63–78

14907 Mode, Markus: Altertumswissenschaften und Altertumswissenschaftler unter dem NS-Regime. Gedanken zum Niedergang deutscher Wissenschaften, in: Burchard Brentjes (Hg.), Wissenschaft unter dem NS-Regime, Berlin u. a. 1992, 156–69

14908 Mommsen, Wolfgang J.: Die Geschichtswissenschaft und die Soziologie unter dem Nationalsozialismus, in: Helmut Coing u. a., Wissenschaftsgeschichte seit 1900. 75 Jahre Universität Frankfurt, Frankfurt 1992, 54–84

14909 Morsey, Rudolf: Martin Spahn (1875–1945), in: Zeitgeschichte in Lebensbildern. Aus dem deutschen Katholizismus des 19. und 20. Jahrhunderts, Hg. Jürgen Aretz u. a., Bd. 4, Mainz 1980, 143–58, 274 f.

14910 Näf, Beat: Von Perikles zu Hitler? Die athenische Demokratie und die deutsche Althistorie, Bern u. a. 1986; 332 S.

14911 Oberkrome, Willi: Volksgeschichte. Methodische Innovation und völkische Ideologisierung in der deutschen Geschichtswissenschaft 1918–1945, Göttingen 1993; 307 S.

14912 Oberkrome, Willi: Reformansätze in der deutschen Geschichtswissenschaft der Zwischenkriegszeit, in: Michael Prinz/Rainer Zitelmann (Hg.), Nationalsozialismus und Modernisierung, 2. Aufl., Darmstadt 1994, 216–38 (zuerst 1991)

14913 Philipp, Werner: Nationalsozialismus und Ostwissenschaften, in: Nationalsozialismus und die deutsche Universität. (Universitätstage 1966), Hg. Freie Universität Berlin, Berlin 1966, 43–62

14914 Riekenberg, Michael: Die Zeitschrift »Vergangenheit und Gegenwart« (1911–1944). Konservative Geschichtsdidaktik zwischen liberaler Reform und völkischem Aufbruch, Hannover 1986; 185 S.

14915 Riekenberg, Michael: Trügerische Illusionen. Historiker und Geschichtslehrer in der Phase der »Gleichschaltung« (1933–1935), in: ISF 11 (1989), 293–300

14916 Rippel-Manss, Irmtraud: Selbstverständnis und Selbstreflexion der deutschen Historiker zwischen 1914 und 1935 in der »Historischen Zeitschrift«, Diss. Erlangen-Nürnberg 1976; 282 S.

14917 Ritter, Gerhard: Deutsche Geschichtswissenschaft im 20. Jahrhundert, in: GWU 1 (1950), 81–96, 129–37

14918 Ritter, Gerhard: Die Fälschung des deutschen Geschichtsbildes im Hitlerreich, in: DR 70 (1947), Nr. 4, 11–20

14919 Roth, Karl H.: Klios rabiate Hilfstruppen. Archivare und Archivpolitik im deutschen Faschismus, in: Archivmitteilungen 41 (1991), 1–10

14920 Rothfels, Hans: Die Geschichtswissenschaft in den dreißiger Jahren, in: Andreas Flitner (Hg.), Deutsches Geistesleben und Nationalsozialismus. Eine Vortragsreihe der Universität Tübingen, Tübingen 1965, 90–107

14921 Schieder, Theodor: Die deutsche Geschichtswissenschaft im Spiegel der HZ, in: HZ 189 (1959), 1–107

14922 Schleier, Hans: Die Historische Zeitschrift 1918–1943, in: Joachim Streisand (Hg.), Die bürgerliche deutsche Geschichtsschreibung von der Reichseinigung von oben bis zur Befreiung Deutschlands vom Faschismus. (Studien über die deutsche Geschichtswissenschaft, 2), 2., durchges. Aufl., Berlin (O) 1969, 251–302 (zuerst 1965)

14923 Schochow, Werner: Ein Historiker in der Zeit. Versuch über Fritz Hartung (1883–1967), in: JGMO 32 (1983), 219–50

14924 Schönwälder, Karen: Historiker und Politik. Geschichtswissenschaft im Nationalsozialismus, Frankfurt/New York 1992; 440 S.

14925 Schönwälder, Karen: Akademischer Antisemitismus. Die deutschen Historiker in der NS-Zeit, in: JfA 2 (1993), 200–29

14926 Schreiber, Georg: Zwischen Demokratie und Diktatur. Persönliche Erinnerungen an Politik und Kultur des Reiches (1919–1944), Münster 1949; 148 S.

14927 Schreiner, Klaus: Führertum, Rasse, Reich. Wissenschaft von der Geschichte nach der nationalsozialistischen Machtergreifung, in: Peter Lundgreen (Hg.), Wissenschaft im Dritten Reich, Frankfurt 1985, 163–252

14928 Schulze, Winfried: Deutsche Geschichtswissenschaft nach 1945, München 1989, 31–45

14929 Schumann, Peter: Die deutschen Historikertage von 1893–1937. Die Geschichte einer fachhistorischen Institution im Spiegel der Presse, Diss. Marburg 1974; VI, 459 S.

14930 Schwabe, Klaus: Der Weg in die Opposition: Der Historiker Gerhard Ritter und der Freiburger Kreis, in: Eckhard John u. a. (Hg.), Die Freiburger Universität in der Zeit des Nationalsozialismus, Freiburg/Würzburg 1991, 191–206

14931 Selmeier, Franz: Das nationalsozialistische Geschichtsbild und der Geschichtsunterricht 1933–1945, Diss. München 1970; VII, 407 S.

14932 Simon, Wolfgang: Claudius Freiherr von Schwerin. Rechtshistoriker während dreier Epochen deutscher Geschichte, Frankfurt u. a. 1991; 343 S.

14933 Sims, Amy R.: Those Who Stayed Behind. German Historians and the Third Reich, Diss. Cornell University, Virg. 1979; 429 S. (Ms.; MF)

14934 Sims, Amy R.: Intellectuals in Crisis: Historians under Hitler, in: VQR 54 (1978), 246–62

14935 Stolleis, Michael/Simon, Dieter (Hg.): Rechtsgeschichte im Nationalsozialismus. Beiträge zur Geschichte einer Disziplin, Tübingen 1989; VI, 202 S.*

14937 Streisand, Joachim (Hg.): Studien über die deutsche Geschichtswissenschaft, Bd. 2: Die bürgerliche deutsche Geschichtsschreibung von der Reichseinigung bis zur Befreiung Deutschlands vom Faschismus, Berlin (O) 1965; 442 S.

14938 Tellenbach, Gerd: Aus erinnerter Zeitgeschichte, Freiburg 1981; 153 S.

14939 Vierhaus, Rudolf: Walter Frank und die Geschichtswissenschaft im nationalsozialistischen Deutschland, in: HZ 207 (1968), 617–27

14940 Voigt, Gerd: Otto Hoetzsch, 1876–1946. Wissenschaft und Politik im Leben eines deutschen Historikers, Berlin (O) 1978; 404 S.

14941 Voigt, Gerd: Rußland in der deutschen Geschichtsschreibung 1843 bis 1945, Berlin 1994; ca. 500 S.

14942 Weber, Wolfgang: Priester der Klio. Historisch-sozialwissenschaftliche Studien zu Herkunft und Karriere deutscher Historiker und zur Geschichte der Geschichtswissenschaft 1800–1970, 2., um ein Vorwort erg. Aufl., Frankfurt u.a. 1987; 613 S. (zuerst 1984)

14943 Wehler, Hans-Ulrich (Hg.): Deutsche Historiker, 9 Bde., Göttingen 1971–1982 (Bd. 1–5: 2. Aufl. 1973)

14944 Weigand, Wolf V.: Walter Wilhelm Goetz 1867–1958. Eine biographische Studie über den Historiker, Politiker und Publizisten, Boppard 1992; 467 S.

14945 Werner, Karl F.: Das NS-Geschichtsbild und die deutsche Geschichtswissenschaft, Stuttgart u.a. 1967; 123 S.

14946 Werner Karl F.: Die deutsche Historiographie unter Hitler, in: Bernd Faulenbach (Hg.), Geschichtswissenschaft in Deutschland. Traditionelle Positionen und gegenwärtige Aufgaben, München 1974, 86–96

14947 Werner, Karl F.: Machtstaat und nationale Dynamik in den Konzeptionen der deutschen Historiographie 1933–1940, in: Franz Knipping/Klaus-Jürgen Müller (Hg.), Machtbewußtsein in Deutschland am Vorabend des Zweiten Weltkrieges, Paderborn 1984, 327–62

14948 Werner, Karl F.: On some Examples of the National Socialist View of History, in: JCH 3 (1968), 193–206

14949 Zöllner, Walter: Karl oder Widukind? Martin Lintzel und die NS-»Geschichtsdeutung« in den Anfangsjahren der faschistischen Diktatur, Halle 1975; 56 S.

Regional-/Lokalstudien

14950 Bonner Gelehrte. Beiträge zur Geschichte der Wissenschaften in Bonn. Geschichtswissenschaften. (150 Jahre Rheinische Friedrich-Wilhelms-Universität zu Bonn 1818–1968), Bonn 1968; 462 S.

14951 Borowsky, Peter: Geschichtswissenschaft an der Hamburger Universität 1933 bis 1945, in: Eckart Krause u.a. (Hg.), Hochschulalltag im »Dritten Reich«. Die Hamburger Universität 1933–1945, Bd. 2, Berlin/Hamburg 1991, 537–88

14952 Demandt, Alexander: Alte Geschichte in Berlin 1810–1960, in: Reimer Hansen/Wolfgang Ribbe (Hg.), Geschichtswissenschaft in Berlin im 19. und 20. Jahrhundert. Persönlichkeiten und Institutionen, Berlin/New York 1992, 149–209

14953 Diestelkamp, Bernhard: Die Rechtshistoriker der Rechtswissenschaftlichen Fakultät der Johann Wolfgang Goethe-Universität Frankfurt am Main 1933–1945, in: Michael Stolleis/Dieter Simon (Hg.), Rechtsgeschichte im Nationalsozialismus. Beiträge zur Geschichte einer Disziplin, Tübingen 1989, 79–106

14954 Ebert, Joachim (Hg.): 100 Jahre Archäologisches Museum in Halle 1891–1991. Zur Geschichte des Robertinums, seiner Sammlungen und Wissenschaftsdisziplinen, Mitarb. Institut für Klassische Altertumswissenschaften der Martin-Luther-Universität Halle-Wittenberg, Halle a.d.S. 1991; 137 S.

14955 Elm, Kaspar: Mittelalterforschung in Berlin. Dauer und Wandel, in: Reimer Hansen/Wolfgang Ribbe (Hg.), Geschichtswissenschaft in Berlin im 19. und 20. Jahrhundert. Persönlichkeiten und Institutionen, Berlin/New York 1992, 211–59

14956 Elze, Reinhard/Esch, Arnold (Hg.): Das Deutsche Historische Institut in Rom 1888–1988, Tübingen 1990; 293 S.

14957 Ericksen, Robert P.: Kontinuitäten konservativer Geschichtsschreibung am Seminar für Mittlere und Neuere Geschichte: Von der Weimarer Republik über die nationalsozialistische Ära bis in die Bundesrepublik, in: Heinrich Becker u. a. (Hg.), Die Universität Göttingen unter dem Nationalsozialismus. Das verdrängte Kapitel ihrer 250jährigen Geschichte, München u. a. 1987, 219–45

14958 Grebing, Helga: Zwischen Kaiserreich und Diktatur. Göttinger Historiker und ihr Beitrag zur Interpretation von Geschichte und Gesellschaft (M[ax] Lehmann, A[rnold] O[skar] Meyer, W[ilhlem] Mommsen, [Joachim] S[iegfried] A[ugust] Kaehler), in: Hartmut Boockmann u. a. (Hg.), Geschichtswissenschaft in Göttingen. Eine Vorlesungsreihe, Göttingen 1987, 204–38

14959 Heiß, Gernot: Von Österreichs deutscher Vergangenheit und Aufgabe. Die Wiener Schule der Geschichtswissenschaft und der Nationalsozialismus, in: Gernot Heiß u. a. (Hg.), Willfährige Wissenschaft. Die Universität Wien 1938–1945, Wien 1989, 39–76

14960 Hertz-Eichenrode, Dieter: Die »Neuere Geschichte« an der Berliner Universität. Historiker und Geschichtsschreibung im 19./20. Jahrhundert, in: Reimer Hansen/Wolfgang Ribbe (Hg.), Geschichtswissenschaft in Berlin im 19. und 20. Jahrhundert. Persönlichkeiten und Institutionen, Berlin/New York 1992, 261–322

14961 Hübinger, Paul E.: Das Historische Seminar der Rheinischen-Wilhelms-Universität zu Bonn. Vorläufer, Gründung, Entwicklung. Ein Wegstück deutscher Universitätsgeschichte, Mitarb. Wilhelm Levinson, Bonn 1963; XIV, 436 S.

14962 Kalisch, Johannes/Voigt, Gerd: »Reichsuniversität Posen«. Zur Rolle der faschistischen deutschen Ostforschung im zweiten Weltkrieg, in: Alfred Anderle/Werner Basler (Red.), Juni 1941. Beiträge zur Geschichte des hitlerfaschistischen Überfalls auf die Sowjetunion, Berlin (O) 1961, 188–206

14963 Krüger, Sabine: Das Kaiser-Wilhelm-Institut für Deutsche Geschichte [Berlin] von 1917 bis 1945, in: BMMPG 6 (1980), 16–20

14964 Leitsch, Walter/Stoy, Manfred: Das Seminar für osteuropäische Geschichte der Universität Wien 1907–1948, Wien u. a. 1983; 304 S.

14965 Ludwig, Esther: Adolf Helbok (1883–1968) und die »Gleichschaltung« des Seminars für Landesgeschichte und Siedlungskunde an der Leipziger Universität (1935–1941), in: WZB 11 (1991), 81–91

14966 Meier, Hellmut: Karl Heldmann. Ein Kriegsgegner an der Universität Halle, in: WZH 16 (1967), 223–40

14967 Miethke, Jürgen: Die Mediävistik in Heidelberg seit 1933, in: Jürgen Miethke (Hg.), Geschichte in Heidelberg. 100 Jahre Historisches Seminar. 50 Jahre Institut für Fränkisch-Pfälzische Geschichte und Landeskunde, Berlin u. a. 1992, 93–124

14968 Neugebauer, Wolfgang: Das Kaiser-Wilhelm-Institut für Deutsche Geschichte [Berlin] im Zeitalter der Weltkriege, in: HJB 113 (1993), 60–97

14969 Schaab, Meinrad: Landesgeschichte in Heidelberg, in: Jürgen Miethke (Hg.), Geschichte in Heidelberg. 100 Jahre Historisches Seminar. 50 Jahre Institut für Fränkisch-Pfälzische Geschichte und Landeskunde, Berlin u. a. 1992, 175–200

14970 Teibenbacher, Peter: Das historische Seminar [Graz] und das Jahr 1938, in: Christian Brünner/Helmut Konrad (Hg.), Die Universität und 1938, Wien/Köln 1989, 95–104

14971 Wegeler, Cornelia: Das Institut für Altertumskunde der Universität Göttingen 1921–1962: Ein Beitrag zur Geschichte der Klassischen Philologie seit Wilamowitz, in: Heinrich Becker u. a. (Hg.), Die Universität Göttingen unter dem Nationalsozialismus. Das verdrängte Kapitel ihrer 250jährigen Geschichte, München u. a. 1987, 246–71

14972 Weisz, Christoph: Geschichtsauffassung und politisches Denken. Münchener Historiker der Weimarer Zeit. Konrad Beyerle, Max Buchner, Michael Doeberl, Erich Marcks, Karl Alexander von Müller, Hermann Oncken, Berlin 1970, 259–64

14973 Wolgast, Eike: Die neuzeitliche Geschichte im 20. Jahrhundert, in: Jürgen Miethke (Hg.), Geschichte in Heidelberg. 100 Jahre Historisches Seminar. 50 Jahre Institut für Fränkisch-Pfälzische Geschichte und Landeskunde, Berlin u. a. 1992, 127–57

A.3.19.6.7 Klassische Philologie

Darstellungen

14974 Heitsch, Ernst: Klassische Philologie zwischen Anpassung und Widerstand, in: Gymnasium 81 (1974), 369–82

Regional-/Lokalstudien

14975 Lohse, Gerhard: Klassische Philologie und Zeitgeschehen. Zur Geschichte eines Seminars an der Hamburger Universität in der Zeit des Nationalsozialismus, in: Eckart Krause u.a. (Hg.), Hochschulalltag im »Dritten Reich«. Die Hamburger Universität 1933–1945, Bd. 2, Berlin/Hamburg 1991, 775–826

A.3.19.6.8 Politische Wissenschaft

Darstellungen

14976 Eisfeld, Rainer: Ausgebürgert und doch angebräunt. Deutsche Politikwissenschaft 1920–1945, Baden-Baden 1991; 233 S.

14977 Eisfeld, Rainer: »Nationale« Politikwissenschaft von der Weimarer Republik zum Dritten Reich, in: PVS 31 (1990), 238–64

14978 Lenk, Kurt: Über die Geburt der »Politikwissenschaft« aus dem Geiste des »unübertrefflichen« Wilhelm Heinrich Riehl. Anmerkungen zu »Politikwissenschaft im Faschismus« [von Johannes Weyer], in: PVS 27 (1986), 252–58

14979 Wagner, Beate: Politikwissenschaft in Deutschland 1933–1945, in: 1999 4 (1989), Nr. 2, 27–38

14980 Weyer, Johannes: Politikwissenschaft im Faschismus (1933–1945): Die vergessenen zwölf Jahre, in: PVS 26 (1985), 423–37

14981 Weyer, Johannes: Replik auf Kurt Lenk. Forschen für jeden Zweck? Zur Diskussion über die Politikwissenschaft im Faschismus, in: PVS 27 (1986), 252–58

Regional-/Lokalstudien

14982 Gantzel-Kress, Gisela: Das Institut für Auswärtige Politik im Übergang von der Weimarer Republik zum Nationalsozialismus (1933 bis 1937), in: Eckart Krause u.a. (Hg.), Hochschulalltag im »Dritten Reich«. Die Hamburger Universität 1933–1945, Bd. 2, Berlin/Hamburg 1991, 913–38

14983 Haiger, Ernst: Politikwissenschaft und Auslandswissenschaft im »Dritten Reich« – (Deutsche) Hochschule für Politik 1933–1939 und Auslandswissenschaftliche Fakultät der Berliner Universität 1940–1945, in: Gerhard Göhler/Bodo Zeuner (Hg.), Kontinuitäten und Brüche in der deutschen Politikwissenschaft, Baden-Baden 1991, 94–136

A.3.19.6.9 Soziologie

Bibliographien

14984 Klingemann, Carsten: Geschichte der Soziologie. Annotationen zur neueren deutschsprachigen Literatur. Schwerpunkt: Soziologie und Nachbardisziplinen im Nationalsozialismus, in: JbSG, 1990, 257–68

Literaturberichte

14985 Dudek, Peter: Sozialwissenschaften und Nationalsozialismus. Zum Stand der disziplingeschichtlichen »Vergangenheitsbewältigung«, in: NPL 35 (1990), 407–442

14986 Weyer, Johannes: Soziologie im Faschismus. Ein Literaturbericht, in: Argument 26 (1984), Nr. 146, 564–76

Nachschlagewerke

Bernsdorf, Wilhelm/Knospe, Horst (Hg.): Internationales Soziologenlexikon, 2., neu bearb. Aufl. (zuerst 1959), Stuttgart:

14987 – Bd. 1: Beiträge über bis Ende 1969 verstorbene Soziologen, 1980; VII, 517 S.

14988 – Bd. 2: Beiträge über lebende oder nach 1969 verstorbene Soziologen, 1984; XI, 963 S.

Darstellungen

14989 Althaus, Gabriele: Zucht – Bilder, in: Urs Jaeggi u.a., Geist und Katastrophe. Studien zur Soziologie im Nationalsozialismus, Berlin 1983, 60–78

14990 Bergmann, Waltraud u.a.: Soziologie im Faschismus. Darstellung und Texte, Köln 1981; 205 S.**

14991 Brocke, Bernhard vom: Werner Sombart 1863–1941. Eine Einführung in Leben, Werk und Wirkung, in: Bernhard vom Brocke (Hg.), Sombarts »Moderner Kapitalismus«. Materialien zur Kritik und Rezeption, München 1987, 11–66

14992 Dahrendorf, Ralf: Soziologie und Nationalsozialismus, in: Andreas Flitner (Hg.), Deutsches Geistesleben und Nationalsozialismus. Eine Vortragsreihe der Universität Tübingen, Tübingen 1965, 108–24

14993 Demm, Eberhard: Alfred Weber. Sozial- und Staatswissenschaftler in Heidelberg, in: Michael Bosch/Wolfgang Niess (Hg.), Der Widerstand im deutschen Südwesten 1933–1945, Stuttgart 1984, 255–60

14994 Demm, Eberhard: Zivilcourage im Jahre 1933. Alfred Weber und die Fahnenaktionen der NSDAP, in: HeiJb 26 (1982), 69–80

14995 Faßler, Manfred: »Geistige SA« und »politische Hochschule«. Selbstverständnis und Gesellschaftsbilder der nicht emigrierten Sozialforschung, in: Urs Jaeggi u.a., Geist und Katastrophe. Studien zur Soziologie im Nationalsozialismus, Berlin 1983, 79–135

14996 Fetscher, Iring: Hans Freyer: Von der Soziologie als Kulturwissenschaft zum Angebot an den Faschismus, in: Karl Corino (Hg.), Intellektuelle im Bann des Nationalsozialismus, Hamburg 1980, 180–92

14997 Gielke, Ronald: Faschistische Ideologie im Werk Hans Freyers, in: JdG 27 (1983), 41–61

14998 Giere, Walter: Das politische Denken Hans Freyers in den Jahren der Zwischenkriegszeit, 1918–1939, Diss. Freiburg i.Br. 1967; 235 S.

14999 Hahn, Thomas: Industriesoziologie als Wirklichkeitswissenschaft? Zwischen Empirie und Kult, in: Urs Jaeggi u.a., Geist und Katastrophe. Studien zur Soziologie im Nationalsozialismus, Berlin 1983, 174–311

15000 Hahn, Thomas: Wissenschaft und Macht. Überlegungen zur Arbeitssoziologie 1935–45, in: SW 35 (1984), 60–93

15001 Henke, Ursula: Soziologien in Deutschland 1918 und 1945. Kontinuitäten und Diskontinuitäten konkurrierender Denkrichtungen, Habil.-Schrift, Bochum 1985 (Ms.)

15002 Hohmann, Joachim S.: »Ländliche Soziologie« im Dienste des NS-Staates. Zu einem vergessenen Kapitel deutscher Wissenschaftsgeschichte, in: ZfG 42 (1994), 118–28

15003 Jaeggi, Urs u.a. (Hg.): Geist und Katastrophe. Studien zur Soziologie im Nationalsozialismus, Berlin 1983; 331 S.*

15004 Karger, Ursula: Institutionsgeschichtliche Zäsuren in der deutschen Soziologie. Dargestellt am Beispiel der deutschen Soziologentage, Diss. Bochum 1978; 225 S.

15005 Käsler, Dirk: Die frühe deutsche Soziologie 1909 bis 1934 und ihre Entstehungsmilieus. Eine wissenschaftssoziologische Untersuchung, Opladen 1984; IX, 678 S.

15006 Käsler, Dirk (Hg.): Soziologische Abenteuer. Earle Edward Eubank besucht europäische Soziologen im Sommer 1934, Opladen 1985; 195 S.

15007 Käsler, Dirk: Soziologie zwischen Distanz und Praxis. Zur Wissenssoziologie der frühen deutschen Soziologie 1909 bis 1934, in: SW 35 (1984), 5–47

15008 Käsler, Dirk/Steiner, Thomas: Academic Discussion or Political Guidance? Social-scientific Analyses of Fascism and National Socialism in Germany before 1933, in: Stephen P. Turner/Dirk Käsler (Hg.), Sociology Responds to Fascism, London/New York 1992, 88–126

15009 Kleine, Helene: »Deutsche Soziologie« im Dritten Reich, in: Agnes Elting (Hg.), Menschliches Handeln und Sozialstruktur. Leonhard Lawinski zum 60. Geburtstag, Opladen 1989, 278–88

15010 Klingemann, Carsten: Entnazifizierung und Soziologiegeschichte: Das Ende der Deutschen Gesellschaft für Soziologie und das Jenaer Soziologentreffen (1934) im Spruchkammerverfahren (1949), in: JbSG (1990), 239–68**

15012 Klingemann, Carsten: Vergangenheitsbewältigung oder Geschichtsschreibung? Unerwünschte Traditionsbestände deutscher Soziologie zwischen 1933 und 1945, in: Sven Papke (Hg.), Ordnung und Theorie. Beiträge zur Geschichte der Soziologie in Deutschland, Darmstadt 1986, 223–79

15013 Klingemann, Carsten: Social-scientific Experts – No Ideologues: Sociology and Social Research in the Third Reich, in: Stephen P. Turner/Dirk Käsler (Hg.), Sociology Responds to Fascism, London/New York 1992, 127–54

15014 Klingemann, Carsten: Heimatsoziologie oder Ordnungsinstrument? Fachgeschichtliche Aspekte der Soziologie in Deutschland zwischen 1933 und 1945, in: M. Rainer Lepsius (Hg.), Soziologie in Deutschland und Österreich 1918–1945. Materialien zur Entwicklung, Emigration und Wirkungsgeschichte, Opladen 1981, 273–307

15015 Klingemann, Carsten: Soziologen vor dem Nationalsozialismus. Szenen aus der Selbstgleichschaltung der Deutschen Gesellschaft für Soziologie, in: Josef Hülsdünker/Rolf Schellhase (Hg.), Soziologiegeschichte. Identität und Krisen einer »engagierten« Disziplin, Berlin 1986, 59–84

15016 Klingemann, Carsten: Soziologie im NS-Staat. Vom Unbehagen an der Soziologiegeschichtsschreibung, in: SW 36 (1985), 366–88

15017 Klingemann, Carsten: Angewandte Soziologie im Nationalsozialismus, in: 1999 4 (1989), Nr. 1, 10–34

15018 Klingemann, Carsten: Soziologie an Hochschulen im NS-Staat, T. 1: Regionale Verteilung – Schwerpunkte und Unterschiede, T. 2: Inhaltliche Struktur – die Richtungen spezieller Soziologien, in: ZHD 9 (1985), 403–27; 10 (1986), 127–55

15019 König, René: Kontinuität und Unterbrechung. Ein neuer Blick auf ein altes Problem, in: René König, Soziologie in Deutschland. Begründer, Verfechter, Verächter, München/Wien 1987, 388–440, 489–95

15020 König, René: Über das vermeintliche Ende der deutschen Soziologie vor der Machtergreifung des Nationalsozialismus, in: KZSS 36 (1984), 1–42; abgedr. in: René König, Soziologie in Deutschland. Begründer, Verfechter, Verächter, München/Wien 1987, 343–87, 479–88

15021 Krause, Werner: Werner Sombarts Weg vom Kathedersozialismus zum Faschismus, Berlin (O) 1962; 211 S.

15022 Lenger, Friedrich: Werner Sombart 1863 bis 1941. Eine Biographie, München 1994; 570 S.

15023 Lepsius, M. Rainer (Hg.): Soziologie in Deutschland und Österreich 1918–1945. Materialien zur Entwicklung, Emigration und Wirkungsgeschichte, Opladen 1981; 500 S.*

15024 Lepsius, M. Rainer: Die Soziologie der Zwischenkriegszeit. Entwicklungstendenzen und Beurteilungskriterien, in: M. Rainer Lepsius (Hg.), Soziologie in Deutschland und Österreich 1918–1945. Materialien zur Entwicklung, Emigration und Wirkungsgeschichte, Opladen 1981, 8–23

15025 Lukács, Georg: Präfaschistische und faschistische Soziologie (Spann, Freyer, C. Schmitt), in: Georg Lukács, Die Zerstörung der Vernunft, 2. Aufl., Darmstadt/Neuwied 1974, 557–76 (zuerst Berlin 1954; TB Neuwied 1983)

15026 Maus, Heinz: Bericht über die Soziologie in Deutschland 1933–1945, in: KZSS 11 (1959), 72–99

15027 Möding, Nori: Die domestizierte Masse. Gedanken zu den Affinitäten von »Massen«- und Volksbegriff, in: Urs Jaeggi u. a., Geist und Katastrophe. Studien zur Soziologie im Nationalsozialismus, Berlin 1983, 136–73

15028 Mommsen, Wolfgang J.: Die Geschichtswissenschaft und die Soziologie unter dem Nationalsozialismus, in: Helmut Coing u. a., Wissenschaftsgeschichte seit 1900. 75 Jahre Universität Frankfurt, Frankfurt 1992, 54–84

15029 Muller, Jerry Z.: The Other God that Failed. Hans Freyer and the Deradicalization of German Conservatism, Princeton, N. J. 1987; XV, 449 S.

15030 Muller, Jerry Z.: Enttäuschung und Zweideutigkeit. Zur Geschichte rechter Sozialwissenschaftler im »Dritten Reich«, in: GG 12 (1986), 289–316

15031 Neuloh, Otto: Identität und Krisen der Soziologie und Sozialforschung im sozialen Wandel, in: Josef Hülsdünker/Rolf Schellhase (Hg.), Soziologiegeschichte. Identität und Krisen einer »engagierten« Disziplin, Berlin 1986, 15–32, hier 24–28

15032 Papke, Sven: Die deutsche Soziologie zwischen Totalitarismus und Demokratie, in: APUZ, Nr. B 20/80, 17. 5. 1980, 3–19

15033 Papke, Sven: Weltferne Wissenschaft. Die deutsche Soziologie der Zwischenkriegszeit vor dem Problem des Faschismus/Nationalsozialismus, in: Sven Papke (Hg.), Ordnung und Theorie. Beiträge zur Geschichte der Soziologie in Deutschland, Darmstadt 1986, 168–222

15034 Pasemann, Dieter: Zur Entwicklung der Soziologie 1917–1945, in: Günter Wendel (Hg.), Wissenschaft und Gesellschaft 1917–1945. Beiträge zur Wissenschaftsgeschichte, Berlin 1984, 153–82

15035 Pasemann, Dieter: Zur Faschisierungstendenz in der »Deutschen Gesellschaft für Soziologie« 1922–1934. Untersuchungen an den Nachlässen von Werner Sombart und Ferdinand Tönnies, in: AzW 15 (1985), 5–79

15036 Rammstedt, Otthein: Die deutsche Soziologie 1933 bis 1945. Die Normalität einer Anpassung. Mit einer Bibliographie soziologischer Titel 1933 bis 1945, Frankfurt 1986; 380 S.

15037 Rammstedt, Otthein: Theorie und Empirie des Volksfeindes. Zur Entwicklung einer »deutschen Soziologie«, in: Peter Lundgreen (Hg.), Wissenschaft im Dritten Reich, Frankfurt 1985, 253–313

15038 Rode, Horst/Klug, Ekkehard: Ferdinand Tönnies' Verhältnis zu Nationalsozialismus und Faschismus, in: Lars Clausen/

Franz U. Pappi (Hg.), Ankunft bei Tönnies. Soziologische Beiträge zum 125. Geburtstag von Ferdinand Tönnies, Kiel 1981, 250–74

15039 Schäfer, Gerhard: Wider die Inszenierung des Vergessens. Hans Freyer und die Soziologie in Leipzig 1925–1945, in: JbSG, 1990, 121–75

15040 Schildt, Axel: Ein konservativer Prophet moderner nationaler Integration. Biographische Skizze des streitbaren Soziologen Johann Plenge (1874–1963), in: VfZ 35 (1987), 523–70

15041 Schuster, Helmuth: Die deutsche Betriebssoziologie zwischen den Weltkriegen. Überlegungen zur Soziologie ihrer Praxis, in: Josef Hülsdünker/Rolf Schellhase (Hg.), Soziologiegeschichte. Identität und Krisen einer »engagierten« Disziplin, Berlin 1986, 35–57

15042 Schuster, Margit/Schuster, Helmuth: Industriesoziologie im Nationalsozialismus, in: SW 35 (1984), 94–123

15044 Sombart, Nicolaus: Jugend in Berlin. 1933–1943, 2. Aufl., Frankfurt 1991; 302 S. (zuerst München/Wien 1984)

15045 Stölting, Erhard: Kontinuitäten und Brüche in der deutschen Soziologie 1933/34, in: SW 35 (1984), 48–59

15046 Thieme, Frank: Rassentheorien zwischen Mythos und Tabu. Der Beitrag der Sozialwissenschaft zur Entstehung und Wirkung der Rassenideologie in Deutschland, Frankfurt u. a. 1988; X, 258 S.

15047 Thieme, Frank: Soziologie im Wandel. Ein Beitrag zum Entstehungsprozeß der Soziologie in Deutschland, 1. u. 2. Aufl., Frankfurt u. a. 1990; XI, 191 S.

15048 Timm, Klaus: Richard Thurnwald: »Koloniale Gestaltung« – ein »Apartheids-Projekt« für die koloniale Expansion des deutschen Faschismus in Afrika, in: EAZ 18 (1977), 617–49

15049 Turner, Stephen P./Käsler, Dirk (Hg.): Sociology Responds to Fascism, London/New York 1992; X, 261 S.

15050 Zucht, Ulrich: Das Arbeitswissenschaftliche Institut und die Nazifizierung der Sozialwissenschaften in Europa, 1936–1944, in: 1999 4 (1989), Nr. 3, 10–40

Regional-/Lokalstudien

15051 Böhles, Hans-Jürgen: Soziologie an der Philosophischen Fakultät, in: Frontabschnitt Hochschule. Die Gießener Universität im Nationalsozialismus, Mitarb. Hans-Jürgen Böhles u. a., 2. Aufl., Gießen 1983, 187–222 (zuerst 1982)

15052 Hoyer, Siegfried: Hans Freyer als Direktor des Institutes für Kultur- und Universalgeschichte (1933–1945), in: GeG 9 (1990), 61–74

15053 Klingemann, Carsten: Das »Institut für Sozial- und Staatswissenschaften« an der Universität Heidelberg zum Ende der Weimarer Republik und während des Nationalsozialismus, in: Jb. für Sozialgeschichte 1990, Hg. Heinz-Jürgen Dahme u. a., Opladen 1990, 79–120

15054 Klingemann, Carsten: Erinnerungen an das Seminar für Soziologie zwischen 1939 und 1945. Ein Gespräch mit Peter Coulmas, in: Rainer Waßner (Hg.), Wege zum Sozialen. 90 Jahre Soziologie in Hamburg, Opladen 1988, 85–97

15054a Klingemann, Carsten: Kölner Soziologie während des Nationalsozialismus, in: Wolfgang Blaschke u. a. (Hg.), Nachhilfe zur Erinnerung. 600 Jahre Universität zu Köln, Köln 1988, 76–97

15055 Linde, Hans: Soziologie in Leipzig 1925–1945, in: M. Rainer Lepsius (Hg.), Soziologie in Deutschland und Österreich 1918–1945. Materialien zur Entwicklung, Emigration und Wirkungsgeschichte, Opladen 1981, 102–30

15056 Neumann, Michael: Über den Versuch ein Fach zu verhindern: Soziologie in Göttingen 1920–1950, in: Heinrich Becker u. a. (Hg.), Die Universität Göttingen unter dem Nationalsozialismus. Das verdrängte

Kapitel ihrer 250jährigen Geschichte, München u. a. 1987, 298–312

15057 Pinn, Irmgard: Soziologie an der Technischen Hochschule Aachen in den zwanziger und dreißiger Jahren. Anmerkungen zur Institutionalisierungsgeschichte des Faches, in: Gesellschaft – Technik – Kultur. 25 Jahre Institut für Soziologie der RWTH Aachen 1962–1987, Hg. Institut für Soziologie der RWTH Aachen, Red. Wolfgang Joussen u. a., Opladen 1989, 19–70

15058 Roth, Karl H.: Städtesanierung und ausmerzende Soziologie. Der Fall Andreas Walther und die »Notarbeit 51« der »Notgemeinschaft der Deutschen Wissenschaft« 1934–1935 in Hamburg, in: Michael Hermann u. a. (Hg.), »Hafenstraße«. Chronik und Analysen eines Konflikts, Hamburg 1987, 39–59

15059 Töpferwein, Gabriele: Zur Entwicklung der Soziologie an der Universität Leipzig bis 1945, Diss. Leipzig 1986; 183 S. (Ms. vervielf.)

15060 Waßner, Rainer: Andreas Walther und seine Stadtsoziologie in Hamburg zwischen 1927 und 1935, in: Rainer Waßner (Hg.), Wege zum Sozialen. 90 Jahre Soziologie in Hamburg, Opladen 1988, 69–84

15061 Waßner, Rainer: Auf dem Wege zu einer professionellen Soziologie. Die Kontinuität der Soziologie-Fachgeschichte am Beispiel des Seminars für Soziologie der Hamburger Universität, in: Eckart Krause u. a. (Hg.), Hochschulalltag im »Dritten Reich«. Die Hamburger Universität 1933–1945, Bd. 2, Berlin/Hamburg 1991, 1017–34

15062 Weyer, Johannes: Die Forschungsstelle für das Volkstum im Ruhrgebiet (1935–1941). Ein Beispiel für Soziologie im Faschismus, in: SW 35 (1984), 124–45

A.3.19.7 Kulturwissenschaften

A.3.19.7.1 Allgemeines

Darstellungen

15063 Fischer, Hans: Völkerkunde im Nationalsozialismus. Aspekte der Anpassung, Affinität und Behauptung einer wissenschaftlichen Disziplin, Berlin/Hamburg 1990; X, 312 S.

15064 Hauschild, Thomas: Völkerkunde im »Dritten Reich«, in: Helge Gerndt (Hg.), Volkskunde und Nationalsozialismus. Referate und Diskussionen einer Tagung der Deutschen Gesellschaft für Volkskunde, München, 23. bis 25. Oktober 1986, München 1987, 245–59

15065 Michel, Ute: Vom Grundsatz der Anerkennung des eigenen Wertes einer jeden Kultur. Bemerkungen zum Verhältnis von Ethnologie und Herrschaftsanspruch in Kaiserreich und Nationalsozialismus, in: 100 Jahre deutscher Rassismus. Katalog und Arbeitsbuch, Hg. Kölnische Gesellschaft für Christlich-Jüdische Zusammenarbeit, Katalog Christiane Hoss u. a., Köln 1988, 224–31

15066 Worm, Herbert: Japanologie im Nationalsozialismus. Ein Zwischenbericht, in: Gerhard Krebs/Bernd Martin (Hg.), Formierung und Fall der Achse Berlin – Tokyo, München 1994, 153–86

Regional-/Lokalstudien

15067 Fischer, Hans: Völkerkunde in Hamburg 1933 bis 1945, in: Eckart Krause u. a. (Hg.), Hochschulalltag im »Dritten Reich«. Die Hamburger Universität 1933–1945, Bd. 2, Berlin/Hamburg 1991, 589–606

15068 Freimark, Peter: Promotion Hedwig Klein – zugleich ein Beitrag zum Seminar für Geschichte und Kultur des Vorderen Orients, in: Eckart Krause u. a. (Hg.),

Hochschulalltag im »Dritten Reich«. Die Hamburger Universität 1933–1945, Bd. 2, Berlin/Hamburg 1991, 851–64

15069 Gerhardt, Ludwig: Das Seminar für Afrikanische Sprachen, in: Eckart Krause u. a. (Hg.), Hochschulalltag im »Dritten Reich«. Die Hamburger Universität 1933–1945, Bd. 2, Berlin/Hamburg 1991, 827–43

15070 Linimayr, Peter: Wiener Völkerkunde im Nationalsozialismus. Ansätze zu einer NS-Wissenschaft, Frankfurt u. a. 1994; 243 S.

15071 Zwernemann, Jürgen: Hundert Jahre Hamburgisches Museum für Völkerkunde, Hamburg 1980, 63–80

A.3.19.7.2 Volkskunde

[vgl. A.3.17.4; A.3.21.3]

Methodische Probleme

15072 Gerndt, Helge: Volkskunde und Nationalsozialismus. Thesen zu einer notwendigen Auseinandersetzung, in: Helge Gerndt (Hg.), Volkskunde und Nationalsozialismus. Referate und Diskussionen einer Tagung der Deutschen Gesellschaft für Volkskunde, München, 23. bis 15. Oktober 1986, München 1987, 11–21

15073 Strobach, Hermann: Positionen und Grenzen der »kritischen Volkskunde« in der BRD. Bemerkungen zu Wolfgang Emmerichs Faschismuskritik, in: JVK 16 (1973), 45–91

Darstellungen

15074 Alzheimer, Heidrun: Georg Fischer – ein Nationalökonom und Lehrerbildner als Volkskundler. Oder: Über die Schwierigkeiten, etwas von gestern zu erfahren, in: JbV N. F. 12 (1989), 51–65

15075 Assion, Peter: Von der Weimarer Republik ins »Dritte Reich«. Befunde zur Volkskunde der 1920er und 1930er Jahre, Mitarb. Reinhard Schmoock, in: Wolfgang Jacobeit u. a. (Hg.), Völkische Wissenschaft. Gestalten und Tendenzen der deutschen und österreichischen Volkskunde in der ersten Hälfte des 20. Jahrhunderts. Helmut Paul Fielhauer † gewidmet, Wien u. a. 1994, 33–86

15076 Assion, Peter: Was Mythos unseres Volkes ist. Zum Werden und Wirken des NS-Volkskundlers Eugen Fehrle, in: ZfV 81 (1985), 220–44

15077 Bausinger, Hermann: Volksideologie und Volksforschung, in: Andreas Flitner (Hg.), Deutsches Geistesleben und Nationalsozialismus. Eine Vortragsreihe der Universität Tübingen, Tübingen 1965, 125–43

15078 Bausinger, Hermann: Volkskunde und Volkstumsarbeit im Nationalsozialismus, in: Helge Gerndt (Hg.), Volkskunde und Nationalsozialismus. Referate und Diskussionen einer Tagung der Deutschen Gesellschaft für Volkskunde, München, 23. bis 25. Oktober 1986, München 1987, 131–41

15079 Bausinger, Hermann: Konsequentes Extrem. Völkische Wissenschaft, in: Hermann Bausinger, Volkskunde. Von der Altertumsforschung zur Kulturanalyse, 2. Aufl., Tübingen 1979, 61–73 (zuerst Berlin/Darmstadt 1971)

15080 Bausinger, Hermann: Volksideologie und Volksforschung. Zur nationalsozialistischen Volkskunde, in: ZfV 61 (1965), 177–204

15083 Brückner, Wolfgang: »Volkskunde und Nationalsozialismus«. Zum Beispiel Matthes Ziegler, in: BBV 13 (1986), 189–92

15084 Brückner, Wolfgang: Nachträge und Anfragen zum Nationalsozialismus, in: BBV 14 (1987), 28–32

15085 Brückner, Wolfgang: 1988: Ein Jahr der NS-Forschung, in: BBV 15 (1988), 19–23

15086 Brückner, Wolfgang: Bildgebrauch und Kreuzzug gegen die Bauern im 13.

Jahrhundert. Oder die Nazis in Stedingen, in: BBV 15 (1988), 91–97

15087 Brückner, Wolfgang: Friedrich Heinz Schmidt-Ebhausen. Volkskundedozent der Hochschule für Lehrerbildung Bayreuth im Dritten Reich, in: JbV N. F. 12 (1989), 67–84

15088 Dow, James R.: German Volkskunde and National Socialism, in: JAF 100 (1987), 300–4

15089 Dow, James R./Lixfeld, Hannjost (Hg.): The Nazification of an Academic Discipline. Folklore in the Third Reich, Bloomington, Ind./Indianapolis 1994; 384 S.*

15090 Emmerich, Wolfgang: Germanische Volkstumsideologie. Genese und Kritik der Volksforschung im Dritten Reich, Tübingen 1968; 368 S.

15091 Emmerich, Wolfgang: Zur Kritik der Volkstumsideologie, Frankfurt 1971; 181 S.

15092 Emmerich, Wolfgang: The Mythos of Germanic Continuity, in: James R. Dow/ Hannjost Lixfeld (Hg.), The Nazification of an Academic Discipline. Folklore in the Third Reich, Bloomington, Ind./Indianapolis 1994, 34–54

15093 Freckmann, Andreas: Hausforschung im Dritten Reich, in: ZfV 78 (1982), 169–86

15094 Freckmann, Klaus: Aufklärung und Verklärung – Positionen im Werk Georg Schreibers, in: Helge Gerndt (Hg.), Volkskunde und Nationalsozialismus. Referate und Diskussionen einer Tagung der Deutschen Gesellschaft für Volkskunde, München, 23. bis 25. Oktober 1986, München 1987, 283–95

15095 Gajek, Esther: Joseph Otto Plassmann. Eine akademische Laufbahn im Nationalsozialismus, in: Kai D. Sievers (Hg.), Beiträge zur Wissenschaftsgeschichte der Volkskunde im 19. und 20. Jahrhundert, Neumünster 1991, 121–154

15096 Gajek, Esther: Weihnachten im Dritten Reich. Der Beitrag von Volkskundlern an den Veränderungen des Weihnachtsfestes, in: EE 20 (1990), 121–40

15097 Gansohr-Meinel, Heidrun: »Fragen an das Volk«. Der Atlas der deutschen Volkskunde 1928–1945. Ein Beitrag zur Geschichte einer Institution, Bonn 1993; 237 S.

15098 Gerndt, Helge (Hg.): Volkskunde und Nationalsozialismus. Referate und Diskussionen einer Tagung der Deutschen Gesellschaft für Volkskunde, München, 23. bis 25. Oktober 1986, München 1987; 333 S.*

15099 Harmening, Dieter: Himmlers Hexenkartei. Ein Lagebericht zu ihrer Erforschung, in: JbV N. F. 12 (1989), 99–112

15100 Harvolk, Edgar: Eichenzweig und Hakenkreuz. Die Deutsche Akademie in München (1924–1962) und ihre volkskundliche Sektion, München 1990; 148 S.

15101 Holzapfel, Otto: Vergangenheitsbewältigung gegen den Strich: John Meier und das Ahnenerbe [der SS], in: JbV N. F. 14 (1991), 101–14

15102 Hunger, Ulrich: Die Runenkunde im Dritten Reich. Ein Beitrag zur Wissenschafts- und Ideologiegeschichte des Nationalsozialismus, Frankfurt u. a. 1984; 508 S.

15103 Jacobeit, Wolfgang u. a. (Hg.): Völkische Wissenschaft. Gestalten und Tendenzen der deutschen und österreichischen Volkskunde in der ersten Hälfte des 20. Jahrhunderts, Mitarb. James R. Dow, Wien u. a. 1994; 728 S.*

15104 Jacobeit, Wolfgang: Vom »Berliner Plan« von 1816 bis zur nationalsozialistischen Volkskunde. Ein Abriß, in: Wolfgang Jacobeit u. a. (Hg.), Völkische Wissenschaft. Gestalten und Tendenzen der deutschen und österreichischen Volkskunde in der ersten Hälfte des 20. Jahrhunderts. Helmut Paul Fielhauer † gewidmet, Wien u. a. 1994, 17–31

15105 Jeggle, Utz: Volkskunde im 20. Jahrhundert, in: Rolf W. Brednich (Hg.), Grundriß der Volkskunde. Einführung in die Forschungsfelder der Europäischen Etnologie, Berlin 1988, 51–71

15106 Jeggle, Utz: Im Schatten der Vergangenheit. Eine Erwiderung auf die volkskundlichen Emmerich-Rezensionen, in: TK 1 (1970), 5–10

15107 Jeggle, Utz: L'ethnologie d'Allemagne sous le régime nazi. Un regard sur la Volkskunde deux générations aprés, in: EF 18 (1988), Nr. 2, 114–19

15108 Kamenetzky, Christa: Folklore as a Political Tool in Nazi Germany, in: JAF 85 (1972), 221–35

15109 Kamenetzky, Christa: Folktale and Ideology in the Third Reich, in: JAF 90 (1977), 168–78

15110 Lixfeld, Hannjost: Folklore and Fascism. The Reich Institute for German Volkskunde, Hg. James R. Dow, Bloomington, Ind./Indianapolis 1994; XXI, 309 S.**

15111 Lixfeld, Hannjost: Adolf Spanners Rolle als Wegbereiter einer nationalsozialistischen Volkskundewissenschaft, in: Kai D. Sievers (Hg.), Beiträge zur Wissenschaftsgeschichte der Volkskunde im 19. und 20. Jahrhundert, Neumünster 1991, 91–19

15112 Lixfeld, Hannjost: Institutionalisierung und Instrumentalisierung der deutschen Volkskunde zu Beginn des Dritten Reichs, in: Wolfgang Jacobeit u. a. (Hg.), Völkische Wissenschaft. Gestalten und Tendenzen der deutschen und österreichischen Volkskunde in der ersten Hälfte des 20. Jahrhunderts. Helmut Paul Fielhauer † gewidmet, Wien u. a. 1994, 139–74

15113 Lixfeld, Hannjost: Nationalsozialistische Volkskunde und Volkserneuerung, Mitarb. Gisela Lixfeld, in: Wolfgang Jacobeit u. a. (Hg.), Völkische Wissenschaft. Gestalten und Tendenzen der deutschen und österreichischen Volkskunde in der ersten Hälfte des 20. Jahrhunderts. Helmut Paul Fielhauer † gewidmet, Wien u. a. 1994, 175–333

15114 Lixfeld, Hannjost: Die Deutsche Forschungsgemeinschaft und die Dachverbände der deutschen Volkskunde im Dritten Reich, in: Helge Gerndt (Hg.), Volkskunde und Nationalsozialismus. Referate und Diskussionen einer Tagung der deutschen Gesellschaft für Volkskunde, München, 23. bis 15. Oktober 1986, München 1987, 69–82

15115 Lixfeld, Hannjost: Matthes Ziegler und die Erzählforschung des Amts Rosenberg. Ein Beitrag zur Ideologie der nationalsozialistischen Volkskunde, in: RJV 26 (1985/86), 37–59

15117 Lutz, Gerhard: Das Amt Rosenberg und die Volkskunde, in: Wolfgang Brückner (Hg.), Volkskunde als akademische Disziplin. Studien zur Institutionenausbildung. Referate eines wissenschaftlichen Symposions vom 8.–10. Oktober 1982 in Würzburg, Mitarb. Klaus Beitl, Wien 1983, 161–71

15118 Martin, Peter: Volkskundliches im Reichsberufswettkampf der deutschen Studenten 1935–1941, in: Wolfgang Brückner (Hg.), Volkskunde als akademische Disziplin. Studien zur Institutionenausbildung. Referate eines wissenschaftlichen Symposions vom 8.–10. Oktober 1982 in Würzburg, Mitarb. Klaus Beitl, Wien 1983, 173–86

15119 Maus, Heinz: Zur Situation der deutschen Volkskunde, in: Umschau 1 (1946), 349–59; abgedr. in: Helge Gerndt (Hg.), Fach und Begriff »Volkskunde« in der Diskussion. (Wege der Forschung, 641), Darmstadt 1988, 25–40

15120 Moser-Rath, Elfriede: Märcheninterpretation im Dritten Reich, in: Kurt Ranke (Hg.), Enzyklopädie des Märchens. Handwörterbuch zur historischen und vergleichenden Erzählforschung, Berlin/New York 1981, 551–53

15121 Oesterle, Anka: Die volkskundlichen Forschungen des »SS-Ahnenerbes« mit Berücksichtigung der »Kulturkommission Südtirol«, in: Reinhard Johler u. a. (Hg.), Im Auge der Ethnographen. (Volkskultur und Südtirol. Tagung in Lana, 5.–7. Mai 1989), Wien/Lana 1991, 76–90

15122 Oesterle, Anka: The Office of Ancestral Inheritance and Folklore Scholarship, in: James R. Dow/Hannjost Lixfeld (Hg.), The Nazification of an Academic Discipline. Folklore in the Third Reich, Bloomington, Ind./Indianapolis 1994, 189–246

15123 Oesterle, Anka: John Meier und das SS-Ahnenerbe, in: Helge Gerndt (Hg.), Volkskunde und Nationalsozialismus. Referate und Diskussionen einer Tagung der Deutschen Gesellschaft für Volkskunde, München, 23. bis 25. Oktober 1986, München 1987, 83–93

15124 Reif, Sieglinde: Irrationales Argumentieren. Das Beispiel nationalsozialistische Sinnbildforschung, in: Volkskunde im Dritten Reich. Diskussionsanstöße. Begleitheft zu einer Ausstellung, Hg. Institut für deutsche und vergleichende Volkskunde der Universität München, München 1986, 4–9 (Ms. vervielf.)

15125 Roller, Hans-Ulrich: August Lämmle 1876–1962, in: Hermann Bausinger u. a. (Hg.), Zur Geschichte von Volkskunde und Mundartforschung in Württemberg. Helmut Dölker zum 60. Geburtstag. (Volksleben, 5), Tübingen 1964, 277–92

15126 Roth, Martin: Heimatmuseum. Zur Geschichte einer deutschen Institution, Berlin 1990; 309 S.

15127 Roth, Martin: Heimatmuseum und nationalpolitische Erziehung, in: Helge Gerndt (Hg.), Volkskunde und Nationalsozialismus. Referate und Diskussionen einer Tagung der Deutschen Gesellschaft für Volkskunde, München, 23. bis 25. Oktober 1986, München 1987, 185–99

15128 Sauer, Doris: Erinnerungen: Karl Haiding und die Forschungsstelle »Spiel und Spruch«, Wien 1993; 229 S.

15129 Schade, Heidemarie: De Gruyter und die Volkskunde bis 1945. Ein Verlagsarchiv als wissenschaftsgeschichtliche Quelle, in: Wolfgang Brückner (Hg.), Volkskunde als akademische Disziplin. Studien zur Institutionenausbildung. Referate eines wissenschaftlichen Symposions vom 8.–10. Oktober 1982 in Würzburg, Mitarb. Klaus Beitl, Wien 1983, 145–59

15130 Scharfe, Martin: Einschwörung auf den völkisch-germanischen Kulturbegriff, in: Jörg Tröger (Hg.), Hochschule und Wissenschaft im Dritten Reich, 2. Aufl., Frankfurt/New York 1986, 105–15 (zuerst 1984)

15131 Scharfe, Martin: Erika Kohler 1909–1949, in: Hermann Bausinger u. a. (Hg.), Zur Geschichte von Volkskunde und Mundartforschung in Württemberg. Helmut Dölker zum 60. Geburtstag. (Volksleben, 5), Tübingen 1964, 300–5

15132 Schier, Barbara: Volkskundliche Verlage im Dritten Reich vor dem Hintergrund nationalsozialistischer Kulturpolitik, in: BJV 39 (1988), 138–73

15133 Schier, Barbara: Hexenwahn und Hexenverfolgung. Rezeption und politische Zurichtung eines kulturwissenschaftlichen Themas im Dritten Reich, in: BJV 41 (1990), 43–115

15134 Schirrmacher, Thomas: »Der göttliche Volkstumsbegriff« und der »Glaube an Deutschlands Größe und heilige Sendung«. Hans Naumann als Volkskundler und Germanist im Nationalsozialismus. Eine Materialsammlung mit Daten zur Geschichte der Volkskunde an den Universitäten Bonn und Köln, 2 Bde., Bonn 1992; 314, 606 S.

15135 Schmitt, Heinz: Theorie und Praxis der nationalsozialistischen Trachtenpflege, in: Helge Gerndt (Hg.), Volkskunde und Nationalsozialismus. Referate und Diskussionen einer Tagung der Deutschen Gesellschaft für Volkskunde, München, 23. bis 25. Oktober 1986, München 1987, 205–13

15136 Schmook, Reinhard: »Gesunkenes Kulturgut – primitive Gemeinschaft«. Der

Germanist Hans Naumann (1886–1951) in seiner Bedeutung für die Volkskunde, Wien 1993; 210 S.

15137 Schmook, Reinhard: Der Germanist Hans Naumann in seiner Bedeutung für die Volkskunde, Diss. Humboldt-Universität Berlin (O) 1988; 188, VIII S. (Ms. vervielf.)

15138 Schmook, Reinhard: Der Germanist Hans Naumann (1886–1951) in seiner Bedeutung für die Volkskunde. Ein Beitrag zum kritischen Erinnern an eine umstrittene Wissenschaftlerpersönlichkeit, in: Brigitte Bönisch-Brednich u. a. (Hg.), Erinnern und vergessen. Vorträge des 27. Deutschen Volkskundekongresses Göttingen 1989, Göttingen 1991, 535–42

15139 Schreiber, Georg: Volkskunde einst und jetzt. Zur literarischen Widerstandsbewegung, in: Wilhelm Tack (Hg.), Festgabe für Alois Fuchs zum 70. Geburtstag, Paderborn 1950, 275–317

15140 Schwinn, Peter: Alfred Quellmatz und seine Tätigkeit in der Kulturkommission des SS-Ahnenerbes 1940–42, in: Alfred Quellmatz, Südtiroler Volkslieder, Bd. 4: Register, Bearb. Wiegand Stief, Bern u.a. 1990, 167–77

15141 Strobach, Hermann: »... aber wann beginnt der Vorkrieg?« Anmerkungen zum Thema Volkskunde und Faschismus (vor und nach 1933), in: Helge Gerndt (Hg.), Volkskunde und Nationalsozialismus. Referate und Diskussionen einer Tagung der Deutschen Gesellschaft für Volkskunde, München, 23. bis 25. Oktober 1986, München 1987, 23–38

15142 Trümpy, Hans: »Volkscharakter« und »Rasse«. Zwei fatale Schlagworte der NS-Volkskunde, in: Helge Gerndt (Hg.), Volkskunde und Nationalsozialismus. Referate und Diskussionen einer Tagung der Deutschen Gesellschaft für Volkskunde, München, 23. bis 25. Oktober 1986, München 1987, 169–77

15143 Volkskunde an den Hochschulen im Dritten Reich. Eine vorläufige Datensammlung, Hg. Institut für deutsche und vergleichende Volkskunde der Universität München, Bearb. Esther Gajek, München 1986; 46 S.

15144 Weiß, Elvira: Ernst Bargheer. Ein Volkskundler und Lehrerbildner im Nationalsozialismus, in: KBV 25 (1993), 65–87

Regional-/Lokalstudien

15144a Bockhorn, Olaf: Volkskundliche Filme des »SS-Ahnenerbes« in Südtirol, in: Reinhard Johler u. a. (Hg.), Im Auge der Ethnographen. (Volkskultur und Südtirol. Tagung in Lana, 5.–7. Mai 1989), Wien/Lana 1991, 105–36

15144b Bockhorn, Olaf: Der Kampf um die »Ostmark«. Ein Beitrag zur Geschichte der nationalsozialistischen Volkskunde in Österreich, in: Gernot Heiß u. a. (Hg.), Willfährige Wissenschaft. Die Universität Wien 1938–1945, Wien 1989, 17–38

15145 Brednich, Rolf W.: Volkskunde – die völkische Wissenschaft von Blut und Boden, in: Heinrich Becker u. a. (Hg.), Die Universität Göttingen unter dem Nationalsozialismus. Das verdrängte Kapitel ihrer 250jährigen Geschichte, München u. a. 1987, 313–20

15146 Brednich, Rolf W.: Die volkskundliche Forschung an der Universität Göttingen 1782–1982, in: Wolfgang Brückner (Hg.), Volkskunde als akademische Disziplin. Studien zur Institutionenausbildung. Referate eines wissenschaftlichen Symposions vom 8.–10. Oktober 1982 in Würzburg, Mitarb. Klaus Beitl, Wien 1983, 77–94

15147 Brednich, Rolf W.: Die Volkskunde an der Universität Göttingen 1938–1945, in: Helge Gerndt (Hg.), Volkskunde und Nationalsozialismus. Referate und Diskussionen einer Tagung der Deutschen Gesellschaft für Volkskunde, München, 23. bis 25. Oktober 1986, München 1987, 109–17

15148 Brednich, Rolf W.: Das Weigelsche Sinnbildarchiv in Göttingen. Ein Beitrag zur Geschichte und Ideologiekritik der nationalsozialistischen Volkskunde, in: ZfV 81 (1985), 22–38

15149 Dehnert, Walter: Volkskunde an der Albert-Ludwigs-Universität [Freiburg i.Br.] bis 1945, in: BzVBW 3 (1989), 145–65

15150 Diedrichsen-Heide, Karen: Das Institut für Volks- und Landesforschung an der Universität Kiel. Ein Element nationalsozialistischer Kulturpolitik. Seine Vorläufer – seine Nachfolger, in: KBV 25 (1993), 21–63

15151 Eberhardt, Helmut: Folklore at the Universities of Graz and Salzburg at the Time of the Nazi Takeover, in: James R. Dow/Hannjost Lixfeld (Hg.), The Nazification of an Academic Discipline. Folklore in the Third Reich, Bloomington, Ind./Indianapolis 1994, 156–88

15152 Eberhardt, Helmut u.a.: Volkskunde in Österreich, T. 2: Volkskunde im Nationalsozialismus [Graz, Innsbruck, Salzburg, Wien], in: Wolfgang Jacobeit u.a. (Hg.), Völkische Wissenschaft. Gestalten und Tendenzen der deutschen und österreichischen Volkskunde in der ersten Hälfte des 20. Jahrhunderts. Helmut Paul Fielhauer † gewidmet, Wien u.a. 1994, 529–77

15153 Freckmann, Andreas: Zur Foto- und Plandokumentation in der Hausforschung der 30er und 40er Jahre. Das Beispiel des ehemaligen »Bauerhofbüros« Berlin/Münster, in: ZfV 81 (1985), 40–50

15154 Fritzl, Martin: »... für Volk und Reich und deutsche Kultur«. Die »Kärntner Wissenschaft« im Dienste des Nationalsozialismus, Klagenfurt 1992; 232 S.

15155 Gilch, Eva/Schramka, Carmen: Volkskunde an der Münchener Universität 1933–1945. 2 Studien. Mit einem dokumentarischen Beitrag, Mitarb. Hildegunde Prütting, München 1986; 94 S.**

15156 Hesse, Wolfgang/Schröter, Christian: Sammeln als Wissenschaft. Fotografie und Film im »Institut für deutsche Volkskunde Tübingen« 1933–1945, in: ZfV 81 (1985), 51–75

15157 Jacobeit, Wolfgang/Mohrmann, Ute: Zur Geschichte der volkskundlichen Lehre unter Adolf Spanner an der Berliner Universität (1933–1945), in: EAZ 23 (1982), 283–98

15158 Lixfeld, Hannjost: John Meier und sein »Reichsinstitut für deutsche Volkskunde«. Zur volkskundlichen Fachgeschichte zwischen Monarchie und Faschismus, in: BzVBW 3 (1989), 102–44

15159 Möhler, Gerda: Volkskunde in Bayern. Abriß einer Wissenschaftsgeschichte, in: Edgar Harvolk (Hg.), Wege der Volkskunde in Bayern. Ein Handbuch, München/Würzburg 1987, 9–46

15160 Nußbeck, Ulrich: Karl Theodor Weigel und das Göttinger Sinnbildarchiv. Eine Karriere im Dritten Reich, Göttingen 1993; 229 S.

15161 Oesterle, Anka: Letzte Autonomieversuche: Der Volkskundler John Meier. Strategie und Taktik des Verbandes deutscher Vereine für Volkskunde 1933–1945, in: Eckhard John u.a. (Hg.), Die Freiburger Universität in der Zeit des Nationalsozialismus, Freiburg/Würzburg 1991, 151–62

15162 Pützstück, Lothar: Von Dichtung und Wahrheit im akademischen Lehrbetrieb. Die Entlassung des Völkerkundlers Julius E. Lips durch die Nationalsozialisten in Köln 1933, in: Wolfgang Blaschke u.a. (Hg.), Nachhilfe zur Erinnerung. 600 Jahre Universität zu Köln, Köln 1988, 121–31

15163 Sauermann, Dietmar: Volkskundliche Forschung in Westfalen 1770–1970. Geschichte der Volkskundlichen Kommission und ihrer Vorläufer, Bd. 1: Historische Entwicklung, Münster 1986; VI, 314 S.

15164 Scheffler, Jürgen: »Lemgo, das Hexennest«: Folkloristik, NS-Vermarktung und lokale Geschichtsdarstellung, in: JbV N.F. 12 (1989), 113–32

15165 Schrutka-Rechtenstamm, Adelheid: Die Volkskunde an der Universität Bonn von 1900 bis 1950. Ein Beitrag zur Institutionengeschichte im Rheinland, in: RJV 28 (1989/90), 69–87

15166 Wimmer, Erich: Die Errichtung der Volkskundlichen Abteilung am Seminar für deutsche Philologie (1936) und die Volkskunde an der Hochschule für Lehrerbildung in Würzburg, in: Helge Gerndt (Hg.), Volkskunde und Nationalsozialismus. Referate und Diskussionen einer Tagung der Deutschen Gesellschaft für Volkskunde, München, 23. bis 25. Oktober 1986, München 1987, 119–26

A.3.19.8 Geowissenschaften

Darstellungen

15167 Diner, Dan: »Grundbuch des Planeten«. Zur Geopolitik Karl Haushofers, in: VfZ 32 (1984), 1–28; abgedr. in: Dan Diner, Weltordnungen. Über Geschichte und Wirkung von Recht und Macht, Frankfurt 1993, 77–123

15168 Dorpalen, Andreas: The World of General Haushofer. Geopolitics in Action, Einleitung Hermann Beukema, New York 1942; 337 S.

15169 Ebeling, Frank: Geopolitik. Karl Haushofer und seine Raumwissenschaft 1919–1945, Berlin 1994; 272 S.

15170 Fahlbusch, Michael u.a.: Geographie und Nationalsozialismus. 3 Fallstudien zur Institution Geographie im Deutschen Reich und in der Schweiz, Einleitung Hans-Dietrich Schultz, Anhang Peter Jüngst/Oskar Meder, Kassel 1989; II, 469 S.*

15171 Fahlbusch, Michael u.a.: Conservatism, Ideology, and Geography in Germany, 1920–1950, in: PGQ 8 (1989), 353–67

15172 Gyorgy, Andrew: Geopolitics. The New German Science, Berkeley, Ca./Los Angeles 1944; VI, 303 S.

15173 Harbeck, Karl-Heinz: Die »Zeitschrift für Geopolitik« 1924–1944, Diss. Kiel 1963; 313 S.

15174 Heinrich, Horst-Alfred: Stabilisierung der Herrschaftspraxis. Geographische Fachzeitschriften als Foren rassistischer Gedanken zwischen 1920 und 1945, in: FW 10 (1993), Nr. 2, 19–24

15175 Heske, Henning: German Geographical Research in the Nazi Period: a Content Analysis of the Major Geography Journals, 1925–1945, in: PGQ 5 (1986), 267–81

15176 Heske, Henning: Karl Haushofer: His Role in German Geopolitics and Nazi Politics, in: PGQ 6 (1987), 135–44

15177 Jacobsen, Hans-Adolf: Karl Haushofer. Leben und Werk, Bd. 1: Lebensweg 1869–1946 und ausgewählte Texte zur Geopolitik, Bd. 2: Ausgewählte Schriften, Boppard 1979; X, 660; XVIII, 629 S.**

15178 Jacobsen, Hans-Adolf: Auswärtige Kulturpolitik als »geistige Waffe«. Karl Haushofer und die Deutsche Akademie (1923–1947), in: Kurt Düwell/Werner Link (Hg.), Deutsche Kulturpolitik seit 1871. Geschichte und Struktur. Referate und Diskussionen eines interdisziplinären Symposions, Köln/Wien 1981, 218–56 (Diskussion: 256–61)

15179 Jacobsen, Hans-Adolf: »Kampf um Lebensraum«. Zur Rolle des Geopolitikers Karl Haushofer im Dritten Reich, in: GSR 4 (1981), 79–104

15180 Jüngst, Peter/Meder, Oskar: Über die Verführbarkeit des Forschers, in: Michael Fahlbusch u.a., Geographie und Nationalsozialismus. 3 Fallstudien zur Institution Geographie im Deutschen Reich und in der Schweiz, Kassel 1989, 425–69

15181 Kost, K.: Die Einflüsse der Geopolitik auf Forschung und Theorie der Politischen Geographie von ihren Anfängen bis 1945. Ein Beitrag zur Wissenschaftsgeschichte der Politischen Geographie und ihrer Terminologie unter besonderer Berücksichtigung von Militär- und Kolonialgeographie, Diss. Bonn 1986 (Ms. vervielf.)

15182 Laack-Michael, Ursula: Albrecht Haushofer und der Nationalsozialismus. Ein Beitrag zur Zeitgeschichte, Stuttgart 1974; 407 S.

15183 Mattl, Siegfried/Stuhlpfarrer, Karl: Angewandte Wissenschaft im Nationalsozialismus. Großraumphantasien, Geopolitik, Wissenschaftspolitik, in: Gernot Heiß u.a. (Hg.), Willfährige Wissenschaft. Die Universität Wien 1938–1945, Wien 1989, 283–301

15184 Rössler, Mechtild: Wissenschaft und Lebensraum. Geographische Ostforschung im Nationalsozialismus. Ein Beitrag zur Disziplingeschichte der Geographie, Berlin/Hamburg 1990; 288 S.

15185 Schmidt, Peter: Die Entwicklung der Angewandten Geophysik im Zeitraum 1917–1945, in: Günter Wendel (Hg.), Wissenschaft und Gesellschaft 1917–1945. Beiträge zur Wissenschaftsgeschichte, Berlin 1984, 97–132

15186 Schöller, Peter: Wege und Irrwege der Politischen Geographie und Geopolitik, in: Erdkunde 11 (1957), 1–20; abgedr. in: Peter Metznetter (Hg.), Politische Geographie, Darmstadt 1977, 249–302

15187 Schöller, Peter: Die Rolle Karl Haushofers für Entwicklung und Ideologie nationalsozialistischer Geopolitik, in: Erdkunde 36 (1982), 160–67

15188 Schultz, Hans-Dietrich: Versuch einer Historisierung der Geographie des Dritten Reiches am Beispiel des geographischen Großraumdenkens, in: Michael Fahlbusch u.a., Geographie und Nationalsozialismus. 3 Fallstudien zur Institution Geographie im Deutschen Reich und in der Schweiz, Kassel 1989, 1–75

15189 Smelser, Ronald M.: Auslandsdeutschtum vor der Wahl – Kollaboration und Widerstand am Beispiel Albrecht Haushofers, in: Jürgen Schmädeke/Peter Steinbach (Hg.), Der Widerstand gegen den Nationalsozialismus. Die deutsche Gesellschaft und der Widerstand gegen Hitler, 2. Aufl., München/Zürich 1986, 763–76 (zuerst 1985; ND 1994)

15190 Smith, Thomas R./Black, Lloyd D.: German Geography: War Work and Present Status, in: GR 36 (1946), 398–408

15191 Troll, Carl: Die geographische Wissenschaft in Deutschland in den Jahren 1933 bis 1945. Eine Kritik und Rechtfertigung, in: Erdkunde 1 (1947), 3–48

Regional-/Lokalstudien

15192 Ehlers, Jürgen: Das Geologische Institut der Hamburger Universität in den dreißiger Jahren, in: Eckart Krause u.a. (Hg.), Hochschulalltag im »Dritten Reich«. Die Hamburger Universität 1933–1945, Bd. 3, Berlin/Hamburg 1991, 1223–44

15193 Fahlbusch, Michael: Die Geographie in Münster von 1920 bis 1945, in: Michael Fahlbusch u.a., Geographie und Nationalsozialismus. 3 Fallstudien zur Institution Geographie im Deutschen Reich und in der Schweiz, Kassel 1989, 153–273

15194 Fischer, Holger/Sandner, Gerhard: Die Geschichte des Geographischen Seminars der Hamburger Universität im »Dritten Reich«, in: Eckart Krause u.a. (Hg.), Hochschulalltag im »Dritten Reich«. Die Hamburger Universität 1933–1945, Bd. 3, Berlin/Hamburg 1991, 1197–222

15195 Lenz, Walter: Eine ausgesprochen hansische Aufgabe: Meereskunde und Meteorologie, in: Eckart Krause u.a. (Hg.), Hochschulalltag im »Dritten Reich«. Die Hamburger Universität 1933–1945, Bd. 3, Berlin/Hamburg 1991, 1245–56

15196 Moltmann, Günter: Die »Übersee- und Kolonialkunde« als besondere Aufgabe der Hamburger Universität, in: Eckart Krause u.a. (Hg.), Hochschulalltag im »Dritten Reich«. Die Hamburger Universität 1933–1945, Bd. 1, Berlin/Hamburg 1991, 149–78

15197 Rössler, Mechtild: Geographie an der Universität Freiburg 1933–1945. Ein Beitrag zur Wissenschaftsgeschichte des Faches im Dritten Reich, in: Michael Fahlbusch u. a., Geographie und Nationalsozialismus. 3 Fallstudien zur Institution Geographie im Deutschen Reich und in der Schweiz, Kassel 1989, 77–151

15198 Stein, Harry: Die Geographie an der Universität Jena 1786–1939. Ein Beitrag zur Entwicklung der Geographie als Wissenschaft, Wiesbaden 1972; 152 S.

A.3.19.9 Wirtschaftswissenschaften

Gedruckte Quellen

15199 Der Weg in die soziale Marktwirtschaft. Referate, Protokolle, Gutachten der Arbeitsgemeinschaft Erwin von Beckerath 1943–1947, Bearb. Christiane Blumenberg-Lampe, Stuttgart 1986; 633 S.

Darstellungen

15200 Blumenberg-Lampe, Christiane: Das wissenschaftliche Programm der »Freiburger Kreise«. Entwurf einer freiheitlich-sozialen Nachkriegswirtschaft. Nationalökonomen gegen den Nationalsozialismus, Berlin 1973; 180 S.

15201 Krause, Werner: Wirtschaftstheorie unter dem Hakenkreuz. Die bürgerliche politische Ökonomie in Deutschland während der faschistischen Herrschaft, Berlin (O) 1969; 247 S.

15202 Kruk, Max u. a.: Eugen Schmalenbach. Der Mann – Sein Werk – Die Wirkung, Hg. Walter Cordes, Mitarb. Harald Lutz, Stuttgart 1984, 150–88, 252–62

15203 Kruse, Christina: Die Volkswirtschaftslehre im Nationalsozialismus, Freiburg 1988; 155 S.

15204 Müller, Elmar: Widerstand und Wirtschaftsordnung. Die wirtschaftspolitischen Konzepte der Widerstandsbewegung gegen das NS-Regime und ihr Einfluß auf die Soziale Marktwirtschaft, Frankfurt u. a. 1988; 264 S.

15205 Treue, Wilhelm: Widerstand von Unternehmern und Nationalökonomen, in: Jürgen Schmädeke/Peter Steinbach (Hg.), Der Widerstand gegen den Nationalsozialismus. Die deutsche Gesellschaft und der Widerstand gegen Hitler, 2. Aufl., München/Zürich 1986, 917–37 (zuerst 1985; ND 1994)

Regional-/Lokalstudien

15206 Groß, Matthias: Die nationalsozialistische »Umwandlung« der ökonomischen Institute, in: Heinrich Becker u. a. (Hg.), Die Universität Göttingen unter dem Nationalsozialismus. Das verdrängte Kapitel ihrer 250jährigen Geschichte, München u. a. 1987, 142–68

15207 Hilger, Marie-Elisabeth: Das Sozialökonomische Seminar (SÖS), in: Eckart Krause u. a. (Hg.), Hochschulalltag im »Dritten Reich«. Die Hamburger Universität 1933–1945, Bd. 2, Berlin/Hamburg 1991, 953–79

15208 Mattfeldt, Harald: Aspekte Hamburger Wirtschaftswissenschaften im Nationalsozialismus, in: Eckart Krause u. a. (Hg.), Hochschulalltag im »Dritten Reich«. Die Hamburger Universität 1933–1945, Bd. 2, Berlin/Hamburg 1991, 991–1016

15209 Priddat, Birger-Peter/Rosenfeld, Martin: Finanzwissenschaft in Hamburg 1933 bis 1945, in: Eckart Krause u. a. (Hg.), Hochschulalltag im »Dritten Reich«. Die Hamburger Universität 1933–1945, Bd. 2, Berlin/Hamburg 1991, 981–90

15210 Schefold, Bertram (Hg.): Wirtschafts- und Sozialwissenschaftler in Frankfurt am Main. Erinnerungen an die Wirtschafts- und Sozialwissenschaftliche Fakultät und an die Anfänge des Fachbereichs Wirtschaftswissenschaften an der Johann Wolfgang Goethe-Universität. Mit einem dokumentarischen Anhang und einer Lehrstuhlgeschichte, Marburg 1989, 111–36, 313–51

A.3.19.10 Technische Wissenschaften

[vgl. A.3.11.6.3.3; A.3.16.8; A.3.20.3]

Darstellungen

15211 Braun, Hans J./Kaiser, Walter: Energiewirtschaft – Automatisierung – Information. Seit 1914. (Propyläen Technikgeschichte, 5), Red. Wolfram Mitte, Mitarb. Gisela Hidde u. a., Berlin 1992; 576 S.

15212 Buchheim, Gisela/Sonnemann, Rolf (Hg.): Geschichte der Technikwissenschaften, Mitarb. Herbert Börner u. a., Leipzig 1990; 520 S.

15213 Eisfeld, Rainer: Von Raumfahrtpionieren und Menschenschindern. Ein verdrängtes Kapitel der Technikentwicklung im Dritten Reich, in: Rainer Eisfeld/Ingo Müller (Hg.), Gegen Barbarei. Essays Robert M. W. Kempner zu Ehren, Frankfurt 1989, 206–38

15214 Krug, Klaus: Zur Herausbildung der Verfahrenstechnik, in: Günter Wendel (Hg.), Wissenschaft und Gesellschaft 1917–1945. Beiträge zur Wissenschaftsgeschichte, Berlin 1984, 183–97

15215 Neef, Wolfgang: Technik und Faschismus. »Mißbrauch« der Technik oder bestimmungsgemäßer Gebrauch?, in: FW 10 (1993), Nr. 2, 6–8

15216 Richter, Siegfried A.: Zur Entwicklung der Fertigungstechnik als Technikwissenschaft in der ersten Hälfte des 20. Jahrhunderts, in: Günter Wendel (Hg.), Wissenschaft und Gesellschaft 1917–1945. Beiträge zur Wissenschaftsgeschichte, Berlin 1984, 199–214

15217 Trischler, Helmuth: Luft- und Raumfahrtforschung in Deutschland 1900–1970. Politische Geschichte einer Wissenschaft, Frankfurt/New York 1992; 541 S.

Regional-/Lokalstudien

15218 Ebert, Hans/Rupieper, Hermann-Josef: Technische Wissenschaften und nationalsozialistische Rüstungspolitik: Die Wehrtechnische Fakultät der TH Berlin 1933–1945, in: Reinhard Rürup (Hg.), Wissenschaft und Gesellschaft. Beiträge zur Geschichte der TH/TU Berlin 1879–1979, Bd. 1, Berlin u. a. 1979, 469–91

A.3.19.11 Agrarwissenschaften

Darstellungen

15219 Reichrath, Susanne: Entstehung, Entwicklung und Stand der Agrarwissenschaften in Deutschland und Frankreich, Frankfurt u. a. 1991; XII, 255 S.

Regional-/Lokalstudien

15220 Becker, Heinrich: Von der Nahrungssicherung zu Kolonialträumen: Die landwirtschaftlichen Institute im Dritten Reich, in: Heinrich Becker u. a. (Hg.), Die Universität Göttingen unter dem Nationalsozialismus. Das verdrängte Kapitel ihrer 250jährigen Geschichte, München u. a. 1987, 410–36

15221 Bonner Gelehrte. Beiträge zur Geschichte der Wissenschaften in Bonn. Landwirtschaftswissenschaften. (150 Jahre Rheinische Friedrich-Wilhelms-Universität zu Bonn 1818–1968), Bonn 1971; 191 S.

A.3.20 Kultur und Kulturpolitik

A.3.20.1 Allgemeines

[vgl. A.1.9.2: J. Goebbels; A. Rosenberg; A.3.8.8; A.3.13.7]

Bibliographien

15222 Petropoulos, Jonathan G./Mesch, U. Claudia (Bearb.): Auswahlbibliographie, in: Stephanie Barron (Hg.), »Entartete Kunst«. Das Schicksal der Avantgarde im Nazideutschland. Eine Ausstellung des Los Angeles County Museum, übernommen vom Deutschen Historischen Museum, München 1992, 406–11 (amerikan.: New York 1991)

Literaturberichte

15223 Dussel, Konrad: Kunst und Kultur im NS-Staat. Zur Geschichte ihrer Geschichtsschreibung und deren Ergebnisse, in: NPL 35 (1990), 390–406

15224 Dussel, Konrad: Kulturgeschichte als Geschichte angewandter Kunst. Deutschland 1920–1960, in: NPL 38 (1993), 447–62

Quellenkunde

15225 Norgart, Per: Die Kunst- und Architekturpolitik des »Dritten Reiches« aus filmdokumetarischer Sicht. Filmquellen zur Kunst- und Architekturpolitik des »Dritten Reiches« 1934–1945. Voraussetzungen, Registrierung, Klassifizierung, thematische Exemplifikation, in: Karl F. Reimers/Hans Friedrich (Hg.), Zeitgeschichte in Film und Fernsehen. Analyse – Dokumentation – Didaktik, München 1982, 141–77

15226 Reichskulturkammer und ihre Einzelkammern. Bestand R 56. (Findbücher zu den Beständen des Bundesarchivs, 31), Hg. Bundesarchiv, Koblenz 1987; 179 S.

Darstellungen

15227 Alff, Wilhelm: Die Angst vor der Dekadenz. Zur Kunstpolitik des deutschen Faschismus (1963), in: Wilhelm Alff, Der Begriff des Faschismus und andere Aufsätze, Frankfurt 1971, 124–41

15228 Benjamin, Walter: Das Kunstwerk im Zeitalter seiner technischen Reproduzierbarkeit. 3 Studien zur Kunstsoziologie, 14. Aufl., Frankfurt 1984; 107 S. (zuerst 1935)

15229 Bertaux, Pierre: Kultur in der ideologischen Zwangsjacke, in: Wolfgang Treue/Jürgen Schmädeke (Hg.), Deutschland 1933. Machtzerfall der Demokratie und nationalsozialistische »Machtergreifung«. Eine Vortragsreihe, Berlin 1984, 156–75

15230 Bertaux, Pierre: Nationalsozialistische Kulturpolitik und ihre Folgen, in: Gerhard Schulz (Hg.), Die Große Krise der dreißiger Jahre. Vom Niedergang der Weltwirtschaft zum 2. Weltkrieg, Göttingen 1985, 120–36

15231 Brady, Robert: The National Chamber of Culture (Reichskulturkammer), in: Brandon Taylor/Wilfried van der Will (Hg.), The Nazification of Art. Art, Design, Music, Architecture, and Film in the Third Reich, Winchester, Hampsh. 1990, 80–88, 255

15232 Brands, Gunnar: »Zwischen Island und Athen«. Griechische Kunst im Spiegel des Nationalsozialismus, in: Bazon Brock/Achim Preiß (Hg.), Kunst auf Befehl? Dreiunddreißig bis Fünfundvierzig, München 1990, 103–36**

15233 Brenner, Hildegard: Die Kunst im politischen Machtkampf der Jahre 1933/34, in: VfZ 10 (1962), 17–42

15234 Brock, Bazon: Kunst auf Befehl? Eine kontrafaktische Behauptung: War Hitler ein Gott?, in: Bazon Brock/Achim Preiß (Hg.), Kunst auf Befehl? Dreiunddreißig bis Fünfundvierzig, München 1990, 9–20

15235 Brock, Bazon/Preiß, Achim (Hg.): Kunst auf Befehl? Dreiunddreißig bis Fünfundvierzig, München 1990; 275 S.*

15236 Combes, Andrés u.a. (Hg.): Nazisme et anti-nazisme dans la litterature et l'art allemands (1920–1945), Lille 1986; 205 S.

15237 Dahm, Volker: Anfänge und Ideologie der Reichskulturkammer. Die »Berufsgemeinschaft« als Instrument kulturpolitischer Steuerung und sozialer Reglementierung, in: VfZ 34 (1986), 53–84

15238 Dilly, Heinrich: Deutsche Kunsthistoriker 1933–1945, München/Berlin 1988; 94 S.

15239 Dittmann, Lorenz: Der Begriff des Kunstwerks in der deutschen Kunstgeschichte, in: Lorenz Dittmann (Hg.), Kategorien und Methoden der deutschen Kunstgeschichte 1900–1930, Stuttgart 1985, 52–88

15240 Dussel, Konrad: Der NS-Staat und die »deutsche Kunst«, in: Karl D. Bracher u. a. (Hg.), Deutschland 1933–1945. Neue Studien zur nationalsozialistischen Herrschaft, 2., erg. Aufl., Bonn/Düsseldorf 1993, 256–72 (zuerst 1992)

15242 Fischer-Defoy, Christine: Artists and Art Institutions in Germany, 1933–1945, in: Brandon Taylor/Wilfried van der Will (Hg.), The Nazification of Art. Art, Design, Music, Architecture, and Film in the Third Reich, Winchester, Hampsh. 1990, 89–109, 255

15243 Friese, Eberhard: Varianten deutschjapanischer Kulturpolitik von Ende des Ersten bis zum Ende des Zweiten Weltkriegs (1918–1945), in: Josef Kreiner/Regine Mathias (Hg.), Deutschland – Japan in der Zwischenkriegszeit, Bonn 1990, 341–60

15244 Fröhlich, Elke: Die Kulturpolitische Pressekonferenz des Reichspropagandaministeriums, in: VfZ 22 (1974), 347–81

15245 Fryksén, Arne: Hitlers Reden zur Kultur. Kunstpolitische Taktik oder Ideologie?, in: Probleme deutscher Zeitgeschichte. (Lund Studies in International History, 2), Stockholm 1971, 235–66

15246 Grosshans, Henry: Hitler and the Artists, New York u. a. 1983; XIII, 145 S.

15247 Grote, Andreas: Kulturelle Angelegenheiten: Museen und Ausstellungen [1933–1945], in: Deutsche Verwaltungsgeschichte, Bd. 4: Das Reich als Republik und in der Zeit des Nationalsozialismus, Hg. Kurt G. A. Jeserich u. a., Stuttgart 1985, 998–1001

15248 Guyot, Adelin/Restellini, Patrick: L'art Nazi. Un art de propagande, Vorwort Léon Poliakov, 2. Aufl., Brüssel 1988; 223 S. (zuerst 1983)

15249 Haase, Günther: Kunstraub und Kunstschutz. Eine Dokumentation, Hildesheim 1991; 267 S.

15250 Haiko, Peter: »Verlust der Mitte« von Hans Sedlmayr als kritische Form im Sinne der Theorie von Hans Sedlmayr [Kunsthistoriker], in: Gernot Heiß u. a. (Hg.), Willfährige Wissenschaft. Die Universität Wien 1938–1945, Wien 1989, 77–88

15251 Hartung, Günter: Literatur und Ästhetik des deutschen Faschismus. Drei Studien, Berlin (O) 1983; 314 S. (LA Köln 1984)*

15252 Hartung, Günter: Kulturpolitik und Ästhetik des deutschen Faschismus, in: Günter Hartung, Literatur und Ästhetik des deutschen Faschismus. Drei Studien, Berlin (O) 1983, 135–98

15253 Hein, Peter U.: Die Brücke ins Geisterreich. Künstlerische Avantgarde zwischen Kulturkritik und Faschismus, Reinbek 1992; 319 S.

15254 Hermand, Jost: Bewährte Tümlichkeiten. Der völkisch-nazistische Traum einer ewig-deutschen Kunst, in: Horst Denkler/Karl Prümm (Hg.), Die deutsche Literatur im Dritten Reich. Themen – Traditionen – Wirkungen, Stuttgart 1976, 102–17

15255 Hiepe, Richard: Gewissen und Gestaltung. Deutsche Kunst im Widerstand, Frankfurt 1960; 63 S.

15256 Hille, Karoline: Der Kampfbund für deutsche Kultur, in: 1933 – Wege zur Diktatur, Ergänzungsbd., Hg. Staatliche Kunsthalle Berlin, Red. Dieter Ruckhaberle u. a., Berlin 1983, 168–86

15257 Hinz, Berthold u. a. (Hg.): Die Dekoration der Gewalt. Kunst und Medien im Faschismus, Gießen 1979; 269 S.*

15258 Hopster, Norbert: Die kulturelle Tradition in Deutschland und die nationalsozialistische Revolution, in: Kay Dohnke u. a. (Hg.), Niederdeutsch im Nationalsozialismus. Studien zur Rolle regionaler Kultur im Faschismus, Hildesheim u. a. 1994, 22–35

15259 Inszenierung der Macht. Ästhetische Faszination des Faschismus. [Begleitbuch] zur gleichnamigen Ausstellung der neuen Gesellschaft für Bildende Kunst im »Kunstquartier Ackerstraße«, Berlin-Wedding, vom 1. April bis zum 17. Mai 1987, Hg. Neue Gesellschaft für Bildende Kunst, Red. Klaus Behnken/Frank Wagner, Berlin 1987* **

15260 Justin, Harald: »Tanz mir den Hitler.« Kunstgeschichte und faschistische Herrschaft, Münster 1982; 119 S.

15261 Ketelsen, Uwe-Karsten: Kulturpolitik im III. Reich und Ansätze zu ihrer Interpretation, in: T&K 8 (1980), 217–42

15262 Kraut, Gisela/Schwarz, Hans-Peter: »Vom Geiste der Gemeinschaft«. Zur Ikonographie ständestaatlicher Vorstellungen im deutschen Faschismus, in: Berthold Hinz u. a. (Hg.), Die Dekoration der Gewalt. Kunst und Medien im Faschismus, Gießen 1979, 75–86

15263 Larsson, Lars O.: Nationalstil und Nationalismus in der Kunstgeschichte der zwanziger und dreißiger Jahre, in: Lorenz Dittmann (Hg.), Kategorien und Methoden der deutschen Kunstgeschichte 1900–1930, Stuttgart 1985, 169–84

15264 Lehmann-Haupt, Hellmut: Art under a Dictatorship, New York 1954; XXII, 277 S.

15265 Lepsius, M. Rainer: Kultur und Wissenschaft in Deutschland unter der Herrschaft des Nationalsozialismus (1987), in: M. Rainer Lepsius, Demokratie in Deutschland. Soziologisch-historische Konstellationsanalysen, Göttingen 1993, 119–32, 347 f.

15266 Linsen, Albrecht: Der Kulturteil der deutschen Wochenzeitung »Das Reich«, Diss. München 1954; 176 S. (Ms.)

15267 Liska, Pavel: Nationalsozialistische Kunstpolitik, Berlin 1974; 38 S.

15268 Madajczyk, Czeslaw (Hg.): Inter arma non silent musae. The War and the Culture, 1939–1945, Warschau 1977; 656 S.*

15269 Mallmann, Marion: »Das Innere Reich«. Analyse einer konservativen Kulturzeitschrift im Dritten Reich, Bonn 1978; 327 S.

15270 Merker, Reinhard: Die bildenden Künste im Nationalsozialismus. Kulturideologie – Kulturpolitik – Kulturproduktion, Köln 1983; 370 S.

15271 Milton, Sybil: Artists in the Third Reich, in: Henry Friedlander/Sybil Milton (Hg.), The Holocaust: Ideology, Bureaucracy, and Genocide. The San José Papers, Millwood, N. Y. 1980, 115–32

15272 Molkenbur, Norbert/Hörhold, Klaus: Oda Schottmüller. Tänzerin, Bildhauerin, Antifaschistin. Eine Dokumentation, Berlin 1983; 129 S.

15273 Müller-Mehlis, Reinhard: Die Kunst im Dritten Reich, München 1976; 230 S.

15274 Musik, Literatur und Film zur Zeit des Dritten Reichs. (1937. Europa vor dem 2. Weltkrieg. September 1987 bis Januar 1988. Ein Gemeinschaftsprojekt Düsseldorfer Kulturinstitute), Hg. Kulturamt der Stadt Düsseldorf, Düsseldorf 1987; 124 S.*

15275 Nowojski, Walter (Hg.): In dunkler Zeit. Künstlerschicksale zwischen 1933 und 1945, Berlin 1963; 144 S.

15276 Petropoulos, Jonathan G.: Art as Politics. The Nazi Elite's Quest for the Political and Material Control of Art, Diss. Harvard University 1990; 489 S. (Ms.)

15277 Petsch, Joachim: Kunst im Dritten Reich. Architektur, Plastik, Malerei, Alltagsästhetik, 2., veränd. u. erw. Aufl., Köln 1987; 102 S. (zuerst 1983)

15278 Pini, Udo: Leibeskult und Liebeskitsch. Erotik im Dritten Reich, München 1992; 400 S.**

15279 Preiß, Bettina: Eine Wissenschaft wird zur Dienstleistung. Kunstgeschichte im Nationalsozialismus, in: Bazon Brock/ Achim Preiß (Hg.), Kunst auf Befehl? Dreiunddreißig bis Fünfundvierzig, München 1990, 41–58

15280 Pröstler, Viktor: Die Ursprünge der nationalsozialistischen Kunsttheorie, Diss. München 1982; 262 S.

15281 Rathkolb, Oliver: Führertreu und gottbegnadet. Künstlereliten im Dritten Reich, Wien 1991; 303 S.

15282 Rave, Paul O.: Kunstdiktatur im Dritten Reich, Hg. Uwe M. Schneede, Neuausg., Berlin 1987; 176 S. (zuerst Hamburg 1949)

15283 Reichel, Peter: Ästhetik statt Politik? Zum Verhältnis von Kultur und Politik im NS-Staat, in: Dirk Berg-Schlosser/Jakob Schissler (Hg.), Politische Kultur in Deutschland. Bilanz und Perspektiven der Forschung, Opladen 1987, 123–37

15284 Richard, Lionel: Deutscher Faschismus und Kultur. Aus der Sicht eines Franzosen, München 1982; 353 S. (franz.: Paris 1978)

15285 Scheel, Klaus: Zur Rolle der Kulturpolitik des faschistischen deutschen Imperialismus im Zweiten Weltkrieg und zum Kampf deutscher Antifaschisten gegen die Kulturbarbarei, in: Czeslaw Madayczik (Hg.), Inter arma non silent Musae. The War and the Culture, 1939–1945, Warschau 1977, 41–87

15286 Schier, Barbara: Konrad Hahm, Josef Maria Ritz und die deutsche Volkskunstkommission 1932–1938, in: JbV N. F. 12 (1989), 43–50

15287 Schirmbeck, Peter: Adel der Arbeit. Der Arbeiter in der Kunst der NS-Zeit, Marburg 1984; 216 S.

15288 Schnell, Ralf (Hg.): Kunst und Kultur im deutschen Faschismus. (Literaturwissenschaft und Sozialwissenschaften, 10), Stuttgart 1978; VI, 350 S.*

15289 Schnell, Ralf: Die Zerstörung der Historie. Versuch über die Ideologiegeschichte faschistischer Ästhetik, in: Ralf Schnell (Hg.), Kunst und Kultur im deutschen Faschismus, Stuttgart 1978, 17–55

15290 Schütz, Erhard: Medien, Mitarb. Thomas Wegmann, in: Dieter Langewiesche/Heinz-Elmar Tenorth (Hg.), Handbuch der deutschen Bildungsgeschichte, Bd. 5: Die Weimarer Republik und die nationalsozialistische Diktatur, München 1989, 371–406

15291 Schütz, Erhard: »Jene blaßgrauen Bänder«. Die Reichsautobahn in Literatur und anderen Medien des »Dritten Reiches«, in: IASL 19 (1994), Nr. 2, 76–120

15292 Siegele-Wenschkewitz, Leonore/ Stuchlik, Gerda (Hg.): Frauen und Faschismus in Europa. Der faschistische Körper, Pfaffenweiler 1990; (XI), 335 S.*

15293 Steinberg, Rolf (Hg.): Nazi-Kitsch. Mit einem dokumentarischen Anhang über den Kleinkitsch von 1933, Darmstadt 1975; 84 S.**

15294 Sultano, Gloria: Wie geistiges Kokain ... Mode im Dritten Reich, Wien 1994; ca. 350 S.

15295 Syberberg, Hans J.: Hitler und die Staatskunst: Die mephistophelische Avantgarde des 20. Jahrhunderts, in: Realismus. Zwischen Revolution und Reaktion 1919–1939. Ausstellung im Centre Georges Pompidou, Paris: 17. Dezember 1980–20. April 1981. Ausstellung in der Staatlichen Kunsthalle Berlin: 16. Mai – 28. Juni 1981,

Hg. der deutschen Ausgabe Günter Metken, München 1981, 382–86 (franz. Originalausg.: Paris 1981)

15296 Tabor, Jan (Hg.): Kunst und Diktatur. Architektur, Bildhauerei und Malerei in Österreich, Deutschland, Italien und der Sowjetunion 1922–1956. Eine Ausstellung des Österreichischen Ministeriums für Wissenschaft und Forschung, Künstlerhaus Wien, 28. März bis 15. August 1994, Bearb. Hans-Dieter Horn, 2 Bde., Baden 1994; 1001 S.**

15297 Taylor, Brandon: Post-Modernism in the Third Reich, in: Brandon Taylor/ Wilfried van der Will (Hg.), The Nazification of Art. Art, Design, Music, Architecture, and Film in the Third Reich, Winchester, Hampsh. 1990, 128–43, 256 f.

15298 Taylor, Brandon/Will, Wilfried van der (Hg.): The Nazification of Art: Art, Design, Music, Architecture, and Film in the Third Reich, Winchester, Hampsh. 1990; VIII, 280 S.*

15299 Taylor, Brandon/Will, Wilfried van der: Aesthetics and National Socialism, in: Brandon Taylor/Wilfried van der Will (Hg.), The Nazification of Art. Art, Design, Music, Architecture, and Film in the Third Reich, Winchester, Hampsh. 1990, 1–13, 249 f.

Regional-/Lokalstudien

15301 Ammann, Gert: Bemerkungen zur Kunst in Tirol 1938–1945, in: Tirol 1938. Voraussetzungen und Folgen. Ausstellung des Landes Tirol, Tiroler Landesmuseum Ferdinandeum Innsbruck, 9. März bis 10. April 1988, Hg. Tiroler Landesmuseum Ferdinandeum Innsbruck, Innsbruck 1988, 105–18

15302 Bock, Günther: Die Städelschule im Dritten Reich, in: Die Städelschule Frankfurt am Main. Aus der Geschichte einer Kunsthochschule, Hg. Verein der Freunde der Städelschule, Frankfurt 1982, 102–15

15303 Bouresh, Bettina: »Sammeln Sie also kräftig!« »Kunstrückführung« ins Reich im Auftrag der Rheinischen Provinzialverwaltung 1940–1945, in: Bazon Brock/Achim Preiß (Hg.), Kunst auf Befehl? Dreiunddreißig bis Fünfundvierzig, München 1990, 59–75

15304 Brenner, Hildegard: Ende einer bürgerlichen Kunst-Institution. Die politische Formierung der Preußischen Akademie der Künste ab 1933, Stuttgart 1972; 174 S.

15305 Dietzler, Anke: Die Gleichschaltung des kulturellen Lebens in Hannover 1933, in: Hannover 1933. Eine Großstadt wird nationalsozialistisch. Beiträge zur Ausstellung, Hg. Historisches Museum am Hohen Ufer, Hannover 1981, 157–78

15306 Dilly, Heinrich/Wendland, Ulrike: »Hitler ist mein bester Freund...«. Das Kunsthistorische Seminar der Hamburger Universität, in: Eckart Krause u.a. (Hg.), Hochschulalltag im »Dritten Reich«. Die Hamburger Universität 1933–1945, Bd. 2, Berlin/Hamburg 1991, 607–24

15307 Ditt, Karl: Raum und Volkstum. Die Kulturpolitik des Provinzialverbandes Westfalen 1923–1945, Münster 1988; 455 S.

15308 Ditt, Karl: Die Kulturpolitik des Provinzialverbandes Westfalen 1886 bis 1945, in: Karl Teppe (Hg.), Selbstverwaltungsprinzip und Herrschaftsordnung. Bilanz und Perspektiven landschaftlicher Selbstverwaltung in Westfalen, Münster 1987, 253–71

15309 Dohnke, Kay u.a. (Hg.): Niederdeutsch im Nationalsozialismus. Studien zur Rolle regionaler Kultur im Faschismus, Hildesheim 1994; 554 S.*

15310 Düsseldorfer Kunstszene 1933–1945. Ausstellung im Stadtmuseum Düsseldorf, 22. Oktober 1987 – 3. Januar 1988, Hg. Stadtmuseum Düsseldorf, Bearb. Werner Alberg, Düsseldorf 1987; 165 S.**

15311 Fischer-Defoy, Christine: Kunst, Macht, Politik. Die Nazifizierung der Kunst- und Musikhochschulen in Berlin, Berlin 1988; 348 S.

15312 Glaser, Hermann: Geist des totalen platten Landes. Machtergreifung in der preußischen Akademie der Künste, in: Jochen Boberg u. a. (Hg.), Die Metropole. Industriekultur in Berlin im 20. Jahrhundert. (Industriekultur deutscher Städte und Regionen, 2), München 1986, 226–29

15313 Hecker, Hans-Joachim: Die Kunststadt München im Nationalsozialismus, in: Richard Bauer u. a. (Hg.), München – »Hauptstadt der Bewegung«. Bayerns Metropole und der Nationalsozialismus, München 1993, 310–16

15315 Kerschbaumer, Gert: Faszination Drittes Reich. Kunst und Alltag der Kulturmetropole Salzburg, Salzburg 1988; 325 S.

15316 Klusacek, Christine: Österreichs Wissenschaftler und Künstler unter dem NS-Regime, Wien 1966; 36 S.

15317 Koch, Michael: Kunstpolitik, in: Otto Borst (Hg.), Das Dritte Reich in Baden und Württemberg, Stuttgart 1988, 236–49, 321

15318 Kratzsch, Gerhard: Volkstum und Heimat als Perspektiven der Kulturpflege in der ersten Hälfte des 20. Jahrhunderts. Eine sozialgeschichtliche Betrachtung, in: Karl Teppe (Hg.), Selbstverwaltungsprinzip und Herrschaftsordnung. Bilanz und Perspektiven landschaftlicher Selbstverwaltung in Westfalen, Münster 1987, 229–51

15320 Piper, Ernst: Nationalsozialistischen Kulturpolitik und ihre Profiteure. Das Beispiel München, in: Jörg Wollenberg (Hg.), »Niemand war dabei und keiner hat's gewußt.« Die deutsche Öffentlichkeit und die Judenverfolgung 1933–1945, München/Zürich 1989, 129–57, 240–43

15321 Piper, Ernst: Nationalsozialistische Kulturpolitik und ihre Profiteure am Beispiel Münchens, in: Kurt Schmid/Robert Streibel (Hg.), Der Pogrom 1938. Judenverfolgung in Österreich und in Deutschland. Dokumentation eines Symposiums der Volkshochschule Brigittenau, 1. u. 2. Aufl., Wien 1990, 64–77

15322 Rischer, Walter: Die nationalsozialistische Kulturpolitik in Düsseldorf 1933–1945, Düsseldorf 1972; IX, 219 S.

15323 Röttger, Friedhelm: Streiflichter aus dem kulturellen Leben Esslingens während der Zeit der Weimarer Republik und des Nationalsozialismus, in: Von Weimar bis Bonn. Esslingen 1919–1949. Begleitband zur Ausstellung »Esslingen 1919–1949. Von Weimar bis Bonn«, Esslingen 1991, 201–22

15324 Schickel, Gabriele (Bearb.): Kultur, Sport, Freizeit, in: Winfried Nerdinger (Hg.), Bauen im Nationalsozialismus. Bayern 1933–1945. Ausstellung des Architekturmuseums der Technischen Universität München und des Münchner Stadtmuseums, München 1993, 332–63

15325 Suchy, Viktor: Der Kampf des Dritten Reiches gegen die österreichische Kultur und Österreichs Widerstand, in: Czeslaw Madayczyk (Hg.), Inter arma non silent Musae. The War and the Culture, 1939–1945, Warschau 1977, 245–64

A.3.20.2 Bildende Künste

Bibliographien

15326 Ernst-Barlach-Bibliographie, Hg. Deutsche Staatsbibliothek, Bearb. Karl-Heinz Kroeplin, Berlin (O) 1972; 66 S.

Nachschlagewerke

Davidsohn, Mortimer G.: Kunst in Deutschland 1933–1945. Wissenschaftliche Enzyklopädie der Kunst im Dritten Reich, Tübingen:

15327 – Bd. 1: Skulpturen, 1988; 534 S.

15328 – Bd. 2: Malerei, 2 Bde., 1991–1992; 504, 492 S.

Gedruckte Quellen

15329 Kollwitz, Käthe: Die Tagebücher, Hg. Jutta Bohnke-Kollwitz, Red. Volker

Frank, Berlin 1989, 673–712 (Januar 1933 bis Mai 1943)

15330 Wulf, Josef (Hg.): Die bildenden Künste im Dritten Reich. Eine Dokumentation. (Kunst im Dritten Reich, 3), Neuausg., Frankfurt/Berlin 1989; 456 S. (zuerst Gütersloh 1963; 3. Aufl. Frankfurt 1983)

Darstellungen

15331 Backes, Klaus: Hitler und die bildenden Künste. Kulturverständnis und Kunstpolitik im Dritten Reich, Köln 1988; 234 S.

15332 Barron, Stephanie (Hg.): »Entartete Kunst«. Das Schicksal der Avantgarde im Nazi-Deutschland. Eine Ausstellung des Los Angeles County Museum of Art, übernommen vom Deutschen Historischen Museum, Red. Detlef Bluemler u.a., München 1992; 423 S. (amerikan.: New York 1991)

15333 Bilang, Karla: Das Breker-Atelier, Käuzensteig 8–12 und das Brücke-Museum, Bussardsteig 9, in: Helmut Engel u.a. (Hg.), Geschichtslandschaft Berlin. Orte und Ereignisse, Bd. 4: Zehlendorf, Berlin 1992, 315–28

15334 Birmele, Jutta/Horst, Franke von der: Entartete Kunst. Geschichte und Gegenwart einer Ausstellung, Oldenburg 1992; 48 S.

15335 Brenner, Hildegard: Die Kunstpolitik des Nationalsozialismus, Reinbek 1963; 288 S.

15336 Busch, Günter: Entartete Kunst. Geschichte und Moral, 1. u. 2. Aufl., Frankfurt 1969; 49 S.

15337 Bushart, Magdalena u.a. (Hg.): Entmachtung der Kunst. Architektur, Bildhauerei und ihre Institutionalisierung 1920 bis 1960, Berlin 1985; 186 S.* **

15338 Crepon, Tom: Leben und Leiden des Ernst Barlach, 2. Aufl., Rostock 1990; 356 S. (zuerst 1988)

15339 Damus, Martin: Sozialistischer Realismus und Kunst im Nationalsozialismus, Frankfurt 1981; 203 S.

15340 Damus, Martin: Plastik vor und nach 1945. Kontinuität oder Bruch in der skulturalen Auffassung, in: Magdalena Bushart u.a. (Hg.), Entmachtung der Kunst. Architektur, Bildhauerei und ihre Institutionalisierung 1920 bis 1960, Berlin 1985, 119–40**

15341 Damus, Martin: Gebrauch und Funktion von bildender Kunst und Architektur im Nationalsozialismus, in: Ralf Schnell (Hg.), Kunst und Kultur im deutschen Faschismus, Stuttgart 1978, 87–128**

15342 DeJaeger, Charles: Das Führermuseum, Esslingen 1988; 280 S. (engl. Exeter 1981 u.d.T.: The Linz File. Hitler's Plunder of Europe's Art)

15343 Diederich, Rainer/Grübling, Richard: Sozialismus als Reklame. Zur faschistischen Fotomontage, in: Berthold Hinz u.a. (Hg.), Die Dekoration der Gewalt. Kunst und Medien im Faschismus, Gießen 1979, 123–36

15344 Diel, Alex: Die Kunsterziehung im Dritten Reich. Geschichte und Analyse, München 1969; IV, 341 S.

15345 Die dreißiger Jahre. Schauplatz Deutschland. (Ausstellungskatalog), Hg. Haus der Kunst München, Köln 1977; 253 S.

15346 Förster, Karin: Staatsaufträge an Bildhauer für das Reichsparteitagsgelände in Nürnberg, in: Magdalena Bushart u.a. (Hg.), Entmachtung der Kunst. Architektur, Bildhauerei und ihre Institutionalisierung 1920 bis 1960, Berlin 1985, 156–82**

15347 Frommhold, Erhard (Hg.): Kunst im Widerstand. Malerei, Graphik, Plastik 1922–1945, Dresden/Frankfurt a.M. 1968; 583 S.

15348 Glózer, László: Westkunst. Zeitgenössische Kunst seit 1939. Eine Veranstaltung der Museen der Stadt Köln unter der Schirmherrschaft der Deutschen UNESCO-Kommission, Mitarb. Marcel Baumgartner u. a., Köln 1981; 524 S.

15349 Glózer, László: Plastik im Dienst des Großdeutschen Reiches: Arno Breker, in: Karl Corino (Hg.), Intellektuelle im Bann des Nationalsozialismus, Hamburg 1980, 81–94

15350 Günther, Sonja: Design der Macht. Möbel für Repräsentanten des »Dritten Reiches«, Vorwort Wolfgang F. Haug, Stuttgart 1992; 130 S.**

15351 Haftmann, Werner: Verfemte Kunst. Bildende Künstler der inneren und äußeren Emigration in der Zeit des Nationalsozialismus, Köln 1986; 420 S.

15352 Haug, Wolfgang F.: Ästhetik der Normalität/Vor-Stellung und Vorbild. Die Faschisierung des männlichen Akts bei Arno Breker, in: Inszenierung der Macht. Ästhetische Faszination des Faschismus, Hg. Neue Gesellschaft für Bildende Kunst, Red. Klaus Behnken/Frank Wagner, Berlin 1987, 79–102

15353 Haug, Wolfgang F.: Der Körper und die Macht im Faschismus, in: Sammlung 14 (1981), 201–6

15354 Heskett, John: »Modernismus« und »Archaismus« im Design während des Nationalsozialismus, in: Berthold Hinz u. a. (Hg.), Die Dekoration der Gewalt. Kunst und Medien im Faschismus, Gießen 1979, 53–60

15355 Heskett, John: Modernism and Archaism in Design in the Third Reich, in: Brandon Taylor/Wilfried van der Will (Hg.), The Nazification of Art. Art, Design, Music, Architecture, and Film in the Third Reich, Winchester, Hampsh. 1990, 110–27, 255 f.

15356 Heskett, John: Art and Design in Nazi Germany, in: Workshop (1978), Nr. 6, 139–53

15357 Hille, Karoline: Chagall auf dem Handwagen. Die Vorläufer der Ausstellung »Entartete Kunst«, in: Inszenierung der Macht. Ästhetische Faszination des Faschismus, Hg. Neue Gesellschaft für Bildende Kunst, Red. Klaus Behnken/Frank Wagner, Berlin 1987, 159–68

15358 Hinkel, Hermann: Zur Funktion des Bildes im deutschen Faschismus. Bildbeispiele, Analysen, didaktische Vorschläge, 2. Aufl., Steinbach u. a. 1975; 144 S. (zuerst Steinbach 1974)

15359 Hinz, Berthold: Die Malerei im deutschen Faschismus. Kunst und Konterrevolution, 2. Aufl., Frankfurt 1977; 319 S. (zuerst München 1974)

15360 Hinz, Berthold: 1933/45: Ein Kapitel kunstgeschichtlicher Forschung, in: KB 14 (1986), Nr. 4, 18–33

15361 Hinz, Berthold: Malerei im »Dritten Reich« und ihre antagonistische Provenienz, in: Realismus. Zwischen Revolution und Reaktion 1919–1939. Ausstellung im Centre Georges Pompidou, Paris: 17. Dezember 1980–20. April 1981. Ausstellung in der Staatlichen Kunsthalle, Berlin: 16. Mai – 28. Juni 1981, Hg. der deutschen Ausgabe Günter Metken, München 1981, 120–26 (franz. Originalausg.: Paris 1981)

15362 Hoffmann, Detlef: Der Mann mit dem Stahlhelm vor Verdun – Fritz Erlers Plakat zur 6. Kriegsanleihe, in: Berthold Hinz u. a. (Hg.), Die Dekoration der Gewalt. Kunst und Medien im Faschismus, Gießen 1979, 101–14

15363 Hoffmann-Curtius, Kathrin: Die Frau in ihrem Element. Adolf Zieglers Triptychon der »Naturgesetzlichkeit«, in: Leonore Siegele-Wenschkewitz/Gerda Stuchlik (Hg.), Frauen und Faschismus in Europa. Der faschistische Körper, Pfaffenweiler 1990, 151–80

15364 Huster, Gabriele: Das Bild der Frau in der Malerei des deutschen Faschismus, in: Maruta Schmidt/Gabi Dietz (Hg.), Frauen unterm Hakenkreuz. Eine Dokumentation, 3. Aufl., München 1985, 50–57, 200 f. (1. u. 2. Aufl., Berlin 1983); gekürzt abgedr. in: Hart und zart. Frauenleben 1920–1970, Hg. Elefanten Press, Berlin 1990, 160–64

15365 Krahmer, Catherine: Ernst Barlach. Mit Selbstzeugnissen und Bilddokumenten, Reinbek 1984; 155 S.**

15366 Kubin, Ernst: Sonderauftrag Linz. Die Kunstsammlung Adolf Hitler. Aufbau, Vernichtungsplan, Rettung. Ein Thriller der Kulturgeschichte, Wien 1989; 320 S.

15367 Kuhn, Rudolf: Die Bildende Kunst im Zweiten Weltkrieg, in: Venanz Schubert u. a. (Hg.), Der Zweite Weltkrieg und die Gesellschaft in Deutschland. 50 Jahre danach. Eine Ringvorlesung der Universität München, St. Ottilien 1992, 149–216

15368 Kunst im 3. Reich. Dokumente der Unterwerfung. (Ausstellungskatalog), Bearb. Frankfurter Kunstverein/Arbeitsgruppe des Kunstgeschichtlichen Instituts der Universität Frankfurt i. A. der Stadt Frankfurt, Mitarb. Iring Fetscher, 5. Aufl., Frankfurt 1976; 226 S. (zuerst 1975; ND Frankfurt 1979 u. ö.)

15369 Kurz, Jacob: Kunstraub in Europa 1938–1945, Hamburg 1989; 444 S.

15370 Lurz, Meinhold: Die Kriegerdenkmalsentwürfe von Wilhelm Kreis, in: Berthold Hinz u. a. (Hg.), Die Dekoration der Gewalt. Kunst und Medien im Faschismus, Gießen 1979, 185–97

15371 Meckel, Anne: Animation – Agitation. Frauendarstellungen auf der »Großen Deutschen Kunstaustellung« in München 1937–1944, Weinheim 1993; 248 S.

15372 Mittig, Hans-Ernst: Die Reklame als Wegbereiterin der nationalsozialistischen Kunst, in: Berthold Hinz u. a. (Hg.), Die Dekoration der Gewalt. Kunst und Medien im Faschismus, Gießen 1979, 31–52

15373 Piper, Ernst: Nationalsozialistische Kunstpolitik: Ernst Barlach und die »entartete Kunst«. Eine Dokumentation, 2. Aufl., Frankfurt 1987; 283 S. (zuerst München/Zürich 1983 u. d. T.: Ernst Barlach und die nationalsozialistische Kunstpolitik)

15374 Richardson, Annie: The Nazification of Women in Art, in: Brandon Taylor/ Wilfried van der Will (Hg.), The Nazification of Art. Art, Design, Music, Architecture, and Film in the Third Reich, Winchester, Hampsh. 1990, 53–79, 251–55

15375 Roh, Franz: »Entartete Kunst«. Kunstbarbarei im Dritten Reich, Hannover 1962; 330 S.

15376 Roters, Eberhard: Galerie Ferdinand Möller. Die Geschichte einer Galerie für Moderne Kunst in Deutschland 1917–1956, Berlin 1984; 318 S.

15377 Schirmbeck, Peter: Zur Industrie- und Arbeitsdarstellung in der NS-Kunst, in: Berthold Hinz u. a. (Hg.), Die Dekoration der Gewalt. Kunst und Medien im Faschismus, Gießen 1979, 61–74

15378 Scholz, Robert: Architektur und bildende Kunst, 1933–1945, Preußisch Oldendorf 1977; 239 S.

15379 Steele, Frank G.: Die Verwaltung der Bildenden Künste im »New Deal« und im »Dritten Reich«, in: Berthold Hinz u. a. (Hg.), Die Dekoration der Gewalt. Kunst und Medien im Faschismus, Gießen 1979, 198–204

15380 Tarnowski, Wolfgang: Ernst Barlach und der Nationalsozialismus. Ein Abendvortrag, gehalten am 20. Oktober 1988 in der Katholischen Akademie Hamburg, Hg. Ernst-Barlach-Gesellschaft Hamburg, Hamburg 1989; 92 S.

15381 Thomae, Otto: Die Propaganda-Maschinerie. Bildende Kunst und Öffentlichkeitsarbeit im Dritten Reich, Berlin 1978; 579 S.

15382 Tümpel, Christian (Hg.): Deutsche Bildhauer entartet. (Ausstellungskatalog), Mitarb. Dirk van Alphen u. a., Königstein, Ts. 1992; 264 S. (zuerst niederländ.)

15383 Wagner, Frank/Linke, Gudrun: Mächtige Körper. Staatsskulptur und Herrschaftsarchitektur, in: Inszenierung der Macht. Ästhetische Faszination des Faschismus, Hg. Neue Gesellschaft für Bildende Kunst, Red. Klaus Behnken/Frank Wagner, Berlin 1987, 63–78

15384 Weißler, Sabine (Hg.): Design in Deutschland 1933–1945. Ästhetik und Organisation des Deutschen Werkbundes im »Dritten Reich«, hg. i. A. des Werkbund-Archivs, Gießen 1990; 141 S.**

15385 Wenk, Silke: Götter-Lieben. Zur Repräsentation des NS-Staates in steinernen Bildern des Weiblichen, in: Leonore Siegele-Wenschkewitz/Gerda Stuchlik (Hg.), Frauen und Faschismus in Europa. Der faschistische Körper, Pfaffenweiler 1990, 181–210

15386 Wenk, Silke: Aufgerichtete weibliche Körper. Zur allegorischen Skulptur im deutschen Faschismus, in: Inszenierung der Macht. Ästhetische Faszination des Faschismus, Hg. Neue Gesellschaft für Bildende Kunst, Red. Klaus Behnken/Frank Wagner, Bd. 2, Berlin 1987, 103–118

15387 Widerstand statt Anpassung. Deutsche Kunst im Widerstreit gegen den Faschismus 1933–1945, Hg. Badischer Kunstverein, Berlin 1980; 279 S.

15388 Wilmsmeyer, Herbert: »Volk, Blut, Boden, Künstler, Gott«. Zur Kunstpädagogik im Dritten Reich, in: Peter Lundgreen (Hg.), Wissenschaft im Dritten Reich, Frankfurt 1985, 82–112

15389 Wolbert, Klaus: Die Nackten und die Toten des »Dritten Reiches«. Folgen einer politischen Geschichte des Körpers in der Plastik des deutschen Faschismus, Gießen/Roßdorf 1982; 269 S.

15390 Wolbert, Klaus: Die figurative NS-Plastik, in: Bernd Ogan/Wolfgang W. Weiß (Hg.), Faszination und Gewalt. Zur politischen Ästhetik des Nationalsozialismus, Nürnberg 1992, 217–24

15391 Zavrel, B. John: Arno Breker, His Art and Life, Amherst, N. Y. 1983; 208 S.

15392 Zeugnisse verfemter Kunst in Deutschland 1933–1945. Ausstellung der Staatsgalerie Stuttgart, Organisation u. Red. Heinrich Geissler, Stuttgart-Bad Cannstadt 1987; 184, 68 S.**

15393 Zuschlag, Christoph: Entartete Kunst. Die Vorläufer und die Stationen der Ausstellung 1933–1941, Diss. Heidelberg 1991 (erscheint Worms 1995)

15394 Zwischen Widerstand und Anpassung. Kunst in Deutschland 1933–1945. Ausstellung in der Akademie der Künste vom 17. September bis 19. Oktober 1978, Hg. Akademie der Künste, Berlin 1978; 271 S.

Regional-/Lokalstudien

15395 Entartete Kunst – Beschlagnahmeaktionen in der Städtischen Kunsthalle Mannheim 1937. Katalog der gleichnamigen Ausstellung in der Städtischen Kunsthalle Mannheim, 5. Dezember 1987–7. Februar 1988, Bearb. Hans-Jürgen Buderer, 2., überarb. Aufl., Mannheim 1990; 160 S.

15396 Fehlemann, Sabine: Die Aktion »Entartete Kunst«. Ihre Auswirkung auf Wuppertal, in: Klaus Goebel (Hg.), Über allem die Partei. Schule, Kunst, Musik in Wuppertal 1933–1945. (Wuppertal in der Zeit des Nationalsozialismus, 2), Oberhausen 1987, 65–84 (Abb.: 49–64)**

15397 Fischer-Defoy, Christine: Widerstehen – überleben – mitgestalten – selbstgestalten. Zur Bildhauerausbildung 1933–1945 in Berlin, in: Magdalena Bushart u. a. (Hg.), Entmachtung der Kunst. Architektur, Bildhauerei und ihre Institutionalisierung 1920 bis 1960, Berlin 1985, 141–55**

15398 Hentzen, Alfred: Die Berliner Nationalgalerie im Bildersturm, Köln u. a. 1972; 72 S.; zuerst abgedr. in: JbPK 8 (1970) u. d. T.: Das Ende der neuen Abteilung der National-Galerie im ehemaligen Kronprinzenpalais

15399 Herding, Klaus/Mittig, Hans-Ernst: Kunst und Alltag im NS-System. Albert Speers Berliner Straßenlaternen, Gießen 1975; 93 S.

15400 Heusinger von Waldeck, Joachim (Hg.): Die Hochschule der bildenden Künste Karlsruhe im Dritten Reich. Katalog der Ausstellung in der Staatlichen Akademie der bildenden Künste Karlsruhe, Karlsruhe 1987; 77 S.

15401 Howoldt, Jenns E.: Die Aktion »Entartete Kunst« im Lübecker Museum. Die Ereignisse und ihre Folgen, in: Erich Hoffmann/Peter Wulf (Hg.), »Wir bauen das Reich«. Aufstieg und erste Herrschaftsjahre des Nationalsozialismus in Schleswig-Holstein, Neumünster 1983, 211–34

15402 Jacobi, Walter: Bildersturm in der Provinz. Die NS-Aktion »Entartete Kunst« 1937 in Südbaden, Freiburg i.Br. 1988; 40 S.

15403 Kirsch, Hans-Christian: Worpswede. Die Geschichte einer deutschen Künstlerkolonie, 1. u. 2. Aufl., München 1989, 205–26

15403a Schulte-Wülwer, Ulrich: Der Flensburger Karikaturist Herbert Marxen, in: Erich Hoffmann/Peter Wulf (Hg.), »Wir bauen das Reich«. Aufstieg und erste Herrschaftsjahre des Nationalsozialismus in Schleswig-Holstein, Neumünster 1983, 235–52

15404 Schuster, Peter-Klaus (Hg.): Dokumentation zum nationalsozialistischen Bildersturm am Bestand der Staatsgalerie moderner Kunst in München, München 1988; 215 S.

15405 Schuster, Peter-Klaus: Nationalsozialismus und »Entartete Kunst«. Die »Kunststadt« München 1937, München 1987; 323 S.

15406 Schuster, Peter-Klaus: Münchener Bilderstürme der Moderne, in: KB 14 (1986), Nr. 4, 57–76

15407 Tucholski, Barbara C.: »Entartete« und »reichsdeutsche« Kunst in Kiel um 1937, in: Urs J. Diederichs/Hans-Hermann Wiebe (Hg.), Schleswig-Holstein unter dem Hakenkreuz, hg. i. A. der Evangelischen Akademie Nordelbien, Bad Segeberg/Hamburg o. J. (1984), 173–83

15408 Wenk, Silke: Die weibliche Aktskulptur über der Führertribüne [in Nürnberg], in: Bernd Ogan/Wolfgang W. Weiß (Hg.), Faszination und Gewalt. Zur politischen Ästhetik des Nationalsozialismus, Nürnberg 1992, 210–16

15409 Zwischen Paramenten und NS-Wimpeln. Zeugnisse der Gladbeker Paramenten- und Fahnenstickerei Johanna Alss, Bearb. Maria Lohaus/Michael Jochinke, Gladbek 1984; 16 S.

A.3.20.3 Architektur

[vgl. A.1.9.2: A. Speer; A.3.16.8]

Quellenkunde

15411 Arndt, Karl: Filmdokumente des Nationalsozialismus als Quellen für architekturgeschichtliche Forschungen, in: Günter Moltmann u.a. (Hg.), Zeitgeschichte im Film- und Tondokument. 17 historische, pädagogische und sozialwissenschaftliche Beiträge, Göttingen 1970, 39–68

Gedruckte Quellen

15412 Krier, Leon (Hg.): Albert Speer: Architecture, 1932–1942, Brüssel 1985; 251 S.

Darstellungen

15413 Bartetzko, Dieter: Illusionen in Stein. Stimmungsarchitektur im deutschen Faschismus. Ihre Vorgeschichte in Theater- und Filmbauten, Reinbek 1985; 285 S.

15414 Bartetzko, Dieter: Zwischen Zucht und Ekstase. Zur Theatralik von NS-Architektur, Berlin 1985; 301 S.

15415 Behrenbeck, Sabine: Festarchitektur im Dritten Reich, in: Bazon Brock/Achim

Preiß (Hg.), Kunst auf Befehl? Dreiunddreißig bis Fünfundvierzig, München 1990, 201–52**

15416 Bernett, Hajo: Albert Speers »Deutsches Stadion« war eine gigantische Fehlkonstruktion, in: Bernd Ogan/Wolfgang W. Weiß (Hg.), Faszination und Gewalt. Zur politischen Ästhetik des Nationalsozialismus, Nürnberg 1992, 205–10

15417 Blomeyer, Gerald R.: Hinter den Fassaden deutscher Bauten. Architektenkittel im Wind: Auch beim Wiederaufbau hat es 1945 eine Stunde Null nicht gegeben, in: Zeit, Jg. 42, Nr. 4, 16.1. 1987, 29

15418 Bushart, Magdalena: Bauplastik im Dritten Reich, in: Magdalena Bushart u. a. (Hg.), Entmachtung der Kunst. Architektur, Bildhauerei und ihre Institutionalisierung 1920 bis 1960, Berlin 1985, 104–13**

15419 Cluet, Marc: L'architecture du IIIe Reich. Origines intellectuelles et visées idéologiques, Bern u. a. 1987; 348 S.

15420 Damus, Martin: Gebrauch und Funktion von bildender Kunst und Architektur im Nationalsozialismus, in: Ralf Schnell (Hg.), Kunst und Kultur im deutschen Faschismus, Stuttgart 1978, 87–128**

15421 Durth, Werner: Deutsche Architekten. Biographische Verflechtungen 1900–1970, 3., durchges. Aufl., Wiesbaden 1988; 450 S. (zuerst Braunschweig/Wiesbaden 1986; TB München 1992)

15422 Durth, Werner: Architektur und Stadtplanung im Dritten Reich, in: Michael Prinz/Rainer Zitelmann (Hg.), Nationalsozialismus und Modernisierung, 2. Aufl., Darmstadt 1994, 139–71 (zuerst 1991)

15423 Frank, Hartmut (Hg.): Faschistische Architekturen. Planen und Bauen in Europa 1930–1945, Hamburg 1985; 334 S.

15424 Frank, Hartmut: Bridges: Paul Bonatz's Search for a Contemporary Monumental Style, in: Brandon Taylor/Wilfried van der Will (Hg.), The Nazification of Art. Art, Design, Music, Architecture, and Film in the Third Reich, Winchester, Hampsh. 1990, 144–57, 257–59

15425 Giesler, Hermann: Ein anderer Hitler. Bericht seines Architekten. Erlebnisse, Gespräche, Reflexionen, 5. Aufl., Leoni am Starnberger See 1982; 527 S. (zuerst 1977)

15426 Hahn, Peter (Hg.): Bauhaus Berlin. Auflösung Dessau 1932, Schließung Berlin 1933. Bauhäusler und Drittes Reich. Eine Dokumentation, Bearb. Bauhaus-Archiv, Berlin, Weingarten 1985; 301 S.

15427 Lane, Barbara M.: Architektur und Politik in Deutschland 1918–1945, Wiesbaden 1986; 250 S. (amerikan.: Cambridge, Mass. 1968)

15428 Nerdinger, Winfried (Hg.): Bauhaus-Moderne im Nationalsozialismus. Zwischen Anbiederung und Verfolgung, hg. in Verbindung mit dem Bauhaus-Archiv, Berlin, München 1993; 216 S.

15429 Nerdinger, Winfried: Versuchung und Dilemma der Avantgarde im Spiegel der Architekturwettbewerbe 1933–1935, in: Magdalena Bushart u. a. (Hg.), Entmachtung der Kunst. Architektur, Bildhauerei und ihre Institutionalisierung 1920 bis 1960, Berlin 1985, 86–103**

15430 Pahl-Weber, Elke/Schubert, Dirk: Zum Mythos nationalsozialistischer Stadtplanung und Architektur, in: 1999 5 (1990), Nr. 1, 82–106

15431 Petsch, Joachim: Baukunst und Stadtplanung im Dritten Reich. Herleitung, Bestandsaufnahme, Entwicklung, Nachfolge, München/Wien 1976; 274 S.

15432 Petsch, Joachim: Eigenheim und gute Stube. Zur Geschichte des bürgerlichen Wohnens. Städtebau – Architektur – Einrichtungsstile, Mitarb. Wiltrud Petsch-Bahr, Köln 1989, 165–95

15433 Petsch, Joachim: Architektur als Weltanschauung. Die Staats- und Parteiarchitektur im Nationalsozialismus, in: Bernd Ogan/Wolfgang W. Weiß (Hg.), Faszination und Gewalt. Zur politischen Ästhetik des Nationalsozialismus, Nürnberg 1992, 197–204

15434 Petsch, Joachim: Architektur und Städtebau im Dritten Reich – Anspruch und Wirklichkeit, in: Detlev J. K. Peukert/ Jürgen Reulecke (Hg.), Die Reihen fast geschlossen. Beiträge zur Geschichte des Alltags unterm Nationalsozialismus, Wuppertal 1981, 175–95

15435 Petsch, Joachim: Die Rezeption der klassischen Architekturtradition in den Partei- und Staatsbauten des »Dritten Reiches«, in: Michael Hesse/Max Imdahl (Hg.), Studien zu Renaissance und Barock. Manfred Wundram zum 60. Geburtstag. Eine Festschrift, Frankfurt u.a. 1986, 241–52

15436 Petsch, Joachim/Schäche, Wolfgang: Architektur im deutschen Faschismus: Grundzüge und Charakter der nationalsozialistischen »Baukunst«, in: Realismus. Zwischen Revolution und Reaktion 1919–1939. Ausstellung im Centre Georges Pompidou, Paris: 17. Dezember 1980–20. April 1981. Ausstellung in der Staatlichen Kunsthalle, Berlin: 16. Mai – 28. Juni 1981, Hg. der deutschen Ausgabe Günter Metken, München 1981, 396–407 (franz. Originalausg.: Paris 1981)

15437 Prigge, Walter/Zierold, Ulrich: Hitler als Architekt, in: Autonomie 14 (1979), 26–31

15438 Schäche, Wolfgang: Die Bedeutung der »Berliner Neugestaltungsmaßnahmen« für die NS-Architekturproduktion, in: Berthold Hinz u.a. (Hg.), Die Dekoration der Gewalt. Kunst und Medien im Faschismus, Gießen 1979, 149–62

15439 Scholz, Robert: Architektur und bildende Kunst, 1933–1945, Preußisch Oldendorf 1977; 239 S.

15441 Suhling, Lothar: Deutsche Baukunst. Technologie und Ideologie im Industriebau des »Dritten Reiches«, in: Herbert Mehrtens/Steffen Richter (Hg.), Naturwissenschaft, Technik und NS-Ideologie. Beiträge zur Wissenschaftsgeschichte des Dritten Reiches, Frankfurt 1980, 243–81

15442 Taylor, Robert R.: The Word in Stone. The Role of Architecture in the National Socialist Ideology, Berkeley, Ca. 1974; XV, 298 S.

15443 Teut, Anna: Architektur im Dritten Reich. 1933–1945, Frankfurt u.a. 1967; 389 S.

15444 Thies, Jochen: Nazi Architecture – a Blueprint for World Domination: the Last Aims of Adolf Hitler, in: David A. Welch (Hg.), Nazi Propaganda. The Power and the Limitations, London u.a. 1983, 45–64

15445 Thiessen, Rudi: Die Ästhetik der Unterwerfung. Ein Versuch über die Architektur als Soziologie, in: Urs Jaeggi u.a., Geist und Katastrophe. Studien zur Soziologie im Nationalsozialismus, Berlin 1983, 312–30

15446 Wenk, Silke: Gebauter Nationalsozialismus, in: Projektgruppe Ideologie-Theorie Faschismus und Theorie, Bd. 2, Berlin 1980, 255–79, 343–46

15447 Winkler, Kurt: Schinkel-Mythen. Die Rezeption des preußischen Klassizismus in der Kunstpublizistik des Nationalsozialismus, in: Inszenierung der Macht. Ästhetische Faszination des Faschismus, Hg. Neue Gesellschaft für Bildende Kunst, Red. Klaus Behnken/Frank Wagner, Berlin 1987, 225–42**

Regional-/Lokalstudien

Achleitner, Friedrich: Österreichische Architektur im 20. Jahrhundert. Ein Führer in 3 [ab Bd. 3.1: 4] Bänden, Salzburg:

15448 – Bd. 1: Oberösterreich, Salzburg, Tirol, Vorarlberg, 2. Aufl., 1983; 475 S. (zuerst 1980)

15449 – Bd. 2: Kärnten, Steiermark, Burgenland, 1983; 511 S.

15450 – Bd. 3: Wien, 1.–12. Bezirk, 1990; 347 S.

15451 Arndt, Karl: Die Münchner Architekturszene 1933/34 als ästhetisch-politisches Konfliktfeld, in: Bayern in der NS-Zeit, Bd. 3: Herrschaft und Gesellschaft im Konflikt, T. B, Hg. Martin Broszat u. a., München/Wien 1981, 443–512

15452 Arndt, Karl: Mißbrauchte Geschichte: Der Braunschweiger Dom als politisches Denkmal (1935/45), in: NBK 20 (1981), 213–44; 21 (1982), 189–223

15453 Clemens, Ursula: »Deuter deutscher Geschichte«. Die Kaiserdome von Speyer, Worms und Mainz in der NS-Zeit, in: Bazon Brock/Achim Preiß (Hg.), Kunst auf Befehl? Dreiunddreißig bis Fünfundvierzig, München 1990, 77–102

15454 Engel, Helmut: Die Architektur der dreißiger und vierziger Jahre in Berlin, in: Wolfgang Ribbe (Hg.), Berlin-Forschungen, Bd. 2, Berlin 1987, 203–34

15455 Helmer, Stephen D.: Hitler's Berlin. The Speer Plans for Reshaping the Central City, Ann Arbor, Mich. 1985; XXVI, 336 S.

15456 Kulissen der Gewalt. Das Reichsparteitagsgelände in Nürnberg, Hg. Klaus J. Sembach, Red. Siegfried Zelnhofer/Rudolf Käs, hg. i. A. d. Centrums für Industriekultur Nürnberg, München 1992; 176 S.**

15457 Larsson, Lars O.: Die Neugestaltung der Reichshauptstadt. Albert Speers Generalbebauungsplan für Berlin, Stockholm 1978; 196 S.

15458 Nerdinger, Winfried (Hg.): Bauen im Nationalsozialismus. Bayern 1933–1945. Ausstellung des Architekturmuseums der Technischen Universität München und des Münchner Stadtmuseums, München 1993; 584 S.*

15458a Plachetka, Peter/Schadt, Jörg (Hg.): Architektur in Mannheim 1918–1939, Bearb. Monika Ryll, Mitarb. Claudia Brandt u. a., Mannheim 1994; 264 S.

15459 Rasp, Hans-Peter: Eine Stadt für tausend Jahre. München – Bauten und Projekte für die Hauptstadt der Bewegung, München 1981; 248 S.

15460 Reichardt, Hans J./Schäche, Wolfgang: Von Berlin nach Germania. Über die Zerstörung der Reichshauptstadt durch Albert Speers Neugestaltungsplanungen. Eine Ausstellung des Landesarchivs Berlin, 7.11. 1984–30.4. 1985, 2., verb. u. veränd. Aufl., Berlin 1984; 112 S. (zuerst 1984)

15461 Ruf, Katharine: Der Quedlinburger Dom im Dritten Reich, in: KB 12 (1981), Nr. 1, 47–59

15462 Schmidt, Thomas: Das Berliner Olympia-Stadion und seine Geschichte, Berlin 1983; 77 S.

15463 Schmidt, Thomas: Werner March und seine Planungen zum ehemaligen Reichssportfeld, errichtet anläßlich der Olympiade 1936. Eine städtebauliche und gebäudekundliche Betrachtung, in: Wolfgang Ribbe (Hg.), Berlin-Forschungen, Bd. 2, Berlin 1987, 236–62

15464 Schönberger, Angela: Die Neue Reichskanzlei in Berlin von Albert Speer, in: Berthold Hinz u. a. (Hg.), Die Dekoration der Gewalt. Kunst und Medien im Faschismus, Gießen 1979, 163–72; abgedr. in: Martin Warnke (Hg.), Politische Architektur in Europa vom Mittelalter bis heute – Repräsentation und Gemeinschaft, Köln 1984, 247–66

15466 Stehl, Lutz: Symbol des Friedens oder Bollwerk im Westen? Das Weintor in Schweigen, in: Günther List (Hg.), »Deutsche, laßt des Weines Strom sich ins ganze Reich ergießen.« Die Pfälzer und ihre Weinstraße – ein Beitrag zur alternativen Landeskunde, Heidelberg 1985, 148–81

15467 Voigt, Wolfgang: Die Stuttgarter Bauschule, in: Otto Borst (Hg.), Das Dritte Reich in Baden und Württemberg, Stuttgart 1988, 250–71, 321–25

15468 Voigtländer, Klaus: Die Stiftskirche zu Quedlinburg, Berlin 1988, 38–59

A.3.20.4 Literatur und Bibliotheken

[vgl. A.1.9.2: D. Eckhart; A.3.8.5; A.3.19.6.3]

Bibliographien

15469 Ahlswede, Karin/Briegmann, Uta (Bearb.): Die Bücherverbrennungen in der Literatur. Eine annotierte Auswahlbibliographie, in: Verbrannte Bücher – Verbrannte Ideen – Verbrannte. Zum 60. Jahrestag eines Fanals. Texte und Materialien zur Ausstellung, 10.–14. Mai 1993 im Fachbereich Bibliothek und Information, Fachhochschule Hamburg, Hamburg 1993, 137–52

15470 Deutsche Nationalbibliographie, Ergänzungsbd. 1: Verzeichnis der Schriften, die 1933–1945 nicht angezeigt werden durften, Hg. Deutsche Bücherei Leipzig, Leipzig 1949; 433 S.

15471 Wiesner, Margot: Verbrannte Bücher, verfemte Dichter. Deutsche Literatur 1933–1945 – unterdrückt und verboten, heute lieferbar, Frankfurt 1983; 82 S.

Literaturberichte

15472 Guthke, Karl S.: Der »König der Weimarer Republik«. Gerhard Hauptmanns Rolle in der Öffentlichkeit zwischen Kaiserreich und Nazi-Regime, in: SMH 61 (1981), 787–806

Nachschlagewerke

Kürschners deutscher Literatur-Kalender, Berlin/New York [Bd. 49 ff.: Berlin]:

– **15473** Nekrolog 1936–1970, Hg. Werner Schuder, 1972; XIV, 810 S.

– **15474** Nekrolog zu Kürschners Literatur-Kalender 1901–1935, Hg. Gerhard Lüdtke, 1936; VII, 975 S.

15475 – Bd. 45: [...] auf das Jahr 1930, Hg. Gerhard Lüdtke, 1930; IX, 1628 S.

15476 – Bd. 46: [...] auf das Jahr 1932, Hg. Gerhard Lüdtke, 1932; IX, 1799 S.

15477 – Bd. 47: [...] auf das Jahr 1934, Hg. Gerhard Lüdtke, 1934; X, 1022 S.

15478 – Bd. 48: [...] 1937/38, Hg. Gerhard Lüdtke, Red. Wolfgang Baumgart, 1937; IX, 912 S.

15479 – Bd. 49: [...] 1939, Hg. Gerhard Lüdtke/Kurt O. Metzner, 1939; VIII, 314 S.

15480 – Bd. 50: [...] 1943, Hg. Gerhard Lüdtke, Red. Friedrich Richter, 1943; XIX, 1370 S.

15481 – Bd. 51: [...] 1949 (mit Nachträgen), Red. Friedrich Bertkau, 1949; IX, 742; VII, 122 S.

15482 Lexikon deutschsprachiger Schriftsteller. Von den Anfängen bis zur Gegenwart, Leitung des Autorenkollektivs u. Gesamtred. Kurt Böttcher, Mitarb. Günther Albrecht u.a., 2 Bde., 3. Aufl., Leipzig 1974; 516, 509 S. (ND der 2., überarb. Aufl.; zuerst 1967–1968; LA Kronberg, Ts. 1974)

15483 Liste 1 des schädlichen und unerwünschten Schrifttums. Stand vom Oktober 1935, Hg. Reichsschrifttumskammer, Berlin 1935

15484 Liste des schädlichen und unerwünschten Schrifttums. Stand vom 31. Dezember 1938 [Ergänzungslisten: 1939, 1940, 1941], Hg. Reichsschrifttumskammer, Leipzig 1939; 181 S. (ND Vaduz 1979)

15485 Wall, Renate: Verbrannt, verboten, vergessem. Kleines Lexikon deutschsprachiger Schriftstellerinnen 1933 bis 1945, Köln 1988; 232 S.

Gedruckte Quellen

15486 Friedrich, Thomas (Hg.): Das Vorspiel. Die Bücherverbrennung am 10. Mai 1933. Verlauf, Folgen, Nachwirkungen. Eine Dokumentation, Berlin 1993; 159 S.

15487 Gilman, Sander L. (Hg.): NS-Literaturtheorie. Eine Dokumentation, Vorwort Cornelius Schnauber, Frankfurt 1971; XXII, 264 S.

15488 Jünger, Ernst: Sämtliche Werke, Erste Abteilung: Tagebücher, Bd. 2: Tagebücher II [3.4. 1939–17.2. 1943]. Strahlungen I, Bd. 3: Tagebücher III [19.2. 1943–2.12. 1948]. Strahlungen II, Stuttgart 1979; 492, 659 S.

15489 Lange, Horst H.: Tagebücher aus dem Zweiten Weltkrieg, Hg. Hans D. Schäfer, Lebensbild Horst Langes von Oda Schäfer, Mainz 1979; 346 S.

15490 Schneider, Reinhold: Tagebuch 1930–1935, Hg. Edwin M. Landau, Red. u. Nachwort Josef Rast, hg. i. A. der Reinhold Schneider-Gesellschaft, Frankfurt 1983; 943 S.

15491 Schöffling, Klaus (Hg.): Dort wo man Bücher verbrennt. Stimmen der Betroffenen, Frankfurt 1983; 483 S.

15492 Wulf, Josef (Hg.): Literatur und Dichtung im Dritten Reich. Eine Dokumentation, 2. Aufl., Frankfurt 1983; 1. Aufl. 471 S. (zuerst Gütersloh 1963)

Methodische Probleme

15493 Schnell, Ralf: Was ist nationalsozialistische Dichtung?, in: Merkur 39 (1980), Nr. 435, 397–405

Darstellungen

15494 Aigner, Dietrich: Die Indizierung »schädlichen und unerwünschten Schrifttums« im Dritten Reich, in: BBlBH 26 (1970), 1430–80

15495 Albert, Claudia (Hg.): Deutsche Klassiker im Nationalsozialismus. Schiller, Kleist, Hölderlin, Stuttgart/Weimar 1994; 272 S.

15496 Aley, Peter: Jugendliteratur im Dritten Reich. Dokumente und Kommentare, Vorwort Klaus Doderer, 2. Aufl., Hamburg 1969; XI, 262 S. (zuerst Gütersloh 1967)**

15498 Aley, Peter: Das Bilderbuch im Dritten Reich, in: Klaus Doderer/Helmut Müller (Hg.), Das Bilderbuch. Geschichte und Entwicklung des Bilderbuchs in Deutschland von den Anfängen bis zur Gegenwart, Weinheim/Basel 1973, 323–56

15499 Alter, Reinhard: Gottfried Benn. The Artist and Politics, 1910–1934, Bern u. a. 1976; 169 S.

15500 Andrae, Friedrich: Volksbücherei und Nationalsozialismus. Materialien zur Theorie und Politik des öffentlichen Büchereiwesens in Deutschland 1933–1945, Wiesbaden 1970; 200 S.

15501 Andrae, Friedrich: Des Teufels Bücherei. Zum Standort der deutschen Volksbücherei im nationalsozialistischen Propagandaapparat, in: Bibliothek '76 International. Rückschau und Ausblick. Eine Freundesgabe für Werner Mevissen zu seinem 65. Geburtstag am 16. April 1976, Hg. Stadtbibliothek Bremen, o. O. [Bremen] 1976, 20–27

15502 Asendorf, Manfred: Die Bücherverbrennungen 1933: Ausdruck instabiler innenpolitischer Verhältnisse?, in: Verbrannte Bücher – Verbrannte Ideen – Verbrannte. Zum 60. Jahrestag eines Fanals. Texte und Materialien zur Ausstellung, 10.–14. Mai 1993 im Fachbereich Bibliothek und Information, Fachhochschule Hamburg, Hamburg 1993, 20–29

15503 Augustinovic, Werner u. a.: Antisemitismus als Erziehungsinhalt. Ein Kinderbuch aus dem »Stürmer«-Verlag [Elvira Bauer, Trau keinem Fuchs auf grüner Heid und keinem Jud bei seinem Eid, Nürnberg 1936; 2. Aufl. 1937], in: Publizistik 36 (1991), 343–58

15504 Barbian, Jan-Pieter: Literaturpolitik im »Dritten Reich«. Institutionen, Kompetenzen, Betätigungsfelder, Frankfurt 1993; 392 S.

15505 Bayer, Dorothee: Der Triviale Familien- und Liebesroman im 20. Jahrhundert, Beitrag »Die Lesestoffe der Beherrschten sind die herrschende Literatur« von Rudolf Schenda, 2., erw. Aufl., Tübingen 1971; 230 S. (zuerst 1963)

15506 Benner, Ernst K.: Deutsche Literatur im Urteil des »Völkischen Beobachters« 1920–1933. Ein Beitrag zur publizistischen Vorgeschichte des 10. Mai 1933, Diss. München 1955; 218 S. (Ms.)

15507 Berger, Friedemann u. a. (Bearb.): In jenen Tagen ... Schriftsteller zwischen Reichstagsbrand und Bücherverbrennung. Eine Dokumentation, Leipzig 1983; 590 S.**

15508 Berglund, Gisela: Der Kampf um den Leser im Dritten Reich. Die Literaturpolitik der »Neuen Literatur« (Will Vesper) und der »Nationalsozialistischen Monatshefte«, Worms 1980; VIII, 258 S.

15509 Bernadac, Christian: Le Mystère Otto Rahn. (Le GRAAL et MONTSEGUR. Du Catharisme au Nazisme, Paris 1978; 485 S.

15510 Boese, Engelbrecht: Das öffentliche Bibliothekswesen im Dritten Reich, Bad Honnef 1987; 404 S.

15511 Bohnen, Klaus (Hg.): Nationalsozialismus und Literatur. (T&K, Jg. 8, H. 2), Kopenhagen/München 1980; 210 S.*

15512 Bormann, Alexander von: Vom Traum zur Tat. Über völkische Literatur, in: Wolfgang Rothe (Hg.), Die deutsche Literatur in der Weimarer Republik, Stuttgart 1974, 304–33

15513 Bormann, Alexander von: Stählerne Romantik. Lyrik im Einsatz: Von der deutschen Bewegung zum Nationalsozialismus, in: Heinz L. Arnold (Hg.), Politische Lyrik, München 1973, 86–104

15514 Breuer, Dieter: Die Geschichte der politischen Zensur in Deutschland, Heidelberg 1982, 230–39

15515 Carsten, Francis L.: »Volk ohne Raum«. A Note on Hans Grimm, in: JCH 2 (1967), 221–27

15516 Cuomo, Glenn R.: NS-Schrifttumspolitik. Am Beispiel der »Vertraulichen Mitteilungen der Fachschaft Verlag« (1935–1945), in: Jörg Thunecke (Hg.), Leid der Worte. Panorama des literarischen Nationalsozialismus, Bonn 1987, 133–52

15517 Cuomo, Glenn R.: Purging an »Art-Bolshevist«: The Persecution of Gottfried Benn in the Years 1933–1938, in: GSR 9 (1986), 85–105

15518 Dahm, Volker: Die nationalsozialistische Schrifttumspolitik nach dem 10. Mai 1933, in: Ulrich Walberer (Hg.), 10. Mai 1933. Bücherverbrennung in Deutschland und die Folgen, Frankfurt 1983, 36–83

15519 Decken, Godele von der: Emanzipation auf Abwegen. Frauenkultur und Frauenliteratur im Umkreis des Nationalsozialismus, Vorwort Uwe-Karsten Ketelsen, Frankfurt 1988; 302 S.

15520 Decken, Godele von der: Die neue »Macht des Weibes«. Frauenliteratur im Umkreis des Nationalsozialismus, in: Gisela Brinker-Gabler (Hg.), Deutsche Literatur von Frauen, Bd. 2: 19. und 20. Jahrhundert, München 1988

15521 Denkler, Horst/Lämmert, Eberhard (Hg.): Das war ein Vorspiel nur ... Berliner Colloquium zur Literaturpolitik im »Dritten Reich«, Berlin 1985; 211 S.

15522 Denkler, Horst/Prümm, Karl (Hg.): Die deutsche Literatur im Dritten Reich. Themen – Traditionen – Wirkungen, Stuttgart 1976; 556 S.*

15523 Dithmar, Reinhard (Hg.): Der Langemarck-Mythos in Dichtung und Unterricht, Neuwied 1992; XLII, 250 S.**

15524 Doderer, Klaus: Zur Entstehungsgeschichte eines makabren Kinderbuch aus der Zeit des Dritten Reiches [Elvira Bauer,

Trau keinem Fuchs auf grüner Heid und keinem Jud bei seinem Eid! Ein Bilderbuch für Groß und Klein, Nürnberg 1936; 2. Aufl. 1937], in: Sub tua platano. Kinder- und Jugendliteratur, Deutschunterricht, Germanistik. Festgabe für Alexander Beinlich, Mitarb. Dorothea Ader u. a., Emsdetten 1981, 239–44

15525 Drewes, Rainer: Die Ambivalenz nichtfaschistischer Literatur im Dritten Reich – am Beispiel Kurt Kluges, Frankfurt u. a. 1991; 234 S.

15526 Drews, Richard/Kantorowicz, Alfred (Hg.): Verboten und verbrannt. Deutsche Literatur – 12 Jahre unterdrückt, Neuausg., München 1983; 300 S. (zuerst Berlin/ München 1947; 2. Aufl. 1979)

15527 Elfe, Wolfgang D. (Hg.): Deutsche Exilliteratur – Literatur im Dritten Reich. Akten des 2. Exilliteratur-Symposiums der University of Carolina, Frankfurt u. a. 1979; 191 S.

15528 Enderle, Luiselotte: Erich Kästner in Selbstzeugnissen und Bilddokumenten, 4. Aufl., Reinbek 1977 u. ö., 63–80**

15529 Erziehung zum Krieg – Krieg als Erzieher. 1870–1945. Mit dem Jugendbuch für Kaiser, Vaterland und Führer. Eine Ausstellung im Rahmen der 5. Oldenburger Kinder- und Jugendbuchmesse 1979, 11. November bis 2. Dezember 1979, Hg. Stadtmuseum Oldenburg, Bearb. Wolfgang Promies u. a., Oldenburg 1979; 144 S.

15530 Evans jr., Arthur R.: Assignment to Armageddon: Ernst Jünger and Curzio Malaparte on the Russian Front, 1941–1943, in: CEH 14 (1981), 295–321

15531 Faust, Anselm: Die Hochschulen und der »undeutsche Geist«. Die Bücherverbrennung am 10. Mai 1933 und ihre Vorgeschichte, in: »Das war ein Vorspiel nur . . .« Bücherverbrennung in Deutschland 1933: Voraussetzungen und Folgen. Ausstellung der Akademie der Künste vom 8. Mai bis 3. Juli 1983, Bearb. Hermann Haarmann u. a., Berlin 1983, 31–50

15532 Fleige, Gabriela: Die Reichsschrifttumskammer als Zensurinstrument im Dritten Reich, in: DFW 30 (1982), Nr. 4/6, 113–24

15533 Fredstedt, Elin: Die politische Lyrik des deutschen Faschismus, in: T&K 8 (1980), 353–77

15533a Freise, Gerda u. a.: »Buch und Schwert« – Literatur im Dritten Reich. Fünf Beispiele, in: Musik, Literatur und Film zur Zeit des Dritten Reichs. (1937. Europa vor dem 2. Weltkrieg. September 1987 bis Januar 1988. Ein Gemeinschaftsprojekt Düsseldorfer Kulturinstitute), Hg. Kulturamt der Stadt Düsseldorf, Düsseldorf 1987, 74–105, 123

15534 Geißler, Rolf: Dekadenz und Heroismus. Zeitroman und völkisch-nationalsozialistische Literaturkritik, Stuttgart 1964; 168 S.

15535 Geißler, Rolf: Dichter und Dichtung des Nationalsozialismus, in: Hermann Kunisch (Hg.), Handbuch der deutschen Gegenwartsliteratur, Bd. 2, 2., verb. u. erw. Aufl., München 1970, 409–18

15536 Gerold-Tucholsky, Mary (Hg.): Kurt Tucholsky und Deutschlands Marsch ins Dritte Reich. Katalog zur Ausstellung »Ein Zeitalter wird berichtigt« [Berlin 1983], Berlin 1983; 123 S.

15537 Geschichte der deutschen Literatur von 1917 bis 1945. (Geschichte der deutschen Literatur von den Anfängen bis zur Gegenwart, 10), Hg. Hans-Günter Thalheim u. a., Mitarb. Hans Kaufmann u. a., bearb. in Zusammenarbeit mit Dieter Schiller, 2. Aufl., Berlin (O) 1978; 754 S. (zuerst 1973)

15538 Geyer-Ryan, Helga: Trivialliteratur im Dritten Reich – Beobachtungen zum Groschenroman, in: Ralf Schnell (Hg.), Kunst und Kultur im deutschen Faschismus, Stuttgart 1978, 217–60

15539 Glaser, Horst A. (Hg.): Deutsche Literatur. Eine Sozialgeschichte, Bd. 9: Weimarer Republik – Drittes Reich. Avantgardismus, Parteilichkeit, Exil. 1918–1945, Reinbek 1983; 410 S.

15540 Graf, Angela/Kübler, Hans-Dieter (Hg.): Verbrannte Bücher, verbrannte Ideen, Verbrannte. Texte und Materialien zur Ausstellung zum 60. Geburtstag eines Fanals vom 10.–14. Mai 1993, Hamburg 1993; 150 S.**

15541 Graf, Hans-Dieter: Nationalsozialistische Schrifttumspolitik. Goebbels' Weg zur Oberaufsicht über das Presse- und Buchverbotswesen im Dritten Reich, in: Buchhandelsgeschichte (1991), B 111–18

15542 Gray, Ronald: The German Tradition in Literature, 1871–1945, Cambridge 1965, 78–102

15543 Gregor, Helena: Die nationalsozialistische Bibliothekspolitik in den annektierten und besetzten Gebieten 1938 bis 1945, Berlin 1978; 62 S.

15544 Grenz, Dagmar: Entwicklung als Bekehrung und Wandlung. Zu einem Typus der nationalsozialistischen Jugendliteratur, in: Maria Lypp (Hg.), Literatur für Kinder. Studien über ihr Verhältnis zur Gesamtliteratur, Göttingen 1977, 155–69

15545 Haß, Kurt: Literaturkritik im Dritten Reich. Aufgaben, Maßstäbe und Organisation, in: FH 29 (1974), 52–60

15546 Hamerski, Werner: »Gott« und »Vorsehung« im Lied und Gedicht des Nationalsozialismus, in: Publizistik 8 (1960), 280–300

15547 Happel, Hans-Gerd: Das wissenschaftliche Bibliothekswesen im Nationalsozialismus. Unter besonderer Berücksichtigung der Universitätsbibliotheken, München u. a. 1989; 190 S.

15548 Hartung, Günter: Geschichtlicher Abriß des deutsch-faschistischen Schrifttums, in: Günter Hartung, Literatur und Ästhetik des deutschen Faschismus. Drei Studien, Berlin (O) 1983, 14–134

15549 Hasubek, Peter: Das deutsche Lesebuch in der Zeit des Nationalsozialismus. Ein Beitrag zur Literaturpädagogik zwischen 1933 und 1945, Hannover 1972; 192 S.

15550 Hattwig, Jörg: Das Dritte Reich im Werk Ernst Wiecherts. Geschichtsdenken, Selbstverständnis und literarische Praxis, Frankfurt u. a. 1981; 278 S.

15551 Hay, Gerhard: Das Jahr 1938 im Spiegel der NS-Literatur, in: Franz Knipping/Klaus-Jürgen Müller (Hg.), Machtbewußtsein in Deutschland am Vorabend des Zweiten Weltkrieges, Paderborn 1984, 317–26

15552 Heimann, Bodo: Die Konvergenz der Einzelgänger. Literatur als Integration des problematischen Individuums in die Volksgemeinschaft: Hermann Stehr – Emil Strauß – Erwin Guido Kolbenheyer, in: Horst Denkler/Karl Prümm (Hg.), Die deutsche Literatur im Dritten Reich. Themen – Traditionen – Wirkungen, Stuttgart 1976, 118–37

15553 Höger, Alfons: Die technologischen Heroen der germanischen Rasse. Zum Werk Hans Dominiks, in: T&K 8 (1980), 378–94

15554 Hohenstein, Angelika: Joseph Caspar Witsch und das Volksbüchereiwesen unter nationalsozialistischer Herrschaft, Wiesbaden 1992; 114 S.

15555 Hohmann, Joachim S.: »Ein Erziehungsmittel ersten Ranges«. Das Lesebuch im Dritten Reich bereitete den Weltkrieg ideologisch vor, in: Tribüne 28 (1989), Nr. 111, 193–204

15556 Hölzl, Wolfgang: »Der Großdeutsche Bekenner«. Nationale und nationalsozialistische Rosegger-Rezeption, Frankfurt u. a. 1991; 271 S.

15557 Hopster, Norbert/Nassen, Ulrich: Literatur und Erziehung im Nationalsozialismus. Deutschunterricht als Körperkultur, Paderborn u. a. 1983; 121 S.

15558 Hübinger, Paul E.: Thomas Mann, die Universität Bonn und die Zeitgeschichte. Drei Kapitel deutscher Vergangenheit aus dem Leben des Dichters 1905–1955, München/Wien 1974; 682 S.

15559 Jaroslawski, Renate/Steinlein, Rüdiger: Die »politische Jugendschrift«. Zur Theorie und Praxis faschistischer deutscher Jugendliteratur, in: Horst Denkler/Karl Prümm (Hg.), Die deutsche Literatur im Dritten Reich. Themen – Traditionen – Wirkungen, Stuttgart 1976, 305–29

15559a Jedin, Hubert: Lebensbericht. Mit einem Dokumentenanhang, Hg. Konrad Repgen, Mainz 1984; XIV, 301 S.**

15560 Jones, Calvin N.: Past Idyll or Future Utopia: Heimat in German Lyric Poetry of the 1930s and 1940s, in: GSR 8 (1985), 281–98

15561 Jungmichel, Johannes: Nationalsozialistische Literaturlenkung und bibliothekarische Buchbesprechung, Berlin 1974; 53 S. (Ms. hekt.)

15562 Jungrichter, Cornelia: Ideologie und Tradition. Studien zur nationalsozialistischen Sonettendichtung, Bonn 1979; 231 S.

15563 Kaas, Harald: Der faschistische Piccolo: Arnolt Bronnen, in: Karl Corino (Hg.), Intellektuelle im Bann des Nationalsozialismus, Hamburg 1980, 136–49

15564 Kaiser, Helmut: Mythos, Rausch und Reaktion. Der Weg Gottfried Benns und Ernst Jüngers, Berlin/Weimar 1962; 371 S.

15565 Kaiser, Jutta: Die »Aktion wider den undeutschen Geist« und die Bücherverbrennung des 10. Mai 1933, in: 1933 – Wege zur Diktatur, Ergänzungsbd., Hg. Staatliche Kunsthalle Berlin, Red. Dieter Ruckhaberle u. a., Berlin 1983, 221–41

15566 Kaiser, Jutta: Zwei Beispiele für den Beitrag der Literatur zur Erringung und Festigung der Macht der Rechten, in: 1933 – Wege zur Diktatur, Ergänzungsbd., Hg. Staatliche Kunsthalle Berlin, Red. Dieter Ruckhaberle u. a., Berlin 1983, 125–36

15567 Kamentzky, Christa: Children's Literature in Hitler's Germany. The Cultural Policy of National Socialism, Athens, Ohio 1984; XV, 359 S.

15568 Keller, Ernst: Nationalismus und Literatur. Langemarck – Weimar – Stalingrad, Bern/München 1970; 289 S.

15569 Ketelsen, Uwe-Karsten: Völkischnationale und nationalsozialistische Literatur in Deutschland 1890–1945, Stuttgart 1976; IX, 116 S.

15570 Ketelsen, Uwe-Karsten: Literatur und »Drittes Reich«, Schernfeld 1992; 435 S.

15571 Ketelsen, Uwe-Karsten: NS-Literatur und Modernität, in: Wulf Koepke/Michael Winkler (Hg.), Deutschsprachige Exilliteratur. Studien zu ihrer Bestimmung im Kontext der Epoche 1930 bis 1960, Bonn 1984, 37–55

15572 Ketelsen, Uwe-Karsten: Hanns Johsts »Thomas Paine« – ein imaginierter Held der Nationalsozialisten, in: Stein U. Larsen/Beatrice Sandberg (Hg.), Fascism and European Literature/Faschismus und europäische Literatur, Bern u. a. 1991, 38–57

15573 Ketelsen, Uwe-Karsten: Nationalsozialismus und Drittes Reich, in: Walter Hinderer (Hg.), Geschichte der politischen Lyrik in Deutschland, Stuttgart 1978, 291–314

15574 Kettel, Andreas: Volksbibliothekare und Nationalsozialismus. Zum Verhalten führender Vertreter während der nationalsozialistischen Machtübernahme, Köln 1981; 130 S.

15575 Keunecke, Hans-Otto: Die deutsche Schrift im Dritten Reich. Die Nationalsozialisten und das Schicksal der gebrochenen Lettern, in: Buchhandelsgeschichte (1993), B 121–29

15576 Kiesel, Helmut: Erich Kästner, München 1981, 40–53

15577 Klassiker in finsteren Zeiten. Eine Ausstellung des Deutschen Literaturarchivs im Schiller-Nationalmuseum Marbach am Neckar, 2 Bde., Marbach 1983; 448, 384 S.

15578 König, Hans-Dieter: Krieg als sexuelles Abenteuer – Von der präfaschistischen »Stahlnatur« Ernst Jüngers zum durch Rambo verkörperten »Supermann«, in: Renate Cogoy u.a. (Hg.), Erinnerung einer Profession. Erziehungsberatung, Jugendhilfe und Nationalsozialismus, Münster 1989, 67–84

15579 Konitzer, Martin: Ernst Jünger, Frankfurt/New York 1993; 134 S.

15580 Krämer-Pein, Gabriele: Der Buchhandel war immer deutsch. Das »Börsenblatt für den deutschen Buchhandel« vor und nach der Machtergreifung, in: Ulrich Walberer (Hg.), 10. Mai 1933. Bücherverbrennung in Deutschland und die Folgen, Frankfurt 1983, 285–302

15581 Krause, Tilman: Mit Frankreich gegen das deutsche Sonderbewußtsein. Friedrich Sieburgs Wege und Wandlungen in diesem Jahrhundert, Berlin 1993; 330, 9 S.

15582 Krockow, Christian Graf von: Die Entscheidung. Eine Untersuchung über Ernst Jünger, Carl Schmitt, Martin Heidegger, 2. Aufl., Frankfurt 1990; 170 S. (zuerst Stuttgart 1953)

15583 Kunze, Gernot: Hermann Stresau und Max Wieser. Zwei Beispiele bibliothekarischen Zeitgeistes während der Nazidiktatur, Hannover 1990; 54 S.**

15584 Lämmert, Eberhard: Beherrschte Prosa. Poetische Lizenzen in Deutschland zwischen 1933 bis 1945, in: NR 86 (1975), 404–21

15585 Larsen, Stein U./Sandberg, Beatrice (Hg.): Fascism and European Literature/ Faschismus und europäische Literatur, Mitarb. Ronald Speirs, Bern u.a. 1991; 459 S.*

15586 Lauf-Immesberger, Karin: Literatur, Schule und Nationalsozialismus. Zum Lektürekanon der höheren Schulen im Dritten Reich, St. Ingbert 1987; 489 S.

15587 Loewy, Ernst: Literatur unterm Hakenkreuz. Das Dritte Reich und seine Dichtung. Eine Dokumentation, 3. Aufl., Frankfurt 1977; 330 S. (zuerst 1966; TB Frankfurt 1983)**

15588 Lokatis, Siegfried: Hanseatische Verlagsanstalt. Politisches Buchmarketing im »Dritten Reich«, Frankfurt 1992; 189 S.

15589 Lüdtke, Helga: Mütter ohne Kinder. Volksbibliothekarinnen während der Weimarer Republik und des Nationalsozialismus, in: Helga Lüdtke (Hg.), Leidenschaft und Bildung. Zur Geschichte der Frauenarbeit in Bibliotheken, Berlin 1992, 67–93

15590 Ludwig, Martin H.: Arbeiterliteratur in Deutschland, Stuttgart 1976, 55–62

15591 Mank, Dieter: Erich Kästner im nationalsozialistischen Deutschland 1933–1945. Zeit ohne Werk?, Frankfurt u.a. 1981; 245 S.

15592 Meyer, Hansgeorg: Die deutsche Kinder- und Jugendliteratur 1933 bis 1945. Ein Versuch über die Entwicklungslinien, in: Ingmar Dreher/Hansgeorg Meyer, Die deutsche proletarisch-revolutionäre Kinder- und Jugendbuchliteratur zwischen 1918 und 1933. Die deutsche Kinder- und Jugendliteratur 1933 bis 1945. Ein Versuch über die Entwicklungslinien, Berlin (O) 1975, 59–127

15593 Meyer, Martin: Ernst Jünger, München/Wien 1990; 699 S.

15594 Mörchen, Helmut: Gegenaufklärung und Unterwerfung. Tendenzen der Essayistik im Dritten Reich, in: Horst Denkler/ Karl Prümm (Hg.), Die deutsche Literatur im Dritten Reich. Themen – Traditionen – Wirkungen, Stuttgart 1976, 224–39

15595 Muschg, Walter: Die Zerstörung der deutschen Literatur, 3., erw. Aufl., Bern/ München 1958; 347 S. (2. Aufl. 1956)

15596 Niethammer, Ortrun: Josefa Berens-Totenohl als Propagandistin der nationalsozialistischen Kulturpolitik, in: WF 42 (1992), 346–59

15597 Otto, Bernd: Jugendbuch und Drittes Reich. Ein Massenmedium der Verführung und Aufarbeitung (1933–1983), Duisburg 1983; 112 S.

15598 Paucker, Henri R.: Neue Sachlichkeit. Literatur im »Dritten Reich« und im Exil, Stuttgart 1976; 318 S.

15599 Peschken, Bernd: Klassizistische und ästhetizistische Tendenzen in der Literatur der faschistischen Periode, in: Horst Denkler/Karl Prümm (Hg.), Die deutsche Literatur im Dritten Reich. Themen – Traditionen – Wirkungen, Stuttgart 1976, 207–23

15600 Pfanner, Helmut F.: Hanns Johst. Vom Expressionismus zum Nationalsozialismus, The Hague/Paris 1970; 326 S.

15601 Pittler, Andreas P./Verdel, Helena (Hg.): Zwischen Fahne und Feder. Schriftsteller und Nationalsozialismus, Wien 1993; 140 S.

15603 Prümm, Karl: Das Erbe der Front. Der antidemokratische Kriegsroman der Weimarer Republik und seine nationalsozialistische Fortsetzung, in: Horst Denkler/Karl Prümm (Hg.), Die deutsche Literatur im Dritten Reich. Themen – Traditionen – Wirkungen, Stuttgart 1976, 138–64

15604 Quasten, Christoph: Bibliotheken während des Nationalsozialismus. Tagung des Wolfenbütteler Arbeitskreises für Bibliotheksgeschichte vom 25. bis 27. September 1889, in: ZfBB 37 (1990), 273–86

15605 Rätsch, Birgit: Hinter Gittern. Schriftsteller und Journalisten vor dem Volksgerichtshof 1934–1945, Bonn/Berlin 1992; VII, 235 S.

15606 Rector, Martin: Über die allmähliche Verflüchtigung einer Identität beim Schreiben. Überlegungen zum Problem des »Renegatentums« bei Max Barthel, in: Ralf Schnell (Hg.), Kunst und Kultur im deutschen Faschismus, Stuttgart 1978, 261–84

15607 Requardt, Walter: Gerhard Hauptmann und der Nationalsozialismus – die Nationalsozialisten und Gerhard Hauptmann, in: Lothar Bossle u. a. (Hg.), Nationalsozialismus und Widerstand in Schlesien, Sigmaringen 1989, 41–72

15608 Richard, Lionel: Nazisme et littérature, Paris 1971; 202 S.

15609 Richards, Donald R.: The German Best-Seller in the 20th Century. A Complete Bibliography and Analysis, 1915–1940, Bern 1968; 275 S.

15610 Riesenfeller, Stefan: Zur nationalsozialistischen »Arbeitskultur« – Aspekte der Instrumentalisierung der Arbeiterliteratur im Nationalsozialismus, in: Rudolf G. Ardelt/Hans Hautmann (Hg.), Arbeiterschaft und Nationalsozialismus in Österreich. In memoriam Karl R. Stadler, Wien/Zürich 1990, 403–18

15611 Riha, Karl: Massenliteratur im Dritten Reich, in: Horst Denkler/Karl Prümm (Hg.), Die deutsche Literatur im Dritten Reich. Themen – Traditionen – Wirkungen, Stuttgart 1976, 281–304

15612 Riley, Anthony W.: »Alles Außen ist Innen.« Zu Leben und Werk Elisabeth Langgässers unter der Hitler-Diktatur. Mit einem Erstdruck des frühen Aufsatzes »Die Welt vor den Toren der Kirche« (um 1925), in: Wolfgang Frühwald/Heinz Hürten (Hg.), Christliches Exil und christlicher Widerstand. Ein Symposium an der katholischen Universität Eichstätt 1985, Regensburg 1987, 186–224**

15613 Ritchie, James M.: German Literature under National Socialism, London/Canberra 1983; 325 S.

15614 Rothfeder, Herbert P.: »Amt Schrifttumspflege«: A Study in Literary Control, in: GSR 4 (1980), 63–78

15615 Rübe, Werner: Provoziertes Leben. Gottfried Benn, Stuttgart 1993; 487 S.

15616 Rülcker, Christoph: Zur Rolle und Funktion des Arbeiters in der NS-Literatur, in: Horst Denkler/Karl Prümm (Hg.), Die deutsche Literatur im Dritten Reich. Themen – Traditionen – Wirkungen, Stuttgart 1976, 240–55

15617 Ruppelt, Georg: Friedrich Schiller im Dritten Reich. Der Versuch einer Gleichschaltung, Stuttgart 1979; 250 S.

15618 Ryan, Judith: Ezra Pound und Gottfried Benn: Avantgarde, Faschismus und ästhetische Autonomie, in: Reinhold Grimm/Hermann Jost (Hg.), Faschismus und Avantgarde, Königstein, Ts. 1980, 20–34

15619 Sachslehner, Johannes: Führerwort und Führerblick. Mirko Jelusich. Zur Strategie eines Bestsellerautors in den Dreißiger Jahren, Königstein, Ts. 1985; 244 S.

15620 Sarkowicz, Hans: Zwischen Sympathie und Apologie: Der Schriftsteller Hans Grimm und sein Verhältnis zum Nationalsozialismus, in: Karl Corino (Hg.), Intellektuelle im Bann des Nationalsozialismus, Hamburg 1980, 120–35

15621 Sauder, Gerhard (Hg.): Die Bücherverbrennung. Zum 10. Mai 1933, 1. u. 2. Aufl., München/Wien 1983; 340 S.

15622 Schieder, Wolfgang: Schriftsteller im Dritten Reich, in: Werner Link (Hg.), Schriftsteller und Politik in Deutschland, Düsseldorf 1979, 83–99

15623 Schiffhauer, Nils/Schelle, Carola (Hg.): Stichtag der Barbarei. Anmerkungen zur Bücherverbrennung 1933, Braunschweig 1983; 212 S.

15624 Schlenstedt, Silvia (Hg.): Wer schreibt, handelt. Strategien und Verfahren literarischer Arbeit vor und nach 1933, Berlin/Weimar 1983; 634 S.

15625 Schliebs, Siegfried: Verboten, verbrannt, verfolgt ... Wolfgang Herrmann und seine »Schwarze Liste. Schöne Literatur« vom Mai 1933. Der Fall des Volksbibliothekars Dr. Wolfgang Herrmann, in: »Das war ein Vorspiel nur...« Bücherverbrennung in Deutschland 1933: Voraussetzungen und Folgen. Ausstellung der Akademie der Künste vom 8. Mai bis 3. Juli 1983, Bearb. Hermann Haarmann u.a., Berlin 1983, 442–54

15626 Schnell, Ralf: Literarische Innere Emigration 1933–1945, Stuttgart 1976; VI, 211 S.

15627 Schnell, Ralf: Das Leiden am Chaos. Zur Vorgeschichte der deutschen Nachkriegsliteratur, in: Ulrich Walberer (Hg.), 10. Mai 1933. Bücherverbrennung in Deutschland und die Folgen, Frankfurt 1983, 221–39

15628 Schnell, Ralf: Kontinuitätsprobleme. Deutsche Literatur vor und nach 1933, in: Staatliche Kunsthalle Berlin (Hg.), Bericht 1983, Red. Dieter Ruckhaberle u.a., Berlin 1983, 129–38

15629 Schoeps, Karl-Heinz J.: Literatur im Dritten Reich, Bern u.a. 1992; 237 S.

15630 Schonauer, Franz: Deutsche Literatur im Dritten Reich. Versuch einer Darstellung in polemisch-didaktischer Absicht, Olten/Freiburg 1961; 196 S.

15631 Schonauer, Franz: Der Schöngeist als Kollaborateur oder Wer war Friedrich Sieburg?, in: Karl Corino (Hg.), Intellektuelle im Bann des Nationalsozialismus, Hamburg 1980, 107–19

15632 Schönhoven, Klaus: »Wir Studenten rennen wider den undeutschen Geist.« Geschichte und Folgen der Bücherverbrennungen, in: MGFUM 43 (1994), Nr. 1, 24–31

15633 Schröder, Jürgen: Benn in den dreißiger Jahren, in: Karl Corino (Hg.), Intellektuelle im Bann des Nationalsozialismus, Hamburg 1980, 48–60; abgedr. in: Jürgen Schröder, Gottfried Benn und die Deutschen. Studien zu Werk, Person und Zeitgeschichte, Tübingen 1986, 29–38

15634 Schroers, Rolf: Der kontemplative Aktivist. Versuch über Ernst Jünger, in: Merkur 19 (1965), 211–25

15635 Schurer, Heinz: Public Libraries in Germany, London 1946; 23 S.

15636 Schweizer, Gerhard: Bauernroman und Faschismus. Zur Ideologiekritik einer literarischen Gattung, Tübingen 1976; 337 S.

15637 Serke, Jürgen: Die verbrannten Dichter. Lebensgeschichten und Dokumente, erw. Neuausg., Weinheim/Basel 1992; 410 S. (zuerst 1977)**

15638 Siebenhaar, Klaus: Buch und Schwert. Anmerkungen zur Indizierungspraxis und »Schrifttumspolitik« im Nationalsozialismus, in: »Das war ein Vorspiel nur...« Bücherverbrennung in Deutschland 1933: Voraussetzungen und Folgen. Ausstellung der Akademie der Künste vom 8. Mai bis 3. Juli 1983, Bearb. Hermann Haarmann u. a., Berlin 1983, 81–96

15639 Speirs, Ronald C.: The Embattled Intellect: Developments in Modern German Literature and the Advent of Fascism, in: Stein U. Larsen/Beatrice Sandberg (Hg.), Fascism and European Literature/ Faschismus und europäische Literatur, Bern u. a. 1991, 29–36

15640 Stern, Guy: The Book Burning: Widerschein in Amerika, in: Hermann Haarmann u. a. (Hg.), »Das war ein Vorspiel nur...« Bücherverbrennung in Deutschland 1933: Voraussetzungen und Folgen. Ausstellung der Akademie der Künste vom 8. Mai bis 3. Juli 1983, Berlin 1983, 97–106; abgedr. in: Guy Stern, Literatur im Exil. Gesammelte Aufsätze 1959–1989, Ismaning 1989, 114–29

15641 Stieg, Gerald/Witte, Bernd: Abriß einer Geschichte der deutschen Arbeiterliteratur, Stuttgart 1977, 127 ff.

15642 Stieg, Margaret F.: Public Libraries in Nazi Germany, Tuscaloosa, Ala. 1992; XVI, 347 S.

15643 Stieg, Margaret F.: The Second World War and the Public Libraries of Nazi Germany, in: JCH 27 (1992), 23–40

15644 Stollmann, Rainer: Ästhetisierung der Politik. Literaturstudien zum subjektiven Faschismus, Stuttgart 1978; 221 S.

15645 Stollmann, Rainer: Die krummen Wege zu Hitler. Das Nazi-Selbstbildnis im SA-Roman, in: Ralf Schnell (Hg.), Kunst und Kultur im deutschen Faschismus, Stuttgart 1978, 191–215

15646 Stollmann, Rainer: Gottfried Benn. Zum Verhältnis von Ästhetizismus und Faschismus, in: T&K 8 (1980), 284–308

15647 Strätz, Hans-Wolfgang: Die studentische Aktion »Wider den undeutschen Geist« im Frühjahr 1933, in: VfZ 16 (1968), 347–72; abgedr. in: Ulrich Walberer (Hg.), 10. Mai 1933. Bücherverbrennung in Deutschland und die Folgen, Frankfurt 1983, 84–114

15648 Strotdrees, Gisbert: Bestseller-Autorin des »Dritten Reiches«. Josepha Berens-Totenohl (1891–1969), in: Gisbert Strotdrees, Es gab nicht nur die Droste. Sechzig Lebensbilder westfälischer Frauen, Hiltrup 1992, 134–36

15649 Strothmann, Dietrich: Nationalsozialistische Literaturpolitik. Ein Beitrag zur Publizistik im Dritten Reich, 4. Aufl., Bonn 1985; 507 S. (zuerst 1960)

15650 Sywottek, Jutta: Die Gleichschaltung der deutschen Volksbüchereien 1933 bis 1937, in: AGB 24 (1983), 386–535

15651 Taylor, Ronald: Literature and Society in Germany, 1918–1945, Brighton 1980; XIII, 363 S.

15652 Terwort, Gerhard: Hans Fallada im »Dritten Reich«. Dargestellt an exemplarisch ausgewählten Romanen, Frankfurt u. a. 1992; 261 S.

15653 Thauer, Wolfgang/Vodosek, Peter: Geschichte der Öffentlichen Bücherei in

Deutschland, 2., erw. Aufl., Wiesbaden 1990, 141–57 (zuerst 1978)

15654 Theweleit, Klaus: Gottfried Benn Ali greift nach der Krone, in: Inszenierung der Macht. Ästhetische Faszination des Faschismus, Hg. Neue Gesellschaft für Bildende Kunst, Red. Klaus Behnken/Frank Wagner, Berlin 1987, 169–216

15655 Thunecke, Jörg (Hg.): Leid der Worte. Panorama des literarischen Nationalsozialismus, Bonn 1987; VI, 465 S.*

15656 Thunecke, Jörg: NS-Literary Policies, in: Francis Barker u. a. (Hg.), The Sociology of Literature, Bd. 2: Practices of Literature and Politics. Proceedings of the Essex Conference on the Sociology of Literature July 1978, Colchester 1979, 60–112

15657 Trapp, Frithjof: Die Bücherverbrennungen: Rückwirkungen und Folgen für die Lesegewohnheiten, in: Verbrannte Bücher – Verbrannte Ideen – Verbrannte. Zum 60. Jahrestag eines Fanals. Texte und Materialien zur Ausstellung, 10.–14. Mai 1993 im Fachbereich Bibliothek und Information, Fachhochschule Hamburg, Hamburg 1993, 30–48

15658 Travers, Martin: Politics and Canonicity. Constructing »Literature in the Third Reich«, in: John Milfull (Hg.), The Attractions of Fascism. Social Psychology and Aesthetics of the »Triumph of the Right«, New York u. a. 1990, 253–72

15659 Unglaub, Erich: Ahnenlehre in kritischer Absicht. Hans Carossas autobiographisches Erzählen unter den Bedingungen des Dritten Reiches, Frankfurt u. a. 1985; 145 S.

15660 Vallery, Helmut: Führer, Volk und Charisma. Der nationalsozialistische historische Roman, Köln 1980; 216 S.

15661 Verbrannte Bücher – Verbrannte Ideen – Verbrannte. Zum 60. Jahrestag eines Fanals. Texte und Materialien zur Ausstellung, 10.–14. Mai 1993 im Fachbereich Bibliothek und Information, Fachhochschule Hamburg, Bearb. Karin Ahlswede u. a., Hamburg 1993; 152 S.*

15662 Vodosek, Peter/Komorowski, Manfred (Hg.): Bibliotheken während des Nationalsozialismus, 2 Bde., Wiesbaden 1989–1993; 562, 300 S.

15663 Voigt-Firon, Diana: Das Mädchenbuch im Dritten Reich. Weibliche Rollenangebote zwischen bürgerlichem Frauenbild, faschistischer Neuprägung und Staatsinteresse, Köln 1989; 140 S.

15664 Volker, Eckhard: Ideologische Subjektion in den Literaturverhältnissen, in: Projektgruppe Ideologie-Theorie, Faschismus und Ideologie, Bd. 2, Berlin 1980, 280–306, 346–48

15665 Vondung, Klaus: Völkisch-nationale und nationalsozialistische Literaturtheorie, München 1973; 247 S.

15666 Vondung, Klaus: Der literarische Nationalsozialismus. Ideologische, politische und sozialhistorische Wirkungszusammenhänge, in: Horst Denkler/Karl Prümm (Hg.), Die deutsche Literatur im Dritten Reich. Themen – Traditionen – Wirkungen, Stuttgart 1976, 44–65; (ohne Literaturhinweise) abgedr. in: Karl D. Bracher u. a. (Hg.), Nationalsozialistische Diktatur 1933–1945. Eine Bilanz, Bonn (zugl. Düsseldorf) 1983, S. 245–69

15667 Vondung, Klaus: Das Bild der »faschistischen Persönlichkeit« in der nationalsozialistischen Literatur nach 1933: Am Beispiel chorischer Dichtungen Gerhard Schumanns, in: Stein U. Larsen/Beatrice Sandberg (Hg.), Fascism and European Literature/Faschismus und europäische Literatur, Bern u. a. 1991, 58–64

15668 Walberer, Ulrich (Hg.): 10. Mai 1933. Bücherverbrennung in Deutschland und die Folgen, Frankfurt 1983; 318 S.*

15669 »Das war ein Vorspiel nur . . .« Bücherverbrennung, Deutschland 1933: Voraussetzungen und Folgen. Ausstellung der Akademie der Künste vom 8. Mai bis 3. Juli

1983, Bearb. Hermann Haarmann u.a., Berlin 1983; 471 S.*

15670 Weiss, Hermann: Besser ein Mühlstein am Halse. Reaktionen in der ausländischen Presse, in: Ulrich Walberer (Hg.), 10. Mai 1933. Bücherverbrennung in Deutschland und die Folgen, Frankfurt 1983, 116–37

15671 Werbick, Peter: Der faschistische historische Roman in Deutschland, in: Ralf Schnell (Hg.), Kunst und Kultur im deutschen Faschismus, Stuttgart 1978, 157–90

15672 Werbick, Peter: Urteilsmaßstäbe nationalsozialistischer Literaturkritik, in: T&K 8 (1980), 243–65

15673 Wider das Vergessen. Schriftsteller des 20. Jahrhunderts, unterdrückt in der Zeit des Nationalsozialismus, vergessen nach 1945. Begleitheft zur Ausstellung der Deutschen Akademie für Sprache und Dichtung und der Stadt- und Universitätsbibliothek Frankfurt am Main, 3. Oktober – 9. November 1985, Hg. Deutsche Akademie für Sprache und Dichtung, Bearb. Herbert Heckmann u.a., Frankfurt 1985; 83 S.

15674 Wippermann, Wolfgang: Geschichte und Ideologie im historischen Roman des Dritten Reiches, in: Horst Denkler/Karl Prümm (Hg.), Die deutsche Literatur im Dritten Reich. Themen – Traditionen – Wirkungen, Stuttgart 1976, 183–26

15675 Wissenschaft und Kunst im Exil. Vorgeschichte, Durchführung und Folgen der Bücherverbrennung. Eine Dokumentation. Nach einer Gemeinschaftsausstellung der Universitäts- und Stadtbibliothek Osnabrück, Red. Rainer Werning u.a., Münster 1984; 398 S.

15676 Wittmann, Reinhard: Geschichte des deutschen Buchhandels. Ein Überblick, München 1991, 329–47

15677 Zimmermann, Bernhard: Literarisches Leben und Literaturkritik im NS-Staat, in: Peter U. Hohendahl (Hg.), Geschichte der deutschen Literaturkritik, Stuttgart 1985, 277–85

15678 Zimmermann, Hans D.: Die Ästhetisierung der Politik: Gottfried Benn, in: Hans D. Zimmermann, Der Wahnsinn des Jahrhunderts. Die Verantwortung der Schriftsteller in der Politik. Überlegungen zu Johannes R. Becher [...] und anderen, Stuttgart u.a. 1992, 43–51

15679 Zimmermann, Peter: Kampf um den Lebensraum. Ein Mythos der Kolonial- und der Blut-und-Boden-Literatur, in: Horst Denkler/Karl Prümm (Hg.), Die deutsche Literatur im Dritten Reich. Themen – Traditionen – Wirkungen, Stuttgart 1976, 165–206

15680 Zürn, Peter: Hitler als »Erlöser« in faschistischen Kinder- und Jugendbüchern, in: NS 31 (1991), 203–10

Regional-/Lokalstudien

15681 Amann, Klaus: P.E.N. Politik, Emigration, Nationalsozialismus. Ein österreichischer Schriftstellerclub, Wien u.a. 1984; 173 S.

15682 Amann, Klaus: Literaturbetrieb 1938–1945. Vermessungen eines unerforschten Gebietes, in: Emmerich Tálos u.a. (Hg.), NS-Herrschaft in Österreich 1938–1945, Wien 1988, 283–300

15683 Amann, Klaus: Die literaturpolitischen Voraussetzungen und Hintergründe für den »Anschluß« der österreichischen Literatur im Jahre 1938, in: ZfPh 101 (1982), 216–44

15684 Borst, Otto: Dichtung und Literatur, in: Otto Borst (Hg.), Das Dritte Reich in Baden und Württemberg, Stuttgart 1988, 183–210, 313–16

15685 Brenner, Hildegard: Die Republikaner beugen sich dem Wort der Obrigkeit. Die Umwandlung der Literaturabteilung der Preußischen Akademie der Künste in eine »Deutsche Akademie der Dichtung«, in: »Das war ein Vorspiel nur...« Bücherverbrennung in Deutschland 1933: Voraussetzungen und Folgen. Ausstellung der Akademie der Künste vom 8. Mai bis 3. Juli 1983, Bearb. Hermann Haarmann u.a., Berlin 1983, 65–71

15686 Ditt, Karl: Der westfälische Literaturpreis im Dritten Reich. Die Förderung westfälischer Schriftsteller/innen zwischen Literatur-, Heimat- und Parteipolitik, in: WF 42 (1992), 324–45

15687 Dohnke, Kay: »Ick stäk dei Fahn ut.« Verhaltensweisen niederdeutscher Schriftsteller im Nationalsozialismus, in: Kay Dohnke u.a. (Hg.), Niederdeutsch im Nationalsozialismus. Studien zur Rolle regionaler Kultur im Faschismus, Hildesheim u.a. 1994, 283–341

15688 Dressler, Fridolin: Die Bayerische Staatsbibliothek [München] im Dritten Reich. Eine historische Skizze, in: BFB 16 (1988), 211–29

15689 Engel, Walter/Werner, Wilfried: Verbrannt, verfemt, verbannt. Autoren des Rhein-Neckar-Raumes unter dem NS-Regime, in: Joachim-Felix Leonhard (Hg.), Bücherverbrennung. Zensur, Verbot, Vernichtung unter dem Nationalsozialismus in Heidelberg, Heidelberg 1983, 135–67

15690 Exenberger, Herbert: Die Arbeiterbüchereien der Stadt Wien nach dem März 1938, in: Wien 1938, Hg. Kommission Wien 1938, Wien 1978, 237–47

15691 Goltz, Reinhard: Der Gott der Heimat, der beste Kamerad und der geschaßte Gewerkschafter. Die Schriftsteller Johann, Rudolf und Jakob Kinau in der Nazi-Zeit, in: Kay Dohnke u.a. (Hg.), Niederdeutsch im Nationalsozialismus. Studien zur Rolle regionaler Kultur im Faschismus, Hildesheim u.a. 1994, 342–86

15692 Hans, Jan: Die Bücherverbrennung in Hamburg, in: Eckart Krause u.a. (Hg.), Hochschulalltag im »Dritten Reich«. Die Hamburger Universität 1933–1945, Bd. 1, Berlin/Hamburg 1991, 237–54

15693 Hansen, Frauke: »Buch und Büchse – das ist mein Befehl.« Kreuzberger Stadtbüchereien im Nationalsozialismus, in: Kreuzberg 1933. Ein Bezirk erinnert sich. Ausstellung vom 29. Mai bis 29. September 1983 im Kunstamt [Berlin]-Kreuzberg. »So politisch war ick nich...« Jugendalltag in Kreuzberg um 1933. Ausstellung vom 29. Mai bis 10. September 1983 in der Galerie am Chamissoplatz. Katalog, Hg. Verein zur Erforschung und Darstellung der Geschichte Kreuzbergs u.a., Red. Werner Tammen/Krista Tebbe, Berlin 1983, 123–27

15694 Harth, Dietrich: Literatur unterm NS-Diktat, in: Joachim-Felix Leonhard (Hg.), Bücherverbrennung. Zensur, Verbot, Vernichtung unter dem Nationalsozialismus in Heidelberg, Heidelberg 1983, 85–99

15694a Huder, Walter: Die sogenannte Reinigung. Die »Gleichschaltung« der Sektion Dichtkunst der Preußischen Akademie der Künste 1933, in: Exilforschung 4 (1986), 144–59

15695 Hunger, Ulrich: Geschichte der Göttinger Stadtbibliothek von 1934 bis 1961, Herzberg 1984; 136 S.

15696 Jens, Inge: Dichter zwischen rechts und links. Die Geschichte der Sektion für Dichtkunst an der Preußischen Akademie der Künste dargestellt nach Dokumenten, 2. Aufl., München 1979; III, 298 S. (zuerst 1971; 2., erw. u. verb. Aufl., Mitarb. Norbert Kampe, Leipzig 1994)**

15697 Klotzbücher, Alois: Nationalsozialistische Bibliothekspolitik im Ruhrgebiet. Ein Beitrag zur kommunalen Kulturpolitik, in: WF 42 (1992), 360–79

15698 Leonhard, Joachim-Felix (Hg.): Bücherverbrennung. Zensur, Verbot, Vernichtung unter dem Nationalsozialismus in Heidelberg, Heidelberg 1983; 243 S.*

15699 Leonhard, Joachim-Felix: Vom lebendigen zum deutschen Geist – Aussonderung und Separierung von Büchern in Heidelberger Bibliotheken unter dem Nationalsozialismus, in: Joachim-Felix Leonhard

(Hg.), Bücherverbrennung. Zensur, Verbot, Vernichtung unter dem Nationalsozialismus in Heidelberg, Heidelberg 1983, 101–33

15699a Mittenzwei, Werner: Der Untergang einer Akademie oder Die Mentalität des ewigen Deutschen. Der Einfluß der nationalkonservativen Dichter an der Preußischen Akademie der Künste 1918 bis 1947, Berlin 1992; 580 S.

15700 Oettinger, Klaus: »Der Anfang ist gemacht.« Die Bücherverbrennung 1933 in Köln, in: Wolfgang Blaschke u.a. (Hg.), Nachhilfe zur Erinnerung. 600 Jahre Universität zu Köln, Köln 1988, 71–75

15701 Pollnick, Carsten: Von der öffentlichen Volksbücherei zur Stadtbibliothek in Aschaffenburg. 50 Jahre kommunale Bildungseinrichtung [1934–1984], Aschaffenburg 1984; 232 S.

15702 Renner, Gerhard: Österreichische Schriftsteller und der Nationalsozialismus (1933–1940). Der »Bund der deutschen Schriftsteller Österreichs« und der Aufbau der Reichsschrifttumskammer in der »Ostmark«, in: AGB 27 (1986), 195–303

15703 Robenek, Brigitte: Geschichte der Stadtbücherei Köln von den Anfängen im Jahre 1890 bis zum Ende des Zweiten Weltkrieges, Hg. Fachhochschule für Bibliotheks- und Dokumentationswesen, Bearb. Ludwig Sickmann, Köln 1983; X, 148 S.

15704 Schmitz, Heinrich K.: »Das deutsche Haus muß wieder sauber werden« (Will Vesper). Einflüsse und Auswirkungen nationalsozialistischer Literaturpolitik auf das städtische Büchereisystem in Wuppertal 1933 bis 1945, in: Klaus Goebel (Hg.), Wuppertal in der Zeit des Nationalsozialismus, 1. u. 2., korr. Aufl., Wuppertal 1984, 147–61

15705 Schochow, Werner: Die Preußische Staatsbibliothek [Berlin] 1918–1945. Ein geschichtlicher Rückblick. Mit einem Quellenteil, Köln/Wien 1989; XII, 170 S.**

15706 Schöne, Albrecht: Göttinger Bücherverbrennung 1933. Rede am 10. Mai 1983 zur Erinnerung an die »Aktion wider den undeutschen Geist«, Göttingen 1983; 41 S.

15707 Strallhofer-Mitterbauer, Helga: NS-Literaturpreise für österreichische Autoren. Eine Dokumentation, Wien u.a. 1994; 152 S.

15708 Suchy, Viktor: Literatur »März 1938«, in: Wien 1938, Hg. Kommission Wien 1938, Wien 1978, 258–72

15709 Toussaint, Ingo: Die Universitätsbibliothek Freiburg im Dritten Reich, Freiburg i.Br. 1982; 235 S.

15710 Toussaint, Ingo (Hg.): Die Universitätsbibliotheken Heidelberg, Jena und Köln unter dem Nationalsozialismus, München u.a. 1989; 406 S.**

15711 Zimmermann, Clemens: Die Bücherverbrennung am 17. Mai 1933 in Heidelberg. Studenten und Politik am Ende der Weimarer Republik, in: Joachim-Felix Leonhard (Hg.), Bücherverbrennung. Zensur, Verbot, Vernichtung unter dem Nationalsozialismus in Heidelberg, Heidelberg 1983, 55–84

A.3.20.5 Musik

Nachschlagewerke

15714 Vogelsang, Konrad (Bearb.): Filmmusik im Dritten Reich. Die Dokumentation, Hamburg 1990; 319 S.

Gedruckte Quellen

15715 Wulf, Josef (Hg.): Die Musik im Dritten Reich. Eine Dokumentation. (Kunst im Dritten Reich, 5), Neuausg., Frankfurt/Berlin 1989; 500 S. (zuerst Gütersloh 1963; 2. Aufl. Frankfurt 1983)

Darstellungen

15716 Bormann, Alexander von: Das nationalsozialistische Gemeinschaftslied, in:

Horst Denkler/Karl Prümm (Hg.), Die deutsche Literatur im Dritten Reich. Themen – Traditionen – Wirkungen, Stuttgart 1976, 256–80

15717 Drechsler, Nanny: Die Funktion der Musik im deutschen Rundfunk 1933 bis 1945, Pfaffenweiler 1988; IX, 188 S.

15718 Dümling, Albrecht: Komponisten warnen vor dem Krieg. Musikalische Formen der Aufklärung, in: Musik, Literatur und Film zur Zeit des Dritten Reichs. (1937. Europa vor dem 2. Weltkrieg. September 1987 bis Januar 1988. Ein Gemeinschaftsprojekt Düsseldorfer Kulturinstitute), Hg. Kulturamt der Stadt Düsseldorf, Düsseldorf 1987, 26–38

15719 Fischer, Jörg: Evangelische Kirchenmusik im Dritten Reich, in: AfM 46 (1989), 185–234

15720 Günther, Ulrich: Die Schulmusikerziehung von der [Leo] Kestenberg-Reform bis zum Ende des Dritten Reiches, 2. Aufl., Augsburg 1992; (10), 430 S. (zuerst Neuwied 1967)**

15721 Günther, Ulrich: Erlebte Schulmusik im Dritten Reich. Musikunterricht im Spannungsfeld zwischen Quellenstudium und eigenen Erfahrungen, in: Reinhard Dithmar (Hg.), Schule und Unterricht im Dritten Reich, Neuwied 1989, 101–15

15722 Günther, Ulrich: Schulmusik-Erziehung vor und nach der »Machtergreifung«, in: Reinhard Dithmar (Hg.), Schule und Unterricht in der Endphase der Weimarer Republik, Neuwied u. a. 1993, 193–205

15723 Hartung, Günter: Nationalsozialistische Kampflieder, in: Günter Hartung, Literatur und Ästhetik des deutschen Faschismus. Drei Studien, Berlin (O) 1983, 199–253

15724 Holzapfel, Otto: Das deutsche Volksliedarchiv im Dritten Reich, in: Helge Gerndt (Hg.), Volkskunde und Nationalsozialismus. Referate und Diskussionen einer Tagung der Deutschen Gesellschaft für Volkskunde, München, 23. bis 25. Oktober 1986, München 1987, 95–102

15725 John, Eckhard: Vom Deutschtum in der Musik, in: Zwischentöne (1984), Nr. 2, 5–33

15726 Kater, Michael H.: Different Drummers. Jazz in the Culture of Nazi Germany, Oxford/New York 1992; 291 S.

15727 Kater, Michael H.: Forbidden Fruit? Jazz in the Third Reich, in: AHR 94 (1989), 11–43

15728 Kolland, Hubert: Trösterin – in Gleichschritt gebracht. Die Faschisierung des Musiklebens, in: 1933 – Wege zur Diktatur, Ergänzungsbd., Hg. Staatliche Kunsthalle Berlin, Red. Dieter Ruckhaberle u. a., Berlin 1983, 137–67

15729 Kroll, Erwin: Verbotene Musik, in: VfZ 7 (1959), 310–17

15730 Lambrecht, Jutta: »Nicht jede Musik paßt für jeden...« Anmerkungen zur Musik im Dritten Reich, in: Bazon Brock/Achim Preiß (Hg.), Kunst auf Befehl? Dreiunddreißig bis Fünfundvierzig, München 1990, 137–59

15731 Lange, Horst H.: Jazz in Deutschland. Die deutsche Jazz-Chronik 1900–1960, Berlin 1966; 210 S.

15732 Lange, Horst H.: Jazz: eine Oase der Sehnsucht, in: Willi Bucher/Klaus Pohl (Hg.), Schock und Schöpfung. Jugendästhetik im 20. Jahrhundert, hg. i. A. des Deutschen Werkbundes/Württembergischen Kunstvereins Stuttgart, Darmstadt/Neuwied 1986, 320–23

15733 Levi, Erik: Music and National Socialism. The Politicisation of Criticism and Performance, in: Brandon Taylor/Wilfried van der Will (Hg.), The Nazification of Art. Art, Design, Music, Architecture, and Film in the Third Reich, Winchester, Hampsh. 1990, 158–82, 259

15734 Meyer, Michael: The Politics of Music in the Third Reich, 2. Aufl., New York u. a. 1993; XIV, 434 S. (zuerst 1991)

15735 Meyer, Michael: Eine musikalische Fassade für das Dritte Reich, in: Stephanie Barron (Hg.), »Entartete Kunst«. Das Schicksal der Avantgarde im Nazideutschland. Eine Ausstellung des Los Angeles County Museum, übernommen vom Deutschen Historischen Museum, München 1992, 171–83 (amerikan.: New York 1991)

15736 Meyer, Michael: The Nazi Musicologist as Myth Maker in the Third Reich, in: JCH 10 (1975), 648–65

15737 Musik im NS-Staat und Exil. (Zwischentöne, Nr. 10), verantwortl. Eckhard John, Freiburg i.Br. 1987; 54 S.

15737a Polaczek, Dietmar: Richard Strauss – Thema und Metamorphosen, in: Karl Corino (Hg.), Intellektuelle im Bann des Nationalsozialismus, Hamburg 1980, 61–80

15738 Polster, Bernd (Hg.): Swing Heil. Jazz im Nationalsozialismus, Berlin 1989; 248 S.

15739 Prieberg, Fred K.: Musik im NS-Staat, Frankfurt 1982; 449 S.

15740 Prieberg, Fred K.: Musik und Macht. Über den Mißbrauch der Musik durch den Staat, Frankfurt 1991; 314 S.

15741 Prieberg, Fred K.: Kraftprobe. Wilhelm Furtwängler im Dritten Reich, Wiesbaden 1986; 495 S.

15742 Schreiber, Ulrich: Ferner Nachklang eines Gezeichneten. Der Komponist Franz Schreker in seiner Zeit, in: Musik, Literatur und Film zur Zeit des Dritten Reichs. (1937. Europa vor dem 2. Weltkrieg. September 1987 bis Januar 1988. Ein Gemeinschaftsprojekt Düsseldorfer Kulturinstitute), Hg. Kulturamt der Stadt Düsseldorf, Düsseldorf 1987, 8–19

15743 Schröder, Heribert: Anmerkungen zur Geschichte und zum Funktionswandel katholischer Kirchenmusik im Dritten Reich, in: KJb 72 (1988), 137–66

15744 Shirakawa, Sam H.: The Devil's Music Master. The Controversial Life and Career of Wilhelm Furtwängler, New York 1992; XVI, 506 S.

15745 Staepel, Werner: Neue deutsche Musik im »Dritten Reich«, in: Zwischentöne (1987), Nr. 10, 19–25

15746 Wessling, Berndt W.: Furtwängler. Eine kritische Biographie, Stuttgart 1986; 479 S.

15747 Windell, George C.: Hitler, National Socialism, and Richard Wagner, in: JCEA 22 (1962/63), 479–97

15748 Zwerin, Mike: La Tristesse de Saint Louis. Jazz under the Nazis, London 1985; 197 S. (New York 1987)

Regional-/Lokalstudien

15750 Borst, Otto: Musik und Kult, in: Otto Borst (Hg.), Das Dritte Reich in Baden und Württemberg, Stuttgart 1988, 272–89, 325 f.

15751 Bruckbauer, Maria: Verordnete Kultur – Überlegungen zur Volksmusik in Bayern während der NS-Zeit, in: BJV 40 (1989), 82–91

15752 Der diskrete Charme der Theorie. Musikwissenschaft in Freiburg 1919–1984. (Zwischentöne, 2), verantwortl. Eckhard John, Freiburg i.Br. 1984; 43 S.

15753 Dorfmüller, Joachim: Mendelssohn-Bartholdy, Mahler und Hindemith waren verboten, Beethoven, Mozart und Wagner erlaubt, in: Klaus Goebel (Hg.), Über allem die Partei. Schule, Kunst, Musik in Wuppertal 1933–1945. (Wuppertal in der Zeit des Nationalsozialismus, 2), Oberhausen 1987, 65–84 (Abb.: 49–64)

15754 Dümling, Albrecht: Das Rassenprinzip im Nürnberger Musikleben, in: Bernd Ogan/Wolfgang W. Weiß (Hg.), Faszination und Gewalt. Zur politischen Ästhetik des Nationalsozialismus, Nürnberg 1992, 169–76

15755 Dümling, Albrecht/Girth, Peter (Bearb.): Entartete Musik. Zur Düsseldorfer

Ausstellung von 1938. Eine kommentierte Rekonstruktion. (Katalog der Ausstellung »Entartete Musik«, Tonhalle Düsseldorf, 16. Januar – 28. Februar 1988), Düsseldorf o. J. (1988); 200, XXXV, 15 S.

15756 Halter, Helmut: Die »Regensburger Domspatzen« 1924–1945, in: Winfried Becker/Werner Chrobak (Hg.), Staat, Kultur, Politik. Beiträge zur Geschichte Bayerns und des Katholizismus. Festschrift zum 65. Geburtstag von Dieter Albrecht, Kallmünz 1992, 371–88

15757 John, Eckhard: Der Mythos vom Deutschtum in der Musik: Musikwissenschaft und Nationalsozialismus, in: Eckhard John u. a. (Hg.), Die Freiburger Universität in der Zeit des Nationalsozialismus, Freiburg/Würzburg 1991, 163–90

15758 John, Eckhard: Die andere Seite der Freiburger Musikwissenschaft, in: Zwischentöne (1987), Nr. 10, 5–12

15759 Petersen, Peter: Musikwissenschaft in Hamburg 1933 bis 1945, in: Eckart Krause u. a. (Hg.), Hochschulalltag im »Dritten Reich«. Die Hamburger Universität 1933–1945, Bd. 2, Berlin/Hamburg 1991, 625–40

15760 Zündende Lieder. Folgen des Nationalsozialismus für Hamburger Musiker und Musikerinnen, Hg. Projektgruppe Musik und Nationalsozialismus, Hamburg 1989; 156 S.

A.3.20.6 Theater

[vgl. A.3.8.10]

Literaturberichte

15761 Dussel, Konrad: Theatergeschichte der NS-Zeit unter sozialgeschichtlichem Aspekt. Ergebnisse und Perspektiven der Forschung, in: NPL 32 (1987), 233–45

Gedruckte Quellen

15762 Wulf, Josef (Hg.): Theater und Film im Dritten Reich. Eine Dokumentation. (Kunst im Dritten Reich, 4), Neuausg., Frankfurt/Berlin 1989; 486 S. (zuerst Gütersloh 1964; 2. Aufl. Frankfurt 1983)

Darstellungen

15763 Breßlein, Erwin: Völkisch-faschistoides und nationalsozialistisches Drama. Kontinuitäten und Differenzen, Frankfurt 1980; 665 S.

15764 Dillmann, Michael: Heinz Hilpert. Leben und Werk, Berlin 1990; 522 S.

15765 Drewniak, Boguslaw: Das Theater im NS-Staat. Szenarium deutscher Zeitgeschichte, Düsseldorf 1983; 456 S.

15766 Dussel, Konrad: Ein neues, ein heroisches Theater? Nationalsozialistische Theaterpolitik und ihre Auswirkungen in der Provinz, Bonn 1988; 372 S.

15767 Dussel, Konrad: Provinztheater in der NS-Zeit, in: VfZ 38 (1990), 75–111

15768 Endres, Ria: Gesichter ohne Entscheidung. Notizen zu Gründgens, in: Autonomie 14 (1979), 16–25

15769 Ketelsen, Uwe-Karsten: Von heroischem Sein und völkischem Tod. Zur Dramatik des Dritten Reichs, Bonn 1970; VI, 392 S.

15770 Ketelsen, Uwe-Karsten: Heroisches Theater. Untersuchungen zur Dramentheorie des Dritten Reichs, Bonn 1968; IX, 230 S.

15771 Koegler, Horst: Vom Ausdruckstanz zum »Bewegungschor« des deutschen Volkes: Rudolf von Laban, in: Karl Corino (Hg.), Intellektuelle im Bann des Nationalsozialismus, Hamburg 1980, 165–79

15772 Kühn, Volker (Hg.): Deutschlands Erwachen. Kabarett unterm Hakenkreuz 1933–1945. (Kleinkunststücke, 3), Weinheim 1989; 393 S.

15773 Mierendorff, Marta/Wicclair, Walter: Im Rampenlicht der »dunklen Jahre«.

Aufsätze zum Theater im »Dritten Reich«, Exil und Nachkrieg, Hg. Helmut G. Asper, Beitrag zur »Vergangenheitsbewältigung« in Schauspielerbiographien Michael Töteberg, Berlin 1989; 153 S.

15774 Müller, Hedwig/Stöckemann, Patricia (Bearb.): ». . . jeder Mensch ist ein Tänzer.« Ausdruckstanz in Deutschland zwischen 1900 und 1945, Hg. Akademie der Künste, Berlin 1993; 224 S.

15775 Murmann, Geerte: Komödianten für den Krieg. Deutsches und alliiertes Fronttheater, Düsseldorf 1992; 315 S.

15776 Otto, Rainer/Rösler, Walter: Kabarettgeschichte. Abriß des deutschsprachigen Kabaretts, 2. Aufl., Berlin 1981; 413 S. (zuerst 1977)

15777 Pelzer, Jürgen: Satire oder Unterhaltung? Wirkungskonzepte im deutschen Kabarett zwischen Bohémerevolte und antifaschistischer Opposition, in: GSR 9 (1986), 45–65

15778 Pitsch, Ilse: Das Theater als politisch-publizistisches Führungsmittel im Dritten Reich, Diss. Münster 1952; 305 S. (Ms.)

15779 Reichert, Franz: Durch meine Brille. Theater in bewegter Zeit (1925–1950), Wien 1986; 286 S.

15780 Rühle, Günther (Hg.): Zeit und Theater, Bd. 3: Diktatur und Exil 1933–1945, Frankfurt/Berlin 1974; 874 S.

15781 Ruhrberg, Karl: Zwischen Anpassung und Widerstand. Das Theater unter dem Hakenkreuz, in: Musik, Literatur und Film zur Zeit des Dritten Reichs. (1937. Europa vor dem 2. Weltkrieg. September 1987 bis Januar 1988. Ein Gemeinschaftsprojekt Düsseldorfer Kulturinstitute), Hg. Kulturamt der Stadt Düsseldorf, Düsseldorf 1987, 39–46

15782 Schauwecker, Detlev: Japanisches auf Bühnen der nationalsozialistischen Zeit, in: Josef Kreiner/Regine Mathias (Hg.), Deutschland – Japan in der Zwischenkriegszeit, Bonn 1990, 403–40

15783 Schöndienst, Eugen: Kulturelle Angelegenheiten: Theater und Orchester [1933–1945], in: Deutsche Verwaltungsgeschichte, Bd. 4: Das Reich als Republik und in der Zeit des Nationalsozialismus, Hg. Kurt G. A. Jeserich u. a., Stuttgart 1985, 988–98

15784 Steinweis, Alan E.: The Professional, Social, and Economic Dimensions of Nazi Cultural Policy: The Case of the Reich Theater Chamber, in: GSR 13 (1990), 461–59

15785 Stollmann, Rainer: Theater im Dritten Reich, in: Jörg Thunecke (Hg.), Leid der Worte. Panorama des literarischen Nationalsozialismus, Bonn 1987, 72–89

15787 Wardetzky, Jutta: Theaterpolitik im faschistischen Deutschland. Studien und Dokumente, Berlin (O) 1983; 398 S.**

15788 Zimmer, Dieter E.: Max Reinhardts Nachlaß. Ein Drama um Kunst und Kommerz. Weil das Theatergenie Max Reinhardt angeblich von den Nazis enteignet wurde, fordern die Erben zwei teure Berliner Immobilien zurück. Doch die Archive bergen eine profanere Wahrheit: Reinhardt verlor seinen Theaterkonzern durch Verschuldung. Ein profitabler Plan geht nicht auf, in: Zeit, Jg. 49, Nr. 29, 15. 7. 1994, 9–12

Regional-/Lokalstudien

15789 Baumgarten, Michael/Freydank, Ruth: Das Rose-Theater. Ein Volkstheater im Berliner Osten 1906–1944, Hg. Märkisches Museum Berlin, Berlin 1991; 211 S.

15790 Euler, Friederike: Theater zwischen Anpassung und Widerstand. Die Münchener Kammerspiele im Dritten Reich, in: Bayern in der NS-Zeit, Bd. 2: Herrschaft und Gesellschaft im Konflikt, T. A, Hg. Martin Broszat/Elke Fröhlich, München/Wien 1979, 91–173

15791 Faber, Christiane/Steinki, Walburga: Unterhaltung um 1933. Berliner Kabarett und Varieté, in: Projekt: Spurensicherung. Alltag und Widerstand im Berlin der 30er Jahre. Katalog zur Ausstellung vom 12.6. bis 10.7. 1983 im U-Bahnhof Schlesisches Tor, Berlin, Hg. Berliner Geschichtswerkstatt, Red. Karl-Heinz Breidt u.a., Berlin 1983, 227–52

15792 Hoffmann, Erich: Die »Gleichschaltung« des Flensburger Grenzlandtheaters und der szenische Untergang des »Landesverräters« Carsten Holm, in: Erich Hoffmann/Peter Wulf (Hg.), »Wir bauen das Reich«. Aufstieg und erste Herrschaftsjahre des Nationalsozialismus in Schleswig-Holstein, Neumünster 1983, 253–70

15793 Jelavich, Peter: Berlin Cabaret, Cambridge, Mass. 1993; XII, 322 S.

15794 Kieser, Klaus: Das Gärtnerplatztheater in München 1932–1944. Zur Operette im Nationalsozialismus, Frankfurt u.a. 1991; XI, 183 S.

15795 Klusacek, Christine: Die Gleichschaltung der Wiener Bühnen, in: Wien 1938, Hg. Kommission Wien 1938, Wien 1978, 248–57

15796 Kretschmer, Vera: Die württembergische Landesbühne Esslingen von 1933 bis 1948, in: Von Weimar bis Bonn. Esslingen 1919–1949. Begleitband zur Ausstellung »Esslingen 1919–1949. Von Weimar bis Bonn«, Esslingen 1991, 309–25

15797 Kuschnia, Michael (Hg.): 100 Jahre Deutsches Theater Berlin. 1883–1983, Red. Christoph Funke u.a., Mitarb. Julius Bab u.a., Berlin (O) 1983, 112–31**

15798 Lukas, Hans-Willi: Das Theater in Wuppertal zur Zeit des Dritten Reiches, in: Klaus Goebel (Hg.), Wuppertal in der Zeit des Nationalsozialismus, 1. u. 2., korr. Aufl., Wuppertal 1984, 133–46

15799 Lüth, Erich: Hamburger Theater 1933–1945. Ein theatergeschichtlicher Versuch, Hamburg 1962; 95 S.

15800 Meiszies, Winrich: »Der Zug der Zeit«. Spielplan und Aufführungspraxis des nationalsozialistischen Theaters in Düsseldorf 1933–1944, in: Musik, Literatur und Film zur Zeit des Dritten Reichs. (1937. Europa vor dem 2. Weltkrieg. September 1987 bis Januar 1988. Ein Gemeinschaftsprojekt Düsseldorfer Kulturinstitute), Hg. Kulturamt der Stadt Düsseldorf, Düsseldorf 1987, 46f.

15801 Petzet, Wolfgang: Theater. Die Münchner Kammerspiele 1911–72, München 1973, 246–398, 569–71

15802 Ruhrberg, Karl: NS-Gesinnungsstücke in Düsseldorf von 1933–1940, in: Musik, Literatur und Film zur Zeit des Dritten Reichs. (1937. Europa vor dem 2. Weltkrieg. September 1987 bis Januar 1988. Ein Gemeinschaftsprojekt Düsseldorfer Kulturinstitute), Hg. Kulturamt der Stadt Düsseldorf, Düsseldorf 1987, 49–61

15802a Unseld, Claudia: Zwischen »Thingspielen« und »politischem« Forum. Eine kurze Geschichte der Studiobühne, in: Wolfgang Blaschke u.a. (Hg.), Nachhilfe zur Erinnerung. 600 Jahre Universität zu Köln, Köln 1988, 132–38

15803 Vasold, Manfred: Theater im Dritten Reich. Das Beispiel Hagen, in: GiW 7 (1992), 69–86

15804 Wardetzky, Jutta: Heinz Hilpert – Direktor des Deutschen Theaters 1934–1944. Seine Auseinandersetzung mit dem Reichsministerium für Volksaufklärung und Propaganda, in: Michael Kuschnia (Hg.), 100 Jahre Deutsches Theater Berlin. 1883–1983, Berlin (O) 1983, 114–17

A.3.20.7 Film

Nachschlagewerke

15805 Vogelsang, Konrad (Bearb.): Filmmusik im Dritten Reich. Die Dokumentation, 2., vollst. überarb. u. erw. Aufl., Pfaffenweiler 1993; 235 S. (zuerst Hamburg 1990)

Gedruckte Quellen

15806 Albrecht, Gerd (Hg.): Der Film im 3. Reich. Eine Dokumentation, Karlsruhe 1979; (20), 283 S.

15807 NS-Feiertage in Wochenschauen 1933–1945. Materialien zu einem Filmseminar, Hg. Landeszentrale für politische Bildung Baden-Württemberg, Red. Gerd Albrecht u. a., Stuttgart o. J. (um 1990); 163 S.

15808 Wulf, Josef (Hg.): Theater und Film im Dritten Reich. Eine Dokumentation. (Kunst im Dritten Reich, 4), Neuausg., Frankfurt/Berlin 1983; 486 S. (zuerst Gütersloh 1964; 2. Aufl. Frankfurt 1983)

Methodische Probleme

15809 Weinberg, David: Approaches to the Study of Film in the Third Reich: A Critical Appraisal, in: JCH 19 (1984), 105–26

Darstellungen

15810 Ahren, Yizhak u. a.: »Der ewige Jude«. Wie Goebbels hetzte. Untersuchungen zum nationalsozialistischen Propagandafilm, Aachen 1990; 112 S.

15811 Albrecht, Gerd: Nationalsozialistische Filmpolitik. Eine soziologische Untersuchung über die Spielfilme des Dritten Reiches, Stuttgart 1969; XII, 562 S.

15812 Albrecht, Gerd: Arbeitsmaterialien zum nationalsozialistischen Propagandafilm: Hitlerjunge Quex, ein Film vom Opfergeist der deutschen Jugend, Hg. Deutsches Institut für Filmkunde, Frankfurt 1983; 40 S.

15813 Albrecht, Gerd: Sozialwissenschaftliche Ziele und Methoden der systematischen Inhaltsanalyse von Filmen. Beispiel: UFA-Tonwoche 451/1939 – Hitlers 50. Geburtstag, in: Günter Moltmann u. a. (Hg.), Zeitgeschichte im Film- und Tondokument. 17 historische, pädagogische und sozialwissenschaftliche Beiträge, Göttingen 1970, 25–37

15814 Baird, Jay W.: From Berlin to Neubabelsberg: Nazi Film Propaganda and Hitler Youth Quex, in: JCH 18 (1983), 495–515

15815 Barkhausen, Hans: Filmpropaganda für Deutschland im Ersten und Zweiten Weltkrieg, Hildesheim u. a. 1982; 290 S.

15816 Barkhausen, Hans: Die NSDAP als Filmproduzentin. Mit Kurzübersicht: Filme der NSDAP 1927–1945, in: Günter Moltmann u. a. (Hg.), Zeitgeschichte im Film- und Tondokument. 17 historische, pädagogische und sozialwissenschaftliche Beiträge, Göttingen 1970, 145–176

15817 Barkhausen, Hans/Reimers, Karl F.: Erste Weihnachtsfeier der Reichsbahndirektion Berlin im Dritten Reich, in: Peter Konlechner/Peter Kubelka (Hg.), Propaganda und Gegenpropaganda im Film 1933–1945, Wien 1972, 41–49**

15818 Barsam, Richard M.: Filmguide to Triumph of the Will, Bloomington, Ind. 1975; X, 82 S.

15819 Bateson, Gregory: An Analysis of the Nazi-Film Hitlerjunge Quex, in: Margret Mead/Rhoda Métraux (Hg.), The Study of Culture at a Distance, 3. Aufl., Chicago, Ill./Toronto 1962, 302–14 (zuerst 1953)

15820 Bauer, Alfred: Deutscher Spielfilmalmanach 1929–1950, Neuausg., München 1976; XXIX, 994 S. (zuerst Berlin 1950)

15821 Bechdolf, Ute: Wunsch-Bilder? Frauen im nationalsozialistischen Unterhaltungsfilm, Tübingen 1992; 143 S.

15822 Becker, Wolfgang: Film und Herrschaft. Organisationsprinzipien und Organisationsstrukturen der nationalsozialistischen Filmpropaganda, Berlin 1973; 297 S.

15823 Benzenhöfer, Udo/Eckart, Wolfgang U. (Hg.): Medizin im Spielfilm des Nationalsozialismus, Tecklenburg 1990; (III), 109 S.

15824 Blumenberg, Hans-Christoph: Das Leben geht weiter. Der letzte Film des Dritten Reiches, Berlin 1993; 222 S.

15825 Brandt, Hans-Jürgen: NS-Filmtheorie und dokumentarische Praxis: [Fritz] Hippler, [Svend] Noldan, [Carl] Junghans, Tübingen 1987; V, 218 S.

15826 Brücher, Bodo: Jugend und Film im Zweiten Weltkrieg, in: Deutsche Jugend im Zweiten Weltkrieg, Rostock 1991, 60–70

15827 Bucher, Peter: Machtergreifung und Wochenschau. Die Deulig-Tonwoche 1932/33, in: Publizistik 30 (1985), 182–94

15828 Bucher, Peter: Goebbels und die Deutsche Wochenschau. Nationalsozialistische Filmpolitik im Zweiten Weltkrieg 1939–1945, in: MGM 40 (1986), 53–69

15829 Courtade, Francis/Cadars, Pierre: Geschichte des Films im Dritten Reich, 2. Aufl., München 1977; 335 S. (zuerst München/Wien 1975; franz.: Paris 1972)

15830 Dammeyer, Manfred: Nationalsozialistische Filme im historisch-politischen Unterricht, in: APUZ, Nr. B 16/77, 23. 4. 1977, 3–24

15831 Dammeyer, Manfred/Hoffmann, Hilmar (Hg.): Der Spielfilm im 3. Reich. Arbeitsseminar der Westdeutschen Kurzfilmtage Oberhausen (1.–5. Oktober 1965), Oberhausen 1965; 246 S.

15832 Delage, Christian: La vision nazie de l'histoire. Le cinéma documentaire du Troisième Reich, Vorwort Marc Ferro, Lausanne 1989; 252 S.

15833 Denzer, Kurt: Charakteristische Merkmale der NS-Filmdramaturgie, in: Urs J. Diederichs/Hans-Hermann Wiebe (Hg.), Schleswig-Holstein unter dem Hakenkreuz, hg. i. A. der Evangelischen Akademie Nordelbien, Bad Segeberg/Hamburg o. J. (1984), 155–72

15834 Drewniak, Boguslaw: Der deutsche Film 1938–1945. Ein Gesamtüberblick, Düsseldorf 1987; 990 S.

15835 Drewniak, Boguslaw: Die Expansion der Kinomatographie des Dritten Reiches in den Jahren des Zweiten Weltkrieges, in: Czeslaw Madayczyk (Hg.), Inter arma non silent Musae. The War and the Culture, 1939–1945, Warschau 1977, 89–116

15836 Eisner, Lotte: The Haunted Screen. Expressionism in the German Cinema and the Influence of Max Reinhardt, London 1969; 360 S. (franz.: Paris 1965)

15837 Faulstich, Werner/Korte, Helmut (Hg.): Der Film als gesellschaftliche Kraft, 1925–1944. (Fischer Filmgeschichte, 2), 2. Aufl., Frankfurt 1994; 360 S. (zuerst 1991)

15838 Felsmann, Barbara/Prümm, Karl: Kurt Gerron – Gefeiert und gejagt. 1897–1944. Das Schicksal eines deutschen Unterhaltungskünstlers. Berlin, Amsterdam, Theresienstadt [»Der Führer schenkt den Juden eine Stadt« (1944)], Auschwitz, Berlin 1992; 251 S.

15839 Fledelius, Karsten: Bekehrung und Bestätigung im Spielfilm des III. Reichs, in: T&K 8 (1980), 395–410

15840 Friedman, Régine M.: L'image et son Juif. Le Juif dans le cinema Nazi, Paris 1983; 261 S.

15841 Fürstenau, Theo (Bearb.): Propagandastrukturen im Film des Dritten Reiches, Hg. Deutsches Institut für Filmkunde, Wiesbaden o. J. (um 1967); 37 S. (Ms. vervielf.)

15842 Geyrhofer, Friedrich: Die demagogische Phantasie, in: Peter Konlechner/Peter Kubelka (Hg.), Propaganda und Gegenpropaganda im Film 1933–1945, Wien 1972, 13–17

15843 Graham, Cooper C.: Leni Riefenstahl and Olympia, London/Metuchen, N. J. 1986; XI, 323 S.

15844 Gregor, Ulrich/Patalas, Enno: Geschichte des Films, 2. Aufl., München u. a. 1973; 534 S. (zuerst Gütersloh 1962)

15845 Happel, Hans-Gerd: Der historische Spielfilm im Nationalsozialismus, Frankfurt 1984; 104 S.

15846 Harlan, Veit: Im Schatten meiner Filme. Selbstbiographie, Hg. Hans C. Opfermann, Gütersloh 1966; 290 S.

15847 Hausmanninger, Thomas: Kritik der medienethischen Vernunft. Die ethische Diskussion über den Film in Deutschland im 20. Jahrhundert, München 1993; XV, 647 S.

15848 Heinzelmann, Herbert: Die Heilige Messe des Reichsparteitags. Zur Zeichensprache von Leni Riefenstahls »Triumph des Willens«, in: Bernd Ogan/Wolfgang W. Weiß (Hg.), Faszination und Gewalt. Zur politischen Ästhetik des Nationalsozialismus, Nürnberg 1992, 163–68

15849 Herzstein, Robert E.: Goebbels et le mythe historique par le film (1942–1945), in: RHDGM 26 (1976), Nr. 101, 41–62

15850 Hoffmann, Hilmar: »Und die Fahne führt uns in die Ewigkeit.« Propaganda im NS-Film, Bd. 1, Frankfurt 1988; 256 S. (mehr nicht ersch.)

15851 Hoffmann, Hilmar: Filmkunst im Dritten Reich, ein Mythos für die Demontage, in: Tribüne 15 (1976), Nr. 59, 7093–99

15852 Hoffmann, Hilmar: Wochenschau im Dritten Reich, in: Tribüne 15 (1976), Nr. 60, 7250–56

15853 Hoffmann, Hilmar: Filmpropaganda im Dritten Reich. Ein Instrument des Massenbetrugs und der Volksverhetzung, in: Tribüne 25 (1986), Nr. 98, 66–84

15854 Hollstein, Dorothea: Antisemitische Filmpropaganda. Die Darstellung der Juden im nationalsozialistischen Spielfilm, München/Berlin 1971; 367 S. (TB Frankfurt 1983 u. d. T.: »Jud Süß« und die Deutschen. Antisemitische Vorurteile im nationalsozialistischen Spielfilm)

15855 Hull, David S.: Film in the Third Reich. A Study of the German Cinema, 1933–1945, Berkeley, Ca. 1960; XI, 291 S.

15856 Infield, Glenn B.: Leni Riefenstahl. The Fallen Film Goddess, New York 1976; 278 S.

15857 Jagschitz, Gerhard: Filmpropaganda im Dritten Reich, in: Peter Konlechner/Peter Kubelka (Hg.), Propaganda und Gegenpropaganda im Film 1933–1945, Wien 1972, 19–39

15858 Joergensen, Carsten: Der Spanische Bürgerkrieg in deutschen und englischen Wochenschauen, in: Spanien 1936–1939. Dokumentarfilme, Red. Martin Engelhardt/Manfred Lichtenstein, Mitarb. Wolfgang Gogolin, Berlin (O) 1986, 82-

15859 Klimsch, Günter W.: Die Entwicklung des NS-Filmmonopols von 1930 bis 1940 in vergleichender Betrachtung zur Pressekonzentration, Diss. München 1954; 131 S. (Ms. vervielf.)

15860 Knilli, Friedrich: Jud Süß. Filmprotokoll, Programmheft und Einzelanalysen, Berlin 1983; 209 S.**

15861 Knilli, Friedrich/Zielinski, Siegfried: Lion Feuchtwanger »Jud Süß« und die gleichnamigen Filme von Lothar Mendes (1934) und Veit Harlan (1940), in: Heinz L. Arnold (Hg.), Lion Feuchtwanger. (Text + Kritik, 79/80), München 1983, 99–121

15862 Koch, Gertrud: Die Einstellung ist die Einstellung. Visuelle Konstruktionen des Judentums, Frankfurt 1992; 258 S.

15863 Konlechner, Peter/Kubelka, Peter (Hg.): Propaganda und Gegenpropaganda im Film 1933–1945, Wien 1972; 120 S.*

15864 Kracauer, Siegfried: Von Caligari zu Hitler. Eine psychologische Geschichte des deutschen Films, Frankfurt 1984; 632, 64 S. (amerikan.: Princeton, N. J. 1974; zuerst 1947)

15865 Kreimeier, Klaus: Die Ufa-Story. Geschichte eines Filmkonzerns, München 1992; 520 S.

15866 Kreutz, Wilhelm: Zur Entwicklung des Englandbilds im deutschen Spielfilm zwischen Erstem und Zweitem Weltkrieg, in: Gottfried Niedhart (Hg.), Das kontinentale Europa und die britischen Inseln. Wahrnehmungsmuster und Wechselwirkungen seit der Antike, Mannheim 1993, 161–77

15867 Laqua, Carsten: Wie Micky unter die Nazis fiel. Walt Disney und Deutschland, Reinbek 1992; 251 S.

15868 Laugstien, Thomas: Die Organisation des Ideologischen im Reichsparteitags-Film, in: Projektgruppe Ideologie-Theorie, Faschismus und Theorie, Bd. 2, Berlin 1980, 307–36, 348–53

15869 Leiser, Erwin: »Deutschland erwache!« Propaganda im Film des Dritten Reiches, Reinbek 1968; 155 S.

15870 Liebe, Ulrich: Verehrt – verfolgt – vergessen. Schauspieler als Naziopfer, Weinheim/Basel 1992; 278 S.

15871 Loiperdinger, Martin (Hg.): Märtyrerlegenden im NS-Film, Opladen 1991; 192 S.

15872 Loiperdinger, Martin: Nationalsozialistische Gelöbnisrituale im Parteitagsfilm »Triumph des Willens«, in: Dirk Berg-Schlosser/Jakob Schissler (Hg.), Politische Kultur in Deutschland. Bilanz und Perspektiven der Forschung, Opladen 1987, 138–43

15873 Lowry, Stephen: Pathos und Politik. Ideologie in Spielfilmen des Nationalsozialismus, Tübingen 1991; IX, 279 S.

15874 Maiwald, Klaus-Jürgen: Filmzensur im NS-Staat, Dortmund 1983; 299 S.

15875 Malek-Kohler, Ingeborg: Im Windschatten des Dritten Reiches. Begegnungen mit Filmkünstlern und Widerstandskämpfern, Vorwort Theodor Eschenburg, Freiburg 1986; 253 S.

15876 Manvell, Roger/Fraenkel, Heinrich: The German Cinema, London 1971; XV, 159 S.

15877 Melchers, Christoph B.: Untersuchungen zur Wirkungspsychologie nationalsozialistischer Propagandafilme, Diss. Köln 1977; IV, 270 S.

15878 Meyhöfer, Annette: Schauspielerinnen im Dritten Reich, in: Renate Möhrmann (Hg.), Die Schauspielerin. Zur Kulturgeschichte der weiblichen Bühnenkunst, Frankfurt 1989, 300–20

15879 Moritz, William: Filmzensur während der Nazi-Zeit, in: Stephanie Barron (Hg.), »Entartete Kunst«. Das Schicksal der Avantgarde im Nazideutschland. Eine Ausstellung des Los Angeles County Museum, übernommen vom Deutschen Historischen Museum, München 1992, 185–91 (amerikan.: New York 1991)

15880 Niethammer, Lutz: Widerstand des Gesichts? Beobachtungen an dem Filmfragment »Der Führer schenkt den Juden eine Stadt« [Theresienstadt], in: JoGe 11 (1989), Nr. 2, 34–40

15881 Petley, Julian: Capital and Culture. German Cinema, 1933–45, London 1979; 162 S.

15882 Phillips, Marcus S.: The German Film Industry and the New Order, in: Peter D. Stachura (Hg.), The Shaping of the Nazi State, London/New York 1978, 257–81

15883 Phillips, Marcus S.: The German Film-industry and the Third Reich, 2 Bde., Norwich 1974; XLI, 453 S. (Ms. vervielf.)

15884 Pietrow-Ennker, Bianka: Die Sowjetunion in den nationalsozialistischen Wochenschauen 1935–1941. (Begleitpublikation zu Film G 222), Hg. Institut für den Wissenschaftlichen Film [IWF], Göttingen 1989

15885 Pietrow-Ennker, Bianka: Die Sowjetunion in der Propaganda des Dritten

Reiches: Das Beispiel der Wochenschau. Eine Dokumentation, in: MGM 46 (1989), 79–120**

15886 Pleyer, Peter: Volksgemeinschaft als Kinoerlebnis. Bemerkungen zu dem deutschen Spielfilm »Wunschkonzert« (1940), in: Arnulf Kutsch u. a. (Hg.), Rundfunk im Wandel. Beiträge zur Medienforschung, Berlin 1992, 75–84

15887 Prießnitz, Reinhard: Die Endlösung der Meinungsfreiheit, in: Peter Konlechner/Peter Kubelka (Hg.), Propaganda und Gegenpropaganda im Film 1933–1945, Wien 1972, 3–11

15888 Püschel, Almuth: Antisemitismus im deutschen Film der 20er und 30er Jahre, in: Werner Röhr u. a. (Hg.), Faschismus und Rassismus. Kontroversen um Ideologie und Opfer, Berlin 1992, 179–91

15889 Quadflieg, Helga: Agitation – Widerstand – Kollaboration. Reaktionen auf den Nationalsozialismus im Film, in: Peter Steinbach (Hg.), Widerstand. Ein Problem zwischen Theorie und Geschichte, Köln 1987, 230–44

15890 Rabenalt, Arthur M.: Film im Zwielicht. Über den unpolitischen Film des Dritten Reiches und die Begrenzung des totalitären Anspruches, Hildesheim/New York 1978; 95 S.

15891 Redottée, Hartmut W.: Realisten und Reaktionäre. Der europäische Film zwischen 1929 und 1939, in: Musik, Literatur und Film zur Zeit des Dritten Reichs. (1937. Europa vor dem 2. Weltkrieg. September 1987 bis Januar 1988. Ein Gemeinschaftsprojekt Düsseldorfer Kulturinstitute), Hg. Kulturamt der Stadt Düsseldorf, Düsseldorf 1987, 114–23

15892 Regel, Helmut: Han pasado – Sie sind durchgekommen. Der Spanische Bürgerkrieg im NS-Kino, in: Friedrich P. Kahlenberg (Hg.), Aus der Arbeit der Archive. Beiträge zum Archivwesen, zur Quellenkunde und zur Geschichte. Festschrift für Hans Booms, Boppard 1989, 539–51

15893 Reimers, Karl F.: »Hände am Werk – ein Lied von deutscher Arbeit« (1935). Volkskundliche »Ästhetikreferenzen« im nationalsozialistischen Dokumentarfilm. Ein Hinweis, in: Helge Gerndt (Hg.), Volkskunde und Nationalsozialismus. Referate und Diskussionen einer Tagung der Deutschen Gesellschaft für Volkskunde, München, 23. bis 25. Oktober 1986, München 1987, 219–24

15894 Riefenstahl, Leni: Memoiren 1902–1945, München/Hamburg 1987; 927 S. (TB Frankfurt u. a. 1990)

15895 Rost, Karl L.: Sterilisation und Euthanasie im Film des »Dritten Reiches«. Nationalsozialistische Propaganda in ihrer Beziehung zu rassenhygienischen Maßnahmen des NS-Staates, Husum 1987; 328 S.

15896 Roth, Karl H.: Filmpropaganda für die Vernichtung der Geisteskranken und Behinderten im Dritten Reich, Diss. Hamburg 1986; VII, 229 S.

15897 Roth, Karl H.: Filmpropaganda für die Vernichtung der Geisteskranken und Behinderten im »Dritten Reich«, in: Götz Aly u. a., Reform und Gewissen. »Euthanasie« im Dienste des Fortschritts. (Beiträge zur nationalsozialistischen Gesundheits- und Sozialpolitik, 2), Berlin 1985, 125–93; gekürzt abgedr. in: Götz Aly (Hg.), Aktion T 4 1939–1945. Die »Euthanasie«-Zentrale in der Tiergartenstraße 4, 2., erw. Aufl., Berlin 1989, 93–120 (zuerst 1987)

15898 Sander, Anneliese U. (Hg.): Jugendfilm im Nationalsozialismus. Dokumentation und Kommentar. Nach der Sonderveröffentlichung Nr. 6 der Zeitschrift »Das junge Deutschland«, hg. vom Jugendführer des Deutschen Reiches. (Geschichte der Jugend, 7), Bearb. Hartmut Reese, Münster 1984; XXX, 154 S.**

15899 Schettler, Holger: Arbeiter und Angestellte im Film. Die Darstellung der sozialen Lage von Arbeitern und Angestellten im deutschen Spielfilm 1918–1939, Bielefeld 1991; 360 S.

15900 Schlüpmann, Heide: Faschismus. (Frauen und Film, Jg. 15, Nr. 44/45), Basel/ Frankfurt 1988; 171 S.

15901 Schlüpmann, Heide: Trugbilder weiblicher Anatomie im nationalsozialistischen Film, in: Leonore Siegele-Wenschkewitz/Gerda Stuchlik (Hg.), Frauen und Faschismus in Europa. Der faschistische Körper, Pfaffenweiler 1990, 211–27

15902 Schoenberner, Gerhard: Der deutsche Film auf dem Weg ins Dritte Reich, in: Staatliche Kunsthalle Berlin (Hg.), Bericht 1983, Red. Dieter Ruckhaberle u.a., Berlin 1983, 150–61

15903 Seubert, Rolf: »Jugend ist das Volk von morgen.« Pädagogische Implikationen des Jugendfilms im Nationalsozialismus, in: Renate Cogoy u.a. (Hg.), Erinnerung einer Profession. Erziehungsberatung, Jugendhilfe und Nationalsozialismus, Münster 1989, 85–101

15904 Siegert, Michael: Fritz Hippler – Goebbels' Reichsfilmintendant, in: Peter Konlechner/Peter Kubelka (Hg.), Propaganda und Gegenpropaganda im Film 1933–1945, Wien 1972, 41–62

15905 Siegert, Michael: »Der Ewige Jude«, in: Peter Konlechner/Peter Kubelka (Hg.), Propaganda und Gegenpropaganda im Film 1933–1945, Wien 1972, 63–79

15906 Singer, Hans-Jürgen: »Tran und Helle«. Aspekte unterhaltender »Aufklärung« im Dritten Reich, in: Publizistik 31 (1986), 346–56

15907 Sontag, Susan: Faszinierender Faschismus [Leni Riefenstahl] (1974), in: Susan Sontag, Im Zeichen des Saturn. Essays, 3. Aufl., Frankfurt 1990, 96–126 (zuerst München 1981; amerikan. abgedr. in: New York 1980); amerikan. abgedr. in: Brandon Taylor/Wilfried van der Will (Hg.), The Nazification of Art. Art, Design, Music, Architecture, and Film in the Third Reich, Winchester, Hampsh. 1990, 204–18, 261f.

15908 Spiker, Jürgen: Film und Kapital. Der Weg der deutschen Filmwirtschaft zum nationalsozialistischen Einheitskonzern, Berlin 1975; 315 S.

15909 Spreng, Eberhard: Propaganda als Unterhaltung? Drei Regisseure des deutschen Films 1929–1945, in: Projekt: Spurensicherung. Alltag und Widerstand im Berlin der 30er Jahre. Katalog zur Ausstellung vom 12.6. bis 10.7. 1983 im U-Bahnhof Schlesisches Tor, Berlin, Hg. Berliner Geschichtswerkstatt, Red. Karl-Heinz Breidt u.a., Berlin 1983, 196–225

15910 Taylor, Richard: Film-propaganda. Soviet Russia and Nazi Germany, London 1979; 265 S.

15911 Terveen, Fritz: Die Rede vom Reichsminister Dr. Goebbels vor den Filmschaffenden in Berlin am 28. Februar 1942, in: Publizistik 4 (1959), 29–47**

15912 Terveen, Fritz: Der Filmbericht über Hitlers 50. Geburtstag. Ein Beispiel nationalsozialistischer Selbstdarstellung und Propaganda, in: VfZ 7 (1959), 75–84

15913 Toeplitz, Jerzy: Geschichte des Films, [Bd. 3:] 1934–1939, München 1980; 463 S.

15914 Traudisch, Dora: Mutterschaft mit Zuckerguß? Antinatalismus in nationalsozialistischen Spielfilmen, Pfaffenweiler 1993; 207 S.

15915 Warth, Eva-Maria: The Reconceptualisation of Women's Roles in War-Time National Socialism. An Analysis of Die Frau meiner Träume, in: Brandon Taylor/Wilfried van der Will (Hg.), The Nazification of Art. Art, Design, Music, Architecture, and Film in the Third Reich, Winchester, Hampsh. 1990, 262f.

15916 Der Weg ins Dritte Reich. Deutscher Film und Weimars Ende. Eine Dokumentation, Bearb. Klaus Jaeger u.a., Red. Will Wehling, hg. i.A. der Stadt Oberhausen anläßlich der Retrospektive im Rahmen der 20. Westdeutschen Kurzfilmtage in Oberhausen, 22.–27. April 1974, Oberhausen 1974; 140 S.**

15917 Welch, David A.: Propaganda and the German Cinema, 1933–1945, 2., korr. Aufl., Oxford 1990; XIV, 352 S. (zuerst 1983)

15918 Welch, David A.: Educational Film Propaganda and the Nazi Youth, in: David A. Welch (Hg.), Nazi Propaganda. The Power and the Limitations, London u.a. 1983, 65–87

15919 Wernecke, Klaus: Leichte Kost und patriotische Ware. Der Siegeszug des Tonfilms in der Provinz, in: Staatliche Kunsthalle Berlin (Hg.), Bericht 1983, Red. Dieter Ruckhaberle u.a., Berlin 1983, 162–78

15920 Wetzel, Kraft/Hagemann, Peter A.: Zensur. Verbotene Filme 1933–1945, Hg. Stiftung Deutsche Kinemathek, Berlin 1978; 166 S.

15921 Winkler-Mayerhöfer, Andrea: Starkult als Propagandamittel. Studien zum Unterhaltungsfilm im Dritten Reich, München 1992; 158 S.

15922 Witte, Karsten: Die Filmkomödie im Dritten Reich, in: Horst Denkler/Karl Prümm (Hg.), Die deutsche Literatur im Dritten Reich. Themen – Traditionen – Wirkungen, Stuttgart 1976, 347–65

15923 Witte, Karsten: Film im Nationalsozialismus, in: Wolfgang Jacobsen u.a. (Hg.), Geschichte des deutschen Films, Stuttgart/Weimar 1993, 119–70

15924 Witte, Karsten: Der barocke Faschist: Veit Harlan und seine Filme, in: Karl Corino (Hg.), Intellektuelle im Bann des Nationalsozialismus, Hamburg 1980, 150–64

15925 Witte, Karsten: Der Apfel und der Stamm. Jugend und Propagandafilm am Beispiel »Hitlerjunge Quex«, in: Willi Bucher/Klaus Pohl (Hg.), Schock und Schöpfung. Jugendästhetik im 20. Jahrhundert, hg. i.A. des Deutschen Werkbundes/Württembergischen Kunstvereins Stuttgart, Darmstadt/Neuwied 1986, 302–7

15926 Witte, Karsten: Major Tellheim nimmt Minna von Barnhelm in Dienst oder Wie der Nazifilm mit Klassikern mobil machte, in: NR 96 (1985), 158–73

15927 Wysocki, Gisela von: Lady Riefenstahl oder die Tänzerin zwischen Himmel und Unterwelt, in: Autonomie 14 (1979), 9–15

Regional-/Lokalstudien

15928 Hartl, Karl: Die Situation im Wiener Film, in: Wien 1938, Hg. Kommission Wien 1938, Wien 1978, 273–76

15929 Püschel, Almuth: »...die bedeutendste der Welt«. Das Projekt der Filmstadt Babelsberg 1937–1943, in: Dietrich Eichholtz (Hg.), Verfolgung – Alltag – Widerstand. Brandenburg in der NS-Zeit. Studien und Dokumente, Berlin 1993, 139–67

A.3.20.8 Fotografie

Bibliographien

15930 Heidtmann, Frank u.a. (Hg.): Bibliographie der Photographie. Deutschsprachige Publikationen der Jahre 1839–1982, 2 Bde., 2., verb. u. erw. Aufl., München u.a. 1989; XIV, X, 886 S. (zuerst 1880 u.d.T.: Die deutsche Photoliteratur 1839–1978)

Methodische Probleme

15931 Sachsse, Rolf: Probleme der Annäherung. Thesen zu einem diffusen Thema: NS-Fotografie, in: Fotogeschichte 2 (1982), Nr. 5, 59–66

Darstellungen

15932 Bruns, Brigitte: Der inszenierte Führer. Zur politischen Fotografie des Nationalsozialismus, in: LA 5 (1992), Nr. 9, 25–42

15933 Günter, Roland: Fotografie als Waffe. Geschichte der sozialdokumentarischen Fotografie, vollst. überarb. u. erg.

Neuausg., Reinbek 1982; 220 S. (zuerst Hamburg/Berlin 1977, 4. Aufl. 1979)

15934 Herz, Rudolf: [Heinrich] Hoffmann & Hitler. [Katalog zur Austellung »Photographie als Medium des Führer-Mythos« im Stadtmuseum München], München 1994; 376 S.**

15935 Hinz, Berthold: Bild und Lichtbild im Medienverband, in: Berthold Hinz u.a. (Hg.), Die Dekoration der Gewalt. Kunst und Medien im Faschismus, Gießen 1979, 137–48

15936 Hochreiter, Otto: Fotografie und Faschismus. Bemerkungen zur Menschenverachtung im Lichtbild, in: Geschichte der Fotografie in Österreich, Hg. Verein zur Erarbeitung der Geschichte der Fotografie in Österreich, Bd. 1, Bad Ischl 1983, 431–38, 458–61**

15937 Kerbs, Diethart u.a. (Hg.): Die Gleichschaltung der Bilder. Zur Geschichte der Pressefotografie 1930–1936, Berlin 1983; 207 S.

15938 Kerbs, Diethart: Deutsche Fotografen im Spanischen Bürgerkrieg. Fragen, Recherchen, Überlegungen, in: Musik, Literatur und Film zur Zeit des Dritten Reichs. (1937. Europa vor dem 2. Weltkrieg. September 1987 bis Januar 1988. Ein Gemeinschaftsprojekt Düsseldorfer Kulturinstitute), Hg. Kulturamt der Stadt Düsseldorf, Düsseldorf 1987, 106–13

15939 Kerbs, Diethart: Historische Pressefotos im Dienst der nationalsozialistischen Propaganda, in: Fotogeschichte 3 (1983), Nr. 10, 25–40**

15939a Kübler, Sabine: Paul Wolff – Frankfurt, Friedrich Seidensticker – Berlin. Zwei Zeitgenossen fotografieren die 30er Jahre, in: Fotogeschichte 8 (1988), Nr. 28, 43–48**

15940 Mettner, Martina: Diskussionsprotokoll der Arbeitsgruppe »NS-Propagandafotografie«, in: Fotogeschichte 2 (1982), Nr. 5, 74f.

15941 Pohlmann, Ulrich: »Nicht beziehungslose Kunst, sondern politische Waffe«. Fotoausstellungen als Mittel der Ästhetisierung von Politik und Ökonomie im Nationalsozialismus, in: Fotogeschichte 8 (1988), Nr. 28, 17–32

15942 Sachsse, Rolf: Propaganda für Industrie und Weltanschauung. Zur Verbindung von Bild und Technik in deutschen Photomessen, in: Inszenierung der Macht. Ästhetische Faszination des Faschismus, Hg. Neue Gesellschaft für Bildende Kunst, Red. Klaus Behnken/Frank Wagner, Berlin 1987, 273–84

15943 Sachsse, Rolf: Die Arbeit des Fotografen. Marginalien zum beruflichen Selbstverständnis deutscher Fotografen 1920–1950, in: Fotogeschichte 2 (1982), Nr. 4, 55–64

15944 Starl, Timm (Hg.): Fotografie und Faschismus. (Fotogeschichte, Jg. 8, Nr. 28), Frankfurt 1988; 114 S.*

15945 Starl, Timm (Bearb.): »Ein Vorkämpfer für die deutsche Kultur«. Der Werdegang Heinrich Kühns in biografischen Aufzeichnungen, in: Fotogeschichte 8 (1988), Nr. 28, 49–54

A.3.20.9 Sport

[vgl. A.1.9.2: G. v. Mengden; H. v. Tschammer und Osten]

Literaturberichte

15946 Ludewig, Hans-Ulrich: Sport und Nationalsozialismus, in: NPL 30 (1985), 401–20

Methodische Probleme

15947 Klönne, Arno: Jugendsozialisation, Sport und Politik in der Weimarer Republik und im Nationalsozialismus. Hinweise zum Diskussionsstand und zu Forschungsperspektiven, in: SZGS 2 (1988), Nr. 1, 80–83

Darstellungen

15948 Alkemeyer, Thomas: Gewalt und Opfer im Ritual der Olympischen Spiele 1936, in: Gunter Gebauer (Hg.), Körper- und Einbildungskraft. Inszenierungen des Helden im Sport, Berlin 1988, 44–79

15949 Alkemeyer, Thomas: Normbilder des Menschen: Der männliche Sportler-Körper in der Staatsästhetik des »Dritten Reiches«, in: SZGS 6 (1992), Nr. 3, 65–80

15950 Barrett, Michael B.: Soldiers, Sportsmen, and Politicans. Military Sport in Germany, 1924–1935, Diss. University of Massachusetts 1977; 374 S.

15951 Bellers, Jürgen (Hg.): Die Olympiade Berlin 1936 im Spiegel der ausländischen Presse, Münster 1986; 361 S.

15952 Bernett, Hajo: Sportpolitik im Dritten Reich. Aus den Akten der Reichskanzlei, Schorndorf 1971; 132 S.

15953 Bernett, Hajo: Sportunterricht an der nationalsozialistischen Schule. Der Schulsport an den höheren Schulen Preußens 1933–1940, Sankt Augustin 1985; 143 S.

15954 Bernett, Hajo: Untersuchungen zur Zeitgeschichte des Sports, Schorndorf 1973; 148 S.

15955 Bernett, Hajo: Der Weg des Sports in die nationalsozialistische Diktatur. Der Deutsche (Nationalsozialistische) Reichsbund für Leibesübungen, Schorndorf 1983; 120 S.

15956 Bernett, Hajo: Nationalsozialistische Leibeserziehung. Eine Dokumentation ihrer Theorie und Organisation, Schorndorf 1966; 232 S.

15957 Bernett, Hajo: Schulische Leibeserziehung im Dritten Reich, in: IZEBF (1980), Nr. 14, 93–104

15958 Bernett, Hajo: Reichsturnfest. Freiwilliger Vormarsch ins Dritte Reich, in: Die Machtergreifung. Von der republikanischen zur braunen Stadt. (Stuttgart im Dritten Reich. Eine Ausstellung des Projekts Zeitgeschichte), Hg. Projekt Zeitgeschichte im Kulturamt der Landeshauptstadt Stuttgart, Bearb. Michael Molnar, Red. Karlheinz Fuchs, Stuttgart 1983, 433–45

15959 Bernett, Hajo: Das Kraftpotential der Nation. Leibeserziehung im Dienst der politischen Macht, in: Ulrich Herrmann/ Jürgen Oelkers (Hg.), Pädagogik und Nationalsozialismus, Weinheim/Basel 1988, 167–92

15960 Bernett, Hajo: Die innenpolitische Taktik des nationalsozialistischen Reichssportführers. Analyse eines Schlüsseldokuments, in: Arena 1 (1975), 140–97**

15961 Bernett, Hajo: Schulische Leibeserziehung im Dritten Reich, in: IZEBF 14 (1980), 93–104

15962 Bernett, Hajo: Symbolik und Zeremoniell der XI. Olympischen Spiele in Berlin 1936, in: Sportwissenschaft 4 (1986), 357–97

15963 Bernett, Hajo: Die nationalsozialistische Sportführung und der Berufssport, in: SZGS 4 (1990), Nr. 1, 7–33

15964 Bernett, Hajo: Der Deutsche Sport im Jahre 1933, in: Stadion 7 (1981), 225–83

15965 Bernett, Hajo/John, Hans G. (Hg.): Schulsport und Sportlehrerausbildung in der NS-Zeit. Methodologische Probleme der Zeitgeschichtsforschung. Berichte über die Arbeitstagungen der DVS-Sektion Sportgeschichte 1981/82, hg. i. A. der Deutschen Vereinigung für Sportwissenschaft, Clausthal-Zellerfeld 1982; 152 S.

15966 Bohlen, Friedrich: Die XI. Olympischen Spiele, Berlin 1936. Instrument der innen- und außenpolitischen Propaganda und Systemsicherung des faschistischen Regimes, Köln 1979; 203, XVI S.

15967 Brand, Karsten: Die Rolle des Deutschen Reichsbundes für Leibesübungen

(DRL) bei der Kriegsvorbereitung der deutschen Jugend, in: JG 13 (1990), Nr. 12, 30–36

15968 Brohm, Jean-Marie: Jeux Olympiques á Berlin 1936, Brüssel 1983; 221 S.

15969 Buss, Wolfgang: Die Entwicklung des deutschen Hochschulsports vom Beginn der Weimarer Republik bis zum Ende des NS-Staates. Umbruch und Neuanfang oder Kontinuität?, Diss. Göttingen 1975; 5, 392 S.

15970 Cachay, Klaus/Kleindienst-Cachay, Christa: Sport und Sozialisation im Nationalsozialismus. Feldpostbriefe als Quelle historischer Sozialisationsforschung, in: SZGS 5 (1991), Nr. 2, 7–29

15971 Eisenberg, Christiane: Vom »Arbeiter-« zum »Angestelltenfußball«? Zur Sozialstruktur des deutschen Fußballsports 1890–1950, in: SZGS 4 (1990), Nr. 3, 20–45

15972 Friese, Gernot: Anspruch und Wirklichkeit des Sports im Nationalsozialismus, Ahrensburg 1974; 115, XIX S.

15973 Gebauer, Gunter/Wulf, Christoph: Die Spiele der Gewalt [Berlin 1936]. Ein Bildessay, in: Gunter Gebauer (Hg.), Körper- und Einbildungskraft. Inszenierungen des Helden im Sport, Berlin 1988, 11–30**

15974 Hart-Davis, Duff: Hitler's Games. The 1936 Olympics, London 1986; 256 S.

15975 Heymen, Norbert u.a.: Erziehung zur Wehrhaftigkeit im Sportunterricht, in: Reinhard Dithmar (Hg.), Schule und Unterricht im Dritten Reich, Neuwied 1989, 163–85

15976 Hoffmann, Andreas: Reichssportfeld. Olympischer Platz, in: Helmut Engel u.a. (Hg.), Geschichtslandschaft Berlin. Orte und Ereignisse, Bd. 1: Charlottenburg, T. 2: Der neue Westen, Berlin 1985, 11–27

15977 Hoffmann, Hilmar: Mythos Olympia. Autonomie und Unterwerfung von Sport und Kultur, Berlin/Weimar 1993; 214 S.

15978 Jahnke, Karl H.: Gegen den Mißbrauch der olympischen Idee 1936. Sportler im antifaschistischen Widerstand, Frankfurt 1972; 150 S.

15979 Joch, Winfried: Politische Leibeserziehung und ihre Theorie im nationalsozialistischen Deutschland. Voraussetzungen, Begründungszusammenhang, Dokumentation, Bern/Frankfurt 1976; 249 S.**

15980 Joch, Winfried: Sport und Leibeserziehung im Dritten Reich, in: Horst Ueberhorst (Hg.), Leibesübungen und Sport in Deutschland vom Ersten Weltkrieg bis zur Gegenwart. (Geschichte der Leibesübungen, 3, 2), Berlin u.a. 1982, 701–42

15981 Joch, Winfried: Zur Sportberichterstattung im Jahre 1933 am Beispiel der Zeitschrift »Wassersport« und »Der Leichtathlet«, in: Giselher Spitzer/Dieter Schmidt (Hg.), Sport zwischen Eigenständigkeit und Fremdbestimmung. Festschrift für Hajo Bernett, Schorndorf 1986, 171–92

15982 Joch, Winfried: Sport und Sportwissenschaft an den Deutschen Universitäten im Jahr der »Machtergreifung«, in: Rainer Geißler/Wolfgang Popp (Hg.), Wissenschaft und Nationalsozialismus. Eine Ringvorlesung an der Universität-Gesamthochschule Siegen, Essen 1988, 179–96

15983 Joch, Winfried: Der Sport im nationalsozialistischen Erziehungsprogramm, in: Leibeserziehung 18 (1969), Nr. 2, 45–49

15984 Joch, Winfried: Sport und Leibeserziehung im Dritten Reich, in: Horst Ueberhorst (Hg.), Geschichte der Leibesübungen, Bd. 3/II, Berlin u.a. 1981, 701–42

15985 Krüger, Arnd: Sport und Politik. Von Turnvater Jahn zum Staatsamateur, Hannover 1975, 59–84, 254 f.

15986 Krüger, Arnd: Theodor Lewald. Sportführer ins Dritte Reich, Berlin 1975; 144 S.

15987 Krüger, Arnd: Die Olympischen Spiele 1936 und die Weltmeinung: ihre außenpolitische Bedeutung unter besonderer Berücksichtigung der USA, Berlin u.a. 1972; 255 S.

15988 Krüger, Arnd: Heute gehört uns Deutschland und morgen...? Das Ringen um den Sinn der Gleichschaltung im Sport in der ersten Jahreshälfte 1933, in: Wolfgang Buss/Arnd Krüger (Hg.), Sportgeschichte: Traditionswandel und Wertwandel. Festschrift für Wilhelm Henze, Duderstadt 1985, 175–96

15989 Krüger, Arnd: »Wenn die Olympiade vorbei, schlagen wir die Juden zu Brei!« Das Verhältnis der Juden zu den Olympischen Spielen von 1936, in: Menora 5 (1994), 331–46

15990 Landschoof, Regina/Hüls, Karin: Frauensport im Faschismus. (ergebnisse, 30), Hamburg 1985; 125 S.

15991 Lenk, Hans: Werte, Ziele, Wirklichkeit der modernen Olympischen Spiele, 2., verb. Aufl., Schorndorf 1972; XXIV, 376 S. (zuerst 1964)

15992 Lissinna, Hartmut E.: Nationale Sportfeste im nationalsozialistischen Deutschland. Traditionen, Inhalte, politische Institutionen, Diss. Mannheim 1993; 541 S. (Ms.)

15993 Mandell, Richard D.: Hitlers Olympiade, München 1980; 268 S. (engl.: London 1971 u.d.T.: The Nazi Olympics)

15994 Meissner, Toni R.: Der politisierte Sport und seine Fachpresse. Unter besonderer Berücksichtigung ihrer politischen Propaganda während des NS-Regimes (1933–1945), Diss. München 1956; VI, 278 S. (Ms.)

15995 Meyer, Siegfried: Sport und prozeßunabhängige Qualifikationsmerkmale. Zur materialistischen Analyse der Beziehungen zwischen Sport und Gesellschaft und ihren Konsequenzen für eine emanzipative Sportstrategie – unter besonderer Berücksichtigung des Arbeitersports und des Sports im Faschismus, Lollar 1977; 339 S.

15996 Müller, Uwe: Die Politisierung der Körper. Der Zusammenhang von Körperübungen und Herrschaft, Diss. Hannover 1987; 227 S.

15997 Nicht nur Medaillen zählen. Sportler im antifaschistischen Widerstand, Berlin (O) 1975; 210 S.

15998 Pfeiffer, Lorenz: Die Deutsche Turnerschaft. Ihre politische Stellung in der Zeit der Weimarer Republik und des Nationalsozialismus, Ahrensburg 1976; 209 S.

15999 Popplow, Ulrich: Adolf Hitler – der Nichtsportler und der Sport, in: Heinz Nattkämper (Hg.), Sportwissenschaft im Aufriß. Ein Beitrag zur Sportkunde, Saarbrücken 1974, 39–55

16000 Simon, Hans u.a.: Die Körperkultur in Deutschland von 1917 bis 1945. (Geschichte der Körperkultur in Deutschland, 3), Hg. Wolfgang Eichel u.a., Berlin (O) 1969, 192–262

16001 Teichler, Hans J.: Internationale Sportpolitik im Dritten Reich, Schorndorf 1991; 400 S.

16002 Teichler, Hans J.: Coubertin und das Dritte Reich, in: Sportwissenschaft 1 (1982), 18–55

16003 Teichler, Hans J.: Der Weg Carl Diems vom DRA-Generalsekretär zum kommissarischen Führer des Gaues Ausland im NSRL. Ein Beitrag zur Erforschung der Rolle der bürgerlichen Funktionselite in der nationalsozialistischen Diktatur, in: SZGS 1 (1987), 42–91

16004 Teichler, Hans J.: Die Berichterstattung des deutschen Generalkonsulats über die III. Arbeiter-Olympiade [Antwerpen], in: SZGS 2 (1988), Nr. 1, 43–54**

16005 Titel, Jörg: Die Vorbereitung der Olympischen Spiele in Berlin 1936. Organisation und Politik, in: BGG (1993), 113–71

16006 Tschap-Bock, Angelika: Frauensport und Gesellschaft. Der Frauensport in seinen historischen und gegenwärtigen Formen. Eine historische und empirische Untersuchung, Ahrensburg 1983; 388 S.

16007 Ueberhorst, Horst: Carl Krümmel und die nationalsozialistische Leibeserziehung, Berlin 1976; 188 S.

16008 Ueberhorst, Horst: Edmund Neuendorff. Turnführer ins Dritte Reich, Berlin 1970; 78 S.

16009 Vieweg, Klaus: Gleichschaltung und Führerprinzip. Zum rechtlichen Instrumentarium der Organisation des Sports im Dritten Reich, in: Peter Salje (Hg.), Recht und Unrecht im Nationalsozialismus, Münster 1985, 244–71

16010 Wange, Willy B.: Der Sport im Griff der Politik. Von den Olympischen Spielen der Antike bis heute, Köln 1988, 156–91

16011 Will, Wilfried van der: The Body and the Body Politic as Symptom and Metaphor in the Transition of German Culture to National Socialism, in: Brandon Taylor/Wilfried van der Will (Hg.), The Nazification of Art. Art, Design, Music, Architecture, and Film in the Third Reich, Winchester, Hampsh. 1990, 14–52, 250f.

16012 Woltmann, Bernhard: Polnische Arbeitersportvereine in Deutschland von 1930 bis 1939, in: Hans J. Teichler (Hg.), Arbeiterkultur und Arbeitersport. 9. Fachtagung der DVS-Sektion Sportgeschichte vom 27.–29. März 1985 an der Gustav-Heinemann-Akademie der Friedrich-Ebert-Stiftung in Freudenberg, Clausthal-Zellerfeld 1985, 118–27

Regional-/Lokalstudien

16013 Bach, Hermann J.: Körperliche Wiederaufrüstung: Die Einführung des Pflichtsports für Studenten, in: Eckhard John u. a. (Hg.), Die Freiburger Universität in der Zeit des Nationalsozialismus, Freiburg/Würzburg 1991, 57–72

16014 Buss, Wolfgang: Der allgemeine Hochschulsport und das Institut für Leibesübungen der Universität Göttingen in der Zeit des Nationalsozialismus, in: Heinrich Becker u. a. (Hg.), Die Universität Göttingen unter dem Nationalsozialismus. Das verdrängte Kapitel ihrer 250jährigen Geschichte, München u. a. 1987, 437–63

16015 Große, Sabine: Turnunterricht der Mädchen im »Dritten Reich«. Eine vergessene Wirklichkeit?, in: FrauenLeben in Münster. Ein historisches Lesebuch, Hg. Arbeitskreis Frauengeschichte in Münster, Münster 1991, 184–97

16016 Joho, Michael: Hochschulsport in Hamburg zur Zeit der Weimarer Republik und der Anfangsjahre des »Dritten Reiches«. Eine lokalgeschichtliche Studie zur Militarisierung der Hamburgischen Universität, Stuttgart 1990; 250 S.

16017 Joho, Michael: Hochschulsport und Sportwissenschaft an der Hamburger Universität in der Zeit des Nationalsozialismus, Mitarb. Claus Tiedemann, in: Eckart Krause u. a. (Hg.), Hochschulalltag im »Dritten Reich«. Die Hamburger Universität 1933–1945, Bd. 1, Berlin/Hamburg 1991, 271–306

16018 Saldern, Adelheid von: Cultural Conflicts, Popular Mass Culture, and the Question of Nazi Sucess: The Eilenriede Motocycle Races, 1924–39, in: GSR 15 (1992), 317–38

16018a Ueberhorst, Horst: Sportkultur im deutschen Osten und im Sudetenland. Von den Anfängen bis 1945, Düsseldorf 1992; 270 S.

A.3.21 Auswärtige Beziehungen

A.3.21.1 Allgemeines

[vgl. A.1.9.2: C. Freiherr v. Neurath; J. v. Ribbentrop; A. Rosenberg; A.2.6;

A.3.5.3.3; A.3.8.2; A.3.10.4.7; A.3.10.8.4; A.3.13.12; A.3.14; A.3.15.10]

Literaturberichte

16019 Michaelis, Meir: World Power Status or World Dominion? A Survey of the Literature on Hitler's Plan of World Dominion (1937–1970), in: HJ 15 (1972), 331–60

16020 Schwok, René: Interprétations de la politique étrangère de Hitler. Une analyse de l'historiographie, Vorwort Saul Friedländer, Paris 1987; 217 S.

Quellenkunde

16021 Kent, George O. (Hg.): A Catalog of Files and Microfilms of the German Foreign Ministry Archives, 1920–1945, 4 Bde., Stanford, Ca. 1962–1972; XXI, 813; IX, 1321; VII, 807; III, 978 S.

16022 Schieder, Theodor: Außenpolitik von Weimar bis Hitler. Das Dokumentenwerk »Akten zur deutschen auswärtigen Politik 1918–1945«, in: HZ 238 (1984), 633–43

16023 Sweet, Paul R.: Der Versuch amtlicher Einflußnahme auf die Edition der »Documents on German Foreign Policy, 1933–1941«. Ein Fall aus den fünfziger Jahren, in: VfZ 39 (1991), 265–303

Gedruckte Quellen

16024 Akten zur deutschen Auswärtigen Politik. Aus dem Archiv des Auswärtigen Amtes, Reihe C: Bd. 1 (30.1.1933) – 6 (14.11.1937), Göttingen 1970–1980

16025 Akten zur deutschen Auswärtigen Politik. Aus dem Archiv des Auswärtigen Amtes, Reihe D: Bd. 1 (September 1937) – 13 (11.12.1941), Baden-Baden [Bd. 8 ff.: Frankfurt/Göttingen] 1950–1956, 1961–1970; Erg.-Bd.: Personenregister zu Bd. 1–7, Göttingen 1992

16026 Akten zur deutschen Auswärtigen Politik. Aus dem Archiv des Auswärtigen Amtes, Reihe E: Bd. 1 (12.12.1941) – 8 (8.5.1945), Göttingen 1969–1979

16027 Dokumente und Materialien aus der Vorgeschichte des Zweiten Weltkrieges 1937–1939, Bd. 1: November 1937 – Dezember 1938, Bd. 2: Januar – August 1939, erw. Neuausg., Frankfurt 1983; 356, 487 S. (russ.: Moskau 1981; zuerst Moskau 1948–1949 [dt.])

16028 Hillgruber, Andreas (Hg.): Staatsmänner und Diplomaten bei Hitler. Vertrauliche Aufzeichnungen über Unterredungen mit Vertretern des Auslandes, Bd. 1: 1939–1941, Bd. 2: 1942–1944, Frankfurt 1967–1970; 699, 568 S.

16029 Schumann, Wolfgang/Nestler, Ludwig (Hg.): Weltherrschaft im Visier. Dokumente zu den Europa- und Weltherrschaftsplänen des deutschen Imperialismus von der Jahrhundertwende bis Mai 1945, Berlin (O) 1975; 406 S.

Methodische Probleme

16030 Michalka, Wolfgang: Die nationalsozialistische Außenpolitik im Zeichen eines »Konzeptionen-Pluralismus« – Fragestellungen und Forschungsaufgaben, in: Manfred Funke (Hg.), Hitler, Deutschland und die Mächte. Materialien zur Außenpolitik des Dritten Reiches, Düsseldorf 1976, 46–62 (ND 1977 u. Düsseldorf/Königstein, Ts. 1978)

16031 Watt, Donald C.: The Debate of Hitler's Foreign Policy. Problems of Reality or Faux problèmes?, in: Klaus Hildebrand/Reiner Pommerin (Hg.), Deutsche Frage und europäisches Gleichgewicht. Festschrift für Andreas Hillgruber zum 60. Geburtstag, Köln/Wien 1985, 149–68

Darstellungen

16032 Ahmann, Rolf: Nichtangriffspakte: Entwicklung und operative Nutzung in Europa 1922–1939. Mit einem Ausblick auf die Renaissance des Nichtangriffsvertrages nach dem Zweiten Weltkrieg, Baden-Baden 1988; 764 S.

16033 Aigner, Dietrich: Hitler und die Weltherrschaft, in: Wolfgang Michalka (Hg.), Nationalsozialistische Außenpolitik, Darmstadt 1978, 49–69

16034 Anchieri, Ettore: Die europäischen Staaten und der Aufstieg des Dritten Reiches 1933–1939, in: Das Dritte Reich und Europa. Bericht über die Tagung des Instituts für Zeitgeschichte in Tutzing, Mai 1956, Hg. Institut für Zeitgeschichte München, München 1957, 61–80

16035 Bariéty, Jacques: La politique extérieure allemande dans l'hiver 1939–1940, in: RH 88 (1964), Nr. 231, 144–52

16036 Ben-Elissar, Eliahu: Le facteur juif dans la politique étrangère du IIIe Reich (1933–1939), Paris 1969; 521 S.

16037 Bloch, Charles: Das Dritte Reich und die Welt. Die deutsche Außenpolitik 1933–1945, Hg. Hans-Adolf Jacobsen/Klaus-Jürgen Müller, 2. Aufl., Paderborn u. a. 1993; XV, 455 S. (zuerst 1992; franz.: Paris 1986)

16038 Bloch, Charles: Hitler und die europäischen Mächte 1933/1934. Kontinuität oder Bruch?, Frankfurt 1966; 97 S.

16039 Bloch, Charles: Die Wechselwirkung der nationalsozialistischen Innen- und Außenpolitik 1933–1939, in: Manfred Funke (Hg.), Hitler, Deutschland und die Mächte. Materialien zur Außenpolitik des Dritten Reiches, Düsseldorf 1976, 205–22 (ND 1977 u. Düsseldorf/Königstein, Ts. 1978)

16040 Bracher, Karl D.: Das Anfangsstadium der Hitlerschen Außenpolitik, in: VfZ 5 (1957), 63–76; abgedr. in: Gotthard Jasper (Hg.), Von Weimar zu Hitler, Köln/Berlin 1968, 483–95; Wolfgang Michalka (Hg.), Nationalsozialistische Außenpolitik, Darmstadt 1978, 201–19

16041 Brügel, J[ohann] W.: Eine zerstörte Legende um Hitlers Außenpolitik, in: VfZ 5 (1957), 385–87

16042 Calleo, David P.: The German Problem Reconsidered. Germany and the World Order, 1870 to the Present, Cambridge 1978; 239 S.

16043 Carr, William: Der Weg zum Krieg. (Nationalsozialismus im Unterricht, Studieneinheit 9), Hg. Deutsches Institut für Fernstudien an der Universität Tübingen, Red. Michael Rentschler, Tübingen 1983; 146 S. (als Typoskript gedr.)**

16044 Carr, William: Arms, Autarky, and Aggression. A Study in German Foreign Policy, 1933–1939, 2. Aufl., London 1983; IV, 136 S. (zuerst London 1972/New York 1973)

16045 Carr, William: National Socialism: Foreign Policy and Wehrmacht, in: Walter Laqueur (Hg.), Fascism. A Reader's Guide. Analyses, Interpretation, Bibliography, 2. Aufl., Harmondsworth 1979, 115–50 (zuerst London/Berkeley, Ca. 1976)

16046 Dickmann, Fritz: Machtwille und Ideologie in Hitlers außenpolitischen Zielsetzungen vor 1933, in: Konrad Repgen/Stephan Skalweit (Hg.), Spiegel der Gesellschaft. Festgabe für Max Braubach zum 10. April 1964, Münster 1964, 915–41

16047 Das Dritte Reich und Europa. Bericht über die Tagung des Instituts für Zeitgeschichte in Tutzing, Mai 1956, Hg. Institut für Zeitgeschichte München, München 1957; X, 182 S.*

16048 Dülffer, Jost: Zum »decision-making process« in der deutschen Außenpolitik 1933–1939, in: Manfred Funke (Hg.), Hitler, Deutschland und die Mächte. Materialien zur Außenpolitik des Dritten Reiches, Düsseldorf 1976, 186–204 (ND 1977 u. Düsseldorf/Königstein, Ts. 1978)

16049 Dülffer, Jost: Grundbedingungen der nationalsozialistischen Außenpolitik, in: Leo Haupts/Georg Möhlich (Hg.), Strukturelemente des Nationalsozialismus. Rassenideologie, Unterdrückungsmaschinerie, Außenpolitik, Köln 1981, 61–88

16050 Duroselle, Jean-Baptiste: Die europäischen Staaten und der Aufstieg des Dritten Reiches 1933–1939, in: Das Dritte Reich und Europa. Bericht über die Tagung des Instituts für Zeitgeschichte in Tutzing, Mai 1956, Hg. Institut für Zeitgeschichte München, München 1957, 80–87

16051 Forndran, Erhard u. a. (Hg.): Innen- und Außenpolitik unter nationalsozialistischer Bedrohung. Determinanten internationaler Beziehungen in historischen Fall-Studien, Opladen 1977; 363 S.

16052 Funke, Manfred (Hg.): Hitler, Deutschland und die Mächte. Materialien zur Außenpolitik des Dritten Reiches, Düsseldorf 1976; 848 S. (ND 1977 u. Düsseldorf/Königstein, Ts. 1978)*

16053 Funke, Manfred: Großmachtpolitik und Weltmachtstreben, in: Martin Broszat/Norbert Frei (Hg.), Ploetz. Das Dritte Reich. Ursprünge, Ereignisse, Wirkungen, Freiburg/Würzburg 1983, 196–204

16054 Gehler, Michael: Der »Anschluß« [Österreichs] von 1938 und die internationalen Reaktionen, in: APUZ, Nr. B 9/88, 26. 2. 1988, 34–46

16055 Gilbert, Martin/Gott, Richard: Der gescheiterte Frieden. Europa 1933–1939, Stuttgart 1964; XV, 304 S. (engl.: London 1963)

16056 Girault, René/Frank, Robert (Hg.): La puissance en Europe – 1938–1940 –, Paris 1984; 404 S.*

16057 Graml, Hermann: Wer bestimmte die Außenpolitik des Dritten Reiches? Ein Beitrag zur Kontroverse um Polykratie und Monokratie im NS-Herrschaftssystem, in: Manfred Funke u. a. (Hg.), Demokratie und Diktatur. Geist und Gestalt politischer Herrschaft in Deutschland und Europa. Festschrift für Karl Dietrich Bracher, Düsseldorf 1987, 223–36

16058 Graml, Hermann: Grundzüge nationalsozialistischer Außenpolitik, in: Martin Broszat/Horst Möller (Hg.), Das Dritte Reich. Herrschaftsstruktur und Geschichte, 2., verb. Aufl., München 1986, 104–26 (zuerst 1983)

16059 Gruchmann, Lothar: Nationalsozialistische Großraumordnung. Die Konstruktion einer »deutschen Monroe-Doctrine«, Stuttgart 1962; 166 S.

16060 Haigh, Robert H. u. a.: The Years of Triumph? German Diplomatic and Military Policy, 1933–41, Aldershot 1986; V, 325 S.**

16061 Hauner, Milan L.: Did Hitler Want a World Dominion?, in: JCH 13 (1978), 15–32

16062 Henrikson, Göran: Das Nürnberger Dokument 386-PS (das »Hossbach-Protokoll«). Eine Untersuchung seines Wertes als Quelle, in: Probleme deutscher Zeitgeschichte. (Lund Studies in International History, 2), Stockholm 1971, 151–94

16063 Hiden, John: Germany and Europe, 1919–1939, London/New York 1977; VII, 183 S.

16064 Hiden, John: National Socialism and Foreign Policy, 1919–33, in: Peter D. Stachura (Hg.), The Nazi Machtergreifung, London u. a. 1983, 146–61

16065 Hildebrand, Klaus: Deutsche Aussenpolitik 1933–1945. Kalkül oder Dogma?, 5. Aufl., Stuttgart 1990; 231 S. (zuerst 1971)

16066 Hildebrand, Klaus: Innenpolitische Antriebskräfte der nationalsozialistischen Außenpolitik, in: Hans-Ulrich Wehler (Hg.), Sozialgeschichte heute. Festschrift für Hans Rosenberg zum 70. Geburtstag, Göttingen 1974, 635–51; abgedr. in: Manfred Funke (Hg.), Hitler, Deutschland und die Mächte. Materialien zur Außenpolitik des Dritten Reiches, Düsseldorf 1976, 223–38 (ND 1977 u. Düsseldorf/Königstein, Ts. 1978); Wolfgang Michalka (Hg.), Nationalsozialistische Außenpolitik, Darmstadt 1978, 175–97

16067 Hildebrand, Klaus: Krieg im Frieden und Frieden im Krieg. Über das Problem der Legitimität in der Geschichte der Staatengesellschaft 1931–1941, in: Wolfgang Michalka (Hg.), Der Zweite Weltkrieg. Analysen, Grundzüge, Forschungsbilanz, München/Zürich 1989, 25–48; (zuerst: HZ 237/1981, 1–28)

16068 Hillgruber, Andreas: Deutsche Großmacht- und Weltpolitik im 19. und 20. Jahrhundert, 2. Aufl., Düsseldorf 1979; 389 S. (zuerst 1977)*

16069 Hillgruber, Andreas: Die gescheiterte Großmacht. Eine Skizze des Deutschen Reiches 1871–1945, 4. Aufl., Düsseldorf 1984; 118 S. (zuerst 1980)

16070 Hillgruber, Andreas: Kontinuität und Diskontinuität in der deutschen Außenpolitik von Bismarck bis Hitler (1969), in: Andreas Hillgruber, Großmachtpolitik und Militarismus im 20. Jahrhundert. Drei Beiträge zum Kontinuitätsproblem, Düsseldorf 1974, 11–36; abgedr. in: Gilbert Ziebura (Hg.), Grundfragen der deutschen Außenpolitik seit 1871, Darmstadt 1975, 15–47

16071 Hillgruber, Andreas: Nationalsozialistische Außenpolitik, in: Rudolf Lill/Heinrich Oberreuther (Hg.), Machtverfall und Machtergreifung. Aufstieg und Herrschaft des Nationalsozialismus, München 1983, 143–68

16072 Hillgruber, Andreas: Die weltpolitische Lage 1936–1939: Deutschland, in: Oswald Hauser (Hg.), Weltpolitik, Bd. 1: 1933–1945. 13 Vorträge, Göttingen u.a. 1973, 133–48; abgedr. in: Andreas Hillgruber, Deutsche Großmacht- und Weltpolitik im 19. und 20. Jahrhundert, 2. Aufl., Düsseldorf 1979, 148–68 (zuerst 1977)

16073 Hillgruber, Andreas: Grundzüge der nationalsozialistischen Außenpolitik 1933–1945, in: Saeculum 24 (1973), 328–45

16074 Hinsley, Francis H.: Hitlers Strategie, Stuttgart 1951; 326 S. (engl.: Cambridge 1951 u.d.T.: Hitler's Strategy. The Naval Evidence)

16075 Jacobsen, Hans-Adolf: Nationalsozialistische Außenpolitik, 1933–1938, Frankfurt 1968; XX, 944 S.

16076 Jacobsen, Hans-Adolf: Zur Struktur der NS-Außenpolitik 1933–1945, in: Manfred Funke (Hg.), Hitler, Deutschland und die Mächte. Materialien zur Außenpolitik des Dritten Reiches, Düsseldorf 1976, 137–85 (ND 1977 u. Düsseldorf/Königstein 1978); abgedr. in: Hans-Adolf Jacobsen, Von der Strategie der Gewalt zur Politik der Friedenssicherung. Beiträge zur deutschen Geschichte im 20. Jahrhundert, Düsseldorf 1977, 78–133

16077 Jacobsen, Hans-Adolf: Formen nationalsozialistischer Bündnispolitik, in: Norbert Frei/Hermann Kling (Hg.), Der nationalsozialistische Krieg, Mitarb. Margit Brandt, Frankfurt/New York 1990, 231–37

16078 Jacobsen, Hans-Adolf: Anmerkungen zum Problem der Kontinuität deutscher Außenpolitik im 20. Jahrhundert, in: Joachim Hütter u.a. (Hg.), Tradition und Neubeginn. Internationale Forschungen zur deutschen Geschichte im 20. Jahrhundert, Köln u.a. 1975, 1–24; abgedr. in: Hans-Adolf Jacobsen, Von der Strategie der Gewalt zur Politik der Friedenssicherung. Beiträge zur deutschen Geschichte im 20. Jahrhundert, Düsseldorf 1977, 9–32

16079 Jacobsen, Hans-Adolf: Die Rolle Deutschlands in der Weltpolitik 1933–1935, in: Oswald Hauser (Hg.), Weltpolitik, Bd. 1: 1933–1939. 13 Vorträge, Göttingen u.a. 1973, 255–69

16080 Janowsky, Oscar I./Fagen, Melvin M.: International Aspects of German Racial Policies, Vorwort James B. Scott, Nachwort Josiah C. Wedgwood, New York 1937; XXI, 266 S.

16081 Jarausch, Konrad H.: The Four Powers Pact 1933, Madison, Wisc. 1965; 265 S.

16082 Jarausch, Konrad H.: From Second to Third Reich. The Problem of Continuity in German Foreign Policy, in: CEH 12 (1979), 68–82

16083 Kaiser, Hans: Probleme und Verlauf der nationalsozialistischen Außenpolitik, in: PolB 5 (1972), Nr. 1, 53–70

16084 Kluke, Paul: Politische Form und Außenpolitik des Nationalsozialismus, in: Waldemar Besson/Friedrich Freiherr Hiller von Gaertringen (Hg.), Geschichte und Gegenwartsbewußtsein. Historische Betrachtungen und Untersuchungen. Festschrift für Hans Rothfels zum 70. Geburtstag, Göttingen 1963, 428–61

16085 Kluke, Paul: Nationalsozialistische Europaideologie, in: VfZ 3 (1955), 240–75

16086 Knipping, Franz: Perception de la puissance dans le »Führerstaat«, in: René Girault/Robert Frank (Hg.), La puissance en Europe – 1938–1940 –, Paris 1984, 267–79

16087 Kordt, Erich: Wahn und Wirklichkeit. Die Außenpolitik des Dritten Reiches. Versuch einer Darstellung, Mitarb. Karl H. Abshagen, 2. Aufl., Stuttgart 1948; 430 S. (zuerst 1947)

16088 Krausnick, Helmut: Legenden um Hitlers Außenpolitik, in: VfZ 2 (1954), 217–39

16089 Kreker, Lothar: Die diplomatischen Verhandlungen über den Viererpakt vom 15. Juli 1933. Ein Beitrag zum Anfangsstadium der Außenpolitik des Dritten Reiches, in: WaG 21 (1962), 227–37

16091 Krüger, Arnd: Die Olympischen Spiele 1936 und die Weltmeinung: ihre außenpolitische Bedeutung unter besonderer Berücksichtigung der USA, Berlin u. a. 1972; 255 S.

16092 Krüger, Peter: Rückkehr zum internationalen Faustrecht. Außenpolitik als Herrschaftsinstrument des Nationalsozialismus, in: Volker Malettke (Hg.), Der Nationalsozialismus an der Macht. Aspekte nationalsozialistischer Politik und Herrschaft, Göttingen 1984, 166–91

16093 Krüger, Peter: Hitlers Europapolitik, in: Wolfgang Benz u. a. (Hg.), Der Nationalsozialismus. Studien zur Ideologie und Herrschaft. Hermann Graml zum 65. Geburtstag, Frankfurt 1993, 104–32, 248–53

16094 Kuhn, Axel: Hitlers außenpolitisches Programm. Entstehung und Entwicklung 1919–1939, Stuttgart 1970; 286 S.

16095 Kunert, Dirk: Hitlers kalter Krieg. Moskau, London, Washington, Berlin: Geheimdiplomatie und Kriegshysterie, Kiel 1992; 368 S.

16096 Leuschner, Joachim: Volk und Raum. Zum Stil der nationalsozialistischen Außenpolitik, 1. u. 2. Aufl., Göttingen 1958; 81 S.

16097 Loock, Hans-Dietrich: Zur »Großgermanischen Politik« des Dritten Reiches, in: VfZ 8 (1960), 37–63

16098 Martens, Stefan: Die Rolle Hermann Görings in der deutschen Außenpolitik 1937/38, in: Franz Knipping/Klaus-Jürgen Müller (Hg.), Machtbewußtsein in Deutschland am Vorabend des Zweiten Weltkrieges, Paderborn 1984, 75–92

16099 Martin, Bernd: Weltmacht oder Niedergang? Deutsche Großmachtpolitik im 20. Jahrhundert, Darmstadt 1989; XIII, 299 S.

16100 Messerschmidt, Manfred: Das strategische Lagebild des OKW (Hitler) im Jahr 1938, in: Franz Knipping/Klaus-Jürgen Müller (Hg.), Machtbewußtsein in Deutschland am Vorabend des Zweiten Weltkrieges, Paderborn 1984, 145–58

16101 Messerschmidt, Manfred u.a.: Tableau de la situation stratégique chez les dirigeants allemands en 1938, in: René Girault/Robert Frank (Hg.), La puissance en Europe – 1938–1940 –, Paris 1984, 105–26

16102 Michalka, Wolfgang (Hg.): Nationalsozialistische Außenpolitik 1933–1938, Darmstadt 1978; VII, 579 S.*

16103 Michalka, Wolfgang: Ribbentrop und die deutsche Weltpolitik 1933–1940. Außenpolitische Konzeptionen und Entscheidungsprozesse im Dritten Reich, München 1980; 371 S.

16104 Michalka, Wolfgang: Die Außenpolitik des Dritten Reiches vom österreichischen »Anschluß« bis zur Münchener Konferenz 1938, in: Klaus Hildebrand/Karl F. Werner (Hg.), Deutschland und Frankreich 1936–1939. 15. Deutsch-französisches Historikerkolloquium des Deutschen Historischen Instituts Paris (Bonn, 26.–29. September 1979), München/Zürich 1981, 493–506

16105 Michalka, Wolfgang: Conflicts within the German Leadership of the Objectives and Tactics of German Foreign Policy, 1933–9, in: Wolfgang J. Mommsen/Lothar Kettenacker (Hg.), The Fascist Challenge and the Policy of Appeasement, London u. a. 1983, 48–60

16106 Michalka, Wolfgang: Machtpolitik und Machtbewußtsein politischer Entscheidungsträger in Deutschland 1938, in: Franz Knipping/Klaus-Jürgen Müller (Hg.), Machtbewußtsein in Deutschland am Vorabend des Zweiten Weltkrieges, Paderborn 1984, 59–74

16107 Michalka, Wolfgang: Vom Antikominternpakt zum euro-asiatischen Kontinentalblock: Ribbentrops Alternativkonzeption zu Hitlers außenpolitischem »Programm«, in: Wolfgang Michalka (Hg.), Nationalsozialistische Außenpolitik, Darmstadt 1978, 471–92

16108 Michalka, Wolfgang: La perception de la puissance par les responsables politiques en Allemagne 1938, in: René Girault/ Robert Frank (Hg.), La puissance en Europe – 1938–1940 –, Paris 1984, 9–21

16109 Michels, Helmut: Ideologie und Propaganda. Die Rolle von Joseph Goebbels in der nationalsozialistischen Außenpolitik bis 1939, Frankfurt u. a. 1992; 458 S.

16110 Moltmann, Günter: Weltherrschaftsideen Hitlers, in: Otto Brunner/Dietrich Gerhard (Hg.), Europa und Übersee. Festschrift für Egmont Zechlin, Hamburg 1961, 197–240

16111 Mommsen, Wolfgang J./Kettenacker, Lothar (Hg.): The Fascist Challenge and the Policy of Appeasement, London u. a. 1983; 436 S.*

16112 Der Nationalsozialismus und die Deutsche Frage in Europa. (Dritte Arbeitssitzung), in: Martin Broszat u. a. (Hg.), Deutschlands Weg in die Diktatur. Internationale Konferenz zur nationalsozialistischen Machtübernahme im Reichstagsgebäude zu Berlin. Referate und Diskussionen. Ein Protokoll, hg. i. A. der Historischen Kommission zu Berlin, des Instituts für Zeitgeschichte, München, der Deutschen Vereinigung für Parlamentsfragen, Bonn, Berlin 1983, 259–325

16113 Niedhart, Gottfried: Internationale Beziehungen 1917–1947, Paderborn u. a. 1989; 272 S.

16114 Niedhart, Gottfried: Deutsche Außenpolitik im Entscheidungsjahr 1937, in: Klaus Hildebrand/Karl F. Werner (Hg.), Deutschland und Frankreich 1936–1939. 15. Deutsch-französisches Historikerkolloquium des Deutschen Historischen Instituts Paris (Bonn, 26.–29. September 1979), München/Zürich 1981, 475–89

16115 Niedhart, Gottfried: Die deutsche Politik 1938 und die Schwelle zum Krieg, in: Franz Knipping/Klaus-Jürgen Müller (Hg.), Machtbewußtsein in Deutschland am Vorabend des Zweiten Weltkrieges, Paderborn 1984, 33–42

16116 Niedhart, Gottfried: Deutsche Außenpolitik und internationales System im Krisenjahr 1937, in: Wolfgang Michalka (Hg.), Nationalsozialistische Außenpolitik, Darmstadt 1978, 360–76

16117 Piskol, Joachim: Zur Entwicklung der außenpolitischen Nachkriegskonzeption der deutschen Monopolbourgeoisie 1943 bis 1945, in: JWG (1969), Nr. 2, 329–45

16118 Poidevin, Raymond: Die unruhige Großmacht. Deutschland und die Welt im 20. Jahrhundert, Würzburg/Freiburg 1985; 443 S. (franz.: Paris u. a. 1983)

16119 Rathkolb, Oliver: Liquidierung des Bundeskanzleramtes, Auswärtige Angelegenheiten durch die »Dienstelle des Auswärtigen Amtes in Wien« im März '38, in: Felix Kreissler (Hg.), Fünfzig Jahre danach – der »Anschluß« von innen und außen gesehen. Beiträge zum Internationalen Symposium von Rouen 29. Februar – 4. März 1988, Wien/Zürich 1989, 174–88

16120 Recker, Marie-Luise: Die Außenpolitik des Dritten Reiches, München 1990; VIII, 135 S.

16121 Recker, Marie-Luise: Vom Revisionismus zur Großmachtstellung. Deutsche Außenpolitik 1933 bis 1939, in: Karl D. Bracher u.a. (Hg.), Deutschland 1933–1945. Neue Studien zur nationalsozialistischen Herrschaft, 2., erg. Aufl., Bonn/Düsseldorf 1993, 315–324 (zuerst 1992)

16122 Rich, Norman: Die Deutsche Frage und der nationalsozialistische Imperialismus. Rückblick und Ausblick, in: Josef Becker/Andreas Hillgruber (Hg.), Die Deutsche Frage im 19. und 20. Jahrhundert. Referate und Diskussionsbeiträge eines Augsburger Symposiums, 23. bis 25. September 1981, München u.a. 1983, 373–92

16123 Riesenberger, Dieter: Außenpolitik und Außenhandelspolitik des Nationalsozialismus 1933–1939 als didaktisches Problem, in: Peter Meyers/Dieter Riesenberger (Hg.), Der Nationalsozialismus in der historisch-politischen Bildung, Göttingen 1979, 185–214

16124 Robertson, Esmonde M.: Hitler's Pre-War Policy, and Military Plans, 1933–1939, London 1963; 207 S.

16125 Rumpf, Helmut: Nationalsozialistische Außenpolitik im Rückblick, in: Staat 22 (1983), 107–23

16126 Schieder, Wolfgang (Hg.): Außenwirtschaft und Außenpolitik im »Dritten Reich«. (GG, Jg. 2, Nr. 1), Göttingen 1976; 142 S.*

16127 Schröder, Hans-Jürgen: Machtpolitik und Ökonomie. Zur nationalsozialistischen Außenpolitik im Jahr 1938, in: Franz Knipping/Klaus-Jürgen Müller (Hg.), Machtbewußtsein in Deutschland am Vorabend des Zweiten Weltkrieges, Paderborn 1984, 211–22

16128 Schröder, Hans-Jürgen/Wendt, Bernd-Jürgen: Les aspects économiques de la politique d'hégémonie du national-socialisme en 1938–1939, in: René Girault/Robert Frank (Hg.), La puissance en Europe – 1938–1940 –, Paris 1984, 155–68

16129 Schubert, Günter: Anfänge nationalsozialistischer Außenpolitik [1919–1923], Köln 1963; 251 S.

16130 Schulz, Gerhard (Hg.): Die große Krise der dreißiger Jahre. Vom Niedergang der Weltwirtschaft zum Zweiten Weltkrieg, Göttingen 1985; 280 S.*

16131 Siemsen, Anna: Zehn Jahre Weltkrieg. Monatliche Berichte von 1935–1945. Mit Übersicht über die politische Entwicklung von 1918–1934, 2. Aufl., Düsseldorf 1947; 170 S. (zuerst Olten 1946)

16132 Smelser, Ronald M.: Nazi Dynamics, German Foreign Policy, and Appeasement, in: Wolfgang J. Mommsen/Lothar Kettenacker (Hg.), The Fascist Challenge and the Policy of Appeasement, London u.a. 1983, 31–47

16133 Sohn-Rethel, Alfred: Entwicklungslinien der Außenpolitik, in: Alfred Sohn-Rethel, Ökonomie und Klassenstruktur des deutschen Faschismus. Aufzeichnungen und Analysen 1937–1941, Hg. Johannes Agnoli u.a., Frankfurt 1973, 136–61

16134 Stoakes, Geoffrey: Hitler and the Quest for World Dominion, Leamington Spa u.a. 1986; X, 254 S.

16135 Stoakes, Geoffrey: The Evolution of Hitler's Ideas on Foreign Policy, 1919–1925, in: Peter D. Stachura (Hg.), The Shaping of the Nazi State, London/New York 1978, 22–470

16136 Stoakes, Geoffrey: »More Unifinished Business«. Some Comments on the

Evolution of the Nazi Foreign Policy Programme, 1919–24, in: ESR 8 (1978), 425–42

16137 Thies, Jochen: Architekt der Weltherrschaft. Die »Endziele« Hitlers, 1. u. 2. Aufl., Düsseldorf 1976; 224 S. (ND Königstein, Ts./Düsseldorf 1980)

16138 Thies, Jochen: Hitlers »Endziele«: Zielloser Aktionismus, Kontinentalimperium oder Weltherrschaft?, in: Wolfgang Michalka (Hg.), Nationalsozialistische Außenpolitik, Darmstadt 1978, 70–91; abgedr. in: Karl D. Bracher u.a. (Hg.), Nationalsozialistische Herrschaft 1933–1945. Eine Bilanz, Bonn (zugl. Düsseldorf) 1983, 390–406

16139 Treue, Wilhelm: Die Einstellung einiger deutscher Großindustrieller zu Hitlers Außenpolitik, in: GWU 17 (1966), 491–507

16140 Uschakow, W. B. (Usakov, Vladimir): Deutschlands Außenpolitik 1917–1945. Ein historischer Abriß, Berlin (O) 1964; 471 S. (zuerst russ.)

16141 Weber, Hermann: Rechtswissenschaft im Dienst der NS-Propaganda. Das Institut für Auswärtige Politik und die deutsche Völkerrechtsdoktrin in den Jahren 1933 bis 1945, in: Klaus-Jürgen Gantzel (Hg.), Wissenschaftliche Verantwortung und politische Macht. Zum wissenschaftlichen Umgang mit der Kriegsschuldfrage 1914, mit Versöhnungsdiplomatie und mit ihrem nationalsozialistischen Großmachtstreben. Wissenschaftsgeschichtliche Untersuchungen zum Umfeld und zur Entwicklung des Instituts für Auswärtige Politik Hamburg/Berlin 1923–1945, Berlin/Hamburg 1986, 185–425

16142 Weinberg, Gerhard L.: The Foreign Policy of Hitler's Germany, [Bd. 1:] Diplomatic Revolution in Europe, 1933–1936, Bd. 2: Starting World War II, 1937–1939, Chicago, Ill./London 1970–1980; XI, 397; 728 S.

16143 Weinberg, Gerhard L.: Friedenspropaganda und Kriegsvorbereitung, in: Wolfgang Treue/Jürgen Schmädeke (Hg.), Deutschland 1933. Machtzerfall der Demokratie und nationalsozialistische »Machtergreifung«. Eine Vortragsreihe, Berlin 1984, 119–35

16144 Weinberg, Gerhard L.: Deutschlands Wille zum Krieg. Die internationalen Beziehungen 1937–1939, in: Wolfgang Benz/Hermann Graml (Hg.), Sommer 1939. Die Großmächte und der Europäische Krieg, Stuttgart 1979, 15–32; abgdr. in: Karl D. Bracher u.a. (Hg.), Nationalsozialistische Diktatur 1933–1945. Eine Bilanz, Bonn (zugl. Düsseldorf) 1983, 407–26

16145 Wendt, Bernd-Jürgen: Großdeutschland. Außenpolitik und Kriegsvorbereitung des Hitler-Regimes, München 1987; 256 S.

16146 Wendt, Bernd-Jürgen: Deutschland in der Mitte Europas. Grundkonstellationen der Geschichte, in: DSt 19 (1981), 220–75

16147 Wollstein, Günter: Vom Weimarer Revisionismus zu Hitler. Das Deutsche Reich und die Großmächte in der Anfangsphase der nationalsozialistischen Herrschaft in Deutschland, Bonn 1973; VIII, 325 S.

16148 Wollstein, Günter: Die außenpolitische Machtergreifung, in: Wolfgang Michalka (Hg.), Die nationalsozialistische Machtergreifung, Paderborn u.a. 1984, 231–43

16149 Wollstein, Günter: Eine Denkschrift des Staatssekretärs Bernhard von Bülow vom März 1933. Wilhelminische Konzeption der Außenpolitik zu Beginn der nationalsozialistischen Herrschaft, in: MGM 13 (1973), 77–94**

A.3.21.2 Diplomaten

A.3.21.2.1 Allgemeines

Gedruckte Quellen

16151 Gibbons, Robert: Opposition gegen »Barbarossa« im Herbst 1940. Eine Denkschrift aus der deutschen Botschaft in Moskau. (Dokumentation), in: VfZ 23 (1975), 332–40

16152 Poliakov, Léon/Wulf, Josef: Das Dritte Reich und seine Diener. Dokumente, Berlin 1956, 1–168 (ND München u. a. 1978)

Darstellungen

16153 Blasius, Rainer A.: Diplomaten gegen Hitler. Die Etzdorf-Kordt-Denkschrift und der Zossener Staatsstreichplan, in: Parlament, Jg. 44, Nr. 31, 5.8.1994, 20

16154 Browning, Christopher R.: The Final Solution and the German Foreign Office. A Study of Referat D III of Abteilung Deutschland, 1940–1943, New York/London 1978; 276 S.

16155 Bußmann, Walter: Das Auswärtige Amt unter der nationalsozialistischen Diktatur, in: Manfred Funke u. a. (Hg.), Demokratie und Diktatur. Geist und Gestalt politischer Herrschaft in Deutschland und Europa. Festschrift für Karl Dietrich Bracher, Düsseldorf 1987, 252–65

16156 Delbrück, Jost: Auswärtiges Amt [1933–1945], in: Deutsche Verwaltungsgeschichte, Bd. 4: Das Reich als Republik und in der Zeit des Nationalsozialismus, Hg. Kurt G. A. Jeserich u. a., Stuttgart 1985, 725–31

16157 Doß, Kurt: The History of the German Foreign Office, in: Zarah Steiner (Hg.), The Times Survey of Foreign Ministries of the World, London/Westport, Conn. 1982, 225–57, hier 241–48

16158 Döscher, Hans-Jürgen: SS und Auswärtiges Amt im Dritten Reich. Diplomatie im Schatten der »Endlösung«, 2. Aufl., Frankfurt/Berlin 1991; 333 S. (zuerst 1987 u.d.T.: Das Auswärtige Amt im Dritten Reich)

16159 Hegemann, Margot: Versuche zur Rehabilitierung der Nazidiplomatie in der westdeutschen Geschichtsschreibung. (Zur Frage der Auslieferung polnischer Flüchtlinge an Hitlerdeutschland durch faschistische rumänische Staatsbehörden in den Jahren 1940/41), in: Der deutsche Imperialismus und der Zweite Weltkrieg, Bd. 4, Hg. Kommission der Historiker der DDR und der UdSSR, Red. Leo Stern u. a., Berlin (O) 1961, 89–96

16159a Hill, Leonidas E.: Alternative Politik des Auswärtigen Amtes bis zum 1. September 1939, in: Jürgen Schmädeke/Peter Steinbach (Hg.), Der Widerstand gegen den Nationalsozialismus. Die deutsche Gesellschaft und der Widerstand gegen Hitler, 2. Aufl., München/Zürich 1986, 664–90 (zuerst 1985; ND 1994)

16160 Hillgruber, Andreas: Politik und Strategie Hitlers im Mittelmeerraum (franz. 1971), in: Andreas Hillgruber, Deutsche Großmacht- und Weltpolitik im 19. und 20. Jahrhundert, 2. Aufl., Düsseldorf 1979, 276–95 (zuerst 1977)

16161 Jacobsen, Hans-Adolf: Zur Rolle der Diplomatie im Dritten Reich, in: Klaus Schwabe (Hg.), Das Diplomatische Korps 1871–1945, Boppard 1985, 171–85

16162 Krüger, Peter: »Man läßt sein Land nicht im Stich, weil es eine schlechte Regierung hat.« Die Diplomaten und die Eskalation der Gewalt, in: Martin Broszat/Klaus Schwabe (Hg.), Die deutschen Eliten und der Weg in den Zweiten Weltkrieg, München 1989, 180–225

16163 Longerich, Peter: Propagandisten im Krieg. Die Presseabteilung des Auswärtigen Amtes unter Ribbentrop, München 1987; 356 S.

16164 McKale, Donald M.: From Weimar to Nazism. Abteilung III of the German Foreign Office and the Support of Antisemitism, in: LBY 32 (1987), 297–307

16165 Michalka, Wolfgang: »Vom Motor zum Getriebe«. Das Auswärtige Amt und die Degradierung einer traditionsreichen Behörde 1933 bis 1945, in: Wolfgang Michalka (Hg.), Der Zweite Weltkrieg. Analysen, Grundzüge, Forschungsbilanz, München/Zürich 1989, 249–59

16166 Ruge, Wolfgang: Der Weg der deutschen Diplomatie durch Nachkriegsrepublik und Vorkriegsdiktatur, in: Ludwig Nestler (Hg.), Der Weg deutscher Eliten in den Zweiten Weltkrieg. Nachtrag zu einer verhinderten deutsch-deutschen Publikation, hg. in Verbindung mit Paul Heider u. a., Berlin (O) 1990, 173–226

16167 Sasse, Heinz G.: Das Problem des diplomatischen Nachwuchses im Dritten Reich, in: Richard Dietrich/Gerhard Oestreich (Hg.), Forschungen zu Staat und Verfassung. Festgabe für Fritz Hartung, Berlin 1958, 367–83

16168 Seabury, Paul: Die Wilhelmstraße. Die Geschichte der deutschen Diplomatie 1930–1945, Frankfurt 1956; 330 S. (amerikan.: Berkeley, Ca. 1954)

16168a Schwerin von Krosigk, Lutz Graf: Finanz- und Außenpolitik unter Hitler, in: Manfred Funke (Hg.), Hitler, Deutschland und die Mächte. Materialien zur Außenpolitik des Dritten Reiches, Düsseldorf 1976, 310–23 (ND 1977 u. Düsseldorf/Königstein, Ts. 1978)

16169 Thielenhaus, Marion: Zwischen Anpassung und Widerstand: Deutsche Diplomaten 1938–1941. Die politischen Aktivitäten der Beamtengruppe um Ernst von Weizsäcker im Auswärtigen Amt, 2., durchges. Aufl., Paderborn 1986; 246 S. (zuerst 1984)

16170 Watt, Donald C.: The German Diplomats and the Nazi Leaders, 1933–1939, in: JCEA 15 (1955/56), 148–60

A.3.21.2.2 Einzelne Persönlichkeiten

16174 [Asmis, Rudolf] Perkins, John: An Old-Style Imperialist as National Socialist. Consul-General Dr Rudolf Asmis (1879–1945?), in: John Milfull (Hg.), The Attractions of Fascism. Social Psychology and Aesthetics of the »Triumph of the Right«, New York u. a. 1990, 273–88

16175 [Blücher, Wipert von] Blücher, Wipert von: Gesandter zwischen Diktatur und Demokratie. Erinnerungen aus den Jahren 1935–1944, Wiesbaden 1951; 414 S.

Gedruckte Quellen

16176 [Bräutigam, Otto] Heilmann, H. D. (Bearb.): Das Kriegstagebuch des Diplomaten Otto Bräutigam, in: Götz Aly u. a., Biedermann und Schreibtischtäter. Materialien zur deutschen Täter-Biographie. (Beiträge zur nationalsozialistischen Gesundheits- und Sozialpolitik, 4), Berlin 1987, 123–87

Darstellungen

16177 [Bräutigam, Otto] Bräutigam, Otto: So hat es sich zugetragen ... Ein Leben als Soldat und Diplomat, Würzburg 1968; 724 S.

16178 [Bülow, Bernhard Wilhelm von] Krüger, Peter/Hahn, Erich J.: Der Loyalitätskonflikt des Staatssekretärs Bernhard Wilhelm von Bülow im Frühjahr 1933, in: VfZ 20 (1972), 376–410

16179 [Geyr von Schweppenburg, Leo Freiherr von] Geyr von Schweppenburg, Leo Freiherr von: Erinnerungen eines Militärattachés. London 1933–1937, Stuttgart 1949; 171 S.

Gedruckte Quellen

16180 [Hassell, Ulrich von] Die Hassell-Tagebücher 1938–1944. Aufzeichnungen vom Anderen Deutschland. Nach der Handschrift rev. u. erw. Ausgabe, Hg. Friedrich Freiherr Hiller von Gaertringen, Mitarb. Klaus P. Reiß, Geleitwort Hans Mommsen, 2., durchges. Aufl., Berlin 1989; 689 S. (zuerst 1988; Originalausgabe 1946)

Darstellungen

16181 [Hassell, Ulrich von] Schöllgen, Gregor: Ulrich von Hassell 1881–1944. Ein

Konservativer in der Opposition, München 1990; 278 S.

16182 [Hassell, Ulrich von] Schöllgen, Gregor: Auswege. Ulrich von Hassell und die außenpolitischen Vorstellungen des deutschen Widerstandes, in: Gregor Schöllgen, Die Macht in der Mitte Europas. Stationen deutscher Außenpolitik von Friedrich dem Großen bis zur Gegenwart, München 1992, 107–22

16183 [Hencke, Andor] Hencke, Andor: Erinnerungen als deutscher Konsul in Kiew in den Jahren 1933–1936, München 1979; 72 S.

16184 [Herwarth von Bittenfeld, Hans] Herwarth, Hans von: Zwischen Hitler und Stalin. Erlebte Zeitgeschichte 1931–1945, Frankfurt/Berlin 1989; 367 S.

Gedruckte Quellen

16185 [Kessel, Albrecht von] Kessel, Albrecht von: Verborgene Saat. Aufzeichnungen aus dem Widerstand 1933 bis 1945, Hg. Peter Steinbach, Berlin 1992; 296 S.

16186 [Kordt, Erich] Kordt, Erich: Nicht aus den Akten. Die Wilhelmstraße in Frieden und Krieg. Erlebnisse, Begegnungen, Eindrücke 1928–1945, Stuttgart 1950; 441 S.

16187 [Scheliha, Rudolf von] Sahm, Ulrich: Rudolf von Scheliah 1897–1942. Ein deutscher Diplomat gegen Hitler, München 1990; 400 S.

Gedruckte Quellen

16188 [Schlesinger, Moritz] Schlesinger, Moritz: Erinnerungen eines Außenseiters im diplomatischen Dienst. Aus dem Nachlaß, Hg. Hubert Schneider, Köln 1977; 315 S.

16189 [Schmidt, Paul] Schmidt, Paul: Statist auf diplomatischer Bühne 1923–45. Erlebnisse des Chefdolmetschers im Auswärtigen Amt mit den Staatsmännern Europas,

10. Aufl., Frankfurt/Bonn 1964; 607 S. (zuerst Bonn 1949)

16190 [Schulenburg, Friedrich Werner Graf von der] Fleischhauer, Ingeborg: Der Widerstand gegen den Rußlandfeldzug. Graf Schulenburg und die deutsche Botschaft Moskau. (Beiträge zum Widerstand 1933–1945, 31), Hg. Gedenkstätte Deutscher Widerstand Berlin, Berlin 1987; 31 S.

16191 [Schulenburg, Friedrich Werner Graf von] Wegner-Korfes, Sigrid: Botschafter Friedrich Werner Graf von Schulenburg und die Vorbereitung von »Barbarossa«, in: Bernd Wegner (Hg.), Zwei Wege nach Moskau. Vom Hitler-Stalin-Pakt zum »Unternehmen Barbarossa«, München/Zürich 1991, 185–202

16191a [Schulenburg, Friedrich Werner Graf von] Wollstein, Günter: Botschafter v. d. Schulenburg – Überlegungen zum Problem der »Normalität« deutsch-sowjetischer Beziehungen, in: Franz Knipping/ Klaus-Jürgen Müller (Hg.), Machtbewußtsein in Deutschland am Vorabend des Zweiten Weltkrieges, Paderborn 1984, 131–41

Quellenkunde

16191b [Weizsäcker, Ernst Freiherr von] Hill, Leonidas E.: The Genesis and Interpretation of the Memoirs of Ernst von Weizsäcker, in: GSR 10 (1987), 443–80

Gedruckte Quellen

16192 [Weizsäcker, Ernst Freiherr von] Hill, Leonidas E. (Hg.): Die Weizsäcker-Papiere 1933–1945, Frankfurt o. J. [1972]; 624 S.

Darstellungen

16193 [Weizsäcker, Ernst Freiherr von] Blasius, Rainer A.: Für Großdeutschland – gegen den großen Krieg. Staatssekretär Ernst Freiherr von Weizsäcker in den Krisen um die Tschechoslowakei und Polen 1938/39, Köln/Wien 1972; VIII, 187 S.

16196 [Weizsäcker, Ernst Freiherr von] Blasius, Rainer A.: Über London den »großen Krieg« verhindern – Ernst von Weizsäckers Aktivitäten im Sommer 1939, in: Jürgen Schmädeke/Peter Steinbach (Hg.), Der Widerstand gegen den Nationalsozialismus. Die deutsche Gesellschaft und der Widerstand gegen Hitler, 2. Aufl., München/Zürich 1986, 691–711 (zuerst 1985; ND 1994)

16196a [Weizsäcker, Ernst Freiherr von] Blasius, Rainer A.: Weizsäcker contra Ribbentrop: »München« statt des großen Krieges, in: Franz Knipping/Klaus-Jürgen Müller (Hg.), Machtbewußtsein in Deutschland am Vorabend des Zweiten Weltkrieges, Paderborn 1984, 93–118

16197 [Weizsäcker, Ernst Freiherr von] Koerfer, Daniel: Ernst von Weizsäcker im Dritten Reich. Ein deutscher Offizier und Diplomat zwischen Verstrickung und Selbsttäuschung, in: Uwe Backes u. a. (Hg.), Die Schatten der Vergangenheit. Impulse zur Historisierung des Nationalsozialismus, 2. Aufl., Frankfurt/Berlin 1992, 375–402 (zuerst 1990)

16198 [Weizsäcker, Ernst Freiherr von] Wein, Martin: Die Weizsäckers. Geschichte einer deutschen Familie, 1. u. 2. Aufl., Stuttgart 1989; 574 S.

16198a [Weizsäcker, Ernst Freiherr von] Weizsäcker, Ernst von: Erinnerungen, Hg. Richard von Weizsäcker, München u. a. 1950; 391 S.

A.3.21.3 Auslandsdeutsche

[vgl. A.3.2.1.3; A.3.23]

Nachschlagewerke

16199 Balling, Mads O.: Von Reval bis Bukarest. Statistisch-biographisches Handbuch der Parlamentarier der deutschen Minderheiten in Ostmittel- und Südosteuropa 1919–1945, 2 Bde., Kopenhagen 1991; 1020 S.

Gedruckte Quellen

16200 Jacobsen, Hans-Adolf (Hg.): Hans Steinacher. Bundesleiter des VDA [Volksbund für das Deutschtum im Ausland] 1933–1937. Erinnerungen und Dokumente, Boppard 1970; 68, 623 S.

16201 Weidlein, Johann (Hg.): Geschichte der Ungarndeutschen in Dokumenten 1930–1950, Schorndorf 1958; 408 S.

Darstellungen

16202 Alexander, Manfred: Phasen der Identitätsfindung der Deutschen in der Tschechoslowakei 1918–1945, in: Harm Klueting (Hg.), Nation – Nationalismus – Postnation. Beiträge zur Identitätsfindung der Deutschen im 19. und 20. Jahrhundert. Leo Haupts zum 65. Geburtstag, Köln u. a. 1992, 123–32

16203 Aschenauer, Rudolf: Die Auslandsdeutschen. 100 Jahre Volkstumsarbeit. Leistung und Schicksal, Berg am Starnberger See 1981; 306 S.

16204 Benedikt, Klaus-Ulrich: Das deutschsprachige Pressewesen in der Tschechoslovakei vor dem Münchner Abkommen [1938], in: Publizistik 27 (1982), 570–79

16205 Bierschenk, Theodor: Die deutsche Volksgruppe in Polen 1934–1939, Kitzingen 1954; XIV, 405 S.

16206 Blancpain, Jean-Pierre: Des visées pan-germanistes au nettoyage hitlérien. Le nationalisme allemand et l'Amérique latine (1890–1945), in: RH 281 (1989), 433–82

16207 Blanke, Richard: The German Minority in Inter-war Poland and German Foreign Policy – Some Considerations, in: JCH 25 (1990), 87–102

16208 Böhm, Johann: Das nationalsozialistische Deutschland und die Deutsche Volksgruppe in Rumänien 1936–1944. Das Verhältnis der deutschen Volksgruppe zum rumänischen Staat sowie der interne Widerstreit zwischen den politischen Gruppen, Frankfurt u. a. 1954; 264 S.

16209 Böse, Oskar/Eibicht, Rolf-Josef: Die Sudetendeutschen. Eine Volksgruppe im Herzen Europas. Von der Frankfurter Paulskirche zur Bundesrepublik Deutschland. Katalog zur Ausstellung, München 1989, 42–84

16210 Broszat, Martin: Die memeldeutschen Organisationen und der Nationalsozialismus, in: VfZ 5 (1957), 273–78

16211 Broszat, Martin: Das Sudetendeutsche Freikorps [1938], in: VfZ 9 (1961), 30–49

16212 Brügel, Johann W.: Die Deutschen in der Vorkriegs-Tschechoslowakei, in: Victor S. Mamatey/Radomir Luza (Hg.), Geschichte der Tschechoslowakischen Republik 1918–1948, Wien u. a. 1980, 180–201

16213 Diebner, Bernd J.: »Das Plattdeutsche hat Heimatrecht auch bei uns!« Zur Rolle des Niederdeutschen in der deutschsprachigen Presse Nordschleswigs während der NS-Zeit, in: Kay Dohnke u. a. (Hg.), Niederdeutsch im Nationalsozialismus. Studien zur Rolle regionaler Kultur im Faschismus, Hildesheim u. a. 1994, 441–92

16214 Dostert, Paul: Luxemburg zwischen Selbstbehauptung und nationaler Selbstaufgabe. Die deutsche Besatzungspolitik und die Volksdeutsche Bewegung 1940–1945, Diss. Freiburg i.Br. 1984, Luxemburg 1985; 267, 309, 3 S.

16215 Eisfeld, Alfred: Die Rußlanddeutschen, München 1992; 221 S.

16216 Fleischhauer, Ingeborg: Das Dritte Reich und die Deutschen in der Sowjetunion, Stuttgart 1983; 257 S.

16217 Fleischhauer, Ingeborg: »Unternehmen Barbarossa« und die Zwangsumsiedlung der Deutschen in der UdSSR, in: VfZ 30 (1982), 299–321

16218 Gerson, Daniel: Deutsche und Juden in Polen, 1918–1939, in: JfA 2 (1993), 62–92

16219 Ghirardini, Claudia: »Heim ins Reich«. Untersuchungen über das Deutschtum im Ausland – Volkskunde im Dienst der Machtpolitik, in: Volkskunde in the Dritten Reich. Diskussionsanstöße. Begleitheft zu einer Ausstellung, Hg. Institut für deutsche und vergleichende Volkskunde der Universität München, München 1986, 31–36 (Ms. vervielf.)

16220 Gröschel, Bernhard: Themen und Tendenzen in Schlagzeilen der »Kattowitzer Zeitung« und des »Oberschlesischen Kuriers« 1925–1939. Analyse der Berichterstattung zur Lage der deutschen Minderheit in Ostoberschlesien, Mitarb. Stefanie Kley, Vorwort Gerhard W. Wittkämper, Berlin 1993; 188 S.

16221 Hampel, Johannes: Die Auslandsdeutschen und Hitlers Machtergreifung, in: Josef Becker (Hg.), 1933 – Fünfzig Jahre danach. Die nationalsozialistische Machtergreifung in historischer Perspektive, München 1982, 183–94

16222 Herzog, Robert: Die Volksdeutschen in der Waffen-SS, Tübingen 1955; II, 17 S.

16223 Hopp, Peter: Bemerkungen zum »Ostersturm« 1933, in: Erich Hoffmann/Peter Wulf (Hg.), »Wir bauen das Reich«. Aufstieg und erste Herrschaftsjahre des Nationalsozialismus in Schleswig-Holstein, Neumünster 1983, 189–207

16224 Hürten, Heinz: Der Deutsche in Polen. Skizze einer katholischen Zeitung 1934–1939, in: Dieter Albrecht u. a. (Hg.), Politik und Konfession. Festschrift für Konrad Repgen zum 60. Geburtstag, Berlin 1983, 415–46

16225 Jansen, Christian/Weckbecker, Arno: Der »Volksdeutsche Selbstschutz« in Polen 1939/40, München 1993; 243 S.

16226 Komjathy, Anthony/Stockwell, Rebecca: German Minorities and the Third Reich. Ethnic Germans of East Central Europe between the Wars, New York 1980; XII, 217 S.

16227 Kroner, Michael: Das Dritte Reich und die Südostdeutschen. Ein wenig bekanntes Kapitel: die Umsiedlungspläne, in: SOEM 26 (1986), Nr. 4, 38–50

16228 Langhans, Daniel: Der Reichsbund der deutschen katholischen Jugend in der Tschechoslowakei 1918–1938, Bonn 1990; 395 S.

16229 Loeber, Dietrich A.: Deutsche Politik gegenüber Estland und Lettland. Die Umsiedlung der deutsch-baltischen Volksgruppe im Zeichen der Geheimsprache mit der Sowjetunion 1939, in: Manfred Funke (Hg.), Hitler, Deutschland und die Mächte. Materialien zur Außenpolitik des Dritten Reiches, Düsseldorf 1976, 675–83 (ND 1977 u. Düsseldorf/Königstein, Ts. 1978)

16230 Lumans, Valdis O.: Himmler's Auxiliaries. The Volksdeutsche Mittelstelle and the German Minorities of Europe, 1933–1945, Chapel Hill, N.C. 1993; XIV, 335 S.

16231 Lumans, Valdis O.: The Ethnic German Minority of Slovakia and the Third Reich, 1938–45, in: CEH 15 (1982), 266–96

16232 Luza, Radomir: The Transfer of the Sudeten Germans. A Study of Czech-German Relations, 1933–1962, London/New York 1964; XXIV, 365 S.

16233 Miege, Wolfgang: Das Dritte Reich und die deutsche Volksgruppe in Rumänien 1933–38. Ein Beitrag zur nationalsozialistischen Volkstumspolitik, Bern/Frankfurt 1972; III, 346 S.

16234 Müller-Handl, Utta (Hg.): »Die Gedanken laufen oft zurück...« Flüchtlingsfrauen erinnern sich an ihr Leben in Böhmen und Mähren und an den Neuanfang in Hessen nach 1945, Wiesbaden 1993; V, 292 S.

16235 Nasarski, Peter E.: Deutsche Jugendbewegung und Jugendarbeit in Polen 1919–1939, Würzburg 1957; 134 S.

16236 Nittner, Ernst/Schmid-Egger, Hans: Staffelstein. Jugendbewegung und katholische Erneuerung bei den Sudetendeutschen zwischen den großen Kriegen, München 1983; 383, XX S.

16237 Novák, Otto: Die Henleinfaschisten und München. (Zur Entwicklung der Sudetendeutschen Partei vom Karlsbader Parteitag bis zum Übergang in die NSDAP), in: Historica 27 (1987), 61–119

16238 Pinkus, Benjamin: Die Deportation der deutschen Minderheit in der Sowjetunion 1941–1945, in: Bernd Wegner (Hg.), Zwei Wege nach Moskau. Vom Hitler-Stalin-Pakt zum »Unternehmen Barbarossa«, München/Zürich 1991, 464–79

16239 Rimscha, Hans von: Zur Gleichschaltung der deutschen Volksgruppen durch das Dritte Reich. Am Beispiel der deutschbaltischen Volksgruppe in Lettland, in: HZ 182 (1957), 29–63

16240 Ritter, Ernst: Das deutsche Ausland-Institut in Stuttgart 1917–1945. Ein Beispiel deutscher Volkstumsarbeit zwischen den Weltkriegen, Wiesbaden 1976; VI, 168 S.

16241 Ritter, Ernst: Die deutsche Volkstumsarbeit in der Zeit zwischen den Weltkriegen, in: ZfK 31 (1981), 183–95

16242 Schippan, Michael/Striegnitz, Sonja: Wolgadeutsche. Geschichte und Gegenwart, Berlin 1992; 240 S.

16243 Schlicker, Wolfgang: Die »Deutsche Akademie«. Die »Akademie zur wissenschaftlichen Erforschung und Pflege des Deutschtums (Deutsche Akademie)« als Institution imperialistischer Auslandskulturpolitik in der Zeit der Weimarer Republik und des Faschismus, in: JVK 20 (1977), 43–66

16244 Seckendorf, Martin: Kulturelle Deutschtumspflege im Übergang von Weimar zu Hitler am Beispiel des Deutschen Ausland-Instituts (DAI) [Stuttgart]. Eine Fallstudie, in: Wolfgang Jacobeit u. a. (Hg.), Völkische Wissenschaft. Gestalten und Tendenzen der deutschen und österreichischen Volkskunde in der ersten Hälfte des

20. Jahrhunderts. Helmut Paul Fielhauer † gewidmet, Wien u. a. 1994, 115–37

16245 Seibt, Ferdinand: Unterwegs nach München. Zur Formierung nationalsozialistischer Perspektiven unter den Deutschen der Tschechoslowakei 1930–1938, in: Wolfgang Benz u. a. (Hg.), Der Nationalsozialismus. Studien zur Ideologie und Herrschaft. Hermann Graml zum 65. Geburtstag, Frankfurt 1993, 133–52, 253–57

16246 Smith, Arthur L.: The Deutschtum of Nazi Germany and the United States, Den Haag 1965; 172 S.

16247 Stuhlpfarrer, Karl: Umsiedlung Südtirol 1939–1940, 2 Bde., Wien/München 1985; (III), 931 S.

16248 Südtirol 1939–45. Option, Umsiedlung, Widerstand. (Föhn, 6/7), Red. Gabriel Felder u. a., Innsbruck 1980; 170 S.

16249 Szefer, Andrzej: Die deutschen Umsiedler in der Provinz Oberschlesien in den Jahren 1939–1945, in: Joachim Hütter u. a. (Hg.), Tradition und Neubeginn. Internationale Forschungen zur Geschichte des 20. Jahrhunderts, Köln u. a. 1975, 345–54

16250 Tägil, Sven: Deutschland und die deutsche Minderheit in Nordschleswig. Eine Studie zur deutschen Grenzpolitik 1933–1939, Stockholm 1970; 205 S.

16251 Tilkovsky, Loránt: Ungarn und die deutsche »Volksgruppenpolitik«, Köln 1981; 368 S.

16252 Tilkovsky, Loránt: Teufelskreis. Die Minderheitenfrage in den deutsch-ungarischen Beziehungen 1933–1938, Budapest 1989; 310 S.

16253 Timmermann, Raphael: Zur nationalen Integration fremdnationaler ethnischer Minderheiten und ihren soziopolitischen Konsequenzen, dargestellt am Beispiel der deutschsprachigen gesellschaftlichen Gruppen Eupen-Malmedys zwischen den beiden Weltkriegen, Frankfurt u. a. 1989; 347 S.

16254 Urban, Thomas: Deutsche in Polen. Geschichte und Gegenwart einer Minderheit, München 1993; 220 S.

16255 Volberg, Heinrich: Auslandsdeutschtum und Drittes Reich. Der Fall Argentinien, Köln/Wien 1981; XIV, 219 S.

A.3.21.4 Völkerbund

[vgl. A.1.5.2.2]

16256 Dengg, Sören: Deutschlands Austritt aus dem Völkerbund und Schachts »Neuer Plan«. Zum Verhältnis von Außen- und Außenwirtschaftspolitik in der Übergangsphase von der Weimarer Republik zum Dritten Reich (1929–1934), Frankfurt u. a. 1986; 480 S.

16257 Fraser, Christine: Deutschlands Austritt aus dem Völkerbund, Diss. Bonn 1969; 331 S.

16258 Sierpowski, Stanislaw: Germany's Withdrawl from the League of Nations, in: PWA 24 (1983), 16–39

16259 Weyerer, Godehard: Der erste Wochenendcoup. [...] Vor sechzig Jahren kehrte Deutschland unter dem Jubel der Massen dem Völkerbund den Rücken, in: Zeit, Jg. 48, Nr. 41, 8. 10. 1993, 82

A.3.21.5 Rheinlandkrise 1936

Gedruckte Quellen

16260 Robertson, Esmonde M.: Zur Wiederbesetzung des Rheinlandes 1936. (Dokumentation), in: VfZ 10 (1962), 178–205

Darstellungen

16261 Braubach, Max: Der Einmarsch deutscher Truppen in die entmilitarisierte Zone am Rhein im März 1936. Ein Beitrag zur Vorgeschichte des Zweiten Weltkrieges, Köln/Opladen 1956; 40 S.

16262 Emmerson, James T.: The Rhineland Crisis, 7 March 1936. A Study in Multilateral Diplomacy, London 1977; 383 S.

16263 Funke, Manfred: 7. März 1936. Studie zum außenpolitischen Führungsstil Hitlers, in: APUZ, Nr. B 40/70, 3.10. 1970, 3–34; gekürzt abgedr. in: Wolfgang Michalka (Hg.), Nationalsozialistische Außenpolitik, Darmstadt 1978, 277–324

16264 Müller, Michael: Frankreich und die Rheinlandbesetzung 1936. Die Reaktion von Diplomaten, Politikern und Militärs, in: GiW 1 (1986), 15–30

16265 Watt, Donald C.: German Plans for the Reoccupation of the Rhineland. A Note, in: JCH 1 (1966), 193–99

16266 Watt, Donald C.: The Reoccupation of the Rhineland 1936, in: HiT 6 (1956), 244–51

A.3.21.6 Antikominternpakt

Gedruckte Quellen

16267 Der geheime deutsch-japanische Notenaustausch zum Dreimächtepakt. (Dokumentation), in: VfZ 5 (1957), 182–93

16268 Weinberg, Gerhard L.: Die geheimen Abkommen zum Antikominternpakt. (Dokumentation), in: VfZ 2 (1954), 193–201

Darstellungen

16269 Fleury, Alain: Le pacte »anti-Komintern« vu par la presse française, in: RH 282 (1989), 411–21

16270 Hillgruber, Andreas: Die »Hitler-Koalition«. Eine Skizze zur Geschichte und Struktur des »Weltpolitischen Dreiecks« Berlin – Rom – Tokio 1933 bis 1945, in: Helmut Berding u.a. (Hg.), Vom Staat des Ancien Régime zum modernen Parteienstaat. Festschrift für Theodor Schieder zu seinem 70. Geburtstag, München/Wien 1978, 467–83; abgedr. in: Andreas Hillgruber, Die Zerstörung Europas. Beiträge zur Weltkriegsepoche 1914 bis 1945, Frankfurt/Berlin 1988, 169–85

16271 Miyake, Masaki: A Study on the Tripartite Alliance Berlin – Rome – Tokyo, Tokyo 1975; 734 S. (japan.; engl. Zusammenfassung)

A.3.21.7 Österreich

[vgl. A.1.5.2.3; A.1.7.2.3]

16272 Eichstädt, Ulrich: Von Dollfuß zu Hitler. Geschichte des Anschlusses Österreichs 1933–1938, Wiesbaden 1955; XI, 558 S.

16273 Fischer, Peter G.: Die österreichischen Handelskammern und der Anschluß an Deutschland. Zur Strategie der »Politik der kleinen Mittel« 1925 bis 1934, in: Das Juliabkommen von 1936. Vorgeschichte, Hintergründe und Folgen. Protokoll des Symposiums in Wien am 10. und 11. Juni 1976, München/Wien 1977, 299–314

16274 Gehl, Jürgen: Austria, Germany, and the Anschluß, 1931–1938, Vorwort Alan Bullock, London u.a. 1963; XII, 212 S.

16276 Luza, Radomir: Österreich und die großdeutsche Idee in der NS-Zeit, Wien/Köln 1977; 368 S. (amerikan.: Princeton, N.J. 1975 u.d.T.: Austro-German Relations in the Anschluß Era)

16277 Müller, Franz: Ein »Rechtskatholik« zwischen Kreuz und Hakenkreuz. Franz von Papen als Sonderbeauftragter Hitlers in Wien 1934–1938, Frankfurt u.a. 1990; 403 S.

16278 Müller, Franz: Franz von Papen und die deutsche Österreichpolitik in den Jahren 1934 bis 1938, in: Thomas Albrich u.a.

(Hg.), Tirol und der Anschluß. Voraussetzungen, Entwicklungen, Rahmenbedingungen 1918–1938, Innsbruck 1988, 357–83

16279 Roß, Dieter: Hitler und Dollfuß. Die deutsche Österreichpolitik 1933–1934, Hamburg 1966; 341 S.

16280 Schausberger, Norbert: Österreich und die nationalsozialistische Anschluß-Politik, in: Manfred Funke (Hg.), Hitler, Deutschland und die Mächte. Materialien zur Außenpolitik des Dritten Reiches, Düsseldorf 1976, 728–56 (ND 1977 u. Düsseldorf/Königstein, Ts. 1978)

16281 Schausberger, Norbert: Ökonomisch-politische Interdependenzen im Sommer 1936, in: Das Juliabkommen von 1936. Vorgeschichte, Hintergründe und Folgen. Protokoll des Symposiums in Wien am 10. und 11. Juni 1976, München/Wien 1977, 280–98

16282 Starl, Timm: Lobrede und Nachruf: Hitler und Dollfuß. Eine Gegenüberstellung, in: Fotogeschichte 8 (1988), Nr. 28, 33–42

16283 Stourzh, Gerald: Die Außenpolitik der österreichischen Bundesregierung gegenüber der nationalsozialistischen Bedrohung, in: Gerald Stourzh/Birgitta Zaar (Hg.), Österreich, Deutschland und die Mächte. Internationale und österreichische Aspekte des »Anschlusses« vom März 1938, Wien 1990, 319–46

16284 Stuhlpfarrer, Karl: Zum Problem der deutschen Penetration Österreichs, in: Das Juliabkommen von 1936. Vorgeschichte, Hintergründe und Folgen. Protokoll des Symposiums in Wien am 10. und 11. Juni 1976, München/Wien 1977, 315–27

16285 Weinberg, Gerhard L.: Die deutsche Außenpolitik und Österreich 1937/38, in: Gerald Stourzh/Birgitta Zaar (Hg.), Österreich, Deutschland und die Mächte. Internationale und österreichische Aspekte des »Anschlusses« vom März 1938, Wien 1990, 61–74

A.3.21.8 Westmächte allgemein

16286 Deist, Wilhelm: Die Haltung der Westmächte gegenüber Deutschland während der Abrüstungskonferenz 1932/33, Diss. Freiburg 1956; 250 S.

16287 Frye, Alton: Nazi Germany and the American Hemisphere, 1933–1941, New Haven, Conn. 1967; IX, 229 S.

16288 Mommsen, Wolfgang J./Kettenacker, Lothar (Hg.): The Fascist Challenge and the Policy of Appeasement, London u. a. 1983; XII, 436 S.*

16289 Rohe, Karl (Hg.): Die Westmächte und das Dritte Reich 1933–1939. Klassische Großmachtrivalität oder Kampf zwischen Demokratie und Diktatur?, Paderborn 1982; 231 S.

16290 Schlenke, Manfred: Die Westmächte und das nationalsozialistische Deutschland. Motive, Ziele und Illusionen der Appeasementpolitik, in: MGFUM 16 (1967), Nr. 2, 35–43

16291 Schröder, Hans-Jürgen: The Ambiguities of Appeasement: Great Britain, the United States, and Germany, 1937–9, in: Wolfgang J. Mommsen/Lothar Kettenacker (Hg.), The Fascist Challenge and the Policy of Appeasement, London u. a. 1983, 390–99

16292 Stenzl, Otto: Die anglo-französische Politik gegenüber Deutschland und Italien 1937–1938, Diss. Wien 1956; VI, 271 S.

A.3.21.9 Großbritannien und Irland

Gedruckte Quellen

16293 Henke, Josef: Hitler und England Mitte August 1939. Ein Dokument zur Rolle Fritz Hesses in den deutsch-britischen

Beziehungen am Vorabend des 2. Weltkrieges, in: VfZ 21 (1973), 231–42

16294 Lenz, Wilhelm/Kettenacker, Lothar: Lord Kemsleys Gespräch mit Hitler Ende Juli 1939, in: VfZ 19 (1971), 305–21

Darstellungen

16295 Aigner, Dietrich: Das Ringen um England. Das deutsch-britische Verhältnis. Die öffentliche Meinung 1933–1939. Tragödie zweier Völker, 2 Bde., München/Esslingen 1969; 444, 219 S.

16296 Cowling, Maurice: The Impact of Hitler. British Politics and British Policy, 1933–1940, London 1975; X, 561 S.

16297 Dickel, Horst: Die deutsche Außenpolitik und die irische Frage von 1932 bis 1944, Wiesbaden 1983; X, 254 S.

16298 Dickel, Horst: Irland als Faktor der deutschen Außenpolitik von 1933–1945. Eine propädeutische Skizze, in: Manfred Funke (Hg.), Hitler, Deutschland und die Mächte. Materialien zur Außenpolitik des Dritten Reiches, Düsseldorf 1976, 565–76 (ND 1977 u. Düsseldorf/Königstein, Ts. 1978)

16299 Dülffer, Jost: Das deutsch-englische Flottenabkommen vom 18. Juni 1935, in: MR 69 (1972), 641–59; abgedr. in: Wolfgang Michalka (Hg.), Nationalsozialistische Außenpolitik, Darmstadt 1978, 244–76

16300 Elvert, Jürgen: Die Neutralität Irlands im Zweiten Weltkrieg, in: Robert Bohn u.a. (Hg.), Neutralität und totalitäre Aggression. Nordeuropa und die Großmächte im Zweiten Weltkrieg, Stuttgart 1991, 221–50

16301 Gannon, Franklin R.: The British Press and Germany, 1936–1939, Oxford 1971; X, 314 S.

16302 Granzow, Brigitte: A Mirror of Nazism. British Opinion and the Emergence of Hitler, 1929–1933, London 1964; 248 S.

16303 Griffiths, Richard: Fellow Travellers of the Right. British Enthusiasts for Nazi Germany, 1933–9, 2. Aufl., Oxford 1983; IX, 406 S. (zuerst London 1980)

16304 Haraszti, Eva: Treaty-Breakers or »Realpolitiker«? The Anglo-German Naval Agreement of June 1935, Boppard 1974; 276 S.

16305 Hauser, Oswald: Lord Halifax und Hitler November 1937, in: Werner Pöls (Hg.), Staat und Gesellschaft im politischen Wandel. Beiträge zur Geschichte der modernen Welt. (Festschrift für Walter Bussmann zum 14. Januar 1979), Stuttgart 1979, 492–522

Hauser, Oswald: England und das Dritte Reich, Stuttgart [Bd. 2: Göttingen/Zürich]:

16306 – Bd. 1: 1933 bis 1936, 1972; 415 S.

16307 – Bd. 2: 1936 bis 1938, 1982; 317 S.

16308 Henke, Josef: England in Hitlers außenpolitischem Kalkül 1935–1939, Boppard 1973; 346 S.

16309 Henke, Josef: Hitlers England-Konzeption – Formulierung und Realisierungsversuche, in: Manfred Funke (Hg.), Hitler, Deutschland und die Mächte. Materialien zur Außenpolitik des Dritten Reiches, Düsseldorf 1976, 584–603 (ND 1977 u. Düsseldorf/Königstein, Ts. 1978)

16310 Hillgruber, Andreas: England in Hitlers außenpolitischer Konzeption, in: HZ 218 (1974), 65–84; abgedr. in: Andreas Hillgruber, Deutsche Großmacht- und Weltpolitik im 19. und 20. Jahrhundert, 2. Aufl., Düsseldorf 1979, 180–97 (zuerst 1977)

16311 Kieser, Rolf: Englands Appeasementpolitik und der Aufstieg des Dritten Reiches im Spiegel der britischen Presse 1933–1939, Winterthur 1964; 140 S.

16312 Ludlow, Peter W.: Britain and the Third Reich, in: Hedley Bull (Hg.), The Challenge of the Third Reich, Oxford 1986, 141–62

16313 McCane, Eugene R.: Anglo-German Diplomatic Relations, January 1933 – March 1936, Lexington, Ky. 1982; 339 S.

16314 McDonough, Frank: The Times, Norman Ebbut and the Nazis, 1927–37, in: JCH 27 (1992), 407–24

16315 Metzmacher, Helmut: Deutsch-englische Ausgleichsbemühungen im Sommer 1939, in: VfZ 14 (1966), 369–412

16316 Meyers, Reinhard P. F. W.: The Attitude of the British Cabinet and Senior Advisers, Concerned with Decision-Making, towards the Resurgence of Nazi Germany, with Particular Reference to the Period Ending with the Munich Crisis, Diss. University of Reading 1972; 409 S.

16317 Niedhart, Gottfried: Zwischen negativem Deutschlandbild und Primat des Friedens: Großbritannien und der Beginn der nationalsozialistischen Herrschaft in Deutschland, in: Wolfgang Michalka (Hg.), Die nationalsozialistische Machtergreifung, Paderborn u. a. 1984, 274–87

16318 Parker, R. A. C.: Großbritannien und Deutschland 1936–1937, in: Oswald Hauser (Hg.), Weltpolitik, Bd. 1: 1933–1939. 13 Vorträge, Göttingen u. a. 1973, 66–77

16319 Recker, Marie-Luise: Von der Konkurrenz zur Rivalität. Das deutsch-britische Verhältnis in den Ländern der europäischen Peripherie 1919–1939, Stuttgart 1986; 186 S.

16320 Ritter, Ernst: Die erste Deutsch-Englische Gesellschaft (1935–1939), in: Friedrich P. Kahlenberg (Hg.), Aus der Arbeit der Archive. Beiträge zum Archivwesen, zur Quellenkunde und zur Geschichte. Festschrift für Hans Booms, Boppard 1989, 811–26

16321 Schädlich, Karlheinz: »Appeaser« in Aktion. Hitlers britische Freunde in der Anglo-German Fellowship, in: JfG 3 (1969), 197–234

16322 Sturm, Hubert: Hakenkreuz und Kleeblatt. Irland, die Alliierten und das »Dritte Reich« 1933–1945, 2 Bde., Frankfurt u. a. 1984; IV 326, 95, 172; IV, 353 S.

16323 Waddington, Geoffrey T.: Hitler, Ribbentrop, die NSDAP und der Niedergang des britischen Empire 1935–1938. (Dokumentation), in: VfZ 40 (1992), 273–306**

16324 Weinberg, Gerhard L.: Hitler and England, 1933–1945: Pretense and Reality, in: GSR 8 (1985), 299–309

16325 Wendt, Bernd-Jürgen: München 1938. England zwischen Hitler und Preußen, Frankfurt 1965; 150 S.

16326 Wiggershaus, Norbert Th.: Der deutsch-englische Flottenvertrag vom 18. Juni 1935. England und die geheime deutsche Aufrüstung, 1933–1935, Diss. Bonn 1972; 439 S.

16327 Woerden, A. V. N. van: Hitlers Verhältnis zu England: Theorie, Vorstellung und Politik (engl. 1968), in: Wolfgang Michalka (Hg.), Nationalsozialistische Außenpolitik, Darmstadt 1978, 220–43

16328 Wright, Jonathan R. C./Stafford, Paul: Hitler, Britain and the Hoßbach-Memorandum, in: MGM 42 (1987), 77–123

A.3.21.10 Frankreich

16329 Bellstedt, Hans F.: »Apaisement« oder Krieg. Frankreichs Außenminister Georges Bonnet und die deutsch-französische Erklärung vom 6. Dezember 1938, Bonn 1993; 297 S.

16330 Bloch, Charles: La place de la France dans les différents stades de la politique exterieure du Troisième Reich (1933–1940), in: Les Relations Franco-Allemandes 1933–1939. Colloques internationaux du Centre National de la recherche scientifique No. 563. Strasbourg 7.–10. Octobre 1975, Paris 1976, 15–31

16331 Bloch, Charles: Aspekte der Beziehung zwischen dem Dritten Reich und Frankreich, in: Ursula Büttner (Hg.), Das Unrechtsregime. Internationale Forschung über den Nationalsozialismus. Festschrift für Werner Jochmann zum 65. Geburtstag, Bd. 1, Hamburg 1986, 489–504

16332 Bloch, Charles: Vom »Erbfeind« zum Partner. Die deutsch-französischen Beziehungen vor und nach dem Zweiten Weltkrieg, in: JIdG 10 (1981), 363–98

16333 Bock, Hans M.: Tradition und Topik des populären Frankreich-Klischees in Deutschland von 1925 bis 1955, in: Francia 14 (1986), 475–508

16334 Bock, Hans M.: Die Deutsch-Französische Gesellschaft 1926 bis 1934. Ein Beitrag zur Sozialgeschichte der deutsch-französischen Beziehungen der Zwischenkriegszeit, in: Francia 17 (1990), Nr. 3, 57–101, hier 90–100

16335 Hildebrand, Klaus: Die Frankreichpolitik Hitlers bis 1936, in: Francia 5 (1977), 591–625

16336 Hildebrand, Klaus/Werner, Karl F. (Hg.): Deutschland und Frankreich 1936–1939. 15. Deutsch-französisches Historikerkolloquium des Deutschen Historischen Instituts Paris (Bonn, 26.–29. September 1979), veranstaltet in Zusammenarbeit mit dem Comité français d'Histoire de la Deuième Guerre mondiale und dem Militärgeschichtlichen Forschungsamt Freiburg, Mitarb. Klaus Manfrass, München/Zürich 1981; XXIV, 719 S.*

16337 Hillgruber, Andreas: Frankreich als Faktor der deutschen Außenpolitik im Jahre 1939, in: Klaus Hildebrand/Karl F. Werner (Hg.), Deutschland und Frankreich 1936–1939. 15. Deutsch-französisches Historikerkolloquium des Deutschen Historischen Instituts Paris (Bonn, 26.–29. September 1979), München/Zürich 1981, 617–28; abgedr. in: Andreas Hillgruber, Die Zerstörung Europas. Beiträge zur Weltkriegsepoche 1914 bis 1945, Frankfurt/Berlin 1988, 203–15

16338 Kimmel, Adolf: Der Aufstieg des Nationalsozialismus im Spiegel der französischen Presse. 1930–1933, Diss. Bonn 1969; XIII, 218 S.

16339 Knipping, Franz: Die deutsch-französische Erklärung vom 6. Dezember 1938, in: Klaus Hildebrand/Karl F. Werner (Hg.), Deutschland und Frankreich 1936–1939. 15. Deutsch-französisches Historikerkolloquium des Deutschen Historischen Instituts Paris (Bonn, 26.–29. September 1979), München/Zürich 1981, 523–51

16340 Knipping, Franz: Frankreich in Hitlers Außenpolitik 1933–1939, in: Manfred Funke (Hg.), Hitler, Deutschland und die Mächte. Materialien zur Außenpolitik des Dritten Reiches, Düsseldorf 1976, 612–27 (ND 1977 u. Düsseldorf/Königstein, Ts. 1978)

16341 Knipping, Franz: Die deutsche Diplomatie und Frankreich 1933–1936, in: Francia 5 (1977), 491–512

16342 Knipping, Franz/Weidenfeld, Werner: Eine ungewöhnliche Geschichte. Deutschland – Frankreich seit 1870, Bonn 1988; 207 S.

16343 Lacaze, Yvon: L'opinion publique française et la crise de Munich, Bern u. a. 1991; 654 S.

16344 Messemer, Annette: André François-Poncet und Deutschland. Die Jahre zwischen den Kriegen, in: VfZ 39 (1991), 505–34

16345 Micaud, Charles A.: The French Right and Nazi Germany, 1933–1939. A Study of Public Opinion, Durham, N.C. 1943; 255 S.

16346 Müller, Klaus-Jürgen: Die deutsche öffentliche Meinung und Frankreich 1933–1939, in: Klaus Hildebrand/Karl F. Werner (Hg.), Deutschland und Frankreich 1936–1939. 15. Deutsch-französisches Historikerkolloquium des Deutschen Historischen Instituts Paris (Bonn, 26.–29. September 1979), München/Zürich 1981, 17–46

16347 Poidevin, Raymond/Bariéty, Jacques: Frankreich und Deutschland. Die Geschichte ihrer Beziehungen 1815–1975, München 1982; 498 S.

16348 Rovan, Joseph: France and Hitler: 1933–1936, in: Charles S. Maier u. a. (Hg.), The Rise of the Nazi Regime. Historical Reassessments, Boulder, Col./London 1986, 131–34

16349 Scheler, Eberhard: Die politischen Beziehungen zwischen Deutschland und Frankreich zur Zeit der aktiven Außenpolitik Hitlers, Ende 1937 bis zum Kriegsausbruch, Diss. Würzburg 1962; 291 S.

16350 Schramm, Wilhelm Ritter von: ... sprich vom Frieden, wenn Du den Krieg willst. Die psychologischen Offensiven Hitlers gegen die Franzosen 1933 bis 1939. Ein Bericht, Mainz 1973; 208 S.

16351 Schuhmacher, Alois: Frankreich und die Anschlußfrage, in: Felix Kreissler (Hg.), Fünfzig Jahre danach – der »Anschluß« von innen und außen gesehen. Beiträge zum Internationalen Symposium von Rouen 29. Februar – 4. März 1988, Wien/Zürich 1989, 37–51

16352 Taubert, Friedrich: Französische Linke und Hitlerdeutschland. Deutschlandbilder und Strategieentwürfe (1933–1939), Frankfurt u. a. 1991; 380 S.

16353 Unteutsch, Barbara: Vom Sohlbergkreis zur Gruppe Collaboration. Ein Beitrag zur Geschichte der deutsch-französischen Beziehungen anhand der »Cahiers franco-allemands/Deutsch-Französische Monatshefte«, 1931–1944, Münster 1990; 427 S.

16354 Vaisse, Maurice: Frankreich und die Machtergreifung, in: Wolfgang Michalka (Hg.), Die nationalsozialistische Machtergreifung, Paderborn u. a. 1984, 261–73

A.3.21.11 Benelux-Staaten

16356 Houwink ten Cate, Johannes: Deutschland und die neutralen Kleinstaaten in Nord- und Nordwesteuropa in der Zwischenkriegszeit. Ein Abriß, in: Harm G. Schröter/Clemens A. Wurm (Hg.), Politik, Wirtschaft und internationale Beziehungen. Studien zu ihrem Verhältnis in der Zeit zwischen den Weltkriegen, Mainz 1991, 1–36

16357 Klefisch, Peter: Das Dritte Reich und Belgien 1933–1939, Frankfurt u. a. 1988; 460 S.

16358 Krier, Emile: Die Außenpolitik des Dritten Reiches gegenüber Luxemburg, in: Manfred Funke (Hg.), Hitler, Deutschland und die Mächte. Materialien zur Außenpolitik des Dritten Reiches, Düsseldorf 1976, 628–38 (ND 1977 u. Düsseldorf/Königstein, Ts. 1978)

16359 Lademacher, Horst: Zwei ungleiche Nachbarn. Wege und Wandlungen der deutsch-niederländischen Beziehungen im 19. und 20. Jahrhundert, Darmstadt 1990; VII, 301 S.

16360 Lademacher, Horst: Die Niederlande und Belgien in der Außenpolitik des Dritten Reiches 1933–1939. Ein Aufriß, in: Manfred Funke (Hg.), Hitler, Deutschland und die Mächte. Materialien zur Außenpolitik des Dritten Reiches, Düsseldorf 1976, 654–74 (ND 1977 u. Düsseldorf/Königstein, Ts. 1978)

16361 Vanwelkenhuyzen, Jean: La Belgique et la menace d'invasion, 1930–1940: les advertissements venus de Berlin, in: RH 264 (1980), 375–95

A.3.21.12 Italien

Gedruckte Quellen

16362 Les lettres secrètes échangées par Hitler et Mussolini, Einleitung André François-Poncet, Paris 1946; 190 S.

16363 Muggeridge, Malcom (Hg.): Ciano's Diplomatic Papers. Record of Conversations during 1936–1942 with Hitler, Mussolini, Franco, Goering, Ribbentrop, and other Statesmen, London 1948; 490 S. (italien.: Gennaio 1947)

Darstellungen

16364 Alcock, Anthony E.: The History of the South Tyrol Question, London 1970; XXI, 535 S.

16365 Alfieri, Dino: Dictators Face to Face, London/New York 1954; 307 S.

16366 Anfuso, Filippo: Rom – Berlin im diplomatischen Spiegel, Essen 1951; 362 S. (italien.: Mailand 1950)

16367 Ara, Angelo: Faschismus und Nationalsozialismus. Hitler und Mussolini, in: Wolfgang Treue/Jürgen Schmädeke (Hg.), Deutschland 1933. Machtzerfall der Demokratie und nationalsozialistische »Machtergreifung«. Eine Vortragsreihe, Berlin 1984, 136–55

16368 Deakin, Frederick W.: Die brutale Freundschaft. Hitler, Mussolini und der Untergang des italienischen Faschismus, Köln 1964; 992 S. (amerikan.: New York 1962)

16369 Eisterer, Klaus/Steininger, Rolf (Hg.): Die Option. Südtirol zwischen Faschismus und Nationalsozialismus, Innsbruck 1989; 415 S.

16370 Funke, Manfred: Sanktionen und Kanonen. Hitler, Mussolini und der internationale Abessinienkonflikt 1934–1936, 2. Aufl., Düsseldorf 1971; VIII, 220 S. (zuerst 1970)

16371 Funke, Manfred: Die deutsch-italienischen Beziehungen – Antibolschewismus und außenpolitische Interessenkonkurrenz als Strukturprinzip der »Achse«, in: Manfred Funke (Hg.), Hitler, Deutschland und die Mächte. Materialien zur Außenpolitik des Dritten Reiches, Düsseldorf 1976,

823–46 (ND 1977 u. Düsseldorf/Königstein, Ts. 1978); abgdr. in: Karl D. Bracher u. a. (Hg.), Nationalsozialistische Diktatur 1933–1945. Eine Bilanz, Bonn (zugl. Düsseldorf) 1983, 345–69

16372 Funke, Manfred: Brutale Freundschaft im Legendenschleier. Marginalie zur Vorgeschichte der »Achse« Rom – Berlin, in: GWU 23 (1972), 713–31

16373 Hoepke, Klaus-Peter: Die deutsche Rechte und der italienische Faschismus. Ein Beitrag zum Selbstverständnis und zur Politik von Gruppen der deutschen Rechten, Düsseldorf 1968; 348 S.

16374 Israeljan, V./Kutakov, L.: Diplomacy of Aggression. Berline – Rome – Tokyo. Axis, its Rise and Fall, Moskau 1970; 438 S.

16375 Kos, Franz-Josef: Der Faktor Österreich in den Beziehungen des Deutschen Reiches zu Italien 1871–1945, in: Jost Dülffer u. a. (Hg.), Deutschland in Europa. Kontinuität und Bruch. Gedenkschrift für Andreas Hillgruber, Frankfurt/Berlin 1990, 154–74

16376 Kuby, Erich: Verrat auf Deutsch. Wie das Dritte Reich Italien ruinierte, Frankfurt 1987; 575 S.

16377 Latour, Conrad F.: Südtirol und die Achse Berlin – Rom 1938–1945, Stuttgart 1962; 158 S.

16378 Lönne, Karl-Egon: Der »Völkische Beobachter« und der italienische Faschismus, in: QFIAB 51 (1971), 539–84

16379 Michaelis, Meir: Mussolini and the Jews. German-Italian Relations and the Jewish Question in Itlay, 1922–1945, Oxford 1978; XIII, 472 S.

16380 Parteli, Othmar: Faschismus in Südtirol und die Option, in: Tirol 1938. Voraussetzungen und Folgen. Ausstellung des Landes Tirol, Tiroler Landesmuseum Ferdinandeum, 9. März bis 10. April 1988, Hg. Tiroler Landesmuseum Ferdinandeum, Innsbruck 1988, 74–86

16381 Pese, Walter W.: Hitler und Italien 1920–1926, in: VfZ 3 (1955), 113–26

16382 Petersen, Jens: Hitler – Mussolini. Die Entstehung der Achse Berlin – Rom 1933–1936, Tübingen 1973; XXVI, 559 S.

16383 Petersen, Jens: Deutschland, Italien und Südtirol 1938–1940, in: Klaus Eisterer/ Rolf Steininger (Hg.), Die Option. Südtirol zwischen Faschismus und Nationalsozialismus, Innsbruck 1989, 127–50

16384 Petersen, Jens: Deutschland und Italien 1939 bis 1945, in: Wolfgang Michalka (Hg.), Der Zweite Weltkrieg. Analysen, Grundzüge, Forschungsbilanz, München/ Zürich 1989, 108–19

16385 Petersen, Jens: Vorspiel zu »Stahlpakt« und Kriegsallianz: Das deutsch-italienische Kulturabkommen vom 23. November 1938, in: VfZ 36 (1988), 41–77; abgedr. in: Karl D. Bracher/Leo Valiani (Hg.), Faschismus und Nationalsozialismus, Berlin 1991, 243–82

16386 Petersen, Jens: Deutschland und der Zusammenbruch des Faschismus in Italien im Sommer 1943, in: MGM 37 (1985), 51–69

16387 Petitfrère, Ray: Le faux ménage: Hitler – Mussolini, Namur 1965; 580 S.

16388 Petracchi, Giorgio: Pinocchio, die Katze und der Fuchs: Italien zwischen Deutschland und der Sowjetunion (1939–1941), in: Bernd Wegner (Hg.), Zwei Wege nach Moskau. Vom Hitler-Stalin-Pakt zum »Unternehmen Barbarossa«, München/Zürich 1991, 519–46

16389 Rintelen, Enno von: Mussolini als Bundesgenosse. Erinnerungen des deutschen Militärattachés in Rom 1936–1943, Tübingen 1951; 265 S.

16390 Schreiber, Gerhard: Revisionismus und Weltmachtstreben. Marineführung und deutsch-italienische Beziehungen 1919 bis 1944, Stuttgart 1978; 428 S.

16391 Siebert, Ferdinand: Der deutsch-italienische Stahlpakt, in: VfZ 7 (1959), 372–95

16392 Steurer, Leopold: Südtirol zwischen Rom und Berlin 1919–1939, Wien/Zürich 1980; 484 S.

16393 Stuhlpfarrer, Karl: Südtirol und der »Anschluß« Österreichs, in: Felix Kreissler (Hg.), Fünfzig Jahre danach – der »Anschluß« von innen und außen gesehen. Beiträge zum Internationalen Symposium von Rouen 29. Februar – 4. März 1988, Wien/ Zürich 1989, 120–31

16394 Toscano, Mario: The Origins of the Pact of Steel, Baltimore, Md. 1967; XIV, 417 S. (ital.: 2., überarb. Aufl., Florenz 1956)

16395 Wiskemann, Elisabeth: The Rome-Berlin-Axis. A History of the Relations between Hitler and Mussolini, 2., überarb. u. akt. Aufl., London 1966; 446 S. (zuerst London/New York 1949)

16396 Woller, Hans: Machtpolitisches Kalkül oder ideologische Affinität? Zur Frage des Verhältnisses zwischen Mussolini und Hitler vor 1933, in: Wolfgang Benz u.a. (Hg.), Der Nationalsozialismus. Studien zur Ideologie und Herrschaft. Hermann Graml zum 65. Geburtstag, Frankfurt 1993, 42–63, 231–37

A.3.21.13 Vatikan

[vgl. A.3.12.4.2]

Gedruckte Quellen

16397 Friedländer, Saul: Pius XII. und das Dritte Reich. Eine Dokumentation, Reinbek 1965; 177 S. (franz.: Paris 1964)

Der Notenwechsel zwischen dem Heiligen Stuhl und der deutschen Reichsregierung, Mainz:

16398 – Bd. 1: Von der Ratifizierung des Reichskonkordats bis zur Enzyklika »Mit brennender Sorge«, Bearb. Dieter Albrecht, 2. Aufl., 1974; XXVIII, 459 S. (zuerst 1965)

16399 – Bd. 2: 1937–1945, Bearb. Dieter Albrecht, 1969; XXVII, 277 S.

16400 – Bd. 3: Der Notenwechsel und die Demarchen des Nuntius Orsenigo 1933–1945, Bearb. Dieter Albrecht, 1980; XCVIII, 862 S.

16401 Pius XI.: Mit brennender Sorge [14. März 1937], Hg. Erzbischöfliches Generalvikariat Paderborn, Einleitung Ulrich Wagener, Paderborn 1987; 76 S.

16402 Wüstenberg, Bruno/Zabkar, Joseph (Hg.): Der Papst an die Deutschen. Pius XII. als Apostolischer Nuntius und als Papst in seinen deutschsprachigen Reden und Sendschreiben von 1917 bis 1956. (Nach den vatikanischen Archiven), Frankfurt 1956; 331 S.

Darstellungen

16403 Albrecht, Dieter: Die Politische Klausel des Reichskonkordats in den deutsch-vatikanischen Beziehungen 1936–1943, in: Dieter Albrecht u. a. (Hg.), Festschrift für Max Spindler zum 75. Geburtstag, München 1969, 793–829; abgedr. in: Dieter Albrecht (Hg.), Katholische Kirche im Dritten Reich. Eine Aufsatzsammlung, Mainz 1976, 128–70

16404 Albrecht, Dieter: Der Hl. Stuhl und das Dritte Reich, in: Klaus Gotto/Konrad Repgen (Hg.), Die Katholiken und das Dritte Reich, 3., erw. u. überarb. Aufl., Mainz 1990, 25–48 (zuerst 1980)

16405 Albrecht, Dieter: Der Vatikan und das Dritte Reich, in: Kirche im Nationalsozialismus. (RJK, 2), Sigmaringen 1983, 31–43 (ND 1984)

16406 Albrecht, Dieter: Zur Friedensdiplomatie des Vatikans 1939–1941. Eine Auseinandersetzung mit Bernd Martin, in: Dieter Albrecht u. a. (Hg.), Politik und Konfession. Festschrift für Konrad Repgen zum 60. Geburtstag, Berlin 1983, 447–64

16407 Becker, Josef: Der Vatikan und der II. Weltkrieg, in: Ernst Heinen/Hans-Joachim Schoeps (Hg.), Geschichte in der Gegenwart. Festschrift für Kurt Kluxen, Paderborn 1972, 301–17; abgedr. in: Dieter Albrecht (Hg.), Katholische Kirche im Dritten Reich. Eine Aufsatzsammlung, Mainz 1976, 171–93

16408 Delzell, Charles F. (Hg.): The Papacy and Totalitarism between the Two World Wars, New York 1979; VII, 179 S.

16409 Deschner, Karlheinz: Mit Gott und den Faschisten. Der Vatikan im Bunde mit Hitler, Mussolini, Franco und Pavelic, Stuttgart 1965; 301 S.

16410 Falconi, Carlo: Das Schweigen des Papstes [Pius XII.], München 1966; 524 S. (italien.: Mailand 1965)

16411 Fitzek, Alfons (Hg.): Pius XI. und Mussolini – Hitler – Stalin, Diss. Buffalo, N. Y. 1982; XII, 580 S.

16412 Giovannetti, Alberto: Der Vatikan und der Krieg, Vorwort Bruno Wüstenberg, Köln 1961; 345 S. (italien.: Rom 1960)

16413 Hirt, Simon: Mit brennender Sorge. Das päpstliche Rundschreiben [Pius XI. vom 14. März 1937] gegen den Nationalsozialismus und seine Folgen in Deutschland, Freiburg 1946; 101 S.**

16414 Jäckel, Eberhard: Zur Politik des Heiligen Stuhls im Zweiten Weltkrieg. Ein ergänzendes Dokument, in: GWU 15 (1964), 33–46; abgedr. in: Eberhard Jäckel, Umgang mit der Vergangenheit. Beiträge zur Geschichte, Stuttgart 1989, 151–70**

16415 Kreuter, Marie-Luise: Vatikanische Botschaft. Rauchstraße 21, in: Helmut Engel u. a. (Hg.), Geschichtslandschaft Berlin. Orte und Ereignisse, Bd. 2: Tiergarten, T. 1: Vom Brandenburger Tor zum Zoo, Berlin 1989, 382–94

16416 Raem, Heinz-Albert: Pius XI. und der Nationalsozialismus. Die Enzyklika

»Mit brennender Sorge« vom 14. März 1937, Paderborn 1979; 268 S.

16417 Repgen, Konrad: Pius. XI. zwischen Stalin, Mussolini und Hitler., in: APUZ, Nr. B 39/79, 29. 9. 1979, 3–23

16418 Repgen, Konrad: Vom Fortleben national-sozialistischer Propaganda in der Gegenwart. Der Münchener Nuntius [Vassalo di Torregrossa] und Hitler 1933, in: GWU 34 (1983), 29–49

16419 Rhodes, Anthony: Der Papst und die Diktatoren. Der Vatikan zwischen Revolution und Faschismus, Köln/Wien 1980; 332 S. (engl.: London 1973)

16420 Sandmann, Fritz: Die Haltung des Vatikans zum Nationalsozialismus im Spiegel des »Osservatore Romano« (von 1929 bis zum Kriegsausbruch), Diss. Mainz 1966; XIV, 299 S.

A.3.21.14 Schweiz und Liechtenstein

16421 Bourgeois, Daniel: Le Troisième Reich et la Suisse, 1933–1941, Neuchâtel 1974; XVII, 464 S.

16422 Bourgeois, Daniel: »Barbarossa« und die Schweiz, in: Bernd Wegner (Hg.), Zwei Wege nach Moskau. Vom Hitler-Stalin-Pakt zum »Unternehmen Barbarossa«, München/Zürich 1991, 620–39

16423 Carl, Horst: Vom Handlungsspielraum eines Kleinstaates. Zu Gerhard Krebs: Zwischen Fürst und Führer. Liechtensteins Beziehungen zum »Dritten Reich«, in: GWU 40 (1989), 486–93

16424 Dreifuß, Eric: Die Schweiz und das Dritte Reich. Vier deutsch-schweizerische Zeitungen im Zeitalter des Faschismus 1933–1939, Vorwort Willy Bretscher, Frauenfeld 1971; 251 S.

16425 Fink, Jürg: Die Schweiz aus der Sicht des Dritten Reiches 1933–1945. Einschätzung und Beurteilung der Schweiz durch die oberste deutsche Führung seit der Machtergreifung Hitlers. Stellenwert des Kleinstaates Schweiz im Kalkül der nationalsozialistischen Exponenten in Staat, Diplomatie, Wehrmacht, SS, Nachrichtendiensten und Presse, Zürich 1985; VII, 249 S.

16426 Heiniger, Markus: Das helvetische Paradox. Die Schweiz und das Dritte Reich, in: Karl M. Michel/Tilman Spengler (Hg.), Kollaboration. (Kursbuch, 115), Berlin 1994, 159–73

16427 Jaggi, Arnold: Bedrohte Schweiz. Unser Land in der Zeit Mussolinis, Hitlers und des Zweiten Weltkrieges, Bern 1978; 227 S.

16428 Krebs, Gerhard: Zwischen Fürst und Führer. Liechtensteins Beziehungen zum »Dritten Reich«, in: GWU 39 (1988), 548–67

16429 Padel, Gerd H.: Die politische Presse der deutschen Schweiz und der Aufstieg des Dritten Reiches 1933–1939. Ein Beitrag zur geistigen Landesverteidigung, Zürich 1951; 185 S.

16430 Todt, Manfred: Die politischen Beziehungen der Schweiz zu Deutschland 1934/35 im Urteil von zwei diplomatischen Berichten des deutschen Gesandten in Bern Ernst von Weizsäcker, in: SZG 36 (1986), 59–70**

16430a Walk, Joseph: Liechtenstein 1933–1945. Nationalsozialismus im Mikrokosmos, in: Ursula Büttner (Hg.), Das Unrechtsregime. Internationale Forschung über den Nationalsozialismus. Festschrift für Werner Jochmann zum 65. Geburtstag, Bd. 1, Hamburg 1986, 376–425

16431 Zaugg-Prato, Rolf: Die Schweiz und der Anschluß Österreichs, in: Felix Kreissler (Hg.), Fünfzig Jahre danach – der »Anschluß« von innen und außen gesehen. Beiträge zum Internationalen Symposium von Rouen 29. Februar – 4. März 1988, Wien/Zürich 1989, 71–83

16432 Zimmermann, Horst: Die Schweiz und Großdeutschland. Das Verhältnis zwischen der Eidgenossenschaft, Österreich und Deutschland 1933–1945, München 1980; 795 S.

16433 Zimmermann, Horst: Die »Nebenfrage Schweiz« in der Außenpolitik des Dritten Reiches, in: Manfred Funke (Hg.), Hitler, Deutschland und die Mächte. Materialien zur Außenpolitik des Dritten Reiches, Düsseldorf 1976, 811–22 (ND 1977 u. Düsseldorf/Königstein, Ts. 1978)

A.3.21.15 Spanien

16434 Abendroth, Hans-Henning: Hitler in der spanischen Arena. Die deutsch-spanischen Beziehungen im Spannungsfeld der europäischen Interessenpolitik vom Ausbruch des Bürgerkrieges bis zum Ausbruch des Weltkrieges (1936–1939), Paderborn 1973; 411 S.; teilw. abgedr. in: Wolfgang Schieder/Christof Dipper (Hg.), Der Spanische Bürgerkrieg in der internationalen Politik (1936–1939), München 1976, 76–128

16435 Abendroth, Hans-Henning: Deutschland, Frankreich und der Spanische Bürgerkrieg 1936–1939, in: Klaus Hildebrand/Karl F. Werner (Hg.), Deutschland und Frankreich 1936–1939. 15. Deutsch-französisches Historikerkolloquium des Deutschen Historischen Instituts Paris (Bonn, 26.–29. September 1979), München/Zürich 1981, 453–74

16436 Abendroth, Hans-Henning: Deutschlands Rolle im Spanischen Bürgerkrieg, in: Manfred Funke (Hg.), Hitler, Deutschland und die Mächte. Materialien zur Außenpolitik des Dritten Reiches, Düsseldorf 1976, 471–88 (ND 1977 u. Düsseldorf/Königstein, Ts. 1978)

16437 Abendroth, Hans-Henning: Die deutsche Intervention im Spanischen Bürgerkrieg. Ein Diskussionsbeitrag, in: VfZ 30 (1982), 117–29

16438 Dankelmann, Otfried: Franco zwischen Hitler und den Westmächten, Berlin (O) 1970; 322 S.

16439 Dzélépy, Élenthère N.: Franco, Hitler et les Alliés, Brüssel 1961; 207 S.

16440 Einhorn, Marion: Die ökonomischen Hintergründe der faschistischen deutschen Intervention in Spanien 1936–1939, Berlin (O) 1962; IX, 239 S.; Auszug abgedr. in: Wolfgang Schieder/Christof Dipper (Hg.), Der Spanische Bürgerkrieg in der internationalen Politik (1936–1939), München 1976, 147–61

16441 Joll, James: Germany and the Spanish Civil War, in: Max Beloff (Hg.), On the Track of Tyranny. Essays presented by the Wiener Library to Leonhard G. Montefiore, O. B. E. on the Occasion of His Seventieth Birthday, London 1960, 125–38

16442 Kern, Wolfgang/Moritz, Erhard: Lehren des faschistischen deutschen Oberkommandos des Heeres aus der bewaffneten Intervention in Spanien 1936–1939, in: MG 15 (1976), 321–37

16443 Kühne, Horst: Revolutionäre Militärpolitik 1936–1939. Militärpolitische Aspekte des nationalrevolutionären Krieges in Spanien, Berlin (O) 1969; 441 S.

16444 Kühne, Horst: Spanien 1936–1939. Proletarischer Internationalismus im national-revolutionären Krieg des spanischen Volkes, 2., überarb. Aufl., Berlin (O) 1978; 378 S. (zuerst Berlin 1978)

16445 Kühne, Horst: Ziele und Ausmaß der militärischen Intervention des deutschen Faschismus in Spanien (1936–1939), in: ZMG 8 (1969), 273–87; abgedr. in: Wolfgang Schieder/Christof Dipper (Hg.), Der Spanische Bürgerkrieg in der internationalen Politik (1936–1939), München 1976, 129–46

16446 Maier, Klaus A.: Guernica 26.4. 1937. Die deutsche Intervention in Spanien und der »Fall Guernica«, Freiburg i.Br. 1975; 166 S.

16447 Merkes, Manfred: Die deutsche Politik im spanischen Bürgerkrieg 1936–1939, 2., neubearb. u. erw. Aufl., Bonn 1969; 477 S. (zuerst Diss. Bonn 1961)

16448 Monteath, Peter/Nicolai, Elke: Zur Spanienkriegsliteratur. Die Literatur des Dritten Reiches zum Spanischen Bürgerkrieg. Mit einer Bibliographie zur internationalen Spanienkriegsliteratur, Frankfurt u. a. 1986; 266 S.

16449 Oven, Wilfred von: Hitler und der Spanische Bürgerkrieg. Mission und Schicksal der Legion Condor, Tübingen 1978; 557 S.

16450 Papeleux, Léon: L'admiral Canaris entre Franco et Hitler. Le rôle de Canaris dans les relations germano-espagnoles, 1915–1944, Tournai 1977; 222 S.

16451 Peter, Antonio: Das Spanienbild in den Massenmedien des Dritten Reiches 1933–1945, Frankfurt u. a. 1992; 245 S.

16452 Schieder, Wolfgang: Spanischer Bürgerkrieg und Vierjahresplan. Zur Struktur nationalsozialistischer Außenpolitik, in: Ulrich Engelhardt u. a. (Hg.), Soziale Bewegung und politische Verfassung. Beiträge zur Geschichte der modernen Welt. (Werner Conze zum 31. Dezember 1975), Stuttgart 1976, 832–56; abgedr. in: Wolfgang Schieder/Christof Dipper (Hg.), Der Spanische Bürgerkrieg in der internationalen Politik (1936–1939), München 1976, 162–90; Wolfgang Michalka (Hg.), Nationalsozialistische Außenpolitik, Darmstadt 1978, 325–59

16453 Soler, Ana M. S.: Spanischer Faschismus und deutscher Nationalsozialismus 1933–1934, in: Joachim Hütter u. a. (Hg.), Tradition und Neubeginn. Internationale Forschungen zur Geschichte des 20. Jahrhunderts, Köln u. a. 1975, 419–29

16454 Southworth, Herbert R.: La destruction de Guernica. Journalisme, diplomatie, propagande et histoire, Paris 1975; XXIV, 535 S.

16455 Viñas, Angel: La Alemania nazi y el 18 julio [1936], Madrid 1974; 558 S.

16456 Whealey, Robert H.: Hitler and Spain. The Nazi Role in the Spanish Civil War, 1936–1939, Lexington, Ky. 1989; 269 S.

A.3.21.16 Osteuropa allgemein

16457 Borejsza, Jerzy W.: Die Rivalität zwischen Faschismus und Nationalsozialismus in Ostmitteleuropa, in: VfZ 29 (1981), 579–614

16458 Hecker, Hans: Deutschland und Osteuropa – historische Chancen und überkommene Probleme. Die Beziehungen zwischen Osteuropa und dem Deutschen Reich von Bismarck bis Hitler, in: Othmar N. Haberl/Hans Hecker (Hg.), Unfertige Nachbarschaften. Die Staaten Osteuropas und die Bundesrepublik Deutschland, Essen 1989, 9–36

16459 Jacobsen, Hans-Adolf (Hg.): Mißtrauische Nachbarn. Deutsche Ostpolitik 1919/1970. Dokumentation und Analyse, Düsseldorf 1970; 504 S.**

16460 Müller, Rolf-Dieter: Die deutsche Ostpolitik 1938/39 zwischen Realismus und Weltmachtillusionen, in: Franz Knipping/Klaus-Jürgen Müller (Hg.), Machtbewußtsein in Deutschland am Vorabend des Zweiten Weltkrieges, Paderborn 1984, 119–30

A.3.21.17 Sowjetunion

Bibliographien

16461 Borck, Karin (Hg.): Sowjetische Forschungen (1917 bis 1991) zur Geschichte der deutsch-russischen Beziehungen von den Anfängen bis 1949. Bibliographie, Berlin 1993; 366 S.

16462 Ueberschär, Gerd R.: Kommentierte Literaturhinweise zu den deutsch-sowjetischen Beziehungen und zum »Unternehmen Barbarossa«, in: Gerd R. Ueberschär/Wolfram Wette (Hg.), Der deutsche Überfall auf die Sowjetunion. »Unternehmen Barbarossa« 1941, 2., überarb. Aufl., Frankfurt 1991, 241–348 (zuerst Paderborn 1984)

Literaturberichte

16463 Anderle, Alfred u. a.: Forschungen zur Geschichte der UdSSR und der deutsch-sowjetischen Beziehungen 1917–1945, in: Historische Forschungen in der DDR 1960–1970. Analysen und Berichte. Zum XIII. Internationalen Historikerkongreß in Moskau 1970. (ZfG, Sonderh.), Red. Gerhard Becker u. a., Berlin (O) 1970, 676–89

16464 Anderle, Alfred/Heller, Ilse: Forschungen zur Geschichte der UdSSR und der deutsch-sowjetischen Beziehungen 1917–1945, in: Historische Forschungen in der DDR 1970–1980. Analysen und Berichte. Zum XV. Internationalen Historikerkongreß in Bukarest 1980. (ZfG, Sonderh.), Red. Gerhard Becker u. a., Berlin (O) 1980, 393–405

Quellenkunde

16464a Rosenfeld, Günther: Von der Rapallo-Politik zum Hitler-Stalin-Pakt. Neue Dokumentenpublikationen aus russischen (ehemals sowjetischen) Archiven zu den deutsch-sowjetischen Beziehungen zwischen 1925 und 1941, in: MGM 52 (1993), 141–52

Gedruckte Quellen

16465 Brügel, Johann W. (Hg.): Stalin und Hitler. Pakt gegen Europa, Wien 1973, 349

16466 Carroll, Eber M./Epstein, Fritz T. (Hg.): Das nationalsozialistische Deutschland und die Sowjetunion 1939–1941. Akten aus dem Archiv des deutschen Auswärtigen Amts, Hg. Department of State, o.O [Washington, D. C.] 1948; XLIV, 416, 13 S.

16467 Fleischhauer, Ingeborg: Der deutsch-sowjetische Grenz- und Freundschaftsvertrag vom 28. September 1939. Die deutschen Aufzeichnungen über die Verhandlungen zwischen Stalin, Molotov und Ribbentrop in Moskau. (Dokumentation), in: VfZ 39 (1991), 447–70

16468 Hass, Gerhart: 23. August 1939. Der Hitler-Stalin-Pakt. Dokumentation, Berlin 1990; 320 S.

16469 Kosyk, Wolodymyr (Hg.): Das Dritte Reich und die ukrainische Frage. Dokumente 1934–1944, München 1985; 227 S.

16470 Pätzold, Kurt/Rosenfeld, Günter (Hg.): Sowjetstern und Hakenkreuz 1939–1941. Dokumente zu den deutsch-sowjetischen Beziehungen, Berlin 1990; 349 S.

16471 Seidl, Alfred (Hg.): Die Beziehungen zwischen Deutschland und der Sowjetunion 1939–1941. Dokumente des Auswärtigen Amtes, Tübingen 1949; 414 S.

Darstellungen

16472 Ahmann, Rolf: Der Hitler-Stalin-Pakt. Eine Bewertung der Interpretationen sowjetischer Außenpolitik mit neuen Fragen und neuen Forschungen, in: Wolfgang Michalka (Hg.), Der Zweite Weltkrieg. Analysen, Grundzüge, Forschungsbilanz, München/Zürich 1989, 93–107

16473 Allard, Sven: Stalin und Hitler. Die sowjetrussische Außenpolitik 1930–1941, Bern 1974; 314 S.

16474 Basler, Werner: Der deutsche Imperialismus und die Sowjetunion – Grundzüge der Außenpolitik Deutschlands gegenüber dem Sowjetstaat 1917–1941, in: Alfred Anderle/Werner Basler (Red.), Juni 1941. Beiträge zur Geschichte des hitlerfaschistischen Überfalls auf die Sowjetunion, Berlin (O) 1961, 44–82

16475 Besymenski, Lev A.: Geheimmission in Stalins Auftrag? David Kandelaki und die sowjetisch-deutschen Beziehungen Mitte der dreißiger Jahre, in: VfZ 40 (1992), 339–57

16476 Bisovsky, Gerhard u. a. (Hg.): Der Hitler-Stalin-Pakt. Voraussetzungen, Hintergründe, Auswirkungen. Dokumentation eines Symposiums der Volkshochschule Brigittenau in Zusammenarbeit mit dem Ludwig Boltzmann Institut für die Geschichte der Arbeiterbewegung u. a., Wien 1990; 164 S.

16477 Braubach, Max: Hitlers Weg zur Verständigung mit Rußland im Jahre 1939. Rede zum Antritt des Rektorats der Rheinischen Friedrich-Wilhelms-Universität zu Bonn am 14. November 1959, Bonn 1960; 48 S. (ND 1966)

16478 Bühl, Achim: Der Hitler-Stalin-Pakt. Die sowjetische Debatte, Köln 1989; 200 S.

16479 Daschitschew, Wjatscheslaw: Planungen und Fehlschläge Stalins am Vorabend des Zweiten Weltkrieges. Der XVIII. Parteitag der KPDSU (B) und der sowjetisch-deutsche Nichtangriffspakt, in: Karl D. Bracher u. a. (Hg.), Deutschland zwischen Krieg und Frieden. Beiträge zu Politik und Kultur im 20. Jahrhundert. Festschrift für Hans-Adolf Jacobsen, Düsseldorf 1991, 66–74

16480 Dlugoborski, Waclaw: Der Hitler-Stalin-Pakt als »lebendige Vergangenheit«, in: Klaus Hildebrand u. a. (Hg.), 1939. An der Schwelle zum Weltkrieg. Die Entfesselung des Zweiten Weltkrieges und das internationale System, Berlin/New York 1990, 161–70

16481 Duroselle, Jean-Baptiste (Hg.): Les relations germano-soviétiques de 1933 à 1939. Recueil d'etudes, Vorwort Pierre Renouvin, Paris 1954; 279 S.

16482 Fabry, Philipp W.: Der Hitler-Stalin-Pakt 1939–1941. Ein Beitrag zur Methode sowjetischer Außenpolitik, Darmstadt 1962; 535 S.

16483 Fabry, Philipp W.: Iran, die Sowjetunion und das kriegsführende Deutschland im Sommer und Herbst 1940, Göttingen 1980; 45 S.

16484 Fabry, Philipp W.: Die Sowjetunion und das Dritte Reich. Eine dokumentierte Geschichte der deutsch-sowjetischen Beziehungen von 1933 bis 1941, Prolegomena Ernst Deuerlein, Stuttgart 1971; 485 S.**

16485 Fleischhauer, Ingeborg: Der Pakt. Hitler, Stalin und die Initiative der deutschen Diplomatie 1938–39, Frankfurt 1990; 552 S.

16486 Fleischhauer, Ingeborg: Diplomatischer Widerstand gegen »Unternehmen Barbarossa«. Die Friedensbemühungen der Deutschen Botschaft Moskau 1939–1941, Frankfurt 1991; 416 S.

16487 Foerster, Roland G. (Hg.): »Unternehmen Barbarossa«. Zum historischen Ort der deutsch-sowjetischen Beziehungen von 1933 bis Herbst 1941, hg. i. A. des Militärgeschichtlichen Forschungsamtes, München 1993; 188 S.*

16488 Förster, Jürgen: The German Army and the Ideological War against the Soviet Union, in: Gerhard Hirschfeld (Hg.), The Policies of Genocide. Jews and Soviet Prisoners of War in Nazi Germany, London u. a. 1986, 15–29

16489 Gornig, Gilbert-Hanno: Der Hitler-Stalin-Pakt. Eine völkerrechtliche Studie, Frankfurt u. a. 1990; XII, 184 S.

16490 Groehler, Olaf: Selbstmörderische Allianz. Deutsch-russische Militärbeziehungen 1920–1941, Berlin 1992; 208 S.

16491 Hecker, Hans: Die Sowjetunion unter Stalin und der Beginn der Regierung Hitler in Deutschland, in: Wolfgang Michalka (Hg.), Die nationalsozialistische Machtergreifung, Paderborn u. a. 1984, 288–300

16492 Hecker, Hans: Die Sowjetunion im Urteil des nationalsozialistischen Deutschland, in: Gottfried Niedhart (Hg.), Der Westen und die Sowjetunion. Einstellungen und Politik gegenüber der UdSSR in Europa und in den USA seit 1917, Paderborn 1983, 61–77

16493 Hildebrand, Klaus: Das Ungewisse des Zukünftigen. Die Bedeutung des »Hitler-Stalin-Pakts« für Beginn und Verlauf des Zweiten Weltkrieges 1939–1941. Eine Skizze, in: Karl D. Bracher u. a. (Hg.), Staat und Parteien. Festschrift für Rudolf Morsey zum 65. Geburtstag, Berlin 1992, 727–43

16494 Hillgruber, Andreas: Der Hitler-Stalin-Pakt und die Entfesselung des Zweiten Weltkrieges. Situationsanalyse und Machtkalkül der beiden Pakt-»Partner«, in: HZ 230 (1980), 339–61; abgedr. in: Andreas Hillgruber, Die Zerstörung Europas. Beiträge zur Weltkriegsepoche 1914 bis 1945, Frankfurt/Berlin 1988, 219–38

16495 Hillgruber, Andreas/Hildebrand, Klaus: Kalkül zwischen Macht und Ideologie. Der Hitler-Stalin-Pakt: Parallelen bis heute?, Zürich 1980; 75 S.

16496 Hitchens, Marilynn G.: Germany, Russia, and the Balkans. Prelude to the Nazi-Soviet Non-agression Pact, New York 1983; VIII, 350 S.

16497 Hofer, Walther: Die West-Ost-Kontroverse über den Hitler-Stalin-Pakt und ihre »definitive« Beilegung, in: Hartmut Boockmann/Kurt Jürgensen (Hg.), Nachdenken über Geschichte. Beiträge aus der Ökumene der Historiker. In memoriam Karl Dietrich Erdmann, Neumünster 1991, 563–76

16498 Ilnytskyj, Roman: Deutschland und die Ukraine 1934–1945. Tatsachen europäischer Ostpolitik. Ein Vorbericht, 2 Bde., 2. Aufl., München 1958; IX, 395; 438 S. (zuerst 1955)

16499 Kosyk, Wolodymyr: The Third Reich and Ukraine, New York 1993; XVI, 670 S.

16500 Krummacher, Friedrich A./Lange, Helmut: Krieg und Frieden. Geschichte der deutsch-sowjetischen Beziehungen. Von Brest-Litowsk bis zum Unternehmen Barbarossa, München 1970; 564 S.

16501 Kuhn, Axel: Das nationalsozialistische Deutschland und die Sowjetunion, in: Manfred Funke (Hg.), Hitler, Deutschland und die Mächte. Materialien zur Außenpolitik des Dritten Reiches, Düsseldorf 1976, 639–53 (ND 1977 u. Düsseldorf/Königstein, Ts. 1978)

16502 Kühnrich, Heinz: Der deutsch-sowjetische Nichtangriffsvertrag vom 23. August 1939 aus der zeitgenössischen Sicht der KPD, in: MG 26 (1987), 527–47

16503 Kynin, G.: Unbekannte Aufzeichnungen von weiteren Unterredungen [Friedrich Werner Graf von der] Schulenburgs mit [V. G.] Dekanozov im Mai 1941 (Neue Dokumente aus dem Präsidialarchiv in Moskau), in: Anna L. Choroskevic (Hg.), Rußland im 20. Jahrhundert. (BJGO 1994, T. 1), verantwortl. Feliks Tych, Berlin 1994, 197–211**

16504 Leach, Barry A.: German Strategy against Russia, 1939–1941, Oxford 1973; 308 S.

16505 Leonhard, Wolfgang: Der Schock des Hitler-Stalin-Paktes, 2. Aufl., München 1989; 278 S. (zuerst Freiburg 1986)

16506 MacMurry, Dean S.: Deutschland und die Sowjetunion 1933–1936. Ideologie, Machtpolitik und Wirtschaftsbeziehungen, Köln/Wien 1979; VII, 502 S.

16507 Nekrich, Aleksandr: The Two Nazi-Soviet Pacts and Their Consequences, in: David W. Pike (Hg.), The Opening of the Second World War. Proceedings of the Second International Conference on International Relations, held at The American University of Paris, September 26–30, 1989, New York u. a. 1991, 44–48

16508 Niclauß, Karlheinz: Die Sowjetunion und Hitlers Machtergreifung. Eine

Studie über die deutsch-russischen Beziehungen der Jahre 1929 bis 1935, Bonn 1966; 208 S.

16509 Oberländer, Erwin (Hg.): Hitler-Stalin-Pakt 1939. Das Ende Ostmitteleuropas?, Frankfurt 1989 u. ö.; 149 S.**

16510 Orlov, Aleksandr S.: Die sowjetisch-deutschen Beziehungen vom August 1939 bis Juni 1941, in: Roland G. Foerster (Hg.), »Unternehmen Barbarossa«. Zum historischen Ort der deutsch-sowjetischen Beziehungen von 1933 bis Herbst 1941, hg. i. A. des Militärgeschichtlichen Forschungsamtes, München 1993, 55–68

16511 Pietrow, Bianka: Stalinismus – Sicherheit – Offensive. Das Dritte Reich in der Konzeption der sowjetischen Außenpolitik 1933 bis 1941, Melsungen 1983; 456 S.

16512 Pietrow-Ennker, Bianka: Das Feindbild im Wandel: Die Sowjetunion in den nationalsozialistischen Wochenschauen 1935–1941, in: GWU 41 (1990), 337–51

16513 Pike, David W.: Soviet Aid to Nazi Germany, Moral and Material, in: David W. Pike (Hg.), The Opening of the Second World War. Proceedings of the Second International Conference on International Relations, held at The American University of Paris, September 26–30, 1989, New York u. a. 1991, 363–75

16514 Rauch, Georg von: Stalin und die Machtergreifung Hitlers, in: APUZ, Nr. B 10/64, 4. 3. 1964, 14–25

16515 Rauch, Georg von: Der deutsch-sowjetische Nichtangriffspakt vom August 1939 und die sowjetische Geschichtsforschung (1966), in: Gottfried Niedhart (Hg.), Kriegsbeginn 1939. Entfesselung oder Ausbruch des Zweiten Weltkriegs?, Darmstadt 1976, 349–66

16516 Read, Anthony/Fisher, David: The Deadly Embrace. Hitler, Stalin, and the Nazi-Soviet Pact, 1939–1941, London 1988; 687 S.

16517 Rosenfeld, Günter: Das Zustandekommen und die Auswirkungen des Hitler-Stalin-Paktes, in: Roland G. Foerster (Hg.), »Unternehmen Barbarossa«. Zum historischen Ort der deutsch-sowjetischen Beziehungen von 1933 bis Herbst 1941, hg. i. A. des Militärgeschichtlichen Forschungsamtes, München 1993, 35–53

16518 Rossi, A.: Deux ans d'alliance germano-soviétique. Août 1939 – juin 1941, Paris 1949; 225 S. (engl.: London 1950)

16519 Ruffmann, Karl-Heinz: Schlüsseljahre im Verhältnis zwischen dem Deutschen Reich und der Sowjetunion, in: APUZ, Nr. B 24/91, 7. 6. 1991, 3–10

16520 Schaaf, Hans-Werner: Zu den Auswirkungen der Schlachten von Moskau und Stalingrad auf die Festigung der Anti-Hitler-Koalition und den Zerfall des faschistischen Blocks, in: Alfred Anderle/Werner Basler (Red.), Juni 1941. Beiträge zur Geschichte des hitlerfaschistischen Überfalls auf die Sowjetunion, Berlin (O) 1961, 207–48

16521 Sipols, Vilnis J.: Die Vorgeschichte des deutsch-sowjetischen Nichtangriffsvertrags, Köln 1981; 359 S. (zuerst russ.)

16522 Slutsch, Sergej: Voraussetzungen des Hitler-Stalin-Paktes. Zur Kontinuität totalitärer Außenpolitik, in: Bernd Faulenbach/Martin Stadelmaier (Hg.), Diktatur und Emanzipation. Zur russischen und deutschen Entwicklung 1917–1991, Essen 1993, 144–58

16523 Slutsch, Sergej: Warum brauchte Hitler einen Nichtangriffspakt mit Stalin?, in: Roland G. Foerster (Hg.), »Unternehmen Barbarossa«. Zum historischen Ort der deutsch-sowjetischen Beziehungen von 1933 bis Herbst 1941, hg. i. A. des Militärgeschichtlichen Forschungsamtes, München 1993, 69–87

16524 Sontag, Raymond J./Beddie, James S. (Hg.): Nazi-Soviet Relations, 1939–1941, Einleitung James Reston, New York 1948; 362 S.

16525 Ueberschär, Gerd R.: »Der Pakt mit dem Satan, um den Teufel auszutreiben«. Der deutsch-sowjetische Nichtangriffsvertrag und Hitlers Kriegsabsicht gegen die UdSSR, in: Wolfgang Michalka (Hg.), Der Zweite Weltkrieg. Analysen, Grundzüge, Forschungsbilanz, München/Zürich 1989, 568–85

16526 Volkmann, Hans-Erich (Hg.): Das Rußlandbild im Dritten Reich, 1. u. 2. Aufl., Köln u. a. 1994; VI, 466 S.

16527 Watt, Donald C.: Die Verhandlungsinitiativen zum deutsch-sowjetischen Nichtangriffspakt vom 24. August 1939: Ein historisches Problem (engl. 1975), in: Wolfgang Michalka (Hg.), Nationalsozialistische Außenpolitik, Darmstadt 1978, 414–36

16528 Weber, Reinhold W.: Die Entstehungsgeschichte des Hitler-Stalin-Paktes 1939, Frankfurt u. a. 1980; 305 S.

16529 Weinberg, Gerhard L.: Germany and the Soviet Union, 1939–1941, Leiden 1954; 218 S.

A.3.21.18 Polen

Gedruckte Quellen

16530 Thurich, Eckart: Schwierige Nachbarschaften. Deutschen und Polen – Deutsche und Tschechen im 20. Jahrhundert. Eine Darstellung in Dokumenten, Stuttgart 1990; 204 S.

Darstellungen

16531 Ahmann, Rolf: Der deutsch-polnische Nichtangriffsvertrag vom 26. Januar 1934 [Kap. V], in: Rolf Ahmann, Nichtangriffspakte: Entwicklung und operative Nutzung in Europa 1922–1039. Mit einem Ausblick auf die Renaissance des Nichtangriffsvertrages nach dem Zweiten Weltkrieg, Baden-Baden 1988, 255–542

16532 Breyer, Richard: Das Deutsche Reich und Polen 1932–1937. Außenpolitik und Volksgruppenfragen, Würzburg 1955; XII, 372 S.

16533 Broszat, Martin: Zweihundert Jahre deutsche Polenpolitik, 2. Aufl., Frankfurt 1972, 234–71 (zuerst München 1963)

16534 Czubinski, Antoni: Die Haltung der polnischen Öffentlichkeit zum Reichstagsbrandprozeß im Jahr 1933, in: Ursula Büttner (Hg.), Das Unrechtsregime. Internationale Forschung über den Nationalsozialismus. Festschrift für Werner Jochmann zum 65. Geburtstag, Bd. 1, Hamburg 1986, 505–26

16535 Denne, Ludwig: Das Danzig-Problem in der deutschen Außenpolitik 1934–1939, Bonn 1959; 322 S.

16536 Deutschland und Polen von der nationalsozialistischen Machtergreifung bis zum Ende des Zweiten Weltkrieges. XVIII. Deutsch-polnische Schulbuchkonferenz der Historiker, 28. Mai – 2. Juni 1985 in Nowogard (Naugard), Hg. Georg-Eckert-Institut für Internationale Schulbuchforschung, Hg. Wolfgang Jacobmeyer, Braunschweig 1986; 172 S.

16537 Fischer, Peter: Die deutsche Publizistik als Faktor der deutsch-polnischen Beziehungen, Wiesbaden 1991; XIV, 287 S.

16538 Gasiorowski, Zygmunt J.: The German-Polish Nonaggression Pact of 1934, in: JCEA 15 (1955/56), 3–29

16539 Golczewski, Frank: Das Deutschlandbild der Polen 1918–1939. Eine Untersuchung der Historiographie und der Publizistik, Düsseldorf 1974; 316 S.

16540 Hillgruber, Andreas: Deutschland und Polen in der internationalen Politik 1933 bis 1939, in: Deutschland und Polen von der nationalsozialistischen Machtergreifung bis zum Ende des Zweiten Weltkrieges. XVIII. Deutsch-polnische Schulbuchkonferenz der Historiker, 28. Mai – 2. Juni 1985 in Nowogard (Naugard), Hg. Georg-Eckert-Institut für Internationale Schulbuchforschung, Braunschweig 1986,

47–62; abgedr. in: Andreas Hillgruber, Die Zerstörung Europas. Beiträge zur Weltkriegsepoche 1914 bis 1945, Frankfurt/Berlin 1988, 147–68

16541 Kimmich, Christoph M.: The Free City. Danzig and German Foreign Policy, 1919–1934, New Haven, Conn. 1968; 196 S.

16542 Lipski, Jôzef: Diplomat in Berlin, 1933–1939. Papers and Memoirs, Hg. Waclaw Jedrejewicz, New York 1968; XXXVI, 679 S.

16543 Olszewski, Henryk: Der Nationalsozialismus im Urteil der politischen Kräfte Polens, in: Ursula Büttner (Hg.), Das Unrechtsregime. Internationale Forschung über den Nationalsozialismus. Festschrift für Werner Jochmann zum 65. Geburtstag, Bd. 1, Hamburg 1986, 527–55

16544 Preradovich, Nikolaus von: Deutschland und Polen 1919–1939, Berg a. See 1989; 240 S.**

16545 Ryszka, Franciszek: Deutsche und Polen. Grundlage und Struktur ihrer Feindbilder am Vorabend und zu Beginn des Zweiten Weltkrieges, in: Karl D. Bracher u. a. (Hg.), Deutschland zwischen Krieg und Frieden. Beiträge zu Politik und Kultur im 20. Jahrhundert. Festschrift für Hans-Adolf Jacobsen, Düsseldorf 1991, 56–65

16546 Schramm, Gottfried: Der Kurswechsel der deutschen Polenpolitik nach Hitlers Machtergreifung, in: Roland G. Foerster (Hg.), »Unternehmen Barbarossa«. Zum historischen Ort der deutsch-sowjetischen Beziehungen von 1933 bis Herbst 1941, hg. i. A. des Militärgeschichtlichen Forschungsamtes, München 1993, 23–34

16547 Tomicki, Jan/Tomicka-Krumrey, Ewa: Die Stellung Polens zur Annexion Österreichs, in: Felix Kreissler (Hg.), Fünfzig Jahre danach – der »Anschluß« von innen und außen gesehen. Beiträge zum Internationalen Symposium von Rouen 29. Februar – 4. März 1988, Wien/Zürich 1989, 245–53

16548 Volkmann, Hans-Erich: Polen im politisch-wirtschaftlichen Kalkül des Dritten Reiches 1933–1939, in: Wolfgang Michalka (Hg.), Der Zweite Weltkrieg. Analysen, Grundzüge, Forschungsbilanz, München/Zürich 1989, 74–92

16549 Wojciechowski, Marian: Die deutsch-polnischen Beziehungen 1933–1938, Leiden 1971; VIII, 583 S. (poln.: Posen 1965)

16550 Wollstein, Günter: Die Politik des nationalsozialistischen Deutschlands gegenüber Polen 1933–1939/45, in: Manfred Funke (Hg.), Hitler, Deutschland und die Mächte. Materialien zur Außenpolitik des Dritten Reiches, Düsseldorf 1976, 795–810 (ND 1977 u. Düsseldorf/Königstein, Ts. 1978)

A.3.21.19 Tschechoslowakei und Slowakei

Gedruckte Quellen

16551 Deutsche Gesandtschaftsberichte aus Prag. Innenpolitik und Minderheitenprobleme in der Ersten Tschechoslowakischen Republik, T. 4: Vom Vorabend der Machtergreifung in Deutschland bis zum Rücktritt von Präsident Masaryk 1933–1935. Berichte des Gesandten Koch, der Konsuln von Bethusy-Huc, von Druffel, von Pfeil und des Gesandtschaftsrates von Stein, Bearb. Heidrun Dolezel/Stephan Dolezel, München 1991; 362 S.

16552 Král, Václav (Hg.): Das Abkommen von München. 1938. Tschechoslowakische diplomatische Dokumente 1937–1939, Red. Antonin Snejdárek, Prag 1968; 369 S.

16553 Thurich, Eckart: Schwierige Nachbarschaften. Deutschen und Polen – Deutsche und Tschechen im 20. Jahrhundert. Eine Darstellung in Dokumenten, Stuttgart 1990; 204 S.

Darstellungen

16554 Alexander, Manfred: Die reichsdeutsche Politik gegenüber der CSR zwischen 1918 und 1938, in: Peter Glotz u. a. (Hg.), München 1938. Das Ende des alten Europa, Red. Frank Boldt u. a., Essen 1990, 63–73

16555 Braddick, Henderson B.: Germany, Czechoslovakia, and the »Grand Alliance« in the May Crisis 1938, Denver, Col. 1969; 49 S.

16556 Brandes, Detlef: Die Politik des Dritten Reiches gegenüber der Tschechoslowakei, in: Manfred Funke (Hg.), Hitler, Deutschland und die Mächte. Materialien zur Außenpolitik des Dritten Reiches, Düsseldorf 1976, 508–23 (ND 1977 u. Düsseldorf/Königstein, Ts. 1978)

16557 Brügel, Johann W.: Tschechen und Deutsche 1918–1938, München 1967; 662 S.

16558 Bystricky, Valerián: Die Tschechoslowakei und die Annexion Österreichs, in: Felix Kreissler (Hg.), Fünfzig Jahre danach – der »Anschluß« von innen und außen gesehen. Beiträge zum Internationalen Symposium von Rouen 29. Februar – 4. März 1988, Wien/Zürich 1989, 254–60

16559 Celovsky, Boris: Das Münchener Abkommen 1938, Stuttgart 1958; 518 S.

16560 Eubank, Keith: München [1938], in: Victor S. Mamatey/Radomir Luza (Hg.), Geschichte der Tschechoslowakischen Republik 1918–1948, Wien u. a. 1980, 257–71

16561 Funke, Manfred: München 1938: Illusion des Friedens, in: APUZ, Nr. B 43/88, 21.10. 1988, 3–13

16562 Glotz, Peter u. a. (Hg.): München 1938. Das Ende des alten Europa, Hg. Deutsch-Tschechoslowakische Gesellschaft für die Bundesrepublik Deutschland, Red. Frank Boldt u. a., Essen 1990; XIV, 472 S.*

16563 Hajek, Jiri S.: Signal auf Krieg. München 1938, Berlin (O) 1960; 243 S.

16564 Hoensch, Jörg K.: Die Politik des nationalsozialistischen Deutschen Reiches gegenüber der Tschechoslowakischen Republik 1933–1938, in: Peter Glotz u. a. (Hg.), München 1938. Das Ende des alten Europa, Red. Frank Boldt u. a., Essen 1990, 199–228

16565 Hoensch, Jörg K.: Hitlers »Neue Ordnung Europas«. Grenzveränderungen, Staatsneugründungen, nationale Diskriminierung, in: Norbert Frei/Hermann Kling (Hg.), Der nationalsozialistische Krieg, Mitarb. Margit Brandt, Frankfurt/New York 1990, 238–54

16566 Kaiser, Johann: Die Politik des Dritten Reiches gegenüber der Slowakei 1939–1945. Ein Beitrag zur Erforschung der nationalsozialistischen Satellitenpolitik in Südosteuropa, Diss. Bochum 1969; XXVII, 656 S.

16567 Latynski, Maya (Hg.): Reappraising the Munich Pact. Continental Perspectives, Baltimore, Md. 1992; 120 S.

16568 Luza, Radomir: The Transfer of the Sudeten Germans. A Study of Czech-German Relations, 1933–1962, London/New York 1964; XXIV, 365 S.

16569 Müller, Klaus-Jürgen: Militärpolitik in der Krise. Zur militärpolitischen Konzeption des deutschen Heeres-Generalstabes 1938, in: Peter Glotz u. a. (Hg.), München 1938. Das Ende des alten Europa, Red. Frank Boldt u. a., Essen 1990, 271–92

16570 Noguères, Henri: Munich ou la drôle de paix – 29. Septembre 1939, Paris 1963; 427 S. (engl.: London 1965)

16571 Novak, Otto: Die Politik der CSR gegenüber dem Deutschen Reich und den deutschen Demokraten ab 1933, in: Peter Glotz u. a. (Hg.), München 1938. Das Ende des alten Europa, Red. Frank Boldt u. a., Essen 1990, 179–98

16572 Procházka, Theodor: Die Zweite Republik, 1938–1939, in: Victor S. Mamatey/Radomir Luza (Hg.), Geschichte der Tschechoslowakischen Republik 1918–1948, Wien u. a. 1980, 275–91

16573 Robbins, Keith: Munich 1938, London 1938; 398 S.

16574 Rönnefarth, Helmuth K.: Die Sudetenkrise in der internationalen Politik. Entstehung, Verlauf, Auswirkung, 2 Bde., Wiesbaden 1961; XII, 775, 358 S.

16575 Schmid, Karin: Das Münchener Abkommen. Thesen, Argumente, rechtliche Konsequenzen, Düsseldorf 1973; 96 S.

16576 Seibt, Ferdinand: Deutschland und die Tschechen. Geschichte einer Nachbarschaft in der Mitte Europas, vollst. überarb. Neuausg., München/Zürich 1993, 277–334 (zuerst München 1974)

16577 Smelser, Ronald M.: Das Sudetenproblem und das Dritte Reich 1933–1938. Von der Volkstumspolitik zur nationalsozialistischen Außenpolitik, München/Wien 1980; 241 S. (amerikan.: Middletown, Conn. 1975)

16578 Stehlin, Paul: Das Münchner Abkommen vom September 1938, in: Alfred Grosser (Hg.), Wie war es möglich? Die Wirklichkeit des Nationalsozialismus. Neun Studien, 2. Aufl., Frankfurt 1980, 135–55 (zuerst München/Wien 1977; franz.: Paris 1976)

16579 Taylor, Telford: Munich. The Price of Peace, Garden City, N. Y./London 1979; XVI, 1084 S.

16580 Teichova, Alice: An Economic Background to Munich. International Business and Czechoslovakia, 1918–1938, London 1978; XX, 422 S.

16581 Watt, Donald C.: Hitler's Visit to Rome and the May Weekend Crisis: A Study in Hitler's Response to External Stimuli, in: JCH 9 (1974), 23–32

16582 Weinberg, Gerhard L.: The May Crisis, 1938, in: JMH 29 (1957), 213–25

16583 Wheeler-Bennet, John W.: Munich. Prologue to Tragedy, London 1948; XV, 507 S. (ND London u. a. 1966)

A.3.21.20 Ungarn

16584 Broszat, Martin: Deutschland – Ungarn – Rumänien, in: Manfred Funke (Hg.), Hitler, Deutschland und die Mächte. Materialien zur Außenpolitik des Dritten Reiches, Düsseldorf 1976, 524–643 (ND 1977 u. Düsseldorf/Königstein, Ts. 1978)

16585 Kertesz, Stephen D.: Diplomacy in a Whirlpool. Hungary between Nazi Germany and Soviet Russia, Notre Dame, Ind. 1953; 271 S.

16586 Nebelin, Manfred: Deutsche Ungarnpolitik 1939–1941, Opladen 1989; 256 S.

A.3.21.21 Südosteuropa

Gedruckte Quellen

16587 Schumann, Wolfgang (Hg.): Griff nach Südosteuropa. Neue Dokumente über die Politik des deutschen Imperialismus und Militarismus gegenüber Südosteuropa im Zweiten Weltkrieg, Berlin (O) 1973; 238 S.

Darstellungen

16588 Broszat, Martin: Deutschland – Ungarn – Rumänien, in: Manfred Funke (Hg.), Hitler, Deutschland und die Mächte. Materialien zur Außenpolitik des Dritten Reiches, Düsseldorf 1976, 524–643 (ND 1977 u. Düsseldorf/Königstein, Ts. 1978)

16589 Förster, Jürgen: Rumäniens Weg in die deutsche Abhängigkeit. Zur Rolle der deutschen Militärmission 1940/41, in: MGM 25 (1979), 47–77

16590 Hillgruber, Andreas: Hitler, König Carol und Marschall Antonescu. Die deutsch-rumänischen Beziehungen 1938–

1944, 2. Aufl., Wiesbaden 1965; XVII, 382 S. (zuerst 1954)

16591 Hillgruber, Andreas: Deutsche Außenpolitik im Donauraum 1930 bis 1939 (1984), in: Andreas Hillgruber, Die Zerstörung Europas. Beiträge zur Weltkriegsepoche 1914 bis 1945, Frankfurt/Berlin 1988, 137–46

16592 Hitchens, Marilynn G.: Germany, Russia, and the Balkans. Prelude to the Nazi-Soviet Non-agression Pact, New York 1983; VIII, 350 S.

16593 Hoppe, Hans-Joachim: Bulgarien – Hitlers eigenwilliger Verbündeter. Eine Fallstudie zur nationalsozialistischen Südosteuropapolitik, Stuttgart 1979; 310 S.

16594 Hoppe, Hans-Joachim: Deutschland und Bulgarien 1918–1945, in: Manfred Funke (Hg.), Hitler, Deutschland und die Mächte. Materialien zur Außenpolitik des Dritten Reiches, Düsseldorf 1976, 604–11 (ND 1977 u. Düsseldorf/Königstein, Ts. 1978)

16595 Necak, Dusan: Jugoslawien und der Anschluß, in: Felix Kreissler (Hg.), Fünfzig Jahre danach – der »Anschluß« von innen und außen gesehen. Beiträge zum Internationalen Symposium von Rouen 29. Februar – 4. März 1988, Wien/Zürich 1989, 235–44

16596 Olshausen, Klaus: Zwischenspiel auf dem Balkan. Die deutsche Politik gegenüber Jugoslawien und Griechenland vom März bis Juli 1941, Stuttgart 1973; 375 S.

16597 Olshausen, Klaus: Die deutsche Balkan-Politik 1940–1941, in: Manfred Funke (Hg.), Hitler, Deutschland und die Mächte. Materialien zur Außenpolitik des Dritten Reiches, Düsseldorf 1976, 707–27 (ND 1977 u. Düsseldorf/Königstein, Ts. 1978)

16598 Radice, Lisanne: Prelude to Appeasement. East Central European Diplomacy in the Early 1930s, New York 1981; VIII, 218 S.

16599 Schröder, Hans-Jürgen: Der Aufbau der deutschen Hegemonialstellung in Südosteuropa 1933–1936, in: Manfred Funke (Hg.), Hitler, Deutschland und die Mächte. Materialien zur Außenpolitik des Dritten Reiches, Düsseldorf 1976, 757–73 (ND 1977 u. Düsseldorf/Königstein, Ts. 1978)

16600 Schröder, Hans-Jürgen (Hg.): Deutsche Südosteuropapolitik 1929–1936. Zur Kontinuität deutscher Außenpolitik in der Weltwirtschaftskrise, in: GG 2 (1976), 5–32

16601 Schröder, Hans-Jürgen: Südosteuropa als »Informal Empire« Deutschlands 1933–1939. Das Beispiel Jugoslawien, in: JGO 23 (1975), 70–96

16602 Schumann, Wolfgang/Seckendorf, Martin: Richtung Südost-Politik und Wirtschaft in Vorbereitung der ersten deutschen Aggressionen: Österreich/Tschechoslowakei 1938–39 (eine Fallstudie), in: Ludwig Nestler (Hg.), Der Weg deutscher Eliten in den Zweiten Weltkrieg. Nachtrag zu einer verhinderten deutsch-deutschen Publikation, hg. in Verbindung mit Paul Heider u.a., Berlin (O) 1990, 227–78

16603 The Third Reich and Yugoslavia, 1933–1945, Hg. Institute for Contemporary History, Belgrad 1977; XIV, 799 S.

16604 Vogel, Detlef: Deutschland und Südosteuropa. Von politisch-wirtschaftlicher Einflußnahme zur offenen Gewaltanwendung und Unterdrückung, in: Wolfgang Michalka (Hg.), Der Zweite Weltkrieg. Analysen, Grundzüge, Forschungsbilanz, München/Zürich 1989, 532–50

16605 Volkov, Vladimir K.: Nazi and Soviet Moves in the Balkans, in: David W. Pike (Hg.), The Opening of the Second World War. Proceedings of the Second International Conference on International Relations, held at The American University of Paris, September 26–30, 1989, New York u.a. 1991, 328–33

16606 Wuescht, Johann: Jugoslawien und das Dritte Reich. Eine dokumentierte Geschichte der deutsch-jugoslawischen Beziehungen 1933 bis 1945, Stuttgart 1969; 359 S.**

A.3.21.22 Skandinavische Staaten

16607 Boehm, Hermann: Norwegen zwischen England und Deutschland. Die Zeit vor und während des Zweiten Weltkrieges, Lippoldsberg 1956; 194 S.

16608 Butt, Wolfgang: Mobilmachung des Elfenbeinturms. Reaktionen auf den Faschismus in der schwedischen Literatur 1933–1939, Neumünster 1977; 278 S.

16609 Deutschland und der Norden 1933–1945. 1. deutsch-nordische Historikertagung, Braunschweig, 22.–25. April 1960, in: IJG 8 (1961/62), 196–279

16610 Fritz, Martin: Neutrality and Swedish Economic Interests, in: Robert Bohn u. a. (Hg.), Neutralität und totalitäre Aggression. Nordeuropa und die Großmächte im Zweiten Weltkrieg, Stuttgart 1991, 311–34

16611 Houwink ten Cate, Johannes: Deutschland und die neutralen Kleinstaaten in Nord- und Nordwesteuropa in der Zwischenkriegszeit. Ein Abriß, in: Harm G. Schröter/Clemens A. Wurm (Hg.), Politik, Wirtschaft und internationale Beziehungen. Studien zu ihrem Verhältnis in der Zeit zwischen den Weltkriegen, Mainz 1991, 1–36

16612 Klitgaard, Brian/Melson, Jens: Die Flüchtlingspolitik in der dänischen Außenpolitik. 1933–1940, in: Hans U. Petersen (Hg.), Hitlerflüchtlinge im Norden. Asyl und politisches Exil 1933–1945, Kiel 1991, 79–91

16613 Loock, Hans-Dietrich: Nordeuropa zwischen Außenpolitik und »großgermanischer« Innenpolitik, in: Manfred Funke (Hg.), Hitler, Deutschland und die Mächte. Materialien zur Außenpolitik des Dritten Reiches, Düsseldorf 1976, 684–706 (ND 1977 u. Düsseldorf/Königstein, Ts. 1978)

16614 Myllyniemi, Seppo: Die Folgen des Hitler-Stalin-Paktes für die Baltischen Republiken und Finnland, in: Bernd Wegner (Hg.), Zwei Wege nach Moskau. Vom Hitler-Stalin-Pakt zum »Unternehmen Barbarossa«, München/Zürich 1991, 75–92

16615 Petrick, Fritz: Der deutsch-dänische Nichtangriffsvertrag vom 31. Mai 1939 und die Neutralität der nordischen Staaten am Vorabend des zweiten Weltkrieges, in: ZfG 40 (1992), 350–55

16616 Seymour, Susan: Anglo-Danish Relations and Germany, 1933–1945, Odense 1982

16617 Ueberschär, Gerd R.: Hitler und Finnland 1939–1941. Die deutsch-finnischen Beziehungen während des Hitler-Stalin-Paktes, Wiesbaden 1978; IX, 372 S.

16618 West, John M.: German-Swedish Relations, 1939–1942, Ann Arbor, Mich./London 1977; IV, 555 S.

16619 Wilhelmus, Wolfgang: Das faschistische Deutschland und Schweden 1933–1939, in: ZfG 31 (1983), 968–81

16620 Willequet, Jacques: Die Regierung König Alberts und die Wiederaufrüstung Deutschlands 1932–1934, in: Josef Becker/Klaus Hildebrand (Hg.), Internationale Beziehungen in der Weltwirtschaftskrise 1929–1933. Referate und Diskussionsbeiträge eines Augsburger Symposions 29. März bis 1. April 1979, Augsburg 1979, 129–53

A.3.21.23 Baltische Staaten

16621 Ahmann, Rolf: Der deutsch-lettische Nichtangriffsvertrag vom 7. Juni 1939 [Kap. VI], in: Rolf Ahmann, Nichtangriffspakte: Entwicklung und operative Nutzung in Europa 1922–1039. Mit einem Ausblick auf die Renaissance des Nichtangriffsvertrages nach dem Zweiten Weltkrieg, Baden-Baden 1988, 543–686

16622 Eidintas, Alfonsas: Deutschland und die Staatlichkeit Litauens im 20. Jahrhundert, in: NOA N.F. 1 (1992), 21–40

16623 Golczewski, Frank: Deutschland und Litauen, in: Manfred Funke (Hg.), Hitler, Deutschland und die Mächte. Materialien zur Außenpolitik des Dritten Reiches, Düsseldorf 1976, 577–83 (ND 1977 u. Düsseldorf/Königstein, Ts. 1978)

16624 Hubatsch, Walther: Die Rückkehr des Memelgebietes 1939, in: DSt 7 (1969), 256–64

16625 Myllyniemi, Seppo: Die baltische Krise 1938–1941, Stuttgart 1979; 167 S.

16626 Myllyniemi, Seppo: Die Folgen des Hitler-Stalin-Paktes für die Baltischen Republiken und Finnland, in: Bernd Wegner (Hg.), Zwei Wege nach Moskau. Vom Hitler-Stalin-Pakt zum »Unternehmen Barbarossa«, München/Zürich 1991, 75–92

16627 Vigrabs, Georg: Die Stellungnahme der Westmächte und Deutschlands zu den Baltischen Staaten im Frühling und Sommer 1939, in: VfZ 7 (1959), 261–79

16628 Volkmann, Hans-Erich: Ökonomie und Machtpolitik. Lettland und Estland im politisch-ökonomischen Kalkül des Dritten Reiches (1933–1940), in: GG 2 (1976), 471–500

A.3.21.24 Nordamerika

Literaturberichte

16629 Link, Werner: Das nationalsozialistische Deutschland und die USA 1933–1941, in: NPL 18 (1973), 225–33

Darstellungen

16630 Compton, James V.: Hitler und die USA. Die Amerikapolitik des Dritten Reiches und die Ursprünge des Zweiten Weltkrieges, Oldenburg 1968; 288 S. (engl.: Boston, Mass. 1967/London 1968)

16631 Craig, Gordon A.: Roosevelt and Hitler: The Problem of Perception, in: Klaus Hildebrand/Reiner Pommerin (Hg.), Deutsche Frage und europäisches Gleichgewicht. Festschrift für Andreas Hillgruber zum 60. Geburtstag, Köln/Wien 1985, 169–94

16632 Dedeke, Dieter: Das Dritte Reich und die Vereinigten Staaten von Amerika 1933–1937. Ein Beitrag zur Geschichte der deutsch-amerikanischen Beziehungen, Bamberg 1969; 345 S.

16633 Diamond, Sander A.: Herr Hitler. Amerikas Diplomaten, Washington und der Untergang Weimars, Düsseldorf 1985; 163 S.

16634 Diner, Dan: Verkehrte Welten. Antiamerikanismus in Deutschland. Ein historischer Essay, Frankfurt 1993; 188 S.

16635 Friedländer, Saul: Auftakt zum Untergang. Hitler und die Vereinigten Staaten von Amerika 1939–1941, Stuttgart u.a. 1965; 283 S. (franz.: Genf 1963)

16636 Frye, Alton: Nazi Germany and American Hemisphere, 1933–1941, New Haven, Conn. 1967; IX, 229 S.

16637 Genzel, Fritz: Die deutsch-kanadischen Beziehungen, in: Manfred Funke (Hg.), Hitler, Deutschland und die Mächte. Materialien zur Außenpolitik des Dritten Reiches, Düsseldorf 1976, 327–38 (ND 1977 u. Düsseldorf/Königstein, Ts. 1978)

16638 Hass, Gerhart: Von München bis Pearl Harbor. Zur Geschichte der deutsch-amerikanischen Beziehungen 1938–1941, Berlin (O) 1965; VII, 278 S.

16638a Herwig, Holger H.: Verfehlte Weltpolitik: Drei Aspekte deutsch-amerikanischer Beziehungen 1888–1941, in: Joachim Hütter u.a. (Hg.), Tradition und Neubeginn. Internationale Forschungen zur Geschichte des 20. Jahrhunderts, Köln u. a. 1975, 49–65

16639 Hillgruber, Andreas: Der Faktor Amerika in Hitlers Strategie 1938 bis 1941, in: APUZ, Nr. B 19/66, 11. 5. 1966, 3–21; abgedr. in: Andreas Hillgruber, Deutsche Großmacht- und Weltpolitik im 19. und 20. Jahrhundert, 2. Aufl., Düsseldorf 1979, 197–222 (zuerst 1977); Wolfgang Michalka (Hg.), Nationalsozialistische Außenpolitik, Darmstadt 1978, 493–525

16640 Hillgruber, Andreas: Hitler und die USA 1933 bis 1945, in: Detlef Junker (Hg.), Deutschland und die USA 1890–1985, Heidelberg 1986, 27–41; abgedr. in: Andreas Hillgruber, Die Zerstörung Europas. Beiträge zur Weltkriegsepoche 1914 bis 1945, Frankfurt/Berlin 1988, 186–202

16641 Junker, Detlef: Franklin D. Roosevelt und die nationalsozialistische Bedrohung der USA, in: Frank Trommler (Hg.), Amerika und die Deutschen. Bestandsaufnahmen einer 300jährigen Geschichte, Opladen 1986, 379–92

16642 Junker, Detlef: Deutschland im politischen Kalkül der Vereinigten Staaten 1933–1945, in: Wolfgang Michalka (Hg.), Der Zweite Weltkrieg. Analysen, Grundzüge, Forschungsbilanz, München/Zürich 1989, 57–73

16643 Junker, Detlef: Deutschland und die USA 1937–1941, in: Jürgen Elvert/Michael Salewski (Hg.), Deutschland und der Westen im 19. und 20. Jahrhundert, T. 1: Transatlantische Beziehungen, Stuttgart 1993, 85–99

16644 Offner, Arnold A.: The United States and National Socialist Germany, in: Wolfgang J. Mommsen/Lothar Kettenacker (Hg.), The Fascist Challenge and the Policy of Appeasement, London u. a. 1983, 413–27

16645 Schröder, Hans-Jürgen: Deutschland und die Vereinigten Staaten 1933–1939. Wirtschaft und Politik in der Entwicklung des deutsch-amerikanischen Gegensatzes, Wiesbaden 1970; V, 338 S.

16646 Schröder, Hans-Jürgen: Das Dritte Reich, die USA und Lateinamerika 1933–1941, in: Manfred Funke (Hg.), Hitler, Deutschland und die Mächte. Materialien zur Außenpolitik des Dritten Reiches, Düsseldorf 1976, 339–64 (ND 1977 u. Düsseldorf/Königstein, Ts. 1978)

16647 Schröder, Hans-Jürgen: Das Dritte Reich und die USA, in: Manfred Knapp u. a. (Hg.), Die USA und Deutschland 1918–1975. Deutsch-amerikanische Beziehungen zwischen Rivalität und Partnerschaft, München 1978, 107–52, 224–29

16648 Weinberg, Gerhard L.: Schachts Besuch in den USA im Jahre 1933, in: VfZ 11 (1963), 166–80

A.3.21.25 Lateinamerika

16649 Der deutsche Faschismus in Lateinamerika 1933–1945, Hg. Humboldt-Universität Berlin, Berlin (O) 1966; 205 S.

16650 Ebel, Arnold: Das Dritte Reich und Argentinien. Die diplomatischen Beziehungen unter besonderer Berücksichtigung der Handelspolitik (1933–1939), Köln/Wien 1971; XVI, 472 S.

16651 Kloyber, Christian: Der mexikanische Protest gegen die Annexion Österreichs, in: Felix Kreissler (Hg.), Fünfzig Jahre danach – der »Anschluß« von innen und außen gesehen. Beiträge zum Internationalen Symposium von Rouen 29. Februar – 4. März 1988, Wien/Zürich 1989, 261–74

16652 Pommerin, Reiner: Das Dritte Reich und Lateinamerika. Die deutsche Politik gegenüber Süd- und Mittelamerika 1939–1942, Düsseldorf 1977; 377 S.

16653 Schröder, Hans-Jürgen: Das Dritte Reich, die USA und Lateinamerika 1933–1941, in: Manfred Funke (Hg.), Hitler, Deutschland und die Mächte. Materialien zur Außenpolitik des Dritten Reiches,

Düsseldorf 1976, 339–64 (ND 1977 u. Düsseldorf/Königstein, Ts. 1978)

16654 Schröder, Hans-Jürgen: Hauptprobleme der deutschen Lateinamerikapolitik 1933–1941, in: JGL 12 (1975), 408–33

16655 Volland, Klaus: Das Dritte Reich und Mexiko. Studien zur Entwicklung des deutsch-mexikanischen Verhältnisses 1933–1942 unter besonderer Berücksichtigung der Ölpolitik, Frankfurt 1976; 364 S.

A.3.21.26 Arabischer Raum, Naher und Mittlerer Osten

16656 Ackermann, Josef: Der begehrte Mann am Bosporus – Europäische Interessenkollisionen in der Türkei (1938–1941), in: Manfred Funke (Hg.), Hitler, Deutschland und die Mächte. Materialien zur Außenpolitik des Dritten Reiches, Düsseldorf 1976, 489–507 (ND 1977 u. Düsseldorf/Königstein, Ts. 1978)

16657 Blumberg, Arnold: Nazi Germany's Consuls in Jerusalem, 1933–1939, in: SWCA 4 (1987), 125–37

16658 Cao-Van-Hoa, Edmond: »Der Feind meines Feindes...« Darstellungen des nationalsozialistischen Deutschland in ägyptischen Schriften, Frankfurt u.a. 1990; IV, 196 S.

16659 Fabry, Philipp W.: Iran, die Sowjetunion und das kriegsführende Deutschland im Sommer und Herbst 1940, Göttingen 1980; 45 S.

16660 Hauner, Milan L.: The Professionals and the Amateurs in National Socialist Foreign Policy: Revolution and Subversion in the Islamic and Indian World, in: Gerhard Hirschfeld/Lothar Kettenacker (Hg.), Der »Führerstaat«: Mythos und Realität. Studien zur Struktur und Politik des Dritten Reiches, Stuttgart 1981, 305–28

16661 Hirschfeld, Yair P.: Deutschland und Iran im Spielfeld der Mächte. Internationale Beziehungen unter Reza Schah 1921–1941, Düsseldorf 1980; 351 S.

16662 Hirszowicz, Lukasz: The Third Reich and the Arab East, London 1966; XI, 403 S.

16663 Kramer, Thomas W.: Deutsch-ägyptische Beziehungen in Vergangenheit und Gegenwart, Tübingen 1974; 339 S.

16664 Nicosia, Francis R.: The Third Reich and the Palestine Question, London 1985; XIV, 319 S.

16665 Schechtmann, Joseph B.: The Mufti and the Führer. The Rise and Fall of Haj Amin el-Husseini, New York 1965; 336 S.

16666 Schönherr, Klaus: Neutralität, »Nonbelligerence« oder Krieg: Die Türkei im Spannungsfeld der europäischen Mächte 1939 bis 1941, in: Bernd Wegner (Hg.), Zwei Wege nach Moskau. Vom Hitler-Stalin-Pakt zum »Unternehmen Barbarossa«, München/Zürich 1991, 501–18

16667 Schröder, Josef: Die Beziehungen der Achsenmächte zur arabischen Welt, in: Manfred Funke (Hg.), Hitler, Deutschland und die Mächte. Materialien zur Außenpolitik des Dritten Reiches, Düsseldorf 1976, 365–82 (ND 1977 u. Düsseldorf/Königstein, Ts. 1978)

16668 Schröder, Josef: Die Beziehungen der Achsenmächte zur arabischen Welt, in: ZfP N.F. 18 (1971), 80–95

16669 Steppat, Fritz: Das Jahr 1933 und seine Folgen für die arabischen Länder des Vorderen Orients, in: Gerhard Schulz (Hg.), Die Große Krise der dreißiger Jahre. Vom Niedergang der Weltwirtschaft zum 2. Weltkrieg, Göttingen 1985, 261–78

16670 Wallach, Jehuda L. (Hg.): Germany and the Middle East, 1835–1939. International Symposium, April 1975, Tel Aviv 1975, 167–209

16671 Wild, Stefan: National Socialism in the Arab Near East between 1933 and 1939, in: WdI 25 (1985), 126–73

A.3.21.27 Afrika

16672 Hagemann, Albrecht: Südafrika und das »Dritte Reich«. Rassenpolitische Affinität und machtpolitische Rivalität, Frankfurt/New York 1989; 381 S.

16673 Hagemann, Albrecht: Nationalsozialismus, Afrikaaner-Nationalismus und Entstehung der Apartheid in Südafrika, in: VfZ 39 (1991), 413–36

16674 Kienzle, William R.: German Policy towards the Union of South Africa, 1933–1939, Diss. Pennsylvania State University 1974; VII, 204 S. (Ms.; MF Ann Arbor, Mich. 1986)

16675 Kum'a N'dumbe III, Alexandre: Was wollte Hitler in Afrika? NS-Planungen für eine faschistische Neugestaltung Afrikas, Frankfurt 1993; 395 S. (franz.: Paris 1980)

16676 Kum'a N'dumbe III, Alexandre: Pläne zu einer nationalsozialistischen Kolonialherrschaft in Afrika, in: Wolfgang Benz/ Hermann Graml (Hg.), Aspekte deutscher Außenpolitik im 20. Jahrhundert. Aufsätze Hans Rothfels zum Gedächtnis, Stuttgart 1976, 165–92

A.3.21.28 Ferner Osten

A.3.21.28.1 Allgemeines

Quellenkunde

16677 Adolphi, Wolfram: Das faschistische Deutschland als »Freund«. Archivalien in der VR China zu den Erfahrungen der Goumindanregierung 1935–1941, in: ZfG 37 (1989), 211–27

Darstellungen

16678 Bloß, Hartmut: Deutsche Chinapolitik im Dritten Reich, in: Manfred Funke (Hg.), Hitler, Deutschland und die Mächte. Materialien zur Außenpolitik des Dritten Reiches, Düsseldorf 1976, 407–29 (ND 1977 u. Düsseldorf/Königstein, Ts. 1978)

16679 Bloß, Hartmut: Die Zweigleisigkeit der deutschen Fernostpolitik und Hitlers Option für Japan 1938, in: MGM 27 (1980), 55–92

16680 Deutschland und China. Bulletin (Faschismus, Zweiter Weltkrieg, Sonderh.). Erstes Bilaterales Historiker-Seminar DDR-VR China, 12. bis 14. September 1988, Berlin, Akademie der Wissenschaften der DDR, Institut für Allgemeine Geschichte, Red. Anka Schaefer, hg. i. A. des Direktors des Zentralinstituts für Geschichte der Akademie der Wissenschaften der DDR, Berlin (O) 1989; 230 S.

16681 Drechsler, Karl: Deutschland – China – Japan, 1933–1939. Das Dilemma der deutschen Fernostpolitik, Berlin (O) 1964; 180 S.

16682 Flacker, Edgar: Die deutsche Afghanistan-Politik im Zeichen des Hitler-Stalin-Paktes, in: HM 6 (1993), 112–32

16683 Fox, John P.: Germany and the Far Eastern Crisis, 1931–1938. A Study in Diplomacy and Ideology, Oxford/London 1982; IX, 445 S.

16684 Hauner, Milan L.: The Professionals and the Amateurs in National Socialist Foreign Policy: Revolution and Subversion in the Islamic and Indian World, in: Gerhard Hirschfeld/Lothar Kettenacker (Hg.), Der »Führerstaat«: Mythos und Realität. Studien zur Struktur und Politik des Dritten Reiches, Stuttgart 1981, 305–28

16685 Hauner, Milan L.: Das nationalsozialistische Deutschland und Indien, in: Manfred Funke (Hg.), Hitler, Deutschland und die Mächte. Materialien zur Außenpolitik des Dritten Reiches, Düsseldorf 1976, 430–53 (ND 1977 u. Düsseldorf/Königstein, Ts. 1978)

16686 Liang, Hsi-Huey: The Sino-German Connection. Alexander von Falkenhausen between China and Germany, 1900–1941, Assen 1978; XV, 229 S.

16687 Martin, Bernd (Hg.): Die deutsche Beraterschaft in China 1927–1938. Militär – Wirtschaft – Außenpolitik, hg. in Verbindung mit dem Militärgeschichtlichen Forschungsamt, Düsseldorf 1981; 504 S.

16688 Martin, Bernd: Das deutsche Militär und die Wendung der deutschen Fernostpolitik von China auf Japan, in: Franz Knipping/Klaus-Jürgen Müller (Hg.), Machtbewußtsein in Deutschland am Vorabend des Zweiten Weltkrieges, Paderborn 1984, 191–207

16689 Peck, Joachim: Kolonialismus ohne Kolonien. Der deutsche Imperialismus und China 1937, Berlin (O) 1961; 188 S.

16690 Schnabel, Reimund: Tiger und Schakal. Deutsche Indienpolitik 1941–1943. Ein Dokumentarbericht, Wien 1968; 329 S.**

16691 Voigt, Johannes H.: Hitler und Indien, in: VfZ 19 (1971), 33–63

16692 Wippich, Rolf-Harald: Das Auswärtige Amt und Ostasien 1871–1945, in: Jost Dülffer u. a. (Hg.), Deutschland in Europa. Kontinuität und Bruch. Gedenkschrift für Andreas Hillgruber, Frankfurt/Berlin 1990, 117–34

A.3.21.28.2 Japan

Gedruckte Quellen

16693 Drechsler, Karl (Hg.): Das Bündnis der Rivalen. Der Pakt Berlin – Tokio. Neue Dokumente zur Ost- und Südostasienpolitik des faschistischen deutschen Imperialismus im Zweiten Weltkrieg, Berlin (O) 1978; 178 S.

Darstellungen

16694 Boyd, Carl: The Extraordinary Envoy. General Hiroshi Oshima and Diplomacy in the Third Reich, 1934–1939, Washington, D.C. 1980; X, 235 S.

16695 Israeljan, V./Kutakov, L.: Diplomacy of Aggression. Berline – Rome – Tokyo. Axis, Its Rise and Fall, Moskau 1970; 438 S.

16696 Krebs, Gerhard: Von Hitlers Machtergreifung zum pazifischen Krieg (1933–1941), in: Gerhard Krebs/Bernd Martin (Hg.), Formierung und Fall der Achse Berlin – Tokyo, München 1994, 11–26

16697 Krebs, Gerhard: Japan und der deutsch-sowjetische Krieg 1941, in: Bernd Wegner (Hg.), Zwei Wege nach Moskau. Vom Hitler-Stalin-Pakt zum »Unternehmen Barbarossa«, München/Zürich 1991, 564–83

16698 Krebs, Gerhard/Martin, Bernd (Hg.): Formierung und Fall der Achse Berlin – Tokyo, München 1994; 256 S.*

16699 Kreiner, Josef/Mathias, Regine (Hg.): Deutschland-Japan in der Zwischenkriegszeit, Bonn 1990; XV, 464 S.*

16700 Leims, Thomas: Das deutsche Japanbild in der NS-Zeit, in: Josef Kreiner/Regine Mathias (Hg.), Deutschland – Japan in der Zwischenkriegszeit, Bonn 1990, 441–62

16701 Martin, Bernd: Die deutsch-japanischen Beziehungen während des Dritten Reiches, in: Manfred Funke (Hg.), Hitler, Deutschland und die Mächte. Materialien zur Außenpolitik des Dritten Reiches, Düsseldorf 1976, 454–70 (ND Königstein/Düsseldorf, Ts. 1978); abgdr. in: Karl D. Bracher u. a. (Hg.), Nationalsozialistische Diktatur 1933–1945. Eine Bilanz, Bonn (zugl. Düsseldorf) 1983, 370–89

16702 Martin, Bernd: Germano-Japanese Relations after the Hitler-Stalin Pact and German Reaction to the Nippo-Soviet Rapprochement, in: David W. Pike (Hg.), The Opening of the Second World War. Proceedings of the Second International Conference on International Relations, held at The American University of Paris, September 26–30, 1989, New York u. a. 1991, 228–38

16703 Meskill, Johanna M.: Hitler and Japan. The Hollow Alliance, New York 1966; 245 S.

16704 Miyake, Masaki: Japan und die nationalsozialistische Machtergreifung, in: Wolfgang Michalka (Hg.), Die nationalsozialistische Machtergreifung, Paderborn u. a. 1984, 301–12

16705 Nobuo, Tajima: Die Japanische Botschaft in Berlin in nationalsozialistischer Zeit: Personal und Politik, in: Gerhard Krebs/Bernd Martin (Hg.), Formierung und Fall der Achse Berlin – Tokyo, München 1994, 57–73

16706 Presseisen, Ernst L.: Germany and Japan. A Study in Totalitarian Diplomacy, 1933–1941, The Hague 1958; X, 368 S. (ND New York 1969)

16707 Weinberg, Gerhard L.: Deutsch-japanische Verhandlungen über das Südseemandat 1937–1938, in: VfZ 4 (1956), 390–98

A.3.21.29 Kolonialpolitik

[vgl. A.3.22.9]

16708 Ballhaus, Jolanda: Kolonialziele und -vorbereitungen des faschistischen Regimes 1933–1939, in: Helmuth Stoecker (Hg.), Drang nach Afrika. Die koloniale Expansionspolitik und Herrschaft des deutschen Imperialismus in Afrika von den Anfängen bis zum Ende des zweiten Weltkrieges, Berlin (O) 1977, 281–314

16709 Dülffer, Jost: Kolonialismus ohne Kolonien: Deutsche Kolonialpläne 1938, in: Franz Knipping/Klaus-Jürgen Müller (Hg.), Machtbewußtsein in Deutschland am Vorabend des Zweiten Weltkrieges, Paderborn 1984, 247–70

16710 Hartwig, Edgar: Deutsche Kolonialgesellschaft (DKG) 1887–1936, in: Lexikon zur Parteiengeschichte. Die bürgerlichen und kleinbürgerlichen Parteien und Verbände in Deutschland (1789–1945), Hg. Dieter Fricke u. a., Bd. 1, Leipzig (LA Köln) 1983, 724–48

16711 Hildebrand, Klaus: Vom Reich zum Weltreich. Hitler, NSDAP und koloniale Frage 1919–1945, München 1969; 955 S.

16712 Hildebrand, Klaus: Deutschland, die Westmächte und das Kolonialproblem. Ein Beitrag über Hitlers Außenpolitik vom Ende der Münchener Konferenz bis zum »Griff nach Prag«, in: APUZ, Nr. B 22/69, 31. 5. 1969, 23–40; abgedr. in: Wolfgang Michalka (Hg.), Nationalsozialistische Außenpolitik, Darmstadt 1978, 377–413

16713 Kühne, Horst: Faschistische Kolonialideologie und Zweiter Weltkrieg. Mit einem Dokumentenanhang, Berlin (O) 1962; 226 S.**

16714 Kum'a N'dumbe III, Alexandre: Fascisme Colonial et Culture, in: Czeslaw Madayczyk (Hg.), Inter arma non silent Musae. The War and the Culture, 1939–1945, Warschau 1977, 117–48

16715 Schmokel, Wolfe W.: Der Traum vom Reich. Der deutsche Kolonialismus zwischen 1919 und 1945, Gütersloh 1967; 214 S. (engl.: New Haven, Conn./London 1964)

16716 Timm, Klaus: Richard Thurnwald: »Koloniale Gestaltung« – ein »Apartheids-Projekt« für die koloniale Expansion des deutschen Faschismus in Afrika, in: EAZ 18 (1977), 617–49

16717 Weinberg, Gerhard L.: German Colonial Plans and Policies, 1938–1942, in: Waldemar Besson/Friedrich Freiherr Hiller von Gaertringen (Hg.), Geschichte und Gegenwartsbewußtsein. Historische Betrachtungen und Untersuchungen. Festschrift für Hans Rothfels zum 70. Geburtstag, Göttingen 1963, 462–91

A.3.22 Zweiter Weltkrieg

A.3.22.1 Allgemeines

[vgl. A.3.6–7; A.3.9.3.2; A.3.17.2]

Bibliographien

16718 Bayliss, Gwyn M.: Bibliographic Guide to the Two World Wars. An Annoted Survey of English-Language Reference Materials, London/New York 1977; XV, 578 S.

16719 Bibliographie zur Zeitgeschichte 1953–1980, Bd. 2: Geschichte des 20. Jahrhunderts, Hg. Thilo Vogelsang/Hellmuth Auerbach, Mitarb. Ursula van Laak, hg. i. A. des Instituts für Zeitgeschichte, München u. a. 1982, 415–503

16720 Bibliographie zur Zeitgeschichte 1953–1989, Bd. 4: Supplement 1981–1989, Begr. Thilo Vogelsang, Bearb. Hellmuth Auerbach u. a., bearb. i. A. des Instituts für Zeitgeschichte, München u. a. 1991, 315–37

16721 Bibliographie zur Zeitgeschichte und zum Zweiten Weltkrieg für die Jahre 1945–50, Bearb. Thilo Vogelsang/Hellmuth Auerbach, bearb i. A. des Instituts für Zeitgeschichte, München 1955, 99–140 (ND New York/London 1966)

16722 Dokumente deutscher Kriegsschäden. Evakuierte – Kriegssachgeschädigte – Währungsgeschädigte. Die geschichtliche und rechtliche Entwicklung, Bd. 5: Bibliographie, Hg. Bundesminister für Vertriebene, Flüchtlinge und Kriegsgeschädigte, Gesamtred. Peter P. Nahm, Bearb. Karlheinz Kugler u. a., Bonn 1964; VIII, 420 S.

16723 Enser, A. G. S.: A Subject Bibliography of the Second World War: Books in English, 1939–1974, London 1977; 592 S.

16724 Enser, A. G. S.: A Subject Bibliography of the Second World War: Books in English, 1975–1983, Aldershof/Brookfield, Ver. 1985; 225 S.

16725 Grieger, Manfred: Auswahlbibliographie zur Geschichte des Zweiten Weltkrieges, in: Christoph Kleßmann (Hg.), Nicht nur Hitlers Krieg. Der Zweite Weltkrieg und die Deutschen, Düsseldorf 1989, 125–35

16726 Heer, Hannes (Bearb.): Auswahlbibliographie zum Thema Wehrmachtsverbrechen, Mitarb. Gudrun Döllner/Ingwer Schwensen, in: Mittelweg 3 (1994), Nr. 3, 52–56

Held, Walter (Hg.): Verbände und Truppen der deutschen Wehrmacht und Waffen-SS im Zweiten Weltkrieg. Eine Bibliographie der deutschsprachigen Nachkriegsliteratur, hg. mit Unterstützung des Arbeitskreises für Wehrforschung, Osnabrück:

16727 – Bd. [1]: (bis 31.12. 1976), 1978; XXII, 694 S.

16728 – Bd. 2: 1977–1981, 1983; XXIV, 1035 S.

16729 – Bd. 3: 1982–1986, 1989; XLIV, 940 S.

16730 Hümmelchen, Gerhard: Veröffentlichungen des Arbeitskreises für Wehrforschung zur Geschichte des zweiten Weltkrieges, in: BSWKB 31 (1959), 373–94

16731 Peter, Matthias/Schröder, Hans-Jürgen: Zweiter Weltkrieg. (Literaturhinweise), in: Matthias Peter/Hans-Jürgen Schröder, Einführung in das Studium der Zeitgeschichte, Mitarb. Markus M. Hugo u. a., Paderborn u. a. 1994, 282–89

16732 Rohwer, Jürgen/Müller, Hildegard (Hg.): Neue Forschungen zum Weltkrieg. Literaturberichte und Bibliographien, hg. in Zusammenarbeit mit dem »Comité Internationale d'Histoire de la Deuxième Guerre Mondiale« und der »Commission Internationale d'Histoire Militaire Comparée«, Koblenz 1977; 564 S.

16733 Ziegler, Janet (Bearb.): World War II. Books in English, 1945–65, Stanford, Ca. 1971; XVII, 194 S.

Literaturberichte

16734 Buck, Gerhard: Das »Führerhauptquartier«, in: JBBfZ 38 (1966), 549–66

16735 Buck, Gerhard: Der Wehrmachtführungsstab beim Oberkommando der Wehrmacht, in: JBBfZ 45 (1975), 407–54

16736 Charisius, Albrecht u. a.: Forschungen zur Militärgeschichte, in: Historische Forschungen in der DDR 1970–1980. Analysen und Berichte. Zum XV. Internationalen Historikerkongreß in Bukarest 1980. (ZfG, Sonderh.), Red. Gerhard Becker u. a., Berlin (O) 1980, 673–692

16737 Dülffer, Jost: Deutschland, Großbritannien und der Mittlere Osten. Zur Vorgeschichte und Geschichte des Zweiten Weltkrieges, in: NPL 28 (1983), 325–35

16738 Dülffer, Jost: Ursachen, Ausbruch und Verlauf des Zweiten Weltkrieges, in: Parlament, Jg. 41, Nr. 41/42, 13. 10. 1989, 18 f.

16739 Dülffer, Jost: Der deutsch-sowjetische Krieg. Eine bleibende Aufgabe für die nachfolgenden Generationen, in: Parlament, Jg. 41, Nr. 41/42, 4./11. 10. 1991, 26 f.

16740 Eichholtz, Dietrich: Neuerscheinungen zum Zweiten Weltkrieg. Sammelrezension, in: 1999 7 (1992), Nr. 4, 105–13

16741 Förster, Gerhard: Der Stand der Erforschung der Geschichte des zweiten Weltkrieges in der DDR, in: Historische Forschungen in der DDR. Analysen und Berichte. Zum XI. Internationalen Historikerkongreß in Stockholm August 1960. (ZfG, Sonderh.), Red. Dieter Fricke u. a., Berlin (O) 1960, 403–25

16742 Geyer, Michael: Krieg als Gesellschaftspolitik. Anmerkungen zu neueren Arbeiten über das Dritte Reich im Zweiten Weltkrieg, in: AfS 26 (1986), 557–601

16743 Gunzenhäuser, Max: Die Bibliographien zur Geschichte des Zweiten Weltkrieges, in: JBBfZ 33 (1961), 511–65

16744 Hildebrand, Klaus: Der Zweite Weltkrieg. Probleme und Methoden seiner Darstellung, in: NPL 13 (1968), 485–502

16745 Hildebrand, Klaus: Die verzerrte Wirklichkeit. Der Zweite Weltkrieg im Bild, in: NPL 14 (1969), 521–33

16746 Hillgruber, Andreas: Endlich genug über Nationalsozialismus und Zweiten Weltkrieg? Forschungsstand und Literatur, Düsseldorf 1982; 90 S.

16747 Hillgruber, Andreas: Deutschland im Zweiten Weltkrieg – zur Forschungssituation in der Bundesrepublik vor der »Herausforderung« durch die DDR-Historie, in: Joachim Hütter u. a. (Hg.), Tradition und Neubeginn. Internationale Forschungen zur Geschichte des 20. Jahrhunderts, Köln u. a. 1975, 235–43

16748 Hillgruber, Andreas: »Deutschland im Zweiten Weltkrieg«. Anmerkungen zu einem Standardwerk der DDR-Geschichtsschreibung, in: HZ 223 (1976), 358–72

16749 Hubatsch, Walther: Zur deutschen militärischen Memoirenliteratur des zweiten Weltkrieges, in: HZ 171 (1951), 373–82

16750 Jäckel, Eberhard: Dokumentationen zur Geschichte des Zweiten Weltkrieges, in: NPL 9 (1964), 555–95

16751 Jäckel, Eberhard: Dokumentationen zur Geschichte des Zweiten Weltkrieges. Ergänzung und Erwiderung, in: NPL 11 (1966), 50–53

16752 Niedhart, Gottfried (Hg.): Die Vorgeschichte des Zweiten Weltkriegs als Forschungsproblem, in: Gottfried Niedhart (Hg.), Kriegsbeginn 1939. Entfesselung oder Ausbruch des Zweiten Weltkrieges?, Darmstadt 1976, 1–26

16753 Schmick, Karl-Heinz: Der Zweite Weltkrieg und Stalingrad, in: PVS 34 (1993), 700–16

16754 Schreiber, Gerhard: Politik und Kriegsführung im Zeichen von Nationalsozialismus und Faschismus I./II., in: NPL 35 (1990), 195–221

16754a Schreiber, Gerhard: Der Zweite Weltkrieg in der internationalen Forschung. Konzeptionen, Thesen und Kontroversen, in: Wolfgang Michalka (Hg.), Der Zweite Weltkrieg. Analysen, Grundzüge, Forschungsbilanz, München/Zürich 1989, 3–24; abgedr. in: APUZ, B 32–33/89, 4.8. 1989, 19–31

16755 Ziemke, Earl F.: Germany and World War II: The Official History?, in: CEH 16 (1983), 398–407

16756 Der Zweite Weltkrieg. Ursachen und Folgen aus der Sicht deutscher und ausländischer Historiker, in: APUZ, Nr. B 35/64, 26.8. 1964, 3–38; Nr. B 36/64, 2.9. 1964, 3–30

Nachschlagewerke

16757 Bergschicker, Heinz: Der zweite Weltkrieg. Eine Chronik in Bildern, 5. Aufl., Berlin (O) 1968; 471 S. (zuerst 1964)**

16758 Beumelburg, Werner: Jahre ohne Gnade. Chronik des 2. Weltkrieges, Oldenburg 1952; 422 S.

16759 Bolz, Rüdiger (Bearb.): Synchronopse des Zweiten Weltkrieges. Vergleichende Zeittafel der Parallelereignisse an den einzelnen Frontabschnitten sowie der innenpolitischen Entwicklungen und internationalen diplomatischen Aktivitäten, Düsseldorf 1983; 272 S.

16760 Encyclopédie de la guerre 1939–1945, Leitung Marcel Baudot u.a., Tournai 1977; 440 S. (engl.: London 1981)

16761 Görlitz, Walter: Der zweite Weltkrieg 1939–1945 in Stichworten, Hagen 1953; 80 S.

16762 Hancock, William K. (Hg.): History of the Second World War. A Statistical Digest, London 1951; 248 S.

16763 Hillgruber, Andreas/Hümmelchen, Gerhard: Chronik des Zweiten Weltkrieges. Kalendarium militärischer und politischer Ereignisse 1939–1945, 2., durchges. u. erg. Aufl., Königstein, Ts./Düsseldorf 1978; 344 S. (zuerst Frankfurt 1966)

16764 Mason, David: Who's Who in World War II, London 1978; 363 S.

16765 Ploetz. Geschichte des Zweiten Weltkrieges, T. 1: Die militärischen und politischen Ereignisse, T. 2: Die Kriegsmittel, Bearb. Percy E. Schramm/Hans O. Stange, 2., erw. Aufl., Würzburg 19; XVII, 929 S. (zuerst Bielefeld 1951)

16766 Uhlich, Werner: Decknamen deutscher Unternehmen und Vorhaben im Zweiten Weltkrieg, in: JBBfZ 44 (1972), 490–554

16768 Zentner, Christian (Hg.): Lexikon des Zweiten Weltkrieges. Mit einer Chronik der Ereignisse von 1939–1945 und ausgewählten Dokumenten, München 1977; 312 S.**

16769 Zentner, Christian (Hg.): Das große Lexikon des Zweiten Weltkrieges, München 1988; 656 S.

Quellenkunde

16770 Herrgesell, Gerhard: Der Stenographische Dienst im Führerhauptquartier, in: NSP 33 (1985), 1–11

16771 Hillgruber, Andreas: Quellen und Quellenkritik zur Vorgeschichte des Zweiten Weltkrieges (1964), in: Gottfried Niedhart (Hg.), Kriegsbeginn 1939. Entfesselung oder Ausbruch des Zweiten Weltkriegs?, Darmstadt 1976, 369–95**

16772 O'Neill, James E./Krausskopf, Robert (Hg.): World War II. An Account of its Documents, Washington, D.C. 1976; XIX, 269 S.

16773 Schröder, Hans J.: Die Vergegenwärtigung des Zweiten Weltkrieges in biographischen Interviewerzählungen, in: MGM 49 (1991), 9–37

Gedruckte Quellen

16774 Bähr, Walter/Bähr, Hans W. u. a. (Hg.): Kriegsbriefe gefallener Studenten 1933–1945, Tübingen 1952; 471 S.

16775 Die Berichte des Oberkommandos der Wehrmacht vom 1. September 1939 bis zum Waffensztillstand in Frankreich. Nach amtlichem Material zusammengestellt, Bearb. Konradjoachim Schaub, Berlin 1940; 333 S.

16776 Boelcke, Willi A. (Hg.): Kriegspropaganda 1939–1941. Geheime Ministerkonferenzen im Reichspropagandaministerium, Stuttgart 1966; 794 S.

16777 Brautmeier, Jürgen: »Frontbewährung« in Stalingrad. Feldpostbriefe des Gefreiten Hans Happe aus Delbrück/Westfalen, in: GiW 8 (1993), 166–92

16778 Buchbender, Ortwin/Sterz, Reinhold (Hg.): Das andere Gesicht des Krieges. Deutsche Feldpostbriefe 1939–1945, 2., durchges. Aufl., München 1983; 213 S. (zuerst 1982)

16779 Bußmann, Walter: »Notizen« aus der Abteilung Kriegsverwaltung beim Generalquartiermeister (1941/42), in: Klaus Hildebrand/Rainer Pommerin (Hg.), Deutsche Frage und europäisches Gleichgewicht. Festschrift für Andreas Hillgruber zum 60. Geburtstag, Köln/Wien 1985, 229–40

Dokumente deutscher Kriegsschäden. Evakuierte – Kriegssachgeschädigte – Währungsgeschädigte. Die geschichtliche und rechtliche Entwicklung, Gesamtred. Peter P. Nahm, Hg. Bundesminister für Vertriebene, Flüchtlinge und Kriegsgeschädigte, Bonn:

16780 – Bd. 1: Der Luftkrieg über Deutschland. Die Evakuierten. Zerstörtes Kulturgut. Der »Zentralverband« und der Beirat für Kriegsgeschädigte, Bearb. Georg W. Feuchter u. a., 1958; XV, 504 S.

16781 – Bd. 2.1: Soziale und rechtliche Hilfsmaßnahmen für die luftkriegsbetroffene Bevölkerung bis zur Währungsreform, Bearb. Karlheinz Kugler u. a., 1960; XVI, 716 S.

16782 – Bd. 2.2: Die Lage des deutschen Volkes und die allgemeinen Rechtsprobleme der Opfer des Luftkrieges von 1945–1948, Bearb. Karlheinz Kugler u. a., 1960; XII, 384 S.

16783 – Bd. 3: Die kriegssachgeschädigte Wirtschaft. Industrie, Handel und Gewerbe, Landwirtschaft, Bearb. Helfried Fabian u. a., 1962; XV, 973 S.

16784 – Bd. 4.1: Maßnahmen im Wohnungsbau, für die Evakuierten und die Währungsgeschädigten sowie Rechtsprobleme nach der Währungsreform, Bearb. Hans Baumgart u. a., 1964; XVI, 592 S.

16785 – Bd. 4.2: Berlin – Kriegs- und Nachkriegsschicksal der Reichshauptstadt, Bearb. Hans Baumgart u. a., 1967; XIX, 1139 S.

16786 – Bd. 4.3: Helgoland – Westliche Grenzprobleme – Kehl, Bearb. Hans Baumgart u. a., 1971; XIX, 1040 S.

16787 Dollinger, Hans (Hg.): Kain, wo ist Dein Bruder? Was der Mensch im Zweiten Weltkrieg erleiden mußte. Dokumente in Tagebüchern und Briefen, München 1983; 416 S. (TB Frankfurt 1987 u. ö.)

16788 Eichholtz, Dietrich/Schumann, Wolfgang (Hg.): Anatomie des Krieges. Neue Dokumente über die Rolle des deutschen Monopolkapitals bei der Vorbereitung und Durchführung des Zweiten Weltkrieges, Berlin (O) 1969; 524 S.

16789 Förster, Gerhard/Groehler, Olaf (Hg.): Der Zweite Weltkrieg. Dokumente, Berlin (O) 1972; 587 S.

Freund, Michael (Hg.): Geschichte des Zweiten Weltkrieges in Dokumenten. (Weltgeschichte der Gegenwart in Dokumenten), Freiburg i.Br.:

16790 – Bd. 1: Der Weg zum Kriege 1938–1939, 1953; XII, 474 S.

16791 – Bd. 2: An der Schwelle des Krieges 1939, 1955; XVI, 503 S.

16792 – Bd. 3: Der Ausbruch des Krieges 1939, 1956; IX, 441 S.

16793 Die geheimen Tagesberichte der Deutschen Wehrmachtführung im Zweiten Weltkrieg 1939–1945. Die gegenseitige Lageunterrichtung der Wehrmacht-, Heeres- und Luftwaffenführung über alle Haupt- und Nebenkriegsschauplätze: »Lage West« (OKW-Kriegsschauplätze Nord, West, Italien, Balkan), »Lage Ost« (OKH) und »Luftlage Reich«. Aus den Akten im Bundesarchiv/Militärarchiv, Freiburg i.Br. Im Anhang: Kriegsgliederungen, Stellenbesetzungen, Formations- und Ortsregister, dokumentarische Nachweise und Lageskizzen, Hg. Kurt Mehner, 12 Bde., Osnabrück 1984 ff.

16794 Gilbert, Felix (Bearb.): Lagebesprechung im Hauptquartier Hitlers vom 1. Februar 1943. Stenographische Nachschrift, in: WaG 10 (1950), 276–89

Halder, Franz: Kriegstagebuch. Tägliche Aufzeichnungen des Chefs des Generalstabes des Heeres 1939–1942, Hg. Arbeitskreis für Wehrforschung, Stuttgart:

16795 – Bd. 1: Vom Polenfeldzug bis zum Ende der Westoffensive (14.8.39–30.6.40), Bearb. Hans-Adolf Jacobsen/Alfred Philippi, 1962; 391 S.

16796 – Bd. 2: Von der geplanten Landung in England bis zum Beginn des Ostfeldzuges (1.7.40–21.6.41), Bearb. Hans-Adolf Jacobsen, 1963; 503 S.

16797 – Bd. 3: Der Rußlandfeldzug bis zum Marsch auf Stalingrad (22.6.41–24.9.42), Bearb. Hans-Adolf Jacobsen, 1964; 589 S.

16798 Hass, Gerhart/Schumann, Wolfgang (Hg.): Anatomie der Aggression. Neue Dokumente zu den Kriegszielen des faschistischen deutschen Imperialismus im Zweiten Weltkrieg, Berlin (O) 1972; 238 S.

16799 Heiber, Helmut (Hg.): Hitlers Lagebesprechungen. Die Protokollfragmente seiner militärischen Konferenzen 1942–1945, Stuttgart 1962; 970 S. (stark gekürzte Ausgabe München 1963 u. d. T.: Lagebesprechungen im Führerhauptquartier)

16800 Hillgruber, Andreas (Hg.): Von El Alamein bis Stalingrad. Aus dem Kriegstagebuch des Oberkommandos der Wehrmacht (Wehrmachtführungsstab), München 1964; 303 S.

16801 Hubatsch, Walther (Hg.): Hitlers Weisungen für die Kriegführung 1939–1945. Dokumente des Oberkommandos der Wehrmacht, 2., durchges. u. erg. Aufl., Frankfurt 1983; 332 S. (zuerst 1962; TB München 1965, 2. Aufl. 1981)

16802 Hubatsch, Walther (Bearb.): Das dienstliche Tagebuch des Chefs des Wehrmachtführungsamtes im Oberkommando der Wehrmacht, Generalmajor Jodl, für die Zeit vom 13. Oktober 1939 bis zum 30. Januar 1940, in: WaG 12 (1952), 274–87; 13 (1953), 58–71

16803 Jacobsen, Hans-Adolf (Hg.): 1939–1945. Der Zweite Weltkrieg in Chronik und Dokumenten, 5., vollst. überarb. u. erw. Aufl., Darmstadt 1961; 764 S. (zuerst 1959)

16805 Jacobsen, Hans-Adolf (Hg.): Der Zweite Weltkrieg. Grundzüge der Politik und Strategie in Dokumenten, Frankfurt/Hamburg 1965; 499 S.

Jacobsen, Hans-Adolf/Dollinger, Hans (Hg.): Der Zweite Weltkrieg in Bildern und Dokumenten, München u. a.:

16806 – Bd. 1: Der europäische Krieg 1939–1941, 1962; 479 S.

16807 – Bd. 2: Der Weltkrieg 1941–1943, 1962; 478 S.

16808 – Bd. 3: Sieg ohne Frieden 1944–1945, 1963; 492 S.

16809 Kotze, Hildegard von: Goebbels vor Offizieren im Juli 1943, in: VfZ 19 (1971), 83–112

16810 Kriegsdokumente über Bündnisgrundlagen, Kriegsziele und Fiedenspolitik der Vereinten Nationen. (Veröffentlichungen des Instituts für internationales Recht an der Universität Kiel, 1), Hamburg 1946; 49 S.

Kriegstagebuch des Oberkommandos der Wehrmacht (Wehrmachtführungsstab) 1940–1945. Geführt von Helmuth Greiner und Percy Ernst Schramm, Hg. Percy E. Schramm, Frankfurt (ND Herrsching 1982):

16811 – Bd. 1: 1. August 1940–31. Dezember 1941, Bearb. Hans-Adolf Jacobsen, 1965; 232, 1285 S.

16812 – Bd. 2: 1. Januar 1942–31. Dezember 1942, Bearb. Andreas Hillgruber, 2 Halbbde., 1963; IV, XII, 1464 S.

16813 – Bd. 3: 1. Januar 1943–31. Dezember 1943, Bearb. Walther Hubatsch, 2 Halbbde., 1963; XI, 1661 S.

16814 – Bd. 4: 1. Januar 1944–22. Mai 1945, Bearb. Percy E. Schramm, 2 Halbbde., 1961; IV, XXXVI, 1952 S.

16815 – Bd. 4, Nachtrag [1]: Der Krieg in Finnland, Norwegen und Dänemark vom 1. Januar – 31- März 1944, Bearb. Andreas Hillgruber, 1969; 88 S.

16816 – Bd. 4, Nachtrag 2: Der Krieg in Italien und im Heimatkriegsgebiet vom 1. Januar – 31. März 1944, Bearb. Donald S. Detwiler, 1979; 85 S.

16817 Lange, Horst H.: Tagebücher aus dem Zweiten Weltkrieg, Hg. Dieter Schäfer, Mainz 1979; 346 S.

16818 Leeb, Wilhelm Ritter von: Tagebuchaufzeichnungen und Lagebeurteilungen aus zwei Weltkriegen. Aus dem Nachlaß, hg. und mit einem Lebensbild versehen von Georg Meyer, Stuttgart 1976; 500 S.

16819 Lehndorff, Hans Graf von (Hg.): Die Briefe des Peter Pfaff 1943–1944, 3., durchges. u. erw. Aufl. Aufl., München 1988; 174 S. (zuerst Wuppertal-Barmen 1964)

16820 Longerich, Peter: Joseph Goebbels und der Totale Krieg. Eine unbekannte Denkschrift des Propagandaministers vom 18. Juli 1944. (Dokumentation), in: VfZ 35 (1987), 289–314

16821 Mohrmann, Wolf-Dieter (Hg.): Der Krieg ist hier hart und grausam! Feldpostbriefe an den Osnabrücker Regierungspräsidenten 1941–1944, Osnabrück 1984; 169, (16) S.

Ursachen und Folgen. Vom deutschen Zusammenbruch 1918 und 1945 bis zur staatlichen Neuordnung Deutschlands in der Gegenwart, Hg. Herbert Michaelis/Ernst Schraepler, Mitarb. Günter Scheel, Berlin:

16822 – Bd. 13: Das Dritte Reich. Auf dem Weg zum Zweiten Weltkrieg, von der Besetzung Prags bis zum Angriff auf Polen, 1968; 655 S.

16823 – Bd. 14: Das Dritte Reich. Der Angriff auf Polen. Die Ereignisse im Winter 1939–1940, 1969; 604 S.

16824 – Bd. 15: Das Dritte Reich. Die Kriegführung gegen die Westmächte 1940. Das Norwegenunternehmen. Der Frankreichfeldzug. Der Luftkrieg gegen England, 1970; 636 S.

16825 – Bd. 16: Das Dritte Reich. Versuche einer festländischen Koalitionsbildung gegen England. Der Dreimächtepakt. Die Vorgänge in Südosteuropa und auf dem Balkan. Der Kriegsschauplatz in Nordafrika, 1971; 586 S.

16826 – Bd. 17: Das Dritte Reich. Vom europäischen zum globalen Krieg. Der Angriff auf die Sowjetunion. Der Kriegsausbruch zwischen Japan und den USA, 1972; 733 S.

16827 – Bd. 18: Das Dritte Reich. Die Wende des Krieges. Stalingrad – Nordafrika. Die deutsche Besatzungspolitik. Wirtschaft und Rüstung, 1973; 697 S.

16828 – Bd. 19: Das Dritte Reich. Auf dem Weg in die Niederlage. Wirtschaft und Rüstung. Die Radikalisierung der inneren Kriegführung. Rückzug im Osten, 1973; 655 S.

16829 – Bd. 20: Das Dritte Reich. Der Sturm auf die Festung Europa. Der Krieg zur See. Der Luftkrieg. Der Sturz Mussolinis und der Zusammenbruch Italiens. Die Erschütterung des Hitlerschen Bündnissystems. Allierte Friedenspläne. Die Konferenz von Teheran, 1973; 635 S.

16830 – Bd. 21: Das Dritte Reich. Der Sturm auf die Festung Europa II. Emigration und Widerstand. Die Invasion der Anglo-Afrikaner. Der 20. Juli 1944. Der Zusammenbruch der Mittelfront im Osten. Das polnische Problem. Der totale Kriegseinsatz, 1975; 619 S.

16831 – Bd. 22: Das Dritte Reich. Der Angriff auf die deutschen Grenzen. Der Abfall der Bundesgenossen. Die Ardennen-Offensive. Die Konferenz von Jalta. Der Einbruch der Gegner in das deutsche Reich, 1975; 543 S.

16832 Vogel, Detlef: Der Kriegsalltag im Spiegel von Feldpostbriefen (1939–1945), in: Wolfram Wette (Hg.), Der Krieg des kleinen Mannes. Eine Militärgeschichte von unten, München/Zürich 1992, 199–212

16833 Die Wehrmachtsberichte 1939–1945. Vollständige Ausgabe, Bd. 1: 1. September 1939–31. Oktober 1941, Bd. 2: 1. Januar 1942–31. Dezember 1943, Bd. 3: 1. Januar 1944–9. Mai 1945, Bearb. Günter Wegmann, unveränd. ND, München u. a. 1985; 760, 636, 867 S. (zuerst Osnabrück 1982 u. d. T.: »Das Oberkommando der Wehrmacht gibt bekannt...« Der deutsche Wehrmachtbericht. Vollständige Ausgabe der 1939–1945 durch Presse und Rundfunk veröffentlichten Texte mit einem Orts-, Personen- und Formationsregister)

16834 Wiesen, Wolfgang (Hg.): Es grüßt Euch alle, Bertold. Die Feldpostbriefe von Bertold Paulus aus Kastel, Nonnweiler-Otzenhausen 1991; 150 S.

Methodische Probleme

16835 Groehler, Olaf: Die Erforschung des zweiten Weltkrieges. Stand und Aufgaben, in: ZfG 33 (1985), 316–22

16835a Jacobsen, Hans-Adolf: Der 2. Weltkrieg als Forschungsproblem (1964), in: Hans-Adolf Jacobsen, Von der Strategie der Gewalt zur Politik der Friedenssicherung. Beiträge zur deutschen Geschichte im 20. Jahrhundert, Düsseldorf 1977, 44–64

Darstellungen

16836 Aires, Pentti: Die Idee des gerechten Krieges in »Mein Kampf« und die Gegenideologien, in: Joachim Hütter u. a. (Hg.), Tradition und Neubeginn. Internationale Forschungen zur Geschichte des 20. Jahrhunderts, Köln u. a. 1975, 277–87

16837 Allmayer-Beck, Johann C.: Die Österreicher im Zweiten Weltkrieg, in: Unser Heer. 300 Jahre österreichisches Soldatentum in Krieg und Frieden, Wien 1963, 342–75

16838 Arazi, Doron: Die deutsche militärische Funkaufklärung im Zweiten Weltkrieg. Versuch eines Überblicks, in: Wolfgang Michalka (Hg.), Der Zweite Weltkrieg. Analysen, Grundzüge, Forschungsbilanz, München/Zürich 1989, 501–12

16839 Aretin, Karl O. Freiherr von: Die deutschen Generale und Hitlers Kriegspolitik, in: PS 10 (1959), 569–83

16840 Baldwin, Hanson W.: The Crucial Years. The World at War, 1939–1941, New York 1976; VI, 499 S.

16841 Baldwin, Hanson W.: Große Schlachten des Zweiten Weltkrieges, Düsseldorf 1968; 429 S. (engl.: London 1967)

16842 Bartov, Omer: Hitler's Army. Soldiers, Nazis, and War in the Third Reich,

New York/Oxford 1994; XIV, 238 S. (dt.: Reinbek 1995)

16843 Betz, Hermann D.: Das OKW [Oberkommando der Wehrmacht] und seine Haltung zum Landkriegsvölkerrecht im Zweiten Weltkrieg, Diss. Würzburg 1970; XVII, 346 S.

16843a Bilanz des Zweiten Weltkrieges. Erkenntnisse und Verpflichtungen für die Zukunft, Mitarb. Kurt Assmann u.a., Oldenburg/Hamburg 1953; 472 S.

16844 Bleyer, Wolfgang: Der »totale Krieg« Hitlerdeutschlands im ersten Halbjahr 1943, Diss. Humboldt-Universität Berlin (O) 1966; V, 463 S. (Ms. vervielf.)

16845 Borgert, Heinz-Ludgert: Grundzüge der Landkriegführung von Schlieffen bis Guderian, in: Wehrmacht und Nationalsozialismus 1933–1945. (Deutsche Militärgeschichte 1648–1939, 6), Hg. Friedrich Forstmeier u.a., hg. i.A. d. Militärgeschichtlichen Forschungsamtes, 2. Aufl., Herrsching 1983, 427–584 (zuerst München 1979 u.d.T.: Handbuch zur deutschen Militärgeschichte 1648–1939)

16846 Bracher, Karl D.: Der historische Ort des Zweiten Weltkrieges, in: Klaus Hildebrand u.a. (Hg.), 1939. An der Schwelle zum Weltkrieg. Die Entfesselung des Zweiten Weltkrieges und das internationale System, Berlin/New York 1990, 347–74; abgedr. in: Karl D. Bracher, Wendezeiten der Geschichte. Historisch-politische Essays 1987–1992, Stuttgart 1992, 203–30

16847 Broszat, Martin: Der Zweite Weltkrieg: Ein Krieg der »alten« Eliten, der Nationalsozialisten oder der Krieg Hitlers?, in: Martin Broszat/Klaus Schwabe (Hg.), Die deutschen Eliten und der Weg in den Zweiten Weltkrieg, München 1989, 25–71

16848 Calvocoressi, Peter u.a.: Total War. Causes and Courses of the Second World War, 2., korr. Aufl., Harmondsworth/New York 1989; XXVIII, 1315 S. (zuerst New York 1972/Harmondsworth 1974)

16849 Chassin, Lionel M.: Histoire militaire de la second guerre mondiale 1939–1945, 2., durchges. u. verb. Aufl., Paris 1951; 536 S. (zuerst 1947)

16849a Creveld, Martin L. van: Kampfkraft. Militärische Organisation und militärische Leistung 1939–1945, 2. Aufl. 1992; X, 232 S. (zuerst 1989; amerikan.: Westport, Conn. 1982)

16850 Dahms, Hellmuth G.: Geschichte des Zweiten Weltkriegs, Tübingen 1965; 917, 28 S.

16851 Dahms, Hellmuth G.: Der Zweite Weltkrieg, Tübingen 1960; 607 S.

16852 Dahms, Hellmuth G.: Der Zweite Weltkrieg, Frankfurt u.a. 1966; 212 S.

16853 Dahms, Hellmuth G.: Der Zweite Weltkrieg in Text und Bild, München 1989; 432 S.**

Der deutsche Imperialismus und der Zweite Weltkrieg. Materialien der wissenschaftlichen Konferenz der Kommission der Historiker der DDR und der UdSSR zum Thema »Der deutsche Imperialismus und der Zweite Weltkrieg« vom 14. bis 19. Dezember 1959 in Berlin, Hg. Kommission der Historiker der DDR und der UdSSR, Gesamtred. Leo Stern u.a., Berlin (O):

16854 – Bd. 1: Hauptreferate und Dokumente der Konferenz, Red. Stefan Dornberg/Gerhart Hass, 1960; 343 S.

16855 – Bd. 2: Beiträge zum Thema: »Die Vorbereitung des Zweiten Weltkrieges durch den deutschen Imperialismus«, 1961; 794 S.

16856 – Bd. 3: Beiträge zum Thema: »Der deutsche Imperialismus während des Zweiten Weltkrieges und seine militärische, wirtschaftliche und moralisch-politische Niederlage«, 1962; 493 S.

16857 – Bd. 4: Beiträge zum Thema: »Die Innenpolitik und die Besatzungspolitik des deutschen Imperialismus und die antifaschistische Widerstandsbewegung in Deutschland und in den besetzten Gebieten«, 1961; 694 S.

16858 – Bd. 5: Beiträge zum Thema: »Die Ergebnisse und Folgen des Zweiten Weltkrieges und der Zerschlagung des deutschen Imperialismus«, 1962; 604 S.

Das Deutsche Reich und der Zweite Weltkrieg, Hg. Militärgeschichtliches Forschungsamt, Stuttgart:

16859 – Bd. 1: Ursachen und Voraussetzungen der deutschen Kriegspolitik, Mitarb. Wilhelm Deist u. a., 1979; 767 S.

16860 – Bd. 2: Die Errichtung der Hegemonie auf dem europäischen Kontinent, Mitarb. Klaus A. Maier u. a., 1979; 439 S.

16861 – Bd. 3: Der Mittelmeerraum und Südosteuropa. Von der »non belligeranza« bis zum Kriegseintritt der Vereinigten Staaten, Mitarb. Gerhard Schreiber u. a., 1984; XII, 735 S.

16862 – Bd. 4: Der Angriff auf die Sowjetunion. Mit einem Beiheft, Mitarb. Horst Boog u. a., 1983; XIX, 1172 S., 27 Karten

16863 – Bd. 5.1: Organisation und Mobilisierung des deutschen Machtbereichs: Kriegsverwaltung, Wirtschaft und personelle Ressourcen 1939–1941, Mitarb. Bernhard R. Kroener u. a., 1983; XVIII, 1062 S.

16864 – Bd. 6: Der globale Krieg. Die Ausweitung zum Weltkrieg und der Wechsel der Initiative 1941–1943, Mitarb. Horst Boog u. a., 1990; XIX, 1181 S.

16865 DeZayas, Alfred M.: Die Wehrmacht-Untersuchungsstelle. Deutsche Ermittlungen über alliierte Völkerrechtsverletzungen im Zweiten Weltkrieg, Mitarb. Walter Rabus, ND der 4., erw. Aufl., Frankfurt/Berlin 1987; 476 S. (3., erg. u. durch Bilder erw. Aufl. 1980; TB München 1981, Berlin 1987)

16866 Dlugoborski, Waclaw (Hg.): Zweiter Weltkrieg und sozialer Wandel. Achsenmächte und besetzte Länder, Göttingen 1981; 388 S.*

16867 Drechsler, Karl u. a.: Politik und Strategie des faschistischen Deutschland im zweiten Weltkrieg, in: ZfG 24 (1976), 5–23

16868 Erdmann, Karl D.: Der Zweite Weltkrieg (Gebhardt Handbuch der deutschen Geschichte, 21), 2. Aufl., München 1980 u. ö.; 192 S. (zuerst Stuttgart 1976)

16869 Fest, Joachim C.: Hitlers Krieg, in: VfZ 38 (1990), 359–74; abgedr. in: Norbert Frei/Hermann Kling (Hg.), Der nationalsozialistische Krieg, Frankfurt/New York 1990, 103–21

16870 Förster, Gerhard: Totaler Krieg und Blitzkrieg. Die Theorie des totalen Krieges und des Blitzkrieges in der Militärdoktrin des faschistischen Deutschlands am Vorabend des Zweiten Weltkrieges, Berlin (O) 1967; 255 S.

16871 Förster, Gerhard u. a.: Der Zweite Weltkrieg. Militärhistorischer Abriß, 5., durchges., bearb. u. erg. Aufl., Berlin (O) 1989; 394 S. (zuerst 1972)

16872 Förster, Gerhard u. a.: Der Zweite Weltkrieg. Militärischer Verlauf und Chronik, Leipzig 1962; 278 S.

16873 Frei, Norbert/Kling, Hermann (Hg.): Der nationalsozialistische Krieg, Mitarb. Margit Brandt, Frankfurt/New York 1990; 312 S.*

16874 Freund, Michael: Der Zweite Weltkrieg, Gütersloh 1962; 190 S.

16875 Gardner, Lloyd C.: Spheres of Influence. The Partition of Europe, from Munich to Yalta, London 1993; XVI, 302 S.

16876 Gericke, Bodo: Die deutsche Feldpost im Zweiten Weltkrieg. Eine Dokumentation über Einrichtung, Aufbau, Einsatz und Dienste, Frankfurt 1971; 164 S.

16877 Gilbert, Martin: Der Zweite Weltkrieg. Eine chronologische Gesamtdarstellung, München 1991; 805 S.

16878 Giordano, Ralph: Wenn Hitler den Krieg gewonnen hätte. Die Pläne der Nazis nach dem Endsieg, 1. u. 2. Aufl., Hamburg 1989; 384 S. (TB München/Zürich 1992)

16879 Görlitz, Walter: Der Zweite Weltkrieg 1939–1945, 2 Bde., Stuttgart 1951–1952; 623, 624 S.

16880 Graml, Hermann: Der nationalsozialistische Krieg, in: Norbert Frei/Hermann Kling (Hg.), Der nationalsozialistische Krieg, Mitarb. Margit Brandt, Frankfurt/New York 1990, 11–27

16881 Greiner, Helmuth: Die oberste Wehrmachtführung 1939–1945, Wiesbaden 1951; 444 S.

16882 Groehler, Olaf: Varianten deutscher Kriegspolitik, in: Klaus Hildebrand u. a. (Hg.), 1939. An der Schwelle zum Weltkrieg. Die Entfesselung des Zweiten Weltkrieges und das internationale System, Berlin/New York 1990, 37–42

16883 Groehler, Olaf: Zur Kriegszielpolitik des deutschen Imperialismus im zweiten Weltkrieg, in: ZMG 3 (1964), 339–44

16884 Gruchmann, Lothar: Der Zweite Weltkrieg. Kriegsführung und Politik, 8. Aufl., München 1985; 525 S. (zuerst 1967)

16885 Gruchmann, Lothar: Totaler Krieg. Vom Blitzkrieg zur bedingungslosen Kapitulation, München 1991; 294 S.

16886 Halder, Franz: Hitler als Feldherr, München 1949; 63 S.

16887 Hartog, Rudolf: Im Zeichen des Tigers. Die Indische Legion auf deutscher Seite 1941–1943, Herford 1991; 232 S.

16888 Hass, Gerhart: Der deutsche Militarismus und der zweite Weltkrieg, in: Karl Nuß u. a. (Hg.), Der deutsche Militarismus in Geschichte und Gegenwart. Studien – Probleme – Analysen, Berlin (O) 1980, 162–76

16889 Hass, Gerhart: Weltkrieg – Okkupation – Genozid, in: Werner Röhr u. a. (Hg.), Faschismus und Rassismus. Kontroversen um Ideologie und Opfer, Berlin 1992, 239–56

16890 Hennicke, Otto: Die militärpolitische Situation im Sommer 1944 und die Aussichten des Krieges, in: WMHGDDR 13 (1985), Nr. 1–2, 68–76

16891 Hennicke, Otto: Zu den Menschenverlusten der faschistischen deutschen Wehrmacht im Zweiten Weltkrieg, in: ZMG 6 (1967), 195–208

16892 Herbst, Ludolf: Deutschland im Krieg 1939–1945, in: Martin Broszat/Norbert Frei (Hg.), Ploetz. Das Dritte Reich. Ursprünge, Ereignisse, Wirkungen, Freiburg/Würzburg 1983, 63–73

16893 Hermand, Jost: Technische Wunderwaffen im Dienst eines zukünftigen Bauernreichs. Der Nazi-Traum vom Endkampf um die Welt, in: Erhard Schütz (Hg.), Willkommen und Abschied der Maschinen. Literatur und Technik – Bestandsaufnahme eines Themas, Mitarb. Norbert Wehr, Essen 1988, 144–61

16894 Herzstein, Robert E. (Hg.): When Nazi Dreams Come True. The Third Reich's International Struggle over the Future of Europe after a German Victory. A Look at Nazi Mentality, 1939–45, Falmouth 1982; XI, 301 S.

16895 Hildebrand, Klaus: Hitlers »Programm« und seine Realisierung 1939–1942 [1971], in: Manfred Funke (Hg.), Hitler, Deutschland und die Mächte. Materialien zur Außenpolitik des Dritten Reiches, Düsseldorf 1976, 63–93 (ND 1977 u. Düsseldorf/Königstein, Ts. 1978); abgedr. in: Gottfried Niedhart (Hg.), Kriegsbeginn 1939. Entfesselung oder Ausbruch des Zweiten Weltkriegs? Darmstadt 1976, 178–224

16896 Hildebrand, Klaus: Weltmacht oder Untergang: Hitlers Deutschland 1941–1945, in: Oswald Hauser (Hg.), Weltpolitik, Bd. 2: 1939–1945. 14 Vorträge, Göttingen u. a. 1975, 286–322

16897 Hillgruber, Andreas: Der Zweite Weltkrieg. Kriegsziele und Strategie der großen Mächte, 2., verb. Aufl., Stuttgart 1983, 68–87; abgdr. in: Karl D. Bracher u. a. (Hg.), Nationalsozialistische Diktatur 1933–1945. Eine Bilanz, Bonn (zugl. Düsseldorf) 1983, 440–64

16898 Hillgruber, Andreas: Deutsche Großmacht- und Weltpolitik im 19. und 20. Jahrhundert, 2. Aufl., Düsseldorf 1979; 389 S. (zuerst 1977)*

16899 Hillgruber, Andreas: Hitlers Strategie. Politik und Kriegsführung 1940–1941, 2. Aufl., München 1982; 734 S. (zuerst Frankfurt 1965)

16900 Hillgruber, Andreas (Hg.): Probleme des Zweiten Weltkrieges, Köln/Berlin 1967; 455 S.*

16901 Hillgruber, Andreas: Eine Bilanz des Zweiten Weltkrieges aus der Sicht der kriegführenden Mächte, in: Andreas Hillgruber, Großmachtpolitik und Militarismus im 20. Jahrhundert. Drei Beiträge zum Kontinuitätsproblem, Düsseldorf 1974, 53–67; abgdr. in: ders., Deutsche Großmacht- und Weltpolitik im 19. und 20. Jahrhundert, 2. Aufl., Düsseldorf 1979, 350–65 (zuerst 1977)

16902 Hillgruber, Andreas: Das Problem der »Zweiten Front« in Europa 1941–1944, in: Seemacht und Geschichte. Festschrift zum 80. Geburtstag von Friedrich Ruge, Hg. Deutsches Marine-Institut, Bonn-Bad Godesberg 1975, 133–48; abgdr. in: Andreas Hillgruber, Deutsche Großmacht- und Weltpolitik im 19. und 20. Jahrhundert, 2. Aufl., Düsseldorf 1979, 332–50 (zuerst 1977)

16903 Hillgruber, Andreas: Die weltpolitische Lage 1939–1941: Deutschland, in: Oswald Hauser (Hg.), Weltpolitik, Bd. 2: 1939–1945. 14 Vorträge, Göttingen u.a. 1975, 261–85

16904 Hillgruber, Andreas: Bilanz des Zweiten Weltkrieges, in: Wolfgang Michalka (Hg.), Der Zweite Weltkrieg. Analysen, Grundzüge, Forschungsbilanz, München/Zürich 1989, 189–202

16905 Hillgruber, Andreas/Dülffer, Jost (Hg.): Ploetz. Geschichte der Weltkriege. Mächte, Ereignisse, Entwicklungen 1900–1945, Freiburg/Würzburg 1981; 304 S.

16906 Hoggan, David L.: Der unnötige Krieg 1939–1945. »Germany must perish«, Tübingen 1974; XIV, 628 S.

16907 Hubatsch, Walther (Hg.): Kriegswende 1943, Darmstadt 1966; 160 S.

16908 Irving, David: Hitlers Weg zum Krieg, München/Berlin 1979; 529 S. (engl.: London 1978)

16909 Irving, David: Hitler und seine Feldherren, Frankfurt u.a. 1975; X, 886 S. (erw. amerikan.: New York 1977)

16910 Irving, David: Hitlers Krieg. Die Siege 1939–1942, München 1985; 574 S. (engl.: London 1977)

16911 Jäckel, Eberhard: Hitlers Kriegspolitik und ihre nationalen Voraussetzungen, in: Klaus Hildebrand u.a. (Hg.), 1939. An der Schwelle zum Weltkrieg. Die Entfesselung des Zweiten Weltkrieges und das internationale System, Berlin/New York 1990, 21–30

16912 Jacobsen, Hans-Adolf: Deutsche Kriegführung 1939–1945. Ein Überblick, Hannover 1961; 95 S.

16913 Jacobsen, Hans-Adolf: Der Weg zur Teilung der Welt. Politik und Strategie 1939–1945, 2. Aufl., Koblenz/Bonn 1979; 672 S. (zuerst 1977)

16914 Jacobsen, Hans-Adolf: Krieg in Weltanschauung und Praxis des Nationalsozialismus (1919–1945), in: Rudolf Neck/Adam Wandruszka (Hg.), Beiträge zur Zeitgeschichte. Festschrift Ludwig Jedlicka zum 60. Geburtstag, St. Pölten 1976, 237–46; abgdr. in: Hans-Adolf Jacobsen, Von der Strategie der Gewalt zur Politik der

Friedenssicherung. Beiträge zur deutschen Geschichte im 20. Jahrhundert, Düsseldorf 1977, 33–43; Anneliese Manzmann (Hg.), Hitlerwelle und historische Fakten. Mit einer Literaturübersicht und einer Materialsammlung zum Neonazismus, Königstein, Ts. 1979, 71–80; erhebl. erw. abgdr. in: Karl D. Bracher u.a. (Hg.), Nationalsozialistische Diktatur 1933–1945. Eine Bilanz, Bonn (zugl. Düsseldorf) 1983, 427–39

16916 Jacobsen, Hans-Adolf/Rohwer, Jürgen (Hg.): Entscheidungsschlachten des Zweiten Weltkrieges, hg. i. A. des Arbeitskreises für Wehrforschung, Frankfurt 1960; XX, 580 S.

16918 Jong, Louis de: Die deutsche Fünfte Kolonne im Zweiten Weltkrieg, Stuttgart 1959; 281 S. (holländ.: Arnheim 1953)

16919 Kaiser, David E.: Kriege in Europa. Machtpolitik von Philipp II. bis Hitler, Hamburg 1992; 422 S.

16920 Kaiser, David E.: Hitler and the Coming of the War, in: Gordon Martel (Hg.), Modern Germany Reconsidered, 1870–1945, London/New York 1992, 178–96

16921 Kleßmann, Christoph (Hg.): Nicht nur Hitlers Krieg. Der Zweite Weltkrieg und die Deutschen, Düsseldorf 1989; 136 S.*

16922 Klipa, Bohumir: Die Beeinflussung der deutschen Kriegsziele in den Jahren 1939–1941 durch die nazistische Ideologie, in: Fascism in Europe. An International Symposium. Prague, 28–29 August 1969, Hg. Czechoslovak Academy of Sciences, Institute of History, Bd. 2, o.O (Prag) 1970, 23–36 (Ms. vervielf.)

16924 Kühner, Otto-Heinrich: Wahn und Untergang 1939–1945, Stuttgart 1957; 311 S.

16925 Launay, Jacques de: Geheimdiplomatie 1939–1945, Wien/Berlin 1963; 196 S. (franz.: Brüssel 1963)

16926 Launay, Jacques de: Die Welt brannte 1939–1945, Darmstadt/Frankfurt 1956; 348 S. (franz.: Paris 1945)

Launay, Jacques de: Les grandes décisions de la Deuxième Guerre Mondiale, Nyon (Schweiz):

16927 – Bd. 1: 1939–1941, 1973; 422 S.

16928 – Bd. 2: 1942–1943, 1974; 348 S.

16929 – Bd. 3: 1944–1945, 1975; 530 S.

16930 Lazareff, Pierre/Grosrichard, Yves: Histoire de la guerre 1939–1945, Bd. 1: De Munich à Pearl Harbor, 1938–1941, Bd. 2: De Stalingrad à Hiroshima, 1942–1945, Paris 1967–1968; 608, 552 S.

16931 Liddell Hart, Basil H.: Geschichte des Zweiten Weltkrieges, 2 Bde., Düsseldorf 1972; 892 S. (engl.: London 1970)

16932 Löffler, Klara: Soldatenbriefe aus dem Zweiten Weltkrieg. Eine Studie zur subjektiven Wirklichkeit des Krieges, Bamberg 1992; 180 S.

16933 Lukacs, John: Die Entmachtung Europas. Der letzte europäische Krieg 1939–1945, Stuttgart 1978; 492 S. (TB München 1980; engl.: Garden City, N.Y. 1976/London 1977)

16934 Manstein, Erich von: Verlorene Siege, 12. Aufl., Bonn 1991; 664 S. (zuerst 1955)

16935 Martin, Bernd: Friedensinitiativen und Machtpolitik im Zweiten Weltkrieg 1939–1942, 2. Aufl., Düsseldorf 1976; 664 S. (zuerst 1974)

16936 Martin, Bernd: Das »Dritte Reich« und die »Friedens«-Frage im Zweiten Weltkrieg (franz. 1975), in: Wolfgang Michalka (Hg.), Nationalsozialistische Außenpolitik, Darmstadt 1978, 526–49

16937 Martin, Bernd: Friedensplanungen der multinationalen Großindustrie (1932–1940) als politische Krisenstrategien, in: GG 223 (1976), 66–88

16938 Mayer, Arno J.: Der Krieg als Kreuzzug. Das Deutsche Reich, Hitlers Wehrmacht und die »Endlösung«, Reinbek 1989; 702 S. (amerikan.: New York 1988 u. d. T.: Why Did the Havens not Darken?)

16939 Mendelssohn, Peter de: Die Nürnberger Dokumente. Studien zur deutschen Kriegspolitik 1937–45, Hamburg 1947; 423 S. (engl.: London 1946; amerikan.: New York 1946 u. d. T.: Design for War)

16940 Messerschmidt, Manfred: Krieg in der Trümmerlandschaft. Pflichterfüllung wofür?, in: Ulrich Borsdorf/Mathilde Jamin (Hg.), Über Leben im Krieg. Kriegserfahrungen in einer Industrieregion 1939–1945. Katalogbuch [...], Reinbek 1989, 169–205

16941 Messerschmidt, Manfred: La stratégie allemande (1939–1945). Conception, objectif, commandement, réussite, in: RHDGM 25 (1975), Nr. 100, 1–26

16942 Messerschmidt, Manfred/Guth, Ekkehard (Hg.): Die Zukunft des Reiches. Gegner, Verbündete und Neutrale, Herford/Bonn 1990; 223 S.

16943 Michaelis, Herbert: Der Zweite Weltkrieg. 1939–1945, Neuausg., Frankfurt 1972; VIII, 587 S. (zuerst Konstanz 1963–1965)

16944 Michalka, Wolfgang (Hg.): Der Zweite Weltkrieg. Analysen, Grundzüge, Forschungsbilanz, hg. i. A. des Militärgeschichtlichen Forschungsamtes, München/Zürich 1989; 878 S.*

16945 Müller, Norbert: Zu den Kriegsverbrechen des imperialistischen deutschen Militarismus, in: Karl Nuß u. a. (Hg.), Der deutsche Militarismus in Geschichte und Gegenwart. Studien – Probleme – Analysen, Berlin (O) 1980, 191–205

16946 Österreicher und der Zweite Weltkrieg, Hg. Dokumentationsarchiv des österreichischen Widerstandes/Bundesministerium für Unterricht und Kunst, Mitarb. Wolfgang Neugebauer u. a., Wien 1989; 184 S.

16947 Overmans, Rüdiger: German Historiography, the War Losses, and the Prisoners of War, in: Günter Bischof/Stephen E. Ambrose (Hg.), Eisenhower and the German POWs. Facts Against Falsehood, Baton Rouge, La./London 1992, 127–69

16948 Overmans, Rüdiger: Die Toten des Zweiten Weltkriegs in Deutschland. Bilanz der Forschung unter besonderer Berücksichtigung der Wehrmacht- und Vertreibungsverluste, in: Wolfgang Michalka (Hg.), Der Zweite Weltkrieg. Analysen, Grundzüge, Forschungsbilanz, München/Zürich 1989, 858–73

16949 Overmans, Rüdiger: 55 Millionen Opfer des Zweiten Weltkrieges? Zum Stand der Forschung nach mehr als 40 Jahren, in: MGM 48 (1990), 103–21

16950 Popp, Marianne: Priester und Theologiestudenten des Bistums Regensburg im militärischen Dienst, in: Georg Schwaiger/Paul Mai (Hg.), Das Bistum Regensburg im Dritten Reich, Regensburg 1981, 145–91

Rauh, Manfred: Geschichte des Zweiten Weltkrieges, Berlin:

16951 – Bd. 1: Die Voraussetzungen, 1991; IV, 401 S.

16952 Rich, Norman: Hitler's War Aims, [Bd. 1:] Ideology, the Nazi State, and the Course of Expansion, Bd. 2: The Establishment of the New Order, London/New York 1973–1974; XLIII, 352; XV, 548 S.

16953 Rohwer, Jürgen/Jäckel, Eberhard (Hg.): Die Funkaufklärung und ihre Rolle im Zweiten Weltkrieg. Eine internationale Tagung in Bonn-Bad Godesberg und Stuttgart vom 15.–18. November 1978, Stuttgart 1979; 406 S.

16954 Rohwer, Jürgen/Jäckel, Eberhard (Hg.): Kriegswende Dezember 1941. Referate und Diskussionsbeiträge des internationalen Symposiums in Stuttgart vom 17.–19. September 1981, Koblenz 1984; 266 S.

16955 Schramm, Percy E.: Hitler als militärischer Führer. Erkenntnisse und Erfahrungen aus dem Kriegstagebuch des Oberkommandos der Wehrmacht, 2. Aufl., Frankfurt/Bonn 1965; 207 S. (zuerst Frankfurt 1962)

16956 Schreiber, Gerhard: Die Zerstörung Europas im Zweiten Weltkrieg. (Nationalsozialismus im Unterricht, Studieneinheit 10), Hg. Deutsches Institut für Fernstudien an der Universität Tübingen, Red. Michael Rentschler, Tübingen 1983; 155 S. (als Typoskript gedr.)**

16957 Schreiber, Gerhard: Deutsche Politik und Kriegführung 1939 bis 1945, in: Karl D. Bracher u. a. (Hg.), Deutschland 1933–1945. Neue Studien zur nationalsozialistischen Herrschaft, 2., erg. Aufl., Bonn/Düsseldorf 1993, 333–56 (zuerst 1992)

16958 Schröder, Hans J.: Die gestohlenen Jahre. Erzählgeschichten und Geschichtserzählung im Interview: Der Zweite Weltkrieg aus der Sicht ehemaliger Mannschaftssoldaten, Tübingen 1992; VIII, 1028 S.

16959 Schröter, Martin: Held oder Mörder? Bilanz eines Soldaten Adolf Hitlers, Vorwort Anatolij Frenkin, Wuppertal 1991; 126 S.

Schumann, Wolfgang u. a.: Deutschland im Zweiten Weltkrieg, Hg. Akademie der Wissenschaften der DDR, Zentralinstitut für Geschichte, Berlin (O):

16960 – Bd. 1: Vorbereitung, Entfesselung und Verlauf des Krieges bis zum 22. Juni 1941, Leitung Gerhart Hass, 2. Aufl., 1975; 644 S. (zuerst 1974)

16961 – Bd. 2: Vom Überfall auf die Sowjetunion bis zur sowjetischen Gegenoffensive bei Stalingrad (Juni 1941 bis November 1942), Leitung Karl Drechsler, Mitarb. Klaus Drobisch/Wolfgang Schumann, 1975; 616 S.

16963 – Bd. 3: Der grundlegende Umschwung im Kriegsverlauf (Nov. 1942 bis Sept. 1943), Leitung Wolfgang Schumann, Mitarb. Wolfgang Bleyer, 1979; 672 S.

16964 – Bd. 4: Das Scheitern der faschistischen Defensivstrategie an der deutsch-sowjetischen Front (August bis Ende 1943), Leitung Wolfgang Schumann, Mitarb. Wolfgang Bleyer, 1981; 617 S.

16965 – Bd. 5: Der Zusammenbruch der Defensivstrategie des Hitlerfaschismus an allen Fronten (Januar bis August 1944), Leitung Wolfgang Schumann, Mitarb. Wolfgang Bleyer, 2., durchges. Aufl., 1986; 702 S. (zuerst 1984)

16966 – Bd. 6: Die Zerschlagung des Hitlerfaschismus und die Befreiung des deutschen Volkes (Juni 1944 bis zum 8. Mai 1945), Leitung Wolfgang Schumann/Olaf Groehler, Mitarb. Wolfgang Bleyer, 1985; 823 S.

16966a Schumann, Wolfgang: Politische Aspekte der Nachkriegsplanungen des faschistischen deutschen Imperialismus in der Endphase des zweiten Weltkriegs, in: ZfG 27 (1979), 395–408

16967 Sorge, Martin K.: The Other Price of Hitler's War. German Military and Civilian Losses Resulting from World War II, New York u. a. 1986; XX, 175 S.

16968 Stegemann, Bernd: Hitlers Kriegsziele im ersten Kriegsjahr 1939/40. Ein Beitrag zur Quellenkritik, in: MGM 27 (1980), 93–105

16969 Strawson, John: Hitler as Military Commander, London 1971; 256 S.

16970 Taylor, Alan J. P.: The Second World War. An Illustrated History, New York 1975; 234 S.

16971 Tippelskirch, Kurt von: Geschichte des Zweiten Weltkrieges, 2., neu bearb. Aufl., Bonn 1956; XI, 636 S. (zuerst 1951)

16972 Trevor-Roper, Hugh R.: Hitlers Kriegsziele, in: VfZ 8 (1960), 121–33; abgedr. in: Wolfgang Michalka (Hg.), Nationalsozialistische Außenpolitik, Darmstadt 1978, 31–48

16973 Vogt, Martin: Selbstbespiegelung in Erwartung des Sieges. Bemerkungen zu den

Tischgesprächen Hitlers im Herbst 1941, in: Wolfgang Michalka (Hg.), Der Zweite Weltkrieg. Analysen, Grundzüge, Forschungsbilanz, München/Zürich 1989, 641–51

16974 Warlimont, Walter: Im Hauptquartier der deutschen Wehrmacht 1939–1945, 2. Aufl., Frankfurt 1963; 570 S. (zuerst 1962)

16975 Wegner, Bernd: Dezember 1941: die Wende zum globalen Krieg als strategisches Problem der deutschen Führung, in: Bernd Wegner (Hg.), Zwei Wege nach Moskau. Vom Hitler-Stalin-Pakt zum »Unternehmen Barbarossa«, München/Zürich 1991, 640–58

16976 Weinberg, Gerhard L.: A World at Arms. A Global History of World War II, 1. u. 2. Aufl., Cambridge, Mass. u.a. 1994; XIX, 1178 S. (dt.: Stuttgart 1995)

16977 Weinberg, Gerhard L.: Hitlers Entschluß zum Krieg, in: Klaus Hildebrand u.a. (Hg.), 1939. An der Schwelle zum Weltkrieg. Die Entfesselung des Zweiten Weltkrieges und das internationale System, Berlin/New York 1990, 31–36

16978 Weinberg, Gerhard L.: Globaler Krieg. Die Beziehungen zwischen dem europäischen und pazifischen Kampfraum während des Zweiten Weltkrieges, in: Karl D. Bracher u.a. (Hg.), Deutschland zwischen Krieg und Frieden. Beiträge zu Politik und Kultur im 20. Jahrhundert. Festschrift für Hans-Adolf Jacobsen, Düsseldorf 1991, 89–98

16979 Wette, Wolfram: Militarismus und Pazifismus. Auseinandersetzung mit den deutschen Kriegen, Bremen 1991; XIII, 268 S.*

16980 Wilt, Alan F.: War from the Top. German and British Military Decision Making during World War II, Bloomington, Ind. 1990; 416 S.

16981 Wollenberg, Erich: Hitler, le militarisme allemand et la paix européene, Vorwort Jean-Philippe Lepêtre, 3. Aufl., o.O. [Casablanca] 1945; 244 S. (zuerst 1944)

16982 Wright, Gordon: The Ordeal of Total War, 1939–1945, New York 1968; XV, 314 S.

16983 Zboralski, Dietrich: Rundschreiben 255/44 der Parteikanzlei der NSDAP, in: ZMG (Berlin (O)) 4 (1965), 703–5

16984 Zentner, Kurt: Illustrierte Geschichte des Zweiten Weltkrieges, 2., durchges. Aufl., München 1964; 604 S. (zuerst 1963)**

16985 Zipfel, Friedrich: Krieg und Zusammenbruch, in: Eberhard Aleff (Hg.), Das Dritte Reich, 23. Aufl., Hannover 1986, 177–240, 268–73 (zuerst 1970)**

16986 Der Zweite Weltkrieg 1939–1945. Wirklichkeit und Fälschung, Red. Stefan Doernberg, 1.–3. Aufl., Berlin (O) 1959; VIII, 174 S.

A.3.22.2 Rüstung

[vgl. A.1.9.2: W. Funk; H. Göring; F. Todt; F. Sauckel; A. Speer; A.3.15.6; A.3.15.14; A.3.19.5.3]

16987 Bettinger, Dieter/Büren, Martin: Der Westwall. Die Geschichte der deutschen Westbefestigungen im Dritten Reich, Bd. 1: Der Bau des Westwalls 1936–1945, Bd. 2: Die technische Ausführung des Westwalls, Osnabrück 1990; XII, 722, XLVII; VIII, 504 S.

16988 Bornemann, Manfred: Geheimprojekt [Dora-]Mittelbau. Die Geschichte der deutschen V-Waffen-Werke, München 1971; 167 S.

16989 Braun, Hans J.: Technologietransfer im Flugzeugbau zwischen Deutschland und Japan 1936–1945, in: Josef Kreiner/Regine Mathias (Hg.), Deutschland – Japan in der Zwischenkriegszeit, Bonn 1990, 325–40

16990 Caroll, Berenice A.: Germany Disarmed and Rearming, 1925–1935, in: JPR 3 (1966), 114–24

16991 Carr, William: Rüstung, Wirtschaft und Politik am Vorabend des Zweiten Weltkrieges, in: Wolfgang Michalka (Hg.), Nationalsozialistische Außenpolitik, Darmstadt 1978, 437–54

16992 Castellan, Georges: Le réarmement clandestin du Reich 1930–1935. Vu par le Deuxième Bureau de l'État-Major Français, Vorwort General Weygand, Paris 1954; 590 S.

16993 Deist, Wilhelm: Heeresrüstung und Aggression 1936–1939, in: Klaus Hildebrand/Karl F. Werner (Hg.), Deutschland und Frankreich 1936–1939. 15. Deutsch-französisches Historikerkolloquium des Deutschen Historischen Instituts Paris (Bonn, 26.–29. September 1979), München/Zürich 1981, 129–52

16994 Deist, Wilhelm: Die deutsche Aufrüstung in amerikanischer Sicht: Berichte des US-Militärattachés in Berlin aus den Jahren 1933–1939, in: Alexander Fischer u. a. (Hg.), Rußland – Deutschland – Amerika. Festschrift für Fritz T. Epstein zum 80. Geburtstag, Wiesbaden 1978, 279–95; abgedr. in: Andreas Hillgruber, Die Zerstörung Europas. Beiträge zur Weltkriegsepoche 1914 bis 1945, Frankfurt/Berlin 1988, 256–72

16995 Dressel, Joachim/Griehl, Manfred: Die deutschen Raketenflugzeuge 1935–1945. Die Entwicklung einer umwälzenden Technik, Stuttgart 1989; 200 S.**

16996 Gellermann, Günther W.: Der Krieg, der nicht stattfand. Möglichkeiten, Überlegungen und Entscheidungen der deutschen Obersten Führung zur Verwendung chemischer Kampfstoffe im Zweiten Weltkrieg, Koblenz 1986; 264 S.

16997 Geyer, Michael: Deutsche Rüstungspolitik 1860–1980, Frankfurt 1984, 118–70

16998 Geyer, Michael: Militär, Rüstung und Außenpolitik – Aspekte militärischer Revisionspolitik in der Zwischenkriegszeit, in: Manfred Funke (Hg.), Hitler, Deutschland und die Mächte. Materialien zur Außenpolitik des Dritten Reiches, Düsseldorf 1976, 239–68 (ND 1977 u. Düsseldorf/Königstein, Ts. 1978)

16999 Hahn, Fritz: Waffen und Geheimwaffen des deutschen Heeres 1933–1945, Bd. 1: Infanteriewaffen, Pionierwaffen, Artilleriewaffen, Spreng- und Kampfstoffe, Bd. 2: Panzer- und Sonderfahrzeuge, »Wunderwaffen«, Verbrauch und Verluste, Koblenz 1986–1987; 239, 320 S.

17000 Hansen, Friedrich: Biologische Kriegführung im Dritten Reich, Frankfurt/New York 1993; 212 S.

17001 Hansen, Friedrich: Zur Geschichte der deutschen biologischen Waffen, in: 1999 5 (1990), Nr. 1, 53–81

17002 Heider, Paul: Der totale Krieg – seine Vorbereitung durch Reichswehr und Wehrmacht, in: Ludwig Nestler (Hg.), Der Weg deutscher Eliten in den Zweiten Weltkrieg. Nachtrag zu einer verhinderten deutsch-deutschen Publikation, hg. in Verbindung mit Paul Heider u. a., Berlin (O) 1990, 35–80

17003 Heider, Paul/Lakowski, Richard: Theorie vom totalen Krieg, Blitzkriegskonzeption und Wehrmacht in Vorbereitung des zweiten Weltkrieges, in: MG 28 (1989), 291–300

17004 Heyl, John D.: The Construction of the Westwall, 1938: An Exemplar for National Socialist Policymaking, in: CEH 14 (1981), 63–78

17005 Hölsken, Dieter: Die V-Waffen. Entwicklung und Einsatzgrundsätze, in: MGM 38 (1985), 95–122

17006 Houwink ten Cate, Johannes: Das U-Boot als geistige Exportware. Das Ingenieurkantoor voor Scheepvaart N. V. (1919–1957). Ein Beitrag zur Geschichte der Geheimrüstung der Reichsmarine, in: Ralph Melville u. a. (Hg.), Deutschland und

Europa in der Neuzeit. Festschrift für Karl Otmar Freiherr von Aretin zum 65. Geburtstag, Halbbd. 2, Stuttgart 1988, 907–29

17007 Irving, David: Der Traum von der deutschen Atombombe, Gütersloh 1967; 329 S. (engl.: London 1967 u. d. T.: The Virus-House)

17008 Lauer, Helmut: Der Westwall, Zweibrücken 1979; 76 S.

17009 Leeb, Emil: Aus der Rüstung des Dritten Reiches. Das Heereswaffenamt 1938–1945. Ein authentischer Bericht des letzten Chefs des Heereswaffenamtes, Berlin/Frankfurt 1958; 68 S.

17010 Ludwig, Karl-Heinz: Strukturmerkmale nationalsozialistischer Aufrüstung bis 1935, in: Friedrich Forstmeier/Hans-Erich Volkmann (Hg.), Wirtschaft und Rüstung am Vorabend des Zweiten Weltkrieges, 2. Aufl., Düsseldorf 1981, 39–64 (zuerst 1975)

17011 Lusar, Rudolf: Die deutschen Waffen und Geheimwaffen des zweiten Weltkrieges, 6., stark überarb. u. erw. Aufl., München 1971; 447 S. (zuerst 1956)

17012 Meinck, Gerhard: Hitler und die deutsche Aufrüstung 1933–1937, Wiesbaden 1959; VIII, 246 S.

17013 Morgan, John H.: Assize of Arms. Being the Story of the Disarmament of Germany and Her Rearmement, London 1945; 291 S.

17014 Müller, Rolf-Dieter: Grenzen der Rüstungsdynamik und Ansätze zu einer Konversion im »Totalen Krieg«: Das Beispiel des »Dritten Reiches« 1939–1945, in: Detlef Bald (Hg.), Rüstungsbestimmte Geschichte und das Problem der Konversion in Deutschland im 20. Jahrhundert. (JbHFF, 1/1992), Münster/Hamburg 1993, 10–30

17015 Müller, Rolf-Dieter: Die deutschen Gaskriegsvorbereitungen 1919–1945. Mit Giftgas zur Weltmacht?, in: MGM 27 (1980), 25–54

17016 Powers, Thomas: Heisenbergs Krieg. Die Geheimgeschichte der deutschen Atombombe, Hamburg 1993; 767, (10) S. (zuerst amerikan.: New York 1993)

17017 Rahne, Hermann/Knoll, Werner: Die materielle Rüstung der deutschen Landstreitkräfte vor beiden Weltkriegen, in: MG 29 (1990), 254–65

17018 Rautenberg, Hans J.: Deutsche Rüstungspolitik vom Beginn der Genfer Abrüstungskonferenz bis zur Wiedereinführung der allgemeinen Wehrpflicht, Bonn 1973; 135 S.

17019 Renn, Walter F.: Hitler's West Wall: Strategy in Concrete and Steel, 1938–1945, Diss. Florida State University 1970; XII, 354 S. (Ms.; MF Ann Arbor, Mich.)

17020 Schabel, Ralf: Die Illusion der Wunderwaffen. Die Rolle der Düsenflugzeuge und Flugabwehrraketen in der Rüstungspolitik des Dritten Reiches, München 1994; 316 S.

17021 Süßmann, Georg: Das deutsche Uranprojekt im Zweiten Weltkrieg, in: Venanz Schubert u. a. (Hg.), Der Zweite Weltkrieg und die Gesellschaft in Deutschland. 50 Jahre danach. Eine Ringvorlesung der Universität München, St. Ottilien 1992, 121–48

17022 Völker, Karl-Heinz: Die deutsche Luftwaffe 1933–1939. Aufbau, Führung und Rüstung sowie die Entwicklung der deutschen Luftkriegstheorie, 2. Aufl., Stuttgart 1968; 334 S. (zuerst 1967)

17023 Walker, Mark: Die Uranmaschine. Mythos und Wirklichkeit der deutschen Atombombe, Vorwort Robert Jungk, Berlin 1990; 327 S. (engl.: Cambridge 1989, 2. Aufl. 1992 u. d. T.: German National Socialism and the Quest for Nuclear Power, 1939–49)

17024 Walker, Mark: Legenden um die deutsche Atombombe, in: VfZ 38 (1990), 45–74

17025 Wiggershaus, Norbert Th.: Der deutsch-englische Flottenvertrag vom 18. Juni 1935. England und die geheime deutsche Aufrüstung, 1933–1935, Diss. Bonn 1972; 439 S.

A.3.22.3 Kriegsursachen und Kriegsbeginn

Literaturberichte

17026 Dülffer, Jost: Politik zum Kriege: Das Deutsche Reich und die Mächte auf dem Weg in den Zweiten Weltkrieg, in: NPL 26 (1981), 42–58

17027 Hansen, Ulrich: Zur Vorgeschichte des Zweiten Weltkrieges in Darstellung der freien Wissenschaft, in: DSt 1 (1963), 330–51

17028 Hansen, Ulrich: Die Vorgeschichte des Zweiten Weltkrieges in marxistisch-leninistischer Interpretation. Die freie Geschichtsforschung im Zerrspiegel kommunistischer Kritik, in: DSt 1 (1963), 278–329

17029 Hillgruber, Andreas: Die Entstehung des Zweiten Weltkrieges. Forschungsstand und Literatur. Mit einer Chronik der Ereignisse September – Dezember 1939, Düsseldorf 1980; 76 S.

17030 Hillgruber, Andreas: Der Beginn des Zweiten Weltkrieges aus der Sicht der sowjetischen Geschichtsschreibung, in: APUZ, Nr. B 35/64, 26.8. 1964, 32–38; abgedr. in: Andreas Hillgruber, Deutsche Großmacht- und Weltpolitik im 19. und 20. Jahrhundert, 2. Aufl., Düsseldorf 1979, 168–80 (zuerst 1977)

17031 Jacobsen, Hans-Adolf: Adolf Hitler, ein Politiker ohne Programm? Kritische Bemerkungen zu einer Untersuchung von A[lan] J. P. Taylor, in: EA 16 (1961), 457–62

17032 Peter, Matthias/Schröder, Hans-Jürgen: Präventivkriegsthese, in: Matthias Peter/Hans-Jürgen Schröder, Einführung in das Studium der Zeitgeschichte, Mitarb. Markus M. Hugo u. a., Paderborn u. a. 1994, 97–103

Quellenkunde

17033 Bußmann, Walter: Zur Entstehung und Überlieferung der »Hoßbach-Niederschrift« [vom 5. November 1937], in: VfZ 16 (1968), 373–84

17034 Smith, Bradley F.: Die Überlieferung der Hoßbach-Niederschrift [vom 5. November 1937] im Lichte neuer Quellen, in: VfZ 38 (1990), 329–36

Gedruckte Quellen

17035 Irving, David (Hg.): Breach of Security. The German Secret Intelligence File on Events Leading to the Second World War, Einleitung Donald C. Watt, London 1968; 216 S.

17036 Zentner, Christian: Der Kriegsausbruch – 1. September 1939. Daten, Bilder, Dokumente, Frankfurt/Berlin 1979; 240 S.

Darstellungen

17037 Adamthwaite, Anthony P.: The Making of the Second World War, 2. Aufl., London 1979; 240 S. (zuerst 1977)**

17038 Altrichter, Helmut/Becker, Josef (Hg.): Kriegsausbruch 1939. Beteiligte, Betroffene, Neutrale, München 1989; 240 S.

17039 Aster, Sidney: 1939. The Making of the Second World War, London 1973; 456 S.

17040 Ball, Adrian: Fertig zum Untergang. Der 3. September 1939, Düsseldorf 1963; 244 S. (New York 1963 u. d. T.: The Last Day of the Old World)

17041 Baumgart, Winfried: Zur Ansprache Hitlers vor den Führern der Wehrmacht am 22. August 1939. Eine quellenkritische Untersuchung, in: VfZ 16 (1968), 120–49

17042 Baumont, Maurice: Les origines de la Deuxième Guerre Mondiale, Paris 1969; 368 S. (amerikan.: Ferguson, N. H. 1978)

17043 Der Beginn des Zweiten Weltkrieges, Hg. Bundeszentrale für Heimatdienst, Bonn 1960; 180 S. (zuerst: Das Parlament, Sonder-Nr., 26. 8. 1959)**

17044 Bell, Philip M. H.: The Origins of the Second World War in Europe, 5. Aufl., London u. a. 1988; X, 236 S. (zuerst 1986)

17045 Bell, Philip M. H.: Hitler und die Ursprünge des Zweiten Weltkrieges. Versuch einer Analyse (1967), in: Gottfried Niedhart (Hg.), Kriegsbeginn 1939. Entfesselung oder Ausbruch des Zweiten Weltkriegs?, Darmstadt 1976, 411–28

17046 Benz, Wolfgang/Graml, Wolfgang (Hg.): Sommer 1939. Die Großmächte und der Europäische Krieg, Stuttgart 1979; 364 S.*

17047 Bilanzen der Vergangenheit: Zur Vorgeschichte des Zweiten Weltkrieges. (DSt, Jg. 1, Nr. 3), Bremen 1963; 119 S.*

17048 Bitzel, Uwe: Die Konzeption des Blitzkrieges bei der deutschen Wehrmacht, Frankfurt u. a. 1991; 591 S.

17049 Boehm, Hermann/Baumgart, Winfried: Zur Ansprache Hitlers vor den Führern der Wehrmacht am 22. August 1939, in: VfZ 19 (1971), 294–304

17050 Booms, Hans: Der Ursprung des Zweiten Weltkrieges – Revision oder Expansion? (1965), in: Gottfried Niedhart (Hg.), Kriegsbeginn 1939. Entfesselung oder Ausbruch des Zweiten Weltkriegs?, Darmstadt 1976, 52–93

17051 Broszat, Martin/Schwabe, Klaus (Hg.): Die deutschen Eliten und der Weg in den Zweiten Weltkrieg, München 1989; 444 S.*

17052 Brown, John M.: The Danzig Dilemma, Stanford, Ca. 1946; XVIII, 377 S.

17053 Bullock, Alan: Hitler und die Ursprünge des Zweiten Weltkrieges (1967), in: Gilbert Ziebura (Hg.), Grundfragen der deutschen Außenpolitik seit 1871, Darmstadt 1975, 337–75; abgedr. in: Gottfried Niedhart (Hg.), Kriegsbeginn 1939. Entfesselung oder Ausbruch des Zweiten Weltkriegs? Darmstadt 1976, 124–63

17054 Carr, William: Von Polen bis Pearl Harbor, Stuttgart 1987; IX, 281 S. (engl.: London 1985)

17055 Crémieux-Brilhac, Jean-Louis: La France devant l'Allemagne et la guerre au début de septembre 1939, in: Klaus Hildebrand/Karl F. Werner (Hg.), Deutschland und Frankreich 1936–1939. 15. Deutsch-französisches Historikerkolloquium des Deutschen Historischen Instituts Paris (Bonn, 26.–29. September 1979), München/Zürich 1981, 577–616

17056 Dahlerus, Birger: Der letzte Versuch. London – Berlin Sommer 1939, 2. Aufl., München 1981; 211 S. (zuerst 1973; engl: London 1947)

17057 Deist, Wilhelm u. a.: Ursachen und Voraussetzungen des Zweiten Weltkrieges, 2. Aufl., Frankfurt 1989; 954 S. (zuerst Stuttgart 1979 u. d. T.: Ursachen und Voraussetzungen der deutschen Kriegspolitik)

17058 Dülffer, Jost: Der Beginn des Krieges 1939: Hitler, die innere Krise und das Mächtesystem, in: GG 2 (1976), 443–70; abgedr. in: Karl D. Bracher u. a. (Hg.), Nationalsozialistische Diktatur 1933–1945. Eine Bilanz, Bonn (zugl. Düsseldorf) 1983, 317–44

17059 Eichholtz, Dietrich/Hass, Gerhart: Zu den Ursachen des Zweiten Weltkrieges und den Kriegszielen des deutschen Imperialismus, in: ZfG 15 (1967), 1148–70

17060 Fleming, Nicholas: August 1939. The Last Days of Peace, London 1979; XIV, 242 S.

17061 Gackenholz, Hermann: Reichskanzlei, 5. November 1937, in: Richard Dietrich/Gerhard Oestreich (Hg.), Forschungen zu Staat und Verfassung. Festgabe für Fritz Hartung, Berlin 1958, 459–84

17062 Geiss, Immanuel: Deutschland und die historischen Voraussetzungen des Zweiten Weltkrieges, in: Christoph Kleßmann (Hg.), Nicht nur Hitlers Krieg. Der Zweite Weltkrieg und die Deutschen, Düsseldorf 1989, 7–24

17063 Glaser, Kurt: Der Zweite Weltkrieg und die Kriegsschuldfrage. (Die Hoggan-Kontroverse), Würzburg 1965; 200 S.

17064 Graml, Hermann: Europas Weg in den Krieg. Hitler und die Mächte 1939, München 1990; 315 S.

17065 Graml, Hermann: Zur Diskussion über die Schuld am Zweiten Weltkrieg, in: APUZ, Nr. B 27/64, 1. 7. 1964, 3–23

17066 Haas, Gerhart: Neuere Stellungnahmen westdeutscher Historiker zur Kriegsschuld des deutschen Imperialismus, in: Befreiung und Neubeginn. Zur Stellung des 8. Mai 1945 und der deutschen Geschichte, Red. Bernhard Weißel, Berlin (O) 1968, 156–63

17067 Hansen, Ulrich: Die Vorgeschichte des Zweiten Weltkrieges in kommunistischer Sicht, Hg. Bundesministerium für Gesamtdeutsche Fragen, o. O. (Bonn) 1965; 119 S.

17068 Hildebrand, Klaus u. a. (Hg.): 1939. An der Schwelle zum Weltkrieg. Die Entfesselung des Zweiten Weltkrieges und das internationale System, hg. i. A. der Historischen Kommission zu Berlin und des Instituts für Zeitgeschichte, Berlin/New York 1990; XVI, 392 S.*

17069 Hildebrand, Klaus: Die Entfesselung des Zweiten Weltkrieges und das internationale System: Probleme und Perspektiven der Forschung, in: HZ 251 (1990), 607–25; abgedr. in: Klaus Hildebrand u. a. (Hg.), 1939. An der Schwelle zum Weltkrieg. Die Entfesselung des Zweiten Weltkrieges und das internationale System, Berlin/New York 1990, 3–20

17070 Hillgruber, Andreas: Deutschlands Rolle in der Vorgeschichte der beiden Weltkriege, 2. Aufl., Göttingen 1979; 141 S. (zuerst 1967)

17071 Hillgruber, Andreas: Zum Kriegsbeginn im September 1939 (1969), in: Gottfried Niedhart (Hg.), Kriegsbeginn 1939. Entfesselung oder Ausbruch des Zweiten Weltkriegs?, Darmstadt 1976, 163–77

17072 Hofer, Walther: Die Entfesselung des Zweiten Weltkrieges. Darstellung und Dokumente. Mit einem Essay »Gibt es eine Kriegsschuldfrage 1939?« (1984), ND der Ausg. Frankfurt 1964, Düsseldorf 1984; 415, LXVI S. (zuerst Stuttgart 1954; ND Frankfurt 1961)**

17073 Hofer, Walther: »Entfesselung« oder »Ausbruch« des Zweiten Weltkrieges? Eine grundsätzliche Auseinandersetzung mit dem Buch von A[lan] J. P. Taylor über die Ursprünge des Zweiten Weltkrieges (1964), in: Gottfried Niedhart (Hg.), Kriegsbeginn 1939. Entfesselung oder Ausbruch des Zweiten Weltkriegs?, Darmstadt 1976, 470–513

17074 Hofer, Walther: Wege oder Irrwege der Forschung.? Erneute Auseinandersetzung mit »erneuten Betrachtungen« von A[lan] J. P. Taylor, in: Werner Pöls (Hg.), Staat und Gesellschaft im politischen Wandel. Beiträge zur Geschichte der modernen Welt. (Festschrift für Walter Bussmann zum 14. Januar 1979), Stuttgart 1979, 523–38

17075 Hoggan, David L.: Der erzwungene Krieg. Die Ursachen und Urheber des 2. Weltkrieges, 14. Aufl., Tübingen 1990; 936 S. (zuerst 1961)

17076 Holldack, Heinz (Hg.): Was wirklich geschah. Die diplomatischen Hintergründe der deutschen Kriegspolitik. Darstellung und Dokumente, München 1949; 547 S.**

17077 Hornung, Klaus: Mißlungene Rechtfertigung. Bemerkungen zu David L. Hoggans Buch »Der erzwungene Krieg«, in: GSE 9 (1964), 237–42

17078 Irving, David: Hitlers Weg zum Krieg, München/Berlin 1979; 529 S. (engl.: London 1978)

17079 Jasper, Gotthard: Über die Ursachen des Zweiten Weltkrieges. Zu den Büchern von A[lan] J. P. Taylor und David L. Hoggan, in: VfZ 10 (1962), 311–40

17080 Kamnitzer, Heinz: Die diplomatische Vorgeschichte des zweiten Weltkrieges, Berlin (O) 1952; 29 S.

17081 Kielmansegg, Peter Graf: Die militärisch-politische Tragweite der Hoßbach-Besprechung [vom 5. November 1937], in: VfZ 8 (1960), 268–75

17082 Kuhn, Axel: Hitlers außenpolitisches Programm. Entstehung und Entwicklung 1919–1939, Stuttgart 1970; 286 S.

17083 Lafore, Laurence: The End of Glory. An Interpretation of the Origins of World War II, Philadelphia, Penn. 1970; VII, 280 S.

17084 Martel, Gordon (Hg.): The Origins of the Second World War Reconsidered: The A[lan] J. P. Taylor Debate after Twenty-Five Years, London 1986; 276 S.

17085 Mason, Timothy W.: Einige Ursprünge des Zweiten Weltkrieges (1964), in: Gottfried Niedhart (Hg.), Kriegsbeginn 1939. Entfesselung oder Ausbruch des Zweiten Weltkriegs?, Darmstadt 1976, 94–123

17086 Mason, Timothy W.: The Domestic Dynamics of Nazi Conquests: A Response to Critics, in: Thomas Childers/Jane Caplan (Hg.), Reevaluating the Third Reich, New York/London 1993, 161–89

17087 Mason, Timothy W.: Zur Funktion des Angriffskrieges, in: Friedrich Forstmeier/Hans-Erich Volkmann (Hg.), Wirtschaft und Rüstung am Vorabend des Zweiten Weltkrieges, 2. Aufl., Düsseldorf 1981, 159–88 (zuerst 1975); überarb. abgedr. in: Gilbert Ziebura (Hg.), Grundfragen der deutschen Außenpolitik seit 1871, Darmstadt 1975, 376–413

17088 Messerschmidt, Manfred: Kriegsbejahung – ein deutsches Phänomen? Außenpolitische Verhaltensweisen und Einstellungen zum Krieg im europäischen Vergleich: Das nationalsozialistische Deutschland, in: Norbert Frei/Hermann Kling (Hg.), Der nationalsozialistische Krieg, Mitarb. Margit Brandt, Frankfurt/New York 1990, 62–80

17089 Milward, Alan S.: Der Einfluß ökonomischer und nicht-ökonomischer Faktoren auf die Strategie des Blitzkrieges, in: Friedrich Forstmeier/Hans-Erich Volkmann (Hg.), Wirtschaft und Rüstung am Vorabend des Zweiten Weltkrieges, 2. Aufl., Düsseldorf 1981, 189–201 (zuerst 1975); abgedr. in: Wolfgang Michalka (Hg.), Nationalsozialistische Außenpolitik, Darmstadt 1978, 455–70

17090 Nestler, Ludwig u. a. (Hg.): Der Weg deutscher Eliten in den Zweiten Weltkrieg. Nachtrag zu einer verhinderten deutsch-deutschen Publikation, Berlin (O) 1990; 384 S.*

17091 Niedhart, Gottfried (Hg.): Kriegsbeginn 1939. Entfesselung oder Ausbruch des Zweiten Weltkrieges?, Darmstadt 1976; VI, 519 S.*

17092 Overy, Richard J.: »Germany«, »Domestic Crisis«, and War in 1939, in: P&P 36 (1987), Nr. 116, 138–68

17093 Peis, Günter: The Man Who Started the War, London 1960; 223 S.

17094 Pike, David W. (Hg.): The Opening of the Second World War. Proceedings of the Second International Conference on International Relations, held at The American University of Paris, September 26–30, 1989, New York u. a. 1991; XL, 385 S.*

17095 Preston, Adrian: General Staffs and Diplomacy before the Second World War, London 1978; 138 S.

17096 Rauschning, Hermann: Der unnötige Krieg. Eine Auseinandersetzung mit A[lan] J. P. Taylor und David L. Hoggan, in: BDIP 8 (1963), 680–97

17097 Robertson, Esmonde M.: Hitler's Pre-War Policy, and Military Plans, 1933–1939, London 1963; XIII, 207 S.

17098 Robertson, Esmonde M. (Hg.): The Origins of the Second World War. Historical Interpretations, London 1971; VI, 312 S.

17099 Robertson, Esmonde M.: Hitler's Planning for War and the Response of the Great Powers (1938 – Early 1939), in: Hannsjoachim W. Koch (Hg.), Aspects of the Third Reich, 3. Aufl., Basingstoke/London 1988, 196–234 (zuerst 1985)

17100 Rohde, Horst: Kriegsbeginn 1939 in Danzig – Planungen und Wirklichkeit, in: Wolfgang Michalka (Hg.), Der Zweite Weltkrieg. Analysen, Grundzüge, Forschungsbilanz, München/Zürich 1989, 462–81

17101 Runzheimer, Jürgen: Der Überfall auf den Sender Gleiwitz im Jahre 1939, in: VfZ 10 (1962), 408–26

17102 Schäfer, E. Philipp: 13 Tage Weltgeschichte. Wie es zum Zweiten Weltkrieg kam, Düsseldorf 1964; 376 S.

17102a Schindler, Herbert: Mosty und Dirschau 1939. Zwei Handstreiche der Wehrmacht vor Beginn des Polenfeldzuges, 2. Aufl., Freiburg i.Br. 1979; 173 S. (zuerst 1971)

17103 Schunke, Joachim: Die Kriegsplanung des deutschen Imperialismus in Vorbereitung des zweiten Weltkrieges, 2 Bde., Diss. Leipzig 1964; XIII, 251 S. (Ms. vervielf.)

17104 Snell, John L. (Hg.): The Outbreak of the Second World War. Design or Blunder, Boston 1962; XX, 107 S.

17105 Sontag, Raymond J.: Die Ursprünge des Zweiten Weltkrieges (1963), in: Gottfried Niedhart (Hg.), Kriegsbeginn 1939. Entfesselung oder Ausbruch des Zweiten Weltkriegs?, Darmstadt 1976, 396–410

17106 Spieß, Alfred/Lichtenstein, Heiner: Das Unternehmen Tannenberg, Vorwort Robert M. W. Kempner, Wiesbaden 1979; 190 S.

17107 Spiru, Basil (Hg.): September 1939, Red. Felix-Heinrich Gentzen, Berlin (O) 1959; 161 S.

17108 Steinert, Marlis G.: Les origines de le seconde guerre mondiale, Paris 1974; 136 S.

17109 Stuby, Gerhard: Hätte der Zweite Weltkrieg verhindert werden können?, in: BDIP 28 (1983), 53–68

17110 Taylor, Alan J. P.: Die Ursprünge des Zweiten Weltkrieges, 3. Aufl., München 1980; 351 S. (zuerst Gütersloh 1962)

17111 Thöne, Karin: Entwicklungsstadien und Zweiter Weltkrieg. Ein wirtschaftswissenschaftlicher Beitrag zur Frage der Kriegsursachen, Berlin 1974; 106 S.

17112 Watt, Donald C.: Too Serious a Business. European Armed Forces and the Approach to the Second World War, Berkeley, Ca. 1975; 200 S.

17113 Watt, Donald C.: How War Came. The Immediate Origins of the Second World War, 1938–1939, London 1989; 736 S.

17114 Wendt, Bernd-Jürgen: Durch das »strategische Fenster« in den Zweiten Weltkrieg. Die Motive Hitlers, in: Uwe Backes u.a. (Hg.), Die Schatten der Vergangenheit. Impulse zur Historisierung des Nationalsozialismus, 2. Aufl., Frankfurt/Berlin 1992, 344–74 (zuerst 1990)

17115 Wette, Wolfram: Weltmachtstreben, Gewaltkult und Kanonenfutter. Überlegungen zum Beginn der beiden Weltkriege, in: GMH 40 (1989), 452–61; abgedr. in: Wolfram Wette, Militarismus und Pazifismus. Auseinandersetzungen mit den deutschen Kriegen, Bremen 1991, 232–41

17116 Whiting, Charles/Gehendges, Friedrich: Jener September. Europa beim Kriegsausbruch 1939. (Fotografierte Zeitgeschichte), Düsseldorf 1979; 148 S. (LA Bindlach 1989)**

17117 Wucher, Albert: Seit 5 Uhr 45 wird zurückgeschossen. Ein Dokumentarbericht über den Beginn des Zweiten Weltkrieges, München 1959; 217 S.

17118 Wuermeling, Henric L.: August '39. 11 Tage zwischen Frieden und Krieg, Berlin/Frankfurt 1989; 198 S.

A.3.22.4 Osteuropa

Bibliographien

17119 Ueberschär, Gerd R.: Kommentierte Literaturhinweise zu den deutsch-sowjetischen Beziehungen und zum »Unternehmen Barbarossa«, in: Gerd R. Ueberschär/Wolfram Wette (Hg.), Der deutsche Überfall auf die Sowjetunion. »Unternehmen Barbarossa« 1941, 2., überarb. Aufl., Frankfurt 1991, 241–348 (zuerst Paderborn 1984)

17120 Ueberschär, Gerd R.: Literaturauswahl zur Schlacht von Stalingrad, in: Wolfram Wette/Gerd R. Ueberschär (Hg.), Stalingrad. Mythos und Wirklichkeit einer Schlacht, Frankfurt 1992, 304–13

Literaturberichte

17121 Heyde, Philipp: Von Barbarossa nach Stalingrad. Bemerkungen zu einigen Neuerscheinungen über den Deutsch-Sowjetischen Krieg 1941–1943, in: NPL 39 (1994), 14–33

17122 Korfes, Otto: Die westdeutsche Geschichtsschreibung zur militärischen Planung und politischen Wirkung der Schlacht um Stalingrad, in: ZfG 6 (1958), 496–507

Gedruckte Quellen

17123 Arendt, Hans-Jürgen/Kretschmer, Jörg: Der Überfall auf die UdSSR 1941. Aus dem Kriegstagebuch des deutschen Soldaten Hans Wolf. (Dokumentation), in: ZfG 39 (1991), 587–97

17124 Carell, Paul: Der Rußlandkrieg. Fotografiert von Soldaten. Der Bildband zu »Unternehmen Barbarossa« und »Verbrannte Erde«, Frankfurt u. a. 1967; 465 S.

17125 Carell, Paul: Unternehmen Barbarossa im Bild. Der Rußlandkrieg fotografiert von Soldaten, 2. Aufl., Berlin 1991; 466 S. (zuerst Berlin u. a. 1981)

17126 Ebert, Jens (Hg.): Stalingrad – eine deutsche Legende. Zeugnisse einer verdrängten Legende, Reinbek 1992; 192 S.

17127 Golovchansky, Anatoly u. a. (Hg.): »Ich will raus aus diesem Wahnsinn.« Deutsche Briefe von der Ostfront 1941–1945. Aus sowjetischen Archiven, Vorwort Willy Brandt, Wuppertal/Moskau 1991; 319 S.

17128 Klee, Ernst/Dreßen, Willi (Hg.): »Gott mit uns«. Der deutsche Vernichtungskrieg im Osten 1939–1945, Mitarb. Volker Rieß, München 1989; 261 S.

17129 Kohut, Thomas A./Reulecke, Jürgen: »Sterben wie eine Ratte, die der Bauer ertappt!« Letzte Briefe aus Stalingrad, in: Jürgen Förster (Hg.), Stalingrad. Ereignis – Wirkung – Symbol, München/Zürich 1992, 456–715

17130 Moritz, Erhard (Hg.): Fall Barbarossa. Dokumente zur Vorbereitung der faschistischen Wehrmacht auf die Aggression gegen die Sowjetunion, Berlin (O) 1970; 427 S.

17131 Nebelin, Manfred: »Barbarossa« und Ungarn. Aus dem Kriegstagebuch des Deutschen Generals beim Oberkommando der Königlich Ungarischen Wehrmacht 1941, in: MGM 53 (1994), 101–22

17132 Neff, Winfried (Hg.): Briefe aus dem Osten, Schramberg 1990; 149 S.

17133 Six, Franz A. (Hg.): Dokumente der deutschen Politik. Das Reich Adolf Hitlers, Bd. 9: Der Kampf gegen den Osten, Bearb.

Hans Volz, 2 Halbbde., Berlin 1944; 1050 S.

17134 Ueberschär, Gerd R.: Dokumente zum »Unternehmen Barbarossa« als Vernichtungskrieg im Osten, in: Gerd R. Ueberschär/Wolfram Wette (Hg.), Der deutsche Überfall auf die Sowjetunion. »Unternehmen Barbarossa« 1941, 2., überarb. Aufl., Frankfurt 1991, 241–348 (zuerst Paderborn 1984)

Methodische Probleme

17135 Boch, Rudolf: Der Krieg im Osten 1941–1945. Bilanz und Perspektiven der bundesdeutschen Forschung, in: Manfred Hettling (Hg.), Was ist Gesellschaftsgeschichte? Positionen, Themen, Analysen. Hans-Ulrich Wehler zum 60. Geburtstag, München 1991, 248–58

Darstellungen

17136 Ancel, Jean: Stalingrad und Rumänien, in: Jürgen Förster (Hg.), Stalingrad. Ereignis – Wirkung – Symbol, München/Zürich 1992, 189–214

17137 Anderle, Alfred: Der Weg zum 22. Juni 1941, in: Alfred Anderle/Werner Basler (Red.), Juni 1941. Beiträge zur Geschichte des hitlerfaschistischen Überfalls auf die Sowjetunion, Berlin (O) 1961, 9–43

17138 Anderle, Alfred/Basler, Werner (Red.): Juni 1941. Beiträge zur Geschichte des hitlerfaschistischen Überfalls auf die Sowjetunion, Berlin (O) 1961; 368 S.*

17139 Aurich, Peter: Der deutsch-polnische September 1939. Eine Volksgruppe zwischen den Fronten, München/Wien 1969; 147 S.

17140 Bartov, Omer: The Eastern Front, 1941–45. German Troops and the Barbarisation of Warfare, Houndmills u. a. 1985; XVI, 214 S.

17141 Bartov, Omer: Extremfälle der Normalität und die Normalität des Außergewöhnlichen: Deutsche Soldaten an der Ostfront, in: Ulrich Borsdorf/Mathilde Jamin (Hg.), Über Leben im Krieg. Kriegserfahrungen in einer Industrieregion 1939–1945. Katalogbuch [...], Reinbek 1989, 148–68

17142 Benz, Wigbert: Der Rußlandfeldzug des Dritten Reiches: Ursachen, Ziele, Wirkungen. Zur Bewältigung eines Völkermords unter Berücksichtigung des Geschichtsunterrichts, 2., durchges. Aufl., Frankfurt 1988; 222 S. (zuerst 1986)

17143 Bezymenski, Lev: Sonderakte »Barbarossa«. Dokumente, Darstellung, Deutung, Stuttgart 1968; 351 S.**

17144 Blasius, Rainer A.: Zweifel an Uncle Joe's Treue? Chance eines sowjetisch-deutschen Sonderfriedens vor Casablanca im Urteil des Foreign Office, in: Wolfgang Michalka (Hg.), Der Zweite Weltkrieg. Analysen, Grundzüge, Forschungsbilanz, München/Zürich 1989, 155–73

17145 Blockade. Leningrad 1941–1944. Dokumente und Essays von Russen und Deutschen, Reinbek 1992; 255 S.**

17146 Boelcke, Willi A.: Der deutsche Überfall auf die Sowjetunion im Spiegel der Verwaltungsgeschichte, in: Archivmitteilungen 7 (1957), 141–50

17147 Borus, Josef: Stalingrads Widerhall und Wirkung in Ungarn, in: Jürgen Förster (Hg.), Stalingrad. Ereignis – Wirkung – Symbol, München/Zürich 1992, 215–28

17148 Brammerloh, Susanne: Die schrecklichen 900 Tage. Petersburg sollte im Sumpf versinken – Millionen wurden dem Hungertod preisgegeben. Jahrzehntelang galt Leningrad als Symbol heroischen Widerstands. Erst heute weiß man: Die Katastrophe war vermeidbar, in: Zeit, Jg. 46, Nr. 37, 6. 9. 1991, 49 f.

17149 Bußmann, Walter: Kursk-Orel-Dnjepr. Erlebnisse und Erfahrungen im Stab des XXXXVI. Panzerkorps während des »Unternehmens Zitadelle«, in: VfZ 41 (1993), 503–18

17150 Carell, Paul: Unternehmen Barbarossa. Der Marsch nach Rußland, 2. Aufl., Frankfurt u. a. 1991; 536 S. (zuerst 1963)

17151 Carell, Paul: Stalingrad. Sieg und Untergang der 6. Armee, Berlin 1992; 352 S.

17152 Carell, Paul: Verbrannte Erde. Schlacht zwischen Wolga und Weichsel, Frankfurt u. a. 1966; 512 S.

17153 Cecil, Robert: Hitlers Griff nach Rußland, Graz 1977; 198 S. (engl.: London 1975)

17154 Chor'kov, Anatolij: Die Anfangsphase des Krieges – das Jahr 1941, in: Roland G. Foerster (Hg.), »Unternehmen Barbarossa«. Zum historischen Ort der deutsch-sowjetischen Beziehungen von 1933 bis Herbst 1941, hg. i. A. des Militärgeschichtlichen Forschungsamtes, München 1993, 137–50; zuerst in: Bernd Wegner, Zwei Wege nach Moskau. Vom Hitler-Stalin-Pakt zum »Unternehmen Barbarossa«, München/Zürich 1991, 421–42

17155 Deist, Wilhelm: Die militärische Planung des »Unternehmens Barbarossa«, in: Roland G. Foerster (Hg.), »Unternehmen Barbarossa«. Zum historischen Ort der deutsch-sowjetischen Beziehungen von 1933 bis Herbst 1941, hg. i. A. des Militärgeschichtlichen Forschungsamtes, München 1993, 109–22

17156 Erdmann, Karl D.: Stalins Alternative im Vorfeld des Zweiten Weltkrieges: Bündnis mit oder gegen Hitler?, in: DAS, Jg. 33, Nr. 34, 26. 8. 1979, 8

17157 Fenyo, Mario D.: Hitler, Horthy, and Ungary. German-Hungarian Relations, 1941–1944, New Haven, Conn./London 1972; XII, 279 S.

17158 Fleischhauer, Ingeborg: Der Widerstand gegen den Rußlandfeldzug. Graf Schulenburg und die deutsche Botschaft Moskau. (Beiträge zum Widerstand 1933–1945, 31), Hg. Gedenkstätte Deutscher Widerstand Berlin, Berlin 1987; 31 S.

17159 Fleischhauer, Ingeborg: Die Chance eines Sonderfriedens. Deutsch-sowjetische Geheimgespräche 1941–1945, Berlin 1986; 343 S.

17160 Förster, Jürgen (Hg.): Stalingrad. Ereignis – Wirkung – Symbol, München/Zürich 1992; 501 S.*

17161 Förster, Jürgen: Stalingrad. Risse im Bündnis 1942/43, Freiburg i.Br. 1975; 172 S.

17162 Förster, Jürgen: Fünfzig Jahre danach. Ein historischer Rückblick auf das »Unternehmen Barbarossa«, in: APUZ, Nr. B 24/91, 7. 6. 1991, 11–24

17163 Förster, Jürgen: Zur Rolle der Wehrmacht im Krieg gegen die Sowjetunion, in: APUZ, Nr. B 45/80, 8. 11. 1980, 3–15

17164 Förster, Jürgen: Rückblick auf das »Unternehmen Barbarossa«. Die besondere Qualität des Krieges im Osten, in: Jörg Friedrich/Jörg Wollenberg (Hg.), Licht in den Schatten der Vergangenheit. Zur Enttabuisierung der Nürnberger Kriegsverbrecherprozesse, Frankfurt/Berlin 1987, 115–29

17165 Förster, Jürgen: Das andere Gesicht des Krieges: Das »Unternehmen Barbarossa« als Eroberungs- und Vernichtungskrieg, in: Roland G. Foerster (Hg.), »Unternehmen Barbarossa«. Zum historischen Ort der deutsch-sowjetischen Beziehungen von 1933 bis Herbst 1941, hg. i. A. des Militärgeschichtlichen Forschungsamtes, München 1993, 151–61

17166 Förster, Jürgen: Der historische Ort des Unternehmens »Barbarossa«, in: Wolfgang Michalka (Hg.), Der Zweite Weltkrieg. Analysen, Grundzüge, Forschungsbilanz, München/Zürich 1989, 626–40

17167 Förster, Jürgen u. a.: Wehrmachtsverbrechen. Ein Gespräch mit Jürgen Förster, Manfred Messerschmidt und Christian Streit über den »Vernichtungskrieg« der deutschen Wehrmacht im Osten, in: Mittelweg 3 (1994), Nr. 3, 41–50

17168 Forstmeier, Friedrich u. a.: Abwehrkämpfe am Nordflügel der Ostfront 1944–1945, Stuttgart 1963; 459 S.

17168a Fricke, Gert: »Fester Platz« Tarnopol 1944, 2. Aufl., Freiburg i.Br. 1986; 161 S. (zuerst 1969)

17169 Friedensburg, Ferdinand: Die sowjetischen Kriegslieferungen an das Hitlerreich, in: VzW 31 (1962), 331–38

17170 Friedrich, Jörg: Das Gesetz des Krieges. Das deutsche Heer in Rußland 1941 bis 1945. Der Prozeß gegen das Oberkommando der Wehrmacht, München/Zürich 1993; 1085 S.

17171 Furlani, Silvio: Pripjet-Problem und Barbarossa-Planung, in: Rudolf Neck/ Adam Wandruszka (Hg.), Beiträge zur Zeitgeschichte. Festschrift Ludwig Jedlicka zum 60. Geburtstag, St. Pölten 1976, 281–97

17172 Göpfert, Helmut: Die militärische Vorbereitung des faschistischen Überfalls auf die Sowjetunion, in: ZfG 14 (1966), 1092–107

17173 Gorodetsky, Gabriel: Stalin und Hitlers Angriff auf die Sowjetunion. Eine Auseinandersetzung mit der Legende vom deutschen Präventivschlag, in: VfZ 37 (1989), 645–72

17174 Gosztony, Peter: Hitlers fremde Heere. Das Schicksal der nichtdeutschen Armeen im Ostfeldzug, Düsseldorf 1976; 545 S.

17175 Hass, Gerhart: Der deutsch-sowjetische Krieg 1941–1945. Zu einigen Legenden über seine Vorgeschichte und den Verlauf der ersten Kriegswochen, in: ZfG 39 (1991), 647–62

17176 Hesse, Erich: Der sowjet-russische Partisanenkrieg 1941 bis 1944 im Spiegel deutscher Kampfanweisungen und Befehle, 2. Aufl., Göttingen u. a. 1993; 292 S. (zuerst 1969)**

17177 Hillgruber, Andreas: Die Räumung der Krim 1944. Eine Studie zur Entstehung der deutschen Führungsentschlüsse, Berlin/Frankfurt 1959; 160 S.

17178 Hillgruber, Andreas: Der Zenit des Zweiten Weltkrieges, Juli 1941, Wiesbaden 1977; 445 S.

17179 Hillgruber, Andreas: »Nordlicht«. Die deutschen Pläne zur Eroberung Leningrads im Jahre 1942 (1964), in: Andreas Hillgruber, Deutsche Großmacht- und Weltpolitik im 19. und 20. Jahrhundert, 2. Aufl., Düsseldorf 1979, 295–316 (zuerst 1977)

17180 Hillgruber, Andreas: Der Ostkrieg und die Judenvernichtung, in: Gerd R. Ueberschär/Wolfram Wette (Hg.), Der deutsche Überfall auf die Sowjetunion. »Unternehmen Barbarossa« 1941, 2., überarb. Aufl., Frankfurt 1991, 185–205, 386–90 (zuerst Paderborn 1984); abgedr. in: Andreas Hillgruber, Die Zerstörung Europas. Beiträge zur Weltkriegsepoche 1914 bis 1945, Frankfurt/Berlin 1988, 313–38

17181 Hillgruber, Andreas: Die Bedeutung der Schlacht von Smolensk in der zweiten Juli-Hälfte 1941 für den Ausgang des Ostkrieges, in: Inge Auerbach u.a. (Hg.), Felder und Vorfelder russischer Geschichte. Studien zu Ehren von Peter Scheibert, Freiburg i.Br. 1985, 266–79; abgedr. in: Andreas Hillgruber, Die Zerstörung Europas. Beiträge zur Weltkriegsepoche 1914 bis 1945, Frankfurt/Berlin 1988, 296–312

17182 Hillgruber, Andreas: Das Rußland-Bild der führenden deutschen Militärs vor Beginn des Angriffs auf die Sowjetunion, in: Alexander Fischer u.a. (Hg.), Rußland – Deutschland – Amerika. Festschrift für Fritz T. Epstein zum 80. Geburtstag, Wiesbaden 1978, 296–310; abgedr. in: Andreas Hillgruber, Die Zerstörung Europas. Beiträge zur Weltkriegsepoche 1914 bis 1945, Frankfurt/Berlin 1988, 256–72

17183 Hillgruber, Andreas: Der »Cordon Sanitaire« im Zweiten Weltkrieg, in: Werner Pöls (Hg.), Staat und Gesellschaft im politischen Wandel. Beiträge zur Geschichte der modernen Welt. (Festschrift für Walter

Bussmann zum 14. Januar 1979), Stuttgart 1979, 539–54; abgedr. in: Manfred Messerschmidt u. a. (Hg.), Militärgeschichte. Probleme – Thesen – Wege, hg. i. A. des Militärgeschichtlichen Forschungsamtes aus Anlaß seines 25jährigen Bestehens, Stuttgart 1982, 281–93; Andreas Hillgruber, Die Zerstörung Europas. Beiträge zur Weltkriegsepoche 1914 bis 1945, Frankfurt/Berlin 1988, 339–54

17184 Hillgruber, Andreas: Der Zenit des Zweiten Weltkrieges – Juli 1941 (1977), in: Andreas Hillgruber, Die Zerstörung Europas. Beiträge zur Weltkriegsepoche 1914 bis 1945, Frankfurt/Berlin 1988, 273–95

17185 Hillgruber, Andreas: Japan und der Fall »Barbarossa«. Japanische Dokumente zu den Gesprächen Ribbentrops mit Botschafter Oshima von Februar bis Juni 1941, in: WR 18 (1968), 312–36; abgedr. in: Andreas Hillgruber, Deutsche Großmacht- und Weltpolitik im 19. und 20. Jahrhundert, 2. Aufl., Düsseldorf 1979, 223–52 (zuerst 1977)**

17186 Hillgruber, Andreas: Noch einmal: Hitlers Wendung gegen die Sowjetunion 1940. Nicht (Militär-)Strategie oder Ideologie», sondern «Programm» und «Weltkriegsstrategie», in: GWU 33 (1982), 214–26; abgedr. in: Andreas Hillgruber, Die Zerstörung Europas. Beiträge zur Weltkriegsepoche 1914 bis 1945, Frankfurt/Berlin 1988, 239–55

17186a Hoffmann, Joachim: Deutsche und Kalmyken 1942–1945, 4. Aufl., Freiburg i.Br. 1986; 214 S. (2. Aufl. 1974)

17186b Hoffmann, Joachim: Die Geschichte der Wlassow-Armee, 2. Aufl., Freiburg i.Br. 1986; XVIII, 468 S. (zuerst 1984)

17187 Hoffmann, Joachim: Kaukasien 1942/43. Das deutsche Heer und die Orientvölker der Sowjetunion, Freiburg i. Br. 1991; 534 S.

17188 Hoffmann, Joachim: Die Ostlegionen 1941–1945. Turkotartaren, Kaukasier und Wolgafinnen im deutschen Heer, 3. Aufl., Freiburg i. Br. 1986; 197 S. (zuerst 1976)

17189 Jacobsen, Hans-Adolf: Zur Schlacht von Stalingrad (1963), in: Andreas Hillgruber (Hg.), Probleme des Zweiten Weltkrieges, Köln/Berlin 1967, 145–58; abgedr. in: Hans-Adolf Jacobsen, Von der Strategie der Gewalt zur Politik der Friedenssicherung. Beiträge zur deutschen Geschichte im 20. Jahrhundert, Düsseldorf 1977, 170–75

17190 Jahn, Peter/Rürup, Reinhard (Hg.): Erobern und Vernichten. Der Krieg gegen die Sowjetunion 1941–1945. Essays, Berlin 1992; 256 S.

17191 Janßen, Karl-Heinz: Vor fünfzig Jahren – Fall Barbarossa, in: Zeit, Jg. 46, Nr. 24, 7.6. 1991, 37f.; Nr. 25, 14.6. 1991, 35f.; Nr. 26, 21.6. 1991, 45f.; Nr. 27, 28.6. 1991, 45f.

17192 Janßen, Karl-Heinz: Warum der deutsche Musketier nicht bis zum Kreml kam, in: Zeit, Jg. 46, Nr. 51, 13.12. 1991, 37f.

17193 Kehrig, Manfred: Stalingrad. Analyse und Dokumentation einer Schlacht, Stuttgart 1974; 680 S.

17194 Kleßmann, Christoph: September 1939. Krieg, Besatzung, Widerstand in Polen. Acht Beiträge, Göttingen 1989; 180 S.

17195 Klink, Ernst: Das Gesetz des Handelns. Die Operation »Zitadelle« 1943, Stuttgart 1966; 356 S. u. 17 Karten

17196 Kluge, Alexander: Schlachtbeschreibung. Ein Roman, 2., rev. u. erw. Aufl., Frankfurt 1978; 367 S. (zuerst Olten/Freiburg 1964; Neuausg. Frankfurt 1983)

17196a Knoch, Peter P.: Das Bild des russischen Feindes, in: Wolfram Wette/Gerd R. Ueberschär (Hg.), Stalingrad. Mythos und Wirklichkeit einer Schlacht, Frankfurt 1992, 160–67, 290–92**

17197 Knopp, Guido u.a.: Entscheidung Stalingrad. Der verdammte Krieg, München 1992; 255 S.

17198 Knopp, Guido: Der verdammte Krieg. Das »Unternehmen Barbarossa«, Mitarb. Rudolf Gültner, Dokumentation Stefan Brauburger/Angelika von Hase, München 1991; 256 S.

17199 Koch, Hannsjoachim W. (Hg.): Hitler's »Programme« and the Genesis of Operation »Barbarossa«, in: Hannsjoachim W. Koch (Hg.), Aspects of the Third Reich, 2., unveränd. Aufl., Basingstoke/London 1987, 285–322 (zuerst 1985); abgedr. in: HJ 26 (1983), 891–919

17200 Krausnick, Helmut: Kommissarbefehl und »Gerichtsbarkeitserlaß Barbarossa« in neuer Sicht, in: VfZ 25 (1977), 682–738

17201 Krebs, Gerhard: Japanische Vermittlungsversuche im deutsch-sowjetischen Krieg 1941–1945, in: Josef Kreiner/Regine Mathias (Hg.), Deutschland – Japan in der Zwischenkriegszeit, Bonn 1990, 239–88

17202 Leetz, Antje (Hg.): Blockade. Leningrad 1941–1944. Dokumente und Essays von Russen und Deutschen, Reinbek 1992; 255 S.**

17203 Lemhöfer, Lutz: Gegen den gottlosen Bolschewismus. Zur Stellung der Kirchen zum Krieg gegen die Sowjetunion, in: Gerd R. Ueberschär/Wolfram Wette (Hg.), Der deutsche Überfall auf die Sowjetunion. »Unternehmen Barbarossa« 1941, 2., überarb. Aufl., Frankfurt 1991, 67–83, 364–67 (zuerst Paderborn 1984)

17203a Magenheimer, Heinz: Abwehrschlacht an der Weichsel 1945. Vorbereitungen, Ablauf, Erfahrungen, 2. Aufl., Freiburg 1986; 163 S. (zuerst 1976)

17204 Martin, Bernd: Deutsch-sowjetische Sondierungen über einen seperaten Friedensschluß im Zweiten Weltkrieg. Bericht und Dokumentation, in: Inge Auerbach u.a. (Hg.), Felder und Vorfelder russischer Geschichte. Studien zu Ehren von Peter Scheibert, Freiburg i.Br. 1985, 280–308**

17205 Maser, Werner: Der Wortbruch. Hitler, Stalin und der Zweite Weltkrieg, München 1994; XI, 463 S.

17206 Mercalov, Andrej N.: Der 22. Juni 1941: Anmerkungen eines sowjetischen Historikers, in: APUZ, Nr. B 24/91, 7.6. 1991, 25–36

17207 Messerschmidt, Manfred: Wehrmacht, Ostfeldzug und Tradition, in: Wolfgang Michalka (Hg.), Der Zweite Weltkrieg. Analysen, Grundzüge, Forschungsbilanz, München/Zürich 1989, 314–28

17208 Meyer, Klaus/Wippermann, Wolfgang (Hg.): Gegen das Vergessen. Deutsch-Sowjetische Historikerkonferenz im Juni 1991 in Berlin über Ursachen, Opfer, Folgen des deutschen Angriffs auf die Sowjetunion, Frankfurt 1992; 171 S.

17209 Minuth, Karl-Heinz: Sowjetisch-deutsche Friedenskontakte 1943, in: GWU 16 (1965), 38–45

17210 Moritz, Erhard (Hg.): Das Fiasko der antisowjetischen Aggression. Studien zur Kriegsführung des deutschen Imperialismus gegen die UdSSR (1941–1945), Berlin (O) 1978; 361 S.

17211 Müller, Rolf-Dieter: Das »Unternehmen Barbarossa« als wirtschaftlicher Raubkrieg, in: Gerd R. Ueberschär/Wolfram Wette (Hg.), Der deutsche Überfall auf die Sowjetunion. »Unternehmen Barbarossa« 1941, 2., überarb. Aufl., Frankfurt 1991, 125–57, 377–79 (zuerst Paderborn 1984)

17212 Müller, Rolf-Dieter: »Was wir an Hunger ausstehen müssen, könnt Ihr Euch gar nicht denken.«, in: Wolfram Wette/Gerd R. Ueberschär (Hg.), Stalingrad. Mythos und Wirklichkeit einer Schlacht, Frankfurt 1992, 131–45, 288–90**

17213 Nolte, Hans-Heinrich (Hg.): Der deutsche Überfall auf die Sowjetunion 1941. Text und Dokumentation, hg. i.A. der Niedersächsischen Landeszentrale für politische Bildung, Hannover 1991; 196 S.**

1047

17214 Nolte, Hans-Heinrich (Hg.): Der Mensch gegen den Menschen. Überlegungen und Forschungen zum deutschen Überfall auf die Sowjetunion 1941, Hannover 1992; 253 S.

17215 Philippi, Alfred/Heim, Ferdinand: Der Feldzug gegen Sowjetrußland 1941 bis 1945. Ein operativer Überblick, Hg. Arbeitskreis für Wehrforschung, Stuttgart 1962; 293 S.

17216 Piekalkiewicz, Janusz: Stalingrad. Anatomie einer Schlacht, München 1977; 479 S.

17217 Pietrow-Ennker, Bianka: Deutschland im Juni 1941 – ein Opfer sowjetischer Aggression? Zur Kontroverse über die Präventivkriegsthese, in: Wolfgang Michalka (Hg.), Der Zweite Weltkrieg. Analysen, Grundzüge, Forschungsbilanz, München/Zürich 1989, 586–607

17218 Quilitzsch, Siegmar: Zur verbrecherischen Rolle der IG Farben während der faschistischen Aggression gegen die Sowjetunion. Dargestellt am Beispiel der Filmfabrik Agfa Wolfen, in: Alfred Anderle/Werner Basler (Red.), Juni 1941. Beiträge zur Geschichte des hitlerfaschistischen Überfalls auf die Sowjetunion, Berlin (O) 1961, 157–187

17219 Ranki, György: Hitlers Verhandlungen mit osteuropäischen Staatsmännern 1939–1944, in: Klaus Hildebrand/Reiner Pommerin (Hg.), Deutsche Frage und europäisches Gleichgewicht. Festschrift für Andreas Hillgruber zum 60. Geburtstag, Köln/Wien 1985, 195–228

17220 Reinhardt, Klaus: Die Wende vor Moskau. Das Scheitern der Strategie Hitlers im Winter 1941/42, Stuttgart 1972; 355 S.

17221 Roos, Hans: Deutschland, Polen und die Sowjetunion im Zweiten Weltkrieg, in: Werner Markert (Hg.), Deutsch-russische Beziehungen von Bismarck bis zur Gegenwart, Stuttgart 1964, 141–66; abgedr. in: Andreas Hillgruber (Hg.), Probleme des Zweiten Weltkrieges, Köln/Berlin 1967, 225–44

17222 Schafranek, Hans/Streibel, Robert: 22. Juni 1941. Der Überfall auf die Sowjetunion, Wien 1991; 189 S.

17223 Scheel, Klaus: Anweisungen für die Darstellung der Stalingrader Schlacht in der faschistischen Presse. (Dokumentation), in: ZfG 21 (1973), 684–700**

17224 Schneider, Michael: Das »Unternehmen Barbarossa«. Die verdrängte Erblast von 1941 und die Folgen für das deutsch-sowjetische Verhältnis, Frankfurt 1989; 166 S.

17225 Schröder, Hans-Henning: Die Lehren von 1941. Die Diskussion um die Neubewertung des »Großen Vaterländischen Krieges« in der Sowjetunion, in: Wolfgang Michalka (Hg.), Der Zweite Weltkrieg. Analysen, Grundzüge, Forschungsbilanz, München/Zürich 1989, 608–25

17226 Schüler, Klaus A. F.: Logistik im Rußlandfeldzug. Die Rolle der Eisenbahn bei Planung, Vorbereitung und Durchführung des deutschen Angriffs auf die Sowjetunion bis zur Krise vor Moskau im Winter 1941/42, Vorwort Andreas Hillgruber, Frankfurt u. a. 1987; VI, 725 S.

17227 Schustereit, Hartmut: Vabanque. Hitlers Angriff auf die Sowjetunion 1941 als Versuch, durch den Sieg im Osten, den Westen zu bezwingen, Herford/Bonn 1988; 184 S.

17228 Schwarz, Eberhard: Zwischen Stalingrad und Kursk. Die Stabilisierung der Ostfront im Februar/März 1943, in: Jürgen Förster (Hg.), Stalingrad. Ereignis – Wirkung – Symbol, München/Zürich 1992, 113–29

17229 Seaton, Albert: Der russisch-deutsche Krieg 1941–1945, Frankfurt 1973; 628 S. (engl.: London 1971)

17230 Sella, Amnon: »Barbarossa«. Surprise Attack and Communication, in: JCH 13 (1978), 555–83

17231 Seraphim, Hans-Günther/Hillgruber, Andreas: Hitlers Entschluß zum Angriff auf Rußland. (Eine Entgegnung), in: VfZ 2 (1954), 240–54

17232 Solowjow, Boris G.: Von »Plan Weiß« zu »Barbarossa«: Die geheime Vorbereitung des Zweiten Weltkrieges, Moskau/Berlin (O) 1989; 211 S.

17233 Stegemann, Bernd: Der Entschluß zum Unternehmen Barbarossa. Strategie oder Ideologie?, in: GWU 33 (1982), 205–13

17234 Suvorow, Viktor (Pseud.): Der Eisbrecher. Hitler in Stalins Kalkül, Übersetzung Hans Jaeger, 6. Aufl., Stuttgart 1991; 461, (32) S. (1.–3. Aufl 1989; zuerst russ. u. d. T.: Ledokol)

17235 Tieke, Wilhelm: Der Kaukasus und das Öl. Der deutsch-sowjetische Krieg in Kaukasien 1942/43, Osnabrück 1970; 504 S.

17236 Topitsch, Ernst: Stalins Krieg. Die sowjetische Langzeitstrategie gegen den Westen als rationale Machtpolitik, 3., überarb. Aufl., Herford 1990; 263 S. (zuerst 1985)

17237 Ueberschär, Gerd R.: Das Scheitern des »Unternehmens Barbarossa«. Der deutsch-sowjetische Krieg vom Überfall bis zur Wende vor Moskau im Winter 1941/42, in: Gerd R. Ueberschär/Wolfram Wette (Hg.), Der deutsche Überfall auf die Sowjetunion. »Unternehmen Barbarossa« 1941, 2., überarb. Aufl., Frankfurt 1991, 85–122, 367–77 (zuerst Paderborn 1984)

17238 Ueberschär, Gerd R.: Hitlers Entschluß zum »Lebensraum«-Krieg im Osten. Programmatisches Ziel oder militärstrategisches Kalkül?, in: Gerd R. Ueberschär/Wolfram Wette (Hg.), Der deutsche Überfall auf die Sowjetunion. »Unternehmen Barbarossa« 1941, 2., überarb. Aufl., Frankfurt 1991, 13–43, 351–59 (zuerst Paderborn 1984)

17239 Ueberschär, Gerd R.: Stalingrad – eine Schlacht des Zweiten Weltkrieges, in: Wolfram Wette/Gerd R. Ueberschär (Hg.), Stalingrad. Mythos und Wirklichkeit einer Schlacht, Frankfurt 1992, 18–42, 268–72**

17240 Ueberschär, Gerd R./Wette, Wolfram (Hg.): Überfall auf die Sowjetunion. »Unternehmen Barbarossa« 1941, 2., überarb. Aufl., Frankfurt 1991; 419 S. (zuerst Paderborn 1984)*

17241 Uhlig, Heinrich: Das Einwirken Hitlers auf Planung und Führung des Ostfeldzuges, in: APUZ, Nr. B 11–12/60, 16./23. 3. 1960, 161–98

17242 Umbreit, Hans: Das unbewältigte Problem. Der Partisanenkrieg im Rücken der Ostfront, in: Jürgen Förster (Hg.), Stalingrad. Ereignis – Wirkung – Symbol, München/Zürich 1992, 130–50

17243 Der verdammte Krieg. Eine Gemeinschaftsproduktion des ZDF mit dem russischen Fernsehen Ostankino. Eine fünfteilige Dokumentation von Guido Knopp, Harald Schott und Anatolij Nikiforow, Hg. Zweites Deutsches Fernsehen, Presse- und Öffentlichkeitsarbeit, Red. Rudolf Gültner, Mainz 1992; 40 S.

17244 Wegner, Bernd (Hg.): Zwei Wege nach Moskau. Vom Hitler-Stalin-Pakt zum »Unternehmen Barbarossa«, hg. i. A. d. Militärgeschichtlichen Forschungsamts, München/Zürich 1991; XIX, 664 S.

17245 Wegner, Bernd: Vom Lebensraum zum Todesraum. Deutschlands Kriegsführung zwischen Moskau und Stalingrad, in: Jürgen Förster (Hg.), Stalingrad. Ereignis – Wirkung – Symbol, München/Zürich 1992, 17–37

17246 Wegner, Bernd: Hitlers zweiter Feldzug gegen die Sowjetunion. Strategische Grundlagen und historische Bedeutung, in: Wolfgang Michalka (Hg.), Der Zweite Weltkrieg. Analysen, Grundzüge, Forschungsbilanz, München/Zürich 1989, 652–66

17247 Weinberg, Gerhard L.: Der Überfall auf die Sowjetunion im Zusammenhang mit

Hitlers diplomatischen und militärischen Gesamtplanungen, in: Roland G. Foerster (Hg.), »Unternehmen Barbarossa«. Zum historischen Ort der deutsch-sowjetischen Beziehungen von 1933 bis Herbst 1941, hg. i. A. des Militärgeschichtlichen Forschungsamtes, München 1993, 177–85

17248 Weinberg, Gerhard L.: Der deutsche Entschluß zum Angriff auf die Sowjetunion, in: VfZ 1 (1953), 301–18

17249 Wette, Wolfram: Verteidigungslügen. Über die Mär vom deutschen Verteidigungskrieg gegen Rußland (1988), in: Wolfram Wette Militarismus und Pazifismus. Auseinandersetzungen mit den deutschen Kriegen, Bremen 1991, 195–203

17250 Wette, Wolfram: »Unternehmen Barbarossa«. Die verdrängte Last von 1941 (1987), in: Wolfram Wette, Militarismus und Pazifismus. Auseinandersetzungen mit den deutschen Kriegen, Bremen 1991, 182–94

17251 Wette, Wolfram: »Es roch nach Ungeheuerlichem.« Zeitzeugenbericht eines Panzerschützen [Alfred Opitz] über die Stimmung in einer Einheit des deutschen Ostheeres am Vorabend des Überfalls auf die Sowjetunion, in: 1999 4 (1989), Nr. 4, 62–73**

17252 Wette, Wolfram/Ueberschär, Gerd R. (Hg.): Stalingrad. Mythos und Wirklichkeit einer Schlacht, Frankfurt 1992; 317 S.**

17253 Wieder, Joachim: Stalingrad und die Verantwortung des Soldaten, Hg. Heinrich Graf von Einsiedel, 4., völlig überarb. u. erw. Neuausg., München 1993; 380 S. (zuerst 1956)

17254 Wilhelm, Hans-Heinrich: Rassenpolitik und Kriegsführung. Sicherheitspolizei und Wehrmacht in Polen und der Sowjetunion, Passau 1991; 214 S.**

17255 Wilhelm, Hans-Heinrich: Die Prognosen der Abteilung Fremde Heere Ost 1942–1945, in: Hans-Heinrich Wilhelm/Louis de Jong, Zwei Legenden aus dem Dritten Reich. Die Prognosen der Abteilung Fremde Heere Ost 1942–1945. Felix Kersten und die Niederlande, Stuttgart 1974, 7–75

17256 Wünsche, Wolfgang: Kursk 1943. Die Entschlußfassung der faschistischen Führung zur »Zitadelle«, in: MG 12 (1973), 272–83

17257 Zgórniak, Marian: Militärpolitische Lage und Operationspläne Polens vor dem Ausbruch des Zweiten Weltkrieges, in: Wolfgang Michalka (Hg.), Der Zweite Weltkrieg. Analysen, Grundzüge, Forschungsbilanz, München/Zürich 1989, 447–61

17258 Ziemke, Earl F.: Stalingrad to Berlin. The German Defeat in the East, Washington, D. C. 1968; XIV, 549 S.

17259 Ziemke, Earl F.: Moscow to Stalingrad. Decision in the East, Washington, D. C. 1987; XV, 558 S.

A.3.22.5 Westeuropa und USA

Literaturberichte

17260 Förste, Erich: Der »Seelöwe« im Lichte neuerer Fachliteratur, in: MR 57 (1960), 19–35

17261 Röseler, Joachim: Die deutschen Pläne für eine Landung in England und die Luftschlacht um England, in: JBBfZ 34 (1962), 541–53

Gedruckte Quellen

17262 Jacobsen, Hans-Adolf (Hg.): Dokumente zum Westfeldzug 1940, Göttingen u. a. 1960; VIII, 340 S.

17263 Jacobsen, Hans-Adolf (Hg.): Dokumente zur Vorgeschichte des Westfeldzuges 1939–1940, Göttingen 1956; 255 S.

17264 Klee, Karl: Dokumente zum Unternehmen »Seelöwe«. Die geplante deutsche Landung in England 1940, Göttingen u.a. 1959; 457 S.

17265 Piekalkiewicz, Janusz: Arnheim 1944. Deutschlands letzter Sieg. Eine Bilddokumentation, Oldenburg/Hamburg 1976; 112 S.

17266 Schramm, Percy E. (Hg.): Die Invasion 1944. Aus dem Kriegstagebuch des Oberkommandos der Wehrmacht (Wehrmachtführungsstab), München 1963; 293 S.

17267 Six, Franz A. (Hg.): Dokumente der deutschen Politik. Das Reich Adolf Hitlers, Bd. 8: Der Kampf gegen den Westen, Bearb. Hans Volz, 2 Halbbde., Berlin 1940; 904 S.

17268 Zur britischen Reaktion auf deutsche Friedensfühler während des »Phoney War« 1939/40. Dokumentation, in: Lothar Kettenacker (Hg.), Das »Andere Deutschland« im Zweiten Weltkrieg. Emigration und Widerstand in internationaler Perspektive, Stuttgart 1977, 141-63

Darstellungen

17269 Bennet, Ralph: Ultra in the West. The Normandy Campaign, 1944/45, London 1979; 305 S.

17270 Bloch, Marc: Die seltsame Niederlage: Frankreich 1940. Der Historiker als Augenzeuge, Frankfurt 1992; 287 S. (franz.: Neuausg. Paris 1990; zuerst 1946)

17271 Böhme, Hermann: Der deutsch-französische Waffenstillstand im Zweiten Weltkrieg, Bd. 1: Entstehung und Grundlagen des Waffenstillstandes von 1940, Stuttgart 1966; 464 S. (mehr nicht ersch.)

17272 Brügel, Johann W.: Dahlerus als Zwischenträger nach Kriegsausbruch, in: HZ 228 (1979), 70-97

17273 Burdick, Charles B.: German Military Planning for the War in the West, 1935-1940, Diss. Stanford University, Ca. 1955; VII, 299 S. (MF Ann Arbor, Mich.)

17274 La campagne d'Alsace (hiver 1944 - hiver 945). (GMCC, Jg. 42, Nr. 166), Red. Claude Allain, Paris 1992; 191 S.

17275 Carell, Paul: Sie kommen! Der deutsche Bericht über die Invasion und die 80tägige Schlacht um Frankreich, 2. Aufl., Frankfurt/Berlin 1989; 294 S. (zuerst 1960; TB 15. Aufl. 1992)**

17276 Carlier, Claude/Martens, Stefan (Hg.): La France et l'Allemagne en guerre. Septembre 1939 - novembre 1942. Actes du XXVème colloque franco-allemand organisé par l'institut Historique Allemand de Paris en coopération avec l'institut d'Histoire des Conflits Contemporains, Paris, et le Comité de la Republique fédérale d'Allemagne du Comité International d'Histoire de la Deuxième Guerre Mondiale, Paris 1990; 544 S.

17277 Ellis, Lyle F.: The War in France and Flanders, 1939-1940, London 1953; XVIII, 425 S.

17278 Elstob, Peter: Hitlers letzte Offensive, München 1972; 392 S. (engl.: London 1971)

17279 Fleming, Peter: Invasion 1940. An Account of the German Preparations and the British Countermeasures, London 1957; 323 S.

17280 Groehler, Olaf: Die Auswirkungen der Niederlagen im Sommer 1944 auf die Kampfmoral der faschistischen Streitkräfte in Westeuropa, in: MG 15 (1976), 418-26

17281 Groehler, Olaf: Menetekel Dünkirchen. Möglichkeiten und Grenzen der militärischen Blitzkriegsstrategie, dargestellt an der 1. Phase des Überfalls auf Frankreich, in: ZfG 6 (1961), 1225-50

17282 Heiniger, Markus: Dreizehn Gründe. Warum die Schweiz im Zweiten Weltkrieg nicht erobert wurde, Zürich 1989; 265 S.

17283 Higham, Charles: U.S. Policy and Private American Aid to Nazi Germany, in: David W. Pike (Hg.), The Opening of the Second World War. Proceedings of the Second International Conference on International Relations, held at The American University of Paris, September 26–30, 1989, New York u.a. 1991, 80–84

17284 Hollaender, Albert E. J.: Spreu und Weizen. Zur deutschen Invasion der Niederlande: 10. Mai 1940, in: Rudolf Neck/ Adam Wandruszka (Hg.), Beiträge zur Zeitgeschichte. Festschrift Ludwig Jedlicka zum 60. Geburtstag, St. Pölten 1976, 247–62

17285 Howarth, David A.: Invasion!, Stuttgart 1959; 280 S. (amerikan.: New York 1951 u.d.T.: D-day)

17286 Jäckel, Eberhard: Die deutsche Kriegserklärung an die Vereinigten Staaten vom Dezember 1941, in: Friedrich J. Kroneck/Thomas Oppermann (Hg.), Im Dienste Deutschlands und des Rechts. Festschrift für Wilhelm G. Grewe zum 70. Geburtstag am 16. Oktober 1981, Baden-Baden 1981, 117–37; abgedr. in: Eberhard Jäckel, Umgang mit der Vergangenheit. Beiträge zur Geschichte, Stuttgart 1989, 171–94

17287 Jacobsen, Hans-Adolf: Dünkirchen. Ein Beitrag zur Geschichte des Westfeldzuges 1940, Mitarb. K. H. Müller, Neckargemünd 1958; 239 S.

17288 Jacobsen, Hans-Adolf: Fall Gelb. Der Kampf um den deutschen Operationsplan zur Westoffensive, Wiesbaden 1957; 337 S.

17289 Jacobsen, Hans-Adolf: Winter 1939/1940. Hitlers Gedanken zur Kriegsführung im Westen, in: WR 5 (1955), 433–46

17290 Jacobsen, Hans-Adolf: War die deutsche Westoffensive 1940 eine Präventivmaßnahme? Zur Frage der belgischen Neutralität im Winter 1939/40, in: WR 7 (1957), 275–89

17291 Jung, Hermann: Die Ardennenoffensive 1944/45. Ein Beispiel für die Kriegsführung Hitlers, Göttingen u.a. 1971; 406 S.

17292 Klee, Karl: Das Unternehmen »Seelöwe«. Die geplante deutsche Landung in England 1940, Göttingen u.a. 1958; 300 S.

17293 Langer, William L./Gleason, Sarell E.: The Undeclared War. The World Crisis and American Foreign Policy, 1940/41, London/New York 1953; XVI, 963 S.

17294 Lottmann, Herbert A.: Der Fall von Paris 1940, München/Zürich 1994; 511 S. (amerikan.: New York 1992)

17295 Ludewig, Joachim: Der deutsche Rückzug aus Frankreich 1944, Freiburg i.Br. 1994; 368 S., 25 Karten

17296 Ludlow, Peter W.: The Unwinding of Appeasement/Das Ende des »Appeasement«: Die britische Regierung und die Frage des Kompromißfriedens im ersten Kriegsjahr, in: Lothar Kettenacker (Hg.), Das »Andere Deutschland« im Zweiten Weltkrieg. Emigration und Widerstand in internationaler Perspektive, Stuttgart 1977, 9–48

17297 Lukacs, John: Churchill und Hitler. Der Zweikampf 10. Mai – 31. Juli 1940, Stuttgart 1992; 350 S. (engl.: London/New York 1991 u.d.T.: The Duel)

17298 Maier, Klaus A.: Die Luftschlacht über England, in: Wolfgang Michalka (Hg.), Der Zweite Weltkrieg. Analysen, Grundzüge, Forschungsbilanz, München/ Zürich 1989, 513–22

17299 McDonald, Charles B.: The Siegfried Line Campaign, Washington, D.C. 1963; XXI, 670 S.

17300 Meier-Welcker, Hans: Der Entschluß zum Anhalten der deutschen Panzertruppen in Flandern 1940, in: VfZ 2 (1954), 274–90

17301 Niedhart, Gottfried: Sitzkrieg versus Blitzkrieg. Das attentistische Konfliktverhalten Großbritanniens in der Krise des internationalen Systems am Vorabend und bei Beginn des Zweiten Weltkrieges, in: Wolfgang Michalka (Hg.), Der Zweite Weltkrieg. Analysen, Grundzüge, Forschungsbilanz, München/Zürich 1989, 49–56

17302 Ose, Dieter: Die Entscheidung im Westen 1944. Der Oberbefehlshaber West und die Abwehr der alliierten Invasion, Stuttgart 1982; 363 S.

17303 Partridge, Colin: Hitler's Atlantic Wall, Castel/Guernsey 1976; 144 S.

17304 Piekalkiewicz, Janusz: Invasion Frankreich 1944, München 1979; 320 S.

17305 Piekalkiewicz, Janusz: Arnheim 1944. Deutschlands letzter Sieg, München 1994; 120 S.**

17306 Plehwe, Friedrich-Karl von: Die Überflutungen in den Niederlanden im Jahre 1944, in: VfZ 15 (1967), 403–9

17307 Speidel, Hans: Invasion 1944. Ein Beitrag zu Rommels und des Reiches Schicksal, 2. Aufl., Tübingen/Stuttgart 1952; 202 S. (zuerst 1949)

17308 Syring, Enrico: Hitlers Kriegserklärung an Amerika vom 11. Dezember 1941, in: Wolfgang Michalka (Hg.), Der Zweite Weltkrieg. Analysen, Grundzüge, Forschungsbilanz, München/Zürich 1989, 683–96

17309 Taylor, Telford: The March of Conquest. The German Victories in Western Europe 1940, New York 1958; XIV, 460 S.

17310 Thornton, Willis: The Liberation of Paris, New York/London 1962/1963; XVI, 231 S.

17311 Toland, John: Ardennenschlacht 1944, Bern u.a. 1960; 423 S.

17312 Urner, Klaus: »Die Schweiz muß noch geschluckt werden!« Hitlers Aktionspläne gegen die Schweiz. Zwei Studien zur Bedrohungslage der Schweiz im Zweiten Weltkrieg, 3. Aufl., Zürich 1991; 213, XVI S. (zuerst 1990; LA Paderborn u.a. 1991)

17313 Vanwelkenhuyzen, Jean: Die Niederlande und der »Alarm« im Januar 1940, in: VfZ 8 (1960), 17–36

17314 Vetsch, Christian: Aufmarsch gegen die Schweiz. Der deutsche »Fall Gelb« – Irreführung der Schweizer Armee 1939/40, Freiburg i.Br. 1973; 224 S.

17315 Wegmüller, Hans: Die Abwehr der Invasion. Die Konzeption des Oberbefehlshabers West 1940–1944, 2. Aufl., Freiburg 1986; 315 S. (zuerst 1979)

17316 Weinberg, Gerhard L.: Germany's Declaration of War on the United States: A New Look, in: Hans L. Trefousse (Hg.), Germany and America. Essays on Problems of International Relations and Immigration, New York 1980, 54–70

17317 Werhan, Walter u.a.: Standorte der Wehrmacht und des Reichsarbeitsdienstes am 20.12.1938. Der militärische Aufmarsch im November/Dezember 1939 [Karten 95/96], in: Pfalzatlas, Hg. Willi Alter, Textbd. 3, Speyer 1981, 1269–75

17318 Werhan, Walter: Westwall und Maginotlinie 1939, T. 1: Landau-Weißenburg [Karte 93], T. 2: Zweibrücken-Bitsch [Karte 94], in: Pfalzatlas, Hg. Willi Alter, Textbd. 3, Speyer 1981, 1250–68

17319 Westphal, Siegfried: Heer in Fesseln. Aus den Papieren des Stabchefs von Rommel, Kesselring und Rundstedt, 2., durchges. Aufl., Bonn 1952; 335 S. (zuerst 1950)

17320 Wheatley, Ronald: Operation Sea Lion. German Plans for the Invasion of England, 1939–1942, Oxford 1958; VIII, 201 S.

A.3.22.6 Nordeuropa

17322 Böhme, Klaus-Richard: Stalingrad und Schweden, in: Jürgen Förster (Hg.),

Stalingrad. Ereignis – Wirkung – Symbol, München/Zürich 1992, 375–96

17323 Bohn, Robert u. a. (Hg.): Neutralität und totalitäre Aggression. Nordeuropa und die Großmächte im Zweiten Weltkrieg, Stuttgart 1991; XII, 436 S.*

17324 Gemzell, Carl-Axel: Raeder, Hitler und Skandinavien. Der Kampf für einen maritimen Operationsplan, Lund 1965; XV, 390 S.

17325 Hubatsch, Walther: »Weserübung«. Die deutsche Besetzung von Dänemark und Norwegen 1940. Nach amtlichen Unterlagen dargestellt. Mit einem Anhang: Dokumente zum Norwegen-Feldzug, 2., völlig neubearb. Aufl., Göttingen u. a. 1960; XIX, 586 S. (zuerst 1952 u. d. T.: Die deutsche Besetzung von Dänemark und Norwegen)**

17326 Loock, Hans-Dietrich: »Weserübung« – a Step towards the Greater German Reich, in: SJH 2 (1977), 67–88

17326a Ludlow, Peter W.: Scandinavia between the Great Powers. Attempts at Mediation in the First Year of the Second World War, in: HT 94 (1974), 1–58

17327 Lutzhöft, Hans-Jürgen: Deutschland und Schweden während des Norwegenfeldzuges (9. April – 10. Juni 1940), in: VfZ 22 (1974), 382–416

17328 Magnusson, Thomas: Schweden, Finnland und die baltischen Staaten, in: Robert Bohn u. a. (Hg.), Neutralität und totalitäre Aggression. Nordeuropa und die Großmächte im Zweiten Weltkrieg, Stuttgart 1991, 207–20

17329 Menger, Manfred: Deutschland und der finnische »Sonderkrieg« gegen die Sowjetunion, in: Bernd Wegner (Hg.), Zwei Wege nach Moskau. Vom Hitler-Stalin-Pakt zum »Unternehmen Barbarossa«, München/Zürich 1991, 547–63

17330 Menger, Manfred: Das militärpolitische Verhältnis zwischen Deutschland und Finnland im Herbst 1944, in: MG 18 (1979), 297–309

17331 Ottmer, Hans-Martin: »Weserübung«. Der deutsche Angriff auf Dänemark und Norwegen im April 1940, München 1994; XVI, 217 S.

17332 Ottmer, Hans-Martin: Skandinavien in der marinestrategischen Planung der Reichs- bzw. Kriegsmarine, in: Robert Bohn u. a. (Hg.), Neutralität und totalitäre Aggression. Nordeuropa und die Großmächte im Zweiten Weltkrieg, Stuttgart 1991, 49–72

17333 Salewski, Michael: Das Wesentliche von »Weserübung«, in: Robert Bohn u. a. (Hg.), Neutralität und totalitäre Aggression. Nordeuropa und die Großmächte im Zweiten Weltkrieg, Stuttgart 1991, 117–26

17334 Salewski, Michael: Staatsräson und Waffenbrüderschaft. Probleme der deutsch-finnischen Politik 1941–1944, in: VfZ 27 (1979), 370–91

17335 Ueberschär, Gerd R.: Koalitionskriegführung im Zweiten Weltkrieg. Probleme der deutsch-finnischen Waffenbrüderschaft im Kampf gegen die Sowjetunion, in: Manfred Messerschmidt u. a. (Hg.), Militärgeschichte. Probleme – Thesen – Wege, hg. i. A. des Militärgeschichtlichen Forschungsamtes aus Anlaß seines 25jährigen Bestehens, Stuttgart 1982, 355–82 (franz. in: RHDGM 30/1980, Nr. 118, 27–68)

17336 Ueberschär, Gerd R.: Guerre de coalition ou guerre séparée. Conception et structures de la stratégie germano-finlandaise dans la guerre contre l'URSS (1941–1944), in: RHDGM 30 (1980), Nr. 118, 27–68

17337 Watzdorf, Bernhard: Mein Einsatz als Stabsoffizier im okkupierten Norwegen (1942–1944), in: MG 23 (1984), 251–60

17338 Wegner, Bernd: Jenseits der Waffenbrüderschaft. Die deutsch-finnischen Beziehungen im Schatten von Stalingrad, in: Jürgen Förster (Hg.), Stalingrad. Ereignis –

Wirkung – Symbol, München/Zürich 1992, 293–309

17339 Wegner, Bernd: Hitlers Besuch in Finnland 1942. Das geheime Tonprotokoll seiner Unterredung mit Mannerheim am 4. Juni 1942. (Dokumentation), in: VfZ 41 (1993), 117–37**

17340 Zank, Wolfgang: »Unternehmen Weserübung«. Der Überfall auf Dänemark und Norwegen: eine Idee von Militärs und großgermanischen Nazis, in: Zeit, Jg. 45, Nr. 15, 6.4. 1990, 49f.

A.3.22.7 Südeuropa

Bibliographien

17341 Rohwer, Jürgen: Literaturverzeichnis zum Krieg im Mittelmeer 1939–1943, in WR 8 (1958), 461–69

17342 Schröder, Josef: Italien im Zweiten Weltkrieg. Eine Bibliographie, München 1978; 137, 1127 S.

Gedruckte Quellen

17343 Himmler über seinen Besuch bei Mussolini vom 11.–14. Oktober 1942. (Dokumentation), in: VfZ 4 (1956), 423–26.

Darstellungen

17344 Ansel, Walter: Hitler and the Middle Sea, Durham, N.C. 1972; X, 514 S.

17344a Arie, Katriel B.: Die Schlacht bei Monte Cassino 1944, 2. Aufl., Freiburg i.Br. 1986; 180 S. (zuerst 1985)

17345 Baum, Walter/Weichold, Eberhard: Der Krieg der Achsenmächte im Mittelmeer-Raum. Die Strategie der Diktatoren, Göttingen u.a. 1973; 478 S.

17346 Belot, Raymond de: The Struggle for the Mediterranean, 1939–1945, Princeton, N.J. 1951; XIX, 287 S.

17347 Burdick, Charles B.: Germany's Military Strategy and Spain in World War II, Syracuse, N.Y. 1968; XI, 228 S.

17348 Detwiler, Donald S.: Hitler, Franco und Gibraltar. Die Frage des spanischen Eintritts in den Zweiten Weltkrieg, Wiesbaden 1962; XI, 185 S.

17349 Dulles, Allan W./Schulze-Gaevernitz, Gero von: Unternehmen »Sunrise«. Die geheime Geschichte des Kriegsendes in Italien, Düsseldorf/Wien 1967; 318 S. (amerikan.: New York 1966)

17350 Gruchmann, Lothar: Die »verpaßten strategischen Chancen« der Achsenmächte im Mittelmeerraum 1940 bis 1941, in: VfZ 18 (1970), 456–75

17351 Henrici, Eckhard: Die deutsche Kriegsführung und das Mittelmeer in den Jahren 1940 bis 1943, Diss. Heidelberg 1954; 171 S., Bl. A-U (Ms.)

17352 Howard, Michael E.: The Mediterranean Strategy in the Second World War, New York 1968; XII, 83 S.

17353 Lill, Rudolf (Hg.): Deutschland – Italien 1943–1945. Aspekte einer Entzweiung, Tübingen 1992; 194 S.

17354 Rainer, Paul: Operationszone Alpenvorland 1943–1945. 20 Monate eines Südtiroler Dramas, in: Tirol 1938. Voraussetzungen und Folgen. Ausstellung des Landes Tirol, Tiroler Landesmuseum Ferdinandeum, 9. März bis 10. April 1988, Hg. Tiroler Landesmuseum Ferdinandeum, Innsbruck 1988, 87–94

17355 Reuth, Ralf G.: Entscheidung im Mittelmeer. Die südliche Peripherie Europas in der deutschen Strategie des Zweiten Weltkrieges 1940–1942, Einführung Andreas Hillgruber, Koblenz 1985; 280 S.

17356 Ruhl, Klaus-Jörg: Spanien im Zweiten Weltkrieg. Franco, die Falange und das »Dritte Reich«, Hamburg 1975; 414 S.

17357 Ruiz Holst, Matthias: Neutralität oder Kriegsbeteiligung? Die deutsch-spanischen Verhandlungen im Jahre 1940, Pfaffenweiler 1986; VI, 231 S.

17358 Schreiber, Gerhard: Der Mittelmeerraum in Hitlers Strategie 1940. »Programm« und militärische Planung, in: MGM 28 (1980), 69–99

17359 Schröder, Josef: Italiens Kriegsaustritt 1943. Deutsche Gegenmaßnahmen im italienischen Raum: Fall »Alarich« und »Achse«, Göttingen 1969; 412 S.

17360 Seraphim, Hans-Günther: »Felix« und »Isabella«. Dokumente zu Hitlers Planungen betr. Spanien und Portugal aus den Jahren 1940/41, in: WaG 15 (1955), 45–86**

A.3.22.8 Südosteuropa

Bibliographien

17361 Hillgruber, Andreas: Südost-Europa im Zweiten Weltkrieg. Literaturbericht und Bibliographie, Frankfurt 1962; 150 S.

Literaturberichte

17361a Fleischer, Hagen: Griechenland im Zweiten Weltkrieg. Ein Literaturbericht, in: JBBfZ 61 (1989), 383–91

Darstellungen

17362 Creveld, Martin L. van: Hitler's Strategy, 1940–1941. The Balkan Clue, London 1973; XI, 248 S.

17363 Fabry, Philipp W.: Balkanwirren 1940–1941. Diplomatische und militärische Vorbereitung des deutschen Donauüberganges, Darmstadt 1966; 195 S.

17364 Hammond, N. G. L.: The Allied Military Mission and the Resistance in West Macedonia, Thessaloniki 1993; 214 S.

17365 Hillgruber, Andreas: Die Krise in den deutsch-rumänischen Beziehungen im Herbst 1943 im Zusammenhang mit dem Problem der Räumung der Krim und der Benutzung Transnistriens als rückwärtiges Heeresgebiet, in: WR 6 (1956), 663–72

17366 Hillgruber, Andreas: Die letzten Monate der deutsch-rumänischen Waffenbrüderschaft, in: WR 7 (1957), 377–97

17367 Hnilicka, Karl: Das Ende auf dem Balkan 1944/45. Die militärische Räumung Jugoslaviens durch die deutsche Wehrmacht, Göttingen u. a. 1970; 404 S.

17368 Kissel, Hans: Die Katastrophe in Rumänien 1944, Darmstadt 1961; 287 S.

17370 Papagos, Alexandros: Griechenland im Kriege 1940–1941, Bonn 1954; 182 S. (engl.: Athen 1949)

17371 Schramm-von Thadden, Ehrengard: Griechenland und die Großmächte im Zweiten Weltkrieg, Wiesbaden 1955; 244 S.

17372 Stamm, Christoph: Zur deutschen Besetzung Albaniens 1943–1944, in: MGM 30 (1981), 99–120

17373 Stuhlpfarrer, Karl: Die Operationszonen »Alpenvorland« und »Adriatisches Küstenland« 1943–1945, Wien 1969; 179 S.

17374 Wolff, Karl-Dieter: Das Unternehmen »Rösselsprung«. Der deutsche Angriff auf Titos Hauptquartier in Drvar im Mai 1944, in: VfZ 18 (1970), 476–509

A.3.22.9 Nordafrika, Naher und Mittlerer Osten

[vgl. A.3.21.29]

17375 Eichholtz, Dietrich: Die Kriegszieldenkschrift des kolonialpolitischen Amtes der NSDAP von 1940. Steckbrief eines Dokuments, in: BDIP 19 (1974), 502–17

17376 Greiselis, Waldis: Das Ringen um den Brückenkopf Tunesien 1942/43. Strategie der »Achse« und Innenpolitik im Protektorat, Frankfurt u. a. 1976; 364 S.

17377 Groehler, Olaf: Kolonialforderungen als Teil der faschistischen Kriegszielplanung, in: ZMG 4 (1965), 547–62

17378 Hildebrand, Klaus: Deutsch-Mittelafrika. Ein Kriegsziel Hitlers in den Jahren 1940–1942?, in: Manfred Funke (Hg.), Hitler, Deutschland und die Mächte. Materialien zur Außenpolitik des Dritten Reiches, Düsseldorf 1976, 383–406 (ND 1977 u. Düsseldorf/Königstein, Ts. 1978)

17379 Hirschfeld, Yair P.: Irans Bedeutung für die deutsche Kriegswirtschaft. Vom Beginn des zweiten Weltkriegs bis zur anglo-russischen Besetzung Irans im August 1941, in: JIdG 7 (1978), 421–46

17380 Hoffmann, Peter: The Gulf Region in German Strategic Projections, 1940–1942, in: MGM 44 (1988), 61–73

17381 Krecker, Lothar: Deutschland und die Türkei im Zweiten Weltkrieg, Frankfurt 1964; 293 S.

17382 Krecker, Lothar: Ribbentrops Weisung an Papen vom 17. Mai 1941, in: Paul Kluke zum 60. Geburtstage dargebracht von Frankfurter Schülern und Mitarbeitern, Frankfurt 1968, 190–98**

17383 Kühne, Horst: Faschistische Kolonialideologie und Zweiter Weltkrieg. Mit einem Dokumentenanhang, Berlin (O) 1962; 226 S.**

17384 Kum'a N'dumbe III, Alexandre: Les buts de guerre de l'Allemagne hitlérienne en Afrique, in: RHDGM 27 (1977), Nr. 106, 37–60

17385 Lakowski, Richard: Die Kriegsziele des faschistischen Deutschlands im transsaharischen Afrika, Diss. Berlin (O) 1970; IX, 235 S.

17386 Lakowski, Richard: Der zweite Weltkrieg, in: Helmuth Stoecker (Hg.), Drang nach Afrika. Die koloniale Expansionspolitik und Herrschaft des deutschen Imperialismus in Afrika von den Anfängen bis zum Ende des zweiten Weltkrieges, Berlin (O) 1977, 315–51

17387 Mennel, Rainer: Der nordafrikanisch-italienische Kampfraum. Eine wehrgeographische Studie, Osnabrück 1983; XVIII, 379 S.

17388 Moritz, Erhard: Planungen für die Kriegsführung des deutschen Heeres in Afrika und Vorderasien, in: MG 16 (1977), 323–33

17389 Schönherr, Klaus: Die Türkei im Schatten Stalingrads. Von der »aktiven Neutralität« zum Kriegseintritt, in: Jürgen Förster (Hg.), Stalingrad. Ereignis – Wirkung – Symbol, München/Zürich 1992, 397–415 (zuerst 1983)

17390 Schröder, Bernd P.: Deutschland und der Mittlere Osten im Zweiten Weltkrieg, Göttingen 1975; 310 S.

17391 Taysen, Albert von: Tobruk 1941. Kampf in Nordafrika, Freiburg i.Br. 1976; 382 S.

17392 Tillmann, Heinz: Deutschlands Araberpolitik im Zweiten Weltkrieg, Berlin (O) 1965; 473 S.

A.3.22.10 Ferner Osten

17393 Hauner, Milan L.: India in Axis Strategy. Germany, Japan, and India Nationalists in the Second World War, Stuttgart 1981; 750 S.

17394 Herde, Peter: Italien, Deutschland und der Weg in den Krieg im Pazifik 1941, Wiesbaden 1983; 105 S.

17395 Martin, Bernd: Deutschland und Japan im Zweiten Weltkrieg. Vom Angriff auf Pearl Harbor bis zur deutschen Kapitulation, Göttingen 1969; 326 S.

17396 Martin, Bernd: Das deutsch-japanische Bündnis im Zweiten Weltkrieg, in: Josef Kreiner/Regine Mathias (Hg.), Deutschland – Japan in der Zwischenkriegszeit, Bonn 1990, 199–221

17397 Martin, Bernd: Der Schein des Bündnisses – Deutschland und Japan im Krieg (1940–1945), in: Gerhard Krebs/ Bernd Martin (Hg.), Formierung und Fall der Achse Berlin – Tokyo, München 1994, 27–53

17398 Martin, Bernd: Japan und Stalingrad. Umorientierung vom Bündnis mit Deutschland auf »Großostasien«, in: Jürgen Förster (Hg.), Stalingrad. Ereignis – Wirkung – Symbol, München/Zürich 1992, 229–49

17399 Martin, Bernd: Das deutsch-japanische Bündnis im Zweiten Weltkrieg, in: Wolfgang Michalka (Hg.), Der Zweite Weltkrieg. Analysen, Grundzüge, Forschungsbilanz, München/Zürich 1989, 120–37

17400 Martin, Bernd: Zur Vorgeschichte des deutsch-japanischen Kriegsbündnisses, in: GWU 21 (1970), 606–15

17401 Voigt, Johannes H.: Indien im Zweiten Weltkrieg, Stuttgart 1978; 413 S.

A.3.22.11 Heimatkrieg

[vgl. A.3.4.2; A.3.8.3; A.3.11.3]

Darstellungen

17402 Bake, Rita (Hg.): »Aber wir müssen zusammenbleiben«: Mütter und Kinder in Bombenkriegen 1943 bis 1993. Gespräche, Hamburg 1993; 159 S.

17403 Beseler, Hartwig/Gutschow, Niels: Kriegsschicksale deutscher Architektur. Verlust – Schäden – Wiederaufbau, Bd. 1: Nord, Bd. 2: Süd, Red. Frauke Kretschmer, Neumünster 1988; LXVII, 1524 S.

17404 Burchardt, Lothar: Die Auswirkungen der Kriegswirtschaft auf die deutsche Zivilbevölkerung im Ersten und Zweiten Weltkrieg, in: MGM 15 (1974), 65–97

17405 Paul, Wolfgang: Der Heimatkrieg 1939–1945. Ein Tatsachenbericht, 2. Aufl., München 1983; 427 S. (zuerst Esslingen 1980)

17406 Whiting, Charles: The Home Front: Germany, Alexandria, Va. 1982; 208 S.

Regional-/Lokalstudien: Gedruckte Quellen

17407 Maier, Reinhold: Ende und Wende. Das schwäbische Schicksal 1944–1946. Briefe und Tagebuchaufzeichnungen, Stuttgart/Tübingen 1948; 416 S.

17408 Prieur, Jutta (Hg.): Als die Heimat zur Front wurde. Dokumente zur Kriegszeit in Wesel 1939–1945, Wesel 1994; ca. 260 S.

17409 Weber, Robert L.: Krieg im Westrich. Wie ein Dorf [Lamsborn] und ein Landstrich in der Westpfalz den Zweiten Weltkrieg erlebten. Tagebuch 1939–1945, in: WHB 17 (1986), 51–137

Regional-/Lokalstudien: Darstellungen

17410 Albrich, Thomas/Gisinger, Arno: Im Bombenkrieg. Tirol und Vorarlberg 1943–1945, Innsbruck 1991; 464 S.

17411 Asendorf, Manfred: Als Hamburg in Schutt und Asche fiel und wie der NS-Staat die Krise bewältigte, in: Angelika Ebbinghaus u. a. (Hg.), Heilen und Vernichten im Mustergau Hamburg. Bevölkerungs- und Gesundheitspolitik im Dritten Reich, Hamburg 1984, 188–97

17411a Brumme, Wolfgang: Die Zerstörung der Stadt Böblingen im Zweiten Weltkrieg und ihr Wiederaufbau, in: Bernhard Kirchgässner/Günter Scholz (Hg.), Stadt und Krieg. 25. Arbeitstagung in Böblingen 1986, Sigmaringen 1989, 245–60

17412 Burchardt, Lothar: Konstanz im Zweiten Weltkrieg, in: Lothar Burchardt u. a., Konstanz im 20. Jahrhundert. Die Jahre 1914 bis 1945, Konstanz 1990, 348–429, 440–45, 446 f., 449

17413 Emunds, Paul: Luftwaffenhelfer im Einsatz. Oberschüler während der angloamerikanischen Luftoffensive im Großraum Aachen, in: APUZ, Nr. B 45/76, 6.11. 1976, 33–54

17414 Erker, Paul: Die Stadt im Krieg. Zum Verhältnis von Nationalsozialismus und Kommune in der Katastrophe, in: Richard Bauer u.a. (Hg.), München – »Hauptstadt der Bewegung«. Bayerns Metropole und der Nationalsozialismus, München 1993, 454–62

17415 Findahl, Theo: Letzter Akt – Berlin 1939–1945, Hamburg 1946; 224 S.

17416 Fritzsch, Robert: Nürnberg im Krieg. Im Dritten Reich 1939–1945. (Fotografierte Zeitgeschichte), Düsseldorf 1984; 111 S.**

17417 Galette, Alfons: Erinnerungen an die letzten zwei Kriegsjahre im Kreis Plön. Vortrag, gehalten am 6.5. 1985, in: JbPl 15 (1985), 33–49

17418 Georg, Erich: Krieg und Kriegsgeschehen im Haigerer Raum. Ein Beitrag zur Geschichte des Haigerer Raumes, Hg. Stadt Haiger, Haiger 1981; 90 S.**

17419 Graßmann, Ilse: Ausgebombt. Erinnerungen, Hamburg 1943–1945, Geleitwort Klaus von Dohnanyi, Braunschweig 1993; 179 S.

17420 Heß, Hans: Westwallbau, Räumung und Wiederbesiedlung in den Grenzgemeinden des ehemaligen Landkreises Bergzabern, in: ZGS 32 (1984), 90–106

17421 Herrmann, Hans-Walter: Die Freimachung der Roten Zone 1939/40. Ablauf und Quellenlage, in: ZGS 32 (1984), 64–89

17422 Hoffmann, Andreas: Zoobunker, in: Helmut Engel u.a. (Hg.), Geschichtslandschaft Berlin. Orte und Ereignisse, Bd. 2: Tiergarten, T. 1: Vom Brandenburger Tor zum Zoo, Berlin 1989, 342–52

17423 Hoffmann, Hans: Aachens Dom im Feuersturm. Die tausend Kriegsnächte der Mädchen und Jungen der Domwache 1941–1945. (Fotografierte Zeitgeschichte), Düsseldorf 1984; 124 S. (LA Bindlach)

17424 Jungbluth, Uli: Das Kriegsjahr 1939 im Westerwald. Eine Dokumentation, Nauort 1989; 43 S.**

17425 Keddigkeit, Jürgen: Bollwerk im Westen. Krieg und Kriegsende im pfälzischen Raum 1939–1945, in: Gerhard Nestler/ Hannes Ziegler (Hg.), Die Pfalz unterm Hakenkreuz. Eine deutsche Provinz während der nationalsozialistischen Terrorherrschaft, Landau 1993, 455–502

17426 Kraume, Hans-Georg: Duisburg im Krieg 1939–1945. (Fotografierte Zeitgeschichte), Düsseldorf 1982; 120 S.**

17427 Lauer, Helmut: Nix wie hem! Evakuierung [von Zweibrücken] 1939/40 und 1944/45, Zweibrücken 1990; 170 S.

17428 Lauer, Helmut: Zweibrücken am Westwall. Eine Dokumentation zum Westwall um ZW, HOM, PS, Zweibrücken 1989; 142 S.

17429 Lent, Dieter: Zur Geschichte und Bevölkerungsbilanz Niedersachsens im Zweiten Weltkrieg. Militärgeographische Situation, Menschenverluste, Kriegsopfer und Geschädigte im Überblick, in: Dieter Brosius/Martin Last (Hg.), Beiträge zur niedersächsischen Landesgeschichte. Zum 65. Geburtstag von Hans Patze, Hildesheim 1984, 524–44

17430 Die Menschenverluste der Hansestadt Hamburg im 2. Weltkrieg, Bearb. Dr. Heinsohn, in: Hamburg in Zahlen, Hg. Statistisches Landesamt der Hansestadt Hamburg, Bd. 26, Hamburg 1951, 1–12

17431 Müller, Adolf (Bearb.): Krieg und Elend im Siegerland. Das Inferno an der Heimatfront in den 1940er Jahren, Siegen 1981; 239 S.**

17432 Nosbüsch, Johannes/Rothenberger, Karl-Heinz: Die Pfalz im Zweiten Weltkrieg, in: Pfälzische Landeskunde. Beiträge zur Geographie, Biologie, Volkskunde und

Geschichte, Hg. Michael Geiger u.a., Landau 1981, 386–410

17433 Schadt, Jörg/Caroli, Michael (Hg.): Mannheim im Zweiten Weltkrieg 1939–1945. Ein Bildband, Textbeiträge Barbara Becker u.a., Mannheim 1993; 196 S.*

17434 Scheibler, Walter: Zwischen zwei Fronten. Kriegstagebuch des Landkreises Monschau, Monschau 1959; 462 S.

17435 Schlickel, Ferdinand: Kriegsjahre im Grenzland [Pfalz], in: Pilger-Kalender (Speyer) 68 (1989), 74–91

17437 Schnabel, Thomas: Freiburg im totalen Krieg, 1943–1945, in: Bernhard Kirchgässner/Günter Scholz (Hg.), Stadt und Krieg. 25. Arbeitstagung in Böblingen 1986, Sigmaringen 1989, 223–43

17438 Schöne, Manfred: Olpe im Zweiten Weltkrieg. Ergänzungen zum Buch »Passion einer Stadt«, Düsseldorf o.J.; 37 S.

17439 Schöne, Manfred: Passion einer Stadt. Olpe im Zweiten Weltkrieg. Zur Erinnerung, zum Gedenken, zur Mahnung, Hg. Stadt Olpe, Düsseldorf 1965; 127 S.

17440 Schönhagen, Benigna: Kriegszeit in Stuttgart und Tübingen. Der Zweite Weltkrieg an der »Inneren Front«, in: AS 20 (1993), 338–52

17441 Schumacher, Fritz: Heimat unter Bomben. Der Kreis Arnsberg im Zweiten Weltkrieg, Hg. Kreis Arnsberg, Balve (Westf.) 1969; 128 S.

17442 Stadtmüller, Alois: Aschaffenburg im Zweiten Weltkrieg. Bombenangriffe, Belagerung, Übergabe, Aschaffenburg 1970; 400 S.

17443 Tuider, Othmar: Die Wehrkreise XVII und XVIII 1938–1945, 2. Aufl., Wien 1983; 71 S. (zuerst 1975)

17444 Volz, Günther: Kriegsschäden und Kriegseinwirkungen 1939–1945, T. 1: Übersichten [Karte 124], T. 2: Einzeldarstellungen [Karte 125], in: Pfalzatlas, Hg. Willi Alter, Textbd. 3, H. 43, Speyer 1987, 1609–22

17445 Wagenbrenner, Leonhard: Die Kriegsjahre 1939 bis 1945 im Landkreis Rastatt, in: URhM 10 (1970), 9–84

17446 Wendt, Inge: Zur Entwicklung der Stadt Rostock im zweiten Weltkrieg 1939 bis 1945, Diss. Rostock 1989; VI, 139, 84, 10 S. (Ms.; MF)

17447 Wiedemann, Anton: Bewegte Jahre 1939–1946 im Landkreis Tölz. Mit einer Darstellung kriegerischer Begebenheiten früherer Zeiten, Bad Tölz 1955; 93 S. (Ms. vervielf.)

A.3.22.12 Luftkrieg

Bibliographien

17448 Klöss, Erhard (Bearb.): Der Luftkrieg über Deutschland 1939–1945, München 1963; 281 S.

17449 Köhler, Karl (Bearb.): Bibliographie zur Luftkriegsgeschichte, T. 1: Literatur bis 1960, bearb. im Militärgeschichtlichen Forschungsamt, Frankfurt 1966; 284 S.

Literaturberichte

17450 Harlander, Tilman: Bombardierung und Städtezerstörung. Neuere Literatur, in: AS 20 (1993), 400–4

Gedruckte Quellen

17451 The Bomber Command War Diaries. An Operational Reference Book, 1939–1945, Bearb. Martin Middlebrook/Chris Everitt, 1. u. 2. Aufl., Harmondsworth u.a. 1985; 804 S.

17452 Groehler, Olaf: Bombenkrieg gegen Deutschland, Berlin 1990; 456 S.

17453 Hentschel, Georg (Bearb.): Die geheimen Konferenzen des Generalluftzeugmeisters. Ausgewählte und kommentierte Dokumente zur Geschichte der deutschen Luftrüstung und des Luftkrieges 1942–1944, Koblenz 1989; 240 S.

17454 Der Luftkrieg im Spiegel der neutralen Presse. (Dokumente deutscher Kriegsschäden, Beih. 2), Hg. Bundesminister für Vertriebene, Flüchtlinge und Kriegsgeschädigte, Mitarb. Karlheinz Kugler u. a., Bonn 1962; XI, 496 S.

Darstellungen

17455 Balke, Ulf: Der Luftkrieg in Europa. Die operativen Einsätze des Kampfgeschwaders 2 im Zweiten Weltkrieg, T. 1: Das Luftkriegsgeschehen 1939–1941: Polen, Frankreich, England, Balkan, Rußland, T. 2: Der Luftkrieg gegen England und über dem Deutschen Reich 1941–1945, Koblenz 1989–1990; 526; X, 531 S.

17456 Beaumont, Roger: The Bomber Offensive as a Second Front, in: JCH 22 (1987), 3–19

17457 Beck, Earl R.: The Allied Bombing of Germany, 1942–1945, and the German Response: Dilemmas of Judgement, in: GSR 5 (1982), 325–37

17458 Boog, Horst (Hg.): Luftkriegführung im Zweiten Weltkrieg. Ein internationaler Vergleich, hg. i. A. des Militärgeschichtlichen Forschungsamtes, Herford/Bonn 1993; 876 S.

17459 Boog, Horst: Luftwaffe und unterschiedsloser Bombenkrieg bis 1942, in: Wolfgang Michalka (Hg.), Der Zweite Weltkrieg. Analysen, Grundzüge, Forschungsbilanz, München/Zürich 1989, 523–31

17460 Buckley, John: Air Power and the Battle of the Atlantic, 1939–45, in: JCH 28 (1993), 143–61

17461 Buffotot, Patrice: Le Réarmement aérien allemand et l'approche de la guerre vus par le IIe Bureau Air Francais, in: Klaus Hildebrand/Karl F. Werner (Hg.), Deutschland und Frankreich 1936–1939. 15. Deutsch-französisches Historikerkolloquium des Deutschen Historischen Instituts Paris (Bonn, 26.–29. September 1979), München/Zürich 1981, 250–89

17462 Deighton, Len: Unternehmen Adler. Die Luftschlacht um England, Einleitung Alan J. P. Taylor, München 1978; 374 S. (engl. London 1977 u. d. T.: Fighter)

17463 Dines, Peter J./Knoch, Peter P.: Erfahrungen im Bombenkrieg, in: Wolfram Wette (Hg.), Der Krieg des kleinen Mannes. Eine Militärgeschichte von unten, München/Zürich 1992, 213–29

17464 Edwards, Roger: Deutsche Fallschirmjäger und Luftlandetruppen 1936–1945, Oldenburg/Hamburg 1976; 159 S. (engl.: London 1974)

17465 Frankland, Noble: Die Bomberoffensive, Rastatt 1984; 160 S. (engl.: London 1970)

17466 Groehler, Olaf: Geschichte des Luftkriegs 1910 bis 1980, 5. Aufl., Berlin (O) 1983; 737 S. (zuerst 1975 u. d. T.: Geschichte des Luftkriegs 1910 bis 1970)

17467 Groehler, Olaf: Die faschistische deutsche Luftwaffe in der letzten Phase des zweiten Weltkrieges, in: ZMG 10 (1971), 686–705

17468 Hampe, Erich (Bearb.): Der zivile Luftschutz im Zweiten Weltkrieg. Dokumentation und Erfahrungsberichte über Aufbau und Einsatz, Frankfurt 1963; XVI, 627 S.

17469 Hanke, Heinz M.: Luftkrieg und Zivilbevölkerung. Der kriegsvölkerrechtliche Schutz der Zivilbevölkerung gegen Luftbombardements von den Anfängen bis zum Ausbruch des Zweiten Weltkrieges, Frankfurt u. a. 1991; XIV, 310 S.

17470 Hohn, Uta: Die Zerstörung deutscher Städte im Zweiten Weltkrieg. Regionale Unterschiede in der Bilanz der Wohnungstotalschäden und Folgen des Luftkrieges unter bevölkerungsgeographischem Aspekt, Dortmund 1991; 375 S.

17471 Iklé, Fred C.: The Social Impact of Bomb Destruction, Norman, Okl. 1958; XXII, 250 S.

17472 Irving, David: Die Nacht, in der die Dämme brachen, Gladbek 1992; 94 S.

17473 Irving, David: Die Tragödie der deutschen Luftwaffe. Aus den Akten und Erinnerungen von Feldmarschall Milch, 4. Aufl., Berlin 1990; 488 S. (zuerst Frankfurt/Berlin 1970)

17474 Irving, David: Und Deutschlands Städte starben nicht. Ein Dokumentarbericht, Hg. Günter Karweina, 2. Aufl., Zürich 1964; 405 S. (zuerst 1963)

17475 Koch, Horst-Adalbert: Flak. Die Geschichte der deutschen Flakartillerie und der Einsatz der Luftwaffenhelfer, Mitarb. Heinz Schindler/Georg Tessin, 2., völlig neu bearb. u. erw. Aufl., Bad Nauheim 1965; 680 S. (zuerst 1954)

17476 Kugler, Karlheinz/Nahm, Peter P.: Aus den Tagen des Luftkrieges und des Wiederaufbaues. Erlebnis- und Erfahrungsberichte. (Dokumente deutscher Kriegsschäden, Beih. 1), Hg. Bundesminister für Vertriebene, Flüchtlinge und Kriegsgeschädigte, Gesamtred. Peter P. Nahm, Bonn 1960; VIII, 461 S.

17477 Kurowski, Franz: Der Luftkrieg über Deutschland, Düsseldorf/Wien 1977; 424 S.

17478 Lang, Jochen von: Krieg der Bomber. Dokumentation einer deutschen Katastrophe, Berlin/Frankfurt 1988; 272 S.

17479 Maier, Klaus A.: Der Aufbau der Luftwaffe und ihre strategisch-operative Konzeption, insbesondere gegenüber den Westmächten, in: Klaus Hildebrand/Karl F. Werner (Hg.), Deutschland und Frankreich 1936–1939. 15. Deutsch-französisches Historikerkolloquium des Deutschen Historischen Instituts Paris (Bonn, 26.–29. September 1979), München/Zürich 1981, 292–324

17480 Murray, Williamson: The Combined Bomber Offensive, in: MGM 51 (1991), 73–94

17481 Neutzner, Matthias (Hg.): Lebenszeichen. Dresden im Luftkrieg. Dokumentation der Ausstellung vom August 1989 – April 1990, Dresden 1991; 95 S.**

17482 Osterkamp, Theo/Bachér, Fritz: Tragödie der Luftwaffe? Kritische Begegnung mit dem gleichnamigen Werk von Irving/Milch, Neckargemünd 1971; 172 S.

17483 Overy, Richard J.: Hitler and Air Strategy, in: JCH 15 (1980), 405–21

17484 Rumpf, Hans: Die Verluste der westdeutschen Zivilbevölkerung im Luftkrieg, in: WR 3 (1953), 493–97

17485 Verrier, Anthony: Bomberoffensive gegen Deutschland 1939–1945, Frankfurt 1970; 368 S. (engl.: London 1968)

17486 Whiting, Charles: Britain under Fire. The Bombing of Britain's Cities, 1940–1945, London u. a. 1986; 160 S.

17487 Wolf, Werner: Luftangriffe auf die deutsche Industrie 1942–45, München 1985; 302 S.

Regional-/Lokalstudien

17488 Adamschewski, Dirk: Der Schützenhofbunker in Münster in den Kriegsjahren, in: Heinz-Ulrich Eggert (Hg.), Schon fast vergessen. Alltag in Münster 1933–1945, 2. Aufl., Münster 1989, 185–211 (zuerst 1986)**

17489 Albrich, Thomas: Die Anfänge des strategischen Luftkrieges gegen Nord- und Südtirol 1943, in: Sabine Weiss (Hg.), Historische Blickpunkte. Festschrift für Johann Rainer zum 65. Geburtstag, Innsbruck 1988, 1–10

17490 Badua, Heinz: Stuttgart im Luftkrieg 1939–1945. Mit Dokumentenanhang, 2., verm. u. verb. Aufl., Stuttgart 1986; 344 S. (zuerst 1967)**

17491 Badua, Heinz: Der Preis der alliierten Bomberoffensive 1940–1945 am Beispiel Stuttgarts. Hintergründe des Londoner Harris-Denkmals von 1992, in: Wolfgang Schmierer u. a. (Hg.), Aus südwestdeutscher Geschichte. Festschrift für Hans-Martin Maurer. Dem Archivar und Historiker zum 65. Geburtstag, Stuttgart 1994, 750–63

17492 Bauer, Richard: Fliegeralarm. Luftangriffe auf München 1940–1945, München 1987; 177 S.

17493 Beer, Siegfried/Karner, Stefan: Der Krieg aus der Luft. Kärnten und Steiermark 1941–1945, Graz 1992; 391 S.**

17494 Beer, Wilfried (Hg.): Im Inferno des Bombenkrieges. Dokumente, Fragen, Erläuterungen, Darstellung. (Geschichte original – am Beispiel der Stadt Münster, 9), Münster 1983; 16 S., 9 Beil.

17495 Beer, Wilfried: Kriegsalltag an der Heimatfront. Alliierter Luftkrieg und deutsche Gegenmaßnahmen zur Abwehr und Schadensbegrenzung, dargestellt für den Raum Münster, Bremen 1990; 320 S.

17496 Bergander, Götz: Dresden im Luftkrieg. Vorgeschichte, Zerstörung, Folgen, 2., überarb. u. erw. Aufl., Köln u. a. 1994; 428 S. (zuerst Köln/Wien 1977; TB München 1985)**

17497 Böhn, Georg L./Süss, Georg: Bomben auf Oppau. Aus bewegten Zeiten unseres Stadtteils Ludwigshafen-Oppau. Ein Bildband über die Zerstörungen durch Luftangriffe in den Jahren 1940–1944, 2. Aufl., Ludwigshafen a.Rh. 1984; 136 S.**

17498 Bomben auf Attendorn. Ein Beitrag zur Geschichte der Stadt Attendorn 1930–1986, Bilder Theodor Frey, Text Hermann Hundt, 2., durchges. u. erg. Aufl., Attendorn 1986; 215 S. (zuerst 1977 u. d. T.: Bomben, Wiederaufbau und Wandel in Attendorn)**

17499 Bomben auf Münster. Ausstellung über die Luftangriffe auf Münster im Zweiten Weltkrieg, Stadtmuseum Münster, 10. Oktober 1983 bis 29. April 1984. Katalog, Gesamtred./Kataloggestaltung Hans Galen, Bearb. Wilfried Beer, Ausstellung Roger D. Zerbe, Münster 1983; 216 S.**

17500 Brunswig, Hans: Feuersturm über Hamburg. Die Luftangriffe auf Hamburg im Zweiten Weltkrieg und ihre Folgen, Stuttgart 1978; 472 S.

17501 Busch, Dieter: Der Luftkrieg im Raum Mainz während des Zweiten Weltkrieges 1939–1945, Mainz 1988; X, 402 S.

17502 Büttner, Ursula: Hamburg im Luftkrieg. Die politischen und wirtschaftlichen Folgen des »Unternehmens Gomorrah«, in: Marlene P. Hiller u. a. (Hg.), Städte im Zweiten Weltkrieg. Ein internationaler Vergleich, Essen 1991, 272–98

17503 Coffey, Thomas M.: Entscheidung über Schweinfurt, Frankfurt/Berlin 1979; 288 S. (amerikan.: New York 1977)

17504 Dettmar, Werner: Die Zerstörung Kassels im Oktober 1943. Eine Dokumentation, Fuldabrück 1983; 384 S.

17505 Domarus, Max: Der Untergang des alten Würzburg im Luftkrieg gegen die deutschen Großstädte, 5. Aufl., Gerolzhofen 1982; 264 S. (3. Aufl. 1969)

17506 Dunkhase, Heinrich: Würzburg, 16. März 1945, 21.25 Uhr – 21.42 Uhr. Hintergründe, Verlauf und Folgen des Luftangriffs der No. 5 Bomber Group, in: MFJ 32 (1980), 1–32

17507 Eckel, Werner: Saarbrücken im Luftkrieg 1939–1945, Saarbrücken 1985; 224 S.

17508 Essen unter Bomben. Märztage 1943, Hg. Alte Synagoge Essen, Bearb. Angela Genger, Essen 1984; 100 S.

17509 Ethell, Jeffrey/Price, Alfred: Angriffsziel Berlin. Auftrag 250: 6. März 1944,

Stuttgart 1982; 279 S. (engl. London 1981 u. d. T.: Target Berlin)

17510 Euler, Helmuth: Als Deutschlands Dämme brachen. Die Wahrheit über die Bombardierung der Möhne-Eder-Sorpe-Staudämme 1943, Stuttgart 1975; 224 S.

17511 Förster, Rudolf: Dresden, in: Marlene P. Hiller u. a. (Hg.), Städte im Zweiten Weltkrieg. Ein internationaler Vergleich, Essen 1991, 299–315

17512 Girbig, Werner: Im Anflug auf die Reichshauptstadt. Die Dokumentation der Bombenangriffe auf Berlin, stellvertretend für alle deutschen Städte, Stuttgart 1970; 247 S.

17513 Golücke, Friedhelm: Schweinfurt und der strategische Luftkrieg 1943. Der Angriff der US Air Force vom 14. Oktober 1943 gegen die Schweinfurter Kugellagerindustrie, Paderborn 1980; 444 S.

17514 Golücke, Friedhelm: Der Zusammenbruch Deutschlands – eine Transportfrage? Der Altenbekener Eisenbahnviadukt im Bombenkrieg 1944/45, Schernfeld 1993; 336, 60 S.**

17515 Granier, Gerhard: Die Luftverteidigungszone West, in: JWL 19 (1993), 539–53

17516 Groehler, Olaf: Bombenkrieg gegen Leipzig. Vortrag, gehalten am Sonnabend, den 4. Dezember 1993 im Alten Rathaus anläßlich der Eröffnung der Ausstellung »Verwundungen. 50 Jahre nach der Zerstörung von Leipzig«, Hg. Leipziger Geschichtsverein, Leipzig 1994; 19 S. (als Manuskript gedr.)

17517 Groehler, Olaf: Rostock im Luftkrieg (1941–1944), in: BGSR N. F. 8 (1988), Nr. 9, 17–44

17518 Gundelach, Karl: Die deutsche Luftwaffe im Mittelmeer 1940–1945, 2 Bde., Frankfurt/Bern 1981; 1139 S.

17519 Hasenclever, Hermann: Die Zerstörung der Stadt Remscheid, Hg. Ehrenhain Stiftung, Remscheid o. J.; XII, 152 S.

17520 Hauschild-Thiessen, Renate (Bearb.): Die Hamburger Katastrophe vom Sommer 1943 in Augenzeugenberichten, Hamburg 1993; 391 S.

17521 Hoch, Anton: Der Luftangriff auf Freiburg am 10. Mai 1940, in: VfZ 4 (1956), 115–44

17522 Irving, David: Der Untergang Dresdens, 2. Aufl., Berlin 1990; 320 S. (zuerst Gütersloh 1964; engl.: London 1963)

17523 Jablonski, Eduard: Doppelschlag gegen Regensburg und Schweinfurth. Schulbeispiel oder Fehlschlag eines großen Bomberangriffs 1943, Stuttgart 1975; 309 S. (amerikan.: Garden City, N. Y. 1974)

17524 Kilian, Hannes: Die Zerstörung. Stuttgart 1944 und danach, Vorwort Peter Lahnstein, Berlin 1984; 175 S.

17525 Köln, 31. Mai 1942: Der 1000-Bomber-Angriff, Hg. NS-Dokumentationszentrum der Stadt Köln/Verein EL-DE-Haus, Köln, Bearb. Martin Rüther, 1. u. 2. Aufl., Köln 1992; 240 S.

17526 Koopmann, Per: Elmshorn im Luftkrieg 1939–1945, in: JbPi 15 (1985), 107–24

17527 Krüger, Norbert: Die Bombenangriffe auf das Ruhrgebiet im Frühjahr 1943, in: Ulrich Borsdorf/Mathilde Jamin (Hg.), Über Leben im Krieg. Kriegserfahrungen in einer Industrieregion 1939–1945. Katalogbuch [...], Reinbek 1989, 88–110

17528 Krüger, Norbert: Die Zerstörung Wuppertals. Ein Überblick über die Luftangriffe im Sommer 1943, in: Klaus Goebel (Hg.), Wuppertal in der Zeit des Nationalsozialismus, 1. u. 2., korr. Aufl., Wuppertal 1984, 163–77

17529 MacKee, Alexander: Dresden 1945. Das deutsche Hiroshima, Hamburg 1983; 328 S. (engl.: London 1982)

17530 Matern, Norbert: Ostpreußen als die Bomben fielen. (Fotografierte Zeitgeschichte), Düsseldorf 1985; 120 S.**

17531 Meyer, Heinz: Luftangriffe zwischen Nordsee, Harz und Heide, Hameln 1983; 208 S.

17532 Middlebrook, Martin: Hamburg Juli '43. Alliierte Luftstreitkräfte gegen eine deutsche Stadt, Frankfurt 1983; 415 S. (engl.: London 1980)

17533 Middlebrook, Martin: Die Nacht, in der die Bomber starben. Der Angriff auf Nürnberg und seine Folgen für den Luftkrieg, Hg. Cajus Bekker, 2. Aufl., Frankfurt u. a. 1979; 288 S. (zuerst 1974; engl.: London 1973 u. d. T.: The Nuremberg Raid)

17534 Middlebrook, Martin: The Schweinfurt-Regensburg Mission. American Raids on 17 August 1943, New York 1983; 363, 16 S.

17535 Mistele, Karl-Heinz: Die Geschichte eines Luftangriffs auf Heilbronn (4. Dezember 1944), in: JbSFG 27 (1973), 309–35

17536 Moessner-Heckner, Ursula: Pforzheim – Code Yellowfin. Eine Analyse der Luftangriffe 1944–1945, Sigmaringen 1991; 166 S.

17537 Nossack, Hans E.: Der Untergang. Hamburg 1943, Photos Erich Andres, Nachwort Erich Lüth, bebilderte Neuausg., Hamburg 1993; 143 S. (Textausgabe: 2. Aufl., Frankfurt 1991)**

17538 Rauchensteiner, Manfried: Der Luftangriff auf Wiener Neustadt am 13. August 1943, Wien 1983; 46 S.

17539 Richardi, Hans-Günther: Bomben über München. Der Luftkrieg 1939–1945, München 1992; 496 S.

17540 Schnatz, Helmut: Luftangriffe alliierter Bomberverbände 1939–1945 [Karte 123], in: Pfalzatlas, Hg. Willi Alter, Textbd. 3, H. 42, Speyer 1987, 1591–1606

17541 Schnatz, Helmut: Die Stellung der Stadt Koblenz in der alliierten Bomberoffensive des Spätjahres 1944, in: JWL 1 (1975), 373–403

17542 Schnatz, Helmut: Der Tiefangriff der RAF auf Ziele in Trier und Ehrang am 1. April 1943: Wirklichkeit, Rezeption, Überlieferung und Stellung in der Luftkriegsstrategie des Zweiten Weltkriegs, in: JWL 14 (1988), 405–28

17543 Schnatz, Helmut: Zu den Luftangriffen auf Trier, Ehrang und Konz-Karthaus [Rheinland] 1944/45, in: JWL 19 (1993), 555–600

17544 Schramm, Georg W. (Bearb.): Bomben auf Nürnberg. Luftangriffe 1940–1945, München 1988; 216 S.

17545 Schramm, Georg W.: Der zivile Luftschutz in Nürnberg 1933–1945, 2 Bde., Nürnberg 1983; XV, 653 S.

17546 Taylor, Eric: 1000 Bomber auf Köln. Operation Millenium 1942. Ein Bild-Textband. (Fotografierte Zeitgeschichte), 1. u. 2. Aufl., Düsseldorf 1979; 180 S.**

17547 Überlebensberichte. Der 22. Oktober 1943 in Protokollen der Vermißtensuchstelle des Oberbürgermeisters der Stadt Kassel, Hg. Stadt Kassel, Kulturamt, Bearb. Frank-Roland Klaube, Marburg 1993; 160 S.

17548 Ueberschär, Gerd R.: Freiburg im Luftkrieg 1939 bis 1945. Mit einer Fotodokumentation zur Zerstörung der Altstadt am 27. November 1944, Fotodokumentation Hans Schadek, Freiburg i.Br. 1990; 486 S.**

17549 Ueberschär, Gerd R./Wette, Wolfram: Bomben und Legenden. Die schrittweise Aufklärung des Luftangriffs auf Freiburg am 10. Mai 1940. Ein dokumentarischer Bericht, Freiburg 1981; 210 S.

17550 Ulrich, Johannes: Der Luftkrieg über Österreich 1939–1945, 3. Aufl., Wien 1982; 67 S. (zuerst 1967)

A.3.22.13 Seekrieg

Bibliographien

17551 Lundeberg, Philip K.: German Naval Literatur of World War II. A Bibliographical Survey, in: USNIP 82 (1956), 95–106

Nachschlagewerke

17552 Rohwer, Jürgen/Hümmelchen, Gerhard: Chronik des Seekrieges. 1939–1945, Hg. Arbeitskreis für Wehrforschung/Bibliothek für Zeitgeschichte, Oldenburg 1968; 655 S.

Gedruckte Quellen

17553 Kriegstagebuch der Seekriegsleitung 1939–1945, Reihe A [Faksimile-Edition des Bestands Bundesarchiv-Militärarchiv Freiburg RM 7/35], Hg. Werner Rahn/Gerhard Schreiber, Mitarb. Hans-Joseph Maierhöfer, hg. i. A. des Militärgeschichtlichen Forschungsamtes u. a., Bd. 1–50 (Oktober 1943), Herford/Bonn 1988–1994 (wird fortgesetzt)

17554 Wagner, Gerhard (Hg.): Lagevorträge des Oberbefehlshabers der Kriegsmarine vor Hitler 1939–1945, hg. i. A. des Arbeitskreises für Wehrforschung, München 1972; 716 S.

Darstellungen

17555 Bekker, Cajus: Kampf und Untergang der Kriegsmarine. Ein Dokumentarbericht, aufgezeichnet nach zahlreichen Dokumenten. Aussagen von vielen 100 Augenzeugen und unter Mitarbeit führender Angehöriger der ehemaligen deutschen Kriegsmarine, Rastatt 1961; 184 S. (engl.: London 1954)

17556 Buchheim, Lothar-Günther: U-Boot-Krieg, Essay Michael Salewski, München/Zürich 1976; 308 S.

17557 Dinklage, Ludwig/Witthöft, Hans J.: Die deutsche Handelsflotte 1939–1945. Unter besonderer Berücksichtigung der Blokkadebrecher, 2 Bde., Göttingen 1971; 537, 391 S.

17558 Dönitz, Karl: Die Schlacht im Atlantik in der deutschen Strategie (1964), in: Andreas Hillgruber (Hg.), Probleme des Zweiten Weltkrieges, Köln/Berlin 1967, 159–70

17559 Gannon, Michael: »Operation Paukenschlag«. Der deutsche U-Boot-Krieg gegen die USA, 2. Aufl., Frankfurt/Berlin 1994; 526 S. (zuerst 1992; amerikan.: New York 1990)

17560 Gemzell, Carl-Axel: Organization, Conflict, and Innovation. A Study of German Naval Strategic Planning, 1888–1940, Stockholm 1973; 448 S.

17561 Herwig, Holger H.: The Politics of Frustration. The United States in German Naval Strategic Planning, 1888–1941, Boston/Toronto 1976; X, 323 S.

17563 Herwig, Holger H.: Prelude to Weltblitzkrieg. Germany's Naval Policy toward the United States of America, 1939–41, in: JMH 43 (1971), 649–68

17564 Hümmelchen, Gerhard: Die deutschen Seeflieger 1935–1945, München 1976; 192 S.

17565 Jacobsen, Hans-Adolf/Rohwer, Jürgen: Planungen und Operationen der deutschen Kriegsmarine im Zusammenhang mit dem Fall »Gelb«, in: MR 57 (1960), 65–78

17566 Leopold, Heiko: Das Stalingrad zur See, in: Zeit, Jg. 48, Nr. 23, 4.6. 1993, 66

17567 Meister, Jürg: Der Seekrieg in den osteuropäischen Gewässern 1941–45, München 1958; 392 S.

17568 Rahn, Werner: Der Atlantik in der strategischen Perspektive Hitlers und Roosevelts 1941, in: Wolfgang Michalka (Hg.), Der Zweite Weltkrieg. Analysen, Grundzüge, Forschungsbilanz, München/Zürich 1989, 667–82

17569 Rahn, Werner: Einsatzbereitschaft und Kampfkraft deutscher U-Boote 1942.

Eine Dokumentation zu den materiellen Voraussetzungen und Problemen des U-Boot-Krieges nach dem Kriegseintritt der USA, in: MGM 47 (1990), 73–132**

17570 Rohwer, Jürgen: Geleitzugschlachten im März 1943. Führungsprobleme im Höhepunkt der Schlacht im Atlantik, Hg. Arbeitskreis für Wehrforschung, Stuttgart 1975; 356 S.

17571 Rohwer, Jürgen: Die U-Boot-Erfolge der Achsenmächte 1939–1945, Hg. Bibliothek für Zeitgeschichte, München 1968; XXIV, 376 S.

Roskill, Stephen W.: The War at Sea, 1939–1945, London:

17572 – Bd. 1: The Defensive, 1954; XXII, 664 S.

17573 – Bd. 2: The Period of Balance, 1956; 523 S.

17574 – Bd. 3.1: June 1943 – May 1944, 1960; XV, 413 S.

17575 – Bd. 3.2: 1st June 1944–14th August 1945, 1961; XV, 502 S.

17576 Ruge, Friedrich: Der Seekrieg 1939–1945, 3., erw. Aufl., Stuttgart 1969; XIV, 324 S. (zuerst 1954)

Salewski, Michael: Die deutsche Seekriegsleitung 1935–1945, Frankfurt:

17577 – Bd. 1: 1935–1941, 1970; XIII, 595 S.**

17578 – Bd. 2: 1942–1945, 1975; IX, 701 S.**

17579 – Bd. 3: Denkschriften und Lagebetrachtungen 1938–1945, hg. mit Unterstützung des Militärgeschichtlichen Forschungsamtes, 1975; 411 S.**

17580 Schreiber, Gerhard: Die Rolle Frankreichs im strategischen und operativen Denken der deutschen Marine, in: Klaus Hildebrand/Karl F. Werner (Hg.), Deutschland und Frankreich 1936–1939. 15. Deutsch-französisches Historikerkolloquium des Deutschen Historischen Instituts Paris (Bonn, 26.–29. September 1979), München/Zürich 1981, 167–213

17580a Schuur, Heinrich u. a.: Führungsprobleme der Marine im Zweiten Weltkrieg, 2. Aufl., Freiburg 1986; 151 S. (zuerst 1973)

17581 Showell, Jak P.: Das Buch der deutschen Kriegsmarine, 2. Aufl., Stuttgart 1985; 246 S. (zuerst 1982; engl.: London 1979 u. d. T.: The German Navy in World War II)

17582 Showell, Jak P.: U-Boote gegen England. Kampf und Untergang der deutschen U-Boot-Waffe 1939–1945, Stuttgart 1974; 189 S. (engl.: London 1973 u. d. T.: U-Boots under Swastika)

17583 Sohler, Herbert: U-Bootkrieg und Völkerrecht. Eine Studie über die Entwicklung des deutschen U-Bootkrieges 1939–1945 im Lichte des Völkerrechts, Berlin/Frankfurt 1956; 70 S.

17584 Steinweg, Günther: Die deutsche Handelsflotte im Zweiten Weltkrieg. Aufgaben und Schicksal, Göttingen 1954; VIII, 178 S.

17585 Tägil, Sven: Wegener, Raeder und die deutsche Marinestrategie. Einige Gesichtspunkte hinsichtlich der Bedingungen für Ideeneinfluß, in: Probleme deutscher Zeitgeschichte. (Lund Studies in International History, 2), Stockholm 1971, 77–96 (engl. 1967)

17586 Waas, Heinrich: Eine Besprechung über den U-Boot-Krieg bei Hitler in der Reichskanzlei im Herbst 1942 und ihre Bedeutung für den Kriegsverlauf, in: GWU 38 (1987), 684–95

A.3.22.14 Kriegsende

A.3.22.14.1 Allgemeines

Literaturberichte

17587 Diefenbach, Alfred: Die Kapitulation der deutschen Wehrmacht, in: JBBfZ 47 (1975), 615–43

17588 Rathkolb, Oliver: Literatur- und Forschungsbericht über das »Kriegsende 1945« am Beispiel ausgewählter bundesdeutscher und österreichischer Publikationen, in: ZG 12 (1984/85), 176–86

Gedruckte Quellen

17589 Förster, Gerhard/Lakowski, Richard (Bearb.): 1945. Das Jahr der endgültigen Niederlage der faschistischen Wehrmacht. Dokumente, Berlin (O) 1975; 462 S.

17590 Koller, Karl: Der letzte Monat. 14. April bis 27. Mai 1945. Tagebuchaufzeichnungen des ehemaligen Chefs des Generalstabs der deutschen Luftwaffe. Mit dem Urteil der Spruchkammer im Entnazifizierungsverfahren, Vorwort Walter Görlitz, Neuausg., Esslingen 1985; 204 S. (zuerst Mannheim 1949)

17591 Kuby, Erich (Hg.): Das Ende des Schreckens. Dokumente des Untergangs Januar bis Mai 1945, 2. Aufl., München 1961; 169 S. (zuerst o. J. [1955])

17592 Schultz, Joachim: Die letzten 30 Tage. Aus dem Kriegstagebuch des OKW, Stuttgart 1951; 132 S.

17593 Schultz-Naumann, Joachim: Die letzten dreißig Tage. Das Kriegstagebuch des OKW April bis Mai 1945. Die Schlacht um Berlin. Dokumente: Bilder und Urkunden, Einführung Walther Hubatsch, München 1980; 248 S. (TB Rastatt 1987)

Darstellungen

17595 8. Mai 1985 – Stunde Null? Wiedergabe der im Rahmen des gleichnamigen Symposiums am 4. 5. 1985 gehaltenen Vorträge, Hg. SPD-Landesverband Schleswig-Holstein/Beirat für Geschichte der Arbeiterbewegung und Demokratie in Schleswig-Holstein, verantwortl. Uwe Danker/Klaus Rave, Kiel/Malente 1986; 85 S.

17596 Badstübner, Rolf: Friedenssicherung und deutsche Frage. Vom Untergang des »Reiches« bis zur deutschen Zweistaatlichkeit (1943 bis 1949), Berlin 1990; 519 S.

17597 Baum, Walter: Der Zusammenbruch der obersten militärischen Führung 1945, in: WR 10 (1960), 237–66

17598 Befreiung und Neubeginn. Ausgewähltes und überarbeitetes Protokoll der Wissenschaftlichen Konferenz des Historischen Instituts der Ernst-Moritz-Arndt-Universität Greifswald in Verbindung mit der Gesellschaft für Deutsch-Sowjetische Freundschaft und der Deutschen Historiker-Gesellschaft am 29. und 30. April 1965, Hg. Historisches Institut der Ernst-Moritz-Arndt-Universität, Red. Johannes Schildhauer u. a., Berlin (O) 1966; 256 S.*

17599 Bernadotte, Folke Graf: Das Ende. Meine Verhandlungen in Deutschland im Frühjahr 1945 und ihre politischen Folgen, Zürich/New York 1945; 114 S.

17600 Bezymenski, Lev: Der Tod des Adolf Hitler. Der sowjetische Beitrag über das Ende des Dritten Reiches und seines Diktators, 2. Aufl., München 1982; 387 S. (zuerst Hamburg 1968; engl.: London 1968)

17601 Bleyer, Wolfgang: Das Scheitern des »totalen Krieges« in der letzten Phase des zweiten Weltkrieges, in: Befreiung und Neubeginn. Zur Stellung des 8. Mai 1945 und der deutschen Geschichte, Red. Bernhard Weißel, Berlin (O) 1968, 261–70

17602 Blond, Georges: L'agonie de l'Allemagne, 1944–1945, Paris 1952; 350 S. (amerikan.: New York 1954 u. d. T.: The Death of Hitler's Germany)

17603 Brusis, Ilse (Hg.): Die Niederlage, die eine Befreiung war, Köln 1985; 584 S.**

17604 Dollinger, Hans (Hg.): Die letzten hundert Tage. Das Ende des Zweiten Weltkrieges in Europa und Asien, wissenschaftl. Beratung Hans-Adolf Jacobsen, München u. a. 1965; 432 S.**

17605 Duffy, Christopher: Der Sturm auf das Reich. Der Vormarsch der Roten Armeen 1945, München 1994; 424 S. (engl.: London/New York 1991 u. d. T.: Red Storm on the Reich)

17606 Erdmann, Karl D.: Die Regierung Dönitz. Über den Umgang mit Ergebnissen der jüngsten deutschen Geschichte. Vortrag in der Universität Kiel am 20. Februar 1963, in: GWU 14 (1963), 359–75

17607 Funke, Manfred: Spurensicherung. Kriegsende 1945: Davor und Danach, in: Karl D. Bracher u. a. (Hg.), Deutschland 1933–1945. Neue Studien zur nationalsozialistischen Herrschaft, 2., erg. Aufl., Bonn/Düsseldorf 1993, 532–41 (zuerst 1992)

17608 Gellermann, Günther W.: Die Armee Wenck – Hitlers letzte Hoffnung, Einführung Andreas Hillgruber, 2., durchges. u. verb. Aufl., Bonn 1991; 215 S. (zuerst 1984)

17609 Glaser, Hermann (Hg.): Siegreich bis zum Untergang. Anfang und Ende des Dritten Reiches in Augenzeugenberichten, Freiburg u. a. 1983; 367 S.

17610 Graml, Hermann: Die Kapitulation und ihre Folgen, in: Martin Broszat/Norbert Frei (Hg.), Ploetz. Das Dritte Reich. Ursprünge, Ereignisse, Wirkungen, Freiburg/Würzburg 1983, 219–29

17611 Groehler, Olaf: 1944: Die Krise des deutschen Faschismus. Faschistische Agonie und Nachkriegsplanung, in: ZfG 32 (1984), 586–94

17612 Hansen, Reimer: Das Ende des Dritten Reiches. Die deutsche Kapitulation 1945, Stuttgart 1966; 247 S.

17613 Hansen, Reimer: Die deutsche Kapitulation 1945, in: Kurt Jürgensen/Reimer Hansen (Hg.), Historisch-politische Streiflichter. Geschichtliche Beiträge zur Gegenwart, Neumünster 1971, 235–56

17614 Hansen, Reimer: Außenpolitik im Zusammenbruch des Dritten Reiches, in: Manfred Funke (Hg.), Hitler, Deutschland und die Mächte. Materialien zur Außenpolitik des Dritten Reiches, Düsseldorf 1976, 115–34 (ND 1977 u. Düsseldorf/Königstein, Ts. 1978)

17615 Hansen, Reimer: Die Kapitulation und die Regierung Dönitz, in: Winfried Becker (Hg.), Die Kapitulation von 1945 und der Neubeginn in Deutschland. Symposion an der Universität Passau, 30.–31. 10. 1985, Köln/Wien 1987, 31–43

17616 Hillgruber, Andreas: Die historisch-politische Bedeutung der deutschen Kapitulation 1945, in: GWU 20 (1969), 65–72

17617 Hömig, Herbert: Niederlage und Besetzung. Die politischen Folgen des Zweiten Weltkrieges, in: Herbert Hömig, Von der deutschen Frage zur Einheit Europas. Historische Essays, 2., verb. Aufl., Bochum 1993, 299–321 (zuerst 1991)

17618 Jacobmeyer, Wolfgang: Die Niederlage 1945, in: Westdeutschlands Weg zur Bundesrepublik 1945–1949. Beiträge von Mitarbeitern des Instituts für Zeitgeschichte, München 1976, 11–24

17619 Jacobsen, Hans-Adolf: Zur Lage der Nation: Deutschland im Mai 1945, in: APUZ, Nr. B 13/85, 30. 4. 1985, 3–22

17620 Kissel, Hans: Der Deutsche Volkssturm 1944/1945. Eine territoriale Miliz im Rahmen der Landesverteidigung, Berlin/Stuttgart 1962; 173 S.

17621 Krieger, Leonhard: The Inter-Regnum in Germany. March-August 1945, in: PSQ 64 (1949), 507–32

17622 Kuby, Erich: Das Ende des Schreckens. Januar bis Mai 1945, München 1986; 254 S.

17623 Launay, Jacques de: Les derniers jours de fascisme en Europe, Paris 1974; 321 S.

17624 Loth, Wilfried: Weltpolitische Zäsur 1945. Der Zweite Weltkrieg und der Untergang des alten Europa, in: Christoph Kleßmann (Hg.), Nicht nur Hitlers Krieg. Der Zweite Weltkrieg und die Deutschen, Düsseldorf 1989, 99–112

17625 Lüdde-Neurath, Walter: Regierung Dönitz. Die letzten Tage des Dritten Reiches. Mit einem umfangreichen Dokumentenanhang und dem »Dönitz-Tagebuch«, 5., wesentl. erw. Aufl., Leoni a. Starnberger See 1981; 204 S. (zuerst Göttingen 1950)**

17626 Mammach, Klaus: Der Volkssturm. Das letzte Aufgebot 1944/45, Berlin (O) (LA Köln) 1981; 215 S.

17627 Martin, Bernd: Verhandlungen über separate Friedensschlüsse 1942–1945. Ein Beitrag zur Entstehung des Kalten Krieges, in: MGM 20 (1976), 95–113

17628 Meister, Ulrich: Zur deutschen Kapitulation 1945, in: ZaÖRV 13 (1950/51), 393–410

17629 Minott, Rodney G.: Top Secret. Hitlers Alpenfestung. Tatsachenbericht über einen Mythos, Reinbek 1967; 133 S. (amerikan.: New York 1964)

17630 Müller, Rolf-Dieter/Ueberschär, Gerd R.: Kriegsende 1945. Die Zerstörung des deutschen Nationalstaats, Frankfurt 1994; 259 S.**

17631 Paul, Wolfgang: Der Endkampf um Deutschland. 1945, Esslingen 1976; 551 S.

17632 Plumpe, Werner: Politische Zäsur und funktionale Kontinuität: Industrielle Nachkriegsplanungen und der Übergang zur Friedenswirtschaft 1944–1946, in: 1999 7 (1992), Nr. 4, 11–37

17633 Remdt, Gerhard/Wermusch, Günter: Rätsel Jonastal. Die Geschichte des letzten »Führerhauptquartiers«, Berlin 1992; 157 S.

17634 Rose, Arno: Werwolf 1944–1945. Eine Dokumentation, Stuttgart 1980; 358 S.

17636 Schiemann, Catherine: Der Geheimdienst beendet den Krieg. »Operation Sunrise« und die deutsche Kapitulation in Italien, in: Jürgen Heideking/Christof Mauch (Hg.), Geheimdienstkrieg gegen Deutschland. Subversion, Propaganda und politische Planungen des amerikanischen Geheimdienstes im Zweiten Weltkrieg, Göttingen 1993, 142–81

17637 Seidler, Franz W.: Deutscher Volkssturm. Das letzte Aufgebot 1944/45, München 1989; 416 S.

17638 Sillner, Leo: Als alles in Scherben fiel. Das Ende des Zweiten Weltkrieges in Deutschland, München 1970; 206 S.

17639 Sjöstedt, Lennart: Das Programm des Grossadmirals Dönitz bei seinem Regierungsantritt 1945. Eine Studie zur Bedeutung tendenziöser Kritik in der zeitgeschichtlichen Forschung, in: Probleme deutscher Zeitgeschichte. (Lund Studies in International History, 2), Stockholm 1971, 195–233

17640 Stehle, Hansjakob: Deutsche Friedensfühler bei den Westmächten im Februar/März 1945, in: VfZ 30 (1982), 538–55; abgedr. in: Karl D. Bracher u.a. (Hg.), Nationalsozialistische Diktatur 1933–1945. Eine Bilanz, Bonn (zugl. Düsseldorf) 1983, 509–28**

17641 Steinert, Marlis G.: Die 23 Tage der Regierung Dönitz, Düsseldorf/Wien 1967; 426 S.

17642 Steinert, Marlis G.: Die alliierte Entscheidung zur Verhaftung der Regierung Dönitz, in: MGM 40 (1986), 85–99

17643 Die Stunde Null. Kriegsende und Neubeginn. (RPZ-Information 5/85), Hg. Regionales Pädagogisches Zentrum/Landeszentrale für politische Bildung Rheinland-Pfalz, Bad Kreuznach/Mainz 1985; II, 126 S.

17644 Toland, John: Das Finale. Die letzten 100 Tage, München 1968; 597 S. (vom Autor bearb. u. gekürzte Fassung Bergisch Gladbach 1978; engl.: London/New York 1966)

17645 Viereck, Hans-Dieter: Die politische und rechtliche Bedeutung der Formel »Bedingungslose Kapitulation Deutschlands«, Diss. Kiel 1952; XIX, 184 S. (Ms.)

17646 Waibel, Max: 1945 – Kapitulation in Norditalien. Originalbericht des Vermittlers, Basel/Frankfurt 1981; 184 S.

17647 Whiting, Charles: Werewolf. The Story of the Nazi Resistance Movement, 1944–1945, London 1972; XIII, 208 S.

17648 Whiting, Charles: The End of the War. Europe, April 15 – May 23, 1945, New York 1973; 178 S.

17649 Whiting, Charles: Siegfried. The Nazi's Last Stand, New York/London 1983; VIII, 283 S.

17650 Ziemke, Earl F.: The U.S. Army in the Occupation of Germany, 1944–1945, Hg. United States Army, Center of Military History, Washington, D.C. 1975; XVI, 477 S.

A.3.22.14.2 Regional- und Lokalstudien

Literaturberichte

17652 Gaedtke, Dieter: Berlin 1945. Literaturbericht und Bibliographie, in: JBBfZ 43 (1971), 479–516

17653 Haupt, Werner: Berlin 1945. Literaturbericht und Bibliographie, in: JBBfZ 37 (1965), 383–97

Gedruckte Quellen

17654 Der deutsche Südwesten zur Stunde Null. Zusammenbruch und Neuanfang im Jahre 1945 in Dokumenten und Bildern, Hg. Generallandesarchiv Karlsruhe, Bearb. Hansmartin Schwarzmaier, hg. in Verbindung mit der Arbeitsgemeinschaft für geschichtliche Landeskunde am Oberrhein, Stuttgart 1975; 248 S.

17655 Gleiss, Horst G. W.: Breslauer Apokalypse 1945. Dokumentarchronik vom Todeskampf und Untergang einer deutschen Stadt und Festung am Ende des Zweiten Weltkrieges. Unter bes. Berücksichtigung der internationalen Presseforschung, persönlicher Erlebnisberichte von Augenzeugen und eigenen Tagebuchaufzeichnungen, 5 Bde. u. Suppl.bd., Wedel, Holst. 1986–1987, 1993; 13, 800; 16, 1037; 16, 1240; 1152; 1741, 48 S. (Bd. 2 ff.; Bd. 1 getr. Pag.)

17656 Gollnick, Rüdiger/Gollnick, Monika (Hg.): Zerbombt und zerschossen. Der Niederrhein 1944/45. Eine Bilddokumentation mit 370 Bildern über Zerstörungen von Städten, Dörfern und Industrieanlagen des unteren Niederrheins, 2. Aufl., Kleve 1985; 144 S.

17657 Hartung, Hugo: Schlesien 1944/45. Aufzeichnungen und Tagebücher, München 1976; 157 S.

17658 Jedlicka, Ludwig: Dokumente zur Geschichte der Ereignisse in Wien im April 1945, in: ÖGG 5 (1961), 127–32

17659 Rogall, Joachim (Hg.): Die Räumung des »Reichsgaus Wartheland« vom 16. bis 26. Januar 1945 im Spiegel amtlicher Berichte, Sigmaringen 1992; 226 S.

17660 Scheel, Klaus (Hg.): Die Befreiung Berlins 1945. Eine Dokumentation, 2., überarb. u. erw. Aufl., Berlin (O) 1985; 242 S. (zuerst 1975)

17661 Schlesisches Inferno. Kriegsverbrechen der Roten Armee beim Einbruch in Schlesien 1945. Eine Dokumentation, Hg. Informations- und Dokumentationszentrum West, Bearb. Karl F. Grau, Einleitung Ernst Deuerlein, Stuttgart 1966; 204 S.

17662 Wilckens, Hans J. (Bearb.): Die große Not. Danzig-Westpreußen 1945, bearb. i.A. der Landsmannschaft Westpreußen, Sarstedt 1957; VIII, 531 S.

Darstellungen

17663 »Als der Krieg zuende ging.« Fuldaer Schicksalsjahre 1944/45, Hg. Stadt Fulda, Red. Klaus Krolopp, Fulda 1985; 82 S.**

17664 Arntz, Hans-Dieter: Kriegsende 1944/45 zwischen Ardennen und Rhein, Euskirchen 1984; 679 S.

17665 Becker, Rolf O.: Niederschlesien 1945. Die Flucht – die Besetzung. Nach Dokumenten des Bundesministeriums für Vertriebene, Flüchtlinge und Kriegsbeschädigte, Bonn. Nach Dokumenten aus dem Bundesarchiv Koblenz (Ost-Dok. 1, Fragebogenberichte des Bundesarchivs, Ost-Dok. 2), Erlebnis- und Kreisberichte. Nach Dokumenten des Arbeitskreises »Flucht und Vertreibung«, Bonn., Gesamtred. Edgar G. Lass, bearb. unter Mitarb. des Arbeitskreises »Flucht und Vertreibung« und der Heimatkreisbearbeiter, Bad Nauheim 1965; 391 S.

17666 Befreiung und Neubeginn im Kreis Güstrow [Mecklenburg], Hg. SED-Kreisleitung Güstrow, Kommission zur Erforschung der örtlichen Arbeiterbewegung/Rat des Kreises Güstrow, Red. B. Blaschke/E. Trautheim, Schwerin 1975; 30 S.**

17667 Berkel, Alexander: Krieg vor der eigenen Haustür. Die Kriegsereignisse zwischen Wesel und Rees im Frühjahr 1945, Wesel 1994; ca. 208 S.**

17668 Bernhard, Herbert: 1945. Die Entscheidungsschlacht am Niederrhein, Wesel 1976; 264 S.

17669 Blumenstock, Friedrich: Der Einmarsch der Amerikaner und Franzosen im nördlichen Württemberg im April 1945, Stuttgart 1957; 264 S.

17670 Bornemann, Manfred: Schicksalstage im Harz. Das Geschehen im April 1945, 6. Aufl., Clausthal-Zellerfeld 1989; 164 S. (zuerst 1974)

17671 Borth, Fred: Nicht zu jung zum Sterben. Die »Hitler-Jugend« im Kampf um Wien 1945, Einleitung Felix Ermacora, Wien/München 1988; 360 S.**

17672 Bosch, Heinz: Der zweite Weltkrieg zwischen Rhein und Maas. Eine Dokumentation der Kriegsereignisse im Kreise Geldern 1939–1945, Hg. Oberkreisdirektor des Kreises Geldern, 4., erw. Aufl., Geldern 1977; 359 S. (zuerst 1970)

17673 Boveri, Margret: Tage des Überlebens. Berlin 1945, München 1968; 337 S.

17674 Brückner, Joachim: Das Kriegsende in Bayern 1945. Der Wehrkreis VII und die Kämpfe zwischen Donau und Alpen, Freiburg i.Br. 1987; 309 S.

17675 Brüne, Lothar/Weiler, Jakob: Remagen im März 1945. Eine Dokumentation zur Schlußphase des Zweiten des Zweiten Weltkrieges, Hg. Friedens-Museum »Brücke von Remagen«, Meckenheim 1993; 239 S.

17676 Burkert, Hans-Norbert u.a.: Zerstört, besiegt, befreit. Der Kampf um Berlin bis zur Kapitulation 1945, 1. u. 2. Aufl., Berlin 1985; XVI, 287 S.

17677 Carstens, Hein u.a.: Vor 40 Jahren. Kriegsende im Elbe-Weser-Winkel, in: NK 37 (1985), 38–55

17678 Christoffel, Edgar: Der Endkampf zwischen Mosel, Saar und Ruwer 1944/45. Der Durchbruch der Amerikaner im südlichen Hunsrück zum Vormarsch nach Trier und zum Rhein, Trier 1985; 142 S.

17679 Czeike, Felix: Vom Faschismus zur Demokratie. Eine Chronologie der Ereignisse im April 1945 in Wien, in: Helmut Konrad/Wolfgang Neugebauer (Hg.), Arbeiterbewegung – Faschismus – Nationalbewußtsein. Festschrift zum 20jährigen Bestand des Dokumentationsarchivs des österreichischen Widerstandes und zum 60.

Geburtstag von Herbert Steiner, Wien u. a. 1983, 333–42

17680 Danimann, Franz/Pepper, Hugo (Hg.): Österreich im April '45, Wien/Zürich 1985; 368 S.

17681 Deibele, Albert: Das Kriegsende 1945 im Kreis Schwäbisch Gmünd, Schwäbisch Gmünd 1966; 133 S.

17682 Diem, Liselott: Fliehen oder bleiben? Dramatisches Kriegsende in Berlin, Freiburg 1982; 141 S.

17683 Ehmer, Hermann: Die Besetzung Badens im April 1945, in: Hansmartin Schwarzmaier (Hg.), Landesgeschichte und Zeitgeschichte: Kriegsende 1945 und demokratischer Neubeginn am Oberrhein. (Oberrheinische Studien, 5), Karlsruhe 1980, 35–80

17685 Euler, Helmuth: Die Entscheidungsschlacht an Rhein und Ruhr 1945, 2. Aufl., Stuttgart 1981; 276 S. (zuerst 1980)

17686 Flieguth, Gustav: Marienburg 1945. Kampf um Stadt und Burg. Zeitzeugenberichte, Mitarb. Heimatkreis Marienburg (Westpreußen), München 1985; 349 S.

17687 Fröhlich, Elke: Ein junger Märtyrer [Robert Limpert in Ansbach], in: Elke Fröhlich, Die Herausforderung des Einzelnen. Geschichten über Widerstand und Verfolgung. (Bayern in der NS-Zeit, 6), München/Wien 1983, 228–57; abgedr. in: Elke Fröhlich/Martin Broszat, Alltag und Widerstand – Bayern im Nationalsozialismus, München/Zürich 1987, 650–94**

17688 Giertz, Horst: Die Schlacht um Berlin vom 20. April bis zum 2. Mai 1945, in: MG 18 (1979), 333–50

17689 Golücke, Friedhelm: Das Kriegsende in Franken, in: MFJ 28 (1976), 103–22

17690 Göpfert, Erich: Kriegsende vor 40 Jahren. Erlebnisse in und um Unna, Hg. Stadt Unna, Unna 1985; 39 S.

17691 Gosztony, Peter: Endkampf an der Donau 1944/45, München 1969; 356 S.

17692 Groehler, Olaf: Die Schlacht um Aachen (September/Oktober 1944), in: MG 18 (1979), 321–33

17693 Hampele, Walter: Das Kriegsende in Westheim, in: Westheim am Kocher. 1200 Jahre Geschichte, Hg. Gemeinde Rosengarten – Ortschaft Westheim, Red. Gottfried Benn, Sigmaringen 1988, 119–30

17694 Haupt, Werner: Endkampf im Westen. Bildchronik der letzten Kriegsmonate zwischen Nordsee und Alpen, Rhein und Elbe, Friedberg 1979; 160 S.**

17695 Heitmann, Jan: Das Ende des Zweiten Weltkrieges in Hamburg. Die kampflose Übergabe der Stadt an die britischen Truppen und ihre Vorgeschichte, Frankfurt u. a. 1990; 172 S.

17696 Henke, Klaus-Dietmar: Die amerikanische Besetzung Deutschlands, München 1995; 1077 S.

17697 Henning, Elenore: Aus Deutschlands dunklen Tagen. Erlebnisse in Pommern am Ende des 2. Weltkriegs, Bad Liebenzell 1982; 139 S.

17698 Hohenstein, Adolf: Schicksale zwischen den Fronten. Ein Kriegstagebuch vom 20. August bis 20. Mai 1945 für die Bevölkerung des alten Landkreises Monschau, Monschau 1982; 261 S.

17699 Hohenstein, Adolf/Trees, Wolfgang: Hölle im Hürtgenwald. Die Kämpfe vom Hohen Venn bis zur Rur September 1944 bis 1945, Aachen 1981; 320 S.

17700 Holzhaider, Hans: Die Sechs vom Rathausplatz [Dachau], in: Faschismus in Deutschland. Ursachen und Folgen. Verfolgung und Widerstand. Ausländerfeindlichkeit und neonazistische Gefahren, Hg. IG Druck und Papier, Köln 1985, 230–79

17701 Hornig, Ernst: Breslau 1945. Erlebnisse in einer eingeschlossenen Stadt, Geleitwort Joachim Konrad, München 1975; 287 S.

17702 Hubatsch, Walther: Wie Göttingen vor der Zerstörung bewahrt wurde. Die Vorgänge vom 1. bis 8. April 1945, in: GöJb 9 (1961), 87–138

17703 Hügen, Ludwig: Der Krieg geht zu Ende. Niederrheinische Berichte zur Operation Grenade 1945, Kempen 1974; 114, 112 S.

17704 Jacobi, Uwe: Das Kriegsende. Szenen 1944/45 in Heilbronn, im Unterland und in Hohenlohe, Heilbronn 1985; 164 S.

17705 Junger, Gerhard: Schicksale 1945. Das Ende des Weltkrieges im Kreis Reutlingen. Mit Berichten französischer Divisionen von den Kämpfen in Südwestdeutschland in der Zeit vom 18. bis 22. April 1945. Die ersten sechs Monate Besatzung in Stadt und Kreis Reutlingen im Spiegel französischer Berichte und in den Erinnerungen ausländischer und deutscher Zeitzeugen, 3., erw. Aufl., Reutlingen 1991; 523 S. (zuerst 1971)**

17706 Jürgensen, Kurt: Kriegsende 1945 in Schleswig-Holstein und in Dänemark, in: Robert Bohn u. a. (Hg.), Neutralität und totalitäre Aggression. Nordeuropa und die Großmächte im Zweiten Weltkrieg, Stuttgart 1991, 271–81

17707 Kaltenegger, Roland: Operationszone »adriatisches Küstenland«. Der Kampf um Triest, Istrien und Fiume 1944/45, Graz/Stuttgart 1993; 327 S.

17708 Käs, Ferdinand: Wien im Schicksalsjahr 1945. (Vortrag), Wien u. a. 1965; 23 S.

17709 Kathe, Andreas (Hg.): Kriegsende im Landkreis Vechta. Erinnerungen an das Jahr 1945, Vechta 1985; 124 S.

17710 Keddigkeit, Jürgen: Die militärische Besetzung des südlichen Rheinland-Pfalz und des Saarlandes im März des Jahres 1945, in: JWL (1984), 319–66

17711 Keddigkeit, Jürgen: Das militärische Ende des Zweiten Weltkrieges 1945, T. 1: Der Vormarsch der alliierten Truppen [Karte 110], T. 2: Der Rückzug der deutschen Truppen [Karte 111], in: Pfalzatlas, Hg. Willi Alter, Textbd. 3, H. 37, Speyer 1984, 1430–55

17712 Klapproth, Willy: Kriegschronik 1945 der Stadt Soltau und Umgebung mit Beiträgen zur Kriegsgeschichte der Süd- und Mittelheide, Hg. Stadtverwaltung Soltau, Soltau 1955; 234 S.

17713 Klitta, Georg: Das Ende des zweiten Weltkrieges in Schwandorf. Eine Dokumentation, Schwandorf 1970; 295 S.**

17714 Konrad, Joachim: Das Ende von Breslau, in: VfZ 4 (1956), 387–90

17715 Kösters, Hans G.: Essen Stunde Null. Die letzten Tage März/April 1945. (Fotografierte Zeitgeschichte), Düsseldorf 1982; 117 S.**

17716 Kramp, Hans: Rurfront 1944/45. Zweite Schlacht am Hubertuskreuz zwischen Wurm, Rur und Inde, Geilenkirchen 1981; 592 S.

17717 Krüger, Dieter: Militärische Ereignisse im April/Mai 1945 zwischen Haff und Müritz [Mecklenburg], Neubrandenburg 1985; 80 S.

17718 Kuby, Erich: Die Russen in Berlin 1945, München u. a. 1965; 429 S.

17719 Kühlwein, Friedrich K.: Die Kämpfe in und um Bielefeld im März und April 1945, in: RB 50 (1950), Nr. 1, 269–317

17720 Lackerbauer, Ilse: Das Kriegsende in der Stadt Salzburg im Mai 1945, Wien 1977; 56 S.

17721 Lakowski, Richard: Das Ende der Naziherrschaft in Brandenburg. Mit einer Dokumentation, in: Dietrich Eichholtz (Hg.), Verfolgung – Alltag – Widerstand. Brandenburg in der NS-Zeit. Studien und Dokumente, Berlin 1993, 411–42**

17722 Lederer, Wilhelm: Dokumentation 1945. Kulmbach vor und nach der Stunde

Null – Niedergang und Wiederbeginn des politischen Lebens, Kulmbach 1971; 272 S.**

17723 Leiwig, Heinz: Finale 1945 Rhein-Main, Düsseldorf 1985; 124 S.

17724 Lochmann, Gustav: Als der Ami kam. Fulda in der Stunde der Entscheidung, Fulda 1955; 190 S.

17725 Luftkrieg und Kriegsende in Bamberg. Ausstellung des Stadtarchivs Bamberg, Rathaus Marxplatz, 16. April – 24. Mai 1985, Bearb. Robert Zink, Bamberg 1985; 45 S.

17726 Majewski, Ryszard/Sozanska, Teresa: Die Schlacht um Breslau Januar-Mai 1945, Berlin 1979; VIII, 147 S. (zuerst poln.)

17727 Die Männer von Brettheim [Baden]. Lesebuch zur Erinnerungsstätte, Hg. Landeszentrale für politische Bildung Baden-Württemberg, Red. Hans Schultheiß, Mitarb. Uta Borger u. a., Villingen-Schwenningen 1993; 176 S.

17728 Mennel, Rainer: Die Schlußphase des Zweiten Weltkrieges im Westen (1944/45). Eine Studie zur politischen Geographie, Osnabrück 1981; 390 S.

17729 Mennel, Rainer: Die Operationen in Elsaß-Lothringen im Herbst und Winter 1944/45. Eine militärgeschichtliche und wehrgeographische Studie, in: MGB 3 (1989), 1430–55

17730 Meyer, Werner: Götterdämmerung. April 1945 in Bayreuth, Percha 1975; 208 S.

17731 Möller, Kurt D.: Das letzte Kapitel. Geschichte der Kapitulation Hamburgs. Von der Hamburger Katastrophe des Jahres 1943 bis zur Übergabe der Stadt am 3. Mai 1945, Hamburg 1947; 193 S.

17732 Möller, Reimer: Der Volkssturm im Kreis Steinburg, in: Erich Hoffmann/Peter Wulf (Hg.), »Wir bauen das Reich«. Aufstieg und erste Herrschaftsjahre des Nationalsozialismus in Schleswig-Holstein, Neumünster 1983, 423–40

17733 Mörke, Fritz: Der Kampf um den Kreis Arnswalde im Jahre 1945, Hg. Kirchlicher Betreuungsdienst für die ehemaligen Ostbrandenburgischen Kirchenkreise Arnswalde/Neumark, Göttingen o. J. (1953); 154 S. (Ms. vervielf.)

17734 Müller, Helmut: Fünf vor null. Die Besetzung des Münsterlandes 1945, 11. Aufl., Münster 1983; 165 S. (6. Aufl. 1973)**

17735 Müller, Karl-Friedrich: Das Jahr 1945 in Südbaden, Frankfurt u. a. 1987, 130–90, 436–59

17736 Müller, Rolf-Dieter u. a.: Wer zurückweicht wird erschossen! Kriegsalltag und Kriegsende in Südwestdeutschland 1944/45, Freiburg 1985; 110 S.**

17737 Münkler, Herfried: Machtzerfall. Die letzten Tage des Dritten Reiches, dargestellt am Beispiel der hessischen Kreisstadt Friedberg, Berlin 1985; 249 S.

17738 Neu, Peter/Orth, Hubert (Bearb.): Am Ende das Chaos. Die letzten Tage des 2. Weltkrieges im Raum Bernkastel-Wittlich, Bernkastel-Wittlich 1982; 263 S.

17739 Nosbüsch, Johannes: Damit es nicht vergessen wird ... Pfälzer Land im Zweiten Weltkrieg. Schauplatz Südpfalz, 7. Aufl., Landau 1990; 409 S. (zuerst 1982)

17740 Nosbüsch, Johannes: Das Ende des Zweiten Weltkrieges in Rheinhessen-Pfalz, in: PfH 36 (1985), 153–57

17741 O'Donnell, James P./Bahnsen, Uwe: Die Katakombe. Das Ende in der Reichskanzlei, Stuttgart 1975; 436 S. (engl.: London 1979 u. d. T.: The Berlin Bunker; amerikan.: Boston 1979 u. d. T.: The History of the Reichs-Chancellery Group)

17742 Oppelt, Hans: Würzburger Chronik des denkwürdigen Jahres 1945, Würzburg 1947; 256 S.

17743 Pless, Helmut C.: Lüneburg 45. Nordost-Niedersachsen zwischen Krieg und Frieden, 4. Aufl., Lüneburg 1982

17744 Poralla, Peter: Unvergänglicher Schmerz. Ein Protokoll der Geschichte. Danzigs Schicksalsjahr 1945, 2. Aufl., Freiburg 1987; 400 S. (zuerst 1985)

17745 Rauchensteiner, Manfred: Der Krieg in Österreich 1945, 2. Aufl., Wien 1984; 538 S. (zuerst 1970)

17746 Rauchensteiner, Manfred: Gauleiter [Franz] Hofers »Alpenfestung« und die militärische Befreiung Nordtirols, in: Gerhard Wanner (Hg.), 1945. Ende und Anfang in Vorarlberg, Nord- und Südtirol, Lochau 1986, 35–44

17747 Rebhann, Fritz M.: Finale in Wien. Eine Gaustadt im Aschenregen. (Das einsame Gewissen, 4), Wien 1969; 239 S.

17748 Riedel, Hermann: Ausweglos...! Letzter Akt des Krieges im Schwarzwald, in der Ostbaar und an der oberen Donau Ende April 1945, Hg. Stadt Villingen-Schwenningen, 3. Aufl., Villingen-Schwenningen 1976; 404, 99 S. (zuerst 1974)**

17749 Riedel, Hermann: Halt! Hier Schweizer Grenze! Das Ende des Zweiten Weltkrieges im Südschwarzwald und am Hochrhein in dokumentarischen Berichten deutscher, französischer und schweizer Beteiligter und Betroffener, 2. Aufl., Konstanz 1984; 436 S. (zuerst 1983)**

17750 Rossiwall, Theodor: Die letzten Tage. Die militärische Besetzung Österreichs 1945, Wien 1969; 351 S.

17751 Rühlig, Cornelia/Steen, Jürgen: Das Kriegsende in Frankfurt am Main als Zeit der Fotogeschichte, in: Fotogeschichte 5 (1985), Nr. 15, 33–60**

17752 Saft, Ulrich: Krieg in der Heimat. Das bittere Ende zwischen Weser und Elbe, 3., verb. Aufl., Langenhagen 1990; 552 S. (1. u. 2. Aufl. 1988)

17753 Schäfer, Hans D. (Hg.): Berlin im Zweiten Weltkrieg. Der Untergang der Reichshauptstadt in Augenzeugenberichten, 2. Aufl., München/Zürich 1991; 390 S. (zuerst 1985)

17754 Schelling, Georg: Festung Vorarlberg. Ein Bericht über das Kriegsgeschehen 1945 in unserem Lande, Bregenz 1947; 223 S.

17755 Schirpf, Michael: Kriegsende und französische Besetzung in Bietigheim, in: BSBB 2 (1983/84), 57–106

17756 Schmidtchen, Volker: Das Ende des Zweiten Weltkrieges in Schlesien, in: Lothar Bossle u. a. (Hg.), Nationalsozialismus und Widerstand in Schlesien, Sigmaringen 1989, 177–93

17757 Schmitt, Günter: Das Kriegsende in Nürtingen, Nürtingen 1982; 248 S.

17758 Schnabel, Thomas: »Die Leute wollen nicht einer verlorenen Sache ihre Heimat opfern.«, in: Thomas Schnabel (Hg.), Formen des Widerstandes im Südwesten 1933–1945. Scheitern und Nachwirken, Mitarb. Angelika Hauser-Hauswirth, hg. f. d. Landeszentrale für politische Bildung Baden-Württemberg/Haus der Geschichte Baden-Württemberg, Ulm 1994, 165–79

17759 Schnabel, Thomas/Ueberschär, Gerd R.: Endlich Frieden! Das Kriegsende in Freiburg 1945, Freiburg 1985; 79 S.

17760 Schöner, Hellmut (Hg.): Die verhinderte Alpenfestung Berchtesgaden 1945. Dokumente und Berichte, Mitarb. William L. Shirer u. a., München 1971; 122 S. (Ms. vervielf.)**

17761 Schultheiß, Hans: Kriegszeit an der Heimatfront [in Südwestdeutschland], in: AS 20 (1993), 353–62

17762 Schultz-Naumann, Joachim: Mecklenburg 1945, München 1989; 364 S.

17763 Schwarzwälder, Herbert: Das Ende an der Unterweser 1945. Bremerhaven (Wesermünde) und Umgebung am Kriegsende, Bremerhaven 1974; 177 S.

17764 Schwarzwälder, Herbert: Bremen und Nordwestdeutschland am Kriegsende 1945, Bd 1: Die Vorbereitung auf den »Endkampf«, Bd. 2: Der britische Vorstoß an der Weser, Bd. 3: Vom »Kampf um Bremen« bis zur Kapitulation, Bremen 1972–1974; 205, 225, 267 S.

17765 Siebenborn, Kerstin: Der Volkssturm im Süden Hamburgs 1944/45, Hamburg 1988; 147 S.

17766 Simon, Dieter: Das Kriegsende 1945 in Aschendorf, Herbrunn, Tunxdorf und Nenndorf [Papenburg], Werlte 1985; 68 S.

17767 Spethmann, Hans: Die Eroberung des Ruhrgebietes im Frühjahr 1945, Essen o. J. [1950]; 51 S.

17768 Stephenson, Jill: »Resistance« to »No Surrender«: Popular Disobedience in Württemberg in 1945, in: Francis R. Nicosia/Lawrence D. Stokes (Hg.), Germans against Nazism. Nonconformity, Opposition, and Resistance in the Third Reich. Essays in Honor of Peter Hoffmann, New York/Oxford 1990, 351–68

17769 Strasen, Gustav-Adolf: Die Befreiung Mecklenburg-Vorpommerns durch die Rote Armee – die historische Chance für unsere demokratische Wiedergeburt. Referentenmaterial, Hg. SED-Bezirksleitung Neubrandenburg, Bezirkskommission zur Erforschung der Geschichte der örtlichen Arbeiterbewegung, Red. Wolfhard Schulz, o. O. [Neubrandenburg] 1980; 31 S.

17770 Ströbel, Otto: Die Männer von Brettheim [Baden], Hg. Landkreis Schwäbisch Hall, Kirchberg a. d. Jagst 1981; 51 S.

17771 Thompson, Reginald W.: Die Schlacht um das Rheinland, Frauenfeld 1960; 299 S. (engl.: London 1958)

17772 Tieke, Wilhelm: Das Ende zwischen Oder und Elbe. Der Kampf um Berlin 1945, 2. Aufl., Stuttgart 1992; 515 S. (zuerst 1981)

17773 Le Tissier, Tony: Der Kampf um Berlin 1945. Von den Seelower Höhen zur Reichskanzlei, Berlin/Frankfurt 1991; 300 S.

17774 Trees, Wolfgang/Whiting, Charles: Unternehmen Karneval. Der Werwolf-Mord an Aachens Oberbürgermeister [Franz] Oppenhoff, Aachen 1982; 333 S.

17775 Troll, Hildebrand: Aktionen zur Kriegsbeendigung im Frühjahr 1945, in: Bayern in der NS-Zeit, Bd. 4: Herrschaft und Gesellschaft im Konflikt, T. C, Hg. Martin Broszat u. a., München/Wien 1981, 645–89

17776 Tuider, Othmar: Die Kämpfe im Vorgelände der Fischbacher Alpen 1945, 3. Aufl., Wien 1984; 35 S. (zuerst 1971)

17777 Wagner, Dieter: München '45 zwischen Ende und Anfang, München 1970; 174 S.

17778 Wagner, Richard: Das Ende am Lech. Versuch einer kriegsgeschichtlichen Darstellung der militärischen Bewegungen zum Ende des Zweiten Weltkrieges im Regierungsbezirks Schwaben, Schwabmünchen 1975; 56 S.

17779 Walzl, August: Kapitulationskonzepte im Alpen-Adria-Raum 1945, in: MGM 40 (1986), 71–84

17780 Wegmann, Günter: Das Kriegsende zwischen Ems und Weser 1945, Osnabrück 1982; 327 S.

17781 Weibel-Altmeyer, Heinz: Hitlers Alpenfestung. Ein Dokumentarbericht, 2. Aufl., o. O. [Klagenfurt] 1971; 291 S. (zuerst 1966)

17782 Werner, Hermann: Tübingen 1945. Eine Chronik, Bearb. Manfred Schmidt, Stuttgart 1986; 256 S.

17783 Werner, Joseph: Karlsruhe 1945. Unter Hakenkreuz, Trikolore und Sternenbanner, 2. Aufl., Karlsruhe 1986; 324 S. (zuerst 1986)

17784 Wette, Wolfram: Durchhalte-Terror in der Schlußphase des Krieges. Das Beispiel der Erschießungen in Waldkirch am 10./11. April 1945 (1985), in: Wolfram Wette, Militarismus und Pazifismus. Auseinandersetzungen mit den deutschen Kriegen, Bremen 1991, 204–8

17785 Whitacker, Denis/Whitacker, Shelagh: Endkampf am Rhein. Der Vormarsch der Westalliierten 1944/45, Berlin 1991; 472, 16 S.

17786 Whiting, Charles: Finale at Flensburg. The Story of Field Marshal Montgomery's Battle for the Baltic, London 1973; 178 S.

17787 Whiting, Charles: Sturm zum Rhein. Der Kampf um das Dreieck Mosel-Saar-Ruwer und um die Eifel 1944/45, Trier 1984; 100 S.

17788 Whiting, Charles: Die Schlacht um den Ruhrkessel, 2. Aufl., Rastatt 1981; 157 S. (zuerst Wien/München 1978; amerikan.: New York 1971)

17789 Whiting, Charles/Trees, Wolfgang: Die Amis sind da! Wie Aachen 1944 erobert wurde, 5., völlig überarb. u. erw. Aufl., Aachen 1984; 293 S. (3. Aufl. 1976)

17790 Woller, Hans: Das Kriegsende, in: Hans Woller, Gesellschaft und Politik in der amerikanischen Besatzungszone. Die Region Ansbach und Fürth, München 1986, 45–61

17791 Zeuß, Johann B.: Das Kriegsende 1945 in Landau, in: Storchenturm 12 (1977), Nr. 23, 86–111

17792 Ziegler, Armin: Posen Januar 1945. Evakuierung und Flucht der deutschen Zivilbevölkerung der Stadt Posen im Januar 1945, Schönaich 1989; 102 S.

17793 Ziemke, Earl F.: Die Schlacht um Berlin, 2. Aufl., Rastatt 1982; 271 S. (zuerst Wien/München 1978; engl.: London 1969)

A.3.22.15 Kriegsgefangene

A.3.22.15.1 Deutsche Kriegsgefangene

Gedruckte Quellen

17794 Bacque, James: Der geplante Tod. Deutsche Kriegsgefangene in amerikanischen und französischen Lagern 1945–1946, Frankfurt/Berlin 1989; 302 S.

17795 Berthold, Eva: Kriegsgefangene im Osten. Bilder, Briefe, Berichte, Königstein, Ts. 1981; 211 S.

Darstellungen

17796 Benz, Wolfgang/Schardt, Angelika (Hg.): Kriegsgefangenschaft. Berichte über das Leben in Gefangenenlagern der Alliierten von Otto Engelbert, Hans Jonitz, Kurt Glaser und Heinz Pust, München 1991; XV, 214 S.

17797 Bischof, Günter/Ambrose, Stephen E. (Hg.): Eisenhower and the German POWs. Facts Against Falsehood, Baton Rouge, La./London 1992; XVII, 258 S.

17798 Brägelmann, Paul (Hg.): Auf den Rheinwiesen 1945. 101 Tage Kriegsgefangenschaft, Cloppenburg 1992; 125 S.

17799 Carell, Paul/Böddeker, Günter: Die Gefangenen. Leben und Überleben deutscher Soldaten hinter Stacheldraht, Berlin 1990; 384 S.

17800 Frohn, Axel: Das Schicksal deutscher Kriegsgefangener in amerikanischen Lagern nach dem Zweiten Weltkrieg. Eine Auseinandersetzung mit den Thesen von James Bacque, in: HJB 111 (1991), 466–92

17801 Gansberg, Judith M.: Stalag: U.S.A. The Remarkable Story of German POW's in America, New York 1977; IX, 233 S.

17802 Hellmann, Manfred: Deutsche Kriegsgefangene des Zweiten Weltkriegs in

Osteuropa. Bemerkungen zu einer deutschen Dokumentation, in: Osteuropa 27 (1977), 413–26

17803 Jeschonnek, Emil: Wo der Landser denken lernte: Die sowjetische Kriegsgefangenschaft im Spiegel der Zeitung »Nachrichten«, Berlin (O) 1959; 258 S.

17804 Lehmann, Albrecht: Gefangenschaft und Heimkehr. Deutsche Kriegsgefangene in der Sowjetunion, München 1986; 205 S.

17805 Lehmann, Albrecht: In sowjetischer Kriegsgefangenschaft, in: Wolfram Wette (Hg.), Der Krieg des kleinen Mannes. Eine Militärgeschichte von unten, München/Zürich 1992, 295–310

17806 Lehmann, Albrecht: Erinnerungen an die Kriegsgefangenschaft, in: Wolfram Wette/Gerd R. Ueberschär (Hg.), Stalingrad. Mythos und Wirklichkeit einer Schlacht, Frankfurt 1992, 178–89, 294f.**

Maschke, Erich (Hg.): Zur Geschichte der deutschen Kriegsgefangenen des Zweiten Weltkrieges, Bielefeld:

17807 – Bd. 1.1: Kurt W. Böhme, Die deutschen Kriegsgefangenen in Jugoslavien 1941–1949, 1962; XX, 451 S.

17808 – Bd. 1.2: Kurt W. Böhme, Die deutschen Kriegsgefangenen in Jugoslavien 1949–1953, 1964; 406 S.

17809 – Bd. 2: Diether Cartellieri, Die deutschen Kriegsgefangenen in der Sowjetunion. Die Lagergesellschaft. Eine Untersuchung der zwischenmenschlichen Beziehungen in Kriegsgefangenenlagern, 1967; XV, 381 S.

17810 – Bd. 3: Hedwig Fleischhacker, Die deutschen Kriegsgefangenen in der Sowjetunion. Der Faktor Hunger, 1965; LXX, 560 S.

17811 – Bd. 4: Werner Ratza, Die deutschen Kriegsgefangenen in der Sowjetunion. Der Faktor Arbeit, 1973; LXXIX, 384 S.

17812 – Bd. 5.1–3: Kurt Bährens, Deutsche in Straflagern und Gefängnissen der Sowjetunion, 1965; XV, 574; XI, 592; XIII, 599 S.

17813 – Bd. 6: Wolfgang Schwarz, Die deutschen Kriegsgefangenen in der Sowjetunion. Aus dem kulturellen Leben, 1969; LXVIII, 231 S.

17814 – Bd. 7: Kurt W. Böhme, Die deutschen Kriegsgefangenen in sowjetischer Hand. Eine Bilanz, 1966; X, 474 S.; 42 Karten, 11 Graphiken

17815 – Bd. 8: Gert Robel, Die deutschen Kriegsgefangenen in der Sowjetunion. Antifa, 1974; XV, 487 S.

17816 – Bd. 9: Otto Böss, Die deutschen Kriegsgefangenen in Polen und der Tschechoslowakei, 1974; XV, 471 S.

17817 – Bd. 10.1: Hermann Jung, Die deutschen Kriegsgefangenen in amerikanischer Hand, 1972; XI, 380 S.

17818 – Bd. 10.2: Kurt W. Böhm, Die deutschen Kriegsgefangenen in amerikanischer Hand. Europa, 1973; XI, 340 S.

17819 – Bd. 11.1: Helmut Wolff, Die deutschen Kriegsgefangenen in britischer Hand. Ein Überblick, 1974; XVI, 630 S.

17820 – Bd. 11.2: Henry Faulk, Die deutschen Kriegsgefangenen in Großbritannien. Re-Education, 1970; XI, 783 S.

17821 – Bd. 12: Hermann Jung, Die deutschen Kriegsgefangenen im Gewahrsam Belgiens, der Niederlande und Luxemburgs, 1966; VIII, 356 S.

17822 – Bd. 13: Die deutschen Kriegsgefangenen in französischer Hand, Mitarb. Horst Wagenblaß, 1971; XV, 439 S.

17823 – Bd. 14: Kurt W. Böhme, Geist und Kultur der deutschen Kriegsgefangenen im Westen, 1968; VIII, 298 S.

17824 – Bd. 15: Die deutschen Kriegsgefangenen des Zweiten Weltkriegs. Eine Zusammenfassung, 1974; X, 446 S.

17825 – Beih. 1: Michael Reck, Tagebuch aus sowjetischer Kriegsgefangenschaft 1945–1949, 1967; XV, 285 S.

17826 – Beih. 2: Kurt W. Böhme/Helmut Wolff (Bearb.), Aufzeichnungen über die Kriegsgefangenschaft im Westen, 1973; XVI, 552 S.

17827 Segschneider, Ernst H. (Hg.): Jahre im Abseits. Erinnerungen an die Kriegsgefangenschaft, Bramsche 1991; 367 S.

17828 Smith, Arthur L.: Heimkehr aus dem Zweiten Weltkrieg. Die Entlassung der deutschen Kriegsgefangenen, Stuttgart 1985; 204 S.

17829 Smith, Arthur L.: Die »vermißte Million«. Zum Schicksal deutscher Kriegsgefangener nach dem Zweiten Weltkrieg, München 1993; 141 S.

17830 Smith jr., Arthur L.: Die deutschen Kriegsgefangenen und Frankreich 1945–1949, in: VfZ 32 (1984), 103–21

17830a Smith jr., Arthur L.: Der geplante Tod? James Bacques These vom Massensterben deutscher Soldaten in amerikanischer Gefangenschaft. Eine Kritik, in: Karl D. Bracher u. a. (Hg.), Deutschland zwischen Krieg und Frieden. Beiträge zu Politik und Kultur im 20. Jahrhundert. Festschrift für Hans-Adolf Jacobsen, Düsseldorf 1991, 108–16

17831 Steinbach, Peter: Deutsche Kriegsgefangene in der Sowjetunion. Ein Beitrag zur deutsch-sowjetischen Beziehungsgeschichte, in: APUZ, Nr. B 24/91, 7. 6. 1991, 37–52

17832 Steinbach, Peter: Zur Sozialgeschichte der deutschen Kriegsgefangenschaft in der Sowjetunion im Zweiten Weltkrieg und in der Frühgeschichte der Bundesrepublik Deutschland. Ein Beitrag zum Problem historischer Kontinuität, in: ZG 17 (1989/90), 1–18

17833 Sullivan, Matthew B.: Threshold of Peace. Four Hundred Thousand German Prisoners and the People of Britain, 1944–1948, London 1979; X, 446 S.

17834 Tulatz, Claus: Exil hinter Stacheldraht. Die Vorbereitung politischer 999er in amerikanischer Kriegsgefangenschaft auf die Nachkriegszeit am Beispiel Fort Devens, in: Helga Grebing/Christl Wickert (Hg.), Das »andere Deutschland« im Widerstand gegen den Nationalsozialismus. Beiträge zur politischen Überwindung der nationalsozialistischen Diktatur im Exil und im Dritten Reich, Essen 1994, 173–99

17835 Wehner, Markus/Koslow, Wladimir A.: Was Stalin von deutschen Generälen in den Lagern erlauschte. Aus dem russischen Staatsarchiv: In einer »Sondermappe« sammelte der Geheimdienst Gesprächsprotokolle, in: FR, Jg. 50, Nr. 82, 9. 4. 1994, 14**

17836 Wiggers, Richard D.: The United States and the Denial of Prisoner of War (POW) Status at the End of the Second World War, in: MGM 52 (1993), 91–104

A.3.22.15.2 Kriegsgefangene in Deutschland

[vgl. A.3.10.8; A.3.15.16]

Gedruckte Quellen

17838 Streim, Alfred (Hg.): Die Behandlung sowjetischer Kriegsgefangener im »Fall Barbarossa«. Eine Dokumentation. Unter Berücksichtigung der Unterlagen deutscher Strafverfolgungsbehörden und der Materialien der Zentralen Stelle der Landesjustizverwaltungen zur Aufklärung von NS-Verbrechen, Heidelberg 1981; XIII, 422 S.

17839 Streim, Alfred (Hg.): Deutsche Kriegsgefangene in Hitlers Vernichtungskrieg. Berichte und Dokumente 1941–1945, Heidelberg 1982; 245 S.

Darstellungen

17840 Bonwetsch, Bernd: Die sowjetischen Kriegsgefangenen zwischen Stalin und Hitler, in: ZfG 41 (1993), 135–42

17841 Brandhuber, Jersy: Die sowjetischen Kriegsgefangenen im Konzentrationslager Auschwitz, in: HvA 4 (1961), 5–62

17842 Brodski, E. A.: Die Teilnahme sowjetischer Patrioten an der antifaschistischen Widerstandsbewegung in Süddeutschland (1943–1944), in: Der deutsche Imperialismus und der Zweite Weltkrieg, Bd. 4, Hg. Kommission der Historiker der DDR und der UdSSR, Red. Leo Stern u. a., Berlin (O) 1961, 489–520 (zuerst in: Die Völker im Widerstandskampf, Red. Heinz Schumann, Berlin [O] 1960, 67–108)**

17843 Brodski, Joseph A.: Gegen das Vergessen. Aus dem Widerstand sowjetischer Kriegsgefangener in deutschen Lagern, in: DH 7 (1991), Nr. 7, 13–23

17844 Cajani, Luigi: Die italienischen Militär-Internierten im nationalsozialistischen Deutschland, in: Ulrich Herbert (Hg.), Europa und der »Reichseinsatz«. Ausländische Zivilarbeiter, Kriegsgefangene und KZ-Häftlinge in Deutschland 1938–1945, Essen 1991, 295–316

17845 Datner, Szymon: Crimes against POWs [Prisoners of War]. Responsibility of the Wehrmacht, Warschau 1964; 382 S. (poln. 1961)

17846 Hirschfeld, Gerhard (Hg.): The Policies of Genocide. Jews and Soviet Prisoners of War in Nazi Germany, London u. a. 1986; XIII, 172 S.*

17847 Jacobsen, Hans-Adolf: Kommissarbefehl und Massenexekution sowjetischer Kriegsgefangener, in: Anatomie des SS-Staates, Bd. 2, 5. Aufl., München 1989, 135–232 (zuerst 1967; Originalausg. Olten 1965); abgedr. in: Hans-Adolf Jacobsen, Von der Strategie der Gewalt zur Politik der Friedenssicherung. Beiträge zur deutschen Geschichte im 20. Jahrhundert, Düsseldorf 1977, 134–59**

17848 Klinkhammer, Lutz/Woller, Hans: Der »Fall Lemberg«: Verwirrende Berichte über deutsche Verbrechen an italienischen Soldaten, in: GWU 38 (1987), 696–98

17849 Krakowski, Shmuel: The Fate of the Jewish POWs of the Soviet and Polish Armies, in: Asher Cohen u. a. (Hg.), The Shoah and the War, New York u. a. 1992, 217–31

17850 Schreiber, Gerhard: Die italienischen Militärinternierten im deutschen Machtbereich 1943–1945. Verraten – Verachtet – Vergessen, München 1990; 642 S.

17851 Schreiber, Gerhard: Militärsklaven im »Dritten Reich«. Zum Schicksal der entwaffneten italienischen Soldaten nach dem 8. September 1943, in: Wolfgang Michalka (Hg.), Der Zweite Weltkrieg. Analysen, Grundzüge, Forschungsbilanz, München/Zürich 1989, 761–71

17852 Streim, Alfred: Das Völkerrecht und die sowjetischen Kriegsgefangenen, in: Bernd Wegner (Hg.), Zwei Wege nach Moskau. Vom Hitler-Stalin-Pakt zum »Unternehmen Barbarossa«, München/Zürich 1991, 291–308

17853 Streit, Christian: Keine Kameraden. Die Wehrmacht und die sowjetischen Kriegsgefangenen 1941–1945, 3. Aufl., Bonn 1991; 448 S. (zuerst Stuttgart 1978)

17854 Streit, Christian: Die Behandlung der sowjetischen Kriegsgefangenen und völkerrechtliche Probleme des Krieges gegen die Sowjetunion, in: Gerd R. Ueberschär/Wolfram Wette (Hg.), Der deutsche Überfall auf die Sowjetunion. »Unternehmen Barbarossa« 1941, 2., überarb. Aufl., Frankfurt 1991, 159–83, 379–86 (zuerst Paderborn 1984)

17855 Streit, Christian: Sowjetische Kriegsgefangene – Massendeportationen – Zwangsarbeiter, in: Wolfgang Michalka (Hg.), Der Zweite Weltkrieg. Analysen, Grundzüge, Forschungsbilanz, München/Zürich 1989, 747–60

17856 Streit, Christian: Sozialpolitische Aspekte der Behandlung der sowjetischen Kriegsgefangenen, in: Waclaw Dlugoborski (Hg.), Zweiter Weltkrieg und sozialer Wandel, Göttingen 1981, 184–96

17857 Vance, Jonathan F.: The War behind the Wire: The Battle to Escape from a German Prison Camp, in: JCH 28 (1993), 675–93

17858 Zassenhaus, Hiltgunt: Ein Baum blüht im November. Bericht aus den Jahren des Zweiten Weltkrieges, 2. Aufl., Hamburg 1976; 292 S. (zuerst 1974; TB Bergisch Gladbach 1977, 3. Aufl. 1985)

Regional-/Lokalstudien

17859 Hüser, Karl: Das Stalag 326 (VI/K) Stukenbrock-Senne 1941–1945. Sowjetische Kriegsgefangene in der Senne als Opfer des nationalsozialistischen Rassenkrieges. Ein Zwischenbericht, in: Hubert Frankemölle (Hg.), Opfer und Täter. Zum nationalsozialistischen und antijüdischen Alltag in Ostwestfalen-Lippe, Bielefeld 1990, 165–74

17860 Hüser, Karl/Otto, Reinhard: Das Stammlager 326 (VI K) Senne 1941–1945. Sowjetische Kriegsgefangene als Opfer des nationalsozialistischen Weltanschauungskrieges, Hg. Gemeinde Schloß Holte-Stukenbrock, Bielefeld 1992; XIV, 304 S.**

17861 Kilian, Achim: Kriegsgefangenenlager für Mannschaften Stalag IV B, in: Achim Kilian, Einzuweisen zur völligen Isolierung. NKWD-Spezialager Mühlberg/Elbe 1945–1948, 2. Aufl., Leipzig 1993, 39–63 (zuerst 1992)

17862 Klausch, Hans-Peter: Kriegsgefangenenzentrale Torgau. Mannschaftsstammlager IV D und die Spitze des Kriegsgefangenenwesens der Wehrmacht 1941–1944/45, in: Norbert Haase/Brigitte Oleschinski (Hg.), Das Torgau-Tabu. Wehrmachtstrafsystem – NKWD-Straflager – DDR-Strafvollzug, Leipzig 1993, 79–93

17863 Masson, Fernand: Als Kriegsgefangener zwischen Weser und Ems, Leer 1985; IV, 139 S.

17864 Moret-Bailly, Jean: Le camp de base du Stalag XVII B, in: RHDGM 7 (1957), Nr. 25, 7–45

17865 Schockenhoff, Volker: »Eine Tragödie größten Ausmaßes«. Zum Schicksal der sowjetischen Kriegsgefangenen im Stalag 326 (VI/K) Senne, in: GiW 6 (1991), 151–61

17866 Stalag VI A Hemer. Kriegsgefangenenlager 1939–1945. Dokumente, Augenzeugenberichte, Analysen, Meinungen, Hg. Bürgerinitiative für Frieden und Abrüstung Hemer, Hemer 1982; 37 S.**

A.3.22.16 Strafbataillione

Nachschlagewerke

17867 Die Sondereinheiten in der früheren deutschen Wehrmacht. (Straf-, Bewährungs- und Erziehungseinrichtungen), Bearb. Personenstandsarchiv II des Landes Nordrhein-Westfalen Kornelimünster, Kornelimünster 1952; 80 S.

Darstellungen

17868 Auerbach, Hellmuth: Konzentrationslagerhäftlinge im Fronteinsatz, in: Wolfgang Benz (Hg.), Miscellanea. Festschrift für Helmut Krausnick zum 75. Geburtstag. Mitarb. Ino Arndt, Stuttgart 1980, 63–83

17869 Burkhardt, Hans u.a.: Die mit dem blauen Schein. Über den antifaschistischen Widerstand in den 999er Formationen der faschistischen deutschen Wehrmacht (1942 bis 1945), 2., bericht. Aufl., Berlin (O) 1986; 372 S. (zuerst 1982)

17870 Klausch, Hans-Peter: Die 999er. Von der Brigade »Z« zur Afrika-Division 999: Die Bewährungsbataillione und ihr Anteil am antifaschistischen Widerstand, Frankfurt 1986; 375 S.

A.3.22.17 Militärischer Ungehorsam und Kriegsdienstverweigerung

[vgl. A.3.6.5]

Gedruckte Quellen

17871 Müller-Bohn, Jost: Letzte Briefe eines Kriegsdienstverweigerers [Alfred Herbst] 1943, Lahr-Dinglingen 1984; 70 S.

Darstellungen

17872 Ausländer, Fietje (Hg.): Verräter oder Vorbilder? Deserteure und ungehorsame Soldaten im Nationalsozialismus, Bremen 1990; 208 S.

17873 Bergmann, Georg: Franz Jägerstätter. Ein Leben vom Gewissen entschieden. Mit dem gesamten schriftlichen Nachlaß von Franz Jägerstätter, 2. Aufl., Stein a.Rh. 1988; 356 S. (zuerst 1980)**

17874 Bredemeier, Karsten: Kriegsdienstverweigerung im Dritten Reich. Ausgewählte Beispiele, Baden-Baden 1991; 235 S.

17875 Conzemius, Victor: Franz Jägerstätter – Der Aufstand des Gewissens, in: Rudolf Zinnhobler (Hg.), Das Bistum Linz im Dritten Reich, Linz 1979, 336–47

17876 Deserteure. Eine notwendige Debatte. (Geschichtswerkstatt, 22), Hamburg 1990; 96 S.

17877 Deserteure in Wuppertal. Dokumentation zu den Erschießungen 1944/45, Hg. Stadtarchiv Wuppertal, Bearb. Uwe Eckhardt, Red. Stefan Koldehoff, Wuppertal 1992; 65 S.

17878 Fahle, Günther: Verweigern, Weglaufen, Zersetzen. Deutsche Militärjustiz und ungehorsame Soldaten 1939–1945. Das Beispiel Emsland-Jade, Bremen 1990; 256 S.

17879 Frese, Hans: Bremsklötze am Siegeswagen der Nation. Erinnerungen eines Deserteurs an Militärgefängnisse, Zuchthäuser und Moorlager in den Jahren 1941–1945, Hg. Fietje Ausländer/Norbert Haase, Bremen 1989; 208 S.

17880 Haase, Norbert: Deutsche Deserteure, Mitarb. Otl Aicher, 1. u. 2. Aufl., Berlin 1987; 125 S.

17881 Haase, Norbert: Alltag in der Katastrophe. Anmerkungen zur Geschichte der Überlebensstrategien deutscher Deserteure im Zweiten Weltkrieg, in: Alltagskultur, Subjektivität und Geschichte. Zur Theorie und Praxis von Alltagsgeschichte, Hg. Berliner Geschichtswerkstatt, Red. Heike Diekwisch u. a., Münster 1994, 272–82

17882 Haase, Norbert: Desertion – Kriegsdienstverweigerung – Widerstand, in: Peter Steinbach/Johannes Tuchel (Hg.), Widerstand gegen den Nationalsozialismus, Berlin 1994, 526–36

17883 Haase, Norbert: Gott mehr gehorcht als dem Staat. Franz Jägerstätter vor dem Reichskriegsgericht, in: Tribüne 29 (1990), Nr. 114, 198–206

17884 Hartmann, Albrecht/Hartmann, Heidi: Kriegsdienstverweigerung im Dritten Reich, Frankfurt 1986; 109 S.

17885 Kammler, Jörg: Ich habe die Metzelei satt und laufe über . . . Kasseler Soldaten zwischen Verweigerung und Widerstand (1939–1945). Eine Dokumentation, Fuldabrück 1985; 270 S.**

17886 Kitterman, David H.: Those Who Said »No!«: Germans Who Refused to Execute Civilians during World War II, in: GSR 11 (1988), 241–54

17887 Mader, Ernst T./Knab, Jakob: Das Lächeln des Esels. Das Leben und die Hinrichtung des Allgäuer Bauernsohnes Michael Lerpscher (1905–1940), 3., durchges. Aufl., Blöcktach 1988; 96 S. (zuerst 1987)

17888 Messerschmidt, Manfred: Verweigerung in der Endphase des Krieges, in: Thomas Schnabel (Hg.), Formen des Widerstandes im Südwesten 1933–1945. Scheitern und Nachwirken, Mitarb. Angelika Hauser-Hauswirth, hg. f. d. Landeszentrale für politische Bildung Baden-Württemberg/Haus der Geschichte Baden-Württemberg, Ulm 1994, 152–64

17889 Messerschmidt, Manfred: Der »Zersetzer« und Denunziant. Urteile des Zentralgerichts des Heeres – Außenstelle Wien – 1944, in: Wolfram Wette (Hg.), Der Krieg des kleinen Mannes. Eine Militärgeschichte von unten, München/Zürich 1992, 255–78

17890 Paul, Gerhard: Ungehorsame Soldaten. Dissens, Verweigerung und Widerstand deutscher Soldaten (1939–1945), St. Ingbert 1994; 233 S.

17891 Scheurig, Bodo: Desertion und Deserteure (1978/87), in: Bodo Scheurig, Verdrängte Wahrheiten. Zeitgeschichtliche Bilder, überarb. Neuausg., Frankfurt/Berlin 1988, 221–41; gekürzt abgedr. in: FH 34 (1979), 38–43

17892 Schröder, Hans J.: »Ich hänge hier, weil ich getürmt bin.« Terror und Verfall im deutschen Militär bei Kriegsende 1945, in: Wolfram Wette (Hg.), Der Krieg des kleinen Mannes. Eine Militärgeschichte von unten, München/Zürich 1992, 279–94

17893 Seidler, Franz W.: Fahnenflucht. Der Soldat zwischen Eid und Gewissen, München 1993; 550 S.

17894 Ullrich, Volker: »Ich habe mich ausgestoßen...« Das Los von Zehntausenden deutscher Deserteure im Zweiten Weltkrieg, in: Zeit, Jg. 46, Nr. 40, 26.9.1991, 45

17895 Vogl, Friedrich: Widerstand im Waffenrock. Österreichische Freiheitskämpfer in der deutschen Wehrmacht 1938–1945, Vorwort Herbert Steiner, Wien 1977; XIV, 258 S.

17896 Zahn, Gordon C.: Er folgte seinem Gewissen. Das einsame Zeugnis des Franz Jägerstätter, 3. Aufl., Graz u. a. 1988; 319 S. (zuerst 1967; engl.: London/New York 1966 u. d. T.: In Solitary Witness)

A.3.23 Besetzte und annektierte Gebiete

A.3.23.1 Allgemeines

[vgl. A.3.9.3; A.3.10.4.3; A.3.15.10]

Bibliographien

17897 Persecution and Resistance in Nazi-occupied Territories, in: Persecution and Resistance under the Nazis, Part I: Reprint of Catalogue No. 1 (second edition) [zuerst 1949], Part II: New Material and Amendements. (The Wiener Library, Catalogue Series, 7), Hg. Ilse R. Wolff/Helen Kehr, London 1978, 69–102, 247–311

Gedruckte Quellen

17898 Aleff, Eberhard u. a. (Hg.): Terror und Widerstand 1933–1945. Dokumente aus Deutschland und dem besetzten Europa, Berlin 1966 (Loseblattsammlung)

17899 Altmann, Peter u. a. (Hg.): Der deutsche antifaschistische Widerstand 1933–1945 in Bildern und Dokumenten, hg. i. A. der Präsidiums des VVN-Bund der Antifaschisten, 3. Aufl., Berlin 1984; 334 S. (zuerst 1975)

17900 Eichholtz, Dietrich: Die IG-Farben-»Friedensplanung«. Schlüsseldokumente der faschistischen »Neuordnung des europäischen Großraums«, in: JWG (1962), Nr. 3, 271–332

Europa unterm Hakenkreuz. Die Okkupationspolitik des deutschen Faschismus (1938–1945). Achtbändige Dokumentenedition, Hg. Wolfgang Schumann/Ludwig Nestler u. a., Berlin (O) [ab Bd. 5: Berlin; Bd. 1–4 zugl. LA Köln u. d. T.: Nacht über Europa]:

17901 – Bd. 1: Die faschistische Okkupationspolitik in Österreich und der Tschechoslowakei (1938–1945), Bearb. Helma Kaden, Mitarb. Ludwig Nestler u. a., 1988; 286 S.

17902 – Bd. 2: Die faschistische Okkupationspolitik in Polen (1939–1945), Bearb. Werner Röhr, Mitarb. Elke Heckert u. a., 1989; 422 S.

17903 – Bd. 3: Die faschistische Okkupationspolitik in Belgien, Luxemburg und den Niederlanden (1940–1945), Bearb. Ludwig Nestler, Mitarb. Heidi Böhme u. a., 1990; 290 S.

17904 – Bd. 4: Die faschistische Okkupationspolitik in Frankreich (1940–1944), Bearb. Ludwig Nestler, Mitarb. Friedel Schulz, 1990; 354 S.

17905 – Bd. 5: Die faschistische Okkupationspolitik in den zeitweilig besetzten Gebieten der Sowjeunion (1941–1944), Bearb. Norbert Müller, Mitarb. Uwe Löbel//Ulrich Freye, 1991; 660 S.

17906 – Bd. 6: Jugoslawien, Griechenland, Albanien, Italien und Ungarn (1941–1945), Hg. Bundesarchiv, Berlin/Heidelberg, 1992; 438 S.

17907 Neulen, Hans W.: Europa und das 3. Reich. Einigungsbestrebungen im deutschen Machtbereich 1939–45, München 1987; 466 S.

17908 Poliakov, Léon/Wulf, Josef: Das Dritte Reich und seine Denker. Dokumente, Berlin 1959, 469–530 (ND München u. a. 1978; Frankfurt 1983)

Methodische Probleme

17909 Hass, Gerhart: Weltmachtziele – Europastrategie – Besatzungspolitik. Aspekte einer vergleichenden Okkupationsforschung, in: 1999 7 (1992), Nr. 2, 12–30

Darstellungen

17910 Blackbook of Localities Whose Population Was Exterminated by the Nazis, Hg. Yad Vashem, o. O. [Jerusalem] 1965; X, 439 S.

17911 Buchheim, Christoph: Die besetzten Länder im Dienste der deutschen Kriegswirtschaft während des Zweiten Weltkriegs. Ein Bericht der Forschungsstelle für Wehrwirtschaft [1944]. (Dokumentation), in: VfZ 34 (1986), 117–46

17912 DeJaeger, Charles: Das Führermuseum, Esslingen 1988; 280 S. (engl. Exeter 1981 u. d. T.: The Linz File. Hitler's Plunder of Europe's Art)

17913 Der deutsche Imperialismus und der Zweite Weltkrieg. Materialien der wissenschaftlichen Konferenz der Kommission der Historiker der DDR und der UdSSR zum Thema »Der deutsche Imperialismus und der Zweite Weltkrieg« vom 14. bis 19. Dezember 1959 in Berlin, Bd. 4: Beiträge zum Thema: »Die Innenpolitik und die Besatzungspolitik des deutschen Imperialismus und die antifaschistische Widerstandsbewegung in Deutschland und in den besetzten Gebieten«, Hg. Kommission der Historiker der DDR und der UdSSR, Red. Leo Stern u. a., Berlin (O) 1961; 694 S.

17914 Dlugoborski, Waclaw: Faschismus, Besatzung und sozialer Wandel. Fragestellung und Typologie. (Einleitung), in: Waclaw Dlugoborski (Hg.), Zweiter Weltkrieg und sozialer Wandel, Göttingen 1981, 11–61

17915 Drechsler, Karl u. a.: Europapläne des deutschen Imperialismus im Zweiten Weltkrieg, in: ZfG 19 (1971), 916–31

17916 Drechsler, Karl u. a.: Zwangsaussiedlungen und Germanisierung in den Kriegszielplanungen der faschistischen deutschen Monopolbourgeoisie. Funktion und Tätigkeit der deutschen Umsiedlungs-Treuhand-Gesellschaft mbH., in: ZfG 22 (1974), 208–18

17917 Emmendörfer, Arnulf: Geld- und Kreditaufsicht in den von Deutschland während des 2. Weltkrieges besetzten Gebieten. Eine völkerrechtliche Untersuchung über die geld- und kreditwirtschaftlichen Maßnahmen deutscher Besatzungsbehörden, Düsseldorf 1957; IX, 137 S.

17918 Emmendörfer, Hansgeorg: Die geschäftlichen Beziehungen der deutschen Eisen- und Stahlindustrie zur eisenschaffenden Industrie besetzter Gebiete 1939–1945, Diss. Köln 1955; 221 S. (Ms.)

17919 European Resistance Movements 1939–45. Proceedings of the Second International Conference on the History of the Resistance Movements Held at Milan, 26–29 March 1961, Oxford u.a. 1964; XLIII, 663 S.*

17920 Foot, M.D.R.: L'Aide à la résistance en Europe, in: RHDGM 23 (1973), Nr. 90, 39–52

17921 Freymond, Jean: Le IIIieme Reich et la réorganisation économique de l'Europe 1940–1942. Origines et projets, Leiden 1974; XXII, 302 S.

17922 Fröhlich, Elke: Die Anweisungen des Reichsministeriums für Volksaufklärung und Propaganda bezüglich des Kulturproblems in okkupierten Gebieten, in: Czeslaw Madaycyzk (Hg.), Inter arma non silent Musae. The War and the Culture, 1939–1945, Warschau 1977, 217–44

17923 Für eine Welt ohne Krieg und Faschismus. Protokoll der internationalen Konferenz »Das Vermächtnis des antifaschistischen Widerstandskampfes der Studenten Europas im Kampf gegen den deutschen Militarismus« vom 23. und 24. Oktober 1959 in Greifswald, Hg. Freie Deutsche Jugend, Zentralrat, Bearb. Karl H. Jahnke/Werner Lamprecht, o.O. (Berlin [O]) 1961; 119 S.

17924 Gilles, Franz-O: Hauptsache sparsam und ordnungsgemäß. Finanz- und Verwaltungskontrolle in den während des Zweiten Weltkrieges von Deutschland besetzten Gebieten, Opladen 1994; 156 S.

17925 Gillingham, John R.: Zur Vorgeschichte der Montan-Union. Westeuropas Kohle und Stahl in Depression und Krieg, in: VfZ 34 (1986), 381–405

17926 Graßmann, Gerhard O.: Die deutsche Besatzungsgesetzgebung während des 2. Weltkrieges, Tübingen 1958; XVI, 139 S.

17927 Graml, Hermann: Rassismus und Lebensraum. Völkermord im Zweiten Weltkrieg, in: Karl D. Bracher u.a. (Hg.), Deutschland 1933–1945. Neue Studien zur nationalsozialistischen Herrschaft, 2., erg. Aufl., Bonn/Düsseldorf 1993, 440–51 (zuerst 1992)

17928 Gregor, Helena: Die nationalsozialistische Bibliothekspolitik in den annektierten und besetzten Gebieten 1938 bis 1945, Berlin 1978; 62 S.

17929 Gröning, Gert/Wolschke, Joachim: Die Landespflege als Instrument nationalsozialistischer Eroberungspolitik. Ein »standort-gerechter« Beitrag, in: Arch + 81 (1985), 46–59

17930 Gruchmann, Lothar: NS-Besatzungspolitik und Résistance in Europa, in: Martin Broszat/Norbert Frei (Hg.), Ploetz. Das Dritte Reich. Ursprünge, Ereignisse, Wirkungen, Freiburg/Würzburg 1983, 209–18

17931 Günther-Hornig, Margot: Kunstschutz in den von Deutschland besetzten Gebieten 1939–1945, Tübingen 1958; XX, 144, 8 S.

17932 Hass, Gerhart: Weltkrieg – Okkupation – Genozid, in: Werner Röhr u.a. (Hg.), Faschismus und Rassismus. Kontroversen um Ideologie und Opfer, Berlin 1992, 239–56

17933 Hecker, Hellmuth: Die Umsiedlungsverträge des Deutschen Reiches während des Zweiten Weltkrieges, Hamburg 1971; 223 S.

17934 Henke, Klaus-Dietmar/Woller, Hans (Hg.): Politische Säuberung in Europa. Die Abrechnung mit Faschismus und Kollaboration nach dem Zweiten Weltkrieg, München 1991; 304 S.

17935 Herdeg, Walter: Grundzüge der deutschen Besatzungsverwaltung in den west- und nordeuropäischen Ländern während des zweiten Weltkrieges, Tübingen 1953; XXII, 140 S. (als Manuskript gedr.)

17936 Herrmann, Siegfried: Die Kollektivstrafe. Unter besonderer Berücksichtigung ihrer Anwendung während der deutschen Besetzungen im 2. Weltkrieg, Diss. Tübingen 1955; XIII, 257 S. (Ms.)

17937 Jong, Louis de: Zwischen Kollaboration und Résistance, in: Das Dritte Reich und Europa. Bericht über die Tagung des Instituts für Zeitgeschichte in Tutzing, Mai 1956, Hg. Institut für Zeitgeschichte München, München 1957, 133–52; abgedr. in: Andreas Hillgruber (Hg.), Probleme des Zweiten Weltkrieges, Köln/Berlin 1967, 245–65

17938 Kalkbrenner, Jürgen: Die Tötung von Einwohnern kriegsmäßig besetzter Gebiete durch die Besatzungsmacht als Gegenmaßnahme gegen Widerstandshandlungen, an denen sie nicht beteiligt gewesen sind. Eine völkerrechtliche Betrachtung zu der Praxis der Kriegsführung im zweiten Weltkrieg, Diss. Kiel 1951; 140 S. (Ms.)

17939 Kettenacker, Lothar: Die Chefs der Zivilverwaltung im Zweiten Weltkrieg, in: Dieter Rebentisch/Karl Teppe (Hg.), Verwaltung contra Menschenführung im Staat Hitlers. Studien zum politisch-administrativen System, Göttingen 1986, 396–417

17940 Kißmehl, Horst: »Kriegswichtige Zielobjekte – Akten, Archive, Bibliotheken«. Zur Bedeutung, Organisation und Praxis faschistischer deutscher Kriegsbeute-Raubaktionen im Zweiten Weltkrieg, in: Burchard Brentjes (Hg.), Wissenschaft unter dem NS-Regime, Berlin u.a. 1992, 132–55

17941 Kluke, Paul: Theorie und Praxis der nationalsozialistischen Expansion, in: Das Dritte Reich und Europa. Bericht über die Tagung des Instituts für Zeitgeschichte in Tutzing, Mai 1956, Hg. Institut für Zeitgeschichte München, München 1957, 114–22

17942 Kubin, Ernst: Sonderauftrag Linz. Die Kunstsammlung Adolf Hitler. Aufbau, Vernichtungsplan, Rettung. Ein Thriller der Kulturgeschichte, Wien 1989; 320 S.

17943 Kühnrich, Heinz: Der Partisanenkrieg in Europa 1939–1945, Berlin 1968; 403 S.

17944 Kurz, Jacob: Kunstraub in Europa 1938–1945, Hamburg 1989; 444 S.

17945 Lindner, Stephan H.: Das Reichskommissariat für die Behandlung Feindlichen Vermögens im Zweiten Weltkrieg. Eine Studie zur Verwaltungs-, Rechts- und Wirtschaftsgeschichte des nationalsozialistischen Deutschlands, Stuttgart 1991; 178 S.

17946 Macksey, Kenneth: The Partisans of Europe in World War II, [New York: ... in Second World War], London/New York 1975; 271 S.

17947 Madajczyk, Czeslaw (Hg.): Inter arma non silent musae. The War and the Culture, 1939–1945, Warschau 1977; 656 S.*

17948 Madajczyk, Czeslaw: Chaos, Systemhaftigkeit oder Systeme? Das Dritte Reich in der Phase der militärischen Expansion, in: Ralph Melville u.a. (Hg.), Deutschland und Europa in der Neuzeit. Festschrift für Karl Otmar Freiherr von Aretin zum 65. Geburtstag, Halbbd. 2, Stuttgart 1988, 931–54

17949 Madajczyk, Czeslaw: Die Herrschaftssysteme in den Okkupationsgebieten der Achsenmächte (1938–1945). Ein Vergleich, in: Ger van Roon (Hg.), Europäischer Widerstand im Vergleich. Die Internationalen Konferenzen Amsterdam, Berlin 1985, 16–37

17950 Madayczyk, Czeslaw: The Third Reich and Cultural Life in Nazi-occupied Countries, in: Czeslaw Madaycyk (Hg.), Inter arma non silent Musae. The War and the Culture, 1939–1945, Warschau 1977, 173–216

17951 Michel, Henri: La Résistance Européenne: Son apport et sa nouveauté, in: Ger van Roon (Hg.), Europäischer Widerstand im Vergleich. Die Internationalen Konferenzen Amsterdam, Berlin 1985, 11–15

17952 Mitchell, Allan: Polish, Dutch, and French Elites under the German Occupation, in: Henry Friedlander/Sybil Milton (Hg.), The Holocaust: Ideology, Bureaucracy, and Genocide. The San José Papers, Millwood, N.Y. 1980, 231–44

17953 Moritz, Günther: Die deutsche Besatzungsgerichtsbarkeit während des zweiten Weltkrieges, Tübingen 1954; IX, 188 S. (als Manuskr. gedr.)

17954 Moritz, Günther: Die Gerichtsbarkeit in den besetzten Gebieten. Historische Entwicklung und völkerrechtliche Würdigung, Tübingen 1959; XIV, 126 S.

17955 Moritz, Günther: Gerichtsbarkeit in den von Deutschland besetzten Gebieten 1939–1945, Tübingen 1955; XX, 254 S. (Ms. vervielf.)

17956 Oldenhage, Klaus: Die Verwaltung der besetzten Gebiete, in: Deutsche Verwaltungsgeschichte, Bd. 4: Das Reich als Republik und in der Zeit des Nationalsozialismus, Hg. Kurt G. A. Jeserich u.a., Stuttgart 1985, 1131–68

17957 La résistance européenne 1939–1945. European resistance movements 1939–1945. Proceedings of Second International Conferences on the History of the Resistance Movements Held at Milan 26–29 March 1961, Paris u.a. 1964; XVIII, 663 S.

17958 La résistance européenne 1939–1945. Première conférence internationale sur l'histoire de la Résistance à Liege-Bruxelles-Breendonk 14–17 septembre 1958, Paris u.a. 1960; XVII, 410 S.

17959 Rings, Werner: Leben mit dem Feind. Anpassung und Widerstand in Hitlers Europa 1939–1945, München/Zürich 1979; 495 S.

17960 Röhr, Werner: Rassismus, Politik und Ökonomik beim Völkermord der deutschen Faschisten. Über die utilitaristische Funktion der Menschenvernichtung für die »Modernisierung« und »Neuordnung« des von den Nazis besetzten Europa, in: BD 4 (1993), Nr. 5, 35–46

17961 Roon, Ger van (Hg.): Europäischer Widerstand im Vergleich. Die Internationalen Konferenzen Amsterdam, Berlin 1985; 410 S.*

17962 Roth, Karl H.: Sozialimperialistische Aspekte der Okkupationspolitik: Strategien und Aktivitäten der »Deutschen Arbeitsfront« (DAF), in: Werner Röhr u.a. (Hg.), Faschismus und Rassismus. Kontroversen um Ideologie und Opfer, Berlin 1992, 353–75

17963 Scheel, Klaus: Zur Rolle der Kulturpolitik des faschistischen deutschen Imperialismus im Zweiten Weltkrieg und zum Kampf deutscher Antifaschisten gegen die Kulturbarbarei, in: Czeslaw Madayczyk (Hg.), Inter arma non silent Musae. The War and the Culture, 1939–1945, Warschau 1977, 41–87

17964 Schulz, Gerhard (Hg.): Geheimdienste und Widerstandsbewegungen im Zweiten Weltkrieg, Göttingen 1982; 230 S.

17965 Semelin, Jacques: Ohne Waffen gegen Hitler. Eine Studie zum zivilen Widerstand in Europa, Frankfurt 1995; 302 S.

17966 Teppe, Karl: Die NSDAP und die Ministerialbürokratie. Zum Machtkampf zwischen dem Reichsministerium des Innern und der NSDAP um die Entscheidungsgewalt in den annektierten Gebieten am Beispiel der Kontroversen um die Einsetzung der Gauräte 1940/41, in: Staat 15 (1976), 367–80

17967 Treue, Wilhelm: Kunstraub. Über das Schicksal von Kunstwerken in Krieg, Revolution und Frieden, Düsseldorf 1957, 313–35

17968 Ulshöfer, Otfried: Einflußnahme auf Wirtschaftsunternehmungen in den besetzten nord-, west- und südosteuropäischen Ländern während des Zweiten Weltkrieges, insbesondere der Erwerb von Beteiligungen (Verflechtungen), Tübingen 1958; 169 S.

17969 Umbreit, Hans: Die deutsche Besatzungsverwaltung: Konzept und Typisierung, in: Wolfgang Michalka (Hg.), Der Zweite Weltkrieg. Analysen, Grundzüge, Forschungsbilanz, München/Zürich 1989, 710–27

17970 Die Völker im Widerstandskampf, Hg. Kommission der Historiker der DDR und der UdSSR, Deutsche Sektion, Red. Heinz Schumann, Berlin (O) 1960; 144 S.

17971 Volkmann, Hans-Erich: Landwirtschaft und Ernährung in Hitlers Europa 1939–45, in: MGM 35 (1984), 9–74

17972 Zentner, Kurt: Illustrierte Geschichte des Widerstandes in Deutschland und in Europa 1933–1945, Mitarb. Gerhard Schreiber, München 1966; 608 S.**

17973 Zumach, Ernst-Günther: Die wirtschaftlichen Kriegsmaßnahmen Deutschlands im 2. Weltkrieg in völkerrechtlicher Betrachtung, Diss. Erlangen 1955; VIII, 145 S. (Ms.)

A.3.23.2 Osteuropa

[vgl. A.1.9.2: H. Frank; R. Heydrich; C. Freiherr v. Neurath]

Bibliographien

17974 Dallin, Alexander: The German Occupation of the USSR in World War II. A Bibliography, Mitarb. Conrad F. Latour, New York 1955; 74 S.

Literaturberichte

17975 Pohl, Dieter: Großraumplanung und NS-Völkermord, in: HJB 114 I (1994), 175–82

Gedruckte Quellen

17976 Ebbinghaus, Angelika/Preissler, Gerd (Bearb.): Die Ermordung psychisch kranker Menschen in der Sowjetunion. Dokumentation, in: Götz Aly u.a. (Hg.), Aussonderung und Tod. Die klinische Hinrichtung der Unbrauchbaren. (Beiträge zur nationalsozialistischen Gesundheits- und Sozialpolitik, 1), Berlin 1985, 75–107

17977 Gibbons, Robert: Allgemeine Richtlinien für die politische und wirtschaftliche Verwaltung der besetzten Ostgebiete. (Dokumentation), in: VfZ 25 (1977), 252–61

17978 Heiber, Helmut (Bearb.): Der Generalplan Ost. (Dokumentation), in: VfZ 6 (1958), 281–325

17979 Hepp, Michael: »Die Durchdringung des Ostens in Rohstoff- und Landwirtschaft« – Vorschläge des Arbeitswissenschaftlichen Instituts der Deutschen Arbeitsfront zur Ausbeutung der UdSSR aus dem Jahre, in: 1999 2 (1987), Nr. 4, 96–134

17980 Král, Václav (Bearb.): Die Deutschen in der Tschechoslowakei 1933–1947. Dokumentensammlung. (Acta occupationis Bohemiae et Moraviae), Prag 1964; 663 S.

17981 Král, Václav (Bearb.): Die Vergangenheit warnt. Dokumente über die Germanisierungs- und Austilgungspolitik der Naziokkupanten in der Tschechoslowakei, Mitarb. Karel Fremund, Prag 1960; 180, (17) S.

17982 Krausnick, Helmut: Hitler und die Morde in Polen. Ein Beitrag zum Konflikt zwischen Heer und SS um die Verwaltung der besetzten Gebiete. (Dokumentation), in: VfZ 11 (1963), 196–209

17983 Kwiet, Konrad: »Juden und Banditen« – SS-Ereignismeldungen aus Litauen 1943/1944, in: JfA 2 (1993), 405–20

17984 Der Minsker Prozeß gegen [sic!] Verbrechen der Wehrmacht und anderer Besatzungsorgane vom 15. bis 26. Januar 1946. (Aus den Vernehmungsprotokollen des KGB-Archivs Minsk), in: Mittelweg 3 (1994), Nr. 3, 32–37

17985 Müller, Klaus-Jürgen: Zu Vorgeschichte und Inhalt der Rede Himmlers vor der höheren Generalität am 13. März 1940 in Koblenz. (Dokumentation), in: VfZ 18 (1970), 95–120

17986 Müller, Rolf-Dieter (Hg.): Die deutsche Wirtschaftspolitik in den besetzten sowjetischen Gebieten 1941–1943. Der Abschlußbericht des Wirtschaftsstabes Ost [Bearb. Hans Nagel] und Aufzeichnungen eines Angehörigen des Wirtschaftskommandos Kiew [Edwin Grützner], Boppard 1991; XI, 671 S.

17987 Müller, Rolf-Dieter: Industrielle Interessenpolitik im Rahmen des »Generalplans Ost«. Dokumente zum Einfluß von Wehrmacht, Industrie und SS auf die wirtschaftspolitische Zielsetzung für Hitlers Ostimperium. (Dokumentation), in: MGM 29 (1981), 101–41; Einleitung überarb. u. erw. abgedr. in: Manfred Messerschmidt u. a. (Hg.), Militärgeschichte. Probleme – Thesen – Wege, hg. i. A. des Militärgeschichtlichen Forschungsamtes aus Anlaß seines 25jährigen Bestehens, Stuttgart 1982, 383–406

17988 Nestler, Ludwig: Zum Aufbau und zur Tätigkeit der faschistischen Sondergerichte in den zeitweilig okkupierten Gebieten Polens. (Dokumentation), in: JfG 10 (1974), 579–631

17989 Oberländer, Theodor: 6 Denkschriften aus dem Zweiten Weltkrieg über die Behandlung der Sowjetvölker, Ingolstadt 1984 (unpag.)

17990 Präg, Werner/Jacobmeyer, Wolfgang (Hg.): Das Diensttagebuch des deutschen Generalgouverneurs [Hans Frank] in Polen 1939 bis 1945, Stuttgart 1975; 1026 S.

17991 Röder, Werner (Hg.): Sonderfahndungsliste UdSSR. Faksimile der »Sonderfahndungsliste UdSSR« des Chefs der Sicherheitspolizei und des SD, 2 Bde., Erlangen 1976; 316, 80 S.

17992 Roth, Karl H.: Justitiar der Räuber. Wolfgang Heintzeler und die Pläne der I. G. Farbenindustrie zur Plünderung der sowjetischen Kautschukfabriken 1941/42. Eine Dokumentation, in: 1999 3 (1988), Nr. 2, 96–131

17993 Verbrecher in Richterroben. Dokumente über die verbrecherische Tätigkeit von 230 nazistischen Richtern und Staatsanwälten auf dem okkupierten Gebiet der Tschechoslowakischen Republik, die gegenwärtig in der westdeutschen Justiz dienen, Prag 1960; 135 S.

17994 Zu Hitlers Ostpolitik im Sommer 1943. (Dokumentation), in: VfZ 2 (1954), 305–12

Darstellungen

17995 Aly, Götz/Heim, Susanne: Vordenker der Vernichtung. Auschwitz und die deutschen Pläne für eine europäische Ordnung, Hamburg 1991; 541 S. (TB Frankfurt 1995)

17996 Amort, Cestmir: National Liberation Movement of the Czechoslovak People, in: Ger van Roon (Hg.), Europäischer Widerstand im Vergleich. Die Internationalen Konferenzen Amsterdam, Berlin 1985, 334–48

17997 Armstrong, John A. (Hg.): Soviet Partisans in World War II, Vorwort Philip E. Mosley, Madison, Wisc. 1964; 792 S.

17998 Aschenauer, Rudolf: Krieg ohne Grenzen. Der Partisanenkampf gegen Deutschland 1939–1945, Leoni 1982; 399 S.

17999 Bartoszewski, Wladyslaw: Der Todesring um Warschau, 1939–1944, Warschau 1969; 447 S. (engl.: Warschau 1968)

18000 Bartoszewski, Wladyslaw: Le modèle de la culture polonaise dans les conditions de la clandestinité, in: Czeslaw Madayczyk (Hg.), Inter arma non silent Musae. The War and the Culture, 1939–1945, Warschau 1977, 265–312

18001 Bästlein, Klaus: Das »Reichskommissariat Ostland« unter schleswig-holsteinischer Verwaltung und die Vernichtung der europäischen Juden, in: 50 Jahre nach den Judenpogromen. Reden zum 9./10. November 1983 in Schleswig-Holstein, Hg. Beirat für Geschichte der Arbeiterbewegung und Demokratie in Schleswig-Holstein/Landesregierung Schleswig-Holstein, Pressestelle, Kiel 1989, 65–85

18002 Benz, Wolfgang: Der Generalplan Ost. Germanisierungspolitik in den besetzten Ostgebieten (1985), in: Wolfgang Benz, Herrschaft und Gesellschaft im nationalsozialistischen Staat, Frankfurt 1990, 72–82

18003 Berghauzen, Janusz: Die Nationalitätenpolitik des Dritten Reiches im besetzten Polen (dargestellt am Beispiel des sg. »Goralenvolkes« und der Kaschuben), in: Fascism in Europe. An International Symposium. Prague, 28–29 August 1969, Hg. Czechoslovak Academy of Sciences, Institute of History, Bd. 2, o.O (Prag) 1970, 232–47 (Ms. vervielf.)

18004 Bohmann, Alfred: Die Stellung der Oberlandräte-Inspekteure. Zur deutschen Verwaltungsorganisation im ehemaligen Protektorat Böhmen und Mähren, in: ZfO 15 (1966), 118–26

18005 Bor-Komorowski, Tadeusz: The Secret Army [Polen], London 1950; 407 S.

18006 Brandes, Detlef: Die Tschechen unter deutschem Protektorat, Bd. 1: Besatzungspolitik, Kollaboration und Widerstand im Protektorat Böhmen und Mähren bis Heydrichs Tod (1939–1942), Bd 2: Besatzungspolitik, Kollaboration und Widerstand im Protektorat Böhmen und Mähren von Heydrichs Tod bis zum Prager Aufstand (1942–1945), München/Wien 1969–1975; 372, 205 S.

18007 Brandes, Detlef: Der tschechische Widerstand in den letzten Kriegsjahren, in: Karl Bosl (Hg.), Das Jahr 1945 in der Tschechoslowakei. Internationale, nationale und wirtschaftlich-soziale Probleme, München/Wien 1971, 101–14

18008 Braumandl, Wolfgang: Die Wirtschafts- und Sozialpolitik des Deutschen Reiches im Sudetenland 1938–1945, Nürnberg 1985; 678 S.

18009 Bräutigam, Otto: Überblick über die besetzten Ostgebiete während des 2. Weltkrieges, Tübingen 1954; VI, 97 S. (als Manuskript gedr.)

18010 Broszat, Martin: Zweihundert Jahre deutsche Polenpolitik, 2. Aufl., Frankfurt 1972, 272–306 (zuerst München 1963)

18011 Broszat, Martin: Nationalsozialistische Polenpolitik 1939–1945, 2., überarb. Aufl., Frankfurt 1965; 228 S. (zuerst Stuttgart 1961)

18012 Broszat, Martin: Verfolgung polnischer katholischer Geistlicher 1939–1945. (Gutachten des Instituts für Zeitgeschichte), München 1959; 87 S. (Ms. vervielf.)

18013 Broszat, Martin: Faschismus und Kollaboration in Ostmitteleuropa zwischen den Weltkriegen, in: VfZ 14 (1966), 225–51

18014 Burleigh, Michael: Germany Turns Eastwards. A Study of »Ostforschung« in the Third Reich, 2. Aufl., Cambridge u.a. 1989; XI, 351 S. (zuerst 1988)

18015 Butler, Rupert: Legions of Death, Feltham 1983; 255, (8) S.

18016 Caregorodcev, Genadij I./Decker, Natalija: Zu den Folgen der faschistischen Politik für das Gesundheitswesen und den Gesundheitszustand der Bevölkerung in den zeitweilig okkupierten Gebieten der Sowjetunion, in: Achim Thom/Genadij I. Caregorodcev (Hg.), Medizin unterm Hakenkreuz, Berlin (O) 1989, 417–29

18017 Cerniková, Milada: Problematik der tschechischen Kultur in der nazistischen Okkupation, in: Fascism in Europe. An International Symposium. Prague, 28–29 August 1969, Hg. Czechoslovak Academy of Sciences, Institute of History, Bd. 2, o.O (Prag) 1970, 84–93 (Ms. vervielf.)

18018 Chiari, Bernhard: Deutsche Zivilverwaltung in Weißrußland 1941–1944. Die lokale Perspektive der Besatzungsgeschichte, in: MGM 52 (1993), 67–89

18019 Cooper, Matthew: The Phantom War. The German Struggle against Soviet Partisans, 1941–1944, London 1979; IX, 217 S.

18020 Cynska, Sophie u. a.: German Crimes in Poland, 2 Bde., Hg. Central Commission for Investigation of German Crimes in Poland, Warschau 1946–1947; 271, 168 S.**

18021 Cyprian, Tadeusz/Sawicki, Jerzy: Nazi Rule in Poland, 1939–45, Warschau 1961; 262 S. (poln. 1960)

18022 Czollek, Roswitha: Faschismus und Okkupation. Wirtschaftspolitische Zielsetzung und Praxis des faschistischen deutschen Besatzungsregimes in den Baltischen Sowjetrepubliken während des 2. Weltkrieges, Berlin (O) 1974; 224 S.

18023 Czubinski, Antoni: Western Poland under Nazi Occupation, in: David W. Pike (Hg.), The Opening of the Second World War. Proceedings of the Second International Conference on International Relations, held at The American University of Paris, September 26–30, 1989, New York u. a. 1991, 118–21

18024 »Da kommen Menschen zu Tode.« Ein Gespräch mit Gerhard Gronefeld über eine Geiselexekution 1941 und seine Tätigkeit als Kriegsberichterstatter, Gesprächspartner Diethart Kerbs, in: Fotogeschichte 4 (1984), Nr. 13, 51–64

18025 Dallin, Alexander: Deutsche Herrschaft in Rußland 1941–1945. Eine Studie über Besatzungspolitik, Düsseldorf 1958; 728 S. (ND Königstein, Ts./Düsseldorf 1981; engl.: London/New York 1957; 2. Aufl., Boulder, Col. 1981)

18026 Decker, Natalija: Die Auswirkungen der faschistischen Okkupation auf das Gesundheitswesen Polens und den Gesundheitszustand des polnischen Volkes, in: Achim Thom/Genadij I. Caregorodcev (Hg.), Medizin unterm Hakenkreuz, Berlin (O) 1989, 401–16

18027 Dlugoborski, Waclaw: Die deutsche Besatzungspolitik und die Veränderungen der sozialen Struktur Polens 1939–1945, in: Waclaw Dlugoborski (Hg.), Zweiter Weltkrieg und sozialer Wandel, Göttingen 1981, 303–63

18028 Dlugoborski, Waclaw/Madajczyk, Czeslaw: Ausbeutungssysteme in den besetzten Gebieten Polens und der UdSSR, in: Friedrich Forstmeier/Hans-Erich Volkmann (Hg.), Kriegswirtschaft und Rüstung 1939–1945, Düsseldorf 1977, 375–416

18029 Dolezal, Jiri: Die Nazis und das tschechische Schulwesen, in: Fascism in Europe. An International Symposium. Prague, 28–29 August 1969, Hg. Czechoslovak Academy of Sciences, Institute of History, Bd. 2, o.O (Prag) 1970, 94–106 (Ms. vervielf.)

18030 Dolezal, Jirí/Kren, Jan: Die kämpfende Tschechoslowakei. Dokumente über die Widerstandsbewegung des tschechoslowakischen Volkes in den Jahren 1938–1945, Prag 1964; engl. 156, 49 S. (engl. 1964)

18031 Dubiel, Pawel: Deutsche Propaganda im Generalgouvernement. Ein Hinweis auf die polnische Ausgabe der NS-Auslandsillustrierten »Signal«, in: Publizistik 33 (1988), 665 f.

18032 Durica, Milan S.: Machtpolitische Eingriffe des Dritten Reiches in die Politik der Slowakischen Republik, in: Joachim Hütter u. a. (Hg.), Tradition und Neubeginn. Internationale Forschungen zur Geschichte des 20. Jahrhunderts, Köln u. a. 1975, 245–57

18033 Ebbinghaus, Angelika/Roth, Karl H.: Vorläufer des »Generalplans Ost«. Eine Dokumentation über Theodor Schieders Polendenkschrift vom 7. Oktober 1939, in: 1999 7 (1992), Nr. 1, 62–94

18034 Eichholtz, Dietrich: Die Richtlinien Görings für die Wirtschaftspolitik auf dem besetzten sowjetischen Territorium vom 8. November 1941, in: BAZW (1977), Nr. 1/2, 73–111

18035 Eichholtz, Dietrich: Der »Generalplan Ost« und seine Opfer, in: Werner Röhr u. a. (Hg.), Faschismus und Rassismus. Kontroversen um Ideologie und Opfer, Berlin 1992, 291–99

18036 Eichholtz, Dietrich: Wirtschaftspolitik und Strategie des faschistischen deutschen Imperialismus im Dnjepr-Donez-Industriegebiet, in: MG 18 (1979), 281–96

18037 Eichholtz, Dietrich: Der »Generalplan Ost«. Über eine Ausgeburt imperialistischer Denkart und Politik (mit Dokumenten), in: JfG 26 (1982), 217–74**

18038 Eichholtz, Dietrich: »Großgermanisches Reich« und »Generalplan Ost«. Einheitlichkeit und Unterschiedlichkeit im faschistischen Okkupationssystem, in: ZfG 28 (1980), 833–41

18039 Eisenblätter, Gerhard: Grundlinien der Politik des Reiches gegenüber dem Generalgouvernement 1939–1945, Diss. Frankfurt 1969; X, 392, XXV S.

18040 Estreicher, Karol (Hg.): Cultural Losses of Poland. Index of Polish Cultural Losses during the German Occupation, 1939–1944, London 1944; XVII, 497 S.

18041 Exekutionen des Sonderkommandos 4a der Einsatzgruppe C und der mit diesem Kommando eingesetzten Einheiten während des Rußland-Feldzuges in der Zeit vom 22. 6. 1941 bis zum Sommer 1943. Abschlußbericht, Hg. Zentrale Stelle der Landesjustizverwaltungen, Ludwigsburg 1964; 350 S. (Ms. vervielf.)

18042 Foedrowitz, Michael: »Mit Feuer und Rauch«. Polen gedenkt in diesen Tagen des Warschauer Aufstandes von 1944. Unser Autor stützt seine Erzählung auf viele bisher unbekannte Informationen, in: Zeit, Jg. 49, Nr. 31, 29. 7. 1994, 54

18043 Fröhlich, Elke: Katyn in neuem Licht? Goebbels und der Mord an den polnischen Offizieren im 2. Weltkrieg, in: GWU 37 (1986), 234 f.

18044 Gaweda, Stanislaw: Die Jagiellonische Universität in der Zeit der faschistischen Okkupation 1939–1945, Jena 1981; 117 S.

18045 Gebhart, Jan: L'entrée des partisans tchéques. Sur la problématique du développement de partisans dans les pays tchéques á l'eté 1944, in: Historica 27 (1987), 121–82

18046 Geiss, Immanuel: Die deutsche Politik im Generalgouvernement Polen 1939–1945. Aus dem Diensttagebuch des Generalgouverneurs Hans Frank, in: APUZ, Nr. B 34/78, 26. 8. 1978, 15–33**

18047 Gerber, Berthold: Staatliche Wirtschaftslenkung in den besetzten und annektierten Ostgebieten während des Zweiten Weltkrieges unter besonderer Berücksichtigung der treuhänderischen Verwaltung von Unternehmungen und der Ostgesellschaften, Tübingen 1959; XX, 188 S.

18048 Goguel, Rudi: Über die Mitwirkung deutscher Wissenschaftler am Okkupationsregime in Polen im zweiten Weltkrieg, untersucht an drei Institutionen der deutschen Ostforschung, Diss. Berlin (O) 1964; 180, 184 S. (Ms. vervielf.)

18049 Goguel, Rudi: Die Nord- und Ostdeutsche Forschungsgemeinschaft im Dienste der faschistischen Aggressionspolitik gegen Polen (1933 bis 1945), in: WZB 15 (1966), 663–74

18050 Golczewski, Frank: Die Ukraine im Zweiten Weltkrieg, in: Frank Golczewski (Hg.), Geschichte der Ukraine, Göttingen 1993, 241–60

18051 Golczewski, Frank: Deutsche Besatzungspolitik in Polen im Zweiten Weltkrieg, in: Peter Meyers/Dieter Riesenberger (Hg.), Der Nationalsozialismus in der historisch-politischen Bildung, Göttingen 1979, 164–85

18052 Goldstein, Bernhard: »Die Sterne sind Zeugen.« Der bewaffnete Aufstand im Warschauer Ghetto. Bericht eines der Anführer, Geleitwort Beate Klarsfeld, Freiburg i.Br. 1992; XIII, 248 S. (jiddisch New York 1947 u.d.T.: Finf yor in Warshaver ghetto; amerikan.: New York 1949)

18053 Gröning, Gert/Wolschke-Bulmahn, Joachim: Der Drang nach Osten. Zur Entwicklung der Landespflege im Nationalsozialismus und während des 2. Weltkrieges in den »eingegliederten Ostgebieten«. (Die Liebe zur Landschaft, 3), München 1987; X, 279 S.

18054 Gross, Jan T.: Polish Society under German Occupation. The Generalgouvernement, 1939–1944, Princeton, N.J. 1979; XVIII, 343 S.

18055 Gutschow, Niels/Klain, Barbara: Vernichtung und Utopie. Stadtplanung Warschau 1939–1945, Hamburg 1994; 192 S.

18056 Handrack, Hans D.: Das Reichskommissariat Ostland. Die Kulturpolitik der deutschen Verwaltung zwischen Autonomie und Gleichschaltung 1941–1944, Hannoversch Münden 1981; 281 S.

18057 Hartmann, Peter: Die annexionistische Agrarsiedlungspolitik des deutschen Faschismus in den sogenannten »Eingegliederten Ostgebieten« (»Reichsgau Danzig-Westpreußen«, Reichsgau »Wartheland«, »Regierungsbezirk Zichenau«) 1939–1945, Diss. Rostock 1969; 17, 283 S. (Ms. vervielf.)

18058 Heiber, Helmut: Zur Justiz im Dritten Reich: Der Fall [Alois] Elias, in: VfZ 3 (1955), 275–96 [Reichsprotektorat Böhmen und Mähren]

18059 Hellwig, Jan: Pädagogik unter der Okkupation – Schulwesen und Wissenschaft in Polen 1939–1945, in: Wolfgang Keim (Hg.), Pädagogen und Pädagogik im Nationalsozialismus. Ein unerledigtes Problem der Erziehungswissenschaft, 3. Aufl., Frankfurt u.a. 1991, 179–90 (zuerst 1988)

18060 Herbert, Ulrich: Die Planung der wirtschaftlichen Ausbeutung der UdSSR, in: Lutz Niethammer u.a., Bürgerliche Gesellschaft in Deutschland. Historische Einblicke, Fragen, Perspektiven, Frankfurt 1990, 438–46

18061 Herzog, Robert: Besatzungsverwaltung in den besetzten Ostgebieten – Abteilung Jugend –. Insbesondere Heuaktion und SS-Helfer-Aktion, Tübingen 1960; XXII, 140 S. (als Manuskr. gedr.)

18062 Herzog, Robert: Grundzüge der deutschen Besatzungsverwaltung in den ost- und südosteuropäischen Ländern während des zweiten Weltkrieges, Tübingen 1955; XXII, 199, 3 S.

18063 Heumos, Peter: Die Emigration aus der Tschechoslowakei nach Westeuropa und dem Nahen Osten 1938–1945. Politisch-soziale Struktur, Organisation und Asylbedingungen der tschechischen, jüdischen, deutschen und slowakischen Flüchtlinge während des Nationalsozialismus. Darstellung und Dokumentation, München 1989; 496 S.

18064 Heydecker, Joe J.: Die Stille der Steine. Warschau im November 1944, Berlin 1994; 80 S.**

18065 Hillgruber, Andreas: Die »Endlösung« und das deutsche Ostimperium als Kernstück des rassenideologischen Programms des Nationalsozialismus, in: VfZ 20 (1972), 133–53; abgedr. in: Manfred Funke (Hg.), Hitler, Deutschland und die Mächte. Materialien zur Außenpolitik des Dritten Reiches, Düsseldorf 1976 (ND 1977; Düsseldorf/Königstein 1978), 94–114; Andreas Hillgruber, Deutsche Großmacht- und Weltpolitik im 19. und 20. Jahrhundert, 2. Aufl., Düsseldorf 1979, 252–75 (zuerst 1977); Wolfgang Wippermann (Hg.), Kontroversen um Hitler, Frankfurt 1986, 219–47

18066 Hoensch, Jörg K.: Die Slowakische Republik 1939–1945, in: Victor S. Mamatey/Radomir Luza (Hg.), Geschichte der Tschechoslowakischen Republik 1918–1948, Wien u.a. 1980, 292–313

18067 Hofmann, Rainer: Das Ende der volksdeutschen Siedlungen in »Transnistrien« im Jahre 1944, in: Heinz Boberach/ Hans Booms (Hg.), Aus der Arbeit des Bundesarchivs. Beiträge zum Archivwesen, zur Quellenkunde und Zeitgeschichte, Boppard 1977, 447–55

18068 Howell, Edgar M.: The Soviet Partisan Movement, 1941–1944, Washington, D.C. 1956; 217 S.

18069 Jäckel, Eberhard: Hitlers doppeltes Kernstück, in: Roland G. Foerster (Hg.), »Unternehmen Barbarossa«. Zum historischen Ort der deutsch-sowjetischen Beziehungen von 1933 bis Herbst 1941, hg. i.A. des Militärgeschichtlichen Forschungsamtes, München 1993, 13–22

18070 Jacobmeyer, Wolfgang: Heimat und Exil. Die Anfänge der polnischen Untergrundbewegung im 2. Weltkrieg, Hamburg 1973; 369 S.

18071 Jacobmeyer, Wolfgang: Henryk Dobrzansky (»Hubal«). Ein biographischer Beitrag zu den Anfängen der polnischen Résistance im Zweiten Weltkrieg, in: VfZ 20 (1972), 63–74

18072 Jacobmeyer, Wolfgang: Die polnische Widerstandsbewegung im Generalgouvernement und ihre Beurteilung durch deutsche Dienststellen, in: VfZ 25 (1977), 658–81

18073 Jansen, Christian/Weckbecker, Arno: Der »Volksdeutsche Selbstschutz« in Polen 1939/40, München 1993; 243 S.

18074 Jansen, Christian/Weckbecker, Arno: Eine Miliz im »Weltanschauungskrieg«: der »Volksdeutsche Selbstschutz« in Polen 1939/40, in: Wolfgang Michalka (Hg.), Der Zweite Weltkrieg. Analysen, Grundzüge, Forschungsbilanz, München/Zürich 1989, 482–500

18075 Jeske, Reinhold: Monopolinteressen und Germanisierunmgpolitik des deutschen Imperialismus während des zweiten Weltkrieges in Polen, in: Monopole und Staat in Deutschland 1917–1945. Protokoll der 2. Tagung der Fachgruppe Geschichte der neuesten Zeit 1917–1945 am 20. und 21.3. 1965 in Berlin im Rahmen des III. Kongresses der Deutschen Historiker-Gesellschaft, Hg. Deutsche Historiker-Gesellschaft, Berlin (O) 1966, 175–82

18076 Josko, Anna: Die Slowakische Widerstandsbewegung, in: Victor S. Mamatey/ Radomir Luza (Hg.), Geschichte der Tschechoslowakischen Republik 1918–1948, Wien u.a. 1980, 385–408

18077 Juchniewicz, Mieczyslaw: Les Polonais dans la Résistance européenne, Warschau 1972; 195 S.

18078 Kaiser, Hans: Die Eingliederung der Slowakei in die nationalsozialistische Kriegswirtschaft, in: Karl Bosl (Hg.), Das Jahr 1945 in der Tschechoslowakei. Internationale, nationale und wirtschaftlich-soziale Probleme, München/Wien 1971, 115–38

18079 Kamenetsky, Ihor: Secret Nazi Plans for Eastern Europe. A Study of Lebensraum Policies, New York 1961; 263 S.

18080 Karp, Hans-Jürgen: Germanisierung oder Seelsorge? Zur Tätigkeit reichsdeutscher Priester in den dem Deutschen Reich eingegliederten Gebieten Polens 1939–1945, in: ZfO 30 (1981), 40–74

18081 Kawczynski, Anthony S.: Unternehmen »N« – deutschsprachige Propaganda der polnischen Untergrundpresse 1941–1944, in: VfZ 14 (1966), 59–68

18082 Kinder, Elisabeth: Das »Stammlager Sosnowitz«. Eine Fallstudie zum Strafvollzug nach dem »Polenstrafrecht«, in: Friedrich P. Kahlenberg (Hg.), Aus der Arbeit der Archive. Beiträge zum Archivwesen, zur Quellenkunde und zur Geschichte. Festschrift für Hans Booms, Boppard 1989, 603–23**

18083 Kleßmann, Christoph: Die Selbstbehauptung einer Nation. Nationalsozialistische Kulturpolitik und polnische Widerstandsbewegung im Generalgouvernement 1939–1945, Düsseldorf 1971; 277 S.

18084 Kleßmann, Christoph: September 1939. Krieg, Besatzung, Widerstand in Polen. Acht Beiträge, Göttingen 1989; 180 S.

18085 Kleßmann, Christoph: Die Zerstörung des Schulwesens als Bestandteil deutscher Okkupationspolitik im Osten am Beispiel Polens, in: Manfred Heinemann (Hg.), Erziehung und Schulung im Dritten Reich, T. 1: Kindergarten, Schule, Jugend, Berufserziehung, Stuttgart 1980, 176–92

18086 Kleßmann, Christoph: Deutsche Besatzungsherrschaft zwischen Hegemonialpolitik, Ausbeutung und Germanisierung: Das Beispiel Polen, in: Norbert Frei/Hermann Kling (Hg.), Der nationalsozialistische Krieg, Mitarb. Margit Brandt, Frankfurt/New York 1990, 181–87

18087 Kolmsee, Peter: Der Partisanenkampf in der Sowjetunion. Über Charakter, Inhalt und Formen des Partisanenkampfes in der UdSSR 1941–1944, Berlin (O) 1963; 132 S.

18088 Krafczyk, Eva: Deutsche Besatzung und polnisches Schulwesen. Posen 1939–1945, in: NOA N. F. 1 (1992), 559–75

18089 Krakau, Knud: Willkür und Recht. Zur nationalsozialistischen Regelung der Staatsangehörigkeit – besonders der Juden – im sogenannten »Protektorat Böhmen und Mähren«, Hamburg 1966; 81 S.

18090 Krannhals, Hanns von: Der Warschauer Aufstand, Frankfurt 1962; 445 S.

18091 Krannhals, Hanns von: Zum Aufstand in Warschau 1944, in: OW 3/4 (1956/57), 158–80

18092 Krausnick, Helmut: Die Einsatzgruppen vom Anschluß Österreichs bis zum Feldzug gegen die Sowjetunion. Entwicklung und Verhältnis zur Wehrmacht, in: Helmut Krausnick/Hans-Heinrich Wilhelm, Die Truppe des Weltanschauungskrieges. Die Einsatzgruppen der Sicherheitspolizei und des SD 1938–1942, Stuttgart 1981, 5f., 11–278; durchges. Ausg. Frankfurt 1985 u. d. T.: Hitlers Einsatzgruppen. Die Truppe des Weltanschauungskrieges 1938–1942

18093 Krausnick, Helmut/Wilhelm, Hans-Heinrich: Die Truppe des Weltanschauungskrieges. Die Einsatzgruppen der Sicherheitspolizei und des SD 1938–1942, Stuttgart 1981; 688 S.

18094 Król, Eugeniusz C.: Die nationalsozialistische Schulpolitik im besetzten Polen 1939–1945, in: NOA N. F. 1 (1992), 537–58

18095 Kuby, Erich: Als Polen deutsch war. 1939–1945, Ismaning b. München 1986; 341 S.

18096 Kuby, Erich: »Kolonisierung« eines Besiegten. Polen 1939 bis 1945, in: Jörg Friedrich/Jörg Wollenberg (Hg.), Licht in den Schatten der Vergangenheit. Zur Enttabuisierung der Nürnberger Kriegsverbrecherprozesse, Frankfurt/Berlin 1987, 105–14

18097 Kural, V./Bencik, A.: Mouvement des partisans en Tchécoslovaquie au temps de la deuxième guerre mondiale, in: Historica 5 (1963), 189–237

18098 Lesser, Gabriele: Leben als ob. Die Untergrunduniversität Krakau im Zweiten Weltkrieg, 2., durchges. u. verb. Aufl., Köln 1990; 215 S. (zuerst Freiburg 1988)

18099 Litsch, Karel: Die »Aktion vom 17. November« 1939 in Prag, in: Burchard Brentjes (Hg.), Wissenschaft unter dem NS-Regime, Berlin u. a. 1992, 64–81

18100 Litsch, Karel: Die »Aktion vom 17. November« 1939 in Prag, in: Burchard Brentjes (Hg.), Wissenschaft unter dem NS-Regime, Berlin u. a. 1992, 64–81

18101 Luczak, Czeslaw: Die polnische Wissenschaft in den Jahren des Zweiten Weltkrieges, in: Ralph Melville u. a. (Hg.), Deutschland und Europa in der Neuzeit. Festschrift für Karl Otmar Freiherr von Aretin zum 65. Geburtstag, Halbbd. 2, Stuttgart 1988, 955–64

18102 Lukas, Richard C.: The Forgotten Holocaust. The Poles under German Occupation, 1939–1944, Lexington, Ky. 1986; 300 S.

18103 Luza, Radomir: Die Tschechische Widerstandsbewegung, in: Victor S. Mamatey/Radomir Luza (Hg.), Geschichte der Tschechoslowakischen Republik 1918–1948, Wien u. a. 1980, 364–84

18104 Madajczyk, Czeslaw: Die deutsche Besatzungspolitik in Polen (1939–45), Wiesbaden 1967; 36 S.

18105 Madajczyk, Czeslaw: Die Okkupationspolitik Nazideutschlands in Polen 1939–1945, Berlin (O) 1987; XIII, 702 S.

18106 Madajczyk, Czeslaw: Besteht ein Synchronismus zwischen dem »Generalplan Ost« und der Endlösung der Judenfrage?, in: Wolfgang Michalka (Hg.), Der Zweite Weltkrieg. Analysen, Grundzüge, Forschungsbilanz, München/Zürich 1989, 844–57

18107 Madajczyk, Czeslaw: Deutsche Besatzungspolitik in Polen, in der UdSSR und in den Ländern Südosteuropas, in: Karl D. Bracher u.a. (Hg.), Deutschland 1933–1945. Neue Studien zur nationalsozialistischen Herrschaft, 2., erg. Aufl., Bonn/Düsseldorf 1993, 426–39 (zuerst 1992)

18108 Majer, Diemut: »Fremdvölkische« im Dritten Reich. Ein Beitrag zur nationalsozialistischen Rechtsetzung und Rechtspraxis in Verwaltung und Justiz unter besonderer Berücksichtigung der eingegliederten Ostgebiete und des Generalgouvernements, 2., fast unveränd. Aufl., Boppard 1993; 1034 S. (zuerst 1981)

18109 Majer, Diemut: Führerunmittelbare Sondergewalten in den besetzten Ostgebieten. Entstehung und Wirksamkeit, in: Dieter Rebentisch/Karl Teppe (Hg.), Verwaltung contra Menschenführung im Staat Hitlers. Studien zum politisch-administrativen System, Göttingen 1986, 374–95

18110 Majer, Diemut: Der Kampf um die Einführung des preußischen Polizeiverwaltungsgesetzes in den »eingegliederten Ostgebieten«. Ein Beitrag zum Prozeß der politischen Willensbildung im totalitären Staat, in: Staat 17 (1978), 49–72

18111 Marnitz, Harry: Nordlicht über der Düna. Kritische Betrachtungen und Erinnerungen an die deutsche Besatzungszeit in Lettland 1941–1943, Michelstadt 1991; 79 S.

18112 Mastny, Vojtech: The Czechs under Nazi Rule. The Failure of National Resistance, 1939–1942, New York/London 1971; XIII, 274 S.

18112a Mazur, Tadeusz/Tomaszewski, Jerzy (Bearb.): We Have Not Forgotten. Nous n'avons pas oublié. Wir haben es nicht vergessen, Hg. Verband der Kämpfer für Freiheit und Demokratie, graphische Bearbeitung Wojciech Zamecznik, gekürzte Ausgabe, Warschau 1961; 160 S.

18113 Müller, Rolf-Dieter: Hitlers Ostkrieg und die deutsche Siedlungspolitik. Die Zusammenarbeit von Wehrmacht, Wirtschaft und SS, Frankfurt 1991; 238 S.**

18114 Myllyniemi, Seppo: Die Neuordnung der baltischen Länder 1941–1944. Zum nationalsozialistischen Inhalt der deutschen Besatzungspolitik, Helsinki 1973; 308 S.

18115 Myllyniemi, Seppo: Die Umwandlung der sozialen Strukturen der baltischen Länder während und infolge der deutschen Besatzung, in: Waclaw Dlugoborski (Hg.), Zweiter Weltkrieg und sozialer Wandel, Göttingen 1981, 279–87

18116 Naudé, Horst: Erlebnisse und Erkenntnisse. Als politischer Beamter im Protektorat Böhmen und Mähren, München 1975; 216 S.**

18117 Naumann, Uwe (Hg.): Lidice – ein böhmisches Dorf. Mit Berichten der Frauen von Lidice, Frankfurt 1983; 160 S.**

18118 Nemec, Petr: Die Lage der Deutschen Nationalität im Protektorat Böhmen und Mähren unter dem Aspekt der »Eindeutschung« dieses Gebiets, in: Bohemia 32 (1991), 39–59

18119 Neuhaus, Barbara: Funksignale vom Wartabogen. Über den gemeinsamen Kampf deutscher Kommunisten, sowjetischer und polnischer Partisanen. Ereignisse, Tatsachen, Zusammenhänge, 2. Aufl., Berlin (O) 1977; 604, 16 S. (zuerst 1975)

18120 NS-Verbrechen anläßlich des Partisanenkampfes in der UdSSR 1941–1944, Hg. Zentrale Stelle der Landesjustizverwaltungen, Ludwigsburg 1969; 80 S. (Ms. vervielf.)

18121 Orlowski, Hubert: Krakauer Zeitung 1939–1945. Auch ein Kapitel deutscher Literaturgeschichte im Dritten Reich, in: T&K 8 (1980), 411–18

18122 Plesniarski, Boleslaw: Die Vernichtung der polnischen Bildung und Erziehung in den Jahren 1939–1945, in: Manfred Heinemann (Hg.), Erziehung und Schulung im Dritten Reich, T. 1: Kindergarten, Schule, Jugend, Berufserziehung, Stuttgart 1980, 160–75

18123 Popielski, Boleslaw: Die Tragödie der polnischen Universitätsprofessoren in Lemberg, in: Burchard Brentjes (Hg.), Wissenschaft unter dem NS-Regime, Berlin u. a. 1992, 82–88

18124 Poteránski, Waclaw: Die revolutionäre Befreiungs- und Widerstandsbewegung gegen die faschistischen deutschen Okkupanten in Polen (1939–1945), in: Alfred Anderle/Werner Basler (Red.), Juni 1941. Beiträge zur Geschichte des hitlerfaschistischen Überfalls auf die Sowjetunion, Berlin (O) 1961, 299–325

18124a Ramme, Alwin: Der Sicherheitsdienst der SS. Zu seiner Funktion im faschistischen Machtapparat und im Besatzungsregime des sogenannten Generalgouvernements Polen, Berlin (O) 1970; 324 S.

18125 Reitlinger, Gerald: Ein Haus auf Sand gebaut. Hitlers Gewaltpolitik in Rußland 1941–1944, Hamburg 1962; 544 S. (engl.: London 1960)

18126 Riedel, Matthias: Bergbau und Eisenhüttenindustrie in der Ukraine unter deutscher Besatzung (1941–1944), in: VfZ 21 (1972), 245–84

18127 Rohde, Gotthold: Das Protektorat Böhmen und Mähren 1939–1945, in: Victor S. Mamatey/Radomir Luza (Hg.), Geschichte der Tschechoslowakischen Republik 1918–1948, Wien u. a. 1980, 314–40

18128 Röhr, Werner: Zum Zusammenhang von nazistischer Okkupationspolitik in Polen und dem Völkermord an den polnischen Juden, in: Werner Röhr u. a. (Hg.), Faschismus und Rassismus. Kontroversen um Ideologie und Opfer, Berlin 1992, 300–16

18129 Röhr, Werner: Zur Rolle der Schwerindustrie im annektierten polnischen Oberschlesien für die Kriegswirtschaft Deutschlands von 1939 bis 1949, in: JWG (1991), Nr. 4, 9–58

18130 Röhr, Werner: Das Sudetendeutsche Freikorps – Diversionsinstrument der Hitler-Regierung bei der Zerschlagung der Tschechoslowakei, in: MGM 52 (1993), 35–66

18131 Röhr, Werner: Die faschistische Okkupationspolitik in Polen 1939 bis 1945 und die Stellung dieses Landes in den Plänen für eine »Neuordnung« Europas, in: 1999 7 (1992), Nr. 3, 43–63

18132 Rosh, Lea/Schwarberg, Günther: Der letzte Tag von Oradur, Göttingen 1988; 142 S.

18133 Rössler, Mechtild/Schleiermacher, Sabine: Der »Generalplan Ost«. Hauptlinien der nationalsozialistischen Planungs- und Vernichtungspolitik, Mitarb. Cordula Tollmien, Berlin 1993; 378 S.**

18134 Roth, Karl H.: Bevölkerungspolitik und Zwangsarbeit im »Generalplan Ost«, in: MDNSS 1 (1985), Nr. 3, 70–93

18135 Schubert, Günter: Das Unternehmen »Bromberger Blutsonntag«. Tod einer Legende, Köln 1989; 222 S.

18136 Schulte, Theo J.: The German Army and Nazi Policies in Occupied Russia, Oxford u. a. 1989; XVI, 390 S.

18137 Schulte, Theo J.: Die Wehrmacht und die nationalsozialistische Besatzungspolitik in der Sowjetunion, in: Roland G. Foerster (Hg.), »Unternehmen Barbarossa«. Zum historischen Ort der deutsch-sowjetischen Beziehungen von 1933 bis Herbst 1941, hg. i. A. des Militärgeschichtlichen Forschungsamtes, München 1993, 163–76

18138 Schustereit, Hartmut: Planung und Aufbau der Wirtschaftsorganisation Ost vor dem Rußlandfeldzug-Unternehmen »Barbarossa« 1940/41, in: VSWG 70 (1983), 50–70

18139 Seibt, Ferdinand: Deutschland und die Tschechen. Geschichte einer Nachbarschaft in der Mitte Europas, vollst. überarb. Neuausg., München/Zürich 1993, 335–58 (zuerst München 1974)

18140 Sipos, P.: The Main Question of the History of the Hungarian Resistance Movement, in: Ger van Roon (Hg.), Europäischer Widerstand im Vergleich. Die Internationalen Konferenzen Amsterdam, Berlin 1985, 349–63

18141 Slapnicka, Helmut: Die böhmischen Länder und die Slowakei 1919–1945, in: Karl Bosl (Hg.), Handbuch der Geschichte der böhmischen Länder, Bd. 4: Der tschechoslowakische Staat im Zeitalter der modernen Massendemokratie und Diktatur, Stuttgart 1968, 3–150

18142 Stehle, Hansjakob: Der Lemberger Metropolit [Andrej] Septyckyj und die nationalsozialistische Politik der Ukraine, in: VfZ 34 (1986), 407–25

18143 Stepánek, Zdenek: Die führende Rolle der KPC und die Hilfe der Sowjetunion für die Partisanenbewegung in den tschechischen Ländern während des zweiten Weltkrieges, in: Alfred Anderle/Werner Basler (Red.), Juni 1941. Beiträge zur Geschichte des hitlerfaschistischen Überfalls auf die Sowjetunion, Berlin (O) 1961, 262–98

18144 Streit, Christian: Ostkrieg, Antibolschewismus und »Endlösung«, in: GG 17 (1991), 242–55

18145 Streng, Heinz von: Die Landwirtschaft im Generalgouvernement, Tübingen 1955; IV, 97, 3 S. (als Manuskript gedr.)

18146 Sturm, Borut M.: Das ideologische und politische Profil der religiösen Sozialisten in der Slowenischen Befreiungsfront, in: Helmut Konrad/Wolfgang Neugebauer (Hg.), Arbeiterbewegung – Faschismus – Nationalbewußtsein. Festschrift zum 20jährigen Bestand des Dokumentationsarchivs des österreichischen Widerstandes und zum 60. Geburtstag von Herbert Steiner, Wien u. a. 1983, 235–48

18147 Sword, Keith: The Division of Poland, September 1939, in: David W. Pike (Hg.), The Opening of the Second World War. Proceedings of the Second International Conference on International Relations, held at The American University of Paris, September 26–30, 1989, New York u. a. 1991, 109–17

18148 Szarota, Tomasz: Warschau unterm Hakenkreuz. Leben und Alltag im besetzten Warschau 1.10. 1939 bis 31.7. 1944, Paderborn 1985; 365, XX S.

18149 Szarota, Tomasz: Polen unter deutscher Besatzung 1939–1941. Vergleichende Betrachtungen, in: Bernd Wegner (Hg.), Zwei Wege nach Moskau. Vom Hitler-Stalin-Pakt zum »Unternehmen Barbarossa«, München/Zürich 1991, 40–55

18150 Teichova, Alice/Waller, Robert: Der tschechoslowakische Unternehmer am Vorabend und zu Beginn des Zweiten Weltkrieges, in: Waclaw Dlugoborski (Hg.), Zweiter Weltkrieg und sozialer Wandel, Göttingen 1981, 288–302

18151 Umbreit, Hans: Deutsche Militärverwaltungen 1938/39. Die militärische Besetzung der Tschechoslowakei und Polens, Stuttgart 1977; 296 S.

18152 Umbreit, Hans: Strukturen deutscher Besatzungspolitik in der Anfangsphase des deutsch-sowjetischen Krieges, in: Bernd Wegner (Hg.), Zwei Wege nach Moskau. Vom Hitler-Stalin-Pakt zum »Unternehmen Barbarossa«, München/Zürich 1991, 237–50

18153 Venohr, Wolfgang: Aufstand für die Tschechoslowakei. Der slowakische Freiheitskampf von 1944, Hamburg 1969; 372 S.

18154 Venohr, Wolfgang: Aufstand in der Tatra. Der Kampf um die Slowakei 1939–1944, Königstein, Ts. 1979; 435 S.

18155 Verbrechen an polnischen Kindern 1939–1945, Hg. Hauptkommission zur Untersuchung der Naziverbrechen in Polen, Warschau 1973; 239 S.

18156 Vogel, Karl: Lidice. Ein Dorf in Böhmen. Rekonstruktion eines Verbrechens. Begleitmaterial zum Schulfernsehen, Berlin 1989; 40 S.

18157 Volkmann, Hans-Erich (Hg.): Das Rußlandbild im Dritten Reich, 1. u. 2. Aufl., Köln u. a. 1994; VI, 466 S.

18158 Volkmann, Hans-Erich: Zur Ansiedlung der Deutschbalten im »Warthegau«, in: ZfO 30 (1981), 527–58

18159 Wasser, Bruno: Himmlers Raumplanung im Osten. Der Generalplan Ost in Polen 1940–1944, Basel u. a. 1993; 349 S.**

18160 Werup, Josef: Ziele und Praxis der deutschen Kriegswirtschaft in der Sowjetunion, 1941 bis 1945, dargestellt an einzelnen Industriezweigen, Diss. Bremen 1992; (VI), 225, (68) S.

18161 Wilhelm, Hans-Heinrich: Die Einsatzgruppe der Sicherheitspolizei und des SD 1941/42. Eine exemplarische Studie, in: Helmut Krausnick/Hans-Heinrich Wilhelm, Die Truppe des Weltanschauungskrieges. Die Einsatzgruppen der Sicherheitspolizei und des SD 1938–1942, Stuttgart 1981, 6 f., 281–646**

18162 Wilhelm, Hans-Heinrich: Der SD und die Kirchen in den besetzten Ostgebieten, in: MGM 29 (1981), 55–99

18163 Wróblewska, Teresa: Die Rolle und Aufgaben einer nationalsozialistischen Universität in den sogenannten östlichen Reichsgebieten am Beispiel der Reichsuniversität Posen 1941–1945, in: IZEBF 14 (1980), 225–52

18164 Zamojski, Jan E.: La Résistance en Pologne, in: Ger van Roon (Hg.), Europäischer Widerstand im Vergleich. Die Internationalen Konferenzen Amsterdam, Berlin 1985, 112–40

18165 Zorn, Gerda: Nach Osteuropa geht unser Ritt. Deutsche Eroberungspoltik zwischen Germanisierung und Völkermord, Vorwort Herbert Wehner, Berlin/Bonn 1980; 192 S.

A.3.23.3 Südosteuropa

Gedruckte Quellen

18167 Ferenc, Tone (Bearb.): Quellen zur nationalsozialistischen Entnationalisierungspolitik in Slowenien 1941–1945, Maribor 1980; 714 S.

18168 Kattnig, Franz (Hg.): Sämtlich Slowenen: Versuch einer Dokumentation aus den Akten des Volksgerichtshofes Berlin, Klagenfurt 1978; 85 S.

Darstellungen

18169 Browning, Christopher R.: Harald Turner und die Militärverwaltung in Serbien 1941–1942, in: Dieter Rebentisch/Karl Teppe (Hg.), Verwaltung contra Menschenführung im Staat Hitlers. Studien zum politisch-administrativen System, Göttingen 1986, 351–73

18170 Dedijer, Vladimir: Besatzungsherrschaft als Terror. Die deutsche Okkupation des Balkans, in: Jörg Friedrich/Jörg Wollenberg (Hg.), Licht in den Schatten der Vergangenheit. Zur Enttabuisierung der Nürnberger Kriegsverbrecherprozesse, Frankfurt/Berlin 1987, 96–104

18171 Eckert, Rainer: Vom »Fall Marita« zur »wirtschaftlichen Sonderaktion«. Die deutsche Besatzungspolitik in Griechenland vom 6. April 1941 bis zur Kriegswende im Februar/März 1943, Frankfurt u. a. 1992; 329 S.

18172 Eckert, Rainer: Die wirtschaftliche Ausplünderung Griechenlands durch seine deutschen Okkupanten vom Beginn der Besetzung im April 1941 bis zur Kriegswende im Winter 1942/43, in: JfG 36 (1988), 235–66

18173 Ferenc, Tone: Der Volksbefreiungskampf in Jugoslawien, in: Ger van Roon (Hg.), Europäischer Widerstand im Vergleich. Die Internationalen Konferenzen Amsterdam, Berlin 1985, 192–210

18174 Fleischer, Hagen: Im Kreuzschatten der Mächte. Griechenland 1941–1944. Okkupation – Résistance – Kollaboration, Frankfurt u. a. 1986; 819 S.

18175 Fleischer, Hagen: Deutsche Besatzungsherrschaft zwischen Hegemonialpolitik, Ausbeutung und Germanisierung: Das Beispiel Griechenland, in: Norbert Frei/ Hermann Kling (Hg.), Der nationalsozialistische Krieg, Mitarb. Margit Brandt, Frankfurt/New York 1990, 205–19

18176 Frasheri, X./Gjecovi, X.: Problèmes et aspects du developpement de la lutte antifasciste de libération nationale en Albanie, in: Ger van Roon (Hg.), Europäischer Widerstand im Vergleich. Die Internationalen Konferenzen Amsterdam, Berlin 1985, 364–82

18177 Gerolymatos, A.: The Greek Resistance, in: Ger van Roon (Hg.), Europäischer Widerstand im Vergleich. Die Internationalen Konferenzen Amsterdam, Berlin 1985, 211–31

18178 Hahn, Paul: Die griechische Währung und währungspolitische Maßnahmen unter der Besetzung 1941–1944, Tübingen 1957; II, 60 S. (als Manuskript gedr.)

18179 Kalbe, Ernstgert: Antifaschistischer Widerstand und volksdemokratische Revolution in Südosteuropa. Das Hinüberwachsen des Widerstandskampfes gegen den Faschismus in die Volksrevolution (1941– 1944/45). Ein revolutionsgeschichtlicher Vergleich, Berlin (O) 1974; 273 S.

18180 Karner, Stefan: Die Aussiedlung der Slowenen in der Untersteiermark. Ein Beispiel nationalsozialistischer Volkstumspolitik, in: ÖGG 22 (1978), 154–74

18181 Marjanovic, Jovan: Lutte de libération nationale en Yougoslavie et activité culturelle 1941–1945, in: Czeslaw Madayczyk (Hg.), Inter arma non silent Musae. The War and the Culture, 1939–1945, Warschau 1977, 421–42

18182 Matl, Josef: Zwischen Kollaboration und Résistance, in: Das Dritte Reich und Europa. Bericht über die Tagung des Instituts für Zeitgeschichte in Tutzing, Mai 1956, Hg. Institut für Zeitgeschichte München, München 1957, 152–63

18183 Messerschmidt, Manfred: Rassistische Motivation bei der Bekämpfung des Widerstandes in Serbien?, in: Werner Röhr u. a. (Hg.), Faschismus und Rassismus. Kontroversen um Ideologie und Opfer, Berlin 1992, 317–41

18184 Orlow, Dietrich: The Nazis in the Balkans. Case Study of Totalitarian Politics, Pittsburgh, Pa. 1968; 235 S.

18185 Petrova, Slavka: Bulgaria's Contribution to a Comparative Study, in: Ger van Roon (Hg.), Europäischer Widerstand im Vergleich. Die Internationalen Konferenzen Amsterdam, Berlin 1985, 271–85

18186 Pregnanstvo in Upor. Vertreibung und Widerstand 1942–1982, Hg. Verband ausgesiedelter Slowenen, 2. Aufl., Klagenfurt/Celovec 1982; 63 S.

18187 Ránki, György: Unternehmen Margarethe. Die deutsche Besetzung Ungarns, Budapest u. a. 1984; 442 S.

18188 Sima, Valtentin: Die Kärntner Slowenen unter nationalsozialistischer Herrschaft. Vom »Anschluß« zur Aussiedlung, in: Emmerich Tálos u. a. (Hg.), NS-Herrschaft in Österreich 1938–1945, Wien 1988, 361–80

18189 Sirc, Ljubo: Between Hitler and Tito. Nazi Occupation and Communist Oppression, London 1989; IX, 199 S.

18190 Sundhausen, Holm: Südosteuropa in der nationalsozialistischen Kriegswirtschaft am Beispiel des »Unabhängigen Staates Kroatien«, in: SOF 32 (1973), 233–66

18191 The Third Reich and Yugoslavia, 1933–1945, Hg. Institute for Contemporary History, Belgrad 1977; XIV, 799 S.

18192 Trifkovic, Srdjan: Rivalry between Germany and Italy in Croatia, 1942–1943, in: HJ 36 (1993), 879–904

18193 Veselsky, Oskar: Steirische Priesterhilfe für die »Untersteiermark« in der nationalsozialistischen Besetzung, in: GeG 4 (1985), 140–64, 175–90

18194 Vogel, Detlef: Deutschland und Südosteuropa. Von politisch-wirtschaftlicher Einflußnahme zur offenen Gewaltanwendung und Unterdrückung, in: Wolfgang Michalka (Hg.), Der Zweite Weltkrieg. Analysen, Grundzüge, Forschungsbilanz, München/Zürich 1989, 532–50

18195 Wehler, Hans-Ulrich: »Reichsfestung Belgrad«. Nationalsozialistische »Raumordnung« in Südosteuropa, in: VfZ 11 (1963), 72–84

18196 Woodhouse, C. M.: Zur Geschichte der Resistance in Griechenland, in: VfZ 6 (1958), 138–50

18197 Xylander, Maren von: Die deutsche Besatzungsherrschaft auf Kreta 1941–1945, Freiburg i.Br. 1990; 152 S.

18198 Zaharia, Gheorge: La Résistance en Roumanie, in: Ger van Roon (Hg.), Europäischer Widerstand im Vergleich. Die Internationalen Konferenzen Amsterdam, Berlin 1985, 383–99

A.3.23.4 Westeuropa

Bibliographien

18199 Michel, Henri: Bibliographie critique de la Résistance, Paris 1964; 223 S.

Gedruckte Quellen

18200 Buchheim, Lothar-Günther: Mein Paris. Eine Stadt im Krieg, München 1991; 237 S.

18201 Eichholtz, Dietrich: Das Minette-Revier und die deutsche Montanindustrie. Zur Strategie der deutschen Monopole im zweiten Weltkrieg 1941/42, in: ZfG 25 (1977), 816–38

18202 Héraclès, Philippe (Bearb.): La loi nazie en France, Vorwort/Kommentare Robert Aron, Paris 1974; 348 S.

18203 Roth, Karl H. (Bearb.): Eine höhere Form des Plünderns. Der Abschlußbericht der »Gruppe Archivwesen« der deutschen Militärverwaltung in Frankreich 1940–1944, in: 1999 4 (1989), Nr. 2, 79–112

18204 Treue, Wilhelm: Zum nationalen Kunstraub in Frankreich. Der »Bargatzky-Bericht«. (Dokumentation), in: VfZ 13 (1965), 285–337

Methodische Probleme

18205 Rich, Norman: Resistance and Collaboration: Dilemmas and Paradoxes, in: Klaus Hildebrand/Reiner Pommerin (Hg.), Deutsche Frage und europäisches Gleichgewicht. Festschrift für Andreas Hillgruber zum 60. Geburtstag, Köln/Wien 1985, 241–52

Darstellungen

18206 Amouroux, Henri: La vie des Français sous l'occupation, Paris 1979; 577 S.

Amouroux, Henri: La grande histoire des Français sous l'occupation, Paris:

18207 – Bd. 1: Le peuple du désastre, 1976; 521 S.

18208 – Bd. 2: Quarante millions de pétainistes, 1977; 549 S.

18209 – Bd. 3: Les beaux jours des collabos, 1978; 559 S.

18210 – Bd. 4: Le peuple réveillé, 1979; 548 S.

18211 – Bd. 5: Les paasions et les haines, 1981; 549 S.

18212 – Bd. 6: L'impitoyable guerre civile, 1983; 550 S.

18213 – Bd. 7: Un printemps de mort et déspoir, 1985; 571 S.

18214 – Bd. 8: Joies et douleurs du peuple libéré, 1988; 779 S.

18215 – Bd. 9: Les réglements de comptes: septembre 1944 – juin 1945, 1991; 766 S.

18216 Andel, Horst J.: Kollaboration und Résistance. »Der Fall [Klaus] Barbie«, München 1989; 208 S.

18217 Azéma, Jean-Pierre: De Munich á la libération 1938–1944. (Nouvelle Histoire de la France Contemporaine, 14), 2., durchges. u. akt. Aufl., Paris 1987; 412 S. (zuerst 1979; engl.: Cambridge u. a. 1984)

18218 Azéma, Jean-Pierre: 1940. L'année terrible, Paris 1990; 380 S.

18219 Azéma, Jean-Pierre: La collaboration 1940–1944, Paris 1975; 152 S.

18220 Azéma, Jean-Pierre/Bédarida, François (Hg.): La France des années noires, Bd. 1: De la défaite à Vichy [1939–1941], Bd. 2: De l'Occupation à la Libération [1942–1945], Paris 1993; 542, 544 S.

18221 Bargatzky, Walter: Hotel Majestic: Ein Deutscher im besetzten Frankreich, Vorwort Peter Scholl-Latour, Freiburg i.Br. 1987; 159 S.

18222 Baudot, Marcel: Caractéristiques de la Résistance des Français, in: Ger van Roon (Hg.), Europäischer Widerstand im Vergleich. Die Internationalen Konferenzen Amsterdam, Berlin 1985, 286–308

18223 Bédarida, Renée: Christlicher Widerstand gegen den Nationalsozialismus in Frankreich. Motive und Handlungsweisen, in: Wolfgang Frühwald/Heinz Hürten (Hg.), Christliches Exil und christlicher Widerstand. Ein Symposium an der katholischen Universität Eichstätt 1985, Regensburg 1987, 70–88

Béné, Charles: L'Alsace dans les griffes nazies, Raon l'Etape:

18224 – Bd. 1: Honneur et patrie, 3. Aufl., 1978; 246 S. (zuerst 1971)

18225 – Bd. 2: L'Alsace dans la résistance française, 1973; 394 S.

18226 – Bd. 3: L'Alsace dans la résistance française, 2. Aufl., 1975; 399 S.

18227 – Bd. 4: Les communistes alsaciens, la jeunesse alsacienns dans la résistance française, 1978; 366 S.

18228 – Bd. 5: Organisations policierés nazies. Prisons et camps de déportation en Alsace, 1980; 351 S.

18229 – Bd. 6: 1943: année de déportation en Alsace, 1984; 288 S.

18230 – Bd. 7: 1944–45: le tribut de pleurs et de souffrances payé par l'Alsace pour sa libération, 1988; 321 S.

18231 Bopp, Marie-Joseph: L'Alsace sous l'occupation allemande 1940–1945, 1. u. 2. Aufl., Le Puy 1945; 374 S.

18232 Brender, Reinhold: Kollaboration in Frankreich im Zweiten Weltkrieg. Marcel Déat und das Rassemblement National Populaire, München 1992; 338 S.

18233 Burrin, Philippe: Deutsche Besatzungsherrschaft zwischen Hegemonialpolitik, Ausbeutung und Germanisierung: Das Beispiel Frankreich, in: Norbert Frei/Hermann Kling (Hg.), Der nationalsozialistische Krieg, Mitarb. Margit Brandt, Frankfurt/New York 1990, 195-204

18234 Conway, Martin: Collaboration in Belgium. Leon Degrelle and the Rexist Movement, 1940-1944, New Haven, Conn. 1993; 320 S.

18235 Cruickshank, Charles: The German Occupation of the Channel Islands, London 1975; XII, 370 S.

18236 Debus, Karl H. (Hg.): Robert Schuman (1886-1963). Ein Moselländer in der Politik. Aspekte aus seinem Leben. (Katalogreihe der Landesarchivverwaltung Rheinland-Pfalz), Bearb. Marion Duvigneau, vermehrt um die pfälzischen Bezüge im Leben Robert Schumans durch Karl H. Debus, Speyer 1994; 55 S.**

18237 Delcourt, Victor: Luxemburg unter dem Hakenkreuz. Erinnerungen an die Kriegsjahre 1940-1944, 3. Aufl., Christnach 1988; 299 S.

18238 Dostert, Paul: Luxemburg zwischen Selbstbehauptung und nationaler Selbstaufgabe. Die deutsche Besatzungspolitik und die Volksdeutsche Bewegung 1940-1945, Diss. Freiburg/Luxemburg 1984/1985; 267, 309, 3 S.

18239 Durand, Yves: Vichy und der »Reichseinsatz«, in: Ulrich Herbert (Hg.), Europa und der »Reichseinsatz«. Ausländische Zivilarbeiter, Kriegsgefangene und KZ-Häftlinge in Deutschland 1938-1945, Essen 1991, 184-99

18240 Eichholtz, Dietrich: Das Minette-Revier [Luxemburg/Lothringen] und die deutsche Montanindustrie. Zur Strategie der deutschen Monopole im Zweiten Weltkrieg (1941/42), in: ZfG 25 (1977), 816-38

18241 Falla, Frank W.: The Silent War, London 1967; 223 S. [Kanalinsel Guernsey]

18242 Fletcher, William A.: The German Administration in Luxemburg, 1940-1942. Towards a »de facto« Annexation, in: HJ 13 (1970), 533-44

18243 Frankenstein, Roger: Die deutschen Arbeitskräfteaushebungen in Frankreich und die Zusammenarbeit der französischen Unternehmen mit der Besatzungsmacht, 1940-1944, in: Waclaw Dlugoborski (Hg.), Zweiter Weltkrieg und sozialer Wandel, Göttingen 1981, 211-23

18244 Fridenson, Patrick: Die Auswirkungen des Zweiten Weltkrieges auf die französische Arbeiterschaft, in: Waclaw Dlugoborski (Hg.), Zweiter Weltkrieg und sozialer Wandel, Göttingen 1981, 199-210

18245 Garcon, François: Nazi Film Propaganda in Occupied France, in: David A. Welch (Hg.), Nazi Propaganda. The Power and the Limitations, London u.a. 1983, 161-79

18246 Gordon, Bertram M.: Collaborationism in France during the Second World War, Ithaca, N.Y. 1980; 393 S.

18247 Gotovitch, José: Contribution Belge à une étude comparative, in: Ger van Roon (Hg.), Europäischer Widerstand im Vergleich. Die Internationalen Konferenzen Amsterdam, Berlin 1985, 171-91

18248 Groeneveld, Eduard G.: The Resistance in the Netherlands, in: Ger van Roon (Hg.), Europäischer Widerstand im Vergleich. Die Internationalen Konferenzen Amsterdam, Berlin 1985, 309-208

18249 Groeneveld, Eduard G.: The Muses unter Stress. Dutch Cultural Life During the German Occupation, in: Czeslaw Madayczyk (Hg.), Inter arma non silent Musae. The War and the Culture, 1939-1945, Warschau 1977, 343-66

18250 Gruchmann, Lothar: »Nacht- und Nebel-Justiz«. Die Mitwirkung deutscher Strafgerichte an der Bekämpfung des Widerstands in den besetzten westeuropäischen Ländern, in: VfZ 29 (1981), 307–96

18251 Heller, Gerhard: In einem besetzten Land. NS-Kulturpolitik in Frankreich. Erinnerungen 1940–1944, Mitarb. Jean Grand, Einleitung Hanns Grössel, 2. Aufl., Köln 1982; 255 S. (zuerst Hamburg 1981; franz.: Paris 1981 u. d. T.: Un Allemand à Paris)

18252 Hirschfeld, Gerhard: Die niederländischen Behörden und der »Reichseinsatz«, in: Ulrich Herbert (Hg.), Europa und der »Reichseinsatz«. Ausländische Zivilarbeiter, Kriegsgefangene und KZ-Häftlinge in Deutschland 1938–1945, Essen 1991, 172–83

18253 Hirschfeld, Gerhard: Nazi Propaganda in Occupied Western Europe: The Case of the Netherlands, in: David A. Welch (Hg.), Nazi Propaganda. The Power and the Limitations, London u. a. 1983, 143–60

18254 Hirschfeld, Gerhard: Collaboration and Attentism in The Netherlands, 1940–41, in: JCH 16 (1981), 467–86

18255 Hirschfeld, Gerhard/Marsh, Patrick (Hg.): Kollaboration in Frankreich. Politik und Wirtschaft und Kultur während der nationalsozialistischen Besatzung 1940–1944, Frankfurt 1991; 351 S.

18256 Hoffmann, Gabriele: NS-Propaganda in den Niederlanden. Organisation und Lenkung der Publizistik unter deutscher Besatzung 1940–1945, München/Berlin 1972; 296 S.

18257 Huddleston, Sisley: France. The Tragic Years, 1939–1947. An Eyewitness Account of War, Occupation, and Liberation, Boston, Mass. 1965; 297 S.

18258 Jäckel, Eberhard: Frankreich in Hitlers Europa. Die deutsche Frankreichpolitik im Zweiten Weltkrieg, Stuttgart 1966; 396 S.

18259 Joll, James: Theorie und Praxis der nationalsozialistischen Expansion, in: Das Dritte Reich und Europa. Bericht über die Tagung des Instituts für Zeitgeschichte in Tutzing, Mai 1956, Hg. Institut für Zeitgeschichte München, München 1957, 103–14

18260 Jong, Louis de: Hat Felix Kersten das niederländische Volk gerettet?, in: Hans-Heinrich Wilhelm/Louis de Jong, Zwei Legenden aus dem Dritten Reich. Die Prognosen der Abteilung Fremde Heere Ost 1942–1945. Felix Kersten und die Niederlande, Stuttgart 1974, 77–142

18261 Kasten, Bernd: »Gute Franzosen«. Die französische Polizei und die deutsche Besatzungsmacht im besetzten Frankreich 1940–1944, Sigmaringen 1993; 264 S.

18262 Kerman, Joachim: Das Oberlandesgericht Zweibrücken und der Aufbau einer deutschen Justizverwaltung in Lothringen (1940/41), in: Sven Paulsen (Hg.), 175 Jahre pfälzisches Oberlandesgericht. 1815 Appellationshof – Oberlandesgericht 1990, Zweibrücken 1990, 207–26

18263 Kettenacker, Lothar: Nationalsozialistische Volkstumspolitik im Elsaß, Stuttgart 1973; 388 S.

18264 Kluke, Paul: Nationalsozialistische Volkstumspolitik in Elsaß-Lothringen 1940 bis 1945, in: Wilhelm Berges/Carl Hinrichs (Hg.), Zur Geschichte und Problematik der Demokratie. Festgabe für Hans Herzfeld anläßlich seines fünfundsechzigsten Geburtstages am 22. Juni 1957, Berlin 1958, 619–36

18265 Knipping, Franz: Die deutsche Frankreichpolitik 1940–42, in: Wolfgang Michalka (Hg.), Der Zweite Weltkrieg. Analysen, Grundzüge, Forschungsbilanz, München/Zürich 1989, 697–709

Kohut, Karl (Hg.): Literatur der Résistance und Kollaboration in Frankreich, Wiesbaden:

18266 – Bd. 1: Geschichte und Wirkung (1930–1939), 1982; 146 S.

18267 – Bd. 2: Geschichte und Wirkung (1940–1950), 1982; 244 S.

18268 – Bd. 3: Texte und Interpretationen, 1984; 282 S.**

18269 Krier, Emile: Widerstand in Luxemburg, in: Ger van Roon (Hg.), Europäischer Widerstand im Vergleich. Die Internationalen Konferenzen Amsterdam, Berlin 1985, 232–48

18270 Krier, Emile: Die deutsche Volkstumspolitik in Luxemburg und ihre sozialen Folgen, in: Waclaw Dlugoborski (Hg.), Zweiter Weltkrieg und sozialer Wandel, Göttingen 1981, 224–41

18271 Kwiet, Konrad: Reichskommissariat Niederlande. Versuch und Scheitern nationalsozialistischer Neuordnung, Stuttgart 1968; 172 S.

18272 Lessmann, Peter: Industriebeziehungen zwischen Deutschland und Frankreich während der deutschen Besatzung 1940 bis 1944. Das Beispiel Peugot-Volkswagenwerk, in: Francia 17 (1990), Nr. 3, 120–53

18273 Luther, Hans: Der französische Widerstand gegen die deutsche Besatzungsmacht und seine Bekämpfung. Ein Beitrag zur Erforschung der völkerrechtlichen Praxis während des 2. Weltkrieges, Tübingen 1957; 297 S.

18274 Malinowski-Krum, Horsta: Frankreich am Kreuz. Protestanten Frankreichs unter deutscher Okkupation 1940–1944, Berlin 1993; 216 S.

18275 Le Marec, Bernard/Le Marec, Gérard: L'Alsace dans la guerre 1939–1945, Le Coteau 1989; 287 S.

18276 Meiburg, Anette/Rest, Matthias: Der Zugriff auf das wirtschaftliche Vermögen in den besetzten Niederlanden, in: Friedrich P. Kahlenberg (Hg.), Aus der Arbeit der Archive. Beiträge zum Archivwesen, zur Quellenkunde und zur Geschichte. Festschrift für Hans Booms, Boppard 1989, 585–94

18277 Menager, Yves: Aspects de la vie culturelle en France sous l'occupation allemande (1940–1944), in: Czeslaw Madayczyk (Hg.), Inter arma non silent Musae. The War and the Culture, 1939–1945, Warschau 1977, 367–420

18278 Michels, Eckard: Das Deutsche Institut in Paris 1940–1944. Ein Beitrag zu den deutsch-französischen Kulturbeziehungen und zur auswärtigen Kulturpolitik des Dritten Reiches, Stuttgart 1993; 280 S.

18279 Milward, Alan S.: The New Order and the French Economy, Oxford 1970; VIII, 320 S.

18280 Munz, Alfred: Die Auswirkung der deutschen Besetzung auf Währung und Finanzen Frankreichs, Tübingen 1957; II, 141 S.

18281 Neulen, Hans W.: Deutsche Besatzungspolitik in Westeuropa – zwischen Unterdrückung und Kollaboration, in: Karl D. Bracher u. a. (Hg.), Deutschland 1933–1945. Neue Studien zur nationalsozialistischen Herrschaft, 2., erg. Aufl., Bonn/Düsseldorf 1993, 404–25 (zuerst 1992)

Noguères, Henri: Histoire de la Rèsistance en France de 1940 à 1945, Mitarb. Marcel Degliame-Fouchet/Jean L. Vigier Vigier, Paris:

18282 – Bd. 1: La première année. Juin 1940 – juin 1941, 1967; 510 S.

18283 – Bd. 2: L'armee de l'ombre. Juillet 1941 – octobre 1942, 1969; 733 S.

18284 – Bd. 3: Et du Nord au Midi ... Novembre 1942 – septembre 1943, 1973; 717 S.

18285 – Bd. 4: Formez vos bataillons! Octobre 1943 – mai 1944, 1976; 710 S.

18286 – Bd. 5: Au grand soleil de la libération. 1er juin 1944–15 mai 1945, 1981; 923 S.

18287 Pinette, Gaspard L.: Freund oder Feind? Die Deutschen in Frankreich 1940–1944, Frankfurt u. a. 1990; IV, 196 S.

18288 Sauer, Christoph: NS-Sprachpolitik in der Besatzungssituation: am Beispiel der »Deutschen Zeitung in den Niederlanden« 1940–1945, in: Franz Januschek (Hg.), Politische Sprachwissenschaft. Zur Analyse von Sprache und kultureller Praxis, Opladen 1985, 271–306

18289 Sauer, Christoph: Nazi-Deutsch für Niederländer. Das Konzept der NS-Sprachpolitik in der Deutschen Zeitung in den Niederlanden 1940–1945, in: Konrad Ehlich (Hg.), Sprache im Faschismus, Frankfurt 1989, 237–88

18290 Sauer, Christoph: »Niederländer, blickt nach Osten!« Die »Nederlandsche Oost-Compagnie« in der NS-Sprachpolitik, in: Georg Stölzel (Hg.), Germanistik – Forschungsstand und Perspektiven. Vorträge des deutschen Germanistentages 1984, Bd. 1, Berlin/New York 1985, 278–318

18291 Sauer, Christoph: Sprachpolitik und NS-Herrschaft. Zur Sprachanalyse des Nationalsozialismus als Besatzungsmacht in den Niederlanden 1940–1945, in: SLWU 14 (1983), Nr. 51, 80–99

18292 Sauer, Christoph: Nicht drinnen und nicht draußen. NS-Sprachpolitik, die Niederlande und das »Neue Europa« im Februar/März 1941, in: DD 15 (1984), Nr. 78, 408–32

18293 Sauer, Christoph: Stil, NS-Propaganda und Besatzungspresse. Die Rubrik »Spiegel der Woche« in der »Deutschen Zeitung in den Niederlanden«, in: Muttersprache 97 (1987), 79–108

18294 Schärer, Martin R.: Deutsche Annexionspolitik im Westen. Die Wiedereingliederung Eupen-Malmedys im zweiten Weltkrieg, 2., verb., um eine Einleitung u. ein Register verm. Aufl., Bern u.a. 1978; 378, (18) S. (zuerst Frankfurt 1975)

18295 Schroeder, Werner: »Dienstreise nach Holland 1940«. Beschlagnahme und Verbleib der Verlagsarchive von Allert de Lange und Querido, Amsterdam, in: Buchhandelsgeschichte (1993), B 129–41

18296 Sergg, Henry: Paris-Gestapo. Lafont, Bony et les autres..., Paris 1989; 263 S.

18297 Seth, Ronald: For My Name's Sake. A Brief Account of the Struggle of the Roman Catholic Church against the Nazis in Western Europe and against Communist Persecution in Eastern Europe, London 1958; 246 S.

18298 Seth, Ronald: The Undauted. The Story of Resistance in Western Europe, London 1956; 328 S.

18299 Simon, Matila: The Battle of the Louvre. The Struggle to Save French Art in World War II, New York 1971; 9, 214 S.

18300 Sinel, Leslie P. (Bearb.): The German Occupation of Jersey. A Diary of Events from June 1940 to June 1945, London 1969; 318 S.

18301 Stull, André: Mit 19 will man noch nicht sterben. Das Verbrechen des Nazi-Regimes an der Luxemburger Jugend, Christnach 1991; 170 S.

18302 Stürmel, Marcel: Das Elsaß und die deutsche Widerstandsbewegung aus der Sicht eines ehemaligen Abgeordneten der Elsässischen Volkspartei, in: Hansmartin Schwarzmaier (Hg.), Landesgeschichte und Zeitgeschichte: Kriegsende und demokratischer Neubeginn am Oberrhein, Karlsruhe 1980, 59–128

18303 Sweets, John F.: Choices in Vichy France. The French under Nazi Occupation, Oxford 1986; X, 306 S.

18304 Traiser, Walther: Listen verbotener Literatur in Frankreich während des Zweiten Weltkriegs, in: Günther Pflug u.a. (Hg.), Bibliothek – Buch – Geschichte. Kurt Köster zum 65. Geburtstag, Frankfurt 1977, 559–68

18305 Umbreit, Hans: Der Militärbefehlshaber in Frankreich 1940–1944, Boppard 1968; XIII, 360 S.

18306 Volkmann, Hans-Erich: Autarkie, Großraumwirtschaft und Aggression. Zur ökonomischen Motivation der Besetzung Luxemburgs, Belgiens und der Niederlande 1940, in: MGM 14 (1976), 51–76; leicht veränd. abgedr. in: Manfred Messerschmidt u.a. (Hg.), Militärgeschichte. Probleme – Thesen – Wege, hg. i.A. des Militärgeschichtlichen Forschungsamtes aus Anlaß seines 25jährigen Bestehens, Stuttgart 1982, 327–54

18307 Wagner, Wilfried: Belgien in der deutschen Politik während des Zweiten Weltkrieges, Boppard 1974; 318 S.

18308 Walter, Gérard: La vie à Paris sous l'occupation, 1940–1944, 2., rev. u. verb. Aufl., Paris 1960; 254 S. (zuerst 1960)

18309 Warmbrunn, Werner: The Dutch under German Occupation, 1940–1945, Stanford, Ca./London 1963; XIII, 338 S.

18310 Warmbrunn, Werner: The German Occupation of Belgium, 1940–1944, New York u.a. 1993; XV, 366 S.

18311 Weber, Paul: Geschichte Luxemburgs im Zweiten Weltkrieg, 2., erw. Aufl., Luxemburg 1948; 156 S. (zuerst 1947)

18312 Weber, Wolfram: Die innere Sicherheit im besetzten Belgien und Nordfrankreich 1940–1944. Ein Beitrag zur Geschichte der Besatzungsverwaltungen, Düsseldorf 1978; 200 S.

18313 Winkel, Harald: Die »Ausbeutung« des besetzten Frankreich, in: Friedrich Forstmeier/Hans-Erich Volkmann (Hg.), Kriegswirtschaft und Rüstung 1939–1945, Düsseldorf 1977, 333–74

18314 Wolfanger, Dieter: Die nationalsozialistische Politik in Lothringen (1940–1945), Diss. Saarbrücken 1988; 283 S. (franz: Sarreguemines 1982 u.d.T.: Nazification de la Lorraine mosellane)

18315 Das Wort als Waffe/Het woord als wapen. Die illegale Presse in den Niederlanden 1940–1945. Dokumentation einer Ausstellung, Bearb. Hans-Dieter Horn, Aachen 1984; 104 S. (zugleich Köln)**

A.3.23.5 Italien

18316 Bergwitz, Hubertus: Die Partisanenrepublik Ossola. Vom 10. September bis zum 23. Oktober 1944, Vorwort Edgar Rosen, Hannover 1972; 165 S.

18317 Francovich, Carlo: La Résistance Italienne, in: Ger van Roon (Hg.), Europäischer Widerstand im Vergleich. Die Internationalen Konferenzen Amsterdam, Berlin 1985, 43–56

18318 Klinkhammer, Lutz: Zwischen Bündnis und Besatzung. Das nationalsozialistische Deutschland und die Republik von Salò 1943–1945, Tübingen 1993; X, 615 S.

18319 Monteleone, Renato: Sozialer Wandel in Italien zwischen Krieg und Widerstand, in: Waclaw Dlugoborski (Hg.), Zweiter Weltkrieg und sozialer Wandel, Göttingen 1981, 242–47

18320 Puzzo, Dante: The Partisans and the War in Italy, New York u.a. 1992; 101 S.

18321 Ramati, Alexander: While the Pope Kept Silent. Assisi and the Nazi Occupation. As Told by Padre Rufino Niccacci, London 1978; 181 S.

A.3.23.6 Nordeuropa

Literaturberichte

18322 Bohn, Robert: Hitler und Quisling, in: HPB 39 (1991), 369–72

18323 Holm, Helene: Besetzung und Widerstand in Dänemark und Norwegen, in: JBBfZ 56 (1984), 339–98

Darstellungen

18324 Bohn, Robert: Die Errichtung des Reichskommissariats Norwegen, in: Robert Bohn u.a. (Hg.), Neutralität und totalitäre Aggression. Nordeuropa und die Großmächte im Zweiten Weltkrieg, Stuttgart 1991, 129–47

18325 Dahl, Hans F.: The Question of Quisling. Aspects of the German Occupation Regime in Norway, in: Robert Bohn u.a. (Hg.), Neutralität und totalitäre Aggression. Nordeuropa und die Großmächte im Zweiten Weltkrieg, Stuttgart 1991, 195–204

18326 Deutschland und der Norden 1933–1945. 1. deutsch-nordische Historikertagung, Braunschweig, 22.–25. April 1960, in: IJG 8 (1961/62), 196–279

18327 Eckert, Rüdiger: Die politische Struktur der dänischen Widerstandsbewegung. Eine Untersuchung über die Bedeutung der illegalen Presse und einiger repräsentativer Vertreter der Widerstandsgruppen, Hamburg 1969; VIII, 345 S.

18328 Eichholtz, Dietrich: Die Norwegen-Denkschrift des IG-Farben-Konzerns von 1941, in: BAZW (1974), Nr. 1/2, 4–66

18329 Gvesvik, Tore: Norwegian Resistance, 1940–1945, London 1979; X, 224 S.

18330 Haestrup, Jorgen: Secret Alliance. A Study of the Danish Resistance Movement, 1940–45, 3 Bde., Odense 1976–1977; 323, 395, 430 S. (dän.: Kopenhagen 1959)

18331 Halvorsen, Terje: Zwischen London und Berlin: Widerstand und Kollaboration in Norwegen 1940–1945, in: Robert Bohn u.a. (Hg.), Neutralität und totalitäre Aggression. Nordeuropa und die Großmächte im Zweiten Weltkrieg, Stuttgart 1991, 337–53

18332 Jakubowski-Tiessen, Manfred: Kulturpolitik im besetzten Land. Das Deutsche Wissenschaftliche Institut in Kopenhagen 1941 bis 1945, in: ZfG 42 (1994), 129–38

18333 Kirchhoff, Hans: The Danish Resistance, in: Ger van Roon (Hg.), Europäischer Widerstand im Vergleich. Die Internationalen Konferenzen Amsterdam, Berlin 1985, 249–70

18334 Lang, Arnim: Wehrmachtsbefehlshaber und Machtstruktur der deutschen Okkupationsherrschaft in Norwegen, in: Robert Bohn u.a. (Hg.), Neutralität und totalitäre Aggression. Nordeuropa und die Großmächte im Zweiten Weltkrieg, Stuttgart 1991, 169–93

18335 Lang, Arnim: Die Besetzung Norwegens in deutscher und norwegischer Sicht. Eine Typologie des Umgangs mit Invasion und Okkupation, in: Wolfgang Michalka (Hg.), Der Zweite Weltkrieg. Analysen, Grundzüge, Forschungsbilanz, München/Zürich 1989, 138–54

18336 Loock, Hans-Dietrich: Quisling, Rosenberg und Terboven. Zur Vorgeschichte und Geschichte der nationalsozialistischen Revolution in Norwegen, Stuttgart 1970; 587 S.

18337 Matlok, Siegfried (Hg.): Dänemark in Hitlers Hand. Der Bericht des Reichsbevollmächtigten Werner Best über seine Besatzungspolitik in Dänemark mit Studien über Hitler, Göring, Himmler, Heydrich, Ribbentrop, Canaris u.a., Husum 1988; 320 S.

18338 Meissner, Gustav: Dänemark unterm Hakenkreuz. Die Nord-Invasion und die Besetzung Dänemarks 1940–1945, Berlin/Frankfurt 1990; 408 S.

18339 Melchior, Marcus: Darkness over Denmark, 2. Aufl., London 1973; 192 S. (zuerst 1968)

18340 Milward, Alan S.: The Fascist Economy in Norway, New York 1972; 317 S.

18341 Mispelkamp, Peter K. H.: The Kriegsmarine, Quisling and Terboven. An Inquiry into the Boehm-Terboven Affair, Diss. Montreal 1985; X, 198 S. (Ms. vervielf.)

18342 Ossendorf, Ingo: »Den Krieg kennen wir nur aus der Zeitung.« Zwischen Kollaboration und Widerstand – Dänemark im Zweiten Weltkrieg. Studie zum fünfzigsten Jahrestag der Aktion »Weserübung«, dem 9. April 1990, Frankfurt u.a. 1990; 153 S.

18343 Ossendorf, Ingo: Der geistige Kampf fand im Verborgenen statt. Zur Arbeit der illegalen Presse im besetzten Dänemark, in: Publizistik 35 (1990), 205–8

18344 Paulsen, Helge: Reichskommissar vs. Wehrmachtsbefehlshaber [in Norwegen], in: Robert Bohn u. a. (Hg.), Neutralität und totalitäre Aggression. Nordeuropa und die Großmächte im Zweiten Weltkrieg, Stuttgart 1991, 149–68

18345 Petrick, Fritz: Der »Leichtmetallausbau Norwegen« 1940–1945. Eine Studie zur deutschen Expansions- und Okkupationspolitik in Nordeuropa, Frankfurt u. a. 1992; 224 S.

18346 Petrick, Fritz: Der 9. April 1940 und die »Neuordnung« Nordeuropas, in: Robert Bohn (Hg.), Deutschland, Europa und der Norden. Ausgewählte Probleme der nordeuropäischen Geschichteim 19. und 20. Jahrhundert, Stuttgart 1993

18347 Petrick, Fritz: Das Okkupationsregime des faschistischen deutschen Imperialismus in Norwegen 1940 bis 1945, in: ZfG 31 (1983), 397–413

18348 Petrick, Fritz: Das deutsche Okkupationsregime in Dänemark 1940 bis 1945, in: ZfG 39 (1991), 755–74

18349 Petrow, Richard: The Bitter Years. The Invasion and Occupation of Denmark and Norway, April 1940 – May 1945, London 1974; 403 S.

18350 Poulsen, Henning: Die Deutsche Besatzungspolitik in Dänemark, in: Robert Bohn u. a. (Hg.), Neutralität und totalitäre Aggression. Nordeuropa und die Großmächte im Zweiten Weltkrieg, Stuttgart 1991, 369–80

18351 Schmitt, Peter F.: Widerstand zwischen den Zeilen? Faschistische Okkupation und Presselenkung in Norwegen 1940–1945, Köln 1984; 286 S.

18352 Schumann, Wolfgang: Das Scheitern einer Zoll- und Währungsunion zwischen dem faschistischen Deutschland und Dänemark im Jahre 1940, in: JfG 9 (1973), 515–66

18353 Schwarz, Rolf/Jenner, Harald: Vor 50 Jahren . . . Norwegen. Besetzung, Verfolgung, Widerstand, Haft, Gefangene in Schleswig-Holstein. Katalog zur Ausstellung in Rendsburg, April 1990, Hg. Stadt Rendsburg, Rendsburg 1990; 94 S.

18354 Skodvin, Magne: Norwegian Resistance, in: Ger van Roon (Hg.), Europäischer Widerstand im Vergleich. Die Internationalen Konferenzen Amsterdam, Berlin 1985, 321–33

18355 Skodvin, Magne: Deutsche Besatzungsherrschaft zwischen Hegemonialpolitik, Ausbeutung und Germanisierung: Das Beispiel Norwegen, in: Norbert Frei/Hermann Kling (Hg.), Der nationalsozialistische Krieg, Mitarb. Margit Brandt, Frankfurt/New York 1990, 188–94

18356 Thomas, John O.: The Giant Killers. The Story of the Danish Resistance Movement, 1940–1945, London 1975; 320 S.

18357 Thomsen, Erich: Deutsche Besatzungspolitik in Dänemark 1940–1945, Düsseldorf 1971; 277 S.

18358 Trommer, Aage: Kollaboration und Widerstand in Dänemark, in: Robert Bohn u. a. (Hg.), Neutralität und totalitäre Aggression. Nordeuropa und die Großmächte im Zweiten Weltkrieg, Stuttgart 1991, 381–97

18359 Trommer, Aage: Sabotage und Streiks im besetzten Dänemark. Ihre wirtschaftliche, politische und soziale Bedeutung, in: Waclaw Dlugoborski (Hg.), Zweiter Weltkrieg und sozialer Wandel, Göttingen 1981, 248–75

18360 Winkel, Harald: Die wirtschaftlichen Beziehungen Deutschlands zu Dänemark in den Jahren der Besetzung 1940–1945, in: Friedrich-Wilhelm Henning (Hg.), Probleme der nationalsozialistischen Wirtschaftspolitik, Berlin 1976, 119–74

Teil B

Deutschland und die NS-Vergangenheit

B.1 Die »Bewältigung« der nationalsozialistischen Vergangenheit

B.1.1 Allgemeines

Literaturberichte

18361 Hoffmann, Christa/Jesse, Eckhard: Vergangenheitsbewältigung – ein sensibles Thema. Über Geschichtsbewußtsein und justizielle Aufarbeitung, in: NPL 32 (1987), 451–65

18362 Keim, Wolfgang: Bundesdeutsche Erziehungswissenschaft und Nationalsozialismus. Eine kritische Bestandsaufnahme, in: Wolfgang Keim (Hg.), Pädagogen und Pädagogik im Nationalsozialismus. Ein unerledigtes Problem der Erziehungswissenschaft, 3. Aufl., Frankfurt u. a. 1991, 15–34 (zuerst 1991)

18363 Wittstadt, Klaus: Zwischen Vergangenheitsbewältigung und interdisziplinären Neuansätzen – neuere Forschungen zur kirchlichen Zeitgeschichte, in: NPL 34 (1991), 185–215

Gedruckte Quellen

18364 Niethammer, Lutz (Hg.): Der »gesäuberte« Antifaschismus. Die SED und die roten Kapos von Buchenwald. Dokumente, Mitarb. Karin Hartewig u. a., Berlin 1994; 566 S.

Darstellungen

18365 Adler, Meinhard: Vergangenheitsbewältigung in Deutschland. Eine kulturpsychiatrische Studie über die »Faschismusverarbeitung«, gesehen aus dem Blickwinkel der Zwei Kulturen, Frankfurt u. a. 1990; X, 312 S.

18366 Adorno, Theodor W.: Was bedeutet: Aufarbeitung der Vergangenheit, in: Theodor W. Adorno, Eingriffe, Frankfurt 1963, 125–46

18367 Amery, Jean: Jenseits von Schuld und Sühne. Bewältigungsversuche eines Überwältigten, 4. Aufl., München 1988; 128 S. (zuerst München 1966)

18368 Asbrock, Bernd: Die Justiz und ihre NS-Vergangenheit, in: Hans-Ernst Böttcher (Hg.), Recht – Justiz – Kritik. Festschrift für Richard Schmid zum 85. Geburtstag, Baden-Baden 1985, 97–105

18369 Azzola, Axel: Das Grundgesetz oder: die unvollständige Abarbeitung deutscher Vergangenheit, in: Andreas Nachama/Julius H. Schoeps (Hg.), Aufbau nach dem Untergang. Deutsch-jüdische Geschichte nach 1945. In memoriam Heinz Galinski, Berlin 1992, 174–86

18370 Bar-On, Dan: Die Last des Schweigens. Gespräche mit Kindern von Nazi-Tätern, Hg. Christoph J. Schmidt, Frankfurt/New York 1993; 304 S. (amerikan.: Cambridge, Mass. 1989)

18371 Bartel, Walter: Die Vergangenheit muß bewältigt werden, um die Zukunft der deutschen Nation zu sichern, in: Willi Göber/Friedrich Herneck (Hg.), Forschen und Wirken. Festschrift zur 150-Jahr-Feier der Humboldt-Universität zu Berlin 1810–1960, Bd. 3: Forschungsbeiträge aus den Gebieten der gesellschaftswissenschaftlichen Fakultäten, Bearb. Hans Lange, hg. i. A. von Rektor und Senat, Berlin (O) 1960, 151–66

18372 Bauer, Fritz: Die »Ungesühnte Nazijustiz«, in: NG 7 (1960), 179–91**

18373 Bauer, Yehuda u. a. (Hg.): Remembering for the Future. Working Papers and Addenda. Papers and Adresses Delivered at a Conference Held in Oxford, July 10–13, 1988, and a Public Meeting in London, July 15, 1988, Bd. 1: Jews and Christians during and after the Holocaust, Bd. 2: The Impact of the Holocaust on the Contemporary World, Bd. 3: The Impact of the Holocaust and Genocide on Jews and Christians, Frankfurt 1989; XXV, XII, IX, 3202 S.

18374 Baumgartner, Alois: Aufarbeitung der Vergangenheit. Sozialethische Zugänge zum Problem fortwirkender Schuld, in: Norbert Glantzel/Eugen Klientdienst (Hg.), Die personale Struktur des gesellschaftlichen Lebens. Festschrift für Anton Rauscher, Berlin 1993, 569–83

18375 Bauriedl, Thea: Die Wiederkehr des Verdrängten und die Veränderung gegenwärtiger Beziehungen. Vergangenheitsbewältigung in Psychotherapie und Politik, in: Psychosozial 11 (1988/89), Nr. 36, 2329

18376 Becker, Hans J./Becker, Sophiette: Die Wiedervereinigung der Schuld, in: Psychosozial 14 (1991), Nr. 45, 64–75; abgedr. in: FR, Jg. 46, Nr. 262, 9.11.1990, 8

18378 Benser, Günter: Antifaschismus 1945–1949. Triebkraft oder Aushängeschild?, in: 30. Januar 1933 – Kontinuitäten und Brüche. Wissenschaftliche Konferenz des »Helle Panke« e. V., des antifa Bund der Antifaschisten, des Gesellschaftswissenschaftlichen Forums e. V. und der Redaktion des »Neuen Deutschland« am 23./24. Januar 1993, Hg. Helle Panke zur Förderung von Politik, Bildung und Kultur, Bd. 1, Berlin 1993, 34–53

18379 Benz, Ute: Facetten der Erinnerungsarbeit. Die Suche der Kinder nach dem Leben der Väter, in: JfA 1 (1992), 296–306

18380 Benz, Wolfgang: Etappen bundesdeutscher Geschichte am Leitfaden unerledigter deutscher Vergangenheit, in: Brigitte Rauschenbach (Hg.), Erinnern, Wiederholen, Durcharbeiten. Zur Psycho-Analyse deutscher Wenden, Berlin 1992, 119–31

18381 Benz, Wolfgang: Zur Frage der Demokratiebereitschaft des deutschen Bürgertums nach dem Ende der NS-Herrschaft, in: Wolfgang Benz (Hg.), Miscellanea. Festschrift für Helmut Krausnick zum 75. Geburtstag, Mitarb. Ino Arndt, Stuttgart 1980, 149–68

18382 Benz, Wolfgang: Nachkriegsgesellschaft und Nationalsozialismus. Erinnerung, Amnesie, Abwehr, in: DH 6 (1990), Nr. 6, 12–24; zuerst engl. in: Tel Aviver Jb. bür deutsche Geschichte 19 (1990), 1–12

18383 Bernardoni, Claudia: Ohne Schuld und Sühne? Der moralische Diskurs über die feministische Auseinandersetzung mit dem Nationalsozialismus, in: Lerke Gravenhorst/Carmen Tatschmurat (Hg.), Töchter-Fragen: NS-Frauen-Geschichte, Freiburg i.Br. 1990, 127–34

18384 Besier, Gerhard/Sauter, Gerhard: Wie Christen ihre Schuld bekennen. Die Stuttgarter Erklärung 1945, Göttingen 1985; 151 S.

18385 Blankenagel, Alexander: Verfassungsrechtliche Vergangenheitsbewältigung, in: ZNRG 13 (1991), 67–82

18386 Bohleber, Werner u.a.: Der Umgang mit der nationalsozialistischen Vergangenheit in der Beratungsarbeit. Probleme der zweiten und dritten Generation, in: Renate Cogoy u.a. (Hg.), Erinnerung einer Profession. Erziehungsberatung, Jugendhilfe und Nationalsozialismus, Münster 1989, 250–58

18387 Bohleber, Werner: Das Fortwirken des Nationalsozialismus in der zweiten und dritten Generation nach Auschwitz, in: Babylon 5 (1990), Nr. 7, 70–83

18388 Borries, Bodo von: Erinnerung, Beschwörung, Verdrängung. Zum Umgang mit dem 30.1.1933 seit dem 8.5.1945, in:

1933 in Gesellschaft und Wissenschaft. Ringvorlesung im Wintersemester 1982/83 und Sommersemester 1983, Bd. 1: Gesellschaft, Hg. Universität Hamburg, Pressestelle, Hamburg 1983, 7–36

18389 Bosmajian, Hamida: Metaphors of Evil. Contemporary German Literature and the Shadow of Nazism, Iowa City 1979; XVI, 247 S.

18390 Bracher, Karl D.: Die doppelte Herausforderung der Nachkriegszeit, in: Karl D. Bracher u. a. (Hg.), Staat und Parteien. Festschrift für Rudolf Morsey zum 65. Geburtstag, Berlin 1992, 747–70; abgedr. in: Karl D. Bracher, Wendezeiten der Geschichte. Historisch-politische Essays 1987–1992, Stuttgart 1992, 231–56

18391 Brochhagen, Ulrich: Nach Nürnberg: Vergangenheitsbewältigung und Westintegration in der Ära Adenauer, Hg. Hamburger Institut für Sozialforschung, Hamburg 1994; 472 S.

18392 Broszat, Martin: Literatur und NS-Vergangenheit (1983), in: Hermann Graml/Klaus-Dietmar Henke (Hg.), Nach Hitler. Der schwierige Umgang mit unserer Geschichte. Beiträge von Martin Broszat, 2. Aufl., München 1987, 121–30 (zuerst 1986; TB München 1990)

18393 Broszat, Martin: Juristische und zeitgeschichtliche Bewältigung der Vergangenheit (1976), in: Hermann Graml/Klaus-Dietmar Henke (Hg.), Nach Hitler. Der schwierige Umgang mit unserer Geschichte. Beiträge von Martin Broszat, 2. Aufl., München 1987, 42–49 (zuerst 1986; TB München 1990)

18394 Bruck, Andreas: Vergangenheitsbewältigung?! Kritische Anmerkungen zur Aufarbeitung der nationalsozialistischen Vergangenheit in der Volkskunde, in: ZfV 86 (1990), 177–202

18395 Brumlik, Micha: Trauerrituale und politische Kultur nach der Shoah in der Bundesrepublik, in: Hanno Loewy (Hg.), Holocaust: Die Grenzen des Verstehens. Eine Debatte über die Besetzung der Geschichte, Reinbek 1992, 191–212

18396 Buchheim, Hans: Zur öffentlichen Auseinandersetzung mit unserer nationalsozialistischen Vergangenheit, in: Wolfgang Benz u. a. (Hg.), Der Nationalsozialismus. Studien zur Ideologie und Herrschaft. Hermann Graml zum 65. Geburtstag, Frankfurt 1993, 209–24, 265 f.

18397 Buchheim, Hans: Politische Kriterien der Schuld an der NS-Herrschaft und deren Verbrechen, in: Hans Maier u. a., Politik, Philosophie, Praxis. Festschrift für Wilhelm Hennis, Stuttgart 1988, 513–25; abgedr. in: Hans Buchheim, Beiträge zur Ontologie der Politik, München 1993, 147–60

18398 Buchstein, Hubertus/Göhler, Gerhard: In der Kontinunität einer »braunen« Politikwissenschaft? – Empirische Befunde und Forschungsdesiderate, in: PVS 27 (1986), 330–40

18399 Bücker, Vera: Die Schulddiskussion im deutschen Katholizismus nach 1945, Bochum 1989; IV, 496 S.

18400 Bude, Heinz: Bilanz der Nachfolge. Die Bundesrepublik und der Nationalsozialismus, Frankfurt 1992; 121 S.

18401 Bülow, Katharina von: Deutschland zwischen Vater und Sohn, Düsseldorf/Bensheim 1991; 189 S. (franz.: Paris 1988)

18402 Buruma, Ian: Erbschaft der Schuld. Vergangenheitsbewältigung in Deutschland und Japan, München 1994; 408 S. (amerikan.: New York 1994 u. d. T.: The Wages of Guilt)

18403 Cobet, Christoph (Hg.): Einführung in Fragen an die Soziologie in Deutschland nach Hitler 1945–1950, Frankfurt 1988; 147 S.

18404 Danyel, Jürgen: Vom schwierigen Umgang mit der Schuld. Die Deutschen in der DDR und der Nationalsozialismus, in: ZfG 40 (1992), 915–28

1115

18405 Demokratie-Verankerung in der Bundesrepublik Deutschland. Eine empirische Untersuchung zum 30jährigen Bestehen der Bundesrepublik, Hg. Institut für Demoskopie Allensbach, Allensbach 1979; (4), 109, (38) S.

18406 Dick, Lutz van: Der aufrechte Gang. Die Lektion des Faschismus für Pädagogik und Erziehungswissenschaft, in: Friedhelm Zubke (Hg.), Politische Pädagogik. Beiträge zur Humanisierung der Gesellschaft. (Hans-Jochen Gamm zum 65. Geburtstag), Weinheim 1990, 199–207

18407 Dierking, Wolfgang/Wirth, Hans-Jürgen (Hg.): Die Vergangenheit ist gegenwärtig. Zur Auseinandersetzung mit dem Nationalsozialismus. (psychosozial, Jg. 11/1988/89, Nr. 36), München 1989; 125 S.*

18408 Diestelkamp, Bernhard: Die Justiz nach 1945 und ihr Umgang mit der eigenen Vergangenheit, in: RJ 5 (1986), 155–74; abgedr. in: Bernhard Diestelkamp/Michael Stolleis (Hg.), Justizalltag im Dritten Reich, Frankfurt 1988, 131–49

18409 Diestelkamp, Bernhard/Jung, Susanne: Die Justiz in den Westzonen und der frühen Bundesrepublik, in: APUZ, Nr. B 13–14/89, 24. 3. 1989, 19–29

18410 Diner, Dan: Zur Ideologie des Antifaschismus, in: Bernhard Moltmann u. a. (Hg.), Erinnerung. Zur Gegenwart des Holocaust in Deutschland-West und Deutschland-Ost, Frankfurt 1993, 21–29

18411 Doerry, Thomas: Antifaschismus in der Bundesrepublik. Vom antifaschistischen Konsens 1945 bis zur Gegenwart, Frankfurt 1980; 62 S.

18412 Dow, James R./Lixfeld, Hannjost: National Socialistic Folklore and Overcoming the Past in the Federal Republic of Germany, in: AFoSt 50 (1991), 117–53; u. d. T. »Overcoming the Past of National Socialistic Folklore« abgedr. in: James R. Dow/Hannjost Lixfeld (Hg.), The Nazification of an Academic Discipline. Folkore in the Third Reich, Bloomington, Ind./Indianapolis 1994, 264–96

18413 Dubiel, Helmut: Deutsche Vergangenheiten, in: Krzysztof Michalski/Jacques Rupnik (Hg.), Rückkehr der Geschichte. (Transit, 2), Frankfurt 1991, 169–79

18414 Dudek, Peter: »Vergangenheitsbewältigung«. Zur Problematik eines umstrittenen Begriffs, in: APUZ, Nr. B 1–2/92, 3. 1. 1992, 44–53

18415 Dudek, Peter: Die Auseinandersetzung mit dem Nationalsozialismus und Rechtsextremismus nach 1945, in: Wolfgang Kowalsky/Wolfgang Schroeder (Hg.), Rechtsextremismus. Einführung und Forschungsbilanz, Opladen 1994, 277–301

18416 Eberan, Barbro: Luther? Friedrich »der Große«? Wagner? Nietzsche? ...? Wer war an Hitler schuld? Die Debatte um die Schuldfrage 1945–1949, 2., erw. Aufl., München 1985; 289 S. (zuerst 1983)

18417 Eckstaedt, Anita: Nationalsozialismus in der »zweiten Generation«. Psychoanalysen von Hörigkeitsverhältnissen, Frankfurt 1989; 516 S.

18418 Elm, Ludwig: Nach Hitler. Nach Honecker. Zum Streit der Deutschen um die eigene Vergangenheit, Berlin 1992; 208 S.

18419 Elm, Theo: Literatur als Kulturfunktion. »Vergangenheitsbewältigung« im westdeutschen Nachkriegsroman, in: Stein U. Larsen/Beatrice Sandberg (Hg.), Fascism and European Literature/Faschismus und europäische Literatur, Bern u. a. 1991, 65–80

18420 Emrich, Pascal: Antifaschismus und Bekenntnis zum Frieden als Programm, in: Ludger Kühnhardt u. a. (Hg.), Die doppelte deutsche Diktaturerfahrung. Drittes Reich und DDR – ein historisch-politikwissenschaftlicher Vergleich, Frankfurt u. a. 1994, 223–39

18421 Etzel, Matthias: Die Aufhebung von nationalsozialistischen Gesetzen durch den alliierten Kontrollrat (1945–1948), Tübingen 1992, XVIII, 246

18422 Fetscher, Sebastian: Der Dünkel der Betroffenheit. Die moralische Stellung der Nachgeborenen zum Dritten Reich, in: Psychosozial 11 (1988/89), Nr. 36, 7–22

18423 Finkielkraut, Alain: Die vergebliche Erinnerung. Vom Verbrechen gegen die Menschheit, Berlin 1989; 115 S. (zuerst franz.: Paris 1989 u. d. T.: La mémoire vaine)

18424 Foschepoth, Josef: Im Schatten der Vergangenheit. Die Anfänge der Gesellschaften für Christlich-Jüdische Zusammenarbeit, Vorwort Werner Jochmann, Göttingen 1993; 250 S.

18425 Friedländer, Saul: Kitsch und Tod. Der Widerschein des Nazismus, München 1984; 118 S.

18426 Friedländer, Saul: Bewältigung oder nur Verdrängung? Deutsche Auseinandersetzung mit der Vergangenheit, in: Julius H. Schoeps/Horst Hillermann (Hg.), Justiz und Nationalsozialismus. Bewältigt – verdrängt – vergessen, Stuttgart/Bonn 1987, 14–31

18427 Friedländer, Saul: Die Last der Vergangenheit, in: Wolfgang Wippermann, Der konsequente Wahn. Ideologie und Politik Adolf Hitlers, Gütersloh/München 1989, 242–59

18428 Fritze, Lothar: Sinn und Unsinn der »Vergangenheitsbewältigung«, in: E&D 6 (1994), 88–111

18429 Ginzel, Günther B. (Hg.): Auschwitz als Herausforderung für Juden und Christen, 2. Aufl., Gerlingen 1993; 670 S. (zuerst Heidelberg 1980)

18430 Giordano, Ralph: Die zweite Schuld oder Von der Last, Deutscher zu sein, 2. Aufl., München 1990; 365 S. (zuerst Hamburg 1987)

18431 Giordano, Ralph (Hg.): »Wie kann diese Generation eigentlich noch atmen?« Briefe zu dem Buch Die zweite Schuld oder Von der Last, Deutscher zu sein, Hamburg 1990; 184 S. (TB Hamburg 1992)

18432 Glasbrenner, Walter: Die Folgen der nationalsozialistischen Gewaltherrschaft, in: Post und Postler im Nationalsozialismus – Verfolgung und Widerstand, Hg. Deutsche Postgewerkschaft, Hauptvorstand, Frankfurt 1986, 141–67

18433 Glaser, Hermann: Totschweigen, entlasten, umschulden – Bewältigung der Vergangenheit im Nachfolgestaat, in: Jörg Friedrich/Jörg Wollenberg (Hg.), Licht in den Schatten der Vergangenheit. Zur Enttabuisierung der Nürnberger Kriegsverbrecherprozesse, Frankfurt/Berlin 1987, 43–54

18434 Gottschalch, Wilfried: Über die Verschiebung des Antifaschismus zum Antikommunismus, in: Johannes Beck u. a. (Hg.), Terror und Hoffnung in Deutschland 1933–1945. Leben im Faschismus, Reinbek 1980, 476–82

18435 Graml, Hermann: Die verdrängte Auseinandersetzung mit dem Nationalsozialismus, in: Martin Broszat (Hg.), Zäsuren nach 1945. Essays zur Periodisierung der deutschen Nachkriegsgeschichte, München 1990, 169–83

18436 Grasskamp, Walter: The De-Nazification of Nazi Art: Arno Breker and Albert Speer Today, in: Brandon Taylor/Wilfried van der Will (Hg.), The Nazification of Art. Art, Design, Music, Architecture, and Film in the Third Reich, Winchester, Hampsh. 1990, 231–48, 263 f.

18437 Gravenhorst, Lerke: Wie eigen ist die eigene Geschichte? Zum Zusammenhang von NS-Auseinandersetzung und Geschlechtszugehörigkeit bei NS-Nachgeborenen, in: Brigitte Rauschenbach (Hg.), Erinnern, Wiederholen, Durcharbeiten. Zur Psycho-Analyse deutscher Wenden, Berlin 1992, 139–47

18438 Gravenhorst, Lerke: Nehmen wir Nationalsozialismus und Auschwitz ausreichend als unser negatives Eigentum in Anspruch? Zu Problemen im feministisch-sozialwissenschaftlichen Diskurs in der Bundesrepublik Deutschland, in: Lerke Gravenhorst/Carmen Tatschmurat (Hg.), TöchterFragen: NS-Frauen-Geschichte, Freiburg i.Br. 1990, 17–39

18439 Greiffenhagen, Martin: Traditionsbestände des Nationalsozialismus in der deutschen politischen Kultur der Gegenwart, in: Volker Rittberger (Hg.), 1933. Wie die Republik der Diktatur erlag, Stuttgart u.a. 1983, 201–16

18440 Greschat, Martin (Hg.): Die Schuld der Kirche. Dokumente und Reflexionen zur Stuttgarter Schulderklärung vom 18./19. Oktober 1945, Mitarb. Christiane Bastert, München 1982; 317 S.**

18441 Groll, Klaus-Michael: Wie lange haften wir für Hitler. Zum Selbstverständnis der Deutschen heute, Düsseldorf 1990; 332 S.

18442 Grubich-Simitis, Ilse: Vom Konkretismus zur Metaphorik. Gedanken zur psychoanalytischen Arbeit mit Nachkommen der Holocaust-Generation – anläßlich einer Neuerscheinung, in: Psyche 38 (1984), 1–28

18443 Grunenberg, Antonia: Antifaschismus – ein deutscher Mythos, Reinbek 1993; 246 S.

18444 Grunenberg, Antonia: Antifaschismus – ein deutscher Mythos. Anmerkungen zu einem verdrängten Kapitel der Linken, in: Zeit, Jg. 46, Nr. 18, 26.4. 1991, 64

18445 Gutheil, Jörn-Erik: Die evangelische Kirche stellt sich ihrer Vergangenheit. Bericht aus der Rheinischen Landeskirche, in: Vergessene Opfer. Wiedergutmachung für die Betroffenen der Zwangssterilisation und des nationalsozialistischen Euthanasie-Programms. Tagung vom 27. bis 29. März 1987 in Bad Boll. (Protokolldienst, 14/87), Hg. Evangelische Akademie Bad Boll, Bad Boll 1987, 70–82

18446 Haeusler, Wilma: Vergangenheitsbewältigung im Vergleich, in: Ludger Kühnhardt u.a. (Hg.), Die doppelte deutsche Diktaturerfahrung. Drittes Reich und DDR – ein historisch-politikwissenschaftlicher Vergleich, Frankfurt u.a. 1994, 279–86

18447 Hantke, Manfred: Zur Bewältigung der NS-Zeit in der DDR. Defizite und Neubewertungen, Hg. Friedrich-Ebert-Stiftung, Bonn 1989; 71 S.

18448 Hauer, Nadine: Die Mitläufer Oder die Unfähigkeit zu fragen. Auswirkungen des Nationalsozialismus für die Demokratie von heute, Opladen 1994; 176 S.

18449 Heimannsberg, Barbara/Schmidt, Christoph J. (Hg.): Das kollektive Schweigen: Nazivergangenheit und gebrochene Identität in der Psychotherapie, Heidelberg 1988; 218 S.

18451 Henke, Klaus-Dietmar: Die Trennung vom Nationalsozialismus. Selbstzerstörung, politische Säuberung, »Entnazifizierung«, Strafverfolgung, in: Klaus-Dietmar Henke/Hans Woller (Hg.), Politische Säuberung in Europa. Die Abrechnung mit Faschismus und Kollaboration nach dem Zweiten Weltkrieg, München 1992, 21–83

18452 Herbert, Ulrich: Zweierlei Bewältigung, in: Ulrich Herbert/Olaf Groehler, Zweierlei Bewältigung. Vier Beiträge über den Umgang mit der NS-Vergangenheit in den beiden deutschen Staaten, Hamburg 1992, 7–28

18453 Herbert, Ulrich/Groehler, Olaf: Zweierlei Bewältigung. Vier Beiträge über den Umgang mit der NS-Vergangenheit in den beiden deutschen Staaten, Hamburg 1992; 87 S.*

18454 Hermand, Jost: Neuordnung oder Restauration? Zur Beurteilung der faschistischen Kunstdiktatur in der unmittelbaren Nachkriegszeit, T. 2, in: KB 12 (1984), Nr. 1, 69–79

18455 Hermle, Siegfried: Die Auseinandersetzung mit der nationalsozialistischen Judenverfolgung in der Evangelischen Kirche nach 1945, in: Ursula Büttner (Hg.), Die Deutschen und die Judenverfolgung im Dritten Reich, Hamburg 1992, 321–37

18456 Herz, John H.: Bürde der Vergangenheit oder: Wie die Deutschen mit der Nazi-Hinterlassenschaft fertig wurden, in: TAJB 19 (1990), 13–32

18457 Herz, Thomas A.: Nur ein Historikerstreit? Die Soziologen und der Nationalsozialismus, in: KZSS 39 (1987), 560–70

18458 Hey, Bernd: NS-Gewaltverbrechen. Anmerkungen zu einer interdisziplinären Tagung über die Vergangenheitsbewältigung, in: GWU 35 (1984), 86–91

18459 Hinz, Berthold (Hg.): NS-Kunst: 50 Jahre danach, Marburg 1989; 124 S.

18460 Hirschfeld, Oswald: Die Last, die geblieben ist, in: Oswald Hirschfeld (Hg.), Die Folgen des Dritten Reiches. »Ihr werdet Deutschland nicht wiederkennen.«, Köln 1984, 174–203

18461 Hoffmann, Christa: Deutsche vor Gericht. Vergangenheitsbewältigung 1945–1989, Erlangen 1991; 220 S.

18462 Hoffmann, Christa: Delegitimierung deutscher Diktaturen: 1945 und 1989, in: Eberhard Fromm/Hans-Jürgen Mende (Hg.), Vom Beitritt zur Vereinigung. Schwierigkeiten beim Umgang mit deutsch-deutscher Geschichte. Akademische Tage des Luisenstädtischen Bildungsvereins vom 21. bis 27. Oktober 1993, Berlin 1994, 46–51

18463 Holfort, Werner: Lernprozesse eines Deutschen, in: Rainer Eisfeld/Ingo Müller (Hg.), Gegen Barbarei. Essays Robert M. W. Kempner zu Ehren, Frankfurt 1989, 37–49

18464 Hondrich, Karl O.: »Das Leben ist ein langer ruhiger Fluß...« Vergangenheitsbewältigung in Deutschland, in: Cora Stephan (Hg.), Wir Kollaborateure. Der Westen und die deutschen Vergangenheiten, Reinbek 1992, 34–50

18465 Jacobeit, Wolfgang: Auseinandersetzung mit der NS-Zeit in der DDR-Volkskunde, in: Helge Gerndt (Hg.), Volkskunde und Nationalsozialismus. Referate und Diskussionen einer Tagung der Deutschen Gesellschaft für Volkskunde, München, 23. bis 25. Oktober 1986, München 1987, 301–18

18466 Janßen, Karl-Heinz: Von deutscher Schuld. Warum Deutschland den Schatten der Vergangenheit nicht entfliehen kann, in: Zeit, Jg. 45, Nr. 47, 16. 11. 1990, 48

18467 Janssen, Karl-Heinz: Versailles und Nürnberg. Zur Psychologie der Kriegsschuldfrage in Deutschland, in: Jörg Friedrich/Jörg Wollenberg (Hg.), Licht in den Schatten der Vergangenheit. Zur Enttabuisierung der Nürnberger Kriegsverbrecherprozesse, Frankfurt/Berlin 1987, 26–42

18468 Jarausch, Konrad H.: The Failure of East German Antifascism: Some Ironies of History as Politics, in: GSR 14 (1991), 85–102

18469 Jaspers, Karl: Die Schuldfrage. Für Völkermord gibt es keine Verjährung, München 1979; 201 S. (zuerst Heidelberg 1946)

18470 Jesse, Eckhard: Vergangenheitsbewältigung, in: Werner Weidenfeld/Karl-Rudolf Korte (Hg.), Handwörterbuch zur deutschen Einheit, Bonn (zugl. Frankfurt/New York) 1991, 715–22

18471 Jesse, Eckhard: Philosemitismus, Antisemitismus und Anti-Antisemitismus. Vergangenheitsbewältigung und Tabus, in: Uwe Backes u.a. (Hg.), Die Schatten der Vergangenheit. Impulse zur Historisierung des Nationalsozialismus, 2. Aufl., Frankfurt/Berlin 1992, 543–67 (zuerst 1990)

18472 Jesse, Eckhard: Vergangenheitsbewältigung in Österreich und in der Bundesrepublik Deutschland – ein Vergleich, in: BzK 19 (1989), 77–90

18473 Jesse, Eckhard: »Vergangenheitsbewältigung« in der Bundesrepublik Deutschland, in: Staat 26 (1987), 539–65

18474 Kahlow, Gert: Hitler. Das gesamtdeutsche Trauma. Zur Kritik des politischen Bewußtseins, München 1967; 134 S.

18475 Kempowski, Walter: Haben Sie davon gewußt?, Nachwort Eugen Kogon, Hamburg 1979; 148 S.

18476 Kielmansegg, Peter Graf: Lange Schatten. Vom Umgang der Deutschen mit der nationalsozialistischen Vergangenheit, Berlin 1989; 100 S.

18477 Kirn, Michael: Verfassungsumsturz oder Rechtskontinuität? Die Stellung der Jurisprudenz nach 1945 zum Dritten Reich, insbesondere die Konflikte um die Kontinuität des Beamtenrechts und Art. 131 GG, Berlin 1972; 298 S.

18478 Kittel, Manfred: Die Legende von der »Zweiten Schuld«. Vergangenheitsbewältigung in der Ära Adenauer, Berlin/ Frankfurt 1993; 480 S.

18479 Klingenstein, Grete: Über Herkunft und Verwendung des Wortes »Vergangenheitsbewältigung«, in: GeG 7 (1988), 301–12

18480 Klönne, Arno: »Wieder normal werden«? Risiken der Suche nach »deutscher Identität«, in: Hans-Uwe Otto/Heinz Sünker (Hg.), Soziale Arbeit und Faschismus, 2., veränd. u. überarb. Aufl., Frankfurt 1989, 328–42 (zuerst Bielefeld 1986)

18481 Knütter, Hans-Helmuth: Die Faschismus-Keule. Das letzte Aufgebot der deutschen Linken, Frankfurt/Berlin 1993; 206 S.**

18482 Knütter, Hans-Helmuth: Antifaschismus und politische Kultur in der Bundesrepublik Deutschland, in: Manfred Funke u. a. (Hg.), Demokratie und Diktatur. Geist und Gestalt politischer Herrschaft in Deutschland und Europa. Festschrift für Karl Dietrich Bracher, Düsseldorf 1987, 365–82

18483 Knütter, Hans-Helmuth: Antifaschismus und Intellektuelle, in: E&D 4 (1992), 53–66

18484 Koebner, Thomas: Die Schuldfrage. Vergangenheitsverweigerung und Lebenslügen in der Diskussion 1945–1949, in: Thomas Koebner u. a. (Hg.), Deutschland nach Hitler: Zukunftspläne im Exil und aus der Besatzungszeit 1939–1949, Opladen 1987, 301–29

18485 Köhler, Otto: Schreibmaschinen-Täter. Journalisten im Dritten Reich und danach: eine vergessene Vergangenheit, eine unvollkommene Debatte, in: Zeit, Jg. 43, Nr. 3, 15. 1. 1988, 33 f.

18486 Kollektive Verdrängungsmechanismen bei der »Bewältigung« des Nationalsozialismus. Eine Podiumsdiskussion, in: Die Justiz und der Nationalsozialismus (III): Ursachen und Folgen einer Perversion des Rechtsdenkens. Tagung vom 18. bis 20. Juni 1982 in Bad Boll. (Protokolldienst, 25), Hg. Evangelische Akademie Bad Boll, Bad Boll 1982, 71–92

18487 Koneffke, Gernot: Auschwitz und Pädagogik. Zur Auseinandersetzung der Pädagogen über die gegenwärtige Vergangenheit ihrer Disziplin, in: Friedhelm Zubke (Hg.), Politische Pädagogik. Beiträge zur Humanisierung der Gesellschaft. (Hans-Jochen Gamm zum 65. Geburtstag), Weinheim 1990, 131–51

18488 Kowalsky, Wolfgang: Die Vergangenheit als Crux der Linken. Zur Auseinandersetzung um »antifaschistische« Strategien und die »nationale Frage«, in: Uwe Backes u. a. (Hg.), Die Schatten der Vergangenheit. Impulse zur Historisierung des Nationalsozialismus, 2. Aufl., Frankfurt/Berlin 1992, 595–613 (zuerst 1990)

18491 Kramer, Helmut: Die Aufarbeitung des Faschismus durch die Nachkriegsjustiz in der Bundesrepublik Deutschland, in: Hans-Ernst Böttcher (Hg.), Recht – Justiz – Kritik. Festschrift für Richard Schmid zum 85. Geburtstag, Baden-Baden 1985, 107–26

18492 Kretschmar, Georg: Die »Vergangenheitsbewältigung« in den deutschen Kirchen nach 1945, in: Carsten Nicolaisen (Hg.), Nordische und deutsche Kirchen im

20. Jahrhundert. Referate auf der internationalen Arbeitstagung in Sandbjerg/Dänemark 1981, Göttingen 1982, 122–49

18493 Kruschik, Waltraud: Gibt es Vergangenheitsbewältigung? – Oder: Warum ist Vergangenheitsbewältigung nicht möglich?, in: Gerrit Hohendorf/Achim Magull-Seltenreich (Hg.), Von der Heilkunde zur Massentötung. Medizin im Nationalsozialismus, Heidelberg 1990, 259–72 (Disk.: 273–79)

18494 Kuby, Erich: Deutsche Schattenspiele, München 1988; 368 S.

18495 Lächele, Rainer: Religionsfreiheit und Vergangenheitsbewältigung. Die Deutschen Christen und die Besatzungsmächte nach 1945, in: ETh 51 (1991), 131–54

18496 Lepsius, M. Rainer: Das Erbe des Nationalsozialismus und die politische Kultur der Nachfolgestaaten des »Großdeutschen Reiches«, in: Max Haller u.a. (Hg.), Kultur und Gesellschaft. Verhandlungen des 24. Deutschen Soziologentages, des 11. Österreichischen Soziologentages und des 8. Kongresses der Schweizerischen Soziologie in Zürich 1988, Frankfurt/New York 1989, 247–64; abgedr. in: M. Rainer Lepsius, Demokratie in Deutschland. Soziologisch-historische Konstellationsanalysen, Göttingen 1993, 229–45

18497 Lichtenstein, Heiner: 1969: NS-Verbrechen – bewältigt im Sinn der Täter, in: Georg M. Hafner/Edmund Jacoby (Hg.), Die Skandale der Republik, überarb. Neuausg., Reinbek 1994, 93–101 (zuerst Frankfurt 1989)

18498 Lixfeld, Hannjost/Dow, James R.: Nationalsozialistische Volkskunde und Vergangenheitsbewältigung, in: Wolfgang Jacobeit u.a. (Hg.), Völkische Wissenschaft. Gestalten und Tendenzen der deutschen und österreichischen Volkskunde in der ersten Hälfte des 20. Jahrhunderts. Helmut Paul Fielhauer † gewidmet, Wien u.a. 1994, 341–66

18499 Maaz, Hans-Joachim: Zur psychischen Verarbeitung des Holocaust in der DDR, in: Bernhard Moltmann u.a. (Hg.), Erinnerung. Zur Gegenwart des Holocaust in Deutschland-West und Deutschland-Ost, Frankfurt 1993, 163–68

18500 Maislinger, Andreas: »Vergangenheitsbewältigung« in der Bundesrepublik Deutschland, der DDR und Österreich. Psychologisch-pädagogische Maßnahmen im Vergleich, in: Uwe Backes u.a. (Hg.), Die Schatten der Vergangenheit. Impulse zur Historisierung des Nationalsozialismus, 2. Aufl., Frankfurt/Berlin 1992, 479–96 (zuerst 1990)

18501 Mannack, Eberhard: Auseinandersetzung mit dem Faschismus in der deutschen Erzählliteratur nach 1945, in: Stein U. Larsen/Beatrice Sandberg (Hg.), Fascism and European Literature/Faschismus und europäische Literatur, Bern u.a. 1991, 81–90

18502 Massing, Almuth: Die Reinszenierung nationalsozialistischer Weltbilder im psychotherapeutischen Prozeß, in: FdP 7 (1991), 20–30

18503 Massing, Almuth/Beushausen, Ulrich: »Bis ins dritte und vierte Glied«. Auswirkungen des Nationalsozialismus in den Familien, in: Psychosozial 9 (1996), Nr. 28, 27–42

18504 Mayer, Herbert: Deutsche Geschichtsbewältigung besonderer Art: Ein Vergleich von Straßenbenennungen [in Berlin] nach den Zäsuren 1945 und 1989, in: Eberhard Fromm/Hans-Jürgen Mende (Hg.), Vom Beitritt zur Vereinigung. Schwierigkeiten beim Umgang mit deutschdeutscher Geschichte. Akademische Tage des Luisenstädtischen Bildungsvereins vom 21. bis 27. Oktober 1993, Berlin 1994, 52–58

18505 Meiser, Hans: Der Nationalsozialismus und seine Bewältigung im Spiegel der Lizenzpresse der Britischen Besatzungszone von 1946–1949, Diss. Osnabrück 1980; 352 S.

18506 Messerschmidt, Manfred: Polierte Geschichtsbilder. Militärische Tradition als

Vergangenheitsglättung, in: Norbert Haase/ Brigitte Oleschinski (Hg.), Das Torgau-Tabu. Wehrmachtstrafsystem – NKWD-Straflager – DDR-Strafvollzug, Leipzig 1993, 94–104

18507 Metzger, Hans-Geert: Bruchstellen in der kollektiven und persönlichen Abwehr der nationalsozialistischen Vergangenheit, in: Renate Cogoy u. a. (Hg.), Erinnerung einer Profession. Erziehungsberatung, Jugendhilfe und Nationalsozialismus, Münster 1989, 42–51

18508 Meuschel, Sigrid: Antifaschistischer Stalinismus, in: Brigitte Rauschenbach (Hg.), Erinnern, Wiederholen, Durcharbeiten. Zur Psycho-Analyse deutscher Wenden, Berlin 1992, 163–71

18509 Mitscherlich, Alexander/Mitscherlich, Margarete: Die Unfähigkeit zu trauern. Grundlagen kollektiven Verhaltens, München 1967 u. ö.; 369 S. (11. Aufl. 1988; TB 20. Aufl. 1988)

18510 Mitscherlich, Margarete: Erinnerungsarbeit. Zur Psychoanalyse der Unfähigkeit zu trauern, Frankfurt 1987; 175 S.

18511 Mitscherlich, Margarete: Erinnerungsarbeit – warum? Gedanken zur Fähigkeit oder Unfähigkeit zu trauern, in: Renate Cogoy u. a. (Hg.), Erinnerung einer Profession. Erziehungsberatung, Jugendhilfe und Nationalsozialismus, Münster 1989, 9–19

18512 Mohler, Armin: Der Nasenring. Die Vergangenheitsbewältigung vor und nach dem Fall der Mauer, München 1991; 360 S.

18513 Mohler, Armin: Vergangenheitsbewältigung oder wie man den Krieg nochmals verliert, Krefeld 1980; 122 S.

18514 Mohler, Armin: Vergangenheitsbewältigung. Von der Läuterung zur Manipulation, Stuttgart 1968; 102 S.

18515 Moltmann, Bernhard u. a. (Hg.): Erinnerung. Zur Gegenwart des Holocaust in Deutschland-West und Deutschland-Ost, Frankfurt 1993; 224 S.*

18516 Mommsen, Hans: Der lange Schatten der untergehenden Republik. Zur Kontinuität politischer Denkhaltungen von der späten Weimarer zur frühen Bundesrepublik, in: Karl D. Bracher u. a. (Hg.), Die Weimarer Republik 1918–1933. Politik – Wirtschaft – Gesellschaft, 2., durchges. Aufl., Bonn 1988, 552–86 (zuerst 1987; zugl. Düsseldorf); abgedr. in: Hans Mommsen, Der Nationalsozialismus und die deutsche Gesellschaft. Ausgewählte Aufsätze. Zum 60. Geburtstag, Hg. Lutz Niethammer/Bernd Weisbrod, Reinbek 1991, 362–404

18518 Moser, Tilmann: Gibt es die »Unfähigkeit zu trauern«? Zur psychischen Verarbeitung des Holocaust in der BRD, in: Bernhard Moltmann u. a. (Hg.), Erinnerung. Zur Gegenwart des Holocaust in Deutschland-West und Deutschland-Ost, Frankfurt 1993, 149–61

18519 Müller, Ingo: Von den »furchtbaren« zu den demokratischen Juristen: Justiz und Rechtsdenken nach 1945, in: Der schwierige Weg zur Demokratie. Die Bundesrepublik vor 40 Jahren, Hg. Landeszentrale für politische Bildung Nordrhein-Westfalen, Düsseldorf 1990, 177–86

18520 Müller, Richard M.: Normal-Null und die Zukunft der deutschen Vergangenheitsbewältigung. Ein Essay, Schernfeld 1994; 160 S.

18521 Müller, Stefan: Vergessen und vorbei? Bewältigungsversuche in Theorie und Praxis, in: Ludger Kühnhardt u. a. (Hg.), Die doppelte deutsche Diktaturerfahrung. Drittes Reich und DDR – ein historisch-politikwissenschaftlicher Vergleich, Frankfurt u. a. 1994, 267–77

18522 Müller-Hill, Benno: Genetik nach Auschwitz, in: Jost Herbig/Rainer Hohlfeld (Hg.), Die zweite Schöpfung. Geist und Ungeist in der Biologie des 20. Jahrhunderts, München/Wien 1990, 79–105

18523 Müller-Hohagen, Jürgen: Verleugnet, verdrängt, verschwiegen. Die seelischen

Auswirkungen der Nazizeit, München 1988; 240 S.

18524 Müller-Hohagen, Jürgen: Geschichte in uns. Psychogramme aus dem Alltag, München 1994; 264 S.

18525 Müller-Hohagen, Jürgen: Folgen und Spätfolgen des Nationalsozialismus in Beratung und Psychotherapie, in: Renate Cogoy u. a. (Hg.), Erinnerung einer Profession. Erziehungsberatung, Jugendhilfe und Nationalsozialismus, Münster 1989, 241–49

18526 Müller-Münch, Ingrid: Die Frauen von Majdanek. Vom zerstörten Leben der Opfer und der Mörderinnen, Reinbek 1982; 183 S.

18527 Müller-Münch, Ingrid: Der gute Ruf und das schlechte Gedächtnis der Ärzte. Ein junger Mediziner sieht sich von Standesgenossen diffamiert, seit er vor drei Jahren über NS-Ärzte referierte, in: FR, Jg. 45, Nr. 124, 1.6. 1989, 3

18528 Nachama, Andreas/Schoeps, Julius H. (Hg.): Aufbau nach dem Untergang. Deutsch-jüdische Geschichte nach 1945. In memoriam Heinz Galinski, Berlin 1992; 444 S.*

18529 Niedhart, Gottfried/Riesenberger, Dieter (Hg.): Lernen aus dem Krieg? Deutsche Nachkriegszeiten 1918 und 1945. Beiträge zur historischen Friedensforschung, München 1992; 448 S.*

18530 Nürnberg 1946 – und heute? Die Ziele Hitlers und der Nazis, ihre Verurteilung durch die Welt, ihr gefährliches Wiederaufleben. Eine alarmierende Dokumentation, Hg. FIR [Internationale Föderation der Widerstandskämpfer], Wien/Frankfurt 1966; 100 S.

18531 Obenaus, Herbert: Stasi kommt – Nazi geht?, in: Zeit, Jg. 47, Nr. 32, 31.7. 1992, 40

18532 Oberste-Keller, Clemens: Perzeption Schweizer Journalisten über Nachwirkungen des Nationalsozialismus während der Gründungsphase der Bundesrepublik Deutschland. Dargestellt am Beispiel der Aussagen des Tageblatts »Neue Züricher Zeitung« im Untersuchungszeitraum 1949–1955, Münster 1990; 317 S.

18533 Ott, Hugo: Martin Heidegger und die Universität Freiburg nach 1945. Ein Beispiel für die Auseinandersetzung mit der politischen Vergangenheit, in: HJB 105 (1985), 95–128

18534 Paech, Norman: Recht und Antifaschismus nach 1945, in: Martin Bennhold (Hg.), Spuren des Unrechts. Recht und Nationalsozialismus. Beiträge zur historischen Kontinuität, Köln 1989, 131–51

18535 Peitsch, Helmut: Deutschlands Gedächtnis an seine dunkelste Zeit. Zur Funktion der Autobiographik in den Westzonen Deutschlands und den Westsektoren von Berlin 1945 bis 1949, Berlin 1990; 478 S.

18536 Pilichowski, Czeslaw: Gegenwart aus der Vergangenheit. Deutsche Vergangenheitsbewältigung in polnischer Sicht, in: Bernd Hey/Peter Steinbach (Hg.), Zeitgeschichte und politisches Bewußtsein. Internationale Tagung der Landeszentrale für Politische Bildung des Landes Nordrhein-Westfalen am Zentrum für Interdisziplinäre Forschung der Universität Bielefeld, Köln 1986, 88–104

18537 Plack, Arno: Hitlers langer Schatten. Das deutsche Trauma, München 1993; 431 S.

18538 Plack, Arno: Wie oft wird Hitler noch besiegt? Neonazismus und Vergangenheitsbewältigung, 2. Aufl., Frankfurt 1985; 394 S. (zuerst Düsseldorf 1982)

18539 Plato, Alexander von: Eine zweite »Entnazifizierung«? Zur Verarbeitung politischer Umwälzungen in Deutschland 1945 bis 1989, in: Rainer Eckert u. a. (Hg.), Wendezeiten – Zeitenwände. Zur »Entnazifizierung« und »Entstalinisierung«, Hamburg 1991, 7–31

18540 Rauschenbach, Brigitte (Hg.): Erinnern, Wiederholen, Durcharbeiten. Zur

Psycho-Analyse deutscher Wenden, Berlin 1992; 352 S.*

18541 Rauschenbach, Brigitte: Erbschaft aus Vergessenheit – Zukunft aus Erinnerungsarbeit, in: Brigitte Rauschenbach (Hg.), Erinnern, Wiederholen, Durcharbeiten. Zur Psycho-Analyse deutscher Wenden, Berlin 1992, 27–55

18542 Reichel, Peter: Vergangenheitsbewältigung als Problem unserer politischen Kultur. Einstellungen zum Dritten Reich und seine Folgen, in: Jürgen Weber/Peter Steinbach (Hg.), Vergangenheitsbewältigung durch Strafverfahren? NS-Prozesse in der Bundesrepublik Deutschland, München 1984, 145–63

18543 Reichel, Sabine: Zwischen Trümmern und Träumen. Aufgewachsen im Schatten der Schuld, Hamburg 1991; 288 S.

18544 Reifner, Udo: Justiz und Faschismus – Ansätze einer Theorie der Vergangenheitsbewältigung der Justiz, in: Udo Reifner/Bernd-Rüdiger Sonnen (Hg.), Strafjustiz und Polizei im Dritten Reich, Frankfurt/New York 1984, 9–40

18545 Roellecke, Gerd: Der Nationalsozialismus als politisches Layout der Bundesrepublik Deutschland, in: Staat 28 (1989), 505–24

18546 Rosenthal, Gabriele (Hg.): Die Hitlerjugend-Generation. Biographische Thematisierung als Vergangenheitsbewältigung, Mitarb. Claudia Gather u. a., Essen 1986; 463 S.

18547 Rosenthal, Gabriele (Hg.): »Als der Krieg kam, hatte ich mit Hitler nichts mehr zu tun.« Zur Gegenwärtigkeit des »Dritten Reiches« in Biographien, Leverkusen 1991; 256 S.

18548 Sarkowicz, Hans: Die literarischen Apologeten des Dritten Reiches. Zur Rezeption der vom Nationalsozialismus geförderten Autoren nach 1945, in: Jörg Thunecke (Hg.), Leid der Worte. Panorama des literarischen Nationalsozialismus, Bonn 1987, 435–59

18549 Schillinger, Reinhold: Der Entscheidungsprozeß beim Lastenausgleich 1945–1952, St. Katharinen 1985; 325 S.

18550 Schillinger, Reinhold: Der Lastenausgleich, in: Wolfgang Benz (Hg.), Die Vertreibung der Deutschen aus dem Osten. Ursachen, Ereignisse, Folgen, 12.–13. Tsd., Frankfurt 1988, 183–92 (zuerst 1985)

18551 Schoeps, Julius H.: Leiden an Deutschland. Vom antisemitischen Wahn und der Last der Erinnerung, München/Zürich 1990; 211 S.

18552 Scholdt, Günter: »Anstreicher Hitler«. Zur Problematik politischer Polemik in der Auseinandersetzung mit dem Nationalsozialismus, in: IASL 10 (1985), 135–53

18553 Schubarth, Wilfried u. a.: Verordneter Antifaschismus und die Folgen. Das Dilemma antifaschistischer Erziehung am Ende der DDR, in: APUZ, Nr. B 9/91, 22. 2. 1991, 3–16

18554 Schubarth, Wilfried: Antifaschismus in der DDR – Mythos oder Realität?, in: Brigitte Rauschenbach (Hg.), Erinnern, Wiederholen, Durcharbeiten. Zur Psycho-Analyse deutscher Wenden, Berlin 1992, 172–79

18555 Schulze, Winfried: Wissenschaft zwischen Demokratie und Diktatur: Die Entwicklung der Geschichtswissenschaft nach 1945, in: Der schwierige Weg zur Demokratie. Die Bundesrepublik vor 40 Jahren, Hg. Landeszentrale für politische Bildung Nordrhein-Westfalen, Düsseldorf 1990, 187–97

18556 Schwan, Gesine: Die politische Relevanz nicht verarbeiteter Schuld, in: JfA 2 (1993), 281–97

18557 Schweizer, Alexandra: Methoden der Aufarbeitung, in: Ludger Kühnhardt u. a. (Hg.), Die doppelte deutsche Diktaturerfahrung. Drittes Reich und DDR – ein historisch-politikwissenschaftlicher Vergleich, Frankfurt u. a. 1994, 255–65

18558 Sichrovsky, Peter: Schuldig geboren. Kinder aus Nazifamilien, Köln 1987; 172 S.

18559 Sichrovsky, Peter: Das generative Gedächtnis. Kinder der Opfer und Täter, in: Brigitte Rauschenbach (Hg.), Erinnern, Wiederholen, Durcharbeiten. Zur Psycho-Analyse deutscher Wenden, Berlin 1992, 132–38

18560 Simenauer, Erich: Die zweite Generation – danach. Die Wiederkehr der Verfolgermentalität in Psychoanalysen, in: JdP 12 (1981), 8–17

18561 Simenauer, Erich: A Double Helix. Some Determinants of the Self-perpetuation of Nazism, in: PSCh 33 (1978), 411–25

18562 Sommer, Karl-Ludwig: Von Hauptschuldigen, Mitläufern und Persilscheinen – Vergangenheitsbewältigung im Nachkriegsdeutschland, in: Trümmer, Träume, Truman. Die Welt 1945–1949. Ein BilderLese-Buch, Red. Gabriele Dietz u. a., Berlin 1985, 105–13

18563 Stein, Mary B.: Coming to Terms with the Past: The Depiction of Volkskunde in the Third Reich since 1945, in: JFR 24 (1987), 157–85

18564 Steinbach, Peter: Nur äußerlich getilgt ... Vergangenheitsbewältigung zwischen 1945 und 1955, in: Der schwierige Weg zur Demokratie. Die Bundesrepublik vor 40 Jahren, Hg. Landeszentrale für politische Bildung Nordrhein-Westfalen, Düsseldorf 1990, 115–44

18565 Steinbach, Peter: Mit der Vergangenheit konfrontiert. Vom Erkennen der NS-Verbrechen zur »Wiedergutmachung«, in: Tribüne 25 (1986), Nr. 98, 137–54

18566 Steinbach, Peter: Zur Auseinandersetzung mit nationalsozialistischen Gewaltverbrechen in der Bundesrepublik Deutschland. Ein Beitrag zur deutschen politischen Kultur nach 1945, in: GWU 35 (1984), 65–85

18567 Steininger, Rolf: Nach dem Holocaust 1945–1994, in: Rolf Steininger (Hg.), Der Umgang mit dem Holocaust. Europa – USA – Israel, Wien u. a. 1994, 167–82

18568 Steinkühler, Manfred: Unfähig zur moralischen Auseinandersetzung mit der eigenen nationalsozialistischen Vergangenheit? Unser Auswärtiger Dienst, in: 1999 3 (1988), Nr. 2, 79–88

18569 Stoffels, Hans: Vexierbilder der Vergangenheit. Die Täter als Opfer, in: SOWI 20 (1991), 73–77

18570 Stohr, Martin u. a. (Hg.): Erinnern, nicht vergessen. Zugänge zum Holocaust, hg. i. A. der Arbeitsgemeinschaft Juden und Christen beim Deutschen Evangelischen Kirchentag, Münster 1979; 178 S.

18571 Stupperich, Martin: Vom Schuldbekenntnis zum Schuldvorwurf. Moderne Geschichtsklitterung am Beispiel der Medienoffensive von Ernst Klee, in: KZG 3 (1990), 469–80

18572 Sywottek, Arnold: Tabuisierung und Anpassung in Ost und West. Bemerkungen zur deutschen Geschichte nach 1945, in: Thomas Koebner u. a. (Hg.), Deutschland nach Hitler: Zukunftspläne im Exil und aus der Besatzungszeit 1939–1949, Opladen 1987, 229–60

18573 Treplin, Vera: Eine Auseinandersetzung mit dem Buch von A[nita] Eckstaedt: Nationalsozialismus in der »zweiten Generation«. Psychoanalyse von Hörigkeitsverhältnissen, in: LA 5 (1992), Nr. 9, 165–87

18574 Ulrich, Bernd: Die Wahrheit im Gewand der Repression. Zur tiefgreifenden Krise des Antifaschismus, in: Kommune 7 (1989), Nr. 4, 56–61

18575 Das Vermächtnis der Opfer des Nationalsozialismus. Tagung vom 18. bis 20. Mai 1984 in Bad Boll. (Protokolldienst, 32),

Hg. Evangelische Akademie Bad Boll, Bad Boll 1984; 101 S.

18576 Vermeil, Edmond: Karl Jaspers et sa conception de la responsabilité allemande, in: RHDGM 2 (1952), Nr. 7, 1–12

18577 Vogt, Jochen: Von der ersten zur zweiten Schuld. Modelle literarischer Faschismusverarbeitung, in: Jochen Vogt »Erinnerung ist unsere Aufgabe.« Über Literatur, Moral und Politik 1945–1990, Opladen 1991, 9–27

18578 Vollnhals, Clemens: Die Hypothek des Nationalsozialismus. Entnazifizierung und Strafverfolgung von NS-Verbrechen nach 1945, in: GG 18 (1992), 51–69

18579 Wassermann, Rudolf: Justiz nach Hitler. Wiederaufbau, Kontinuität und Veränderung, in: Rudolf Wassermann, Auch die Justiz kann aus der Geschichte nicht aussteigen. Studien zur Justizgeschichte, Baden-Baden 1990, 157–220

18580 Wassermann, Rudolf: Vergangenheitsaufarbeitung nach 1945 und nach 1989, in: E&D 5 (1993), 29–50

18581 Weber, Alfred: Haben wir Deutschen nach 1945 versagt? Ein Lesebuch, Hg. Christa Dericum-Pross, München 1979; 319 S.

18582 Wehler, Hans-Ulrich: 30. Januar 1933 – ein halbes Jahrhundert danach, in: APUZ, Nr. B 4–5/83, 29.1. 1983, 43–54; abgedr. in: Nationalsozialistische Herrschaft, Hg. Bundeszentrale für politische Bildung, Bonn 1983, 94–105

18583 Weimann, Günther: Die Bewältigung der nationalsozialistischen Vergangenheit in der Justiz, in: Recht im Nationalsozialismus. Bericht über die Tagung vom 5. bis 8. November 1990 in St. Johann-Lonsingen, Hg. Justizministerium Baden-Württemberg/Landeszentrale für politische Bildung Baden-Württemberg, Stuttgart 1993, 90–114

18584 Westernhagen, Dörte: Die Kinder der Täter. Das Dritte Reich und die Generation danach, München 1987; 247 S.

18585 Westernhagen, Dörte: Die Kinder der Täter. Das Dritte Reich in Familienkonflikten, in: Psychosozial 11 (1988/89), Nr. 36, 30–37

18586 Wiegand, Lutz: Der Lastenausgleich in der Bundesrepublik Deutschland 1949 bis 1985, Frankfurt u.a. 1992; XII, 408 S.

18587 Wiesenthal, Simon: Recht, nicht Rache. Erinnerungen, 7. Aufl., Frankfurt/Berlin 1990; 464 S. (zuerst 1988)

18588 Wittich, Bernd: Initiationen zum Antifaschisten. Folgenreicher engagierter Antifaschismus in der DDR, in: Brigitte Rauschenbach (Hg.), Erinnern, Wiederholen, Durcharbeiten. Zur Psycho-Analyse deutscher Wenden, Berlin 1992, 180–88

18589 Wolffsohn, Michael: Ewige Schuld? 40 Jahre deutsch-jüdisch-israelische Beziehungen, 1. u. 2. Aufl., München 1988; 186 S.

18590 Wolffsohn, Michael: Spanien, Deutschland und die »Jüdische Weltmacht«. Über Moral, Realpolitik und Vergangenheitsbewältigung, München 1991; 190 S.

18591 Wolffsohn, Michael: Von der Verordneten zur Freiwilligen »Vergangenheitsbewältigung«? – Eine Skizze zur bundesdeutschen Entwicklung 1955–1965. Zugleich eine Dokumentation über die Krisensitzung des Bundeskabinetts vom 4. und 5. März 1965 und die Böhm-Schäffer-Kontroverse, in: GSR 12 (1989), 111–37

18592 Wulff, Erich: Psychiatrie nach 1945: Kontinuität und Brüche, in: Hans Wenzl/Dirk K. Wolter (Hg.), Blick zurück nach vorn. Psychiatrie zwischen 1945 und 1984, Bonn 1985, 58–69

18593 Zitelmann, Rainer: Vom Umgang mit der NS-Vergangenheit, in: Rolf Italiaander (Hg.), Bewußtseins-Notstand. Thesen von 60 Zeitzeugen. Ein optimistisches Lesebuch, Düsseldorf 1990, 69–79

18594 Zürrlein, Hans: Die Frage der Kollektivschuld aus dem Blickwinkel deutscher

Literaten und Publizisten, in: Gerhard Hay (Hg.), Zur literarischen Situation 1945–1949, Kronberg, Ts. 1977, 15–35

Regional-/Lokalstudien

18595 Das Geheimnis der Versöhnung heißt Erinnerung. Dokumentation der Internationalen Tage der Begegnung in Stadtallendorf, KZ-Außenlager Münchmühle-Nobel vom 21.–26.10. 1990, Hg. Stadt Stadtallendorf, Stadtallendorf 1991; 368 S. (dt/ungar.)**

18596 Hempel-Küter, Christa/Krause, Eckart (Hg.): Hamburg und das Erbe des Dritten Reiches. Versuch einer Bestandsaufnahme, Hamburg 1989; 196 S.

18597 Jannssen, Günther: Der Neuanfang – Wiederaufbau der Justiz, Entnazifizierung der Richterschaft und Strafverfahren gegen Richter wegen ihrer Tätigkeit im NS-Staat, in: 175 Jahre Oberlandesgericht Oldenburg. 1814 Oberappellationsgericht – Oberlandesgericht 1989. Festschrift, Köln u.a. 1989, 337–71

18598 Knobelsdorf, Andreas: Politische Strafjustiz in Ostwestfalen-Lippe 1933 bis 1945 und ihre Verarbeitung nach 1945. Ein Forschungs- und Seminarbericht, in: JHVGR 78 (1990), 173–241

18598a Kramer, Helmut: Die NS-Justiz in Braunschweig und ihre Bewältigung nach 1945, in: Helmut Kramer (Hg.), Braunschweig unterm Hakenkreuz, Braunschweig 1981, 29–60

18598b Kramer, Helmut: Richter in eigener Sache. Zur Selbstamnestierung der Justiz nach 1945, in: Es geschah in Braunschweig. Gegen das Vergessen der nationalsozialistischen Vergangenheit, Hg. JUSO-Unterbezirk Braunschweig, o.J. [1989], 32–53

18599 Raab, Harald: 1933 in Regensburg. Kollektive Vergangenheitsverdrängung, in: Faschismus in Deutschland. Ursachen und Folgen. Verfolgung und Widerstand. Ausländerfeindlichkeit und neonazistische Gefahren, Hg. IG Druck und Papier, Köln 1985, 108–15

18600 Sahrhage, Norbert: »Entnazifizierung« und »Wiedergutmachung«. Das Umgehen mit nationalsozialistischen Tätern und jüdischen Opfern im Landkreis Herford nach 1945, in: Hubert Frankemölle (Hg.), Opfer und Täter. Zum nationalsozialistischen und antijüdischen Alltag in Ostwestfalen-Lippe, Bielefeld 1990, 203–44

18601 Schildt, Axel: »Jetzt liegen alle großen Ordnungs- und Gesittungsmächte zerschlagen im Schutt.« Die öffentliche Auseinandersetzung mit dem »Dritten Reich« in Schleswig-Holstein nach 1945 – unter besonderer Berücksichtigung von Stellungnahmen aus der Evangelisch-Lutherischen Kirche, in: ZGSHG 119 (1994), 261–76

18602 Spoo, Eckart: Erna Wazinski und die »Panzertruppe« der Justiz. Ein Braunschweiger Richter will die Praxis der NS-Sondergerichte durchleuchten, in: FR, Jg. 46, Nr. 194, 22.8. 1990, 5

18603 Thien, Hans-Günter u.a. (Hg.): Überwältigte Vergangenheit – Erinnerungsscherben. Faschismus und Nachkriegszeit in Münster i.W., Münster 1985; 196 S.*

18604 ». . . vergessen kann man die Zeit nicht, das ist nicht möglich . . .« Kölner erinnern sich an die Jahre 1929–1945. Zum 40. Jahrestag des Kriegsendes, Hg. Stadt Köln, Bearb. Horst Matzerath, Mitarb. Brigitte Holzhauer, 1. u. 2. Aufl., Köln 1985; 368 S.

B.1.2 Verfolgtenorganisationen

Darstellungen

18605 Foitzik, Jan: Vereinigung der Verfolgten des Naziregimes (VVN), in: Martin Broszat/Hermann Weber (Hg.), SBZ-Handbuch. Staatliche Verwaltungen, Parteien, gesellschaftliche Organisationen und ihre Führungskräfte in der Sowjetischen Besatzungszone Deutschlands 1945–1949, hg. i. A. des Arbeitsbereichs Geschichte und Politik der DDR an der Universität Mannheim und des Instituts für Zeitgeschichte, 2. Aufl., München 1993, 748–59 (zuerst 1990)

18606 Groehler, Olaf: Die Überlebenden des deutschen Widerstandes und ihre Verbände in der deutschen Nachkriegsgesellschaft, in: ZfG 42 (1994), 605–9

18607 Oppenheimer, Max: Der Weg der VVN. Vom Häftlingskomitee zum Bund der Antifaschisten, in: Max Oppenheimer (Hg.), Antifaschismus. Tradition – Politik – Perspektive. Geschichte und Ziele der VVN-Bund der Antifaschisten, Frankfurt 1978, 9–118; überarb. Fassung von: Vom Häftlingskomitee zum Bund der Antifaschisten. Der Weg der VVN, Hg. Präsidium der VVN-Bund der Antifaschisten, Frankfurt 1972

18608 Pachaly, Ewald: Zur Geschichte des Internationalen Lagerkomitees, Hg. Nationale Mahn- und Gedenkstätte Buchenwald, Weimar-Buchenwald 1985; 92 S.

18609 Von Buchenwald bis Hasselbach. Organisierter Antifaschismus 1945 bis heute, Hg. Präsidium VVN-Bund der Antifaschisten, Köln 1987; 144 S.

Regional-/Lokalstudien

18610 Hochmuth, Ursel: Zur Bildungsarbeit der VVN/Bund der Antifaschisten Hamburg, in: BGFDJ 9 (1986), Nr. 8, 66–70

18611 Schmidt, Wolf-Dietrich: »Wir sind die Verfolgten geblieben.« Zur Geschichte der Vereinigung der Verfolgten des Naziregimes (VVN) in Hamburg 1945–1951, in: Jörg Berlin (Hg.), Das andere Hamburg. Freiheitliche Bestrebungen in der Hansestadt seit dem Spätmittelalter, Köln 1981, 263–81

18612 Stobwasser, Albin: Die den roten Winkel trugen. Zur Geschichte der VVN-Bund der Antifaschisten Hamburg, Hamburg 1983; 163 S.

18613 Toyka-Seid, Christiane: »Nicht in die Lage versetzt, Erbauer eines friedlichen Deutschlands zu sein.« Die Vereinigung der Verfolgten des Naziregimes (VVN) in Württemberg-Baden, in: Thomas Schnabel (Hg.), Formen des Widerstandes im Südwesten 1933–1945. Scheitern und Nachwirken, Mitarb. Angelika Hauser-Hauswirth, hg. f. d. Landeszentrale für politische Bildung Baden-Württemberg/Haus der Geschichte Baden-Württemberg, Ulm 1994, 270–83

B.1.3 Affären

Gedruckte Quellen

18614 Hehl, Ulrich von: Der Beamte im Reichsinnenministerium: Die Beurteilung Globkes in der Diskussion der Nachkriegszeit. Eine Dokumentation, in: Klaus Gotto (Hg.), Der Staatssekretär Adenauers. Persönlichkeit und politisches Wirken Hans Globkes, Stuttgart 1980, 230–82

18615 Im Namen der Völker, im Namen der Opfer. Auszüge aus dem Protokoll des Prozesses gegen Dr. Hans Globke vor dem Obersten Gericht der DDR, Hg. Ausschuß für Deutsche Einheit/Vereinigung Demokratischer Juristen Deutschlands, Berlin (O) 1963; 238 S.

Darstellungen

18616 Engelmann, Bernt: 1949/53: Der Allertüchtigste: Hans Globke, in: Georg M. Hafner/Edmund Jacoby (Hg.), Die Skandale der Republik, überarb. Neuausg., Reinbek 1994, 13–20 (zuerst Frankfurt 1989)

18617 Fetscher, Iring: Antifaschismus sollte die Grundlage unserer Demokratie sein [Filbinger-Affäre], in: Freimut Duwe u. a. (Hg.), Briefe zur Verteidigung der bürgerlichen Freiheit. Nachträge 1978, Reinbek 1978, 197–201

18618 Globke und die Ausrottung der Juden. Über die verbrecherische Vergangenheit des Staatssekretärs im Amt des Bundeskanzlers Adenauer, Hg. Ausschuß für Deutsche Einheit, 1. u. 2. Aufl., Berlin (O) 1960; 120 S.

18619 Heck, Bruno (Hg.): Hans Filbinger. Der »Fall« und die Fakten. Eine historische und politologische Analyse, Mitarb. Heinz Hürten u.a., Mainz 1980; 179 S.**

18620 Hochhuth, Rolf: Parteien und Autoren. Antwort auf Dr. Helmut Kohls »Ehrenerklärung der CDU für Filbinger«, in: Freimut Duwe u.a. (Hg.), Briefe zur Verteidigung der bürgerlichen Freiheit. Nachträge 1978, Reinbek 1978, 180–96

18621 Hoffmeister, Reinhart (Hg.): Rolf Hochhuth. Dokumente zur politischen Wirkung, erläuternde Zwischentexte Heinz Puknus, Essay Rolf Hochhuth, München 1980, 23–79 [Filbinger-Affäre]

18622 Klug, Ulrich: Die Verurteilung zum Tode war rechtswidrig [Filbinger-Affäre], in: Freimut Duwe u.a. (Hg.), Briefe zur Verteidigung der bürgerlichen Freiheit. Nachträge 1978, Reinbek 1978, 213–21

18624 Knesebeck, Rosemarie von dem (Hg.): Filbinger gegen Hochhuth. Die Geschichte einer Vergangenheitsbewältigung, einleit. Essay Hans Mayer, Reinbek 1980; 197 S.**

18625 Neubauer, Franz: Das öffentliche Fehlurteil. Der Fall Filbinger als ein Fall der Meinungsmacher, Regensburg 1990; 418 S.

18626 Neue Beweise für Globkes Verbrechen gegen die Juden, Hg. Ausschuß für deutsche Einheit, Berlin (O) 1960; 48 S.**

18627 Senfft, Heinrich: Richter und andere Bürger. 150 Jahre politische Justiz und neudeutsche Herrschaftspublizistik, Nördlingen 1988, 16–25

B.1.4 NS-Prozesse

B.1.4.1 Allgemeines

Bibliographien

18628 Tutorov, Norman E.: War Crimes, War Criminals, and War Crimes Trials. An Annoted Bibliography and Source Book, Mitarb. Karen Winnovich, New York/Westport 1986; XX, 548 S.

Quellenkunde

18629 Tuchel, Johannes: Die NS-Prozesse als Materialgrundlage für die historische Forschung. Thesen zu Möglichkeiten und Grenzen interdisziplinärer Zusammenarbeit, in: Jürgen Weber/Peter Steinbach (Hg.), Vergangenheitsbewältigung durch Strafverfahren? NS-Prozesse in der Bundesrepublik Deutschland, München 1984, 134–44

Darstellungen

18630 Bader, Karl S.: Politische und historische Schuld und die staatliche Rechtsprechung, in: Karl Forster (Hg.), Möglichkeiten und Grenzen für die Bewältigung historischer und politischer Schuld in Strafprozessen, Würzburg 1962, 107–29

18631 Baumann, Jürgen: Die Verjährung der NS-Gewaltverbrechen. Genocid als Verbrechen sui generis. Für und Wider die Verjährung, in: Essays über Naziverbrechen. Simon Wiesenthal gewidmet, Hg. Wiesenthal Fonds/Bund Jüdischer Verfolgter des Naziregimes in Wien, Amsterdam 1973, 253–80

18632 Bertram, Günter: Vergangenheitsbewältigung durch NS-Prozesse? Individualschuld im »Staatsverbrechen«, in: Ursula Büttner (Hg.), Das Unrechtsregime. Internationale Forschung über den Nationalsozialismus. Festschrift für Werner Jochmann zum 65. Geburtstag, Bd. 2, Hamburg 1986, 421–50

18633 Die Bundesrepublik Deutschland und die NS-Verbrechen. (Die Justiz und der

Nationalsozialismus II). Tagung vom 20. bis 22. März 1981 in Bad Boll. (Protokolldienst, 13/81), Hg. Evangelische Akademie Bad Boll, Bad Boll 1981; 133 S.

18634 Draber, Armin: Nationalsozialistische Gewaltverbrechen vor Gericht – Problematik der NSG-Verfahren aus der Sicht eines Richters, in: Jürgen Weber/Peter Steinbach (Hg.), Vergangenheitsbewältigung durch Strafverfahren? NS-Prozesse in der Bundesrepublik Deutschland, München 1984, 100–13

18635 Götz, Albrecht: Bilanz der Verfolgung von NS-Straftaten, Köln 1986; 165 S.

18636 Hemming, Walter: Die Verfolgung der Nazi-Straftaten, in: NWDH 1 (1946), Nr. 6, 23 ff.; abgedr. in: Charles Schüddekopf (Hg.), Vor den Toren der Wirklichkeit. Deutschland 1946/47 im Spiegel der Nordwestdeutschen Hefte, Berlin/Bonn 1980, 91–94

18637 Hey, Bernd: Die NS-Prozesse – Probleme einer juristischen Vergangenheitsbewältigung, in: Jürgen Weber/Peter Steinbach (Hg.), Vergangenheitsbewältigung durch Strafverfahren? NS-Prozesse in der Bundesrepublik Deutschland, München 1984, 51–70

18638 Hey, Bernd: Die NS-Prozesse. Versuch einer juristischen Vergangenheitsbewältigung, in: GWU 32 (1981), 331–62

18639 Jakobs, Günther: Vergangenheitsbewältigung durch Strafrecht? Zur Leistungsfähigkeit des Strafrechts nach einem politischen Umbruch, in: Josef Isensee (Hg.), Vergangenheitsbewältigung durch Recht. Drei Abhandlungen zu einem deutschen Problem, Berlin 1992, 37–64

18640 Kakol, Kazimierz: NS-Verbrechen in Polen und Probleme der Rechtshilfe, in: Julius H. Schoeps/Horst Hillermann (Hg.), Justiz und Nationalsozialismus. Bewältigt – verdrängt – vergessen, Stuttgart/Bonn 1987, 71–91

18641 Kramer, Helmut: Entlastung als System. Zur strafrechtlichen Aufarbeitung der Justiz- und Verwaltungsverbrechen des Dritten Reichs, in: Martin Bennhold (Hg.), Spuren des Unrechts. Recht und Nationalsozialismus. Beiträge zur historischen Kontinuität, Köln 1989, 101–30

18642 Mösl, Albert: Das Problem der prozessualen Behandlung politischer Mordtaten, in: Karl Forster (Hg.), Möglichkeiten und Grenzen für die Bewältigung historischer und politischer Schuld in Strafprozessen, Würzburg 1962, 37–62

18643 Rückerl, Adalbert: Vergangenheitsbewältigung mit den Mitteln der Justiz, in: APUZ, Nr. B 9–10/81, 28.2.1981, 11–25

B.1.4.2 Nürnberger Kriegsverbrechertribunal und alliierte Folgeprozesse

Bibliographien

18644 Baumgart, Winfried: Bücherverzeichnis zur deutschen Geschichte, 7. Aufl., München 1988, 217–20

18645 European War Crime Trials. A Bibliography. Additional Material Furnished by The Wiener Library, London, Hg. Robert A. Rosenbaum, Bearb. Inge S. Neumann, New York 1951; 113 S. (Ms. vervielf.)

18646 Lewis, John R. (Bearb.): Uncertain Judgement. A Bibliography of War Crimes Trials, Santa Barbara, Ca./Oxford 1979; XXXIII, 251 S.

Nachschlagewerke

18647 Übersicht über die Nürnberger Prozesse, in: AdV 2 (1949/50), 237–43

Quellenkunde

18648 Henke, Josef: Bemerkungen zum Verbleib und zur Erschließung der Unterlagen der Nürnberger Prozesse, in: Archivar 35 (1982), 231 f.

Indices zu den zwölf Nürnberger US-Militärgerichtsprozessen, Hg. Institut für Völkerrecht an der Universität Göttingen, Göttingen:

18649 – Bd. 1: Sachindex zu den Urteilen, 1950; 81 S.

18650 – Bd. 2: Sachindex zum Verfahren gegen Ernst von Weizsäcker u.a. (Fall XI, sogenannter »Wilhelmstraßen-Prozeß«), Bearb. Hans-Günther Seraphim, 1952; 222, 56 S.

18651 – Bd. 3A: Sachindex zum Verfahren gegen Wilhelm von Leeb u.a. (Fall XII, sogenannter »OKW-Prozeß«), Bearb. Hans-Günther Seraphim, 1953; 203 S.

18652 – Bd. 3B: Dokumentenindex zum Verfahren gegen Wilhelm von Leeb u.a. (Fall XII, sogenannter »OKW-Prozeß«), Bearb. Hans-Günther Seraphim, 1953; 56 S.

18653 – Bd. 3B: Personenindex zum Verfahren gegen Wilhelm von Leeb u.a. (Fall XII, sogenannter »OKW-Prozeß«), Bearb. Hans-Günther Seraphim, 1953; 117 S.

18654 – Bd. 4A: Personenindex zum Verfahren gegen Friedrich Flick u.a. (Fall V), Bearb. Hans-Günther Seraphim, 1956; 231 S.

18655 – Bd. 4B: Sachindex zum Verfahren gegen Friedrich Flick u.a. (Fall V), Bearb. Hans-Günther Seraphim, 1956; 221, 27 S.

18656 Mommsen, Wolfgang J.: Die Akten der Nürnberger Kriegsverbrecherprozesse und die Möglichkeiten ihrer historischen Auswertung, in: Archivar 3 (1950), 14–25

18657 Seraphim, Hans-Günther: Die Erschließung der Nürnberger Prozeßakten, in: Archivar 28 (1975), 417–22

18658 Tondokumente zur Zeitgeschichte: Nürnberger Prozeß (1945–1946), Hg. Deutsches Rundfunkarchiv, Frankfurt 1971; 63 S.

Gedruckte Quellen

The Holocaust. Selected Documents in 18 Volumes, Hg. John Mendelsohn, New York:

18659 – Bd. 17: Punishing the Perpetrators of the Holocaust. The [Rudolf] Brandt, [Oswald] Pohl, and [Otto] Ohlendorf Cases, Einleitung John Mendelsohn, 1982; 266 S.

18660 – Bd. 18: Punishing the Perpetrators of the Holocaust. The [Otto] Ohlendorf and [Ernst Freiherr] Von Weizsäcker Cases, Einleitung John Mendelsohn, 1982; 259 S.

18661 Jackson, Robert H.: Grundlegende Rede, vorgetragen im Namen der USA vor dem Internationalen Militärgerichtshof in Nürnberg, Frankfurt 1946; 72 S.

18662 Jackson, Robert H.: The Case against the Nazi War Criminals [Nürnberg]. Opening Statement for the United States of America and Other Documents, New York 1946; XIII, 219 S.

18663 Kempner, Robert M.W.: Das Dritte Reich im Kreuzverhör. Aus den unveröffentlichten Vernehmungsprotokollen des Anklägers [in Nürnberg] Robert M.W. Kempner, München/Esslingen 1969; 300 S. (ND Königstein, Ts./Düsseldorf 1980)

18664 Law Reports of Trials of War Criminals, Bearb. United Nations War Crimes Commission, Bd. 1–15, London 1947–1949

18665 Mitscherlich, Alexander/Mielke, Fred (Hg.): Medizin ohne Menschlichkeit. Dokumente des Nürnberger Ärzteprozesses, 3. Aufl., Frankfurt 1978 u.ö.; 296 S. (LA Berlin 1990; zuerst 1949 u.d.T.: Wissenschaft ohne Menschlichkeit)

18666 Nazi Conspiracy and Agression. A Collection of Documentary Evidence and Guide Materials [»Rote Reihe«], Hg. Office of U[nited] S[tates] Chief of Counsel for Prosecution of Axis Criminality, 9 Bde. u. 2 Suppl.bde., Washington/D.C. 1946–1948 (ND München 1979)

18667 Ostendorf, Heribert/ter Veen, Heino (Hg.): Das »Nürnberger Juristenurteil«.

Eine kommentierte Dokumentation, Frankfurt/New York 1985; 243 S.

18668 Pannenbecker, Otto (Hg.): Geheim! Dokumentarische Tatsachen aus dem Nürnberger Prozeß, Düsseldorf 1947; 223 S.

18669 Der Prozeß gegen die Hauptkriegsverbrecher vor dem internationalen Militärgerichtshof, Nürnberg, 14. November 1945–2. Oktober 1946. (Amtlicher Text in deutscher Sprache), Bd 1: Einführungsbd. (Vorprozeßdokumente, Urteil), Bd. 2–22: Verhandlungsniederschriften, Bd. 25–42: Urkunden und anderes Beweismaterial [»Blaue Reihe«], Nürnberg 1947–49 (zugl. engl. u. d. T.: Trial of the Major War Criminals; franz: Procès des grands criminels de guerre; Bd. 1–23: ND München/Zürich 1984 [MF])

18670 Smith, Bradley F. (Hg.): The American Road to Nuremberg. The Documentary Record, 1944–1945, Stanford, Ca. 1982; X, 259 S.

18671 Steiniger, Peter A. (Hg.): Der Nürnberger Prozeß. Aus den Protokollen, Dokumenten und Materialien des Prozesses gegen die Hauptkriegsverbrecher vor dem Internationalen Militärgerichtshof, 2 Bde., 5. Aufl., Berlin (O) 1962; 319, 614 S. (zuerst 1957)

18672 Thieleke, Karl-Heinz (Hg.): Fall 5. Anklageplädoyer, ausgewählte Dokumente, Urteil des Flick-Prozesses. Mit einer Studie über die »Arisierung« des Flick-Konzerns, Einleitung Klaus Drobisch, Berlin (O) 1965; 501 S.

18673 Trials of War Criminals before the Nürnberg Military Tribunals under Control Council Law No. 10. Nürnberg October, 1946 – April 1949 [NMT – »Grüne Reihe«], Bd. 1–2: The Medical Case. USA gegen Karl Brandt u. a. (Fall 1). – The Milch Case. USA gegen Erhard Milch (Fall 2), Bd. 3: The Justice Case. USA gegen Josef Altstoetter u. a. (Fall 3), Bd. 4–5: The Einsatzgruppen Case. USA gegen Otto Ohlendorf u. a. (Fall 9) – The RuSHA Case. USA gegen Ulrich Greifelt u. a. (Fall 8) – The Pohl Case. USA gegen Oswald Pohl u. a. (Fall 4), Bd. 6: The Flick Case. USA gegen Friedrich Flick u. a. (Fall 5), Bd. 7–8: The I. G. Farben Case. USA gegen C. Krauch u. a. (Fall 6), Bd. 9: The Krupp Case. USA gegen Alfried Felix Alwyn Krupp von Bohlen und Halbach u. a. (Fall 10), Bd. 10–11: The High Command Case. USA gegen Wilhelm Leeb u. a. (Fall 12) – The Hostage Case. USA gegen Wilhelm List u. a. (Fall 7), Bd. 12–14: The Ministries Case. USA gegen Ernst von Weizsäcker u. a. (Fall 11), Bd. 15: Procedure, Practice, and Administration, Washington, D. C. 1950–1953 (ND München 1979)

18674 Das Urteil im I. G.-Farben-Prozeß [Nürnberg]. Der vollständige Wortlaut mit Dokumentenanhang, Offenbach 1948; XV, 184 S.

18675 Das Urteil im Nürnberger I. G.-Farben-Prozeß, Krefeld 1948; 172 S.

18676 Das Urteil im Wilhelmstraßen-Prozeß. Der amtliche Wortlaut der Entscheidung im Fall Nr. 11 des Nürnberger Militärtribunals gegen von Weizsäcker und andere mit abweichender Urteilsbegründung, Berichtigungsbeschlüssen, den grundlegenden Gesetzesbestimmungen, einem Verzeichnis der Gerichtspersonen und Zeugen, Einführung Robert M. W. Kempner/Carl Haensel, Mitarb. C. H. Tuerck, Schwäbisch Gmünd 1950; XXXIII, 346 S.

18677 Das Urteil von Nürnberg. Grundlage eines neuen Völkerrechts. Vollständiger Text, Hg. Arbeitsgemeinschaft »Das Licht«, Baden-Baden o. J. [1946]; 210 S. (zugl. München 1946)

War Crimes Trials, Gesamtleitung David M. Fyfe, London u. a.:

18678 – Bd. 1: Trial of Heinz Eck, August Hoffmann, Walter Weisspfennig, Hans Richard Lenz and Wolfgang Schwender. (The Peleus Trial), Hg. John Cameron, Vorwort David M. Fyfe, 1948; LI, 247 S.

18679 – Bd. 2: Trial of Josef Kramer and Forty-Four Others. (The Belsen Trial), Hg.

Raymond Philipps, Vorwort Lord Jowitt, 1949; XLVIII, 749 S.

18680 – Bd. 4: Trial of Alfons Klein, Adolf Wahlmann, Heinrich Ruoff, Karl Willig, Adolf Merkle, Irmgard Huber and Philipp Blum. (The Hadamar Trial), Hg. Earl W. Kintner, Vorwort Robert H. Jackson, 1949; XXXVII, 250 S.

18681 – Bd. 5: Trial of Wolfgang Zeuss, Magnus Wochner, Emil Meier, Peter Straub, Fritz Hartjenstein, Franz Berg, Werner Rhode, Emil Bruttel, Kurt aus dem Bruch and Harberg. (The Natzweiler Trial), Hg. Anthony M. Webb, Vorwort Hartley Shawcross, 1949; 233 S.

18682 – Bd. 6: Trial of Nikolaus von Falkenhorst, Formerly Generaloberst in the German Army, Hg. E. H. Stevens, Vorwort Norman Birkett, 1949; XLII, 278 S.

18683 – Bd. 7: Trial of Heinrich Gerike, Georg Hessling, Werner Noth, Hermann Müller, Gustav Claus, Richard Demmerich, Fritz Flint, Valentina Bilien. (The Velpke Baby Home Trial), Hg. George Brand, Vorwort H. Lauterpacht, 1950; LIV, 356 S.

18684 – Bd. 9: Trial of Erich Killinger, Heinz Junge, Otto Boehringer, Heinrich Eberhardt, Gustav Bauer-Schlichtegroll. (The Dulag Luft Trial), Hg. Eric Cuddon, Vorwort Frank Soskice, 1952; XVIII, 255 S.

Darstellungen

18685 Anders, Karl: Im Nürnberger Irrgarten, Lauf b. Nürnberg 1948; 230 S.

18686 Aschenauer, Rudolf: Zur Frage der Revision der Kriegsverbrecherprozesse, Nürnberg 1949; 80 S.

18687 Bärsch, Claus-Ekkehard: Das Urteil von Nürnberg. Zur Aktualität der Anklage gegen »Hermann Göring und andere«, in: Babylon 1 (1986), Nr. 1, 45–54

18688 Bericht über Deutschland. 21. September 1949–31. Juli 1952, Hg. Amt des Amerikanischen Hochkommissars für Deutschland, Bad Godesberg-Mehlem o. J. [1952], 124–36

18689 Boberach, Heinz: Das Nürnberger Urteil gegen verbrecherische Organisationen und die Spruchgerichtsbarkeit der Britischen Zone, in: ZNR 12 (1990), 40–50

18690 Bower, Tom: »Alle deutschen Industriellen saßen auf der Anklagebank.« Die Nürnberger Nachfolgeprozesse gegen Krupp, Flick und die IG Farben, in: Rainer Eisfeld/Ingo Müller (Hg.), Gegen Barbarei. Essays Robert M. W. Kempner zu Ehren, Frankfurt 1989, 239–56

18691 Brochhagen, Ulrich: Kalter Krieg um Spandau. Die Regierung Adenauer drängte die Westmächte unentwegt, das Los der sieben Hauptkriegsverbrecher im Berliner Vier-Mächte-Gefängnis zu verbessern. Die Alliierten hatten Angst vor einem Märtyrerkult, in: Zeit, Jg. 48, Nr. 8, 19. 2. 1993, 74

18692 Conot, Robert E.: Justice at Nuremberg, London/New York 1983; XIII, 593 S.

18693 Cooper, Robert W.: Der Nürnberger Prozeß, Krefeld 1947; 355 S. (engl.: Harmondsworth 1947)

18694 Cyprian, Tadeusz/Sawicki, Jerzy: Nuremberg in Retrospect. People and Issues of the Trial, Warschau 1967; 245 S.

18695 Davidson, Eugene: The Trial of the Germans. An Account of the 22 Defendants Before the International Military Tribunal at Nuremberg, New York 1966; 636 S.

18696 Doehring, Karl: Völkerrechtliche Beurteilung des Kriegsverbrecherprozesses von Nürnberg. Auch nach 40 Jahren sind die Prinzipien von Nürnberg nicht verwendbar gemacht worden, in: BzK 16 (1986), Nr. 4, 75–84

18697 Erdmann, Karl D.: Das Ende des Reiches und die Neubildung deutscher Staaten. (Gebhardt Handbuch der deutschen Geschichte, 22), 2. Aufl., München 1980 u. ö., 98–112 (zuerst Stuttgart 1976)

18698 Friedrich, Jörg: Das Gesetz des Krieges. Das deutsche Heer in Rußland 1941 bis 1945. Der [Nürnberger] Prozeß gegen das Oberkommando der Wehrmacht, München/Zürich 1993; 1085 S.

18699 Friedrich, Jörg: Die 13 »Nürnberger Prozesse« – oder: Was ist ein Staatsverbrechen?, in: Bernd Ogan/Wolfgang W. Weiß (Hg.), Faszination und Gewalt. Zur politischen Ästhetik des Nationalsozialismus, Nürnberg 1992, 71–78

18700 Friedrich, Jörg/Wollenberg, Jörg (Hg.): Licht in den Schatten der Vergangenheit. Zur Enttabuisierung der Nürnberger Kriegsverbrecherprozesse, Frankfurt/Berlin 1987; 176 S.*

18701 Gilbert, Gustave M.: Nürnberger Tagebuch. Gespräche der Angeklagten mit dem amerikanischen Gerichtspsychologen, 6. Aufl., Frankfurt 1987; 455 S. (zuerst 1962; amerikan.: 1947)

18702 Gruchmann, Lothar: Das Urteil von Nürnberg nach 22 Jahren, in: VfZ 16 (1968), 385–89

18703 Haensel, Carl: Das Gericht vertagt sich. Tagebuch eines Verteidigers bei den Nürnberger Prozessen, 2. Aufl., München 1980; 347 S. (zuerst Hamburg 1950)

18704 Hansen, Friedrich: 40 Jahre Nürnberger Prozesse. Harte Forschungsdaten oder ärztliche Ethik?, in: Rainer Osnowski (Hg.), Menschenversuche: Wahnsinn und Wirklichkeit, Köln 1988, 98–112

18705 Harris, Whitney R.: Tyranny on Trial. The Evidence at Nuremberg, Einleitung Robert H. Jackson, Dallas, Tx. 1954; 608 S.

18706 Hemming, Walter: Der Nürnberger Prozeß in seiner völkerrechtlichen und politischen Bedeutung, in: NWDH 1 (1946), Nr. 2, 33 ff.; abgedr. in: Charles Schüddekopf (Hg.), Vor den Toren der Wirklichkeit. Deutschland 1946/47 im Spiegel der Nordwestdeutschen Hefte, Berlin/Bonn 1980, 63–72

18707 Heydecker, Joe J./Leeb, Johannes: Bilanz der tausend Jahre. Die Geschichte des Dritten Reiches im Spiegel des Nürnberger Prozesses, 2. Aufl., München 1975; 569 S. (zuerst 1958)**

18708 Heydecker, Joe J./Leeb, Johannes: Der Nürnberger Prozeß. Neue Dokumente, Erkenntnisse und Analysen, mit 130 dokumentarischen Fotos im Text, einer ausführlichen Zeittafel und umfassenden Bibliographie, Köln 1979; 582 S. (amerikan.: Westport, Conn. 1977)**

18709 Hirsch, Martin u.a. (Hg.): Politik als Verbrechen. 40 Jahre »Nürnberger Prozesse«, Hamburg 1986; 231 S.

18710 Hoffman, J. H.: German Field Marshals as War Criminals? A British Embarrassment, in: JCH 23 (1988), 17–35

18711 Irving, David: Der Nürnberger Prozeß. Die letzte Schlacht, 4. Aufl., München 1983; 110 S. (zuerst 1979)

18712 Jung, Susanne: Die Rechtsprobleme der Nürnberger Prozesse, dargestellt am Verfahren gegen Friedrich Flick, Tübingen 1992; XIII, 255 S.

18713 Kelley, Douglas M.: Twenty-two Cells in Nuremberg. A Psychiatrist Examines the Nazi Criminals, New York 1947; 245 S.

18714 Kempner, Robert M. W.: SS im Kreuzverhör. Die Elite, die Europa in Scherben schlug, erw. Neuaufl., Nördlingen 1987; 380 S. (zuerst München 1964)

18715 Kempner, Robert M. W.: Ankläger einer Epoche. Lebenserinnerungen, Mitarb. Jörg Friedrich, Frankfurt u.a. 1983; 474 S.

18716 Kempner, Robert M. W.: Amerikanische Militärgerichte in Deutschland, in: Hans-Jochen Vogel u.a. (Hg.), Die Freiheit des anderen. Festschrift für Martin Hirsch, Baden-Baden 1981, 145–63

18717 Klee, Ernst: Vergebung ohne Reue. Heimliche Hilfe der Kirchen für Massenmörder und Schreibtischtäter, in: Zeit, Jg. 47, Nr. 9, 21.2. 1992, 49f.

18718 Kranzbühler, Otto: Wert oder Unwert historischer Strafprozesse – erörtert am Nürnberger Beispiel, in: Karl Forster (Hg.), Möglichkeiten und Grenzen für die Bewältigung historischer und politischer Schuld in Strafprozessen, Würzburg 1962, 13–36

18719 Löw-Beer, Martin: Verschämter oder missionarischer Völkermord? Eine Analyse des Nürnberger Prozesses, in: Babylon 1 (1986), Nr. 1, 55–69

18720 Maser, Werner: Nürnberg. Tribunal der Sieger, Düsseldorf/Wien 1977; 700 S. (durchges. ND Düsseldorf 1988) (engl.: London 1977)

18721 Maurach, Reinhart: Die Kriegsverbrecherprozesse gegen deutsche Gefangene in der Sowjetunion, Hamburg 1950; 96 S.

18722 Mendelsohn, John: Trial by Documents. The Use of Seized Records in the United States Proceedings at Nuremberg, New York 1988; 224 S.

18723 Müller, Ingo: Nürnberg und die deutschen Juristen, in: Rainer Eisfeld/Ingo Müller (Hg.), Gegen Barbarei. Essays Robert M. W. Kempner zu Ehren, Frankfurt 1989, 257–77

18724 Müller, Norbert: Generalstab und Oberkommando der Wehrmacht im Urteil des Nürnberger Tribunals, in: MG 25 (1986), 393–99

18725 Neave, Airey: Nuremberg: A Personal Record of the Trial of the Major Nazi War Criminals in 1945–1946, London u.a. 1978; 348 S.

18726 Nürnberger Prozeß. Gestern und heute. Internationale wissenschaftliche Konferenz aus Anlaß des 20. Jahrestages des Beginns des Nürnberger Kriegsverbrecherprozesses, Berlin (O) 1966; 142 S.

18727 Peter, Jürgen: Der Nürnberger Ärzteprozeß im Spiegel seiner Aufarbeitung anhand der drei Dokumentensammlungen von Alexander Mitscherlich und Fred Mielke, Münster 1994; 358 S.

18728 Polewoi, Boris: Nürnberger Tagebuch, 4. Aufl., Berlin (O) 1974; 309 S. (zuerst 1971; russ.: Moskau 1969)

18729 Przybylski, Peter: Zwischen Galgen und Amnestie. Kriegsverbrecherprozesse im Spiegel von Nürnberg, 4. Aufl., Berlin (O) 1983; 208 S. (zuerst 1979)

18730 Rosenthal, Ludwig: »Endlösung der Judenfrage«. Massenmord oder »Gaskammerlüge«? Eine Auswertung der Beweisaufnahme im Prozeß gegen die Hauptkriegsverbrecher vor dem Internationalen Militärgerichtshof Nürnberg v. 14.11. 1945–1.10. 1946, 2., verb. Aufl., Darmstadt 1980; 154 S. (zuerst 1979)

18731 Rössler, Mechtild: Konrad Meyer und der »Generalplan Ost« in der Beurteilung der Nürnberger Prozesse. [Anhang:] Urteil des Internationalen Militärgerichtshofes in Nürnberg gegen Konrad Meyer-Hetling vom 10. März 1948, in: Mechtild Rössler/Sabine Schleiermacher (Hg.), Der »Generalplan Ost«. Hauptlinien der nationalsozialistischen Planungs- und Vernichtungspolitik, Berlin 1993, 356–67**

18732 Ryan jr., Allan A.: Attitudes toward the Prosecution of Nazi War Criminals in the United States, in: Randolph L. Braham (Hg.), Contemporary Views on Holocaust, Boston u.a. 1983, 201–26

18733 Schlepple, Eberhard: Das Verbrechen gegen den Frieden und seine Bestrafung. Unter besonderer Berücksichtigung des Grundsatzes »nulla poena sine lege«, Frankfurt/Bern 1983, 58–85

18734 Schudnagies, Christian: Hans Frank. Aufstieg und Fall des NS-Juristen und Generalgouverneurs, Frankfurt u.a. 1989, 77–96, 153f.

18735 Schwartz, Thomas A.: Die Begnadigung deutscher Kriegsverbrecher – John

McCloy und die Häftlinge in Landsberg, in: VfZ 38 (1990), 375–414

18736 Sigel, Robert: Im Interesse der Gerechtigkeit. Die Dachauer Kriegsverbrecherprozesse 1945–1948, Frankfurt/New York 1992; 252 S.

18737 Smirnow, L. N.: Der Nürnberger Prozeß und die Bestrafung der Nazi-Kriegsverbrecher, in: Befreiung und Neubeginn. Zur Stellung des 8. Mai 1945 und der deutschen Geschichte, Red. Bernhard Weißel, Berlin (O) 1968, 77–93

18738 Smith, Bradley F.: Der Jahrhundertprozeß. Die Motive der Richter von Nürnberg. Anatomie einer Urteilsfindung, 2. Aufl., Frankfurt 1983; 379 S. (zuerst 1977; engl.: London 1977)

18739 Taylor, Telford: Die Nürnberger Prozesse. Hintergründe, Analysen und Erkenntnisse aus heutiger Sicht, München 1994; 800 S. (amerikan.: New York 1992 u. d. T.: The Anatomy of the Nuremberg Trials)

18740 Thompson, H. Keith: Grand Admiral Karl Doenitz. Last President of a United Germany. His Succession, His Government, the Nuremberg Proceedings, the Aftermath, Some Personal Observations and Experiences, in: JHR 4 (1983), 305–34

18741 Toeplitz, Heinrich: Das Nürnberger Juristenurteil – Bedeutung und aktuelle Lehren, in: NJ 21 (1967), 713–19

18742 Varaut, Jean-Marc: Le Procés de Nuremberg, Paris 1992; 420 S.

18743 Walendy, Udo (Hg.): Auschwitz im IG Farben-Prozeß – Holocaust-Dokumente? Vlotho 1981; 404 S.

18744 Wieland, Claus-Dietrich: Carl Schmitt in Nürnberg (1947), in: 1999 2 (1987), Nr. 1, 96–122

18745 Wieland, Günther: Der Jahrhundertprozeß von Nürnberg. Nazi- und Kriegsverbrecher vor Gericht, Berlin (O) 1986; 158 S.

18746 Wollenberg, Jörg: Das Eliteverbrechen. Über das sorgfältige Vergessen der Nürnberger NS-Kriegsverbrecherprozesse gegen die Eliten aus Wirtschaft, Wissenschaft, Heer und Diplomatie, in: Jörg Friedrich/Jörg Wollenberg (Hg.), Licht in den Schatten der Vergangenheit. Zur Enttabuisierung der Nürnberger Kriegsverbrecherprozesse, Frankfurt/Berlin 1987, 10–25

18747 Wright, Quincy: The Law of the Nuremberg Trial, in: AJIL 41 (1947), 38–72

B.1.4.3 NS-Prozesse in Deutschland

Nachschlagewerke

18748 Statistik der NS-Prozesse, Hg. VVN-Bund der Antifaschisten, Präsidium, Frankfurt 1966

Gedruckte Quellen

18749 Beschluß vom 19. Februar 1957 (1 BvR 357/52). Verfassungsbeschwerde gegen Paragraph 3 Ziff. 4 des Gesetzes zur Regelung der Rechtsverhältnisse der unter Artikel 131 GG fallenden Personen vom 11. Mai 1951. Die generelle Nichtgewährung neuer Rechtsansprüche an die früheren Gestapo-Angehörigen ist mit dem Grundgesetz vereinbar, in: Entscheidungen des Bundesverfassungsgerichts, Hg. Bundesverfassungsgericht, Mitglieder, Bd. 6, Tübingen 1957, 132–222

Dam, Hendrik G. van/Giordano, Ralph (Hg.): KZ-Verbrechen vor deutschen Gerichten, Frankfurt:

18750 – Bd. [1]: Dokumente aus den Prozessen gegen [Martin] Sommer (KZ Buchenwald), [Gustav] Sorge, [Wilhelm] Schubert (KZ Sachsenhausen), [Wilhelm] Unkelbach (Ghetto in Czenstochau), 1962; 584 S.

18751 – Bd. 2: Einsatzkommando Tilsit. Der Prozeß zu Ulm, 1966; 514 S.

18752 Justiz und NS-Verbrechen. Sammlung deutscher Strafurteile wegen nationalsozialistischer Tötungsverbrechen 1945–1966, Bearb. Adelheid L. Rüter-Ehlermann u. a., 22 Bde., Amsterdam 1968–1980

18753 Krankenschwestern vor Gericht. Dokumentation, in: Angelika Ebbinghaus (Hg.), Opfer und Täterinnen. Frauenbiographien des Nationalsozialismus, Nördlingen 1987, 218–47

18754 Der Oberländer-Prozeß. Gekürztes Protokoll der Verhandlung vor dem Obersten Gericht der Deutschen Demokratischen Republik vom 20., 27. und 29. 4. 1960, Hg. Ausschuß für deutsche Einheit, Berlin (O) 1960; 240 S.

18755 Rückerl, Adalbert (Hg.): Nationalsozialistische Vernichtungslager im Spiegel deutscher Strafprozesse. Belzec, Sobibor, Treblinka, Chelmno, 3. Aufl., München 1979; 359 S. (zuerst 1977)

18756 Schneider, Rudolf: Der Auschwitz-Prozeß. Aus dem Tagebuch eines Prozeßbeobachters, in: SDWI 14 (1989), Nr. 29/30, 10–17

18757 Urteil vom 17. Dezember 1953 (1 BvR 147/52). Gesetz zur Regelung der Rechtsverhältnisse der unter Artikel 131 GG fallenden Personen vom 11. Mai 1951. Verf.Beschw. von Beamten und Versorgungsempfängern. [Alle Beamtenverhältnisse sind am 8. Mai 1945 erloschen], in: Entscheidungen des Bundesverfassungsgerichts, Hg. Bundesverfassungsgericht, Mitglieder, Bd. 3, Tübingen 1954, 58–162

Darstellungen

18758 Arendt, Hannah: Der Auschwitz-Prozeß (1966), in: Hannah Arendt, Nach Auschwitz. Essays & Kommentare 1, Hg. Eike Geisel/Klaus Bittermann, Berlin 1989, 99–136

18759 Bericht des Bundesministers der Justiz an den Präsidenten des Deutschen Bundestages über die Verfolgung nationalsozialistischer Straftaten vom 26. Februar 1965. (Bundestagsdrucksache 4/3124), Bonn 1965; 37 S.

18760 Dreßen, Willi: Die Zentrale Stelle der Landesjustizverwaltungen zur Aufklärung von NS-Verbrechen in Ludwigsburg, in: DH 6 (1990), Nr. 6, 85–93

18761 Finkelgruen, Peter: Haus Deutschland oder Die Geschichte eines ungesühnten Mordes, Berlin 1992; 171 S.

18762 Forster, Karl (Hg.): Möglichkeiten und Grenzen für die Bewältigung historischer und politischer Schuld in Strafprozessen, Würzburg 1962; 147 S.*

18763 Frankenberg, Günter: Die NS-Justiz vor den Gerichten der Bundesrepublik. Eine Große Anfrage im Bundestag. (Dokumentation), in: KJ 20 (1987), 88–112**

18764 Frankenberg, Günter/Müller, Franz J.: Juristische Vergangenheitsbewältigung. Der Volksgerichtshof vorm BGH, in: KJ 16 (1983), 145–63; abgedr. in: Der Unrechtsstaat, Hg. Redaktion Kritische Justiz, Bd. 2, Baden-Baden 1984, 225–43

18765 Friedlander, Henry: The Deportation of German Jews. Post-war German Trials of Nazi Criminals, in: LBY 29 (1984), 201–26

18766 Friedrich, Jörg: Die kalte Amnestie. NS-Täter in der Bundesrepublik, 19.–21. Tsd., Frankfurt 1986; 431 S. (zuerst 1984)

18767 Friedrich, Jörg: Freispruch für die Nazi-Justiz. Die Urteile gegen NS-Richter seit 1948. Eine Dokumentation, Reinbek 1983; 499 S.

18768 Friedrich, Jörg: Der lange Abschied vom Volksgerichtshof, in: NG 33 (1986), 1066–73

18769 Grabitz, Helge: NS-Prozesse. Psychogramm der Beteiligten, 2., durchges. Aufl., Heidelberg 1986; X, 171 S. (zuerst 1985)

18770 Grabitz, Helge: Die Verfolgung nationalsozialistischer Gewaltverbrechen aus der Sicht einer damit befaßten Staatsanwältin, in: Jürgen Weber/Peter Steinbach (Hg.), Vergangenheitsbewältigung durch Strafverfahren? NS-Prozesse in der Bundesrepublik Deutschland, München 1984, 84–99

18771 Grabitz, Helge: Die Verfolgung von NS-Verbrechen aus juristischer Sicht, in: ZG 13 (1986), 244–58

18772 Grabitz, Helge: Problems of the Nazi Trials in the Federal Republic of Germany, in: H&GS 3 (1988), 209–22

18773 Grabitz, Helge: NS-Verbrechen vor deutschen Gerichten. Analyse, in: GK 33 (1984), 379–407

18774 Gritschneder, Otto: Der Führer hat Sie zum Tode verurteilt. Hitlers »Röhm-Putsch«-Morde vor Gericht, München 1993; 149 S.

18775 Hannover, Heinrich: Zur Beweiswürdigkeit in Strafsachen gegen NS-Verbrecher, in: Rainer Eisfeld/Ingo Müller (Hg.), Gegen Barbarei. Essays Robert M. W. Kempner zu Ehren, Frankfurt 1989, 303–23

18776 Hannover, Heinrich: Zum Thälmann-Mord-Verfahren, in: KJ 20 (1987), 68–77

18777 Hirsch, Martin: Anlaß, Verlauf und Ergebnis der Verjährungsdebatten im Deutschen Bundestag, in: Jürgen Weber/Peter Steinbach (Hg.), Vergangenheitsbewältigung durch Strafverfahren? NS-Prozesse in der Bundesrepublik Deutschland, München 1984, 40–50

18778 Hoffmann, Christa: Stunde Null? Vergangenheitsbewältigung in Deutschland 1945 und 1989, Vorwort Alfred Streim, Bonn/Berlin 1992; 331 S.

18779 Hoffmann, Christa: Die justitielle »Vergangenheitsbewältigung« in der Bundesrepublik Deutschland. Tatsachen und Legenden, in: Uwe Backes u. a. (Hg.), Die Schatten der Vergangenheit. Impulse zur Historisierung des Nationalsozialismus, 2. Aufl., Frankfurt/Berlin 1992, 497–521 (zuerst 1990)

18780 Hohmann, Joachim S.: Der »Euthanasie«-Prozeß Dresden 1947. Eine zeitgeschichtliche Dokumentation, Frankfurt u. a. 1993; VI, 564 S.

18781 Jäger, Herbert: Strafrecht und nationalsozialistische Gewaltverbrechen, in: KJ 1 (1968), 356–70; abgedr. in: Der Unrechtsstaat, Hg. Redaktion Kritische Justiz, [Bd. 1], Frankfurt 1979 (ND Baden-Baden 1983), 143–57

18782 Jahntz, Bernhard/Kähne, Volker: Der Volksgerichtshof. Darstellung der Ermittlungen der Staatsanwaltschaft bei dem Landgericht Berlin gegen ehemalige Richter und Staatsanwälte am Volksgerichtshof, Hg. Senator für Justiz und Bundesangelegenheiten Berlin, 2. Aufl., Berlin 1987; 214 S. (zuerst 1986)

18783 Jasper, Gotthard: Wiedergutmachung und Westintegration. Die halbherzige justizielle Aufarbeitung der NS-Vergangenheit in der frühen Bundesrepublik, in: Ludolf Herbst (Hg.), Westdeutschland 1945–1955. Unterwerfung, Kontrolle, Integration, München 1986, 183–202

18784 Just-Dahlmann, Barbara/Just, Helmut: Die Gehilfen. NS-Verbrechen und die Justiz nach 1945, Frankfurt 1988; 360 S.

18785 Kirbach, Roland: Kein dringender Tatverdacht. Der Fall [Anton] Malloth: Wie ein KZ-Aufseher unbehelligt davonkam, in: Zeit, Jg. 45, Nr. 6, 2.2. 1990, 18

18786 Klarsfeld, Serge (Hg.): Documents Concerning the Destruction of the Jews of Grodno, Bd. 3: A: German Justice Seeking the Truth, B: Documents, Bd. 4: Grodno in the Bialystok Trial, 1966–1967, Bd. 5: The Grodno Trial, Cologne, 1968, hg. für die Beate Klarsfeld Foundation, New York o. J. [um 1986]; 467, 643, 561 S.**

18787 Klug, Ulrich: Die Rechtsprechung des Bundesgerichtshofes in NS-Prozessen, in: Julius H. Schoeps/Horst Hillermann

(Hg.), Justiz und Nationalsozialismus. Bewältigt – verdrängt – vergessen, Stuttgart/Bonn 1987, 92–117

18788 Kröger, Ullrich: Die Ahndung von NS-Verbrechen vor westdeutschen Gerichten und ihre Rezeption in der deutschen Öffentlichkeit 1958–1965, unter besonderer Berücksichtigung von »Spiegel«, »Stern«, »Zeit«, »SZ«, »FAZ«, »Welt«, »Bild«, »Hamburger Abendblatt«, »NZ«, »Neuem Deutschland«, Diss. Hamburg 1973; XIV, 16, 457 S.

18789 Krumsiek, Rolf u. a.: Nationalsozialismus und Justiz. Die Aufarbeitung von NS-Gewaltverbrechen damals und heute, Hg. Landeszentrale für politische Bildung Nordrhein-Westfalen, Münster 1993; 111 S.

18790 Kruse, Falko: Zweierlei Maß für NS-Täter? Über die Tendenz schichtspezifischer Privilegierungen in den Urteilen gegen nationalsozialistische Gewaltverbrecher, in: KJ 11 (1978), 236–53; abgedr. in: Der Unrechtsstaat, Hg. Redaktion Kritische Justiz, [Bd. 1], Frankfurt 1979 (ND Baden-Baden 1983), 190–207

18791 Kruse, Falko: NS-Prozesse und Restauration. Zur justitiellen Verfolgung von NS-Gewaltverbrechen in der Bundesrepublik, in: KJ 11 (1978), 109–34; abgedr. in: Der Unrechtsstaat, Hg. Redaktion Kritische Justiz, [Bd. 1], Frankfurt 1979 (ND Baden-Baden 1983), 164–89

18792 Kruse, Falko: Das Majdanek-Urteil. Von den Grenzen deutscher Rechtsprechung, in: KJ 18 (1985), 140–58

18793 KZ Majdanek. Report über das Vernichtungslager und über den Majdanek-Prozeß, Hg. VVN-Bund der Antifaschisten, Präsidium/VVN-Bund der Antifaschisten, Kreisverband Düsseldorf, 3., erw. u. verb. Aufl., Frankfurt 1979; 71 S.

18794 Langbein, Hermann: Der Auschwitz-Prozeß. Eine Dokumentation, 2 Bde., Frankfurt/Wien 1965; 1027 S. (ND Frankfurt 1995)**

18795 Langbein, Hermann: NS-Prozesse in den siebziger Jahren, in: KJ 5 (1972), 99–103; abgedr. in: Der Unrechtsstaat, Hg. Redaktion Kritische Justiz, [Bd. 1], Frankfurt 1979 (ND Baden-Baden 1983), 158–63

18796 Lichtenstein, Heiner: Im Namen des Volkes? Eine persönliche Bilanz der NS-Prozesse, Vorwort Robert M. W. Kempner, Köln 1984; 232 S.

18797 Lichtenstein, Heiner: Majdanek – Reportage eines Prozesses, Nachwort Simon Wiesenthal, Frankfurt 1979; 188 S.

18798 Lichtenstein, Heiner: NS-Prozesse – viel zu spät und ohne System, in: APUZ, Nr. B 9–10/81, 28. 2. 1981, 3–12

18799 Lichtenstein, Heiner: NS-Prozesse, in: Andreas Nachama/Julius H. Schoeps (Hg.), Aufbau nach dem Untergang. Deutsch-jüdische Geschichte nach 1945. In memoriam Heinz Galinski, Berlin 1992, 141–49

18800 Lichtenstein, Heiner: Viele Chancen wurden vertan. Zur Geschichte der NS-Prozesse in der Bundesrepublik Deutschland, in: Julius H. Schoeps/Horst Hillermann (Hg.), Justiz und Nationalsozialismus. Bewältigt – verdrängt – vergessen, Stuttgart/Bonn 1987, 55–70

18801 Lichtenstein, Heiner: NS-Verbrechen. Bewältigt im Sinn der Täter, in: Georg M. Hafner/Edmund Jacoby (Hg.), Die Skandale der Republik, Frankfurt/Wien 1989, 95–104 (LA Hamburg 1990)

18803 Der Mord, der nie verjährt. Protokoll einer öffentlichen Anhörung über die Behinderung der Strafverfolgung gegen die Mörder Ernst Thälmanns in der Bundesrepublik Deutschland. Veranstaltet am 12. Febr. 1980, Hg. Vereinigung der Juristen der DDR u. a., Berlin (O) 1980; 64 S.

18804 Müller-Münch, Ingrid: Nur keine Eile, dann erledigt sich der Prozeß fast ganz von selbst. Der Fall [Anton] Malloth: Gegen mutmaßliche NS-Verbrecher wird oft sehr gemächlich ermittelt, in: FR, Jg. 46, Nr. 2, 3. 1. 1990, 58

18805 Naumann, Bernd: Auschwitz. Bericht über die Strafsache gegen [Robert] Mulka und andere vor dem Schwurgericht Frankfurt, 2. Aufl., Frankfurt 1967; 522 S. (zuerst 1965)

18806 Nipperdey, Hans C.: Die Haftung für politische Denunziation in der Nazizeit, in: Hans C. Nipperdey (Hg.), Das Deutsche Privatrecht in der Mitte des 20. Jahrhunderts. Festschrift für Heinrich Lehmann zum 80. Geburtstag, Bd. 1.2, Berlin 1956, 285–307

18807 Obst, Dieter: Die »Reichskristallnacht« im Spiegel westdeutscher Nachkriegsprozeßakten und als Gegenstand der Strafverfolgung, in: GWU 44 (1993), 205–17

18808 Oppitz, Ulrich-Dieter: Strafverfahren und Strafvollstreckung bei NS-Gewaltverbrechen. Dargestellt an Hand von 542 rechtskräftigen Urteilen deutscher Gerichte aus der Zeit von 1964–1975, Ulm 1979; XXIX, 318 S.

18809 Oppitz, Ulrich-Dieter: Strafverfahren und Strafvollstreckung bei NS-Gewaltverbrechen. Dargestellt an Hand von 542 rechtskräftigen Urteilen deutscher Gerichte aus der Zeit von 1964–1975, 2., erw. Aufl., Ulm 1979; 380, XXIV S. (zuerst 1976)

18810 Ratz, Michael u. a.: Die Justiz und die Nazis. Zur Strafverfolgung von Nazismus und Neonazismus seit 1945, Frankfurt 1979; 184 S.

18811 Rein, Hans: Franz von Papen im Zwielicht der Geschichte. Sein letzter Prozeß, Baden-Baden 1979; 157 S.

18812 Renz, Ulrich: Lauter pflichtbewußte Leute. Szenen aus NS-Prozessen, Vorwort Jürgen Serke, Köln 1989; 164 S.

18813 Rückerl, Adalbert (Hg.): NS-Prozesse. Nach 25 Jahren Strafverfolgung: Möglichkeiten – Grenzen – Ergebnisse, Karlsruhe 1971; 205, [16] S.*

18814 Rückerl, Adalbert: NS-Verbrechen vor Gericht. Versuch einer Vergangenheitsbewältigung, 2., überarb. Aufl., Heidelberg 1984; 344 S. (zuerst 1982)

18815 Rückerl, Adalbert: Die Strafverfolgung von NS-Verbrechen 1945–1978. Eine Dokumentation, Heidelberg/Karlsruhe 1979; 148 S.

18816 Rückerl, Adalbert: Für und Wider die NS-Prozesse in der Bundesrepublik Deutschland, in: Essays über Naziverbrechen. Simon Wiesenthal gewidmet, Hg. Wiesenthal Fonds/Bund Jüdischer Verfolgter des Naziregimes in Wien, Amsterdam 1973, 203–52

18817 Rückerl, Adalbert: NS-Prozesse: Warum erst heute? – Warum noch heute? – Wie lange noch?, in: Adalbert Rückerl (Hg.), NS-Prozesse. Nach 25 Jahren Strafverfolgung: Möglichkeiten – Grenzen – Ergebnisse, Karlsruhe 1971, 13–34

18818 Rückerl, Adalbert: Staatsanwaltliche Ermittlungen der NS-Verbrechen – Schwierigkeiten und Ergebnisse, in: Jürgen Weber/Peter Steinbach (Hg.), Vergangenheitsbewältigung durch Strafverfahren? NS-Prozesse in der Bundesrepublik Deutschland, München 1984, 71–83

18819 Rüter, Christiaan F.: Die strafrechtliche Ahndung von Staatsverbrechen, begangen durch Militär und Polizei. Über die Beschränkung der Justiz, in: Jörg Friedrich/Jörg Wollenberg (Hg.), Licht in den Schatten der Vergangenheit. Zur Enttabuisierung der Nürnberger Kriegsverbrecherprozesse, Frankfurt/Berlin 1987, 67–82

18820 Schwarberg, Günther: Die Mörderwaschmaschine, Göttingen 1990; 144 S.

18821 Schwarberg, Günther: Die Mörderwaschmaschine. Wie die bundesdeutsche Justiz die Verbrechen der Faschisten mit Hilfe von Einstellungsbeschlüssen bewältigte oder: Von den Massenerschießungen abgesehen, war die Sterblichkeit gering, in: Rainer Eisfeld/Ingo Müller (Hg.), Gegen Barbarei. Essays Robert M. W. Kempner zu Ehren, Frankfurt 1989, 324–45

18822 Senfft, Heinrich: Richter und andere Bürger. 150 Jahre politische Justiz und neudeutsche Herrschaftspublizistik, Nördlingen 1988, 41–50

18823 Steinbach, Peter: Robert M. W. Kempner und die Rechtsstaatlichkeit in NS-Verfahren, in: RuP 23 (1987), 136–43

18824 Streim, Alfred: Der Umgang mit der Vergangenheit am Beispiel der zentralen Stelle der Landesjustizverwaltungen zur Aufklärung nationalsozialistischer Verbrechen in Ludwigsburg, in: Thomas Schnabel (Hg.), Formen des Widerstandes im Südwesten 1933–1945. Scheitern und Nachwirken, Mitarb. Angelika Hauser-Hauswirth, hg. f. d. Landeszentrale für politische Bildung Baden-Württemberg/Haus der Geschichte Baden-Württemberg, Ulm 1994, 320–33

18825 Die Verfolgung nationalsozialistischer Straftaten im Gebiet der Bundesrepublik Deutschland seit 1945, Hg. Bundesminister der Justiz, Bonn 1964; 108 S.

18826 Vogel, Rolf (Hg.): Ein Weg aus der Vergangenheit. Eine Dokumentation zur Verjährungsfrage und zu den NS-Prozessen, Frankfurt/Berlin 1969; 222 S.**

18827 Wassermann, Rudolf: Justiz und politische Kultur. Verfolgung nationalsozialistischer Gewaltverbrechen als Herausforderung für Rechtsprechung und Bewußtsein der Öffentlichkeit, in: Bernd Hey/Peter Steinbach (Hg.), Zeitgeschichte und politisches Bewußtsein. Internationale Tagung der Landeszentrale für Politische Bildung des Landes Nordrhein-Westfalen am Zentrum für Interdisziplinäre Forschung der Universität Bielefeld, Köln 1986, 209–32

18828 Wassermann, Rudolf: Wo Buße not tat, wurde nach Entlastung gesucht. Zur Aufarbeitung der NS-Vergangenheit durch die Justiz, in: RuP 19 (1983), 5–12

18829 Weber, Jürgen/Steinbach, Peter (Hg.): Vergangenheitsbewältigung durch Strafverfahren? NS-Prozesse in der Bundesrepublik Deutschland, hg. i. A. der Akademie für Politische Bildung Tutzing, München 1984; 211 S.

18830 Werle, Gerhard: Der Holocaust als Gegenstand der bundesdeutschen Strafjustiz, in: Bernhard Moltmann u. a. (Hg.), Erinnerung. Zur Gegenwart des Holocaust in Deutschland-West und Deutschland-Ost, Frankfurt 1993, 99–117

18831 Wieland, Günther: Zwischen Konfrontation und Kooperation – der Rechtsverkehr beider Deutscher Staaten bei der Ahndung von NS-Verbrechen, in: ZG 20 (1993), 403–18

18832 Wollenberg, Irène: Les poursuites juridiques en Allemagne fédérale contre les criminels de guerre, in: Yannis Thanassekos/Heinz Wismann (Hg.), Révision de l'histoire. Totalitarismes, crimes et génocides nazis. Actes du colloque international organisé à l'initiative des la Fondation Auschwitz, 3–5 novembre 1988, Institute de Sociologie, Université libre de Bruxelles, Paris 1990, 195–209

18833 Zur Verjährung nationalsozialistischer Verbrechen. Dokumentation der parlamentarischen Bewältigung des Problems 1960–1979. (Zur Sache, 3–5/80), Hg. Deutscher Bundestag, Presse- und Informationszentrum, 3 Bde., Bonn 1980; 345, 254, 212 S.

Regional-/Lokalstudien: Gedruckte Quellen

18834 Moritz, Klaus/Noam, Ernst (Hg.): NS-Verbrechen vor Gericht 1945–1955. Dokumente aus hessischen Justizakten. (Justiz und Judenverfolgung, 2), Wiesbaden 1978; 374 S.

Regional-/Lokalstudien: Darstellungen

18835 Benz, Wolfgang: Zwangswirtschaft und Industrie. Das Problem der Kompensationsgeschäfte am Beispiel des Kasseler Spinnfaser-Prozesses von 1947, in: VfZ 32 (1984), 422–40

18836 Bock, Wolfgang: DDR-Justiz und Strafverfahren wegen nationalsozialistischer Gewaltverbrechen. Eine Erläuterung der Rahmenbedingungen, in: Bernhard Moltmann u. a. (Hg.), Erinnerung. Zur Gegenwart des Holocaust in Deutschland-West und Deutschland-Ost, Frankfurt 1993, 119–27

18837 Böttcher, Joachim: Der Untergang der Cap Arcona – Grenzen einer staatsanwaltschaftlichen Aufarbeitung, in: Heribert Ostendorf (Hg.), Strafverfolgung und Strafverzicht. Festschrift zum 125jährigen Bestehen der Staatsanwaltschaft Schleswig-Holstein, Köln u. a. 1992, 261–75

18838 Busse, Horst/Krause, Udo: Lebenslänglich für den Gestapokommissar. Der Prozeß gegen den Leiter des Judenreferats bei der Dresdner Gestapo, SS-Obersturmführer Henry Schmidt, vor dem Bezirksgericht Dresden vom 15. bis 28. September 1987, Berlin (O) 1988; 108 S.

18839 Haueisen, Heinz: Auschwitz – eine Herausforderung an die Frankfurter Justizbehörden, in: Horst Henrichs/Karl Stephan (Hg.), Ein Jahrhundert Frankfurter Justiz. Gerichtsgebäude A: 1889–1989, Frankfurt 1989, 185–200

18840 Kuhlbrodt, Dietrich: »Euthanasie«-Morde und strafrechtliche Verfolgung in Hamburg, in: Von der Aussonderung zur Sonderbehandlung. Behinderte Menschen unterm Hakenkreuz. Lehren und Forderungen für heute. Dokumentation aus Anlaß des 40. Jahrestages der Massen-Abtransporte aus den Alsterdorfer Anstalten in die Tötungsanstalten der »Euthanasie«, Hg. Gewerkschaft Erziehung und Wissenschaft, Landesverband Hamburg u. a., Hamburg 1983, 31–39

18840a Meinicke, Wolfgang: Die Verfolgung der Nazi- und Kriegsverbrecher auf dem Territorium der Deutschen Demokratischen Republik, in: Deutscher Faschismus – Terror und Widerstand. Zur 2. Tagung der IREX-Unterkommission »Faschismus – Theorie und Praxis« von Historikern der USA und der DDR in Princeton, N. J., im Mai 1989. Beiträge der Historiker der DDR, Hg. Akademie für Gesellschaftswissenschaften beim Zentralkomitee der SED, Berlin (O) 1989, 71–85

18841 Müller, Walter: Die Verfolgung von NS-Straftaten im OLG-Bezirk Oldenburg, in: 175 Jahre Oberlandesgericht Oldenburg. 1814 Oberappellationsgericht – Oberlandesgericht 1989. Festschrift, Köln u. a. 1989, 373–85

18842 Rex, Erhard: Zeitgeschichte im Spiegel braunschweiger Strafprozesse, in: Rudolf Wassermann (Hg.), Justiz im Wandel der Zeit. Festschrift des Oberlandesgerichts Braunschweig, Braunschweig 1989, 229–48

18843 Teppe, Karl: Bewältigung von Vergangenheit? Der westfälische »Euthanasie«-Prozeß, in: Franz-Werner Kersting u. a. (Hg.), Nach Hadamar. Zum Verhältnis von Psychiatrie und Gesellschaft im 20. Jahrhundert, Paderborn 1993, 202–52

18844 Warlo, Johannes: NSG-Verfahren in Frankfurt am Main. Versuche einer justitiellen Aufarbeitung der Vergangenheit, in: Horst Henrichs/Karl Stephan (Hg.), Ein Jahrhundert Frankfurter Justiz. Gerichtsgebäude A: 1889–1989, Frankfurt 1989, 155–83

18845 Wieland, Günther: Der Beitrag der Deutschen Demokratischen Republik zur Ahndung der Nazi-Justizverbrechen, in: Julius H. Schoeps/Horst Hillermann (Hg.), Justiz und Nationalsozialismus. Bewältigt – verdrängt – vergessen, Stuttgart/Bonn 1987, 32–54

B.1.4.4 NS-Prozesse im Ausland

B.1.4.4.1 Allgemeines

18846 Morgan, Ted: An Uncertain Hour. The French, the Germans, the Jews, the [Klaus] Barbie Trial, and the City of Lyon, 1940–1945, London 1990; 416 S.

B.1.4.4.2 Eichmann-Prozeß

Bibliographien

18847 Braham, Randolph L.: The Eichman Case. A Source Book, New York 1969; XI, 186 S.

Gedruckte Quellen

18848 Lang, Jochen von (Hg.): Das Eichmann-Protokoll. Tonbandaufzeichnungen der israelischen Verhöre, 2. Aufl., Rastatt 1991; 344 S. (zuerst Berlin 1982)

18849 Less, Avner W. (Hg.): Schuldig. Das Urteil gegen Adolf Eichmann, Vorwort Jochen von Lang, Frankfurt 1987; VI, 335 S.

Darstellungen

18850 Arendt, Hannah: Eichmann in Jerusalem. Ein Bericht von der Banalität des Bösen, Neuausg., München/Zürich 1986; XXXVII, 357 S. (zuerst München 1964 u. ö.; amerikan.: New York 1963)

18851 Harel, Isser: Das Haus in der Garibaldi-Straße, Frankfurt/Berlin 1976; 287 S. (engl.: London 1975)

18852 Holthusen, Hans E.: Hannah Arendt, Eichmann und die Kritiker, in: VfZ 13 (1965), 178–90

18853 Krummacher, Friedrich A. (Hg.): Die Kontroverse. Hannah Arendt, Eichmann und die Juden, München 1964; 239 S.

18854 Malkin, Peter Z.: Ich jagte Eichmann. Der Bericht des israelischen Geheimagenten, der den Organisator der »Endlösung« gefangennahm, Mitarb. Harry Stein, München/Zürich 1991; 313 S. (amerikan.: New York 1990 u. d. T.: Eichmann in my Hands)

18855 Naumann, Klaus: Sympathy for the Devil? Die Kontroverse um Hannah Arendts Prozeßbericht »Eichmann in Jerusalem«, in: Mittelweg 3 (1994), Nr. 1, 65–79**

18856 Papadatos, Pierre A.: Le procés Eichmann, Genf 1964; 125 S. (amerikan.: New York 1964)

18857 Robinson, Jacob: And the Crooked Shall Be Made Straight. The Eichmann Trial, the Jewish Catastrophe and Hannah Arendt's Narrative, New York 1965; 406 S.

18858 Russell of Liverpool, Edward Lord: The Trial of Adolf Eichmann, London 1962; 324 S.

18859 Schmorak, Dov B.: Der Prozeß Eichmann. Dargestellt an Hand der in Nürnberg und Jerusalem vorgelegten Dokumente sowie der Gerichtsprotokolle, Wien 1964; 437 S.

18860 Schüle, Erwin: Die strafrechtliche Aufarbeitung des Verhaltens in totalitären Systemen. Der Eichmann-Prozess aus deutscher Sicht, in: Karl Forster (Hg.), Möglichkeiten und Grenzen für die Bewältigung historischer und politischer Schuld in Strafprozessen, Würzburg 1962, 63–86

18861 Wassermann, Heinz P.: »Lang lebe Deutschland, lang lebe Argentinien, lang lebe Österreich.« Der Prozeß gegen Adolf Eichmann: Eine Analyse historischer Bewußtseinsbildung durch die Tagespresse, in: ZG 20 (1993), 249–59

18862 Wiesenthal, Simon: Ich jagte Eichmann. Tatsachenbericht, Gütersloh 1961; 255 S.

B.1.5 Entnazifizierung

B.1.5.1 Allgemeines

Literaturberichte

18863 Albrecht, Wilma: Die Entnazifizierung, in: NPL 24 (1979), 73–84

Gedruckte Quellen

18864 Vollnhals, Clemens (Hg.): Entnazifizierung. Politische Säuberung und Rehabilitierung in den vier Besatzungszonen 1945–1949, München 1991; 360 S.

Darstellungen

18865 Bachof, Otto: Die »Entnazifizierung«, in: Andreas Flitner (Hg.), Deutsches Geistesleben und Nationalsozialismus. Eine Vortragsreihe der Universität Tübingen, Tübingen 1965, 195–216

18866 Benser, Günter: Konzeptionen und Praxis der Abrechnung mit dem deutschen Faschismus, in: ZfG 32 (1984), 951–67

18867 Benz, Wolfgang: Die Entnazifizierung der Richter, in: Bernhard Diestelkamp/Michael Stolleis (Hg.), Justizalltag im Dritten Reich, Frankfurt 1988, 112–30

18868 Blänsdorf, Agnes: Zur Konfrontation mit der NS-Vergangenheit in der Bundesrepublik, der DDR und Österreich. Entnazifizierung und Wiedergutmachungen, in: APUZ, Nr. B 16–17/87, 18. 4. 1987, 3–18

18869 Egel, Karl-Georg: Besuch bei internierten Nationalsozialisten, in: NWDH 2 (1947), Nr. 2, 38 ff.; abgedr. in: Charles Schüddekopf (Hg.), Vor den Toren der Wirklichkeit. Deutschland 1946/47 im Spiegel der Nordwestdeutschen Hefte, Berlin/Bonn 1980, 156–58

18870 Erdmann, Karl D.: Das Ende des Reiches und die Neubildung deutscher Staaten. (Gebhardt Handbuch der deutschen Geschichte, 22), 2. Aufl., München 1980 u. ö., 112–22 (zuerst Stuttgart 1976)

18871 Hetzer, Gerhard: Unternehmer und leitende Angestellte zwischen Rüstungseinsatz und politischer Säuberung, in: Martin Broszat u. a. (Hg.), Von Stalingrad zur Währungsreform. Zur Sozialgeschichte des Umbruchs in Deutschland, 3. Aufl., München 1990, 551–91 (zuerst 1988)

18872 Hollander, Walter von: Ein Jahr Entnazifizierung, in: NWDH 2 (1947), Nr. 2, 35 ff.; abgedr. in: Charles Schüddekopf (Hg.), Vor den Toren der Wirklichkeit. Deutschland 1946/47 im Spiegel der Nordwestdeutschen Hefte, Berlin/Bonn 1980, 152–56

18873 Jesse, Eckhard: »Entnazifizierung« und »Entstasifizierung« als politisches Problem. Die doppelte Vergangenheitsbewältigung, in: Josef Isensee (Hg.), Vergangenheitsbewältigung durch Recht. Drei Abhandlungen zu einem deutschen Problem, Berlin 1992, 9–36

18874 Klingemann, Carsten: Entnazifizierung und Soziologiegeschichte: Das Ende der Deutschen Gesellschaft für Soziologie und das Jenaer Soziologentreffen (1934) im Spruchkammerverfahren (1949), in: JbSG 1990, 239–68**

18875 Nakai, Akio: Die »Entmilitarisierung« Japans und die »Entnazifizierung« Deutschlands nach 1945 im Vergleich, in: BzK 18 (1988), 5–21

18876 Riegler, Claudius H.: Schwedische Enthüllungen über Gewährung politischen Asyls für Naziverbrecher 1944–1947, in: 1999 4 (1989), Nr. 2, 125–28

18877 Schick, Christa: Die Internierungslager, in: Martin Broszat u. a. (Hg.), Von Stalingrad zur Währungsreform. Zur Sozialgeschichte des Umbruchs in Deutschland, 3. Aufl., München 1990, 301–25 (zuerst 1988)

18878 Schulze, Winfried: Deutsche Geschichtswissenschaft nach 1945, München 1989, 121–44

18879 Serant, Paul: Die politischen Säuberungen in Westeuropa am Ende des Zweiten Weltkrieges in Deutschland, Österreich, Belgien, Dänemark, Frankreich, Großbritannien, Italien, Luxemburg, Norwegen, den Niederlanden und der Schweiz, Oldenburg/Hamburg 1966; 344 S. (franz.: Paris 1964 u. d. T.: Les vaincus de la libération)

18880 Starr, Joseph R.: Denazification, Occupation, and Control of Germany. March – July, 1945, Salisbury, N. C. 1977; XI, 179 S.

18881 Tschernow, A. B.: Über die Entnazifizierung, in: Befreiung und Neubeginn. Zur Stellung des 8. Mai 1945 und der deutschen Geschichte, Red. Bernhard Weißel, Berlin (O) 1968, 243–53

B.1.5.2 Westliche Besatzungszonen und BRD

Gedruckte Quellen

18882 Gesetz zur Befreiung von Nationalsozialismus und Militarismus vom 5. März 1946, nebst den Ausführungsvorschriften und Formularen, Hg. Erich Schullze, hg. in amtlichem Auftrag, 2. Aufl., München 1947; 281 S. (zuerst 1946)

18883 Priese, Johannes/Pokorny, Karl: Kommentar zum Gesetz zur Befreiung von Nationalsozialismus und Militarismus nebst Ausführungsbestimmungen, Durchführungsverordnungen, Nebengesetzen, eines Schlagwortregisters und Organisationstafeln, 5 Bde., Frankfurt 1946–1947; 496 S.

18884 Scheerbarth, Rudolf: Kommentar zum Gesetz zur Befreiung von Nationalsozialismus und Militarismus, Haag a. d. Amper 1947; 111, 35 S. (Nachtrag 1948 mit Hinweisen für Betroffene des Gesetzes im Deckblatt)

18885 Schmitt, Heinrich/Ehardt, Hans: Grundlegende Reden zum Gesetz zur Befreiung von Nationalsozialismus und Militarismus, Frankfurt 1946; 32 S.

18886 Vollnhals, Clemens: Entnazifizierung und Selbstreinigung im Urteil der evangelischen Kirche. Dokumente und Reflexionen 1945–1949, München 1989; 243 S.

18887 Weber, Hermann: Das Gesetz zur politischen Säuberung vom 5. März 1946. Gemeinverständliche Darstellung, Erläuterung und Kommentar, Karlsruhe 1947; XI, 335 S.

Darstellungen

18888 Arndt, Adolf: Die evangelische Kirche und das Befreiungsgesetz, in: FH 1 (1946), 35–46

18889 Bauer, Leo: Entnazifizierung – Renazifizierung, in: WuT 2 (1947), Nr. 12/13, 1–9

18890 Billerbeck, Rudolf: Die Abgeordneten der ersten Landtage (1946–1951) und der Nationalsozialismus, Düsseldorf 1971; 305 S.

18891 Boberach, Heinz: Das Nürnberger Urteil gegen verbrecherische Organisationen und die Spruchgerichtsbarkeit der Britischen Zone, in: ZNR 12 (1990), 40–50

Borchmeyer, Josef (Hg.): Hugenbergs Ringen in deutschen Schicksalsstunden. Tatsachen und Entscheidungen in dem Verfahren zu Detmold und Düsseldorf 1949/50, Detmold:

18892 – Bd. 1: Lothar Steuer, Hugenberg und die Hitler-Diktatur. Ein Beitrag zur Verteidigung von Dr. Alfred Hugenberg in dem Entnazifizierungsverfahren vor dem Berufungsverfahren vor dem Berufungsausschuß Detmold, 1949; 94 S.

18893 – Bd. 2: Weitere Beiträge zum Entnazifizierungsverfahren 1949, 1949; 59 S.

18894 – Bd. 3: Nachtrag vom Februar 1951, 1951; 12 S.

18895 Bower, Tom: The Pledge Betrayed. America and Britain, and the Denazification of Postwar Germany, Garden City, N. Y. 1982; XVI, 462 S.

18896 Bower, Tom: Von Dachau zum Mond. Wie Nazi-Forscher zu Vätern der US-Weltraumforschung wurden, in: Zeit, Jg. 42, Nr. 20, 8. 5. 1987, 13–17

18897 Braunbuch. Kriegs- und Naziverbrecher in der Bundesrepublik. Staat, Wirtschaft, Armee, Verwaltung, Justiz, Wissenschaft, Hg. Nationalrat der Nationalen

Front des demokratischen Deutschland/ Dokumentationszentrum der staatlichen Archivverwaltung der DDR, Berlin (O) 1965; 387 S.

18898 Breuer, Jacques u.a.: Konservative, Faschismusbild und Entnazifizierung 1945. Das Memorandum Wilhelm Kesselbachs zur Entnazifizierung der Justiz, in: DuR 13 (1985), 140–52

18899 Broszat, Martin: Siegerjustiz oder strafrechtliche »Selbstreinigung«. Aspekt der Vergangenheitsbewältigung der deutschen Justiz während der Besatzungszeit 1945–1949, in: VfZ 29 (1981), 477–544

18900 Chamberlin, Brewster S.: Todesmühlen. Ein früher Versuch zur Massen-»Umerziehung« im besetzten Deutschland 1945–1946, in: VfZ 29 (1981), 420–36

18901 Diestelkamp, Bernhard/Jung, Susanne: Die Justiz in den Westzonen und der frühen Bundesrepublik, in: APUZ, Nr. B 13–14/89, 24.3.1989, 19–29

18902 Dirks, Walter: Folgen der Entnazifizierung. Ihre Auswirkung in kleinen und mittleren Gemeinden der drei westlichen Zonen. Studie des Instituts für Sozialforschung 1953, in: Theodor W. Adorno/Walter Dirks (Hg.), Sociologica. Aufsätze, Max Horkheimer zum sechzigsten Geburtstag gewidmet, 2. Aufl., Stuttgart 1974, 445–70 (zuerst Frankfurt 1955)

18903 Dombois, Hans: Politische Gerichtsbarkeit. Der Irrweg der Entnazifizierung und die Frage des Verfassungsschutzes, Gütersloh 1950; 32 S.

18904 Dotterweich, Volker: Die »Entnazifizierung«, in: Josef Becker u.a. (Hg.), Vorgeschichte der Bundesrepublik Deutschland, 2., überarb. Aufl., München 1987, 123–61 (zuerst 1979)

18905 »Entnazifizierung«. Notbrücken zum Verstehen, in: NWDH 1 (1946), Nr. 4, 12 ff.; abgedr. in: Charles Schüddekopf (Hg.), Vor den Toren der Wirklichkeit. Deutschland 1946–47 im Spiegel der Nordwestdeutschen Hefte, Berlin/Bonn 1980, 78–82

18906 FitzGibbon, Constantine: Denazification, New York 1969; 222 S.

18907 Friedländer, Ernst: Die Abrechnung, in: Zeit, Jg. 2, Nr. 50, 11.12.1947, 1

18908 Friedländer, Ernst: Großreinemachen, in: Zeit, Jg. 2, Nr. 22, 29.5.1947, 1

18909 Fritzsch, Robert: Entnazifizierung. Der fast vergessene Versuch einer politischen Säuberung nach 1945, in: APUZ, Nr. B 24/72, 10.6.1972, 11–30

18910 Fürstenau, Justus: Entnazifizierung. Ein Kapitel deutscher Nachkriegspolitik, Neuwied/Berlin 1969; 274 S.

18911 Fürstenau, Justus: Entnazifizierung, in: Staatslexikon, Bd. 2, Freiburg i.Br. 1958, 1195–1202

18912 Giefer, Rena/Giefer, Thomas: Die Rattenlinie. Fluchtwege der Nazis. Eine Dokumentation, Frankfurt 1991; 280 S.**

18913 Gritschneder, Otto: Sackgasse Säuberung. Eine kritische Denkschrift zum Jahrestag des Inkrafttretens des Gesetzes zur Befreiung vom Nationalsozialismus und Militarismus vom 5. März 1946, München o.J. [um 1948]; 120 S. (»Als privates Manuskript vervielfältigt. Nicht verkäuflich.«)

18914 Grotkopp, Jörg: Beamtentum und Staatsformwechsel. Die Auswirkungen der Staatsformwechsel von 1918, 1933 und 1945 auf das Beamtenrecht und die personelle Zusammensetzung der deutschen Beamtenschaft, Frankfurt u.a. 1992, 167–208

18915 Haas, Gerhard/Simon, Franz: Die Denazifizierung. Gesetz und Verfahren, Heidelberg 1946; 88 S.**

18916 Haas, Wilhelm: Beiträge zur Geschichte der Entstehung des Auswärtigen Dienstes der Bundesrepublik Deutschland, Bonn 1969; 531 S. (als Manuskript gedr.)**

18917 Hammer, Karl: Bankrott der Entnazifizierung?, Stuttgart 1948; 24 S.

18918 Henke, Klaus-Dietmar: Mußte die Entnazifizierung scheitern? Zu einer Grundfrage der Nachkriegsgeschichte, in: Dieter Galinski (Hg.), Jugendliche erforschen den Nachkriegszeit. Materialien zum Schülerwettbewerb Deutsche Geschichte 1984/85, Hamburg 1984, 15–33

18919 Henke, Klaus-Dietmar: Die Grenzen der politischen Säuberung in Deutschland nach 1945, in: Ludolf Herbst (Hg.), Westdeutschland 1945–1955. Unterwerfung, Kontrolle, Integration, München 1986, 127–33

18920 Hermens, Ferdinand A.: Denazification or Renazification? [1947], in: Julia E. Johnsen (Hg.), The Dilemma of Postwar Germany, New York 1948, 174–80

18921 Herz, John H.: The Fiasco of Denazification in Germany, in: PSQ 63 (1948), 569–94

18922 Heyland, Karl: Die Rechtsstellung der entfernten, erfolgreich entnazifizierten Beamten, in: DÖV 3 (1950), 289–97, 323–32, 359–64

18923 Klee, Ernst: Persilscheine und falsche Pässe. Wie die Kirchen den Nazis halfen, Frankfurt 1991; 192 S.

18924 Klee, Ernst: Vergebung ohne Reue. Heimliche Hilfe der Kirchen für Massenmörder und Schreibtischtäter, in: Zeit, Jg. 47, Nr. 9, 21.2. 1992, 49 f.

18925 Knappstein, Karl-Heinrich: Die versäumte Revolution. Wird das Experiment der »Denazifizierung« gelingen?, in: Wandlung 2 (1947), 663–77

18926 Koellreutter, Otto: Das Wesen der Spruchkammern und der durch sie durchgeführten Entnazifizierung. Ein Rechtsgutachten. Als Manuskript gedruckt auf Veranlassung des Gesamtdeutschen Block-BHE, München o. J. [1953]; 32 S.

18927 Kogon, Eugen: Das Recht auf den politischen Irrtum, in: FH 2 (1947), 641–55; abgedr. in: Eugen Kogon, Ideologie und Praxis der Unmenschlichkeit. Erfahrungen mit dem Nationalsozialismus. (Gesammelte Schriften, 1), Hg. Michael Kogon/Gottfried Erb, Weinheim/Berlin 1995, 237–55

18928 Lacroix-Riz, Annie: La dénazification politique de la Zone Américaine d'occupation en Allemagne vue par les Français (1945–1949), in: Stefan Martens (Hg.), Vom »Erbfeind« zum »Erneuerer«. Aspekte und Motive der französischen Deutschlandpolitik nach dem Zweiten Weltkrieg, Sigmaringen 1993, 115–56

18929 Lenz, Hubert: Der Schlußstrich? Gedanken zur Entnazifizierung, Köln 1948; 76 S.

18930 Meding, Holger M.: Flucht vor Nürnberg? Die deutsche Einwanderung in Argentinien 1945–1955, Köln u. a. 1992; 440 S.

18931 Meyer, Georg: Soldaten wie andere auch? Zur Einstellung ehemaliger Angehöriger der Waffen-SS in die Bundeswehr, in: Harald Dickerhof (Hg.), Heinz Hürten zum 60. Geburtstag. Festgabe, Frankfurt u. a. 1988, 545–94

18932 Müller-Meiningen jr., Ernst: Die Parteigenossen. Betrachtungen und Vorschläge zur Lösung des »Naziproblems«, München 1946; 103 S.**

18933 Niethammer, Lutz u. a. (Hg.): Arbeiterinitiative 1945. Antifaschistische Ausschüsse und Reorganisation der Arbeiterbewegung in Deutschland, Mitarb. Ulrich Borsdorf u. a., Wuppertal 1976; 782 S.

18934 Niethammer, Lutz: Entnazifizierung, in: Carola Stern u. a. (Hg.), Lexikon zur Geschichte und Politik im 20. Jahrhundert, Köln 1971, 213–15

18935 Noormann, Harry: Protestantismus und politisches Mandat 1945–1949, Bd. 1: Grundriß, Bd. 2: Dokumente und Kommentare, Gütersloh 1985; 317, 287 S.**

18936 Die öffentliche Resonanz der Entnazifizierung. Ergebnisse von Bevölkerungs-Umfragen Sept. 1948 u. Nov. 1953. Bericht für das Institut für Politische Wissenschaften der Johann-Wolfgang-Goethe-Universität Frankfurt a.M., Hg. Institut für Demoskopie Allensbach, Allensbach 1954; 11 S. (Ms. vervielf.)

18937 Otten, Holger: »Die Kleinen hängt man, die Großen läßt man laufen!« Entnazifizierung in den Westzonen, in: Urs J. Diederichs/Hans-Hermann Wiebe (Hg.), Schleswig-Holstein unter dem Hakenkreuz, hg. i. A. der Evangelischen Akademie Nordelbien, Bad Segeberg/Hamburg o.J. (1984), 193–208

18938 Phillips, David: Die Wiedereröffnung der Universitäten. Entnazifizierung und das Problem der Zulassung zum Studium, in: BuE 36 (1983), 35–53

18939 Raiser, Ludwig: Entnazifizierung. Politische Säuberung oder Bestrafung, in: GöUZ 2 (1946/47), 6–8

18940 Rinklake, Hubert: »Ich habe weiter nichts getan als von jedem anständigen Staatsbürger verlangt werden muß.« Nationalsozialistische Ortsgruppenleiter und ihre Entnazifizierung im katholischen Emsland, in: Frank Bajohr (Hg.), Norddeutschland im Nationalsozialismus, Hamburg 1993, 166–84

18941 Rohowsky, Margarethe: Gleichschaltung und Ausschaltung. Beiträge zum Problem der Entnazifizierung, Berlin 1947; 40 S.

18942 Ryan jr., Allan A.: Klaus Barbie and the United States Government. A Report to the Attorney General of the United States, Hg. U.S. Department of Justice, Washington, D.C. 1983; XI, 218 S., Anlagen

18943 Simpson, Christopher: Der amerikanische Bumerang. NS-Kriegsverbrecher im Sold der USA, Wien 1988; 456 S.

18944 Die unbewältigte Vergangenheit. Eine Dokumentation über Rolle und Einfluß ehemals führender Nationalsozialisten in der Bundesrepublik Deutschland, Hg. VVN-Bund der Antifaschisten, Präsidium, Frankfurt 1962; 187 S.

18945 Und das in Deutschland nach einem Jahr, Hg. Hauptausschuß der Opfer des Faschismus, Berlin 1946; 72 S.

18946 Utley, Freda: Kostspielige Rache, Hamburg 1950 u.ö.; 363 S. (zuerst amerikan.: Chicago, Ill. 1949 u.d.T.: The High Cost of Venegance)

18947 Vollnhals, Clemens: Evangelische Kirche und Entnazifizierung 1945–1949. Die Last der nationalsozialistischen Vergangenheit, München 1989; 308 S.

18948 Weeber, Rudolf: Evangelische Kirche und Entnazifizierung, Stuttgart 1948; 15 S.

18949 Wenzel, Max: Das Gesetz zu Artikel 131 GG und die Hochschullehrer, Frankfurt 1953; 61 S.

18950 Wenzel, Max: Rechtsprobleme des Mitläufers, Nürnberg 1949; 35 S.

18951 Wenzel, Max: Rechtsstellung der entnazifizierten Beamten. Kritische Rechtsbetrachtungen, Nürnberg 1949; 91 S.

18952 Werum, Karin: Die Entnazifizierung der Verwaltungsbeamten. Ein Beitrag zur Kontinuität der Verwaltung nach dem Ende des Dritten Reiches, in: DuR 17 (1989), 422–32

18953 Wittig, Wolfgang: Zur Praxis der Entnazifizierung in Bayern, in: Hans-Jochen Vogel u.a. (Hg.), Die Freiheit des anderen. Festschrift für Martin Hirsch, Baden-Baden 1981, 165–83

18954 Wrobel, Hans: Verurteilt zur Demokratie. Justiz und Justizpolitik in Deutschland 1945–1949, Heidelberg 1989; XII, 400 S.

18955 Wuermeling, Henric L.: Die Weiße Liste. Umbruch in der politischen Kultur in Deutschland nach 1945, Berlin/Frankfurt 1981; 302 S.

18956 Wunder, Bernd: Geschichte der Bürokratie in Deutschland, Frankfurt 1986, 149–68, 223–25

Regional-/Lokalstudien: Gedruckte Quellen

18957 Beweisdokumente für die Spruchgerichte in der britischen Zone, Hg. Generalinspekteur in der Britischen Zone für die Spruchgerichte, Hamburg 1947; XVII, 391 S.

18958 Entnazifizierung in Nordrhein-Westfalen. Richtlinien, Anweisungen, Organisation. (Veröffentlichungen der staatlichen Archive des Landes Nordrhein-Westfalen, Reihe C, 2), Hg. Hauptstaatsarchiv Düsseldorf, Bearb. Irmgard Lange, Siegburg 1976; VII, 585 S.

18959 Rossmeissl, Dieter (Hg.): Demokratie von unten. Amerikanische Militärregierung in Nürnberg 1945–1949, München 1988, 104–69

Regional-/Lokalstudien: Darstellungen

18960 Bästlein, Klaus: Schleswig-Holstein: Ein deutsch-nationales Naturschutzgebiet für NS-Verbrecher? Zur politischen Natur im nördlichsten Bundesland, in: Urs J. Diederichs/Hans-Hermann Wiebe (Hg.), Schleswig-Holstein unter dem Hakenkreuz, hg. i. A. der Evangelischen Akademie Nordelbien, Bad Segeberg/Hamburg o. J. (1984), 209–64

18961 Bernhardt, Markus: Gießener Professoren zwischen Drittem Reich und Bundesrepublik. Ein Beitrag zur hessischen Hochschulgeschichte 1945–1957, Gießen 1990; V, 241 S.

18962 Bosch, Manfred: Der Neubeginn. Aus deutscher Nachkriegszeit. Südbaden 1945–1950, Konstanz 1988, 304–42**

18963 Brandt, Peter: Wiederaufbau und Reform. Die Technische Universität Berlin 1945–1950, in: Reinhard Rürup (Hg.), Wissenschaft und Gesellschaft. Beiträge zur Geschichte der TH/TU Berlin 1879–1979, Bd. 1, Berlin u. a. 1979, 495–522

18964 Brenneke, Gisbert: Wiederaufbau, Einheitsgewerkschaft und Gesellschaftsverfassung nach 1945, in: Gisbert Brenneke u. a. (Hg.), »Es gilt, die Arbeit zu befreien.« Geschichte der Bielefelder Gewerkschaftsbewegung, Köln 1989, 343–429, hier 355–62**

18965 Denkschrift über das Spruchverfahren in der britischen Zone, Hg. Generalinspektor in der britischen Zone für die Spruchgerichte, Hamburg 1950; 104 S. (Ms. vervielf.)

18966 Diem, Hermann u. a. (Hg.): Kirche und Entnazifizierung. Denkschrift der Kirchlich-theologischen Sozietät in Württemberg, Stuttgart 1946; 84 S.

18967 Drechsel, Wiltrud U./Röpcke, Andreas (Hg.): »Denazifizierung«. Zur Entnazifizierung in Bremen, Bremen 1992; 203 S.**

18968 Entnazifizierung der öffentlichen Dienste, Hg. Oberregierungspräsidium Hessen-Pfalz, Neustadt a. d. W. 1945; 15 S.

18969 Ericksen, Robert P.: The Göttingen University Theological Faculty: A Test Case in »Gleichschaltung« and Denazification, in: CEH 17 (1984), 355–83

18970 Ettle, Elmar: Die Entnazifizierung in Eichstätt. Probleme der politischen Säuberung nach 1945, Frankfurt u. a. 1985; 343, 10 S.

18971 Fait, Barbara: Die Kreisleiter der NSDAP [in Bayern] – nach 1945, in: Martin Broszat u. a. (Hg.), Von Stalingrad zur Währungsreform. Zur Sozialgeschichte des Umbruchs in Deutschland, 3. Aufl., München 1990, 213–99 (zuerst 1988)

18972 Fäßler, Peter u. a.: Hauptstadt ohne Brot. Freiburg im Land Baden (1945–1952), in: Heiko Haumann/Hans Schadek (Hg.), Geschichte der Stadt Freiburg im Breisgau, Bd. 3: Von der badischen Herrschaft bis zur Gegenwart, Stuttgart 1992, 371–427, 773–85, hier: 386–93, 775–77

18973 Faust, Anselm: Entnazifizierung in Wuppertal: Eine Fallstudie, in: Deutsche »Nachkriegswelten« 1945–1955. Regionale Zugänge und neue Sichtweisen. Dokumentation einer Studienkonferenz, Hg. Thomas-Morus-Akademie Bensberg/Landschaftsverband Rheinland, Referat Heimatpflege, Red. Stephan Lennartz, Bergisch-Gladbach 1992, 41–58

18974 Fritzle, Maria: Friede und Gerechtigkeit durch das Befreiungsgesetz? (Neue Politik, 4), Hg. CDU-Landesgeschäftsstelle Württemberg, Stuttgart 1947; 24 S.

18975 Gimbel, John: American Denazification and German Local Politics, 1945–1949. A Case Study in Marburg, in: APSR 54 (1960), 83–105

18976 Godau-Schüttke, Klaus-Detlev: Ich habe nur dem Recht gedient. Die »Renazifizierung« der Schleswig-Holsteinischen Justiz nach 1945, Baden-Baden 1993; 233 S.

18977 Godau-Schüttke, Klaus-Detlev: Die gescheiterte Entnazifizierung in Schleswig-Holstein nach 1945 am Beispiel der Generalstaatsanwaltschaft, in: Heribert Ostendorf (Hg.), Strafverfolgung und Strafverzicht. Festschrift zum 125jährigen Bestehen der Staatsanwaltschaft Schleswig-Holstein, Köln u. a. 1992, 187–260

18978 Gödde, Joachim: Entnazifizierung unter britischer Besatzung. Problemskizze zu einem vernachlässigten Kapitel der Nachkriegsgeschichte, in: GiW 6 (1991), 62–73

18979 Golczewski, Frank: Kölner Universitätslehrer und der Nationalsozialismus. Personengeschichtliche Ansätze, Köln/Wien 1988; 481 S.

18980 Greese, Karl: Der Kampf um die Entnazifizierung in Südbaden Mitte 1945 – Ende 1946. Die KPD an der Spitze der Bewegung für die Einheit des schaffenden Volkes zur Ausrottung des Faschismus und für ein antifaschistisch-demokratisches Deutschland. Die Machenschaften der verbündeten deutschen und französischen Reaktion zur Verhinderung der demokratischen Umgestaltung, Diss. Institut für Marxismus-Leninismus beim ZK der SED, Berlin (O) 1961; IL, 401 S. (Ms. vervielf.)

18981 Greising, G.: Entnazifizierung in Niedersachsen. Ein Überblick über das neue Entnazifizierungsverfahren, Hannover 1948; 31 S.

18982 Griffith, William E.: The Denazification in the United States Zone of Germany, Cambridge, Mass. 1966; VIII, 762, 6 S.

18983 Griffith, William E.: Denazification in the United States Zone of Germany, in: AAAPSS 267 (1950), 68–76

18984 Grohnert, Reinhard: Die Entnazifizierung in Baden 1945–1949. Konzeptionen und Praxis der »Epuration« am Beispiel eines Landes der französischen Besatzungszone, Stuttgart 1991; XIII, 305 S.**

18985 Grohnert, Reinhard: Das Scheitern der »Selbstreinigung« in Baden nach dem Zusammenbruch des NS-Regimes, in: Cornelia Rauh-Kühne/Michael Ruck (Hg.), Regionale Eliten zwischen Diktatur und Demokratie. Baden und Württemberg 1930–1952, München 1993, 283–303

18985a Henke, Klaus-Dietmar: Die amerikanische Besetzung Deutschlands, München 1995; 1010 S.

18986 Henke, Klaus-Dietmar: Politische Säuberungen unter französischer Besetzung. Die Entnazifizierung in Württemberg-Hohenzollern, Stuttgart 1981; 205 S.

18987 Horn, Christa: Die Internierungs- und Arbeitslager in Bayern 1945–1952, Frankfurt u. a. 1992; 288 S.

18988 Hüttenberger, Peter: Entnazifizierung im öffentlichen Dienst in Nordrhein-Westfalen, in: Friedrich G. Schwegmann (Hg.), Die Wiederherstellung des Berufsbeamtentums nach 1945. Geburtsfehler oder Stützpfeiler der Demokratiegründung in Westdeutschland?, Düsseldorf 1986, 47–64

18989 Jacobmeyer, Wolfgang: »handover to the Germans« 1947/48: Ausgangslagen für die zweite Entnazifizierung in Niedersachsen, in: Paul Leidinger/Dieter Metzler (Hg.), Geschichte und Geschichtsbewußtsein. Festschrift für Karl-Ernst Jeismann zum 65. Geburtstag, gewidmet von den Kollegen und Freunden der Universität Münster, Münster 1990, 467–91

18990 Jones, Jill: Preparations for Denazification in the British Zone of Germany, Diss. Manchester 1988

18991 Jones, Jill: Eradicating Nazism from British Zone of Germany: Early Policy and Practice, in: GH 8 (1990), 145–62

18992 Jung, Horst-W: Rheinland-Pfalz zwischen Antifaschismus und Antikommunismus. Zur Geschichte des Landesparlaments 1946–1948, Meisenheim a. Gl. 1976; 138 S.

18993 Kaiser, Josef: »Gemeinsames Schicksal – gemeinsame Arbeit!« Zur Wiederentstehung des demokratisch-politischen Lebens in Bad Dürkheim nach dem Zweiten Weltkrieg, Neustadt a. d. W. 1987, 67–78

18994 Kormann, John G.: U.S. Denazification Policy in Germany 1944–1950, Hg. Office of the U.S. High Commissioner for Germany, Historical Division, Bad Godesberg 1952; 153 S. (Ms. vervielf.; Diss. New York)

18995 Krüger, Wolfgang: Entnazifiziert! Zur Praxis der politischen Säuberung in Nordrhein-Westfalen, Wuppertal 1982; 196 S.

18996 Kurz, Lothar/Witte, Klaus: Die Entnazifizierung an der Universität Münster, in: Lothar Kurz (Hg.), 200 Jahre zwischen Dom und Schloß. Ein Lesebuch zur Vergangenheit und Gegenwart der Westfälischen Wilhelms-Universität Münster, Münster 1980, 117–26; abgedr. in: Hans-Günther Thien/Hanns Wienold (Hg.), Münster – Spuren aus der Zeit des Faschismus. Zum 50. Jahrestag der nationalsozialistischen Machtergreifung, Münster 1983, 221–33

18997 Lacroix-Riz, Annie: La dénazification économique de la zone d'occupation américaine: la perception française du phénomene, in: RH 283 (1990), 303–47

18998 Latour, Conrad F./Vogelsang, Thilo: Okkupation und Wiederaufbau. Die Tätigkeit der Militärregierung in der amerikanischen Besatzungszone Deutschlands 1944–1947, Stuttgart 1973, 132–44

18999 Matz, Klaus-Jürgen: Reinhold Maier (1889–1971). Eine politische Biographie, Düsseldorf 1989, 276–304 [Württemberg-Baden]

19000 Meyer-Abich, Friedrich: Die deutschen Spruchgerichte in der britischen Zone, Hamburg 1947; 103 S.

19001 Möhler, Rainer: Entnazifizierung in Rheinland-Pfalz und im Saarland unter französischer Besatzung von 1945 bis 1952, Mainz 1992; XIV, 450 S.

19002 Möhler, Rainer: Entnazifizierung, Demokratisierung, Dezentralisierung – französische Säuberungspolitik im Saarland und in Rheinland-Pfalz, in: Stefan Martens (Hg.), Vom »Erbfeind« zum »Erneuerer«. Aspekte und Motive der französischen Deutschlandpolitik nach dem Zweiten Weltkrieg, Sigmaringen 1993, 157–73

19003 Mühlhausen, Walter: Hessen 1945–1950. Zur politischen Geschichte eines Landes in der Besatzungszeit, Frankfurt 1985, 307–42

19004 Müller, Karl-Friedrich: Das Jahr 1945 in Südbaden, Frankfurt u. a. 1987; 283–302, 509–14 S.

19005 Müller, Karl-Friedrich: Antifa-Ausschüsse in Südbaden (April-Dezember 1945), in: Heiko Haumann (Hg.), Vom Hotzenwald bis Wyhl. Demokratische Traditionen in Baden, Köln 1977, 155–75

19006 Niethammer, Lutz: Die Mitläuferfabrik. Die Entnazifizierung am Beispiel Bayerns, 2. Aufl., Berlin/Bonn 1982; XI, 710 S. (zuerst Frankfurt 1972 u. d. T.: Entnazifizierung in Bayern)

19007 Niethammer, Lutz: Aktivitäten und Grenzen der Antifa-Ausschüsse 1945. Das Beispiel Stuttgart, in: VfZ 23 (1975), 297–331

19008 Nüske, Gerd F.: Entnazifizierung, in: Max Gögler/Gregor Richter (Hg.), Das Land Württemberg-Hohenzollern 1945–1952. Darstellungen und Erinnerungen, hg. in Verbindung mit Gebhard Müller, Sigmaringen 1982, 201–16

19009 Ott, Hugo: Schuldig – mitschuldig – unschuldig? Politische Säuberungen und Neubeginn 1945, in: Eckhard John u.a. (Hg.), Die Freiburger Universität in der Zeit des Nationalsozialismus, Freiburg/Würzburg 1991, 243–58

19010 Otten, Holger: Entnazifizierung und politische Säuberung in Kiel, in: Wir sind das Bauvolk. Kiel 1945–1950, Hg. Arbeitskreis »Demokratische Geschichte«, Kiel 1989, 295–316

19011 Otto, Karl A.: Der andauernde Konflikt. Gewerkschaftliche Aktionen für Frieden und Demokratie, in: Gisbert Brenneke u.a. (Hg.), »Es gilt, die Arbeit zu befreien.« Geschichte der Bielefelder Gewerkschaftsbewegung, Köln 1989, 431–96, hier 436–48**

19012 Plischke, Elmer: Denazification Law and Procedure [1947], in: Julia E. Johnsen (Hg.), The Dilemma of Postwar Germany, New York 1948, 145–60

19013 Rauh-Kühne, Cornelia: Die Unternehmer und die Entnazifizierung der Wirtschaft in Württemberg-Hohenzollern, in: Cornelia Rauh-Kühne/Michael Ruck (Hg.), Regionale Eliten zwischen Diktatur und Demokratie. Baden und Württemberg 1930–1952, München 1993, 305–31

19014 Rechtsextremismus in Schleswig-Holstein. Antwort der Landesregierung auf die Große Anfrage der Fraktion der SPD. (Schleswig-Holsteinischer Landtag. 12. Wahlperiode, Drucksache 12/608, 6.12. 1989), Kiel 1989, 5–48

19015 Rödel, Volker: Die Entnazifizierung im Nordteil der französischen Zone, in: Franz-Josef Heyen (Hg.), Beiträge zu den Anfängen des Landes Rheinland-Pfalz in Koblenz 1945–1951, Boppard 1984, 261–82

19016 Schirpf, Michael: Amerikanische Besatzung und Wiederaufbau [in Bietigheim und Bissingen (Württemberg)] 1945–1948. (Blätter zur Stadtgeschichte, 4), Bietigheim-Bissingen 1985, 33–59

19017 Schneider, Ullrich: Zur Entnazifizierung der Hochschullehrer in Niedersachsen 1945–1949, in: NJL 61 (1989), 325–46

19018 Schultz, Johann/Müller, Willy (Bearb.): Abschluß der Entnazifizierung und Durchführung des Gesetzes zu Art. 131 GG in Niedersachsen, Bd. 1, Göttingen 1952; 106 S.

19019 Seidl, Michael: Wiederentstehung und Entwicklung der Gewerkschaften in Mannheim und Ludwigshafen von 1945–1949, Neustadt a.d.W. 1990, 258–87, 540–44

19020 Seifert, Christfried: Entstehung und Entwicklung des Gewerkschaftsbundes Württemberg-Baden bis zur Gründung des DGB 1945–1949, Marburg 1980, 89–100, 428–31

19021 Siedenhans, Michael: Das Internierungslager »Eselheide« in Stukenbrock-Senne, in: Heimatjahrbuch Kreis Gütersloh 1986, Hg. Kreis Gütersloh in Zusammenarbeit mit der Arbeitsgemeinschaft der Heimatvereine im Kreis Gütersloh, Red. Friedrich Fischer u.a., Gütersloh 1985, 140–44

19022 Stegemann, Wolf (Hg.): Dorsten nach der Stunde Null. Die Jahre danach. 1945–1950. Eine Dokumentation zur Zeitgeschichte, Mitarb. Dorstener Forschungsgruppe, Red. Elisabeth Cosanne-Schulte-Huxel, Dorsten 1986, 132–58

19023 Tent, James: Mission on Rhine. Reeducation and Denazification in American-occupied Germany, Chicago, Ill. 1982; XVII, 369 S.

19024 Turner, Ian D.: Denazification in the British Zone, in: Ian D. Turner (Hg.), Reconstruction in Post-War Germany. British Occupation Policy and the Western Zones 1945–1955, Oxford u. a. 1989, 239–67

19025 Unser, Margit: Der badische Gewerkschaftsbund. Zur Geschichte des Wiederaufbaus der Gewerkschaftsbewegung im französisch besetzten Südbaden, Marburg 1989, 29–32, 86 f., 176–85

19026 Weisz, Christoph (Hg.): OMGUS-Handbuch. Die amerikanische Militärregierung in Deutschland 1945–1949, München 1994; XXI, 784 S.

19027 Wember, Heiner: Umerziehung im Lager. Internierung und Bestrafung von Nationalsozialisten in der britischen Besatzungszone Deutschlands, Essen 1991; 430 S.

19028 Wember, Heiner: Entnazifizierung nach 1945: Die deutschen Spruchgerichte in der britischen Zone, in: GWU 43 (1992), 405–26

19029 Wolfrum, Edgar: Französische Besatzungspolitik und deutsche Sozialdemokratie. Politische Neuansätze in der »vergessenen Zone« bis zur Bildung des Südweststaates 1945–1952, Düsseldorf 1991, 203–19

19030 Woller, Hans: Gesellschaft und Politik in der amerikanischen Besatzungszone. Die Region Ansbach und Fürth, München 1986, 116–65, 245–56

19031 Zink, Harold: The American Denazification Program in Germany [1946], in: Julia E. Johnsen (Hg.), The Dilemma of Postwar Germany, New York 1948, 170–74

B.1.5.3 Sowjetische Besatzungszone und DDR

Gedruckte Quellen

19032 Rößler, Ruth-Kristin (Hg.): Die Entnazifizierungspolitik der KPD/SED 1945–1948. Dokumente und Materialien, Goldbach 1994; 283 S.

Darstellungen

19033 Dähn, Horst: Kirchen und Religionsgemeinschaften, in: Martin Broszat/ Hermann Weber (Hg.), SBZ-Handbuch. Staatliche Verwaltungen, Parteien, gesellschaftliche Organisationen und ihre Führungskräfte in der Sowjetischen Besatzungszone Deutschlands 1945–1949, hg. i. A. des Arbeitsbereichs Geschichte und Politik der DDR an der Universität Mannheim und des Instituts für Zeitgeschichte, 2. Aufl., München 1993, 813–51, hier 824–27 (zuerst 1990)

19034 Erler, Peter u. a.: Sowjetische Internierungslager in der SBZ/DDR 1945–1950, in: BzG 32 (1990), 723–34

19035 Lonscher, Erhard: 8. Mai 1945 – Tag der Befreiung auch für Millionen Anhänger der NSDAP, Offiziere und Berufssoldaten der Hitlerarmee. Beginn ihrer ideologischen Selbstbefreiung, ihre Wandlung zu Antifaschisten und Miterbauern des Sozialismus, in: Befreiung und Neubeginn. Zur Stellung des 8. Mai 1945 und der deutschen Geschichte, Red. Bernhard Weißel, Berlin (O) 1968, 288–96

19036 Meinicke, Wolfgang: Zur Entnazifizierung in der sowjetischen Besatzungszone unter Berücksichtigung von Aspekten politischer und sozialer Veränderungen (1945 bis 1948), 2 Bde., Diss. Berlin (O) 1983; 255, LXXXII, 15 S.

19037 Meinicke, Wolfgang: Die Entnazifizierung in der sowjetischen Besatzungszone 1945 bis 1948, in: Rainer Eckert u. a. (Hg.), Wendezeiten – Zeitenwände. Zur »Entnazifizierung« und »Entstalinisierung«, Hamburg 1991, 33–52

19038 Meinicke, Wolfgang: Entnazifizierung offiziell und inoffiziell: Die SBZ 1945 und die DDR 1989, in: Rainer Eckert u. a. (Hg.), Wendezeiten – Zeitenwände. Zur »Entnazifizierung« und »Entstalinisierung«, Hamburg 1991, 53–64

19039 Meyer, Walter: Meine Erlebnisse in den Speziallagern 1 und 2 (1945–1950), in: BzG 32 (1990), 792–807

19040 Rabl, Kurt: Die Durchführung der Demokratisierungsbestimmungen des Potsdamer Protokolls in der sowjetischen Besatzungszone Deutschlands und später in der DDR, in: ZfP N. F. 17 (1970), 246–319

19041 Schäfer, Ralf: Die Entnazifizierung von Verwaltung, Justiz und Volksbildung – wichtiger Bestandteil der antifaschistisch-demokratischen Umwälzung. Dargestellt am Land Brandenburg, Diss. Magdeburg 1986; 128, XCVIX, 10 S.; Quellenanhang (Ms. vervielf.)**

19042 Staritz, Dietrich: Die Gründung der DDR. Von der sowjetischen Besatzungsherrschaft zum sozialistischen Staat, München 1984, 99–103

19043 Welsh, Helga A.: »Antifaschistisch-demokratische Umwälzung« und politische Säuberung in der sowjetischen Besatzungszone Deutschlands, in: Klaus-Dietmar Henke/Hans Woller (Hg.), Politische Säuberung in Europa. Die Abrechnung mit Faschismus und Kollaboration nach dem Zweiten Weltkrieg, München 1991, 84–107

19044 Welsh, Helga A.: Entnazifizierung in der DDR und die »Wende«, in: Rainer Eckert u. a. (Hg.), Wendezeiten – Zeitenwände. Zur »Entnazifizierung« und »Entstalinisierung«, Hamburg 1991, 65–76

19045 Wille, Manfred: Entnazifizierung in der Sowjetischen Besatzungszone Deutschlands 1945–48, Magdeburg 1993; 240 S.

Regional-/Lokalstudien: Gedruckte Quellen

19046 Welsh, Helga A.: Entnazifizierung und Wiedereröffnung der Universität Leipzig 1945–1946. Ein Bericht des damaligen Rektors Bernhard Schweitzer, in: VfZ 33 (1985), 339–72

Regional-/Lokalstudien: Darstellungen

19047 Feige, Hans-Uwe: Zum Beginn der antifaschistisch-demokratischen Erneuerung der Universität Leipzig (April 1945–5. 2. 1946), 2 Bde., Diss. Leipzig 1978; III, 205; 232 S. (Ms. vervielf.)

19048 Feige, Hans-Uwe: Zur Entnazifizierung des Lehrkörpers an der Universität Leipzig, in: ZfG 42 (1994), 795–808

19049 Jenack, Rudolf: Die Auswirkungen der Zerschlagung des Faschismus auf die Hochschulintelligenz – dargestellt am Beispiel der TH Dresden, in: Befreiung und Neubeginn. Zur Stellung des 8. Mai 1945 in der deutschen Geschichte, wissenschaftl. Redaktion Bernhard Weißel, Berlin (O) 1968, 281–87

19050 Petzold, Joachim: Die Entnazifizierung der sächsischen Lehrerschaft 1945, in: Jürgen Kocka (Hg.), Historische DDR-Forschung. Aufsätze und Studien, Berlin 1993, 87–103

19051 Schwabe, Klaus: Entnazifizierung in Mecklenburg-Vorpommern 1947–1949. Anmerkungen zur Geschichte einer Region, Schwerin 1993; 81 S.

19052 Welsh, Helga A.: Revolutionärer Wandel auf Befehl? Entnazifizierungs- und Personalpolitik in Thüringen und Sachsen (1945–1948), München 1989; 214 S.

19053 Wille, Manfred: Die Entnazifizierung in Sachsen-Anhalt, in: MBl 1 (1982), 15–26

B.1.6 Wiedergutmachung nationalsozialistischer Unrechts- und Gewaltmaßnahmen

Literaturberichte

19054 Vaupel, Dieter: Wiedergutmachung in der BRD und in Österreich. Sammelbesprechung, in: 1999 6 (1991), Nr. 3, 125–35

Nachschlagewerke

19055 Kossoy, Edward: Handbuch zum Entschädigungsverfahren, Mitarb. Eberhard Hammitzsch, München 1958; 223 S., Faltbl.

Gedruckte Quellen

19056 Dam, Hendrik G. van u.a.: Wiedergutmachung und Durchführungsverordnungen, Berlin 1966; XXV, 394 S.

Darstellungen

19057 Albrecht, Willy: Ein Wegbereiter: Jakob Altmaier und das Luxemburger Abkommen, in: Ludolf Herbst/Constantin Goschler (Hg.), Wiedergutmachung in der Bundesrepublik Deutschland, München 1989, 205–13

19058 Anerkennung und Versorgung aller Opfer nationalsozialistischer Verfolgung. Dokumentation parlamentarischer Initiativen der GRÜNEN in Bonn und der Fraktion der Alternativen Liste Berlin. Einschätzungen der Grundlagen der Wiedergutmachung. Anträge und Argumente gegen die Ausgrenzung einzelner Gruppen, Hg. DIE GRÜNEN im Bundestag/Fraktion der Alternativen Liste Berlin, Red. Hilde Schramm, Berlin 1986; 88 S.

19059 Benz, Wolfgang: Der Wollheim-Prozeß. Zwangsarbeit für I.G. Farben in Auschwitz, in: Ludolf Herbst/Constantin Goschler (Hg.), Wiedergutmachung in der Bundesrepublik Deutschland, München 1989, 303–26

19060 Bericht der Bundesregierung über Wiedergutmachung und Entschädigung für nationalsozialistisches Unrecht sowie über die Lage der Sinti, Roma und verwandter Gruppen. (Bundestagsdrucksache 10/6287, 31.10.1986), Bonn 1986; 57 S.

19061 Bericht über Deutschland. 21. September 1949–31. Juli 1952, Hg. Amt des Amerikanischen Hochkommissars für Deutschland, Bad Godesberg-Mehlem o.J. [1952], 171–91

19062 Biesold, Horst: »Härteentschädigung« für Zwangssterilisierte, in: RuPsych 1 (1983), 73–76

19063 Die Bundesrepublik Deutschland und die Opfer des Nationalsozialismus. Tagung vom 25.–27. November 1983 in Bad Boll. (Protokolldienst, 14/84), Hg. Evangelische Akademie Bad Boll, Bad Boll 1984; 175 S.

19064 Derleder, Peter: Die Wiedergutmachung. Rechtsanwendung an den Rändern der Unmenschlichkeit, in: Rainer Eisfeld/Ingo Müller (Hg.), Gegen Barbarei. Essays Robert M.W. Kempner zu Ehren, Frankfurt 1989, 281–302

19065 Dillmann, Franz/Saathoff, Günter: Täter mit Pensionsanspruch – Opfer gehen leer aus. Angehörige der Waffen-SS und Opfer der NS-Militärjustiz im Versorgungsrecht – ein Vergleich, in: VDJ-Forum. Zs. demokratischer Juristinnen und Juristen (1993), Nr. 3, 15–21; gekürzt abgedr. in: FR, Jg. 49, Nr. 138, 18.6.1993, 10

19067 Ephraim, Ben: Der steile Weg zur Wiedergutmachung, in: Heinz Ganther (Hg.), Die Juden in Deutschland. Ein Almanach, 2. Aufl., Hamburg o.J. (1959), 289–355

19068 Féaux de la Croix, Ernst: Wiedergutmachung als Aufgabe der deutschen Nachkriegspolitik – Lösungen und ungelöste Probleme, in: Hans-Jochen Vogel u.a. (Hg.), Die Freiheit des anderen. Festschrift für Martin Hirsch, Baden-Baden 1981, 243–57

19069 Ferencz, Benjamin B.: Lohn des Grauens. Die Entschädigung jüdischer Zwangsarbeiter – ein offenes Kapitel deutscher Nachkriegsgeschichte, Vorwort Telford Taylor, Nachwort Lea Rosh, 2. Aufl., Frankfurt/New York 1986; 288 S. (zuerst 1981; amerikan.: Chicago, Ill. 1979)

19070 Fischer-Hübner, Helga/Fischer-Hübner, Hermann (Hg.): Die Kehrseite der »Wiedergutmachung«. Das Leiden von NS-Verfolgten in den Entschädigungsverfahren, Vorwort Hans Koschnick, Gerlingen 1990; 196 S.

19071 Frei, Norbert: Die deutsche Wiedergutmachungspolitik gegenüber Israel im Urteil der öffentlichen Meinung der USA, in: Ludolf Herbst/Constantin Goschler (Hg.), Wiedergutmachung in der Bundesrepublik Deutschland, München 1989, 215–30

19072 Friedrich, Jörg: Verbrechen, die sich auszahlen. Aus der Geschichte der Bundesrepublik: Nazi-Opfer und Nazi-Täter vor dem Entschädigungsamt, in: Zeit, Jg. 44, Nr. 26, 23. 6. 1989, 41/43

19073 Goschler, Constantin: Wiedergutmachung. Westdeutschland und die Verfolgten des Nationalsozialismus 1945–1954, München 1992; 343 S.

19074 Goschler, Constantin: Die Auseinandersetzung um die Rückerstattung »arisierten« jüdischen Eigentums nach 1945, in: Ursula Büttner (Hg.), Die Deutschen und die Judenverfolgung im Dritten Reich, Hamburg 1992, 339–56

19077 Heßdörfer, Karl: Die finanzielle Dimension, in: Ludolf Herbst/Constantin Goschler (Hg.), Wiedergutmachung in der Bundesrepublik Deutschland, München 1989, 55–59

19078 Heßdörfer, Karl: Die Entschädigungspraxis im Spannungsfeld von Gesetz, Justiz und NS-Opfern, in: Ludolf Herbst/Constantin Goschler (Hg.), Wiedergutmachung in der Bundesrepublik Deutschland, München 1989, 231–48

19079 Herbert, Ulrich: Nicht entschädigungsfähig? Die Wiedergutmachungsansprüche der Ausländer, in: Ludolf Herbst/Constantin Goschler (Hg.), Wiedergutmachung in der Bundesrepublik Deutschland, München 1989, 273–302

19080 Herbst, Ludolf/Goschler, Constantin (Hg.): Wiedergutmachung in der Bundesrepublik Deutschland, München 1989; 428 S.*

19081 Hockerts, Hans G.: Anwälte der Verfolgten. Die United Restitution Organization, in: Ludolf Herbst/Constantin Goschler (Hg.), Wiedergutmachung in der Bundesrepublik Deutschland, München 1989, 249–71

19082 Huhn, Rudolf: Die Wiedergutmachungsverhandlungen in Wassenaar, in: Ludolf Herbst/Constantin Goschler (Hg.), Wiedergutmachung in der Bundesrepublik Deutschland, München 1989, 139–60

19083 Janßen, Karl-Heinz: Eine deutsche Geschichte. Die Familie Kausche hat vergeblich auf die Rückgabe ihrer von den Nazis enteigneten Zeitung in Zwickau gehofft, in: Zeit, Jg. 46, Nr. 40, 26. 9. 1991, 28

19084 Jasper, Gotthard: Die disqualifizierten Opfer. Der Kalte Krieg und die Entschädigung für Kommunisten, in: Ludolf Herbst/Constantin Goschler (Hg.), Wiedergutmachung in der Bundesrepublik Deutschland, München 1989, 361–84

19085 Jelinek, Yeshayahu A.: Israel und die Anfänge der Shilumin, in: Ludolf Herbst/Constantin Goschler (Hg.), Wiedergutmachung in der Bundesrepublik Deutschland, München 1989, 119–38

19086 Jelinek, Yeshayahu A./Sheva, Beer: Political Acumen, Altruism, Foreign Pressure or Moral Debt: Konrad Adenauer and the »Shilumin«, in: TAJB 19 (1990), 77–102

19087 Jena, Kai von: Versöhnung mit Israel? Die deutsch-israelischen Verhandlungen bis zum Wiedergutmachungsabkommen von 1952, in: VfZ 34 (1986), 457–80

19088 Katzenstein, Ernst: Jewish Claims Conference und Wiedergutmachung nationalsozialistischen Unrechts, in: Hans-Jochen Vogel u. a. (Hg.), Die Freiheit des anderen. Festschrift für Martin Hirsch, Baden-Baden 1981, 219–26

19089 Köhrer, Helmut: Entziehung, Beraubung, Rückerstattung. Vom Wandel der Beziehungen zwischen Juden und Nichtjuden durch Verfolgung und Restitution, Baden-Baden 1951; 205 S.

19090 Körber, Ursula: Die Wiedergutmachung und die »Zigeuner«, in: Feinderklärung und Prävention. Kriminalbiologie, Zigeunerforschung und Asozialenpolitik. (Beiträge zur nationalsozialistischen Gesundheits- und Sozialpolitik, 6), Berlin 1988, 165–75

19092 Langbein, Hermann: Entschädigung für KZ-Häftlinge? Ein Erfahrungsbericht, in: Ludolf Herbst/Constantin Goschler (Hg.), Wiedergutmachung in der Bundesrepublik Deutschland, München 1989, 327–39

19093 Lowenthal, Ernst G.: Die Entschädigung der jüdischen Gemeindebediensteten, in: Ludolf Herbst/Constantin Goschler (Hg.), Wiedergutmachung in der Bundesrepublik Deutschland, München 1989, 341–50

19094 Müller, Josef: Das Kind Muscha. (Beiträge zum Widerstand 1933–1945), Hg. Gedenkstätte Deutscher Widerstand Berlin, Berlin 1992; 28 S.

19095 Niederland, William G.: Die verkannten Opfer. Entschädigung für seelische Schäden, in: Ludolf Herbst/Constantin Goschler (Hg.), Wiedergutmachung in der Bundesrepublik Deutschland, München 1989, 351–59

19096 Pawlita, Cornelius: »Wiedergutmachung« als Rechtsfrage? Die politische und juristische Ausseinandersetzung um Entschädigung für die Opfer nationalsozialistischer Verfolgung (1945–1990), Frankfurt u.a. 1993; VII, 523 S.

19097 Pross, Christian: Wiedergutmachung. Der Kleinkrieg gegen die Opfer, Hg. Hamburger Institut für Sozialforschung, Frankfurt 1988; 384 S.

19098 Pross, Christian: Die Gutachterfehde – Emigrantenärzte in der Wiedergutmachung, in: Exilforschung 6 (1988), 137–51

19099 Romey, Stefan: »Der Antrag von Frau R. muß abgelehnt werden«. Demütigung statt Entschädigung vor bundesdeutschen Behörden und Gerichten, in: Angelika Ebbinghaus (Hg.), Opfer und Täterinnen. Frauenbiographien des Nationalsozialismus, Nördlingen 1987, 317–36

19100 Saathoff, Günter: Vom Umgang der Bundesrepublik mit den Zwangssterilisierten des Nationalsozialismus, in: Bis endlich der langersehnte Umschwung kam ... Von der Verantwortung der Medizin unter dem Nationalsozialismus, Hg. Universität Marburg, Fachschaft Medizin, Marburg 1991, 36–48

19101 Sagi, Nana: Die Rolle der jüdischen Organisationen in den USA und die Claims Conference, in: Ludolf Herbst/Constantin Goschler (Hg.), Wiedergutmachung in der Bundesrepublik Deutschland, München 1989, 99–118

19102 Schwarz, Walter: Die Wiedergutmachung des nationalsozialistischen Unrechts in der Bundesrepublik Deutschland – rechtliches Neuland?, in: Hans-Jochen Vogel u.a. (Hg.), Die Freiheit des anderen. Festschrift für Martin Hirsch, Baden-Baden 1981, 227–41

19103 Schwarz, Walter: Die Wiedergutmachung nationalsozialistischen Unrechts durch die Bundesrepublik Deutschland. Ein Überblick, in: Ludolf Herbst/Constantin Goschler (Hg.), Wiedergutmachung in der Bundesrepublik Deutschland, München 1989, 33–54

19104 Shafir, Shlomo: Die SPD und die Wiedergutmachung gegenüber Israel, in: Ludolf Herbst/Constantin Goschler (Hg.), Wiedergutmachung in der Bundesrepublik Deutschland, München 1989, 191–203

19105 Spitta, Arnold: Entschädigung für Zigeuner? Geschichte eines Vorurteils, in: Ludolf Herbst/Constantin Goschler (Hg.), Wiedergutmachung in der Bundesrepublik Deutschland, München 1989, 385–401

19106 Stern, Frank: Rehabilitierung der Juden oder materielle Wiedergutmachung –

ein Vergleich, in: Rolf Steininger (Hg.), Der Umgang mit dem Holocaust. Europa – USA – Israel, Wien u. a. 1994, 167–82

19107 Stoldt, Hans-Ulrich: Null Prozent vom Amt. Ein Mann sucht sein Recht – seit 35 Jahren. Zwangsarbeit ohne Entschädigung, in: Zeit, Jg. 45, Nr. 6, 2. 2. 1990, 19

19108 Ströbele, Hans-Christian: Aktueller Stand der Wiedergutmachungs-Diskussion im Deutschen Bundestag, in: Martin Rudnick (Hg.), Aussondern – Sterilisieren – Liquidieren. Die Verfolgung Behinderter im Nationalsozialismus, Berlin 1990, 214–18

19109 Theis, Rolf: Wiedergutmachung zwischen Moral und Interesse. Eine kritische Bestandsaufnahme der deutsch-israelischen Regierungsverhandlungen, Frankfurt 1989; 375 S.

19110 Vaupel, Dieter: Spuren, die nicht vergehen. Eine Studie über Zwangsarbeit und Entschädigung, Kassel 1990; 408 S.

19111 Vaupel, Dieter: »Entschädigung« von KZ-Gefangenen durch die deutsche Industrie. Das Beispiel Dynamit Nobel, in: 1999 6 (1991), Nr. 1, 35–57

19112 Vergessene Opfer. Kirchliche Stimmen zu den unerledigten Fragen der Wiedergutmachung an Opfern nationalsozialistischer Verfolgung, Hg. Evangelische Kirche in Deutschland, Hannover 1987; 43 S.

19113 Vergessene Opfer. Wiedergutmachung für die Betroffenen der Zwangssterilisation und des nationalsozialistischen Euthanasie-Programms. Tagung vom 27. bis 29. März 1987 in Bad Boll. (Protokolldienst, 14/87), Hg. Evangelische Akademie Bad Boll, Bad Boll 1987; 95 S. (Ms. vervielf.)*

19114 Vogt, Barbara: Die verborgene Kontinuität zwischen der NS-Zeit und der Gegenwart, aufgezeigt an dem Problem der sogenannten Wiedergutmachung und an dem Phänomen, wie Kriegsverbrecher zu Kriegsopfern werden konnten, in: Renate Cogoy u. a. (Hg.), Erinnerung einer Profession. Erziehungsberatung, Jugendhilfe und Nationalsozialismus, Münster 1989, 32–41

19115 Westernhagen, Dörte: Wiedergutmacht?, in: Zeit, Jg. 39, Nr. 41, 5. 10. 1984, 33–36

Die Wiedergutmachung nationalsozialistischen Unrechts durch die Bundesrepublik Deutschland, Hg. Bundesminister der Finanzen/Walter Schwarz, München:

19116 – Bd. 1: Walter Schwarz, Rückerstattung nach den Gesetzen der Alliierten Mächte, 1974; XXV, 394 S.

19117 – Bd. 2: Friedrich Biella u. a., Das Bundesrückerstattungsgesetz, 1981; XX, 819 S.

19118 – Bd. 3: Ernst Féaux de la Croix/Helmut Rumpf, Der Werdegang des Entschädigungsrechts unter national- und völkerrechtlichem und politologischem Aspekt, 1985; XII, 346 S.

19119 – Bd. 4: Walter Brunn u. a., Das Bundesentschädigungsgesetz, T. 1: Paragraphen 1–50 BEG, 1981; XVI, 460 S.

19120 – Bd. 5: Giessler Hans u. a., Das Bundesentschädigungsgesetz, T. 2: Paragraphen 51–1/1 BEG, 1983; XVI, 524 S.

19121 – Bd. 6: Hugo Finke u. a., Entschädigungsverfahren und sondergesetzliche Entschädigungsregelungen, 1987; XVII, 405 S.

19122 Wiedergutmachung und Entschädigung für nationalsozialistisches Unrecht. Öffentliche Anhörung des Innenausschusses des Deutschen Bundestages am 24. Juni 1987. (Zur Sache, 87/3), Hg. Deutscher Bundestag, Referat Öffentlichkeitsarbeit, Bonn 1987; 415 S.

19123 Wolffsohn, Michael: Die Wiedergutmachung und der Westen – Tatsachen und Legenden, in: APUZ, Nr. B 16–17/87, 18. 4. 1987, 19–30

19124 Wolffsohn, Michael: Das Wiedergutmachungsabkommen mit Israel: Eine Untersuchung bundesdeutscher und ausländischer Umfragen, in: Ludolf Herbst (Hg.), Westdeutschland 1945–1955. Unterwerfung, Kontrolle, Integration, München 1986, 203–18

19125 Wolffsohn, Michael: Globalentschädigung für Israel und die Juden? Adenauer und die Opposition in der Bundesregierung, in: Ludolf Herbst/Constantin Goschler (Hg.), Wiedergutmachung in der Bundesrepublik Deutschland, München 1989, 161–90

19126 Wolffsohn, Michael: Das deutsch-israelische Wiedergutmachungsabkommen von 1952 im internationalen Zusammenhang, in: VfZ 36 (1988), 691–731

19127 Zentralrat deutscher Sinti und Roma: »Wir knieten auf dem Boden und sollten erschossen werden...« Im Mai 1940 begannen die Deportationen der Sinti und Roma in die Vernichtungslager. Entschädigung steht noch immer aus, in: FR, Jg. 47, Nr. 123, 31. 5. 1991, 22

Regional-/Lokalstudien

19128 Asmussen, Nils: Der kurze Traum von der Gerechtigkeit. »Wiedergutmachung« und NS-Verfolgte in Hamburg nach 1945, Hamburg 1987; 139 S.

19129 Bingen, Monika: Wie man den Opfern des NS-Medizin doch noch zu ihrem Recht verhelfen kann. Projekt des Kölner Gesundheitsamtes führt zu ersten Erfolgen, in: PU 6 (1991), Nr. 2, 7–11

19130 Freiermuth, Otmar: Die Entschädigungssenate des Oberlandesgerichts, in: Sven Paulsen (Hg.), 175 Jahre pfälzisches Oberlandesgericht. 1815 Appellationshof – Oberlandesgericht 1990, Zweibrücken 1990, 285–300

19130a Goschler, Constantin: Der Fall Philipp Auerbach. Wiedergutmachung in Bayern, in: Ludolf Herbst/Constantin Goschler (Hg.), Wiedergutmachung in der Bundesrepublik Deutschland, München 1989, 77–98

19131 Goschler, Constantin: Paternalismus und Verweigerung. Die DDR und die Wiedergutmachung für jüdische Verfolgte des Nationalsozialismus, in: JfA 2 (1993), 93–117

19131a Groehler, Olaf: Integration und Ausgrenzung von NS-Opfern. Zur Anerkennungs- und Entschädigungsdebatte in der Sowjetischen Besatzungszone Deutschlands 1945 bis 1949, in: Jürgen Kocka (Hg.), Historische DDR-Forschung. Aufsätze und Studien, Berlin 1993, 105–27

19132 Hennig, Regina: Wiedergutmachung oder fortgesetzte Diskriminierung? Unterstützung, Entschädigung und Interessenvertretung für NS-Verfolgte in Niedersachsen 1945–1949, Bielefeld 1991; 141 S.

19132a Kreikamp, Hans-Dieter: Zur Entstehung des Entschädigungsgesetzes der amerikanischen Besatzungszone, in: Ludolf Herbst/Constantin Goschler (Hg.), Wiedergutmachung in der Bundesrepublik Deutschland, München 1989, 61–75

19133 Legband, Michael (Hg.): Zweimal Unrecht 1941–1957. Julius Legband – ein Itzehoer Maurermeister im Widerstand, Mitarb. Kay Dohnke/Klaus Bästlein, Heide 1992; 150 S.

19134 Romey, Stefan u. a.: Wiedergutgemacht? NS-Opfer – Opfer der Gesellschaft noch heute, Hg. Hamburger Initiative »Anerkennung aller NS-Opfer«, Hamburg, Hamburg 1986; 61 S.

19135 Sahrhage, Norbert: »... weil wir hofften, daß nach all dem Erlebten uns nunmehr Gerechtigkeit widerfahren würde«. Reintegration und Entschädigung der jüdischen Bevölkerung des Kreises Herford nach 1945, in: Menora 2 (1991), 371–404

19136 Scholtyseck, Joachim: Die Betreuungsstellen für politisch und rassisch Verfolgte im deutschen Südwesten, in: Thomas Schnabel (Hg.), Formen des Widerstandes im Südwesten 1933–1945. Scheitern und Nachwirken, Mitarb. Angelika Hauser-Hauswirth, hg. f. d. Landeszentrale für politische Bildung Baden-Württemberg/Haus der Geschichte Baden-Württemberg, Ulm 1994, 259–69

19137 Schüler, Thomas: Das Wiedergutmachungsgesetz vom 14. September 1945 in Thüringen, in: JfA 2 (1993), 118–38

19138 Vaupel, Dieter: Wiedergutgemacht? – Zur Entschädigung ehemaliger Zwangsarbeiterinnen der Dynamit Nobel AG in Hessisch Lichtenau, in: Zwangsarbeit: Arbeit – Terror – Entschädigung. (Geschichtswerkstatt, 19), Red. Geschichtswerkstatt Marburg, Hamburg 1989, 51–59

19139 Hoven, Herbert (Hg.): Der unaufhaltsame Selbstmord des Botho Laserstein, Frankfurt 1990; 128 S.

B.1.7 Opfer nationalsozialistischer Unrechts- und Gewaltmaßnahmen seit 1945

Methodische Probleme

19140 Kosnick, Kira: Sozialwissenschaftliche Ansätze in der Diskussion um Opfer und Überleben, in: Theresa Wobbe (Hg.), Nach Osten. Verdeckte Spuren nationalsozialistischer Verbrechen, Frankfurt 1992, 87–98

Darstellungen

19141 Baeyer, Walter Ritter von u.a.: Psychiatrie der Verfolgten. Psychopathologische und gutachtliche Erfahrungen an Opfern der nationalsozialistischen Verfolgung und vergleichbarer Extrembelastungen, Berlin u.a. 1964; XII, 397 S.

19142 Bar-On, Dan u.a. (Hg.): Der Holocaust. Familiale und gesellschaftliche Folgen. Aufarbeitung in Wissenschaft und Erziehung? Ergebnisse eines Internationalen Forschungs-Kolloquiums an der Bergischen Universität/Gesamthochschule Wuppertal, Wuppertal 1988; 236 S.

19143 Benz, Wolfgang/Distel, Barbara (Hg.): Überleben und Spätfolgen. (DH, Jg. 8, Nr. 8), München 1992; 212 S.

19144 Bergmann, Martin S./Jucovy, Milton E. (Hg.): Generations of the Holocaust, ND mit neuer Einleitung, New York/Oxford 1990; XIX, 356 S. (zuerst New York 1982; dt.: überarb. Ausg., Frankfurt 1995)

19145 Bourgeon, Michael u.a.: Beratung und Therapie bei Verfolgten und ihren Familien, in: Renate Cogoy u.a. (Hg.), Erinnerung einer Profession. Erziehungsberatung, Jugendhilfe und Nationalsozialismus, Münster 1989, 223–30

19146 Brocke, Edna: Eindrücke von Gesprächen mit jüdischen Überlebenden, ihren Kindern und Enkeln, in: Psychosozial 11 (1988/89), Nr. 36, 38–43

19147 Bunzl, John: Trauma und Bewältigung in der Diaspora, in: Rolf Steininger (Hg.), Der Umgang mit dem Holocaust. Europa – USA – Israel, Wien u.a. 1994, 457–67

19148 Epstein, Helen: Die Kinder des Holocaust. Gespräche mit Söhnen und Töchtern von Überlebenden, München 1987; 336 S.

19149 Francesconi, Hedi: Extremtraumatisierung und ihre Folgen für die nächste Generation. Die psychischen Störungen der Nachkommen ehemaliger KZ-Häftlinge, Wien 1983; 201 S.

19150 Grubich-Simitis, Ilse: Extremtraumatisierung als kumulatives Trauma. Psychoanalytische Studien über seelische Nachwirkungen der Konzentrationslagerhaft bei Überlebenden der Holocaust-Generation, in: Psyche 33 (1979), 991–1023

19151 Hardtmann, Gertrud (Hg.): Spuren der Verfolgung. Seelische Auswirkungen des Holocaust auf die Opfer und ihre Kinder, Gerlingen 1992; 286 S.

19152 Hardtmann, Gertrud: Spuren des Nationalsozialismus bei nicht-jüdischen

Kindern, Jugendlichen und ihren Familien, in: Renate Cogoy u.a. (Hg.), Erinnerung einer Profession. Erziehungsberatung, Jugendhilfe und Nationalsozialismus, Münster 1989, 231–40

19153 Hecht, Ingeborg: Von der Heilsamkeit des Erinnerns. Opfer der Nürnberger Gesetze begegnen sich, Vorwort Heinz Knobloch, Hamburg 1991; 197 S.

19154 Heenen-Wolff, Susann (Hg.): Im Haus des Henkers. Gespräche in Deutschland, Frankfurt 1992; 306 S. (TB 1994 u.d.T.: Im Land der Täter. Gespräche mit überlebenden Juden)

19155 Hofmann, Thomas u.a. (Hg.): Pogromnacht und Holocaust. Frankfurt, Weimar, Buchenwald ... Die schwierige Erinnerung an die Stationen der Vernichtung, Weimar u.a. 1994; 199 S.*

19156 Hundsalz, Andreas: Sinti und Roma – Zur Psychodynamik von Gesprächen mit einer verfolgten Minderheit, in: Renate Cogoy u.a. (Hg.), Erinnerung einer Profession. Erziehungsberatung, Jugendhilfe und Nationalsozialismus, Münster 1989, 52–58

19157 Jureit, Ulrike/Orth, Karin: Überlebensgeschichten. Gespräche mit Überlebenden des KZ-Neuengamme [Hamburg], Hg. KZ-Gedenkstätte Neuengamme, Mitarb. Detlef Garbe, Hamburg 1994; 223 S.

19158 Keilson, Hans: Die traumatische Neurose. Zur forensisch-psychiatrischen Begutachtung von Opfern der Nazi-Verfolgung, in: Julius H. Schoeps/Horst Hillermann (Hg.), Justiz und Nationalsozialismus. Bewältigt – verdrängt – vergessen, Stuttgart/Bonn 1987, 138–55

19159 Kraushaar, Wolfgang: Das Kesseltreiben. Vor 40 Jahren starb Philipp Auerbach, der Anwalt für die Überlebenden des Holocaust, als Opfer des noch tief verwurzelten Antisemitismus unter den Deutschen, in: Zeit, Jg. 47, Nr. 34, 14.8. 1992, 62

19160 Krieg, Robert: »Die nicht vorhersehbare Spätentwicklung des Paul W.«. Wiedergutmachung eines Zwangssterilisierten im Nachkriegsdeutschland, in: Karl H. Roth (Hg.), Erfassung zur Vernichtung. Von der Sozialhygiene zum »Gesetz über Sterbehilfe«, Berlin 1984, 10–29

19161 Lebensläufe. Schicksale von Menschen, die im KZ Dachau waren, Hg. Zum Beispiel Dachau – Arbeitsgemeinschaft zur Erforschung der Dachauer Zeitgeschichte, Red. Hans-Günter Richardi u.a., Dachau 1991; 91 S.

19162 Leiser, Erwin: Leben nach dem Überleben. Dem Holocaust entronnen. Begegnungen und Schicksale, Königstein, Ts. 1982; 184 S.

19163 Litman, Shalom: Holocaust-Überlebende und »Zweite Generation«: 45 Jahre danach, in: Ulrich Jokusch/Lothar Scholz (Hg.), Verwaltetes Morden im Nationalsozialismus. Verstrickung – Verdrängung – Verantwortung von Psychiatrie und Justiz. Eine deutsch-israelische Tagung, Regensburg 1992, 63–85

19164 Lorenz, Dagmar C. G.: Verfolgung bis zum Massenmord. Holocaust-Diskurse in deutscher Sprache aus der Sicht der Verfolgten, New York u.a. 1992; 451 S.

19165 Nathan, Tikva S.: The War and the Shoah in the Eyes of Contemporary Psychologists, in: Asher Cohen u.a. (Hg.), The Shoah and the War, New York u.a. 1992, 301–36

19166 Niederland, William G.: Folgen der Verfolgung. Das Überlebenden-Syndrom Seelenmord, Frankfurt 1980; 244 S.

19167 Niederland, William G.: Psychiatrie der Verfolgten und seelischer Verfolgungsschäden, in: Uwe H. Peters (Hg.), Psychologie des 20. Jahrhunderts, Bd. 10: Ergebnisse für die Medizin (2), 1980, 1055–67

19168 Peck, Abraham J.: Jewish Survivors of the Holocaust in Germany. Revolutionary Vanguard or Remnants of a Destroyed People?, in: TAJB 19 (1990), 33–45

19169 Vegh, Claudine: Ich habe ihnen nie auf Wiedersehen gesagt. Gespräche mit Kindern von Deportierten, Köln 1981; 247 S. (TB München 1983)

19170 Wardi, Dina: Memorial Candles. Children of the Holocaust, London 1992; XII, 270 S. (zuerst hebr.)

19171 Zander, Wolfgang: Kinder und Jugendliche als Opfer. Die traumatisierenden Einflüsse der NS-Zeit und des Zweiten Weltkrieges, in: Ute Benz/Wolfgang Benz (Hg.), Sozialisation und Traumatisierung. Kinder in der Zeit des Nationalsozialismus, Frankfurt 1992, 128–40, 147 f.

B.1.8 Rezeption der nationalsozialistischen Vergangenheit

B.1.8.1 Allgemeines

[vgl. A.1.4]

Bibliographien

19172 Kühn, Udo (Bearb.): Verdrängte Themen. Eine Bibliographie zur Berichterstattung über die deutsche Okkupationszeit in Polen von 1939 bis 1945, Wiesbaden 1978; 66 S.

Literaturberichte

19173 Frese, Matthias: Unterrichtsmodelle, Lehrbücher und Materialienbände zum Nationalsozialismus in Schule und politischer Bildungsarbeit, in: NPL 30 (1985), 272–95

19174 Granier, Gerhard: [Literatur zum »Historikerstreit«], in: MGM 47 (1990), 181–89

19175 Kwiet, Konrad: Judenverfolgung und Judenvernichtung im Dritten Reich. Ein historiographischer Überblick, in: Dan Diner (Hg.), Ist der Nationalsozialismus Geschichte? Zu Historisierung und Historikerstreit, Frankfurt 1987, 237–64, 294–306

19176 Lüdtke, Alf: »Coming to Terms with the Past«: Illusions of Remembering, Ways of Forgetting Nazism in West Germany. (Review Article), in: JMH 65 (1993), 542–72

19177 Petersen, Kristina: Am Anfang muß man sich widersetzen. Wege der Geschichtsvermittlung an Kinder, in: Parlament, Jg. 44, Nr. 7–8, 18./25. 2. 1994, 18

Nachschlagewerke

19178 Benz, Wolfgang (Hg.): Legenden – Lügen – Vorurteile. Ein Lexikon zur Zeitgeschichte, 2. Aufl., München 1992; 241 S. (zuerst 1990)

Gedruckte Quellen

19179 Bossmann, Dieter (Hg.): »Was ich über Adolf Hitler gehört habe.« Folgen eines Tabus. Auszüge aus Schüleraufsätzen von heute, Frankfurt 1977; 359 S.

19180 Maschke, Sigurd: Der schwarze Weg. Auschwitz, Belzec, Maidanek, Sobibor, Treblinka, Berlin 1991; 80 S.

Darstellungen

19181 Aly, Götz: Wider das Bewältigungs-Kleinklein, in: Hanno Loewy (Hg.), Holocaust: Die Grenzen des Verstehens. Eine Debatte über die Besetzung der Geschichte, Reinbek 1992, 42–51

19182 Amoklauf gegen die Wirklichkeit. NS-Verbrechen und »revisionistische« Geschichtsschreibung, Hg. Dokumentationsarchiv des österreichischen Widerstandes, Red. Elisabeth Morawek/Sigrid Steininger, Vorwort Simon Wiesenthal, Wien 1991; 135 S.

19183 Arnim, Gabriele von: Das große Schweigen. Von der Schwierigkeit, mit den Schatten der Vergangenheit zu leben, München 1989; 346 S.

19184 Arnold, Hermann: Die NS-Zigeunerverfolgung. Ihre Ausdeutung und Ausbeutung. Fakten, Mythos, Agitation, Kommerz, Aschaffenburg 1989; 113 S. (Ms. vervielf.)

19185 Asendorf, Wolfgang: Die »Ranke-Gesellschaft« – Vereinigung für Geschichte im öffentlichen Leben», in: 1999 4 (1989), Nr. 4, 29–61

19186 Auerbach, Hellmuth: Die Gründung des Instituts für Zeitgeschichte [München], in: VfZ 18 (1970), 529–54

19187 Avisar, Ilan: Screening the Holocaust. Cinema's Images of the Unimaginable, Bloomington, Ind. 1988; XI, 212 S.

19188 Backes, Uwe u.a. (Hg.): Die Schatten der Vergangenheit. Impulse zur Historisierung des Nationalsozialismus, 2., um ein Nachw. erw. Aufl., Frankfurt/Berlin 1992; 660 S. (zuerst 1990)*

19189 Baron, Ulrich: Stalingrad als Thema der deutschsprachigen Literatur, in: Wolfram Wette/Gerd R. Ueberschär (Hg.), Stalingrad. Mythos und Wirklichkeit einer Schlacht, Frankfurt 1992, 226–32, 299

19190 Baron, Ulrich/Müller, Hans-Harald: Die Weltkriege im Roman der Nachkriegszeiten, in: Gottfried Niedhart/Dieter Riesenberger (Hg.), Lernen aus dem Krieg? Deutsche Nachkriegszeiten 1918 und 1945. Beiträge zur historischen Friedensforschung, München 1992, 300–18, 432–35

19191 Bartov, Omer: Intellectuals on Auschwitz: Memory, History, and Truth, in: H&M 5 (1993), Nr. 1, 87–129

19192 Bartsch, Michael/Pagels, Wilhelm: »Der unvergessene Krieg«. Informationen – Analysen – Arbeitsvorschläge zu einer Fernsehserie, in: APUZ, Nr. B 34/81, 22.8. 1981, 23–36

19193 Bastian, Till: Die »Auschwitz-Lüge«: Massenmord und seine Leugnung, in: Till Bastian, Auschwitz und die »Auschwitz-Lüge«. Massenmord und Geschichtsfälschung, München 1994, 61–89, 95–100

19194 Bauer, Yehuda: »Revisionism« – The Repudiation of the Holocaust and its Historical Significance, in: Yisrael Gutman/Gideon Greif (Hg.), The Historiography of the Holocaust Period, Jerusalem 1988, 697–708

19195 Bennett, Edward W.: Variety in Perception: Western Views of Nazi Germany, in: Charles S. Maier u.a. (Hg.), The Rise of the Nazi Regime. Historical Reassessments, Boulder, Col./London 1986, 123–30

19196 Benz, Wigbert: Stalingrad im deutschen Schulbuch und Unterricht, in: Wolfram Wette/Gerd R. Ueberschär (Hg.), Stalingrad. Mythos und Wirklichkeit einer Schlacht, Frankfurt 1992, 240–46, 300f.

19197 Benz, Wolfgang: Reaktionen auf die Verfolgung der Juden und den Holocaust in Deutschland vor und nach 1945, in: APUZ, Nr. B 1–2/92, 3.1. 1992, 24–32

19198 Benz, Wolfgang: Die Abwehr der Vergangenheit. Ein Problem nur für Historiker und Moralisten?, in: Dan Diner (Hg.), Ist der Nationalsozialismus Geschichte? Zu Historisierung und Historikerstreit, Frankfurt 1987, 17–33, 265–67

19199 Benz, Wolfgang: Die Verfolgung und Vernichtung der Juden im Bewußtsein der Deutschen, in: Peter Freimark u.a. (Hg.), Juden in Deutschland. Emanzipation, Integration, Verfolgung und Vernichtung. 25 Jahre Institut für die Geschichte der deutschen Juden Hamburg, Hamburg 1991, 435–49

19200 Benz, Wolfgang: Die »Auschwitz-Lüge«, in: Rolf Steininger (Hg.), Der Umgang mit dem Holocaust. Europa – USA – Israel, Wien u.a. 1994, 103–15

19201 Benz, Wolfgang: Auschwitz und die Deutschen. Die Erinnerung an den Völkermord, in: Arno Herzig/Ina S. Lorenz (Hg.), Verdrängung und Vernichtung der Juden unter dem Nationalsozialismus, Hamburg 1992, 311–32

19202 Benz, Wolfgang: The Persecution and Extermination of the Jews in the German Consciousness, in: John Milfull (Hg.),

Why Germany? National Socialist Anti-Semitism and the European Context, Providence, Ri./Oxford 1993, 91–104

19203 Benz, Wolfgang/Distel, Barbara (Hg.): Erinnern oder Verweigern. Das schwierige Thema Nationalsozialismus. (DH, 6), München 1990; 239 S.*

19204 Bergmann, Werner: Die Reaktion auf den Holocaust in Westdeutschland von 1945 bis 1989, in: GWU 43 (1992), 327–50

19205 Berlin, Jörg u. a. (Hg.): Was verschweigt Fest? Analysen und Dokumente zum Hitler-Film von J[oachim] C. Fest, Köln 1978; 217 S.**

19206 Berner, Hanspeter: Sonderpädagogische Geschichtsschreibung nach 1945 – verdrängen, verschweigen, verfälschen, in: Martin Rudnick (Hg.), Aussondern – Sterilisieren – Liquidieren. Die Verfolgung Behinderter im Nationalsozialismus, Berlin 1990, 198–213

19207 Besier, Gerhard/Ringshausen, Gerhard (Hg.): Bekenntnis, Widerstand, Martyrium. Von Barmen 1934 bis Plötzensee 1944. [II. Unterrichtliche Erschließung], Göttingen 1986, 169–380

19208 Bier, Jean-Paul: Paradigms and Dilemmas in the Literary Awareness of West Germany with Regard to the Persecution and Murder of the Jews, in: Asher Cohen u. a. (Hg.), Comprehending the Holocaust. Historical and Literary Research, Frankfurt u. a. 1988, 279–302

19209 Blum, Heiko R.: 30 Jahre danach. Dokumentation zur Auseinandersetzung mit dem Nationalsozialismus im Film 1945 bis 1975, Köln 1975; 96, (80) S.**

19210 Bodek, Janusz: Die Fassbinder-Kontroversen: Entstehung und Wirkung eines literarischen Textes. Zu Kontinuität und Wandel einiger Erscheinungsformen des Alltagsantisemitismus in Deutschland nach 1945, seinen künstlerischen Weihen und seiner öffentlichen Inszenierung, Frankfurt u. a. 1991; 438 S.

19211 Böhm, Wilhelm u. a. (Hg.): Als die Gotteshäuser brannten ... Was geht uns heute noch die Pogromnacht (»Reichskristallnacht«) vom 9. 11. 1938 an? Ein Werkheft für Gemeindearbeit, Schule, Jugendarbeit und Erwachsenenbildung, Düsseldorf 1988

19212 Bosch, Michael (Hg.): Antisemitismus, Nationalsozialismus, Neonazismus, Düsseldorf 1979; 152 S.*

19213 Bosworth, Richard J.: Explaining Auschwitz and Hiroshima. History Writing and the Second World War, 1945–1990, London 1993; XV, 262 S.

19214 Botz, Gerhard: Eine deutsche Geschichte 1938–1945? Österreichische Geschichte zwischen Exil, Widerstand und Verstrickung, in: Bernd Hey/Peter Steinbach (Hg.), Zeitgeschichte und politisches Bewußtsein. Internationale Tagung der Landeszentrale für Politische Bildung des Landes Nordrhein-Westfalen am Zentrum für Interdisziplinäre Forschung der Universität Bielefeld, Köln 1986, 160–85

19215 Bracher, Karl D.: Zeitgeschichtliche Erfahrungen als aktuelles Problem, in: APUZ, Nr. B 11/87, 14. 3. 1987, 3–14

19216 Brendler, Konrad: Die Holocaustrezeption der Enkelgeneration im Spannungsfeld von Abwehr und Traumatisierungen, in: JfA 3 (1994), 303–40

19217 Brochhagen, Ulrich: Vergangene Vergangenheitsbewältigung. Zum Umgang mit der NS-Vergangenheit während der fünfziger und frühen sechziger Jahre, in: Mittelweg 1 (1992), Nr. 5, 145–54

19218 Brossat, Alain u. a.: Le genocide juif vu de l'Est (URSS, RDA, Pologne), in: Yannis Thanassekos/Heinz Wismann (Hg.), Révision de l'histoire. Totalitarismes, crimes et génocides nazis. Actes du colloque international organisé à l'initiative des la Fondation Auschwitz, 3–5 novembre 1988, Institute de Sociologie, Université libre de Bruxelles, Paris 1990, 223–50

19219 Broszat, Martin: Soll das Leugnen oder Verharmlosen nationalsozialistischer Judenmorde straffrei sein? Kritische Anmerkungen zum Entwurf einer Strafrechtsänderung des Bundesjustizministeriums (1982), in: Hermann Graml/Klaus-Dietmar Henke (Hg.), Nach Hitler. Der schwierige Umgang mit unserer Geschichte. Beiträge von Martin Broszat, 2. Aufl., München 1987, 292–94 (zuerst 1986; TB München 1990)

19220 Broszat, Martin: Zur Erforschung des Nationalsozialismus in der Bundesrepublik Deutschland und in der DDR (1975), in: Hermann Graml/Klaus-Dietmar Henke (Hg.), Nach Hitler. Der schwierige Umgang mit unserer Geschichte. Beiträge von Martin Broszat, 2. Aufl., München 1987, 36–41 (zuerst 1986; TB München 1990)

19221 Broszat, Martin: Das Dritte Reich als Gegenstand historischen Fragens, in: Martin Broszat/Norbert Frei (Hg.), Ploetz. Das Dritte Reich. Ursprünge, Ereignisse, Wirkungen, Freiburg/Würzburg 1983, 11–17; abgedr. in: Hermann Graml/Klaus-Dietmar Henke (Hg.), Nach Hitler. Der schwierige Umgang mit unserer Geschichte. Beiträge von Martin Broszat, 2. Aufl., München 1987 (zuerst 1986), 140–47 (TB München 1990)

19222 Broszat, Martin: Plädoyer für eine Historisierung des Nationalsozialismus, in: Merkur 39 (1987), 373–85; abgedr. in: Hermann Graml/Klaus-Dietmar Henke (Hg.), Nach Hitler. Der schwierige Umgang mit unserer Geschichte. Beiträge von Martin Broszat, 2. Aufl., München 1986, 159–73 (zuerst 1987; TB München 1990)

19223 Broszat, Martin: »Der Nationalsozialismus holt uns Deutsche immer wieder ein.« Auszüge aus der Rede zum 40jährigen Bestehen des Instituts für Zeitgeschichte München, in: FR, Jg. 45, Nr. 167, 22.7.1989, 12

19224 Browning, Christopher R.: Approaches to the »Final Solution« in German Historiography of the Last Two Decades, in: Yisrael Gutman/Gideon Greif (Hg.), The Historiography of the Holocaust Period, Jerusalem 1988, 53–77

19225 Brumlik, Micha/Kunik, Petra (Hg.): Reichspogromnacht. Vergangenheitsbewältigung aus jüdischer Sicht, 1. u. 2. Aufl., Frankfurt 1988; 123 S.*

19226 Burkert, Hans-Norbert/Wunderlich, Norbert: Nazi-Diktatur und Neofaschismus. Begleitmaterial zur Wanderausstellung für die Berliner Schulen, Hg. Pädagogisches Zentrum Berlin, Berlin 1980; 46 S.

19227 Bussmann, Georg: Hakenkreuze im deutschen Wald. Faschistisches als Thema der neuen Malerei, in: Inszenierung der Macht. Ästhetische Faszination des Faschismus, Hg. Neue Gesellschaft für Bildende Kunst, Red. Klaus Behnken/Frank Wagner, Berlin 1987, 315–34

19228 Callies, Jörg (Hg.): Die Verbrechen des Krieges erinnern. Erinnerungs- und Gedenkstättenarbeit für Versöhnung und Frieden. (Loccumer Protokolle, 53/89), Loccum 1990; 204 S.

19229 Carr, William: The Hitler Image in the Last Half-Century, in: Hannsjoachim W. Koch (Hg.), Aspects of the Third Reich, 3. Aufl., Basingstoke/London 1988, 462–88 (zuerst 1985)

19230 Claussen, Detlev: Die neue Wahrnehmung der NS-Zeit, in: Martina Kirfel/Walter Oswalt (Hg.), Die Rückkehr der Führer. Modernisierter Rechtsextremismus in Westeuropa, 2., überarb. u. erw. Aufl., Wien/Zürich 1991, 234–39 (zuerst 1989)

19231 Cloer, Ernst u.a.: Das Dritte Reich im Jugendbuch. 20 neue Jugendbuch-Analysen, Analysen von Ursula Balfanz u.a., Weinheim/Basel 1988; 215 S.

19232 Dahrendorf, Malte u.a. (Hg.): Die Darstellung des Dritten Reiches im Kinder- und Jugendbuch, Frankfurt 1988; 158 S.

19233 Dammeyer, Manfred: Nationalsozialistische Filme im historisch-politischen Unterricht, in: APUZ, Nr. B 16/77, 23.4.1977, 3–24

19235 Danyel, Jürgen: Die geteilte Vergangenheit. Gesellschaftliche Ausgangslagen und politische Dispositionen für den Umgang mit Nationalsozialismus und Widerstand in den beiden deutschen Staaten nach 1949, in: Jürgen Kocka (Hg.), Historische DDR-Forschung. Aufsätze und Studien, Berlin 1993, 129–47

19236 Dawidowicz, Lucy S.: The Holocaust and the Historians, Cambridge, Mass. 1981; X, 187 S.

19237 DeKoven Ezrahi, Sidra: The Holocaust and the Shifting Boundaries of Art and History, in: H&M 1 (1989), 77–97

19238 Diner, Dan: Die Wahl der Perspektive. Bedarf es einer besonderen Historik des Nationalsozialismus?, in: Wolfgang Schneider (Hg.), »Vernichtungspolitik«. Eine Debatte über den Zusammenhang von Sozialpolitik und Genozid im nationalsozialistischen Deutschland, Hamburg 1991, 65–75

19239 Diwald, Helmut: Geschichtsbild und Geschichtsbewußtsein im gegenwärtigen Deutschland, in: Saeculum 28 (1977), 22–30

19240 Dolle-Weinkauff, Bernd: Das »Dritte Reich« im Comic. Geschichtsbilder und darstellungsästhetische Strategien einer rekonstruierten Gattung, in: JfA 2 (1993), 298–332

19241 Domansky, Hilde: »Kristallnacht«, the Holocaust, and German Unity. The Meaning of November 9 as an Anniversary in Germany, in: H&M 4 (1992), 60–94

19242 Dorpalen, Andreas: Weimar Republic and Nazi Era in East German Perspective, in: CEH 11 (1978), 211–30

19243 Das Dritte Reich. Eine Studie über Nachwirkungen des Nationalsozialismus, Hg. Institut für Demoskopie, Gesellschaft zum Studium der Öffentlichen Meinung (IFD), Allensbach 1949; 21, (23) S.

19244 Dybowski, Andreas: Endstation, Wartesaal oder Schatzkammer für die Zukunft. Die deutsche Exilliteratur und ihre Wirkung und Bewertung in der westdeutschen Nachkriegsrepublik, Frankfurt u.a. 1989; 278 S.

19245 Enders, Ulrich: Der Hitler-Film »Bis fünf nach zwölf«. Vergangenheitsbewältigung oder Westintegration?, in: Friedrich P. Kahlenberg (Hg.), Aus der Arbeit der Archive. Beiträge zum Archivwesen, zur Quellenkunde und zur Geschichte. Festschrift für Hans Booms, Boppard 1989, 916–36

19247 Faulenbach, Bernd: NS-Interpretationen und Zeitklima. Zum Wandel der Aufarbeitung der jüngsten Vergangenheit, in: APUZ, Nr. B 22/87, 30.5. 1987, 19–30

19248 Faulenbach, Bernd: Probleme des Umgangs mit der Vergangenheit im vereinten Deutschland: Zur Gegenwartsbedeutung der jüngsten Geschichte, in: Werner Weidenfeld (Hg.), Deutschland. Eine Nation – doppelte Geschichte. Materialien zum deutschen Selbstverständnis. (Arbeitsergebnisse der Studiengruppe Deutschlandforschung, 5), Köln 1993, 175–90

19249 Faulenbach, Bernd: Zum Umgang des Rechtsextremismus und der Neuen Rechten mit der jüngsten Vergangenheit, in: Kurt Bodewig u.a. (Hg.), Die schleichende Gefahr. Rechtsextremismus heute, 1. und 2. Aufl., Essen 1990, 40–46

19250 Fernkorn, Lisa u.a.: Frauenalltag im Nationalsozialismus. Formen der Erinnerung und Wege der Rückvermittlung, in: Beatrix Bechtel u.a. (Hg.), Die ungeschriebene Geschichte. Historische Frauenforschung. Dokumentation des 5. Historikerinnentreffens in Wien, 16.–19. April 1984, München 1983, 392–403

19251 Fischer, Volker: Ästhetisierung des Faschismus – NS-Nostalgie im Spielfilm, in: Berthold Hinz u.a. (Hg.), Die Dekoration der Gewalt. Kunst und Medien im Faschismus, Gießen 1979, 243–57

19252 Frei, Norbert: Auschwitz und Holocaust. Begriff und Historiographie, in: Hanno Loewy (Hg.), Holocaust: Die Grenzen des Verstehens. Eine Debatte über die Besetzung der Geschichte, Reinbek 1992, 101–9

19253 Friedlander, Henry: Towards a Methodology of Teaching about the Holocaust, in: Henry Friedlander/Sybil Milton (Hg.), The Holocaust: Ideology, Bureaucracy, and Genocide. The San José Papers, Millwood, N.Y. 1980, 323–46

19254 Friedländer, Saul (Hg.): Probing the Limits of Representation. Nazism and the »Final Solution«, 2. Aufl., Cambridge, Mass./London 1993; (V), 407 S. (zuerst 1992)

19255 Friedländer, Saul: Die »Endlösung«. Über das Unbehagen in der Geschichtsdeutung, in: Walter H. Pehle (Hg.), Der historische Ort des Nationalsozialismus. Annäherungen, Frankfurt 1990, 81–93 (engl. in: H&M 1/1989, Nr. 2, 61–76)

19256 Friedländer, Saul: Trauma, Erinnerung und Übertragung in der historischen Darstellung des Nationalsozialismus und des Holocaust, in: Wolfgang Beck (Hg.), Die Juden in der europäischen Geschichte. Sieben Vorlesungen, München 1992, 136–51 (engl. in: H & M 4/1992, 39–59)

19258 Friedländer, Saul: The Shoa between Memory and History, in: JQ 15 (1990), Nr. 53, 115–26

19260 Fritzsche, Klaus: Faschismus als Vergangenheit und Gegenwart, in: Rainer Eisfeld/Ingo Müller (Hg.), Gegen Barbarei. Essays Robert M.W. Kempner zu Ehren, Frankfurt 1989, 51–76

19261 Froehling, Hans-Christoph/Rauch, Andreas: Mehr Konturen, mehr Realismus. Neue Diskussionen zur NS-Ära in den USA, in: Parlament, Jg. 44, Nr. 31, 5.8. 1994, 16

19262 Fuchs, Elinor (Hg.): Plays of the Holocaust. An International Anthology, New York 1987; XXII, 310 S.

19263 Futterknecht, Franz: Das Dritte Reich im deutschen Roman der Nachkriegszeit. Untersuchungen zur Faschismustheorie und Faschismusbewältigung in den Romanen »Dr. Faustus« von Thomas Mann, »Versöhnung« von Bernt von Heiseler, »Der Totenwald« von Ernst Wiechert, »Das unauslöschliche Siegel« von Elisabeth Langgässer, »Der Fragebogen« von Ernst von Salomon, 2. Aufl., Bonn 1980; 346 S. (zuerst 1975)

19264 Geißler, Rainer: Junge Deutsche und Hitler. Eine empirische Studie zur historisch-politischen Sozialisation, Stuttgart 1981; 123 S.

19265 Gericke, Hans O.: Die Presseberichterstattung über den Nürnberger Prozeß und die Überwindung des faschistischen Geschichtsbildes, in: ZfG 33 (1985), 916–24

19266 Glaser, Hermann: Das Exil fand nicht statt. Schulwirklichkeit im Deutschunterricht 1945–1965, in: Ulrich Walberer (Hg.), 10. Mai 1933. Bücherverbrennung in Deutschland und die Folgen, Frankfurt 1983, 260–84

19267 Graml, Hermann/Henke, Klaus-Dietmar (Hg.): Nach Hitler. Der schwierige Umgang mit unserer Geschichte. Beiträge von Martin Broszat, 2. Aufl., München 1987; 326 S. (zuerst 1986; TB München 1990)*

19268 Greiffenhagen, Martin: Die Narben bleiben sichtbar. Das Dritte Reich als Bestimmungsfaktor heutiger Politik, in: Nationalsozialistische Herrschaft, Hg. Bundeszentrale für politische Bildung, Bonn 1983, 78–81

19269 Grosser, Alfred: Verbrechen und Erinnerung. Der Genozid im Gedächtnis der Völker, 2. Aufl., München 1993; 312 S. (zuerst München u.a. 1990)

19270 Grünzweig, Walter: Die vergebliche Enttrümmerung beschädigter Kinderköpfe: Nationalsozialismus in Werken Gert Hofmanns, in: GSR 12 (1989), 55–67

19271 Habermas, Jürgen: Die Last der doppelten Vergangenheit. Die Aufeinanderfolge von NS-Tyrannei und SED-Diktatur lehrt die Gemeinsamkeiten totalitärer Herrschaft, läßt aber auch die Unterschiede erkennen. Unter der Beleuchtung des DDR-Unrechts darf die Erinnerung an die Massenverbrechen des Nationalsozialismus nicht verblassen, in: Zeit, Jg. 49, Nr. 20, 15. 5. 1994, 54

19272 Hackforth, Josef: Nationalsozialismus und Fernsehen. »Holocaust«, die Funktion der Massenmedien und Erkenntnisse der publizistischen Wirkungsforschung, in: Anneliese Mannzmann (Hg.), Hitlerwelle und historische Fakten. Mit einer Literaturübersicht und einer Materialsammlung zum Neonazismus, Königstein, Ts. 1979, 95–104

19273 Häßler, Hans-Jürgen (Hg.): 1939–1945. Erinnerungen, Standpunkte, Perspektiven, Würzburg 1989; 200 S.

19274 Hammermann, Ilana: Der Nationalsozialismus in der deutschen Nachkriegsliteratur aus israelischer Perspektive, in: TAJB 19 (1990), 561–79

19275 Hartmann, Geoffrey H. (Hg.): Holocaust Remembrance. The Shapes of Memory, Oxford/New York 1993; 370 S.

19276 Haug, Wolfgang F.: Der hilflose Antifaschismus. Zur Kritik der Vorlesungsreihen über Wissenschaft und Nationalsozialismus an deutschen Universitäten, 4. Aufl., Köln 1977; 159 S. (zuerst Frankfurt 1967)

19277 Haug, Wolfgang F.: Vom hilflosen Antifaschismus zur Gnade der späten Geburt, 2. Aufl., Hamburg 1991; 336 S. (zuerst 1987)

19278 Heinemann, Marlene E.: Gender and Destiny. Women Writers and the Holocaust, Westport, Conn. 1986

19279 Hennig, Eike: Nationalsozialismus, in: Martin Greiffenhagen u. a. (Hg.), Handwörterbuch zur politischen Kultur der Bundesrepublik Deutschland, Opladen 1981, 257–60

19280 Hennig, Eike: Vierzig Jahre »Reichskristallnacht«: Vierzig Jahre Euphemismus und Verdrängung, in: Anneliese Mannzmann (Hg.), Hitlerwelle und historische Fakten. Mit einer Literaturübersicht und einer Materialsammlung zum Neonazismus, Königstein, Ts. 1979, 81–94

19281 Herbert, Ulrich: Der Holocaust in der Geschichtsschreibung der Bundesrepublik Deutschland, in: Ulrich Herbert/Olaf Groehler, Zweierlei Bewältigung. Vier Beiträge über den Umgang mit der NS-Vergangenheit in den beiden deutschen Staaten, Hamburg 1992, 67–86; abgedr. in: Bernhard Moltmann u. a. (Hg.), Erinnerung. Zur Gegenwart des Holocaust in Deutschland-West und Deutschland-Ost, Frankfurt 1993, 31–45

19282 Heuß, Herbert: Das Dokumentations- und Kulturzentrum Deutscher Sinti und Roma in Heidelberg. Aufgaben und Perspektiven vor dem Hintergrund des Holocaust, in: JfA 1 (1992), 152–59

19283 Hey, Bernd: Zeitgeschichte und Vergangenheitsbewältigung, in: Bernd Hey/Peter Steinbach (Hg.), Zeitgeschichte und politisches Bewußtsein. Internationale Tagung der Landeszentrale für Politische Bildung des Landes Nordrhein-Westfalen am Zentrum für Interdisziplinäre Forschung der Universität Bielefeld, Köln 1986, 72–87

19284 Hiden, John/Farquharson, John E.: Explaining Hitler's Germany. Historians and the Third Reich, 3. Aufl., London 1990; 240 S. (zuerst 1983)

19285 Hilberg, Raul: Unerbetene Erinnerung. Der Weg eines Holocaust-Forschers, Frankfurt 1994; 175 S.

19286 Hofer, Walther: Fifty Years On: Historians and the Third Reich, in: JCH 21 (1986), 225–51

19287 Hofer, Walther: 50 Jahre danach – über den wissenschaftlichen Umgang mit dem Dritten Reich, in: GWU 34 (1983), 1–28; abgedr. in: Rudolf Lill/Heinrich Oberreuther (Hg.), Machtverfall und Machtergreifung. Aufstieg und Herrschaft des Nationalsozialismus, München 1983, 189–222

19288 Hoffmann, Christa/Jesse, Eckhard: Die »doppelte Vergangenheitsbewältigung« in Deutschland: Unterschiede und Gemeinsamkeiten, in: Werner Weidenfeld (Hg.), Deutschland. Eine Nation – doppelte Geschichte. Materialien zum deutschen Selbstverständnis. (Arbeitsergebnisse der Studiengruppe Deutschlandforschung, 5), Köln 1993, 209–34

19289 Hoffmann, Marhild: Der Nationalsozialismus in Richtlinien und Lehrplänen. Kritische Anmerkungen zu Beispielen aus fünf Bundesländern, in: Der Nationalsozialismus als didaktisches Problem. Beiträge zur Behandlung des NS-Systems und des deutschen Widerstands im Unterricht, Hg. Bundeszentrale für politische Bildung, Bonn 1980, 23–41

19290 Hopf, Christel u. a.: Wie kamen die Nationalsozialisten an die Macht? Eine empirische Analyse von Deutungen im Unterricht, Frankfurt/New York 1985; 344 S.

19291 Hopf, Christel: Das Faschismusthema in der Studentenbewegung und in der Soziologie, in: Heinz Bude/Martin Kohli (Hg.), Radikalisierte Aufklärung. Studentenbewegung und Soziologie in Berlin 1965 bis 1970, Weinheim/München 1989, 71–86

19292 Hopf, Christel/Nevermann, Kurt: Zum Geschichtsunterricht über die Voraussetzungen des Nationalsozialismus. Eine empirische Studie, in: APUZ, Nr. B 10/86, 8.3. 1986, 16–25

19293 Hübner-Funk, Sibylle: Hitler's Grandchildren in the Shadow of the Past. The Burden of a Difficult Heritage, in: TAJB 19 (1990), 103–58

19294 Hürten, Heinz: Der Nationalsozialismus und wir, in: Communio 12 (1983), 500–3; abgedr. in: Heinz Hürten, Katholiken, Kirche und Staat als Problem der Historie. Ausgewählte Aufsätze 1963–1992, Hg. Hubert Gruber, Paderborn u.a. 1994, 135–40

19295 Iggers, Georg G.: The German Historians and the Nazi Experience, in: Fascism in Europe. An International Symposium. Prague, 28–29 August 1969, Hg. Czechoslovak Academy of Sciences, Institute of History, Bd. 1, o.O (Prag) 1969, 124–46 (Ms. vervielf.)

19296 Jacobsen, Hans-Adolf: Vom Imperativ des Friedens. Anmerkungen zu einigen Lehren aus der Geschichte des Dritten Reiches, in: Ursula Büttner (Hg.), Das Unrechtsregime. Internationale Forschung über den Nationalsozialismus. Festschrift für Werner Jochmann zum 65. Geburtstag, Bd. 2, Hamburg 1986, 451–74

19297 Jeggle, Utz: Heimatkunde und Nationalsozialismus, in: Rainer Erb u.a. (Hg.), Antisemitismus und jüdische Geschichte. Studien zu Ehren von Herbert A. Strauss, Berlin 1987, 495–514

19298 Juhnke, Andreas/Wiedemann, Charlotte: Die Deutschen und die Vergangenheit. 50 Jahre danach. Große Umfrage zum Nationalsozialismus, in: Woche, Jg. 2, Nr. 23, 1.6. 1994, Extra I-III

19299 Kaes, Anton: Deutschlandbilder. Die Wiederkehr der Geschichte als Film, München 1987; 264 S.

19300 Kaes, Anton: History and Film. Public Memory in the Age of Electronic Dissemination, in: H&M 2 (1990), 111–29

19301 Kehrig, Manfred: Stalingrad im Spiegel der Memoiren deutscher Generale, in: Wolfram Wette/Gerd R. Ueberschär (Hg.), Stalingrad. Mythos und Wirklichkeit einer Schlacht, Frankfurt 1992, 205–13, 296

19302 Klausa, Ekkehard: Was ist das: Gedenken. Diskutieren statt Deklamieren: Öffentliches Erinnern darf nicht in Routine erstarren, sondern muß politisch wirken, in: Zeit, Jg. 44, Nr. 30, 21.7. 1989, 34

19303 Klee, Ernst: Der Umgang der Kirche mit dem Holocaust nach 1945, in: Rolf Steininger (Hg.), Der Umgang mit dem Holocaust. Europa – USA – Israel, Wien u. a. 1994, 119–36

19304 Knigge, Volkhart: Abwehren – aneignen. Der Holocaust als Lerngegenstand, in: Hanno Loewy (Hg.), Holocaust: Die Grenzen des Verstehens. Eine Debatte über die Besetzung der Geschichte, Reinbek 1992, 248–59

19305 Kogon, Eugen u. a.: Gott nach Auschwitz. Dimensionen des Massenmordes am jüdischen Volk, Freiburg i.Br. u. a. 1979; 144 S. (amerikan.: Evanston, Ill. 1977)

19306 Kogon, Eugen: Was geht uns das Jahr 1933 und seine Vorgeschichte an? Reflexionen über den Aufstieg des Nationalsozialismus in Deutschland und über die Aufarbeitung dieses Vorgangs, in: Volker Rittberger (Hg.), 1933. Wie die Republik der Diktatur erlag, Stuttgart u. a. 1983, 187–200; abgedr. in: Eugen Kogon, Ideologie und Praxis der Unmenschlichkeit. Erfahrungen mit dem Nationalsozialismus. (Gesammelte Schriften, 1), Hg. Michael Kogon/Gottfried Erb, Weinheim/Berlin 1995, 305–21

19307 Köhler, Otto: Hochstimmung im Schatten der I.G. Auschwitz. [...] Die schreckliche Geschichte des alten Konzerns (wird) in den Firmenchroniken und Festschriften ihrer »Erben« (BASF, Bayer, Hoechst) noch immer schöngefärbt oder gar ganz verdrängt, in: Zeit, Jg. 46, Nr. 19, 3. 5. 1991, 52

19308 Kohlhammer, Siegfried: Anathema. Der Holocaust und das Bilderverbot, in: JIdG 48 (1994), 501–9

19309 Kraus, Wolfgang u. a. (Hg.): Die »Reichskristallnacht«, 9. November 1938. 50 Jahre danach, was geht das mich an? Eine Arbeitshilfe für Unterricht und Gemeindearbeit, Hannover 1988; 95 S.

19310 Krausnick, Helmut: Unser Weg in die Katastrophe von 1945. Rechenschaft und Besinnung, in: APUZ, Nr. B 19/62, 9. 5. 1962, 229–40

19311 Kremers, Harald: Judentum und Holocaust im deutschen Schulunterricht, in: APUZ, Nr. B 4/79, 27. 1. 1979, 37–45

19312 Kreutzberg, Georg W.: Verwicklung, Aufdeckung und Bestattung. Über den Umgang mit einem Erbe, in: Franz-Werner Kersting u. a. (Hg.), Nach Hadamar. Zum Verhältnis von Psychiatrie und Gesellschaft im 20. Jahrhundert, Paderborn 1993, 300–8

19313 Krink, Alfred: Nationalsozialismus und Widerstand als erfahrbare Geschichte, in: Der Nationalsozialismus als didaktisches Problem. Beiträge zur Behandlung des NS-Systems und des deutschen Widerstands im Unterricht, Hg. Bundeszentrale für politische Bildung, Bonn 1980, 103–28

19314 Kühnl, Reinhard: Das Dritte Reich in der Presse der Bundesrepublik. Kritik eines Geschichtsbildes, Frankfurt 1966; 220 S.

19315 Kühnl, Reinhard: From Denazification to the »Historiker-Debatte« Reckoning with the Past in the Federal Republic of Germany, in: Michael N. Dobkowski/Isidor Wallimann (Hg.), Radical Perspectives on the Rise of Fascism in Germany, 1919–1945, New York 1989, 267–88

19316 Kulka, Otto D.: Singularity and its Relativization: Changing Views in German Historiography on National Socialism and the »Final Solution«, in: YVS 19 (1988), 151–86

19317 Kulka, Otto D.: Die deutsche Geschichtsschreibung über den Nationalsozialismus und die »Endlösung«. Tendenzen und Entwicklungsphasen 1924–1984, in: HZ 240 (1985), 599–640

19318 Kulka, Otto D.: Major Trends and Tendencies in German Historiography and National Socialism and the »Jewish Question«, in: LBY 30 (1985), 215–42; abgedr. in: Yisrael Gutman/Gideon Greif (Hg.), The Historiography of the Holocaust Period, Jerusalem 1988, 1–51

19319 Kwiet, Konrad: Die NS-Zeit in der westdeutschen Forschung 1945–1961, in:

Ernst Schulin (Hg.), Deutsche Geschichtswissenschaft nach dem Zweiten Weltkrieg, München 1993, 181–98

19320 Kwiet, Konrad: Historians of the German Democratic Republic on Antisemitism and Persecution, in: LBY 21 (1976), 173–98

19321 Kwiet, Konrad: Zur historiographischen Behandlung der Judenverfolgung im Dritten Reich, in: MGM 27 (1980), 149–92

19322 Lämmert, Eberhard: Wem gehört die Geschichte? Über den vernünftigen Umgang mit der Vergangenheit, in: Zeit, Jg. 43, Nr. 4, 22.1. 1988, 36

19323 Lamping, Dieter: Dein aschenes Haupt Sulamith. Dichtung über den Holocaust, München/Zürich 1992; 298 S.

19324 Langer, Lawrence L.: Holocaust Testimonies. The Ruins of Memory, New Haven, Conn. 1991; XIX, 216 S.

19325 Langer, Lawrence L.: The Writer and the Holocaust Experience, in: Henry Friedlander/Sybil Milton (Hg.), The Holocaust: Ideology, Bureaucracy, and Genocide. The San José Papers, Millwood, N.Y. 1980, 309–22

19326 Laurien, Ingrid: Die Verarbeitung von Nationalsozialismus und Krieg in politisch-kulturellen Zeitschriften der Westzonen 1945–1949, in: GWU 39 (1988), 220–37

19327 Levine, Herbert S.: Die wissenschaftliche Untersuchung des Verhaltens der Juden zur Zeit der nationalsozialistischen Verfolgungen und die Hemmungen einer unbewältigten Vergangenheit, in: Joachim Hütter u. a. (Hg.), Tradition und Neubeginn. Internationale Forschungen zur Geschichte des 20. Jahrhunderts, Köln u. a. 1975, 409–18

19328 Lipstadt, Deborah E.: Betrifft: Leugnen des Holocaust, Zürich 1994; 319 S. (LA Darmstadt 1994; amerikan.: New York u. a. 1993 u. d. T.: Denying the Holocaust. The Growing Assault on Truth and Memory)

19329 Loewy, Hanno (Hg.): Holocaust: Die Grenzen des Verstehens. Eine Debatte über die Besetzung der Geschichte, Reinbek 1992; 288 S.*

19330 Löwenthal, Richard: Geschichtszerrissenheit und Geschichtsbewußtsein in Deutschland, in: Richard Löwenthal, Gesellschaftwandel und Kulturkrise, Hamburg 1979, 240–56

19331 Lübbe, Hermann: Die Gegenwart der Vergangenheit. (Vorträge der Oldenburgischen Landschaft, 14), Oldenburg 1985; 24 S.

19332 Lübbe, Hermann: Der Nationalsozialismus im politischen Bewußtsein der Gegenwart, in: Martin Broszat u. a. (Hg.), Deutschlands Weg in die Diktatur. Internationale Konferenz zur nationalsozialistischen Machtübernahme im Reichstagsgebäude zu Berlin. Referate und Diskussionen. Ein Protokoll, hg. i. A. der Historischen Kommission zu Berlin, des Instituts für Zeitgeschichte, München, der Deutschen Vereinigung für Parlamentsfragen, Bonn, Berlin 1983, 329–49; abgedr. in: HZ 236 (1983), 579–99; Hermann Lübbe, Die Aufdringlichkeit der Geschichte. Herausforderungen der Moderne vom Historismus zum Nationalsozialismus, Graz u. a. 1989, 334–50

19333 Maier, Charles S.: Die Gegenwart der Vergangenheit. Geschichte und nationale Identität der Deutschen, Frankfurt/New York 1992; 257 S. (amerikan.: Cambridge, Mass. 1988 u. d. T.: The Unmasterable Past)

19334 Mannzmann, Anneliese (Hg.): Hitlerwelle und historische Fakten. Mit einer Literaturübersicht und einer Materialiensammlung zum Neonazismus, Königstein, Ts. 1979; 188 S.*

19335 Marcuse, Ludwig: War ich ein Nazi? Politik – Anfechtung des Gewissens, München u. a. 1968; 165 S.

1171

19336 Markmann, Hans-Jochen: Die KZ im öffentlichen Geschichtsbewußtsein der Bundesrepublik Deutschland, in: SOWI 10 (1981), Nr. 4, 201–4, 226–28

19337 Mattenklott, Gert: Zur Darstellung des Holocaust in der westdeutschen Nachkriegsliteratur, in: Bernhard Moltmann u. a. (Hg.), Erinnerung. Zur Gegenwart des Holocaust in Deutschland-West und Deutschland-Ost, Frankfurt 1993, 205–22

19338 Mayer, Arno J.: Memory and History: On the Poverty of Remembering and Forgetting the Judeocide, in: Rolf Steininger (Hg.), Der Umgang mit dem Holocaust. Europa – USA – Israel, Wien u. a. 1994, 444–56

19339 Meier, Christian: 40 Jahre nach Auschwitz. Deutsche Geschichtserinnerung heute, 2., erw. Aufl., München 1990; 150 S. (zuerst 1987)

19340 Meier, Christian: La mémoire historique en Allemagne après Auschwitz, in: Yannis Thanassekos/Heinz Wismann (Hg.), Révision de l'histoire. Totalitarismes, crimes et génocides nazis. Actes du colloque international organisé à l'initiative des la Fondation Auschwitz, 3–5 novembre 1988, Institute de Sociologie, Université libre de Bruxelles, Paris 1990, 269–87

19341 Mel'nikow, Daniil E.: Die Ursachen für die Niederlage Deutschlands im zweiten Weltkrieg und die westdeutsche Geschichtsschreibung, in: Befreiung und Neubeginn. Zur Stellung des 8. Mai 1945 und der deutschen Geschichte, Red. Bernhard Weißel, Berlin (O) 1968, 94–102

19342 Merritt, Richard L.: Digesting the Past. Views of National Socialism in Semisovereign Germany, in: Societas 7 (1977), 93–119

19343 Mertens, Pierre: La littérature allemande contre l'oubli, in: Yannis Thanassekos/Heinz Wismann (Hg.), Révision de l'histoire. Totalitarismes, crimes et génocides nazis. Actes du colloque international organisé à l'initiative des la Fondation Auschwitz, 3–5 novembre 1988, Institute de Sociologie, Université libre de Bruxelles, Paris 1990, 305–16

19344 Messerschmidt, Manfred: Der Kampf der Wehrmacht im Osten als Traditionsproblem, in: Gerd R. Ueberschär/Wolfram Wette (Hg.), Der deutsche Überfall auf die Sowjetunion. »Unternehmen Barbarossa« 1941, 2., überarb. Aufl., Frankfurt 1991, 225–37, 396–98 (zuerst Paderborn 1984)

19345 Meyers, Peter: Vom »Antifaschismus« zur »Tendenzwende«. Ein Überblick über die Behandlung des Nationalsozialismus in der historisch-politischen Bildung seit 1945, in: Der Nationalsozialismus als didaktisches Problem. Beiträge zur Behandlung des NS-Systems und des deutschen Widerstands im Unterricht, Hg. Bundeszentrale für politische Bildung, Bonn 1980, 43–63

19346 Meyers, Peter: Didaktische Aspekte zur Behandlung des Nationalsozialismus in Schule und Erwachsenenbildung, in: Peter Meyers/Dieter Riesenberger (Hg.), Der Nationalsozialismus in der historisch-politischen Bildung, Göttingen 1979, 8–34

19347 Meyers, Peter/Riesenberger, Dieter (Hg.): Der Nationalsozialismus in der historisch-politischen Bildung, Göttingen 1979; 218 S.*

19348 Milton, Sybil: Eine angemessene Erinnerung? Kunst und Politik im Andenken an den Holocaust, in: Andreas Nachama/Julius H. Schoeps (Hg.), Aufbau nach dem Untergang. Deutsch-jüdische Geschichte nach 1945. In memoriam Heinz Galinski, Berlin 1992, 164–73

19349 Mittig, Hans-Ernst: NS-Architektur für uns, in: Bernd Ogan/Wolfgang W. Weiß (Hg.), Faszination und Gewalt. Zur politischen Ästhetik des Nationalsozialismus, Nürnberg 1992, 245–66

19350 Mommsen, Hans: Holocaust und die deutsche Geschichtswissenschaft, in: Yisrael Gutman/Gideon Greif (Hg.), The

Historiography of the Holocaust Period, Jerusalem 1988, 79–97

19351 Mommsen, Hans: Erfahrung, Aufarbeitung und Erinnerung des Holocaust in Deutschland, in: Hanno Loewy (Hg.), Holocaust: Die Grenzen des Verstehens. Eine Debatte über die Besetzung der Geschichte, Reinbek 1992, 93–100

19352 Mommsen, Hans: Aufarbeitung und Verdrängung. Das Dritte Reich im westdeutschen Geschichtsbewußtsein, in: Dan Diner (Hg.), Ist der Nationalsozialismus Geschichte? Zu Historisierung und Historikerstreit, Frankfurt 1987, 74–88, 270; abgedr. in: GMH 38 (1987), 129–42

19353 Mommsen, Hans: Zur Behandlung des Nationalsozialismus im historischen Zusammenhang, in: Der Nationalsozialismus als didaktisches Problem. Beiträge zur Behandlung des NS-Systems und des deutschen Widerstands im Unterricht, Hg. Bundeszentrale für politische Bildung, Bonn 1980, 65–76

19354 Mommsen, Hans: Die Erfahrungen des Dritten Reiches und die Deutschen, in: Kurt Bodewig u. a. (Hg.), Die schleichende Gefahr. Rechtsextremismus heute, 1. und 2. Aufl., Essen 1990, 31–39

19355 Mommsen, Hans: Die Last der Vergangenheit, in: Jürgen Habermas (Hg.), Stichworte zur »Geistigen Situation der Zeit«, Frankfurt 1979, 164–84

19356 Mommsen, Hans: Geschichtsunterricht und Identitätsfindung in der Bundesrepublik, in: Geschichtsdidaktik 3 (1978), 291–300

19357 Mommsen, Hans: Suche nach der »verlorenen Geschichte«? Bemerkungen zum historischen Selbstverständnis der Bundesrepublik, in: Merkur 40 (1986), 864–74

19358 Mommsen, Hans: History and National Identity: The Case of Germany, in: GSR 6 (1983), 559–82

19359 Mommsen, Wolfgang J.: Die Vergangenheit, die nicht vergehen will. Auseinandersetzung oder Schlußstrich?, in: Helmut Dubiel (Hg.), Populismus und Aufklärung, Frankfurt 1986, 211–20; abgedr. in: Hilmar Hoffmann, Gegen den Versuch, Vergangenheit zu verbiegen. Eine Diskussion um politische Kultur in der Bundesrepublik aus Anlaß der Frankfurter Römerberggespräche 1986, Frankfurt 1987, 83–93; Wolfgang J. Mommsen, Nation und Geschichte. Über die Deutschen und die deutsche Frage, München/Zürich 1990, 107–18

19360 Munier, Gerald: NS-Zeit und Zweiter Weltkrieg im Comic. Die mediale Aufarbeitung der jüngsten Vergangenheit, in: Parlament, Jg. 42, Nr. 21, 15. 5. 1992, 14

19361 Der Nationalsozialismus als didaktisches Problem. Beiträge zur Behandlung des NS-Systems und des deutschen Widerstands im Unterricht, Hg. Bundeszentrale für politische Bildung, Bonn (zugl. Düsseldorf) 1980; 226 S.*

19362 Der Nationalsozialismus im Geschichtsunterricht Frankreichs und der Bundesrepublik Deutschland. 2. deutsch-französische Gespräche 1961/62, Hg. Internationales Schulbuchinstitut Braunschweig, Braunschweig 1964; 89 S.

19363 Naumann, Klaus: Wehrmacht und NS-Verbrechen. Wirklichkeiten und Wirkungen einer kollektiven Gewalterfahrung. Überlegungen zu einem Ausstellungsvorhaben des Projekts 1995, in: Mittelweg 1 (1992), Nr. 5, 130–36

19364 Nazi-Kunst ins Museum? Beiträge zu einer Kontroverse unter Antifaschisten. Vor 50 Jahren: Ausstellung »Entartete Kunst«. (tendenzen, Jg. 30, Nr. 157), München 1987; 82 S.

19365 Neumann, Bernd: » . . . die Speers werden lange mit uns sein.« Anmerkungen zu den Memoiren ehemaliger Entscheidungsträger des Dritten Reiches, in: Horst Denkler/Karl Prümm (Hg.), Die deutsche Literatur im Dritten Reich. Themen – Traditionen – Wirkungen, Stuttgart 1976, 504–30

19366 Nicosia, Francis R.: Zionismus und Antisemitismus im Dritten Reich: Folgen für die Zeit nach dem Holocaust, in: Rolf Steininger (Hg.), Der Umgang mit dem Holocaust. Europa – USA – Israel, Wien u. a. 1994, 60–76

19367 Niethammer, Lutz: Juden und Russen im Gedächtnis der Deutschen, in: Walter H. Pehle (Hg.), Der historische Ort des Nationalsozialismus. Annäherungen, Frankfurt 1990, 114–34

19368 Niethammer, Lutz: Erinnerungsgebot und Erfahrungsgeschichte. Institutionalisierungen mit kollektivem Gedächtnis, in: Hanno Loewy (Hg.), Holocaust: Die Grenzen des Verstehens. Eine Debatte über die Besetzung der Geschichte, Reinbek 1992, 21–34

19369 Nolte, Ernst: Deutsche Identität nach Hitler (1984/1985), in: Ernst Nolte, Lehrstück oder Tragödie? Beiträge zur Interpretation der Geschichte des 20. Jahrhunderts, Köln 1991, 195–212

19370 Otto, Bernd: Jugendbuch und Drittes Reich. Ein Massenmedium der Verführung und Aufarbeitung (1933–1983), Duisburg 1983; 112 S.

19371 Pahlke, Heinz: Faschismus und Widerstand in der Werkkreis-Literatur, in: Lutz Winckler/Christian Fritsch (Hg.), Antifaschistische Literatur. Programme, Autoren, Werke, Bd. 3, Königstein, Ts. 1979, 254–68

19372 Patterson, David: The Word in Exile. A Phenomenology of Silence in the Holocaust Novel, in: H&GS 7 (1993), 402–20

19373 Petsch, Joachim: Zum Problem der Kontinuität nationalsozialistischer Architektur und Stadtplanung in den fünfziger Jahren am Beispiel der Zeitschrift »Baumeister«, in: Berthold Hinz u.a. (Hg.), Die Dekoration der Gewalt. Kunst und Medien im Faschismus, Gießen 1979, 231–42

19374 Pfeil, Ernst: Bewältigung oder Verfälschung der Vergangenheit. Zu heutigen Bewertungen des Verhaltens im nationalsozialistischen Regime, in: GiW 7 (1992), 202–12

19375 Phayer, Michael: Die katholische Kirche, der Vatikan und der Holocaust 1940–1965, in: Rolf Steininger (Hg.), Der Umgang mit dem Holocaust. Europa – USA – Israel, Wien u. a. 1994, 137–46

19376 Pingel, Falk: Erinnern oder vergessen? Überlegungen zum Gedenken an den Widerstand und die Opfer des Nationalsozialismus, in: APUZ, Nr. B 9–10/81, 28. 2. 1981, 14–29

19377 Pingel, Falk: Die NS-Psychiatrie im Spiegel des historischen Bewußtseins und sozialpolitischen Denkens in der Bundesrepublik, in: Franz-Werner Kersting u.a. (Hg.), Nach Hadamar. Zum Verhältnis von Psychiatrie und Gesellschaft im 20. Jahrhundert, Paderborn 1993, 174–201

19378 Pingel, Falk: Nationalsozialismus und Holocaust in westdeutschen Schulbüchern, in: Rolf Steininger (Hg.), Der Umgang mit dem Holocaust. Europa – USA – Israel, Wien u.a. 1994, 221–32

19379 Poley, Stefanie (Hg.): Rollenbilder im Nationalsozialismus – Umgang mit dem Erbe. (Ausstellungskatalog), Mitarb. Andreas Brenner u.a., Bad Honnef 1991; 454 S.**

19380 Preiß, Achim: Das Dritte Reich und seine Kunst. Zum Umgang mit einer Blamage, in: Bazon Brock/Achim Preiß (Hg.), Kunst auf Befehl? Dreiunddreißig bis Fünfundvierzig, München 1990, 253–73

19381 Radkau, Joachim: NS-Historie und Schülersituationen. Zu möglichen Fehlerquellen bei der Behandlung des Nationalsozialismus im Unterricht und zur Realisierbarkeit curricularer Ambitionen, in: Michael Bosch (Hg.), Antisemitismus, Nationalsozialismus und Neonazismus, Düsseldorf 1979, 107–30

19382 Rathenow, Hanns-Fred/Weber, Norbert H. (Hg.): Erziehung nach Auschwitz, Pfaffenweiler 1989; VII, 218 S.

19383 Reimer, Robert C./Reimer, Carol J.: Nazi-Retro Film. How German Narrative Cinema Remembers the Past, New York 1992; 200 S.

19384 Renn, Walter F.: Confronting Genocide. The Depiction of the Persecution of the Jews and the Holocaust in West-German History Textbooks, in: Randolph L. Braham (Hg.), Contemporary Views on Holocaust, Boston u. a. 1983, 157–80

19385 Renner, Rolf G.: Hirn und Herz. Stalingrad als Gegenstand ideologischer und literarischer Diskurse, in: Jürgen Förster (Hg.), Stalingrad. Ereignis – Wirkung – Symbol, München/Zürich 1992, 472–92

19386 Riesenberger, Dieter: Geschichtswissenschaft und Geschichtsdidaktik: Das Beispiel Nationalsozialismus, in: Michael Bosch (Hg.), Antisemitismus, Nationalsozialismus und Neonazismus, Düsseldorf 1979, 97–105

19387 Riesenberger, Dieter: Der Nationalsozialismus im Geschichtsunterricht – die didaktische Situation heute, in: Der Nationalsozialismus als didaktisches Problem. Beiträge zur Behandlung des NS-Systems und des deutschen Widerstands im Unterricht, Hg. Bundeszentrale für politische Bildung, Bonn 1980, 15–21

19388 Rohde, Hubert: Der Nationalsozialismus im zeitgeschichtlichen Unterricht. Am Modell »Nationalsozialistische Erziehung« durchgeführt, Freiburg u. a. 1965; 157 S.

19389 Rohlfes, Joachim: Geschichtsbewußtsein und historische Identität im Angesicht des Nationalsozialismus. Bericht über eine Tagung der Konferenz für Geschichtsdidaktik vom 24. bis 26. September 1979 in Berlin, in: GWU 31 (1980), 305–13

19390 Röseler, Richard u. a.: »Machtergreifung« im Unterricht. Das Beispiel der Schulfächer Deutsch, Rechnen, Kunst- und Werkerziehung, in: Heimat, Heide, Hakenkreuz. Lüneburgs Weg ins Dritte Reich, Hg. Lüneburger Arbeitskreis »Machtergreifung«, Hamburg 1984, 145–61

19391 Rosenberg, Alan/Myers, Gerald E. (Hg.): Echoes from the Holocaust. Philosophical Reflections on a Dark Time, Philadelphia, Pa. 1988; XVI, 453 S.

19392 Rüthers, Bernd: Offene Fragen der NS-Rechtsgeschichte als Gegenwartsproblem. Das juristische Instrumentarium der »völkischen Rechtsordnung« – Lehren aus der NS-Zeit, in: Recht im Nationalsozialismus. Bericht über die Tagung vom 5. bis 8. November 1990 in St. Johann-Lonsingen, Hg. Justizministerium Baden-Württemberg/Landeszentrale für politische Bildung Baden-Württemberg, Stuttgart 1993, 65–89

19393 Saage, Richard: Das »Dritte Reich« und die historische Identität der Deutschen, in: GMH 40 (1989), 257–69

19394 Sandkühler, Thomas: Aporetische Erinnerung und historisches Erzählen, in: Hanno Loewy (Hg.), Holocaust: Die Grenzen des Verstehens. Eine Debatte über die Besetzung der Geschichte, Reinbek 1992, 144–59

19395 Schäche, Wolfgang: Überlegungen zur Kontinuität der NS-Architektur, in: Magdalena Bushart u. a. (Hg.), Entmachtung der Kunst. Architektur, Bildhauerei und ihre Institutionalisierung 1920 bis 1960, Berlin 1985, 74–85; abgedr. in: Bernd Ogan/Wolfgang W. Weiß (Hg.), Faszination und Gewalt. Zur politischen Ästhetik des Nationalsozialismus, Nürnberg 1992, 283–90)**

19396 Schatzker, Chaim: Die Juden in deutschen Geschichtsbüchern. Schulbuchanalyse zur Darstellung der Juden, des Judentums und des Staates Israel, Melsungen 1981; 188 S.

19397 Schatzker, Chaim: The Holocaust in Textbooks. A Comparative Analysis, in:

Yisrael Gutman/Gideon Greif (Hg.), The Historiography of the Holocaust Period, Jerusalem 1988, 467–79

19398 Scheffler, Wolfgang: Der Beitrag der Zeitgeschichte zur Erforschung der NS-Verbrechen – Versäumnisse, Schwierigkeiten, Aufgaben, in: Jürgen Weber/Peter Steinbach (Hg.), Vergangenheitsbewältigung durch Strafverfahren? NS-Prozesse in der Bundesrepublik Deutschland, München 1984, 114–33

19399 Schmuck-Schätzel, Susanne/Schätzel, Andreas: »Euthanasie« in der kirchlichen Publizistik – nach 1945. Eine Untersuchung von kirchlichen Publikationen zu den »Euthanasie«-Verbrechen in Württemberg und Hessen, Schwalmstadt-Treysa 1989; 215 S.

19400 Schnabel, Thomas: Geschichte und Wende. Vom heutigen Gebrauch der Vergangenheit bei konservativen Politikern und Publizisten, in: Gernot Erler u.a., Geschichtswende? Entsorgungsversuche zur deutschen Geschichte, Freiburg i.Br. 1987, 9–34

19401 Schneider, Gerhard: Geschichte durch die Hintertür. Triviale und populärwissenschaftliche Literatur über den Nationalsozialismus und den Zweiten Weltkrieg, in: Michael Bosch (Hg.), Antisemitismus, Nationalsozialismus und Neonazismus, Düsseldorf 1979, 55–96

19402 Schneider, Michael: Holocaust und Hitler. Versuch über den noch immer unbegriffenen Alptraum der Nation, in: Michael Schneider, »Den Kopf verkehrt aufgesetzt« oder »Die melancholische Linke«, Darmstadt/Neuwied 1981, 80–140

19403 Scholder, Klaus: Über den Umgang mit unserer jüngsten deutschen Geschichte (1979), in: Klaus Scholder, Die Kirchen zwischen Republik und Gewaltherrschaft. Gesammelte Aufsätze, Hg. Karl O. Freiherr von Aretin/Gerhard Besier, Berlin 1988, 44–57

19404 Schönhoven, Klaus: Die diskreditierten Deutschen: Reden und Schweigen über den Nationalsozialismus im Nachkriegsdeutschland, in: MGFUM 39 (1990), Nr. 1, 13–20

19405 Schornstheimer, Michael: Bombenstimmung und Katzenjammer. Vergangenheitsbewältigung: Quick und Stern in den 50er Jahren, Nachwort Ernst Stölting, Köln 1989; 390 S.

19406 Schornstheimer, Michael: Wohin mit den Erinnerungen an eine dreckige Zeit? Einige Gedanken zur geplanten Ausstellung »Wehrmacht und NS-Verbrechen«, in: Mittelweg 2 (1993), Nr. 9, 74–80

19407 Schreier, Helmut/Heyl, Matthias (Hg.): Das Echo des Holocaust. Pädagogische Aspekte des Erinnerns, Hamburg 1992; 273 S.

19408 Schröder, Josef: »Italien im Zweiten Weltkrieg« als Betrachtungsgegenstand deutscher Schulgeschichtsbücher, in: Josef Schröder (Hg.), Festschrift für Günter Christ zum 65. Geburtstag, Mitarb. Ludwig Hüttl/Rainer Salzmann, Stuttgart 1994, 36–77

19409 Schulze, Hagen: Wir sind, was wir geworden sind. Vom Nutzen der Geschichte für die deutsche Gegenwart, München 1987; 196 S.

19410 Schulze, Winfried: Deutsche Geschichtswissenschaft nach 1945, München 1989, 46–76

19411 Schütz, Heinz: Transformation und Wiederkehr. Zur künstlerischen Rezeption nationalsozialistischer Symbole und Ästhetik, in: KFI 95 (1988), 64–98

19412 Seidel, Gill: The Holocaust Denial. Antisemitism, Racism & the New Right, Einleitung Michael Billig, Leeds 1986; XXX, 202 S.

19413 Smith, Bradley F.: Two Alibies for the Inhumanities: A. R. Butz, The Hoax of the Twentieh Century and David Irving, Hitler's War, in: GSR 1 (1978), 327–35

19414 Sontag, Susan: Syberbergs Hitler (1979), in: Susan Sontag, Im Zeichen des

Saturn. Essays, 3. Aufl., Frankfurt 1990, 146–73 (zuerst München 1981; amerikan.: New York 1980)

19415 Staeck, Klaus: NS-Kunst ins Museum?, Göttingen 1988; 157 S.

19416 Steinbach, Peter: Nationalsozialistische Gewaltverbrechen. Die Diskussion in der deutschen Öffentlichkeit nach 1945, Berlin 1981; 108 S.

19417 Steinbach, Peter: Nationalsozialistische Gewaltverbrechen in der deutschen Öffentlichkeit nach 1945. Einige Bemerkungen, Fragen und Akzente, in: Jürgen Weber/Peter Steinbach (Hg.), Vergangenheitsbewältigung durch Strafverfahren? NS-Prozesse in der Bundesrepublik Deutschland, München 1984, 13–39

19418 Steinbach, Peter: NS-Verbrechen in der deutschen Nachkriegsöffentlichkeit, in: RuP 19 (1983), 189–94

19419 Steinbach, Peter: Die Zeitschrift Tribüne und die Vergangenheitsbewältigung. Zur angemessenen Auseinandersetzung mit der Geschichte, in: Tribüne 26 (1987), Nr. 101, 58–73

19420 Steininger, Rolf (Hg.): Der Umgang mit dem Holocaust. Europa – USA – Israel, Mitarb. Ingrid Böhler, Wien u.a. 1994; 498 S.*

19421 Steinle, Jürgen: Hitler als »Betriebsunfall«. Eine historische Metapher und ihre Hintergründe, in: GWU 45 (1994), 288–302

19422 Stötzel, Georg: Nazi-Verbrechen und öffentliche Sprachsensibilität. Ein Kapitel deutscher Sprachgeschichte nach 1945, in: Horst Munske u.a. (Hg.), Deutscher Wortschatz. Lexikologische Studien. Ludwig Erich Schmitt zum 80. Geburtstag von seinen Marburger Schülern, Berlin 1988, 417–42

19423 Strauss, Herbert A.: Der Holocaust. Reflexionen über die Möglichkeiten einer wissenschaftlichen und menschlichen Annäherung, in: Herbert A. Strauss/Norbert Kampe (Hg.), Antisemitismus. Von der Judenfeindschaft zum Holocaust, Frankfurt/New York (zugl. Bonn) 1985, 215–33

19424 Sturm, Wilhelm: Evangelische Kirche zwischen Anpassung und Widerstand. Die Rezeption des Kirchenkampfes in der Religionspädagogik, in: Maria Zenner (Hg.), Der Widerstand gegen den Nationalsozialismus. Eine interdisziplinäre didaktische Konzeption zu seiner Erschließung, Bochum 1989, 159–84

19425 Tenbruck, Friedrich: Zeitgeschichte als Vergangenheitsbewältigung?, in: Thomas Nipperdey u.a. (Hg.), Weltbürgerkrieg der Ideologien. Antworten an Ernst Nolte. Festschrift zum 70. Geburtstag, Frankfurt/Berlin 1993, 482–95

19426 Thelosen, Paul: Nationalsozialismus im historisch-politischen Unterricht. Beobachtungen im Schulalltag als Antwort auf neonazistische Strömungen, in: Anneliese Mannzmann (Hg.), Hitlerwelle und historische Fakten. Mit einer Literaturübersicht und einer Materialsammlung zum Neonazismus, Königstein, Ts. 1979, 180–88

19427 Trapp, Frithjof: Logen- und Parterreplätze. Was behinderte die Rezeption der Exilliteratur?, in: Ulrich Walberer (Hg.), 10. Mai 1933. Bücherverbrennung in Deutschland und die Folgen, Frankfurt 1983, 240–59

19428 Trenckmann, Ulrich: Nach Hadamar. Zur Rezeption der NS-Vergangenheit durch die deutsche Psychiatrie, in: Franz-Werner Kersting u.a. (Hg.), Nach Hadamar. Zum Verhältnis von Psychiatrie und Gesellschaft im 20. Jahrhundert, Paderborn 1993, 273–86

19429 Trittel, Dorothea: Erfahrung – Erinnerung – Verarbeitung. »Historisierung« des Nationalsozialismus in der Arbeit mit autobiographischen Quellen, in: SOWI 20 (1991), 141–50**

19430 Ueberschär, Gerd R.: Die Schlacht von Stalingrad in der deutschen Historiographie, in: Wolfram Wette/Gerd R. Ueberschär (Hg.), Stalingrad. Mythos und Wirklichkeit einer Schlacht, Frankfurt 1992, 192–204, 295 f.

19431 Ueberschär, Gerd R./Wette, Wolfram (Hg.): Überfall auf die Sowjetunion. »Unternehmen Barbarossa« 1941, 2., überarb. Aufl., Frankfurt 1991; 419 S. (zuerst Paderborn 1984)*

19432 Uhe, Ernst: Der Nationalsozialismus in den deutschen Schulbüchern. Eine vergleichende Inhaltsanalyse von Schulgeschichtsbüchern aus der Bundesrepublik Deutschland und der Deutschen Demokratischen Republik, Bern u. a. 1972; 317 S.

19433 Vierhaus, Rudolf: Geschichtsbewußtsein in Deutschland, in: Werner Weidenfeld/Hartmut Zimmermann (Hg.), Deutschland-Handbuch. Eine doppelte Bilanz 1949–1989, Bonn (zugl. München) 1989, 86–98

19434 Vogel, Hans-Jochen (Hg.): Gegen Vergessen – für Demokratie, München/Zürich 1994; 61 S.

19435 Vollnhals, Clemens: Zwischen Verdrängung und Aufklärung. Die Auseinandersetzung mit dem Holocaust in der frühen Bundesrepublik, in: Ursula Büttner (Hg.), Die Deutschen und die Judenverfolgung im Dritten Reich, Hamburg 1992, 357–92

19436 Wagener, Hans (Hg.): Gegenwartsliteratur und Drittes Reich. Deutsche Autoren in der Auseinandersetzung mit der Vergangenheit, Stuttgart 1977; 342 S.

19437 Wagner, Hans: Der Krieg aus der Zeitung. Zu einigen Paradoxien der Historiographie des Zweiten Weltkriegs, in: Venanz Schubert u. a. (Hg.), Der Zweite Weltkrieg und die Gesellschaft in Deutschland. 50 Jahre danach. Eine Ringvorlesung der Universität München, St. Ottilien 1992, 391–480

19438 Warmbold, Joachim u. a. (Hg.): Zum Thema Nationalsozialismus im DaF- [Deutsch als Fremdsprache]-Lehrwerk und -Unterricht, München 1993; 215 S.

19439 Weber, Bernd: Zur Aufklärung über Neonazismus und »Hitlerwelle« – Materialien, in: Anneliese Mannzmann (Hg.), Hitlerwelle und historische Fakten. Mit einer Literaturübersicht und einer Materialsammlung zum Neonazismus, Königstein, Ts. 1979, 105–79

19440 Weber, Jürgen: Der nächste Jahrestag kommt bestimmt. Einige Anmerkungen zum 30. Januar 1983, in: IAKNSSH 5 (1985), 19–34

19441 Weißbecker, Manfred: Entteufelung der braunen Barbarei. Zu einigen neueren Tendenzen in der Geschichtsschreibung der BRD über Faschismus und faschistische Führer, Berlin (O) (zugl. Frankfurt) 1975; 122 S.

19442 Wider das Vergessen. Antifaschistische Erziehung in der Schule. Erfahrungen, Projekte, Anregungen, Hg. Gewerkschaft Erziehung und Wissenschaft (GEW) Berlin, Frankfurt 1981; 287 S.

19443 Wilharm, Irmgard: Krieg in deutschen Nachkriegsspielfilmen, in: Gottfried Niedhart/Dieter Riesenberger (Hg.), Lernen aus dem Krieg? Deutsche Nachkriegszeiten 1918 und 1945. Beiträge zur historischen Friedensforschung, München 1992, 281–99, 431 f.

19444 Wimmer, Fridolin: Das historisch-politische Lied im Geschichtsunterricht. Exemplarisiert am Einsatz von Liedern des Nationalsozialismus und ergänzt durch eine empirische Untersuchung über die Wirkung dieser Lieder, Frankfurt u. a. 1994; 322 S.

19445 Wippermann, Wolfgang: »Deutsche Katastrophe« oder »Diktatur des Finanzkapitals«? Zur Interpretationsgeschichte des Dritten Reiches im Nachkriegsdeutschland, in: Horst Denkler/Karl Prümm (Hg.), Die deutsche Literatur im Dritten Reich. Themen – Traditionen – Wirkungen, Stuttgart 1976, 9–43

19446 Wippermann, Wolfgang: Friedrich Meineckes »Die deutsche Katastrophe«. Ein Versuch zur deutschen Vergangenheitsbewältigung, in: Michael Erbe (Hg.), Friedrich Meinecke heute, Berlin 1981, 101–21

19447 Wollenberg, Jörg: Geschichte als Erneuerungs- und Trauerarbeit. Bericht über Konzept und Erfahrungen im Umgang mit der Geschichte am Bildungszentrum der Stadt Nürnberg. Ausgangspunkt: Die braune Erblast und das Doppelgesicht Nürnbergs, in: Volkshochschule 44 (1992), 24–27

19448 Wuermeling, Henric L.: »Die Deutschen im Zweiten Weltkrieg«. (Deutsche Programmereignisse – Beispiele), in: Guido Knopp/Siegfried Quandt (Hg.), Geschichte im Fernsehen. Ein Handbuch, Darmstadt 1988, 139–44

19449 Young, James E.: Beschreiben des Holocaust. Darstellung und Folgen der Interpretation, Frankfurt 1992; 340 S. (amerikan.: Bloomington, Ind. 1988)

19450 Zacharias, Sylvia: Synagogengemeinden 1933. Ein Wegweiser zu ihren Spuren in der Bundesrepublik Deutschland, T. 1, Hg. Verein zur Pflege des Jüdischen Kulturerbes in Deutschland, Berlin 1988; 200 S. (mehr nicht erschienen)

19451 Zimmermann, Michael: Negativer Fixpunkt und Suche nach positiver Identität. Der Nationalsozialismus im kollektiven Gedächtnis der alten Bundesrepublik, in: Hanno Loewy (Hg.), Holocaust: Die Grenzen des Verstehens. Eine Debatte über die Besetzung der Geschichte, Reinbek 1992, 128–43

19452 Zins, Alfred: Die Operation Zitadelle. Die militärgeschichtliche Diskussion und ihr Niederschlag im öffentlichen Bewußtsein als didaktisches Problem, Frankfurt u. a. 1986; XII, 312 S.

19453 Zitelmann, Rainer: Nationalsozialismus, Faschismus, Stalinismus. Historiographische Vergangenheitsbewältigung und Modernisierungstheorie, in: Bernd Faulenbach/Martin Stadelmaier (Hg.), Diktatur und Emanzipation. Zur russischen und deutschen Entwicklung 1917–1991, Essen 1993, 111–35

19454 Zorn, Monika (Hg.): Hitlers zweimal getötete Opfer. Westdeutsche Endlösung des Antifaschismus auf dem Gebiet der DDR, Geleitwort Gilles Perrault, Freiburg 1994; IX, 394 S.

19455 Zwerenz, Gerhard: Die Rückkehr des toten Juden nach Deutschland, Ismaning b. München 1986; 255 S.

Regional-/Lokalstudien

19456 Becker, Franziska/Jeggle, Utz: Im Dorf [Baisingen (Württemberg)] erzählen – vor Gericht bezeugen. Zur inneren Logik von Sagen und Aussagen über NS-Gewalt gegen Juden, in: Arno Herzig/Ina S. Lorenz (Hg.), Verdrängung und Vernichtung der Juden unter dem Nationalsozialismus, Hamburg 1992, 311–32

19457 Becker, Franziska/Jeggle, Utz: Memory and Violence. Local Recollections of Jewish Persecution during the Reichskristallnacht, in: YVS 20 (1990), 99–144

19458 Caroli, Michael: Vergangenheit, die nicht vergeht, in: Jörg Schadt/Michael Caroli (Hg.), Mannheim im Zweiten Weltkrieg 1939–1945. Ein Bildband, Mannheim 1993, 179–89, 194

19458a Danker, Uwe/Weber, Jürgen: Der 8. Mai 1985 in Schleswig-Holstein, in: DG 1 (1986), 339–78

19458b Dinter, Ingrid: Unvollendete Trauerarbeit in der DDR-Literatur. Ein Studium der Vergangenheitsbewältigung, New York u. a. 1994; 149 S.

19458c Erler, Wolfgang/Schlude, Ursula: Zertrümmerte Stühle und abgesägter Baum. Zur Sprache der Dinge im Rückblick auf die NS-Zeit. Zwei Fallbeispiele aus einem fränkischen Dorf, in: Lutz Niethammer/Alexander von Plato (Hg.), »Wir kriegen jetzt andere Zeiten.« Auf der Suche nach der Erfahrung des Volkes in nachfaschistischen Ländern. (Lebensgeschichte und Sozialkultur im Ruhrgebiet 1930 bis 1960, 3), Berlin/Bonn 1985, 152–71

19459 Groehler, Olaf: Erblasten: Der Umgang mit dem Holocaust in der DDR, in: Hanno Loewy (Hg.), Holocaust: Die Grenzen des Verstehens. Eine Debatte über die Besetzung der Geschichte, Reinbek 1992, 110–27

19460 Groehler, Olaf: Erinnerungen an die »Reichskristallnacht« in der SBZ und in der DDR, in: Thomas Hofmann u. a. (Hg.), Pogromnacht und Holocaust. Frankfurt, Weimar, Buchenwald ... Die schwierige Erinnerung an die Stationen der Vernichtung, Weimar u. a. 1994, 172–97

19461 Groehler, Olaf: Der Umgang mit dem Holocaust in der DDR, in: Rolf Steininger (Hg.), Der Umgang mit dem Holocaust. Europa – USA – Israel, Wien u. a. 1994, 233–45

19462 Groehler, Olaf: Der Holocaust in der Geschichtsschreibung der DDR, in: Ulrich Herbert/Olaf Groehler, Zweierlei Bewältigung. Vier Beiträge über den Umgang mit der NS-Vergangenheit in den beiden deutschen Staaten, Hamburg 1992, 41–66

19463 Groehler, Olaf: SED, VVN und Juden in der sowjetischen Besatzungszone Deutschlands (1945–1949), in: JfA 3 (1994), 282–302

19464 Haumann, Heiko: Wege zur Geschichte der Juden am Oberrhein, in: Allmende 13 (1993), 6–26

19465 Jungbluth, Uli: »Trotz intensiven Durchschauens habe ich keine braunen Flecken entdeckt.« Über Faszination schöner Bilder, ihren faschistischen Gebrauch und ihre konservative Neuauflage am Beispiel eines Westerwälder Bildbandes, in: Fotogeschichte 8 (1988), Nr. 28, 91–102

19466 Kuby, Alfred H.: Zwischen Verschweigen und Bekennen. Jüdisches Schicksal im Spiegel pfälzischer Ortsgeschichten, in: Alfred H. Kuby (Hg.), Juden in der Provinz. Beiträge zur Geschichte der Juden in der Pfalz zwischen Emanzipation und Vernichtung, 2. Aufl., Neustadt a. d. W. 1989, 231–40 (zuerst 1988)

19467 »KZ in Leonberg«. Eine Stadt will sich erinnern. Dokumentation einer Veranstaltung zur 35. Wiederkehr der Errichtung des Lagers Leonberg als Außenkommando des Konzentrationslagers Natzweiler im Elsaß, Hg. Haus der Begegnung, Erwachsenenarbeit des Evangelischen Kirchenbezirks Leonberg/Ditzingen, Red. Friedrich E. Wolf, Leonberg 1980; 214 S.**

19468 Nerdinger, Winfried: Umgang mit der NS-Architektur. Das schlechte Beispiel München, in: Bernd Ogan/Wolfgang W. Weiß (Hg.), Faszination und Gewalt. Zur politischen Ästhetik des Nationalsozialismus, Nürnberg 1992, 241–44

19469 Noack, Axel: Der Weg der Kirchen in der DDR als Aufarbeitung von Kirchenkampf-Erfahrungen in der NS-Zeit, in: Leonore Siegele-Wenschkewitz (Hg.), Die evangelischen Kirchen und der SED-Staat – ein Thema kirchlicher Zeitgeschichte, Frankfurt 1993, 100–12

19470 Rey, Manfred van: Die Juden von Königswinter. Zur Fernsehverfilmung einer wissenschaftlichen Veröffentlichung, in: GiW 2 (1987), 191–98

19471 Roth, Karl H.: Historiographie der DDR und Probleme der Faschismusforschung, in: Werner Röhr u. a. (Hg.), Faschismus und Rassismus. Kontroversen um Ideologie und Opfer, Berlin 1992, 228–36

19472 Schätzel, Andreas/Schmuck-Schätzel, Susanne: »Euthanasie im Dritten Reich« in der kirchlichen Publizistik nach 1945. Ergebnisbericht einer Untersuchung von Publikationen zu den »Euthanasie«-Verbrechen in Württemberg und Hessen, in: Theodor Strohm/Jörg Thierfelder (Hg.), Diakonie im »Dritten Reich«. Neuere Ergebnisse zeitgeschichtlicher Forschung, Heidelberg 1990, 264–84

19473 Thien, Hans-Günter u. a. (Hg.): Überwältigte Vergangenheit – Erinnerungsscherben. Faschismus und Nachkriegszeit in Münster i. W., Münster 1985; 195 S.

19474 Thien, Hans-Günter/Wienold, Hanns (Hg.): Münster – Spuren aus der Zeit des Faschismus. Zum 50. Jahrestag der nationalsozialistischen Machtergreifung, Mitarb. Sabine Preuß, Münster 1983; 252 S.* **

19475 Timm, Angelika: Der 9. November 1938 in der politischen Kultur der DDR, in: Rolf Steininger (Hg.), Der Umgang mit dem Holocaust. Europa – USA – Israel, Wien u. a. 1994, 246–62

19476 Wehner, Günter: Die Schlacht um Berlin April/Mai 1945 – Aus der Sicht von Schüleraufsätzen des Jahres 1946, in: Ingo Koch/Studienkreis für Jugendgeschichte und -forschung. Darstellung und Vermittlung (Hg.), Deutsche Jugend zwischen Krieg und Frieden 1944–1946, Rostock 1993, 65–68

19477 Weiß, Wolfgang W.: »Ruinen-Werte«. Das Nürnberger Reichsparteitagsgelände nach 1945, in: Bernd Ogan/Wolfgang W. Weiß (Hg.), Faszination und Gewalt. Zur politischen Ästhetik des Nationalsozialismus, Nürnberg 1992, 225–40

19478 Weiß, Wolfgang W.: Spurensuche am Obersalzberg [bei Berchtesgaden]. NS-Geschichte(n) zwischen Vermarktung und Verdrängung, in: Bernd Ogan/Wolfgang W. Weiß (Hg.), Faszination und Gewalt. Zur politischen Ästhetik des Nationalsozialismus, Nürnberg 1992, 267–82

19479 Weißbecker, Manfred: Der deutsche Faschismus als Gegenstand geschichtswissenschaftlicher Forschungen in der DDR – unter Berücksichtigung historisch-pädagogischer Fragestellungen, in: Wolfgang Keim (Hg.), Pädagogen und Pädagogik im Nationalsozialismus. Ein unerledigtes Problem der Erziehungswissenschaft, 3. Aufl., Frankfurt u. a. 1991, 191–206 (zuerst 1991)

B.1.8.2 Widerstand gegen das NS-Regime

Bibliographien

19480 Markmann, Hans-Jochen: Der deutsche Widerstand gegen den Nationalsozialismus. Literatur zur fachwissenschaftlichen und fachdidaktischen Rezeption, Hg. Pädagogisches Zentrum Berlin, Berlin 1981; 291 S.

Literaturberichte

19481 Ueberschär, Gerd R.: Die deutsche Militäropposition zwischen Kritik und Würdigung. Zur neueren Geschichtsschreibung über die »Offiziere gegen Hitler«, in: JBBfZ 62 (1990), 428–42

Gedruckte Quellen

19483 Bredow, Wilfried von: Über das Recht zum Widerstand und seine Konsequenzen. Rede zum 20. Juli 1944, Marburg 1989; 21 S.

19484 Der deutsche Widerstand und die CDU. Reden – Stellungnahmen – Erklärungen (1954–1978), Hg. Christlich-Demokratische Union Deutschlands, Bundesgeschäftsstelle, Red. Rüdiger von Voss, Bonn 1979; 191 S.

19485 Die frühe Bundesrepublik und das Erbe des 20. Juli 1944. Eine Denkschrift des britischen Botschafters aus dem Jahr 1955, Bearb. Ulrich Brochhagen, in: Mittelweg 3 (1994), Nr. 2, 41–49

19486 Voss, Rüdiger von/Neske, Günther (Hg.): Versöhnung mit der Geschichte. Reden am 20. Juli 1984 in Berlin, Pfullingen 1985; 64 S.

19487 Der [Zwanzigste] 20. Juli 1944. Reden zu einem Tag der deutschen Geschichte, Hg. Informationszentrum Berlin (Bd. 2: Gedenkstätte deutscher Widerstand Berlin), 2 Bde., Berlin 1984–1986; 225, 228 S.

Darstellungen

19488 Aleff, Eberhard: Der Widerstand gegen den Nationalsozialismus in der politischen Bildung, in: Stand und Problematik der Erforschung des Widerstandes gegen den Nationalsozialismus, Hg. Friedrich-Ebert-Stiftung, Forschungsinstitut, Bad Godesberg 1965, 153–73 (Ms. vervielf.)

19489 Aretin, Karl O. Freiherr von: Der Beitrag der Forschung zur politischen Bedeutung des Widerstandes, in: FH 17 (1962), 523–30

19490 Baier, Rudi u. a.: Widerstand und Literatur. Zur Rezeption, in: Gerhard Hay (Hg.), Zur literarischen Situation 1945–1949, Kronberg/Ts. 1977, 36–62

19491 Bauerkämper, Arnd: Der verlorene Antifaschismus. Die Enteignung der Gutsbesitzer und der Umgang mit dem 20. Juli 1944 bei der Bodenreform in der Sowjetischen Besatzungszone, in: ZfG 42 (1994), 623–34

19492 Baumann, Heidrun: Zeitzeugen des Widerstandes im Geschichtsunterricht. Zur Methode der Oral History, in: Maria Zenner (Hg.), Der Widerstand gegen den Nationalsozialismus. Eine interdisziplinäre didaktische Konzeption zu seiner Erschließung, Bochum 1989, 199–220

19493 Beilner, Helmut: Der Widerstand gegen den Nationalsozialismus im Geschichtsunterricht, in: Peter Steinbach (Hg.), Widerstand. Ein Problem zwischen Theorie und Geschichte, Köln 1987, 337–55

19494 Bemmann, Helga/Sassin, Horst R.: Kurt Tucholsky – ein Lebensbild. Die Robinsohn-Strassmann-Gruppe 1934–42. Charakterinseln im Schlammsee des Dritten Reiches. Eine Dokumentation zum Carl-von-Ossietzky-Preis der Stadt Oldenburg (Oldb) 1992, Hg. Stadt Oldenburg, Mitarb. Helga Bemmann u. a., Oldenburg 1993; 72 S.

19495 Berglund, Gisela: Deutsche Opposition gegen Hitler in Presse und Roman des Exils. Eine Darstellung und ein Vergleich mit der historischen Wirklichkeit, Stockholm 1972; 411 S.

19496 Besier, Gerhard: Widerstand im Dritten Reich – ein kompatibler Forschungsgegenstand für gegenseitige Verständigung heute? Anfragen aus historisch-theologischer Perspektive, in: KZG 1 (1988), 50–68

19497 Besier, Gerhard: Die Bekennende Kirche und der Widerstand gegen Hitler. Einzelbeobachtungen, in: WuD N.F. 18 (1985), 197–227

19497a Boyer, John W./Kirshner, Julius (Hg.): Resistance against the Third Reich. (JMH, Jg. 64, Beih.), Chicago, Ill. 1992, S173-S241

19498 Bracher, Karl D.: Widerstand in der Demokratie, Widerstand in der Diktatur – ein deutsches Dilemma (1983), in: Karl D. Bracher, Die totalitäre Erfahrung, München/Zürich 1987, 118–37

19499 Brandt, Willy: Aus dem Bewußtsein verdrängt. Vom deutschen Umgang mit Widerstandskämpfern und Emigranten, in: Tribüne 23 (1984), Nr. 91, 130–42; abgedr. in: Widerstand und Exil 1933–1945, Hg. Bundeszentrale für politische Bildung, Bonn 1985 (Frankfurt/New York 1986), 270–80

19501 Danyel, Jürgen: Bilder vom »anderen Deutschland«. Frühe Widerstandsrezeption nach 1945, in: ZfG 42 (1994), 611–21

19502 Deutscher Widerstand 1933–1945. Aspekte der Forschung und der Darstellung im Schulbuch. Eine Berichterstattung, Heidelberg 1967; 155 S.

19503 Emrich, Ulrike/Nötzold, Jürgen: Der 20. Juli 1944 in den offiziellen Gedenkreden der Bundesrepublik und in der Darstellung der DDR, in: APUZ, Nr. B 26/84, 30. 6. 1984, 3–12

19505 Faulenbach, Bernd: Auf dem Weg zu einer gemeinsamen Erinnerung? Das Bild vom deutschen Widerstand gegen den Nationalsozialismus nach den Erfahrungen von Teilung und Umbruch, in: ZfG 42 (1994), 589–96

19507 Finker, Kurt: Politischer Realismus und militärisches Verantwortungsbewußtsein. Einige geschichtliche Erfahrungen aus dem 20. Juli 1944, in: MG 23 (1984), 195–200

19508 Grams, Wolfram: Kontinuität und Diskontinuität der bildungspolitischen und pädagogischen Planungen aus Widerstand und Exil im Bildungswesen der BRD und DDR. Eine vergleichende Studie, Frankfurt u. a. 1990; 530 S.

19509 Grobe, Karl: »Sie alle leisteten auf ihre Art Widerstand.« Wider die Verengung des Blicks alleine auf die Männer des 20. Juli. Opposition gegen Hitler gab es auch schon vor der Machtübernahme der Nazis, in: FR, Jg. 50, Nr. 166, 20. 7. 1994, 12

19510 Größl, Wolf-Rüdiger/Kircher, Karin: Der Widerstand gegen den nationalsozialistischen Unrechtsstaat – seine Darstellung in Schulbüchern der 50er bis 70er Jahre, in: Thomas Schnabel (Hg.), Formen des Widerstandes im Südwesten 1933–1945. Scheitern und Nachwirken, Mitarb. Angelika Hauser-Hauswirth, hg. f. d. Landeszentrale für politische Bildung Baden-Württemberg/ Haus der Geschichte Baden-Württemberg, Ulm 1994, 310–19

19511 Groote, Wolfgang: Bundeswehr und 20. Juli, in: VfZ 12 (1964), 285–99

19512 Henke, Ulrich/Schmidt, Horst: Die Aufarbeitung des Widerstands von 1945 bis heute, in: Widerstand und Exil in der deutschen Arbeiterbewegung, Hg. Friedrich-Ebert-Stiftung, Bonn 1982, 649–740**

19513 Herbert, Ulrich: Widerstand und Traditionsbildung – das Beispiel des Attentäters Georg Elser, in: Lutz Niethammer u. a., Bürgerliche Gesellschaft in Deutschland. Historische Einblicke, Fragen, Perspektiven, Frankfurt 1990, 505–11

19514 Hermes, Peter: Widerstand im Widerspruch, in: CuW/RhM, Jg. 42, Nr. 48, 27. 11. 1987, 20

19515 Hermes, Peter: Nicht alle Opfer waren dagegen, in: CuW/RhM, Jg. 44, Nr. 30, 28. 7. 1989, 3

19516 Hohmann, Joachim S.: Unerwünschte Heimkehrer. Mißtrauen und Vorurteile gegenüber Exilanten und Widerstandskämpfern, in: Tribüne 23 (1984), Nr. 91, 143–62; abgedr. in: Widerstand und Exil 1933–1945, Hg. Bundeszentrale für politische Bildung, Bonn 1985 (Frankfurt/ New York 1986), 281–92

19517 Holler, Regina: 20. Juli 1944 – Vermächtnis oder Alibi? Wie Historiker und Journalisten mit dem deutschen Widerstand gegen den Nationalsozialismus umgehen. Eine Untersuchung der wissenschaftlichen Literatur, der offiziellen Reden und der Zeitungsberichterstattung in Nordrhein-Westfalen von 1945–1986, München u. a. 1994; 359 S.

19518 Hürten, Heinz: Widerstand und Protest. Gedanken zum 40. Jahrestag des 20. Juli 1944, in: Militärseelsorge 2 (1983), 260–75; abgedr. in: Heinz Hürten, Katholiken, Kirche und Staat als Problem der Historie. Ausgewählte Aufsätze 1963–1992, Hg. Hubert Gruber, Paderborn u. a. 1994, 225–40

19519 Janßen, Karl-Heinz: Ein Anschlag auf den Widerstand. Alle Jahre wieder, zum 20. Juli, versuchen konservative und reaktionäre Kritiker, das Museum des deutschen Widerstandes in Berlin von Kommunisten und anderen nicht mehr genehmen Mitkämpfern zu säubern – bisher ohne Erfolg. Doch jetzt, zum 50. Jahrestag, hat ihre Stimme Verstärkung bekommen, in: Zeit, Jg. 49, Nr. 28, 8. 7. 1994, 35

19520 Kammerbauer, Ilse: Widerstand gegen den Nationalsozialismus. Möglichkeiten der Behandlung im historisch-politischen Unterricht anhand von Quellen aus der Oberpfalz und Niederbayern, in: Maria Zenner (Hg.), Der Widerstand gegen den

Nationalsozialismus. Eine interdisziplinäre didaktische Konzeption zu seiner Erschließung, Bochum 1989, 221–54

19521 Klönne, Arno: Zur Traditionspflege nicht geeignet. Wie die deutsche Öffentlichkeit nach 1945 mit der Geschichte jugendlicher Opposition im »Dritten Reich« umging, in: Wilfried Breyvogel (Hg.), Piraten, Swings und Junge Garde. Jugendwiderstand im Nationalsozialismus, Bonn 1991, 295–310

19522 Köhle, Klaus: »Keineswegs fest im Bewußtsein verankert...« Der »Widerstand« in der politischen Bildung der Nachkriegszeit, in: Maria Zenner (Hg.), Der Widerstand gegen den Nationalsozialismus. Eine interdisziplinäre didaktische Konzeption zu seiner Erschließung, Bochum 1989, 185–95

19523 Kosthorst, Erich: Didaktische Probleme der Widerstandsforschung, in: GWU 30 (1979), 552–65

19524 Kraus, Herbert (Hg.): Die im Braunschweiger Remerprozeß erstatteten moraltheologischen und historischen Gutachten nebst Urteil, Hamburg 1953; 150 S.**

19525 Kühnl, Reinhard: »Aufstand des Gewissens?« Ideologie und Realität des 20. Juli 1944, in: BDIP 29 (1984), 842–53

19526 Large, David C.: Uses of the Past: The Anti-Nazi Resistance Legacy in the Federal Republic of Germany, in: David C. Large (Hg.), Contending with Hitler. Varieties of German Resistance in the Third Reich, Cambridge u. a. 1991, 163–82

19527 Markmann, Hans-Jochen: Der deutsche Widerstand gegen den Nationalsozialismus 1933–1945. Modelle für den Unterricht. Medien – Materialien – Dokumente, Hg. Forschungsgemeinschaft 20. Juli, Mainz 1984; 291 S.**

19528 Marßolek, Inge: Der überwältigte Widerstand. Zum 50. Jahrestag des 20. Juli 1944, in: FR, Jg. 50, Nr. 163, 16.7. 1994, ZB 3

19529 Meyer, Georg: Täuschung hinter Stacheldraht, in: CuW/RhM, Jg. 44, Nr. 30, 28.7. 1989, 3 f.

19530 Michael, Fritz: Der 20. Juli in kommunistischer Sicht – heute und damals. Zu einer Dokumentation von Artikeln aus »Neues Deutschland«, »Volksarmee« und »Prawda« 1984 sowie aus »Freies Deutschland« 1944, in: BzK 14 (1984), 113–27**

19531 Miller, Susanne: Die Behandlung des Widerstands gegen den Nationalsozialismus in der SPD nach 1945, in: Ursula Büttner (Hg.), Das Unrechtsregime. Internationale Forschung über den Nationalsozialismus. Festschrift für Werner Jochmann zum 65. Geburtstag, Bd. 2, Hamburg 1986, 407–20

19532 Mommsen, Hans: The Political Legacy of the German Resistance: A Historiographical Critique, in: David C. Large (Hg.), Contending with Hitler. Varieties of German Resistance in the Third Reich, Cambridge u. a. 1991, 151–62

19533 Mommsen, Hans: Generalangriff zur Instrumentalisierung. Aus Anlaß des 50. Jahrestages des Attentats auf Hitler: Zum öffentlichen Umgang mit dem 20. Juli, in: FR, Jg. 50, Nr. 161, 14.7. 1994, 9

19534 Müller, Klaus-Jürgen/Mommsen, Hans (Hg.): Der deutsche Widerstand gegen das NS-Regime. Zur Historiographie des Widerstandes, Paderborn u.a. 1986; 267 S.

19535 Passauer, Paul: Widerstand oder Selbstbetrug? Reflexionen über eine verfehlte Ausstellung [»Deutscher Widerstand« in Berlin], in: Tribüne 27 (1988), 21–25

19536 Plum, Günter: Der Widerstand gegen den Nationalsozialismus als Gegenstand der zeitgeschichtlichen Forschung in Deutschland. Eine kritische Analyse der Widerstandsliteratur, in: Stand und Problematik der Erforschung des Widerstandes gegen den Nationalsozialismus, Hg. Friedrich-Ebert-Stiftung, Forschungsinstitut, Bad Godesberg 1965, 20–38 (Ms. vervielf.)

19537 Plum, Günter: Widerstand und Antifaschismus in der marxistisch-leninistischen Geschichtsauffassung, in: VfZ 9 (1961), 50–65

19538 Reich, Ines: Geteilter Widerstand. Die Tradierung des deutschen Widerstandes in der Bundesrepublik und der DDR, in: ZfG 42 (1994), 635–43

19539 Röder, Werner: Erforschung und Vermittlung der Geschichte des Widerstandes 1933–1945 in der BRD, in: Widerstandskämpfer 18 (1970), Nr. 10, 70–77

19540 Roggenbuck, Helene: Die gegenwärtige politische Funktion der westdeutschen reaktionären Geschichtsschreibung zum 20. Juli 1944, in: Befreiung und Neubeginn. Zur Stellung des 8. Mai 1945 und der deutschen Geschichte, Red. Bernhard Weißel, Berlin (O) 1968, 146–55

19541 Rohlfes, Joachim: Der deutsche Widerstand gegen den Nationalsozialismus in geschichtsdidaktischer Perspektive, in: GWU 43 (1992), 427–38

19542 Röhm, Eberhard/Thierfelder, Jörg: Barmen 29.–31. Mai 1934, in: Entwurf 1/2 (1984), 36–52

19543 Roth, Rainer A.: Widerstandsrecht und Widerstandspflicht als Aufgabe der politischen Bildung, in: Peter Steinbach (Hg.), Widerstand. Ein Problem zwischen Theorie und Geschichte, Köln 1987, 356–77

19544 Rothfels, Hans: Das politische Vermächtnis des deutschen Widerstandes, Hg. Bundeszentrale für Heimatdienst, Bonn 1954; 22 S. (zuerst in: VfZ 2/1954, 329–43)

19545 Rothfels, Hans: Zur 25. Wiederkehr des 20. Juli 1944, in: VfZ 17 (1969), 237–53

19546 Scherbaum, Gustav: Widerstand im Widerstreit. Auseinandersetzung um die Berliner Ausstellung »Deutscher Widerstand«, in: Tribüne 28 (1989), 6–8

19547 Scheurig, Bodo: Der 20. Juli – damals und heute (1964), in: Bodo Scheurig, Verdrängte Wahrheiten. Zeitgeschichtliche Bilder, überarb. Neuausg., Frankfurt/Berlin 1988, 201–20

19548 Schlie, Ulrich: Das Ausland und die deutsche Opposition gegen Hitler. Widerstandsforschung und deutsche Gegenwart seit 1945, in: MGM 52 (1993), 153–68

19549 Schramm, Torsten-Dietrich: Der deutsche Widerstand gegen den Nationalsozialismus. Seine Bedeutung für die Bundesrepublik Deutschland in der Wirkung auf Institutionen und Schulbücher, Berlin 1980; 158 S.

19550 Steinbach, Peter: Widerstand im Widerstreit. Der Widerstand gegen den Nationalsozialismus in der Erinnerung der Deutschen, Paderborn u. a. 1994; 298 S.

19551 Steinbach, Peter: Widerstandsforschung im politischen Spannungsfeld, in: APUZ, Nr. B 28/88, 8. 7. 1988, 3–21

19552 Steinbach, Peter: »Stachel im Fleisch der deutschen Nachkriegsgesellschaft«. Die Deutschen und der Widerstand, in: APUZ, Nr. B 28/94, 15. 7. 1994, 3–14

19553 Steinbach, Peter: Widerstandsdeutungen in der geschichtspolitischen Auseinandersetzung. Erfahrungen aus der Arbeit an der ständigen Ausstellung Widerstand gegen den Nationalsozialismus in Berlin, in: Andreas Nachama/Julius H. Schoeps (Hg.), Aufbau nach dem Untergang. Deutsch-jüdische Geschichte nach 1945. In memoriam Heinz Galinski, Berlin 1992, 404–13

19554 Steinbach, Peter: Der Widerstand als Thema der politischen Zeitgeschichte. Ordnungsversuche vergangener Wirklichkeit und politischer Reflexionen, in: Gerhard Besier/Gerhard Ringshausen (Hg.), Bekenntnis, Widerstand, Martyrium. Von Barmen 1934 bis Plötzensee 1944, Göttingen 1986, 11–74; abgedr. in: Peter Steinbach, Widerstand im Widerstreit. Der Widerstand gegen den Nationalsozialismus in der Erinnerung der Deutschen. Ausgewählte Studien, Paderborn u. a. 1994, 39–102

19555 Steinbach, Peter: Widerstand gegen den Nationalsozialismus. Geschichte und Deutung im Spannungsfeld der Traditionsbildung, in: Rudolf Lill/Heinrich Oberreuther (Hg.), Machtverfall und Machtergreifung. Aufstieg und Herrschaft des Nationalsozialismus, München 1983, 305–38

19556 Steinbach, Peter: »Erinnerung – aktives Denken«. Annäherungen an den Widerstand, in: Die »Weiße Rose« und das Erbe des deutschen Widerstandes. Münchener Gedächnisvorlesung, München 1993, 132–51

19557 Steinbach, Peter: Widerstandsdiskussion im politischen Wandel der Bundesrepublik Deutschland, in: Peter Steinbach (Hg.), Widerstand. Ein Problem zwischen Theorie und Geschichte, Köln 1987, 311–36

19558 Steinbach, Peter: Widerstandsforschung im politischen Spannungsfeld, in: Peter Steinbach/Johannes Tuchel (Hg.), Widerstand gegen den Nationalsozialismus, Berlin 1994, 597–622

19559 Steinbach, Peter: Widerstand und politische Sensibilität. Widerstandsdiskussion im politischen und generationsbedingten Wandel, in: Bernd Hey/Peter Steinbach (Hg.), Zeitgeschichte und politisches Bewußtsein. Internationale Tagung der Landeszentrale für Politische Bildung des Landes Nordrhein-Westfalen am Zentrum für Interdisziplinäre Forschung der Universität Bielefeld, Köln 1986, 189–208

19560 Steinbach, Peter: Widerstandsdiskussion und Widerstandsforschung im Spannungsfeld politischer Entwicklungen, in: KZG 1 (1988), 29–50; abgedr. in: Peter Steinbach, Widerstand im Widerstreit. Der Widerstand gegen den Nationalsozialismus in der Erinnerung der Deutschen. Ausgewählte Studien, Paderborn u. a. 1994, 103–23

19561 Steinbach, Peter: Widerstand gegen den Nationalsozialismus – Ein Bezugspunkt für die politische Kultur? Zugleich ein Beitrag zur Kontroverse um den Widerstand, in: MPB 16 (1988), Nr. 3, 29–37; abgedr. in: Peter Steinbach, Widerstand im Widerstreit. Der Widerstand gegen den Nationalsozialismus in der Erinnerung der Deutschen. Ausgewählte Studien, Paderborn u. a. 1994, 290–97

19562 Steinbach, Peter: Widerstand gegen den Nationalsozialismus, in: MPB 17 (1989), Nr. 3, 40–46

19563 Steinbach, Peter: Widerstand gegen den Nationalsozialismus. Zur Konzeption der ständigen Ausstellung »Widerstand gegen den Nationalsozialismus« in der »Gedenkstätte Deutscher Widerstand«, in: GWU 37 (1986), 481–97

19564 Steinbach, Peter: Der Widerstand in seiner ganzen Breite und Vielfalt. Plädoyer für die Erwähnung des »Nationalkomitees Freies Deutschland« in der Berliner Widerstandsausstellung, in: GWU 41 (1990), 302–7

19565 Steinbach, Peter: Die Rote Kapelle – 50 Jahre danach, in: ZfG 41 (1993), 771–80

19566 Steinbach, Peter: Teufel Hitler – Beelzebub Stalin? Zur Kontroverse um die Darstellung des Nationalkomitees Freies Deutschland in der ständigen Ausstellung »Widerstand gegen den Nationalsozialismus« in der Gedenkstätte Deutscher Widerstand, in: ZfG 42 (1994), 651–61

19567 Steinbach, Peter: Die Pluralität des Widerstandes, in: CuW/RhM, Jg. 44, Nr. 30, 28. 7. 1989, 4

19568 Steinbach, Peter: Unbewältigter Widerstand. NS-Opposition im Spannungsfeld der Nachkriegszeit, in: Universitas 44 (1990), 629–34

19569 Steinbach, Peter: Wem gehört der Widerstand gegen Hitler?, in: DH 6 (1990), Nr. 6, 56–72

19570 Stern, Frank: Wolfsschanze versus Auschwitz. Widerstand als deutsches Alibi?, in: ZfG 42 (1994), 645–50

19571 Tokya-Seid, Christiane: Der Widerstand gegen Hitler und die westdeutsche

Nachkriegsgesellschaft: Anmerkungen zur Rezeptionsgeschichte des »anderen Deutschland« in den frühen Nachkriegsjahren, in: Peter Steinbach/Johannes Tuchel (Hg.), Widerstand gegen den Nationalsozialismus, Berlin 1994, 572–81

19572 Tuchel, Johannes: Öffentliche Reden über den Widerstand. Auswertung einer Dokumentation von Ansprachen im Bendlerblock [Berlin], in: KZG 1 (1988), 131–37

19573 Ueberschär, Gerd R. (Hg.): Der 20. Juli 1944. Bewertung und Rezeption des deutschen Widerstandes gegen das NS-Regime, Köln 1994; 350 S.

19574 Ueberschär, Gerd R.: Der nicht endende Kampf um die Erinnerung. Schwierigkeiten, Wege und Stationen der Erforschung und Würdigung des deutschen Widerstandes, in: FR, Jg. 50, Nr. 159, 12.7.1994, 10

19575 Ulrich, Hans G.: Widerstand und Widerspruch – theologisch-ethische Überlegungen zur Erforschung des »Widerstands«, in: KZG 1 (1988), 124–29

19576 Voerster, Alfred/Hennicke, Otto: Der Mißbrauch der patriotischen Bestrebungen der Gruppe um Oberst Stauffenberg in der Verschwörung des 20. Juli 1944 zur Schaffung einer Tradition für die Bundeswehr, in: Der deutsche Imperialismus und der Zweite Weltkrieg, Bd. 4, Hg. Kommission der Historiker der DDR und der UdSSR, Red. Leo Stern u.a., Berlin (O) 1961, 637–51

19577 Walle, Heinrich: Aufstand des Gewissens. Zur Ausstellung über den militärischen Widerstand gegen Hitler und das NS-Regime, in: Peter Steinbach (Hg.), Widerstand. Ein Problem zwischen Theorie und Geschichte, Köln 1987, 378–92

19578 Wassermann, Rudolf: Zur juristischen Bewertung des 20. Juli 1944. Der Remer-Prozeß in Braunschweig als Markstein der Justizgeschichte, in: RuP 20 (1984), 68–80

19579 Wiggershaus, Norbert: Zur Bedeutung und Nachwirkung des militärischen Widerstandes in der Bundesrepublik Deutschland und in der Bundeswehr, in: Aufstand des Gewissens. Der militärische Widerstand gegen Hitler und das NS-Regime 1933–1945, Hg. Militärgeschichtliches Forschungsamt, hg. i. A. des Bundesministeriums der Verteidigung zur Wanderausstellung, 2., durchges. Aufl., Herford/Bonn 1985, 501–27 (zuerst 1984)

19580 Winterhager, Wilhelm E.: Zur Problematik zeitgeschichtlicher Dokumentationsausstellungen. Anmerkungen zu einer Ausstellung über den Kreisauer Kreis, in: JbPK 22 (1985), 131–39

19581 Wirth, Günther: Der 20. Juli als »Traditionslinie« der reaktionären Führung in der CDU 1945/46 und Gegenpositionen dazu, in: WMHGDDR 13 (1985), Nr. 1–2, 103–13

19582 Zank, Horst: Das Nationalkomitee und der Widerstand, in: GWU 41 (1990), 298–301

19583 Zenner, Maria (Hg.): Der Widerstand gegen den Nationalsozialismus. Eine interdisziplinäre didaktische Konzeption zu seiner Erschließung, Bochum 1989; 313 S.*

19584 Zwerenz, Gerhard: Ein deutscher Briefwechsel, geschrieben 50 Jahre nach dem 20. Juli. Wie Inge Aicher-Scholl, Schwester von Sophie und Hans Scholl, versuchte, den Streit über Kasernennamen zu beenden. Eine kommentierte Dokumentation, in: FR, Jg. 50, Nr. 130, 8.6.1994, 18**

Regional-/Lokalstudien: Bibliographien

19585 Buuck, Gisela: Auswahlbibliographie: Neuere Veröffentlichungen der DDR-Forschung zum Thema »Faschismus – Terror – Widerstand«, in: Deutscher Faschismus – Terror und Widerstand. Zur 2. Tagung der IREX-Unterkommission »Faschismus – Theorie und Praxis« von Historikern der USA und der DDR in Princeton, N.J., im Mai 1989. Beiträge der Historiker der DDR, Hg. Akademie für Gesellschaftswissenschaften beim Zentralkomitee der SED, Berlin (O) 1989, 86–95

Regional-/Lokalstudien: Darstellungen

19586 Ammer, Thomas: Kontinuität und Wandel. Zur Bewertung der Verschwörung vom 20. Juli 1944 in der DDR, in: DA 22 (1989), 964–67

19587 Bramke, Werner: Der antifaschistische Widerstand in der Geschichtsschreibung der DDR in den achtziger Jahren. Forschungsgegenstand und Probleme, in: APUZ, Nr. B 28/88, 8.7. 1988, 23–33

19588 Bramke, Werner: Terror und antifaschistischer Widerstand in der regionalgeschichtlichen Forschung der DDR. Forschungsstand und Probleme, in: Deutscher Faschismus – Terror und Widerstand. Zur 2. Tagung der IREX-Unterkommission »Faschismus – Theorie und Praxis« von Historikern der USA und der DDR in Princeton, N.J., im Mai 1989. Beiträge der Historiker der DDR, Hg. Akademie für Gesellschaftswissenschaften beim Zentralkomitee der SED, Berlin (O) 1989, 32–44

19589 Bramke, Werner: Widerstandsforschung in der Regionalgeschichtsschreibung der DDR. Eine kritische Bilanz, in: Klaus Schönhoven/Dietrich Staritz (Hg.), Sozialismus und Kommunismus im Wandel. Hermann Weber zum 65. Geburtstag, Köln 1993, 451–66

19590 Bramke, Werner: Neuordnung der Nachkriegsverhältnisse in Ostdeutschland aus dem Geist des Widerstandes, in: Peter Steinbach/Johannes Tuchel (Hg.), Widerstand gegen den Nationalsozialismus, Berlin 1994, 582–96

19591 Bramke, Werner: Das Bild vom deutschen Widerstand gegen den Nationalsozialismus im Lichte unterschiedlicher Erfahrungen von Teilung und Umbruch, in: ZfG 42 (1994), 597–604

19591a Coppi, Hans: Erfahrungen und Probleme bei der Pflege der Traditionen des antifaschistischen Kampfes in der DDR, in: BGFDJ 9 (1986), Nr. 8, 41–45

19591b Ericksen, Robert P.: Widerstand als ambivalenter Gegenstand historischer Forschung: Am Beispiel der evangelisch-theologischen Fakultät der Universität Göttingen, in: KZG 1 (1988), 68–79

19591c Finker, Kurt: Widerstand und Geschichte des Widerstandes in der Forschung der DDR, in: DA 19 (1986), 710–21; abgedr. in: Peter Steinbach (Hg.), Widerstand. Ein Problem zwischen Theorie und Praxis, Köln 1987, 96–114

19592 Finker, Kurt: Der 20. Juli 1944 und die DDR-Geschichtswissenschaft. (Beiträge zum Widerstand 1933–1945, 39), Hg. Gedenkstätte Deutscher Widerstand Berlin, Berlin 1990; 20 S.

19593 Groehler, Olaf: Antifaschismus – vom Umgang mit einem Begriff, in: Ulrich Herbert/Olaf Groehler, Zweierlei Bewältigung. Vier Beiträge über den Umgang mit der NS-Vergangenheit in den beiden deutschen Staaten, Hamburg 1992, 29–40; abgedr. in: Bernhard Moltmann u.a. (Hg.), Erinnerung. Zur Gegenwart des Holocaust in Deutschland-West und Deutschland-Ost, Frankfurt 1993, 47–65

19594 Historiographie der DDR über den deutschen antifaschistischen Widerstandskampf in den Jahren 1933–1945, Hg. Institut für Marxismus-Leninismus beim ZK der SED, Berlin (O) 1965; 67 S.

19595 Koch, Manfred: »Wir wollen sie gemeinsam ehren.« Vom Umgang mit dem Widerstand gegen den Nationalsozialismus in Karlsruhe, in: Thomas Schnabel (Hg.), Formen des Widerstandes im Südwesten 1933–1945. Scheitern und Nachwirken, Mitarb. Angelika Hauser-Hauswirth, hg. f.d. Landeszentrale für politische Bildung Baden-Württemberg/Haus der Geschichte Baden-Württemberg, Ulm 1994, 284–94

19596 Reich, Ines: Das Bild vom deutschen Widerstand in der Öffentlichkeit und Wissenschaft der DDR, in: Peter Steinbach/

Johannes Tuchel (Hg.), Widerstand gegen den Nationalsozialismus, Berlin 1994, 557–71

19597 Reich, Ines/Finker, Kurt: Der 20. Juli 1944 in der Geschichtswissenschaft der SBZ/DDR seit 1945, in: ZfG 39 (1991), 533–53

19598 Richter, Rolf: Faschistischer Terror und antifaschistischer Widerstand in der Historiographie der DDR, in: Deutscher Faschismus – Terror und Widerstand. Zur 2. Tagung der IREX-Unterkommission »Faschismus – Theorie und Praxis« von Historikern der USA und der DDR in Princeton, N.J., im Mai 1989. Beiträge der Historiker der DDR, Hg. Akademie für Gesellschaftswissenschaften beim Zentralkomitee der SED, Berlin (O) 1989, 5–31

19599 Schönhagen, Benigna: Örtlich betäubt. Der öffentliche Umgang mit dem Widerstand gegen das NS-System in Tübingen nach 1945, in: Thomas Schnabel (Hg.), Formen des Widerstandes im Südwesten 1933–1945. Scheitern und Nachwirken, Mitarb. Angelika Hauser-Hauswirth, hg. f. d. Landeszentrale für politische Bildung Baden-Württemberg/Haus der Geschichte Baden-Württemberg, Ulm 1994, 295–309

19600 Wippermann, Wolfgang: Antifaschismus in der DDR: Wirklichkeit und Ideologie. (Beiträge zum Widerstand 1933–1945, 16), Hg. Informationszentrum Berlin, Gedenk- und Bildungsstätte Stauffenbergstraße, Berlin 1980; 19 S.

19601 Zur gegenwärtigen Bewertung der Verschwörung vom 20. Juli 1944 in der DDR. (Analysen und Berichte, 14), Hg. Gesamtdeutsches Institut/Bundesanstalt für gesamtdeutsche Fragen, Bearb. Thomas Ammer, Bonn 1984; 26 S. (Ms. vervielf.)**

B.1.8.3 Gedenkstätten

B.1.8.3.1 Allgemeines

Darstellungen

19602 Arlt, Klaus u.a.: Historische Museen und Denkmäler, in: Parlament, Jg. 44, Nr. 35–36, 2./9.9. 1994, 1–15

19603 Dieckmann, Friedrich: In Schinkels Profanbau: die fortgesetzte Weihestätte. Eine neue Zentrale Gedenkstätte in Schinkels Wachgebäude [Berlin], in: GWU 45 (1994), 331–34

19604 Plagemann, Volker: »Vaterstadt, Vaterland, schütz Dich Gott mit starker Hand.« Denkmäler in Deutschland, Hamburg 1986; 218 S.

19605 Springer, Peter: Denkmal und Gegendenkmal, in: Ekkehard Mai/Gisela Schmirber (Hg.), Denkmal – Zeichen – Monument. Skulptur und öffentlicher Raum heute, München 1989, 92–102

19606 Steinbach, Peter: Gedenkstätten zu Denkstätten – Thesen zu zeitgeschichtlichen Ausstellungen, in: Bernd Ogan/Wolfgang W. Weiß (Hg.), Faszination und Gewalt. Zur politischen Ästhetik des Nationalsozialismus, Nürnberg 1992, 295–99

19607 Vogt, Arnold: Den Lebenden zur Mahnung. Denkmäler und Gedenkstätten. Zur Traditionspflege und historischen Identität vom 19. Jahrhundert bis zur Gegenwart, Hannover 1993; 268 S.

Regional-/Lokalstudien

19608 Eichmann, Bernd: Geometrie der Macht. Das Nürnberger Reichsparteitagsgelände. (Deutschland, deine Denkmäler, 12), in: Parlament, Jg. 41, Nr. 41–42, 4./11.10. 1991, 13

19609 Kaufmann, Günter: Historische Denkmäler in Kiel – ein Beispiel für den Umgang mit Denkmälern als historische Quellen, in: GWU 42 (1991), 417–442, 498–511

19610 Marcuse, Herold u.a.: Steine des Anstoßes. Nationalsozialismus und Zweiter Weltkrieg in Denkmalen 1945–1985, Hg. Museum für Hamburgische Geschichte, Hamburg 1985; 35 S.

B.1.8.3.2 Gedenkstätten für die Opfer nationalsozialistischer Unrechts- und Gewaltmaßnahmen

Darstellungen

19611 Barlog-Scholz, Renata: Historisches Wissen über die nationalsozialistischen Konzentrationslager bei deutschen Jugendlichen. Empirische Grundlage einer Gedenkstättenpädagogik, Frankfurt u.a. 1994; 460 S.

19612 Brocke, Edna: Im Tode sind alle gleich – Sind im Tode alle gleich?, in: Hanno Loewy (Hg.), Holocaust: Die Grenzen des Verstehens. Eine Debatte über die Besetzung der Geschichte, Reinbek 1992, 71–82

19613 Dingel, Frank: Dem unbekannten Deserteur, in: Hanne M. Birckenbach u.a. (Hg.), Jb. Frieden 1990, München 1989; abgedr. in: FR, Jg. 46, Nr. 16, 19.1.1990, 11, u.d.T.: Denk-Mal oder monumentales Geschichtsbild Herrschender? Die Funktion historischer Denkmäler und der Streit um die Gedenktafeln für Deserteure

19614 Dräger, Horst: NS-Aufklärungsarbeit und Gedenkstätten als Lernorte: Möglichkeiten und Grenzen pädagogischer Maßnahmen, in: BJGGRP 4 (1994), Nr. 7, 8 f.

19615 Dudek, Peter: KZ-Gedenkstätten als Teil antifaschistischer Jugendarbeit, in: DS 73 (1981), 651–55

19616 Eichmann, Bernd: Versteinert, Verharmlost, Vergessen. Gedenkstätten in der Bundesrepublik Deutschland, 2. Aufl., Frankfurt 1986; 220 S. (zuerst 1985)

19617 Eichmann, Bernd: Es fehlt an Bildern wie an Sprache. Gedenkstätten zur NS-Psychiatrie, in: Franz-Werner Kersting u.a. (Hg.), Nach Hadamar. Zum Verhältnis von Psychiatrie und Gesellschaft im 20. Jahrhundert, Paderborn 1993, 300–18

19618 Eichmann, Bernd: KZ-Gedenkstätten in der ehemaligen DDR, Folge 1: Dora-Mittelbau bei Nordhausen [am Harz], Folge 2: Buchenwald bei Weimar, Folge 3: Ravensbrück [bei Fürstenberg], Folge 4: Sachsenhausen bei Oranienburg, in: Parlament, Jg. 42, Nr. 6, 31.1.1992, 13; Nr. 9, 21.2.1992, 17; Nr. 15, 3.4.1992, 19; Nr. 24, 5.6.1992, 17

19619 Fischer, Cornelia/Anton, Hubert: Auswirkungen der Besuche von Gedenkstätten auf Schülerinnen und Schüler. Breitenau – Hadamar – Buchenwald. Bericht über 40 Explorationen in Hessen und Thüringen. Studie im Auftrag der Landeszentralen für politische Bildung Hessen und Thüringen durchgeführt von Psydata, Institut für Marktanalysen, Sozial- und Mediaforschung, Frankfurt, Hg. Hessische Landeszentrale für politische Bildung/Landeszentrale für politische Bildung Thüringen, Wiesbaden/Erfurt 1992; 163, 25 S.

19620 Frank, Robert: Warnung an die Mörder von heute. Der Ort, an dem einst die Zentrale des Nazi-Terrors stand, darf nicht nur Gedenkstätte und Museum sein, in: Zeit, Jg. 45, Nr. 42, 12.10.1990, 71

19621 Garbe, Detlef (Hg.): Die vergessenen KZs? Gedenkstätten für die Opfer des NS-Terrors in der Bundesrepublik, Bornheim-Merten 1983; 230 S.

19622 Garbe, Detlef: Gedenkstätten: Orte der Erinnerung und die zunehmende Distanz zum Nationalsozialismus, in: Hanno Loewy (Hg.), Holocaust: Die Grenzen des Verstehens. Eine Debatte über die Besetzung der Geschichte, Reinbek 1992, 260–83

19625 Gedenkstätten für die Opfer des Nationalsozialismus. Eine Dokumentation, Hg. Bundeszentrale für politische Bildung, Bearb. Ulrike Puvogel, Bonn 1987; 831 S.

19625a Grasskamp, Walter: Die Behaglichkeit des Gedenkens. Ob Neue Wache oder separates Mahnmal für die jüdischen Opfer des Nationalsozialismus: Gibt es die »richtige« Erinnerung an die Toten?, in: Zeit, Jg. 49, Nr. 47, 18.11. 1994, 61 f.

19626 Lauritzen, Karl: Steine als Zeugen. Gedenksteine, Gedenktafeln, Gedenkstätten des ehemaligen Reichsarbeitsdienstes, Karlsruhe 1983; 120 S.**

19627 Lehrke, Gisela: Gedenkstätten für die Opfer des Nationalsozialismus. Historisch-politische Bildung an Orten des Widerstands, Nachwort Jutta Lange-Quassowski, Frankfurt/New York 1988; 357 S.

19628 Lutz, Thomas: Gedenkstätten für die Opfer des NS-Regimes. Landmarken gegen die Wendegeschichtsschreibung, in: Heide Gerstenberger/Dorothea Schmidt (Hg.), Normalität oder Normalisierung? Geschichtswerkstätten und Faschismusanalyse, Münster 1987, 191–203

19629 Marcuse, Harold: Die museale Darstellung des Holocaust an Orten ehemaliger Konzentrationslager in der Bundesrepublik 1945–1990, in: Bernhard Moltmann u. a. (Hg.), Erinnerung. Zur Gegenwart des Holocaust in Deutschland-West und Deutschland-Ost, Frankfurt 1993, 79–97

19630 Markmann, Hans-Jochen: KZ-Gedenkstätten im Vergleich, in: SOWI 10 (1981), Nr. 4, 227 f.

19631 Matz, Reinhard: Die unsichtbaren Lager. Das Verschwinden der Vergangenheit im Gedenken, Texte Andrzej Szczypiorski u. a., Reinbek 1993; 207 S.**

19632 Milton, Sybil: Holocaust-Memorials: ein amerikanisch-europäischer Vergleich, in: Rolf Steininger (Hg.), Der Umgang mit dem Holocaust. Europa – USA – Israel, Wien u. a. 1994, 433–43

19633 Müller, Ulrich: Der »Gekrümmte Gang«. Erinnern – Wozu?, in: Verfolgung und Widerstand in Düsseldorf 1933–1945. (Katalog der ständigen Ausstellung in der Mahn- und Gedenkstätte Düsseldorf), Hg. Stadt Düsseldorf, Konzeption/Red. Angela Genger, Düsseldorf 1990, 162–75

19634 Rieth, Adolf: Den Opfern der Gewalt. KZ-Opfermale der europäischen Völker/To the Victims of Tyranny. Monuments to Concentration Camp Victims Conceived by the Peoples of Europe, Tübingen 1968; 55, 103 S.

19635 Schoenberner, Gerhard: »Beteiligung des Bundes an Mahn- und Gedenkstätten«. Eine Umfrage, in: Mittelweg 3 (1994), Nr. 2, 50–56

19636 Schubert, Christian: Friedensdienst in KZ-Gedenkstätten – Erfahrungen der Aktion Sühnezeichen, in: Benno Hafeneger u. a. (Hg.), Dem Faschismus das Wasser abgraben. Zur Auseinandersetzung mit dem Rechtsradikalismus, München 1981, 88–101

19637 Wer sich des Vergangenen nicht erinnert..., Hg. IDEEN-Redaktion, Mitarb. Annegret Ehmann u. a., Göttingen 1993; 91 S.

19638 Young, James E.: Die Textur der Erinnerung. Holocaust-Gedenkstätten, in: Hanno Loewy (Hg.), Holocaust: Die Grenzen des Verstehens. Eine Debatte über die Besetzung der Geschichte, Reinbek 1992, 213–32

Regional-/Lokalstudien

19639 August, Jochen: »Auschwitz verändert den Menschen.« Die Internationale Jugendbegegnungsstätte in Oswiecim [Auschwitz], in: DH 6 (1990), Nr. 6, 73–84

19640 Bader, Uwe: Gedenkstättenarbeit in Rheinland-Pfalz. Landeszentrale für politische Bildung, in: BJGGRP 3 (1993), Nr. 4, 36–41

19641 Blohm, Katharina (Bearb.): Gedenkstätten, in: Winfried Nerdinger (Hg.), Bauen im Nationalsozialismus. Bayern 1933–1945. Ausstellung des Architekturmuseums der Technischen Universität München und des Münchner Stadtmuseums, München 1993, 538–65

19642 Bringmann, Fritz/Roder, Hartmut: Neuengamme. Verdrängt – vergessen – bewältigt? Die »zweite« Geschichte des Konzentrationslagers Neuengamme [Hamburg] 1945 bis 1985, Hg. KZ-Gedenkstätte Neuengamme/Arbeitsgemeinschaft Neuengamme für die BRD, Hamburg 1987; 143 S.

19643 Burgard, Dieter: Förderverein Dokumentations- und Bildungsstätte KZ Hinzert [bei Trier] e. V., in: BJGGRP 4 (1994), Nr. 7, 13–16

19644 Bürger, Friedegund u.a.: »Der Umgang mit Minderheiten will gelernt sein.« Der jüdische Friedhof in Hamburg-Ottensen – ein Lehrstück für tolerante Tradition und demokratischen Dialog, in: ISHZG (1992), Nr. 23, 5–42

19645 Damus, Martin: Die Verselbständigung bürgerlicher Wertvorstellungen in der Denkmalsplastik. Das Denkmal zur Erinnerung an den 20. Juli 1944 von Richard Scheibe in Berlin – der nackte Jüngling als Symbolfigur für den Widerstand, in: Kunst im Unterricht. (Kunst im Unterricht, Sonderh.), Red. Ludwig Zerull, Velber 1974, 69–80

19646 Eiber, Ludwig: Aus der Arbeit der KZ-Gedenkstätte Neuengamme [Hamburg], in: BGFDJ 9 (1986), Nr. 8, 71–74

19647 Endlich, Stefanie: Geschichte und Zukunft der NS-Gedenkstätten in der ehemaligen DDR, in: Andreas Nachama/Julius H. Schoeps (Hg.), Aufbau nach dem Untergang. Deutsch-jüdische Geschichte nach 1945. In memoriam Heinz Galinski, Berlin 1992, 107–20

19648 Erschossen und verscharrt. Gedenkstein zur Mahnung und Erinnerung an die Opfer des Hessentaler Todesmarsches, Dalkingen 1945. Dokumentation, Hg. Landeszentrale für politische Bildung Baden-Württemberg, Red. Heinz Lauber/Gaby Kramer, Stuttgart 1994; 46 S.**

19649 Frank, Volker: Antifaschistische Mahnmale in der DDR. Ihre künstlerische und architektonische Gestaltung, Leipzig 1970; 29 S.

19649a Gedenkstätten, Arbeiterbewegung, Antifaschistischer Widerstand, Hg. Institut für Denkmalspflege in der DDR, Bearb. Dora Miethe, 1. u. 2. Aufl., Leipzig u.a. 1974; 591 S.

19650 Gedenkstätten für die Opfer des Nationalsozialismus in Rheinland-Pfalz, Hg. Landeszentrale für politische Bildung Rheinland-Pfalz, Red. Hans G. Meyer, Mitarb. Claudia Pufahl u.a., Mainz 1991; 165 S. (zuerst 1987 u.d.T.: Gedenkstättenführer Rheinland-Pfalz 1933–45)

19651 Genger, Angela: Geschichte lernen – Gedenkstätten in Nordrhein-Westfalen, in: Kurt Bodewig u.a. (Hg.), Die schleichende Gefahr. Rechtsextremismus heute, 1. und 2. Aufl., Essen 1990, 301–11

19652 Genger, Angela: Gedenkstättenarbeit am Beispiel der Mahn- und Gedenkstätte Düsseldorf, in: Verfolgung und Widerstand in Düsseldorf 1933–1945. (Katalog der ständigen Ausstellung in der Mahn- und Gedenkstätte Düsseldorf), Hg. Stadt Düsseldorf, Konzeption/Red. Angela Genger, Düsseldorf 1990, 178–90

19653 Haase, Norbert: Berlin-Charlottenburg, Witzleben 4–10. Anmerkungen zur Auseinandersetzung um eine Erinnerungstafel für die Opfer des Reichskriegsgerichts, in: DH 6 (1990), Nr. 6, 206–16

19654 Helmes, Manfred: Gedenkstättenarbeit in Osthofen [Worms]: die Arbeit des Fördervereins Projekt Osthofen e.V., in: BJGGRP 4 (1994), Nr. 7, 22f.

19655 Heyen, Franz-Josef: Mahnmal im ehemaligen SS-Sonderlager Hinzert [bei Trier]. Eine Großplastik von Lucien Wercollier, in: JWL 12 (1986), 323–28**

19656 Homfeldt, Hans G.: Gedenkstättenarbeit zum früheren SS-Sonderlager/KZ Hinzert [bei Trier], in: BJGGRP 4 (1994), Nr. 7, 10–12

19657 Hötte, Herbert: Aktualisierte Geschichte. Über die Arbeit mit Jugendlichen im Dokumentenhaus KZ Neuengamme [Hamburg]. (Argumente zur museumspädagogischen Praxis, 1), Hamburg 1982; 16 S.

19658 Knigge, Volkhart: Antifaschistischer Widerstand und Holocaust. Zur Geschichte der KZ-Gedenkstätten in der DDR, in: Bernhard Moltmann u. a. (Hg.), Erinnerung. Zur Gegenwart des Holocaust in Deutschland-West und Deutschland-Ost, Frankfurt 1993, 67–77

19659 Koch, Heinz: Nationale Mahn- und Gedenkstätte Buchenwald. Geschichte ihrer Entstehung, Hg. Nationale Mahn- und Gedenkstätte Buchenwald, Weimar-Buchenwald 1988; 84 S.

19660 Koppenhöfer, Peter: Distanzierende Musealisierung oder authentischer Lernort. Eine KZ-Gedenkstätte in der Bildungsarbeit, in: Klaus Dagenbach/Peter Koppenhöfer, Eine Schule als KZ, Hg. Stadt Mannheim, Schulverwaltungsamt, Mannheim 1990, 104–10

19661 Lavsky, Hagit: The Day after: Bergen-Belsen from Concentration Camp to the Centre of the Jewish Survivors in Germany, in: GH 11 (1993), 36–59

19662 Lechner, Silvester: Das KZ Oberer Kuhberg und die NS-Zeit in der Region Ulm/Neu-Ulm. (Die NS-Zeit in der Region Ulm/Neu-Ulm, 1), Stuttgart 1988, 118–22

19663 Mahnmal Zwieberge-Langenstein (Kreis Halberstadt). Zur Geschichte und Errichtung der Mahn- und Gedenkstätte des Konzentrationslagers Langenstein-Zwieberge, Hg. SED-Kreisleitung Halberstadt, Kommission zur Erforschung der örtlichen Arbeiterbewegung, Halberstadt 1969; 63 S.

19664 Marcuse, Harold: Das ehemalige Konzentrationslager Dachau. Der mühevolle Weg zur Gedenkstätte 1945–1968, in: DH 6 (1990), Nr. 6, 182–205

19665 Meyer, Hans-Georg: Gedenkstättenarbeit in Rheinland-Pfalz, in: BJGGRP 4 (1994), Nr. 7, 5–7

19666 Oleschinski, Brigitte: Gedenkstätte Plötzensee, Hg. Gedenkstätte Deutscher Widerstand Berlin, Berlin 1994; 80 S.

19667 Reemtsma, Jan P.: »In der Hoffnung, daß Sie Verständnis für unsere Absage haben.« Zum Beispiel: KZ Neuengamme [Hamburg]. Über den Umgang deutscher Firmen mit ihrer Geschichte, in: FR, Jg. 45, Nr. 155, 8. 7. 1989, 15

19668 Ruppert, Andreas/Brebeck, Wulff E.: Wewelsburg [bei Paderborn], in: Joachim Meynert/Arno Klönne (Hg.), Verdrängte Geschichte. Verfolgung und Vernichtung in Ostwestfalen 1933–1945, Bielefeld 1986, 323–72

19669 Schiller, Ulrich: Das Unfaßbare begreifen lernen. In den Vereinigten Staaten sollen drei große Holocaust-Museen eröffnet werden, in: Zeit, Jg. 45, Nr. 7, 9. 2. 1990, 92

19670 Schittenhelm, Karin: Mahnmal Putlitzbrücke [Berlin-Moabit]: Ein antisemitischer Bildersturm und seine Folgen, in: JfA 3 (1994), 121–39

19671 Schubert, Dietrich: Alfred Hrdlickas antifaschistisches Mahnmal in Hamburg oder: die Verantwortung der Kunst, in: Ekkehard Mai/Gisela Schmirber (Hg.), Denkmal – Zeichen – Monument. Skulptur und öffentlicher Raum heute, München 1989, 134–432

19672 Schultheiß, Hans: Zur Bedeutung lokaler Gedenkstätten. Das Beispiel Brettheim [Baden], in: AS 20 (1993), 143–61

19673 Wippermann, Wolfgang: Steinerne Zeugen. Stätten der Judenverfolgung in Berlin, Hg. Pädagogisches Zentrum Berlin, Berlin 1982; 116 S.

19674 Zur Nachkriegsgeschichte der hannoverschen Konzentrationslager, in: Rainer Fröbe u. a., Konzentrationslager in Hanno-

B.1.8.3.3 Kriegsgedenkstätten

Darstellungen

19675 Armanski, Gerhard: »... und wenn wir sterben müssen.« Die politische Ästhetik von Kriegerdenkmälern, Berlin 1988; 177 S.

19676 Behrenbeck, Sabine: Heldenkult oder Friedensmahnung? Kriegerdenkmale nach beiden Weltkriegen, in: Gottfried Niedhart/Dieter Riesenberger (Hg.), Lernen aus dem Krieg? Deutsche Nachkriegszeiten 1918 und 1945. Beiträge zur historischen Friedensforschung, München 1992, 344–64, 440–44

19677 Koselleck, Reinhart: Kriegerdenkmale als Identitätsstiftung der Überlebenden, in: Odo Marquard/Karlheinz Stierle (Hg.), Identität, München 1979, 255–76

19678 Lurz, Meinhold: Kriegerdenkmäler in Deutschland, Bd. 6: Bundesrepublik Deutschland, Heidelberg 1987; 602 S.

19679 Lurz, Meinhold: Architektur für die Ewigkeit und dauerndes Ruherecht. Überlegungen zu Gestalt und Aussage von Soldatenfriedhöfen, in: Ekkehard Mai/Gisela Schmirber (Hg.), Denkmal – Zeichen – Monument. Skulptur und öffentlicher Raum heute, München 1989, 81–91

19680 Mosse, George L.: Two World Wars and the Myth of the War Experience, in: JCH 21 (1986), 491–513

19681 Plieninger, Konrad: Kriegerdenkmäler oder die Schwierigkeiten historisch-politischer Erinnerung, in: Lothar Schaechterle (Hg.), Deutschland und Europa. Ernst Jung zum 70. Geburtstag, Hannover 1992, 40–70

19682 Rietschel, Christian: Gedenkmale für die Opfer des Krieges, in: KuK 20 (1957), Nr. 3, 125–29

Regional-/Lokalstudien

19683 Bach, Martin: Studien zur Geschichte des deutschen Kriegerdenkmals in Westfalen und Lippe, Frankfurt u. a. 1985; 13, 570 S.

19684 Prühs, Ernst-Günther: Das Soldatendenkmal in Schlesen. Ein Beitrag zur Geschichte des Kriegsgeschehens 1941 und 1943 im Kreis Plön, in: JbPl 15 (1985), 50–68

19685 Rieth, Adolf: Denkmal ohne Pathos. Totenmale des Zweiten Weltkriegs in Südwürttemberg-Hohenzollern. Mit einer geschichtlichen Einleitung, Tübingen 1967; 48, 118 S.; 118 Bildtafeln

19686 Seeger, Siegfried: Wandlungen in der Einstellung zum Krieg, dargestellt an den westfälischen Ehrenmalen für die Kriegstoten, Münster 1962; 127, (19) S. (Ms. vervielf.)

19687 »Unseren tapferen Helden...« Kriegs- und Kriegerdenkmale und politische Ehrenmale. Dortmunder Beispiele, Hg. Fachhochschule Dortmund, Dortmund 1987; 72 S.**

B.1.8.4 Öffentliche Kontroversen über die NS-Vergangenheit

B.1.8.4.1 »Stellvertreter«-Kontroverse (1963)

Bibliographien

19688 Kelletat, Andreas F.: Auswahlbibliographie zu Rolf Hochhuth, in: Walter Hinck (Hg.), Rolf Hochhuth – Eingriff in die Zeitgeschichte. Essays zum Werk, Reinbek 1981, 271–86 (überarb. Fassung)

Darstellungen

19689 Adolph, Walter: Verfälschte Geschichte. Antwort an Rolf Hochhuth. Mit Dokumenten und authentischen Bildern, 1.–3. Aufl., Berlin 1963; 112 S.**

19690 Bentley, Eric (Hg.): The Storm over »The Deputy«. Essays and Articles about Hochhuth's Explosive Drama, New York 1964; 254 S.

19691 Berg, Jan: Hochhuths »Stellvertreter« und die »Stellvertreter«-Debatte. »Vergangenheitsbewältigung« in Theater und Presse der sechziger Jahre, Kronberg, Ts. 1977; 234 S.

19692 Goergen, Josef M.: Pius XII., Katholische Kirche und Hochhuths »Stellvertreter«, Buxheim 1964; 225 S.

19693 Günther, Joachim u. a.: Der Streit um Hochhuths »Stellvertreter«. (Theater unserer Zeit, 5), Basel/Stuttgart 1963; 169 S.

19694 Hill, Leonidas E.: History and Rolf Hochhuth's »The Deputy«, in: Mosaic 1 (1967/68), Nr. 1, 118–31

19695 Hochhuth, Rolf: Der Stellvertreter. Ein christliches Trauerspiel, Vorwort Erwin Piscator, Reinbek 1963; 274 S. (TB Reinbek 1967 u. ö.)

19696 Hoffmeister, Reinhart (Hg.): Rolf Hochhuth. Dokumente zur politischen Wirkung, erläuternde Zwischentexte Heinz Puknus, Essay Rolf Hochhuth, München 1980, 23–79

19697 Perry, R. C.: Historical Authenticity and Dramatic Form. Hochhuth's »Der Stellvertreter« and Weiss's »Die Ermittlung«, in: MLR 64 (1969), 828–39

19698 Raddatz, Fritz J. (Hg.): Summa iniuria oder Durfte der Papst [Pius XII.] schweigen? Hochhuths »Stellvertreter« in der öffentlichen Kritik, Reinbek 1963; 235 S.

19699 Riewoldt, Otto F. (Hg.): »Nimm ein Brechmittel, du, der du dies liesest.« Die katholische Reaktion auf Hochhuths »Stellvertreter«, in: Heinz L. Arnold (Hg.), Rolf Hochhuth, München 1978, 1–10

19700 Roubiczek, Hjördis: »Der Stellvertreter« and its Critics, in: GLL 17 (1963/64), 193–99

19701 Schoeller, Wilfried F.: 1963: Das Ärgernis des Schweigens. Der Meinungskampf um Hochhuths Papststück »Der Stellvertreter«, in: Georg M. Hafner/Edmund Jacoby (Hg.), Die Skandale der Republik, überarb. Neuausg., Reinbek 1994, 83–91 (zuerst Frankfurt 1989)

19702 Schwarz, Egon: Rolf Hochhuths »Der Stellvertreter« (1964), in: Walter Hinck (Hg.), Rolf Hochhuth – Eingriff in die Zeitgeschichte. Essays zum Werk, Reinbek 1981, 117–47 (überarb. Fassung)

19703 Sontag, Susan: Gedanken zu Hochhuths »Stellvertreter« (1964), in: Susan Sontag, Kunst und Antikunst. 24 literarische Analysen, Reinbek 1968, 153–59; abgedr. in: Walter Hinck (Hg.), Rolf Hochhuth – Eingriff in die Zeitgeschichte. Essays zum Werk, Reinbek 1981, 107–16

19704 Wiest, Karl-Heinz: »Der Stellvertreter«. Ein Stück und seine Wirkung, in: Kirche im Nationalsozialismus. (RJK, 2), Sigmaringen 1983, 203–47 (ND 1984)

B.1.8.4.2 »Holocaust«-Schock (1978)

Literaturberichte

19705 Broszat, Martin: Holocaust. Literatur im Kielwasser des Fernsehfilms, in: GWU 31 (1980), 21–29

Darstellungen

19706 Ahren, Yizak u. a.: Das Lehrstück »Holocaust«. Zur Wirkungsgeschichte eines Medienereignisses, Opladen 1982; 180 S.

19707 Broszat, Martin: »Holocaust« und die Geschichtswissenschaft, in: VfZ 27 (1979), 285–98

19708 Ernst, Tilman: »Holocaust«. Impulse – Reaktionen – Konsequenzen. Das Fernsehereignis aus der Sicht politischer Bildung, in: APUZ, Nr. B 34/81, 22.8. 1981, 3–22

19709 »Holocaust«. Impulse – Reaktionen – Konsequenzen, Hg. Johann-Wolfgang-Goethe-Universität Frankfurt am Main, Didaktisches Zentrum, Mitarb. Hauke Brunkhorst u.a., Frankfurt 1980; 141 S.

19710 Hübner, Heinz W.: »Holocaust«. (Deutsche Programmereignisse – Beispiele), in: Guido Knopp/Siegfried Quandt (Hg.), Geschichte im Fernsehen. Ein Handbuch, Darmstadt 1988, 135–38

19711 Kampen, Wilhelm van: Holocaust. Materialien zu dem amerikanischen Fernsehfilm, Hg. Landeszentralen und Bundeszentrale für politische Bildung, 3. Aufl., Mainz 1982; 56 S. (zuerst Bonn 1978)

19712 Knilli, Friedrich/Zielinski, Siegfried (Hg.): Holocaust zur Unterhaltung. Anatomie eines internationalen Bestsellers. Fakten, Fotos, Forschungsreportagen, Berlin 1982; 515 S.

19713 Märtesheimer, Peter/Frenzel, Ivo (Hg.): Im Kreuzfeuer: Der Fernsehfilm »Holocaust«. Eine Nation ist betroffen, Mitarb. Hellmuth Auerbach/Walter H. Pehle, Frankfurt 1979; 332 S.

B.1.8.4.3 »Historikerstreit« (1986)

Bibliographien

19714 Sygusch, Frank: Auswahlbibliographie zum »Historikerstreit«, in: Heide Gerstenberger/Dorothea Schmidt (Hg.), Normalität oder Normalisierung? Geschichtswerkstätten und Faschismusanalyse, Münster 1987, 212–20

19715 »Vergangenheit, die nicht vergehen will«. Ein notwendiger Pressespiegel. Pressespiegel und Auswahlbibliographie zum Historikerskandal in der Bundesrepublik Deutschland. (Stand: März 1987). Materialien für die Arbeitstagung der AG Faschismus der bundesweiten Geschichtswerkstatt e.V., 24./25. April 1987 in Essen, Bearb. Frank Sygusch/Geschichtswerkstatt Gießen-Wetzlar, o.O. o.J.

Literaturberichte

19716 Faulenbach, Bernd: Der Streit um die Gegenwartsbedeutung der NS-Vergangenheit. Ein Literaturbericht, in: AfS 28 (1988), 607–33

19717 Faulenbach, Bernd: Die Bedeutung der NS-Vergangenheit für das deutsche Selbstverständnis. Weitere Beiträge zum »Historikerstreit« und zur Frage der deutschen Identität, in: AfS 30 (1990), 532–74

19718 Peter, Matthias/Schröder, Hans-Jürgen: »Historikerstreit«, in: Matthias Peter/Hans-Jürgen Schröder, Einführung in das Studium der Zeitgeschichte, Mitarb. Markus M. Hugo u.a., Paderborn u.a. 1994, 84–97

19719 Ullrich, Volker: Im Schatten Hitlers. Eine Nachlese zur jüngsten Historiker-Debatte in der Bundesrepublik, in: Soziale Bewegungen. Geschichte und Theorie, Jahrbuch 3: Armut und Ausgrenzung, Hg. Heinz-Gerhard Haupt u.a., Frankfurt/New York 1987, 168–79

Darstellungen

19720 Berlekamp, Brigitte: Rassismus, Holocaust und die »Historisierung« des Nationalsozialismus. Zu einem nicht beendeten Disput, in: Werner Röhr u.a. (Hg.), Faschismus und Rassismus. Kontroversen um Ideologie und Opfer, Berlin 1992, 96–107

19721 Craig, Gordon A.: Der Krieg der deutschen Historiker, in: Hilmar Hoffmann (Hg.), Gegen den Versuch, Vergangenheit zu verbiegen. Eine Diskussion um politische Kultur in der Bundesrepublik aus Anlaß der Frankfurter Römerberggespräche 1986, Frankfurt 1987, 152–66

19722 Diner, Dan: Ist der Nationalsozialismus Geschichte? Zu Historisierung und Historikerstreit, Frankfurt 1987; 311 S.*

19723 Donat, Helmut/Wieland, Lothar (Hg.): Auschwitz erst möglich gemacht? Überlegungen zur jüngsten konservativen Geschichtsbewältigung, Bremen 1991; 214 S.

19724 Eley, Geoff: Nazismus, Politik und Bilder der Vergangenheit: Gedanken zum Historikerstreit 1986–1987, in: Geoff Eley, Wilhelminismus, Nationalismus, Faschismus. Zur historischen Kontinuität in Deutschland, Münster 1991, 297–331 (engl. in: P&P 17/1988, Nr. 121, 171–208)

19725 Erler, Gernot u.a.: Geschichtswende? Entsorgungsversuche zur deutschen Vergangenheit, Vorwort Walter Dirks, Freiburg i.Br. 1987; 172 S.

19726 Evans, Richard J.: Im Schatten Hitlers? Historikerstreit und Vergangenheitsbewältigung in der Bundesrepublik, Frankfurt 1990; 283 S. (amerikan.: New York 1989)

19727 Evans, Richard J.: Der Historikerstreit in internationaler Perspektive, in: Heide Gerstenberger/Dorothea Schmidt (Hg.), Normalität oder Normalisierung? Geschichtswerkstätten und Faschismusanalyse, Münster 1987, 178–90

19728 Evans, Richard J. u.a.: Historikerstreit, in: GH 6 (1988), 63–78

19729 Ferry, Luc: Les banalisations à la française, in: Yannis Thanassekos/Heinz Wismann (Hg.), Révision de l'histoire. Totalitarismes, crimes et génocides nazis. Actes du colloque international organisé à l'initiative des la Fondation Auschwitz, 3–5 novembre 1988, Institute de Sociologie, Université libre de Bruxelles, Paris 1990, 255–60

19730 Fleischer, Helmut: Zur Kritik des Historikerstreits, in: APUZ, Nr. B 40–41/88, 30.9. 1988, 3–14

19731 Fleischer, Helmut: Eine historisierende Betrachtung unseres Zeitalters. Zur Notwendigkeit einer epochenübergreifenden Betrachtung von Weltkrieg, Sowjetrevolution und Faschismus, in: Uwe Backes u.a. (Hg.), Die Schatten der Vergangenheit. Impulse zur Historisierung des Nationalsozialismus, 2. Aufl., Frankfurt/Berlin 1992, 58–92 (zuerst 1990)

19732 Geiss, Immanuel: Geographie und Mitte als historische Kategorien. Anmerkungen zu einem Aspekt des »Historikerstreits«, in: ZfG 39 (1991), 979–94

19733 Geiss, Immanuel: Die Habermas-Kontroverse. Ein deutscher Streit, Berlin 1988; 208 S.

19734 Geiss, Immanuel: Der Hysterikerstreit. Ein unpolemischer Essay, Bonn/Berlin 1992; VII, 249 S.

19735 Geiss, Immanuel: Mitte im Historikerstreit, in: Klaus Oesterle/Siegfried Schiele (Hg.), Historikerstreit und politische Bildung, Stuttgart 1989, 6–19

19736 Geiss, Immanuel: Habermas als Historiker: »Zitatenkontrolle« und »Habermas-Verfahren«, in: GWU 39 (1988), 457–75

19737 Gerstenberger, Heide/Schmidt, Dorothea (Hg.): Normalität oder Normalisierung? Geschichtswerkstätten und Faschismusanalyse, Münster 1987; 222 S.*

19738 Grab, Walter: Kritische Bemerkungen zur nationalen Apologetik Joachim Fests, Ernst Noltes und Andreas Hillgrubers, in: 1999 2 (1987), Nr. 2, 151–57

19739 Hahn, Barbara/Schöttler, Peter: Jürgen Habermas und »das ungetrübte Bewußtsein des Bruchs«, in: Heide Gerstenberger/Dorothea Schmidt (Hg.), Normalität oder Normalisierung? Geschichtswerkstätten und Faschismusanalyse, Münster 1987, 170–77

19740 Hennig, Eike: Zum Historikerstreit. Was heißt und zu welchem Ende studiert man Faschismus?, Frankfurt 1988; 229 S.

19741 Hillgruber, Andreas: Jürgen Habermas, Karl Heinz Janßen und die Aufklärung Anno 1986, in: GWU 37 (1986), 725–38

19742 »Historikerstreit«. Die Dokumentation der Kontroverse um die Einzigartigkeit der nationalsozialistischen Judenvernichtung, Texte Rudolf Augstein u.a., 1.–5. Aufl., München/Zürich 1987; 397 S.

19743 Hoffmann, Hilmar (Hg.): Gegen den Versuch, Vergangenheit zu verbiegen. Eine Diskussion um politische Kultur in der Bundesrepublik aus Anlaß der Frankfurter Römerberggespräche 1986, Frankfurt 1987; 180 S.*

19744 Jäckel, Eberhard: Der Mord an den europäischen Juden und die Geschichte, in: Wolfgang Beck (Hg.), Die Juden in der europäischen Geschichte. Sieben Vorlesungen, München 1992, 20–32

19745 James, Harold: Vom Historikerstreit zum Historikerschweigen, Berlin 1993; 100 S.

19746 Jarausch, Konrad H.: Removing the Nazi Stain? The Quarrel of the German Historians, in: GSR 11 (1988), 285–301

19747 Jesse, Eckhard: Der sogenannte »Historikerstreit«: Ein deutscher Streit, in: Thomas M. Gauly (Hg.), Die Last der Geschichte. Kontroversen zur deutschen Identität, Köln 1988, 9–54

19748 Kadritzke, Niels: Zweierlei Untergang in düsterer Verflechtung. Zur politischen Dimension der »Historiker-Debatte«, in: PROKLA 17 (1987), Nr. 66, 169–85

19749 Kershaw, Ian: Der NS-Staat. Geschichtsinterpretationen und Kontroversen im Überblick, vollst. überarb. u. erw. Neuausg., Reinbek 1994, 316–76 (zuerst 1988; engl.: London 1985)

19750 Kocka, Jürgen: Deutsche Identität und historischer Vergleich, in: APUZ, Nr. B 40–41/88, 30.9. 1988, 15–28

19751 Kunert, Dirk: Deutschland im Krieg der Kontinente. Anmerkungen zum Historikerstreit, Kiel 1987; 320 S.

19752 Langewiesche, Dieter: Der »Historikerstreit« und die »Historisierung« des Nationalsozialismus, in: Klaus Oesterle/Siegfried Schiele (Hg.), Historikerstreit und politische Bildung, Stuttgart 1989, 20–41

19753 Lenk, Kurt: Neokonservative Positionen im »Historikerstreit« oder wie Täter zu Opfern werden, in: PDS 5 (1988), Nr. 1, 51–59; abgedr. in: Kurt Lenk, Rechts, wo die Mitte ist. Studien zur Ideologie: Rechtsextremismus, Nationalsozialismus, Konservatismus, Baden-Baden 1994, 271–79

19754 Lindweiler, Wolfgang: Die Identifikation des Historikers Andreas Hillgruber oder »Auschwitz als kleineres Übel«, in: Wolfgang Blaschke u.a. (Hg.), Nachhilfe zur Erinnerung. 600 Jahre Universität zu Köln, Köln 1988, 179–84

19755 Lozek, Gerhard: Der Streit geht weiter. Zum Versuch einer apologetischen Revision des Faschismusbildes durch rechtskonservative Historiker der BRD, in: ZfG 36 (1988), 5–12

19756 Lübbe, Hermann: Philosophie. Eine Kolumne. Sind die Toten des totalitären Massenterrors der Herrschaft »konventioneller Moral« zum Opfer gefallen?, in: Merkur 44 (1990), 492–96

19757 Mommsen, Hans: Das Ressentiment als Wissenschaft. Anmerkungen zu Ernst Noltes »Der europäische Bürgerkrieg 1917–1945. Nationalsozialismus und Bolschewismus« [Berlin 1987], in: GG 14 (1988), 495–522

19758 Mommsen, Wolfgang J.: Welche Vergangenheit hat unsere Zukunft? Anmerkungen zum Historikerstreit (1987), in: Wolfgang J. Mommsen, Nation und Geschichte. Über die Deutschen und die deutsche Frage, München/Zürich 1990, 145–64

19759 Nolte, Ernst: Das Vergehen der Vergangenheit. Antwort an meine Kritiker im sogenannten Historikerstreit, 2. Aufl., Berlin/Frankfurt 1988; 190 S. (zuerst 1987)

19760 Nolte, Ernst: Between Myth and Revisionism? The Third Reich from the Perspective of the 1980s, in: Hannsjoachim W. Koch (Hg.), Aspects of the Third Reich, 3. Aufl., Basingstoke/London 1988, 17–38 (zuerst 1985)

19761 Nolte, Ernst: Abschließende Reflexionen über den sogenannten Historikerstreit, in: Uwe Backes u.a. (Hg.), Die Schatten der Vergangenheit. Impulse zur Historisierung des Nationalsozialismus, 2. Aufl., Frankfurt/Berlin 1992, 83–109 (zuerst 1990); abgedr. in: Ernst Nolte, Lehrstück oder Tragödie? Beiträge zur Interpretation der Geschichte des 20. Jahrhunderts, Köln 1991, 225–49

19762 Nolte, Ernst: Das Vor-Urteil als »strenge Wissenschaft«. Zu den Rezensionen von Hans Mommsen und Wolfgang Schieder, in: GG 15 (1989), 537–51

19763 Oesterle, Klaus/Schiele, Siegfried (Hg.): Historikerstreit und politische Bildung, Stuttgart 1989; 200 S.*

19764 Pätzold, Kurt: Wider die »neue Auschwitzlüge«, in: 1999 2 (1987), Nr. 2, 158–69

19765 Peukert, Detlev J. K.: Wer gewann den Historikerstreit? Keine Bilanz, in: Peter Glotz u.a. (Hg.), Vernunft riskieren. Klaus von Dohnany zum 60. Geburtstag, Hamburg 1988, 38–50

19766 Repgen, Konrad: Der »Historikerstreit« (I). Einige Anmerkungen zu den aktuellen Veröffentlichungen über kontroverse Grundprobleme unserer Geschichte, in: HJB 107 (1987), 417–30

19767 Saldern, Adelheid von: Hillgrubers »Zweierlei Untergang« – der Untergang historischer Erfahrungsanalyse?, in: Heide Gerstenberger/Dorothea Schmidt (Hg.), Normalität oder Normalisierung? Geschichtswerkstätten und Faschismusanalyse, Münster 1987, 160–69

19768 Schieder, Wolfgang: Faschismus als Vergangenheit. Streit der Historiker in Italien und Deutschland, in: Walter H. Pehle (Hg.), Der historische Ort des Nationalsozialismus. Annäherungen, Frankfurt 1990, 135–54

19769 Schieder, Wolfgang: Der Nationalsozialismus im Fehlurteil philosophischer Geschichtsschreibung. Zur Methode von Ernst Noltes »Europäischem Bürgerkrieg«, in: GG 15 (1989), 89–114

19770 Schmidt-Sinns, Dieter: Der zweite bundesdeutsche Historikerstreit – Lernchancen aus einer öffentlichen Debatte, in: Klaus Oesterle/Siegfried Schiele (Hg.), Historikerstreit und politische Bildung, Stuttgart 1989, 184–98

19771 Schmuhl, Hans-Walter: Der Geschichtsphilosoph vor dem Massengrab. Ernst Nolte über den modernen Antisemitismus, die nationalsozialistische Judenpolitik und die »Endlösung der Judenfrage«, in: TAJB 19 (1990), 519–60

19772 Senfft, Heinrich: Kein Abschied von Hitler. Ein Blick hinter die Fassaden des »Historikerstreits«, Köln 1990; 145 S.

19774 Stadler, Peter: Rückblick auf einen Historikerstreit – Versuch einer Beurteilung aus nichtdeutscher Sicht, in: HZ 247 (1988), 353–63

19775 Steinbach, Peter: Historikerstreit 1986 – mehr als ein Streit der Historiker, in: KZG 1 (1988), 129–31

19776 Steinberg, Maxime: La piste »judéobolchevique«? Une bonne question ... mal posée, in: Yannis Thanassekos/Heinz Wismann (Hg.), Révision de l'histoire. Totalitarismes, crimes et génocides nazis. Actes du colloque international organisé à l'initiative des la Fondation Auschwitz, 3–5 novembre 1988, Institute de Sociologie, Université libre de Bruxelles, Paris 1990, 175–86

19777 Streitfall Deutsche Geschichte. Geschichts- und Gegenwartsbewußtsein in den 80er Jahren, Hg. Landeszentrale für politische Bildung Nordrhein-Westfalen, Essen 1988; 272 S.

19778 Thanassekos, Yannis: Changements de paradigme? Questions et enjeux, in: Yannis Thanassekos/Heinz Wismann (Hg.), Révision de l'histoire. Totalitarismes, crimes et génocides nazis. Actes du colloque international organisé à l'initiative des la Fondation Auschwitz, 3–5 novembre 1988, Institute de Sociologie, Université libre de Bruxelles, Paris 1990, 325–39

19779 Türcke, Christoph: Darüber schweigen sie alle. Tabu und Antinomie in der neuen Debatte über das Dritte Reich, in: Merkur 41 (1987), 762–72

19780 Ueberhorst, Horst: Der »Historikerstreit« und das Kontinuitätsproblem in der deutschen Sportgeschichte, in: Rainer Eisfeld/Ingo Müller (Hg.), Gegen Barbarei. Essays Robert M.W. Kempner zu Ehren, Frankfurt 1989, 360–84

19781 Wehler, Hans-Ulrich: Entsorgung der deutschen Vergangenheit? Ein polemischer Essay zum »Historikerstreit«, München 1988; 249 S.

19782 Weizsäcker, Richard von: Rede zur Eröffnung des 37. Historikertages in Bamberg am 12. Oktober 1988, in: FR, Jg. 44, Nr. 243, 18.10. 1988, 10

19783 Zitelmann, Rainer: Nationalsozialismus und Antikommunismus. Aus Anlaß der Thesen von Ernst Nolte, in: Uwe Backes u. a. (Hg.), Die Schatten der Vergangenheit. Impulse zur Historisierung des Nationalsozialismus, 2. Aufl., Frankfurt/Berlin 1992, 218–94 (zuerst 1990)

B.1.8.4.4 Öffentliche Kontroversen seit Mitte der achtziger Jahre

19784 Brumlik, Micha: Zur aktuellen Diskussion um den Nationalsozialismus, in: Renate Cogoy u. a. (Hg.), Erinnerung einer Profession. Erziehungsberatung, Jugendhilfe und Nationalsozialismus, Münster 1989, 20–31

19785 Brumlik, Micha: Das Öffnen der Schleusen. Bitburg und die Rehabilitation des Nationalsozialismus in der Bundesrepublik, in: Georg M. Hafner/Edmund Jacoby (Hg.), Die Skandale der Republik, Frankfurt/Wien 1989, 261–73 (LA Hamburg 1990)

19786 Elsässer, Jürgen: Antisemitismus. Das alte Gesicht des neuen Deutschland, Berlin 1992; 157 S.

19787 Funke, Hajo: Bitburg und »die Macht der Juden«. Zu einem Lehrstück anti-jüdischen Ressentiments in Deutschland/Mai 1985, in: Alphons Silbermann/Julius H. Schoeps (Hg.), Antisemitismus nach dem Holocaust. Bestandsaufnahme und Erscheinungsformen in deutschsprachigen Ländern, Köln 1986, 41–52

19788 Girnth, Heiko: Einstellung und Einstellungsbekundung in der politischen Rede. Eine sprachwissenschaftliche Untersuchung der Rede Philipp Jenningers vom 10. November 1988, Frankfurt u.a. 1993; 298 S.

19789 Hartmann, Geoffrey H.: Bitburg in Moral and Political Perspective, Bloomington, Ind. 1986; XVI, 284 S.

19790 Klausa, Ekkehard: Was ist das: Gedenken? Diskutieren statt Deklamieren: Öffentliches Erinnern darf nicht in Routine erstarren, sondern muß politisch wirken, in: Zeit, Jg. 44, Nr. 30, 21.7. 1989, 34

19791 Laschet, Armin/Malangré, Heinz: Philipp Jenninger. Rede und Reaktion, Aachen/Koblenz 1989; 146 S.**

19792 Leggewie, Claus u.a.: »Nicht alles darf man beim Namen nennen – in Deutschland«. Skandal im Skandal: Die Bundestagsrede Philipp Jenningers zur »Kristallnacht«, in: SOWI 20 (1991), 128–32

19793 Niethammer, Lutz: Jenninger. Vorzeitiges Exposé zur Erforschung eines ungewöhnlich schnellen Rücktritts, in: Babylon 4 (1989), Nr. 5, 40–46

19794 Schiller, Dietmar: Die inszenierte Erinnerung. Politische Gedenktage im öffentlich-rechtlichen Fernsehen der Bundesrepublik Deutschland zwischen Medienereignis und Skandal, Frankfurt u.a. 1993; XIV, 274 S.

19795 Wirth, Hans-Jürgen: Der Fall Jenninger und unsere Schwierigkeiten mit der deutschen Vergangenheit, in: Psychosozial 11 (1988/89), Nr. 36, 55–61

B.2 Rechtsextremismus in Deutschland seit 1945

B.2.1 Allgemeines

Bibliographien

19796 Backes, Uwe/Jesse, Eckhard (Hg.): Totalitarismus – Extremismus – Terrorismus. Ein Literaturführer und Wegweiser im Lichte deutscher Erfahrung, 2., akt. u. erw. Aufl., Opladen 1985; 390 S. (zuerst 1984)

19797 Bertaggia, Barbara/Jelich, Franz-Josef: Bibliographie Rechtsextremismus, in: Kurt Bodewig u. a. (Hg.), Die schleichende Gefahr. Rechtsextremismus heute, 1. und 2. Aufl., Essen 1990, 319–28

19798 Faschismus, Nationalismus, Rassismus. Literaturliste zum Thema, Hg. ID--Archiv im Internationalen Institut für Sozialgeschichte, Amsterdam 1990; 36 S.

19799 Jäger, Siegfried: Faschismus – Rechtsextremismus – Sprache. Eine kommentierte Bibliographie, Duisburg 1990; 80 S.

Literaturberichte

19800 Backes, Uwe: Rechtsextremismus in westlichen Demokratien. Bundesrepublik Deutschland, Frankreich, Großbritannien, Italien, vergleichende Länderstudien, in: Wolfgang Michalka (Hg.), Extremismus und streitbare Demokratie. (NPL, Beih. 4), Wiesbaden 1987, 71–128

19801 Backes, Uwe: Der neue Rechtsextremismus in der Bundesrepublik Deutschland, in: NPL 27 (1982), 147–201

19802 Backes, Uwe: Nationalpopulismus und Rechtsextremismus im westlichen Deutschland. Kritische Betrachtungen zum neuerlichen »Hoch« in Politik und Literatur, in: NPL 35 (1990), 442–71

19803 Backes, Uwe/Jesse, Eckhard: Politischer Extremismus in der Bundesrepublik Deutschland, Bd. 1: Literatur, Berlin (zugl. Bonn) 1989; 312 S.

19804 Billing, Werner: Rechtsextremismus und Gewalt in Deutschland, in: E&D 6 (1994), 225–46

19805 Dierck, Joachim/Naumann, Uwe: Neofaschismus in der BRD. Ein Literaturbericht, in: Argument 22 (1980), Nr. 121, 395–402

19806 Dudek, Peter: Rechtsextremismus als Herausforderung der Demokratie. Wissenschaftliche Analyse, politische und pädagogische Antworten, in: Parlament, Jg. 44, Nr. 43–44, 28.10./4.11. 1994, 14f.

19807 Hellfeld, Matthias G. von: Die Apokalypse ist näher als das Paradies. Rechtsextremismus in Deutschland – ein Literaturüberblick, in: Parlament, Jg. 41, Nr. 51, 13.12. 1991, 16f.

19808 Hennig, Eike: Rechtsextremismus und populistische Protestbewegung in der Bundesrepublik. Noten zur Literatur und Problematik, in: SozR 6 (1983), 355–68

19809 Knütter, Hans-Helmuth: Der Rechtsradikalismus, in: NPL 12 (1967), 86–95

19810 Kühnl, Reinhard: Der Rechtsradikalismus in der Bundesrepublik. Ein Literaturbericht, in: PVS 9 (1968), 423–42

Allgemeines

19811 Lenk, Kurt: Tendenzwende und kein Ende. Zur jüngsten Literatur über Neonazismus, in: Tribüne 19 (1980), Nr. 73, 34–44; abgedr. in: Kurt Lenk, Rechts, wo die Mitte ist. Studien zur Ideologie: Rechtsextremismus, Nationalsozialismus, Konservatismus, Baden-Baden 1994, 351–59

19812 Simon, Beate: Neue Bücher über Rechtsextremismus, Ausländerfeindlichkeit und Rassismus, in: Parlament, Jg. 42, Nr. 49, 27.11. 1992, 18 f.

19813 Wallraven, Klaus P.: Nationalismus und Rechtsradikalismus (I), in: NPL 14 (1969), 321–43

Zeitschriften

19814 Blick nach rechts (BNR), Hg. Sozialdemokratischer Pressedienst, Bonn 1984 ff. (14-tägig)

Nachschlagewerke

19815 Fromm, Rainer: Am rechten Rand. Lexikon des Rechtsradikalismus, 2., akt. Aufl., Marburg 1994; 249 S. (zuerst 1993)

19816 Hirsch, Kurt: Rechts von der Union. Personen, Organisationen, Parteien seit 1945. Ein Lexikon, München 1989; 479 S.

19817 Hirsch, Kurt: Rechts, REPs, rechts. Aktuelles Handbuch zur rechtsextremen Szene, Mitarb. Peter B. Heim, Berlin 1990; 103 S.

19818 Maoláin, Ciarán O.: The Radical Right. An International Dictionary, Harlow/Essex 1987; 500 S.

19819 Schmidt, Anne: Chronologie des Rechtsextremismus in der Bundesrepublik Deutschland und in den westeuropäischen Ländern ab 1945, in: Wolfgang Kowalsky/Wolfgang Schroeder (Hg.), Rechtsextremismus. Einführung und Forschungsbilanz, Opladen 1994, 383–407

19820 Wagner, Bernd: Handbuch Rechtsextremismus. Netzwerke, Parteien, Organisationen, Ideologiezentren, Reinbek 1994; 289 S.

Gedruckte Quellen

19821 Backes, Uwe/Jesse, Eckhard: Politischer Extremismus in der Bundesrepublik Deutschland, Bd. 3: Dokumentation, Berlin (zugl. Bonn) 1989; 344 S.

19822 Brandt, Peter/Schulze-Marmeling, Ulrich (Hg.): Antifaschismus. Ein Lesebuch. Deutsche Stimmen gegen Nationalismus und Rechtsextremismus von 1922 bis zur Gegenwart, Berlin 1985; 415 S.

19823 Peters, Jan (Hg.): Nationaler Sozialismus von rechts. Antifaschistische Texte sowie Dokumente und Programme der grünbraunen Reaktionäre, Berlin 1980; 271 S.

Methodische Probleme

19824 Backes, Uwe: Politischer Extremismus in demokratischen Verfassungsstaaten. Elemente einer normativen Rahmentheorie, Opladen 1989; 385 S.

19825 Böhme-Kuby, Susanna: Extremismus, Radikalismus, Terrorismus in Deutschland. Zur Geschichte der Begriffe, München 1991; 56 S.

19826 Gessenharter, Wolfgang: Extremismus, in: Axel Görlitz/Rainer Prätorius (Hg.), Handbuch Politikwissenschaft. Grundlagen – Forschungsstand – Perspektiven, Reinbek 1987, 82–88

19827 Grebing, Helga: Linksradikalismus gleich Rechtsradikalismus. Eine falsche Gleichung, Stuttgart u. a. 1974; 85 S.

19828 Klingemann, Hans D./Pappi, Franz U.: Politischer Radikalismus. Theoretische und methodische Probleme der Radikalismusforschung, dargestellt am Beispiel einer Studie anläßlich der Landtagswahl 1970 in Hessen, München/Wien 1972; 124 S.

19829 Kowalsky, Wolfgang/Schroeder, Wolfgang: Rechtsextremismus – Begriff,

Methode, Analyse, in: Wolfgang Kowalsky/ Wolfgang Schroeder (Hg.), Rechtsextremismus. Einführung und Forschungsbilanz, Opladen 1994, 7–20

19830 Pfahl-Traughber, Armin: Der Extremismusbegriff in der politikwissenschaftlichen Diskussion – Definitionen, Kritik, Alternativen, in: E&D 4 (1992), 67–86

19831 Stöss, Richard: Forschungs- und Erklärungsansätze – ein Überblick, in: Wolfgang Kowalsky/Wolfgang Schroeder (Hg.), Rechtsextremismus. Einführung und Forschungsbilanz, Opladen 1994, 23–69

Darstellungen

19832 Ahlheim, Klaus u.a.: Argumente gegen den Haß. Über Vorurteile, Fremdenfeindlichkeit und Rechtsextremismus. Arbeitshilfen für die politische Bildung, Bd. 1: Bausteine für Lehrende in der politischen Bildung, Bd. 2: Textsammlung, Hg. Bundeszentrale für Politische Bildung/Hessische Landeszentrale für Politische Bildung, Bonn/Wiesbaden 1994; 203, 268 S.**

19833 Argumente gegen REPs & Co., Hg. Die Grünen, Bundesvorstand, Bonn 1989; 222 S.

19834 Assheuer, Thomas/Sarkowicz, Hans: Rechtsradikale in Deutschland. Die alte und die neue Rechte, 2., akt. Aufl., München 1992; 258 S. (zuerst 1990)

19835 Bachem, Rolf: Rechtsradikale Sprechmuster der 80er Jahre. Eine Studie zum Sprachgebrauch der »harten NS-Gruppen« und ihnen nahestehender Rechtsextremisten, in: Muttersprache 93 (1983), 59–81

19836 Backes, Uwe: Extremismus und Populismus von rechts, in: APUZ, Nr. B 46–47/90, 9.11. 1990, 3–14

19837 Backes, Uwe/Jesse, Eckhard: Politischer Extremismus in der Bundesrepublik Deutschland, Bd. 2: Analyse, 3., völlig überarb. u. akt. Aufl., Berlin (zugl. Bonn) 1993; 543 S. (zuerst Köln [zugl. Bonn] 1989)

19838 Backes, Uwe/Jesse, Eckhard: Demokratie und Extremismus. Anmerkungen zu einem antithetischen Begriffspaar, in: APUZ, Nr. B 44/83, 5.11. 1983, 3–18

19839 Backes, Uwe/Jesse, Eckhard: Neue Linke und Neue Rechte. Ein Vergleich, in: E&D 5 (1993), 7–28

19840 Backes, Uwe/Jesse, Eckhard: Politischer Extremismus in europäischen Demokratien. Rechts- und Linksextremismus im Vergleich, in: APUZ, Nr. B 41–42/89, 6.10. 1989, 3–14

19841 Backes, Uwe/Moreau, Patrick: Die extreme Rechte in Deutschland. Geschichte – gegenwärtige Gefahren – Ursachen – Gegenmaßnahmen, i.A. des B'nai B'rith, 2., erw. Aufl., München 1994; 281 S. (zuerst 1993)

19842 Bajohr, Frank: Von [Otto Ernst] Remer zu [Franz] Schönhuber: Geschichte und Aktualität des Rechtsradikalismus in Deutschland nach 1945, in: Detlev J.K. Peukert/Frank Bajohr Rechtsradikalismus in Deutschland. Zwei historische Beiträge, Hamburg 1990, 31–78

19843 Bamberg, Hans-Dieter: Gefährdung unserer Demokratie von rechts. Die Feinde in Gesellschaft und Staat, Hannover 1980; 137 S.

19844 Bartsch, Günter: Revolution von rechts? Ideologie und Organisation der Neuen Rechten, Freiburg i.Br. 1975; 286 S.

19845 Bärwald, Helmut/Scheffler, Herbert: Bemerkungen über den Rechtsradikalismus in Deutschland. (Rechts – Links, 2), Bad Godesberg 1968; 115 S.

19846 Bärwald, Helmut/Scheffler, Herbert: Der politische Radikalismus in der Bundesrepublik Deutschland, Bad Godesberg 1969; 235 S.

19847 Bauer, Petra/Niedermayer, Oskar: Extrem rechtes Potential in den Ländern der Europäischen Gemeinschaft, in: APUZ, Nr. B 46–47/90, 9.11. 1990, 3–14

19848 Benz, Wolfgang (Hg.): Rechtsextremismus in Deutschland. Voraussetzungen, Zusammenhänge, Wirkungen, 3., überarb. u. akt. Aufl., Frankfurt 1994; 331 S. (zuerst 1984 u.d.T.: Rechtsextremismus in der Bundesrepublik)

19849 Benz, Wolfgang: Rechtsradikale Diffamierung in Vergangenheit und Gegenwart, München 1967; 44 S.

19850 Benz, Wolfgang: Rechtsradikalismus. Randerscheinung oder Renaissance?, Frankfurt 1980; 282 S.

19851 Benz, Wolfgang: Die Opfer und die Täter. Rechtsextremismus in der Bundesrepublik, in: APUZ, Nr. B 27/80, 5.7. 1980, 29–45

19852 Benz, Wolfgang: Die Verweigerung der Realität. Rechtsextremismus in der Bundesrepublik, in: Andreas Nachama/Julius H. Schoeps (Hg.), Aufbau nach dem Untergang. Deutsch-jüdische Geschichte nach 1945. In memoriam Heinz Galinski, Berlin 1992, 87–96

19853 Benz, Wolfgang: Organisierter Rechtsradikalismus in der Bundesrepublik Deutschland. Ein Überblick 1945–1984, in: GWU 38 (1987), 90–104

19854 Bergmann, Werner: Medienberichterstattung über Rechtsextremismus und Rassismus, in: JfA 3 (1994), 13–25

19855 Bergmann, Werner/Erb, Rainer: Extremer Antisemitismus in der Bundesrepublik Deutschland, in: E&D 3 (1991), 70–93

19856 Berlin, Jörg: Neofaschismus in der Bundesrepublik. Aktivität, Ideologie und Funktion rechtsextremer Gruppen, in: BDIP 23 (1978), 528–54

19857 Bessel-Lorck, Lorenz: Parolen des Rechtsradikalismus heute, in: Autoritarismus und Nationalismus – ein deutsches Problem? Bericht über eine Tagung, veranstaltet vom Institut für staatsbürgerliche Bildung Rheinland-Pfalz im Fridtjof-Nansen-Haus in Ingelheim, Leitung Karl Holzamer, Frankfurt 1963, 51–60

19858 Besymenski, Lew A.: Zu einigen Aspekten des Neofaschismus in der BRD, in: ZfG 28 (1980), 527–31

19859 Betz, Hans-Georg: Radikal rechtspopulistische Parteien in Westeuropa, in: APUZ, Nr. B 9/91, 22.2. 1991, 3–14

19860 Beyme, Klaus von: Right-Wing Extremism in Western Europe, London/Totowa, N.J. 1988; VI, 110 S.*

19861 Bielicki, Julian S.: Der rechtsextreme Gewalttäter. Eine Psycho-Analyse, Hamburg 1993; 200 S.

19862 Biemann, Georg/Krischka, Joachim (Hg.): Nazis, Skins und alte Kameraden, Dortmund 1986; 221 S.

19863 Bierwirth, Waltraud/Himmelstein, Klaus: Kampfort Betrieb. Neonazis am Arbeitsplatz, Essen 1990; 176 S.

19864 Billing, Werner u.a. (Hg.): Rechtsextremismus in der Bundesrepublik Deutschland, Baden-Baden 1993; 153 S.

19865 Bodewig, Kurt u.a. (Hg.): Die schleichende Gefahr. Rechtsextremismus heute, 1. u. 2. Aufl., Essen 1990; 330 S.*

19866 Bodewig, Kurt/Hessels, Rainer: Rechtsextremismus heute – durch Wahlen nicht erledigt, in: Kurt Bodewig u.a. (Hg.), Die schleichende Gefahr. Rechtsextremismus heute, 1. und 2. Aufl., Essen 1990, 9–24

19867 Bolewski, Hans (Hg.): Nation und Nationalismus, Stuttgart 1967; 122 S.

19868 Bott, Hermann: Die Volksfeind-Ideologie. Zur Kritik rechtsradikaler Propaganda, Stuttgart 1969; 147 S.

19869 Brandt, Peter/Schulze-Marmeling, Ulrich (Hg.): Antifaschismus. Ein Lesebuch. Deutsche Stimmen gegen Nationalismus und Rechtsextremismus von 1922 bis zur Gegenwart, Berlin 1985; 415 S.**

19870 Breit, Ernst: Gedanken zum Thema: Rechtsextremismus aus gewerkschaftlicher Sicht, in: Kurt Bodewig u. a. (Hg.), Die schleichende Gefahr. Rechtsextremismus heute, 1. und 2. Aufl., Essen 1990, 312–17

19871 Broder, Henryk M.: Deutschland erwacht. Die neuen Nazis. Aktionen und Provokationen, Bornheim-Merten 1978; 116 S.

19872 Brüdigam, Heinz: Der Schoß ist fruchtbar noch ... Neonazistische, militaristische, nationalistische Literatur und Publizistik in der Bundesrepublik, 2., neubearb. Aufl., Frankfurt 1965; 344 S. (zuerst 1964)

19873 Brügge, Peter: Rechts ab zum Vaterland. Spiegel-Serie über den neuen Nationalsozialismus in Deutschland, in: Spiegel, Jg. 21, Nr. 17, 17.4. 1967, 72–93; Nr. 18, 24.4. 1967, 82–96; Nr. 19, 1.5. 1967, 105–19; Nr. 20, 8.5. 1967, 105–22; Nr. 21, 15.5. 1967, 86–97

19874 Bull, Hans P.: Verfolgung rechtsextremistischer Gewalt, in: RuP 29 (1993), 1–5

19875 Bullan, Klaus u. a.: Nationalismus und Neue Rechte, Hamburg 1993; 109 S.

19876 Butterwegge, Christoph: Entfaltungsmöglichkeiten und Grenzen des Rechtsextremismus im vereinten Deutschland, in: Margret Jäger/Siegfried Jäger (Hg.), Aus der Mitte der Gesellschaft. Zu den Ursachen von Rechtsextremismus und Rassismus in Europa, Bd. 3: Rechtsextremismus und Rassismus in Rußland und in der ehemaligen DDR, Duisburg 1992, 47–57

19877 Butterwegge, Christoph: Der Funktionswandel des Rassismus und die Erfolge des Rechtsextremismus, in: Christoph Butterwegge/Siegfried Jäger (Hg.), Rassismus in Europa, Köln 1992, 181–99

19878 Butterwegge, Christoph: Gesellschaftliche Ursachen, Erscheinungsformen und Entwicklungstendenzen des Rechtsradikalismus, in: Christoph Butterwegge/ Horst Isola (Hg.), Rechtsextremismus im vereinten Deutschland. Randerscheinung oder Gefahr für die Demokratie?, 2. Aufl., Bremen/Berlin 1991 (zuerst 1990), 14–35

19879 Butterwegge, Christoph: Wie der Liberalkonservatismus den Rechtsradikalismus »entsorgt« und für sich nutzt, in: Utopie 5 (1994), Nr. 45/46, 38–43

19880 Butterwegge, Christoph/Isola, Horst (Hg.): Rechtsextremismus im vereinigten Deutschland. Randerscheinung oder Gefahr für die Demokratie?, 2., durchges. Aufl., Bremen/Berlin 1991; 191 S. (zuerst 1990)* **

19881 Butterwegge, Christoph/Jäger, Siegfried (Hg.): Rassismus in Europa, Köln 1992; 286 S.*

19882 Callies, Jörg (Hg.): Demokratische Strategien gegen Rechtsextremismus. Tagung vom 3. bis 5. Nov. 1982. (Loccumer Protokolle, 26/1982), Loccum 1984; 240 S.

19883 Detta, Georg von: Gerhard Frey ohne Maske, Nürnberg 1988; 176 S.

19884 Dudek, Peter: Die Auseinandersetzung mit dem Nationalsozialismus und Rechtsextremismus nach 1945, in: Wolfgang Kowalsky/Wolfgang Schroeder (Hg.), Rechtsextremismus. Einführung und Forschungsbilanz, Opladen 1994, 277–301

19885 Dudek, Peter: Konzepte und Strategien staatlicher Rechtsextremismusbekämpfung, in: Widersprüche 5 (1985), Nr. 16, 65–73

19886 Dudek, Peter/Jaschke, Hans-Gerd: Die Deutsche National-Zeitung. Inhalte, Geschichte, Aktionen, München 1981; 265 S.

19887 Dudek, Peter/Jaschke, Hans-Gerd: Entstehung und Entwicklung des Rechtsextremismus in der Bundesrepublik. Zur

Tradition einer besonderen politischen Kultur, 2 Bde., Opladen 1984; 507, 374 S.

19888 Duve, Freimut (Hg.): Die Restauration entläßt ihre Kinder oder Der Erfolg der Rechten in der Bundesrepublik, Reinbek 1968; 183 S.

19889 Erfahrungen aus der Beobachtung und Abwehr rechtsradikaler und antisemitischer Tendenzen im Jahre 1967, Hg. Bundesminister des Innern, Bonn 1968; 73 S. (Ms. vervielf.)

19890 Extremistische Medien. Pädagogische und juristische Auseinandersetzungen am Beispiel des Rechtsextremismus, Hg. Bundeszentrale für politische Bildung, Bonn 1984; 208 S.

19891 Faller, Kurt/Siebold, Heinz: Neo-Faschismus: Dulden? Verbieten? Ignorieren? Bekämpfen? Antifaschistisches Arbeitsbuch, Frankfurt 1986; 236 S.

19892 Falter, Jürgen W.: Die Massenbasis des Rechtsextremismus in Europa, in: E&D 6 (1994), 35–56

19893 Faulenbach, Bernd: Zum Umgang des Rechtsextremismus und der Neuen Rechten mit der jüngsten Vergangenheit, in: Kurt Bodewig u.a. (Hg.), Die schleichende Gefahr. Rechtsextremismus heute, 1. und 2. Aufl., Essen 1990, 40–46

19894 Feinde der Demokratie. Der Rechtsradikalismus. Diskussionsbeiträge, Hg. Vlothoer Arbeitskreis, Bremen 1967; 83 S.

19895 Feit, Margret: Die »Neue Rechte« in der Bundesrepublik. Organisation – Ideologie – Strategie, Frankfurt/New York 1987; 241 S.

19896 Fetscher, Iring (Hg.): Rechtsradikalismus, Frankfurt 1967; 254 S.*

19897 Ford, Glyn (Hg.): Fascist Europe. The Rise of Racism and Xenophobia, 2. Aufl., London/Boulder, Col. 1992; XXII, 216 S. (zuerst Brüssel/Luxemburg 1991)

19898 Frederik, Hans (Bearb.): Die Rechtsradikalen, München-Inning o.J. [1964/65]; 144 S.**

19899 Fremdenfeindliche Gewalt. Eine Analyse von Täterstrukturen und Eskalationsprozessen. Forschungsbericht, Hg. Bundesministerium für Frauen und Jugend, verantwortl. Gertrud Sahler, Bonn 1993; 150 S.

19900 Frisch, Peter: Wandelt sich der politische Extremismus?, in: E&D 5 (1993), 51–68

19901 Fromm, Rainer/Kernbach, Barbara: ... und morgen die ganze Welt? Rechtsextreme Publizistik in Westeuropa, Marburg 1994; 320 S.

19902 [Fünfzig] 50 Jahre Machtergreifung. Arbeiterbewegung, Nationalsozialismus und Neofaschismus in Deutschland. Materialien und Kommentare, Hg. Deutscher Gewerkschaftsbund, Bundesvorstand, Abteilung Jugend, verantwortl. Ilse Brusis, Düsseldorf 1982, 102–27**

19903 Genger, Angela: Gesellschaftliche Antworten auf den historischen und aktuellen Rechtsextremismus in Deutschland, in: Kurt Bodewig u.a. (Hg.), Die schleichende Gefahr. Rechtsextremismus heute, 1. und 2. Aufl., Essen 1990, 218–35

19904 Gessenharter, Wolfgang: Kippt die Republik? Die Neue Rechte und ihre Unterstützung durch Politik und Medien, München 1994; 302 S.

19905 Gessenharter, Wolfgang: Die »Neue Rechte« als Scharnier zwischen Neokonservatismus und Rechtsextremismus in der Bundesrepublik, in: Rainer Eisfeld/Ingo Müller (Hg.), Gegen Barbarei. Essays Robert M.W. Kempner zu Ehren, Frankfurt 1989, 424–52

19906 Gessenharter, Wolfgang: Konservatismus und Rechtsextremismus – Nähen und Distanzen, in: GMH 40 (1989), 561–70

19907 Gewalt von rechts. Beiträge aus Wissenschaft und Publizistik, Hg. Bundesministerium des Innern, Bonn 1982; 304 S.

19908 Ginzel, Günther B.: Hitlers (Ur)enkel. Neonazis: ihre Ideologien und Aktionen, 2., überarb u. erg. Aufl., Düsseldorf 1989; 160 S. (zuerst 1981)

19909 Glotz, Peter: Die deutsche Rechte. Eine Streitschrift, Stuttgart 1989; 175 S.

19910 Goetzendorff, Günter: »Das Wort hat der Abgeordnete...«. Erinnerungen eines Parlamentariers der ersten Stunde, München 1989; 392 S.

19911 Götz, Wolfgang/Sieden, Joachim: ... bis alles in Scherben fällt? Zur geistigen Auseinandersetzung mit dem Rechtsradikalismus, Mainz 1967; 96 S.

19912 Graf, Werner (Hg.): »Wenn ich die Regierung wäre...« Die rechtsradikale Bedrohung. Interviews und Analysen, Berlin/Bonn 1984; 211 S.

19913 Graubuch. Expansionspolitik und Neonazismus in Westdeutschland. Hintergründe, Ziele, Methoden, Hg. Nationalrat der Nationalen Front, 2., überarb. u. erw. Aufl., Berlin (O) 1967; 461 S. (zuerst 1967)

19914 Greß, Franz: Rechtsextremismus in Europa, in: Wolfgang Kowalsky/Wolfgang Schroeder (Hg.), Rechtsextremismus. Einführung und Forschungsbilanz, Opladen 1994, 185–211

19915 Greß, Franz/Jaschke, Hans-Gerd: Rechtsextremismus in der Bundesrepublik nach 1960. Dokumentation und Analyse von Verfassungsschutzberichten. (PDI-Sonderheft, 18), München 1982; 79 S.

19916 Greß, Franz/Jaschke, Hans-Gerd: Politische Justiz gegen rechts: Der Remer-Prozeß 1952 in paradigmatischer Perspektive, in: Rainer Eisfeld/Ingo Müller (Hg.), Gegen Barbarei. Essays Robert M. W. Kempner zu Ehren, Frankfurt 1989, 453–78

19917 Grebing, Helga: Nationalismus und Demokratie in Deutschland. Versuch einer historisch-soziologischen Analyse, in: Iring Fetscher (Hg.), Rechtsradikalismus, Frankfurt 1967, 31–66

19918 Haack, Friedrich-Wilhelm: Wotans Wiederkehr. Blut-, Boden- und Rasse-Religion, München 1981; 256 S.**

19919 Hafeneger, Benno u. a. (Hg.): Dem Faschismus das Wasser abgraben. Zur Auseinandersetzung mit dem Rechtsradikalismus, München 1981; 256 S.

19920 Hafeneger, Benno: Die Vernetzung der extremen Rechten in Westeuropa, in: Martina Kirfel/Walter Oswalt (Hg.), Die Rückkehr der Führer. Modernisierter Rechtsextremismus in Westeuropa, 2., überarb. u. erw. Aufl., Wien/Zürich 1991, 185–94 (zuerst 1989)

19921 Hafeneger, Benno/Lochmann, Walter: Im Prinzip bin ich vielleicht ein Spießbürger. Aus einer rechten Biographie, in: Widersprüche 5 (1985), Nr. 16, 31–38

19922 Hasselbach, Ingo: Die Abrechnung. Ein Neonazi steigt aus, Mitarb. Winfried Bonengel, Berlin 1993; 160 S.

19923 Hauptmann, Jerzy: The Reemergence of the German Radical Right. An Analysis in Political Theory, in: CEF 15 (1967), Nr. 2, 8–24

19924 Heitmeyer, Wilhelm: Gesellschaftliche Desintegrationsprozesse als Ursachen vom fremdenfeindlicher Gewalt und politischer Paralysierung, in: APUZ, Nr. B 2–3/93, 8.1. 1993, 3–13

19925 Hellfeld, Matthias G. von (Hg.): Dem Haß keine Chance. Der neue rechte Fundamentalismus, 1. u. 2. Aufl., Köln 1989; 176 S.

19926 Hellfeld, Matthias G. von: Modell Vergangenheit. Rechtsextreme und neokonservative Ideologien in der Bundesrepublik, Köln 1987; 399 S.

19927 Hellfeld, Matthias G. von (Hg.): Im Schatten der Krise. Rechtsextremismus,

Neofaschismus und Ausländerfeindlichkeit, Köln 1986; 155 S.

19928 Hellfeld, Matthias G. von: Die Nation erwacht. Zur Trendwende in der deutschen politischen Kultur, Köln 1993; 220 S.

19929 Hellfeld, Matthias G. von: »Die rechtsextremen Ideologen haben ihr Getto verlassen.« Rassismus und Auländerfeindlichkeit in der BRD kommen im »wertkonservativen Beinkleid« daher, in: FR, Jg. 47, Nr. 219, 20. 9. 1991, 16

19930 Hennig, Eike: Rechtsextremismus: Kontinuität und Brüche zwischen Weimar, Bonn und Berlin (1932/33, 1945, 1949 und 1990), in: Manfred Sicking/Alexander Lohe (Hg.), Die Bedrohung der Demokratie von rechts. Wiederkehr der Vergangenheit?, Köln 1993, 84–108

19931 Hennig, Eike: Das ist'n ganz kriminelles System, was wir hier haben. Kultur, Gegenkultur und Rechtsextremismus in der Bundesrepublik, in: Volkmar Gessner/Winfried Hassemer (Hg.), Gegenkultur und Recht, Baden-Baden 1985, 133–65

19932 Hennig, Eike: Organisationsstrukturen rechtsextremer Parteien, in: Kurt Bodewig u.a. (Hg.), Die schleichende Gefahr. Rechtsextremismus heute, 1. und 2. Aufl., Essen 1990, 117–29

19933 Hennig, Eike: Die Bedeutung von Symbol und Stil für den Neonazismus und die Rechtsextremismusforschung in der Bundesrepublik, in: Rüdiger Voigt (Hg.), Symbole der Politik, Politik der Symbole, Opladen 1989, 179–98

19934 Hennig, Eike: Antifaschismus und »Neue Rechte«, in: Widersprüche 5 (1985), Nr. 16, 15–21

19935 Herb, Hartmut u.a.: Der neue Rechtsextremismus. Fakten und Trends, Lohra-Rodenhausen 1980; 194 S.

19936 Herz, Thomas A.: Soziale Bedingungen für den Rechtsextremismus in der Bundesrepublik und in den Vereinigten Staaten. Eine vergleichende Analyse der Anhänger der Nationaldemokratischen Partei Deutschlands und der Anhänger von George C. Wallace, Meisenheim a.Gl. 1975; 283 S.

19937 Hill, Ray/Bell, Andrew: The Other Face of Terror. Inside Europe's Neo-Nazi Network, London u.a. 1988; 315, [16] S.

19938 Hill, Werner: . . . dann wird die Formel von der wehrhaften Demokratie zur Farce. Die Instrumente sind vorhanden, sie müssen nur genutzt werden. Über den rechtlichen Umgang mit Rechtsextremisten, in: FR, Jg. 50, Nr. 53, 4. 3. 1994, 12

19939 Hirsch, Kurt: Kommen die Nazis wieder? Gefahren für die Bundesrepublik, München 1967; 199 S.

19940 Hirsch, Kurt: Signale von rechts. 100 Jahre Programme rechtsradikaler Parteien und Organisationen 1867–1967, München 1967; 167 S.

19941 Hirsch, Kurt: Konservatismus und Rechtsextremismus, in: Martina Kirfel/Walter Oswalt (Hg.), Die Rückkehr der Führer. Modernisierter Rechtsextremismus in Westeuropa, 2., überarb. u. erw. Aufl., Wien/Zürich 1991, 69–77 (zuerst 1989)

19942 Hirsch, Kurt/Heim, Peter B.: Von links nach rechts. Rechtsradikale Aktivitäten in den neuen Bundesländern, München 1991; 159 S.

19943 Hirscher, Gerhard: [Wladimir] Schirinowskij und der deutsche Rechtsextremismus, in: E&D 6 (1994), 162–79

19944 Höffken, Heinz-Werner/Sattler, Martin: Rechtsextremismus in der Bundesrepublik Deutschland. Die »alte«, die »neue« Rechte und der Neonazismus, 2., völlig neu überarb. Aufl., Opladen 1980; 117 S. (zuerst Hamburg 1978)

19945 Hoffmann, Lutz: Das deutsche Volk und seine Feinde. Die völkische Droge, Köln 1994; 227 S.

19946 Hofmann-Göttig, Joachim: Die Neue Rechte: Die Männerparteien, in: APUZ, Nr. B 41–42/89, 6.10. 1989, 21–31

19947 Horchem, Hans J. u. a.: Extremisten in einer selbstbewußten Demokratie, Freiburg 1975; 126 S.

19948 Huhn, Anne/Meyer, Alwin: »Einst kommt der Tag der Rache.« Die rechtsextreme Herausforderung 1945 bis heute, Freiburg i.Br. 1986; 229 S.

19949 Hundseder, Franziska: Stichwort Rechtsextremismus, München 1993; 111 S.

19950 Jäger, Siegfried (Hg.): Rechtsdruck. Die Presse der Neuen Rechten, Bonn 1988; 272 S.

19951 Jäger, Siegfried: Rechtsextremismus und Sprache, in: Kurt Bodewig u.a. (Hg.), Die schleichende Gefahr. Rechtsextremismus heute, 1. und 2. Aufl., Essen 1990, 253–79

19952 Jäger, Siegfried: Rechtsextreme Propaganda heute, in: Konrad Ehlich (Hg.), Sprache im Faschismus, Frankfurt 1989, 289–322

19953 Jäger, Siegfried/Jäger, Margret: Die Demokratiemaschine ächzt und kracht. Zu den Ursachen des Rechtsextremismus in der BRD, Duisburg 1990; 68 S.

19954 Jäger, Siegfried/Link, Jürgen (Hg.): Die vierte Gewalt. Rassismus und die Medien, Duisburg 1993; 329 S.

19955 Jaschke, Hans-Gerd: Gewalt von rechts vor und nach Hitler, in: APUZ, Nr. B 23/82, 12.6. 1982, 3–21

19956 Jaschke, Hans-Gerd: Nationalismus und Ethnopluralismus. Zum Wiederaufleben von Ideen der »Konservativen Revolution«, in: APUZ, Nr. B 3–4/92, 10.1. 1992, 3–21

19957 Jaschke, Hans-Gerd: Subkulturelle Aspekte des Rechtsextremismus, in: Dirk Berg-Schlosser/Jakob Schissler (Hg.), Politische Kultur in Deutschland. Bilanz und Perspektiven der Forschung, Opladen 1987, 322–30

19958 Jaschke, Hans-Gerd: Staatliche Institutionen und Rechtsextremismus, in: Wolfgang Kowalsky/Wolfgang Schroeder (Hg.), Rechtsextremismus. Einführung und Forschungsbilanz, Opladen 1994, 302–21

19959 Jaschke, Hans-Gerd: Verschlungene Traditionen: Zur Geschichte des Rechtsextremismus in der Bundesrepublik, in: GMH 40 (1989), 513–23

19960 Jaschke, Hans-Gerd: Was ist, woher kommt, wo steht die »Neue Rechte« in der Bundesrepublik?, in: Widersprüche 5 (1985), Nr. 16, 23–29

19961 Jenke, Manfred: Die Nationale Rechte. Parteien, Politiker, Publizisten, Berlin 1967; 227 S.

19962 Jenke, Manfred: Verschwörung von rechts? Ein Bericht über den Rechtsradikalismus in Deutschland nach 1945, Berlin 1961; 492 S.

19963 Jesse, Eckhard: Rechtsextreme Gewalt. Wie man mit politischer Gewalt umgeht – und wie man mit ihr umgehen sollte, in: BiSt 43 (1993), 123–27

19964 Jesse, Eckhard: Streitbare Demokratie und Rechtsextremismus. Funktioniert der innere Kompaß? Eine umstrittene Konzeption als Reaktion auf den Nationalsozialismus, in: FR, Jg. 49, Nr. 25, 30.1. 1993, 10

19965 Jesse, Eckhard: Biographisches Portrait: Otto Ernst Remer, in: E&D 6 (1994), 207–21

19966 Kalinowsky, Harry H.: Politische Justiz und Rechtsextremismus in der Bundesrepublik Deutschland 1949–1990. Analyse eines Beziehungsgefüges unter besonderer Berücksichtigung der empirischen Lage der Jahre 1978–1987, Pfaffenweiler 1987; 592 S.

19967 Kalinowsky, Harry H.: Rechtsextremismus und Strafrechtspflege. Eine Analyse von Strafverfahren wegen mutmaßlicher rechtsextremistischer Aktivitäten und Erscheinungen, Mitarb. Richard Blath u. a., 2. Aufl., Köln 1987; 176 S. (zuerst 1985)

19968 Kalinowsky, Harry H.: Kampfplatz Justiz. Politische Justiz und Rechtsextremismus in der Bundesrepublik Deutschland 1949–1990, Pfaffenweiler 1994; 575 S.

19969 Kallert, Karl-Albert: Die Nazis und die Neonazis. Den Alten zur mahnenden Erinnerung, den Jungen zur mahnenden Lehre, Mitarb. Julius Klausmann, Frankfurt 1984; 105 S.

19970 Kirfel, Martina/Oswalt, Walter (Hg.): Die Rückkehr der Führer. Modernisierter Rechtsextremismus in Westeuropa, 2., überarb. u. erw. Aufl., Wien/Zürich 1991; 372 S. (zuerst 1989)*

19971 Klönne, Arno: Rechtsentwicklungen in der Bundesrepublik, in: Kurt Bodewig u. a. (Hg.), Die schleichende Gefahr. Rechtsextremismus heute, 1. und 2. Aufl., Essen 1990, 47–60

19972 Klönne, Arno: Neonationalismus in Deutschland (Bundesrepublik Deutschland), in: Michael R. Lang (Hg.), »Straße frei...« – Die neue Nazi-Internationale, Neumünster 1982, 55–69

19973 Klönne, Arno: »Linke Leute von rechts« und »rechte Leute von links« damals und heute, in: BDIP 28 (1983), 115–22

19974 Klönne, Arno: Rechtsextreme Tendenzen in der politischen Kultur der Bundesrepublik. Eine Herausforderung für politische Bildung un demokratischer Absicht, in: Widersprüche 5 (1985), Nr. 16, 5–14

19975 Knapp, Gudrun-Axelli: Frauen und Rechtsextremismus: »Kampfgefährtin« oder »Heimchen am Herd«?, in: Harald Welzer (Hg.), Nationalsozialismus und Moderne, Tübingen 1993, 208–39

19976 Knütter, Hans-Helmuth: Hat der Rechtsextremismus in der Bundesrepublik Deutschland eine Chance?, Bonn 1988; 107 S.

19977 Knütter, Hans-Helmuth: Ideologien des Rechtsradikalismus im Nachkriegsdeutschland. Eine Studie über die Nachwirkungen des Nationalsozialismus, 2. Aufl., Bonn 1962; 230 S. (zuerst 1961)

19978 Kocka, Jürgen: Rechtsradikalismus und Nationalismus 60 Jahre nach 1933 – Parallelen und Unterschiede, in: Dietrich Schlegel (Hg.), Der neue Nationalismus. Ursachen, Chancen, Gefahren, Schwalbach, Ts. 1994, 257–64 (Diskussion: 265–70)

19979 Koelschtzky, Martina: Die Stimme ihrer Herren. Die Ideologie der Neuen Rechten, Köln 1986; 124 S.

19980 Kolinsky, Eva: A Future for Right Extremism in Germany?, in: Paul Hainsworth (Hg.), The Extrem Right in Western Europe and the USA, London 1992, 61–94

19981 Kowalsky, Wolfgang: Rechtsaußen ... und die verfehlten Strategien der deutschen Linken, Frankfurt/Berlin 1992; 174 S.

19982 Kowalsky, Wolfgang: Rechtsextremismus und Anti-Rechtsextremismus in der modernen Industriegesellschaft, in: APUZ, Nr. B 2–3/93, 8. 1. 1993, 14–25

19983 Kowalsky, Wolfgang/Schroeder, Wolfgang (Hg.): Rechtsextremismus. Einführung und Forschungsbilanz, Opladen 1994; 417 S.*

19984 Krahulec, Peter: Die Macht der Neonazis ist die (Ge)duld(ung) der Altkonservativen, in: Widersprüche 5 (1985), Nr. 16, 49–56

19985 Kreutzberger, Wolfgang: Rechtsradikalismus in der Bundesrepublik. Versuch einer Zwischenbilanz, Frankfurt 1983; 87 S.

19986 Kühnl, Reinhard: Deutschland zwischen Demokratie und Faschismus. Zur

Problematik der bürgerlichen Gesellschaft seit 1918, 3., rev. Aufl., München 1971, 83–142, 170–75 (zuerst 1969)

19987 Kühnl, Reinhard: Gefahr von rechts? Vergangenheit und Gegenwart der extremen Rechten, Heilbronn 1990; 176 S.

19988 Lange, Astrid: Was die Rechten lesen. Fünfzig rechtsextreme Zeitschriften. Ziele, Inhalte, Taktik, Hg. Arbeitsstelle Neonazismus der Fachhochschule Düsseldorf, München 1993; 178 S.

19989 Langner, Albrecht: Nationalismus in der Bundesrepublik. Gegenwartsaspekte der Demokratie, Köln 1969; 202 S.

19990 Leggewie, Claus: Druck von Rechts. Wohin treibt die Bundesrepublik?, München 1993; 168 S.

19991 Leggewie, Claus: Rechtsextremismus – eine soziale Bewegung?, in: Wolfgang Kowalsky/Wolfgang Schroeder (Hg.), Rechtsextremismus. Einführung und Forschungsbilanz, Opladen 1994, 325–38

19992 Leggewie, Claus: Die Erosion der deutschen Demokratie aus ihrer Mitte heraus, in: BDIP 38 (1993), 557–68

19993 Leier, Manfred (Red.): Un-Heil über Deutschland. Fremdenhaß und Neofaschismus nach der Wiedervereinigung, Hamburg 1993; 320 S.**

19994 Lenk, Kurt: Rechts, wo die Mitte ist. Studien zur Ideologie: Rechtsextremismus, Nationalsozialismus, Konservatismus, Baden-Baden 1994; 395 S.*

19995 Lenk, Kurt: Rechtsextremismus und Gewalt (1993), in: Kurt Lenk, Rechts, wo die Mitte ist. Studien zur Ideologie: Rechtsextremismus, Nationalsozialismus, Konservatismus, Baden-Baden 1994, 385–89

19996 Lenk, Kurt: Ein Gran Mussolini. Der publizistische Boom der Neuen Rechten, Mitarb. Andrea Mork, in: NG/FH 38 (1991), Nr. 8, 725–29; abgedr. in: Kurt Lenk, Rechts, wo die Mitte ist. Studien zur Ideologie: Rechtsextremismus, Nationalsozialismus, Konservatismus, Baden-Baden 1994, 379–84

19997 Lersch, Paul (Hg.): Die verkannte Gefahr. Rechtsradikalismus in der Bundesrepublik, Reinbek 1981; 286 S.

19998 Linz, Manfred: Was tun gegen den Rechtsextremismus? Strategien und wen sie erreichen, in: Kurt Bodewig u. a. (Hg.), Die schleichende Gefahr. Rechtsextremismus heute, 1. und 2. Aufl., Essen 1990, 204–17

19999 Lübbe-Wolf, Gertrude: Zur Bedeutung des Art. 139 GG für die Auseinandersetzung mit neonazistischen Gruppen, in: NJW 41 (1988), 1289–95

20000 Lutz, Hermann: Gewerkschaftliche Auseinandersetzungen mit dem Rechtsextremismus am Beispiel der Gewerkschaft der Polizei, in: Kurt Bodewig u. a. (Hg.), Die schleichende Gefahr. Rechtsextremismus heute, 1. und 2. Aufl., Essen 1990, 290–300

20001 Lutz, Hermann: Gewerkschaften und Rechtsextremismus, in: GMH 40 (1989), 577–84

20002 Maier, Georg: Bekämpfung des Rechtsextremismus mit Mitteln des Strafrechts, in: APUZ, Nr. B 44/83, 5.11.1983, 19–26

20003 Mannzmann, Anneliese (Hg.): Hitlerwelle und historische Fakten. Mit einer Literaturübersicht und einer Materialiensammlung zum Neonazismus, Königstein, Ts. 1979; 188 S.*

20004 Mantino, Susanne: Die »Neue Rechte« in der »Grauzone« zwischen Rechtsextremismus und Konservatismus. Eine systematische Analyse des Phänomens »Neue Rechte«, Frankfurt u. a. 1992; 200 S.

20005 Meyer, Alwin: Deutschland wir kommen (Bundesrepublik Deutschland), in: Michael R. Lang (Hg.), »Straße frei . . .« – Die neue Nazi-Internationale, Neumünster 1982, 13–44

20006 Meyer, Alwin/Rabe, Karl-Klaus (Hg.): Einschlägige Beziehungen von Unionspolitikern, Bornheim-Merten 1980; 151 S.

20007 Meyer, Alwin/Rabe, Karl-Klaus: Phantomdemokraten oder Die alltägliche Gegenwart der Vergangenheit, Reinbek 1979; 150 S.

20008 Modrshinskaja, J. D. u. a.: Kritik der Ideologie des Neofaschismus, Berlin (O) 1978; 335 S. (russ.: Moskau 1976)

20009 Möller, Kurt: Zusammenhänge der Modernisierung des Rechtsextremismus mit der Modernisierung der Gesellschaft, in: APUZ, Nr. B 46–47/93, 12.11. 1993, 3–9

20010 Moreau, Patrick: Les héritiers du IIIe Reich. L'extrême droite allemande de 1945 à nos jours, Paris 1994; 508 S.

20011 Nandlinger, Gabriele: Rechtsextremismus als internationales Problem: Die Situation in den westeuropäischen Staaten, in: Kurt Bodewig u. a. (Hg.), Die schleichende Gefahr. Rechtsextremismus heute, 1. und 2. Aufl., Essen 1990, 144–54

20012 Opitz, Reinhard: Faschismus und Neofaschismus, Bd. 2: Neofaschismus in der Bundesrepublik, Köln 1988; 212 S.

20013 Opitz, Reinhard: Zur Aktualität des Rassismus und eines deutsch beherrschten Europas. Ein Vortrag zu den November-Pogromen 1938, Einleitung Martin Bennhold, in: 1999 4 (1989), Nr. 1, 80–100

20014 Paschner, Günther: Falsches Gewissen der Nation. Deutsche National-Zeitung und Soldaten-Zeitung, Mainz 1967; 94 S.

20015 Paul, Gerhard (Hg.): Hitlers Schatten verblaßt. Die Normalisierung des Rechtsextremismus, Berlin/Bonn 1989; 232 S.

20016 Peters, Jan (Hg.): Nationaler »Sozialismus« von rechts. Antifaschistische Texte dazu von Jean-Miches Berthoud u.a. sowie Dokumente und Programme der graubraunen Reaktionäre, Berlin 1980; 272 S.**

20017 Peters, Jan (Hg.): Neofaschismus. Die Rechten im Aufwind, hg. i.A. d. Gewerkschaft Erziehung und Wissenschaft, Landesverband Berlin/Bund Politisch, Rassisch und Religiös Verfolgter, Berlin 1979; 313 S.

20018 Peukert, Detlev J. K.: Rechtsradikalismus in historischer Perspektive, in: Detlev J. K. Peukert/Frank Bajohr Rechtsradikalismus in Deutschland. Zwei historische Beiträge, Hamburg 1990, 9–29

20019 Pfaff, William: Die Furien des Nationalismus. Politische Kultur am Ende des 20. Jahrhunderts, Frankfurt 1994; 284 S. (amerikan.: New York 1993 u.d.T.: Wrath of Nations)

20020 Pfahl-Traughber, Armin: Rechtsextremismus. Eine kritische Bestandsaufnahme nach der Wiedervereinigung, Bonn 1993; 256 S.

20021 Pfahl-Traughber, Armin: Brücken zwischen Rechtsextremismus und Konservativismus, in: Wolfgang Kowalsky/Wolfgang Schroeder (Hg.), Rechtsextremismus. Einführung und Forschungsbilanz, Opladen 1994, 160–82

20022 Pfahl-Traughber, Armin: Rechtsextremismus in Deutschland, in: E&D 5 (1993), 219–33

20023 Pirsch, Hans u.a.: Monopolherrschaft und Neonazismus in Westdeutschland, Berlin (O) 1969; 132 S.

20024 Piwitt, Hermann P.: Vaterlandslose Gesellen von rechts, in: Monat 18 (1966), Nr. 211, 91–94

20025 Plack, Arno: Wie oft wird Hitler noch besiegt? Neonazismus und Vergangenheitsbewältigung, 2. Aufl., Frankfurt 1985; 394 S. (zuerst Düsseldorf 1982)

20026 Plum, Günter: Der Rechtsradikalismus in der Bundesrepublik Deutschland, in: Innere Sicherheit. Informationen zu Fragen des Staatsschutzes, Hg. Bundesministerium des Innern, Nr. 4/1967, Bonn 1967, 7–9

20027 Pomorin, Jürgen/Junge, Reinhard: Die Neonazis und wie man sie bekämpfen kann, Dortmund 1978; 154 S.

20028 Pomorin, Jürgen/Junge, Reinhard: Vorwärts, wir marschieren zurück. (Die Neonazis, 2), Dortmund 1979; 199 S.

20029 Posselt, Ralf-Erik/Schuhmacher, Klaus: Projekthandbuch Rechtsextremismus. Handlungsorientierte Gegenstrategien und offensive, ausländerfreundliche Auseinandersetzungsformen mit rechtsextremistischen und rassistischen Tendenzen in der Jugendszene. Eine Sammlung von Ideen, Aktionen, Projekten, Argumenten und Beispielen aus der (offenen) Jugendarbeit, Hg. Amt für Jugendarbeit der Evangelischen Kirche von Westfalen, 6. Aufl., Mülheim, Ruhr 1993; 284 S. (zuerst Schwerte 1989)

20030 Pröhuber, Karl-Heinz: Die nationalrevolutionäre Bewegung in Westdeutschland, Hamburg 1980; 228 S.**

20031 Rajewski, Christiane: Programmatik und ideologische Wurzeln des Rechtsextremismus in der Bundesrepublik Deutschland, in: Kurt Bodewig u. a. (Hg.), Die schleichende Gefahr. Rechtsextremismus heute, 1. und 2. Aufl., Essen 1990, 92–116

20032 Rajewski, Christiane/Schmitz, Adelheid: Nationalsozialismus und Neonazismus. Ein Reader für Jugendarbeit und Schule, Düsseldorf 1988; XVII, 458 S.

20033 Ratz, Michael u. a.: Die Justiz und die Nazis. Zur Strafverfolgung von Nazismus und Neonazismus seit 1945, Frankfurt 1979; 184 S.

20034 Rechte in der Wende. Die linke Last mit den Neonazis. (Widersprüche, Jg. 5, Nr. 16), Hg. Sozialistisches Büro, Offenbach 1985; 104 S.*

20035 Rechtsextremismus auf dem Vormarsch? Gib den Rechten keine Chance. (Arbeitshefte zur sozialistischen Theorie und Praxis. Zeitschrift der Juso-Hochschulgruppen, 84), Bonn 1989; 64 S.

20036 Rechtsextremismus und Fremdenfeindlichkeit. Studien zur aktuellen Entwicklung, Hg. Institut für Sozialforschung, Frankfurt/New York 1994; 217 S.

20037 Rechtsradikalismus in der Bundesrepublik, in: APUZ, Nr. B 20/62, 16.5.1962, 241–52

20038 Reinfeldt, Sebastian/Schwarz, Richard: Bio-Macht. Biopolitische Konzeptionen der Neuen Rechten, Duisburg 1992; 52 S.

20039 Rommelspacher, Birgit: Rechtsextreme als Opfer der Risikogesellschaft. Zur Täterentlastung in den Sozialwissenschaften, in: 1999 6 (1991), Nr. 2, 75–87

20040 Rotermundt, Rainer: Verkehrte Utopien. Nationalsozialismus, Neonazismus, Neue Barbarei. Argumente und Materialien, Frankfurt 1980; 259 S.**

20041 Schäfer, Renate: F. J. Strauß und die CSU in der neofaschistischen Presse, in: BDIP 24 (1979), 1077–93

20042 Scheuch, Erwin K.: Politischer Extremismus in der Bundesrepublik, in: Richard Löwenthal/Hans-Peter Schwarz (Hg.), Die Zweite Republik. 25 Jahre Bundesrepublik Deutschland – eine Bilanz, Stuttgart 1974, 433–69

20043 Scheuch, Erwin K.: Theorie des Rechtsradikalismus in westlichen Industriegesellschaften, Mitarb. Hans D. Klingemann, in: HJWG 12 (1967), 11–29

20044 Scheuch, Erwin K./Klingemann, Hans D. (Hg.): Materialien zum Phänomen des Rechtsradikalismus in der Bundesrepublik, Köln 1967; 108, (33) S. (Ms. vervielf.)

20045 Schlegel, Dietrich (Hg.): Der neue Nationalismus. Ursachen, Chancen, Gefahren. Ein Symposium der Deutschen Welle in Zusammenarbeit mit der Körber-Stiftung [1993], Schwalbach, Ts. 1994; X, 302 S.*

20046 Schmid, Thomas: Rechtsradikalismus im vereinten Deutschland, in: Ulrich

Wank (Hg.), Der neue alte Rechtsradikalismus, München/Zürich 1993, 113–37

20047 Schmidt, Michael: »Heute gehört uns die Straße...« Der Inside-Report aus der Neonazi-Szene, Einleitung Ralph Giordano, Düsseldorf u. a. 1993; 398 S.

20048 Schneider, Rudolf: Die SS ist ihr Vorbild. Neonazistische Kampfgruppen und Aktionskreise in der Bundesrepublik, Hg. VVN-Bund der Antifaschisten, Präsidium, Frankfurt 1981; 208 S.

20049 Schnoor, Herbert: Der Kampf gegen den Rechtsextremismus als Aufgabe politischen und administrativen Handelns, in: Kurt Bodewig u. a. (Hg.), Die schleichende Gefahr. Rechtsextremismus heute, 1. und 2. Aufl., Essen 1990, 280–89

20050 Schönekäs, Klaus: Bundesrepublik Deutschland, in: Franz Greß u. a., Neue Rechte und Rechtsextremismus in Europa. Bundesrepublik, Frankreich, Großbritannien, Opladen 1990, 218–349

20051 Schröder, Burkhard: Rechte Kerle. Skinheads, Faschos, Hooligans, Reinbek 1992; 255 S.

20052 Schulz, Hans-Jürgen (Hg.): Sie sind wieder da! Faschismus und Reaktion in Europa, Frankfurt 1990; 191 S.

20053 Sichrovsky, Peter: Unheilbar deutsch. Rechte Schicksale und Lebensläufe, Köln 1993; 188 S.

20054 Sicking, Manfred/Lohe, Alexander (Hg.): Die Bedrohung der Demokratie von rechts. Wiederkehr der Vergangenheit?, Köln 1993; 170 S.*

20055 Siegler, Bernd u.a.: Der Pakt. Die Rechten und der Staat, Göttingen 1993; 249 S.

20056 Siller, Gertrud: Frauen und Rechtsextremismus, in: Wolfgang Kowalsky/Wolfgang Schroeder (Hg.), Rechtsextremismus. Einführung und Forschungsbilanz, Opladen 1994, 143–59

20057 Smoydzin, Werner: Hitler lebt. Vom internationalen Faschismus zur Internationalen des Hakenkreuzes, Pfaffenhofen 1966; 224 S.

20058 Sonnet, Peter: Rassismus in der Bundesrepublik, in: 100 Jahre deutscher Rassismus. Katalog und Arbeitsbuch, Hg. Kölnische Gesellschaft für Christlich-Jüdische Zusammenarbeit, Katalog Christiane Hoss u. a., Köln 1988, 232–40

20059 Sontheimer, Kurt: Die Wiederkehr des Nationalismus in der Bundesrepublik, in: zum nachdenken, Hg. Hessische Landeszentrale für politische Bildung, Nr. 18, Wiesbaden 1966, 3–16

20060 Stefen, Rudolf: Die Indizierung NS-verherrlichender Medien durch die Bundesrepublik, in: Extremismus und Schule. Daten, Analysen und Arbeitshilfen zum politischen Rechts- und Linksextremismus, Hg. Bundeszentrale für politische Bildung, Bonn 1984, 109–26

20061 Stommeln, Hein: Neonazismus in der Bundesrepublik Deutschland. Eine Bestandsaufnahme, Bonn 1979; 93 S.

20062 Stöss, Richard: Die extreme Rechte in der Bundesrepublik. Entwicklung, Ursachen, Gegenmaßnahmen, Opladen 1989; 273 S.

20063 Stöss, Richard: Rechtsextremismus und Wahlen in der Bundesrepublik, in: APUZ, Nr. B 11/93, 12. 3. 1993, 50–61

20064 Stöss, Richard: Die Entwicklung des Rechtsextremismus, in: Gert-Joachim Glaeßner u. a. (Hg.), Die Bundesrepublik Deutschland in den siebziger Jahren. Versuch einer Bilanz, Opladen 1984, 53–70

20065 Stöss, Richard: The Problem of Right-wing Extremism in West Germany, in: Klaus von Beyme (Hg.), Right-wing Extremism in Western Europe, London/Totowa, N.J. 1988, 34–46

20066 Stöss, Richard: Rechtsextremismus: Begriff – Struktur – Analyse, in: Kurt Bodewig u.a. (Hg.), Die schleichende Gefahr. Rechtsextremismus heute, 1. und 2. Aufl., Essen 1990, 61–76

20067 Stöss, Richard: Väter und Enkel: Alter und Neuer Nationalismus in der Bundesrepublik, in: ÄuK 9 (1978), Nr. 32, 35–57

20068 Süß, Walter: Fremdenhaß aus Existenzangst und Unkenntnis. Rechtsradikalismus und Ausländerfeindlichkeit, in: Parlament, Jg. 42, Nr. 37, 4.9. 1992, 20

20069 Tauber, Kurt P.: Beyond Eagle and Swastika. German Nationalism since 1945, 2 Bde., Middletown, Conn. 1967; XXIV, 995; (X), 999–1598 S.

20070 Tillner, Christane (Hg.): Frauen – Rechtsextremismus, Rassismus, Gewalt, Münster 1994; 100 S.

20071 Vinke, Hermann (Hg.): Mit zweierlei Maß. Die deutsche Reaktion auf den Terror von rechts. Eine Dokumentation, Anhang »Neonazismus in der Bundesrepublik« Rudolf Schöfberger/Gotthart Schwarz, Reinbek 1981; 166 S.**

20072 Vogt, Hannah: Rechtsradikale Propaganda in der Bundesrepublik. Themen und Chancen, Stuttgart 1979; 31 S.

20073 Von der »Thule-Gesellschaft« 1918 zum »Witikobund« des Jahres 1966, München 1966; 120 S.

20074 Wank, Ulrich (Hg.): Der neue alte Rechtsradikalismus, München/Zürich 1993; 168 S.*

20075 Wassermann, Rudolf: Verbesserung des strafrechtlichen und strafprozessualen Instrumentariums bei Fremdenfeindlichkeit und Rechtsextremismus, in: RuP 29 (1993), 181–89

20076 Weiß, Ralph/Nebel, Bettina: Lokalradio und Rechtsextremismus. Aufklärung im Hörfunk?, Opladen 1993; 177 S.

20077 Weißbecker, Manfred: Der Faschismus in der Gegenwart. Grundlagen – Erscheinungsformen – Aktivitäten – Organisationen, in: Dietrich Eichholtz/Kurt Gossweiler (Hg.), Faschismus-Forschung. Positionen, Probleme, Polemik, 2., durchges. Aufl., Köln 1980, 209–36 (zuerst Berlin [O] 1980); abgedr. in: Faschismus in Deutschland. Faschismus und Gegenwart, 2. Aufl., Köln 1983 (zuerst 1980), 249–79

20078 Weick, Edgar: Gibt es einen »Rechtsradikalismus« in der Vertriebenenpresse?, in: Iring Fetscher (Hg.), Rechtsradikalismus, Frankfurt 1967, 95–124

20079 Willems, Helmut: Fremdenfeindliche Gewalt. Einstellungen – Täter – Konflikteskalation, Mitarb. Paul B. Hill/Roland Ekkert u.a., Opladen 1993; 293 S.

20080 Winkel, Detlef zum: Das Ende der Gemütlichkeit. Die Linke und die Neue Rechte, Hamburg 1989; 176 S.

20081 Winkler, Arno: Neofaschismus in der BRD. Erscheinungen, Hintergründe, Gefahren, Hg. Akademie für Staats- und Rechtswissenschaft der DDR, Berlin (O) 1980; 160 S.

20082 Wippermann, Wolfgang: Europäischer Faschismus im Vergleich 1922–1982, Frankfurt a.M. 1983; 239 S.

20083 Wölk, Volkmar: Natur und Mythos. Ökologiekonzeptionen der »Neuen« Rechten im Spannungsfeld zwischen Blut und Boden und New Age, Duisburg 1992; 77 S.

20084 Zwischen Neokonservatismus und Rechtsradikalismus. Politische und populistische Rechtstendenzen in der Bundesrepublik, Bearb. Sozialistische Studiengruppen (SOST), Red. Joachim Bischoff u.a., Hamburg 1986; 136 S.

Regional-/Lokalstudien

20085 Altvater, Peter/Dinse, Jürgen: Rechtsextremismus in Bremen. Ursachen und Hintergründe der Erfolge rechtsextremer Parteien, Bremen 1992; 208 S.

20086 Hafeneger, Benno/Krahulec, Peter: »Sein Amt stets korrekt und gewissenhaft geführt«. Materialien und Dokumente zur Geschichte der »Rechten« im Raum Fulda, Reinheim 1986; 200 S.

20087 Krüger, Otto: Erscheinungsformen des Rechtsextremismus in Nordrhein-Westfalen, in: Kurt Bodewig u.a. (Hg.), Die schleichende Gefahr. Rechtsextremismus heute, 1. und 2. Aufl., Essen 1990, 166–73

20088 Nehring, Joachim: Neonazismus? Der »Scheinwerfer«-Prozeß vor der Hauptspruchkammer München. Nach Verhandlungsberichten, Hg. Ewald Hippe, München 1951; 52 S.

20089 Opfermann, Norbert: Wie Ehemalige scheiterten. Der frühe Rechtsradikalismus in Westdeutschland, in: GiW 7 (1992), 62–68, 174–82

20090 Peters, Jan: Die Spree-Wikinger (West-Berlin), in: Michael R. Lang (Hg.), »Straße frei...« – Die neue Nazi-Internationale, Neumünster 1982, 45–53

20091 Rechtsextremismus in Schleswig-Holstein. Antwort der Landesregierung auf die Große Anfrage der Fraktion der SPD. (Schleswig-Holsteinischer Landtag. 12. Wahlperiode, Drucksache 12/608, 6.12.1989), Kiel 1989; 120 S.

20092 Sahner, Heinz: Rechtsradikale Strömungen in Schleswig-Holstein: NSDAP, NPD und KLA, in: Urs J. Diederichs/Hans-Hermann Wiebe (Hg.), Schleswig-Holstein unter dem Hakenkreuz, hg. i. A. der Evangelischen Akademie Nordelbien, Bad Segeberg/Hamburg o.J. (1984), 265–78

20093 Stöss, Richard: Latenter und manifester Rechtsextremismus in beiden Teilen Berlins, in: Oskar Niedermayer/Richard Stöss (Hg.), Parteien und Wähler im Umbruch. Parteiensystem und Wählerverhalten in der ehemaligen DDR und in den neuen Bundesländern, Opladen 1994, 315–48

20094 Tilton, Timothy A.: Nazism, Democracy, and Peasantry. Nazi Success and Neo-Nazi Failure in Rural Schleswig-Holstein, Bloomington, Ind./London 1975; XVI, 186 S.

B.2.2 DDR und Ostdeutschland

Darstellungen

20095 Bergmann, Werner/Erb, Rainer: Eine soziale Bewegung von rechts? Entwicklung und Vernetzung einer rechten Szene in den neuen Bundesländern, in: NSB 7 (1994), Nr. 2, 80–98; abgedr. in: FR, Jg. 50, Nr. 187, 13.8.1994, 14

20096 Borchers, Andreas: Neue Nazis im Osten. Rechtsradikalismus und Ausländerfeindlichkeit. Hintergründe und Fakten, um die Chronik erg. u. erw. Neuausg., München 1993; 190 S. (zuerst Weinheim/Basel 1991; 2. Aufl. 1992)

20097 Cox, Michael: After Stalinism: The Extrem Right in Russia, East Germany, and Eastern Europe, in: Paul Hainsworth (Hg.), The Extrem Right in Western Europe and the USA, London 1992, 269–85

20098 Engelstädter, Heinz: Der Aufbruch neofaschistischer Gruppen in der ehemaligen DDR. Zur Genese des Rechtsradikalismus in der DDR, in: 1999 6 (1991), Nr. 2, 88–103

20099 Erb, Rainer: Gruppengewalt und Rechtsextremismus in den neuen Bundesländern, in: JfA 3 (1994), 140–64

20100 Farin, Klaus/Seidel-Pielen, Eberhard: Rechtsdruck. Rassismus im neuen Deutschland, Berlin 1992; 160 S.

20101 Farin, Klaus/Seidel-Pielen, Eberhard: Rechtsradikalismus Ost, in: NSB 5 (1992), Nr. 1, 70–75

20102 Fischer, Benno: DDR-Rechtsextremismus als Vorbote der Systemkrise, in: NG/FH 37 (1990), 332–38

20103 Heinemann, Karl-Heinz/Schubarth, Wilfried (Hg.): Der antifaschistische Staat entläßt seine Kinder. Jugend und Rechtsextremismus in Ostdeutschland, Köln 1992; 140 S.

20104 Jäger, Margret/Jäger, Siegfried: Rechtsextremismus auch im Sozialismus! Einige Anmerkungen zu der Frage, ob die Adorno-These noch zu halten ist, in: Margret Jäger/Siegfried Jäger (Hg.), Aus der Mitte der Gesellschaft. Zu den Ursachen von Rechtsextremismus und Rassismus in Europa, Bd. 3: Rechtsextremismus und Rassismus in Rußland und in der ehemaligen DDR, Duisburg 1992, 39–46

20105 Ködderitzsch, Peter: Rechtsextremismus in der ehemaligen DDR, in: Margret Jäger/Siegfried Jäger (Hg.), Aus der Mitte der Gesellschaft. Zu den Ursachen von Rechtsextremismus und Rassismus in Europa, Bd. 3: Rechtsextremismus und Rassismus in Rußland und in der ehemaligen DDR, Duisburg 1992, 22–37

20106 Ködderitzsch, Peter: Neofaschistische Aktivitäten in der DDR, in: Kurt Bodewig u.a. (Hg.), Die schleichende Gefahr. Rechtsextremismus heute, 1. und 2. Aufl., Essen 1990, 155–65

20107 Ködderitzsch, Peter/Müller, Leo A.: Rechtsextremismus in der DDR, Göttingen 1990; 141 S.

20108 Korfes, Gunhild: Rechtsextreme Bewegungen und rechtslastige Jugendkulturen in Ostdeutschland, in: Christoph Butterwegge/Siegfried Jäger (Hg.), Rassismus in Europa, Köln 1992, 71–85

20109 Langer, Hermann: Rechtsextremismus von Jugendlichen in der DDR, in: 1999 6 (1991), Nr. 1, 89–99

20110 Lynen von Berg, Heinz: Rechtsextremismus in Ostdeutschland seit der Wende, in: Wolfgang Kowalsky/Wolfgang Schroeder (Hg.), Rechtsextremismus. Einführung und Forschungsbilanz, Opladen 1994, 103–26

20111 Müller, Harry/Schubarth, Wilfried: Rechtsextremismus und aktuelle Befindlichkeiten von Jugendlichen in den neuen Bundesländern, in: APUZ, Nr. B 38/92, 11.9. 1992, 16–28

20112 Pfahl-Traughber, Armin: Rechtsextremismus in den neuen Bundesländern, in: APUZ, Nr. B 3–4/92, 10.1. 1991, 11–21

20113 Pfahl-Traughber, Armin: Rechtsextreme Tendenzen in der ehemaligen DDR, in: liberal 33 (1991), Nr. 1, 71–79

20114 Runge, Irene: Das Ende ist bekannt: Ausländerfeindlichkeit und Fremdenhaß in der DDR, in: Christoph Butterwegge/Siegfried Jäger (Hg.), Rassismus in Europa, Köln 1992, 58–70

20115 Schumann, Frank: Glatzen am Alex. Rechtsextremismus in der DDR, Berlin 1990; 144 S.

20116 Siegler, Bernd: Auferstanden aus Ruinen... Rechtsextremismus in der DDR, Berlin 1991; 191 S.

20117 Süß, Walter: Was wußte die Stasi über die Neonazis in der DDR?, in: Zeit, Jg. 48, Nr. 18, 30.4. 1993, 40

Regional-/Lokalstudien

20118 Fromm, Rainer: Rechtsextremismus in Thüringen, 2. Aufl., Marburg 1993; 108 S.

20119 Harnischmacher, Robert (Hg.): Angriff von rechts. Rechtsextremismus und Neonazismus unter Jugendlichen Ostberlins. Beiträge zur Analyse und Vorschläge zu Gegenmaßnahmen, Rostock/Bornheim-Roisdorf 1993; 298 S.

20120 Rassismus in Deutschland – das Beispiel Eberswalde. Die Auseinandersetzung mit einer Stadt und deren Umgang mit rassistisch motivierter Diskriminierung und Gewalt, Hg. Antirassistische Initiative Berlin, Berlin 1994**

B.2.3 Rechtsextreme Parteien

B.2.3.1 Allgemeines

Nachschlagewerke

20121 Stöss, Richard (Hg.): Parteien-Handbuch. Die Parteien der Bundesrepublik Deutschland 1945–1980, 2 Bde., Opladen 1983; 2580 S. (ND 1986)*

Darstellungen

20122 Bachem, Hans: Radikale Parteien im demokratischen System. Bedingungen für Erfolg und Mißfolg, in: APUZ, Nr. B 49/67, 6. 12. 1967, 3–24

20123 Falter, Jürgen W.: Die Wählerschaft der rechtsextremen Parteien in der Bundesrepublik Deutschland 1949 bis 1993, in: Wolfgang Kowalsky/Wolfgang Schroeder (Hg.), Rechtsextremismus. Einführung und Forschungsbilanz, Opladen 1994, 70–88

20124 Feit, Margret: Die »Neue Rechte« in der BRD, in: Martina Kirfel/Walter Oswalt (Hg.), Die Rückkehr der Führer. Modernisierter Rechtsextremismus in Westeuropa, 2., überarb. u. erw. Aufl., Wien/Zürich 1991, 31–42 (zuerst 1989)

20125 Fisher, Stephen L.: The Minor Parties of the Federal Republic of Germany. Toward a Comparative Theory of Minor Parties, Den Haag 1974; XIV, 218 S.

20126 Hennig, Eike/Kieserling, Manfred: Aktuelle Wahlerfolge kleiner Rechtsparteien in der Bundesrepublik, in: GMH 40 (1989), 524–37

20127 Leggewie, Claus: Die Zwerge am rechten Rand. Zu den Chancen kleiner neuer Rechtsparteien in der Bundesrepublik Deutschland, in: PVS 28 (1987), 361–83

20128 Lepszy, Norbert/Veen, Hans-Joachim: »Republikaner« und DVU in kommunalen und Landesparlamenten sowie im Europaparlament. (Interne Studien und Berichte, 63/1993), Hg. Konrad-Adenauer-Stiftung, Mitarb. Stefan Beil, St. Augustin 1993; 106, 6 S.

20129 Müller, Leo A.: Republikaner, NPD, DVU, Liste D..., 1. u. 2. Aufl., Göttingen 1989; 96 S.

20130 Rowold, Manfred: Im Schatten der Macht. Zur Oppositionsrolle der nicht-etablierten Parteien in der Bundesrepublik, Düsseldorf 1974; 419 S.

20131 Rowold, Manfred: Im Schatten der Macht. Nicht-etablierte Kleinparteien, in: Alf Mintzel/Heinrich Oberreuter (Hg.), Parteien in der Bundesrepublik Deutschland, Bonn 1990, 311–62

20132 Wetzel, Juliane: Der parteipolitische Rechtsextremismus in der Bundesrepublik 1945 bis 1989, in: Wolfgang Kowalsky/Wolfgang Schroeder (Hg.), Rechtsextremismus. Einführung und Forschungsbilanz, Opladen 1994, 89–103

B.2.3.2 Sozialistische Reichspartei (SRP)

20133 Büsch, Otto/Furth, Peter: Rechtsradikalismus im Nachkriegsdeutschland. Studien über die »Sozialistische Reichspartei« (SRP), Berlin/Frankfurt 1967; IX, 309 S.

20134 Schmollinger, Horst W.: Die Sozialistische Reichspartei, in: Richard Stöss (Hg.), Parteien-Handbuch. Die Parteien in der Bundesrepublik Deutschland 1945–1980, Bd. 2, Opladen 1983, 2274–2336 (ND 1986)

B.2.3.3 Nationaldemokratische Partei Deutschlands (NPD)

Darstellungen

20135 Falter, Jürgen W.: Wählerwanderungen vom Liberalismus zu (rechts-)extremen

Parteien. Ein Forschungsbericht am Beispiel des NSDAP-Aufstiegs 1928–1933 und der NPD-Erfolge 1966–1970, in: Lothar Albertin (Hg.), Politischer Liberalismus in der Bundesrepublik, Göttingen 1980, 92–124

20136 Frederik, Hans (Hg.): NPD. Gefahr von rechts?, München 1966; 212 S.**

20137 Jäger, Siegfried: Die neue Qualität der NPD. Umfeld, Geschichte, Ideologie und Organisation einer rechtsradikalen Partei und ihre Bedeutung in der Bundesrepublik der Gegenwart, 1. u. 2. Aufl., Duisburg 1989; 32 S.

20138 Kappe, Dieter: Nationalismus und Demokratie. Versuch einer Strukturanalyse der NPD, in: HJWG 12 (1967), 30–44

20139 Kohl, Heribert: Die »Deutschen Nachrichten«. Eine politologisch-soziologische Analyse des publizistischen Organs der NPD, in: PVS 8 (1967), 272–92

20140 Kühnl, Reinhard u.a.: Die NPD. Struktur, Ideologie und Funktion einer neofaschistischen Partei, 2. Aufl., Frankfurt 1969; 397 S. (zuerst 1967)

20141 Leggewie, Claus: Die Wahlnacht mit den fünf Verlierern. Als die Demoskopen versagten und die Rechtsradikalen nach ihrem Aufstieg Ende der sechziger Jahre wieder in der Versenkung verschwanden, in: Zeit, Jg. 45, Nr. 41, 6.10. 1989, 49

20142 Liepelt, Klaus: Anhänger der neuen Rechtspartei. Über das Wählerreservoir der NPD, in: PVS 8 (1967), 237–71

20143 Maier, Hans: Die NPD. Struktur und Ideologie einer »nationalen Rechtspartei«, Mitarb. Hermann Bott, 2., erw. Aufl., München 1968; 99 S. (zuerst 1967)

20144 Niethammer, Lutz: Angepaßter Faschismus. Politische Praxis der NPD, Frankfurt a.M. 1969; 288 S.

20145 Noelle-Neumann, Elisabeth: Wer wählt die NPD? Diagnose einer nationalsozialistischen Partei, in: PM 12 (1967), 22–27

20146 Noll, Adolf u.a.: Die NPD. Programmatik und politisches Verhalten, Hg. Friedrich-Ebert-Stiftung, 2. Aufl., Bonn-Bad Godesberg 1970; 146 S.**

20147 Richards, Fred H.: Die NPD – Alternative oder Wiederkehr?, München/Wien 1967; 160 S.

20148 Schäfer, Gert: Die Chancen der Nationaldemokraten. Über das Verhältnis der rechtsextremen Randgruppen zur allgemeinen politischen Entwicklung in der Bundesrepublik, in: Iring Fetscher (Hg.), Rechtsradikalismus, Frankfurt 1967, 67–94

20149 Scheuch, Erwin K. u.a. (Hg.): Die NPD in den Landtagswahlen 1966 bis 1968. (Materialien zum Phänomen des Rechtsradikalismus in der Bundesrepublik, 2), Köln 1969; II, 364 S. (Ms. vervielf.)

20150 Schmollinger, Horst W.: Die Nationaldemokratische Partei Deutschlands, in: Richard Stöss (Hg.), Parteien-Handbuch. Die Parteien in der Bundesrepublik Deutschland 1945–1980, Bd. 2, Opladen 1983, 1922–94 (ND 1986)

20151 Smoydzin, Werner: NPD. Geschichte und Umwelt einer Partei. Analyse und Kritik, Pfaffenhofen 1967; 281 S.

20152 Thelen, Dieter: Die Wähler der Nationaldemokratischen Partei Deutschlands (NPD), in: Iring Fetscher (Hg.), Rechtsradikalismus, Frankfurt 1967, 159–72

20153 Wagner, Peter M.: Die NPD nach der Spaltung, in: E&D 4 (1992), 157–67

20154 Winter, Franz-Florian: Ich glaubte an die NPD, Mainz 1968; 128 S.

Regional-/Lokalstudien

20155 Fink, Willibald: Die NPD bei der Bayerischen Landtagswahl 1966. Eine ökologische Wahlstudie, München 1969; 110 S.

20156 Laue, Sabine: Die NPD unter dem Viermächtestatus Berlins. Verhandlungspause zwischen den Großmächten, Egelsbach 1993; 91 S.

20157 Wagner, Peter M.: Die NPD in der Kommunalpolitik. Ursachen der Erfolge einer rechtsextremistischen Partei in Villingen-Schwenningen, Freiburg i.Br. 1992; 165 S.

B.2.3.4 Die Republikaner (REP)

Darstellungen

20158 Büchner, Britta R.: Rechte Frauen, Frauenrechte und Klischees der Normalität. Gespräche mit »Republikanerinnen«, Pfaffenweiler 1994; 196 S.

20159 Erdmenger, Klaus: Rep-Wählen als rationaler Protest?, in: BiSt 40 (1990), Nr. 3, 192–96

20160 Fuchs, Anke: Offensives SPD-Profil, keine Sonderangebote! Empfehlungen für die Auseinandersetzung mit der extremen Rechten, in: intern. Informationsdienst der SPD, Nr. 17, 3.11. 1989, 7–11

20161 Die Führerpartei – Franz Schönhubers Republikaner. (Abschrift von ZDF-Spezial), Hg. Christlich-Soziale Union, Landesleitung, München 1989; 18 S. (Ms. vervielf.)

20162 Funke, Hajo: »Republikaner«. Rassismus, Judenfeindschaft, nationaler Größenwahn. Zu den Potentialen der Rechtsextremen am Beispiel der »Republikaner«, 2., erw. Aufl., Berlin 1989; 163 S. (zuerst 1989)

20163 Gessenharter, Wolfgang: Eine Weltanschauung aus Angst und Abwehr. Die falschen »Republikaner« – Anmerkungen zum neuesten Parteiprogramm der rechtsextremen Partei, in: FR, Jg. 50, Nr. 38, 15.2. 1994, 10

20164 Hamm-Brücher, Hildegard: Was gehen uns LIBERALE die REP's an? Diskussionpapier, o.O. 1989; 8 S. (Ms. vervielf.)

20165 Handreichung: Die Republikaner und Europa, Hg. Christlich-Soziale Union, o.O. [München] o.J. [1989]; 26 S. (Ms. vervielf.)

20166 Hennig, Eike: Die Republikaner im Schatten Deutschlands. Zur Organisation der mentalen Provinz. Eine Studie, Mitarb. Manfred Kieserling/Rolf Kirchner, Frankfurt 1990; 299 S.

20167 Hirsch, Kurt/Sarkowicz, Hans: Schönhuber – der Politiker und seine Kreise, Beitrag »Ideologische Brücken nach rechts« Thomas Assheuer, Frankfurt 1989; 111 S.

20168 Hirscher, Gerhard: Die Republikaner. Auseinandersetzung mit einer Protestpartei zwischen Rechtspopulismus und Rechtsextremismus. (Akademie-Report), Hg. Hanns-Seidel-Stiftung, München 1990; 77 S.

20169 Jahn, Thomas/Wehling, Peter: Ökologie von rechts – am Beispiel der »Republikaner«, Hg. Institut für sozialökologische Forschung, Frankfurt 1990; 146 S. (Ms. vervielf.)

20170 Jaschke, Hans-Gerd: Die »Republikaner«. Profile einer Rechtsaußen-Partei, 2., akt. u. erw. Aufl., Bonn 1992; 176 S. (zuerst 1990)

20171 Jaschke, Hans-Gerd: Eine Weltanschauungspartei macht mobil. Die »Republikaner« bedienen die Sehnsucht von in sozialen Ängsten vor Besitzverlust erstarrten Menschen, in: FR, Jg. 48, Nr. 136, 13.6. 1992, 5

20172 Kellershohn, Helmut: Der völkische Nationalismus der Republikaner. Ideologie und Programmatik, Duisburg 1989; 60 S.

20173 Kellershohn, Helmut: »Unser Programm heißt Deutschland.« – Der Beitrag der REPublikaner zur Renaissance völkischen Denkens in Deutschland, in: Christoph Butterwegge/Siegfried Jäger (Hg.), Rassismus in Europa, Köln 1992, 86–104

20174 Langewiesche, Dieter: Republik und Republikaner. Von der historischen Entwertung eines politischen Begriffs, Essen 1993; 58 S.

20175 Leggewie, Claus: Die Republikaner. Phantombild der Neuen Rechten. Mit Reportagen aus Bayern, Berlin und Köln, Mitarb. Ulrich Chaussy u.a., 2., akt. Aufl., Berlin 1989; 153 S. (zuerst 1989)

20176 Leggewie, Claus: Die Rechte nach den REPs, in: Martina Kirfel/Walter Oswalt (Hg.), Die Rückkehr der Führer. Modernisierter Rechtsextremismus in Westeuropa, 2., überarb. u. erw. Aufl., Wien/Zürich 1991, 49–52 (zuerst 1989)

20177 Lenk, Kurt: Großdeutschland als Programm. Die »Republikaner« nach Rosenheim, in: NG/FH 37 (1990), 327–31; abgedr. in: Kurt Lenk, Rechts, wo die Mitte ist. Studien zur Ideologie: Rechtsextremismus, Nationalsozialismus, Konservatismus, Baden-Baden 1994, 373–78

20178 Lepszy, Norbert: Die Republikaner. Ideologie – Programm – Organisation, in: APUZ, Nr. B 41–42/89, 6.10. 1989, 3–9

20179 Link, Jürgen: Schönhuber in der Nationalelf: Halbrechts, rechtsaußen oder im Abseits? Die politische Kollektivsymbolik der Bundesrepublik Deutschland und der Durchbruch der neorassischen Schönhuberpartei, Duisburg 1990; 39 S.

20180 Malzahn, Claus C./Gast, Wolfgang: Aufstieg und Fall der »Republikaner«, in: Martina Kirfel/Walter Oswalt (Hg.), Die Rückkehr der Führer. Modernisierter Rechtsextremismus in Westeuropa, 2., überarb. u. erw. Aufl., Wien/Zürich 1991, 43–48 (zuerst 1989)

20181 Miskiewicz, Peter: »Hier wispern nicht Greise...« Die Republikaner – eine »neue Kraft für Deutschland«, in: Siegfried Jäger (Hg.), Rechtsdruck. Die Presse der Neuen Rechten, Bonn 1988, 221–52

20182 Müller, Emil-Peter: Republikaner und Grüne – zwischen Ideologie und Protest, Hg. Institut der deutschen Wirtschaft, Köln 1989; 56 S.

20183 Pappi, Franz U.: Die Republikaner im Parteiensystem der Bundesrepublik. Protesterscheinung oder politische Alternative?, in: APUZ, Nr. B 21/90, 18.5. 1990, 37–44

20184 Paul, Gerhard: Die »Republikaner«. Profil einer neuen Partei, in: GMH 40 (1989), 537–48

20185 Die REP. Analyse und politische Bewertung einer rechtsradikalen Partei, Hg. Christlich-Demokratische Union Deutschlands, Bonn 1989; 51 S.

20186 Republikaner auf Radikalkurs, Hg. Christlich-Soziale Union, München 1989; 9 S.

20187 »Die Republikaner« – eine rechte Partei im Aufwind? Erste Analysen und Positionen. (Rechtsextremismus. Materialien zur gewerkschaftlichen Bildungsarbeit), Hg. Deutscher Gewerkschaftsbund, Bundesvorstand, Red. Wolfgang Uellenberg, Düsseldorf o.J. (1989)

20188 Die Republikaner. Wie ist diese Partei entstanden? Was sind ihre Ziele und Inhalte? Welche Personen gehören dieser Partei an? Wer wählt die »Republikaner« und warum? Wie soll man mit den »Republikanern« umgehen?, Hg. Schüler-Union Hessen, Wiesbaden o.J. [1989]; 20 S.

20189 Rosen, Klaus-Henning (Hg.): Die Republikaner – Aspekte einer rechten Partei. Daten – Fakten – Hintergründe, Bonn 1991; 87 S.

20190 Roth, Dieter: Die Republikaner. Schneller Aufstieg und tiefer Fall einer Protestpartei am rechten Rand, in: APUZ, Nr. B 37–38/90, 14.9. 1990, 27–39

20191 Roth, Dieter: Sind die Republikaner die fünfte Partei? Sozial- und Meinungsstruktur der Wähler der Republikaner, in:

APUZ, Nr. B 41–42/89, 6.10. 1989, 10–20; abgedr. in: Kurt Bodewig u. a. (Hg.), Die schleichende Gefahr. Rechtsextremismus heute, 1. u. 2. Aufl., Essen 1990, 130–43

20192 Schmalz-Jacobsen, Cornelia (Hg.): »Liberale contra Republikaner: Argumente statt Demagogie.« Eine Studie der F. D. P.-Bundesgeschäftsstelle, Bonn o. J. [1989]; 31 S. (Ms. vervielf.)

20193 Schomers, Michael: Deutschland ganz rechts. Sieben Monate als Republikaner in BRD und DDR, Vorwort Günter Wallraff, Köln 1990; 272 S.

20194 Schomers, Michael: Die REPUBLIKANER – von innen beleuchtet, in: Christoph Butterwegge/Horst Isola (Hg.), Rechtsextremismus im vereinten Deutschland. Randerscheinung oder Gefahr für die Demokratie?, 2. Aufl., Bremen/Berlin 1991 (zuerst 1990), 75–81

20195 Schönhuber, Franz: Freunde in der Not, 1. u. 2. Aufl., München/Wien 1983; 415 S.

20196 Schönhuber, Franz: Ich war dabei, 9. Aufl., München/Wien 1982; 352 S. (zuerst 1981)

20197 Seeber, David: Mehr als eine Protestpartei? Die bisherigen Erfolge und Mißerfolge der Republikaner, in: HK 46 (1992), 310–14

20198 Steg, Thomas: Mit alten Rezepten zu neuen Ufern – Anmerkungen zu den wirtschafts- und sozialpolitischen Aussagen der »Republikaner«, in: GMH 40 (1989), 571–77

20199 Stiller, Michael: Die Republikaner. Franz Schönhuber und seine rechtsradikale Partei, München 1989; 191 S.

20200 Stöss, Richard: Die »Republikaner«. Woher sie kommen. Was sie wollen. Wer sie wählt. Was zu tun ist, Vorwort Ernst Breit, 2., überarb. Aufl., Köln 1990; 178 S. (zuerst 1990)

20201 Stöss, Richard: Die Republikaner im Parteiensystem der Bundesrepublik, in: TAJB 19 (1990), 429–48

20202 Die Wandlung des Franz Schönhuber, Hg. Christlich-Soziale Union, Landesleitung, München 1989; 23 S. (Ms. vervielf.)

20203 »Weder verharmlosen noch dämonisieren.« Sozialwissenschaftliche Befunde über die Wählerschaft rechtsextremer Gruppierungen und die politischen und gesellschaftlichen Bedingungen des parlamentarischen Aufkommens der Partei »Die Republikaner«. (intern. Informationsdienst der SPD), Hg. Sozialdemokratische Partei Deutschlands, Parteivorstand, Bonn 1989; 28 S.

20204 Wiesner, Joachim: Der Durchbruch der »Republikaner«. Steht die Bundesrepublik vor einem Wandel ihres Regierungssystems?, in: liberal 31 (1989), Nr. 3, 73–97

20205 Zitelmann, Rainer: Die Republikaner, in: ZfP N. F. 36 (1989), 410–21

Regional- und Lokalstudien

20205a Ködderitzsch, Peter: REPUBLIKANER in der ehemaligen DDR, in: Christoph Butterwegge/Horst Isola (Hg.), Rechtsextremismus im vereinten Deutschland. Randerscheinung oder Gefahr für die Demokratie?, 2. Aufl., Bremen/Berlin 1991 (zuerst 1990), 82–87

B.2.3.5 Diverse rechtsextreme Kleinparteien

[vgl. A.1.9.2: O. Straßer]

Darstellungen

20206 Bauer, Arnold: Die WAV – der gescheiterte Versuch einer mittelständischen Massenpartei, in: Max G. Lange u. a., Parteien in der Bundesrepublik. Studien zur Entwicklung der deutschen Parteien bis zur

Bundestagswahl 1953, Stuttgart/Düsseldorf 1955, 483–92

20207 Fichter, Michael: Die Europäische Arbeiterpartei, in: Richard Stöss (Hg.), Parteien-Handbuch. Die Parteien in der Bundesrepublik Deutschland 1945–1980, Bd. 2, Opladen 1983, 1279–95 (ND 1986)

20208 Holzgräber, Rudolf: Die DP – Partei eines neuen Konservativismus?, in: Max G. Lange u. a., Parteien in der Bundesrepublik. Studien zur Entwicklung der deutschen Parteien bis zur Bundestagswahl 1953, Stuttgart/Düsseldorf 1955, 407–49

20209 Jetter, Rainer: Getarnter Rechtsradikalismus oder was will die C.A.R.P.?, Berlin 1978; 124 S.

20211 Lorscheid, Helmut/Müller, Leo A.: Deckname: Schiller. Die Deutschen Patrioten des Lyndon LaRouche, Reinbek 1986; 190 S.

20212 Meyn, Hermann: Die Deutsche Partei. Entwicklung und Problematik einer national-konservativen Rechtspartei nach 1945, Düsseldorf 1965; 172 S.

20213 Schmollinger, Horst W.: Die Deutsche Partei, in: Richard Stöss (Hg.), Parteien-Handbuch. Die Parteien der Bundesrepublik Deutschland 1945–1980, Bd. 1, Opladen 1983, 1025–111 (ND 1986)

20214 Schmollinger, Horst W.: Der Deutsche Block, in: Richard Stöss (Hg.), Parteien-Handbuch. Die Parteien in der Bundesrepublik Deutschland 1945–1980, Bd. 1, Opladen 1983, 807–47 (ND 1986)

20215 Schmollinger, Horst W.: Die Deutsche Konservative Partei – Deutsche Rechtspartei, in: Richard Stöss (Hg.), Parteien-Handbuch. Die Parteien in der Bundesrepublik Deutschland 1945–1980, Bd. 1, Opladen 1983, 982–1024 (ND 1986)

20216 Schmollinger, Horst W.: Die Deutsche Reichspartei, in: Richard Stöss (Hg.), Parteien-Handbuch. Die Parteien in der Bundesrepublik Deutschland 1945–1980, Bd. 1, Opladen 1983, 1112–91 (ND 1986)

20217 Stöss, Richard: Vom Nationalismus zum Umweltschutz. Die Deutsche Gemeinschaft/Aktionsgemeinschaft Unabhängiger Deutscher im Parteiensystem der Bundesrepublik, Opladen 1980; 382 S.

20218 Stöss, Richard: Die Aktionsgemeinschaft Vierte Partei, in: Richard Stöss (Hg.), Parteien-Handbuch. Die Parteien der Bundesrepublik Deutschland 1945–1980, Bd. 1, Opladen 1983, 336–66 (ND 1986)

20219 Stöss, Richard: Die Aktionsgemeinschaft Unabhängiger Deutscher, in: Richard Stöss (Hg.), Parteien-Handbuch. Die Parteien in der Bundesrepublik Deutschland 1945–1980, Bd. 1, Opladen 1983, 310–35 (ND 1986)

20220 Stöss, Richard: Die Deutsche Gemeinschaft, in: Richard Stöss (Hg.), Parteien-Handbuch. Die Parteien in der Bundesrepublik Deutschland 1945–1980, Bd. 1, Opladen 1983, 877–900 (ND 1986)

20221 Stöss, Richard: Die Deutsch-Soziale Union, in: Richard Stöss (Hg.), Parteien-Handbuch. Die Parteien in der Bundesrepublik Deutschland 1945–1980, Bd. 1, Opladen 1983, 1243–78 (ND 1986)

20222 Stöss, Richard: Die Unabhängige Arbeiter-Partei, in: Richard Stöss (Hg.), Parteien-Handbuch. Die Parteien der Bundesrepublik Deutschland 1945–1980, Bd. 2, Opladen 1986, 2337–60 (ND 1986)

20223 Stöss, Richard: Die Freisoziale Union, in: Richard Stöss (Hg.), Parteien-Handbuch. Die Parteien der Bundesrepublik Deutschland 1945–1980, Bd. 2, Opladen 1983, 1397–423 (ND 1986)

20224 Stöss, Richard: Die Freie Sozialistische Partei, in: Richard Stöss (Hg.), Parteien-Handbuch. Die Parteien in der Bundesrepublik Deutschland 1945–1980, Bd. 2, Opladen 1983, 1382–96 (ND 1986)

20225 Winge, Sören: Die Wirtschaftliche Aufbau-Vereinigung (WAV) 1945–53. Entwicklung und Politik einer »undoktrinären« politischen Partei in der Bundesrepublik in der ersten Nachkriegszeit, Uppsala 1976; 251 S.

20226 Woller, Hans: Die Loritz-Partei: Geschichte, Struktur und Politik der Wirtschaftlichen Aufbau-Vereinigung 1945–1955, Stuttgart 1982; 231 S.

20227 Woller, Hans: Die Wirtschaftliche Aufbau-Vereinigung, in: Richard Stöss (Hg.), Parteien-Handbuch. Die Parteien in der Bundesrepublik Deutschland 1945–1980, Bd. 2, Opladen 1983, 2458–81 (ND 1986)

Regional-/Lokalstudien

20228 Schmollinger, Horst W.: Die Vaterländische Union [Bayern], in: Richard Stöss (Hg.), Parteien-Handbuch. Die Parteien in der Bundesrepublik Deutschland 1945–1980, Bd. 2, Opladen 1983, 2381–91 (ND 1986)

20229 Schmollinger, Horst W.: Die Konservative Partei [West-Berlin], in: Richard Stöss (Hg.), Parteien-Handbuch. Die Parteien in der Bundesrepublik Deutschland 1945–1980, Bd. 2, Opladen 1983, 1880–91 (ND 1986)

20230 Schmollinger, Horst W.: Die Nationaldemokratische Partei [Hessen], in: Richard Stöss (Hg.), Parteien-Handbuch. Die Parteien in der Bundesrepublik Deutschland 1945–1980, Bd. 2, Opladen 1983, 1892–1921 (ND 1986)

B.2.4 Rechtsextreme Einstellungen in der deutschen Bevölkerung

20231 Bergmann, Werner: Medienöffentlichkeit und extremistisches Meinungsspektrum. Die Süddeutsche Zeitung und der Fall »Adolf Bleibtreu«, in: JfA 3 (1994), 51–67

20232 Bergmann, Werner/Erb, Rainer: Antisemitismus in der Bundesrepublik Deutschland. Ergebnisse der empirischen Forschung von 1946 bis 1989, Opladen 1991; 328 S.

20233 Bergmann, Werner/Erb, Rainer: Antisemitismus in der politischen Kultur seit 1945, Wiesbaden 1990; 348 S.

20234 Bergmann, Werner/Erb, Rainer: Privates Vorurteil und öffentliche Konflikte. Der Antisemitismus in Westdeutschland nach 1945, in: JfA 1 (1992), 13–41

20235 Bergmann, Werner/Erb, Rainer: Kommunikationslatenz, Moral und öffentliche Meinung. Theoretische Überlegungen zum Antisemitismus in der Bundesrepublik Deutschland, in: KZSS 38 (1986), 223–46

20236 Bielefeld, Uli (Hg.): Das Eigene und das Fremde. Neuer Rassismus in der Alten Welt?, Hamburg 1991; 338 S.

20237 Birsl, Ursula: Rechtsextremismus: weiblich – männlich? Eine Fallstudie zu geschlechtsspezifischen Lebensverläufen, Handlungsspielräumen und Orientierungsweisen, Opladen 1994; 369 S.

20238 Birsl, Ursula: Frauen und Rechtsextremismus, in: APUZ, Nr. B 3–4/92, 10.1.1992, 22–30

20239 Birsl, Ursula u.a.: Rechtsextremismus ist kein männerspezifisches Phänomen. Fremdenfeindliche Orientierungen im Geschlechtervergleich [Niedersachsen], in: FR, Jg. 49, Nr. 276, 27.11.1993, 16

20240 Brumlik, Micha: Die Angst vor dem Vater. Judenfeindliche Tendenzen im Umkreis neuer sozialer Bewegungen, in: Alphons Silbermann/Julius H. Schoeps (Hg.), Antisemitismus nach dem Holocaust. Bestandsaufnahme und Erscheinungsformen in deutschsprachigen Ländern, Köln 1986, 133–62

20241 Buchheim, Hans: Aktuelle Krisenpunkte des deutschen Nationalbewußtseins, Mainz 1967; 66 S.

20242 Elsässer, Jürgen: Antisemitismus – das alte Gesicht des neuen Deutschland, Berlin 1992; 158 S.

20243 Falter, Jürgen W.: Wer wählt rechts? Die Wähler, Anhänger und Sympathisanten rechtsextremistischer Parteien im vereinigten Deutschland, München 1994; 167 S.

20244 Falter, Jürgen W./Schumann, Siegfried: Affinity towards Right-wing Extremism in Western Europe, in: Klaus von Beyme (Hg.), Right-wing Extremism in Western Europe, London/Totowa, N.J. 1988, 96–110

20245 Fetscher, Iring: Rechts und rechtsradikales Denken in der Bundesrepublik, in: Iring Fetscher (Hg.), Rechtsradikalismus, Frankfurt 1967, 11–29

20246 Fritsche, K. Peter: Die Furcht vor den Fremden ist eine Folge eigener Furchtsamkeit, in: FR, Jg. 50, Nr. 223, 24.9.1994, 14

20247 [Fünf] 5 Millionen Deutsche: »Wir sollten wieder einen Führer haben...« Die SINUS-Studie über rechtsextremistische Einstellungen bei den Deutschen, Hg. Sinus-Institut, Reinbek 1981; 139 S.

20248 Funke, Hajo: »Jetzt sind wir dran...« Nationalismus im geeinten Deutschland. Aspekte der Einigungspolitik und nationalistische Potentiale in Deutschland, Berlin 1991; 196 S.

20249 Gessenharter, Wolfgang u.a.: Rechtsextremismus als normativ-praktisches Forschungsproblem. Eine empirische Analyse der Einstellungen von studierenden Offizieren der Hochschule der Bundeswehr Hamburg sowie von zivilen und militärischen Vergleichsgruppen, Mitarb. Winfried Nacken, Weinheim/Basel 1978; XVI, 262, 66 S.

20250 Habermehl, Werner: Sind die Deutschen faschistoid? Ergebnisse einer empirischen Untersuchung über die Verbreitung rechter und rechtsextremer Ideologien in der Bundesrepublik Deutschland, Hamburg 1979; 253 S.

20251 Hafeneger, Benno: Rechtsextreme Europabilder, in: Wolfgang Kowalsky/Wolfgang Schroeder (Hg.), Rechtsextremismus. Einführung und Forschungsbilanz, Opladen 1994, 212–27

20252 Hennig, Eike: Politische Unzufriedenheit – ein Resonanzboden für Rechtsextremismus?, in: Wolfgang Kowalsky/Wolfgang Schroeder (Hg.), Rechtsextremismus. Einführung und Forschungsbilanz, Opladen 1994, 339–80

20253 Himmelstein, Klaus: Neofaschismus in der Bundesrepublik als Problem der Erziehungswissenschaft, in: Wolfgang Keim (Hg.), Pädagogen und Pädagogik im Nationalsozialismus. Ein unerledigtes Problem der Erziehungswissenschaft, 3. Aufl., Frankfurt u.a. 1991, 207–26 (zuerst 1988)

20254 Hofmann-Göttig, Joachim: Die neue Rechte: die Männerparteien. (Die Wähler der extremen Rechten, 2), Hg. Karl-Heinz Klär u.a., Bonn 1989; 144 S.

20255 Hoffmeister, Dieter/Sill, Oiver: Zwischen Aufstieg und Ausstieg. Autoritäre Einstellungsmuster bei Jugendlichen/jungen Erwachsenen, Opladen 1992; 173 S.

20256 Jäger, Margret: Das Frauen- und Familienbild des Rechtsextremismus, in: Margret Jäger/Siegfried Jäger (Hg.), Aus der Mitte der Gesellschaft. Zu den Ursachen von Rechtsextremismus und Rassismus in Europa, Bd. 1, Duisburg 1992, 49–70

20257 Jäger, Siegfried: BrandSätze. Rassismus im Alltag, 3. Aufl., Duisburg 1993; 320 S. (zuerst 1992)

20258 Jäger, Siegfried: Wie die Deutschen die »Fremden« sehen: Rassismus im Alltagsdiskurs, in: Christoph Butterwegge/Siegfried Jäger (Hg.), Rassismus in Europa, Köln 1992, 230–47

20259 Jäger, Siegfried: Der Diskurs des Rassismus, in: Margret Jäger/Siegfried Jäger (Hg.), Aus der Mitte der Gesellschaft. Zu den Ursachen von Rechtsextremismus und Rassismus in Europa, Bd. 1, Duisburg 1992, 10–30

20260 Klär, Karl-Heinz u. a. (Hg.): Die Wähler der extremen Rechten, Bd. 1: Weder verharmlosen noch dämonisieren, Bonn 1989; 72 S.

20261 Klär, Karl-Heinz u. a. (Hg.): Sozialstruktur und Einstellungen von Wählern rechtsextremer Parteien. (Die Wähler der extremen Rechten, 3), Bonn 1989; 87 S.

20262 Knortz, Heike (Hg.): Fremdenfeindlichkeit in Deutschland. Ein interdisziplinärer Diskussionsbeitrag, Frankfurt u.a. 1994; 243 S.

20263 Kühnl, Reinhard: Korporationen zwischen Konservatismus und Rechtsextremismus, in: Alexandra Kurth/Jürgen Schlicher (Hg.), Studentische Korporationen gestern und heute. Dokumentation der Konferenz »Das Wartburgfest 1817«. Historische Erfahrungen und gegenwärtige Herausforderungen für eine demokratische Hochschulpolitik, Marburg 1992, 81–85

20264 Lenk, Kurt: Motive rechtsradikalen Verhaltens, in: Hermann Glaser/Karl H. Stahl (Hg.), Opposition in der Bundesrepublik. Ein Tagungsbericht. (Das Nürnberger Gespräch 1968), Freiburg 1968, 23–33; abgedr. in: Kurt Lenk, Rechts, wo die Mitte ist. Studien zur Ideologie: Rechtsextremismus, Nationalsozialismus, Konservatismus, Baden-Baden 1994, 337–44

20265 Lenk, Kurt: Blinde Opfer: »berufen und verfolgt«. Zum Rechtsextremismus in der Bundesrepublik. Die Elemente einer »Weltanschauung« zwischen Rassismus und Eliteideologie (1982), in: Kurt Lenk, Rechts, wo die Mitte ist. Studien zur Ideologie: Rechtsextremismus, Nationalsozialismus, Konservatismus, Baden-Baden 1994, 367–72

20266 Möller, Kurt: Über die Verlockung traditioneller Frauenbilder und Klischees. Die Anfälligkeit von Mädchen und Frauen für den Rechtsextremismus. Entfremdung von der Politik, in: FR, Jg. 46, Nr. 302, 29.12.1990, 10

20267 Moreau, Patrick: Die neue Religion der Rasse. Der Biologismus und die kollektive Ethik der Neuen Rechten in Frankreich und Deutschland, in: Iring Fetscher (Hg.), Neokonservative und »Neue Rechte«. Der Angriff gegen Sozialstaat und liberale Demokratie in den Vereinigten Staaten, Westeuropa und der Bundesrepublik, München 1983, 117–62, 232–44

20268 Niedermayer, Oskar: Sozialstruktur, politische Orientierungen und die Unterstützung extrem rechter Parteien in Westeuropa, in: ZParl 21 (1990), 564–82

20269 Noelle-Neumann, Elisabeth/Ring, Erp: Das Extremismus-Potential unter jungen Leuten in der Bundesrepublik Deutschland 1984, Hg. Institut für Demoskopie Allensbach, 2. Aufl., Bonn 1985; 297 S.

20270 Oesterreich, Detlef: Autoritäre Persönlichkeit und Gesellschaftsordnung. Der Stellenwert psychischer Faktoren für politische Einstellungen – eine empirische Untersuchung von Jugendlichen in Ost und West, Weinheim 1993; 243 S.

20271 Ohlemacher, Thomas: Xenophobia in the Reunified Germany. Public Opinion and Violence against Foreigners in the Reunified Germany, in: ZfS 23 (1994), 222–36

20272 Panahi, Badi: Rassismus, Antisemitismus, Nationalismus ... in der Bundesrepublik heute. Eine empirische Untersuchung, Frankfurt 1980; 234 S.

20273 Räthzel, Nora: Formen von Rassismus in der Bundesrepublik, in: Margret Jäger/Siegfried Jäger (Hg.), Aus der Mitte der Gesellschaft. Zu den Ursachen von Rechtsextremismus und Rassismus in Europa, Bd. 1, Duisburg 1992, 31–48

20274 Richter, Horst-Eberhardt: Zur Psychoanalyse des Rechtsradikalismus, in: FR, Jg. 50, Nr. 231, 5.10.1994, 20

20275 Rosen, Klaus-Henning: Vorurteile im Verborgenen. Zum Antisemitismus in der Bundesrepublik Deutschland, in: Herbert A. Strauss/Norbert Kampe (Hg.), Antisemitismus. Von der Judenfeindschaft zum Holocaust, Frankfurt/New York (zugl. Bonn) 1985, 256–79

20276 Schacht, Konrad: Gesellschaftliche Modernisierung. Wertewandel und rechtsextremistische Orientierungen, in: Kurt Bodewig u. a. (Hg.), Die schleichende Gefahr. Rechtsextremismus heute, 1. u. 2. Aufl., Essen 1990, 77–91; Sonderdr.: zum nachdenken, N. F. 34, Hg. Hessische Landeszentrale für politische Bildung, Wiesbaden 1991

20277 Schneider, Rudi: Antisemitismus und Rassismus in der Bundesrepublik, in: Max Oppenheimer u. a. (Hg.), Als die Synagogen brannten. Zur Funktion des Antisemitismus gestern und heute, hg. i. A. d. Präsidiums der VVN-Bund der Antifaschisten, Frankfurt 1978, 77–94

20278 Schröder, Andreas/Tykwer, Jörg: Mit Vorurteilen gegen Vorurteile – wie eine Fernsehsendung gegen Ausländerfeindlichkeit ankämpft. Eine Fallstudie, in: JfA 3 (1994), 26–50

20279 Schwagerl, Hans J.: Rechtsextremes Denken. Merkmale und Methoden, Frankfurt 1993; 251 S.

20280 Schwagerl, Hans J.: Antisemitische Bestrebungen in der Bundesrepublik Deutschland – Einschätzungen aus der Sicht des informativen Verfassungsschutzes, in: Erhard R. Wiehn (Hg.), Judenfeindschaft. Eine öffentliche Vortragsreihe an der Universität Konstanz 1988/89, Konstanz 1989, 199–222

20281 Schwagerl, Hans J.: Rechtsextremes Denken. Merkmale und Methoden, Köln 1993; 251 S.

20282 Silbermann, Alphons: Sind wir Antisemiten? Ausmaß und Wirkung eines sozialen Vorurteils in der Bundesrepubik Deutschland, Köln 1982; 231 S.

20283 Silbermann, Alphons: Latenter Antisemitismus in der Bundesrepublik Deutschland, in: Michael Bosch (Hg.), Antisemitismus, Nationalsozialismus und Neonazismus, Düsseldorf 1979, 41–54

20284 Silbermann, Alphons/Schoeps, Julius H. (Hg.): Antisemitismus nach dem Holocaust. Bestandsaufnahme und Erscheinungsformen in deutschsprachigen Ländern, Köln 1986; 195 S.*

20285 Stern, Frank: Von der Bühne auf die Straße. Der schwierige Umgang mit dem deutschen Antisemitismus in der politischen Kultur 1945 bis 1990. Eine Skizze, in: JfA 1 (1992), 42–76

20286 Strauss, Herbert A. u. a. (Hg.): Der Antisemitismus der Gegenwart, Frankfurt/New York 1990; 275 S.

20287 Wodak, Ruth u. a.: »Wir sind alle unschuldige Täter.« Diskurshistorische Studien zum Nachkriegsantisemitismus, Frankfurt 1990; 401 S.

20288 Zimmermann, Moshe: Das Ende des Antisemitismus. Der Stellenwert der Judenfeindschaft im Rechtsextremismus, in: Dietrich Schlegel (Hg.), Der neue Nationalismus. Ursachen, Chancen, Gefahren, Schwalbach, Ts. 1994, 247–52 (Diskussion: 253–56)

20289 Zwerenz, Gerhard: Rechts und dumm?, Hamburg 1993; 128 S.

B.2.5 Rechtsextremismus unter Jugendlichen

Literaturberichte

20290 Lißmann, Hans-Jochen: Erklärungsversuche und Folgerungen. Jugend und Gewalt in Deutschland, in: Parlament, Jg. 44, Nr. 7–8, 18./25. 2. 1994, 19

Darstellungen

20291 Ackermann, Paul: Rechtsextremistische Tendenzen unter Jugendlichen als politisches und pädagogisches Problem, in: Thomas Schnabel (Hg.), Lokalmodelle nationalsozialistischer Machtergreifung. Dokumente – Bilder – Unterrichtsmodelle, Heidelberg 1983, 17–33

20292 Ateser, Ural u.a.: Rechtsextreme Jugendliche, Hg. IDEEN-Redaktion, Göttingen 1993; 96 S.

20293 Bernzen, Christian: Positionen und Gedanken aus der katholischen Jugendarbeit zum Problem des Rechtsextremismus in Deutschland, in: Kurt Bodewig u.a. (Hg.), Die schleichende Gefahr. Rechtsextremismus heute, 1. und 2. Aufl., Essen 1990, 196–203

20294 Birsl, Ursula u.a.: Jugendliche: Rechtsextremismus – Lebenslagen – Gewerkschaften. Lebensverhältnisse und politische Orientierungen im Geschlechtervergleich und Gewerkschaftspolitik. Forschungsbericht, Göttingen 1994; 138, XX, VIII S. (Ms. vervielf.)

20295 Breymann, Klaus: Gewaltbereitschaft von Jugendlichen und Rechtsextremismus, in: RuP 29 (1993), 67–71

20296 Breyvogel, Wilfried (Hg.): Lust auf Randale. Jugendliche Gewalt gegen Fremde, Bonn 1993; 254 S.

20297 Castner, Hartmut/Castner, Thilo: Rechtsextremismus und Jugend. Erscheinungsformen – Ursachen – Gegenstrategien, in: APUZ, Nr. B 41–42/89, 6.10.1989, 32–39

20298 Castner Hartmut/Castner, Thilo: Schuljugend und Neofaschismus – ein aktuelles Problem politischer Bildung, in: APUZ, Nr. B 44/78, 4.11.1978, 31–47

20299 Dick, Lutz van: Voraussetzungen für Aufklärung schaffen! Jugendlicher Rechtsextremismus und pädagogisches Handeln, in: 1999 6 (1991), Nr. 1, 100–7

20300 Dudek, Peter (Hg.): Hakenkreuz und Judenwitz. Antifaschistische Jugendarbeit in der Schule, Bensheim 1980; 155 S.

20301 Dudek, Peter: Jugendliche Extremisten. Zwischen Hakenkreuz und Odalsrune 1945 bis heute, Köln 1985; 243 S.

20302 Dudek, Peter/Jaschke, Hans-Gerd: Jugend rechtsaußen. Analysen, Essays, Kritik, Bensheim 1982; 165 S.

20303 Dudek, Peter/Jaschke, Hans-Gerd: Revolte von rechts. Anatomie einer neuen Jugendpresse, Frankfurt/New York 1981; 191 S.

20304 Dudek, Peter/Jaschke, Hans-Gerd: Die »neue« rechtsextreme Jugendpresse in der Bundesrepublik Deutschland. Politische Hintergründe und gesellschaftliche Folgen, in: APUZ, Nr. B 43/81, 24.10.1981, 21–35

20305 Eisenberg, Götz/Gronemeyer, Reimer: Jugend und Gewalt. Der neue Generationenkonflikt oder Der Zerfall der zivilen Gesellschaft, 1.–3. Aufl., Reinbek 1993; 223 S.

20306 Ernst, Paul C.: Rechtsextremismus unter Jugendlichen, in: Bernhard Schäfers (Hg.), Jugend in der Gegenwartsgesellschaft. (Gegenwartskunde, Sonderh. 2), Opladen 1980, 185–95

20307 Esser, Johannes/Dominikowski, Thomas: Die Lust an der Gewalttätigkeit bei Jugendlichen. Krisenprofile – Ursachen – Handlungsorientierungen für die Jugendarbeit, Frankfurt 1993; 94 S.

20308 Extremismus und Schule. Daten, Analysen und Arbeitshilfen zum politischen Rechts- und Linksextremismus, Hg. Bundeszentrale für politische Bildung, Bonn 1984; 252 S.*

20309 Farin, Klaus/Seidel-Pielen, Eberhard: »Ohne Gewalt läuft nichts!« Jugend und Gewalt in Deutschland, Köln 1993; 304 S.

20310 Farin, Klaus/Seidel-Pielen, Eberhard: Skinheads, München 1993; 224 S.

20311 Gerhard, Dirk: Arbeitslose Jugendliche im Visier der Neonazis, in: Faschismus in Deutschland. Ursachen und Folgen. Verfolgung und Widerstand. Ausländerfeindlichkeit und neonazistische Gefahren, Hg. IG Druck und Papier, Köln 1985, 300–8

20312 Gewalt gegen Fremde. Rechtsradikale, Skinheads und Mitläufer, Hg. Deutsches Jugendinstitut, Weinheim 1993; 195 S.

20313 Hafeneger, Benno: Rechtsextremistische Orientierungen unter Jugendlichen, in: Renate Cogoy u. a. (Hg.), Erinnerung einer Profession. Erziehungsberatung, Jugendhilfe und Nationalsozialismus, Münster 1989, 102–10

20314 Hafeneger, Benno: Ein- und Ausstieg: Zwei Jugendliche in der rechtsextremen Szene, in: Sozialmagazin 17 (1992), Nr. 4, 34–39; abgedr. in: FR, Jg. 48, Nr. 88, 13. 4. 1992, 8

20315 Hafeneger, Benno/Lochmann, Walter: Rechtsextreme Jugend. Zu einigen Entwicklungen, in: Vorgänge 25 (1986), Nr. 84, 7–11

20316 Hartmann, Ulrich u. a.: Rechtsextremismus bei Jugendlichen. Anregungen, der wachsenden Gefahr entgegenzuwirken, München 1985; 159 S.

20317 Heitmeyer, Wilhelm: Rechtsextremistische Orientierungen bei Jugendlichen. Empirische Ergebnisse und Erklärungsmuster einer Untersuchung zur politischen Sozialisation, 4., erg. Aufl., Weinheim/München 1992; 270 S. (zuerst 1987)

20318 Heitmeyer, Wilhelm: »Warum handeln Menschen gegen ihre Interessen?« Ein 'ran-Buch für Jugendliche, Köln 1991; 240 S.

20319 Heitmeyer, Wilhelm u. a.: Die Bielefelder Rechtsextremismus-Studie. Erste Langzeituntersuchung zur politischen Sozialisation Jugendlicher, München/Weinheim 1992; 612 S.

20320 Heitmeyer, Wilhelm: Jugend auf dem Weg nach rechts?, in: Kurt Bodewig u. a. (Hg.), Die schleichende Gefahr. Rechtsextremismus heute, 1. und 2. Aufl., Essen 1990, 236–52

20321 Heitmeyer, Wilhelm: Jugend auf dem Weg nach rechts?, in: GMH 40 (1989), 549–60

20322 Held, Josef u. a.: »Du mußt so handeln, daß Du Gewinn machst...« Empirische Untersuchungen zu politisch rechten Orientierungen Jugendlicher Arbeitnehmer, Duisburg 1991; 40 S.

20323 Hennig, Eike u. a.: Neonazistische Militanz und Rechtsextremismus unter Jugendlichen, Hg. Bundesministerium des Innern, Stuttgart u. a. 1982; 39 S.

20324 Hennig, Eike: Neonazistische Militanz und Rechtsextremismus unter Jugendlichen, in: APUZ, Nr. B 9–10/81, 28. 2. 1981, 23–37

20325 Hennig, Eike: Wie wird man rechtsextremer Jugendlicher in der Bundesrepublik?, in: Extremismus und Schule. Daten, Analysen und Arbeitshilfen zum politischen Rechts- und Linksextremismus, Hg. Bundeszentrale für politische Bildung, Bonn 1984, 151–70

20326 Hennig, Eike: Wert habe ich nur als Kämpfer. Rechtsextremistische Militanz und neonazistischer Terror, in: Faszination der Gewalt, politische Strategie und Alltagserfahrung, Red. Reiner Steinweg, Frankfurt 1983, 89–122

20327 Hennig, Eike: Jugendprotest und Rechtsextremismus, in: SOWI 9 (1980), Nr. 4, 211–14

20328 Hennig, Eike/Jaschke, Hans-Gerd: Neofaschismus und Jugend in der BRD heute. Lehrerhilfen. (Institut für historisch-wissenschaftliche Analysen, Arbeitspapier 6), Weinheim 1980; II, 57 S. (lose Bl. in Mappe)

20329 Hopf, Wulf: Rechtsextremismus von Jugendlichen – kein Deprivationsproblem?, in: ZSE 14 (1994), 194–211

20330 Hübner, Axel: Rechtsradikale Jugendgruppen in der Bundesrepublik, in: Iring Fetscher (Hg.), Rechtsradikalismus, Frankfurt 1967, 125–58

20331 Jaide, Walter: Achtzehnjährige. Zwischen Reaktion und Rebellion. Politische Einstellungen und Aktivitäten Jugendlicher in der Bundesrepublik, Opladen 1978; 211 S.

20332 Jugendliche auf dem Weg nach rechtsaußen?, Hg. Arbeitskreis »Jugendarbeit und Rechtsextremismus« Aachen, Duisburg 1990; 58 S.

20333 Klönne, Arno: Jugend und Rechtsextremismus, in: Wolfgang Kowalsky/Wolfgang Schroeder (Hg.), Rechtsextremismus. Einführung und Forschungsbilanz, Opladen 1994, 129–42

20334 Krafeld, Franz J. u. a.: Jugendarbeit in rechten Szenen, Bremen 1993; 144 S.

20335 Leiprecht, Rudolf (Hg.): Unter Anderen. Rassismus und Jugendarbeit, Duisburg 1992; 104 S.

20336 Leiprecht, Rudolf u. a.: »Jugendliche und Rechtsextremismus«. Laufende und abgeschlossene Forschungen in Ost- und Westdeutschland, Hg. Hans-Böckler-Stiftung, Düsseldorf 1992; III, 131 S.

20337 Leiprecht, Rudolf: Rassismus und Ethnozentrismus bei Jugendlichen, Duisburg 1991; 66 S.

20338 Lorenzo, Giovanni di: Stefan, zweiundzwanzig, deutscher Rechtsterrorist. Mein Traum ist der Traum von vielen, Reinbek 1984; 158 S.

20339 Meyer, Alwin/Rabe, Karl-Klaus: Unsere Stunde, die wird kommen. Rechtsextremismus unter Jugendlichen, Bornheim-Merten 1979; 286 S.

20340 Moret, Jürgen (Bearb.): Rechtsextremismus unter Jugendlichen. Möglichkeiten antifaschistischer Jugendarbeit. Eine Dokumentation für die praktische Jugendarbeit, Radevormwald 1980; 131 S.

20341 Nave-Herz, Rosemarie u. a. (Hg.): Aggressionen, Rechtsradikalismus, Ausländerfeindlichkeit. (ZSE, Jg. 14, Nr. 2), Weinheim 1994; 93 S.

20342 Otto, Hans-Uwe/Merten, Roland (Hg.): Rechtsradikale Gewalt im vereinigten Deutschland. Jugend im gesellschaftlichen Umbruch, Opladen 1993; 470 S.

20343 Paul, Gerhard/Schoßig, Bernhard (Hg.): Jugend und Neo-Faschismus, 2. Aufl., Frankfurt 1980; 232 S. (zuerst 1979)

20344 Piaszczynski, Ulrich: Mobile Jugendarbeit mit rechtsextrem orientierten Jugendlichen in Baden-Württemberg. Ein sozialpädagogischer Ansatz zur Konfliktbearbeitung, in: APUZ, Nr. B 46–47/93, 12. 11. 1993, 24–31

20345 Pilz, Gunter A.: Jugend, Gewalt und Rechtsextremismus. Möglichkeiten und Notwendigkeiten politischen, polizeilichen und (sozial-)pädagogischen Handelns, Hg. Niedersächsische Landeszentrale für politische Bildung, Hannover 1993; 191 S.

20346 Rabe, Karl-Klaus (Hg.): Rechtsextreme Jugendliche. Gespräche mit Verführern und Verführten. Mit Interviews, Bornheim-Merten 1980; 252 S.

20347 Rechtsradikalismus – Aggressionsneigung und Zukunftsangst. Einstellungen von Jugendlichen in Rheinland-Pfalz, Hg. Landeszentrale für politische Bildung Rheinland-Pfalz, Bearb. Oliver Appel/Stefan Striehl u. a., Vorwort Hans-Gerd Jaschke, Mainz 1993; 44 S.

20348 Schön, Christine: Was »treibt« Mädchen/junge Frauen heute in neofaschistische/rechtsextreme Organisationen – oder . . ., in: Widersprüche 5 (1985), Nr. 16, 75–77

20349 Schröder, Achim: Nazi-Sprüche im antifaschistischen Jugendverband, in: Widersprüche 5 (1985), Nr. 16, 45–47

20350 Schröder, Burkhard: Rechte Kerle. Skinheads, Faschos, Hooligans, Reinbek 1993; 252 S.

20351 Seifert, Werner: Rechtsextremismus und Gewaltbereitschaft von Jugendlichen als zwangsläufige Folge des deutschen Einigungsprozesses, in: Dietrich Schlegel (Hg.), Der neue Nationalismus. Ursachen, Chancen, Gefahren, Schwalbach, Ts. 1994, 218–31

20352 Sochatzky, Klaus: Parole rechts! Jugend wohin? Neofaschismus im Schülerurteil. Eine empirische Studie, 3., erw. Aufl., Frankfurt 1981; 335 S. (zuerst 1980)

20353 Stock, Manfred/Mühlberg, Philipp: Die Szene von innen. Skinheads, Grufties, Heavy Metals, Punks, Berlin 1990; 246 S.

20354 Stöss, Richard: Pronazistisches Protestverhalten unter Jugendlichen. Schüler – Fußballfans – Punks – Skinheads – Nazi-Rocker, in: Alphons Silbermann/Julius H. Schoeps (Hg.), Antisemitismus nach dem Holocaust. Bestandsaufnahme und Erscheinungsformen in deutschsprachigen Ländern, Köln 1986, 163–92

20355 Stöss, Richard: Pronazistisches Protestverhalten in der Schule. Ursachen und Ausmaß, in: Extremismus und Schule. Daten, Analysen und Arbeitshilfen zum politischen Rechts- und Linksextremismus, Hg. Bundeszentrale für politische Bildung, Bonn 1984, 171–94

20356 Wagner, Gerald: Ich heiße Gerald Wagner. Ein rechtsradikaler Jugendlicher berichtet, München 1981; 96 S.

Siglen der zitierten Zeitschriften

AAAPSS The Annals of the American Academy of Political and Social Sciences
AFGK Archiv für Frankfurts Geschichte und Kunst
AfK Archiv für Kommunalwissenschaften
AfM Archiv für Musikwissenschaft
AFoSt Asian Folklore Studies (Nagoya)
AfS Archiv für Sozialgeschichte
AfV Archiv des Völkerrechts
AH Agricultural History
AHR American Historical Review
AGB Archiv für die Geschichte des Buchwesens
AJB Aalener Jahrbuch
AJIL American Journal of International Law
AJPH Australian Journal of Politics and History
AJPS American Journal of Political Science
AJS American Journal of Sociology
AKG Archiv für Kulturgeschichte
AMK Archiv für Mittelrheinische Kirchengeschichte
APH Acta Poloniae Historica
APF Archiv für das Post- und Fernmeldewesen
APSR American Political Science Review
APUZ Aus Politik und Zeitgeschichte. Beilage zur Zeitschrift Das Parlament
ArchZ Archivalische Zeitschrift
AS Die Alte Stadt
ASKG Archiv für schlesische Kirchengeschichte
ASM Allgemeine Schweizerische Militärzeitschrift
ASR American Sociological Review
ÄuK Ästhetik und Kommunikation
AUW Acta Universitatis Wratislaviensis

AVS-Informationsdienst, Hg. Arbeitsgemeinschaft verfolgter Sozialdemokraten
AzW Arbeitsblätter zur Wissenschaftsgeschichte (Halle-Wittenberg)

BAS Bulletin of the Atomic Scientists
BAZW Bulletin des Arbeitskreises »Zweiter Weltkrieg«, Akademie der Wissenschaften, Zentralinstitut für Geschichte, Berlin (O)
BB Books and Bookmen
BBlBH Börsenblatt des deutschen Buchhandels
BBS Die berufsbildende Schule
BBV Bayerische Blätter für Volkskunde
BD Berliner Debatte. Initial
BDIP Blätter für deutsche und internationale Politik
BdL Blätter für deutsche Landeskunde
BdW Bild der Wissenschaft
BFB Bibliotheksforum Bayern
BfT Blätter für Technikgeschichte
BG Bonner Geschichtsblätter
BGBl Bundesgesetzblatt
BGesBl Bundesgesundheitsblatt
BGFDJ Beiträge zur Geschichte der FDJ [1990: Jugendgeschichte]
BGG Berlin in Geschichte und Gegenwart. Jahrbuch des Landesarchivs Berlin
BGR Beiträge zur Geschichte des Rundfunks
BGSR Beiträge zur Geschichte der Stadt Rostock
BH Badische Heimat
BHR Business History Review
BiSt Der Bürger im Staat
BJ Braunschweigisches Jahrbuch
BJG Beiträge zur Jülicher Geschichte
BJGGRP Beiträge zur jüdischen

Siglen der zitierten Zeitschriften

Geschichte (seit 1994: und zur Gedenkstättenarbeit) in Rheinland-Pfalz
BJOG   Berliner Jahrbuch für osteuropäische Geschichte
BJV   Bayerisches Jahrbuch für Volkskunde
BLBI   Bulletin of the Leo Baeck Institute
BMMPG   Berichte und Mitteilungen der Max-Planck-Gesellschaft
BPH   Behindertenpädagogik in Hessen
BPKG   Blätter für pfälzische Kirchengeschichte und religiöse Volkskunde
BS   Baltische Staaten
BSBB   Blätter zur Stadtgeschichte (Bietigheim-Bissingen)
BSWKB   Bücherschau der Weltkriegsbücherei (Stuttgart)
BuE   Bildung und Erziehung
BzG   Beiträge zur Geschichte der deutschen Arbeiterbewegung
BzGG   Beiträge zur Gladbecker Geschichte
BzK   Beiträge zur Konfliktforschung
BzN   Beiträge zur Namensforschung
BzR   Beiträge zur Regionalgeschichte
BzVBW   Beiträge zur Volkskunde in Baden-Württemberg
BzW   Berichte zur Wissenschaftsgeschichte

CathHR   Catholic History Review
Caritas   Caritas. Jahrbuch des deutschen Caritas-Verbandes
CEF   The Central European Federalist (New York)
CEH   Central European History
CHR   Canadian Historical Review
CJH   Canadian Journal of History
CJR   Christian Jewish Relations
CJS   Canadian Journal of Sociology
CJTL   Columbia Journal of Transnational Law
CoEH   Contemporary European History
CP   Castrum peregrini
CS   Contract Social
CSSH   Comparative Studies in Society and History
CSSJ   Central States Speech Journal
CuW/RhM   Christ und Welt/Rheinischer Merkur

DA   Deutschland-Archiv
DAS   Deutsches Allgemeines Sonntagsblatt
DB   Der Deutsche Beamte
DBF   Die Deutsche Berufs- und Fachschule
DD   Diskussion Deutsch
DE   Demokratische Erziehung
DFW   Dokumentation, Fachbibliothek, Werkbücherei
DG   Demokratische Geschichte. Jahrbuch zur Arbeiterbewegung und Demokratie in Schleswig-Holstein
DH   Dachauer Hefte
DÖV   Die Öffentliche Verwaltung
DR   Deutsche Rundschau
DRZ   Deutsche Richterzeitung
DS   Die Deutsche Schule
DSt   Deutsche Studien
DuR   Demokratie und Recht
DZP   Deutsche Zeitschrift für Philosophie

EA   Europa-Archiv
EAZ   Ethnographisch-Archäologische Zeitschrift
EF   Ethnologie française
EGBl   Eberbacher Geschichtsblatt
ECE   East Central Europe
EE   Ethnologia Europea
EHQ   European History Quarterly
EHR   Economic History Review
Entwurf   Entwurf. Religionspädagogische Mitteilungen
EPW   Economic and Political Weekly
ESR   European Studies Review
ESt   Esslinger Studien
ETh   Evangelische Theologie
E&D   Jahrbuch Extremismus und Demokratie
EuJ   Einst und Jetzt. Jahrbuch für corpsstudentische Geschichtsforschung
Exil   Exil. 1933–1945. Forschung, Erkenntnisse, Ergebnisse

FAZ   Frankfurter Allgemeine Zeitung
FDA   Freiburger Diözesan-Archiv
FdP   Forum der Psychoanalyse
FeR   Feminist Review
FeSt   Feminist Studies
FH   Frankfurter Hefte
FR   Frankfurter Rundschau
FS   Feministische Studien

FUB Freiburger Universitätsblätter
FuF Frauen und Film
FuR Freiheit und Recht
FW Forum Wissenschaft

G&H Gender & History
GBHL Gütersloher Beiträge zur Heimat- und Landeskunde
GeG Geschichte und Gegenwart
Gesellschaft Gesellschaft. Beiträge zur Marxschen Theorie
GG Geschichte und Gesellschaft
GH German History
GiK Geschichte in Köln. Studentische Zeitschrift am Historischen Seminar
GiW Geschichte im Westen
GK Gegenwartskunde
GLL German Live and Letters
GMCC Guerre Mondiale et Conflicts Contemporaines
GMH Gewerkschaftliche Monatshefte
GöJb Göttinger Jahrbuch
GöUZ Göttinger Universitätszeitung
GPD Geschichte, Politik und ihre Didaktik
GR Geographical Review
GSE Gesellschaft, Staat, Erziehung
GSR German Studies Review
GWU Geschichte in Wissenschaft und Unterricht
GZ Geographische Zeitschrift

H&GS Holocaust & Genocide Studies
H&M History & Memory
HBKB Heimatkundliche Blätter für den Kreis Balingen
Hegau Hegau. Zeitschrift für Geschichte, Volkskunde und Naturgeschichte des Gebietes zwischen Rhein, Donau und Bodensee
HEI History of European Ideas
HeiJb Heidelberger Jahrbücher
HGB Hannoversche Geschichtsblätter
HH Hohenzollerische Heimat
HiT History Today
HJ Historical Journal
HJB Historisches Jahrbuch
HJL Hessisches Jahrbuch für Landesgeschichte
HJLSW Heimat-Jahrbuch des Landkreises Südliche Weinstraße

HJSL Historisches Jahrbuch der Stadt Linz
HJWG Hamburger Jahrbuch für Wirtschafts- und Gesellschaftspolitik
HK Herder Korrespondenz
HKLV Heimatkalender für den Landkreis Verden
HM Historische Mitteilungen
HMN Historical Methods Newsletter
HPB Historisch-Politisches Buch
HPTh History of Political Thought
HSK Heimatblatt des Siegkreises
HSPBS Historical Studies in the Physical and Biological Sciences
HSR Historical Social Research
HT Historisk Tidskrift (Norwegen)
HuT Humanismus und Technik
HvA Hefte von Auschwitz
HVPFB Historischer Verein für die Pflege des ehemaligen Fürstbistums Bamberg
HWJ History Workshop Journal
HZ Historische Zeitschrift

IA International Affairs
IAGIO Informationen der Abteilung für Geschichte der imperialistischen Ostforschung)
IAKNSSH Info des Arbeitskreises zur Erforschung des Nationalsozialismus in Schleswig-Holstein
IASL Internationales Archiv für Sozialgeschichte der deutschen Literatur
IC Ius Commune
IGNLL Informationsblatt für die Gemeinden in den niederdeutschen Lutherischen Landeskirchen
IHR International Historical Review
IJCS International Journal of Comparative Sociology
IJG Internationales Jahrbuch für Geschichtsunterricht
IJP International Journal of Psycho-Analysis
IJWS International Journal of Women's Studies
IM Die Innere Mission
IRSH International Review of Social History
ISF Internationale Schulbuchforschung
ISHZG Informationen zur Schleswig-Holsteinischen Zeitgeschichte
IWK Internationale Wissenschaftliche

1235

Siglen der zitierten Zeitschriften

Korrespondenz zur Geschichte der deutschen Arbeiterbewegung
IZEBF Informationen zur Erziehungs- und bildungshistorischen Forschung

JAdG Jahrbuch des Archivs der deutschen Jugendbewegung
JAF Journal of American Folklore
JbAUK Jahrbuch der Albertus-Universität zu Königsberg (Würzburg)
JBBfZ Jahresbibliographie der Bücherei für Zeitgeschichte, Stuttgart
JbCL Jahrbuch der Coburger Landesstiftung
JbESG Jahrbuch für Erziehungs- und Schulgeschichte
JbEVG Jahrbuch für europäische Wirtschaftsgeschichte
JbFL Jahrbuch für Fränkische Landesforschung
JbHFF Jahrbuch für Historische Friedensforschung
JbHKF Jahrbuch für Historische Kommunismusforschung
JbIG Jahrbuch für Internationale Germanistik
JbKGV Jahrbuch des Kölnischen Geschichtsvereins
JbLF Jahrbuch für Liberalismus-Forschung
JbMM Jahrbuch des Märkischen Museums, Berlin
JBP Jenaer Beiträge zur Parteiengeschichte
JbPi Jahrbuch für den Kreis Pinneberg
JbPK Jahrbuch Preußischer Kulturbesitz
JbPl Jahrbuch für Heimatkunde im Kreis Plön-Holstein
JbRG Jahrbuch der Raabe-Gesellschaft
JbSFG Jahrbuch für Schwäbisch-Fränkische Geschichte
JbSFWUB Jahrbuch der Schlesischen Friedrich-Wilhelms-Universität zu Breslau
JBSG Jahrbuch für Sozialgeschichte
JbSK Jahrbuch für Schlesische Kirchengeschichte
JbTHD Jahrbuch der Technischen Hochschule Darmstadt
JbUD Jahrbuch der Universität Düsseldorf
JbV Jahrbuch für Volkskunde

JbWG Jahrbuch der Berliner Wissenschaftlichen Gesellschaft
JCEA Journal of Central European Affairs
JCH Journal of Contemporary History
JCLC Journal of Criminal Law and Criminology
JCS Journal of Church and State
JdP Jahrbuch der Psychoanalyse
JEH The Journal of Economic History
JES Journal of European Studies
JfA Jahrbuch für Antisemitismusforschung
JfAS Jahrbuch für Amerikastudien
JfBL Jahrbuch für Brandenburgische Landesgeschichte
JfG Jahrbuch für Geschichte
JFR Journal of Folklore Research
JfS Jahrbuch für Sozialwissenschaften
JG Jugendgeschichte [bis 1989: Beiträge zur Geschichte der FDJ]
JGL Jahrbuch für die Geschichte Lateinamerikas
JGMO Jahrbuch für die Geschichte Mittel- und Ostdeutschlands
JGNKG Jahrbuch der Gesellschaft für niedersächsische Kirchengeschichte
JGO Jahrbücher für Geschichte Osteuropas
JHR Journal of Historical Review
JHVGR Jahresbericht des Historischen Vereins für die Grafschaft Ravensberg
JIdG Jahrbuch des Instituts für deutsche Geschichte
JIH Journal of Interdisciplinary History
JMH Journal of Modern History
JMM Jahrbuch der Männer vom Morgenstern
JNS Jahrbuch für Nationalökonomie und Statistik
JoGe Journal für Geschichte
JPR Journal of Peace Research
JQ Jerusalem Quarterly
JSF Journal für Sozialforschung
JSH Journal of Social History
JSS Jewish Social Studies
JUS Juristische Schulung
Justiz Die Justiz. Amtsblatt des Justizministeriums Baden-Württemberg
JVK Jahrbuch für Volkskunde und Kulturgeschichte
JWG Jahrbuch für Wirtschaftsgeschichte

JWL Jahrbuch für westdeutsche Landesgeschichte
JZ Juristenzeitung

KB Kritische Berichte
KBD Kronberger Bogendruck
KBV Kieler Blätter zur Volkskunde
KFI Kunstforum International
KJ Kritische Justiz
KJb Kirchenmusikalisches Jahrbuch
KJEKD Kirchliches Jahrbuch für die Evangelische Kirche in Deutschland
KR The Key Reporter
KuK Kunst und Kirche
KUR The Kyoto University Review
KZG Kirchliche Zeitgeschichte
KZSS Kölner Zeitschrift für Soziologie und Sozialpsychologie

LA Luzifer-Amor
LB Linguistische Berichte
LBY Leo Baeck Yearbook
LGB Ludwigsburger Geschichtsblätter
liberal liberal. Vierteljahreshefte für Politik und Kultur
LKNBW Landkreis-Nachrichten Baden-Württemberg
LMGL Lippische Mitteilungen aus Geschichte und Landeskunde
LOS LOS

MAB Mitteilungen für die Archivpflege in Bayern
MAGKZ Mitteilungen der Evangelischen Arbeitsgemeinschaft für kirchliche Zeitgeschichte
MaH Das Münster am Hellweg. Mitteilungsblatt des Vereins für die Erhaltung des Essener Münsters
MBl Magdeburger Blätter
MDNSS Mitteilungen der Dokumentationsstelle für NS-Sozialpolitik
MEKR Monatshefte für evangelische Kirchengeschichte des Rheinlandes
MFJ Mainfränkisches Jahrbuch
MG Militärgeschichte
MGB Militärgeschichtliche Beiträge
MGFUM Mitteilungen der Gesellschaft der Freunde der Universität Mannheim
MGM Militärgeschichtliche Mitteilungen
MGSL Mitteilungen der Gesellschaft für Salzburger Landeskunde

MH Mannheimer Hefte
MHJ Medizinhistorisches Journal
MHVP Mitteilungen des Historischen Vereins der Pfalz
Militärarchiv Das Militärarchiv
MiLR Michigan Law Review
MJ Monde Juif
MLG Mitteilungen der List Gesellschaft
MLR Modern Language Review
Monat Der Monat
MPB Materialien zur Politischen Bildung
MR Marine-Rundschau
MS Le Mouvement Social (Paris)
MSRG Mitteilungen des Studienkreises für Rundfunkgeschichte
MTUCWB Mitteilungen der Technischen Universität Carolo-Wilhelmina Braunschweig
MV Mitteldeutsche Vorträge
MZ Medien und Zeit

NA Nassauische Annalen
NASG Neues Archiv für Sächsische Geschichte
NBK Niederdeutsche Beiträge zur Kunstgeschichte
NDJ Niederdeutsches Jahrbuch
1999 1999. Zeitschrift für Sozialgeschichte des 20. und 21. Jahrhunderts
NFJ Nordfriesisches Jahrbuch
NG/FH Neue Gesellschaft/Frankfurter Hefte
NG Die Neue Gesellschaft
NJ Neue Justiz
NJb Neckargemünder Jahrbuch
NJL Niedersächsisches Jahrbuch für Landesgeschichte
NK Nordsee-Kalender
NOA Nordost-Archiv
NPL Neue Politische Literatur
NR Neue Rundschau
NS Neue Sammlung
NSB Forschungsjournal Neue Soziale Bewegungen
NStB Neue Stenographische Praxis
NYRB New York Review of Books
NWDH Nordwestdeutsche Hefte
NZS Neue Zeitschrift für Strafrecht

OBA Oberbayerisches Archiv
OBS Osnabrücker Beiträge zur Sprachtheorie

1237

Siglen der zitierten Zeitschriften

ÖG Öffentliches Gesundheitswesen
ÖGG Österreich in Geschichte und Gegenwart
ÖOH Österreichische Osthefte
ÖZG Österreichische Zeitschrift für Geschichtswissenschaft
ÖZP Österreichische Zeitschrift für Politikwissenschaft
OJb Oldenburger Jahrbuch
Ortenau Die Ortenau
OW Ostdeutsche Wissenschaft

PAFK Probleme der Agrargeschichte des Feudalismus und Kapitalismus
P&P Past & Present
PäR Pädagogische Rundschau
PAIA Public Administration in Israel and Abroad
Parlament Das Parlament
PB Physikalische Blätter
PD Praxis Deutsch
PDS Perspektiven des Demokratischen Sozialismus
PfH Pfälzer Heimat
PfRh Die Pfalz am Rhein
PGQ Political Geography Quarterly
PM Politische Meinung
Pogrom Pogrom. Zeitschrift für bedrohte Völker
PolB Politische Bildung
POQ Public Opinion Quarterly
PP Patterns of Prejudice
PR Psychohistory Review
PROKLA Probleme des Klassenkampfes
PS Politische Studien
PSB Polish Sociological Bulletin
PSCh The Psychoanalytic Study of the Child
PSQ Political Science Quarterly
PU Psychosoziale Umschau
PuG Psychologie und Gesellschaftskritik
PuK Politik und Kultur
PuU Politik und Unterricht
PVS Politische Vierteljahresschrift
PWA Polish Western Affairs
PWS Polnische Weststudien

QdS Quaderni di storia
QFIAB Quellen und Forschungen aus italienischen Archiven und Bibliotheken
QJS The Quarterly Journal of Speech

RA Revue d'Allemagne
RB Ravensburger Blätter
RC Ruperto Carola. Heidelberger Universitätshefte
RES The Review of Economic Studies
RF Ratinger Forum. Beiträge zur Stadt- und Regionalgeschichte
RH Revue Historique
RHDGM Revue d'Histoire de la Deuxième Guerre Mondiale et des Conflicts Contemporaines
RHMC Revue d'Histoire Moderne et Contemporaine
RHR Radical History Review
RJ Rechtshistorisches Journal
RJK Rottenburger Jahrbuch für Kirchengeschichte
RJV Rheinisches Jahrbuch für Volkskunde
RP Review of Politics
R&F Rundfunk und Fernsehen
RuP Recht und Politik
RuPsych Recht und Psychiatrie
RVB Rheinische Vierteljahrsblätter

SA Sudhoffs Archiv
SAV Schweizerisches Archiv für Volkskunde
SBHVE Sammelblatt des Historischen Vereins Eichstätt
Schau-ins-Land Zeitschrift des Breisgau-Geschichtsvereins »Schau-ins-Land«
Schmollers Jb. Schmollers Jahrbuch für Gesetzgebung, Verwaltung und Volkswirtschaft
SchwBl Schweriner Blätter
SCJ Studies in Contemporary Jewry
SdZ Stimmen der Zeit
SFHB Sigmund Freud House Bulletin
SH Social History
SHB Sächsische Heimatblätter
SJH Scandinavian Journal of History
SJP Sozialwissenschaftliches Jahrbuch für Politik
SKWI Studienkreis Deutscher Widerstand. Informationen
SLR Sozialwissenschaftliche Literatur Rundschau
SLWU Sprache und Literatur in Wissenschaft und Unterricht
SMH Schweizer Monatshefte
SOEM Südosteuropa-Mitteilungen

SOF Südostforschungen
SOWI SOWI. Sozialwissenschaftliche Informationen für Unterricht und Studium
SozR Soziologische Revue
SPSS Studies in Philosophy and Social Science
SR Social Research
SSQ Social Science Quarterly
Staat Der Staat
StB Der Steuerberater
StJb Stader Jahrbuch. (Stader Archiv, N. F.)
SuF Sinn und Form
SuR Staat und Recht, Berlin (O)
SW Soziale Welt
SWCA Simon Wiesenthal Center Annual
SZ Süddeutsche Zeitung
SZG Schweizerische Zeitschrift für Geschichte
SZGS Sozial- und Zeitgeschichte des Sports
SZVS Schweizerische Zeitschrift für Volkswirtschaft und Statistik

TAJB Tel Aviver Jahrbuch für deutsche Geschichte [Fortsetzung von: JIdG]
TC Tiroler Chronist
ThQ Theologische Quartalsschrift
TK Tübinger Korrespondenzblatt
TLZ Theologische Literaturzeitung
TPSA Theorie und Praxis der sozialen Arbeit
Tribüne Tribüne. Zeitschrift zum Verständnis des Judentums
TuG Theologie und Glaube
T&K Text & Kontext
TuS Theory and Society (Dordrecht)

UJ Unsere Jugend
URhM Um Rhein und Murg
USNEP US Naval Institute Proceedings
Utopie Utopie kreativ

VBlBW Verwaltungsblätter für Baden-Württemberg
VfZ Vierteljahreshefte für Zeitgeschichte
VHVN Verhandlungen des Historischen Vereins für Niederbayern
Vorgänge Vorgänge. Zeitschrift für Bürgerrechte und Gesellschaftspolitik

VQR Virginia Quarterly Review
VSWG Vierteljahrsschrift für Wirtschafts- und Sozialgeschichte
VzW Vierteljahreshefte zur Wirtschaftsforschung

WaG Die Welt als Geschichte
Wandlung Die Wandlung
WB Weimarer Beiträge
WdI Die Welt des Islam
WeZ Westfälische Zeitschrift
WF Westfälische Forschungen
WGB Wetterauer Geschichtsblätter
WHB Westricher Heimatblätter
WiSt Wirtschaft und Statistik
WLB Wiener Library Bulletin
WLR Wisconsin Law Review
WMHGDDR Wissenschaftliche Mitteilungen der Historiker-Gesellschaft der DDR
Woche Die Woche
Wort Das Wort
WP World Politics
WPQ Western Political Quarterly
WR Wehrwissenschaftliche Rundschau
WüDB Würzburger Diözesanblätter
WüF Württembergisch Franken
WuD Wort und Dienst. Jahrbuch der Kirchlichen Hochschule Bethel
WuT Wissen und Tat
WuW Wort und Wahrheit
WW Wirkendes Wort
WWA Weltwirtschaftliches Archiv
WWB Wissenschaft und Weltbild
WZB Wissenschaftliche Zeitschrift der Humboldt-Universität zu Berlin. Gesellschafts- und sprachwissenschaftliche Reihe
WZG Wissenschaftliche Zeitschrift der Ernst-Moritz-Arndt-Universität zu Greifswald. Gesellschafts- und sprachwissenschaftliche Reihe
WZH Wissenschaftliche Zeitschrift der Martin-Luther-Universität Halle-Wittenberg. Gesellschafts- und sprachwissenschaftliche Reihe
WZJ Wissenschaftliche Zeitschrift der Friedrich-Schiller-Universität Jena/Thüringen. Gesellschafts- und sprachwissenschaftliche Reihe
WZL Wissenschaftliche Zeitschrift der Karl-Marx-Universität Leipzig. Gesell-

schafts- und sprachwissenschaftliche Reihe
WZR Wissenschaftliche Zeitschrift der [Wilhelm-Pieck-]Universität Rostock. Gesellschafts- und sprachwissenschaftliche Reihe

YVS Yad Vashem Studies on the European Jewish Catastrophe and Resistance

ZAA Zeitschrift für Agrargeschichte und Agrarsoziologie
ZAÖRV Zeitschrift für ausländisches öffentliches Recht und Völkerrecht
ZBB Zeitschrift für Bibliothekswesen und Bibliographie
ZBKG Zeitschrift für Bayerische Kirchengeschichte
ZBL Zeitschrift für Bayerische Landesgeschichte
ZDS Zeitschrift für Deutsche Sprache
ZDW Zeitschrift für deutsche Wortforschung
Zeit Die Zeit
ZfdPh Zeitschrift für deutsche Philologie
ZfEK Zeitschrift für evangelisches Kirchenrecht
ZfG Zeitschrift für Geschichtswissenschaft
ZfGerm Zeitschrift für Germanistik
ZfH Zeitschrift für Heilpädagogik
ZfK Zeitschrift für Kulturaustausch
ZfO Zeitschrift für Ostforschung
ZfP Zeitschrift für Politik
ZfPä Zeitschrift für Pädagogik
ZfPh Zeitschrift für Philologie
ZfS Zeitschrift für Soziologie
ZfSR Zeitschrift für Sozialreform
ZfSW Zeitschrift für Sprachwissenschaft
ZfU Zeitschrift für Unternehmensgeschichte

ZfV Zeitschrift für Volkskunde
ZG Zeitgeschichte
ZGAE Zeitschrift für die Geschichte und Altertumskunde Ermlands
ZGF Zeitschrift für das gesamte Familienrecht
ZGJ Zeitschrift für die Geschichte der Juden
ZGMG Zeitschrift für die gesamte Medizin und ihre Grenzgebiete
ZGO Zeitschrift für die Geschichte des Oberrheins
ZGS Zeitschrift für die Geschichte der Saargegend
ZGSHG Zeitschrift der Gesellschaft für Schleswig-Holsteinische Geschichte
ZGStW Zeitschrift für die gesamte Strafrechtswissenschaft
ZHD Zeitschrift für Hochschuldidaktik (Wien)]
ZHG Zeitschrift für Hohenzollerische Geschichte
ZHVS Zeitschrift des Historischen Vereins für Schwaben
ZKG Zeitschrift für Kirchengeschichte
ZMG Zeitschrift für Militärgeschichte
ZNR Zeitschrift für neuere Rechtsgeschichte
ZParl Zeitschrift für Parlamentsfragen
ZRP Zeitschrift für Rechtspolitik
ZSE Zeitschrift für Sozialisationsforschung und Erziehungssoziologie
ZStW Zeitschrift für die gesamte Staatswissenschaft
Zwischentöne Zwischentöne (Freiburg i.Br.)
ZWL Zeitschrift für Württembergische Landesgeschichte
ZWS Zeitschrift für Wirtschafts- und Sozialgeschichte

Autorenregister

Aalders, Gerard 12673
Aargauer Kunsthaus Aarau 5512
Abel, Karl-Dietrich 4871
Abel, Theodore F. 2130, 2374
Abele, Christiana 8669
Abella, Irving 6519, 11800
Abeln, Reinhard 7365, 9734
Abelshauser, Werner 7739, 7751, 12377, 12481, 12824
Abendroth, Hans-Henning 16434–16437
Abendroth, Wolfgang 258, 268, 10160 f., 10537, 11657, 14355
Abmeier, Hans-Ludwig 10854
Abraham, David 2503, 2968
Abrahamsen, Samuel 6457
Abshagen, Karl H. 4558, 16087
Absolon, Rudolf 4297–4300, 4417, 4472
Abusch, Alexander 550
Abusch, Isaac 11595
Abzug, Robert H. 7259
Ach, Manfred 4751
Achilles, Klaus 3324
Achleitner, Friedrich 15448–15450
Achs, Oskar 13981
Ackerl, Isabella 1088 f., 1269, 1280
Ackermann Gemeinde Hessen 6891
Ackermann, Josef 1321, 1957 f., 16656
Ackermann, Paul 20291
Ackermann, Volker 4997
Acksteiner, Dirk 6843, 8875, 8906, 8954, 9038, 13637
Adam, Armin 4000
Adam, Konrad 14685
Adam, Ursula 10572, 11211, 11223 f.
Adam, Uwe D. 259, 453, 5328, 5504–5508, 14461, 14462
Adam, Walter 7634
Adamini, Britta 14202
Adams, Carole E. 2427
Adamschewski, Dirk 17488

Adamthwaite, Anthony P. 17037
Adamy, Kurt 3644
Addicks, Dirk 10124
Adelsberger, Lucie 7635
Adelson, Alan 6304
Ader, Dorothea 15524
Adler, Bruno 11779
Adler, Hans G. 4752, 5315, 5509 f., 6305, 6321, 6459, 6750, 7582, 7636
Adler, Hermann G. 7260
Adler, Jacques 6460
Adler, Les K. 454
Adler, Meinhard 18365
Adler, Yirat 5965
Adler-Rudel, Salomon 5511, 6606
Adolph, Hans J. L. 11552
Adolph, Walter 9260 f., 9587, 19689
Adolphi, Wolfram 16677
Adorno, Theodor W. 11801, 12128, 18366, 18902
Adrianyi, Gabriel 9262, 9294, 9355
Aeschbacher, Urs 7752, 14751
Agde, Günter 10734
Agnoli, Johannes 3375, 12463, 16133
Ahlheim, Klaus 19832
Ahlswede, Karin 15469, 15661
Ahmann, Rolf 16032, 16472, 16531, 16621
Ahren, Yizak 19706
Ahren, Yizhak 15810
Aicher, Otl 17880
Aicher-Scholl, Inge 8631, 11021
Aigner, Dietrich 1530, 15494, 16033, 16295
Ainsztein, Reuben 6710
Aires, Pentti 1531, 16836
Akademie der Künste 6642 f., 11255, 12076, 15394, 15774
Akademie der Künste der DDR 11844, 12031
Akademie der Wissenschaften der DDR,

Zentralinstitut für Geschichte 16960f., 16963–16966
Akademie der Wissenschaften der DDR, Zentralinstitut für Literaturgeschichte 11787
Akademie für Gesellschaftswissenschaften beim Zentralkomitee der SED 1237, 5769, 9848, 18840a, 19585, 19588, 19598
Akademie für Staats- und Rechtswissenschaft der DDR 20081
Akerman, Anatol 11755
Akermann, Manfred 6040
Aktion Kirche und Israel, Hessen-Nassau 5790, 6165
Aktion Sühnezeichen-Friedens-Dienste 13921
Aland, Kurt 9200
Alber, Jens 531
Alberg, Werner 15310
Albers, Helene 8247
Albert, Claudia 15495
Albert, Hans 3019
Albertin, Lothar 2398, 8771, 20135
Albert-Ludwigs-Universität Freiburg i.Br. 10947
Albertus, Heinz 7354, 7355
Albrecht, Dieter 16, 180, 840, 2502, 3724, 8671, 9239, 9263, 9311, 9374, 9531, 16224, 16398–16400, 16403–16406
Albrecht, Dietmar 3804, 3861, 4091
Albrecht, Gerd 1532, 4996, 15806f., 15811, 15812f.
Albrecht, Günter 14363
Albrecht, Günther 11771, 15482
Albrecht, Helmuth 14356
Albrecht, Richard 2590, 10252, 10308–10308b, 11188f., 11201, 11225, 11802, 11807
Albrecht, Willy 19057
Albrecht, Wilma 18863
Albrich, Thomas 1090, 1303, 1305, 1310, 4991, 6089, 12716, 12848, 16278, 17410, 17489
Alcock, Anthony E. 16364
Aleff, Eberhard 619f., 3063, 9799, 16985, 17898, 19488
Alexander, Leo 455, 5329, 7753
Alexander, Manfred 16202, 16554
Alexander, Thomas 2591, 3269
Alexandrov, Victor 10549, 11659
Aley, Peter 8532, 15496–15498
Alff, Wilhelm 260, 551, 10583, 15227

Alfieri, Dino 16365
Alheit, Peter 10499
Alkemeyer, Thomas 15948f.
Allain, Claude 17274
Allard, Sven 16473
Allardyce, Gilbert 261f.
Allemann, Beda 12159, 14822, 14825
Allen, William S. 263, 621, 2375, 3090, 6751, 10226f., 10253
Allende-Blin, Juan 11803
Alles, Peter 14674
Allgaier, Walter 8822
Allgemeiner Studentenausschuß der Technischen Universität Berlin 10396
Allgemeiner Studierendenausschuß der Philipps-Universität Marburg 14652
Allmayer-Beck, Johann C. 16837
Alphen, Dirk van 15382
Alt, Karl 7637
Alte Synagoge Essen 5941, 6340, 17508
Altendorfer, Otto 9700
Altenhöfer, Ludwig 9556
Alter, Reinhard 15499
Alter, Willi 1001, 3405, 6154, 12502, 17317f., 17444, 17540, 17711
Altgeld, Wolfgang 1322f., 2702, 9779, 11060
Althaus, Gabriele 14989
Althaus, Hans J. 3091, 8093
Althoff, Georg 14279
Altmann, Alexander 6607
Altmann, Erich 7638
Altmann, Peter 17899
Altmann, Wolfgang 6752, 8681
Altmeyer, Karl A. 4872, 9264
Altner, Günter 1461
Altrichter, Helmut 17038
Altschuler, Mordechai 6709
Altvater, Peter 20085
Altwegg, Jürgen 14752
Alwast, Jendrist 8996
Aly, Götz 95, 5330f., 5350, 5464f., 5513f., 5626, 5657–5659, 5692, 6371, 7064, 7219, 7300, 7456, 9172, 12999f., 13012, 13204, 13366, 13427, 13440, 13599, 13607f., 13732f., 13735, 13741, 13744, 13746–13751, 13796, 13856f., 13899, 13926, 14534, 15897, 16176, 17976, 17995, 19181
Alzheimer, Heidrun 15074
Amann, Klaus 15681–15683
Ambrose, Stephen E. 16947, 17797

Ambrosius, Gerold 12378
American Historical Association 105
American Historical Association. Committee for the Study of War Documents 124
Amery, Jean 18367
Ames, Gerhard 1073
Amicale de Ravensbrück 7415
Amlung, Ullrich 10311c, 10311d, 14196–14198
Ammann, Gert 1144, 15301
Ammer, Thomas 19586, 19601
Ammerich, Hans 9709, 9740
Ammon, Dagmar 6219
Ammon, Gerhard von 3805
Ammon, Herbert 264
Amort, Cestmir 17996
Amouroux, Henri 18206–18215
Amt des Amerikanischen Hochkommissars für Deutschland 18688, 19061
Amt für Jugendarbeit der Evangelischen Kirche von Westfalen 20029
Ancel, Jean 6934, 17136
Anchieri, Ettore 16034
Andel, Horst J. 18216
Anderbrügge, Klaus 3971, 4239
Anderl, Gabriele 6233, 6449, 6511, 6599, 7356
Anderle, Alfred 11720, 12624, 14962–16464, 16474, 16520, 17137f., 17218, 18124, 18143
Andermann, Walter Th. 7930
Anders, Karl 18685
Andersen, Arne 2664f., 3263
Anderson, Dennis L. 3972
Andlauer, Teresa 5907
Andor, Lotte 7071
Andrae, Friedrich 15500f.
Andreas-Friedrich, Ruth 6997
Andree, Christian 13463a, 13416
Andres, Erich 17537
Andresen, Dieter 8997
Andreski, Stanislav 265
Andrews, Herbert D. 552, 2370
Andrich, Matthias 14199
Anfuso, Filippo 16366
Angel, Pierre 1533
Anger, Sigrid 12231
Anger, Walter 128
Angerbauer, Wolfram 3713
Angerer, Jo 12744
Angermair, Elisabeth 2238, 7879

Angermund, Ralph 3783f., 3806–3808, 3919
Angreß, Erwin 7357
Angress, Werner T. 5515–5517, 6608, 6753
Anheier, Helmut K. 2478
Annas, George J. 13369
Anne Frank Stiftung 6491
Anschütz, Gudrun 11180
Anschütz, Helga 2249
Ansel, Walter 17344
Anselm, Reiner 8823
Antelme, Robert 7639
Anthepoth, Andreas 4825
Antholz, Heinz 13978
Antifa-Archiv Ludwigshafen 10273
Antifaschistisches Proponentenkomitee 1160
Antirassistische Initiative Berlin 20120
Anton, Hubert 19619
Antoni, Ernst 7261
Anzenhofer, Karl 9557
Apitz, Bruno 7640
Appel, Oliver 20347
Applegate, Celia 842
Ara, Angelo 16367
Arad, Yitzhak 2029, 5518, 6290, 6307, 6322f., 7262
Arazi, Doron 16838
Arbeiterwohlfahrt, Bundesverband 13248
Arbeitsgemeinschaft Bayerischer Verfolgtenorganisationen 10141
Arbeitsgemeinschaft »Das Licht« 18677
Arbeitsgemeinschaft der Heimatvereine im Kreis Gütersloh 19021
Arbeitsgemeinschaft Frauen in der Geschichte des Emslandes 8623a
Arbeitsgemeinschaft Frauenforschung der Universität Bonn 8347
Arbeitsgemeinschaft für Jugendforschung 3473
Arbeitsgemeinschaft Geschichte am Bildungszentrum Markdorf 3141
Arbeitsgemeinschaft Juden und Christen beim Deutschen Evangelischen Kirchentag 18570
Arbeitsgemeinschaft Neuengamme für die BRD 7474, 13903, 19642
Arbeitsgemeinschaft sozialdemokratischer Frauen 11094
Arbeitsgemeinschaft sozialdemokratischer Frauen Hamburg 11093

Arbeitsgemeinschaft sozialdemokratischer Frauen in Karlsruhe 8496
Arbeitsgemeinschaft Südniedersächsischer Heimatfreunde 7534, 12602, 12745, 12750–12752, 12759, 12762, 13046 f.
Arbeitsgemeinschaft Verfolgter Sozialdemokraten 409, 10171
Arbeitsgruppe der Neuen Gesellschaft für Bildende Kunst und der Staatlichen Kunsthalle 3039
Arbeitsgruppe des Kunstgeschichtlichen Instituts der Universität Frankfurt i. A. der Stadt Frankfurt 15368
Arbeitsgruppe Pädagogisches Museum 14215
Arbeitsgruppe Psychiatrische und Nervenklinik [Hamburg] 13906
Arbeitsgruppe Volkskundliche Frauenforschung Freiburg 8430
Arbeitsgruppe zur Erforschung der Geschichte der Karl-Bonhoeffer-Nervenklinik 13599
Arbeitskreis »Demokratische Geschichte« 10278, 19010
Arbeitskreis »Ehemals schlesische Sozialdemokraten« 10284
Arbeitskreis Frauengeschichte in Münster 8509, 16015
Arbeitskreis Frauengeschichte Witten 8514
Arbeitskreis Friedensbewegung 7565
Arbeitskreis für kirchliche Zeitgeschichte 9088
Arbeitskreis für Wehrforschung 4273–4287, 16795–16797, 17215, 17552, 17570
Arbeitskreis »Geschichte der Offenburger Arbeiter und ihrer Organisationen« 3078
Arbeitskreis »Juden in Heckinghausen« 6903
Arbeitskreis »Juden in Salzkotten« 6251
Arbeitskreis »Jugendarbeit und Rechtsextremismus« Aachen 20332
Arbeitskreis Machtergreifung der Volkshochschule Neumünster 978
Arbeitskreis München der Sektionsinitiative »Frauenforschung in den Sozialwissenschaften« 7921
Arbeitskreis Wissenschaftsgeschichte beim Ministerium für Hoch- und Fachschulwesen der DDR 14446
Arbeitskreis zur Erforschung der Geschichte der Stuttgarter Arbeiterbewegung beim DGB 3325
Arbeitskreis zur Erforschung der jüdischen Gemeinde in Dorsten 1252, 6002
Arbeitsstelle Neonazismus der Fachhochschule Düsseldorf 19988
Arbeitsstelle zur Vorbereitung des Frankfurter Lern- und Dokumentationszentrums des Holocaust 5500
Arbogast, Christine 3397, 7991
Architekten und Ingenieurverein Köln 13325
Archiv Bibliographia Judaica 5442
Archiv der sozialen Demokratie 10248
Archivberatungsstelle Rheinland 13474, 13540, 13555, 13763, 13845, 13861, 13872, 13917, 13947
Archivdirektion Stuttgart 6022, 6191
Ardelt, Rudolf G. 1091, 1093, 2516 f., 2519, 4645, 7194, 7329, 8017, 8057, 8094, 8123, 8125, 8433, 10382, 10406, 12396, 13048, 13065, 13110, 13114, 13148, 13179, 13331, 14762, 15610
Arendt, Hannah 456, 4571, 5227, 18758, 18850
Arendt, Hans-Jürgen 3474, 8262 f., 8297, 8298–8300, 17123
Arenz-Morch, Angelika 7358
Aretin, Karl O. Freiherr von 1424, 3092, 4301 f., 4842, 8228, 8747, 9368, 9396 f., 9621, 9773, 9780, 9827, 9845, 10803, 14357, 16839, 19403, 19489
Aretz, Jürgen 2813, 3601, 8018 f., 8095, 9265–9267, 9588, 9600, 9612, 9643 f., 9646, 9669 f., 9685, 9689, 9703 f., 9711, 9722, 9743 f., 14909
Arie, Katriel B. 17344a
Arlt, Klaus 19602
Arlt, Wolfgang 8629
Armanski, Gerhard 3567, 7263, 19675
Armer, Jörg 12347
Arminger, Gerhard 2539, 14564
Armstrong, John A. 17997
Arnberger, Heinz 9970, 9992
Arndt, Adolf 18888
Arndt, Hans-Joachim 1793
Arndt, Helmut 266, 14463
Arndt, Ino 4501, 5519 f., 5848, 6754, 7264 f., 7359, 7387, 7446, 7458, 7514, 7559, 8824, 9912, 11007a, 17868, 18381
Arndt, Karl 4738, 13272, 15411, 15451 f.
Arnhardt, Gerhardt 14200

Arnim, Gabriele von 19183
Arnim, Max 14339–14344
Arnold, Ben 5521
Arnold, Bettina 14864
Arnold, Hans L. 11790, 11804
Arnold, Heinz L. 12241, 12260, 12350, 15513, 15861, 19699
Arnold, Hermann 7139, 19184
Arnold-Freimuth-Gesellschaft 3769
Arnolds, Wolfgang 5909
Arnósson, Auduun 457
Arnsberg, Paul 1823, 5865f., 5881, 5910
Arntz, Hans-Dieter 5911, 14024, 17664
Aron, Raymond 458, 1179
Aron, Robert 18202
Aronsfeld, C. C. 9796
Aronson, Gregor 6324
Aronson, Shlomo 1940, 3568, 5111, 5265, 6935
Artzt, Heinz 5059, 5333f.
Ärztekammer Berlin 6774, 13399, 13405, 13504, 13506, 13509, 13612 13769
Asaria, Zvi 6247
Asbrock, Bernd 18368
Aschenauer, Rudolf 1824, 16203, 17998, 18686
Aschheim, Steven E. 553
Aschoff, Diethard 5912, 6095, 6998
Aschoff, Hans-Georg 2862
Asendorf, Manfred 2876f., 10740, 15502, 17411
Asendorf, Wolfgang 19185
Asgodom, Sabine 3330, 10162
Ash, Adrienne 11776
Ash, Mitchell G. 4335, 12222, 13523f., 13535, 13537f.
Asmus, Walter 12216
Asmussen, Hans 9136
Asmussen, Nils 19128
Asmussen, Peter 843, 9979
Asper, Barbara 5570
Asper, Helmut G. 15773
Assel, Hans-Günther 14035, 14124
Assel, Heinrich 9188
Asselhoven, Dieter 14107b
Asseo, Henriette 7140
Assheuer, Thomas 19834, 20167
Assion, Peter 5116, 13609, 15075f.
Assmann, Jan 2781, 5019
Assmann, Kurt 16843a
Association des Deportées et Interneés de la Résistance 7415

Association of Jewish Refugees in Great Britain 5798
Aster, Sidney 11139, 17039
Astfäller, Josef 3714
Astor, David 10810
Ateser, Ural 20292
Atteslander, Peter 2376
Auckland, Reginald G. 4659f.
Auer, Johann 1534
Auer, Manfred 12157
Auerbach, Hellmuth 2, 4, 1278, 1324, 1535f., 1775, 2131, 2250, 2863, 7754f., 9980, 16719–16721, 17868, 19186, 19713
Auerbach, Inge 17181, 17204
Aufgebauer, Peter 6111
Augstein, Rudolf 573, 1537, 19742
August, Jochen 12978f., 19639
Augustinovic, Werner 15503
Aumann, Nancy J. 2592
Aumüller-Roske, Ursula 14125, 14126
Aurich, Peter 17139
Ausländer, Fietje 7577, 17872, 17879
Ausschuß für Deutsche Einheit/Vereinigung Demokratischer Juristen Deutschlands 18615, 18618, 18626, 18754
Autonomie-Kollektiv 662
Avisar, Ilan 19187
Avni, Haim 6460a, 6936
Awerbuch, Marianne 5913
Awosusi, Anita 7163
Axmann, David 12337
Axmann, Rainer 5978
Ayaß, Wolfgang 5378, 7201–7203, 7364
Ayçoberry, Pierre 171
Azéma, Jean-Pierre 18217–18220
Azzola, Axel 5522, 18369

Baader, Gerhard 1325, 7266, 13370f., 13492, 13525, 13610, 13752–13754
Baader, Meike 8280
Baaske, Andrea 7312
Bab, Bettina 8502
Bab, Ilse 6031
Bab, Julius 15797
Bach, Hermann 16013
Bach, Hermann J. 2239
Bach, Martin 19683
Bach, Maurizio 267
Bacharach, Walter Z. 1326, 5523
Bachem, Hans 20122
Bachem, Rolf 19835
Bachér, Fritz 17482

Autorenregister

Bachmann, Peter 4303
Bachof, Otto 9758, 18865
Bachofer, Wolfgang 14841
Bachstein, Martin 11470
Bachstein, Martin K. 10551, 11535
Backes, Klaus 15331
Backes, Uwe 172, 241, 264, 448, 459–461, 622, 1701, 1758, 2400, 3062, 3221 f., 3394, 5181, 5344, 5851, 6429, 6435, 7567, 8040, 12456, 13686, 16197, 17114, 18471, 18488, 18500, 18779, 19188, 19731, 19761, 19783, 19796, 19800–19803, 19821 19824, 19836–19841
Backhausen, Manfred 6055
Backhaus-Lautenschläger, Christine 11226, 11227
Bacque, James 17794
Bade, Klaus J. 913, 11385, 13004, 13017, 13066, 13704
Bader, Karl S. 4081, 18630
Bader, Uwe 19640
Badia, Gilbert 3223, 11228 f., 11432, 11805
Badischer Kunstverein 10939, 15387
Badstübner, Rolf 17596
Badua, Heinz 17490, 17491
Baerwald, Friedrich 11230
Baethgen, Friedrich 14515
Baeyer, Walter Ritter von 13755, 19141
Baeyer-Katte, Wanda von 7756
Bagel-Bohlan, Anja E. 12674
Bahar, Alexander 3219
Bahne, Siegfried 2593, 3270
Bahnsen, Uwe 1481, 17741
Bahr, Ehrhard 11806
Bähr, Hans W. 16774
Bähr, Rudolf 4753
Bähr, Walter 16774
Bährens, Kurt 17812
Baier, Helmut 4875, 8825 f., 8835, 8841, 8866, 8888, 8897, 8964, 8998–9002
Baier, Lothar 380
Baier, Rudi 19490
Baier, Stephan 4476
Baigent, Michael 10785
Bailucha, Manfred 828
Bailyn, Bernard 11306, 11801, 11851, 11863, 11871 f., 11914, 11917, 11961, 11964, 11974, 12104
Baird, Jay W. 2084 f., 4572 f., 4670, 4739, 15814
Bajohr, Frank 538, 844 f., 2497, 2518, 2738, 4154, 5285, 5301, 5312, 5390, 5970, 6629, 7461, 7910, 8180, 8184, 9108, 9976, 10163, 10218, 10225, 10526, 10538, 11649, 12900, 12985, 13267a, 13616, 13953, 18940, 19842, 20018
Bajohr, Stefan 8301, 8302, 12918
Bake, Rita 17402
Bakels, Floris B. 7641
Balbin, André 6999
Bald, Albrecht 2515
Bald, Detlef 4304, 12749, 17014
Baldwin, Hanson W. 16840, 16841
Baldwin, Peter 173
Baldwin, Peter M. 1327
Balfanz, Ursula 19231
Balfour, Michael 4671, 9828 f., 10858
Balistier, Thomas 5079
Balke, Ulf 17455
Ball, Adrian 17040
Ball, Wolfgang 4151 f.
Balle, Hermann 2132, 4574
Ballestrem, Karl Graf 4001
Ballhaus, Jolanda 16708
Balling, Adalbert L. 7365, 9734
Balling, Mads O. 16199
Ball-Kaduri, Kurt J. 5524 f., 5914
Bamberg, Hans-Dieter 19843
Bamler, Albrecht 2703
Bankier, David 1538, 2078, 5526 f., 6755–6758, 10337
Banuls, André 1539, 12233
Baranowski, Frank 13046 f.
Baranowski, Shelley 2251
Baratz, Barbara 7000
Barbian, Jan-Pieter 15504
Barche, Heinz 7366
Barck, Karlheinz 462
Barend, Lisa 10287
Bargatzky, Walter 18221
Bariéty, Jacques 16035, 16347
Barion, Hans 3993
Bark, Theodor 12207
Barkai, Avraham 5528, 6520, 6609, 6759 f., 12379 f., 12940–12944
Barker, Francis 15656
Barkhausen, Hans 4998, 15815–15817
Barlog-Scholz, Renata 19611
Barmeyer, Heide 2878
Barner, Simon 11807
Barnes, Kenneth C. 8827
Barnett, Correlli 4305
Barnett, Victoria 8828

Bärnreuther, Andrea 13313a
Bar-On, Dan 18370, 19142
Baron, Frank 6424
Baron, Rüdeger 13244, 13250, 14280
Baron, Ulrich 19189f.
Barranowski, Shelley 8829
Barrett, Michael B. 15950
Barron, Stephanie 15222, 15332, 15735, 15879
Barsam, Richard M. 5027, 15818
Bärsch, Claus-Ekkehard 1871f., 18687
Barta, Tony 6894
Barteit, Peter 3093
Bartel, Walter 623, 7267, 7341, 7367–7369, 7601, 9830, 11141f., 18371
Bartels, Gundolf 4236
Bartetzko, Dieter 15413f.
Barthel, Konrad 1540
Barthel, Otto 14201
Bartholomes, Herbert 4754
Bartilla, Michael-Josef 9702
Bartlev, Jehuda 5915
Bartoszewski, Wladyslaw 7001, 7361, 17999f.
Bartov, Omer 8020, 16842, 17140f., 19191
Bartsch, Elisabet 61
Bartsch, Günter 2079
Bartsch, Günther 19844
Bartsch, Michael 19192
Barutzki, Olaf 10434
Bärwald, Helmut 19845, 19846
Bärwinkel, Klaus 11808
Basil, Henry 16931
Basler, Werner 11720, 12624, 14962, 16474, 16520, 17137f., 17218, 18124, 18143
Bäßler, Heinz 14464
Bastert, Christiane 18440
Bastiaans, Jan 7268f.
Bastian, Gerd 5059, 5333
Bastian, Till 7370, 13756, 13900, 19193
Bästlein, Klaus 3788, 3927, 3932f., 3963, 4082, 4128, 4133, 4139, 4153–4156, 4237, 6326, 7371, 7528, 7862, 11132, 18001, 18960, 19133
Bateson, Gregory 15819
Bath, Herbert 14327
Batóri, Ingrid 894
Battenberg, F. 6249
Baubin, Alfred 1286
Bauch, Herbert 2252, 7358
Bauche, Ulrich 7372

Baudissin, Wolf Graf von 10630
Baudot, Marcel 16760, 18222
Bauer, Alfred 15820
Bauer, Arnold 20206
Bauer, Dietmar 13048
Bauer, Erich 14624
Bauer, Fritz 18372
Bauer, Gerhard 4755, 12186
Bauer, Gert 12234
Bauer, Günther 4940, 8682
Bauer, Leo 18889
Bauer, Otto 268
Bauer, Petra 19847
Bauer, Reinhard 846, 8512
Bauer, Richard 847f., 908, 984, 1059, 1240, 1248, 1640, 1678, 1714, 2312, 2341, 2478, 2802f., 2807, 3710, 3743, 5022, 5072, 6217, 8115, 9418, 10866, 11113, 13324, 13341, 14384, 15313, 17414, 17492
Bauer, Rudolph 13251, 13258
Bauer, Yehuda 1328, 5449, 5529–5531, 6610f., 6761, 6937–6939, 8683, 18373, 19194
Bauerkämper, Arnd 3734, 19491
Bäuerle, Christoph 14614
Bauhaus-Archiv, Berlin 15426, 15428
Baum, Bruno 7373, 7602
Baum, Rainer C. 6762, 8198
Baum, Walter 3569, 3634, 4306, 4451, 17345, 17597
Bauman, Zygmunt 532, 5532
Baumann, Heidrun 19492
Baumann, Ingo 974
Baumann, Janina 7001
Baumann, Jürgen 5351, 18631
Baumann, Ruth 14281
Baumeister, Martin 9418
Baumel, Judy 6612
Bäumer, Änne 14730
Baumer, Franz 10908
Bäumer, Remigius 9419
Bäumer, Susanne 2253
Bäumer-Schleinkofer, Änne 14127
Baumgart, Franzjörg 10967
Baumgart, Hans 11809, 16784–16786
Baumgart, Peter 9545, 14465
Baumgart, Winfried 17041, 17049, 18644
Baumgärtel, Friedrich 8830
Baumgärtel, Gottfried 8772
Baumgarten, Michael 15789
Baumgartner, Alois 18374

1247

Baumgartner, Marcel 15348
Baumgärtner, Raimund 687, 1329, 8684, 9420
Baumhauer, Joachim F. 7880
Baumont, Maurice 17042
Bauriedl, Thea 18375
Bauschinger, Sigrid 7852, 11810, 11976, 12026, 12117
Bausinger, Hermann 15077–15080, 15125, 15131
Baxter, Richard 5228
Bayer AG Konzernverwaltung, Abt. Öffentlichkeitsarbeit 12639
Bayer, Dorothee 15505
Bayerische Landeszentrale für politische Bildungsarbeit 3576, 4373, 7844, 8058, 14362
Bayle, Francois 5117
Bayliss, Gwyn M. 16718
Baynes, Norman H. 1496
Bazin, Charles-Henri-Guy 13048a
Beate Klarsfeld Foundation 6313, 7058, 18786
Beattie, John 1783
Beaugrand, Günter 9645
Beaumont, Roger 17456
Bechdolf, Ute 8303, 15821
Becher, Johannes R. 12132
Becher, Kurt 9558, 14646
Becher, Peter 11231
Bechstedt, Martin 14723
Becht, Hans-Peter 13105
Bechtel, Beatrix 19250
Bechtle, Friedrich R. 4912
Beck, Christoph 13724
Beck, Dorothea 9781, 10228, 10301–10303, 14202
Beck, Earl R. 7931, 17457
Beck, Friedrich 10392a
Beck, Hans-Jürgen 5916
Beck, Johannes 2528, 2572, 7231, 7757f., 8480, 8564f., 18434
Beck, Miroslav 11811
Beck, Stefan 3094, 4672
Beck, Waltraud 6041
Beck, Wolfgang 14841f., 19256, 19744
Beckenbach, Ralf 12381
Becker, Barbara 5917, 17433
Becker, Carl 9268, 13757
Becker, Franziska 19456f.
Becker, Gerhard 29, 41, 8517, 16463f., 16736

Becker, Hans 18376
Becker, Hans J. 9398
Becker, Hans-Georg 9421
Becker, Heinrich 3989, 8777, 13585, 14073, 14466f., 14681, 14721, 14722, 14810, 14845, 14957, 14971, 15056, 15145, 15206, 15220, 16014
Becker, Hellmut 11493
Becker, Jens 10474
Becker, Josef 983, 2376, 2784, 2814, 2879, 2955, 2970f., 3109, 3251a, 4111, 4377, 5554, 8715, 16122f., 16407, 16620, 17038, 18904
Becker, Peter E. 1330, 13611
Becker, Peter W. 2040
Becker, Rolf O. 17665
Becker, Ruth 2955
Becker, Sophiette 18376
Becker, Ulrich 14629
Becker, Willi-Ferdinand 3074
Becker, Winfried 1283, 3075, 3376, 3598, 9269, 9631, 10900, 11681, 15756, 17615
Becker, Wolfgang 15822
Becker-Jákli, Barbara 5918, 7002
Beckert, Sven 7003, 13049
Beckert, Werner A. 7374
Becker-von Rose, Peta 13526
Beckmann, Joachim 8831, 8882, 8978, 9003f.
Bédarida, François 5335, 18220
Bédarida, Renée 18223
Beddie, James S. 96, 16524
Bednareck, Horst 10338, 10506, 11560
Bednarz, Dieter 7004
Bedürftig, Christian 67
Beegle, Allan J. 2573
Beer, Helmut 9987
Beer, Mathias 5533
Beer, Siegfried 17493
Beer, Ulrich 5534
Beer, Wilfried 17494f., 17499
Beese, Birgit 8489
Beese, Dieter 8806
Begemann, Dieter 10164
Behnke, Thies 14686
Behnken, Klaus 4592, 7744, 15259
Behr, Klaus 14128
Behrenbeck, Sabine 4673, 4999, 15415, 19676
Behrend, Hanna 2254
Behrend-Rosenfeld, Else R. 7005
Behrens, Beate 11448

Behrens, Dirk 14203
Behrens, Manfred 5043
Behrens, Petra 9770
Bei der Wieden, Helge 3663
Beier, Gerhard 3264, 3271 f., 10194, 10254, 10507–10509, 10543 f., 11615a
Beier, Rosemarie 7758
Beil, Stefan 20128
Beilmann, Christel 9555, 9559 f.
Beilner, Helmut 19493
Beimel, Maria 12990
Beimrohr, Wilfried 3645
Bein, Alexander 5535 f.
Bein, Reinhard 849, 2666, 5919, 9988
Beirat für Geschichte der Arbeiterbewegung und Demokratie in Schleswig-Holstein 5980, 6273, 6326, 17595, 18001
Beitl, Klaus 15117 f., 15129, 15146
Bejarano, Esther 6628
Bejski, Moshe 6940
Bekker, Cajus 17533, 17555
Beland, Hermann 269
Belau, Detlef 13758
Belke, Ingrid 6655
Bell, Andrew 19937
Bell, George K. A. 11143
Bell, Philip M. H. 1541, 17044 f.
Bell, Robert F. 12052
Bellers, Jürgen 12822, 15951
Bellstedt, Hans F. 16329
Beloff, Max 1444, 1875, 4874, 4988, 5137, 6158, 6357, 6470, 8760, 16441
Belot, Raymond de 17346
Below, Nicolaus von 1180
Belz, Willi 9989
Bembenek, Lothar 5883, 9963, 9990
Bemmann, Helga 19494
Bencik, A. 18097
Benckert, Heinrich 9006
Bender, Karl-Heinz 662
Bender, Oskar 9270
Bender, Roger J. 1901, 4740
Bendersky, Joseph 4002, 4003
Bendix, Reinhard 6521, 7006
Béné, Charles 18224–18230
Benecke, Annerose 3257
Benedikt, Klaus-Ulrich 16204
Bénédite, Daniel 11232
Ben-Elissar, Eliahu 6941, 16036
Benes, Evard 11534
Benetka, Gerhard 13527
BenGershôm, Ezra 7007

Ben-Israel, Hedva 11144, 11145
Benjamin, Walter 12128, 12133 f., 15228
Benker, Sigmund 9422
Bennecke, Heinrich 1542, 3358, 4307, 5080
Benner, Dietrich 8268, 8642, 13259, 14283, 14291, 14311, 14323
Benner, Ernst K. 15506
Bennet, Ralph 17269
Bennett, Edward W. 19195
Bennhold, Martin 3809, 3882, 4144, 11812, 18534, 18641, 20013
Benninghoven, Friedrich 4257
Benöhr, Hans-Peter 13189
Benoist-Méchin, Jacques 1222
Bensel, Rolf 4452
Benseler, Frank 2996
Benser, Günter 11704, 18378, 18866
Bentele, Ingrid 2255
Bentley, Eric 19690
Bentley, James 9211
Ben-Tov, Arieh 6942
Bentwich, Norman 11813
Benz, Ute 6471, 7284, 7986, 8275, 8304, 8533–8535, 8548, 13817, 14264, 18379, 19171
Benz, Wigbert 17142, 19196
Benz, Wolfgang 54, 97, 624–627, 793, 1658, 1766, 2131, 2133, 2240, 2794, 2972, 3570 f., 3832, 4501, 4575 f., 4606, 5292, 5336, 5435, 5537–5549, 5708, 5780, 5848, 5920, 5921, 6327, 6383, 6471, 6512, 6522, 6600, 6626, 6704, 6754, 6763 f., 7028, 7045, 7250a, 7270–7273, 7284, 7583, 7587, 7932, 7986, 8533–8535, 8548, 8734, 8824, 9794, 9831 f., 9912, 10353, 10564, 10606, 10893, 11002, 11007a, 11084, 11233 f., 11430, 11613, 12416, 12919, 12981 f., 13023, 13314, 13372, 13759, 13817, 14264, 16093, 16144, 16245, 16396, 16676, 17046, 17796, 17868, 18002, 18380–18382, 18396, 18550, 18835, 18867, 19059, 19143, 19171, 19178, 19197–19203, 19848–19853
Benzenhöfer, Udo 13373, 15823
Beradt, Charlotte 7759
Berben, Paul 7375
Berczeller, Richard 1126
Berding, Helmut 1331, 12846, 16270
Berendsohn, Walter A. 11235, 11756–11759, 11814 f.
Berenstein, Tatiana 6308

Autorenregister

Berg, Christa 8417, 8560, 13982, 14097, 14292, 14298, 14312
Berg, Jan 19691
Berg, Rudolf 1987
Bergander, Götz 17496
Bergengruen, Werner 4850
Berger, Alexander 8685
Berger, Friedemann 15507
Berger, Karin 7603, 7642, 8491, 11090f.
Berger, Klaus 11432
Berger, Martin 14207
Berger, Peter 9991
Berger, Thomas 7740, 13126
Berges, Wilhelm 18264
Berghahn, Volker R. 628, 2704, 3337, 4260, 4308, 4674, 4675, 10195
Berghan, Marion 6523f.
Berghan, Wilfried 12305
Berghauzen, Janusz 18003
Berglund, Gisela 15508, 19495
Bergmann, Anna 13612
Bergmann, Christel 13613
Bergmann, Georg 17873
Bergmann, Gerd 10395
Bergmann, Jürgen 1828, 2377, 2529, 2567
Bergmann, Karl H. 11449, 11705
Bergmann, Klaus 8518
Bergmann, Martin S. 19144
Bergmann, Richard 8979
Bergmann, Theodor 2594, 10475, 11620
Bergmann, Waltraud 14990
Bergmann, Werner 1332, 19204, 19854f., 20095, 20231–20235
Berg-Pan, Renata 11236
Bergschicker, Heinz 629, 16757
Berg-Schlosser, Dirk 2484, 2555, 5034, 8143, 15283, 15872, 19957
Bergsdorf, Wolfgang 4756, 4757, 4758
Bergstraesser, Arnold 10584
Bergwitz, Hubertus 18316
Bering, Dietz 2256, 2257f., 4577
Berkel, Alexander 17667
Berkemeier, Georg 14240
Berkessel, Hans 6080
Berlekamp, Brigitte 19720
Berlin, Jörg 1543, 2688, 10399, 18611, 19205, 19856
Berlin Museum 6220, 7247
Berlin Museum, Abteilung Jüdisches Museum 5890
Berliner Frauen Kultur Initiative (BFKI) 11101
Berliner Geschichtswerkstatt 988, 2620, 6045, 7763, 7993, 8274, 8315, 10207, 15791, 15909, 17881
Berlin-Museum 6241
Bernadac, Christian 5118, 5229, 7141, 7376–7381, 8686, 13760f., 15509
Bernadotte, Folke Graf 17599
Bernard, André 5124
Bernard, Jean 7643
Bernard, Raja 7382
Bernard, Ursula 11816
Bernardoni, Claudia 18383
Bernbaum, John A. 1094
Berndt, Alfred 3224
Bernecker, Walther L. 2879
Berner, Hanspeter 19206
Bernett, Hajo 2000, 3273, 6613f., 14129, 14204, 15416, 15952f., 15954–15959, 15960–15965
Bernhard, Herbert 17668
Bernhardi, Horst 14647
Bernhardt, Markus 18961
Bernhardt, Walter 4309
Berning, Cornelia 4759f., 12267
Bernrath, Klaus 14753
Bernsdorf, Wilhelm 14987f.
Bernstein, Jeremy 14682
Bernzen, Christian 20293
Bers, Günter 4992
Berstein, Serge 1223
Bertaggia, Barbara 19797
Bertaux, Pierre 15229f.
Berthold, Eva 17795
Berthold, Rudolf 12450
Berthold, Werner 11202, 11774, 11817f., 11842
Bertkau, Friedrich 15481
Bertold, Werner 1686, 11180, 11760
Berton, Stanislav F. 1939
Bertram, Günter 3810, 18632
Beseler, Hartwig 17403
Besgen, Achim 5119, 13374
Besier, Gerhard 1424, 8747, 8821, 8832f., 9368, 18384, 19207, 19403, 19496f., 19554
Bessel, Richard 200, 630, 1648, 2134, 2504, 2974, 4578, 5583, 7210, 7798, 7814, 8176, 8592
Bessel, Richard J. 2135f., 2705, 2973f., 5081–5083, 5285
Bessel-Lorck, Lorenz 19857

Besson, Waldemar 143, 246, 3095, 4294, 4586, 16084, 16717
Best, Heinrich 1272, 2405, 2417, 5195
Beste, Niklot 9005, 9006
Besymenski, Lew A. 1794, 16475, 19858 (siehe auch Bezymenski, Lev)
Bethge, Eberhard 8834, 9007, 9144–9149, 9150–9152, 10811
Bethge, Renate 9146, 9152, 9163
Bethge, Werner 1344, 2975, 10196
Bettecken, Wilhelm 9423
Bettelheim, Charles 12382
Bettinger, Dieter 16987
Betz, Albrecht 11237, 11819
Betz, Hans-Georg 19859
Betz, Hermann D. 16843
Betz, Werner 4759
Beukema, Hermann 15168
Beumelburg, Werner 16758
Beushausen, Ulrich 18503
Beutelspacher, Martin 13453
Beutler, Kurt 13983
Beutter, Herta 6040
Beuys, Barbara 9833
Bewley, Charles H. 1902
Beyer, Erich 7479
Beyer, Johanna 8313
Beyer, Wilhelm R. 7633, 10546
Beyerchen, Alan D. 14358, 14687, 14688f.
Beyerlein, Fritz 7547
Beyme, Klaus von 19860, 20065, 20244
Beyrau, Dietrich 8199
Beyreuther, Erich 8805, 8835
Bezaut, Jean 7383
Bezirksamt Charlottenburg von Berlin 10297
Bezirksamt Steglitz von Berlin, Arbeitskreis Nationalsozialismus in Steglitz 1027
Bezirksamt Tempelhof von Berlin 1011, 5397, 7533
Bezirksamt Wilmersdorf von Berlin 3642, 3754, 3772, 6201, 12968, 13489
Bezirkskommission zur Erforschung der Geschichte der Arbeiterbewegung bei der Bezirksleitung Schwerin der SED/Bezirksheimatmuseum Schwerin – Abteilung Geschichte der neuesten Zeit 7553, 10047, 10428
Bezirksleitung Potsdam der SED, Kommission zur Erforschung der Geschichte der örtlichen Arbeiterbewegung 10392a
Bezirksleitungen Neubrandenburg, Rostock und Schwerin der SED und ihrer Kommissionen zur Geschichte der Örtlichen Arbeiterbewegung 939
Bezirksverband Pfalz 13592, 13824
Bezirksverordnetenversammlung Berlin-Charlottenburg 10297
Bezwinska, Jadwiga 7454
Bezymenski, Lev 1544, 17143, 17600 (siehe auch Besymenski, Lew A.)
Bibliothek des Archivs der sozialen Demokratie der Friedrich-Ebert-Stiftung 10156, 11443
Bibliothek für Zeitgeschichte 17552, 17571
Bibó, István 554, 6328
Bibow, Ewald 10652
Biedermann, Bettina 7758
Bielefeld, Uli 20236
Bielenberg, Christabel 1181
Bielfeldt, Johann 9008f.
Bielicki, Julian S. 19861
Bielka, Erich 1264
Biella, Friedrich 19117
Biemann, Georg 19862
Biemel, Walter 14749
Bier, Jean-Paul 19208
Bierbaum, Max 9639
Bierbrauer, Günter 12223
Bierganz, Manfred 5922
Biermann, Horst 14305, 14310
Biermann, Pieke 8308
Biermann, Pierre 7645
Biermann, Wolf 10209
Biernat, Karl-Heinz 3196, 3225, 10339
Bierschenk, Theodor 16205
Bierwirth, Waltraud 19863
Bies, Luitwin 9424
Biesmann, Jörg 3252
Biesold, Horst 19062
Bilang, Karla 15333
Bildarchiv Preußischer Kulturbesitz 6051
Billerbeck, Rudolf 18890
Billeter, Geneviève 6952
Billig, Joseph 2026, 5550–5553, 6447, 6461, 7274f., 12983
Billig, Michael 7760, 19412
Billing, Werner 19804, 19864
Billstein, Aurel 9964, 13050
Billstein, Reinhold 2674, 10130
Binder, Dieter A. 14596

Autorenregister

Binder, Gerhard 9271
Binder, Hans-Otto 850
Bindrich, Oswald 10559
Bingen, Monika 8305, 19129
Binion, Rudolph 1545, 5554, 7761
Binkowski, Johannes 2667, 4913
Birckenbach, Hanne M. 19613
Bird, Eugene K. 1926
Bird, Keith W. 2935
Birger, Trudi 7008
Birkenfeld, Wolfgang 12675, 12825
Birkenhauer, Renate 4763
Birkmann, Günter 9010
Birkmann, Ingrid 9010
Birkwald, Ilse 12665
Birmele, Jutta 15334
Birn, Ruth B. 5120f.
Birsl, Ursula 20237–20239, 20294
Bischof, Günter 16947, 17797
Bischof, Werner 1184
Bischoff, Charlotte 10340
Bischoff, Joachim 20084
Bischöfliches Ordinariat Berlin 9406
Bismarck, Philipp von 10942
Bismarck, Ruth-Alice von 9150
Bisovsky, Gerhard 1095, 16476
Biss, Andreas 6329–6331
Bissinger, Manfred 1482
Bisson, Jakob 9425, 9708, 9739
Bistum Speyer, Archiv 9541
Bittel, Karl 7384
Bittermann, Klaus 18758
Bittner, Markus 13981
Bitzel, Uwe 5923, 17048
Bizer, Ernst 9221
Black, Edwin 6525
Black, Lloyd D. 15190
Black, Peter R. 1851, 1852, 1984–1986, 5555, 6332
Blackburn, David 555f.
Blaich, Fritz 12383, 12482f., 12645
Blanc, Klaus 1184
Blancpain, Jean-Pierre 16206
Blandow, Jürgen 7204
Blank, Alexander 10341
Blank, Dagmar 13464
Blank, Manfred 6333
Blanke, Bernhard 174
Blanke, Richard 16207
Blankenagel, Alexander 18385
Blankertz, Herwig 14036
Blank-Lubarsch, Heinz-Jürgen 13470

Blänsdorf, Agnes 14865, 18868
Blanz, Fritz 7646
Blaschke, B. 17666
Blaschke, Monika 6578, 11227
Blaschke, Wolfgang 3986, 12215, 13475, 14107b, 14279, 14468, 15054a, 15162, 15700, 15802a, 19754
Blase, Alexander 130
Blasius, Dirk 3811, 5418, 5556, 5807, 6531, 13528, 13529f., 13762f., 13764
Blasius, Rainer A. 10812, 11146f., 16153, 16193, 16196, 16196a, 17144
Blass, Thomas 5060, 5061
Blath, Richard 19967
Blatter, Janet 7276
Blau, Bruno 5557, 7933
Bleicher, Willi 5765
Bleistein, Roman 9272–9275, 9608–9613, 9616, 9668, 9677, 9699, 10711, 10825, 10826–10828
Bleker, Johanna 5164, 5707, 11948, 13376, 13394, 13398, 13419, 13426, 13433f., 13484, 13610, 13651f., 13777, 13858, 13887
Blessing, Werner K. 9426
Bleton, Pierre 7647
Bleuel, Hans P. 1333, 7762, 14359, 14565
Bley, Hermannfried 12785
Bleyer, Wolfgang 12520, 12676, 16844, 17601
Bliembach, Eva 4689, 11706, 11714
Bloß, Hartmut 16678, 16679
Bloch, Charles 3359f., 5084, 16037–16332
Bloch, Erich 5924
Bloch, Ernst 175
Bloch, Marc 17270
Bloch, Michael 2019
Bloch, Peter A. 8742
Block, Gay 6765
Block, Just 4477
Blodig, Vojtech 11238
Blohm, Katharina 7277, 19641
Blömeke, Sigrid 6036
Blomeyer, Gerald R. 15417
Blond, Georges 17602
Blonder, Lola 7095
Bloomberg, Marty 5408
Bloth, Peter C. 8836
Blücher, Wipert von 16175
Bludau, Kuno 9993, 12384
Bluemler, Detlef 15332
Bluhm, Gabriele 12568

Bluhm, Lothar 10918
Blum, Heiko R. 19209
Blumberg, Arnold 16657
Blumberg-Ebel, Anna 4143, 4157, 9276, 9427
Blümel, Willi 3922
Blumenberg, Hans-Christoph 15824
Blumenberg, Werner 10304
Blumenberg-Lampe, Christiane 10943
Blumenberg-Lampe, Christine 15199, 15200
Blumenstock, Friedrich 17669
Blumenthal, Nachman 4761, 5558
Boak, Helen L. 2378
Boas, Jacob 5559–5561, 6766
Boberach, Heinz 98f., 103, 109, 1484, 3274, 3789, 4416, 4438, 5032, 5157, 5221, 6746, 7278, 7741–7743, 7934, 8521, 8536, 8669, 8672, 8687, 9797, 9834, 10510, 11207, 11212, 18067, 18689, 18891
Boberg, Jochen 5025, 6175, 7776, 13348, 15312
Bobrowsky, Manfred 4839, 10919
Boch, Rudolf 17135
Bochumer Kulturrat 8602, 9126
Bock, Gerhard 14339–14344
Bock, Gisela 8281f., 8306–8309, 13614–13617, 13726, 13765–13767
Bock, Günther 14469a, 15302
Bock, Hans M. 16333f.
Bock, Helmut 1776, 9835
Bock, Karl H. 3736
Bock, Michael 4083
Bock, Sigrid 11820
Bock, Stephan 12143
Bock, Ulla 8248, 8492
Bock, Wolfgang 18836
Bockenförde, Ernst-Wolfgang 3384, 4004–4006, 4021f., 4049, 4050, 4052, 4202, 5291, 5661, 9277, 9278
Bockermann, Dirk 9011
Bockhofer, Reinhard 7413
Bockhorn, Olaf 4646, 8118, 15144a, 15144b
Böddeker, Günter 17799
Bodek, Janusz 19210
Bödeker, Johanna 2013
Bodenschatz, Harald 13357
Bodensieck, Heinrich 6943
Bodenstedt, Adolf 4676
Bodewig, Kurt 19249, 19354, 19651,
19797, 19865f., 19870, 19893, 19903, 19932, 19951, 19971, 19998, 20000, 20011, 20031, 20049, 20066, 20087, 20106, 20276, 20293, 20320
Boehm, Hermann 16607, 17049
Boehm, Katharina F. 13049
Boehn, Irmgard von 12932
Boehnert, Gunnar S. 3812, 5122f.
Boehringer, Hannes 10311d
Boelcke, Willi A. 3635, 4579, 4662f., 4677f., 4936, 4941f., 12385, 12484, 12646, 12668, 12677f., 12826f., 13127, 16776, 17146
Boelke, Willi A. 7881, 12386, 12485
Boeppele, Ernst 1497
Boese, Engelbrecht 15510
Boeselager, Philipp Freiherr von 10585
Bogaert, André 11122
Bogatsvo, Jules 5124
Bögeholz, Lore 7894
Bogusz, Józef 13768
Bohleber, Werner 269, 5562, 5677, 5722, 18386f.
Bohlen, Friedrich 15966
Böhler, Ingrid 19420
Böhles, Hans-Jürgen 13480, 14469, 14485, 14517, 14524–14527, 14599f., 14608, 14617, 15051
Böhm, Franz 5702
Böhm, Helmut 9428
Böhm, Johann 16208
Böhm, Kurt W. 17818
Böhm, Rudolf W. 1096
Böhm, Udo 7385
Böhm, Wilhelm 19211
Bohmann, Alfred 18004
Bohmbach, Jürgen 851, 3096, 5925f.
Böhme, Edith 11821
Böhme, Günther 14037
Böhme, Hermann 17271
Böhme, Ilse 7758
Böhme, Klaus 13901
Böhme, Klaus-Richard 17322
Böhme, Kurt W. 17807f., 17814, 17823, 17826
Böhme, Rolf 5927
Böhme-Kuby, Susanna 19825
Böhn, Georg L. 17497
Bohn, Robert 5125, 7502, 11332, 12714, 12893, 16300, 16610, 17323, 17328, 17332f., 17706, 18322, 18324f., 18331, 18334, 18344, 18346, 18350, 18358

1253

Autorenregister

Bohn, Willi 10397, 10436
Böhne, Edith 6510, 6604, 7311, 11677, 11680, 11808, 11812, 11850 11909, 11919, 11950, 11966, 11971, 11984, 12000, 12006, 12025, 12034, 12080, 12086, 12150, 12223, 12288, 12338, 12341
Bohnen, Klaus 15511
Bohnenkamp, Hans 10311a
Böhnke, Werner 3326
Böhnke, Wilfried 2259f.
Bohnke-Kollwitz, Jutta 5990, 6006, 6715, 14275, 14491, 15329
Bohrer, Karl H. 1372
Böhringer, Helga 11754
Bohrmann, Hans 4865–4868, 4873, 10305, 14566
Bohrmann, Ingeborg 10305
Bohse, Jörg 4679, 4680
Boland, Karl 13051
Bolbecher, Siglinde 10200
Bolchover, Richard 6944
Boldt, Frank 4651, 11238, 11399, 16554, 16562, 16564, 16569, 16571
Boldt, Werner 10036
Bolewski, Hans 19867
Boll, Bernd 13052f.
Böll, Heinrich 7053, 8624
Bollack, Jean 14754
Bollenbeck, Georg 12187
Bollmann, Kerstin C. 12768
Bollmus, Reinhard 852, 2030f., 3572, 5928, 14360, 14470
Bollnow, Otto F. 14038
Bolz, Jürgen 6189
Bolz, Rüdiger 16759
Bömelburg, Hans-Jürgen 5929f.
Bömermann, Hartmut 2396, 2405, 2482
Bondzio, Wilhelm 10896
Bonengel, Winfried 19922
Bonhoeffer, Dietrich 9147–9150
Bönisch-Brednich, Brigitte 15138
Bonnin, Georges 2352
Bons, Joachim 2505
Bonss, Wolfgang 2410
Bonte, Florimond 11239
Bonwetsch, Bernd 12984, 17840
Booß, Rutger 14597
Boockmann, Hartmut 1634, 7804, 14958, 16497
Boog, Horst 4439f., 16862, 16864, 17458f.
Books, Lea V. 9

Booms, Hans 98, 103, 1484, 2815, 2954, 4416, 4438, 5032, 5157, 17050, 18067
Boor, Lisa de 7964
Bopp, Marianne O. de 11822
Bopp, Marie-Joseph 18231
Bor, Peter 10729
Borch, Herbert von 3573
Borchardt, Knut 12387, 12388, 12647
Borchers, Andreas 20096
Borchmann, Michael 3752
Borchmeyer, Josef 1973–1975, 18892–18894
Borck, Karin 16461
Borden, Carla M. 11236, 11250, 11252, 11285, 11342, 11357, 11374, 11800, 11829, 11904, 11911, 11913, 11922, 11997, 12019, 12042, 12102, 14358
Borejsza, Jerzy W. 10586, 16457
Borengässer, Norbert M. 9250, 13491
Börger, Bernd 9561
Borgert, Heinz-Ludgert 16845
Borgert, Wolfgang 11471
Borgmann, Karl 9279
Borgsen, Werner 7386
Borgstädt, Britta 11093
Borgstedt, Angela 10566a
Borinski, Fritz 3496
Bork, Siegfried 4762
Borkin, Joseph 12587
Bor-Komorowski, Tadeusz 18005
Bormann, Alexander von 15512f., 15716
Born, Jürgen 4681
Born, Lutger 6767, 9430
Bornemann, Manfred 7387, 16988, 17670
Bornscheuer, Karl-Dieter 4157a
Börner, Herbert 15212
Börner, Holger 11539
Börner, Weert 10904
Börnert, Gisela 7388, 7389
Borowsky, Peter 1546, 14743, 14951
Borresholm, Boris von 1873
Borries, Achim von 5884
Borries, Bodo von 18388
Borscheid, Peter 12370, 12486
Borsdorf, Ulrich 2595, 2646, 3310, 6281, 7969, 8021, 8055, 8074, 8101, 8404, 10511–10513, 10525, 10529, 11641f., 11651, 13080, 16940, 17141, 17527, 18933
Borst, Otto 853–856, 1007, 3920, 8794, 10104, 12484, 13490, 14031, 14449, 14452, 15317, 15467, 15684, 15750

Borth, Fred 17671
Borus, Josef 17147
Borzikowsky, Reinhold 12648
Bosanquet, Mary 9153
Bosch, Heinz 17672
Bosch, Herbert 5044
Bösch, Hermann 4478
Bosch, Manfred 5931, 9965, 9994, 10292, 14080, 18962
Bosch, Michael 204, 224, 1612, 1682, 6906, 6914, 9184, 9199, 9201, 9234, 9597, 9684, 9719, 9767, 9995f., 10316, 10320, 10437, 10448, 10496, 10502, 10715, 10748, 10792, 11057, 11063, 11107, 11123, 11276, 11662, 12548, 13963, 14080, 14993, 19212, 19381, 19386, 19401, 20283
Boschan, Charlotte 12895
Bose, Michael 13315, 13361
Böse, Oskar 16209
Boskamp, A. Erich 5932
Bosl, Erika 87f.
Bosl, Karl 69, 87f., 6394, 11470, 18007, 18078, 18141
Bosmajian, Hamida 18389
Böss, Otto 17816
Bosshart, David 463
Bossle, Lothar 2667, 4840, 4980, 9593, 9997, 10718, 10854, 11007, 13463a, 14522, 15607, 17756
Bossmann, Dieter 19179
Bosworth, Richard J. 19213
Böth, Bernd 6903
Bothe-von Richthofen, Felicitas 9998
Bothien, Horst-Pierre 829, 5266, 9999
Botstein, Leon 5563
Bott, Elke 857
Bott, Hermann 19868, 20143
Bott-Bodenhausen, Karin 7175
Böttcher, Hans-Ernst 4234, 18368, 18491
Böttcher, Joachim 18837
Böttcher, Kurt 11771, 15482
Bottin, Angela 11823
Botz, Gerhard 271, 1097–1106, 1146f., 1263, 1265–1269, 1281f., 1991, 2479, 2516, 4929, 4993f., 5933–5935, 7882, 8130, 9805, 13196, 13316, 19214
Botzenhart, Manfred 557, 631, 9836
Bounin, Ingrid 8078
Bourdieu, Pierre 14754
Bouresh, Bettina 15303
Bourgeois, Daniel 12828, 16421 f.

Bourgeon, Michael 19145
Bouvier, Beatrix 10561
Bouvier, Friedrich 1148
Boveri, Margret 4841, 4914, 9837, 17673
Bowen, Robert 14657
Bower, Tom 1784, 18690, 18895f.
Boyd, Carl 16694
Boyens, Armin 6945, 8837f.
Boyer, John W. 8034a, 9838, 11260a, 19497a
Boyers, Robert 11824
Boysen, Elsa 10460
Braatz, Werner E. 12829
Bracher, Karl D. 14f., 176–181, 242, 272–275, 284, 464–469, 558, 632–638, 767, 1107, 1323, 1334f., 1389, 1451, 1527a, 1677, 1771, 2129, 2137, 2213, 2230, 2402, 2976–2980, 2991, 3065, 3393, 3807, 4310, 4369, 4381, 4602, 4988, 5066, 5372, 5540, 5682, 7955, 8462, 8562, 8687f., 8705, 8838, 9291, 9399, 9839f., 9888, 9939, 10587, 10588, 12454, 12646, 12647, 12709, 13159, 14021, 14361f., 14439, 15240, 16040, 16121, 16479, 16493, 16545f., 16957, 16978, 17607, 17830a, 17927, 18107, 18281, 18390, 18516, 19215, 19498
Bracht, Edgar 858
Brack, Ulrich 859
Brackel, Thomas 3516
Brackel-Hertenstein, Thomas 182
Brackmann, Karl-Heinz 4763
Brada, Fini 6526
Braddick, Henderson B. 16555
Brade, Lutz 6895
Bradley, Dermont 4412f., 4434–4449, 4510, 4523, 4531
Brady, Robert 15231
Braedt, Michael 12745
Braet, Karel 13102
Brägelmann, Paul 17798
Braham, Randolph L. 183, 1986, 5555, 5564–5566, 5694, 6289, 6334–6338, 6457, 6946f., 6967, 6979, 6989, 18732, 18847, 19384
Brahm, Heinz 276
Brainin, Elisabeth 639, 8310, 8407, 13531
Brakelmann, Günter 1336, 5754, 5836, 6855, 6865, 6876, 8806, 8839f., 8927, 9192, 9231, 9360
Brakensiek, Stefan 3767

Autorenregister

Brämer, Rainer 12394, 14130, 14658–14661, 14686, 14706
Bramke, Werner 2723, 9841, 10000, 10463, 10719, 19587, 19588–19591
Brammer, Uwe 4534
Brammerloh, Susanne 17148
Bramstedt, Ernest K. 1874f., 4874, 5230
Bramwell, Anna 1813
Brand, George 18683
Brand, Joel 1825
Brand, Karsten 800, 15967
Brand, Volker 10968
Brandel, Hermann 2261
Brandenburg, Hans-Christian 3430
Brandenburger, Heinz-Wilhelm 1992
Brandenburger Verein für politische Bildung »Rosa Luxemburg« 1344, 2975
Brandes, Detlef 16556, 18006f.
Brandes, Heino 10001
Brandhuber, Jersy 17841
Brändle, Gerhard 5936
Brands, Gunnar 15232
Brandstötter, Christian 1086
Brandstötter, Rudolf 1270
Brandt, Claudia 15458a
Brandt, Hans J. 9431, 9729
Brandt, Hans-Jürgen 15825
Brandt, Karl 12769
Brandt, Leon 6768
Brandt, Margit 1328, 1404, 7940, 12981, 13608, 16077, 16565, 16873, 16880, 17088, 18086, 18175, 18233, 18355
Brandt, Martin 4202
Brandt, Peter 8022, 9842, 10068, 18963, 19822, 19869
Brandt, Willy 9888, 10229f., 10301f., 10306, 10317, 10505, 11331, 11636, 11636a, 17127, 19499
Braschoss, Heinz 860
Braß, Christoph 13902
Brather, Hans-Stephan 100
Braubach, Max 2956, 10589, 16261, 16477
Brauburger, Stefan 17198
Braumandl, Wolfgang 18008
Braun, Christina von 5567
Braun, Günter 4167, 8771, 10069, 10195, 10197, 10255f., 10315, 10316, 10448
Braun, Hannelore 8669, 8802, 9204, 9205
Braun, Hans J. 15211, 16989
Braun, Hans-Joachim 12389, 12679
Braun, Helga 3475, 8079
Braun, Helmuth F. 6615

Braun, Theo 9129
Braunburg, Rudolf 8625
Bräunche, Ernst O. 2262, 3097f., 3768
Braune, Berta 9173
Braune, Paul G. 9172, 13732
Brauneis, Inge 11092
Bräutigam, Helmut 4177, 7390, 13054
Bräutigam, Otto 16177, 18009
Bräutigam, Petra 12569
Brautmeier, Jürgen 16777
Brebeck, Wulff E. 6616, 7391, 7584, 19668
Brecher, August 9431f., 9735, 9736
Brechschmidt, Sylvia 8961
Brecht, Karen 12087, 13559
Brede, Werner 14755
Bredemeier, Karsten 17874
Brednich, Rolf W. 15105, 15145–15148
Bredow, Wilfried von 19483
Brehmer, Gerhard 12680
Brehmer, Ilse 1810, 2039
Breidenbach, Armin 10002
Breidt, Karl-Heinz 988, 7763
Breig, Christine 13465
Breit, Ernst 3275, 3283, 3295, 3317, 8591, 10182, 10511, 19870, 20200
Breit, Gotthard 4311
Breitenbach, Armin 9124, 9764, 11638
Breitinger, Hilarius 9602
Breitling, Rupert 1337
Breitman, Richard 1548, 1959, 5111, 5568f., 6339, 6829, 6948f., 12545
Brekle, Wolfgang 10920
Brelie-Lewien, Doris von der 7970, 12985
Bremer, Jörg 10476, 11621
Bremer, Sigrid 8626
Brender, Reinhold 18232
Brendler, Konrad 19216
Brenneke, Gisbert 2677, 8120, 18964, 19011
Brenner, Andreas 8416, 19379
Brenner, Arthur 12192
Brenner, Hans 7392
Brenner, Hildegard 11825, 15233, 15304, 15335, 15685
Brenner, Michael 5937
Brennig, Richard 10084
Brentjes, Burchard 5401, 6114, 7165, 7240, 13685, 14363, 14427, 14907, 17940, 18099f., 18123
Brentzel, Marianne 5570
Brès, Eveline 11240
Brès, Yvan 11240

Breser, Stefan 11780
Bressem, Lydia 5407
Breßlein, Erwin 15763
Bretscher, Willy 16424
Bretschneider, Heike 10003
Brett-Smith, Richard 4312
Breuer, Dieter 15514
Breuer, Jacques 18898
Breuer, Stefan 2706, 2707
Breuer, Thomas 8689, 9433
Breuilly, John 621
Breunig, Bernd 11241
Breuning, Klaus 9280
Breyer, Richard 16532
Breymann, Klaus 20295
Breyvogel, Wilfried 3497, 9560, 10163, 10960, 10969–10971, 10980, 10982, 10994, 11001, 11014a, 11022, 11029, 11054a, 14131, 19521, 20296
Brickwedde, Fritz 10004
Bridenthal, Renate 8307, 8377, 8378, 13767
Bridgman, Jon 7279
Brieden, Hubert 5938
Briegel, Manfred 6591, 6596, 9515, 11242, 11304, 11338, 11372, 11429, 11476, 11484, 11567, 11860, 11865, 12005, 12023, 12100, 12203, 14852
Brieger, Gert H. 13377
Briegleb, Klaus 4764, 14812
Briegmann, Uta 15469
Briesen, Detlef 861–863
Brill, Hermann 10288
Brilling, Bernhard 5939 f.
Brinck, Christine 11442
Bringmann, Fritz 7393, 10005, 13903, 19642
Bringmann, Karl 13497
Brinker-Gabler, Gisela 8325, 8461, 12002, 15520
Brinkmann, Elisabeth 7648
Brinkmann, Ernst 9012
Brinson, Charmian 11438
Brintzinger, Ottobert L. 3253
Brissaud, André 1549, 4559, 5126 f., 5231
Broad, Pery 7649
Brochhagen, Ulrich 18391, 18691, 19217, 19485
Brock, Bazon 4999, 9013, 13345, 15232, 15234 f., 15279, 15303, 15415, 15453, 15730, 19380
Brocke, Bernhard vom 14356, 14991

Brocke, Edna 5941, 6340, 19146, 19612
Brockhaus, Gudrun 1550, 8311 f.
Brockhoff, Evamaria 5649, 5831, 5920, 6026, 6706, 6915, 9101
Broda, Engelbert 14671
Broder, Henryk M. 6617, 19871
Brodersen, Ingke 2981
Brodersen, Momme 12136
Brodersen, Uwe 138
Brodski, E. A. 17842
Brodski, Joseph A. 17843
Broel, Regina 9288
Broerman, Bruce M. 11826
Bröhan, Margrit 12343
Brohm, Jean-Marie 15968
Brombacher, Horst 13904
Bromberger, Barbara 5128, 5337, 7280, 7938, 8541, 13049, 13378–13380, 13452
Brommer, Peter 5267, 7863
Bronowski, Alexander 6769
Bronsen, David 12328
Brook-Shepherd, Gordon 1108
Brose, Eric D. 277
Brosius, Dieter 2672, 3114, 3765, 10275, 17429
Brossat, Alain 19218
Broszat, Martin 10, 184–189, 225, 627, 640–643, 690, 816, 822, 864, 1324, 1338, 1483, 1528, 1551 f., 1775, 2138, 2229, 2241 f., 2379, 2966, 2982, 2985, 3033, 3046, 3067, 3203, 3226, 3400, 3517, 3570, 3733, 3744, 3831, 3969, 4069, 4161, 4355, 4380, 4422, 4585, 4917, 5419, 5519 f., 5571, 5624, 6892, 6904, 7281, 7343, 7387, 7452, 7542, 7749, 7764–7769, 7864, 7928, 7992, 8015, 8107, 8175, 8200, 8228, 8494, 8995, 9309, 9414, 9426, 9516, 9575, 9765, 9843, 9844, 9897, 9911, 9975, 9982–9986, 10006 f., 10264, 10271, 10411, 11012, 11344, 11386, 11685, 12483, 12537, 12539, 14107a, 14244, 14430, 15451, 15790, 16053, 16058, 16112, 16162, 16210 f., 16533, 16584, 16588, 16847, 16892, 17051, 17610, 17775, 17930, 18010–18013, 18392 f., 18435, 18605, 18871, 18877, 18899, 18971, 19033, 19219–19223, 19332, 19705, 19707
Brothers, Eric 6618
Broucek, Peter 4514
Brousek, Karl 7394

Browder, George C. 101, 5224, 5232f.
Brown, Albert H. E. 11827
Brown, Jeremy R. S. 2263
Brown, John M. 17052
Brown, Kathryn 14756
Browning, Christopher R. 3574f., 5286, 5572–5578, 6341–6343, 6462, 6770–6774, 8201, 13769, 16154, 18169, 19224
Brozek, Andrzej 13618, 13705
Bruce, George 6711
Bruch, Rüdiger vom 13139, 14858
Brücher, Bodo 10157, 15826
Brüchert-Schunk, Hedwig 6527
Bruck, Andreas 18394
Brück, Carlheinz von 10887
Bruck, Werner F. 12390
Bruckbauer, Maria 15751
Brückner, Joachim 17674
Brückner, Peter 644, 8627
Brückner, Wolfgang 15083–15087, 15117f., 15129, 15146
Brückner-Boroujerdi, Ute 7196
Brücks, Andrea 13905f.
Bruderhofer, Raimund 9745
Brüdigam, Heinz 26, 2957f., 19872
Bruegmann, Klaus-Dieter 10008
Brügel, Johann W. 1182, 16212, 16041, 16465, 16557, 17272
Brügge, Otfried 3076
Brügge, Peter 19873
Brüggemeier, Franz-Josef 559, 13317
Brühl, Hans 560
Brühl, Heinz 3323
Brülls, Holger 9013
Brumlik, Micha 5579, 7016, 18395, 19225, 19784f., 20240
Brummer, Wolfgang 17411a
Brun, Georg 14866
Brüne, Lothar 17675
Brüning, Heinrich 2816, 11686
Brüninghaus, Beate 12977
Brunkhorst, Hauke 19709
Brunn, Gerhard 862, 863
Brunn, Walter 19119
Brünneck, Alexander von 3813, 4203
Brunner, Beate 8514
Brünner, Christian 1423, 9482, 14450, 14596, 14970
Brunner, Claudia 7216, 13264
Brunner, Detlev 2588, 3265, 11639
Brunner, Otto 1679, 16110
Bruno- und Else-Voigt-Stiftung 7105

Brunotte, Heinz 2182, 4875, 6775, 8670, 8730f., 8841–8845, 8859, 8880, 8894, 8915, 8918, 8952f., 8965f., 9009, 9039, 9105, 9111, 9140, 9190
Bruns, Alfred 909
Bruns, Brigitte 8313, 15932
Bruns, Maike 2297, 2491, 3099, 7883
Brunstein, Reinhard 10257
Brunswig, Hans 17500
Brusatti, Alois 12505
Brüschke, Rudolf 6064
Brusis, Ilse 672, 17603, 19902
Bruss, Regina 5943
Brusten, Manfred 7727
Brustin-Berenstein, Tatiana 6619
Bry, Carl C. 2353
Bry, Gerhard 12895
Bryans, J. Lonsdale 11148
Brzezinski, Zbigniew K. 482
Bubis, Ignatz 5369
Buch, Hans P. 6039
Buchbender, Ortwin 4682f., 16778
Büchel, Regine 9772
Bücheler, Heinrich 10746f., 10800f., 10822
Bucher, Editha 5944
Bücher, Johannes 5945
Bucher, Peter 865, 1484, 1853, 2936, 4684f., 7396, 15827f.
Bucher, Willi 3453, 8537, 8620a, 8600, 10972, 10985, 15732, 15925
Buchheim, Christoph 11690, 12391, 12467, 12824, 17911
Buchheim, Gisela 15212
Buchheim, Hans 470–472, 645, 3554, 3576, 5129–5132, 7770, 8690, 9930, 10184, 10552, 10605, 10641, 10686, 13245, 18396f., 20241
Buchheim, Lothar-Günther 17556, 18200
Buchheit, Gerd 1844
Buchheit, Gert 4313, 4535f., 10696
Buchholz, Erich 10444, 13411, 14607a, 14738
Buchholz, Marlis 5946, 6168
Buchholz, Wolfhard 13228
Büchler, Yehoshua 5133, 6344
Buchloh, Ingrid 3100
Buchmann, Erika 7416
Büchner, Britta R. 20158
Buchner, Herbert 4204, 12392
Buchstab, Günter 2809, 10895, 11672
Buchstein, Hubertus 2587, 18398
Buchwald, Manfred 1485

Buck, Gerhard 16734, 16735
Buck, Hans-Robert 10398
Buck, Theo 11717, 12146
Bücker, Vera 18399
Buckley, John 17460
Budde, Heiner 9645
Buddensieg, Tilmann 4061, 6615, 11849
Buddrus, Michael 3429, 3431 f., 6776, 8527
Bude, Heinz 8538, 18400, 19291
Buderer, Hans-Jürgen 15395
Budraß, Lutz 12570
Buffotot, Patrice 17461
Bühl, Achim 16478
Bühler, Anne L. 9014
Bühler, Johann-Christoph von 14039
Bühler, Marianne 5867
Bühler, Werner 5867
Buhlert, Horst 646
Buhofer, Ines 8691
Bujak, Adam 7361
Bukey, Evan B. 1149 f., 1302
Bulawko, Henry 6999
Bulgarisches Forschungsinstitut in Österreich 3228
Bull, Hans P. 19874
Bull, Hedley 647, 5755, 7765, 9839, 9876, 10174, 10810, 16312
Bulla, Sigmund 9434
Bullan, Klaus 19875
Bullen, Robert J. 13832
Bullock, Alan 1466, 1553–1555, 1927, 16274, 17053
Bülow, Katharina von 18401
Bund der Antifaschisten Berlin-Pankow 6068
Bund der deutschen Katholischen Jugend Düsseldorf 8773
Bund der »Euthanasie«-Geschädigten und Zwangssterilisierten 13803
Bund der Freunde des Katharineums 14239
Bund Jüdischer Verfolgter des Naziregimes in Wien 4796, 5341, 5558, 5823, 7157, 7260, 7269, 18631, 18816
Bund, Konrad 1246, 5197
Bundesarchiv 3372, 4273–4388, 5439, 8521, 15226, 17906
Bundesarchiv, Abt. Zentralnachweisstelle 4472
Bundesminister der Finanzen 19116–19121

Bundesminister der Justiz 3821, 3840, 13940, 18825
Bundesminister der Verteidigung 4310
Bundesminister des Innern 19889, 19907, 20026, 20323
Bundesminister für Frauen und Jugend 19899
Bundesminister für gesamtdeutsche Fragen 3797, 17067
Bundesminister für Unterricht und Kunst (Wien) 16946
Bundesminister für Vertriebene, Flüchtlinge und Kriegsgeschädigte 16722, 17454, 17476
Bundespressedienst 10050
Bundesverfassungsgericht, Mitglieder 18749, 18757
Bundeszentrale für Heimatdienst 6438, 6750, 7073, 13995, 17043, 19544
Bundeszentrale für politische Bildung 713, 742, 744, 1585, 3001, 3588, 5693, 8148, 9831, 9945, 9949, 10597, 10690, 11420, 13162, 19268, 19289, 19313, 19345, 19353, 19361, 19387, 19625, 19711, 19832, 19890, 20060, 20308, 20325, 20355
Bungardt, Karl 14081
Bungert, Heike 11707
Buntenbach, Annelie 1247
Bunzl, John 19147
Burchardt, Lothar 1040, 1556, 17404, 17412
Burchardt, Ludwig 7935, 12681
Burckhard, Hugo 7651
Burckhardt, Carl J. 1175
Burden, Hamilton T. 5028
Burdick, Charles B. 701, 17273, 17347
Büren, Martin 16987
Burg, Udo von der 14082
Burgard, Dieter 7397, 19643
Burgelin, Henri 2139
Bürger, Friedegund 19644
Burger, Horst 3433
Burger, Oswald 824, 12589
Bürgerinitiative für Frieden und Abrüstung Hemer 17866
Burghardt, Christina 8314
Bürgin, Hans 12283
Burin, Frederic S. 3577
Burke, Kenneth 1557, 4765
Burkert, Hans-Norbert 796, 3101, 17676, 19226

Burkhardt, Bernd 3102, 11057, 11662
Burkhardt, Claudia 13770
Burkhardt, Hans 17869
Burleigh, Michael 27, 648, 5338, 14867–14870, 18014
Bürli, Alois 14296
Burmeister, Barabara 11530
Burnham, Walter D. 2380
Burrin, Philippe 1558, 5580, 18233
Burrowes, Robert 473
Burth, Wolfgang 12487
Buruma, Ian 18402
Busch, Arnold 10009, 11828
Busch, Benedikt 9435
Busch, Bernd 2668
Busch, Dieter 17501
Busch, Eberhard 6777, 8846
Busch, Eckhart 3636
Busch, Günter 15336
Busch, Hans-Jürgen 8613
Büsch, Otto 2401, 20133
Busch, Thomas 10010
Buschak, Willy 3276, 10514–10516, 11622
Buscher, Frank M. 6778, 9281
Buscher, Paulus 10972
Buschkühl, Matthias 9520, 14536
Buschmann, Arno 4211
Busemann, Herta L. 14256
Bushart, Magdalena 5030, 15337, 15340, 15346, 15397, 15418, 15429, 19395
Busl, Franz 9436
Buss, Wolfgang 15969, 15988, 16014
Bussche, Albrecht von dem 14205
Bussche, Hendrik van den 13381, 13382, 13466, 13467
Busse, Horst 7513, 18838
Bussmann, Georg 19227
Bussmann, Walter 9282, 10786
Bußmann, Ludwig 10291
Bußmann, Walter 8661, 14860, 16155, 16779, 17033, 17149
Buszko, Józef 7360
Butler, Ewan 1903
Butler, Rupert 18015
Bütow, Wolf J. 3204
Butschek, Felix 12506
Butt, Wolfgang 16608
Bütterich, Anette 5947
Butterwegge, Christoph 19876–19881, 20108, 20114, 20173, 20194, 20205a, 20258

Büttner, Ursula 578, 649, 864, 1326, 1377, 1422, 1426, 1458, 3103, 3419, 3610, 3845, 4147, 4387, 4707, 5517, 5581, 5645, 5647, 5762, 6563, 6583, 6594, 6744, 6746, 6753, 6764, 6779, 6780, 6796 f., 6805–6807, 6838, 6854, 6856, 6860, 6877, 7298, 7632, 8688, 8786, 8840, 8862, 8932, 9216, 9346, 10545, 10653, 11334, 11411, 12205, 12206, 12944, 12965a, 12997, 13391, 13655, 16331, 16430a, 16534, 16543, 17502, 18455, 18632, 19074, 19296, 19435, 19531
Buuck, Gisela 9848, 19585
Bychowski, Gustav 1559
Bychowski, Ute 8315
Bystricky, Valerián 16558
Bytwerk, Randall L. 2086–2088, 4580, 4686, 4766, 4876

Cachay, Klaus 15970
Cadars, Pierre 15829
Cadle, Caron 1811 f.
Caesar, Rolf 12408, 12649–12651
Cahill, John J. 2140
Cahnmann, Werner J. 5582, 5948
Cajani, Luigi 17844
Calic, Edouard 1941, 1960, 3227
Calleo, David P. 561, 16042
Callesen, Gerd 11203
Callies, Jörg 2983, 19228, 19882
Calvocoressi, Peter 16848
Cameron, John 18678
Cameron, Norman 1498
Campbell, Bruce B. 5085
Campbell, Joan 8023
Camphausen, Gabriele 14871
Cancik, Hubert 1560, 4767
Canovan, Margaret 474
Cao-Van-Hoa, Edmond 16658
Caplan, Hannah 11194
Caplan, Jane 190, 212, 278, 650 f., 1683, 1914, 2141, 2530, 3578, 3579–3585, 5345, 5576, 7786, 8249, 12410, 12420, 13175, 13819, 17086
Caregorodcev, Genadij I. 7228, 7296, 8933, 13214, 13384, 13393, 13395, 13402 f., 13429, 13437, 13448 f., 13508, 13565, 13570, 13837, 13875, 14441, 18016, 18026
Carell, Paul 17124 f., 17150–17152, 17275, 17799

Cargas, Harry J. 5409, 7009
Cargill, Morris 1220
Carl, Horst 16423
Carlier, Claude 17276
Carls, Hans 7652, 9605
Carlsen, Ruth 14472
Carmilly-Weinberger, Moshe 6345
Carmin, E. R. 1339
Carmon, Arye Z. 14364, 14473 f.
Carnes, James D. 11742
Caroli, Michael 2499, 4932, 5917, 6258, 8782, 9538, 9962, 10105, 10216, 12986, 17433, 19458
Caroll, Berenice A. 16990
Caron, Vicki 6528
Carpi, Daniel 6463
Carr, William 1467, 1561, 4314, 5583, 16043–16045, 16991, 17054, 19229
Carroll, Berenice A. 12682
Carroll, Eber M. 16466
Carroll, P. Thomas 11829
Carruthers, Susan L. 8315a
Carsten, Francis L. 279–281, 1271, 1562, 2142, 2937, 2947, 15515
Carstens, Hein 17677
Cartarius, Ulrich 9773, 9827, 9845
Cartellieri, Diether 17809
Cartier, Raymond 4315
Caspar, Gustav-Adolf 4431
Caspary, Eugen 10295
Cassels, Alan 282
Cassidy, David C. 14690
Castell Rüdenhausen, Adelheid Gräfin zu 8539, 8617, 13265 f., 13706
Castellan, Georges 4418, 16992
Castle Stanford, Julian (d. i. Julius Schloß) 7010
Castner, Hartmut 20297 f.
Castner, Thilo 20297 f.
Cazden, Robert E. 11830
CDU-Landesgeschäftsstelle Württemberg 18974
Cecil, Robert 2032, 17153
Celovsky, Boris 16559
Central Commission for Investigation of German Crimes in Poland 18020
Centre de Documentation Juive Contemporaine 1822, 2026, 6315, 6447, 6455, 6458, 6486
Centrum Industriekultur 1042
Cernaja, Ljudnila 1389, 1677
Cerniková, Milada 18017

Cérny, Bohumil 3409 f., 11204, 11243 f., 11472
Cerny, Jochen 2880
César, Jaroslov 11244
Chagoll, Lydia 7282
Chalk, Frank 5584
Chamberlain, Harriet 7018
Chamberlin, Brewster S. 18900
Chandler, Albert R. 2033
Charisius, Albrecht 16736
Chary, Frederick B. 6346
Chassin, Lionel M. 16849
Chaumont, Jean-Michel 5376
Chaussy, Ulrich 20175
Chesi, Valentin 8153
Chiari, Bernhard 18018
Childers, Thomas 212, 650 f., 1683, 1914, 2130, 2135, 2308, 2319, 2381–2386, 2392, 2530 f., 2575, 4641, 5082, 5345, 5576, 7786, 7902, 10590, 10829, 12410, 12420, 13175, 13819, 17086
Cholawski, Shalom 6291
Chorherr, Thomas 1109
Chor'kov, Anatolij 17154
Choroskevic, Anna L. 16503
Choumoff, Pierre S. 7719
Chowaniec, Elisabeth 10713
Christadler, Marielouise 10461
Christel, Albert 7653
Christlich-Demokratische Union Deutschlands, Bundesgeschäftsstelle 19484, 20185
Christliche Union Deutschlands [Ost] 10896
Christlicher Friedensdienst 7358
Christlich-Soziale Union 20161, 20165, 20186, 20202
Christmann, Alfred 3773, 12896
Christmann, Hans H. 14852
Christoffel, Edgar 10011, 17678
Christoffel, Udo 5949
Chrobak, Werner 1283, 3376, 3598, 9437, 9631, 15756
Chroust, Peter 13733, 13736, 14598 f.
Ciechanowski, Jan M. 6712
Ciolek-Kümper, Jutta 2264, 3104
Ciolina, Evamaria 5010
Clarke, Alan 11831
Classen, Peter 14475
Clausen, Holger 3804, 3861, 4091
Clausen, Lars 15038
Claussen, Detlev 1318, 1340, 19230

Claussen, Horst 4743
Claussen, Karl E. 3814
Claussen, Regina 9846
Clemens, Gabriele 14757, 14872
Clemens, Ursula 15453
Clements, Keith W. 9154
Clemenz, Manfred 283, 2387
Clephas-Möcker, Petra 14567
Cloer, Ernst 19231
Closset, René 9730
Cluet, Marc 15419
Cobet, Christoph 18403
Cocalis, Susan L. 7852, 11810, 11976, 12026, 12117
Cochavi, Yehoyakim 6347, 6621–6623
Cocks, Geoffrey C. 3582, 4337, 5585, 8202, 8449, 13383, 13523, 13533, 13532, 13577
Coffey, Thomas M. 17503
Cogoy, Renate 646, 7113, 7204, 8458, 13137, 13253, 13560, 13996, 14259, 14281f., 14287, 15578, 15903, 18386, 18507, 18511, 18525, 19114, 19145, 19152, 19156, 19784, 20313
Cohen, Asher 183, 3574, 4327, 4409, 5422, 5566, 5586–5588, 6286–6288, 6347, 6399, 6411, 6413, 6423, 6469, 6476, 6495, 6690, 6771, 6782, 6790, 6813, 6888, 6934, 6936, 6947, 6956f., 6975, 6996, 8694, 17849, 19165, 19208
Cohen, Nathan 7340
Cohen, Richard I. 6441a
Cohn, Norman R. C. 5589
Cohn, Werner 5590
Coing, Helmut 14493, 14908, 15028
Cole, Helena 8249
Colodner, Salomon 6624
Combes, Andrés 15236
Combs, William L. 4877, 5134
Comité de l'Amicale Buchenwald 7471
Comité des Délégations Juives 5496
Comité International de Dachau 7250a, 7375, 7459
Committee for the Study of War Documents 105
Compton, James V. 16630
Confrancesco, Dino 284
Conot, Robert E. 18692
Conrad, Christoph 2466, 13219
Conrad, Horst 5876
Conrad-Martius, Hedwig 1341
Conrady, Karl O. 14813, 14843

Conway, John S. 2953, 5420, 6349, 6782f., 7398, 8662, 8670, 8693–8696, 8847, 9212, 9224, 11666
Conway, Martin 18234
Conze, Werner 652, 12373
Conzemius, Victor 11673, 17875
Cooper, Matthew 4316, 5212, 18019
Cooper, Robert W. 18693
Copoiu, N. 6302
Coppi, Hans 10342, 10349, 10462, 19591a
Corbach, Dieter 7012
Cordes, Walter 15202
Cordshagen, Hugo 3643
Corino, Karl 3235, 4026, 4031, 9701, 12306, 14365, 14755, 14996, 15349, 15563, 15620, 15631, 15633, 15373a, 15771, 15924
Corni, Gustavo 191, 1814, 1976, 8163, 12770–12772
Corsten, Wilhelm 9251
Cort, Bart de 10300
Cosanne-Schulte-Huxel, Elisabeth 5826, 6228, 19022
Coulmas, Corinna 11259
Courtade, Francis 15829
Coutinho e Castro, José M. 285
Cowling, Maurice 16296
Cox, Michael 20097
Craig, Gordon A. 1563, 4317, 16631, 19721
Cramer, Erich 286
Crankshaw, Edward 5234
Crawford, W. Rex 11991
Crémieux-Brilhac, Jean-Louis 17055
Crepon, Tom 15338
Creveld, Martin L. van 16849a, 17362
Creydt, Detlef 13055
Crips, Liliane 4878, 8316, 8317
Crome, Len 7585
Crone, Michael 11215
Crouch, Mira 7771
Crüger, Herbert 10439
Cruickshank, Charles 4687, 18235
Csendes, Peter 3737
Cser, Andreas 866
Cuddon, Eric 18684
Cummins, Paul F. 6529
Cuomo, Glenn R. 15516, 15517
Cwojdrak, Günther 8628
Cynska, Sophie 18020
Cyprian, Tadeusz 18021, 18694
Cyrus, Hannelore 8318

Czada, Peter 12403
Czarnowski, Gabriele 8319f.,
  13619–13621, 13907
Czech, Danuta 7399, 7454
Czechoslovak Academy of Sciences, Institute of History 251, 281, 297, 356, 361, 393, 1118, 7802, 11243, 12859, 16922, 18003, 18017, 18029, 19295
Czeike, Felix 1151 f., 17679
Czeloth, Hans 8540
Czermak, Gerhard 5591
Czerniaków, Adam 7013
Czerwinski, Norbert 8773
Czichon, Eberhard 2881
Czichon, Erich 12393
Czollek, Roswitha 18022
Czubinski, Antoni 16534, 18023

Dabringhaus, Erhard 1785
Dachs, Herbert 14025
Dadrian, Vahakn N. 5592
Dafni, Reuven 5455
Dagan, Avigdor 6382, 6388, 6390, 6395, 6418, 6663
Dageförde, Astrid 8493, 14476
Dagenbach, Klaus 7400, 12986, 19660
Dahl, Hans F. 18325
Dahl, Peter 4943, 13056
Dahle, Wendula 14814
Dahlerus, Birger 17056
Dahlhaus, Horst 6104
Dahlheimer, Manfred 4005
Dahlke, Hans 11832, 12168
Dahm, Karl-Wilhelm 8848
Dahm, Volker 6625 f., 12945–12947, 15237, 15518
Dahme, Heinz-Jürgen 15053
Dahmer, Helmut 287, 13534
Dahms, Hans-Joachim 14477, 14810
Dahms, Hellmuth G. 16850–16853
Dähn, Horst 475, 10198, 10258, 19033
Dähnhard, Willy 11833 f.
Dahrendorf, Malte 8636, 19232
Dahrendorf, Ralf 562, 7772 f., 14992
Daim, Wilfried 7774
Dalicho, Wilfent 13908
Dallin, Alexander 17974, 18025
Dallin, David I. 10343
Dam, Hendrik G. van 18750 f., 19056
Damberg, Wilhelm 9438, 14206
Dammer, Susanna 8321–8323
Dammeyer, Manfred 15830 f., 19233

Damus, Hilde 11835
Damus, Martin 15339–15341, 15420, 19645
Daniel, Ute 12897
Danimann, Franz 1110, 7995, 17680
Dankelmann, Otfried 16438
Danker, Uwe 799, 5382, 5980, 17595, 19458 a
Dann, Otto 653, 658, 912
Dannemann, Gerhard 4006
Dannenfeld, Gerd 12394
Dannreuther, Dieter 4205
Danos, Eva 7654
Danyel, Jürgen 10344, 10349, 18404, 19235, 19501
Dapp, Hans-Ulrich 13771
Dapper, Beate 3277
Daschitschew, Wjatscheslaw 16479
Datner, Szymon 6377, 17845
Dau, Rudolf 11245
Daub, Ute 13786
Däubler, Wolfgang 13152
Dauer, Hannelore 7586
Dauerer, Claudia 6530
Daum, Monika 13909
Daumiller, Oscar 9015
Daviau, Donald G. 11598, 11678, 11792, 11805, 11827, 11835–11837, 11965, 11973, 12011, 12022, 12030, 12047, 12155
Davidsohn, Mortimer G. 15327 f.
Davidson, Eugene 1564, 18695
Davie, Maurice R. 11246
Davies, Norman 6350
Davis, Geoffrey V. 12350 f.
Dawidowicz, Lucy S. 5593, 19236
Daxelmüller, Christoph 6627
Daxner, Michael 14266 f.
De Felice, Renzo 288
De Wever, Bruno 5207
Deaglio, Enrico 6464
Deak, Andreja 6351
Deakin, Frederick W. 16368
Debus, Dieter 13772
Debus, Karl H. 3928, 5383, 5950–5953, 6896, 8774, 8775 f., 18236
Decken, Godele von der 8324 f., 15519 f.
Decker, Natalija 12987, 18016, 18026
Decker, Rainer 2882
Decker-Hauff, Hans-Martin 14462
Dedeke, Dieter 16632
Dedijer, Vladimir 18170

Degener, Herbert A. L. 70
Degliame-Fouchet, Marcel 18282–18286
Degreif, Dieter 1224
Degreif, Uwe 4741
Degrelle, Léon 1565–1567
Dehio, Ludwig 563
Dehlinger, Alfred 3646
Dehnert, Walter 15149
Dehnhard, Albrecht 3590
Deibele, Albert 17681
Deichmann, Hans 7655
Deichmann, Ute 14731
Deighton, Len 17462
Deist, Wilhelm 7936, 16286, 16859, 16993 f., 17057, 17155
Deisting, Heinrich 12488
DeJaeger, Charles 15342, 17912
Dekel, Sheila C. 13822
DeKoven Ezrahi, Sidra 19237
Delage, Christian 15832
Delarue, Jacques 5235, 6448
Delbo, Charlotte 7656
Delbrück, Jost 16156
Delcourt, Victor 18237
Delius, Peter 13468, 13578
Delp, Alfred 9607 f., 9614
Delpard, Raphaël 7014
Delzell, Charles F. 16408
Demand, Markus 9572
Demandt, Alexander 14758, 14952
Demandt, Ebbo 2708, 7401
Demeter, Karl 4318
Demm, Eberhard 14993 f.
Demokratische Fraueninitiative 11068
Demokratische Fraueninitiative Düsseldorf 11096
Demokratische Fraueninitiative Hannover 8336
Demokratische Initiative zur Förderung sozialer, kultureller und politischer Bildung [Brilon] 6036
Demps, Laurenz 831, 3105, 7402, 11708, 12988 f., 13057
Dencker, Friedrich 3815
Deneke, Bernward 5987, 5988
Dengg, Sören 12830, 16256
Denkler, Horst 4624, 4879, 4907, 4951, 5007, 8060, 8559, 9852, 10926, 10933, 12060, 15254, 15521 f., 15552, 15559, 15594, 15599, 15603, 15611, 15616, 15666, 15674, 15679, 15716, 15922, 19365, 19445

Denne, Ludwig 16535
Denscher, Bernhard 4995
Denzer, Kurt 15833
Denzler, Georg 8697, 9283, 9439, 13773
Department of State (USA) 16466
Deppe, Frank 2595 f., 2646, 10521
Deppe, Hans-Ulrich 13909
Deppe, Ralf 10231, 11473
Dericum-Pross, Christa 18581
Derleder, Peter 19064
Derman, Erich 11838
Dertinger, Antje 10293, 11103
Desch, Willi 5320, 9851
Deschner, Günther 1942 f.
Deschner, Karlheinz 5510, 9701, 16409
Desroches, Alain 5236
Determann, Andreas 5986
Determann, Barbara 8296, 8455
Detta, Georg von 19883
Dettling, Adolf 7187
Dettmar, Werner 17504
Dettmer, Frauke 5278
Detwiler, Donald S. 16816, 17348
Deuber-Mankowsky, Astrid 8312, 8327, 8473, 8501, 14787
Deuel, Wallace R. 7937
Deuerlein, Ernst 607, 772, 1568 f., 2124, 2348, 2931, 9284, 16484
Deuringer, Josef 4068
Deutesfeld, Wolfgang 2669
Deutsch, Harold C. 4319, 9806, 10591 f.
Deutsche Akademie für Sprache und Dichtung 15673
Deutsche Arbeitsgemeinschaft für Evangelische Gehörlosenseelsorge 8975, 13894
Deutsche Bibliothek Frankfurt 6547, 11817
Deutsche Bischofskonferenz 9289
Deutsche Bücherei Leipzig 15470
Deutsche Bundesbank 12374, 12408
Deutsche Historiker-Gesellschaft 3364, 12520, 12524, 12532, 12591, 18075
Deutsche Postgewerkschaft, Hauptvorstand 3281, 10183, 12817, 18432
Deutsche Reichsbahn, Generalbetriebsleitung Ost 7255
Deutsche Schillergesellschaft 6655
Deutsche Staatsbibliothek 9771, 15326
Deutsche Welle 4957, 4975
Deutscher Akademikerinnenbund 8252–8255
Deutscher Bundestag, Presse- und Informationszentrum 18833

Deutscher Bundestag, Referat Öffentlichkeitsarbeit 19122
Deutscher Caritasverband 9279
Deutscher Gewerkschaftsbund, Bundesvorstand 11645, 20187
Deutscher Gewerkschaftsbund, Bundesvorstand, Abteilung Jugend 672, 19902
Deutscher Juristinnenbund 8366
Deutscher Landkreistag 3722
Deutscher Turn- und Sportbund der DDR 10186
Deutscher Werkbund 3453, 8600, 8620a
Deutsches Exilarchiv 1933–1945 der Deutschen Bibliothek 11775
Deutsches Filmmuseum Frankfurt 11778
Deutsches Institut der Universität Stockholm 11377, 11764
Deutsches Institut für Fernstudien an der Universität Tübingen 423, 743, 783, 791, 1680, 2161, 4599, 5328, 7751, 7839, 8203, 9899, 12377, 16043, 16956
Deutsches Institut für Filmkunde 15812, 15841
Deutsches Institut für Wirtschaftsforschung 12739
Deutsches Jugendinstitut 20312
Deutsches Marine-Institut 4464, 16902
Deutsches Nationalkomitee für Denkmalschutz 13279
Deutsches Rundfunkarchiv 122, 4937, 18658
Deutsch-Israelische Gesellschaft 7010f.
Deutsch-Israelischer Freundeskreis Neuwied 6163
Deutschkron, Inge 6713, 7015, 7283
Deutschland, Heinz 3278
Deutsch-Tschechoslowakische Gesellschaft für die Bundesrepublik Deutschland 16562
Dewar, Diana 9666
Deyda, Ewald 7267, 7604
DeZayas, Alfred M. 16865
Dezernat Kultur und Freizeit der Stadt Frankfurt am Main, Stadtbücherei 5405
DGB-Bildungswerk Hessen 10537
Diamant, Adolf 5268f., 5595, 5869f., 5954f., 6352
Diamant, David 6714
Diamond, Sander A. 2064, 3411f., 16633
Dibelius, Otto 9176f.
Dibner, Ursula R. 14568
Dichgans, Hans 12395
Dichtl, Gabriele 13622
Dick, Lutz van 5596, 6628, 14083f., 18406, 20299
Dickel, Horst 5883, 13910, 16297f.
Dicker, Hermann 5957
Dickerhof, Harald 6171a, 6866, 9352, 9387, 9543, 10669, 18931
Dickinson, John K. 5597
Dickmann, Elisabeth 5410, 7250, 9954
Dickmann, Fritz 1499, 1570, 2243, 16046
Dickopp, Karl-Heinz 13984
Dicks, Henry V. 1924, 5135
Diebner, Bernd J. 16213
Dieckmann, Friedrich 19603
Dieckmann, Götz 7403–7405
Dieckmann, Ulrich 5940
Diederich, Rainer 15343
Diederichs, Urs J. 867, 2293, 2324, 2345, 7462, 8781, 10213, 15407, 15833, 18937, 18960, 20092
Diederichsen, Uwe 4206
Diedrichsen-Heide, Karen 15150
Dießelhorst, Malte 13774
Diefenbach, Alfred 17587
Diehl, James M. 2709f., 13201
Diehl-Thiele, Peter 3587f.
Diehn, Otto 8801
Diekmann, Irene 12963
Diel, Alex 14132, 15344
Diel, Helmut 4915
Diels, Rudolf 5237
Diem, Hermann 6784, 8698, 14375, 18966
Diem, Liselott 17682
Dierck, Joachim 19805
Diercke, Herbert 5384, 10013
Diercks, Herbert 7474, 10005
Diere, Horst 13985
Dierich, Wolfgang 4433
Dierking, Wolfgang 18407
Diersen, Inge 11772
Diesener, Gerald 11709, 11725, 11743, 11748
Diestelkamp, Bernhard 3816, 3895, 4101, 4238, 4246, 13160, 14953, 18408f., 18867, 18901
Diestelmeier, Friedrich 4599
Dietermann, Klaus 868
Dietmar, Udo 7657
Dietrich, Barbara 10160
Dietrich, Donald 9285, 13775
Dietrich, Donald J. 9286f.
Dietrich, Hans-Georg 9016, 10947

Autorenregister

Dietrich, Otto 1183
Dietrich, Richard 2014, 16167, 17061
Dietrich, Valeska 1977
Dietsche, Bernd 9191
Dietz, Edith 7016
Dietz, Gabi 2413, 3492, 7288, 8326, 8357, 8367, 8434, 11066, 13766, 15364
Dietz, Gabriele 18562
Dietz, Gaby 8277
Dietz, Wolfgang 869, 12188
Dietze, Constantin von 14478
Dietze, Erco von 6042
Dietzler, Anke 3115, 15305
Diezel, Peter 11844
Dignath, Stephan 10765
Dijk, Lutz van 7224
Dilcher, Gerhard 3603
Dilks, David N. 11168
Diller, Ansgar 4944–4946, 4977
Dillgard, Georg 4288
Dillmann, Franz 3986, 19065
Dillmann, Michael 15764
Dilly, Heinrich 15238, 15306
Dimpker, Hinrich 3738
Diner, Dan 192, 196, 230, 609, 1359, 4062, 5339, 5352, 5427, 5598, 5599, 5807, 6531, 6629, 15167, 16634, 18410, 19175, 19198, 19238, 19352, 19722
Dines, Peter J. 17463
Dingel, Frank 19613
Dinklage, Karl 12307
Dinklage, Ludwig 17557
Dinkler-von Schubert, Erika 8980
Dinse, Jürgen 20085
Dinslage, Karl H. 3929
Dinter, Ingrid 19458b
Dipper, Christof 6785–6787, 9849, 10593
Dipper, Theodor 9017
Dirks, Walter 5702, 9328, 9730, 18902, 19725
Dirninger, Christian 12396
Dirschauer, Wilfried 12252
Dischner, Gisela 8328
Distel, Barbara 5336, 7250a, 7270–7273, 7284, 7413, 7459, 7583, 7587, 12982, 13372, 19143, 19203
Dithmar, Reinhard 2725, 3158, 8836, 14116, 14133–14135, 14141, 14143, 14145f., 14148, 14152, 14163, 14166, 14168, 14182, 14185, 14190, 14241, 14676, 15523, 15721f., 15975

Ditt, Karl 10199, 10259, 12397, 15307f., 15686
Dittmann, Lorenz 15239, 15263
Dittmann, Wilhelm 9176
Dittrich, Dominik 7974
Dittrich, Irene 5382
Dittrich, Kathinka 11248
Diwald, Helmut 19239
Dlugoborski, Waclaw 7334, 7504, 7589, 8054, 12718, 12737, 13022, 16480, 16866, 17856, 17914, 18027f., 18115, 18150, 18243, 18244, 18270, 18319, 18359
Dobbelmann, Hanswalter 14218
Dobkowski, Michael N. 278, 293, 352, 654, 2514, 2844, 2905, 3044, 3302, 19315
Döblin, Alfred 12156
Dobroszycki, Lucjan 5600, 6353
Documentary and Cultural Center of German Sintis and Roma, Heidelberg 7146
Dodenhoeft, Bettina 13623
Doderer, Klaus 8532, 15496–15498, 15524
Doehlmann, Martin 14512
Doehring, Karl 18696
Doeker, Günther 3233, 3596, 4115, 4222, 5071
Doepgen, Heinz W. 10705
Doerfel, Marianne 14136
Doering, Dörte 12831
Doernberg, Stefan 16986
Doerr, Wilhelm 9103a, 14519
Doerry, Thomas 18411
Doetsch, Doris 10014, 10081
Doetsch, Michael 10081
Doetsch, Wilhelm J. 9440
Döhl, Reinhard 4947
Dohms, Peter 9961
Dohna, Lothar Graf zu 10712
Dohnanyi, Klaus von 17419
Dohnke, Kay 4768, 4970, 8997, 11132, 13632, 13707, 13721, 14818, 14821, 14837, 15258, 15309, 15687, 15691, 16213, 19133
Döhring, Erich 3987
Dokumentationsarchiv des österreichischen Widerstandes 1091, 9969–9974, 9992, 10200, 11360–11364, 13108, 16946, 19182
Dokumentationsstätte zu Kriegsgeschehen und Friedensarbeit Lehrte 6197
Dokumentationsstelle für neuere österreichische Literatur 11360

Dokumentationsstelle zur NS-Politik Hamburg 12580, 12582
Dokumentationszentrum der staatlichen Archivverwaltung der DDR 18897
Dokumentationszentrum Oberer Kuhberg Ulm 6530
Dolata, Werner 9573
Dolezal, Jiri 18029f.
Dolezel, Heidrun 16551
Dolezel, Stephan 16551
Doll, Anton 817
Dolle-Weinkauff, Bernd 19240
Dollinger, Hans 12186, 16787, 16806–16808, 17604
Dollinger, Heinz 14479
Döllner, Gudrun 16726
Domansky, Hilde 19241
Domarus, Max 1500, 1571, 17505
Domarus, Wolfgang 2480, 7884
Dombois, Hans 18903
Dominikowski, Thomas 20307
Domröse, Ortwin 3106
Domurath, Brigitte 4948
Donat, Helmut 7078, 19723
Dönhoff, Marion Gräfin 10594
Dönitz, Karl 4504f., 17558
Donohoe, James 10879
Doob, Leonard W. 4581
Dor, Milo 7996
Dorfmüller, Joachim 15753
Döring, Detlef 289
Döring, Hans-Joachim 7142f.
Döring, Herbert 14345, 14367
Dorn, Barbara 871
Dorn, Fred 13058
Dornberg, John 2354
Dornberg, Stefan 16854
Dörner, Bernward 4485, 7993
Dörner, Christine 4125, 8542f.
Dörner, Klaus 13724, 13776–3778
Dornheim, Andreas 8224
Dörnte, Günter 9441
Dorpalen, Andreas 3205, 15168, 19242
Dörr, Margarete 7736
Doß, Kurt 16157
Döscher, Hans-Jürgen 1998, 5270, 5458, 5601f., 9141, 16158
Dostert, Paul 16214, 18238
Dotterweich, Volker 966, 18904
Dotzauer, Gertraude 11249
Doucet, Friedrich W. 7775
Douglas, Donald M. 2143, 2481

Douglas-Hamilton, James 1927
Dow, James R. 15088f., 15092, 15103, 15110, 15122, 15151, 18412, 18498
Dowe, Dieter 10249, 11469
Drabek, Anna 6237
Draber, Armin 18634
Dräger, Horst 19614
Draper, Paula J. 11250
Drechsel, Klaus-Peter 13779
Drechsel, Wiltrud 7578, 8096, 10413, 12498, 12934, 13069, 18967
Drechsler, Hanno 10477
Drechsler, Karl 2233, 16681, 16693, 16867, 16961, 17915f.
Drechsler, Nanny 4978, 15717
Dreßen, Willi 13708, 13817, 17128, 18760
Dreßen, Wolfgang 7776
Drees, Anette 12370
Drees, Hans 10720, 10830
Drees, Martin 655
Dreetz, Dieter 4320
Dreher, Ingmar 15592
Dreier, Ralf 3817, 3834, 3863, 3867, 3911, 3948, 3953, 3980, 4113, 4116, 4206, 5294, 5522, 13774
Dreifuß, Eric 16424
Dreifuss, Alfred 11955
Dreisbach, Martina 7682
Dreß, Walter 9155
Dreßler, Detlef 872
Dresler, Adolf 160
Dress, Hans 10831
Dressel, Joachim 16995
Dressler, Fridolin 15688
Drewes, Rainer 15525
Drewniak, Boguslaw 15765, 15834f.
Drews, Richard 15526
Drexler, Siegmund 13469
Dreyer, Stefan 12167
Drobisch, Klaus 5062, 5136, 5238f., 5459, 5603, 5886, 7205, 7285, 7407, 7605f., 8675f., 8699, 9682, 9850, 10345, 10595, 11023, 11703, 12521, 12522, 12577, 12586, 12590f., 12961, 12991, 18672
Drodzynski, Alexander 7997
Droege, Georg 884, 957, 7896, 7905, 9033, 9456, 14026
Droese, Detlef 12089
Dröge, Franz W. 7998
Dröll, Hajo 7939
Dror, Yehezkel 3589
Droz, Jacques 7274, 12983

1267

Autorenregister

Drucker, Malka 6765
Drury, Betty 11845
Druwe, Ulrich 290
Dubiel, Helmut 700, 18413, 19359
Dubiel, Pawel 18031
Duch, Christoph 9409–9413
Duchhardt, Heinz 5604, 14873
Duchkowitsch, Wolfgang 4880
Dudek, Peter 12920f., 14985, 18414f., 19615, 19806, 19884–19887, 20300–20304
Duesterberg, Theodor 2711
Duff, Grant 10808a
Duffy, Christopher 17605
Duggan, Stephen P. H. 11845
Duhnke, Horst 10346, 11561
Duker, Adam S. 6556
Dülffer, Jost 291, 594, 657f., 1572, 2065, 4321, 4325, 4445, 4453, 4454f., 7788, 8203f., 12683, 13270, 13274, 13318, 13677, 16048f., 16299, 16375, 16692, 16709, 16737–16739, 16905, 17026, 17058
Dulles, Allan W. 10596, 17349
Dülmen, Richard von 402
Dumbach, Annette E. 11024
Dümling, Albrecht 10921, 15718, 15754f.
Dunin-Wasowicz, Krysztof 7588
Dunin-Wasowicz, Krzysztof 7589
Dunker, Ulrich 6630
Dunkhase, Heinrich 17506
Dünnemeier, Hubert 10967
Dupeux, Louis 2697, 2712
Duppler, Jörg 4456
Durand, Pierre 7286, 7408
Durand, Yves 18239
Durica, Milan S. 18032
Dürkop, Marlis 4084
Duroselle, Jean-Baptiste 16050, 16481
Dürr, Hans-Peter 14691
Durth, Werner 13276–13279, 15421f.
Durzak, Manfred 11822, 11846–11848, 11921, 11926, 11951f., 11970, 11989, 11993, 12043, 12075, 12152, 12175, 12201, 12204, 12233, 12306, 12335
Dusek, Peter 10015
Düsel, Hans H. 11702
Dusik, Bärbel 1507f.
Dussel, Konrad 7886, 15223f., 15240, 15761, 15766f.
Duve, Freimut 19888
Duvigneau, Marion 18236

Duwe, Freimut 18617, 18620, 18622
Düwell, Kurt 832f., 852, 873, 2302, 5959, 6631, 6715, 8095, 8133, 8617, 9080, 9955, 11849, 13706, 14026, 15178
Düx, Heinz 4117
Dwork, Debórah 5605
Dworzecki, Meir 6950
Dybowski, Andreas 19244
Dzélépy, Élenthère N. 16439
Dzudzek, Jürgen 3327

Ebbinghaus, Angelika 5304, 5385, 5882, 7161, 7183, 7206, 7209, 7215, 7215a, 7220, 7222, 7249, 7342, 7432, 8329, 11014b, 13094, 13241f., 13266a, 13478, 13481, 13642, 13676, 13734f., 13750, 13899, 13905, 13911, 13919, 13933, 13945, 14874, 17411, 17976, 18033, 18753, 19099
Ebbinghaus, Gerhard 5960
Ebel, Arnold 12832, 16650
Ebeling, Frank 15169
Ebeling, Hans 10962, 14759
Ebeling, Hans-Heinrich 874
Ebenau, Michael 8080f.
Eberan, Barbro 565, 18416
Eberhard, Fritz 10478, 10479
Eberhard-Karls-Universität Tübingen, Universitätspräsident/Senat 14462
Eberhardt, Helmut 15151
Eberhart, Helmut 15152
Eberle, Annette 7217
Eberle, Joseph 9617
Ebermayer, Erich 1876
Ebersbach, Volker 12235
Ebert, Hans 5961, 10906, 14480, 14481, 15218
Ebert, Jens 17126
Ebert, Joachim 14954
Ebling, Ulrike 8335
Ebneth, Rudolf 1283, 9650, 11674
Echt, Samuel 5962
Echterhölter, Rudolf 4007
Eckardt, Arthur Roy 5606
Eckardt, Hans W. 14482
Eckardt, Jochen 3518
Eckardt, Uwe 3739
Eckart, Wolfgang U. 13373, 13493, 15823
Ecke, Felix 3818
Eckel, Werner 17507
Eckert, Brita 6548, 11619, 11760, 11818, 12185

Eckert, Elisabeth 8330
Eckert, Joachim 1573, 3819
Eckert, Jörn 3988
Eckert, Rainer 5222, 12523, 18171 f., 18539, 19037 f., 19044
Eckert, Roland 20079
Eckert, Rüdiger 18327
Eckert, Willehad P. 8700
Eckhardt, Albrecht 905 f., 3715
Eckhardt, Alice L. 5607
Eckhardt, Arthur R. 5607
Eckhardt, Heinz-Werner 4688
Eckhardt, Jochen 3518
Eckhardt, Uwe 17877
Eckhardt, Wolfgang von 10596
Eckhart, Wolfgang U. 13494
Eckstaedt, Anita 18417
Economides, Stephen 3413, 11251
Edel, Peter 7017
Edelheim-Muehsam, Margaret T. 6632
Edelman, Marek 6716
Edelmann-Ullmann, Heidrun 12617
Edinger, Lewis J. 3279, 11474
Edith-Stein-Schule Speyer 9477a, 14223a
Eduard-Spranger-Gymnasium Landau (Pfalz) 9191
Edwards, John C. 4647
Edwards, Roger 17464
Eßer, Albert 9618
Eßer, Aletta 10280
Egel, Karl-Georg 18869
Egerer, Wolfgang 2266
Eggebrecht, Axel 7401
Eggers, Phillipp 14368
Eggert, Heinz-Ulrich 2253, 7066, 7887, 9572, 10257, 13929, 14207, 17488
Eggert, Rosemarie 12231
Eggert, Wolfgang 5608
Eggestein, Michael 3590
Ehardt, Hans 18885
Ehlers, Carol J. 2089, 2267
Ehlers, Dieter 10597
Ehlers, Ingrid 6204
Ehlers, Jürgen 15192
Ehlers, Lisbeth 6035
Ehlich, Konrad 3346, 4769, 18289, 19952
Ehmann, Annegret 5886a, 5963, 19637
Ehmer, Hermann 8977, 17683
Ehrenforth, Gerhard 9018
Ehrenhain Stiftung 17519
Ehrentreich, Alfred 8544
Ehrhardt, Helmut 13780

Ehrich, Ute 6897
Ehrle, Gertrud 9288
Ehrlich, Ulf 3781
Eiber, Ludwig 5072 f., 6306, 7176, 7287, 7316, 7442, 7521, 7558, 7621, 8097, 8494, 10199, 13098, 19646
Eibicht, Rolf-Josef 16209
Eich, Ulrike 10598
Eichberg, Henning 5000 f.
Eichel, Wolfgang 16000
Eichengreen, Lucille 7018
Eichholtz, Dietrich 292, 331, 349, 358, 366, 445, 659, 660, 680, 875, 1385, 1407, 2507, 2911, 3644, 3916, 4927, 5062, 5771, 5886, 7330, 7407, 7673, 8098, 8108, 9196, 10196, 10363, 10654, 12398, 12399, 12427, 12507, 12517, 12524 f., 12578, 12592, 12669, 12684–12687, 12963, 12992, 13886, 13925, 15929, 16740, 16788, 17059, 17375, 17721, 17900, 18034–18038, 18201, 18240, 18328, 20077
Eichhorn, Mathias 8663
Eichler, Peter 3280
Eichmann, Bernd 5029, 19608, 19616–19618
Eichmann, S. Johanna 1026, 5826, 6228, 8780
Eichstädt, Ulrich 16272
Eickels, Klaus van 14208
Eicken, Andreas 13468
Eickhoff, Friedrich-Wilhelm 7745
Eid, Volker 13782
Eidenbenz, Mathias 1815
Eidintas, Alfonsas 16622
Eifert, Christiane 11475, 13225
Eigen, Manfred 14369
Eilers, Rolf 3434, 8545, 9562, 14137
Eimer, Olaf 7506
Einfeldt, Anne-Katrin 8099
Einhorn, Marion 12833, 16440
Einsiedel, Heinrich Graf von 11737, 17253
Eisele, Klaus 10692
Eisen, George 5609
Eisenberg, Christiane 15971
Eisenberg, Götz 20305
Eisenblätter, Gerhard 18039
Eisfeld, Alfred 16215
Eisfeld, Rainer 1343, 2336, 4008, 4036, 11850, 14976 f., 15213, 18463, 18690, 18723, 18775, 18821, 19064, 19260, 19780, 19905, 19916

Eisler, Colin 11851
Eisner, Lotte 15836
Eisterer, Klaus 16369, 16383
Eitner, Hans-Jürgen 1574, 7777
Eksteins, Modris 4881
Elble, Rolf 4322
Elbogen, Ismar 5828
Elefanten Press 8350
Eley, Geoff 293, 555f., 566f., 2713, 19724
Elfe, Wolfgang D. 11663f., 11852, 15527
Elfferding, Wieland 5045f., 13246
Elias, Otto L. 6788, 8850
Elias, Ruth 7019
Eßlinger, Hans U. 11770
Elkin, Judith L. 11252
Elkin, Rivka 6717
Eller, Erhard 6043
Ellerkamp, Marlene 11782
Ellger-Rüttgardt, Sieglind 8417, 8560, 13982, 14097, 14283f., 14292, 14298, 14312
Elling, Hanna 7288, 11065f.
Elliot, W. Y. 3608
Ellis, Lyle F. 17277
Ellmann-Krüger, Angelika G. 5411
Ellwanger, Karen 8331
Ellwein, Thomas 14370
Elm, Kaspar 14955
Elm, Ludwig 14631, 14636, 18418
Elm, Theo 18419
Elsässer, Jürgen 19786, 20242
Elsner, Gine 533
Elsner, Heinrich A. K. 13470
Elsner, Lothar 1342, 8220, 12993f.
Elss, Wolfdieter 12113
Elstob, Peter 17278
Elting, Agnes 15009
Elvert, Jürgen 1572, 4455f., 11282, 16300, 16643
Elze, Reinhard 14956
Emanzipation e. V. Frankfurt am Main 7225
Embacher, Helga 7095
Emer, Wolfgang 876, 970, 3107, 3734, 6125, 7541, 7818, 10210 10219, 12620, 12634
Emessen, Theodor R. 1900
Emig, Dieter 2587
Emig, Erik 5386, 10290
Emmendörfer, Arnulf 17917
Emmendörfer, Hansgeorg 17918

Emmerich, Wolfgang 294, 8012, 9852, 15090–15092
Emmerson, James T. 16262
Emrich, Pascal 18420
Emrich, Ulrike 19503
Emunds, Paul 17413
Endemann, Fritz 4130
Ender, Wolfram 2817
Enderle, Luiselotte 15528
Enders, Gerhard 4289
Enders, Ulrich 19245
Endlich, Stefanie 19647
Endres, Ria 15768
Energieversorgung Mittelrhein 894
Engberg, Harald 12145
Engel, Helmut 127, 3449, 3555, 3557, 3934, 4177, 4340, 4488, 5400, 6099, 6170, 6686f., 7468, 13821, 15333, 15454, 15976, 16415, 17422
Engel, Huberta 8867, 8940, 9296, 9853, 9938, 10531, 10645, 10832, 10837, 10843, 10846, 10851, 11652, 13879
Engel, Walter 15689
Engelberg, Ernst 14875
Engelbertz, Susanne 10035
Engelbrecht, Helmut 14209
Engelhardt, Martin 15858
Engelhardt, Ulrich 2430, 4443, 5091, 16452
Engeli, Christian 837, 877, 3740
Engelke, Rolf 1242
Engelman, Ralph M. 1819, 2144
Engelmann, Bernt 4085, 5610, 7778, 10164, 11853, 12593, 18616
Engelmann, Peter 6834, 14775
Engels, Wilhelm 878
Engelsing, Tobias 7888
Engelstädter, Heinz 20098
Engemann, Herbert 879
Engfer, Hermann 4129, 9407, 9417, 9710
Enneper, Carsten 4207
Enser, A. G. S. 16723f.
Epha, Oskar 9019
Ephraim, Ben 19067
Eppel, Peter 11253f.
Eppenstein-Baukhage, Manon 61
Epping, Heinz 4770
Eppler, Elizabeth E. 6951
Epstein, Catherine 11769
Epstein, Fritz T. 124, 5137, 16466
Epstein, Helen 19148
Epstein, Klaus 28, 295

Erb, Rainer 6554, 6561, 6905, 11791, 12303, 12310, 19297, 19855, 20095, 20099, 20232–20235
Erbacher, Hermann 8987f., 9020
Erbe, Michael 880, 19446
Erbe, René 12400
Erdmann, Karl D. 296, 476, 661, 1636, 2941, 3008, 3615, 5611, 13783f., 14371, 14876, 16868, 17156, 17606, 18697, 18870
Erdmenger, Klaus 20159
Erfurth, Waldemar 4323
Erger, Johannes 14085
Ergert, Victor 4979
Erhard, Benedikt 1303
Erhard, Ludwig 12670
Erhardt, Johannes 13986
Erichsen, Hans U. 4247
Erichsen, Regine 11854
Ericksen, Robert P. 8777, 8851–8853, 9021f., 9135, 9193, 14957, 18969, 19591b
Erkens, Rainer 10886, 11670
Erker, Paul 7889, 12489, 17414
Erler, Adalbert 3899
Erler, Gernot 19400, 19725
Erler, Peter 11554, 19034
Erler, Wolfgang 19458c
Ermacora, Felix 17671
Ernst, Cécile 13785
Ernst, Christoph 7658
Ernst, Paul C. 20306
Ernst, Tilman 19708
Ernst, Ulrich 879
Ernst, Volker 5208
Ernst-Barlach-Gesellschaft Hamburg 15380
Ernst-Moritz-Arndt-Universität Greifswald, Historisches Institut, Abteilung »Geschichte der neuesten Zeit« 10045
Erpel, Simone 6633
Ersil, Wilhelm 10831
Ertel-Hochmuth, Ursel 10399
Erzählkreis der GEW Berlin, Projektgruppe Lehrerlebensläufe 8651
Erzbischöfliches Generalvikariat Paderborn 16401
Erzieherausschüsse der Gesellschaft für Christlich-Jüdische Zusammenarbeit Stuttgart und Mannheim 5406
Esch, Arnold 14956
Eschenburg, Theodor 2007, 3591, 8013, 15875

Eschenhagen, Wieland 2959
Eschwege, Helmut 5459, 5612, 6634, 6667, 7020
Eschwege, Rosa 5965
Esenwein-Rothe, Ingeborg 12526
Esh, Shaul 4771, 5613, 5965, 6693, 13987
Eshkoli, Hava 6532
Esser, Johannes 20307
Esters, Helmut 10517, 10524
Estreicher, Karol 18040
Ethell, Jeffrey 17509
Etschmann, Wolfgang 1284
Ettelt, Rudibert 881–883
Ettle, Elmar 18970
Etzel, Matthias 18421
Etzold, Heike 12401
Eubank, Keith 16560
Euler, Friederike 15790
Euler, Helmuth 17510, 17685
Europäische Publikation 10681f.
Evangelische Akademie Bad Boll 209, 3054, 3846, 3860, 3952, 7245, 7268, 7313, 7320, 8876, 12007, 13389, 13404a, 13414a, 13428, 13436, 13459a, 13501, 13525, 13545, 13567f., 13806, 13833, 13888, 13951, 18445, 18486, 18575, 18633, 19063, 19113
Evangelische Akademie Berlin 10349
Evangelische Akademie Iserlohn 8969
Evangelische Akademie Mülheim, Ruhr 8849
Evangelische Akademie Nordelbien 867
Evangelische Akademie Tutzing 973
Evangelische Arbeitsgemeinschaft für kirchliche Zeitgeschichte 8669, 8802
Evangelische Kirche im Rheinland 6239, 8986
Evangelische Kirche in Deutschland 19112
Evangelischen Akademie Nordelbien 2293, 2324, 2345, 7462, 8781, 10213, 15407, 18937 18960, 20092
Evangelischer Arbeitskreis Kirche und Israel in Hessen und Nassau 6250
Evangelisches Bildungswerk Berlin 10349
Evangelisches Bildungswerk im Dekanatsbezirk Coburg 5978
Evangelisches Dekanat Groß-Gerau 6250
Evangelisches Jugendreferat Düsseldorf 8773
Evangelisches Pfarrhausarchiv Eisenach 5846, 8967
Evans jr., Arthur R. 15530

Autorenregister

Evans, Richard J. 568, 2388, 2523, 7202, 8264, 8283, 19726, 19727, 19728
Evans-von Krbek, Franziska-Sophie 8332
Everitt, Chris 17451
Eversberg, Annette 1529
Everwyn, Klas E. 8630, 11004a
Ewert, Alfred 10016
Exenberger, Herbert 15690
Eyll, Klara von 8138, 12527, 12570a

Faassen, Dina van 5966
Faber, Christiane 15791
Faber, Elmar 14875
Faber, Karl-Georg 884, 9023
Fabian, Anne-Marie 11633
Fabian, Hans-Erich 6635
Fabian, Helfried 16783
Fabian, Ruth 11259
Fabian, Walter 11638a
Fabricius, Hans 72
Fabricius, Volker 8697, 13773
Fabry, Joseph 11260
Fabry, Philipp W. 1575, 16482–16484, 16659, 17363
Fachet, Siegfried 4252
Fachhochschule Dortmund 19687
Fachhochschule für Bibliotheks- und Dokumentationswesen 15703
Fachinger, Heribert 7410
Fackenheim, Emil L. 6611
Fagen, Melvin M. 13636, 16080
Fahlbusch, Lutz 2568, 2818, 2880
Fahlbusch, Michael 15170f., 15180, 15188, 15193, 15197
Fahle, Günter 12773
Fahle, Günther 17878
Fahrenbach, Sabine 5148, 5614f., 7227, 12987, 13384, 13401, 13476, 13492, 13494f., 13499, 13500, 13502, 13507, 13510, 13512, 13514, 13521, 13583, 13631
Fait, Barbara 18971
Falconi, Carlo 16410
Falk, Gerhard 11855
Falkenberg, Rudolf 11710–11712
Falla, Frank W. 18241
Fallend, Karl 13535
Faller, Emil 10292
Faller, Frieda 10292
Faller, Kurt 19891
Falter, Jürgen W. 1285, 2389–2407, 2440, 2482, 2519a–2521, 2577, 3398, 8024, 19892, 20123, 20135, 20243f.
Fangmann, Helmut 5287, 5305
Fangmann, Helmut D. 3820
Farias, Victor 14760
Farin, Klaus 20100f., 20309f.
Faris, Ellsworth 2268
Farquharson, John E. 2269, 2569, 8164, 12774, 19284
Farrenkopf, John 14758
Faßler, Manfred 14995
Fäßler, Peter 6372, 10441, 18972
Fastnacht, Kathrin 8495
Faul, Erwin 1576
Faulenbach, Bernd 510, 540, 547, 569–572, 3334, 7950, 10261, 10263, 10266, 10538, 11912, 14877, 14946, 16522, 19247, 19248f., 19453, 19505, 19716f., 19893
Faulhaber, Max 10441
Faulhaber, Uwe 11856
Faulk, Henry 17820
Faulstich, Werner 15837
Faulstich-Wieland, Hannelore 8265
Faure, Edgar 1822
Faure, Ulrich 11857
Faust, Anselm 3919, 4168, 5273, 5617, 5887, 5967, 6124, 7199, 7246, 7751, 7982, 8076, 8187, 8785, 9235, 9523, 9792, 10018, 10205, 10262, 10981, 11086, 12377, 13081, 13973, 14372, 14373, 14569, 14570, 15531, 18973
Favez, Jean-Claude 3359, 6952
Faye, Jean P. 2145, 2698, 2714
Fear, Jeffrey 12746, 12747
Féaux de la Croix, Ernst 19068, 19118
Fechenbach, Hermann 5968
Federau, Fritz 12688
Federmann, Reinhard 7996
Federspiel, Ruth 7860
Feger, Hubert 7780
Fehl, Gerhard 13271, 13280
Fehl, Peter 14210
Fehlemann, Sabine 15396
Fehn, Klaus 12767
Fehrenbach, Philipp 885a
Feidel-Mertz, Hildegard 11858–11862, 12341
Feige, Hans-Uwe 19047f.
Feigl, Herbert 11863
Feilchenfeld, Konrad 11675
Feilchenfeld, Werner 6533

Feilcke, Claus-Hinrich 8819f.
Fein, Erich 7411
Fein, Helen 5618
Feinberg, Nathan 6953
Feiner, Herta 5460
Feinermann, Emmanuel 5839
Feingold, Henry L. 6954f.
Feit, Margret 19895, 20124
Feit, Mario 2986
Feiten, Willi 14086
Feldbauer, Gerhard 8205
Feldenkirchen, Wilfried 12402, 12834f.
Felder, Gabriel 16248
Feldkamp, Michael F. 14625
Feldmann, Gerald D. 2883, 2987
Fellner, Günter 5969
Felsmann, Barbara 5619, 15838
Felstiner, John 6789
Fendler, Rudolf 3108
Fénelon, Fanria 7412
Fenner, Elisabeth 13914
Fenske, Hans 664f., 1804, 2270–2272, 2795, 3592f., 3647–3649
Fenyo, Mario D. 17157
Ferber, Christian von 14374
Ferber, Walter 7413
Ferdinand, Horst 2109
Ferdinand-Tönnies-Gesellschaft 3131
Ferenc, Tone 18167, 18173
Ferencz, Benjamin B. 19069
Ferk, Gabriele 5970
Fermi, Laura 11864
Fernkorn, Lisa 19250
Fernuniversität/GHS Hagen 14015
Ferro, Marc 15832
Ferry, Luc 19729
Fertig, Ludwig 12284
Fesser, Gerd 2715
Fest, Joachim C. 666, 1501, 1577, 1578, 1877, 1956, 10599, 16869
Feth, Kurt 5383
Fetscher, Iring 298, 477, 1343, 1387, 3268, 14996, 15368, 18617, 19896, 19917, 20078, 20148, 20152, 20245, 20267, 20330
Fetscher, Sebastian 18422
Fettweis, Klaus 9442, 12995
Feuchter, Georg W. 16780
Feuchtwanger, Edgar J. 7766
Feuchtwanger, Lion 11438, 12126, 12166, 12168
Fichter, Michael 20207

Fidler, Helmut 3325
Fieberg, Gerhard 3821, 3840
Fieberg, Ralf 14600
Fiedermann, Angela 7414
Fiedler, Wilfried 3822
Fiereder, Helmut 12594
Figge, Reinhard 2146
Filbinger, Hans 4479
Filser, Karl 3109
Finckh, Renate 8631
Findahl, Theo 17415
Findeisen, Hans-Volkmar 9606a
Findeisen, Otto 10242, 11450, 11494
Fings, Karola 7144, 7177f.
Fink, Jürg 16425
Fink, Willibald 20155
Finke, Hugo 19121
Finke, Lutz E. 14626
Finkelgruen, Peter 18761
Finkelmeier, Conrad 10442
Finkenstaedt, Thomas 14847
Finker, Kurt 1344, 2598, 2716–2720, 2975, 10600f., 10654, 10787, 10832, 10859, 19507, 19591c–19592, 19597
Finkielkraut, Alain 5343, 18423
Finkler, Rudi 7239
Finn, Gerhard 11562
Finzen, Asmus 13915
FIR [Internationale Föderation der Widerstandskämpfer] 18530
Firnberg, Herta 1123
Fischer, Alexander 11713, 16994, 17182
Fischer, Alfred J. 7021
Fischer, Benno 20102
Fischer, Bruno 6310
Fischer, Conan J. 2022, 2364, 2408f., 2599, 2600, 2601, 2602, 5087, 5086, 5088
Fischer, Cornelia 13185, 19619
Fischer, Ernst 11865
Fischer, Eva M. 13787
Fischer, Fritz 193, 573, 8206, 8701
Fischer, Gayle V. 8251
Fischer, Georg 14329–4331
Fischer, Gerhard 8675f.
Fischer, Hans 15063, 15067
Fischer, Heinz 3930
Fischer, Heinz-Dietrich 1233, 1571, 4860, 4882
Fischer, Holger 748, 14415, 15194
Fischer, Jens M. 14815
Fischer, Joachim 3716, 9024
Fischer, Jörg 8854, 15719

1273

Autorenregister

Fischer, Klaus 11791, 11866–1868
Fischer, Klaus P. 14761
Fischer, Kurt R. 14767
Fischer, Ludwig M. 11598, 11678, 11792, 11805, 11827, 11835–1837, 11965, 11973, 12011, 12022, 12030, 12047, 12155
Fischer, Peter 4883, 16537
Fischer, Peter G. 12571, 16273
Fischer, Richard 9232
Fischer, Ruth 11555
Fischer, Volker 19251
Fischer, Wolfram 574, 11869, 12403f. 12595
Fischer-Defoy, Christine 10201, 14483, 15242, 15311, 15397
Fischer-Hübner, Helga 19070
Fischer-Hübner, Hermann 19070
Fisher, David 5785, 16516
Fisher, Julius S. 6354
Fisher, Stephen L. 20125
Fittko, Lisa 11433f.
Fitzek, Alfons 16411
FitzGibbon, Constantine 10602, 18906
Fix, Elisabeth 688
Flacker, Edgar 16682
Flade, Roland 2796, 5971
Flanner, Janet 1184
Flanner, Karl 7411, 10019
Flechtheim, Ossip K. 478, 2603, 3823
Fleck, Christian 10020, 11870
Fleck, Peter 9409–9413
Fledelius, Karsten 15839
Fleige, Gabriela 15532
Fleisch, Paul 9025
Fleischer, Andreas 4583
Fleischer, Hagen 17361a, 18174f.
Fleischer, Hans 6120
Fleischer, Helmut 19730f.
Fleischhack, Ernst 11020
Fleischhacker, Hedwig 17810
Fleischhauer, Ingeborg 16190, 16216f., 16467, 16485f., 17158f.
Fleischmann-Bisten, Walter 8855
Fleming, Donald 11306, 11801, 11851, 11863, 11871f., 11914, 11917, 11961, 11964, 11974, 12104
Fleming, Gerald 1579, 4564, 5620f., 7628
Fleming, Nicholas 17060
Fleming, Peter 17279
Flemming, Jens 2721, 2819
Flesch-Thebesius, Marlies 7022

Flessau, Kurt-Ingo 8409, 8571, 13988, 14043, 14138f., 14278, 14320
Fletcher, Willard A. 5476
Fletcher, William A. 18242
Fleury, Alain 16269
Fließ, Gerhard 14571, 14572
Flieder, Viktor 11517
Fliedner, Hans-Joachim 5622, 5972
Flieguth, Gustav 17686
Flitner, Andreas 4065, 4108, 6784, 8698, 13866, 14375, 14712, 14735, 14840, 14920, 14992, 15077, 18865
Flitner, Wilhelm 14040
Flood, Charles B. 1580
Florath, Bernd 5222, 5251
Flörken, Norbert 888
Flory, Günter R. 9026
Flotho, Manfred 3931
Flügge, Manfred 4857
Focke, Harald 7781, 8207, 9856
Foedrowitz, Michael 18042
Foerg, Irmgard 5451
Foerster, Roland G. 1635, 1756, 12885, 16487, 16510, 16517, 16523, 16546, 17154f., 17165, 17247, 18069, 18137
Fogel, Heidi 889, 2273
Föggeler, Norbert 6064
Föhse, Ulrich 5973
Foitzik, Jan 10480–10482, 11451, 11476f., 11556, 11623, 18605
Fölsing, Albrecht 12164
Folttmann, Josef 4324
Foot, M. D. R. 17920
Ford, Franklin L. 194
Ford, Glyn 19897
Fördergemeinschaft des Bismarck-Gymnasiums Karlsruhe 14248
Förderverein »Fritz-Bauer-Institut« 5500
Förderverein Projekt Osthofen 7410
Forndran, Erhard 16051
Forrer, Friedrich 13496
Forschbach, Edmund 2722
Forschungsgemeinschaft 20. Juli 9773, 9827, 9957, 19527
Forschungsgruppe Dorsten unterm Hakenkreuz 1026, 12659a, 8780, 10279, 19022
Först, Walter 1249, 2290, 14029
Förste, Erich 17260
Förster, Frank 13624
Förster, Gerhard 29, 16741, 16789, 16870–16872, 17589
Förster, Jürgen 4325–4327, 4702, 6790,

1274

7957, 16488, 16589, 17129, 17136, 17147, 17160–17167, 17228, 17242, 17245, 17322, 17338, 17389, 17398, 19385
Förster, Karin 5030, 15346
Forster, Karl 471, 563, 7770, 18630, 18642, 18718, 18762, 18860
Förster, Rudolf 17511
Förster, Wolfgang 10697
Förster, Wolfram 13197
Forstmeier, Friedrich 319, 4259, 4392, 4406, 4431, 4441, 4454, 4459, 12469, 12678, 12689f., 12708, 12717, 12725, 12727, 12733, 12736, 12764, 12882, 12892, 16845, 17010, 17087, 17089, 17168, 18028, 18313
Förtsch, Hermann 4328
Forum für Philosophie 5779, 14420
Forum Gesamtschule Braunschweig 14012
Foschepoth, Josef 18424
Foth, Wilhelm 3110
Fouquet, Christiane 13788
Fourcade, Marie M. 1789
Fout, John 8279
Fowkes, Ben 2604
Fox, John P. 1468, 4691, 5623, 6956, 16683
Fraenkel, Abraham A. 7023
Fraenkel, Ernst 273, 465, 667, 3824
Fraenkel, Heinrich 1673, 1878, 1910, 1931, 1963, 3024, 4560, 5253, 5729, 7782, 10629, 10630, 15876
Fraktion der Alternativen Liste Berlin 19058
Francesconi, Hedi 19149
Franck, Wolf 11196
François-Poncet, André 1185, 1510, 16362
Francovich, Carlo 18317
Frank, Hans 1836
Frank, Hartmut 15423f.
Frank, Horst J. 14140
Frank, Niklas 1837
Frank, Otto H. 6450
Frank, Robert 7755, 12874, 16056, 16086, 16101, 16108, 16128, 19620
Frank, Robert H. 1581, 2147
Frank, Volker 15329, 19649
Franke, Berthold 2532
Franke, Hans 5974
Franke, Harald 479
Franke, Kurt F. K. 14141
Franke, Manfred 4584
Franke, Michael 13353

Franke, Volker 2274
Fränkel, Hans-Joachim 8778
Frankemölle, Hubert 1374, 5387, 5760, 6123, 6863, 6895, 6908, 6917, 7357, 7391, 8939, 9496, 9536, 14258, 17859, 18600
Frankenberg, Günter 18763f.
Frankenstein, Roger 18243
Frankenthal, Käte 7024
Frankfurter Bund für Volksbildung 6066
Frankfurter Frauenschule 639
Frankfurter Historische Kommission 990
Frankfurter Kunstverein 15368
Frankland, Noble 17465
Franz, Günther 69, 8166, 14878
Franz, Helmut 5138, 7290
Franze, Manfred 14601
Franz-Mehring-Gesellschaft 13593
Französisches Büro des Informationsdienstes über Kriegsverbrechen 7305
Franz-Willing, Georg 2148–2150, 2275, 2988, 3594
Fraser, Christine 16257
Fraser, David 4525
Frasheri, X. 18176
Frauenbeauftragte der Stadt Mannheim 11099
Frauenforum Rüsselsheim 8335
Frauengruppe Charlottenburg 8315
Frauengruppe Faschismusforschung 3489, 8321, 8371, 8406, 8442, 8468, 8486, 11080, 12922, 13030, 14105, 14594
FrauenKunstGeschichte, Forschungsgruppe Marburg 8250
FrauenMuseum Bonn 8502
Freckmann, Andreas 15093, 15153
Freckmann, Karl-Heinz 13353
Freckmann, Klaus 15094
Frede, Günther 4295
Frederik, Hans 19898, 20136
Fredstedt, Elin 15533
Freeden, Herbert 6534, 6636–6640, 7025, 12949
Freemann, Michael 57
Frege, Ludwig 4253
Frei, Alfred G. 5388, 6075, 6188, 6535, 12260a, 13118
Frei, Bruno 2989, 9857, 10909
Frei, Friedrich 9443
Frei, Norbert 186, 195, 534, 627, 642, 668, 690, 1182, 1328, 1338, 1404, 1826, 2229, 2965, 3046, 3628, 4585, 4827, 4829,

4916f., 5624, 7629, 7768, 7832, 7940, 9897, 11344, 12981, 13363, 13385f., 13412, 13417, 13422, 13498, 13529, 13571, 13598, 13608, 13659, 13708, 13722, 13836, 13865, 13867, 16053, 16077, 16565, 16873, 16880, 16892, 17088, 17610, 17930, 18086, 18175, 18233, 18355, 19071, 19221, 19252
Freie Deutsche Jugend, Zentralrat 8629, 10433, 17923
Freie Universität Berlin 12017, 13755, 14361, 14398, 14414, 14583, 14773, 14820, 14913
Freie Universität Berlin, Otto-Suhr-Institut 1762
Freie Universität Berlin, Zentralinstitut für sozialwissenschaftliche Forschung 1219
Freier Deutscher Gewerkschaftsbund 3323, 3790
Freiermuth, Otmar 19130
Freimark, Peter 5461, 5625, 5684, 5975, 6106, 6282, 6465, 6609, 6699, 14484, 15068, 19199
Freise, Gerda 8641, 14661, 14724, 15533a
Freitag, Werner 2990, 7890
Freizeit- und Bildungszentrum Weiße Rose 7477
Freizeit- und Bildungszentrum Weiße Rose Hannover 1251
Freizeitheim Lister Turm 9977
Fremund, Karel 17981
Frenkin, Anatolij 16959
Frenz, Wilhelm 2276
Frenzel, Ivo 19713
Frenzel, Max 10400
Frerich, Johannes 13128
Frese, Hans 17879
Frese, Matthias 30, 3520f., 7886, 8007f., 8100, 13122, 13123, 13153f., 19173
Frese, Werner 6140
Freudenberg, Andreas 7145
Freund, Florian 6355f., 7417, 13060–13062
Freund, Gisèle 11348
Freund, Michael 669f., 4309, 16790–16792, 16874
Freunde eines Schwulen Museums in Berlin 7225
Freundeskreis Neuengamme 7339
Freundlich, Bracha 5874
Frevert, Ute 8340f.
Frey, Bruno S. 2522

Frey, Linda 8257
Frey, Martin 13128
Frey, Reiner 3764
Frey, Theodor 17498
Freyberg, Jutta von 10483
Freyberg, Thomas von 12912
Freydank, Ruth 15789
Freyermuth, Gundolf S. 11873
Freymond, Jean 12529, 12836, 17921
Freytag, Carl 2913
Frick, Hans 7026
Fricke, Dieter 1239, 2716–2720, 2723f., 2736f., 2753, 2755, 2763, 2773, 2790, 2791, 2818, 2820–2822, 2824, 2849f., 2860, 2880, 2884, 2892, 2897, 2899f., 3342, 3524f., 3774f., 4353, 5047, 5098, 5136, 6680, 8172, 8205, 8225, 9789, 10550, 10888, 12542f., 12927, 13675, 14571f., 16710, 16741
Fricke, Gert 17168a
Fricke, Hans-Reinhard 874
Fricke, Wilhelm F. 10347f.
Fricke-Finkelnburg, Renate 14117, 14142
Fridenson, Patrick 18244
Frie, Ewald 6061
Fried, Hans E. 4329
Fried, Jakob 9444
Friedel, Heinz 3111
Friedemann, Peter 5058, 8623b, 9126, 9235
Friedensburg, Ferdinand 17169
Friedens-Museum »Brücke von Remagen« 17675
Friedlaender, Henry 6506
Friedlaender, Salomo 6513
Friedland, Klaus 3658
Friedländer, Ernst 18907f.
Friedlander, Henry 1452, 3575, 3903, 4772, 5478, 5516, 5600, 5626f., 5668f., 6772, 6789, 6954, 7276, 8236, 8695, 10932, 13377, 14688, 15271, 17952, 18765, 19253, 19325
Friedländer, Saul 189, 196f., 299, 480, 1763, 5139, 5628, 7291, 16020, 16397, 16635, 18425–18427, 19254, 19255–19258
Friedman, Philip 6357f.
Friedman, Régine M. 5629, 15840
Friedman, Saul S. 6536
Friedmann, Friedrich G. 11261, 11874
Friedmann, Philip 5414f.
Friedmann, Tuvia 6451

Friedrich, Carl J. 481f.
Friedrich, Eckhardt 5976
Friedrich, Ernst 7999
Friedrich, Hannes 13387
Friedrich, Hans 15225
Friedrich, Jörg 3825f., 5358, 5621, 7817, 8218, 12952, 13006, 13812, 17164, 17170, 18096, 18170, 18433, 18467, 18698–18700, 18715, 18746, 18766–18768, 18819, 19072
Friedrich, Monika 12837f.
Friedrich, Otto 9027
Friedrich, Thomas 15486
Friedrich-Ebert-Stiftung 2210, 5789, 6697, 7590, 8337, 9796f., 9826, 9933, 9935, 10181, 10191, 10524, 10916, 11204, 11347, 11452, 11465, 18447, 19488, 19512, 19536, 20146
Friedrichs, Axel 131–134, 2964
Friedrichs, Peter 9408, 14195
Friedrich-Schiller-Universität, Historisches Institut 14539
Friedrich-Wilhelm-Schule/Oberstufengymnasium in Eschwege 7878
Frieling, Christian 9445
Friemert, Chup 5048, 13155, 13209–13211
Fries, Bruno 890
Friese, Eberhard 15243
Friese, Gernot 15972
Friesel, Evyatar 6641
Frieser, Karl-Heinz 11715f.
Frind, Sigrid 1582, 4773
Frings, Bernhard 13916
Frisby, Julian 10858
Frisch, Christian 11875
Frisch, Peter 19900
Frisch, Shelley 12227
Frischauer, Willi 1904, 1961
Frischknecht, Jürg 11297
Frisé, Adolf 12309
Fritsch, Andreas 2725, 14143
Fritsch, Christian 12150a, 19371
Fritsch, Werner 2724, 2820–2822, 2884
Fritsche, Heinz R. 4840, 4980
Fritsche, K. Peter 20246
Fritscher, Werner 4330
Fritz, Friedrich 1111
Fritz, Herbert 14648
Fritz, Martin 16610
Fritze, Lothar 483, 18428
Fritzl, Martin 15154
Fritzle, Maria 18974

Fritzsch, Robert 891, 17416, 18909
Fritzsche, Hans K. 10716
Fritzsche, Klaus 300, 2726, 19260
Fritzsche, Peter 2727, 2823
Fröbe, Rainer 7292, 7418, 7607, 12585, 13063, 19674
Froehling, Hans-Christoph 19261
Fröhlich, Elke 1502, 1854, 1862–1864, 1879, 3399, 3400, 3741, 3969, 4158, 4179, 4692, 4845, 4917, 5977, 6904, 7452, 7542, 7891, 7994, 9575, 9746, 9982, 9986, 10006f., 10449, 12483, 15244, 15790, 17687, 17922, 18043
Frohn, Axel 10819, 17800
Fromm, Bella 1186
Fromm, Eberhard 505, 18462, 18504
Fromm, Erich 2410
Fromm, Hubert 5978
Fromm, Rainer 19815, 19901, 20118
Frommel, Monika 4086–4088
Frommhold, Erhard 10924, 15347
Froschauer, Hermann 2090
Fröschl, Erich 1112
Frossard, André 9667
Frotscher, Kurt 146
Frowein, Cordula 11876
Früh, Eckart 5389
Frühwald, Wolfgang 6591, 6596, 8680, 8702, 9165, 9515, 9673, 11242, 11262, 11304, 11338, 11372, 11429, 11476, 11484, 11567, 11673, 11675f., 11688, 11701, 11860, 11865, 11877, 11878, 12005, 12023, 12061, 12100, 12160, 12203, 12335, 15612, 18223
Frye, Alton 16287, 16636
Fryksén, Arne 1583, 15245
Fuchs, Anke 20160
Fuchs, Dieter 13917
Fuchs, Elinor 19262
Fuchs, Gerhard 10021, 11263, 13918
Fuchs, Gotthard 8703
Fuchs, Josef 9446
Fuchs, Konrad 12596
Fuchs, Peter 962
Fuchs, Theodor 4520
Fücks, Karl 5979
Führe-Beringmeier, Doro 6259
Führer, Karl 2728
Führer, Karl C. 5630, 13281
Fulbrook, Mary 671
Fuld, Werner 12137

Füllberg-Stolberg, Claus 3742, 7607, 10022
Funke, Alex 9174
Funke, Christoph 15797
Funke, Hajo 11879, 19787, 20162, 20248
Funke, Manfred 14, 31, 177, 198, 484f., 585, 603, 610, 734, 1178, 1584–1587, 1607, 1611, 1919, 2991, 3517, 4331, 5631, 9401, 9877, 10518, 10603, 12655a, 12732, 12826, 14376, 16030, 16039, 16048, 16052f., 16057, 16076, 16168a, 16155, 16229, 16263, 16280, 16298, 16309, 16340, 16358, 16360, 16370–16372, 16433, 16436, 16501, 16550, 16556, 16561, 16584, 16588, 16594, 16597, 16599, 16613, 16623, 16637, 16646, 16653, 16656, 16667, 16678, 16685, 16701, 16895, 16998, 17378, 17607, 17614, 18482
Furlani, Silvio 17171
Fürst, Michael 4089
Fürstenau, Justus 18910f.
Fürstenau, Theo 15841
Fürstenberg, Doris 1027, 7659
Furtado Kestler, Izabela M. 11880
Furth, Peter 20133
Furtmüller, Lux 14678
Futterknecht, Franz 19263
Fyfe, David M. 13897, 18678–18684

Gablentz, Otto H. von der 10833
Gabriel, Nicole 8284
Gabriel, Oscar W. 4001
Gackenholz, Hermann 17061
Gaedtke, Dieter 17652
Gaertner, Hans 14257
Gaertringen, Friedrich Freiherr Hiller von 4586, 16084, 16180, 16717
Gailus, Manfred 5981, 9028–9030
Gajek, Esther 5002f., 15095f., 15143
Gal, Alexander 7344
Galanda, Brigitte 1123, 11363
Galen, Clemens August Graf von 9627
Galen, Hans 872, 3137, 5912, 17499
Galette, Alfons 17417
Galinski, Dieter 7783f., 7941, 18918
Gall, Bettina 3397
Gall, Lothar 575
Gallo, Max 2151, 3361
Gamber, Klaus 14211
Gambke, Gotthard 11006
Gamillscheg, Hannes 6466, 6791

Gamm, Hans-Jochen 4587, 8000, 14033, 14285
Gamsjäger, Helmut 9031
Gangelmair, Siegwald 1174
Gangl, Manfred 1882, 2712, 10461
Gannon, Franklin R. 16301
Gannon, Michael 17559
Gansberg, Judith M. 17801
Gansohr-Meinel, Heidrun 15097
Ganssmüller, Christian 13625
Ganther, Heinz 5323, 6603, 19067
Gantzel, Klaus-Jürgen 4066, 14395, 16141
Gantzel-Kress, Gisela 14982
Garbe, Bernd 3229
Garbe, Detlef 4480, 5390, 7293, 7419, 7517, 9761, 19157, 19621f.
Garber, Jörn 13091
Garcon, François 18245
Gardner, Lloyd C. 16875
Garett, G. R. 11069
Garlichs, Ariane 6823, 7467
Garmer, Paul-Georg 199
Garn, Michaela 13919
Garnett, Robert S. 2729
Garscha, Winfried R. 1113, 1312f.
Garside, William R. 12420
Gasiorowski, Zygmunt J. 16538
Gasman, Daniel 1344a
Gast, Wolfgang 20180
Gasten, Elmar 892, 9447
Gather, Claudia 18546
Gätsch, Helmut 2670
Gatterbauer, Roswitha H. 13064
Gatz, Erwin 9581
Gatzke, Hans W. 1469
Gaudig, Olaf 3414
Gauger, Jörg-Dieter 1441, 9932
Gauly, Thomas M. 373, 19747
Gaus, Günter 11614
Gaweda, Stanislaw 18044
Gay, Ruth 5632
Gayer, Kurt 2003, 9598
Geary, Dick 2523, 2605f., 2885f.
Gebauer, Gunter 15948, 15973
Gebel, Hans G. 9031a, 13790
Gebhard, Manfred 9762
Gebhard, Peter 7027
Gebhardt, Hartwig 4884, 8025
Gebhardt, Hermann P. 12015
Gebhardt, Winfried 5004
Gebhart, Jan 18045

Gedenkstätte Buchenwald 7233, 7523, 7549
Gedenkstätte Deutscher Widerstand Berlin 4173, 6329, 6646, 6681, 6713, 6912, 7838, 8886, 9152, 9197, 9303, 9323, 9760, 9998, 10096, 10097–10100, 10149, 10176f., 10240, 10351, 10389, 10488, 10536, 10585, 10618, 10640, 10643f., 10677, 10746, 10848, 10881, 11051, 11157, 11167, 11233, 11745, 16190, 17158, 19094, 19592, 19666
Gedye, George E. R. 1114
Geerken, Hartmut 6513
Gehendges, Friedrich 17116
Gehl, Jürgen 16274
Gehlen, Reinhard 4563
Gehler, Michael 1145, 1304f., 5984f., 14602, 14649f., 16054
Gehmacher, Johanna 3494
Geiger, Cornelia 3384
Geiger, Max 8703a
Geiger, Michael 1002, 5951, 17432
Geiger, Theodor 2533
Geigges, Michael 9448
Geis, Manfred 10191, 11452, 11465
Geis, Robert R. 10897
Geisel, Eike 6617, 6718, 7688, 7692, 18758
Geißler, Rainer 4014, 9125, 10958a, 12012, 13667, 13885, 14060, 14377, 14424, 14815, 14849f., 14854, 15982, 19264
Geißler, Rolf 15534f.
Geißner, Hellmuth 3260, 4737, 4809
Geiss, Immanuel 673, 1345, 1470, 5344, 10702, 12889, 17062, 18046, 19732–19736
Geissler, Heinrich 15392
Geist, Johann F. 13319
Gelber, Yoav 6537f., 6957
Gelhaus, Hubert 3112
Gellately, Robert 2534, 5240–5243, 5271, 5316, 5345f., 7786, 7892, 7982f.
Gellermann, Günther W. 4537, 16996, 17608
Gellot, Laura 11067
Gembruch, Werner 4333
Gemeinde Rosengarten – Ortschaft Westheim 17693
Gemeinde Schloß Holte-Stukenbrock 17860
Gemeindeverband Evangelischer Kirchengemeinden Mönchengladbach 9123
Gemeindeverwaltung Friesenheim 6235

Gemeindeverwaltung Lambsheim 6046
Gemeinschaftswerk der Evangelischen Publizistik 4612f.
Gemzell, Carl-Axel 17324, 17560
Generalinspekteur in der Britischen Zone für die Spruchgerichte 129, 18957, 18958
Generallandesarchiv Karlsruhe 17654
Genger, Angela 10023, 10128, 10144, 17508, 19651f., 19903
Genin, Salomea 7028
Genoud, François 1866
Genschel, Helmut 12950
Gentsch, Dirk 10311e, 10311f
Gentzen, Felix-Heinrich 14879, 17107
Genuneit, Jürgen 1034, 2277, 2278, 2371, 2808, 3351
Genzel, Fritz 16637
Georg, Enno 5140, 12405
Georg, Erich 17418
Georg, Walter 14315
George, Alexander L. 4693
George, Manfred 6539
Georg-Eckert-Institut für Internationale Schulbuchforschung 16536, 16540
Georgi, Friedrich 10755f.
Georgi-Dimitroff-Museum, Bibliothek 3210
Gerats, Johannes 4090
Gerbel, Christian 11005
Gerber, Berthold 18047
Gerbet, Klaus 10882
Gerhard, Dietrich 1679, 16110
Gerhard, Dirk 893, 10166, 20311
Gerhards, Christina M. 10866
Gerhardt, Kurt 3717
Gerhardt, Ludwig 15069
Gerhardt, Uta 301
Gerhold, Andreas 13388
Gericke, Bodo 16876
Gericke, Hans O. 19265
Gerigk, Herbert 5443
Gerlach, Bernhard H. 5859
Gerlach, Wolfgang 6792, 6793, 8856f., 9213
Gerlach-Prätorius, Angelika 8858
German Historical Institute 11769
German Historical Institute Washington 8249
Gerndt, Helge 6627, 15064, 15072, 15078, 15094, 15098, 15114, 15123, 15127, 15135, 15144f., 15147, 15166, 15724, 15893, 18465

Autorenregister

Gernert, Dörte 14118
Gernert, Wolfgang 13572
Gerner-Wolfhard, Gottfried 9184
Gerold, Horst 137
Gerold-Tucholsky, Mary 15536
Gerolymatos, A. 18177
Gerrens, Uwe 3230
Gers, Dieter 14286
Gersdorff, Rudolf-Christoph Freiherr von 10717
Gersdorff, Ursula von 8258, 8342
Gershon, Karenn 7029
Gerson, Daniel 16218
Gerson, Werner 1225
Gerstenberger, Heide 302, 674, 1009, 1041, 2730, 4334, 7198, 7750, 7787, 7823, 8147, 8271, 19628, 19714, 19727, 19737, 19739, 19767
Gerstengarbe, Sybille 14378
Gerstenmaier, Brigitte 10853
Gerstenmaier, Eugen 9182, 9858, 10716, 10834, 10853, 10860
Gerth, Hans 3385
Gervasi, Frank 1588
Gesamtdeutsches Institut/Bundesanstalt für gesamtdeutsche Fragen 19601
Gesamtrichterrat der Berliner Gerichte für Arbeitssachen 6147, 13184
Geschichtsverein der Diözese Rottenburg-Stuttgart 9511, 9546
Geschichtsverein für das Bistum Aachen 9431a, 9735
Geschichtsverein für die Gemeinde Rösrath und Umgebung 999
Geschichts- und Altertumsverein Rottweil 5889
Geschichtswerkstatt 5384, 10013
Geschichtswerkstatt am Goldberg-Gymnasium Sindelfingen 7974
Geschichtswerkstatt Gießen-Wetzlar 19715
Geschichtswerkstatt Marburg 13044, 14652, 19138
Gesellschaft für christlich-jüdische Zusammenarbeit 6243
Gesellschaft für Christlich-Jüdische Zusammenarbeit Aachen 5922
Gesellschaft für Christlich-Jüdische Zusammenarbeit Dortmund 5923
Gesellschaft für christlich-jüdische Zusammenarbeit Hagen und Umgebung 6073
Gesellschaft für Christlich-Jüdische Zusammenarbeit Münster 5986
Gesellschaft für Christlich-Jüdische Zusammenarbeit Paderborn 5387
Gesellschaft für Flensburger Stadtgeschichte 886 f., 930, 3050
Gesellschaft für Studentengeschichte und studentisches Brauchtum 14645
Gesellschaft für Unternehmensgeschichte 10710, 12536
Gessenharter, Wolfgang 19826, 19904–19906, 20163, 20249
Gessner, Dieter 2873, 2887, 8165
Gessner, Volkmar 19931
Gestier, Markus 1063, 8779
Geudtner, Otto 14213
Geusendam, Wilhelm 11597
Geuter, Ulfried 3522, 4335, 13524, 13535–13539
Geve, Thomas 7660
Gewerkschaft Erziehung und Wissenschaft (GEW) Berlin 19442
Gewerkschaft Erziehung und Wissenschaft, Kreisverband Lüchow-Dannenberg 3127
Gewerkschaft Erziehung und Wissenschaft, Kreisverband Würzburg 10088
Gewerkschaft Erziehung und Wissenschaft, Landesverband Hamburg 13971, 14295, 18840
Gewirtz, Sharon 6958
Geyer, Bodo 14700, 14719
Geyer, Clara 11048
Geyer, Martin H. 13129, 1320 f.
Geyer, Michael 200, 675, 2938, 4336 f., 7788 f., 8208, 12671, 16742, 16997 f.
Geyer-Ran, Helga 15538
Geyr von Schweppenburg, Leo Freiherr von 16179
Geyrhofer, Friedrich 15842
Ghirardini, Claudia 16219
Gibbels, Ellen 1589 f.
Gibbons, Robert 16151, 17977
Giefer, Rena 18912
Giefer, Thomas 18912
Gießler, Klaus-Volker 103, 10788
Gieles, Josef 14562
Gielke, Ronald 14997
Giere, Gustav 10721
Giere, Walter 14998
Giersch, Reinhard 2719 f., 3523–3526, 3775
Giertz, Horst 17688
Gies, Horst 1816, 2152, 2888, 3341, 5141,

8163, 8166–8168, 8178, 12775–12777, 13626, 14144f.
Giese, Friedrich 9390
Giese, Fritz E. 4457
Giesecke, Hermann 3435f., 14041
Giesler, Hermann 1591, 15425
Giessler Hans 19120
Gilbert, David 7030
Gilbert, Felix 16794
Gilbert, Gustave M. 18701
Gilbert, Martin 5440, 5633, 7031, 7123, 7630, 16055, 16877
Gilbert, Ursula S. 11692
Gilbert, Victor F. 8259
Gilbhard, Hermann 2797
Gilch, Eva 15155
Giles, Geoffrey J. 2535, 3827, 7226, 14379, 14487, 14488, 14573, 14574, 14603, 14620, 14627f.
Gillen-Klumpp, Gabi 895
Gilles, Franz-O. 17924
Gillessen, Günter 4918
Gillingham, John R. 7790, 8101, 12368, 12530, 17925
Gillis-Carlebach, Miriam 7032
Gilman, Sander L. 13627, 14816, 15487
Gilsenbach, Reimar 7147f., 7179
Gilzmer, Mechtild 11265
Gimbel, John 18975
Gincberg, L. I. 32
Ginzel, Günther B. 5347, 5634f., 7422, 8700, 8831, 11112, 18429, 19908
Giordano, Ralph 1837, 7043, 7658, 9859, 16878, 18430f., 18750f., 20047
Giovannetti, Alberto 16412
Giovannini, Norbert 5989, 6129, 6406a, 6729, 12971, 14489, 14604
Girault, René 7755, 12874, 16056, 16086, 16101, 16108, 16128
Girbig, Werner 17512
Girnth, Heiko 19788
Girth, Peter 10921, 15755
Girtler, Roland 6644
Gisevius, Hans B. 1187, 1592, 5288, 10604
Gisinger, Arno 17410
Gispen, Kees 8230
Gisselbrecht, André 11717, 12146
Gittig, Heinz 9771, 10168
Gjecovi, X. 18176
Gladen, Paulgerhard 14623, 14629
Gladitz-Perez Lorenzo, Nina 6359
Glaeßner, Gert-Joachim 10260, 20064

Glaeser, Wolfgang 8082
Glantzel, Norbert 2841, 10899, 18374
Glasbrenner, Walter 3281, 10183, 12817, 18432
Glaser, Georg 8546
Glaser, Hermann 676f., 1346, 2992, 5636, 7791, 8632, 15312, 17609, 18433, 19266, 20264
Glaser, Horst A. 15539
Glaser, Josef 14428
Glaser, Kurt 17063
Glasneck, Johannes 1064, 4648, 11479
Glaum, Achim 8807
Glazar, Richard 7661f.
Gleason, Sarell E. 17293
Gleising, Günter 10142
Gleiss, Horst G. W. 17655
Gleissberg, Gerhard 11478
Glenthoj, Jorgen 8859
Gliech, Oliver C. 5100, 7390
Glienke, Franz 7339
Glier, Willi 10012
Glöckner, Paul 10024
Glöckner, Paul W. 2279
Glondajewski, Gertrud 10393, 11563
Glotz, Peter 4651, 10305, 11238, 11399, 16554, 16562, 16564, 16569, 16571, 19765, 19909
Glózer, László 15348f.
Glum, Friedrich 678
Glunk, Rolf 4774
Göbel, Peter 13920
Göber, Willi 9155, 10444, 13411, 14607a, 14738, 18371
Goch, Stefan 803, 2002, 2671, 4643, 8102, 10261–10263
Godard, Justin 6486
Godau-Schüttke, Klaus-Detlev 1982, 18976f.
Goddard, Donald 9156
Gödde, Hugo 11070
Gödde, Joachim 18978
Godin, Hans von 4131
Goeb, Alexander 10975
Goebbels, Joseph 186f.
Goebel, Gerhard 4949
Goebel, Hermann J. 3941
Goebel, Klaus 896f., 2294, 3739, 3755f., 4640, 4928, 5973, 8618, 9032f., 9042, 9423, 13095, 14214, 15396, 15704, 15753, 15798, 17528
Goeldel, Denis 2731

Autorenregister

Goergen, Josef M. 19692
Goertz, Arnd 9242
Goes, Albrecht 6316, 8637
Goetzendorff, Günter 19910
Gögler, Max 19008
Goguel, Otto 5459
Goguel, Rudi 7423, 9774, 14880, 14881, 14882, 18048, 18049
Göhler, Gerhard 12099, 12180, 14742, 14983, 18398
Göhring, Martin 679
Göhring, Walter 10401
Göke, John 2996
Golan, Reuven 7033
Golb, Joel 5417
Golczewski, Frank 5990, 6292, 14490f., 16539, 16623, 18050f., 18979
Gold, Hugo 5871, 5991f., 6360, 6361
Goldberg, Jörg 12691
Goldberg, Stanley 14692
Goldfaden, Edith 7034
Goldhagen, Erich 1347
Goldhammer, Karl-Werner 9574
Goldmann, Nachum 7035
Goldner, Franz 11266
Goldschmidt, Adolph 7036
Goldschmidt, Dietrich 5351
Goldschmidt, Fritz 6645
Goldstein, Bernhard 18052
Goldstein, Jacob 7294
Goldstern, Walter 6538
Gollert, Friedrich 9178
Gollnick, Monika 17656
Gollnick, Rüdiger 870, 17656
Gollwitzer, Helmut 7004, 9195, 9800
Golovchansky, Anatoly 17127
Goltz, Reinhard 15691
Golücke, Friedhelm 14622, 14630, 14638, 14651, 17513f., 17689
Golzen, Godfrey 7727
Gomard, Kirsten 4775
Goodman, Kay 8411
Goodrick-Clarke, Nicholas 1348
Goossens, Sabine 11882
Göpfert, Erich 17690
Göpfert, Helmut 17172
Göpfert, Rebekka 6540
Göppinger, Hans 13781
Göppinger, Horst 3828, 5637
Gorce, Paul-Marie de la 2993
Gordon, Bertram M. 18246
Gordon, Harry 6362

Gordon jr., Harold J. 2355
Gordon, Linda 8285
Gordon, Sarah A. 6794
Görgen, Hans-Peter 818, 898, 3089
Goriély, Georges 2994
Göring, Emmy 1905
Görlitz, Axel 290, 303, 475, 19826
Görlitz, Walter 1593f., 2889, 4338, 4506, 4517, 5209, 16761, 16879, 17590
Görlitzer, Arthur 3548
Gornig, Gilbert-Hanno 16489
Gorodetsky, Gabriel 17173
Goronzy, Kriemhild 1115
Görres-Gesellschaft 8706
Gorschenek, Günter 5638
Görtz, Adolf 8633
Goschler, Constantin 1509, 7162, 19057, 19059, 19071, 19073–19074, 19077–19082, 19084f., 19092f., 19095, 19101, 19103–19105, 19125, 19130a, 19131, 19132a
Goshen, Seev 5639, 6363, 6795, 7424
Gosmann, Michael 5993
Gossweiler, Kurt 292, 331, 349, 358, 366, 445, 659, 680, 1385, 1407, 2507, 2890f., 2911, 2939, 3362–3364, 5062, 5771, 10363, 12398f., 12406, 12427, 12531f., 20077
Gostner, Erwin 7663
Gostomski, Victor von 7425
Gosztony, Peter 6364, 17174, 17691
Gotovitch, José 18247
Gotsche, Otto 12123
Gotschlich, Helga 8634
Götschmann, Dirk 3724, 13282
Gott, Richard 16055
Götte, Karl-Heinz 4885, 8860
Gottfurcht, Hans 11643
Gotto, Klaus 1850, 2450, 6872, 7796, 8018, 8704, 9266, 9290, 9291f., 9297, 9336, 9366, 9376, 9563, 9673, 16404, 18614
Gottschalch, Holm 14317
Gottschalch, Wilfried 18434
Gottschaldt, Eva 9860
Gottschalk, Gerda 7037
Gottschalk, Wolfgang 961
Gottschlich, Helga 2607
Gottschling, Ernst 680
Gottwald, Herbert 2824, 2892, 3342
Götz, Albrecht 18635
Götz, Franz 3718

Götz, Gerhard W. 3719
Götz, Volkmar 5289
Götz von Olenhusen, Albrecht 3829, 5640, 5994, 14575, 14605
Götz von Olenhusen, Irmtraud 2153, 2411, 2732, 8547
Götz, Wolfgang 19911
Grab, Walter 5641, 6646, 12352, 19738
Grabe, Hans-Dieter 10294
Grabe, Wilhelm 11658
Graber, G. S. 1944
Graber, Gerry 10777
Grabitz, Helge 3933, 6365, 6733, 18769–18773
Grabowski, Jörn 5841
Grabowski, Sabine 8773
Gradmann, Christoph 14883
Graesner, Sepp 13389
Graf, Angela 6541, 15540
Graf, Christoph 3214, 3219f., 5244, 5272
Graf, Friedrich W. 8861
Graf, Hans-Dieter 15541
Graf, Hendrik 13540
Graf, Rudolf 10421, 14884
Graf, Werner 19912
Graf, Willi 11049
Graff, Gerti 9034
Graham, Cooper C. 15843
Grahn, Gerlinde 11446, 13365
Graml, Hermann 184f., 681, 1483, 1528, 1595, 5501, 5642–5645, 5790, 8548, 9794, 9861f., 10419, 10605f., 10759, 10867, 11124, 11161, 16057f., 16144, 16676, 16880, 17064f., 17610, 17927, 18392, 18393, 18435, 19219f., 19267
Graml, Wolfgang 17046
Grammes, Tilman 14146
Grams, Wolfram 19508
Grand, Jean 18251
Grandjonc, Jacques 11247, 11267
Granier, Gerhard 104, 17515, 19174
Grant, Wyn 12475
Granzow, Brigitte 16302
Granzow, Klaus 8635
Graß, Karl M. 3365
Grasberger, Thomas 11113
Grasman, Peter 10232
Graßmann, Gerhard O. 17926
Graßmann, Ilse 17419
Grasskamp, Walter 18436, 19625a
Grathoff, Dirk 381, 10914, 11750
Grau, Bernhard 820

Grau, Günter 7223, 7227f., 13390
Grau, Karl F. 17661
Graue, Eugen 4208
Graumann, Carl F. 4776, 7780, 13524, 13541
Graumann, Samuel 7664
Graus, Frantisek 14885
Gravenhorst, Lerke 3494, 8270, 8288, 8293, 8311, 8343, 8374, 8408, 8427, 8436, 14126, 14321, 14611, 18383, 18437f.
Gray, Ronald 15542
Grebing, Helga 304f., 576–579, 1226, 1349, 2412, 2609–2613, 2672, 2825, 3282f., 8022, 8038, 10169, 11085, 11268, 11457, 11459f., 11545, 11624, 11639, 11979, 14958, 17834, 19827, 19917
Gredel, Zdenka J. M. 580
Green, Gerald 5646
Green, Warren 6467
Greenburger, Ingrid 11435
Greenstein, Fred I. 503
Greese, Karl 18980
Greffrath, Mathias 11883
Gregor, A. James 306–308, 326
Gregor, Helena 15543, 17928
Gregor, Ulrich 15844
Gregor-Dellin, Martin 2353, 12245a, 12246
Greif, Gideon 5651, 5748, 6290f., 6293–6298, 6300, 6302, 6338, 6441a, 6442, 6444f., 6649, 6707, 6709, 6919, 6987, 7665, 19194, 19224, 19350, 19397
Greiff, Walter 11006
Greiffenhagen, Martin 486f., 4756, 18439, 19268, 19279
Greiffenhagen, Sylvia 2673
Greiner, Helmuth 16881
Greinert, Wolf-Dietrich 14309
Greiselis, Waldis 17376
Greising, G. 18981
Greive, Hermann 1350
Gremlitza, Hermann L. 7234
Grenville, John A. S. 5647, 6796, 13391
Grenz, Dagmar 15544
Grenzebach jr., William S. 12839
Greß, Franz 303, 1991419916, 20050
Greschat, Martin 6797, 6809, 8807, 8862f., 8879, 18440
Gress, Franz 247
Greussing, Kurt 13065
Greve, Ludwig 7038

1283

Grevelhörster, Ludger 900, 3113
Greven, Michael Th. 4008
Greverus, Ina-Maria 5116, 13609
Gribbohm, Günter 4091
Gricksch, Eckehard F. 2946
Griebel, Regina 10326
Grieff, Walter 11007
Grieger, Manfred 16725
Griehl, Manfred 16995
Griepenburg, Rüdiger 10202, 10233
Gries, Christian 14027
Grießbach, Ernst 14042
Grieser, Helmut 12748
Grieser, Utho 901
Griesmayr, Gottfried 3437
Grieswelle, Detlev 1596, 4777
Griffin, Roger 309
Griffith, William E. 18982f.
Griffiths, Richard 16303
Grill, Johnpeter H. 804, 1250, 2110, 2570
Grimann, Jutta 9774
Grimm, Brigitte 11784–11786
Grimm, Dieter 3973, 4009
Grimm, Gerhard 682, 14346, 14380
Grimm, Manfred 7225
Grimm, Reinhold 1397, 10922, 10926, 11256, 15618
Grimme, Karin 13320
Grisshammer, Heinrich 9031a, 13790
Gritschneder, Otto 2356, 3366, 4149a, 4159, 9449, 9675f., 9678, 18774, 18913
Grobe, Karl 19509
Gröbl-Steinbach, Evelyn 14762
Grobman, Alex 6959
Grode, Walter 534a, 5647a, 6366, 7295
Grodin, Michael A. 13369
Große, Sabine 16015
Groeben, Klaus von der 3720, 11131
Groeben, Norbert 13792
Groehler, Olaf 629, 4339, 4533, 10567, 10607, 10766, 16490, 16789, 16835, 16882f., 16966, 17280f., 17377, 17452, 17466f., 17516f., 17611, 17692, 18452f., 18606, 19131a, 19281, 19459, 19460–19463, 19593
Groeneveld, Alfred F. 7666
Groeneveld, Eduard G. 18248f.
Groenwold, Sabine 3268
Gröger, Ferdinand 15
Grohall, Karl-Heinz 7207
Großhans, Albert 902
Grohnert, Reinhard 18984f.

Groiss-Lau, Eva 5873
Großkopf, Fred-Rainer 10170
Größl, Wolf-Rüdiger 19510
Groll, Klaus-Michael 18441
Grolle, Joist 14216, 14886f.
Großmann, Kurt R. 6635, 7094
Gronemeyer, Reimer 20305
Gröning, Gert 13283f., 17929, 18053
Gronius, Jörg W. 6642
Gronwald, Winfried 7255
Groote, Wolfgang 19511
Groppe, Lothar 6767, 6898, 9430, 9450
Groppe, Theodor 10728
Groß, Birgit 90
Groß, Matthias 15206
Groß, Nikolaus 9643
Grosche, Heinz 5995
Gröschel, Bernhard 4919f., 16220
Gröschel, Roland 8530
Groscurt, Karl-Heinz 4459
Groscurth, Helmuth 10573
Grosrichard, Yves 16930
Gross, Babette L. 11564, 11605
Gross, David 12236
Gross, Günther 10519f.
Gross, Jan T. 18054
Gross, Leonhard 6899
Grossberg, Mimi 11884
Grosse, Helmut 12197
Grössel, Hanns 18251
Grosser, Alfred 684, 2139, 2151, 2960, 2995, 3457, 5838, 9349, 16578, 19269
Grosser, Lucie 7426
Grosser, Thomas 4588
Grosshans, Henry 15246
Grossmann, Anton J. 10264, 13066–13068
Grossmann, Atina 8286, 8344f.
Grossmann, Chaika 6367, 6719
Grossmann, Kurt R. 5648, 6542, 6798, 10910, 11269f.
Grosz, George 12191
Grote, Andreas 15247
Grote, Christine 8287
Groth, Klaus 12786
Groth, Michael 11885
Grothe, Ewald 5996
Grothusen, Klaus-Detlev 11789, 11886f.
Grotkopp, Jörg 3595, 18914
Gruß, Heribert 9656
Grube, Frank 7792
Grüber, Heinrich 9183
Gruber, Hubert 9307, 9687, 11696

Gruber, Johann 9451
Grubich-Simitis, Ilse 18442, 19150
Grübling, Richard 15343
Grubmüller, Margit 7590, 10203
Gruchmann, Lothar 685, 1503, 1597, 1921, 2280, 3355, 3596, 3791 f., 3830, 3831–3833, 3919a, 4092, 4209 f., 4473, 5649 f., 9664, 11007a, 11121, 11123 f., 13793, 16059, 16884 f., 17350, 17930, 18250, 18702
Gruenewald, Max 6647
Grumbach, Franz 12898
Grün, Heinz 10402
Grün, Max von der 8636
Grün, Rita von der 4950
Grün, Wilhelm 1820
Grunberger, Richard 5142, 7793
Grundmann, Friedrich 8169
Grundtner, Theresia 11267
Die Grünen, Bayern 12744
Die Grünen, Bundesvorstand 19833
Die Grünen Hessen 7433, 13900
Die Grünen im Bundestag 19058
Grunenberg, Antonia 11565, 18443 f.
Grüner, Gustav 14299, 14306
Gruner, Wolf 5888, 6619, 6648, 6835, 7490, 12996–12998, 13186, 13188
Grünewald, Eckhart 14888
Grunewald, Michael 11271, 12245, 12253, 12258
Grünewald, Paul 7427
Grunfeld, Frederic V. 139
Grünfeld, Fritz V. 7039
Grünheid, Uwe 6799
Grünthal, Günther 9389
Grunwald, Clara 6748
Grunwald, Klaus-Dieter 3667
Grünwald, Leopold 10025, 11272
Grünzinger-Siebert, Gertraud 8802
Grünzweig, Walter 19270
Grupinska, Anka 6720
Gruppe Berliner Dozentinnen 2471
Gruss, Heribert 9657
Grüttner, Michael 14606
Grygiel, Henryk 13069
Grzywatz, Berthold 3934, 4340
Gschaider, Peter 4341
Gudden-Lüddeke, Ilse 903
Guderian, Heinz 4511
Guérin, Daniel 310 f., 2893, 2996, 7794
Guggenbichler, Norbert 13392
Gühne, Monika 14252

Guillebaud, Claude W. 12407, 13130
Gülden, Josef 7037
Gültner, Rudolf 17198, 17243
Gumbel, Emil J. 12021
Gumbrecht, Hans U. 10958a
Gundelach, Karl 17518
Gundermann, Iselin 3659
Gündisch, Dieter 8083
Gundolf, Elisabeth 2733
Günsche, Karl-Ludwig 4886
Guntau, Martin 10941, 14447
Günter, Roland 15933
Günter-Kaminski, Michael 6259
Günther, Dieter 11644
Günther, Gitta 7337
Günther, Joachim 19693
Günther, Ralf 904
Günther, Sonja 15350
Günther, Ulrich 14147 f., 1572015722
Günther, Wolfgang 905 f., 3114, 7149, 7180
Günther-Arndt, Hilke 14107c
Günther-Hornig, Margot 17931
Gunzenhäuser, Max 4446, 4532, 16743
Gupta, Charu 8346
Gurba, Andrea 8347
Gurland, Arkadij R. L. 2587, 8154
Gurock, Jeffrey S. 6353
Gürtler, Paul 9035
Gurwitz, Percy 7040
Güse, Hans-Georg 13542 f., 13957
Guse, John C. 1351, 8231
Guse, Martin 7428, 13247
Güsgen, Johannes 9293
Güstrow, Dietrich 4093
Gutermann, Simcha 7041
Guth, Ekkehard 16942
Guth, Ekkehart 13497 f.
Guth, Klaus 5873
Güth, Rolf 4458 f.
Gutheil, Jörn-Erik 18445
Guthke, Karl S. 15472
Gutman, Yisrael 5518, 5651, 5748, 6184, 6290 f., 6293–6298, 6300, 6302, 6338, 6368, 6380, 6406, 6442, 6444 f., 6441a, 6460a, 6463, 6496, 6499, 6504, 6546, 6568, 6649 f., 6653, 6665, 6707, 6709, 6731, 6737, 6919, 6938, 6940, 6950 f., 6955, 6960, 6965, 6971, 6977, 6987, 6990, 19194, 19224, 19350, 19397
Gutsche, Willibald 907, 8223
Gutschow, Niels 13277, 13278, 17403, 18055

Gutteridge, Richard 6800f., 8864f.
Guttmann, Theodor 5463
Guyot, Adelin 15248
Guzzoni, Ute 14763
Gvesvik, Tore 18329
Gymnasium Augustinianum Greven 14202
Gymnasium Oberalster [Hamburg] 7476
Gyorgy, Andrew 15172

Haß, Kurt 8637, 15545
Haack, Friedrich-Wilhelm 19918
Haag, Antje 13794
Haarmann, Hermann 2179, 11888, 15531, 15625, 15638, 15640, 15669, 15685
Haas, Gerhard 18915
Haas, Gerhart 17066
Haas, Hanns 1314
Haas, Joachim 10026
Haas, Wilhelm 18916
Haase, Günther 15249
Haase, Norbert 4475, 4481–4485, 4499, 9863, 11738, 17862, 17879, 17880–17883, 18506, 19653
Haasis, Hellmut 14431
Haas-Rieschel, Helga 11639a
Habedank, Heinz 12533
Habel, Werner 14043
Haberditzl, Werner 14693
Häberer, Bruno 7608
Haberl, Othmar N. 16458
Habermas, Jürgen 14760, 19271, 19355
Habermehl, Werner 20250
Habeth, Stephanie 8348
Habicht, Martin 9036
Habicht, Werner 14848
Hachenburg, Max 7042
Hachtmann, Rüdiger 8103, 8349, 12899–12901, 13156
Hackelsberger, Christoph 13285
Hacker, Friedrich 312, 1667
Hackett, David A. 2154
Hackforth, Josef 19272
Haendler, Gert 9037
Haensel, Carl 18676, 18703
Haerendel, Ulrike 908, 2238, 7879, 13324
Haestrup, Jorgen 6442, 18330
Haeusler, Wilma 18446
Hafeneger, Benno 13989, 19636, 19919–19921, 20086, 20251, 20313–20315
Haffner, Sebastian 1190, 1598

Hafner, Georg M. 1485, 18497, 18616, 18801, 19701, 19785
Haft, Cynthia J. 6184, 6650, 6653, 6665, 6737
Haftmann, Werner 11889, 15351
Hagemann, Albrecht 16672f.
Hagemann, Ernst 1352
Hagemann, Frauke 13442
Hagemann, Harald 11770, 11890
Hagemann, Jürgen 4887
Hagemann, Peter A. 15920
Hagemann, Walter 4888
Hagen, August 9452
Hagen, Walter 4538
Hagenmeier, Karl 9453
Hagspiel, Wolfram 1332f.
Hagtvet, Bernt 201, 313
Hahn, Barbara 13323, 19739
Hahn, Erich J. 16178
Hahn, Fred 4864
Hahn, Fritz 16999
Hahn, Joachim 5997, 7042a
Hahn, Manfred 11820
Hahn, Paul 18178
Hahn, Peter 15426
Hahn, Susanne 5148, 13393, 13499f., 13631, 13876
Hahn, Thomas 14999f.
Hahn, Ulla 11891
Hahner, Mechtild 11760
Haida, Gerd E. 13070
Haider, Christian 5998
Haiger, Ernst 14983
Haigh, Robert H. 16060
Haiko, Peter 15250
Hainbuch, Friedrich 9250, 9294, 13491
Hainsworth, Paul 19980, 20097
Hajek, Jiri S. 16563
Halberstadt, Gerhard 3284
Halbritter, Maria 6166
Halder, Franz 1599, 4426, 16795–16797, 16886
Hale, Oron J. 4889, 13606
Häßler, Hans-Jürgen 19273
Halfmann, Frank 3989
Halfmann, Horst 11181
Hall, Bernhard 7971
Hall, Heribert 13325
Hall, Murray G. 12309
Halle, Anna S. 9748f., 9760
Haller, Daniel 13959
Haller, Max 11938, 18496

Haller, Winfried 9407
Hallgarten, George W. F. 2894, 2940, 12195, 12554
Halter, Helmut 15756
Halvorsen, Terje 18331
Hamann, Matthias 12999f., 13471, 13795f.
Hamann, Ulrich 3935
Hambrecht, Rainer 2281
Hamburger Initiative »Anerkennung aller NS-Opfer«, Hamburg 19134
Hamburger Institut für Sozialforschung 7362, 13223, 13736, 18391, 19097
Hamburger Stiftung für Sozialgeschichte des 20. Jahrhunderts 3514f., 12581, 12627, 13063
Hamburger Stiftung zur Förderung von Wissenschaft und Kultur 5152, 12423, 12990
Hamel, Iris 2734
Hamelmann, Berthold 7893
Hamer, Kurt 910
Hamerski, Werner 15546
Hamilton, Alastair 2536, 14381
Hamilton, Charles 1486
Hamilton, Ian 12211
Hamilton, Nigel 12244
Hamilton, Richard F. 2414f., 2483, 2537
Hamm, Berndt 9038
Hamm-Brücher, Hildegard 2826, 20164
Hammen, Oscar J. 14889
Hammer, Franz 10452
Hammer, Günter 7894, 7912, 8510
Hammer, Hermann 1487
Hammer, Ingrid 7965
Hammer, Karl 18917
Hammer, Walter 5348f., 10296
Hammer, Wolfgang 1600
Hammermann, Ilana 19274
Hammerschmitt, Barbara 5999
Hammersen, Nicolai 10562
Hammerstein, Notker 14077, 14492f.
Hammitzsch, Eberhard 5321, 19055
Hammond, N. G. L. 17364
Hampe, Erich 17468
Hampel, Johannes 687f., 16221
Hampele, Walter 17693
Hamsher, William 2066
Hancock, William K. 16762
Händler-Lachmann, Barbara 6000, 12964
Handrack, Hans D. 18056
Hanf, Reinhardt 12902

Hanfstaengel, Ernst 1188
Hangebruch, Dieter 6038
Hänisch, Dirk 1272, 1285, 2416f., 2506
Hanisch, Ernst 248, 1078, 1153–1155, 1306, 4160, 9454, 10027–10029
Hanke, Eckard 6028
Hanke, Heinz M. 17469
Hanke, Peter 6001
Hanko, Helmut M. 3743–3745
Hannemann, Ludwig C. R. 4486
Hannot, Walter 6802, 9295
Hannover, Heinrich 18775f.
Hannsmann, Margarete 8549
Hanns-Seidel-Stiftung 20168
Hano, Horst 4890
Hano, Jozef 6368a
Hans, Jan 11843, 15692
Hans-Böckler-Stiftung 95, 20336
Hansel, Johannes 12144
Hansel, Klaus 12652
Hansen, Dora 7037
Hansen, Eckhard 13131
Hansen, Ernst W. 4379
Hansen, Frauke 15693
Hansen, Friedrich 17000f., 18704
Hansen, Klaus 4010
Hansen, Niels 6961
Hansen, Reimer 2067, 5913, 14952, 14955, 14960, 17612–17615
Hansen, Ulrich 17027f., 17067
Hansen-Schaberg, Inge 12331
Hanser, Richard 11025
Hansmeyer, Karl-Heinrich 12408, 12650f.
Hanssler, Bernhard 9717, 11048
Hantel, Heinz 13797
Hantke, Manfred 18447
Happel, Hans-Gerd 15547, 15845
Harari, Jacob 6468
Haraszti, Eva 16304
Harbeck, Karl-Heinz 15173
Harbert, Egbert 14494
Harbordt, Steffen 4051, 4055, 13539, 14373, 14382, 14665, 14795
Harbort, Hans-Hinrich 11879
Hardach, Gerd 12409
Harder, Günther 8808, 8866, 9039
Harder, Rolf 12132
Harder, Sandrine 535
Harding, Charles B. 675
Harding, Susan 675
Hardt, Hanno 11273
Hardtmann, Gertrud 1915f.

1287

Hardy, Alexander G. 4589
Harel, Isser 18851
Harig, Gerhard 14693
Häring, Bernhard 1189
Harlan, Veit 15846
Harlander, Tilman 13271, 13286, 17450
Harloff, Elisabeth 7724
Harmening, Dieter 5143, 15099
Harmsen, Torsten 10433
Harnack, Axel von 10736
Harnack, Ernst von 10737
Harnack, Gustav-Adolf von 10737
Harnischmacher, Robert 20119
Harper, Glenn T. 12840
Harprath, Birgit 9348
Harrer, Jürgen 10521
Harris, Whitney R. 18705
Harrison, E. D. H. 1805
Harsch, Donna 2614
Harstick, Hans-Peter 2609
Hart-Davis, Duff 15974
Hartenstein, Elfi 11274
Hartewig, Karin 7348, 18364
Harth, Dietrich 2781, 5019, 15694
Harth, Martin 6195
Hartkopf, Werner 14349
Hartl, Karl 15928
Hartl, Peter 4944a
Härtling, Peter 11781
Hartmann, Albrecht 17884
Hartmann, Christian 10730
Hartmann, Dietrich 4731, 4816
Hartmann, Erich 7254a, 7254b
Hartmann, Frank 14662
Hartmann, Geoffrey H. 6304, 19275, 19789
Hartmann, Heidi 17884
Hartmann, Jürgen 2282, 5966
Hartmann, Peter 18057
Hartmann, Ulrich 20316
Hartmann, Wolfgang 5005
Hartmannsgruber, Friedrich 3598
Hartog, L. J. 5652
Hartog, Rudolf 16887
Hartshorne, Edward Y. 14383
Hartung, Fritz 3974
Hartung, Günter 1353f., 2735, 5653, 15251f., 15548, 15723
Hartung, Hans-Joachim 7609
Hartung, Hugo 17657
Hartung-von Doetinchem, Dagmar 6721
Hartweg, Frédéric 8867
Hartwich, Dirk 1252, 6002

Hartwich, Wolf 8780
Hartwig, Edgar 2736, 2737, 2818, 16710
Hartwig, Helmut 5049
Hartwig-Thürmer, Christine 6003
Harvey, Elizabeth 8550
Harvolk, Edgar 14384, 15100, 15159
Harzendorf, Fritz 581
Harzer, Philippe 1786
Harzig, Christiane 6578, 11227
Haßbargen, Hermann 151
Hase, Angelika von 17198
Hase, Christoph 8809, 13737
Hase, Konstantin 6164
Hasel, Karl 3668
Hase-Mihalik, Eva von 7181
Hasenclever, Hermann 17519
Häsler, Alfred A. 11275
Hass, Gerhart 68, 4342, 16468, 16638, 16798, 16854, 16888, 16889, 16960, 17059, 17175 17909, 17932
Hasselbach, Ingo 19922
Hassell, Fey von 10741
Hassell, Malve von 10738
Hassell, Ulrich von 10738
Hassemer, Winfried 19931
Hasubek, Peter 15549
Hatheway, Jay 2155
Hattenhauer, Hans 3599f., 3834, 3975f., 4211
Hattwig, Jörg 15550
Hauß, Friedrich 13544
Haubrich, Karin 8288
Haueisen, Heinz 18839
Hauenstein, Fritz 10944
Hauer, Nadine 18448
Hauf, Reinhard 3639, 14863
Haug, Alfred 13394, 13501
Haug, Frigga 8266
Haug, Wolfgang F. 1355f., 1877, 1898, 10484, 14385, 14764, 15350, 15352f., 19276, 19277
Haugg, Rudolf 2997
Haumann, Heiko 911, 1446, 2597, 4649, 5907, 5927, 6004f., 6369, 7971, 8506, 10062, 10135, 18972, 19005, 19464
Hauner, Milan L. 1601f., 16061, 16660, 16684f., 13628, 17393
Haungs, Peter 3231
Haupert, Bernhard 8551
Haupt, Heinz-Gerhard 2538, 2562, 8152, 8161, 19719

Haupt, Jürgen 12229
Haupt, Michael 9238
Haupt, Werner 5104, 17653, 17694
Hauptausschuß der Opfer des Faschismus 18945
Hauptkommission zur Untersuchung der Naziverbrechen in Polen 18155
Hauptmann, Harald 8084
Hauptmann, Jerzy 19923
Haupts, Leo 689, 1362, 5064, 6006, 16049
Hauptstaatsarchiv Düsseldorf 18958
Haus der Bayerischen Geschichte 6026
Haus der Begegnung, Erwachsenenarbeit des Evangelischen Kirchenbezirks Leonberg/Ditzingen 7472, 19467
Haus der Geschichte Baden-Württemberg 7406
Haus der Kunst München 15345
Haus, Rainer 12490
Hausberger, Karl 7429
Hauschild, Hans 14088
Hauschild, Thomas 15064
Hauschild, Wolf-Dieter 8781, 8868, 11677
Hauschildt, Dietrich 6007
Hauschild-Thiessen, Renate 17520
Hauser, Gerhard 3077
Hauser, Oswald 14878, 16072, 16079, 16305–16307, 16318, 16896, 16903
Hauser-Hauswirth, Angelika 3695, 4171, 5283, 7913, 7991, 8788, 10055, 10110, 10222, 10948, 12574, 17758, 17888, 18613, 18824, 19136, 19510, 19595, 19599
Hausjell, Fritz 4921, 5998
Hausmann, Christopher 8552
Hausmann, Frank-Rutger 14852
Hausmann, Ulrich 6443
Hausmanninger, Thomas 15847
Hausner, Gideon 5654
Haustein, Marianne 10153
Hautecloque, Xavier de 5245
Hautmann, Hans 1093, 2516f., 2519, 4645, 7194, 7329, 8017, 8057, 8094, 8123, 8125, 8433, 10382, 10406, 12396, 13048, 13065, 13110, 13114, 13148, 13179, 13331, 14762, 15610
Hautsch, Gert 314
Hawrylchak, Sandra H. 11776
Hay, Gerhard 4951, 15551, 18594, 19490
Hayes, Peter 5655, 6342, 12410, 12534, 12598–12600, 12951

Hayward, Nicholas F. 2283
Headland, Ronald 6370
Hebel-Kunze, Bärbel 3285
Hebenstreit-Müller, Sabine 8359
Heberle, Rudolf 2418, 2578
Hecht, Ingeborg 7043, 19153
Hecht, Winfried 5889
Heck, Amalie 3116
Heck, Bruno 18619
Hecker, Hans 16458, 16491 f.
Hecker, Hans-Joachim 15313
Hecker, Hellmuth 14607, 17933
Heckes, Claudia 14287
Heckmann, Herbert 15673
Hederich, Karl H. 1488
Hedgepeth, Sonja M. 12219
Heßdörfer, Karl 19077 f.
Heeg, Günther 11892
Heenen-Wolff, Susann 19154
Heer, Friedrich 1357, 1603, 7795
Heer, Hannes 2615, 4343, 6803, 8638, 10470, 16726
Heer-Kleinert, Lore 10413
Heftler, Nadine 7667
Hege, Ingrid 912, 2674
Hegel, Eduard 9455–9457
Hegeler, Albert 582
Hegemann, Margot 16159
Heger, Heinz 7229, 7668
Hegewisch, Ernst 7984
Heggbacher Einrichtungen 13972
Heggen, Alfred 978
Hehemann, Rainer 913
Hehl, Ulrich von 805, 834, 3232, 3601, 7796, 8705f., 9239, 9241, 9296f., 9458, 9587, 9695, 18614
Heiber, Beatrice 140
Heiber, Helmut 140, 690, 1504, 1867f., 1880, 1881, 1954, 1990, 3383, 3835, 4862, 5656, 14386f., 14890, 16799, 17978, 18058
Heid, Ludger 5421, 5567
Heide, Hans-Jürgen von der 3720
Heidegger, Martin 14460, 14748f.
Heideking, Jürgen 181, 3624, 11133, 11149f.11165, 11276, 11707, 17636
Heidel, Klaus 8782
Heiden, Konrad 1604f., 2156f.
Heider, Paul 1238, 3873, 8907, 11718, 13515, 16166, 16602, 17002f.
Heidtmann, Frank 15930
Heiduk, Franz 11008

Autorenregister

Heigl, Peter 1023, 7430
Heilbron, John L. 14694
Heilbronner, Oded 2284, 2563
Heilbut, Anthony 11893
Heilers, Margarete B. 7044
Heilmann, H. D. 16176
Heilmann, Hans D. 6331
Heim, Dieter 169
Heim, Ferdinand 17215
Heim, Manfred 9709
Heim, Peter B. 19817, 19942
Heim, Susanne 95, 5350, 5464f., 5514, 5657–5659, 6371, 17995
Heimann, Bodo 15552
Heimann, Dieter 4981
Heimannsberg, Barbara 18449
Heimannsberg, Joachim 12245a, 12247–12251
Heimatbund Neheim-Hüsten 6192
Heimatkreis Marienburg (Westpreußen) 17686
Heimbeck, Stepan A. 9459
Hein, Peter U. 15253
Hein, Remmer 11550
Heinacher, Peter 2286
Heine, Fritz 10234, 13248
Heine, Götz-Thomas 3977
Heine, Jens U. 12601
Heine, Ludwig 9040
Heine, Werner 2287
Heine-Mahler, Waltraud 8336
Heinemann, John L. 2004
Heinemann, Karl-Heinz 14388, 20103
Heinemann, Manfred 3467, 3580, 4370, 5093, 8448, 8869, 9117, 9491, 12925, 13990, 14005, 14085, 14106, 14176, 14181, 14184, 14191, 14209, 14229, 14246, 14277, 14313f., 14319, 14326, 14331, 14360, 14372, 14379, 14389, 14394, 14396, 14408, 14687, 18085, 18122
Heinemann, Marlene E. 19278
Heinemann, Ulrich 7942, 10769–10771
Heinemann, Winfried 10608
Heinemeyer, Walter 13932
Heinen, Ernst 16407
Heinen, Werner 13325f.
Heinig, Karl 10444, 13411, 14607a, 14738
Heiniger, Markus 16426, 17282
Heining, Gerhard 914
Heinisch, Theodor 8105, 10204
Heinonen, Reijo E. 9041

Heinrich, Gerd 3669
Heinrich, Horst-Alfred 15174
Heinrichs, Helmut 3836, 5660
Heinrichsbauer, August 12535
Heinsius, Paul 4290
Heinsohn, Dr. 17430
Heintze, Beatrix 10710, 12536
Heinz, Grete 1216
Heinz, Hans-Joachim 1253
Heinz, Werner 915
Heinzelmann, Herbert 5031, 15848
Heisenberg, Elisabeth 14695
Heisenberg, Werner 14683
Heisig, Klaus 1606
Heiß, Gernot 3992, 4880, 9529, 13472, 13527, 14495, 14511, 14531, 14806, 14846, 14959, 15144b, 15183, 15250
Heiß, Ulrich 4344, 12491
Heister, Hanns-Werner 536, 11894, 11895
Heisterkamp, Jens 1196
Heither, Dietrich 14268, 14631f., 14652
Heitmann, Jan 17695
Heitmann, Margret 6108
Heitmeyer, Wilhelm 19924, 20317–20321
Heitsch, Ernst 14974
Heitzenröder, Wolfram 6053
Helbling, Hanno 8691, 12268
Helbrecht-Jordan, Ingrid 8359
Held, Josef 20322
Held, Karl 745
Held, Thomas 6372
Held, Walter 5199–5201, 16727–16729
Helle Panke zur Förderung von Politik, Bildung und Kultur 546, 656, 1342, 1453, 1705, 3297, 18378
Heller, Alfred 7045
Heller, Gerhard 18251
Heller, Ilse 16464
Heller, Karl H. 5290
Heller, Peter 1981
Hellfeld, Matthias G. von 3497–3499, 5402, 6373, 8525, 8553, 8609, 11009, 13798, 19807, 19925–19929
Helling, Wilfried 3936
Hellmann, Bertha 4795
Hellmann, Manfred 9143, 17802
Hellmer, Joachim 4094
Hellriegel, Ludwig 9409–9413
Hellwig, Jan 18059
Helm, Johannes 916
Helman, Socrate 5187f., 13447, 13692, 13693

Helmer, Stephen D. 15455
Helmers, Gerrit 10976
Helmes, Manfred 19654
Helmhaus Zürich 12089
Helmich, Hans 9042
Helmreich, Ernst C. 8707f., 8870, 9043, 14149
Hemmendinger, Judith 7431
Hemmer, Heinz O. 2646
Hemmerle, Eduard 583
Hemming, Walter 18636, 18706
Hempel, Wolfgang 4952
Hempel-Küter, Christa 917, 18596
Hempfer, Walter 4254
Hencke, Andor 16183
Henderson, James L. 10312
Hengst, Karl 9431
Henk, Emil 10265, 10609
Henke, Josef 106, 691, 1489, 1607, 3213, 5032, 5144, 7137f., 12492, 16293, 16308f., 18648
Henke, Klaus-Dietmar 184f., 191, 197, 202, 211, 681, 1483, 1528, 9819, 9901, 17696, 17934, 18392f., 18451, 18918, 18919, 18985a f., 19043, 19219f., 19267
Henke, Reinhold 7182
Henke, Ulrich 19512
Henke, Ursula 15001
Henkel, Dieter 7221, 13561, 13591, 13772, 13924, 13958, 13974
Henkys, Reinhard 5351
Henle, Susanne 13327
Henn, Ernst 9002, 9044f.
Henn, Volker 14891
Henne, Franz 12749
Hennicke, Otto 4487, 16890f., 19576
Hennies, Frauke 8351, 13991
Hennig, Eike 316–322, 835, 918–920, 942, 1048, 2158, 2239, 2252, 2266, 2273, 2276, 2288, 2316, 2419, 2423, 2484f., 2489, 2579, 2616, 2678, 2765, 2871, 3136, 3152, 3157, 3162, 3407, 4590, 5275, 7358, 7427, 7466, 7797, 12411, 12692, 19279f., 19740, 19808, 19930–19934, 20126, 20166, 20252, 20323–20328
Hennig, Regina 19132
Henning, Elenore 17697
Henning, Friedrich-Wilhelm 7834, 12412–12414, 12443, 12446, 12645, 18360
Henning, Hans-Joachim 12800
Henning, Kai 5661
Henning, Uwe 3286, 3527
Henrichs, Horst 3930, 4166, 18839, 18844
Henrici, Eckhard 17351
Henrikson, Göran 16062
Henry, Charles 5146, 13630
Henry, Frances 6900
Henry, Francis 921
Henry, Marie-Louise 9046
Hensche, Detlef 11633
Henschel, Hildegard 6722
Hensel, Walther 3746
Hentig, Hans W. von 7797a
Hentschel, Georg 17453
Hentschel, Volker 2998f., 12415, 12575, 13132f.
Hentzen, Alfred 15398
Henze, Wilhelm 7669
Henze, Wolfgang 11500
Hepp, Leo 4553
Hepp, Michael 3514f., 7432, 11197–11199, 11324f., 13734, 17979
Héraclès, Philippe 18202
Herb, Hartmut 19935
Herber, Friedrich 13395
Herbert, Karl 8871
Herbert, Ulrich 511, 1358–1360, 2738, 3000, 5352, 5662–5664, 7292, 7798, 8009, 8026, 8106, 13001–13006, 17844, 18060, 18239, 18252, 18452f., 19079, 19281, 19462, 19513, 19593
Herbert und Elsbeth Weichmann Stiftung 11209, 11212, 11288, 11392
Herbig, Jost 18522
Herbst, Detlev 12750
Herbst, Ludolf 1849, 7162, 12416, 12537f., 12693–12695, 16892, 18783, 18919, 19057, 19059, 19071, 19075, 19077, 19078–19082, 19084f., 19092f., 19095, 19101, 19103–19105, 19124f., 19132a
Herbstrith, Waltraud 9725f.
Herde, Peter 17394
Herdeg, Walter 17935
Herding, Klaus 15399
Herf, Jeffrey 537, 8232f.
Herfeldt, Olav 4539f., 10610
Herferth, Wilhelm 8170f.
Hering, Rainer 8709, 9047f., 14496
Hering, Sabine 8352, 11634
Herlemann, Beatrix 8179–8181, 10171, 10350–10353, 11566f.

1291

Herlin, Hans 6543
Herman, Steward W. 8710
Hermand, Jost 1361, 8353, 8619, 10922, 11256, 12304, 12353f., 14028, 15254, 16893, 18454
Herman-Friede, Eugen 7046
Hermann, Alfred 13922
Hermann, Anton 7622
Hermann, Armin 8234, 14356, 14663, 14696
Hermann, Frank 11896
Hermann, Michael 13360, 15058
Hermann-Friede, Eugen 10907
Hermanns, Ludger M. 13545
Hermanns, Manfred 2524
Hermelink, Heinrich 8810, 9049
Hermens, Ferdinand A. 5377, 18920
Hermes, Anna 9649
Hermes, Hermann 6009
Hermes, Peter 19514f.
Hermes, Richard 8001
Hermet, Guy 488
Hermle, Siegfried 6901, 9050f., 9064, 9180, 9219, 14609, 14613, 18455
Hermsdorf, Klaus 11958
Herneck, Friedrich 9155, 10444, 13411, 14607a, 14738, 18371
Hernø, Leif 5006
Herr, Thomas 11543
Herrendörfer, Christian 1501
Herrgesell, Gerhard 16770
Herrlitz, Hans-Georg 14150
Herrmann, Erwin 922f.
Herrmann, Gert-Julius 6010
Herrmann, Gertraud 923
Herrmann, Hans P. 14844
Herrmann, Hans-Walter 1068, 3670, 5891, 10066, 11277, 17421
Herrmann, Klaus J. 6651
Herrmann, Rita A. 924
Herrmann, Siegfried 17936
Herrmann, Ulrich 1432, 2411, 3436, 3444, 3456, 3501, 4621, 13669, 13992–13994, 13999, 14032, 14039, 14044–14046, 14056f., 14059, 14061f., 14065, 14070, 14192, 15959
Herrmann, Volker 13187
Hertz-Eichenrode, Dieter 14960
Hervé, Florence 8397, 11068, 11088, 11096
Herwarth, Hans von 16184
Herwig, Holger H. 16638a, 17561–17563

Herz, Emil 7047
Herz, John H. 3602, 18456, 18921
Herz, Rudolf 1608, 15934
Herz, Thomas 18457
Herz, Thomas A. 19936
Herzberg, Arno 6652
Herzberg, Wolfgang 7048
Herzer, Manfred 12199
Herzfeld, Hans 2014, 4345, 8762
Herzfelde, Wieland 11206, 12329
Herzig, Arno 5523, 5665, 5794, 6011f., 6023, 6107, 6221, 6246, 6292, 6301, 6759, 7293, 19201, 19456
Herzog, Robert 5210, 16222, 18061f.
Herzstein, Robert E. 4694, 15849, 16894
Heske, Henning 14151, 15175f.
Heskett, John 15354–15356
Hespers, Dieter 10962
Heß, Hans 6008, 17420
Heß, Rüdiger 1925
Heß, Rudolf 1925
Heß, Ulrich 315, 8104
Hess, Götz 3131
Hesse, Erich 17176
Hesse, Horst 12493
Hesse, Michael 15435
Hesse, Silke 13629
Hesse, Wolfgang 15156
Hesselbach, Walter 11103
Hessels, Rainer 19866
Hessendienst der Staatskanzlei 10544a
Hessische Landesregierung 9399
Hessische Landeszentrale für politische Bildung 19619, 19832, 20059
Hessisches Institut für Bildungsplanung und Schulentwicklung (HIBS) 5883
Hessisches Institut für Lehrerfortbildung 5903
Hessisches Staatsarchiv Darmstadt 6065
Hesslein, Bernd C. 4853
Hetmann, Frederik 6070
Hett, Ulrike 10611
Hettinger, Anette 3117
Hettler, Friedrich H. 9688
Hettling, Manfred 232, 2779, 17135
Hetzer, Gerhard 1044, 8107, 8783, 9765, 12539, 18871
Heuß, Herbert 19282
Heuß, Theodor 1609, 2827, 10953
Heubner, Christoph 7434
Heuel, Eberhard 3528, 5050f., 8027, 13157
Heuer, Klaus 13058

Heuer, Renate 5442
Heuer, Wolfgang 9864
Heumos, Peter 11231, 18063
Heusinger, Adolf 1610, 4419, 10731
Heusinger von Waldeck, Joachim 14497, 15400
Heusler, Andreas 13071
Heutger, Nikolaus 8639
Heuvels, Peter 6013
Heuzeroth, Günter 5392, 8784, 10036, 13072
Hey, Bernd 806–808, 925, 5273 f., 7865, 18458, 18536, 18637, 18638, 18827, 19214, 19283, 19559
Heyde, Philipp 17121
Heydecker, Joe J. 692, 5353, 18064, 18707 f.
Heydeloff, Rudolf 2739
Heydemann, Günther 1651, 8689, 8711, 8725, 8739, 8929, 9081, 9310
Heydenreuther, Reinhard 3919b
Heydte, Friedrich A. Freiherr von der 9390
Heyen, Erk V. 4248 f.
Heyen, Franz-Josef 4567, 5944, 7866, 19015, 19655
Heyl, Bernd 12787
Heyl, John D. 17004
Heyl, Matthias 19407
Heyland, Karl 18922
Heymen, Norbert 14152, 15975
Heyneck, Karl 3777
Heysing, Günther 4695
Hidde, Gisela 15211
Hiden, John 2948, 16063 f., 19284
Hielscher, Martin 11897
Hien, Wolfgang 13220
Hiepe, Richard 10927, 15255
Hieronimi, Stefan 13727
Hietala, Marjatta 2740
Higham, Charles 17283
Higonnet, Margaret R. 7959
Hilaire, Yves-Marie 6469
Hilberg, Raul 5422, 5502, 5666–5670, 6653, 7435, 12952, 19285
Hilchenbach, Maria 11898
Hild-Berg, Anette 11544 f.
Hildebrand, Hans H. 4447–4450
Hildebrand, Karl F. 4434–4436
Hildebrand, Klaus 203–206, 489, 584–586, 693, 1335, 1471 f., 1563, 1611–1613, 1633, 1696, 1755, 2121, 5317, 7954, 9865, 11410, 12683, 12858, 12872, 16031, 16065–16067, 16104, 16114, 16335–16339, 16346, 16435, 16480, 16493, 16495, 16620, 16631, 16711, 16712, 16744, 16745, 16779, 16846, 16882, 16895 f., 16911, 16977, 16993, 17055, 17068 f., 17219, 17378, 17461, 17479, 17580, 18205
Hildebrandt, Alice 9650
Hildebrandt, Armin 9460
Hildebrandt, Dietrich von 9650
Hildebrandt, Franz 9206a
Hildebrandt, Irma 11278
Hildebrandt, Jens 4696
Hildebrandt, Reinhard 13073
Hilgemann, Werner 60
Hilger, Marie-Elisabeth 15207
Hilker-Siebenhaar, Carolin 5963
Hill, Leonidas E. 6654, 9807, 10868, 16159a, 16192, 16191b, 19694
Hill, Paul B. 20079
Hill, Ray 19937
Hill, Werner 19938
Hillach, Ansgar 323
Hille, Karoline 3118, 4697, 15256, 15357
Hillebrand, Ulrich 926
Hillegeist, Hans-Heinrich 12602, f.
Hillel, Marc 5146, 13630
Hiller, Kurt 11625
Hiller, Marlene P. 927, 3837, 17502, 17511
Hiller von Gaetringen, Friedrich Freiherr von 2828, 9924, 10739, 16180
Hillermann, Horst 3823, 3862, 3889, 18426, 18640, 18787, 18800, 18845, 19158
Hillermeier, Heinz 4174
Hillesheim, Jürgen 1614
Hillesum, Etty 7670
Hillger, Hermann 3551
Hillgruber, Andreas 33 f., 1116, 1362, 1473, 1615–1617, 1717, 2941, 4346 f., 4529, 5554, 5671, 6374, 6375, 16028, 16068–16073, 16122, 16160, 16270, 16310, 16337, 16494 f., 16540, 16590 f., 16639, 16640, 16746, 16747 f., 16763, 16771, 16800, 16812, 16815, 16897–16905, 17029 f., 17070 f., 17177–17186, 17189, 17226, 17231, 17355, 17361, 17365 f., 17558, 17608, 17616, 18065, 19741
Hilpert, Wolfram 3747
Hilscher, Elke 3769, 11379

Hiltscher, Eberhard 12355
Hilzinger, Sonja 11436
Himmelstein, Klaus 19863, 20253
Hinck, Walter 11119, 11878, 19688, 19702
Hindels, Josef 10539
Hinderer, Walter 15573
Hindley, Marjorie 9750
Hindls, Arnold 7049
Hinkel, Hermann 15358
Hinrichs, Carl 18264
Hinrichs, Peter 13212f.
Hinrichsen, Kurt 5354
Hinsley, Francis H. 1618, 16074
Hinz, Berthold 4590, 4727, 5005, 8065, 13210, 13338, 15257, 15262, 15343f., 15359f., 15361f., 15370, 15372, 15377, 15379, 15438, 15464, 15935, 18459, 19251, 19373
Hinze, Sibylle 8108, 11279
Hiob, Hanne 5466
Hippe, Ewald 20088
Hippel, Fritz von 3838
Hippen, Reinhard 11899
Hirche, Kurt 8002
Hirsch, David M. 7700
Hirsch, Helga 6376
Hirsch, Kurt 694, 19816f., 19939–19942, 20167
Hirsch, Martin 3564, 3793, 18709, 18777
Hirsch, Raimund 7436
Hirsch, Rudolf 1425, 5818, 7116
Hirscher, Gerhard 19943, 20168
Hirschfeld, Gerhard 203, 222, 695, 705, 739, 1646, 1681, 3399, 3581, 3761, 3812, 4326, 4400, 5090, 5096, 5123, 5355, 5689, 6524, 6880, 7596, 7899, 8139, 8167, 11280, 11900, 12112, 12541, 12850, 12890, 13007, 16488, 16660, 16684, 17846, 18252–18255
Hirschfeld, Oswald 696, 11942, 18460
Hirschfeld, Yair P. 16661, 17379
Hirschler, Gertrude 6382, 6388, 6390, 6395, 6418, 6663
Hirszowicz, Lukasz 16662
Hirt, Simon 9298, 16413
Hirzel, Hans 11026
Historiker-Gesellschaft der DDR 10652
Historische Gesellschaft zu Bremen 89
Historische Kommission bei der Bayerischen Akademie der Wissenschaften 79
Historische Kommission beim SPD-Parteivorstand 2639, 5367, 5806, 6862

Historische Kommission beim Zentralkomitee der KPÖ 10431, 10468
Historischen Kommission für Niedersachsen und Bremen 2672, 3765
Historischer Verein für Mittelbaden, Mitgliedergruppe Ettenheim 6196
Historischer Verein Marktheidenfeld 6195
Historisches Archiv der Stadt Köln 10145
Historisches Institut der Ernst-Moritz-Arndt-Universität Greifswald 10016, 10046, 17598
Historisches Museum am Hohen Ufer 2287, 3076, 3115, 3148, 3154, 3742, 4690, 5277, 6213, 7496, 9090, 10022, 15305
Historisches Museum Frankfurt am Main 6240, 8333, 8619a, 8622
Hitchens, Marilynn G. 16496, 16592
Hitler, Adolf 1505
Hlawatschek, Elke 8354, 12540
Hnilicka, Karl 17367
Höbelt, Lothar 1079
Hobrecht, Jürgen 7610
Hoch, Anton 107, 4501, 11125, 17521
Hoch, Gerhard 928, 2798, 3119, 6014, 7437, 9052, 13074
Hochhäuser, Alex 7050
Hochhuth, Maili 8640
Hochhuth, Rolf 1866, 11115f., 18620f., 19695f.
Hochmann, Elaine 12325
Hochmut, Ursel 10037
Hochmuth, Annliese 13923
Hochmuth, Peter 7405
Hochmuth, Ursel 7699, 9775, 10403, 14216, 18610
Hochreiter, Otto 15936
Hochsauerlandkreis 6064
Hochschule der Künste Berlin 11015, 14621
Hochschule für bildende Künste, Fachbereich Visuelle Kommunikation 10153
Hochstein, Beatrix 8109
Hochstim, Paul 207, 1620, 5672, 7799f.
Höck, Manfred 13799, 14288f.
Hockerts, Hans G. 5022, 8671, 8712, 9299, 19081
Hodes, Franz 14339–14344
Hoebink, Hein 929
Hoegner, Wilhelm 2349, 3287, 11531
Hoelke, Theodor 14633
Hoell, Grete 11095

Hoensch, Jörg K. 16564f., 18066
Hoepke, Klaus-Peter 2159, 6015, 14498–14500, 16373
Hofe, Harold von 11901, 12126, 12166, 12168
Hofen, Karl 9461
Hofer, Walther 141, 697, 3002, 3064, 3214, 3219f., 3233, 3246, 5673, 11151, 14390, 16497, 17072–17074, 19286, 19287
Hoff, Ferdinand 13396
Hoff, Hans 13780
Hoffacker, Helmut 10173
Hoffend, Andrea 4778
Höffken, Heinz-Werner 19944
Höffkes, Karl 75
Hoffman, J. H. 18710
Hoffman, Louise E. 1621, 10354
Hoffmann, Andreas 3555, 15976, 17422
Hoffmann, Charles W. 10928, 10929
Hoffmann, Christa 18361, 18461f., 18778f., 19288
Hoffmann, Christhard 5423, 6544f.
Hoffmann, Detlef 6303, 10193, 15362
Hoffmann, Dieter 6016, 14684, 14697
Hoffmann, Erich 930f., 2289, 2321, 2337, 2689, 2798, 2866, 2869, 3674, 4926, 6007, 7033, 9186, 12786, 12791, 15401, 15403a, 15792, 16223, 17732
Hoffmann, Ernst 9300
Hoffmann, Gabriele 18256
Hoffmann, Hans 17423
Hoffmann, Heinrich 1516
Hoffmann, Heinz 11599
Hoffmann, Herbert 3120
Hoffmann, Hilmar 15831, 15850–15853, 15977, 19721, 19743
Hoffmann, Joachim 3323, 17186a, 17186b, 17187f.
Hoffmann, Karl-Heinz 7671
Hoffmann, Klaus 14698
Hoffmann, Klaus D. 3671
Hoffmann, Ludwig 11957
Hoffmann, Lutz 8110, 19945
Hoffmann, Marhild 9866, 19289
Hoffmann, Peter 1622f., 9867, 10612–10616, 10698f., 10778, 10789f., 11114, 11152f., 17380
Hoffmann, Volker 11130, 14089
Hoffmann, Walther 12371
Hoffmann, Werner 13073
Hoffmann-Curtius, Kathrin 15363
Hoffmeister, Dieter 20255

Hoffmeister, Reinhart 18621, 19696
Höffner, J. 9341
Hofinger, Niko 6902
Hofmann, Alois 11281
Hofmann, Hanns H. 2357, 4417, 4420, 4439, 4465, 5219
Hofmann, Hasso 4011f.
Hofmann, Helmut 6232
Hofmann, Josef 4844, 9651
Hofmann, Klaus 6017
Hofmann, Rainer 18067
Hofmann, Rosemarie 7338
Hofmann, Thomas 5663, 5742, 6198, 7550, 19155, 19460
Hofmann, Walter 3672
Hofmann, Wolfgang 13287
Hofmann-Göttig, Joachim 19946, 20254
Hofner-Kulenkamp, Gabriele 11902
Hofstätter, Peter R. 4330
Högemann, Werner 12653
Höger, Alfons 15553
Hoggan, David L. 16906, 17075
Högl, Günter 3140, 3334, 5391, 6062, 8798, 10038, 10143, 10215, 10261, 10266, 10538
Hohenberger, Eleonore 7051
Hohendahl, Peter U. 10923, 10929, 11208, 11257, 11418, 11793f., 11941, 12106, 12124, 12328, 12336, 15677
Hohendorf, Gerd 14090
Hohendorf, Gerrit 1325, 4776, 13397, 13435, 13526, 13731, 13792, 13813, 13831, 13880, 14557, 18493
Hohenstein, Adolf 17698f.
Hohenstein, Alexander 7052
Hohenstein, Angelika 15554
Hohlfeld, Johann 142
Hohlfeld, Rainer 18522
Hohlmann, Susanne 7438
Hohmann, Friedrich G. 10617
Hohmann, Joachim S. 932, 7136, 7150–7153, 8182, 8355, 13709, 13800, 14153, 15002, 15555, 18780, 19516
Hohmann, Werner 12338f.
Höhn, Gerhard 1882
Hohn, Uta 13288, 17470
Höhne, Heinz 698, 3003, 3367, 4541, 4561f., 5147, 10355, 10611a
Höhne, Roland 4891
Holborn, Hajo 3004
Holborn, Luise W. 11903
Holczhauser, Vilmos 4013

Holfort, Werner 18463
Holl, Karl 2561, 2883, 11282, 11749
Hollaender, Albert E. J. 17284
Holland, Carolsue 11069
Holland, Felix 11027
Hollander, Walter von 18872
Holldack, Heinz 17076
Höllen, Martin 9301, 9742 f., 13801
Holler, Regina 19517
Hollerbach, Alexander 3990, 14765
Hollstein, Dorothea 5674, 15854
Holly, Günter 3839
Holm, Helene 18323
Holmes, Blair 11094e
Holmes, Kim R. 2486, 2571, 2741
Holmsten, Georg 7943, 10574, 10618
Hölsken, Dieter 17005
Holst, Walter 933
Höltershinken, Dieter 14278
Holthaus, Otto-Ernst 7439
Holthusen, Hans E. 18852
Holton, Gerald 11904
Holtzmann, Walther 14856
Hölz, Christoph 12931
Holz, Hans H. 5512
Holzamer, Karl 558, 618, 7756, 19857
Holzapfel, Otto 15101, 15724
Holzbach, Heidrun 2829, 3352
Holzbach-Linsenmaier, Heidrun 2742, 3005, 8356
Holzer, Jerzy 2420 f.
Holzer, Willi 14269
Holzer, Willibald 10404
Holzer, Willibald I. 10039, 11568
Holzgräber, Rudolf 20208
Holzhaider, Hans 17700
Holzhauer, Heinz 4212
Holzhausen, Rudolf 108
Hölzl, Wolfgang 15556
Holzner, Johann 9966, 10040
Homann, Ursula 5424, 11905
Homburg, George 10267
Homburg, Heidrun 12603, 12914
Homfeldt, Hans G. 19656
Hömig, Herbert 9588, 10619, 14892, 17617
Hommel, Andrea 5148, 7296, 13631
Homze, Edward L. 12696, 13008
Hondrich, Karl O. 18464
Höner, Sabine 3121
Honhart, Michael 13289
Honigmann, Peter 6018

Honolka, Bert 13802
Höpel, Stefan 3978
Hopf, Christel 19290–19292
Hopf, Wulf 20329
Hopfinger, Kurt B. 12604
Höpfinger, Renate 6019
Höpfner, Bernd 12841
Höpfner, Edith 2675
Höpfner, Hans-Paul 9782
Höpken, Jürgen 934
Hopmann, Barbara 13075
Hopp, Peter 16223
Hoppe, Hans-Joachim 16593 f.
Höppner, Solvejg 10405
Hopster, Norbert 699, 7801, 8554, 13632, 14091, 14154, 15258, 15557
Horak, Jan-Christopher 11906–11909
Horbach, Michael 6804
Horch, Hans O. 6588
Horchem, Hans J. 19947
Höreth, Marcus 1363
Hörhold, Klaus 15272
Horkenbach, Cuno 3560
Horkheimer, Max 700
Horlebein, Manfred 14302
Horn, Christa 18987
Horn, Claudia 9943
Horn, Daniel 3438
Horn, Hans-Dieter 15296, 18315
Horn, Klaus 7802
Horn, Wolfgang 35, 1243, 1624, 2160–2162, 2237
Hornig, Ernst 9053, 17701
Hornung, Klaus 490, 2743, 10836, 13995, 17077
Hörold, Dietrich 935
Horsch, Daniel 6020
Horsky, Monika 7672
Horst, Franke von der 15334
Horstenau, Edmund Glaises von 4514
Hörster-Philipps, Ulrike 2874, 12518, 14501
Horstmann, Kurt 13633
Hortleder, Gerd 8235
Hortzschansky, Günter 10327
Horváth, Szilvia 13634
Horwitz, Gordon J. 7440
Hoßbach, Friedrich 4513
Hoser, Cornelia 13924
Hoser, Paul 4922, 9252
Höss, Rudolf 7343
Hoss, Sabine 13635

Hötte, Herbert 19657
Hourand, Rupert 3122
Housden, Martyn 1838, 2005, 3673
Houwink ten Cate, Johannes 16356, 16611, 17006
Hoven, Herbert 19139
Hoven, Heribert 12257
Höver, Ulrich 1883
Howard, Michael E. 17352
Howarth, David A. 17285
Howe, Irving 491, 7276
Howell, Edgar M. 18068
Howoldt, Jenns E. 15401
Hoyer, Siegfried 15052
Hoyningen-Huene, Iris Freifrau von 2744
Hrdlicka, Manuela R. 7441
Huar, Ulrich 4698
Hubatsch, Walther 1511, 3206, 3597, 3650–3662, 4460, 16624, 16749, 16801 f., 16813, 16907, 17325, 17593, 17702
Hube, Rolf 12788
Hübener, Kristina 3644, 13579, 13925
Hubenstorf, Michael 13398 f., 13472
Huber, Clara 10141
Huber, Ernst R. 2163, 2961
Huber, Gabriele 5149, 12605
Huber, Heinrich 9302
Huber, Heinz 143
Huber, Karl-Heinz 8555
Huber, Meg 324
Huber, Wilfried 10312a, 10312b, 10313
Huber, Wolfgang 2621, 2657, 8713, 8936, 13580
Huber-Koller, Rose-Marie 2617
Hubert, Peter 3556
Hübinger, Paul E. 12266, 14502, 14961, 15558
Hubmann, Hanns 144
Hübner, Alfred 5936
Hübner, Axel 20330
Hübner, Heinz W. 19710
Hübner, Irene 9868
Hübner-Funk, Sibylle 19293
Hubrich, Wolfgang 6054
Huchting, Friedrich 12417
Huck, Gerhard 13235
Huck, Norbert 12467
Huckenbeck, Ernst 936
Huddleston, Sisley 18257
Hudemann, Rainer 5675
Huder, Walter 10916, 12201, 12209, 15694a

Huebner, Todd 13710
Huebsch, Norbert A. 3439
Huemer, Peter 1117
Huerkamp, Claudia 5676, 8497, 14108
Huettner, Axel 6021
Hufnagel, Gerhard 4014
Hügen, Ludwig 17703
Hughes, Michael L. 7803
Hughes, Stuart H. 11910 f.
Hughes, Thomas P. 8236
Hugo, Markus M. 21, 549, 16731, 17032, 19718
Huhn, Anne 19948
Hühn, Marianne 13926
Huhn, Rudolf 19082
Huiskes, Manfred 7344
Hull, David S. 15855
Hüllbüsch, Ursula 3288
Hüls, Karin 15990
Hülsdünker, Josef 15015, 15031, 15041
Humbel, Kurt 4650
Humble, Richard 4348
Humboldt-Universität Berlin 4658, 16649
Humboldt-Universität Berlin, Sektion Ästhetik und Kunstwissenschaft 12031
Humboldt-Universität zu Berlin, Institut für Geschichte der Medizin 13390
Hummel, Karl-Heinz 4441
Hummel, Wolfgang 843, 9979
Hümmelchen, Gerhard 16730, 16763, 17552, 17564
Hummer, Hubert 1307, 7449, 10041 f.
Hummerich, Helga 4851
Hümmert, Ludwig 3123
Hundsalz, Andreas 19156
Hundseder, Franziska 19949
Hundsnurscher, Franz 6022
Hundt, Hermann 17498
Hünemörder, Christian 14741
Hunger, Ulrich 14845, 15102, 15695
Hunsche, Klara 8872, 14155
Hüppauf, Bernd 4591
Hürten, Heinz 4420, 4474, 7861, 8680, 8702, 8714, 9165, 9303–9317, 9631, 9673, 11671, 11673, 11675 f., 11678 f., 11688, 11697, 11701, 12160, 15612, 16224, 18223, 18619, 19294, 19518
Hürter, Johannes 2830
Hurwirz, Ariel 6962
Hurwitz, Harold 10268
Huschner, Wolfgang 80
Hüser, Karl 5150, 7442, 17859 f.

1297

Autorenregister

Hüsgen, Manfred 9462
Huss-Michel, Angela 11283
Huster, Gabriele 8357f., 15364
Hütte, Rüdiger 4213
Huttenbach, Henry R. 6546
Hüttenberger, Peter 17, 208, 937, 1227, 2290, 3603, 4161, 8139, 8785, 9123, 9808f., 10205, 12541, 18988
Hütter, Joachim 446, 1403, 1531, 1718, 4670, 5186, 6889, 11160, 13618, 13663, 13705, 16078, 16249, 16453, 16638a, 16747, 16836, 18032, 19327
Hüttl, Ludwig 12857, 19408
Hüttner, Martin 2618
Hutton, J. Bernhard 1928
Hüwel, Detlev 9590
Hye, Franz-Heinz 1156
Hyrslová, Kvela 11284

Ibach, Karl 5101, 7443, 10139
Iber, Harald 8873
ID-Archiv im Internationalen Institut für Sozialgeschichte 12, 19798
IDEEN-Redaktion 19637, 20292
IG Chemie-Papier-Keramik, Hauptvorstand 8028
IG Druck und Papier 663, 895, 1018, 3945, 4699, 10294, 12573, 12611, 13056, 13070, 17700, 18599, 20311
Iggers, Georg G. 11912, 14893, 19295
Ihlau, Olaf 10485
Iklé, Fred C. 17471
Illtal-Gymnasium, Schülervertretung 6044
Ilnytskyj, Roman 16498
Ilseder Hütte 12638
Imberger, Elke 9766, 10206
Imdahl, Max 15435
Immenkötter, Herbert 8715
Imperial War Museum 7706
Industrie- und Handelskammer für die Pfalz 12504
Industriegewerkschaft Metall, Verwaltungsstelle Augsburg 8091
Industriegewerkschaft Metall, Verwaltungsstelle Duisburg 3327
Industriegewerkschaft Metall, Verwaltungsstelle Frankenthal 821, 8081
Industriegewerkschaft Metall, Verwaltungsstelle Geislingen 8079
Industriegewerkschaft Metall, Verwaltungsstelle Hannover 8090
Industriegewerkschaft Metall, Verwaltungsstelle Heidelberg 8087
Industriegewerkschaft Metall, Verwaltungsstelle Karlsruhe 8082
Industriegewerkschaft Metall, Verwaltungsstelle Köln 8089
Industriegewerkschaft Metall, Verwaltungsstelle Landshut 8092
Industriegewerkschaft Metall, Verwaltungsstelle Lübeck 8078
Industriegewerkschaft Metall, Verwaltungsstelle Neunkirchen 8080
Industriegewerkschaft Metall, Verwaltungsstelle Nürnberg 8084
Industriegewerkschaft Metall, Verwaltungsstelle Offenburg 8086
Industriegewerkschaft Metall, Verwaltungsstelle Reutlingen 8085
Industriegewerkschaft Metall, Verwaltungsstelle Wetzlar 8083, 8088
Infield, Glenn B. 15856
Informations- und Dokumentationszentrum West 17661
Informationszentrum Berlin 19487
Informationszentrum Berlin, Gedenk- und Bildungsstätte Stauffenbergstraße 6741, 10432, 10478, 10487, 10491, 11491, 19600
Inhetveen, Heide 8359, 11070
Initiative für Abrüstung an der Technischen Hochschule Darmstadt 14674
Initiative kritischer Psychologen und Psychologinnen 13786
Innenministerium Baden-Württemberg 5997
Institut der deutschen Wirtschaft 20182
Institut Frau und Gesellschaft 8255a, 8256, 8338
Institut für Demoskopie Allensbach 18405, 18936, 20269
Institut für Demoskopie, Gesellschaft zum Studium der Öffentlichen Meinung (IFD) [Allensbach] 19243
Institut für den Wissenschaftlichen Film [IWF] 1716, 1734, 5038, 5054, 15884
Institut für Denkmalspflege in der DDR 19649a
Institut für Deutsche Nachkriegsgeschichte 63
Institut für deutsche und vergleichende Volkskunde der Universität München

5002, 5010, 5017, 8046, 14170, 15124, 15143, 16219
Institut für Hochschulbildung und Ökonomie 14590
Institut für Hochschulkunde an der Universität Würzburg 14619, 14651
Institut für Klassische Altertumswissenschaften der Martin-Luther-Universität Halle-Wittenberg 14954
Institut für Kultur und Ästhetik, Berlin 4582
Institut für Marxismus-Leninismus beim Zentralkomitee der SED 9847, 9854, 10159, 10167, 10185, 11445, 11453, 11588, 19594
Institut für Österreichkunde 1119
Institut für Sozialforschung 20036
Institut für sozialökologische Forschung 20169
Institut für Soziologie der RWTH Aachen 15057
Institut für Völkerrecht an der Universität Göttingen 18649, 18650–18655
Institut für Wirtschaftsgeschichte der Akademie der Wissenschaften der DDR 12450
Institut für Wissenschaft und Kunst, Wien 10200
Institut für Zeitgeschichte 97, 426, 528, 564, 1213, 1506–1509, 3383, 3909, 3914, 4080, 4271, 4418, 4432, 9804, 10626, 16034, 16047, 16050, 17937, 17941, 18182, 18259
Institut für Zeitungsforschung Dortmund 2123
Institute for Contemporary History 16603, 18191
Intelmann, Peter 12311
Internationaler Suchdienst Arolsen 5439, 7251, 7253
Internationales Buchenwald-Komitee 7341
Internationales Komitee zur wissenschaftlichen Erforschung der Ursachen des Zweiten Weltkrieges 3246
Internationales Schulbuchinstitut Braunschweig 19362
Ioanid, Radu 6963
Irsfeld, Franz 10145
Irsigler, Franz 852
Irving, David 1625–1629, 1906, 1929, 4526, 4542, 16908–16910, 17007, 17035, 17078, 17472–17474, 17522, 18711

Isensee, Josef 18639, 18873
Ishida, Yuji 2745
Ising, Erika 9869
Isola, Horst 19878, 19880, 20194, 20205a
Israelistische Gemeinde Bremen 6109
Israeljan, V. 16374, 16695
Istel, Wolfgang 13328
Italiaander, Rolf 3006, 18593
Itschert, Ernst A. 8556
Ivanov, Miroslav 1945
Ives, Richard 6319

Jablonski, Eduard 17523
Jablonsky, David 1630, 2023, 2164
Jachertz, Norbert 5164, 5707, 11948, 13376, 13394, 13398, 13419, 13426, 13433f., 13484, 13610, 13651f., 13777, 13858, 13887
Jäckel, Eberhard 209, 587, 938, 1364f., 1474, 1490, 1512, 1609, 1631–1636, 1855, 3007f., 5438, 5677–5679, 5800, 7804, 10620, 16414, 16750f., 16911, 16953f., 17286, 18069, 18258, 19744
Jäckel, Rudolf 8029
Jäckle, Renate 13400f.
Jackman, Jarrell C. 11236, 11250, 11252, 11285, 11342, 11357, 11374, 11800, 11829, 11904, 11911, 11913, 11922, 11997, 12019, 12042, 12102, 14358
Jackson, Robert H. 18661f., 18705
Jacob, Hans 4779, 11270, 14817
Jacob, Herbert 3604
Jacobeit, Sigrid 7673, 7805, 8360–8363, 8498, 10467, 11071, 13009
Jacobeit, Wolfgang 7805, 10467, 15075, 15103f., 15112f., 15152, 15157, 16244, 18465, 18498
Jacobi, Juliane 8497, 14108
Jacobi, Uwe 17704
Jacobi, Walter 15402
Jacobmeyer, Wolfgang 16536, 17618, 17990, 18070–18072, 18989
Jacobs, Manfred 8874
Jacobsen, Hans-Adolf 145, 701, 1366, 1927, 10575, 15177–15179, 16037, 16075–16079, 16161, 16200, 16459, 16795–16797, 16803–16808, 16811, 16835a, 16912–16916, 17031, 17189, 17262f., 17287–17290, 17565, 17604, 17619, 17847, 19296
Jacobsen, Wolfgang 11908, 15923

1299

Autorenregister

Jacoby, Edmund 1485, 18497, 18616, 18801, 19701, 19785
Jacoby, Fritz 1065
Jacoby, Henry 11600
Jaeger, Hans 12418, 17234
Jaeger, Harald 110, 9810
Jaeger, Klaus 15916
Jaeger, Stefan 12177
Jaeggi, Urs 14989, 14995, 14999, 15003, 15027, 15445
Jäger, Herbert 5356, 5680, 18781
Jäger, Jörg-Johannes 12842
Jäger, Margret 19876, 19953, 20104f., 20256, 20259, 20273
Jäger, Michael 5979
Jäger, Siegfried 4746, 19799, 19876f., 19881, 19950–19954, 20104f., 20108, 20114, 20137, 20173, 20181, 20256–20259, 20273
Jaggi, Arnold 16427
Jagschitz, Gerhard 1086, 1118, 1273, 1277, 1286–1288, 10043, 15857
Jahn, Gerhard 11614
Jahn, Peter 2588, 3265, 17190
Jahn, Thomas 20169
Jahnke, Karl H. 939, 2291, 5460, 6023f., 7927, 8516f., 8526f., 8531, 8557, 9958f., 10044–10049, 10157, 10356f., 10440, 10965, 10974, 10977–10979, 11000, 11003, 11028, 11061, 11108, 11264, 11286, 11612, 13076, 14503, 14607a, 15978, 17923
Jahntz, Bernhard 4180, 18782
Jahoda, Marie 11914
Jaide, Walter 8558, 20331
Jakober, Wilmar 940
Jakobi, Franz-Josef 955
Jakobi, Peter 6057
Jakobs, Günther 18639
Jaksch, Wenzel 11534
Jakubowski-Tiessen, Manfred 18332
Jakusch, Ruth 7459
Jalbrzykowski, Jan 6377
James, Harold 2041, 12419–12420, 19745
Jamin, Mathilde 2372, 2422, 2504, 3368, 5078, 5089f., 6281, 7806, 7969, 8074, 8404, 13080, 16940, 17141, 17527
Janßen, Karl-Heinz 1856, 3009, 3234, 4349, 11719, 17191f., 18466, 19083, 19519
Jänicke, Martin 492
Jank, Dagmar 8492

Jannasch, Wilhelm 8811
Jannen jr., William 7807
Jannssen, Günther 18597
Janowsky, Oscar I. 13636, 16080
Jansen, Christian 6406a, 12193, 14347, 14489, 14504, 16225, 18073, 18074
Jansen, Elmar 4846
Janson, Günther 3124, 10269
Janssen, Franz 6038
Janssen, Gregor 2068, 2100, 12697
Janssen, Hubert 9300
Janssen, Karl-Heinz 18467
Janta, Leonhard 941
Jantzen, Eva 8276
Jantzen, Wolfgang 13546, 13804, 14290
Januschek, Franz 4798, 14830, 18288
Janzen, Dörte 8364
Jaraslov, César 3409, 3410
Jarausch, Konrad H. 2539, 3582, 3841–3843, 4337, 5681, 8202, 8237f., 8449, 13523, 13532, 14092f., 14577, 16081f., 18468, 19746
Jaretzky, Reinhold 12169
Jarmatz, Klaus 11915, 11953
Jaroslawski, Renate 8559, 15559
Jaroszewski, Zdzislaw 13927
Jaschitz, Gerhard 1315
Jaschke, Hans-Gerd 247, 2423f., 19886f., 19915f., 19955–19960, 20170f., 20302–20304, 20328
Jasper, Gotthard 2165, 3010, 3011, 3844, 9870, 17079, 18783, 19084
Jasper, Willi 11287, 11528, 12237f.
Jaspers, Karl 13863, 14749, 18469
Jatho, Jörg-Peter 942, 2244, 2746
Jawaorski, Josef 4651
Jawinsky, Johanna 7724
Jay, Martin 11916
Jeder, Michael 14094
Jedin, Hubert 9658, 15559a
Jedlicka, Ludwig 1119, 1290, 1991, 10693, 17658
Jedrejewicz, Waclaw 16542
Jeggle, Utz 972, 2425, 15105–15107, 19297, 19456f.
Jehle, Peter 14853
Jelavich, Peter 15793
Jelich, Franz-Josef 19797
Jelinek, Yeshayahu A. 6444, 19085f.
Jellonnek, Burkhard 7230, 7246
Jena, Kai von 19087
Jenack, Rudolf 19049

Jenak, Rudolf 14505
Jendorff, Bernhard 9220
Jenke, Manfred 19961 f.
Jenkner, Siegfried 493,f., 525
Jenks, William A. 1637
Jenner, Harald 7444, 18353
Jens, Inge 11029, 11049, 11059, 12277–12280, 15696
Jens, Walter 11049
Jensch, Hugo 13928
Jensen, Hermann 14699
Jensen, Jürgen 1055
Jensen, Ulrike 7658, 7685
Jerchow, Friedrich 12843
Jersch-Wenzel, Stefi 7039
Jeschke, Gerhard 2895
Jeschonnek, Emil 17803
Jeserich, Kurt G. A. 76, 637, 741, 3586, 3620, 3622, 3635, 3722, 3760, 3814, 4244f., 4391, 4579, 4942, 5289, 7837, 8138, 8723, 12385, 12445, 12527, 12648, 12650f., 12784, 12808f., 12819, 13127, 13292, 14368, 15247, 15783, 16156, 17956
Jeske, Reinhold 18075
Jeske, Wolfgang 12170
Jesse, Eckhard 448–450, 461, 495f., 3235–3238, 11667, 18361, 18470–18473, 18873, 19288, 19747, 19796, 19803, 19821, 19837f., 19839f., 19963–19965
Jessen, Jens 3782
Jetter, Rainer 20209
Jetzinger, Franz 1638
Jewish Publication Society of America 6526, 6539, 6542, 6605
Jezic, Diane P. 12334
Joachimsthaler, Anton 1639f., 1713, 12801
Joch, Winfried 14047f., 15979–15984
Jochheim, Gernot 6723, 11097
Jochinke, Michael 15409
Jochmann, Werner 145, 1513, 1641, 2166, 2245, 3103, 6025, 11288, 18424
Jodl, Luise 4515
Joergensen, Carsten 15858
Joes, Anthony J. 326
Joffroy, Pierre 5151, 7297
Johann-August-Malin-Gesellschaft 10132
Johann-Wolfgang-Goethe-Universität Frankfurt am Main, Didaktisches Zentrum 19709
Johe, Werner 649, 3845, 3938, 6025, 6805f., 7298, 7445f.

Johler, Reinhard 4646, 5169, 5180, 13716, 15121, 15144a
Johlmann, Barbara 13929
John, Antonius 10706
John, Eckhard 3990, 10943, 10956, 11987, 13483, 14506, 14603, 14844, 14930, 15161, 15725, 15737, 15752, 15757f., 16013, 19009
John, Hans G. 14129, 15965
John, Herwig 4982
John, Jürgen 2896–2900, 12542f., 12753f., 14507, 14571f.
John, Otto 10621
John, Peter 8155
Johnsen, Julia E. 18920, 19012, 19031
Johnson, Uwe 4841
Joho, Michael 16016
Jokisalo, Jouko 1367f., 8030f.
Jokusch, Ulrich 3864, 13557, 13805, 13827, 13948, 19163
Joll, James 16441, 18259
Jonas, Erasmus 2831
Jonas, Isidore B. 12254
Jonas, Klaus W. 12264
Jonassohn, Kurt 5584
Jonca, Karol 5682, 6724, 6807, 8786, 10837f.
Jones, Calvin N. 15560
Jones, Geoffrey 12844
Jones, Jill 18990
Jones, Larry E. 1978, 2747, 2810, 2832f., 3012
Jones, Priscilla D. 6964
Jones, Sydney J. 1642
Jong, Louis de 6470, 16918, 17255, 17937, 18260
Jooß, Rainer 14109
Joop, Heidrun 14110
Joos, Joseph 7674
Jordan, Josef 6026
Jordan, Rudolf 1983
Jordan, Udo 14608
Jordy, William H. 11917
Joseph, Artur 7053
Josko, Anna 18076
Jost, Hermann 1397, 15618
Jovy, Michael 3500
Jubelius, Werner 3778
Juchniewicz, Mieczyslaw 18077
Jucovy, Milton E. 19144
Jüdische Gemeinde Darmstadt 6574

Autorenregister

Jüdische Gemeinde Frankfurt am Main 5868
Jüdische Gemeinde in Hamburg 7117
Jüdische Gemeinde Krefeld 9964
Jüdisches Historisches Institut Warschau 6308
Jüdisches Museum Frankfurt am Main 6427
Juhnke, Andreas 19298
Jung, Dirk 2540
Jung, Hermann 17291, 17817, 17821
Jung, Horst-W. 18992
Jung, Norbert 3125
Jung, Ottmar 2167
Jung, Susanne 18409, 18712, 18901
Jungbluth, Uli 3126, 6069f., 17424, 19465
Junge, Reinhard 20027f.
Jünger, Ernst 15488
Junger, Gerhard 17705
Jungfer, Eberhard 13010
Junghans, Reinhard 14894
Jungk, Robert 10462, 17023
Jungk, Sabine 14095
Jungmichel, Johannes 15561
Jungrichter, Cornelia 15562
Jungsozialisten in der SPD, Unterbezirksvorstand Bremen-West/Landesvorstand Bremen 12567
Jüngst, Peter 15170, 15180
Junk, Nikolaus 11700
Junk, Peter 6071, 6510
Junker, Detlef 1616, 2834, 16640–16643
Jurczyk, Karin 8365
Jureit, Ulrike 7419, 19157
Jürgens, Birgit 3476
Jürgens, Ekkehardt 4699
Jürgensen, Kurt 3658, 3674, 16497, 17613, 17706
Jürgensmeier, Friedhelm 11680
JUSO-Unterbezirk Braunschweig 1988, 7244, 12640, 18598b
Just, Helmut 18784
Just-Dahlmann, Barbara 7054, 18784
Justin, Harald 15260
Justizbehörde Hamburg 3927, 3932f., 3963, 4128, 4133, 4139, 4237, 7528
Justizministerium Baden-Württemberg 3837, 3880, 4123, 4146, 4224, 18583, 19392
Jütte, Robert 6549, 14895

Kaas, Harald 15563
Kabermann, Friedrich 10553
Kabitz, Ulrich 9150
Kachulle, Doris 8014
Kadauke-List, Anne M. 13996
Kaden, Helma 146, 1083, 17901
Kadritzke, Niels 12422, 19748
Kadritzke, Ulf 2541
Kaehler, Siegfried A. 14860
Kaelble, Hartmut 588, 7808f., 7860, 14578
Kaempfer, Wolfgang 2748
Kaes, Anton 19299f.
Kafka, John S. 269, 5562, 5677, 5722
Kaftan, Kurt 12802
Kageneck, August Graf von 10749
Kahl, Gisela 12606
Kahle, Hans-Jürgen 5278, 7436
Kahle, Paul E. 14508
Kahlenberg, Friedrich P. 1224, 1489, 1719, 4288, 4291, 4551, 4684, 4990, 8173, 10788, 12667, 15892, 16320, 18082, 18276, 19245
Kähler, Wilhelm 2835
Kahlow, Gert 18474
Kahn, Alphonse 4117
Kahn, David 4543
Kähne, Volker 4180, 18782
Kahrs, Axel 3127
Kahrs, Horst 13188
Kaienburg, Hermann 7447, 13077
Kaiser, Anne 7254
Kaiser, David E. 1643, 12845, 16919f.
Kaiser, Ernst 12607, 13078f.
Kaiser, Gerhard 4350
Kaiser, Hans 451, 7730, 16083, 18078
Kaiser, Helmut 15564
Kaiser, Hermann 8162
Kaiser, Jochen-Christoph 5425, 6808f., 8875–8879, 11547, 13249, 13637f., 13728, 13738, 13806
Kaiser, Johann 16566
Kaiser, Josef 11072, 18993
Kaiser, Jutta 15565f.
Kaiser, Klaus 2292
Kaiser, Marcus U. 8716
Kaiser, Rolf 14307
Kaiser, Walter 15211
Kaiser, Wilhelm J. 2034
Kaiser, Wolfram 6072
Kaiser-Lahme, Angela 11289
Kakol, Kazimierz 18640
Kalbaum, Günter 13208

Kalbe, Ernstgert 3239, 18179
Kaldor, Nicholas 12698
Kalikow, Theodora J. 14732
Kalinowsky, Harry H. 19966–19968
Kalisch, Johannes 14962
Kalischer, Wolfgang 3207, 14563
Kalkbrenner, Jürgen 17938
Kall, Alfred 10839
Kallenberg, Fritz 1369
Kaller, Gerhard 14217
Kallert, Karl-Albert 19969
Kalow, Gert 702
Kaltefleiter, Werner 2426
Kaltenborn, Carl-Jürgen 9157
Kaltenegger, Roland 4421, 4502, 17707
Kambas, Chryssoula 12138
Kamenetsky, Ihor 18079
Kamenetzky, Christa 15108f.
Kamentzky, Christa 15567
Kaminer, Isidor J. 13531
Kaminski, Andrzej J. 7299
Kaminsky, Uwe 13080–13082
Kamla, Thomas A. 11918
Kamlah, Andreas 11919
Kammer, Hilde 61
Kammerbauer, Ilse 19520
Kämmerer, Jürgen 14861
Kammerstätter, Peter 10406
Kammler, Jörg 943, 5275, 17885
Kamnitzer, Heinz 17080
Kampe, Norbert 5673, 5833, 6514, 6550f., 6683, 15696, 19423, 20275
Kampen, Wilhelm van 10202, 19711
Kämpfer, Frank 4583
Kamphausen, Rudolf E. 7448
Kampmann, Tobias 12608
Kändler, Klaus 12123
Kann, Robert A. 1100, 1116
Kannapin, Hans-Eckhardt 13011
Kannonier, Reinhard 7449
Kannonier, Waltraud 11290
Kansteiner, Heinrich 14218
Kant, Horst 14700
Kantorowicz, Alfred 10554, 11291, 11920f., 12207, 15526
Kantzenbach, Friedrich W. 8880, 10894, 12285
Kanz, Heinrich 13979, 14562
Kanz-Gieles, Agnes 14562
Kapitza, Arne 4892
Kaplan, Gisela T. 2427
Kaplan, Marion 5683

Kaplan, Marion A. 5684–5686, 6657
Kappe, Dieter 20138
Kappel, Rolf 6073
Kappes, Hans-Wolfgang 7877
Kappes, Reinhild 6074f.
Kapralik, Charles J. 7055
Karbe, Karl-Heinz 13214, 13402, 13502
Kardorff, Ursula von 4944a
Karehnke, Helmut 12654
Karg, Carola 10141
Karg, Georg 14219
Karge, Wolf 944
Karger, Ursula 15004
Karl, Michael 13182
Karla, Marion 8489
Karnapp, Birgit-Verena 8787
Karner, Stefan 1157f., 12508, 12755f., 13148, 13183, 17493, 18180
Kárny, Miroslav 5152, 6378f., 7300, 7450, 12423, 13083
Karow, Willi 14327
Karp, Hans-Jürgen 9463, 18080
Karsai, Elek 6293
Karweina, Günter 17474
Käs, Ferdinand 17708
Käs, Rudolf 1042, 15456
Kaschuba, Wolfgang 2572, 8032
Käsler, Dirk 15005–15008, 15013, 15049
Kasper, Barbara 13084
Kasper, Martin 13711f.
Kast, Augustin 9464
Kast, Sabine 14609
Kasten, Bernd 18261
Kästner, Ingrid 13403, 13521
Kater, Horst 8881
Kater, Michael H. 210, 1644, 2168, 2406, 2428–2432, 2749, 3386f., 3440, 3501f., 5091f., 5153f., 7731f., 9763, 12935, 13364, 13367, 13404–13409, 13503, 13999, 14156, 14391f., 14579–14582, 15726f.
Kathe, Andreas 17709
Kather, Brigitte 8367
Katholische Akademie Stuttgart 1760, 4603, 4814, 5056, 7822
Katholisches Militärbischofsamt 9339
Katsch, Günter 14896
Kattermann, Hildegard 6076f.
Kattmann, Ulrich 13666
Kattnig, Franz 4175, 18168
Katz, Fred E. 5687
Katz, Henryk 2365

Autorenregister

Katz, Jacob 1370
Katz, Josef 7056
Katz, William 7057
Katzburg, Nathaniel 6294, 6965
Katzenstein, Ernst 19088
Katzinger, Willibald 2517
Kauffels, Susanne 825
Kauffmann, Fritz 6552
Kaufman, Menahem 6079
Kaufmann, Alice 1787
Kaufmann, Arthur 4015
Kaufmann, Ekkehard 3899
Kaufmann, Günter 19609
Kaufmann, Hans 10925, 11881, 15537
Kaufmann, Menachem 6250
Kaul, Friedrich K. 3939, 5688, 7451, 13639, 13807 f.
Kaulen, Alois 10052
Kaulen, Heinrich 12139
Kaupen-Haas, Heidrun 8945, 13640–13644, 13673, 13682, 13809
Kauß, Dieter 6078
Kautt, Dietrich 13329
Kawczynski, Anthony S. 18081
Kawczynski, Rudko 7183
Kazin, Alfred 11922
Kaznelson, Siegmund 5441
Keck, Alois 9318
Keck, Rudolf 9718
Keddigkeit, Jürgen 17425, 17710 f.
Keele, Alan 11094e
Keese, Dietmar 12373
Kehr, Helen 18, 5314, 9778, 17897
Kehrer, Günter 1560, 4767
Kehrig, Manfred 17193, 19301
Kehrl, Hans 12424
Keifer, Ellen 8368
Keil, Heinz 5892
Keil, Norbert 4162, 9465
Keilson, Hans 6471, 19158
Keim, Anton M. 3080, 5930, 5893, 5929, 6003, 6080, 6113, 6527, 6810, 12967
Keim, Gerhard 4672
Keim, Helmut 13980, 14332 f.
Keim, Wolfgang 340, 8563, 11292, 11861, 14000, 14034, 14063, 14084, 14107, 14122, 14226, 14284, 18059, 18362, 19479, 20253
Keinemann, Friedrich 3128
Keinhorst, Willi 9226
Kele, Max H. 2508, 4593
Keßler, Harry Graf 12208

Keßler, Mario 6811
Keles, Rusen 11789
Kellenbenz, Hermann 7896
Keller, Bernhard 8156
Keller, Ernst 15568
Keller, Kathrin 12789
Keller, Michael 13085
Keller, Stefan 6966
Keller, Volker 5894, 6283
Keller, Willy 12015
Kellershohn, Helmut 20172 f.
Kelletat, Andreas F. 19688
Kelley, Douglas M. 18713
Kellmann, Klaus 2949
Kelly, Joan 8260
Kelly, Reece C. 14393 f.
Kemp, Paul 7706
Kemper, Peter 14766
Kempner, Benedicta M. 9319 f.
Kempner, Robert M. W. 147, 1827, 1850, 2125, 3240, 3789, 5063, 5155 f., 5955, 6472, 6920, 6973, 17106, 18663, 18676, 18714–18716, 18796
Kempowski, Walter 1190, 18475
Kempski, Jürgen von 14395
Keneally, Thomas 6812
Kenkmann, Alfons 10976, 10980 f., 11010, 13239
Kennan, George 10328
Kennedy, Ellen 327, 4016
Kenrick, Donald 7154
Kent, Donald P. 11923
Kent, George O. 16021
Kepplinger, Brigitte 1159, 1307, 13330 f.
Kerbs, Diethard 2647, 2662, 2684, 2686, 2758, 11605
Kerbs, Diethart 15937–15939, 18024
Keren, Nili 5530
Kerker, Elke 12255
Kerman, Joachim 3940, 18262
Kermish, Joseph 6380
Kern, Wolfgang 4320, 16442
Kernbach, Barbara 19901
Kernbauer, Hans 12509
Kernig, Klaus D. 404, 519, 738, 9913 f.
Kerr, Alfred 12209
Kerschbaumer, Gert 7897, 15315
Kerschbaumer, Marie-Thérèse 11073
Kershaw, Ian 211 f., 703 f., 1371, 1645–1650, 1920, 2605, 2886, 3013, 4594–4596, 6813–6815, 6904, 7810–7816, 7898 f., 9871, 19749

Kerstan, Heinz 10407
Kersten, Felix 1962
Kersting, Andreas 9054
Kersting, Franz-Werner 1662, 4351, 13420, 13473, 13547f., 13562, 13877, 13930, 14119, 14157, 18843, 19312, 19377, 19428, 19617
Kertesz, Stephen D. 16585
Kervegan, Jean-François 3995
Kessel, Albrecht von 10751, 16185
Kessel, Eberhard 589
Kesselbauer, Günther 10444
Kessemeier, Carin 1884
Kessler, Hannelore 4892a, 8370
Kesten, Hermann 11783
Kesten, Kurt 11525
Kesting, Marianne 12147
Kestler, Josef 5661
Ketelsen, Uwe-Karsten 4597, 8324, 15261, 15519, 15569–15573, 15769f.
Kettel, Andreas 15574
Kettenacker, Lothar 203, 222, 695, 705, 739, 1372, 1646, 1651, 1681, 2542, 3399, 3581, 3761, 3812, 5090, 5123, 5689, 7899, 8139, 8167, 8689, 8711, 8725, 8739, 8929, 9081, 9310, 9872, 10646, 11140, 11154f., 11169, 11293, 12541, 12850, 12890, 14897, 16105, 16111, 16132, 16288, 16291, 16294, 16644, 16660, 16684, 17268, 17296, 17939, 18263
Keunecke, Hans-Otto 15575
Keval, Susanna 10053
Keyserlink, Robert H. 11156
Kibbuz Lohamei Haghettaot 5450
Kick, Wilhelm 10054
Kielar, Wieslaw 7675
Kießling, Wolfgang 7611, 11294, 11602, 11741, 12182
Kielmansegg, Johann A. Graf 4352, 4366
Kielmansegg, Peter Graf 497, 17081, 18476
Kienast, Ernst 3550
Kienreich, Werner 13527
Kienzle, Gisela 2487
Kienzle, Michael 1036
Kienzle, William R. 16674
Kiersch, Gerhard 7900
Kiesel, Doron 6658
Kiesel, Helmut 12158
Kiesel, Helmuth 15576
Kieser, Harro 11619

Kieser, Klaus 15794
Kieser, Rolf 11924, 16311
Kieserling, Manfred 3129, 20126, 20166
Kiesinger, Kurt G. 4652
Kiessling, Wolfgang 11956
Kilching, Michael 5291
Kilian, Achim 17861
Kilian, Hannes 17524
Kilian, Michael 5690
Kißmehl, Horst 17940
Kimmel, Adolf 16338
Kimmel, Günter 7301
Kimmel, Günther 7452
Kimmich, Christoph M. 16541
Kinder, Christian 9055
Kinder, Elisabeth 5157, 18082
Kinder, Sabine 12361
Kindermann, Gottfried-Karl 1291
Kindleberger, Charles P. 12425
King, Christine E. 9751f.
Kinkel, Kurt 6046
Kinkel, Walter 9253
Kinne, Michael 4747, 4780, 9873
Kinner, Klaus 305
Kintner, Earl W. 13897, 18680
Kinz, Gabriele 3477
Kipp, Martin 3441, 5093, 5691, 6659, 14305, 14308–14318, 14328
Kipphan, Klaus 2091, 2358, 4653
Kirbach, Roland 18785
Kirchberg, Christian 4240, 4255f.
Kirchberg, Peter 12803
Kirchberger, Günther 11030
Kirchberger, Petra 5692, 13204
Kircheisen, Sabine 11011
Kircher, Karin 19510
Kircher, Klaus 4664f.
Kirchgässner, Bernhard 3756, 17411a, 17437
Kirchheimer, Otto 706, 3848f.
Kirchhoff, Hans 18333
Kirchhoff, Wolfgang 13410
Kirchliche Hochschule Berlin 8804a
Kirchlicher Betreuungsdienst für die ehemaligen Ostbrandenburgischen Kirchenkreise Arnswalde/Neumark 17733
Kirchner, Klaus 4690, 4700
Kirchner, Rolf 3078, 20166
Kirchner, Walter 14733
Kirfel, Martina 19230, 19920, 19941, 19970, 20124, 20176, 20180
Kirfel-Lenk, Thea 12313

Kirk, Timothy 8111
Kirmeier, Josef 5649, 5831, 5920, 6706, 6915, 9101
Kirn, Michael 18477
Kirsch, Hans 3353
Kirsch, Hans-Christian 14158, 15403
Kirsch, Walter 10056
Kirschenmann, Dietrich 4017
Kirschgens, Albert 3130
Kirschner, Klaus 6081
Kirshner, Julius 8034a, 9838, 11260a, 19497a
Kirstein, Wolfgang 7453
Kirwin, Gerald 4598
Kisch, Guido 6725, 14898
Kissel, Hans 17368, 17620
Kißener, Michael 9321, 10055, 10566a, 10691, 10694f., 10714, 11019, 11026, 11033, 11052, 11056, 11060, 14724
Kissenkötter, Udo 2074f., 2169
Kistler, Helmut 5693
Kittel, Manfred 18478
Kitterman, David H. 17886
Klafki, Wolfgang 8560, 8641f., 14049, 14197
Klages, Rita 10207
Klagsbrun, Francine 5694
Klain, Barbara 18055
Klamper, Elisabeth 6082
Klampfer, Josef 6083
Klan, Ulrich 10492
Klapdor, Heike 11295
Klapp, Burghard F. 13509
Klappert, Bertold 8883, 9189
Klapproth, Willy 17712
Klär, Karl-Heinz 20254, 20260f.
Klarsfeld, Beate 6477, 18052
Klarsfeld, Serge 5553, 5695, 5843, 6313, 6454, 6473–6477, 7058, 7332, 7345, 18786
Klatt, Inge 2293, 3131, 6084
Klattenhoff, Klaus 14220
Klaube, Frank-Roland 17547
Klaus, Martin 1810, 2039, 3478–3482
Klausa, Ekkehard 10622, 10869, 10885, 19302, 19790
Klausch, Hans-Peter 5158, 7302, 7612, 17862, 17870
Klausener, Erich 9323f.
Klausmann, Julius 19969
Klawiter, Randolph J. 12360
Kleber, Birgit 11348

Klee, Ernst 5357, 6816f., 8209, 8677, 8884f., 13739, 13810–13817, 17128, 18717, 18923f., 19303
Klee, Karl 17264, 17292
Klefisch, Peter 16357
Kleiber, Lore 8371, 12922
Kleimann, Yehudit 5455
Klein, Adolf 945, 3941
Klein, Anton 10225
Klein, Burton H. 12699
Klein, Catherine 7059
Klein, Friedrich 12654
Klein, Fritz 2901
Klein, Gabriella 4781
Klein, Hans-Dieter 11479
Klein, Hans-Günter 536
Klein, Helmut 14529
Klein, Herbert 946, 2564, 8112, 9638, 10208
Klein, Jörg 6111
Klein, Jürgen 10522, 11646, 14849
Klein, Silvia 10982
Klein, Thomas 947f., 3655, 3660, 3663–3666, 3675, 5506, 7867f.
Klein, Ulrich 2294, 3132, 5102
Klein, Wilfried 2488
Klein, Wolfgang 11787
Kleinberger, Aharon F. 14396
Kleindienst, Eugen 2841, 10899, 18374
Kleindienst-Cachay, Christa 15970
Kleine, Georg H. 8226
Kleine, Helene 15009
Kleine-Brockhoff, Thomas 6818
Kleineidam, Erich 9466
Kleinert, Andreas 14701f.
Kleinewefers, Paul 1793
Kleinöder, Eva-Maria 9467, 14221
Kleinöder, Evi 9468, 9575, 14222
Klein-Reesink, Andreas 8113
Kleinschmidt, Christian 12570, 12965
Kleinschmidt, Erich 11925
Kleint, Christian 14703
Kleinwächter, Johannes 10903
Klemig, Roland 6051
Klemm, Bernd 2246, 2288
Klemperer, Ingeborg 13411
Klemperer, Klemens von 2750, 9876–9880, 10624f., 10808a, 10898, 11109f., 11157–11159
Klemperer, Victor 4782
Klenner, Jochen 3723
Klepper, Jochen 6819

Klepsch, Thomas 499
Klepsch, Thomas H. 1373
Kleßmann, Christoph 498, 1839f.,
 5778, 7942, 7944, 8341, 8930, 9375,
 9816, 9874f., 9926, 10180, 10188,
 10600, 10623, 10770, 14899, 16725,
 16921, 17062, 17194, 17624,
 18083–18086
Klett, Werner 14610
Klewitz, Bernd 7455, 13086
Klewitz, Marion 14096f.
Kley, Stefanie 16220
Kliem, Kurt 10486
Klieme, Joachim 13581
Klietmann, Kurt-Gerhard 5211
Klimsch, Günter W. 4893, 15859
Kliner-Lintzen, Martina 6086, 8514
Kling, Hermann 1328, 1404, 7940, 12981,
 13608, 16077, 16565, 16873, 16880,
 17088, 18086, 18175, 18233, 18355
Klingemann, Carsten 14742, 14984,
 15010–15018, 15053–15054a, 18874
Klingemann, Hans D. 19828, 20043f.
Klingenstein, Grete 18479
Klinger, Christian 10358, 11074
Klingler, Fritz 8812
Klingler, Walter 4953f.
Klink, Ernst 17195
Klinkhammer, Lutz 17848, 18318
Klinksiek, Dorothee 4599, 8372, 8499
Klinnert, Ernst 14565
Klipa, Bohumir 16922
Klitgaard, Brian 16612
Klitta, Georg 17713
Klodzinski, Stanislaw 7456
Kloidt, Franz 9325, 9469, 9732
Klönne, Arno 1374, 2619, 3289,
 3442–3445, 3503, 5358, 5394, 7817f.,
 8523, 8525, 8561–8568, 9559, 10172,
 10267, 10963, 10983, 10984–10986,
 11012, 11296, 15947, 18480, 19521,
 19668, 19971–19974, 20333
Klönne, Irmgard 3504
Klopcic, France 10057
Kloppenburg, Heinz 8745
Klose, Werner 3446f., 4783
Klose-Stiller, Liselotte 12931a
Klöss, Erhard 1514, 17448
Klostermann, Ferdinand 9470, 9576
Kloten, Norbert 10944
Klotz, Arnold 13332
Klotz, Johannes 11480

Klotzbach, Kurt 10058, 10158, 10249,
 11444, 11468f.
Klotzbücher, Alois 2751, 15697
Kloyber, Christian 16651
Klueting, Harm 9447, 16202
Klug, Ekkehard 15038
Klug, Ulrich 3850, 6820, 18622, 18787
Kluge, Alexander 17196
Kluge, Ulrich 10945
Kluge, Volker 2106
Klügel, Eberhard 8981, 9056f.
Kluke, Paul 1652, 2126, 9783, 9882,
 12609, 16084f., 17941, 18264
Klüppel, Manfred 13931f.
Klusacek, Christine 1084, 10059, 14397,
 15316, 15795
Knab, Jakob 17887
Knapp, Gudrun-Axelli 19975
Knapp, Manfred 16647
Knapp, Thomas A. 11687
Knappstein, Karl-Heinrich 18925
Knauer, Mathias 11297
Knauer, Wilfried 4105
Knauft, Wolfgang 9665
Knäuper, Margot 799
Knauss, Erwin 6087
Knechtel, Erhard 6891
Kneppe, Alfred 14900
Knesebeck, Rosemarie von dem 18624
Knigge, Volkhart 19304, 19658
Knilli, Friedrich 15860f., 19712
Knipping, Franz 707f., 1912, 4364, 4382,
 4396, 4891, 5192, 7754, 11376, 11395,
 12891, 14947, 15551, 16086, 16098,
 16100, 16106, 16115, 16127, 16191a,
 16196a, 16339–16342, 16460, 16688,
 16709, 18265
Knipping, Ulrich 6088
Knittel, Hartmut H. 12700
Knittler-Lux, Ursula 1095
Knobelsdorf, Andreas 4132, 18598
Knobloch, Heinz 2114, 4095, 19153
Knoch, Harro 7669
Knoch, Peter P. 14023, 17196a, 17463
Knödler, Ulrich 13412, 13504
Knödler-Bunte, Eberhard 4582
Knoll, Werner 17017
Knoop-Graf, Anneliese 11049,
 11051–11055
Knopp, Guido 1653, 1727, 2906, 3014,
 17197, 17198, 19448, 19710
Knorn, Michael 12607, 13078f.

1307

Knortz, Heike 20262
Knospe, Horst 14987f.
Knox, MacGregor 328
Knüfken, Hermann 11647
Knüpling, Harm 13413
Knüppel-Dähne, Helge 13267
Knütter, Hans-Helmuth 11926, 18481–18483, 19809, 19976f.
Koch, Editha 7678, 11431, 11927, 12064
Koch, Gerhard 11298–11300, 13725
Koch, Gertrud 5696, 15862
Koch, Hannsjoachim W. 709, 1375, 1467, 1654, 2752, 3015, 3448, 4181, 4182, 5191, 10870, 17099, 17199, 19229, 19760
Koch, Heinz 19659
Koch, Helmut J. 4600
Koch, Horst-Adalbert 17475
Koch, Ingo 3450, 3460, 8557, 8569, 8611, 11292, 19476
Koch, Lothar 949
Koch, Magdalena 10408
Koch, Manfred 4167, 8771, 9767, 10069, 10195, 19595
Koch, Michael 15317
Koch, Peter-Ferdinand 1491, 1857, 5112f., 12375, 12579
Koch, Sigrid R. 9142
Koch, Werner 8717, 8886f., 9195, 10905
Kochan, Lionel 5697
Kock, Erich 9731
Kocka, Jürgen 213, 329f., 539, 590–593, 710, 2537, 2543, 8191, 9808, 14901, 19050, 19131a, 19235, 19750, 19978
Kocwa, Eugenia 7676
Ködderitzsch, Peter 20105–20107, 20205a
Koebner, Thomas 4597, 4618, 4835, 6553, 7960, 8554, 8595, 11192, 11234, 11237, 11301–11304, 11307, 11416, 11428, 11603, 11654, 11663, 11928–11934, 11945, 12049, 12115, 12209, 12262, 12332, 18484, 18572
Koegler, Horst 15771
Koehl, Robert L. 214, 5159–5161, 13645
Koehn, Ilse 7060
Koellreutter, Otto 18926
Koelschtzky, Martina 19979
Koenen, Emmy 11601
Koenigsberg, Richard A. 1655
Koenigswald, Harald von 10930
Koepke, Wulf 11792, 11935, 15571
Koerfer, Daniel 16197
Koerner, Marianne 8500

Koerner, Ralf R. 1120f., 4654, 4894
Koestler, Arthur 11605, 12212–12214
Köfler, Gretl 6089, 10060
Kogon, Eugen 5162, 7303f., 7631, 10544a, 18475, 18927, 19305f.
Kohl, Heribert 20139
Kohl, Wilhelm 819, 925, 950, 3711, 5939, 9115, 9457, 12486, 14030
Kohl, Wolfgang 4241
Köhle, Klaus 19522
Köhle-Hezinger, Christel 8114
Köhler, Bruno 9228
Kohler, Eric D. 11936
Köhler, Fritz 11937
Köhler, Hansjürgen 5246f.
Köhler, Henning 12924
Köhler, Joachim 2836, 4149b, 8788, 9471f., 9595–9597, 9686, 9719
Köhler, Johann 10209
Köhler, Karl 4441, 17449
Köhler, Manfred 9473, 14223
Kohler, Mathilde A. 14611
Köhler, Otto 4830f., 4854, 12610f., 18485, 19307
Köhler, Wolfgang 12345
Kohlhaas, Elisabeth 11570
Kohlhammer, Siegfried 19308
Kohli, Martin 19291
Kohlmann-Viand, Doris 4701, 4895
Köhn, Gerhard 6090f.
Köhn, Mechtild 9236
Kohne, Helga 13087
Köhrer, Helmut 6821, 19089
Kohrs, Andreas 13247
Kohrs, Peter 14001
Kohut, Karl 11305, 18266–18268
Kohut, Thomas A. 17129
Kokula, Ilse 7247
Kolb, Eberhard 594, 2170, 5064, 6478, 7457f.
Kolbe, Dieter 3943
Kolinsky, Eva 19980
Kolland, Dorothea 6093
Kolland, Hubert 15728
Koller, Gabriele 12088
Koller, Gerd 5466
Koller, Karl 17590
Köllmann, Wolfgang 873, 2302, 2494, 3681, 7918, 8095, 8133, 8162a, 8617, 9080, 11306, 12481, 12570a, 12573a, 12794, 13327, 13706, 13713
Köllmayr, Friedrich 10061

Köllner, Lutz 12366
Kollwitz, Käthe 15329
Kölmel, Rainer 6554
Kolmsee, Peter 4353, 18087
Kölnische Gesellschaft für Christlich-Jüdische Zusammenarbeit 8373, 13635, 15065, 20058
Komann, Margot 8373 f.
Komitee der Antifaschistischen Widerstandskämpfer der DDR 5115, 7341, 7416
Komitee der Antifaschistischen Widerstandskämpfer der DDR, Bezirkskomitee Neubrandenburg 7366
Komitee der Antifaschistischen Widerstandskämpfer der DDR, Bezirkskomitee Potsdam 10001
Komitee der Antifaschistischen Widerstandskämpfer der DDR, Kreiskomitee Berlin-Prenzlauer Berg 10154
Komitee der Antifaschistischen Widerstandskämpfer der DDR, Kreiskomitee Oschersleben-Wanzleben 10426
Komjathy, Anthony 16226
Kommission der Historiker der DDR und der UdSSR 4090, 7483, 7611, 10340, 10375, 10421, 10720, 10830, 11176, 11729, 11735, 12521, 13025, 13032, 14884, 16159, 16854–16858, 17842, 17913, 19576
Kommission der Historiker der DDR und der UdSSR, Deutsche Sektion 17970
Kommission für die Geschichte der Juden in Hessen 6087, 6096
Kommission für geschichtliche Landeskunde Baden-Württemberg 5997
Kommission für Zeitgeschichte 8669, 9242
Kommission für Zeitgeschichte bei der Katholischen Akademie in Bayern 8764–8770
Kommission »Wien 1938« 1089, 1130, 1134, 1152, 1163, 1173, 1277, 3737, 4930, 4994 f., 5075, 6133, 8131, 8797, 10120, 12510, 12571 f., 13196, 14236, 14514, 14671, 15690, 15708, 15795, 15928
Kommission zur Erforschung der Geschichte der Frankfurter Juden 5860, 5885
Kommission zur Erforschung der Geschichte der örtlichen Arbeiterbewegung bei der Bezirksleitung Neubrandenburg der SED 7366
Kommission zur Erforschung der Geschichte der örtlichen Arbeiterbewegung bei der Kreisleitung der SED in Hainichen 7616
Kommunalarchiv Minden 6049
Komorowski, Manfred 15662
Kondratwitz, Hans-Joachim 2466
Koneffke, Gernot 18487
Konförderation evangelischer Kirchen in Niedersachsen für Erwachsenenbildung 8982
Konieczny, Alfred 13012
König, Cosima 8375
König, Hans-Dieter 15578
König, Heinz 12371, 12898
König, Helmut 1332
König, Mario 8192
König, René 11938 f., 12215, 15019 f.
König, Stefan 111, 4096
König, Ulrich 7155
Konitzer, Martin 15579
Konlechner, Peter 4998, 5821, 15817, 15842, 15857, 15863, 15887, 15904 f.
Könnemann, Erwin 2753
Konnertz, Ursula 8312, 8327, 8473, 8501, 14787
Konrad, Dagmar M. 14337
Konrad, Detlev 119
Konrad, Helmut 1122 f., 1132, 1154, 1161, 1292, 1423, 9482, 9539, 9697, 9805, 10057, 10127, 10380, 10409, 11312, 12181, 12966, 14450, 14455, 14521, 14596, 14970, 17679, 18146
Konrad, Joachim 17701, 17714
Konrad-Adenauer-Stiftung 788, 10895, 11672, 20128
Konschak, Lothar 10284
Konter, Erich 13290
Koonz, Claudia 2433, 6660, 8376–9883, 13818 f.
Koopmann, Helmut 12293 f., 12296
Koopmann, Per 17526
Koops, Tilman 3016
Koordinationsstelle zur Erforschung der deutschsprachigen Exilliteratur 11755
Kopecky, Lilli 5697a
Kopetzki, Christian 13274, 13312, 13358
Kopetzky, Helmut 11075
Kopf, Paul 951, 9326, 9474 ff., 9716, 9720–9722

Autorenregister

Kopitzsch, Franklin 10309
Kopitzsch, Wolfgang 5461, 6465
Köpke, Wulf 11307
Kopp, Otto 9884
Köppe, Hans 3685
Koppel, Helga 1685
Koppel, Wolfgang 3794
Koppenhöfer, Peter 7400, 13088, 19660
Kopper, Christopher 952, 12655, 12953, 12965
Köpping, Walter 8033
Körber, Hilde 8528
Körber, Ursula 19090
Körber-Stiftung 7929
Kordt, Erich 3605, 16087, 16186
Korfes, Gunhild 20108
Korfes, Otto 11720, 17122
Korfmacher, Norbert 6555
Korlén, Gustav 11308
Kormann, John G. 18994
Korn, Karl 4847
Kornbichler, Thomas 1656
Kornder, Hans-Jürgen 14002
Körner, Hans-Michael 9327, 13013
Korotin, Ilse E. 8383, 8501, 14767
Korte, Detlef 799, 7461–7463
Korte, Helmut 15837
Korte, Karl-Rudolf 18470
Kortner, Fritz 11843
Kos, Franz-Josef 16375
Koschig, Manfred 6028
Koschnick, Hans 19070
Koschorke, Manfred 9058
Koselleck, Reinhart 7819, 12226, 19677
Koshar, Rudy J. 2171, 2489, 2490, 2544, 2562, 3133, 7902, 13354
Kößler, Gottfried 6092
Koslow, Wladimir A. 17835
Kosnick, Kira 8289, 19140
Kossack, Heinz 14529
Kossmann, Joachim 12701
Kossoy, Edward 5321, 19055
Kost, K. 15181
Köstering, Susanne 6259
Kösters, Hans G. 17715
Kosthorst, Erich 7464, 9885, 10722, 19523
Köstlin, Konrad 14818
Kosyk, Wolodymyr 16469, 16499
Koszyk, Kurt 4896–4898
Kotowski, Georg 14398
Kottusch, Peter 12314

Kotze, Hildegard von 1191, 1515, 4862f., 16809
Kovály, Margolius 7061
Kowalczyk, Joachim 11595
Kowalski, Werner 331
Kowalsky, Wolfgang 18415, 18488, 19819, 19829, 19831, 19884, 19914, 19958, 19981–19983, 19991, 20021, 20056, 20110, 20123, 20132, 20251f., 20333
Kozenski, Jerzy 11160
Koziello-Poklewski, Bohdan 2295
Koziol, Michael S. 3134, 7465
Krabbe, Wolfgang R. 2397, 2732, 3507, 3676, 13291
Kracauer, Siegfried 15864
Kracht, Tilmann 3851–3853, 5698f.
Kraetke, Karl-Heinz 6094
Krafczyk, Eva 18088
Krafeld, Franz J. 14003, 20334
Kraft, Dieter 9157
Krahmer, Catherine 15365
Krahulec, Peter 19984, 20086
Kraiker, Gerhard 381, 10914, 11750
Krakau, Knud 6381, 18089
Krakauer, Max 7062
Krakowski, Shmuel 6295, 17849
Kral, Herbert 2676, 3328
Král, Václav 16552, 17980f.
Krallmann, Kristina 14567
Kramarz, Joachim 10779
Kramer, David 6661, 13250f.
Kramer, Gaby 19648
Krämer, Hans-Henning 1068, 13089f.
Krämer, Heinz 9598
Kramer, Helmut 953, 2552, 3785, 3854, 3944–3946, 3950, 9061, 13820, 18491, 18598a–b, 18641
Kramer, Johannes 14854
Kramer, Thomas W. 16663
Krämer, Wolfgang 332
Krämer-Pein, Gabriele 15580
Kramp, Hans 17716
Krampe, Ulrich 3991
Kranig, Andreas 13158–13161, 13189
Krannhals, Hanns von 4354, 6822, 18090f.
Kranzbühler, Otto 18718
Kranzler, David 6556f., 6967
Krappmann, Lothar 14583
Kratzenberg-Annies, Volker 3529
Kratzsch, Gerhard 12426, 12494f., 15318
Kraul, Magret 14159
Kraume, Hans-Georg 17426

Kraus, Albert H. V. 11309
Kraus, Elisabeth 5426, 8115
Kraus, Herbert 19524
Kraus, Ota 5700
Kraus, Wolfgang 19309
Krause, Clemens 6114
Krause, Eckart 917, 3991, 5975, 8493, 9048, 13344, 13467, 13584, 14074, 14111, 14113, 14476, 14482, 14484, 14487, 14496, 14509, 14549, 14606, 14673, 14680, 14720, 14727, 14729, 14741, 14743, 14841 f., 14851, 14855, 14951, 14975, 14982, 15061, 15067–15069, 15192, 15194, 15195 f., 15207–15209, 15306, 15692, 15759, 16017, 18596
Krause, Günter 12815
Krause, Ilse 10394
Krause, Rolf D. 7306, 7678
Krause, Thomas 2296 f., 2491
Krause, Tilman 15581
Krause, Udo 18838
Krause, Werner 5788, 12427, 15021, 15201
Krause-Brewer, Fides 2969
Krause-Schmidt, Ursula 7254, 9811, 10062
Krause-Vilmar, Dietfrid 6823, 7466 f., 13091, 14004, 14098, 14252
Kraushaar, Luise 3290, 9847, 10339, 10410, 11735
Kraushaar, Wolfgang 500, 2545, 19159
Krausnick, Helmut 725, 1515, 1657, 3369, 4355, 4526a, 4557, 5248 f., 5262, 570–5703, 5895, 10573, 10626, 10700, 11139, 11161, 16088, 17200, 17982, 18092, 18093, 18161, 19310
Krausnick, Michail 7176, 7163, 7176, 7184, 7185
Krauss, Marita 820, 7005, 11310
Krausskopf, Robert 16772
Kraut, Gisela 15262
Krebs, Albert 2172, 10313, 10772, 12322
Krebs, Gerhard 12854, 13318, 15066, 16428, 16696–16698, 16705, 17201, 17397
Krebs, Mario 11041 f.
Krebs, Willi 2754 f.
Krebsz, Peter 13462
Krecker, Lothar 17381 f.
Kregel, Volker 3947 f.
Krehbiel-Darmstädter, Maria 7346
Kreidler, Eugen 12702

Kreidler, Hans 9583
Kreikamp, Hans-Dieter 19132a
Kreimeier, Klaus 15865
Kreiner, Josef 15243, 15782, 16699 f., 16989, 17201, 17396
Kreis Arnsberg 17441
Kreis, Gabriele 11311
Kreis Geldern 17672
Kreis Güstrow 17666
Kreis Gütersloh 19021
Kreis Heinsberg 971
Kreisarchiv Bodenseekreis 824, 857, 2255, 3141, 10542
Kreisky, Bruno 10298, 11516
Kreissl, Reinhard 5704
Kreissler, Felix 1101, 1124, 1131, 1264, 1292, 1313, 5389, 6152, 6231, 11312, 11346, 12507, 12864, 16119, 16351, 16393, 16431, 16547, 16558, 16595, 16651
Kreisverwaltung Bad Kreuznach 5897
Kreker, Lothar 16089
Kremers, Harald 19311
Kremmel, Paul 9059
Kren, George M. 215, 5705
Kren, Jan 18030
Krengel, Rolf 12428
Krenn, Dorit-Maria 2864
Kretschmar, Georg 8673 f., 8888, 18492
Kretschmer, Frauke 17403
Kretschmer, Jörg 17123
Kretschmer, Rainer 4600
Kretschmer, Vera 15796
Kretzer, Hartmut 9747
Kretzschmar, Ernst 10063
Kreuter, Marie-Luise 3449, 4488, 7468, 13821, 16415
Kreutz, Annelie 5922
Kreutz, Wilhelm 3017, 7063, 15866
Kreutzberg, Georg W. 19312
Kreutzberger, Max 5451
Kreutzberger, Wolfgang 14612, 19985
Kreuzkamp, Doris 7181
Krick, Hugo 6095
Krieft, Michael 11471
Krieg, Robert 19160
Krieger, Leonhard 595, 17621
Kriele, Martin 4018
Krier, Emile 16358, 18269, 18270
Krier, Leon 15412
Kringels-Kemen, Monika 6832, 7945, 8019, 9267, 9328, 9332 f., 9335, 9564

Krink, Alfred 713, 19313
Krischka, Joachim 19862
Krispyn, Egbert 11940, 11941
Kriss, Rudolf 10954
Kritzer, Peter 11532
Kröber, Hans 1192
Krockow, Christian Graf von 4019, 7257, 11942, 14768, 15582
Kroener, Bernhard 4702
Kroener, Bernhard R. 4356, 4422, 12703, 16863
Kroeplin, Karl-Heinz 15326
Kroeschell, Karl 3855, 4214
Kröger, Ullrich 18788
Krogoll, Johannes 14842
Kroh, Albert 13
Kroh, Ferdinand 6662
Krohn, Claus-Dieter 2565, 2902, 11313–11316, 11770, 11943–11946
Krohn, Dieter 11317
Krohn, Helga 5901, 6032, 6035, 6052
Kröhnke, Karl 12171
Kröker, Thomas 3559
Król, Eugeniusz C. 18094
Krolak, Steven 10791
Kroll, Eberhard 2620
Kroll, Erwin 15729
Kroll, Frank-Lothar 76
Kroll, Gerhard 12429
Kroll, Rüdiger 9476
Kröll, Ulrich 815
Krolle, Stefan 8570
Krolopp, Klaus 6067, 17663
Kroneck, Friedrich J. 17286
Kronenberg, Ulrich 9187
Kroner, Bernhard 9886
Kröner, Hans-Peter 11947f.
Kroner, Michael 16227
Kröner, Peter 11949
Krönig, Waldemar 14584
Kroos, Franz 11698
Kropat, Wolf-Arno 3136, 3918, 5896, 5898, 6096
Kröpelin, Bernd 333
Kropf, Rudolf 8050
Kropp, Dieter 7895
Krosby, H. Peter 5216
Krötke, Wolf 9166
Krovoza, Alfred 8613
Kruck, Alfred 2756
Kruedener, Jürgen von 12778
Krug, Klaus 15214

Krüger, Arnd 5706, 15985–15989, 16091
Krüger, Dieter 2767, 7469, 17717
Krüger, Dirk 6558–6560
Krüger, Gabriele 2757, 13324
Krüger, Gerd 2799
Krüger, Hans-Jürgen 1125
Krüger, Heinz-Hermann 8571
Krüger, Helmut 7064
Krüger, Horst 8643
Krüger, Maren 6905
Krüger, Michael 11950
Krüger, Norbert 7307, 8619b, 17527f.
Krüger, Otto 20087
Krüger, Peter 1658f., 12430, 16092f., 16162, 16178
Krüger, Sabine 14963
Krüger, Wolfgang 18995
Krüger-Charlé, Michael 10723f.
Kruk, Max 15202
Krumhardt, Karl 836
Krummacher, Friedrich A. 16500, 18853
Krumsiek, Rolf 18789
Kruppa, Bernd 2298, 2758
Kruschik, Waltraud 18493
Kruse, Christina 15203
Kruse, Falko 18790–18792
Kubasch, Maria 7676
Kube, Alfred 1907f., 12846
Kubelka, Peter 4998, 5821, 15817, 15842, 15857, 15863, 15887, 15904.
Kubin, Ernst 15366, 17942
Kubina, Christian 14198
Kubizek, August 1660
Kübler, Friedrich 3786
Kübler, Hans-Dieter 15540
Kübler, Sabine 8334, 15939a
Kuby, Alfred H. 5859, 6097, 6178, 6576, 6602, 6909, 6918a, 7063, 9203, 9547a, 19466
Kuby, Erich 2099, 16376, 17591, 17622, 17718, 18095, 18096, 18494
Küchenmeister, Wera 10367
Kuckhoff, Greta 10359
Kuczynski, Jürgen 7820, 8034, 12431
Kuczynski, Thomas 12432
Kuder, Dieter 12903
Kudlien, Fridolf 13414–13416, 13506
Kudlin, Fridolf 13417
Kudlinska, Krystyna 11951
Kuechler, Manfred 2434
Kuehl, Michael 11454
Kuessner, Dietrich 1988, 8982, 9060f.

Autorenregister

Kuffler, Alfred 821, 8081
Kügelgen, Bernt von 11736, 11740
Kügelgen, Else von 11739a
Kugler, Anita 12612
Kugler, Karlheinz 16781f., 17454, 17476
Kugler, Lieselotte 1073
Kuhberg, Horst 4784
Kühl, Stefan 13646
Kuhlbrodt, Dietrich 13933, 18840
Kühle, Barbara 7470
Kühling, Karl 954
Kuhlmann, Carola 14297
Kühlwein, Friedrich K. 17719
Kuhn, Annette 8272, 8290, 8309, 8384f., 8469, 8502f., 11076, 13647
Kuhn, Axel 36, 334, 1512, 1661, 16094, 16501, 17082
Kühn, Günter 7613
Kühn, Heidemarie 14050
Kühn, Heinz 9477, 9855, 10299, 11539, 11540
Kuhn, Helmut 14399
Kühn, Kurt 13418
Kuhn, Paul 3949
Kühn, Rainer 7470
Kuhn, Rudolf 15367
Kühn, Udo 19172
Kühn, Volker 15772
Kühne, Horst 11569, 11571, 11579, 16443–16445, 16713, 17383
Kühne, Jörg-Detlef 13292
Kühnel, Franz 2048
Kühner, Claudia 6968
Kühner, Hans 9329
Kühner, Otto-Heinrich 16924
Kühnhardt, Ludger 199, 457, 479, 513, 535, 711, 714, 764, 1363, 1449, 2986, 3053, 4601, 5362, 11162, 12474, 18420, 18446, 18521, 18557
Kühnl, Reinhard 37f., 148, 313, 335–342, 1376, 2127, 2173–2175, 4610, 9860, 13086, 14348, 14902, 19314f., 19525, 19810, 19986f., 20140, 20263
Kühnrich, Heinz 7308, 10329f., 10360, 10455, 11572–11574, 11604a, 11721, 16502, 17943
Kühr, Herbert 2492
Kuitert, Gerben 13092
Kükelhahn, Kurt 2176, 4785
Kulka, Erich 5700, 6382, 6663
Kulka, Otto D. 39f., 1436, 6599, 6664f., 6745, 6747, 6783, 6800, 6824–6826, 6867, 6945, 8718f., 8749, 8864, 9362, 19316–19318
Kulturamt der Stadt Dortmund 4897
Kulturamt der Stadt Düsseldorf 11977, 12197, 15274, 15533a, 15718, 15742, 15781, 15800, 15802, 15891, 15938
Kulturstiftung der deutschen Vertriebenen 13690
Külz, Helmut R. 4242, 4251, 4253, 4258
Kum'a N'dumbe III, Alexandre 16675f., 16714, 17384
Kußmann, Matthias 10949, 12029
Kümmel, Klaus 14301, 14319
Kümmel, Werner F. 13419
Kümmel, Werner F. 5707
Kundrus, Birthe 7972
Kunert, Dirk 16095, 19751
Kunert, Hubertus 14051
Kunik, Petra 5579, 19225
Kunisch, Hermann 10940, 11825, 15535
Kunkel, Hartmut 978
Kunkel, Wolfgang 14400
Künneth, Walter 8720
Kunoff, Hugo 11952
Kuntz, Andreas 7880, 8157
Kunz, Andreas 3092
Kunze, Gernot 15583
Kupfer-Koberwitz, Edgar 7679
Kupffer, Heinrich 14017, 14052
Kupisch, Karl 8889, 9138
Kupper, Alfons 9394, 9477a, 14223a
Küppers, Heinrich 1833, 8183, 9330, 14005, 14099
Küppers, Robert 14053
Kural, V. 18097
Kuratorium für Jüdische Geschichte, Frankfurt a. M. 5866, 5910
Kuratorium für staatsbürgerliche Bildung Hamburg 1495, 4619, 4676, 4723
Kurbjuweit, Dirk 6818
Kuropka, Joachim 955, 3137, 5393, 7869, 7973, 9062, 9478, 9628, 9632, 10064, 14251
Kurowski, Franz 17477
Kürschner, Wilfried 5183, 14833
Kurt, Alfred 956
Kurth, Alexandra 14570, 14642, 20263
Kurth, Irmgard 11077
Kurtz, Adolf 8890
Kürvers, Klaus 13319
Kurz, Jacob 15369, 17944
Kurz, Lothar 13486, 14501, 18996

Kurze, Dietrich 2202, 4742
Kurzer, Ulrich 12433
Kurzke, Hermann 12286
Kuschnia, Michael 15797, 15804
Kuss, Horst 809, 5318
Kussmann, Andreas 7460, 7478, 10281
Küster, Thomas 955
Küstermeier, Rudolf 7543
Küstermeyer, Rudolf 10487
Kutakov, L. 16374, 16695
Kutsch, Arnulf 4983, 15886
Kuuisto, Seppo 2035
Kuzak, Franz-Josef 9062
Kwiet, Konrad 5292, 5427, 5708, 6383f., 6561–6564, 6666f., 6827, 13014, 17983, 18271, 19175, 19319–19321
Kynin, G. 16503
KZ-Gedenkstätte Neuengamme 7419, 7517, 7685, 19157, 19642

Laack-Michael, Ursula 15182
Laak, Dirk van 12965a
Laak, Ursula van 9956, 16719
Labisch, Alfons 1662, 13420–13422, 13604
Labudat, Fritz 10225
Lacaze, Yvon 16343
Lacey, Katharine 4955
Lachauer, Ulla 7784
Lächele, Rainer 6901, 8863, 8891, 9051, 90639065, 9220, 18495
Lachmann, Günter 3415
Lachs, Minna 7065
Lacina, Evelyn 11318
Lackerbauer, Ilse 17720
Lackner, Helmut 13333
Laclau, Ernesto 343
Lacroix-Riz, Annie 18928, 18997
Lademacher, Horst 957, 2621, 16359f.
Laemmle, Peter 11220
Lafore, Laurence 17083
Lafrenz, Jürgen 13334
Lagergemeinschaft Buchenwald-Dora 7395
Lagergemeinschaft Ravensbrück 7280
Lagnado, Lucette M. 13822
Lahnstein, Peter 17524
Lahr, Reinhard 13226
Lahusen, Maria 9197
Lakowski, Richard 2759, 4357, 4461f., 12704, 17003, 17385f., 17589, 17721
Lambard, Friedrich 4183, 4843
Lambert, Gilles 6385

Lambert, Marc 1663
Lambrecht, Jutta 15730
Lamm, Hans 5709, 6098
Lammel, Inge 6068
Lammel, Siegbert 4215, 12544
Lammers, Walther 4358
Lammersmann, Birgit 7066
Lämmert, Eberhard 11182–11185, 11337, 14813, 14819f., 14823, 15521, 15584, 19322
Lammert, Peter 13293
Lampert, Heinz 13134, 13162
Lamping, Dieter 19323
Lamprecht, Werner 17923
Landau, Edwin M. 9704, 11319, 15490
Landau, Peter 3856
Landau, Ronnie S. 5710
Lande, Herman de 8949
Landenberger, Annemarie 8529
Länderrat des amerikanischen Besatzungsgebietes 93
Landersdorfer, Anton 11031
Landesarchiv Saarbrücken 5877, 5891, 5902
Landesarchivdirektion Baden-Württemberg 3921, 6115
Landesarchivdirektion Stuttgart 6149
Landesarchivverwaltung Rheinland-Pfalz 5877, 5902
Landesarchivverwaltung Rheinland-Pfalz 5891
Landesärztekammer Hessen 13469
Landesgeschichtliche Bibliothek Bielefeld 1043
Landeshauptstadt Wiesbaden 9963
Landesregierung Schleswig-Holstein, Pressestelle 5980, 6273, 6326, 18001
Landesverband der Jüdischen Gemeinden in Hessen 5865, 5881
Landesverein für Innere Mission Schleswig-Holstein 7444
Landesvermessungsamt Baden-Württemberg 13343
Landeswohlfahrtsverband Hessen 13588f., 13913, 13921, 13936, 13969
Landeswohlfahrtsverband Württemberg-Hohenzollern 13912
Landeszentrale für politische Bildung Baden-Württemberg 983, 3179, 3837, 3880, 4123, 4130, 4146, 4224, 4996, 5406, 5713, 6056, 6157, 15807, 17727, 18583, 19392, 19648

Landeszentrale für politische Bildung Hamburg 6465, 7445
Landeszentrale für politische Bildung Nordrhein-Westfalen 577, 616, 18519, 18555, 18564, 18789, 19777
Landeszentrale für politische Bildung Rheinland-Pfalz 17643, 19650, 20347
Landeszentrale für politische Bildung Schleswig-Holstein 6054, 10840
Landeszentrale für politische Bildung Thüringen 19619
Landeszentrale für politische Bildungsarbeit Berlin 1762, 7470
Landeszentralen für politische Bildung 19711
Landgericht Saarbrücken, Der Präsident 3937, 4165
Landkreis Ahrweiler 941, 14238
Landkreis Bergheim 860
Landkreis Büren 985
Landkreis Marburg-Biedenkopf 7455
Landkreis Neu-Ulm 6224
Landkreis Neuwied 869
Landkreis Schwäbisch Hall 17770
Landkreis Stade 959, 2299, 6105
Landkreistag Baden-Württemberg 3717, 3729
Landmesser, Paul 8085
Landratsamt München 828
Landschaftsverband Rheinland, Archivberatungsstelle Rheinland 5223
Landschaftsverband Rheinland, Referat Heimatpflege 18973
Landschoof, Regina 15990
Landwehr, Rolf 13251
Lane, Barbara M. 1319, 2069, 15427
Lang, Arnim 18334f.
Lang, Berel 5711
Lang, Ewald 4786
Lang, Jochen von 712, 1228, 1516, 1796f., 2049, 2117, 2177, 5250, 17478, 18848, 18849
Lang, Michael R. 19972, 20005, 20090
Lang, Serge 2036
Langbehn, Hermann 7726
Langbein, Hermann 5712, 7480f., 7519, 7591f., 7680, 18794f., 19092
Lange, Astrid 19988
Lange, Bernd-Lutz 7067
Lange, Dieter 41, 11481–11483, 11656
Lange, Dietrich 10242, 11494
Lange, Gerhard 1664, 4787

Lange, Hans 9155, 18371
Lange, Helmut 16500
Lange, Herman de 4673, 7946
Lange, Horst H. 15489, 15731, 15732, 16817
Lange, Irmgard 18958
Lange, Karl 1665f., 7821
Lange, Max G. 20206, 20208
Lange, Thomas 6065
Lange, Ulrich 3079
Lange, Wilhelm 7482
Langenbucher, Wolfgang R. 10305
Lange-Quassowski, Jutta 19627
Langer, Hans-Otto 8892
Langer, Hermann 3450, 4703, 8573–8578, 14161, 20109
Langer, Lawrence L. 19324f.
Langer, Walter C. 1667
Langer, William L. 17293
Lange-Stuke, Agnes 9479, 14224
Langewiesche, Dieter 216, 596, 3505, 4620, 5065, 8539, 9812, 10173, 10203, 14006f., 14068, 14102, 14193, 14293, 14306, 14334, 14443, 15290, 19752, 20174
Langgaertner, Karl 7218
Langhans, Daniel 16228
Langhoff, Wolfgang 7681
Langholf, Reinhard 7209
Langkau-Alex, Ursula 11320–11323, 11484f., 11529
Langmaack, Jürgen 5919
Langmaid, Janet 18
Langner, Albrecht 19989
Langner, Hermann 14225
Lankenau, Bernhard H. 5306
Lankheit, Klaus 1508
Lapides, Robert 6304
Lapierre, Nicole 7041
Lapomarda, Vincent A. 9331
Läpple, Alfred 8721
Laqua, Carsten 15867
Laqueur, Renata 7682, 7683
Laqueur, Walter 223, 243, 280, 344f., 353, 365, 412, 1434, 4314, 6828f., 6969, 8579, 12438, 12545, 16045
Larass, Claus 8580
Large, David C. 6666, 9814, 9843, 9883, 9887, 10179, 10590, 10614, 10723, 10829, 10877, 11110, 19526, 19532
Lärmer, Karl 12804, 12805
Larsen, Egon 6748

Autorenregister

Larsen, Stein U. 201, 265, 313, 346, 354, 364, 383, 1294, 2175, 2435, 2447, 2459, 2479, 5264, 12116, 12287, 15572, 15585, 15639, 15667, 18419, 18501
Larsson, Lars O. 15263, 15457
Laschet, Armin 19791
Laschitza, Horst 7483, 11575
Laska, Vera 7684
Lasker-Schüler, Else 12219
Lasko, Peter 11960
Lass, Edgar G. 17665
Lassal, Nicole 11162
Lassen, Hans-Christian 4133
Lassen, Volker 4489
Lasserre, André 6970
Lasswell, Harold D. 2546
Last, Martin 2672, 3765, 17429
Latour, Conrad F. 4938, 16377, 17974, 18998
Latynski, Maya 16567
Laubenberger, Franz 6214
Lauber, Heinz 3018, 5052, 5406, 5713 f., 19648
Laudien, Kay 4601
Laue, Christoph 13087
Laue, Sabine 20156
Lauer, Helmut 17008, 17427 f.
Lauf, Edmund 4184
Lauf-Immesberger, Karin 14162, 15586
Laugstien, Thomas 14769, 15868
Launay, Jacques de 16925–16929, 17623
Laurien, Ingrid 8581, 19326
Lauritzen, Karl 19626
Lauschke, Karl 8100
Lauterbach, Uwe 14075
Lauterer, Heide-Marie 8893, 13648
Lautmann, Rüdiger 7231
Laux, Eberhard 4020
Lavsky, Hagit 19661
Lawan, Christian 10210
Lawrence, Peter 6386
Layton, Roland V. 2178, 4899
Lazar, Imre 2115
Lazareff, Pierre 16930
Lazarsfeld, Paul F. 11961
Le Bars, Michelle 2576
Le Marec, Bernard 18275
Le Marec, Gérard 18275
Le Tissier, Tony 17773
Leach, Barry A. 16504
Leaman, George 14770
Lease, Gary 12130

Leasor, James 1930
Leber, Annedore 9888, 9889
Lebovics, Herman 10555
Lebovics, Hermann 2760
Lebzelter, Gisela 6668
Lechner, Silvester 7128, 7484 f., 11032, 19662
Ledebur, Ruth Freifrau von 14850
Ledeen, Michael A. 347
Lederer, Wilhelm 17722
Lederer, Zdenek 6387 f.
Ledermann, Charles 6714
Lee, Asher 1909
Leeb, Emil 17009
Leeb, Johannes 692, 5353, 18707 f.
Leeb, Thomas 14023
Leeb, Wilhelm Ritter von 16818
Leesch, Wolfgang 3677, 12665
Leetz, Antje 17202
Lefèvre, Andrea 6099
Legband, Michael 11132, 19133
Lege, Joachim 4021
Leggewie, Claus 19792, 19990–19992, 20127, 20141, 20175 f.
Lehberger, Reiner 9441, 14163, 14226 f.
Lehker, Marianne 8386
Lehmann, Albrecht 3505, 5065, 7880, 17804–17806
Lehmann, Brigitte 4216
Lehmann, Ernst 14734
Lehmann, Hans G. 10318, 11197–11199, 11324–11526, 11636b, 12153, 12434
Lehmann, Hartmut 11962
Lehmann, Joachim 1782, 8172, 8184, 12994, 13015–13017, 13018, 13093
Lehmann, Klaus 10362
Lehmann, Klaus-Dieter 11842
Lehmann, Reinhold 5715
Lehmann, Wolfgang 9137
Lehmann-Haupt, Hellmut 15264
Lehndorff, Hans Graf von 9198, 16819
Lehner, Oskar 13163
Lehnert, Detlef 920, 2179, 2196, 2396, 2485, 2529, 3291, 10235, 10236, 11486
Lehnstaedt, Kurt 7109
Lehrke, Gisela 19627
Lehrstuhl Geschichte der deutschen Arbeiterbewegung an der Fakultät für Gesellschaftswissenschaften der Militärakademie »Friedrich Engels« 11569
Leiber, Robert 3344
Leibfried, Stephan 6144, 6645, 7024, 13206, 13423, 13446, 13477

Leibholz, Gerhard 14401
Leibholz-Bonhoeffer, Sabine 9158
Leicht, Walter 998
Leichter, Otto 10540
Leidinger, Paul 557, 12426, 18989
Leier, Manfred 19993
Leigh, Richard 10785
Leimkugel, Frank 5716, 13424
Leims, Thomas 16700
Lein, Albrecht 3950
Leininger, Gerlind 13582
Leipert, Matthias 13474, 13934
Leipner, Kurt 958
Leiprecht, Rudolf 20335–20337
Leipziger Geschichtsverein 17516
Leisen, Adolf 14585
Leiser, Erwin 7068, 15869, 19162
Leiss, Ludwig 10931
Leist, Fritz 14402
Leitner, Erich 14054
Leitsch, Claudia 3483
Leitsch, Walter 14964
Leiwig, Heinz 17723
Lembcke, Kurt 13294
Lemhöfer, Ludwig 6832, 7945, 8019, 9267, 9328, 9332f., 9335, 9564
Lemhöfer, Lutz 8722, 17203
Lemke-Müller, Sabine 11637a
Lemling, Michael 14631
Lemmens, Franz 13507, 13508
Lémonon, Michel 1377
Lempert, Peter 1066
Lengemann, Rolf 4097
Lenger, Friedrich 2547f., 8158, 15022
Lengkeit, Reinhold 7885
Lenk, Hans 15991
Lenk, Kurt 1378–1381, 2761, 7822, 14978, 19753, 19811, 19994–19996, 20177, 20264f.
Lenman, Robin 2092
Lennert, Rudolf 7069
Lent, Dieter 17429
Lenz, Hubert 18929
Lenz, Karl 13649
Lenz, Rüdiger 866
Lenz, Siegfried 11551
Lenz, Walter 15195
Lenz, Wilhelm 8173, 16294
Leo Baeck Institut 6637, 6548, 5447
Leonhard, Joachim-Felix 2342, 14559, 15689, 15694, 15698f., 15711
Leonhard, Wolfgang 16505

Leopold, Heiko 17566
Leopold, John A. 1979
Lepawsky, Albert 3606
Lepenies, Wolf 12053, 14403f.
Lepêtre, Jean-Philippe 16981
Lepper, Herbert 5878
Leppert-Fögen, Annette 2549, 2623, 8140
Leppien, Annemarie 8620
Leppien, Jörn-Peter 7486, 8620
Lepsius, Juliane 5403
Lepsius, M. Rainer 217, 2436, 3019f., 11963, 11969, 11992, 14405, 15014, 15023f., 15055, 15265, 18496
Lepszy, Norbert 20128, 20178
Lerg, Winfried B. 2322, 4900, 4956, 4981, 4984, 4989, 11576
Lerner, Daniel 1229
Lersch, Paul 19997
Lersner, Dieter Freiherr von 9133
Leschinsky, Achim 14164f.
Leschke, Lothar 10446
Leser, Lothar 4661
Leser, Norbert 1126
Leske, Monika 14771f.
Leßmann, Peter 5307, 12613
Less, Avner W. 18849
Lesser, Gabriele 18098
Lessing, Helmut 8582
Lessinger, Hanna 8344
Lessmann, Peter 3607, 18272
L'Estocq, Christoph von 10804
Leugers, Antonia 9589, 9592
Leugers-Scherzberg, August H. 11615
Leuner, Heinz D. 6831
Leuschner, Joachim 42, 3021, 16096
Leuschner, Jörg 13314
Leussink, Hans 14510
Leutenecker, Gerd 714
Leuthold, Gerhard 13823
Lévai, Jenö 6314, 6389, 6920
Levi, Erik 15733
Levi, Primo 7686f.
Levin, Dov 6296, 6971, 6972
Levin, Harry 11964
Levine, Herbert S. 1254, 1828, 6669, 19327
Levine, Mark H. 2437
Levinson, Wilhelm 14961
Levy, Benjamin 7078
Levy, Paul M. G. 7309
Lévy-Hass, Hanna 7688
Lew, Roland 501

1317

Autorenregister

Lewald, Günter 4919
Lewerenz, Elfriede 348–350
Lewin, Erwin 11577
Lewin, Herbert S. 3451
Lewis, John R. 18646
Lewy, Guenter 9334
Lexa, John G. 6390
Lexl-Purcell, Andreas 7070
Ley, Michael 5717, 5718
Leydeshoff, Selma 6479
Leyendecker, Brigitte 13509
Leyens, Erich 7071
Liang, Hsi-Huey 5308, 16686
Liberal-Demokratische Partei Deutschlands, Sekretariat des Zentralvorstands 10887
Lichdi, Diether G. 9754
Lichtenberger-Fenz, Brigitte 14451, 14511
Lichtenegger, Renate 9768
Lichtenstein, Erwin 6100f., 6726
Lichtenstein, Heiner 5293, 5719, 6391, 6832, 6973, 7506, 7631, 9335, 10966, 14029, 17106, 18497, 18796–18801
Lichtenstein, Manfred 15858
Liddell Hart, Basil H. 4359f., 4386, 16931
Liebe, Ulrich 15870
Lieber, Hans-Joachim 14773
Lieber, Michael D. 11326
Liebermann, Peter 13475
Liebmann, Maximilian 9480–9484, 9652
Lienert, Eva M. 3138
Lienert, Wilhelm 3138
Lienker, Heinrich 2677
Lieobgid Ziegler, Maria 9485
Liepelt, Klaus 20142
Liesenberg, Carsten 6102
Liessem, Udo 3685
Lietzke, Joachim 7929
Lietzmann, Hans 4010
Lifton, Betty J. 6392
Lifton, Robert J. 5359, 7487, 13425
Lilge, Frederic 14406
Lilienthal, Georg 5163f., 5720f., 13650–13653
Lill, Rudolf 351, 715, 2015, 2641, 2702, 2977, 4526b, 9164a, 9336f., 9610, 9779, 9893, 9937, 10303, 10309, 10543, 10566a, 10587f., 10627, 10692, 10694f., 10700, 10714, 10722, 10744a, 10758, 10762, 10764, 10786, 10802f., 10812, 10819, 10821, 10823, 10860, 11019, 11026, 11033, 11052, 11056, 11060, 11151, 11406, 13680, 14724, 16071, 17353, 19555
Lißmann, Hans-Jochen 20290
Limbach-Nassen, Editha 3721
Limberg, Margarete 7072
Limburg, Albert O. 4901
Limperg, Bettina 4022
Limpricht, Cornelia 7248
Linck, Hugo 9066
Linde, Hans 15055
Linde, Ottfried K. 13824
Lindemann, Helmut 10312
Lindemann, Mary 14407
Linden, Marcel van der 4673, 7946, 8949
Lindenberg, Christoph 716
Linder, Marc 13164
Lindgren, Henrik 11163
Lindner, Burckhardt 323
Lindner, Dominikus 9486
Lindner, Helmut 14675
Lindner, Stephan H. 17945
Lindquist, Ola 3241
Lindt, Andreas 502
Lindweiler, Wolfgang 19754
Lindwer, Willy 6480
Linebarger, Paul M. 4704
Linge, Heinz 1193
Lingelbach, Karl C. 14008, 14034, 14055–14058
Lingens, Ella 13549
Lingens-Reiner, Ella 7689f.
Linimayr, Peter 15070
Link, Christoph 8723
Link, Jürgen 19954, 20179
Link, Roswitha 6061
Link, Werner 11327, 11548, 11626, 11877, 15178, 15622, 16629
Linke, Gudrun 15383
Linkemeyer, Gerhard 1668
Linn, Dorothee 6103
Linn, Heinrich 6104
Linne, Karsten 3262, 3292f., 3513, 3530
Lins, Ulrich 5359a
Linsen, Albrecht 15266
Linton, Derek S. 352
Linz, Juan J. 353f., 503
Linz, Manfred 19998
Lipgens, Walter 9801, 9890
Lipp, Carola 2572
Lipp, Christine 8644
Lippert, Julius 1997
Lippischer Heimatbund 7894, 7912, 8510

Lipscher, Ladislav 6393–6395
Lipset, Seymour M. 2438f.
Lipski, Jôzef 16542
Lipstadt, Deborah E. 19328
Liselotte-Gymnasium (Mannheim) 14237
Liska, Pavel 15267
Lissinna, Hartmut E. 15992
Lissmann, Hans J. 14166
Lissner, Anneliese 8385
List, Günther 1806, 2582, 12790, 15466
Liszkowski, G. 7476
Liszkowski, Uwe 14903
Litman, Shalom 19163
Litsch, Karel 18099f.
Littell, Franklin H. 6833, 8724
Littman, Friederike 13094
Lixfeld, Gisela 15113
Lixfeld, Hannjost 15089, 15092, 15110–15115, 15122, 15151, 15158, 18412, 18498
Lixl-Purcell, Andreas 6565f.
Löbbe, Friedrich 12658
Löbel, Waltraud 4446
Lobmeier, Kornelia 8150
Loch, Walter 7425
Lochmann, Gustav 17724
Lochmann, Reinhold 7593, 7614
Lochmann, Walter 19921, 20315
Lochner, Louis P. 1194, 1869, 12546
Locke, Hubert G. 6833, 8724, 8847, 8852
Lockot, Regine 13550
Loddenkemper, Hermann 14307
Loeber, Dietrich A. 16229
Loebl, Herbert 11328
Loew, Hans W. 10203
Loewenberg, Peter 3452, 5722
Loewenstein, Karl 7073
Loewy, Ernst 11329, 11379, 11784–11786, 11965–11967, 15587
Loewy, Hanno 4371, 5500, 5680, 5724, 6303, 6396, 6405, 6427, 6845, 7145, 11968, 18395, 19181, 19252, 19304, 19329, 19351, 19368, 19394, 19451, 19459, 19612, 19622, 19638
Loewy, Ronny 11778
Löffler, Klara 16932
Löffler, Peter 9627
Lohalm, Uwe 2762, 13267a, 13901
Lohaus, Maria 15409
Lohe, Alexander 1380, 2972, 3016, 3058, 19930, 20054
Löher, Jochen 14218

Lohmann, Hans-Martin 2545, 13551–13554
Lohmann, Hartmut 959, 2299f., 6105
Lohmann, Thomas 13729, 14131
Lohmann, Walter 4450
Lohmöller, Jan-Bernd 2440, 2525
Löhr, Brigitte 423, 783, 1680, 7839, 8203, 9899
Lohse, Gerhard 14975
Loichinger, Alexander 9487
Loidl, Franz 1161, 9737
Loiperdinger, Martin 2678, 5034, 15871f.
Lojewski, Werner von 4848
Lokatis, Siegfried 15588
Longerich, Peter 2180, 3022f., 3383, 3388, 4602, 4655, 5094, 5486, 6397, 16163, 16820
Longolius, Christian 4956
Lonitz, Henri 12128
Lönne, Karl-Egon 355, 2624, 4902, 16378
Lonscher, Erhard 19035
Loock, Hans-Dietrich 16097, 16613, 17326, 18336
Loohuis, Wilhelmus J. M. 1669, 4788
Loomis, Charles P. 2573
Loos, Herbert 13476, 13583
Lööw, Heléne 11330
Lorant, Stefan 1195
Lorent, Hans-Peter de 9441, 14216, 14227
Lorenz, Dagmar C. G. 19164
Lorenz, Einhart 11331–11333, 11638, 11578, 11627f., 11636c
Lorenz, Ina 5665
Lorenz, Ina S. 5523, 5794, 6023, 6106f., 6221, 6246, 6292, 6301, 6759, 7293, 19201, 19456
Lorenzen-Schmidt, Klaus-Joachim 11370, 12791
Lorenzo, Giovanni di 20338
Lorinser, Margarete 2679
Lorscheid, Helmut 20211
Lösche, Peter 10224, 10237f., 10297
Loschek, Ingrid 8387
Loschütz, Gert 7746
Losemann, Volker 1382, 14408, 14904f.
Loth, Wilfried 17624
Lötsch, Klaus 6271
Lottmann, Herbert A. 17294
Lovin, Clifford R. 8174, 8388
Löw, Konrad 466, 485, 495
Löw-Beer, Martin 18719
Löwenberg, Dieter 13654

1319

Löwenstein, Bedrich 218, 356
Lowenstein, Steven M. 6727
Lowenthal, Ernst G. 5723, 11334, 19093
Löwenthal, Gerhard 7074
Löwenthal, Richard 2966, 7597, 8736, 9813, 9891, 10251, 10317, 10391, 10488, 10509, 10588, 10935, 10989, 11335, 11343, 11455, 19330, 20042
Löwenthal, Zdenko 6398
Lowenthal-Hensel, Cécile 4257, 9488
Löwith, Ada 12226
Löwith, Karl 12226
Lowitsch, Bruno 9489, 9685
Lowry, Stephen 15873
Lozek, Gerhard 357f., 504–506, 19755
Lübbe, Anna 14906
Lübbe, Hermann 5724, 14744, 19331f., 19756
Lübbe, Katharina 5322, 11200
Lübbe, Peter 11555
Lübbe-Wolf, Gertrude 19999
Lubisch, Ruth 7075
Lucas, Eric 7076
Lucas, Franz D. 6108
Lucas, Friedrich J. 3208
Lucas, James 5212
Lucas, Robert 11213
Luchterhand, Elmer 7488
Lück, Helmut E. 12224
Lück, Margret 8389
Lück, Oliver 8583
Lückerath, August 3559
Luckmann, Barbara 11969
Luckner, Gertrud 6316
Luczak, Czeslaw 18101
Lüdde-Neurath, Walter 17625
Lüders, Michael 7004
Ludewig, Hans-Ulrich 12499, 15946
Ludewig, Joachim 17295
Ludlow, Peter W. 8894, 11134, 16312, 17296, 17326a
Lüdtke, Alf 359, 5242, 7170, 7823f., 8034a-8037, 8210, 14512, 19176
Lüdtke, Gerhard 14350–4353, 15474–15480
Lüdtke, Helga 15589
Ludwig, Andreas 6045
Ludwig, Carl 11336
Ludwig, Emil 6670
Ludwig, Esther 14965
Ludwig, Johannes 12955
Ludwig, Karl-Heinz 8239–8241, 17010

Ludwig, Kurt 2680
Ludwig, Martin H. 15590
Ludwig, Max 7077
Ludwig, Monika 11782
Ludwig-Bühler, Ulrike 12614
Ludwig-Maximilians-Universität München 11030, 11036
Ludwig-Uhland-Institut für empirische Kulturwissenschaft der Universität Tübingen, Projektgruppe Heimatkunde des Nationalsozialismus 972
Ludz, Peter C. 14783
Lueken, Wilhelm 9067
Luft, David S. 12308
Luge, Jens 4134f.
Lühe, Barbara von der 5725
Lühe, Irmela von der 11106, 12228, 12256
Lührs, Wilhelm 89, 6109
Lukács, Georg 597, 1383, 4023, 14774, 15025
Lukacs, John 16933, 17297
Lukas, Hans-Willi 15798
Lukas, Richard C. 18102
Lükemann, Ulf 1230
Lüken, Erhard-Josef 4098
Lüken-Isberner, Folkert 13355
Luks, Leonid 249, 360, 507
Lumans, Valdis O. 5165, 16230f.
Lundeberg, Philip K. 17551
Lundgreen, Peter 3973, 13558, 13702, 14091, 14167, 14409f., 14834, 14927, 15037, 15388
Lundholm, Anna 7691
Lüneburger Arbeitskreis »Machtergreifung« 843, 2285, 2669, 2868, 4931, 7914, 9979, 13946, 19390
Luntowski, Gustav 3748
Lupfer, Gilbert 13335
Lüpsen, Focko 8895
Lurié, Samuel 12435
Lurz, Meinhold 15370, 19678f.
Lusar, Rudolf 17011
Lustiger, Arno 6671, 6974
Lustigman, Michael M. 7489
Lütge, Friedrich 12705
Lütgert, Will 8524
Lüth, Erich 15799, 17537
Luthard, Wolfgang 2612
Luthardt, Wolfgang 219, 220, 221, 736
Luthe, Hubert 9643
Luther, Christian 8896
Luther, Hans 18273

Lütjen, Hans P. 14851
Lutz, Burkart 12904
Lutz, Gerhard 15117
Lutz, Harald 15202
Lutz, Hermann 2950, 20000f.
Lutz, Thomas 19628
Lützeler, Paul M. 11970
Lützenkirchen, Harald 11625
Lutzhöft, Hans-Jürgen 1384, 17327
Lutzius, Franz 13825f.
Luza, Radomir 1274, 10065, 16212, 16232, 16276, 16560, 16568, 16572, 18066, 18076, 18103, 18127
Lynen von Berg, Heinz 20110
Lyon, James K. 12148
Lyotard, Jean-François 6834, 14775
Lypp, Maria 15544

Maaß, Michael 7904
Maas, Christoph 14680
Maas, Hermann 7077
Maas, Lieselotte 11182–11185, 11337f., 11603f.
Maas, Utz 2050, 4789–4793, 11971, 14821
Maass, Walter B. 1127
Maaz, Hans-Joachim 18499
Macciocchi, Maria-Antonietta 8390
MacDonald, Callum 1946
MacDonogh, Giles 10813
Macha, Hildegard 9718
MacKee, Alexander 17529
Macksey, Kenneth 4512, 17946
MacMurry, Dean S. 16506
Macrakis, Kristie 14704
Madajczyk, Czeslaw 1670, 4692, 5726, 6399, 6400, 13655, 15268, 15285, 15325, 15835, 16714, 17922, 17947–17950, 17963, 18000, 18028, 18104–18107, 18181, 18249, 18277
Madden, James P. 2441–2443
Mader, Ernst T. 13935, 17887
Mader, Julius 4544, 10341
Maga, Christian 2836a
Magenheimer, Heinz 17203a
Mager, Harald 4163, 12572
Mager, Wolfgang 1051, 8795
Mages, Emma 3724
Magnusson, Thomas 17328
Magull-Seltenreich, Achim 1325, 4776, 13397, 13435, 13526, 13792, 13813, 13831, 13880, 14557, 18493
Mahlke, Bernhard 2763

Mahn- und Gedenkstätte Düsseldorf 5958, 7177
Mähner, Peter 9992
Mai, Ekkehard 4738, 19605, 19671, 19679
Mai, Gunther 2681, 3531–3533, 5076, 8038–8041, 8116
Mai, Paul 6907, 9435–9437, 9451, 9485, 9492, 9493, 9494f., 9506, 9518, 9549, 9603, 9674, 14211, 16950
Mai, Uwe 13336
Maier, Charles S. 190, 299, 480, 537, 651, 717, 8010, 8052, 8208, 8380, 9814, 13232, 16348, 19195, 19333
Maier, Dieter 6835, 7490
Maier, Georg 20002
Maier, Hans 508, 4705, 8725, 9893, 10899, 14411, 18397, 20143
Maier, Hedwig 5166, 10628
Maier, Joachim 9338, 9490f., 14228, 14229
Maier, Klaus A. 16446, 16860, 17298, 17479
Maier, Reinhold 17407
Maier, Stefan 13337
Maier, Ulrich 6110
Maier-Hartmann, Fritz 160
Maierhof, Gudrun 8352
Maierhöfer, Hans-Joseph 17553
Maier-Hultschin, J. C. 11456
Maier-Leibnitz, Heinz 468
Maimann, Helene 8391, 9697, 11339
Mairgünther, Wilfred 5727
Mais, Edgar 5897
Maislinger, Andreas 18500
Maiwald, Klaus-Jürgen 15874
Majer, Diemut 718, 3857–3865, 3920, 4024, 4063f., 4099, 4471, 5294–5296, 5360, 13827, 18108–18110
Majewski, Ryszard 17726
Malangré, Heinz 19791
Malcher, Rita 7491
Malek-Kohler, Ingeborg 15875
Malet, Marian 11438
Maleta, Alfred 1128
Malettke, Volker 719, 947, 1382, 8039, 12449, 14434, 16092
Malina, Peter 1076, 8726, 12816
Malinowski-Krum, Horsta 18274
Malkin, Peter Z. 18854
Mallebrein, Wolfgang 12929
Mallmann, Hermann-Josef 11063
Mallmann, Klaus-Michael 1067–1069,

1321

Autorenregister

4604, 5251 f., 5276, 8117, 9815, 10066, 10336, 11457, 13135
Mallmann, Marion 15269
Malone, Henry O. 10814–10816, 11164
Malorny, Heinz 1385
Malsch, Wilfried 12060
Maltitz, Horst von 1386, 1671
Malzahn, Claus C. 20180
Mamatey, Victor S. 16212, 16560, 16572, 18066, 18076, 18103, 18127
Mammach, Klaus 660, 8042, 9894, 10363, 10366, 11340 f., 11557 f., 17626
Mamozai, Martha 8392 f.
Mandel, Ernest 5728
Mandel, Hans H. 14100
Mandell, Richard D. 15993
Mandler, George 11974
Manegold, Karl-Heinz 6111
Manfrass, Klaus 16336
Mank, Dieter 15591
Mankowitz, Ze'ev 6672
Mann, Erika 12257, 12270 f.
Mann, Golo 361, 720 f., 10301, 10861, 12245a
Mann, Gunter 13426
Mann, Hans G. 9671
Mann, Heinrich 1672, 12232, 12281
Mann, Klaus 12245a-12251, 12257 f.
Mann, Reinhard 960, 1263, 2371–2373, 2444, 2531, 5078, 9816, 9784
Mann, Rosemarie 2301
Mann, Thomas 9206a, 12268–12282, 12287
Mannack, Eberhard 18501
Mannesmann-Archiv 12642
Mannzmann, Anneliese 478, 722, 735, 19272, 19280, 19334, 19426, 19439, 20003
Manoschek, Walter 4361–4363, 6449, 6481, 6511, 6836
Manstein, Erich von 16934
Manstein, Peter 2445
Manstein, Rüdiger von 4520
Manthey, Matthias 6111
Mantino, Susanne 20004
Manvell, Roger 1673, 1878, 1910, 1931, 1963, 3024, 4560, 5253, 5729, 10629 f., 15876
Maoláin, Ciarán O. 19818
Maor, Zenek 7078
Marchand, Carlotta 7079
Marcuse, Harold 19629, 19664

Marcuse, Herbert 268, 11972
Marcuse, Herold 19610
Marcuse, Ludwig 19335
Mareiner, Hilde 10067
Marek, Bruno 1123
Marek, Doris 8252
Marek, Michael 4749 f., 5428
Marek, Wolfgang W. 4376
Margaliot, Abraham 6567 f., 6673 f.
Marggraf, Eckhart 6906, 9068, 9201
Margolin, Victor 4715
Marguerat, Philippe 12847
Marjanovic, Jovan 18181
Markert, Werner 17221
Markgraf, Eckhardt 6837, 9202
Märkisches Museum Berlin 15789
Markmann, Hans-Jochen 9777, 9957, 19336, 19480, 19527, 19630
Markmann, Heinz 4605
Markmiller, Fritz 5023 f.
Markus, Gertrud 1070
Markusen, Eric 5359
Marley, Lord 3217
Marnitz, Harry 18111
Marßolek, Inge 538, 5053, 7733, 7985, 8059, 8147, 9785, 9817, 10068, 19528
Marquard, Odo 19677
Marrow, Alfred J. 12225
Marrus, Michael R. 5730–5739, 6482
Marsálek, Hans 7492
Marschalck, Peter 11306, 13656
Marsh, Patrick 18255
Martel, Gordon 236, 723, 1643, 2141, 5569, 16920, 17084
Marten, Heinz-Georg 1387
Martens, Claus-Nis 4025
Martens, Erika 4903
Martens, Hans 11744
Martens, Stefan 1911–1913, 16098, 17276, 18928, 19002
Märtesheimer, Peter 19713
Martienssen, Anthony 4463
Martin, Alfred von 598
Martin, Bernd 362, 665, 3294, 4364, 9895, 10631, 12547, 12854, 13318, 14513, 14776–14779, 15066, 16099, 16687 f., 16696, 16698, 16701 f., 16705, 16935–16937, 17204, 17395–17400, 17627
Martin, Guido 14199
Martin, Klaus 11013
Martin, Michael 6256

Autorenregister

Martin, Peter 15118
Marton, Kati 6401
Marum, Ludwig 7347
Marum-Lunau, Elisabeth 7347
Marwell, David G. 112, 1923
Marx, Alfred 3951, 6112
Marx, Fritz M. 3608 f.
Marx, Hugo 7080
Marxen, Klaus 4100–4103, 4136, 4185
Marxistische Gruppe 745
März, Eduard 12510
Maschke, Erich 17807–17826
Maschke, Günter 4026
Maschke, Sigurd 19180
Maschmann, Melita 3484
Maser, Peter 8727, 9069, 11487
Maser, Werner 724, 1193, 1492, 1517 f., 1674 f., 2181, 3209, 5361, 17205, 18720
Maslow, Arkadij 11555
Mason, David 16764
Mason, Timothy W. 57, 222, 2509, 3295, 8016, 8043–8045, 8267, 8394 f., 10174, 12436 f., 13124, 13136, 13165, 17085–17087
Massiczek, Albert 1085, 14514
Massing, Almuth 18502 f.
Masson, Fernand 17863
Masters, Anthony 6402
Mastny, Vojtech 18112
Masuhr, Karl-Friedrich 13427
Matern, Hermann 11732
Matern, Norbert 17530
Materna, Ingo 961
Mathias, Regine 15243, 15782, 16699 f., 16989, 17201, 17396
Mathieu, G. Bording 5740
Mathieu, Jean-Philippe 11973
Mathis, Franz 12848
Matl, Josef 18182
Matlok, Siegfried 18337
Matt, Alphons 7615
Matt, Volker 5362
Mattausch, Roswitha 13295, 13338
Mattausch, Wolf-Dieter 10175, 10465
Mattenklott, Gert 5741 f., 19337
Matter, Harry 12263
Matter, Jean 11974
Matter, Max 8396
Mattfeldt, Harald 15208
Matthäus, Winfried 3939, 7451, 13808
Matthee, Ulrich 3254
Matthes, Sigurd 14116

Matthias, Erich 2092, 2183, 2593, 2625, 2815, 2828, 2837, 2840, 2856, 3025, 3296, 3531, 4167, 8021, 8399, 8771, 10069, 10195, 10512, 11327, 11488, 11548, 11641
Mattl, Siegfried 15183
Matull, Wilhelm 2682, 10211, 10270
Matussek, Paul 7310
Matz, Klaus-Jürgen 18999
Matz, Reinhard 19631
Matzen-Stöckert, Sigrid 8397
Matzerath, Horst 539, 962, 2302 f., 3610, 3749–3753, 6838, 7920, 18604
Matzerath, Josef 3187, 5266, 6202, 8507, 10423
Matzow, Wolfgang 13387
Mau, Hermann 725
Mauch, Christof 11133, 11149 f., 11165, 11707, 17636
Mauch, Hans-Joachim 2764
Maul, Bärbel 6113
Maur, Hans 9960
Maurach, Reinhart 18721
Maurer, Ilse 2129
Maurer, Trude 5429, 5743 f., 6675
Maurer, Wilhelm 8897
Maurer-Zenck, Claudia 12203
Maus, Heinz 15026, 15119
Maus, Ingeborg 2765, 3866 f., 4027–4030
Mausbach, Hans 5128, 5337, 13379 f., 13828
Mausbach-Bromberger, Barbara 9896, 10212, 13828
Mauz, Gerhard 4031
Max-Planck-Institut für Geschichte 3021, 9282
Max-Traeger-Stiftung 10313a
May, Ernest R. 4545
May, Georg 2838, 3345, 8728 f., 9400, 11693
Mayenburg, Hiltrud von 8398
Mayer, Arno J. 5745, 16938, 19338
Mayer, Eberhard 8898
Mayer, Hans 12172, 12298, 18624
Mayer, Hans-Otto 12283
Mayer, Herbert 3297, 18504
Mayer, Paul 11489
Mayer, Tilman 9659
Mayer, Traugott 9070, 14230
Mayer, Ulrich 2304
Mayer, Wolfgang 1130
Mayerhofer, Claudia 7186

Autorenregister

Mayerhofer, Josef 6907, 9492
Mayer-Maly, Theo 13166f.
Mayr, Gaby 12573
Mazirel, Lau C. 7157
Mazor, Michel 149
Mazur, Tadeusz 18112a
Mazura, Uwe 6839
McCabe, Cynthia J. 11342, 11975
McCane, Eugene R. 16313
McDonald, Charles B. 17299
McDonough, Frank 16314
McGovern, James 1798
McGovern, William M. 599, 1388
McIntyre, Jill 8399
McKale, Donald 3425, 5746
McKale, Donald M. 1792, 3416f., 3426f., 3611, 6840, 16164
McKibbin, R. I. 2526
McKichan, Finlay 726
McLachlan, D. 1897
McMasters Hunt, Richard 1885
McRandle, James H. 727
Mead, Margret 15819
Mechanicus, Philip 7692
Meckel, Anne 15371
Mecklenburg, Frank 11976, 12067
Medem, Gevinon von 10708
Meder, Oskar 15170, 15180
Meding, Dorothee von 10632
Meding, Holger M. 18930
Meehan, Patricia 11166
Megerle, Klaus 920, 2196, 2377, 2396, 2485, 2529, 2567, 2962, 3026
Mehl, Andreas 10950
Mehl, Hans P. 7187
Mehl, Stefan 6841, 12659
Mehlmann, Roy 1220
Mehls, Waltraud 10469
Mehner, Kurt 16793
Mehring, Reinhard 3996, 4032
Mehringer, Hartmut 2683, 4080, 9516, 9804, 9897, 9985, 10239, 10264, 10271, 10411, 11343f., 11538
Mehrtens, Herbert 8242, 8245, 13439, 14168, 14656, 14664–14666, 14672, 14675–14677, 14709, 14723, 14732, 15441
Meiburg, Anette 18276
Meienberg, Niklaus 11117
Meier, Christian 19339f.
Meier, Heinrich C. 7693
Meier, Hellmut 14966

Meier, John A. 8003
Meier, Kurt 2182, 6842f., 8730f., 8899–8911, 9071
Meier, Manfred 12849
Meier, Maurice 6569, 7081
Meier-Benneckenstein, Paul 131–136, 2964
Meier-Kaienburg, Helma 8504
Meiers, Thomas 7082
Meier-Scherling, Anne-Gudrun 8400
Meier-Welcker, Hans 4522, 17300
Meinck, Gerhard 1676, 3637, 17012
Meinck, Jürgen 3868, 3952, 4033f.
Meincke, Susanne 6114
Meinecke, Friedrich 600, 728
Meinhardt, Günther 14516
Meinhold, Peter 10957
Meinicke, Wolfgang 18840a, 19036–19038
Meininger, Herbert 4904, 4923
Meinl, Susanne 2767
Meinzer, Lothar 1806, 3143–3145, 12496
Meisel, Josef 10450
Meiser, Hans 18505
Meisiek, Cornelius H. 8912
Meißner, Hans-Otto 1876
Meißner, Walther 14515
Meissl, Sebastian 14846
Meissner, Gustav 18338
Meissner, Hans O. 3027f.
Meissner, Otto 1999
Meissner, Toni R. 15994
Meister, Barbara 7209
Meister, Johannes 7188f.
Meister, Jürg 17567
Meister, Ulrich 17628
Meiszies, Winrich 11977, 15800
Meitinger Christkönigsschwestern 9681
Meixner, Josef 2956
Meixner-Wülker, Emmy 8645
Melanchthon-Gymnasium Bretten 6166
Melchers, Christoph B. 15877
Melchers, Georg 14735
Melchior, Marcus 18339
Mellacher, Karl 10070
Mellbourn, Gert 12196
Mellenthin, Friedrich W. von 4365
Mel'nikow, Daniil E. 10633, 1389, 1677, 19341
Melson, Jens 16612
Melville, Ralph 10712, 11373, 12771, 17006, 17948, 18101
Melzer, Karl-Heinrich 8913
Melzer, Rolf 12779

Melzwig, Brigitte 11447
Memming, Rolf B. 963, 1255
Menager, Yves 18277
Menapace, Bernd M. 3146
Menck, Peter 14059f.
Mende, Dirk 1036
Mende, Hans-Jürgen 505, 18462, 18504
Mendel, Herta 10224
Mendel, Kurt H. 10240
Mendel-Grundmann-Gesellschaft 6219
Mendelsohn, John 3795, 5467–5484, 13740, 18659, 18660, 18722
Mendelssohn, Peter de 12272–12276, 16939
Mendelsson, Eva 5899
Mendes-Flohr, Paul R. 1436, 6783, 6800, 6824, 6826, 6867, 6945, 8718, 8719, 8749, 8864, 9362
Mendlewitsch, Doris 1390
Mengden, Guido von 2001
Menger, Manfred 17329f.
Mennel, Rainer 17387, 17728f.
Mennemeier, Franz N. 11978
Mensing, Björn 1535, 2305, 2683, 2863, 9072, 9439, 12969
Mensing, Hans P. 9584
Menthon, François de 5551
Menz, Egon 5007
Menze, Ernest A. 509
Meran, Josef 14111
Merbeck, Marianne 8505
Mercalov, Andrej N. 17206
Mercalowa, Ljudmila A. 510
Meredig, Ernst 14517
Mergner, Gottfried 4673, 7946, 8949
Mérindol, Pierre 1788
Merkel, Christine 8506
Merker, Paul 729
Merker, Reinhard 15270
Merkes, Manfred 16447
Merkl, Peter H. 2373, 2446–2448, 3466, 5095f.
Merklin, Anna 8086
Merl, Otho 9493
Merritt, Michael A. 13229
Merritt, Richard L. 19342
Mersmann, Gerhard 12189
Merson, Allan 10364, 10412
Merten, Roland 20342
Mertens, Lothar 14586
Mertens, Pierre 19343
Mertens, Ralf 1391

Merton, Robert 3577
Merz, Hans-Georg 3678, 3921, 6115
Merz, Peter 8087
Mesch, U. Claudia 15222
Meskill, Johanna M. 16703
Messemer, Annette 16344
Messerschmidt, Manfred 540, 4366–4374, 4467, 4490f., 4734, 6844–6846, 8551, 10634–10636, 10865, 14009, 16100f., 16940–16942, 17088, 17207, 17335, 17888f., 18183, 18506, 19344
Messerschmidt, Rolf 13296
Messmer, Willy 6116
Metcalfe, Philip 2963, 3029
Metken, Günter 15295, 15361, 15436
Métraux, Rhoda 15819
Metschies, Kurt 7737
Mettig, Volker 10158, 11444
Mettner, Martina 15940
Metzger, Hans-Geert 18507
Metzger, Hartmut 5487
Metzger, Karl-Heinz 3642, 3754, 3772, 6201, 12968, 13489
Metzger, Max J. 9681
Metzger, Wolfgang 8989
Metzler, Dieter 557, 12426, 18989
Metzmacher, Helmut 16315
Metzner, Kurt O. 15479
Meurer, Renate 150
Meuschel, Sigrid 18508
Meve, Jörn 11345
Meyer, Agnes 12282
Meyer, Alwin 7695, 19948, 20005–20007, 20339
Meyer, August 12615, 13055
Meyer, Brün 4287, 4291
Meyer, Dieter 6117
Meyer, Dietrich 9144
Meyer, Enno 2305a, 3081, 5747, 6118, 6119, 6120, 7870
Meyer, Frank 11979
Meyer, Franz 11214
Meyer, Georg 16818, 18931, 19529
Meyer, Gertrud 10037, 10071, 11089
Meyer, Hans G. 19650
Meyer, Hansgeorg 15592, 19665
Meyer, Heiner 113
Meyer, Heinrich 13596
Meyer, Heinz 17531
Meyer, Helga 9898
Meyer, Henry C. 12806
Meyer, Joachim-Ernst 13555

Autorenregister

Meyer, Jochen 10691
Meyer, Klaus 17208
Meyer, Martin 15593
Meyer, Michael 15734f.
Meyer, Petra 7494
Meyer, Sabine 8401
Meyer, Siegfried 15995
Meyer, Thomas 318, 422
Meyer, Uwe 12340
Meyer, Walter 19039
Meyer, Werner 17730
Meyer, Winfried 4546, 6847, 10637f.
Meyer-Abich, Friedrich 151, 19000
Meyer-Hesemann, Wolfgang 3030, 3638, 4035, 4243
Meyerhoff, Hermann 964
Meyer-Kahrweg, Ruth 3755, 13095
Meyer-Krahmer, Marianne 10563, 10725
Meyer-Minnemann, Klaus 11897
Meyers, Fritz 11105
Meyers, Peter 601, 655, 7315, 9866, 12867, 13126, 14142, 16123, 18051, 19345–19347
Meyers, Reinhard P. F. W. 16316
Meyer-Zollitsch, Almuth 9073
Meyhöfer, Annette 15878
Meyhöfer, Rita 6121
Meyn, Hermann 20212
Meynert, Joachim 5394, 6122–6126, 7083, 19668
Meysels, Lucian O. 730
Micaud, Charles A. 16345
Michael, Berthold 14231
Michael, Fritz 19530
Michael, Robert 9214
Michaelis, Herbert 83, 163–167, 16822–16831, 16943
Michaelis, Karl 3953
Michaelis, Klaus 2098
Michaelis, Meir 1392, 1475, 6483, 6975, 16019, 16379
Michaelis-Stern, Eva 6570
Michalewicz, Bogumila 7158
Michalka, Wolfgang 47, 152f., 586, 1317, 1460, 1476f., 1479, 1530, 1586, 1587, 1712, 1738, 1749, 1765, 1772, 1995, 2020, 2162, 2395, 2642, 2655, 2907, 3031, 3036, 3042, 3061, 3315, 3368, 3521, 3544, 3625, 4321, 4331f., 4383, 5121, 5363, 6400, 6550, 6668, 7317, 7806, 7828, 7830, 7936, 8165, 8204, 8942, 9338, 11716, 11802, 12439, 12703, 12710, 12907, 13019, 13144, 13843, 14736, 14877, 16030, 16033, 16067, 16102, 16103–16108, 16116, 16138, 16148, 16165, 16317, 16327, 16354, 16384, 16472, 16491, 16525, 16527, 16548, 16604, 16642, 16704, 16754a, 16838, 16904, 16936, 16944, 16948, 16973, 16991, 17100, 17144, 17166, 17207, 17217, 17225, 17246, 17257, 17298, 17301, 17308, 17399, 17459, 17568, 17851, 17855, 17969, 18074, 18106, 18194, 18265, 18335, 19800
Michalski, Krzysztof 18413
Micheels, Louis J. 7084
Michel, Bertram 13168
Michel, Henri 7696, 17951, 18199
Michel, Jean 7495
Michel, Karl M. 119, 13522, 16426
Michel, Thomas 7051
Michel, Ute 15065
Michelberger, Hans 3869, 7825
Michels, Eckard 18278
Michels, Helmut 1886, 16109
Michelsen, Jens 8657
Michelson, Karl 3147
Michmann, Dan 5748
Mickel, Wolfgang M. 439, 494
Micklem, Nathaniel 9340
Middendorff, Friedrich 9074
Middendorff, Wolf 10639, 10780
Middlebrook, Martin 17451, 17532–17534
Midell, Eike 11955
Midgley, David 399, 11901, 12356f., 12359
Miedaner, Lore 13714
Mieder, Wolfgang 4794
Miege, Wolfgang 16233
Miehe, Gudrun 14518
Mielke, Fred 13742, 18665
Mierendorff, Marta 12154f., 15773
Mies van der Rohe Archive of the Museum of Modern Art 12326
Miesbeck, Peter 1678
Miethe, Dora 19649a
Miethke, Jürgen 14967, 14969, 14973
Mikat, Paul 9341
Milatz, Alfred 2183
Milfull, John 363, 731, 1353, 2427, 2735, 4575, 4591, 5749, 6384, 6386, 6430, 6460, 6585, 6827, 6894, 7771, 13629, 14756, 15658, 16174, 19202
Militärakademie »Friedrich Engels« 11579
Militärarchiv 3372, 4388

Autorenregister

Militärgeschichtliches Forschungsamt 4464, 5594, 11713, 12735, 12852, 16859–16864, 17674, 19579
Milkereit, Gertrud 7905
Miller, Gisela 12925, 14317, 14335
Miller, Judith 5750
Miller, Max 9599, 9716
Miller, Susanne 10243, 10313a, 11346f., 11458, 11491, 11505, 11634, 19531
Miller-Kipp, Gisela 3485, 14061, 14318
Milton, Sybil 114, 1452, 3575, 3903, 4772, 5482, 5488, 5516, 5600, 5627, 5668f., 5751–5753, 6772, 6789, 6954, 7276, 7311, 8236, 8695, 10932, 13377, 14688, 15271, 17952, 19253, 19325, 19348, 19632
Milward, Alan S. 364, 2101, 7947, 12438, 12706f., 12708, 12850f., 17089, 18279, 18340
Ministerium der Justiz Rheinland-Pfalz 4157a
Ministerium für Ernährung, Landwirtschaft und Forsten Baden-Württemberg 3668
Minkner, Detlef 9075
Minnerup, Willi 3346
Minninger, Monika 6127
Minor, Ulrike 6128
Minott, Rodney G. 17629
Minssen, Friedrich 10864
Mintzel, Alf 20131
Minuth, Heinrich 2904
Minuth, Karl-Heinz 2954, 17209
Mirkes, Adolf 965, 10072
Miskiewicz, Peter 20181
Mispelkamp, Peter K. H. 18341
Missalla, Heinrich 7948, 8732
Mission Recherche Expérimentation (MIRE) 7705
Mistele, Karl-Heinz 17535
Mitchell, Allan 17952
Mitchell, Otis C. 732, 2184, 3032, 3439, 5097, 5290, 7826, 13229, 14407
Mitrovic, Emilija 13241, 13253, 13267
Mitscherlich, Alexander 13742, 18509, 18665
Mitscherlich, Margarete 18509–18511
Mitscherlich-Nielsen, Margarete 8402
Mittag, Gabriele 11348, 11437
Mitte, Wolfram 15211
Mittelmann, Hanni 12163
Mittenzwei, Werner 11954, 12149, 15699a

Mitteräcker, Hermann 10073
Mitterrutzner, Christa 9970, 9972
Mittig, Hans-Ernst 15372, 15399, 19349
Miyake, Masaki 16271, 16704
Mlynek, Klaus 3148f., 5277, 7496, 7871f.
Mock, Wolfgang 11980–11982
Möckel, Andreas 14291f.
Möckershoff, Barbara 9494f.
Moczarski, Kazimierz 2099
Mode, Markus 14907
Model, Hansgeorg 4375, 4523
Möding, Nori 3453, 3486, 8404, 15027
Modrshinskaja, J. D. 20008
Moehling, Karl A. 14781, 14782
Moeller, Robert G. 2832, 12774
Moersch, Karl 3725
Moessner-Heckner, Ursula 17536
Mogge, Winfried 3506, 8584
Moghareh-Abed, Hamid 14736
Mögle-Hofacker, Franz 3756
Mohler, Armin 178, 2768, 10557, 18512–18514
Möhler, Gerda 15159
Möhler, Rainer 19001f.
Möhlich, Georg 689, 1362, 5064, 16049
Mohn, Joseph 5395
Mohnhaupt, Heinz 4217
Mohr, Gundi 12956
Mohr, Klaus 8046
Möhrmann, Renate 15878
Mohrmann, Ute 15157
Mohrmann, Wolf-Dieter 16821
Molden, Fritz 10074
Molden, Otto 10075
Molho, Michael 6484
Molkenbur, Norbert 15272
Moll, Alex 699, 7801
Moll, Christiane 11034
Moll, Martin 43, 1215, 3389, 4656, 4706
Moll, Michael 7256
Moll, Otto E. 4376
Möller, Günter 4164
Möller, Horst 16, 170, 643, 1324, 1775, 2393, 2538, 2550, 2967, 3033, 3570, 3831, 4355, 4585, 5519, 7767, 9911, 11349, 11386, 11983, 11984f., 14412, 14783, 16058
Möller, Kurt 20009, 20266
Möller, Kurt D. 17731
Möller, Reimer 17732
Möller-Witten, Hanns 4324
Mollin, Gerhard T. 12439, 12616

Autorenregister

Mollo, Andrew 5105, 5107–5110, 5204
Molnar, Michael 1033, 1035, 1037, 3142, 9978
Molt, Harro 1131
Möltgen, Klaus 1966, 3612, 3639f., 3750, 12501, 13005
Moltke, Albrecht von 10842f.
Moltke, Freya von 10858
Moltke, Helmuth James von 10855–10857
Moltke-Stiftung 10835
Moltmann, Bernhard 18410, 18499, 18515, 18518, 18830, 18836f., 19629, 19658
Moltmann, Günter 1532, 1679, 4707f., 4936, 8524, 15196, 15411, 15813, 15816, 16110
Mommsen, Hans 223f., 541, 733–738, 1647, 1680–1683, 1914, 1989, 2185, 2359, 2543, 2559, 2626, 2833, 2926, 3034–3037, 3242–3243a, 3542, 3565, 3613f., 3632, 3757, 3808, 4606, 5430, 5489, 5754–5756, 6848f., 7813, 7828f., 8101, 8211–8213, 9818, 9899–9903, 10038, 10143, 10176, 10302, 10307, 10523, 10545, 10564f., 10640–10642, 10773, 10844f., 12617, 12851, 13007, 13165, 14171, 18516, 19350–19358, 19532–19534, 19757
Mommsen, Wolfgang J. 115, 602, 739, 740, 3038, 5096, 10646, 14908, 15028, 16105, 16111, 16132, 16288, 16291, 16644, 18656, 19359, 19758
Momper, Walter 2449
Moneke, Kirsten 6571
Monneray, Henri de 6315, 6455
Mönnich, Horst 12618
Mönnig, Richard 19
Monse-Schneider, Elisabeth 8405
Montada, Leo 13566
Montanus, Klaus 14169
Montau, Robert 1970
Monteath, Peter 16448
Monteleone, Renato 18319
Montenbruck, Jens 2306, 3150
Moore, Bob 3418, 11350
Mooser, Josef 8047
Mooslechner, Michael 1171, 10115, 12792
Moraw, Frank 6129, 10241, 11492, 14232
Morawek, Elisabeth 19182
Mörchen, Helmut 15594
Moreau, Patrick 2080, 2699, 10547, 19841, 20010, 20267

Moret, Jürgen 20340
Moret-Bailly, Jean 17864
Morgan, Dagmar G. 12926
Morgan, John H. 17013
Morgan, Ted 18846
Morgan-Witts, Max 11412
Morgenthaler, Sybille 6676
Morgner, Frank 10281
Moritz, Erhard 4533, 16442, 17130, 17210, 17388
Moritz, Günther 3870f., 17953–17955
Moritz, Klaus 18834
Moritz, William 15879
Mork, Andrea 19996
Mörke, Fritz 17733
Morley, John F. 6976
Morlock, Karl 13937
Morris, David S. 2283
Morris, Kenneth E. 9158a
Morsch, Günter 8048f.
Morse, Arthur D. 11351
Morsey, Rudolf 741, 1519, 2008, 2183, 2450, 2593, 2625, 2815, 2828, 2837, 2840f., 2856, 3025, 3082, 3255f., 3338, 3347, 3615, 3922, 4844, 9254, 9584f., 9594, 9600, 9623, 9633, 9637, 9651, 9670, 9696, 9698, 9724, 10900, 11681, 11688, 14909
Morweiser, Hermann 10272, 10273
Mosch-Wicke, Klaus 13096
Moser, Arnulf 7497
Moser, Dietz-Rüdiger 5008, 9342
Moser, Gabriele 13199, 13743
Moser, Helmut 13584
Moser, Jonny 5757, 6130–6133, 6572, 12966
Moser, Josef 8050, 8118
Moser, Tilmann 18518
Moser-Rath, Elfriede 15120
Moses, John A. 2627, 6564
Moses, Siegfried 6533, 6573
Mösl, Albert 18642
Mosley, Leonhard 1915
Mosley, Philip E. 17997
Moss, Alfred 7128
Mosse, George L. 154, 345, 365, 412, 603, 1393–1398, 1623, 2186, 4607, 4709, 5233, 5256, 5758, 6428, 7833, 11114, 12957, 19680
Mosse, Werner E. 5759
Mostowicz, Arnold 6309
Moszkiewiez, Helene 5254

Motzkau-Valeton, Wolfgang 6510, 6604, 7311, 11677, 11680, 11808, 11812, 11821, 11850, 11909, 11919, 11950, 11966, 11971, 11984, 12000, 12006, 12025, 12034, 12080, 12086, 12150, 12223, 12288, 12338, 12341
Moyer, Laurence V. Z. 13230
Mroßko, Kurt-Dietrich 3151
Muchitsch, Wolfgang 11352, 11364
Mückenberger, Ulrich 13184
Muckermann, Friedrich 11699f.
Muehlon, Wilhelm 1196
Mueller, Gene 4518
Müffling, Wilhelm Freiherr von 77
Muggeridge, Malcom 16363
Mühlberg, Philipp 20353
Mühlberger, Detlef 1267, 2307f., 2451–2453, 2493, 2510, 4641
Mühldorfer, Friedbert 10076
Mühlebach, Josef 3679, 3679a, 3726
Mühleisen, Hans-Otto 4377
Mühleisen, Horst 6058, 10735, 10797f.
Mühlfeld, Claus 13657f.
Mühlhausen, Walter 19003
Mühlleitner, Elke 11773
Mulert, Jürgen 13221
Mull, Uwe 7906, 12497
Müller, Adolf 17431
Müller, Arnd 6135
Müller, Artur 143
Müller, Charlotte 7697
Müller, Christian 10568, 10781
Müller, Christine-Ruth 6850f., 9159, 13938
Müller, Christoph 4036
Müller, Elmar 4165, 9904, 10566, 15204
Müller, Emil-Peter 20182
Müller, Erich H. 14255
Müller, Filip 7698
Müller, Frank 11689
Müller, Franz 2009, 16277, 16278
Müller, Franz J. 11043, 18764
Müller, Gabriele 3152
Müller, Gerhard 14413
Müller, Gudrun 11985a
Müller, Hanno 6136
Müller, Hans 8585, 9255
Müller, Hans D. 4861
Müller, Hans-Harald 11058, 19190
Müller, Harry 20111
Müller, Hartmut 2665, 3175, 3186, 12362, 13097

Müller, Hedwig 15774
Müller, Helmut 15498, 17734
Müller, Herbert 966, 3758
Müller, Hildegard 16732
Müller, Ingo 1343, 2336, 3872, 4008, 4036, 4104, 4144, 15213, 18463, 18519, 18690, 18723, 18775, 18821, 19064, 19260, 19780, 19905, 19916
Müller, J. Heinz 12905
Muller, Jerry Z. 15029f.
Müller, Josef 19094
Müller, K. H. 17287
Müller, Karl A. 14233
Müller, Karl-Friedrich 17735, 19004f.
Müller, Karlheinz 823
Müller, Klaus-Dieter 14584
Müller, Klaus-Jürgen 707f., 1912, 2705, 3370, 4364, 4378–4384, 4396, 4423f., 4891, 5083, 5192, 7754, 8214, 8928, 9308, 9818, 9895, 9900, 9905f., 10634, 10643–10648, 10701–10703, 10865, 10870, 10871–10873, 10984, 11167f., 11376, 11395, 12891, 14947, 15551, 16037, 16098, 16100, 16106, 16115, 16127, 16191a, 16196a, 16346, 16460, 16569, 16688, 16709, 17985, 19534
Müller, Leo A. 20107, 20129, 20211
Müller, Manfred 1793, 9130, 9577
Müller, Markus 8011
Müller, Max 2102
Müller, Michael 16264
Müller, Norbert 16945, 17905, 18724
Müller, Petrus 10958
Müller, Rainer A. 14858
Müller, Reinhard 11616
Müller, Richard M. 18520
Muller, Robert 7085
Müller, Roland 810, 967–969, 3759, 6137
Müller, Rolf 6138
Müller, Rolf-Dieter 5363, 7830, 12709f., 12852, 13019, 16460, 17014f., 17211f., 17630, 17736, 17986, 17987, 18113
Müller, Roswitha 8507
Müller, Sonja 10453
Müller, Stefan 18521
Müller, Thorsten 8620a
Müller, Ulrich 19633
Müller, Uwe 15996
Müller, Walter 8482, 18841
Müller, Werner 9786
Müller, Willy 19018
Müller, Wolfgang 5760, 14258

Müller-Bohn, Jost 17871
Müller-Claudius, Michael 6852
Müller-Funk, Wolfgang 12174
Müller-Handl, Utta 16234
Müller-Hill, Benno 5364, 13659, 13830, 18522
Müller-Hillebrand, Burckhart 4425–4428
Müller-Hohagen, Jürgen 7986, 18523–18525
Müller-Küppers, Manfred 13831
Müller-Luckner, Elisabeth 2640, 2859, 2861, 2896, 2987, 3013
Müller-Mehlis, Reinhard 15273
Müller-Meiningen jr., Ernst 18932
Müller-Münch, Ingrid 6853, 7498, 13020, 18526 f., 18804
Müller-Rolle, Sebastian 14102
Müller-Rytlewski, Marlene 2187
Müller-Salget, Klaus 12159
Müller-Schönhausen, Rudolf 78
Müller-Tupath, Karla 2628, 5167
Müller-Wesemann, Barbara 6728
Mulley, Klaus-Dieter 1162, 7907
Mulligan, Timothy P. 4547
Münch, Ingo von 138
Münch, Maurus 7499, 9343
Münch, Peter 13297
Münchheimer, Werner 3616, 10649
Münchner Gesellschaft für Dialektische Philosophie 14792
Muncy, Lysbeth 3680
Mund, Ottokar 9344, 9661–9663
Munier, Gerald 19360
Münk, Dieter 13298
Munk, Frank 7831, 12440
Münkel, Daniela 8185 f.
Münkler, Herfried 3997, 4710, 17737
Munske, Horst 19422
Münster, Erika 8513
Munz, Alfred 18280
Munz, Max 6403
Münzberg, Olav 4582
Münzebrock, August 3727
Murawski, Erich 4711
Murmann, Geerte 4712, 15775
Murray, Williamson 17480
Murtorinne, Eino 9345
Muschg, Walter 15595
Muschkau, Martin 10451
Müser, Mechthild 10413
Museum am Hohen Ufer Hannover 6168
Museum der Stadt Rüsselsheim 6053

Museum für Hamburgische Geschichte 19610
Museum für Kunst und Kulturgeschichte der Hansestadt Lübeck 974
Museumspädagogischer Dienst der Kulturbehörde Hamburg 3099
Museumsverein und Kulturforum Warburg 10820
Musgrave, Richard A. 11986
Musil, Robert 12309
Müssener, Helmut 11205, 11221, 11354 f., 11377, 11988 f., 12196
Mußdorf, Torsten 6134
Mußgnug, Dorothee 11353, 14519 f.
Muth, Heinrich 44, 4037, 10987
Mutius, Albert von 3760
Mütter, Bernd 1399
Mütze-Specht, Fanny 10077
Myers, Gerald E. 19391
Myers, Sondra 6868
Myllyniemi, Seppo 16614, 16625 f., 18114 f.
Mynona (Pseud.) 6513
Mytze, Andreas W. 10554

Naarmann, Margit 6139, 6908, 9496
Nachama, Andreas 18369, 18528, 18799, 19348, 19553, 19647, 19852
Nachtmann, Walter 1255a, 2309, 10320, 12548
Nacke, Aloys 6140
Nacken, Winfried 20249
Nadav, Daniel S. 13660
Naderer, Anton 9624
Nadler, Fritz 7966
Naef, Louis 12090
Naeher, Jürgen 14784
Näf, Beat 14910
Nagel, Brigitte 14667
Nagle, John D. 2905
Nagy-Talavera, Nicholas M. 6404
Nahm, Peter P. 16722, 16780–16786, 17476
Nakai, Akio 18875
Na'man, Shlomo 13660
Nandlinger, Gabriele 20011
Nasarski, Gerlind 1400
Nasarski, Peter E. 16235
Nassen, Ulrich 8554, 14154, 15557
Nath, Axel 14103 f.
Nathan, Tikva S. 19165
Nathans, Eli 2056

The National Archive 105
Nationale Mahn- und Gedenkstätte Buchenwald 7267, 7337f., 7354, 7355, 7367, 7388f., 7409, 7503, 7515, 7531, 7561, 7568, 7601, 7617, 7622, 7624f., 7627, 18608, 19659
Nationalrat der Nationalen Front des demokratischen Deutschland 18897, 19913
Natoli, Claudio 191, 197, 202, 211, 9819, 9901
Natter, Bernhard 1303
Nattkämper, Heinz 1694, 15999
Naucke, Wolfgang 4106
Naudé, Horst 18116
Naujoks, Harry 7699
Naujoks, Martha 7699
Naumann, Bernd 7500, 18805
Naumann, Christa 7501
Naumann, Klaus 511, 18855, 19363
Naumann, Richard 4251, 4253, 4258
Naumann, Uwe 11213, 11500, 11779, 12202, 12259f., 18117, 19805
Nausner, Peter 13939
Nave-Herz, Rosemarie 8407a, 20341
Nayhaus, Mainhardt Graf von 10650
Neave, Airey 1928, 18725
Nebel, Bettina 20076
Nebelin, Manfred 16586, 17131
Nebellin, Manfred 76
Nebgen, Elfriede 9660
Necak, Dusan 16595
Neck, Rudolf 1132, 9882, 16914, 17171, 17284
Neckenauer, Albert 3728 f.
Nederling, R. (d.i. August Piesack) 5026
Neebe, Reinhard 2906–2908
Needler, Martin C. 1684
Neef, Wolfgang 15215
Neeße, Gottfried 3617
Neff, Winfried 17132
Nehama, Joseph 6484
Nehlsen, Hermann 4107
Nehrig, Christel 12823
Nehring, Joachim 20088
Nehring, Wolfgang 12342
Neidhardt, Friedhelm 2478
Neisinger, Oskar 9565
Neitzel, Sarah C. 776
Neitzke, Peter 7305
Nekrich, Aleksandr 16507
Neliba, Günter 1847 f.
Nelkowski, Horst 14701

Nelles, Dieter 10492, 11459, 11647
Nellessen, Bernd 6854, 9346, 9497
Nelson, Herbert 11990
Nelson, Walter H. 12619
Nemec, Petr 18118
Nemitz, Kurt 13660
Nemitz, Rolf 14010
Nerdinger, Eugen 10274, 10493
Nerdinger, Winfried 3404, 3698, 4344, 7277, 8787, 12491, 12798, 12931, 13279, 13328, 13349, 14027, 15324, 15428 f., 15458, 19468, 19641
Neshamit, Sarah 6297, 6406
Neske, Günther 10683, 19486
Nestler, Gerhard 976, 1000, 1058, 1253, 1809, 2270, 2582, 3145, 3648, 4151, 4934, 6280, 7185, 8774, 8775, 9498, 10197, 11366, 12496, 12789, 17425
Nestler, Ludwig 146, 1238, 3873, 4150, 8215, 8907, 13515, 16029, 16166, 16602, 17002, 17090, 17901–17906, 17988
Netzer, Shlomo 6298
Neu, Peter 17738
Neubach, Helmut 977, 1256 f., 2310
Neubauer, Franz 18625
Neue Gesellschaft für Bildende Kunst 4568, 4592, 5046, 8331, 8358, 13634, 15259, 15352, 15357, 15383, 15386, 15447, 15654, 15942, 19227
Neuenhoff, Gerhard 14635
Neufeldt, Hans-Joachim 5297
Neufurth, Bernd 3153
Neugebauer, Karl-Volker 4385
Neugebauer, Otto 6142f.
Neugebauer, Wolfgang 1123, 1132, 1154, 1161, 3923, 5074, 5075, 9539, 9697, 9805, 9820, 9974, 10057, 10078–10080, 10127, 10380, 11312, 12181, 12966, 13940, 13941, 14455, 14521, 14968, 16946, 17679, 18146
Neuhaus, Barbara 18119
Neuhaus, Helmut 76, 1887
Neuhauser, Johannes 13896
Neuhaus-Koch, Ariane 11098
Neuhäusler, Johann 8733, 9347
Neuland, Franz 8621
Neulen, Hans W. 17907, 18281
Neuloh, Otto 13145, 15031
Neumaier, Helmut 2800
Neuman, Franz L. 12016
Neuman, Hendicus J. 2061
Neumann, Bernd 19365

Autorenregister

Neumann, Franz L. 300, 746, 1229, 11991, 13169
Neumann, Inge S. 18645
Neumann, Michael 15056
Neumann, Moritz 6574
Neumann, Peter 8914
Neumann, Robert 1685
Neumann, Siegfried 7086
Neumann, Sigmund 512, 747, 2188
Neumann, Volker 4038–4040
Neumann, Wolfgang 5278, 7436
Neumark, Fritz 11356, 11992
Neumärker, Klaus-Jürgen 13556
Neumeister, Andreas 14170
Neumüller, Bernd 13942
Neun, Oliver 513
Neupert, Jutta 9348
Neurohr, Jean F. 1401
Neusüss-Hunkel, Ermenhild 5168
Neutzner, Matthias 17481
Nevermann, Kurt 19292
Newborn, Jud 11024
Newman, Karl J. 514
Newton, Ronald C. 11357
Nicholls, Anthony J. 749, 2092, 2189, 8399, 11169, 11327, 12441
Nichtweiss, Barbara 9693
Nickol, Thomas 13429, 13510
Niclauß, Karlheinz 16508
Nicolai, Elke 16448
Nicolaisen, Carsten 8669, 8673f., 8706, 8915, 8950, 9204f., 18492
Nicolaisen, Hans-Dietrich 8587- 8589
Nicolaysen, Rainer 11823
Nicosia, Francis R. 2867, 5240, 6677–6679, 6684, 6724, 7811, 8853, 9224, 9285, 9787, 9829, 9907, 10028, 10226, 10376, 10592, 10752, 10815, 10868, 11146, 11164, 11172, 13775, 16664, 17768, 19366
Nida-Rümelin, Julian 14747
Niebauer, Elke 4937
Niederland, William G. 19095, 19166f.
Niederländisches Staatliches Institut für Kriegsdokumentation 6456
Niedermayer, Hans 979
Niedermayer, Oskar 19847, 20093, 20268
Niedersächsische Landesregierung, Pressestelle 4105
Niedersächsische Landeszentrale für politische Bildung 3844, 7349, 7740, 7747, 20345

Niedersächsischer Kultusminister 5787
Niedersächsisches Justizministerium 4105
Niedhart, Gottfried 1541, 4588, 11335, 11900, 11981, 12297, 15866, 16113–16317, 16492, 16515, 16752, 16771, 17045, 17050, 17071, 17073, 17085, 17091, 17105, 17301, 18529, 19190, 19443, 19676
Niehoff, Karena 1873
Niehuss, Merith 2366, 8276
Niekisch, Ernst 10556
Nielsen, Andreas 4442
Nielsen, Birgit S. 11358, 11493, 11833f., 12150, 12220, 12312
Niemann, Heinz 366, 2629, 10242, 11494–11498
Niemöller, Gerhard 8916–8918, 8983
Niemöller, Martin 9206a–9209
Niemöller, Wilhelm 8808, 8814–8816, 8919–8923, 8984f., 9076, 9140, 9190, 9207, 9217
Nienhaus, Ursula 8408
Niermann, Charlotte 2562, 6144, 13477
Niesel, Wilhelm 8924, 9077
Nießeler, Martin 14234
Niess, Wolfgang 3040, 6906, 6914, 9184, 9199, 9201, 9234, 9597, 9684, 9719, 9767, 9995f., 10316, 10320, 10437, 10448, 10496, 10502, 10715, 10748, 10792, 11057, 11063, 11107, 11123, 11276, 11662, 12548, 13963, 14080, 14993
Niessen, Manfred H. 3041
Niethammer, Lutz 367, 559, 733, 1358, 2574, 3000, 3486, 5662, 7348, 7908, 7939, 8026, 8051, 8099, 8106, 12614, 13301, 15880, 18060, 18364, 18933f., 19006f., 19367f., 19458c, 19513, 19793, 20144
Niethammer, Ortrun 15596
Niewyk, Donald L. 2630, 5761
Niggl, Günter 12160
Nijkamp, Peter 2525
Niklas-Falter, Christa 3398
Nikolay-Panter, Marlene 14891
Nill, Ulrich 1888
Nilson, Sten S. 2454
Nipperdey, Hans C. 7987, 18806
Nipperdey, Thomas 218, 368, 440, 460, 496, 508, 604, 1858, 3398, 14416, 19425
Nippert, Erwin 5255
Nissen, Hans C. 10082

Nissen, Joern C. 4218
Nitschke, August 2455, 7842
Nittner, Ernst 16236
Nitzsche, Gerhard 3290, 10365f., 11559
Nix, Claire 11686
Nixdorf, Bärbel 14235
Nixdorf, Delia 14171
Nixdorf, Gerd 14171
Noack, Axel 19469
Noack, Paul 4041
Noack, Wulf-Dietrich 4438
Noakes, Jeremy 155, 226, 750–754, 1802, 2128, 2311, 3583, 3618, 3761, 5762, 7210, 7812, 8062, 9499, 13832
Noam, Ernst 3918, 5898, 18834
Nobécourt, Jacques 9349
Nobuo, Tajima 16705
Noelle-Neumann, Elisabeth 20145, 20269
Noetzel, Thomas 515
Noguères, Henri 16570, 18282–18286
Nohara, Erik 11767
Nohr, Fritz 4924
Nolan, Mary 8052
Nolan, Molly 8053
Nolden, Reiner 6058
Noll, Adolf 20146
Noller, Sonja 4863
Nolte, Ernst 227–229, 250f., 256, 369–377, 755f., 1402, 2456, 2893, 2909, 3042, 14417, 14785f., 19369, 19759–19762
Nolte, Hans-Heinrich 17213f.
Nolte, Josef 10792
Nomberg-Prytyk, Sara 7700
Noormann, Harry 18935
Norden, Günther van 6855f., 8734–8737, 8803, 8817, 8925–8932, 8986, 9032, 9079f., 9189
Norden, Peter 12807
Nordlund, Sven 11359
Nordsiek, Hans 6049
Norgart, Per 15225
Norling, Bernard 994
Nörnberg, Hans-Jürgen 13339
Nosbüsch, Johannes 8646, 17432, 17739f.
Nossack, Hans E. 17537
Noth, Ernst E. 11993
Nöther, Gerd 7909
Nötzold, Jürgen 19503
Nova, Fritz 2037
Novák, Otto 16237, 16571
Novitch, Miriam 6485
Novy, Klaus 3298, 12442

Nowak, Josef 9710
Nowak, Klara 13833
Nowak, Kurt 7832, 8679, 8738–8740, 8900, 8903–8905, 8933, 9175, 13834–13839
Nowojski, Walter 15275
NSDAP, Hauptorganisationsamt – Amt für Statistik - 3512
NSDAP, Reichsorganisationsleiter 3377–3382, 3512
NS-Dokumentationszentrum der Stadt Köln 17525
Nuß, Karl 2942, 4320, 4339, 16888, 16945
Nußbeck, Ulrich 15160
Nübel, Hans U. 9160, 10946
Nucéra, Louis 7495
Nuding, Albrecht 14613f.
Nußer, Horst G. W. 2801
Nüßler, Karola 9500
Nunner, Gerhard 924
Nüske, Gerd F. 19008
Nussbaum, Kurt 6034
Nussbaum, Laureen 12340
Nutzinger, Hans G. 10959
Nyiszli, Miklós 7701
Nyomarkay, Joseph L. 2190f.
Nyssen, Elke 8409, 14172

Oben, Freda M. 9727
Obenaus, Herbert 3154, 5279, 7747, 10022, 10275–10277, 13098, 18531
Obenaus, Sybille 7747
Oberdörfer, Eckhardt 2835
Oberfinanzdirektion Münster 12665
Oberkirchenrat Karlsruhe 8987f.
Oberkofler, Gerhard 3924, 4137, 14521
Oberkrome, Willi 14911f.
Oberlaender, Franklin A. 5763, 9625
Oberländer, Erwin 16509
Oberländer, Theodor 17989
Obermann, Karl 11994
Oberndörfer, Dieter 2482, 8750
Oberrat der Israeliten Badens 6029f., 6242
Oberregierungspräsidium Hessen-Pfalz 18968
Oberreuter, Heinrich 20131
Oberreuther, Heinrich 351, 715, 2015, 2641, 2702, 2977, 4526b, 9164a, 9337, 9610, 9779, 9893, 9937, 10303, 10309, 10543, 10587, 10598, 10627, 10700, 10722, 10744a, 10758, 10762, 10764, 10786, 10802f., 10812, 10819, 10821,

10823, 10860, 11151, 11406, 13680, 16071, 19555
Oberschulamt Tübingen 13898
Oberste-Keller, Clemens 18532
Obschernitzki, Doris 8508
Obst, Dieter 5764, 6849, 18807
Obst, Johannes 6145
Ochs, Eugen 10501
Ochs, Günter 11766, 11995, 12091
Ockenfels, Wolfgang 9711
O'Donnell, James P. 17741
Oebbecke, Janbernd 3390
Oehme, Werner 9134
Oelkers, Jürgen 3456, 13669, 14032, 14039, 14045f., 14059, 14061, 14065, 14070, 15959
Oellers, Norbert 14822
Oenning, Ralf K. 13715
Oertel, Ferdinand 9566
Oertel, Thomas 2116, 4608
Oertzen, Peter von 10161
Oeschger, Bernhard 885a
Oesterle, Anka 5169, 15121–15123, 15161
Oesterle, Klaus 216, 19735, 19752, 19763, 19770
Oesterreich, Detlef 20270
Oestreich, Gerhard 2014, 16167, 17061
Oettinger, Klaus 15700
Ofer, Dalia 6575, 6977
Offenberg, Mario 6146
Office of the U.S. High Commissioner for Germany, Historical Division 18994
Office of U.S. Chief of Counsel for Prosecution of Axis Criminality 18666
Offner, Arnold A. 16644
Ogan, Bernd 1737, 2090, 2187, 3946, 4609, 5031, 5037, 5039, 5042, 7840, 8884, 11422, 15390, 15408, 15416, 15433, 15754, 15848, 18699, 19349, 19468, 19477f., 19606
Ogger, Günter 12549
Ogiermann, Otto 9615, 9672
Ohlemacher, Jörg 8934, 14173
Ohlemacher, Thomas 20271
Ohlendorff, Otto 5256, 7833
Ohler, Norbert 981
Ohlischläger, Dorothée 6147
Ohlsen, Manfred 12550f.
Ohno, Eiji 2458
Ohr, Dieter 2580
Okladek, Friederike 6644
Olbrich, Harald 11996

Olden, Ika 11438
Olden, Rudolf 1686, 11438
Oldenhage, Klaus 3875, 7967, 17956
Oldfield, Sybil 11078
Oleschinski, Brigitte 4475, 4482, 4485, 4499, 6857, 9604, 9755, 17862, 18506, 19666
O'Lessker, Karl 2457
Oliner, Pearl M. 6858
Oliner, Samuel P. 6858, 7087
Olschewski, Christa 3391, 12927
Olshausen, Klaus 16596f.
Olszewski, Henryk 1403, 14418, 16543
Omland, Kurt 6148
Omland, Sabine 6148
Omont, Bénédicte 7430
O'Neill, James E. 16772
O'Neill, Robert J. 4386
Onnasch, Martin 9081
Ooyen, Hans van 3043
Opfermann, Hans C. 15846
Opfermann, Norbert 20089
Ophir, Baruch Z. 6150
Ophir, Ephraim 6406a
Opitz, Eckhardt 2705, 5083
Opitz, Günter 2842
Opitz, Reinhard 378f., 12853, 20012f.
Oppelt, Hans 17742
Oppenheimer, Max 5765f., 6729, 10494, 11104, 11648, 18607, 20277
Oppermann, Thomas 17286
Oppitz, Ulrich-Dieter 5365, 18808f.
Orb, Heinrich 757
Orlov, Aleksandr S. 16510
Orlow, Dietrich 1932, 2122, 2192–2194, 3392, 3419, 14174, 18184
Orlowski, Hubert 4925, 18121
Orozco, Teresa 14787
Orski, Marek 7615a
Orth, Hubert 17738
Orth, Karin 7419, 19157
Orth, Linda 13943f.
Ortmeyer, Benjamin 7726
Ortner, Helmut 1845, 11126
Oschlies, Wolf 7313, 7314
Ose, Dieter 4526b, 17302
Osnowski, Rainer 5177, 7266, 13644, 13683, 13754, 13840, 18704
Ossendorf, Ingo 18342f.
Ostendorf, Erwin 964
Ostendorf, Heribert 3796, 4155, 4164, 18667, 18837, 18977

Autorenregister

Osten-Sacken, Peter von der 8741
Osteraas, Leena K. 2769
Osterkamp, Theo 17482
Österreichische Gesellschaft für Zeitgeschichte 1265
Österreichischer Rundfunk 4979
Österreichischer Verein für Studentengeschichte 14648
Osterroth, Franz 3299f., 10223, 11467
Ostler, Fritz 3876
Ostrowski, Siegfried 7088, 13430
O'Sullivan, Noel 226
Oswalt, Walter 19230, 19920, 19941, 19970, 20124, 20176, 20180
Otruba, Gustav 7834, 12443
Ott, Hugo 983, 4642, 7702, 9416, 9501, 9646f., 14452, 14788, 14789, 18533, 19009
Ott, René 10068
Otten, Holger 18937, 19010
Otten, Karl 380
Ottmer, Hans-Martin 17331f.
Ottnad, Bernd 86
Otto, Bernd 15597, 19370
Otto, Christian F. 11997
Otto, Hans-Uwe 543, 2424, 3480, 3490, 5598, 7203, 8322, 8418, 12111, 12632, 12921, 13125, 13138, 13224, 13237, 13244, 13247, 13249, 13254–13257, 13267, 13621, 14011, 14014, 14280, 14294, 18480, 20342
Otto, Karl 7616
Otto, Karl A. 19011
Otto, Rainer 15776
Otto, Reinhard 17860
Ottosen, Kristian 7502
Ottweiler, Ottwilm 14175f.
Oudard, Pierre 5117
Ouzoulias (gen. Colonel André), Albert 6714
Oven, Wilfred von 16449
Oven, Wilfried von 1889
Overesch, Manfred 55f., 1687, 10289, 10321
Overmans, Rüdiger 16947–16949
Overy, Richard J. 1688, 1916, 12711–12713, 17092, 17483
Oxaal, Ivar 6151

Paape, Harry 6456
Pachaly, Erhard 7503, 7617–7619
Pachaly, Ewald 18608
Pachnicke, Claudine 1037, 9978
Pädagogengruppe der Gesellschaft für Christlich-Jüdische Zusammenarbeit Rhein-Neckar 6145
Pädagogische Arbeitsstelle Dortmund 8585
Pädagogisches Institut der Landeshauptstadt Düsseldorf 3089
Pädagogisches Zentrum 796
Pädagogisches Zentrum Berlin 6269, 9777, 19226, 19480, 19673
Pädagogisches Zentrum des Landes Rheinland-Pfalz 5897, 6028
Pädagogisch-Theologisches Institut der Evangelischen Kirche im Rheinland 5697a
Padberg, Rudolf 9350, 9502, 9706
Padel, Gerd H. 16429
Padfield, Peter 1933, 1964, 4507
Padinger, Franz 8664
Paech, Norman 3991, 4117, 18534
Paechter, Henry M. 4795
Paepcke, Lotte 7089
Paetel, Karl O. 2700, 5170, 9567, 10560, 10917, 11365, 11664, 11668, 11722
Page, Helena P. 10757
Pagel, Gerda 11780
Pagels, Wilhelm 19192
Paget, Reginald T. 4521
Pahlke, Georg 9578
Pahlke, Heinz 19371
Pahl-Weber, Elke 13340, 13358f., 15430
Paillard, Georges 1947
Paldiel, Mordecai 6407, 6749
Päßler, Peter 8085
Palmier, Jean-Michel 11998
Panahi, Badi 20272
Pankalla, Heinz 949
Pankoke, Eckart 3681
Pannenbecker, Otto 18668
Pánstwowe Muzeum na Majdanku 6440
Pantcheff, T. X. H. 5396
Panzer, Marita A. 9503
Papadatos, Pierre A. 18856
Papagos, Alexandros 17370
Papcke, Sven 11999f.
Pape, Siegfried 6086
Papeleux, Léon 16450
Papen, Franz von 2010f.
Papke, Gerhard 4406
Papke, Sven 15012, 15032f.
Pappi, Franz U. 15038, 19828, 20183

1335

Parisius, Bernhard 8119
Parker, R. A. C. 16318
Parkinson, F. 1275
Parteli, Othmar 16380
Partridge, Colin 17303
Partsch, Karl J. 10793
Pascher, Joseph 14419
Paschner, Günther 20014
Pasemann, Dieter 15034f.
Pass, Walter 12001
Passauer, Paul 19535
Passchier, Nico 2459
Pässler, Edgar 12156
Patalas, Enno 15844
Patch jr., William L. 2811, 2843
Paterna, Erich 758
Paterson, Thomas G. 454
Paterson, William E. 11499
Patri, Aimé 14790
Patsch, Sylvia M. 12002
Patterson, David 19372
Patzer, Ursula 14236
Pätzold, Günter 10214, 14300, 14303, 14320
Pätzold, Kurt 80, 381, 1231, 1404, 3044, 4610, 5098, 5490f., 5767, 5768–5775, 6152, 6680, 14534, 14737, 16470, 19764
Paucker, Arnold 5743, 5759, 5776, 5791, 5805, 5837, 6567, 6608, 6614, 6638, 6660f., 6664, 6681–6684, 6698, 6705, 6727, 6814, 6859, 7632, 12941, 12946, 12958, 14266
Paucker, Henri R. 12003, 15598
Pauer, Erich 12854
Paul, Elfriede 10367
Paul, Gerhard 1068, 1071f., 1262, 1807, 2195f., 4604, 4611, 5251f., 7835, 7988, 9815, 10066, 10083, 11460, 11606, 13135, 17890, 20015, 20184, 20343
Paul, Hinrich 8120, 12620
Paul, Johann 811
Paul, Rainer 13585
Paul, Roland 6153f., 6576, 11366
Paul, Wolfgang 1917, 17405, 17631
Pauleikhoff, Bernhard 13841
Pauley, Bruce F. 1276, 1293–1296, 1308
Paul-Horn, Ina 8410
Pauli, Gerhard 3955
Paulsen, Helge 18344
Paulsen, Sven 3928, 3940, 3968, 4152, 6155, 6896, 13942, 18262, 19130
Paulus, Jael B. 6029

Pauly, Ferdinand 8789
Pausch, Alfons 2017
Pauwels, Jacques R. 8411–8413, 14587
Pawek, Karl 12239
Pawelczynska, Anna 7504f.
Pawlas, Karl R. 4140
Pawlita, Cornelius 19096
Paxton, Robert O. 9821
Payne, Robert 1689
Payne, Stanley G. 382f.
Paysen, Roswitha 3487
Peach, Norman 3820
Pearle, Kathleen M. 7024
Peball, Kurt 1163
Pech, Karlheinz 9908, 9898, 10329, 10330, 11367, 11723, 11724, 11725
Pechel, Rudolf 9909
Pechmann, Peter 13099
Peck, Abraham J. 19168
Peck, Joachim 16689
Peck, Sarah E. 6978
Pedersen, Minna S. 11368
Pehle, Walter H. 192, 541, 759, 2133, 3682, 5502, 5507, 5547, 5744, 5757, 5777, 6562, 6848, 7133, 7587, 8734, 9794, 10353, 10564, 10606, 11002, 11084, 11430, 12944, 13762, 19255, 19367, 19713, 19768
Peiffer, Jürgen 13842
Peis, Günter 17093
Peisl, Anton 178
Peitsch, Helmut 18535
Pélassy, Dominique 1232
Peleg, Mordecai 7090
Peleg-Marianska, Miriam 7090
Pelger, Hans 10517, 10524
Pelinka, Anton 1309, 1405, 1456
Pelke, Else 8790
Pelny, Kurt 7503, 7619
Peltz-Dreckmann, Ute 13299
Pelz, Monika 6408
Pelzer, Jürgen 15777
Pelzer, Wolfgang 6409
Pendorf, Robert 1830
Penkower, Monty N. 6979
Pentrop, Clemens 4751
Pentzlin, Heinz 2042, 3045, 7836
Penzo, Giorgio 14791
Pepper, Hugo 17680
Percer, Jan 7146
Perechodnik, Calel 7091
Perel, Sally 7092

Perels, Joachim 10160
Perk, Willy 5320, 9851
Perkins, John 3420, 12855, 16174
Perrault, Gilles 1790, 10369, 19454
Perrey, Hans-Jürgen 12856
Perry, R. C. 19697
Personenstandsarchiv II des Landes Nordrhein-Westfalen Kornelimünster 4437, 17867
Pertiet, Martin 8935
Perz, Bertrand 252, 13061 f., 13100
Peschanski, Denis 516
Peschken, Bernd 15599
Pese, Walter W. 1690, 16381
Peter, Antonio 16451
Peter, Jürgen 18727
Peter, Lothar 13213
Peter, Matthias 21, 549, 16731, 17032, 19718
Peter, Roland 12757 f., 13101
Petermann, Jörg 8004
Petermann, Werner 4257
Peters, Christian 8782
Peters, Günther 14738
Peters, Hartmut 3155
Peters, Horst 3131, 10213, 10278
Peters, Jan 11369, 19823, 20016 f., 20090
Peters, Karl 4108
Peters, Ludwig 63
Peters, Martin 3329
Peters, Tiems R. 9161
Peters, Uwe H. 12004–12007, 19167
Petersen, George A. 1901
Petersen, Gita 4564
Petersen, Hans U. 6589, 6601, 10189, 10231, 11203, 11330, 11355, 11358, 11368, 11370 f., 11390, 11463, 11473, 11485, 11506, 11580 f., 11627, 12200, 16612
Petersen, Jens 4713, 16382–16386
Petersen, Jürgen 4849
Petersen, Klaus-Dietrich 12144
Petersen, Kristina 19177
Petersen, Peter 15759
Petersen, Uta 11500
Peterson, Agnes F. 1216, 1956
Peterson, Brian 2844
Peterson, Edward N. 760, 1691, 2043, 3619
Peterson, Walter E. 11372
Peterson, Walter F. 11373, 12008 f.
Petitfrère, Ray 16387

Petley, Julian 15881
Petracchi, Giorgio 16388
Petri, Franz 884, 957, 7896, 7905, 9033, 9456, 14026
Petrich, Gunnar 6817, 8885
Petrich, Johannes 10036
Petrick, Fritz 8590, 11581, 12714, 12928, 16615, 18345–18348
Petropoulos, Jonathan G. 15222, 15276
Petrova, Slavka 18185
Petrow, Richard 18349
Petry, Christian 11035
Petry, Ludwig 14522
Petsch, Joachim 15277, 15431–15436, 19373
Petsch-Bahr, Wiltrud 15432
Pettee, George 11686
Petter, Wolfgang 4387, 4406, 5066, 6860, 13843
Petwaidic, Walter 1197
Petz, Ursula von 13356
Petzet, Wolfgang 15801
Petzina, Dietmar 92, 2872, 7735, 7837, 8054, 10844, 12402, 12444–12447, 12621, 12649, 12715, 12716–12720
Petzold, Joachim 384, 1406 f., 2197, 2770–2773, 2875, 2942, 6861, 8205, 8223, 10651, 19050
Peukert, Detlev J. K. 45, 230, 761, 1049, 1060, 2464, 3132, 3757, 5014, 5068, 5102, 5366, 5778 f., 6751, 6862, 7211, 7488, 7734, 7815, 7838–7840, 8045, 8055, 8591–8593, 8839, 9822, 9910, 10177–10181, 10370, 10414 f., 10479, 10525 f., 10964, 10988 f., 11649, 12453, 12973, 13125, 13137, 13265, 13530, 14131, 14259, 14293, 14420, 15434, 19765, 19842, 20018
Peukert, Helge 12041
Peuschel, Harald 1777, 1799, 1890, 1918, 1948, 1965
Pfaff, William 1408, 20019
Pfaffenwimmer, Michaela 13896
Pfäfflin, Friedemann 6156, 7219, 13478, 13557, 13586 f., 13945
Pfahl, Robert 12793
Pfahlmann, Hanns 13021
Pfahl-Traughber, Armin 1409, 19830, 20020–20022, 20112, 20113
Pfälzischer Sängerbund im DSB 7909
Pfanner, Helmut F. 11374, 12010 f., 12184, 12188, 15600

Autorenregister

Pfeffer, Anne-Marie 13326
Pfefferkorn, Eli 7700
Pfeiffer, Jürgen 13431
Pfeiffer, K. Ludwig 12012
Pfeiffer, Lorenz 15998
Pfeiffer-Belli, Wolfgang 12208
Pfeil, Ernst 19374
Pfister, Manfred 14848
Pfister, Peter 9504
Pfliegensdörfer, Dieter 8122, 12498
Pflug, Günther 11774, 18304
Pflugfelder, Thilo 6157
Pfürtner, Stephanus 8790
Phayer, Michael 6778, 8414, 9281, 9505, 11067, 19375
Phelps, Reginald H. 1410, 1520, 1692f., 1817, 2198, 2774, 11686
Philipp, Werner 14913
Philippi, Alfred 16795, 17215
Philippon, Jean 3371
Philipps, Leona R. 22, 1464
Philipps, Mechtild 9237
Philipps, Raymond 18679
Philipps, Werner 9237
Philipps-Universität Marburg 11526, 12153
Phillips, David 18938
Phillips, Marcus S. 15882f.
Piaszczynski, Ulrich 20344
Picard, Jacques 6577
Pichinot, Hans-Rainer 3979
Pichler, Meinrad 1172, 8123
Pickel, Ingrid 3083
Picker, Henry 1516, 1521
Pieck, Wilhelm 10454f.
Piehl, Kurt 11014
Piekalkiewicz, Janusz 17216, 17265, 17304f.
Piekarz, Mendel 5412f.
Pieper, Volker 7506
Pierenkemper, Toni 12448
Pies, Norbert 10214
Pietrow, Bianka 16511
Pietrow-Ennker, Bianka 15884f., 16512, 17217
Pikarski, Margot 3301, 10325, 10331f., 10371–10373, 10416–10418
Pike, David W. 9906, 10527, 11650, 12013, 16507, 16513, 16605, 16702, 17094, 17283, 18023, 18147
Pilgrim, Volker E. 6516, 8415
Pilichowski, Czeslaw 18536

Pilz, Gunter A. 20345
Pincus, Lily 7093
Pinette, Gaspard L. 18287
Pingel, Falk 1399, 7315–7318, 7595–7597, 8120, 8930, 9375, 9816, 9875, 9926, 10180, 10188, 10600, 13022, 19376–19378
Pingel, Henner 3156f., 14523
Pingel-Rollmann, Heinrich 10085
Pini, Udo 15278
Pinkus, Benjamin 16238
Pinkus, Theo 3158
Pinkwart, Wolfgang 12767
Pinl, Max 14678
Pinn, Irmgard 13661, 15057
Pinter, Stefan K. 5291
Piper, Ernst 846, 984, 2199, 2312, 7511, 15320f., 15373
Piper, Franciszek 7507f.
Pipes, Richard 6353
Pirker, Theo 257
Pirsch, Hans 20023
Piscator, Erwin 19695
Pischel, Joseph 12173f.
Pischke, Gudrun 12759, 12762
Piskol, Joachim 16117
Pistorius, Peter 11527
Pitsch, Ilse 15778
Pittler, Andreas P. 15601
Pius XI. 16401
Piwitt, Hermann P. 20024
Pizzinini, Meinrad 1144
Plachetka, Peter 15458a
Plack, Arno 18537f., 20025
Plagemann, Volker 19604
Plant, Richard 7232
Platen-Hallermund, Alice 13844
Plato, Alexander von 2631, 3453, 3486, 8056, 8106, 12614, 18539, 19458c
Plehwe, Friedrich-Karl von 17306
Plesniarski, Boleslaw 18122
Pless, Helmut C. 17743
Plesse, Sigurd 3159
Plessner, Helmuth 605
Plessner, Monika 12014
Plettenberg, Inge 13090
Plewnia, Margarete 1233, 1821
Pleyer, Hildegard 2200
Pleyer, Peter 15886
Plieninger, Konrad 19681
Plischke, Elmer 19012
Plog, Ursula 13845

Plum, Günter 1213, 3046, 3566, 5780, 8124, 9911–9914, 10182, 10333, 10419, 13023, 19536f., 20026
Plum, Marlene 4919
Plum, Werner 8727, 11471, 11487, 11501–11503, 11508–11511
Plumpe, Gottfried 12449, 12622f., 12639
Plumpe, Werner 12570, 12573a, 12965, 17632
Podevin, Walter 3160
Podzun, Hans-Henning 4414
Poelchau, Harald 7703
Pöggeler, Franz 2093f., 8594, 14336
Pöggeler, Otto 14793
Pohl, Dieter 6299, 6410, 17975
Pohl, Hans 8348, 8354, 8428, 8440, 8483, 12414, 12540, 12553, 12583–12844, 12857, 13141, 14421
Pohl, Joachim 10052
Pohl, Klaus 3453, 8537, 8620a, 8600, 10972, 10985, 15732, 15925
Pohl, Manfred 12666
Pohl, Peter 5486
Pohl, Rainer 11014a, 11014b
Pohle, Fritz 11375, 11897, 12015
Pohle, Heinz 4959
Pohlmaier, Heinrich 985
Pohlmann, Friedrich 231, 762, 1411, 5067
Pohlmann, Hanne 986
Pohlmann, Klaus 986
Pohlmann, Ulrich 15941
Pöhls, Joachim 2775
Pohlschneider, Johannes 8791
Poidevin, Raymond 12858, 16118, 16347
Pokatzky, Klaus 11118
Pokorny, Karl 18883
Polaczek, Dietmar 15737a
Polenz, Peter von 14823
Polewoi, Boris 18728
Poley, Stefanie 8416, 19379
Poliakov, Léon 1320, 1412f., 3798, 4296, 4569, 5717, 5781f., 6158, 6486f., 7509, 14354, 15248, 16152, 17908
Poljan, Pavel M. 13024
Poll, Bernhard 4292
Pollak, Michael 7704f., 13662
Poller, Walter 7510
Polley, Rainer 111
Pollmann, Birgit 12499
Pollmann, Klaus E. 2666
Pollnick, Carsten 2313, 3402f., 15701
Polm, Rita 8509

Polomski, Franciszek 10653, 13663
Polonsky, Antony 6350
Pöls, Werner 2666, 16305, 17074, 17183
Polsby, Nelson W. 503
Polster, Bernd 15738
Polzin, Hans 3278
Pombeni, Paolo 3393
Pommerening, Günther 6159
Pommerin, Reiner 1335, 1563, 1696, 6980, 10823, 11170, 13846f., 16031, 16631, 16652, 16779, 17219, 18205
Pomorin, Jürgen 20027f.
Ponthus, René 11504
Pontier, Aart 13102
Pool, James 2910
Pool, Suzanne 2910
Pope, Michael 9615a
Popielski, Boleslaw 18123
Popieszalski, Karol M. 5171
Popp, Hans 4219
Popp, Marianne 9506, 16950
Popp, Wolfgang 4014, 9125, 10958a, 12012, 13667, 13885, 14060, 14377, 14424, 14815, 14849f., 14854, 15982
Poppinga, Onno 10086
Pöppinghege, Rainer 14615
Popplow, Ulrich 1694, 3084, 6160, 15999
Poralla, Peter 17744
Porat, Dina 6411, 6730, 6981, 7123
Pörksen, Niels 13946
Portenländer, Franz X. 5950
Portmann, Heinrich 9629f., 9634f.
Portner, Ernst 11694
Posdziech, Werner 7878
Posner, Gerald L. 13848
Posselt, Ralf-Erik 20029
Posset, Franz 9683
Post, Bernhard 6059
Postal-Vinay, Anise 7719
Postler, Frank 12818
Postone, Moishe 1414, 5503
Poteet, David D. 2201, 3454
Poteránski, Waclaw 18124
Poth, Fritz 12906
Pottgießer, Hans 12721
Potthoff, Heinrich 10243, 11505
Pottier, Joël 8742
Pöttker, Horst 4612f.
Pötzl, Walter 9352
Poulantzas, Nicos 385
Poulsen, Henning 18350
Powers, Thomas 14692, 17016

Pozzoli, Claudio 287, 386, 406, 2623
Präg, Werner 17990
Prange, Gordon W. 1522
Prange, Klaus 14062
Prangel, Matthias 12161
Prantl, Helmut 8768, 9507
Praschek, Helmut 11206
Prater, Donald A. 12363
Prater, Georg 9185
Prätorius, Rainer 290, 475, 19826
Prechtel, Rudolf 4850
Prehn, Wolfgang 9082
Preiß, Achim 4999, 9013, 13345, 15232, 15234f., 15279, 15303, 15415, 15453, 15730, 19380
Preiß, Bettina 15279
Preis, Kurt 987
Preising, Renate 14177
Preising, Rudolf 6161
Preissler, Gerd 13735, 17976
Preradovich, Nikolaus von 4429, 5198, 16544
Press, Bernhard 6412
Pressac, Jean-Claude 7511 f.
Presseisen, Ernst L. 16706
Presser, Ellen 12361
Presser, Jacob 6488
Pressestelle der Universität Hamburg 11058
Pressler, Mirjam 6450, 6489
Preston, Adrian 17095
Preuß, Johannes 12760f.
Preuß, Sabine 7873, 19474
Preuß, Ulrich K. 3877
Preuschoff, Hans 9641
Preußisches Staatsministerium 59
Priamus, Heinz-Jürgen 2002, 2314, 4643
Price, Alfred 17509
Price, Billy F. 1493
Priddat, Birger-Peter 15209
Pridham, Geoffrey 155, 752–754, 2128, 2315
Prieberg, Fred K. 15739–15741
Prießnitz, Reinhard 15887
Priepke, Manfred 9131
Priese, Johannes 18883
Priester, Karin 387
Prieur, Jutta 934, 17408
Prigge, Walter 1695, 15437
Pringsheim, Fritz 14616
Prinz, Detlef 10497
Prinz, Friedrich 1535, 2305, 2683, 2863, 9072, 9439, 11376, 11534, 11536f., 12969

Prinz, Friedrich E. 1100, 1116
Prinz, Joachim 7094
Prinz, Michael 232, 542–544, 547, 548a, 1245, 2394, 2460, 2550f., 3298, 3543, 4356, 7841f., 7917, 8191, 8193–8195, 12442, 12455, 12461, 13138f., 13296, 13563, 14245, 14912, 15422
Prinz, Regina 3404
Prinz, Wolfgang 13558
Pritchard, John 3244
Prittie, Terence 9915, 11637
Probst, Christian 14628, 14655
Procházka, Theodor 16572
Proctor, Robert N. 13432
Progressiver Eltern- und Erzieherverband NRW 7885
Pröhuber, Karl-Heinz 20030
Projekt Osthofen 7358
Projekt Sozialgeschichte, Gedenkhalle [Oberhausen] 6050
Projekt Zeitgeschichte im Kulturamt der Landeshauptstadt Stuttgart 1033–1037, 2309, 2277, 2808, 3142, 3351f., 3759, 5908, 9978, 15958
Projektgruppe »Fremde Arbeiter« 13059
Projektgruppe für die vergessenen Opfer des NS-Regimes in Hamburg 5378
Projektgruppe Ideologie-Theorie 390, 1356, 1415, 5043f., 13155, 13246, 14010, 15446, 15664, 15868
Projektgruppe Musik und Nationalsozialismus 15760
Projektgruppe Scharfenberg-Archiv 9947
Projektgruppe »Volk und Gesundheit« 13453
Prokasky, Herbert 2527
Prolingheuer, Hans 6863, 8936–8939, 9004, 9139, 9181, 12131
Promies, Wolfgang 15529
Propping, Peter 5720, 13664, 13672, 13838, 13944
Pross, Christian 13371, 13433, 13479, 19097, 19098
Pross, Harry 4796, 4832, 4861, 8647
Pross, Helge 12016f.
Pröstler, Viktor 15280
Proudfoot, Malcolm J. 11378
Prucha, Václav 12859
Prühs, Ernst-Günther 19684
Prümm, Karl 2776, 4624, 4879, 4907, 4951, 5007, 5619, 8060, 8559, 9852, 10926, 10933, 15254, 15522, 15552,

15559, 15594, 15599, 15603, 15611,
15616, 15666, 15674, 15679, 15716,
15838, 15922, 19365, 19445
Prusnik Gasper, Karel 10087
Prütting, Hildegunde 15155
Przybylski, Peter 7513, 18729
Puchert, Bertold 12860
Puerschel, Reginald 4237
Puknus, Heinz 18621, 19696
Puls, Ursula 10420
Pulzer, Peter 5431
Pünder, Tilman 13932
Puppo, Rolf 12451
Pusch, Wolfgang 14524
Püschel, Almuth 875, 5783, 15888, 15929
Pust, Dieter 887
Putensen, Dörte 11506
Pütter, Conrad 11379 f.
Puttkammer, Jesco von 11726
Püttner, Günter 3620, 3752
Pützstück, Lothar 15162
Puvogel, Ulrike 19625
Puxon, Grattan 7154
Puzzo, Dante 18320
Pyta, Wolfram 388, 2632

Quack, Sybille 6578
Quadflieg, Helga 15889
Quandt, Siegfried 19448, 19710
Quaritsch, Helmut 4042 f.
Quast, Cläre 10421
Quasten, Christoph 15604
Queiser, Hans R. 8648
Quellmatz, Alfred 15140
Quilitzsch, Siegmar 12624, 17218
Quint, Herbert A. 1594
Quitzow, Wilhelm 14668

Raab, Angelika 9967
Raab, Harald 18599
Raab, Helmut 10088
Raabe, Elisabeth 10335
Raabe, Paul 9925, 12081, 12147
Raasch, Rainer 4166
Rabe, Bernd 10244
Rabe, Karl-Klaus 20006 f., 20339, 20346
Rabehl, Bernd 2633
Rabenalt, Arthur M. 15890
Rabinbach, Anson G. 389, 13215, 13232
Rabitsch, Gisela 7319, 7514
Rabl, Kurt 19040
Rabofsky, Eduard 3924, 4137

Rabus, Walter 16865
Radandt, Hans 12625 f., 12861
Raddatz, Fritz J. 19698
Radel, Hans-Georg 1247
Radice, Lisanne 16598
Radkau, Joachim 7577, 8595, 11381 f.,
12554, 12862, 19381
Radtke, Nati 13869
Raem, Heinz-Albert 9256, 9354 f., 16416
Ragg, Albrecht 11507
Ragwitz, Renate 7515
Rahe, Thomas 7349, 7598
Rahn, Werner 17553, 17568 f.
Rahne, Hermann 17017
Rahner, Stefan 9636
Raible, Eugen 5309
Raichle, Gerhard 10542
Raim, Edith 5784, 7516, 12936
Rainer, Paul 17354
Raiser, Bernhard 4220
Raiser, Ludwig 18939
Rajewski, Christiane 20031 f.
Rall, Hans 8229
Ramati, Alexander 6490, 18321
Rämisch, Raimund H. 13170
Ramm, Thilo 4221–4223, 13171, 13665
Ramme, Alwin 5280, 18124a
Rammstedt, Otthein 15036 f.
Ramsauer, Carl 14705
Ramstätter, Heiner 14726
Randecker, Günter 6060
Randt, Ursula 7124, 14270 f.
Rang, Adalbert 14063
Ranke, Kurt 15120
Ranke, Winfried 156, 4714
Ránki, György 1696, 6413, 12722,
12863 f., 17219, 18187
Rapoport, Samuel M. 13450, 13927
Rapp, Gertrud 4044, 6864
Rapp, Maximilian 4258
Rapp, Petra M. 9356
Rappoport, Leon 5705
Rapsch, Arnulf 3878
Rasch, Manfred 12672
Rasche, Edith 12928
Rasehorn, Theo 3789, 3879, 4045, 5432
Rasp, Hans-Peter 13341, 15459
Rassinier, Paul 6982
Rassler, Gerda 11762, 12018
Rassow, Peter 725
Rast, Josef 15490
Rathenow, Hanns-Fred 19382

Rathkolb, Oliver 1080, 1133, 3992, 4644f., 8125, 15281, 16119, 17588
Rathmann, Johann 3161
Rathmann, Lothar 14463
Räthzel, Nora 20273
Rätsch, Birgit 4186, 4833, 15605
Rattner, Anna 7095
Ratz, Michael 18810, 20033
Ratza, Werner 17811
Ratzke, Erwin 14073
Rau, Johannes 7723
Rau, Ulrich 9219
Rauch, Andreas 19261
Rauch, Doris 6319
Rauch, Georg von 16514f.
Rauchensteiner, Manfred 17745f.
Rauchensteiner, Manfried 17538
Rauh, Manfred 763, 16951
Rauh-Kühne, Cornelia 989, 3397, 3428, 3683, 3692f., 3696, 3702, 4163, 4169, 12487, 12500, 12568f., 12572, 12574, 12758, 18985, 19013
Raulet, Gérard 1882, 2712, 10461
Raupach, Hans 11006, 12373
Rausch, Josef 10089f.
Rausch, Wilhelm 3745, 13272, 13332, 13346
Rauschenbach, Brigitte 8304, 18380, 18437, 18508, 18540f., 18554, 18559, 18588
Rauschenberger, Katharina 6052
Rauschning, Hermann 1523, 2777, 11682, 17096
Rautenberg, Hans J. 17018
Rave, Klaus 17595
Rave, Paul O. 15282
Raveh, Karla 6162
Read, Anthony 5785, 16516
Rebentisch, Dieter 116, 814, 826, 837, 990f., 1217, 1258, 1802, 1804, 2273, 2316, 3162, 3427, 3558, 3611, 3618, 3621–3626, 3641, 3649, 3684, 3688, 3762, 3875, 4020, 4240, 5068, 9967, 12495, 12775, 13300, 17939, 18109, 18169
Rebhann, Fritz M. 1164f., 17747
Rechenberg, Helmut 14683
Reck, Michael 17825
Recker, Marie-Luise 12865, 12907, 13300–13302, 13140f., 13342, 16120f., 16319
Recknagel, Rolf 12190

Recktenwald, Johann 1697
Rector, Martin 15606
Redaktion Kritische Justiz 3906
Rede, Bernd 2611
Redieck, Matthias 11013
Redottée, Hartmut W. 15891
Reed, Douglas 2081f., 3245, 11669
Reeg, Peter 13434
Reeken, Dietmar von 7910
Reemtsma, Jan P. 5326, 19667
Rees, Philip 23, 245, 1077
Reese, Dagmar 3488–3491, 8268–8270, 8291, 8417
Reese, Hans-Jörg 8743, 8819f.
Reese, Hartmut 3289, 15898
Reese-Nübel, Dagmar 8418
Regel, Helmut 15892
Regge, Jürgen 4070–4075
Regionales Pädagogisches Zentrum 2984, 7493, 17643
Regionales Pädagogisches Zentrum Bad Kreuznach 9948
Regionalmuseum Neubrandenburg 7469
Regnery, Franz 6163
Rehberger, Horst 3163f., 10715
Rehberger, Reinhold 992
Rehmann, Jan C. 390, 8744
Rehme, Günther 6164
Rehn, Marie-Elisabeth 7911
Reich, Ines 10553a, 10654, 19538, 19596f.
Reich, Wilhelm 391, 7843
Reichardt, Hans J. 3534, 10184, 10489, 15460
Reichardt, Rolf 14863
Reichart, Elisabeth 10422
Reiche, Eric G. 3047, 5103
Reichel, Peter 545, 2845, 4614, 15283, 18542
Reichel, Sabine 18543
Reichelt, Werner 5009
Reichert, Franz 15779
Reichling, Michael 14706
Reichmann, Eva G. 5786
Reichmayr, Johannes 11773
Reichold, Anselm 9357
Reichold, Ludwig 1134, 10528, 10655
Reich-Ranicki, Marcel 8649, 12175
Reichrath, Hans L. 6909–6911, 9083–9085, 9203
Reichrath, Susanne 15219
Reichs- und Preußisches Ministerium des Innern 58

Reichsschrifttumskammer 15483 f.
Reichstagsbüro 3552
Reichwein, Adolf 14197
Reichwein, Roland 10312a
Reif, Adelbert 2070
Reif, Heinz 12794
Reif, Sieglinde 15124
Reifenrath, Brigitte 13480
Reifferscheid, Gerhard 2317, 9508
Reifner, Udo 3535, 3881–3883, 4084, 4088, 4099, 4103, 4104, 4109, 4118, 5287, 5295, 5299, 13168, 13172, 13181, 18544
Reile, Oscar 4548–4550
Reimann, Bruno W. 14422 f., 14525–14527
Reimann, Elisabeth 1790
Reimann, Günter 2684
Reimann, Viktor 1891, 9655
Reimer, Carol J. 19383
Reimer, Robert C. 19383
Reimer, Uwe 7781, 9856
Reimers, Karl F. 4998, 5035, 9086, 15225, 15817, 15893
Reimers, Stephan 5638
Rein, Gustav 392
Rein, Hans 2012, 18811
Reinartz, Dirk 7254a, 7257
Reineke, Augustinus 9509, 9568, 9579
Reinert, Charles 7643
Reinfeldt, Sebastian 20038
Reinfried, Marcus 14237
Reingold, Nathan 12019
Reingrabner, Gustav 9087
Reinhardt, Dirk 12452
Reinhardt, Klaus 17220
Reinhardt, Rudolf 2846
Reinharz, Jehuda 5791, 6579, 6631, 6685
Reinhold, Josef 2581
Reinhold-Postina, Eva 6574
Reinicke, Adolf 4430
Reining, Elke 14321
Reininghaus, Wilfried 8162a, 12501
Reinke, Andreas 6169
Reinke, Herbert 5070, 5241
Reiß, Klaus P. 10739, 16180
Reisch, Elisabeth 9916
Reisch, Erich 9242a
Reiss, Erwin 4960
Reissig, Harald 6170, 6686 f.
Reist, Hugo 13343
Reiter, Elisabeth 9116
Reiter, Ernst 9510, 14528
Reiter, Franz R. 11439

Reiter, Raimond 7518, 13103 f.
Reitlinger, Gerald 5172, 5792, 18125
Reitter, Ekkehard 1922
Reitz, Jakob 10310
Religiöse Gesellschaft der Freunde (Quäker) 9753
Remdt, Gerhard 17633
Remmling, Gunter W. 3302
Rempel, Gerhard 3455, 5173, 5213
Renger, Dietmar 7382
Rengstorf, Karl H. 6580
Renken, Ilka 4150b
Renn, Walter F. 12937, 17019, 19384
Renneberg, Monika 8243, 14669, 14673, 14720
Rennen, Günter 3941
Renner, Gerhard 6171, 15702
Renner, Rolf G. 19385
Rennick, Robert M. 4797
Rennspieß, Uwe 2318, 3165, 8126
Renolder, Klemens 12364
Renouvin, Pierre 16481
Rentschler, Michael 2161, 5328, 7751, 12377, 16043, 16956
Renz, Rudolf 9511
Renz, Ulrich 18812
Renz, Werner 7620
Repgen, Konrad 1570, 2450, 2634, 2954, 6171a, 6865–6867, 6872, 7796, 8018, 8680, 9266, 9290, 9292, 9297, 9336, 9359–9362, 9366, 9376, 9393, 9401 f., 9658, 157559a, 16046, 16404, 16417 f., 19766
Requardt, Walter 15607
Rest, Matthias 18276
Restellini, Patrick 15248
Reston, James 16524
Retallack, James 4834
Rett, Andreas 13688, 13689
Retzlaff-Kresse, Bruno 10456
Reulecke, Jürgen 761, 862 f., 993, 1049, 1060, 2464, 3132, 3456, 3507, 3757, 5014, 5068, 5102, 6751, 7211, 7488, 7815, 8045, 8124, 8617, 8839, 10479, 12453, 12973, 13265, 13530, 13667, 13706, 14131, 15434, 17129
Reumann, Klaus-Peter 9088, 9186
Reumschüssel, Peter 13849
Reuter, Elke 2511
Reuter, Fritz 3166, 6172, 7190
Reuth, Ralf G. 1870, 1892 f., 4527, 17355
Reutter, Friederike 10216

Autorenregister

Reutter, Lutz-Eugen 9363, 11383
Revel, Jean-François 517
Rewald, Ilse 6912
Rex, Erhard 18842
Rexer, Martin 13948
Rexin, Manfred 3048, 4961, 9917, 10497
Rey, Manfred van 935, 6173f., 19470
Reyer, Jürgen 13668f.
Reynolds, Nicholas 4509, 10704
Reynolds, Quentin 1831
Rheingans, Stefan 12967
Rheins, Carl J. 6688
Rhein-Sieg-Kreis 6104
Rhode, Klaus 5995
Rhode, Saskia 5665
Rhodes, Anthony 4715, 16419
Rhodes, James M. 1234
Ribbe, Wolfgang 877, 880, 2202, 3251, 3740, 3763, 4742, 5100, 5913, 7196, 7390, 7576, 9030, 13054, 14952, 14955, 14960, 15454, 15463
Ribbentrop, Annelies von 2018, 11135
Ribbentrop, Joachim von 2018
Ribbentrop, Rudolf von 11135
Ribhegge, Wilhelm 3764, 10874
Riblet-Buchmann, Roger 13105
Rich, Norman 1698, 16122, 16952, 18205
Richard, Lionel 15284, 15608
Richardi, Hans-Günter 1700, 2203, 3373, 7519–7521, 7579, 17539, 19161
Richards, Donald R. 15609
Richards, Fred H. 20147
Richardson, Annie 8419, 15374
Richarz, Bernhard 13590
Richarz, Monika 5862, 6175, 7096f.
Richter, Axel 7522
Richter, Bernt 117
Richter, Erich 4657, 4716, 4962f.
Richter, Felicitas 13025
Richter, Gerhard 7792
Richter, Gregor 9723, 19008
Richter, Gunnar 7364
Richter, Helmut 14294
Richter, Horst-Eberhardt 20274
Richter, Michaela W. 2319
Richter, Rolf 357f., 19598
Richter, Siegfried A. 15216
Richter, Steffen 8242, 8245, 13439, 14656, 14666, 14675, 14707–14711, 14723, 14732, 15441
Rick, Hermann-Joseph 9512
Ridder, Helmut 4046

Riebartsch, Erich 4129, 9417
Rieber, Angelika 5883
Riecke, Gerd 5025
Riedel, Heinrich 9132
Riedel, Hermann 17748, 17749
Riedel, Matthias 12555, 18126
Riedel, Volker 12347
Riedl, Barbara 8318
Riedmann, Josef 1166f.
Riefenstahl, Leni 15894
Riegel, Klaus-Georg 3394
Riegler, Claudius H. 18876
Riekenberg, Michael 14914f.
Riemenschneider, Michael 12866, 14238
Riemer, Eleanor 8279
Riemer, Jehuda 6581, 11541
Riemer, Karl H. 7949
Riemer, Svend 12020
Riemschneider, Ernst G. 2064
Ries, Elmar 6176
Rieß, Volker 13708, 17128
Riesche, Hans P. 8127
Riese, Horst 13303
Riese, Marita 7421
Riesenberger, Dieter 601, 655, 7315, 9712, 9866, 12867, 13126, 14142, 16123, 18051, 18529, 19190, 19346, 19347, 19386f., 19443, 19676
Riesenburger, Martin 5492
Riesenfeller, Stefan 8057, 15610
Riess, Curt 1894, 4389
Rieth, Adolf 19634, 19685
Rietra, Madeleine 12232
Rietschel, Christian 19682
Rietzler, Rudolf 2320f., 4926, 9089
Riewoldt, Otto F. 19699
Rife, Patricia 12299
Riha, Karl 15611
Riley, Anthony W. 15612
Rill, Robert 14653
Rimbach, Gerhard 14424
Rimmele, Dorette 2322, 4984
Rimmele, Lilian-Dorette 4985
Rimpau, Wilhelm 13435
Rimscha, Hans von 16239
Rinderle, Walter 994
Ring, Erp 20269
Ringelheim, Joan M. 5793, 6414
Ringer, Fritz K. 14425, 14588
Ringler, Ralf R. 3472
Rings, Werner 12723, 17959
Ringsdorf, Ulrich 4551

Ringshausen, Gerhard 8833, 8940, 9162, 10846, 19207, 19554
Rink, Andreas M. 5980
Rink, Hans 9698
Rinklake, Hubert 18940
Rinkler, Reiner 1008
Rinner, Erich 11508–11511
Rintelen, Enno von 16389
Rippel, Philipp 14746
Rippel-Manss, Irmtraud 14916
Risch, Gabriele E. 8420
Rischer, Walter 15322
Risthaus, Willi 10279
Ritchie, James M. 15613
Ritscher, Bodo 7621 f.
Ritschl, Albrecht 1701, 12454–12457, 12868
Rittberger, Volker 339, 2228, 2419, 3007, 3049, 7791, 9225, 18439, 19306
Ritter, Ernst 16240 f., 16320
Ritter, Gerhard 10726 f., 13670, 14426, 14856, 14917, 14918
Ritter, Gerhard A. 3576, 4373, 7844, 8058, 11533, 14362
Ritter, Harry 1081
Ritthaler, Anton 1972
Rittmeister, John 9802
Rittner, Carol 6868
Roß, Dieter 16279
Robbins, Keith 16573
Robel, Gert 17815
Robenek, Brigitte 15703
Roberts, Ulla 8650
Robertson, Edwin H. 8745, 9163
Robertson, Esmonde M. 16124, 16260, 17097–17099
Robinsohn, Hans 4138, 6177
Robinson, Jacob 5414 f., 5453, 6736, 18857
Röcher, Ruth 14260
Rockenbach, Susanne 11186
Rockenmaier, Dieter W. 995
Rockmore, Tom 14794
Rode, Horst 15038
Rodehüser, Franz 14178
Rödel, Volker 3686, 6178, 19015
Roder, Hartmut 2847, 19642
Röder, Karl 7707
Röder, Werner 5226, 9897, 9918 f., 11193–11195, 11208–11210, 11344, 11349, 11384–11387, 11512 f., 17991, 19539
Rodrigue, Aron 6745

Roeder, Manfred 10374
Roediger, Conrad 4065
Roegele, Otto B. 4615, 14589
Roelcke, Volker 13731
Roellecke, Gerd 18545
Roer, Dorothee 7221, 13560 f., 13591, 13772, 13924, 13958, 13974
Roeske, Ulrich 2848
Roetter, Friedrich 3884
Rogall, Joachim 17659
Rogalla von Bieberstein, Johannes 1416 f.
Roggausch, Werner 12330
Rogge, Brigitte 3492
Rogge, Friedrich W. 2323
Rogge-Gau, Sylvia 6689
Roggenbuck, Helene 10375, 19540
Rogowski, Ronald 2461
Roh, Franz 15375
Rohde, Gotthold 18127
Rohde, Horst 4390, 12724 f., 17100
Rohde, Hubert 14179, 19388
Rohde, Saskia 5794, 6012
Rohe, Karl 2462, 2494, 2635, 16289
Röhl, John C. G. 606
Röhl, Klaus R. 2685 f.
Rohland, Walter 12556
Rohlf, Sabine 11186
Rohlfes, Joachim 19389, 19541
Rohlfs, Angelo 764
Röhm, Eberhard 5795 f., 8941 f., 9118, 9227, 19542
Röhm, Ernst 2024
Rohowsky, Margarethe 18941
Röhr, Werner 112, 438, 765, 831, 839, 1418–1420, 5338, 5368, 5615, 5653, 5770, 5783, 6415, 6861, 6897, 7205, 10531, 11653, 12473, 12998, 13042, 13365, 13671, 15888, 16889, 17902, 17932, 17960, 17962, 18035, 18128–18131, 18183, 19471, 19720
Rohr, Wilhelm 118
Rohrbach, Rainer 8596
Rohrbacher, Stefan 1421, 6141
Rohrbaugh, Dennis 6515
Röhrbein, Waldemar R. 3765, 9090
Rohrer, Amalie 900, 996, 3200, 6275, 12488, 12815
Röhrs, Hermann 14013
Rohwer, Götz 6869, 12915
Rohwer, Jürgen 4453, 4505, 5679, 6582 f., 16732, 16916, 16953 f., 17341, 17552, 17565, 17570 f.

1345

Roizen, Ron 5797
Rojer, Olga E. 11388
Rokkan, Stein 201
Rol, Ruud van der 6491
Rolfes, Max 12780
Röll, Wolfgang 7233, 7338, 7409, 7523
Roller, Hans-Ulrich 15125
Roller, Walter 122
Roloff, Ernst-August 2463, 2552, 3167, 8221
Romanik, Felix 12511 f.
Roßmann, Erich 10319
Roßmann, Witich 2596, 8088 f.
Römer, Ellen 6180
Römer, Gernot 6179 f., 7524, 13949
Römer, Ruth 14824 f.
Römer, Susanne 10559
Römer-Jacobs, Monika 8651
Romey, Stefan 13850, 13950–13952, 14295, 19099, 19134
Romeyk, Horst 3687–3691
Rommel, Hans-Otto 2865
Rommelspacher, Birgit 20039
Rommelspacher, Thomas 13217
Romoser, George K. 9920
Rönn, Peter von 13901, 13953
Ronneberger, Franz 788
Rönnefarth, Helmuth K. 16574
Ronsdorfer Zeitung 9124, 9764, 10002, 10146, 11638
Rook, Hans-Joachim 997
Roon, Ger van 9364, 9820, 9874, 9908, 9921–9923, 10078, 10750, 10775 f., 10847, 10848–10850, 10856, 10862 f., 10992, 11136, 11171, 11172, 17949, 17951, 17961, 17996, 18140, 18164, 18173, 18176 f., 18185, 18198, 18222, 18247 f., 18269, 18317, 18333, 18354
Roos, Hans 17221
Roosen-Runge-Mollwo, Marie 7036
Röpcke, Andreas 18967
Rosar, Wolfgang 2062
Rösch, Augustin 9699
Rose, Arno 17634
Rose, Kathy Y. 7030
Rose, Paul L. 6416
Rose, Romani 7159 f.
Röseler, Joachim 17261
Röseler, Richard 19390
Rosen, Edgar 18316
Rosen, Klaus-Henning 20189, 20275
Rosenbaum, Robert A. 18645

Rosenbaum, Stanley R. 9164
Rosenberg, Alan 19391
Rosenberg, Alfred 2027
Rosenberg, Arthur 268, 12021
Rosenberg, Heinz 7098
Rosenberg, Helene 6162
Rosenblatt, Belinda 11194
Rosendahl, Klaus 10423
Rosenfeld, Alvin H. 1702
Rosenfeld, Else 6316
Rosenfeld, Günter 16470, 16517
Rosenfeld, Günther 16464a
Rosenfeld, Harvey 6417
Rosenfeld, Martin 15209
Rosenhaft, Eve 8421, 10376
Rosenkötter, Lutz 13553 f.
Rosenkranz, Herbert 6181–6185
Rosenow, Ulf 14721
Rosenstock, Werner 5798, 6584
Rosenstrauch, Hazel 6186
Rosenthal, Gabriele 8287, 18546 f.
Rosenthal, Hans 7099
Rosenthal, Ludwig 5799, 18730
Roser, Hans 8652
Roser, Hubert 3428, 3692 f., 3766
Rosh, Lea 5800, 18132, 19069
Rosiejka, Gert 10377
Roskamp, Heiko 10091
Roskill, Stephen W. 17572–17575
Roskowski, Martin 5754, 5836, 6855, 6865, 6876, 8927, 9192, 9360
Rösler, Ingo 4187, 4492
Rößler, Ruth-Kristin 19032
Rösler, Walter 15776
Rößling, Udo 8225
Rosmus, Anna 5369
Rosmus-Wenninger, Anja 10092
Rosowski, Martin 1336
Rossaint, Josef C. 10093
Rossi, A. 16518
Rossignol, Dominique 4717
Rossiwall, Theodor 17750
Rössler, Helmut 69
Rössler, Mechtild 3538, 13304 f. 13344, 15184, 15197, 18133, 18731
Rossmann, Gerhard 10378, 11563
Rossmeissl, Dieter 14180, 18959
Rossum, Walter van 5670
Rost, Gottfried 12347
Rost, Karl L. 13672, 13851 f. 15895
Rost, Maritta 12347
Rostock, Jürgen 13231

Rotermund, Gisela 3168
Rotermundt, Rainer 766, 20040
Roters, Eberhard 15376
Roth, Dieter 20190f.
Roth, Hans-Joachim 9718
Roth, Harald 10993
Roth, Heinrich 9569
Roth, Herlinde 10094
Roth, Hermann 3536
Roth, John K. 5802
Roth, Karl H. 234f., 3262, 3514f., 3537, 3538, 5331, 5801, 7220, 7234, 7342, 7525, 12458, 12584f., 12627f., 12629., 12908, 13360, 13436, 13481, 13511, 13673f., 13734, 13829, 13840, 13853–13857, 14862, 14874, 14919, 15058, 15896f., 17962, 17992, 18033, 18134, 18203, 19160, 19471
Roth, Martin 15126f.
Roth, Rainer A. 19543
Rothbarth, Maria 13675
Rothchild, Sylvia 7100
Rothe, Wolfgang 15512
Rothenberg, Samuel 6317
Rothenberger, Karl-Heinz 1000–1002, 3169, 3405f., 17432
Rother, Bernd 2687
Röther, Kurt 14826
Rothermund, Dietmar 12459
Rothfeder, Herbert P. 15614
Rothfels, Hans 3800, 6318, 7708, 9924, 10570, 11137f., 14920, 19544f.
Rothkirchen, Livia 6418, 6731
Rothmaler, Christiane 13463, 13676, 13858, 13905, 13954f.
Rothmund, Doris 12176
Rothmund, Paul 2865
Rothschild, Recha 7101
Rothstein, Birgit 3018, 5052
Röttger, Friedhelm 15323
Rottleuthner, Hubert 219, 419, 3866, 3885, 3892, 3980f., 4015, 4018, 4024, 4039, 4047, 4086, 4102, 4112, 4204, 4223, 4239, 4243, 12392, 13152, 13161, 13665, 14795
Rotzoll, Christa 4852
Roubiczek, Hjördis 19700
Rouette, Hans-Peter 3277
Rouette, Susanne 13225
Rougérie, Claude 1947
Roussel, Hélène 11389, 12022
Rousset, David 11232

Rovan, Joseph 3457, 7709, 16348
Rövekamp, Markus 4412f., 4434–4436, 4447–4449
Rowold, Manfred 20130f.
Roxer, Aribert 12631
Royce, Hans 10690
Rozanski, Zenon 7710
Rübe, Werner 15615
Rübelt, Lothar 1086
Rübenstrunk, Karlernst 3956
Rubinstein, Richard L. 5802
Rübsaat, Hubert 7072
Rübsam, Dagmar 10947
Rübsam-Haug, Dagmar 10948
Ruby, Marcel 1789
Ruch, Martin 5899
Ruck, Michael 767, 2512, 3303f., 3397, 3428, 3683, 3692–3696, 3702, 4163, 4169, 5053, 8059, 12487, 12500, 12568f., 12572, 12758, 18985, 19013
Rückerl, Adalbert 5281, 5334, 5354, 5370, 6333, 6422, 7258, 7301, 10054, 18643, 18755, 18813–18818
Ruckhaberle, Dieter 1376, 2797, 3105, 3322, 6441, 15628, 15902, 15919
Rückleben, Hermann 6913, 8987f., 9091, 13956
Rüden, Peter von 4964
Rüdenburg, Bodo 13948
Rüdiger, Jutta 3458, 3473, 3493
Rüdiger, Karlheinz 2025
Rüdiger-Bajohr, Kathrin 8302
Rudloff, Wilfried 2802f.
Rudnick, Heinrich 6187
Rudnick, Martin 13859f., 14286, 19108, 19206
Rudolf, Walter 5916
Rudolph, Kurt 4224
Rudolph, Susanne 8255a
Rüegg, Walter 14584
Ruf, Katharine 15461
Ruf, Peter 6128
Ruffmann, Karl-Heinz 16519
Rüfner, Wolfgang 4244
Ruge, Friedrich 17576
Ruge, Gerhard 1703
Ruge, Jens 6075, 6188, 6535, 13118
Ruge, Wolfgang 1704f., 2849f., 2911, 16166
Rüger, Adolf 14529
Ruhl, Klaus-Jörg 7845, 7975, 13677f., 17356

Autorenregister

Rühle, Günther 15780
Rühle, Jürgen 10571
Rühlig, Cornelia 8622, 17751
Ruhm von Oppen, Beate 10857, 10932
Ruhrberg, Karl 15781, 15802
Ruiz Holst, Matthias 17357
Rülcker, Christoph 8060, 15616
Rumpf, Hans 17484
Rumpf, Helmut 3998, 16125, 19118
Rumpf, Maria R. 2494a
Rumschöttel, Hermann 1218, 9810
Runge, Gerlinde 11683, 12023
Runge, Hermann 10280
Runge, Irene 5775, 7102, 20114
Runge, Jens 5388
Runge, Wilhelmine 10280
Runge, Wolfgang 11514
Rünger, Gabriele 2495
Runzheimer, Jürgen 17101
Rupieper, Hermann-Josef 3305, 15218
Rüping, Hinrich 3957, 4068, 4110–4114, 4188, 5174
Rupnik, Jacques 18413
Rupp, Leila J. 1319, 4718, 8422f.
Rüppel, Erich G. 8943
Ruppel, Hans G. 90
Ruppel, Manfred 7653
Ruppelt, Georg 9925, 15617
Ruppert, Andreas 1259, 19668
Rupprecht, Adolf 3306
Rupprecht, Beate 13106
Ruprechts-Karls-Universität Heidelberg 14556
Rürup, Reinhard 5069, 5803–5807, 7950, 14480, 14535, 14672, 15218, 17190, 18963
Rüsen, Karin 8469
Rusinek, Bernd-A. 5070, 5223, 5324, 7976, 8597, 10095, 10281, 10994, 13239
Russel, Stuart 5175
Russell of Liverpool, Edward Lord 18858
Rüssig, Peter 5098
Rüter, Christiaan F. 18819
Rüter-Ehlermann, Adelheid L. 18752
Rüther, Martin 8128f., 13222, 17525
Rutherford, Ward 5808
Rüthers, Bernd 3886, 3982, 4048, 4225f., 19392
Rutkoff, Peter M. 1721
Rutkowski, Adam 6492
Rüttenauer, Isabella 8424
Ryan jr., Allan A. 18732, 18942

Ryan, Judith 15618
Ryll, Monika 15458a
Rymkiewicz, Jaroslaw M. 7103
Ryn, Zdzislaw 7320
Ryszka, Franciszek 393, 768, 1422, 9823, 9926, 16545

Saage, Richard 394f., 420, 769f., 2553, 2765, 19393
Saal, Friedrich W. 55, 9692, 14030
Saar, Stefan C. 4227
Saarinen, Hannes 11390
Saathoff, Günter 19065, 19100
Sabais, Heinz W. 3170
Sabille, Jacques 6487
Sable, Martin H. 5416
Sacharow, Valentin 7623
Sachs, Henry 5453
Sachse, Carola 8044, 8061, 8270, 8323, 8425, 10988, 12632, 12910, 13107, 13177, 13216f., 13223–13225, 13233f.
Sachße, Christoph 13142
Sachsenhausenkomitee Berlin 7475
Sachslehner, Johannes 15619
Sachsse, Rolf 15931, 15942f.
Säcker, Franz J. 773, 3886–3988, 4067, 4087, 4121, 4185, 4208, 13166
Safranski, Rüdiger 14796
Safrian, Hans 252, 1832, 4363, 5257, 5809, 5905, 6893
Saft, Ulrich 17752
Sager, Peter 7254a
Saggau, Wolfgang 396, 11515
Sagi, Nana 19101
Sagitz, Walter 2118
Sagmo, Ivar 12200
Sahl, Hans 397, 12024
Sahler, Gertrud 19899
Sahm, Ulrich 16187
Sahner, Heinz 2324, 20092
Sahrhage, Norbert 1003, 2496, 3767, 6189, 18600, 19135
Said, Erika 14105
Sailer, Joachim 9601
Sakowska, Ruta 6732
Salamun, Kurt 1423
Saldern, Adelheid von 838, 2497, 8148–8148b, 8426, 16018, 19767
Salewski, Michael 771, 3050, 4391f., 4464f., 11282, 14530, 16643, 17333f., 17556, 17577–17579
Salje, Peter 3030, 3390, 3638, 3778, 3815,

3878, 3888, 3977, 4035, 4227–4229, 9365, 12460, 16009
Saller, Karl 13679
Salm, Fritz 10217
Salter, Stephen 8062f., 13173
Saltzwedel, Rolf 14239
Salzmann, Bernd 1004
Salzmann, Christian 10311d
Salzmann, Rainer 12857, 19408
Salzwedel, Jürgen 12808
Samper, Rudolf 8653
Sampson, Margaret 6585
Sánchez Salazar, Gustavo 1790
Sandberg, Beatrice 12116, 12287, 15572, 15585, 15639, 15667, 18419, 18501
Sander, Anneliese U. 15898
Sander, Ulrich 11094c, 11094d
Sander, Willi 10125
Sanders, Ruth H. 8411
Sandfuchs, Uwe 14112
Sandfuchs, Wilhelm 9679f.
Sandhofer, Gert 4508
Sandkühler, Thomas 6870, 7527, 12633, 19394
Sandmann, Fritz 16420
Sandner, Gerhard 15194
Sandquist, Gisela 11377
Sandvoß, Hans-Rainer 10096–10100
Saner, Hans 13861, 14749
Sänger, Fritz 4855, 4869
Sanmann, Cai 14240
Sarkowicz, Hans 15620, 18548, 19834, 20167
Sarkowski, Hans 11215
Sarlay, Ingo 13345f.
Sarodnik, Wolfgang 7528
Sasse, Heinz G. 16167
Sassin, Horst R. 10886, 10889–10892, 11670, 11684, 19494
Sator, Klaus 11582
Sattler, Martin 19944
Sattler, Rolf-Joachim 253
Sauder, Gerhard 14827, 15621
Sauer, Christoph 4798–4801, 18288–18293
Sauer, Doris 15128
Sauer, Klaus 5011
Sauer, Paul 1005–1008, 3697, 5863, 5879, 5900, 6190f., 6270
Sauer, Paul L. 12288
Sauer, Sabine 119
Sauer, Walter 8792
Sauer, Wolfgang 398, 518, 2980, 3051

Sauer, Wolfgang W. 2204, 4802–4806
Sauerland, Karol 399, 14454
Sauermann, Dietmar 15163
Sauermann, Uwe 10548, 10557f.
Saul, Klaus 14113
Saul, Norbert 8982
Saunders, Thomas 236
Saure, Werner 6192f.
Saurer, Edith 14531
Sauter, Gerhard 18384
Sautermeister, Gerd 12289
Sawicki, Czeslaw 12634
Sawicki, Jerzy 18021, 18694
Sboshy, Inge 10101
Schaab, Meinrad 14969
Schaaf, Hans-Werner 16520
Schaap, Klaus 3085, 3171
Schaar, Torsten 3459–3461, 8623
Schabel, Ralf 17020
Schaber, Will 6586
Schabrod, Karl 10101–10103
Schabrodt, Klara 11098
Schäche, Wolfgang 7529, 13306, 13347f., 15436, 15438, 15460, 19395
Schachne, Lucie 14272
Schacht, Hjalmar 2044–2046
Schacht, Konrad 20276
Schade, Heidemarie 15129
Schadek, Hans 911, 10947, 17548, 18972
Schädlich, Karlheinz 16321
Schadt, Jörg 2499, 2673, 3756, 4932, 5917, 6256, 6258, 7042, 7874, 8782, 9538, 9962, 9968, 10104f., 10198, 10216, 10258, 12986, 15458a, 17433, 19458
Schaechterle, Lothar 19681
Schaefer, Alisa 4049
Schaefer, Anka 8427, 16680
Schaefer, Eduard 3052
Schaefer, Rainer 2636
Schaeffer-Hegel, Barbara 8379, 8435
Schäfer, Alfons 3164, 9099
Schäfer, Annette 7530
Schäfer, Ansgar 11391
Schäfer, Christine 7531
Schäfer, Dieter 16817
Schäfer, E. Philipp 17102
Schäfer, Franz J. 8551
Schäfer, Gerhard 8989–8994, 9092, 9232, 14632, 14636f., 15039
Schäfer, Gert 400, 746, 2223, 20148
Schäfer, Hans D. 7846, 10933, 12461, 15489, 17753

Schäfer, Hermann 2488, 8428
Schäfer, Herwig 4050
Schäfer, Ingrid 8510
Schäfer, Johann P. 9365
Schäfer, Jürgen 9223
Schäfer, Karin 9229
Schäfer, Karl Th. 14531a
Schäfer, Michael 9654, 11655
Schäfer, Nikolaus 6194
Schäfer, Oda 15489
Schäfer, Peter 14532
Schäfer, Ralf 19041
Schäfer, Renate 20041
Schäfer, Tine 11079
Schäfer, Wolfgang 1009, 1235
Schäferdieck, Willi 4856
Schäfer-Richter, Uta 6111
Schäfers, Bernhard 20306
Schäffler, Friedhelm 6125f.
Schafheitlin, Stefan 10529, 11651
Schäf-Koch, Gisela 8337
Schafranek, Hans 11583, 17222
Schähle, Roland 7321
Schaller, Hans 4719
Schallock, Wolfgang 4658
Schall-Riaucour, Heidemarie Gräfin 10731
Schanbacher, Eberhard 3172f.
Schaper, Ralf 12025
Schapiro, Leonard B. 519
Schapp, Klaus 3174
Schappacher, Norbert 14681
Schardt, Angelika 17796
Schärer, Martin R. 18294
Scharf, Helmut 4743
Scharf, Kurt 9227
Schärf, Paul 10498
Scharf, Rafael 7090
Scharfe, Martin 15130f.
Scharffenorth, Ernst-Albrecht 11695
Scharrer, Manfred 2594, 2633, 2654, 3307f., 3335, 3348
Schattenfroh, Reinhold 3257, 5259
Schätz, Ludwig 8598
Schatzberg, Walter 6631
Schätzel, Andreas 19399, 19472
Schatzker, Chaim 6690f., 19396, 19397
Schätzle, Julius 7532
Schaub, Konradjoachim 16775
Schauff, Johannes 11241
Schaul, Dora 10185
Schaumburg-Lippe, Friedrich Christian Prinz zu 1895

Schausberger, Norbert 1136, 1168, 12513f., 12763f., 12869, 13108, 14181, 16280f.
Schauwecker, Detlev 15782
Schebera, Jürgen 1200f., 11596, 12026
Schechtmann, Joseph B. 16665
Scheel, Günter 83
Scheel, Heinrich 10334, 10377, 10379, 10458, 10577
Scheel, Klaus 4616, 4666, 4720, 4721, 4927, 4965–4967, 14427, 15285, 17223, 17660, 17963
Scheele, Paul-Werner 9663
Scheer, Rainer 7221
Scheerbarth, Rudolf 18884
Schefer, Gitte 11080
Scheffler, Herbert 19845f.
Scheffler, Jürgen 6048, 7912, 15164
Scheffler, Wolfgang 4115, 5071, 5371, 5433, 5493, 5520, 5810, 5811f., 6365, 6733, 7265, 9927, 10424, 13680, 14534, 19398
Schefold, Bertram 15210
Schefold, Dian 3999, 4051, 4061
Scheibler, Walter 17434
Scheiger, Brigitte 6871, 8429
Scheitler, Sigrid 3698
Scheler, Eberhard 16349
Schellack, Fritz 5012
Schelle, Carola 15623
Schellenberg, Ulrich 4052
Schellenberg, Walter 4564
Schellenberger, Barbara 9570, 9580, 9744
Schellhase, Rolf 15015, 15031, 15041
Schelling, Georg 17754
Schembs, Hans-Otto 5860
Schembs, Otto 5866, 5910
Schemm, Klaus-Dietrich 6493
Schenck, Ernst G. 1706
Schenck, Ernst von 2036
Schenck, Friedbert 2554
Schenda, Rudolf 15505
Schenkel, Susanne 13429
Scheper, Buchard 1010
Scherbaum, Gustav 19546
Scherer, Karl 13592
Scherer, Klaus 7212
Scherer, Michael 3175
Scherf, Gertrud 14182
Scherffig, Wolfgang 8944
Scherg, Leonhard 6195
Scherlacher, Beatrix 9513, 10880

Scherpenberg, Jens van 12726
Scherrieble, Joachim 9093
Schertl, Philipp 6991
Scherzer, Otto 14712
Schettler, Holger 7847, 15899
Scheuble, Julius 13145
Scheuch, Erwin K. 20042–20044, 20149
Scheuer, Lisa 7711
Scheuerl, Hans 14064, 14074
Scheur, Wolfgang 13143, 13205
Scheurenberg, Klaus 5397, 7104 f.
Scheurich, Ellen 3176
Scheurig, Bodo 1707, 2851, 4393, 4516, 10578, 10656 f., 10782, 10805–10808, 10884, 11727, 11745–11747, 17891, 19547
Scheurmann, Ingrid 12140
Scheurmann, Konrad 12140
Schewick, Burkhard van 6872, 9366
Schick, Christa 18877
Schickel, Alfred 120, 4394, 4552, 5176, 9514
Schickel, Gabriele 13349, 15324
Schieb-Samizadeh, Barbara 6692
Schiedeck, Jürgen 13681, 14014, 14017
Schieder, Theodor 607, 772, 1494, 2205, 4037, 14921, 16022
Schieder, Wolfgang 254, 401–404, 2206 f., 2429, 2474, 3387, 8212, 10658, 11878, 12061, 12870, 15622, 16126, 16452, 19768, 19769
Schiefelbein, Dieter 6198
Schieferbergbau-Heimatmuseum Schmallenberg-Holthausen 909
Schiele, Siegfried 216, 9928, 19735, 19752, 19763, 19770
Schiemann, Catherine 17636
Schier, Barbara 15132 f., 15286
Schierbaum, Clausjürgen 13730
Schiffer, Eckart 12654
Schiffhauer, Nils 15623
Schiffmann, Dieter 2582, 4167
Schild, Karl 10072
Schilde, Kurt 1011, 1781, 5397, 7533, 10300, 10438, 11004
Schildhauer, Johannes 17598
Schildt, Axel 1446, 2597, 2688, 2852, 2943, 4835, 10875, 13278, 13340, 13643, 15040, 18601
Schildt, Gerhard 2208, 3177
Schiller, Dieter 11959, 12027 f.
Schiller, Dietmar 19794

Schiller, Ulrich 19669
Schiller-Mertens, Anke 8490
Schilling, Gerhard 9514a, 14654
Schilling, Heinz-Dieter 7235
Schillinger, Reinhold 18549 f.
Schilly, Ernst 12819
Schimmler, Bernd 4150a
Schindler, Angelika 6199
Schindler, Heinz 17475
Schindler, Herbert 17102a
Schineller, Werner 3699
Schinzinger, Francesca 12727
Schippan, Michael 16242
Schipps, Werner 4722
Schirach, Baldur von 2051
Schirach, Henriette von 2052
Schirf, Michael 17755
Schirmann, Léon 2325 f.
Schirmbeck, Peter 8064 f., 15287, 15377
Schirmer, Hermann 10106
Schirmer, Lothar 3590, 11255, 11393
Schirpf, Michael 1012, 3178, 19016
Schirrmacher, Thomas 15134
Schissler, Hanna 8249
Schissler, Jakob 2484, 2555, 5034, 8143, 15283, 15872, 19957
Schittenhelm, Karin 19670
Schiwy, Günther 7848
Schlabrendorff, Fabian von 10659
Schlaich, Ludwig 9093a, 13956a
Schlander, Otto 956
Schlangen, Walter 520 f.
Schlegel, Birgit 7534
Schlegel, Dietrich 19978, 20045, 20288, 20351
Schlegel-Batton, Thomas 2555, 7358, 8143
Schleicher, Hans-Walter 9164a
Schleier, Hans 14922
Schleiermacher, Sabine 3538, 5177, 8945, 13305, 13682 f., 18133, 18731
Schlenke, Manfred 16290
Schlenstedt, Silvia 11772, 15624
Schlepple, Eberhard 18733
Schlesinger, Moritz 16188
Schleunes, Karl A. 5813, 6288
Schlicher, Jürgen 14570, 14642, 20263
Schlickel, Ferdinand 1808, 17435
Schlicker, Wolfgang 14428, 14713, 16243
Schlie, Ulrich 10742, 11173, 19548
Schliebs, Siegfried 15625
Schlimmgen-Ehmke, Katharina 8430
Schlingensiepen, Alexandra 10245, 10517

Autorenregister

Schlingensiepen, Ferdinand 9165
Schlingmann, Karl-Heinz 10214
Schloesser, Rolf 8648
Schlömer, Hans 14638
Schlör, Joachim 10443
Schloss, Gertrude 5901
Schlösser, Susanne 6080
Schlote, Karl-Heinz 14679
Schlotterbeck, Friedrich 10459
Schlotthaus, Jan 3053
Schlude, Ursula 19458c
Schlünder, Dagmar 11619
Schlüpmann, Heide 8431f., 15900f.
Schlüter, Anne 14304, 14567
Schmacke, Norbert 13542f., 13957
Schmädeke, Jürgen 1562, 2947, 3002, 3056, 3064, 3557, 4395, 4562, 4836, 5812, 6785, 7600, 7816, 8067, 8214, 8566, 8735, 8751, 8832, 9007, 9168, 9313, 9371, 9570, 9823, 9825, 9834, 9849, 9867, 9871, 9878, 9922, 9929, 9940, 10227, 10236f., 10250, 10308, 10370, 10383, 10390, 10508, 10533, 10548, 10586, 10608, 10611a, 10622f., 10625, 10631, 10635, 10642, 10658, 10660–10662, 10665, 10670, 10678, 10724, 10760, 10771, 10790f., 10816, 10849, 10872f., 10875, 10883, 10902, 11144, 11155, 12561, 15189, 15205, 15229, 16143, 16159a, 16196, 16367
Schmalenberg, Gerhard 9220
Schmalhausen, Bernd 6873, 12557
Schmalz-Jacobsen, Cornelia 20192
Schmatzler, Uta C. 14545
Schmauderer, Eberhard 14726
Schmeer, Günter 10107
Schmeer, Karlheinz 4617
Schmeichel-Falkenberg, Beate 12183
Schmeisser, Theo 4493
Schmeling, Anke 2113, 7666
Schmick, Karl-Heinz 16753
Schmid, Armin 7106
Schmid, Carlo 1198, 6312
Schmid, Ewald 916
Schmid, Hans 3958
Schmid, Hans-Dieter 5494, 5814, 7979, 8104, 8127, 9036, 9071, 9095, 10108, 10218, 10276, 10282, 10405, 10427
Schmid, Heinrich 8946
Schmid, Heinz D. 3086
Schmid, Karin 16575
Schmid, Klaus F. 2209

Schmid, Klaus-Peter 11394
Schmid, Kurt 5772, 5815, 5934, 5969, 6082, 6227, 6234, 6572, 6735, 15321
Schmid, Manfred 10689, 10748, 14544
Schmid, Michael 12585, 13109
Schmid, Renate 7106
Schmid, Thomas 20046
Schmid-Egger, Hans 16236
Schmidkonz, Theo 9738
Schmidl, Erwin A. 1137
Schmidlechner, Karin M. 8433
Schmidt, Andrea 11099
Schmidt, Anne 19819
Schmidt, Christoph 2464
Schmidt, Christoph J. 18370, 18449
Schmidt, Dieter 15981
Schmidt, Dorothea 302, 674, 1009, 1041, 4334, 7198, 7750, 7823, 8147, 8271, 19628, 19714, 19727, 19737, 19739, 19767
Schmidt, Ernst 8119, 10109, 10225
Schmidt, Franz 6200
Schmidt, Gerhard 13863
Schmidt, Gerhart 14797
Schmidt, Hans-Günter 1013
Schmidt, Heinrich 906, 8665, 9094
Schmidt, Helmut 8654
Schmidt, Horst 19512
Schmidt, Jürgen 8666, 8804, 9215
Schmidt, Kurt D. 8819f.
Schmidt, Manfred 17782
Schmidt, Maruta 2413, 3492, 7288, 8277, 8326, 8357, 8367, 8434, 11066, 13766, 15364
Schmidt, Matthias 2071
Schmidt, Michael 1421, 20047
Schmidt, Monika 6201, 12968
Schmidt, Paul 16189
Schmidt, Peter 15185
Schmidt, Peter W. 14255, 14274
Schmidt, R. 14330
Schmidt, Rainer F. 1934
Schmidt, Roland 405, 522
Schmidt, Siegfried 14507
Schmidt, Thomas 15462f.
Schmidt, Ulrike 3508
Schmidt, Walter A. 9803
Schmidt, Wolf 7941
Schmidt, Wolf-Dietrich 18611
Schmidt-Bergmann, Hansgeorg 10949, 12029
Schmidtchen, Volker 10802, 17756

Schmidt-Eenbomm, Erich 12744
Schmidt-Jortzig, Edzard 773
Schmidt-Linsenhoff, Viktoria 8333
Schmidt-Pauli, Edgar von 81
Schmidt-Sinns, Dieter 19770
Schmidt-von Blittersdorf, Heidi 13958
Schmidt-Waldherr, Hiltraud 8435–8437
Schmiechen-Ackermann, Detlef 9095 f.
Schmiederer, Ursula 406
Schmieder-Friedrich, Dagmar 5976
Schmier, Louis E. 1800
Schmierer, Wolfgang 2673, 8977, 10198, 10258, 14217, 17491
Schmilewski, Ulrich 9997
Schminck-Gustavus, Christoph U. 4167a, 13026–13028, 13069
Schmirber, Gisela 4738, 19605, 19671, 19679
Schmitt, Günter 17757
Schmitt, Hanno 13091
Schmitt, Heinrich 18885
Schmitt, Heinz 15135
Schmitt, Karl 2482, 8750
Schmitt, Peter F. 18351
Schmitt, Samuel 11319
Schmitthenner, Walter 7346, 9788, 9930, 10184, 10605, 10641, 10686
Schmitt-Sasse, Joachim 4618
Schmitz, Adelheid 20032
Schmitz, Gunther 4128, 4139
Schmitz, Heinrich K. 15704
Schmitz, Hubert 12795
Schmitz, Irmgard 6202
Schmitz, Johannes 4829
Schmokel, Wolfe W. 16715
Schmölders, Claudia 10824
Schmoller, Gustav von 1949
Schmollinger, Horst W. 20134, 20150, 20213–20216, 20228–20230
Schmoock, Reinhard 15075
Schmook, Reinhard 15136–15138
Schmorak, Dov B. 18859
Schmuck-Schätzel, Susanne 19399, 19472
Schmugge, Ludwig 14416
Schmuhl, Hans-Walter 1803, 5372, 7527, 12633, 13562, 13563 f., 13864 f., 19771
Schnabel, Ernst 6494
Schnabel, Reimund 4667, 5114, 7535, 8746, 16690
Schnabel, Thomas 1014, 2327–2331, 2367, 3098, 3125, 3138, 3151, 3168, 3173, 3179 f., 3190, 3695, 3768, 4171, 5283,
5907, 6110, 6914, 7913, 7971, 7991, 8506, 8788, 9118, 9471, 9684, 10055, 10110, 10222, 10948, 12574, 17437, 17758 f., 17888, 18613, 18824, 19136, 19400, 19510, 19595, 19599, 20291
Schnack, Dieter 9367
Schnaiberg, Allan 2465
Schnatz, Helmut 17540–17543
Schnauber, Cornelius 1708 f., 3258, 4807 f., 12030, 12217, 14816, 15487
Schneck, Peter 10043, 13390
Schneeberger, Guido 14745, 14750
Schneede, Uwe M. 15282
Schneesohn, Issac 6448
Schneider, Bernd 801
Schneider, Bernhard 8519
Schneider, Burkhart 9257
Schneider, Christian 13350
Schneider, Dieter M. 9515, 11343, 11395 f.
Schneider, Gerhard 8309, 19401
Schneider, Hans 3259
Schneider, Hansjörg 12031
Schneider, Hubert 16188
Schneider, Jost W. 5175
Schneider, Karl 14031
Schneider, Michael 46, 2595, 2637, 2853, 3309 f., 3348, 10530–10534, 10662, 11652, 17224, 19402
Schneider, Michael C. 11036 f.
Schneider, Otmar 3779
Schneider, Reinhard 5675
Schneider, Reinhold 15490
Schneider, Rolf 12032
Schneider, Rudi 20277
Schneider, Rudolf 18756, 20048
Schneider, Sigrid 407, 12033 f., 12332
Schneider, Thomas M. 9206
Schneider, Torsten 2498
Schneider, Ullrich 19017
Schneider, Ulrich 3181, 7536, 9097, 9098, 10111, 12635, 14533
Schneider, Wolfgang 1360, 1420, 5326, 5350, 5658, 5704, 5801, 5816, 6366, 6773, 6869, 6886, 8201, 8217, 13684, 19238
Schneider, Wolfgang A. 10153
Schneider, Wolfgang C. 10950, 13593
Schneider-Haase, D. Thorsten 1219
Schnell, Erwin 1058
Schnell, Rainer 15493
Schnell, Ralf 4637, 4804, 4976, 10385, 10934 f., 13215, 15288 f., 15341, 15420,

Autorenregister

15538, 15606, 15626–15628, 15645, 15671
Schnelle, Gertraude 14590
Schneller, Martin 14798
Schnibbe, Karl-Heinz 11094e
Schnoor, Herbert 20049
Schnorbach, Hermann 11862, 14120
Schnorbus, Ursula 5880
Schnöring, Kurt 4928, 6203
Schnurr, Stefan 5077, 13257
Schober, Sepp 3330
Schöberl, Joachim 11058
Schochow, Werner 14923, 15705
Schöck, Eva C. 2513
Schock, Ralph 1062
Schockenhoff, Volker 7350, 17865
Schoebe, Gerhard 1495, 4619, 4723
Schoeller, Wilfried F. 10301, 19701
Schoen, Paul 13258, 13268
Schoenbaum, David 7849
Schoenberger, Gerhard 6427
Schoenberner, Gerhard 5495, 5817, 10936, 12035, 15902, 19635
Schoenhals, Kai P. 11728
Schoeps, Hans-Joachim 16407
Schoeps, Julius H. 3823, 3862, 3889, 6874, 18369, 18426, 18528, 18551, 18640, 18787, 18799, 18800, 18845, 19158, 19348, 19553, 19647, 19787, 19852, 20240, 20284, 20354
Schoeps, Karl-Heinz J. 15629
Schoeps, Manfred 2778
Schöfberger, Rudolf 20071
Schöffler, Herbert 14584
Schöffling, Klaus 15491
Schohl-Braumann, Hela 7107
Schoßig, Bernhard 20343
Schölch, Alexander 6587
Scholder, Klaus 1424, 8197, 8747–8749, 8750–8753, 8941, 8947, 8948, 9099, 9368, 9403, 19403
Scholdt, Günter 1710, 12036, 12315, 18552
Scholem, Betty 6517
Scholem, Gershom 6517, 7108, 12133f., 12141
Scholing, Michael 10224, 10237, 10238
Scholl, Inge 11038
Schöller, Peter 15186f.
Schöllgen, Gregor 408, 523, 1478, 10743–10745, 11174, 16181f.
Schöllkopf, Wolfgang 14614
Scholl-Latour, Peter 18221

Scholtyseck, Joachim 10695, 19136
Scholtz, Harald 3395, 14015, 14065, 14106, 14183–14185, 14331
Scholtz-Klink, Gertrud 8278
Scholz, Barbara Ch. 14241
Scholz, Günter 17411a, 17437
Scholz, Lothar 3864, 13557, 13805, 13827, 13948, 19163
Scholz, Robert 2466, 15378, 15439
Scholze, Siegfried 8300
Schomers, Michael 20193, 20194
Schön, Christine 20348
Schön, Eberhard 2329
Schonauer, Franz 15630f.
Schönberger, Angela 15464
Schönberger, Klaus 3094, 3331
Schondelmaier, Hans-Willi 2330
Schöndienst, Eugen 15783
Schöne, Albrecht 15706
Schöne, Manfred 17438f.
Schonebohm, Dieter 7971
Schönekäs, Klaus 3407, 20050
Schoner, Dieter 14431
Schöner, Hellmut 2350, 17760
Schönfeld, Roland 12871
Schönfeldt, Sybil Gräfin 8655
Schönhagen, Benigna 975, 1015, 2331, 5398, 17440, 19599
Schönherr, Albrecht 9166
Schönherr, Klaus 16666, 17389
Schönhoven, Klaus 409, 2210, 2638–2642, 3182, 3311, 3312, 3349, 3531, 8021, 9516, 10203, 10512, 10535, 11628, 11641, 15632, 19404, 19589
Schönhuber, Franz 20195f.
Schonig, Bruno 8651, 14107
Schönleiter, Wolf 12215
Schönpflug, Wolfgang 12222, 12224, 13594
Schönwälder, Karen 4610, 14924f.
Schönweiss, Friedrich 13658
Schoor, Kerstin 12037
Schöpf, Hans-Georg 14714
Schöpfer, Erasmus 10280
Schoppmann, Claudia 7223, 7236f., 12038
Schorcht, Claudia 14811
Schörken, Rolf 8518, 8599f.
Schorn, Hubert 3890f., 5373
Schornstheimer, Michael 19405f.
Schott, Gerhard 11044
Schott, Heinz 5720, 13664, 13672, 13838, 13944

Schottelius, Herbert 4431
Schotten, Erwin 1016
Schottlaender, Rudolf 14534f.
Schöttler, Peter 7857, 19739
Schräder, Guido 3958
Schrader, Hans-Jürgen 1896
Schraepler, Ernst 83, 163–167, 16822–16831
Schrage, Bruno 13040a
Schramka, Carmen 15155
Schramm, Georg W. 17544f.
Schramm, Gottfried 14779f., 16546
Schramm, Hanna 11440
Schramm, Hilde 19058
Schramm, Percy E. 1711, 16765, 16811–16816, 16955, 17266
Schramm, Torsten-Dietrich 19549
Schramm, Wilhelm Ritter von 4535, 4553f., 10579, 10663, 16350
Schramm-von Thadden, Ehrengard 17371
Schrapper, Christian 14287
Schreck, Karl 9100
Schreiber, Albrecht 1017f.
Schreiber, Georg 9705, 14926, 15139
Schreiber, Gerhard 24, 47, 1465, 1479, 1712, 4396, 4466f., 9953, 16390, 16754, 16754a, 16861, 16956f., 17358, 17553, 17580, 17850f., 17972
Schreiber, Hans-Joachim 4986
Schreiber, Hans-Ludwig 4116
Schreiber, Horst 14114
Schreiber, Matthias 9218, 9223
Schreiber, Robert 8338
Schreiber, Ulrich 15742
Schreier, Anna E. 12576
Schreier, Helmut 19407
Schreier, Israel 10425
Schreiner, Albert 2912
Schreiner, Klaus 2779, 14927
Schröder, Achim 20349
Schröder, Andreas 20278
Schröder, Bernd P. 17390
Schröder, Burkhard 20051, 20350
Schröder, Carolin 6044
Schröder, Christina 13437, 13500, 13565f.
Schröder, Christine 14617
Schröder, Frank 6204
Schröder, Gerald 13438f.
Schröder, Hans J. 4397f., 11584f., 16773, 16958, 17892
Schröder, Hans-Henning 17225
Schröder, Hans-Jürgen 21, 549, 12872–12874, 16127f., 16291, 16599–16601, 16645–16647, 16653f., 16731, 17032, 19718
Schröder, Heinz 10503
Schröder, Heribert 9369, 15743
Schröder, Josef 12857, 16667f., 17342, 17359, 19408
Schröder, Jürgen 4724, 15633
Schröder, Karl-Heinz 6205
Schröder, Karsten 11461f., 11586
Schröder, Rainer 3926, 3959f., 4229, 4238, 14857
Schröder, Reinald 14429
Schröder, Uwe 2332
Schröder, Wilhelm 5322, 11200
Schröder, Willi 10186
Schröder-von Metzsch, Gisela 12932
Schroeder, Christa 1713
Schroeder, Richard E. 3462
Schroeder, Werner 18295
Schroeder, Wolfgang 18415, 19819, 19829, 19831, 19884, 19914, 19958, 19983, 19991, 20021, 20056, 20110, 20123, 20132, 20251f., 20333
Schroer, Hans 9561
Schroers, Rolf 15634
Schroeter, Kurt 7109
Schroeter, Liselotte 12933
Schröter, Christian 15156
Schröter, Harm G. 12701, 12820, 12875, 16356, 16611
Schröter, Hermann 6206
Schröter, Klaus 12039, 12162, 12240, 12290f.
Schröter, Manfred 6207f.
Schröter, Martin 16959
Schröter, Verena 2895
Schröttel, Gerhard 6915, 9101
Schrutka-Rechtenstamm, Adelheid 15165
Schubarth, Wilfried 18553f., 20103, 20111
Schubert, Christian 19636
Schubert, Dietrich 19671
Schubert, Dirk 13307, 13339f., 13359, 13361f., 15430
Schubert, Günter 2211, 16129, 18135
Schubert, Helga 7989, 8438
Schubert, Venanz 4107, 4615, 4705, 4811, 7951, 8861, 11261, 12538, 13459a, 15367, 17021, 19437
Schubert, Werner 4070–4079, 4193–4201, 4230
Schubert-Weller, Christoph 3463

Schuchard, Jutta 4743
Schüddekopf, Charles 8439
Schüddekopf, Otto-Ernst 774, 2701, 4295
Schuder, Rosemarie 1425, 5818
Schuder, Werner 15473
Schudnagies, Christian 1841, 18734
Schueler, Hermann 3313
Schuh, Horst 4683
Schuhbauer, Rolf 6209
Schuhmacher, Alois 16351
Schuhmacher, Fritz 9990
Schuhmacher, Horst 10380
Schuhmacher, Klaus 20029
Schuhmacher, Martin 2363, 3350, 5322, 11200
Schuhmann, Thomas B. 12040
Schuker, Stephen A. 11690
Schukowski, Kerstin 8272
Schüle, Erwin 18860
Schuler, Emil 5310
Schüler, Felix 8160
Schüler, Klaus A. F. 17226
Schüler, Thomas 19137
Schüler-Union Hessen 20188
Schulgemeinschaft Carolium und Friederikenlyzeum 14212
Schulin, Ernst 10950, 19319
Schullze, Erich 18882
Schulte, Paul-Günter 13943
Schulte, Theo J. 18136 f.
Schulte, Walter 13866
Schulte-Döinghaus, Ulrich 11576
Schultenkämper, Sabine 12261
Schulte-Wülwer, Ulrich 15403a
Schulte-Zweckel, Astrid 7972
Schultheiß, Hans 17727, 17761, 19672
Schultheis, Heinz 12639
Schultheis, Herbert 5819, 6210–6212
Schultz, Hans J. 5820, 10620, 10664
Schultz, Hans-Dietrich 15170, 15188
Schultz, Joachim 17592
Schultz, Johann 19018
Schultz, Jürgen 3464
Schultz, Ulrich 13440, 13567, 13753
Schultz, Uwe 1039
Schultze-Plotzius, Manfred 3700
Schultz-Naumann, Joachim 17593, 17762
Schulz, Eberhard G. 10718
Schulz, Gerhard 237, 403, 410, 524, 2015, 2212 f., 2980, 3055, 3056 f., 4555, 7956, 8748, 9931, 10876, 15230, 16130, 16669, 17964

Schulz, Günther 8440, 9932, 13281 f., 13286, 13308
Schulz, Hans-Jürgen 20052
Schulz, Horst-Peter 5788
Schulz, Klaus 4906
Schulz, Manfred 10457
Schulz, Peter 8090
Schulz, Ursula 10311, 10311a
Schulz, Willy 3183
Schulz, Wolfhard 17769
Schulz, Wolfram 2498
Schulze, Birgit 791, 1966
Schulze, Franz 12326
Schulze, Hagen 608 f., 1636, 1843, 2214, 2333, 2941, 3008, 3266, 3615, 11216, 11524, 19409
Schulze, Peter 6213
Schulze, Winfried 13007, 14928, 18555, 18878, 19410
Schulze-Bidlingmaier, Ingrid 11207
Schulze-Gaevernitz, Gero von 10596, 10659, 17349
Schulze-Kossens, Richard 5178
Schulze-Marmeling, Ulrich 9842, 19822, 19869
Schulze-Wilde, Harry 3247, 3374
Schumacher, Fritz 17441
Schumacher, Martin 2854, 3339
Schumann, Frank 20115
Schumann, Frederick 1522
Schumann, Gerhard 11300
Schumann, Hans 4528, 10778
Schumann, Hans-Gerd 919, 3314, 3539 f.
Schumann, Heinz 9789, 9854, 10393, 17970
Schumann, Klaus 3373
Schumann, Peter 14929
Schumann, Siegfried 20244
Schumann, Wilhelm 10112
Schumann, Wolfgang 12517, 12519, 12558, 12669, 12728, 16029, 16587, 16602, 16788, 16798, 16960–16966a, 17901–17906, 18352
Schümer, Dieter 14828
Schüngeler, Heribert 10113
Schunke, Joachim 17103
Schuon-Wiehl, Annaliese 411, 2467
Schupetta, Ingrid H. E. 8441 f., 13029 f.
Schüren, Reinhard 8066
Schüren, Ulrich 9933
Schürer, Ernst 12204
Schurer, Heinz 15635

Schuschnigg, Kurt 1138
Schuster, Dieter 10223, 11467
Schuster, Helmuth 15041 f.
Schuster, Margit 15042
Schuster, Peter-Klaus 15404–15406
Schuster, Verena 3257
Schuster, Wolfgang 1714
Schustereit, Hartmut 17227, 18138
Schütt, Ulrich 6000
Schütte, Wolfgang 4968
Schütte-Lihotzky, Margarete 10464
Schütz, Christel 8636
Schütz, Dieter 3780
Schütz, Erhard 4620, 15290 f., 16893
Schütz, Friedrich 3080
Schütz, Hans 3961, 7977
Schütz, Heinz 19411
Schütz, Rüdiger 3656
Schützenverein Beverungen von 1693 904
Schützle, Kurt 2944
Schuur, Heinrich 17580a
Schwab, George 4053
Schwabe, Klaus 3058, 3708, 3751, 3762, 4380, 8175, 8200, 9309, 10956, 12537, 14430, 14432, 14863, 14930, 16161 f., 16847, 17051, 19051
Schwager, Ernst 11397
Schwagerl, Hans J. 20279–20281
Schwaiger, Georg 4162, 4842, 6907, 7429, 8229, 9421 f., 9428, 9435–9437, 9443, 9451, 9465, 9467, 9485–9487, 9492–9495, 9504, 9506, 9517–9519, 9544, 9549 f., 9557 f., 9603, 9616, 9622, 9674, 9680, 9714, 9738, 9740, 11031, 14211, 14221, 14646, 16950
Schwalbach, Bruno 9648
Schwalb-Dror, Nathan 6662
Schwan, Gesine 18556
Schwarberg, Günther 6419, 7537 f., 13959, 18132, 18820 f.
Schwartz, Daniel R. 6507, 6545
Schwartz, Michael 4168, 8187 f.
Schwartz, Philipp 12041
Schwartz, Thomas A. 18735
Schwarz, Angela 1199
Schwarz, Boris 12042
Schwarz, Eberhard 17228
Schwarz, Egon 10923, 10929, 11208, 11257, 11418, 11788, 11793, 11794, 11941, 12106, 12328, 12336, 19702
Schwarz, Erika 5491

Schwarz, Falk 4907 f.
Schwarz, Gerhard P. 9102
Schwarz, Gotthard 2855
Schwarz, Gotthart 20071
Schwarz, Gudrun 5179, 7322, 8443
Schwarz, Hans 7339
Schwarz, Hans-Peter 2780, 9584, 9586, 15262, 20042
Schwarz, Helga 8623a
Schwarz, Jürgen 14591
Schwarz, Matthias 6440
Schwarz, Max 3553
Schwarz, Richard 20038
Schwarz, Robert 1103, 4929 f., 8130 f.
Schwarz, Rolf 2689, 13074, 13960, 18353
Schwarz, Siegfried 9846
Schwarz, Walter 19102 f., 19116–19121
Schwarz, Walter A. 12269
Schwarz, Wolfgang 17813
Schwarzenbeck, Engelbert 4909
Schwarz-Gardos, Alice 7110
Schwarzmaier, Hansmartin 4982, 17654, 17683, 18302
Schwarzwälder, Herbert 1019, 2038, 3184, 17763 f.
Schwarzwäller, Wulf 1935
Schwegmann, Friedrich G. 3689, 18988
Schweiger, Elisabeth 8511
Schweinsberg-Reichart, Ilse 3260, 4809
Schweitzer, Arthur 3627, 8144, 12462, 12559, 12876
Schweitzer, Harry 3078
Schweitzer, Jochen 10313a
Schweitzer, Renate 13351
Schweizer, Alexandra 18557
Schweizer, Gerhard 15636
Schweizerisches Evangelisches Hilfswerk für die Bekennende Kirche in Deutschland 8811
Schwelien, Joachim 4810
Schweling, Otto P. 4494
Schwend, Karl 2360, 2856, 3185
Schwendemann, Heinrich 12877
Schwenger, Hannes 10114
Schwengler, Walter 4468
Schwensen, Broder 2804
Schwensen, Ingwer 16726
Schwerdtfeger, Ruth 7539
Schwerdtner, Peter 3892
Schwerin, Detlef Graf von 10665–10667
Schwerin von Krosigk, Johann L. Graf von 2059 f.

Schwerin von Krosigk, Lutz Graf 12659a, 12660, 16168a
Schwering, Leo 9707
Schwering, Markus 9707
Schwersenz, Jizchak 6693, 6734, 7111
Schwertfeger, Johannes 2621, 2657
Schwind, Hans-Dieter 4495, 10639
Schwind-Waldeck, Peter 1715
Schwineköper, Berent 6214
Schwing, Heinrich 10501
Schwinge, Erich 4494
Schwinghammer, Georg 11398
Schwingl, Georg 14186
Schwinn, Peter 5116, 5180, 13609, 13716f., 15140
Schwipps, Werner 4969
Schwok, René 16020
Scott, James B. 13636, 16080
Scott, William B. 1721
Seabury, Paul 16168
Seaton, Albert 17229
Seck, Friedrich 14456
Seckendorf, Martin 16244, 16602
SED-Bezirksleitung Neubrandenburg 17769
SED-Bezirksleitung Parchim 10051
SED-Bezirksleitung Rostock 7724
SED-Kreisleitung Eisenach, Kreiskommission zur Erforschung der Geschichte der örtlichen Arbeiterbewegung beim Sekretariat 10395
SED-Kreisleitung Güstrow, Kommission zur Erforschung der örtlichen Arbeiterbewegung 17666
SED-Kreisleitung Hainichen 7616
SED-Kreisleitung Halberstadt, Kommission zur Erforschung der örtlichen Arbeiterbewegung 7564, 19663
SED-Kreisleitung Röbel (Müritz) 10192
SED-Kreisleitung Stralsund 7384
SED-Kreisleitung Wanzleben, Kommission zur Erforschung der örtlichen Arbeiterbewegung 10426
SED-Kreisleitung Zeitz 7479
See, Klaus von 14829
See, Wolfgang 9103
Seebacher-Brandt, Brigitte 11399, 11542
Seeber, David 20197
Seeber, Eva 13031f.
Seeber, Otto 8949
Seebold, Elmar 4811
Seebold, Gustav 5058, 8623b, 9126

Seebold, Gustav-Hermann 12636
Seeger, Siegfried 19686
Seela, Torsten 7599
Seeliger, Rolf 14431
Seeligmann, Chaim 14016
Seelmann-Eggebert, Ulrich 12043
Seemen, Gerhard von 4261
Segal, Lilli 13441, 13685
Segev, Tom 7323
Seghers, Anna 8656, 12329
Segschneider, Ernst H. 17827
Seible, Theresia 7161
Seibt, Ferdinand 4576, 11533, 16245, 16576, 18139
Seidel, Bruno 525
Seidel, Eugen 4812
Seidel, Gill 19412
Seidel, M. 1716, 5054
Seidel, Michael 13512
Seidel, Ortrud 6215
Seidel, Ralf 3628, 13474, 13540, 13555, 13763, 13845, 13861, 13867, 13872, 13917, 13947
Seidel, Rita 14547
Seidel, Sonja 7624
Seidel-Pielen, Eberhard 20100f., 20309f.
Seidel-Slotty, Ingeborg 4812
Seidenfus, Hellmuth St. 12809
Seidenstücker, Friedrich 161
Seidl, Alfred 1936, 16471
Seidl, Michael 19019
Seidler, Eduard 13482–13484
Seidler, Franz W. 2103–2105, 4496, 5181, 8444f., 12810, 12938f., 13513, 13686, 17637, 17893
Seidler, Horst 13666, 13687–13689
Seier, Hellmut 14432–14437
Seifert, Christfried 19020
Seifert, Dieter 973
Seifert, Werner 20351
Seiler, Joachim 9519
Seipolt, Harry 13868
Seiter, Walther H. 4117
Seithe, Horst 13442
Selig, Wolfram 3073, 3376, 6216f., 12969
Seliger, Maren 1169, 7213
Seliger-Archiv 11490
Seligmann, Avraham 6694
Sella, Amnon 17230
Sella, Gad H. 6218
Selle, Gert 4621
Sellert, Wolfgang 3817, 3834, 3863, 3867,

3911, 3948, 3953, 3980, 4113, 4116, 4206, 5294, 5522, 13774
Sellmeyer, Martina 6071
Selmeier, Franz 14931
Selzer, Michael 7540
Selzer, Wilfried 14461
Sembach, Klaus J. 5033, 5036, 15440
Semelin, Jacques 17965
Semmler, Rudolf 1897
Senator für Justiz und Bundesangelegenheiten Berlin 4180, 18782
Senator für Justiz und Verfassung der Freien Hansestadt Bremen 4150b, 6109, 6167
Senfft, Heinrich 3893, 18627, 18822, 19772
Senger, Michael 909
Senger, Valentin 7112
Sengotta, Hans-Jürgen 3701
Sensenig, Gene R. 13110
Serant, Paul 18879
Seraphim, Hans-Günther 121, 1717, 2028, 5214, 17231, 17360, 18650–18655, 18657
Serczyk, Jerzy 1426
Sereny, Gitta 5374, 7712
Sergg, Henry 18296
Serke, Jürgen 15637, 18812
Seth, Ronald 4725, 9370, 18297f.
Seton-Watson, Hugh 412
Settekorn, Wolfgang 14855
Setter, Jürgen 14633
Setzler, Wilfried 1008
Seubert, Josef 13111
Seubert, Rolf 14298, 14322f., 15903
Seuß, Siegfried 1020
Seydewitz, Max 7952, 10504, 11639b
Seydewitz, Ruth 10504
Seydlitz, Walther von 11747
Seyfert, Michael 12044
Seymour, Susan 16616
Seywald, Wilfried 12045
SFB [Sender Freies Berlin] 12085
Shafir, Shlomo 6983, 19104
Shand, James D. 12811
Shartel, Burke 3894, 4231
Shatzky, Joel 6319
Shedletzky, Itta 6517, 6588
Sheehan, James J. 2368, 11962
Sheehan, Thomas 14782, 14799
Shelah, Menachem 6495, 6984
Sheldon, William F. 1718
Shelley, Lore 7351, 7713
Sherman, A. J. 12958
Sherman, Ari J. 11400
Sheva, Beer 19086
Shirakawa, Sam H. 15744
Shirer, William L. 775, 1200, 1201, 1202, 17760
Shirley, Dennis 14242
Shookman, Ellis 2583
Showalter, Dennis E. 2095f., 2215
Showell, Jak P. 17581f.
Sibyll, Claus 712, 1796, 2049, 2117, 5250
Sichrovsky, Peter 18558f., 20053
Sick, Dorothea 13961
Sicking, Manfred 1380, 2972, 3016, 3058, 19930, 20054
Sickmann, Ludwig 15703
Sidmann, Charles F. 2216
Sieß, Jürgen 4857
Siebenborn, Kerstin 17765
Siebenhaar, Klaus 15638
Siebert, Ferdinand 16391
Siebold, Heinz 19891
Sieden, Joachim 19911
Siedenhans, Michael 7506, 7541, 19021
Sieder, Reinhard 7850
Sieferle, Rolf P. 1427, 2781
Siefken, Hinrich 9934
Siegel, Christian E. 12210
Siegel, Eva-Maria 12346
Siegel, Eva-Marie 12046
Siegel, Rudolf 9741
Siegel, Steven W. 6508
Siegel, Tilla 413, 3541f., 12909, 12910–12912, 13112, 13174f.
Siegele-Wenschkewitz, Leonore 4878, 5683, 6875–6877, 8261, 8402, 8446, 8754, 8950, 9103a, 9192, 9194, 9216, 13647, 13818, 13907, 14069, 14422, 14433, 14438, 14593, 14664, 15292, 15363, 15385, 15901, 19469
Siegert, Michael 5821, 15904f.
Siegert, Toni 7542
Siegfried, Klaus-Jörg 414, 13045, 13113, 14800
Siegler, Bernd 20055, 20116
Siegler, Fritz von 4271
Sieh, Hans G. 2805
Siemen, Hans-Ludwig 13568f., 13938
Siemsen, Anna 16131
Siemsen, August 11546
Siemsen, Hans 3465
Sierck, Udo 13443, 13850, 13869, 13892, 13950

1359

Sierpowski, Stanislaw 16258
Sievers, Kai D. 15095, 15111
Sievert, Albert J. 916
Siewert, Curt 4399
Sigel, Robert 18736
Sigg, Marianne 5822
Sigmann, Jean 255
Sijes, Benjamin A. 5823, 6496
Sikinger, Jürgen 3702, 4169
Silbereisen, Gabriele 4177
Silberklang, David 6985
Silbermann, Alphons 19787, 20240, 20282–20284, 20354
Silenius, Axel 8546, 8632
Silex, Karl 4858
Sill, Oiver 20255
Siller, Gertrud 20056
Sillner, Leo 17638
Silver, Eric 6878
Silverman, Dan P. 3629, 13190f.
Sima, Valtentin 18188
Simenauer, Erich 18560f.
Simmel, Ernst 5824
Simmert, Johannes 5902
Simmons, Michael 1022
Simon, Beate 19812
Simon, Bernhard 6058
Simon, Dieter 1842, 3803, 3856, 3895, 3983f., 4214, 4217, 14906, 14935, 14953, 17766
Simon, Ernst 6695
Simon, Franz 18915
Simon, Gerd 5183, 14828, 14830–14833
Simon, Hans 16000
Simon, Hermann 6220f.
Simon, Matila 18299
Simon, Rolf 12047
Simon, Wolfgang 14932
Simoneit, Ferdinand 8603
Simon-Pelanda, Hans 1023
Simonsohn, Trude 7113
Simpson, Amos E. 776, 2047
Simpson, Christopher 18943
Sims, Amy R. 14933f.
Sinasohn, Max M. 6222f.
Sinel, Leslie P. 18300
Singer, Hans W. 12048
Singer, Hans-Jürgen 1719, 4990, 15906
Sington, Derrick 4622, 7543
Sinus-Institut 20247
Siol, Joachim 3896
Sipols, Vilnis J. 16521

Sipos, P. 18140
Sippell, Birgit 3131
Sirc, Ljubo 18189
Sivan, Irit 6826, 8719
Six, Franz A. 136, 157–159, 17133, 17267
Sjöstedt, Lennart 17639
Skalnik, Kurt 10136
Skalweit, Stephan 1570, 16046
Skiba, Rainer 3773, 12896
Skierka, Volker 12177
Skjönsberg, Harald 6589
Skloot, Robert 5825
Sklorz, Norbert 14639
Skodvin, Magne 18354f.
Skrzypczak, Henryk 2643–2646, 2690, 3315f.
Slapnicka, Harry 1170, 9521, 13114
Slapnicka, Helmut 18141
Slavinas, Alexander 10668
Slembek, Edith 14838
Slenczka, Hans 9104
Slutsch, Sergej 16522f.
Smelser, Ronald M. 1770, 1778f., 1782, 1791f., 1797, 1803, 1807, 1812, 1814, 1834, 1839, 1848f., 1851, 1879, 1908, 1920f., 1923, 1932, 1938, 1943, 1953, 1958, 1984, 1993–1995, 1998, 2006, 2020, 2022, 2031, 2040f., 2054, 2058, 2065, 2074, 2080, 2085, 2104, 2108, 2110, 3421f., 3543–3545, 10883, 11667, 13144, 15189, 16132, 16577
Smid, Marikje 6879, 8951
Smirnow, L. N. 18737
Smit, Jan G. 12796
Smith, Arthur L. 7544, 12729, 16246, 17828f.
Smith, Bradley F. 1956, 1967, 17034, 18670, 18738, 19413
Smith, Danny 6420
Smith, Gary 12133
Smith, Howard K. 1203
Smith jr., Arthur L. 17830, 17830a
Smith, Marcus J. 7545
Smith, Thomas R. 15190
Smith, Woodruff D. 1428
Smolén, Kazimierz 7546f.
Smoliakovas, Grigorijus 7115
Smoydzin, Werner 20057, 20151
Snejdárek, Antonin 16552
Snell, John L. 777, 17104
Snyder, Louis L. 25, 65, 1720, 1780
Sochatzky, Klaus 20352

Society for the History of Czechoslovak Jews 6526, 6539, 6542, 6605
Sodeikat, Ernst 1176, 9105
Sode-Madsen, Hans 6497
Soenke, Jürgen 1488
Soer, Josh van 3248
Soffke, Günther 11187
Sofsky, Wolfgang 5375, 7324f., 7851
Sohl, Klaus 3215
Sohler, Herbert 17583
Söhngen, Oskar 8952f.
Sohn-Rethel, Alfred 2913, 3375, 12463, 16133
Soldan, Dieter 8189
Soldenhoff, Richard von 10911
Söldner, Ludwig 9106, 13718
Soler, Ana M. S. 16453
Solitkow, Michael Graf 4566
Sollbach, Gerhard E. 14243
Söllner, Alfons 526, 700, 736, 4053a, 11217f., 12049–12051, 12303, 13176
Solowjow, Boris G. 17232
Solta, Jan 13712
Sombart, Nicolaus 4054, 15044
Sommer, Antje 2499
Sommer, Karin 6224
Sommer, Karl-Ludwig 3186, 9107–9109, 18562
Sommer, Wilhelm 8604, 10427
Sommerfeld, Max 10211
Sommerfeldt, Martin H. 4726
Sonne, Hans-Joachim 9110
Sonnemann, Rolf 14537, 15212
Sonnen, Bernd-Rüdiger 3883, 4084, 4088, 4099, 4103f., 4109, 4118, 5287, 5295, 5299, 18544
Sonnenberger, Franz 14244f.
Sonnenbluck, Henri 7714
Sonnet, Peter 3187, 20058
Sontag, Raymond J. 16524, 17105
Sontag, Susan 15907, 19414, 19703
Sontheimer, Kurt 610–612, 1429, 2782f., 9255, 12292, 20059
Sörensen, Christian M. 2334f., 2866
Sorge, Martin K. 16967
Sörgel, Werner 12560
Sösemann, Bernd 1858–1860, 2812, 2857, 4623, 4836f.
Southworth, Herbert R. 16454
Sowade, Hanno 2006
Sozanska, Teresa 17726
Sozialdemokratische Partei Deutschlands, Landesverband Schleswig-Holstein 17595
Sozialdemokratische Partei Deutschlands, Kreisverband Mannheim 10265
Sozialdemokratische Partei Deutschlands, Ortsverein Itzehoe 3161
Sozialdemokratische Partei Deutschlands, Parteivorstand 10171, 20203
Sozialdemokratische Partei Deutschlands, Stadtverband Ludwigshafen am Rhein 3144, 10256, 10269
Sozialdemokratischer Bildungsverein Mannheim 10255
Sozialdemokratischer Pressedienst 19814
Sozialistische Studiengruppen (SOST) 20084
Sozialistisches Büro 20034
Sozialwissenschaftliche Forschung und Praxis für Frauen 8323
Spaar, Horst 13451
Spaeth, David 12327
Spalek, John M. 11664, 11776, 11839f., 12052, 12336
Spanhofer, Kai U. 9231
Spann, Gustav 1076, 1297
Sparing, Frank 7144, 7177, 7178
Sparr, Thomas 6517
Spear, Peter 3693
Spear, Sheldon 6986
Specht, Gustav 1236
Speck, Dieter 14538
Specker, Hans E. 1024
Spector, Shmuel 6987
Speer, Albert 2072f., 5184, 12508
Speidel, Hans 10774, 17307
Speier, Hans 2556
Speirs, Ronald 15585
Speirs, Ronald C. 15639
Spelsberg, Gerd 3130
Spendel, Günter 4119
Spender, Stephen 2536, 14381
Spengler, Tilman 119, 13522, 16426
Spethmann, Hans 17767
Spieß, Alfred 17106
Spieß, Pirmin 3964, 5383
Spiegel, Josef 415
Spiegel, Tilly 11100, 11401
Spieker, Christoph 872
Spieker, Josef 9715
Spiekermann, Gerd 4970
Spielvogel, Jackson 778
Spies, Gerd 3177

Autorenregister

Spiker, Jürgen 15908
Spira, Leopold 6225
Spiru, Basil 17107
Spitta, Arnold 7162, 11402, 19105
Spitzer, Giselher 15981
Spitznagel, Peter 9522, 14618–14620, 14627, 14655
Spode, Hasso 13234f.
Spohn, Wolfgang 13177f.
Spoo, Eckart 18602
Spranger, Eduard 14801
Sprecher, Thomas 12293
Spreng, Eberhard 15909
Sprengel, Rita 10467
Sprenger, Isabell 6916, 7548
Springer, Peter 19605
Springorum, Ulrich 3703
Spritzer, Jenny 7715
Sproll, Heinz 9092
Sprondel, Walter M. 12053
Sprung, Lothar 13594
Sretenovic, Karl 10043
Srubar, Ilja 12054
St. George, George 6421
Staar, Sonja 7625
Staatliche Kunsthalle Berlin 1376, 1980, 2797, 2876, 3039, 3105, 3118, 3322, 4697, 4948, 6441, 7475, 15256, 15565f., 15628, 15728, 15902, 15919
Staatliche Landesbildstelle 4723
Staatliche Landesbildstelle Hamburg 1495
Staatliche Landesbildstelle Hamburg 4676
Staatliches Auschwitz-Museum (Oswięcim) 7146, 7454, 7507, 7547
Staatliches Institut für Lehrerfort- und weiterbildung des Landes Rheinland-Pfalz 832
Staatsarchiv der Freien und Hansestadt Hamburg 5982
Staatsbibliothek Preußischer Kulturbesitz 4689, 11714
Staatskommissariat für rassisch, religiös und politisch Verfolgte 7560
Stäbler, Wolfgang 2584
Stachowiak, Aribert 1025
Stachura, Peter D. 238, 779, 1371, 1730, 1835, 2076f., 2119, 2217–2220, 2222, 2408, 2468,-2470, 2514, 2520, 2535, 2885, 2938, 2948, 3059, 3466, 3467f., 3509–3511, 3584, 4595, 5086, 8451, 8605, 8696, 9499, 14573, 15882, 16064, 16135

Stackelberg, Roderick 1430
Stadelmaier, Martin 510, 540, 548a, 7950, 16522, 19453
Staden, Wendelgard von 1204
Stadler, Friedrich 12055f.
Stadler, Karl R. 1087, 1139, 1146, 3923, 3925, 4160, 8391, 10041, 11516
Stadler, Peter 19774
Stadler, Robert 1171, 10115, 12792
Stadlmayer, Tina 6988
Stadt Ahlen 8490
Stadt Alzey 6016
Stadt Arnsberg 6193
Stadt Augsburg 10274, 10493
Stadt Bad Homburg 5995
Stadt Bad Kissingen 5916
Stadt Bietigheim-Bissingen 1012
Stadt Bocholt 6034
Stadt Bonn 3074
Stadt Bremerhaven 1010
Stadt Buchau 5395
Stadt Darmstadt 6574
Stadt Dreieich 826
Stadt Düsseldorf 10023, 10095, 10128, 19633, 19652
Stadt Düsseldorf, Bezirksverwaltungsstelle 3 7478
Stadt Düsseldorf, Pädagogisches Institut 818
Stadt Düsseldorf, Stadtbezirk 3 7460
Stadt Essen 6206
Stadt Essen, Kulturamt 10144
Stadt Essen, Volkshochschule – Projekt Essener Frauengeschichte - 8489
Stadt Frankfurt a. M., 10053
Stadt Frankfurt a.M., Dezernat für Kultur und Freizeit 8334
Stadt Fulda 6067, 17663
Stadt Georgsmarienhütte 10004
Stadt Göttingen 899
Stadt Hagen 2306, 3150
Stadt Haiger 17418
Stadt Hamm 3954
Stadt Herne 871, 964
Stadt Herten 7968
Stadt Kassel, Kulturamt 17547
Stadt Köln 7920, 18604
Stadt Königswinter 6173, 9604
Stadt Lahr 6077
Stadt Leipzig 6047
Stadt Mannheim, Schulverwaltungsamt 6283, 7400, 19660

Stadt München 7176, 13071
Stadt Münsingen 6060
Stadt Münster 5393, 5804
Stadt Münster, Presse- und Informationsamt 5983, 6061
Stadt Neu-Isenburg 9967
Stadt Neuss 878
Stadt Oberhausen 5386
Stadt Oldenburg 6120, 19494
Stadt Olpe 17439
Stadt Pforzheim 5936
Stadt Pulheim 6267
Stadt Rendsburg 18353
Stadt Rosenheim, Kulturamt 998
Stadt Schwerte 7421
Stadt Singen 6074
Stadt Spenge 914, 6117
Stadt Speyer 981, 8776
Stadt Stadtallendorf 858, 7420, 12765, 18595
Stadt Stuttgart 6279
Stadt Taunusstein, Heimatmuseum 6057
Stadt Tübingen 975
Stadt Unna 17690
Stadt Villingen-Schwenningen 17748
Stadt Weinheim 6020
Stadt Witten 5788, 6086
Stadt Witten, Amt für Statistik und Stadtforschung 6086
Stadt Wuppertal, Presse- und Werbeamt 10139
Stadtarchiv Bielefeld 1043, 6127
Stadtarchiv Bochum 10150
Stadtarchiv Dinslaken 870
Stadtarchiv Dortmund 5923
Stadtarchiv Düsseldorf 5958, 7460, 7478
Stadtarchiv Hamm 3769
Stadtarchiv Ludwigshafen a. Rh. 6128
Stadtarchiv Lünen 8459
Stadtarchiv Mannheim 5894, 5972, 7874, 9968
Stadtarchiv München 3073
Stadtarchiv Münster 3137, 6061
Stadtarchiv Neuß 6141
Stadtarchiv Neuss 825
Stadtarchiv Rottweil 5889
Stadtarchiv Schwäbisch Gmünd 6215
Stadtarchiv Singen 3083
Sadtarchiv Soest 6090
Stadtarchiv Ulm 5906
Stadtarchiv Wuppertal 17877
Stadtbibliothek Bremen 15501

Stadtbücherei Heilbronn 11841
Städtisches Museum Göppingen 6078
Städtisches Museum Göttingen 8596
Stadtmüller, Alois 17442
Stadtmuseum Düsseldorf 5498, 15310
Stadtmuseum Münster 3137
Stadtmuseum Oldenburg 15529
Stadtverband Duisburg 7885
Stadtverwaltung Bühl 6037
Stadtverwaltung Ramat Gan [Israel] 6451
Stadtverwaltung Soltau 17712
Staeck, Klaus 19415
Staepel, Werner 15745
Staff, Ilse 3801
Stafford, David 11175
Stafford, Paul 16328
Stahl, Friedrich-Christian 4416
Stahl, Karl H. 20264
Stahlberg, Alexander 1205
Stahlberger, Peter 11403
Stahlmann, Martin 14014, 14017
Stahlmann, Michael 12913, 12916
Stahr, Henrick 2647, 2662, 2684, 2686, 2758
Stainer, Maria L. 6226
Stamm, Christoph 17372
Stamm, Karl 4727
Stamm, Kurt 72
Stammberger, Gabriele 7697
Stammen, Theo 2784, 11222, 12294
Stammer, Otto 527
Stammler, Eberhard 9225
Stampfer, Friedrich 11549
Stang, Werner 4668
Stange, Hans O. 16765
Stange, Jörg 1431
Stapperfenne, Wilfried 10219
Stappert, Bernd H. 7093
Staritz, Dietrich 11628, 19042, 19589
Stark, Gary D. 2785
Stark, Joachim 1179
Starl, Timm 15944f., 16282
Starr, Joseph R. 18880
Stasiewski, Bernhard 8793, 9244–9246, 9593
Statistisches Bundesamt 91
Statistisches Landesamt der Hansestadt Hamburg 17430
Statistisches Reichsamt 1, 94, 3562
Staudinger, Anton 11517
Staudinger, Eduard 6227
Staudinger, Hans 1721

Staudinger, Roland 4170
Stauffer, Paul 1937
Stechert, Kurt 2223
Steegmüller, Fritz 14115, 14273
Steele, Frank G. 15379
Steen, Jürgen 6240, 8619a, 8622, 17751
Stefen, Rudolf 20060
Steffahn, Harald 780, 1722, 3962, 10794, 11039
Steffani, Winfried 3233, 3596, 4115, 4222, 5071
Steffens, Gerd 239
Steffens, Horst 1069, 8117
Steg, Thomas 20198
Stegemann, Bernd 1723, 16968, 17233
Stegemann, Wolf 1026, 1259a, 1261, 5826, 6002, 6228, 8780, 10279, 19022
Stegemann, Wolfgang 6843, 8875, 8906, 8954, 9038, 13637
Steger, Bernd 2361
Stegmann, Dirk 2224, 2296, 2336, 2565, 2721, 2902, 2914–2916, 4424, 7914, 11179, 12878
Stehkämper, Hugo 9371, 9703
Stehl, Lutz 15466
Stehle, Hansjakob 9372, 17640, 18142
Stehlin, Paul 16578
Steidle, Luitpold 11729
Steim, Karl W. 6229
Stein, Albert 8955, 9111
Stein, Georg H. 5215
Stein, George H. 5216
Stein, Harry 7536, 7549f., 12635, 15198, 18854
Stein, Mary B. 18563
Stein, Nathan 6230
Stein, Peter 2123, 4931, 12234
Stein, Robert 13033
Stein von Kamienski, Gottfried 14531a
Steinbach, Lothar 7915, 7916
Steinbach, Peter 812, 2399, 2648, 2826, 3048, 4395, 4562, 4836, 4961, 5325, 5371, 5827, 6689, 6696, 6785, 7551, 7600, 7816, 7835, 8067, 8214, 8566, 8735, 8751, 8832, 8834, 8931, 8958, 9007, 9168, 9269, 9312f., 9315, 9321, 9371, 9570, 9755, 9770, 9795, 9809, 9823–9825, 9834, 9849, 9850, 9867, 9871, 9878f., 9893, 9917, 9922, 9929, 9936–9944, 9952, 10187, 10227, 10236f., 10239, 10250, 10308, 10336, 10344, 10370, 10382f., 10390, 10447, 10508, 10533f., 10548, 10559, 10563, 10586, 10608, 10611f., 10622f., 10625, 10631, 10635, 10638, 10642, 10645, 10658, 10660–10662, 10665, 10669, 10670f., 10678, 10679, 10685, 10724, 10760, 10771, 10790f., 10795, 10816, 10849, 10851, 10869, 10872f., 10875, 10877, 10883, 10891, 10902, 10955, 10971, 11034, 11053, 11087, 11112, 11127f., 11144, 11147, 11155, 11254, 11289, 11314, 11404, 11706, 11730f., 12561, 13870f., 15189, 15205, 15889, 16159a, 16185, 16196, 17831f., 17882, 18536, 18542, 18564f., 18566, 18629, 18634, 18637, 18770, 18777, 18818, 18823, 18827, 18829, 19214, 19283, 19398, 19416–19419, 19493, 19543, 19550, 19551–19569, 19571, 19577, 19590, 19596, 19606, 19775
Steinbacher, Sybille 7552
Steinberg, Detlev 4350
Steinberg, Hans-Josef 8067, 10116, 10188
Steinberg, Heinz G. 13690, 13719
Steinberg, Jonathan 6498
Steinberg, Lucien 6448, 6499, 6697, 11405
Steinberg, Maxime 19776
Steinberg, Michael S. 14592
Steinberg, Rolf 15293
Steinberger, Nathan 12781
Steinbrinker, Heinrich 8606
Steinegger, Fritz 3729a
Steiner, Herbert 1140, 1279, 6231, 10080, 10117–10120, 17895
Steiner, Jean-François 7626
Steiner, John M. 781, 5185, 5186
Steiner, Max 12782
Steiner, Thomas 15008
Steiner, Zarah 16157
Steinert, Johannes-Dieter 9523
Steinert, Marlis G. 1724, 7953–7957, 17108, 17641f.
Steinert, Tilman 13595
Steinhaus, Hubert 1432, 1725, 14018, 14031a
Steinhöfer, Dieter 2107
Steinhoff, Johannes 7958
Steiniger, Peter A. 18671
Steininger, Rolf 1141, 5339, 5644, 5664, 16369, 16383, 18567, 19106, 19147, 19200, 19303, 19338, 19366, 19375, 19378, 19420, 19461, 19475, 19632
Steininger, Sigrid 19182

Steinitz, Hans 6586
Steinki, Walburga 15791
Steinkühler, Manfred 18568
Steinle, Jürgen 19421
Steinlechner, Wolfgang 3897
Steinlein, Rüdiger 8559, 15559
Steinmann, Ulrich 10311, 10314
Steinmetz, Horst 6232
Steinmetz, Max 14539
Steinmetz, Selma 7191
Steinmetz, Udo 3140, 5391, 6062, 8798, 10143, 10215
Stein-Stegemann, Hans-Konrad 3963
Steinwascher, Gerd 3188, 10121
Steinweg, Günther 17584
Steinweg, Reiner 20326
Steinweh, Karin 4697
Steinweis, Alan E. 2786, 15784
Steitz, Heinrich 9112
Stelbrink, Wolfgang 3165
Stellbrink, Uwe 7102
Stelling, Wiebke 12929
Stelmaszyk, Bernhard 10982
Steltzer, Theodor 10672, 10864
Stelzner, Jürgen 12730, 13192
Stemmler, Joachim 14860
Stempel, Hans 9113
Stenbock-Fermor, Alexander 7703
Stendell, Günther 7553 f., 10428
Stender, Detlef 2679, 3332
Stender-Petersen, Ole 10189, 11463
Stengel, Theo 5443
Stenzl, Otto 16292
Stepánek, Zdenek 18143
Stephan, Alexander 7852, 11407, 11796, 12057 f.
Stephan, Cora 18464
Stephan, Inge 11313
Stephan, Karl 3930, 4166, 18839, 18844
Stephan, Rainer 1129
Stephens, Frederick J. 3469
Stephenson, Jill 2058, 2470, 7917, 7978, 8447–8454, 12930, 13115, 13691, 14019, 17768
Stephenson, John 8063
Stephenson, Kurt 14595
Stepien, Stanislaus 13034
Steppat, Fritz 16669
Steppe, Hilde 13444
Stercken, Vera 13226
Sterling, Eleonore 5828
Stern, Bruno 6590

Stern, Carola 3038, 18934
Stern, Desider 5445
Stern, Frank 19106, 19570, 20285
Stern, Fritz 613, 1433
Stern, Guy 11654, 11794–11796, 12059–12065, 15640
Stern, Joseph P. 1726 f.
Stern, Leo 17913
Stern, Willy 6735
Stern, Wolf 11176
Sternberger, Dolf 4813
Sternburg, Wilhelm von 1578, 12178, 12352
Sternfeld, Wilhelm 11763
Sternheim-Peters, Eva 8607
Sternhell, Zeev 416, 1434
Sterz, Reinhold 16778
Stettner, Walter 1028
Steuer, Lothar 1973, 18892
Steurer, Leopold 13962, 16392
Stevens, E. H. 18682
Stevens, R. H. 1498
Steward, John S. 8678
Stief, Wiegand 15140
Stiefel, Ernst C. 12066 f.
Stiefel, Karl 3704
Stiefele, Werner 10459, 13963
Stieff, Helmut 10796a, 10797
Stieg, Gerald 15641
Stieg, Margaret F. 15642 f.
Stiehr, Karin 8455
Stiepani, Ute 9770
Stierle, Karlheinz 19677
Stierlin, Helm 1728
Stievermann, Dieter 850
Stiftung Deutsche Kinemathek 15920
Stiller, Anne 11079
Stiller, Michael 20199
Stillfried, Gebhard 7643
Stillmann, Günter 7116
Stippel, Fritz 14067
Stitz, Peter 14640
Stoakes, Geoffrey 1729 f., 2225, 16134–16136
Stobwasser, Albin 18612
Stock, Manfred 20353
Stock, Wolfgang J. 3287, 11449, 11705
Stöckemann, Patricia 15774
Stöcker, Hans 4838
Stocker, Karl 12797
Stöcker, Rainer 6050, 10220
Stockhecke, Kerstin 2496

Autorenregister

Stockholmer Koordinationsstelle zur Erforschung der deutschsprachigen Exilliteratur 11205, 11764
Stockhorst, Erich 82
Stöckle, Thomas 13964
Stockmann, Reinhard 8456
Stockwell, Rebecca 16226
Stoecker, Helmuth 16708, 17386
Stoevesandt, Karl 9114
Stoffels, Hans 13872, 18569
Stöffler, Friedrich 9524, 13965
Stöhr, Martin 8244, 14670, 18570
Stojanoff, Petr 3249
Stokes, Lawrence D. 827, 2247, 2337, 2500, 2867, 3770, 5240, 6684, 6724, 7555, 7811, 8222, 8853, 9224, 9285, 9787, 9829, 9907, 10028, 10226, 10376, 10592, 10752, 10815, 10868, 11146, 11164, 11172, 13775, 17768
Stoldt, Hans-Ulrich 19107
Stoll, Gerhard E. 8956
Stollberg, Gunnar 240, 417
Stolleis, Michael 1842, 3787, 3803, 3816, 3856, 3895, 3898–3901, 3983 f., 4055, 4101, 4120, 4214, 4217, 4238, 4245–4248, 11040, 13160, 14906, 14935, 14953, 18867
Stollmann, Rainer 4624, 15644–15646, 15785
Stolten, Inge 1206, 7853
Stoltenberg, Gerhard 2585
Stölting, Erhard 15045
Stölting, Ernst 19405
Stoltzenberg, Dietrich 12194
Stolz, Gerd 5311, 7117
Stolze, Elke 14540
Stölzel, Georg 4799, 18290
Stommeln, Hein 20061
Stommer, Rainer 5013–5015, 12812
Stompor, Stephan 12067a
Stone, Gerald 13720
Stone, Norman 1731
Stoop, Paul 1207
Storch, Wolfgang 4710
Storek, Henning 4910
Storjohann, Uwe 8657, 10998
Storost, Ulrich 4249
Stöss, Richard 19831, 20062–20067, 20093, 20121, 20134, 20150, 20200 f., 20207, 20213–20224, 20227–20230, 20354 f.
Stötzel, Georg 19422

Stourzh, Gerald 179, 1107, 1142, 1273 f., 6183, 7882, 10137, 12869, 16283, 16285
Stöver, Bernd 7854, 10673, 11518 f.
Stöwer, Herbert 6048
Stoy, Manfred 14964
Straede, Therkel 13035
Strahm, Herbert 9756
Strallhofer-Mitterbauer, Helga 15707
Stranz, Elmar 14106
Strasen, Gustav-Adolf 17769
Straßner, Erich 4814
Strasser, Brigitte 3080
Strasser, Marguerite R. 7051
Strasser, Otto 418, 2083, 10549, 11659
Stratenwerth, Günter 419
Stratmann, Friedrich 12464
Stratmann, Karlwilhelm 14300–14305
Strätz, Hans-Wolfgang 14561, 15647
Strätz, Reiner 5875
Strauß, Heinrich 3189
Strauß, Herbert A. 12068
Strauß, Walter 5497
Straub, Alfred 1029
Straube, Harald 677, 5636
Strauss, Eva 7176
Strauss, Herbert A. 5407, 5673, 5829, 5830–5833, 5875, 6506, 6507, 6508, 6509, 6514, 6515, 6544, 6591, 6592, 6635, 6683, 6698, 6699, 7094, 11193–11195, 11349, 11543, 11768, 11797, 11854, 11866 f., 11946, 11960, 12069–12071, 12129, 19423, 20275, 20286
Strauss, Walter 7118
Strawson, John 1732, 16969
Strecha, Valentin 10468
Streibel, Robert 1095, 5772, 5815, 5934, 5969, 6082, 6227, 6233 f., 6572, 6735, 15321, 17222
Streim, Alfred 4171, 5281, 6422, 17838 f., 17852, 18778, 18824
Streisand, Joachim 14922, 14937
Streit, Christian 4400, 6423, 6880, 17853–17856, 18144
Strelitz, Johannes 3918, 5898
Strelka, J. Peter 11798
Strelka, Joseph 11840, 12365
Stremmel, Ralf 1030
Streng, Heinz von 18145
Stresemann, Wolfgang 1208
Striefler, Christian 2649
Striegnitz, Sonja 16242

Striehl, Stefan 20347
Striesow, Jan 2787
Stritzel, Klaus P. 1177
Strobach, Hermann 15073, 15141
Strobel, Ferdinand 9258
Ströbel, Otto 17770
Ströbele, Hans-Christian 19108
Ströbinger, Rudolf 1950, 12221
Strobl, Ingrid 6716, 11081
Strocka, Monika 8207
Stroech, Jürgen 9798, 10190
Strohm, Christoph 9167–9169, 10901 f.
Strohm, Theodor 6837, 6851, 8957, 9175, 9202, 13873, 19472
Strohmeyer, Klaus 10937
Ströle-Bühler, Heike 14641 f.
Strölin, Karl 10674
Strotdrees, Gisbert 15648
Strothmann, Dietrich 11119, 15649
Strubar, Ilja 12071
Strüber, Reinhard 6094
Strübind, Andrea 9757
Struve, Walter 1031, 1435, 2518, 9769
Strzelewicz, Willy 11406
Stübling, Rainer 11553
Stuby, Gerhard 17109
Stuchlik, Gerda 4878, 5683, 8261, 8402, 8446, 13647, 13818, 13907, 14069, 14422, 14433, 14438, 14541, 14593, 14664, 15292, 15363, 15385, 15901
Stuckert, Thomas 10960
Stude, Jürgen 6235 f.
Studentengewerkschaft Bonn 14597
Studienkreis Deutscher Widerstand 7280, 10034 f.
Studienkreis für Jugendgeschichte und -forschung. Darstellung und Vermittlung 802, 1032, 3450, 3460, 8557, 8569, 8611, 8623, 9958, 11292, 14225, 14503, 19476
Studienkreis zur Erforschung und Vermittlung der Geschichte des deutschen Widerstandes 1933–1945 10030, 10031, 10032, 10033, 10537
Studienschwerpunkt »Frauenforschung« am Institut für Sozialpädagogik der Technischen Universität Berlin 8403
Stuebel, Heinrich 3423
Stuewer, Roger H. 12072
Stuhlpfarrer, Karl 5399, 6237, 12879, 15183, 16247, 16284, 16393, 17373
Stull, André 18301

Stümke, Hans-Georg 7238 f., 7249
Stumpf, Reinhard 4401, 4443, 4528
Stuolanski, Rudolf 4293
Stupperich, Amrei 2858
Stupperich, Martin 9179, 18571
Stupperich, Robert 9115, 9179
Sturm, Borut M. 18146
Sturm, Hanna 7716
Sturm, Hubert 16322
Sturm, Reinhard 420–422
Sturm, Wilhelm 19424
Stürmel, Marcel 18302
Stürmer, Michael 614, 12959
Stürzbecher, Manfred 6238, 13485, 13874
Stürzer, Anne 12073
Stuttgarter Osten Lokalzeitung 6063, 6137
Stüttgen, Dieter 3650–3653
Stutz, Ernst 14802
Stutz, Reno 13093
Süß, Walter 20068, 20117
Süß, Werner 548
Süß, Winfried 11036 f.
Suchowiak, Bogdan 7556
Suchy, Barbara 5958
Suchy, Viktor 15325, 15708
Sudholt, Gert 1524, 4669
Sueße, Thomas 13596
Sueße, Thorsten 3628, 13867
Sühl, Klaus 10260, 10268
Suhl, Yuri 6700
Suhling, Lothar 15441
Suhr, Elke 7557 f., 10912
Sullivan, John 9727
Sullivan, Matthew B. 17833
Süllwold, Erika 8511
Sultano, Gloria 15294
Summerfield, Penny 8457
Sündermann, Helmut 4669
Sundermann, Werner 6034
Sundhausen, Holm 12880, 18190
Sünker, Heinz 543, 2424, 3480, 3490, 5598, 7203, 8322, 8418, 12111, 12632, 12921, 13125, 13138, 13224, 13237, 13244, 13247, 13249, 13254–13256, 13257, 13259, 13267, 13621, 14011, 14014, 14280, 14294, 18480
Sunnus, Michael 3902
Suri, Surindar 7855
Süßmann, Georg 17021
Süss, Georg 17497
Sutter, Peter 13576
Sutton, Antony C. 2951

Autorenregister

Suvorow, Viktor 17234
Suy, Eric 9404
Swatek, Dieter 12465
Sweet, Paul R. 16023
Sweet, Wiliam 4189
Sweets, John F. 18303
Swerdlow, Amy 8344
Sword, Keith 18147
Syberberg, Hans J. 15295
Sybill, Claus 1228
Sydnor jr., Charles W. 5217
Sygusch, Frank 19714f.
Sykes, Christopher 10809
Syring, Enrico 241, 1733, 1938, 10569, 17308
Syrkin, Marie 6701
Syrup, Friedrich 13145
Sywottek, Arnold 10383, 11407, 11587, 13278, 13340, 13643, 18572
Sywottek, Jutta 4728, 15650
Szajkowski, Zosa 6500
Szalet, Leon 7717
Szarota, Tomasz 18148
Szczypiorski, Andrzej 19631
Szecsi, Maria 3925
Szefer, Andrzej 16249
Szende, Stefan 10505
Szenes, Sándor 6424
Szepansky, Gerda 8458, 11072, 11082
Sziling, Jan 3408
Sznajder, Lipman 7119
Szöllösi-Janze, Margit 12813
Szunyogh, Bela 4729
Szwajgier, Adina B. 7120
Szymanski, Norbert 7529
Szypiorski, Andrzey 2099

Tabor, Jan 15296
Tabori, Paul 11408
Tack, Wilhelm 15139
Taddey, Gerhard 6022, 6242
Tägil, Sven 16250, 17585
Tal, Uriel 1436f., 5326a
Taleikis, Horst 10469
Tálos, Emmerich 1143, 1155, 1158, 1159, 1169, 1314f., 4363, 4921, 4987, 5074, 6131, 7897, 7907, 8491, 8792, 10079, 11005, 11253, 12105, 12509, 12792, 12974, 13062, 13149f., 13179, 14025, 14451, 15682, 18188
Tammen, Werner 3135, 7903
Tanghe, Patrik 5

Tappe, Elisabeth 8459
Tappe, Rudolf 10123
Tarnowski, Wolfgang 15380
Tarrab-Maslaton, Martin 5834
Tatla, Darshan S. 8259
Tatschmurat, Carmen 3494, 8270, 8288, 8293, 8311, 8343, 8374, 8408, 8427, 8436, 14126, 14321, 14611, 18383, 18438
Tattenbach, Franz von 9616
Tauber, Kurt P. 20069
Taubert, Friedrich 16352
Taubert, Rolf 3607
Tauch, Max 9373
Taucher, Franz 4859
Taufmann, Jürgen 60
Tausk, Walter 7121
Tautz, Johannes 1438
Taylor, Alan J. P. 3060, 16970, 17110, 17462
Taylor, Brandon 4583, 8419, 8474, 15231, 15242, 15297-15299, 15355, 15374, 15424, 15733, 15915, 16011, 18436
Taylor, Eric 17546
Taylor, Hugh P. 5106
Taylor, John R. 12074
Taylor, Richard 4625, 15910
Taylor, Robert R. 15442
Taylor, Ronald 15651
Taylor, Simon 1439
Taylor, Telford 3903, 4402, 4442, 16579, 17309, 18739, 19069
Taysen, Albert von 17391
Tebbe, Krista 3135, 7903
Tec, Nechama 7122
Teibenbacher, Peter 14970
Teich, Hans 10124
Teichert, Eckart 12881
Teichler, Hans J. 3324, 3331, 8068f., 16001-16004, 16012
Teichmann, Wolfgang 10469
Teichova, Alice 12882, 16580, 18150
Teistler, Gisela 14187
Tellenbach, Gerd 14938
Tellenbach, Klaus 3730
Teller, Christine 9802, 13445
Telschow, Jürgen 9116
Teltschik, Walter 12637
Tenbruck, Friedrich 19425
Tenenbaum, Joseph 1440, 5258, 5835, 6425
Tenfelde, Klaus 249, 1038, 3310, 3317, 7918, 8010, 8037, 8055, 8066, 8103,

8132, 8145, 9825, 10525, 13009, 13203, 13227
Tennstedt, Florian 6645, 11782, 13142, 13206, 13260, 13421f., 13446
Tenorth, Heinz-Elmar 3505, 4620, 5065, 8539, 14006f., 14020f., 14032, 14068–14071, 14102, 14193, 14293, 14306, 14334, 14439, 14443, 15290
Tens, Antonia 1573, 3819
Tent, James 19023
Teping, Franz 8793a, 14245a
Teppe, Karl 1802, 1804, 3427, 3558, 3611, 3618, 3623, 3626, 3630, 3641, 3649, 3676, 3688, 3705–3709, 3875, 4020, 4240, 8247, 12495, 12775, 13207, 13266, 13300, 13597, 13600, 13966, 15308, 15318, 17939, 17966, 18109, 18169, 18843
ter Haar, Carel 11701
ter Veen, Heino 3796, 18667
Teresia Renata de Spiritu Sancto 9728
Tergit, Gabriele 12075
Terhorst, Karl-Leo 5298
Ternon, Yves 5187f., 13447, 13692f.
Terveen, Friedrich 1734
Terveen, Fritz 1735, 15911f.
Terwort, Gerhard 15652
Tesar, Eva 13981
Teschner, Gertraud 162
Teske, Hermann 4519
Tessin, Georg 4272–4287, 17475
Tetzlaff, Walter 5446
Teubner, Hans 11588
Teut, Anna 15443
Teuteberg, Hans-Jürgen 13308
Tewes, Ludger 8608
Thal, Peter 14440
Thalheim, Hans-Günter 10925, 11881, 15537
Thalmann, Rita R. 5836, 5837, 5838, 5839, 8284, 8317, 8460–8462, 11409–11411
Thamer, Hans-Ulrich 242, 423f., 782f., 1039, 1441, 3061, 5037
Thanassekos, Yannis 459, 499, 501, 516, 530, 5020, 5319, 5376, 5712, 5728, 5844, 7140f., 7286, 7309, 18832, 19218, 19340, 19343, 19729, 19776, 19778
Thane, Pat 13614
Thape, Ernst 10322
Thate, Wolfgang 4626
Thauer, Wolfgang 15653

Theilen, Fritz 8609
Theis, Rolf 19109
Theissen, Rolf 7718, 10495
Thelen, Dieter 20152
Thelosen, Paul 19426
Theodor-Heuß-Schule, Städtisches Gymnasium Ratingen 7877
Theresienstädter Initiative – Internationale Theresienstädter Vereinigung 6378
Thévoz, Robert 7919
Theweleit, Klaus 1442, 15654
Thiel, Christian 4350
Thiele, Dieter 12150a
Thieleke, Karl-Heinz 12586, 12960f., 13036, 18672
Thielenhaus, Marion 16169
Thielicke, Helmut 10942
Thielking, Sigrid 12077
Thiemann, Walter 6243
Thieme, Frank 13694, 15046f.
Thieme, Karl 5648
Thien, Hans-Günter 784, 18603, 19473f.
Thien, Hans-Günther 2564, 7873, 8112, 9367, 9638, 13487
Thierfelder, Jörg 5795f., 6837, 6851, 8788, 8794, 8941f., 8957f., 9092, 9117f., 9175, 9180, 9202, 9233f., 13873, 14246, 19472, 19542
Thies, Jochen 1736–1739, 13309f., 15444, 16137, 16138
Thiessen, Rudi 15445
Thill, Hildburg-Helene 6244
Thimme, Hans 8795
Thivat, Patricia-Laure 12078
Thoenelt, Klaus 10938
Thole, Werner 10961
Thom, Achim 5148, 5614, 7227f., 7296, 8933, 12987, 13214, 13384, 13393, 13395, 13401–13403, 13429, 13437, 13448–13451, 13476, 13492, 13494f., 13499f., 13502, 13507–13510, 13512, 13514f., 13521, 13565, 13570, 13583, 13598, 13631, 13837, 13875f., 13927, 14441, 18016, 18026
Thom, Siglinde 331
Thomae, Otto 4627, 15381
Thomann, Klaus-Dieter 13452, 13695
Thomas, Alois 9733
Thomas, Angelika 8091
Thomas, Charles S. 4469
Thomas, David 4556
Thomas, Frank 12821

Thomas, Franz 4262–4270
Thomas, Georg 12731
Thomas, Gordon 11412
Thomas, John O. 18356
Thomas, Katherine 8463
Thomas-Morus-Akademie Bensberg 18973
Thompson, Dorothy 10917, 11843
Thompson, H. Keith 4508a, 18740
Thompson, Larry V. 5189, 13696
Thompson, Reginald W. 17771
Thompson, Wayne C. 11617
Thomsen, Erich 18357
Thoms-Heinrich, Lieselotte 11071
Thomson, Matthew 13877
Thöne, Albrecht W. 4744
Thöne, Karin 17111
Thormann, Helmut E. 13920
Thornton, Michael J. 786
Thornton, Willis 17310
Thorwirth, Wolfgang R. 1443
Thoß, Bruno 2788
Thoss, Peter 4232
Thunecke, Jörg 10938, 15516, 15655 f., 15785, 18548
Thun-Hohenstein, Romedio Graf von 10760–10762
Thürauf, Jobst 13967
Thürauf, Ulrich 64
Thurich, Eckart 16530, 16553
Thürmer-Rohr, Christina 8403, 8464
Thurner, Erika 7192–7194
Thyssen, Fritz 2917
Tiburtius, Joachim 12466
Tichelhoven, Gisela 8255a
Tidl, Georg 8465
Tidl, Marie 10429
Tiedemann, Claus 16017
Tiedemann, Eva 11763
Tiedemann, Rolf 12142
Tieke, Wilhelm 17235, 17772
Tietz, Gunter 3190
Tietz, Manfred 10123
Tigges, Paul 8658
Tihany, János 13236
Tilgner, Wolfgang 8959
Tilitzki, Christian 7875
Tilkovsky, Loránt 16251 f.
Tillich, Paul 12333
Tillion, Germaine 7719
Tillmann, Heinz 17392
Tillner, Christane 20070
Tilly, Richard 12467

Tilton, Timothy A. 2586, 20094
Timm, Angelika 7075, 19475
Timm, Klaus 15048, 16716
Timmermann, Barbara 425
Timmermann, Heinz 3318
Timmermann, Raphael 16253
Timpke, Henning 3087, 7559
Tippelskirch, Kurt von 16971
Tipton, Frank B. 8151
Tiroler Landesmuseum Ferdinandeum Innsbruck 1144, 1156, 1167, 3645, 10060, 15301, 16380, 17354
Titel, Jörg 16005
Titze, Hartmut 8216, 14442 f.
Tjaden, Karl H. 10490
Tjaden, Kay 10999
Tobias, Fritz 3062, 3250, 4349
Tödt, Heinz E. 6881, 8960
Todt, Manfred 16430
Toeplitz, Heinrich 3904, 18741
Toeplitz, Jerzy 15913
Toepser-Ziegert, Gabriele von 2123, 4865, 4866, 4867, 4868
Tokya-Seid, Christiane 19571
Toland, John 1740, 17311, 17644
Tollmien, Cordula 13305, 14722, 18133
Tomaszewski, Jerzy 18112a
Tomberg, Friedrich 4056
Tomicka-Krumrey, Ewa 16547
Tomicki, Jan 16547
Tommissen, Piet 3993 f.
Töpferwein, Gabriele 15059
Topitsch, Ernst 17236
Torberg, Friedrich 12337
Torberg, Marietta 12337
Tormin, Eberhard 3063
Tornow, Werner 12766
Tory, Avraham 7123
Toscano, Mario 16394
Töteberg, Michael 13721, 15773
Toury, Gideon 6593
Toury, Jacob 6245, 6593 f.
Toury, Jakob 12970
Toussaint, Ingo 14453, 14543, 15709, 15710
Toyka-Seid, Christiane 18613
Traber, Habakuk 12079
Traber, Jürgen H. 12080
Tracey, Donald R. 2338
Traiser, Walther 18304
Trallori, Lisbeth N. 10126, 11083
Tranl, Manfred 5987 f.

Trapp, Frithjof 7678, 11431, 11751f.,
  11927, 11978, 12064, 12081–12083,
  15657, 19427
Trapp, Joachim 14247
Trapp, Werner 1040, 1041
Traub, Gertrud 10446
Traudisch, Dora 8466, 15914
Trautheim, E. 17666
Travaglini, Thomas 4628f., 10675f.
Travers, Martin 15658
Traverso, Enzo 5840
Trees, Wolfgang 17699, 17774, 17789
Trefousse, Hans L. 17316
Treiber, Angela 12798
Treiber, Gunther 14248
Treiber, Hubert 14454
Treml, Manfred 5649, 5831, 5920, 6706,
  6915, 9101
Trenckmann, Ulrich 19428
Trenner, Florian 9713f.
Treplin, Vera 18573
Trepp, Gian 12883
Trepper, Leopold 10471
Treue, Wilhelm 4470, 4570, 8348, 8354,
  8428, 8440, 8483, 12369, 12376, 12468f.,
  12540, 12561–12563, 12638, 12884,
  12962, 15205, 16139, 17967, 18204
Treue, Wolfgang 1562, 2947, 3002, 3056,
  3064, 5812, 15229, 16143, 16367
Treusch-Dieter, Gerburg 8467
Trevor-Roper, Hugh R. 427, 1498, 1510,
  1741f., 1795, 16972
Triebel, Armin 5400
Trifkovic, Srdjan 18192
Trischler, Helmuth 8070, 8195a–8196,
  12813, 13180, 15217
Trittel, Dorothea 19429
Tröger, Annemarie 2471, 7959, 8468f.
Tröger, Jörg 3877, 8234, 8713, 12069,
  13458, 14355, 14412, 14423, 14444,
  14580, 14663, 14733, 14902, 15130
Troitzsch, Ulrich 8245
Troll, Carl 15191
Troll, Hildebrand 17775
Troller, Norbert 6319
Trommer, Aage 18358f.
Trommler, Frank 7960, 12084, 16641
Troper, Harold 6519, 11800
Tröster, Werner 9694, 13968
Trostorff, Klaus 7389, 7561
Trott, Jan von 11103
Trott zu Solz, Adam von 10808a

Trumpp, Thomas 2339, 2918
Trümpy, Hans 15142
Trunk, Isaiah 6702, 6736f.
Tschap-Bock, Angelika 16006
Tschentscher, Horst 3088
Tschernow, A. B. 18881
Tschol, Helmut 9525f., 14249
Tübergen, Herbert 6501
Tuch, Theodor 7124
Tuchel, Johannes 48, 813, 5259, 5325,
  6689, 7327–7330, 7533, 7600, 7835,
  8740, 8931, 9269, 9315, 9321, 9755,
  9770, 9795, 9850, 9879, 9893, 9941,
  9943, 9944, 9952, 10239, 10336, 10344,
  10384, 10534, 10611, 10638, 10645,
  10661, 10679, 10685, 10869, 10891,
  10971, 11034, 11087, 11147, 11289,
  11314, 11706, 13745, 13835, 13871,
  13878f., 17882, 18629, 19558, 19571f.,
  19590, 19596
Tucholski, Barbara C. 15407
Tuerck, C. H. 18676
Tügel, Franz 9230
Tuider, Othmar 4411, 4444, 5202, 17443,
  17776
Tulatz, Claus 17834
Tümpel, Christian 15382
Tunsch, Gerhard 14078
Tunsch, Thomas 7240
Türcke, Christoph 19779
Turner, Barry 6595
Turner, Ian D. 19024
Turner jr., Henry A. 263, 428f., 787, 1525,
  1743f., 2108, 2859, 2903, 2919–2927,
  12470
Turner, Stephen P. 15008, 15013, 15049
Tushnet, Leonhard 6426, 6738
Tutas, Herbert E. 4630, 11413–11415
Tutorov, Norman E. 18628
Tych, Feliks 16503
Tykwer, Jörg 20278
Tyrell, Albrecht 788, 1745, 1834f., 1919,
  2226–2230, 2340, 3065, 5038

Übel, Rolf 7562
Uebel, Günter 10331
Ueberholz, Holger 9119
Ueberhorst, Horst 3319, 5016, 14121,
  15980, 15984, 16007f., 16018a, 19780
Ueberschär, Gerd R. 1746, 4524, 4733,
  4735, 6374, 7934, 8722, 9790,
  10677–10679, 10732f., 13493, 16462,

16525, 16617, 17119f., 17134, 17180, 17196a, 17203, 17211f., 17237–17240, 17252, 17335f., 17548f., 17630, 17759, 17806, 17854, 19189, 19196, 19301, 19344, 19430f., 19481, 19573, 19574
Uellenberg, Wolfgang 2650, 11520, 20187
Uffelmann, Gerd 4250, 12661
Uhe, Ernst 19432
Uhl, Heidemarie 1082
Uhland, Robert 9721
Uhlich, Werner 16766
Uhlig, Heinrich 1747, 12471, 17241
Uhlig, Ralph 14545
Uhlmann, Walter 7563, 10491
Uka, Walter 11607
Ulbricht, Justus H. 2807
Ule, Carl H. 4251
Ule, Carl-Hermann 3905
Ullmann, Carsten 7927, 8516, 8610–8612
Ullmann, Hans-Peter 12564f.
Ullrich, Volker 49, 3320, 6882, 17894, 19719
Ulmen, Gary L. 4057
Ulosnka, Ulrich 1748, 4815
Ulrich, Axel 9963, 10537
Ulrich, Bernd 18574
Ulrich, Hans G. 19575
Ulrich, Johannes 17550
Ulshöfer, Helmut 6032
Ulshöfer, Otfried 17968
Umbreit, Hans 3633, 17242, 17969, 18151f., 18305
Ungar, Gerhard 9972
Unger, Anne 8506
Unger, Aryeh L. 529, 3396, 7738, 7856
Unger, Erich 2120
Unger, Manfred 6047, 6246, 7979
Unger, Wilhelm 6247
Unglaub, Erich 15659
Union für Recht und Freiheit 7326
United Nations War Crimes Commission 18664
United Restitution Organization (URO) 5457, 6310f., 6452f.
United States Army, Center of Military History 17650
Universität Bielefeld, Dokumentationsstelle für regionale Kultur- und Schulgeschichte an der Fakultät für Pädagogik 830, 2248

Universität Bonn, Seminar für Frauengeschichte 8502
Universität des Saarlandes, Fachbereich Rechtswissenschaften 3937, 4165
Universität Hamburg 14546
Universität Hamburg, Pressestelle 748, 2819, 2845, 5048, 8211, 9812, 11886, 13334, 13794, 13809, 13906, 14064, 14415, 14812, 18388
Universität Marburg, Fachschaft Medizin 13375, 19100
Universität Oldenburg, Zentrum für Pädagogische Berufspraxis 5392, 8784, 13072
Universität Rostock 12988, 12992f., 13015, 13076, 13040a
Universität Stuttgart-Hohenheim, Institut für Volkswirtschaftslehre 11986, 12048
Universitätsarchiv Tübingen 10689
Universitätsbibliothek Bremen 7250
Universitätsbibliothek der FU Berlin 8492
Universitätsbibliothek Eichstätt 9520, 14536
Universitätsbibliothek Tübingen 14456
Unkrodt, Renate 14338
Unseld, Claudia 15802a
Unseld, Siegfried 397
Unser, Margit 19025
Unterstell, Rembert 2557
Untersuchungsausschuß zur Aufklärung des Reichstagsbrandes 3218
Unteutsch, Barbara 16353
Unverhau, Dagmar 14250
Unverhau, Jürgen 14335
Urania, Kreisvorstand Stralsund 7384
Urbach, Dietrich 13980, 14324, 14332f., 14336
Urban, Karin 14022
Urban, Susanne 6703, 8255a
Urban, Thomas 16254
Urbschat, Kerstin 802
Uricchio, William 4971
Urmoneit, Annekatrin 8961
Urner, Klaus 11120, 17312
U.S Army, Europe, Historical Division 4425
U.S. Department of Justice 18942
Uschakow, W. B. 16140
Usinger, Fritz 10310a
Uthoff, Hayo 5377
Utley, Freda 18946
Uzulis, André 4730

Vaget, Hans R. 12282, 12296
Vago, Bela 6300, 6428, 6989f.
Vagts, Alfred 789
Vahsen, Friedhelm 13237
Vaisman, Sima 7720
Vaisse, Maurice 16354
Valensi, Lucette 7125
Valentin, Jean-Marie 11717, 12146
Valentin, Rolf 13516
Valentinitsch, Helfried 1148
Valiani, Leo 176, 275, 284, 1323, 1451, 3393
Vallery, Helmut 15660
Vance, Jonathan F. 17857
Vandrey, Max 8005
Vanja, Christina 13913
Vanwelkenhuyzen, Jean 16361, 17313
Varaut, Jean-Marc 18742
Varga, Lucie 7857
Varga, William P. 2097
Vaßen, Florian 10385
Vasold, Manfred 15803
Vassiltchikov, Marie 1210
Vaupel, Dieter 13037–13039, 19054, 19110f., 19138
Vedder-Schults, Nancy 8470
Vedeler, Peter 819
Veen, Hans-Joachim 20128
Vegh, Claudine 19169
Veit, Peter 3414
Veiter, Theodor 1298, 10127
Velden, Manfred 12086
Venedey, Hermann 11441
Venohr, Wolfgang 10680, 10783f., 18153f.
Venus, Theodor 4987
Verband ausgesiedelter Slowenen 18186
Verband der Jüdischen Gemeinden in der DDR 5462
Verband der Kämpfer für Freiheit und Demokratie 18112a
Verband der Sinti und Roma Karlsruhe 7184
Verband Deutscher Sinti, Landesverband Rheinland-Pfalz 7163
Verband Wiener Volksbildung 1095
Verbeeck, Georgi 6883
Verdel, Helena 15601
Verein An der Synagoge 829
Verein der Freunde der Städelschule (Frankfurt a.M.) 14469a, 15302
Verein El-DE-Haus Köln 17525
Verein für Geschichte und Heimatkunde Pulheim 6055, 6267

Verein für Heimatkunde Gesecke 6039
Verein für Sozialgeschichte Mainz 5929f., 6003, 6080, 6113, 6527, 12967
Verein Sozialwissenschaftliche Forschung und Bildung für Frauen 8310, 8316, 8319, 8407, 13620
Verein zum Studium Sozialer Bewegungen 5045
Verein zur Erarbeitung der Geschichte der Fotografie in Österreich 15936
Verein zur Erforschung der Geschichte der Arbeiterbewegung 7895
Verein zur Erforschung der Geschichte der sozialistischen Jugendbewegung in Frankfurt am Main 10193
Verein zur Erforschung der nationalsozialistischen Gesundheits- und Sozialpolitik 13746f.
Verein zur Erforschung jüdischer Geschichte und Pflege jüdischer Denkmäler im Tauberfränkischen Raum 6261
Verein zur Erforschung und Darstellung der Geschichte Kreuzbergs 2668, 3135, 7903, 15693
Verein zur Förderung der interkulturellen Zusammenarbeit in S.O. 36 11004
Verein zur Pflege des Jüdischen Kulturerbes in Deutschland 19450
Vereinigte Arbeitsgemeinschaft der Naziverfolgten 10125
Vereinigten Kirchenkreise Dortmund, Schulreferat 9010
Vereinigung der Heimatfreunde Neuss 9577
Vereinigung der Juristen der DDR 18803
Vereinigung jüdischer Gemeinden in Yugoslavien 6398
Verg, Erik 12639
Verhey, Klaus 8190
Verhoeven, Michael 11041f.
Verhoeven, Rian 6491
Verlag Archiv und Kartei 4905
Vermehren, Isa 7721
Vermeil, Edmond 1444f., 18576
Verrier, Anthony 17485
Veselsky, Oskar 9527f., 18193
Vesely, Jiri 11811
Vestermanis, Margers 6301, 6429
Vetelsen, Arne J. 5327
Vetsch, Christian 17314
Vetter, Heinz O. 2644, 2646, 10523
Vetter, Helmuth 9529

Vézina, Birgit 14548
Viault, Birdsall S. 11177
Vidal-Naquet, Pierre 7667
Viebahn, Wilfried 10130
Viefhaus, Erwin 42
Vielhaber, Klaus 11050
Vielmetti, Nikolaus 6237
Viereck, Hans-Dieter 17645
Vieregg, Hildegard 9934
Vierhaus, Rudolf 430, 14356, 14939, 19433
Vieten, Bernward 13486f., 14501
Vietor-Engländer, Deborah 12357
Vietta, Silvio 14803
Vietzke, Siegfried 3261, 10386, 11589f.
Vieweg, Klaus 16009
Vigier, Jean L. Vigier 18282–18286
Vigrabs, Georg 16627
Viñas, Angel 16455
Vincineau, Michel 7241
Vinke, Hermann 10913, 11062, 20071
Vinnai, Gerhard 7858
Visser, Bernardus J. J. 6991
Vlothoer Arbeitskreis 19894
Vodosek, Peter 15653, 15662
Voegele, Alexander 12472
Voegelin, Dieter 11070
Voerster, Alfred 19576
Vogel, Barbara 14549
Vögel, Bernhild 12640, 13116, 13970
Vogel, Detlef 13517, 16604, 16832, 18194
Vogel, Friedrich 13880
Vogel, Hans-Jochen 3829, 4490, 14392, 18716, 18953, 19068, 19088, 19102, 19434
Vogel, Karl 18156
Vogel, Rolf 4403, 6518, 6884, 18826
Vogel, Werner 3654
Vogel, Winfried 4503
Vogelmann, Karl 11591
Vogelsang, Konrad 15714, 15805
Vogelsang, Reinhard 1043, 5190
Vogelsang, Thilo 2, 4, 790, 2351, 2932–2934, 2945, 4432, 16719–16721, 18998
Vogelsinger, Willy 11613
Voges, Michael 8071f., 10246
Vogl, Friedrich 10221, 10541, 17895
Vogler, Erich 7565
Vogler, Theo 10780
Voglis, Panos 7250, 9954
Vogt, Arnold 4404, 8756, 19607

Vogt, Barbara 19114
Vogt, Günther 5901
Vogt, Hannah 7098, 7352, 20072
Vogt, Jochen 18577
Vogt, Martin 791, 1749, 2928, 3092, 13913, 16973
Vogt, Rüdiger 5183, 14833
Voigt, Angelika 6248
Voigt, Fritz 12705
Voigt, Gerd 14940f., 14962
Voigt, Gerhard 1898, 2231, 4731, 4748, 4816–4818
Voigt, Harald 3191, 3192
Voigt, Johannes H. 1750, 14550f., 16691, 17401
Voigt, Klaus 4631, 6596, 11219, 11416
Voigt, Rüdiger 5016, 8396, 19933
Voigt, Wilfried 1004
Voigt, Wolfgang 15467
Voigt-Firon, Diana 8471, 15663
Voigtländer, Klaus 15468
Voßkamp, Wilhelm 14834
Volberg, Heinrich 16255
Volk, Hermann 10033
Volk, Ludwig 8667, 9240, 9247–9249, 9259, 9374–9379, 9391, 9405, 9530–9532, 9594, 9619f., 9622f., 9696
Völkel, Klaus 13117
Volker, Eckhard 1446, 15664
Völker, Heinz-Hermann 6597
Völker, Karl-Heinz 4444a, 17022
Völker, Klaus 12151, 12198
Volkert, Wilhelm 3710, 3919b
Völkl, Carl 1044
Volkmann, Hans-Erich 319, 2232, 8175, 12366f., 12469, 12473, 12678, 12689f., 12708, 12717, 12725, 12727, 12732–12738, 12764, 12783, 12882, 12885–12887, 12892, 16526, 16548, 16628, 17010, 17087, 17089, 17971, 18028, 18157f., 18306, 18313
Volkmann, Heinrich 539
Volkmann, Klaus J. 3907f., 8757
Volkmer, Gerhard F. 5864
Volkov, Shulamit 1447
Volkov, Vladimir K. 16605
Volksbank Höxter-Beverungen 904
Volkshochschule Bremen 10311
Volkshochschule im Kreis Herford 6189
Volkshochschule Kaiserslautern 885, 5947, 13106
Volkshochschule Münster 5986

Volkshochschule Senne, Arbeitsgruppe 970
Volland, Eva M. 8512
Volland, Klaus 7386, 16655
Voller, Leopold 10131
Vollmer, Antje 8962
Vollmer, Bernhard 7876
Vollnhals, Clemens 1506, 2341, 6704, 9395, 11660, 14804, 18578, 18864, 18886, 18947, 19435
Volz, Günther 3193, 17444
Volz, Hans 135f., 157–159, 17133, 17267
Von dem Bottlenberg-Landsberg, Maria Th. Freifrau 10881
Von der Dunk, Hermann 6445
Vondra, Hana 13881
Vondung, Klaus 1448, 5018f., 14835, 15665–15667
Vordtriede, Werner 11799
Vorholt, Udo 10500, 11521
Vorländer, Herwart 1953, 7353, 8963, 9120, 14023
Vorländer, Herwarth 13261f.
Vormeier, Barbara 6502, 11440
Vormschlag, Elisabeth 8472
Vorndran, Hans-Georg 6250
Voß, Angelika 649
Voßke, Heinz 10387
Voss, Rüdiger von 9945, 10683, 19484, 19486
Voss, Walter 11581
Vultejus, Ulrich 4497
VVN West-Berlin 5320
VVN-Bund der Antifaschisten 10996
VVN-Bund der Antifaschisten Berlin 9981
VVN-Bund der Antifaschisten Krefeld 9964
VVN-Bund der Antifaschisten, Kreis Freiburg 10129
VVN-Bund der Antifaschisten, Kreis Ludwigsburg 10122, 13073
VVN-Bund der Antifaschisten, Kreisgeschichtskommission Hannover 11095
VVN-Bund der Antifaschisten, Kreisverband Düsseldorf 7473, 18793
VVN-Bund der Antifaschisten, Kreisvereinigung Bochum 10142
VVN-Bund der Antifaschisten, Kreisvereinigung Essen 10109
VVN-Bund der Antifaschisten, Kreisvereinigung Hildesheim 10124
VVN-Bund der Antifaschisten, Kreisvereinigung Ludwigshafen-Frankenthal 10272
VVN-Bund der Antifaschisten, Kreisvereinigung Mülheim an der Ruhr 10081
VVN-Bund der Antifaschisten, Kreisvereinigung Peine 10084
VVN-Bund der Antifaschisten, Kreisvereinigung Speyer 10273
VVN-Bund der Antifaschisten, Land Schleswig-Holstein 10005
VVN-Bund der Antifaschisten, Landesverband Baden-Württemberg 10446
VVN-Bund der Antifaschisten, Landesverband Saar 7382
VVN-Bund der Antifaschisten, Landesvorstand Nordrhein-Westfalen 10102
VVN-Bund der Antifaschisten, Ortsgruppe Tübingen 841, 14471
VVN-Bund der Antifaschisten, Präsidium 7473, 10030–10033, 18609, 18748, 18793, 18944, 20048
VVN-Bund der Antifaschisten West-Berlin 5320, 9851, 10503
VVN-Bund der Antifschisten, Landesvorstand Nordrhein-Westfalen 10140

Waas, Heinrich 17586
Wachs, Walter 10133
Wachtel, Nathan 7125
Wächter, Dietmar 9533
Wächter, Hans C. 12090
Wachter, Maria 11098
Wachtler, Johann 2589, 2651
Wacker, Ali 2528
Wacker, Bernd 6251
Wacker, Jean-Claude 11417
Wacker, Marie-Theres 6251
Wacker, Reinhold 1046
Waddington, Geoffrey T. 16323
Wagemann, Jutta 1449
Wagenblaß, Horst 17822
Wagenbrenner, Leonhard 17445
Wagener, Hans 11796, 12058, 12342, 19436
Wagener, Otto 1525
Wagener, Ulrich 3771, 6917, 9350, 9512, 9534–9536, 9578, 9579, 9606, 9657, 9662, 9691, 9692, 9694, 9706, 13968, 16401
Wagenführ, Rolf 12739
Wagenlehner, Günther 4864
Wagner, Albrecht 3909

Wagner, Alfred von 12740
Wagner, Anette 12667
Wagner, Beate 14979
Wagner, Bernd 19820
Wagner, Dieter 17777
Wagner, Elisabeth 4530
Wagner, Frank 4592, 15259, 15383
Wagner, Frank D. 431, 10914
Wagner, G. S. 1897
Wagner, Gerald 20356
Wagner, Gerhard 17554
Wagner, Hans 19437
Wagner, Heinz 4121, 5299
Wagner, Hilde 10134
Wagner, Johannes V. 1047, 3334
Wagner, Jonathan F. 3424
Wagner, Karl 10134
Wagner, Kurt 1048f.
Wagner, Patrick 5300f., 5312, 7214
Wagner, Peter M. 20153, 20157
Wagner, Richard 17778
Wagner, Ulrich 2342, 5842, 5875, 8499
Wagner, Valentin F. 12662
Wagner, Walter 4190, 10311b
Wagner, Wilfried 14296, 18307
Wahl, Bernhard 3910
Wahl, Karl 2111f.
Wahler, Isaac E. 6212
Wahls, Werner 74
Wahsner, Roderich 3985, 13181
Waibel, Alfons 13972
Waibel, Max 17646
Waibel, Wilhelm J. 13118
Waite, Robert G. L. 1751, 2789
Wajsenberg, Jenny 6430
Walberer, Ulrich 3041, 12206, 14827, 15518, 15580, 15627, 15668, 15670, 19266, 19427
Waldeck, Ruth 8613
Waldhoff, Johannes 6252
Waldman, Loren K. 2472
Waldmann, Loren K. 1450
Waldschmidt, Annegret 12934
Walendy, Udo 7566, 18743
Walesca Tielsch, Elfriede 8473
Walk, Joseph 5447, 5499, 5874, 6705, 7126, 14261f., 14274, 14275f., 16430a
Walker, Lawrence D. 9571
Walker, Malvin 66
Walker, Mark 8243, 14669, 14715–14717, 17023f.
Wall, Renate 15485

Wallach, Curt 14718
Wallach, Jehuda L. 1752, 6431, 6885, 13040, 16670
Walle, Heinrich 10684f., 10752, 19577
Walleitner, Hugo 7722
Waller, Heiko 13946
Waller, Hellmut 4146
Waller, Robert 18150
Wallimann, Isidor 278, 293, 352, 654, 2514, 2844, 2905, 3044, 3302, 19315
Wallraff, Günter 20193
Wallraven, Klaus P. 19813
Wallthor, Alfred H. von 3711
Walser, Harald 1172, 1309–1311, 2519
Walser, Martin 10292
Walsken, Ernst 7723
Walter, Bernd 7464, 13571f., 13600
Walter, Franz 2691
Walter, Gérard 18308
Walter, Hans A. 11790
Walter, Hans-Albert 11418, 11592, 11765f., 11995, 12091–12098, 12185, 12241
Walter, Peter Th. 12099
Walter, Wolfgang 14727
Walterscheid, Joseph 3194
Walther, Manfred 3911
Walther, Peter Th. 12100f.
Walther, Simone 7980
Waltmann, Frank 12474
Walz, Manfred 13311f., 13352
Walzl, August 17779
Wamser, Ursula 6253–6255, 6728, 6739, 7018, 14271
Wandruszka, Adam 1451, 9882, 16914, 17171, 17284
Waßner, Rainer 15054, 15060f.
Wange, Willy B. 16010
Wank, Ulrich 2199, 3023, 20046, 20074
Wanner, Gerhard 9537, 17746
Warburg-Spinelli, Ingrid 7127
Ward, Ian 4058
Ward, James J. 2652
Wardetzky, Jutta 15787, 15804
Wardi, Dina 19170
Ware, John 13848
Warlimont, Walter 16974
Warlo, Johannes 18844
Warloski, Ronald 14643
Warmbold, Joachim 19438
Warmbrunn, Paul 3964
Warmbrunn, Werner 18309f.

Warning, Elke 10325, 10332
Warnke, Helmuth 1050
Warnke, Martin 15464
Warth, Eva-Maria 8474, 15915
Washburn, Sigrid 12166
Wasser, Bruno 18159
Wassermann, Heinz P. 18861
Wassermann, Henry 5417
Wassermann, Rudolf 3912, 3931, 3965f., 18579f., 18827f.18842, 19578, 20075
Wasserstein, Bernard 6598, 12102
Watson, James R. 14805
Watt, Donald C. 1753, 2362, 11178, 16031, 16170, 16265f., 16527, 16581, 17035, 17112f.
Watte, Pierre 5020
Watzdorf, Bernhard 17337
Watzinger, Karl O. 6256
Weß, Ludger 6886, 8217, 13454, 13488
Web, Marek 6304
Webb, Anthony M. 18681
Weber, Alexander 2501
Weber, Alfred 615, 7724, 18581
Weber, Bernd 14072, 19439
Weber, Christine 4932, 9538
Weber, Eugen 243, 1452
Weber, Fritz 12509
Weber, Hajo 12475
Weber, Hermann 2588f., 2595, 2603, 2653–2655, 3265, 4066f., 8028, 8771, 10069, 10195, 10328, 10388–10391, 11419, 11464, 11555, 16141, 18605, 18887, 19033
Weber, Hildegard 168
Weber, Jürgen 3788, 5325, 5371, 18542, 18629, 18634, 18637, 18770, 18777, 18818, 18829, 19398, 19417, 19440, 19458a
Weber, Klaus 13573
Weber, Matthias M. 13697
Weber, Norbert H. 19382
Weber, Otto 168
Weber, Paul 6229, 18311
Weber, R. G. S. 14644
Weber, Regina 12129
Weber, Reinhard 1846
Weber, Reinhold W. 16528
Weber, Robert L. 17409
Weber, Ulrich 14194
Weber, Werner 9758
Weber, Wolfgang 7613, 14859, 14942
Weber, Wolfram 18312

Weber-Diekmann, Birgit 13924
Weber-Kellermann, Ingeborg 13698
Webster, Paul 6503
Weck, Hannelore 2522
Weckbecker, Arno 6257f., 12971, 16225, 18073f.
Weckerling, Rudolf 9103
Wedemeyer, Maria von 9149a
Wedgwood, Josiah C. 13636, 16080
Wedleff, Margarete 1754, 4819, 5055
Weeber, Rudolf 18948
Wegeler, Cornelia 14971
Weghaupt-Schneider, Ingeborg 8475
Weglein, Resi 7128
Wegmann, Günter 4262–4270, 16833, 17780
Wegmann, Thomas 4620, 15290
Wegmüller, Hans 17315
Wegmüller, Jürg 11593
Wegner, Bernd 123, 4147, 4347, 4357, 5191f., 5206, 5218f., 6397, 12894, 16191, 16238, 16388, 16422, 16614, 16626, 16666, 16697, 16975, 17244–17246, 17329, 17338f., 17852, 18149, 18152
Wegner, Matthias 11788, 12103
Wegner, Werner 7567
Wegner-Korfes, Sigrid 10766–10768, 11739, 16191
Wehage, Franz-Joseph 11665
Wehe, Herbert 13489
Wehler, Hans-Ulrich 616f., 1843, 13455, 14943, 16066, 18195, 18582, 19781
Wehling, Gerd 4148, 4191
Wehling, Hans-Werner 13353
Wehling, Peter 20169
Wehling, Wilhelm 9789
Wehling, Will 15916
Wehner, Bernd 5302
Wehner, Greta 11615
Wehner, Günter 11016f., 19476
Wehner, Herbert 11614f., 11618, 18165
Wehner, Markus 17835
Wehr, Norbert 16893
Wehrenbrecht, August 1051
Wehrmann, Volker 830, 2248
Wehrstedt, Friedrich W. 3661
Weibel-Altmeyer, Heinz 17781
Weichelt, Rainer 13972a
Weichmann, Elsbeth 11551
Weichold, Eberhard 17345
Weick, Edgar 20078
Weick, Käte 10135

Autorenregister

Weidenfeld, Arthur 4622
Weidenfeld, Werner 611, 16342, 18470, 19248, 19288, 19433
Weiden-Sonn, Gabriele 11645
Weidisch, Peter 1240, 3195
Weidlein, Johann 16201
Weidlich, Herbert 7561, 7568, 7627
Weidlin, Werner 7569
Weidmann, Werner 12502
Weidner, Marcus 815, 13119
Weigand, Hans-Peter 14552
Weigand, Wolf 6706
Weigand, Wolf V. 14944
Weigel, Sigrid 8292
Weigelt, Klaus 1441, 9932
Weikert, Cornelia 8320
Weikl, Ludwig 9674
Weiland, Daniela 8273
Weiland, Martina 11101
Weiler, Barbara 7256
Weiler, Eugen 7570, 9380
Weiler, Jakob 17675
Weimann, Günther 18583
Wein, Martin 16198
Weinberg, David 15809
Weinberg, Gerhard L. 124f., 1526, 1755–1757, 12741, 16142–16144, 16268, 16285, 16324, 16529, 16582, 16648, 16707, 16717, 16976, 16977f., 17247f., 17316
Weinberger, Gerda 12641
Weinbrenner, Hans-Joachim 4176, 10581
Weindling, Paul 13699, 13722, 13877, 13883
Weiner, Charles 12104
Weiner, Lewis 6382, 6388, 6390, 6395, 6418, 6663
Weinert, Erich 11732
Weinert, Rainer 12663
Weinert, Willi 10431, 14455
Weingart, Peter 13700–13702
Weingarten, Elmar 12079
Weingarten, Ralph 6992
Weingartner jr., James J. 3913, 5193, 5220
Weingartner, Thomas 2952
Weinkauff, Hermann 3914
Weinke, Wilfried 6253–6255, 6728, 6739, 14271
Weinmann, Martin 7254, 7305
Weinreich, Max 6887, 14445
Weinstein, Fred 792
Weinstock, Rolf 7725

Weinzierl, Erika 3923, 4160, 5905, 6260, 6599, 6918, 8391, 8796, 8797, 9470, 9539, 10136f.
Weinzierl, Ulrich 11361f., 12105, 12181
Weinzierl-Fischer, Erika 9540
Weiß, Elvira 15144
Weis, Georg 12972
Weiß, Hermann 85, 1899, 4501, 13238
Weiß, Michael 6259
Weiß, Ralph 20076
Weiß, Wolfgang W. 1737, 2090, 2187, 3946, 4609, 5031, 5037, 5039, 5042, 7840, 8884, 11422, 15390, 15408, 15416, 15433, 15754, 15848, 18699, 19349, 19468, 19477f., 19606
Weißbecker, Manfred 1221, 1231, 1237–1239, 1453, 2233, 2473, 2790f., 2860, 4632, 10430, 10550, 12543, 19441, 19479, 20077
Weisbrod, Bernd 733, 2574
Weiße Rose Stiftung München 11043
Weißel, Bernhard 4721, 9830, 11523, 11734, 17066, 17601, 18737, 18881, 19035, 19049, 19341, 19540
Weisenborn, Günther 9946, 10335
Weisenborn, Joy 10335
Weißenfels, Gerda 12231
Weisert, Hermann 14553f.
Weißler, Sabine 15384
Weißmann, Karlheinz 4745
Weiss, Aharon 6707
Weiss, Elmar 6261
Weiss, Eugene 2386
Weiss, Hermann 793, 15670
Weiss, Sabine 1304, 17489
Weiss, Walter 7160
Weiss, Yfaat 14263
Weissberg, Alexander 6432
Weisstein, Ulrich 12106
Weisz, Christoph 14972, 19026
Weisz, Franz 5282
Weitz, John 2021
Weitzel, Jürgen 4233
Weizsäcker, Ernst von 16198a
Weizsäcker, Richard von 16198a, 19782
Weizsäcker, Viktor von 13884
Welch, David A. 1739, 2542, 3470, 4596, 4625, 4633–4635, 8450, 13173, 15444, 15917f., 18245, 18253
Welcker, Ingrid 4407
Welkerling, Wolfgang 10754
Wellek, Albert 12107

Wellers, Georges 5843f., 7331–7333, 7571–7573
Wels, Otto 3268
Welsch, Fritz 14728
Welsch, Renate 2313
Welsh, Helga
Welsh, Helga A. 19043f., 19046, 19052
Welskopp, Thomas 8100
Welter, Erich 12742
Weltkomitee für die Opfer des Hitlerfaschismus 3216
Weltkriegsbücherei. Bibliothek für Zeitgeschichte 9776
Weltsch, Robert 6573, 6584, 6632, 6647, 6708, 14257
Welzer, Harald 1970, 5379, 13701, 14662, 19975
Wember, Heiner 19027f.
Wendehorst, Alfred 14555
Wendel, Else 7961
Wendel, Günter 12401, 14440, 14446, 14679, 14714, 14728, 14739, 15034, 15185, 15214, 15216
Wendland, Ulrike 15306
Wendt, Bernd-Jürgen 50, 1178, 1758, 10702, 11179, 12874, 12888–12891, 16128, 16145f., 16325, 17114
Wendt, Inge 6262, 17446
Wengst, Udo 2129, 2929, 12566
Wenig, Otto 14459
Wenisch, Ernst 9650
Wenk, Silke 15385f., 15408, 15446
Wenke, Bettina 9199, 10138, 10496, 11107
Wenner, Joseph 9392
Wenschkewitz, Leonore 8964, 8965
Wense, Jürgen von der 169
Wentorf, Rudolf 9222
Wentzcke, Paul 14647
Wenzel, Georg 12265, 12348
Wenzel, Hartmut 11001
Wenzel, Max 18949, 18950, 18951
Wenzel, Rüdiger 6054
Wenzel-Buchard, Gertrud 6263
Wenzl, Hans 13885, 18592
Werber, Rudolf 4933
Werbick, Peter 15671f.
Werckmeister, Johanna 8362
Werder, Rosemarie 11094d
Werhan, Walter 17317f.
Werle, Gerhard 4122f., 5303, 18830
Werle, Karl-Peter 13456

Wermusch, Günter 17633
Wernecke, Klaus 1980f., 15919
Werneke, Klaus 2868
Werner, Andreas 2234, 5099
Werner, Emil 2692, 10283
Werner, Gerda 9854
Werner, Gerhard 10139
Werner, Hans U. 12108
Werner, Hermann 17782
Werner, Josef 6264
Werner, Joseph 17783
Werner, Karl F. 11410, 12683, 12858, 12872, 14945–14948, 16104, 16114, 16336f., 16339, 16346, 16435, 16993, 17055, 17461, 17479, 17580
Werner, Klaus U. 12108
Werner, Kurt 3196
Werner, Norbert 14525, 14598
Werner, Otto 6264a
Werner, Renate 12242
Werner, Robert 10878
Werner, Sebastian 1791
Werner, Stefan 4124, 12476
Werner, Wilfried 15689
Werner, Wolfgang F. 7334, 8073f., 8133, 13474, 13540, 13555, 13575, 13763, 13845, 13861, 13872, 13917, 13947, 13973
Werner-Cordt, Albrecht 8621
Wernette, Dee R. 2235, 2369
Werning, Rainer 15675
Wernstedt, Rolf 7682
Werth, German 5011
Wertheimer, Martha 5500
Werther, Thomas 12964
Werum, Karin 18952
Werup, Josef 18160
Wesenick, Jürgen 8966
Wessel, Harald 11608f.
Wessel, Horst A. 12642
Wesseling, Berndt W. 10915
Wessels, Wolfram 4972f., 5021
Wessling, Berndt W. 15746
West, John M. 16618
Westdeutscher Rundfunk, Hauptabteilung Politik, Landesredaktion 13321
Westenburger, Herbert 3498
Westenrieder, Norbert 8476
Westermeyer, Harry 8758
Westernhagen, Dörte 18584f., 19115
Westfälische Klinik für Psychiatrie Warstein 13930

Autorenregister

Westfälische Wilhelms-Universität Münster, Lateinamerika-Zentrum 6571
Westphal, Reinhart 432
Westphal, Siegfried 17319
Westphal, Uwe 4636, 12477, 12503
Westphalen, Tilman 10202
Wette, Wolfram 1746, 1861, 2657, 4398, 4732–4736, 6374, 7934, 7962, 8722, 13493, 16462, 16832, 16979, 17115, 17119, 17120, 17134, 17180, 17196a, 17203, 17211 f., 17237–17240, 17249–17252, 17463, 17549, 17784, 17805 f., 17854, 17889, 17892, 19189, 19196, 19301, 19344, 19430 f.
Wettengel, Michael 13313
Wettlaufer, Antje 13974
Wetzel, Juliane 6600, 14264, 20132
Wetzel, Kraft 15920
Wetzler, Eva 9541
Wex, Manuela 12576
Weyembergh, Maurice 530
Weyer, Johannes 14980 f., 14986, 15062
Weyer, Jost 14729
Weyerer, Godehard 16259
Weyergraf, Bernd 4637
Weygand, General 16992
Weyrather, Irmgard 7921, 8477 f., 14594
Weyrauch, Walter O. 5260 f.
Weyres-von Levetzow, Hans-Joachim 12743
Whealey, Robert H. 16456
Wheatley, Ronald 17320
Wheaton, Eliot B. 3068
Wheeler-Bennet, John W. 4408, 16583
Whitacker, Denis 17785
Whitacker, Shelagh 17785
White, Dan S. 10247
White, Elizabeth B. 7574
White, Leonhard D. 3609
Whiteside, Andrew G. 1299, 1300
Whiting, Charles 17116, 17406, 17486, 17647–17649, 17774, 17786–17789
Wicclair, Walter 15773
Wichers, Hermann 10222, 10392, 11594
Wichert, Udo 3335
Wickert, Christl 11084–11087, 11268, 11457, 11459 f., 11545, 11639, 11753, 11979, 17834
Widmann, Horst 12110
Wiebe, Hans-Hermann 867, 2293, 2324, 2345, 7462, 8781, 10213, 15407, 15833, 18937, 18960, 20092

Wiebel, Arnold 9188
Wieben, Matthias 14545
Wieck, Michael 7129
Wiedemann, Anton 17447
Wiedemann, Charlotte 19298
Wiedemann, Fritz 1759
Wiedemann, Gerd 13218
Wieden, Helge bei der 1052
Wieder, Joachim 17253
Wiegand, Lutz 18586
Wiegel, Karl 3210
Wiegmann, Bernd 3014
Wiegmann, Ulrich 14265
Wiehn, Erhard R. 2865, 5847, 6265 f., 6433, 6521, 6577, 6740, 7115, 20280
Wieland, Claus-Dietrich 18744
Wieland, Günther 3915, 4187, 4192, 7285, 18745, 18831, 18845
Wieland, Lothar 7575, 19723
Wieler, Joachim 12111
Wiemann-Stöhr, Ingeborg 2343
Wiemers, Gerald 14703
Wiemers, Martina 3642, 3772
Wiener, Alfred 8760
Wiener, Jan 7130
Wiener Katholische Akademie, Arbeitskreis für kirchliche Zeit- und Wiener Diözesangeschichte 6898, 9450
Wiener Library 5452, 6285
Wienold, Hanns 784, 2564, 7873, 8112, 9367, 9638, 13487, 19474
Wiesbrock, Heinz 618
Wiesehöfer, Josef 14900
Wiesel, Eli 7100
Wiesemann, Falk 3197, 5861, 6150, 6248, 8134, 12973
Wiesen, Heinrich 3929
Wiesen, Wolfgang 16834
Wiesenthal Fonds 4796, 5341, 5558, 5823, 7157, 7260, 7269, 18631, 18816
Wiesenthal, Simon 5448, 6391, 18587, 18797, 18862
Wiesner, Herbert 10940
Wiesner, Joachim 20204
Wiesner, Margot 15471
Wiesstein, Ulrich 12152
Wiest, Karl-Heinz 19704
Wieszt, Joseph 2658
Wigger, Arndt 14836
Wiggers, Richard D. 17836
Wiggershaus, Norbert 19579
Wiggershaus, Norbert Th. 16326, 17025

Wiggershaus, Renate 8479, 8480
Wighton, Charles 1951
Wilckens, Hans J. 17662
Wild, Adolf 4690
Wild, Stefan 16671
Wilde, Ann 161
Wilde (d. i. Schulze-Wilde), Harry 794, 3028, 7242
Wilde, Jürgen 161
Wilharm, Irmgard 19443
Wilhelm, Christa 11180
Wilhelm, Friedrich 5283, 5313
Wilhelm, Hans-Heinrich 4409, 5248, 5249, 5262, 5848, 6434f., 6888, 8799, 17254f., 18092f., 18161f., 18260
Wilhelm, Heinrich 9121
Wilhelm, Hermann 1260
Wilhelm-Pieck-Universität Rostock 9037, 10941, 11000, 11003, 14447
Wilhelm-Pieck-Universität Rostock, Sektion Geschichte 10157
Wilhelmus, Wolfgang 6601, 16619
Wilke, Gerhard 1048f., 8176
Wilke, Jürgen 4638
Will, Herbert 13522
Will, Wilfried van der 4583, 8419, 8474, 15231, 15242, 15297, 15298f., 15355, 15374, 15424, 15733, 15915, 16011, 18436
Wille, Manfred 19045, 19053
Willems, Helmut 20079
Willems, Susanne 1647, 3542, 3808, 3916, 5319, 6849, 7813, 7829, 9196, 13886, 14171
Willenbacher, Jörg 8006
Willenborg, Rudolf 14189, 14251
Willequet, Jacques 16620
Willer, Jörg 14190
Willertz, John R. 1053
Willett, John 12112
Williams, Maurice 1301, 1316
Williams, Patrick 7158
Willing, Georg F. 1241
Willmot, Louise 8481
Willms, Angelika 8482
Willms, Johannes 2359, 5539
Willoweit, Dietmar 1842
Willstätter, Richard 5441
Willy-Bredel-Gesellschaft 5384, 10013
Wilmes, Theodor 9542
Wilmsmeyer, Herbert 15388
Wilson, Michael 433

Wilt, Alan F. 16980
Wißmann, Karin 7066
Wimmer, Adi 7131
Wimmer, Erich 15166
Wimmer, Franz M. 14806
Wimmer, Fridolin 19444
Wimmer, Ruth 2659
Wimmer, Walter 2659
Winau, Rolf 6721, 13371, 13479, 13887f.
Winckler, Lutz 294, 1760f., 4820f., 5039, 5056f., 11389, 11422, 11754, 11875, 11891, 12150a, 12234, 12289, 19371
Wind, Renate 9170
Windaus-Walser, Karin 8293f.
Windell, George C. 15747
Windhab, Brigitte 10010
Windisch-Hojnacki, Claudia 12814
Winge, Sören 20225
Winick, Myron 6320
Winkel, Detlef zum 20080
Winkel, Harald 8483, 12784, 13193, 18313, 18360
Winkelmann, Michael 5904
Winker, Klaus 4974
Winkler, Andreas 12113
Winkler, Arno 20081
Winkler, Dörte 8484f.
Winkler, Hans-Joachim 1762
Winkler, Heinrich A. 434, 795, 2474f., 2558–2560, 2640, 2660f., 2859, 2861, 2896, 2930, 2987, 3013, 3038, 3069f., 3102, 3321, 4009, 8075, 8149–8149a, 8161
Winkler, Jürgen R. 2476
Winkler, Kurt 15447
Winkler, Lutz 12262
Winkler, Michael 11935, 12114–12117, 15571
Winkler-Mayerhöfer, Andrea 15921
Winncroft, Eileen 7961
Winnovich, Karen 18628
Winter, Franz-Florian 20154
Winter, Helmut 8970
Winter, Irina 10435
Winter, Mathias 7164
Winter, Rolf 8659
Winterbotham, Frederick W. 1211
Winterfeldt, Hans 4822, 7335
Winterhager, Wilhelm E. 10841, 10852, 19580
Wipfler-Pohl, Sigrun 6602
Wippermann, Klaus W. 9943

Autorenregister

Wippermann, Wolfgang 27, 424, 435–441, 546, 648, 796, 839, 1454–1456, 1763f., 2344, 2662, 3198, 3251, 5338, 6268f., 6741, 7195f., 7576, 7922, 10147, 10432, 15674, 17208, 18427, 19445f., 19600, 19673, 20082
Wippich, Rolf-Harald 16692
Wirrer, Jan 13632, 14837–14839
Wirth, Günter 2824, 2860, 3342
Wirth, Günther 19581
Wirth, Hans-Jürgen 18407, 19795
Wisber, Renate 11068
Wischnitzer, Mark 6603
Wiskemann, Elisabeth 16395
Wißkirchen, Josef 6267
Wismann, Heinz 459, 499, 501, 516, 530, 5020, 5319, 5376, 5712, 5728, 5844, 7140f., 7286, 7309, 14754, 18832, 19218, 19340, 19343, 19729, 19776, 19778
Wisotzky, Klaus 1244, 8076, 8135, 8513, 12917, 13151, 13227
Wissmann, Friedrich 14220
Wissmann, Julius 6191, 6270
Wistrich, Robert 5849f.
Wistrich, Robert S. 85, 345, 442
Witek, Hans 5905, 6893, 12974
Witetschek, Helmut 8764–8766, 8770, 9243, 9381, 9543f., 9690
Withalm, Gloria 12088
Witt, Friedrich-Wilhelm 2693
Witt, Horst 12799
Witt, Thomas de 13147
Witte, Bernd 15641
Witte, Karsten 15922–15926
Witte, Klaus 18996
Wittebur, Klemens 12118
Wittek-Saltzberg, Liselotte 12515
Wittenberger, Georg 6271
Wittfogel, Karl A. 7577
Witthöft, Hans J. 17557
Wittich, Bernd 18588
Wittich, Dieter 14719
Wittig, Wolfgang 18953
Wittkämper, Gerhard W. 4919f., 16220
Wittmann, Ingrid 8486
Wittmann, Klaus 12892
Wittmann, Reinhard 12119, 15676
Wittram, Heinrich 9122
Wittrock, Christine 8487
Wittschier, Bernd 10145
Wittstadt, Klaus 8668, 8769, 9545, 18363
Wittwer, Wolfgang W. 13977

Wittych, Barbara 8248
Wiznitzer, Manuel 12358f.
Wlaschek, Rudolf M. 6436
Wobbe, Theresa 5179, 5380, 6414, 6871, 7491, 8289, 8295f., 8429, 8443, 13615, 19140
Wodak, Ruth 20287
Woerden, A. V. N. van 1765, 16327
Wohl, Tibor 7726
Wohlert, Claus 12893
Wohlgemuth, Kurt 8119
Wöhr, Karl 9546
Wojak, Andreas 13975f.
Wojciechowski, Marian 16549
Wolbert, Klaus 15389, 15390
Wolf, Antonius 4823
Wolf, Christa 10459
Wolf, Ernst 2182, 8670, 8730f., 8842, 8845, 8859, 8880, 8894, 8915, 8918, 8952f., 8965f., 8971f., 9009, 9039, 9105, 9111, 9140, 9190, 10686
Wolf, Friedrich E. 19467
Wolf, Friedrick E. 7472
Wolf, Heinz 12120
Wolf, Werner 17487
Wolfanger, Dieter 1809, 1818, 1996, 6272, 18314
Wolfe, Martin 12664
Wolfe, Robert 96, 126, 5477
Wolfe, Tom 12121
Wolff, Edith 6693, 6734
Wolff, Eva 1054
Wolff, Hans J. 3894, 4231
Wolff, Hans-Jürgen 12765
Wolff, Helmut 17819, 17826
Wolff, Ilse 5314, 9778
Wolff, Ilse R. 17897
Wolff, Jörg 3471, 3967, 4125–4127, 8614f.
Wolff, Karl-Dieter 17374
Wolff, Paul 1212
Wolff, Richard 3211
Wolff, Rudolf 11985a, 12165, 12243, 12254
Wolff, Theodor 12343
Wolff, Willy 11733
Wölffling, Siegfried 7165, 7197
Wolffram, Josef 3942
Wolffram, Knud 7923
Wolffsohn, Michael 5851, 13194f., 18589–18591, 19123, 19124–19126
Wolfgramm, Eberhard 14879
Wolfinger, Eva 9123

Wolfram, Adam 10536
Wolfrum, Edgar 9952, 19029
Wolfrum, Rüdiger 4067
Wolfson, Manfred 6889
Wolfstetter, Lothar 7653
Wolgast, Eike 14475, 14556–14558, 14973
Wolgast, Elke 14559
Wolin, Richard 14807
Wölk, Volkmar 20083
Wölker, Thomas 8246
Wollasch, Andreas 9382, 13263
Wollasch, Hans-Josef 8761, 9383–9385, 9547, 9591, 9669, 13601, 13889–13891
Wollenberg, Erich 16981
Wollenberg, Hans-Werner 7727
Wollenberg, Irène 18832
Wollenberg, Jörg 2694, 3336, 3826, 3850, 4372, 5358, 5621, 6793, 6820, 6846, 6890, 7578, 7817, 8096, 8218, 8857, 10413, 10499, 12498, 12567, 12934, 12952, 12975, 13006, 13069, 13812, 15320, 17164, 18096, 18170, 18433, 18467, 18700, 18746, 18819, 19447
Woller, Hans 1766, 16396, 17790, 17848, 17934, 18451, 19030, 19043, 20226 f.
Wollmann, Heide-Marie 12122
Wollstein, Günter 10758, 16147–16149, 16191a, 16550
Wolschke, Joachim 17929
Wolschke, Jochen 13283
Wolschke-Bulmahn, Joachim 13284, 18053
Wolsing, Theo 14325 f.
Wolter, Dirk K. 18592
Woltmann, Bernhard 16012
Wolzogen, Wolff von 6240
Wonneberger, Günther 2663
Woodhouse, C. M. 18196
Woolf, Stuart J. 427, 443 f., 749, 1139
World Jewish Congress, Economic Bureau 12948
Worm, Herbert 15066
Wörmann, Heinrich-Wilhelm 10149
Wörner, Axel 266
Wörner, Hansjörg 5852
Worster-Roßbach, Marie-Luise 14252
Wortmann, Michael 2053 f.
Wörtz, Ulrich 2236
Wowereit, Klaus 5397
Woydt, Johann 13041
Wright, Gordon 16982
Wright, Jonathan R. C. 8973, 16328
Wright, Quincy 18747

Wrobel, Hans 2055, 3917, 4059, 4150b, 4234 f., 5853, 18954
Wrobel, Kurt 10327
Wróblewska, Teresa 18163
Wrona, Vera 445
Wucher, Albert 797, 3071, 5854, 17117
Wuermeling, Henric L. 17118, 18955, 19448
Wuescht, Johann 16606
Wulf, Christoph 15973
Wulf, Josef 1320, 1801, 1968, 3798, 4296, 4569, 4824, 4870, 4939, 5381, 5782, 5855, 6437–6439, 14354, 15330, 15492, 15715, 15762, 15808, 16152, 17908
Wulf, Peter 931, 1055, 2289, 2321, 2337, 2345, 2561, 2566, 2689, 2798, 2866, 2869, 3674, 4926, 6007, 6273, 7033, 9186, 12786, 12791, 15401, 15403a, 15792, 16223, 17732
Wulff, Arne 2057
Wulff, Birgit 13198
Wulff, Erich 18592
Wulff, Reimer 2792
Wulff, Wilhelm Th. H. 1457
Wulfmeyer, Reinhard 3199
Wüllenweber, Hans 4149
Wüllner, Fritz 4491, 4498 f.
Wunder, Bernd 3631, 18956
Wunder, Gerhard 10285
Wunder, Michael 13602 f., 13850, 13892, 13950
Wunder, Olaf 9124
Wunderlich, Frieda 8177
Wunderlich, Jürgen 796
Wunderlich, Norbert 19226
Wünsche, Wolfgang 17256
Würffel, Stefan B. 4976
Wurm, Clemens A. 12701, 12875, 16356, 16611
Würschinger, Otto 3437
Württembergische Gebäudebrandversicherungsanstalt 3697
Württembergische Landesbibliothek 4913
Württembergischer Kunstverein Stuttgart 3453, 8600, 8620a
Wurtzbacher-Rundholz, Ingrid 10952
Würzner, Hans 11248
Wüstenberg, Bruno 16402, 16412
Wuttke, Walter 7243 f., 13490
Wuttke-Groneberg, Walter 7245, 13457–13459a
Wyden, Peter 5856, 7990

Autorenregister

Wykes, Alan 1952, 1969, 5040
Wyman, David S. 6921–6933, 6994, 11423
Wyrwa, Ulrich 127
Wyschgorod, Edith 14808
Wysling, Hans 12267, 12281
Wysocki, Gerd 12643, 12976, 13121
Wysocki, Gisela von 15927
Wysocki, Josef 12504
Wysok, Wieslaw 6440

Xylander, Maren von 18197

Yad Vashem 6656, 6673, 17910
Yahil, Leni 5857, 6504, 6919
Yamaguchi, Yasushi 446
Yano, Hisashi 12644
Yoors, Jan 7166
Yorck von Wartenburg, Marion 10687, 10824
Young, Arthur P. 11139
Young, Gordon 1903
Young, James E. 19449, 19638

Zaar, Birgitta 179, 1107, 1142, 1273 f., 6183, 7882, 10137, 12869, 16283, 16285
Zabel, Hermann 4825 f.
Zabel, James A. 8974
Zabel, Manfred 9125
Zabkar, Joseph 16402
Zacharias, Sylvia 19450
Zachau, Reinhard K. 11598
Zacher, Hans-Jürgen 900, 996, 3200, 6274 f., 12488, 12815
Zadek, Walter 11442
Zadnicek, Franz 13231
Zaharia, Gheorge 6302, 18198
Zahl, Peter-Paul 11129
Zahn, Gordon C. 7963, 9386, 17896
Zahn, Peter 12170
Zahn, Susanne 8488
Zahnow, Gregor 6276
Zajonckovskaja, Zanna A. 13024
Zallmann, Norbert 13512
Zamecznik, Wojciech 18112a
Zamojski, Jan E. 18164
Zander, Josef 13459b
Zander, Wolfgang 19171
Zang, Gerhard 2679, 3332
Zang, Gert 2695
Zank, Horst 19582
Zank, Wolfgang 2346, 17340
Zapf, Lilli 6277

Zapf, Wolfgang 8219
Zapp, Albert 13460
Zapp, Gudrun 13574
Zariz, Ruth 6505, 6742
Zarusky, Jürgen 4080, 9804, 11002, 11018
Zassenhaus, Hiltgunt 17858
Zaugg-Prato, Rolf 16431
Zavrel, B. John 15391
Zboralski, Dietrich 16983
Zecha, Horst 3201
Zechlin, Egmont 10445
Zehetmeier, Winfried 4737
Zehnter, Annette 9126, 10150
Zehrer, Karl 9759
Zeidler, Manfred 12894
Zeihe, Wolfgang 2793
Zeiler, Joachim 1971
Zeisler, Kurt 4303
Zeitler, Klaus 8660
Zelinka, Fritz F. 4407
Zeller, Eberhard 10688, 10795 f.
Zeller, Susanne 13243
Zelnhefer, Siegfried 5041 f.
Zelnhofer, Siegfried 15456
Zelzer, Maria 1056, 6279
Zeman, Zbynek A. B. 4639
Zenker, Edith 11777, 12123, 12230
Zenner, Maria 1074, 7662, 9314, 9886, 10187, 13687, 19424, 19492, 19520, 19522, 19583
Zentner, Christian 67, 1527, 1767, 5858, 16768 f., 17036
Zentner, Kurt 798, 9953, 16984, 17972
Zentrale Stelle der Landesjustizverwaltungen 18041, 18120
Zentralrat der Freien Deutschen Jugend 10974, 11264
Zentralrat deutscher Sinti und Roma 7159 f., 7167, 19127
Zentralsparkasse und Kommerzialbank Wien/Hochschule für Angewandte Kunst in Wien 12088
Zernik, Charlotte E. 7132
Zerrahn, Holger 12179
Zerull, Ludwig 19645
Zessin, Brigitte 12132
Zetzsche, Jürgen 5454
Zeug, Marieta 8310
Zeuner, Bodo 12099, 14742, 14983
Zeuß, Johann B. 17791
Zgórniak, Marian 17257
Zibuschka, Rudolf 1057

Zick, Andreas 5842
Ziebura, Gilbert 1555, 17053
Zieger, Wilhelm 13520
Ziegler, Armin 17792
Ziegler, Hannes 976, 1000, 1058, 1253, 1809, 2270, 3145, 3648, 4151, 4934, 6280, 6918a, 7185, 8774f., 9127, 9498, 9548, 9547a, 10197, 11366, 12496, 12789, 17425
Ziegler, Hans 3968
Ziegler, Herbert F. 5194f., 13703
Ziegler, Janet 16733
Ziegler, Jürgen 6250, 7580
Ziegler, Klaus 14840
Ziegler, Meinrad 11290
Ziegler, Rita 4060
Ziegler, Walter 8767, 1059, 7981, 9387, 9549f.
Ziegler, Wiltrud 4911
Ziegler-Schultes, Hildegard 8092
Ziegs, Detlef 447, 2696
Zielinski, Siegfried 15861, 19712
Ziemke, Earl F. 5203, 16755, 17258f., 17650, 17793
Zier, Hans G. 1059a
Zierold, Kurt 14448
Zierold, Ulrich 1695, 15437
Zieseke, Christiane 3322, 6441
Zilius, Wilhelm 3495
Zimmer, Detlef 8227
Zimmer, Dieter E. 15788
Zimmer, Theresia 5877
Zimmer, Wendelin 6604
Zimmermann, Bernhard 12124, 15677
Zimmermann, Clemens 15711
Zimmermann, Fritz 10466
Zimmermann, Hans D. 14809, 15678
Zimmermann, Hartmut 19433
Zimmermann, Horst 16432, 16433
Zimmermann, Michael 871, 1060, 5941, 6281, 6340, 7168–7172, 7198f., 8136, 9792, 9976, 10093, 10286, 13704, 19451
Zimmermann, Moshe 1458, 20288
Zimmermann, Peter 15679
Zimmermann, Wolf-Dieter 9176
Zimmermann-Buhr, Bernhard 9388
Zink, Harold 19031
Zink, Robert 17725
Zinnecker, Jürgen 8616
Zinnhobler, Rudolf 9521, 9551, 9576, 9624, 9640, 9642, 9737, 9745, 17875
Zins, Alfred 19452

Zintl, Reinhard 2407
Zipfel, Friedrich 3212, 5263f., 5284, 8762, 9793, 9826, 16985
Zirnstein, Gottfried 14739
Zischka, Johannes 1459
Zitelmann, Rainer 542, 544, 547f., 548a, 1460, 1480, 1768–1772, 1779, 1797, 1814, 1834, 1839, 1879, 1908, 1932, 1943, 1958, 1984, 1994, 2006, 2020, 2022, 2031, 2040, 2054, 2065, 2074, 2080, 2104, 2394, 3543, 4356, 7841, 7917, 12455, 12461, 13296, 13563, 14245, 14912, 15422, 18593, 19453, 19783, 20205
Zittel, Bernhard 7924–7926
Zitzlaff, Dietrich 439, 494
Zmarzlik, Hans-Günter 1461f., 14740
Zneimer, Richard 14560
Zöbl, Dorothee 3257
Zoepf, Arne W. G. 4410
Zofka, Zdenek 2347, 2575, 3202f., 13893
Zoller, Albert 1773
Zolling, Peter 13269
Zollitsch, Wolfgang 2861, 8077, 8137
Zöllner, Erich 5399
Zöllner, Walter 14949
Zorn, Edith 11424, 11523, 11734f.
Zorn, Gerda 10151f., 11088f., 18165
Zorn, Monika 19454
Zorn, Wolfgang 1061, 2502, 7859, 12387, 12388, 12404, 12478, 12505, 12780, 14595
Zörner, Guste 7581
Zubke, Friedhelm 239, 6659, 14122, 18406, 18487
Zucht, Ulrich 3546, 15050
Zuckerman, Yitzhak 6743
Zuckmayer, Carl 10917
Zuelzer, Wolf 7133
Zühl, Antje 13042
Zühlsdorf, Volkmar von 12125
Zülch, Tilman 7173f.
Zum Beispiel Dachau – Arbeitsgemeinschaft zur Erforschung der Dachauer Stadtgeschichte 7579
Zum Beispiel Dachau – Arbeitsgemeinschaft zur Erforschung der Dachauer Zeitgeschichte 7520, 19161
Zumach, Ernst-Günther 17973
Zumholz, Maria-Anna 9628
Zumpe, Lotte 5196, 12432, 12479f., 12805, 13121a

Zunke, Peter 13461
Zur Mühlen, Patrik von 1075, 1463, 7597, 8736, 9813, 9891, 10249, 10250f., 10391, 10509, 10588, 10935, 10989, 11305, 11343, 11425–11431, 11466, 11661
Zur Nieden, Susanne 7965, 8274
Zürcher, Franz 8763
Zürlik, Josef 3731
Zürn, Gaby 6282, 7222
Zürn, Peter 1774, 15680
Zürndorfer, Hannelore 7134
Zuroff, Efraim 5518, 6368, 6380, 6406, 6460a, 6463, 6496, 6499, 6504, 6546, 6568, 6731, 6938, 6940, 6950, 6951, 6955, 6960, 6965, 6971, 6977, 6990
Zürrlein, Hans 18594
Zuschlag, Christoph 15393
Zwahr, Hartmut 13723
Zwehl, Eberhardt von 4565
Zweig, Arnold 1672, 12166a, 12349
Zweig, Ronald W. 6996
Zweigart, Egon 10155
Zweites Deutsches Fernsehen, Presse- und Öffentlichkeitsarbeit 17243
Zwerenz, Gerhard 19455, 19584, 20289
Zwergbaum, Aaron 6605
Zwerin, Mike 15748, 15749
Zwernemann, Jürgen 15071
Zymek, Bernd 8515, 14191–14193, 14253f.
Zywulska, Krystyna 7728, 7729

Personenregister

Abel, Theodore 2447, 8374
Abendroth, Wolfgang 10160
Abshagen, Robert 10420
Abusch, Isaac 11595
Adam, Karl 9583
Adam, Wilhelm 4501
Adenauer, Konrad 3082, 8593, 9584f., 12546, 18391, 18478, 18618, 18691, 19086, 19125
Adolph, Walter 9587
Adorno, Theodor W. 5824, 12128, 14747, 20104
Aicher-Scholl, Inge 19584
Albers, Johannes 9588
Albert, König von Belgien 16620
Alewyn, Richard 12129
Alpar, Gitta 11873
Alss, Johanna 15409
Althaus, Paul 9135
Altmaier, Jakob 19057
Altstoetter, Josef 18673
Aly, Götz 5574, 5801
Amico, Giuseppe 6984
Andrich, Ernst 14897
Angermaier, Georg 9589
Antonescu, Ion 16590
Arendt, Hannah 474, 530, 12115, 18852f., 18855, 18857
Arndt, Rudi 10433
Arndt, Walter 14737f.
Arnold, Karl 9590
Asmis, Rudolf 16174
Asmussen, Hans 9136f
Astfäller, Josef 3714
Atatürk, Kemal 11887
Aubin, Hermann 14884
Auer, Heinrich 9591
Auerbach, Erich 11964
Auerbach, Philipp 19130a, 19159
Axmann, Artur 1781

Backe, Herbert 1782
Bacque, James 17800, 17830a
Baeumler, Alfred 14047, 14048, 14774
Ballhorn, Franz 8742
Bamberger, Seligmann Bär 5965
Barbie, Klaus 1783–1790, 18216, 18846, 18942
Barend, Lisa 10287
Bargatzky, Walter 18204
Bargheer, Ernst 15144
Barlach, Ernst 15326, 15338, 15365, 15373, 15380
Barth, Heinz 7513
Barth, Karl 9138f., 12130f.
Barthel, Max 15606
Barutzki, Olaf 10434
Bästlein, Bernhard 10365, 10403, 10420
Battel, Albert 6795
Bauer, Elivra 15503, 15524
Bauer, Otto 268
Bauer-Schlichtegroll, Gustav 18684
Baum, Herbert 6741, 10396, 10417f., 10432, 11102
Bäumler, Alfred 14057
Bäumlers, Alfred 14050
Bavaud, Maurice 11114–11120
Bebel, August 577
Becher, Johannes R. 12132
Becher, Kurt Alexander 2628, 5167
Beck, Ludwig 10579, 10696–10704
Beckerath, Erwin von 10944, 15199
Beckmann, Joachim 9140
Beethoven, Ludwig van 15753
Behrens, Johann Gerhard 9141f.
Beitz, Berthold 6870, 6873, 12557
Bell, George 3373, 11695
Bendix, Reinhard 2399, 7006
Benes, Edvard 11534, 11536f.
Benjamin, Georg 10435

1387

Personenregister

Benjamin, Walter 294, 323, 397, 12032, 12128, 12133–12142
Benn, Gottfried 15499, 15517, 15564, 15615, 15618, 15633, 15646, 15654, 15678
Berens-Totenohl, Josefa 15596
Berens-Totenohl, Josepha 15648
Berg, Franz 18681
Berger, Gottlob 5213
Berggrav, Bischof 8894
Berkowitz, Horst 5534
Berliner, Bernhard 5824
Bernadotte, Folke Graf 7628
Bernard, Jean 7643
Berney, Arnold 5604, 14873
Bernhard, Georg 12008
Bernheim 6953
Berning, Cornelia 4805
Berning, Heinrich 13750
Bertram, Adolf Johannes 9368
Bertram, Adolf Johannes Kardinal 9592, 9593, 9594
Bertram, Adolf Kardinal 9294
Best, Werner 1791, 18337
Bethusy-Huc, Eugen Graf von 16551
Beveridge, William 533
Beyerle, Konrad 14972
Bieberbach, Ludwig 14675
Bielenberg, Christabel 1181
Bilien, Valentina 18683
Bismarck, Otto Fürst von 193, 552, 561, 577, 581, 606, 780, 1569, 3604, 16070, 16458
Bleibtreu, Adolf 20231, 20278
Bleicher, Willi 10496 f.
Bloch, Ernst 294, 2550, 14809
Blomberg, Werner von 4319, 4349, 4395, 10660
Blücher, Wipert von 16175
Blum, Philipp 13897, 18680
Bock, Karl H. 3736
Bodelschwingh, Friedrich 9143
Boehm, Max H. 14774
Boehringer, Otto 18684
Boehringer, Rolf 12569
Boeselager, Georg Freiherr von 10617, 10705
Boeselager, Philipp Freiherr von 10706
Bohle, Ernst Wilhelm 1792
Böhm, Franz 18591
Böhm, Hermann 18341
Bohn, Willi 10436 f.

Böhnker, Johann Heinrich 8222
Bohr, Nils 14699
Bolz, Eugen 9595–9601, 9858, 10695
Bonatz, Paul 15424
Bonhoeffer, Dietrich 6850, 8703, 9144–9170, 1090 f., 10942, 10946
Bonhoeffer, Karl 3230, 13556
Bony 18296
Börger, Wilhelm H. 1793
Bormann, Martin 1510, 1777, 1794–1801, 1890, 3383, 3388
Bosch, Robert 10695, 12548
Bouhler, Philipp 1802 f., 3618
Boveri, Margret 4841
Brackmann, Albert 14869 f.
Brand, Joel 5481, 6416, 6432
Brandt, Karl 18673
Brandt, Rudolf 5483, 18659
Brandt, Willy 10306, 11333, 11636a-11638
Braun, Otto 2333, 11216, 11524
Braune, Paul Gerhard 917–9175, 13732
Braunthal, Julius 421
Bräutigam, Otto 16176
Brecht, Bertolt 285, 294, 431, 11717, 11924, 12039, 12089, 12143–12152, 12174, 12295
Bredel, Robert 5581
Breitinger, Hilarius 9602
Breitscheid, Rudolf 11525–11528, 12153
Breker, Arno 15333, 15349, 15352, 15391, 18436
Breuer, Marcel 11917
Brill, Hermann 10288 f.
Broad, Percy 7454
Broch, Hermann 12115
Bronnen, Arnolt 15563
Broszat, Martin 197, 202, 211, 5577
Bruch, Kurt aus dem 18681
Brücklmeier, Eduard 10667
Brückner, Helmuth 2310
Brüning, Heinrich 2122, 2636, 2814, 2816, 2895, 11685–11690
Bruttel, Emil 18681
Buch, Eva Maria 10438
Buch, Georg 10290
Buchberger, Michael 9603
Buchholz, Peter 9604
Büchner, Georg 12089
Buchner, Max 14972
Bülow, Bernhard Wilhelm von 16149, 16178
Bumke, Erwin 3943

Personenregister

Bürckel, Josef 1804–1809, 3649, 8789
Bürkner, Trude 1810, 2039
Burrin, Philippe 5628
Bußmann, Heinrich 10291

Canaris, Wilhelm 4540, 4557–4562, 4566, 10610, 10611a, 10629, 10668, 16450, 18337
Carlebach, Emil 7650
Carls, Hans 9605
Carol, König von Rumänien 16590
Carossa, Hans 10938, 15659
Castle Stanford, Julian (d. i. Julius Schloss) 7010 f.
Catel, Werner 13440
Chagall, Marc 15357
Chamberlain, Houston Stewart 1391
Choumoff, Pierre Serge 7719
Churchill, Winston 1934, 11140, 11156, 17297
Ciano de Cortelazzo, Galeazzo 16363
Claß, Heinrich 2771
Claus, Gustav 18683
Clausewitz, Karl von 1327
Cohausz, Alfred 3771, 9606
Cohn, Familie 5899
Cohn, Willy Israel 7126
Conti, Leonardo 13407
Coubertin, Pierre Baron de 16002
Coulmas, Peter 15054
Cramer, Walter 10710, 12536
Crinis, M. de 13512
Crisolli, Karl-August 4234
Crüger, Herbert 10439
Czerniaków, Adam 7013

Dahlerus, Jean Birger Essen 17056, 17272
Daluege, Kurt 1811 f.
Dangelmaier, Alois 9606a
Darré, Richard Walter 1813–1816, 2152, 8173
Déat, Marcel 18232
Degrelle, Leon 18234
Dekanozov, V. G. 16503
Delp, Alfred 8703, 9607–9616, 10711
Demmerich, Richard 18683
Deutschkron, Inge 7015
Devrient, Paul 1518
Dibelius, Otto 9176–9179
Diem, Carl 16003
Dieterle, William 12154 f.
Dietl, Eduard 4502 f.

Dietrich, Otto 1183
Dietz, Edith 7016
Dimitroff, Georgi 3218, 3229, 3239, 11606a
Dinter, Artur 2735
Dirlewanger, Oskar 7302
Disney, Walt 15867
Döblin, Alfred 11828, 12156–12162, 12309
Dobrzansky, Henryk 18071
Doeberl, Michael 14972
Dohna, Heinrich Graf zu 10712
Dohnanyi, Hans von 9167 f., 10713, 10901 f.
Dollfuß, Engelbert 414, 1114, 16272, 16279, 16282
Dominik, Hans 15553
Dönitz, Karl 4508a, 4504–4508, 17606, 17615, 17625, 17639, 17641 f., 18740
Drexel, Joseph 7633, 10546
Drexler, Anton 1817
Druffel, Ernst von 16551
Dschingis Khan 1548
Dubber, Bruno 10440
Dürkefäldens, Karl 7747

Ebbut, Norman 16314
Eberhard, Fritz 10478
Eberhardt, Heinrich 18684
Eberle, Joseph 9617
Ebert, Friedrich 1999
Eck, Heinz 18678
Eckart, Dietrich 1819–1821, 2144
Eckstaedt, Anita 18573
Ehlers, Hermann 10904
Ehrenstein, Albert 12163
Eichler, Willi 11637a
Eichmann, Adolf 1822–1831, 5155, 5257, 5766, 5809, 5854, 6312, 6314, 6330, 6335, 6363, 1832, 18847–18862
Eidem, Bischof 9345
Einstein, Albert 12164, 14701
Eisenhower, Dwight D. 17797
Eisinger, Robert 10449
Eisler, Gerhard 11596
Elbau, Julius 2857
Elble, Rolf 4368
Elfes, Albert 9618
el-Husseini, Haj Amin 16665
Elias, Alois 3835, 18058
Eliasberg, Georg 10481
Elser, Georg 11121–11129, 19513
Eltz-Rübenach, Paul Freiherr von 1833

Personenregister

Emmerich, Wolfgang 15106
Endraß, Fridolin 10542
Engel, Gerhard 1191
Engelbert, Otto 17796
Engelhard, Julius 9767
Engels, Friedrich 11489
Engert, Otto 10394
Epe, Heinz 11638
Epp, Franz Ritter von 12266
Erber 7401
Erhardt, Hermann 2757
Erhardt, Ludwig 12694
Erikson, Erik 1621, 10354
Erler, Fritz 15362
Eschelbach, Max 6278
Escherich, Georg 2800
Espe, Heinz 11333
Etzdorff, Hasso von 16153
Eubank, Earle Edward 15006

Faber, Lorenz 14613, 14614
Fabian, Ewald 11782
Fabian, Walter 11638a
Falkenberg, Paul 11873
Falkenhausen, Alexander von 16686
Falkenhorst, Nikolaus von 18682
Fallada, Hans 2583, 10938, 15652
Faller, Emil 10292
Farias, Victor 14786
Fassbinder, Rainer Werner 19210
Fauconnet, Prof. 3216
Faulhaber, Max 10441
Faulhaber, Michael Kardinal von 9487, 9619–9623
Fechenbach, Felix 2648, 3313
Feder, Ernst 2857
Feder, Gottfried 1834f., 13307
Fehrle, Eugen 15076
Fenichel, Otto 5824
Fest, Joachim C. 1543, 1595, 19205, 19738
Feuchtwanger, Lion 11901, 12165–12179, 15861
Fezer, Karl 9180
Filbinger, Hans 18617, 18619–18625, 18627
Finkelmeier, Conrad 10442
Fischer, Conan 2606
Fischer, Franz 3741
Fischer, Georg 15074
Fischer, Gottfried Bermann 12272
Fles, Bartold 12232
Flick, Friedrich 12549f., 12586, 12590f.,
12960f., 12991, 13036, 18654f., 18672f., 18712
Fließer, Josephus 9624
Flint, Fritz 18683
Flitner, Wilhelm 14040, 14045, 14063
Formis, Rudolf 11662
Forsthoff, Ernst 4031
Fraenkel, Ernst 221, 3852, 12180
Franco Bahamonde, Francisco 16363, 16409, 16438, 16439, 16450, 17348, 17356
François-Poncet, André 16344
Frank, Anne 6450, 6456, 6465, 6472, 6478, 6480, 6489, 6491, 6494
Frank, Hans 1836–1842, 17990, 18046, 18734
Frank, Reinhold 10714f.
Frank, Walter 1843, 14890, 14939
Franke, Helmut 2769
Frankenfeld, Hans 11738
Frankenthal, Käte 7024
Frankfurter, David 6670
Frei, Bruno 11565
Freisler, Roland 1844f.
Frenkel, Familie 6162
Frenkel-Brunswik, Else 5824
Freudenberg, Familie 8100
Frey, Gerhard 19883
Freyer, Hans 4023, 14045, 14996–14998, 15025, 15039, 15052
Frick, Wilhelm 1846–1848, 2680, 14538
Friedlaender, Salomo 6513
Friedrich der Große 565, 1540, 18416
Frießners, Hans 14119
Frisch, Efraim 12309
Fritsch, Theodor 1353
Fritsch, Werner Freiherr von 4319, 4328, 4349, 4352, 4395, 4509, 10604, 10660
Fritze, Georg 9181
Fritzsche, Hans Karl 10716
Froehlich, August 9477
Fröhlich, Elke 1861
Fromm, Erich 2376
Frommel, Wolfgang 4945
Fry, Varian 11342
Fuchs, Albert 12181
Fuchs, Pfarrer 5763, 9625
Funk, Walther 1849
Furtwängler, Wilhelm 15741, 15744, 15746

Galen, Clemens August Graf von 9627–9639

Gantenberg, Hermann 9640
Geary, Dick 2601
Gehlen, Arnold 14755
Gehlen, Reinhard 4563
Gehm, Ludwig 10293f.
Gehrmann, Eduard 9641
Gempp, Walter 3251
George, Stefan 2733, 14888
Georgi, Friedrich 10755, 10757
Gerbohay, Marcel 11120
Gerike, Heinrich 18683
Gerlach, Helmut von 11692
Gerlich, Fritz 2841, 3373, 4842
Gerron, Kurt 5619, 15838
Gersdorff, Rudolf-Christoph Freiherr von 10717f.
Gerstein, Kurt 5138f., 5151, 7290f., 7297
Gerstenmaier, Eugen 9182, 10853
Geusendam, Wilhelm 11597
Geyer, Curt 11498
Geyer, Wilhelm 11048
Geyr von Schweppenburg, Leo Freiherr von 16179
Gföllner, Johannes 9642
Gieles, Josef 14562
Glaser, Kurt 17796
Glik, Hirsch 6628
Globke, Hans 1850, 3601, 18614–18616, 18618, 18626
Globocnik, Odilo 1851f., 6332
Gobineau, Joseph Arthur Graf 1377
Goebbels, Joseph 1215, 1502, 1777, 1853–1898, 2256–2258, 4573, 4581, 4622, 4625, 4663, 4680, 4685, 4708, 4737, 4874, 4989, 8671, 8712, 15541, 15810, 15828, 15849, 15904, 16109, 16809, 16820, 18043
Goebbels, Magda 1876
Goerdeler, Carl Friedrich 5895, 7985, 10463, 10579, 10692, 10719, 10720–10727, 11139
Goerlitz, Theodor 3114
Goetz, Walter Wilhelm 14944
Goldmann, Nachum 7035
Goldschmidt, Alfons 12182
Göring, Hermann 1683, 1777, 1890, 1899–1919, 3165, 3218, 4542, 5465, 5659, 12570, 13577, 16098, 16363, 18034, 18337, 18687
Göring, Wilhelm Hermann 8859
Goslar, Lotte 12183
Gostner, Erwin 7663

Graef, Adam 10295
Graf, Oskar Maria 12184–12190
Graf, Willi 11049–11055
Gräfer, Wilhelm 3734
Grebing, Helga 320
Greid, Hermann 11977
Greifelt, Ulrich 18673
Greiner, Helmuth 16811–16816
Greiser, Arthur 1920
Grimm, Hans 15515, 15620
Grimminger, Eugen 11056
Groß, Nikolaus 9643–9645
Gröber, Conrad 9646–9648, 9720
Groener, Wilhelm 2830
Gronefeld, Gerhard 156, 18024
Gropius, Walter 11917
Groppe, Theodor 10728
Groschuff, Hans 4234
Groscurt, Georg 13411
Gross, Werner 10443
Grossmann, Chaika 6719
Grosz, George 11857, 12191
Grüber, Heinrich 9183
Grüber, Heinrich Ernst Karl 6851
Gruber, Max von 13415
Gründgens, Gustav 15768
Grünewald, Paul 7650
Grüninger, Paul 6966
Grünspan, Herschel 5596, 5656, 5682, 5688, 5797
Grunwald, Clara 6748
Grüssau, Abt von 9259
Grützner, Edwin 17986
Güß, Egon Thomas 9184
Guderian, Heinz 4510–4512, 16845
Guggenheim, Alis 5512
Guggenheim, Siegfried 5500
Gumbel, Emil Julius 12192
Günther, Hanno 11130
Gürtner, Franz 1921f., 3787f., 3830, 5637
Gustloff, Wilhelm 6670
Guttenberg, Karl-Ludwig Freiherr von und zu 10881
Gyssling, Walter 6654

Haas, Otto 10498
Haber, Fritz 12194
Habermas, Jürgen 19733, 19736, 19739, 19741
Häckel, Ernst 1344a
Haeflinger, Louis 7615
Hahm, Konrad 15286

1391

Personenregister

Hahn, Hugo 9185
Hahn, Otto 14698
Haiding, Karl 15128
Halder, Franz 10729–10733, 16795–16797
Halem, Nikolaus von 11131
Halfen, Wilhelm 9186
Halifax, Lord Edward 16305
Hallgarten, George W. F. 12195
Hamm, Johann Jakob 9187
Hanfstaengl, Ernst 1923
Hanssler, Bernhard 9353
Hanussen, Erik Jan 2989
Happe, Hans 16777
Harberg 18681
Hardenberg, Carl-Hans Graf von 10734f., 10882
Harder, Kreszentia 9546
Hardy, H. J. 6456
Harlan, Veit 15846, 15861, 15924
Harmsen, Hans 13642f.
Harnack, Arvid 10344, 10362, 10382, 10384, 10444, 10445, 11102
Harnack, Ernst von 10736f.
Harnack, Mildred 10445
Harnier, Adolf Freiherr von 10866
Harris, Arthur T. 17491
Harthern, Ernst 12196
Hartjenstein, Fritz 18681
Hartung, Fritz 14923
Hassell, Ulrich von 10738–10745, 11174, 16180–16182
Haubach, Theodor 10228, 10296
Hauptmann, Gerhard 15472, 15607
Haushofer, Albrecht 10883, 15182, 15189
Haushofer, Karl 15167–15169, 15176–15179, 15187
Havenstein, Martin 14077
Hayes, Peter 12623
Heartfield (Herzfeld), John (Helmuth) 11857
Heckroth, Hein 12197
Hedemann, Justus Wilhelm 4217
Hedin, Sven 1209
Hegel, Georg Wilhelm Friedrich 598, 14808
Heidegger, Martin 4019, 4058, 6834, 14460, 14513, 14744–14746, 14748, 14750, 14752–14754, 14756, 14759f., 14763, 14765f., 14768, 14770, 14775, 14776–14782, 14785f., 14788–14790, 14793f., 14796f., 14799, 14803, 14805, 14807–14809, 15582, 18533

Heidemann, Gerd 1481f., 1491
Heilers, Margarethe B. 7044
Heilmann, Ernst 10297
Heim, Heinrich 1513
Heim, Susanne 5574, 5801
Heine, Friedrich 11471
Heine, Thomas Theodor 5784
Heinemann, Gustav 10905
Heintzeler, Wolfgang 12584, 17992
Heinz, Friedrich Wilhelm 2767, 2769
Heiseler, Bernt von 19263
Heisenberg, Werner 14690f., 14695, 14699f., 14703, 14706, 14715, 14719, 17016
Helbok, Adolf 14965
Held, Heinrich 3075
Heldmann, Karl 14966
Helldorff, Familie von 8227
Heller, Alfred 7045
Heller, Hermann 327
Hemingway, Ernest 12063
Hencke, Andor 16183
Henlein, Konrad 10021, 11263, 16237
Henreid, Paul 11873
Hensel, Walther 3746
Hentschel, Willibald 13654
Herbst, Alfred 17871
Hermann, Liselotte 10446
Hermann, Rudolf 9188
Hermann-Friede, Eugen 10907
Hermann-Neiße, Max 12198
Hermes, Andreas 9649
Herold, Willi 5396
Herrmann, Wolfgang 15625
Hertz, Henriette 7066
Hertz, Paul 11529
Herwarth von Bittenfeld, Hans 16184
Herzfelde (Herzfeld), Wieland 11857, 12329
Herzl, Theodor 6981
Heß, Rudolf 1924–1937, 3383, 3388
Hesse, Fritz 16293
Hessling, Georg 18683
Heuß, Theodor 2827, 10952f.
Heusinger, Bruno 3931
Hewel, Walther 1938
Heydrich, Reinhard 1777, 1890, 1939–1952, 5237, 5678, 9350, 9512, 12266, 18006, 18337
Heym, Stefan 11598
Hildebrand, Dietrich von 1283
Hildebrandt, Dietrich von 9650

Hilferding, Rudolf 11525, 11528
Hilgenfeldt, Erich 1953
Hillgruber, Andreas 19738, 19754, 19767
Hilpert, Heinz 15764, 15804
Himmler, Heinrich 901, 1321, 1457, 1777, 1851, 1890, 1954–1969, 1985, 3565, 3612, 5111, 5113, 5119–5121, 5143, 5165, 5175, 5190, 5293, 5621, 6330, 6339, 6391, 7574, 7628, 10576, 12375, 12521f., 13374, 13605, 13670, 15099, 16230f., 17343, 17985, 18159, 18337
Hindemith, Paul 15753
Hindenburg, Paul von Benckendorff und von 1999, 2912, 3062, 3204–3209, 8859, 8952
Hippe, Trude 8315
Hippler, Fritz 14636, 15825, 15904
Hirnschal, Adolf 11213
Hirnschal, Amalia 11213
Hirsch, Albert 9477
Hirsch, Helmut 11057
Hirschfeld, Hans Emil 11530
Hirschfeld, Magnus 12199
Hitler, Adolf 9, 22, 24, 47, 49f., 66, 81, 116, 137, 139, 144, 154, 182, 193, 198, 204, 210, 217, 224, 256, 286, 388, 403, 458, 552, 565, 573, 581, 587, 589, 592, 597, 599, 606, 641, 658, 681, 697f., 702f., 712, 722, 724, 727, 732, 760, 776, 778, 1039, 1071, 1102, 1114, 1121, 1138, 1150, 1180, 1183, 1186, 1190, 1193, 1195, 1217, 1234, 1241, 1260, 1271, 1276, 1291, 1339, 1352, 1357, 1364, 1365, 1386, 1388f., 1406, 1410, 1460, 1464–1774, 1777, 1780, 1796, 1797, 1801, 1813, 1836, 1845, 1897, 1914, 1918f., 1921, 1934, 1951, 1973, 1978, 1993, 1999, 2004, 2009, 2017, 2021, 2023, 2043, 2044, 2051, 2053, 2067, 2077, 2097, 2106, 2108, 2119, 2121, 2131, 2147, 2148, 2149, 2150, 2164, 2166, 2184, 2189, 2198, 2203, 2219, 2226, 2243, 2250, 2310, 2315, 2348, 2349, 2350, 2352, 2353, 2354, 2355, 2356, 2357, 2359, 2361, 2362, 2367, 2374, 2378, 2385, 2389, 2413, 2414, 2415, 2437, 2455, 2457, 2463, 2465, 2471, 2475, 2512, 2527, 2528, 2542, 2609, 2632, 2711, 2742, 2771, 2774, 2777, 2810, 2811, 2834, 2835, 2841, 2859, 2863, 2872, 2874, 2877, 2879, 2881, 2889, 2891, 2894, 2908, 2909, 2910, 2912, 2917, 2920, 2921, 2923, 2925, 2931, 2934, 2940, 2947, 2949, 2950, 2951, 2952, 2953, 2954, 2955, 2960, 2963, 2972, 2981, 2993, 2994, 2995, 2997, 2998, 2999, 3001, 3007, 3008, 3011, 3012, 3014, 3015, 3016, 3018, 3024, 3027, 3032, 3045, 3060, 3062, 3071, 3091, 3258, 3260, 3303, 3338, 3361, 3366, 3367, 3373, 3388, 3394, 3421, 3422, 3426, 3455, 3529, 3532, 3547, 3623, 3791, 3819, 4117, 4181, 4230, 4301, 4302, 4312, 4315, 4319, 4331, 4348f., 4360, 4399, 4419, 4452, 4453, 4455, 4463, 4503, 4513, 4537, 4543, 4544, 4565, 4570, 4589, 4594, 4619, 4644, 4654, 4669, 4676, 4694, 4723, 4730, 4731, 4765, 4767, 4773, 4777, 4787, 4788, 4807, 4808, 4809, 4815, 4816, 4819, 4821, 4830, 4834, 4914, 4990, 4993, 5009, 5044, 5052, 5054, 5055, 5057, 5080, 5126, 5142, 5173, 5212, 5218, 5220, 5231, 5247, 5248, 5288, 5359a, 5432, 5554, 5560, 5571, 5580, 5620, 5652, 5689, 5726, 5727, 5745, 5849, 5950, 6079, 6319, 6662, 6794, 6887, 6935, 6953, 6969, 7003, 7061, 7179, 7202, 7274, 7275, 7282, 7290, 7736, 7761, 7774, 7777, 7782, 7793, 7804, 7810, 7813, 7814, 7821, 7848, 7937, 7945, 7953, 7956, 7961, 7963, 8001, 8019, 8041, 8093, 8101, 8151, 8163, 8339, 8415, 8526, 8536, 8654, 8658, 8659, 8667, 8675, 8677, 8704, 8707, 8739, 8745, 8788, 8807, 8828, 8919, 8921, 9072, 9126, 9142, 9213, 9241, 9252, 9267, 9312, 9320, 9332, 9359, 9368, 9386, 9439, 9446, 9476, 9655, 9807, 9821, 9827, 9828, 9845, 9858, 9884, 9885, 9890, 9900, 9902, 9915, 9924, 9929, 9930, 10021, 10025, 10066, 10067, 10117, 10118, 10226, 10230, 10232, 10242, 10248, 10251, 10289, 10307, 10341, 10354, 10356, 10399, 10408, 10409, 10548, 10549, 10551, 10575, 10602, 10612, 10613, 10614, 10629, 10636, 10649, 10651, 10658, 10659, 10664, 10673, 10678, 10680, 10682, 10684, 10705, 10718, 10732, 10755, 10757, 10763, 10785, 10806, 10839, 10879, 10884, 10895, 10937, 11042, 11043, 11089, 11114, 11117, 11118,

11121, 11122, 11125, 11126, 11179, 11229, 11263, 11269, 11272, 11301, 11309, 11323, 11438, 11494, 11519, 11554, 11556, 11602, 11608, 11659, 11672, 11682, 11719, 11730, 11742, 11899, 11913, 12036, 12376, 12390, 12430, 12456, 12470, 12530, 12546, 12562, 12573, 12609, 12652, 12668, 12677, 12741, 12770, 12783, 12807, 12825, 12877, 12878, 12883, 12894, 12937, 12983, 12998, 13027, 13270, 13271, 13404, 13409, 13415, 13420, 13606, 13618, 13966, 14018, 14041, 14144, 14215, 14216, 14445, 14581, 14678, 14689, 14699, 14731, 14910, 15245, 15246, 15260, 15295, 15306, 15331, 15366, 15368, 15425, 15437, 15444, 15455, 15645, 15680, 15747, 15813, 15864, 15912, 15934, 15999, 16019, 16020, 16028, 16031, 16033, 16038, 16040, 16041, 16046, 16052, 16061, 16070, 16074, 16088, 16093–16095, 16100, 16107, 16110, 16124, 16134, 16135, 16137, 16138, 16139, 16145, 16147, 16153, 16184, 16187, 16206, 16221, 16263, 16270, 16272, 16277, 16279, 16282, 16293, 16294, 16296, 16302, 16305, 16308, 16309, 16310, 16321, 16323, 16324, 16325, 16327, 16328, 16335, 16340, 16348, 16349, 16350, 16352, 16362, 16363, 16367, 16368, 16370, 16381, 16382, 16387, 16395, 16396, 16409, 16411, 16417, 16418, 16425, 16427, 16434, 16438, 16439, 16449, 16450, 16456, 16458, 16465, 16468, 16473, 16476, 16477, 16478, 16480, 16482, 16485, 16489, 16491, 16493, 16494, 16495, 16497, 16505, 16508, 16509, 16514, 16516, 16517, 16522, 16523, 16525, 16528, 16546, 16565, 16581, 16590, 16593, 16614, 16617, 16626, 16630, 16631, 16633, 16635, 16639, 16640, 16675, 16679, 16682, 16691, 16702, 16703, 16711, 16712, 16794, 16799, 16801, 16829, 16836, 16839, 16847, 16878, 16886, 16899, 16908, 16909, 16910, 16911, 16919, 16920, 16921, 16952, 16955, 16959, 16967, 16968, 16969, 16973, 16977, 16981, 17012, 17019, 17031, 17045, 17049, 17053, 17058, 17064, 17078, 17082, 17097, 17099, 17114, 17153, 17156, 17157, 17169, 17173, 17174, 17186, 17199, 17205, 17219, 17220, 17231, 17234, 17238, 17241, 17244, 17246, 17247, 17278, 17289, 17291, 17297, 17303, 17308, 17312, 17324, 17339, 17340, 17344, 17348, 17358, 17362, 17483, 17554, 17568, 17586, 17600, 17608, 17629, 17781, 17840, 17942, 17959, 17965, 17971, 17982, 17987, 17994, 18069, 18092, 18125, 18130, 18189, 18258, 18322, 18337, 18403, 18416, 18418, 18427, 18441, 18474, 18537, 18538, 18547, 18552, 18579, 18774, 18892, 19205, 19229, 19245, 19264, 19267, 19284, 19293, 19334, 19369, 19402, 19414, 19421, 19454, 19464a, 19495, 19497, 19509, 19566, 19571, 19577, 19719, 19726, 19772, 19908, 19955, 20015, 20025, 20057
Hobbes, Thomas 14795
Hochhuth, Rolf 9240, 18621, 18624, 19688–19704
Hodann, Max 12200
Hoegner, Wilhelm 3287, 11531–11533
Hoepner, Erich 10746f.
Hoetzsch, Otto 14903, 14940
Hofacker, Caesar von 10748
Hofer, Franz 17746
Höfer, Werner 4183, 4843
Hoffmann, August 18678
Hoffmann, Camill 1182
Hoffmann, Heinrich 1608, 15934
Hoffmann, Heinz 11599
Hoffmann, Peter 9787
Hofmann, Gert 19270
Hofmann, Josef 4844, 9651
Hofmannsthal, Hugo von 12309
Hoggan, David L. 17063, 17077, 17079, 17096
Hölderlin, Friedrich 15495
Holm, Carsten 15792
Honecker, Erich 18418
Horkheimer, Max 5824
Horstenau, Edmund Glaises von 4514
Horthy von Nagybánya, Miklos 6989, 17157
Horváth, Ödön von 12201
Höß, Rudolf 1970f., 7454
Hoßbach, Friedrich 4513, 16062, 16328, 17033f., 17081
Hößlin, Roland von 10749

Hrdlickas, Alfred 19671
Hübener, Helmuth 11014c-11014e
Huber, Irmgard 13897, 18680
Hudal, Alois 9372, 9652
Hugenberg, Alfred 1972–1981, 2829, 3012, 12772, 18892–18894
Hürten, Heinz 8737

Ibach, Karl 10447
Imbusch, Heinrich 9654, 11655
Immer, Karl 9189
Innitzer, Theodor 9480f., 9655
Irving, David 1552, 5571, 17482

Jacob, Franz 10403
Jacob, Lili 7345
Jacob, P. Walter 12202
Jacobs, Franz 10329
Jacoby, Henry 11600
Jaeger, Lorenz 9656f.
Jägerstätter, Franz 17873, 17875, 17883, 17896
Jahn, Friedrich Ludwig 15985
Jakob, Franz 10365, 10420
Jaksch, Wenzel 11534–11537
Janßen, Karl Heinz 19741
Jannasch, Wilhelm 9190
Jaspers, Karl 18576
Jedin, Hubert 9658, 15713
Jelusich, Mirko 15619
Jenninger, Philipp 19788, 19791–19793, 19795
Jodl, Alfred 4515f., 16802, 18251
Joel, Kurt 1982
Johst, Hanns 15572, 15600
Johst, Probst 9243
Jonitz, Hans 17796
Jordan, Rudolf 1983
Jung, Edgar Julius 2747, 3365, 2722, 10867
Junge, Heinz 18684
Jünger, Ernst 2740, 2748, 2769, 2780, 4019, 14762, 14768, 14774, 15530, 15564, 15578, 15579, 15582, 15593, 15608, 15634, 15903
Junghans, Carl 15825
Junkers, Hugo 12570

Kaas, Ludwig 2814, 2838, 3345, 9259, 9397, 9400, 11693
Kaduk, Oswald 7401
Kaehler, Joachim Siegfried August 14958
Kahler, Erich 12115
Kähler, Wilhelm 2835
Kahn, Erich Itor 12203
Kahn-Freund, Otto 13184
Kahr, Gustav Ritter von 2349
Kaiser, Georg 11924, 12204
Kaiser, Hermann 10750
Kaiser, Jakob 9659f.
Kaliski 14266
Kaltenbrunner, Ernst 1984–1986, 5555, 10570
Kandelaki, David 16475
Kann, Artur 7082
Kantorowicz, Alfred 12205–12207
Kantorowicz, Ernst 14888
Kapp, Wolfgang 10639
Kardorff, Ursula von 4944a
Kareski, Georg 6623, 6669, 6677
Karl der Große 14949
Karpe 4207
Kastner 6312
Kästner, Erich 15528, 15576, 15591
Kausche, Horst 19083
Keitel, Wilhelm 4517, 4518
Keßler, Harry Graf 12208
Keßler, Jakob Friedrich 9191
Kelsen, Hans 4045
Kempner, Alfred 12209
Kempner, Robert R. M. W. 147, 18823
Kemsley, Lord 16294
Keppler, Wilhelm 2877
Kerr, Alfred 12209
Kersten, Felix 5119, 13374, 18260
Kessel, Albrecht von 10667, 10751, 16185
Kesselbach, Wilhelm 18898
Kesselring, Albert 17319
Kesten, Hermann 12030
Kestenberg, Leo 14147, 15720
Keynes, John Maynard 12048
Kiesel, Georg 10580
Killinger, Erich 18684
Kinau, Jakob 4970, 15691
Kinau, Johann 4970, 15691
Kinau, Rudolf 4970, 15691
Kirchheimer, Otto 769, 4040
Kirchhoff, Kilian 9344, 9661–9663
Kirchner, Johanna 11103f.
Kirdorf, Emil 2924
Kisch, Egon Erwin 12210
Kittel, Georg 6876, 9192
Kittel, Gerhard 6875, 9193f.
Klagges, Dietrich 1987f., 14774

1395

Personenregister

Klausener, Erich 3355, 9477, 9664 f.
Klee, Ernst 8761, 18571
Klehr 7401
Klein, Alfons 13897, 18680
Klein, Gabriella 4792
Klein, Hedwig 15068
Kleist, Heinrich von 15495
Kleist-Schmenzin, Ewald von 10884
Klemperer, Victor 4786
Klepper, Jochen 9188
Klepper, Otto 3339
Klingelnberg, Familie 12608
Kloos, Gerhard 13427
Kluge, Kurt 15525
Knab, Otto 4845
Knöchel, Wilhelm 10352
Knoeringen, Waldemar von 11538
Knothe, Willi 10254
Köbel, Eberhard 3506, 10982
Koch, Ilse 7408, 7544
Koch, Werner 9195
Koch-Weser, Erich 11694
Koenen, Wilhelm 11601
Koestler, Arthur 12211–12214
Kohl, Helmut 18620
Kohner, Paul 11873
Kolbe, Maximilian 9666 f.
Kolbenheyer, Erwin Guido 15552
Kölle, Adolf 9546
Kollwitz, Käthe 15329
König, Lothar 9668, 10825
König, Renè 12215
Königsberg, Familie 6186
Korczak, Janusz 6392, 6408, 6409
Kordt, Erich 16153, 16186
Korfes, Otto 11739
Korherr, Richard 5843
Korn, Karl 4846, 4847
Korsch, Karl 14002
Köstring, Ernst 4519
Kramer, Josef 18679
Krämer, Walter 7622
Krauch, C. 18673
Kraus, Karl 4753
Kraus, Otto 10499
Krehbiel-Darmstädter, Maria 7346
Kreis, Wilhelm 15370
Kreisky, Bruno 10298
Kreiten, Karlrobert 4183, 4843
Kremer, Hannes 7454
Kresse, Kurt 10394
Kreutz, Benedict 9669

Kreyssig, Lothar 3792, 3916, 9196, 13886, 17721
Kriß, Rudolf 4179
Krieck, Ernst 14042, 14056, 14062, 14413, 14774
Kriss, Rudolf 10954
Kritzinger, Wilhelm 1989, 3614
Kroner, Richard 12216
Krümmel, Carl 16007
Krupp von Bohlen und Halbach, Alfried Felix Alwyn 18673
Krupp von Bohlen und Halbach, Familie 12593
Kube, Richard 1990
Kuchar-Jelka, Helena 10010
Kügelgen, Bernt von 11739a, 11740
Kühn, Heinrich 15945
Kühn, Heinz 10299, 11539, 11540
Kühnl, Reinhard 378
Kujau, Konrad 1481 f.
Kusch, Oskar 10752
Kuttner, Erich 10300

Laban, Rudolf von 15771
Lafont 18296
Lahusen, Gustav 9197
Lamm, Fritz 11639
Lämmle, August 15125
Lampert, Carl 9477
Landsberg, Paul Ludwig 11675
Lang, Fritz 12217
Lange, Horst 15489, 16817
Langgässer, Elisabeth 15612, 19263
Langhoff, Wolfgang 11977
LaRouche, Lyndon 20211
Laserstein, Botho 19139
Lasker-Schüler, Else 12218, 12219
Lazar, Maria 12220
Leber, Julius 10228, 10301–10307
Lechleiter, Georg 10448
Leden, Michael A. 1394
Leeb, Wilhelm 18673
Leeb, Wilhelm Ritter von 16818, 18651, 18652, 18653
Legband, Julius 11132, 19133
Legien, Carl 2645
Lehmann, Max 14958
Lehndorff, Hans Graf von 9198
Leibholz, Gerhard 9167
Leicht, Johann 2826a
Leikam, Alfred 9199

Leipart, Theodor 2645, 3277, 3286, 3292, 3527, 3530
Leipholz, Gerhard 10901, 11695
Lejeune, Robert 12309
Lejeune-Jung, Paul 10617
Lenin, Wladimir I. 2889
Lenk, Kurt 14981
Lenz, Hans Richard 18678
Lenzel, Joseph 9477
Leopold, Josef 1991
Lerpscher, Michael 17887
Lersch, Philipp 13573
Lessing, Theodor 12221
Letterhaus, Bernhard 9670
Leuchter, Fred A. 7567, 7571, 7573
Leuschner, Wilhelm 10254, 10543–10545
Lewald, Theodor 15986
Lewin, Kurt 12222, 12224f.
Ley Robert 533, 1992–1995, 2645, 3292, 3530, 3544
Lichtenberg, Bernhard 9477, 9671f.
Liek, Erwin 13406
Liepmann, Heinrich 11802
Lietzmann, Hans 9200
Limpert, Robert 17687
Lindemann, Fritz 10754
Lintzel, Martin 14949
Lippert, Julius 1997
Lips, Julius E. 15162
Lipset, Seymor Martin 2399
List, Wilhelm 18673
Litt, Theodor 14049
Loe, Emilie von 11105
Lojewski, Werner von 4848
Lokies, Hans 8934, 14173
Lorenz, Friedrich 9477
Lorenz, Konrad 14732
Loritz, Alfred 20226
Lösener, Bernhard 5497
Löwenthal, Richard (siehe auch Paul Sering) 304, 417, 10481, 10500
Löwith, Karl 12226
Lubarsch, Otto 13470
Lubbe, Marinus van der 3248
Luckner, Gertrud 6914
Ludendorff, Erich 2806, 3062
Ludwig, Emil 11307, 14883
Luetgebrunne, Walter 2739
Lukaschek, Hans 10854
Lüninck, Ferdinand von 10885
Luther, Hans 12647

Luther, Martin 565, 599, 1388, 1998, 18416

Maaßen, Johannes 9673
Maas, Hermann 6837, 6906, 9201f.
Mahler, Gustav 15753
Mahrarens, August 8981, 9056
Mahraun, Artur 10955
Maier, Johann 9674
Maier, Reinhold 18999
Malaparte, Curzio 15530
Malloth, Anton 18785, 18804
Mandrella, Rudolf 9477
Mann, Erika 12227f., 12256
Mann, Heinrich 12039, 12229–12243, 12281
Mann, Klaus 12244–12262
Mann, Thomas 11717, 11828, 11924, 12039, 12146, 12244, 12263f., 12264–12296, 12309, 14502, 15558, 19263
Mannerheim, Carl Gustav 17339
Mannweiler, Walter G. 9203
Manstein, Erich von 4520f., 6431, 6885
Manz, Albert 9353
Mao Tse-tung 2889
Marauhn, Arthur 2793
March, Werner 15463
Marchand, Carlotta 6373
Marcks, Erich 14972
Marcuse, Herbert 268
Markötter, Elpidius 9344
Markov, Walter 10423
Marks, Edward B. 6930
Martin, Benno 901
Martin, Bernd 16406
Marx, Karl 304, 417, 11489
Marxen, Herbert 15403a
Masaryk, Tomas G. 16551
May, Ernst 2069
May, Karl 1668
Mayer, Gustav 12297
Mayer, Hans 12298
Mayer, Max 5927
Mayer, Rupert 4149a, 9675–9680
Mayer, Saly 5482, 6938f.
McCloy, John 18735
Meier, Emil 10449, 18681
Meier, John 15101, 15123, 15158, 15161
Meier-Welcker, Hans 4522
Meinberg, Wilhelm 8178
Meinecke, Friedrich 19446

Meisel, Josef 10450
Meiser, Hans 9204, 9205
Meissner, Otto 1999
Meitner, Lise 12299
Menachem, Arieh Ben 6396
Mendelssohn-Bartholdy, Felix 15753
Mendes, Lothar 15861
Mengden, Guido von 2000f.
Menge, Arthur 3765
Mengele, Josef 13822, 13848, 13893
Mennecke, Friedrich 13733, 13736, 13816
Merker, Paul 11602–11604, 11741
Merkle, Adolf 13897, 18680
Metzger, Max Josef 9477, 9681–9684
Meyer, Agnes 12282
Meyer, Alfred 2002
Meyer, Arnold Oskar 14958
Meyer, Johannes 7486
Meyer, Waldemar 9372
Meyer-Hetling, Konrad 18731
Michaeli, Zwi 5715
Michaëlis, Karin 12150, 12312
Michel, Ernst 9685
Mielke, Fred 18727
Mierendorff, Carlo 10228, 10308a-10310a
Mies van der Rohe, Ludwig 11917
Miklas, Wilhelm 1132
Mikulicz-Radecki, Felix von 13907
Milch, Erhard 17473, 17482, 18673
Milward, Alan S. 12890
Mitscherlich, Alexander 18727
Mitteis, Heinrich 14857, 14866
Model, Walter 4523
Moeller van den Bruck, Arthur 2731
Mölders, Werner 9243
Möller, Ferdinand 15376
Mollin, Gerhard Th. 12458
Molotow, Wjatscheslaw M. 16467
Moltke, Helmuth James Graf von 10837, 10855–10863, 11150
Mommsen, Hans 19762
Mommsen, Wilhelm 14958
Monteglas, Franz Graf von 4158
Montezuma 11565
Montgomery, Bernhard Law Viscount 17786
Moos, Alfred 6530
Morell, Theo 1626
Morgan, Konrad 3913, 5193
Morgenthau, Hans J. 12303
Moschner, Gerhard 4149b, 9686

Moser von Filsek, Carl 2240
Moses, Julius 13660
Mosheim, Grete 11873
Mosse, George L. 7102, 12304
Mozart, Wolfgang Amadeus 15753
Muckermann, Friedrich 9687, 11696–11701
Muckermann, Karl 10906
Mulka, Robert 7500, 18805
Müller, Hermann 18683
Müller, Josef 9688
Müller, Karl Alexander von 14972
Müller, Ludwig 9206
Müller, Max 14779
Müller, Otto 9689
Müller-Braunschweig, Carl 13534
Münzenberg, Willi 11604a-11610
Münzer, Friedrich 14900
Münzer, Thomas 14894
Murr, Wilhelm 2003
Muschkau, Martin 10451
Musil, Martha 12309
Musil, Robert 11924, 12305–12309
Mussolini, Benito 256, 403, 1766, 6443, 6483, 16362, 16363, 16367f., 16370, 16379, 16382, 16387, 16389, 16395, 16396, 16409, 16411, 16417, 16427, 16829, 17343, 19996

Naab, Ingbert 9690
Nachmann, Werner 5851
Nagel, Hans 17986
Naphtali, Fritz 6581, 11541
Nathorff, Hertha 6512
Naumann, Hans 15134, 15136–15138
Nebe, Arthur 5288
Neubauer, Theodor 10393, 10452, 10453
Neuberg, Stefan 10481
Neuendorff, Edmund 16008
Neumann, Alfred 12060
Neumann, Franz L. 220, 221, 240, 770, 12311
Neumann, Robert 12350
Neurath, Constantin Freiherr von 2004
Niccacci, Rufino 18321
Nicolai, Helmut 2005
Niekisch, Ernst 7633, 10546, 10552–10558
Niemöller, Martin 6877, 9206a-9216
Niemöller, Wilhelm 9217
Nietzsche, Friedrich Wilhelm 565, 597, 598, 1385, 14791, 18416
Noldan, Svend 15825

Nolte, Ernst 341, 368, 395, 496, 19738, 19757, 19769, 19771, 19783
Noordewier, Hendrik J. 1207
Normann, Dorothy 12309
Nörpel, Clemens 3292, 3530
Noske, Gustav 3326
Noth, Werner 18683
Nußbaum, Felix 6510, 6604

Oberfohren, Ernst 2869
Oberheuser, Herta 13734
Oberländer, Theodor 6371, 18754
Obermayer, Leopold 5977
Ochs, Eugen 10501
Ochse, Wilhelm 9691
O'Dwyer, William 6930
Oetker, Familie 12634
Ohlendorf, Otto 2006, 5483f., 18659f., 18673
Okladek, Friederike 6644
Olbricht, Friedrich 10755–10758
O'Lessker, Karl 2465
Ollenhauer, Erich 11542
Oncken, Hermann 14972
Opitz, Alfred 17251
Opitz, Reinhard 387
Oppenheim, Familie 12959, 12962
Oppenhoff, Franz 17774
Oprecht, Emil 11403
Orr, Douglas W. 5824
Orsenigo, Cesare 16400
Orwell, George 469
Oshima, Hiroshi 16694, 17185
Ossietzky, Carl von 381, 10908–10915, 11750–11752
Oster, Hans 10759–10762
Ottwalt, Ernst 12312

Paetel, Karl Otto 11660, 11663–11665
Pahl, Walter 3293
Palandt, Otto 4059
Pannwitz, Heinz 1939
Papen, Franz von 2007–2012, 2339, 3365, 9397, 16277f., 17382, 18811
Parsons, Talcott 301
Paulus, Bertold 16834
Pavelic, Ante 16409
Pechmann, Wilhelm Freiherrn von 10894
Perels, Friedrich Justus 9218
Perikles 14910
Perlasca, Giorgio 6359, 6464
Pétain, Henri Philippe 6503

Petersen, Friedrich Karl 9692
Petersen, Jürgen 4849
Petersen, Käthe 13676
Peterson, Erik 9693
Petrus 13576
Pfaff, Peter 16819
Pfeil, Walter Graf von 16551
Philipp II. 16919
Pieck, Wilhelm 10454f.
Pieper, Lorenz 9694
Pinkus, Theo 3158
Piscator, Erwin 12313
Pius XI. 16411, 16413, 16416f.
Pius XII. 6920, 6982, 9257, 11134, 16397, 16402, 19692, 19698
Planck, Max 14694
Plassmann, Joseph Otto 15095
Platiel, Nora 11639a
Pleiger, Paul 12555
Plenge, Johann 15040
Pless, Will 7044
Ploeger, Heiko 10164
Pohl, Oswald 5113, 5483, 12375, 18659, 18673
Poitrot, Robert 13895
Popitz, Johannes 2013–2016
Poser, Magnus 10393
Postal-Vinay, Anise 7719
Poulantzas, Nicos 278
Pound, Ezra 15618
Prenant, Prof. 3216
Preysing, Konrad Kardinal von 9695f.Probst, Christoph 11037
Pünder, Werner 3355, 9664
Pust, Heinz 17796

Quaatz, Reinhold 2810
Quellmatz, Alfred 15140
Quisling, Vidkun 18322, 18325, 18336, 18341

Raabe, Wilhelm 1896
Radbruch, Gustav 4058, 12314
Radke, Karl 2337
Raeder, Erich 17324, 17585
Rahn, Otto 15509
Rascher, Siegmund 13759
Rau, Werner 9219
Rauschning, Hermann 1494, 11666f.
Regler, Gustav 12315
Reichardt, Hans J. 10424
Reichenau, Walter von 2934

Reichwein, Adolf 10311–10314, 13566, 14196–14198
Reifenberg, Benno 4851
Reinbold, Georg 10315
Reinhardt, Fritz 2017, 4580
Reinhardt, Max 15788, 15836
Reinhold, Georg 10316
Remer, Otto Ernst 19524, 19578, 19842, 19916, 19965
Repgen, Konrad 9403
Restituta, Schwester 9697
Retzlaff-Kresse, Bruno 10456
Reuter, Ernst 10317f., 11543
Rewald, Ruth 6558–6560
Rhode, Werner 18681
Ribbentrop, Joachim von 1938, 2018–2021, 4655, 16103, 16107, 16163, 16196a, 16323, 16363, 16467, 17185, 17382, 18337
Richter, Willi 10254
Riefenstahl, Leni 5031, 15843, 15848, 15856, 15894, 15907, 15927
Riehl, Walter 1270
Riehl, Wilhelm Heinrich 14978
Rink, Ildefons 9698
Ritter, Gerhard 10956, 14863, 14865, 14930
Ritter, Robert 7153, 13704
Rittmeister, John 10457
Ritz, Josef Maria 15286
Robinsohn, Hans 10890, 10893
Röder, Helmut 7650
Roeingh, Theodor 10617
Roessler, Fritz 12534
Rohe, Mies van der 12325, 12326f.
Röhm, Ernst 1630, 2022–2024, 3106, 3358, 3362–3367, 3370, 3373f., 3376, 4307, 5085, 5091, 12531f., 18774
Röhrs, Hermann 14013
Roßmann, Erich 10319
Römer, Beppo 10559
Rommel, Erwin 4524–4528, 9858
Rommel, Manfred 17307, 17319
Roon, Ger van 10833
Roon, Geritt van 10834
Roosevelt, Franklin D. 1563, 6955, 16631, 16641, 17568
Rösch, Augustin 9699
Rosegger, Peter 15556
Rosenbaum, Wolfgang 9344
Rosenberg, Alfred 2025–2037, 3572, 4642, 6322, 8684, 8843, 14774, 15115–15117, 18336

Rosenberg, Arthur 268, 304, 417
Roth, Joseph 12328
Rothenberger, Curt 3927
Rotzoll, Christa 4852
Röver, Carl 2038
Rubinstein, Hilde 12073
Rüdiger, Jutta 1810, 2039
Rüdin, Karl 13697
Rülf, Moritz 14258
Rundstedt, Karl Rudolf Gerd von 4529, 17319
Ruoff, Heinrich 13897, 18680
Ruprecht, Günter 8934, 14173

Saalfeldt, Wolfgang 8222
Sack, Karl 4478, 10765
Saefkow, Anton 10365, 10403
Sahl, Gitta 11873
Sahl, Hans 397
Salomon, Ernst von 19263
Salomon, Herta 6148
Sanford, R. Nevitt 5824
Sänger, Fritz 4853–4855
Sauckel, Fritz 2040
Sauerbruch, Ferdinand 13416
Schacht, Hjalmar 2041–2047, 2877, 12647, 12830, 12958, 16256, 16648
Schäfer, Gerhard 8741
Schäfer, Karl Heinrich 9477
Schäferdieck, Willi 4856
Schäffer, Fritz 9700, 18591
Schah, Reza 16661
Schairer, Immanuel 9220
Schauwecker, Franz 2769
Scheel, Heinrich 10458
Scheibe, Richard 19645
Scheliha, Rudolf von 16187
Schellenberg, Walter 4564
Schemm, Hans 2048
Schempp, Paul 9221
Schendel, G. van 6171a, 6866
Schickele, René 12267
Schieder, Theodor 14874, 18033
Schieder, Wolfgang 19762
Schiller, Friedrich 15495, 15617, 20211
Schindler, Oskar 6812, 6818, 6891, 6988
Schink, Bartholomäus 10975
Schinkel, Karl Friedrich 15447, 19603
Schirach, Baldur von 2049–2054, 4791
Schirach, Henriette von 8339
Schirinowskij, Wladimir 19943
Schlageter, Albert Leo 4584

Schlegelberger, Franz 2055–2057
Schleicher, Kurt von 2708, 2933, 2943
Schlesinger, Moritz 16188
Schlieffen, Alfred Graf von 16845
Schloß, Julius 7011
Schlotterbeck, Friedrich 10459
Schmalenbach, Eugen 15202
Schmalzbach, Leon 6264a
Schmaus, Michel 9701
Schmelt 13012
Schmid, Richard 10502
Schmidt, Eugen 9353
Schmidt, Henry 18838
Schmidt, Paul 16189
Schmidt, Willy 7650
Schmidt-Ebhausen, Friedrich Heinz 15087
Schmidt-Rohr, Georg 14831
Schmitt, Carl 3993–4003, 4008, 4010–4014, 4016, 4019, 4023, 4026–4030, 4032, 4036–4043, 4045, 4048, 4051, 4053–4054, 4056–4058, 14768, 15025, 15582, 18744
Schmitt, Josef 9702
Schmittmann, Benedikt 9703
Schmorell, Alexander 11028
Schneider, Carl 13445, 13526
Schneider, Karl Ludwig 11058
Schneider, Paul 9222
Schneider, Reinhold 9704, 10957, 15490
Schneller, Ernst 7611
Schocken, Salman 6625, 6573, 12218, 12945
Schoenborn, Walther 4025
Schoeps, Hans-Joachim 12130
Scholder, Klaus 9402
Scholem, Betty 6517
Scholem, Gershom 6517, 6699, 12134
Scholl, Hans 11021, 11023, 11025, 11028, 11032, 11037, 11059, 11060 f., 11063, 19584
Scholl, Sophie 11021, 11023, 11025, 11028, 11032, 11037, 11059, 11060 f., 11062, 11063, 19584
Scholtz-Klink, Gertrud 2058
Scholz, Roman Karl 10059
Schönerer, Georg Ritter von 1271
Schönhuber, Franz 19842, 20161, 20167, 20179, 20199, 20202
Schöttle, Erwin 10320
Schottmüller, Oda 15272
Schramm, Percy Ernst 14886 f., 16811–16816

Schreiber, Georg 9705, 14926, 15094
Schreker, Franz 15742
Schröder, Heinz 10503
Schroeder, Christa 1713
Schubert, Wilhelm 18750
Schulenburg, Friedrich Werner Graf von 16191
Schulenburg, Friedrich Werner Graf von der 10766–10768, 16190, 16191a, 16503, 17158
Schulenburg, Fritz-Dietlof Graf von der 10667, 10769–10773
Schulte, Eduard 6829, 12545, 12563
Schulte, Kaspar 9706
Schulze-Boysen, Harro 10344, 10362, 10382, 10384, 10460–10462, 11102
Schulze-Gaevernitz, Gero von 11276
Schumacher, Kurt 10228
Schuman, Robert 18236
Schumann, Georg 10394, 10463, 10719
Schumann, Gerhard 15667
Schumann, Otto 14077
Schümer, Wilhelm 9223
Schumpeter, Joseph Alois 12048
Schuschnigg, Kurt von 4993
Schütte-Lihotzky, Margarete 10464
Schwarz, Franz Xaver 1224
Schwärzel, Helene 7985
Schwarzschild, Leopold 2857
Schweitzer, Bernhard 19046
Schweizer, Richard 12569
Schwender, Wolfgang 18678
Schwerin, Claudius Freiherr von 14857, 14932
Schwerin von Krosigk, Johann L. Graf von 2059 f.
Schwerin von Schwanenfeld, Ulrich-Wilhelm Graf 10667
Schwering, Leo 9707
Schwieger, Heinz G. 1614
Schwinge, Erich 4476, 4480
Scurla, Herbert 11789
Sebastian, Ludwig 9708 f.
Sedlmayr, Hans 15250
Seelenbinder, Werner 10465
Seelmeyer, Otto 9710
Seghers, Anna 7852, 12329 f.
Seidensticker, Friedrich 15939a
Seligmann, Richard 6216
Sender, Toni 11544 f.
Senesh, Hannah 6402
Septyckyj, Andrej 18142

Sering, Paul (d.i. Richard Löwenthal) 304, 417, 10481
Severing, Carl 2591, 3269, 5237
Seydewitz, Max 10504, 11639b
Seydlitz-Kurzbach, Walther von 11742–11747
Seyß-Inquart, Arthur 2061 f.
Shakespeare, William 14848, 14850
Shirer, William L. 28
Siber, Heinrich 4207
Sieburg, Friedrich 4857, 15581, 15631
Siegmund-Schultze, Friedrich 9224
Siemer, Laurentius 9711
Siemsen, Anna 11546
Sierakowiak, David 6309
Sievers, Max 10466, 11547
Silex, Karl 4858
Silverberg, Paul 2906
Simenauer, Lothar 7027
Simmel, Ernst 5824
Simoleit, Herbert 9477
Simon, Helmut 10497
Simon, Paul 9712
Skossyreff, Boris von 4565
Soden, Carl-Oskar Freiherr von 9713 f.
Sodenstern, Georg von 10788
Soers, Adolf 3465
Solitkow, Michael Graf 4566
Sollmann, Wilhelm 11685, 11687
Sombart, Werner 14991, 15021 f., 15035, 15044
Sommer, Martin 18750
Sonnenfeld, Herbert 5890
Sorge, Gustav 18750
Spahn, Martin 14872, 14909
Spann, Othmar 4023, 14798, 14800, 15025
Spanner, Adolf 15111, 15157
Specht, Minna 12331
Speer, Albert 2064–2073, 2100, 5184, 12668, 12697, 12740, 15399, 15412, 15416, 15455, 15457, 15460, 15464, 18436, 19365
Speidel, Hans 10643, 10774
Speier, Hans 8194
Spengler, Oswald 598, 2761, 14757, 14761, 14783, 14784, 14802, 14804
Sperling, Fritz 11612
Sperling, Lydia 11612
Spiegel, Franziska 6117
Spieker, Josef 9715
Spitzer, Leo 11964

Sporrenberg, Jakob 5125
Spranger, Eduard 14038, 14045, 14063, 14801
Sprengel, Rita 7673, 10467
Springer, Axel 2708
Sproll, Joannes Baptista 9716–9723
Srbik, Heinrich Ritter von 14861
Staehle, Wilhelm 10775 f., 11136
Stalin, Josef 1470, 1554, 1705, 2889, 2952, 3394, 5359a, 6391, 6974, 7061, 8199, 10409, 11309, 11556, 11602, 11608, 11742, 11932, 12825, 12894, 16184, 16411, 16417, 16465, 16467 f., 16473, 16475 f., 16478–16480, 16482, 16485, 16489, 16491, 16493–16495, 16497, 16505, 16509, 16514, 16516 f., 16522 f., 16528, 16614, 16617, 16626, 16682, 16702, 17156, 17173, 17205, 17234, 17236, 17244, 17840, 19464a, 19566
Stammler, Eberhard 9225
Stampfer, Friedrich 11548 f.
Stangl, Franz 7712
Stapel, Wilhelm 9226
Stapelfeldt, Franz 12567
Stauffenberg, Alexander Graf Schenk von 14896
Stauffenberg, Bertold Schenk Graf von 10796
Stauffenberg, Claus Schenk Graf von 10777–10796, 19576
Steel, Johannes 12332
Steffelbauer, Kurt 14110
Stegemann, Hermann 2703
Stegerwald, Adam 9724
Stehr, Hermann 15552
Stein, Edith 6472, 8703, 9725–9728
Stein, Sigmund 5597
Stein zu Nord- und Ostheim, Otto Freiherr von 16551
Steinacher, Hans 16200
Stelzer, Theodor 10864
Stern, Otto 14727
Stern, William 13584
Sternberg, Fritz 417
Sternberg, Walther 304
Stieff, Helmut 10797–10799
Stock, Franz 9729–9731
Stöcker, Helene 11753
Stoffregen, Otto 3770
Stöhr, Hermann 9227
Stollberg, Gunnar 304, 320
Storm, Gerhard 9732

Straßer, Gregor 2074–2077, 2127, 2169, 2174, 2217, 2219, 2236, 14581
Straßer, Otto 2078–2083, 2127, 2174, 2236, 2699, 6756, 10547, 10549, 10560, 11156, 11659, 11661, 11668 f.
Strassmann, Ernst 10890
Straub, Peter 18681
Strauß, Emil 15552
Strauß, Franz J. 20041
Strauss, Richard 15737a
Strecha, Valentin 10468
Streicher, Julius 2084–2097, 2267, 2358, 4766, 4876, 7966
Stresau, Hermann 15583
Stresemann, Gustav 12878
Strobl, Max 11333
Strölin, Karl 2098, 10695
Stroop, Jürgen 2099
Stülpnagel, Karl-Heinrich von 10643, 10800–10802
Stumpf, Albrecht 8891
Stündt, Otto 10958
Stürmel, Marcel 18302
Stutte, Hermann 13546
Stütz, Ernst 12569
Sugihara, Chiune 6988
Syberberg, Hans-Jürgen 19414
Sylten, Werner 9228
Szende, Stefan 10505

Taleikis, Horst 10469
Tarnow, Fritz 11656
Taucher, Franz 4859
Taylor, Alan J. P. 17031, 17073 f., 17079, 17084, 17096
Tempel, Hermann 11550
Tengelmann 3165
Terboven, Josef 18336, 18341
Thadden, Elisabeth von 11106
Thälmann, Ernst 2659, 10470, 18776, 18803
Thape, Ernst 10321 f.
Thierfelder, Franz 14828
Thoma, Emil 7570, 9380
Thomas, Alois 9733
Thurnwald, Richard 15048, 16716
Thyssen, Fritz 2917, 2925
Tillich, Paul 9229, 12333
Tirpitz, Alfred von 4470
Tito, Josip 2889, 17374, 18189
Toch, Ernst 12334
Todt, Fritz 2068, 2100,-2105, 12937, 12938 f., 17019

Toller, Ernst 12335 f.
Tönnies, Ferdinand 15035, 15038
Torberg, Friedrich 12030, 12337
Trepper, Leopold 10471
Tresckow, Henning von 10803–10808
Trott zu Solz, Adam von 10808a–10816, 11137 f., 11159, 11163 f.
Trotzki, Leo 442, 11638
Tschachotin, Sergej 2590
Tschammer und Osten, Hans von 2106 f.
Tüchle, Hermann 9353
Tügel, Franz 9230
Turner, Harald 18169
Turner jr., Henry A. 2908, 2915

Uhrig, Robert 10410
Ulbricht, Walter 10289
Unkelbach, Wilhelm 18750
Unzeitig, Engelmar 7365, 9734
Urbain, G. 3216
Ury, Else 5570

Valk, Fritz 11977
Vansittart, Lord Robert G. 11382, 12227
Vassalo di Torregrossa 16418
Vassiltchikov, Marie 1210
Venedey, Hermann 14080
Vesper, Will 15508, 15704
Vielhauer, Walter 7650
Viertmann, Wilhelm 9231
Vogel, Jacob Nicolaus 11333
Vogeler, Heinrich 12338 f.
Vogelsinger, Willy 1613
Vogt, Joseph 9735
Voss, Hermann 13366
Vossler, Karl 10958a

Wachsmann, Alfons Maria 9477
Wagener, Otto 2108
Wagner, Eduard 4530
Wagner, Gerald 20356
Wagner, Gerhard 13461, 13463a
Wagner, Richard 565, 15747, 15753, 18416
Wagner, Robert 2109 f.
Wahl, Karl 2111 f.
Wahlmann, Adolf 13897, 18680
Waldburg-Zeil, Familie 8224
Waldeck, Florian 3921, 6115
Waldeck und Pyrmont, Josaias Erbprinz zu 2113, 7666
Wallace, George C. 19936
Wallenberg, Raoul 6391, 6401, 6417, 6420

1403

Walsken, Ernst 7723
Walther, Andreas 13359f., 15058, 15060
Warburg, Familie 12958, 12965
Warburg, Gerta 6263
Warburg, Max 6609
Warburg, Sidney 2946
Wartenburg, Peter Graf York von 10819
Wazinski, Erna 18602
Weber, Alfred 10959, 14993f.
Weber, Max 3577, 4057
Weber, Otto 168
Wedemeyer, Maria von 9150
Weeser-Krell, Gregor 9737
Wegener, Paul 17585
Wehner, Herbert 11614–11618
Wehrle, Hermann Josef 9738
Weiß, Bernhard 2256–2258
Weichmann, Herbert 11551, 11685
Weigel, Helene 12150
Weigel, Karl Theodor 15148, 15160
Weil, Grete 12340
Weil, Hans 12223, 12341
Weisgerber, Leo 14832
Weismantel, Leo 14053
Weiss, Peter 11407, 19697
Weisspfennig, Walter 18678
Weizsäcker, Ernst Freiherr von 5484, 16169, 16191b–16198a, 16430, 18650, 18660, 18673, 18676
Weizsäcker, Richard von 10650
Weizsäcker, Victor von 13435
Wels, Otto 3260, 3268, 4809, 11552
Weltsch, Robert 6699
Welzel, Hans 4088
Wenck, Walter 4531, 17608
Wendel, Hermann 11553
Wendel, Joseph 9739f.
Wensch, Bernhardt 9741
Werfel, Franz 12342
Werner, Ferdinand 2746
Wertheimer, Familie 5947
Wertheimer, Martha 5500
Wessel, Helene 7206
Wessel, Horst 2114–2116, 4095, 4573, 4608
Westenburger, Herbert 3498
Westphal, Siegfried 17319
Weyer, Johannes 14978
Widukind 14949
Wiechert, Ernst 10938, 15550, 19263
Wieland, Heinrich 14724
Wienken, Heinrich 7671, 9742f.

Wieser, Max 15583
Wilamowitz-Moellendorff, Ulrich von 14971
Wilhelm II. 1572, 4455, 12390
Willig, Karl 13897, 18680
Willimsky, Albert 9477
Winsloe, Christa 12073
Wirmer, Josef 10617, 10820f.
Wirth, Joseph 11216
Wisten, Fritz 6642
Witsch, Joseph Caspar 15554
Witzleben, Erwin von 10643, 10822f.
Wlassow, Andrej Andrejewitsch 17186a
Wochner, Magnus 18681
Wohlhaupter, Eugen 3975
Wolf, Erik 14765
Wolf, Friedrich 1036, 11748
Wolf, Hans 17123
Wolf, Paula 1614
Wolff, Karl 2117
Wolff, Paul 15939a
Wolff, Theodor 2812, 2855, 2857, 12343–12345
Wolker, Ludwig 9744
Wörndl, Paulus 9745
Wörner, August 9746
Wotan 19918
Wrede, Josef 9268, 13757, 13963
Wright 14747
Wrobel, Walerjan 4167a, 13026
Wurm, Theophil 9232–9234, 9858
Wussow, Botho von 10667

Yorck von Wartenburg, Peter Graf 10667, 10687, 10824

Zauleck, Johannes 9235
Zeh, Maria 11107
Zehrer, Hans 2708
Zeuss, Wolfgang 18681
Ziegler, Adolf 15363
Ziegler, Matthes 15083, 15115
Zimmermann, Albert 10407
Zipper, Herbert 6529
Zitelmann, Rainer 235
Zöllner, Wilhelm 9237
Zuckerkandel, Viktor 12309
Zur Mühlen, Hermynia 12346
Zweig, Arnold 399, 11901, 12166a, 12347–12359
Zweig, Stefan 12360–12365
Zweig, Zacharias 7694

Länder-, Regionen- und Ortsregister

Aachen 892, 1245f., 3130, 3682, 5197, 5878, 5911, 5922, 7876, 8505, 9431f., 9442, 9447, 9735, 12995, 15057, 17413, 17423, 17692, 17774, 17789
Aalen 9065
Abessinien siehe Äthiopien
Adelsheim (Baden) 3117
Afghanistan 16682
Afrika 3597, 15048, 16160, 16675f., 16716f., 16825, 16827, 16861, 17375, 17377f., 17384, 17385–17388, 17870
Ägypten 12837f., 16658, 16663
Ahlem (Hannover) 5279
Ahlen (Westfalen) 2318, 3113, 8126, 8490
Ahrweiler (Rheinland) 941, 14238
Aichbach (Oberbayern) 9414
El Alamein 16800
Albanien 17372, 17906, 18176
Algerien 6452
Allach (bei München) 5149, 12605
Allgäu 9723
Allmandfeld (Rheinhessen) 12787
Altdorf (Baden) 6196
Altdorf (Württemberg) 915
Altenbeken (Lippe) 17514
Altenkirchen (Rheinland) 6028
Altenstadt (Bayern) 6224
Altona 982, 2325f., 2346, 4237, 6106
Alzey (Rheinhessen) 9409
Amsterdam 5619, 6479, 7109, 11990, 12037, 15838, 18295
Los Angeles 12030
Ankara 11789
Ansbach 17687, 17790, 19030
Antwerpen 16004
Arabischer Raum 13516, 16160, 16660, 16662, 16667–16671, 16684, 16737, 17341, 17352, 17355, 17380, 17388, 17390, 17391f., 18063
Ardennen 16831

Argentinien 2353, 6571, 11388, 11402, 11835, 12015, 12832, 16255, 16650, 18861, 18930
Armenien 5592
Arnheim 17265, 17305
Arnsberg 5993, 17441
Arnswalde (Brandenburg) 17733
Arolsen (Hessen) 5904
Aschaffenburg 2313, 3402f., 15701, 17442
Aschendorf (Papenburg) 17766
Asien 17604
Assisi 18321
Athen 14910, 15232
Äthiopien (Abessinien) 16370
Atlantik 17566
Attendorn (Rheinland) 17498
Augsburg 1784, 2480, 3109, 7884, 8091, 8107, 8783, 9446, 9503, 9765, 14234
Aurich 7910
Auschwitz 1971, 5501, 5514, 5619, 5666, 5802, 5813, 5840, 6014, 6266, 6424, 6474, 6932, 6999, 7019, 7078, 7146f., 7172f., 7222, 7261, 7321, 7340, 7343, 7345, 7351, 7360–7362, 7370, 7379, 7398, 7399, 7401, 7412, 7417, 7422, 7434f., 7450f., 7454, 7456, 7480, 7481, 7487, 7489f., 7500, 7504f., 7507–7509, 7511f., 7525–7527, 7546f., 7566f., 7571–7573, 7602, 7610, 7620, 7630f., 7635f., 7638, 7649, 7655f., 7659f., 7665, 7667, 7675, 7680, 7686, 7694f., 7698, 7700f., 7710f., 7713–7715, 7720, 7725f., 7728f., 9666, 12629, 12633, 13111, 13808, 13822, 15838, 17841, 17995, 18387, 18429, 18438, 18487, 18522, 18743, 18756, 18758, 18794, 18805, 18839, 19059, 19180, 19191, 19193, 19200f., 19213, 19252, 19305, 19339f., 19382, 19570, 19639, 19723, 19754

Länder-, Regionen- und Ortsregister

Austerlitz (Frankreich) 7363
Australien 3420, 6516, 6563 f.

Babelsberg (Brandenburg) 15929, 11778
Babenhausen (Hessen) 6271
Babyi-Yar (Babij Jar) (Ukraine) 6421, 6433
Bad Dürkheim 18993
Bad Harzburg 2742
Bad Homburg 5995
Bad Kissingen 5916
Bad Kreuznach 5897, 10765
Bad Lauterberg 12752
Bad Mergentheim 5968
Bad Neuenahr 5144, 12492
Bad Oeynhausen 8815
Bad Segeberg 3088, 6134
Bad Tölz 17447
Bad Vilbel 2252
Bad Wiessee 14207
Bad Windsheim (Franken) 6232
Baden 86, 854, 983, 1000 f., 1041, 1250, 2109, 2261 f., 2268, 2284, 2330, 2482, 2501, 2563, 2800, 3097 f., 3116 f., 3120, 3122, 3151, 3163 f., 3173, 3179 f., 3428, 3668, 3678, 3683, 3692–3696, 3702, 3704, 3714, 3716, 3718, 3719, 3728–3730, 3920 f., 4163, 4169, 4171, 4255 f., 4258, 4913, 4982, 5283, 5309, 5388, 5874, 5879, 5884, 5900, 5931, 5997, 6005, 6021 f., 6029–6031, 6115, 6145, 6149, 6157, 6188, 6190, 6242, 6245, 6266, 6913, 7042a, 7198, 7532, 7702, 7725, 7874, 7881, 7913, 8086, 8788, 8794, 8987 f., 9020, 9027, 9068, 9070, 9091, 9099, 9118, 9184, 9416, 9464, 9471, 9490 f., 9501, 9648, 9702, 9858, 9965, 9968, 9995 f., 10034, 10055, 10062, 10104, 10110, 10135, 10138, 10222, 10258, 10265, 10315 f., 10692, 10714, 10949, 12029, 12484 f., 12500, 12572, 12574, 12666, 12757 f., 12970, 13053, 13101, 13490, 13895, 13904, 14031, 14194, 14217, 14228–14230, 14449, 14452, 15317, 15402, 15684, 15689, 15750, 17445, 17654, 17683, 17735 f., 17749, 17758, 17761, 17888, 18613, 18962, 18980, 18984 f., 19004 f., 19025, 19136, 19464
Baden-Baden 6199
Badenweiler 6209

Baden-Württemberg 5879, 10034, 10110, 19685, 20344
Baisingen (Württemberg) 19456
Balingen 3110
Baltikum 6296, 6326, 6435, 7040, 9122, 16229, 16614, 16625, 16627, 16628, 17328, 18001, 18009, 18022, 18111, 18114 f., 18158
Bamberg 924, 3182, 3961, 7977, 9426, 9433, 17725, 19782
Bardüttingdorf (Westfalen) 914
Barmen 6856, 8753, 8840, 8852, 8868, 8903, 8916 f., 8926, 8931 f., 9042, 9068, 19542
Barth (Mecklenburg) 7724
Basel 8755, 11417, 11441
Bassano (Frankreich) 7363
Bayern 87 f., 816, 822, 828, 847, 864, 963, 973, 1059, 1061, 1248,, 1255, 1597, 1646, 1753, 1805 f., 2240 f., 2272, 2280 f., 2312, 2315, 2319, 2347–2351, 2355 f., 2360–2362, 2486, 2502, 2515, 2577, 2582, 2584, 2676, 2692, 2729, 2795, 2801, 2836a, 2856, 2864, 2932, 3075, 3093, 3106, 3123, 3145, 3185, 3197, 3202 f., 3328, 3349, 3353, 3356, 3370, 3376, 3404, 3672, 3698, 3710, 3723 f., 3733, 3919a, 3919b, 3961, 3970, 4157, 4159, 4161, 4344, 4384, 4916, 4917, 5265, 5271, 5310, 5861, 5873, 5920 f., 5987 f., 6019, 6150, 6179, 6195, 6706, 6892, 6894, 6904, 6907, 6915, 7217, 7277, 7439, 7484 f., 7864, 7889, 7891 f., 7898 f., 7924–7926, 7928, 7977, 7981, 7992, 7994, 8015, 8097, 8107, 8134, 8182, 8228 f., 8494, 8764–8770, 8787, 8995, 8998 f., 9001, 9002, 9015, 9031a, 9043–9045, 9059, 9094, 9101, 9204 f., 9414, 9420, 9426 f., 9433, 9436 f., 9446, 9449, 9451, 9459, 9467, 9485, 9492–9495, 9500, 9506, 9514, 9516, 9530, 9543, 9549 f., 9574, 9603, 9700, 9713, 9810, 9822, 9956, 9975, 9980, 9982–9986, 10006 f., 10141, 10264, 10271, 10274, 10283, 10411, 10493, 10879, 11012, 12190, 12483, 12489, 12491, 12618, 12744, 12746 f., 12798, 12931, 12973, 13066–13068, 13328, 13349, 13709, 13790, 13938, 13949, 14027, 14107a, 14118, 14211, 14221, 14244 f., 14811, 15159, 15324, 15458, 15688, 15751, 16950, 17447, 17523,

17674, 17689, 17775, 17778, 17790,
17887, 18953, 18971, 18987, 19006,
19030, 19130a, 19246, 19520, 19641,
20155, 20175, 20228
Bayreuth 923, 15087, 17730
Beckum 6095
Bedzin 6742
Belgien 5207, 5911, 6171a, 6499, 6866,
10350, 11260, 11362, 11401, 11566,
16253, 16356f., 16360f., 16611, 16620,
17277, 17290f., 17300, 17311, 17821,
17903, 18234, 18247, 18294, 18306f.,
18310, 18312, 18879
Belgrad 18195
Belzec 7258, 7262, 18755, 19180
Benelux-Staaten 16356, 16611, 17821,
18306
Bensheim (Hessen) 9411
Berchtesgaden 17760, 19478
Bergen-Belsen 6970, 7030, 7149, 7264,
7349, 7457f., 7543, 7683, 7688, 7706,
10295, 18679, 19661
Bergheim (Rheinland) 860
Bergzabern 3193, 6033, 17420
Berkeley, Ca. 7006
Berlin 96, 101, 112f., 119, 127, 813, 831,
839, 861–863, 877, 961, 988, 1022, 1025,
1030, 1039, 1182, 1185, 1200f., 1210,
1233, 2239, 2242, 2256–2258, 2263,
2298, 2647, 2684–2686, 2690, 2836a,
2855, 2857, 2963, 3029, 3101, 3105,
3158, 3241, 3268, 3346, 3398, 3449,
3513, 3555, 3557, 3740, 3934, 3965,
4061, 4066, 4131, 4150a, 4175, 4177,
4180, 4340, 4484, 4488, 4539, 4647,
4677–4849, 4914, 4944a, 4945, 4998,
5025, 5069, 5284, 5308, 5400, 5619,
5886a, 5888, 5890, 5913, 5914, 5961,
5963, 5981, 6018, 6099, 6121, 6146f.,
6170, 6175, 6186, 6220–6223, 6238,
6241, 6259, 6269, 6545, 6615, 6642,
6654, 6686, 6687, 6713, 6718,
6721–6723, 6734, 6741, 6899, 6905,
6912, 6997, 7028, 7059, 7093, 7108,
7116, 7390, 7402, 7441, 7533, 7576,
7776, 7860, 7900, 7921, 7923, 7980,
8345, 8498, 8508, 8651, 9028–9030,
9103, 9228, 9406, 9477, 9488, 9505,
9608, 9665, 9695, 9760, 9981, 10114,
10207, 10209, 10252, 10260, 10268,
10306, 10345, 10396, 10403, 10410,
10416–10418, 10424, 10432, 10469,
10906, 10996, 11015, 11017, 11097,
11101, 11739, 11762, 11789, 11849,
11869, 11885, 12008, 12018, 12079,
12182, 12198, 12503, 12533, 12595,
12603, 12632, 12652, 12914, 13054,
13057, 13184, 13216, 13219,
13223–13225, 13290, 13318–13320,
13347, 13348, 13357, 13476, 13485,
13512, 13566, 13583, 13594, 13612,
13821, 14050, 14110, 14215, 14257,
14265a–14267, 14269, 14327, 14349,
14480f., 14483, 14510, 14529, 14532,
14534f., 14607a, 14621, 14672, 14700,
14952, 14955, 14960, 14963, 14968,
14983, 15044, 15104, 15153, 15157,
15218, 15311, 15312, 15333, 15397,
15398f., 15426, 15438, 15454f., 15457,
15460, 15462–15464, 15705, 15788f.,
15791, 15793, 15814, 15817, 15838,
15939a, 15951, 15962, 15966, 15968,
15973, 15976, 16005, 16141, 16361,
16392, 16395, 16415, 16705, 16785,
16994, 17056, 17258, 17415, 17422,
17509, 17512, 17652f., 17660, 17673,
17676, 17682, 17688, 17718, 17741,
17753, 17772f., 17793, 18168, 18504,
18535, 18782, 18803, 18963, 19476,
19486, 19519, 19535, 19546, 19553,
19564, 19572, 19603, 19645, 19673,
20090, 20093, 20115, 20119, 20156,
20175, 20229
Berlin-Charlottenburg 8315, 9408, 10149,
10297, 14195, 19653
Berlin-Dahlem 8816, 8984, 9034, 9054,
9206a, 9208
Berlin-Köpenik 3196
Berlin-Kreuzberg 2668, 3135, 6045, 7903,
11004, 15693
Berlin-Marzahn 7179, 7196
Berlin-Moabit 7529, 9207, 13479, 19670
Berlin-Neukölln 6093, 10099
Berlin-Pankow 6068, 10100
Berlin-Plötzensee 5320, 7425, 7468, 9851,
19666
Berlin-Prenzlauer Berg 10154, 11016
Berlin-Reinickendorf 10100
Berlin-Spandau 880, 1926, 1935, 5100,
10052, 10098, 18691
Berlin-Steglitz 1027, 8985, 10097
Berlin-Tegel 10855
Berlin-Tempelhof 1011, 5397, 10300
Berlin-Tiergarten 10091

Berlin-Wannsee 5477, 5491, 5670, 5678, 5768, 5770, 5838
Berlin-Wedding 9075, 10096
Berlin-Wilmersdorf 3642, 3754, 3772, 5949, 6201, 9998, 12968, 13489
Berlin-Wittenau 13599
Berlin-Zehlendorf 10097
Bermunda 6923
Bern 11417, 11557, 11559, 16430
Bernburg 14212
Bernkastel-Wittlich 17738
Besançon 4649
Bethel 13923
Beuel (Bonn) 5945
Beverungen 904
Biaylstok (Sowjetunion) 6367, 6430, 6719, 18786
Biberach 850
Bielefeld 1043, 2677, 3107, 6124–6127, 7865, 8120, 10210, 12620, 12634, 17719, 18964, 19011, 20319
Bietigheim (Württemberg) 1012, 3178, 17755, 19016
Bingen 9410
Birkenfeld (Oldenburg) 3715, 5897
Bissingen (Württemberg) 3178, 19016
Bitburg 19785, 19787, 19789
Bitsch (Elsaß) 17318
Bliedersdorf (Niedersachsen) 2300
Böblingen 7974, 13092, 17411a
Bochholt 6034
Bochum 1047, 3334f., 5058, 8840, 9126, 10142, 10150, 12636, 13470
Böhmen 1949, 6381, 6390, 6418, 6436, 10551, 16234, 18004, 18006, 18089, 18099f., 18116–18118, 18127, 18030, 18141
Bonlanden (Württemberg) 9326
Bonn 829, 894, 935, 3074, 3187, 5266, 6142, 6143, 6202, 8502, 8503, 8507, 9429, 9705, 9999, 10423, 13943, 13944, 14459, 14502, 14508, 14531a, 14597, 14610, 14950, 14961, 15134, 15165, 15221, 15558
Bonn-Beuel 5945
Bosenheim (Bad Kreuznach) 10765
Brake 905
Brakel 879
Brandenburg 875, 3644, 3654, 3916, 7469, 7563, 8098, 9039, 9103, 9196, 10001, 10107, 10196, 10323, 10392a, 10400, 10403, 10407, 12963, 13579, 13886,
13925, 14205, 17721, 17733, 17772, 19041
Brasilien 11241, 11880
Bratislava 6605
Braunschweig 849, 953, 1519, 2254, 2292, 2483, 2552, 2666, 2687, 3167, 3177, 3464, 3931, 3944, 3950, 3966, 5919, 5942, 8221, 8982, 9060f., 9988, 9991, 10031, 12499, 12640, 13116, 13352, 13970, 14112, 14494, 15452, 18598a–b, 18602, 18842, 19524, 19578
Breitenau (Hessen) 7364, 7466, 19619
Bremen 89, 1010, 1019, 2562, 2664f., 2670, 2694, 3175, 3184, 3186, 3324, 3336, 3936, 4142, 4167a, 5312, 5943, 6109, 6144, 6167, 7578, 8096, 8122, 8147, 9041, 9073, 9114, 9954, 10035, 10068, 10413, 12498, 12567, 12573, 12588, 12934, 13026, 13056, 13069, 13097, 13477, 13918, 13957, 17764, 18967, 20085
Bremerhaven 1010, 10035
Bremerhaven-Wesermünde 2344, 3198
Brens (Frankreich) 11265
Breslau 2310, 4172, 6169, 6725, 7121, 7126, 9466, 9593, 9594, 9686, 13463a, 14522, 17655, 17701, 17714, 17726
Brest-Litowsk 16500
Bretten (Baden) 1029, 6166
Brettheim (Baden) 17727, 17770, 19672
Brilon (Sauerland) 6036
Bromberg 18135
Brühl a.Rh. 5918
Brüssel 10390, 11558, 11589
Buchau am Federsee (Württemberg) 951, 5395
Buchenwald (bei Weimar) 5742, 7233, 7267, 7337f., 7341, 7348, 7354f., 7368, 7374, 7388f., 7395, 7408f., 7411, 7421, 7431, 7448, 7455, 7471, 7483, 7501, 7510, 7515, 7523, 7531, 7536, 7544, 7549, 7550, 7561, 7568, 7601, 7604–7606, 7608f., 7613f., 7617f., 7621f., 7624f., 7627, 7629, 7638, 7645, 7650f., 7666, 7677, 7694, 7718, 7721, 7725, 9222, 10233, 10321, 10495, 12635, 14815, 18364, 18608f., 18750, 19155, 19618f., 19659
Budapest 6330, 6385, 6420
Budelsdorf 11502
Büdelsdorf (Schleswig-Holstein) 2689
Buenos Aires 12015

Länder-, Regionen- und Ortsregister

Bühl (Baden) 6037
Bukarest 6963
Bulgarien 4734, 6346, 6403, 6441, 6583, 6895, 12625, 12861, 16591, 16593 f., 18185
Bünde (Westfalen) 1003, 6189
Büren (Westfalen) 985
Burgau 7654
Burgenland 1126, 7186, 7716, 9969, 12966, 15449
Burgstadt (Unterfranken) 963, 1255
Buttenhausen (Württemberg) 6060, 13898
Butzbach (Hessen) 6249

Calw 13111
Casablanca 11176, 17144
Celle 3926, 3935, 3947 f., 3957–3960, 4238, 8185 f.
Chelmno 7258, 18755
Chemnitz 3757, 5954, 8150, 10012
Chile 3414
China 4364, 6552, 6556 f., 11236, 12045, 16677 f., 16680, 16681, 16686–16689
Clausthal-Zellerfeld 3159, 12745
Cloppenburg 3112, 3727
Cluj-Kolozsvár (Ungarn) 6345
Coburg 2283, 5978, 7924
Cuxhaven 5278, 7436
Czenstochau 18750

Dachau 3919a, 6529, 6894, 7261, 7365, 7375, 7413, 7429, 7439, 7452, 7459, 7499, 7516, 7519–7521, 7535, 7540, 7545, 7551 f., 7560, 7570, 7579, 7629, 7634, 7643, 7651 f., 7663, 7674, 7679, 7707, 7709, 7718, 7721, 7725, 8746, 9209, 9228, 9343, 9380, 9459, 9591, 9605, 9734, 10495, 17700, 18736, 18896, 19161, 19664
Dalkingen (Württemberg) 19648
Damme (Oldenburg) 913
Dänemark 2804, 6442, 6459, 6466, 6493, 6497, 6504, 6791, 6895, 10231, 11358, 11368, 11371, 11473, 11485, 11493, 11580, 11833, 11834, 12145, 12312, 13035, 16213, 16223, 16250, 16356, 16612, 16615 f., 16815, 17325, 17331, 17340, 17706, 17952, 18323, 18327, 18330, 18332 f., 18337–18339, 18342 f., 18348–18350, 18352, 18356–18360, 18879
Danzig 1175, 1176, 1177, 1178, 1254, 3408, 5962, 6100 f., 6726, 9105, 10287, 16535, 16541, 17052, 17100, 17662, 17744, 18057
Darmstadt 3156 f., 3170, 4849, 6065, 6574, 8883, 8938, 9411, 10085, 14523
Davos 6670
DDR (incl. SBZ) 13, 199, 333, 457, 479, 495, 498, 513, 711, 714, 764, 997, 1363, 1449, 2986, 3053, 3779, 4485, 4601, 5222, 5362, 5841, 10376, 10467, 10965, 11003, 11162, 12474, 13758, 16748, 18404, 18446, 18447, 18453, 18465, 18468, 18499 f., 18521, 18553 f., 18557, 18588, 18754, 18803, 18831, 18836, 18840a, 18845, 18868, 19032–19034, 19036–19038, 19040, 19042–19045, 19050, 19131, 19131a, 19137, 19218, 19220, 19235, 19242, 19320, 19432, 19454, 19458b, 19459–19462, 19469, 19471, 19475, 19479, 19491, 19506, 19508, 19530, 19538, 19585–19590, 19591a, 19591c–19593, 19596–19598, 19600 f., 19618, 19624, 19647, 19649a, 19658, 19663, 20093, 20097 f., 20102–20109, 20113–20117, 20205a
Delbrück (Westfalen) 16777
Delmenhorst 2279, 6118, 10024
Dessau 15426
Detmold 1973–1975, 18892–18894
Dieburg 9411
Dieburg (Hessen) 3152
Dingolfing 2278, 5023 f.
Dinslaken 870, 1244
Dirschau 17102a
Dnjepr-Donez-Region 18036
Donawitz 10404
Dora-Mittelbau (Harz) 7264, 7367, 7369, 7387, 7403–7405, 7409, 7414, 7495, 7503, 7619, 16988, 19618
Dormagen 949
Dörnigheim 1004
Dorsten 1026, 1252, 1259a, 6002, 6228, 8780, 10279, 19022
Dortmund 3140, 3748, 5391, 5923, 6062, 6088, 8798, 9010, 9012, 10038, 10058, 10143, 10215, 10266, 11014, 14218, 14243, 19687
Drancy (Frankreich) 7363
Dreibergen-Bützow (Mecklenburg) 7554
Dreieich (Hessen) 826, 889
Drensteinsfurth (Westfalen) 6148
Dresden 5955, 7020, 7456, 10425, 14505,

1409

Länder-, Regionen- und Ortsregister

14537, 17481, 17496, 17511, 17522, 17529, 18780, 18838, 19049
Drohobycz (Polen) 6317
Drütte (Niedersachsen) 13121
Drvar (Jugoslawien) 17374
Duderstadt 874, 6111, 13047
Duisburg 1244, 3100, 3327, 3329, 7885, 8109, 9993, 10123, 13353, 17426
Dünkirchen 17281, 17287
Düren 1245
Düsseldorf 811, 818, 898, 929, 937, 960, 1244, 1973–1975, 2274, 2682, 3089, 3688, 3691, 3746, 3929, 5958, 6248, 6278, 6281, 7177, 7246, 7478, 8773, 9961, 10023, 10095, 10103, 10128, 10270, 10281, 10412, 11086, 11096, 11098, 11977, 12823, 14235, 15310, 15322, 15755, 15800, 15802, 18892–18894, 19652
Düsseldorf-Stoffeln 7460

Ebensee (Österreich) 13060
Eberbach (Baden) 866
Ebermannstadt (Franken) 822
Eberswalde 1734, 20120
Ebingen 1028
Eckernförde 910
Edenkoben (Pfalz) 6200
Efringen-Kirchen (Baden) 6021
Ehrang (Rheinland) 17542, 17543
Ehrenfeld 10994
Eichstätt 3741, 9468, 9510, 9514, 9520, 9575, 14222, 14528, 14536, 18970
Eilenried 16018
Eisenach 10395, 13048a
Eisenstadt 6083
Elberfeld 9042, 9120
Elfing-Haar (Bayern) 13590
Ellwangen 9511, 9546
Elmshorn 10005, 17526
Elsaß 2109f., 3597, 17274, 17318, 17729, 18224–18231, 18263f., 18275, 18302
Emden 2672, 7910
Emmelshausen (Hunsrück) 7082
Emmendingen (Baden) 2580
Emsland 3139, 5396, 6013, 7464, 7557f., 7577, 7718, 7870, 8623a, 10495, 17863, 17878, 18940
Endingen (Baden) 885a
Erding (Oberbayern) 979
Erkelenz 1245
Erlangen 8772, 9038, 13967, 14555, 14601

Ermland (Ostpreußen) 2317, 9508
Ermreuth (Franken) 6081
Eschwege 7878
Eschweiler 1245
Essen 2492, 6206, 6281, 8119, 8137, 8489, 8619b, 10109, 10116, 10144, 11086, 12795, 13226, 17508, 17715
Esslingen 855f., 1045, 1255a, 2487, 4672, 6094, 8114, 8495, 10155, 13335, 13465, 14109, 14338, 15323, 15796
Estland 6435, 16229, 16614, 16625f., 16628, 18022, 18114f.
Ettenheim (Baden) 6196
Ettlingen 989
Eupen-Malmedy 5911, 16253, 18294
Euskirchen 2495, 5911
Eutin (Holstein) 827, 2247, 2337, 2500, 2867, 3770, 7555, 8222
Evian 5471

Fallingbostel 7970
Farm Hall (Großbritannien) 14682, 14684f., 14697, 14717
Fellbach 853
Finnland 1962, 5216, 9345, 11390, 16614, 16617, 16626, 16815, 17328, 17329f., 17334–17336, 17338f.
Fiume 17707
Flandern 5207, 17277
Flensburg 886f., 2286, 4967, 9186, 15403a, 15792, 17786
Floß (Bayern) 6019
Flossenbürg 7488
Flossenbürg (Oberpfalz) 7392, 7430, 7542, 7612, 7707, 7722, 10765
Fohnsdorf (Österreich) 1160
Fort Devens 17834
Franken 963, 973, 1255, 2281, 2319, 2515, 2577, 6195, 6727, 7924, 8652, 8765, 8769f., 9031a, 9574, 13967, 17689, 17790, 19458c
Frankenthal (Pfalz) 821, 8081
Frankfurt am Main 286, 889–991, 2316, 3162, 3930, 4166, 4719, 4851, 4859, 4891f., 4915, 4918, 4933, 4945, 4977, 5268, 5500, 5860, 5866, 5868, 5870, 5885, 5901, 5903, 5910, 6066, 6092, 6198, 6240, 6268, 7181, 7195, 7500, 7922, 8511, 8619a, 8621, 8622, 9116, 10053, 10193, 10212, 11094, 11916, 12597, 12607, 13049, 13078, 13079, 13469, 13909, 14199, 14469a, 14492f.,

14541, 14560, 14953, 15210, 15302,
15939a, 17751, 18805, 18839, 18844,
19155
Frankfurt a. M.-Bergen-Enkheim 6032
Frankfurt a. M.-Bockenheim 6035
Frankfurt a. M.-Heddernheim 7494
Frankfurt a. M.-Höchst 6041
Frankfurt a. M.-Rödelheim 6052
Frankfurt-Höchst 12576, 12610
Frankreich 369, 1398, 1784, 1786, 1818,
2538, 2956, 3419, 3940, 4309, 4548,
4649, 4717, 4719, 4730, 4857, 5550,
5830, 5944, 6154, 6158, 6187, 6266,
6283, 6286, 6315, 6348, 6441a,
6446–6448, 6452, 6454f., 6458,
6460–6461, 6467, 6469, 6473–6477, 6482,
6486f., 6492, 6499–6503, 6528, 6714,
7081, 7305, 7376, 7379f., 7415, 7639,
9885, 10350, 10634, 10663, 10801,
11229, 11232, 11237, 11239f., 11247,
11258f., 11265, 11267, 11271, 11279,
11287, 11291, 11319, 11321, 11348,
11361, 11367, 11373, 11389, 11394,
11397, 11401, 11405, 11409–11411,
11418, 11424, 11433, 11439f., 11460,
11491, 11523, 11553, 11566, 11592,
11600, 11610, 11723f., 11734f., 11805,
11816, 11819, 11959, 11973, 11993f.,
12008,, 12022, 12032, 12168, 12176,
12192, 12205, 12239, 12241, 12337,
12343f., 12525, 12529, 12613, 12845,
12858, 12872, 12884, 12887, 13020,
14283, 14702, 14832, 14862, 15219,
15284, 15581, 16081, 16089, 16264,
16269, 16286, 16289f., 16292, 16329,
16330–16435, 16438, 16627, 16712,
16824, 16901, 16992, 17055, 17099,
17266, 17270f., 17274–17277, 17281,
17285, 17294f., 17302, 17304, 17307,
17310, 17315, 17318, 17455, 17461,
17479, 17580, 17664, 17669, 17705,
17729, 17749, 17755, 17783, 17794,
17822, 17830, 17904, 17952, 18199,
18201–18246, 18251, 18255, 18257f.,
18259, 18261f., 18263–18265, 18272,
18273–18275, 18277–18280,
18282–18287, 18296, 18299,
18302–18305, 18312–18314, 18691,
18846, 18879, 18937, 18980, 18984,
18986, 18997, 19001f., 19015, 19025,
19029, 19362, 19729, 19800, 20267
Fredenbeck (Niedersachsen) 933

Freiburg i.Br. 911, 3097, 3768, 3990, 4642,
4649, 5907, 5927, 5994, 6004, 6214,
6914, 7187, 7702, 7711, 7893, 8506,
9016, 9160, 9416, 9419, 9501, 9647f.,
10129, 10942–10948, 10950, 10956,
13482–13484, 13582, 14460, 14464,
14478, 14506, 14538, 14543, 14603,
14605, 14612, 14616, 14748, 14789,
14844, 14930, 15149, 15161, 15197,
15200, 15203, 15709, 15745, 15757f.,
16013, 17437, 17521, 17548–17759,
18533, 18972, 19009
Freising 9422, 9443, 9486, 9504, 9517,
9519, 9544, 9558, 9622, 14646
Freital 2691
Friedberg (Hessen) 2266, 9413, 17737
Friedrichstadt a.d. Eider 3147
Friesenheim (Baden) 6235
Fritzlar 3129
Fulda 1057, 3407, 6067, 6171, 9294, 9341,
9378, 9379, 10026, 17663, 17724, 20086
Fünen 12145
Fürstenberg 5196, 7264, 7280, 7342, 7359,
7416, 7581, 7607, 7644, 7654, 7673,
7676, 7697, 7716, 7719, 7721, 10467,
11071, 13121a, 13734, 19618
Fürstengrube (Holstein) 6014
Fürth 3189, 13967, 17790, 19030
Füssen 883

Gaesdonck (Rheinland) 14208
Gailingen (Baden) 5976
Galizien 6870
Galkhausen (Rheinland) 13934
Gallneukirchen (Österreich) 13896
Gantenwald (Schwäbisch Hall) 13070
Gau-Bickelheim 9410
Geesthacht (Holstein) 3146
Geislingen a.d.St. 2681, 7530, 8079, 8116
Geldern 17672
Gelsenkirchen 2314, 2671, 4643, 8102,
10261
Genf 6532, 6961, 17018
Georgsmarienhütte (Teutoburger Wald)
10004
Gesecke (Westfalen) 6039
Gevelsberg (Westfalen) 6073
Gibraltar 17348
Gießen 942, 2244, 6087, 9413, 13471,
13480, 14469, 14485, 14517, 14524f.,
14527, 14598–14600, 14608, 14617,
15051, 18961

Gladbek 845, 13972a, 15409
Gleiwitz 17101
Glogau (Schlesien) 6108
Goldegg (Österreich) 1171, 10115
Göppingen 6078
Görden (Brandenburg) 7563
Görlitz 10063
Gotha 9228
Göttingen 899, 3084, 3989, 6111, 6160, 8500, 8777, 9021 f., 13364, 13585, 14073, 14231, 14466 f., 14477, 14486, 14516, 14681, 14721 f., 14810, 14845, 14957 f., 14971, 15056, 15145–15148, 15160, 15206, 15220, 15695, 15706, 16014, 17702, 18969, 19591b
Grafeneck (Württemberg) 13898, 13912, 13937, 13948, 13964
Graz 1148, 6227, 9482, 14552, 14596, 14970, 15151 f.
Greven (Westfalen) 872, 14202
Griechenland 4676, 6484 f., 11298–11300, 14910, 15232, 16596, 17361a, 17364, 17370 f., 17906, 18171, 18172, 18174 f., 18177, 18178, 18196 f.
Gröbenzell 7109
Großbritannien 515, 1096, 1181, 1199, 1562, 1607, 1617, 1757, 1765, 1926 f., 1930, 1934, 2947, 4309, 4548, 4588, 4671, 5830, 6490, 6523 f., 6540, 6554, 6585, 6598, 6944, 6948, 6956, 6958, 6964 f., 6981, 6990, 6993, 7093, 7543, 7630, 7632, 8760, 8827, 8891, 9872, 10815, 11134 f., 11139 f., 11144–11148, 11154 f., 11164, 11166, 11168, 11170, 11175, 11179, 11224, 11261, 11280, 11293, 11328, 11334 f., 11339, 11352, 11364, 11376, 11400, 11461 f., 11482, 11491, 11512 f., 11584 f., 11601, 11648, 11683, 11695, 11831, 11891, 11900, 11957, 11960, 11980–11982, 12023, 12044, 12075, 12102, 12112, 12209, 12297, 12823, 12844 f., 12865, 12873, 12882, 12884, 12888 f., 13180, 13877, 14682, 14684 f., 14697, 14717, 14849, 15866, 16023, 16081, 16089, 16095, 16179, 16196, 16286, 16289–16293, 16295 f., 16299, 16301–16304, 16306–16321, 16323–16327, 16438, 16607, 16616, 16627, 16712, 16737, 16796, 16824 f., 16901, 16980, 17025, 17056, 17099, 17144, 17261, 17264, 17268, 17279, 17292, 17296–17298,
17301, 17320, 17379, 17413, 17451, 17455, 17462, 17479, 17486, 17491, 17532, 17582, 17640, 17642, 17695, 17819 f., 17833, 18235, 18331, 18689, 18691, 18710, 18879, 18891, 18895, 18937, 18957, 18965, 18990, 18991, 19000, 19024, 19027 f., 19485, 19800
Grodno 6313, 7058, 18786
Groß-Gerau 6250, 10009
Groß-Rosen (Niederschlesien) 6916, 7548
Grünwald (Bayern) 7439
Grüssau 9259
Guernica 16446
Guernsey 18235, 18241
Günzburg (Schwaben) 2347, 3202 f.
Gurs (Frankreich) 5944, 5950, 6145, 6154, 6187, 6245, 6266, 6283, 7081, 7346, 7725, 11348, 11440, 11459
Gurs
Gusen 7663, 7719
Güstrow 17666
Güstrow (Mecklenburg) 12788, 12793
Gütersloh 5915

Haar (bei München) 7218
Hadamar (Hessen) 7221, 13000, 13547 f., 13591, 13796, 13897, 13913, 13921 f., 13924, 13958, 13969, 13974, 18680, 19428, 19619
Hagen 2306, 3150, 9011, 10220, 15803
Haifa 7078
Haiger (Hessen) 17418
Haigerloch (Württemberg) 6229
Haina (Hessen) 13931, 13932
Halle a. d. S. 6072, 6114, 8983, 14540, 14954, 14966
Hamburg 917, 1641, 2166, 2245, 2249, 2296 f., 2322, 2325 f., 2346, 2491, 2688, 2693, 2805, 2877, 3087, 3099, 3103, 3927, 3932 f., 3938, 3962 f., 3991, 4066, 4128, 4133, 4138 f., 4237, 4534, 4984, 5073, 5304 f., 5385, 5882, 5975, 5982, 6012, 6025, 6106 f., 6156, 6177, 6253–6255, 6263, 6728, 6739, 7124, 7183, 7215, 7215a, 7219 f., 7249, 7264, 7336, 7339, 7371 f., 7419, 7445–7447, 7474, 7476, 7517, 7522, 7528, 7537, 7556, 7559, 7658, 7685, 7693, 7883, 7972, 8493, 8529, 8620a, 9047 f., 9121, 9230, 9441, 9497, 10008, 10037, 10071, 10125, 10153, 10199, 10259, 10398 f., 10420, 11014a-11014e, 11018, 11093,

11823, 11886, 12570, 12965, 13094,
13198, 13240, 13266a, 13267, 13267a,
13269, 13315, 13334, 13339, 13344,
13358–13362, 13466f., 13478, 13488,
13584, 13586f., 13602, 13642, 13721,
13750, 13899, 13903, 13905f., 13911,
13914, 13919, 13933, 13945,
13950–13955, 13959, 13971, 14074,
14111, 14113, 14118, 14216, 14226f.,
14270f., 14281, 14476, 14482, 14484,
14487f., 14496, 14509, 14546, 14549,
14606f., 14607, 14673, 14680, 14720,
14727, 14729, 14741, 14743, 14841f.,
14851, 14855, 14886, 14951, 14975,
14982, 15054, 15058, 15060, 15061,
15067, 15068f., 15192, 15194, 15195f.,
15207–15209, 15306, 15588, 15692,
15759, 15760, 15799, 16016f., 16141,
17411, 17419, 17430, 17500, 17502,
17520, 17532, 17537, 17695, 17731,
17765, 18596, 18610–18612, 18840,
19128, 19134, 19157, 19642, 19646,
19657, 19667, 19671, 20249
Hamburg-Altona 982, 6282
Hamburg-Eppendorf 13463, 13467, 13481
Hamburg-Fuhlsbüttel 7264, 7559
Hamburg-Langenhorn 1050, 13603, 13901, 13953
Hamburg-Ohlsdorf 5384, 10013
Hamburg-Ottensen 982, 19644
Hamburg-St. Pauli 7222
Hamm 3128, 3769, 3954, 4136
Hanerau (Schleswig-Holstein) 8623a
Hannover 1251, 2254, 2269, 2287, 2336,
2862, 3076, 3115, 3148f., 3154, 3326,
3659, 3742, 3765, 5277, 5279, 5946,
6168, 6213, 7180, 7418, 7477, 7496,
7871f., 8090, 8127, 8504, 8981, 9025,
9056f., 9074, 9090, 9095f., 9977, 10022,
10032, 10108, 10151f., 10218,
10275–10277, 10427, 11095, 13098,
13915, 14547, 15305, 19674
Hannover-Limmer 7607
Hannoversch Münden 6111, 7895, 7906, 10112, 12497
Harsum (Niedersachsen) 9473, 14223
Hartheim (Österreich) 7719, 13896
Harz 17670
Hasselbach 18609
Hechingen 6264a
Heckinghausen 6903
Heggbach (Württembberg) 13972

Heßheim (Pfalz) 1058
Heide (Dithmarschen) 7911
Heidelberg 2342, 2499, 3120, 3728, 4932,
5989, 6129, 6257f., 6406a, 6729, 6906,
7077, 8087, 8782, 9201, 9103a, 9538,
10105, 10216, 12971, 13526, 14232,
14453f., 14470, 14473–14475, 14489,
14504, 14519f., 14548, 14553f.,
14556–14559, 14604, 14967, 14969,
14973, 14993f., 15053, 15698, 15699,
15710f., 19282
Heilbronn 902, 3125, 3713, 5974, 6110, 17535, 17704
Heinsberg (Rheinland) 971
Helgoland 16786
Hemer 17866
Henstedt-Ulzburg 3119
Hephata (Hessen) 13920
Heppenheim 9412, 13589
Herbrunn (Papenburg) 17766
Herford 2496, 3767, 6895, 13087, 18600, 19135
Hergertshausen (Hessen) 6271
Herne 871, 964
Herrlingen (Württemberg) 14272
Hersbruck 7646
Herten 7968
Herten (Baden) 9547, 13601
Herzogsägmühle (Bayern) 7217
Hessen 90, 823, 889, 918–920, 932, 942f.,
947f., 956, 1242, 1258, 2113, 2239, 2246,
2266, 2273, 2329, 2484f., 2501, 2579,
2678, 3079, 3129, 3152, 3156, 3170,
3181, 3407, 3660, 3675, 3684, 3918,
4924, 5275, 5865, 5881, 5896, 5898,
5902, 6000, 6016, 6079, 6096, 6823,
7433, 7467, 7867f., 8182, 9067, 9097,
9104, 9112, 9409–9413, 9460, 9489,
9524, 9989, 10009, 10026, 10030, 10147,
10194, 10201, 10254, 10537, 10753,
13049, 13058, 13091, 13462, 13588f.,
13709, 13900, 13910, 13931, 13932,
13936, 13965, 16234, 17418, 17510,
17723, 17737, 17740, 18834, 18961,
19003, 19399, 19472, 19619, 19828,
20086, 20230
Hessenaue (Rheinhessen) 12787
Hessisch Lichtenau 19138
Hilden 936
Hildesheim 4129, 9407, 9417, 9479, 9710, 10124, 14224
Hils (Niedersachsen) 7565

Hinzert (bei Trier) 7396, 7645, 19643, 19655f.
Hiroshima 16930, 17529, 19213
Hirzenhain (Hessen) 13085
Hochlarmark (Gelsenkirchen) 1060
Hohensolms (Hessen) 6042
Hohenzollern 3190, 3679, 3679a, 3726, 3951, 5874, 5900, 6010, 6112, 6191, 6270, 7913
Hollywood 11778, 11909, 12026, 12074, 12150a, 12154, 12217
Homberg 13353
Homburg (Saar) 7396
Hösseringen (Niedersachsen) 7880
Höttigen (Tirol) 1305
Hungen (Hessen) 6043
Hüsten 6192f.
Husum 2334f.2866, 7371

Ichenhausen (Bayern) 6026
Idstein (Taunus) 13961
Illingen (Baden) 6044
Indien 1750, 16660, 16684f.16690, 16691, 16887, 17393, 17401
Ingerkingen (Württemberg) 13972
Innsbruck 1156, 5984f., 6185, 6226, 9515, 13332, 14602, 15152
Insterburg 9198
Iowa (USA) 12222
Irak 17380
Iran 16483, 16659, 16661, 17379, 17380
Irland 16297f., 16300, 16322
Iserlohn 14240
Island 15232
Isle of Man 6490
Israel 6599, 6837, 7004, 7019, 7045, 9202, 12357, 12359, 18589, 18848, 18854f., 18857, 19071, 19085–19087, 19104, 19109, 19124, 19125f., 19274, 19396, 19420
Istambul 6977, 11150, 11789
Istrien 17707
Italien 166, 267, 277, 315, 325, 328, 351, 355, 362, 369, 401, 403, 438, 1690, 1766, 2159, 3061, 3295, 4466, 4631, 4646, 4659, 4713, 4781, 4792, 4902, 5116, 5169, 5180, 6443, 6453, 6463, 6483, 6487, 6498, 6596, 6975, 6980, 6984, 8378, 8595, 9819, 10586, 12122, 12702, 12727, 12771, 13609, 13716f., 13962, 14956, 15121, 15144a, 15296, 16081, 16089, 16247f., 16267–16271, 16292, 16362–16396, 16409, 16581, 16695, 16793, 16816, 16829, 17342, 17349, 17353f., 17359, 17373, 17387, 17394, 17571, 17636, 17646, 17779, 17844, 17850f., 17906, 17344a, 17949, 18192, 18316–18321, 18879, 19408, 19768, 19800
Itzehoe 3161, 11132, 19133
Izieu (Frankreich) 6477

Jalta 4565, 16831, 16875
Jamishowitz 7725
Japan 362, 446, 4364, 6556, 6967, 6988, 12434, 12854, 13318, 15066, 15243, 15782, 16267–16271, 16374, 16679, 16681, 16688, 16693–16707, 16826, 16989, 17185, 17201, 17393, 17395, 17396–17400, 18402, 18875
Jebenhausen (Württemberg) 6078
Jena 10402, 14453, 14507, 14539, 15010, 15198, 15710, 18874
Jersey 18235, 18300
Jerusalem 7108, 16657, 18850, 18855, 18859
Jever (Oldenburg) 3155
Jonastal 17633
Józefów (Polen) 6342
Judenburg (Österreich) 1160
Jugoslawien 4175f., 6351, 6398, 6444, 6449, 6462f., 6481, 6495, 6511, 6984, 11568, 12839, 12871, 12880, 16409, 16595f., 16601, 16603, 16606, 17367, 17707, 17807f., 17906, 18167f., 18173, 18180f., 18183f., 18186, 18189, 18190–18192, 18195
Jülich 3721, 4992

Kaiserslautern 885, 3111, 5947, 13106
Kaiserswerth 8893, 13648
Kalifornien 11285
Kaltenkirchen 928, 3119, 7437
Kamen 2318, 3165
Kanada 3424, 6519, 11250, 11800, 16637
Kanalinseln 18235
Karibik 11252
Karlsbad 16237
Karlsruhe 6015, 6236, 6264, 7184, 7874, 8082, 8496, 9968, 10034, 10714f., 14217, 14497f., 14499f., 15400, 17783, 19595
Kärnten 1158, 1168, 10010, 10087, 10089f., 10094, 12508, 15154, 15449, 17493, 18188

Kassel 943, 2276, 2484, 5275, 6823, 7467, 7666, 7868, 9989, 10201, 13091, 13096, 14268, 17504, 17547, 17885, 18835
Kastel 16787, 16834
Katyn 4691, 18043
Kaufbeuren 13935
Kaufering (Bayern) 7516, 12936
Kaukasien 17187, 17235
Kehl 16786
Kelheim 881 f.
Kemna (Wuppertal) 5101, 7443
Kempen 17703
Kempten 966, 3758
Kevelaer 9523
Kiel 1055, 2293, 2498, 2621, 3131, 3987 f., 4156, 5382, 6007, 7033, 7393, 7461, 7463, 8996, 10278, 14530, 14545, 15150, 15407, 19010, 19609
Kiew 6433, 16183, 17986
Kinzigtal (Baden) 13102
Kippenheim (Baden) 6196
Kirchen (Baden) 6021
Kislau (Baden) 7347
Klingenmünster (Pfalz) 13592
Knittelfeld (Österreich) 1160
Koblenz 865, 3685, 6176, 7863, 7866, 14337, 17541, 17985
Köln 912, 945, 962, 2674, 2904, 3747, 3941 f., 3986, 5990, 6006, 6055, 6171a, 6247, 6866, 7002, 7012, 7178, 7344, 7920, 7976, 8089, 8128, 8129, 9181, 9251, 9458, 9715, 10130, 10145, 11004a, 11009, 12215, 12613, 13321 f., 13325 f., 13475, 13908, 14107b, 14213, 14247, 14275, 14279, 14453, 14468, 14490 f., 14843, 15054a, 15134, 15162, 15700, 15703, 15710, 15802a, 17525, 17546, 18604, 18979, 19129, 20175
Königsberg 7129, 7875, 13907
Königswinter (Rheinland) 6173, 19470
Konstanz 1040 f., 3714, 5924, 6265, 7888, 14080, 17412
Konz-Karthaus (Rheinland) 17543
Kopenhagen 10231, 11473, 18332
Kork (Baden) 13956
Körle (Hessen) 1048 f.
Kovno 6730, 7123
Krakau 4925, 6368a, 7090, 18098, 18121
Krefeld 6038, 7993, 9964, 11010, 13050, 17703
Kreisau 10858
Kreisau (Schlesien) 9272 f., 9275, 9615a, 9853, 10590, 10825–10852, 10859, 11171, 12321, 19580
Krems (Österreich) 6233 f.
Kreta 13517, 18197
Kroatien 6444, 6463, 6984, 12880, 16409, 18190, 18192
Kronberg, Ts. 952
Kuba 11639
Kuhlen 7444
Kulmbach 922, 17722
Kursk 4547, 17149, 17228, 17256
Kusel 2488, 3353

Lackenbach (Österreich) 7192
Ladelund (Schleswig) 7486
Lahr (Baden) 6077
Laichingen (Württemberg) 3172
Lambsheim (Pfalz) 6046
Lamsborn (Pfalz) 17409
Landau (Pfalz) 6008, 7562, 9191, 14219, 17318, 17791
Landsberg 18735
Landshut 8092
Landstuhl (Pfalz) 3160, 6153
Langemarck 4591, 4597, 15523, 15568
Langenau (Württemberg) 940, 9453
Langenbrücken (Baden) 6116
Langenstein-Zwieberge (Sachsen-Anhalt) 7564, 19663
Langstadt (Hessen) 6271
Lateinamerika 4658, 6580, 6936, 11252, 11305, 11337, 11357, 11426, 11429, 11658, 11661, 11956, 12015, 12047, 16206, 16646, 16649, 16652–16654
Lausitz 13624, 13710–13712, 13720, 13723
Leipzig 2696, 3239, 3249, 5269, 5869, 5895, 6047, 6246, 6897, 7979, 8104, 9036, 9071, 10056, 10108, 10282, 10394, 10405, 10710, 11007a, 11011, 12536, 13521, 14463, 14703, 14719, 14965, 15039, 15055, 15059, 17516, 19046–19048
Leitmeritz 13083
Lembeck 6228
Lemberg 6371, 6372, 7028, 17848, 18123, 18142
Lemgo 986, 3734, 6048, 6162, 15164
Leningrad 17145, 17148, 17179, 17202
Lenne (bei Hils in Niedersachsen) 7565
Leoben 10404
Leonberg 7472, 19467
Lettland 6301, 6412, 6429, 6435, 16229,

Länder-, Regionen- und Ortsregister

16239, 16614, 16621, 16625f., 16628, 18022, 18111, 18114f.
Leverkusen 811, 1054, 6138, 12610, 12639
Lévitan (Frankreich) 7363
Lichtenburg 7280
Lichtenstein 6555
Lidice (Böhmen) 18117, 18156
Liebenau bei Tettnang (Württemberg) 7497
Liechtenstein 16423, 16428, 16430a
Limburg a. d. L. 3079, 9460
Limonest 7346
Linz 1102, 1149f., 1302, 2517, 9551, 9576, 9624, 9642, 9737, 9745, 13330, 13345f., 15366, 17942
Lippe 830, 876, 893, 1247, 1259, 2248, 2264, 2282, 3104, 3199, 3701, 4132, 5387, 5760, 5966, 6048, 6123, 7175, 9100, 9509, 9533, 10219, 10267, 12501, 14101, 18598, 19683
Lippoldsberg a. d. Weser 1009
Litauen 6297, 6362, 6386, 6406, 6435, 6988, 7114f., 16614, 16622–16626, 17983, 18022, 18114f.
Litzmannstadt (Lodz) 6303f., 6309, 6352, 6356, 6396, 6405, 6427, 6303, 6438, 6999
London 2018, 3249, 6554, 7093, 9796, 11334, 11376, 11491, 11534, 11537, 11622, 11625, 11787, 16095, 16179, 16196, 17056, 17491, 18331
Lörrach 6021
Lothringen 1809, 1818, 3940, 3597, 6999, 12490, 12525, 12529, 12887, 13336, 17729, 18240, 18262, 18314
Löwenberg (Schlesien) 11006f.
Lübeck 974, 1017f., 3738, 6084, 7423, 8078, 8659, 8781, 8790, 9086, 9766, 10206, 13468, 13578, 14239, 15401
Lublin 1852, 6316, 6332, 6344, 6410, 6440
Lüchow-Dannenberg 3127
Luckau (Brandenburg) 7407
Lüdenscheid 1013
Ludwigsburg (Württemberg) 3725, 10122, 13073, 18760
Ludwigshafen a.Rh. 3124, 3143f., 6128, 9477a, 9541, 10256, 10269, 10272, 12610, 13220, 14223a, 17497, 19019
Lüneburg 843, 2285, 2565, 2669, 2868, 4931, 7914, 9979, 10031, 13946, 17743
Lünen 8459, 10291
Luxemburg 6505, 12525, 16214, 16358, 16611, 17291, 17311, 17821, 17903,
18237,f., 18240, 18242, 18269f., 18301, 18306, 18311, 18879
Lyon 1784, 1787, 18846

Madrid 11599
Magdeburg 12631
Mähren 6360, 6381, 6390, 6418, 16234, 18006, 18089, 18099f., 18004, 18118, 18127, 18030, 18141
Mainz 3080, 5893, 5929f., 6080, 6113, 6527, 7866, 9409, 9411, 12967, 14210, 15453, 17501
Mainz-Bischofsheim 6003
Majdanek 7473, 7538, 7574, 7498, 18526, 18792, 18793, 19180
Malchin (Mecklenburg) 12788
Malmsheim (Württemberg) 968
Malsch (Baden) 6116
Mannheim 3120, 3702, 4163, 4167, 4169, 5894, 5917, 5972, 6256, 6283, 7400, 7915f., 8771, 9962, 10069, 10195, 10217, 10255, 10265, 10448, 10494, 11099, 11599, 12572, 12986, 13088, 13197, 13323, 14217, 14233, 14237, 14470, 15395, 15458a, 17433, 19019, 19458
Mansfeld 9081
Marbach a. N. 3094
Marburg 947, 1053, 2301, 2489, 2490, 3133, 6000, 6164, 7536, 7902, 8980, 9098, 10111, 12635, 12964, 13364, 14533, 14652, 18975
Maribor (Marburg) 13183
Marienbad (Tschechoslowakei) 12221
Marienburg (Westpreußen) 17686
Marienmünster (Westfalen) 5996
Markdorf (Baden) 857, 3141
Marktheidenfeld (Franken) 6195
Marl (Westfalen) 859
Marokko 6452
Marseille 11232
Mauritius 6605
Mauthausen (Oberösterreich) 7264, 7373, 7376–7380, 7394, 7440, 7449, 7492, 7514f., 7623, 7633, 7663, 7711, 7719, 10546
Mazedonien 17364
Mecklenburg 800, 802, 939, 944, 997, 1032, 1052, 2291, 3643, 3663, 6023f., 7384, 7553f., 7724, 8184, 8220, 8623, 9005f., 9046, 9958f., 10016, 10044–10048, 10051, 10077, 10192, 10428, 12785, 12788, 12799, 12933,

13093, 14225, 17666, 17717, 17762, 17769, 19051
Medebach (Westfalen) 6194
Meißen 9741
Meldorf (Dithmarschen) 3183
Melk 13100
Memelland 16210, 16624
Memmingen (Allgäu) 3400, 6103
Merxhausen (Hessen) 13931 f.
Metten (Bayern) 9435
Mexiko 11294, 11375, 11565, 11741, 11822, 11897, 16651, 16655
Minden 6049, 6122, 10219
Mingolsheim (Baden) 6116
Minsk 17984
Mitteldeutschland 997, 3666, 7197
Mitteleuropa 12888
Moers 1244, 10280
Mohringen 7352
Mömbris (Bayern) 9746
Mönchengladbach 9123, 10113, 13051
Monschau 1245, 5911, 17434, 17698
Montauban 11600
Monte Cassino 17344a
Moordorf (Ostfriesland) 13975, 13976
Moringen (Niedersachsen) 5277, 7280, 7428, 7496
Mosbach (Baden) 7198, 13956
Moskau 95, 123, 1983, 2018, 7350, 10392, 10766–10768, 11554, 11594, 11599, 11616, 11732, 11741, 12182, 12339, 16095, 16151, 16190, 16467, 16486, 16520, 17158, 17220, 17226, 17237, 17245, 17259
Mössingen (Württemberg) 3091, 8093
Mosty 17102a
Mühlacker (Württemberg) 3102
Mühlberg a.d. Elbe 17861
Mühldorf (Bayern) 7516, 12936
Mühlhausen 6102
Mulfingen (Württemberg) 7188, 7189
Mülheim (Ruhr) 965, 10014, 10081
Müllheim (Baden) 916, 6209
München 107, 167, 820, 828, 846–848, 908, 984, 987, 1059, 1233, 1240, 1248, 1260, 1264, 1410, 1535 f., 1640, 1678, 1692, 1714, 1983, 2151, 2238, 2250, 2275, 2305, 2312, 2341, 2351 f., 2354, 2478, 2481, 2683, 2797, 2802 f., 2806 f., 2863, 2932, 3073, 3330, 3376, 3743–3745, 4149a, 4157, 4159, 4161 f., 4743, 4922, 5022, 5072, 5948, 6001, 6098, 6160, 6216 f., 6472, 6943, 7051, 7176, 7216, 7520, 7637, 7879, 8115, 8512, 9014, 9072, 9418, 9421 f., 9427 f., 9439, 9443, 9449, 9465, 9487, 9504, 9517, 9519, 9544, 9514a, 9557 f., 9622 f., 9675, 10003, 10061, 10449, 10592, 10604, 10661, 10866, 11018, 11023, 11028, 11030 f., 11037, 11042 f., 11063, 11113, 11121, 11125, 11128, 12285, 12969, 13071, 13264, 13297, 13313a, 13324, 13341, 14384, 14515, 14542, 14646, 14654, 14972, 15100, 15155, 15313, 15320 f., 15371, 15404–15406, 15451, 15459, 15688, 15790, 15794, 15801, 16104, 16196a, 16204, 16237, 16245, 16316, 16325, 16343, 16418, 16552, 16559–16563, 16567, 16570, 16573, 16575, 16578 f., 16580, 16583, 16638, 16712, 16875, 16930, 17414, 17492, 17539, 17777, 18217, 19468, 20088
Münchmühle (Stadtallendorf, Hessen) 7420, 7455, 18595
Münsingen 3172
Münster 815, 955, 2253, 2564, 2799, 3137, 5393, 5912, 5940, 5983, 5986, 6061, 6276, 7066, 7869, 7873, 7887, 8112, 8509, 9367, 9445, 9455, 9572, 9628, 9631–9634, 9637 f., 10257, 13119, 13486, 13487, 13916, 13929, 14207, 14479, 14501, 14615, 15153, 15193, 16015, 17488, 17494 f., 17499, 17734, 18603, 18996, 19473, 19474
Münsterland 8113

Narvik 4502
Natzweiler (Elsaß) 7353, 7453, 7472, 7530, 7580, 7645, 18681, 19467
Neckargemünd (Baden) 3766
Necksulm 3125
Neheim 6192 f.
Nenndorf (Papenburg) 17766
Neroth 8570
Neubabelsberg (Brandenburg) 15814
Neubrandenburg 7366
Neuendettelsau (Franken) 9031a, 13790, 13938
Neuengamme (Hamburg) 7264, 7336, 7339, 7371 f., 7419, 7423, 7445–7447, 7474, 7517, 7522, 7537, 7556, 7658, 7685, 7693, 19157, 19642, 19646, 19657, 19667

Neuerkeröde bei Braunschweig 13581
Neu-Isenburg (Hessen) 814, 9967
Neukirchen-Vluyn 13099
Neumünster 978
Neunkirchen 8080
Neuss 825, 878, 6141, 9106, 9577, 13718
Neustadt 3111
Neustadt a. Rbge. 5938, 7180
Neustadt a. d. W. 10285
Neustadt (Holstein) 7482
Neustadt-Mellrichstadt 1020
Neustift-Stubai (Tirol) 10134
Neu-Ulm 7484 f.
Neuwied 869, 6163
New York 3413, 5451, 5500, 6512, 6578, 8345, 11251, 11274, 11598, 11600, 11827, 11885, 11916, 11945, 11969, 12010 f., 12014, 12030, 12053, 12115
Niederbayern 7926, 8767, 19520
Niederhausen (Baden) 2580
Niederlande 3418 f., 4798–4801, 6373, 6445, 6450, 6456, 6460a, 6468, 6470–6472, 6478, 6480, 6488 f., 6491, 6494, 6496, 7084, 7109, 7641, 10350, 11172, 11248, 11350, 11485, 11566, 11701, 11958, 11990, 12037, 13007, 13092, 16356, 16359 f., 16611, 17284, 17306, 17313, 17821, 17903, 18248, 18249, 18252–18254, 18256, 18260, 18271, 18276, 18288–18293, 18295, 18306, 18309, 18315, 18879
Niederösterreich 1169 f., 9970
Niedersachsen 801, 959, 2254, 2269, 2299, 2311, 2565, 2862, 3096, 3149, 3926, 3935, 3947 f., 3957–3960, 4238, 5270, 5278 f., 5396, 5925 f., 6105, 6111, 6122, 7436, 7518, 7534, 7575, 7718, 7870 f., 7880, 7910, 8179–8190, 9025, 9056 f., 9074, 9090, 9462, 9578 f., 10495, 12602, 12745, 12750–12752, 12759, 12762, 12985, 13046, 13047, 13055, 13103, 13596, 13975 f., 17429, 17531, 17670, 17677, 17709, 17712, 17743, 17752, 17780, 17863, 17878, 18940, 18981, 18989, 19017 f., 19132, 20239, 20294
Niederselters (Hessen) 10295
Nisko 6363, 7424
Nonnenweier (Baden) 6076
Nordafrika 17351
Norddeutschland 844, 2191, 2208, 2305a, 2350, 2497, 4154, 4768, 4970, 4985, 5285, 5390, 5970, 7517, 8997, 9976, 10420, 12900, 13632, 13707, 13721, 14818, 14821, 14837–14839, 15309, 15687, 15691
Nordeuropa (siehe auch Skandinavien) 1384, 11332, 11628, 12714, 16356, 16609, 16613, 17323 f., 17326a, 17331 f., 17935, 17968, 18326, 18346
Nordfriesland 7371
Nordhausen am Harz 2691, 6207 f., 19618
Nördlingen 1044
Nordrhein-Westfalen 18958, 18988, 18995, 19517, 19651, 20087
Nordschleswig 16213
Nordwestdeutschland 5312, 17764
Northeim 3090
Norwegen 4502, 6442, 6451, 6457, 6589, 7502, 7671, 11331, 11333, 11578, 11581, 11627, 11636c, 12592, 16356, 16607, 16815, 16824, 17325–17327, 17331, 17333, 17337, 17340, 18322–18325, 18328 f., 18331, 18334–18336, 18340 f., 18344 f., 18347, 18349, 18351, 18353–18355, 18879
Novisad 6351
Nürnberg 115, 121, 147, 692, 891, 901, 1560, 1926, 2089, 2092, 2267, 3796, 3904, 3945 f., 4158, 4508a, 4767, 5028–5030, 5032 f., 5036–5040, 5103, 5353, 5452, 5650, 5690, 5762, 5799, 5855, 6135, 6158, 6315, 6455, 6825, 7043, 7305 f., 7966, 8084, 8218, 9000, 9013, 9987, 10106, 11422, 12064, 12975, 13369, 13742, 13967, 14201, 14555, 15346, 15408, 15416, 15456, 15754, 16062, 16939, 17416, 17533, 17544, 17545, 18391, 18467, 18530, 18647–18658, 18661–18663, 18665, 18667–18671, 18673–18677, 18685, 18687, 18689 f., 18692–18696, 18698–18709, 18711–18713, 18718–18720, 18722–18731, 18737–18742, 18744–18747, 18859, 18891, 18930, 18959, 19153, 19265, 19447, 19477, 19608
Nürtingen 10443, 17757

Oberbayern 8764, 8770
Oberfranken 5873, 8097
Oberhausen 5386, 6050, 8103, 10093, 10148, 10286
Oberhausen (Baden) 2580
Oberkassel (Düsseldorf) 6174

Oberösterreich 1159, 1307, 8118, 9521, 9640, 9971, 10406, 13114, 13331, 15448
Oberpfalz 7926, 8767, 19520
Obersalzberg (bei Berchtesgaden) 19478
Oberschlesien 4919f., 16220, 16249, 18129
Oberschopfheim (Baden) 994
Oberviechtach 3724
Oeffingen (Württemberg) 9606a
Offenbach 956, 2246, 2288, 3078, 9412, 10072, 13049, 13469
Offenburg 5899, 13052
Oldenburg 906, 2323, 3081, 3085, 3112, 3114, 3171, 3174, 3715, 3727, 3731, 3896, 3967, 4134–4236, 5392, 6119f., 8784, 8791, 8793a, 9062, 9107–9109, 9478, 9499, 10036, 10064, 13072, 14107c, 14245a, 14220, 14251, 18597, 18841
Olpe 17438f.
Oppenheim 9410
Oradur 18132
Oranienburg (bei Sachsenhausen) 7638, 7383, 7696, 19618
Orschweier (Baden) 6196
Oslo 12200
Osnabrück 954, 6071, 10202, 16821
Ossola 18316
Ostasien 3417, 16681, 16683, 16692f. Ferner Osten
Ostdeutschland 3333, 3669, 9069, 13618, 13705, 20095, 20099, 20101, 20103, 20112
Österreich 271, 414, 1076–1174, 1263–1316, 1348, 1534, 1991, 2009, 2054, 2062, 2417, 2449, 2479, 2516, 2519, 2752, 2801, 3472, 3494, 3645, 3729a, 3923–3925, 4137, 4160, 4170, 4341, 4363, 4444, 4644f., 4654, 4839, 4894, 4921, 4929f., 4979, 4987, 4991, 4993, 4995, 5074f., 5198, 5248, 5282, 5399, 5563, 5716, 5815, 5871f., 5934, 5935, 5969, 5984, 5991, 5998, 6082, 6083, 6089, 6130–6132, 6151, 6181–6184, 6218, 6225–6227, 6231, 6234, 6237, 6260, 6384, 6446, 6502, 6599, 6644, 6767, 6802, 6898, 6902, 6918, 7110, 7131, 7182, 7186, 7191, 7193f., 7411, 7449, 7560, 7603, 7612, 7663, 7716, 7834, 7882, 7907, 8050, 8094, 8105, 8111, 8118, 8123, 8125, 8130, 8131, 8273, 8491, 8501, 8721, 8792, 9031, 9087, 9102, 9295, 9430, 9444, 9450, 9454, 9470, 9480–9484, 9513, 9515, 9521, 9525–9528, 9531f., 9537, 9539, 9540, 9551, 9576, 9624, 9640, 9642, 9652, 9655, 9697, 9737, 9745, 9966, 9969, 9970–9973, 9992, 10010, 10015, 10019, 10020, 10027–10029, 10039–10050, 10057, 10059f., 10065, 10067, 10070, 10073–10075, 10078–10080, 10090, 10094, 10117, 10118f., 10126f., 10131–10134, 10136f., 10200, 10204, 10221, 10274, 10298, 10380, 10401, 10404, 10408f., 10422, 10429, 10431, 10450, 10464, 10468, 10493, 10539, 10540, 10541, 10693, 10880, 10919, 11090–11092, 11100, 11228, 11238, 11253, 11254, 11266, 11312, 11339, 11341, 11346, 11352, 11360–11364, 11397, 11401, 11418, 11439, 11516f., 11565, 11568, 11583, 11591, 11674, 11773, 11838, 11863, 11870, 11884, 11970, 12001, 12010, 12055f., 12088, 12105, 12181, 12407, 12505–12515, 12571, 12594, 12716, 12755f., 12763, 12764, 12792, 12797, 12848, 12864, 12869, 12879, 12966, 13060–13065, 13100, 13108, 13114, 13148f., 13150, 13180, 13183, 13330f., 13333, 13351, 13424, 13580, 13896, 13939–13941, 14025, 14114, 14209, 14249, 14450–14451, 14455, 14495, 14511, 14521, 14596, 14622, 14648–14650, 14653, 14671, 14846, 14859, 14959, 14970, 15023, 15103, 15144b, 15151f., 15154, 15296, 15301, 15316, 15325, 15448–15450, 15556, 15681, 15682f., 15702, 15707f., 15936, 16054, 16104, 16119, 16272–16274, 16276–16285, 16351, 16375, 16380, 16393, 16431f., 16547, 16558, 16595, 16602, 16651, 16837, 16946, 17354, 17373, 17410, 17443, 17489, 17493, 17550, 17588, 17629, 17635, 17671, 17680, 17691, 17745f., 17750, 17754, 17776, 17779, 17781, 17895, 17901, 18092, 18188, 18193, 18472, 18500, 18861, 18868, 18879, 19054, 19214
Osterode (Harz) 1031, 2518, 9769, 12602, 12751
Osteuropa 159, 1400, 1696, 2628, 3538, 3858, 4549, 5167, 5207, 5292, 5296, 5380, 5404, 5474, 5511, 6288, 6299, 6301, 6307, 6315, 6326, 6357f., 6369, 6383f., 6399f., 6413, 6423, 6426, 6428,

6514, 6653, 6710, 6736f., 8622, 8799,
9069, 9370, 9865, 12721, 12845, 12864,
12882, 13019, 13024, 13284, 13605,
13674, 13685, 14867, 14879, 14899,
14903, 14913, 16226, 16457–16460,
16509, 16828, 16830, 17128, 17135,
17140f., 17167, 17174, 17183, 17188,
17195, 17203a, 17219, 17258, 17567,
17802, 17975, 17977f., 17987, 17994,
18001f., 18009, 18013–18015, 18035,
18037f., 18047, 18053, 18056f., 18061f.,
18079, 18106, 18108–18110, 18113,
18134, 18144, 18162, 18165, 18297,
18731, 20097
Ostfriesland 7575, 10086
Osthofen (Worms) 7358, 7410, 7427,
19654
Ostpreußen 2295, 2317, 3650, 7875, 9058,
9066, 9508, 10211, 10467, 17530, 17686
Oswego 6930
Ottawa 2081, 11669
Otwock (Polen) 7091
Ozeanien 11326

Paderborn 3771, 5932, 6139, 6908, 7357,
9350, 9431, 9496, 9512, 9533–9535,
9578f., 9606, 9656f., 9692, 9694, 9706,
9712
Palästina 6449, 6511, 6525f., 6530, 6533,
6537f., 6549, 6570, 6575, 6579, 6587,
6593, 6965, 7045, 7075, 7078, 7095,
7110, 7116, 11957, 12357, 12359, 12829,
14895, 16657, 16664f.
Parchim (Mecklenburg) 10051
Paris 1184, 10663, 10748, 10801, 11014b,
11237, 11287, 11321f., 11460, 11491,
11592, 11600, 11671, 11762, 11787,
11994, 12008f., 12018, 12022, 12028,
12613, 17294, 17310, 18200, 18251,
18278, 18296, 18308
Passau 10092
La Paz 1784
Pearl Harbor 16638, 16930, 17054, 17395
Peine 6197, 10084, 12638
Penzberg (Oberbayern) 1038, 8132
Petersburg 17148
Pfaffenwald (Hessen) 7438
Pfalz 842, 884, 976, 992, 1000–1002, 1253,
1804–1806, 1808f., 1818, 1996,
2270–2272, 2488, 2582, 3108, 3111,
3143, 3145, 3169, 3353, 3405f., 3648f.,
3670, 3672, 3699, 3928, 3940, 3964,
3968, 4151f., 4157a, 4923, 4934, 5383,
5859, 5863, 5877, 5884, 5902, 5944,
5951, 5953, 5979, 6097, 6145, 6154f.,
6178, 6245, 6266, 6280, 6576, 6602,
6896, 6909f., 6911, 6918a, 7063, 7185,
7562, 7725, 7905, 7909, 7967, 8768,
8774f., 8979, 9023, 9026, 9083–9085,
9113, 9127, 9187, 9203, 9425, 9461,
9498, 9507, 9547a, 9548, 9708f., 9739f.,
10197, 10316, 11366, 12496, 12502,
12504, 12789, 12790, 13336, 13942,
14115, 15466, 17317f., 17409, 17420f.,
17425, 17432, 17435, 17444, 17540,
17710f., 17739f., 18236, 18262, 19130,
19466
Pforzheim 1059a, 5936, 13105, 17536
Piaski (Lublin) 6316
Pirna 13928
Plön (Holstein) 17417, 19684
Pöcking am Starnberger See 8189
Pognau (Österreich) 1171, 10115
Polen 249, 1838, 3858, 4150, 4354, 4691,
4883, 4925, 5171, 5280, 5286, 5488,
5744, 5752, 6292, 6295, 6298, 6308,
6316, 6318, 6320, 6332f., 6341, 6343f.,
6347, 6350, 6352, 6365f., 6368, 6368a,
6371, 6376f., 6380, 6392, 6407, 6410f.,
6414f., 6425, 6434, 6437, 6438, 6440,
6711, 6712, 6732, 6773f., 6822, 6870,
7028, 7052, 7058, 7078, 7090, 7158,
7547, 7626, 8201, 8619, 8793, 9035,
9311, 9327, 9463, 9602, 9885, 10770,
10837f., 11160, 12987, 12999, 13013,
13027, 13028, 13031, 13067, 13094,
13708, 13715, 13769, 13927, 14028,
14874, 14880f., 14884, 14962, 16012,
16159, 16198a, 16205, 16207, 16218,
16224, 16225, 16235, 16249, 16254,
16258, 16530–16550, 16553, 16795,
16822, 16823, 16830, 17054, 17101,
17102a, 17117, 17139, 17194, 17221,
17254, 17257, 17455, 17659, 17792,
17816, 17849, 17902, 17952, 17982,
17985, 17988, 17990, 17999, 18000,
18003, 18005, 18009, 18010–18012,
18020f., 18023, 18026–18028, 18031,
18033, 18039f., 18042–18044, 18046,
18048f., 18051f., 18054, 18057, 18059,
18070–18075, 18077, 18080–18086,
18088, 18094–18096, 18098, 18101f.,
18104f., 18107f., 18112a, 18119, 18121,
18122–18124a, 18128f., 18131, 18135,

18145, 18147, 18149, 18151, 18155, 18158f., 18163f., 18536, 18640, 19172, 19218
Pommern 2251, 3647, 3652, 3700, 7384, 7919, 8635, 10016, 12932, 17697, 19051
Porta Westfalica 7647
Portugal 11391, 11425, 12337, 17360
Posen 2493, 3651, 9040, 9602, 13366, 14962, 17792, 18088, 18163
Positano (Italien) 12122
Potempa 2126, 2136
Potsdam 2975, 2990, 3005, 3017, 4927, 8108, 10622, 10654, 13365, 19040
Prag 1950, 2621, 6539, 7061, 7130, 7417, 10653a, 11231, 11450, 11483, 11488, 11491, 11497, 11500, 11514, 11600, 11896, 16551, 16712, 16822, 18006, 18099, 18100
Pregnanstvo 18186
Preußen 102, 589, 878, 997, 1344, 1455, 1613, 2125, 2200, 2269, 2333, 2339, 2591, 2647, 2662, 2801, 2975, 3082, 3092, 3121, 3269, 3326, 3339, 3650–3662, 3667, 3669, 3673, 3675, 3679a, 3680, 3682, 3685, 3708, 3715, 3851, 3922, 4253f., 4257, 4317, 4606, 5272, 5296, 5307, 5698, 7180, 7529, 7867, 8497, 8515, 8623b, 8834, 8983–8985, 9007, 9054, 9077, 9078, 9111, 10622, 10696, 10773, 10806, 11524, 13182, 13266, 13268, 13313, 13618, 13705, 14100, 14104, 14108, 14118, 14204, 14241, 14253f., 14868, 15304, 15312, 15447, 15685, 15694a, 15696, 15699a, 15705, 15953, 16325, 17659, 18110

Quedlinburg 15461, 15468

Radolfzell 12614
Rapallo 19464a
Rastatt 17445
Ratingen 7877, 8513, 13081f.
Ravensberg 6122
Ravensbrück (bei Fürstenberg) 5196, 7264, 7380f., 7342, 7359, 7415f., 7581, 7607, 7644, 7654, 7673, 7676, 7697, 7716, 7719, 7721, 10467, 11071, 13121a, 13734, 19618
Ravensburg 13595
Rees (Rheinland) 17667
Regensburg 840, 1023, 6017, 6907, 7981, 9437, 9451, 9485, 9492–9495, 9506, 9518, 9603, 9674, 10054, 13337, 14211, 15756, 16950, 17523, 17534, 18599
Rehau (Bayern) 2515
Reichenbach (Fils) 9093
Reiherhorst (bei Wöbbelin in Mecklenburg) 7553
Remagen 17675
Remscheid 9124, 9764, 10002, 10146, 17519
Rendsburg 910, 1016, 2689
Rennes 14832
Renningen (Württemberg) 968
Reutlingen 3086, 8085, 17705
Rheine (Westfalen) 8162
Rheinhausen 13353
Rheinhessen 3671, 4157a, 5902, 9409, 9410, 10009, 12787, 13910
Rheinland 829, 869, 873, 884, 909, 926, 929, 941, 957, 960, 993, 1046, 1244–1247, 1249, 1833, 2259f., 2290, 2302, 2340, 2494f., 2922, 3194, 3639f., 3656, 3681, 3686–3691, 3919, 3929, 3942, 4157a, 4924, 5197, 5306, 5863, 5877, 5880, 5887, 5897, 5902, 5941, 5959, 5967, 6104, 6142, 6176, 6239, 6267, 6281, 6715, 6794, 6900, 7199, 7493, 7718, 7863, 7866, 7876, 7896, 7905, 7908, 7918, 7969, 8095, 8099, 8106, 8124, 8133, 8162a, 8183, 8617, 8646, 8785, 8978, 8986, 9004, 9032, 9033, 9079f. 9432, 9442, 9456, 9458, 9469, 9489, 9523, 9548, 9580, 9705, 10018, 10102, 10140, 10205, 10214, 10253, 10262, 10414f., 10419, 10421, 10492, 12453, 12481, 12530, 12570a, 12573a, 12794, 12917, 12965a, 12995, 13051, 13080, 13317, 13327, 13353, 13474, 13575, 13653, 13706, 13713, 13715, 13719, 13847, 13917, 13947, 13973, 14026, 14278, 15062, 15165, 15303, 16260–16262, 16264–16266, 17413, 17434, 17527, 17656, 17664, 17667f., 17672, 17678, 17685, 17698f., 17703, 17710, 17716, 17738, 17767, 17771, 17785, 17787f., 17798, 18445, 19465, 19651
Rheinland-Pfalz 817, 3672, 3703, 18968, 18992, 19001f., 19015, 19640, 19650, 19665, 20347
Rheydt 10113, 13051
Rhön 932, 8182, 13709

1421

Rhumspringe (Harz) 12752
Rickling (Schleswig-Holstein) 9019, 13576
Riedrode (Rheinhessen) 12787
Rieucros (Frankreich) 11265
Riga 6009, 7066
Rinteln 8639
Röbel (Müritz) 10192
Rockenhausen (Pfalz) 992
Rom 3061, 8753, 9655, 14956, 16271, 16372, 16374, 16377, 16382, 16389, 16392, 16395, 16581, 16695
Rosenheim 998, 20177
Rösrath (Rheinland) 999
Rostock 6204, 6262, 9037, 10045, 10049, 14472, 14503, 14518, 17446, 17517
Rothenfels 7385
Rottenburg 9452, 9472, 9474, 9716, 9718–9723
Rottenmünster (Rottweil in Württemberg) 9268, 13757
Rottweil 5889, 9268, 13757, 13963
Rügen 13231
Ruhrgebiet 929, 946, 993, 2259f., 2290, 2494, 2671, 2922, 3639f., 3681, 5306, 5941, 6281, 6794, 7718, 7908, 7918, 7969, 8095, 8099, 8101f., 8106, 8119, 8133, 8135f., 8162a, 9012, 10102, 10140, 10208, 10262, 10414f., 10421, 10538, 12453, 12481, 12530, 12535, 12570a, 12573a, 12636, 12644, 12794, 12917, 12965a, 13080, 13151, 13227, 13317, 13327, 13353, 13713, 13715, 13719, 14278, 15062, 15697, 17527, 17685, 17767, 17788
Ruhrort 13353
Rußland (siehe auch Sowjetunion) 14871, 17243, 20097, 20104
Rumänien 4734, 6300, 6302, 6310, 6361, 6403, 6582f., 6934, 6963, 12839, 12847, 16159, 16208, 16233, 16584, 16588–16591, 17136, 17365f., 17368, 18198
Rüsselsheim 6053
Rust (Baden) 6196

Saarbrücken 3937, 4165, 7382, 17507
Saarland 1062, 1063–1075, 1262, 1818, 1996, 3670, 3672, 3937, 4165, 5276, 5863, 5884, 5877, 5891, 5944, 6187, 6245, 6266, 6272, 7725, 7967, 8117, 8779, 8789, 9424, 10033, 10066, 10083, 11277, 11309, 11396, 11427, 12315,
13089, 13090, 13336, 13902, 17421, 17710, 19001f.
Sachsen 997, 2581, 2691, 3655, 3664, 5954, 5956, 7979, 8150, 9024, 9185, 9741, 10000, 10012, 10425, 12596, 13598, 13624, 13710, 13711f., 13720, 13723, 14118, 19050, 19052
Sachsen-Anhalt 3673, 9533, 9578f., 17670, 19053
Sachsenburg 7616
Sachsenhausen (Brandenburg) 7383, 7426, 7441, 7470, 7475, 7611, 7653, 7696, 7699, 7717f., 10495, 18750, 19618
Saint Louis 15749
Saint-Mandé (Frankreich) 7526
Salò 18318
Salza 2691
Salzburg 1153f., 1306, 4160, 7897, 9972, 10042, 10422, 11517, 13110, 15151f., 15315, 15448, 17720
Salzgitter 12490, 12643, 13121, 13314, 13350, 13352
Salzkotten (Westfalen) 6251
Sanary (Frankreich) 12032
Sandbostel 7386
Sarajevo 1565
Sarmas 6404
Sauerland 909, 926, 5909, 6064
Schaumburg 3188, 10121
Schaumburg-Lippe 1247
Scheibbs (Österreich) 1162
Schkopau 13510
Schleiden (Rheinland) 5911
Schlesen (Schleswig-Holstein) 19684
Schlesien 977, 1256f., 2310, 2667, 3653, 4149b, 4840, 4980, 6724, 6807, 6916, 7548, 7727, 8778, 8786, 9018, 9053, 9434, 9686, 9997, 10284, 10770, 10854, 11006, 11008, 12198, 12931a, 13012, 13463a, 17657, 17661, 17665, 17756
Schleswig 14250
Schleswig-Holstein 799, 867, 910, 928, 930f., 2286, 2289, 2320, 2321, 2324, 2335, 2345, 2566, 2576, 2578, 2583, 2585f., 2689, 2798, 2804, 2869, 3119, 3658, 3667, 3674, 4153, 4155f., 4164, 4926, 5311, 5980, 6014, 6054, 6273, 7117, 7371, 7462, 7862, 8620, 8623a, 8790, 9008f., 9019, 9052, 9055, 9082, 9086, 9088f., 9766, 10082, 10206, 10213, 11132, 12748, 12786, 12791, 12796, 13074, 13960, 17417, 17706, 17732,

18601, 18960, 18976f., 19014, 19133, 19458a, 19684, 20091 f., 20094
Schmieheim (Baden) 6159, 6196
Schmölln 2691
Schopfheim (Württemberg) 9684
Schöppingen (Westfalen) 6140
Schorndorf 5999
Schottenheim 13337
Schulpforta (Sachsen-Anhalt) 14200
Schwaben 2347, 3202f., 6179f., 7524, 7925, 8766, 8770, 12746, 12747, 13949, 17778
Schwäbisch Gmünd 3138, 6215, 17681
Schwäbisch Hall 2328, 3134, 6040, 7465
Schwandorf (Bayern) 17713
Schwarzau im Gebirge 1161
Schwarzwald 2563, 6005
Schweden 6601, 6949, 11205, 11255, 11308, 11330, 11354f., 11359, 11369, 11615, 11644, 12892, 12893, 16608, 16610, 16618f., 17322, 17327f., 18876
Schweigen (Pfalz) 15466
Schweinfurt 17503, 17513, 17534
Schweinfurth 17523
Schweiz 1937, 3415, 4650, 5482, 6535, 6577, 6966, 6968, 6970, 7016, 8716, 11118, 11120, 11260a, 11275, 11278, 11297, 11336, 11374, 11403, 11417, 11441, 11449, 11588, 11673, 11705, 11924, 11954, 12043, 12293, 12306, 12314, 12337, 12723, 12782, 12828, 12835, 13180, 14859, 16421f., 16424–16427, 16429–16433, 17282, 17312, 17314, 17749, 18532, 18879
Schwerin 9006
Schwerte 7421
Seckau 9527
Selb (Bayern) 2515
Seligenstadt 9412
Senne (Holte-Stukenbrock) 970, 7506, 7541, 7350, 17859f., 17865, 19021
Serbien 6449, 6462, 6481, 6495, 6511, 18169, 18183
Shanghai 6552, 6556f., 7651, 11236, 11955, 12045
Sickenhofen (Hessen) 6271
Siegburg 3194
Siegen 868, 9125, 17431
Siegerland 6243
Siemensstadt 1719, 4990
Sindelfingen 3201, 13092

Singen a. H. 2679, 2695, 3083, 3332, 6074f., 13118
Skandinavien (siehe auch Nordeuropa) 6601, 11203, 11332, 11370, 11506, 11628, 11957, 11979, 11988f., 12200, 12714, 16356, 16609, 16613, 17323f., 17326a, 17331f., 17935, 17968, 18326, 18346
Slowakei 6344, 6393–6395, 6444, 6731, 7050, 16231, 16566, 18032, 18066, 18076, 18078, 18103, 18146, 18153f.
Slowenien 4175, 18167, 18168, 18188
Smolensk 17181
Sobibor 7258, 7262, 18755, 19180
Soest 6090, 6091
Solingen 3153, 10101
Soltau 17712
Sosnowitz 18082
Sowjetunion 32, 95, 159, 249, 276, 298, 454, 510, 529, 540, 755, 1402, 1404, 1544, 1635, 1717, 1746f., 1756, 2029, 2871, 2949, 2952, 3396, 4326, 4347, 4357f., 4428, 4519, 4547–4549, 4556, 4682, 4691, 4702, 4733, 5226, 5248, 5262, 5281, 5355, 5671, 6290f., 6296, 6306, 6322f., 6326, 6350, 6353f., 6374f., 6397, 6400, 6421, 6422, 6431, 6433f., 6709, 6730, 6885, 6971, 6972, 6974, 6987, 7058, 7389, 7612, 7630, 7856, 7950, 7957, 8199, 8622, 8722, 10343, 10375, 10392, 10500, 10668, 10766–10768, 11210, 11286, 11419, 11482, 11521, 11554, 11556, 11573, 11582f., 11591f., 11594, 11597, 11599, 11602, 11616, 11713, 11715f., 11718, 11727, 11733, 11738, 11741, 11745f., 11844, 11951, 11953, 12013, 12171, 12338f., 12584, 12624, 12825, 12852, 12856, 12877, 12885, 12894, 12984, 12999, 13058, 13067, 13094, 13506, 13623, 13674, 13735, 14871, 14941, 15296, 15530, 15884f., 15910, 16095, 16151, 16173, 16183, 16190, 16215–16217, 16229, 16238, 16242, 16388, 16422, 16461–16463, 16466–16468, 16469–16529, 16585, 16592, 16659, 16697, 16702, 16739, 16753, 16797, 16826, 16862, 16901, 16961, 16963f., 17030, 17099, 17119, 17121f., 17124f., 17127, 17129, 17130–17132, 17134, 17136–17138, 17142–17259, 17322, 17329, 17335f.,

1423

Länder-, Regionen- und Ortsregister

17338, 17365, 17379, 17389, 17398,
17455, 17600, 17605, 17795,
17802–17806, 17809–17815, 17825,
17831 f., 17835, 17838, 17840–17843,
17846 f., 17849, 17852–17854, 17856,
17859, 17865, 17905, 17974, 17976,
17978 f., 17984, 17986, 17989, 17991 f.,
17994, 17997 f., 18001, 18009, 18016,
18018 f., 18022, 18024 f., 18028, 18034,
18036, 18041, 18043, 18050, 18056,
18060, 18065, 18067–18069, 18087,
18092, 18106 f., 18119 f., 18125 f.,
18136–18138, 18142 f., 18152, 18157,
18160 f., 18698, 18721, 19034, 19218,
19344, 19367, 19385, 19431, 19452,
19464a, 19530, 19731, 20097, 20104
Spanien 4291, 6460a, 11363, 11425, 11433,
11457, 11459, 11466, 11569, 11571,
11579, 11599, 11921, 11958, 12063,
12207, 12833, 12840, 15858, 15892,
16363, 16409, 16434 f., 16436–16456,
17347, 17348, 17356 f., 17360, 18590
Spenge (Westfalen) 1051, 6117, 7890, 8795
Speyer 981, 5950, 5952, 8776, 9425, 9461,
9708 f., 9739, 9740, 10273, 14115, 14273,
15453
St. Johann (Österreich) 1171, 10115
St. Louis 15748
Stade 851, 959, 2299, 2862, 5270, 5925 f.,
6105, 9141, 9142, 14203
Stadtallendorf 858, 7420, 12760 f., 12765,
18595
Stalingrad 4684, 4702, 4735, 7764, 7957,
10661, 11224, 11726, 11739,
11745–11747, 13493, 15568, 16520,
16753, 16777, 16800, 16827, 16915,
16930, 16961, 16963, 17120–17122,
17126, 17129, 17136, 17147, 17151,
17160 f., 17189, 17193, 17196 f., 17212,
17216, 17223, 17228, 17239, 17245,
17252 f., 17258 f., 17322, 17338, 17389,
17398, 17566, 19189, 19196, 19301,
19385, 19430
Starkenburg 9411 f., 10085
Starnberg 4845
Stedingen (Bayern) 15086
Steiermark 1157 f., 1308, 9528, 9652,
10133, 10404, 12797, 13183, 13333,
15449, 17493, 18193
Stein bei Pforzheim 9184
Steinbach (Hessen) 6136
Steinburg (Holstein) 17732

Steinheim (Westfalen) 6252
Stettin 903, 5474
Steyr 13048
Stockach (Baden) 9994
Stommeln (Rheinland) 6055
Straßburg 12684, 13639
Stukenbrock (Senne) 7506, 7541, 17859,
19021
Stuttgart 811, 927, 958, 967, 969,
1033–1037, 1056, 2098, 2277, 2309,
2675, 2808, 3142, 3325, 3351 f., 3759,
4130, 5908, 6063, 6137, 6279, 6642,
8977, 9978, 10034, 10397, 10446, 10695,
11026, 11056, 11107, 11662, 12916,
13063, 13075, 13221, 13593, 13714,
14550 f., 15467, 16240, 16244, 17440,
17490 f., 17524, 18384, 18440, 19007
Stutthof (bei Danzig) 7491, 7615a
Südafrika 16672–16674
Südbaden 17735, 18962, 19004, 19029
Süddeutschland 2794, 17842
Sudetenland 167, 1114, 3333, 4891, 7981,
10021, 10025, 10551, 10604, 11272,
11376, 11470, 11490, 11534–11537,
16209, 16211, 16232, 16234, 16237,
16245, 16552, 16559, 16561–16563,
16567 f., 16573–16575, 16577–16579,
16583, 16712, 18008
Südeuropa 16160, 16861, 17341, 17351 f.,
17355, 17358, 17518, 17779
Südostasien 16693, 16707, 16978, 17393,
17394
Südosteuropa 4734, 6403, 6583, 12839,
12846 f., 12863 f., 12882, 12884, 12889 f.,
13517, 16160, 16227, 16496, 16566,
16587, 16591–16593, 16596–16602,
16604 f., 16825, 16861, 17361–17363,
17367, 17455, 17779, 17968, 18062,
18107, 18170, 18179, 18182, 18184,
18190, 18194
Südtirol 4646, 5116, 5169, 5180, 9966,
13609, 13716 f., 13962, 15121, 15144b,
16247 f., 16364, 16369, 16377, 16380,
16383, 16392, 16393, 17489
Südwestafrika 3423
Südwestdeutschland 854, 1007, 2563,
3173, 3179 f., 3428, 3683, 3692, 3694,
4171, 4982, 7042a, 7532, 7881, 8788,
8794, 9118, 9448, 9996, 10055, 10104,
10138, 10258, 10692, 12485, 12500,
12666, 13490, 13895, 14031, 14449,
14452, 15317, 15684, 15750, 17654,

17705, 17736, 17761, 18928, 19029, 19136
Sylt 3191 f.
Tamm (Württemberg) 1005
Tarnopol 17168a
Taunusstein 6057
Teheran 16829
Tel Aviv 7110
Tettnang (Württemberg) 2255
Theresienstadt 5619, 6305, 6319, 6321, 6327, 6378, 6387 f., 6497, 6970, 7019, 7128, 7250, 7356, 7450, 7539, 7711, 15838, 15880
Thüringen 907, 997, 1499, 1687, 2243, 2338, 2680, 2691, 3118, 3665, 3949, 7471, 8182, 9110, 10012, 10289, 10393, 10430, 11013, 12606, 12753 f., 13709, 13722, 14118, 14252, 19052, 19137, 19619, 20118
Tiefensee (Brandenburg) 14196–14198
Tilsit 18751
Tirol 1090, 1144 f., 1155 f., 1166 f., 1303 f., 1309 f., 3645, 3729a, 4170, 4991, 5984, 6089, 6218, 6226, 6902, 9513, 9525 f., 9966, 9973, 10060, 10880, 14114, 14249, 15301, 15448, 16380, 17354, 17410, 17489, 17746
Tirschenreuth (Bayern) 9436
Tobruk 17391
Tokio 16271, 16374, 16693, 16695
Torgau 4475, 4482, 4485, 4499, 17862
Transnistrien (Ukraine) 6354, 6406a, 18067
Traunstein (Bayern) 10076
Trawniki 6365
Treblinka 7258, 7262, 7626, 7661 f., 7712, 18755, 19180
Trier 852, 1046, 5267, 5928, 6058, 7866, 9476, 10011, 17542, 17543, 17678
Triest 17707
Troisdorf (Rheinland) 888
Tschechoslowakei 167, 1083, 1182, 1947, 1949–1951, 3333, 3409, 3410, 3421 f., 3802, 4651, 4891, 4909, 6340, 6360, 6379, 6381 f., 6390, 6393–6395, 6418, 6436, 6526, 6539, 6542, 6605, 6663, 6731, 6943, 10021, 10025, 10409, 10604, 11204, 11231, 11238, 11243, 11244 f., 11249, 11263, 11272, 11281, 11284, 11376, 11399, 11448, 11451, 11470, 11472, 11488, 11490 f., 11500, 11514,
11600, 11811, 11896, 11957, 11996, 12031, 16198a, 16202, 16204, 16209, 16211 f., 16228, 16231–16234, 16237, 16245, 16343, 16530, 16551–16583, 16602, 16712, 16822, 17816, 17901, 17980 f., 17993, 17996, 18004, 18006–18008, 18017, 18029 f., 18045, 18063, 18066, 18076, 18089, 18097, 18103, 18112, 18116–18118, 18127, 18130, 18132, 18139, 18141, 18143, 18146, 18150 f., 18153 f., 18156
Tübingen 841, 972, 975, 1015, 2490, 5398, 6277, 8891, 9050, 9064, 9180, 9219, 13059, 13364, 14456, 14461 f., 14471, 14512, 14544, 14609, 14613 f., 15125, 15131, 15156, 17440, 17782, 19599
Tunesien 17376
Tunis 6452
Tunxdorf (Papenburg) 17766
Türkei 4648, 5592, 6977, 11150, 11356, 11543, 11789, 11854, 11886 f., 11992, 12041, 12110, 16656, 16666, 17381, 17389

Überlingen (Baden) 824
Uckermark 7428, 7432
Ukraine 6354, 6406a, 6433, 6987, 7000, 16469, 16498–18067, 18126, 18142
Ulm 1024, 2936, 3168, 5892, 5906, 6530, 7128, 7406, 7484 f., 7569, 8898, 11026, 11032, 18751, 19662
Ungarn 4734, 5474, 5481, 6286, 6289, 6293 f., 6311, 6312, 6314, 6328–6331, 6334–6338, 6345, 6349, 6351, 6359, 6364 f., 6389, 6391, 6401–6403, 6416, 6424, 6432, 6928, 6961, 6989 f., 7294, 7449, 12866, 16201, 16251 f., 16584–16586, 16588, 17131, 17147, 17157, 17906, 18140, 18187
Unna 895, 17690
Unterfranken 5271, 7892, 9459, 9574
Untermberg (Württemberg) 3178
Untersteiermark 18180, 18186
Untertürkheim 12915
Urbach (Westerwald) 5960
Ursberg (Bayern) 9268, 13757
USA 454, 515, 1096, 1203, 1615 f., 1667, 1718, 2380, 2951, 3411 f., 3451, 4309, 4548, 4647, 4653, 4707, 4718, 6506–6509, 6514 f., 6536, 6578, 6586, 6591, 6641, 6921–6933, 6937, 6948 f., 6954 f., 6959, 6978, 6981, 6983, 6986,

6993, 6994, 6996, 7006, 7259, 7629f.,
7632, 8345, 8422, 11133, 11149f., 11165,
11169, 11177, 11217f., 11226, 11227,
11230, 11246, 11254, 11261, 11274,
11276, 11282, 11285, 11306f., 11310,
11315f., 11327, 11342, 11351, 11372,
11381, 11423, 11428, 11454, 11507,
11545, 11600, 11645, 11654, 11690,
11707, 11769, 11776, 11801, 11829f.,
11843, 11845, 11848, 11851, 11855,
11863, 11872, 11884f., 11893, 11903f.,
11914, 11917, 11955, 11962, 11964f.,
11972, 11975f., 11991, 11997, 12016,
12019f., 12026, 12030, 12049, 12053,
12060f., 12066f., 12072, 12074, 12078,
12100f., 12104, 12107, 12115, 12120,
12148, 12150a, 12154, 12182, 12190,
12217, 12222, 12296, 12313, 12333,
12337, 12461, 12844, 12873, 13180,
13646, 13844, 15379, 15640, 15867,
15987f., 16091, 16095, 16246, 16286f.,
16289–16291, 16438, 16627, 16629f.,
16632–16636, 16638–16648, 16653,
16712, 16826, 16830, 16861, 16901,
16994, 17099, 17236, 17283, 17286,
17293, 17308, 17316, 17413, 17479,
17491, 17513, 17532, 17534, 17559,
17561–17563, 17569, 17636, 17640,
17642, 17669, 17678, 17696, 17783,
17790, 17794, 17800, 17801, 17817,
17818, 17826, 17830a, 17834, 17836,
18661f., 18670, 18673, 18688, 18691,
18701, 18716, 18722, 18732, 18895,
18937, 18943, 18959, 18975, 18982f.,
18985a, 18994, 18997f., 19012, 19016,
19023, 19026, 19030f., 19061, 19071,
19101, 19123, 19132a, 19261, 19420,
19632, 19669, 19936

Valhausen (Lippe) 7894, 7912, 8510
Vallendar (Rheinland) 6244
Vatikan 4539, 6389, 6783, 6920, 6976,
   6982, 6991, 8753, 9257, 9298, 9349,
   9393, 9652, 9655, 11134, 16397–16400,
   16402f., 16405, 16406–16410,
   16412–16420, 19375
Vechelde 7522
Vechta 17709
Verden a.d.A. 13104
Verdun 4591
Versailles 1565–1567, 1762, 18467
Vichy 6158, 6474, 6501, 18220, 18239, 18303

Villingen 3714
Villingen-Schwenningen 20157
Vilsbiburg 3093
Vlotho 6219
Vogelsang (Eifel) 14024, 14029
Vohwinkel 9119
Volpriehausen 12750
Vorarlberg 1155, 1172, 1309, 1311, 2519,
   6226, 8123, 9537, 10132, 13065, 15448,
   17410, 17754
Vorpommern 10046, 17769

Waldeck 3675
Waldeck-Pyrmont 948
Waldkirch (Baden) 17784
Wallenbrück (Westfalen) 914
Wanne-Eickel 871
Wanzleben (Sachsen-Anhalt) 10426
Warburg 6009
Warschau 2099, 6320, 6347, 6365, 6368,
   6425, 6439, 6711f., 6716, 6720, 6732f.,
   6738, 6740, 6743, 7001, 7012f., 7120,
   7729, 17999, 18005, 18042, 18052,
   18055, 18064, 18090f., 18148
Warstein (Westfalen) 13968
Wartheland 7052, 8793, 9035, 9602,
   17659, 18057, 18158
Washington, D.C. 6926, 11372, 11600,
   16095, 16633
Wassenaar 19082
Watenstedt (Niedersachsen) 13121
Wattenbach 8640
Wattenscheid 10142, 10150
Weiden 5937
Weißenburg (Elsaß) 17318
Weimar 4453, 5742, 11739, 14367, 14815,
   15568, 19155
Weingarten 915, 9474a, 9475
Weinheim a.d.B. 2343, 6020, 7886, 8100
Weißrußland 18018
Weissenau (Ravensburg) 13595
Weissenburg (Franken) 6727, 9059
Weisweil (Baden) 7971
Wels 10406
Wenkheim 6261
Werl (Westfalen) 900, 996, 3200, 6161,
   6274, 6275, 12488, 12815
Wertheim a.M. 3176
Wesel 934, 13353, 17408, 17667
Weser-Ems (Niedersachsen) 10032
Westdeutschland 809, 2208, 2290, 12469,
   12482, 16786, 17515, 17785

Länder-, Regionen- und Ortsregister

Westerbork (Emsland) 7670, 7692
Westerwald 3126, 6069 f., 17424, 19465
Westeuropa 158, 4092, 4550, 6455, 9370, 12884, 16287, 16289 f., 17227, 17236, 17262 f., 17273, 17280, 17287–17290, 17302 f., 17309, 17728, 17826, 17925, 17935, 17968, 18063, 18250, 18281, 18297, 18298, 18391, 18879, 19123, 19901, 19920, 19970, 20011
Westfalen 806, 819, 873, 876, 893, 909, 925 f., 946, 950, 993, 1043, 1244–1247, 1992, 2259 f., 2290, 2302, 2307 f., 2494, 2591, 2671, 2922, 3128, 3269, 3639–3641, 3657, 3676 f., 3681, 3689, 3705–3709, 3711, 3919, 4132, 4168, 4641, 5197, 5273 f., 5306, 5387, 5394, 5760, 5876, 5880, 5909, 5939, 5941, 5967, 6011, 6062, 6064, 6122 f., 6243, 6281, 6715, 6794, 6917, 6998, 7175, 7199, 7391, 7718, 7908, 7918, 7969, 7973, 8095, 8099, 8102, 8106, 8113, 8124, 8133, 8162a, 8178, 8187 f., 8617, 8785, 9012, 9076, 9080, 9115, 9231, 9438, 9457, 9502, 9533, 9536, 9578 f., 10018, 10102, 10140, 10205, 10208, 10253, 10262 f., 10267, 10414 f., 10421, 10538, 12453, 12481, 12486, 12494, 12495, 12501, 12530, 12535, 12570a, 12573a, 12636, 12644, 12665, 12749, 12794, 12917, 12965a, 13080, 13227, 13265, 13317, 13327, 13473, 13597, 13600, 13706, 13713, 13715, 13719, 13916, 13930, 13966, 14030, 14206, 14258, 14278, 14297, 15062, 15163, 15307 f., 15318, 15648, 15686, 15697, 17431, 17441, 17527, 17685, 17719, 17734, 17767, 17788, 18598, 18600, 18843, 19651, 19683, 19686
Westheim am Kocher 17693
Westmark 3686
Westpreußen 2493, 3408, 3650 f., 9040, 17662, 18057
Wetter (Ruhr) 9235
Wetzlar 2304, 8083, 8088
Wewelsburg (bei Paderborn) 5150, 5175, 7391, 7442, 19668
Wien 1114, 1146 f., 1151 f., 1163–1165, 1169, 1173 f., 1277 f., 1534, 1637, 1642, 2009, 2054, 3737, 3992, 4880, 4987, 5282, 5389, 5872, 5905, 5933, 5992, 5998, 6133, 6151 f., 6384, 6572, 6644, 6735, 6767, 6893, 7055, 7110, 7664, 8797, 9430, 9529, 9768, 9974, 10120, 10127, 11005, 11773, 11863, 12220, 12966, 12972, 12974, 13196, 13316, 13472, 13527, 14236, 14495, 14511, 14514, 14521, 14531, 14611, 14806, 14846, 14959, 14964, 15070, 15144b, 15152, 15183, 15250, 15450, 15690, 15795, 15928, 16119, 16277, 17658, 17671, 17679, 17708, 17747, 17889
Wiener Neustadt 10019, 13061, 17538
Wiesbaden 823, 3136, 5883, 6059, 9963, 9990, 13464
Wilhelmsburg 10008
Wilna 6355
Witten (Ruhr) 6086, 8514, 13117
Wittenau 13926
Wittenberge 13077
Wittlich 5867, 6205, 7397
Wolfen 12624, 17218
Wolfenbüttel 4105
Wolfsburg 3736, 12617, 13045, 13113, 13329, 13338, 13342, 13350, 13352, 14328
Wolzig (Brandenburg) 5886, 14276
Woodstock 12182
Worms 3166, 6172, 6546, 7190, 9410, 15453
Worpswede 15403
Wünsdorf (Brandenburg) 4350
Wuppertal 896 f., 2294, 3132, 3739, 3755 f., 4640, 4928, 5101 f., 5973, 6203, 7443, 8618, 9042, 9423, 9542, 10139, 13095, 14214, 15396, 15704, 15753, 15798, 17528, 17877, 18973
Württemberg 854, 951, 972, 1006–1008, 1014, 2003, 2240, 2277, 2327, 2331, 2482, 2673, 2865, 3077, 3095, 3102, 3125, 3172 f., 3178–3180, 3331, 3351 f., 3397, 3428, 3646, 3683, 3692–3697, 3713, 3717, 3756, 3920, 3951, 4171, 4252, 4912 f., 4982, 5283, 5309, 5313, 5874, 5879, 5900, 5957, 5997, 6010, 6056, 6112, 6149, 6190 f., 6270, 6901, 7042a, 7118, 7353, 7406, 7484 f., 7532, 7881, 7913, 7917, 7978, 7991, 8788, 8794, 8977, 8989–8994, 9017, 9043, 9049, 9051, 9063, 9092, 9093a, 9117 f., 9133, 9221, 9232–9234, 9415, 9440, 9452 f., 9471 f., 9474–9475, 9597 f., 9716, 9719 f., 9722 f., 9858, 9995 f., 10034, 10055, 10104, 10110, 10138, 10198,

10222, 10258, 10320, 10496, 10692,
10695, 12484f., 12487, 12500, 12568f.,
12574, 12666, 12970, 13070, 13115,
13343, 13490, 13595, 13895, 13948,
13956a, 14031, 14246, 14274, 14449,
14452, 15125, 15131, 15317, 15684,
15750, 15796, 17407, 17654, 17669,
17681, 17704f., 17736, 17748, 17758,
17761, 17768, 17888, 18613, 18966,
18974, 19136, 19399, 19472
Württemberg-Baden 18999, 19020
Württemberg-Hohenzollern 18986, 19008, 19013, 19029
Würzburg 890, 995, 2796, 3195, 5875, 5965, 5971, 5977, 6212, 8499, 9522, 9545, 9574, 10088, 10203, 14465, 14618–14620, 14639, 14651, 14655, 15166, 17505f., 17742
Wyhl (Baden) 7971

Zeitz (Sachsen) 7479
Zeltweg (Österreich) 1160
Zichenau 18057
Ziegenhals (Brandenburg) 10327
Zossen 16153
Zürich 11403, 12089, 12314, 12337, 18532
Zweibrücken 3928, 3940, 3964, 3968, 4152, 6155, 6896, 7967, 13942, 17318, 17427, 17428, 18262, 19130
Zwickau 5956, 19083
Zwiefalten (Württemberg) 13948
Zwieselsdorf 11213

Nationalsozialismus und Widerstand

Gerhard Bauer
**Sprache und Sprachlosigkeit
im »Dritten Reich«**
Zweite, überarbeitete Auflage
mit 26 Abbildungen

Gerhard Beier
**Die illegale Reichsleitung der
Gewerkschaften 1933–1945**

**Die Gewerkschaften im Widerstand
und in der Emigration
1933–1945**
Bearbeitet von Siegfried Mielke
unter Mitarbeit von Matthias Frese und
Günter Morsch
(Reihe: Quellen zur Geschichte der
deutschen Gewerkschaftsbewegung im
20. Jahrhundert, Band 5)
– in Vorbereitung –

Heiner Lichtenstein
Warum Auschwitz nicht bombardiert wurde
Eine Dokumentation
Vorwort: Eugen Kogon

Heiner Lichtenstein
Im Namen des Volkes?
Eine persönliche Bilanz der NS-Prozesse
Vorwort: Robert M. W. Kempner

Heiner Lichtenstein
Mit der Reichsbahn in den Tod
Massentransporte in den Holocaust
1941 bis 1945

Heiner Lichtenstein
Himmlers grüne Helfer
Die Schutz- und Ordnungspolizei
im »Dritten Reich«
Vorwort: Dr. Herbert Schnoor

Heiner Lichtenstein
Angepaßt und treu ergeben
Das Rote Kreuz im »Dritten Reich«
Einleitung: Robert M. W. Kempner

Detlev J. K. Peukert
Jugend zwischen Krieg und Krise
Lebenswelten von Arbeiterjungen
in der Weimarer Republik
Mit 19 Abbildungen

Detlev J. K. Peukert
Volksgenossen und Gemeinschaftsfremde
Anpassung, Ausmerze und Aufbegehren
unter dem Nationalsozialismus
Mit 59 Abbildungen
auf 24 Kunstdrucktafeln

Detlev J. K. Peukert
Die Edelweißpiraten
Protestbewegungen jugendlicher Arbeiter
im »Dritten Reich«
Eine Dokumentation.
Dritte, erweiterte Auflage

Ulrich Renz
Lauter pflichtbewußte Leute
Szenen aus NS-Prozessen
Mit einem Vorwort von Jürgen Serke

Michael Ruck
Bollwerk gegen Hitler?
Arbeiterschaft, Arbeiterbewegung und
die Anfänge des Nationalsozialismus

Günter Schubert
**Das Unternehmen
»Bromberger Blutsonntag«**
Tod einer Legende.
Mit 18 Abbildungen

Gerd R. Ueberschär (Hrsg.)
**Der 20. Juli 1944
Bewertung und Rezeption des deutschen
Widerstandes gegen das NS-Regime**

Bund-Verlag

Politik und Zeitgeschichte

Udo Achten (Hrsg.)
»Wenn ihr nur einig seid!«
Texte, Bilder und Lieder zum 1. Mai

Juan-Allende-Blin (Hrsg.)
Musiktradition im Exil
Zurück aus dem Vergessen

Christoph Butterwegge /
Martin Grundmann (Hrsg.)
Zivilmacht Europa
Friedenspolitik und Rüstungskonversion
in Ost und West

Christoph Butterwegge /
Siegfried Jäger (Hrsg.)
Europa gegen den Rest der Welt?
Flüchtlingsbewegungen –
Einwanderung – Asylpolitik
Mit einem Vorwort
von Liselotte Funcke

Christoph Butterwegge /
Siegfried Jäger (Hrsg.)
Rassismus in Europa
Mit einem Vorwort
von Bahman Nirumand
Zweite Auflage

**»Ernst ist das Leben,
heiter die Kunst«**
Gesellschaftskritische Zeichnungen
von Th. Th. Heine bis heute.
Herausgegeben von Udo Achten

Klaus Farin /
Eberhard Seidel-Pielen
»Ohne Gewalt läuft nichts!«
Jugend und Gewalt in Deutschland

Wilhelm Heitmeyer
Rechtsextremismus
»Warum handeln Menschen gegen
ihre eigenen Interessen?«
Ein 'ran-Handbuch für Jugendliche
Dritte Auflage

Anette Hild-Berg
Toni Sender (1888–1964)
Ein Leben im Namen der Freiheit
und der sozialen Gerechtigkeit

Pohl, Karl Heinrich
Adolf Müller
**Geheimagent und Gesandter in
Kaiserreich und Weimarer Republik**

Konrad Schacht u. a. (Hrsg.)
Hilflos gegen Rechtsextremismus?
Ursachen, Handlungsfelder,
Projekterfahrungen

Manfred Sicking /
Alexander Lohe (Hrsg.)
**Die Bedrohung der
Demokratie von rechts**
Wiederkehr der Vergangenheit?
Mit Beiträgen u. a. von Wolfgang Benz,
Ignatz Bubis, Kurt Lenk, Eike Hennig
und Thomas Schmid

Michael Vester u. a. (Hrsg.)
Soziale Milieus in Ostdeutschland
Gesellschaftliche Strukturen zwischen
Zerfall und Neubildung

Michael Vester u. a.
**Soziale Milieus im
gesellschaftlichen Strukturwandel**
Zwischen Integration und Ausgrenzung

Bund-Verlag